saraiva conecta

Conheça o
Saraiva Conecta

Uma plataforma que apoia o leitor em sua jornada de estudos e de atualização.

Estude *online* com conteúdos complementares ao livro e que ampliam a sua compreensão dos temas abordados nesta obra.

Tudo isso com a **qualidade Saraiva Educação** que você já conhece!

Veja como acessar

No seu computador

Acesse o *link*

https://somos.in/DT12

No seu celular ou tablet

Abra a câmera do seu celular ou aplicativo específico e aponte para o *QR Code* disponível no livro.

Faça seu cadastro

1. Clique em **"Novo por aqui? Criar conta"**.
2. Preencha as informações – insira um *e-mail* que você costuma usar, ok?
3. Crie sua senha e clique no botão **"CRIAR CONTA"**.

Pronto!

Agora é só aproveitar o conteúdo desta obra!*

Qualquer dúvida, entre em contato pelo *e-mail* **suportedigital@saraivaconecta.com.br**

Confira o material do professor
Luís Eduardo Schoueri
para você:

https://somos.in/DT12

* Sempre que quiser, acesse todos os conteúdos exclusivos pelo *link* ou pelo *QR Code* indicados.
O seu acesso tem validade de 24 meses.

LUÍS EDUARDO SCHOUERI

Professor Titular de Direito Tributário da Faculdade de Direito da USP.

DIREITO TRIBUTÁRIO

12ª edição
2023

saraiva jur

saraiva EDUCAÇÃO | saraiva jur

Av. Paulista, 901, Edifício CYK, 4º andar
Bela Vista – São Paulo – SP – CEP 01310-100

SAC | sac.sets@saraivaeducacao.com.br

Diretoria executiva Flávia Alves Bravin
Diretoria editorial Ana Paula Santos Matos
Gerência de produção e projetos Fernando Penteado
Gerência editorial Thais Cassoli Reato Cézar

Novos projetos Aline Darcy Flôr de Souza
Dalila Costa de Oliveira

Edição Jeferson Costa da Silva (coord.)
Iris Ferrão

Design e produção Daniele Debora de Souza (coord.)
Laudemir Marinho dos Santos
Camilla Felix Cianelli Chaves
Deborah Mattos
Lais Soriano
Tiago Dela Rosa

Planejamento e projetos Cintia Aparecida dos Santos
Daniela Maria Chaves Carvalho
Emily Larissa Ferreira da Silva
Kelli Priscila Pinto

Diagramação Cássia Souto
Revisão Bernardete Maurício
Capa Tiago Dela Rosa
Produção gráfica Marli Rampim
Sergio Luiz Pereira Lopes
Impressão e acabamento Vox Gráfica

DADOS INTERNACIONAIS DE CATALOGAÇÃO NA PUBLICAÇÃO (CIP)
VAGNER RODOLFO DA SILVA – CRB-8/9410

S376d Schoueri, Luís Eduardo

Direito Tributário / Luís Eduardo Schoueri. – 12. ed. – São Paulo: SaraivaJur, 2023.

1.016 p.

ISBN: 978-65-5362-608-9 (Impresso)

1. Direito. 2. Direito Tributário. I. Título.

CDD 341.39
2022-3538 CDU 34:336.2

Índices para catálogo sistemático:

1. Direito Tributário	341.39
2. Direito Tributário	34:336.2

Data de fechamento da edição: 1-12-2022

Dúvidas? Acesse www.saraivaeducacao.com.br

CÓD. OBRA 15927 CL 608101 CAE 819259

Aos Mestres que conduziram a cátedra de Direito Tributário da
Faculdade de Direito da Universidade de São Paulo:
Ruy Barbosa Nogueira (*in memoriam*)
Alcides Jorge Costa (*in memoriam*)
Paulo de Barros Carvalho.
Possa esta obra honrar o legado que deixaram.

*

A Denise, Ana Carolina e Luís Roberto,
cujo amor, compreensão, apoio e entusiasmo me motivam:
seja esta obra um convite a persistirem em seus ideais.

*

A meus alunos,
porque incentivam minha pesquisa e me alegram com seu aprendizado.

Sumário

Índice analítico IX
Nota à Décima Segunda Edição XVII
Introdução XIX
Capítulo I Estado fiscal, liberdade e tributação 1
Capítulo II Fontes do Direito Tributário 53
Capítulo III Tributo 115
Capítulo IV Espécies tributárias 155
Capítulo V Sistematização das categorias técnicas de tributação 229
Capítulo VI Sistema tributário e discriminação de competências tributárias 249
Capítulo VII Princípios e limitações constitucionais ao poder de tributar 283
Capítulo VIII Princípios específicos em matéria tributária 407
Capítulo IX Imunidades 443
Capítulo X A relação jurídico-tributária: sua natureza e estrutura 525
Capítulo XI O antecedente normativo da regra matriz de incidência tributária: 547
Capítulo XII O consequente normativo da regra matriz de incidência tributária: 577
Capítulo XIII Crédito tributário e lançamento 661
Capítulo XIV Suspensão da exigibilidade do crédito tributário 693
Capítulo XV Extinção da obrigação tributária 705
Capítulo XVI Exclusão do crédito tributário 743
Capítulo XVII Interpretação e integração da lei tributária 769
Capítulo XVIII Vigência e aplicação da lei tributária 861
Capítulo XIX Infrações em matéria tributária 881
Capítulo XX Garantias e privilégios do crédito tributário. Administração Tributária 919
Índice alfabético-remissivo 951
Índice de dispositivos da Constituição Federal citados 959
Índice de dispositivos do Código Tributário Nacional citados 961
Referências 963

Índice analítico

(Os números entre parênteses referem-se às páginas)

INTRODUÇÃO, XIX
1. Advertência ao leitor: o objetivo desta obra (XIX). 2. Uma proposta de estudo do Direito Tributário (XXI). 3. Plano da obra (XXII). 4. Os primeiros leitores (XXIV).

CAPÍTULO I – ESTADO FISCAL, LIBERDADE E TRIBUTAÇÃO, 1
1. Os tributos através dos tempos (1). 2. Contribuição da ciência das finanças (16). 3. As funções fiscais (20). 4. Tributação, eficiência e equidade (21). 5. Objetivos de um sistema tributário (26). 5.1. Eficiência econômica (27). 5.2. Simplicidade administrativa (28). 5.3. Flexibilidade (32). 5.4. Responsabilidade política (33). 5.5. Equidade (34). 5.6. Previsibilidade (36). 6. A questão da incidência econômica tributária (37). 7. Equivalência entre tributos diante da teoria da incidência econômica (49).

CAPÍTULO II – FONTES DO DIREITO TRIBUTÁRIO, 53
1. A ideia de fontes do Direito (53). 2. Veículos introdutores e normas introduzidas (54). 3. A Constituição Federal (55). 4. Lei complementar (58). 4.1. A ideia de uma lei complementar (59). 4.2. Funções da lei complementar: teoria dicotômica e teoria tricotômica (61). 4.3. As funções genéricas da lei complementar tributária (62). 4.3.1. Normas gerais (62). 4.3.1.1. A relação entre as "normas gerais" e as normas federais, estaduais e municipais (62). 4.3.1.2. A ideia da lei nacional (64). 4.3.1.3. O papel das normas gerais na Federação (66). 4.3.1.4. Falta de norma geral (67). 4.3.2. Lei complementar para dispor sobre conflitos de competência em matéria tributária (70). 4.3.3. Lei complementar para regular as limitações constitucionais ao poder de tributar (71). 4.4. Outras funções tópicas da lei complementar tributária: lei federal com *quorum* qualificado (72). 4.5. Caráter exaustivo do rol de matérias reservadas para lei complementar (72). 4.6. O Código Tributário Nacional e as Fontes do Direito Tributário (75). 4.6.1. Surgimento (76). 4.6.2. Estrutura (78). 4.6.3. A "Legislação Tributária" (79). 5. Lei ordinária (79). 6. Medida provisória (80). 7. Lei delegada (82). 8. Resolução (83). 9. Decreto legislativo (84). 10. Tratados internacionais (85). 10.1. A questão da jurisdição como chave para o problema (85). 10.2. Tratados internacionais versam sobre matéria distinta da lei interna (88). 10.3. A questão como vem sendo tratada pela doutrina: a prevalência (89). 10.4. Tratados internacionais e lei interna na jurisprudência brasileira (92). 10.5. O artigo 98 do CTN (98). 10.6. Uma visão de direito comparado (99). 10.7. A relação entre o disposto em um tratado internacional e a lei interna: a máscara de Vogel (102). 10.8. Tratados não são *lex specialis* (103). 10.9. Tratados e tributos estaduais e municipais (105).

11. Convênios (106). 12. Decretos (107). 13. Normas complementares (109). 13.1. Atos normativos (110). 13.2. Decisões dos órgãos singulares ou coletivos de jurisdição administrativa a que a lei atribua eficácia normativa (111). 13.3. Práticas reiteradamente observadas pelas autoridades administrativas (111). 13.4. Convênios internos (112). 14. Uma última palavra sobre o costume: sua importância no cenário internacional (112).

CAPÍTULO III – TRIBUTO, 115

1. A noção de tributo como receita (115). 1.1. Receitas originárias e receitas derivadas (115). 1.2. Taxa e preço público: uma necessária distinção (116). 1.3. Outras receitas originárias (125). 1.3.1. A compensação financeira por exploração de recursos minerais (126). 1.3.2. Compensação financeira pela exploração de recursos hídricos (127). 1.3.3. "Royalties" e outros pagamentos por exploração de petróleo e gás (129). 1.3.4. Ingressos por atividades comerciais (129). 1.4. Receitas derivadas (130). 2. A importância constitucional do conceito de tributo (131). 3. Conceito legal de tributo (132). 4. O conceito de tributo no Código Tributário Nacional (134). 4.1. Tributo é toda prestação (135). 4.2. Prestação pecuniária (...) em moeda, ou cujo valor nela se possa exprimir (136). 4.3. Prestação compulsória (137). 4.4. Instituída em lei (137). 4.5. Que não constitua sanção de ato ilícito (138). 4.5.1. A tributação dos efeitos dos atos ilícitos (138). 4.5.2. Agravamento da tributação em virtude da ilicitude do ato (144). 4.5.3. Hipótese constitucional de tributo como sanção por ilícito (145). 4.6. Cobrada mediante atividade administrativa plenamente vinculada (146). 5. Constitucionalização do conceito de tributo (147). 6. Classificações de tributos (149).

CAPÍTULO IV – ESPÉCIES TRIBUTÁRIAS, 155

1. Espécies tributárias (155). 1.1. Classificações tradicionais: correntes dicotômica e tricotômica (155). 1.2. As contribuições (157). 1.3. Limitações da classificação a partir da hipótese tributária (158). 1.4. Destinação e denominação (159). 1.4.1. A questão da denominação (159). 1.4.2. A questão da destinação legal do produto (160). 1.5. Proposta de classificação a partir dos regimes constitucionais (162). 1.5.1. Critérios intrínseco e extrínseco (162). 1.5.2. Identificação das espécies tributárias (164). 2. A justificação e as espécies tributárias (165). 3. Taxas (171). 3.1. Justificação das taxas (172). 3.2. Equivalência e base de cálculo das taxas (174). 3.3. Espécies de taxa no Código Tributário Nacional (175). 3.3.1. Taxa de polícia (176). 3.3.2. Taxa de serviço público (178). 3.4. Competência anexa (180). 3.5. Síntese das taxas (181). 4. Contribuição de melhoria (181). 4.1. Exemplos de contribuição de melhoria em outros ordenamentos (181). 4.2. A contribuição de melhoria no Brasil até a Emenda Passos Porto (183). 4.3. A "Emenda Passos Porto" (186). 4.4. A contribuição de melhoria no texto constitucional de 1988 (188). 4.5. Justificação da contribuição de melhoria (188). 4.6. Limite individual: benefício ou valorização (188). 4.7. Limite total (191). 4.8. Taxa ou contribuição (191). 4.9. Momento da publicação do edital (193). 4.10. Síntese da contribuição de melhoria (194). 5. Impostos (194). 5.1. A justificação dos impostos (195). 5.2. Impostos e capacidade contributiva (202). 5.2.1. Corolário: quais as hipóteses possíveis para a instituição de impostos (202). 5.3. Síntese dos impostos (204). 6. Empréstimo compulsório (204). 6.1. Enquadramento constitucional (204). 6.2. A justificação é exigência para o empréstimo compulsório (205). 6.3. Empréstimo compulsório no Código Tributário Nacional (205). 6.4. Empréstimo compulsório é espécie (206). 6.5. Ausentes as hipóteses constitucionais, não há empréstimo compulsório (206). 6.6. Falta de previsão das possíveis hipóteses tributárias (207). 6.7. Síntese dos empréstimos compulsórios (208). 7. Contribuições sociais (209). 7.1. Contribuições

sociais como impostos com afetação (209). 7.1.1. Afetação dos recursos das contribuições sociais (211). 7.1.2. Justificação das contribuições sociais (211). 7.1.3. Crescimento da importância das contribuições sociais (213). 7.2. Regime geral das contribuições sociais: art. 149 da Constituição (213). 7.2.1. Contribuições sociais e o Código Tributário Nacional (213). 7.2.2. Outros desdobramentos do artigo 149 da Constituição Federal (215). 7.3. Contribuições sociais: o regime das contribuições destinadas à seguridade social (216). 7.4. Outras contribuições sociais (216). 7.5. Desvinculação de parte dos recursos (217). 7.6. Síntese das contribuições sociais (218). 7.7. Uma palavra sobre as contribuições para o serviço de custeio da iluminação pública – Cosip (219). 8. Contribuições especiais (220). 8.1. Indicações constitucionais para as contribuições especiais (221). 8.1.1. Bases de cálculo das contribuições de intervenção no Domínio Econômico (221). 8.1.2. Omissão para as contribuições de interesse de categoria profissional ou econômica (221). 8.1.3. A contribuição como instrumento para obter recursos financeiros para a atuação da União (222). 8.2. Justificação das contribuições especiais (223). 8.2.1. Corolário da justificação: a referibilidade (223). 8.3. Contribuições de interesse de categoria profissional ou econômica (224). 8.4. Contribuições de intervenção no Domínio Econômico (225). 8.5. Contribuições previdenciárias de funcionários públicos (227). 8.6. Síntese das contribuições especiais (228). 9. Conclusão: espécies tributárias (228).

CAPÍTULO V – SISTEMATIZAÇÃO DAS CATEGORIAS TÉCNICAS DE TRIBUTAÇÃO, 229

1. Introdução (229). 2. Competência/não competência (229). 3. Imunidade (231). 4. Incidência e não incidência (232). 5. Isenção (234). 5.1. Isenção e outras não incidências: em busca de um modelo teórico (237). 5.2. Isenções técnicas e isenções próprias (240). 5.3. Uma última palavra sobre as isenções técnicas e as isenções próprias (243). 6. Outras figuras: alíquota zero e redução de base de cálculo (245).

CAPÍTULO VI – SISTEMA TRIBUTÁRIO E DISCRIMINAÇÃO DE COMPETÊNCIAS TRIBUTÁRIAS, 249

1. Competência tributária (249). 1.1. Competência tributária e capacidade tributária ativa (249). 1.2. Competência tributária e competência legislativa (250). 2. Repartição de competências tributárias (250). 3. Repartição de competências: em busca de uma visão sistemática (251). 4. A repartição de competências segundo as espécies tributárias (254). 4.1. Impostos, taxas e contribuições de melhoria (255). 4.1.1. Taxas (256). 4.1.2. Contribuição de melhoria (256). 4.2. Impostos (257). 4.2.1. Breve exposição das discriminações de competência previstas pelos textos constitucionais anteriores à Emenda Constitucional n. 18/65 (258). 4.2.2. Competência residual e discriminação de competências de impostos após a Emenda Constitucional n. 18/65 (259). 4.2.3. Discriminação de competências de impostos na Constituição em vigor (261). 4.2.4. Competência residual (261). 5. O papel da lei complementar em matéria de competências (262). 5.1. Utilização de tipos pelo constituinte (262). 5.1.1. Tipos e conceitos (265). 5.2. Os tipos na Constituição de 1988 (269). 5.3. O papel da lei complementar na conceituação dos campos de competência (269). 5.4. Ainda sobre conflitos de competência (272). 5.4.1. O exemplo do imposto sobre heranças e doações (273). 6. Empréstimo compulsório (275). 7. Contribuições sociais e contribuições especiais (277). 7.1. Competência federal como regra (277). 7.2. Exceção: contribuições especiais estaduais, municipais ou distritais (277). 7.3. Matéria sujeita às contribuições sociais e

especiais (278). 7.4. Competência residual para as contribuições sociais destinadas à seguridade social (279). 7.5. Custeio da iluminação pública (281).

CAPÍTULO VII – PRINCÍPIOS E LIMITAÇÕES CONSTITUCIONAIS AO PODER DE TRIBUTAR, 283

1. Princípios em matéria tributária (283). 2. Princípio da Legalidade (288). 2.1. Origens do direito de concordar com a tributação (289). 2.2. O Princípio da Legalidade na Constituição brasileira (296). 2.3. Reserva de lei (299). 2.4. Conteúdo do Princípio da Legalidade (301). 2.5. O alegado Princípio da "Tipicidade Cerrada" (305). 2.5.1. Determinação conceitual (309). 2.5.2. A questão dos conceitos indeterminados e cláusulas gerais (309). 2.5.3. Legalidade não aceita o exercício do juízo de conveniência e oportunidade (316). 2.6. Mitigação do Princípio da Legalidade (317). 2.7. Formas atuais de ofensa ao Princípio da Legalidade (318). 2.7.1. Flexibilização e Tributos Vinculados (321). 2.7.2. Flexibilização e tributos não vinculados (326). 3. Princípio da Anterioridade (333). 4. Princípio da Irretroatividade (348). 5. Princípio da Igualdade (356). 5.1. Parâmetros para a Igualdade (358). 5.1.1. Sinalagma como parâmetro (359). 5.1.2. Capacidade contributiva como parâmetro (359). 5.1.2.1. Capacidade contributiva absoluta e relativa (360). 5.1.3. A coexistência de diversos parâmetros (363). 5.2. Igualdade e contribuições (364). 6. Princípio da Proibição do Efeito de Confisco (367). 7. Princípios atinentes à unidade econômica e política (376). 8. Imunidades (378). 9. Princípios da Ordem Econômica e tributação (378). 9.1. Soberania Nacional (379). 9.2. Propriedade Privada (380). 9.2.1. Tributo com "efeito alavanca" e propriedade (381). 9.2.2. Propriedade como efeito da tributação (381). 9.3. Função Social da Propriedade (382). 9.4. Livre Concorrência (382). 9.4.1. Livre Concorrência promovida por normas tributárias indutoras (385). 9.4.2. Livre Concorrência como limite para a tributação: a neutralidade (385). 9.4.2.1. Desafios da Neutralidade Tributária Concorrencial (386). 9.4.2.2. A Neutralidade Tributária Concorrencial na Constituição Federal (392). 9.4.2.3. Livre Concorrência e Tributação: o papel do art. 146-A da Constituição Federal (395). 9.5. Defesa do Consumidor (400). 9.6. Defesa do Meio Ambiente (400). 9.7. Redução de Desigualdades Regionais e Setoriais (401). 9.8. Busca do Pleno Emprego (402). 9.9. Tratamento Favorecido para as Empresas de Pequeno Porte (403). 9.10. Livre Exercício de Qualquer Atividade Econômica (405).

CAPÍTULO VIII – PRINCÍPIOS ESPECÍFICOS EM MATÉRIA TRIBUTÁRIA, 407

1. Introdução (407). 2. Progressividade, proporcionalidade e regressividade (407). 2.1. Progressividade no Imposto de Renda (410). 2.2. Progressividade e igualdade (410). 2.3. Progressividade e capacidade contributiva (411). 2.4. Progressividade e justiça distributiva (413). 2.5. Progressividade na Constituição (413). 2.6. Ainda sobre a progressividade e capacidade contributiva (414). 2.7. Progressividade distributiva e estrutural (415). 2.8. Progressividade e incentivos fiscais (417). 3. Universalidade e Generalidade (419). 4. Não cumulatividade (422). 4.1. Tributos monofásicos e plurifásicos (423). 4.2. Tributos plurifásicos (424). 4.3. Tributos plurifásicos não cumulativos (425). 4.3.1. Tributos não cumulativos: extensão (426). 4.3.2. Tributos não cumulativos: tratamento aos investimentos (crédito físico ou crédito financeiro) (426). 4.3.3. Tributos não cumulativos: momento do crédito (428). 4.3.4. Tributos não cumulativos: momento da apuração (428). 4.4. A não cumulatividade na Constituição (429). 4.4.1. A não cumulatividade do ICMS (430). 4.4.2. A não cumulatividade do IPI (431). 4.4.3. Outras não cumulatividades (432). 5. Seletividade (433). 6. Regressividade da tributação do consumo, seletividade e progressividade: reflexão conclusiva (436).

CAPÍTULO IX – IMUNIDADES, 443

1. Imunidades como limitação ao poder de tributar (443). 1.1. Imunidade e proteção (443). 1.2. A construção da norma de imunidade (444). 1.3. Imunidade, Domínio Econômico e Livre Concorrência (449). 1.4. Patrimônio, renda e serviços (451). 2. Classificação das imunidades (457). 3. Imunidade recíproca (458). 3.1. A construção da norma concernente à imunidade recíproca (461). 3.2. A cobrança de tarifas ou preços públicos (464). 4. Imunidade dos templos de qualquer culto (475). 4.1. Liberdade religiosa e capacidade contributiva construindo a imunidade dos templos de qualquer culto (477). 4.2. Alcance da imunidade (480). 4.2.1. Aspecto objetivo da imunidade mista (481). 4.2.2. Aspecto subjetivo da imunidade mista (483). 4.3. Limites da imunidade aos templos (486). 5. Imunidade dos partidos políticos, das entidades sindicais de trabalhadores e das entidades de assistência social e de educação (487). 5.1. A construção das normas concernentes às imunidades dos partidos políticos, das entidades sindicais de trabalhadores e das entidades de assistência social e de educação (488). 5.2. Atuação no domínio econômico e imunidade dos partidos políticos, das entidades sindicais de trabalhadores e das entidades de assistência social e de educação (490). 5.3. Atendidos os requisitos da lei (493). 5.3.1. Não distribuição de lucros (494). 5.3.2. Aplicação de recursos no País (497). 5.3.3. Imunidades e deveres instrumentais (497). 5.4. Extensão da imunidade das entidades assistenciais às contribuições sociais (499). 6. Livros, jornais, periódicos e o papel destinado a sua impressão (503). 7. Fonogramas e videofonogramas musicais (510). 8. Exportações (513). 9. Outras imunidades específicas (515). 10. Imunidades e taxas (519). 11. Imunidades e os tributos "indiretos" (519).

CAPÍTULO X – A RELAÇÃO JURÍDICO-TRIBUTÁRIA: SUA NATUREZA E ESTRUTURA, 525

1. Introdução (525). 2. Obrigação "principal" e obrigação "acessória" (526). 3. Obrigação "principal" e as multas (528). 4. Obrigação acessória (529). 5. Estrutura da relação tributária "principal": a regra matriz de incidência tributária (539). 5.1. Regra matriz e legalidade (542). 5.2. Regra matriz: importância didática (542). 5.3. Desdobramento da regra matriz (544).

CAPÍTULO XI – O ANTECEDENTE NORMATIVO DA REGRA MATRIZ DE INCIDÊNCIA TRIBUTÁRIA, 547

1. O "fato gerador" (547). 1.1. Uma questão terminológica (547). 1.1.1. Uma questão terminológica no direito comparado (548). 1.1.2. "Fato gerador": entre hipótese tributária e fato jurídico tributário (554). 1.2. O fato como base para a tributação (557). 1.3. Fato ou conjunto de fatos (561). 1.4. "Situação jurídica" (563). 1.5. Tributação dos fatos (564). 2. Aspectos, elementos ou critérios do "fato gerador" (566). 2.1. Uma palavra sobre o critério pessoal na hipótese tributária: o contribuinte (567). 2.2. Critério material (568). 2.3. Critério temporal (570). 2.3.1. Instantâneos e periódicos (570). 2.3.2. Lei aplicável (571). 2.3.3. nfluência do critério temporal no cálculo do tributo (572). 2.3.4. Antecipação do critério temporal (572). 2.4. Critério espacial (575).

CAPÍTULO XII – O CONSEQUENTE NORMATIVO DA REGRA MATRIZ DE INCIDÊNCIA TRIBUTÁRIA, 577

1. Introdução (577). 2. Obrigação "principal": sua natureza (577). 2.1. Relevância da discussão: a proteção do *status* obrigacional (578). 2.2. Obrigação "principal" e obrigação privada (579). 3. Os

critérios do consequente normativo da regra matriz de incidência (581). 4. Critério quantitativo (582). 4.1. Base de cálculo (582). 4.1.1. Base de cálculo dos tributos vinculados (585). 4.1.1.1. Outros critérios para a base de cálculo (593). 4.1.1.2. A capacidade contributiva nas taxas (594). 4.1.2. Base de cálculo dos tributos não vinculados (595). 4.1.2.1. Outros critérios (599). 4.2. Alíquota (599). 5. Critério pessoal: sujeito ativo (599). 6. Critério pessoal: sujeito passivo (601). 6.1. Obrigação "principal" e o duplo vínculo: a teoria dualista da obrigação na distinção entre contribuinte e sujeito passivo (602). 6.2. Capacidade tributária (605). 6.3. A solidariedade passiva (606). 6.4. O "responsável tributário" (609). 6.4.1. O responsável é vinculado ao fato jurídico tributário (611). 6.4.2. Sobre a substituição tributária (613). 6.4.2.1. A substituição "para frente" (616). 6.4.2.2. Retenção na fonte e substituição (621). 6.5. Sobre a responsabilidade *stricto sensu* (por transferência) (624). 6.5.1. Extensão da responsabilidade *stricto sensu*: tributos e multas (626). 6.5.2. Responsabilidade por sucessão (630). 6.5.2.1. Sucessão na aquisição de bens (630). 6.5.2.2. Sucessão tributária da pessoa física (632). 6.5.2.3. Sucessão tributária das pessoas jurídicas (633). 6.5.2.4. Sucessão na aquisição de estabelecimento ou fundo de comércio (636). 6.5.3. Responsabilidade por ato ou omissão (640). 6.6. Responsabilidade "do agente" por infração (656). 6.7. Síntese das hipóteses de responsabilidade por transferência (659).

CAPÍTULO XIII – CRÉDITO TRIBUTÁRIO E LANÇAMENTO, 661

1. A ideia de lançamento: mecanismo de cobrança e estabilização da relação jurídica tributária (661). 2. Natureza do lançamento (662). 2.1. Discussões sobre a natureza do lançamento (663). 2.2. Efeitos práticos da discussão (666). 2.3. Posição dúbia do Código Tributário Nacional (666). 3. O crédito tributário e a obrigação (668). 3.1. Crédito e obrigação na Constituição (669). 3.2. Crédito e obrigação no Código Tributário Nacional (669). 4. O lançamento "constituindo" o crédito (671). 5. O lançamento no Código Tributário Nacional (671). 5.1. Compete privativamente à autoridade administrativa (671). 5.2. Constituir o crédito tributário pelo lançamento (672). 5.3. Assim entendido o procedimento administrativo (672). 5.4. Tendente a verificar a ocorrência do fato gerador da obrigação correspondente, determinar a matéria tributável, calcular o montante do tributo devido, identificar o sujeito passivo (674). 5.5. E, sendo o caso, propor a aplicação da penalidade cabível (674). 6. Lançamento como ato jurídico e como resultado (675). 7. Atividade vinculada e obrigatória (675). 8. Lei de regência do lançamento (677). 9. Modalidades de lançamento (680). 9.1. Lançamento direto (*ex officio*) (680). 9.1.1. Mudança de critério jurídico (681). 9.2. Lançamento por declaração (684). 9.3. Lançamento por homologação (685). 9.3.1. Crítica: tributos sem lançamento (688).

CAPÍTULO XIV – SUSPENSÃO DA EXIGIBILIDADE DO CRÉDITO TRIBUTÁRIO, 693

1. Suspensão da exigibilidade, não do crédito (693). 2. Moratória (695). 2.1. Moratória geral ou individual (696). 2.2. Moratória e Federalismo (696). 2.3. Requisitos da moratória (697). 2.4. Extensão da moratória (698). 3. Depósito do montante integral (698). 3.1. Valor do depósito (699). 4. Reclamações e recursos administrativos (700). 4.1. Questionamento quanto à natureza do processo (701). 5. Concessão de medida liminar em mandado de segurança e concessão de medida liminar ou de tutela antecipada, em outras espécies de ação judicial (701). 6. Parcelamento (702).

CAPÍTULO XV – EXTINÇÃO DA OBRIGAÇÃO TRIBUTÁRIA, 705

1. Extinção da obrigação e do crédito (705). 2. Pagamento (706). 2.1. Pagamento no Direito Privado e no Direito Tributário (706). 2.1.1. Pagamento do tributo e da penalidade (706). 2.1.2. Prova do pagamento em cotas (707). 2.1.3. Local do pagamento (707). 2.1.4. Mora (707). 2.1.5. Imputação do pagamento (708). 2.2. Consignação em pagamento (709). 2.3. Prazo do pagamento (710). 2.4. A repetição do indébito tributário (711). 2.4.1. Restituição dos tributos "indiretos" (712). 2.4.2. Prazo para a repetição (713). 3. Compensação (715). 4. Transação (718). 5. Remissão (721). 6. Prescrição e decadência (723). 6.1 Decadência e homologação: hipóteses diversas de extinção do crédito tributário (731). 7. Outras hipóteses (734).

CAPÍTULO XVI – EXCLUSÃO DO CRÉDITO TRIBUTÁRIO, 743

1. A "exclusão" do crédito tributário no Código Tributário Nacional (743). 2. Isenção (745). 2.1. Natureza da norma de isenção: da dispensa do pagamento do tributo à mutilação na própria regra matriz de incidência (745). 2.2. Os reflexos da discussão: submissão ao Princípio da Anterioridade (748). 2.3. Classificações das isenções (753). 2.4. A disciplina da isenção no Código Tributário Nacional (754). 2.5. A questão das isenções condicionadas (757). 3. Anistia (766). 3.1. Considerações gerais sobre a anistia (766). 3.2. Disciplina da anistia no Código Tributário Nacional (766).

CAPÍTULO XVII – INTERPRETAÇÃO E INTEGRAÇÃO DA LEI TRIBUTÁRIA, 769

1. Interpretação da lei tributária (769). 2. Teorias da interpretação (770). 3. Jurisprudência dos valores em matéria tributária e seus limites: a questão da tipicidade (773). 4. Considerações gerais sobre interpretação, integração e aplicação (777). 4.1. Interpretação e integração (777). 4.2. Aplicação (778). 4.3. Interpretação, integração e aplicação: processos distintos de ocorrência simultânea (781). 4.4. O papel da prudência do intérprete/aplicador na construção da norma (782). 5. Direito Tributário e Direito Privado: a consideração econômica em matéria tributária (785). 5.1. A evolução do pensamento da consideração econômica no Direito Comparado (787). 5.2. A consideração econômica no Anteprojeto de Código Tributário Nacional (797). 5.3. Em resumo: o que é a consideração econômica, hoje, nas lições do Direito Comparado (799). 5.4. Consideração econômica e seus limites (803). 5.5. Abuso de formas jurídicas e consideração econômica (805). 5.6. Avaliação crítica: consideração econômica e abuso de formas jurídicas (809). 5.7. Consideração econômica e segurança jurídica (811). 5.8. Consideração econômica, tipos e Jurisprudência dos Valores (812). 6. Interpretação, integração e qualificação no Código Tributário Nacional (812). 6.1. Interpretação (813). 6.2. Integração (814). 6.2.1. A questão da analogia e sua importância para o tema do planejamento tributário (815). 6.2.2. A analogia no Direito Comparado (816). 6.2.3. A analogia no Direito Positivo brasileiro (819). 6.3. Equidade (821). 6.4. Institutos do Direito Privado (821). 6.4.1. O mandamento do art. 109 do Código Tributário Nacional (822). 6.4.2. O mandamento do art. 110 do Código Tributário Nacional: conceitos de Direito Privado na definição de competência (825). 6.4.3. O art. 110 do Código Tributário Nacional na Jurisprudência (826). 6.4.3.1. A expressão "folha de salários" (826). 6.4.3.2. A locação de bens móveis e a prestação de serviços (830). 6.4.3.3. A expressão "faturamento" (832). 6.4.3.4. Leasing e prestação de serviços (838). 6.4.3.5. Software e o conceito de mercadoria (841). 6.4.3.6. Leasing internacional e a circulação de mercadorias (844). 6.4.3.7. Planos privados de assistência à saúde e a prestação de serviços (846). 6.4.3.8. Contrato de franquia e a prestação de serviços (850). 6.4.3.9. Síntese da jurisprudência (851).

6.4.4. Conclusão: artigos 109 e 110 (853). 6.4.5. Ainda sobre o art. 110 do Código Tributário Nacional: interpretação estática e interpretação dinâmica (854). 6.5. Interpretação literal das isenções (857). 6.6. *In dubio pro reo* (858). 7. Qualificação (859).

CAPÍTULO XVIII – VIGÊNCIA E APLICAÇÃO DA LEI TRIBUTÁRIA, 861

1. Vigência da lei tributária (861). 1.1. Vigência no tempo (862). 1.2. Vigência no espaço (865). 1.2.1. A territorialidade em matéria tributária internacional (867). 2. Aplicação da lei tributária (872). 2.1. Retroatividade da lei tributária (873).

CAPÍTULO XIX – INFRAÇÕES EM MATÉRIA TRIBUTÁRIA, 881

1. A infração tributária (881). 2. Direito Tributário Penal e Direito Penal Tributário (882). 2.1. Princípios comuns (884). 2.2. Peculiaridades do Direito Tributário Penal (887). 2.3. A questão da proporcionalização da sanção (894). 3. A disciplina das infrações tributárias no Código Tributário Nacional (901). 3.1. Responsabilidade por culpa (901). 3.2. Responsabilidade pessoal do agente (902). 3.2.1. Infrações conceituadas como crime ou contravenção (903). 3.2.2. Infrações em que o dolo específico do agente seja elementar (903). 3.2.3. Ilícitos contra vítimas (904). 3.3. Denúncia espontânea (904). 3.3.1. Denúncia espontânea e multa de mora (905). 3.3.2. Denúncia espontânea e os deveres instrumentais (908). 4. Direito Penal Tributário (908). 4.1. Breve histórico (908). 4.2. Crimes contra a ordem tributária (910). 4.2.1. Sonegação fiscal (914). 4.2.2. Apropriação indébita e não recolhimento de tributo descontado ou cobrado de terceiros (915). 4.2.3. Pagamento e exclusão de punibilidade (917).

CAPÍTULO XX – GARANTIAS E PRIVILÉGIOS DO CRÉDITO TRIBUTÁRIO. ADMINISTRAÇÃO TRIBUTÁRIA, 919

1. Garantias, privilégios e preferências do crédito tributário (919). 2. Garantias do crédito tributário (919). 3. Garantias no Código Tributário Nacional (922). 3.1. Presunção de alienação fraudulenta (922). 3.2. Garantias tratadas como preferências pelo Código Tributário Nacional (923). 3.2.1. Garantias em face da falência ou recuperação judicial (923). 3.2.2. Garantia no inventário ou arrolamento (925). 3.2.3. Certidão negativa para contratar com o Poder Público (925). 3.2.4. Penhora eletrônica e Indisponibilidade de Bens e Direitos (927). 4. Privilégios do crédito tributário (929). 5. Preferência do crédito tributário (931). 5.1. Não sujeição à falência (933). 5.2. Preferência no inventário (935). 6. Administração Tributária (935). 6.1. Aspectos constitucionais da Administração Tributária (935). 7. A Administração Tributária no Código Tributário Nacional (936). 7.1 Fiscalização (937). 7.2. Amplitude do poder da fiscalização (938). 7.3. Formalização da fiscalização (940). 7.4. Sigilo de terceiros (941). 7.5. Sigilo fiscal (945). 7.6. Assistência mútua (946). 7.7. Força pública (948).

Nota à Décima Segunda Edição

É com muita alegria que vejo esta obra chegar à sua 12ª edição.

Incrementada em algumas partes, ajustada em outras, esta obra é oferecida ao público na expectativa de que seja não apenas lida, como também objeto da reação crítica de seus leitores. Afinal, é isto que este curso sempre almejou: ao servir de guia para estudantes dos mais diversos estágios de formação acadêmica, esta obra espera, da parte deles, uma leitura ativa.

Como venho dizendo, a relação entre estudante e professor não pode limitar-se à mera transmissão de informações. O amplo acesso à informação promovido pela *internet* tende a logo tornar obsoleto o professor que aja como mero divulgador de conteúdo facilmente disponível na rede. Daí que a boa formação exige o discernimento: é preciso exercitar a inteligência (*intelligentia*). Em *intelligentia*, temos "entre" no prefixo *inter* e "escolha" em *legere*. Dentre tantas informações, é preciso escolher o cerne. Inteligência é *discernimento*. É o que se espera de quem estuda uma disciplina. Por isso mesmo, não espere encontrar nesta obra conclusões prontas, impensadas, tampouco afirmações fáceis. Quero que se compreenda a razão que me leva a determinada conclusão. Este é, portanto, um convite a desafiar meu raciocínio e a propor outro mais consistente. Se eu tiver colaborado para cada um se sentir à vontade ao pensar no campo do Direito Tributário e questionar minhas afirmações, então minha missão, como professor, terá sido atingida.

Desejo uma boa leitura a todos.

São Paulo, agosto de 2022.

Luís Eduardo Schoueri
schoueri@usp.br
www.schoueri.com.br

Introdução

1 Advertência ao leitor: o objetivo desta obra

Em primeiro lugar, devo agradecer a sua leitura. Muito obrigado por seu interesse.

Este livro foi concebido como um curso, voltado a estudantes do quarto ano do bacharelado em Direito. Por isso mesmo, limita-se ao estudo do Direito Tributário na Constituição e na Lei Complementar. Deixaram-se de lado, propositadamente, considerações acerca dos principais tributos do ordenamento brasileiro, bem como do processo administrativo tributário, já que esses temas têm maior pertinência para a disciplina Direito Tributário Aplicado. Por sua vez, a obra não é útil apenas para estudantes de graduação: nela se discutem temas presentes no dia a dia da advocacia e dos tribunais, de modo a servir de apoio igualmente para os operadores do Direito.

A obra assume como premissa o leitor jejuno em matéria tributária. Nem por isso, entretanto, seguiu a tentação de um estudo superficial. Foi escrita para um estudioso que merece respeito intelectual do autor. A relação aluno-professor deve ultrapassar a linha da mediocridade. O aluno somente respeitará o professor se sentir que este respeita sua inteligência. Esta, por sua vez, apenas se aprimora com novos desafios. Daí o forte caráter questionador dado à obra.

É esse mesmo respeito intelectual que exigiu que o texto fosse transparente com relação ao esforço de pesquisa empreendido para cada uma das conclusões alcançadas. Parece honesto, também, deixar claro que não se pretende ter conclusões definitivas, e que, muitas vezes, o raciocínio apresentado não é o acolhido pela jurisprudência. O aplicador do Direito não pode desconhecer a jurisprudência, já que esta, uma vez consolidada, tenderá a guiar decisões futuras, revelando-se, sob tal aspecto, fonte do Direito.

Cabe registrar que a decisão de escrever este livro não foi fácil, diante da crença de que uma obra desse porte deveria ser escrita apenas na maturidade do autor. Este, porém, abraçou a docência muito cedo e – assim quis o destino – teve a felicidade de alcançar o topo da carreira acadêmica antes de completar os 40 anos. Por outro lado, seria muita pretensão de sua parte acreditar que hoje, Professor Titular, não teria mais o que aprender. Daí a ideia da cátedra como um encargo: é preciso continuar a estudar o Direito Tributário cada vez com maior afinco e compartilhar as dúvidas com os estudantes e colegas.

Houve tempo em que se creditava ao professor o monopólio do conhecimento. Era ele que tinha os livros a que os alunos não tinham acesso. As aulas eram denominadas preleções, ou leituras, já que nelas cabia ao docente mostrar sua erudição, discorrendo (muitas vezes valendo-se de monótonas leituras) sobre tema a que os alunos não teriam acesso de outro modo.

Não é essa a realidade do ensino no século XXI e não foi para tal missão que o autor abraçou a cátedra. Em suas aulas, o Professor Alcides Jorge Costa, titular aposentado da Universidade de São Paulo, já insistia em que o professor só deveria ficar satisfeito se seus alunos saíssem com mais dúvidas do que quando entraram: são as dúvidas que provocam a curiosidade, e por meio desta é que se aprende.

Hoje, encontram-se nas aulas de graduação alunos que têm pleno acesso à informação. É risco de todo professor, ao citar uma decisão jurisprudencial, ser contestado por um ou mais estudantes que, em plena aula, consultem a *internet* e encontrem decisão ainda mais recente em sentido diverso; do mesmo modo, o pleno acesso a revistas eletrônicas, inclusive internacionais, afasta por completo a ideia do monopólio do conhecimento.

Daí que ao professor do século XXI reserva-se nova tarefa. No lugar de provedor de informações, cabe-lhe antes ser o guia, o filtro; a missão do docente é ensinar seus alunos a pensar a sua disciplina. Eles encontrarão, querendo, as informações de que necessitam; ao professor restará apenas aguçar-lhes a curiosidade e acentuar-lhes a crítica.

Foi com tal abertura que se encarou o desafio de escrever este trabalho. Tolo aquele que pensa não ter o que aprender. Se é tomada a iniciativa de apresentar, por escrito, um pensamento atual, é com a esperança de abrir um diálogo construtivo com o leitor. Não se espera deste uma posição passiva. Ao contrário, maior alegria haverá se as ideias apresentadas provocarem sua reflexão, já que, insista-se, é assim que se dá o aprendizado.

Não tem espaço a falsa modéstia de negar as horas de estudo empreendidas, até agora, para chegar às ideias ora alcançadas. O respeito pelo leitor exige que o autor desenvolva, no papel, aquilo que acredita, neste momento, seja o modo mais adequado de se estudar o fenômeno da tributação.

Por outro lado, cabe insistir que esta obra não tem pretensões de definitividade. Ela foi escrita com o caráter aberto. De bom grado, serão recebidas contribuições, sirvam elas para corroborar ou para negar as conclusões atingidas.

Em resumo: a obra terá cumprido sua finalidade se tiver provocado a reflexão do leitor.

2 Uma proposta de estudo do Direito Tributário

É lugar-comum apontar o tributo como responsável por boa parte das mazelas nacionais. É corriqueira a referência ao "cipoal tributário", dando a impressão de um emaranhado de exigências desproporcionais sobre o homem médio, que gera arrecadação crescente e descontrolada, que retira do "setor produtivo" os recursos necessários para sua sobrevivência e para a geração de riquezas.

Diante de tal cenário, é inevitável que se pergunte para que, afinal, servem os tributos. Qual a fundamentação, em pleno século XXI, da tributação? Qualquer tributo é justificado em si mesmo, independentemente de sua finalidade? Há limites para a tributação? Há espaço para se falar em "ordem tributária", ou será mais adequado reconhecer *status* jurídico ao caos?

A tributação pode ser estudada por diversos ângulos. Uma perspectiva histórica auxiliará a compreender a relação entre a tributação e os diversos movimentos humanos. Ao historiador caberá relacionar, por exemplo, a Festa do Chá à independência dos Estados Unidos ou, no Brasil, a derrama à inconfidência mineira. O economista, por seu turno, efetuará uma análise funcional do tributo, buscando a eficiência econômica. O cientista político compreenderá as limitações contingenciais do processo tributário. Ao sociólogo, caberá investigar os efeitos da tributação sobre a sociedade. Ao psicólogo, finalmente, haverá espaço para investigar as razões que levam o contribuinte a buscar reduzir seu encargo tributário.

Ao jurista, fica reservado o papel de descrever e sistematizar o ordenamento jurídico tributário. Como em qualquer ramo do conhecimento, também aqui surgirão ferramentas próprias à análise do fenômeno jurídico da tributação. Assim, questões como hierarquia, anterioridade e especialidade, próprias para solução de antinomias, resolvem-se a partir dos ensinamentos da Teoria Geral do Direito. Entretanto, a análise jurídica não deve deixar de lado o fenômeno sobre o qual se debruça. Sendo a tributação um fenômeno histórico, político, econômico e social, as contribuições oferecidas por essas distintas perspectivas não podem ser desprezadas na busca da construção de um sentido ao todo tributário.

Não se prega, aqui, que as ferramentas utilizadas por outros campos do conhecimento devam ser utilizadas acriticamente pelo jurista. Embora se relatem experiências interessantes nesse sentido – a análise econômica do direito é exemplo eloquente dessa prática –, deve-se apontar para o risco de que os aplicadores do direito deixem de lado os critérios jurídicos na solução dos conflitos. Assim como não seria tolerável que o uso da terapia – próprio da análise psicanalítica – servisse para investigar a legitimidade da economia de tributos, tampouco se devem admitir análises de custo de oportunidade ou de transação ao se averiguar a licitude/ilicitude de um comportamento do contribuinte.

Por outro lado, o jurista não deve isolar seu conhecimento, sob a pretensão de laborar sobre campo infenso a influências externas. Ao contrário, o fenômeno jurídico – e especialmente a tributação – é fruto de uma experiência humana. A lei tributária surge como resultado de um fenômeno político, inspirado por questões econômicas e sociais. Compreender essa relação é fundamental para a boa análise jurídica. Afinal, como já dizia Miguel Reale em suas *Lições preliminares de Direito*[1], o fenômeno jurídico é tridimensional. A norma não é, portanto, o único aspecto do direito, já que ao lado dela convivem fato e valor. A compreensão destes permitirá a extração do sentido da norma. Assim é que ao jurista cabe estudar e refletir sobre as conclusões a que chegam os economistas, os historiadores, os sociólogos, os filósofos e todos os outros pensadores que, com metodologias próprias, contribuem para a correta compreensão dos fatos e dos valores que formam, ao lado da norma, o direito.

Em síntese: ao mesmo tempo em que não merece acolhida, na análise dogmática, o emprego de ferramentas econômicas com base nas quais o aplicador do direito raciocine em termos de conveniência/eficiência (e não adstrito ao direito positivo), também se deve rejeitar a análise dogmática que se pretenda destacada do contexto econômico, político e social no qual se insira.

Por tais razões, esta obra propõe que o estudo jurídico da tributação não desconheça suas origens históricas, tampouco as reflexões que há cerca de três séculos se vêm desenvolvendo na seara das finanças públicas, como forma de compreensão do fenômeno regulado pelo ordenamento jurídico contemporâneo. Não se pretende, por outro lado, ignorar os avanços que ofereceu a doutrina jurídica, em especial no final do último século e início deste novo milênio.

3 Plano da obra

O texto desta obra é elaborado em duas fontes: uma dedicada a considerações mais gerais, adequadas a um primeiro contato do leitor com o objeto de estudo; outra empregada quando se quiser desenvolver o tema. Se o leitor, provocado pelo texto geral, tiver curiosidade de se aprofundar no assunto, oferecer-se-á, logo em seguida, subsídio para seu estudo.

A proposta desta obra inclui uma abordagem pragmática do Direito Tributário: interessa a compreensão dos efeitos da norma tributária sobre o tecido econômico. Inicia-se por uma breve consideração histórica, fundamental para demonstrar que a relação da sociedade com o tributo deve ser compreendida historicamente. Estudos desenvolvidos durante o liberalismo tinham por pano de fundo sistema jurídico bastante diverso daquele desenhado para a sociedade do século XXI.

1 REALE, Miguel. *Lições preliminares de Direito*. 27. ed. São Paulo: Saraiva, 2002.

Ainda com o objetivo de oferecer subsídios teóricos para o estudo da dogmática do Direito Tributário, far-se-ão alguns apontamentos com base na ciência das finanças. São eles fundamentais para desfazer o mito da neutralidade da tributação, o que exige do jurista a avaliação da pertinência, diante do ordenamento jurídico, dos resultados constatados. É com o apoio da ciência das finanças que ideias como a da incidência econômica, diversa da incidência jurídica, serão enfrentadas. Os esforços dos economistas em busca de um sistema tributário ideal serão narrados e confrontados com a necessidade de um compromisso entre as variáveis da eficiência e da equidade.

Em posse de tais ferramentas, passa-se a estudar o Direito Tributário de uma perspectiva propriamente dogmática, investigando-se por que meios se inova nesse ramo jurídico, i.e., quais são as fontes pelas quais novas normas, dotadas do caráter cogente que lhes é próprio, surgem e são recepcionadas pelo ordenamento. Compreender-se-á o papel fundamental da Constituição no ordenamento jurídico tributário brasileiro, mas se mostrará que não é possível encerrar ali o estudo da matéria. No sistema federal brasileiro, onde as competências tributárias de cada pessoa jurídica de Direito Público defluem da própria Constituição, ganha importância a Lei Complementar, enquanto lei nacional, para uniformizar a disciplina da tributação entre os entes. Também aos tratados em matéria tributária e seu papel diante do ordenamento brasileiro destinar-se-á atenção especial.

Questão central para o estudo do Direito Tributário é o conceito de tributo. Não tem mera importância didática (o que já justificaria seu destaque), mas também relevância jurídica, visto que o ordenamento jurídico brasileiro empresta ao tributo uma série de normas que acabam por encontrar unidade, caracterizando-se como um regime jurídico. Assim, deve-se saber o que é um tributo para, em caso de verificar-se concretamente a existência de um, sujeitá-lo ao regime jurídico próprio. Constatar-se-á que existem conceitos afins, como os preços públicos, cuja distinção dos tributos é fundamental, pois cada qual terá disciplina constitucional diversa.

Ainda a partir da observação do texto constitucional, ver-se-á que os tributos, conquanto reunidos em torno de um só gênero, apresentam espécies, estas também com tratamento constitucional próprio. Enfrentar-se-ão as classificações tradicionais, sustentando-se a existência de seis espécies tributárias, à luz do texto constitucional.

Concluído o estudo do conceito de tributo e de suas espécies, será o momento de enfrentar as categorias técnicas da tributação. Numa visão panorâmica, compreender-se-ão a competência, a incidência, a imunidade e a isenção, dentre outras, ressaltando-se as influências recíprocas para sua conceituação. Tal plano geral lançará bases para o aprofundamento empreendido nos capítulos subsequentes, quando a competência e a imunidade serão vistas e, junto a estas, os princípios constitucionais em matéria tributária. Com tal conjunto, ter-se-á por concluído o estudo da matéria constitucional.

Será, então, hora de passar para a obrigação tributária. Esta será examinada em sua natureza e em seu nascimento, valendo-se para tanto da figura da regra matriz de incidência tributária. Cada um de seus critérios será visto em separado. É nesse momento que se enfrentará, dentre outros aspectos, a sujeição passiva tributária. Tendo em vista a importância do lançamento, examinar-se-á sua natureza, diante da dualidade obrigação/crédito tributário.

Reconhecida a natureza obrigacional na relação tributária, fica evidente que o crédito, uma vez surgido, perdura até que ocorra uma das hipóteses de sua extinção. Estas também serão examinadas, reconhecendo-se, entretanto, a possibilidade de sua suspensão ou mesmo de sua "exclusão".

Finalmente, visando a concluir o estudo da disciplina tributária no Código Tributário Nacional, expor-se-á acerca da interpretação, validade, vigência e eficácia da lei tributária. Além disso, serão examinadas as infrações tributárias e, por último, as garantias e privilégios do crédito tributário.

4 Os primeiros leitores

Conquanto o autor assuma a plena responsabilidade por seu conteúdo, os originais desta obra foram submetidos às mãos experientes de Alcides Jorge Costa, Ricardo Mariz de Oliveira, Hamilton Dias de Souza e Fernando Aurélio Zilveti. Todos investiram seu tempo na leitura do texto e, posteriormente, em agradáveis discussões com o autor. Essa experiência foi extremamente importante, já que permitiu, ainda no prelo, mudanças de opinião ou, quando foi o caso, esclarecimento complementar. O autor registra e agradece a prova de amizade desses leitores.

Ainda com o intuito de testar o caráter didático da obra, vários capítulos foram submetidos a um grupo de estudos formado no escritório Lacaz Martins, Pereira Neto, Gurevich e Schoueri Advogados. Faziam-se reuniões mensais, nas quais o texto era discutido e outras dúvidas afloravam, exigindo reformulação de ideias ou da forma como eram expostas. De igual modo, alguns alunos do curso de pós-graduação da Faculdade de Direito da USP trouxeram relevante contribuição.

Essa experiência com os primeiros leitores o autor tem a esperança de repetir com a publicação da presente obra. Daí o pedido encarecido no sentido de que se enviem sugestões, críticas e contribuições ao autor, para que sejam meditadas e, sendo o caso, seja alterado o texto, sempre visando ao seu aprimoramento em edições futuras.

São Paulo, 11 de janeiro de 2011.

Luís Eduardo Schoueri
schoueri@usp.br

capítulo I

Estado fiscal, liberdade e tributação

O que se encontra em comum entre movimentos tão díspares como a Revolução Francesa, a Independência dos Estados Unidos e, no Brasil, a Inconfidência Mineira? Em todos esses momentos, há a luta de um povo por sua liberdade. Sejam os ultrajantes tributos exigidos por Luís XVI, sejam os tributos ingleses que levaram à *Boston Tea Party*, animada pelo jargão "*no taxation without representation*", seja a derrama, que provocou a revolta contra o "Quinto dos Infernos", o que se encontra, invariavelmente, é a luta pela liberdade.

Daí, pois, a importância de o estudioso do Direito Tributário compreender a passagem do antigo poder de tributar para o moderno direito de tributar. Este opõe-se ao primeiro por ser regulado dentro dos princípios do Estado de Direito. Preservá-lo é honrar, antes de mais nada, o sangue daqueles que foram mártires para a afirmação da liberdade.

A relação entre a tributação e a liberdade, que hoje conhecemos, tem sua história marcada por diversas etapas, que se explicam mesmo pela própria evolução da liberdade buscada. Se é verdadeiro que a tributação conforme o Estado de Direito é exigência da liberdade, seus contornos variam à mesma medida que evolui o próprio conceito de liberdade.

1 Os tributos através dos tempos

Dificilmente se encontrará quem sustente com seriedade o desaparecimento do Estado como forma de organização política. Por sua vez, a existência de um Estado implica a busca de recursos financeiros para sua manutenção.

Pode-se contemplar a existência de tributos desde tempos imemoriais. As mais primitivas formas de organização social já relatavam alguma espécie de cobrança para os gastos coletivos, como os dízimos, cobrados no século XIII a.C. sobre frutos, carnes, óleo e mel[1].

1 Cf. BIRK, Dieter. *Steuerrecht*. 6. ed. atualizada. Heidelberg: C.F. Müler, 2003, p. 4.

Na antiguidade, os tributos não eram cobrados de toda a sociedade. Ao contrário, os cidadãos, livres, não se sujeitavam ao pagamento de tributos.

Os homens livres tinham, por certo, deveres para com a coletividade, mas estes não tinham a natureza de sujeição. Na verdade, não havia distinção entre o cidadão e a coletividade; melhor dizendo: a cidadania se exercia coletivamente. Livre somente era o que se inseria em sua *polis*[2]. A tal liberdade opunha-se a situação dos povos vencidos. Afinal, era bastante difundido, na antiguidade, o direito de tornar escravos os prisioneiros de guerra. Era a consequência do direito de pilhagem, que assegurava ao vencedor o direito de se apossar de todos os bens do vencido. Como não se conhecia a separação entre a pessoa e seu patrimônio, o direito de pilhagem se estendia à própria pessoa do vencido, que se tornava, como reparação pela guerra, escravo do vencedor. O vencedor da guerra, segundo o direito internacional da antiguidade, adquiria poder de vida e morte sobre o vencido, tornando-se sua propriedade as terras e as riquezas daquele. Por sua vez, o vencedor poderia permitir ao vencido o uso dos bens outrora pertencentes a este, caso o vencedor não pudesse apossar-se materialmente deles; neste caso, então, o vencido, por não ter sido morto ou com o fim de obter o uso das terras que não mais eram suas, obrigava-se a suportar uma prestação periódica recorrente em favor do vencedor, mais forte[3]. Ou seja, se o vencido "pertencia" ao vencedor, nada mais natural que este pudesse dispor dos bens do primeiro. Nesse sentido, o tributo surgia com o estigma da servidão: sujeitavam-se a tributo os povos vizinhos dominados na guerra; impunha-se a capitação (tributo cobrado *per capita*, típico de sistemas tributários primitivos) aos estrangeiros, aos imigrantes, aos forasteiros. Os cidadãos, de outra parte, eram livres de qualquer tributo ordinário, conquanto tivessem eles seus deveres cívicos, sinais, aliás, de sua liberdade[4].

Esse fenômeno pode ser visto na Grécia antiga. Enquanto Atenas fortalecia sua estrutura democrática, os persas, que já eram senhores de grandes domínios no Oriente, avançaram em direção ao oeste. Em meio à guerra, forjou-se a união militar das *polis* gregas, denominada Confederação de Delos. Cada *polis* deveria contribuir com navios ou dinheiro, a serem depositados na ilha de Delos. Cabe notar, nesse passo, que as *polis* eram, a princípio, livres, sendo sua contribuição decorrente do interesse comum. Com o passar do tempo, entretanto, o predomínio de Atenas na Confederação de Delos transformou-se em imperialismo. Após pressões, o tesouro de Delos foi transferido para Atenas. Quando alguns Estados-membros quiseram se retirar, Atenas obrigou-os a permanecer por meio da força, transformando-os de aliados que eram em Estados que lhe pagavam tributos. Já não se podia mais falar, pois, em decisão, em liberdade, por parte daquelas *polis*, dado que não mais se diferenciavam de outras situações de submissão, embora, em troca dessas imposições, Atenas lhes oferecesse vantagens comerciais e proteção contra invasões marítimas. Em Atenas, a tributação direta era repudiada, e por isso, somente se admitia seu uso em face dos estrangeiros. Os comerciantes e trabalhadores estrangeiros, chamados "méticos", pagavam um imposto direto, *per capita*, chamado "metoikon". O mético não só estava sujeito ao tributo direto, mas também não podia ser

2 Cf. BARROS, Sérgio Resende de. *Direitos humanos*: paradoxo da civilização. Belo Horizonte: Del Rey, 2003, p. 64.

3 Cf. VANONI, Ezio. *Natureza e interpretação das leis tributárias*. Rubens Gomes de Sousa (trad.). Rio de Janeiro: Financeiras, 1952, p. 15-16.

4 Cf. VIGORITA, Tullio Spagnuolo; MERCOGLIANO, Felice. Tributi. Storia. *Enciclopedia del Diritto*. Milano: Giuffrè, vol. 46, p. 85.

dono de terra e esta era isenta de tributação[5]. Dos cidadãos livres, como visto, não se exigiam tributos ordinários; sua contribuição se fazia, ao contrário, de forma voluntária, no que se chamava a "liturgia", algo que era pago em virtude do sentimento público e, claro, do reconhecimento: diversões públicas, jogos esportivos e mesmo equipamento militar eram adquiridos pelos cidadãos ricos e doados à cidade. Aqueles que detinham propriedade entendiam que tinham deveres para com a *pólis* e por isso a auxiliavam[6]. A única exceção era a "eisphora", um tributo de emergência, cobrado de toda a população de Atenas, inclusive dos atenienses, nos tempos de guerra. Relata-se a cobrança de um imposto de 1% sobre o patrimônio, exigido dos abastados, no século IV a.C.[7]. Dado o repúdio que se tinha à tributação direta, a "eisphora" era imediatamente cancelada quando terminava a guerra e, se houvesse despojos da guerra, estes eram usados para repor o que fora pago com a "eisphora"[8].

O modelo grego – tributação apenas dos escravos; tributo como sinal de submissão, não de liberdade – encontrava-se, de modo geral, no restante das civilizações da antiguidade. Dario, cujo sistema tributário já foi apontado como o mais antigo exemplo de estruturação financeira de que se tem notícia, ao reorganizar a administração de seu império, dividindo-o em vinte satrapias, obrigou cada uma destas ao pagamento de determinado tributo ordinário, exceto a Pérsia, a qual, como país soberano, permaneceu imune de qualquer ônus[9]. Claro está que este não é o início da tributação: Adams chega a afirmar que não há notícia de civilização que não tenha tido um tributo, lembrando que a primeira civilização de que se tem conhecimento começou há seis mil anos na Suméria, região da Baixa Mesopotâmia, onde se encontrou uma peça em argila versando sobre uma tributação instituída durante uma guerra e cuja cobrança não cessou com o fim daquela; a mesma peça relata que tudo era tributado, não se permitindo mesmo o enterro dos mortos sem tributos, até que um rei, chamado Urukagina, "estabeleceu a liberdade" do povo, afastando os agentes coletores[10].

Também em Roma, a experiência não era diferente: o tributo alcançava apenas os indivíduos que não eram considerados cidadãos, embora se possam registrar tentativas, mais ou menos frustradas, de implantação de impostos ordinários aos cidadãos romanos. Essas tentativas demonstram intensa oscilação entre dois extremos.

De um lado, colocava-se a ideia de que a tributação consistia em uma grande honra: pagar o tributo dos cidadãos era o mais alto dever, e, por isso, nenhuma pessoa ou parcela do patrimônio era subtraída à avaliação oficial referente a esta espécie de imposição, sendo sinal distintivo do *civis romanus*, pois era justificada pelo princípio *salus publica suprema lex*. Interessante o trocadilho de Melis, ao dizer que o tributo "*era percepito più Che come un onere come un onore*"[11].

De outro lado, havia também a concepção oposta: a da imunidade do cidadão romano à tributação, dado seu caráter servil e humilhante, especialmente agravado pelo sistema de arrecadação por arrendamento aos publicanos, cuja avidez ilimitada e arbítrio eram notórios, como se vê na frase

5 Cf. ADAMS, Charles. *For good and evil.* The impact of taxes on the course of civilization. 2. ed. Lanham; New York; Toronto; Plymouth: Madison, 1999, p. 57.

6 Cf. ADAMS, Charles. Op. cit. (nota 5), p. 65-67.

7 Cf. BIRK, Dieter. Op. cit. (nota 1), p. 4-5.

8 Cf. ADAMS, Charles. Op. cit. (nota 5), p. 58.

9 Cf. CICCOTTI. *Lineamenti dell'evoluzione tributaria nel mondo ântico.* Milano: Libraria, 1921, p. 9, apud VANONI, Ezio. Op. cit. (nota 3), p. 16.

10 Cf. ADAMS, Charles. Op. cit. (nota 5), p. 2.

11 Cf. MELIS, Giuseppe. *L'Interpretazione nel Diritto Tributario.* Padova: CEDAM, 2003, p. 63.

de Tito Livio: "*nam neque sine publicanis exerceri posse: et ubi publicanus esset, ibi aut ius publicum vanum aut libertatem sociis nullam esse*." (*Storie*, livro XLV, 18-5)[12]. Havia, em Roma, o tributo dos cidadãos, cuja origem remonta à época régia e símbolo de cidadania e, de outro, o tributo provincial, suportado pelas províncias sujeitas. O tributo provincial dividia-se em *tributum soli* e *tributum capitis*, consistindo o primeiro em ônus sobre a terra (ou seja: o preço pela concessão do uso da gleba ao vencido) e o último, num tributo pessoal de capitação, representando o resgate individual. Num e noutro caso, o tributo era resultado da sujeição do vencido[13].

Parece certa a afirmação de que, na antiguidade, eram incompatíveis a liberdade e a tributação, entendida esta como sujeição. O cidadão, porque livre, não estava sujeito a tributos, posto que tivesse seus deveres públicos. Estes, no entanto, longe de serem vistos como restrição de sua liberdade, eram exatamente sua exteriorização. O elevado grau de participação na vida pública tornava indistintos o cidadão e a coletividade.

Daqueles que tivessem privada a liberdade, por sua vez, exigia-se o tributo. Na Grécia, os tributos diretos apenas eram cobrados dos que não eram livres e dos estrangeiros, na forma de um imposto de capitação (tributo de proteção), mas jamais dos cidadãos livres. Atenas exigiu de suas confederadas prestações naturais, tais como o preparo de embarcações de guerra tripuladas, que depois foram convertidas em prestações pecuniárias, como expressão da submissão política. Também a Roma republicana baseava sua força financeira nas prestações dos povos vencidos, lançando mão do direito de pilhagem e da tomada de terra. Quando, em casos de necessidade, Roma cobrava de seus cidadãos impostos diretos (os chamados "tributum"), eles eram considerados meros empréstimos de guerra, que seriam refinanciados posteriormente por meio das pilhagens de guerra[14]. Em síntese: o tributo era o preço da falta de liberdade.

Na Idade Média, o contexto da tributação assume outras cores. O consenso tornava-se palavra de ordem. Reinando o cristianismo medieval, não havia espaço para a submissão ou escravidão. Pelo menos em seu sentido formal, o homem era livre e apenas no exercício de sua liberdade é que havia espaço para contribuições. Em tais circunstâncias, o tributo já não mais poderia ser cobrado contra a vontade; era necessário que houvesse um consentimento para a cobrança.

Para que se compreenda em que termos, afinal, se dava a relação entre o soberano e seus súditos, importa ter presente a instituição do *comitatus*, de origem germânica e relatada por Tácito. O *comitatus* se constituía no agrupamento de jovens aventureiros ligados em torno de um guerreiro reputado por um juramento solene. O chefe armava e alimentava seus companheiros (*comites*) e lhes dava uma parte do saque[15]. De modo semelhante, entre os francos, encontrou-se a reunião, não

12 Cf. FERRAZ, Roberto. *Liberdade e tributação:* a questão do bem comum. Disponível em: <http://www.hottopos.com/convenit4/ferraz.htm>. Acesso em: 18 jul. 2006.

13 Cf. VANONI, Ezio. Op. cit. (nota 3), p. 18.

14 Cf. KIRCHHOF, Paul. *Der sanfte Verlust der Freiheit*. München; Wien: Carl Hanser, 2004, p. 52.

15 Cf. OLIVIER-MARTIN. *Précis d'Histoire du Droit français*. 12. ed. Paris: Dalloz, 1934, p. 6-7.

em torno de um particular, como no outro caso, mas em torno do príncipe: estando na *trustis* do rei, os *antrustions*, sempre francos e livres, prestavam ao rei um juramento especial, pondo suas mãos dentro das daquele, segundo o rito nacional, servindo-lhe na guerra com devoção absoluta e assegurando-se à família da vítima, em caso de morte, o triplo do *wergeld* pago aos demais guerreiros[16]. Aí parece originar-se a relação que depois se desenvolveu na vassalagem: alguns homens, qualificados de suseranos, tinham autoridade sobre outros homens, qualificados de vassalos (*vassi, vassali, homines sui*). Tal relação especial resultava de uma cerimônia simbólica, a recomendação (*commendatio*), que em seguida se registrava por escrito: o vassalo punha suas mãos dentro das mãos do senhor a quem ele se recomendava e se comprometia, por juramento, a guardá-lo e protegê-lo por toda sua vida, na medida que conviesse a um homem livre; em contrapartida, o suserano lhe prometia sua segurança. Também em torno do rei aparecem os vassalos (*vassi dominici*), que parecem ter substituído os *antrustions*[17]. Cabe notar, nesse ponto, que a recomendação apresentava como princípio jurídico *sine qua non* a condição formal de liberdade – a ingenuidade, no sentido nato do termo – em que agia quem assumia o dever de obediência[18].

Embora a recomendação fosse uma decisão incondicional, o rei recompensava aqueles que lhe serviam – e em primeiro lugar, seus vassalos – com os benefícios. Estes, que podiam assumir diversas formas, caracterizaram-se, entre os francos, por concessões de uso e gozo de terras, a título precário, reservando-se a propriedade. O titular de um benefício podia gozar da terra como um usufrutuário, não podendo aliená-la nem deteriorá-la. Muitas vezes, o benefício era relacionado com o exercício em funções públicas. Conquanto em princípio precário, visto que revogável pela morte do concedente ou do concessionário, o benefício acabou tornando-se bem mais estável, pois havia o interesse em manter os bons vassalos, parecendo natural a hereditariedade do benefício, desde que se renovasse o vínculo de vassalagem, seja com o herdeiro do senhor, seja com o herdeiro do vassalo[19]. Surgiam, assim, as dinastias dos duques, condes e viscondes, cujos fundadores foram os detentores de funções públicas (funcionários) a serviço dos reis carolíngios[20] e que passavam a exercer, em proveito próprio mas sob a dependência nominal do rei, funções públicas (como a justiça) confiadas a seus ancestrais.

Completavam a estrutura feudal as imunidades, privilégio concedido pelo rei a um grande proprietário ou a um estabelecimento eclesiástico. Normalmente, a imunidade era concedida quando o rei não estava satisfeito com os condes, cujos abusos comprometiam sua autoridade. A imunidade consistia em impedir a atuação dos agentes reais sobre tais domínios. Implicava ser seu detentor o senhor do lugar, responsável diretamente perante o rei. Com a imunidade, o rei se dirigia a seus agentes (*judices*), proibindo-os de penetrar no domínio imune para levantar tropas, prestar serviço de justiça ou cobrar impostos ou *freda* (remuneração devida pelos criminosos ao rei, por terem violado a paz); reclamar os direitos de *gîte* (direito que o senhor tinha de ser alimentado por seu vassalo) ou de *prise* (direito assegurado ao senhor de tomar, mediante indenização, bens de que necessitasse), ou, mais genericamente, exercer qualquer ato de coerção. Note-se que os habitantes do domínio não estavam livres de suas obrigações. Quase sempre, eles deviam

16 Cf. OLIVIER-MARTIN. Op. cit. (nota 15), p. 65.

17 Cf. OLIVIER-MARTIN. Op. cit. (nota 15), p. 65.

18 Cf. BARROS, Sérgio Resende de. Op. cit. (nota 2), p. 211.

19 Cf. OLIVIER-MARTIN. Op. cit. (nota 15), p. 67-68.

20 Cf. OLIVIER-MARTIN. Op. cit. (nota 15), p. 69.

serviços militares ao rei, mas sob a condução do imune[21]. Este também cobrava os impostos e os *freda*, pagando ao rei um valor fixo (*forfait*), de que aos poucos o rei foi abrindo mão[22]. Até mesmo casos judiciais mais simples eram resolvidos pelo imune. Assim, este, embora não fosse um funcionário, exercia, ao lado da justiça pública do conde, uma justiça privada.

Já no fim do século IX, os grandes proprietários imunes e os altos funcionários gozavam de uma considerável independência de fato. No décimo século, essa independência se refletia na posse de um castelo, tornando-se uma autonomia jurídica. Tais construções se motivaram pela necessidade de defesa de terras, pelos senhores, em vista das guerras privadas entre as linhagens. O senhor castelão passava a representar o bem comum na sua terra, sendo seu chefe militar, juiz e administrador. Ele assumia a polícia e oferecia a justiça e recebia, em troca de seus serviços, os impostos e taxas de interesse público[23].

Na base social, permanecia a relação de servidão, embora, no caso, determinada pela miséria. Os camponeses permaneciam presos ao serviço na gleba em troca da mínima subsistência própria e familiar. Não podiam libertar-se de sua condição servil, em razão de sua miséria, estando, ainda, jurídica e perenemente vinculados a seu senhor.

Chama a atenção o fato de que, mesmo na base, não se confundiam os servos com os escravos da antiguidade, pois se reconheciam aos primeiros direitos, combinados com seus deveres[24].

Realmente, mesmo para os servos, a tributação não se revelava como imposição; era, necessariamente, uma opção. O cumprimento de deveres, como o próprio tributo, assume um caráter contratual (conquanto permanente, irresolúvel). Sendo o juramento feudal um ato livre, os deveres ali assumidos têm, juridicamente, um caráter quase privado.

Esse aspecto de concordância será relevante quando se investigarem as origens da legalidade, hoje vigente em matéria tributária, ao aproximar-se de remuneração patrimonial.

Afinal, desde a época de Diocleciano, o tributo havia assumido uma predominância rural, atingindo, primeiro, a produção agrícola. A vida pública e social, com o crescimento das culturas, passou a dar-se no campo. As habitações rurais, como visto, foram fortificadas, visando à segurança e à proteção da população, criando-se os senhorios. Formado um centro, vários proprietários ali se reuniam pela recomendação, colocando suas pessoas e suas terras sob a dependência do senhor, mediante sua proteção; ao mesmo tempo, o senhor concedia o gozo ou o benefício de diversas partes da senhoria às famílias que ali vinham se estabelecer. Assim, como mostra Founier de Flaix, no senhorio o imposto se transforma. O senhor era o proprietário, o chefe. Do século IX ao século XIII, na maior parte da Europa, os impostos apenas eram cobrados pelos senhores das próprias terras. O

21 Cf. FOUNIER DE FLAIX, Ernest. *L'Impôt dans les diverses civilisations.* Paris: Guillaumin, 1897, p. 283.

22 Cf. OLIVIER-MARTIN. Op. cit. (nota 15), p. 70.

23 Cf. OLIVIER-MARTIN. Op. cit. (nota 15), p. 99-100; 103.

24 Cf. BARROS, Sérgio Resende de. Op. cit. (nota 2), p. 222-224.

fato do Estado, o de dever e de pagar o imposto ao Estado, foi substituído pelo fato do senhor e pelo de dever e pagar o imposto ao senhor[25]. O rei, a igreja e o senhorio auferiam suas receitas por conta do exercício da propriedade. Era o Estado Patrimonial.

O modelo de Estado Patrimonial é aquele no qual o Estado, valendo-se de seus próprios meios, obtém o de que necessita para sua subsistência. Ou seja: o Estado, enquanto agente econômico, gera a riqueza que consome.

Historicamente, o Estado Patrimonial, que se consolidou no século XVI, tinha por principal característica o patrimonialismo financeiro, i.e., vivia dos recursos patrimoniais ou dominiais do soberano[26]. Interessa notar que no estágio Patrimonial, o Estado é poderoso agente econômico, que atua, ao lado do particular, na incipiente economia.

Aos poucos, o Estado Patrimonial foi sendo substituído pelo Estado Policial. Ainda aqui o Estado tem as características do modelo que o antecedeu, mas ganha características intervencionistas. Ou seja: não mais é mero agente econômico, mas autoridade que se vale de todos os meios a seu dispor – inclusive o tributo – para dirigir a economia.

Base teórica para esse modelo pode ser encontrada no pensamento de Niccolò Machiavelli (1469-1527, *O príncipe*), onde se acha um esboço teórico sobre a formação dos Estados. Isso foi o começo da ciência política; ou, no mínimo, da teoria e da técnica da política, entendida como uma disciplina autônoma, separada da moral e da religião. O Estado, para este autor, não tem mais a função de assegurar a felicidade e a virtude, segundo afirmava Aristóteles. Também não é mais – como para os pensadores da Idade Média – uma preparação dos homens para o Reino de Deus. Para Machiavelli, o Estado passa a ter suas próprias características, faz política, segue sua técnica e suas próprias leis[27]. Já Jean Bodin (1530-1596, *A República*, de 1576) afirmou que a soberania é o verdadeiro alicerce de toda a estrutura do Estado[28].

Foi Thomas Hobbes (1588-1679, *Leviatã*) quem defendeu que os homens, por sua natureza, não seriam propensos a criarem um Estado que limitasse sua liberdade; eles estabelecem as restrições em que vivem dentro do Estado, com a finalidade de obter dessa forma sua própria conservação e uma vida mais confortável. A liberdade seria natural, ampla e ilimitada até a elaboração do pacto social. Ao organizar o Estado pela forma contratualista, o homem transfere inteiramente a sua liberdade ao Estado, cabendo a este então determinar, condicionar e explicar a vontade humana através de leis civis[29]. O homem se despoja da liberdade natural pela civil determinada pelo poder público, e o Estado torna-se o depositário de todos os direitos naturais de liberdade, exercendo-os em nome dos indivíduos, de forma onipotente e absoluta. Dessa forma, não pode haver liberdade fora do Estado, tampouco contrária a este.

---

25 Cf. FOUNIER DE FLAIX, Ernest. Op. cit. (nota 21), p. 310.

26 Cf. TORRES, Ricardo Lobo. *Curso de direito financeiro e tributário.* 15. ed. Rio de Janeiro: Renovar, 2008, p. 7.

27 Cf. MACHIAVELLI, Nicollò. *Il principe:* operette storiche e politiche. Verona: Arnoldo Mondadori, 1950, p. 60-69; 72-77.

28 Cf. BODIN, Jean. *Six livres de la republique avec l'apologie de r. Herpin.* [s.l.]: Scientia Aalen, 1961, p. 122-126.

29 Cf. HOBBES, Thomas. *Leviathan; or the matter, form and power of a commonwealth ecclesiastical and civil.* ed. Michael Oakeshott (ed.). Oxford: Basil Blackwell [s.d.], p. 109-113.

Surgiam, assim, as bases teóricas para a atuação de um Estado forte, interventor: paradoxalmente, a liberdade se vê garantida a partir do Estado, a quem compete atuar positivamente em todos os ramos sociais.

Também com características absolutistas, desenvolvia-se o cameralismo, teoria econômica que entendia que todos os fenômenos econômicos poderiam ser conduzidos por normas estatais. Para os cameralistas, a economia apresentava-se como um sistema de vasos comunicantes, em que cada agente dependia dos demais, cabendo ao Estado regular esse sistema, incentivando os ramos produtivos subdesenvolvidos, tendo em vista que eles limitavam os restantes, por sua baixa produção ou baixo consumo, e desincentivando os extremamente desenvolvidos, para que eles não prejudicassem os outros ramos[30]. Ao mesmo tempo, tendo em vista que os indivíduos eram colocados no centro dos acontecimentos sociais, as normas que tratavam de fenômenos econômicos deveriam ter um caráter dispositivo[31], o que formava um terreno fértil para normas indutoras, inclusive as tributárias. Daí a afirmação de Knies, para quem o emprego extrafiscal das normas tributárias era, para os cameralistas, algo inerente àquelas normas, não ficando abaixo do seu emprego arrecadatório, mas ao lado, como sua finalidade primária[32]. Justi (1705-1771), importante pensador cameralista, declarava que os tributos seriam um meio muito feliz para construir e estruturar o Estado, conforme os objetivos de um governo sábio[33]. Em 1797, Von Sonnenfels, citado por Ruppe, via no imposto o instrumento adequado para "conduzir a atividade dos súditos nos trilhos desejados pelo Estado e tirar dos indesejados"[34].

O modelo do Estado de Polícia foi substituído pelo Estado Fiscal (ou, literalmente, Estado do Imposto – *Steuerstaat*[35]). Sua principal característica é seu financiamento dar-se prioritariamente por tributos. Ou seja: não mais é o Estado que gera sua própria riqueza, mas o particular que, sendo agora a fonte (originária) de riqueza, deve transferir uma parcela desta (por derivação) ao Estado.

Numa primeira fase, o Estado Fiscal assumiu uma feição minimalista, sob inspiração do liberalismo[36]: ao Estado não cabia intervir na economia, devendo, antes, ser o Guarda-Noturno. Não era admissível nenhum ato arbitrário do Estado que violasse a propriedade, de maneira que a cobrança de tributos precisava ser aprovada pelo parlamento. Eis, mais uma vez, a base para as garantias que se firmarão posteriormente na relação entre o Estado e o contribuinte.

30 Cf. MOHR, Arthur. *Die Lenkungssteuer:* ein Instrument zur Induzierung sozialorientierten Verhaltens im Wohlfartsstaat? Zürich: Schulthess, 1976, p. 70-71.

31 JENETZKY, Johannes. *System und Entwicklung des materiellen Steuerrechts in der wissenschaftlichen Literatur des Kameralismus von 1680 – 1840.* Berlin: Duncker & Humblot, 1976, p. 9.

32 Cf. KNIES, Wolfgang. *Steuerzweck und Steuerbegriff:* eine dogmengeschichtliche und kompetenzrechtliche Studie. München: Beck, 1976, p. 7.

33 Apud SELMER, Peter. *Steuerinterventionismus und Verfassungsrecht.* Frankfurt am Main: Athenäum, p. 31.

34 No original: *die Tätigkeit der Unterthanen in die vom Staat gewünschten Bahnen hinein- und aus den nichtgewünschten herauszuleiten.* Cf. RUPPE, Hans Georg. *Das Abgabenrecht als Lenkungsinstrument der Gesellschaft und Wirtschaft und seine Schranken in den Grundrechten.* Wien: Manzsche Verlags-und Universitätsbuchandlung, 1982, p. 9.

35 Cf. SCHUMPETER, Joseph. *Die Krise des Steuerstaats.* Graz; Leipzig: Verlag Leuschner & Lubensky, 1918, *passim.*

36 Cf. TORRES, Ricardo Lobo. Op. cit. (nota 26), p. 8.

No liberalismo, fruto da revolução liberal inglesa que se concluiu em 1689, com um acordo entre a monarquia e a aristocracia, por um lado, e a burguesia, por outro, foram criadas normas parlamentares, e a condução do Estado passou a ser fundada em uma declaração dos direitos do parlamento. Ademais, na década anterior, surgira o *habeas corpus*, criando algumas garantias que transformaram o "súdito" em "cidadão".

No seio da sociedade liberal encontrava-se o mercado, no qual os homens estabeleciam suas relações contratuais. Também na ideologia política se expressa essa realidade individualista da sociedade burguesa, porquanto o Estado também se considera fruto de um contrato, que pode ser desfeito. Isso porque o Estado deve garantir determinadas liberdades, notadamente a propriedade e a margem de liberdade política e de segurança pessoal a ela inerentes.

Assim, no liberalismo, estão implícitos os fundamentos de algumas liberdades políticas que devem ser garantidas, sobretudo a liberdade de iniciativa econômica.

A relação entre propriedade e liberdade é extremamente evidente para o liberalismo. Se a finalidade da organização do Estado é a conservação da propriedade, pressupõe-se que o povo a tenha, motivo pelo qual o Estado não pode tirar do homem uma parte dela sem o seu consentimento.

Teórico do liberalismo, o Barão de Montesquieu condenava os extremos do absolutismo e da anarquia, subordinando a liberdade ao império da lei: "a liberdade não pode consistir em fazer o que se quer, mas em poder fazer o que se deve querer. Se um cidadão fosse livre para fazer o que as leis proíbem, já não teria liberdade, porque os outros teriam também esse poder"[37].

A Constituição Francesa de 1791 adota o conceito de liberdade desenvolvido por Montesquieu: "a liberdade consiste em fazer tudo o que não prejudique outrem – assim, o exercício dos direitos naturais de cada homem não tem limites, senão aqueles que asseguram aos outros membros da sociedade o gozo destes mesmos direitos. Tais limites não podem ser determinados senão pela lei".

Para John Locke (1632-1704), o homem no estado natural estaria plenamente livre, mas sentiria a necessidade de colocar limites à sua própria liberdade, a fim de garantir a propriedade. Enquanto houvesse liberdade plena, lutas intensas inviabilizariam a garantia da propriedade e, por conseguinte, uma liberdade durável[38]. Os homens, assim, reunir-se-iam em sociedades políticas, submetendo-se a um governo cuja principal finalidade era a conservação das propriedades, requisito inerente à manutenção da liberdade. É assim que Locke sustenta que o poder supremo não pode retirar qualquer parte da propriedade de qualquer homem sem seu consenso. Afinal, se a finalidade do governo é a preservação da propriedade, e se foi com tal intuito que os homens ingressaram em uma sociedade, então a sociedade pressupõe a propriedade. Ele reconhece que os governos não têm como subsistir sem um custo, e que, por isso, cabe aos beneficiários da proteção estatal (cidadãos) contribuir para a manutenção do Estado. Mas, ainda assim, impõe-se o consenso, i.e., o consenso da maioria, dado diretamente ou por seus representantes, "pois se alguém pretender ter poder de instituir e cobrar tributos do povo por sua autoridade e sem o consentimento do povo, ele invade o direito fundamental de propriedade e subverte o fim do governo. Pois que propriedade eu tenho se um outro pode ter o direito de levá-la quando ele quiser?"[39] Nesse sentido, na teoria de Locke, a

37 Cf. MONTESQUIEU. *De l'esprit des lois*. Paris: Éditions Garnier Frères, 1949, p. 140-142 (141).

38 Cf. LOCKE, John. *Two treatises of government*. 2. ed. Cambridge: University Press, 1967, p. 287-300; 368-371.

39 "*For if any one shall claim a power to lay and levy taxes on the people by his own authority, and without such consent of the people, he thereby invades the fundamental law of property, and subverts the end of government. For what property have I in that which another may by right take when he pleases himself?*" Cf. LOCKE, John. Op. cit. (nota 38), cap. 11, p. 138-140.

tributação aparece como uma espécie de negócio (*bargain*) entre o indivíduo e o Estado, resultante do contrato social. Embora a propriedade apareça como anterior, o Estado, como um corpo, pode defender os direitos de propriedade do indivíduo, atuando em seu favor contra qualquer um que contrarie aqueles direitos. Nesse sentido, ao contribuir com a manutenção daquele corpo, o indivíduo contribui com sua própria proteção[40].

Na teoria econômica, o liberalismo refletiu-se, inicialmente, na fisiocracia (*physio* = natureza; *kratos* = poder), que propunha o funcionamento da economia por si mesma, segundo suas próprias leis. Seus maiores expoentes foram Quesnay (1694-1774), Turgot (1727-1781) e Gournay (1712-1759), que defendiam a abolição das aduanas internas, regulamentações e corporações, como reflete o célebre lema de Gournay: "*laissez faire, laissez passer, le monde va de lui-même*"[41].

Adam Smith (1723-1790) preocupou-se em sistematizar a análise econômica com a demonstração e elaboração de leis, fundando a economia moderna. Smith, assim como os fisiocratas, condenava o mercantilismo, por considerá-lo um entrave lesivo a toda ordem econômica. Alegava que com a plena liberdade econômica alcançar-se-iam a harmonia e a justiça social, na teoria conhecida como "liberalismo econômico"[42].

No liberalismo, a Europa (e o resto do mundo) estava sob a influência da crença na "mão invisível". Por essa concepção, seria desnecessária a intervenção estatal na economia, assim surgindo a doutrina de que a tributação deveria ter natureza puramente arrecadatória, com efeito neutro: sendo o Estado improdutivo, também a tributação seria mínima, visando a deixar a maior quantidade de recursos nas mãos do setor produtivo da economia[43]. Segundo essa visão, em regime de plena liberdade de concorrência, *le monde va le lui-même*, i.e., qualquer intervenção estatal criaria distúrbios numa distribuição de renda inicialmente justa e correta; daí por que se busca a neutralidade. Ao Estado, era reservado o papel de mero vigilante de um curso econômico que se autorregulava por "leis naturais". Intervenções estatais ou uma estruturação planificada da economia eram incompatíveis com tal sistema, em que preponderavam as responsabilidades individuais. Nas palavras de Henze, o Estado não era o "mestre de obras da ordem socioeconômica"; nesse sentido, ao Estado não cabia estruturar a ordem socioeconômica, mas sim protegê-la[44]. Como resume Moncada, na concepção liberal, o Estado era negativo quanto ao âmbito de sua atividade, contratual quanto à sua origem (contrato social), formal do ponto de vista de ausência de finalidades próprias (negava-se ao Estado uma vontade própria, como, por exemplo, o bem-estar) e jurídico, quanto à modalidade de que se revestia sua atividade (i.e.: seu papel se resumiria a estabelecer regras dentro das quais os indivíduos pudessem coexistir com liberdade)[45].

Nesse sentido, o Estado deveria, seja em seus gastos, seja em sua arrecadação, evitar qualquer medida que tivesse a finalidade ou a provável consequência de desviar o mecanismo de

40 Cf. HUGHES, Jane Frecknall. The concept of taxation and the age of enlightenment. In: TILEY, John. *Studies in the history of tax law*. Portland: Hart, vol. 2, 2007, p. 253-286 (262-263).

41 Cf. VICENTINO, Cláudio. *História geral*. 7. ed. São Paulo: Scipione, 1997, p. 238.

42 Cf. SMITH, Adam. *Investigação sobre a natureza e as causas da riqueza das nações*. Tradução de Maria do Carmo Conceição Jardim; Eduardo Lúcio Nogueira Cary (trad.). 3. ed. São Paulo: Abril, 1984, p. 98-103.

43 Cf. MOHR, Arthur. Op. cit. (nota 30), p. 75.

44 Cf. HENZE, Karl-Otto. *Verwaltungsrechtliche Probleme der staatlichen Finanzhilfe zugunsten Privater*. Heidelberg: Carl Winter Universitätsverlag, 1958, p. 15.

45 Cf. MONCADA, Luís S. Cabral de. *Direito económico*. 3. ed. revista e atualizada. Coimbra, 2000, p. 21.

distribuição do mercado de sua trilha "natural", o que implicava afastarem-se tributos aduaneiros protecionistas, subvenções, auxílios sociais etc.[46].

Em tal cenário, a relação da tributação com a liberdade ganha novas cores. Se, no Estado de Polícia, o tributo era o preço a ser pago para que o Estado, provedor de toda riqueza, assegurasse a liberdade dos súditos, desta feita o tributo era o preço a ser pago para que o cidadão ficasse livre das amarras do Estado: o preço da liberdade.

A feição do tributo enquanto expressão de liberdade é apontada por Ricardo Lobo Torres, que entende que, no Estado Fiscal, o tributo é a expressão da liberdade do Estado: o liberalismo elogia a riqueza e o trabalho e aceita o lucro, os juros e o consumo do luxo. Pagar tributos é participar daquela riqueza. Só quem frui de liberdade paga tributos. O homem se distancia do Estado, podendo desenvolver suas potencialidades no espaço público, sem necessidade de entregar qualquer prestação permanente de serviço ao Estado. Na medida em que a riqueza já não mais é monopólio do rei e da Igreja, i.e., o que passa a importar é a riqueza das nações, condena-se a pobreza e se privilegia a propriedade mobiliária. No liberalismo, a ética dá-se pelo trabalho, condenando-se o ócio e permitindo-se a cobrança de juros. Expressão máxima de liberdade, desaparece a proibição do luxo e se incentiva o consumo de produtos supérfluos, sobre o qual incidirá o imposto (ex.: sisa sobre o café, o chá, o vinho, os panos, a porcelana etc.). Daí, pois, que só quem é livre é que paga impostos. O tributo, pois, é consequência do exercício da liberdade[47].

Ao mesmo tempo, o tributo aparece, no liberalismo, como garantia da liberdade. Essa ideia é defendida, ainda hoje, por Paul Kirchhof, que integrou a Corte Constitucional da Alemanha. Cabe, aqui, expor, brevemente, as ideias daquele autor. Segundo ele, no feudalismo, os reis e nobres, enquanto proprietários de terras, eram senhores das pessoas que ali habitavam. Os vassalos deviam prestar serviços militares, construir muros de proteção e apoiar a caça dos príncipes, juntamente com seus cachorros. Quando, com as constituições liberais, a propriedade passou a ser apenas um domínio sobre coisas e, depois, a propriedade e a força de trabalho foram transferidas para as mãos livres da burguesia, o Estado precisou financiar-se por meio dos resultados da economia privada (portanto, por meio de impostos). Essa soberania fiscal fundamentava as obrigações pecuniárias e encerrava o domínio pessoal. Nesse sentido, o imposto passa a ser expressão da cultura liberal, uma vez que, ao mesmo tempo que deixa para a iniciativa privada a economia, cobra para o Estado uma medida adequada da renda privada[48]. Kirchhof conclui que o imposto é o preço da liberdade. Se o Estado de Direito dá à iniciativa privada os fatores de produção capital e trabalho, por meio da garantia de liberdade de exercício de profissão e liberdade de propriedade, renuncia o Estado, pois, estruturalmente, a atuar como empresa. Então, ele precisa financiar-se por impostos, isto é, por uma participação no resultado da economia privada[49].

O mesmo autor aprofunda a sua ideia da ligação entre a tributação e a liberdade ao argumentar que, ao se financiar por meio de tributos, o Estado tem garantida a sua neutralidade jurídica.

46 Cf. NEUMARK, Fritz. Grundsätze und Arten der Haushaltführung und Finanzbedarfsdeckung. In: GERLOFF, Wilhelm; NEUMARK, Fritz (orgs.). *Handbuch der Finanzwissenschaft*. Tübingen: J.C.B.Mohr, 1952, p. 606-669 (612).

47 Cf. TORRES, Ricardo Lobo, *Tratado de Direito Constitucional e Tributário*: valores e princípios constitucionais tributários. vol. 2. Rio de Janeiro: Renovar, 2005, p. 100-109.

48 Cf. KIRCHHOF, Paul. Op. cit. (nota 14), p. 8-9.

49 Cf. KIRCHHOF, Paul. Op. cit. (nota 14), p. 6.

Essa neutralidade aparece na medida em que o tributo é pago independentemente do mercado. Afinal, num raciocínio de mercado, o agente econômico obtém seus recursos por meio de trocas de prestações. O ofertante apresenta um bem ou uma prestação de serviços, entrando em entendimento com o demandante acerca de um preço adequado. Se o Estado se financiasse por meio desse princípio de mercado, então ele precisaria cobrar, mensalmente, taxas pela segurança oferecida interna e externamente; a cada contrato que fosse celebrado entre particulares, cobrar-se-ia uma remuneração ao Estado, cujo aparato jurídico assegura o cumprimento dos contratos; de cada estudante formado por uma universidade pública, exigir-se-ia uma remuneração por parte das empresas, por conta do treinamento da mão de obra. Fosse esse o procedimento escolhido para o financiamento do Estado, então a independência do Estado e sua neutralidade jurídica estariam comprometidas. Por exemplo, uma carteira de habilitação já não seria mais concedida por conta da qualificação de seu usuário, mas pelo preço pago. O Estado não atenderia os financeiramente mais necessitados, exatamente porque eles não poderiam pagar. Enfim, a democracia já não mais estaria baseada na igualdade de cidadãos, mas sim na diferença de capacidade financeira. Retornar-se-ia ao regime do voto censitário[50].

Esse Estado Fiscal Minimalista é sucedido pelo Estado Social, ou Estado Social Fiscal. Não deixa de ser um Estado Fiscal, quando se tem em conta sua principal fonte de financiamento, mas já não é mínimo. Ao contrário, o Estado avoluma-se, e também cresce enormemente sua necessidade de recursos. A carga tributária agiganta-se para sustentar o Estado Social.

A liberdade ganha nova feição, pois passa a ser coletiva. Já não mais se pode considerar o cidadão livre, se o ambiente em que se insere é marcado por desigualdades sociais. Não goza de liberdade aquele que, em ambiente desigual, isola-se em sua propriedade, qual prisioneiro dentro de seu próprio ambiente. A liberdade somente pode ser fruída quando todos têm acesso a ela. A sociedade, não o indivíduo, é que está no centro da liberdade.

É assim que a arrecadação tributária se legitima enquanto instrumento para o Estado atingir sua finalidade. A expressão "preço da liberdade", agora, surge como preço que a sociedade paga para que o Estado, reduzindo desigualdades, promova a liberdade das camadas mais desfavorecidas. Ao lado das finalidades básicas do Estado, cobertas pelas receitas de impostos tradicionais, sobressaem as arrecadações vinculadas a finalidades específicas. No Brasil, esse fenômeno se faz presente com o agigantamento das contribuições, que, na dicção do art. 149 da Constituição Federal, servem de instrumento para a atuação positiva da União em áreas de interesse constitucional.

Ao lado do aspecto arrecadatório dos tributos, assumem relevância, no Estado Social Democrático de Direito, suas funções distributiva e alocativa, esta especialmente em seu viés indutor.

Realmente, qualquer norma que verse sobre impostos possui a função (positiva ou negativa) de arrecadar (*Ertragsfunktion*); ao mesmo tempo, aquela norma pode ter outras três funções, que nem sempre se encontram presentes, simultaneamente, em todas as normas: (i) a função de distribuir a carga tributária (*Lastenausteilungsfunktion*), que implica a repartição das necessidades financeiras

50 Cf. KIRCHHOF, Paul. Op. cit. (nota 14), p. 7.

do Estado segundo os critérios de justiça distributiva; (ii) função indutora; e (iii) função simplificadora[51]. Semelhante raciocínio foi empregado por Dieter Birk, que, no lugar de função, fala em efeito da norma, identificando os efeitos de carga (*Belastungswirkung*) e de estruturação (*Gestaltungswirkung*)[52]. Na teoria das finanças públicas, Richard e Peggy Musgrave introduziram, em sentidos equivalentes, as expressões "função alocativa", "função distributiva" e "função estabilizadora"[53].

A compreensão dessas funções é essencial para qualquer reflexão acerca da otimização do sistema tributário e, por sua importância, elas serão estudadas abaixo.

Apenas para que se complete o quadro da evolução dos modelos de financiamento do Estado, importa ressaltar que o agigantamento do Estado passou a ser questionado quando se considerou que seu crescimento já não era garantia de melhor distribuição de renda ou de eficiência econômica. Esses objetivos não se alcançam sem o concurso da iniciativa privada, a quem há de ser reservado um espaço para atuação. O Estado Social Fiscal cede espaço para o Estado do século XXI, denominado "Estado Democrático e Social de Direito" (ou Estado Subsidiário, ou Estado da Sociedade de Risco, ou Estado de Segurança)[54]. Marcam-no uma diminuição de tamanho e restrição a seu intervencionismo. É Estado Fiscal, ainda de maneira mais marcante, uma vez que as privatizações diminuem os recursos provenientes de seus empreendimentos próprios.

Simbolicamente retratada na queda do muro de Berlim, a superação do Estado de Bem-Estar Social em seu desenho clássico gerou o Estado do século XXI. Efetivamente, se aquele constituiu a síntese da relação dialética entre o capitalismo e o socialismo, não deixou ele de produzir, igualmente, seu próprio declínio: ao se revelar que sua concretização exigiria recursos financeiros crescentes, jamais suficientes, o Estado de Bem-Estar Social viu-se fadado a inviabilizar a própria atividade privada que o sustenta.

Com efeito, no Estado do século XXI, a liberdade já não tem as características individualistas, próprias do século XIX; tampouco, por outro lado, recai no exagero do Estado de Bem-Estar Social, que se buscou no século XX. No Estado do século XXI, a liberdade assume nova feição, síntese, de um lado, da exacerbação do individualismo, própria do liberalismo, e, de outro, da sobrevalorização do Estado, característica do Estado Social: no Estado do século XXI, o Estado é afastado, e a sociedade civil reivindica para si espaço antes ocupado por aquele.

A síntese que desse conflito resulta começa a apresentar suas primeiras feições, quando se propõe, no lugar da atuação direta do Estado, a criação de agências reguladoras que ofereçam maior espaço à iniciativa privada; a previdência privada surge como alternativa à oficial; obras públicas se fazem por meio de parcerias público-privadas; organizações não governamentais prestam a assistência social negada pelo Estado. Em síntese: a sociedade já não mais espera a atuação estatal para atender a suas demandas.

51 Cf. VOGEL, Klaus. Die Abschichtung von Rechtsfolgen im Steuerrecht. *Steuer und Wirtschaft*, n. 2, 1977, p. 106-107.

52 Cf. BIRK, Dieter. *Steuerrecht I:* Allgemeines Steuerrecht. München: C. H. Beck, 1988, p. 16-18; 58-62.

53 Cf. MUSGRAVE, Richard Abel; MUSGRAVE, Peggy B. *Finanças públicas:* teoria e prática. Rio de Janeiro: Campus; São Paulo: Edusp, 1980, p. 3.

54 Cf. TORRES, Ricardo Lobo. Op. cit. (nota 26), p. 9.

No Estado do século XXI, a liberdade revela-se, pois, coletiva, tendo em vista que a sociedade exige sua liberdade como instrumento para a inclusão social. Desaparece a crença de que o Estado seja o veículo para o resgate das camadas sociais desfavorecidas, mas permanece o desejo social, prestigiado pelo Direito, de que a desigualdade seja reduzida. O instrumento para o exercício da liberdade coletiva já não mais será o Estado, mas a própria sociedade. Do Estado do século XXI, espera-se a transparência, que se verá de há muito apontada como característica ideal de um sistema tributário, implicando a manutenção de um ambiente favorável a investimentos, com segurança jurídica, estabilidade e previsibilidade normativa. Aqui, o respeito a relações contratuais não é mais visto em perspectiva liberal individualista, mas em proveito do investimento, desenvolvimento econômico e, assim, da própria coletividade.

Longe de representar um retorno ao individualismo, o pleito da sociedade civil se faz por uma fundamentação coletiva, visto que os objetivos do Estado Democrático e Social de Direito não podem ser ignorados e se encontram positivados em texto constitucional. Ou seja: a sociedade civil reserva seu espaço de liberdade *para* o atingimento de seus objetivos, que se confundem com os da coletividade. Os ditames da Ordem Social, como o dever de o Estado garantir acesso à moradia, saúde ou emprego, já não se contrapõem à Ordem Econômica. Ao contrário, à luz do art. 170 da Constituição Federal, compreende-se que é fim da última assegurar a todos existência digna, segundo os ditames da justiça social. Esta, que se confunde com os desideratos propostos pela Ordem Social, não se dá de qualquer modo. A dignidade a que se refere o constituinte é aquela fundada na valorização do trabalho e na livre iniciativa, é dizer, a partir do trabalho e da livre iniciativa é que se chega à existência digna.

Daí reduzir-se o espaço, no Estado do Século XXI, do Estado provedor, assistencialista. Frustra-se quem acredita possa o Estado, por meio da tributação exacerbada, prover a dignidade de todos; a escassez de recursos logo se revela, tornando utópica, ou mera quimera retórica, aquele objetivo. No Estado do Século XXI, a sociedade assume seu papel de maximizar a dignidade humana, a ser conquistada – nos termos constitucionais – pela valorização do trabalho e da livre iniciativa. O Estado não perde seu papel de guardião dos ditames constitucionais; em tal função, entretanto, cabe-lhe assegurar condições para que a sociedade civil proveja a dignidade que ele, Estado, não é capaz de assegurar.

Não deixa de chamar a atenção, nesse ponto, o fato de que o exercício coletivo da liberdade, por meio da sociedade civil organizada, lembra a liberdade tal qual se descreveu nos primórdios da civilização. Afinal, na antiguidade, como visto, a liberdade se exercia coletivamente, publicamente. As feições do Estado do século XXI levam a resultado semelhante, visto que não se assegura a liberdade para a realização de fins pessoais, egoístas, e sim para a concretização dos objetivos coletivos. É *para* a realização de tais objetivos que se assegura a liberdade. Diversamente do modelo firmado na antiguidade, a liberdade coletiva faz-se, agora, após a incorporação de todas as camadas sociais, por meio do processo democrático. Por isso adequada, hoje, a denominação "Estado Democrático e Social de Direito". Afinal, a coletividade, na antiguidade, identificava os homens livres, que representavam pequena parcela da população; com o processo democrático atual, a coletividade passa a representar os interesses da nação.

O retorno da liberdade à sociedade civil, com a negação da onipresença estatal, devolve a questão dos limites para a tributação. Afinal, qual o preço que se está disposto a pagar para o gozo da liberdade coletiva?

Se, no Estado Social, a sociedade pagava um preço para o Estado atingir o desiderato coletivo, a sociedade passa a compreender, no Estado do século XXI, que o preço tornou-se muito alto e o resultado, pífio. A tributação excessiva torna-se inconciliável com o modelo do Estado do século XXI, pois implica retirar recursos de que a própria coletividade necessita para alcançar seus fins. A transferência excessiva de recursos ao Estado pela sociedade tolhe a iniciativa desta, reduzindo ou impossibilitando o desenvolvimento econômico.

O resultado evidente é o surgimento de novas necessidades sociais, exigindo mais recursos para a construção da liberdade. Daí a reivindicação da sociedade de tomar para si as tarefas antes delegadas ao Estado, recusando-se, daí, a pagar um preço exorbitante por uma liberdade que aquele já não mais se revela apto a promover.

O tributo surge, nessa perspectiva, como o preço dessa liberdade. Ele não se justifica enquanto tal, mas somente na medida em que seja indispensável e na extensão em que se espere uma atuação estatal na construção de uma liberdade coletiva, de inclusão social. Revelando-se o Estado incapaz de (ou inábil para) suprir certas demandas sociais, não se legitima o aumento desmedido de tributos, em ciclo crescente e interminável, onde se vê que, por mais que se aumentem os tributos, em maior grau se ampliam as demandas sociais, exigindo novos aumentos.

O reconhecimento da justificação do tributo enquanto meio para alcançar a liberdade coletiva implica a imposição de limites à atuação do Estado, seja no montante da cobrança, seja na forma como esta se faz. Afinal, se o papel do Estado se vê limitado pela atuação da sociedade civil, que reivindica para si papel ativo na construção da liberdade, dada a incapacidade ou inabilidade estatais, também o espaço para a tributação se vê restringido.

A fixação de limites para a tributação não é novidade. Toda a história da tributação revela a busca de controles para a atuação estatal. O próprio desenvolvimento do Princípio da Legalidade, a ser estudado no Capítulo VII, mostra a busca do consentimento do contribuinte, diretamente ou por meio de seus representantes, o que nada mais é que o estabelecimento de limites à tributação.

Enquanto, no Estado liberal, as "limitações constitucionais ao poder de tributar" revelavam a ideia de resguardo, proteção individual diante de um poder maior, na conjuntura presente, aquelas mesmas "limitações", embora mantida sua dicção constitucional, recebem novas cores, visto que são as condições que se reservam, no Estado de Direito, para que a sociedade civil possa exercer seu papel na construção da liberdade coletiva. Ou seja: são condições mínimas para a realização dos próprios fins do Estado por meio da sociedade civil, a revelarem que o Estado não atingirá aquilo que a própria sociedade civil deve procurar, não havendo, por isso, razão para excessos por parte do poder público.

A tributação é, novamente, um instrumento para que se atinjam os fins do Estado. Mas estes não são diversos daqueles buscados pela sociedade civil. Desse modo, quando esta assume dimensão coletiva, encontra-se limitação à tributação.

Um exemplo – a ser explorado no Capítulo VIII – está nas imunidades constitucionais, que concretizam espaços que não podem ser atingidos pela tributação. O tributo não pode ser tão alto a ponto de sacrificar a liberdade protegida pelo constituinte. Assim, a imunidade recíproca, que assegura o federalismo e as liberdades dos entes políticos; a imunidade dos templos, que garante o exercício da liberdade religiosa; a imunidade dos sindicatos e dos partidos políticos, protegendo, respectivamente, a liberdade de organização sindical e a política. Especial atenção merecem as imunidades concedidas às entidades de educação e de assistência social que já indicavam, no texto de 1988, a abertura para a nova atuação da sociedade civil que ora se agiganta: o texto constitucional não permite que, por meio do tributo, se desviem recursos que a sociedade civil já tenha destinado àqueles setores prioritários, isto é, recursos que a sociedade civil já tenha empregado na construção da liberdade coletiva.

Ao lado das imunidades expressas na Constituição, a ideia de limitação implica a proteção de outros valores, consignados nos direitos humanos. É assim, por exemplo, que se justifica a imunidade do mínimo vital, que se concretiza no respeito à capacidade contributiva: há limites no que se transfere ao Estado. Não se justifica uma transferência excessiva de recursos ao Estado, se com esses recursos não se acrescentará parcela de liberdade coletiva, sobretudo quando tais recursos, se estivessem nas mãos da sociedade civil, revelar-se-iam mais aptos a promover a inclusão social. O excesso de tributação, ao afastar o tributo de sua finalidade de promover a liberdade coletiva, passa a ser questionado.

Em síntese, no Estado do século XXI, é deixada de lado a ideia de que o Estado detém o monopólio na garantia de direitos fundamentais: estes também são assegurados por atuação da sociedade. Sejam entidades assistenciais (que complementam ou suprem a atuação do Estado), sejam mesmo empresas privadas (que proporcionam o emprego, direito social e fundamento da Ordem Econômica constitucional), deve-se assegurar que a sociedade cumpra seu papel na construção da liberdade coletiva, não sendo sufocada por tributação excessiva. A ideia de uma tributação justa passa a questionar o Estado que tribute excessivamente todos os cidadãos sem prover serviços e obras públicas adequadas, promovendo, sob o manto da igualdade, uma tributação *igualmente injusta*[55].

Opõe-se, daí, o Estado do século XXI à construção de que o tributo seria um "dever fundamental"[56], por ser o meio para que o Estado assegure direitos fundamentais: se estes também são garantidos pela sociedade, não se justifica a tributação que impede o florescimento de oportunidades para que a justiça social – objetivo da Ordem Econômica, nos termos do art. 170 da Constituição Federal – seja construída a partir da valorização do trabalho e da livre-iniciativa. Em síntese, se é verdade que o tributo é o preço da liberdade, também é verdade que esse preço não é ilimitado.

2 Contribuição da ciência das finanças

A teoria das finanças públicas oferece inestimável material para o estudo da tributação. É aquele campo do conhecimento que investigará, de um lado, a necessidade da tributação e, de outro, seus efeitos (positivos e negativos) sobre a economia.

A análise econômica parte de um sistema utópico, em que os recursos econômicos inesgotáveis estariam à disposição de toda a população, sempre no nível máximo almejado ou desejado pelos indivíduos. A escassez de recursos, entretanto, exige reflexão acerca de sua distribuição. A ideia é que os recursos existentes em determinado sistema econômico devem ser distribuídos de modo a produzir o maior bem-estar possível ao maior número de pessoas. Admitindo-se que não será viável

55 FOLLONI, André. Isonomia na tributação extrafiscal. *Revista Direito GV*, vol. 10, n. 1, 2014. Disponível em: <http://www.scielo.br/scielo.php?script=sci_arttext&pid=S1808-24322014000100008&lng=pt&nrm=iso&tlng=pt>. Acesso em: dez. 2014.

56 CASALTA NABAIS, José. *Por um Estado Fiscal suportável*: estudos de direito fiscal. Coimbra: Almedina, 2005, p. 9 e ss.

satisfazer a todos, surge a questão de como deverá ser rateado o sacrifício. A solução para esse dilema passa pelo binômio eficiência/equidade.

O critério da eficiência privilegia o aspecto do aproveitamento dos recursos, i.e., em que circunstâncias os recursos disponíveis podem ser mais bem aproveitados, trazendo para o conjunto da população o maior grau de satisfação possível. Na definição clássica de Vilfredo Pareto, "o sistema será eficiente quando não for possível cogitar de situação em que um indivíduo possa ser colocado em situação ainda melhor sem que, para tanto, outro indivíduo tenha sua situação prejudicada". Dir-se-á que o sistema terá alcançado sua situação ótima. Daí as expressões "ótimo de Pareto" ou "Pareto-eficiente"[57].

Para que se chegue a um sistema Pareto-eficiente, importa introduzir outro conceito caro aos economistas: o mercado. É este o ambiente no qual o Pareto-eficiente se desenvolve e se revela. O mercado é apresentado como um ambiente no qual há uma multiplicidade de compradores e vendedores de produtos concorrentes, de modo que, a partir do constante choque de oferta e demanda, atinja-se um equilíbrio, i.e., um preço de mercado para um bem.

No século XIX, o economista francês Walras desenvolveu teorema econômico segundo o qual qualquer economia competitiva é eficiente, i.e., indivíduos e empresas, buscando seu próprio benefício e tomando suas decisões com esse único fito (sem considerar as decisões de outros), acabariam por alcançar uma situação Pareto-eficiente[58]. Em outras palavras, a "solução de mercado" equivaleria ao resultado Pareto-eficiente: as forças de mercado levariam a um ponto de equilíbrio, i.e., a um ponto em que se teria o máximo de eficiência.

A ideia do preço de mercado é intuitiva, quando se consideram as curvas de oferta e demanda. Do ponto de vista gráfico, se for descrita como abscissa a quantidade de produtos oferecidos (q) e como ordenada seu preço (p), quanto maior for o preço do produto, maior será a quantidade ofertada; reduza-se o preço e se terá uma proporcional redução na quantidade de produtos ofertados. Surge, assim, a seguinte curva de oferta(s):

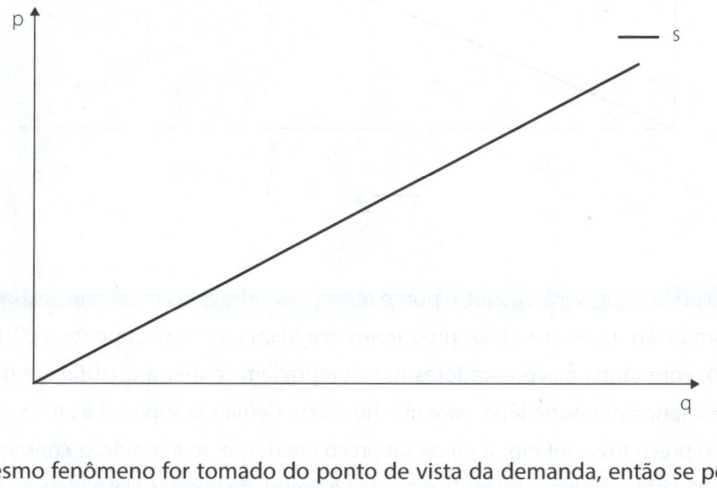

Se o mesmo fenômeno for tomado do ponto de vista da demanda, então se perceberá que a demanda (quantidade de produtos adquiridos) retrairá, conforme for incrementado o preço do

57 Cf. ARVATE, Paulo; BIDERMAN, Ciro. Apresentação. *Economia do setor público no Brasil*. Rio de Janeiro: Elsevier, 2004, p. 7-17 (7).

58 Cf. ARVATE, Paulo; BIDERMAN, Ciro. Op. loc. cit. (nota 57).

produto: muitos compradores estarão dispostos a comprá-lo por preço baixo, mas poucos aceitarão pagar um preço alto pelo mesmo bem. Graficamente, teremos:

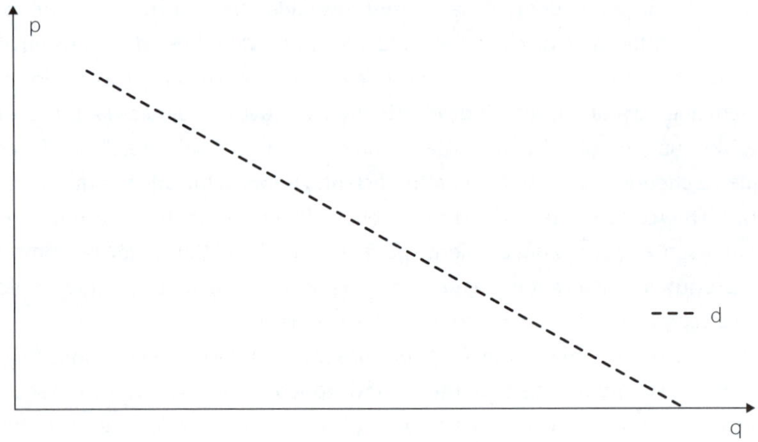

Do cruzamento de ambas as curvas, chegamos ao seguinte resultado:

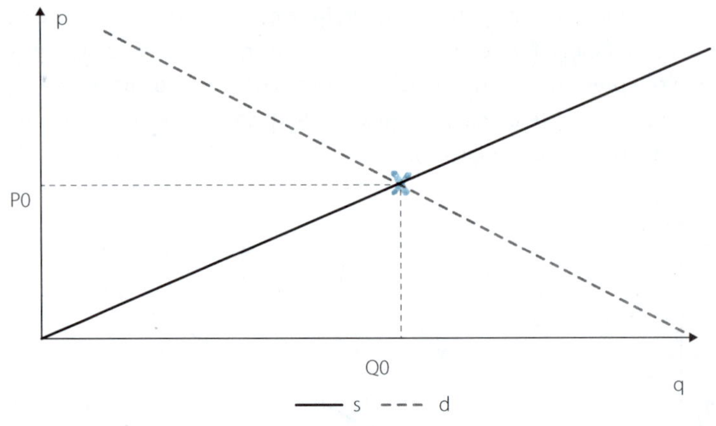

O ponto p0-q0 representa, assim, o ponto máximo de eficiência do sistema econômico: para que houvesse produção superior a q0, os produtores exigiriam um preço superior a p0; se o preço ultrapassasse p0, entretanto, os compradores não comprariam sequer a quantidade q0, mas sim uma quantidade inferior; por outro lado, para que houvesse demanda superior a q0, os compradores exigiriam que o preço fosse inferior a p0; se tal preço inferior fosse atingido, a consequência é que os produtores não ofereceriam sequer q0, mas uma quantidade inferior. Daí a ideia de equilíbrio.

Ocorre que o equilíbrio não é o único objetivo buscado por um sistema econômico. Afinal, dada a definição de eficiência (cenário em que a situação de um agente não pode melhorar sem que a de outro seja prejudicada), é possível considerar uma série de posições eficientes. Se, por exemplo, num sistema econômico, toda a riqueza estiver nas mãos de um só indivíduo, esse será um sistema equilibrado. Afinal, para que algum outro indivíduo tenha qualquer riqueza, será necessário tirar daquele que detém toda a riqueza. Portanto, ninguém terá sua situação melhorada sem que alguém seja prejudicado.

Daí ser necessário, ao lado do objetivo de eficiência, que se pondere acerca dos critérios para a distribuição da riqueza, tendo em vista outro objetivo, que entre os economistas surge como equidade[59]. Não é este o espaço para investigar os diversos critérios para se alcançar esse objetivo[60], mas deve-se ter em mente que, para se chegar à distribuição mais equânime dos recursos disponíveis, faz-se necessária uma intervenção nas condições preexistentes no mercado.

Afinal, se é verdadeira a constatação de Walras segundo a qual todo mercado leva a um equilíbrio, não menos razão lhe assiste em seu segundo teorema: a partir de dotações iniciais apropriadas, pode-se chegar a nova situação de equilíbrio[61]. A consequência imediata é que, se determinada situação de equilíbrio não satisfaz a equidade, importa alterar as condições iniciais dos agentes, para que novo equilíbrio seja encontrado.

O problema é que, ao interferir nas condições de mercado, com a finalidade de redistribuir renda (e, portanto, modificar as condições iniciais dos agentes, visando a um novo equilíbrio), o Estado acaba afetando a neutralidade do próprio sistema econômico, levando a que os agentes tomem decisões já não mais com base apenas em critérios econômicos. Ou melhor: as decisões ainda se fazem, sim, com base em critérios econômicos, mas estes já são diversos, uma vez que incluem a variável decorrente da própria atuação estatal.

Stiglitz[62] propõe interessante figura para que se compreenda esse dilema: considere-se um sistema econômico eficiente. Tome-se um sistema econômico simples com apenas dois indivíduos, Robinson Crusoe e Sexta-Feira. Numa situação inicial, Crusoe tem 10 laranjas, enquanto Sexta-Feira tem apenas duas. Sendo claramente iníqua a situação, o governo desenvolve um programa para transferir quatro laranjas de Crusoe para Sexta-Feira, mas no processo perde-se uma laranja. Assim, Robinson Crusoe termina com seis laranjas e Sexta-Feira, com cinco. Com isso, eliminou-se boa parte das desigualdades, mas no processo diminuiu-se o número de laranjas disponíveis. Há, assim, a escolha (*trade off*) entre equidade e eficiência.

O próprio Stiglitz introduz um modelo matemático para esse dilema, denominado "escolhas sociais", em que defende haver uma curva de indiferença social, descrevendo como a sociedade reagiria à escolha entre duas variáveis. Assim, torna-se possível estimar quanto a sociedade está disposta a perder por conta de outros valores. No modelo acima referido, a pergunta seria: quanto a sociedade espera ganhar em utilidade para Sexta-Feira para cada perda de utilidade para Crusoe? Espera-se que o ganho de Sexta-Feira seja tão grande que compense a perda relativamente pequena de Crusoe. Esse raciocínio é denominado utilidade marginal. Em síntese, examina-se qual o ganho que Sexta-Feira terá se tiver uma laranja a mais, comparando-se com o prejuízo que Crusoe sofrerá ao perder uma laranja. Ver-se-á que a primeira laranja que for transferida a Sexta-Feira trar-lhe-á enorme ganho; a segunda ainda será importante, mas menos, e assim, sucessivamente, a utilidade marginal cairá conforme crescer o número de laranjas. Inversamente, Crusoe pouco sofrerá se perder uma laranja; a segunda fará mais falta e assim por diante. Conhecidas as curvas de utilidade marginal de cada um dos integrantes do grupo social, passa-se a investigar a curva de utilidade social, na qual se retoma a busca do ótimo de Pareto: em determinado ponto, ter-se-á o máximo de eficiência. A escolha social procurará examinar, com base nas curvas de utilidade marginal, o quanto a sociedade está

59 Na análise jurídica, a equidade econômica aproxima-se do que se costuma buscar na igualdade material.

60 PERELMAN, Chaïm. *Ética e Direito*. Maria Ermantina Galvão (trad.). São Paulo: Martins Fontes, 1996.

61 Cf. ARVATE, Paulo; BIDERMAN, Ciro. Op. loc. cit. (nota 57).

62 Cf. STIGLITZ, Joseph E. *Economics of the public sector*. 3. ed. New York; London: W.W. Norton, 1999, p. 94.

disposta a diminuir o grau de satisfação de um grupo em prol da satisfação de outro, confrontando o ganho assim obtido com a perda de eficiência que a sociedade terá. O teste, em síntese, passa a ser se o aumento na equidade vale a perda na eficiência e vice-versa[63].

3 As funções fiscais

O estudo do dilema entre eficiência e equidade apresenta-se no centro das investigações acerca das funções do tributo e do orçamento. Ao examinar a evolução da tributação, percebe-se que esta ganha, no cenário contemporâneo, redobrada importância. Afinal, se é verdade que o tributo se tornou a principal fonte de recursos para o Estado cumprir suas finalidades, não é menos certo que a própria tributação produz efeitos sobre a economia, seja gerando novas distorções, seja como instrumento para atingir as finalidades estatais, merecendo, destarte, instrumentos de controle e correção. O direito não pode desconsiderar este aspecto.

Com efeito, o cumprimento das funções fiscais é, primeiro, objeto da análise do orçamento público: por meio deste, apurar-se-ão os recursos financeiros destinados e reservados para cada uma das finalidades governamentais. O tributo, na *função arrecadadora*, tem uma relação *mediata* com as funções fiscais, tendo em vista que é o meio mais relevante para a obtenção de recursos financeiros pelo Estado. Caberá ao jurista, neste ponto, investigar se os recursos orçamentários são arrecadados e aplicados na forma da lei.

Quando se cogita função arrecadadora da tributação, tem-se em mente que o Estado precisa de meios para o exercício de suas atividades. Como visto, no Estado Patrimonial, tais meios poderiam advir do próprio Estado, que se valia de seu patrimônio ou de seus serviços. Ou seja: o próprio Estado produzia a riqueza de que necessitava. A paulatina diminuição da atuação direta do Estado sobre a economia, inicialmente por conta do liberalismo e mais recentemente na modelagem do Estado do século XXI, aponta para a necessidade de que o Estado se aproprie de riquezas que não foram por ele geradas. Daí a tributação, em sua função arrecadadora.

Paralelamente, pode-se apontar no tributo uma relação *imediata* com as funções fiscais, quando se tem em conta sua *função indutora* de comportamentos.

Essa característica impõe a percepção de que o tributo tem várias funções. Ao lado da mais óbvia – a arrecadadora – destacam-se outras, comuns a toda a atividade financeira do Estado (receitas e despesas): as funções distributiva, alocativa (indutora) e estabilizadora. Ao afetar o comportamento dos agentes econômicos, o tributo poderá influir decisivamente no equilíbrio antes atingido pelo mercado. As distorções daí decorrentes também haverão de ser consideradas na análise da tributação.

Ao tributar, o Estado acaba por produzir efeitos na economia. Tais efeitos se apontam como:

63 Cf. STIGLITZ, Joseph E. Op. cit. (nota 62), p. 115.

- distributivos: a tributação pode atuar como fator de redistribuição de renda, pelo qual se tira de uns e se aplica em favor de outros. No Estado Social, a redistribuição visa à redução de desigualdades sociais;
- alocativos: a tributação impacta na forma como a totalidade dos recursos é dividida para utilização no setor público e no setor privado, não sendo a incidência tributária, portanto, neutra sobre a economia. Reflexo da função alocativa, tem se a indução de comportamentos[64]. Afinal, a tributação se vincula a comportamentos humanos, de modo que a incidência tributária é um fator a ser considerado na própria decisão do agente econômico;
- estabilizadores: a tributação pode influenciar fatores macroeconômicos, cabendo a uma boa política fiscal buscar um elevado nível de emprego, uma razoável estabilidade no nível de preços, equilíbrio na balança de pagamentos e uma taxa aceitável de crescimento econômico[65].

4 Tributação, eficiência e equidade

Quando se examinam os sistemas tributários em geral, vê-se que, com uma ou outra variação, os tributos incidem sobre duas bases: renda ou transações de bens. Isso nos leva imediatamente à pergunta: qual é a base ideal para uma tributação?

Em um primeiro momento, já se pode perceber que as bases adotadas para a tributação, nos mais diversos ordenamentos, provocam alguma distorção no comportamento dos agentes. O raciocínio é imediato: se a tributação se vincula a um comportamento ou situação relativa a um contribuinte, basta que esse comportamento não seja adotado, ou que essa situação seja afastada, para que não seja devido o tributo. Assim, o contribuinte tem o estímulo, por parte do legislador tributário, para deixar de adotar um comportamento (ou desestímulo para adotar outro). Há, portanto, uma mudança em relação à situação inicial.

Se o tributo é um elemento a ser considerado pelo contribuinte quando da tomada de uma decisão, aquele, juntamente com os demais custos, será contraposto aos benefícios da atividade para que o agente econômico decida adotar um comportamento.

Noutras palavras, se antes da tributação os agentes econômicos teriam um comportamento, a tributação implicará sua modificação. Ocorre, em termos econômicos, um deslocamento do ponto de equilíbrio inicialmente encontrado entre oferta e demanda.

---

64 Vale notar que, embora Musgrave reconheça a relação entre a função alocativa e as políticas reguladoras, ele não trata diretamente do assunto, justificando não ser, basicamente, um problema orçamentário. Cf. MUSGRAVE, Richard Abel; MUSGRAVE, Peggy B. Op. cit. (nota 53), p. 6. A relação é apontada por STIGLITZ, Joseph E. Op. cit. (nota 62), p. 159.

65 Cf. MUSGRAVE, Richard Abel; MUSGRAVE, Peggy B. Op. cit. (nota 53), p. 11.

Ora, se havia um ponto de equilíbrio antes da incidência tributária, era ali que se encontrava a eficiência do mercado; com a tributação, aquele ponto é deslocado. Então, passa a ser outro o ponto ótimo de eficiência.

Em termos ideais, poder-se-ia cogitar uma estratégia para mitigar esse efeito: seria necessário imaginar um tributo cuja cobrança independesse de qualquer atividade ou situação concernente ao contribuinte. Mas, nesse caso, possivelmente não se atenderiam as exigências da equidade.

Tal seria, a princípio, o caso de um tributo *per capita*, i.e., pelo qual se cobrasse um valor idêntico de todos os habitantes de uma localidade. Nesse caso, os contribuintes não teriam razões para mudar seus comportamentos iniciais, e não seria afetada sua decisão de compra e venda. Afinal, qualquer que fosse seu comportamento, o tributo seria sempre devido em valor fixo. Claro que mesmo assim haveria algum efeito, visto que haveria menos recursos à disposição de compradores e vendedores, posto que de maneira uniforme.

O exemplo do tributo *per capita* é feliz porque revela o dilema do legislador, acima exposto. Com efeito, se é verdade que um tal tributo seria o mais próximo do que se poderia desejar em termos de eficiência, ele evidencia a outra variável a ser considerada: a equidade. Um tributo *per capita* não seria aceitável em uma sociedade que pretende ver reduzidas as suas desigualdades sociais. Dificilmente alguém defenderia, com base na justiça, que idêntica quantia fosse exigida de um miserável ou de um abastado. Juntamente com a eficiência econômica, a equidade aparece como um dos objetivos do sistema tributário.

A análise da tributação pelo ângulo da eficiência, entretanto, não fica completa quando se consideram, exclusivamente, os efeitos negativos acima expostos.

Afinal, os efeitos negativos foram apontados porque se partiu de um sistema eficiente. Uma vez encontrado um ponto Pareto-eficiente para um mercado, qualquer alteração implicará, por definição, perda de eficiência. Não é este o único ângulo a ser examinado. Deve-se considerar que a intervenção poderá produzir efeitos positivos sobre o sistema econômico.

A intervenção na economia pode dar-se, num primeiro momento, visando à redistribuição. Afinal, se o equilíbrio é resultante de variáveis iniciais, tal intervenção poderá produzir resultado mais satisfatório do ponto de vista da equidade. Eis a função distributiva da atuação do Estado sobre a economia, na qual a tributação desempenha seu papel. No Estado do Século XXI, a eficiência do Estado na distribuição de riquezas passa a ser questionada, quando a sociedade civil reivindica o papel de geração e repartição de recursos com base na valorização do trabalho e na livre-iniciativa.

Ao lado da função distributiva, assume importância na intervenção sua função alocativa.

A função alocativa da atuação financeira do Estado investiga quanto das riquezas produzidas deve permanecer no domínio privado e quanto deve ser transferido para o setor público. Por meio de tal arbitramento, observa-se uma consequência: o efeito indutor de comportamento das normas tributárias. Para que esse aspecto seja compreendido, vale rever as premissas acima apontadas.

Como se disse, o equilíbrio entre oferta e demanda seria o ponto de maior eficiência desde que presentes as condições ideais de mercado. Sob esse ângulo, apontou-se que a tributação, afetando o comportamento dos agentes, geraria uma ineficiência, a ser compensada pelos ganhos de equidade.

Ocorre que a premissa acima (existência de condições ideais de mercado), embora válida enquanto modelo para estudos acadêmicos, não se encontra em sua forma pura nos mais diversos setores da economia. Fala-se, então, em *falhas de mercado*, para referir-se ao conjunto das disparidades entre o modelo ideal e as situações concretas da economia, assim arroladas: (i) falha de origem física ou cultural: mobilidade de fatores; (ii) falha de origem legal: acesso à informação; (iii) falha de estrutura: concentração econômica; (iv) falha de sinal: externalidades; e também (v) falha de sinal, decorrente de uma falha de incentivo: suprimento dos bens coletivos[66].

Cada uma dessas falhas poderá indicar que os mecanismos de mercado, isoladamente, não são capazes de alcançar o nível de equilíbrio de maior eficiência.

(i) falha de origem física ou cultural

Assim, no caso da *mobilidade de fatores*, torna-se evidente que, sendo o equilíbrio entre oferta e demanda dinâmico, as curvas ali representadas indicam que, para cada variação no preço do bem, haverá reflexo na demanda e na oferta (subindo o preço, a demanda cai e a oferta aumenta; diminuindo, ocorre o inverso). Tal modelo não considera, entretanto, a evidência de que compradores e vendedores não estão dispostos a mudar suas preferências com tamanha rapidez. Essa inércia pode dar-se por fatores econômicos ou culturais. Como exemplo de inércia por razões econômicas, pode-se citar o caso de um produtor de eucalipto que necessita de sete anos para que sua produção atinja condições de venda. Se, no decorrer do sexto ano, houver uma súbita redução no preço do eucalipto, enquanto ocorra uma explosão no preço do café, o vendedor de eucaliptos não terá como reduzir sua produção para o ano subsequente e oferecer o café que, afinal, ele jamais plantara. A falta de mobilidade por razões culturais pode ser exemplificada com o clássico caso do consumo do sal: variações em seu preço dificilmente levarão os consumidores a consumir mais sal (porque o preço está baixo) ou menos (porque subiu o preço). Essa falha de mercado pode se refletir em mercados incompletos (considerando que um mercado completo ofereceria todos os bens e serviços cujo custo de oferta seja menor que o preço que os consumidores se dispõem a pagar). Exemplos seriam os mercados de seguro e de empréstimos e os casos de mercados complementares (caso do açúcar e do café: se houver escassez de açúcar, poderá haver redução no consumo de café)[67]. Não é difícil enxergar o papel dos tributos quando se consideram incentivos fiscais que podem tornar menos onerosa a decisão de mudança por parte do empreendedor. Não hão, outrossim, de ser exagerados os incentivos sob o risco de, em vez de meramente corrigir falhas de mercado, tornarem-se, eles mesmos, fatores distorcivos a ampliar privilégios e incrementar desigualdades.

(ii) falha de origem legal

O modelo de mercado pressupõe que compradores e vendedores têm, todos, igual nível de informação sobre o mercado. De modo intuitivo, pode-se dizer que um comprador não pagará um preço

66 Cf. NUSDEO, Fabio. *Curso de economia:* introdução ao direito econômico. 3. ed. São Paulo: Revista dos Tribunais, 2001, p. 166.

67 Cf. STIGLITZ, Joseph E. Op. cit. (nota 62), p. 81-83.

maior se souber que há outro vendedor oferecendo o mesmo produto por preço menor. A falha de acesso à informação acontece quando nem todos os compradores têm acesso, simultaneamente, a tal dado. Assim, alguns privilegiados se recusarão a pagar um preço mais alto, prejudicando os outros compradores que acreditam estar fazendo um excelente negócio. Estes, dando-se por satisfeitos, já não terão interesse no produto. Graças a tal estratagema, o número de compradores acaba sendo reduzido, tornando-se mais fácil aos compradores resistentes (aqueles que, por saberem que havia preços menores, não compraram os produtos a preços altos) negociarem preços ainda mais vantajosos. Um bom exemplo de atuação do tributo na correção de tais falhas pode ser encontrado quando o legislador decide conferir tratamento mais benéfico a ganhos de capital auferidos em bolsas de valores e outros mercados abertos, que garantam transparência a todos os participantes, em relação a negócios efetuados em balcão.

(iii) falha de estrutura

A *concentração econômica* também vicia o mercado ao reduzir o número de vendedores (oligopólio ou até monopólio) ou compradores (oligopsônio ou monopsônio). Afinal, o mecanismo de mercado pressupõe a concorrência entre compradores e entre vendedores. Diminuindo o número de agentes, reduz-se substancialmente a possibilidade de se alcançar a eficiência econômica. Cada vez que se encontra um tratamento tributário simplificado para pequenas e médias empresas, identifica-se atuação do legislador voltada ao incremento do número de agentes participantes do mercado.

(iv) falha de sinal

Externalidades são custos ou ganhos da atividade privada que, em virtude de uma falha do mecanismo de mercado[68], são suportados ou fruídos pela coletividade, e não por quem os gerou. Constituem falhas de mercado por não tornarem sensíveis aos compradores e vendedores as vantagens e os custos envolvidos com a transação. Aqui, considera-se que cada agente econômico age de modo racional, i.e., numa análise custo/benefício, o agente econômico decide quanto produzir ou adquirir. Ora, se uma parte dos custos não for percebida (não for para o bolso do empreendedor), então haverá a sensação de que a atividade é mais lucrativa; do mesmo modo, se uma parte dos ganhos não for absorvida pelo agente econômico (não for ganho do empreendedor), então ele terá menor estímulo para empreender. Noutras palavras, a atuação dos agentes se dá conforme os custos e os benefícios que eles devam ou possam absorver. Um exemplo bastante elucidativo está no caso de uma escola, instalada em uma rua comercial de um bairro carente. O empreendedor considerará como receitas as mensalidades escolares e como custos, os salários de professores, o aluguel do prédio etc. Conforme o ganho resultante desta equação, ele decidirá se vale a pena manter e expandir seu negócio, ou se deve reduzir o número de vagas ou mesmo encerrar o empreendimento. Ora, tal análise não considera custos e ganhos não absorvidos (internalizados). Assim, por exemplo, um custo não internalizado (ou melhor: uma externalidade negativa) será o aumento no trânsito que possivelmente aquela escola gerará: instalada em uma rua comercial, a escola tenderá a congestionar o trânsito da região, desestimulando outros consumidores a se dirigirem àquela localidade nos horários de entrada e saída de estudantes. Esse custo será absorvido pelos comerciantes da mesma rua, que terão suas vendas reduzidas. Ao mesmo tempo, haverá um ganho gerado pela atividade e não imediatamente absorvido pelo empresário. Essa externalidade positiva será o aumento do nível educacional da comunidade, implicando melhoria da mão de obra local e do bem geral. Ora, se as externalidades positivas e negativas fossem internalizadas, outra seria a resultante da equação custo/benefício e, portanto, diverso

---

68 Cf. FRANKE, Siegfried F. Ökonomische und politische Beurteilung von Öko-Steuern. *Steuer und Wirtschaft*, n. 3, 1990, p. 217-228 (218).

É bom lembrar que Adam Smith escreveu em cenário de liberalismo econômico. Curiosamente, suas máximas não se afastam do que ainda hoje os financistas pregam para um sistema tributário.

A teoria da tributação ótima procura uma estrutura tributária que permita ao governo arrecadar o suficiente para o financiamento de seus gastos e, ao mesmo tempo, alcançar determinados objetivos distributivos, ao menor custo possível em termos de perda de eficiência econômica[76].

Afirma-se, hoje, que um bom sistema tributário deve ter as seguintes características:

- eficiência econômica: o sistema tributário não deve interferir na alocação econômica de recursos;
- simplicidade administrativa: o sistema tributário deve ser de administração fácil e relativamente pouco custosa;
- flexibilidade: o sistema tributário deve ser capaz de reagir facilmente (em alguns casos automaticamente) a mudanças nas circunstâncias econômicas;
- responsabilidade política: o sistema tributário deve ser transparente;
- equidade: o sistema tributário deve ser equitativo, diante das diferenças individuais[77].

5.1 Eficiência econômica

A ideia de *eficiência econômica* é a expressão mais adequada do que se prega como neutralidade. Esta, na feliz expressão de Quiroga, apenas pode significar que "as normas tributárias não devem estimular a não neutralidade"[78].

Em termos ideais, a neutralidade tributária levaria à busca de um tributo que não afetasse o comportamento dos agentes econômicos. Revela-se utópica[79] esta ideia. Como visto, descartados casos extremos como a tributação *per capita*, qualquer que seja o tributo, haverá, em maior ou menor grau, a influência sobre o comportamento dos contribuintes, que serão desestimulados a práticas que levem à tributação. Nesse sentido, não haverá que se cogitar tributo ou atuação neutros da parte do legislador. Ao contrário, como se viu acima, cabe ao legislador ponderar os efeitos econômicos de suas medidas[80], utilizando-se das normas tributárias, como de outros meios que estiverem a seu

---

76 Cf. SIQUEIRA, Rozane Bezerra de; NOGUEIRA, José Ricardo; BARBOSA, Ana Luiza de Holanda. À procura do imposto ótimo. *Valor Econômico*, São Paulo, n. 1221, 18 mar. 2005.

77 Cf. STIGLITZ, Joseph E. Op. cit. (nota 62), p. 457-458.

78 Cf. MOSQUERA, Roberto Quiroga. Tributação e Política Fiscal. In: SANTI, Eurico Marcos Diniz de; INSTITUTO BRASILEIRO DE ESTUDOS TRIBUTÁRIOS (IBET) (Ed.); CARVALHO, Paulo de Barros. *Segurança jurídica na tributação e estado de direito*. Colaboração de Aires Fernandino Barreto et al. INSTITUTO BRASILEIRO DE ESTUDOS TRIBUTÁRIOS (IBET) (Ed.). São Paulo: Noeses, 2005, p. 557-579 (571).

79 Sobre a utopia da neutralidade (*Neutralitätsutopie*), cf. LITTMANN, Konrad. Ein Valet dem Leistungsfähigkeitsprinzip. In: HALLER, Heinz; KULLMER, L.; SHOUP, Carl S.; TIMM, Herbert (orgs.). *Theorie und Práxis des finanzpolitischen Interventionismus*. Tübingen: J.C.B. Mohr (Paul Siebeck), 1970, p. 113-134 (128).

80 Cf. BRIGGS, Charles W. Taxation is not for fiscal purposes only. *American Bar Association Journal*, vol. 52, jan. 1966, p. 45-29 (47).

alcance, para a indução do comportamento dos agentes econômicos, visando às finalidades próprias da intervenção econômica.

Ora, se a norma tributária indutora é elemento corrente de intervenção sobre o domínio econômico, claro que não se poderá esperar que ela, ao mesmo tempo, busque deixar de influenciar o comportamento dos contribuintes. É interessante a expressão de Zilveti: "a indução é a antítese da neutralidade"[81]. Fosse assim, dir-se-ia que o emprego da norma tributária como instrumento de intervenção econômica contrariaria o ideal de neutralidade da tributação.

Mais correto parece ser admitir que a neutralidade tributária não significa a não interferência do tributo sobre a economia, mas, em acepção mais restrita, neutralidade da tributação em relação à livre concorrência, visando a garantir um ambiente de igualdade de condições competitivas, reflexo da neutralidade concorrencial do Estado[82]. Em termos práticos, a neutralidade fiscal significa que produtos em condições similares devem estar submetidos à mesma carga fiscal[83].

Por essa razão acerta Stiglitz[84] quando opta pela expressão "eficiência econômica", dando ao efeito econômico do tributo uma conotação positiva, comprometida com o objetivo da política econômica. Recorda-se, aqui, o que acima foi exposto acerca do "duplo dividendo" da tributação para se constatar que esta poderá implicar ganhos de eficiência, a compensarem eventuais perdas por conta das mudanças nos comportamentos dos contribuintes.

5.2 Simplicidade administrativa

Tema atualíssimo para a tributação, que já era objeto de alerta por parte de Adam Smith: a tributação não pode implicar custos para o contribuinte.

A simplicidade passa pela busca da redução do número de tributos no sistema, pela simplificação em sua legislação e, não menos importante, pela diminuição dos custos burocráticos concernentes à tributação. A ideia é de que, se ao contribuinte já é penoso arcar com os tributos, muito maior revolta lhe causam os custos administrativos relacionados à cobrança. A ideia de "pagar para pagar um tributo", que resume os custos indiretos da tributação, é a antítese da simplicidade administrativa.

A ideia de simplicidade vem, ao longo do tempo, encantando os teóricos das finanças públicas. Num primeiro momento, entendeu-se que o tema deveria ser limitado a uma radical redução do número de tributos no sistema. Assim é que se defendeu o imposto único. A proeminência dessa ideia é tão destacada que merece nota de Edwin Seligman: *"[a]mong the projects for social and tax reform, few have been more earnestly and enthusiastically supported than the single tax"*[85].

---

81 Cf. ZILVETI, Fernando Aurélio. Variações sobre o princípio da neutralidade no Direito Tributário Internacional. *Direito Tributário Atual*, São Paulo, vol. 19, 2005, p. 24-40 (26).

82 Cf. LIMA, Ricardo Seibel de Freitas. *Livre concorrência e o dever de neutralidade tributária*. Dissertação (mestrado). Porto Alegre, UFRGS, 2005, p. 70.

83 Cf. CALIENDO, Paulo. Princípio da neutralidade fiscal: conceito e aplicação. In: PIRES, Adilson Rodrigues; TÔRRES, Heleno Taveira (orgs.). *Princípios de Direito Financeiro e Tributário:* estudos em homenagem ao professor Ricardo Lobo Torres. Rio de Janeiro: Renovar, 2006, p. 503-540 (537).

84 Cf. STIGLITZ, Joseph E. Op. cit. (nota 62), p. 458.

85 Cf. SELIGMAN, Edwin R. A. *Essays in taxation.* 10. ed. New York: Macmillian, 1931, p. 66.

Afinal, como aponta Paul Hugon[86], a ideia seduz por sua simplicidade: avaliadas as despesas públicas, seriam elas divididas entre os contribuintes, conforme suas necessidades, com economia para sua percepção (tornando inúteis as numerosas repartições encarregadas de cálculo e fiscalização de diversos tributos), e reduzindo-se a necessidade de o contribuinte procurar as autoridades fiscais. O resultado seria uma tributação mais equitativa, uma vez que se saberia quanto cada um pagaria.

Diante de tamanhas vantagens, não causa surpresa que a ideia de um imposto único venha sendo defendida há muito. É o próprio Paul Hugon que relata a proposta de Bodin, já no século XVI, de que fosse criado, ao lado dos tributos aduaneiros, apenas um imposto sobre rendimentos[87]. Evidentemente, essa ideia, naquele tempo, dificilmente teria chance de vingar, tendo em vista que mesmo muitos anos depois, quando se introduziu um imposto sobre a renda, na Inglaterra, este sofreu fortíssima resistência, por invadir a privacidade do contribuinte, além das dificuldades inerentes à sua cobrança[88]. Há, ainda, pela mesma época, referências a ideias de Boisguillebert, Vauban, Colbert, Hobbes e William Petty[89]. Os últimos defenderam um tributo indireto, como forma de a tributação atingir as classes mais privilegiadas, na época imunes à tributação direta[90].

Na Espanha, em 1619, Sancho de Moncada idealizou um imposto único sobre cereais. Proposto em época em que aquele país enfrentava necessidade de expandir seu comércio, o novo imposto incidiria sobre produtos cuja demanda se acreditava inelástica – e portanto asseguraria uma alta arrecadação, sem afetar negativamente a produção[91].

Com relação à França, Birk dá notícia de imposto, que se imaginou em 1649, a ser cobrado no valor de um Sou por dia de todos os que estivessem bem de vida. Acreditava-se que naquela época haveria seis milhões de pessoas que poderiam pagar tal tributo. O cientista político François Verón de Forbonnais teria ficado tão maravilhado que teria escrito: "se todos os habitantes tivessem trabalho e estivessem bem o suficiente para em média não pagarem um, mas quatro Sou, então haveria um efeito recíproco entre número de habitantes, bem-estar e rendimentos do Estado: quanto mais habitantes, tanto maior as fontes de renda; quanto maior o bem-estar, tanto mais fácil a cobrança de impostos"[92].

Muito embora as doutrinas sustentem uma tese comum – adoção de um imposto único –, os argumentos que as justificam não compartilham a mesma unidade. Muita vezes, chegam mesmo a apoiar-se em fundamentos opostos, com níveis variados de complexidade. Daí a tormenta decorrente do rótulo conferido aos autores defensores de um imposto único: sua homogeneidade é meramente aparente.

---

86 Cf. HUGON, Paul. *O imposto:* teoria moderna e principais sistemas: o sistema tributário brasileiro. 2. ed. Rio de Janeiro: Edições Financeiras, 1951, p. 36 e ss.

87 Cf. HUGON, Paul. Op. cit. (nota 86), p. 37.

88 Cf. GROSSFELD, Bernhard; BRYCE, James. A brief comparative history of the origins of the income tax in great britain, Germany and the United States. *The American Journal of Tax Policy*, vol. 2 [s.d.].

89 As referências são de HUGON, Paul (op. cit. nota 86), p. 37. Os mesmos nomes e exemplos são citados por Aliomar Baleeiro. Cf. BALEEIRO, Aliomar. *Uma introdução à ciência das finanças*. 14. ed. [s.l.]: Forense, 1987, p. 217.

90 Cf. SELIGMAN, Edwin R. A. *Essays in taxation.* 10. ed. New York: Macmillian, 1931 (reimpressão New York: Augustus M. Kellev, 1969), p. 8.

91 Cf. HERNANDEZ, Valentin Edo. La propuesta tributaria de un impuesto único de Sancho de Moncada. *Revista de Historia Económica,* ano 7, n. 2, supl., 1989, p. 29-42 (33). Disponível em: <http://e archivo.uc3m.es/dspace/bitstream/10016/1799/1/RHE 1985 VII 2 SUP Edo.Hernandez.pdf>. Acesso em: 16 jan. 2009.

92 Cf. BIRK, Dieter. *Steuerrecht*. 6. ed. atualizada. Heidelberg: Müller, 2003, p. 3.

Preliminarmente, a usual importância estimada à simplicidade de um imposto único deve ser recebida com certa cautela. Ora, é bem verdade que atualmente um sistema tributário simples e objetivo tem valor inestimável para as sociedades contemporâneas, sobretudo se considerarmos sistemas tributários complexos como o brasileiro[93]. No entanto, em períodos pretéritos, que serviram de berço às doutrinas referidas, tais preocupações talvez não fossem suscitadas com tão vigorosa ênfase. As teses de uma única imposição decorreriam, mais propriamente, da percepção de seus defensores quanto ao funcionamento da economia e suas leis descritivas.

A ideia de um imposto único ganhou força entre os fisiocratas.

Vale lembrar que essa escola de pensamento econômico entendia que a única fonte de riqueza seria a terra. As demais classes (classe estéril e classe produtiva) viveriam das riquezas geradas pelos proprietários. Por tal razão, seria inútil exigir delas o imposto: sendo elas assalariadas dos proprietários, qualquer imposto exigido daquelas repercutiria nestes[94]. Baleeiro relata que o médico Quésnay defendera, em seu *Tableau economique* (1758), a ideia de que a agricultura seria a única fonte geradora de riqueza, sendo a própria manufatura considerada subsidiária. Daí dever ser a renda líquida do proprietário (não do agricultor) o único objeto de tributação, uma vez que, por absorção, toda a economia seria assim atingida. Tais ideias teriam influenciado a *Théorie de l`impôt* de Mirabeau que, embora levado à prisão após a publicação de seus estudos, influenciou, dentre outros, Mercier de la Rivière[95]. Ficou famosa, naquele tempo, a ideia de Voltaire: *L`impôt unique, l`impôt inique* (imposto único, imposto iníquo), para condenar essa forma de tributação[96].

Na Inglaterra do século XVIII, houve a defesa de um imposto único sobre habitações[97].

No século XIX, o tema do imposto único teve a atenção de Émile de Gerardin, na obra intitulada *L´impôt*. Em seu trabalho, o referido autor, após constatar que os tributos pagos pelo contribuinte multiplicam-se sob todas as formas e nomes e são cobrados ora sobre a pessoa, ora sobre a coisa, ora sobre a receita, dentre outras bases, sendo, ademais, simultaneamente diretos e indiretos, sustenta que, em tais condições, a tributação não pode ter sua proporção bem estabelecida diante de cada contribuinte[98]. Dessa forma, defende Gerardin que, em se tratando de uma tributação que se pretenda proporcional em relação a cada indivíduo, não há como não pensar num imposto único, ou seja, se o imposto não é único, não há como a tributação ser proporcional – imposto único seria sinônimo de imposto proporcional.

Ao lado de várias ideias de imposto único sobre rendimentos[99], merece nota a ideia defendida por Schüller, surgida após a Segunda Guerra. Acreditando que a indústria era a fonte de riqueza, Schüller sustentou que bastaria a existência de um imposto sobre a energia, base de movimentação da indústria, para que toda a riqueza da sociedade fosse alcançada[100]. Não teve sucesso,

---

93 Já em 1916, escrevendo sobre o recente influxo das ideias do imposto único para o Brasil, José Carlos Macedo de Soares, ______., em art. publicado no *Jornal do Commercio*, do Rio de Janeiro, de 21 de maio de 1916, declara que "[n]ão resta dúvida que o imposto único seduz por sua simplicidade e principalmente por fazer desaparecer os múltiplos impostos do nosso defeituoso sistema tributário, encarado sempre, e mui razoavelmente, com geral antipatia".

94 Cf. HUGON, Paul. Op. cit. (nota 86), p. 37.

95 Cf. BALEEIRO, Aliomar. Op. cit. (nota 89), p. 218.

96 Apud BALEEIRO, Aliomar. Op. cit. (nota 89), p. 218.

97 Cf. SELIGMAN, Edwin R. A. Op. cit. (nota 90), p. 66.

98 Cf. GERARDIN, Émile. *L'impôt*. 6. ed. Paris: A la librairie nouvelle, 1852, p. 169.

99 Cf. SELIGMAN, Edwin R. A. Op. cit. (nota 90), p. 66.

100 Cf. BALEEIRO, Aliomar. Op. cit. (nota 89), p. 219.

obviamente, tal ideia, haja vista que, como seus antecessores, o novo imposto único deixava de lado diversas manifestações de riqueza.

Ainda na primeira metade do século XX, Isaac Sherman voltou a defender um imposto sobre a terra. A mesma ideia era defendida por Henry George, embora por fundamentos opostos (o primeiro entendia que o imposto sobre a propriedade repercutiria no consumo, e o último defendia o mesmo imposto exatamente por não repercutir). Tais ideias foram expostas e rebatidas por Seligman, que apontou defeitos práticos e fiscais, além dos problemas políticos, éticos e econômicos da proposta[101].

Em 1958, Nicholas Kaldor sustentou a adoção de um imposto único sobre o gasto global. Em seu entender, um imposto sobre o gasto corresponderia a um instrumento mais eficiente para a manutenção da estabilidade econômica e do progresso do que diversos tributos cobrados sobre a renda[102]. Para Kaldor, um imposto sobre o gasto traria mais honestidade e moderação ao sistema tributário[103].

Em época mais contemporânea, Robert E. Hall e Alvin Rabushka propuseram a adoção de um imposto único pelo qual a renda seria tributada apenas uma vez e o mais próximo possível da sua fonte[104]. Segundo os referidos autores, a simplicidade é o aspecto importante de sua proposta, já que sistemas complexos requerem gastos bastante expressivos como, por exemplo, aqueles efetuados com fiscalização[105].

Ainda do final do século passado data, no Brasil, a ideia de um imposto único sobre movimentações financeiras[106]. Como seus antecessores, tinha a pretensão de, por uma única incidência, cobrar tributos sobre todas as riquezas geradas na sociedade. Sob o mote da simplificação, entretanto, provocaria enorme efeito cumulativo, implicando verticalização e concentração empresarial. Em alíquotas mais moderadas, deu azo à criação do Imposto Provisório sobre Movimentações Financeiras (IPMF), pouco tempo depois sucedido pela Contribuição Provisória sobre Movimentações Financeiras (CPMF), de triste lembrança.

Diante da evidência de que qualquer contribuinte preferiria um sistema tributário simples, surge a pergunta: a que se deve a complexidade dos diversos ordenamentos tributários?

Um primeiro motivo para a complexidade dos sistemas tributários pode ser identificado na necessidade de os contribuintes guardarem, por longuíssimo tempo, os documentos que comprovam suas operações. Efetivamente, dado o grande número de transações praticadas por um sem-número de contribuintes, torna-se impraticável a fiscalização imediata: o legislador deve assegurar à administração um tempo razoável para rever os atos e cálculos do contribuinte. Durante esse prazo, deve o contribuinte manter documentação que comprove seus atos.

No entanto, a realidade revela que a complexidade pode ultrapassar o razoável. Um exemplo, no caso do Brasil, está nas hipóteses em que o contribuinte é autuado pela fiscalização, sendo obrigado a defender-se administrativamente. Nesse caso, a documentação deve ser mantida pelo prazo que

101 Cf. SELIGMAN, Edwin R. A. Op. cit. (nota 90), p. 67-97.

102 Cf. KALDOR, Nicholas. *An expenditure tax*. Brookfield: Gregg Revivals, 1993, p. 15.

103 Cf. KALDOR, Nicholas. Op. cit. (nota 102), p. 16.

104 Cf. HALL, Robert E.; RABUSHKA, Alvin. *The flat tax*. Stanford: Hoover Institution Press, 1985, p. 40.

105 Cf. HALL, Robert E.; RABUSHKA, Alvin. Op. cit. (nota 104), p. 42.

106 Cf. ALBUQUERQUE, Marcos Cintra Cavalcanti (org.). *Imposto único sobre transações*: prós e contras. São Paulo: Câmara Brasileira do Livro, 1991, p. 140.

durar o processo administrativo em que se discute a cobrança. Como não há prazo previsto em lei para a duração desse processo, não é incomum que contribuintes se vejam forçados a guardar, por décadas, documentos que suportaram suas transações. Dada a celeridade do processo empresarial, tem-se notório descompasso com uma legislação que impõe a guarda de documentos sem qualquer limite temporal. Ainda com relação aos documentos, ganha-se em complexidade quando se exigem cópias autenticadas e/ou traduções juramentadas de documentos contábeis produzidos no exterior.

Contribuem para a complexidade, ainda, as diferenciações feitas pelo legislador, posto que justificadas pela igualdade. Assim, por exemplo, quando a legislação do Imposto de Renda prevê alíquotas diversas, conforme a categoria do contribuinte ou a espécie de renda, poderá ser movida por razões de justiça, ou até mesmo de equidade. Muito possivelmente se aceitará que lucros decorrentes de atividades especulativas sejam tributados de um modo mais elevado que os salários; entretanto, essa diferenciação já implica alguma complexidade no sistema. Agreguem-se outras diferenciações, como taxas de depreciação diversas conforme a vida útil do bem ou a dedutibilidade de gastos médicos ou previdenciários, e se perceberá que dificilmente dois contribuintes terão seus tributos calculados de maneira idêntica.

Ainda, a simplicidade passa pelo fato de que há categorias de rendimentos cuja tributação é, por sua natureza, menos complexa que outras. Por exemplo: é muito mais simples a tributação incidente na fonte sobre a renda fixa que o imposto sobre o lucro real das pessoas jurídicas.

Finalmente, cumpre destacar que a tributação se vincula à complexidade social: sendo a economia complexa, não se pode aceitar a utopia de uma tributação única, sob o risco de se deixar de lado a oportunidade de alcançar formas de riqueza que poderiam ser atingidas num contexto de múltiplos tributos. A pluralidade de incidências tributárias oferece ao formulador de política tributária a oportunidade de identificar o melhor momento para a tributação, com o efeito alocativo daí decorrente. Por exemplo: se a renda do trabalhador é empregada em seu consumo, poderia o legislador, para atingir igual arrecadação sobre idêntica base, tributar a própria renda, quando auferida (Imposto de Renda), ou o consumo (afinal, a mesma renda, mas no momento em que se consome). Havendo ambos os tributos, o legislador poderá arbitrar se deve incentivar a poupança (aliviando a tributação da renda e tributando o consumo) ou se deve expandir o consumo (afastando nova incidência sobre o ato do consumo).

A tais variáveis comuns a qualquer economia moderna devem-se acrescentar, no caso brasileiro, as dificuldades inerentes a uma federação, onde se pretende que cada uma das pessoas jurídicas de direito público tenha sua própria fonte tributária, implicando, daí, múltiplas incidências sobre a mesma base econômica, variando apenas o momento em que se dão.

Importa lembrar que a complexidade é decorrência de sistemas legais que procuram combater favoritismos, clientelismos e outros favores, além, obviamente, da corrupção: criam-se os mais diversos controles da atuação da administração pública, inviabilizando qualquer tentativa de simplificação.

5.3 Flexibilidade

Reconhecido o efeito indutor dos tributos, redobra a importância de o sistema ser dotado de mecanismos que lhe confiram agilidade, para reagir a necessidades conjunturais. Por essa razão é que diversos sistemas tributários facilitam a alteração das alíquotas dos tributos aduaneiros. Afinal, por meio deles pode-se desestimular a importação (protegendo a indústria nacional) ou até mesmo a exportação. Assim, por exemplo, na hipótese de desabastecimento interno de álcool, em virtude de um aumento internacional do açúcar, pode o formulador de política tributária reagir, fazendo incidir um imposto sobre a exportação, de modo a assegurar o fornecimento interno; de igual modo, para reagir à alta de preços internos, pode o formulador de política tributária reduzir os tributos sobre a importação, de modo a ampliar a concorrência.

A flexibilidade exige respostas imediatas às necessidades conjunturais, mas seu atendimento deve ser feito com cautela, respeitando-se a segurança jurídica.

5.4 Responsabilidade política

A ideia de responsabilidade política é exigir transparência por parte dos governos. Em matéria tributária, implica saber quem está financiando o gasto público e quem está se beneficiando dele.

Atribui-se a Jean-Baptiste Colbert, ministro das finanças de Luís XIV, a máxima: "a arte de tributar consiste em depenar o ganso de modo a obter o maior número de penas com o menor número possível de gritos"[107]. A sentença revela o desejo dos administradores de esconder quem, efetivamente, paga os tributos. É assim que se introduzem tributos pretensamente cobrados sobre pessoas jurídicas, levando a crer que são elas, não os indivíduos, que arcam com a tributação. Do mesmo modo, a tributação do vendedor esconde a carga que se pretende repassar ao consumidor.

É, com efeito, bastante atual a discussão acerca da transparência fiscal. Esta expressão costuma ser utilizada, em círculos internacionais, para exigir que se conheçam as transações em que incorrem os contribuintes, condenando-se qualquer forma de sigilo fiscal. A mesma expressão, entretanto, tem seu sentido alargado para se exigir a transparência do sistema tributário.

A responsabilidade política aparece como exigência no § 5º do art. 150 do texto constitucional brasileiro, ao determinar que a lei crie condições para que o consumidor conheça a carga tributária a que se sujeita. O dispositivo constitucional foi regulado pela Lei n. 12.741/2012, que exige constar dos documentos fiscais a informação do "valor aproximado correspondente à totalidade dos tributos federais, estaduais e municipais, cuja incidência influi na formação dos respectivos preços de venda". O dispositivo não deve ser visto de um ponto de vista técnico, já que a multiplicidade de incidências tributárias torna impossível o conhecimento do montante efetivamente recolhido; a apuração aproximada tem, antes, o efeito de dar a noção, ao consumidor, de que boa parte de sua renda é carreada aos cofres públicos. Ou seja: não se trata de saber exatamente quanto foi pago, mas sim de saber que *muito* foi pago.

A transparência fiscal, entretanto, vai além de seu relevantíssimo efeito político; é ela condição para a eficiência do sistema tributário. Especialmente em economias abertas, nas quais os investidores se encontram livres para decidir onde depositar suas economias, importa assegurar-lhes amplo conhecimento da carga tributária a que estarão sujeitos. Sistemas tributários opacos podem, num primeiro momento, atrair investimentos afoitos, de curto prazo. Um sistema econômico que pretenda atrair e manter investimentos produtivos de longo prazo deve oferecer total clareza quanto aos custos tributários envolvidos, permitindo que o empresário tome decisão consciente.

107 "*The art of taxation consists in so plucking the goose as to obtain the largest amount of feathers with the least possible amount of hissing*". Cf. STIGLITZ, Joseph E. Op. cit. (nota 62), p. 467.

5.5 Equidade

A equidade aparece, juntamente com a eficiência, entre os objetivos da política fiscal, conforme acima visto. Em termos jurídicos, reflete-se no princípio da isonomia, que será analisado juntamente com as demais limitações constitucionais ao poder de tributar.

Na ciência das finanças, a equidade é estudada como modo de buscar um critério justo para a tributação. Desenvolveu-se, naquele campo, doutrina que mais tarde seria utilizada pelos juristas na teoria da causa da tributação.

A ideia de justificação da tributação inexistia na época das Comunas (sécs. XI-XV), quando, como ensina Vanoni, a "justiça não era respeitada na repartição dos impostos. As classes mais poderosas, especialmente o clero e a nobreza, conseguiam assegurar-se isenções e privilégios, enquanto por outro lado as lutas entre facções no interior das Comunas faziam com que o tributo servisse de instrumento de perseguição e de vinganças políticas"[108].

Nos primórdios da união feudal, todas as despesas do Soberano (que não eram despesas do Estado, mas do próprio Soberano), como o custo de uma luta contra os "seus" inimigos, deviam ser pagas primordialmente pelo Soberano. O príncipe fazia o que podia, inclusive contraindo dívidas. Somente quando já não mais conseguiu custear suas despesas por si só, passou a pedir ajuda às cortes. Ele reconhecia que não tinha o direito de exigir, declarando que com seu pedido não pretendia romper os direitos das cortes e prometendo nunca mais voltar a pedir. Assim, quem ajudava o príncipe fazia-o por ter concordado, em nome próprio, e à vista de uma justificativa do Soberano[109].

No feudalismo tardio, o princípio que justificava a imposição era o direito absoluto de disposição de que gozava o feudatário sobre todas as coisas e pessoas que fizessem parte do feudo[110]. Não se buscava uma justificativa jurídica especial para a exigência de tributos. Seu fundamento se encontrava no preceito bíblico "dai a César o que é de César" e na afirmativa de São Paulo aos romanos[111]. Não obstante, Pomini sustenta que já na era medieval se encontrava a busca de uma causa para os tributos, embora ainda não se tratasse propriamente de uma fundamentação jurídica, mas teológica, que punha como fundamento das obrigações de consciência o critério da justiça, a fim de decidir quais os mandamentos humanos que geravam uma obrigação no foro interno, constituindo *peccatum* subtrair-se deles. No campo tributário, surgia a causa como limite para determinar a exigência do tributo[112].

No mercantilismo, o Estado, enquanto organismo onisciente e, na qualidade de representante do príncipe, onipotente, não necessitava de justificativa para cobrar tributos. Se o Estado era onipotente, os súditos que lhe pagavam impostos não lhe davam, na verdade, nada que antes não lhe pertencia, visto que o rei não era apenas o Estado, mas também senhor de todos os bens no território[113].

---

108 Cf. VANONI, Ezio, op. cit. (nota 3), p. 26-27.

109 Cf. SCHUMPETER, Joseph. Op. cit. (nota 35), p. 8-12.

110 Cf. VANONI, Ézio. *Natureza e interpretação das leis tributárias.* Rubens Gomes de Sousa (trad.). Rio de Janeiro: Edições Financeiras [s.d.], p. 26. (título original: *Natura ed interpretazione delle leggi tributarie.* Padova: CEDAM, 1932).

111 "É também por esta razão que pagais os impostos, pois os magistrados são ministros de Deus, quando exercem pontualmente este ofício." (Romanos, 13,6).

112 Cf. POMINI, Renzo. *La "causa impositionis" nello svolgimento storico della dottrina finanziaria.* Milano: Giuffrè, 1951, p. 1.

113 Cf. NEUMARK, Fritz. Grundsätze und Arten der Haushaltführung und Finanzbedarfsdeckung. In: GERLOFF, Wilhelm; NEUMARK, Fritz (orgs.). *Handbuch der Finanzwissenschaft.* Tübingen: J.C.B.Mohr (Paul Siebeck), 1952, p. 606-669 (610).

Data da época do cameralismo a busca de uma justificação para a cobrança dos tributos. Não sendo a tributação vista como um direito inquestionável, era necessária alguma teoria para a sua justificação. Conquanto nos séculos XVI e XVII ainda houvesse quem adotasse causas irracionais, provenientes da Idade Média, desenvolveram-se explicações racionais para a cobrança. Predominava a visão segundo a qual o imposto seria o pagamento (de compra) ao Estado pelos benefícios recebidos pela comunidade. Tal justificativa vinha ligada ao jusnaturalismo, que indagava onde estaria a "limitação natural" da carga tributária. Essa indagação ainda estava carregada de elementos econômicos, baseando se no conceito de uma relação de troca entre Estado e cidadão, de que se extrai o modelo do mercado privado, tratando se a atividade estatal como se fosse privada, sendo o imposto uma remuneração para determinadas prestações estatais. Aqui, como na economia privada, prevaleceria o princípio da prestação e contraprestação, de modo que só restaria descobrir o "preço justo". Bellstedt, analisando essa teoria, encontra sua origem histórica em Bodin (1576) e Bornitz (1612). O "preço justo", por sua vez, poderia ser determinado por dois modos: (i) o montante do imposto deveria corresponder às despesas públicas necessárias à proteção da pessoa ou do seu patrimônio (teoria da equivalência); ou (ii) o montante do imposto se mediria pela vantagem que o indivíduo recebesse da atividade estatal (teoria do benefício)[114].

A ideia do sinalagma (preço pago por algo recebido do Estado) ainda hoje se faz presente para aqueles que procuram justificar o não pagamento de tributos, afirmando que, afinal, o Estado não lhes traz vantagens. Entretanto, se a ideia de benefício pode servir para alguns tributos cobrados em função de prestações por parte do Estado (por exemplo, a taxa cobrada pelos serviços de saneamento público), a maioria das prestações estatais não está vinculada diretamente a um tributo. O cidadão não receberá maior serviço de segurança por parte da polícia porque paga mais tributos. Assim, a teoria do benefício não atende aos reclamos da equidade para a maior parte dos casos[115].

Diante disso é que, a par das justificativas sinalagmáticas, surgia a ideia do sacrifício: os súditos sacrificam uma parte de seu patrimônio ou de seus rendimentos para poderem fruir, sem qualquer perturbação, do restante. Menos frequente era a ideia do Estado como uma seguradora para os casos de emergência: os súditos pagavam uma quantia mínima ao Estado para dele se socorrerem em caso de necessidade. Finalmente, tinha se a ideia do contrato social: na constituição da sociedade, os cidadãos obrigam-se a concorrer para as despesas do Estado. Nos últimos tempos do cameralismo, desenvolveu-se a ideia do Estado como sócio, que participa dos lucros e perdas da comunidade. O Estado ficava vinculado a aplicar as suas receitas nas finalidades declaradas[116]. Tais ideias desencadearam a justificativa baseada na capacidade contributiva. Essa tornou-se, na maior parte dos ordenamentos jurídicos, princípio que orienta a exigência dos impostos. No Brasil, encontra-se positivada no art. 145, § 1º, do texto constitucional.

---

114 Cf. BELLSTEDT, Christoph. *Die Steuer als Instrument der Politik.* Berlin: Duncker & Humblot, 1966, p. 54.

115 Cf. STIGLITZ, Joseph E. Op. cit. (nota 62), p. 473.

116 Cf. JENETZKY, Johannes. *System und Entwicklung des materiellen Steuerrechts in der wissenschaftlichen Literatur des Kameralismus von 1680-1840.* Berlin: Duncker & Humblot, 1976, p. 73-80.

5.6 Previsibilidade

A tais objetivos comumente levantados pela teoria econômica, parece acertado acrescentar que um sistema tributário não pode abrir mão da previsibilidade. Especialmente diante dos desafios do Estado do Século XXI, quando se confere à sociedade civil papel relevante na construção da liberdade coletiva, a segurança jurídica torna-se valor caro a um sistema tributário ótimo.

Já se apontou acima, quando se discutiu a responsabilidade política, a importância da transparência como condição de eficiência. Da responsabilidade política também decorre a exigência de previsibilidade, que poderia ser incluída entre as condições para a eficiência econômica. Entretanto, sua importância ultrapassa a eficiência, pois se relaciona com o valor da segurança jurídica. Sem dúvida, esta permite que os contribuintes possam tomar suas decisões com maior acerto, visto que conhecerão os ônus envolvidos. Nesse sentido, a previsibilidade é instrumento de eficiência. Por outro lado, a previsibilidade relaciona-se, do mesmo modo, com a equidade, no seu valor de justiça.

A previsibilidade, em seu vetor de segurança jurídica, parece contrapor-se à flexibilidade. Entretanto, essa contraposição é apenas aparente. Afinal, se é verdade que a segurança jurídica, em matéria tributária, leva à rigidez, há que se ter em mente o que acima foi exposto sobre o papel dos tributos na ordem econômica: são eles instrumentos para a própria intervenção do Estado sobre o Domínio Econômico. Nesse campo, a segurança jurídica relaciona-se com a finalidade, mais que com o meio. A passagem do Estado de Direito para o Estado Democrático de Direito implica uma nova conformação da segurança jurídica: enquanto no Estado de Direito, surgido no liberalismo, tinha-se a busca da manutenção do *status quo*, o Estado Democrático de Direito exige uma ordem econômica em evolução, rumo a um objetivo traçado pelo constituinte. É assim que, enquanto a segurança jurídica, no Estado de Direito, implica imobilidade da ordem jurídica, aquele valor exige, no Estado Democrático de Direito, o constante aperfeiçoamento do direito vigente. No Estado Democrático de Direito, portanto, a segurança jurídica não está nos meios, mas na finalidade. Esta é que será a constante da ordem jurídica, admitindo-se vicissitudes nos meios utilizados, conforme a conjuntura econômica, para o fim buscado.

Pode-se afirmar, portanto, que o desenho de Estado constante da Constituição de 1988, o chamado "Estado Democrático de Direito", implica uma conformação do princípio da segurança jurídica em que, de um lado, sejam mantidos clássicos princípios e instituições governamentais, como a separação de poderes e a legalidade (porquanto tal Estado deve se erigir sob o império da lei, a qual deve resultar da reflexão de todos[117]), e, de outro, seja garantida ao Estado a flexibilidade necessária para alcançar a finalidade buscada pela ordem econômica.

Enquanto o pensamento baseado no Estado de Direito valorizará a segurança jurídica concernente à certeza dos direitos, "abrangendo a elaboração, a interpretação e a própria positivação do ordenamento, penetrando também na linguagem jurídica em busca da clareza e da certeza e no próprio funcionamento dos órgãos do Estado"[118], o Estado Social de Direito trará novas cores ao mesmo valor da segurança jurídica, onde se prestigiará não mais a mera manutenção de regras, mas a previsibilidade da atuação do Estado quando da intervenção no Domínio Econômico. Essa

---

117 Cf. TORRES, Ricardo Lobo. Op. cit. (nota 26), p. 42.

118 Cf. TORRES, Ricardo Lobo. *Tratado de Direito Constitucional, Financeiro e Tributário*. vol. 5. Rio de Janeiro: Renovar, 2000, p. 243.

intervenção, então, deve dar-se conforme os ditames da ordem econômica firmados pelo constituinte, o que implicará a necessária consistência dessa atuação em relação à própria política econômica adotada. A partir desse pensamento, vê-se que é possível conciliar a previsibilidade com a flexibilidade na construção de um sistema tributário.

6 A questão da incidência econômica tributária

É o estudo das finanças públicas que permite investigar a questão da incidência econômica tributária. O adjetivo "econômica" é propositadamente empregado para diferenciar o estudo que ora se faz da incidência jurídica.

Com efeito, a análise jurídica da incidência confunde-se com o estudo da própria obrigação tributária, tendo em vista que investiga quem é o sujeito passivo na relação estabelecida com o Fisco. Dessa perspectiva, a indagação passa pela análise do direito posto, buscando nele os elementos que formam uma relação tributária.

A análise econômica da incidência, por outro lado, quer saber quem, de fato, é atingido pela tributação. Ou melhor: "quem paga a conta". Sua importância, em termos de política econômica, é evidente: uma vez reconhecidos os efeitos alocativos da tributação, importa ao formulador da política tributária conhecer os efeitos da legislação proposta.

Entretanto, como já se afirmou acima, sendo a economia o substrato sobre o qual age a lei, o direito não pode deixar de reconhecer a influência do fato sobre aquela.

Um exemplo pode ilustrar esta relação. Nos primórdios da tributação na Inglaterra, havia um imposto exigido dos proprietários de terras. Entretanto, dada a precariedade dos controles então existentes, era muito difícil saber quem era o efetivo proprietário: as terras eram arrendadas, em estrutura típica feudal. Diante de tais circunstâncias, o imposto – devido, insista-se, pelos proprietários – era cobrado dos arrendatários, evidentemente de mais fácil localização. Esse sistema, que é apontado como uma das origens da tributação na fonte[119], evidenciava uma relação jurídica entre o arrendatário e o Fisco, conquanto se admitisse que aquele se ressarcisse do tributo junto ao proprietário da terra. A incidência econômica não é, entretanto, irrelevante, se se imaginar um caso em que o proprietário em questão gozasse de imunidade tributária. Deveria, ou não, o coletor de impostos considerar essa situação quando, afinal, sua relação jurídica se estabeleceria com o arrendatário (não imune)?

A mesma situação poderia ser vislumbrada nos dias atuais, se fosse considerado um tributo, incidente sobre as operações de consumo. Imagine-se que embora objetivando captar a capacidade econômica do consumidor, o legislador entendesse conveniente estabelecer o vínculo jurídico com o vendedor (por exemplo, tendo em vista este encontrar-se regularmente estabelecido, sendo mais fácil cobrar deste). Pois bem: o que fazer se o consumo fosse feito por uma entidade imune à tributação? O fato de a incidência jurídica dar-se sobre o vendedor (não imune) afasta a proteção jurídica (imunidade) conferida ao adquirente?

119 Cf. SOOS, Piroska E. *The origins of taxation at source in England.* Amsterdam: IBFD, 1997, p. 74.

Quando se tem presente o efeito indutor da norma tributária, mais uma vez a incidência econômica deve ser levada em conta. Por exemplo: como examinar uma legislação que conferisse tratamento tributário diferenciado às vendas efetuadas a grandes grupos, em relação àquelas feitas a pequenas empresas? É certo que a Constituição Federal contempla, em sua ordem econômica, um tratamento tributário privilegiado às últimas. Assim, ficaria justificado um privilégio àquelas. Se, entretanto, uma mesma empresa efetua uma venda de um mesmo equipamento (um computador portátil) a um grande conglomerado e a uma quitanda, a justificativa para o tratamento diferenciado somente poderá ser aceita se for deixado de lado o aspecto subjetivo do vendedor e se for considerado o comprador. Note-se que o imposto é juridicamente exigido do vendedor, mas a lei considera a qualidade do comprador.

A teoria da incidência econômica tributária visa investigar se existe, ou não, coincidência entre a pessoa juridicamente atingida pela tributação e aquela que efetivamente suporta o encargo tributário. Constatando que a incidência econômica não coincide com a jurídica, a justificação para a tributação passa a ter de considerar a primeira, no lugar da última, sob pena de contrariar o princípio constitucional da igualdade.

Efetivamente, como se verá com mais vagar, o princípio da igualdade é uma das bases dos sistemas tributários modernos. Essa igualdade não poderia ser tomada apenas em seu aspecto formal. Ela exige, em matéria de impostos, que aqueles que têm igual capacidade econômica contribuam igualmente para os gastos coletivos. Não se toleram privilégios.

Não fere a igualdade, entretanto, se dois contribuintes com igual capacidade econômica recebem um tratamento tributário diferenciado tendo em vista a realização de outros objetivos constitucionais. Assim, por exemplo, se a proteção do meio ambiente é prestigiada constitucionalmente, é de admitir que se confira um tratamento tributário mais benéfico àquele contribuinte que atua em seu favor. O estudo das externalidades, acima apontado, revela que uma das diretrizes da política tributária está, exatamente, na correção de tais falhas de mercado. O mesmo raciocínio vale para as demais diretrizes da ordem econômica.

Pois bem: retomando o exemplo do computador vendido a uma quitanda, afirmou-se que se justifica um privilégio àquela, em relação à grande empresa. Entretanto, tal privilégio apenas será aceito se, de fato, for gozado pela quitanda, não pelo vendedor. Ou seja: se a quitanda suporta o ônus do imposto, então se justifica que ela pague menos que a grande empresa; se o imposto é suportado pelo vendedor, então fica bem mais difícil justificar o tratamento diferenciado. Daí a importância de se investigar a incidência econômica do imposto, como ferramenta para a análise jurídica da igualdade.

Os estudos econômicos partem de mercados competitivos, como forma de se entender o porquê da diferença entre incidência jurídica e econômica de um tributo. Evidenciam que fatores como elasticidade são relevantes para a transladação.

No exemplo de um imposto por alíquota específica sobre vendas, ter-se-ia, do ponto de vista jurídico, uma incidência, sobre o vendedor, de um valor fixo para cada unidade vendida. Ou seja: juridicamente, o comprador é irrelevante, visto que a obrigação é do vendedor. Do ponto de vista econômico, o raciocínio é diferente. Para que se compreenda tal efeito, retome-se o modelo das curvas de oferta e demanda, abaixo reproduzido:

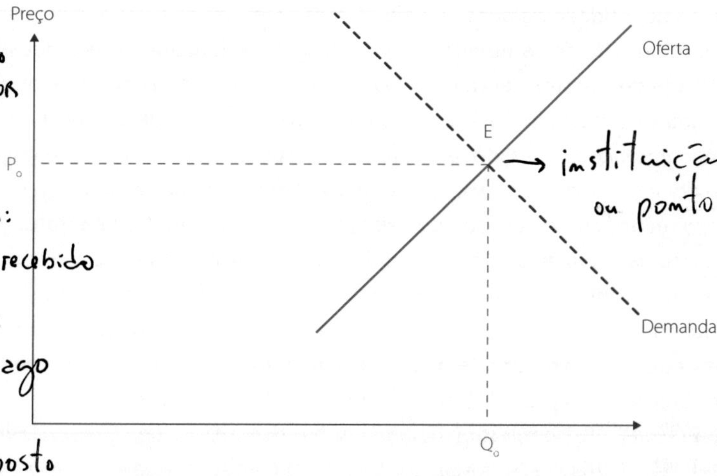

Se for instituído um imposto no montante fixo (x) por unidade vendida, a ser pago pelos vendedores, então o custo marginal destes cresce exatamente no mesmo montante. Ou seja: do preço P que eles receberem (ou do preço P que for pago pelos compradores), eles pagarão x de imposto, ficando apenas com o preço P-x. Ou seja: embora para os compradores o produto custe o preço P, para os vendedores o valor recebido é o preço P-x.

Ora, é imediato que se o produtor não mais recebe o preço P, mas o preço P-x, a quantidade de produtos que será oferecida no mercado cairá, nos termos da curva de oferta acima reproduzida. Ao mesmo tempo, a figura acima dizia, também, que se os compradores tivessem que pagar um preço maior que P_o, eles comprariam uma quantidade menor que Q_o. O resultado pode ser verificado pelo seguinte gráfico[120]:

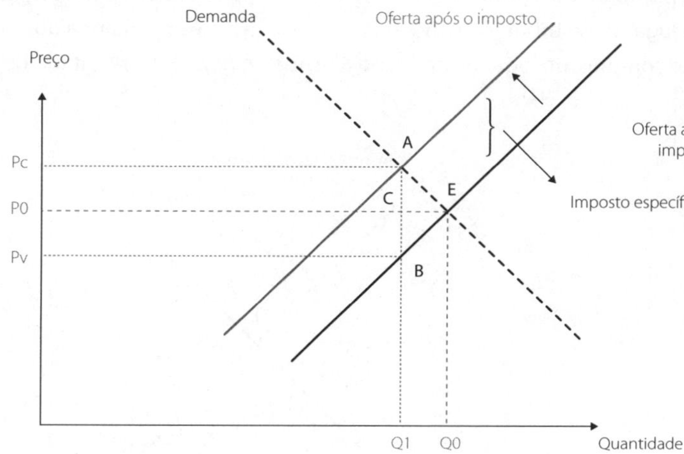

Para que se compreenda o fenômeno acima, importa, num primeiro momento, examinar apenas a curva de oferta antes do imposto. Ela procura evidenciar que, quanto maior o preço que ele

120 Cf. SIQUEIRA, Marcelo Lettieri; RAMOS, Francisco S. Incidência tributária. In: BERMAN, Ciro; ARVATE, Paulo (coord.). *Economia do setor público no Brasil*. Rio de Janeiro: Elsevier, 2004, p. 155-172. No mesmo sentido, Cf. STIGUM, Bernt P.; STIGUM, Márcia. *Economia:* microeconomia. vol. 1. São Paulo: Edgard Blucher, 1973.

receber, maior a quantidade de bens que ele oferecerá; reduza-se o preço e ele diminuirá a produção. Já do ponto de vista do comprador, sabe-se que, quanto maior o preço que ele pagar, menor será a quantidade de produtos adquiridos. O ponto E surgia, assim, como ponto de equilíbrio: o mercado atingira sua maior eficiência com a produção da quantidade Q0 pelo preço P0.

Pois bem: como acima relatado, a inserção do imposto implica uma diferença de percepção entre comprador e vendedor, uma vez que, embora o primeiro pague um preço maior, o último recebe um preço menor considerando que existe um imposto embutido na transação. O resultado, com a deslocação da curva de oferta, sem mudança da curva de demanda, é o novo ponto de equilíbrio em A, sendo produzida uma quantidade de produtos Q1. Essa quantidade Q1, que é menor que Q0, é a quantidade máxima que os compradores comprarão, caso sejam obrigados a pagar um preço PC, maior que P0. Ao mesmo tempo, Q1 é a quantidade máxima que os vendedores produzirão se vierem a receber um preço PV, menor que P0.

Em síntese: em Q1, os compradores pagam um preço maior que P0, mas os vendedores recebem um preço menor que P0. A diferença, por óbvio, é o imposto que é pago ao governo.

Evidencia-se, daí, o efeito do imposto sobre a economia: ele gera a ineficiência, representada pelo fato de que menos produtos são oferecidos ao mercado; o ponto de equilíbrio já não está na quantidade Q0, mas na quantidade Q1.

Por outro lado, em termos de incidência econômica, constata-se que o vendedor não suportou sozinho o peso do tributo. Afinal, é verdade que ele passou a receber um preço PV, menor que P0. Entretanto, exatamente em função disso, ele reduziu a quantidade oferecida de Q0 para Q1. Por sua vez, o comprador também não assumiu toda a carga: embora ele tenha passado a pagar um preço PC, maior que P0, ele comprou menos produtos (comprou Q1, no lugar de Q0).

Assim, em termos de incidência econômica, viu-se que o imposto foi *parcialmente* repassado para o consumidor, mas o próprio vendedor suportou parte do imposto.

Claro que, do ponto de vista jurídico, poder-se-ia contemplar um outro tributo, completamente diverso deste: no lugar de se tributar o vendedor, exigir-se-ia a mesma quantia do comprador. Seria um imposto sobre compras, no lugar de um imposto sobre vendas. Eis o resultado de tal imposto[121]:

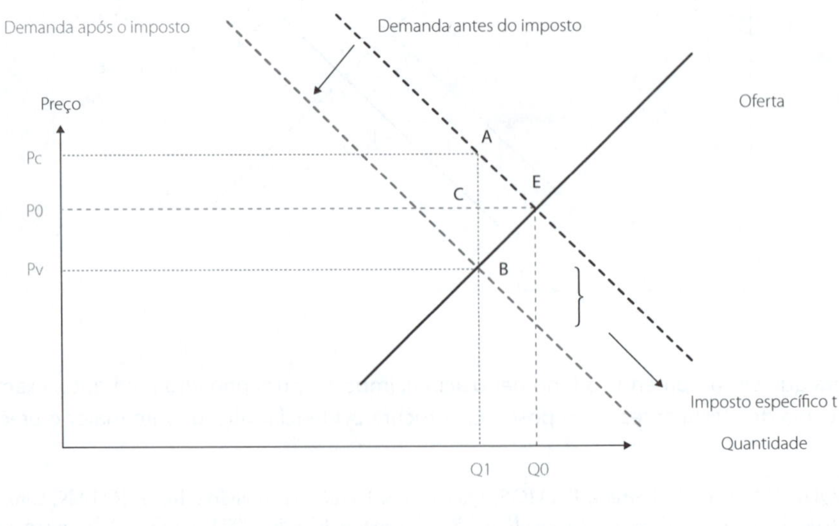

121 Cf. SIQUEIRA, Marcelo Lettieri; RAMOS, Francisco S. Op. cit. (nota 120), p. 157.

Mais uma vez, tem-se resultado semelhante ao anterior: embora o vendedor receba um preço PV, para o comprador o efeito é de um pagamento muito maior (visto que há o imposto sobre o consumo): o preço PC. Ora, se o comprador pagará um preço PC, ele já não está disposto a comprar a quantidade Q0, mas a quantidade Q1. Do mesmo modo, se o vendedor receberá um preço PV, em vez de P0, ele não produz a quantidade Q0, mas Q1.

Assim, tanto faz o imposto incidir juridicamente sobre o comprador ou sobre o vendedor: a incidência econômica é a mesma e também idêntico é o resultado: em virtude do imposto, há uma perda de eficiência, uma vez que não mais se produzirão Q0 produtos, mas apenas Q1.

Mesmo que no lugar de um tributo fixo se tivesse uma alíquota proporcional, o resultado seria o mesmo[122]. Do ponto de vista econômico, é possível demonstrar que "num mercado competitivo, a incidência real independe do tipo de imposto (se específico ou *ad valorem)* e da incidência legal (se sobre os vendedores ou compradores). Viu-se ainda que, de um modo geral, parte do imposto é paga pelos compradores e parte é paga pelos vendedores"[123].

A pergunta que surge é: sempre a incidência econômica será dividida entre comprador e vendedor?

Para que se responda a essa pergunta, é necessário trazer um conceito importante da economia: a elasticidade. Esta reflete a disposição de comprador ou vendedor para mudar de atitude, conforme mude o preço de uma mercadoria.

Assim, se a demanda é mais elástica, qualquer pequena variação de preço implicará um grande recuo ou avanço por parte dos compradores; na demanda inelástica, os compradores adquirirão a mesma quantidade do produto, não importa a variação de preço. Um exemplo de demanda inelástica é o sal. Por mais que seu preço seja reduzido, dificilmente os compradores passarão a pôr mais sal em sua comida; do mesmo modo, é pouco provável que eles deixem de comprar o sal porque seu preço subiu (exceto, obviamente, se o preço se tornar exorbitante).

Do mesmo modo, a oferta se dirá elástica se a qualquer variação do preço os produtores simplesmente se desinteressarem pela produção, ou se, ao contrário, houver uma multiplicação da quantidade ofertada por uma mínima variação de preço.

Pois bem: no caso de oferta totalmente elástica (curva de oferta horizontal) ou de demanda perfeitamente inelástica (curva de demanda vertical), conclui-se que a carga do imposto é suportada pelos compradores. Afinal, se alguma parcela do imposto ficar com os vendedores, estes simplesmente não produzirão (elasticidade da oferta); por outro lado, os compradores não deixarão de comprar a mesma quantidade de produtos, por mais que seu preço seja acrescido pela totalidade do imposto. Graficamente, o caso da oferta perfeitamente elástica pode ser representado como segue[124]:

122 Cf. STIGLITZ, Joseph E. Op. cit. (nota 62), p. 488-489.

123 Cf. SIQUEIRA, Marcelo Lettieri; RAMOS, Francisco S. Op. cit. (nota 120), p. 160.

124 Cf. SIQUEIRA, Marcelo Lettieri; RAMOS, Francisco S. Op. cit. (nota 120), p. 161.

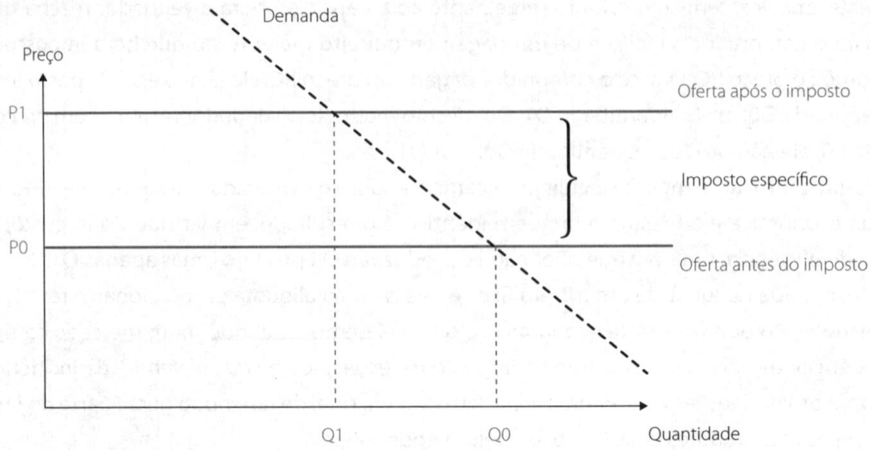

Do mesmo modo, evidencia-se que os compradores assumem a carga total do imposto no caso de demanda perfeitamente inelástica, como segue[125]:

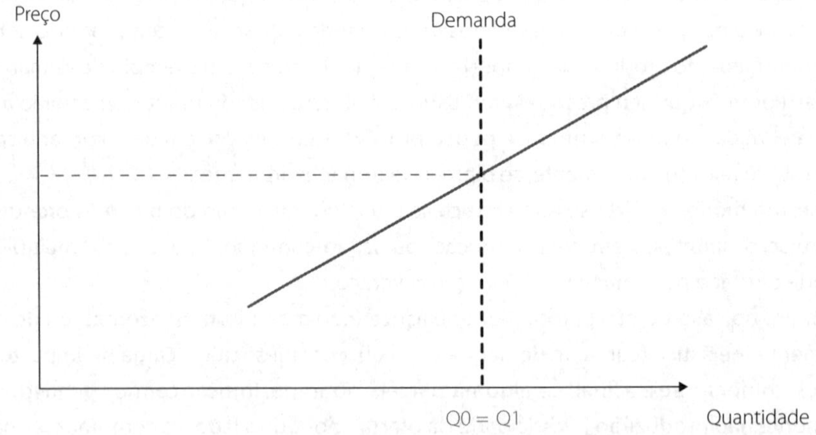

Em ambos os casos, o preço de equilíbrio P1 equivale ao preço inicial (P0) acrescido do tributo t.

O mesmo conceito de elasticidade permite ver o oposto, i.e., situações em que a carga tributária é totalmente suportada pelos vendedores.

O primeiro caso em que a carga tributária fica com os vendedores ocorre na hipótese em que a curva de oferta é vertical (oferta perfeitamente inelástica), i.e., mesmo que do preço P0 se desconte o tributo (ou seja, mesmo que o vendedor receba o preço P0 diminuído do tributo), a quantidade ofertada se mantém idêntica. Graficamente, seria a seguinte situação[126]:

125 Cf. SIQUEIRA, Marcelo Lettieri; RAMOS, Francisco S. Op. cit. (nota 120), p. 161.

126 Cf. SIQUEIRA, Marcelo Lettieri; RAMOS, Francisco S. Op. cit. (nota 120), p. 162.

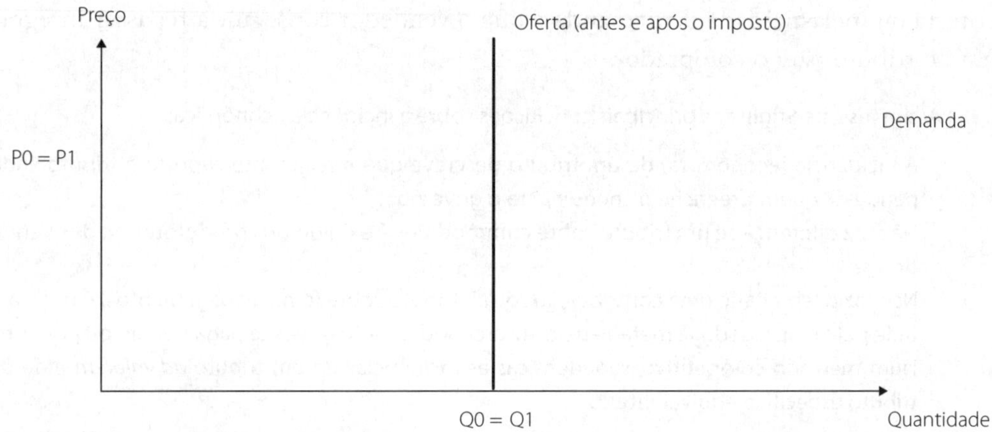

De igual modo, se demanda é horizontal (demanda perfeitamente elástica), os vendedores suportarão integralmente a carga tributária. Ou seja: se os vendedores ousarem aumentar o preço P0, os compradores desaparecem. Eis sua representação gráfica[127]:

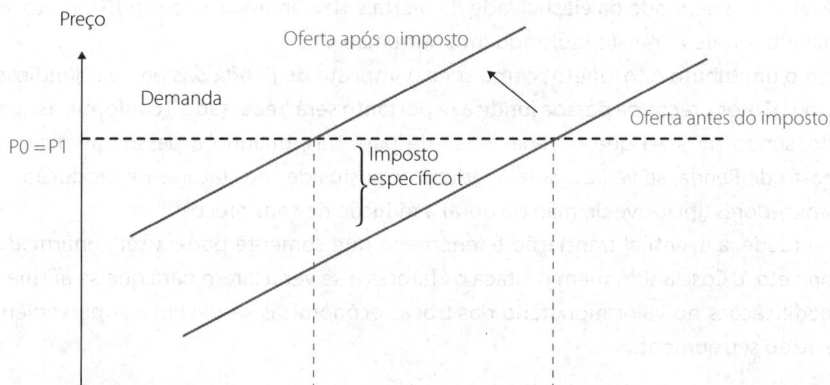

Claro está que todas essas representações são modelos ideais. Não se encontra, na realidade, um mercado onde a oferta ou a demanda seja perfeitamente elástica ou inelástica. Entretanto, os modelos permitem afirmar que quanto mais elástica for a oferta, ou menos elástica for a demanda, maior será a parcela do tributo suportada pelos compradores. Não faz diferença se quem "paga" o tributo é o produtor da cerveja ou o consumidor; a diferença está nas curvas de oferta e demanda[128].

Evidencia-se, daí, que não é papel do legislador definir se o tributo será suportado pelo vendedor ou repassado pelo comprador. Apenas num modelo de total elasticidade

127 Cf. SIQUEIRA, Marcelo Lettieri; RAMOS, Francisco S. Op. cit. (nota 120), p. 161.
128 Cf. STIGLITZ, Joseph E. Op. cit. (nota 62), p. 484.

da oferta ou inelasticidade de demanda é que o vendedor conseguiria repassar integralmente o tributo para o comprador.

Assim resume Stiglitz as principais conclusões sobre a incidência econômica:

> A incidência [econômica] de um tributo descreve quem realmente suporta o tributo. Independe de quem preenche o cheque para o governo.
> Não faz diferença se um tributo sobre commodities é exigido dos produtores ou dos vendedores.
> Não faz diferença se uma contribuição social (tributo sobre folha de pagamentos) é paga metade pelo empregador e metade pelo empregado, ou inteiramente paga por um ou por outro.
> Num mercado competitivo, são idênticas as incidências de um tributo *ad valorem* e de um tributo específico equivalente[129].

As conclusões sobre incidência econômica tributária também afastam discussões sobre a chamada "tributação indireta". Seriam indiretos os tributos cuja incidência jurídica recaísse sobre uma pessoa (o chamado contribuinte *de jure*), mas sua incidência econômica fosse transferida para uma terceira pessoa (o contribuinte *de facto*)[130].

Como visto, a transferência do ônus tributário nos tributos sobre vendedores ou sobre compradores é fator que depende da elasticidade da oferta e da demanda, não sendo correto afirmar que determinado tributo é transferido, enquanto outro não o é.

Mesmo um tributo dito "direto", como seria o Imposto de Renda das pessoas jurídicas, também afetará, ou não, os preços da pessoa jurídica (e portanto será "repassado") conforme as condições do mercado, sendo possível que o "repasse" se dê para trás, quando a pessoa jurídica, em virtude do Imposto de Renda, se vê obrigada a reduzir os custos de seus fatores de produção, impondo a seus fornecedores (inclusive de mão de obra) a redução de seus preços[131].

Na verdade, a eventual translação é fenômeno que somente poderá ser confirmado em cada caso concreto. É Cosciani[132] quem destaca os fatores a se verificarem para que se afirme que eventuais modificações no valor monetário das trocas econômicas se devem à superveniência de um tributo ou ao seu aumento:

a) Fator Tempo

---

129 Cf. STIGLITZ, Joseph E. Op. cit. (nota 62), p. 490.

130 Sobre os tributos indiretos, cf. MACHADO SEGUNDO, Hugo Brito. *Repetição do tributo indireto*. Incoerências e contradições. São Paulo: Malheiros, 2011, *passim*.

131 Brandão Machado apresenta vasta pesquisa bibliográfica unânime na constatação de que já na década de vinte os maiores financistas do mundo, como Fritz Karl Mann, arrolavam entre os impostos transladáveis o imposto sucessório e o Imposto de Renda. Schmölders (*Allgemeine Steuerlehre*, Berlim, 1958, p. 142, nota) refere que o Ministro das Finanças alemão, em memorial preparado em 1924 sobre mudança na lei do imposto de vendas, já observava que, desde havia muito, se reconhecia o fato de que os impostos *diretos* também se transladam incorporados no preço. Brandão Machado cita, ainda, Winkel (tese de doutorado em Colônia, em 1936), Fritz Neumark, Föhl, Mombert, Margairaz, Haller, Pechman e Okner, Schneider e Tischer. Cf. MACHADO, Brandão. Repetição do indébito no Direito Tributário. In: *Direito Tributário*: estudos em homenagem ao prof. Ruy Barbosa Nogueira. São Paulo: Saraiva, 1984, p. 59-106 (82-83).

132 Cf. COSCIANI, Cesare. *Principios de la ciencia de la hacienda*. Tradução F.V.A. Domingo; J.G. Anoveros (trad.). Madrid: Editorial de Derecho Financiero, [s.d.], p. 303-373. Cf. também SELIGMAN, Edwin R. A. *Theorie de la répercussion et de l'incidence de l'impôt*. Paris: V. Giard & E. Brière, 1910, p. 297.

É longo o prazo necessário para que determinada renda ou bem, que sofra uma primeira incidência jurídica de tributo, chegue ao consumidor final, passando por numerosas trocas intermediárias (tome-se por exemplo o tempo necessário para que o algodão, colhido na lavoura, chegue ao consumidor, na forma de roupas).

Longo prazo, de acordo com a teoria econômica, é o tempo suficientemente amplo para possibilitar que varie o número de empresas que atuam no mesmo mercado, ou que mudem as instalações físicas de cada empresa. Desse modo, torna se possível que varie o preço das mercadorias, e essa variação pode se confundir com a queda gerada pela variação tributária, ficando impossível ao analista estimar qual a parcela da variação do preço devida à translação do ônus dos impostos.

Para fins de estudo, Cosciani apresenta também a hipótese de translação a curto prazo, quando a capacidade produtiva total da indústria não se altera. No entanto, o termo "indústria" é aplicado, na economia, para o conjunto de empresas que fabricam bem análogos. Tais empresas podem, individualmente, ter sua capacidade produtiva diversa daquele índice geral da indústria. Ora, não é a indústria como um todo que comparece aos tribunais, nos julgados que inspiram a jurisprudência, mas empresas individualmente, não podendo, portanto, os julgadores imputar a uma empresa aquela translação que ocorra na indústria.

Por fim, Cosciani aponta para a translação a curtíssimo prazo, ou "muy breves", ou, ainda, "market period shifting", referindo-se ao período em que o produtor não possa vender mais que os produtos já em estoque (ou no mercado). Tal situação, embora mais próxima daquelas submetidas aos tribunais, não corresponde ao pensamento destes, ao julgar tais casos, alegando a translação, visto admitirem eles sempre a transferência do encargo sem redução dos lucros, o que necessariamente implica variação dos preços, ou, em outras palavras, variação do mercado.

b) Fator Tributo

b.a) O montante do tributo pode ser grande ou pequeno. O montante pequeno não é, em regra, transladado; já o de grande relevância pode sê-lo.

b.b) O imposto pode ser calculado de modo: (b.b.1) variável, de acordo com as quantidades produzidas; (b.b.2) fixo: (b.b.2.1) sobre o valor das vendas; (b.b.2.2) sobre a renda marginal; (b.b.2.3) sobre o capital investido na produção.

b.c) Ser o imposto geral ou especial. Os impostos gerais dificilmente são transladáveis.

b.d) Sistema legal de arrecadação e lançamento: ser o imposto embutido ou não no preço.

c) Quanto ao Bem Onerado

c.a) Trajetória da curva de custos: para bens de custo fixo, a variação de preços é igual à dos impostos. Para bens com custos variáveis, não temos essa relação.

c.b) Elasticidade de demanda: a característica de a demanda do bem gravado contrair-se mais ou menos sensivelmente como consequência de um aumento do preço é relacionada à possibilidade de maior ou menor translação do imposto.

c.c) Elasticidade da oferta.

c.d) Existência de bens complementares ou substitutivos.

c.e) Possibilidades de conservação ou deterioração dos bens gravados (os bens que se conservam dão a seu dono maior poder de barganha).

d) Fator Regime Econômico

d.a) Concorrência perfeita: situação quase inexistente em que há um mercado onde a produção e o consumo do produto estão distribuídos entre um número relevante de empresas, de modo que nenhuma empresa possa, individualmente, influir no mercado. Nesse mercado ideal, todas as unidades de um mesmo bem são idênticas e fungíveis (produtos homogêneos), havendo liberdade de contratação e perfeita transmissibilidade do produto.

d.b) Monopólio: situação em que a oferta do bem se concentra nas mãos de uma só empresa, sendo impedido a qualquer outra empresa surgir para produzir os mesmos bens (por motivos jurídicos, econômicos, sociais etc.). Não há bens no mercado concorrentes com o produzido pelo monopolista, ou, se os há, também são produzidos pelo detentor do monopólio. A demanda do bem monopolizado se fraciona entre um número indefinido de consumidores.

d.c) Regimes intermediários: (d.c.1) Monopólio bilateral: no mercado há dois monopolistas do mesmo bem, um dos quais possui o monopólio da demanda, e o outro o da oferta. (d.c.2) Duopólio: há um regime de concorrência por parte dos consumidores, mas há somente dois produtos independentes, ou vice-versa, dois únicos consumidores para um regime de concorrência entre os produtores. (d.c.3) Oligopólio perfeito: um produto homogêneo (obtido pelo mesmo preço por qualquer contratante) é produzido por um número limitado de contratantes. (d.c.d) Concorrência monopolística: no caso de haver heterogeneidade entre os produtos.

e) Fatores Relativos ao Sujeito Passivo da Obrigação Tributária

e.a) Possibilidade de estoques: grande, média, pequena ou nula.

e.b) Necessidade de manutenção de níveis mínimos de trocas.

e.c) Possibilidade de uso de linhas de crédito.

e.d) Possibilidade de abandonar a produção do bem tributado pela de outro bem.

e.e) Motivação do pagamento indevido do imposto (conhecimento dessa situação no momento do pagamento).

f) Fatores Relativos à Conjuntura Econômica

f.a) Taxa de juros.

f.b) Taxa de remuneração do capital, na produção do bem marcado.

f.c) Conjuntura: prosperidade, crise ou estagnação; inflação acentuada ou não.

Para melhor visualização do número de variáveis e de suas alternativas, a tabela abaixo apresenta os fatores *supra*:

Fatores determinantes da translação

FATOR	POSSIBILIDADES	DESDOBR.1	DESDOBR. 2	TOT.
Tempo	Longo			3
	Curto			
	Curtíssimo			

Tributo	Montante	Grande		2
		Pequeno		
	Cálculo	Eixo		5
		Quantidade produzida		
		Valor da venda		
		Renda marginal		
		Capital investido		
	Tipo	Geral		2
		Especial		
	Arrecadação	Embutido no preço		2
		Não embutido		
Bem onerado	Curva de custos	Custo eixo		2
		Custo variável		
	Elasticidade da demanda	Alta		4
		Média		
		Baixa		
		Nula		
	Elasticidade da oferta	Alta		4
		Média		
		Baixa		
		Nula		
	Existência de bens	Complementares	Sim	2
			Não	
		Substitutivos	Sim	2
			Não	
		De oferta rival	Sim	2
			Não	
	Durabilidade	Conservação		2
		Deterioração		
Regime econômico	Concorrência perfeita			9
	Monopólio	De oferta		
		De demanda		
	Monop. bilateral			
	Duopólio	De oferta		
		De demanda		
	Oligop. perfeito	De oferta		
		De demanda		
	Concorrência perfeita			

Sujeito passivo da obrigação	Possib. estoque	Grande		4
		Média		
		Pequena		
		Nula		
	Mantém níveis mínimos de troca?	Sim		2
		Não		
	Linha de crédito	Sim		2
		Não		
	Abandon. prod.	Sim		2
		Não		
	Motiv. pagamento indevido	Sim		2
		Não		
Conjuntura	Taxa de juros	Alta		2
		Baixa		
	Taxa remun. capital	Alta		2
		Baixa		
	Conjuntura	Crise		4
		Prosperidade		
		Inflac. acent.		
		Bx. inflac.		

Por cálculo matemático combinatório, determina-se a possibilidade de ocorrência de 566.231.040 (quinhentos e sessenta e seis milhões, duzentos e trinta e um mil e quarenta) diferentes situações, considerando apenas essas variáveis. Poder-se-iam incluir, ainda, fatores como mobilidade do capital, tipo de bem (final ou intermediário) etc., ampliando-se o rol de possibilidades.

Fica, portanto, bastante claro o erro de se atribuir a todo e qualquer imposto "indireto" (critério já demonstrado duvidoso) o fato de promover a translação. Sem dúvida, é possível que a transferência do ônus econômico ocorra, mas esta é apenas uma possibilidade diante das diversas que poderiam ocorrer.

O tema ganha relevância quando o contribuinte deseja recuperar o tributo pago indevidamente. Como se verá, a jurisprudência, tendo em vista dispositivo do Código Tributário Nacional, tende a recusar a restituição dos tributos ditos "indiretos", sob a alegação de ter havido translação do tributo do contribuinte "de jure" para o contribuinte "de facto".

Dada a grande quantidade de possibilidades, parece ser mais justo que o Fisco, alegando ter ocorrido a translação, prove-a, pois a translação em tributos indiretos é, como visto, uma entre mais de quinhentos e cinquenta milhões de possibilidades.

Acerta, nesse ponto, Tarciso Neviani[133]:

> *O número astronômico de casos concretos possíveis (...) desperta uma reflexão. A jurisprudência criticada conseguiu, ou em lampejo de genialidade, ou por absoluta ignorância do problema em profundidade, reduzir a apenas duas as alternativas consideradas possíveis:*
>
> (i) se o tributo repetido é considerado indireto, houve a translação e não se defere o pedido;

133 Cf. NEVIANI, Tarciso. *A restituição de tributos indevidos:* seus problemas, suas incertezas. São Paulo: Resenha Tributária, 1983, p. 151.

(ii) se o tributo é considerado direto, não houve a translação e concede-se a restituição. Isto não é simples, é apenas simplório. Infelizmente, graças às considerações já feitas, não é possível acreditar que a simplificação do problema em tais termos seja resultado da genialidade.

7 Equivalência entre tributos diante da teoria da incidência econômica

A teoria da equivalência econômica dos tributos revela que tributos por vezes apresentados como bastante diversos são, economicamente, equivalentes.

Para que se compreenda essa afirmação é preciso ter em conta que a base da tributação é, em termos econômicos, sempre a renda de um indivíduo. Os diferentes tributos apenas procuram captar os diversos momentos em que essa renda se manifesta.

Ficou clássico o fluxo circular desenvolvido por Musgrave e Musgrave[134]:

Pontos de impacto dos impostos no fluxo circular

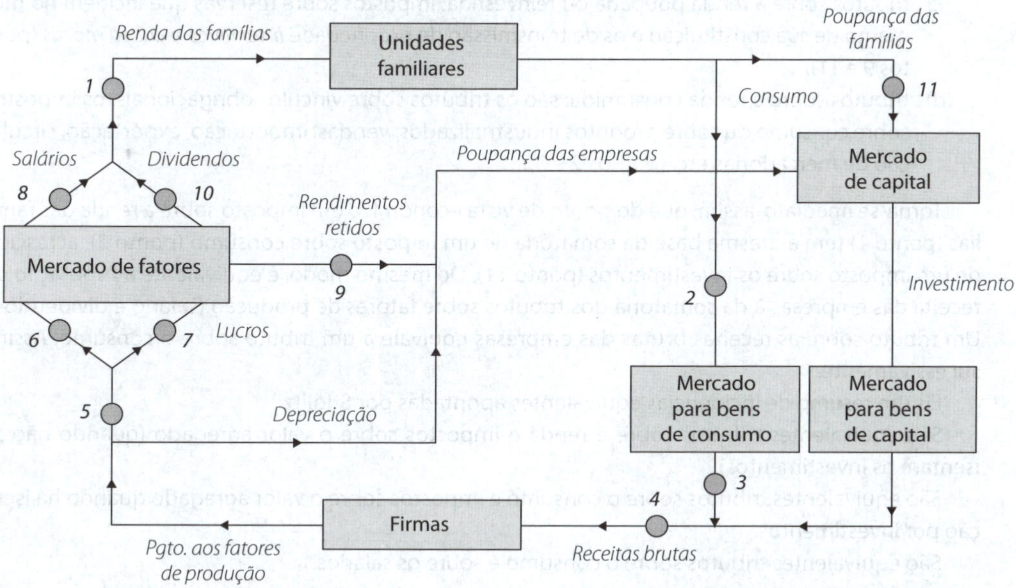

O fluxograma revela que as riquezas giram entre famílias e empresas, de modo que aquilo que as famílias recebem provém das empresas e estas, por sua vez, obtêm seus recursos das primeiras.

Pode-se pensar no fluxo monetário de rendas e dispêndios como se ele ocorresse no sentido horário. Dessa forma, partindo das unidades familiares, vê-se que sua renda se destina ou ao consumo ou à poupança, abrindo-se dois mercados: o de bens de consumo (transformando-se em receitas das empresas envolvidas nas vendas desses bens) e do de bens de capital (e, consequentemente, receita das empresas produtoras de bens de capital). Num e noutro caso, tais recursos são absorvidos pelas empresas. Parte de tais receitas é separada, a fim de prover fundos para depreciação, e o restante é

134 Cf. MUSGRAVE, Richard Abel; MUSGRAVE, Peggy B. Op. cit. (nota 53), p. 190.

voltado ao pagamento de seus fatores (folha de pagamentos ou lucros), implicando salários, aluguéis, juros e dividendos, que são pagos às unidades familiares. Uma parte dos lucros, no entanto, é retirada, não sendo distribuída como dividendos. Essa parcela, somada aos fundos de participação, configuram as poupanças das firmas, que são combinadas às poupanças das famílias para financiarem o investimento, complementado-se o fluxo.

Identificam-se assim os vários pontos de impacto dos tributos. Podem ser aplicados à renda familiar (ponto 1), aos dispêndios de consumo (ponto 2), às receitas das empresas provenientes de vendas a varejo (ponto 3), às receitas brutas das empresas (ponto 4), às receitas líquidas das empresas, descontada a depreciação (ponto 5), às folhas de pagamento (ponto 6), aos lucros (ponto 7), aos salários (ponto 8), aos lucros retidos (ponto 9), ou aos dividendos (ponto 10).

A partir desse fluxo, pode-se entender o critério financeiro defendido, dentre outros, por Rubens Gomes de Sousa[135], para a classificação de tributos, como segue:

(a) tributos sobre a renda produzida, mas anteriores ao processo de sua distribuição e, sobretudo, anteriores ao seu consumo ou reinvestimento (ponto 4). Ex.: IRPJ (Imposto de Renda das pessoas jurídicas), IPTU (imposto sobre a Propriedade Predial e Territorial Urbana) etc.;

(b) tributos sobre a renda distribuída, que atingem a renda na fase seguinte do processo econômico, mas que são anteriores ao seu destino final de reinvestimento ou de consumo (pontos 1, 5, 6, 7, 8 e 10). Ex.: IRPF (Imposto de Renda das pessoas físicas);

(c) tributos sobre a renda poupada ou reinvestida: impostos sobre reservas que incidem no momento de sua constituição e os de transmissão de propriedade *inter vivos* e *causa mortis* (pontos 9 e 11);

(d) tributos sobre a renda consumida: são os tributos sobre vínculos obrigacionais, os impostos sobre consumo ou sobre produtos industrializados, vendas, importação, exportação, circulação de mercadorias etc. (pontos 2 e 3).

Torna-se imediato, assim, que do ponto de vista econômico um imposto sobre a renda das famílias (ponto 1) tem a mesma base da somatória de um imposto sobre consumo (ponto 2), acrescido de um imposto sobre os investimentos (ponto 11). Do mesmo modo, é equivalente a tributação da receita das empresas à da somatória dos tributos sobre fatores de produção (salário e dividendos). Um tributo sobre as receitas brutas das empresas equivale a um tributo sobre o consumo. Assim, sucessivamente.

Eis um resumo de incidências equivalentes apontadas por Stiglitz:

São equivalentes tributos sobre a renda e impostos sobre o valor agregado (quando não se isentam os investimentos).

São equivalentes tributos sobre o consumo e impostos sobre o valor agregado quando há isenção por investimentos.

São equivalentes tributos sobre o consumo e sobre os salários.

São equivalentes tributos sobre a renda de toda a vida e tributos sobre consumo (na ausência de heranças e doações)[136].

Diante da evidência de que incidências jurídicas diversas podem implicar incidências econômicas equivalentes, abre-se espaço para retomar a ideia do imposto único, acima apresentada. Por que o legislador simplesmente não escolhe apenas um dos momentos acima e concentra nele sua tributação se, afinal, a base é a mesma?

---

135 Cf. SOUSA, Rubens Gomes de. Ideias gerais sobre impostos de consumo. *Revista de Direito Administrativo*, Rio de Janeiro, n. 10, out./dez. 1947, p. 52-73.

136 Cf. STIGLITZ, Joseph E. Op. cit. (nota 62), p. 505.

Essa pergunta remete à reflexão acima acerca da utopia do imposto único, a qual, nesse ponto, já pode ser devidamente enfrentada.

Não há dúvida, a partir do estudo da teoria da incidência econômica, de que a escolha do legislador quanto ao contribuinte de direito não tem relação com o contribuinte de fato. Entretanto, o fator político pode ser determinante para que um tributo seja escolhido. Assim, a decisão entre tributar pessoas jurídicas ou sua folha de salários: o argumento político pode levar a crer que pessoas jurídicas são lucrativas e, por isso mesmo, devem ser pesadamente oneradas.

O elemento histórico tampouco pode ser deixado de lado. Afinal, há tributos que historicamente vêm sendo cobrados pelos municípios, sendo daí bastante difícil seu deslocamento ou fusão com outros tributos. É o caso do Imposto sobre Serviços de Qualquer Natureza (ISS), sucessor do Imposto sobre Indústrias e Profissões, também municipal.

Não se pode deixar de lado igualmente a globalização, que implica extrema interação entre economias. Se um país adota um sistema tributário *sui generis*, posto que a título de simplificação haverá confronto com as práticas internacionais, afastando investimentos relevantes.

Deve-se lembrar que o país firmou mais de três dezenas de acordos de bitributação versando sobre o Imposto de Renda. Investimentos foram feitos contando com que o sistema tributário brasileiro dialogaria com o do país de origem do capital (ou de seu destino); a súbita substituição do Imposto de Renda por um utópico imposto único causaria alto impacto sobre tais investimentos.

As peculiaridades de um sistema federal com autonomia tributária para cada uma das entidades federadas também afastam a possibilidade de se considerar menor número de tributos.

No estudo da competência tributária, ver-se-á que o constituinte brasileiro reservou a cada uma das pessoas jurídicas de direito público um campo próprio para exigência de tributos. Assim, fenômenos economicamente equivalentes desdobram-se em situações juridicamente independentes, permitindo, daí, a múltipla incidência tributária.

Já foi apontado, igualmente, o aspecto indutor da norma tributária, que permite intervenções sobre o Domínio Econômico. A multiplicação de hipóteses de incidência torna-se ferramenta útil para o emprego alocativo do tributo.

Por exemplo, embora seja verdadeiro que do ponto de vista econômico a renda do trabalhador equivale a seu consumo (o trabalhador consome o que ganha), existe uma diferença temporal entre o momento da renda auferida e da renda consumida. Se um sistema tributário tem um alto Imposto de Renda e baixo imposto sobre o consumo, não há incentivo para a poupança; se, ao contrário, o Imposto de Renda é mais baixo e o sobre o consumo mais elevado, então poderá aquele trabalhador, na medida de sua possibilidade, ver-se incentivado a poupar (ou atrasar o consumo) como forma de diferir a tributação.

Uma última nota deve ser apresentada a partir do estudo da equivalência econômica entre tributos: o fluxo circular acima reproduzido evidencia que os diversos momentos da incidência revelam-se relevantes para a decisão do momento em que se dará a tributação. Mais ainda, ao se separarem incidências, pode-se conferir tratamento diverso a certos itens de renda. Se, por exemplo, se pretender dar um tratamento favorecido ao rendimento do trabalho, em relação ao rendimento do capital, pode-se efetuar a diferenciação no âmbito do próprio imposto de renda (alíquotas diferentes para o mesmo tributo) ou, alternativamente, pode-se criar um tributo que "incida" apenas sobre a transação financeira. O efeito econômico é equivalente.

O que importa perceber é que, sempre, se estará falando em tributação da renda. Seja ela captada no momento em que é auferida, poupada ou consumida, é sempre de renda que versará a tributação.

Desfaz-se, assim, a ideia de que exista um tributo sobre um produto; embora juridicamente se busque uma operação tributada, o que se alcança é a renda de quem efetua a venda (renda auferida) ou de quem consome (renda consumida). O produto (ou a transação com o produto) nada mais é que a ocasião em que se manifesta aquela renda. Por isso mesmo, um produto idêntico, por ser vendido por preços diferentes, pode implicar tributação diversa: o relevante não é o produto, mas o preço que foi pago. O consumidor, ao consumir, é atingido em sua renda. O ato de consumo é a manifestação de sua capacidade de contribuir. Quem consome um produto revela renda e, portanto, paga tributo. Quanto mais se consome, maior a renda.

Ou seja: paga-se imposto sobre a renda quando ela é auferida, poupada ou consumida. São momentos diversos, mas a renda é uma só. Cabe ao legislador decidir em que momento incidirá o imposto, e qual a carga tributária. Os diversos momentos e as diferentes denominações jurídicas propiciam ferramenta interessante para o legislador, por meio da tributação, definir a política de tributação.

Consequentemente, é perigosa a consideração de efeitos da tributação a partir de um único tributo. A análise isolada pode levar a raciocínio distorcido quanto a sua constitucionalidade. No Capítulo VI, ver-se-ão seus reflexos no tema da competência tributária (e sua distribuição); no Capítulo VII, os temas da capacidade contributiva e da proibição do efeito de confisco serão examinados. Em todos os casos, a constatação de que, afinal, todos os tributos implicam a tributação da renda pode levar a resultados preocupantes. Pode implicar a exigência de que se considerem os efeitos de diversos tributos que, sob roupagens diversas, atingem, afinal, uma única renda.

capítulo | II

Fontes do Direito Tributário

1 A ideia de fontes do Direito

Quando se pretende estudar a disciplina jurídica de determinado instituto – no caso, da tributação –, a primeira pergunta que surge é qual o fundamento jurídico, afinal, para que se institua uma relação, entre o Estado e o particular, que confira ao primeiro o direito de exigir do último o pagamento de uma quantia – o tributo. Essa questão leva à investigação sobre as fontes do Direito Tributário.

Num sentido amplo, a ideia de fonte leva a investigar quais as origens da relação acima descrita. Haverá que perguntar, mesmo, qual a razão para que se obedeçam às regras postas pelo Direito. A teoria geral do Direito cuidará, a partir da aproximação zetética, dessas indagações. No Estado de Direito, o princípio da soberania popular levará a reconhecer o povo como fonte definitiva de todo poder e, portanto, do ordenamento jurídico[1].

Mesmo a análise dogmática, entretanto, não pode deixar de considerar que o sistema jurídico posto reconhece uma série de elementos que dão azo à relação jurídico-tributária. Neste sentido, classificam-se as fontes em materiais e formais.

A própria ideia de fontes materiais, por seu lado, pode gerar dificuldades. Afinal, se é comum se entender por fontes materiais aquelas pessoas, entes ou pessoas jurídicas ou seus órgãos, que, com sua atuação, estão habilitadas a criar normas jurídicas[2], então a investigação nada mais trará senão o aspecto pessoal do fato que gera norma jurídica. Este (fato), em toda a sua complexidade, é que será a fonte (material) por meio da qual novas normas serão admitidas no ordenamento jurídico. No entanto, se o que se busca são aqueles fatos, então a expressão "fonte" se torna criticável, já que a expressão "fatos jurídicos" será suficiente[3].

Do ponto de vista material, cabe considerar, ainda, a "fonte real", i.e., os pressupostos de fato da tributação[4]. Desse modo, para que haja um tributo, é necessário que haja alguma circunstância que, nos termos prestigiados pelo Direito, dê nascimento àquela relação jurídica. Assim, não basta que o legislador preveja a incidência do tributo sobre a propriedade de um automóvel. A tributação somente existirá se aquela hipótese abstrata se concretizar, i.e., se houver alguém que seja proprietário de um automóvel. Nesse sentido, aquele fato se torna fonte para a tributação. O estudo dessa fonte real é relevante para o Direito Tributário. Seja em sua forma abstrata, seja em seus elementos concretos, o aplicador do Direito não pode desconhecer a circunstância de que qualquer vicissitude no fato poderá influir na tributação.

---

1 Cf. LAPATZA, José Juan Ferreiro. *Direito Tributário:* teoria geral do tributo. Barueri: Manole, 2007, p. 7.

2 Cf. LAPATZA, José Juan Ferreiro. Op. cit. (nota 1), p. 6.

3 Cf. CARVALHO, Paulo de Barros. *Curso de Direito Tributário.* 19. ed. São Paulo: Saraiva, 2007, p. 52.

4 Cf. NOGUEIRA, Ruy Barbosa. *Curso de Direito Tributário.* 6. ed. São Paulo: Saraiva, 1986, p. 57.

Finalmente, a expressão "fonte" encontra-se empregada para se referir aos veículos por meio dos quais se inova o Direito objetivo. Tal o conceito de fonte formal.

Se a fonte formal é o veículo introdutor da norma jurídica, então o estudo das fontes formais implica a análise de como se introduzem normas no ordenamento. Por óbvio, também aqui haverá normas que regerão tal processo. Daí haver, no Direito, as "normas introduzidas" e as "normas introdutoras"[5]: às últimas é que se dedica o estudo das fontes formais do Direito. Examina, em síntese, qual o veículo suficiente para a introdução de uma nova norma no sistema (competência) e qual a relação que se dará entre a nova norma e as demais pertencentes ao mesmo sistema jurídico (hierarquia).

As fontes formais do Direito Tributário não divergem, assim, de outros ramos do Direito. Entretanto, justifica-se seu estudo, visando a realçar as peculiaridades que alguns daqueles veículos ganham na disciplina das relações entre Fisco e contribuinte.

2 Veículos introdutores e normas introduzidas

Normas não se confundem com os enunciados constantes das leis, decretos e outros atos normativos. Elas se extraem dos últimos, por um trabalho intelectual do intérprete/aplicador do Direito.

Precisa, neste ponto, a lição de Paulo de Barros Carvalho:

> *Uma coisa são os enunciados prescritivos, isto é, usados na função pragmática de prescrever condutas; outras, as normas jurídicas, como significações construídas a partir dos textos positivados e estruturadas consoante a forma lógica dos juízos condicionais, compostos pela associação de duas ou mais proposições prescritivas*[6].

Eis a distinção: uma norma jurídica é um comando. Pressupõe um antecedente e um consequente. Presente o antecedente, então do Direito prescreve (deve ser) um consequente. O primeiro, necessariamente uma hipótese (possível); o último, uma relação deôntica entre duas ou mais pessoas.

Em matéria tributária – e aqui já se adianta tema a que se retornará nos Capítulos X a XII – tem-se, por exemplo, concretizada, por um fato jurídico tributário, a hipótese prevista em lei, então surgirá uma relação entre Estado (credor) e particular (devedor), segundo a qual o último está obrigado (modal deôntico) a pagar certa quantia (tributo) ao primeiro.

Essa norma, em sua estrutura lógica, não se encontra, por óbvio, expressa no enunciado. Este é produto da obra do legislador (*lato sensu*), de quem não se espera o rigor do jurista. A este, sim, cabe construir a norma, a partir de um ou mais enunciados. Ou seja, após a atuação do jurista, aquilo que antes era uma série de textos passa por uma análise, em que se combinam seus elementos, desfazem-se contradições e juntam-se enunciados de outros textos não cogitados num primeiro momento, de modo que se consiga apresentar uma norma, com um antecedente e um consequente.

Admitida a distinção entre norma e enunciado, imediato é admitir que tampouco se há de esperar uma relação biunívoca entre a norma e o enunciado. Ao contrário, no mais das vezes, o jurista extrairá uma norma jurídica de um conjunto de enunciados normativos. Seu papel será, exatamente, levantar tais enunciados e, a partir de uma análise de seu conjunto, concluir qual a norma jurídica.

---

5 Cf. CARVALHO, Paulo de Barros. *Direito Tributário, linguagem e método.* São Paulo: Noeses, 2008, p. 393.

6 Cf. CARVALHO, Paulo de Barros. Op. cit. (nota 5), p. 129.

Embora mais raro, não se deve excluir que possa um só enunciado dar azo a mais de uma norma. Por exemplo, de um só enunciado da Constituição Federal, poder-se-á deduzir a existência de uma norma jurídica revestida das características de regra e outra que se apresentará como princípio jurídico. Por exemplo: do mesmo dispositivo constitucional que versa sobre a legalidade (art. 150, I), extrai-se a regra de que é necessária uma lei para que se institua um tributo e um princípio de que a tributação exige o consentimento dos atingidos, por meio de seus representantes. A esse tema se retornará no Capítulo VII.

3 A Constituição Federal

A Constituição Federal é o diploma que espelha a decisão dos representantes do povo – único detentor da soberania – e que revela a opção pela estruturação da sociedade num Estado de Direito.

Não exagerava Ruy Barbosa Nogueira ao identificar na Constituição a conversão do poder de tributar em direito de tributar[7]. Dir-se-á, nesse sentido, que a Constituição, ao mesmo tempo em que assegura a propriedade, garante igualmente a manutenção do Estado por meio do tributo. Ou ainda, dir-se-á que o direito de propriedade não surge de modo absoluto, pois encontra várias limitações, dentre as quais sua sujeição à tributação. A aproximação contratualista não leva a resultado diverso ao apresentar a propriedade como anterior à Constituição, mas ainda assim, reconhecendo naquele texto a concessão, feita pelos indivíduos à coletividade e em prol desta. Como se vê, num e noutro caso, a Constituição surge como o primeiro instrumento a regular a tributação.

É no texto constitucional que se encontra a feição do Estado, prevendo-se, ali mesmo, os meios para seu custeio. Por tal razão, é na Constituição que se verifica a fundamentação jurídica para a própria criação de tributos. É, pois, o instrumento para a conferência de competência tributária.

A competência é uma das categorias das técnicas da tributação e será estudada no Capítulo VI. Por ora, basta considerar que o texto constitucional prevê a existência de tributos e delineia quem serão as pessoas jurídicas de direito público que poderão instituí-los. O tema da competência é extremamente relevante, especialmente quando o Estado adota a forma federal. Assim, no Brasil o texto constitucional previu estrutura federal, em que se identificam a União, os Estados e o Distrito Federal. Embora haja quem levante dúvidas se os municípios participam, enquanto tais, do pacto federativo[8], o Constituinte houve por bem conferir também a eles uma parcela da competência tributária. Pois bem: é na Constituição que se sabe quem pode instituir qual tributo.

Não se limita, entretanto, à conferência de competências tributárias o papel da Constituição. Em extensão inigualável, o Constituinte houve por bem descer às minúcias do exercício daquela competência. Cuidado esse que se torna necessário para assegurar a

7 Cf. NOGUEIRA, Ruy Barbosa. Op. cit. (nota 4), p. 123.

8 José Afonso da Silva traz convincentes argumentos contrários à inclusão dos municípios entre os entes da federação. Cf. *Curso de Direito Constitucional Positivo*. 26. ed. São Paulo: Malheiros, 2006, p. 472-473. Em sentido contrário, cf. BRAZ, Petrônio. *Direito Municipal na Constituição*. 3. ed. São Paulo: Ed. De Direito, 1996, p. 42-43; ISERN, Luiz Francisco. O município brasileiro. *Revista da Procuradoria Geral do Município de Santos*, Santos, ano 1, n. 1, 2004, p. 41.

harmonia do sistema tributário, conciliando necessidades diversas, próprias de uma federação, com a unidade que se espera de uma nação.

Também ali é que se encontrará a fundamentação para a edição de outros instrumentos introdutores de normas tributárias. A Constituição determina casos em que se exigirá lei ordinária (art. 150, I) ou complementar (arts. 146 e 148, por exemplo), prevendo, ainda, outras fontes, como até mesmo meras resoluções (art. 155, § 2º, IV).

Além disso, a Constituição previu uma série de princípios e um rol de limitações ao exercício do poder (direito) de tributar.

Basta ver os arts. 145 a 156 da Constituição (sem considerar os que versam sobre repartição de receitas), nos quais se verificará que até mesmo espécies tributárias são definidas. Regras como a do § 2º do art. 145 (dispondo sobre a base adequada para as taxas) dificilmente mereceriam o tratamento constitucional noutras praias. O § 2º do art. 155, versando sobre o ICMS, é outro exemplo de detalhamento inusitado para um texto constitucional, mas que evidencia a razão para que se apresente a Constituição como notória fonte formal para o conhecimento das normas que afetam a tributação.

Não deixa de ser curioso verificar que o constituinte brasileiro, nesse aspecto, foi bem mais criterioso que seus pares no exterior. Noutros países, os textos constitucionais não costumam descer aos detalhes da matéria tributária. O assunto é tratado em pouquíssimos dispositivos constitucionais. Não se deve imaginar, entretanto, que o reduzido número de dispositivos constitucionais versando sobre aquela matéria implique menor cuidado do constituinte com a matéria; ao contrário, é comum naqueles países que a doutrina, examinando o todo do texto constitucional, extraia diversas normas tributárias (princípios e regras).

Na Alemanha, por exemplo, a ênfase constitucional expressa está na questão da competência impositiva e do produto da arrecadação. O art. 105 da Lei Fundamental assegura a competência exclusiva da União concernente a tributos aduaneiros e monopólios financeiros, ao mesmo tempo que assegura à União competência concorrente quanto aos demais impostos cuja arrecadação seja destinada pelo menos em parte à União, ou àqueles que, embora não voltados à União, devam ser regulados por lei federal em interesse do Estado. Aos Estados, fica reservada a competência para legislar sobre impostos de consumo, mas apenas nos casos em que tais impostos não sejam equivalentes aos instituídos pela União. As comunidades locais, conquanto tenham autonomia administrativa e financeira, não podem instituir impostos próprios[9]. A par de tais regras de competência, o texto da Lei Fundamental regula, nos arts. 106 e 107, a destinação do produto da arrecadação tributária. Finalmente, o art. 108 versa sobre a administração tributária, prevendo cenário em que os Estados têm competência para administrar e arrecadar mesmo diversos tributos federais, além da possibilidade de arrecadação pelas comunidades locais. No campo das limitações, não se encontra no texto da Lei Fundamental qualquer dispositivo que verse exclusivamente sobre a matéria tributária. Isso não significa que não se possa arguir matéria constitucional para questionar a exigência de tributo; o que ocorre é que naquele país as limitações constitucionais ao poder de tributar não são expressas; decorrem, outrossim, de garantias gerais asseguradas pela Constituição, cuja ameaça, por qualquer meio, inclusive o tributário, será coibida pela Corte Constitucional. Assim é que se desenha um quadro de proteção ao contribuinte a partir do Princípio do Estado de Direito e dos

9 Cf. BIRK, Dieter. *Steuerrecht*. 6. ed. Heidelberg: Müller, 2003, p. 37-38.

Direitos Fundamentais, que incluem a propriedade (art. 14, § 1º, da Lei Fundamental), bem como a liberdade de exercício de profissão (art. 12, § 1º da Lei Fundamental) e a igualdade (art. 3, § 1º da Lei Fundamental)[10].

Embora não seja um Estado federal, a Constituição da Espanha reconhece a Municípios, Províncias, Ilhas e, em geral, a entidades locais a possibilidade de "estabelecer e exigir tributos" (art. 133) conforme a própria Constituição e "as leis"[11]. O texto ainda apresenta de modo explícito, na seção de direitos e deveres dos cidadãos, o Princípio da Legalidade Tributária (art. 31.3), mas, ao afirmar que as prestações pessoais ou patrimoniais de caráter público só poderão ser estabelecidas "de acordo com a lei", deixa espaço para que os tributos sejam regulados por normas de diferentes níveis, legais e regulamentares[12]. Outro dispositivo relevante da Constituição da Espanha é o do art. 31.1, segundo o qual "todos contribuirão para o sustento da despesa pública de acordo com sua capacidade econômica, mediante um sistema tributário justo inspirado nos princípios da igualdade e progressividade, que não poderá ter alcance confiscatório". Num único dispositivo consagram-se as ideias de (i) generalidade (todos devem pagar), (ii) capacidade contributiva (de acordo com sua capacidade), (iii) igualdade, (iv) progressividade e (v) proibição de confisco. Uma leitura imediata poderia fazer crer que o texto impediria o emprego do tributo em sua função indutora, ao exigir que ele sirva "para o sustento da despesa pública", mas tal ideia é rebatida sob o fundamento de que o sustento da despesa pública não significa apenas o financiamento dos gastos que efetivamente devam se realizar[13].

Também na Itália encontra-se exemplo de Estado que, conquanto adotando a forma unitária, prevê, em seu texto constitucional (art. 117) competência legislativa ao Estado e às regiões, tendo o primeiro competência exclusiva para disciplinar seu sistema tributário e estabelecer os princípios fundamentais do sistema tributário global. Já as regiões têm competência legislativa concorrente relativa à "coordenação da finança pública e do sistema tributário" e têm competência legislativa em matéria de tributos regionais e locais (art. 119). No que se refere a dispositivos constitucionais expressamente versando sobre a matéria tributária, merecem destaque o art. 23, que prevê a Legalidade ("nenhuma prestação pessoal ou patrimonial pode ser imposta se não tiver base em lei") e o 53, que trata da capacidade contributiva ("todos devem concorrer para a despesa pública em função de sua capacidade contributiva").

Na França, a referência constitucional à Legalidade vem de forma indireta: o preâmbulo da Constituição de 1958 faz referência à Declaração dos Direitos do Homem e do Cidadão, de 27 de agosto de 1789, e esta, influenciada por um decreto do Terceiro Estado de 13 de junho do mesmo ano, declarava, em seu art. 14, que nenhum tributo seria exigido se não tivesse sido antes decidido pela assembleia representativa dos cidadãos[14]. Também vem daquela Declaração (art. 13) o Princípio da Isonomia Tributária. Outros princípios tributários são extraídos pela doutrina da Constituição, embora não exista dispositivo tributário expresso: liberdade individual e de comércio e indústria; necessidade do imposto; anualidade; capacidade contributiva; progressividade e respeito aos direitos de defesa[15].

10 Cf. BIRK, Dieter. Op. cit. (nota 9), p. 43.

11 Cf. LAPATZA, José Juan Ferreiro. Op. cit. (nota 1), p. 62.

12 Cf. LAPATZA, José Juan Ferreiro. Op. cit. (nota 1), p. 9.

13 Cf. LAPATZA, José Juan Ferreiro. Op. cit. (nota 1), p. 25.

14 Há, ainda, uma referência indireta no art. 34 que versa sobre a competência do Parlamento. Sobre o assunto, cf. BOUVIER, Michel. *Introduction au Droit Fiscal General et à la théorie de l'impôt*. 8. ed. Paris: L.G.D.J., 2007, p. 42.

15 Cf. BOUVIER, Michel. Op. cit. (nota 14), p. 49-55.

Se o capítulo tributário já justifica a menção da Constituição como primeira fonte formal para a introdução e conformação das normas tributárias, não se pode deixar de mencionar que em todo o texto constitucional se encontrarão dispositivos relevantes para, em seu conjunto, formar o corpo normativo. Não basta o conhecimento dos art. 145 e seguintes do texto constitucional; fonte formal para as normas tributárias é o texto constitucional integral.

Assim é que pode surpreender, no rol dos direitos e garantias individuais (art. 5º) a inserção de seu inciso XXXIV, que veda a cobrança de certa espécie tributária (taxas) para o exercício do direito de petição ou para a obtenção de determinadas certidões.

Outro exemplo da importância do todo constitucional para a matéria tributária surge ao se reconhecer que por meio dos tributos o Estado intervém na Ordem Econômica, pois então se tornam relevantes os arts. 170 e seguintes, que apresentam as condições e os limites para aquela intervenção. Ou seja: como já se viu no Capítulo I, a tributação não é neutra, servindo, antes, de instrumento para a intervenção econômica. Ora, se a Constituição Federal, a partir do art. 170, versa sobre a Ordem Econômica e disciplina a intervenção do Estado, então todos os dispositivos constitucionais que versam sobre aquela intervenção haverão de ser observados, igualmente, pelas normas tributárias.

4 Lei complementar

Relevante o papel reservado pelo constituinte de 1988 às leis complementares em matéria tributária. A ela dedicou-se o art. 146 do texto constitucional, dando-lhe a tríplice função de:

- dispor sobre conflitos de competência, i.e., firmar os limites até onde podem andar os legisladores federal, estadual, distrital ou municipal na instituição dos tributos que lhes tenham sido atribuídos pela própria Constituição, esclarecendo, nos casos em que duas ou mais competências pareçam coincidir, a quem cabe a competência;
- regular as limitações constitucionais ao poder de tributar, o que se torna especialmente importante quando dispositivos constitucionais exijam algum tipo de esclarecimento ou complementação para sua própria eficácia (por exemplo: os requisitos para que uma entidade assistencial sem fins lucrativos seja imune a impostos), mas também relevante para a solução de casos conflituosos entre dispositivos constitucionais (por exemplo: no conflito entre legalidade e igualdade, a decisão sobre os limites do emprego da analogia); e
- estabelecer normas gerais em matéria de legislação tributária, assegurando uma disciplina única, em âmbito nacional, para a matéria tributária, apesar da existência de diversas legislações editadas pelas pessoas jurídicas de direito público. Estas devem dobrar-se ao que for previsto pela lei complementar.

No ordenamento positivo brasileiro, cumpre as funções acima, por excelência, o Código Tributário Nacional. Conquanto editado sob a forma de lei ordinária (Lei n. 5.172/66), a matéria que ele regulou é, hoje, por força do art. 146 acima referido, reservada pela Constituição à lei complementar. Por tal razão, apenas uma lei complementar poderia inovar em tais matérias. Quando legislação anterior regula matéria de modo que não contraria o novo texto constitucional, ocorre o fenômeno da recepção: examina-se a legislação anterior em seu aspecto material, validando (ou não) a disciplina conforme as normas constitucionais da nova ordem e, a partir de então, a legislação anterior é recepcionada pela nova ordem, com o *status* que esta lhe confere. Nesse sentido, o Código Tributário Nacional, do ponto de vista material, tem eficácia de lei complementar.

Ao lado dessas importantes funções, o texto constitucional se refere à lei complementar em matéria tributária por diversas vezes. O art. 156, III, por exemplo, dispõe caber à lei complementar definir os serviços sujeitos ao ISS, o que vai além do art. 146, III, "a", já que enquanto este, aplicável a todos os impostos previstos na Constituição, exige uma definição (uma moldura) dentro da qual o legislador ordinário tem ampla liberdade, o primeiro, concernente ao ISS, é mais restrito: serviços não previstos pela própria lei complementar não podem ser alcançados pelo imposto municipal. Outro exemplo de situação em que cabe lei complementar em matéria tributária dá-se nas hipóteses em que ela mesma deve instituir determinado tributo, como no caso dos empréstimos compulsórios (art. 148).

4.1 A ideia de uma lei complementar

Desde os primórdios da república, já se percebia que o texto constitucional não poderia ser exaustivo, exigindo a edição de leis para sua complementação. Naquela época, não se cogitava uma lei formalmente complementar, com *quorum* diferenciado. Em seu aspecto material, entretanto, o instituto da lei complementar não pode ser considerado uma novidade. A primeira constituição republicana, de 1891, já previa, em seu art. 34, competir privativamente ao Congresso Nacional "Decretar as leis orgânicas para a execução completa da Constituição".

Rui Barbosa[16] tinha clara noção do papel de tais leis orgânicas como veras leis complementares. Dizia o jurista:

> *AS CONSTITUIÇÕES SE COMPLETAM EM LEIS ORGÂNICAS*
>
> *As Constituições não têm o caracter analytico das codificações legislativas. São, como se sabe, largas syntheses, summas de principios geraes, onde, por via de regra, só se encontra o substractum de cada instituição nas suas normas dominantes, a estrutura de cada uma, reduzida, as mais das vezes, a uma caracteristica, a uma indicação, a um traço. Ao legislador cumpre, ordinariamente, revestir-lhes a ossatura delineada, impor-lhes o organismo adequado, e lhes dar capacidade real de acção.*
>
> *(...)*

16 Cf. BARBOSA, Rui. *Comentários à Constituição Federal brasileira*: coligidos e ordenados por Homero Pires, vol. 2, São Paulo: Livraria Acadêmica Saraiva & Cia., 1933, p. 477.

E, se leis orgânicas vêm a ser as que têm por objecto regular o modo e a acção das instituições ou estabelecimentos, cujo principio foi consagrado por uma lei precedente (Fr. Domingos Vieira, Gr. Diccion. Port., V. 3º, p. 1.280), (...)

Mas nem todas as disposições constitucionais são auto-applicaveis. As mais dellas, pelo contrario, não o são. A Constituição não se executa a si mesma: antes requer a acção legislativa, para lhe tornar effectivos os preceitos.

(...)

Bastaria o exame attento dos casos que acabamos de expôr, uns de preceitos constitucionaes exequiveis proprio vigore, outros de prescripções constitucionaes só executáveis mediante leis supplementares, para se ver claramente por onde correm as divisas entre o território das primeiras e das segundas. A linha que as extrema poderia descrever-se num só traço, dizendo-se, como a Suprema Côrte dos Estados no caso Davis V. Burke, que uma disposição constitucional é executável por si mesma, quando completa no que determina, lhe é supérfluo o auxilio suppletivo da lei, para exprimir tudo o que intenta, e realizar tudo o que exprime.

No regime democrático após Getúlio, o desaparecimento da referência constitucional expressa a leis que complementassem a Constituição não afastou seu reconhecimento pela voz autorizada de Victor Nunes Leal[17], que afirmava:

A Constituição atual, à semelhança da de 1937, não alude especialmente às leis complementares, como o faziam as Constituições de 24 de fevereiro (art. 34, § 34) e de 16 de julho (art. 39, n. I). Mas admitir que esse fato pudesse ter qualquer significação seria o mesmo que afirmar, com evidente absurdo, que o texto constitucional, que deve ser sucinto e genérico, pudesse esgotar toda a matéria da legislação.

De igual modo, apesar de não haver referência expressa no texto constitucional, às leis complementares (materiais) se referia Oswaldo Aranha Bandeira de Mello[18] ao explicar que "leis orgânicas são as que dão organização às pessoas jurídicas, dispõem sobre os seus órgãos estruturais e sobre as respectivas atribuições", esclarecendo que, "outrossim, recebem essa designação as leis que desenvolvem os textos constitucionais, a fim de lhes permitir a sua aplicação". E, confirmando o uso corrente da expressão, conclui: "constituem suas leis complementares"[19].

Embora a doutrina há muito teorizasse sobre leis complementares, eram, até então, leis comuns. Seguia, nesse sentido, o precedente estrangeiro, fornecido pela *loi organique*, empregada no direito francês desde 1875, que, até 1958, eram meras leis ordinárias, que podiam ser votadas e mesmo modificadas em condições idênticas a outras leis; no texto francês de 1958, passou-se a prever, no art. 46, uma *loi organique* com elaboração mais solene e mais difícil que a lei ordinária.

Seguindo o exemplo francês, o art. 22 da Emenda Constitucional n. 3, de 1961, o Ato Adicional que instituiu o parlamentarismo efêmero, trouxe a novidade de uma lei complementar com superioridade formal relativamente às outras leis, num *status* intermédio entre leis constitucionais e leis ordinárias. Dizia o dispositivo: "Poder-se-á complementar a organização do sistema parlamentarista de governo ora instituído, mediante leis votadas nas duas Casas do Congresso Nacional, pela maioria absoluta dos seus membros".

17 LEAL, Victor Nunes. Leis complementares da Constituição. *Revista de Direito Administrativo*, vol. 7, jan./mar. 1947, p. 381.

18 MELLO, Oswaldo Aranha Bandeira de; MELLO, Celso Antonio Bandeira de (org.). *Princípios gerais de Direito Administrativo*. 3.ed., vol. 2, São Paulo: Malheiros, 2007, p. 258.

19 Cf. FERREIRA FILHO, Manoel Gonçalves. *Do processo legislativo*. 2. ed. São Paulo: Saraiva, 1984, p. 259.

Delas voltou-se a tratar na Emenda Constitucional n. 18, que modificou o sistema tributário nacional. A Comissão de Reforma, designada pelo Presidente da República para elaborar o anteprojeto de Emenda Constitucional, apresentou dois anteprojetos, A e B; o primeiro sobre *normas legislativas*, criava a figura das leis complementares, com rigidez maior que a das leis ordinárias (art. 5º). No final, somente foi submetido ao Congresso Nacional o projeto B, reformulado, sem dar às leis complementares a situação hierárquica prevista inicialmente. Transformado o projeto na Emenda n. 18, as leis complementares surgiram em vários de seus dispositivos, sem distinção em relação às demais leis ali citadas, salvo quanto à denominação. Mas, afirma José Afonso da Silva[20]: "foi por aí que elas entraram na Constituição vigente, que aproveitou a ideia lançada no art. 22 da Emenda parlamentarista, conferindo-lhes eficácia superior à das demais leis do País".

O mesmo José Afonso assim conceitua as leis complementares: "Leis complementares da Constituição são leis integrativas de normas constitucionais de eficácia limitada, contendo princípio institutivo ou de criação de órgãos ou seções judiciárias nos casos previstos, e sujeitas à aprovação pela maioria absoluta dos membros das duas Casas do Congresso Nacional"[21].

A Constituição de 1967 e a Emenda Constitucional n. 1/1969 fizeram expressa referência à lei complementar, inserindo-a no processo legislativo. O texto constitucional atual também a contempla, desta feita, em seu art. 59 (processo legislativo), sendo o *quorum* (maioria absoluta) previsto pelo art. 69.

4.2 Funções da lei complementar: teoria dicotômica e teoria tricotômica

Tema que por muito tempo suscitou debates entre os tributaristas era quanto às matérias que estariam reservadas à lei complementar, surgindo as correntes dicotômica e tricotômica.

A origem da discussão estava na redação do § 1º do art. 18 da Emenda Constitucional n. 1/1969: "Lei complementar estabelecerá normas gerais de Direito Tributário, disporá sobre os conflitos de competência nessa matéria entre a União, os Estados, o Distrito Federal e os Municípios, e regulará as limitações constitucionais ao poder de tributar". Sustentava a corrente dicotômica que não haveria espaço para "normas gerais" que não se esgotasse nos conflitos de competência e na regulação das limitações constitucionais ao poder de tributar. A visão tricotômica, por sua vez, enxergava no dispositivo três funções que não se confundiam: (i) estabelecer normas gerais; (ii) dispor sobre conflitos de competência; e (iii) regular as limitações ao poder de tributar.

A controvérsia era especialmente relevante quando se discutia o papel do Código Tributário Nacional. Afinal, como se apontou acima, este havia sido aprovado na forma de mera lei ordinária (Lei n. 5.172/66), em período em que não se cogitava, formalmente, lei complementar. Quando o texto constitucional subsequente previu a existência da lei complementar em matéria tributária, importava saber se seria necessária a edição de tal diploma ou se o Código Tributário Nacional, materialmente, lhe fazia as vezes. Pacificou-se o entendimento de que ele foi recepcionado como lei complementar.

20 Cf. SILVA, José Afonso da. *Aplicabilidade das normas constitucionais*. 7. ed., vol. 1. São Paulo: Malheiros, 2007, p. 226.

21 Cf. SILVA, José Afonso da. Op. cit. (nota 20), p. 235.

4.3 As funções genéricas da lei complementar tributária

A polêmica parece resolvida com o atual texto constitucional. Basta, para tanto, que se confira o que dispõe o art. 146:

Art. 146. Cabe à lei complementar:

I – dispor sobre conflitos de competência, em matéria tributária, entre a União, os Estados, o Distrito Federal e os Municípios;

II – regular as limitações constitucionais ao poder de tributar;

III – estabelecer normas gerais em matéria de legislação tributária, especialmente sobre:

a) definição de tributos e de suas espécies, bem como, em relação aos impostos discriminados nesta Constituição, a dos respectivos fatos geradores, bases de cálculo e contribuintes;

b) obrigação, lançamento, crédito, prescrição e decadência tributários;

c) adequado tratamento tributário ao ato cooperativo praticado pelas sociedades cooperativas.

d) definição de tratamento diferenciado e favorecido para as microempresas e para as empresas de pequeno porte, inclusive regimes especiais ou simplificados no caso do imposto previsto no art. 155, II, das contribuições previstas no art. 195, I e §§ 12 e 13, e da contribuição a que se refere o art. 239.

4.3.1 *Normas gerais*

É, pois, da própria dicção constitucional a leitura de que existe, sim, um papel para as normas gerais em matéria de legislação tributária, que não se confunde com as questões de conflito de competência ou de regular limitações ao poder de tributar.

O conceito de normas gerais é de dificílima determinação[22]. Por tal razão é que andou bem o constituinte brasileiro ao arrolar uma série de matérias que, *por decisão constitucional*, ali se compreendem. Descabe, daí qualquer discussão, por exemplo, se a norma geral alcançaria o tema da obrigação tributária, já que a matéria está no rol do art. 146, III, da Constituição Federal. Por certo, aquele rol não é exaustivo. A expressão "especialmente sobre" indica que aquelas matérias, conquanto integrando o conceito de normas gerais, não o esgotam. Outros assuntos correlatos também serão aceitos. Vale, aqui, a aproximação pragmática de Sacha Calmon Navarro Coêlho, para quem a opção do constituinte por um discurso de *numerus apertus*, meramente exemplificativo, tem o efeito de tornar normas gerais os temas do Livro II do Código Tributário Nacional[23].

4.3.1.1 *A relação entre as "normas gerais" e as normas federais, estaduais e municipais*

Temas como prescrição e decadência ganham regulação em lei complementar, em caráter geral, vedando-se que o legislador ordinário venha a disciplinar a matéria de modo diverso.

---

22 Cf. COÊLHO, Sacha Calmon Navarro. *Curso de Direito Tributário brasileiro*. Rio de Janeiro: Forense, 2006, p. 115, com outras referências.

23 Cf. COÊLHO, Sacha Calmon Navarro. Op. cit. (nota 22), p. 117.

É esse o sentido da decisão do Supremo Tribunal Federal, que deu nascimento à Súmula Vinculante n. 8[24], declarando inconstitucionais os dispositivos da Lei (federal) n. 8.212/91 que previram prazo decadencial para o lançamento de créditos previdenciários, ao arrepio do que sobre o assunto previra o Código Tributário Nacional.

Essa ideia de "normas gerais" suscita o questionamento de qual o sentido que se deve dar para o dispositivo. Haveria uma hierarquia entre aquelas e as "normas específicas" editadas pelos legisladores federal, estadual e municipal? Estas não podem contrariar as normas gerais previstas na lei complementar?

José Afonso da Silva inclui-se entre aqueles que situaram hierarquicamente a lei complementar entre a Constituição e a lei ordinária[25]. Evidência de que tal era o entendimento corrente na época pode ser encontrada na obra de Geraldo Ataliba[26]:

> *Abaixo das leis constitucionais, localizou as complementares, seguidas imediatamente das ordinárias. A hierarquia ideal corresponde a esta gradação.*
>
> *A principal consequência jurídica desta circunstância reside na superioridade da lei complementar sobre a ordinária. E esta gradação tem, em muitos casos, consequências também de caráter formal, como se verá.*
>
> *Consiste a superioridade formal da lei complementar – como em geral das normas jurídicas eminentes, em relação às que lhes são inferiores – na impossibilidade jurídica de a lei ordinária alterá-la ou revogá-la. Nula é, pois, a parte desta que contravenha disposição daquela.*
>
> *Inversamente, a lei complementar revoga e altera a ordinária, impondo em outros casos absoluto afeiçoamento desta àquela, pelo menos quanto ao espírito.*

Mais tarde, esta teoria foi ultrapassada, quando se passou a sustentar que não havia que se falar em hierarquia entre lei complementar e lei ordinária, já que não versavam sobre a mesma matéria. Afinal, hierarquia somente caberia cogitar em caso de antinomia, i.e., se duas normas versassem sobre o mesmo tema. Como a própria Constituição Federal já reservara alguns campos para a lei complementar e outros para a lei ordinária, não haveria espaço para tal conflito.

Contribuiu definitivamente para esse entendimento a lição lúcida de José Souto Maior Borges, o qual, firme no princípio da isonomia das pessoas jurídicas de direito público, fazia ver que tal igualdade não implicava identidade de atribuições, reservando o próprio texto constitucional matérias à alçada de cada uma daquelas pessoas. Negava, com isso, hierarquia entre leis federais, estaduais ou municipais, já que, cada qual em sua competência, extraía seu fundamento de validade diretamente do texto constitucional. A consequência foi também negar a hierarquia entre lei complementar e lei ordinária, baseando-se em

> *dois argumentos: 1º) os campos da lei complementar e da lei ordinária em princípio não se interpenetram, numa decorrência da técnica constitucional de distribuição "ratione materiae" de competências legislativas; 2º) a superveniência da lei complementar somente "suspende" ou "paralisa" a eficácia da lei ordinária, em casos excepcionais e que serão oportunamente examinados.*
>
> *Se não é constitucionalmente viável a interpenetração dos campos privativos de legislação não é possível a legislação concorrente, assim entendido o concurso de atos legislativos, emanados de*

24 STF, Súmula Vinculante n. 8: "São inconstitucionais o parágrafo único do art. 5º do Decreto Lei n. 1.569/77 e os arts. 45 e 46 da Lei n. 8.212/91, que tratam de prescrição e decadência de crédito tributário".

25 Cf. SILVA, José Afonso da. Op. cit. (nota 20), p. 237.

26 ATALIBA, Geraldo. *Lei complementar na Constituição*. São Paulo: Revista dos Tribunais, 1971, p. 29.

fontes diversas e disciplinando simultaneamente idênticas matérias no mesmo âmbito espacial de validade. Portanto, o princípio da competência, nos termos em que está constitucionalmente estruturado, implica a conclusão de que o problema da possibilidade de ser a lei complementar revogada por lei ordinária – e vice-versa – não passa de um falso problema. Não se coloca o problema da revogação das leis quando estamos diante de campos legislativos distintos. Se a lei ordinária invadir o campo[27] da lei *complementar terá, por isso mesmo, afetada a sua validade, pela inobservância do "quorum" especial e qualificado o extravasamento do seu âmbito material*[28].

O próprio Souto Maior Borges, em texto posterior, repisa seu entendimento, apontando que a força de seus argumentos convenceu Ataliba:

Fui honrado por manifestação do saudoso Professor Geraldo Ataliba, acostada em seu livro de 1971, Lei Complementar na Constituição, em que ele lealmente manifestou ter abandonado sua posição anterior pela superioridade hierárquica da lei complementar sobre a lei ordinária, em virtude dos fundamentos que eu adotara em conferências na PUCSP e naquele meu livro[29].

A aceitação da falta de hierarquia não há de servir, entretanto, para que se admita que uma lei ordinária poderá contrariar o que dispôs, em caráter geral, a lei complementar. Afinal, a própria ideia de uma norma geral já implica dever ela ser seguida por todos os entes da federação.

Para que fique clara essa questão: se a lei complementar fosse apenas hierarquicamente superior à lei ordinária, então, na hipótese de conflito normativo, seria aplicada a lei complementar e afastada a lei ordinária. Se, entretanto, a lei ordinária versa sobre assunto de sua seara, então a lei complementar que pretenda regulá-lo é que será afastada, porque ultrapassa sua competência. Assim, por exemplo, a instituição de um tributo é matéria reservada, em regra, à lei ordinária. Se um município, dentro de sua competência, fixa a alíquota de um imposto, não poderia uma lei complementar dispor sobre a matéria, exigindo alíquota mais alta.

Outrossim, se a lei complementar é editada dentro de seus limites constitucionais, então será ela instrumento para a conformação da ordem jurídica nacional e, enquanto tal, observada pelas ordens jurídicas parciais. É o que se verá a seguir.

4.3.1.2 A ideia da lei nacional

Figura didática interessante que auxilia na compreensão da relação entre a norma veiculada pela lei complementar e aquela das leis ordinárias é trazida pelo próprio Souto Maior Borges, com base nas lições de Kelsen e a partir do pensamento de Geraldo Ataliba. Como ensina o mestre pernambucano, o líder da Escola de Viena, escrevendo acerca do Estado federal, nele via, ao lado de ordens jurídicas parciais, uma ordem jurídica total. Haveria normas válidas para todo o território do Estado (normas centrais) e outras válidas apenas para diferentes partes do território do Estado (normas parciais ou locais). Estas constituiriam uma ordem jurídica parcial ou local, representando uma comunidade jurídica parcial ou local, em oposição às normas centrais da ordem jurídica nacional,

27 Por todos, cf. BORGES, José Souto Maior. *Lei complementar tributária*. São Paulo: Revista dos Tribunais, 1975.

28 Cf. BORGES, José Souto Maior. *Lei...*, cit., p. 25. Semelhante entendimento manifestou BASTOS, Celso Ribeiro. *Curso de Direito Constitucional*. 19. ed. São Paulo: Saraiva, 1998, p. 308.

29 Cf. BORGES, José Souto Maior. Hierarquia e sintaxe constitucional da lei complementar tributária. *Revista Dialética de Direito Tributário*, n. 150, mar. 2008, p. 67 (69).

que formariam outra ordem jurídica parcial, ao constituir uma comunidade jurídica parcial (a comunidade jurídica central). Assim, a ordem jurídica central (comunidade jurídica central), junto com as ordens jurídicas locais (comunidades jurídicas parciais), formariam a ordem jurídica total ou nacional, constituindo o Estado ou comunidade jurídica total. Trazendo tal raciocínio ao modelo federativo brasileiro, assim arremata Souto Maior Borges:

> *Na federação brasileira, cumpre distinguir, consoante a formulação kelseniana, entre três ordens jurídicas distintas: a) a global e as parciais; b) central e c) periféricas, correspondendo respectivamente à (a) ordem nacional (do Estado federal); (b) simplesmente federal (da União) e (c) estadual (dos Estados). Consequentemente, no Brasil, a lei federal é expressão de uma ordem jurídica parcial central (a comunidade jurídica constituída pelas leis federais, de competência da União)*[30].

O modelo auxilia na compreensão de que nem todos os diplomas legislativos têm igual atuação. Dessa forma, por exemplo, a legislação que trata da remuneração do funcionalismo público paulista não terá relevância para a relação entre o Estado de Minas Gerais e seus funcionários. Nesse sentido, a ordem jurídica (parcial) estadual paulista não se confunde com a ordem jurídica (parcial) mineira. Do mesmo modo, a legislação que versa sobre o funcionalismo público federal é inócua para os Estados-membros. Ou seja: a ordem jurídica (parcial) federal é diversa das ordens jurídicas (parciais) mineira e paulista. Essa circunstância não impede que haja normas que se apliquem a toda a ordem jurídica nacional (ordem jurídica total). Assim é que a Constituição Federal se faz observar por todas as ordens jurídicas parciais (federal, estaduais, distrital e municipais), porque integra a ordem jurídica nacional. Igual importância deve ser emprestada à lei complementar, já que também esta integra a ordem jurídica nacional.

Daí ser comum a referência à lei complementar como *lei nacional*.

Essa ideia já existia quando da elaboração do Código Tributário Nacional: editado em época na qual não se previa, ainda, uma categoria de lei complementar, a comissão encarregada de sua elaboração tinha em mente o caráter nacional do texto, não obstante editado como lei federal. O seguinte trecho do relatório apresentado pelo Prof. Rubens Gomes de Sousa, relator-geral, e aprovado pela Comissão Especial nomeada pelo Ministro da Fazenda para elaborar o Projeto de Código Tributário Nacional é elucidativo:

> *7. Uma peculiaridade do Código Tributário brasileiro, que o distinguirá de todos os demais da mesma natureza, é justamente o caráter nacional decorrente da sua aplicabilidade simultânea aos três níveis de governo integrantes da Federação. Essa característica é fundamental, porquanto a sua influência não se restringe aos aspectos imediatamente decorrentes da implantação constitucional no que se refere à competência legislativa, mas evidentemente se estende a toda a sistemática do Direito Tributário substantivo regulado no Código. Por outras palavras, a Comissão teve presente que o Código, embora atribuído à competência federal, por uma razão óbvia de hierarquia legislativa, não será lei "federal" mas "nacional", e ainda, que as suas disposições constituirão antes regras informativas endereçadas ao legislador tributário, afetando o contribuinte, na maioria dos casos, apenas indiretamente, através da sua aplicação por parte daquele.*
>
> *Nesta ordem de ideias, a Comissão não descurou a circunstância de que o Código, embora fazendo necessariamente parte do complexo das leis complementares da Constituição, e embora colocado, por isso e pelo caráter normativo de suas disposições, em uma posição intermediária entre a*

30 BORGES, José Souto Maior. *Lei*..., cit., p. 25 e ss.

> *Constituição e a lei ordinária, entretanto será, ele próprio, lei ordinária, e como tal sujeito a modificação por qualquer lei federal da mesma natureza, inclusive pelas leis específicas a cada tributo. Na ausência de reconhecimento formal de uma gradação hierárquica dos atos legislativos em razão de seu conteúdo, a situação de igualdade entre os códigos e as leis ordinárias implica numa contingência que somente pode ser obviada mediante uma cautela particular na formulação daqueles, de modo a preservá-los, quanto possível, de alterações parciais que lhes venham prejudicar a unidade sistemática*[31].

Em síntese, embora não caiba cogitar hierarquia entre a lei complementar e a lei ordinária, já que versam sobre matérias diferentes e (agora se compreende) pertencem a ordens jurídicas diversas, as ordens jurídicas parciais devem conformar-se à ordem jurídica nacional na qual se inserem. Se a lei complementar inova na ordem jurídica nacional, então cabe às leis ordinárias conformarem-se àquela ordem.

Esse caráter nacional da lei complementar foi reiterado pelo Plenário do Supremo Tribunal Federal. Em caso que versava sobre a instituição, por lei estadual, de regras de responsabilização de contadores por créditos tributários oriundos de infrações à legislação tributária para as quais o contador, em alguma medida, houvesse concorrido, o Relator observou que a lei complementar "deve ser editada pela União e assume caráter nacional", haja vista "se aplicar, simultaneamente, a todas as três esferas da Federação". Ao final, a legislação estadual foi julgada inconstitucional pela Corte, por invasão de competência de lei complementar[32] .

4.3.1.3 O papel das normas gerais na Federação

Aliás, é exatamente para a ideia de uma ordem jurídica nacional, harmônica, que aponta o papel importante desempenhado pelo Código Tributário Nacional. A partir de sua edição, tornou-se possível uniformizarem-se critérios básicos de tributação no País.

Eurico Marcos Diniz de Santi, depois de examinar documentos históricos da edição do Código Tributário Nacional, é categórico ao afirmar que normas "gerais" não são apenas as "genéricas", mas sim normas que valem para todos: "estabelecer normas gerais sobre legislação tributária implica definir em lei complementar os parâmetros nacionais das respectivas materialidades, aplicáveis, indiscriminadamente, à União, aos Estados, aos Municípios e ao Distrito Federal"[33].

Não há como duvidar de que o constituinte quis uma lei complementar a que se submetessem as ordens jurídicas parciais, quando se vê, no art. 155, que é aquele diploma legislativo que fica encarregado de dar os contornos básicos dos tributos estaduais. Especialmente no caso do ICMS, um imposto sobre o consumo, não seria tolerável que cada legislador estadual tivesse a mais ampla liberdade na sua conformação, sob pena de se pôr em risco a própria unidade do mercado nacional. Assim é que o inciso XII do § 2º daquele dispositivo impõe que a lei complementar descreva a espinha dorsal do imposto. Igual importância se extrai do art. 156, § 3º, I a III, quando, tratando do ISS, o constituinte houve por bem exigir que lei complementar fixasse as alíquotas máximas e mínimas do imposto, podendo excluir de sua incidência exportações de serviços para o exterior, além de regular a forma e as condições como se concedem e revogam isenções, incentivos e benefícios fiscais.

---

31 Ministério da Fazenda. Trabalhos da Comissão Especial do Código Tributário Nacional. Rio de Janeiro, 1954, p. 89-90.

32 STF, ADI n. 6.284/GO, Tribunal Pleno, rel. Min. Luís Roberto Barroso, j. 15.09.2021.

33 Cf. SANTI, Eurico Marcos Diniz de. O Código Tributário Nacional e as normas gerais de Direito Tributário. In: ______. (coord.). *Curso de Direito Tributário e finanças públicas*: do fato à norma, da realidade ao conceito jurídico. São Paulo: Saraiva, 2008, p. 322-329.

Também o caráter nacional da lei complementar se extrai do parágrafo único do art. 146, inserido pela Emenda Constitucional n. 42/2003:

> *Parágrafo único. A lei complementar de que trata o inciso III,* d, *também poderá instituir um regime único de arrecadação dos impostos e contribuições da União, dos Estados, do Distrito Federal e dos Municípios, observado que:*
>
> *I – será opcional para o contribuinte;*
>
> *II – poderão ser estabelecidas condições de enquadramento diferenciadas por Estado;*
>
> *III – o recolhimento será unificado e centralizado e a distribuição da parcela de recursos pertencentes aos respectivos entes federados será imediata, vedada qualquer retenção ou condicionamento;*
>
> *IV – a arrecadação, a fiscalização e a cobrança poderão ser compartilhadas pelos entes federados, adotado cadastro nacional único de contribuintes.*

Evidentemente, versando sobre regime de arrecadação a que se dobrariam diversos entes da Federação, não seria de esperar que norma editada por uma das pessoas jurídicas de direito público (portanto pertencente a determinada ordem jurídica parcial) fosse cogente para as demais; por outro lado, tampouco seria possível um regime único de arrecadação sem que houvesse harmonização de procedimentos. Daí o Constituinte ter encarregado a lei complementar desse papel.

O caráter nacional da lei complementar surge, ainda, no art. 146-A, inserido pela Emenda Constitucional n. 42/2003:

> *Art. 146-A. Lei complementar poderá estabelecer critérios especiais de tributação, com o objetivo de prevenir desequilíbrios da concorrência, sem prejuízo da competência de a União, por lei, estabelecer normas de igual objetivo.*

Sem que se ingresse no teor do dispositivo, não deixa de chamar a atenção o fato de o constituinte reconhecer que a lei complementar não se confunde com a lei da União: com o mesmo objetivo (prevenir desequilíbrios da concorrência), preveem-se uma lei federal e uma lei complementar que estabeleça critérios especiais de tributação.

Finalmente, vale citar o art. 24 da Constituição, a confirmar a prevalência das normas gerais editadas pela União. Este dispositivo será visto a seguir.

4.3.1.4 Falta de norma geral

A previsão constitucional de um elenco de matérias a serem reguladas por uma lei complementar, de caráter geral, provoca questionamento sobre a possibilidade de os legisladores ordinários estaduais e municipais atuarem em situações em que não haja lei complementar regulando determinado tema.

A questão já foi enfrentada pelo Supremo Tribunal Federal, em caso que examinava a possibilidade de uma legislação estadual (no caso, a Constituição do Estado do Ceará) disciplinar matéria que a Constituição reservou à competência da lei complementar (no caso, o adequado tratamento do ato cooperativo). Assim ficou ementado o acórdão do Plenário do Supremo Tribunal Federal[34]:

> *AÇÃO DIRETA DE INCONSTITUCIONALIDADE. TRIBUTÁRIO. NORMAS GERAIS DE DIREITO TRIBUTÁRIO. ICMS. CONSTITUIÇÃO DO ESTADO DO CEARÁ. (...)*

34 STF, ADI n. 429-CE, Tribunal Pleno, rel. Min. Luiz Fux, j. 20.08.2014, D.J. 29.10.2014.

4. O art. 146, III, "c", da CRFB/88 determina que lei complementar estabeleça normas gerais sobre matéria tributária e, em especial, quanto ao adequado tratamento tributário a ser conferido ao ato cooperativo praticado pelas sociedades cooperativas.

5. Não há a alegada inconstitucionalidade da Constituição estadual, porquanto a competência para legislar sobre direito tributário é concorrente, cabendo à União estabelecer normas gerais, aos Estados-membros e o Distrito Federal suplementar as lacunas da lei federal sobre normas gerais, afim de afeiçoá-las às particularidades locais, por isso que inexistindo lei federal de normas gerais, acerca das matérias enunciadas no citado artigo constitucional, os Estados podem exercer a competência legislativa plena (§ 3º, do art. 24 da CRFB/88).

6. Consectariamente, o § 1º do art. 192 da Constituição cearense que estabelece que "o ato cooperativo, praticado entre o associado e sua cooperativa, não implica em operação de mercado", não é inconstitucional. (...)

Chama a atenção a referência ao art. 24 da Constituição Federal, que trata da competência concorrente, para decidir a questão. O mesmo dispositivo foi invocado pelo Supremo Tribunal Federal, em outra oportunidade, quando teve de enfrentar a possibilidade de os Estados instituírem um tributo (no caso IPVA), sem que a lei complementar tenha, previamente, definido seu "fato gerador"[35]. Dispõe o referido dispositivo:

Art. 24. Compete à União, aos Estados e ao Distrito Federal legislar concorrentemente sobre:

I – Direito Tributário, financeiro, penitenciário, econômico e urbanístico;
(...)
§ 1º No âmbito da legislação concorrente, a competência da União limitar-se-á a estabelecer normas gerais.
§ 2º A competência da União para legislar sobre normas gerais não exclui a competência suplementar dos Estados.
§ 3º Inexistindo lei federal sobre normas gerais, os Estados exercerão a competência legislativa plena, para atender a suas peculiaridades.
§ 4º A superveniência de lei federal sobre normas gerais suspende a eficácia da lei estadual, no que lhe for contrário.

Vê-se, assim, que o constituinte inseriu a matéria tributária no âmbito da legislação concorrente. O referido dispositivo deve ser lido com cautela, já que numa primeira aproximação poder-se-ia crer que a União se limitaria a editar leis gerais em matéria tributária, o que não é correto. Como se verá no Capítulo VI, todas as pessoas jurídicas de direito público têm competência privativa (e não concorrente) para instituírem seus tributos.

A competência concorrente limita-se, apenas, às normas gerais. Estas é que ficam reservadas, num primeiro momento, à União (lembre-se: por lei complementar, por ser lei nacional).

Os dois primeiros parágrafos do dispositivo acima citado dão à competência concorrente o caráter não cumulativo, já que admitem que se a União (no caso tributário: se a lei complementar) deixa de editar as normas gerais, os Estados podem legislar plenamente sobre o assunto, desde que, obviamente, no âmbito dos tributos de sua competência. Chama-se não cumulativa essa competência porque os Estados apenas complementam os espaços não regulados pela lei geral. É situação em que existem

35 STF, RE n. 236.931-SP, 1ª Turma, rel. Min. Ilmar Galvão, j. 10.08.1999, D.J. 29.10.1999.

normas gerais e a legislação estadual simplesmente as suplementa em termos de regulamentação. Tal possibilidade, vale lembrar, se estende aos municípios (art. 30, II, da Constituição Federal)[36].

O § 3º versa sobre situação diversa: é quando não há qualquer norma geral versando sobre o assunto, i.e., lacuna. É situação de competência concorrente cumulativa, já que o Estado exerce uma competência plena. Assim foi que o Supremo Tribunal Federal, versando sobre cooperativas, matéria também reservada à lei complementar (Constituição Federal, art. 146, II, c), entendeu que "inexistindo lei federal de normas gerais, acerca das matérias enunciadas no citado artigo constitucional, os Estados podem exercer a competência legislativa plena"[37]. Não é dizer, pois, que eles baixarão normas gerais como as da lei complementar, mas apenas que suas normas não encontrarão barreiras em normas de hierarquia superior. Essa competência, entretanto, apenas pode ser exercida na medida necessária para que eles, Estados, possam exercer sua competência própria de legislador sobre normas particulares[38].

Essa matéria foi decidida pelo Supremo Tribunal Federal quando do julgamento do Recurso Extraordinário 136.215-RJ. No caso, examinava-se situação em que a Constituição Federal conferira aos estados a competência para instituir um adicional ao Imposto de Renda e não havia lei complementar sobre o assunto. A indagação era se, na falta desta, os Estados poderiam ou não instituir o referido adicional. No julgamento, enfrentou-se o tema do limite da competência concorrente cumulativa, já que havia matéria cujos efeitos extrapolavam os lindes dos poderes tributantes. Afinal, em muitas situações, uma mesma matéria poderia ser alcançada por mais de um Estado, simultaneamente, sendo necessário definir a quem caberia instituir o imposto. Se ficasse para os Estados essa decisão, então haveria uma cumulação de tributação. A contenda deveria ser decidida pela lei complementar, a quem cabe dispor sobre conflitos de competência. Tais conflitos não podem ser resolvidos unilateralmente. Basta imaginar o caso de um contribuinte que, no começo do ano, resida num Estado e, durante o ano, se mude para outro. Por tal razão, decidiu, por unanimidade, o Plenário do Supremo Tribunal Federal, como se lê em sua ementa, pela "Impossibilidade de sua cobrança, sem prévia lei complementar (art. 146 da CF). Sendo ela materialmente indispensável à dirimência de conflitos de competência entre os Estados da Federação, não bastam, para dispensar sua edição, os permissivos inscritos no art. 24, § 3º, da Constituição e no art. 34 e seus parágrafos do ADCT"[39]. O voto do Ministro Carlos Velloso merece ser reproduzido por sua pertinência ao tema ora tratado:

> *Sr. Presidente, a definição de fato gerador, na lei complementar – lei que não é puramente federal, mas nacional, ela é mais do que federal, portanto – inscrita no art. 146 da Constituição, tem um sentido e uma finalidade, que é a de impedir a ocorrência de conflitos de competência, em matéria tributária, entre as entidades políticas que compõem a Federação – União, Estados, Distrito Federal e Municípios.*
>
> *(...) E, refletindo e meditando melhor, passei a entender que a definição de fato gerador é, na verdade, própria da lei complementar do art. 18, § 1º, da CF/67. E por que é própria? Porque se à lei complementar cabia dispor como hoje cabe, CF/88, art. 146 sobre os conflitos de competência*

36 Cf. VELLOSO, Carlos Mário da Silva. Lei complementar tributária. *Revista de Direito Administrativo*, n. 235, jan.-mar. 2004, p. 117-138 (133).

37 STF, ADI n. 429-CE, Tribunal Pleno, rel. Min. Luiz Fux, j. 20.08.2014, D.J. 29.10.2014, p. 12.

38 Cf. FERRAZ JÚNIOR, Tércio Sampaio. Normas gerais e competência concorrente – uma exegese do art. 24 da Constituição Federal. *Revista Trimestral de Direito Público*, 7/16 (apud VELLOSO, Carlos Mário da Silva. Op. loc. cit., nota 35).

39 STF, RE n. 136.215-RJ, Tribunal Pleno, rel. Min. Octavio Gallotti, j. 18.02.1993, D.J. 16.04.1993.

entre as entidades políticas, deveria ela definir fatos geradores dos impostos. É que a definição de fato gerador, parece-me, é a providência primeira que cabe fazer a lei complementar quando dispõe sobre conflitos de competência tributária. Definir fatos geradores é a providência primeira que cabe fazer a lei complementar adotar para o fim de evitar os conflitos de competência entre as entidades políticas. Neste caso, portanto, é importante, muito importante, que uma lei nacional defina o fato gerador dos impostos e aquilo que toca de perto o fato gerador, que gira em torno deste, para, justamente, repito, impedir a ocorrência de conflitos de competência entre as entidades políticas que compõem a Federação.

Posta assim a questão, penso que não se pode emprestar à matéria caráter local, para o fim de permitir, na linha do § 3º do art. 24 da Constituição, que o Estado-membro exerça competência legislativa plena. E por quê? Porque a matéria, por não ter caráter local, por ser eminentemente nacional, não é daquelas que cabem na cláusula inscrita na parte final do § 3º do art. 24 da Constituição 'para atender a suas peculiaridades', vale dizer, para atender a peculiaridades locais. É que o Estado-membro somente exercerá competência plena, na falta da lei federal, para atender a suas peculiaridades (§ 3º do art. 24 da Constituição). Ora, definir fato gerador de imposto, conforme vimos, interessa a mais de uma entidade política que compõe a Federação, diz respeito a diversas entidades políticas, a mais de um Estado-membro, interessa e diz respeito à própria União.

No caso da competência concorrente não cumulativa, havendo lei complementar, então os Estados e municípios legislam suplementarmente, i.e., apenas naquilo que já não tenha sido regulado pela União; na competência concorrente cumulativa, e, insista-se, apenas para atender às peculiaridades locais. Sobrevindo, posteriormente, lei complementar, então esta prevalece, suspendendo-se as leis estaduais com ela incompatíveis, dentro do brocardo *Bundesrecht bricht Landesrecht* (a norma federal se sobrepõe à estadual).

4.3.2 Lei complementar para dispor sobre conflitos de competência em matéria tributária

Mostrou-se acima que o art. 146 da Constituição Federal contempla três funções genéricas para a lei complementar. Afastou-se, com isso, a teoria dicotômica, apontando-se campo para a atuação de "normas gerais" que não servem apenas para delimitação de competências e para a regulação das limitações ao poder de tributar. Isso não afasta o reconhecimento de que algumas delas acabam por servir para aquelas finalidades.

Assim, por exemplo, quando define o "fato gerador" e a base de cálculo de tributos (art. 146, III, "a"), a lei complementar acaba por definir até onde as pessoas jurídicas de direito público titulares das respectivas competências poderão atuar. Dispõe, pois, positivamente, sobre a competência tributária, em complemento de (ou mesmo no lugar de) normas que versem sobre os casos limítrofes potencialmente geradores de conflito[40].

Esse mesmo papel surge na definição dos serviços sujeitos ao ISS, a ser feita por lei complementar, nos termos do art. 156, III, da Constituição Federal. Nesse sentido, basta citar a Lei Complementar n. 116, de 2003, onde se encontrará uma lista anexa, definindo as situações potencialmente geradoras do ISS. Não fosse essa providência, então seriam inúmeros os casos em que haveria o conflito entre o ISS e o ICMS.

---

40 Cf. o voto do Ministro Carlos Velloso no RE n. 136.215-RJ, acima reproduzido. A mesma passagem se encontra em VELLOSO, Carlos Mário. Lei Complementar Tributária. In: BRITO, Edvaldo; ROSAS, Roberto (coords.). *Dimensão Jurídica do Tributo:* homenagem ao professor Dejalma de Campos. São Paulo: Meio Jurídico, 2003, p. 181; 205-206.

Assim, como saber, por exemplo, se um pintor, quando pinta uma residência fornecendo o material, presta um serviço, sujeito ao ISS, ou vende mercadorias (tintas), sujeitas ao ICMS? Esse e outros dilemas se resolvem pela referida lei complementar, já que o § 2º do art. 1º afasta a incidência do ICMS sobre serviços ali definidos na competência do ISS. Atualmente, essa tarefa é exercida pela Lei Complementar n. 116/2003. É claro que não seria necessária a adoção de uma lista com a pretensão de esgotar os serviços sujeitos ao ISS. Aliás, antes da adoção de lista anexa inaugurada pelo Decreto-lei n. 406/1968, o próprio Código Tributário Nacional trazia uma definição de serviços em seu art. 71, §1º. Contudo, com a lista, é preciso verificar se determinado serviço foi ali listado. Nem há que se interpretar essa lista exemplificativamente, pois o Supremo Tribunal Federal já assegurou, com a Tese de Repercussão Geral do Tema 296, que essa lista é taxativa, conquanto se admita a incidência do ISS "sobre as atividades inerentes aos serviços elencados em lei em razão da interpretação extensiva".

Essa importantíssima função da lei complementar na delimitação positiva e negativa de competências espraia-se por outros momentos do texto constitucional. Conforme será visto com mais vagar no Capítulo VI, o tema das competências e seus conflitos é extremamente caro ao constituinte. Cuidou ele de disciplinar com bastante rigor as esferas de tributação de cada pessoa jurídica de direito público, encarregando o legislador complementar de concretizar a divisão. Assim é que se pode causar estranheza que o constituinte tenha reservado à lei complementar o papel de instituir os impostos da competência residual (art. 154, I), este instrumento se revela adequado quando se considera que, afinal, a competência residual da União somente surge quando exauridas as competências privativas previstas na Constituição. Ora, se estas se delimitam pela lei complementar, nada mais acertado que o mesmo instrumento declarar a existência de espaços não preenchidos.

Também foi o potencial conflito de competência que motivou o constituinte a prever a lei complementar para regular a competência para a instituição do imposto sobre transmissão *causa mortis* e doação, quando o doador tiver residência ou domicílio no exterior ou se o *de cujus* possuía bens, era residente ou domiciliado ou teve seu inventário processado no exterior (alíneas "a" e "b" do inciso III do § 1º do art. 155).

4.3.3 Lei complementar para regular as limitações constitucionais ao poder de tributar

Já se viu que a Constituição Federal arrola uma série de limitações ao exercício do poder de tributar. Tais limitações reforçam o caráter jurídico da competência tributária. Significam que no Estado de Direito, o uso da força não é justificativa para se subtrair o patrimônio do particular.

Em certos casos, o constituinte, deixando claro que não queria certa incidência tributária, baixou regra completa sobre o assunto; noutros casos, a limitação constitucional não é autoaplicável: o constituinte apenas indicou a limitação, deixando para momento posterior sua regulação.

Exemplo do segundo caso pode ser visto na regra do art. 150, VI, "c": ao vedar a instituição de impostos sobre determinadas entidades (a chamada "imunidade subjetiva", que será vista adiante), o Constituinte proibiu a cobrança de impostos sobre *c) patrimônio, renda ou serviços dos partidos políticos, inclusive suas fundações, das entidades sindicais dos trabalhadores, das instituições de educação e de assistência social, sem fins lucrativos, atendidos os requisitos da lei.* Assim, vê-se que o constituinte previu que uma lei fosse baixada para impor requisitos para que as referidas entidades gozassem da imunidade. Eis um espaço claro para a lei complementar regular uma limitação constitucional ao poder de tributar. Esse tema será examinado no Capítulo IX, quando se estudarão as imunidades.

Outros casos há em que o constituinte não exigiu, ele mesmo, uma lei complementar. São situações em que a limitação ao poder de tributar é aplicável imediatamente. Ainda assim, poderá o aplicador da lei ter dúvidas quanto à sua extensão. Também aqui poderá a lei complementar atuar.

Um exemplo pode ser o Princípio da Legalidade (art. 150, I). É claro o mandamento: nenhum tributo será instituído ou aumentado sem lei que o estabeleça. Entretanto, se não há dúvida de que uma norma que incrementasse a alíquota de um tributo estaria dentro da abrangência do dispositivo, outras situações poderiam ser questionadas. Por exemplo, num período inflacionário, surgiria a dúvida se a mera atualização da base de cálculo seria, por si, um aumento sujeito àquele mandamento. Para tais situações é que vem o papel da lei complementar. No caso, o art. 97, § 2º, do Código Tributário Nacional esclarece não ser essa uma hipótese de majoração de tributo sujeita à legalidade.

Vê-se, daí, que é papel da lei complementar, nas situações em que mais de uma interpretação surja como razoável a partir da leitura do texto constitucional, sua "complementação", escolhendo, dentre aquelas interpretações, a que deva prevalecer.

Finalmente, a ideia de regular limitações ao poder de tributar abre espaço para a lei complementar regular o alcance de uma limitação em função de outra. Um exemplo pode ser dado nos casos em que haja conflito entre a legalidade e a igualdade. Tais serão as situações em que o contribuinte, firme na legalidade, incorre em situação não prevista pelo legislador e, portanto, entende não dever qualquer tributo; o Fisco, por sua vez, poderá, baseando-se na igualdade, sustentar ser inaceitável que aquele contribuinte fuja da carga a que se sujeitam seus concidadãos, tendo em vista estar em situação economicamente equivalente aos últimos. Esse conflito será resolvido pela lei complementar. No caso, o art. 108, § 1º, do Código Tributário Nacional vedará que o raciocínio analógico implique a exigência de tributo não previsto em lei. Prevalecerá, destarte, a legalidade.

4.4 Outras funções tópicas da lei complementar tributária: lei federal com *quorum* qualificado

Por fim, importa ver que, conquanto a lei complementar tenha, numa aproximação sistemática, a característica de lei nacional, integrante da ordem jurídica nacional, o constituinte de 1988 houve por bem valer-se do mesmo mecanismo para temas que nada tinham a ver com a ordem jurídica nacional. São circunstâncias em que o mesmo veículo é utilizado para inovar na ordem jurídica parcial federal. Assim é, especificamente, o caso do art. 148 (empréstimos compulsórios), do art. 153, VII (imposto sobre grandes fortunas), e do § 11 do art. 195 (limites dos débitos para os quais se admitirá a concessão de anistia ou remissão de determinadas contribuições sociais): são tributos federais cuja instituição (nos dois primeiros casos) ou benefício (último caso) se dá por meio de lei complementar. Evidencia-se a preocupação do constituinte em exigir *quorum* qualificado para sua disciplina, como modo de impedir que lei ordinária tratasse do assunto. Nesse sentido, a lei complementar surge antes como instrumento de controle da atuação do legislador ordinário federal, nada tendo a ver com a questão nacional, acima analisada.

4.5 Caráter exaustivo do rol de matérias reservadas para lei complementar

Apesar de imenso o catálogo de oportunidades em que o constituinte houve por bem prever o instrumento de lei complementar para a matéria tributária, cabe firmar o entendimento de que ele é exaustivo. Ou seja: o legislador infraconstitucional não pode escolher novas matérias a serem reguladas por tal instrumento.

A questão é relevante porque, admitida tal hipótese, então, uma vez que um assunto fosse regulado por lei complementar, apenas nova lei complementar é que poderia regulá-lo de modo diverso.

O tema já pareceria resolvido há muito tempo, com as palavras definitivas de Manoel Gonçalves Ferreira Filho:

Problema que surge no estudo da lei complementar é o de se saber se tem, ou não, matéria própria. Pode-se pretender que não. Que, sendo toda e qualquer lei uma complementação da Constituição, na medida em que dispõe onde e segundo esta consentiu, a complementaridade decorreria simplesmente de um elemento formal objetivo: sua aprovação pelo rito previsto na Constituição para o tertium genus. *Assim, em última análise, seria complementar e, portanto, superior à lei ordinária, à lei delegada e ao decreto-lei toda e qualquer lei que houvesse sido proposta como tal e aprovada por maioria absoluta em ambas as casas do Congresso Nacional.*

Essa interpretação, porém, não parece ser a correta.

Rejeita-a o Direito Comparado. Analisando o art. 46 da Constituição francesa de 1958, afirma literalmente Vedel: "A definição das leis orgânicas é extremamente simples: São leis orgânicas as leis às quais a Constituição confere essa qualidade".

Reprova-a o bom senso. Criando um tertium genus, *o constituinte o fez tendo um rumo preciso: resguardar certas matérias de caráter paraconstitucional contra mudanças constantes e apressadas sem lhes imprimir rigidez que impedisse a modificação de seu tratamento, logo que necessário. Se assim agiu, não pretendeu deixar ao arbítrio do legislador o decidir sobre o que deve ou o que não deve, contar com essa estabilidade particular.*

A Constituição enuncia claramente em muitos de seus dispositivos a edição de lei que irá complementar suas normas relativamente a esta ou àquela matéria. Fê-lo por considerar a especial importância dessas matérias, frisando a necessidade de receberem um tratamento especial. Só nessas matérias, só em decorrência dessas indicações expressas é que cabe a lei complementar[41].

Não obstante, dentre os tributaristas o tema foi reacendido pelas mãos de Hugo de Brito Machado, o qual levantou o princípio da hierarquia das leis, sustentando, em síntese, que, conquanto a matéria não tivesse sido reservada para a lei complementar, a decisão do legislador complementar ao disciplinar o assunto não poderia ser contrariada pelo legislador ordinário federal[42]. O interessante argumento do professor cearense aponta para a fluidez do rol das matérias reservadas para a lei complementar, alegando – e eis a síntese de seu pensamento – que o constituinte reservou, por certo, algumas matérias para a lei complementar, mas em nenhum momento proibiu que o legislador complementar, *mote próprio*, avocasse a si outras matérias que julgasse relevante[43]. Como paralelo, considera o exemplo de uma emenda constitucional, para dizer que, se o constituinte derivado trata de um assunto, torna-se ele constitucional, por seu elemento formal, já que ninguém "nega a uma norma incluída no texto de uma Constituição a postura hierárquica desta, qualquer que seja o seu conteúdo".

A ideia do professor titular da Universidade Federal do Ceará, conquanto interessante, não convence. Não há como comparar uma emenda constitucional a uma lei complementar. Afinal, para aquela, o constituinte deu disciplina negativa, expressando as matérias que NÃO poderiam ser seu objeto (art. 60), deixando daí livres as demais; já as matérias de lei complementar são previstas no texto constitucional. Se esta previsão se faz de modo amplo, isso não significa que não haja limites; é papel do intérprete/aplicador descobri-los.

Mais relevante é que se for aceito que o legislador complementar pode, por sua decisão, ir além da competência que lhe foi reservada pelo constituinte, então contrariará ele a própria Constituição

41 Cf. FERREIRA FILHO, Manoel Gonçalves. Op. cit. (nota 19), p. 261-262.

42 Cf. MACHADO, Hugo de Brito. Segurança jurídica e lei complementar. *Revista Dialética de Direito Tributário*, São Paulo, n. 152, maio 2008, p. 103-113.

43 Cf. MACHADO, Hugo de Brito. Posição hierárquica da lei complementar. *Revista Dialética de Direito Tributário*, São Paulo, n. 14, nov. 1996, p. 19-30.

Federal. Por vezes, o exagero serve para evidenciar o raciocínio. Imagine-se que uma lei complementar decidisse instituir o ISS em todos os municípios do País, regulando-o até os últimos detalhes. Estaria, assim, usurpada a competência legislativa assegurada aos municípios, por ato do legislador complementar. Afinal, se a lei complementar pudesse, por hierarquia, sobrepor-se à lei ordinária federal, então também o poderia com relação à lei ordinária municipal. O que se verifica, no exemplo absurdo, é que uma competência conferida pelo próprio constituinte ao legislador ordinário municipal teria sido tomada pelo legislador complementar. O exemplo em nada difere da situação em que uma competência dada ao legislador ordinário federal (instituir um tributo) seja usurpada pelo legislador complementar. Aliás, a evidência de que o constituinte limitou as matérias previstas para serem tratadas por lei complementar pode ser extraída do § 1º, III, do art. 62, quando veda sejam objeto de medida provisória as matérias reservadas à lei complementar: eis aí uma prova de que o constituinte distinguiu um grupo de matérias para reservar para a lei complementar.

Ainda mais grave é a consequência do raciocínio defendido pelo ilustre professor, se forem considerados os riscos para a democracia. Afinal, caso fosse acertado aquele entendimento, então nada impediria que determinado partido, detentor de ampla maioria no Congresso mas derrotado nas eleições seguintes, tomasse a decisão, em seu último dia de legislatura, de converter todas as leis ordinárias então vigentes em leis complementares. Nesse caso, os novos parlamentares recém-eleitos e cujo mandato teria sido reconhecido pela Constituição nada poderiam mudar na ordem legal, a menos que obtivessem maioria absoluta. Noutras palavras: embora a Constituição lhes assegurasse a possibilidade de legislarem nas mais diversas matérias por leis ordinárias, seus colegas da legislatura anterior teriam amputado sua prerrogativa, impondo-lhes um ônus de maioria absoluta, não exigido pela Constituição, sob cujo regime foram legitimamente eleitos.

O assunto ganhou atualidade quando a Lei Complementar n. 70/1991, ao instituir a Contribuição para o Financiamento da Seguridade Social – COFINS, houve por bem isentar (art. 6º, II) as sociedades civis de prestação de serviços regulamentados. Na época de sua edição, ainda havia dúvida se era necessária edição de lei complementar para a instituição daquela contribuição, mas o Supremo Tribunal Federal acabou por entender que mera lei ordinária teria sido suficiente para tanto[44]. Anos mais tarde, o legislador federal decidiu revogar a mencionada isenção. Entendendo que a Lei Complementar em questão era, *ratione materiae*, mera lei ordinária, decidiu que a isenção poderia ser revogada por lei ordinária, editando, para tanto, o art. 56 da Lei n. 9.430/96.

O tema foi inicialmente examinado pelo Superior Tribunal de Justiça, que, acolhendo o argumento da hierarquia da lei complementar, sustentou que as sociedades civis de prestação de serviços profissionais seriam isentas da COFINS, de acordo com o art. 6º, II, da Lei Complementar n. 70/91. Tal isenção não poderia ser revogada pelo art. 56 da Lei n. 9.430/96, lei ordinária, em obediência ao princípio da hierarquia das leis[45]. Entendendo pacificada a jurisprudência, o STJ editou a

---

44 Ao abordar a constitucionalidade dos arts. 1º, 2º, 9º, 10 e 13 da Lei Complementar n. 70/91, o Ministro Moreira Alves ressaltou que, como a COFINS é contribuição sobre o faturamento e está expressamente prevista na Constituição Federal, não é necessário o uso de lei complementar para a sua edição. Não se tratando a COFINS de contribuição nova, para a qual seria exigida a lei complementar, a Lei Complementar n. 70/91 é formalmente complementar, mas materialmente ordinária. A COFINS não é matéria reservada à lei complementar (STF, ADC n. 1-DF, Tribunal Pleno, rel. Min. Moreira Alves, j. 01.12.1993, D.J. 16.06.1995).

45 STJ, REsp n. 227.939-SC, 1ª Turma, rel. Min. Milton Luiz Pereira, j. 09.10.2000, D.J. 12.03.2001, p. 97; REsp n. 260.960-RS, 1ª Turma, rel. Min. Humberto Gomes de Barros, j. 13.02.2001, D.J. 26.03.2001, p. 378; AgRg no REsp n. 297.461-PR, 1ª Turma, rel. Min. Francisco Falcão, j. 03.04.2001, D.J. 03.09.2001, p. 153; REsp n. 221.710-RJ, 2ª Turma, rel. Min. Francisco Peçanha Martins, j. 04.10.2001, D.J. 18.02.2002, p. 288; AgRg no REsp n. 422.741-MG,

Súmula 276, em 02.06.2003, que assim se posicionava: "As sociedades civis de prestação de serviços profissionais são isentas da COFINS, irrelevante o regime tributário adotado".

Uma primeira tentativa de reverter esse entendimento perante o Supremo Tribunal Federal foi feita na Reclamação 2.475-0/MG, proposta pela Fazenda Nacional, com pedido de medida liminar, contra decisão proferida pela Segunda Turma do Superior Tribunal de Justiça no julgamento do Agravo Regimental no Recurso Especial 429.610/MG, por suposta afronta ao decidido por esta Corte nos autos da ADC 1/DF, rel. Min. Moreira Alves. O Supremo Tribunal Federal, entretanto, entendeu que "no julgamento da Ação Declaratória de Constitucionalidade n. 1-1/DF, o Colegiado não dirimiu controvérsia sobre a natureza da Lei Complementar n. 70/91, consubstanciando a abordagem, no voto do relator, simples entendimento pessoal"[46].

A situação apenas foi modificada mais tarde, no RE 377.457/PR[47], que recebeu a seguinte ementa:

> *Contribuição social sobre o faturamento – COFINS (CF, art. 195, I). 2. Revogação pelo art. 56 da Lei 9.430/96 da isenção concedida às sociedades civis de profissão regulamentada pelo art. 6º, II, da Lei Complementar 70/91. Legitimidade. 3. Inexistência de relação hierárquica entre lei ordinária e lei complementar. Questão exclusivamente constitucional, relacionada à distribuição material entre as espécies legais. Precedentes. 4. A LC 70/91 é apenas formalmente complementar, mas materialmente ordinária, com relação aos dispositivos concernentes à contribuição social por ela instituída. ADC 1, Rel. Moreira Alves, RTJ 156/721. 5. Recurso extraordinário conhecido mas negado provimento.*

Somente em 12 de novembro de 2008, em Ação Rescisória, o Superior Tribunal de Justiça acabou por acatar o posicionamento do Supremo Tribunal Federal, revogando a Súmula 276 e pacificando o entendimento de que isenção, conferida pela Lei Complementar n. 70/91, fora revogada pela Lei n. 9.430/96[48].

Pacificado, pois, pelo menos na jurisprudência, o entendimento de que uma matéria veiculada por lei complementar formal pode ser modificada por lei ordinária, quando o constituinte não reservou o tema a lei complementar.

4.6 O Código Tributário Nacional e as Fontes do Direito Tributário

Já foi visto que o Código Tributário Nacional, formalmente uma lei ordinária, exerce, hoje, as vezes da lei complementar a que se refere o art. 146 da Constituição Federal. Compõe-se de dois Livros. O primeiro, após trazer algumas definições, busca cumprir as funções de regular as limitações constitucionais ao poder de tributar e de dispor sobre conflitos de competência. O segundo traz as normas gerais reclamadas pelo terceiro inciso do referido art. 146.

1ª Turma, rel. Min. José Delgado, j. 18.06.2002, D.J. 09.09.2002, p. 176; AgRg no REsp n. 422.342-RS, 1ª Turma, rel. Min. Garcia Vieira, j. 15.08.2002, D.J. 30.09.2002, p. 199.

46 STF, AgRg na Rcl n. 2.475-MG, Tribunal Pleno, rel. Min. Carlos Velloso, rel. p/Acórdão Min. Marco Aurélio, j. 02.08.2007, D.J. 31.01.2008.

47 STF, RE n. 377.457-PR, Tribunal Pleno, rel. Min. Gilmar Mendes, j. 17.09.2008, D.J. 19.12.2008. Deve se fazer menção, também, à ADI n. 4071-DF (Tribunal Pleno, rel. Min. Menezes Direito, j. 07.10.2008, D.J. 13.10.2008), interposta pelo PSDB para declarar a inconstitucionalidade do art. 56 da Lei n. 9.430/96. A demanda foi considerada improcedente, com o indeferimento da petição inicial, porque a matéria objeto da ADI já havia sido complemente julgada pelo Plenário, em sede de recurso extraordinário.

48 STJ, AR n. 3761-PR, 1ª Seção, rel. Min. Eliana Calmon, Rev.: Min. Francisco Falcão, j. 12.11.2008, D.J. 01.12.2008.

4.6.1 Surgimento

Aliomar Baleeiro, tendo sido constituinte em 1946, professor catedrático da Universidade da Bahia e emérito da Universidade do Estado do Rio de Janeiro e da Universidade de Brasília, além de Ministro do Supremo Tribunal Federal, foi testemunha do surgimento do Código e, na qualidade de deputado federal, responsável pela elaboração do parecer aprovado pela Comissão de Justiça e Constituição da Câmara dos Deputados que apreciou seu projeto. É de suas linhas[49] que se retiram boas noções sobre as origens do Código.

A ideia de um Código Tributário relaciona-se com a polêmica sobre a autonomia do Direito Tributário, que ocupou boa parte das discussões na primeira metade do século XX[50]. Na Alemanha, já logo após a Primeira Guerra, surgira um primeiro Código, a *Reichsabgabenordnung*, de 1919, obra do juiz e civilista Enno Becker.

No Brasil, o primeiro passo para a codificação deu-se com a Constituição de 1946, cujo art. 5º, XV, "b", dera competência à União para legislar sobre "normas gerais de direito financeiro". Este dispositivo encontrou inspiração, conforme testemunha Baleeiro, no Congresso Jurídico comemorativo do centenário do Instituto dos Advogados, em 1943, o que voltou a ser discutido no seio da Grande Comissão da Assembleia Constituinte de 1946 e, repelida naquele órgão, mas aprovada em plenário[51].

O mesmo Baleeiro informa que o anteprojeto de Código Tributário Nacional foi, inicialmente, solicitado por deputados federais ao Prof. Rubens Gomes de Sousa, da Universidade de São Paulo, quem, segundo o Prof. Ruy Barbosa Nogueira, já havia começado, por sua própria iniciativa, a elaboração do anteprojeto como atividade de estudos. Durante essa empreitada, convidava – para colaborar na construção do código – amigos, dentre eles, Dr. Heinirich Reinach, o próprio Prof. Ruy Barbosa Nogueira, Giuliani Fonrouge (autor do "Anteprojeto de Código Fiscal" da Argentina, mas que não fora convertido), Prof. Tulio Ascarelli e o Professor de processo civil da Faculdade de Direito do Largo de São Francisco, Enrico Tullio Libman, o qual "teve certa influência em aspectos processuais do anteprojeto"[52], ainda que a seção processual do Código não tenha sido contemplada posteriormente.

Contudo, somente em 1953, a ideia foi encampada pelo Ministro da Fazenda, Osvaldo Aranha, que assegurou o prestígio do governo. Dessa forma, o professor paulista foi chamado à Capital Federal e em poucos meses se tinha publicado o projeto[53]. Todavia, embora tenha sido encaminhado ao Presidente da República e enviado ao Congresso, tomando o número 4.834-54, não foi convertido em lei[54]. Novo impulso somente surgiu a partir do governo militar de 1964. Inseriu-se, desta feita,

49 Cf. BALEEIRO, Aliomar; DERZI, Misabel Abreu Machado. *Direito Tributário Brasileiro*. 11. ed. Rio de Janeiro: Forense, 2004, 1063 p.

50 As discussões concernentes à autonomia foram trazidas ao Brasil a partir da tradução dos trabalhos de GENY, François. O particularismo no Direito Fiscal. *Revista de Direito Administrativo*, vol. 20, 1950, p. 6-31; e TROTABAS, Louis. Ensaio sobre o Direito Fiscal. *Revista de Direito Administrativo*, vol. 26, out./nov. 1951, p. 34-59.

51 Cf. BALEEIRO, Aliomar. Op. cit. (nota 49), p. 8.

52 NOGUEIRA, Ruy Barbosa. Rubens Gomes de Sousa – trinta anos amigo e companheiro. In: ______. (direção e colaboração). *Estudos tributários em homenagem à memória de Rubens Gomes de Sousa*. São Paulo: Resenha Tributária, 1974, p. 7-10.

53 Cf. BALEEIRO, Aliomar. Op. cit. (nota 49), p. 9.

54 Cf. MORAES, Bernardo Ribeiro de. *Compêndio de direito tributário*. 2. ed. rev. atual, v. 1. Rio de Janeiro: Forense, 1993, p. 144.

no bojo de uma ampla reforma constitucional, por meio da qual se divulgaram os dois anteprojetos de Emendas Constitucionais, acima relatados, que, fundidos, resultaram na Emenda Constitucional n. 18/1965, para cujo preparo contribuíram os Professores Rubens Gomes de Sousa e Gilberto de Ulhôa Canto. Sua importância para a estruturação do sistema tributário nacional pode ser verificada pelo fato de que até hoje o ordenamento tributário não se distancia em muito dos alicerces ali lançados. Promulgada a Emenda, surgia a oportunidade para que os mesmos professores, aos quais se juntaram Gerson Augusto da Silva e Luiz Gonzaga do Nascimento e Silva, revissem o projeto de Código Tributário, adaptando, no que fosse necessário ao sistema da Emenda Constitucional n. 18/1965, do que resultou a Lei n. 5.172, de 25 de outubro de 1966. Em 14 de março de 1967, o Ato Complementar n. 36 deu-lhe a denominação Código Tributário Nacional[55].

O mesmo Aliomar Baleeiro insere, em sua magnífica obra, a íntegra de seu parecer quando da aprovação do Projeto de Código Tributário Nacional, em 1958[56]. Depois de erudita passagem acerca da importância da codificação, o mestre baiano revela a pedra de toque para que se compreendam as razões para um Código Tributário Nacional:

> *Em matéria financeira, nesta nossa época de aviões, quem cortar o Brasil de norte a sul ou de leste a oeste conhecerá o império de mais de 2.000 aparelhos fiscais, pois que a União, os Estados, o Distrito Federal e os Municípios se regem por textos diversos de Direito Tributário, muito embora todos eles se entronquem ou pretendam entroncar-se na Constituição Federal, como primeira fonte jurídica da imposição. Cada Estado ou Município regula diversamente os prazos da prescrição, as regras da solidariedade, o conceito do fato gerador, as bases de cálculo dos impostos que lhe foram distribuídos etc. (...)*
>
> *No mesmo local do território pátrio, o contribuinte é disputado por três competências fiscais, que nem sempre coordenam as respectivas exigências para bom convívio entre si e com os governados. (...)*
>
> *A unificação do Direito Tributário federal, estadual e municipal oferece a primeira justificativa da codificação que o Ministro Osvaldo Aranha, em hora inspirada, empreendeu, cometendo-a à competência reconhecida do Professor Rubens Gomes de Sousa. (...)*
>
> *Quando não houvesse a necessidade da unificação de várias legislações regionais, como é o caso do Direito Tributário do Brasil (...) bastavam as razões ponderosas da metodização racional dos textos em substituição à superposição incongruente, assim como as da simplicidade, comodidade, clareza e da sistematização. (...)*
>
> *A metodização de milhares e milhares de disposições fiscais, duma parte, e, doutra, o conteúdo político da unificação de Direito dentro do território, fundamentam, sem dúvida, como oportuna, patriótica e lúcida, a codificação que se pretende realizar em meio à dispersão de diplomas tributários.*
>
> *O milagre da unidade nacional do Brasil tem sido diversamente interpretado. Em qualquer caso, se ele foi presente de Deus em meio às vicissitudes de nossa história e de nossas realidades, não nos esqueçamos de que a bondade divina precisa ser coadjuvada, de quando em quando, pelo esforço dos homens, mormente quando estridentes contrastes econômicos de norte e sul, de zonas industriais e prósperas em choque com regiões subdesenvolvidas, desérticas e miseráveis, fermentam ameaças potenciais à esplêndida herança política da intuição dos antepassados.*

---

55 Em suas aulas de pós-graduação, o Prof. Alcides Jorge Costa sempre fez questão de lembrar que, na verdade, a Lei n. 5.172 já nascera com a feição de um código; ocorre que, no regime constitucional de então (art. 67, § 8º, da Constituição de 1946), a aprovação de um código exigia rito complexo, contrário às expectativas do governo militar, que queria sua aprovação imediata. Daí votar-se o código como lei para, em seguida, mudar-se a denominação.

56 Cf. BALEEIRO, Aliomar. Op. cit. (nota 49), p. 11 e ss.

Eis, nesse breve trecho, a chave para a compreensão da razão de ser do Código Tributário Nacional: foi ele um instrumento para unificação do Direito Tributário. Não causam surpresa as dificuldades que enfrentou em sua primeira tramitação, diante dos interesses políticos locais, que não queriam pôr em risco sua autonomia; do mesmo modo, parece óbvio o interesse do regime instaurado em 1964, de caráter nitidamente centralizador, em ver promulgado o código em tempo rápido.

Afastadas as discussões políticas acerca da conveniência da centralização, os argumentos de Baleeiro, anteriores ao regime militar, servem como depoimento insuspeito da necessidade de aprovação de um código o qual, não é demais lembrar, já era cobrado desde a Constituição de 1946.

4.6.2 Estrutura

Um breve passar d'olhos pelo Código Tributário Nacional é suficiente para perceber a intenção do autor de seu anteprojeto. Rubens Gomes de Sousa era um professor. Nada mais natural, portanto, que de sua pena saísse um trabalho com altíssimo teor didático. Era necessário que os então 2.000 (hoje ultrapassam os 5.500) legisladores compreendessem os critérios básicos da tributação. Ao mesmo tempo, Rubens Gomes de Sousa pretendia "evitar a todo custo o detalhismo e a casuística" de sorte a "redigir dispositivos em termos genéricos, mas capazes de abranger todas as hipóteses"[57].

Assim é que o Livro I preocupa-se em dar conceitos básicos para a aplicação do novo código, como o próprio conceito de tributo (art. 3º), regulando, ainda, o tema da competência e algumas limitações constitucionais ao poder de tributar. É naquele Livro que se encontra a matéria que hoje se prevê na alínea "a" do inciso III do art. 146 da Constituição, já que ali há a "definição de tributos e de suas espécies, bem como, em relação aos impostos discriminados nesta Constituição, a dos respectivos fatos geradores, bases de cálculo e contribuintes". Por óbvio, diversos impostos foram criados depois da edição do código e não encontram naquele diploma normativo suas características; vários deles, entretanto, ainda têm ali seus contornos definidos.

Ainda maior relevância assume o Livro II, intitulado "Normas Gerais de Direito Tributário". Compreende a matéria prevista na alínea "b" do art. 146, III, da Constituição Federal (*obrigação, lançamento, crédito, prescrição e decadência tributários*), mas não se limita a tal matéria. Depois de normas gerais, versa sobre vigência, aplicação, interpretação e integração, além de outras matérias relevantes.

Nota-se, assim, que o Código Tributário Nacional apresenta traços distintos daqueles presentes em outros códigos, como no Código Civil, no Código Penal, no Código Comercial, no Código de Processo Civil e no Código de Processo Penal. Enquanto nestes buscam-se sistematizar "todas as disposições gerais e especiais, regulando diretamente as relações entre as partes", o escopo do Código Tributário Nacional foi de "codificar normas gerais, normas sobre leis tributárias, e não diretamente sobre os tributos, de modo a poder, por mais tempo, dar orientação ao legislador federal como aos entes menores e aos contribuintes"[58], unificando o Direito Tributário brasileiro.

---

57 Palavras do próprio Prof. Rubens Gomes de Sousa, cf. BALEEIRO, Aliomar. O Código Tributário Nacional, segundo a correspondência de Rubens Gomes de Sousa. In: ______. et al. *Proposições tributárias*. São Paulo: Resenha Tributária, 1975, p. 13.

58 NOGUEIRA, Ruy Barbosa. O Direito Tributário. Sua codificação, estudo e ensino no exterior e no Brasil. *Revista de Direito Mercantil: industrial, econômico e financeiro*, São Paulo, vol. 15, n. 24, nova série, 1976, p. 15.

4.6.3 A "Legislação Tributária"

Nem mesmo o tema das fontes do Direito Tributário escapou do cuidado dos autores do Código Tributário Nacional. A este tema se refere o art. 96, ao dispor:

> *Art. 96. A expressão "legislação tributária" compreende as leis, os tratados e as convenções internacionais, os decretos e as normas complementares que versem, no todo ou em parte, sobre tributos e relações jurídicas a eles pertinentes.*

Eis o rol de fontes formais reconhecidas pelo Código Tributário Nacional. O dispositivo acima tem função importantíssima para a própria leitura do código, já que traz uma definição estipulativa para a expressão "legislação tributária".

Com efeito, o Código Tributário Nacional é bastante rigoroso nas hipóteses em que exige lei. Veja-se, por exemplo, o que diz o art. 170, o qual disciplina a moratória em matéria tributária:

> *Art. 170. A lei pode, nas condições e sob as garantias que estipular, ou cuja estipulação em cada caso atribuir à autoridade administrativa, autorizar a compensação de créditos tributários com créditos líquidos e certos, vencidos ou vincendos, do sujeito passivo contra a Fazenda pública.*
> *Parágrafo único. Sendo vincendo o crédito do sujeito passivo, a lei determinará, para os efeitos deste artigo, a apuração do seu montante, não podendo, porém, cominar redução maior que a correspondente ao juro de 1% (um por cento) ao mês pelo tempo a decorrer entre a data da compensação e a do vencimento.*

Note-se no texto acima que o Código Tributário Nacional se referiu a um veículo específico, a lei, como único capaz de disciplinar o tema da moratória.

Vale agora contrastar essa hipótese com as dos arts. 159 e 160 do mesmo código:

> *Art. 159. Quando a legislação tributária não dispuser a respeito, o pagamento é efetuado na repartição competente do domicílio do sujeito passivo.*
> *Art. 160. Quando a legislação tributária não fixar o tempo do pagamento, o vencimento do crédito ocorre trinta dias depois da data em que se considera o sujeito passivo notificado do lançamento.*
> *Parágrafo único. A legislação tributária pode conceder desconto pela antecipação do pagamento, nas condições que estabeleça.*

É imediato que, para as hipóteses do local e prazo de pagamento, o código não exige uma lei. Qualquer dos instrumentos compreendidos na ampla expressão "legislação tributária" poderá fazer as vezes.

5 Lei ordinária

A lei, viu-se acima, ocupa lugar de destaque entre as fontes do Direito Tributário. O Código Tributário Nacional várias vezes a ela se refere, excluindo, nesse caso, os outros instrumentos compreendidos na genérica expressão "legislação tributária".

A lei ordinária é a fonte por excelência para a instituição de tributos. É a ela que se refere a Constituição, no art. 150, I, ao vedar a qualquer das pessoas jurídicas de direito público "exigir ou aumentar tributo sem lei que o estabeleça". Positiva-se, assim, o Princípio da Legalidade, a ser examinado no Capítulo VII.

O Código Tributário Nacional, em sua função de regular as limitações constitucionais ao poder de tributar, explicita o referido dispositivo, ao arrolar uma série de matérias que se reservam à lei.

É a seguinte a redação do art. 97 do Código Tributário Nacional:

Art. 97. Somente a lei pode estabelecer:

I – a instituição de tributos, ou a sua extinção;

II – a majoração de tributos, ou sua redução, ressalvado o disposto nos arts. 21, 26, 39, 57 e 65;

III – a definição do fato gerador da obrigação tributária principal, ressalvado o disposto no inciso I do § 3º do art. 52, e do seu sujeito passivo;

IV – a fixação de alíquota do tributo e da sua base de cálculo, ressalvado o disposto nos arts. 21, 26, 39, 57 e 65;

V – a cominação de penalidades para as ações ou omissões contrárias a seus dispositivos, ou para outras infrações nela definidas;

VI – as hipóteses de exclusão, suspensão e extinção de créditos tributários, ou de dispensa ou redução de penalidades.

§ 1º Equipara-se à majoração do tributo a modificação da sua base de cálculo, que importe em torná-lo mais oneroso.

§ 2º Não constitui majoração de tributo, para os fins do disposto no inciso II deste artigo, a atualização do valor monetário da respectiva base de cálculo.

Vale, neste momento, ressaltar que o referido dispositivo, ao se referir à lei, não o restringiu às ordinárias federais. Também as leis estaduais, distritais e municipais, nos âmbitos de suas respectivas competências, são fontes formais para o Direito Tributário.

Também importa que se repise que várias são as ocasiões, no Código Tributário Nacional, em que surge a expressão "lei", em oposição à genérica "legislação tributária". Esta, insista-se, compreende aquela, mas quando o legislador complementar se refere à lei, não há como estender o dispositivo às demais fontes arroladas no art. 96 do Código Tributário Nacional.

Pela importância da lei como fonte do Direito Tributário, a ela se retornará no estudo do Princípio da Legalidade, no Capítulo VII.

6 Medida provisória

As medidas provisórias são adotadas, nos termos do art. 62 da Constituição Federal, "com força de lei". Daí não causar espécie que as medidas provisórias sejam fonte para a introdução de normas tributárias, nos mesmos termos da lei ordinária federal.

Não surpreende as medidas provisórias não estarem arroladas no art. 96 do Código Tributário Nacional: tendo elas surgido apenas na Constituição de 1988, não haveria como serem contempladas por aquele vetusto código. Entretanto, tendo força de lei, não há que questionar sua aplicação nas hipóteses em que o código exigir uma lei.

Questão diversa é saber em que casos cabe a edição de medida provisória.

Se antes da edição da Emenda Constitucional n. 32/2001 era bastante acalorado o debate sobre a possibilidade de medidas provisórias versarem sobre matéria tributária, após aquela já não podem ser acolhidos argumentos daqueles que entendam descaber medida provisória para a instituição de tributos. Afinal, é o próprio § 2º do art. 62 da Constituição Federal que agora trata da hipótese de "Medida provisória que implique instituição ou majoração de impostos". O que há, sim, são limites, que devem ser extraídos do texto constitucional.

O primeiro limite a ser apontado é o do texto expresso do § 1º, III, do art. 62, já referido acima. Dentre as matérias que não poderão ser objeto de medida provisória estão aquelas reservadas à lei complementar. Convém retomar o que acima se viu sobre o papel da lei complementar em matéria tributária. Não caberia, portanto, uma medida provisória para a instituição de um empréstimo compulsório, já que o art. 148 reserva à lei complementar tal tarefa.

Ponto mais delicado são os requisitos de urgência e relevância. Se a relevância é tema que dificilmente se retiraria do juízo de discernimento do Presidente da República, vê-se que os opositores da medida provisória apontam o requisito da urgência como incompatível com aquele instrumento.

Em certos casos, é verdadeiro que não há que cogitar urgência de medida provisória. São aquelas hipóteses tratadas pelo art. 153, § 1º, do texto constitucional. Como se verá no Capítulo VII, em alguns casos o constituinte houve por bem autorizar o Executivo, nos termos da lei, a aumentar ou diminuir as alíquotas de alguns impostos. Ora, se o Executivo poderia, por ato próprio, efetuar aquele aumento ou redução, não haveria que se cogitar medida provisória, por ser obviamente desnecessária.

O dilema é que, justamente o referido dispositivo encerra a maior parte dos casos em que a urgência parece flagrante, a ponto de também o Princípio da Anterioridade ter sido afastado (art. 150, § 1º). Nessa linha, sobrariam como urgências constitucionais (art. 150, § 1º) não cobertas pela possibilidade de edição de decreto, a instituição de empréstimo compulsório "para atender a despesas extraordinárias, decorrentes de calamidade pública, de guerra externa ou sua iminência" (art. 148, I), sujeito a lei complementar e portanto afastada a medida provisória; e o imposto extraordinário "na iminência ou em caso de guerra externa" (art. 154, II). Ainda, caberia cogitar os casos que não versassem meramente sobre alteração de alíquotas, mas sim de outros aspectos, como a própria instituição dos impostos de importação, exportação, produtos industrializados e operações de crédito, câmbio, seguros, títulos e valores mobiliários; afinal, se o Executivo está autorizado apenas a fixar as alíquotas daqueles impostos, outros aspectos exigiriam lei (ou medida provisória, com força de lei).

Para os demais casos, apresenta-se a oposição à edição de medida provisória, sob o argumento de que a mera existência de um Princípio da Anterioridade já indicaria que o constituinte não vê urgência em sua edição. Ocorre que a Emenda Constitucional n. 42/2003 desdobrou aquele Princípio. Como se verá no Capítulo VII, hoje a regra é que a lei que institui ou aumenta tributo seja editada no ano anterior à de sua exigência, mas também se impõe um prazo de 90 dias entre a edição da lei e o início de sua cobrança. Assim, via de regra, para que um tributo seja cobrado no dia 1º de janeiro de determinado exercício, a lei que o instituiu deverá ter sido promulgada no dia 3 de outubro do ano anterior.

Pois bem: eis uma oportunidade para a edição de medida provisória, que ultrapassaria os casos em que ficaria afastada a Anterioridade. Esse instrumento seria adequado para cumprir a formalidade constitucional, dando aos administrados o tempo necessário para preparar-se para a nova exigência. Mais ainda: não haverá risco, pelo menos no caso de impostos, de o início da cobrança dar-se sem que a medida provisória tenha sido convertida em lei, a teor do disposto no § 2º do art. 62: "medida provisória que implique instituição ou majoração de imposto (...) só produzirá efeitos no exercício financeiro seguinte se houver sido convertida em lei até o último dia daquele em que foi editada".

Mas será que a mera pressa do Executivo, visando a atender os prazos constitucionais, justifica a edição de uma medida provisória? Teria o constituinte premiado o Chefe do Executivo por sua desídia, ao não apresentar, no devido tempo, um projeto de lei? O Judiciário não parece impor restrições a tal prática.

Ainda na tentativa de se encontrar limite ao emprego das medidas provisórias em matéria tributária, importa reconhecer o interessante argumento que toma o texto constitucional, para ali ver que a medida provisória é editada *em caso* de urgência. Essa expressão, como bem nota Hamilton Dias de Souza, não pode ser desprezada[59]. Um caso é algo que ocorre no mundo dos fatos. É uma situação concreta, enfrentada pelo Poder Executivo, que exige que medidas urgentes sejam tomadas.

Mais ainda, ressalta o referido autor que o "caso de urgência" deve ser tal que não há a possibilidade de se resolver por meios usuais. A medida provisória é, por sua natureza, excepcional. Se um mero projeto de lei poderia resolver o assunto, não há que cogitar medida provisória.

Assim, por exemplo, se houvesse uma enchente, que exigisse recursos públicos não previstos no orçamento, seria um "caso" que justificaria a edição de uma medida provisória.

A importância dessa constatação está em ver que somente pode ser objeto da medida provisória aquela matéria que tenha relação com o "caso" urgente que a justificou. Contraria tal ideia a prática corriqueira de se editarem medidas provisórias que contemplem diversas matérias (a menos que ocorram simultaneamente diversos "casos de urgência").

De resto, um ponto deve ficar firmado: após a edição da Emenda Constitucional n. 32/2001, já não haverá hipótese de imposto exigido por força de medida provisória: exige-se que esta seja convertida em lei, antes que se inicie a cobrança. Daí que somente a lei – e não a medida provisória – é que dará fundamento para a imposição. A medida provisória que a preceder servirá, apenas, para afastar a surpresa do contribuinte, atendendo aos reclamos da anterioridade.

7 Lei delegada

Instrumento em desuso em matéria tributária, a lei delegada é prevista pelo art. 68 da Constituição Federal. O referido dispositivo exclui a possibilidade de se editar lei delegada sobre matéria reservada para lei complementar, restrição que já se viu também existir para as medidas provisórias.

Possivelmente em virtude de seu desuso, pouco se ocupou a doutrina com a possibilidade de leis delegadas instituírem ou majorarem tributos. Luciano da Silva Amaro não apresenta qualquer objeção a seu emprego, ressalvados os casos que demandem lei complementar[60]. Paulo de Barros

59 Cf. SOUZA, Hamilton Dias de. Medidas provisórias e abuso do poder de tributar. In: VELLOSO, Carlos Mário da Silva; ROSAS, Roberto; AMARAL, Antonio Carlos Rodrigues do (orgs.). *Princípios constitucionais fundamentais:* estudos em homenagem ao Professor Ives Gandra da Silva Martins. São Paulo: Lex Editora, 2005, p. 583-590.

60 Cf. AMARO, Luciano da Silva. *Direito Tributário brasileiro*. 14. ed. São Paulo: Saraiva, 2008, p. 172.

Carvalho também não se opõe[61]. José Eduardo Soares de Melo levanta suspeita, alertando que seria discutível seu tranquilo cabimento sobre matéria tributária[62].

As dúvidas são pertinentes. O mero fato de se admitir medida provisória em matéria tributária não autoriza sua extensão às leis delegadas. Afinal, aquelas são apreciadas, em sua inteireza, pelo Poder Legislativo, antes de sua conversão. O resultado desse processo em que atuam Poder Executivo e Poder Legislativo é uma lei. Diferente é o caso da lei delegada. Caso a resolução que preveja a delegação exija a apreciação do projeto pelo Congresso Nacional, nos termos do art. 68, § 3º, então a lei delegada em nada diferirá, substancialmente, de uma lei ordinária, exceto quanto ao rito para sua tramitação.

Quando, por outro lado, o Congresso Nacional não exige aquela apreciação, o que se tem é mera autorização. Os termos da tributação seriam decididos pelo chefe do Poder Executivo, apenas. Seria, em síntese, fruto da atuação exclusiva deste, conquanto autorizada pelo primeiro. Não seria, pois, resultado da elaboração do Poder Legislativo.

Admitir que uma tal lei delegada institua tributo é subverter a Legalidade, arduamente conquistada. É aceitar que o Chefe do Executivo decida em que momento quer cobrar um tributo. Também ele decidirá as condições para a cobrança. A própria base de cálculo ficará a seu critério, bem como seus contribuintes. O Princípio da Legalidade, que será estudado no Capítulo VII, é fruto de dura conquista da cidadania. Não se pode aceitar seja ele colocado de lado, nem mesmo por ato de delegação do Poder Legislativo. A prerrogativa de instituir tributo é indelegável.

Conquanto escritas sob a égide de texto constitucional anterior, irreparáveis, nesse sentido, as palavras de Manoel Gonçalves Ferreira Filho, em sua tese de cátedra para a Faculdade de Direito da Universidade de São Paulo:

> *É preciso não esquecer, porém, que outra matéria indelegável existe, ainda que omitida pelo art. 52, parágrafo único. Conforme o art. 153, § 29, só a lei pode estabelecer ou aumentar tributos.*
> *O termo lei tem aí de ser entendido stricto sensu. Consubstancia esse dispositivo uma reivindicação e uma conquista que é mesmo anterior às democracias, pois, como justamente salienta Pontes de Miranda, "antes dela os povos a quiseram contra o Príncipe".*
> *Ora, tendo essa reserva de lei o caráter de limitação ao Executivo, como sempre teve, é manifesto contrassenso admitir sua delegação justamente ao Executivo...*[63]

8 Resolução

Do texto constitucional, extraem-se matérias cuja competência exclusiva é conferida ao Congresso Nacional, ou à Câmara dos Deputados ou ao Senado Federal. Para tais circunstâncias, o instrumento previsto pelo próprio constituinte foi a resolução[64].

61 Cf. CARVALHO, Paulo de Barros. Op. cit. (nota 3), p. 64.

62 Cf. MELO, José Eduardo Soares de. *Curso de Direito Tributário*. 8. ed. São Paulo: Dialética, 2008, p. 206.

63 Cf. FERREIRA FILHO, Manoel Gonçalves. Op. cit. (nota 19), p. 237-238.

64 Já no texto constitucional anterior, havia dúvidas acerca da distinção entre os casos em que caberia resolução e aqueles para os quais o decreto legislativo seria instrumento suficiente. Recorria a doutrina à tradição: "Decreto legislativo e resolução essencialmente ditam normas individuais, no que se confundem; mas no nosso direito anterior, enquanto a resolução não era constitucionalizada, sempre se entendeu que a disposição relativa às matérias de competência privativa do Congresso Nacional se manifestava pelo decreto legislativo (...) Não há razão para mudar, mesmo porque essas matérias são todas da mais alta relevância, o que justifica a adoção de um processo rígido para sua apreciação".

Na seara tributária, tem relevante papel o Senado Federal, que, exercendo o papel de representante dos Estados, tem a prerrogativa para definir as alíquotas máximas do imposto sobre transmissão *causa mortis* e doações (art. 155, § 1º, IV) e mínimas do Imposto sobre a Propriedade de Veículos Automotores (art. 155, § 6º, I), bem como as alíquotas interestaduais do ICMS (art. 155, § 2º, IV), facultado, ainda, o estabelecimento de alíquotas internas mínimas e, com a finalidade de resolver conflito específico, máximas do ICMS (art. 155, § 2º, V).

Ainda relevante a resolução como mecanismo previsto pelo constituinte para a delegação necessária para a edição de leis delegadas (art. 68, § 2º), inclusive para a exigência de apreciação do projeto pelo Congresso Nacional (art. 68, § 3º).

9 Decreto legislativo

O decreto legislativo assume importância, em matéria tributária, quando se consideram os tratados internacionais, já que é por esta via que o Legislativo se manifesta definitivamente sobre aqueles (art. 49, I).

Com base no dispositivo constitucional acima, Paulo de Barros Carvalho sustenta serem os decretos legislativos os instrumentos primários de introdução das regras dos tratados internacionais[65].

Entretanto, como se verá mais adiante, os tratados internacionais não precisam de um veículo para serem introduzidos na ordem interna, já que eles pertencem à ordem internacional. Os tratados – diga-se desde já – são, enquanto tais, instrumentos veiculadores de normas de competência, delimitando a jurisdição nacional.

O decreto legislativo, longe de introduzir a norma do tratado, apenas o aprova. É mero instrumento para a manifestação do Congresso Nacional, dentro de sua prerrogativa exclusiva de se manifestar definitivamente sobre os tratados internacionais. Ou seja, embora seja de competência do Presidente da República celebrar tratados internacionais (art. 84, VIII, da Constituição Federal), o País somente se obriga se o tratado for aprovado pelo Congresso Nacional (art. 49, I, da Constituição Federal).

Para efeitos didáticos, considere-se o paralelo de uma companhia, cujo estatuto preveja a necessidade de aprovação da Assembleia Geral para que se faça a venda de seus imóveis. Imagine-se que seja negociado um imóvel e a companhia vendedora apresente uma promessa de venda, assinada por sua Diretoria. Acaso o comprador aceitaria aquela assinatura como suficiente? Não exigiria ele, também, a aprovação da Assembleia, para que a companhia estivesse efetivamente obrigada?

Do mesmo modo, a Constituição Federal, à semelhança do estatuto acima mencionado, embora preveja a competência exclusiva do Presidente da República, não considera o País obrigado sem antes a aprovação do Congresso Nacional. Assim, o decreto legislativo, longe de "introduzir" o tratado na ordem interna, serve antes como instrumento para a própria aprovação do tratado: sem o decreto legislativo, o País não está obrigado; com aquele decreto legislativo, cumpriram-se os requisitos exigidos para que o País esteja internacionalmente obrigado.

Cf. FERREIRA FILHO, Manoel Gonçalves. Op. cit. (nota 19), p. 202. Nesse ponto, mais acertada a solução do constituinte de 1988, ao apontar expressamente a exigência de resolução para os casos que especifica.

65 Cf. CARVALHO, Paulo de Barros. Op. cit. (nota 3), p. 74.

Uma vez editado o decreto legislativo, poderá o Executivo – agora sim – efetuar a troca de instrumentos, confirmando seu compromisso perante seu parceiro internacional. Haverá, em síntese, um novo instrumento, válido na ordem internacional, que já obriga o País.

Cumpridas tais etapas, caberá ao Presidente da República promulgar o tratado, por meio de decreto. A promulgação visa satisfazer o princípio da publicidade: a partir de então, todo funcionário público (e todo cidadão) tomará conhecimento do compromisso internacional assumido pelo Brasil.

É o que se verá a seguir.

10 Tratados internacionais

Tratados internacionais são fonte de Direito Tributário, arroladas imediatamente após as leis entre os instrumentos que compõem a "legislação tributária", na expressão do art. 96 do Código Tributário Nacional. Assumem relevância não só aqueles que afetam a matéria tributária (como os compromissos assumidos pelo País em órgãos colegiados de comércio, por exemplo), como os que versam expressamente sobre assuntos tributários (tratados relativos a tributos aduaneiros e acordos de bitributação são exemplos).

Aos tratados se refere o art. 98 do Código Tributário Nacional, ao dispor:

> Art. 98. Os tratados e as convenções internacionais revogam ou modificam a legislação tributária interna, e serão observados pela que lhes sobrevenha.

Incorre em má técnica o dispositivo, quando prevê a revogação da legislação tributária interna pelo tratado. O problema não é obviamente de revogação, mas de observância. Se fosse verdadeiro que um tratado revoga a lei interna, então, o que dizer das hipóteses em que o tratado é denunciado? Acaso não se aplicará a lei interna? Tivesse ela sido revogada, então a resposta seria pela negativa, já que não há falar em repristinação no ordenamento brasileiro. Mais correto é ver que a denúncia do tratado apenas retira a barreira que limitava a aplicação da lei interna.

A função do tratado – diga-se desde logo – é firmar os limites do exercício da jurisdição brasileira. Nesse papel, deve ser observado pela legislação interna, que apenas atua dentro de tais limites.

10.1 A questão da jurisdição como chave para o problema

No estudo da relação entre os acordos de bitributação e a lei tributária interna, o tema dos limites à jurisdição dos Estados parece ser preliminar à discussão da referida questão de prevalência.

Os tratados internacionais e a lei interna pertencem a ordens jurídicas distintas (internacional e nacional, respectivamente), posto integradas. Por meio de tratados internacionais, o País firma, na comunidade internacional, compromisso quanto até onde vai sua jurisdição. Portanto, os tratados em matéria tributária visam a delimitar os contornos nos quais se admitirá que o legislador tributário doméstico atue. Celso de Albuquerque Mello classifica o exercício da jurisdição no território nacional como um dos direitos fundamentais dos Estados[66]. A jurisdição, exercida pelo Estado em seu território, caracteriza-se como geral e exclusiva. Geral porque o Estado, em seu território, exerce as competências de ordem legislativa, administrativa e judicial; exclusiva porque, no exercício dessa jurisdição, o Estado local não enfrenta a concorrência de qualquer outra jurisdição, uma vez que é detentor do monopólio do uso legítimo da força pública[67].

A noção de jurisdição apresenta, concomitantemente, as facetas de *função, atividade* e *poder*. É *função* do Estado resolver os conflitos interindividuais, através de uma *atividade* ordenada e regulada pelo Direito. Outrossim, a jurisdição consubstancia uma manifestação do poder estatal, conceituado como a capacidade de decidir imperativamente e impor decisões.

Partindo do conceito de poder, pode-se afirmar ser a jurisdição a aplicação e concretização do Direito pelo Estado, que dita as regras, aplica-as aos casos concretos e, quando necessário, utiliza-se de atos coercitivos para assegurar suas decisões[68].

Parece natural, nesse passo, associar as noções de jurisdição (notadamente na sua faceta de poder) e soberania. Com efeito, parece assentado admitir que o poder normativo primário do Estado serve de alicerce da soberania, ao passo que os contornos da aplicação e concretização de tal poder definirão a jurisdição deste mesmo Estado.

Consoante observa Alberto Xavier, uma das principais funções do Direito Internacional Público é a demarcação das esferas de validade das diversas ordens nacionais. Determina-se, dessa forma, a quem, como e quando as leis nacionais dos Estados soberanos podem ser aplicadas, no que o autor chama de atribuição de *jurisdictions*. A soberania seria, portanto, "uma precondição da jurisdição, de tal modo que esta só existe onde a primeira existir e, inversamente, perde o seu título onde aquela cessar"[69].

Assim, somente após a referida determinação de jurisdição é que os Estados podem definir o âmbito de incidência de suas leis. Por consequência, a existência de efetiva jurisdição deve ser vista como pressuposto inafastável para a aplicação da lei.

Um exemplo da importância da questão da jurisdição na definição do âmbito de aplicação das leis pode ser referido a partir das implicações que a reunificação alemã (em 1990) trouxe à extensão da jurisdição da antiga Alemanha Ocidental (República Federal da Alemanha).

A Lei Fundamental da República Federal da Alemanha (*Grundgesetz für die Bundesrepublik Deutschland*) foi promulgada em 23 de maio de 1949 pelo conselho parlamentar (composto por representantes dos parlamentos dos Estados – *Länder*) da então Alemanha Ocidental para ser uma espécie de constituição federal alemã, reconhecendo no art. 146 que, quando a Alemanha restabelecesse sua completa união e liberdade, as disposições de tal diploma passariam a ser aplicáveis a todo o território alemão.

A designação do referido texto como "lei fundamental" (*Grundgesetz*) em lugar de "constituição" (*Verfassung*) revela que tanto o texto assim editado quanto o próprio Estado federal que ele estabelecia ("República Federal da Alemanha") eram soluções provisórias, as quais deveriam durar apenas até a reunificação.

---

66 Cf. MELLO, Celso D. de Albuquerque. *Curso de Direito Internacional Público*. 14. ed, vol. 1. Rio de Janeiro: Renovar, 2002, p. 432.

67 Cf. REZEK, José Francisco. *Direito internacional público:* curso elementar. 7. ed. São Paulo: Saraiva, 1998, p. 160-161.

68 Cf. GATTEI, Marília Machado. A importância da jurisdicionalização dos procedimentos de solução de controvérsias da OMC. In: AMARAL Júnior, Alberto (coord.). *Direito do Comércio Internacional*. São Paulo: Juarez de Oliveira, 2002, p. 108-109.

69 Cf. XAVIER, Alberto. *Direito Tributário Internacional do Brasil*. 6. ed. Rio de Janeiro: Forense, 2004, p. 13.

O processo de reunificação da Alemanha, visto à época pelos membros do parlamento da Alemanha Ocidental como um processo político que deveria ocorrer em curto espaço de tempo, acabou, contudo, sendo atrasado em quatro décadas com a deflagração da Guerra Fria.

Finalmente, na reunificação optou-se por adotar a fórmula de uma adesão dos Estados da Alemanha Oriental ("República Democrática da Alemanha") à República Federal da Alemanha. Em lugar de promulgar-se uma nova constituição, como chegou a ser cogitado à época, decidiu-se pela manutenção da vigência da Lei Fundamental (com a edição de algumas alterações), a qual passou a ser a norma constitucional da moderna Alemanha reunificada.

Essa opção implicou uma efetiva extensão da jurisdição da República Federal da Alemanha a todo o território alemão, estabelecendo o pressuposto necessário à aplicação do ordenamento jurídico de tal Estado à Alemanha reunificada.

Ou seja: as leis que, por um limite de jurisdição, valiam apenas para os primitivos Estados da República Federal da Alemanha, passaram a valer igualmente para os novos Estados, no mesmo momento em que se estendeu a jurisdição.

Isso vale também para a matéria tributária: uma vez estendida a jurisdição para os cinco novos Estados, a lei tributária alemã passou a ser ali aplicável.

Num raciocínio inverso, pode-se cogitar hipótese em que um Estado se desligasse daquela união: cessada a jurisdição, automaticamente aquela lei tributária não mais seria ali aplicável.

Em síntese: estendida a jurisdição, amplia-se o âmbito de incidência da norma; restringida a jurisdição, igualmente se impede o alcance da lei.

Aplicando-se para o Direito Tributário Internacional o raciocínio até aqui exposto, chega-se à constatação de que as leis tributárias de um determinado Estado podem apenas ser aplicadas até os limites de sua jurisdição. *Inversamente,* o poder de tributar do Estado não pode ultrapassar os referidos limites jurisdicionais.

Em linhas gerais, a territorialidade em sentido amplo em matéria tributária é um princípio geral que delimita a soberania fiscal dos Estados, de modo que estes somente possam tributar fatos que guardem um *elemento de conexão* com aquele Estado[70].

Vale recorrer, nesse passo, a um exemplo bastante ilustrativo, ainda que absurdo. Imagine-se uma hipotética situação na qual o Estado brasileiro pretenda tributar a propriedade territorial e predial da Casa Branca, nos Estados Unidos.

Muito embora não haja vedação expressa na Constituição Federal pátria a tal imposição tributária, resta claro que a pretensão de tributar a sede do governo norte-americano violaria os limites da jurisdição do Estado brasileiro, razão pela qual a legislação doméstica de IPTU (ou competência residual da União) não poderia ser aplicada na situação imaginada.

Em suma, as normas de Direito interno de determinado Estado não podem ultrapassar os limites da jurisdição deste Estado, já que esta configura pressuposto da aplicação de tais normas. Do mesmo modo, não se poderia vislumbrar, portanto, que uma norma de Direito interno pretendesse dispor sobre matéria que o tratado internacional determina não ser de competência legislativa do Estado.

A soberania dos Estados deve na atualidade ser compatibilizada com as regras de Direito Internacional. A doutrina de Ihering (depois repetida por Jellinek), citada por Baracho, fundamenta na

70 Cf. SCHOUERI, Luís Eduardo. Princípios no Direito Tributário Internacional: territorialidade, fonte e universalidade. In: FERRAZ, Roberto (coord.). *Princípios e limites da tributação.* São Paulo: Quartier Latin, 2005, p. 326-342.

"regra de autolimitação" a submissão voluntária ao Direito pelo Estado e a sua respectiva limitação[71]. A faceta externa da soberania, definida como a independência e a igualdade entre os Estados, implica, principalmente, o reconhecimento da obrigatoriedade das normas de Direito Internacional[72].

10.2 Tratados internacionais versam sobre matéria distinta da lei interna

Nesse passo, os tratados internacionais (dentre os quais se destacam os de matéria tributária) configuram um limite à soberania externa dos Estados contratantes, um muro de contenção referente ao poder-dever dos legisladores internos de disciplinar questões que constem de tais tratados, normas de Direito Internacional que fixam os limites das jurisdições dos Estados contratantes.

Mais um exemplo pode ser útil: O Código Civil brasileiro vige, sabe-se, no território nacional. A Argentina, por sua vez, tem seu Código Civil. Não há contradição entre ambos porque cada um vige no campo da jurisdição de seus respectivos Estados. Ora, o instrumento que determina aquela jurisdição não é o Código Civil brasileiro nem o argentino. Um tratado internacional estabelece as fronteiras entre os dois países e, por conseguinte, a jurisdição.

Ninguém ousaria cogitar conflito entre o Código Civil brasileiro e o tratado de fronteira entre Brasil e Argentina. São matérias diversas, embora o primeiro só tenha vigor dentro dos limites fixados pelo último. Este não prevalece sobre o primeiro, porque não há antinomia.

Do mesmo modo como um tratado de fronteiras, instrumento reconhecido pelo Direito Internacional, fixa a jurisdição dos países, também os tratados em matéria tributária servem para fixar aquela jurisdição. Num e noutro caso, não estão em conflito com as regras internas, já que apenas fixam seus limites.

Competências distintas não implicam relação hierárquica. Nem o tratado internacional prevalece sobre a lei interna, nem esta sobre aquele. Se o tratado internacional efetivamente tivesse uma posição hierárquica superior à lei, então poderia regular matéria reservada à última. Seria o caso de admitir que o tratado internacional poderia criar um tributo. Mas isso não se dá: quem institui o tributo é a lei, não o tratado. Instituição de tributos é matéria reservada à lei, como se verá no Capítulo VII.

Tampouco o contrário é possível: uma lei "posterior" não poderia dispor sobre a jurisdição do País, alargando os limites firmados por meio de um tratado internacional. É por meio do tratado, não por lei, que o País se manifesta na esfera internacional, comprometendo sua soberania.

Eis, pois, resolvida pela matéria da competência, a questão proposta: o tratado versa sobre os limites da jurisdição; se a lei regular o assunto, extrapolará sua competência. De igual modo, a lei institui o tributo; se o tratado pretender efetuar tal papel, será caso de inconstitucionalidade, por ferir o Princípio da Legalidade.

Deve-se reconhecer, assim, que os tratados em matéria tributária e a lei interna versam sobre matérias cujas competências normativas são distintas.

Ora, como já se apontou, não há falar em jurisdição do Estado na ausência de soberania, situação na qual suas normas internas não poderão ser aplicadas, uma vez que lhes faltará inafastável pressuposto.

71 Cf. BARACHO, José Alfredo de Oliveira. Teoria geral da soberania. *Revista Brasileira de Estudos Políticos*, Belo Horizonte, n. 63/64, 1986, p. 27.

72 BARACHO, José Alfredo de Oliveira. Op. cit. (nota 71), p. 57.

Ou seja, não se pode admitir a aplicação de lei que contrarie o tratado que versa sobre matéria tributária, norma de Direito Internacional que impõe limites – aceitos pelo próprio Estado – à jurisdição nacional. Tal aplicação ultrapassaria o muro de contenção relativo ao poder-dever do legislador interno de disciplinar questões que constem do tratado, configurando uma violação à própria jurisdição do Estado.

Alternativamente, caso se pretenda sustentar que os tratados internacionais são normas de direito interno, a conclusão será idêntica: os tratados internacionais serão aquelas normas que disporão sobre o alcance do próprio ordenamento no qual eles estarão inseridos.

Em outras palavras: reconheçam-se os tratados internacionais como integrantes da ordem internacional ou da ordem interna, a conclusão será, sempre, de que são eles os instrumentos que definirão o alcance da jurisdição nacional; uma vez definida a jurisdição pelo meio próprio, não pode uma lei dispor sobre assunto que ultrapasse os limites impostos pelo tratado, por falta de competência.

Com base no exposto, parece assentado admitir que a impossibilidade de alteração das disposições dos tratados internacionais por normas de Direito interno não se fundamenta em eventual relação de hierarquia normativa, mas na própria limitação da jurisdição dos Estados contratantes.

Nesse passo, é forçoso admitir que é falsa a questão da hierarquia entre tratados em matéria tributária e lei interna. Não é uma relação hierárquica, mas de competência.

10.3 A questão como vem sendo tratada pela doutrina: a prevalência

A conclusão acima, que aponta para o erro do debate da hierarquia, não afasta a necessidade de mostrar como o tema vem sendo examinado pela doutrina especializada. Não se dando conta de que se trata de mera questão de competência, o assunto vem sendo apresentado como um problema de prevalência[73].

A questão da prevalência tem sua origem na polêmica entre os defensores do "dualismo" e do "monismo". Segundo os "dualistas", encabeçados por Triepel[74], na Alemanha, e Anzilotti[75], na Itália, e, no Brasil, Irineu Strenger[76], a ordem jurídica nacional e a internacional seriam independentes, quer quanto a sua origem, quer quanto às relações de que tratam; assim, descabido seria falar em conflito entre normas dos dois sistemas: se não há pontos de contato, inexiste conflito. As ordens jurídicas internacional e interna somente se comunicariam caso houvesse a recepção das normas

73 Analisando o estudo realizado pelo Professor Antonio Cassese para curso ministrado na Academia de Direito Internacional de Haia, o Professor Guido Soares apresentou a classificação do professor italiano relativa a como são considerados os tratados e convenções internacionais, em face da norma constitucional, e o relacionamento das normas internacionais com as normas infraconstitucionais nacionais. Sob tal aspecto, há: (i) constituições que ignoram a questão da inserção dos tratados internacionais nos respectivos ordenamentos jurídicos nacionais; (ii) constituições que colocam os tratados internacionais no mesmo patamar de igualdade que a legislação ordinária nacional (legislação ordinária infraconstitucional); (iii) constituições que elevam os tratados internacionais em termos de normas "quasi" constitucionais; e (iv) constituições que permitem aos tratados internacionais reformarem a própria constituição. Cf. SOARES, Guido Fernando Silva. *Curso de Direito Internacional Público*. vol. 1. São Paulo: Atlas, 2002, p. 216-225.

74 Cf. TRIEPEL, Karl Heinich. As relações entre o direito interno e o direito internacional. *Revista da Faculdade de Direito da Universidade Federal de Minas Gerais*, Belo Horizonte, out. 1966, p. 7-64.

75 Cf. ROUSSEAU, Charles. *Droit International Public*. 9 ed. Paris: Dalloz, 1979, p. 4.

76 Cf. STRENGER, Irineu. *Direito internacional privado*: parte geral. vol. 1. São Paulo: Revista dos Tribunais, 1986, p. 78.

internacionais nos ordenamentos jurídicos nacionais, o que ocorre através de lei ou ato expresso do Poder Executivo dos Estados[77].

A tal entendimento contrapunham-se os "monistas", os quais reconheciam a existência de um único sistema jurídico, dali se desdobrando entre aqueles que davam prevalência às normas do direito internacional e outros que viam maior importância no direito interno. Representam a corrente monista os integrantes da Escola de Viena (Kelsen[78] e Verdross, que receberam, no País, o apoio de Marotta Rangel, Haroldo Valladão, Oscar Tenório e Celso de Albuquerque Mello). De acordo com os monistas, havia apenas um ordenamento jurídico, ao qual se integravam os ordenamentos jurídicos nacionais, como sistemas normativos parciais. De tal modo, as convenções e tratados internacionais teriam vigência imediata nos ordenamentos jurídicos internos, sem necessidade de atos formais de recepção[79].

Não obstante divergências teóricas iniciais, "monistas" e "dualistas" evoluíram para versões "moderadas"[80], sendo possível afirmar, com Rudolf Geiger[81], que hoje suas divergências são, apenas, quanto aos princípios jusfilosóficos, não trazendo qualquer efeito quanto à solução de questões individuais.

Guido Soares aponta, a esse respeito, que se deve levar em conta que as formulações teóricas a respeito do monismo e do dualismo foram desenvolvidas numa realidade política e jurídica distinta daquela dos dias atuais. Reduzir a complexa discussão sobre as relações entre Direito Internacional e direito interno ao estudo das duas teorias, portanto, seria tentar resolver a questão de maneira bastante simplista[82].

Sustenta Alberto Xavier que, no Brasil, a afirmação de que os acordos de bitributação sobrepõem-se ao direito interno já se poderia extrair do texto constitucional de 1988[83], cujo art. 5º, § 2º, consagraria o sistema monista com cláusula geral de recepção plena.

Dispõe o referido dispositivo constitucional:

---

77 Cf. SOARES, Guido Fernando Silva. Op. cit. (nota 73), p. 203.

78 Cf. MELLO, Celso D. de Albuquerque. Op. cit. (nota 66), p. 111-112; VALLADÃO, Haroldo. *Direito Internacional Privado*. Rio de Janeiro: Freitas Bastos, 1968, p. 36-53; TENÓRIO, Oscar. *Direito Internacional Privado*. v. I. Rio de Janeiro: Freitas Bastos, 1965, p. 65-67; RANGEL, Vicente Marotta. Os conflitos entre o direito interno e os tratados internacionais. *Boletim da Sociedade Brasileira de Direito Internacional*, ano 23, n. 45/46, 1967, p. 29-54.

79 Cf. SOARES, Guido Fernando Silva. Op. cit. (nota 73), p. 204.

80 Segundo afirma Vogel, a teoria que parece ser mais aceita atualmente é o "dualismo moderado", pela qual a legislação interna e a internacional constituem duas esferas, que existem separadamente. Para que um tratado exerça a influência pretendida sobre o direito interno, ele deve ser introduzido na legislação interna. Cf. VOGEL, Klaus. The domestic law perspective. *Tax treaties and domestic law*, vol. 2, 2006, p. 3.

81 Cf. GEIGER, Rudolf. *Grundgesetz und Völkerrecht*. München: Beck, 1985, p. 16.

82 Cf. SOARES, Guido Fernando Silva. Op. cit. (nota 73), p. 203.

83 A respeito da evolução das previsões constitucionais acerca do assunto, afirma Klaus Vogel: *"Before World War II the problem of treaty overruling by domestic legislation was not referred to by constitutions. The first constitution to confer to international treaties priority over domestic law was that of Japan in 1947. In Europe, the Netherlands went ahead by 1953, inserting Art. 60e into its Constitution of 1815, which is now that Constitution's Art. 94. In France, Art. 28 of its Constitution of 1946 already provided: 'Les traités diplomatiques régulièrement ratifiés ayant une autorité superieure à celle de lois internes...'. Yet this provision was not applied to subsequent statutes. The same was controversial at first with respect to Art. 55 of the French Constitution of 1958, which reads: 'Les traités ou accords régulièrement ratifiés ou approuvés ont, dès leur publication, une autorité superieure à celle des lois, sous réserve, pour chaque accord ou traité, de son application par l'autre partie'. Meanwhile, however, the* Cour de cassation *and the* Conseil d'Etat, *as well as leading scholars, have recognized that the article gives treaties priority over subsequent as well as earlier statutes"*. Cf. VOGEL, Klaus. Op. cit. (nota 80), p. 6.

§ 2º Os direitos e garantias expressos nesta Constituição não excluem outros decorrentes do regime e dos princípios por ela adotados, ou dos tratados internacionais em que a República Federativa do Brasil seja parte.

Dispositivo assemelhado ao acima reproduzido possui a Lei Fundamental da República Federal da Alemanha, cujo art. 25 dispõe que "as normas gerais do direito internacional público são parte do direito da Federação. Elas prevalecem sobre as leis e impõem direitos e obrigações diretamente aos habitantes do território federal"[84].

Diferentemente, entretanto, do texto constitucional brasileiro, a Lei Fundamental alemã não se refere expressamente a direitos e garantias decorrentes de tratados. Daí decorre o entendimento, naquele país, de que somente as "normas gerais" é que devem ser autoaplicáveis, e não qualquer dispositivo constante de um acordo internacional[85].

No Direito brasileiro, porém, tem consistência o raciocínio de Xavier, já que toda vez que de um tratado internacional puder se extrair um **direito ou garantia** ao indivíduo, este estará incorporado, por força do § 2º do art. 5º da Constituição Federal, aos direitos e garantias fundamentais a que se refere o Título II daquele texto.

Ademais, com a promulgação da Emenda Constitucional n. 45, de 8 de dezembro de 2004, acresceu-se um terceiro parágrafo ao art. 5º, dispondo que os tratados e convenções internacionais sobre direitos humanos que forem aprovados em dois turnos, em cada uma das casas do Congresso Nacional, por três quintos dos votos dos respectivos membros, serão equivalentes às emendas constitucionais.

Nesse passo, aponte-se que Ricardo Lobo Torres não hesita em incluir o princípio da igualdade em matéria tributária entre os direitos humanos[86]. Ora, se entendermos que a bitributação, por afetar o princípio da capacidade contributiva, contraria o princípio da igualdade, então será imediato que a proteção contra a bitributação será um direito humano, porquanto assegura positivamente a igualdade.

Os acordos de bitributação estariam, assim, compreendidos no escopo dos §§ 2º e 3º do art. 5º do texto constitucional. No que concerne ao último parágrafo, conclui-se que, ocorrendo a aprovação do acordo em dois turnos, por três quintos dos votos dos membros das casas legislativas, este será então equivalente a uma emenda constitucional.

Com efeito, embora à primeira vista o dispositivo pareça se referir, apenas, aos tratados concernentes aos direitos humanos[87], a expressão "direitos e garantias" parece ter alcance mais amplo.

A expressão "direitos e garantias" é repetida pelo legislador constituinte no art. 60, § 4º, IV, que dispõe sobre as "cláusulas pétreas", cujas matérias não podem ser objeto de emenda constitucional. Não parece haver razão para entender-se que idêntica expressão, utilizada no § 2º do art. 5º e no inciso IV do § 4º do art. 60 do texto constitucional, tenha significados diferentes, já que o segundo dispositivo visa, exatamente, à perpetuação do primeiro.

A inclusão, ou não, da matéria tributária entre os "direitos e garantias" a que se refere a "cláusula pétrea" acima foi objeto de discussão no Supremo Tribunal Federal, por ocasião do julgamento

---

84 No original: "*Die allgemeinen Regeln des Völkerrechtes sind Bestandteil des Bundesrechts. Sie gehen den Gesetzen vor und erzeugen Rechte und Pflichten unmittelbar für die Bewohner des Bundesgebietes*".

85 A este respeito, confiram-se as observações efetuadas em outra obra. SCHOUERI, Luís Eduardo. *Planejamento fiscal através de acordos de bitributação – "Treaty Shopping"*. São Paulo: Revista dos Tribunais, 1995, p. 95.

86 Cf. TORRES, Ricardo Lobo. *Curso de Direito Financeiro e Tributário*. 10. ed. Rio de Janeiro: Renovar, 2003, p. 67.

87 Cf. MELLO, Celso D. de Albuquerque. *Direito Constitucional Internacional:* uma introdução. Rio de Janeiro: Renovar, 1994, p. 187-188.

da ação direta de inconstitucionalidade movida em face da introdução do IPMF – Imposto sobre a Movimentação ou Transmissão de Valores e de Créditos e de Direitos de Natureza Financeira – quando o Pretório decidiu ser o princípio da anterioridade abrangido pelo dispositivo constitucional acima referido[88].

Por outro lado, há que considerar que um acordo de bitributação não contém qualquer princípio geral. Traz, antes, regras cujo alcance é a autolimitação recíproca de duas soberanias fiscais. Nem por isso, deixa de ser uma **garantia**, ao residente de um dos Estados Contratantes, de que estes tratarão seu rendimento do modo ali descrito. A **garantia** só faz sentido se nenhum dos Estados puder modificar seu compromisso mediante mera alteração legislativa interna, em total desrespeito ao direito internacional público e, em especial, a seu parceiro contratante[89].

Assim, se os acordos de bitributação oferecem **garantias**, é de se concluir não poderem ser eles contrariados pela legislação interna.

10.4 Tratados internacionais e lei interna na jurisprudência brasileira

No que tange à jurisprudência, a tradição brasileira sempre aceitou o primado do direito internacional sobre as normas internas[90]. Celso Mello refere-se, nesse sentido, aos casos da União Federal v. Cia. Rádio Internacional do Brasil (1951), em que o Supremo Tribunal Federal decidiu unanimemente que um tratado revogava as leis anteriores (Apelação Cível n. 9.587), ao Pedido de Extradição n. 7, de 1913, onde se declarava estar em vigor e aplicável um tratado, apesar de haver uma lei posterior contrária a ele, e ao Acórdão do Supremo Tribunal Federal, na Apelação Cível n. 7.872, de 1943, também apontando que um tratado não é revogado pela lei interna posterior[91].

Tal tendência foi interrompida em 1978, quando o Supremo Tribunal Federal, em julgamento que se estendia em seu Plenário desde setembro de 1975, decidiu, por maioria de votos que, ante um conflito entre tratado e lei posterior, esta lei, porque expressão última da vontade do legislador republicano, deveria ter sua prevalência garantida pela Justiça, sem embargo das consequências do descumprimento do tratado, no plano internacional[92].

Foi a seguinte a ementa daquele Acórdão:

> *Convenção de Genebra – Lei Uniforme sobre Letras de Câmbio e Notas Promissórias – Aval aposto à Nota Promissória não registrada no prazo legal – Impossibilidade de ser o avalista acionado, mesmo pelas vias ordinárias. Validade do Decreto-lei n. 427, de 22.1.1969.*
> *Embora a Convenção de Genebra que previu uma lei uniforme sobre letras de câmbio e notas promissórias tenha aplicabilidade no direito interno brasileiro, não se sobrepõe ela às leis do País, disso decorrendo a constitucionalidade e consequente validade do Decreto-lei n. 427/1969, que*

88 STF, ADI n. 9397DF (Medida Cautelar), Tribunal Pleno, rel. Min. Sydney Sanches, j. 15.09.1993, D.J. 17.12.1993, p. 28067 – Cf. *Repertório IOB de Jurisprudência*, 1994, 1/7025.

89 Em trabalho anterior (nota 85), o autor já chegara à conclusão da prevalência dos tratados pela lei interna sem, entretanto, analisar o dispositivo constitucional ora examinado. A referida decisão do Supremo Tribunal Federal, entretanto, estendendo os "direitos e garantias" à matéria tributária, obriga o autor a concordar com a posição de Xavier no sentido de que, efetivamente, os acordos de bitributação estão protegidos constitucionalmente.

90 Cf. FRANCESCHINI, José Inácio. Conflito entre os tratados internacionais e as normas de direito interno que lhe forem posteriores. *Revista dos Tribunais*, ano 71, vol. 556, fev. 1982, p. 28-36.

91 Cf. MELLO, Celso D. de Albuquerque. Op. cit. (nota 66), p. 104.

92 Cf. REZEK, José Francisco. Op. cit. (nota 67), p. 106.

instituiu o registro obrigatório da Nota Promissória em Repartição Fazendária, sob pena de nulidade do título.

Sendo o aval um instituto do direito cambiário, inexistente será ele se reconhecida a nulidade do título cambial a que foi aposto.

Recurso extraordinário e provido (RTJ 83/809).

Na íntegra da decisão, vê-se que ministro relator, Xavier de Albuquerque, enfrentou especificamente a questão quanto à possibilidade de uma lei posterior revogar um tratado internacional, afirmando, a partir da lição de Valladão, que "a norma internacional tem sua forma própria de revogação, a denúncia, só pode ser alterada por outra norma de categoria igual ou superior, internacional ou supranacional, e jamais pela inferior, interna ou nacional" (RTJ 83/815).

Por sua vez, o Ministro Eloy da Rocha, que acabou acompanhando a maioria (não dando provimento ao recurso), fê-lo com base no entendimento de que a lei posterior não seria incompatível com o tratado internacional em questão. Ao contrário, sobre o tema específico da prevalência dos tratados internacionais sobre a lei interna, Eloy da Rocha acompanhava o relator, dizendo: "entendo que lei ordinária não pode revogar norma constante das mesmas Convenções" (RTJ 83/848).

Tampouco o voto do Ministro Antonio Neder pode ser contado em sede da questão da prevalência dos tratados sobre a lei interna: sua fundamentação deu-se exclusivamente no sentido da inexistência de incompatibilidade *in casu*, sem qualquer manifestação sobre o assunto que ora nos interessa. Confira-se: "Estou em que a sede jurídica da controvérsia não está no campo das relações do direito internacional com o direito interno" (RTJ 83/842).

Assim, somente enfrentaram a questão, concluindo pela possibilidade de uma lei interna modificar um tratado internacional, os ministros Cunha Peixoto, Cordeiro Guerra, Leitão de Abreu, Rodrigues de Alckmin e Thompson Flores.

Tendo em vista que o objeto do presente estudo é a matéria tributária, entretanto, a posição da maioria deve ser vista com cautela.

Efetivamente, Cunha Peixoto, primeiro Ministro a contrariar o voto do relator e, ademais, relator designado para o Acórdão, adotando posição dualista e admitindo a revogação do tratado por lei interna, fez a seguinte ressalva:

8. Nem se diga estar a irrevogabilidade dos tratados e convenções por lei ordinária interna consagrado no direito positivo brasileiro, porque está expresso no art. 98 do Código Tributário Nacional, verbis: os tratados e as convenções internacionais revogam ou modificam a legislação tributária interna, e serão observadas pelas que lhe sobrevenham.

Como se verifica, o dispositivo refere-se a tratados e convenções. Isto, porque os tratados podem ser normativos ou contratuais. Os primeiros traçam regras sobre pontos de interesse geral, empenhando o futuro pela admissão de princípio abstrato, no dizer de Tito Fulgêncio. Contratuais são acordos entre governantes acerca de qualquer assunto. O contratual, e, pois, título de direito subjetivo.

Daí o art. 98 declarar que tratado ou convenção não é revogado por lei tributária interna. É que se trata de um contrato que deve ser respeitado pelas partes.

(...)

Por isso mesmo, o art. 98 só se refere à legislação tributária, deixando, destarte, claro não ser o princípio de ordem geral. Se a lei ordinária não pudesse, pela constituição, revogar a que advém de um tratado, não seria necessário dispositivo expresso de ordem tributária" (RTJ 83/823-824).

Assim, o Ministro Cunha Peixoto enxerga uma distinção entre a Convenção de Genebra (objeto do Acórdão) e os tratados em matéria tributária. A distinção é a que a doutrina de direito internacional faz entre os tratados normativos e os tratados contratuais.

Le Four explica a diferença entre ambas as espécies de tratados, esclarecendo que os normativos são de caráter genérico, comportando, em regra, a adesão de outros Estados; eles constituem um esboço de codificação do direito internacional público; os contratuais são análogos aos contratos entre particulares[93]. A classificação não escapa de críticas, citando-se, por todas, entre nós, a de Rezek[94].

De todo modo, é evidente que um acordo de bitributação não está aberto a adesões; é, antes, o fruto de concessões mútuas entre dois Estados, donde se entende que um Estado somente se dispõe a renunciar a parte de seu direito de tributar em vista do fato de que a outra parte faz o mesmo.

O caráter negocial dos acordos de bitributação pode, também, ser extraído da seguinte passagem de Vogel:

> *Cada acordo é autônomo. O uso de modelos de acordos e formulações padronizadas não deve esconder que cada acordo toca em interesses bastante concretos e contrapostos dos Estados contratantes, para cujo equilíbrio geralmente são necessárias negociações duras e demoradas. É preciso ter-se a sorte de escutar, de vez em quando, ainda que em raras oportunidades, em fim de noite, as experiências relatadas pelas pessoas que participaram de negociações envolvendo acordos de bitributação. Tal como uma negociação que se arrastou tanto sobre pontos fundamentais, até que já se aproximava a hora do voo de volta; é nesse momento, quando a outra parte ainda espera fechar negociações nessa rodada, que se pode esperar uma predisposição para concessões sob a pressão do tempo. Ou ainda, sobre quaisquer negociações noturnas, nas quais aquele fisicamente mais robusto tem mais vantagem. Ainda, sobre aquela delegação anfitriã que prometeu um jantar frio após as negociações, deixando a comida já preparada visível na antessala e a negociação continuou impiedosamente (parece que a delegação anfitriã, neste ínterim, foi se servindo individualmente). Ainda que se deduzam cinquenta por cento das histórias, por conta da "conversa de negociador", semelhante à "conversa de pescador" ou ""de caçador", ainda assim restará o suficiente para não deixar dúvidas de que os acordos implicam uma luta dura e maliciosa, na qual as partes que negociam estão prontas e dispostas a se valer de todas as vantagens que se oferecerem. Isto não pode ser desconsiderado na interpretação do acordo*[95].

93 Cf. LE FUR, Louis. *Précis de Droit International public.* 3. ed. Paris: Dalloz, 1937, p. 204.

94 Cf. REZEK, José Francisco. Op. cit. (nota 67), p. 30.

95 No original: "*Eigenständig ist aber auch das einzelne Abkommen. Die Verwendung von Abkommensmustern und Standardformulierungen darf nicht darüeber täuschen, daß jedes Abkommen sehr konkrete, einander entgegengesetzte Interessen der Vertragsstaaten berührt, über deren Ausgleich sie oft langwierig und zäh miteinander verhandeln. Man muß einmal die Chance haben zuzuhören, wenn Personen, die an Doppelbesteuerungsverhandlungen mitgewirkt haben, gelegentlich, wenn auch nur sehr selten, etwa in vorgerückter Stunde, aus ihrem Erfahrungsschatz auspacken. Etwa davon, daß eine Verhandlung über wichtige Punkte so lange hinausgezögert wird, bis schon das Flugzeug für den Rückflug bereitsteht: dann nämlich, wenn die andere Seite die Verhandlungen noch in dieser Runde abschließen möchte und man unter Zeitdruck Konzessionsbereitschaft erwartet. Oder von den beliebten Nachtverhandlungen, in denen der physisch Robustere den Vorteil davonträgt. Oder von jener gastgebenden Delegation, die ein kaltes Abendessen nach Abschluß der Verhandlungen zugesagt, das Essen auch sichtbar im Vorraum aufgebaut hatte, und dann die Verhandlungen mitleidslos in die Länge zog (angeblich haben sich die Gastgeber zwischendurch einzeln versorgt). Mag man fünfzig Prozent solcher Erzählungen auf das Konto eines "Verhandlerlateins", vergleichbar dem Seemanns- oder Jägerlatein, setzen, so bleibt doch genug, um deutlich zu machen, daß um die Abkommen gelegentlich hartnäckig und fintenreich gerungen wird und daß die Verhandlungspartner bereit und bemüht sind, jeden sich bietenden Vorteil auch tatsächlich auszunuten. Für die Auslegung der Abkommen kann das nicht unberücksichtigt bleiben*" (Cf.

Diante das circunstâncias como são negociados os acordos de bitributação, que levam em consideração as peculiaridades dos Estados contratantes, num regime de concessões mútuas, não abertas a terceiros países, cujo resultado não é uma norma geral de direito internacional público, mas mero conjunto de renúncias recíprocas de poderes de tributar, parece correto estarmos, na classificação adotada pelo Ministro Cunha Peixoto, diante de um tratado convencional.

À vista da argumentação tecida pelo Ministro Cunha Peixoto, parece ser lícito afirmar que seu voto excepcionaria o caso dos acordos de bitributação que, por decorrerem de concessões recíprocas, não podem ser modificados ou afastados pela legislação interna.

Do mesmo modo, o Ministro Cordeiro Guerra, que, votando em seguida a Cunha Peixoto, também dava provimento ao recurso, observou que diversa seria sua conclusão em matéria tributária:

> *Argumentou-se com o art. 98 do Código Tributário Nacional, para concluir pela irrevogabilidade dos tratados por legislação tributária interna que lhes sobrevenha. Mas, como bem observou o ilustre Ministro Cunha Peixoto, sob pena de inconstitucionalidade deve ser compreendido como limitado aos acordos contratuais de tarifas, durante a vigência destes* (RTJ 83/829).

Em seguida, votou o Ministro Leitão de Abreu, que acompanhou os dois antecessores, sem, entretanto, debruçar-se sobre a questão do art. 98 do Código Tributário Nacional. Perquirido pelo Ministro Xavier de Albuquerque sobre sua posição a esse respeito, assim respondeu o Ministro Leitão de Abreu:

> *Peço licença ao eminente Ministro Xavier de Albuquerque, para observar que essa questão foi objeto de debate no processo, tendo-se então sustentado que essa norma do Código Tributário é aplicável quanto aos tratados de natureza central, não quanto aos tratados-leis como é o caso presente* (RTJ 83/838).

Evidentemente, houve um erro de transcrição, já que não se fala em "tratados de natureza central" mas "contratual". Assim, pode-se entender que tampouco Leitão de Abreu aceitava que norma interna posterior se sobrepusesse a um tratado de natureza contratual, como o são, admitida a classificação proposta, os acordos de bitributação.

Em seguida, votou o Ministro Rodrigues Alckmin, também dando provimento ao recurso. No que tange à questão dos acordos em matéria tributária, assim se manifestou o magistrado:

> *Ainda que se atribua ao CTN. a eficácia de lei complementar, a restrição constante da cláusula final, relativa ao exercício de um dos Poderes do Estado, somente comportaria previsão constitucional. E se assim não fora, ainda cumpre observar, como o fez, em seu lúcido voto, o eminente Ministro Cordeiro Guerra, que a norma estaria restrita, induvidosamente, à legislação tributária"* (RTJ 83/840-841).

Assim, parece que Rodrigues Alckmin não aceitava que o Código Tributário Nacional dispusesse sobre a prevalência dos acordos internacionais, já que, a seu ver, a matéria somente comportaria previsão constitucional.

Finalmente, o Ministro Thompson Flores, também dando provimento ao recurso, manifestou-se de acordo com os que o antecederam ao considerarem o art. 98 do Código Tributário Nacional (RTJ 83/847).

VOGEL, Klaus. Abkommensvergleich als Methode bei der Auslegung von Doppelbesteuerungsabkommen. *Steuerberater-Jahrbuch* 1983-1984. Köln: Otto Schmidt, p. 373-391 [377-378]).

Conclui-se, destarte, que, excetuado o Ministro Rodrigues Alckmin, todos os ministros que votaram no citado Recurso Extraordinário admitiram, em matéria tributária, a prevalência dos tratados contratuais, que não podem ser modificados pela legislação interna que lhes sobrevenha.

O precedente do plenário passou a influenciar novos julgados do Supremo Tribunal Federal, sempre com a separação proposta entre tratados de natureza contratual ou não. A título exemplificativo, cite-se o RE 99.376/RS, julgado em 01.06.1984, Relator Ministro Moreira Alves, cuja ementa assim se redigiu:

> *ICM. Crédito presumido de 80% em favor do produtor de maçãs, segundo o Convênio ICM 03/80. Tratado de Montevidéu: art. 21. Honorário de advogado em mandado de segurança. Em se tratando de tratado de natureza contratual, não há dúvida de que se lhe aplica o disposto no art. 98 do CTN. Inocorrência de ofensa ao art. 21 do Tratado de Montevidéu, em virtude da sistemática adotada para a concessão do crédito presumido em causa. Ademais, não há prova sequer de que o exportador seja o próprio produtor. Falta de prequestionamento do art. 3 do Tratado de Montevidéu súmula 512, relativa a honorários de advogado. Recurso extraordinário conhecido quanto a honorários advocatícios, e nela provido.*

Do voto do Ministro Moreira Alves, nota-se que este também se debruçou sobre os votos de seus pares no *leading case* acima analisado, chegando à conclusão idêntica à acima apontada:

> *2. As considerações desenvolvidas pelo acórdão recorrido, para sustentar que, em nosso sistema jurídico, a lei ordinária posterior pode revogar tratado anteriormente celebrado, não são aplicáveis à questão em causa, porquanto, mesmo os que têm dúvida sobre a constitucionalidade do disposto no art. 98 do CTN. ("Os tratados e as convenções internacionais revogam ou modificam a legislação tributária interna, e serão observados pela que lhes sobrevenha"), adstringem essa dúvida aos tratados normativos, não abarcando, nela, os tratados contratuais, como se vê, por exemplo, nos votos dos Srs. Ministros Cunha Peixoto, Cordeiro Guerra e Leitão de Abreu, no RE 80.004 (RTJ 83, págs. 824, 829 e 838).*

Mais recentemente, o Plenário do Supremo Tribunal Federal, em Acórdão relatado pelo Ministro Celso de Mello, voltou a manifestar-se sobre a relação entre tratados internacionais e lei interna, lendo-se, na Ementa (Extradição n. 662-2, República do Peru, de 28.11.1996):

> *PARIDADE NORMATIVA ENTRE LEIS ORDINÁRIAS BRASILEIRAS E TRATADOS INTERNACIONAIS*
>
> - *Tratados e convenções internacionais – tendo-se presente o sistema jurídico existente no Brasil (RTJ 83/809) – guardam estrita relação de paridade normativa com as leis ordinárias editadas pelo Estado brasileiro.*
> - *A normatividade emergente dos tratados internacionais, dentro do sistema jurídico brasileiro, permite situar esses atos de direito internacional público no que concerne à hierarquia das fontes, no mesmo plano e no mesmo grau de eficácia em que se posicionam as leis internas do Brasil.*
> - *A eventual precedência dos atos internacionais sobre as normas infraconstitucionais de direito interno brasileiro somente ocorrerá – presente o contexto de eventual situação de antinomia com o ordenamento doméstico – não em virtude de uma inexistente primazia hierárquica, mas, sempre, em face da aplicação do critério cronológico (*lex posterior derogat priori*) ou, quando cabível, do critério da especialidade. Precedentes.*

A leitura da íntegra do julgamento permite concluir que não houve novo posicionamento do Supremo Tribunal Federal, senão mera confirmação do precedente surgido no citado RE 80.004. Com efeito, versava esse caso concreto sobre a possibilidade de a lei interna (Estatuto do Estrangeiro) prevalecer sobre tratado internacional (Código Bustamante). Nota-se, assim, que o conflito, na linha do precedente citado, era entre um tratado classificado entre os "tratados-normas" e lei interna. Nenhuma cogitação se encontra, seja na ementa, seja no voto do relator, acerca do tema tributário[96]. Os demais ministros, em seus votos, sequer tratam da matéria da prevalência entre tratados e leis internas, tendo o debate sido focado, antes, numa questão prescricional, cabível ao caso concreto. Não parece correto, destarte, tomar esse julgamento do Plenário do Supremo Tribunal Federal como qualquer avanço em relação à posição firmada no RE 80.004.

A decisão do Plenário do Supremo Tribunal Federal, no RE 80.004, influenciou, igualmente, os outros tribunais brasileiros.

A título exemplificativo, cite-se a decisão da 1ª Turma do Superior Tribunal de Justiça que, por unanimidade, assim decidiu no Recurso Especial n. 37.065-5 – PR (RSTJ, a.6 (57): 394-398):

> *Tributário. Isenção do AFRMM em relação a mercadorias importadas sob a égide do GATT. Impossibilidade. 1. O mandamento contido no art. 98 do CTN não atribui ascendência às normas de direito internacional em detrimento do direito positivo interno, mas, ao revés, posiciona-as em nível idêntico, conferindo-lhe efeitos semelhantes. 2. O art. 98 do CTN, ao preceituar que tratado ou convenção não são revogados por lei tributária interna, refere-se aos acordos firmados pelo Brasil a propósito de assuntos específicos e só é aplicável aos tratados de natureza contratual. 3. Se o ato internacional não estabelecer, de forma expressa, a desobrigação de contribuições para a intervenção no Domínio Econômico, inexiste isenção pertinente ao AFRMM. 4. Recurso a que se nega provimento. 5. Decisão indiscrepante.*

Nessa decisão, o relator, Ministro Demócrito Reinaldo, faz expressa referência ao precedente do Supremo Tribunal Federal, dando relevância à distinção entre acordos contratuais e normativos. Não foi esta, entretanto, a razão de decidir do magistrado.

Com efeito, esclarece o magistrado que "Por outro lado, a simples existência de tratados contratuais não outorga, **ipso facto**, isenção de AFRMM à importação. Com efeito, impõe-se exista cláusula expressa instituindo hipótese de não incidência. Apenas acordos supranacionais de natureza contratual contendo disposições que tais, encontrarão guarida na norma **in comento** (art. 5º, V, C, do DL n. 2.404/87). Estas condições são cumulativas".

Destarte, foi a falta de previsão, no GATT, de uma isenção relativa ao AFRMM, que motivou a decisão daquela Corte, e não a negativa da aplicação do art. 98 do Código Tributário Nacional.

Ao mesmo tempo, constata-se, da decisão acima, que, pelo menos no que se refere aos tratados de natureza contratual, não põe dúvidas a Corte acerca da prevalência destes tratados sobre normas de direito interno.

A doutrina critica a posição jurisprudencial, no que se refere aos acordos normativos, seja porque a classificação entre "normativos" e "contratuais" é imperfeita e desconsidera o fato de que a prevalência das garantias decorrentes de acordos de bitributação advém da Constituição Federal[97],

---

96 Na verdade, no voto do relator encontra-se uma referência bibliográfica que inclui, entre outros autores, textos de matéria tributária da lavra de José Alfredo Borges, Francisco Campos, Antonio Roberto Sampaio Dória e Geraldo Ataliba. O relator não se debruça, entretanto, sobre a matéria dos tratados referentes a tributos, nem sobre o art. 98 do CTN.

97 Cf. XAVIER, Alberto. Op. cit. (nota 69), p. 119-149. Já no sentido de que realmente há revogação, cf. CARRAZZA, Roque Antonio. *Curso de Direito Constitucional Tributário*. 31. ed. São Paulo: Malheiros, 2017, p. 268.

seja por representar "um verdadeiro retrocesso nesta matéria", "adotando uma concepção de soberania que desapareceu em 1919, pelo menos entre os juristas"[98].

10.5 O artigo 98 do CTN

O tema da relação entre os tratados internacionais em matéria tributária e a legislação interna é objeto de regulação pelo art. 98 do Código Tributário Nacional, acima referido, que assim dispõe:

> *Art. 98. Os tratados e as convenções internacionais revogam ou modificam a legislação tributária interna, e serão observados pela que lhes sobrevenha.*

Com rigor, Xavier alerta que, em verdade, "é incorreta a redação deste preceito, quando se refere à 'revogação' da lei interna pelos tratados. Com efeito, não se está aqui perante um fenômeno ab-rogativo, já que a lei interna mantém a sua eficácia plena fora dos casos subtraídos à sua aplicação pelo tratado. Trata-se, isso sim, de limitação da eficácia da lei que se torna **relativamente inaplicável** a certo círculo de pessoas e situações, limitação esta que caracteriza precisamente o instituto da **derrogação** e decorre da relação de especialidade entre tratados e leis"[99]. Idêntico alerta é feito por Hugo de Brito Machado: "O que ela pretende dizer é que os tratados e convenções internacionais prevalecem sobre a legislação interna, seja anterior ou mesmo posterior"[100].

Como já foi dito acima, tampouco prevalência se deveria cogitar, já que não há problema de hierarquia, mas de competência legislativa.

Igualmente aprovando a aplicabilidade do art. 98 do Código Tributário Nacional, cite-se opinião da lavra de Ruy Barbosa Nogueira, que assim se pronuncia: "Isto é inconcusso e o Brasil não pode deixar de honrar o que contratou e assinou como Tratado Internacional. Aprovou, ratificou e incorporou como supraordenado à sua legislação interna, quando sua legislação tributária **complementar à Constituição** já reconhecida e reconhece como revogatório da **legislação tributária interna e imperativamente** manda que os tratados e convenções internacionais também **serão** observados pela legislação interna que lhes sobrevenha. A disposição do art. 98 do CTN, além de legislação **paraconstitucional**, é texto imperativo, dirigido ao legislador ordinário e **regulativo da limitação do poder de tributar**"[101].

No mesmo sentido, leciona Rothmann: "na existência de um acordo contra a bitributação, as partes contratantes não podem tomar medidas unilaterais, autônomas ou nacionais, modificando o conteúdo do acordo contra a bitributação"[102].

Também confirma a prevalência a lição de Sacha Calmon Navarro Coêlho: "(a) a Constituição brasileira concede primazia aos tratados internacionais e manda observá-los e aplicá-los, bastando que o Brasil os tenha subscrito; (b) a lei complementar da Constituição em matéria fiscal, o art. 98 do

---

98 Cf. MELLO, Celso D. de Albuquerque. Op. cit. (nota 66), p. 105.

99 Cf. XAVIER, Alberto. Op. cit. (nota 69), p. 131.

100 Cf. MACHADO, Hugo de Brito. *Curso de Direito Tributário*. 38. ed. revista e atualizada. São Paulo: Malheiros, 2017, p. 86.

101 Cf. NOGUEIRA, Ruy Barbosa. Tratados internacionais em matéria de tributação. *Direito Tributário Atual*, vol. 3, 1983, p. 341-379 (354).

102 Cf. ROTHMANN, Gerd W. *Interpretação e aplicação dos acordos internacionais contra a bitributação*. Tese (Doutorado em Direito). São Paulo: Faculdade de Direito da Universidade de São Paulo, p. 81.

CTN, assegura a supremacia da norma convencional tributária em face da legislação interna, vedando sua alteração pelo legislador ordinário, em harmonia com a Constituição (...)"[103].

Embora haja quem se incline pela inconstitucionalidade do art. 98 do CTN, como Sergio André Rocha, por entender que esse dispositivo usurpa "competência da Constituição Federal de impor limites ao legislador ordinário sobre esta matéria, não podendo ser considerado compatível com a Carta Política"[104], verifica-se que a maior parte da doutrina entende pela sua constitucionalidade[105], inclusive Roque Carrazza, que já se manifestara em sentido oposto[106]. Todavia, críticas não faltam acerca de sua redação, como a ideia de que tratados realmente revogariam a lei interna.

Finalmente, apenas para encerrar a questão envolvendo a constitucionalidade do art. 98 do Código Tributário Nacional, nota-se que, mesmo que o texto constitucional não exigisse (como exige) a prevalência das garantias conferidas por tratados internacionais sobre as normas do direito interno, ainda assim não haveria a imediata revogação do tratado por normas internas[107].

10.6 Uma visão de direito comparado

Para tal conclusão, parte-se do direito comparado, em que se encontra, na Alemanha, o § 2º da Abgabenordnung, cujo texto muito se assemelha ao art. 98 do Código Tributário Nacional. Confira-se:

> *Tratados com outros Estados, no sentido do art. 59, n. 2, período 1, da Lei Fundamental, que dispuserem sobre tributação, prevalecem sobre as leis tributárias, desde que se tenham tornado direito interno de aplicação imediata*[108].

Ocorre que, diferentemente do texto constitucional brasileiro, a Lei Fundamental Alemã não inclui dispositivo recepcionando as garantias decorrentes de tratados internacionais, mas apenas os princípios do direito internacional público.

Tampouco existe, na Alemanha, lei de natureza complementar à Lei Fundamental (como o é, no Brasil, em relação à Constituição Federal, o Código Tributário Nacional), com força bastante para "estabelecer normas gerais em matéria de legislação tributária".

---

103 Cf. COÊLHO, Sacha Calmon Navarro. As contribuições para a seguridade e os tratados internacionais. *Revista Dialética de Direito Tributário*, São Paulo, n. 26, nov. 1997, p. 67-85 (80).

104 ROCHA, Sergio André. *Interpretação dos tratados para evitar a bitributação da renda*. 2. ed. São Paulo: Quartier Latin, 2013, p. 65-66.

105 Dentre os outros autores citados anteriormente, também se posicionam pela constitucionalidade desse dispositivo: GODOI, Marciano Seabra. Os tratados ou convenções internacionais para evitar a dupla tributação e sua hierarquia normativa no Direito Brasileiro. In: SCHOUERI, Luís Eduardo (org.). *Direito Tributário – Homenagem a Alcides Jorge Costa*. vol. 2. São Paulo: Quartier Latin, 2003, p. 975-1008; AMARAL, Antonio Carlos Rodrigues do. Os tratados internacionais e o art. 98 do CTN. In ______. (coord.). *Tratados internacionais na ordem jurídica brasileira*. São Paulo: LEX Editora/Aduaneiras, 2005, p. 73-80; e VALADÃO, Marcos Aurélio Pereira. *Limitações constitucionais ao poder de tributar e tratados internacionais*. Belo Horizonte: Editora Del Rey, 2000, p. 291.

106 Cf. CARRAZZA, Roque Antonio. Mercosul e tributos estaduais, municipais e distritais. *Revista de Direito Tributário*, n. 64, 1994, p. 186. Para o entendimento do autor de que é constitucional, cf. CARRAZZA, Roque Antonio. *Curso de Direito Constitucional Tributário*. 31. ed. São Paulo: Malheiros, 2017, p. 268.

107 Com efeitos práticos semelhantes à abordagem jurisdicional, mas com o fundamento de que o art. 98 do CTN tem caráter meramente declaratório, cf. AMARO, Luciano. *Direito Tributário Brasileiro*. 13. ed. São Paulo: Saraiva, 2007, p. 184; e SANTIAGO, Igor Mauler. *Direito Tributário Internacional:* métodos de solução dos conflitos. São Paulo: Quartier Latin, 2006, p. 54.

108 SCHMDT, Alfred. J. e outros (trad.). *Código Tributário Alemão*. Rio de Janeiro, São Paulo: Forense/IBDT, 1978. No original, encontra-se: *"Verträge mit anderen Staaten im Sinne des Artikels 59, Abs. 2 Satz 1 des Grundgesetzes über die Besteuerung gehen, soweit sie unmittelbar anwendbares innestaatliches Recht geworden sind, den Steuergesetzen vor"*.

Nem por isso o preceito legal acima citado levou a pecha da inconstitucionalidade. Ao contrário, a doutrina daquele país buscou uma interpretação do § 2º da *Abgabenordnung* conforme a Lei Fundamental, ainda que, segundo salienta Eilers, depois de pesquisa histórica da edição do texto legal, fosse a intenção do legislador de 1977 que nenhuma lei pudesse revogar o contratado pela República Federal da Alemanha internacionalmente[109].

Assim, para não reproduzir a vasta literatura a respeito do tema, menciona-se o raciocínio de Vogel, apontando que tal dispositivo, na qualidade de lei federal, não é instrumento hábil para dar aos acordos de bitributação prevalência sobre as leis. Portanto, a única interpretação razoável para ele é a de que a *Abgabenordnung* exige que o acordo internacional seja considerado *lex specialis* em relação à lei interna. Desse modo, o autor conclui ser possível que uma lei federal posterior modifique ou revogue dispositivo do acordo de bitributação. No entanto, a lei deve ser expressa sobre o assunto, já que, em caso contrário, o acordo será tido por lei especial e, como tal, prevalecerá sobre a lei federal posterior[110]. Afirma ele: "Portanto, se uma lei dispondo de modo diverso do disposto em um acordo de direito internacional não declarar expressamente que o pretende romper, então partimos do princípio de que, até onde o contrato alcançar, ele permanece aplicável, no círculo jurídico intraestatal, aos casos por ele regulados, como **lex specialis**"[111].

No mesmo sentido, as opiniões de Klein e Orlopp[112], Debatin[113], Hübschmann e Spitaler[114], Weigell[115], Tipke e Kruse[116] e Mössner[117].

Cabe mencionar que o raciocínio baseado em *lex specialis*, posto acatado por respeitável doutrina, pode ser contestado quando se aponta que, em verdade, os tratados não versam sobre a mesma matéria que a lei interna. Afinal, somente a lei interna, não o tratado, institui tributo; o tratado apenas limita o alcance da jurisdição, conforme acima apontado. Para que se pudesse falar em lei especial, seria necessário que o tratado dispusesse sobre a incidência tributária, fixando uma alíquota, por exemplo, diversa da lei interna. Mais uma vez: o tratado não fixa a alíquota, apenas a limita. Tanto assim é que, se o tratado previr a tributação até determinada alíquota, não haverá tributação se não houver lei interna fixando o tributo em tal alíquota. Mais uma vez: somente a lei interna fixa alíquota. Não há, no tratado, uma lei especial dispondo sobre tal matéria, de competência exclusiva do legislador interno. Esse tema será retomado abaixo, com a autoridade de Mössner, que faz a crítica no cenário alemão.

---

109 Cf. EILERS, Stephan. Overide of tax treaties under the domestic legislation of the U.S. and Germany. *Tax Management International Journal*, Washington D.C., vol. 19, 1990, p. 295-304 (296-297).

110 Cf. VOGEL, Klaus. *Doppelbesteuerungsabkommen der Bundesrepublik Deutschland auf dem Gebiet der Steuern vom Einkommen und Vermögen*. Kommentar auf der Grundlage der Musterabkommen. 3. ed. München: Beck, 1996, p. 164-169.

111 Cf. VOGEL, Klaus (org.). *Grundfragen des Internationalen Steuerrechts*. Köln: Otto Schmidt, 1985, p. 266.

112 Cf. KLEIN, Franz; ORLOPP, Gerd. *Abgabenordnung – einschließlich Steuerstrafrecht*. 4. ed. München: Beck, 1989, p. 15-16.

113 Cf. DEBATIN, Helmut. Die Abkommen der Bundesrepublik Deutschland zur Vermeidung der internationalen Doppelbesteuerung (Doppelbesteuerungsabkommen). In: KORN, Rudolf; ______. *Doppelbesteuerung – Sammlung der zwischen der Bundesrepublik Deutschland und dem Ausland bestehenden Abkommen über der Vermeidung der Doppelbesteuerung*, 8. ed. (fls. soltas), Systematik III. München: Beck, 1989, p. 89.

114 Cf. HÜBSCHMANN, Hepp; SPITALER. *Kommentar zur Abgabenordnung und Finanzgerichtsordnung*. 9. ed. Köln: Otto Schmidt, § 2, Anm. 15.

115 Cf. WEIGELL, Jörg. Das Verhältnis der Vorschrift des § 2ª EStG zu den Doppelbesteuerungsabkommen. *Recht der Internationalen Wirtschaft*, 1987, p. 122-140 (124-125).

116 Cf. TIPKE, Klaus; KRUSE, Heirich Wilhelm. *Abgabenordnung, Finanzgerichtsordnung: Kommentar zur AO 1977 und FGO (ohne Steuerstrafrecht)*. 14. ed. (folhas soltas). Köln: Otto Schmidt, 1991, § 2, Tz 1.

117 Cf. MÖSSNER, Jörg M. Zur Auslegung von Doppelbesteuerungsabkommen. In: BOCKSTIEGEL, Karl (org.). *Völkerrecht, Recht der Internationalen Organisationen, Weltwirtschaft – Festschrift für Ignaz Seidl-Hohenveldern*. Köln; Berlin; Bonn; München: Carl Heymanns, p. 403-426 (413).

Também nos Estados Unidos, para que uma lei interna prevaleça sobre um acordo internacional, exige-se que o legislador nacional declare expressamente ser esta sua intenção[118].

Nesse ponto, é importante mencionar o fenômeno conhecido como *treaty override*. Fala-se em *override*, ou em superação de normas de acordos de bitributação, quando é editada uma norma, no âmbito do direito interno de um país, em conflito com o disposto num acordo válido, limitando-se a aplicação deste[119].

A Convenção de Viena notadamente condena o *treaty override*, especialmente em função do *pacta sunt servanda*, estabelecido no art. 26. O art. 27 da Convenção reforça este entendimento, ao dispor que uma parte não pode invocar as disposições de seu direito interno para justificar o descumprimento de um tratado internacional.

De fato, uma vez que o *treaty override* constitui o descumprimento das obrigações internacionais assumidas pelos Estados, poder-se-ia afirmar que, na ausência de sanções ao país, haveria uma limitação ao próprio Direito Internacional.

Também a OCDE manifestou-se a respeito do tema[120], orientando os Estados para que evitem a edição de normas contrárias às obrigações assumidas em tratados internacionais[121]. O posicionamento da OCDE em relação ao tema decorre da constatação de uma série de *treaty overrides* praticados pelos Estados Unidos na década de 1980[122].

De acordo com o art. VI.2 da Constituição norte-americana (*supremacy clause*), "*laws of the United States which shall be made in Pursuance thereof; and all Treaties made, or which shall be made, under the Authority of the United States, shall be the supreme Law of the Land*".

Sendo ambos *supreme law*, pela regra geral vigente nos Estados Unidos, qualquer lei posterior a um tratado internacional que seja com ele conflitante deverá prevalecer (*later-in-time rule*). Ocorreria, então, o *treaty override*.

Mas já em 1902 a Suprema Corte julgava caso no qual se afirmou que não se pode pressupor que o legislador ordinário pretendeu desconhecer ou contrariar um tratado internacional[123]. O pressuposto é que o legislador pretendeu observar o tratado internacional. Assim, o *treaty override*

---

118 Cf. SCHOUERI, Luís Eduardo. Validade de normas internas contrárias a dispositivos de acordos de bitributação no Direito e na prática norte-americana. *Revista Direito Tributário Atual*, vol. 13, abr. 1994. p. 119-132, *passim*, com bibliografia sobre o tema.

119 Cf. DEBATIN, Helmut. Op. cit. (nota 113), p. 119.

120 Em relatório de 1989, afirmou-se que "*the certainty that tax treaties bring to international tax matters has, in the past few years, been called into question, and to some extent undermined, by the tendency in certain States for domestic legislation to be passed or proposed which may override provisions of tax treaties*". Cf. Report on Tax Treaty Override. OCDE: Paris, 1989, p. 26.

121 Cf. OCDE, *Recommendation of the Council concerning tax treaty override*, de 2 de outubro de 1989. No documento, o Conselho da OCDE recomenda aos países membros: "*1. To undertake promptly bilateral or multilateral consultations to address problems connected with tax treaty provisions, whether arising in their own country or raised by countries with which they have tax treaties; 2. To avoid enacting legislation which is intended to have effects in clear contradiction to international treaty obligations*".

122 Nos Estados Unidos, a década dos *treaty overrides* iniciou-se com a publicação do "Foreign Investment in Real Property Tax Act" (FIRPTA), em 1980. Outras ocorrências de superação de normas de acordos de bitributação por lei interna ocorreram com a publicação do "Tax Reform Act" (TRA), de 1986, do "Omnibus Budget Reconciliation Act", de 1989 e do "Technical and Miscellaneous Revenue Act" (TAMRA), de 1988. Cf. SCHOUERI, Luís Eduardo. Op. cit. (nota 118), p. 119-121.

123 No julgamento do referido caso, afirmou-se que "*The purpose of a law to override all or part of a treaty will not be lightly assumed. It should appear clearly and distinctly from the words used in the law*". Cf. *Lee Zen Tai v. United States*, 185 U.S. 213, 221 (1902).

não se pressupõe, a menos que a lei expressamente declare a sua intenção de se sobrepor ao tratado internacional. Portanto, é necessário que haja uma lei expressa determinando o *override*.

A necessidade de previsão expressa para o *treaty override* também foi exposta no caso *Cook. v. United States*, de 1933[124], em que a Suprema Corte decidiu que *"a treaty will not be deemed to have been abrogated or modified by a later statute unless such purpose on the part of Congress has been clearly expressed"*.

A conclusão adotada pela jurisprudência norte-americana coaduna-se com o raciocínio de Vogel (e dos demais autores mencionados) exposto *acima*. Desse modo, é necessária a expressa previsão legislativa para que uma lei possa romper um tratado internacional.

A OCDE sugere, como medidas para evitar o *treaty override*, acordos mútuos entre as partes, o término ou a renegociação do tratado[125]. Sugere ainda que as partes contratantes devem estar abertas a uma revisão adequada dos tratados[126].

Há autores, no entanto, que afirmam não ser o *treaty override* um problema tão sério quanto normalmente se aponta. Avi-Yonah[127] defende tal ponto de vista, argumentando que os Estados Unidos, principal alvo do Relatório da OCDE, raramente praticam o *treaty override*.

Ademais, o *treaty override* somente ocorreria em casos justificados, fundamentando-se no propósito do tratado. Ou seja, os *treaty overrides* devem ser permitidos, segundo o autor, quando compatíveis com o duplo propósito dos tratados, que é prevenir a dupla tributação e a dupla não tributação. Nesse sentido, seria uma importante ferramenta para coibir os abusos dos tratados, desde que usada adequada e cautelosamente[128].

10.7 A relação entre o disposto em um tratado internacional e a lei interna: a máscara de Vogel

Dada a possibilidade de existência simultânea de acordos de bitributação e legislação interna, resta investigar a metodologia de trabalho do jurista, diante de uma situação concreta em Direito Tributário internacional.

Numa explicação figurativa bastante feliz, Vogel ensina que os acordos de bitributação servem como uma máscara, colocada sobre o direito interno, tapando determinadas partes deste. Os dispositivos do direito interno que continuarem visíveis (por corresponderem aos buracos recortados no cartão) são aplicáveis; os demais, não. Pouco interessa se a pesquisa inicia-se a partir da máscara ou do texto, já que o resultado é o mesmo; logicamente inexiste qualquer preferência, devendo a pesquisa seguir, caso a caso, o caminho que for mais prático[129].

---

124 Cf. *Cook v. United States*, 288 U.S. 102 (1933).

125 Menciona-se, a este respeito, a posição da França, ao exigir a inserção, no texto do próprio acordo de bitributação, de uma cláusula que permita à parte inocente, no caso de superação das normas do acordo por leis internas, denunciar o tratado. Cf. SCHOUERI, Luís Eduardo. Op. cit. (nota 118), p. 131.

126 Cf. AVI-YONAH, Reuven S. Tax treaty overrides: a qualified defense of U.S. practice. *Tax treaties and domestic law*. vol. 2. Guglielmo Maisto (ed.), 2006, p. 68.

127 Cf. AVI-YONAH, Reuven S. Op. cit. (nota 126), p. 66.

128 Cf. AVI-YONAH, Reuven S. Op. cit. (nota 126), p. 78-79.

129 Cf. VOGEL, Klaus. Op. cit. (nota 110), p. 121.

Helmut Debatin, sustentando que o direito interno serve de fundamento para o nascimento da obrigação tributária, enquanto os acordos de bitributação, como *lex specialis,* servem para limitá-la, levanta polêmica com Vogel, concluindo ser imposição lógica que primeiro se examine a *lex specialis* (os acordos). Somente depois de comprovado, a partir do acordo de bitributação, que o Estado contratante teve preservado pelo acordo seu direito de tributar ou, nos termos como os acordos costumam dispor, os rendimentos "podem ser tributados", é que se deve examinar a lei interna, para ver se, efetivamente, ocorre a tributação[130].

Respondendo às críticas, Vogel esclarece que a questão da ordem de prova, i.e., se o início da pesquisa deve se dar no direito interno ou no acordo de bitributação, não tem qualquer consequência prática, demonstrando, entretanto, que não há qualquer regra lógica que imponha um início pelos acordos nem pelo direito interno[131]. Debatin publicou uma réplica[132] que, por não trazer novos argumentos, não foi respondida por Vogel.

O tema voltou a ser tratado com cuidado por Mössner. Conforme adiantado acima, este autor, com rigor científico, alerta que no sentido restrito da metodologia jurídica não se pode falar que um acordo de bitributação seja *lex specialis* em relação à lei tributária interna. Uma norma só se coloca em relação de especialidade perante outra se apresentar uma hipótese de incidência completa, à qual acrescente requisitos adicionais. As normas dos acordos de bitributação, entretanto, são incompletas, exigindo ser completadas por meio do direito interno. Materialmente se trata, pois, de normas de exceção às regras do direito nacional. Ainda assim, conclui Mössner, no mesmo sentido de Vogel, que pouco interessa a ordem com que se enfoca a questão. Pode-se, assim, deixar de lado a regra de exceção, se estiver evidente que a situação fática não se enquadraria na regra geral. O caminho inverso, entretanto, também é viável[133]. Evidencia-se, aqui, que a polêmica criada por Debatin perde o sentido quando se conclui que não se está diante de uma lei especial, mas de uma regra que excepciona a aplicação do direito interno.

Portanto, é lícito ao jurista examinar o direito interno ou o acordo de bitributação, conforme o caso prático revelar mais fácil. Somente da (i) existência de uma norma de Direito Tributário interno, prevendo a incidência tributária no caso em análise e, cumulativamente, da (ii) ausência de norma de acordo de bitributação excluindo aquela tributação, é que se pode concluir pelo nascimento da obrigação tributária no caso concreto.

10.8 Tratados não são *lex specialis*

Chama a atenção, do raciocínio de Mössner, acima mencionado, a afirmação de que não é própria a referência a lei especial quando se fala em acordos de bitributação. Afinal, se fosse uma lei especial, o acordo se aplicaria no lugar da lei interna. Como o acordo de bitributação não cria

---

130 Cf. DEBATIN, Helmut. System und Auslegung der Doppelbesteuerungsabkommen. *Der Betrieb*, Supl. n. 23 ao Caderno n. 39, 1985, p. 1-8 (2).

131 Cf. VOGEL, Klau. Zu einigen Fragen des Internationalen Steuerrechts. *Der Betrieb,* Caderno n. 10, 1986, p. 507-509 (507).

132 Cf. in *Der Betrieb,* Caderno n. 10, 1986, p. 510-513.

133 Cf. MÖSSNER, Jörg Manfred. Neue Auslegungsfragen bei Anwendung von Doppelbesteuerungsabkommen. *Hefte zur Internationalen Besteuerung*, Hamburg, Caderno n. 38, Institut für Ausländisches und Internationales Finanz und Steuerwesen –, Univesität Hamburg, 1987, p. 7.

tributos, não há como aplicá-lo sem que a lei tributária determine uma incidência. Essa conclusão é relevante, pois, ao se admitir que os acordos de bitributação sejam leis especiais, abre-se espaço para que uma lei "mais especial" prevaleça sobre os tratados, contrariando o disposto no art. 98 do Código Tributário Nacional.

O raciocínio baseado na especialidade é perigoso: ao se aceitarem suas premissas, poder-se-ia, também, admitir que, se houvesse uma lei ainda mais especial, esta prevaleceria sobre os tratados. Ou seja: bastaria o legislador dizer que para uma específica matéria não devem ser observados os tratados, que o argumento da lei especial – e com ele o disposto no art. 98 do Código Tributário Nacional – cairia por terra.

É bom que se diga com todas as letras: não se sustenta o raciocínio baseado na especialidade. Os acordos de bitributação não veiculam normas especiais.

Afinal, normas especiais caracterizam-se por conter todos os requisitos inscritos na norma geral e mais alguns outros, que as tornam especiais. Ou seja: para que se cogite a existência de uma norma especial, importa ver se ela trata da mesma matéria que a geral, dando um tratamento particular a uma determinada situação.

Ora, a toda evidência, os acordos de bitributação não versam sobre a mesma matéria que a lei tributária interna. Basta ver que é apenas a última que institui tributos. Um acordo de bitributação não cria tributos. Não há nos acordos de bitributação qualquer instituição ou majoração de tributos. Somente a lei cumpre tal papel, à luz do Princípio da Legalidade. Se os acordos de bitributação veiculassem normas especiais, então seriam eles instrumentos suficientes para a criação de um tributo em uma situação particular. Isso não ocorre. Se não houver uma lei instituindo um tributo, o Estado não pode invocar o acordo de bitributação para exigir tributo não previsto em lei.

Poder-se-ia, com maior propriedade, argumentar – como o faz José Souto Maior Borges[134] – que o tratado internacional, por compor a ordem jurídica nacional, deve ser observado pelas leis tributárias ordinárias, já que estas integram ordens jurídicas parciais, que se submetem à primeira.

O argumento assim traçado prescinde da questão de antinomia, pressuposto do raciocínio baseado na especialidade. Afirmar que uma lei deve respeitar os limites impostos por uma norma superior não implica versarem ambas sobre a mesma matéria. Pode, entretanto, levar a uma ideia de hierarquia, que o raciocínio proposto pelo mestre pernambucano não parece exigir. Afinal, foi o próprio Souto Maior Borges quem, anos antes, já havia alertado que não cabe falar em hierarquia entre a lei complementar e a lei ordinária, já que cada qual cumpre função distinta no ordenamento[135].

De igual modo, não há sentido discutir o tema da hierarquia quando se está diante de um acordo de bitributação. Este não está "acima" ou "abaixo" da lei ordinária. Acordos de bitributação, enquanto tratados internacionais, são instrumentos por intermédio dos quais os Estados Contratantes delimitam suas próprias jurisdições tributárias. A lei ordinária, por sua vez, atua dentro do campo de cada jurisdição. A prova clara de que não há hierarquia está na obviedade de que um acordo de bitributação não se presta para criar um tributo: nos termos do Princípio da Legalidade, somente a lei pode instituir tributos. Mas por outro lado, a lei ordinária não é o

---

134 Cf. BORGES, José Souto Maior. Isenções em Tratados Internacionais de Impostos dos Estados-Membros e Municípios. In: BANDEIRA DE MELLO, Celso Antônio (org.). *Estudos em homenagem a Geraldo Ataliba*. São Paulo: Malheiros, 1997, p. 166-178.

135 Cf. BORGES, José Souto Maior. *Lei complementar tributária*. São Paulo: Revista dos Tribunais, 1975, p. 25.

veículo adequado para o Estado firmar, diante de seus parceiros na comunidade internacional, os limites de sua jurisdição.

A consequência é imediata: se um acordo de bitributação restringe a possibilidade de um Estado tributar determinada situação (limita a jurisdição tributária), então a lei que pretender alcançar aquela hipótese atuará fora da própria jurisdição, carecendo, destarte, do requisito de validade. Por outro lado, o mero fato de um acordo de bitributação reservar determinado campo para a jurisdição de um Estado não é suficiente para que se conclua pela tributação, já que apenas por intermédio de lei é que será possível nascer a tributação.

10.9 Tratados e tributos estaduais e municipais

Pelo exposto no item 10.2, acima, fica clara a resposta com relação à possibilidade de por meio de tratados internacionais, o País abrir mão de tributos de competência de Estados e Municípios. Uma vez retirada a matéria da jurisdição brasileira, não surge a competência para qualquer das pessoas jurídicas de Direito Público Interno.

A polêmica surge diante da vedação das isenções heterônomas: nos termos do art. 151, III, da Constituição Federal, é vedado à União *"instituir isenções de tributos da competência dos Estados, do Distrito Federal ou dos Municípios"*. Alegar-se-ia que tal dispositivo vedaria, igualmente, que a União, por meio de tratados internacionais, retirasse daquelas pessoas jurídicas de Direito Público seu direito de tributar determinada matéria.

Ocorre que, como visto, os tratados internacionais atuam em momento (lógico) anterior: eles limitam a própria jurisdição brasileira. Celebrado um tratado internacional, o País reconhece (ou aceita) que determinada matéria está além de sua jurisdição. Ora, se a matéria está fora do alcance do poder de tributar brasileiro, não surge sequer a competência para qualquer daquelas pessoas jurídicas de Direito Público. A Constituição, por certo, distribui competências entre aquelas pessoas; entretanto, não pode distribuir competência que ultrapassa a jurisdição.

Assim, por exemplo, os Estados têm competência para tributar a propriedade de veículos automotores; o constituinte não diz – nem precisa dizer – que, se um veículo estiver fora da jurisdição brasileira, a competência dos Estados não se estende a ele. Só há competência tributária se há jurisdição.

Isenção, por sua vez, é matéria que se faz dentro do exercício da competência: quem pode tributar pode também isentar. É esse o conteúdo do art. 151, III, da Constituição Federal. O tratado internacional – insista-se – nada isenta, já que ele atua em momento anterior, limitando a própria jurisdição brasileira.

O tema foi enfrentado pelo Supremo Tribunal Federal, o qual, por outra via, acabou chegando a idêntico resultado: viu nos tratados internacionais ato do Estado brasileiro; não seriam celebrados pela União, enquanto pessoa jurídica de Direito Público interno, mas pela República Federativa do Brasil. O Presidente da República atua como Chefe de Estado, ao assinar o tratado. Eis a ementa da decisão:

> *DIREITO TRIBUTÁRIO. RECEPÇÃO PELA CONSTITUIÇÃO DA REPÚBLICA DE 1988 DO ACORDO GERAL DE TARIFAS E COMÉRCIO. ISENÇÃO DE TRIBUTO ESTADUAL PREVISTA EM TRATADO INTERNACIONAL FIRMADO PELA REPÚBLICA FEDERATIVA DO BRASIL. ARTIGO 151, INCISO III, DA CONSTITUIÇÃO DA*

REPÚBLICA. ARTIGO 98 DO CÓDIGO TRIBUTÁRIO NACIONAL. NÃO CARACTERIZAÇÃO DE ISENÇÃO HETERÔNOMA. RECURSO EXTRAORDINÁRIO CONHECIDO E PROVIDO. 1. A isenção de tributos estaduais prevista no Acordo Geral de Tarifas e Comércio para as mercadorias importadas dos países signatários quando o similar nacional tiver o mesmo benefício foi recepcionada pela Constituição da República de 1988. 2. O art. 98 do Código Tributário Nacional "possui caráter nacional, com eficácia para a União, os Estados e os Municípios" (voto do eminente Ministro Ilmar Galvão). 3. No direito internacional apenas a República Federativa do Brasil tem competência para firmar tratados (art. 52, § 2º, da Constituição da República), dela não dispondo a União, os Estados-membros ou os Municípios. O Presidente da República não subscreve tratados como Chefe de Governo, mas como Chefe de Estado, o que descaracteriza a existência de uma isenção heterônoma, vedada pelo art. 151, inc. III, da Constituição. 4. Recurso extraordinário conhecido e provido[136].

A decisão tem o mérito, ainda, de reafirmar a constitucionalidade do art. 98 do Código Tributário Nacional, acima discutido, além de reconhecer-lhe o papel de "caráter nacional", enquanto lei complementar, confirmando o que se viu no item 4.3.1.2 deste Capítulo.

11 Convênios

Convênios são fonte de Direito Tributário. São – permita-se a metáfora na liberdade didática – *tratados entre os integrantes da Federação.*

O Código Tributário Nacional já previa convênios, em sua função meramente administrativa. A eles se fará referência juntamente com as demais "normas complementares" do art. 100. Com eles não se confundem os convênios previstos pelo art. 155, XII, "g", da Constituição, estes sim fontes relevantes para a apuração do tributo.

A importância dos convênios pode ser mais bem apreendida quando se consideram as particularidades do ICMS. É um imposto estadual, mas cuja base é o consumo. Ora, se o mercado é nacional, a existência de um imposto estadual sobre as operações relativas à circulação de mercadorias e sobre as prestações de serviço de transporte interestadual e intermunicipal e de comunicações exige especial cuidado.

Afinal, sem entrar nos detalhes do imposto, basta considerar que aos Estados não é dado diferenciar os produtos que sejam comercializados em seu território em função de sua procedência ou destino (art. 152 da Constituição Federal). Evidencia-se, assim, os riscos a que se submete o próprio mercado nacional se um produto, em transação interestadual, vier com carga tributária inferior àqueles produzidos no próprio mercado destinatário. Instaura-se a guerra fiscal e corrompe-se a própria Federação.

Esse risco não passou despercebido pelo Constituinte. Viu ele que seria necessário um mecanismo para impedir que um Estado, unilateralmente, concedesse favores fiscais a seus produtores, dando-lhes indevida vantagem competitiva em suas transações interestaduais.

136 STF, RE n. 229.096-RS, Tribunal Pleno, rel. Min. Ilmar Galvão, rel. p/Acórdão Min. Cármen Lúcia, j. 16.08.2007, D.J. 10.04.2008.

Por essa razão, encontra-se previsão, na Constituição Federal (art. 155, XII, "g") para a lei complementar "regular a forma como, mediante deliberação dos Estados e do Distrito Federal, isenções, incentivos e benefícios fiscais serão concedidos e revogados".

Na verdade, já no regime anterior ao de 1988 havia esta possibilidade e, por tal razão, a Lei Complementar n. 24/1975 disciplinava esta questão. Sua extensão se revela já em seu art. 1º:

> *Art. 1º As isenções do imposto sobre operações relativas à circulação de mercadorias serão concedidas ou revogadas nos termos de convênios celebrados e ratificados pelos Estados e pelo Distrito Federal, segundo esta Lei.*
>
> *Parágrafo único. O disposto neste art. também se aplica:*
>
> *I – à redução da base de cálculo;*
>
> *II – à devolução total ou parcial, direta ou indireta, condicionada ou não, do tributo, ao contribuinte, a responsável ou a terceiros;*
>
> *III – à concessão de créditos presumidos;*
>
> *IV – a quaisquer outros incentivos ou favores fiscais ou financeiro-fiscais, concedidos com base no Imposto de Circulação de Mercadorias, dos quais resulte redução ou eliminação, direta ou indireta, do respectivo ônus;*
>
> *V – às prorrogações e às extensões das isenções vigentes nesta data.*

Os convênios são celebrados em reuniões dos Secretários da Fazenda de todos os Estados, em colegiado denominado Confaz, presidido pelo Ministro da Fazenda. Como o § 2º do art. 1º acima prevê que tais benefícios se concederão mediante deliberação unânime dos Estados representados, fica evidente o cuidado em instituir um mecanismo que evitasse a guerra fiscal entre os Estados.

Com a promulgação da Emenda Constitucional n. 33/2001, os convênios ganharam também a função de fixar alíquotas do ICMS nas operações com combustíveis e lubrificantes, sujeitas a incidência única do imposto (art. 155, § 4º da Constituição Federal).

12 Decretos

Aos Decretos se refere o art. 96 ao arrolar os instrumentos da "legislação tributária". O art. 99, por sua vez, limita o papel deste instrumento, ao afirmar:

> *Art. 99. O conteúdo e o alcance dos decretos restringem-se aos das leis em função das quais sejam expedidos, determinados com observância das regras de interpretação estabelecidas nesta Lei.*

Dá a impressão o referido dispositivo de que o ordenamento tributário brasileiro apenas conhece o decreto regulamentar. Aliás, é a própria Constituição que, ao versar sobre a competência do Presidente da República, em seu art. 84, prevê caber-lhe (inciso IV) sancionar, promulgar e fazer publicar as leis, bem como expedir decretos e regulamentos para sua fiel execução. Dali se extrai ser função dos decretos e regulamentos promover a fiel execução das leis, nada mais.

Não se deve entender desprezível a função regulamentar dos Decretos. O operador do direito – e em especial do Direito Tributário – encontra nos regulamentos ferramenta utilíssima para a compreensão do ordenamento vigente. Por meio de tais regulamentos, o Chefe do Executivo compila as leis em vigor, apresentando-as em uma ordem que facilita o entendimento sistemático da legislação tributária.

A importância desses regulamentos pode ser extraída do art. 212 do Código Tributário Nacional:

> *Art. 212. Os Poderes Executivos federal, estaduais e municipais expedirão, por decreto, dentro de 90 (noventa) dias da entrada em vigor desta Lei, a consolidação, em texto único, da legislação vigente, relativa a cada um dos tributos, repetindo-se esta providência até o dia 31 de janeiro de cada ano.*

Assim é que surgem os regulamentos, como o Regulamento do Imposto de Renda, Regulamento do Imposto sobre Produtos Industrializados e tantos outros. Lamentável é a constatação de que o mandamento acima não vem sendo cumprido em sua inteireza, urgindo que os Poderes Executivos cumpram a exigência de reedição dos regulamentos.

Uma leitura atenta do texto constitucional, entretanto, revela que não se limita à função regulamentar o papel dos Decretos. Afinal, é por meio deles que se expressa o Chefe do Poder Executivo. E foi o próprio constituinte que autorizou o Executivo, posto que nos limites da lei, a fixar as alíquotas dos impostos aduaneiros, sobre produtos industrializados e sobre operações de crédito, câmbio, seguros, títulos e valores mobiliários (art. 153, § 1º, da Constituição Federal). Daí, pois, o Decreto que ultrapassa os limites do mero regulamento.

A ideia de Decreto meramente regulamentar encanta. Passa ao contribuinte a ideia de que, de fato, sua relação com o Fisco se rege segundo o que foi previsto pelo legislador. Espera-se que o Decreto não inove. Tem-se, assim, respeitado, em sua inteireza, o Princípio da Legalidade, um dos pilares do Direito Tributário moderno.

A realidade da legislação tributária, entretanto, revela que não são tão claras as linhas que marcam as divisas da atuação do Executivo. Afinal, regulamentar uma lei não é meramente reproduzir o que o próprio legislador disse. O ato do Executivo implicará, para que seja dotado de alguma utilidade, certa concretização da vontade do legislador. Por certo o Decreto não haverá de ser norma individualizada; espera-se, entretanto, que o Decreto sirva de indicação, para o contribuinte, acerca do entendimento que o Chefe do Executivo tem acerca da matéria.

Caso exemplar dessa situação limítrofe foi enfrentado pelo Supremo Tribunal Federal, quando do julgamento da constitucionalidade dos decretos que, a pretexto de regulamentar a Lei n. 7.787/89 e a Lei n. 8.212/91, fixaram, por atividade, as alíquotas do Seguro de Acidente do Trabalho (SAT). Com efeito, o art. 22 da Lei n. 8.212/91 havia previsto as alíquotas do SAT em 1, 2 ou 3% do total das remunerações pagas pela empresa, conforme em sua atividade preponderante fosse leve, médio ou grave o risco de acidentes do trabalho. Havia, portanto, alíquotas determinadas por lei. Entretanto, a mesma lei não dizia o que seriam as atividades cujo risco se consideraria leve, médio ou grave. Essa definição acabou por ser encontrada por meio de decreto. Na posição firmada pelo Supremo Tribunal Federal, em voto do Ministro Carlos Velloso[137], entendeu o Plenário que uma tal situação seria de decreto *intra legem*. No mesmo julgamento, registra-se a opinião da Ministra Ellen Gracie, que entendeu satisfatória a definição da alíquota em razão do grau de risco a que se sujeita a atividade preponderante da empresa, sustentado que os conceitos de "atividade preponderante" e "grau de risco leve, médio ou grave" eram passíveis de serem complementados por decreto, ao

137 STF, RE n. 343.4462-SC, Tribunal Pleno, rel. Min. Carlos Velloso, j. 20.03.2003, D.J. 04.04.2003.

regulamentar a previsão legislativa, já que "não se está modificando os elementos essenciais da contribuição, mas delimitando conceitos necessários à aplicação concreta da norma".

Exemplo interessante do papel do decreto em Direito Tributário também foi dado pelo Supremo Tribunal Federal no julgamento de caso em que o Executivo municipal atualizou o valor venal de imóveis, base de cálculo do Imposto sobre a Propriedade Predial e Territorial Urbana (IPTU) fixada por lei, em valor acima do índice oficial de inflação acumulada no período[138]. Não hesitaram os Ministros em acompanhar o Ministro Relator Gilmar Mendes para afirmar que "a majoração do valor venal dos imóveis para efeito da cobrança de IPTU não prescinde da edição de lei, em sentido formal, exigência que somente se pode afastar quando a atualização não excede os índices inflacionários anuais de correção monetária". Afinal, vindo a relação de valores venais definidas genericamente pela própria lei, parece claro não haver espaço para o decreto dispor em contrário ao que estabeleceu o próprio legislador.

Merece maior atenção, contudo, a reflexão proposta pelo Ministro Luís Roberto Barroso, aventando "se não poderia o legislador, mediante uma delegação, com parâmetros objetivos razoáveis e controláveis, delegar ao Executivo uma atualização que pudesse extrapolar, em certos casos, a mera correção monetária". A consideração ganhou o apoio do Ministro Luiz Fux, para quem o Princípio da Legalidade, em havendo "uma lei formal permitindo essa alteração anual", não impediria o expediente proposto, uma vez que o decreto "vai se limitar para o valor venal do imóvel, que é esse que deve servir de base de cálculo", prevista em lei.

Ou seja, na hipótese levantada pelos Ministros, a lei reconheceria o valor venal do imóvel como base de cálculo do IPTU, permitindo ao Executivo identificar, a cada ano, aquele valor, assim concretizando o mandamento legal. Como percebeu o Ministro Teori Zavascki, tratar-se-ia "da fixação em concreto, caso a caso, do valor do tributo, inclusive a base de cálculo, que pode ser por ato administrativo", contanto que respeitado o critério legal (valor venal). Para o Ministro, o que não caberia ao decreto seria a fixação em abstrato da base de cálculo – os próprios "critérios gerais" –, sempre "submetidos ao princípio da legalidade estrita".

Longe de meramente reproduzir a dicção da lei, o decreto concretizaria o comando legal, tornando viável o levantamento anual do valor venal atualizado dos imóveis. Sem, por isso, violar o Princípio da Legalidade em matéria de tributos, estudado no Capítulo VII.

13 Normas complementares

O art. 100 do Código Tributário Nacional se refere a uma série de "normas complementares", que também se encontram inseridas pelo art. 96 entre aquelas que compõem o conceito de "legislação tributária". Eis seu teor:

Normas complementares

Art. 100. São normas complementares das leis, dos tratados e das convenções internacionais e dos decretos:

I – os atos normativos expedidos pelas autoridades administrativas;

138 STF, RE n. 648.245-MG, Tribunal Pleno, rel. Min. Gilmar Mendes, j. 01.08.2013, D.J. 24.02.2014.

II – as decisões dos órgãos singulares ou coletivos de jurisdição administrativa, a que a lei atribua eficácia normativa;

III – as práticas reiteradamente observadas pelas autoridades administrativas;

IV – os convênios que entre si celebrem a União, os Estados, o Distrito Federal e os Municípios.

Parágrafo único. A observância das normas referidas neste art. exclui a imposição de penalidades, a cobrança de juros de mora e a atualização do valor monetário da base de cálculo do tributo.

Deve-se atentar para que não se confunda a expressão "normas complementares", empregada pelo Código Tributário Nacional, com a "lei complementar", de que se falou acima. Sempre é bom ter em mente que o Código foi escrito em época em que nem sequer existia a categoria das leis complementares e por tal razão não se pode censurar o emprego da expressão nesse texto.

Percebe-se que as "normas complementares" têm uma importância enorme em matéria tributária, quando se lê o parágrafo único, acima reproduzido: sua observância implica a garantia, para o contribuinte, de que ficará afastada qualquer penalidade, juros ou correção monetária, na hipótese de o tributo ser devido, mas não recolhido por sua causa.

Eis um cuidado do legislador que evidencia o zelo com que laborou: considera ele a hipótese em que o tributo seja devido, mas o contribuinte tenha sido levado a erro por ter observado uma das "normas complementares". Não seria aceitável a punição do contribuinte que segue a "legislação tributária". Por tal razão, o contribuinte que a segue tem a seu favor a garantia de que não sofrerá qualquer lesão. Outrossim, as "normas complementares", não tendo o *status* de lei, não poderiam dispensar o tributo, já que este é instituído por uma lei e, portanto, somente outra lei o afastaria. Assim, se da lei decorre a exigência de um tributo, este será recolhido. Se a "norma complementar" o entendia indevido, o contribuinte que a segue não é punido.

O art. 100, parágrafo único, do Código Tributário Nacional surge, portanto, como garantia ao contribuinte que segue as "normas complementares" de que estas apenas virão a seu benefício.

13.1 Atos normativos

A primeira categoria de "normas complementares" a que se refere o Código Tributário Nacional são os atos administrativos, expedidos em caráter geral, pelas autoridades competentes. São as portarias, instruções etc. Elas são dirigidas pelo superior hierárquico a seus subordinados. A estes, não resta alternativa senão obedecê-los, já que, afinal, são ordens, sujeitas ao princípio hierárquico. O contribuinte não está subordinado às autoridades administrativas, tendo sua obrigação oriunda da lei. Entretanto, como já foi apontado acima, só vem a bem do contribuinte que tais atos administrativos sejam publicados, pois o contribuinte que os observa – mesmo tendo dúvidas quanto a seu acerto – tem a seu favor a garantia de que não sofrerá qualquer punição ou acréscimo (nem mesmo atualização monetária!) caso se venha a entender devido o tributo não recolhido por orientação daqueles atos normativos.

13.2 Decisões dos órgãos singulares ou coletivos de jurisdição administrativa a que a lei atribua eficácia normativa

Deve-se atentar que meras decisões de órgãos julgadores administrativos não são as "normas complementares" a que se refere o Código. Apenas aquelas cuja eficácia normativa seja assegurada por lei é que ali estariam.

Assim, por faltar lei federal que dê eficácia normativa às decisões administrativas, em processos administrativos em geral não pode o contribuinte invocar, como razão para a adoção de determinado comportamento, o fato de um colegiado administrativo, em determinado caso, ter adotado tal entendimento. A tal contribuinte não virá em socorro o parágrafo único do art. 100 do Código Tributário Nacional. Sua adoção consistente, entretanto, poderá indicar "prática reiterada", como se verá abaixo.

Tratando-se de solução de consulta Cosit ou solução de divergência, seu efeito vinculante é assegurado no âmbito da Secretaria da Receita Federal do Brasil, respaldando o sujeito passivo que a aplicar, independentemente de ser o consulente, nos termos do art. 9º da Instrução Normativa (RFB) n. 1.396/2013, na redação dada pela Instrução Normativa (RFB) n. 1.434/2013.

13.3 Práticas reiteradamente observadas pelas autoridades administrativas

O dispositivo em questão desmente aqueles que creiam que o costume não possa ser incluído entre as fontes do Direito Tributário. O costume administrativo, desde que evidenciado, é "norma complementar", merecendo a proteção do parágrafo único do art. 100 do Código Tributário Nacional.

A comprovação do costume pode dar-se como se demonstram quaisquer fatos. Não é necessário que a prática seja publicada no Diário Oficial para que dela se conheça, embora, evidentemente, quando a autoridade cuida de tornar público seu entendimento, este servirá de prova do costume administrativo. Também reiteradas "Decisões" publicadas no Diário Oficial, costumeiras antes de que fosse dado às soluções de consulta o efeito vinculante relatado acima, que de todo modo refletiam respostas das autoridades a consultas formuladas por contribuintes, serviam de prova da prática administrativa. Do mesmo modo, se uma repartição seguidamente adota certo procedimento, torna-se ele costumeiro, gerando a expectativa do contribuinte no sentido de que assim se faz.

Mesmo na atividade de lançamento, o costume pode se fazer presente. Se um contribuinte evidencia que há anos adota determinada prática e esta jamais foi contestada pela fiscalização, embora esta tenha tomado conhecimento de sua ocorrência (ou deva, razoavelmente, ter tomado num trabalho rotineiro de fiscalização), consubstancia-se o costume. Aliás, tamanha é a força do costume, nesse caso, que o art. 146 do Código Tributário Nacional chega a determinar que "a modificação introduzida, de ofício ou em consequência de decisão administrativa ou judicial, nos critérios jurídicos adotados pela autoridade administrativa no exercício do lançamento somente pode ser efetivada, em relação a um mesmo sujeito passivo, quanto a fato gerador ocorrido posteriormente". Ou seja: em tal caso, não só não se exige a penalidade; o próprio tributo é indevido.

13.4 Convênios internos

Finalmente, são normas complementares os convênios entre as administrações tributárias. Estes não se confundem com os convênios a que se refere a Lei Complementar n. 24/75. Têm mera função de cooperação na arrecadação, podendo, por isso mesmo, autorizar a extraterritorialidade da lei tributária (art. 102 do Código Tributário Nacional).

14 Uma última palavra sobre o costume: sua importância no cenário internacional

Viu-se que o costume surge, no Código Tributário Nacional, como fonte inserida entre as "normas complementares"; nesse sentido, sua importância, conquanto não seja desprezível, não pode ser equiparada a outras fontes arroladas no mesmo texto normativo. Quando, entretanto, se considera a questão sob a perspectiva internacional, então não se pode deixar de apontar a importância que o costume apresenta na limitação da jurisdição e, por conseguinte, do próprio poder tributário do Estado.

Já quando foram examinados os tratados, apresentou-se proposta no sentido de serem eles fonte direta para o Direito Tributário visto que por meio deles se encontra a limitação da jurisdição tributária dos Estados. Afirmou-se naquela oportunidade que a lei tributária apenas vigora nos limites da jurisdição, e esta não se define na própria lei, mas por instrumento próprio. O texto constitucional, foi visto, reconhece os tratados como instrumento para tal limitação.

Tratados e convenções internacionais são um fenômeno relativamente recente no Direito Internacional. O costume internacional, que por séculos foi sua fonte preponderante, somente se viu superado pela positivação sistemática, por meio de tratados, a partir do século XIX[139]. Celso de Albuquerque Mello[140], citando dados estatísticos de Gonçalves Pereira e Fausto Quadros, mostra que de 1500 a.C. a 1860 foram concluídos 8.000 tratados. De 1947 a 1984, foram firmados quase 40.000 tratados e de 1984 a 1992 contaram-se cerca de 10.000 tratados.

Diante de tal constatação, surge a importância de examinar o costume internacional, enquanto fonte do Direito Tributário. Sua importância não deve ser desprezada, quando se lê no art. 38 do Estatuto da Corte Internacional de Justiça, que o direito consuetudinário é fonte para suas determinações, ao lado dos tratados internacionais e os princípios de direito geralmente reconhecidos pelas nações civilizadas.

Embora poucos, há costumes que se podem apontar já reconhecidos e inseridos na ordem internacional. Em trabalho escrito logo após a Segunda Guerra, Manlio Udina defendia alguns limites subjetivos e objetivos à tributação. Como exemplo dos limites subjetivos, cita-se a impossibilidade de um Estado tributar outras pessoas jurídicas de direito público internacional (estendendo-se, por cortesia ou por tratados, aos agentes diplomáticos). Um limite objetivo poderia ser encontrado na

139 Cf. RODAS, João Grandino. Alguns problemas de Direito dos Tratados, relacionados com o Direito Constitucional à luz da Convenção de Viena. Separata do volume XIX do *Suplemento do Boletim da Faculdade de Direito da Universidade de Coimbra*, 1972, p. 14.

140 Cf. MELLO, Celso de Albuquerque. *Curso de Direito Internacional Público*. 12. ed., vol. 1. Rio de Janeiro: Renovar, 2000, p. 207-208.

liberdade de trânsito, que comporta o direito de passagem através do território em tempos de paz, daí se impedindo a tributação[141].

Esses exemplos, embora isolados, não deixam de ter importância já que revelam um papel ao costume em matéria tributária. Afinal, não fosse o costume internacional a fixar a jurisdição, como explicar que nenhum país ouse tributar o tráfego aéreo, quando a aeronave apenas atravessa seu território, sem dali decolar ou ali se destinar? Em matéria de Direito Tributário internacional, o costume pode ser apontado como fonte jurídica para o princípio da territorialidade, que exige que o Estado busque um elemento de conexão para fundamentar sua pretensão tributária[142].

141 Cf. UDINA, Manlio. *Il Diritto Internazionale Tributario*. Padova: CEDAM, 1949, p. 139-184.

142 Cf. SCHOUERI, Luís Eduardo. Princípios no Direito Tributário Internacional: territorialidade, fonte e universalidade. In: FERRAZ, Roberto (coord.). *Princípios e limites da tributação*. São Paulo: Quartier Latin, 2005, p. 321-374.

capítulo III

Tributo

1 A noção de tributo como receita

No estudo histórico da tributação, viu-se que o tributo acompanhou a própria evolução da civilização. De um instrumento de opressão e preço de liberdade dos antigos até instrumento da liberdade coletiva do Estado do Século XXI, houve por certo uma mudança nas relações entre o soberano e seus súditos. O que no passado se achava legítimo, como decorrência das conquistas da guerra, hoje seria intolerável. Nos dias atuais, não mereceria a denominação "tributo" tal instrumento de opressão. O surgimento do Estado de Direito definitivamente exigiu que o poder de tributar se conformasse aos ditames constitucionais, dando origem ao Direito Tributário. Resta saber, pois, o que o Estado de Direito reconhece como um tributo.

1.1 Receitas originárias e receitas derivadas

A existência do Estado Fiscal está atrelada à existência de tributos. Na medida do agigantamento das tarefas estatais, cabe ao ordenamento prever os meios para o Estado financiar seus gastos. Cogita-se, aqui, obtenção de receita pública.

A receita pública, por sua vez, pode decorrer de alguma riqueza produzida pelo próprio Estado. A riqueza assim gerada terá origem numa atividade do Estado (preços públicos) ou será uma remuneração pelo emprego de patrimônio público (juros sobre empréstimos públicos, *royalties* pelo uso de bens públicos etc.). Em qualquer dos casos, vê-se que o Estado, agente econômico que atua no mercado, está gerando riquezas, i.e., os valores assim recebidos pelo Estado constituem um acréscimo de riqueza para o País. Diz-se, assim que se está diante de *receitas originárias* do Estado. Opõem-se a estas as *receitas derivadas*, que, como será visto adiante, implicam transferência ao Estado de riqueza *gerada* pelo particular.

Embora as *receitas originárias* jamais tenham perdido sua importância, é verdade que com a própria evolução do Estado, desde que pereceu o feudalismo, até os dias atuais, o Estado foi diminuindo, aos poucos, seu quinhão na produção de riquezas. Afinal, se no Estado Patrimonial, do início da era moderna, o príncipe buscava seus recursos em seu próprio patrimônio, a retirada paulatina do Estado do papel de agente econômico fez crescer a necessidade de outras fontes de financiamento.

1.2 Taxa e preço público: uma necessária distinção

Importa saber quando se está diante de um verdadeiro tributo ou de mero preço público. Não se trata de distinção meramente teórica, vale dizer, já que o regime brasileiro conhece a taxa, espécie de tributo, que se sujeita ao regime jurídico tributário (com toda a rigidez própria desse instituto), enquanto os preços públicos, não. Assim, por exemplo, o pagamento de uma taxa exigirá que se observe, dentre outros mandamentos a serem estudados adiante, a Anterioridade, que exigirá um intervalo entre a lei que a institua ou aumente e sua cobrança; já o preço pode ser exigido imediatamente. Por outro lado, a cobrança de tributos goza de privilégios que não se estendem a créditos não tributários, como o são os preços públicos (por exemplo, numa falência, os créditos tributários têm preferência em relação aos quirografários).

Não basta apontar o caráter contraprestacional, portanto, para distinguir taxas de preços públicos. Embora estes, enquanto *receita originária*, tenham tal caráter, não há como negar que alguns tributos (*receita derivada*) também o têm, como se vê nas taxas. Estas são tributos que podem ser cobrados não só pelo exercício do poder de polícia estatal, mas igualmente em virtude de uma prestação de serviços (efetiva ou potencial) pelo Estado. Por exemplo, o valor que se paga a uma repartição consular para a autenticação de um documento produzido no exterior é uma taxa. Assim, há, pelo menos, uma espécie tributária (a taxa) que tem caráter contraprestacional. Como, pois, saber se há um tributo ou mero preço público?

Vários são os critérios que se apontam para a distinção entre taxas (receita derivada) e preços públicos (receita originária): (i) compulsoriedade; (ii) vantagem econômica; (iii) essencialidade do serviço; e (iv) presença do mercado.

A jurisprudência finca no (i) caráter não compulsório do preço público seu caráter distintivo[1]. Tomada essa distinção enquanto exigibilidade de seu pagamento, este elemento não pode ser tido por confiável. Afinal, também é compulsório o pagamento do preço para quem compra um bem ou toma um serviço, mesmo que prestado por um particular. Daí por que somente pode ser relevante a compulsoriedade, quando existente em virtude da atividade que lhe deu origem, mas independente da vontade das partes. Ou seja: compulsório é o preço, se o particular contratar com o Estado (como, aliás, qualquer obrigação de natureza privada o é; não há, entretanto, compulsoriedade na contratação); o tributo, entretanto, tem sua compulsoriedade decorrente da atuação do Estado, independentemente de qualquer contratação[2]. A manifestação de vontade é irrelevante. Ninguém contrata um serviço compulsório: ele deve, por força de lei, ser tomado. No exemplo do visto consular, acima referido, é a lei que impõe a autenticação para a prática de certos atos; não há contratação (encontro de vontades), mas submissão a um requisito legal de validade de um documento. Assim entendeu o Superior Tribunal de Justiça, quando examinou o valor exigido pelo uso compulsório de pátio que dá acesso a terminal alfandegário[3].

A vantagem econômica do particular (ii) também é apontada como critério: prestações estatais de natureza econômica que proporcionam uma vantagem ou um proveito à contraparte mediante a satisfação de sua necessidade, também econômica, se retribuem, em princípio, com um preço

1 STF, Súmula n. 545: *Preços de serviços públicos e taxas não se confundem, porque estas, diferentemente daquelas, são compulsórias e têm sua cobrança condicionada a prévia autorização orçamentária, em relação à lei que as instituiu.*

2 Cf. BECHO, Renato Lopes. Taxa, tarifa e preço no Direito Público Brasileiro. *Revista Dialética de Direito Tributário*, n. 167, ago. 2009, p. 107.

3 STJ, REsp n. 220.004-RS, rel. Min. Garcia Vieira, j. 14.09.1999, D.J. 11.10.1999: *Tributário. Fiscalização aduaneira. Estadia e pesagem de veículos de carga. Terminal alfandegário. Taxa. É taxa, e não preço público, a exação correspondente ao uso compulsório de pátio que dá acesso a terminal alfandegário.*

(tarifas portuárias, porte postal, matrícula etc.). São atividades que o Estado toma a seu cargo por razões de oportunidade ou conveniência, que podem ser cumpridas em regime de livre concorrência ou de monopólio, diretamente, por sociedades de economia mista ou em concessão[4]. Tais serviços poderiam ser prestados, com monopólio ou sem ele, por empresas particulares, dispensando o poder coativo reservado ao Estado, por não envolver ato de autoridade pelo emprego da força efetiva[5].

Outro elemento apontado pela doutrina para a distinção (iii) é que os preços públicos, por não se vincularem a liberdades fundamentais, remuneram serviços não essenciais do Estado[6]. Nesse sentido, um serviço essencial do Estado será prestado independentemente da vontade do particular. Se essencial, deve ser oferecido e o particular obrigatoriamente o tomará. Esse aspecto é relevante quando se tem em conta que *um serviço essencial não pode deixar de ser oferecido em virtude de inadimplência do contribuinte*. Se este não paga o tributo, asseguram-se ao Estado os meios próprios para sua exigência; intolerável, entretanto, será o Estado deixar de prestar serviço essencial. Ou seja: embora o tributo remunere os gastos estatais, estes deverão ocorrer mesmo sem aquele pagamento, já que se trata de serviço público. No preço público é diferente: a falta de pagamento permite que o prestador do serviço (mesmo que seja o Estado) recuse o fornecimento.

Pode ainda ser útil para a distinção (iv) a presença, ou não, do mercado: preço público é receita que o Estado aufere no mercado, enquanto agente econômico; o tributo independe do mercado.

Um exemplo de preço público pode ser encontrado no aluguel que se paga a um centro de exposições municipal, para a realização de uma feira. O particular contrata aquela locação. De igual modo, se particulares são convidados a juntar-se à comitiva presidencial em visita a um país estrangeiro, arcando com o valor de suas passagens; posto que em aeronave oficial, o valor assim cobrado terá a natureza de preço público. Tampouco são taxas os valores cobrados por exploração, pelo particular, de bem da União[7].

São taxas, por outro lado, as custas e emolumentos judiciais: o acesso à Justiça é um serviço essencial e o particular não celebra um contrato para que o Judiciário venha em seu socorro[8]. Brandão Machado utiliza argumento decisivo a esse respeito: "se as custas judiciais são preço público, então teríamos de admitir que os litigantes que procuram a Justiça contratam com o Poder Judiciário a prestação do serviço judicial, que é então vendido pelo Estado. O preço público pressupõe necessariamente a contratualidade, que, no caso, não pode existir, por absurdo"[9].

A consularização de documentos também é uma exigência legal (portanto: compulsória) para que produzam efeitos no País os papéis lavrados no exterior; sua contraprestação será uma taxa.

Caso que gera dúvida é o valor cobrado a título de taxa de esgoto. A jurisprudência, no passado, acabou por conferir-lhe natureza jurídica de preço público, baseando-se em dispositivo do antigo texto constitucional que autorizava a União a cobrar por seus bens e serviços. Nesse sentido, haveria uma

---

4 Cf. COSTA, Ramón Valdés. *Curso de Derecho Tributario.* 2. ed. Buenos Aires: Depalma; Santa Fe de Bogotá: Temis; Madrid: Marcial Pons, 1996, p. 69.

5 Cf. BALEEIRO, Aliomar. *Uma introdução à ciência das finanças.* 17. ed. revista e atualizada por Hugo de Brito Machado Segundo. Rio de Janeiro: Forense, 2010, p. 158.

6 Cf. TORRES, Ricardo Lobo. *Curso de Direito Financeiro e Tributário.* 15. ed. Rio de Janeiro: Renovar, 2008, p. 189.

7 STF, ADI n. 2.586-DF, Tribunal Pleno, rel. Min. Carlos Velloso, j. 16.05.2002, D.J. 01.08.2003: tratando de "taxas" previstas n. Código de Mineração, entendeu o Plenário que *não se tem, no caso, taxa, no seu exato sentido jurídico, mas preço público decorrente da exploração, pelo particular, de um bem da União.*

8 STF, ADI n. 1.444-PR, Tribunal Pleno, rel. Min. Sydney Sanches, j. 12.02.2003, D.J. 11.04.2003.

9 Cf. MACHADO, Brandão. Princípio da Legalidade e tributo. *Repertório IOB de Jurisprudência*, n. 12/95, jun. 1995, p. 212-216.

fundamentação não tributária para a cobrança[10]. Isso implica não ser necessária lei para que se delibere um aumento. Essas decisões, destacadas de seu contexto constitucional, acabaram tornando-se o que o Supremo Tribunal Federal denomina "jurisprudência desta Corte", que seria no sentido de ter *"como preço público, e, portanto, tarifa, o quantitativo cobrado a título de água e esgoto"*[11]. O assunto não parece bem decidido. Afinal, a atividade estatal visa assegurar um direito fundamental e o saneamento é de interesse público. Se com relação à água poderia haver alguma dúvida, no caso de esgotos, a saúde pública é que exige que se afastem as fossas abertas, dando-se preferência à rede de esgotos. Havendo tal rede, não pode o particular dela abrir mão. Há interesse público que impõe que todos adotem as medidas sanitárias exigidas para o convívio social. Por isso mesmo, sua utilização é mandatória. Mais que isso: sua prestação é compulsória. Não parece tolerável que o Estado, na qualidade de mero fornecedor de um serviço, interrompa a coleta de esgoto de um inadimplente. Por certo poderá ele cobrar seus créditos, mas o serviço é essencial para a saúde pública. Ou seja: o valor a ser cobrado pelo esgoto tem natureza de taxa, podendo ser cobrado pelo serviço prestado ou posto à disposição, porque de natureza compulsória e não contratual. Se a lei torna compulsório o uso de um bem, ou o cobra coativamente, porque pôs o serviço à disposição dos moradores ou proprietários de certo local, não há razão para afastar sua natureza tributária[12]. Interessante, nesse sentido, ver que a Lei n. 11.445/2007, ao dispor que o serviço de abastecimento de água e esgoto é *preferencialmente* cobrado por preços públicos ou tarifas, parece abrir a possibilidade de que se cobre por meio de taxas, se a contratação do serviço for obrigatória. Tal será o caso onde houver rede de água e esgoto, já que o art. 45 da mesma lei exige a ligação da edificação a tal serviço, vedada a alimentação com outras fontes (art. 45, § 2º)[13].

Não convence o raciocínio que vem guiando a jurisprudência do Supremo Tribunal Federal para sustentar a natureza de preço público. Veja-se o seguinte trecho de ementa de acórdão da 2ª Turma do Supremo Tribunal Federal, até hoje repetido:

> *A exigência do convívio coletivo impõe ao Estado a organização de serviços gerais. Os problemas relativos a esses serviços nascem de necessidades comuns e se o Estado tem delas a iniciativa é pela natureza das funções sociais que exerce. Nada fazendo para ganhar dinheiro o Estado colabora para a manutenção de financiamento dos mesmos serviços em benefício de todos. Desses serviços derivam as rendas industriais do Estado. Desse modo, tudo quanto cair na rubrica das rendas industriais do Estado é preço público (...)*
> *As contraprestações cobradas pelo Departamento Sanitário do Estado pelos usuários das redes de água e de esgoto do Recife são preço público, pois nem toda contribuição por serviços prestados é, conforme está no art. 30 da Constiuição que diz competir à União, ao Distrito Federal, aos Estados e Municípios, cobrar contribuição de melhoria, taxas e quaisquer outras rendas que possam provir*

10 Veja-se o seguinte trecho do Ministro Hermes Lima, relator: "*No caso em apreço, o que me parece fundamental é que a renda, a contribuição que o Estado aufere pelos serviços de saneamento, esta renda é de natureza inteiramente industrial e recai, assim, no item III, do art. 30, da Constituição. A renda industrial é paga retribuindo o preço de um serviço. O simples fato dele poder ser obrigatório, não caracteriza a respectiva retribuição como taxa, porque a obrigatoriedade decorre, nitidamente, das vantagens asseguradas pelo Estado, sobretudo quando o serviço é monopolístico*". Embargos no RE n. 54.194 PE, Tribunal Pleno, rel. Ministro Hermes Lima, j. 25.03.1965, D.J. 23.06.1965. No mesmo sentido, RE n. 54.491 PE, Tribunal Pleno, rel. Min. Pedro Chaves, j. 03.05.1965, D.J. 16.06.1965.

11 STF, AgRg no RE n. 429.664 1 SC, rel. Min. Cezar Peluso, j. 07.03.2006, D.J. 24.03.2006. No mesmo sentido, Embargos de Declaração no RE n. 447.536 SC, rel. Min. Carlos Velloso, 28.06.2005, D.J. 26.08.2005.

12 Cf. BALEEIRO, Aliomar. Op. cit. (nota 5), p. 163.

13 Cf. BEZERRA, Fábio Luiz de Oliveira. Tributação dos recursos hídricos. *Revista Dialética de Direito Tributário*, n. 168, set. 2009, p. 39.

do exercício de suas atribuições e da utilização de seus bens e serviços. A contraprestação pela utilização da rede de águas e esgotos corresponde à utilização de um bem e serviço instalado e operado pelo Estado. A renda dessas contraprestações não vem da taxa, mas de um pagamento que, na técnica fiscal e administrativa, denomina-se preço público. Além disso, a cobrança determinada pelo Departamento de Saneamento do Estado estava autorizada pela Lei n. 3.821, de 21.12.60[14].

Para que se compreenda o teor do acórdão, vale ver o seguinte trecho do voto do Relator:

"O critério da obrigatoriedade para a taxa e da voluntariedade para o serviço público é, desde o primeiro exame, muito simplista. O que torna compulsória a aceitação e pagamento do serviço na ordem pública são as exigências do interesse coletivo. (...)
Assim, toda casa situada onde passa rede d'água é obrigada a abastecer-se da rede. É obrigada também a servir-se da rede de esgoto. De onde vem essa obrigatoriedade? Da soberania do Estado? Não parece. Decorre, antes de tudo, das exigências do convívio coletivo. Este convívio impõe regras de organização de serviços gerais, a que o Estado não pode ficar indiferente, mas o motivo delas não está na força de uma compulsoriedade política típica do Poder Público. O Estado é aí, pela capacidade representativa de que está investido e pela superioridade de meios que controla, o agente dos interesses gerais da saúde, do bem-estar, do conforto. Exatamente por ser tal agente, ele não poderia permanecer indiferente a tais problemas. Os problemas são de todos, nasceram de necessidades comumente sentidas, mas o Estado tem deles a iniciativa pela natureza das funções sociais que lhe são atribuídas e reconhecidas pela sociedade de que é o fiador. Colocar Estado e cidadãos, no que concerne ao bem-estar social, numa rígida posição de credor e devedor é falsear os pressupostos de convivência, relacionando as duas partes – público e Estado – como categorias separadas, que só se encontram no terreno recíproco do que receberam e pagaram. Ora, a questão neste ponto gira em torno de uma característica muito especial. O Estado nada faz para ganhar dinheiro. Não é comerciante. Ele organiza serviços para a comodidade e o conforto geral. Colabora para a manutenção e financiamento dos mesmos, em benefício de todos. Daí, derivam as chamadas rendas industriais do Estado. A meu ver, tudo quanto cair na rubrica das rendas industriais do Estado é preço público, (...) Ora, a contraprestação pela utilização da rede de águas e de esgotos corresponde à utilização de bem e serviço instalados e operados pelo Estado. A renda dessas contraprestações não vem de taxas, mas de um pagamento que, na técnica fiscal- administrativa, se denomina preço público. A renda assim obtida é classificada como renda industrial. (...)".

Curiosamente, o Relator fez uma distinção na própria compulsoriedade: haveria aquela que decorreria da soberania do Estado e, nesse caso, estar-se-ia diante de uma taxa. Outros serviços prestados pelo Estado, conquanto igualmente compulsórios, não refletiriam a "compulsoriedade política típica do Poder Público" e, nesse caso, posta igualmente a obrigatoriedade de sua utilização, haveria mero serviço público.

É importante que se diga que essa distinção não pode ser tida por óbvia. Basta dizer que na véspera da decisão acima reproduzida, da lavra da Segunda Turma do Supremo Tribunal Federal, a Primeira Turma lavrara Acórdão em sentido diametralmente inverso. Eis a ementa da decisão da véspera:

Taxa de água e esgoto.
É uma taxa típica, como tal apontada pela generalidade dos Mestres de direito financeiro e direito tributário: assim, sua majoração depende de lei. (...)

14 STF, RE n. 54.491-PE, 2ª Turma, rel. Min. Hermes Lima, j. 15.10.1963, D.J. 17.12.1963.

Diferença entre taxas e preços contratuais de serviços públicos (tarifas).
O problema não se modifica por se tratar de uma autarquia porque, ao constituí-la, o Estado personificou esse órgão da administração local, houve uma descentralização, mas com isso não se alienou o caráter público do serviço, trata-se de órgão paraestatal, a quem o Estado cede uma parte do seu imperium.
A destinação especial não descaracteriza os tributos. Tornam-se, então, tributos ligados, conforme a terminologia alemã. O fato de ser delegado ao tributo a um serviço descentralizado a uma autarquia não lhe altera a natureza.
Se a taxa não deixa de o ser pelo fato de só se tornar devida quando voluntariamente utilizado o serviço, força é concordar que, quando imposta por motivos de interesse público (saúde, higiene etc.) independentemente daquela utilização, o seu caráter tributário se torna indiscutível.
Na taxa, há um benefício especial mensurável e um interesse público predominante.
No preço público, o pagamento é feito por um serviço ou mercadoria do governo, em primeiro lugar para um benefício especial do indivíduo e secundariamente no interesse da comunidade.
Não há como equiparar à taxa de água e esgoto as chamadas taxas correspondentes à utilização de aeroportos (Decreto-lei n. 9.792, de 1946), que o Supremo Tribunal Federal considerou preços públicos (tarifas), conforme as denomina o próprio Decreto-lei em vários de seus preceitos[15].

Como se vê, não é exato afirmar que nos idos de 1963 houvesse consenso na "jurisprudência da Corte" com relação à natureza da taxa de esgoto; tampouco a distinção no item compulsoridade, conforme o serviço público fosse algo "típico" da política do Estado pode ser tomada como critério seguro.

Evidenciando a controvérsia, deve ser citada outra decisão do Plenário do Supremo Tribunal Federal, quando foi Relator o Ministro Moreira Alves. Versava o caso sobre taxa de lixo, cobrada pelo Município do Rio de Janeiro, quando o relator reconheceu que o serviço visava atender em primeiro lugar à saúde pública (interesse da coletividade), sendo um serviço básico. Apontou que a evidência de que o serviço em questão era público era o fato de que, diferentemente do que se esperaria numa relação contratual, mesmo que o referido valor não fosse pago, não haveria corte do serviço, para não haver prejuízos à coletividade. Provocado pelo Ministro Cordeiro Guerra, que invocara o precedente da taxa de água, considerada mero preço público pelo Supremo Tribunal Federal, o Ministro Moreira Alves respondeu que não se questionava se água é essencial à vida ou não, mas sim *"se o indivíduo, diante do serviço público prestado pelo Estado, tem, pelo menos, o direito de não usar dele, sem sofrer punição por isso"*. Comparou ao caso do serviço de eletricidade que, conquanto importante, não é de uso compulsório, nada impedindo que alguém opte pela iluminação a gás; também a água poderia ser obtida por outros meios, que não a fornecida pelo Poder Público. No caso da remoção de lixo, evidenciado que o Poder Público proibia qualquer outra forma de remoção, caracterizava-se o tributo, não preço público[16].

Daquele mesmo Acórdão, Luciano da Silva Amaro extraiu o entendimento de que: "(a) o legislador não pode optar livremente entre taxa e preço público; (b) que o regime jurídico deve ser o de taxa sempre que se pretenda cobrar a exação pelo mero uso potencial; (c) que a circunstância de uma taxa só se cobrar pelo uso efetivo do serviço não a desnatura; (d) que os serviços "propriamente" públicos, os quais o Estado tem o dever de prestar (e, por isso, são "obrigatórios" para o Poder Público), só se compadecem com a noção de taxa; (e) que esses serviços (obrigatórios para o Estado) não

15 STF, RE n. 54.194-PE, 1ª Turma, rel. Min. Luiz Gallotti, j. 14.10.1963, D.J. 31.10.1963.
16 STF, RE n. 89.876-RJ, Tribunal Pleno, rel. Min. Moreira Alves, j. 04.09.1980, D.J. 10.10.1980.

podem ser interrompidos, mesmo que o particular deixe de pagar a taxa, pois a interrupção atinge o interesse da coletividade"[17]. A partir de tal leitura, o autor sugere que haja serviços que necessariamente devem ser remunerados por taxas, enquanto noutros, a adoção de taxa ou preço público é opcional:

> *Em suma, há situações em que o legislador (à vista da execução pelo Estado de um serviço divisível) só* tem a via da taxa. Noutros casos, para os quais seja possível o preço público, *o legislador pode optar entre adotar o regime jurídico das taxas ou o dos preços públicos. Se institui a* taxa *(por opção ou porque não é aplicável o regime de preços), a exação sujeita-se ao* regime jurídico respectivo: *princípio da legalidade, princípio da anterioridade, restrições quanto à base de cálculo (CF, art. 145, § 2º) etc. Se adotado o regime jurídico de* preço público *(nos casos em que o Estado não esteja adstrito a utilizar a taxa, é óbvio), sua cobrança dependerá do que estipular o contrato com os indivíduos que solicitarem a prestação do serviço*[18].

A solução proposta é criativa, ao admitir a possibilidade de o legislador criar taxas mesmo quando não precisaria fazê-lo. Não resiste, entretanto, ao questionamento que se poderá fazer sobre a cobrança de um tributo em situação não prevista pelo Ordenamento. Afinal, adotado sem a devida cautela o entendimento acima expressado, um serviço de mercado poderia, por decisão do legislador, ser remunerado por taxa. O que não fica esclarecido é se, a partir daí, o serviço deixaria de ser mercado, sendo sua prestação compulsória pelo Estado. Ou seja: se o "contribuinte" não pagasse a "taxa", o Estado poderia deixar de prestar o serviço?

Um exemplo pode evidenciar o dilema: considere-se que um município resolva prestar serviços de borracharia, em regime de Direito Privado. Entretanto, o legislador resolva instituir uma "taxa" por tal serviço. Acaso o particular que deixasse de pagar a "taxa" continuaria a fruir o serviço, alegando que este se tornara público e, portanto, de prestação compulsória? Havendo agentes no mercado que oferecem o mesmo serviço, ainda assim seria possível sustentar que, no caso do borracheiro municipal, o que se paga é uma taxa?

A ideia, posto que atraente, não resolve o paradoxo que se apresentará sempre que houver uma cobrança que o legislador chame de "preço público" mas que, por suas características, pareça ser uma taxa: não é a opção do legislador que trará uma taxa ou um preço público; por mais tênues que sejam os limites entre a taxa e o preço público, os critérios acima apresentados haverão de ser empregados para, afinal, o intérprete/aplicador decidir pela natureza jurídica da cobrança e, a partir daí, definir o regime constitucional aplicável.

Dada essa análise jurisprudencial, poder-se-ia, por conseguinte, estender o raciocínio ao caso dos pedágios. Sendo o valor cobrado pelo uso de um bem público ou, quando muito, por um serviço público, poder-se-ia cogitar se seria um tributo ou mero preço público.

Não erraria aquele que, baseado na diferenciação entre receita originária e derivada, incluísse o pedágio na categoria dos preços públicos. Este, aliás, o melhor posicionamento. Afinal, conquanto importantes as estradas, seria ousadia incluí-las entre as proteções a direitos fundamentais. Tampouco se cogitaria utilização compulsória.

A evolução histórica do pedágio revela que este já se revestiu tanto da natureza de tributo como de preço público. A esse respeito, vejam-se as preciosas lições de Brandão Machado[19]:

---

17 Cf. AMARO, Luciano da Silva. *Direito Tributário brasileiro*. 15. ed. São Paulo: Saraiva, 2009, p. 43.

18 Cf. AMARO, Luciano da Silva. Op. cit. (nota 17), p. 45-46.

19 Cf. MACHADO, Brandão. Op. cit. (nota 9).

> *Cobrado no Brasil-Colônia e no Império, sob diferentes condições, o pedágio ficou proibido na Constituição Republicana de 1891, ao vedar esta cobrança de impostos de trânsito pelo território de um Estado, ou na passagem de um para outro, sobre produtos de outros Estados, e bem assim sobre veículos que os transportassem (art. 11, in. 1º). As Constituições de 1934 e 1937 mantiveram a vedação. Mas a Constituição de 1946 permitiu expressamente a cobrança de pedágio, destinado a indenizar despesas de construção, conservação e melhoramento de estradas (art. 27).*
>
> *V – Com apoio no permissivo constitucional, o Estado de São Paulo instituiu primeiramente a taxa de rodágio (Lei n. 13, de 22.11.1947) e, logo depois, a taxa de pedágio para a Via Anchieta (Lei n. 43, de 31.12.1947). Anos depois, a cobrança do pedágio passou a ser feita em todas as estradas paulistas pavimentadas (Lei n. 2.481, de 31.12.1953). O pedágio era uma taxa (portanto, um tributo) com previsão constitucional e a sua instituição estava numa lei. Obedecia, portanto, ao Princípio da Legalidade.*
>
> *VI – A Emenda Constitucional n. 18, de 1º.12.1965, que reformulou o sistema tributário brasileiro, suprimiu qualquer referência ao pedágio. O cotejo entre o texto da Constituição de 1946 e o texto da Emenda Constitucional n. 18 mostra claramente o intuito do reformador. Dizia o texto da Constituição de 1946:*
>
> > *Art. 27. É vedado à União, aos Estados, ao Distrito Federal e aos Municípios estabelecer limitações ao tráfego de qualquer natureza por meio de tributos interestaduais ou intermunicipais, ressalvada a cobrança de taxas, inclusive pedágio, destinadas exclusivamente à indenização das despesas de construção, conservação e melhoramento de estradas.*
>
> *A Emenda Constitucional n. 18, de 1965, em seu artigo:*
>
> > *Art. 1º É vedado à União, aos Estados, ao Distrito Federal e aos Municípios:*
> >
> > *(...)*
> >
> > *III – estabelecer limitações ao tráfego, no território nacional, de pessoas ou mercadorias, por meio de tributos interestaduais ou intermunicipais.*
> >
> > *VII – Esse mesmo texto foi reproduzido no art. 9º do Código Tributário Nacional. A supressão da ressalva para a cobrança do pedágio significou que essa exação não era mais conceituada como tributo, fato confirmado pelo relatório da Comissão incumbida da Reforma Tributária de 1965 (...).*

E assim conclui Brandão Machado:

> *Se o pedágio era uma taxa para o constituinte de 1946, deixou de sê-lo para o reformador de 1965. Considerando a natureza do serviço público que a receita do pedágio se destina a remunerar, o pedágio não tem de ser necessariamente um tributo, pois a construção, manutenção e exploração de rodovias não têm de constituir tarefa necessária do Estado, como o são as tarefas de administrar a justiça, elaborar o direito, de manter a ordem pública, e outras, consideradas essencialmente estatais. O pedágio pode, portanto, ser taxa ou preço público, dependendo tão só da opção do legislador constitucional.*

Não obstante, a leitura do inciso V do art. 150 da Constituição Federal parece apontar para a opção do constituinte por conferir ao pedágio natureza tributária. Confira-se:

> Art. 150. Sem prejuízo de outras garantias asseguradas ao contribuinte, é vedado à União, aos Estados, ao Distrito Federal e aos Municípios:
>
> (...)
>
> V – estabelecer limitações ao tráfego de pessoas ou bens, por meio de tributos interestaduais ou intermunicipais, ressalvada a cobrança de pedágio pela utilização de vias conservadas pelo Poder Público.

À evidência, quando o constituinte veda a cobrança de tributos interestaduais ou intermunicipais, não teria por que ressalvar a cobrança de pedágio, se este não pudesse ser, para o constituinte, um tributo interestadual ou intermunicipal. Se o constituinte fez a ressalva foi porque conferiu ao pedágio a possibilidade de ter natureza tributária. Poderia tal entendimento apontar que não estava compromissado com a legislação infraconstitucional que antecedeu o texto de 1988.

A jurisprudência, de início, adotou o posicionamento doutrinário mais consistente, afirmando o Supremo Tribunal Federal, em Plenário unânime, conquanto em decisão cautelar, a natureza de mero preço público do pedágio[20].

Entretanto, o mesmo Supremo Tribunal Federal, por sua 2ª Turma, manifestou o entendimento de que o "selo pedágio" seria uma taxa, não um preço público. O voto do Ministro Relator, Carlos Velloso, fundamenta seu entendimento exatamente no fato de o constituinte ter incluído o pedágio no capítulo tributário:

> Primeiro que tudo, deixo expresso o meu entendimento no sentido de que o pedágio, objeto da causa, é espécie tributária, constitui-se numa taxa. O fato de ter sido o pedágio tratado no Sistema Tributário Nacional exatamente nas limitações ao poder de tributar – CF, art. 150, V – é significativo. Ora, incluído numa ressalva a uma limitação à tributação, se fosse preço, a ressalva não teria sentido. É dizer, se está a Constituição tratando de limitações à tributação, não haveria sentido impor limitação a um preço (tarifa) que tem caráter contratual, assim incluído no regime de direito privado[21].

Tendo em vista que o pedágio, por sua natureza, poderia revestir-se das características de preço público, mas, por outro lado, o constituinte a ele se refere como tributo, parece razoável propor entendimento de que o pedágio poderia, ou não, ter aquela característica, conforme as circunstâncias do caso concreto: se o serviço não fosse compulsório (por exemplo, se houver outras vias para o particular e este, por comodidade, escolhe a pedagiada), então seria preço público; se a via fosse o único meio de acesso a determinada localidade, então estaria caracterizada a compulsoriedade e, portanto, terá o pedágio natureza tributária.

Uma vez caracterizada uma receita originária, não se exigiriam os rigores dos tributos.

Esta posição intermediária foi, entretanto, rechaçada quando o assunto voltou ao Plenário do Supremo Tribunal, por ocasião do julgamento definitivo da ADI 800, acima referida. Naquele momento, já se tinha passado muito tempo desde a decisão cautelar relatada pelo Ministro Ilmar Galvão, assim como também já se tinha conhecimento do tema do "selo pedágio". Daí o interesse pelo posicionamento da Corte, que teve a seguinte ementa:

> *TRIBUTÁRIO E CONSTITUCIONAL. PEDÁGIO. NATUREZA JURÍDICA DE PREÇO PÚBLICO. DECRETO 34.417/92, DO ESTADO DO RIO GRANDE DO SUL. CONSTITUCIONALIDADE.*
>
> *1. O pedágio cobrado pela efetiva utilização de rodovias conservadas pelo Poder Público, cuja cobrança está autorizada pelo inciso V, parte final, do art. 150 da Constituição de 1988, não tem natureza jurídica de taxa, mas sim de preço público, não estando a sua instituição, consequentemente, sujeita ao princípio da legalidade estrita.*
>
> *2. Ação direta de inconstitucionalidade julgada improcedente*[22].

20 STF, ADI n. 800-5-RS, Tribunal Pleno, rel. Min. Ilmar Galvão (Medida Cautelar), j. 26.11.1992, D.J. 18.12.1992.

21 STF, RE n. 194.862-1-RS, 2ª Turma, rel. Min. Carlos Velloso, j. 04.05.1999, D.J. 25.06.1999.

22 STF, ADI n. 800-RS, Tribunal Pleno, rel. Min. Teori Zavascki, j. 11.06.2014, D.J. 01.07.2014.

No voto do Relator, vê-se que se conhecia a polêmica gerada em torno do selo pedágio. Entretanto, o Ministro Teori Zavascki viu "profundas diferenças" entre aquele e o pedágio, já que enquanto este somente se cobra se e quando houver efetiva utilização da rodovia, o primeiro era exigido em valor fixo, independentemente do número de vezes em que se utilizasse a estrada. Daí negar-se a aplicação daquele precedente ao caso do pedágio. O Ministro Zavascki também se manifestou sobre a importância da existência de uma via alternativa – que evidenciaria a não compulsoriedade –, entendendo tal elemento como irrelevante, por não ser prevista nem na Constituição nem no texto da lei ordinária. A argumentação do Ministro foi no sentido de ser *certo que a cobrança de pedágio pode importar, indiretamente, em forma de limitar o tráfego de pessoas. Todavia, essa mesma restrição, e em grau ainda mais severo, se verifica quando, por insuficiência de recursos, o Estado não constrói rodovias ou não conserva adequadamente as que existem. Consciente dessa realidade, a Constituição Federal autorizou a cobrança de pedágio em rodovias conservadas pelo Poder Público, inobstante a limitação de tráfego que tal cobrança possa eventualmente acarretar.*

No seu voto, o Ministro Zavascki citou o precedente da 2ª Turma do Supremo Tribunal Federal, relatado pelo Ministro Hermes Lima, acima referido, no qual se discutira a natureza do pagamento por água e esgoto e onde se teria firmado a questão da compulsoriedade. Merece nota que enquanto se faz longa transcrição daquele voto, nenhuma palavra é dita a respeito da decisão da véspera, da 1ª Turma, em sentido oposto. Outro precedente citado, bem mais recente, referia-se ao encargo emergencial de energia elétrica criado pela Lei n. 10.438/2002, cuja natureza de preço público foi confirmada pelo Plenário no RE 576.189-RS. Nesse caso, não havia compulsoriedade para a utilização do serviço, não servindo daí de baliza para a discussão que ora se trava.

Infelizmente, o julgado relatado pelo Ministro Teori Zavascki, que poderia ser relevante informação sobre o tema, não gerou debates no Plenário, nada se encontrando além do voto do relator. Três ministros se encontravam ausentes, o que contribui para o esvaziamento da discussão. Basta dizer que no caso concreto, o Governador do Estado informara que havia vias alternativas, o que por si esvaziaria o tema da compulsoriedade da utilização do serviço.

Em síntese, não erra aquele que apontar o precedente da ADI 800 para afirmar que o Plenário do Supremo Tribunal Federal negou a natureza tributária ao pedágio, sem dar relevância à questão da existência das vias alternativas. Entretanto, ao jurista caberá notar as circunstâncias do caso concreto, quando havia vias alternativas, o que evidenciava não ser compulsória a utilização do serviço. Se o precedente concernente a água e esgoto pode ser relevante – como o foi no caso citado –, a decisão sobre taxa de lixo, em sentido oposto, não pode ser desconsiderada. Não tendo tido o precedente repercussão geral, mantém-se em aberto a discussão, até que o Plenário do Supremo Tribunal Federal venha de vez a se posicionar sobre o assunto.

A falta de um precedente não impede que se adote um posicionamento, posto que sujeito a se modificar, conforme venha a decidir aquele Tribunal. Deve-se ver que existem vários critérios para a definição de uma taxa. Não poderá errar aquele que afirmar que serviços públicos que decorram do exercício da soberania do Estado são remunerados por taxa, não por preço público. Afinal, estar-se-á diante de pretensão do particular que se caracteriza como direito fundamental e que não pode ser negada pelo Estado. Antes da utilização compulsória, tem-se a própria prestação compulsória, irrecusável pelo Estado. Não há, daí, preço, mas taxa.

A extensão dos serviços públicos é outro tema tormentoso na determinação concreta da existência de preços públicos ou taxas.

Afinal, tampouco se pode negar que o Estado assume atividades em mercado, cuja remuneração se dá por preço. A exclusividade da prestação não é elemento suficiente, já que o Estado pode até mesmo atuar em regime de monopólio, sem que, por isso, se revele serviço público.

Que dizer, entretanto, de serviços públicos que não se prestam em regime de mercado? É importante que se veja que nem todos serão por isso mesmo remunerados por taxa. Assim, encontrar-se-ão serviços (públicos) de transporte aéreo ou comunicações. Sua natureza pública decorre do próprio texto constitucional (art. 21), sem por isso implicarem taxa. Talvez seja esse o ponto a que se referia o Ministro Hermes Lima, quando utilizou a expressão "compulsoriedade política típica do Poder Público". Essa "compulsoriedade" caracteriza a taxa e não o serviço público.

Retoma-se, em síntese, o conceito de "compulsoriedade", restando ver o que será a "compulsoriedade típica". No precedente relatado pelo Ministro Hermes Lima, essa "compulsoriedade" parece implícita. Esse raciocínio, entretanto, não parece satisfatório. Mais adequado – esse é o posicionamento que ora se toma – é a compulsoriedade por força de lei: se o legislador tornar compulsória a tomada do serviço público, não se oferecendo ao particular outra alternativa, então haverá taxa, descabendo cogitar preço público. Se não é compulsória a utilização do serviço público, então sua remuneração se dá por tarifas. A compulsoriedade da prestação, outrossim, se complementa com a recíproca: a irrenunciabilidade da prestação. Se o serviço é remunerado por taxa, então é expressão da atuação do Estado, que não pode recusar sua prestação ou condicioná-la a pagamento. Não é preço. Não é contrato. O cidadão se vale da atuação do Estado exclusivamente por sua natureza pública, irrenunciável. Se o Estado se faz remunerar por taxa, nem por isso se tem um contrato. Se não paga a taxa, claro que o Estado pode se valer dos meios próprios para a execução de seu crédito. Não pode, entretanto, deixar de assegurar ao cidadão a prestação que surge de uma relação de direito público, inconfundível com um contrato.

Claro está que essa solução desloca a discussão para outro patamar, a saber, em que casos o legislador pode tornar compulsória a utilização de um serviço público, sem ferir suas garantias fundamentais (ou, ao contrário, para assegurá-las). Entretanto, não se encontrando fundamentação para questionar a compulsoriedade do serviço, não há como afastar a natureza de taxa.

1.3 Outras receitas originárias

Além dos preços públicos, o ordenamento conhece outras receitas originárias que não são, por isso, tributos.

Na mesma categoria das receitas originárias se encontram juros, laudêmios, foros e outros preços cujas causa jurídica e legitimidade se encontram nos contratos que o Estado celebra[23]. Exemplo é a chamada "taxa de ocupação de terreno de marinha". Como bem entendeu o Tribunal Regional Federal da 4ª Região, "a 'taxa' em questão não tem como fato gerador o exercício regular do poder de polícia (...). Também não se trata de utilização efetiva ou potencial de serviço específico e divisível, prestado ao contribuinte ou posto a sua disposição. A ocupação de bem de uso dominical pelo administrado (que se aproxima de um contrato de locação ou de uma enfiteuse) não é uma utilidade ou comodidade que diga respeito a necessidades ou comodidades básicas da sociedade. (...); a taxa de ocupação é devida como retribuição pelo uso de bem público, é remuneração pelo uso da coisa, devido a um acordo entre a União e o ocupante"[24].

23 Cf. COÊLHO, Sacha Calmon Navarro. *Curso de Direito Tributário brasileiro*. Rio de Janeiro: Forense, 2006, p. 422.

24 TRF da 4ª Região, Questão de Ordem em RO n. 1999.040.101.162.62-SC, 2ª Turma, rel. Juíza Tânia Terezinha Cardoso e Escobar, j. 22.03.2001, D.J. 06.06.2001.

1.3.1 A compensação financeira por exploração de recursos minerais

Também se considera receita originária a compensação financeira a que se refere o art. 20, § 1º, da Constituição Federal. O referido dispositivo assegura "aos Estados, ao Distrito Federal e aos Municípios, bem como a órgãos da administração direta da União, participação no resultado da exploração de petróleo ou gás natural, de recursos hídricos para fins de geração de energia elétrica e de outros recursos minerais no respectivo território, plataforma continental, mar territorial ou zona econômica exclusiva, ou compensação financeira por essa exploração". Essa compensação financeira está disciplinada pela Lei n. 7.990/89. A ideia de compensação financeira relaciona-se com a exploração pelo Estado, de seu próprio patrimônio. É, nesse sentido, resquício do Estado patrimonial, recebendo, daí, natureza originária.

Com relação à citada compensação, muito se discute acerca de sua natureza, tendo em vista que o legislador ordinário utilizou-se de termos do Direito Tributário, tais como "fato gerador" e "lançamento", podendo fazer crer que se trataria essa compensação de um tributo[25]. O argumento deve ser rejeitado, já que não é o nome, mas o regime jurídico, que define a natureza de um instituto.

Não sendo a referida compensação um tributo, surge a questão quanto a sua natureza, surgindo a possibilidade de se defender possuir a exação natureza contratual: ela seria devida pelo concessionário em função do contrato de concessão firmado com a União. Esse raciocínio deve ser afastado de pronto, já que sua exigência independe de acordo entre as partes; o seu pagamento é devido por determinação constitucional, e de acordo com parâmetros fixados em lei ordinária[26].

Outra posição adotada é a de que a CFEM possui natureza indenizatória. É o que defende, dentre outros[27], Regina Helena Costa. Para a autora, Estados, Distrito Federal, Municípios e órgãos da administração direta da União são partes estranhas ao contrato de concessão, mas que têm garantido o ressarcimento em decorrência da exploração mineral ocorrida em seu território. O caráter indenizatório da compensação financeira em comento, portanto, decorreria do prejuízo sofrido pelos entes que sofrem a exploração mineral em seu território[28].

Mais convincente é Alberto Xavier quando critica veementemente esse posicionamento. De acordo com o seu entendimento, não se pode defender a natureza indenizatória da CFEM, em primeiro lugar, porque a expressão "compensação financeira" usada pela Constituição não tem qualquer relação com um dano sofrido por uma entidade pública[29]. Ademais, prossegue o autor, os recursos minerais são bens da União, de modo que não seria justificável uma atribuição de direito a indenização a outros entes federativos, que não são titulares de tais recursos, por uma suposta

25 Cf. PEIXOTO, Frederico Augusto Lins; MACHADO, Victor Penido. A CFEM como tributo (CIDE). In: SILVA, Paulo Roberto Coimbra da (coord.). *Compensação financeira pela exploração de recursos minerais. Natureza jurídica e questões correlatas*. São Paulo: Quartier Latin, 2010, p. 162.

26 Cf. COSTA, Regina Helena. A natureza jurídica da compensação financeira pela exploração de recursos minerais. *Revista Trimestral de Direito Público*, n. 13, 1996, p. 128; SEIXAS FILHO, Aurélio Pitanga. Natureza jurídica da compensação financeira pela exploração de recursos minerais. In: ROCHA, Valdir de Oliveira (coord.). *Grandes questões atuais do Direito Tributário*. vol. 2. São Paulo: Dialética, 1998, p. 32.

27 Cf. LEITE, Camila de Morais; MARCUCI, Roberta Borella. A CFEM como indenização ambiental. In: SILVA, Paulo Roberto Coimbra da (coord.). *Compensação financeira pela exploração de recursos minerais*. Natureza jurídica e questões correlatas. São Paulo: Quartier Latin, 2010, p. 103.

28 Cf. Op. cit. (nota 26), p. 128. LEÃO, Jardel Meireles. A CFEM como indenização administrativa, p. 90.

29 Cf. XAVIER, Alberto. Natureza jurídica e âmbito de incidência da compensação financeira por exploração de recursos minerais. *Revista Dialética de Direito Tributário*, n. 29, 1998, p. 15.

perda de recursos naturais verificada em seus respectivos territórios[30]. Por fim, Alberto Xavier sustenta não ser possível falar em prejuízo da União em função da perda de recursos minerais, já que a razão da atribuição da propriedade federal sobre tais recursos consiste justamente em modo de garantir que sua exploração seja feita de forma racional e ordenada pelos particulares[31].

Também o Supremo Tribunal Federal já se manifestou acerca da natureza jurídica da CFEM, como preço público[32], no julgamento do Recurso Extraordinário n. 228.800-5/DF. No processo em questão, a empresa recorrente defendia que o instituto criado pela Lei n. 7.990/89 não correspondia a uma compensação financeira. Tal alegação baseava-se principalmente no fato de que a lei ordinária, ao eleger como base de cálculo da CFEM o faturamento da mineradora, teria desvinculado a compensação financeira do desfalque patrimonial que deveria ser sua origem. O faturamento, dessa forma, não seria grandeza capaz de espelhar a diminuição patrimonial sofrida pelo beneficiário da CFEM. Assim, tendo a CFEM natureza de imposto, o contribuinte defendia que a referida exação não era legítima, por ter sido criada em desconformidade com as disposições dos arts. 154, inciso I, e 155, § 3º, da Constituição Federal.

O Ministro Relator Sepúlveda Pertence, em voto que foi seguido unanimemente, rejeitou o entendimento acima exposto. Para o ministro, o fato de a participação nos resultados ou a compensação financeira prevista no art. 20, § 1º, da Constituição, ser prestação pecuniária compulsória instituída por lei não faz dela, necessariamente, um tributo. Primeiro, porque o instituto em questão não está previsto no capítulo da Constituição Federal dedicado ao sistema tributário, mas no § 1º do art. 20 do texto constitucional, que trata justamente dos bens da União, o que evidenciaria a natureza patrimonial[33] da receita auferida com a sua arrecadação. Ademais, como defendeu o Ministro Sepúlveda Pertence, a CFEM tem como causa a exploração de recursos minerais, bens integrantes do patrimônio da União, enquanto os impostos são espécie de tributo não vinculado a qualquer contraprestação estatal.

No entendimento confirmado pelo Supremo Tribunal Federal, a CFEM não seria uma verdadeira compensação financeira, mas uma participação no resultado da exploração, alternativa igualmente prevista no art. 20, § 1º, da Constituição Federal. Isso porque uma legítima compensação deveria vincular-se aos problemas que a exploração de recursos minerais acarreta, tais como os de natureza ambiental, social e econômica, e não à perda de tais recursos.

1.3.2 Compensação financeira pela exploração de recursos hídricos

Raciocínio análogo ao acima parece estender-se à compensação financeira pela exploração de recursos hídricos para geração de energia elétrica (CFERH), cujo fundamento se encontra no art. 20, § 1º, da Constituição Federal e que foi instituída, inicialmente, pelo art. 2º da Lei n. 7.990/89, cobrada

30 Cf. Op. cit. (nota 29), p. 15. No mesmo sentido, afirma Heleno Taveira Tôrres: "O regime jurídico atribuível ao uso de bens públicos inibe este tipo de conclusão. Os bens são todos da União, não cabendo, pois, qualquer espécie de indenização aos Estados, Distrito Federal ou Municípios. Se alguém possuir qualquer legitimidade para pretender alguma indenização, em face de inundações, lavras, prospecção etc., este será o proprietário do imóvel afetado, pessoa física ou jurídica. Não outro, como antecipa a própria legislação".

31 Cf. Op. cit. (nota 29), p. 15.

32 Cf. no mesmo sentido SILVA, Paulo Roberto Coimbra; PIRES, Gabriela Cabral. A CFEM como preço público. In: SILVA, Paulo Roberto Coimbra da (coord.). *Compensação financeira pela exploração de recursos minerais.* Natureza jurídica e questões correlatas. São Paulo: Quartier Latin, 2010, p. 125.

33 Em igual sentido, cf. LEITE, Camila de Morais; CALIJORNE, Gabriella Matarelli Pereira. A CFEM como contraprestação pelo uso de bem público. In: SILVA, Paulo Roberto Coimbra da (coord.). *Compensação financeira pela exploração de recursos minerais.* Natureza jurídica e questões correlatas. São Paulo: Quartier Latin, 2010, p. 80.

à razão de 6% sobre o valor da energia produzida pelas concessionárias de energia elétrica e arrecadada em favor dos Estados, Distrito Federal e Municípios em cujos territórios estivessem as instalações voltadas à produção de energia.

Atualmente, a CFERH encontra-se regulada pelo art. 17 da Lei n. 9.684/98, alterado pelo art. 28 da Lei n. 9.984/2000, sendo cobrada à razão de 6,75%; além das pessoas jurídicas de Direito Público acima referidas, também a União passou a participar daquela remuneração.

Posto que indiretamente (já que o tema versava sobre a possibilidade de o Tribunal de Contas do Rio de Janeiro fiscalizar a aplicação de recursos recebidos por exploração), o Plenário do Supremo Tribunal Federal acabou por se manifestar acerca da natureza jurídica não tributária da CFERH[34]. Vide, nesse diapasão, trecho do voto do Ministro Sepúlveda Pertence que, conquanto longo, é elucidativo acerca da natureza de tais compensações:

> *A disciplina da matéria, de modo significativo, não se encontra no capítulo do sistema tributário, mas em parágrafo do art. 20 da Constituição que trata dos bens da União, a evidenciar a natureza patrimonial da receita a auferir.*
>
> *Por outro lado, diferentemente do que ocorre em relação aos impostos – espécie tributária não vinculada a qualquer contraprestação estatal –, tanto a participação nos resultados como a CFEM têm a sua causa – direta ou indireta, como se verá – na exploração de recursos hídricos, para fins de geração de energia elétrica, e minerais – bens integrantes do patrimônio da União (CF, art. 20, VIII e IX).*
>
> *Com razão, desse modo, a decisão recorrida e o parecer do Ministério Público, ao afirmarem o caráter não tributário das receitas previstas no art. 20, § 1º, da Constituição.*
>
> *Tenho, no entanto, que a obrigação instituída pela L. 7.990/89 não corresponde ao modelo constitucional.*
>
> *Essa compensação financeira há de ser entendida em seu sentido vultar de mecanismo destinado a recompor uma perda, sendo, pois, essa perda o pressuposto e a medida da obrigação do explorador.*
>
> *A que espécie de perda, porém, se refere implicitamente a Constituição?*
>
> *Não, certamente, à perda dos recursos minerais em favor do explorador, pois, nesse caso, a compensação financeira, para compensá-la efetivamente, haveria de corresponder à totalidade dos recursos minerais explorados – o que inviabilizaria a sua exploração econômica privada. Nem corresponde, muito menos, à "perda" dos potenciais de energia elétrica, que, sendo inesgotáveis, não sofrem qualquer diminuição ao serem explorados. Em todo caso, não seria lógico compensar os Estados, o Distrito Federal e os Municípios pela perda de bens que não lhes pertencem, mas exclusivamente à União.*
>
> *A compensação financeira se vincula, a meu ver, não à exploração em si, mas aos problemas que gera.*
>
> *Com efeito, a exploração de recursos minerais e de potenciais de energia elétrica é atividade potencialmente geradora de um sem-número de problemas para os entes públicos, especialmente para os municípios onde se situam as minas e as represas. Problemas ambientais – como a remoção da cobertura vegetal do solo, poluição, inundação de extensas áreas, comprometimento da paisagem e que tais –, sociais e econômicos, advindos do crescimento da população e da demanda por serviços públicos.*
>
> *Além disso, a concessão de uma lavra e a implantação de uma represa inviabilizam o desenvolvimento de atividades produtivas na superfície, privando Estados e Municípios das vantagens delas decorrentes.*
>
> *Pois bem. Dos recursos despendidos com esses e outros efeitos da exploração é que devem ser compensadas as pessoas referidas no dispositivo.*

---

34 STF, MS n. 24.312 1-DF, Tribunal Pleno, rel. Min. Ellen Gracie, j. 19.02.2003, D.J. 19.12.2003.

1.3.3 "Royalties" e outros pagamentos por exploração de petróleo e gás

A Lei n. 9.478/97 prevê, em seu art. 45, o pagamento de "participações governamentais" pela exploração de petróleo e gás natural, administradas pela Agência Nacional do Petróleo, Gás Natural e Biocombustíveis (ANP) e arrecadada em favor dos Estados, dos Municípios e de órgãos da União Federal. Seu fundamento é o mesmo § 1º do art. 20 da Constituição Federal, o que denuncia sua natureza não tributária.

As participações previstas pela Lei n. 9.478/97 são os "bônus de assinatura", pagos pela empresa vencedora de licitação para exploração de petróleo e gás natural (art. 45, I), os "royalties" (art. 45, II), a participação especial, como adicional aos "royalties" (art. 45, III) e o pagamento pela ocupação ou retenção da área (art. 45, IV).

1.3.4 Ingressos por atividades comerciais

Finalmente, podem ser apontadas como receitas originárias aquelas dos ingressos comerciais, como monopólios, empresas estatais e loteria[35]. Mais uma vez, tem-se o Estado valendo-se de seus meios para produzir riqueza. Não há transferência de riqueza do particular para o Estado.

Houve quem incluísse entre as receitas originárias o valor cobrado pela União para a confecção de selos de controle quantitativo. É que a legislação do Imposto sobre Produtos Industrializados impõe às indústrias de cigarros a aposição de tais selos, adquiridos necessariamente da União. O Tribunal Regional da 4ª Região entendeu que tais selos não teriam natureza de "taxa nem preço público, constituindo-se em receita originária da União, proveniente de produto fabricado por empresa pública – Casa da Moeda, ou seja, com a utilização de patrimônio Estatal"[36]. A aquisição de tais selos seria, apenas, "mais um custo, dentre outros que se somam à atividade desenvolvida pelo industrial e que é repassado ao preço final do produto. A única diferença é que tal valor é devido ao Estado, por ser dele o monopólio na confecção dos selos, necessidade esta que se impõe diante da peculiar sistemática de arrecadação do imposto"[37]. Não obstante, esse entendimento não foi acolhido pelo Supremo Tribunal Federal. Este tribunal entendeu pela natureza tributária (taxa) do chamado ressarcimento de custo do selo de controle do IPI, dando por revogado o Decreto-lei n. 1.497/75 que autorizara o Ministro da Fazenda a cobrar aquele valor, sem lei[38]. Acertou o Supremo Tribunal Federal, tendo em vista a presença do elemento compulsoriedade de tais selos: o contribuinte não os adquire porque quer, mas porque a Lei assim exige. Em igual sentido, a 1ª seção do Superior Tribunal de Justiça julgou Recurso Especial sob o rito dos repetitivos que discutiu se o ressarcimento dos custos de aquisição dos selos de controle do IPI, instituído pelo

---

35 Cf. TORRES, Ricardo Lobo. Op. cit. (nota 6), p. 192-193.

36 TRF da 4ª Região, EI na AC n. 2.003.71.050.002.710-RS, 1ª Seção, rel. Juiz Vilson Darós, j. 06.07.2006, D.J. 12.07.2006.

37 TRF da 4ª Região, AC n. 2003.71.12.0077868-RS, rel. Juiz Antonio Albino Ramos de Oliveira, j. 13.03.2007, D.J. 28.03.2007.

38 STF, AgRg no RE n. 392.640 0 RS, 2ª Turma, rel. Min. Cezar Peluso, j. 29.09.2009, D.J. 06.11.2009. Confirmando a posição do Supremo Tribunal Federal, v. as seguintes decisões: RE n. 457.096 RS, rel. Min. Dias Toffoli, j. 13.04.2010, D.J. 04.05.2010; RE n. 482.756 RS, rel. Min. Ricardo Lewandowski, j. 01.02.2010, D.J. 17.02.2010; RE n. 432.234 RS, rel. Min. Carlos Britto, j. 17.12.2009, D.J. 09.02.2010; RE n. 415.205 RS, rel. Min. Cármen Lúcia, j. 09.12.2009, D.J. 01.02.2010; RE n. 386.480 RS, rel. Min. Ellen Gracie, j. 04.12.2009, D.J. 17.12.2009; RE n. 394.762 RS, rel. Min. Cezar Peluso, j. 10.07.2009, D.J. 28.08.2009.

art. 3º do decreto 1.437/75, tem natureza tributária e foi recepcionado pelo art. 25 do ADCT. Por unanimidade, o colegiado aprovou tese pela "inexigibilidade do ressarcimento de custos e demais encargos pelo fornecimento de selos de controle de IPI, instituído pelo decreto 1.437/75, que embora denominado 'ressarcimento prévio' é tributo da espécie taxa de poder de polícia, de modo que há vício de forma na instituição desse tributo por norma infralegal"[39].

1.4 Receitas derivadas

Opõe-se à originária a *receita derivada*, enquanto um meio de financiamento do Estado que já não representa riqueza nova, mas mera transferência de riqueza gerada por terceiros. Ou seja: na *receita derivada*, se o Estado recebe os recursos é porque alguém a auferiu, originariamente, e, num segundo momento, a transferiu ao Estado. Note que, nesse caso, não se trata de riqueza social nova do Estado; este nada produziu, tampouco seu patrimônio foi empregado.

Dentre as receitas derivadas, em que se encontram, dentre outras, as multas, ocupa lugar de destaque a receita dos tributos, como sendo, hodiernamente, a principal fonte de recursos financeiros do Estado.

Aparece, assim, uma primeira aproximação da figura do tributo como uma *receita derivada do Estado*.

Essa noção inicial poderá ser útil, no estudo do Direito Tributário, quando surgem figuras que, à primeira vista, poderiam parecer tributos, mas que, por não serem *receitas derivadas*, não se incluem em tal categoria. A diferenciação entre taxa e preço público, acima referida, passa por essa noção. O preço público, como dito, é uma *receita originária*, uma remuneração que o particular paga ao Estado por uma atividade econômica do último.

A ideia de receita poderia, em princípio, afastar do gênero dos tributos os empréstimos compulsórios, já que – o próprio nome o diz – são empréstimos, i.e., algo que será devolvido. Poder-se-ia, então, objetar que, se é mero empréstimo, não é receita.

O problema se resolve quando se compreende que, para o direito financeiro, a expressão "receita" inclui aquelas oriundas de operações de crédito (Lei n. 4.320/64, arts. 3º e 57). A definitividade não é, pois, requisito das receitas públicas.

Por outro lado, se não houver receita pública, não há falar em tributo[40]. Não importa que a obtenção de receita seja a primeira finalidade do tributo. Há muito se admite que esta seja uma finalidade secundária[41].

---

39 STJ, REsp n. 1.405.244, 1ª Sessão, rel. Min. Napoleão Nunes Maia, j. 08.08.2018.

40 Esse foi o entendimento do Supremo Tribunal Federal quanto aos valores devidos ao PIS, no regime constitucional anterior: sendo os recursos destinados a um patrimônio dos trabalhadores, ficava afastada a natureza tributária: "*Para que algo seja tributo é preciso que seja antes receita pública. Não se pode integrar a espécie quando não se integra o gênero. Dinheiros recolhidos não para ter ingresso no tesouro público, mas para, nos cofres de uma instituição autônoma, se mesclarem com dinheiros vindos do erário e resultarem afinal na formação do patrimônio do trabalhador: nisso o Supremo não viu natureza tributária, como, de resto, não viu natureza de finanças públicas. Não estamos aqui diante de receita*". (STF, RE n. 193.4093-RS, rel. Min. Francisco Rezek, j. 26.09.1995).

41 Na Alemanha, por muito tempo se discutiu se seria possível que um tributo tivesse uma finalidade que não fosse a arrecadatória, até que se desenvolveu a teoria da finalidade acessória (*Nebenz*weck), que abriu as portas para tal possi-

2 A importância constitucional do conceito de tributo

Saber se determinada exação tem natureza tributária ou não é uma questão que produz consequências práticas imediatas, já que, em caso afirmativo, então a cobrança do valor deverá dar-se segundo condições e limites impostos pelo ordenamento jurídico, a começar pela própria Constituição Federal, na qual se encontra uma série de limitações à própria possibilidade de o Estado vir a exigir validamente um tributo. Negada a natureza tributária, por outro lado, aquele regime jurídico não se aplicará, devendo-se investigar, a cada caso, quais as regras jurídicas aplicáveis.

A determinação do conceito de tributo é relevante quando se tem em conta que a tributação implica, necessariamente, transferência patrimonial da esfera privada para a pública. Haveria, daí, a suspeita de que por meio da tributação seria afetado ou reduzido o direito de propriedade. Entretanto, tal transferência jamais poderia ser considerada ofensiva ao direito de propriedade, tendo em vista que foi o próprio constituinte que a autorizou, como forma de financiar o Estado[42].

Vale lembrar que a tributação não é a única forma pela qual o Estado ingressa compulsoriamente no patrimônio do particular. A Constituição prevê a desapropriação da propriedade privada (art. 5º, XXIV) e o uso da propriedade particular no caso de iminente perigo público (art. 5º, XXV), mas em ambos os casos impõe-se a indenização. Prevê-se ainda a expropriação, mas apenas no caso de glebas onde forem localizadas culturas ilegais de plantas psicotrópicas e confisco de bens econômicos relacionados a tráfico de entorpecentes (art. 243). Importa, daí, discernir a tributação dessas outras hipóteses de intervenção na propriedade. Do mesmo modo, cabe afirmar que se uma exação não tem natureza tributária nem de outra das exceções previstas constitucionalmente, então é pleno o direito de propriedade e ilícita, por inconstitucional, a exigência.

Na Itália, a questão não parece assumir importância comparável já que, enquanto no passado (Estatuto Albertino) apenas se exigia lei para as cobranças de natureza tributária, o texto da constituição republicana passou a impor (art. 23) a reserva de lei não só para as receitas tributárias, mas para todas as prestações pecuniárias obrigatórias, independentemente da natureza tributária[43].

Na Alemanha, não surge, em termos constitucionais, a expressão "tributo", mas "imposto", dando-se também lá a necessidade de se determinar o que seria um "imposto", especialmente diante das regras de repartição de receitas tributárias.

Já no Brasil, como mencionado, há todo um estatuto jurídico de natureza constitucional para os tributos. Assim, confirmar a natureza tributária de uma exação é afirmá-la como jurídica e, portanto, assegurada pelo ordenamento, desde que efetuada dentro dos limites impostos pela própria Constituição.

A leitura do texto constitucional brasileiro de 1988 não deixa dúvidas de que o Estado ali contemplado deveria auferir tributos. A expressão "tributos" aparece em 13 dispositivos constitucionais, que vão desde atribuições de municípios (art. 30, I) e regiões

---

bilidade. Com o tempo, passou-se a admitir que a finalidade de arrecadar não precisaria sequer ser essencial, para que uma exação tivesse a natureza tributária. Cf. sobre o assunto, SCHOUERI, Luís Eduardo. *Normas tributárias indutoras e intervenção econômica*. Rio de Janeiro: Forense, 2005, p. 158.

42 Cf. KLEIN, Friedrich. Eigentumsgarantie und Besteuerung. *Steuer und Wirtschaft*, ano 43, 1966, p. 433-486 (459; 480).

43 Cf. COCIVERA, Benedetto. *Corso di Diritto Tributario*. Bari: Francesco Cacucci, 1965, p. 133.

(art. 43, III) até o sistema tributário nacional. O art. 145 da Constituição fala em "tributos" a serem instituídos pela União, pelos Estados, pelo Distrito Federal e pelos Municípios; o art. 146 prevê normas gerais sobre a legislação tributária; o art. 150 prevê que não se instituem ou majorem "tributos" sem lei (inciso I) nem de modo retroativo ou sem respeitar a anterioridade (inciso III), ou com efeito confiscatório (inciso IV), ou que limitem tráfego de pessoas e bens (inciso V); as isenções e outros benefícios são objeto de lei específica (art. 150, § 6º); também se vedam "tributos" não uniformes e a concessão de isenção de "tributos" estaduais ou municipais pela União (art. 151), além de o art. 162 exigir a divulgação do montante dos "tributos" arrecadados.

3 Conceito legal de tributo

O conceito de tributo é, como mencionado, assunto de importância para a própria aplicação da Constituição Federal, já que esta reserva ao tributo um regime jurídico bastante peculiar. A Constituição não diz, entretanto, o que é um tributo. Deixou para a lei complementar a tarefa de sua definição. É o que se extrai do art. 146, III, "a", da Constituição Federal:

> *Art. 146. Cabe à lei complementar:*
>
> *(...)*
>
> III – estabelecer normas gerais em matéria de legislação tributária, especialmente sobre:
>
> (a) definição de tributos (...)

Afasta-se, com isso, no Brasil, a dúvida quanto à possibilidade de o legislador infraconstitucional definir o que é tributo. O mandamento para tanto surge da própria Constituição. Ao mesmo tempo, evidencia-se que a lei complementar que define tributo não o faz por meras questões didáticas, mas por exigência constitucional. Afinal, é a partir daquela definição que se saberá se determinada exigência dobra-se, ou não, ao regime constitucional próprio dos tributos.

Por certo a competência conferida para o legislador complementar não pode ser tida como "carta em branco": a lei complementar não inaugura a ordem jurídica; extrai sua competência da Constituição e, portanto, deve-lhe obediência. Assim, deve o legislador complementar definir, sim, mas não redefinir, inventar. O Constituinte tinha uma *noção* (tipológica) da existência de tributos e com ela trabalhou na previsão de recursos financeiros para o Estado. Não poderia a lei complementar chamar de "tributo" o que bem quisesse. Por exemplo: um confisco jamais caberia dentro do conceito de "tributo", quando se tem em conta que o art. 150, IV, da Constituição Federal, veda a utilização de tributo com efeito de confisco; tampouco se poderia confundir a tributação com a desapropriação, se esta pressupõe a prévia e justa indenização em dinheiro (art. 5º, XXIV, da Constituição Federal). Mais ainda: os arts. 157 e seguintes evidenciam que da tributação surgem "receitas"; o cuidado do constituinte na preservação de garantias ao contribuinte evidencia que a tributação se insere em regime de direito público.

Vão surgindo, daí, a grossos traços, as características de o que seria um tributo para o constituinte. Se ele não o definiu, não significa que não o conhecia.

A existência de uma noção constitucional de tributo não afasta a importância da definição pela lei complementar. Afinal, já foi apontada a importância do Código Tributário Nacional como meio de uniformização do sistema tributário nacional. Não seria tolerável que num mesmo território, onde atuam três pessoas jurídicas de Direito Público (União, Estado e Município), exações semelhantes tivessem, num caso, natureza tributária (e, portanto, o contribuinte tivesse direito à proteção constitucional própria dos tributos) e noutro, fosse caracterizada mera troca de direito privado. Imaginem-se, ainda, os problemas concorrenciais que surgiriam se duas empresas, localizadas em municípios vizinhos e exercendo a mesma atividade estivessem, uma, protegida/ sujeita ao regime tributário e, para outra, a relação com o Poder Público não tivesse natureza tributária.

É no Código Tributário Nacional que se encontra a definição de tributo, exigida pela Constituição Federal.

> Art. 3º Tributo é toda prestação pecuniária compulsória, em moeda ou cujo valor nela se possa exprimir, que não constitua sanção de ato ilícito, instituída em lei e cobrada mediante atividade administrativa plenamente vinculada.

O texto acima, se lido atentamente, revela não só elementos de uma definição (é dizer: elementos que caracterizam *o que é tributo, para fins do direito brasileiro*), como também ordens, proibições e permissões a respeito do escopo, instituição e cobrança de tributos (é dizer: exigências integrantes do regime jurídico do tributo no direito brasileiro).

Isso fica mais claro quando se reescreve o art. 3º do CTN em termos de uma norma jurídica do tipo "se 'p', então deve ser 'q'":

> *Se* prestação pecuniária compulsória (tributo), *deve*: expressar-se em moeda; instituir-se em lei; não constituir sanção de ato ilícito; e cobrar-se mediante atividade administrativa plenamente vinculada.

Vê-se que a "definição" do Código Tributário Nacional traz sobretudo exigências relativas ao escopo, instituição e cobrança de tributos, em vez de definir o que tributo é, para fins do direito brasileiro. No que concerne a elementos de definição, extrai-se do art. 3º do CTN, no máximo, que tributo é prestação pecuniária de natureza compulsória. De resto, esse texto legal não define tributo, mas antes veicula ordens, proibições ou permissões que, enquanto tais, compõem o regime jurídico brasileiro do tributo. Parte dessas ordens, proibições ou permissões, inclusive, já consta do próprio texto constitucional (ex. a obrigatoriedade de instituição de tributo em lei).

Não decompor o texto do art. 3º do CTN – como ora fazemos – entre os elementos que, de um lado, pretendem definir tributo e aqueles que, de outro, configuram exigências do seu regime jurídico poderia levar o intérprete a conclusões absurdas. Imagine-se que um pretenso tributo fosse instituído por ato infralegal, e não por lei ordinária. Poder-se-ia argumentar que a dita exação, por não ter sido instituída em lei, não seria tributo e, como tal, não precisaria ter sido instituída em lei! Essa argumentação, como facilmente se percebe, não faz nenhum sentido: quando diz que tributo é toda prestação pecuniária compulsória (...) *instituída em lei*, o Código Tributário Nacional quer dizer que todo tributo *deve ser* instituído em lei, e não que sua definição jurídica pressuponha a instituição por lei.

Essa observação só reforça que a "definição" do art. 3º do CTN não esgota o conceito de tributo, empregado pelo texto constitucional. Sabemos, pelo referido dispositivo, que, *e.g.*, tributos devem ser cobrados mediante atividade administrativa plenamente vinculada e não podem ser sanção de ato ilícito. Mas o passo anterior ainda não foi dado: o que é tributo no direito brasileiro? Como saber, diante de uma determinada exação, se ela tem natureza tributária, para, então, aplicar-lhe o regime jurídico do tributo?

A investigação do que seja tributo no direito brasileiro requer uma visita ao direito anterior à edição do Código Tributário Nacional. A Lei n. 4.320/64 oferecia uma definição de tributo, que parece complementar a acima transcrita:

> Art. 9º Tributo é a receita derivada instituída pelas entidades de direito público, compreendendo os impostos, as taxas e contribuições nos termos da constituição e das leis vigentes em matéria financeira, destinando-se o seu produto ao custeio de atividades gerais ou específicas exercidas por essas entidades.

A comparação entre ambos os dispositivos mostra que eles não se contradizem[44]. O art. 3º do Código Tributário Nacional, imbuído de um preconceito comum à época de sua edição, não se preocupou com a destinação dos tributos ou com a natureza da receita, já que isso seria matéria do Direito Financeiro. Ou seja: o Código não nega a natureza de receita derivada do tributo – aliás, se negasse, contrariaria o texto constitucional. Apenas deixa de lado esse aspecto.

A evolução dos estudos do Direito Tributário revelou, entretanto, que a rígida separação de um campo de pesquisa para o Direito Tributário não pode ser feita sem considerar que ela apenas serve para alguns efeitos didáticos. O tributo é, sim, receita derivada e esse aspecto poderá ser relevante para a solução de controvérsia sobre a natureza tributária de uma exação.

Assim, quando se pretende estudar o conceito de tributo pressuposto pelo constituinte, deve-se tomar o art. 3º do Código Tributário Nacional, mas sem perder de vista que, apesar de silente o Código a esse respeito, o tributo é (i) receita derivada; (ii) instituído por entidades de direito público; (iii) nos termos da constituição e das leis vigentes; (iv) destinando-se seu produto ao custeio de atividades gerais ou específicas. Nota-se que a Lei n. 4.320/64 arrolava as espécies tributárias. Esse rol, se válido em 1964, hoje não pode ser aceito, diante das espécies reconhecidas pela Constituição de 1988. Isso se verá adiante. Também não pode ser aceita a ideia de que o tributo somente sirva para custear atividades *exercidas* pelas pessoas jurídicas de direito público: ver-se-á que o fenômeno da parafiscalidade implica aceitar que tributos tenham outra destinação.

4 O conceito de tributo no Código Tributário Nacional

Como visto, o Código Tributário Nacional define, logo em seu art. 3º, o que se entende por tributo:

44 Cf. MACHADO, Hugo de Brito. *Comentários ao Código Tributário Nacional.* vol. 1. São Paulo: Atlas, 2003, p. 82-83.

Art. 3º Tributo é toda prestação pecuniária compulsória, em moeda ou cujo valor nela se possa exprimir, que não constitua sanção de ato ilícito, instituída em lei e cobrada mediante atividade administrativa plenamente vinculada.

Vários dos elementos que se encontram na definição acima serão explorados adiante com o cuidado que exigem. Entretanto, parece útil esmiuçar as palavras do legislador complementar, permitindo que, com isso, se tenham as primeiras noções do objeto de estudo do Direito Tributário.

4.1 Tributo é toda prestação

O primeiro elemento que salta aos olhos na leitura da definição de tributo é que este é uma prestação. Com isso, vê-se que o legislador complementar afastou-se da querela quanto à natureza jurídica do tributo, se é o resultado de uma relação obrigacional, ou se é o exercício do poder do Estado. Ao empregar o termo "prestação", o legislador complementar já informa que se pode falar em "obrigação tributária", já que a prestação é o objeto do cumprimento de uma obrigação.

A ideia de obrigação será vista, com mais vagar, no Capítulo XII; por este momento, basta saber que o tributo não é pago porque o Fisco assim determina, mas porque existe uma relação jurídica, uma obrigação, surgida entre Estado e sujeito passivo, que dá fundamento à exigência. Num ordenamento jurídico, a obrigação tributária não é imposta pelo Estado, mas pela lei. Os órgãos do Executivo, independentemente de quem momentaneamente exerça tal função, têm sua pretensão deduzida da lei; sua pretensão submete-se à lei[45].

A expressão "prestação" traz, mais, a importante noção de que, uma vez pago o tributo (a prestação), estará encerrado o vínculo (obrigacional) que unia Fisco e contribuinte. Ou seja: não há uma sujeição contínua e ilimitada; há mera obrigação, sujeita a um término.

Por outro giro, ao se referir a "prestação", o legislador complementar afasta do conceito de tributo os pagamentos que não tenham tal natureza, i.e., que não decorram de um vínculo obrigacional. Especial relevância aqui ganham os casos de ônus impostos ao particular para a fruição de uma vantagem, pelo próprio Poder Público: não caracterizando prestação, não são tributos.

Veja se, nesse sentido, a decisão do Supremo Tribunal Federal acerca do chamado "solo criado":

> *2. OUTORGA ONEROSA DO DIREITO DE CRIAR SOLO. PRESTAÇÃO DE DAR CUJA SATISFAÇÃO AFASTA OBSTÁCULO AO EXERCÍCIO, POR QUEM A PRESTA, DE DETERMINADA FACULDADE. ATO NECESSÁRIO. ÔNUS. Não há, na hipótese, obrigação. Não se trata de tributo. Não se trata de imposto. Faculdade atribuível ao proprietário de imóvel, mercê da qual se lhe permite o exercício do direito de construir acima do coeficiente único de aproveitamento adotado em determinada área, desde que satisfeita prestação de dar que consubstancia ônus. Onde não há obrigação não pode haver tributo. Distinção entre ônus, dever e obrigação e entre ato devido e ato necessário* [46].

45 Cf. LAPATZA, José Juan Ferreiro. *Direito Tributário:* teoria geral do tributo. Barueri: Manole, 2007, p. 13.

46 STF, RE n. 387.047-SC, Tribunal Pleno, rel. Min. Eros Grau, j. 06.03.2008, D.J. 02.05.2008.

4.2 Prestação pecuniária (...) em moeda, ou cujo valor nela se possa exprimir

Há casos de deveres prestados ao Estado que não configuram tributo, o que se evidencia por não terem natureza pecuniária. Assim, por exemplo, o serviço militar ou as requisições em caso de guerra. Daí, pois, a ideia: tributo é uma prestação em pecúnia, i.e., em moeda.

Mas se é "em moeda", por que a expressão "ou cujo valor nela se possa exprimir"? Esse cuidado do legislador se deve ao fato de que, por vezes, o tributo não é pago, diretamente, em moeda: o contribuinte compra, com moeda, um selo ou estampilha e o tributo é pago com a utilização da última. Assim, por exemplo, o selo que se põe nas embalagens de cigarros e bebidas. Ou seja: o pagamento do tributo dá-se com o uso da estampilha mas esta, por óbvio, tem o valor expresso em moeda. Essas hipóteses são relacionadas no art. 162 do Código Tributário Nacional:

> *Art. 162. O pagamento é efetuado:*
>
> *I – em moeda corrente, cheque ou vale postal;*
>
> *II – nos casos previstos em lei, em estampilha, em papel selado, ou por processo mecânico.*
>
> *§ 1º A legislação tributária pode determinar as garantias exigidas para o pagamento por cheque ou vale postal, desde que não o torne impossível ou mais oneroso que o pagamento em moeda corrente.*
>
> *§ 2º O crédito pago por cheque somente se considera extinto com o resgate deste pelo sacado.*
>
> *§ 3º O crédito pagável em estampilha considera-se extinto com a inutilização regular daquela, ressalvado o disposto no art. 150.*
>
> *§ 4º A perda ou destruição da estampilha, ou o erro no pagamento por esta modalidade, não dão direito a restituição, salvo nos casos expressamente previstos na legislação tributária, ou naquelas em que o erro seja imputável à autoridade administrativa.*
>
> *§ 5º O pagamento em papel selado ou por processo mecânico equipara-se ao pagamento em estampilha.*

Também se deve ter em mente que, por vezes, admite-se que a liquidação da obrigação tributária seja feita pela entrega de bens, em procedimento que se denomina "dação em pagamento"[47]: presente a necessidade do Fisco de receber aqueles bens, pode-se substituir a circulação da moeda pela entrega de bens, sendo estes, sempre, avaliados por seu valor em moeda. O que merece nota é que, nesses casos, a obrigação surge com natureza pecuniária; seu pagamento, por sua vez, não se faz em moeda, por conta de uma conveniência das partes.

No Brasil, o conceito de tributo exige o caráter pecuniário. Como mencionado acima, o serviço militar, portanto, não será considerado, no sistema brasileiro, um tributo, já que não há relação pecuniária. O tributo, insista-se, ao se revelar uma prestação pecuniária, inclui a obrigação tributária entre as de "dar", não "de fazer". Ainda que um serviço possa ter o valor expresso em moeda, a obrigação de prestar um serviço não é obrigação de dar, não é pecuniária[48].

Assim como as prestações de fazer não são tributos, também não o são obrigações de dar, que não sejam pecuniárias. Vale lembrar que nem sempre foi assim: do ponto de vista da evolução da tributação, era comum que o tributo fosse em espécie, como o quinto do ouro, que foi

47 Cf. BOUVIER, Michel. *Introduction au Droit fiscal general et à la théorie de l'impôt.* 8. ed. Paris: L.G.D.J., 2007, p. 22.

48 Cf. AMARO, Luciano da Silva. *Direito Tributário brasileiro.* 14. ed. São Paulo: Saraiva, 2008, p. 20-21.

exigido no Brasil colonial e que se encontra na origem da Inconfidência Mineira (e da expressão popular do "quinto dos infernos", denotando o asco àquela exação). Do mesmo modo, não seriam pecuniárias (e portanto, hoje, não estariam no regime jurídico dos tributos previsto e assegurado pela Constituição) se fosse exigido dos produtores de açúcar que destinassem uma parte de sua produção ao Estado.

Apenas a título de comparação, vale citar que no México o Código Fiscal diz que *"son impuestos las prestaciones en dinero o en especie (...)"*[49].

4.3 Prestação compulsória

O tributo não é pago por um ato de vontade, mas em estrito cumprimento de uma determinação legal. Já se disse, jocosamente, que se o imposto fosse voluntário, então ele mudaria de nome: de "imposto" para "voluntário". É nesse sentido que se deve compreender a natureza compulsória do tributo: não se deve questionar seu mérito. A vontade não é requisito para o surgimento da obrigação tributária. Ela surge a partir de circunstâncias descritas pelo legislador; dentre estas, não se inclui a vontade de pagar o tributo.

A ideia de prestação compulsória remete à classificação das obrigações, onde se encontram as "ex lege", em oposição às que decorrem de ato de vontade. Também as últimas, é bom que se diga, são legalmente exigíveis, tendo o credor o direito de acionar o aparato estatal para ver atendida sua pretensão. Num e noutro caso, o devedor está obrigado a pagar.

A diferença está em que, nas obrigações voluntárias, o legislador inclui entre os requisitos para o nascimento do vínculo o elemento vontade. Assim, mesmo que presentes outros requisitos objetivos, não há vínculo se não houver a manifestação de vontade.

Não é assim com o tributo. Sua prestação compulsória independe do elemento vontade, desde que ocorrido o fato jurídico tributário. O devedor não paga porque quis se obrigar; sua dívida surge de elementos objetivos, exclusivamente.

O elemento da compulsoriedade, como acima ressaltado, é relevante para distinguir as taxas de preços públicos já que, mais uma vez se menciona, estes decorrem de um ato de vontade do contribuinte (vontade de contratar).

4.4 Instituída em lei

O legislador complementar já firma, aqui, o Princípio da Legalidade, em matéria tributária. Segundo esse princípio, que será estudado no Capítulo VII, é necessária uma lei para que se exija um tributo. Mais ainda: todos os elementos necessários para o nascimento da obrigação tributária devem estar previstos naquela lei. Se o legislador se "esquecer" de algum deles, não há tributo válido. O legislador não pode sequer deixar

49 Cf. COSTA, Ramón Valdés. *Curso de Derecho Tributario.* 2. ed. Buenos Aires: Depalma; Santa Fe de Bogotá: Temis; Madrid: Marcial Pons, 1996, p. 74.

para o Executivo a tarefa de completar o seu trabalho. A relação tributária surge, insista-se, a partir de sua previsão, pelo próprio legislador.

Vale lembrar que a recíproca não é verdadeira, i.e., existem outros ingressos públicos, igualmente instituídos por lei, que não são tributos[50]. Assim, por exemplo, a caução que se exige para que um particular participe de uma licitação, mesmo que instituída em lei, não caracterizará tributo, pois não será receita do Estado, além de não ser uma prestação decorrente de uma obrigação, mas mero ônus.

No Capítulo VII, ver-se-á que o Princípio da Legalidade apresenta forma mitigada para alguns casos, previstos pelo próprio Constituinte, quando existe margem para a atuação do Executivo na conformação de sua regra matriz. Ainda assim, não se afasta o princípio que exige a atuação do legislador na criação de um tributo válido.

4.5 Que não constitua sanção de ato ilícito

O legislador complementar deixa claro que as multas, conquanto igualmente *receitas derivadas*, não se confundem com o tributo. Este não é uma pena imposta porque alguém descumpriu um mandamento legal. O tributo não se presta a sancionar atos ilícitos. Estes devem ser punidos com penas, que são graduadas conforme a gravidade da conduta. Já os tributos, como veremos no próximo capítulo, são medidos por outros parâmetros, como a capacidade contributiva ou a equivalência. Por isso é que se o objetivo é punir um ilícito, o meio adequado é a pena, não o tributo.

4.5.1 A tributação dos efeitos dos atos ilícitos

O tema leva à intricada questão acerca da possibilidade de se tributar um ato ilícito.

É corrente o entendimento de que o resultado econômico do ato ilícito não pode ficar livre de tributação. Sustenta-se que a tributação incidirá em virtude de uma riqueza presente, não por conta da ilicitude, em si. O raciocínio é simples: a conduta ilícita, em si, gerará as sanções previstas no ordenamento. O tributo não terá por hipótese a própria conduta ilícita. Ocorre que esta conduta poderá implicar um efeito econômico e este (não a conduta que lhe deu origem) será alcançado pela lei tributária. Daí que, na hipótese de o legislador prever a tributação sobre um fato de índole econômica (efeito), será a ocorrência deste que dará ensejo à tributação, pouco importando se ele se deveu a um ato (ilícito) anterior, que lhe dá causa. Invoca-se o princípio *non olet*, que relembra frase atribuída a Vespasiano (o dinheiro não cheira), quando questionado acerca de tributo sobre o uso de latrinas públicas, implicando a irrelevância da atividade de onde provém o tributo.

Essa discussão data dos primórdios do estudo do Direito Tributário e, no Brasil, foi permeada pela polêmica acerca da "consideração econômica", que será examinada no Capítulo XVII.

Com efeito, Rubens Gomes de Sousa, que mais tarde veio a ser autor do anteprojeto do Código Tributário Nacional, posicionava-se no sentido de que "a circunstância de um ato, contrato ou negócio ser juridicamente nulo, ou mesmo ilícito, não impede que seja tributado, desde que tenha produzido efeitos econômicos (...) a lei fiscal tributa uma determinada situação econômica, e, portanto,

50 Cf. COSTA, Ramón Valdés. Op. cit. (nota 49), p. 71.

desde que esta se verifique, é devido o imposto, pouco importando as circunstâncias jurídicas em que se tenha verificado"[51].

Também responsável pelo entendimento acerca da possibilidade de se tributarem os resultados de atividades ilícitas é a lição de Amílcar de Araújo Falcão, igualmente ele defensor da consideração econômica. Em seu entendimento, dever-se-ia constatar a "consideração da consistência econômica do fato gerador"[52]. O autor chega a noticiar que na Alemanha, nos primórdios do século XX, considerava-se legítimo o imposto sobre bordéis e outras atividades ilícitas, entendendo não ser aceitável que se façam restrições à tributação do ato ilícito. Invocava o princípio da isonomia e entendia que não tributar os atos ilícitos seria uma exoneração tributária, "abrindo aos contraventores, aos marginais, aos ladrões, aos que lucram com o furto, o crime, o jogo de azar, o proxenetismo etc., a vantagem adicional da exoneração tributária"; sendo o "fato gerador" um fato econômico de relevância jurídica, o que importaria seria a capacidade contributiva, sem que se tomasse em conta a validade da ação, da atividade ou do ato em Direito Privado, a sua juridicidade ou antijuridicidade em Direito Penal, disciplinar ou, em geral, punitivo".

Esse posicionamento apareceu refletido no Projeto de Código Tributário Nacional, cujo art. 85 apresentava a seguinte redação:

> *A circunstância dos negócios ou atos jurídicos celebrados ou praticados serem inexistentes, nulos ou anuláveis, ou terem objeto impossível, ilegal ou imoral não exclui, modifica ou difere a tributação, desde que os seus resultados efetivos sejam idênticos aos normalmente decorrentes do estado de fato ou situação jurídica que constitua o fato gerador da obrigação tributária principal (...).*

Vale notar como o referido dispositivo foi finalmente aprovado pelo Congresso, tornado-se hoje o art. 118, I, do Código Tributário Nacional:

> *Art. 118. A definição legal do fato gerador é interpretada abstraindo-se:*
> *I – da validade jurídica dos atos efetivamente praticados pelos contribuintes, responsáveis ou terceiros, bem como da natureza do seu objeto ou dos seus efeitos;*
> *II – dos efeitos dos fatos efetivamente ocorridos.*

Vê-se que o Congresso Nacional retirou as referências à ilegalidade e à imoralidade, o que poderia identificar que a tributação dos efeitos de atos ilegais ou imorais não seria tão pacífica.

Não obstante, a tendência na doutrina e na jurisprudência é a de ler no referido dispositivo a lição de que, por exemplo, a exploração do jogo pode ser um ilícito e, nesse sentido, a sanção legal será uma pena, não um tributo; ao mesmo tempo, pode ser que daquele mesmo fato decorra um lucro auferido pelo delinquente. O lucro poderá ser objeto de tributação, independentemente da pena pela atividade ilícita. Note bem: a atividade ilícita não motivou a exigência do tributo; o lucro, este sim, é que será o objeto da tributação. Essa leitura aliás, foi feita pelo Ministro Moreira Alves, quando, examinando o art. 3º do Código Tributário Nacional, confrontou-o com o art. 118, I, afirmando que "o *inciso I do art. 118 (...) permite que se enquadre na previsão legal tributária a atividade nela prevista, sem se levar em conta sua licitude ou ilicitude, irrelevância esta que afasta a ideia de sanção de ato ilícito. (...)*"[53].

---

51 Cf. SOUSA, Rubens Gomes de. *Compêndio de Legislação Tributária*. Edição póstuma. São Paulo: Resenha Tributária, 1975, p. 79-80.

52 Cf. FALCÃO, Amílcar de Araújo. *Fato gerador da obrigação tributária*. 6. ed. verificada e atualizada por Flávio Bauer Novelli. Rio de Janeiro: Forense, 1999, p. 42-45.

53 STF, RE n. 94.001-SP, Tribunal Pleno, rel. Min. Moreira Alves, j. 11.03.1982, D.J. 11.06.1982.

Interessante a decisão da Primeira Turma do Supremo Tribunal Federal, quando se examinou se haveria sonegação fiscal quando o criminoso não informa em sua declaração de rendimentos lucros oriundos de sua atividade criminosa (tráfico de drogas). O Ministro Sepúlveda Pertence apontou que mais importante que a origem da renda seria sua substância econômica, entendendo a Turma que o direito brasileiro adota a "tributação irrestrita" das rendas de origem ilícita[54]. Eis a ementa:

> *Sonegação fiscal de lucro advindo de atividade criminosa: "non olet".*
> *Drogas: tráfico de drogas, envolvendo sociedades comerciais organizadas, com lucros vultosos subtraídos à contabilização regular das empresas e subtraídos à declaração de rendimentos: caracterização, em tese, de crime de sonegação fiscal, a acarretar a competência da Justiça Federal e atrair pela conexão o tráfico de entorpecentes: irrelevância da origem ilícita, mesmo quando criminal, da renda subtraída à tributação.*
> *A exoneração tributária dos resultados econômicos de fato criminoso – antes de ser corolário do princípio da moralidade – constitui violação do princípio de isonomia fiscal, de manifesta inspiração ética.*

Também o Superior Tribunal de Justiça parece adotar o mesmo entendimento, como se extrai da seguinte ementa:

> *PENAL.* HABEAS CORPUS. *ART. 1º, I, DA LEI n. 8.137/90. SONEGAÇÃO FISCAL DE LUCRO ADVINDO DE ATIVIDADES ILÍCITAS. "NON OLET".*
> *Segundo a orientação jurisprudencial firmada nesta Corte e no Pretório Excelso, é possível a tributação sobre rendimentos auferidos de atividade ilícita, seja de natureza civil ou penal; o pagamento de tributo não é uma sanção (art. 4º do CTN – "que constitui sanção por ato ilícito"), mas uma arrecadação decorrente de renda ou lucro percebidos, mesmo que obtidos de forma ilícita (STJ:HC 7.444/RS, 5ª Turma, Re. Min. Edson Vidigal, D.J. de 03.08.1998). A exoneração tributária dos resultados econômicos de fato criminoso – antes de ser corolário do princípio da moralidade – constitui violação do princípio da isonomia fiscal, de manifesta inspiração ética (STF: HC 77.530/RS, Primeira Turma, rel. Min. Sepúlveda Pertence, D.J.U. de 18.09.1998). Ainda, de acordo com o art. 118 do Código Tributário Nacional, a definição legal do fato gerador é interpretada com abstração da validade jurídica dos atos efetivamente praticados pelos contribuintes, responsáveis ou terceiros, bem como da natureza do seu objeto ou dos seus efeitos (STJ, REsp 182.563/RJ), 5ª Turma, rel. Min. José Arnaldo da Fonseca, D.J.U. de 23.11.1998).*

Para que se entenda o raciocínio daqueles que defendem a possibilidade de o Estado se apropriar, por meio da tributação, do resultado econômico da atividade ilícita, importa ver que se baseia na distinção entre a hipótese de incidência e o fato jurídico. Didático, acerca desse entendimento, é o seguinte excerto de Hugo de Brito Machado:

> *Quando se diz que o tributo não constitui sanção de ato ilícito, isto quer dizer que a lei não pode incluir na hipótese de incidência tributária o elemento ilicitude. Não pode estabelecer como necessária e suficiente à ocorrência da obrigação de pagar um tributo uma situação que não seja lícita. Se o faz, não está instituindo um tributo, mas uma penalidade. Todavia, um fato gerador de tributo pode ocorrer em circunstâncias ilícitas, mas essas circunstâncias são estranhas à hipótese de incidência do tributo, e por isso mesmo irrelevantes do ponto de vista tributário.*

54 STF, HC n. 77.530-RS, 1ª Turma, rel. Min. Sepúlveda Pertence, j. 25.08.1998, D.J. 18.09.1998. A decisão foi reiterada no HC n. 94.240, 1ª Turma, rel. Min. Dias Toffoli, j. 23.08.2011, D.J. 13.10.2011.

> *Demonstrando o dito acima, tomemos o exemplo do Imposto de Renda: alguém percebe rendimento decorrente da exploração do lenocínio, ou de casa de prostituição, ou de jogo de azar, ou de qualquer outra atividade criminosa ou ilícita. O tributo é devido. Não que incida sobre a atividade ilícita, mas porque a hipótese de incidência do tributo, no caso, que é a aquisição da disponibilidade econômica ou jurídica dos rendimentos ocorreu. Só isso. A situação prevista em lei como necessária e suficiente ao nascimento da obrigação tributária no Imposto de Renda é a aquisição da disponibilidade econômica ou jurídica da renda ou dos proventos de qualquer natureza (CTN, art. 43). Não importa como. Se decorrente de atividade lícita ou ilícita, isto não está dito na descrição normativa, vale dizer, isto não está na hipótese de incidência, sendo, portanto, irrelevante*[55].

Essa mesma ideia já estava presente, mesmo antes da edição do Código Tributário Nacional, em Alfredo Augusto Becker. Ele já distinguia o momento da lei e o do lançamento, explicando:

> *Primeiro momento: a lei. O problema resume-se em investigar se é, juridicamente, possível que a lei tome a ilicitude como um dos elementos integrantes da hipótese de incidência ("fato gerador"). Segundo momento: o lançamento. Aqui, o problema que pede solução é o de se examinar se, juridicamente, a autoridade incumbida de proceder ao lançamento de um tributo (em cuja hipótese de incidência a lei não incluiu a ilicitude) pode abstrair ou ignorar a ilicitude porventura constatada quando examina a realização da hipótese de incidência*[56].

Parece acertada a conclusão. Afinal, o art. 116 do Código Tributário Nacional contempla duas hipóteses de "fato gerador": as "situações de fato" e as "situações jurídicas". Enquanto estas pressupõem a validade (e licitude do objeto), sob pena de não se dar por concretizado o fato jurídico tributário, as "situações de fato" não levam em consideração o negócio (ou a falta dele), mas sim um ou mais efeitos concretos que, se presentes, ensejam a tributação.

Contrário ao Código Tributário Nacional seria o legislador descrever, na hipótese tributária, um ato ilícito. Nesse caso, ter-se-ia o tributo como sanção de hipótese (antecedente) ilícita, o que vai de encontro à definição do art. 3º do Código Tributário Nacional. Situação diversa, entretanto, tem-se quando a hipótese tributária não prevê nenhum ato ilícito; apenas reúne uma série de circunstâncias fáticas (efeitos) que, uma vez presentes, levam à tributação.

Com efeito, qualquer fato da vida é, necessariamente, muito mais complexo que a hipótese descrita pelo legislador. Este elege alguns elementos apenas suficientes para conceituar a situação a ser tributada. Ao intérprete/aplicador cabe, numa situação concreta, verificar se se encontram presentes aquelas mesmas circunstâncias. Por certo haverá inúmeras outras características no fato concreto. Essas, entretanto, tornam-se juridicamente irrelevantes, se não previstas pelo legislador. Ou seja, o intérprete/aplicador, num processo de abstração e simplificação, desconsidera toda uma multiplitude fática, iluminando apenas aquelas circunstâncias previstas pelo legislador. Daí que se o legislador tributário não cogita a licitude/ilicitude, bastando-lhe, para a tributação, que certos efeitos se façam presentes, nada obsta a tributação.

Essa linha parece ter inspirado o Superior Tribunal de Justiça, quando do julgamento do Recurso Especial n. 984.607, cuja ementa inclui o seguinte trecho:

---

55 Cf. MACHADO, Hugo de Brito. *Curso de Direito Tributário*. 38. ed. revista e atualizada. São Paulo: Malheiros, 2017, p. 59-60.

56 Cf. BECKER, Alfredo Augusto. *Teoria Geral do Direito Tributário*. 2. ed. São Paulo: Saraiva, 1972, p. 548.

2. *O art. 118 do CTN consagra o princípio do "non olet", segundo o qual o produto da atividade ilícita deve ser tributado, desde que realizado, no mundo dos fatos, a hipótese de incidência da obrigação tributária.*
3. *Se o ato ou negócio ilícito for acidental à norma de tributação (= estiver na periferia da regra de incidência), surgirá a obrigação tributária com todas as consequências que lhe são inerentes. Por outro lado, não se admite que a ilicitude recaia sobre elemento essencial da norma de tributação.*
4. *Assim, por exemplo, a renda obtida com o tráfico de drogas deve ser tributada, já que o que se tributa é o aumento patrimonial e não o próprio tráfico. Nesse caso, a ilicitude é circunstância acidental à norma de tributação. No caso de importação ilícita, reconhecida a ilicitude e aplicada a pena de perdimento, não poderá ser cobrado imposto de importação, já que "importar mercadorias" é elemento essencial do tipo tributário. Assim, a ilicitude da importação afeta a própria incidência da regra tributária no caso concreto*[57].

A distinção é interessante: evidencia que o legislador do Código Tributário Nacional, ao dispor que o tributo não constitui sanção de ato ilícito, contempla o primeiro momento. Trata-se de ordem ao legislador, para que não inclua, na hipótese de incidência, o elemento ilícito.

Daí, entretanto, concluir que o "segundo momento" pode ignorar a natureza ilícita dos fatos que motivaram a tributação não parece imediato.

Com efeito, não obstante a doutrina e jurisprudência acima citadas, deve-se levar em conta que outras opiniões vêm sendo levantadas, que exigem se reflita acerca da possibilidade de o Estado se apropriar, por meio do tributo, do resultado da atividade ilícita.

Por um lado, a oposição poderia fundamentar-se em argumentos de natureza ética: seria inaceitável que o Estado se mantivesse à custa dos frutos de uma atividade ilícita. Surgiria uma certa cumplicidade, que não se aceitaria no Estado de Direito. Essa linha de argumentação, conquanto interessante do ponto de vista da justificativa da tributação, servirá quando muito para reforçar uma conclusão contrária àquela tributação, não apresentando substância suficiente para afastá-la por seus próprios fundamentos jurídicos.

Mais sólidos os argumentos colacionados por Misabel Derzi. Em trabalho de fôlego em que atualizou a obra de Aliomar Baleeiro, a professora mineira viu-se diante da afirmação do último, no sentido de que, mesmo diante do ilícito, é possível a tributação. Após se referir a caso em que a "US Tax Court, em 1969, condenou a viúva de um gerente a pagar imposto sobre a soma de que o *de cujus* se apropriara indebitamente (Caso Shyker, Time, 22.08.1969, p. 42)", afirmava Baleeiro:

> *Pouco importa, para a sobrevivência da tributação sobre determinado ato jurídico, a circunstância de ser ilegal, imoral, ou contrário aos bons costumes, ou mesmo criminoso o seu objeto, como o jogo proibido, a prostituição, o lenocínio, a corrupção, a usura, o curandeirismo, o câmbio negro etc.*[58].

Apesar do claro posicionamento do mestre baiano, que foi Ministro do Supremo Tribunal Federal, a Prof. Misabel Derzi opta por afirmar que de lá para cá teria havido evolução, já não mais se

57 STJ, REsp n. 984.607-PR, 2ª Turma, rel. Min. Castro Meira, j. 07.10.2008, D.J. 05.11.2008.

58 Cf. BALEEIRO, Aliomar. *Direito Tributário brasileiro*. 11. ed. atualizada por Misabel Abreu Machado Derzi. Rio de Janeiro: Forense, 2004, p. 714-715.

admitindo a irrelevância da ilicitude, devendo-se sustentar não serem tributáveis os bens, valores e direitos oriundos de atividade ilícitas[59].

O argumento da professora mineira é o de que o Decreto-Lei n. 9.760/46 incluiu entre os bens da União os bens perdidos pelo criminoso condenado por sentença proferida em processo judiciário federal e o Código de Processo Penal (Decreto-Lei n. 3.689/1941) determinou o sequestro de bens imóveis ou móveis adquiridos pelo indiciado com os proventos do crime. De igual modo, a Lei n. 9.613/98, ao dispor sobre os crimes de "lavagem de dinheiro", determinou, como efeitos da condenação, a perda dos bens, direitos e valores, objeto do crime, assim como a interdição do exercício de cargo ou função pública de qualquer natureza (art. 7º, I e II).

A lição da professora mineira contou com o aplauso de Renato Lopes Becho. Este, após erudito levantamento da doutrina e jurisprudência sobre o tema, chama a atenção para o fato de não obstante existirem diversos juristas renomados que defendem a tese de serem tributáveis os resultados do ilícito, o exame da realidade jurídica brasileira não confirma tal tese. Afinal, se tributar o ilícito fosse de acordo com o ordenamento jurídico, argumenta, deveriam ser encontradas decisões judiciais discutindo o valor das drogas contrabandeadas e a alíquota de ICMS aplicada: haveria disputas sobre a incidência do PIS e COFINS nos resultados auferidos pelas grandes empresas do crime organizado, como o Primeiro Comando da Capital (PCC) e o Comando Vermelho (CV); os repertórios jurisprudenciais apontariam, em suma, para processos judiciais tributários que tenham por objeto a discussão de atos ilícitos[60].

Dada a evidência de que não há semelhante discussão nos tribunais, Becho acolhe a ideia de Misabel, mostrando que já a Constituição prevê, no art. 5, XLVI, que "a lei regulará a individualização da pena e adotará, entre outras, as seguintes: (...) b) perda de bens". Cita, ainda, o art. 243, que versa sobre perda de glebas em caso de culturas ilegais de plantas psicotrópicas. Após colher os dispositivos do Código Penal (art. 45, § 3º, com a redação dada pela Lei n. 9.714/98) e do Código de Processo Penal (arts. 125 a 144), que versam sobre a perda ou sequestro de bens pertencentes aos condenados, bem como o Decreto-Lei n. 9.760/46, cujo art. 1º inclui entre os bens da União os bens "perdidos pelo criminoso condenado por sentença proferida em processo judiciário federal)" e a lei referente ao crime de lavagem de dinheiro, acima referida, sustenta, com acerto, que se a União se apropria de tais bens, não há que cogitar de tributação.

São instigantes os argumentos dos últimos doutrinadores. Afinal, se o ordenamento brasileiro dispõe acerca do produto do crime, determinando sua expropriação, não há espaço para a tributação. Qualquer tributo iria além da totalidade do próprio produto do crime, revelando confisco, vedado pela Constituição. Não é possível, no ordenamento jurídico brasileiro, o emprego do tributo com efeito de confisco (art. 150, IV, da Constituição Federal). Vê-se que não prosperam os argumentos daqueles que defendem, com base na igualdade, aquela tributação, já que não está correta a premissa de que, ao não se tributarem aqueles resultados, colocar-se-iam em situação privilegiada os que cometeram ilícitos; estes, como visto, perdem a totalidade dos frutos do ilícito. Assim, não obstante o posicionamento doutrinário e jurisprudencial favorável à tributação do produto do ilícito, essa linha argumentativa aponta dever o tributo encontrar seu limite nos casos em que o próprio ordenamento exigir a expropriação daquele produto, não havendo, então, espaço para a tributação.

---

59 Cf. DERZI, Misabel. Nota. In: BALEEIRO, Aliomar. Op. cit. (nota 58), p. 715.

60 Cf. BECHO, Renato Lopes. A discussão sobre a tributabilidade de atos ilícitos. *Revista Dialética de Direito Tributário*, n. 172, jan. 2010, p. 86 (101).

O dilema que surge é que, mesmo prevista a pena de perdimento, ela não ocorre senão no final de um processo penal. Até então, o fato é que o delinquente terá a propriedade (posto que sujeita a cassação) e, mais ainda, fruirá do produto de sua conduta reprovável. Sob tal perspectiva, pode-se contestar o raciocínio dos doutrinadores acima apresentados, para evidenciar que, no momento da tributação, existirá, sim, riqueza que poderá ser alvo da tributação. Daí, pois, concluir-se que a menos que se tenha configurado o perdimento, não são definitivos tais argumentos. Havendo riqueza fruída pelo delinquente, nada impede a incidência do imposto sobre esta.

Mais uma vez, importa deixar claro que o que se tributa é a riqueza que, nos termos do ordenamento jurídico, será detida pelo delinquente, não a conduta deste. Daí que se o tributo descrever uma conduta não pode ser ela um ilícito, sob pena de se ferir o preceito do Código Tributário Nacional, acima transcrito.

O mesmo raciocínio se estende não apenas a quem auferiu a renda, mas também a quem a consome. Por exemplo, numa transação envolvendo drogas, não há como negar a existência de um consumo, por parte do usuário, que revela sua capacidade contributiva (renda consumida). Afastar a tributação implicaria deixar de lado uma manifestação de riqueza. Acaso se pode distinguir, desse tal ponto de vista, a manifestação de riqueza por um consumo desejável de um bem, em relação ao consumo reprovável? Como justificar que a riqueza manifestada no primeiro caso seja tributada, enquanto no segundo caso não haveria tributação? Num e noutro caso, haverá consumo de renda. Privilegiar a segunda conduta implicaria incentivo inaceitável a conduta reprovável.

Daí responder-se à crítica de Becho, afirmando-se que o fato de não se encontrarem nos repertórios jurisprudenciais muitos casos envolvendo resultados de atividades ilícitas (i) pode indicar que nem toda tributação é judicializada; ou (ii) apontará falhas na fiscalização dos tributos, o que de modo algum é argumento para se defender seja descabida a tributação[61].

4.5.2 Agravamento da tributação em virtude da ilicitude do ato

Se o tributo não constitui sanção de ato ilícito, tampouco se poderia admitir, ao ver da Jurisprudência, que sua incidência se visse incrementada em virtude de ato ilícito. Assim é que merece nota o Acórdão do Supremo Tribunal Federal, quando, examinando legislação do Imposto sobre a Propriedade Territorial Urbana paulistano, julgou inconstitucional o acréscimo de 200% que se previa no caso de imóveis onde houvesse construções irregulares. Eis a ementa:

> Ementa – Acréscimo de 200% ao imposto imobiliário sobre imóveis onde haja construções irregulares.
>
> ▸ Acréscimo que configura sanção a ilícito administrativo.
>
> ▸ O art. 3º do CTN não admite que se tenha como tributo prestação pecuniária compulsória que constitua sanção de ato ilícito. O que implica dizer que não é permitido, em nosso sistema tributário, que se utilize de um tributo com a finalidade extrafiscal de se penalizar a ilicitude. Tributo não é multa, nem pode ser usado como se o fosse.

61 A argumentação é tão forte que chegou a ser acolhida nas duas primeiras edições da presente obra; reflexões posteriores, juntamente com debates com colegas, no Instituto Brasileiro de Direito Tributário, e alunos, na Universidade de São Paulo, exigiram revisão do posicionamento.

- Se o município quer agravar a punição de quem constrói irregularmente, cometendo ilícito administrativo, que crie ou agrave multas com essa finalidade. O que não pode – por ser contrário ao art. 3º do CTN, e, consequentemente, por não se incluir no poder de tributar que a Constituição lhe confere – é criar adicional de tributo para fazer as vezes de sanção pecuniária de ato ilícito.

  Recurso extraordinário conhecido e provido, declarada a inconstitucionalidade da redação dada pela Lei n. 7.765, de 20 de setembro de 1972, ao inciso I do art. 15 da Lei n. 6.989, já alterado pela Lei n. 7.572, de 29 de dezembro de 1970, todas do município de São Paulo[62].

A decisão acima é feliz ao alertar para o fato de que a ilicitude de um ato não poderia ser razão para a tributação (ou para seu aumento). Afinal, se um ato é ilícito, deveria ser ele proibido pelo ordenamento jurídico. O tributo não deveria ser instrumento para tal proibição.

À clareza do raciocínio acima opõe-se a circunstância de que nem sempre os atos, porque lícitos, são desejados. Há um espaço em que um ato não é ilícito, mas tampouco é desejado pelo legislador. Nesse passo, sim, há espaço para a atuação da tributação.

Surge aqui a hipótese em que por meio da tributação se procura desestimular um comportamento do contribuinte. Afinal, já se viu, no Capítulo I, o efeito da tributação sobre a decisão dos indivíduos. Por meio do tributo, pode-se desencorajar certo comportamento. Selmer, após mostrar a extrema semelhança entre a norma tributária indutora de caráter desincentivador e a norma penal, sugere que a diferença estaria no efeito da sanção: se ela quer penalizar seu autor, tendo em vista o que aconteceu no passado (i.e., que o autor contrariou o sistema), ou se ela apenas quer modificar a situação financeira do autor, para convencê-lo (no futuro) a não agir assim[63]. Essa diferenciação não parece pertinente, já que a norma penal não é voltada para o passado, tendo ela, justamente, a função de desencorajar a pratica do ato indesejado pelo legislador. Mais adequada a diferenciação de Becker, que afirma que enquanto a norma penal (que ele denominava "sanção") seria "o dever preestabelecido por uma regra jurídica que o Estado utiliza como instrumento jurídico para impedir ou desestimular, *diretamente*, um ato ou fato que a ordem jurídica *proíbe*", no "Tributo extrafiscal 'proibitivo'" ter-se-ia um "dever preestabelecido por uma regra jurídica que o Estado utiliza como instrumento jurídico para impedir ou desestimular, *indiretamente*, um ato ou fato que a ordem jurídica *permite*[64].

4.5.3 Hipótese constitucional de tributo como sanção por ilícito

Conquanto o Constituinte pareça ter adotado a definição do Código Tributário Nacional, há, na Constituição Federal, uma indicação de que haverá a possibilidade de se utilizar o tributo como pena. A leitura do art. 182, § 4º, da Constituição Federal aponta para esta hipótese, ao prever:

62 STF, RE n. 94.001-SP, Tribunal Pleno, rel. Min. Moreira Alves, j. 11.03.1982, D.J. 11.06.1982.

63 Cf. SELMER, Peter. *Steuerinterventionismus und Verfassungsrecht*. Frankfurt am Main: Athenäum Verlag GmbH, 1972, p. 119.

64 Cf. BECKER, Alfredo Augusto. *Teoria Geral do Direito Tributário*. 3. ed. São Paulo: Lejus, 1998, p. 609-610.

§ 4º É facultado ao Poder Público municipal, mediante lei específica para área incluída no plano diretor, exigir, nos termos da lei federal, do proprietário do solo urbano não edificado, subutilizado ou não utilizado, que promova seu adequado aproveitamento, sob pena, sucessivamente, de:

I – parcelamento ou edificação compulsórios;

II – imposto sobre a propriedade predial e territorial urbana progressivo no tempo;

III – desapropriação com pagamento mediante títulos da dívida pública de emissão previamente aprovada pelo Senado Federal, com prazo de resgate de até dez anos, em parcelas anuais, iguais e sucessivas, assegurados o valor real da indenização e os juros legais.

Poder-se-ia tentar alegar que o Constituinte apenas teria conferido ao plano diretor natureza indicativa, não sendo ilícita sua inobservância, mas sendo certamente indesejada. A natureza indicativa do plano diretor seria consistente com o art. 174 da Constituição Federal, que esclarece que o planejamento é determinante para o setor público, mas meramente indicativo para o setor privado.

Não obstante, o constituinte é expresso ao se referir ao imposto como uma "pena". Ademais, o constituinte não disse que o Poder Público poderia "sugerir", "estimular" a construção. Ao contrário, o permissivo constitucional é para que o legislador municipal exija, imponha a promoção do seu adequado aproveitamento.

Claro que seria erro grosseiro imaginar que o texto constitucional estaria jungido ao uso de expressões técnicas, podendo-se cogitar de a expressão "pena" não ser, necessariamente, sanção por ato ilícito. Entretanto, não há como colocar em dúvida que a progressividade no tempo do IPTU é uma "pena" que ocorrerá apenas depois da exigência de parcelamento ou edificação compulsórios. A partir daí, seu descumprimento se torna um ilícito e, se o IPTU progressivo apenas ocorre no passo seguinte, evidencia-se, sim, seu caráter sancionatório.

Quanto a tal progressividade, importa ter em mente que ainda se estará diante de um tributo, posto que de caráter sancionador. Vale, aqui, o Princípio da Proibição do Confisco, a indicar um limite para a progressividade. Ou seja: conquanto se admita uma progressão no tributo, não pode ela ser de tal porte a implicar a supressão da propriedade. Afinal, se com a progressividade fosse suprimida, em curto espaço temporal, a propriedade, inútil seria o inciso III, acima reproduzido, que prevê a desapropriação. Esta pressupõe, na dicção constitucional, um "valor real da indenização", o que é incompatível com uma progressividade com efeito confiscatório.

4.6 Cobrada mediante atividade administrativa plenamente vinculada

No Capítulo XIV será visto que não é só a exigência do tributo que deve estar prevista em lei, mas também o modo de sua cobrança. A Administração Pública não pode decidir se quer ou não cobrar o tributo, nem de quem ela quer cobrar. Não pode dispensar, por sua vontade, alguém do pagamento do tributo, mesmo que haja razões humanitárias para tanto.

O procedimento de cobrança é regrado e, na determinação do Código Tributário Nacional, não deve haver espaço para qualquer decisão da Administração quanto à sua conveniência. Em síntese:

a Administração deve apenas seguir o que for determinado pelo legislador e este não pode abrir espaço para aquela exercer seu juízo de conveniência e oportunidade na atividade de cobrança.

Nesse ponto, cabe alertar que a vinculação do lançamento não se confunde com estrita legalidade na instituição do tributo. Esta, ver-se-á, impõe que todos os elementos concernentes à criação do tributo estejam previstos na própria lei. No caso do lançamento, não há tal rigor. Ao contrário, é esperado que o legislador confira ao Executivo a faculdade de regulamentar a cobrança, diante das circunstâncias de cada caso[65]. O que se espera, por outro lado, é que tal regulamentação seja, também ela, clara o suficiente para evitar arbítrio por parte das autoridades fiscais. Em síntese, o administrado tem o direito de conhecer o modo como será feita a cobrança do tributo e os recursos que são colocados à sua disposição.

5 Constitucionalização do conceito de tributo

Conhecido o conceito de tributo trazido pelo Código Tributário Nacional, não se pode deixar de enfrentar a questão sobre sua importância para o próprio texto constitucional.

Afinal, se o conceito do Código (complementado pela Lei 4.320/1964) já existia antes da edição da Constituição de 1988, ele certamente era conhecido do constituinte. Se esse raciocínio valeria para qualquer lei anterior ao texto constitucional, com muito maior razão se deve supor no caso do Código Tributário Nacional, já que, como se viu no Capítulo II, o art. 146 surgiu exatamente para pôr fim sobre o papel de lei complementar daquele Código e sobre o conceito de normas gerais que ele adotava.

Dada a importância do Código Tributário Nacional e sendo ele prestigiado pela Constituição, vem a pergunta: o conceito de tributo, utilizado pela Constituição, é aquele do Código Tributário Nacional? Ou, o que dá no mesmo: uma vez tendo o constituinte empregado por diversas vezes a expressão "tributo", terá o conceito preexistente sido constitucionalizado?

Na Alemanha, questão semelhante teve de ser enfrentada pela doutrina, tendo em vista que também lá havia um conceito (de imposto) no Código de 1919 e a Lei Fundamental de Bonn utilizara a mesma expressão na repartição de competências tributárias. Era necessário saber se a regra de repartição de competências empregara aquele conceito. Entendeu-se, inicialmente, que haveria coincidência entre o conceito legal e o constitucional de imposto[66], mas a jurisprudência, que adotou o mesmo entendimento[67], fala que o conceito constitucional, conquanto se ligue ao conceito tradicional, relaciona-se com as normas financeiras da Constituição e, por isso, não pode ser idêntico ao conceito legal, embora este seja decisivo para a interpretação daquele[68].

65 Cf. MACHADO, Hugo de Brito. Op. cit. (nota 44), p. 119.

66 Cf. MÜLLER, Klaus. Der Steuerbegriff des Grundgesetzes. *Betriebs-Berater*, ano 25, cad. 26, set. 1970, p. 1105-1109 (1106).

67 Cf. TIPKE, Klaus; LANG, Joachim. *Steuerrecht*. 15. ed. Köln: Otto Schmidt, 1996, p. 46, com vasta referência a decisões da Corte Constitucional.

68 Cf. BIRK, Dieter. *Steuerrecht*. 6. ed. atualizada. Heidelberg: Müller, 2003, p. 30.

Noutras palavras, a jurisprudência e a doutrina germânicas ensinam que não se deve desconhecer o fato de que o constituinte utiliza-se, sim, de conceitos que já preexistem no ordenamento; uma nova ordem constitucional impõe, entretanto, que aqueles conceitos se enquadrem nas novas exigências.

Parece acertado afirmar que, se é verdade que o constituinte conhecia o Código Tributário Nacional e seu conceito de tributo, este conceito não ganha, por isso, dicção constitucional[69].

Poderá, sim, o legislador complementar vir a redefinir o tributo, se entender ser necessária descrição mais precisa do conceito.

Como se viu, a Constituição Federal, excepcionalmente, contempla a hipótese de tributação progressiva como sanção por descumprimento de exigência do poder público. Essa circunstância contraria o conceito do Código Tributário Nacional, mas não pode deixar de ser reconhecida pelo aplicador da lei.

Ainda evidenciando que a definição de tributo do Código Tributário Nacional, posto que técnica, não se encaixa com perfeição às categorias constitucionais, há o caso emblemático do pedágio, acima referido.

Igualmente emblemática é a situação dos direitos *antidumping* e compensatórios. O *dumping*, previsto no artigo VI do Acordo Geral sobre Tarifas e Comércio – GATT –, existe quando se introduzem produtos de um país no comércio de outro país, por valor abaixo do normal, causando ou ameaçando causar prejuízo a uma indústria estabelecida no território de um Estado contratante do GATT. O item 2º do artigo VI do GATT prevê que "*com o fim de neutralizar ou impedir* dumping *a parte contratante poderá cobrar sobre o produto objeto de um* dumping *um direito anti*dumping *que não exceda a margem de* dumping *desse artigo (...)*". Nos termos desse acordo internacional, hoje os direitos *antidumping* são cobrados por força da Lei n. 9.019/95, regulamentada pelo Decreto n. 1.602/95. Em síntese, o direito *antidumping* é exigido no momento da importação, juntamente com o imposto de importação. É imediata a suspeita de que se trata de um adicional ao imposto de importação – e, portanto, um tributo. Ocorre que, se for um tributo, não há como explicar o fato de que não é cobrado em qualquer importação, mas apenas sobre importações oriundas do país investigado; ademais, a legislação prevê até mesmo a imposição de direitos retroativos.

Daí por que a doutrina vem negando a tais direitos a natureza tributária[70], ali enxergando uma "imposição paratarifária de direito econômico internacional que reequilibra, para o mercado interno, um equilíbrio de competitividade rompido"[71], fundamentando-se não ser possível "circundar a natureza jurídica de um instituto jurídico importado diretamente por meio de uma norma de Direito Internacional

69 Em sentido contrário, cf. TORRES, Ricardo Lobo. O conceito constitucional de tributo. In: TÔRRES, Heleno Taveira (org.). *Teoria geral da obrigação tributária*: estudos em homenagem ao professor José Souto Maior Borges. Introdução ou apresentação de Jose Augusto Delgado. São Paulo: Malheiros, 2005, p. 559-593 (562).

70 Não obstante, deve-se citar o peso da opinião de MACHADO, Brandão. Op. cit. (nota 9), para quem a natureza é tributária. No mesmo sentido, TROIANELLI, Gabriel Lacerda. Sobre a natureza (tributária?) das medidas *antidumping*, compensatórias e de salvaguarda. *ABDF-Resenha*, 1 Trim.1997, p. 19-28.

71 Cf. FERRAZ JUNIOR, Tercio Sampaio; ROSA, José Del Chiaro Ferreira da; GRINBERG, Mauro. Direitos *antidumping* e compensatórios: sua natureza jurídica e consequências de tal caracterização, *Revista de Direito Mercantil*, n. 96, p. 87-96.

Econômica", sendo daí "imposição paratarifária de intervenção no Domínio Econômico, fundada na função de incentivo do Estado"[72].

Não é diversa a questão em torno da Compensação Ambiental, de que trata o art. 36 da Lei n. 9.985/2000. Sua natureza tributária poderia ser defendida, já que se trata de prestação compulsória, com previsão legal e que não constitui sanção de ato ilícito. Se tivesse tal natureza, seria imediata sua inconstitucionalidade[73], já que o legislador não cuidou de fixar os critérios para sua quantificação, ficando esta sujeita a apuração a partir do "grau de impacto ambiental causado pelo empreendimento", conforme Estudo de Impacto Ambiental/Relatório de Impacto Ambiental (EIA/RIMA). Entretanto, é possível sustentar sua natureza de vera compensação, o que se evidencia por seu cálculo não ser a partir do binômio base de cálculo/alíquota, mas antes com base em estudo técnico que apura as perdas ambientais e busca uma compensação (não, portanto, uma punição ou indenização)[74]. Na Ação Direta de Inconstitucionalidade 3.378, o tema foi enfrentado pelo Supremo Tribunal Federal, que não viu natureza tributária na compensação, apontando, apenas, para o vício quando o legislador fixa um mínimo para a referida compensação: pela natureza não tributária desta, não caberia cogitar de mínimo, já que a compensação é fruto do estudo técnico efetuado pela Administração.

O exemplo acima mostra a possibilidade de o conceito de tributo, dado pelo Código Tributário Nacional, não ser absoluto. Afinal, se o constituinte quisesse ver imutável o conceito de tributo, não teria cometido à lei complementar a competência para sua definição. A regra do art. 146, III, "a", da Constituição é prova eloquente do desejo do constituinte de ver o legislador complementar atualizar, de quando em vez, os conceitos vigentes no ordenamento, desde que mantidos os grossos traços iniciais que inspiraram a Constituição.

6 Classificações de tributos

Diversas são as formas para a classificação dos tributos. O próximo Capítulo investigará suas espécies, tendo em vista os diversos regimes jurídicos constitucionais.

Podem-se classificar os tributos, igualmente, segundo a competência de quem os institui ou cobra. Assim, haverá os tributos federais, estaduais ou municipais. É sempre interessante lembrar que ao Distrito Federal competem tanto os tributos estaduais (art. 155 da Constituição Federal) quanto municipais.

Ainda sob o aspecto do sujeito ativo, encontram-se os tributos parafiscais, assim entendidos aqueles cuja cobrança seja delegada pelo legislador a entidade que não seja o próprio Estado (diretamente).

72 Cf. BARRAL, Welber. *Dumping* e medidas *antidumping*: sua polêmica natureza jurídica. In: TÔRRES, Heleno Taveira (coord.). *Direito Tributário Internacional aplicado.* São Paulo: Quartier Latin, 2003, p. 209-226.

73 Pela natureza tributária e consequente inconstitucionalidade, cf. DOMINGUES, José Marcos. A chamada compensação financeira SNUC. *Revista Dialética de Direito Tributário,* n. 133, out. 2006, p. 43-46; SALIBA, Ricardo B. A natureza jurídica da 'compensação ambiental' – vícios de inconstitucionalidade. *Interesse Público*, n. 29, jan./fev. 2005, p. 129-145.

74 Cf. GODOI, Marciano Seabra de. A compensação ambiental prevista na Lei 9.985/2000. In: FERRAZ, Roberto (coord.). *Princípios e limitações da tributação 2.* Os princípos da ordem econômica e a tributação. São Paulo: Quartier Latin, 2009, p. 441.

A expressão "parafiscalidade", de origem francesa, remonta a um sistema tributário paralelo ao fiscal (por isso mesmo parafiscal). Seriam arrecadações que não entrariam no orçamento e, por tal razão, estariam sujeitas a menor controle (ou nenhum controle) pelo legislativo. Hoje, entretanto, a expressão já perdeu tal sentido, tendo em vista o princípio da unidade orçamentária e a extensão do Princípio da Legalidade a todos os tributos. Por isso mesmo, mais adequado hoje é apenas investigar se a cobrança é feita diretamente pela pessoa jurídica de direito público ou não.

Muito comum é a tentativa de classificar os tributos segundo sua incidência, classificando-os entre diretos e indiretos. No Capítulo I, já se viu que tal classificação não encontra suporte sequer nos estudos de finanças públicas.

A classificação dos tributos, especialmente dos impostos, segundo o binômio diretos/indiretos atingiu seu ápice no século XIX[75].

Para a distinção entre ambas as espécies, desenvolveram-se os critérios da translação econômica, o técnico e administrativo e o financeiro.

Segundo o critério da *translação econômica*[76], direto seria o imposto cuja incidência atingisse (de modo direto) aquele contribuinte definido pelo legislador como sujeito passivo da obrigação tributária; indireto seria aquele cuja incidência, devido ao fenômeno da translação, onerasse economicamente alguém diverso do sujeito passivo legalmente definido, passando a ser aquele (isto é, aquele a quem a incidência econômica fora transferida) o contribuinte "de facto" na relação jurídico-tributária. A insegurança desse critério foi apresentada no Capítulo I, quando se viu que a incidência econômica tributária é fenômeno que depende de diversos fatores, a começar pela elasticidade de oferta e demanda.

O critério *técnico* surgiu na França, tendo como expoente máximo Trotabas[77]. De acordo com este critério, seriam diretos os impostos incidentes sobre fatos registráveis em cadastros ou registros. Indiretos seriam os com incidência jurídica sobre fatos imprevisíveis. Esse critério evoluiu para o *administrativo*, que classificava os impostos em diretos ou indiretos, de acordo com a competência do órgão arrecadador.

O critério *financeiro*, por sua vez, toma em consideração o fluxo circular de riquezas apresentado no Capítulo I, sendo indiretos os tributos que incidem sobre a renda consumida e diretos os demais (sobre renda produzida, distribuída ou poupada).

No Brasil, afastada a repercussão importante para efeito de repetição do indébito, a classificação não tem relevância prática.

Mesmo no que tange à repetição do indébito, a jurisprudência é titubeante sobre o tema, conforme se lê na crítica de Hugo de Brito Machado Segundo, que vale transcrever[78]:

> *2.11 Apesar das pontuadas dificuldades, que não são pequenas, a jurisprudência costuma indicar como tributos indiretos, basicamente, o Imposto sobre Operações Relativas à Circulação de Mercadorias e à Prestação de Serviços de Transporte Interestadual e Intermunicipal e de*

75 Cf. LAUFENBURGER, Henry. La distinzione tra imposte dirette e indirette. *Rivista di Diritto Finanziario e Scienza delle Finanze*, Milano, mar. 1954, p. 3-18.

76 Cf. NEVIANI, Tarciso. *A restituição de tributos indevidos:* seus problemas, suas incertezas. São Paulo: Resenha Tributária, 1983, p. 63-71.

77 É o que mostra LAUFENBURGER, Henry. Op. cit. (nota 75).

78 Cf. MACHADO SEGUNDO, Hugo de Brito. *Repetição do tributo indireto*. Incoerências e Contradições. São Paulo: Malheiros, 2011, p. 18 (omitidas as notas de rodapé do trecho original).

> *Comunicação (ICMS), o Imposto sobre Produtos Industrializados (IPI) e o ISS, este último apenas quando incidente sobre o valor cobrado pelo serviço prestado.*
>
> *2.12 Segundo o raciocínio desenvolvido, é indireto aquele tributo que incide sobre operação, vale dizer, ato realizado por mais de uma pessoa (v.g. vendedor e comprador de mercadoria; prestador e tomador de serviço), e que tem por base de cálculo o valor dessa operação (ou o preço do negócio). Essa circunstância faz com que, "naturalmente", o tributo, quando legalmente devido pelo prestador do serviço, ou pelo vendedor da mercadoria – por outras palavras, por quem* recebe *o preço –, seja acrescido ao preço e transferido ao comprador da mercadoria ou ao tomador do serviço, o qual, mesmo sem ter relação com o fisco, arca com o ônus do tributo (na condição de contribuinte de fato). Não obstante, as razões pelas quais isso seria "natural" em tais tributos, e não o seria nos demais, não são claras. Parte-se da premissa, talvez, de que isso seria "óbvio".*

O mesmo autor continua, citando precedentes do STJ, incorrendo no equívoco de considerar a repercussão econômica elemento distintivo dos tributos indiretos, denunciando que "o Fisco passou a considerar 'indireto' todo e qualquer tributo de cuja restituição se estivesse cogitando", o que teria forçado o STJ a explicar por que o ICMS e o IPI seriam "indiretos", mas não o imposto de renda ou a contribuição previdenciária, que também poderiam refletir-se nos preços. Teria sido esta a circunstância que teria levado a jurisprudência a fincar-se na incidência sobre uma operação, praticada por duas pessoas, impelindo determinado bem ou serviço da produção ao consumo. Não obstante, o próprio Hugo de Brito Machado Segundo mostra que os acórdãos que adotam tal entendimento baseiam-se em autores com pensamentos diferentes, e "os ministros prolatores dos votos que contêm tais citações dizem concordar com todos eles, o que não é logicamente possível". A consequência é que também não são coerentes as conclusões, já que, se fosse sempre aplicado o foco nas operações, não só o ICMS, o ISS e o IPI seriam "indiretos", mas também o ITBI, o ITCMD, a CIDE-combustíveis e outros tantos tributos. Entretanto, a jurisprudência do STJ mantém-se firme em entender por "indiretos" apenas ICMS, ISS e IPI[79].

Para a Argentina, o assunto é muito mais importante, já que ali a própria competência tributária se define por tal critério: os tributos indiretos são de competência concorrente, enquanto os diretos somente podem ser cobrados pelo governo federal se forem *contribuciones directas por tiempo determinado* e em circunstâncias excepcionais[80], o que exigiu que o Imposto de Renda, criado em 1935, fosse instituído por períodos de dez anos, ratificados periodicamente[81].

Nos Estados Unidos, a questão também foi relevante quando da criação do Imposto de Renda, já que o governo federal não poderia criar impostos diretos. Por tal razão, a Suprema Corte declarou-o inconstitucional, ensejando a edição da Emenda 16, que autorizou o referido imposto em 1913[82].

---

79 Cf. MACHADO SEGUNDO, Hugo de Brito. Op. cit. (nota 78), p. 20-21.

80 Constituição Argentina:
Art. 75. Corresponde al Congreso:
(...)
2. Imponer contribuciones indirectas como facultad concurrente con las provincias. Imponer contribuciones directas, por tiempo determinado, proporcionalmente iguales en todo el territorio de la Nación, siempre que la defensa, seguridad común y bien general del Estado lo exijan. Las contribuciones previstas en este inciso, con excepción de la parte o el total de las que tengan asignación específica, son coparticipables. (...)

81 Cf. COSTA, Ramón Valdés. Op. cit. (nota 4), p. 115-116.

82 Cf. SELIGMAN, E. R. *L'impôt sur le revenue.* Paris: Giard, 1913, p. 631-750.

Na França, a distinção chegou a exigir atenção no passado, já que como consequência da Revolução Francesa os impostos diretos, por razões políticas, eram submetidos à jurisdição do Conselho de Estado, enquanto os indiretos se sujeitavam aos tribunais civis. Essa separação desapareceu em 1963, tornando inútil a distinção[83].

Há quem classifique os tributos a partir da extrafiscalidade, havendo os arrecadatórios e os regulatórios.

A classificação merece crítica porque todos os tributos têm efeito arrecadatório e regulatório, em maior ou menor grau. Por isso mesmo, normas tributárias indutoras podem ser veiculadas em qualquer tributo.

Entretanto, não há como deixar de ver que o constituinte encontrou em alguns tributos federais veículos propícios para a introdução de normas indutoras, dispensando-os da rigidez do princípio da anterioridade e flexibilizando a legalidade, de tal modo que o governo federal pode, nos limites da lei, a qualquer momento modificar sua alíquota, com efeito imediato. Tal é o caso dos impostos sobre comércio exterior e do imposto sobre operações de crédito, câmbio, seguros, títulos e valores mobiliários. O Imposto sobre Produtos Industrializados, antes inserido nesse rol, hoje deve observar o intervalo mínimo de 90 dias para seu aumento.

Classificam-se os tributos em fixos ou variáveis, conforme sua alíquota seja um percentual incidente sobre um valor, ou seja, fixa.

É muito comum o emprego de alíquotas fixas para taxas. Por exemplo: uma taxa para a expedição de um alvará; os impostos em geral têm alíquotas expressas em percentuais, incidindo sobre grandezas econômicas para o cálculo do tributo.

Por sua vez, os tributos variáveis podem ser seletivos ou não seletivos, progressivos, proporcionais ou regressivos, monofásicos ou plurifásicos, cumulativos ou não cumulativos.

Seletivos são os tributos cuja alíquota varia segundo a essencialidade do produto ou da operação sobre que incidem. A seletividade é própria dos tributos sobre o consumo.

Progressivos são os tributos cuja alíquota marginal cresce na medida do incremento de sua base de cálculo; no caso da regressividade, aquela alíquota marginal decresce.

Monofásicos são os tributos que, incidindo sobre a circulação de riqueza, escolhem uma única etapa do ciclo econômico para a tributação; plurifásico é o tributo que incide em mais de uma etapa daquele ciclo. Os tributos plurifásicos, por sua vez, podem ser cumulativos ou não cumulativos, conforme desconsiderem ou computem o tributo já incidente na etapa anterior.

No Capítulo VIII se estudarão essas características.

À luz de sua base de incidência, surge o critério financeiro, segundo o qual o tributo pode incidir sobre a renda produzida, renda distribuída, renda poupada ou renda consumida.

O fluxo circular da renda de Musgrave, reproduzido no Capítulo I, mostra que em verdade a tributação se dá sobre a renda, diferenciando-se apenas o momento em que ela se dá. Na mesma oportunidade, identificaram-se os quatro momentos apontados por essa classificação.

83 Cf. COSTA, Ramón Valdés. Op. cit. (nota 4), p. 116.

Essa classificação é coerente, uma vez que não deixa dúvidas quanto a como classificar determinado tributo, além de preocupar-se com o fenômeno da circulação da renda, em seus aspectos econômico, financeiro e jurídico.

Finalmente, pode-se buscar uma classificação entre os tributos reais e pessoais. Os últimos caracterizar-se-ão pelo fato de o legislador considerar os aspectos subjetivos do tributo na descrição da hipótese de incidência; os tributos reais não terão modificação em sua estrutura por conta de aspectos subjetivos.

A classificação parece ter inspirado o constituinte no art. 145, § 1º, que impõe que sempre que possível os impostos tenham caráter pessoal.

Essa classificação foi adotada pelo Supremo Tribunal Federal quando examinou a progressividade do Imposto sobre a Transmissão de Bens Imóveis (ITBI) e do Imposto sobre a Propriedade Predial e Territorial Urbana (IPTU). O Plenário do Supremo Tribunal Federal entendeu que, até a edição da Emenda Constitucional 29/2000, a progressividade somente seria compatível com impostos pessoais e, sendo os referidos impostos de natureza real, não conviveriam com a progressividade[84].

Entretanto, também essa classificação já não pode ser aceita, quando se vê que o IPTU muitas vezes é isento no caso de ser o único imóvel de um proprietário que tenha atingido determinada idade, ou aposentado. Nesses casos, é evidente que critérios pessoais acabaram por afetar a própria incidência do tributo, que, nesse sentido, perde a categoria de tributo real.

Do mesmo modo, o Imposto de Renda muitas vezes deixa de lado os aspectos pessoais do contribuinte. É o caso da incidência exclusiva na fonte, em rendimentos de aplicações financeiras.

Mais adequado, portanto, seria falar em tributos reais para versar sobre aqueles cuja obrigação está garantida por um direito real e pessoais aqueles não garantidos[85]. Assim, no caso de tributos reais, o Fisco tem, entre seus privilégios ou garantias, o gravame sobre o bem que revela a capacidade contributiva captada pelo legislador.

Conhecido o conceito de tributo, importa ver que o constituinte o tratou como um gênero, dando disciplinas diversas a várias espécies. Ao estudo destas se dedicará o Capítulo IV.

---

84 A matéria ficou pacificada no Supremo Tribunal Federal, que editou as Súmulas 656 (É inconstitucional a lei que estabelece alíquotas progressivas para o imposto de transmissão *inter vivos* de bens imóveis – ITBI com base no valor venal do imóvel) e 668 (É inconstitucional a lei municipal que tenha estabelecido, antes da Emenda Constitucional 29/2000, alíquotas progressivas para o IPTU, salvo se destinada a assegurar o cumprimento da função social da propriedade urbana).

85 Cf. COSTA, Ramón Valdés. Op. cit. (nota 4), p. 100.

capítulo IV

Espécies tributárias

1 Espécies tributárias

A ideia de que existem várias espécies de tributos é imediata. Fala-se em espécies porque, não obstante tenham elas algumas características que as distinguem, todas enquadram-se no gênero "tributo". Reunir-se num único gênero não é irrelevante em matéria jurídica, já que, ao identificarem-se diversas figuras como pertencentes a um gênero, afirma-se que todas elas possuem algo em comum, ou melhor, um regime jurídico comum; no caso, o regime jurídico dos tributos. É assim, por exemplo, que a qualquer espécie de tributo aplicar-se-ão conceitos como "fato gerador" ou "lançamento".

Ao mesmo tempo que se encontram identidades suficientes para justificar a unificação das diversas espécies tributárias num gênero comum, é claro que elas apresentam peculiaridades. Por isso mesmo, identificam-se espécies tributárias. Não há uniformidade quanto ao número de espécies e seus critérios. Podem-se identificar, conforme o critério, apenas duas espécies de tributos (vinculados ou não vinculados); três (impostos, taxas e contribuições); quatro (acrescentando os empréstimos compulsórios); cinco (identificando as contribuições de melhoria) ou, como se proporá no presente estudo, seis espécies: impostos, taxas, contribuições de melhoria, empréstimos compulsórios, contribuições sociais e contribuições especiais. Ver-se-á que tal classificação encontra consistência no ordenamento jurídico brasileiro; para tanto, será importante investigar quais as características que justificam afirmar-se que se está diante de espécies distintas do gênero.

Antes de responder a tal questão, deve-se ter em mente a seguinte indagação: por que classificar? Mais claramente: por que identificar espécies tributárias distintas? Do ponto de vista jurídico, a única resposta adequada é a de que se classificam os tributos em espécies porque elas recebem um tratamento jurídico diferenciado.

Ou seja: há tributos que se submetem a algumas regras que não valem para os demais. Ao classificar, buscam-se traços comuns a certos grupos, permitindo ao jurista a compreensão do todo harmônico do ordenamento.

1.1 Classificações tradicionais: correntes dicotômica e tricotômica

Tradicionalmente, a classificação das espécies tributárias dividiu a doutrina em duas escolas: a dicotômica e a tricotômica; enquanto a primeira encontra apenas duas espécies tributárias (impostos e taxas), a segunda adiciona a ambas as categorias a das contribuições. A primeira escola investigava a hipótese tributária pondo de um lado aqueles que eram devidos em virtude de uma atividade do Estado (por isso: tributos *vinculados* a uma atuação estatal) e, de outro, aqueles cuja hipótese tributária independia daquela atuação (por isso: tributos *não vinculados*). A segunda escola enxergava uma terceira espécie, vinculada, sim, a uma atuação estatal, mas que não era voltada diretamente ao contribuinte. Ou seja: nas contribuições, haveria uma atuação estatal (por isso, tributo vinculado), mas o contribuinte apenas indiretamente se relacionaria àquela atuação. Um exemplo seria a contribuição de melhoria: cobrada em função de uma atuação estatal (obra pública) que não beneficia diretamente a um contribuinte, mas a um grupo do qual esse contribuinte faz parte. Ficariam, portanto, três espécies: os tributos não vinculados a atividade estatal, os vinculados a uma atividade estatal diretamente relacionada ao contribuinte e os vinculados a atividade indiretamente relacionada ao contribuinte. Essa divisão tricotômica acabou por prevalecer na América Latina[1].

Bastou o Código Tributário Nacional prever, em seu art. 5º, três espécies (impostos, taxas e contribuições de melhoria), para que Sacha Calmon Navarro Coêlho desse o tema por decidido pelo direito positivo, não passando, daí, de "questão fradesca, sexo de anjo, bizantinice". Para este autor, embora do ponto de vista científico somente coubesse a distinção entre tributos vinculados e não vinculados (portanto: classificação dicotômica), nada impediria que o Direito Positivo de um país reconhecesse, na espécie dos tributos vinculados a atuações do Estado, dois tipos diversos: taxas e contribuições de melhoria[2].

Quando afirma a existência de uma única distinção do ponto de vista científico, tributos vinculados ou desvinculados a uma atuação estatal relativa à pessoa do contribuinte, Sacha Coêlho entende-a sediada numa categoria epistemológica, já que o pagamento de tributos deve-se a "atos ou demonstrando situações relevantes captadas pelo legislador como indicativas de capacidade econômica (...) ou porque o Estado nos presta serviços de grande utilidade, específicos ou divisíveis, ou pratica atos do seu regular poder de polícia diretamente referidos a nossa pessoa, ou ainda porque nos concede benefícios diversos, como auxílios em caso de doença e pensões em caso de morte, aposentadorias, ou ainda porque realiza obras que favorecem nosso patrimônio imobiliário. No primeiro caso estão os impostos (tributos que existem independentemente de qualquer atuação estatal relativamente à pessoa do contribuinte) e as taxas e/ou contribuições que existem exatamente porque o Estado atua, de modo especial, em função da pessoa do contribuinte"[3]. Esta classificação, proposta por Geraldo Ataliba[4], também foi aceita, entre outros, por Paulo de Barros Carvalho[5].

1 Cf. COSTA, Ramón Valdés. *Curso de Derecho Tributario*. 2. ed. Buenos Aires: Depalma; Santa Fe de Bogotá: Temis; Madrid: Marcial Pons, 1996, p. 87.

2 Cf. COÊLHO, Sacha Calmon Navarro. As contribuições especiais no Direito Tributário brasileiro. *Justiça Tributária: direitos do Fisco e garantias dos contribuintes nos atos da administração e no processo tributário*. I Congresso Internacional de Direito Tributário. Instituto Brasileiro de Estudos Tributários – IBET. São Paulo: Max Limonad, 1998, p. 773-792 (777).

3 Cf. COÊLHO, Sacha Calmon Navarro. Op. cit. (nota 2), p. 773-792 (776).

4 Cf. ATALIBA, Geraldo. *Hipótese de incidência tributária*. 4. ed. ampliada e atualizada em função da Constituição de 1988. São Paulo: Revista dos Tribunais, 1990, p. 121 e ss.

5 Cf. CARVALHO, Paulo de Barros. *Teoria da norma tributária*. 2. ed. São Paulo: Revista dos Tribunais, 1981, p. 113.

1.2 As contribuições

Enquanto para os impostos e para as taxas as distinções acima não destoam da experiência internacional, a terceira espécie, contribuição, recebeu tratamento bastante reduzido no Código Tributário Nacional, cujo art. 5º apenas reconheceu a contribuição de melhoria, acabando por diminuir em muito o gênero "contribuição" que se conhece noutras praias.

Com efeito, na Alemanha, as contribuições (*Beiträge*) são tributos cobrados daqueles que, enquanto coletividade parcial ou grupo, têm um interesse especial na construção ou manutenção de uma associação pública, seja porque isso lhes gera vantagens especiais ou porque por meio dela lhes são imputados determinados ônus[6]. Entre as contribuições há as que servem para a melhoria de ruas, vias e praças (mas não para sua mera conservação)[7], o que, como se verá abaixo, inspira a contribuição de melhoria brasileira. O mesmo conceito de contribuição é igualmente empregado, nos termos do § 8, 2 da Lei dos Tributos locais (*KAG-NW – Kommunalabgabengesetz*), para as "prestações pecuniárias que servem para compensar o gasto para a fabricação, aquisição ou expansão de equipamentos e instalações públicos"[8]. Portanto, enquanto a taxa é definida como o pagamento por uma prestação especial efetiva da Administração, a contribuição, nesse segundo sentido, é o desembolso que o indivíduo paga por uma *possibilidade* assegurada (concreta) de vir a poder ter um uso individual de gastos concretos da Administração[9]. Não se incluem entre as contribuições os "tributos especiais" (*Sonder abgaben*), tributos instituídos para financiar gastos especiais não cobertos pelo orçamento (por isso mesmo chamados de tributos parafiscais – *parafiskalische Abgaben*). Os tributos especiais são exigidos de grupos determinados de cidadãos e destinados a um fundo especial[10]. Diferenciam-se os tributos especiais das contribuições porque estas somente são pagas se o contribuinte frui da atividade ou tem assegurado o direito de dela fruir, enquanto os tributos especiais têm o foco nos gastos imputáveis a um grupo[11].

Também na Espanha se reconhecem as contribuições especiais, que se definem como aqueles "tributos cuja hipótese tributária consiste na obtenção, pelo obrigado tributário, de um benefício ou de um aumento de valor de seus bens em consequência da realização de obras públicas ou do estabelecimento ou ampliação dos serviços públicos"[12]. Vê-se daí um conceito que vai além da mera contribuição por valorização de imóveis decorrente de obras públicas: ela não se vincula à questão da valorização de bens, bastando um benefício ao contribuinte, tampouco se restringe a obras públicas. Daí a dificuldade, naquele país, de se diferenciarem taxas das contribuições especiais, reconhecendo-se que ambos os tributos podem financiar um mesmo serviço[13]. Não obstante,

---

6 Cf. FLÄMIG Christian. Beitrag (verbete). In: TRICKRODT Georg, WÖHE Günter et al. *Handwörterbuch des Steuerrechts und der Steuerwissenschaft*. 2. ed., vol. 1. München: Beck, 1981, p. 186.

7 Cf. TIPKE, Klaus. *Steuerrecht*. 18. ed. (complementada por Joachim Lang). Köln: O. Schmidt, 2005, p. 49.

8 No original: *Geldleistungen, die dem Ersatz des Aufwandes für die Herstellung, Anschaffung und Erweiterung öffentlicher Einrichtungen und Anlagen dienen*.

9 Cf. BIRK, Dieter. *Steuerrecht*. 6. ed. Heidelberg: C.F. Müller, 2003, p. 31.

10 Cf. TIPKE, Klaus. Op. cit. (nota 7), p. 50.

11 Cf. KRUSE, Heinrich Wilhelm. *Lehrbuch des Steuerrechts*. vol. 1. München: Beck, 1991, p. 88.

12 Lei Geral Tributária, art. 2º.

13 Cf. LAPATZA, José Juan Ferreiro. *Direito Tributário*. Teoria Geral do Tributo. São Paulo: Madrid: Marcial Pons, 2007, p. 171.

aponta-se que a atividade desenvolvida pelo ente público a ser remunerada pela contribuição deve ser dirigida a toda a coletividade, e não a uma pessoa, como no caso das taxas. Ademais, a equivalência deve ser buscada perante todo o grupo, não perante uma pessoa[14].

A França também conhece cotizações sociais, prestações compulsórias recebidas por organismos de direito público ou privado no interesse social. Não se confundem com os impostos porque elas implicam uma contrapartida (as prestações sociais) e não se incluem no orçamento, não estando sequer sujeitas à aprovação do Parlamento[15].

Na Itália, existe a categoria do tributo especial (*tributo speciale*), cobrado daqueles que obtêm uma vantagem econômica particular em relação aos demais que também fruem daquela atividade ou daqueles que provocam uma despesa, ou uma maior despesa do ente público, em virtude de bens que possuam ou do exercício de uma indústria, de um comércio ou de outra atividade. As contribuições de melhoria (*tributi detti di miglioria*) enquadram-se no primeiro caso[16].

Percebe-se, a partir do giro acima, que a classificação tripartite do Código Tributário Nacional, conquanto inspirada em outros sistemas, reduziu o alcance das contribuições às de melhoria, ignorando outras contribuições já conhecidas alhures.

1.3 Limitações da classificação a partir da hipótese tributária

Ocorre que as classificações doutrinárias baseadas exclusivamente na hipótese prevista em lei para sua cobrança não atendem àquele reclamo proposto. Saber que há tributos vinculados e não vinculados, por exemplo, não é suficiente para conhecer os tratamentos conferidos pelo Constituinte aos tributos. A leitura do texto constitucional revela que o ordenamento reconheceu mais espécies tributárias, não se fiando exclusivamente na hipótese tributária vinculada ou não a uma atividade estatal.

Efetivamente, o reconhecimento pelo direito positivo de pelo menos três espécies tributárias não pode ser negado quando, ao investigar-se quem pode instituir um tributo (tecnicamente: quem tem competência para instituí-lo), verifica-se que a Constituição Federal, no art. 145, refere-se àquelas três espécies tributárias (impostos, taxas e contribuições de melhoria) que podem ser instituídas por qualquer das pessoas jurídicas de Direito Público (União, Estados, Distrito Federal e Municípios).

Uma leitura apressada poderia levar a crer que apenas aqueles seriam os tributos que existem no Brasil. No entanto, no mesmo capítulo (intitulado "Do Sistema Tributário Nacional"), encontram-se as figuras dos empréstimos compulsórios (art. 148) e das contribuições sociais e especiais (art. 149), que não se confundem com as anteriores, por possuírem disciplina distinta em relação à competência para instituí-las, por exemplo. No caso dos empréstimos compulsórios, a competência é reservada apenas à União e se exige, para

---

14 AYALA, Jose Luis Perez de; GONZALEZ, Eusébio. *Curso de Derecho Tributário.* 5. ed., tomo 1. Madrid: Edersa, 1989, p. 199-200.

15 Cf. BOUVIER, Michel. *Introduction au droit fiscal general et à la théorie de l'impôt.* 8. ed. Paris: L.G.D.J., 2007, p. 26.

16 Cf. GIANNINI, A. D. *Istituzioni di Diritto Tributário.* 9. ed. Milano: Giuffrè, 1965, p. 58.

sua instituição, lei complementar; no caso das contribuições especiais, a competência é, em regra, da União; já para as contribuições sociais a regra é excepcionada quando se contemplam contribuições a serem instituídas por Estados, Distrito Federal e Municípios, desde que voltadas para o custeio de regime previdenciário destes entes[17]. Há, ainda, esdrúxulas contribuições para o custeio da iluminação pública, que serão analisadas abaixo.

Ou seja: o art. 145 não declara que no Brasil existem apenas três espécies de tributos; ele apenas arrola as três espécies que podem ser instituídas tanto pela União, como pelos Estados, Distrito Federal e Municípios. As demais espécies (empréstimos compulsórios e as diversas contribuições) não aparecem no art. 145 porque não podem ser instituídas por todas as pessoas jurídicas de Direito Público.

1.4 Destinação e denominação

A busca de um critério para distinguir cada uma dessas espécies tributárias leva ao Código Tributário Nacional, cujo art. 4º é categórico:

> Art. 4º A natureza jurídica específica do tributo é determinada pelo fato gerador da respectiva obrigação, sendo irrelevantes para qualificá-la:
>
> I – a denominação e demais características formais adotadas pela lei;
>
> II – a destinação legal do produto da sua arrecadação.

Assim, no sistema desenhado pelo CTN, bastaria que se conhecesse a hipótese prevista em lei para sua cobrança ("fato gerador") para que se identificasse uma espécie tributária. O dispositivo ainda cuida de afastar qualquer desvio deste critério.

1.4.1 A questão da denominação

Irrepreensível o inciso I do art. 4º acima, já que são fartos os exemplos de tributos que recebem as mais inusitadas denominações para afastar-se de limitações à tributação. Num ambiente em que União, Estados, Distrito Federal e Municípios têm suas competências para instituição de impostos regulada pela Constituição, explicam-se facilmente as tentativas de algumas dessas pessoas jurídicas de direito público ultrapassarem seus limites, criando tributos além de sua competência, disfarçados de outros nomes. Assim haverá "contribuições", "taxas" e quejandos que nada mais são que impostos, instituídos além da competência dos entes que os instituíram. Ou seja: como a

17 A natureza tributária das contribuições sociais ficou pacificada pelo Plenário do Supremo Tribunal Federal. Ao apreciar o RE n. 146.733-9-SP (Tribunal Pleno, rel. Min. Moreira Alves, j. 29.06.1992, D.J. 06.11.1992), que cuidava da contribuição social incidente sobre o lucro das pessoas jurídicas, instituída pela Lei 7.689/1988, fixou se o entendimento quanto à natureza tributária da referida contribuição. No mesmo sentido é a decisão proferida nos autos do RE n. 148.331-8-PB, rel. Min. Celso de Mello, D.J. 18.12.1992, onde se lê: "*a qualificação jurídica da exação instituída pela Lei n. 7.689/88 nela permite identificar espécie tributária que, embora não se reduzindo a dimensão conceitual do imposto, traduz típica contribuição social, constitucionalmente vinculada ao financiamento da seguridade social*". Cf. ainda o RE n. 227.832-1-PR, Tribunal Pleno, rel. Min. Carlos Velloso, j. 01.07.1999, D.J. 28.06.2002.

Constituição Federal é rígida quanto aos impostos que cada ente pode instituir, é comum que uma pessoa jurídica de direito público pretenda instituir imposto não previsto entre os de sua competência, valendo-se do artifício de não os denominar "Impostos", como se pela denominação fosse possível mudar sua natureza.

Também outras barreiras constitucionais procuram ser ultrapassadas por meio de denominações diversas aos tributos. A própria União por vezes evita reconhecer que um tributo tem a natureza de imposto, já que esta espécie tributária a obriga a repartir os recursos arrecadados com Estados e Municípios, além de submeter-se a diversas restrições constitucionais. Cite-se, a título de exemplo, a contribuição ao Finsocial, instituída pelo Decreto-Lei n. 1.940/82. A jurisprudência, mesmo no regime constitucional anterior, reconheceu-lhe natureza de imposto[18], o que trouxe por consequência, dentre outras, a proibição de que fosse exigida sobre a receita proveniente da venda de livros, jornais e periódicos, já que a Constituição assegurava que tais bens ficassem imunes a impostos (conquanto não a outros tributos). Se o Finsocial era um imposto (apelidado de "contribuição"), então não incidiria sobre tais bens[19].

1.4.2 A questão da destinação legal do produto

Se o inciso I não merece reparos, o inciso II do mesmo art. 4º deve ser entendido dentro de seu contexto. O referido dispositivo apenas faz sentido quando se tem em conta o art. 5º do mesmo Código Tributário Nacional:

> *Art. 5º Os tributos são impostos, taxas e contribuições de melhoria.*

Fossem apenas essas as espécies tributárias, realmente não se precisaria de mais outro critério para distinguir as espécies. Coerentemente, como se verá abaixo, os arts. 16, 77 e 81 do Código Tributário Nacional, quando definem as três espécies acima, limitam se a descrever a hipótese prevista em lei para sua exigência ("fato gerador"), na crença de que esse elemento seria suficiente para a delimitação da espécie de que se trata.

Do ponto de vista doutrinário, explica se essa posição do Código. Vivia se, no período de seu surgimento, época em que a doutrina fincava no chamado "fato gerador da obrigação tributária" o centro de todos os estudos da área. Afirmou-se, mesmo, que o "fato gerador" seria "centro da teoria jurídica do tributo como o estudo do delito no direito penal; sobre ele se constrói a dogmática do Direito Tributário material"[20].

Se o Código pretendia ser rigoroso, portanto, não haveria de cair na tentação de buscar outros critérios classificatórios, que apenas desviariam a atenção daquele apontado como o único adequado. Não haveria, destarte, tributos que não se enquadrassem à perfeição nas categorias arroladas taxativamente no referido art. 5º do Código Tributário Nacional.

Aos empréstimos compulsórios e às contribuições não se reconheceria o *status* de espécie tributária: a partir das hipóteses legais para sua exigência ("fatos geradores"), seriam enquadrados nas três espécies antes arroladas, independentemente de suas peculiaridades.

Destarte, *para os efeitos do Código Tributário Nacional*, basta o conhecimento da hipótese tributária para que se conheça o regime jurídico estabelecido por aquele diploma. Ou seja: quando o Código Tributário Nacional se referir, por exemplo, a "impostos", a norma se aplicará a todos os

18 STF, RE n. 103.778-4-DF, Tribunal Pleno, rel. Min. Cordeiro Guerra, j. 18.09.1985, D.J. 13.12.1985.

19 STF, RE n. 109.484-2-PR, 2ª Turma, rel. Min. Célio Borja, j. 22.04.1988, D.J. 27.05.1988.

20 Cf. JARACH, Dino. *O fato imponível.* Teoria geral do Direito Tributário substantivo. São Paulo: Revista dos Tribunais, 1989, p. 83. No mesmo sentido, cf. BERLIRI, Antonio. *Principios de Derecho Tributario.* vol. 2. Madrid: Derecho Financiero, 1971, p. 313.

tributos cuja hipótese independa de atuação estatal, qualquer que seja o regime constitucional aplicável àquele tributo. Se, por exemplo, um empréstimo compulsório tiver no núcleo da hipótese tributária "adquirir energia elétrica", então os dispositivos do Código Tributário Nacional referentes a impostos se estenderão ao empréstimo compulsório assim criado, sem prejuízo de o referido tributo, por sua natureza constitucional, dobrar-se às exigências do art. 148 da Constituição Federal, como se verá abaixo.

É importante notar que os empréstimos compulsórios já existiam na época da edição do Código Tributário Nacional. O art. 15 a eles se refere expressamente. Acontece que o Código não lhes reconhecia o *status* de espécie tributária distinta.

Afinal, se o art. 4º desprezara a destinação do produto da arrecadação, não haveria razão para se reconhecer nos empréstimos compulsórios uma quarta espécie: seriam eles *impostos* restituíveis ou *taxas* restituíveis, conforme o caso.

A realidade, entretanto, logo mostrou que o rigor pretendido pelo legislador não se adaptaria ao ordenamento jurídico posto. Fossem apenas aquelas as espécies tributárias, como justificar outras exações que já então existiam, mas que não se enquadravam nos rígidos regimes das três espécies propostas? Editado o Código Tributário Nacional em 25 de outubro de 1966, este entraria em vigor no dia 1º de janeiro do ano seguinte, apenas subsistindo os tributos que se submetessem às rigorosas categorias arroladas pelo art. 5º. O art. 17, por exemplo, era explícito ao excluir qualquer outro imposto do sistema, não previsto pelo Código Tributário Nacional. O dilema é bem explicado por Luciano da Silva Amaro:

> *Realmente, tudo aquilo que não fosse taxa nem contribuição de melhoria teria de, por exclusão, revestir-se da roupagem de imposto. Mas se os impostos eram apenas os nominados, nenhuma exação (alheia ao rol exaustivo da Emenda n. 18/65 e do Título III do Livro Primeiro do Código Tributário Nacional) poderia legitimar-se como imposto*[21].

Assim como o sistema só reconhecia impostos em *numerus clausus*, previstos pelo próprio Código Tributário Nacional, várias exações ficavam com seus dias contados.

A visão pragmática do legislador impediu que de um momento para outro desaparecessem todas as figuras tributárias que não se enquadravam nas espécies previstas pelo art. 5º do Código. Foi assim que em 14 de novembro de 1966 (e, portanto, ainda durante a *vacatio legis*) foi editado o Decreto-lei n. 27, que fez inserir no Código Tributário Nacional seu art. 217, com o seguinte teor:

> *Art. 217. As disposições desta Lei, notadamente as dos arts. 17, 74, § 2º, e 77, parágrafo único, bem como a do art. 54 da Lei 5.025, de 10 de junho de 1966, não excluem a incidência e a exigibilidade:*
>
> *I – da "contribuição sindical", denominação que passa a ter o imposto sindical de que tratam os arts. 578 e seguintes, da Consolidação das Leis do Trabalho, sem prejuízo do disposto no art. 16 da Lei 4.589, de 11 de dezembro de 1964;*
>
> *II – das denominadas "quotas de previdência" a que aludem os arts. 71 e 74 da Lei 3.807, de 26 de agosto de 1960 com as alterações determinadas pelo art. 34 da Lei 4.863, de 29 de novembro de 1965, que integram a contribuição da União para a previdência social, de que trata o art. 157, item XVI, da Constituição Federal;*
>
> *III – da contribuição destinada a constituir o "Fundo de Assistência" e "Previdência do Trabalhador Rural", de que trata o art. 158 da Lei 4.214, de 2 de março de 1963;*

21 Cf. AMARO, Luciano da Silva. *Direito Tributário brasileiro*. 15. ed. São Paulo: Saraiva, 2009, p. 58.

IV – da contribuição destinada ao Fundo de Garantia do Tempo de Serviço, criada pelo art. 2º da Lei 5.107, de 13 de setembro de 1966;

V – das contribuições enumeradas no § 2º do art. 34 da Lei 4.863, de 29 de novembro de 1965, com as alterações decorrentes do disposto nos arts. 22 e 23 da Lei 5.107, de 13 de setembro de 1966, e outras de fins sociais criadas por lei.

Vê-se, a partir daí, que nem mesmo em 1º de janeiro de 1967, data em que o Código Tributário Nacional entrou em vigor, o sistema tributário nacional limitou-se àquelas três espécies tributárias previstas por aquele texto legal, cuja distinção se firmava exclusivamente em função da hipótese prevista em lei para sua cobrança.

No regime instituído em 1988, com mais razão, percebe-se que há mais regimes jurídicos distintos que exigem que se ultrapasse o limite das três espécies tributárias originariamente arroladas no art. 5º do Código Tributário Nacional. A destinação também é relevante para a determinação do regime jurídico.

Por exemplo, há o convívio do *imposto* sobre a renda das pessoas jurídicas e da *contribuição* social sobre o lucro. Têm regimes jurídicos próprios, mas as hipóteses legais para sua cobrança confundem-se. Não erraria quem, com base na classificação tripartite, dissesse que são ambos meros impostos (já que a destinação é irrelevante). Ocorre que, para a Constituição, a destinação não pode ser desprezada, dado que, conforme esta, ter-se-á um "imposto" ou uma "contribuição social". Apenas a título exemplificativo, basta dizer (isso será visto no Capítulo VII) que enquanto impostos, em regra, apenas podem ser instituídos ou aumentados por lei promulgada até o último dia do exercício anterior a sua exigência, para as contribuições sociais destinadas à seguridade social esta restrição é mitigada, bastando um intervalo de 90 dias entre a promulgação da lei e o início da cobrança destas.

Daí ser necessária uma distinção que não se limite a investigar a hipótese legal para sua cobrança; no caso específico, o que distingue os impostos das contribuições sociais é que as últimas têm uma destinação prevista pela própria Constituição.

1.5 Proposta de classificação a partir dos regimes constitucionais

Constata-se, portanto, que o ordenamento constitucional de 1988 possui diversos regimes jurídicos tributários, exigindo um desdobramento que ultrapasse a classificação tripartite posta. Se o objetivo da classificação é agrupar os tributos conforme seus regimes jurídicos, não satisfaz a classificação baseada exclusivamente na hipótese legal para sua cobrança. Faz-se necessária a identificação de outro critério.

1.5.1 Critérios intrínseco e extrínseco

Em interessante estudo sobre o tema das classificações no sistema tributário nacional, Eurico M. Diniz de Santi desmente a noção corrente segundo a qual inexistiriam classificações certas ou erradas, mas mais úteis ou menos úteis. Para o professor da Fundação Getulio Vargas, em matéria jurídica as classificações devem ser vistas em dois momentos: no direito positivo e na ciência do direito. No primeiro momento, i.e., quando o legislador introduz uma classificação, seu conteúdo é prescritivo, tendo o fim precípuo de outorgar regimes jurídicos e definir situações jurídicas específicas ao produto da classificação; daí ser a classificação válida ou não. Dando-se a classificação no campo da ciência do direito, por outro lado, há proposição descritiva, sendo verdadeira ou falsa conforme seja ou não fiel e coerente com os critérios do direito positivo[22].

O critério científico tradicionalmente apontado pela doutrina, vinculação ou não à atuação estatal, seguindo a linha inicialmente adotada pelo Código Tributário Nacional, parte da própria hipótese legal para sua cobrança (é intrínseco àquela hipótese). Como ensina Eurico Santi, o critério intrínseco não é o único modo de se classificar: a par das classificações intrínsecas, nas quais o critério que informa a classificação compõe a definição do objeto classificado (assim, nas substâncias químicas, os elementos que compõem a coisa também a definem – sal é todo composto formado por sódio ou cloro), existem as classificações relacionais (ou extrínsecas), em que o critério diferenciador é externo à coisa (assim, irmãos se definem pelo fato de terem o mesmo pai e/ou a mesma mãe).

Nesse sentido, defende Santi que, a par da classificação acima referida, intrínseca (vinculação ou não à atividade estatal), há outra, extrínseca (destinação legal e restituibilidade)[23]. O emprego do critério extrínseco revela-se concessão à pragmática, na medida em que um tributo já não mais depende, para sua classificação, de critérios que lhe são internos, controlados, mas se avança para sua relação com o meio em que a norma está inserida. Neste ponto, a obrigação tributária, posto que nascida na concretização, no mundo fenomênico, da situação abstratamente prevista pela lei, não tem nela os elementos "necessários" e "suficientes" (art. 114 do Código Tributário Nacional) para sua caracterização.

É somente a partir do reconhecimento dos dois critérios de classificação (intrínseco e extrínseco) que se pode entender o art. 4º do Código Tributário Nacional, acima analisado: adotado o critério intrínseco, concluir-se-á, com Sacha Calmon, que "o CTN está, no tangente à qualificação do tributo, rigorosamente certo. O que importa é analisar o fato gerador e a base de cálculo do tributo, para verificar se o mesmo está ou não vinculado a uma atuação estatal, específica, relativa à pessoa do contribuinte, indiferentes o *nomen juris*, características jurídico-formais e o destino da arrecadação"[24].

É sob o critério extrínseco, alerta Eurico Santi, que se conclui comprometido o referido art. 4º, pois "se o imposto não pode ser destinado especificamente a nenhum órgão, não basta ser tributo não vinculado; exige-se também que seja não destinado"[25].

O critério extrínseco é o que inspirou José Eduardo Soares de Melo, ao sustentar que, "sob esse prisma, há que convir que todos os tributos acabam tendo um destino determinado: (a) os impostos servem para atender às necessidades gerais da coletividade; (b) as taxas são utilizadas para retribuir os ônus inerentes ao exercício regular do poder de polícia e os serviços públicos específicos e divisíveis, prestados ou postos à disposição dos particulares; (c) a contribuição de melhoria

22 Cf. SANTI, Eurico Marcos Diniz de. As classificações no Sistema Tributário brasileiro. *Justiça Tributária: direitos do Fisco e garantias dos contribuintes nos atos da administração e no processo tributário*. I Congresso Internacional de Direito Tributário. Instituto Brasileiro de Estudos Tributários – IBET. São Paulo: Max Limonad, 1998, p. 125 a 147 (132-133).

23 Cf. SANTI, Eurico Marcos Diniz de. Op. cit. (nota 22), p. 130; 138.

24 Cf. COÊLHO, Sacha Calmon Navarro. Op. cit. (nota 2), p. 779.

25 Cf. SANTI, Eurico Marcos Diniz de. Op. cit. (nota 22), p. 138.

relaciona-se com a valorização do bem particular em razão de obra pública; (d) os empréstimos compulsórios visam a atender calamidades públicas como guerra externa, ou sua iminência, e investimento público de caráter urgente e de relevante interesse nacional; e (e) as contribuições objetivam a regulação da economia, os interesses de categorias profissionais e o custeio da seguridade social, num âmbito mais abrangente"[26].

Nesse sentido, combinando os critérios intrínseco e extrínseco, sugere Santi a existência de um gênero "imposto", definido a partir de uma característica intrínseca (não vinculação) e uma espécie "imposto", estipulada por critério extrínseco (não destinação legal)[27]. Na mesma linha, a proposta de Luciano Amaro: "o critério da especificação segundo o fato gerador pode ter utilidade subsidiária, mas ele não é suficiente, o que nos leva a buscar a identificação de outras peculiaridades que possam permitir desenhar o contorno próprio de certas figuras, nascidas à margem dos impostos, das taxas e da contribuição de melhoria, e que relutam em enquadrar-se nesses figurinos"[28], arrematando: "se a destinação do tributo compõe a própria norma jurídica constitucional definidora da competência tributária, ela se torna um dado jurídico, que, por isso, tem relevância na definição do regime jurídico específico da exação, prestando-se, portanto, a distingui-la de outras"[29].

1.5.2 Identificação das espécies tributárias

Examinando o texto constitucional brasileiro, deve-se concordar com a classificação proposta, já que adequada ao direito posto: o constituinte brasileiro não se satisfez com critérios intrínsecos, distinguindo espécies tributárias diversas tanto dentro do gênero dos tributos vinculados como dos não vinculados.

No Supremo Tribunal Federal, foi essa combinação de critérios que levou à adoção da teoria quinquipartida, resumida na seguinte passagem do voto do Ministro Carlos Velloso:

> As diversas espécies tributárias, determinadas pela hipótese de incidência ou pelo fato gerador da respectiva obrigação (CTN, art. 4º), são as seguintes: a) os impostos (CF, arts. 145, I, 153, 154, 155 e 156); b) as taxas (CF, art. 145, II); c) as contribuições, que podem ser assim classificadas: c.1 de melhoria (CF, art. 145, III), c.2 parafiscais (CF, art. 149), que são: c.2.1. sociais, c.2.1.1. de seguridade social (CF, art. 195, I, II, III), c.2.1.2 outras de seguridade social (CF, art. 195, § 4º), c.2.1.3. sociais gerais (o FGTS, o salário educação, CF, art. 212, § 5º, contribuições para o SESI, SENAI, SENAC, CF, art. 240); c.3. especiais: c.3.1. de intervenção no domínio econômico (CF, art. 149) e c.3.2. corporativas (CF, art. 149). Constituem, ainda, espécie tributária: d) os empréstimos compulsórios (CF, art. 148)[30].

Assim é que, também neste estudo, identificar-se-ão as espécies tributárias a partir da combinação de ambos os critérios acima, seguindo o posicionamento do Supremo Tribunal Federal. Sugere-se, apenas, um desdobramento no caso das contribuições, entre as sociais e as

26 Cf. MELO, José Eduardo Soares de. *Contribuições sociais no sistema tributário.* 3. ed. São Paulo: Malheiros, 2000, p. 35.

27 Cf. SANTI, Eurico Marcos Diniz de. Op. cit. (nota 22), p. 139.

28 Cf. AMARO, Luciano. Conceito e classificação dos tributos. *Revista de Direito Tributário*, n. 55, p. 239-296 (277).

29 Cf. AMARO, Luciano. Op. cit. (nota 28), p. 285.

30 STF, RE n. 138.284-8-CE, Tribunal Pleno, rel. Min. Carlos Velloso, 01 de julho de 1992, D.J. 28.08.1992.

especiais, cujos regimes jurídicos constitucionais apresentam diferenças suficientes para aconselhar seu estudo em separado, como se verá ao examinar o tema da referibilidade.

Nesse sentido, surgem as seguintes categorias:

		DESTINAÇÃO DA RECEITA						
		Não afetada	Possível afetação a serviço público específico ou ao exercício do poder de polícia	Afetada a obra pública	Afetada a investimento público, a calamidade ou guerra externa, devendo ser restituída	Afetada a atuação da União nas respectivas áreas (ordem social, intervenção sobre o Domínio Econômico ou interesse de categoria profissional ou econômica)	Afetada a atuação dos Municípios nos serviços de iluminação pública	Afetada ao regime previdenciário dos funcionários públicos da União, dos Estados e dos Municípios
HIPÓTESE TRIBUTÁRIA ADEQUADA ("FATO GERADOR")	Não vinculado	Imposto	n/a	n/a	Empréstimo compulsório – imposto	Contribuição social	Cosip	
	Vinculado diretamente	n/a	Taxa[31]	n/a	Empréstimo compulsório – taxa	n/a		
	Vinculado indiretamente	n/a	n/a	Contribuição de melhoria	Empréstimo compulsório – contribuição	Contribuição especial (CIDE ou de Interesse de Categoria Profissional ou Econômica)		Contribuição especial (Contribuição Previdenciária dos servidores ativos, dos aposentados e dos pensionistas)

A esses critérios, entretanto, importa agregar outro elemento, a justificação, que auxiliará a explicar as espécies tributárias.

A justificação – diga-se desde logo – não é um terceiro critério classificatório; serve ela, antes, para descrever as espécies tributárias, uma vez feita a classificação acima mencionada.

2 A justificação e as espécies tributárias

No desenvolvimento dos estudos de Direito Tributário, ganhou corpo a doutrina que, percebendo na relação tributária uma natureza obrigacional, entendeu que, se toda obrigação teria uma causa, também a obrigação tributária deveria ter a sua.

No campo obrigacional, quem se obriga a uma prestação, com base num negócio jurídico, deve ter um motivo externo (causa da obrigação). Inexistindo este, entende-se sem causa a diminuição patrimonial, podendo ser repetida, sob o fundamento do enriquecimento ilícito. Conforme Rotondi, já no direito romano, pelo menos na época do código de Justiniano, o conceito de "causa" era claro, difundido e aceito como elemento essencial à validade das convenções em geral, recordando-se

31 A afetação não é mandatória; conquanto seja desejável que os recursos da taxa se destinem aos custos a que se refere, não há exigência de formação de fundo específico para tanto, o que implica que os recursos poderão ser destinados à conta geral, da qual sairão também as despesas correspondentes.

expressões como "iusta causa"; "iniusta causa"; "iusta causa traditionis"; "iusta causa usucapionis"; "iusta causa per la restitutio in integrum"; "iusta causa nell'actio publiciana"; "iusta causa possidendi"[32].

Assim é que em França se desenvolveu a teoria da causa da obrigação, a partir dos seguintes arts. do Código Civil: 1108 (que inclui a causa como elemento de validade do contrato), 1131 (segundo o qual não tem efeito a obrigação sem causa, ou firmada por falsa causa, ou por causa ilícita) e 1133 (que define como ilícita a causa quando for proibida pela lei ou contrária aos bons costumes ou à ordem pública). No Código Civil brasileiro de 1917, a ideia de causa aparecia de modo tímido, o que foi amplamente modificado pelo texto que o substituiu[33].

Comentando o Código Civil italiano, Gianturco esclarecia que também aquele, apresentando os requisitos essenciais de um contrato, distinguia o objeto da causa, não entendendo a última como a ocasião de contratar, mas o motivo juridicamente suficiente que serve de fundamento à relação obrigacional. A causa não se confundiria, assim, com a *quaenam occasio contrahendi:* se alguém aluga uma casa numa cidade, por causa de um emprego ali obtido, não pode pretender rescindir o aluguel se sua expectativa não se concretizou (e se o contrato não foi condicional). Distinguir-se-ia, assim, a causa dos motivos internos que possam determinar a contratação. No final do século XIX e início do século XX, várias vozes se levantaram contra essa distinção proposta pelo Código. Assim é que, para Gianturco, a causa se encontraria no próprio objeto, pelo menos nos contratos onerosos (i.e.: uma parte contrata esperando a contraprestação); apenas no caso de contratos gratuitos é que seria possível uma distinção entre causa e objeto, já que aquela se encontraria no consenso (se a causa por que se deu a contratação não for verdadeira, houve vício de consentimento)[34].

Negando a identidade entre objeto e causa, Colin e Capitant sustentavam a utilidade da distinção, para a análise dos contratos, baseando-se em diversas decisões jurisprudenciais. Para tais autores, a causa seria o objetivo que o contratante quer atingir ao se obrigar, ou seja, o elemento principal da manifestação de vontade; neste sentido, a obrigação contratada seria o meio e a causa, o fim buscado. A causa serviria, assim, de suporte para a obrigação: uma vez sendo ela defeituosa, ou desaparecendo, não se formaria a obrigação, já que não haveria obrigação sem causa. Para cada contrato determinado existiria uma única causa, que não se confundiria, assim, com o motivo (causa remota), que seria a razão pessoal de cada indivíduo, que varia para cada contratante. Enquanto a causa seria independente da personalidade do contratante, já que seria determinada pela natureza do contrato, o motivo seria a razão psicológica, essencialmente pessoal de cada contratante[35].

---

32 ROTONDI, Aster. *Appunti sull'obbligazione tributaria.* Padova: CEDAM, 1950, p. 1-2.

33 O Código Civil brasileiro de 1916 apenas tratava da causa no art. 90, ao tratar da anulação da obrigação quando for ela determinante. No texto que entrou em vigor em 2003, o termo "causa" aparece, em várias acepções, nos arts. 3º, 57, 145, 206, 335, 373, 395, 414, 598, 602 a 604, 624, 625, 669, 685, 689, 705, 715, 717, 791, 834, 869, 884, 885, 1019, 1035, 1038, 1044, 1051, 1085, 1087, 1148, 1217, 1244, 1275, 1360, 1481, 1523, 1524, 1529, 1538, 1577, 1580, 1641, 1661, 1723, 1767, 1818, 1848, 1962 a 1965, 2020 e 2042. No sentido desta obra, i.e., causa objetiva, merecem atenção artigos como o 145 (*são os negócios jurídicos anuláveis por dolo, quando este for a sua causa*), 373 (*a diferença de causa nas dívidas não impede a compensação...*), 598 (*A prestação de serviço não se poderá convencionar por mais de quatro anos, embora o contrato tenha por causa o pagamento de dívida de quem o presta, ou se destine à execução de certa e determinada obra...*), 791 (*se o segurado não renunciar à faculdade, ou se o seguro não tiver como causa declarada a garantia de alguma obrigação, é lícita a substituição do beneficiário, por ato entre vivos ou de última vontade*), 885 (*a restituição é devida, não só quando não tenha havido causa que justifique o enriquecimento, mas também se esta deixou de existir*) e 1.661 (*são incomunicáveis os bens cuja aquisição tiver por título uma causa anterior ao casamento*). Assim, parece lícito afirmar que o sistema brasileiro adota a teoria das causas em matéria privada.

34 Cf. GIANTURCO, Emanuele. *Diritto delle obbligazioni.* Napoli: Luigi Pierro, 1894, p. 136-137, 159.

35 Cf. COLIN, Ambroise; CAPITANT, H. *Cours élémentaire de Droit Civil français.* 8. ed., tomo 2. Paris: Dalloz, 1935, p. 53-54.

A rejeição da identidade entre objeto e causa se fez, pois, na medida em que se passava a explicitar o que seria a causa, no direito privado, que passava a ser sinteticamente definida como a razão econômico-jurídica do negócio, como a finalidade a que se destina o negócio objetivamente considerado. Seria a função prática a caracterizar o negócio jurídico, em garantia da qual o direito concede a sua tutela. Ela passava a ser vista como a razão de ser da tutela jurídica atribuída ao negócio, tendo em vista as finalidades práticas que este propõe e que ao direito interessa garantir, representando, então, a vontade da lei, acima da vontade individual[36]. Bonfanti também esclarecia, naquela época, que a causa "não é o motivo por que a parte age, mas o motivo, se se desejar, por que a lei reconhece a sanção jurídica"[37]. Rotondi esclarece que a causa se forma "independentemente das razões particulares, subjetivas, que variam de indivíduo a indivíduo e, no mesmo indivíduo e pelo mesmo negócio, variam no tempo. Assim, para cada tipo de negócio há uma 'causa' bem determinada e constante, que está acima da vontade ou do capricho das partes e que não se pode confundir com a 'causa' de outro tipo de negócio"[38].

Neste sentido, a causa passa a ser a justificativa teleológica da regulamentação jurídica da relação. A causa, longe de ser buscada enquanto fundamento de validade da relação jurídica, passa a ter sua utilidade na medida em que sirva para explicar a função que a norma há de desempenhar.

Esta evolução doutrinária do conceito de causa influenciou o legislador italiano, no Código Civil de 1942, o qual incluiu a causa entre os requisitos do negócio patrimonial (art. 1.325, 2), mas deixou de prever que "o contrato é válido ainda que não seja expressa sua causa" (art. 1.120 do Código revogado) e que "a causa se presume, a menos que se prove o contrário (art. 1.121 do Código revogado). Na opinião de Giorgianni, a mudança implica a necessidade de anulação do contrato que não tenha relação com sua "causa", ou seja, ao seu "escopo", quer por ser errôneo, quer simulado; daí ser a causa, nesse sentido, o fundamento da relação jurídica[39]. Para o mesmo autor, a causa do negócio jurídico tem o papel "de justificar, perante o ordenamento, os movimentos dos bens de um indivíduo a outro"[40].

Assim, parece acertado o raciocínio de Vanoni, que entende ser permitido estender a ideia de causa a todas as relações jurídicas, seja de direito público, seja de direito privado, seja por uma situação objetiva, seja posta em ação pela vontade das partes[41]. Giorgianni cita como exemplo a aplicação do conceito de causa no terreno do ato administrativo, que "serviu para indicar os limites da atividade da administração pública em relação à 'função' da atividade em si mesma: pôde-se assim colocar em bases seguras o chamado excesso de poder, enquanto desvio do ato de sua 'função'"[42].

---

36 Cf. VANONI, Ezio. *Natureza e interpretação das leis tributárias.* Rubens Gomes de Sousa (trad.). Rio de Janeiro: Edições Financeiras S.A. s.d. (título original: *Natura ed interpretazione delle leggi tributarie.* Padova: CEDAM, 1932), p. 128.

37 No original: "*non è il motivo per cui la parte agisce, ma il motivo, se si vuole, por cui la legge riconosce la sanzione giuridica*". Cf. BONFANTE, P. Il contratto e la causa del contratto. *Riv. di Dir. Comm.*, 1908, p. 115-125 apud ROTONDI, Aster. Op. cit. (nota 32), p. 2.

38 No original: "*indipendentemente dalle ragioni particolari, subbietive, che variano da individuo a individuo e, nello stesso individuo e per lo stesso negozio variano nel tempo. Così che per ciascun tipo di negozio v'è una 'causa' bem determinata e constante, che è al di sopra della volontà o del capriccio delle parti e che non si può confondere com la 'causa' di altro tipo di negozio*". Cf. ROTONDI, Aster. Op. cit. (nota 32), p. 7.

39 Cf. GIORGIANNI, Michele. Causa (Diritto Privato) (verbete). *Enciclopedia del Diritto.* vol. 6. Milano: Giuffrè, 1960, p. 547-576 (570).

40 No original: "*di giustificare di fronte all'ordinamento i movimenti dei beni da un individuo all'altro*". Cf. GIORGIANNI, Michele. Op. cit. (nota 39), p. 573.

41 Cf. VANONI, Ezio. Op. cit. (nota 36), p. 129.

42 No original: "*L'applicazione del concetto di causa al terreno dell'atto amministrativo, è servita ad indicare i limiti della attività della pubblica amministrazione in riferimento alla 'funzione' dell'attività medesima: si è potuto cosi porre su basi sicure*

Entendida a causa como a justificativa (função) da lei, vê-se que não é possível admitir que uma obrigação (*ex lege*) tenha por causa a lei. A causa que se investiga é o papel exercido pela última e não é possível que a lei seja causa dela mesma. Ao buscar a causa, indaga-se acerca da justificação da lei. Confirma-se, daí, o que se disse acima acerca da identificação da causa com a justificação: investigar a causa de uma relação é indagar o que a justifica, i.e., qual a função buscada ao se regulamentar a matéria.

Se toda relação jurídica obrigacional encontra-se baseada numa causa, então também a relação tributária deve buscar seu elemento causal. Investigar a causa da obrigação tributária é perquirir sua justificação; o resultado de tal pesquisa permite captar a função do tributo investigado.

Não surpreende, daí, que também entre os tributaristas se investigasse a causa da obrigação tributária.

O tema da causa dos tributos tomou vulto, no campo jurídico, no século XX, quando diversos autores passaram a investigar sua existência e importância. Conforme Ramón Valdés Costa, tendo em vista que o fundamento principal da teoria das causas seria a luta contra a arbitrariedade, teria ela perdido sua razão de ser a partir da introdução de garantias constitucionais e de controle jurisdicional das leis tributárias[43].

Entretanto, a teoria das causas não se limita à busca de controle da atividade estatal; serve ela, dentre outros empregos, para determinar a própria existência, ou não, de uma norma tributária, sujeita, daí, ao regime jurídico dos tributos.

Como ocorreu no direito privado, também entre os tributaristas houve polêmica acerca da existência, ou não, de uma causa. Quando se estuda o tema, observa-se que, pelo menos em parte, a polêmica se explica porque os autores não tinham consenso sobre o que se buscava com a causa. Gilberto de Ulhôa Canto, investigando as origens filosóficas do conceito de causa, lembra que Aristóteles distinguia (i) a causa formal ou substancial, que é a relação mais imediata e necessária entre antecedente e consequente, para que aquele dê origem a este; (ii) causa material ou substrato, significando a identidade substancial entre a natureza do antecedente e a do consequente; (iii) causa eficiente ou motriz, que seria a relação dinâmica produtora de uma transformação, através dos momentos, cronologicamente considerados; e (iv) causa final, a razão determinante da transformação (a última colocada em relevo por São Tomás de Aquino[44]).

Assim, entre os tributaristas, enquanto alguns buscavam na causa um elemento de validade para a tributação (causa eficiente), outros viam nela o momento fático de seu nascimento (causa formal) e, finalmente, houve os que buscavam sua fundamentação (causa final).

Sob a análise da causa eficiente, não é de surpreender que se negasse qualquer causa externa ao próprio ordenamento. É assim que se explica o entendimento de Berliri, ao negar qualquer importância à teoria da *causa impositionis*, sustentando que "os impostos são devidos porque assim

---

il cosidetto eccesso di potere, inteso quale deviazione dell'atto dalla sua 'funzione'". Cf. GIORGIANNI, Michele. Causa (Diritto Privato) (verbete). *Enciclopedia del Diritto*. vol. 6. Milano: Giuffrè, 1960, p. 574.

43 Cf. COSTA, Ramón Valdés. *Curso de Derecho Tributario:* nueva version. Buenos Aires: Depalma; Santa Fe de Bogotá: Temis; Madrid: Marcial Pons, 1996, p. 354.

44 Cf. CANTO, Gilberto de Ulhôa. Causa das obrigações fiscais. In: SANTOS, J. M. de Carvalho; DIAS, José de Aguiar (dir.). *Repertório enciclopédico do Direito Brasileiro*. vol. 8. Rio de Janeiro: Borsoi, s.d., p. 2-25 (2).

quer a lei e o poder legislativo do Estado é, ao menos teoricamente, ilimitado. As considerações sobre a maior ou menor justiça de um tributo e sobre sua oportunidade são considerações metajurídicas que podem interessar ao economista ou ao político, mas não ao jurista. (...) a base jurídica do imposto é a condição de súdito do contribuinte, a soberania do Estado: em outros termos a coerção"[45]. Encarando a tributação como ato de poder, Berliri sustentava descaber falar em causa, já que o poder de querer deve prescindir necessariamente de qualquer coisa que se relacione com um ato de vontade determinado e concreto. Para ele, não sendo o poder sequer uma relação jurídica, não cabe falar em causa a seu respeito[46]. Cocivera referiu-se à causa como um "conceito inútil e perigoso"[47]. Também negando qualquer relevância jurídica a elementos provenientes da ciência das finanças, A. D. Giannini afirmava que não se poderia negar o caráter jurídico ao mais iníquo ou antieconômico dos tributos desde que baseado no poder de império do Estado e voltado a obter uma entrada de receitas públicas[48]. Este entendimento foi rebatido por Tesoro, para quem haveria que distinguir a fonte da obrigação tributária, sem dúvida a lei, da sua causa[49].

Na busca da causa formal, apontava-se a ocasião da incidência da norma. Nesse sentido, Berliri se referia ao fato jurídico que, combinando-se com a lei, daria origem à obrigação tributária individual[50]. Também A. D. Giannini adotava tais critérios ao refutar a "teoria da causa" em matéria tributária, para quem seria completamente inacolhível qualquer ideia de causa que implicasse incluir a ideia de causa em relações tributárias, cuja fonte se encontraria diretamente na lei, não num negócio jurídico ou num ato administrativo[51]. Bruno Gorini sustentava que "a causa não é a razão justificadora da tutela jurídica, a qual consiste num critério prejurídico do legislador, mas é, ao contrário, o fato gerador"[52]. Também esse foi o entendimento adotado por Francesco Serrano[53] e Giorgio Tesoro. Este, após diferenciar o conceito de causa jurídica em matéria tributária do conceito análogo no direito privado, concluía que "o pressuposto de fato pode ser considerado a causa jurídica da obrigação tributária"[54]. Em igual sentido, Ramón Valdés Costa entendia que a causa seria um elemento constitutivo da obrigação tributária, mas isso somente seria possível no caso de aquela integrar a

---

45 No original: *"le imposte sono dovute perchè così vuole la legge ed il potere legislativo dello Stato è, almeno teoricamente illimitato. Le considerazioni sulla maggior o minore giustizia di un tributo e sulla sua opportunitá sono considerazioni metagiuridiche che possono interessare l'economista o il politico, ma non il giurista (...) la base giuridica dell'imposta è la sudditanza del contribuente, la sovranità dello Stato: in altri termini la coercizione"*. Cf. BERLIRI, Antonio. *Principi di Diritto Tributario.* 2. ed. revista, vol. 1. Milano: Giuffrè, 1967, p. 183-184.

46 Cf. BERLIRI, Antonio. *Principios de Derecho Tributario* (trad. e anotado por Fernando Vicente-Arche Domingo). vol. I. Madrid: Derecho Financiero, 1964, p. 174.

47 Cf. COCIVERA, Benedetto. *Corso di Diritto Tributario.* Bari: Dott. Francesco Cacucci, 1965, p. 395.

48 Cf. GIANNINI, Achille Donato. *I concetti fondamentali del Diritto Tributario.* Torino: Torinese, 1956, p. 73.

49 Cf. TESORO, Giorgio. La causa giuridica dell'obbligazione tributaria. *Rivista Italiana di Diritto Finanziario.* Bari: Dott. Luigi Macri, 1937, p. 31-45 (34).

50 Cf. BERLIRI, Antonio. Op. cit. (nota 46), p. 189.

51 Cf. GIANNINI, A. D. *Istituzioni di Diritto Tributario.* 5. ed. atualizada. Milano: Giuffrè, 1951, p. 59-65.

52 No original: "*la causa non è la ragione giustificatrice della tutela giuridica, la quale consiste in un criterio pregiuridico del legislatore, ma è invece il fatto generatore*". Cf. GORINI, Bruno. La causa giuridica dell'obbligazione tributaria. *Rivista Italiana di Diritto Finanziario.* Milano: Giuffrè, 1940, p. 161-195 (181).

53 Cf. SERRANO, Francesco. Le dispozioni transitorie e la nascita dell'obbligazione tributaria nella legge del registro. *Rivista di Diritto Finaziario e Scienza delle Finanze.* Milano: Giuffrè, 1949, p. 143-153 (147).

54 No original: "*il presuposto di fatto può essere consideratto la causa giuridica della obbligazione tributaria*". Cf. TESORO, Giorgio. Op. cit. (nota 49), p. 41-42.

hipótese de incidência[55]. Também Maffezzoni nega a validade de uma discussão de causa que se afaste do fato jurídico que dá surgimento ao tributo[56].

Finalmente, sob o prisma da fundamentação, torna-se relevante a função exercida pela norma, retomando o termo "causa"[57] o sentido acima proposto: qual o papel exercido por semelhante norma? Por que aquela relação jurídica foi escolhida para dar nascimento à obrigação tributária? Qual "a razão última e aparente pela qual um fato da vida é tomado como pressuposto da obrigação tributária"[58]? O que justifica a lei tributária?[59]

Impossível não relacionar o tema da causa, assim exposto, às preocupações acerca de equidade, oriundas das ciências das finanças e expostas no Capítulo I.

Importa, neste ponto, salientar que, conquanto se empregue o termo "causa", essa visão pouco tem a ver com a "teoria da causalidade", criticada por Marco Aurélio Greco. Conforme este autor, a referida teoria aparece "quando se examina o denominado 'fato gerador' da obrigação tributária"; ela implica "uma visão estática de mundo", na medida em que o ponto de partida é uma causa, os fatos ocorrerão sempre que se derem as suas causas"; sendo "uma teoria voltada para o passado" ("para conhecer o mundo é preciso reconhecer a relação necessária e suficiente que existe entre as coisas"); uma visão que "está focada no mundo que existe e não no mundo que se quer que exista", concebendo-se, por fim, "a relação entre indivíduo e Estado como uma relação de proteção do indivíduo contra investidas do Poder, porque o Estado põe o Direito, dando vida ao mundo jurídico"[60]. A causa, tal como estudada na busca da causa final tem, ao contrário, uma visão para o futuro, já que perquire o papel da norma no Ordenamento, i.e., qual a função da norma. Nas palavras do mesmo autor o exame "não parte da pergunta do 'por quê', ela parte da pergunta do 'para quê'"[61].

Gilberto de Ulhôa Canto também percebe a diferença entre ambas as concepções, ao mencionar que "a acepção dominante de causa, no direito obrigacional, é a de razão bastante, motivo próximo e determinante, enfim, razão econômico-jurídica. Há, ainda, a noção de causa eficiente, que visa definir a razão por que a obrigação ganha efetividade e tem sua gênese. A primeira (causa final) explica 'por que', e a segunda 'por força de que'"[62]. A "causa final", a que se refere Canto volta-se para o futuro, como exige Greco e caracteriza a visão pragmática aqui descrita. É neste sentido que Canto chega a sugerir que se abandone a expressão "causa", ambígua: "seria recomendável a substituição de causa" por fundamento, sempre que se trate de obrigação *ex lege*, evitando-se dessarte equívocos e confusões. Ao invés de causa, fundamento da

55 Cf. COSTA, Ramón Valdés. Op. cit. (nota 43), p. 354.

56 Cf. MAFFEZZONI, Federico. *Il principio di capacità contributiva nel Diritto Finanziario.* Torino: UTET – Unione Tipografico-Editrice Torinese, 1970, p. 5.

57 Onde fica claro que não se busca uma "causa natural", decorrente apenas da situação fática, mas uma justificação, na qual ao elemento fático se acrescem os valores prestigiados pelo Ordenamento Jurídico. Cf. crítica de TORRES, Ricardo Lobo. *Sistemas constitucionais tributários*. Rio de Janeiro: Forense, 1986, p. 182.

58 Cf. JARACH, Dino. *O fato imponível*: teoria geral do Direito Tributário Substantivo. Dejalma de Campos (trad.). São Paulo: Revista dos Tribunais, 1989, p. 107.

59 *Causa del tributo, quindi, non è la legge, ma è ciò che giustifica la legge e che si ritrova nel rapporto tributario creato dalla legge* (causa do tributo, portanto, não é a lei, mas é aquilo que justifica a lei e que se encontra na relação jurídica criada pela lei). Cf. POMINI, Renzo. *La "causa impositionis" nello svolgimento storico della dottrina finanziaria.* Milano: Giuffrè, 1951, p. 311.

60 Cf. GRECO, Marco Aurélio. *Contribuições (uma figura "sui generis").* São Paulo: Dialética, 2000, p. 19-25.

61 Cf. GRECO, Marco Aurélio. Op. cit. (nota 60), p. 42.

62 Cf. CANTO, Gilberto de Ulhôa. Op. cit. (nota 44), p. 21.

obrigação tributária"[63]. Retoma-se, daí, a ideia de justificação, que se encontra já nas origens da doutrina causal[64].

A importância da busca de uma justificação está no Princípio da Igualdade. Conforme será discutido no Capítulo VII, este Princípio impõe que haja uma fundamentação para toda diferenciação entre contribuintes. Pois bem: essa fundamentação é a própria justificação. Quando se procura uma fundamentação para uma diferenciação, quer-se responder à seguinte pergunta: por que razão determinado contribuinte, dentre todos os membros daquela comunidade, foi o escolhido para pagar aquele tributo? O que justifica sua escolha? Por que não outros? O que o faz alvo de um tratamento diferenciado (ou o que faz os outros não pagarem aquilo a que ele está sujeito)?

Eis a fundamentação constitucional da busca da justificação: por seu intermédio, pretende-se ver concretizado o próprio Princípio da Igualdade.

A busca da justificação, por sua vez, revelará que nem todas as espécies tributárias têm igual justificação. Daí, pois, as diversas justificações serem um critério relevante para compreender as espécies tributárias. Em síntese: tributos da mesma espécie encontram a mesma justificação. Por tal razão é que, ao lado da hipótese tributária e da destinação, investigar-se-á a justificação da cada espécie tributária.

3 Taxas

O próprio constituinte tratou de definir as taxas, ao arrolar as possíveis hipóteses para sua instituição. Eis o que dispõe o art. 145, II, da Constituição Federal:

> Art. 145. A União, os Estados, o Distrito Federal e os Municípios poderão instituir os seguintes tributos:
> (...)
> II – taxas, em razão do exercício do poder de polícia ou pela utilização, efetiva ou potencial, de serviços públicos específicos e divisíveis, prestados ao contribuinte ou postos a sua disposição.
> (...)

Vê-se, aqui, que, as taxas são devidas "em razão" de uma atividade do Estado, a qual pode caracterizar o exercício do poder de polícia ou a prestação de serviços públicos específicos e divisíveis.

63 Cf. CANTO, Gilberto de Ulhôa. Op. cit. (nota 44), p. 22.

64 Afirma POMINI: "*La doctrina causale è pertanto di considerare come la naturale conseguenza della concezione dei giureconsulti, come dei politici, del potere finanziario, aspetto particolare della sovranità in generale, considerato non semplice espressione della volontà sovrana (sic volo, sic iubeo et sic habetur pro ratione voluntas), ma come collegato a presupposti sostanziali, che lo spiegano e lo giustificano*" (A doutrina causal deve portanto ser considerada resultado natural da concepção dos jurisconsultos, bem como da dos políticos, do poder financeiro, aspecto particular da soberania em geral, considerado não como simples expressão da vontade soberana (assim desejo, assim ordeno e assim se tem em razão da vontade), mas ligado ao pressuposto fundamental, que o estende e justifica-o). Cf. POMINI, Renzo. Op. cit. (nota 59), p. 10.

Em virtude de o constituinte ter se referido a duas atividades estatais, também se torna possível apontar duas subespécies de taxas: as taxas de polícia e as taxas de serviço.

3.1 Justificação das taxas

Em ambos os casos, tem-se que a taxa é paga porque alguém causou uma despesa estatal. A ideia é que, se um gasto estatal refere-se a um contribuinte, não há razão para exigir que toda a coletividade o suporte. Daí a racionalidade da taxa estar na equivalência.

Se a taxa é cobrada "em razão" da atividade do Estado, tem-se nítida a ideia do sinalagma: a taxa é a contraprestação que o contribuinte paga ao Estado em razão da (por causa da) atuação deste em função daquele.

Assim, o constituinte informa o fenômeno que poderá motivar o legislador a exigir o tributo (prestação estatal), donde se pode extrair que o Estado está justificado em sua cobrança na medida em que oferece ao particular algo em troca, ou na medida em que tem uma despesa provocada pelo último.

A justificação da cobrança aparece, então, no sinalagma. Neste sentido, as palavras de Hamilton Dias de Souza e Marco Aurélio Greco: "Destinação intrínseca se tem na taxa pois a razão de ser desta exação está na necessidade de gerar recursos financeiros para atender à despesa pública relativa à prestação do serviço. Vale dizer, a taxa existe para essa finalidade; ela é instituída com este objetivo apresentando-se a prestação do serviço como a sua causa"[65].

Sobre a importância do elemento sinalagmático, manifesta-se Baleeiro, ao dizer que "por isso mesmo, juristas que negam a possibilidade de utilização do conceito de 'causa' no direito fiscal abrem exceção para os 'preços e, ainda, para os tributos estatuídos sob o princípio da equivalência, como a taxa e a contribuição de melhoria'"[66].

Roque Antonio Carrazza diz ser o princípio informador das taxas o da *retributividade*, que assim explica: "o contribuinte, nelas, retribui o serviço público ou as diligências que levam ao ato de polícia que o alcança, pagando a exação devida"[67].

Luciano da Silva Amaro encontra tal justificativa especialmente para as taxas cobradas em razão do uso potencial de um serviço. A seu ver, em caso de determinado serviço estatal "ser posto à disposição de um grupo de indivíduos da comunidade (atingindo, por exemplo, só os bairros centrais de uma cidade)", será "de justiça que o serviço seja financiado pelos indivíduos desse grupo que dispõe do serviço". Pondera o autor que não apenas "[n]ão seria justo que toda a comunidade (por meio de impostos) suportasse o custo do serviço que só atinge parte dela", como também "não seria justo deixar de cobrar a taxa dos indivíduos integrantes do grupo a cuja disposição está posto o serviço"[68].

65 Cf. SOUZA, Hamilton Dias de; GRECO, Marco Aurélio. Distinção entre taxa e preço público. In: MARTINS, Ives Gandra da Silva (coord.). *Taxa e preço público:* caderno de pesquisas tributárias n. 10. São Paulo: CEEU/Resenha Tributária, 1985, p. 111-132 (129).

66 Cf. BALEEIRO, Aliomar. *Uma introdução à ciência das finanças.* 14. ed. revista e atualizada por Flávio Bauer Novelli. Rio de Janeiro: Forense, 1984, p. 235.

67 Cf. CARRAZZA, Roque Antonio. *Curso de Direito Constitucional Tributário.* 9. ed. revista e ampliada. São Paulo: Malheiros, 1997, p. 322.

68 Cf. AMARO, Luciano da Silva. Op. cit. (nota 21), p. 39-40.

Ferreiro Lapatza esclarece que o princípio que rege a taxa é o da provocação: provocado o custo, a lei entende realizado um fato de que deriva a obrigação de pagar[69]. Este aspecto se torna importante porque aponta o sinalagma que existe tanto nas taxas de serviços como nas de poder de polícia: conquanto as últimas não tragam vantagens que o contribuinte perceba imediatamente, também nelas há a provocação de um custo.

Não necessariamente as taxas se justificam por um benefício ao contribuinte, podendo, antes, versar sobre caso que não lhe traga vantagem, mas não obstante ainda lhe seja imputável. Daí a necessidade de confrontar as ideias de equivalência e benefício.

Na equivalência, o contribuinte é considerado responsável por determinado gasto estatal, devendo responder pelo que gerou. Daí surge uma primeira possibilidade de apurar o *quantum* devido a título de taxa: deve ele ser limitado ao valor necessário para cobrir os custos causados. Esta é uma indicação da base de cálculo possível para a taxa, a ser explorada no Capítulo XI.

A equivalência foi a primeira ideia que se encontrou para justificar qualquer tributação. Entendia-se que o pagamento dos tributos seria uma contraprestação pelos serviços prestados pelo Estado. Nota-se que esta teoria baseava-se nos estudos desenvolvidos na época do cameralismo, mas deles se distanciavam, já que no cameralismo a justificação se relacionava com o fundamento de validade da norma, enquanto nos estudos mais recentes, como mostrado, a causa é instrumento para definição do próprio meio da tributação.

Segundo a teoria da equivalência, somente pagaria o tributo aquele que provocasse uma prestação estatal e o tributo seria pago de acordo com o grau da prestação. Os tributos seriam, então, vinculados às suas finalidades, não se utilizando para cobrir interesses públicos financeiros que não correspondessem a um interesse especial dos contribuintes a eles sujeitos, desenvolvendo-se, daí, uma relação sinalagmática entre o tributo e a prestação por parte da Administração, de modo que a dívida tributária somente surgiria quando o contribuinte se valesse da prestação estatal[70]. Claro está que não se cogita necessidade individual, visto a taxa referir-se à atividade pública. Entretanto, o "Estado, atuando como ente público, procura satisfazer uma necessidade coletiva por meio de uma atividade que se concretiza em prestações individualizadas a sujeitos determinados, destinadas direta e imediatamente a eles"[71].

Diferente é o raciocínio pelo benefício. Nesse caso, o que se busca é a vantagem individual decorrente da atividade estatal. Segundo esta teoria, na vida econômica, o custo, sozinho, nunca serve para a formação do preço. Assim, o limite (superior) da taxa fica no valor de sua utilidade ou benefício[72].

O primeiro problema da teoria do benefício está em que, como alerta Moraes, "há inúmeras taxas que, embora vinculadas a serviços estatais, nenhuma vantagem privada proporcionam ao contribuinte. (...) Atualmente, o elemento examinado não caracteriza o tributo, visto que, em muitas taxas exigidas em razão do exercício do poder de polícia, não há o benefício especial"[73].

---

69 Cf. LAPATZA, José Juan Ferreiro. Tasas y precios públicos: la nueva parafiscalidad. *Revista Española de Derecho Financiero*, n. 64, out./dez. 1989, p. 485-518 (495).

70 Cf. ISENSEE, Josef. Nichtsteuerliche Abgaben – ein weisser Fleck in der Finanzverfassung. In: HANSMEYER, Karl-Heinrich (coord.). *Staatsfinanzierung im Wandel*. Berlin: Duncker und Humblot, 1983, p. 435-461 (450-451).

71 Cf. LAPATZA, José Juan Ferreiro. Op. cit. (nota 69), p. 154.

72 Cf. WENDT, Rudolf. *Die Gebühr als Lenkungsmittel*. Hamburg: Hansischer Gildenverlag, Joachim Heitmann & Co., 1975, p. 5.

73 Cf. MORAES, Bernardo Ribeiro de. *A taxa no Sistema Tributário brasileiro*. São Paulo: Revista dos Tribunais, 1968, p. 44-46.

Nesse sentido, quando se vê que a taxa também é cobrada em virtude do exercício do poder de polícia pelo Estado, como o caso da concessão de um alvará, então já não se pode falar em contraprestação no sentido de benefício, mas sim na exigência de que o particular arque com os custos que gerou para o Estado[74].

O mesmo argumento é apresentado na autorizada monografia de Dieter Wilke[75]. Em igual sentido, A. D. Giannini lembra casos em que inexiste qualquer benefício ou vantagem individual, como as taxas cobradas pela atuação da lei penal, ou situações em que é aparente o benefício: o Estado põe um limite à atividade do indivíduo e estabelece que este, para obter o benefício da remoção do obstáculo, deve pagar uma taxa[76].

O argumento não é definitivo. Nega a existência de benefício ao contribuinte, tendo em vista que a atividade estatal é ônus imposto ao contribuinte o qual, pois, não tem a percepção de ser beneficiado pela atividade. Deixa-se de lado, com tal pensamento, que a fundamentação do exercício do poder de polícia está na necessidade de a coletividade, representada pelo Estado, assegurar que a atividade individual não contrarie o interesse de todos. De qualquer modo – e no que interessa neste momento – vê-se que inexiste incompatibilidade entre poder de polícia e benefício individual, quando se tem em conta que este somente pode ser fruído, no Estado de Direito, respeitadas as limitações impostas pelo convívio social. Ou seja: o particular goza do direito de exercer uma atividade (eis o seu benefício), mas retribui à sociedade.

Mais relevante parece ser a crítica de SUHR[77] à aplicação da teoria do benefício para as taxas, que se fixam conforme o valor (para o contribuinte) da prestação estatal. Baseia-se a crítica na constatação de que tal valor será tanto mais alto quanto mais necessária for a contraprestação; ora, quanto maior a dependência do contribuinte em relação à prestação estatal, tanto menos deve ele deixar de incorrer na situação prevista para o surgimento da taxa. A consequência é que, pelo princípio do benefício, as taxas passariam a crescer na proporção da inafastabilidade do serviço.

Parece mais acertado entender que a justificação da taxa está na equivalência, não no benefício.

3.2 Equivalência e base de cálculo das taxas

A ideia da equivalência se reforça quando se examina o mandamento contido no § 2º do art. 145 da Constituição Federal: "as taxas não poderão ter base de cálculo própria de impostos".

O que é uma base de cálculo "própria" de impostos? Como se verá no Capítulo XII, a base de cálculo "própria" de impostos é aquela que se presta a medir a capacidade contributiva. Se os impostos visam a captar a capacidade contributiva, e se a hipótese legal para sua exigência é uma manifestação daquela capacidade, a base de cálculo, por coerência, mede a capacidade contributiva.

---

74 Cf. MACHADO, Hugo de Brito. *Comentários ao Código Tributário Nacional*. vol. 1. São Paulo: Atlas, 2003, p. 658.

75 Cf. WILKE, Dieter. *Gebührenrecht und Grundgesetz*. München: Beck, 1973, p. 72.

76 Cf. GIANNINI, A. D. Op. cit. (nota 16), p. 44.

77 Cf. SUHR, Dieter. Fernsprechgebühren – Luxusabgaben auf die Daseinsvorsorge? *Der Betriebs-Berater*, ano 23, caderno 15, p. 611-613 (613).

Então, o que serve de base de cálculo para a taxa? Pelo mandamento constitucional, já se tem uma primeira resposta, ainda que pela negativa: não serve de base de cálculo das taxas uma grandeza que busque a capacidade contributiva. Por outro lado, se a justificativa da taxa está em não forçar toda a coletividade a suportar um gasto que pode ser imputado a um contribuinte individualizado, é claro que se tem aí uma indicação da base de cálculo possível: será aquela suficiente para medir, ainda que com certo grau de aproximação, o custo da atividade que o referido contribuinte exigiu do Estado.

No Brasil, a justificativa para a cobrança das taxas não foi bem examinada como fundamentação para sua limitação ao custo envolvido. Entretanto, a doutrina e a jurisprudência acabaram por pender favoravelmente à leitura da restrição do § 2º como implicando uma relação da base de cálculo da taxa com o custo da atividade estatal em razão da qual a taxa é cobrada. No Capítulo XII, será apresentada revisão da doutrina sobre o assunto, onde se verificará ser pacífica a ideia contraprestacional. Cumpre esclarecer, também, que a correlação entre a base de cálculo da taxa e o custo da atividade estatal não significa, necessariamente, que os recursos arrecadados com a taxa sejam destinados, do ponto de vista orçamentário, ao custeio da atividade estatal em razão da qual ela é cobrada. Em síntese, a *equivalência*, própria das taxas, não implica *destinação legal do produto da arrecadação*. A equivalência requer, tão somente, que a base de cálculo das taxas seja fixada tendo como parâmetro (sob pena de inconstitucionalidade) o custo da atividade estatal.

Portanto, o constituinte já disse muito acerca das taxas e de quais as hipóteses tributárias possíveis. Entretanto, não se pode deixar de lado o art. 146, III, "a", que comete à lei complementar a tarefa de definir as espécies de tributos. No caso das taxas, o Código Tributário Nacional (que é materialmente uma lei complementar) desempenhou tal tarefa, nos arts. 77 a 80.

É assim que o art. 77 praticamente reproduz o que dispõe o texto constitucional. Mais uma vez, identificam-se na taxa duas atividades estatais: o exercício de poder de polícia e a prestação de serviço público específico e divisível. Seu parágrafo único versa sobre a base de cálculo das taxas, o que será examinado no Capítulo XII. Por ora, registre-se que a base de cálculo da taxa deve ser "própria" desta espécie tributária, i.e., deve quantificar a atividade estatal que justifica sua cobrança. Também se verá que outras justificativas podem surgir no caso concreto, em *adição* ao sinalagma; a base de cálculo concreta será a resultante de todos os valores empregados pelo legislador, cada qual deles com sua base constitucional.

3.3 Espécies de taxa no Código Tributário Nacional

O Código Tributário Nacional não se limita a reproduzir o que está na Constituição Federal. Ele explicita alguns conceitos.

3.3.1 Taxa de polícia

Assim, por exemplo, o leigo poderia acreditar que "exercício do poder de polícia" teria um sentido limitado, ligado ao Direito Penal. Não é este o conceito jurídico de "poder de polícia", conforme explicitado pelo art. 78 do CTN:

> Art. 78. Considera-se poder de polícia a atividade da administração pública que, limitando ou disciplinando direito, interesse ou liberdade, regula a prática de ato ou abstenção de fato, em razão de interesse público concernente à segurança, à higiene, à ordem, aos costumes, à disciplina da produção e do mercado, ao exercício de atividades econômicas dependentes de concessão ou autorização do Poder Público, à tranquilidade pública ou ao respeito à propriedade e aos direitos individuais ou coletivos.

Vê-se, assim, um conceito bastante amplo de "poder de polícia", no sentido de um Estado que busca garantir o bem comum, intervindo quando necessário e assegurando o convívio social, limitando abusos.

A ideia de "segurança" vai muito além da prevenção da criminalidade (esta é objeto do que se denomina "polícia judiciária"), sendo também papel do Estado, por exemplo, interditar um prédio prestes a ruir, tendo em vista o risco que ele representa à coletividade. Do mesmo modo, o Estado exerce o poder de polícia quando fiscaliza os alimentos que são oferecidos ao público, ou protege o consumidor. Quem exerce uma atividade sujeita ao controle do Estado deve também responder pelos gastos públicos no exercício daquele controle. Daí a ideia da taxa de polícia.

Caso que gerou divergência jurisprudencial foi a renovação de licença de localização, cobrada por diversos municípios. O Superior Tribunal de Justiça chegou a baixar súmula apontando sua inconstitucionalidade[78], mas o Supremo Tribunal Federal entendeu que nada obstaria a cobrança, já que haveria exercício de poder de polícia quanto à ocupação de imóveis utilizados para comércio ou indústria[79].

Ademais, deve ser regular o exercício do poder de polícia, à luz do parágrafo único do art. 78 do Código Tributário Nacional:

> Parágrafo único. Considera-se regular o exercício do poder de polícia quando desempenhado pelo órgão competente nos limites da lei aplicável, com observância do processo legal e, tratando-se de atividade que a lei tenha como discricionária, sem abuso ou desvio de poder.

---

78 STJ, Súmula n. 157: "É ilegítima a cobrança de taxa, pelo Município, na renovação de licença para localização de estabelecimento comercial ou industrial".

79 STF, AgRg no RE n. 222.246-SP, 2ª Turma, rel. Min. Néri da Silveira, j. 22.06.1999, D.J. 10.09.1999; RE n. 276.564-SP, 1ª Turma, rel. Min. Ilmar Galvão, D.J. 02.02.2001; RE n. 115.213-SP, 1ª Turma, rel. Min. Ilmar Galvão, D.J. 06.09.1991. Diante de tais precedentes, o Superior Tribunal de Justiça afastou a incidência do enunciado de sua Súmula 157 (STJ, REsp n. 261.571-SP, 1ª Seção, rel. Min. Eliana Calmon, j. 24.04.2002, D.J. 07.05.2002).

Dessa forma, a taxa em questão apenas cabe na hipótese de efetivo poder de polícia[80]. Corre, nesta matéria, presunção em favor do Poder Público, daquele exercício[81]. Note-se que, enquanto a taxa cobrada em razão de serviços públicos contempla o uso potencial (discutido a seguir), tal alternativa não se abre para o exercício de polícia.

A jurisprudência entende que não se faz necessária a existência de órgão incumbido do mister de fiscalização[82], o que somente pode ser entendido à luz da presunção acima referida. Implica, daí, inversão do ônus da prova, cabendo ao sujeito passivo demonstrar que não existe tal fiscalização. Merece crítica tal entendimento, dadas as dificuldades inerentes à prova negativa: o recurso à presunção, acatado pelo Supremo Tribunal Federal, acaba por implicar a dispensa do exercício do poder de polícia, ao arrepio do Código Tributário Nacional.

Por outro lado, não é necessário que o contribuinte tenha sido efetivamente fiscalizado, para que fique sujeito à taxa: importa que o Estado tenha aparato de fiscalização e que o contribuinte esteja sujeito àquela.

Ilustra tal assertiva a fiscalização ambiental, objeto da Taxa de Controle e Fiscalização Ambiental – TCFA (Lei n. 10.165/2000): nem todas as empresas potencialmente poluidoras são concretamente fiscalizadas, mas a taxa é devida porque o Estado possui aparato para fiscalizar concretamente algumas empresas, submetendo as demais ao seu efetivo poder fiscalizatório. Esta circunstância foi suficiente para que o Plenário do Supremo Tribunal Federal a julgasse constitucional[83].

No mesmo sentido, decidiu a 2ª Turma do Supremo Tribunal Federal, com relação à Taxa de Localização e Funcionamento:

> *Constitucional. Tributário. Taxa de localização e funcionamento. Hipótese de incidência. Efetivo exercício de poder de polícia. Ausência eventual de fiscalização presencial. Irrelevância. Processual civil. Agravo regimental. 1. A incidência de taxa pelo exercício de poder de polícia pressupõe ao menos (1) competência para fiscalizar a atividade e (2) a existência de órgão ou aparato aptos a exercer a fiscalização. 2. O exercício do poder de polícia não é necessariamente presencial, pois pode ocorrer a partir de local remoto, com o auxílio de instrumentos e técnicas que permitam à administração examinar a conduta do agente fiscalizado (cf. por semelhança, o RE 416.601, rel. min Carlos Veloso, Pleno, D.J. de 30.09.2005). Matéria debatida no RE 588.322-RG (rel. Min. Gilmar Mendes, Pleno, julgado em 16.06.2010. Cf. Informativo STF 591/STF. 3. Dizer que a incidência do tributo prescinde de "fiscalização porta a porta" (in loco) não implica reconhecer que o Estado pode permanecer inerte no seu dever de adequar a atividade pública e a privada às balizas estabelecidas pelo sistema jurídico. Pelo contrário, apenas reforça sua responsabilidade e de seus agentes (...)*[84].

80 STF, AgRg no AI n. 581.503-MG, 2ª Turma, rel. Min. Eros Grau, j. 13.06.2006, D.J. 04.08.2006: "Assentada a efetividade do exercício do poder de polícia para a cobrança da taxa de fiscalização de anúncios, para que se pudesse dissentir dessa orientação, seria necessário o reexame dos fatos e das provas da causa (...)".

81 STF, AgRg no AI n. 699.068-SP, 1ª Turma, rel. Min. Ricardo Lewandowski, j. 17.03.2009, D.J. 17.04.2009: "I – Constitucionalidade de taxas cobradas em razão do serviço de fiscalização exercido pelos municípios quanto ao atendimento às regras de postura municipais. II – Presunção a favor da administração pública do efetivo exercício do poder de polícia, que independe da existência ou não de órgão de controle".

82 STF, AgRg no RE n. 396.846-7-MG, 2ª Turma, rel. Min. Cezar Peluso, j. 05.08.2008, D.J. 28.08.2008. *Revista Dialética de Direito Tributário*, n. 158, nov. 2008, p. 191; STF, RE n. 198.904-1-RS, 1ª Turma, rel. Min. Ilmar Galvão, j. 28.05.1996, D.J. 27.09.1996.

83 STF, RE n. 416.601-1-DF, Tribunal Pleno, rel. Min. Carlos Velloso, j. 10.08.2005, D.J. 30.09.2005.

84 STF, AgRg no RE n. 425.485-RJ, 2ª Turma, rel. Min. Joaquim Barbosa, j. 31.08.2010. Revista *Dialética de Direito Tributário*, n. 185, fev. 2011, p. 181.

3.3.2 Taxa de serviço público

Não é só o exercício do poder de polícia que motiva a taxa. Também os serviços públicos específicos e divisíveis, prestados ou postos à disposição do contribuinte, são hipóteses para a exigência da taxa[85].

Mais uma vez, é a lei complementar – no caso, o Código Tributário Nacional – que em seu art. 79 explicita tais conceitos:

> Art. 79. Os serviços públicos a que se refere o art. 77 consideram-se:
>
> I – utilizados pelo contribuinte:
>
> (a) efetivamente, quando por ele usufruídos a qualquer título;
>
> (b) potencialmente, quando, sendo de utilização compulsória, sejam postos à sua disposição mediante atividade administrativa em efetivo funcionamento;
>
> II – específicos, quando possam ser destacados, em unidades autônomas de intervenção, de utilidade ou de necessidades públicas;
>
> III – divisíveis, quando suscetíveis de utilização, separadamente, por parte de cada um dos seus usuários.

A ideia da utilização potencial merece atenção: cabe a taxa ainda que o contribuinte não utilize um serviço. Tal ideia apenas se explica quando se lê que a taxa não é cobrada na hipótese em que o contribuinte não utiliza um serviço, dentro do exercício de sua liberdade; a taxa é cobrada se o contribuinte não utilizou o serviço mas deveria tê-lo utilizado, já que a utilização deste era compulsória.

Assim, por exemplo, a taxa de esgoto é cobrada ainda que o Estado não consiga averiguar se o contribuinte de fato vale-se da rede pública. De nada adianta o contribuinte alegar, por exemplo, que seu esgoto é lançado diretamente à rua, já que, estando em *efetivo funcionamento* a *atividade administrativa* (ou seja: existindo rede pública de esgoto), o contribuinte tinha o dever de valer-se dela, não lançando seus dejetos em praça pública.

Luciano da Silva Amaro contesta tal entendimento, sustentando que a compulsoriedade estaria no pagamento, não na utilização do serviço. O argumento não convence, já que, se o legislador cogitasse mera compulsoriedade no pagamento, não haveria mais critério seguro a distinguir a taxa do preço público. O autor sustenta que "o Código Tributário Nacional não foi feliz quando pretendeu separar os grupos de serviços que poderiam e os que não poderiam ser taxados na utilização potencial"[86], mas sua argumentação não é suficiente para contestar o texto legal. Afinal, se um serviço é colocado à disposição do contribuinte, mas sua utilização não é compulsória, não parece sustentável – como pretende o referido autor – que seja ele cobrado pela vantagem que teria o contribuinte de utilizar, querendo, aquele serviço. Se não há exigência de ordem pública para que

85 Não parece acertado, daí, o posicionamento da Ministra Eliana Calmon, para quem os requisitos de especificidade e divisibilidade se aplicariam ao exercício de poder de polícia. Tanto o texto constitucional como os arts. 77 e 79 são claros com relação ao requisito de se aplicar apenas aos serviços públicos. Cf. CALMON, Eliana. Comentário ao art. 77. In: FREITAS, Vladimir Passos de (coord.). *Código Tributário Nacional comentado:* doutrina e jurisprudência, art. por artigo, inclusive ICMS (LC 87/1996 e LC 114/2002) e ISS (LC 116/2003). 4. ed. atualizada e ampliada. São Paulo: Revista dos Tribunais, 2007, p. 440.

86 Cf. AMARO, Luciano da Silva. Op. cit. (nota 21), p. 40.

se utilize o serviço, então seu oferecimento, pelo Estado, reveste-se de mera iniciativa similar à atuação de um agente econômico, remunerada por preço público. Não parece aceitável seja o contribuinte obrigado a pagar por algo que não contratou nem seria obrigado a contratar.

Poder-se-ia alegar que se o serviço era de utilização compulsória e o contribuinte dele não se valeu, então estaria ele sujeito a multa, pela não utilização do serviço, o que desnaturaria a taxa, já que o tributo não é sanção por ato ilícito (art. 3º do Código Tributário Nacional). Ora, o fato de o particular estar sujeito a uma sanção por seu ilícito não elide sua obrigação pelo pagamento do tributo. Ou seja: nesse caso, ele pagará a taxa pelo serviço (que será a mesma, usando ou não o serviço) e, além disso, uma multa pelo descumprimento de dever de ordem pública.

O requisito da especificidade tem a ver com a possibilidade de o serviço ser medido em unidades. Ou seja: a taxa cobrada por um serviço público não se presta para atividades constantes do Estado. O serviço a ser remunerado por uma taxa tem um começo e um fim. Assim, por exemplo, o serviço de emissão de um passaporte pode bem ser remunerado por uma taxa. Se o contribuinte necessitar de vários documentos, pagará tantas taxas quantas forem as emissões de documentos; cada taxa será específica para um serviço determinado.

Quanto à divisibilidade, opõe-se ela a serviços gerais, ou voltados à coletividade em geral. Presente, no caso, a ideia de que os serviços a serem remunerados por uma taxa devem ser imputáveis ao contribuinte em questão, não à coletividade. O assunto foi objeto de diversas disputas judiciais. Muitas vezes se instituem taxas, julgadas inconstitucionais porque indivisíveis os serviços.

Esse foi o caso de taxa instituída no Rio de Janeiro para a limpeza pública (varrição, lavagem e capinação de vias e logradouros públicos, limpeza das praias, túneis, córregos, valas, galerias pluviais, bueiros e caixas de ralo e assistência técnica): a patente indivisibilidade de tais serviços torna-os insuscetíveis de serem remunerados por uma taxa[87]. Note-se que os serviços são de interesse de toda a coletividade e, por isso, devem ser suportados por todos os contribuintes.

Por outro lado, a taxa de lixo já teve sua constitucionalidade examinada pelo Supremo Tribunal Federal, que acabou por editar a Súmula Vinculante n. 19, nos seguintes termos: "A taxa cobrada exclusivamente em razão dos serviços públicos de coleta, remoção e tratamento ou destinação de lixo ou resíduos provenientes de imóveis, não viola o art. 145, II, da Constituição Federal".

Clássico ficou o caso da taxa de iluminação pública, que se pretendia cobrar dos moradores da rua beneficiada. O Poder Judiciário rejeitou, sistematicamente, a incidência da referida taxa, tendo em vista que a iluminação pública não é suscetível "de utilização, separadamente, por parte de cada um dos seus usuários"[88]. Note-se que, posteriormente, em virtude dessa posição jurisprudencial, foi inserido no texto constitucional o

---

87 STF, Embargos de Divergência em Embargos de Declaração n. RE n. 256.588-1-RJ, Tribunal Pleno, rel. Min. Ellen Gracie, j. 19.03.2003, D.J. 03.10.2003. No mesmo sentido, RE n. 206.777-6-SP, Tribunal Pleno, rel. Min. Ilmar Galvão, j. 25.02.1999, D.J. 04.04.1999.

88 STF, Súmula n. 670: "O serviço de iluminação pública não pode ser remunerado mediante taxa", convertida na Súmula Vinculante n. 41, aprovada em 11.03.2015.

esdrúxulo art. 149-A, que versa sobre uma *contribuição para o custeio do serviço de iluminação pública*. Não se trata de taxa, mas sim de um tributo *sui generis* que mais se assemelha a um imposto com destinação específica, ou imposto finalístico, que se verá abaixo. Nesse sentido, melhor teria andado o constituinte derivado se tivesse permanecido calado, deixando que as municipalidades, já com base em suas receitas de impostos, cobrissem as despesas com iluminação pública, feitas no interesse da coletividade.

A disciplina das taxas exige que não se perca de mente que elas são um tributo, diferindo essencialmente, assim, dos preços públicos: tanto estes como as taxas por serviços públicos têm um caráter contraprestacional – daí a confusão frequente. Para a distinção, entretanto, importa lembrar, como foi visto no Capítulo III, que as taxas, tributos, são receita derivada, enquanto os preços públicos são receita originária. Os preços públicos são uma remuneração por uma riqueza gerada pelo Estado; as taxas apenas visam a cobrir custos pelos gastos gerados. As taxas remuneram serviços voltados a assegurar a fruição de direitos fundamentais. Enfim, as taxas, ainda que cobradas por serviços públicos específicos e divisíveis, não perdem seu caráter público, i.e., está-se diante de serviços prestados no interesse da coletividade (serviços públicos); tal requisito não é fundamental aos preços públicos.

Mais uma vez, emblemática a questão do pedágio: se no Capítulo precedente se admitiu possa ele ter a natureza tributária, pode-se questionar se seria adequado incluí-lo entre as taxas. Há quem o negue, porque "o fato gerador do pedágio é a utilização da via pública, não a conservação dela", não se podendo dizer que sua hipótese tributária seja o "serviço (de restauração) que o Poder Público execute, pois essa tarefa é meio (para manter a via pública utilizável) e não fim da atuação estatal. A utilidade que o Estado propicia ao indivíduo não é o conserto, mas sim a utilização da estrada"[89]. Não obstante, a Lei Complementar n. 116/2003, ao arrolar os serviços sujeitos ao ISS, incluiu, no seu item 22.01, os "serviços de exploração de rodovia mediante cobrança de preço ou pedágio dos usuários, envolvendo execução de serviços de conservação, manutenção, melhoramento para adequação de capacidade e segurança de trânsito, operação, monitoração, assistência aos usuários e outros serviços definidos em contratos, atos de concessão, de permissão ou em normas oficiais". Assim, parece clara a existência de serviços. Por outro lado, estes não são específicos e divisíveis, o que, sem dúvida, exige que se aponte uma inconsistência no ordenamento: ou bem se admitem taxas por serviços indivisíveis, ou bem se reconhece no pedágio, quando de natureza tributária, um *tertium genus* ao lado das taxas de serviço e das de poder de polícia.

3.4 Competência anexa

Finalmente, com relação à competência para a instituição das taxas, vale a leitura do art. 80 do CTN que positiva o conceito de *competência anexa*, oriunda do direito germânico:

89 Cf. AMARO, Luciano da Silva. Op. cit. (nota 21), p. 50.

não se encontra, no texto constitucional, uma discriminação rígida da competência para a instituição das taxas; ao contrário, o art. 145 admite que qualquer ente federal as institua. Não decorre daí, entretanto, uma múltipla incidência sobre um único fato jurídico tributário, já que este será, sempre, uma atuação estatal. Assim é que se encontra a competência para a instituição estatal quando se investiga quem é competente para o exercício do poder de polícia ou para o serviço público: se o constituinte conferiu a competência para tal atividade a determinado ente federal, tacitamente admitiu que este obtivesse recursos financeiros para tanto. Daí a competência anexa do art. 80 do CTN:

> Art. 80. Para efeito de instituição e cobrança de taxas, consideram-se compreendidas no âmbito das atribuições da União, dos Estados, do Distrito Federal ou dos Municípios aquelas que, segundo a Constituição Federal, as Constituições dos Estados, as Leis Orgânicas do Distrito Federal e dos Municípios e a legislação com elas compatível, competem a cada uma dessas pessoas de direito público.

3.5 Síntese das taxas

Em síntese: taxas são espécies tributárias, cobradas por todas as pessoas jurídicas de direito público, nos âmbitos de suas competências, justificadas pelo princípio da equivalência, destinadas a cobrir os custos do Estado (i) no exercício de seu poder de polícia; ou (ii) na prestação, efetiva ou potencial, de serviços públicos específicos e divisíveis.

4 Contribuição de melhoria

A contribuição de melhoria, conquanto vetusta no ordenamento, é raramente instituída pelos poderes públicos, que preferem financiar suas obras por meio de recursos destinados a seus gastos gerais.

4.1 Exemplos de contribuição de melhoria em outros ordenamentos

A história da contribuição de melhoria em outros ordenamentos já foi publicada, no vernáculo, por João Baptista Moreira, que chegou a tecer um quadro sinótico geral, iniciando em 1000 a.C., quando já se encontravam expropriações, mediante indenização, para obras de saneamento, na Ilha de Eubeia[90]. É muito difícil fixar, com precisão, a data em que foi criada, pela primeira vez, uma contribuição de melhoria, tal como hoje se entende. Ensina Antonio Chaves, forte em Deodato e Cannan, que já nos idos de 1250 foi cobrada uma contribuição na Inglaterra, decorrente das obras de

90 Cf. MOREIRA, João Baptista. *Contribuição de melhoria*: tratado de Direito Tributário. vol. 8. Flávio Bauer Novelli (coord.). Rio de Janeiro: Forense, 1981, especialmente p. 258 e ss.

reparação do dique de Romney, destacando-se, também, as lembranças de Giaquinto, sobre um ato legislativo inglês de 1662 e dois decretos do Conselho de Luís XIV, de 1672 e 1678, que impuseram a vários proprietários contribuir, em proporção às vantagens que delas retiravam, com as despesas de alargamento das vias às quais faziam frente seus prédios[91].

Nos Estados Unidos, a contribuição de melhoria (*special assessment*) iniciou-se por lei de 1691, de Nova Iorque, dali se irradiando de cidade em cidade. Possivelmente em função deste desenvolvimento descentralizado, relata Bilac Pinto[92], em sua monografia sobre contribuições de melhoria, que constitui até hoje a mais completa obra sobre o tema, que a *special assessment* não encontra, naquele país, uma fisionomia própria, sendo *mais adequado se falar na special assessment* dessa ou daquela região. Assim, julga Bilac Pinto mais adequado referir-se a contribuições de melhoria por tipos, a partir de dois critérios, o de extensão do melhoramento e o do cálculo do montante das contribuições. Pelo primeiro critério, seriam as contribuições locais, de zona e gerais. Já no segundo critério, teríamos os *assessments* de custo e os de benefício.

No conceito apresentado por Bilac Pinto, os *assessments* de custo e os de benefício estariam ligados ao que os americanos considerariam decorrentes do poder de polícia, com a distinção de que, nestes casos, o objetivo culminante não seria a arrecadação de tributos, mas o exercício do poder regulamentar, tendente à preservação de ordem pública e ao estabelecimento de regras de boa vizinhança, higiene e urbanidade. Os exemplos do autor seriam os *assessments* de custo de passeio e os de limpeza de estradas, nas imediações da propriedade. Assim, o *assessment* teria como única função remunerar o poder público, por gastos em que este incorreu, no lugar do particular. Não se questionaria, assim, a ocorrência de qualquer benefício. Os *assessments* de benefício, por outro lado, compreenderiam as obras públicas realizadas pelos governos que importassem benefício para a propriedade particular[93].

Também na Europa são encontrados institutos cujas características podem assemelhá-los à contribuição de melhoria do Brasil.

Na Alemanha, a *Erschliessungsbeitrag* de hoje, que corresponde à contribuição de melhoria por obra pública nova e a *Strassenbeitrag* (*Verbesserungs-*, *Erweiterungs-*, ou *Modernisierungsbeitrag*), contribuições por melhoramento, ampliação e modernização encontram suas raízes no direito prussiano, onde, em 1875, já houve a *Fluchtliniegesetz* (lei de recuo e alinhamento de fachadas), que, além de tratar de desapropriação, criou um tributo para a construção da via pública, *Strassenanliegerbeitrag* que, como diz o nome, era cobrada dos confinantes da rua. Desde o início, pois, nota Moreira, o referido tributo que, na Alemanha constitui um *tertium*, ao lado dos impostos e das taxas, tinha excluído de seu conceito a variável valorização imobiliária, por sua impraticabilidade, sendo a hipótese tributária a obra pública e a base de cálculo o seu custo[94]. Ela deve cobrir os custos para a aquisição e desocupação do espaço físico onde se fará a obra pública e para seu primeiro capeamento, inclusive iluminação, servindo para os casos de obras concernentes a vias públicas, locais de estacionamento e praças (exceto parques infantis)[95].

---

91 Cf. CHAVES, Antonio. Contribuição de melhoria. *Revista de Direito Administrativo*, n. 99, p. 407-412 (407).

92 Cf. PINTO, Bilac. *Contribuição de melhoria*. Forense, s.d. (possivelmente 1937), p. 25-28.

93 Cf. PINTO, Bilac. Op. cit. (nota 92), p. 26.

94 Cf. MOREIRA, João Baptista. Op. cit. (nota 90), p. 12.

95 Cf. arts. 127 e 128 do Código de Construção alemão (*Baugesetzbuch*).

Na Inglaterra, há a "Betterment Tax", cujas origens, como acima mencionado, remontam a 1215. Importante, naquele país, foi, entretanto, o "Tower Bridge Act", de 1895. Conforme mostra Moreira, embora seja a "Betterment Tax" tratada como um exemplo de tributação baseada no critério-benefício, a verdade é que também naquele país a única variável que se considera é o custo da obra[96].

Na Espanha, conhecem-se as contribuições especiais, cuja hipótese tributária consiste "na obtenção, pelo obrigado tributário, de um benefício ou de um aumento de valor de seus bens em consequência da realização de obras públicas ou do estabelecimento ou ampliação dos serviços públicos"[97]. Vê-se aí englobada a contribuição de melhoria brasileira, embora não se limite a tanto, já que também se cogita de ampliação de serviços públicos. Por outro lado, merece nota que a contribuição não se esgota na hipótese de aumento de valor dos bens, mas atinge, igualmente, outra forma de benefício.

4.2 A contribuição de melhoria no Brasil até a Emenda Passos Porto

No Brasil, embora já houvesse, no século XVIII, a cobrança de finta baseada em Ordenação portuguesa, os antecedentes históricos que mais parecem assemelhar-se às atuais contribuições de melhoria se encontram nas "taxas de calçamento", cobradas no Distrito Federal, por força do Decreto 1.029, de 06 de julho de 1905, em razão da qual metade do custo de pavimentação das ruas deveria correr por conta dos proprietários confinantes. Tais "taxas" foram cobradas em outras cidades mas, conforme Bilac Pinto, foi em São Paulo que elas ganharam maior notoriedade, com a "questão do calçamento", em virtude do número de ações em juízo questionando sua constitucionalidade, o que foi provido pela Corte de Apelação paulista, para quem a taxa violava a Constituição Federal e o Código Civil[98].

A contribuição de melhoria foi, pela primeira vez, abrigada pela Constituição Federal em 1934, quando o art. 124, inserido na "Ordem Econômica e Social", assim dispôs:

> *Art. 124. Provada a valorização do imóvel por motivo de obras públicas, a administração que as tiver efetuado poderá cobrar dos beneficiados contribuição de melhoria.*

Escrevendo na época da vigência deste texto constitucional, Bilac Pinto sustentou ser sua *ratio* a correção de "uma situação que o Estado moderno não poderia tolerar por muito tempo: as obras públicas, realizadas com o concurso de todos os contribuintes, beneficiavam, quase sempre, a um pequeno número deles. (...) Estes últimos, por motivo de melhoramentos públicos, viam valorizarem-se suas propriedades e nada pagavam. Era o mais evidente exemplo de enriquecimento injusto, em detrimento da coletividade". A novidade trazida por Bilac Pinto foi a de que a contribuição de melhoria não se baseava, assim, na teoria do benefício, propugnada por alguns financistas de então, segundo a qual os indivíduos deveriam contribuir aos encargos públicos, segundo os benefícios ou vantagens que lhe adviessem. Esta teoria apresentava entraves intransponíveis, dos quais o principal era o de se isentarem dos impostos os ricos e os poderosos. Daí a famosa afirmação de Richelieu, de que ao povo caberia contribuir com seus bens; à nobreza, com seu sangue e ao clero, com suas preces. A principal consequência negativa da teoria do benefício se revelou a partir de quando o Estado passou a assumir funções sociais. Em razão da adoção da teoria do benefício, os pobres

96 Cf. MOREIRA, João Baptista. Op. cit. (nota 90), p. 13.

97 Cf. LAPATZA, José Juan Ferreiro. Op. cit. (nota 69), p. 156.

98 Cf. PINTO, Bilac. Op. cit. (nota 92), p. 62.

deveriam pagar mais impostos que os ricos, por serem justamente os que mais utilizariam dos serviços do Estado (assistência, saúde, educação etc.). O absurdo é evidente, daí ter sido descartada.

Na Carta de 1937, não se fez qualquer menção à contribuição de melhoria, surgindo, então, dúvidas quanto a sua constitucionalidade, resolvidas, afinal, em sentido afirmativo, pelo Supremo Tribunal Federal, em acórdão de Philadelpho Azevedo[99].

A discussão parlamentar que antecedeu à Constituição de 1946 não deixou de lado o cabimento, ou não, da contribuição de melhoria. Relata Rubens Gomes de Sousa[100] que, naquela ocasião, levantou-se a opinião do professor Mario Mazagão, combatendo aquela contribuição, sob o fundamento de que, se a realização de obras públicas só se justifica havendo interesse geral seria injusto que alguns contribuintes fossem obrigados a contribuir para seu custo; ao mesmo tempo, Mazagão afirmava que não haveria como justificar a contribuição pela obtenção, pelos proprietários, de um benefício especial, porque neste caso a obra pública não seria eticamente justificável, vez ter sido uma fonte de enriquecimento particular e não a satisfação de uma necessidade de ordem geral. O próprio Sousa demonstra a fragilidade de tais argumentos, como segue: "Com efeito, se por um lado a questão de ser ou não justificada a necessidade da obra pública projetada é um problema geral e não específico da contribuição de melhoria, por outro lado parece inegável que, no estado atual da vida em sociedade, qualquer melhoria, mesmo muitas das normalmente efetuadas por particulares para o seu próprio gozo, revertem de certo modo em benefício da comunidade em geral. Como observa justamente Pontes de Miranda, a obra pública, embora necessariamente localizada, represente sempre um benefício para toda a comunidade, dando em resultado que, se as referidas obras fossem financiadas, com os impostos gerais, estariam na realidade sendo pagas em quota proporcionalmente maior pelos que dela se beneficiam apenas indireta ou potencialmente. A cobrança de uma contribuição especial do beneficiado direto é, assim, um imperativo da justiça distributiva".

Venceram o debate aqueles que defendiam a existência de uma contribuição de melhoria. Na Constituição de 1946, ela foi inserida na ordem tributária: o art. 30, inciso I, conferiu a competência à União, Estados, Distrito Federal e Municípios para cobrá-la "quando se verificar valorização do imóvel, em consequência de obras públicas". O parágrafo único do mesmo artigo esclarecia que "a contribuição de melhoria não poderá ser exigida em limites superiores a despesa realizada, nem ao acréscimo de valor que da obra decorrer para o imóvel beneficiado".

Visando a regulamentar o dispositivo constitucional acima, Aliomar Baleeiro e Fernando Nóbrega apresentaram à Câmara Federal o Projeto de Lei n. 5. Fundamentava-se tal projeto na competência conferida, então, à União, para legislar sobre "normas gerais de direito financeiro" (art. 50, inciso XV, letra *b*). Tal projeto foi, já naquela época, duramente criticado por Carlos Alberto A. de Carvalho Pinto, professor catedrático de Ciência das Finanças na Faculdade de Direito da Universidade de São Paulo, o qual, em longo artigo, argumentava que, embora fosse assegurada à União a competência para conceituar a contribuição de melhoria, unificando-a nacionalmente, tal faculdade normativa e genérica não permitiria "uma legislação regulamentar ou detalhada, capaz de obstar aos Estados e Municípios o inalienável exercício de sua autonomia tributária, no caso especialmente relevante pela necessidade de adaptação do tributo às suas peculiaridades regionais e possibilidades administrativas. (...) o Projeto de Lei n. 5 infringe esse imperativo de ordem constitucional e prática, ao descer a detalhes de

99 STF, RE n. 5.500-RS. *Direito*, vol. 27, p. 27.

100 Cf. SOUSA, Rubens Gomes de. *Estudos de Direito Tributário*. São Paulo: Saraiva, 1950, p. 145.

regulamentação que, se admissíveis para efeito das obras federais, jamais poderiam constituir norma obrigatória para as entidades públicas menores"[101].

Não obstante o alerta do catedrático, foi baixada a Lei n. 854, de 10.10.1949, cujo grau de detalhes revela a influência de referido projeto de lei.

A sistematização do ordenamento tributário brasileiro se deu por meio da Emenda Constitucional n. 18/65, que expressamente abrigou a contribuição de melhoria entre as espécies de tributos, dispondo seu art. 19:

> *Art. 19. Compete à União, aos Estados, ao Distrito Federal e aos Municípios, no âmbito de suas respectivas atribuições, cobrar contribuição de melhoria para fazer face ao custo de obras públicas de que decorra valorização imobiliária, tendo como limite total a despesa realizada e como limite individual o acréscimo de valor que da obra resultou para cada imóvel beneficiado.*

Pela primeira vez, pois, o Constituinte passou a impor limites quantitativos à cobrança da contribuição de melhoria, distinguindo-se o limite total (custo da obra pública realizada) e o individual (acréscimo de valor resultante da obra).

Foi em tal panorama constitucional que se editou a Lei n. 5.172, de 25.10.1966, que posteriormente passou a se denominar Código Tributário Nacional. Este tratou da contribuição de melhoria em dois artigos: o de número 81, cujo texto apenas reproduz, com pequenas modificações, o que já dispunha a Emenda Constitucional n. 18/65, e o de número 82, que apresenta "requisitos mínimos" para a lei que instituir aquela contribuição. O § 1º do mesmo art. 82 dispõe sobre o cálculo da contribuição:

> *§ 1º A contribuição relativa a cada imóvel será determinada pelo rateio da parcela do custo da obra a que se refere a alínea c do inciso I, pelos imóveis situados na zona beneficiada em função dos respectivos fatores individuais de valorização.*

Em 1967, o texto constitucional deixou de fazer referência expressa ao limite individual, para a cobrança da contribuição de melhoria, passando a exigir, apenas, no art. 19, § 3º, que o total da arrecadação com a contribuição de melhoria não ultrapassasse o custo da obra pública. Vale notar, outrossim, que a contribuição de melhoria continuava a pressupor, para sua cobrança, uma valorização dos imóveis, já que, nos termos do inciso III do mesmo artigo, a contribuição seria exigida dos "proprietários de imóveis valorizados pelas obras públicas que os beneficiaram".

Em 24 de fevereiro de 1967, surgiu o Decreto-lei n. 195 que, revogando expressamente a Lei n. 854/49, tratou detalhadamente da contribuição de melhoria. O referido Decreto-lei não contrariava o Código Tributário Nacional.

Por meio da Emenda Constitucional n. 1/69, a contribuição de melhoria voltou a ter previstos os limites individual e global, nos seguintes termos:

> *Art. 18. Além dos impostos previstos nesta Constituição, compete à União, aos Estados, ao Distrito Federal e aos Municípios instituir: (...)*
>
> *II – contribuição de melhoria, arrecadada dos proprietários de imóveis valorizados por obras públicas, que terá como limite total a despesa realizada e como limite individual o acréscimo de valor que da obra resultar para cada imóvel beneficiado.*

---

101 Cf. PINTO, Carlos Alberto A. de Carvalho. Contribuição de melhoria – a lei federal normativa. *Revista de Direito Administrativo*, vol. 12, p. 1-31; vol. 13, p. 1-22 (19).

4.3 A "Emenda Passos Porto"

Em 1º de dezembro de 1983, vem a Emenda Constitucional n. 23 ("Emenda Passos Porto"), que modificou o inciso II do art. 18 da Constituição de então, que passou a ter a seguinte e sucinta redação:

> *II – contribuição de melhoria, arrecadada dos proprietários beneficiados por obras públicas, que terá como limite total a despesa realizada.*

As mudanças no texto foram claras: substituía-se o termo "valorizados" por "beneficiados", ao mesmo tempo que se excluía a referência ao "limite individual".

Em face da análise do dispositivo legal acima transcrito, parece claro o intuito do constituinte derivado, em 1983: a contribuição de melhoria já não mais se deveria sujeitar ao regime complexo imposto pelo Decreto-lei n. 195/67, que espelhava uma contribuição "de benefício", adotando-se, agora, uma contribuição "de custo", bem mais simples e que, seguindo o exemplo da "Erschliessungsbeitrag" alemã, teria como único parâmetro o custo da obra, de cuja realização o constituinte já presumia (presunção legal) a ocorrência de valorização.

Tal entendimento ecoou em algumas decisões judiciais:

> *Inexiste no texto atual da Constituição a exigência da configuração anterior do tributo, a valorização da obra considerada. O benefício, pois, passa a ser um corolário da prova da existência do fato gerador típico e único que é a existência de obras públicas realizadas. Divergente se torna a caracterização, pois, do fato gerador, na nova Constituição (art. 145, III, da anterior, art. 18, II, e Emenda Constitucional n. 23/83), a exigir a obra pública e o imóvel valorizado pela mesma*[102].
>
> *Com a edição da Emenda Constitucional n. 23, o fato gerador, do aludido tributo deixou de ser a valorização experimentada pelo imóvel em razão da obra executada, para ser a realização da obra executada, em si mesma, ao mesmo tempo em que era eliminado o limite individual relativo ao lançamento do tributo, o que também veio a ocorrer com o limite total, quando da promulgação da vigente ordem constitucional (CF, art. 145, III). Em outras palavras, a contribuição de melhoria atualmente pode ser exigida pelo Município pela só realização da obra pública, desamarrada de qualquer limite total ou individual no seu lançamento e sem limitação constitucional a determinado rol de contribuintes. Na espécie, o impetrado obedeceu às normas dos arts. 17 e 18 da Lei Municipal n. 516/85, ao indicar, como contribuintes do tributo, os proprietários dos imóveis beneficiados pela obra pública e ao distribuir o custo da obra entre eles, sendo certo que nenhum óbice legal existia ao critério adotado de repartição do custo segundo a metragem de frente de cada imóvel. Por via de consequência, forçoso é reconhecer que os lançamentos mencionados na exordial encontram suporte legal na referida legislação municipal, que, por não colidir com as normas constitucionais vigentes, foi por elas recepcionada, sendo, pois, irrelevante a não observância, pelo impetrado, dos requisitos do Decreto-lei n. 195/67*[103].
>
> *Na verdade, este Tribunal já se manifestara em inúmeras oportunidades pelo entendimento da simplificação da instituição da contribuição de melhoria, por força da vigência da Emenda Constitucional n. 23/83, que alterara a Constituição Federal de 1967, na redação da Emenda Constitucional*

---

102 Ac. un. da 9ª C do 1º TAC SP, AC 516.399-9, Rel. Juiz Oscarlino Moeeler, j. 30.08.1994, Aptes.: Maria Nazareth de Lima Cunha e Prefeitura Municipal de Itaquaquecetuba; Apdas.: as mesmas; Reqte.: Juízo de Ofício – grifos nossos.

103 Ac. un. da 1ª Câmara do 1º TAC – SP, AEO 525.756/3, Rel. Juiz Ary Bauer, j. 03.11.1992, Apte.: Juízo de ofício; Apdos.: Acácio Carreira Navega e outros – grifos nossos.

01/69. Em que pesem os bem lançados fundamentos da r. sentença, impressiona, em sentindo contrário ao entendimento ali adotado, o de que não se pode compreender modificação constitucional inútil, resultando dela interpretação semelhante à do texto anterior. Se benefício é valorização, admitindo-se que o valor da contribuição não possa superar a segunda, modificou-se a Constituição, mas mantido restou o limite individual; teria havido assim apenas alteração na redação, permanecendo em efeitos idênticos a norma. Inútil seria a Emenda Passos Porto. Mas, se é assim, porque a sua promulgação? Não se aceitando a existência de norma ou modificação dela inúteis, não há como concluir-se a não ser pelo afastamento do limite individual da cobrança e da não permanência da valorização como fato gerador, outorgando-se às expressões 'valorizados' e 'beneficiados' sentidos diversos. Em consequência, não é mais exigível constar do edital referência à valorização de cada imóvel ou do fator de absorção ou valorização (voto vencedor do Juiz Maurício Vidigal, RT 624/107). Confira-se, dentre outros, no mesmo sentido os seguintes julgados: RT 626/104, 7ª Câm., rel. Oswaldo Caron, com elucidativo voto vencedor declarado pelo hoje Desembargador Regis de Oliveira: 624/107, 2ª Câm., rel. Bruno Netto. Afastava-se, desta forma, a exigência da valorização de cada imóvel, decorrente de obra pública. Bastava ter sido o imóvel beneficiado pela obra, dispensando-se a valorização imobiliária. Caberia ao proprietário ou possuidor demonstrar em Juízo que seu imóvel não teve qualquer benefício, ou, mesmo, sofreu desvalorização em decorrência da obra[104].

Não merecem reparos as decisões acima quando reconhecem que não teria sentido uma Emenda Constitucional que não produzisse qualquer efeito. Se o constituinte substituiu os termos "valorizados" por "beneficiados", evidentemente assentiu com a realidade de que é possível que uma obra pública beneficie determinado imóvel, sem que isso implique, necessariamente, valorização.

Não obstante, no Supremo Tribunal Federal o requisito da valorização ainda parece ter permanecido. Em caso julgado pela 2ª Turma[105], o Ministro Célio Borja, relator, deixa claro que a Emenda Passos Porto não teria retirado da contribuição de melhoria sua natureza de *special assessment*, exigindo a valorização do imóvel, citando e endossando doutrina de Luiz José de Mesquita que afirma que "a substituição de 'imóveis valorizados' por 'imóveis beneficiados', embora revele falta de técnica legislativa e possa conduzir a subjetivismo no apreciar 'os imóveis beneficiados por obras públicas', contudo, não destrona a 'valorização' como critério final e objetivo no aferimento do benefício trazido pela obra pública, objeto da contribuição".

Igual entendimento foi manifestado pela mesma 2ª Turma foi clara em decisão que recebeu a seguinte ementa:

EMENTA: RECURSO EXTRAORDINÁRIO. Constitucional Tributário. Contribuição de melhoria. Art. 18, II, CF/67, com a redação dada pela EC n. 23/83.

Não obstante alterada a redação do inciso II do art. 18 pela Emenda Constitucional n. 23/83, a valorização imobiliária decorrente de obra pública – requisito ínsito à contribuição de melhoria – persiste como fato gerador dessa espécie tributária.

RE conhecido e provido[106].

104 AC da 7ª Câmara do 1º TAC SP – mv, AC 454.304-2, rel. Juiz Ariovaldo Santini Teodoro, j. 17.03.1992, Apte.: Prefeitura Municipal de Jaboticabal; Apdos.: Odair Biondi – grifos nossos.

105 STF, RE n. 115.863-8-SP, 2ª Turma, rel. Min. Célio Borja, j. 29.10.1991, D.J. 08.05.1992.

106 STF, RE n. 116.147-7-SP, 2ª Turma, rel. Min. Célio Borja, j. 29.10.1991, D.J. 08.05.1992.

4.4 A contribuição de melhoria no texto constitucional de 1988

Compreendida a origem da contribuição de melhoria, resta ver como ela vem hoje regulada no texto constitucional. Eis o que diz seu art. 145:

> Art. 145. A União, os Estados, o Distrito Federal e os Municípios poderão instituir os seguintes tributos:
>
> (...)
>
> III – contribuição de melhoria, decorrente de obras públicas

Vê-se, assim, que, omitindo qualquer referência com relação a limites quantitativos para sua cobrança, o constituinte optou por indicar apenas sua hipótese tributária possível, no caso, uma única atividade estatal: a realização de obras públicas.

4.5 Justificação da contribuição de melhoria

A contribuição de melhoria justifica-se tendo em vista que obras públicas podem beneficiar a um determinado grupo, geralmente localizado nas proximidades da obra, não se legitimando que toda a coletividade suporte o custo da obra que, afinal, veio em benefício maior de alguns. É verdade que a toda obra pública é feita no interesse da coletividade – o que justificaria que todos a suportassem. Entretanto, tal axioma não pode esconder a constatação de que há alguns que têm um benefício mais imediato. Daí estar aberta a opção, para o legislador, de exigir uma contribuição de melhoria para o custeio das obras públicas, no lugar de ver estas sustentadas pela receita geral dos impostos (estes sim, como se verá abaixo, suportados por toda a coletividade).

Por outro lado, se é verdadeiro que a realização de uma obra pública nova pode implicar um benefício maior a alguns proprietários de imóveis, justificando-se, daí, a exação, o raciocínio não pode ser estendido a meras obras de conservação e manutenção. Nesse caso, não há que cogitar uma vantagem extraordinária por parte daqueles proprietários, mas meros gastos gerais, no interesse da coletividade, a serem cobertos por impostos[107].

4.6 Limite individual: benefício ou valorização

Surgiu com o texto constitucional de 1988, mais uma vez, a questão com relação à exigência de valorização do imóvel, para que se dê a cobrança do tributo. É de notar que o emprego da expressão "benefício", e não "valorização", parece indicar que o constituinte não impôs que se verificasse valorização do imóvel para que houvesse a cobrança da taxa. Tal entendimento reforça-se quando se considera toda a evolução

107 STF, RE n. 121.617-4-SP, Tribunal Pleno, rel. Min. Moreira Alves, j. 22.02.1996, D.J. 06.10.2000.

desta espécie tributária em textos constitucionais anteriores, que culminaram com a exclusão do limite individual.

Todavia, no passado, os textos constitucionais exigiam a valorização e, por esse motivo, o art. 81 do Código Tributário Nacional previu como limite individual da contribuição de melhoria "o acréscimo de valor que da obra resultar para cada imóvel beneficiado".

Como sintetizam Ives e Rogério Vidal Gandra da Silva Martins, "benefício imobiliário abrange campo maior do que valorização imobiliária. Na verdade, o benefício abrange campo maior do que valorização imobiliária. Na verdade, o benefício é gênero, do qual a valorização é espécie. Pode ocorrer benefício no imóvel, sem, contudo, haver valorização do mesmo"[108].

Com efeito, valorização é categoria econômica, cuja constatação depende de elementos externos à relação Fisco-contribuinte. Pode haver valorização de imóvel, sem que esta decorra de obra pública, assim como pode uma benfeitoria não implicar qualquer valorização. Basta, por exemplo, que se esteja em época de alta recessão, para que nenhuma benfeitoria implique aumento do valor de imóvel, já que ninguém estará disposto a comprá-lo, ou ninguém estará disposto a pagar preço maior que o já alcançado. O núcleo da contribuição de melhoria passou a ser, pois, como bem diz o nome do tributo, a "melhoria", o "melhoramento", a "benfeitoria", decorrente de obras públicas.

Confirmando tal entendimento, cite-se Bernardo Ribeiro de Moraes:

> *Como o fato gerador da contribuição de melhoria é a execução da obra pública, a base de cálculo do tributo deverá ser o custo da respectiva obra. No sistema anterior, em que o objeto da contribuição de melhoria era a valorização imobiliária, muitos autores exigiam que a base de cálculo desse tributo fosse a valorização imobiliária, o que tornava o tributo de difícil percepção. (...) Como a contribuição de melhoria é um instrumento de custeio da obra pública, a base de cálculo dessa espécie tributária será, não o benefício, mas o custo da obra que se deseja financiar. Assim exige a Constituição*[109].

Assim, parece claro que, pelo texto constitucional de 1988, a contribuição de melhoria já não mais se caracteriza como *benefit assessment*, sendo autorizada a *cost assessment*.

Parte da doutrina entende que desde a edição da Emenda Passos Porto o limite individual a que se referem o Código Tributário Nacional e o Decreto-Lei n. 195/67 teria sido superado. Ora, se o Decreto-lei n. 195/67 tivesse sido revogado em 1983, com a edição da "Emenda Passos Porto", por ser com ela conflitante, não se poderia, agora, pretender aplicá-lo sob o regime constitucional de 1988.

É nesse sentido o posicionamento de Sacha Calmon Navarro Coêlho:

> *48. Caducidade do Decreto-Lei n. 195/67:*
>
> *O Decreto-Lei n. 195/67 caducou antes da Constituição de 1988. É que este diploma legal regulava, com o caráter de lei complementar, uma contribuição de melhoria baseada no critério valorização, como previsto na Constituição de 1967 e na Emenda n. 1/69. Ocorre que em 1983 a Emenda Constitucional n. 23 de 01/12, chamada "Passos Porto", alterou fundamentalmente o tipo de contribuição de melhoria existente, optando pelo critério custo. (...)*

---

108 Cf. MARTINS, Ives Gandra da Silva; MARTINS, Rogério Vidal Gandra da Silva. Contribuição de melhoria, *IOB-Jurisprudência*, 1/5656.

109 Cf. MORAES, Bernardo Ribeiro de. *Compêndio de Direito Tributário.* 2. ed. Rio de Janeiro: Forense, 1993, p. 595.

> *A intenção era claríssima: substituir o critério valorização pelo critério custo. Em sendo assim, desde aquela época, o Dec.-lei 195/67 tornou-se incompatível – venia permissa das opiniões em contrário – a Constituição de 1967. Tê-lo como vigente agora implicaria repristinação atípica, e o que é pior, em subordinar a Constituição vigente a um texto anterior, até mesmo a carta outorgada de 1967, antecipando a escolha do tipo de contribuição pelo legislador complementar, que poderá até se omitir, deixando a escolha às pessoas políticas. A melhor exegese está em considerar de eficácia contível o art. 145, III, da CF vigente, do contrário estar-se-á a presumir que o legislador disse o que não quis dizer. Onde a Constituição não distingue, quando podia fazê-lo, não cabe ao intérprete distinguir. O* minus dixit *na espécie seria temeridade. Isto posto, os Municípios são competentes, assim como os Estados e a União, para adotarem o tipo de contribuição de melhoria que julgarem conveniente, até e enquanto não sobrevenha lei complementar*[110].

A seguir tal entendimento, deve-se concluir que as pessoas jurídicas de direito público não estariam adstritas aos limites impostos pelo Decreto-lei n. 195/67, na instituição de sua contribuição de melhoria. Possível, pois, a instituição da contribuição, desde que presente o elemento "melhoria" que com "valorização" não se confunde. Limite para a contribuição de melhoria permaneceria sendo, exclusivamente, o custo da obra (*cost assessment*).

Entretanto, o fato de o Código Tributário Nacional, fazendo as vezes de lei complementar, incluir aquele requisito, traz argumento relevante para os que defendem aquela exigência.

Afinal, o "fato gerador" definido pelo Código Tributário Nacional vai aquém, não além do que dispõe a Constituição. Um imóvel *valorizado* por obra pública certamente sofreu uma *melhoria*. Do mesmo modo, o Decreto-Lei n. 195/67, complementando o Código Tributário Nacional, positiva essa exigência.

Noutras palavras, conquanto seja possível cogitar uma melhoria em um imóvel sem valorização, o legislador complementar elegeu a valorização como critério para aferição daquela melhoria. Fazendo-o, agiu dentro de sua competência, enquanto norma geral, devendo ser observado o que dispõe o Código Tributário Nacional[111].

Em síntese, embora não pareça ser requisito constitucional a valorização do imóvel, não há antinomia entre o Código Tributário Nacional e a Constituição Federal. Simplesmente, o legislador complementar, no uso de sua competência, definiu o alcance da contribuição de melhoria autorizada pela Constituição. Obviamente, nova lei complementar poderia vir a dispensar o requisito da valorização. Não o fazendo, entretanto, deve-se seguir o que dispõe a lei complementar em vigor.

Por outro lado, não havendo benefício, não se justifica a cobrança da contribuição de melhoria. Não há razão para alguns proprietários suportarem o custo de uma obra pública que não os beneficiou de modo diferente do resto da coletividade. Parece válido o exemplo da construção de uma via elevada, trazendo notórios prejuízos aos proprietários dos imóveis circunvizinhos, que passaram a residir "debaixo da ponte". Nada justificaria a cobrança de um tributo para que eles suportassem a obra que os prejudicou. Seria, jocosamente, uma "contribuição de pioria", inaceitável no ordenamento jurídico.

---

110 Cf. COÊLHO, Sacha Calmon Navarro. *Comentários à Constituição de 1988* – sistema tributário. 3. ed. Rio de Janeiro: Forense, 1991, p. 78.

111 O autor registra que no passado já defendeu ser desnecessária a valorização; o estudo do papel da lei complementar, entretanto, exigiu a nova posição, ora adotada.

4.7 Limite total

Além do limite individual, o Código Tributário Nacional oferece outra dificuldade a ser enfrentada pelo legislador na instituição de uma contribuição de melhoria: seu limite total é a despesa realizada.

O texto constitucional de 1988 não é explícito com relação a esse limite, que caracteriza, como visto, a *cost assessment*.

Entretanto, da própria ideia de justificação para os tributos pode-se inferir tal limitação. O raciocínio é imediato: por que razão os proprietários confinantes com uma obra pública estariam obrigados a concorrer sozinhos com as despesas gerais do Estado?

Ou seja: a justificativa para a cobrança da contribuição de melhoria está no fato de que aqueles proprietários foram, afinal, mais beneficiados pela obra. Assim, é justo que eles financiem seu custo. Não se justifica, entretanto, que eles ultrapassem aquele custo. Com razão Hugo de Brito Machado, quando, criticando doutrina contrária, afirma: "cobrar mais do que o custo da obra, a título de contribuição de melhoria, tendo-se como limite apenas a valorização imobiliária, é cobrar imposto sobre aquela valorização, sem previsão constitucional"[112].

Além do argumento acima, soma-se o que já se falou acerca do papel da lei complementar: se o próprio Código Tributário Nacional previu o limite total da contribuição como custo da obra, não há que tolerar lei ordinária municipal, estadual ou federal que contrarie tal limite.

4.8 Taxa ou contribuição

Dado que tanto as taxas como as contribuições de melhoria se justificam a partir do sinalagma estabelecido, poder-se-ia questionar se é mera opção do legislador decidir por um ou por outro tributo para o custeio de obras públicas.

A resposta – advirta-se – é relevante, já que a instituição de uma contribuição de melhoria é bem mais rígida que a de uma taxa. A mera leitura do art. 82 do Código Tributário Nacional já aponta para isso, ao indicar toda uma série de requisitos para sua instituição, muitos deles prévios à própria cobrança:

> *Art. 82. A lei relativa à contribuição de melhoria observará os seguintes requisitos mínimos:*
>
> *I – publicação prévia dos seguintes elementos:*
>
> *a) memorial descritivo do projeto;*
>
> *b) orçamento do custo da obra;*
>
> *c) determinação da parcela do custo da obra a ser financiada pela contribuição;*
>
> *d) delimitação da zona beneficiada;*
>
> *e) determinação do fator de absorção do benefício da valorização para toda a zona ou para cada uma das áreas diferenciadas, nela contidas;*
>
> *II – fixação de prazo não inferior a 30 (trinta) dias, para impugnação pelos interessados, de qualquer dos elementos referidos no inciso anterior;*
>
> *III – regulamentação do processo administrativo de instrução e julgamento da impugnação a que se refere o inciso anterior, sem prejuízo da sua apreciação judicial.*

112 Cf. MACHADO, Hugo de Brito. Op. cit. (nota 74), p. 699.

§ 1º A contribuição relativa a cada imóvel será determinada pelo rateio da parcela do custo da obra a que se refere a alínea c, do inciso I, pelos imóveis situados na zona beneficiada em função dos respectivos fatores individuais de valorização.

§ 2º Por ocasião do respectivo lançamento, cada contribuinte deverá ser notificado do montante da contribuição, da forma e dos prazos de seu pagamento e dos elementos que integram o respectivo cálculo.

Vê-se que, quando é o caso de contribuição de melhoria, o poder público fica adstrito à observância de diversas exigências.

Não surpreende, dadas as condições para sua cobrança, que a contribuição de melhoria seja pouco utilizada. Algumas vezes, ela surge sob o manto de "taxa", como se a denominação fosse relevante para a configuração da espécie tributária. Didático, nesse ponto, o art. 4º do Código Tributário Nacional, que – não é demais repisar – ensina e determina:

Art. 4º A natureza jurídica específica do tributo é determinada pelo fato gerador da respectiva obrigação, sendo irrelevantes para qualificá-la:

I – a denominação e demais características formais adotadas pela lei.

Assim é que caem por terra, por exemplo, as "taxas asfálticas", ou "taxas de pavimentação", cobradas por diversas municipalidades para a pavimentação de vias públicas. Sob o nome de "taxa", não há serviço público específico e divisível. A via asfaltada em questão não pode ser razoavelmente dividida em unidades individuais de fruição de um "serviço público", nem tampouco se cogita poder de polícia. É vera obra pública, que beneficia, por certo, de modo especial, os imóveis lindeiros. Para tal caso o constituinte previu a contribuição de melhoria.

Neste sentido, já em 1972 o Supremo Tribunal Federal enfrentou o tema de uma contribuição de melhoria, apelidada de "taxa de construção e pavimentação", de Curitiba, entendendo o Plenário do Tribunal que "encobrindo a taxa em questão, por seus pressupostos, o fato gerador da *contribuição de melhoria*, regulado pela Lei Federal n. 854/49, não pode prevalecer o lançamento impugnado, por contravir às exigências de seu art. 3º"[113]. No referido julgado, foi decisivo o voto do Ministro Bilac Pinto, estudioso da matéria. De fato, de início, o Ministro Thompson Flores havia entendido que, por se tratar de uma taxa, não precisaria seguir os requisitos exigidos de uma contribuição de melhoria. Após a demonstração do Ministro Bilac Pinto de que, em verdade, ali se escondia uma contribuição de melhoria, a despeito de sua denominação, o próprio relator se viu convencido e o Plenário acompanhou, por unanimidade, aquele entendimento. Mais recente, mas no mesmo teor, cite-se decisão do Plenário concernente a "taxa de pavimentação asfáltica" do Município de Santo André, julgada inconstitucional pelo Plenário do Supremo Tribunal Federal, por ser "tributo que tem por fato gerador benefício resultante de obra pública, próprio de contribuição de melhoria", sem que tivessem sido observadas as "formalidades legais que constituem o pressuposto do lançamento dessa espécie tributária"[114]. Neste caso, o Ministro Ilmar Galvão, relator, apontou que "o lançamento da contribuição de melhoria pressupõe o preenchimento, pelo ente político credor, das formalidades estabelecidas nos arts. 5º e seguintes do DL n. 195/67", evidenciando, daí, frustrada a tentativa do Município de fugir daquelas exigências, confirmadas pelo Supremo Tribunal Federal. Citem-se as palavras do Ministro Ilmar Galvão:

113 STF, RE n. 71.010-PR, rel. Min. Thompson Flores, j. 09.03.1972, D.J. 10.05.1972.

114 CSTF, RE n. 140.779-4-SP, Tribunal Pleno, rel. Min. Ilmar Galvão, j. 02.08.1995, D.J. 08.09.1995.

O caráter teratológico dessa opção, todavia, é manifesto. Com efeito, diante do sistema tributário brasileiro, não há confundir-se taxa com contribuição de melhoria, já que esta tem por hipótese o benefício acarretado a imóvel, por obra pública, enquanto aquela incide sobre a utilização efetiva ou potencial de serviços públicos específicos e divisíveis, prestados ao contribuinte ou postos à sua disposição (art. 18, I e II, da EC 01/69 e art. 145, II e III, da CF/88). Assim sendo, inviável se torna a pretensa opção entre taxa e contribuição de melhoria.

O que se teve, no caso, foi lançamento, a título de taxa, de tributo que somente poderia ser exigido como contribuição de melhoria, já que inidentificável o serviço público específico e divisível, que houvesse sido prestado pela Municipalidade ao recorrido, ou posto à disposição deste.

E o que foi lançado como taxa não pode ser automaticamente transmudado, em contribuição de melhoria, à falta de observância dos pressupostos já mencionados.

4.9 Momento da publicação do edital

Um último ponto que poderia gerar alguma dúvida seria quanto ao momento em que deve ser publicado o edital previsto no art. 82 do Código Tributário Nacional: se o texto legal fala em "publicação prévia", não esclarece prévia a quê. Ou seja: seria a publicação prévia à obra ou prévia à cobrança?

Se prevalecer o texto do referido art. 82, parece mais acertado entender que seria prévia à obra. Afinal, a ideia de "memorial descritivo do projeto", ou "orçamento" implica inexistência da obra. Se esta está concluída, já não se publica um mero orçamento, mas um relatório. Ademais, fala a lei complementar em obra "a ser financiada", o que mais uma vez evidencia a ideia de que o edital em questão haveria de ser anterior à obra.

Não obstante, argumenta-se que somente após a conclusão da obra é que se saberia com precisão qual o seu custo, podendo-se avaliar, então, quanto acresceram de valor os imóveis beneficiados. Por isso, sustenta-se que a publicação deve anteceder a cobrança e não a realização da obra[115]. Foi este o entendimento do Supremo Tribunal Federal, quando o relator, Ministro Octavio Gallotti, entendeu que, desde que a lei específica tenha sido promulgada antes do início da realização da obra, o edital pode ser publicado mesmo depois de aquela ter sido encerrada, já que o "escopo do edital não é o de ensejar a impugnação da feitura da obra, mas o de possibilitar a contestação da exigência de incremento trazido ao valor do imóvel adjacente, e esse objetivo pode surtir efeito com a divulgação anterior à cobrança, mesmo posterior à conclusão da obra"[116].

Argumento interessante para tal tese, que se encontra em decisões do Superior Tribunal de Justiça, é o de que o Decreto-Lei n. 195/67, posterior ao Código Tributário Nacional, teria revogado a exigência de edital prévio à própria obra, bastando que o edital seja anterior à cobrança. Como na época as "normas gerais de Direito Tributário" ainda não tinham o *status* de lei complementar, nada obstaria que o referido Decreto-Lei modificasse aquele dispositivo[117].

---

115 Cf. CALMON, Eliana. Op. cit. (nota 85), p. 486.

116 STF, RE n. 107.500-7-PR, 1ª Turma, rel. Min. Octavio Gallotti, j. 21.03.1986, D.J. 25.04.1986.

117 Cf. JANCZESKI, Célio Armando. A controvertida contribuição de melhoria. *Revista Dialética de Direito Tributário*, n. 30, mar. 1998, p. 30-35 (34); STJ, REsp n. 89.791-SP, 2ª Turma, rel. Min. Ari Pargendler, j. 02.06.1998, D.J. 29.06.1998; STJ, REsp n. 143.996-SP, 2ª Turma, rel. Min. Francisco Peçanha Martins, j. 07.10.1999, D.J. 06.12.1999; STJ, REsp n. 143.998-SP, rel. Min. Castro Meira, j. 08.03.2005, D.J. 13.06.2005.

Desta forma, tem-se hoje que a lei deve ser prévia à obra; a cobrança deve ser precedida de edital, mas não se exige que este anteceda a própria obra.

4.10 Síntese da contribuição de melhoria

Em síntese: contribuições de melhoria são espécies de tributo, justificadas pelo princípio da equivalência, exigida dos proprietários de imóveis beneficiados por uma obra pública (nova), cujo limite individual, nos termos da legislação complementar em vigor, é a valorização do imóvel e cujo limite total é o custo da obra.

5 Impostos

Na classificação tripartite adotada pelo CTN, encontra-se, no art. 16, uma definição baseada na hipótese a ser escolhida pelo legislador para sua cobrança:

> Art. 16. Imposto é o tributo cuja obrigação tem por fato gerador uma situação independente de qualquer atividade estatal específica relativa ao contribuinte.

Por essa classificação, já se tem uma indicação, do legislador complementar, de que nas demais espécies que ele conhecia (ele somente conhecia impostos, taxas e contribuições de melhoria), a lei deveria prever, para sua cobrança, uma atividade estatal específica relativa ao contribuinte.

Daí por que por muito tempo a doutrina, baseada em financistas alemães do fim do século XIX, dizia haver apenas duas espécies de tributos: aqueles cuja hipótese tributária está vinculada a uma atividade estatal (por isso mesmo denominados *tributos vinculados*) e outros que não possuem tal vinculação (*tributos não vinculados*).

Se a hipótese legal para exigência dos impostos não é uma atividade estatal, então o que pode ela ser?

A adequada resposta exige que se conheça um pouco mais dos impostos. Impõe que se examine o art. 167, IV, da Constituição Federal, que, instituindo o denominado "princípio da não afetação", veda a afetação da receita decorrente dos impostos a qualquer órgão, fundo ou despesa (exceto aqueles previstos pela própria Constituição). Se a receita, via de regra, não é afetada a qualquer finalidade, tem-se, agora, uma segunda característica dos impostos: além de sua hipótese tributária independer de qualquer atividade estatal específica, também o produto de sua arrecadação não deveria ser atrelado: o recurso arrecadado com o imposto serve, em princípio, para cobrir as despesas gerais do ente tributante. A proibição do referido art. 167, IV, independe tanto da vontade do Poder Público quanto do contribuinte. Nesse sentido, entendeu o Plenário do Supremo Tribunal Federal ao julgar inconstitucional lei que instituiu programa de incentivos fiscais relativos a impostos, cujo produto arrecadado era, a critério do contribuinte, destinado a fins específicos[118]. Portanto, seja por vontade de quem tem a competência para instituir o imposto, seja pela dos contribuintes, é vedada a destinação da receita obtida.

É acertada, portanto, a afirmação de que a receita de impostos serve para cobrir despesas não imputáveis a determinados grupos. Não obstante, a noção corrente de que a característica dos impostos estaria em sua não destinação, exclusivamente, não pode ser confirmada diante do texto constitucional. Afinal, se é verdade que não se espera que os impostos tenham destinação, não há como negar que o mesmo art. 167, IV, da Constituição Federal admite diversas afetações de receitas de impostos. São, é certo, exceções. Entretanto, seu número não é desprezível e não pode ser ignorado. De todo modo, todas as afetações ali apontadas têm em comum o fato de se referirem a despesas de toda a coletividade. Ou seja: os impostos servem para cobrir as despesas de toda a coletividade, embora possa ser dada prioridade a algumas despesas gerais. São casos em que o constituinte afeta recursos orçamentários a finalidades prestigiadas.

Também as esdrúxulas contribuições de iluminação pública, previstas pelo art. 149-A da Constituição Federal, em nada se diferenciam dos impostos, senão por sua vinculação. Esta, entretanto, é de interesse de toda a coletividade. Daí a razão por que teria melhor andado o constituinte se as tivesse incluído entre os impostos municipais, meramente autorizando a afetação de sua receita. Não obstante, sua destinação fez com que o Plenário do Supremo Tribunal Federal as caracterizasse como "Tributo de caráter *sui generis* que não se confunde com um imposto"[119].

Vale mencionar que a afetação excepcional de receitas de impostos não é fenômeno que só ocorra no Brasil. Na Alemanha, já na segunda década do século passado se falava em impostos com finalidade ("*Zwecksteuern*")[120]. São exceções ao princípio da não afetação dos impostos, merecendo, daí, a crítica de que não deveriam ser "impostos com finalidade", mas antes mera "aplicação finalística de receitas tributárias ("*Zweckzuwendungen von Steuererträgen*")[121]. Por isso, melhor dizer "impostos afetados", dando ênfase na afetação de sua receita.

Não se pretende, com isso, dizer que os impostos não possam ter funções diversas da mera distribuição dos encargos públicos entre os integrantes da sociedade; como visto no Capítulo I, muitas vezes, normas tributárias relativas a impostos têm um caráter de intervenção sobre o Domínio Econômico. É a chamada "extrafiscalidade", fenômeno presente em todas as espécies tributárias.

5.1 A justificação dos impostos

O que fica claro, entretanto, é que existe uma justificativa (uma causa) para que se cobrem os impostos: a necessidade financeira do Estado[122], cuja responsabilidade não

118 STF, ADI n. 1750-3-DF, Tribunal Pleno, rel. Min. Eros Grau, j. 20.09.2006, D.J. 13.10.2006.

119 STF, RE n. 573.675-0-SC, Tribunal Pleno, rel. Min. Ricardo Lewandowski, j. 25.03.2009, D.J. 21.05.2009.

120 FRIEDRICHS, Karl. Zwecksteuern und Rücksichtssteuern. *Vierteljahresschrift für Steuer – und Finanzrecht*, ano 2, 1928, p. 621-635.

121 Cf. SCHMÖLDERS, Günter; STRICKRODT, Georg. Zwecksteuer. In: TRICKRODT, Georg, WÖHE, Günter et al. *Handwörterbuch des Steuerrechts und der Steuerwissenschaft*. 2. ed., vol. 2. München: Beck, 1981, p. 1680.

122 Além das justificativas extrafiscais acima mencionadas.

pode ser imputada a um contribuinte, ou a um grupo de contribuintes. Daí, pois, toda a coletividade ser chamada a contribuir para aquelas despesas gerais.

Neste ponto, vê-se que a teoria da equivalência, que servira para justificar a cobrança das taxas e das contribuições de melhoria, não pode justificar os impostos. Seu dilema era explicar que não houvesse uma correlação entre o montante pago a título de impostos e a contraprestação dada aos contribuintes. Se, de um ponto de vista macroeconômico, podia ser sustentado que o Estado do Imposto precisava de recursos financeiros para desempenhar suas funções e, nesse sentido, coerente era dizer que a causa da cobrança dos tributos era a necessidade de o Estado cumprir seu papel constitucional, a teoria da equivalência não parecia satisfatória para esclarecer por que razão um contribuinte com menor capacidade contributiva pagaria menos que o financeiramente mais abastado, se, afinal, não era certo que o último recebesse mais serviços do Estado.

Diante de tal dilema, dividia-se a doutrina causalista, uns entendendo que haveria tributos causais e não causais, outros insistindo na existência de uma causa para todo tributo.

Defendendo a existência de tributos causais e não causais, cita-se Blumenstein. Segundo o mestre suíço, o elemento causal se exprimiria de modo mais claro nos tributos com pronunciado caráter de equivalência, para os quais o tributo é devido como contraprestação por uma vantagem concedida ao sujeito passivo. Tais seriam os casos em que a pretensão tributária apenas surgiria a partir da prestação estatal, sejam os tributos de monopólio, ali existentes, sejam os tributos especiais (*Vorzugslasten*), devidos por vantagens especiais que o contribuinte aufere das instituições públicas. Ainda seria possível estender o raciocínio da equivalência para o tributo subrogatório (*Ersatzabgabe)*, devido porque o contribuinte – com ou contra sua vontade – se viu exonerado doutra obrigação de direito público que lhe seria imposta. A tais casos – considerados tributos causais – se oporiam, na opinião de Blumenstein, os impostos, cujo elemento característico estaria exatamente na sua falta de pressuposto, sendo o dever de pagá-los baseado exclusivamente na submissão do contribuinte ao poder soberano do Estado. É assim que Blumenstein concluía que os impostos estariam entre os tributos sem causa, ou, ainda mais claro, que o elemento característico do imposto é a falta da causa[123]. Importa esclarecer que em obra posterior, Blumenstein foi mais além, passando a negar qualquer relevância à teoria das causas em matéria tributária, que teria caráter filosófico e especulativo[124]. No mesmo sentido, Isensee afirma que o imposto é a única incidência coletiva entre os tributos. Assim, enquanto Isensee entende que qualquer outra espécie tributária necessita de uma justificativa especial, o imposto justifica-se já a partir da necessidade financeira geral do Estado[125]. Alessi também afirmava que, em regra, os tributos são *"una figura del tutto acausale"*, já que seu único fundamento seria o poder tributário, admitindo, entretanto, que existem *"tributi causali"*, para os quais o poder tributário deve ser fundamentado em uma situação substancial objeto de previsão por parte do legislador, apta a justificar socialmente a exigência dos tributos; seriam os tributos que se justificariam na vantagem econômica ao particular, como efeito de uma atividade da administração[126]. Deve-se notar, outrossim, que embora Alessi negasse, em

123 Cf. BLUMENSTEIN, Ernst. La causa nel Diritto Tributario Svizzero. *Rivista di Diritto Finanziario e Scienza delle Finanze.* Padova: CEDAM, 1939, p. 355-371.

124 Cf. BLUMENSTEIN, Ernst. *System des steuerrechts*. 4. ed. atualizada e revista por Peter Locher. Zürich: Schulthess Polygraphischer Verlag, 1992, p. 7.

125 Cf. ISENSEE, Josef. Op. cit. (nota 70), p. 441.

126 Cf. ALESSI, Renato. Parte generale – la funzione tributaria in generale. In: ALESSI, Renato; STAMMATI, Gaetano. *Istituzioni di Diritto Tributario.* Torino: Unione Tipografico-Editrice Torinese, [s.d.], p. 3-147 (35-37).

regra, o elemento causal, reconhecia que no plano abstrato o poder tributário se liga, sim, a um elemento causal, representado pela finalidade que o ente impositor tem em mira, que pode ser, genericamente, sua destinação a sustentar o próprio ente[127]. Ramón Valdés Costa também sustentava que somente se admitiria a causa como elemento constitutivo da relação jurídica no caso das taxas e contribuições especiais[128].

À ideia de falta de justificativa para os impostos contrapõe-se a visão de que a própria existência do Estado depende de meios financeiros; nesse sentido, justifica-se que se cobre de toda a coletividade.

Este ponto deve ser reforçado: se no caso das taxas e das contribuições de melhoria identificavam-se contribuintes a quem se podiam imputar, individualmente, determinados gastos estatais, uma série de gastos do governo não se imputam a um ou outro contribuinte, mas a toda a coletividade. Eis o espaço dos impostos: valor cobrado de toda a coletividade para cobrir gastos que não se imputam a um ou outro contribuinte, individualmente.

O raciocínio acima, que evidencia a existência de uma causa também para os impostos, formou-se a partir da "Escola de Pavia", liderada por Griziotti. Tendo, em seus primeiros estudos, adotado a teoria da equivalência, conforme acima explanada, definindo como causa a participação do contribuinte nas vantagens gerais e particulares decorrentes da atividade e da própria existência do Estado[129], dobrou-se ele a argumentos de Jarach[130], modificando sua teoria, para entender que imposto seria a contribuição exigida dos cidadãos pelo poder público para lograr fins coletivos indistintamente, donde se depreenderia que à prestação coletiva da sociedade corresponderia uma contraprestação do Estado à sociedade, sendo tal serviço a causa primeira do imposto.

Ao reconhecer a causa dos impostos nesses gastos coletivos, responde-se à pergunta: "por que cobrar impostos?". Estes ficam justificados, como visto, a partir das necessidades financeiras do Estado. É para isso que servem os impostos.

Entretanto, uma segunda pergunta surge: "por que cobrar impostos de determinados membros da coletividade e não de outros?". A pergunta é natural. Afinal, se o Estado atenderá à necessidade de toda a coletividade, então é de esperar que todos os seus membros participem. Como, então, justificar a repartição dos encargos? Essa pergunta levou ao desenvolvimento do princípio da capacidade contributiva como critério para a justa distribuição da carga dos impostos.

Reconhecendo serem os serviços gerais, não se podendo medir sua importância relativa para cada contribuinte, nem tampouco sendo possível medir quanto foi gasto em favor de cada contribuinte, a repartição se faz com base na riqueza. Daí o princípio da capacidade contributiva,

---

127 No original: *considerata sul piano astratto come potestà tributaria comlementare, la potestà tributaria appare sotto il profilo costituzionale come legata ad un elemento causale rappresentato dalla finalità tenuta di mira daall'Ente impositore: finalità che deve, sai pure genericamente, consistere nella destinazione al sostentamento delle spese dell'ente stesso.* Cf. ALESSI, Renato. Op. cit. (nota 125), p. 36.

128 Cf. COSTA, Ramón Valdés. Op. cit. (nota 43), p. 354.

129 Cf. GRIZIOTTI, Benvenuto. *L'imposition fiscale des étrangers*. Recueil des Cours. Académie de Droit International. Leiden: Cour International de Justice, 1926-III, p. 5-158.

130 Cf. JARACH, Dino. Op. cit. (nota 20), p. 109.

segundo o qual a posse (ou o consumo) de riqueza vem a ser a causa última e imediata do dever do súdito de pagar o imposto, ou seja, a causa que emerge da lei. Griziotti oferece uma ponte lógica entre a causa primeira (prestação estatal) e a causa última (capacidade contributiva), ao entender que o Estado é produtor de riquezas, com a organização de serviços públicos, porque estes diminuem os custos dos produtores individuais e aumentam o poder de aquisição do dinheiro gasto pelos consumidores. Assim, se os serviços estatais enriquecem produtores e contribuintes, torna-se possível utilizar tal enriquecimento como medida para a tributação. A capacidade contributiva aparece como causa para a cobrança de impostos[131]. O pensamento de Griziotti na chamada "Escola de Pavia" influenciou, dentre outros, Vanoni[132] e Jarach[133]. Na França, as ideias de Griziotti foram acolhidas por Trotabas, que também entendia aplicável o conceito de causa ao Direito Financeiro, quando se diz, a propósito do orçamento, que as despesas são a causa das receitas públicas ou, no caso dos impostos, que a atividade do contribuinte, a situação ou a natureza de um bem, ou, brevemente, a capacidade contributiva é a causa da imposição[134]. Na Alemanha, Bühler também se manifestava favorável à ideia de causa jurídica, buscada na *ratio legis*, como expressão da relação econômica entre Estado e cidadão, que está na base de e ocasiona uma imposição[135]. Entretanto, para Bühler a causa da imposição repousa na submissão do contribuinte ao Estado. Na Holanda, Adriani, após demorada revisão da doutrina de seu país, coloca-se a favor do entendimento da existência de uma causa, enquanto fundamento da escolha de uma hipótese tributária por parte do legislador, embora ressalve que no seu entendimento não existiria uma única causa para todos os impostos, sendo a capacidade contributiva a causa apenas dos impostos pessoais[136]. Na Espanha, J. L. Perez de Ayala e Eusebio Gonzalez viram o princípio da capacidade econômica "*como causa justa* de *cualquier impuesto, sin la que el impuesto no puede justificarse, no tiene razón de ser en Derecho, ni de hecho*"[137]. Na Argentina, Bielsa acatou a noção de que "*los actos del Estado deben tener su causa, que se objetiva en la norma. En ese sentido decimos que un impuesto no tiene causa si no está afectado a un fin público*"[138].

Deve-se notar que a justificativa acima exposta já indicava as ideias da teoria do benefício, divergindo, pois, da teoria da equivalência, que inspirara as taxas, visto que enquanto essa tinha uma ideia de prestação e contraprestação, daí exigindo uma racionalidade cartesiana, a teoria do benefício convive com o fato de que não há tal relação imediata, podendo o Estado prover vantagens aos particulares financiadas por recursos diversos dos tributários (receitas originárias), bem como sendo possível que o Estado desperdice parte dos recursos obtidos (e portanto os recursos pagos por um contribuinte determinado não sejam aplicados diretamente na prestação de

131 Cf. GRIZIOTTI, Benvenuto. Intorno al concetto di causa nel Diritto Fianziario. *Rivista di Diritto Finanziario e Scienza delle Finanze*. Padova: CEDAM, 1939, p. 372-385.

132 Cf. VANONI, Ezio. Op. cit. (nota 36).

133 Cf. JARACH, Dino. Op. cit. (nota 20), p. 108-113.

134 Cf. TROTABAS, Louis. L'applicazione della teoria della causa nel Diritto Finanziario. Fulvia Carena (trad.). *Rivista di Diritto Finanziario e Scienza delle Finanze*. Padova: CEDAM, 1937, p. 34-53 (42-44).

135 Cf. BÜHLER, Ottmar. La causa giuridica nel Diritto Tributario tedesco. *Rivista di Diritto Finanziario e Scienza delle Finanze*. Padova: CEDAM, 1939, p. 9-43 (24).

136 Cf. ADRIANI, P. J. A. La causa giuridica delle imposte nella dottrina e giurisprudenza olandese. *Rivista di Diritto Finanziario e Scienza delle Finanze*. vol. 5, parte 1. Padova: CEDAM (ca. 1940), p. 241-253.

137 Cf. AYALA, Jose Luis Perez de; GONZALEZ, Eusebio. *Curso de Derecho Tributario*. 5. ed., tomo 1. Madrid: Editorial de Derecho Financiero: Editoriales de Derecho Reunidas, 1989, p. 173; 177.

138 Cf. BIELSA, Rafael. *Los conceptos jurídicos y su terminologia*. 3. ed. aumentada. Buenos Aires: Depalma, 1993, p. 55.

serviços públicos). No lugar de cogitar custo dos serviços prestados, investiga a teoria do benefício, no caso dos impostos, quem mais frui da existência do Estado, para o que se utiliza a capacidade contributiva[139]. Conforme Jarach, o pensamento de Griziotti "*cierra el círculo de la evolución del derecho tributario, reeditando la identificación operada por Adam Smith entre el principio de la capacidad contributiva y el beneficio*"[140].

Observa-se, com Vanoni, na teoria do benefício, que seus defensores encontram no tributo um fenômeno econômico análogo a um contrato de parceria, por força do qual o particular concede ao Estado uma participação sobre os lucros do seu empreendimento individual como forma de compensar o gozo dos serviços que o Estado presta e aproveitam ao produtor. O preço da parceria, sendo fixado adrede, não toma por base o uso e a utilidade efetivos dos serviços públicos, mas os prováveis[141]. Na explicação de Bellstedt, a evolução para a teoria do benefício deu-se em virtude de não ser determinável se o Estado gastava mais ou menos para proteger os ricos, em relação aos seus gastos com os pobres; já a teoria do benefício, buscando as vantagens que fluíssem do Estado ao particular, permitiria com mais facilidade cobrarem-se mais tributos dos ricos, já que estes claramente seriam mais beneficiados[142]. Pomini também trata dessa teoria, mostrando que, enquanto a teoria tradicional buscava uma relação causal direta (equivalência), a moderna teoria contempla outras relações, que consideram capacidades contributivas nascidas de atividades do Estado que não se confundem com serviços públicos, como, por exemplo, o favorecimento aos importadores conforme a política aduaneira governamental[143].

Se, por um lado, a passagem da teoria da equivalência (aplicada às taxas) para o benefício pode, satisfatoriamente, explicar a razão da inexistência de proporção direta entre o montante pago e o benefício recebido, permanece ela questionável quando se tem em conta a existência de contribuintes que, por sua baixa capacidade contributiva, tornam-se isentos dos impostos, não obstante não se possa deixar de reconhecer que também eles gozam de prestações estatais[144]. Na mesma linha, lembra Vanoni que o Estado, além de oferecer segurança interna e externa, proteção à indústria, ao comércio, à agricultura etc., tende, ainda, pela sua atividade, a promover obras culturais, a socorrer indigentes e doentes, a favorecer a elevação moral e intelectual das classes inferiores etc.; em todas essas atividades, onde a função distributiva do Estado prevalece, não é possível a identificação de critérios sinalagmáticos, próprios da teoria do benefício[145]. Ademais, a teoria do benefício não permitiria, de qualquer modo, medir quantitativamente as vantagens individuais decorrentes da atividade estatal[146].

Finalmente, a ideia de escambo exigiria que o Estado obtivesse os meios para fazer frente às necessidades públicas que se apresentassem num determinado período de tempo, exclusivamente mediante ingressos tributários, ou seja, exclusivamente mediante ingressos obtidos de contribuintes atuais, de modo que a carga recaísse sobre aqueles que retirassem vantagem dos serviços públicos

139 Cf. MAFFEZZONI, Federico. Op. cit. (nota 56), p. 82.

140 Cf. JARACH, Dino. Op. cit. (nota 20), p. 128.

141 Cf. VANONI, Ezio. Op. cit. (nota 36), p. 56.

142 Cf. BELLSTEDT, Christoph. *Die Steuer als Instrument der Politik.* Berlin: Duncker & Humblot, 1966, p. 55.

143 Cf. POMINI, Renzo. Op. cit. (nota 59), p. 313.

144 Cf. TIPKE, Klaus. *Die Steuerrechtsordnung*. vol. 1. Köln: Otto Schmidt, 1993, p. 475.

145 Cf. VANONI, Ezio. Op. cit. (nota 36), p. 71.

146 Cf. BELLSTEDT, Christoph. Op. cit. (nota 142), p. 117; no mesmo sentido, cf. SELIGMAN, Edwin R. A. *Essays in taxation.* 10. ed. revisada. New York: The Macmillan Company, 1931 (reprints of Economic Classics. New York: Augustus M. Kelley, 1969), p. 336-338.

prestados naquele momento. Ocorre que o Estado também obtém meios de seu patrimônio (gerado a partir de sacrifício de gerações passadas) e de crédito (sacrifícios de gerações futuras)[147].

Por tais razões, assiste-se à afirmação de Rodi, para quem esta ideia de escambo foi superada e hoje, mesmo os que sustentam uma ideia de equivalência ou benefício, já não a veem no sentido de uma relação individual entre prestação e contraprestação, mas como uma equivalência geral, no sentido de uma valoração global entre prestações estatais e tributos[148]. O benefício se investiga, então, quando se indaga se o que a sociedade paga reverte para ela[149]; se não é possível determinar o valor individual dos serviços públicos, cabe ao legislador levar em conta a importância dos serviços para toda a sociedade[150].

Este paradoxo fez surgir, entre os causalistas, um segundo grupo, que se reuniu em torno da teoria do sacrifício. Esta teoria, segundo Rodi[151], Bellstedt[152] e Seligman[153], surge do utilitarismo e já era descrita por John Stuart Mill, que entendia que a igualdade da imposição significaria igualdade do sacrifício, no sentido de que cada qual deve ser chamado a colaborar com as despesas estatais, de modo que não seja nem mais nem menos atingido que outros. Na visão utilitarista, se os ricos têm maior capacidade contributiva que os pobres, podem eles pagar maior quantidade de tributos, já que a utilidade marginal da renda seria decrescente[154]. Assim a explica Conti: "Se duas pessoas têm rendas de R$ 1.000,00 e R$ 100.000,00, respectivamente, não lhes é imposto um igual sacrifício se de cada uma for retirada uma mesma quantia, como R$ 100,00, por exemplo. O primeiro contribuinte certamente sofrerá um maior sacrifício ao ceder 10% de sua renda, do que o segundo, que cederá apenas 0,1% da sua renda. Também não sofreriam um igual sacrifício se o imposto retirasse de cada um parcela proporcional dos seus rendimentos, como por exemplo 10%. O sacrifício do primeiro contribuinte, ao ceder R$ 100,00 de sua renda, permanecendo, portanto, com uma disponibilidade de R$ 900,00, certamente será mais elevado do que aquele sacrifício imposto ao segundo ao se retirar R$ 10.000,00 de sua renda, deixando-o com uma disponibilidade de R$ 90.000,00. O primeiro contribuinte estará cedendo ao Estado uma parte da sua renda que com toda certeza seria destinada a gastos com necessidades muito mais indispensáveis que as do segundo, o qual, após o imposto, será privado apenas de algumas necessidades supérfluas"[155]. Esta teoria tampouco fica ilesa de críticas, já que não é possível determinar o que seja um sacrifício equivalente[156].

Baseando-se em símile proposto por Griziotti, de que em toda associação, natural, voluntária ou coativa, a regra é que todos seus membros, enquanto participantes da atividade social, sejam chamados a contribuir, sendo que a obrigação de pagar pode ser independente da utilidade

---

147 Cf. VANONI, Ezio. Op. cit. (nota 36), p. 60.

148 Cf. RODI, Michael. *Die Rechtfertigung von Steuern als Verfassungsproblem: dargestellt am Beispiel der Gewerbesteuer*. München: Beck, 1994, p. 13.

149 Cf. FLUME, Werner. Besteuerung und Wirtschaftsordnung. *Steuerberater Jahrbuch*, anos 1973/74, p. 53-78 (58).

150 Cf. MAFFEZZONI, Federico. Op. cit. (nota 56), p. 49.

151 Cf. RODI, Michael. Op. cit. (nota 148), p. 15.

152 Cf. BELLSTEDT, Christoph. Op. cit. (nota 142), p. 125.

153 Cf. SELIGMAN, Edwin R. A. Op. cit. (nota 146), p. 338.

154 Cf. BELLSTEDT, Christoph. Op. cit. (nota 142), p. 129.

155 Cf. CONTI, José Maurício. *Princípios tributários da capacidade contributiva e da progressividade*. São Paulo: Dialética, 1996, p. 31-32.

156 Cf. FLUME, Werner. Op. cit. (nota 149), p. 62-63.

individualmente fruída, Vanoni explica que a situação seria a mesma em relação ao Estado. Este exerce uma atividade orientada no sentido da obtenção de determinados fins de interesse geral, cuja realização resolve-se em benefício da coletividade. Assim, todos os que tenham interesse na atividade deste teriam o dever de fazer frente aos encargos públicos. Neste sentido, a causa do tributo estaria na necessidade de uma organização estatal, como pressuposto do exercício das atividades daqueles que pertençam, por vínculos pessoais, econômicos ou sociais, ao Estado[157].

No mesmo sentido, o raciocínio de Rodi, para quem se o Estado do Imposto (*Steuerstaat*) "vive" dos impostos, renunciando a uma atividade econômica, a consequência seria sua legitimidade de cobrar os recursos necessários para sua sobrevivência[158]. É assim que parece acertada a observação de Flume, para quem o termo "teoria do sacrifício" não seria o mais adequado, já que não se trata de sacrifício o que o cidadão oferece ao Estado, mas de sua participação nos custos da existência social[159].

Paul Hugon explica que essa teoria "pôs em evidência que estes laços não são os que ligam o acionista a sua sociedade por ações, mas antes são constituídos pelos sentimentos de interesse geral que unem os homens de uma mesma nação pelos mesmos ideais, pelas mesmas necessidades superiores de cooperação, tendo em vista uma obra comum". Valendo-se de lição de Seligman[160], esclarece Hugon que, enquanto nas teorias sinalagmáticas a busca é pelo lucro particular, individual, daí se comparando o Estado a uma sociedade por ações, a teoria ora exposta compara-o a uma família, já que, "tal como numa família, a participação nos gastos não decorre do lucro obtido por seus respectivos membros, mas sim, sobretudo, duma *obrigação moral*, assim também a obrigação do contribuinte resulta da capacidade de concorrer o indivíduo com a sua quota para os encargos de sua coletividade"[161].

O tema das causas dos tributos foi retomado por Kirchhof, que desenvolveu teoria que combina elementos das teorias do sacrifício e do benefício. Da primeira teoria, Kirchhof percebe que os tributos se pagam para manter o Estado. Pondera que, à medida que o Estado fica distanciado, por força constitucional, da atividade econômica, assegurando-se o domínio individual sobre bens econômicos, o Estado apenas se pode financiar por meio de participação no sucesso econômico privado. Entretanto, em vez de daí concluir pela imediata aplicação da teoria do sacrifício, o autor vê daí uma relação direta entre a propriedade privada e a tributação. O tributo seria, então, a participação do Estado no sucesso do particular[162]. Na teoria de Kirchhof, quando alguém aufere renda, isso deve-se tanto a seu esforço pessoal quanto à existência do mercado (de nada adiantaria o esforço do agente, se inexistisse um mercado onde ele age). Daí por que o mercado, por meio do Estado, poderia receber sua parte. Assim, a justificativa (e causa) da tributação estaria no fato de que o Estado se financia através de sua participação no sucesso individual dos agentes privados[163]. Nota-se, nessa teoria, que o autor tem clara visão do Estado enquanto representante da coletividade, representando o tributo a parcela que o indivíduo entrega à última, pelo fato de esta ter oferecido condições para seu enriquecimento. Nesse ponto, revela-se que Kirchhof, a despeito de aparentemente iniciar seu raciocínio nos termos defendidos pela teoria do sacrifício, apenas retoma, com novos argumentos, a teoria do benefício.

---

157 Cf. VANONI, Ezio. Op. cit. (nota 36), p. 125-127.

158 Cf. RODI, Michael. Op. cit. (nota 148), p. 28.

159 Cf. FLUME, Werner. Op. cit. (nota 149), p. 64.

160 Cf. SELIGMAN, Edwin R. A. Op. cit. (nota 146), p. 338.

161 Cf. HUGON, Paul. *O imposto:* teoria moderna e principais sistemas – o Sistema Tributário brasileiro. 2. ed. Rio de Janeiro: Financeiras, 1951, p. 18.

162 Cf. KIRCHHOF, Paul. Die verfassungsrechtliche Rechtfertigung der Steuer. In: KIRCHHOF, Paul et al. *Steuern im Verfassungsstaat:* Symposium zu Ehren von Klaus Vogel aus Anlaß seines Geburtstags. München: Beck, 1996, p. 27-63 (32).

163 Cf. KIRCHHOF, Paul. Op. cit. (nota 162), p. 37; 44.

5.2 Impostos e capacidade contributiva

Vê-se da evolução das discussões sobre a justificação dos impostos que sua finalidade – cobrir as despesas gerais do Estado – acaba por explicar, igualmente, a razão para a sua distribuição entre os contribuintes. Se todos pagam as despesas gerais, não se deve esperar que todos o façam no mesmo montante. Elementaríssimos princípios de justiça afastam a ideia de que as despesas gerais do Estado sejam suportadas sem qualquer distinção em razão da situação econômica do contribuinte.

Se a República Federativa do Brasil tem por objetivo fundamental, à luz do art. 3º da Constituição Federal, a construção de uma "sociedade livre, justa e solidária, buscando erradicar a pobreza e a marginalização e reduzir as desigualdades sociais e regionais", é claro que o legislador, ao escolher quem suportará as despesas gerais do Estado, não deve aumentar tais desigualdades. Daí a ideia de que devem pagar os impostos aqueles que têm condições para tanto. É o *princípio da capacidade contributiva*, positivado no art. 145, § 1º, da Constituição Federal.

> A solidariedade se concretiza quando todos participam dos custos da existência social, na medida de sua capacidade. Retoma-se, assim, a capacidade contributiva, na teoria das causas, não como fundamento, em si, da tributação, mas como reflexo, em matéria tributária, dos valores da justiça e da solidariedade. É este, também, o entendimento de Helenilson Cunha Pontes: "é preciso reconhecer, no dever tributário, um novo fundamento e uma diferente dimensão, derivados da afirmação positiva do princípio da capacidade contributiva e de toda a carga normativa que tal princípio carrega. (...) Os valores 'solidariedade' e 'justiça', encarnados no princípio da capacidade contributiva, são fundamentais não somente para a compreensão desse princípio, como da própria relação jurídico-tributária. O princípio da capacidade contributiva permite um novo enfoque para a relação Estado (como sujeito ativo da relação jurídico-tributária) e indivíduo (como sujeito passivo daquela relação). (...) A busca de uma sociedade justa e solidária, fundamento do poder impositivo tributário, permite visualizar a imposição tributária não apenas do ponto de vista do Estado, como exercício de um poder constitucionalmente atribuído, sem qualquer conotação axiológica, mas também do ponto de vista dos sujeitos passivos, como dever de todos de concorrer para o financiamento das despesas públicas na medida de sua capacidade contributiva"[164].

5.2.1 Corolário: quais as hipóteses possíveis para a instituição de impostos

Daí concluir que, quando o legislador define uma hipótese para a exigência de impostos, deve buscar uma circunstância que possa servir para distinguir aqueles que podem daqueles que não podem suportar os gastos públicos. Mais tecnicamente: a hipótese tributária ("fato gerador") dos impostos deve ser uma manifestação de capacidade contributiva.

164 Cf. PONTES, Helenilson Cunha. *O princípio da proporcionalidade e o Direito Tributário*. São Paulo: Dialética, 2000, p. 105.

Desse modo, rejeita-se a ideia de uma hipótese tributária aplicável a um imposto que não possua conteúdo econômico: não faz sentido imaginar um imposto sobre cabelos longos ou sobre o uso de barba. É verdade que, na antiguidade, houve impostos que se cobravam com base no número de janelas de uma casa (e daí encontrarem construções antiquíssimas com poucas janelas, apesar do tamanho do imóvel), mas vale notar que as janelas, na época, eram um símbolo de ostentação de riqueza e, pois, um sinal de capacidade contributiva.

Assim, se hoje se cobra um imposto sobre a propriedade de veículos automotores, é porque, de um ponto objetivo (geral), quem tem um automóvel deve ter condições financeiras melhores que as de quem não o tem. Do mesmo modo, quem tem um automóvel de luxo deve ter maiores condições econômicas, se comparado àquele que tem um veículo popular.

Claro está que tal raciocínio, por seu caráter geral, logo é contestado: apontar-se-ão, aqui ou ali, uma pessoa rica que opta por não ter automóvel, de um lado e, de outro, aquele que possui um automóvel mas o adquiriu por financiamento, tendo uma dívida equivalente ao valor do automóvel. Para o legislador, isso é irrelevante: quem tem um automóvel, objetivamente, deve ter condições para tanto. Se uma pessoa não tem meios para pagar o imposto que aquela propriedade implica, vale o mesmo raciocínio daquele outro que não pode pagar o condomínio do imóvel onde habita: cabe-lhe escolher entre pagar os encargos da propriedade ou, se preferir, desfazer-se dela e viver de acordo com os seus meios. O que não se aceita é que alguém pretenda ostentar um padrão de vida e não assumir os encargos que esse exige.

O raciocínio é bastante simples, e o exemplo do condomínio é didático: se um morador não paga as contas de seu condomínio, seus vizinhos arcarão com aquilo que o inadimplente não paga. Os vizinhos têm todo o direito de esperar que aqueles que moram no imóvel dividam as despesas comuns. Se alguém não tem condições para tanto, é natural que se espere que se desfaça do imóvel, já que o futuro comprador haverá de ser alguém com condições de pagar o imposto que o inadimplente não assume.

Ou seja: na medida que se vive em sociedade, aqueles que ostentam capacidade contributiva, objetivamente ostentada, devem pagar o imposto respectivo.

Contra tal argumento, poder-se-á dizer, ainda mantendo o exemplo da propriedade do veículo automotor, que o critério é inaceitável, já que há pessoas com capacidade contributiva que não possuem automóveis.

Por isso é que, como visto no Capítulo I, não se aceita, modernamente, haja um imposto único: dada a complexidade da vida social, também o sistema tributário é complexo. Em síntese, aquele que não possui automóvel (e não paga o respectivo imposto) poderá ser alcançado pelo imposto sobre a renda, ou sobre heranças, e assim sucessivamente.

O próprio constituinte trata de arrolar, nos arts. 153, 155 e 156, fenômenos econômicos que, na sua opinião, servem como índices de capacidade contributiva. Enumerando-os, distribui-os entre União, Estados e Distrito Federal e Municípios. É necessário que assim o faça, já que os fenômenos ali apontados, por não se referirem a qualquer atividade imputada a um ente federal, poderiam, em princípio, ser objeto de impostos de mais de uma pessoa jurídica de Direito Público. Haveria, então, o risco de um excesso de exação, contrariando, mais uma vez, o princípio da capacidade contributiva. Daí que cada fato econômico pode ser objeto de um único imposto.

É certo que os arts. 153, 155 e 156 não esgotam as hipóteses que podem revelar capacidade contributiva. Por essa razão, o constituinte, no art. 154, admite que a União venha a instituir outros impostos, não previstos por ele próprio. Seria a denominada "competência residual da União". Esta, entretanto, depende da edição de uma lei complementar, além de o constituinte assegurar-se de que a União não se valerá dela para invadir competência reservada a outro ente federal. O tema da competência será examinado com mais vagar no Capítulo VI.

5.3 Síntese dos impostos

Em síntese: impostos são espécies tributárias cuja hipótese tributária presta-se a ser índice de capacidade contributiva (justificativa para a imposição), não se vinculando, pois, a atividade estatal; excetuados os casos previstos na Constituição Federal, a receita dos impostos não se afeta a qualquer órgão, fundo ou despesa, servindo, portanto, para cobrir os gastos gerais do ente tributante.

6 Empréstimo compulsório

Enquanto para o estudo das três espécies tributárias anteriores bastaria como critério diferenciador a hipótese tributária, a existência dos empréstimos compulsórios revela a importância da justificativa (causa) dos tributos, para a correta compreensão de seu contexto.

6.1 Enquadramento constitucional

Com efeito, ao ler o art. 148 da Constituição Federal, descobre-se que existe uma espécie tributária cuja competência é exclusiva da União e cuja instituição far-se-á por lei complementar. O constituinte nada diz acerca de qual a hipótese que o legislador poderá escolher para tal espécie, mas apenas a caracteriza por sua restituibilidade (daí ser um empréstimo), e por sua finalidade (calamidade pública, guerra externa ou sua iminência ou, ainda, investimento público de caráter urgente e de relevante interesse nacional). Eis o teor do referido artigo:

> Art. 148. A União, mediante lei complementar, poderá instituir empréstimos compulsórios:
>
> I – para atender a despesas extraordinárias, decorrentes de calamidade pública, de guerra externa ou sua iminência;
>
> II – no caso de investimento público de caráter urgente e de relevante interesse nacional, observado o disposto no art. 150, III, "b".
>
> Parágrafo único. A aplicação dos recursos provenientes de empréstimo compulsório será vinculada à despesa que fundamentou sua instituição.

6.2 A justificação é exigência para o empréstimo compulsório

Daí concluir que o empréstimo compulsório encontra sua justificação na necessidade de a União ser provida de recursos específicos para o atendimento de reclamos previstos pela própria Constituição.

Marco Aurélio Greco percebe este fenômeno como causa, ao se referir à "chamada *racionalidade das necessidades*, em que importante não é apenas o fim, mas em que a razão justificadora de determinada decisão, ou construção, é também uma necessidade". Fiel à causa localizada é a consequência interessante anotada por Greco: sendo a tônica "colocada na necessidade é que esta pode vir a ser satisfeita, o que poderá fazer com que desapareça a razão determinante daquela previsão (lei ou exigência) que, em tese, poderia ensejar o reconhecimento do 'esgotamento' da previsão normativa e consequente extinção da determinação, sem que fosse preciso ocorrer revogação expressa da respectiva previsão"[165].

Ou seja: o que possibilita a cobrança do empréstimo compulsório não é um fato concreto do contribuinte ou uma atividade do Estado, mas a necessidade do último. Se não houver mais esta necessidade, não há como cobrar o tributo.

Claro está que não se dispensa, para a exigência do empréstimo compulsório, que o legislador defina qual a situação em que surgirá a obrigação tributária. O que se afirma é que a previsão de uma hipótese tributária para o empréstimo compulsório pressupõe uma daquelas situações constitucionalmente previstas. Presente aquela necessidade estatal, o legislador complementar escolherá uma hipótese que identificará quem deve contribuir.

6.3 Empréstimo compulsório no Código Tributário Nacional

As tradicionais doutrinas dicotômica e tricotômica sustentavam a desnecessidade de se considerarem os empréstimos compulsórios uma espécie tributária à parte. Afinal, também eles têm uma hipótese tributária, a qual pode, ou não, ser vinculada a uma atividade estatal. Neste sentido, sendo irrelevante o destino do produto da arrecadação (art. 4º, II, do Código Tributário Nacional), ou o empréstimo compulsório se dobrará ao regime dos impostos, ou das taxas (ou contribuição de melhoria).

Parece ter sido esta, aliás, a linha que seguiu o próprio Código Tributário Nacional, já que, não obstante preveja apenas três espécies de tributos no seu art. 5º, não deixou de autorizar a União, no art. 15, a instituir empréstimos compulsórios, nas situações ali previstas. Neste sentido, os empréstimos compulsórios não teriam uma natureza própria.

Esta controvérsia origina-se do período anterior ao Código Tributário Nacional, quando se discutia sua natureza jurídica. Conforme relata Alcides Jorge Costa, distinguiram-se, no passado, quatro correntes: (i) misto de empréstimo e imposto; (ii) empréstimo; (iii) requisição; e (iv) imposto. E

165 Cf. GRECO, Marco Aurélio. *Contribuições (uma figura "sui generis")*. São Paulo: Dialética, 2000, p. 44-45.

escrevendo antes mesmo da entrada em vigor do Código Tributário Nacional, concluía tratar-se de um tributo; não lhe impressionava o fato de ser devolvido o produto da sua arrecadação, porque, "referindo-se esta ao produto da exação, é necessariamente posterior à conceituação do tributo e não elemento integrante desta"[166].

6.4 Empréstimo compulsório é espécie

O reconhecimento do empréstimo compulsório como espécie tributária, por outro lado, tem a virtude de permitir ao jurista, com respaldo no texto constitucional, rejeitar sua instituição se ausentes os requisitos exigidos pelo sistema. Tais requisitos são de ordem formal e material.

Formalmente, recusar-se-á a instituição de empréstimo compulsório se o veículo para sua introdução não for lei complementar. Do mesmo modo, apenas se aceitará o empréstimo compulsório instituído pela União.

De outra parte, haverá que ver se estão presentes as necessidades constitucionais do empréstimo compulsório. Sua relevância é material (já que ausentes as finalidades, não há que cobrar o empréstimo, cujos recursos – assim exige a Constituição – a elas se voltam com exclusividade). Repercute, entretanto, a necessidade no próprio aspecto formal já que, a depender de a necessidade do empréstimo compulsório se inserir no primeiro ou no segundo inciso do art. 148, exigir-se-á a observância da anterioridade do exercício financeiro para a sua cobrança.

6.5 Ausentes as hipóteses constitucionais, não há empréstimo compulsório

Ausente qualquer das necessidades do art. 148 da Constituição Federal, rejeita-se o empréstimo compulsório.

Descabe, portanto, o empréstimo compulsório voltado ao enxugamento da moeda em circulação. Esta necessidade estava entre aquelas arroladas pelo art. 15 do Código Tributário Nacional:

> *Art. 15. Somente a União, nos seguintes casos excepcionais, pode instituir empréstimos compulsórios:*
>
> *I – guerra externa, ou sua iminência;*
>
> *II – calamidade pública que exija auxílio federal impossível de atender com os recursos orçamentários disponíveis;*
>
> *III – conjuntura que exija a absorção temporária de poder aquisitivo.*
>
> *Parágrafo único. A lei fixará obrigatoriamente o prazo do empréstimo e as condições de seu resgate, observando, no que for aplicável, o disposto nesta Lei.*

166 Cf. COSTA, Alcides Jorge. Natureza jurídica dos empréstimos compulsórios. *Revista de Direito Administrativo*, n. 70, out./dez. 1962, p. 1-11 (10).

A hipótese do inciso III encontra paralelo no direito comparado, como dá notícia Krause-Ablass[167], ao noticiar a existência de um empréstimo compulsório conjuntural, cobrado como adicional ao Imposto de Renda alemão.

Não obstante o mérito da hipótese, o referido dispositivo não foi recepcionado pela Constituição de 1988, que limita as necessidades em que se edita um empréstimo compulsório. Necessário se faz, para a própria instituição do tributo, que se achem presentes as condições arroladas, taxativamente, nos incisos do art. 148.

Questão que merece maior reflexão é se a hipótese do inciso III não teria sido absorvida pela do inciso II, esta sim, prestigiada pela Constituição de 1988. Afinal, uma calamidade pública não surge apenas de fenômenos físicos. A história econômica recente revela os desatinos que podem surgir em virtude de grave crise econômica. Não parece despropositado, daí, afirmar que, se a conjuntura tomar as feições de vera calamidade pública, será possível o empréstimo compulsório. Entretanto, este não servirá para mera absorção temporária de recursos, mas sim para prover o governo federal de recursos para socorrer a situação calamitosa.

6.6 Falta de previsão das possíveis hipóteses tributárias

O silêncio do constituinte quanto às hipóteses que poderiam dar surgimento ao empréstimo compulsório não significa que, presentes as necessidades arroladas pelo art. 148 da Constituição Federal, *qualquer um* pode vir a ser chamado a contribuir. O raciocínio que acima se expôs acerca da justificação dos tributos assume, neste caso, redobrada importância. Importa saber para que servem os empréstimos compulsórios e, a partir daí, investigar qual a subespécie aplicável e quem pode ser seu contribuinte.

Afinal, o empréstimo compulsório, conforme a situação que dá ensejo a sua exigência, seja vinculado diretamente, vinculado indiretamente ou não vinculado, sujeita-o respectivamente a restrições acima apontadas para taxas, contribuições ou impostos.

Por óbvio, a guerra externa não há de esgotar a hipótese tributária, tampouco o fará o investimento ou a calamidade pública. Essas são circunstâncias necessárias, mas não suficientes para a exigência: indicam necessidade de recursos públicos a serem cobertos pelos empréstimos compulsórios; a hipótese tributária deverá incluir todos os elementos necessários e suficientes para o surgimento da obrigação tributária. Por isso, identificará quem será o contribuinte e em que situação (material, temporal e espacial) será pago o empréstimo compulsório.

Se a hipótese tributária do empréstimo compulsório incluir uma atividade estatal diretamente vinculada ao contribuinte ("fato gerador" próprio das taxas), não se há de cogitar seja sua base de cálculo diversa do custo razoável de tal atividade. O empréstimo compulsório será da subespécie das taxas. Difícil conceber uma tal hipótese, já que a própria ideia do empréstimo compulsório implica a absorção de recursos para atender

167 Cf. KRAUSE-ABLASS, Günter B. Zur Frage der Verfassungsmässigkeit des Konjunkturzuschlags. *Steuer und Wirtschaft*, ano 47, 1970, p. 707-722.

uma necessidade estatal; se os recursos forem utilizados para cobrir os gastos do Estado com o próprio serviço público ou poder de polícia, então nada restará para atender as necessidades previstas constitucionalmente.

Por outro lado, se o empréstimo compulsório for movido por uma necessidade de um investimento público, poderá o legislador complementar, à semelhança do raciocínio aplicado para as contribuições, investigar se há um grupo a quem possa ser imputado o investimento, levando em conta tal imputação na definição da hipótese tributária. Ter-se-á, no caso, subespécie de empréstimo compulsório com característica de contribuição.

Finalmente, tratando-se das hipóteses de calamidade pública ou guerra externa, parece que a mesma racionalidade que vale para os impostos estende-se ao empréstimo compulsório (na subespécie dos empréstimos compulsórios – impostos): sendo o gasto no interesse de todos, toda a coletividade deve ser chamada a contribuir, impondo-se, daí, em nome da solidariedade, que cada um contribua com o que pode. Em síntese: valerá, aqui, o princípio da capacidade contributiva, exigindo que a hipótese tributária do empréstimo compulsório inclua um índice de capacidade contributiva. Mais ainda: nesse caso, o empréstimo compulsório deverá incidir sobre situação que possa ser tributada pela União, sem invadir a competência dos Estados e Municípios (excetuado o caso de guerra externa, quando tais limitações podem ser superadas). Neste caso, será útil o raciocínio de que tais empréstimos compulsórios se dobram ao regime geral dos impostos, já que destes apenas se diferem por sua destinação, não pelos critérios material, espacial ou temporal de sua hipótese tributária. O tema será especialmente relevante quando se estudar o tema da competência tributária, quando se concluirá que a União não poderá, por meio de empréstimo compulsório, buscar hipótese reservada como índice de capacidade contributiva para os Estados e Municípios[168].

6.7 Síntese dos empréstimos compulsórios

Empréstimos compulsórios são espécies tributárias cujas hipóteses tributárias, incluindo elementos próprios dos impostos, taxas ou contribuições, implicam sua sujeição aos regimes jurídicos dos últimos, conforme a subespécie em questão; sua destinação, entretanto, aponta finalidade constitucionalmente prestigiada, cuja ausência impossibilita sua cobrança e cuja presença lhe confere regime jurídico formal próprio.

168 Cf. ARNDT, Hans-Wolfgang. *Steuern, Sonderabgaben und Zwangsanleihen*. Köln: Arbeitskreis für Steuerrecht, 1983, p. 45. Sob a égide da Emenda Constitucional 1/1969, expressou igual entendimento Fábio Fanucchi, para quem se o empréstimo compulsório é um tributo e está atribuído à competência da União, é necessário que a sua base de incidência se ajuste a um tributo atribuído à competência da União, sob pena de se dar o vício constitucional da invasão de competência. Cf. FANUCCHI, Fabio. O empréstimo compulsório sobre a gasolina. *Revista de Direito Tributário*, ano 2, n. 3, jan./mar. 1978, p. 153-156 (154).

7 Contribuições sociais

As contribuições sociais foram incluídas no sistema tributário nacional por meio do art. 149 da Constituição Federal, que dispõe sobre competência para instituí-las, em regra reservada para a União, embora o mesmo dispositivo assegure a possibilidade de outros entes federais instituírem tais contribuições, desde que, em tal caso, cobradas apenas de seus servidores, para custeio, em benefício destes, de regime previdenciário próprio.

7.1 Contribuições sociais como impostos com afetação

Do ponto de vista das circunstâncias para sua instituição, exclusivamente, não haveria razão para um estudo separado das contribuições sociais. Têm elas hipóteses tributárias próprias de impostos. O que as caracteriza e diferencia daquela espécie tributária é a sua afetação: são elas um instrumento de atuação da União na área social.

No estudo dos impostos, acima, já se mencionou a possibilidade excepcional de se afetarem as receitas dos impostos (*Zwecksteuern*), sem por isso se identificar uma espécie tributária à parte. Ali se viu que até mesmo uma esdrúxula "contribuição para o custeio da iluminação pública" foi inserida no ordenamento jurídico, apontando-se que ela em nada se distancia dos impostos, exceto por sua afetação.

Sob o mesmo prisma, também as contribuições sociais são impostos com afetação. Entretanto, a elas (ou melhor: à maior parte delas, às destinadas à seguridade social), como se verá abaixo, o constituinte reservou um regime jurídico próprio, o que justifica, para efeitos didáticos, seu estudo em separado.

Ressalva-se a hipótese das contribuições cobradas pela União, pelos Estados, pelo Distrito Federal ou pelos Municípios, de seus servidores, para o custeio, em benefício destes, de regime previdenciário próprio (art. 149, § 1º, da Constituição Federal). Daí a opção desta obra por classificá-las como contribuições especiais. Como se verá adiante, as contribuições especiais exigem a referibilidade, presente no caso das contribuições para custeio de regime próprio de previdência, mas não no das contribuições sociais.

É comum que a doutrina, no esforço de manter a classificação quinquipartite dos tributos, não reconheça nas contribuições sociais categoria própria, incluindo-as na mesma classe das contribuições. Contudo, ao fazê-lo, acaba por apontar para tantas características excepcionais que não disfarçam que, na verdade, tais contribuições não podem ser incluídas no mesmo grupo das demais. Assim, como será visto logo abaixo, a referibilidade, que é característica das contribuições especiais, não aparece nas contribuições sociais, o que faz com que se reconheça que "a solidariedade de grupo é ampliada a tal ponto que se descaracteriza como tal, confundindo-se com a solidariedade social"[169].

---

169 Cf. RIBEIRO, Ricardo Lodi. As contribuições parafiscais e a validação constitucional das espécies tributárias. *Revista Dialética de Direito Tributário*, n. 174, mar. 2010, p. 110; 120.

A natureza tributária das contribuições sociais – hoje pacificada por sua inclusão no capítulo da Constituição que versa sobre tributos – nem sempre foi tranquilamente acatada. No regime constitucional anterior, tais contribuições, originariamente tributárias, chegaram a ser deslocadas daquela categoria, por força da Emenda Constitucional n. 8, a qual distinguia os tributos e as contribuições sociais, como categorias diversas tratadas pelo Congresso Nacional.

Em erudito estudo, elaborado ainda no regime anterior, Brandão Machado[170] examinou as origens do emprego da expressão "contribuição" para se referir à ideia de imposto com destinação. Vale reproduzir, como forma de homenagem à excelência da pesquisa e à clareza que caracterizavam os estudos daquele jurista:

> *Para exprimir a ideia complexa de imposto com destinação especial, não dispunha, como ainda não dispõe, a linguagem técnica do nosso direito de vocábulo adequado e unívoco, fato que autorizou o legislador da reforma a utilizar expressão antiga que sempre traduziu a noção de imposto. De fato, a palavra contribuição, nesse sentido, tem longa tradição no direito português. Manoel Fernandes Thomaz menciona antigas contribuições: a contribuição criada para a jornada d'El-Rei pela Provisão de 13 de dezembro de 1612; a contribuição destinada a compor o dote da rainha da Grã-Bretanha, instituída pelo Alvará de 12 de julho de 66 (Repertório Geral das Leis Extravagantes do Reino de Portugal, Coimbra, 1815, tomo I, s.v. contribuição). O processualista Joaquim José Caetano Pereira e Sousa, no seu Esboço de um Dicionário Jurídico, Lisboa, 1827, tomo I, verbete contribuição, ensinava: "Em matéria de finanças, esta palavra se entende todo o gênero de imposição". E enumerava as contribuições decretadas pelo Rei: contribuição sobre a carne e o vinho, criada pela Carta Régia de 29 de novembro de 1674; a contribuição do tabaco, instituída pela Provisão de 13 de novembro de 1680; a contribuição para o casamento de D. Isabel, estabelecida pela Provisão de 15 de março de 1681; a contribuição para a construção das estradas do Alto Douro, criada pelo Alvará de 23 de março de 1802, e outras. Como sinônimo de imposto sobre rendas, a palavra contribuição foi utilizada pelo Alvará de 9 de maio de 1654 (Coleção de Legislação Fiscal, Coimbra, 1878, p. 251). Foram criadas em Portugal no século passado as contribuições predial, pelo Decreto de 31 de dezembro de 1852, industrial, pela Lei de 30 de julho de 1860, e de registro, pelo Decreto de 19 de abril de 1832. No atual sistema tributário português há uma contribuição predial (Imposto de Renda sobre aluguéis) e contribuição industrial (Imposto de Renda sobre lucro de indústrias) (Assis Tavares, Curso de Fiscalidade da Empresa, Lisboa, 1982, p. 287).*
>
> *10. No Brasil Império usou-se também contribuição como sinônimo de imposto. Na Constituição imperial de 1824 lê-se: "Art. 15. É da atribuição da assembleia geral:... X – fixar anualmente as despesas públicas e repartir a contribuição direta". E mais adiante: "Art. 171. Todas as contribuições diretas... serão anualmente estabelecidas pela assembleia geral". Na Lei n. 70, de 22 de outubro de 1836, que fixou o orçamento para 1837-1838, estabeleceu uma contribuição sobre o couro para consumo (art. 8, n. 1). Na mesma lei orçamentária vem consignada também uma contribuição para o montepio (art. 14, item 22), que se consignou nos orçamentos posteriores, até 1853. Em 1843, a Lei n. 317, de 21 de outubro, criou a contribuição extraordinária incidente sobre os vencimentos recebidos dos cofres públicos. Foi a primeira lei brasileira sobre Imposto de Renda. (...)*

---

170 Cf. MACHADO, Brandão. São tributos as contribuições sociais? In: NOGUEIRA, Ruy Barbosa (coord.). *Direito Tributário atual*. vols. 7/8. São Paulo: IBDT; Resenha Tributária, 1987-1988, p. 1815; 1843-1845.

A erudição do doutrinador revela que a expressão "contribuição", usada para o gênero dos impostos com destinação específica, não contraria a história de nosso sistema tributário, que de há muito tolerava o emprego de tal vocábulo, na falta de um próprio.

7.1.1 Afetação dos recursos das contribuições sociais

Os recursos arrecadados com as contribuições sociais são voltados à atuação social da União. Ou seja: existe afetação da receita das contribuições sociais aos gastos relacionados à Ordem Social.

A identificação desta atuação pode ser encontrada a partir do art. 193 da Constituição Federal, que versa sobre a "ordem social", ali incluindo os seguintes itens: (i) seguridade social (saúde, previdência social e assistência social), (ii) educação, cultura e desporto, (iii) ciência e tecnologia, (iv) comunicação social, (v) meio ambiente, (vi) família, criança, adolescente e idoso e (vii) índios.

Dentre todos os campos inseridos na Ordem Social, a Constituição Federal escolheu alguns para os quais previu especificamente a instituição de contribuições sociais: a seguridade social (art. 195), seguro-desemprego (art. 239) e a educação (art. 212, § 5º).

Não existem, no momento, contribuições sociais para as demais áreas de atuação da União na Ordem Social, e não é pacífico que sua instituição seja possível.

O texto constitucional é silente a esse respeito, o que poderia dar sustento à tese da possibilidade; por outro lado, o fato de o constituinte ter cogitado três hipóteses de contribuições sociais parece argumento forte para que se diga que não seriam admitidas outras contribuições.

Parece relevante firmar, desde já, entendimento no sentido de que eventual contribuição social inominada, se criada, não poderá ter por base situação que não se inclua na competência da União concernente aos impostos. A esse tema se tornará no Capítulo VI; para este momento, basta mencionar que não seria tolerável que a União, para satisfazer seus gastos na área social, invadisse manifestação de capacidade contributiva reservada pelo constituinte para que os Estados, Distrito Federal e Municípios possam instituir seus impostos.

7.1.2 Justificação das contribuições sociais

A justificativa das contribuições sociais é imediata: servem elas para atender aos reclamos da Ordem Social. Tal como se disse acerca dos impostos, também a elas parece aplicável o Princípio da Solidariedade.

A aplicação do Princípio da Solidariedade às contribuições sociais se vê reforçada quando se lê, no caso das contribuições à seguridade social, o *caput* do art. 195 da Constituição Federal, o qual afirma que a "seguridade social será financiada por toda a sociedade". Se toda a sociedade financia a seguridade social, ressurge a ideia de que cada qual pagará na medida de sua capacidade contributiva.

Constata-se, a partir daí, a razão para que se destaquem as contribuições sociais: embora se use o vocábulo "contribuição", elas nada têm a ver com as "contribuições propriamente ditas" de que tratava a doutrina clássica, já que elas não concernem a uma atividade estatal indiretamente referida ao contribuinte.

Não obstante, o próprio Supremo Tribunal Federal, quando do exame da constitucionalidade de uma contribuição cobrada de inativos, entendeu que a contribuição social não poderia ser cobrada de quem nada aufere com seu emprego.

A decisão, se vista fora de seu contexto, pode levar a que se critique o entendimento que ora expomos. Afinal, a seguridade social – como visto – é mantida por toda a sociedade (universalidade), não apenas por quem dela pode vir a fruir benefício futuro. Não parece ter esse aspecto sido levado em conta, como se verifica no seguinte trecho da ementa da decisão do Supremo Tribunal Federal:

> *O REGIME CONTRIBUTIVO É, POR ESSÊNCIA, UM REGIME DE CARÁTER EMINENTEMENTE RETRIBUTIVO. A QUESTÃO DO EQUILÍBRIO ATUARIAL (CF, ART. 195, § 5º). CONTRIBUIÇÃO DE SEGURIDADE SOCIAL SOBRE PENSÕES E PROVENTOS. AUSÊNCIA DE CAUSA SUFICIENTE.*
> *Sem causa suficiente, não se justifica a instituição (ou a majoração) da contribuição de seguridade social, pois, no regime de previdência de caráter contributivo, deve haver, necessariamente, correlação entre custo e benefício.*
> *A existência de estrita vinculação causal entre contribuição e benefício põe em evidência a correção da fórmula segundo a qual não pode haver contribuição sem benefício, nem benefício sem contribuição. Doutrina. Precedente do STF*[171].

Conquanto mereça encômios o fato de o Plenário do Supremo Tribunal Federal ter acolhido a ideia de busca de uma causa (justificação) para um tributo, a ementa parece indicar que o Supremo Tribunal Federal não teria percebido a mudança do *status* das contribuições sociais a partir de 1988. Efetivamente, até então era possível falar em benefício, já que o regime de previdência tinha um caráter retributivo (quem participava das contribuições também teria direito a seus benefícios); com a universalização da previdência e da assistência social, desapareceu essa vinculação, esperando-se que toda a sociedade contribua com aquele sistema. Foi o que esclareceu o Ministro Nelson Jobim, no mesmo julgamento:

> *Daí por que não posso referendar passagens lidas por V. Exa., de alguns doutrinadores, no sentido de que estaria o servidor ativo, ao ser descontada a contribuição social, adquirindo o direito à aposentadoria. Não. Isso seria legítimo se o sistema fosse de capitalização. Trata-se de um sistema de repartição simples, portanto, não é o que se passa; são gerações que financiam gerações futuras e estas financiam gerações passadas. Este é o sistema que se estabelece.*

Para que se possa compatibilizar a decisão acima com o sistema de 1988, deve-se ter em conta que o acórdão em questão versava sobre servidores públicos. Ora, *exclusivamente no caso de funcionários públicos*, o constituinte chegou a admitir que Estados, Distrito Federal e Municípios criassem sistemas próprios de contribuição social, voltada exclusivamente para seus servidores. Há, *nesse caso*, aquele caráter retributivo, e, por isso mesmo, são classificadas como contribuições especiais. Poderia ser argumentado que, se os servidores locais têm um regime próprio de previdência, igual raciocínio se aplicaria aos servidores federais.

Tal raciocínio desconsidera, entretanto, que não existe um fundo separado para os gastos da previdência dos servidores públicos. São encargos da previdência social, como o são a aposentadoria dos trabalhadores do setor privado; é ainda a previdência social que arca com gastos relacionados a pessoas que jamais contribuíram, como alguns trabalhadores rurais. Em síntese: a decisão acima citada desconsidera o regime universal da previdência federal.

Cabe anotar que, desde a Emenda Constitucional n. 103, de 2019, o texto constitucional passou a prever expressamente a possibilidade de a União instituir contribuições para custeio de regime próprio de previdência social, cobradas de seus servidores ativos, aposentados e pensionistas

171 STF, ADI n. 2.010 (Medida Cautelar), Tribunal Pleno, rel. Min. Celso de Mello, j. 30.09.1999, D.J.U. 12.04.2002.

(art. 149, § 1º). Até então, as contribuições para custeio de regime próprio de previdência social eram previstas apenas para Estados, Distrito Federal e Municípios. Como dito (e adiante mais bem explorado), tais contribuições têm natureza de contribuição especial, por conta da referibilidade que lhes é inerente.

7.1.3 Crescimento da importância das contribuições sociais

As contribuições sociais têm crescido muito em importância nas contas do Governo Federal. Há uma explicação imediata para tanto: enquanto as contribuições sociais destinam-se integralmente às atividades da União, a receita dos impostos arrecadados pela União é repartida com Estados, Distrito Federal e Municípios (v. art. 159 da Constituição Federal).

Ou seja: se a União necessita de R$ 1,00 de receita, precisa aumentar seus impostos em cerca de R$ 2,00, ou, alternativamente, aumentar uma contribuição social no R$ 1,00 original. É evidente que o legislador federal não tem estímulo para suportar o desgaste político do aumento exagerado dos impostos se não terá a receita correspondente. Daí não ser de estranhar a importância que hoje se dá a contribuições como PIS, COFINS e a própria contribuição social sobre o lucro.

A disciplina jurídica das contribuições sociais encontra-se, em termos gerais, no art. 149; para aquelas destinadas à seguridade social, deve-se considerar o seu art. 195. É a existência desse dispositivo que justifica – como já dito acima – o estudo em separado das contribuições sociais, haja vista o regime jurídico particular que o constituinte lhes reservou.

7.2 Regime geral das contribuições sociais: art. 149 da Constituição

O art. 149, inserindo as contribuições entre os tributos de competência da União, versa tanto sobre as contribuições sociais, quanto sobre as contribuições especiais, que serão estudadas abaixo. O *caput* do referido art. assim se lê:

> Art. 149. Compete exclusivamente à União instituir contribuições sociais, de intervenção no Domínio Econômico e de interesse das categorias profissionais ou econômicas, como instrumento de sua atuação nas respectivas áreas, observado o disposto nos arts. 146, III, e 150, I e III, e sem prejuízo do previsto no art. 195, § 6º, relativamente às contribuições a que alude o dispositivo.

A alusão ao art. 146, III, é para que não se ponha em dúvida que às contribuições (tanto sociais quanto especiais) se aplicam as normas gerais em matéria de legislação tributária, previstas em lei complementar.

7.2.1 Contribuições sociais e o Código Tributário Nacional

A lei complementar que institui tais normas gerais é o Código Tributário Nacional. Assim, pela remissão feita pelo art. 149 da Constituição Federal ao art. 146, conclui-se que o Código Tributário Nacional se estende às contribuições sociais e especiais.

Este tema foi relevante quando o Supremo Tribunal Federal examinou a questão da prescrição e decadência em matéria de contribuições sociais. A Lei n. 8.212/1991 previra, em seus arts. 45 e 46, o prazo de 10 anos para que se efetuasse o lançamento daquelas contribuições. Este prazo era o dobro daquele previsto pelo art. 173 do Código Tributário Nacional. Daí que se as contribuições sociais se submetessem ao regime geral dos tributos, inclusive ao Código Tributário Nacional, não poderia prevalecer o prazo previsto na lei ordinária, por ultrapassar aquele da lei complementar. A posição do Supremo, hoje pacificada pela Súmula Vinculante 8[172], foi no sentido da aplicação do Código Tributário Nacional à matéria. O seguinte Acórdão Unânime da 1ª Turma do Superior Tribunal de Justiça resume a matéria[173]:

Ementa

PROCESSUAL CIVIL. AGRAVO REGIMENTAL RECEBIDO COMO EMBARGOS DE DECLARAÇÃO. FUNGIBILIDADE RECURSAL. EXECUÇÃO FISCAL. ERRO MATERIAL. CONTRIBUIÇÕES SOCIAIS DESTINADAS AO CUSTEIO DA SEGURIDADE SOCIAL.

TRIBUTO SUJEITO A LANÇAMENTO POR HOMOLOGAÇÃO. CONSTITUIÇÃO DO CRÉDITO TRIBUTÁRIO. PRAZO DECADENCIAL QUINQUENAL. ART. 150, § 4º E 173, DO CTN. ARTIGOS 195 E 146, III, "B", DA CF/88.INCONSTITUCIONALIDADE DO ART. 46 DA LEI 8.212/91. RECENTE SÚMULA VINCULANTE N. 08, DO E. STF.

1. O reconhecimento da natureza tributária das contribuições sociais pela Constituição Federal de 1988 (art. 195) implicou sua submissão à regra inserta no art. 146, III, "b", que exige a edição de lei complementar para estabelecer normas gerais sobre decadência e prescrição tributárias.

2. Inteligência da recente Súmula Vinculante n. 08, do E. STF, *verbis*: "São inconstitucionais o parágrafo único do art. 5º do Decreto-lei 1569/77 e os arts. 45 e 46 da Lei 8.212/91, que tratam de prescrição e decadência de crédito tributário".

3. Consequentemente, encontra-se eivado de inconstitucionalidade formal o art. 45, da Lei 8.212/91, que contraria o disposto nos arts. 173, e 150, § 4º, ambos do Codex Tributário (recepcionado como lei complementar pela CF/88), que preveem prazo quinquenal para a constituição do crédito tributário.

4. Já está sedimentado nesta C. Corte que a matéria disciplinada no art. 45 da Lei 8.212/91 (com consequências em seu art. 46) somente poderia ser tratada por lei complementar, e não por lei ordinária, razão pela qual tal dispositivo foi declarado inconstitucional pela Corte Especial deste Superior Tribunal de Justiça, a saber:

"CONSTITUCIONAL, PROCESSUAL CIVIL E TRIBUTÁRIO. INCIDENTE DE INCONSTITUCIONALIDADE DO ARTIGO 45 DA LEI 8.212, DE 1991. OFENSA AO ART. 146, III, 'B', DA CONSTITUIÇÃO. 1. As Contribuições sociais, inclusive as destinadas a financiar a seguridade social (CF, art. 195), têm, no regime da Constituição de 1988, natureza tributária. Por isso mesmo, aplica-se também a elas o disposto no art. 146, III, 'b', da Constituição, segundo o qual cabe à lei complementar dispor sobre normas gerais em matéria de prescrição e decadência tributárias, compreendida nessa cláusula inclusive a fixação dos respectivos prazos. Consequentemente, padece de inconstitucionalidade formal o art. 45 da Lei 8.212, de 1991, que fixou em dez anos o prazo de decadência para o lançamento das Contribuições sociais

172 STF, Súmula Vinculante n. 8: "São inconstitucionais o parágrafo único do art. 5º do Decreto-lei n. 1.569/1977 e os arts. 45 e 46 da Lei n. 8.212/1991, que tratam de prescrição e decadência de crédito tributário", aprovada em Sessão Plenária de 12.06.2008, D.J. 20.06.2008.

173 STJ, AgRg no AI n. 973.807-SC, 1ª Turma, rel. Min. Luiz Fux, j. 14.10.2008, D.J. 03.11.2008.

devidas à Previdência Social" (AI no REsp 616348/MG, Rel. Ministro Teori Albino Zavascki, Corte Especial, julgado em 15.08.2007, D.J. 15.10.2007).

5. O lançamento de ofício supletivo pode ser realizado pelo sujeito ativo desde a ocorrência do fato jurídico tributário, sendo certo que é do primeiro dia do exercício financeiro seguinte ao nascimento da obrigação tributária que se conta o prazo decadencial para a constituição do crédito, na hipótese, entre outras, da não ocorrência do pagamento antecipado de tributo sujeito a lançamento por homologação (art. 149 c/c 173, I, do CTN), não se revelando aplicável o marco prescrito no art. 150, § 4º, do Codex Tributário, ante a ausência de ato do contribuinte a ser revisto ou homologado.

6. Exegese que se coaduna com o *dies a quo* prescrito no art. 45, I, da Lei 8.212/91.

7. *In casu*, a constituição dos créditos tributários ocorreu com a entrega da DCTF em 12/05/99 e 13/08/99. Considerando-se a ocorrência do último fato gerador, conta-se da data da entrega do documento de formalização do crédito tributário pelo próprio contribuinte (DCTF, GIA, etc.) o prazo quinquenal para o Fisco acioná-lo judicialmente, nos casos do tributos sujeitos a lançamento por homologação, em que não houve o pagamento antecipado (inexistindo valor a ser homologado, portanto), nem quaisquer das causas suspensivas da exigibilidade do crédito ou interruptivas do prazo prescricional (Precedentes das Turmas de Direito Público: EDcl no AgRg no REsp 859.597/PE, Primeira Turma, publicado no D.J. de 01.02.2007; REsp 567.737/SP, Segunda Turma, publicado no D.J. de 04.12.2006; REsp 851.410/RS, Segunda Turma, publicado no D.J. de 28.09.2006; e REsp 500.191/SP, desta relatoria, Primeira Turma, publicado no D.J. de 23.06.2003). No caso, o prazo quinquenal para o Fisco acioná-lo judicialmente expirou em 13.08.2004.

8. Incidência do enunciado sumular n. 83 deste Superior Tribunal de Justiça, *verbis*: "Não se conhece do recurso especial pela divergência, quando a orientação do Tribunal se firmou no mesmo sentido da decisão recorrida".

9. Agravo Regimental recebido como Embargos de Declaração e parcialmente acolhidos somente para sanar a omissão, nos termos da fundamentação, mantendo, no mais, a decisão agravada.

7.2.2 Outros desdobramentos do artigo 149 da Constituição Federal

É no art. 149 que se prevê, por exemplo, uma imunidade para as exportações (Capítulo IX), bem como restrições quanto à base de cálculo possível (o art. 149, § 2º, III, da Constituição Federal, assegura que as contribuições sociais com alíquotas *ad valorem* tenham por base de cálculo "o faturamento, a receita bruta ou o valor da operação e, no caso de importação, o valor aduaneiro").

Contudo, o Supremo Tribunal Federal julgou que as possíveis bases de cálculo referidas pelo art. 149, § 2º, III não são exaustivas. Na visão do Tribunal (merecedora de severa crítica), o emprego, pelo art. 149, § 2º, III, da expressão "poderão ter alíquotas" evidenciaria tratar-se de elenco exemplificativo[174]. Portanto, nos termos da atual jurisprudência do Supremo Tribunal Federal, outras grandezas, além daquelas listadas pelo constituinte, poderiam servir de base de cálculo para as contribuições sociais.

174 STF, RE 603.624/SC, Tribunal Pleno, redator p/ acórdão Min. Alexandre de Moraes, j. 23.09.2020.

7.3 Contribuições sociais: o regime das contribuições destinadas à seguridade social

Se o art. 149 se aplica a todas as contribuições sociais, outro dispositivo constitucional tem importância quando a contribuição social é destinada à seguridade social: o art. 195 volta a discipliná-las, definindo possíveis contribuintes (empregador, empresa ou equiparados; trabalhador e outros segurados da previdência social; ganhadores de concursos de prognósticos e importadores). O mesmo artigo chega a apontar as grandezas que servirão para medir as contribuições dos empregadores e assemelhados, as quais haverão de ser compreendidas no contexto daquelas apontadas pelo art. 149. Em síntese, o art. 195 traz tantas particularidades concernentes ao tratamento jurídico de tais contribuições que seu estudo apartado se justifica por um regime jurídico próprio.

Assim, por exemplo, a folha de salários e demais rendimentos do trabalho pagos ou creditados à pessoa física que lhe preste serviço há de ser entendida como o "valor da operação" a que se refere o art. 149, o que leva ao entendimento de que a hipótese tributária das aludidas contribuições será a seguinte operação: pagar salários e demais rendimentos, a qualquer título, à pessoa física que lhe preste serviço, mesmo sem vínculo empregatício.

Embora obviamente todos os dispositivos do art. 195 sejam relevantes, merece nota o seu § 4º, que admite que se criem novas fontes à seguridade social. Ou seja: além daqueles casos em que o próprio constituinte previu a materialidade, outras podem ser acrescidas. Para tais casos, vale notar que o mesmo dispositivo faz referência expressa ao art. 154, I, da Constituição, o que implica que as novas fontes deverão ser criadas por lei complementar. Ademais, à luz do já citado § 3º do art. 149, suas bases de cálculo ficam limitadas ao valor da operação, à receita bruta ou ao faturamento.

Também o § 7º chama a atenção, ao retirar da tributação as entidades de assistência social. É caso de imunidade, que será estudada no Capítulo IX. Não é demais insistir no fato de que este dispositivo apenas se aplica às contribuições sociais a que se refere o próprio art. 195, i.e., àquelas destinadas à seguridade social.

7.4 Outras contribuições sociais

O art. 149 da Constituição Federal não é matriz apenas para as contribuições sociais destinadas à seguridade social. Admite, genericamente, a instituição de contribuições sociais como instrumento de atuação da União naquela área. Como a atuação social da União não se limita à seguridade social, tampouco se limitam as contribuições sociais àquelas arroladas no art. 195 do texto constitucional.

Assim, no art. 212, § 5º, prevê-se que "a educação básica pública terá como fonte adicional de financiamento a contribuição social do salário-educação, recolhida pelas empresas na forma da lei". Vê-se, assim, a definição do salário-educação como espécie de contribuição social, cujos contribuintes devem ser empresas e cuja destinação não é a seguridade social, mas a educação básica pública.

O art. 240 da Constituição Federal preservou as "contribuições compulsórias dos empregadores sobre a folha de salários, destinadas às entidades privadas de serviço social e de formação profissional vinculadas ao sistema sindical". São as contribuições do chamado "Sistema S" (Sesc – Serviço Social do Comércio; Senac – Serviço Nacional de Aprendizagem do Comércio; Senar – Serviço Nacional de Aprendizagem Rural; Sesi – Serviço Social da Indústria; Senai – Serviço Nacional de Aprendizagem Industrial; Sescoop – Serviço Nacional de Aprendizagem do Cooperativismo; Sest – Serviço Social de Transporte; Senat – Serviço Nacional de Aprendizagem do Transporte)[175]. Com relação a tais contribuições, conquanto classificadas como sociais (por sua finalidade), a referibilidade que lhes é inerente permite que sejam incluídas entre as contribuições especiais, que serão vistas abaixo.

Conforme já exposto acima, outras contribuições sociais gerais, se admitidas, haverão de se limitar a alcançar as manifestações de capacidade contributiva que não tenham sido atribuídas a outras pessoas jurídicas de Direito Público.

7.5 Desvinculação de parte dos recursos

Questão tormentosa é a da desvinculação de parte dos recursos das contribuições sociais, por meio de emenda constitucional. Afinal, se as contribuições sociais se distinguem dos impostos por conta de sua destinação, parece imediato que, se sua destinação é desvirtuada, já não mais se pode falar em contribuição social, mas em imposto. Se assim é, o seu regime jurídico passa a ser dos impostos, não das contribuições sociais.

O tema ganha relevância, já que aos impostos se aplicam limitações que vão desde a repartição de competências até a observância de imunidades ou da anterioridade do calendário. Se essas limitações constituem cláusula pétrea, à luz do art. 60, § 4º, IV, da Constituição Federal, então nem mesmo uma Emenda Constitucional poderia afastá-las.

Não obstante, quando o tema foi examinado pelo Supremo Tribunal Federal, este aspecto acabou por ser desprezado, entendendo a Segunda Turma do Supremo Tribunal Federal que "nada impede que a Emenda Constitucional estatua desvinculação de receitas, como fizeram as Emendas Constitucionais n. 27/2000 e 42/2003"[176].

Tal decisão merece crítica. Afinal, como se verá no Capítulo VII, o Supremo Tribunal Federal já havia, quando do exame da Emenda Constitucional n. 3, firmado o entendimento de que os princípios constitucionais em matéria tributária são cláusulas pétreas, não admitindo que nem mesmo por Emendas Constitucionais fossem eles feridos. Ora, se a União pode desvincular as receitas de contribuições sociais, então estas em nada se diferem dos impostos; não se justifica, nesse caso, que os impostos se dobrem a princípios constitucionais e as contribuições "desvinculadas" não tenham igual restrição.

---

175 A contribuição ao Sebrae foi considerada pelo Supremo Tribunal Federal como Contribuição de Intervenção no Domínio Econômico, por ter finalidade de apoio às micro e pequenas empresas, não a finalidades sociais (STF, RE n. 396.266-SC, Tribunal Pleno, rel. Min. Carlos Velloso, j. 26.11.2003, D.J. 27.02.2004).

176 STF, RE n. 537.610-RS, 2ª Turma, rel. Min. Cezar Peluso, *DJe* 17.12.2009. *Revista Dialética de Direito Tributário*, n. 174, mar. 2010, p. 145.

Caso mais controverso reside no Recurso Extraordinário 878.313[177], no qual o Supremo Tribunal Federal julgou a constitucionalidade da Lei Complementar n. 110/2001, cujo art. 1º prevê contribuição social devida pelos empregadores em caso de despedida de empregado sem justa causa sobre o montante de todos os depósitos devidos, referentes ao FGTS, durante a vigência do contrato de trabalho, acrescido das remunerações aplicáveis às contas vinculadas. Como tal contribuição teria, segundo a recorrente, a finalidade originária de quitar integralmente a dívida nas contas do FGTS advinda dos expurgos inflacionários em razão dos planos econômicos "Verão" (1988) e "Collor" (1989), discutiu-se a obrigatoriedade da extinção de contribuição social após o exaurimento dessa finalidade ou se seria possível admitir a continuidade da cobrança, considerando que produto da arrecadação seja destinado a fim diferente daquele originariamente estabelecido.

De um lado, a minoria dos Ministros, amparada pelo voto do Min. Marco Aurélio, entendeu que teria ocorrido a perda do suporte fático que validava essa contribuição social, tornando-a inconstitucional, já que a finalidade de recompor as perdas das contas do FGTS sofridas em razão dos expurgos inflacionários estava presente no projeto de lei da referida Lei Complementar, bem como houve projeto de lei para revogá-la, mas que foi vetado pela presidente na época.

De outro lado, a maioria entendeu ser constitucional a contribuição social, nos termos do voto do Min. Alexandre de Moraes, redator do acórdão. Conquanto este tenha reconhecido tal finalidade originária, afirmou que a referida Lei Complementar não dispõe que a finalidade de tal contribuição "seja exclusivamente a recomposição financeira" do FGTS em virtude "dos expurgos inflacionários decorrentes dos planos econômicos Verão e Collor". Para o Ministro, seriam diferentes esses motivos determinantes da criação da contribuição social da sua finalidade. Até porque, enfatizou o Ministro, as receitas auferidas por aquela contribuição também são incorporadas ao FGTS, nos termos do art. 3º, § 1º, da Lei Complementar n. 110/2001. Com efeito, concluiu o Min. Alexandre de Moraes que essa contribuição "foi criada para preservação do direito social dos trabalhadores previsto no art. 7º, III, da Constituição Federal, sendo esta sua genuína finalidade". Justamente por conta disso, houve, além de outras destinações, a autorização do uso dos recursos obtidos por essa contribuição para a compensação financeira daquelas perdas decorrentes dos expurgos inflacionários, mas que configura destinação acessória e secundária. Assim, foi fixada a Tese de Repercussão Geral do Tema 846, segundo a qual: "[é] constitucional a contribuição social prevista no art. 1º da Lei Complementar n. 110, de 29 de junho de 2001, tendo em vista a persistência do objeto para a qual foi instituída".

Tendo em vista essa decisão, destaca-se sua importância no sentido de que não houve o afastamento da ideia de que a contribuição social exige que o produto de sua arrecadação preserve a destinação que lhe foi atribuída quando de sua instituição. O problema no caso foi, sim, saber qual era a destinação da contribuição social prevista pelo art. 1º da Lei Complementar n. 110/2001. Se a posição minoritária viu-a estritamente ligada à recomposição das perdas ante os expurgos inflacionários, a posição majoritária viu destinação mais ampla, ligada com o direito ao FGTS.

7.6 Síntese das contribuições sociais

Em síntese, as contribuições sociais são impostos cuja destinação – servir de instrumento da atuação da União na área social – justifica serem cobradas de toda a sociedade;

177 STF, RE n. 878.313-SC, Plenário, rel. Min. Marco Aurélio, redator do acórdão Min. Alexandre de Moraes, j. 18.02.2020. D.J. 04.09.2020.

apresentam regime jurídico próprio, destacando-se aquelas destinadas à seguridade social, disciplinadas pelo art. 195 da Constituição Federal.

7.7 Uma palavra sobre as contribuições para o serviço de custeio da iluminação pública – Cosip

Já foi mencionado que o art. 149-A inseriu no texto constitucional as esdrúxulas contribuições para o Custeio do Serviço de Iluminação Pública. A infeliz iniciativa foi a reação à declaração de inconstitucionalidade de cobrança de taxas para tal finalidade; não querendo as municipalidades empregar recursos decorrentes dos impostos de sua competência, obtiveram mais essa fonte de arrecadação.

O constituinte derivado foi silente com relação aos contribuintes, à hipótese tributária e à base de cálculo da exação. Por tal razão, parece relevante conhecer o posicionamento do Plenário do Supremo Tribunal Federal, que já examinou um caso de Cosip[178], entendendo ser constitucional a lei que restringe os contribuintes aos consumidores de energia elétrica. Para aquele Tribunal, não há que falar em ofensa ao princípio da isonomia "ante a impossibilidade de se identificar e tributar todos os beneficiários do serviço de iluminação pública". Essa referência parece dar àquela contribuição a feição de universalidade, tal qual se viu para as contribuições sociais. Tampouco se questionou a progressividade da alíquota, que se entendeu não contrariar a capacidade contributiva. Esta compatibilidade será discutida no Capítulo VIII. Finalmente, sua natureza foi apontada como "tributo de caráter *sui generis*, que não se confunde com um imposto, porque sua receita se destina a finalidade específica, nem com uma taxa, por não exigir a contraprestação individualizada de um serviço ao contribuinte".

Parece adequado que à Cosip se estenda o que acima se viu acerca das contribuições sociais, conquanto com essas não se confunda: são verdadeiros impostos com afetação, sujeitos à observância do princípio da capacidade contributiva, dada a universalização de sua destinação.

O endosso jurisprudencial à Cosip não impede que se registre que, embora o constituinte nada tenha dito acerca de sua base de cálculo, parece inadequado se utilize o valor das contas de luz. Ainda que o parágrafo único do art. 149-A da Constituição faculte a cobrança da Cosip *na fatura de consumo* de energia elétrica, não está ali o constituinte determinando a base de cálculo, mas apenas facultando a forma de cobrança. Fato é, porém, que atribuir o valor da conta de luz como base de cálculo da Cosip implica invadir materialidade reservada aos Estados. Afinal, o consumo de energia elétrica é manifestação de capacidade contributiva que foi reservada para a competência dos Estados por meio do ICMS. Estranha que se impeça que as municipalidades cobrem impostos sobre tais fatos (o que se verá no Capítulo VI, ao se estudarem as competências

178 STF, RE n. 573.675-0-SC, Tribunal Pleno, rel. Min. Ricardo Lewandowski, j. 25.03.2009, D.J. 21.05.2009. *Revista Dialética de Direito Tributário*, n. 167, ago. 2009, p. 144.

tributárias), mas, ao mesmo tempo, se admita possam os municípios beber daquela fonte para financiar sua iluminação pública. Mais adequado seria se a Cosip, posto cobrada nas contas de luz, utilizasse por base de cálculo o valor dos imóveis urbanos, esse sim grandeza que se encontra em sua competência tributária.

8 Contribuições especiais

O art. 149 trata das contribuições especiais, que são aquelas de intervenção no Domínio Econômico (CIDEs), e as de interesse de categorias profissionais ou econômicas. Não é demais lembrar que o art. 149 é o mesmo que contempla as contribuições sociais:

> Art. 149. Compete exclusivamente à União instituir contribuições sociais, de intervenção no Domínio Econômico e de interesse das categorias profissionais ou econômicas, como instrumento de sua atuação nas respectivas áreas, observado o disposto nos arts. 146, III, e 150, I e III, e sem prejuízo do previsto no art. 195, § 6º, relativamente às contribuições a que alude o dispositivo.

Conforme mencionado acima, o Supremo Tribunal Federal, ao versar sobre as espécies tributárias, incluiu na mesma categoria as contribuições sociais e as especiais. Tendo em vista a finalidade didática desta obra, parece conveniente o desdobramento do dispositivo, o que se mostra interessante para a compreensão do sistema tributário, já que, conquanto previstas no mesmo dispositivo constitucional, uma e outra categoria ganham regime próprio.

Ainda com a mesma finalidade didática, destacam-se as contribuições pagas por servidores públicos ativos, aposentados e pensionistas a seus regimes previdenciários próprios: conquanto as contribuições previdenciárias sigam, em regra, o regime das contribuições sociais, aquelas dos funcionários públicos agregam características que mais as aproximam das contribuições especiais.

Não é por outra razão que Geraldo Ataliba alertou:

> *81.5 Por isso, um tributo, designado contribuição, no Brasil (salvo a de melhoria), pode ser efetivamente uma contribuição – entendida como espécie de tributo vinculado, dotada de hipótese de incidência típica – ou pode ser imposto; que dizer: o que constitucionalmente é designado por contribuição, no Brasil, pode ter hipótese de incidência de verdadeira contribuição ou de imposto. Neste último caso, submete-se ao regime jurídico do imposto, conjugado com o regime que expusemos em 79.3 e 86.5*[179].

Com efeito, já se viu acima que as contribuições sociais em nada diferem dos impostos, senão pela afetação de sua arrecadação. São meros impostos afetados. Quando, entretanto, sua arrecadação é destinada à Seguridade Social, passam a submeter-se a regime jurídico distinto dos impostos em geral, à luz do art. 195 do texto constitucional.

179 Cf. ATALIBA, Geraldo. *Hipótese de incidência tributária.* 4. ed. ampliada e atualizada em função da Constituição de 1988. São Paulo: Revista dos Tribunais, 1990, p. 202.

8.1 Indicações constitucionais para as contribuições especiais

Se, para as contribuições sociais destinadas à seguridade social, o constituinte tratou de dar, no art. 195, os contornos da hipótese tributária, para as contribuições especiais não era possível encontrar no texto constitucional algum balizamento para as *circunstâncias* que podem dar nascimento àquela obrigação, ou seja, não se encontrava algum elemento na hipótese tributária das contribuições especiais que as distinguisse de outras exações.

8.1.1 Bases de cálculo das contribuições de intervenção no Domínio Econômico

No que tange às contribuições de intervenção no Domínio Econômico, atualmente suas bases de cálculo encontram-se arroladas no art. 149, § 2º, III, da Constituição Federal: faturamento, receita bruta ou valor da operação e, no caso de importação, o valor aduaneiro. Não há, entretanto, indicação sobre qual a operação que seria tributada, o que evidencia abertura para o legislador ordinário. Além disso, como já referido, o Supremo julgou que as bases de cálculo mencionadas no art. 149, § 2º, III, não são exaustivas[180], o que amplia ainda mais a liberdade do legislador ordinário.

8.1.2 Omissão para as contribuições de interesse de categoria profissional ou econômica

Quanto às contribuições de interesse de categoria profissional, o constituinte foi omisso com relação a qualquer indicação relativa a sua hipótese tributária; afinal, o art. 149, § 2º, III, fala apenas em contribuição social e de intervenção no Domínio Econômico, ao listar suas possíveis bases de cálculo.

Entretanto, deve-se admitir que, se a contribuição é de interesse de uma categoria, a hipótese tributária deve ser, necessariamente, a circunstância de pertencer àquela. Por exemplo: se a contribuição é de interesse dos médicos, não há de ser outra a hipótese tributária, senão o fato de exercer aquela profissão.

Para tais casos, parece interessante discutir a necessidade de uma lei complementar, definindo sua base de cálculo.

Afinal, o art. 146 da Constituição Federal determina que lei complementar preveja a definição do "fato gerador, base de cálculo e contribuintes" dos impostos discriminados na Constituição e o art. 149, ao versar sobre contribuições, faz expressa remissão ao art. 146, III.

Por ocasião da Ação Direta de Constitucionalidade n. 1[181], o Supremo Tribunal Federal teve a oportunidade de enfrentar o tema, quando se questionava se a COFINS seria inconstitucional por falta de lei complementar que regulasse tais aspectos. A decisão contrária do Plenário pareceu indicar que não haveria tal necessidade.

---

180 STF, RE 603.624/SC, Tribunal Pleno, rel. p/ acórdão Min. Alexandre de Moraes, j. 23.09.2020.

181 STF, ADI n. 1-DF, Tribunal Pleno, rel. Min. Moreira Alves, j. 01.12.1993, D.J. 16.06.1995.

Basta, entretanto, que se examine o referido julgado para se constatar que a dispensa da lei complementar, no caso, se deu porque a COFINS já tivera sua materialidade prevista pelo próprio constituinte.

Ora, se assim é quando há previsão expressa pelo constituinte, então não há como estender a conclusão aos casos em que não há tal previsão.

É certo que, no caso de contribuições de interesse de uma categoria econômica ou profissional, a materialidade não pode ser outra, que não o fato de pertencer à categoria. Também os contribuintes são óbvios. Que dizer da base de cálculo? Pode ser a renda? Ou será caso de alíquota fixa, por profissional? São decisões que não se extraem da Constituição e que, pelo que se lê no art. 146, III, da Constituição Federal, c/c 149, cabe à lei complementar dispor.

Entretanto, o que se verifica é uma proliferação de tais contribuições, sem que haja lei complementar que sobre elas disponha. O Poder Judiciário, como visto, não se manifestou a esse respeito.

Quanto à necessidade de lei complementar, conquanto o Poder Judiciário tenha, no caso da COFINS, dispensado aquela, quando do texto constitucional já se extraem contornos do tributo, parece acertado afirmar que nada se disse quanto à possibilidade de lei complementar vir a ser editada, ainda assim. Ou seja: dada a remissão do art. 149 da Constituição Federal ao art. 146, III, parece inegável que existe competência para o legislador complementar dispor sobre todas as matérias previstas no último dispositivo, inclusive a definição das hipóteses tributárias e contribuintes. Se a omissão do legislador complementar não implica, necessariamente, inconstitucionalidade, a decisão daquele legislador tampouco pode ser desprezada. Noutras palavras, se houver lei complementar versando sobre "normas gerais", inclusive a definição da hipótese tributária e contribuintes, a atuação do legislador ordinário fica jungida aos limites impostos por aquela.

8.1.3 A contribuição como instrumento para obter recursos financeiros para a atuação da União

Poder-se-ia tentar identificar um balizamento constitucional para as contribuições especiais, tendo em vista que aquelas contribuições, à luz do referido art. 149 do texto constitucional, devem servir como instrumento de atuação da União nas respectivas áreas. Assim, imaginar-se-ia que as contribuições se caracterizariam pela hipótese tributária: estar-se-ia diante de contribuição de intervenção no Domínio Econômico quando a União se valesse de uma exação como instrumento de intervenção sobre o Domínio Econômico. Seria contribuição de interesse de categorias profissionais ou econômicas toda aquela cuja cobrança influísse na economia, favorecendo respectiva categoria.

Esta ideia logo se esvai, quando se tem que normas tributárias indutoras encontram-se igualmente inseridas em outras espécies tributárias. Fosse a presença da intervenção econômica no contorno da hipótese tributária um critério distintivo das contribuições de intervenção no Domínio Econômico, então não se toleraria que Estados e Municípios, ao desenharem as regras de incidência de seus respectivos tributos, interviessem no Domínio Econômico, já que o art. 149 do texto constitucional daria tal competência apenas à União. Do mesmo modo, passariam à categoria de contribuição diversos tributos cuja natureza de imposto ou de taxa é clara, mas em cujo desenho entram normas tributárias indutoras.

Por tal razão é que se deve entender que não é a presença do fenômeno intervencionista na hipótese que dá ensejo à obrigação nem seu efeito no interesse de categoria profissional ou econômica que caracteriza a contribuição especial.

Se as contribuições, por mandamento constitucional, servem como instrumento de atuação da União na área da intervenção sobre o Domínio Econômico ou na de interesse de categorias profissionais e econômicas, e se a presença dessa característica na hipótese tributária não caracteriza as contribuições, deve-se interpretar o mandamento contido no art. 149 como de destinação[182], i.e., o produto da arrecadação daquelas contribuições deve servir para a intervenção sobre o Domínio Econômico ou para a atuação da União no interesse de categorias profissionais ou econômicas. Necessário, assim, o emprego de critérios relacionais (extrínsecos) para a definição desta espécie tributária.

8.2 Justificação das contribuições especiais

Tal como se disse com relação às contribuições sociais, também as contribuições especiais justificam-se por sua destinação: servir de instrumento de atuação da União nas respectivas áreas. Assim, as Contribuições de Intervenção no Domínio Econômico proveem recursos para a União efetuar tal intervenção, enquanto as contribuições de interesse de categoria profissional ou econômica são voltadas a prover recursos para a União atuar no interesse daquelas categorias.

8.2.1 Corolário da justificação: a referibilidade

Esta justificativa é buscada na referibilidade. O raciocínio é simples: se é possível, no todo da sociedade, identificar um grupo ao qual é voltada uma atuação estatal, é aceitável que tal atuação seja suportada por aquele grupo, no lugar de toda a sociedade.

As contribuições especiais, nesse sentido, são o que Ataliba chamou de "verdadeira contribuição".

Assemelham-se às contribuições de melhoria (estas também "verdadeiras") porque "têm hipótese de incidência diferente do imposto e da taxa, no sentido de que a materialidade de sua hipótese de incidência consiste numa atuação estatal mediata ou indiretamente referida ao obrigado"[183]. Ou, como explicava Ataliba:

> *59.6 Nas contribuições, pelo contrário, não basta a atuação estatal. Só há contribuição quando, entre a atuação estatal e o obrigado, a lei coloca um termo intermediário, que estabelece a referibilidade entre a própria atuação e o obrigado. Daí distinguir-se a taxa da contribuição pelo caráter (direto ou indireto) da referibilidade entre a atuação e o obrigado.*
>
> *59.7 Na contribuição medeia, entre a atuação e o obrigado, uma circunstância, um fato intermediário. É mediante esse fato ou circunstância que se estabelece a referibilidade entre a atuação estatal e o obrigado, o que nos leva a reconhecer que essa referibilidade é mediata, em contraste com o que se passa na taxa*[184].

Diante da justificativa constitucionalmente prestigiada, é de aceitar, para as contribuições especiais, o que já se disse acerca das contribuições de melhoria e das taxas: sua inspiração no princípio da equivalência implica seu limite. Noutras palavras: as contribuições especiais têm como limite o custo das atividades que as motivaram.

182 Cf. GRECO, Marco Aurélio. *Contribuições (uma figura "sui generis")*. São Paulo: Dialética, 2000, *passim*.

183 Cf. ATALIBA, Geraldo. Op. cit. (nota 179).

184 Cf. ATALIBA, Geraldo. Op. cit. (nota 179), p. 147.

Tal limite fica assegurado pela vinculação dos recursos das contribuições especiais, já que, mantida aquela, os recursos não são desviados para outra destinação. Admitir desvios dos recursos é conceber que um grupo, eleito por sua referibilidade a uma atuação estatal, financie, isoladamente, atuação que não se refira ao grupo (ou não se refira preponderantemente ao grupo). Nesse caso, melhor andará o legislador se exigir de outro grupo o pagamento ou, sendo incabível tal identificação (por serem gastos gerais), utilizem-se os recursos dos impostos para tanto.

No direito alemão, são conhecidas as *Sonderabgaben*, às quais se nega o caráter tributário, o que implica exigirem fundamentação constitucional que não se confunde com a tributária, i.e., a competência para sua instituição não se confunde com a competência para instituir impostos, derivando, diretamente, da competência para regular a economia[185]. Conforme ensina Hansjürgens, são três os critérios definidos pela jurisprudência constitucional alemã para que se autorizem aquelas contribuições: (i) um grupo social somente pode ser tributado por uma contribuição especial quando este grupo for claramente destacável, em virtude de uma situação de interesse comum ou por características comuns (grupo homogêneo); (ii) deve haver uma conexão material (*Sachnähe*) entre o círculo de contribuintes e a finalidade buscada com o tributo, i.e., o grupo tributado deve estar evidentemente mais próximo da finalidade buscada pela contribuição do que a coletividade ou do que outro grupo (responsabilidade do grupo); (iii) a renda gerada com a contribuição deve ser aplicada em algo útil para o grupo (o que não significa que cada membro do grupo deve ter uma vantagem, mas que o grupo deve fruir com os gastos)[186].

8.3 Contribuições de interesse de categoria profissional ou econômica

As contribuições de interesse de categoria profissional ou econômica são bastante usuais. Basta considerar as autarquias de fiscalização do exercício de profissões regulamentadas, como o Conselho Regional de Engenharia e Arquitetura ou o Conselho Regional dos Administradores. Indagando-se quem deve arcar com os custos daquelas autarquias, é quase imediato o raciocínio de que eles devem ser suportados pelos profissionais a cuja categoria se referem. Não seria razoável, por exemplo, que os administradores suportassem os custos do órgão dos engenheiros. Daí ser imediato que a identificação de quem deve arcar com as contribuições de interesse de categoria profissional ou econômica deve dar-se a partir da finalidade de cada uma delas. Eis a "referibilidade".

Exemplo de contribuição de interesse de categoria profissional foi a sindical, prevista na Consolidação das Leis do Trabalho e vigente até que a Lei 13.467/2017 modificasse, dentre outros dispositivos daquela Consolidação, o art. 545, tornando sua cobrança dependente de autorização dos próprios empregados. O Supremo Tribunal Federal entendeu tal contribuição como inserida no art. 149 da Constituição Federal e, por isso mesmo, fora instituída por lei. Vale notar que essa contribuição (que tinha natureza tributária) não se confundia com a contribuição confederativa, prevista no art. 8º, IV, da

185 Cf. BRODERSEN, Carsten. Nichtfiskalische Abgaben und das Finanzverfassung. Zur Abgrenzung nichtfiskalischer Abgaben von Steuern. VOGEL, Klaus;TIPKE, Klaus (orgs.). *Verfassung – Verwaltung – Finanzen: Festschrift für Gerhard Wacke.* Köln: Dr. Otto Schmidt, 1972, p. 103-115 (109).

186 Cf. HANSJÜRGENS, Bernd. Sonderabgaben aus finanzwissenschaftlicher Sicht – am Beispiel der Umweltpolitik. *Steuer und Wirtschaft*, n. 1/1993, p. 20-34 (21).

Constituição Federal, que é o valor que os associados do sindicato pagam nos termos de assembleia geral, que não tem natureza tributária[187].

Curiosamente, a Primeira Seção do Superior Tribunal de Justiça decidiu não se confundir a Ordem dos Advogados do Brasil com os demais conselhos profissionais, negando natureza tributária às contribuições pagas pelos advogados[188]. O Supremo Tribunal Federal parece referendar esta situação excepcional da Ordem dos Advogados do Brasil por não tutelar os interesses profissionais dos advogados, mas a ordem jurídica nacional (e, por isso mesmo, afastou a exigência de contratação por concurso público[189]). O argumento não convence, já que todos os Conselhos Profissionais tutelam igualmente os interesses da sociedade, sem por isso perderem a natureza de atuação no interesse das respectivas categorias profissionais ou econômicas. É, por exemplo, o Conselho Regional de Medicina quem punirá, no interesse da sociedade, o mau médico, ou impedirá o exercício legal da profissão. O mesmo vale para todos os outros Conselhos. Não são sindicatos, mas autarquias que tutelam, pelo interesse público, o exercício das respectivas profissões.

Note-se que a referibilidade não é individual, mas ao grupo em questão. Não são as contribuições devidas por uma atuação estatal provocada por um contribuinte (esse seria o caso das taxas); ao contrário, a atuação é movida pela existência de um grupo, que é a categoria profissional ou econômica em questão.

8.4 Contribuições de Intervenção no Domínio Econômico

Já as CIDEs, cujo crescimento recente é notório, servem para que a União disponha de recursos para uma intervenção na Ordem Econômica.

Assim, por exemplo, constatada a existência de um monopólio, pode a União decidir fomentar a concorrência naquele setor, inclusive com subsídios a empresas de menor porte, a fim de assegurar o princípio da livre concorrência (art. 170, IV, da Constituição Federal). A União poderá, portanto, instituir uma CIDE para obter os recursos necessários para aquele subsídio.

Surge a pergunta: quem pagará por aquela intervenção? A resposta será: aqueles que motivaram a intervenção, i.e., os agentes daquele setor econômico sujeito à intervenção, sejam os fornecedores, sejam os consumidores.

Exemplo de Contribuição de Intervenção sobre o Domínio Econômico no Brasil é o adicional de frete para renovação da marinha mercante. Criada com a denominação de "taxa", pela Lei n. 3.381/1958, ainda sob a égide da Constituição de 1946, sua natureza jurídica foi controversa: de início, foi considerada um imposto com destinação especial, sendo indefinida sua natureza durante a Constituição de 1967/69, até que o Supremo Tribunal Federal, em Plenário, no RE 75.972, firmou entendimento de que seria uma Contribuição de Intervenção no Domínio Econômico[190].

---

187 STF, RE n. 198.092-3-SP, 2ª Turma, rel. Min. Carlos Velloso, j. 27.08.1996, D.J. 11.10.1996; RE n. 178.927-1-SP, 1ª Turma, rel. Min. Ilmar Galvão, j. 03.12.1996, D.J. 07.03.1997.

188 STJ, Embargos no REsp n. 463.258-SC, 1ª Seção, rel. Min. Eliana Calmon, j. 10.12.2003, D.J. 29.03.2004.

189 STF, ADI n. 3.026-DF, rel. Min. Eros Grau, j. 08.06.2006, D.J. 29.09.2006.

190 A evolução jurisprudencial se encontra examinada em Marciano Seabra de Godoi, Pablo Henrique de Oliveira e Luciana Goulart Ferreira Saliba. Contribuições: sociais, de intervenção no Domínio Econômico e de interesse das categorias profissionais ou econômicas. In: GODOI, Marciano Seabra de (coord.). *Sistema Tributário Nacional na jurisprudência do STF.* São Paulo: Dialética, 2002, p. 69-112 (75 e s.).

Na Constituição de 1988, o Plenário do Supremo Tribunal Federal voltou a confirmar tal natureza para esta exação[191].

Também pode ser citada a contribuição ao Instituto do Açúcar e do Álcool, criada pelo Decreto--Lei n. 308/67, cuja natureza no regime constitucional de 1988 foi confirmada pelo Plenário do Supremo Tribunal Federal[192]. Ao reconhecer tal natureza, o Tribunal afirmou que a referida contribuição se dobrava ao regime geral dos tributos (legalidade), afastando-se, pois, a possibilidade de o Poder Executivo alterar suas alíquotas.

Também a contribuição do Instituto Brasileiro do Café, reinstituída pelo Decreto-Lei n. 2.295/86, foi confirmada pelo Supremo Tribunal Federal entre as Contribuições de Intervenção no Domínio Econômico[193]. Na verdade, por questão formal, a referida contribuição foi considerada inconstitucional (já que mesmo no regime constitucional anterior não se toleraria que a alíquota da contribuição fosse fixada pelo Poder Executivo, como fora o caso), o que não impede sua inclusão entre os exemplos de contribuição de intervenção no Domínio Econômico.

Outra Contribuição de Intervenção no Domínio Econômico a ser referida é o Adicional de Tarifa Portuária, criado pela Lei n. 7.700/88 e cobrado até a edição da Lei n. 9.309/96. Sua natureza foi confirmada pela maioria do Supremo Tribunal Federal, a partir de argumento, da lavra do Ministro Nelson Jobim, de que seus recursos eram aplicados em investimentos e melhoramentos portuários[194].

Por fim, pode-se citar o caso da contribuição ao SEBRAE, prevista na Lei n. 8.029/1990. Sua natureza de Contribuição de Intervenção no Domínio Econômico foi confirmada pelo Supremo Tribunal Federal[195].

Em todos os casos, encontra-se a referibilidade a um grupo, que justifica que este suporte a atuação estatal.

Na Alemanha, conhece-se a contribuição de equilíbrio (*Ausgleichsabgaben*), caracterizada como uma prestação pecuniária de direito público, fundada em considerações de ordem de política social ou econômica, cobrada de determinado grupo de empresas pertencentes a um ramo econômico, no interesse dessas em face de outras empresas do mesmo ramo econômico ou não, cuja receita líquida é aplicada no interesse daquele grupo, por meio de agentes financeiros públicos ou não, sem que tais recursos passem pelo tesouro nacional[196].

Note-se que é proposital a referência àqueles que "motivaram" a intervenção, não necessariamente àqueles que dela se beneficiaram[197]. O fornecedor monopolista, por exemplo, certamente não se considerará beneficiado pelo surgimento da concorrência.

---

191 STF, RE n. 177.137-2-RS, Tribunal Pleno, rel. Min. Carlos Velloso, j. 24.05.1995, D.J. 18.04.1997. No mesmo sentido, cf. STF, RE n. 165.939-4-RS, Tribunal Pleno, rel. Min. Carlos Velloso, j. 25.05.1995, D.J. 30.06.1995.

192 STF, RE n. 214.206, Tribunal Pleno, rel. p/ acórdão Min. Nelson Jobim, j. 15.10.1997, D.J. 29.05.1998.

193 STF, RE's n. 198.554 e 191.044, Tribunal Pleno, rel. Min. Carlos Velloso (julgados em conjunto em 18.09.1997), D.J. 31.10.1997.

194 STF, REs n. 218.061 e 209.365, Tribunal Pleno, rel. Min. Carlos Velloso (julgados em conjunto em 04.03.1999), D.J. 08.09.2000 e 07.12.2000, respectivamente.

195 STF, RE n. 396.266/SC, Tribunal Pleno, rel. Min. Carlos Velloso, j. 26.11.2003.

196 Cf. SELMER, Peter. *Steuerinterventionismus und Verfassungsrecht*. Frankfurt am Main: Athenäum, 1972, p. 194.

197 STF, RE n. 635.682/RJ, Tribunal Pleno, rel. Min. Gilmar Mendes, j. 25.04.2013.

Entretanto, como sua atuação motivou a intervenção, é adequado que dele se exija a CIDE.

Nesse sentido foi o julgamento do STF sobre a referibilidade na contribuição ao SEBRAE. Decidiu o STF que "as contribuições de intervenção no domínio econômico não exigem contraprestação direta em favor do contribuinte". Fazendo-se menção a julgados antigos da Corte, assentou-se que "tratando-se de empresa que exerce atividade econômica, é devida a cobrança de contribuição para o SEBRAE"[198].

Por isso mesmo, a referibilidade leva a equivalência, não a benefício. O que se indaga é a quem deve ser imputada a atuação estatal, não quem ganhou com ela.

É a referibilidade, insista-se, que caracteriza o gênero das "contribuições verdadeiras". Veja-se que as contribuições pressupõem uma atuação do Estado (no primeiro caso, atuação no interesse dos engenheiros; no segundo, o setor afetado pelo monopólio) que indiretamente afeta o contribuinte, porque ele pertence ao grupo ao qual a atuação é dirigida.

Não se confunde a contribuição especial com a taxa. Veja-se o caso das contribuições de interesse de categoria profissional ou econômica. É bem verdade que as autarquias em referência fiscalizam as atividades dos profissionais, o que permitiria contemplar o exercício do poder de polícia. No caso dessas entidades, entretanto, sua atuação vai além do mero poder de polícia. Basta comparar a fiscalização de bares e restaurantes com a exercida por uma autarquia representante de uma profissão: aquela é feita no interesse da sociedade, e, por isso mesmo, não se cogita de ser efetuada por seus pares. No caso das autarquias de classe, a fiscalização, conquanto também no interesse público, é feita pelos próprios pares, que querem zelar pelo correto exercício da profissão, o que é certamente de interesse da categoria profissional.

8.5 Contribuições previdenciárias de funcionários públicos

A Constituição Federal previu um regime especial para a previdência dos funcionários públicos. Seu regime previdenciário próprio se faz financiar por contribuições dos servidores públicos ativos, dos aposentados e dos pensionistas (art. 149, § 1º, da Constituição Federal), o que produz consequências até mesmo no tema das competências, como se verá adiante: caso a União, o Estado ou Município tenha seu próprio regime previdenciário para seus funcionários, então ser-lhe-á conferida competência para instituir a respectiva contribuição.

Mais relevante, entretanto, para justificar a inclusão dessas contribuições entre as especiais é que *a tais contribuições se aplica a referibilidade, própria do gênero "contribuição", justificando, nesse aspecto, sua inclusão entre as contribuições especiais*. Ademais, não constituem tais contribuições fonte de financiamento da Seguridade Social, a cargo da União (art. 195 da

198 STF, RE n. 635.682/RJ, Tribunal Pleno, rel. Min. Gilmar Mendes, j. 25.04.2013, p. 9 do acórdão.

Constituição Federal), não havendo, daí, razão para se lhes aplicar o regime jurídico das contribuições sociais destinadas à seguridade social (*e.g.*, anterioridade nonagesimal).

8.6 Síntese das contribuições especiais

Em síntese, as contribuições especiais são tributos que se caracterizam por proverem recursos para a União atuar no interesse de categorias profissionais ou econômicas ou intervir no Domínio Econômico. São cobradas de um grupo que se identifica com aquela atuação da União (referibilidade). Por conta da referibilidade, incluem-se entre as contribuições especiais aquelas previdenciárias de funcionários públicos; nesse caso, sua competência não se limita à União.

9 Conclusão: espécies tributárias

Confirma-se, a partir do estudo empreendido neste capítulo, que a divisão dos tributos em espécies pode ser feita a partir de regimes jurídicos distintos, conferidos pelo constituinte. A mera consideração de um aspecto, como a hipótese tributária, embora possa trazer algumas indicações relevantes, não é suficiente para identificar o tratamento constitucional diferenciado. O binômio hipótese tributária/destinação parece útil para tal classificação. O estudo da justificação complementa a compreensão de cada espécie tributária.

capítulo V

Sistematização das categorias técnicas de tributação

1 Introdução

É muito comum, na linguagem cotidiana, utilizarem-se indistintamente termos como "isenção", "imunidade" ou "não incidência" como se fossem sinônimos. São categorias diversas, com regimes jurídicos próprios. Nem mesmo sua fonte se confunde, já que algumas exigem base constitucional e outras são matérias de lei ordinária. Essas categorias serão examinadas individualmente nos capítulos seguintes, cabendo, neste ponto, oferecer uma visão do conjunto, com vistas à sua diferenciação.

Para a exposição das diferenças, este capítulo valer-se-á de uma feliz figura imaginada por Ruy Barbosa Nogueira[1], à qual serão adicionadas algumas anotações pessoais.

2 Competência/não competência

No modelo federal brasileiro, cada pessoa jurídica de Direito Público (União, Estados, Distrito Federal e Municípios) tem uma esfera de atuação própria. Essa esfera de atuação denomina-se "competência", que pode ser exclusiva (caso em que apenas um ente atua) ou concorrente (quando é possível conceber mais de um ente atuando em conjunto). Dada a delicadeza do tema – que envolve, claramente, uma divisão de poder – é ele tratado pela própria Constituição Federal. É, pois, na Constituição Federal que se encontram as competências de cada ente da Federação.

Assegurar uma esfera de competência própria, entretanto, sem garantir o provimento dos recursos financeiros necessários para tanto, poderia tornar pífia a separação constitucional das competências. É necessário que o constituinte determine, ele mesmo, quais os meios de que disporá cada ente para executar tais tarefas. No caso brasileiro, as pessoas jurídicas de direito público não têm apenas autonomia orçamentária (recursos próprios). O constituinte não só assegurou recursos a cada uma delas, como também lhes deu a competência para, atuando dentro de campo reservado pela própria Constituição (campo de competência), instituírem, por leis próprias, seus tributos.

1 Cf. NOGUEIRA, Ruy Barbosa. *Curso de Direito Tributário*. 8. ed. São Paulo: Saraiva, 1987, p. 184.

A competência tributária será estudada com mais vagar no Capítulo VI, a seguir. Para este momento, importa ver que é a Constituição Federal que distribui campos de competência próprios para cada ente tributante (necessariamente Pessoa Jurídica de Direito Público). Haverá, pois, matérias que estarão dentro do campo de competência de um ente tributante e outras que estarão fora. Aquele ente apenas poderá contemplar, em sua lei, fatos compreendidos dentro de seu campo de competência. Esquematicamente:

Assim, por exemplo, se aos Estados é assegurada a competência para a tributação da propriedade de veículos automotores (IPVA), então se dirá que o Estado "não tem competência" para tributar a propriedade de imóveis urbanos (que está na competência dos Municípios).

Vê-se, pois, que pela distribuição de competências o constituinte, enquanto primeiro representante do povo detentor do poder soberano (Constituição Federal, art. 1º, parágrafo único: "Todo o poder emana do povo, que o exerce por meio de representantes eleitos ou diretamente, nos termos desta Constituição"), reparte o próprio poder de tributar. Assim, cada ente da Federação recebe uma parte do poder de tributar, que pertence ao Estado brasileiro.

A competência se diz *privativa* quando sua atribuição a uma pessoa jurídica de direito público exclui a possibilidade de que outro ente federal institua tributo sobre o mesmo fenômeno. Essa é a regra no ordenamento brasileiro: uma vez efetuada a repartição de competências, se uma pessoa jurídica de direito público pretender instituir tributo sobre campo reservado a outro ente federal, haverá *invasão de competência.*

Alerte-se que, em matéria de impostos, a competência privativa não é absoluta, já que, em caso de guerra externa ou sua iminência, o art. 154, II, da Constituição Federal autoriza a União a instituir impostos extraordinários, mesmo que ultrapassando os lindes de sua competência. A excepcionalidade da situação, entretanto, não afasta o caráter exclusivo da competência como regra constitucional.

Corolário da noção de competência privativa é sua *indelegabilidade*, prevista no art. 7º do Código Tributário Nacional:

> *Art. 7º A competência tributária é indelegável, salvo atribuição das funções de arrecadar ou fiscalizar tributos, ou de executar leis, serviços, atos ou decisões administrativas em matéria tributária, conferida por uma pessoa jurídica de direito público a outra, nos termos do § 3º do art. 18 da Constituição.*
>
> *§ 1º A atribuição compreende as garantias e os privilégios processuais que competem à pessoa jurídica de direito público que a conferir.*
>
> *§ 2º A atribuição pode ser revogada, a qualquer tempo, por ato unilateral da pessoa jurídica de direito público que a tenha conferido.*
>
> *§ 3º Não constitui delegação de competência o cometimento, a pessoas de direito privado, do encargo ou da função de arrecadar tributos.*

Também exsurge do caráter privativo da competência tributária sua *perenidade*, afinal, ainda que uma pessoa jurídica de direito público não exerça uma competência tributária que lhe foi conferida pela Constituição, a competência não lhe será tirada, podendo, a qualquer momento, vir a ser exercida. Em consequência, outra pessoa jurídica de direito público não pode ocupar o "vazio" decorrente da não instituição do tributo pela pessoa competente. Eis o que a respeito dispõe o art. 8º do Código Tributário Nacional:

Art. 8º O não exercício da competência tributária não a defere a pessoa jurídica de direito público diversa daquela a que a Constituição a tenha atribuído.

O dispositivo acima reproduzido já trata de diferençar as matérias da competência (indelegável) da capacidade ativa: nada impede que uma pessoa jurídica de direito público atribua a outra a função de arrecadar tributos (capacidade de ser sujeito ativo na relação tributária) desde que a primeira, titular da competência, a tenha, ela mesma instituído.

A leitura dos arts. 153, 155 e 156 da Constituição Federal serve para identificar como agiu o constituinte no tema da repartição de competências em matéria de impostos: identificam-se campos para a instituição de impostos federais, estaduais e municipais, respectivamente.

Ocorre que o mesmo exame aponta para o fato de que ainda há um vasto campo de situações econômicas não arroladas naqueles artigos. Por exemplo: embora exista um imposto sobre produtos industrializados, não existe semelhante imposto sobre produtos agrícolas.

Surge o conceito de *competência residual*, para referir-se àquele campo que não foi contemplado pelos dispositivos constitucionais acima mencionados.

No caso de impostos, a competência residual está, atualmente, reservada à União, a qual, entretanto, deve exercê-la por meio de lei complementar, obedecido o disposto no art. 154, I, da Constituição Federal.

3 Imunidade

Quando a Constituição Federal confere competências tributárias a cada ente tributante, ela mesma trata de limitar o poder que foi conferido. Isso se dá por meio das imunidades.

As imunidades cobrem situações com elevadíssima carga valorativa, a ponto de o constituinte não desejar que, por meio do tributo, possam elas ser afetadas. Outras imunidades surgirão por razões técnicas, para assegurar o funcionamento harmônico do sistema tributário nacional. As hipóteses de imunidade previstas pelo constituinte serão estudadas no Capítulo IX. Para este momento, importa entendê-la, enquanto categoria da tributação, esquematicamente:

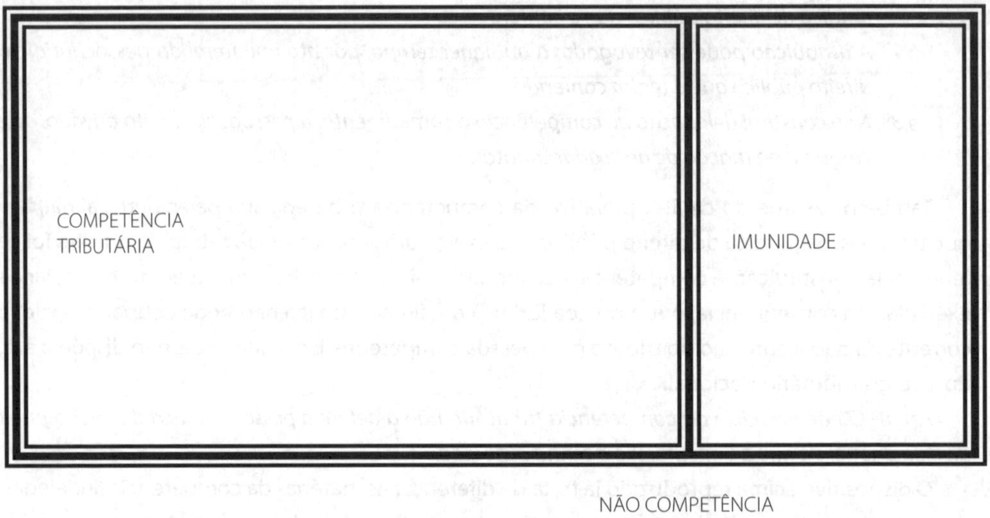

Note-se que a imunidade surge como uma limitação da própria competência tributária. Ou seja: ao mesmo tempo que a Constituição Federal permite que uma pessoa jurídica de Direito Público venha a instituir um tributo sobre fenômeno econômico por ela apontado, a própria Constituição cria uma barreira ao exercício da competência. Pode-se dizer, em síntese, que, em virtude da imunidade, sequer surge, para o ente tributante, a possibilidade de tributar determinada situação.

Importa fixar o seguinte: tal como a competência, a imunidade é matéria tratada pela própria Constituição Federal. Uma e outra, em conjunto, delimitarão o campo onde pode atuar o legislador na instituição de um tributo.

4 Incidência e não incidência

Delimitado, positiva e negativamente, o campo da competência tributária, tem o legislador ampla liberdade para definir, abstratamente, a hipótese tributária. Fazendo-o, delimita o campo de incidência do tributo. Ou seja: incidência existe quando a situação, compreendida no campo da competência, foi contemplada pelo legislador para dar nascimento à relação tributária; não incidência revelará situação igualmente compreendida no campo da competência, mas deixada de lado pelo legislador no momento da descrição da hipótese.

A ideia de incidência remete a uma aproximação do fenômeno jurídico segundo a qual o plano normativo, pairando sobre o plano fático, incidiria a cada vez em que houvesse plena coincidência entre a hipótese abstrata e a situação concreta, dando-se, então, a subsunção do fato à norma.

No Capítulo X, ver-se-á que a ideia da incidência, enquanto fenômeno que ocorreria sem a intervenção do aplicador da lei, sofre merecidas críticas doutrinárias. Entretanto, as categorias técnicas da tributação se desenvolveram sob o império daquele pensamento, importando, daí, conhecê-lo como ferramenta para o estudo do Direito Tributário.

Não basta, portanto, que haja competência tributária para que se tenha um tributo. O constituinte não cria tributo. Ele apenas autoriza sua criação, a qual se dá por meio de uma lei. É o legislador quem, atuando dentro de sua competência, decide se o tributo será, ou não, instituído. Fixam-se, assim, os contornos do Princípio da Legalidade, que será estudado no Capítulo VII. Fica clara, todavia, a ideia de que, se o legislador não contemplou a hipótese, está ela fora do campo de incidência (está na não incidência), ainda que possa estar no campo de competência. Somente a lei cria a incidência. Esquematicamente:

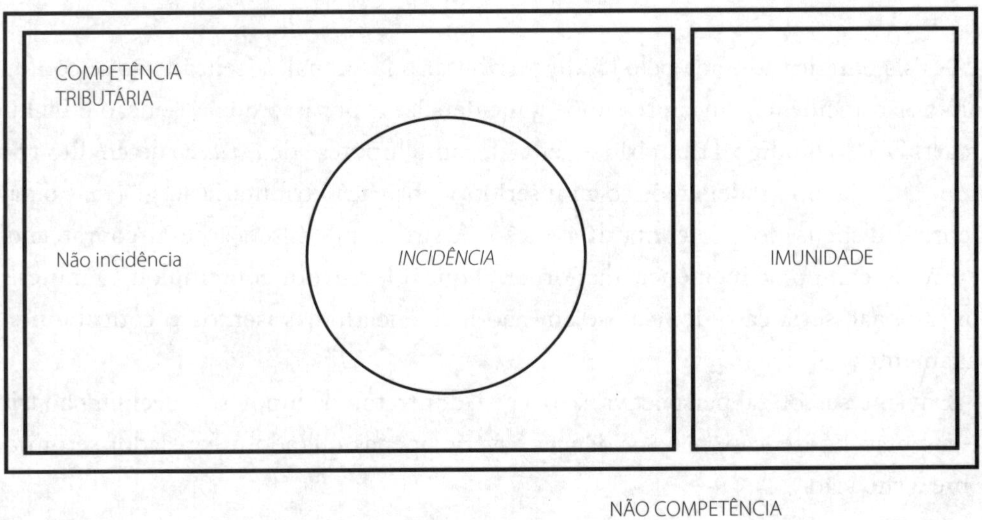

É bom que se esclareça que a imunidade ou a não competência não deixam de ser casos de não incidência. Em sentido amplo, não há incidência em qualquer situação não coberta pela incidência. Contudo, reserva-se usualmente a expressão para se referir ao campo não coberto pela incidência por falta de previsão legal. Nesse sentido resta ao legislador definir o campo de incidência, sobrando, por exclusão, o campo da não incidência.

Cabe notar que o campo de incidência pode crescer, desde que o legislador assim o decida, até os confins impostos pela competência e pela imunidade. Mais ainda: incidência e não incidência são complementares, na medida em que uma e outra esgotam o campo da competência tributária.

Por exemplo: retomando o Imposto sobre a Propriedade de Veículos Automotores, pode-se imaginar ser hipótese de incidência possuir, em 1º de janeiro de cada ano, uma motocicleta, um automóvel de passageiros ou um veículo de cargas, licenciado no Estado. Admita-se que alguém possua uma patinete motorizada. É, sem dúvida, um veículo automotor, compreendido, em princípio[2], na competência do Estado. Será, entretanto, caso de não incidência, já que não estará compreendido dentro do campo de incidência da norma.

Revelando os fundamentos de seu entendimento, após apontar a diferença entre "isenção" e "não incidência"[3], o Recurso Ordinário em Mandado de Segurança (RMS) n. 13.947-SP[4], traz o seguinte exemplo, "destinado a ilustrar o conceito e facilitar a sua apreensão e o seu entendimento": apresentando como "caso típico de não incidência, no campo do direito fiscal federal, o caso de não incidência do imposto de consumo sobre máquinas de costura, pois, adotando o legislador federal a técnica da enumeração nominal das máquinas sujeitas à tributação, deixou de mencionar a máquina de costura, ao passo que arrolou a máquina de cortar papel, concluindo-se, daí, que as máquinas de costura escapam à incidência do imposto de consumo".

5 Isenção

Na sistemática adotada pelo Código Tributário Nacional, a isenção não se confunde com a não incidência, mas pressupõe a incidência. É por isso que a isenção é incluída, no art. 175 do Código Tributário Nacional, como hipótese de *exclusão* do crédito tributário. Ou seja: no modelo teórico ali inserido, a obrigação tributária surge[5], mas o pagamento é dispensado, por conta da isenção. Assim é que a isenção está compreendida dentro do campo de incidência da norma, já que o legislador contemplou a hipótese (e, por isso, não seria caso de falar-se em não incidência), mas isentou o contribuinte do pagamento[6].

Em síntese, sob tal perspectiva, se o legislador tratou da hipótese e decidiu não tributá-la, então há isenção; não incidência haveria apenas quando o legislador se omitisse sobre a situação.

---

2 Não é esse o momento de ingressar na discussão, mas deve-se registrar que nem todo bem automotor vem sendo compreendido no campo de competência dos Estados: as aeronaves (que se movem) foram consideradas fora daquele campo.

3 Apoiado na lição de Rubens Gomes de Sousa de que: "[é] importante fixar bem as diferenças entre não incidência e isenção: tratando-se de não incidência, não é devido o tributo porque não chega a surgir a própria obrigação tributária; ao contrário, na isenção o tributo é devido, porque existe a obrigação, mas a lei dispensa o seu pagamento; por conseguinte, a isenção pressupõe a incidência, porque é claro que só se pode dispensar o pagamento de um tributo que seja efetivamente devido" (Cf. SOUSA, Rubens Gomes de. *Compêndio de legislação tributária*. Edição póstuma. São Paulo: Resenha Tributária, 1975, 216. p. 97).

4 STF, RO no MS n. 13.947-SP, 3ª Turma, rel. Min. Prado Kelly, j. 17.05.1966, D.J. 16.11.1966.

5 "(...) Desde que o nosso direito positivo, dentro do Código, separou devidamente esses dois instantes da regulação jurídica que regula (obrigação e crédito), adotando uma tendência doutrinária que nos parece precisa, não existe nenhuma antinomia na afirmação de que à obrigação tributária principal não corresponderá, obrigatoriamente, um crédito tributário. (...)" (FANUCCHI, Fábio. *Curso de Direito Tributário brasileiro*. 4. ed., vol. 1. São Paulo: Resenha Tributária, 1986, p. 378).

6 "Isenção – é a dispensa do pagamento do tributo devido, feita por disposição expressa da lei e, por isso mesmo, excepcionada da tributação." (Cf. NOGUEIRA, Ruy Barbosa. Op. cit. [nota 1], p. 183).

A doutrina tradicional, apoiada nas lições de Rubens Gomes de Sousa, entende que haveria dois momentos cronologicamente não coincidentes: incidência da norma tributária num primeiro momento e incidência da norma isentiva num segundo, daí a conclusão de que "a isenção pressupõe a incidência [da norma tributária], porque é claro que só se pode dispensar o pagamento de um tributo que seja efetivamente devido"[7].

É este o entendimento de Bernardo Ribeiro de Moraes: "a isenção tributária consiste num favor concedido por lei no sentido de dispensar o contribuinte do pagamento do imposto. Há a concretização do fato gerador do tributo sendo este devido, mas a lei dispensa seu pagamento"[8].

Não divergia Amílcar de Araújo Falcão, para quem, na isenção, "há incidência, ocorre o fato gerador. O legislador, todavia, seja por motivos relacionados com a apreciação da capacidade econômica do contribuinte, seja por considerações extrafiscais, determina a inexigibilidade do débito tributário"[9].

Vale notar que o referido art. 175 inclui entre as hipóteses de "exclusão" do crédito tributário tanto a isenção quanto a anistia. Ocorre que a anistia, efetivamente, pressupõe a ocorrência do fato jurídico tributário, gerador da obrigação. A anistia é o perdão de uma dívida por uma infração; nesse sentido, pressupõe a infração e a punição, que será perdoada (excluída). No caso da isenção, a aplicação do mesmo modelo causa estranheza, já que ele implicaria o surgimento de uma obrigação e simultaneamente a dispensa de seu pagamento[10].

Esquematicamente, a isenção, na visão clássica, seria bem ilustrada pela seguinte figura:

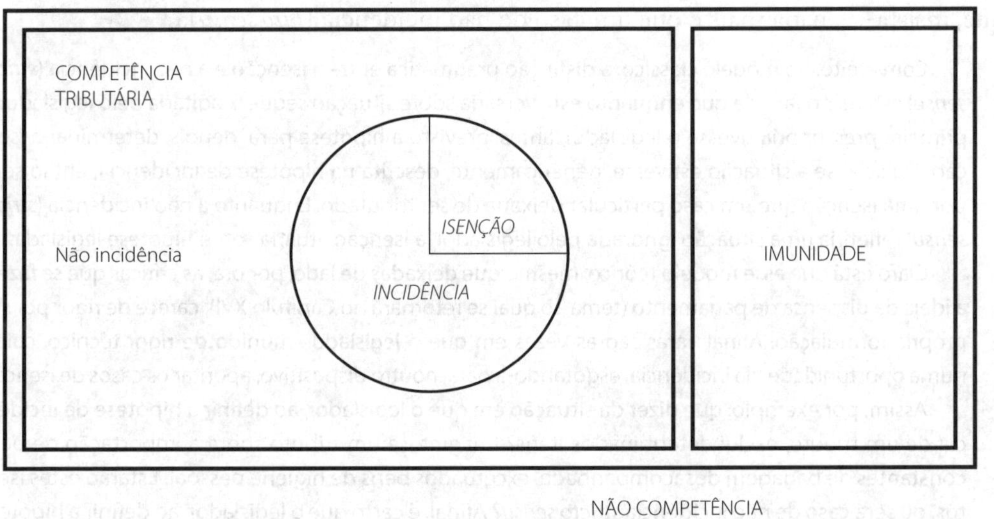

O quadro acima é feliz por fazer notar a clara distinção entre a imunidade e a isenção: enquanto a primeira é matéria constitucional, sendo limitação à atuação do legislador, a isenção é assunto que se compreende dentro da competência do legislador ordinário. Vale a regra: quem pode tributar também pode isentar.

7 Cf. SOUSA, Rubens Gomes de. Op. cit. (nota 3), p. 97.

8 Cf. MORAES, Bernardo Ribeiro de. *Curso de Direito Tributário.* São Paulo: Revista dos Tribunais, 1969, p. 673.

9 Cf. FALCÃO, Amílcar de Araújo. *Fato gerador da obrigação tributária.* São Paulo: Revista dos Tribunais, 1973, p. 132.

10 Cf. BORGES, José Souto Maior. *Lei complementar tributária.* São Paulo: Revista dos Tribunais, 1975, p. 99.

É por isso que não cabe cogitar isenções heterônomas, que já existiram no passado, quando a União podia estabelecer isenções de tributos estaduais e municipais. Tal prática é expressamente vedada, hoje, pelo inciso III do art. 151 da Constituição Federal.

Não obstante a clareza didática do modelo acima, tem ele sofrido críticas de autores que entendem não ter sentido falar em nascimento de uma obrigação tributária quando a própria lei teria disposto sobre a sua isenção[11]. Seria, pois, a isenção uma hipótese de não incidência qualificada ou, ainda, uma supressão do próprio campo de incidência da norma. Em consequência, não haveria a incidência da norma sobre o campo isento; não surgiria, assim, a obrigação tributária. Esse tema será retomado no Capítulo XVI.

No mesmo quadro acima apresentado, essa visão implica desaparecer a fronteira entre a isenção e a não incidência: aquela nada mais é que uma forma como esta se exprime. Incidência e não incidência formam o todo do campo da competência tributária.

Tem-se, assim, nova abordagem teórica, onde a não incidência – enquanto oposto da incidência – se manifesta por diversas técnicas: por vezes, o legislador simplesmente deixará de considerar a situação em questão; noutras, a situação será considerada, mas expressamente afastada da tributação. No primeiro caso, tem-se o que classicamente se denominava não incidência (ou não incidência *stricto sensu*); no último, tem-se a isenção que, insista-se, nada mais é que um caso de não incidência (*lato sensu*).

Com efeito, no modelo clássico, a distinção pragmática entre a isenção e a não incidência (*stricto sensu*) estaria no fato de que enquanto esta versaria sobre situação sequer cogitada pelo legislador, a primeira pressuporia tivesse o legislador, antes, previsto a hipótese para, depois, determinar a isenção. Ou seja: se a situação estivesse, genericamente, descrita na hipótese de incidência, então seria por uma isenção que um caso particular deixaria de ser tributado. Enquanto a não incidência (*stricto sensu*) refletiria uma situação ignorada pelo legislador, a isenção atuaria sobre hipótese legislada.

Claro está que esse modelo teórico, mesmo que deixadas de lado, por ora, as críticas que se fazem à ideia da dispensa de pagamento (tema ao qual se retornará no Capítulo XVI), carece de rigor por sua própria formulação. Afinal, raras são as vezes em que o legislador, munido de rigor técnico, cuida, numa oportunidade, da incidência, esgotando-a para, noutro dispositivo, apontar os casos de isenção.

Assim, por exemplo, que dizer da situação em que o legislador, ao definir a hipótese de incidência de um tributo, exclui determinados itens? Imagine-se um tributo sobre a importação de bens constantes de bagagem desacompanhada, excetuados bens de higiene pessoal. Estarão estes isentos, ou será caso de não incidência *stricto sensu*? Afinal, é certo que o legislador, ao definir a hipótese de incidência, pode valer-se de duas técnicas: enumerar todas as situações que pretende tributar ou, ao contrário, descrever uma situação mais genérica e posteriormente excluir aquelas hipóteses que não estarão sujeitas à tributação. Acaso se poderá dizer que na segunda alternativa as hipóteses excluídas constituem isenção?

De igual modo, que dizer dos casos em que o legislador, ao instituir um tributo, declara que este "não incide" sobre determinadas hipóteses. Será este um caso de isenção ou de não incidência *stricto sensu*?

11 Becker pondera que "[A] lógica desta definição estará certa *apenas no plano pré-jurídico da política fiscal quando o legislador raciocina para criar a regra jurídica de isenção*" (Cf. BECKER, Alfredo Augusto. *Teoria geral do Direito Tributário*. 4. ed. São Paulo: Noeses, 2007, p. 324-325).

Igual dificuldade pode surgir – vale notar – qualquer que seja o aspecto escolhido pelo legislador para a exceção. Por exemplo, que dizer da circunstância em que a lei define a base de cálculo de um tributo, excluindo determinados valores? E se no lugar de excluir, permite o abatimento de outros? O fato de um contribuinte do Imposto de Renda poder deduzir os gastos com honorários médicos implica dizer que a renda do contribuinte empregada nos honorários médicos está isenta? Ainda: haverá diferença entre a lei que restringe o campo espacial da incidência do Imposto de Renda ao território nacional (i.e.: o imposto atinge os rendimentos produzidos no País) e aquela que isenta os rendimentos do exterior (o imposto incide sobre toda a renda, mas ficam isentos os rendimentos produzidos no exterior)?

Os exemplos já apontam para a análise que se fará com maior vagar no Capítulo XVI, que evidenciará estar superada a escola tradicional que via na isenção uma incidência. Mostram, ademais, a carência de um modelo teórico para a isenção.

5.1 Isenção e outras não incidências: em busca de um modelo teórico

Embora a isenção não passe de um caso de não incidência, não se pode deixar de lado a circunstância de que, algumas vezes, o ordenamento jurídico parece exigir que se identifique a ocorrência de uma isenção, impondo-lhe consequências jurídicas.

Com efeito, a suposta distinção entre isenção e não incidência parece ter sido considerada até mesmo pelo Constituinte.

Um primeiro exemplo em que a identificação de uma isenção pode ser relevante para os efeitos constitucionais é o das isenções heterônomas. A isenção, como qualquer caso de incidência ou não incidência, se dá nos limites da competência: não cabe falar em isenção nos casos de imunidade ou em qualquer outro caso de não competência. Que dizer, entretanto, da regra do art. 151, III, da Constituição Federal, segundo a qual não pode a União "instituir isenções de tributos da competência dos Estados, do Distrito Federal ou dos Municípios", ao mesmo tempo em que cabe à Lei Complementar (art. 146) definir os campos de competência de cada um dos entes tributantes ao estabelecer seus respectivos "fatos geradores"?

O aparente conflito surge nos casos em que a Lei Complementar, ao definir o campo dentro do qual poderá ser instituído um tributo estadual ou municipal, exclui determinadas situações. Seria esse um caso de isenção heterônoma, vedada pela Constituição?

A resposta negativa exige que se pondere acerca do papel da lei complementar como lei nacional, não lei federal. Não é a União, enquanto autora de leis federais (ordem jurídica parcial), que está atuando na matéria, mas o próprio Estado Federal, por meio de lei nacional (ordem jurídica total).

Já se viu no Capítulo II o relevante papel da Lei Complementar na qualidade de lei nacional; o fato de ser editada pelo Congresso Nacional, porém, poderia levantar a suspeita de que também à

Lei Complementar se aplicaria a vedação acima. Tal suspeita poderia, é certo, ser afastada porque a proibição se faz à lei federal, não à lei nacional.

Entretanto, quando o tema foi enfrentado pelo Supremo Tribunal Federal, viu-se que este se baseou na categorização da isenção, em face da definição de competência, para decidir a questão. O raciocínio foi no sentido de que só cabe falar em isenção em situação que, antes, pode estar sujeita a tributação. Isenção e incidência atuam no mesmo campo, o da competência. A lei complementar, por seu turno, opera em momento lógico anterior, definindo o próprio campo de competência.

Com base em tal entendimento, decidiu o Supremo Tribunal Federal que o Decreto-Lei 406/68, que tinha força de lei complementar, era instrumento adequado para autorizar que se deduzissem as subempreitadas da base de cálculo do ISS sobre serviços de construção civil, já que seus dispositivos "cuidam da base de cálculo do ISS e não configuram isenção", não havendo, daí, "ofensa ao art. 151, III, art. 34 ADCT/88, art. 150, II, e 145, § 1º, CF/88"[12]. Do mesmo modo, entendeu o Supremo Tribunal Federal que a forma de cálculo do ISS estipulada pelo mesmo Decreto-lei n. 406/68, em seu art. 9º, §§ 1º e 3º, aplicável aos profissionais liberais, foi recepcionada pela Constituição de 1988, por não ser caso de isenção heterônoma, mas mera definição da base de cálculo, matéria de competência da lei complementar, nos termos do art. 146 da Constituição Federal[13].

Outra situação em que a identificação de uma isenção pode trazer dificuldade é quando, excepcionalmente, o constituinte estabelece restrição à concessão de isenção. Este é o caso do ICMS: tendo em vista o objetivo de afastar a "guerra fiscal", o constituinte não quis que um estado, unilateralmente, concedesse benefícios fiscais, sem que houvesse deliberação dos estados a esse respeito. Por tal razão, o art. 155, § 2º, XII, "g", da Constituição Federal conferiu à Lei Complementar a atribuição de "regular a forma como, mediante deliberação dos Estados e do Distrito Federal, isenções, incentivos e benefícios fiscais serão concedidos e revogados".

O Supremo Tribunal Federal já teve a oportunidade de examinar essa questão, quando se pretendeu fugir da barreira acima imposta, tachando de não incidência um favor fiscal. Entendeu o Plenário que "A não incidência do tributo equivale a todas as situações de fato não contempladas pela regra jurídica da tributação e decorre da abrangência ditada pela própria norma. A isenção é a dispensa do pagamento de um tributo devido em face da ocorrência do fato gerador. Constitui exceção instituída por lei à regra jurídica da tributação. A norma legal impugnada concede verdadeira isenção do ICMS, sob disfarce de não incidência. O art. 155, § 2º, inciso XII, alínea g, da Constituição Federal, só admite a concessão de isenções, incentivos e benefícios fiscais por deliberação dos Estados e do Distrito Federal, mediante convênio"[14].

Não há como deixar de notar, na decisão acima, que o Tribunal ainda se valia da criticável noção de isenção como dispensa de pagamento. A dúvida, nesse caso, é compreender como fixar a referida "abrangência" inicial da norma.

Em síntese, a questão a ser resolvida é se, uma vez definido o campo de competência do ICMS pela lei complementar, que estabelece até mesmo qual deve ser seu "fato gerador", nos termos do art. 146, III, "a", da Constituição Federal, o legislador ordinário teria, ainda, a liberdade de não se valer

12 STF, AgRg no RE n. 214.414, 2ª Turma, rel. Min. Carlos Velloso, j. 05.11.2002, D.J. 29.11.2002.

13 STF, AgRg no RE n. 301.508-MG, 2ª Turma, rel. Min. Néri da Silveira, j. 05.03.2002, D.J. 05.04.2002.

14 STF, ADI n. 286-RO, Tribunal Pleno, rel. Min. Maurício Correa, j. 22.05.2002, D.J. 30.08.2002.

da competência conferida ou, ao contrário, qualquer que fosse a omissão do legislador ordinário estadual já se estaria diante de benefício fiscal inadmissível.

Para efeito de raciocínio, admita-se que um estado simplesmente não institua o ICMS. Ou seja: o legislador tivesse sido plenamente omisso. Noutras palavras, haveria apenas uma não incidência. Seria, ainda assim, caso que exigiria a edição de convênio?

A resposta deve ser afirmativa: tendo em vista a importância que o constituinte deu ao mercado nacional (art. 219), não poderia ele tolerar que os estados, valendo-se do ICMS, instituíssem unilateralmente benefícios fiscais de qualquer sorte. Admitir diferenciações no ICMS é aceitar a divisão do próprio mercado nacional. O ICMS é, por natureza, um imposto nacional; o fato de ser cobrado estadualmente não lhe retira esse caráter. Daí o cuidado do constituinte, no art. 155, § 2º, XII, da Constituição Federal, ao definir relevante papel à lei complementar. Daí, enfim, a exigência de deliberação dos Estados e do Distrito Federal para a concessão de benefícios. Importa à ordem constitucional brasileira que esse imposto tenha elevado grau de uniformidade, para afastar a guerra fiscal.

Ou seja: no caso do ICMS, excetua-se a regra acima apontada no sentido de que o legislador ordinário teria ampla liberdade para instituir um tributo de sua competência; ao contrário, para esse imposto firma-se aqui o entendimento de que o legislador ordinário não pode deixar de instituí-lo, nos limites de sua competência. A não incidência *stricto sensu*, como a isenção, exigirá aprovação por todos os demais Estados e Distrito Federal, por meio de convênio.

É, sim, caso de exceção à regra de que cabe ao legislador ordinário, dentro de sua competência, decidir pela incidência. No caso do ICMS, essa liberdade foi suprimida pelo próprio constituinte, em prol do mercado nacional.

Assim, parece que também nesse caso não foi necessária a distinção entre isenção e não incidência *stricto sensu*, já que num e noutro caso ter-se-á situação que exigirá a deliberação dos Estados e Distrito Federal, mediante convênio.

Superados os obstáculos acima apontados, poder-se-ia crer que a distinção da isenção em face das demais hipóteses de não incidência seria inútil. Afinal, em ambos os problemas constitucionais apresentados, viu-se que foi possível encontrar uma solução que não exigisse a demarcação das fronteiras.

Não obstante, quando se estudarem as hipóteses de "exclusão" do crédito tributário, no Capítulo XVI, ver-se-á que também o Código Tributário Nacional preocupou-se com a isenção, dando-lhe um tratamento jurídico próprio. Com facilidade, notar-se-á que, para aquele Código, o regime de isenção é excepcional; por isso o cuidado extremo na sua concessão.

Já por este motivo, pode-se afirmar que, no Código Tributário Nacional, a isenção ocorre em situações especiais, consideradas e ponderadas pelo legislador. Genericamente, a não incidência *stricto sensu* não pode ser tachada de excepcional, já que abrange a larguíssima faixa das situações não contempladas pela incidência. Não faria sentido, daí, que o legislador complementar tivesse tanto cuidado com a não incidência *stricto sensu*. Ao contrário, o zelo do Código Tributário Nacional revela que a isenção a que ele se refere aponta para situações que exigem extremo controle e parcimônia.

Daí que, em vez de buscar distinguir entre a isenção e a não incidência *stricto sensu* com base no momento em que uma e outra operam (afinal, são simultâneas) ou seu efeito normativo (são identicamente formadoras dos contornos negativos da incidência), mais relevante é buscar diferenciar as situações em que o legislador, cuidando de certa matéria, dá-lhe características que a distinguem de outras que lhe são próximas.

5.2 Isenções técnicas e isenções próprias

A pergunta imediata é: o que faz uma situação próxima a outra e o que a distingue? Parece útil, neste ponto, retomar a discussão do Capítulo IV, quando se viu que para cada espécie tributária haverá uma característica que lhe dará fundamento (causa ou, mais modernamente, justificativa). Para os impostos, por exemplo, toma-se a capacidade contributiva. Assim, situações de igual capacidade contributiva implicariam, em princípio, tratamento tributário equivalente.

Poderá o legislador, assim, mantido o exemplo dos impostos, atuar em duas frentes: no sentido de igualar (tornar comparáveis) as situações de capacidade contributiva, ou, ao contrário, dar-lhes tratamento diferenciado. Fala-se em isenções técnicas (ou impróprias) e próprias (ou de subvenção)[15].

Isenções técnicas: Quando a atuação do legislador é no sentido de tornar comparáveis as situações a partir do critério da capacidade contributiva, tem-se que o emprego da isenção é meramente técnico: não há a excepcionalidade. O legislador apenas procurou descrever a hipótese de incidência, valendo-se de todos os artifícios que tinha à mão: seja uma descrição minuciosa e enumerativa, seja, alternativamente, uma descrição geral seguida de isenção, que estreita o alcance daquela hipótese.

Um exemplo pode ilustrar essa situação: o legislador, entendendo que a propriedade imobiliária revela objetivamente capacidade contributiva, define o IPTU a partir da propriedade de imóveis; considerando, entretanto, que um imóvel de pequenas dimensões ocupado por família que não possua outro bem imóvel pode ser elemento de sua subsistência (e daí fora do campo da capacidade contributiva), poderá o legislador declarar "isentos" tais imóveis. Seria o mesmo que o legislador ter declarado sujeitos ao IPTU os imóveis que ultrapassassem aquelas dimensões. Nesse caso, a isenção nada mais serve que para formar bases de cálculo comparáveis. Tem-se, em verdade, não obstante a técnica da isenção, mero contorno da incidência.

Como explica Bayer, tendo a lei tributária a função de prover às mãos públicas meios financeiros para o exercício de suas tarefas, vale-se o legislador de uma descrição hipotética, ampla o suficiente para atingir o maior número de situações fáticas. O perigo dessa opção legislativa é que o legislador pode acabar por incluir entre as situações sujeitas ao tributo caso que ele mesmo não consideraria adequado, isto é, caso não revelador de capacidade contributiva. Restam-lhe duas alternativas: já na descrição da hipótese de incidência, valer-se de características adicionais para precisar sua decisão, ou empregar uma norma de isenção. Assim, a isenção técnica tem a função de definição do próprio campo de incidência[16].

Um outro exemplo de isenção técnica pode auxiliar a sua compreensão. Tome-se o caso da isenção de dividendos. Sabe-se que pessoa jurídica e pessoa física são criações do direito; o que há, no mundo real, são indivíduos. Estes é que manifestam riqueza (*e.g.*, auferem renda) e capacidade

15 Cf. BIRK, Dieter. *Steuerrecht*. 6. ed. atualizada. Heidelberg: C.F. Müler, 2003, p. 28.

16 Cf. BAYER, Hermann-Wilfried. Die verfassungsrechtlichen Grundlagen der Wirtschaftslenkung durch Steuerbefreiung. *Steuer und Wirtschaft*, n. 2/1972, p. 149-156 (150).

contributiva. A captação da capacidade contributiva para fins tributários, entretanto, pode dar-se por diferentes meios ou técnicas. Daí que a renda pode ser tributada exclusivamente na figura da pessoa jurídica, ou exclusivamente na figura da pessoa física, ou em ambas as figuras, conforme a opção do sistema tributário em questão. São técnicas de tributação à disposição do legislador, todas legítimas, cada uma com vantagens e desvantagens. Portanto, a concentração da tributação da renda na pessoa jurídica, mediante a isenção dos dividendos que ela distribui para seus sócios (regime previsto pelo art. 10 da Lei n. 9.249/1995) é apenas uma dentre as diversas opções de tributar a renda. Nada impediria que se fizesse o oposto, isentando as pessoas jurídicas mas tributando seus sócios (como se fez para as sociedades civis de prestação de serviços profissionais relativos ao exercício de profissão legalmente regulamentada no regime do Decreto-lei n. 2.397/1987). Nesse sentido, então, a isenção de dividendos ou da pessoa jurídica, conforme o caso, são casos de isenção meramente técnica: é uma forma (dentre tantas) de desenhar o sistema tributário.

Isenções próprias (ou de subvenção): Outras situações haverá em que o legislador, não obstante a igualdade diante do critério primeiro de diferenciação (no caso dos impostos, a capacidade contributiva), ainda assim, procurará destacar um grupo dentre os "iguais", dando-lhe um tratamento diferenciado, mais benéfico que o genérico. Aqui, como no caso anterior, nada mais se tem que uma não incidência pela técnica da isenção. Entretanto, a excepcionalidade dessa situação exigirá controle. Caberá investigar a fundamentação para a diferenciação. Poderá ter fundamentos distributivos, simplificativos ou, o que é mais comum, indutores, servindo de instrumento para a intervenção do Estado no Domínio Econômico[17]. As normas tributárias atuam, muitas vezes, no sentido de incentivar contribuintes a adotarem comportamentos desejados pelo legislador. Vale-se o legislador da premissa de que os contribuintes buscam economizar tributos, para abrir uma válvula pela qual a pressão tributária é aliviada de modo dosado. Seria, como diz Bellstedt, uma espécie de elusão tributária guiada a distância, com efeitos pré-calculados[18].

A distinção entre as isenções técnicas e as próprias nem sempre é imediata. Num e noutro caso, o legislador atua de modo semelhante: descreve amplamente uma hipótese de incidência e posteriormente faz um recorte. O que se busca distinguir não é, portanto, o *modus faciendi,* mas a sua fundamentação, já que a excepcionalidade das isenções próprias exigirá maior atenção.

Enquanto em alguns casos, o caráter técnico da isenção é evidente e noutros não se justifica a isenção a partir desse aspecto, a realidade mostra que, no mais das vezes, surgem situações híbridas. Por exemplo: a possibilidade de se deduzirem da base de cálculo do Imposto de Renda das pessoas físicas os gastos com educação será vista, por alguns, como evidente caso técnico, já que a renda empregada com a educação de dependentes não revelaria qualquer capacidade contributiva, mas mero cumprimento de função estatal; outros apontariam a mesma hipótese entre as normas indutoras, já que o Estado oferece educação pública e, portanto, a escolha de uma escola particular seria uma liberalidade do contribuinte, financiada, parcialmente, pelo Estado.

Essa dificuldade pode ser evidenciada no exemplo norte-americano. Naquele país, por influência de Surrey, então secretário do Tesouro, defendeu-se a tese de que os tributos deveriam ter um caráter técnico, sendo pernicioso o emprego do tributo como meio de concessão de incentivos fiscais (subvenções disfarçadas). Por tal razão, decidiu-se que deveriam ser levantados, anualmente, os casos em que a tributação serviria para encobrir subvenções. Tornou-se mandatória a

17 Cf. SCHOUERI, Luís Eduardo. *Normas tributárias indutoras e intervenção econômica*. Rio de Janeiro: Forense, 2005, p. 206.

18 Cf. BELLSTEDT, Cristoph. *Die Steuer als Instrument der Politik*. Berlin: Ducker & Humblot, 1966, p. 298.

identificação das normas tributárias indutoras, que, enquanto subvenções, deveriam ter seus efeitos identificados no orçamento[19], passando-se a publicar, desde 1968, o *Tax Expenditure Budget*[20]. Ficaram ali evidenciadas as dificuldades práticas para a identificação exata dos montantes, reconhecendo o próprio Surrey, em textos do Secretário do Tesouro que se fazem acompanhar daquele *Budget*, suas limitações, ao afirmar que ali não se incluíram efeitos de várias normas, seja (i) porque não permitem dados exatos sobre o valor colocado à disposição (assim, por exemplo, normas de depreciação acelerada); ou (ii) porque a fundamentação para tratá-las como benefício, não como medida da renda, dependeria de uma argumentação muito técnica ou muito teórica (por exemplo: a tributação, ou não, da renda refletida no uso do próprio imóvel); e (c) porque seu valor individual seria muito baixo. Daí aquela autoridade norte-americana acabar reconhecendo o inevitável arbítrio nos critérios adotados[21].

Também no Brasil, a Receita Federal publica anualmente, cumprindo o mandamento do § 6º do art. 165 da Constituição Federal e do inciso II do art. 5º da Lei Complementar 101/2000, relatório intitulado "Demonstrativo dos Gastos Governamentais Indiretos de Natureza Tributária – Gastos Tributários". Do referido texto extrai-se o seguinte:

> *No entanto, o sistema tributário é permeado por desonerações. São consideradas desonerações tributárias todas e quaisquer situações que promovam: presunções creditícias, isenções, anistias, reduções de alíquotas, deduções ou abatimentos e adiamentos de obrigações de natureza tributária.*
> *Tais desonerações, em sentido amplo, podem servir para diversos fins. Por exemplo:*
>
> *a) simplificar e/ou diminuir os custos da administração;*
> *b) promover a equidade;*
> *c) corrigir desvios;*
> *d) compensar gastos realizados pelos contribuintes com serviços não atendidos pelo governo;*
> *e) compensar ações complementares às funções típicas de estado desenvolvidas por entidades civis;*
> *f) promover a equalização das rendas entre regiões; e/ou*
> *g) incentivar determinado setor da economia.*
>
> *Nos caso das alíneas "d", "e", "f" e "g", essas desonerações irão se constituir em uma alternativa às ações Políticas de Governo, ações com objetivos de promoção de desenvolvimento econômico ou social, não realizadas no orçamento e sim por intermédio do sistema tributário.*
> *Tal grupo de desonerações irá compor o que se convencionou denominar de gastos tributários*[22].

Revela-se, no estudo da Receita Federal do Brasil, inicialmente, que nem toda desoneração é um desvio da normalidade. Veja-se que os casos das alíneas "a" a "c" são apontados como usuais; apenas as demais são as políticas de governo, que se consideram inseridas no conceito de gastos tributários. Entretanto, quando o estudo pretende destacá-las, revela sua dificuldade:

> *Questionamentos sobre o que vem a ser uma estrutura normal de tributação, no entanto, aparecem. Sistemas de tributação com características diversas são possíveis, os mesmos sendo*

---

19 Cf. RUPPE, Hans Georg, *Das Abgabenrecht als Lenkungsinstrument der Gesellschaft und Wirtschaft und seine Schranken in den Grundrechten.* Wien: Manzsche Verlags- und Universitätsbuchhandlung, 1982, p. 48.

20 Cf. VOGEL, Klaus. Die Abschichtung von Rechtsfolgen im Steuerrecht. *Steuer und Wirtschaft*, n. 2/1977, p. 97-121 (98).

21 Cf. SURREY, Stanley S. Steueranreize als ein Instrument der staatlichen Politik. *Steuer und Wirtschaft*, n. 4/1981, p. 359-377 (360).

22 Disponível em: <http://www.receita.fazenda.gov.br/publico/EstudoTributario/BensTributarios/2009/DGT2009.pdf>.

igualmente eficientes. Normalmente os sistemas tributários, historicamente, foram organizados para atender a características peculiares dos países – motivo pelo qual é difícil, no presente momento, que dois países possuam a mesma formulação de sistemas tributários.

Na teoria, as seguintes características podem ser identificadas em um sistema tributário e, portanto, devem ser consideradas parte integral da regra tributária:

1. *Contribuintes em situações equivalentes devem estar sujeitos a obrigações similares (equidade);*
2. *Contribuintes com maior renda podem estar sujeitos a obrigações mais que proporcionais que os de menor renda (proporcionalidade);*
3. *A tributação não deve alterar a alocação dos recursos na economia (neutralidade).*

Toda desoneração que promovesse desvios em relação às características colocadas acima, e ao mesmo tempo tivesse a intenção de promover alguma ação de governo seria considerada como sendo um gasto tributário. Por outro lado, a alteração que promovesse uma aproximação das regras tributárias com aquelas características expostas anteriormente, deveriam ser consideradas como parte da própria estrutura tributária[23].

Eis, mais uma vez, a ideia da isenção técnica (que promove uma aproximação das regras tributárias às máximas da tributação), contraposta à isenção própria (desvio), a última exigindo o controle por parte da sociedade.

5.3 Uma última palavra sobre as isenções técnicas e as isenções próprias

Quando se examinam os demonstrativos elaborados pela Receita Federal do Brasil, verifica-se o cuidado de seus autores, que chegam ao ponto de identificar, para cada benefício, uma função orçamentária, buscando, daí, reconhecer a semelhança do incentivo a um gasto. Entretanto, as dificuldades acima apontadas acabam se revelando. Encontra-se no demonstrativo, por exemplo, o caso da isenção dos rendimentos da aposentadoria de maiores de 65 anos. Embora se possa entender como gasto tributário (forma indireta de gasto da previdência), não faltará quem argua que ali se encontra, na verdade, medida visando a afastar rendimentos que não revelem capacidade contributiva.

Vê-se, daí, a importância de que no estudo da isenção própria se compreenda que se ilumina, ali, o aspecto excepcional do instituto, buscando as consequências jurídicas da diferenciação. Não se descarta, com isso, possa a mesma isenção encontrar justificativas técnicas que permitam sua subsistência no sistema, independentemente do caráter indutor que se investigue.

Ou seja: a distinção entre isenções técnicas e isenções próprias não pode ser feita a partir de características conceituais. Embora haja, sem dúvida, situações que seguramente se inserirão numa categoria e outras que apenas se enquadram na outra, as fronteiras entre ambas se revelam permeáveis. No mais das vezes, um mesmo dispositivo poderá fazer as vezes de isenção técnica e de isenção própria.

Claramente: isenções técnicas e isenções próprias não são categorias excludentes; não há, nos estritos termos, uma classificação, mas mera descrição tipológica.

No Capítulo VI retomar-se-á a ideia de que o conhecimento científico pode dar-se por aproximação tipológica. Por este momento, basta ressaltar que tal estudo apresenta a utilidade de

23 Op. loc. cit. (nota 22).

descrever situações ideais, não excludentes. Identificado um tipo e suas características, pode-se inferir seu regime jurídico, sem excluir que a mesma situação possa reunir igualmente elementos de outros tipos.

No caso específico das isenções, o raciocínio tipológico ganha especial relevo, já que, a partir dele, propõe-se a análise da isenção por uma aproximação funcional.

Essa análise funcional é a mais adequada para o estudo função indutora das normas tributárias em geral e, em especial, para o destaque das isenções próprias. Como já ensinou Tercio Sampaio Ferraz Júnior, "Nem todas as normas exercem, simultaneamente, a mesma função com o mesmo grau de intensidade. Uma norma de proibição certamente visa bloquear um comportamento. A função de bloqueio é nela evidente e primária. A função de resguardo, nesse caso, é secundária (...). Por fim normas há em que a função de programa é primária, caso de muitas das chamadas normas programáticas. (...) Nesse caso, a função de bloqueio é secundária e obtida a *contrario sensu*"[24].

É justamente da ponderação de que as três funções acima arroladas não se excluem, podendo estar presentes numa mesma norma, que se compreende que a distinção entre a isenção técnica e a isenção própria pode ver-se frustrada. A esse tema dedicou-se Klaus Vogel, o qual, diferentemente dos autores que buscavam, a partir da finalidade, identificar o fenômeno das normas tributárias indutoras, como categoria gnosiológica independente, preferiu partir de critérios funcionais, reconhecendo que uma mesma norma tributária desempenhe mais de uma função.

A essa análise, Vogel denominou *Abschichtung*, que se pode traduzir por "corte", ou "estratificação": depois de reconhecer que as normas tributárias, especialmente as do Imposto de Renda, incluem um sem-número de pressupostos positivos e negativos, propõe o "corte", como se se "soltassem", abstratamente, daquela série de normas determinações individualizadas, juntamente com consequentes a elas relacionados, como um complexo normativo fechado em si mesmo[25]. Nessa abstração, estuda-se a função indutora da norma tributária, deixando-se de lado outros efeitos, igualmente presentes[26]. Não se descarta, daí, a possibilidade de a norma ter função distribuidora ou simplificadora; a presença de tais funções poderá, ou não, ocorrer nas normas tributárias examinadas, sem por isso perderem elas o interesse do estudo. Nesse sentido, parece assistir razão a Gawel e Ewringmann, para quem a oposição entre normas indutoras e arrecadadoras constitui uma dicotomia artificial[27].

Daí que se torna possível o reconhecimento da categoria das isenções, iluminando seu aspecto indutor de comportamento (isenções próprias), sem com isso descartar possam elas cumprir função de definir a incidência: no lugar de se buscar classificar as isenções, como se fossem elas ou técnicas ou próprias, agrupam-se todas as situações em que o legislador cria situações excepcionais, com regime jurídico benéfico, dando-se a esse grupo a denominação de isenções (próprias).

---

24 Cf. FERRAZ JÚNIOR, Tercio Sampaio. *Introdução ao estudo do Direito*: técnica, decisão, dominação. 2. ed. São Paulo: Atlas, 1994, p. 200.

25 Cf. VOGEL, Klaus. Op. cit. (nota 20), p. 97-98.

26 Interessante notar que em seu estudo pioneiro, de 1926, Dora Schmidt já intuía a possibilidade de o estudo teórico dividir o imposto em seu componente fiscal (igual para todos) e o adicional extrafiscal. Cf. SCHMIDT, Dora. *Nichtfiskalische Zweck der Besteuerung*. Ein Beitrag zur Steuertheorie und Steuerpolitik. Tübingen: Verlag J.C.B. Mohr (Paul Siebeck), 1926, p. 14.

27 Cf. GAWEL, Erik; EWRINGMANN, Dieter. Lenkungsabgaben und Ordnungsrecht. *Steuer und Wirtschaft*, n. 4/1994, p. 295-311 (306).

6 Outras figuras: alíquota zero e redução de base de cálculo

Por outros modos pode o legislador, positivamente, atacar a norma de incidência, reduzindo sua abrangência. Comuns são os casos de redução de alíquota (até alíquota zero) ou de base de cálculo.

Do ponto de vista matemático, não haverá quem ouse negar que, ao reduzir a zero a alíquota de um tributo, o legislador acaba por afastar qualquer pretensão tributária. Ter-se-á, então, efeito idêntico ao da isenção. Poder-se-á, a rigor, dizer que na redução da alíquota mutila-se a regra de incidência em seu aspecto quantitativo, enquanto na isenção a mutilação se dá no aspecto material, temporal, pessoal ou espacial. Em qualquer caso, restringir-se-á o campo de incidência da norma.

Entretanto, a *redução de alíquota* – chegando a *alíquota zero* – tem peculiaridade que não deve ser deixada de lado. Ver-se-á, no Capítulo VII, que via de regra o Princípio da Legalidade exigirá que a própria lei fixe a hipótese de incidência tributária em todos os seus aspectos, não deixando qualquer margem para a atuação do Poder Executivo. Essa regra, porém, apresenta exceções, nos casos dos impostos aduaneiros, do IPI e do IOF. Nesses casos – como se verá – surge a mitigação da Legalidade, já que o Constituinte expressamente autorizou que o legislador apenas disponha sobre os limites dentro dos quais será fixada a alíquota; esta, por sua vez, será estabelecida pelo Poder Executivo, posto que dentro daqueles limites. Ora, se o legislador, ao estabelecer os limites da alíquota de um imposto, escolhe a alíquota zero como o mínimo, então o Poder Executivo poderá fixar aquela alíquota dentro de sua atribuição. Contudo, tendo em vista que para aqueles impostos, o papel do legislador se restringe aos limites, o Poder Executivo poderá, igualmente, fixar outra alíquota, dentro dos mesmos parâmetros, sem que se faça necessária edição de lei.

Ou seja: a alíquota zero é matéria de competência do Poder Executivo, para determinados impostos previstos taxativamente pela Constituição Federal. É uma das diversas alíquotas, dentro da faixa estabelecida pela lei, colocadas à disposição do Poder Executivo. Não se confunde, destarte, com os casos de isenção, já que esta pressupõe ato do Poder Legislativo.

Outra peculiaridade da alíquota zero que merece nota é que, em regra, o expediente surge para os impostos que, a par de não se dobrarem aos rígidos limites da Legalidade estrita – por admitirem discricionariedade do Poder Executivo na sua fixação –, tampouco se sujeitam aos mesmos parâmetros da Anterioridade. Como se verá no Capítulo VII, também o Princípio da Anterioridade admite exceções, podendo em alguns casos a alíquota do tributo ser elevada de modo imediato, ou sem aguardar o início do exercício financeiro subsequente. Eis, mais uma vez, uma oportunidade para a alíquota zero.

A *base de cálculo reduzida* é recurso que muito se aproxima da isenção. Na vigência do sistema constitucional anterior, tinha a redução de base de cálculo função semelhante à redução de alíquota, já que se admitia que não só a alíquota fosse fixada pelo Poder Executivo, mas também a base de cálculo. Hoje, não há exceção ao mandamento constitucional de que a base de cálculo do tributo seja fixada por lei. Nesse sentido, a base de cálculo reduzida sofre idêntica restrição aplicável a qualquer outra hipótese de isenção, não havendo, por esse aspecto, motivo para seu tratamento em separado.

Por que, então, ainda existem bases de cálculo reduzidas? Uma primeira explicação poderia ser encontrada para os casos dos tributos para os quais o princípio da anterioridade nonagesimal não se aplica exclusivamente no que se refere à base de cálculo. Como se verá no Capítulo VII, é esse o caso do IPVA e do IPTU.

A redução de base de cálculo surge, também, com frequência no âmbito do ICMS. Nesse caso, pode o expediente ser uma tentativa de burlar o mandamento da Lei Complementar n. 24/75, que exige a edição de convênio para a concessão de qualquer benefício fiscal. Tentativa tosca, vale dizer, porque contraria aquela lei complementar. Ainda, tendo em vista que as alíquotas do ICMS se veem em diversas situações fixadas (art. 155, § 2º, IV, da Constituição Federal) ou limitadas (art. 155, § 2º, V e VI, da Constituição Federal) pelo Senado Federal, a redução de base de cálculo pode ser um recurso para que, em termos matemáticos, se chegue a outra alíquota efetiva, sem que seja preciso resolução daquele colegiado. A constitucionalidade de tal expediente parece questionável, já que, se o constituinte conferiu ao Senado a competência para controlar as alíquotas, a manipulação da base de cálculo revela-se burla ao mandamento.

Caso semelhante de burla de limite constitucional valendo-se do expediente de redução da base de cálculo foi julgado pelo STF, tratando de lei municipal que teria esvaziado a base de cálculo do ISS, de sorte a contornar a alíquota mínima estabelecida pelo art. 88 do ADCT.

Assim como se dá no ICMS, existe o problema de Guerra Fiscal em relação ao ISS, pois os Municípios e o Distrito Federal poderiam conceder benefícios fiscais para atrair prestadores de serviços, de modo a neles se estabelecerem. Como, em regra, o ISS é cobrado do prestador de serviço, considerando normalmente o local de prestação onde está o seu estabelecimento, basta, por exemplo, que ele se estabeleça em determinado Município onde o ISS é menor, mas preste serviços ao Município vizinho. Se esse fenômeno é mais comum quando há conurbação (*e.g.*, São Paulo e Barueri), o problema se acirra ao se levar em conta a possibilidade de prestação de serviços a distância por conta da economia digital.

De qualquer modo, o art. 156, § 3º, da Constituição determina que cabe à lei complementar fixar as alíquotas máximas e mínimas do ISS. No entanto, por força do art. 88 do ADCT, enquanto lei complementar não as disciplinar, o ISS terá alíquota mínima de dois por cento, exceto para um serviço ou outro. Ademais, o inciso II do art. 88 do ADCT dispõe que "não será objeto de concessão de isenções, incentivos e benefícios fiscais, que resulte, direta ou indiretamente, na redução" de tal alíquota mínima.

Fato é que, embora, de acordo com o art. 7º da Lei Complementar n. 116/2003, a base de cálculo do ISS seja o preço do serviço, alguns Municípios instituíram o ISS, mas excluíram diversos valores da base de cálculo cobrada. Como para um prestador de serviços a receita bruta compreende todos os preços dos serviços prestados, tais Municípios simplesmente instituíram ISS sobre a receita bruta, mas excluindo dela o IRPJ, a CSL, o PIS e a COFINS.

Em outras palavras, o benefício fiscal que se buscou era mais sofisticado do que instituir uma alíquota zero ou uma redução da base de cálculo. Repetiu a base de cálculo da referida Lei Complementar, mas excluindo alguns valores, o que, ao final do dia, reduzia o valor a recolher.

Ao se deparar com essa questão na ADPF 190/SP, o STF entendeu que "[é] inconstitucional lei municipal que veicule exclusão de valores da base de cálculo do ISSQN fora das hipóteses previstas em lei complementar nacional. Também é incompatível com o Texto Constitucional medida fiscal que resulte indiretamente na redução da alíquota mínima estabelecida pelo art. 88 do ADCT, a partir da redução da carga tributária incidente sobre a prestação de serviço na territorialidade do ente tributante". Afinal, nas palavras do Min. Luís Roberto Barroso, houve uma "redução brusca da base tributária do ISSQN pela manipulação inconstitucional de uma das variáveis que compõem o aspecto quantitativo do tributo"[28].

Conquanto em tais casos o dispositivo violado (leia-se o art. 88 do ADCT) utilize expressões como "incentivos e benefícios fiscais" e não somente "isenção ou não incidência" como no caso do ICMS, pode ser que tal decisão seja tida como precedente para situações nas quais o dispositivo utilize apenas "isenção", "não incidência", "redução de base de cálculo" ou ainda "redução de alíquota".

A redução de base de cálculo surge, ainda, como expediente simplificativo: o legislador reduz a base de cálculo, ao mesmo tempo que proíbe o aproveitamento de créditos de ICMS. A restrição ao aproveitamento de créditos em tal caso chegou a ser rejeitada pelo Supremo Tribunal Federal. Com efeito, a Constituição Federal apenas prevê a restrição ao aproveitamento do crédito do imposto nos casos de isenção ou não incidência do ICMS (art. 155, § 2º, II, da Constituição Federal); se não havia isenção, mas redução de base de cálculo, entendeu o Tribunal que não poderia haver restrição ao aproveitamento do crédito[29]. Esse posicionamento, entretanto, foi posteriormente alterado[30], prevalecendo, atualmente, a visão de que a redução de base de cálculo nada mais é que uma isenção parcial, de modo que, se é permitida a restrição ao crédito na isenção, igual possibilidade se estende à redução de base de cálculo. O Plenário do Supremo Tribunal Federal assim decidiu a matéria com repercussão geral[31]:

> Recurso Extraordinário. 2. Direito Tributário. ICMS. 3. Não cumulatividade. Interpretação do disposto art. 155, § 2º, II, da Constituição Federal. Redução de base de cálculo. Isenção parcial. Anulação proporcional dos créditos relativos às operações anteriores, salvo determinação legal em contrário na legislação estadual.

---

28 STF, ADPF n. 190-SP, Tribunal Pleno, rel. Min. Edson Fachin, j. 29.09.2016, D.J. 27.04.2017, p. 52. No mesmo sentido, STF, ADPF n. 189-SP, Tribunal Pleno, rel. Min. Marco Aurélio, redator p/ acórdão Min. Edson Fachin, j. 31.08.2020.

29 STF, RE n. 161.031-MG, Tribunal Pleno, rel. Min. Marco Aurélio, j. 24.03.1997, D.J. 06.06.1997.

30 STF, RE n. 174.478-SP, Tribunal Pleno, rel. Min. Marco Aurélio, rel. p/ acórdão Min. Cezar Peluso, j. 17.03.2005, D.J. 30.09.2005.

31 STF, RE n. 635.688-RS, Tribunal Pleno, rel. Min. Gilmar Mendes, j. 16.10.2014, D.J. 12.02.2015.

4. Previsão em convênio (CONFAZ). Natureza autorizativa. Ausência de determinação legal estadual para manutenção integral dos créditos. Anulação proporcional do crédito relativo às operações anteriores. 5. Repercussão geral. 6. Recurso extraordinário não provido.

Não é demais registrar que o posicionamento do Supremo Tribunal Federal não fica livre de críticas. Afinal, ainda que a redução da base de cálculo equivalesse a uma isenção parcial, não é óbvio que na presença desta se possam restringir os créditos relativos a operações anteriores. Sem que se entre no mérito do princípio da não cumulatividade por este momento, não é demais ver que uma "isenção parcial" é um caso de incidência do imposto, posto que por valor inferior. Ocorre, de todo modo, um fato jurídico tributário. Diferente, pois, da isenção (plena), quando não há falar em surgimento da obrigação tributária. De qualquer forma, verifica-se que, no atual posicionamento do Supremo Tribunal Federal, já não há que diferenciar a redução de base de cálculo de outros casos de isenção.

capítulo | VI

Sistema tributário e discriminação de competências tributárias

1 Competência tributária

O estudo do sistema tributário brasileiro revela que o constituinte optou por conferir a cada uma das pessoas jurídicas de direito público um campo próprio para instituir seus tributos. Chama-se competência tributária tal faculdade.

Compreende, nos termos do art. 6º do Código Tributário Nacional, a *competência legislativa plena*, a identificar que nenhuma das pessoas jurídicas de direito público necessita da autorização de outro ente federado para instituir seus tributos.

É corrente a lição de que a competência é matéria exclusivamente constitucional: o constituinte, detentor do poder soberano, teria distribuído matéria taxativa e imutável, parcelas desse poder a cada uma das pessoas jurídicas de direito público, que passariam a exercer esse poder (competência) de modo exclusivo. A ideia, posto que atraente e largamente adotada, pode ser enfrentada quando se investiga o papel da lei complementar nesse âmbito. Neste capítulo, evidenciar-se-ão dificuldades que o raciocínio assim exposto enfrenta, propondo-se, a partir de uma visão tipológica, tratamento diverso da matéria.

1.1 Competência tributária e capacidade tributária ativa

Alerte-se desde já que a competência legislativa nada tem a ver com a capacidade para arrecadar os tributos, já que esta sim é delegável, nos termos do art. 7º, *caput*, e § 3º do Código Tributário Nacional.

Já a competência tributária é indelegável e, mesmo que não seja exercida por uma pessoa jurídica de direito público, não pode outra valer-se do vácuo para instituir tributo fora de sua competência. É o que se extrai dos arts. 7º e 8º do Código Tributário Nacional:

> *Art. 7º A competência tributária é indelegável, salvo atribuição das funções de arrecadar ou fiscalizar tributos, ou de executar leis, serviços, atos ou decisões administrativas em matéria tributária, conferida por uma pessoa jurídica de direito público a outra, nos termos do § 3º do art. 18 da Constituição.*
>
> *(...)*
>
> *§ 3º Não constitui delegação de competência o cometimento, a pessoas de direito privado, do encargo ou da função de arrecadar tributos.*
>
> *Art. 8º O não exercício da competência tributária não a defere a pessoa jurídica de direito público diversa daquela a que a Constituição a tenha atribuído.*

1.2 Competência tributária e competência legislativa

Tampouco se confunde a competência tributária com a competência para legislar sobre Direito Tributário. Aquela, como afirmado, versa sobre a instituição de tributos, enquanto a última cogita normas gerais tributárias.

Afinal, o art. 24 da Constituição Federal inclui no campo da competência concorrente a legislação sobre Direito Tributário. Nesse campo, à União cabe editar normas gerais (no caso, mediante lei complementar, por força do art. 146 da Constituição Federal), podendo os Estados e Distrito Federal suplementar aquelas, ou, inexistindo normas gerais, eles exercem competência plena; sobrevindo norma geral federal, fica suspensa a eficácia da lei estadual ou do Distrito Federal.

2 Repartição de competências tributárias

Numa primeira aproximação, não haveria razão para o constituinte ter repartido as competências tributárias. A discriminação de competências tributárias não é requisito de um sistema federal[1]. Este exige que se assegure às pessoas jurídicas de direito público autonomia financeira. Entretanto, autonomia financeira implica discriminação de rendas, o que não se confunde com discriminação de competências.

Nos Estados Unidos, por exemplo, encontra-se a convivência de tributos federais e locais (com a mera reserva de poucos), sem que de tal bitributação se extraia qualquer inconveniência ao funcionamento da federação. O que importa é assegurar que os integrantes da federação tenham autonomia financeira, i.e., que tenham orçamentos próprios, com recursos assegurados independentemente de repasses de outros entes. Não é sem razão, nesse sentido, que já se disse que "foi a discriminação de rendas a causa última e decisiva da criação da figura jurídica e política do Estado Federal"[2].

Entretanto, não há como ter dúvida de que o constituinte brasileiro optou pela repartição de competências. É bem verdade que o texto constitucional não tem um mandamento expresso vedando a cumulação de competências; o regime de repartição de competências se extrai, ao contrário, quando se nota, da leitura dos arts. 153, 155 e 156, que o constituinte conferiu respectivamente à União, aos Estados e aos Municípios, alguns campos para instituírem impostos enquanto o 147 diz em que casos a União pode cobrar tributos dos estados e municípios, bem como dispõe sobre a extensão da competência do Distrito Federal[3]. Esse cuidado do constituinte mostra que, *a princípio*, o texto de 1988 introduziu campos de competência privativa: são excepcionais os casos em que os impostos atribuídos primeiro a uma pessoa jurídica de direito público podem ser cobrados por outra. Ou seja: excetuadas as situações de iminência ou efetiva guerra externa (art. 154, II), ficará reservado a cada uma das pessoas jurídicas de direito público um campo de competência, sem sobreposição. Não sendo o caso da guerra externa ou sua iminência, a sobreposição implicará invasão de competência.

---

1 Cf. DÓRIA, Antonio Roberto Sampaio. *Discriminação de rendas tributárias*. São Paulo: José Bushatsky, 1972, p. 15.

2 Cf. BALEEIRO, Aliomar. *Uma introdução à ciência das finanças*. vol. 1. Rio de Janeiro: Forense, 1955, p. 292.

3 "Art. 147. Competem à União, em Território Federal, os impostos estaduais e, se o Território não for dividido em Municípios, cumulativamente, os impostos municipais; ao Distrito Federal cabem os impostos municipais".

Pois bem. Se o constituinte não precisaria, em nome do princípio federativo, prever competências tributárias privativas mas decidiu fazê-lo, importa buscar compreender quais foram os critérios que ele adotou.

3 Repartição de competências: em busca de uma visão sistemática

A chave para a compreensão sistemática da repartição de competências está na diferenciação dos tributos segundo sejam vinculados ou não.

Afinal, para os tributos vinculados, cuja justificação está no sinalagma, como se verá abaixo, o tema da competência tributária confunde-se com a própria atribuição constitucional de competências materiais. Se o tributo se justifica e é devido em virtude de uma atuação estatal que pode ser imputada a um contribuinte, ou a um grupo de contribuintes, a competência tributária não pode ser desvinculada da atribuição constitucional para a atuação que justificou a tributação.

Por essa razão é que para as taxas surgiu, na doutrina alemã, o conceito de competência anexa. Naquele país, o texto constitucional sequer cogita competência para instituir taxas. Refere-se apenas aos impostos. Contudo, a doutrina e a jurisprudência entenderam que a competência para instituir taxas está vinculada (anexa) à competência material: se o constituinte atribuiu a uma pessoa jurídica de direito público determinada tarefa, estaria implícita a possibilidade de o Poder Público ressarcir-se dos gastos incorridos. Assim, quem tem competência material para a prática de determinado ato administrativo tem competência, também, para decidir sua intensidade e, portanto, os gastos necessários; a consequência é que a competência para taxar tem seu limite na própria competência do ato administrativo[4].

Luciano Amaro também explica que "para os tributos cuja exigência depende de determinada atuação estatal, referível ao contribuinte, o *critério de partilha* se conecta com essa atuação: quem estiver desempenhando legitimamente tem competência para cobrar o tributo"[5].

A esse respeito, parece acertado o raciocínio de Raquel Cavalcanti Ramos Machado, a qual afasta a ideia de que haveria competência comum, nesses casos, entre União, Estados, Distrito Federal e Municípios. Afinal, embora o capítulo da Constituição voltado ao sistema tributário não divida as competências, outra parte da Constituição assim o faz. Por exemplo, ninguém ousaria dizer que tanto Municípios quanto a União poderiam instituir "taxas sobre a expedição de passaportes, ou sobre a concessão de licença para o funcionamento de restaurantes", pois aquela compete à União, ao passo que a última aos Municípios. Ademais, como explica a autora, nem seria correto afirmar que haveria uma "dupla cobrança ou sobreposição" em situações nas quais os entes guardam competência administrativa comum, nos termos do art. 23 da Constituição. Em tal situação, existiriam "taxas distintas por atuações próprias de entes diferentes, apesar de versarem matéria semelhante"[6].

Ou seja, a competência tributária no caso dos tributos vinculados liga-se à competência anexa de

4 Cf. WENDT, Rudolf. *Die Gebühr als Lenkungsmittel*. Hamburg: Hansischer Gildenverlag, Joachim Heitmann & Co., 1975, p. 32-36.

5 AMARO, Luciano da Silva. *Direito Tributário brasileiro*. 14. ed. São Paulo: Saraiva, 2008, p. 96.

6 MACHADO, Raquel Cavalcanti Ramos. Competência Tributária: entre rigidez do sistema e a atualização interpretativa. São Paulo: Malheiros, 2014, p. 36.

cada ente, sendo possível que mais de um ente tenha competência sobre tributo parecido, mas sem que falte o caráter de exclusividade, uma vez que cada um só poderá cobrar por sua atividade.

No caso dos tributos não vinculados, voltados a satisfazer às necessidades gerais da sociedade, entretanto, não há uma relação imediata entre a hipótese tributária e os encargos públicos.

Não há nenhuma ligação entre o antecedente e o consequente da norma que institui um imposto; seu vínculo dá-se exclusivamente pela lei. Diverge, nesse ponto, de uma norma de direito privado, em que não é difícil encontrar um vínculo entre o antecedente e o consequente. Por exemplo, se o antecedente se refere a causar dano a bem de outrem e o consequente aponta para o dever de indenizar, pode-se verificar a relação entre os dois elementos da norma. Já na matéria tributária essa relação é mais fluida. O fato de alguém possuir um automóvel não implica, por raciocínio lógico, algum consequente, como o de pagar um imposto sobre aquela propriedade. É o legislador que escolhe as hipóteses tributárias e as vincula ao dever de pagar impostos.

Como visto no estudo das espécies tributárias, no caso dos tributos não vinculados, a justificação está na solidariedade, que se reflete, em matéria tributária, no princípio da capacidade contributiva: as situações que darão ensejo à tributação deverão ser suficientes para identificar aqueles, dentro da comunidade, que têm condições de arcar com os gastos de interesse de todos, dentro da máxima de que todos devem contribuir, mas cada qual conforme suas posses.

O problema é que são muitos os fenômenos econômicos passíveis de se tornarem alvos da incidência tributária.

No Capítulo I, já foi mostrado que, na verdade, a tributação sempre se dá sobre a renda; evidenciou-se, porém, que são vários os momentos em que a renda pode ser atingida, decorrendo daí a variedade de tributos que podem ser criados.

Sendo diversos os fenômenos que revelam – cada um a seu modo – um aspecto de capacidade contributiva, reaparece a questão do porquê da repartição de competências. O que estaria por trás da decisão constitucional de repartir rigidamente as competências tributárias?

A resposta passa pela capacidade contributiva, que justifica tais tributos. Se é certo que os fenômenos econômicos sujeitos à tributação revelam capacidade contributiva, não menos correto é afirmar que, se várias pessoas jurídicas de direito público atingirem um mesmo fenômeno, então haverá o risco de a cumulação de incidências acabar por ultrapassar a capacidade contributiva ali manifestada.

Na segunda edição de seu manual do Direito Tributário, Albert Hensel sustentou que os impostos extrairiam sua característica predominante a partir de seu efeito econômico (*Wirtschaftliche Wirkung der Steuer*)[7]. A ideia do efeito econômico influenciou, também, a corte fiscal do *Reich* alemão (*Reichsfinanzhof*), destacando-se, nesse sentido, decisão proferida em 17.11.1923, quando a corte se viu diante da necessidade de interpretar dispositivo constitucional de então que vedava aos estados instituírem impostos semelhantes (*gleichartig*) àqueles federais. A questão que se apresentava era saber quando um imposto era semelhante aos já existentes, ou quando se tratava de algo novo.

---

7 Cf. HENSEL, Albert. *Steuerrecht*. 2. ed., 1927, p. 22 apud CZISNIK, Marianne. Die Gleichartigkeit von Steuern im System der Finanzverfassung. *Die Öffentliche Verwaltung*, caderno 24, dez. 1989, p. 1065-1072.

Decidiu a corte que o dispositivo constitucional – seguindo o texto constitucional que o antecedera – visava garantir uma exclusividade ao *Reich* sobre os seus impostos. Tal exclusividade implicaria uma consideração econômica: todo imposto visa sugar de determinada manifestação da vida econômica parte de sua força para o fim de atender às necessidades do estado. Os estados e comunidades não podem sugar de onde o *Reich* já está sugando (*Wo das Reich schöpft, sollen nicht auch die Länder und Gemeinden schöpfen dürfen*)[8].

Eis, portanto, a chave para a compreensão da discriminação de competências, no caso de tributos não vinculados: por meio da rígida repartição, protege-se o contribuinte contra o exagero de tributação (*Überbesteuerung*)[9]. Se a União já tributa, não devem outras pessoas jurídicas de direito público instituir tributos e vice-versa.

Na verdade, esse raciocínio apresenta uma falha que se extrai da compreensão econômica dos tributos. Como visto com vagar no capítulo I, não é exata a afirmação de que haveria diversas fontes de tributação: o tributo incide, sempre, sobre a renda. O que há, sim, são diversas manifestações da renda (auferida, poupada, consumida) ou, mais exatamente, diversos momentos em que se pode tributar a renda.

Daí que a repartição constitucional de rendas tributárias não se dá por conta de diversas fontes mas, retomando a ideia de Hensel, por seu efeito econômico. Ou seja: repartem-se as ocasiões em que se dará a tributação para que todas as pessoas jurídicas de direito público não se vejam intituladas a tributar, simultaneamente, a renda.

Excesso de tributação, portanto, já não mais aparece vinculado ao *quantum*, mas ao momento. O que o constituinte quis evitar foi uma concentração de incidências tributárias numa única manifestação da capacidade contributiva.

Efetivamente, a ideia de capacidade contributiva como índice para saber quem, dentro de uma comunidade, tem maior capacidade de contribuir para os gastos de interesse de todos (solidariedade) ganha em complexidade num Estado federal, com múltiplas incidências. Afinal, é razoável esperar que um legislador, ao instituir um novo tributo, leve em consideração quanto o fenômeno econômico é adequado para revelar capacidade contributiva e assim apenas esta seja atingida. O legislador, diante das circunstâncias em que a manifestação da capacidade contributiva ocorre, decidirá como deve ser atingido o contribuinte. Ou seja: espera-se que um legislador não atue com excesso, tendo em conta o momento em que se dá a tributação. Agora, se duas pessoas jurídicas de direito público, simultaneamente, instituírem imposto sobre o mesmo fenômeno econômico (uma mesma manifestação da renda), haverá o risco de a somatória dos impostos ultrapassar a própria capacidade do contribuinte.

Vê-se, pois, na visão sistemática ora proposta, que o tema da repartição de competências foi resolvido, pelo constituinte, conforme as seguintes diretrizes:

- Para os tributos vinculados, justificados pelo sinalagma, a competência se resolve a partir do conceito de competência anexa: quem tem a atribuição para a atividade estatal terá, igualmente, competência tributária;

---

8 Apud MARKULL, Wilhelm. Gleichartige Steuern. *Vierteljahresschrift für Steuer und Finanzrecht*, ano 4, 1930, p. 535; 544-545.

9 Cf. TIPKE, Klaus. Über die Gleichartigkeit von Steuern. *Steuer und Wirtschaft*, n. 3/1975, p. 242-251.

- Para os tributos não vinculados, justificados pela capacidade contributiva, o próprio constituinte trata de atribuir as competências tributárias, tomando o cuidado de afastar a cumulação de competências, distribuindo, daí, o poder tributário entre as diversas ocasiões em que se manifesta aquela capacidade.

4 A repartição de competências segundo as espécies tributárias

É na Constituição Federal que se encontra positivada a repartição de competências tributárias.

A partir do art. 145, desenha-se um sistema em que cada espécie tributária é alocada à competência de uma ou mais pessoas jurídicas de direito público, conforme se vê na seguinte tabela:

Espécie Tributária	Dispositivo Constitucional	Competência
Imposto	145, 147, 153, 154, 155 e 156	Privativa: União, Estados, Distrito Federal e Municípios (*vide* tabela abaixo para ver os tributos que podem ser instituídos por ente da Federação). Cumulativa: União (territórios) e Distrito Federal (tributos municipais). Extraordinária: União (em caso de guerra externa ou sua iminência). Residual: União.
Taxa	145	Privativa: União, Estados, Distrito Federal e Municípios (competência anexa).
Contribuição de melhoria	145	Privativa: União, Estados, Distrito Federal e Municípios (competência anexa).
Empréstimo compulsório	148	Privativa: União.
Contribuição social	149, 195	Privativa: União, cobrada: I – do empregador, da empresa e da entidade a ela equiparada; incidente sobre: a) Folha de salários e demais rendimentos do trabalho pagos ou creditados, a qualquer título, a pessoa física que lhe preste serviço, mesmo sem vínculo empregatício; b) Receita ou faturamento; c) Lucro; II – do trabalhador e dos demais segurados da previdência social, não incidindo contribuição sobre aposentadoria e pensão concedidos pelo regime geral de previdência social; III – sobre receita de concursos de prognósticos; IV – do importador de bens ou serviços do exterior, ou de quem a lei a ele equiparar. Residual: União.

<table>
<tr><td>Contribuição de iluminação pública</td><td>149 A</td><td>Privativa: Municípios.
Cumulativa: União (territórios não divididos em municípios) e Distrito Federal</td></tr>
<tr><td>Contribuições especiais (de intervenção no domínio econômico e de interesse das categorias profissionais ou econômicas)</td><td>149</td><td>Privativa: União.</td></tr>
<tr><td>Contribuições especiais (previdência de funcionários públicos)</td><td>149, § 1º</td><td>Privativa: (União, Estados e Municípios que mantenham regime próprio de previdência social, cobradas dos servidores ativos, dos aposentados e dos pensionistas).</td></tr>
<tr><td rowspan="7">Impostos de competência privativa da União</td><td colspan="2">importação de produtos estrangeiros;</td></tr>
<tr><td colspan="2">exportação, para o exterior, de produtos nacionais ou nacionalizados;</td></tr>
<tr><td colspan="2">renda e proventos de qualquer natureza;</td></tr>
<tr><td colspan="2">produtos industrializados;</td></tr>
<tr><td colspan="2">operações de crédito, câmbio e seguro, ou relativas a títulos ou valores mobiliários;</td></tr>
<tr><td colspan="2">propriedade territorial rural;</td></tr>
<tr><td colspan="2">grandes fortunas, nos termos de lei complementar.</td></tr>
<tr><td rowspan="3">Impostos de competência privativa dos Estados</td><td colspan="2">transmissão causa mortis e doação de quaisquer bens ou direitos;</td></tr>
<tr><td colspan="2">operações relativas à circulação de mercadorias e sobre prestações de serviços de transporte interestadual e intermunicipal e de comunicação, ainda que as operações e as prestações se iniciem no exterior;</td></tr>
<tr><td colspan="2">propriedade de veículos automotores.</td></tr>
<tr><td rowspan="3">Impostos de competência privativa dos Municípios</td><td colspan="2">propriedade predial e territorial urbana;</td></tr>
<tr><td colspan="2">transmissão inter vivos, a qualquer título, por ato oneroso, de bens imóveis, por natureza ou acessão física, e de direitos reais sobre imóveis, exceto os de garantia, bem como cessão de direitos a sua aquisição;</td></tr>
<tr><td colspan="2">serviços de qualquer natureza, não compreendidos no art. 155, II, definidos em lei complementar.</td></tr>
</table>

4.1 Impostos, taxas e contribuições de melhoria

No caso dos impostos, taxas e contribuições de melhoria, todas as pessoas jurídicas de direito público detêm competência para sua instituição, conforme se extrai do art. 145 do texto constitucional:

> Art. 145. A União, os Estados, o Distrito Federal e os Municípios poderão instituir os seguintes tributos:
>
> I – impostos;

II – taxas, em razão do exercício do poder de polícia ou pela utilização, efetiva ou potencial, de serviços públicos específicos e divisíveis, prestados ao contribuinte ou postos a sua disposição;

III – contribuição de melhoria, decorrente de obras públicas.

4.1.1 *Taxas*

Para as taxas, já foi mencionado que o art. 80 do Código Tributário Nacional positiva o conceito de *competência anexa*, oriunda do direito germânico, ao dispor:

> Art. 80. Para efeito de instituição e cobrança de taxas, consideram-se compreendidas no âmbito das atribuições da União, dos Estados, do Distrito Federal ou dos Municípios aquelas que, segundo a Constituição Federal, as Constituições dos Estados, as Leis Orgânicas do Distrito Federal e dos Municípios e a legislação com elas compatível, competem a cada uma dessas pessoas de direito público.

Afinal, não é porque o art. 145 da Constituição Federal admite que qualquer ente federal as institua que se deve entender possível uma múltipla incidência sobre uma única hipótese tributária, já que esta será, sempre, uma atuação estatal.

Assim é que se encontra a competência para a instituição estatal quando se investiga a *quem* é atribuído o exercício do poder de polícia ou o serviço público: se o constituinte conferiu a competência para tal atividade a determinado ente federal, tacitamente admitiu que este obtivesse recursos financeiros para a atividade.

4.1.2 *Contribuição de melhoria*

A competência para a instituição da contribuição de melhoria, semelhante ao caso das taxas, decorre da materialidade hipótese tributária. Por isso é que o art. 81 do Código Tributário Nacional se refere ao "âmbito de suas respectivas atribuições":

> Art. 81. A contribuição de melhoria cobrada pela União, pelos Estados, pelo Distrito Federal ou pelos Municípios, no âmbito de suas respectivas atribuições, é instituída para fazer face ao custo de obras públicas de que decorra valorização imobiliária, tendo como limite total a despesa realizada e como limite individual o acréscimo de valor que da obra resultar para cada imóvel beneficiado. (grifos nossos)

É verdade que por meio de convênios obras vultosas podem ser assumidas por mais de uma pessoa jurídica de direito público. Para tais casos, não é imediato o que seria o âmbito da atribuição de cada uma. Entretanto, voltando à ideia de sinalagma, que justifica as contribuições de melhoria, parece certo que em tal situação todas as pessoas jurídicas de direito público poderiam instituir contribuições, desde que cada uma limitada ao custo da respectiva participação. De qualquer forma, justamente pela limitação ao custo, não parece acertado dizer que se trataria de competência comum, mas privativa.

Problemática a questão da valorização: o que fazer se a somatória das participações no custo ultrapassar o total do benefício? Parece ser a solução mais adequada entender que a contribuição de melhoria é fator redutor do benefício. Assim, a totalidade das contribuições não poderá ultrapassar o benefício do contribuinte. Se várias pessoas jurídicas de direito público operaram para a melhoria, parece razoável admitir que cada qual terá sua participação na tributação, proporcional a seu quinhão na própria obra. Ou seja: quem atuou mais na obra deve ter maior compensação por seu resultado, sempre mantida a justificação baseada no sinalagma.

4.2 Impostos

Possivelmente é na matéria de impostos que o tema da competência ganha maior relevo. Afinal, se para taxas e contribuições de melhoria, como visto, a competência tributária se torna imediata a partir da competência anexa, nos impostos o raciocínio não é tão simples. Não sendo a receita de impostos afetada a alguma despesa, não fica óbvio o critério de distribuição de competências.

Em alguns casos, pode-se especular acerca da vocação de determinado imposto. Por exemplo, nos primeiros anos da República, os Estados tributavam as exportações, o que, além de gerar questionamentos quanto à possibilidade de se tributarem "exportações" de um Estado para outro, ainda implicava a impossibilidade de se adotar uma política nacional de comércio exterior. Também parece razoável que a tributação da propriedade predial e territorial fique no âmbito municipal, já que é mais fácil a avaliação local de imóveis. Outros casos apresentam maiores dificuldades.

Realmente, não há uma razão natural para o Imposto de Renda ser cobrado pela União e não pelos Estados. É certo que em 1965 houve uma ampla reforma tributária, por meio da Emenda Constitucional n. 18, mas nem naquele momento se criou sistema plenamente racional. A hipótese tributária do imposto (isso se extrai do art. 16 do Código Tributário Nacional) independe de qualquer atividade do Estado.

No Brasil, foi apenas no período republicano que se encontrou, constitucionalmente, a temática da repartição de competências, que surgiu, destarte, com o próprio regime federal brasileiro, embora até mesmo no Império já se houvesse ensaiado algum tipo de competência tributária às Assembleias Legislativas Provinciais, às quais fora dada, pelo Ato Adicional da Lei n. 16, de 12 de agosto de 1834, a competência para legislar "sobre a fixação das despezas municipaes e provinciaes, e os impostos para ellas necessarios, com tanto que estes não prejudiquem as imposições geraes do Estado" (art. 10, § 5º)[10].

No texto de 1891, embora se definissem competências tributárias privativas à União (importação e direitos de entrada, saída e estada de navios, bem como taxas de selo e de correios e telégrafos – art. 7º) e aos Estados (exportação, imóveis rurais e urbanos, transmissão de propriedades, indústrias e profissões, além da taxa de selo e contribuições concernentes aos seus telégrafos e correios – art. 9º), a bitributação não se afastava, já que se admitia, no campo da competência residual (art. 12), que a União e os Estados, cumulativamente ou não, criassem outras quaisquer fontes de receita.

Merece nota, no texto de 1891, o fato de que o constituinte, ao mesmo tempo em que não se opunha à tributação cumulativa, tomou o cuidado de fixar, no campo das competências privativas, fatos distintos, de modo a impedir a superposição de impostos sobre matéria substancialmente idêntica, conquanto formal e juridicamente diferençada[11].

---

10 A Lei n. 99, de 31 de outubro de 1935, arrolou 57 impostos que seriam identificados como imposições gerais, admitindo-se que as províncias tributassem outras situações. Cf. DÓRIA, Antonio Roberto Sampaio. Op. cit. (nota 1), p. 48.

11 Cf. DÓRIA, Antonio Roberto Sampaio. Op. cit. (nota 1), p. 65.

4.2.1 Breve exposição das discriminações de competência previstas pelos textos constitucionais anteriores à Emenda Constitucional n. 18/65

A partir de 1934, com a substituição do chamado "federalismo financeiro centrífugo" pelo "centrípeto"[12], surgiu a necessidade de se arrolarem diversos impostos de competência privativa da União (art. 6º), dentre os quais os de importação; de consumo; de renda e de transferência de fundos para o exterior. Reservaram-se aos Estados (art. 8º) o da propriedade territorial (exceto a urbana); o da transmissão *causa mortis* e, no caso de bens imobiliários, *inter vivos*; consumo de combustíveis; exportações; vendas e consignações e indústrias e profissões. Aos municípios, incluídos pela primeira vez na discriminação de competências, cabiam (art. 13) o imposto de licenças; o predial e territorial urbano; o sobre diversões públicas e o cedular sobre a renda de imóveis rurais, além da participação em impostos de outros entes tributantes.

Finalmente, no que tocou à competência residual, o constituinte houve por bem conferi-la aos Estados e à União, concorrentemente (art. 10, VII) mas dando-se preferência à última e vedando-se a bitributação, nos termos do art. 11. Ou seja: se a União criasse um tributo no campo da competência residual, os Estados não poderiam instituir tributo equivalente.

A carta de 1937 não diferiu, nesse particular, em muito do que dispusera sua anterior, com impostos de competência privativa da União (art. 20), Estados (art. 23) e Municípios (art. 28). No que tange à competência residual, enquanto parte da doutrina entendia caber aos Estados[13], o entendimento dominante foi no sentido de ser ela concorrente, ainda que vedada a bitributação, com a preferência aos impostos federais (art. 24)[14].

Também no texto de 1946, a solução foi um elenco de impostos de competência privativa da União (art. 15), Estados (art. 19) e Municípios (art. 29), compartilhando a União e os Estados a competência residual, vedando-se, ainda uma vez, a bitributação, mas nesta oportunidade, em vez de se empregar o termo, optou o constituinte por assegurar que *o imposto federal excluirá o estadual idêntico* (art. 21).

Em comum nos três diplomas constitucionais foi a figura da proibição da bitributação, como pedra de toque da competência residual, sempre exercida de forma concorrente com a preferência dos impostos federais. Enquanto os textos da década de 30 limitavam-se a proibir a bitributação, sem qualquer definição, o constituinte de 1946 conferiu ao dispositivo maiores contornos, já que não mais pressupunha uma definição doutrinária, proibindo, simplesmente, a existência de impostos **idênticos**.

O texto de 1946 revela a influência de um de seus principais redatores, Aliomar Baleeiro. Com efeito, o doutrinador relatou as críticas que mereceram os textos anteriores que, por não definirem o que se entendia por bitributação, acabavam por admitir interpretações mais largas[15].

Não obstante a crítica do tributarista, as vozes mais autorizadas tinham um conceito claro do que seria a bitributação. Nesse sentido, em texto publicado na vigência do texto de 1934, Alcântara Machado já se manifestava acerca do entendimento que se deveria dar à proibição à bitributação, alertando o erro daqueles que poderiam entender que o que se vedava seria a acumulação "porque impostos acumulados sempre existirão no regime de multiplicidade". Alertava, assim, o professor, que não se compreendia na proibição o caso da bitributação, sendo o termo empregado para

12 Denominação de DÓRIA, Antonio Roberto Sampaio. Op. cit. (nota 1).

13 Cf. PINTO, Carlos Alberto A. de Carvalho. *Discriminação de rendas*. São Paulo: Prefeitura do Município de São Paulo, 1941, p. 138-146.

14 Cf. MIRANDA, Pontes de. *Comentários à Constituição Federal de 10 de novembro de 1937*. Tomo 1. Rio de Janeiro: Irmãos Pongetti, 1938, p. 566.

15 Cf. BALEEIRO, Aliomar. Op. cit. (nota 2), p. 299.

impedir *"a tributação do mesmo objeto por mais de um poder"*[16]. Noutra passagem, encontra-se texto doutrinário anterior a 1946 revelando que o entendimento majoritário era no sentido de que só se daria a bitributação, constitucionalmente vedada, quando "os tributos cumulativos são decretados por poderes diferentes"[17]. Também a jurisprudência se posicionou no sentido de que seriam requisitos para a bitributação a identidade do tributo, a incidência sobre o mesmo contribuinte e a pluralidade de entidades tributantes[18].

Ao mesmo tempo, vários autores escrevendo após 1946 não hesitaram em ver no dispositivo do art. 21 daquele texto constitucional mera conservação da solução que fora adotada nos textos anteriores, ainda que sem a referência à expressão "bitributação"[19].

Se o texto de 1946 foi feliz, por afastar o caso de *bis in idem* do conceito de bitributação, fazendo referência à identidade dos impostos para a sua caracterização, nem por isso se conseguiu determinar, com precisão, quando, afinal, um imposto federal seria idêntico ao estadual, eliminando a possibilidade de existência do último.

Amilcar de Araújo Falcão afirmava que, no texto constitucional de 1946, haveria a opção pelo critério nominalista para a distribuição dos impostos. Explicando o que entendia por tal critério, entretanto, Falcão assim explicava: "Pela menção expressa do respectivo nomen juris, deu-se a cada uma das entidades federadas competência legislativa privativa para instituir certos e determinados impostos, entre si diferenciados pela natureza dos seus fatos geradores"[20]. Evidentemente, a referência à natureza das hipóteses tributárias revela que ao autor não bastavam, para a discriminação constitucional, apenas os nomes dos impostos. Do mesmo modo, ao referir-se à competência residual, Falcão ali incluía os "inominados", "ou seja, aqueles que se não podem classificar entre os de competência privativa de qualquer das entidades federadas: se se tratar de impostos cujo fato gerador coincida com o de impostos privativos de outras entidades federadas haverá invasão de competência e consequente inconstitucionalidade"[21]. Extrai-se dos trechos acima o entendimento de Falcão para a competência residual: esta se daria a partir da comparação das hipóteses tributárias dos impostos, tomados não por seu *nomen juris* mas por sua natureza. O autor não explicava, entretanto, o que entendia por "natureza" daquela hipótese.

4.2.2 Competência residual e discriminação de competências de impostos após a Emenda Constitucional n. 18/65

A Emenda Constitucional n. 18/65 trouxe as bases do sistema tributário de hoje. Contemporânea ao Código Tributário Nacional, tornou-se possível a divisão dos impostos, conforme sua natureza, nas categorias: sobre o comércio exterior, sobre o patrimônio e a renda, sobre a produção e circulação e especiais. Essa classificação, no dizer da Comissão da Reforma do Ministério da Fazenda, refletiu a primeira premissa básica dos trabalhos desenvolvidos: "a consolidação dos impostos de

16 Cf. MACHADO, Alcantara. Bi-tributação (inteligência ao art. 11 da Constituição de 16 de julho). *Revista da Faculdade de Direito*, vol. 32, jan./abr. 1936, fasc. I, p. 35-40.

17 Cf. ANDRADE, Odilon de. Parecer. *Revista de Direito Administrativo*, vol. 3, 1946, p. 433.

18 STF, RE n. 6.595, rel. Min. Lafaiete de Andrada. *Revista de Direito Administrativo*, vol. 8, p. 159.

19 Cf. SOUSA, Rubens Gomes de. Parecer. *Revista de Direito Administrativo*, vol. 21, 1950, p. 351-356 (352).

20 Cf. FALCÃO, Amilcar de Araújo. Parecer. *Revista de Direito Administrativo*, vol. 52, 1958, p. 469-491 (478).

21 Cf. FALCÃO, Amilcar de Araújo. Op. cit. (nota 20).

idênticas naturezas em figuras unitárias, definidas por via de referência às suas bases econômicas, antes que a uma das modalidades jurídicas que pudessem revestir"[22].

A crença daquela Comissão no sentido de que a classificação dos impostos em categorias econômicas teria extinguido a possibilidade de criação de novos impostos se extrai do art. 5º da Emenda Constitucional n. 18/65, que assim dispôs:

> *Art. 5º Os impostos componentes do sistema tributário nacional são exclusivamente os que constam desta Emenda, com as competências e limitações nela previstas.*

O desaparecimento da competência residual foi breve, visto que já em 24 de janeiro de 1967 foi editado novo texto constitucional, mantendo, em grossas linhas, a discriminação anterior mas introduzindo, no art. 19, § 6º, dispositivo permitindo à União, "desde que não tenham base de cálculo e fato gerador idênticos aos dos impostos previstos nesta Constituição, instituir outros além daqueles a que se referem os arts. 22 e 23 e que não se contenham na competência tributária privativa dos Estados, Distrito Federal e Municípios, assim como transferir-lhes o exercício da competência residual em relação a determinados impostos, cuja incidência seja definida em lei federal". Texto análogo se fez inserir no § 5º do art. 18 do texto da Emenda Constitucional n. 1/69 que, aliás, em matéria de discriminação de competências pouco mudou em relação a 1967. Curiosamente, o texto de 1969 fez repetir, no § 1º do art. 21, a possibilidade da competência residual a que se referia aquele § 5º do art. 18.

Da análise dos textos acima, verifica-se que o constituinte de 67/69 deixou de vez de empregar o termo "bitributação", optando por explicitar que o limite do exercício da competência residual estava na existência de "base de cálculo e fato gerador idênticos aos dos impostos previstos" na Constituição. Ao mesmo tempo, a competência tributária residual se reservava, em princípio, à União, mas se permitia que esta, por lei federal, a transferisse, em relação a impostos específicos. Assim, não se permitia a delegação do exercício da competência residual *in abstracto*: apenas para os impostos cuja incidência fosse definida por lei federal e cujas hipóteses tributárias e bases de cálculo não fossem idênticas às preexistentes é que se concebia a competência residual.

Novamente, a falta de referência à bitributação não parece deva ser vista como uma nova opção doutrinária do constituinte, mas, antes, uma mera explicitação do que já antes vigia. Em vez da referência aos impostos "idênticos", passou-se a falar em "fatos geradores e bases de cálculo idênticos". Em ambos os textos, surge sempre o conceito de bitributação: "a tributação do mesmo objeto por mais de um poder"[23]. Não se diga que o conceito de bitributação é mais amplo, já que exige, a par da identidade do tributo, a incidência sobre o mesmo contribuinte e a pluralidade de entidades tributantes[24], já que na identidade do "fato gerador" se compreendem todos os aspectos deste. Como se verá no Capítulo XII, a sujeição passiva reflete um dos critérios pessoais do consequente normativo da hipótese tributária. Assim, a referência ao "fato gerador" idêntico já compreende a identidade passiva.

Portanto, os textos de 1967/69 apenas explicitaram o mandamento anterior, já que, ao falar em base de cálculo e "fatos geradores idênticos", de nada mais se cogita senão de impostos "idênticos". Num e noutro caso, encontra-se por trás a ideia de "bitributação", em seu sentido formalístico: basta que se afaste a identidade de tais elementos, para que se admita a coexistência de impostos, ainda que sobre idêntico substrato econômico.

---

22 Cf. LOPES, Luiz Simões (Presidente da Comissão) et al. *Reforma da discriminação constitucional de rendas (anteprojeto)*, Fundação Getulio Vargas e Comissão de Reforma do Ministério da Fazenda, publicação n. 6, 1965, p. 6.

23 Cf. MACHADO, Alcantara. Op. cit. (nota 16), p. 38.

24 Cf. SOUSA, Rubens Gomes de. Op. cit. (nota 19), p. 357; RE 6.595 (cit. nota 18).

Aliás, as limitações inerentes ao critério formalístico não passaram desapercebidas por Sampaio Dória, que notava que o aparente crescimento numérico de impostos, a partir de 1934, poderia ser bastante reduzido, se se tentasse reunir sob uma única rubrica a dispersão de incidências sobre idêntico fundamento econômico em dois ou mais tipos de impostos nominalmente diferenciados (consumo em geral e consumo de combustíveis, licença e diversões públicas, renda e renda cedular de imóveis rurais e prediais urbanos etc.). Nas palavras do autor, a solução do constituinte de 1934, seguida nas subsequentes partilhas do poder tributário fora formalística "no sentido de que é inviável criarem-se dezessete impostos diferentes sobre dezessete superfícies econômicas essencialmente diversas"[25].

4.2.3 Discriminação de competências de impostos na Constituição em vigor

A Constituição em vigor seguiu o exemplo das que a antecederam na temática da discriminação de competências, optando por elencos rígidos para cada ente tributante. A mera leitura dos elencos dos arts. 153, 155 e 156 revela que o constituinte pouco inovou, i.e., não procurou novas "fontes" de capacidade contributiva de onde extrair sua participação. Apenas redistribuiu impostos preexistentes, fundindo alguns deles e eliminando outros.

A discriminação de competências de 1988 não decorreu de uma análise lógico-racional da realidade econômica, consistindo o trabalho do constituinte, muito mais, numa mera repartição de impostos, a partir de aspectos históricos e políticos. Distribuiu os impostos entre as pessoas jurídicas de direito público, tendo diante de si uma realidade preexistente: os impostos que tradicionalmente foram sendo introduzidos no sistema tributário. Daí o elenco nominativo dos arts. 153, 155 e 156. Apenas a título exemplificativo, cita-se o ISS que, já na época, se pretendia fundir ao ICM para a criação do IVA, o que encontrou forte oposição dos municípios, que se consideravam com "direitos históricos" sobre o imposto. Criam-se, assim, figuras juridicamente distintas sobre fenômenos econômicos inseparáveis. Exemplos como esse se multiplicam no texto constitucional.

4.2.4 Competência residual

No que concerne à competência residual, no art. 154, I, vê-se, de um lado, que esta, agora objeto de lei complementar, se tornou privativa da União (sem qualquer delegação, ainda que por lei federal específica) e, por outro, que o constituinte substituiu a expressão "idênticos" do texto anterior pelo termo "próprios", além de impor a não cumulatividade dos impostos. O constituinte elegeu como fatores não só para a competência residual, como até mesmo para a discriminação de competência entre os entes tributantes, as hipóteses tributárias ou bases de cálculo:

> *Art. 154. A União poderá instituir:*
>
> *I – mediante lei complementar, impostos não previstos no art. anterior, desde que sejam não cumulativos e não tenham fato gerador ou base de cálculo próprios dos discriminados nesta Constituição.*

O problema é que o constituinte não disse exatamente qual é a hipótese tributária "própria" de determinado imposto e que, por isso mesmo, não é "própria" de outro, ou, ainda, está na competência residual.

25 Cf. DÓRIA, Antonio Roberto Sampaio. Op. cit. (nota 1), p. 79.

Efetivamente, quando se tomam, mais uma vez, os arts. 153, 155 e 156, nota-se que o constituinte não foi preciso com relação aos contornos dos tributos que ele contemplou. Referiu-se, por certo, a certos fenômenos, com conteúdo econômico e que, por revelarem capacidade contributiva, poderiam ser objeto de impostos.

Esta técnica de distribuição a partir de meras referências a fenômenos econômicos, tendo como pano de fundo tributos preexistentes, sugere que o constituinte não necessariamente pretendeu estabelecer, ele mesmo, os rígidos limites para as competências. Apresentou, antes, algumas situações típicas e a partir daí tratou de repartir os impostos. Este tema será retomado no Capítulo XII.

5 O papel da lei complementar em matéria de competências

Surge, assim, o relevante papel da lei complementar para trazer os contornos definitivos da competência tributária.

Para que se compreenda a importância da lei complementar nessa matéria, cabe ver que a Constituição brasileira nem sempre se valeu de conceitos ao distribuir competências tributárias.

É certo que, em alguns casos, o constituinte se valeu de conceitos de direito privado, deixando pouquíssimo espaço para questionamentos quanto aos limites da competência de uma pessoa jurídica de direito público.

Se o constituinte, na distribuição de uma competência tributária, emprega um conceito de direito privado, então já se conhecem os limites daquela competência, cabendo ao legislador instituir o imposto dentro daquela competência. Não pode ir além. Não pode "redefinir" aquele conceito, sob pena de, com a "redefinição", acabar por ultrapassar os limites que o próprio constituinte impôs. Acerta, neste passo, o Código Tributário Nacional, cujo art. 110 assim dispõe:

> *Art. 110. A lei tributária não pode alterar a definição, o conteúdo e o alcance de institutos, conceitos e formas de direito privado, utilizados, expressa ou implicitamente, pela Constituição Federal, pelas Constituições dos Estados, ou pelas Leis Orgânicas do Distrito Federal ou dos Municípios, para definir ou limitar competências tributárias.*

A importância do dispositivo acima é tão grande que a ele se voltará no Capítulo XVII. Neste momento, importa mencionar que o mero fato de uma *expressão* empregada pelo Constituinte existir no Direito Privado não implica necessariamente que o *instituto* de Direito Privado que com ela se designa tenha sido acatado pelo constituinte. A Constituição – diga-se desde já – há de ser lida em seu contexto e é neste que se investigará se houve, ou não, a adoção de um instituto de Direito Privado pelo Constituinte, na discriminação de competências. Ademais, nem sempre se extrai, do próprio texto constitucional, um conceito. Muitas vezes, o constituinte apenas se referiu aos impostos a partir de uma aproximação tipológica.

5.1 Utilização de tipos pelo constituinte

A possibilidade de um texto constitucional, na matéria de repartição de competências, valer-se de tipos foi levantada, na Alemanha, por Klaus Vogel e Hannfried Walter, em 1971, quando, ao discutirem a então recente reforma fiscal, observaram que os critérios tradicionalmente apontados pela doutrina e pela jurisprudência para a comparação de impostos – hipótese tributária, "circunstância do imposto", base de cálculo e efeito econômico – não resolviam, de fato, o tema, seja por serem critérios cujos conteúdos não eram exatos, seja porque a jurisprudência vez por outra privilegiava um ou outro critério, sem qualquer razão clara[26].

Os referidos autores sugerem que a repartição de competências tributárias não é, essencialmente, diferente daquela que se encontra em qualquer ramo do direito, quando se encara conflito de normas. Assim, por exemplo, quando se quer saber se uma norma do direito interno está em conflito com norma "semelhante" do direito internacional, ou quando se quer saber se é o caso de uma lei posterior, tratando de matéria "semelhante" a lei anterior, ou, no direito penal, nos casos de concorrência ideal (o mesmo ato se enquadra em diversas normas penais), ou real (diversos atos concretizam a mesma norma penal).

A lição dos tributaristas vai além, quando investigam por que razão o fenômeno parece ser diferente. Explicam eles que a colisão de normas de comportamento implica uma contradição, fazendo-se mandatória a solução do conflito. De igual modo, se duas normas preveem sanções diversas para a mesma conduta, não podem ambas conviver no sistema. Já no campo tributário, **nunca** ocorre uma incompatibilidade de normas naquele sentido. **Sempre**, no entender dos juristas citados, é possível atendê-las simultaneamente (a menos, é claro, que se exija mais do que o contribuinte possui). Foi, pois, mera opção do constituinte impedir a existência dessa concorrência normativa[27].

Sendo a repartição de competências mera opção do constituinte, entendem os juristas que aquele não se viu obrigado a seguir uma lógica, um sistema: simplesmente distribuiu as competências a partir dos nomes dos impostos, sem qualquer coerência, partindo, antes, de uma visão histórica[28]. A análise da repartição de competências, promovida acima, permite dizer que tampouco no Brasil a repartição de competências se move por critérios lógico-racionais.

Diante de tal constatação, sugerem os autores que os impostos discriminados no texto constitucional não constituem conceitos, mas tipos, e como tal devem ser tratados.

A teoria foi aceita por Kruse, que, em seu manual de Direito Tributário, assim se manifesta: "Para a distribuição dos impostos, são suficientes as características típicas relevantes. A circunstância do imposto não se define, descreve-se. Esta descrição deve referir-se a características concretas de um imposto"[29].

Também a jurisprudência alemã emprega a teoria dos tipos. Em caso[30] em que se investigava a constitucionalidade do imposto sobre combustíveis nucleares, foi preciso determinar se o referido imposto invadiria competências tributárias preestabelecidas, ou seria um novo imposto. Na decisão, concluiu a Corte Constitucional alemã que (i) os arts. 105 e 106 da Lei Fundamental apresentam impostos por meio de tipos que (ii) devem ser interpretados de modo amplo, com larga margem para se "acharem" novos impostos e (iii) o catálogo dos arts. 105 e 106 da Lei Fundamental é exaustivo.

---

26 Cf. VOGEL, Klaus; WALTER, Hannfried. *Kommentar zum Bonner Grundgesetz* (Bonner Kommentar). 2ª revisão do cometário ao art. 105 da Lei Fundamental, p. 47. No mesmo sentido e mais completo, v. VOGEL, Klaus. Zur Konkurrenz zwischen Bundes – und Landessteuerrecht nach dem Grundgesetz – Über das 'Anzapfen' von 'Steuerquellen'. *Steuer und Wirtschaft*, 48 (1), 1971, p. 308-316.

27 VOGEL, Klaus; WALTER, Hannfried. Op. cit. (nota 26), p. 50.

28 VOGEL, Klaus; WALTER, Hannfried. Op. cit. (nota 26).

29 Cf. KRUSE, Heinrich Wilhelm. *Lehrbuch des Steuerrechts*. Band 1, Allegemeiner Teil. München: Beck, 1991, p. 71.

30 Bundesverfassungsgericht. Decisão de 13.04.2017. 2-BvL 6/13 (Nichtigkeit des Kernbrennstoffsteuergesetzes, NJW 2017, 2249).

O precedente é valioso para que se afaste o raciocínio de quem (i) negue a relevância dos tipos na jurisprudência alemã ou (ii) sustente que na Alemanha inexiste repartição de competências tributárias, arguindo não ser correto tomar a jurisprudência alemã como exemplo do Direito Comparado para auxiliar a compreensão do ordenamento pátrio.

Quanto à (i) aplicação da teoria dos tipos na matéria de competências na Alemanha, basta transcrever os parágrafos 64 e 65 daquela decisão:

> *(64) Os impostos individualizados e espécies de impostos dos arts. 105 e 106 da Lei Fundamental são conceitos tipológicos (a). Suas características diferenciais que constroem os tipos devem ser extraídas do direito tributário alemão tradicional (b). Novos impostos devem ser portanto comparados, se eles correspondem ao tipo de um imposto preexistente (c). Dentro dos conceitos tipológicos previstos nos arts. 105 e 106 da Lei Fundamental, o legislador tem uma ampla liberdade de estruturação (d);*
>
> *(65) Para os impostos e espécies de impostos, a Lei Fundamental emprega conceitos tipológicos. Para a determinação das características que identificam um tipo determinado, deve-se partir do caso normal ou médio. Características que surgem como meramente casuísticas devem ser descartadas. Ademais não é necessário que sempre estejam presentes todas as características que identificam o tipo. Essas características podem estar presentes em medidas diversas e internsidade distinta; cada uma delas tem em si apenas o significado de sinal ou indício. Relevante é o retrato inteiro obtido por uma observação valorativa (...)* [31].

Já no que diz respeito (ii) à ideia de que inexistiria repartição constitucional de competências na Alemanha, também vale o precedente. No parágrafo 69, a Corte Constitucional não deixa dúvidas a esse respeito:

> *(69) III. A atribuição de competências legislativas à União e aos Estados pelo art. 105 c/c art. 106 da Lei Fundamental é definitiva. Fora da ordenação de competência prevista na constituição financeira nos arts. 104 e ss. Da Lei Fundamental, não há a possibilidade de a União ou os Estados criarem impostos* [32].

Com efeito, o art. 105 II da Lei Fundamental alemã prevê, além da competência privativa para a União legislar sobre os impostos aduaneiros e dos monopólios financeiros, uma competência concorrente para os demais impostos, desde que a receita desses impostos lhe caiba parcial ou totalmente. Esses "demais impostos" são os impostos e espécies de impostos arrolados no art. 106 da Lei Fundamental. Essa lista é que é vista com características tipológicas. Assim, toma-se cada um dos

---

31 *(64) 2. Die einzelnen Steuern un Steuerarten der Art. 105 und Art. 106 GG sind Typusbegriffe (a). Ihre typusbindenden Unterscheidungsmerkmale sind dem traditionellen deutschen Steuerrecht zu entnehmen (b). Neue Steuern sind daraufhin abzugleichen, ob sie dem Typus einer herkömmlichen Steuer entsprechen (c). Innerhalb der durch Art. 105 und Art. 106 GG vorgegebenen Typusbegriffe verfügt der Gesetzgeber über eine weitgehende Gestaltungsfreiheit (d).*

(65) a) Für die in Art. 105 und Art. 106 GG aufgeführten Steuern und Steuerarten verwendet das Grundgesetz Typusbegriffe. Zur Feststellung der Merkmale, die den betreffenden Typus kennzeichnen, ist auf den jeweiligen Normal- oder Durchschnittsfall abzustellen; Merkamale, die sich als bloße Einzellfallerscheinungen darstellen, sind bei der Typusbildung auszuschneiden. Es ist zudem nicht erforderlich, dass stets sämtliche den Typus kennzeichnende Merkmale vorliegen. Diese können vielmehr in unterschiedlichen Maße und verschiedener Intensität gegeben sein; je für sich genommen haben sie nur die Bedeutung von Anzeichnen oder Indizien. Maßgeblich ist das durch eine wertende Betrachtung gewonnene Gesamtbild.

32 *III. Die Zuweisung von Gesetzgebungskompetenzen an Bund und Länder durch Art. 105 iVm Art. 106 GG ist abschließend. Außerhalb der durch die Finanzverfassung in Art. 104 a ff. GG vorgegebenen Kompetenzordnung besteht keine Befugnis von Bund oder Ländern, Steuergesetze zu erlassen.*

impostos (ou espécies de impostos) arrolados no art. 106 e verifica-se se parte de sua arrecadação é destinada à União. Em caso afirmativo, tem ela competência concorrente para legislar.

Confirma-se, assim, ser acertado tomar os avanços da doutrina e da jurisprudência alemãs, na matéria de competência tributária, dada a semelhança com nosso ordenamento. Em ambos os casos, tem-se que o constituinte se valeu de um rol de impostos para discriminar competências tributárias, partindo de um conjunto de impostos que já existiam anteriormente.

Consoante se verá no capítulo XVII, o Plenário do Supremo Tribunal Federal acolheu, no julgamento do Recurso Extraordinário 651.703[33], a tese, sustentada pelo Ministro Luiz Fux, de que a Constituição, ao dividir competências tributárias, valeu-se eminentemente de tipos, e não de conceitos. Enquanto estes pressupõem uma definição clara e a indicação exaustiva de todas as notas que os compõem, permitindo a aplicação do método subsuntivo, aqueles não se definem, mas se descrevem, e pela sua própria abertura estão voltados à concretização de valores.

5.1.1 *Tipos e conceitos*

Quando o legislador prevê uma hipótese, ele efetua certa forma de abstração: o fenômeno social é muito complexo e seria impossível o legislador prever todas as suas miudezas. Em vez disso, ele escolhe algumas características e as inclui no texto legal. Ao fazê-lo, ele abstrai da realidade algumas de suas características, positivando-as. A abstração, por sua vez, pode dar-se por meio de tipos ou de conceitos.

Para uma primeira aproximação da teoria dos tipos, diferenciando o tipo do conceito, imagine-se que um professor queira se referir a uma realidade que ele conhece: seus alunos. Ele pode fazê-lo de um modo tipológico ou conceitual. Pela última aproximação, ele dirá: "meus alunos são aqueles que, neste semestre, estão regularmente matriculados na turma X, excluídos aqueles que porventura tenham sido reprovados nas disciplinas que sejam pré-requisito para a minha disciplina". A aproximação tipológica será diferente: "meus alunos são aqueles que já adotaram um conhecimento dos fundamentos da minha disciplina; são jovens de 20 anos que se interessam por tributos em todas as suas feições: jurídica, econômica, política e social". No último caso, o professor terá descrito um aluno "típico", despindo-o do aspecto espacial ou temporal. Tal tipo formou-se em sua mente a partir de uma observação dos diversos alunos que passaram por sua turma ao longo do tempo. Ele apresenta as características essenciais, que costumam – tipicamente – ocorrer. Haverá quem não tenha uma ou outra dessas feições, mas, ainda assim, reunirá tantas características "típicas", que acabará por ser reconhecido como um aluno "típico". Por outro lado, ainda que não reúna tais características "típicas", poderá ser seu aluno, do ponto de vista conceitual, bastando que preencha a característica incluída no conceito. Ou seja: uma pessoa é, ou não, aluno daquele professor, conforme encaixe-se ou não no conceito. Este, como visto, não se preocupa em descrever o aluno; basta-lhe apontar uma (ou mais) característica(s) cuja ausência seja suficiente para se afirmar não estar presente o conceito. Já o tipo se preocupa em arrolar diversas características, dando uma descrição de um todo. A ausência de uma ou outra dessas características não afasta se esteja, ainda, diante de fato típico. A aproximação tipológica não exclui a possibilidade de novas características virem a agregar-se ao tipo, uma evolução dinâmica. Basta imaginar que, por conta de reforma do ensino, os jovens tipicamente cheguem àquela disciplina aos 22 anos, não mais aos 20, como era comum antes.

---

33 STF, RE n. 651.703-PR, Tribunal Pleno, rel. Min. Luiz Fux, j. 29.09.2016, *DJe* 26.04.2017.

A ideia de "tipo" foi sistematizada por Strache, que coloca o "tipo" em oposição a "conceito"[34].

Para Strache, enquanto um conceito jurídico permite uma definição exata, com contornos precisos, no tipo não cabe falar em definição, mas em descrição; o conceito se define a partir de seus contornos, i.e., afirmando-se quais os pontos que ele não pode ultrapassar sob pena de fugir do conceito que se procura, enquanto o tipo se descreve a partir de seu cerne, i.e., daquilo que ele deve preferencialmente possuir[35]. Sua descrição não apresenta os elementos necessários para uma diferenciação, mas aqueles característicos segundo determinado ponto de vista, ou os "típicos"[36]. É nesse sentido que cabe a lição de Larenz e Canaris, que ensinam que os pensamentos por tipos e o por conceitos têm em comum o fato de implicarem uma abstração da realidade: eles tomam algumas propriedades, relações ou proporções comuns e dão um nome ao conjunto. No entanto, o pensamento por conceitos procura sempre por uma nova abstração, por meio da eleição de algumas daquelas características antes escolhidas, gerando um conceito ainda mais geral, ao passo que o pensamento em tipos impõe que as características sejam tomadas sempre como um todo, descabendo novas abstrações[37]. Retomando o exemplo acima, dir-se-ia que a realidade – a turma de alunos – é a mesma, mas o fenômeno de abstração tipológico e conceitual implicam a eleição de critérios diferentes para sua representação.

Ao mesmo tempo, sustenta Strache que não é necessário, na definição de um conceito, apresentar todas as suas características, bastando a menção daquelas que permitam a diferenciação de outros conceitos de que se poderia cogitar; diz-se, assim, que a definição implica uma escolha de algumas das características[38]. Tanto o conceito como o tipo têm em comum serem abstratos. Enquanto o tipo exige, em sua descrição, que se consiga reunir o maior número possível de características, o conceito permite, por um lado, que se desprezem algumas delas impondo, outrossim, que se olhe para o lado, i.e., que se examinem outros objetos para compará-los com aquele a ser definido[39]. Por isso é que no exemplo dado o professor conceituou a partir do critério da matrícula (quem não está matriculado não é da turma), sem se preocupar em descrever as características dos alunos.

Por não apresentar limites em sua descrição, entende Strache que o tipo, diferentemente do conceito, permite uma evolução: com o correr do tempo, é possível que algumas características típicas passem a predominar sobre outras, que podem perder sua força ou até desaparecer, sendo substituídas por outras que, naturalmente, também podem se fortalecer a ponto de substituir as primeiras[40]. A consequência do que se afirma é que toda vez que determinado objeto é reconhecido como pertencente a um tipo, o próprio tipo é modificado, já que passa a admitir novas características que possibilitarão o fenômeno acima, dado que o novo objeto poderá servir como "modelo" típico[41]. Larenz e Canaris, comentando esse fenômeno, caracterizam o conjunto de elementos

34 Cf. STRACHE, Karl-Heinz. *Das Denken in Standards – Zugleich ein Beitrag zur Typologik*. Berlin: Duncker & Humblot, 1968.

35 Cf. STRACHE, Karl-Heinz. Op. cit. (nota 34), p. 32-33.

36 Cf. STRACHE, Karl-Heinz. Op. cit. (nota 34), p. 36.

37 Cf. LARENZ, Karl; CANARIS, Claus Wilhelm. *Methodenlehre der Rechtswissenschaft*. 3. ed. Berlin: Springer, 1995, p. 291.

38 Cf. STRACHE, Karl-Heinz. Op. cit. (nota 34), p. 41.

39 Cf. STRACHE, Karl-Heinz. Op. cit. (nota 34), p. 42.

40 Cf. STRACHE, Karl-Heinz. Op. cit. (nota 34), p. 48.

41 Cf. STRACHE, Karl-Heinz. Op. cit. (nota 34), p. 55.

"típicos" como um "sistema em movimento"[42]. Essa mobilidade, por sua vez, implica a possibilidade de se criarem sequências típicas (*Typenreihen*), uma vez que em virtude da variabilidade de seus elementos os tipos vão se sucedendo, de modo que uma característica desaparece e outra entra, tornando fluida a passagem de um tipo para outro[43].

Note-se que a evolução tipológica nada teve a ver com as normais imprecisões da linguagem; por conta destas, cogita-se indeterminação dos conceitos, não tipos. Ou seja: embora se volte a um conceito preciso, o legislador pode ainda assim gerar certa vagueza, porque os termos de que se vale são imprecisos. Nesse caso, cabe ao aplicador da lei determinar, em cada caso, o conceito. Este tende, nesse sentido, a solidificar-se pela experiência de sua aplicação constante. No caso dos tipos, sua aplicação não tem a função de estreitamento, mas, ao contrário, amplia o próprio tipo, já que mais uma situação "típica" vem agregar-se às anteriores.

No exemplo do professor, poder-se-ia apontar para uma imprecisão conceitual quando se falou nas disciplinas que seriam pré-requisito para aquela a ser ministrada pelo professor. Pode-se mesmo admitir que novas disciplinas surjam, dando-se a necessidade de se aferir se também elas são, ou não, pré-requisitos. Evidencia-se que se tem um conceito claro, mas as circunstâncias fáticas podem exigir um esforço do aplicador da norma, para definir o caso concreto. De qualquer modo, cada disciplina será, ou não, pré-requisito, não sendo cabível cogitar uma disciplina, ao mesmo tempo, ser ou não ser pré-requisito. Em síntese, exige-se uma definição.

Quando se toma uma aproximação tipológica, por outro lado, o fato de alunos mais velhos passarem a integrar as turmas vai mudando a caracterização do aluno típico. Afinal, cada aluno mais velho que ingressa na aula passa a ser mais um aluno típico. Com os anos, o aluno típico já não mais será o jovem, mas o mais velho, ou, pelo menos, tanto os jovens quanto os velhos serão igualmente típicos, já não servindo a idade como critério para sua identificação, cabendo, então, buscar outras características típicas que possam caracterizar o grupo.

Outra conclusão interessante de Strache é que no tipo, fala-se em "inclusão" e "exclusão", conforme o objeto se enquadre, ou não, no tipo. Diferencia-se, assim, do conceito, onde cabe a subsunção. Tanto a inclusão como a subsunção pressupõem uma comparação entre, de um lado, o objeto e, de outro, o tipo ou o conceito, respectivamente. Contudo, enquanto no fenômeno da subsunção é possível encontrar uma identidade exata do objeto com o conceito, i.e., o objeto se encontra nos limites do conceito, no tipo conclui-se por uma semelhança do objeto com o modelo "típico". Assim, inclusão pode ser facilitada quanto maior for o número de modelos "típicos" à disposição, já que por depender de um raciocínio por semelhança, os modelos nada mais são que diretrizes para a conclusão[44].

A doutrina brasileira, para quem a teoria dos tipos já não era desconhecida em campos tributários[45], deve a Misabel de Abreu Machado Derzi o aprofundamento e divulgação da ideia do "tipo" em nossa literatura especializada. Em trabalho de fôlego, para cuja elaboração ofereceu Brandão Machado textos e livros sobre o tipo, Misabel soube mostrar a confusão terminológica decorrente de vários usos de tipo no direito, uns "próprios", outros "impróprios", sendo os primeiros aqueles a que

42 Cf. LARENZ, Karl; CANARIS, Claus Wilhelm. Op. cit. (nota 37), p. 298.

43 Cf. LARENZ, Karl; CANARIS, Claus Wilhelm. Op. cit. (nota 37), p. 299.

44 Cf. STRACHE, Karl-Heinz. Op. cit. (nota 34), p. 55-57.

45 Neste sentido, cf. o trabalho de OLIVEIRA, Yonne Dolacio de. *A tipicidade no Direito Tributário brasileiro*. São Paulo: Saraiva, 1980; ver também, da mesma autora, MARTINS, Ives Gandra da Silva (coord.). Princípios da legalidade e da tipicidade. *Curso de Direito Tributário*. 2. ed. Belém: CEJUP; Centro de Extensão Universitária, 1993, p. 141-160 (154).

se refere a doutrina germânica" "além de serem uma abstração generalizadora, são ordens fluidas, que colhem, através da comparação, características comuns, nem rígidas, nem limitadas, onde a totalidade é critério decisivo para ordenação dos fenômenos aos quais se estende. São notas fundamentais ao tipo, a abertura, a graduabilidade, a aproximação da realidade e a plenitude de sentido na totalidade"[46].

Misabel soube ver, entre o tipo e o conceito, movimentos em conflito no direito, manifestados na estrutura aparente do ordenamento mas que, na realidade, correspondem a tensões internas mais profundas: Misabel testemunha a coexistência, no direito, do tipo, como ordem rica de notas referenciais ao objeto, porém renunciáveis, que se articulam em uma estrutura aberta à realidade flexível, gradual, cujo sentido decorre dessa totalidade e dos conceitos, que denotam o objeto por suas notas irrenunciáveis, fixas e rígidas, determinantes de uma forma de pensar seccionadora da realidade, para a qual vige a relação de exclusão[47].

Quando, entretanto, Misabel se vê diante da questão da existência de um tipo na discriminação constitucional de competências, sua repulsa é imediata. Assim sustenta a autora seu ponto de vista:

> *No Brasil, a questão da discriminação da competência tributária é manifestação do próprio federalismo, por configurar partilha, descentralização do poder de instituir e regular tributos.*
>
> *(...)*
>
> *Ora, o tipo como ordenação do conhecimento em estruturas flexíveis, de características renunciáveis, que admite as transições fluidas e contínuas e as formas mistas, não se adapta à rigidez constitucional de discriminação da competência tributária.*
>
> *Essa rigidez tem como pedra básica a competência privativa, mola mestra do sistema, o qual repele a bitributação e evita a promiscuidade entre tributos distintos. Conceitos como bitributação, invasão de competência, bis in idem, identidade ou diversidade entre espécies tributárias necessários ao funcionamento harmônico e aplicação das normas constitucionais não se aperfeiçoam por meio das relações comparativas do "mais ou menos"... ou "tanto mais... quanto menos" inerentes ao pensamento tipológico. Muito mais ajustam-se às excludentes "ou... ou" e às características irrenunciáveis e rígidas dos conceitos determinados*[48].

Os argumentos trazidos por Misabel, conquanto todos pertinentes, não excluem a possibilidade de existência de tipos na discriminação de competências tributárias.

Com efeito, tipo e conceito não podem ser entendidos senão como formas de que se vale o direito para captar uma mesma realidade. O objeto visado pela norma é único, mas a norma, por implicar abstração, a ele se referirá usando um tipo ou um conceito.

Toda a linha argumentativa de Misabel leva a entender que a discriminação de competências, visto tratar-se de corolário do federalismo, exige a existência de conceitos, i.e., de limites rígidos.

Ocorre que, como bem lembrou Misabel, conceitos e tipos convivem, em tensão permanente, no direito. Nada impede que um mesmo objeto seja atingido por norma que contemple um tipo e outra que contemple um conceito.

---

46 Cf. DERZI, Misabel de Abreu Machado. *Direito Tributário, Direito Penal e tipo*. São Paulo: Revista dos Tribunais, 1988, p. 48.

47 Cf. DERZI, Misabel de Abreu Machado. Op. cit. (nota 46), p. 83-84.

48 Cf. DERZI, Misabel de Abreu Machado. Op. cit. (nota 46), p. 103.

5.2 Os tipos na Constituição de 1988

Voltando ao texto constitucional de 1988, vê-se que o legislador, ao distribuir os impostos entre as pessoas jurídicas de direito público, tinha diante de si uma realidade preexistente: os impostos que tradicionalmente foram sendo introduzidos em nosso sistema tributário. Seu papel foi distribuir aqueles impostos entre as três esferas políticas. Daí o elenco nominativo dos arts. 153, 155 e 156.

Tendo em vista as lições que se extraem da doutrina dos tipos, viu-se como pedra de toque destes sua fluidez e unidade de pensamento. Conceitos, por sua vez, implicam limites expressos. Resta indagar, destarte, se o constituinte, ao contemplar o seu objeto, teve presente um tipo ou um conceito.

O constituinte de 1988 não tinha a ilusão de que aquele elenco apresentasse limites rígidos. Ao contrário, sabia ele que se tratava de expressões fluidas, que por vezes implicariam uma interpenetração[49], possibilitando, até mesmo, o nascimento de conflitos de competência.

5.3 O papel da lei complementar na conceituação dos campos de competência

Tal conclusão se demonstra quando se lê, no inciso I do art. 146 do texto constitucional, ser papel da lei complementar "dispor sobre conflitos de competência, em matéria tributária, entre a União, os Estados, o Distrito Federal e os Municípios". Fossem os elencos dos arts. 153, 155 e 156 conceitos, então se extrairiam dali seus limites, dispensando-se o emprego da lei complementar.

É nesse sentido que se compreende a decisão do constituinte de não deixar que a fluidez natural aos tipos implicasse conflitos entre as três esferas políticas. O constituinte quis que o legislador ordinário tivesse limites rígidos para a sua atuação. Fazia-se necessário, assim, que aquela realidade, que fora expressa no texto constitucional por meio de tipos, passasse a ter uma expressão conceitual.

Encontra-se, aqui, o papel da lei complementar: a solução dos conflitos de competência e a definição das hipóteses tributárias e bases de cálculo implicam a criação, pelo legislador complementar, de definições das realidades contempladas pelo constituinte.

Noutras palavras, enquanto o constituinte contemplou a realidade econômica do ponto de vista tipológico, com a fluidez a ele inerente, impôs ao legislador complementar a tarefa de expressar a mesma realidade através de conceitos, seja por meio de definições de hipóteses tributárias, bases de cálculo e contribuintes, seja através da imposição de limites em casos de conflitos.

---

49 José Nabantino Ramos, valendo-se do direito de vizinhança, referia-se a "fatos geradores confrontantes" por serem "contíguos uns dos outros, guardando relação espacial ou temporal, de sucessão, paralelismo ou simultaneidade". Cf. RAMOS, José Nabantino. *Direito Constitucional Tributário* – fatos geradores confrontantes. São Paulo: Instituto Brasileiro de Direito Tributário; Editora Resenha Tributária, 1975, p. 2.

Esta função da lei complementar se extrai em vários momentos na Constituição Federal.

Começa-se pelo art. 146, I, da Constituição Federal:

> Art. 146. Cabe à lei complementar:
> I – dispor sobre conflitos de competência, em matéria tributária, entre a União, os Estados, o Distrito Federal e os Municípios.

Daí já concluir que o constituinte previu a possibilidade de haver conflitos de competência, cabendo à lei complementar resolvê-los.

Tivesse o constituinte apresentado conceitos na repartição de competências, então seria inútil este dispositivo, já que os conceitos teriam seus limites bem definidos, não havendo espaço para conflitos. Estes surgem, potencialmente, da fluidez dos tipos.

O mesmo art. 146, noutra oportunidade, revela o importante papel na matéria da definição dos tipos constitucionais. Veja-se seu inciso III, "a":

> Art. 146. Cabe à lei complementar:
> (...)
> III – estabelecer normas gerais em matéria de legislação tributária, especialmente sobre:
> a) definição de tributos e de suas espécies, bem como, em relação aos impostos discriminados nesta Constituição, a dos respectivos fatos geradores, bases de cálculo e contribuintes;

Eis a confirmação do papel da lei complementar na *definição* dos "fatos geradores", bases de cálculo e contribuintes: o constituinte tinha consciência de que ele próprio não definira (não conceituara) tais elementos essenciais dos impostos que ele previra. À lei complementar é que caberá tal tarefa.

Finalmente, evidenciando o papel da lei complementar nessa definição, vale examinar a competência residual, prevista no art. 154, I, do texto constitucional:

> Art. 154. A União poderá instituir:
> I – mediante lei complementar, impostos não previstos no artigo anterior, desde que sejam não cumulativos e não tenham fato gerador ou base de cálculo próprios dos discriminados nesta Constituição;

Ganha contornos de lógica, daí, a decisão do constituinte de exigir lei complementar para que a União exerça sua competência residual. Afinal, esta se dará em campos que não estejam na competência de outras pessoas jurídicas de direito público. Ora, se estas competências se definem por lei complementar, acerta o constituinte ao exigir instrumento equivalente para a competência residual.

Previne o constituinte, por meio desse expediente, eventuais alegações de que a União, no exercício da competência residual, teria invadido competências dos Estados e Municípios. Afinal, estas se definem por lei complementar, observados os tipos constitucionais. A lei complementar que institua um novo imposto na competência residual poderá, assim, modificar os limites antes estabelecidos, desvendando o espaço para a competência residual, desde que não desvirtua os tipos constitucionalmente previstos.

Por todos os dispositivos citados, fica a conclusão de que a repartição de competências em matéria de impostos se faz a partir da Constituição. À lei complementar, entretanto, é reservado o papel de definir (estipular os limites) daquelas competências, afastando os conflitos.

Tome-se, exemplificativamente, o já clássico conflito entre o ISS, de competência municipal, e o ICMS, instituídos pelos estados.

Tratando-se de dois tipos, o constituinte tinha em mente um conjunto de características para cada um dos impostos que lhe permitia divisar duas realidades econômicas que – enquanto tipos – não se confundiam. A prática do imposto revelaria, porém, que grande parte das operações relativas à prestação de serviço envolveria, em maior ou menor grau, uma operação relativa à circulação de mercadorias. O constituinte optou por não definir (impor limites) a questão, deixando tal papel à lei complementar, o que se fez por meio da Lei Complementar 116, que define serviços sujeitos ao ISS (e, portanto, não contemplados na incidência do ICMS).

Se o elenco constitucional contemplasse conceitos, então o papel da lei complementar teria sido, tão somente, revelar os conceitos que o constituinte já contemplara. Dessa forma, ou aquela lista reproduziria o conceito já definido – e seria, neste caso, inócua – ou o modificaria, implicando inconstitucionalidade.

Idêntico raciocínio caberá ao se examinar a questão dos tipos "imposto sobre a propriedade territorial urbana" e "imposto sobre a propriedade territorial rural", para fins de delimitar as competências dos municípios e da união, respectivamente. Seus limites não se encontram no texto constitucional, mas no Código Tributário Nacional, o qual, enquanto lei complementar, apresenta a localização do imóvel fora ou dentro da zona urbana, como critério de discriminação (arts. 29 e 32). Dada, ainda, a fluidez de ambos os impostos, o legislador complementar se vê forçado a detalhar-lhes as características, apresentando, no § 1º do art. 32, um conceito para a zona urbana, a partir da presença de pelo menos dois melhoramentos públicos ali indicados. Eventual mudança naquele dispositivo, arrolando novos melhoramentos que já serviriam a indicar uma "zona urbana", modificaria, por certo, o conceito anterior; desde que enquadrado no tipo, entretanto, nenhuma inconstitucionalidade decorreria da inovação.

Em ambos os casos, verifica-se que, enquanto os conceitos nascidos da lei complementar se compreenderem nos tipos constitucionais, não há que falar em exorbitação, por parte da primeira. Dada a interpenetração própria da fluidez das figuras típicas, nada impede que uma mesma realidade econômica seja compreendida em mais de um tipo e, neste caso, apenas com o nascimento de conceitos é que se terá satisfeita a discriminação de competências exigida pelo sistema federal.

A liberdade do legislador complementar terminará, outrossim, quando ficar patente que foi contrariado o objeto do tipo.

Note-se, aqui, que a contestação do conceito da lei complementar será a partir da teoria dos tipos. Dir-se-á: este conceito abrange situação que não é típica daquela figura constitucional. Tal foi o caso do ISS sobre locação de bens móveis, quando o Supremo Tribunal Federal entendeu por sua inconstitucionalidade. Nas palavras do Relator, Min. Marco Aurélio, "falta o núcleo dessa incidência, que são os serviços"[50]. É bem verdade que o julgamento adotou uma aproximação conceitual, como se "serviço" exigisse uma obrigação de fazer. Melhor andaria se investigasse se a locação de bens móveis estaria no campo tradicionalmente coberto pelo ISS. Possivelmente, tal indagação traria resultado surpreendente, pois se constataria que já na redação original do Código Tributário Nacional, a locação de bens móveis estava ali compreendida, sendo, pois, incidência típica.

Ao mesmo tempo, essa conclusão permite afirmar que, em termos constitucionais, a existência do tipo implica a possibilidade de sua evolução: a cada vez que se aceita um imposto como pertencente ao tipo, este pode estar adquirindo novas características e deixando de relevar outras que no passado eram importantes. Caberá ao aplicador da lei, sempre, examinar se o conceito dado pela legislação complementar reflete – no momento da aplicação – o objeto contemplado pelo tipo constitucional, para daí concluir por sua constitucionalidade.

Compare-se a legislação de um imposto, criado há várias décadas, com a atual. Fossem comparadas ambas as legislações, seria necessário um grande esforço para se afirmar que se tratava de um mesmo imposto. Contribuintes, abrangência territorial, base de cálculo e alíquota possivelmente serão diversas. Mesmo a hipótese tributária dificilmente será idêntica ou próxima. Tivéssemos em mãos, por exemplo, a legislação do imposto de renda, de 1926 e a atual, então provavelmente nada se encontraria de semelhante, senão o nome do imposto. Isso é completamente natural, já que os fenômenos econômicos evoluem, exigindo do legislador novas medidas para alcançá-los. Ora, se há evolução de fenômenos econômicos, por que negar a evolução dos tipos?

Na ideia do tipo, não se tem mais a comparação estática, acima apontada. Ao contrário, tem-se um *continuum*: agregam-se ao imposto preexistente, paulatinamente, novas características, deixando por vezes outras de lado. É possível traçar-se uma linha que evidencia a evolução do próprio tipo.

O tipo ganha, assim, característica histórica. O que o constituinte fez foi referir-se aos impostos que ele conhecia, redistribuindo-os ou reagrupando-os, mas sempre partindo de uma realidade preexistente. Não há, aqui, qualquer congelamento, já que os próprios tipos podem evoluir. Reconhecer um tributo é identificar características que lhe são típicas.

Essa ideia da evolução dos tipos – implicando interpretação dinâmica dos termos constitucionais – vem ganhando força, sobretudo, em decisões do Supremo Tribunal Federal. No Capítulo XVII, retomar-se-á o tema ao tratar da interpretação, quando se verificará casos em que este posicionamento foi acatado.

5.4 Ainda sobre conflitos de competência

Os exemplos até agora citados de conflitos de competência se inserem na categoria dos conflitos verticais, i.e., conflito entre União, Estados e Municípios. Não se deve deixar de lado a possibilidade de o conflito dar-se horizontalmente (conflito entre Estados ou entre Municípios), quando, mais uma vez, será a lei complementar o instrumento hábil para sua solução.

Exemplo eloquente desse conflito foi o do Imposto sobre Serviços de Qualquer Natureza, nos casos em que empresa, estabelecida em um município, prestasse serviço em outro município. O

50 STF, RE n. 116.121-3-SP, Tribunal Pleno, rel. p/ acórdão Min. Marco Aurélio, j. 11.10.2000, D.J. 25.05.2001.

Superior Tribunal de Justiça entendeu que o ISS seria devido ao município onde fosse prestado o serviço, mesmo que a empresa estivesse estabelecida noutro município[51].

Não é o caso de se examinar o acerto dessa decisão. O fato é que, a partir dali, surgiram frequentes dúvidas, da parte dos contribuintes, quanto ao local em que deveria ser recolhido o imposto, já que tanto o município onde estava estabelecida a empresa quanto aquele onde teria sido prestado o serviço julgavam-se competentes para sua instituição.

Foi somente com a edição da Lei Complementar n. 116 que o tema se resolveu, já que aquela lei arrolou os casos em que o imposto seria devido no local da efetiva prestação, determinando, nos demais casos, que o imposto fosse recolhido no município onde estivesse situado o estabelecimento prestador, que para todos os efeitos seria considerado local da prestação dos serviços.

5.4.1 O exemplo do imposto sobre heranças e doações

Interessante material para a análise do conflito horizontal de competências e sua solução pelo ordenamento, inclusive para a importância da lei complementar, oferece o tema do imposto sobre heranças e doações, de competência estadual.

Da leitura dos dois primeiros incisos do art. 155, § 1º, constata-se que o constituinte adotou, no que tange à transmissão de bens imóveis, o critério real, enquanto para os bens móveis, títulos e créditos, vige o critério pessoal. Finalmente o terceiro inciso do mesmo dispositivo constitucional exige lei complementar para regular sua instituição, quando o doador tiver domicílio ou residência no exterior, ou se o *de cujus* possuía bens, era residente ou domiciliado ou teve o seu inventário processado no exterior.

Claro que nem sempre caberá a lei complementar, se os incisos anteriores já resolverem o tema do conflito de competência. Por exemplo, considere-se o caso de uma sucessão envolvendo dois bens – um imóvel, situado em Pernambuco e uma conta bancária, na Suíça. Admita-se que o inventário foi processado em Alagoas, onde residia o *de cujus*. Será necessária lei complementar? A resposta é negativa, já que as normas dos dois primeiros incisos do § 1º do art. 155 do texto constitucional já resolvem, por completo, o conflito, assegurando a Pernambuco a tributação da transmissão do imóvel e a Alagoas a da conta corrente no exterior. Diversa seria a situação no exemplo inverso: sucessão envolvendo imóvel na Suíça e conta bancária em Alagoas; *de cujus* residia na Suíça, onde se processou seu inventário. Neste caso, vê-se que as duas primeiras normas não resolvem a competência, fazendo-se *necessária* lei complementar.

A partir de tais exemplos, fica mais fácil ver que, no que tange a bens imóveis, o próprio constituinte optou pela territorialidade real: o Estado onde se situar o bem será competente para a tributação *independentemente* da residência do doador ou de onde se processar o inventário ou arrolamento[52]. De igual modo, para bens móveis, direitos e créditos, basta que o doador tenha domicílio no Estado ou ali se processe o inventário ou arrolamento, para que este Estado seja competente para a tributação. Havendo bem imóvel no exterior, não parece sequer cabível a cobrança do imposto, em virtude da territorialidade. Processando-se no exterior o inventário pelo qual se transmitem bens móveis, direitos e créditos, ou ali residindo seu doador, caberá à lei complementar definir a competência para a tributação.

51 STJ, REsp n. 41.867, 1ª Turma, rel. Min. Demócrito Reinaldo, j. 04.04.1994, D.J. 25.04.1994.

52 Por outro raciocínio, mas no mesmo sentido, cf. PIRAÍNO, Adriana. O imposto sobre transmissão de bens *causa mortis*. *Revista dos Tribunais*, Cadernos de Direito Tributário e Finanças Públicas, n. 11, p. 75-101 (96-97).

É nesse sentido que o Supremo Tribunal Federal tem se manifestado. Apreciando o Tema 825 da Repercussão Geral, a Corte fixou a seguinte tese: "É vedado aos estados e ao Distrito Federal instituir o ITCMD nas hipóteses referidas no art. 155, § 1º, III, da Constituição Federal sem a intervenção da lei complementar exigida pelo referido dispositivo constitucional"[53]. É dizer, se o doador tiver domicílio ou residência no exterior, ou se o *de cujus* possuía bens, era residente ou domiciliado ou teve o seu inventário processado no exterior, não é possível a tributação, enquanto não editada lei complementar que discipline a competência.

Na verdade, não é esse o único caso em que se faz necessária a lei complementar. Se, de um lado, o critério da localização do bem, quando se trata de imóvel, praticamente não oferece possibilidade de dois Estados-membros pretenderem exercer sua pretensão tributária sobre uma mesma transmissão, dado que, com relação a bens imóveis, parece valer a regra de que não pode estar situado simultaneamente em mais de um lugar, o mesmo raciocínio não prospera com relação aos bens móveis, títulos e créditos. Com relação a estes, o constituinte, tendo em vista as evidentes dificuldades para se fixar a competência a partir do critério *locus rei sitae*, houve por bem eleger o local onde se processar o inventário ou arrolamento, ou tiver domicílio o doador. Nestes casos, pode sobrar margem para a bitributação no âmbito nacional.

No que tange aos inventários, não há espaço para bitributação, dada a impossibilidade de dois inventários se processarem paralelamente (se duas partes legitimamente derem início a inventários, ocorrerá litispendência, implicando, afinal, apenas um processo). Mesmo no caso de inventários extrajudiciais, deverá ser considerado o lugar onde se processam.

Versando a questão sobre doação de bens móveis, títulos e créditos, a possibilidade de ocorrência de bitributação exigirá que se indague, de princípio, se dois Estados podem alegar que o doador mantinha domicílio em seus territórios. Conquanto o texto constitucional não seja expresso, parece que a regra contempla o domicílio do doador *no momento da transmissão*. Tal entendimento afasta a bitributação que se daria se um Estado pretendesse tributar uma transmissão baseado no argumento de que o doador ali manteve domicílio no passado, ali amealhando o patrimônio ora transmitido.

Com relação às doações feitas por pessoas jurídicas, a regra adotada pelo constituinte não parece oferecer maior dificuldade: posto que para elas se admita a pluralidade de domicílios, o § 1º do art. 75 do Código Civil estatui que "tendo a pessoa jurídica diversos estabelecimentos em lugares diferentes, cada um deles será considerado domicílio para os atos nele praticados", donde se conclui que, para essas pessoas, vale o princípio da unicidade de domicílio, desde que, por óbvio, se possa estabelecer em qual estabelecimento se praticou a doação; não sendo possível tal identificação, valerá a regra do inciso IV do art. 75 (o lugar onde funcionarem as respectivas diretorias e administrações ou onde elegerem domicílio especial nos seus estatutos ou atos constitutivos).

Dificuldade diversa se encontra no que tange às doações feitas por pessoas físicas. Diferentemente do sistema francês e seguindo a linha alemã, nosso legislador civil não adotou o sistema da unicidade do domicílio, contemplando o art. 71 do Código Civil a possibilidade de pluralidade de domicílios de pessoas físicas, quando essas tiverem diversas residências onde alternativamente vivam, ou vários centros de ocupações habituais[54].

Constatada a pluralidade de domicílios, exsurge o papel da lei complementar, desta vez não com fundamento no inciso III do § 1º do art. 155, mas no inciso I do art. 146 do texto constitucional, dado o claro conflito de competência em matéria tributária.

---

53 STF, RE 851.108/SP, Tribunal Pleno, rel. Min. Dias Toffoli, j. 01.03.2021.

54 Cf. DINIZ, Maria Helena. *Código Civil anotado*. São Paulo: Saraiva, 1997, p. 48.

A falta de lei complementar disciplinando este conflito é suficiente para concluir-se pela invalidade de toda a tributação que ora se presencia nos diversos Estados quando, versando sobre a doação de bens móveis, títulos e créditos, adotam os legisladores estaduais o critério constitucional do domicílio do doador. Tal tributação, por implicar – ainda que potencialmente – conflito de competência, depende de lei complementar. Pelo menos, foi essa a linha já adotada pelo Supremo Tribunal Federal que, ao julgar a exigência do Adicional do Imposto de Renda, cobrado pelos Estados-membros, vislumbrou no conflito de competência razão suficiente para exigir a lei complementar para a questão, nos seguintes termos:

> *Adicional de Imposto sobre a Renda e Proventos de qualquer natureza. Instituição. Lei Estadual. Inconstitucionalidade.*
>
> *O Plenário desta Corte julgou inconstitucional a instituição do referido imposto, ante a inexistência de prévia edição de Lei Complementar, indispensável a dirimência de conflitos de competência ente os Estados (Votação unânime, ADI – 028, RE 136215, D.J. de 20-05-94, p. 12266).*

No que tange às sucessões, a inexistência de conflito possível dispensa a lei complementar.

Para que se esgote a análise de conflitos, resta considerar aquele possível entre o domicílio civil e o domicílio tributário. Sendo o domicílio, para fins tributários, passível de eleição pelo contribuinte (art. 127 do Código Tributário Nacional), pode ocorrer de o contribuinte eleger, para fins do imposto ora examinado, domicílio fiscal diverso de seu domicílio civil. À primeira vista, poder-se-ia crer ocorrer, aqui, hipótese de bitributação admitida.

É o contexto, entretanto, que dará uma resposta. Afinal, uma solução que levasse à bitributação contrariaria todo o esforço do constituinte em repartir e delimitar competências. Daí por que há de se privilegiar o domicílio civil, não o tributário. Nesse caso, parece aplicável o art. 110 do Código Tributário Nacional: sendo o domicílio critério utilizado expressamente pelo constituinte para definir a competência tributária dos Estados, não pode aquele ser modificado pela lei tributária. Destarte, se a "legislação aplicável" a que se refere o art. 127 do Código Tributário Nacional contemplasse regra de eleição de domicílio para o imposto sobre as heranças e doações, haveria clara afronta ao mandamento acima. Não é, pois, o domicílio fiscal, eleito pelo contribuinte, o hábil a fixar a competência tributária. Assim, se no Direito Privado se concluir qual o domicílio, este se estende às raias do Direito Tributário, verificando-se, afinal, a impossibilidade de dois Estados pretenderem tributar a mesma transmissão de bens móveis, direitos e créditos.

6 Empréstimo compulsório

Identificado um empréstimo compulsório, não há como ter dúvida acerca de qual a pessoa jurídica de direito público competente para sua instituição. Eis a clara dicção do art. 148 da Constituição Federal:

> Art. 148. A União, mediante lei complementar, poderá instituir empréstimos compulsórios (...).

É imediata a ilação de que somente a União pode instituir empréstimos compulsórios. Não há, no sistema brasileiro, empréstimos compulsórios estaduais ou municipais.

Questão diversa é saber qual a matéria que poderá ser objeto de um empréstimo compulsório.

Já se viu que os empréstimos compulsórios podem incidir sobre manifestações de capacidade contributiva, diferenciando-se dos impostos por sua fundamentação e pela restituição do montante arrecadado. São impostos restituíveis.

Desse modo, surge a questão se um empréstimo compulsório, instituído pela União, poderia incidir materialmente sobre campo que, em caso de impostos, teria sido reservado para Estados ou Municípios.

Embora o constituinte silencie a respeito, a análise sistemática proposta acima já acena para a resposta negativa.

Deve-se ter em conta o que já se mencionou sobre o cuidado do constituinte, na repartição de competências para impostos, assegurando que uma mesma ocasião em que se manifestasse capacidade contributiva não ficasse nas mãos de mais de uma pessoa jurídica de direito público. Embora se tenha negado que esta decisão constitucional seja exigência do princípio federativo, sustentou-se que ela decorre do princípio da proibição do exagero. Evita-se, com isso, que dois poderes tributantes autônomos se sirvam, ao mesmo tempo, de uma mesma base de tributação.

Ora, seria menosprezar a coerência do sistema imaginar que o constituinte, em matéria de impostos, tivesse tido todo o cuidado para assegurar que não houvesse dois entes tributantes instituindo impostos na mesma oportunidade, mas ao mesmo tempo, nada obstasse a que a União, por meio de empréstimo compulsório, atingisse fato econômico que lhe ficou subtraído para a incidência de impostos.

Impostos e empréstimos compulsórios em nada diferem enquanto instrumentos para captação de capacidade contributiva. É a motivação constitucional e a possibilidade de restituição, apenas, que diferenciam ambas as espécies.

Assim, parece correto afirmar que os empréstimos compulsórios não podem incidir sobre fatos econômicos que tenham sido reservados, para o constituinte, para a instituição de impostos estaduais e municipais. Não pode o empréstimo compulsório afetar os "núcleos duros" dos impostos afetados aos Estados, Distrito Federal e Municípios.

Por óbvio, no caso de guerra externa, nada há que cogitar de invasão de competência já que em idêntica hipótese o art. 154, I, libera a União para tributar qualquer fenômeno econômico.

Para as demais hipóteses, entretanto, o empréstimo compulsório há de seguir os limites da competência da União.

Cabe mencionar que esta questão ainda não foi examinada pela jurisprudência, mesmo porque desde 1988 não há registro de qualquer empréstimo compulsório instituído por uma lei complementar.

A equiparação, enquanto instrumento de captação de riqueza, feita entre o imposto e o empréstimo compulsório, auxilia, também, a compreender a razão de o constituinte ter exigido lei complementar para sua instituição.

Ao lado de uma fundamentação histórica, tendo em vista o abuso de empréstimos compulsórios no regime constitucional anterior, aquela exigência serve para confirmar o cuidado que o constituinte teve para controlar a atuação da União, em casos em que poderia ela invadir competência de impostos estaduais e municipais.

Não é demais insistir no relevante papel da lei complementar em matéria de competência tributária, revelado nos arts. 146, I e III, "a", e 154, I. A lei complementar, prevista no art. 148, tem, tal qual aquela prevista no art. 154, I, a finalidade de prevenir conflitos de competência em matéria tributária.

7 Contribuições sociais e contribuições especiais

No caso das contribuições, importa diferenciar as sociais das especiais. Estas (de intervenção no Domínio Econômico e de interesse de categoria profissional ou econômica) competem exclusivamente à União, ao passo que as cobradas dos servidores públicos ativos, dos aposentados e pensionistas também poderão ser instituídas por Estados e Municípios que tenham regime próprio de previdência. Já as contribuições sociais são de competência privativa da União, enquanto as contribuições de iluminação pública são de competência privativa dos municípios e Distrito Federal.

7.1 Competência federal como regra

A regra é a competência federal para tais contribuições, conforme se lê no art. 149 da Constituição Federal:

Art. 149. Compete exclusivamente à União instituir contribuições sociais, de intervenção no Domínio Econômico e de interesse das categorias profissionais ou econômicas, como instrumento de sua atuação nas respectivas áreas, observado o disposto nos arts. 146, III, e 150, I e III, e sem prejuízo do previsto no art. 195, § 6º, relativamente às contribuições a que alude o dispositivo.

7.2 Exceção: contribuições especiais estaduais, municipais ou distritais

Do dispositivo acima, poder-se-ia crer que aquelas contribuições seriam exclusivamente federais. Entretanto, vale notar que o próprio constituinte tratou de excepcionar a regra do *caput*, ao dispor:

§ 1º A União, os Estados, o Distrito Federal e os Municípios instituirão, por meio de lei, contribuições para custeio de regime próprio de previdência social, cobradas dos servidores ativos, dos aposentados e dos pensionistas, que poderão ter alíquotas progressivas de acordo com o valor da base de contribuição ou dos proventos de aposentadoria e de pensões.

Há, pois, contribuições especiais estaduais, distritais ou municipais. É caso excepcional e condicionado a que a pessoa jurídica de direito público em questão tenha um sistema próprio de previdência. Assim, essa contribuição servirá para o custeio daquele regime, em clara referibilidade. Tal contribuição, porque instituída no interesse dos próprios servidores, é clara contribuição, no sentido estrito do termo, diferenciando-se das contribuições sociais que, como visto, não passam de impostos cuja receita está afetada nos termos constitucionais.

Também as contribuições de iluminação pública têm característica de impostos com receita afetada. Nesse caso, a teor do art. 149-A da Constituição Federal, a competência é dos Municípios ou do Distrito Federal.

7.3 Matéria sujeita às contribuições sociais e especiais

Quanto às matérias sobre as quais incidirão as contribuições sociais e de intervenção sobre o Domínio Econômico, a Constituição dá uma primeira ideia ao dispor, no art. 149, § 2º, III, que tais contribuições:

> III – poderão ter alíquotas:
>
> a) *ad valorem*, tendo por base o faturamento, a receita bruta ou o valor da operação e, no caso de importação, o valor aduaneiro;
>
> b) específica, tendo por base a unidade de medida adotada.

Daí não se ter dúvida de que podem incidir sobre faturamento e receita bruta. Por outro lado, a expressão "valor da operação" é bastante ampla, abrindo-se a questão acerca das operações cobertas.

Como já foi mencionado no item 7.2 do Capítulo IV, o Supremo Tribunal Federal julgou que as possíveis bases de cálculo acima referidas não são exaustivas. Na visão do Tribunal (merecedora de severa censura), o emprego, pelo art. 149, § 2º, III, da expressão "poderão ter alíquotas" evidenciaria tratar-se de elenco exemplificativo[55]. Portanto, nos termos da atual jurisprudência do Supremo Tribunal Federal, outras grandezas, além daquelas listadas pelo constituinte, poderiam servir de base de cálculo para as contribuições sociais.

Com relação às contribuições sociais destinadas à seguridade social, o constituinte arrolou, no art. 195, as materialidades possíveis:

> Art. 195. A seguridade social será financiada por toda a sociedade, de forma direta e indireta, nos termos da lei, mediante recursos provenientes dos orçamentos da União, dos Estados, do Distrito Federal e dos Municípios, e das seguintes contribuições sociais:
>
> I – do empregador, da empresa e da entidade a ela equiparada na forma da lei, incidentes sobre:
>
> a) a folha de salários e demais rendimentos do trabalho pagos ou creditados, a qualquer título, à pessoa física que lhe preste serviço, mesmo sem vínculo empregatício;

55 STF, RE 603.624/SC, Tribunal Pleno, redator p/ acórdão Min. Alexandre de Moraes, j. 23.09.2020.

b) a receita ou o faturamento;

c) o lucro;

II – do trabalhador e dos demais segurados da previdência social, não incidindo contribuição sobre aposentadoria e pensão concedidas pelo regime geral de previdência social de que trata o art. 201;

III – sobre a receita de concursos de prognósticos;

IV – do importador de bens ou serviços do exterior, ou de quem a lei a ele equiparar.

Vê-se, então, que existem campos previstos constitucionalmente para contribuições sociais destinadas à seguridade social.

7.4 Competência residual para as contribuições sociais destinadas à seguridade social

Alerte-se, desde já, que estes não são os únicos campos sujeitos àquelas contribuições. Outras podem ser criadas, mas nesse caso o § 4º imporá que se faça por lei complementar:

§ 4º A lei poderá instituir outras fontes destinadas a garantir a manutenção ou expansão da seguridade social, obedecido o disposto no art. 154, I.

O art. 154, I, acima referido é mais amplo, impondo, além da lei complementar, uma limitação quanto à matéria que pode ser atingida e à não cumulatividade. Isso remete ao tema da competência residual para a instituição de impostos, acima examinado. Vale reproduzir o art. 154, I, já que a remissão é expressa:

Art. 154. A União poderá instituir:

I – mediante lei complementar, impostos não previstos no artigo anterior, desde que sejam não cumulativos e não tenham fato gerador ou base de cálculo próprios dos discriminados nesta Constituição.

Como se vê, o art. 154, conquanto versando sobre impostos, impõe que o exercício da chamada competência residual atenda aos seguintes requisitos:

- Lei complementar;
- Impostos não previstos no artigo anterior (i.e.: que não sejam de competência originária da União);
- Não cumulativos;
- Não tenham "fato gerador" ou base de cálculo próprios dos discriminados na Constituição.

A questão que surge é se a remissão do art. 195, § 4º, ao 154, I, exige que também no caso das contribuições todos os quatro requisitos previstos no último sejam observados, ou não.

O assunto foi examinado pelo Supremo Tribunal Federal[56], em caso de contribuição social, instituída pela Lei Complementar n. 84/96. Evidenciado que o primeiro requisito, instituição por lei complementar, fora preenchido, cabia ao Tribunal examinar se os demais requisitos também seriam aplicáveis, ou não.

56 STF, RE n. 228.321-0-RS, Tribunal Pleno, rel. Min. Carlos Velloso, j. 01.10.1988, D.J. 20.05.2003.

Prevaleceu o entendimento literal: se o art. 154, I, proíbe que novos *impostos* sejam não cumulativos e tenham base de cálculo e "fato gerador" próprios de outros *impostos*, o raciocínio não se estende às contribuições. Ou melhor: no caso de contribuições, bastaria que a nova contribuição não tivesse "fato gerador" ou base de cálculo próprios das existentes. Por isso, o único requisito aplicável seria a lei complementar.

Conquanto seja esta a posição jurisprudencial, não se pode deixar de mencionar que tal entendimento esvaziou o próprio texto constitucional, ao desprezar a técnica de remissão utilizada pelo constituinte. Afinal, se o constituinte, tratando de contribuições sociais (art. 195) faz remissão ao art. 154, parece óbvio que o constituinte quis que todo o art. 154 se aplicasse às contribuições. Ou seja: enquanto o art. 154 exige que novos impostos sejam não cumulativos, o 195 estende tal exigência, por remissão, às contribuições sociais destinadas à seguridade social.

Ademais, o argumento de que a nova contribuição apenas não poderia ter "fato gerador" próprio das anteriores despreza, por completo, a inteligência do texto. Afinal, o § 4º do art. 195 da Constituição Federal trata justamente de "outras fontes" para a seguridade social. Se são outras, é óbvio que não são aquelas já previstas pelo constituinte. Ou seja: toda vez que se aplica o § 4º do art. 195, a situação é daquelas em que não há "fato gerador" próprio das contribuições já existentes. Assim, a remissão ao art. 154 seria mera tolice do constituinte. Dado que não se deve desprezar o constituinte, parece mais acertado entender que o objetivo do constituinte foi exatamente impedir que a União, por meio de contribuições sociais, invadisse campo econômico reservado para a competência dos Estados.

Efetivamente, o sistema constitucional é um todo coerente, que visa assegurar que cada pessoa de direito público tenha para si reservado campo para a instituição de impostos.

Ora, ausente a reciprocidade na contribuição social, outra não pode ser a base de cálculo senão algum índice de capacidade contributiva. Aplica-se aqui o mesmo raciocínio dos impostos ou dos empréstimos compulsórios: sendo gastos no interesse de toda a sociedade, todos devem contribuir, na medida de sua capacidade. Por isso mesmo é que já se disse acima que as contribuições sociais nada mais são que impostos cuja receita está afetada para a destinação específica. Se assim o é, mais razão se tem para impedir que a União, por meio de contribuições sociais que não passam de impostos com destinação específica, invada campos econômicos reservados para os Estados.

Assim como já se concluiu para os empréstimos compulsórios, também para as contribuições se deve entender que não devem elas, com força no § 4º do art. 195, incidir sobre campos materialmente reservados para os impostos estaduais e municipais.

Há quem, por outro raciocínio, chega a resultado semelhante[57]. Como se viu, a razão para o Judiciário ter negado a aplicação inteira do art. 154 à hipótese do art. 195, § 4º, estaria no fato de aquele dispositivo se referir a "impostos" e não a contribuições.

Pois bem: será necessário que se leia naquele último dispositivo uma referência a uma contribuição, não a um imposto? Seria possível que o art. 195, § 4º, estivesse se referindo a um imposto com destinação vinculada à seguridade social?

A resposta pela negativa seria imediata. Afinal, o art. 195 trata de contribuições sociais e estas foram definidas, exatamente, a partir de sua destinação. Entretanto, uma leitura cuidadosa do art. 195 pode mostrar que, embora o *caput* faça menção a contribuições, o citado § 4º se refere a "outras

---

57 O raciocínio foi exposto ao autor por Hamilton Dias de Souza, em discussão acerca dos manuscritos desta obra. Daí o registro.

fontes". Poderiam estas ser impostos? A favor deste argumento está a remissão ao art. 154, I. Este versa sobre impostos na competência residual. Seria, então, o caso de se dizer que a outra fonte seria um imposto, com destinação específica?

Embora bem elaborada a argumentação, não resiste ao fato de que o art. 167 da Constituição veda a afetação da receita de impostos. O constituinte teve o cuidado de arrolar, no art. 167, os diversos dispositivos do texto constitucional que excepcionam tal regra e ali não se incluiu o caso do § 4º do art. 195. Assim, não parece acertado afirmar que o último dispositivo se refira a um imposto com afetação, mas àquilo que o constituinte chamou contribuição social. Uma contribuição social na competência residual da União, sujeita ao art. 154, I, em sua inteireza.

7.5 Custeio da iluminação pública

Ainda com relação a contribuições, cabe lembrar aquelas para o custeio da iluminação pública, tributo esdrúxulo atualmente previsto no art. 149-A da Constituição Federal.

> *Art. 149. A Os Municípios e o Distrito Federal poderão instituir contribuição, na forma das respectivas leis, para o custeio do serviço de iluminação pública, observado o disposto no art. 150, I e III.*

Não passam de impostos cuja receita está afetada ao custeio daquele serviço. A competência municipal (ou distrital) decorre da dicção constitucional expressa que, entretanto, silencia sobre o aspecto material da incidência.

Valem aqui as considerações acima expostas sobre cumulação de competências: pretendendo os municípios ou o Distrito Federal alcançar situação que revele manifestação de capacidade contributiva que não lhe foi reservada pelo texto constitucional, atingirão situação que foi reservada a outra pessoa jurídica de Direito Público. Admitir a cumulação de incidências é conviver com a possibilidade de excesso de tributação, já que uma única manifestação de capacidade contributiva será alcançada por dois poderes tributantes. Dada a acolhida constitucional do princípio da capacidade contributiva e de seus corolários, merece repulsa tal bitributação.

capítulo VII

Princípios e limitações constitucionais ao poder de tributar

1 Princípios em matéria tributária

A ideia de "princípio" leva a "início", ou "base". Quando se buscam os princípios de uma ciência, pretende-se investigar se há, entre os elementos do objeto estudado, pontos em comum que lhe dão uma coesão. Identificados princípios comuns, pode-se desenvolver um ramo científico autônomo.

No Direito e, especialmente, no Direito Tributário, os princípios surgem ainda com mais vigor, já que não são apenas fruto de pesquisa do cientista, mas objeto da atividade do legislador. Do emaranhado de normas editadas pelos mais diversos escalões, extraem-se normas que se prestam para indicar valores do ordenamento, positivados e que servem de vetores para o conhecimento do Direito Tributário. São elas os princípios jurídicos, valores cuja importância é reconhecida pelo legislador, inclusive o legislador constituinte, e cuja observância espera-se tanto do próprio legislador como do aplicador da norma tributária.

Por vezes, esses princípios são expressos pelo próprio legislador. Em matéria tributária, a Constituição Federal apresenta os "princípios gerais", a partir do art. 145. Outras vezes, os princípios não são expressos, mas decorrem de uma leitura atenta dos textos legais. Por exemplo, o princípio da segurança jurídica não se encontra expresso em texto algum, mas, quando se estuda o tema da prescrição e decadência, vale-se daquele princípio para explicar a razão por que um tributo, embora devido, pode se tornar inexigível com o passar do tempo.

Alguns sistemas possuem apenas um princípio fundamental. Tais sistemas dizem-se unitários. Não é assim com o sistema jurídico, que possui diversos princípios, sem que se possa falar em hierarquia entre eles.

Muitas vezes, o constituinte, no lugar de simplesmente enunciar princípios, vale-se de regras.

Princípios e regras não se confundem[1]. Eros Roberto Grau mostra a diferença, baseando-se na lição de Dworkin[2], ao afirmar que, enquanto regras jurídicas se aplicam por completo, num "tudo ou

1 Paulo de Barros Carvalho sustenta que "princípios são normas jurídicas portadoras de intensa carga axiológica". Cf. CARVALHO, Paulo de Barros. Sobre os princípios constitucionais tributários. *Revista de Direito Tributário*, ano 15, n. 55, jan./mar. 1991, p. 142-155 (154).

2 Cf. DWORKIN, Ronald. *Taking rights seriously*. Cambridge: Harvard, 1977, p. 24.

nada", os princípios jurídicos não se aplicam automática e necessariamente quando as condições previstas para sua aplicação se manifestam. No exemplo de Eros Grau, embora exista o princípio de que ninguém se pode aproveitar da própria torpeza, o direito não se opõe, simultaneamente, a que alguém obtenha proveito da fraude praticada, como no caso da posse indevida[3]. Este critério é contestado por Humberto Ávila[4], que apresenta diversos exemplos – inclusive na esfera dos tributos – onde consequências legais de regras deixaram de ser empregadas, em virtude de circunstâncias concretas e individuais, sem que por isso as regras fossem consideradas inválidas para a generalidade dos casos. Tal foi o caso citado de um fabricante de sofás, enquadrado no regime tributário do Simples: nos termos legais, ele seria excluído do regime se importasse bens do exterior; no caso concreto, houve uma única importação de 4 pés de sofá e o tribunal entendeu não ser razoável sua exclusão por conta desse fato isolado: a regra continuou válida, mas deixou de ser aplicada.

Outra distinção apontada é que os princípios possuem a dimensão do peso ou importância que não é própria das regras jurídicas. Por tal dimensão, na hipótese de se entrecruzarem vários princípios, sua resolução se pondera a partir do peso relativo de cada um deles[5], o que, naturalmente, não se dá de modo exato. Esta dimensão não estaria presente nas regras, sendo necessário, na hipótese de confronto de regras, determinar qual delas prevalece e se aplica, no lugar de outra, que fica afastada[6]. Eros nota que os princípios subjazem em cada ordenamento jurídico, permanecendo "em estado de latência", isto é, "sob cada direito posto, repousam no direito pressuposto que a ele corresponda. Neste direito pressuposto os encontramos ou não os encontramos; de lá os resgatamos, se nele preexistirem"[7]. Num determinado caso, poderá ocorrer que um princípio não seja aplicado, sem por isso ser ele eliminado do sistema, até porque, noutro caso, este mesmo princípio poderá vir a prevalecer, dentro do que Eros Grau denominou os "jogos de princípios", de sorte "que diversas soluções e decisões, em diversos casos, podem ser alcançadas, umas privilegiando a decisividade de certo princípio, outras a recusando. Cada conjunção ou jogo de princípios será informada por determinações da mais variada ordem". Por tal modo é que o autor conclui que "o fenômeno jurídico não é uma questão científica, porém uma *questão política* e, de outra parte, a aplicação do direito é uma *prudência* e não uma *ciência*"[8]. Aqui, aliás, ingressa, para Grau, citando Boulanger, a dimensão dos valores, já que, na atuação da prudência, "tanto o aplicador quanto o intérprete do direito, ao comporem tais jogos de princípios, atuam sob impacto, também, de valores ideológicos. Há, aí, definidamente, uma escolha entre princípios".

O que torna a tarefa do jurista complexa é o reconhecimento da existência de vários princípios atuando no sistema, pois não lhe basta afastar a aplicação de um princípio, tendo em vista que ele conduz em direção diversa daquela imposta por outro princípio. Ao contrário, ao jurista cabe sopesar os princípios, numa atividade de ponderação. Os princípios atuam, assim, como forças com vetores diversos, de cuja resultante se terá a direção que o ordenamento jurídico imporá ao caso concreto.

---

3 Cf. GRAU, Eros Roberto. *A ordem econômica na Constituição de 1988* (interpretação e crítica). 3. ed. São Paulo: Malheiros, 1999, p. 89-92.

4 Cf. ÁVILA, Humberto. *Teoria dos princípios.* Da definição à aplicação dos princípios jurídicos. 5. ed. São Paulo: Malheiros, 2006, p. 46.

5 Klaus Tipke refere-se a *Werteabwägung* (ponderação de valores). Cf. TIPKE, Klaus. *Die Steuerrechtsordnung*. vol. 1. Köln: Otto Schmidt, 1993, p. 102.

6 Cf. GRAU, Eros Roberto. Op. cit. (nota 3), p. 93.

7 Cf. GRAU, Eros Roberto. Op. cit. (nota 3), p. 102.

8 Cf. GRAU, Eros Roberto. Op. cit. (nota 3), p. 99.

Se é verdade que forças diversas atuam sobre um mesmo corpo, dando-lhe direção, do mesmo modo os princípios atuarão no caso concreto, sendo a norma a resultante de sua atuação.

Houvesse somente um princípio a cogitar em um caso concreto, então não seria difícil concluir que a norma jurídica resultante coincidiria com aquele. Graficamente:

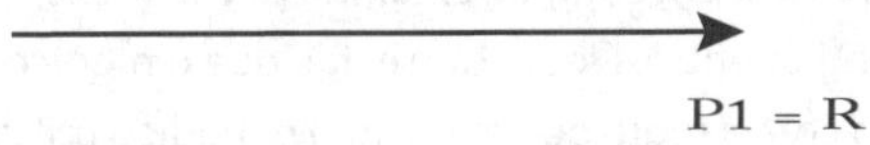

Quando se reconhece um sistema plural, então já se torna possível que mais de um princípio atue simultaneamente; por certo, em cada caso haverá um princípio de atuação ponderante, o que não afastará a atuação de outro princípio. Tem-se, assim, a seguinte norma resultante:

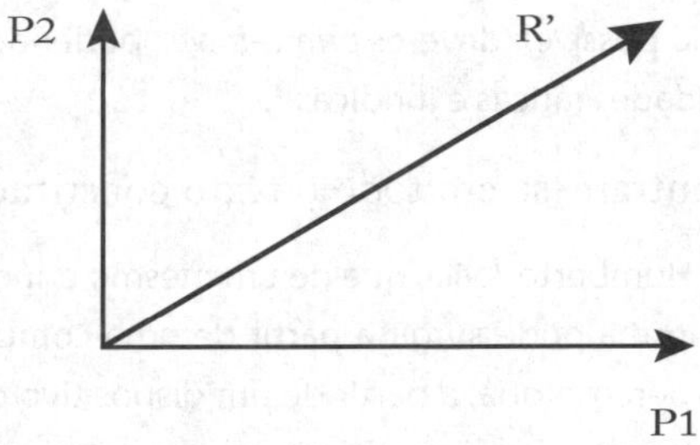

Assim, no lugar de um princípio afastar a aplicação de outro, tem-se que ambos influenciam-se reciprocamente, de modo que nem um nem outro se aplicará integralmente, mas, ao contrário, aplicar-se-ão harmonicamente, reduzindo-se a rigidez de um e de outro, a fim de se assegurar que ambos sejam minimamente observados. Veja-se, na figura acima, que não é possível dizer que a norma R' deixa de observar os princípios P1 e P2. Como visto na figura anterior, tivesse P1 atuação isolada, então a norma R' teria a mesma direção de P1. Daí já se vê que na relação entre princípios não é certo dizer que a aplicação de um deles afasta (mesmo no caso concreto) o outro; por mais que um seja prevalecente, não será absoluto.

Que dizer, entretanto, se houver três princípios em jogo? O raciocínio se mantém:

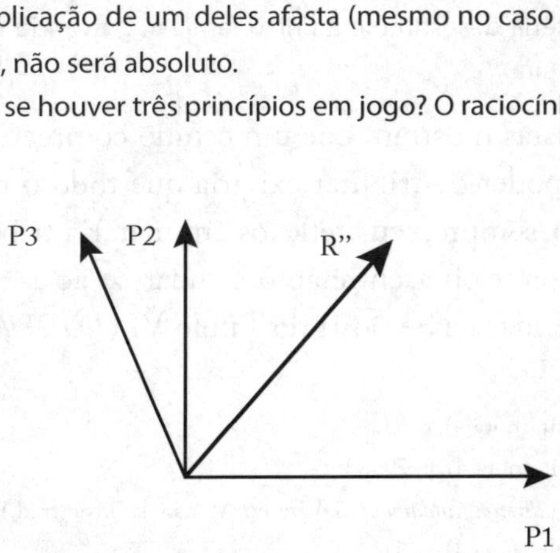

Nesse caso, a norma resultante R" foi influenciada por todos os princípios. Um com mais força, outro menos relevante, mas todos atuando na construção da norma.

Daí exigir o raciocínio principiológico que se admita a aplicação simultânea de princípios aparentemente contraditórios: na ponderação entre os princípios, se descobrirá aquele(s) de maior peso para o caso; isso não implica afastar os demais, mas apenas aplicá-los segundo seu peso relativo.

Merece nota que também esta distinção não escapa à arguta crítica de Humberto Ávila[9], para quem regras também podem entrar em conflito, exigindo ponderação, sem que se tire a validade de uma delas. Por exemplo: o conflito entre a regra que exige que o médico diga ao paciente a verdade sobre sua doença, em conflito com a regra que exige que o médico utilize todos os meios para curar seu paciente: o que fazer se, ao dizer a verdade, o médico diminui as chances de cura do paciente? A crítica de Ávila pode ser enfrentada quando se indaga se, em verdade, o sopesamento proposto se fez entre regras ou entre princípos no exemplo proposto.

Por outro lado, tanto princípios como regras pertencem à categoria deôntica. Diferem porque, enquanto as últimas descrevem imediatamente uma conduta, os primeiros apresentam um fim (estado ideal de coisas), a partir do qual se buscam os meios. Estes servem para a promoção do fim[10].

Enfim, princípios surgem como mandamentos de otimização: sendo um ideal, cabe ao aplicador da lei observá-los ao máximo possível (deveres *prima-facie*), podendo ser cumpridos em diferentes graus, conforme as possibilidades fáticas e jurídicas[11].

Princípios e regras encontram-se em todo o texto constitucional

Interessante notar, com Humberto Ávila, que de um mesmo enunciado podem-se extrair várias normas, assim como uma norma pode surgir a partir de uma combinação de enunciados[12]. Com isso, se nega a classificação peremptória, a partir de um dispositivo constitucional, como princípio ou como regra. Ou seja: de um mesmo dispositivo pode-se extrair uma norma que se reveste das características de um princípio e outra que melhor se enquadra como regra.

Embora, como mencionado, o art. 145 encabece o capítulo dos "princípios gerais", lá encontra-se, por exemplo, o art. 145, § 2º, que tem conotação de regra ("as taxas não poderão ter base de cálculo própria de impostos"), embora mesmo aí se encontrem traços de um princípio (a equivalência entre a atividade estatal e o tributo).

Ao mesmo tempo, existem princípios que afetarão a matéria tributária até mesmo fora daquele capítulo. Por exemplo, na proteção à família (art. 226 da Constituição Federal), está um princípio que impedirá que a lei tributária desestimule a união familiar, gravando mais onerosamente a pessoa casada, em relação à solteira.

As ideias acima expostas mostram que um estudo completo dos princípios e limitações constitucionais ao poder de tributar exigiria que todo o texto constitucional fosse examinado, investigando, sempre, seus reflexos em matéria tributária.

Dado o escopo da presente obra, entretanto, estudar-se-ão as "limitações constitucionais ao poder de tributar" inseridas na Seção II do Título VI (*Da Tributação e do Orçamento*) do

9 Cf. ÁVILA, Humberto. Op. cit. (nota 4), p. 53.

10 Cf. ÁVILA, Humberto. Op. cit. (nota 4), p. 79; 83.

11 Cf. ALEXY, Robert. *Teoria dos direitos fundamentais*. Virgílio Afonso da Silva (trad.). São Paulo: Malheiros, 2008, p. 45.

12 Cf. ÁVILA, Humberto. Op. cit. (nota 4), p. 31.

Capítulo I (*Do Sistema Tributário Nacional*) da Constituição Federal. Tais "limitações" surgem como regras e como princípios. Sob ambos os ângulos merecem ser examinadas. No final deste capítulo, apresentar-se-á, posto que brevemente, a forma como mandamentos constitucionais inseridos na Ordem Econômica interagem com os preceitos da Ordem Tributária, em virtude do efeito indutor das normas tributárias.

Embora reconhecida, nestes termos, a diferenciação entre princípios e regras, importa mencionar que na literatura, as limitações constitucionais ao poder de tributar figuram como "princípios" ainda que apresentadas como regras. Assim é que se fala no "Princípio" da Legalidade, "Princípio" da Anterioridade, "Princípio" da Irretroatividade, "Princípio" da Isonomia, "Princípio" da Proibição do Confisco etc. Tão arraigada está a denominação que já não seria viável opor-se a ela. Melhor, apenas, convencionar que a expressão, quando utilizada como nome próprio (letras maiúsculas), referir-se-á à limitação constitucional que com ela se designa, independentemente de se dar luz à sua feição de princípio ou de regra; ademais, como já apontado, o dispositivo que alberga cada um desses "Princípios" poderá ter conteúdo de princípio, de regra ou de ambos.

É importante que não se deixe de lado o cuidado do constituinte ao tratar da matéria: a expressão "limitações ao poder de tributar" não deve ser desprezada. O que se tem, ali, são garantias asseguradas ao particular, em face da pretensão tributária.

Como visto no Capítulo I, o Estado do século XXI reconhece a necessidade de um espaço para que o setor privado possa desenvolver-se. Sem a segurança jurídica promovida pelas "limitações", ficaria o agente privado à mercê de avanços desmedidos, aos quais não faltariam justificativas baseadas em necessidades sociais. Daí a decisão constitucional de impor limites ao poder de tributar. Afinal, se existem direitos fundamentais assegurados pelo Estado (e que sem dúvida haverão de ser financiados por tributos), não é menos verdade que uma série de direitos fundamentais são assegurados pelo setor privado. A própria garantia do emprego se vê concretizada pela atuação da iniciativa privada. O setor privado deve, pois, também ter condições de financiar-se, como único meio para cumprir tal tarefa que a Constituição lhe impõe.

Portanto, as limitações ao poder de tributar demarcam o território assegurado pela Constituição para que o setor privado possa buscar recursos para financiar as tarefas que a Constituição lhe impõe, inclusive a de pagar tributos. Revela-se, pois, dever do Estado assegurar um ambiente propício para que os agentes privados possam atuar e crescer. Este ambiente caracteriza-se pela segurança jurídica que o respeito às "limitações" propicia.

É por isso que os dispositivos constitucionais inseridos nas "limitações ao poder de tributar" não hão de ser invocados pelo Fisco: configuram eles, antes, o Estatuto do Contribuinte. Legalidade, anterioridade e outras limitações foram previstas pelo constituinte como proteção do particular; são as garantias de um espaço para a atuação do último. É o particular, pois, que se protege ao invocar as "limitações". Seria um desvio do desiderato constitucional conceber que as garantias assim previstas fossem utilizadas em desfavor do particular. Daí, por exemplo, a anterioridade e a irretroatividade serem previstas para a instituição ou aumento de tributo, não para a sua diminuição.

2 Princípio da Legalidade

O art. 150, I, da Constituição Federal contém o Princípio da Legalidade, determinando que nenhuma pessoa jurídica de direito público pode instituir ou majorar tributos sem lei que o estabeleça.

Tem-se no Princípio da Legalidade um bom exemplo de enunciado que permite se extraiam regras como a autoridade não poder exigir um tributo na falta de lei prevendo-o, sem que ali se esgote o dispositivo, já que há um mandamento de otimização (princípio), igualmente baseado no mesmo dispositivo, que implica esperar-se que o legislador descreva, com a maior precisão possível, as circunstâncias que darão ensejo à tributação.

A ideia da legalidade é própria do Estado de Direito. É algo que se encontra no art. 5º, II, da Constituição Federal: "Ninguém será obrigado a fazer ou deixar de fazer alguma coisa senão em virtude de lei". É uma garantia do cidadão contra abusos por parte dos governantes.

Em matéria tributária, o Princípio da Legalidade é anterior mesmo ao Estado de Direito. É o direito de concordar com a tributação e controlar o modo como os recursos arrecadados são empregados. Mesmo em regimes ditatoriais, a matéria tributária foi excepcionada, preservando-se o princípio de que a cobrança de um tributo é condicionada à concordância prévia dos contribuintes, diretamente ou por meio de seus representantes.

Parece importante estudar as origens do Princípio da Legalidade em matéria tributária, tal como hoje se apresenta, sob a perspectiva da divisão entre o poder de tributar e o poder de regular, que, segundo Ruy Barbosa Nogueira, devem ser analisados em paralelo, mas sem confusão, já que o poder de regular "é um poder legislativo de criar disciplina por meio de normas categóricas"; ou "o poder de promover o bem público pela limitação e regulação da liberdade, do interesse e da propriedade".

Ambos os poderes, ensinava o catedrático da Universidade de São Paulo, surgem em razão da soberania que o Estado exerce sobre as pessoas e hão de estar em harmonia, sem por isso se confundirem: "em razão da soberania que o Estado exerce sobre as pessoas e bens de seu território, ele pode impor sobre as relações econômicas praticadas por essas pessoas e sobre esses bens tributação (soberania fiscal), como também impor-lhes regulamentação (soberania regulatória). Daí o poder de tributar e o poder de regular"[13]. Ao poder de tributar e ao poder de regular também fazia referência Seligman, que os apontava, junto com o poder de punir, como as três formas pelas quais o poder soberano do Estado retira propriedade dos indivíduos[14].

---

13 Cf. NOGUEIRA, Ruy Barbosa. Tributo I. FRANÇA, R. Limongi (coord.). *Enciclopédia Saraiva do Direito*. vol. 75. São Paulo: Saraiva, 1977, p. 241.

14 Cf. SELIGMAN, Edwin R. A. *Essays in taxation*. 10. ed. New York: The Macmillan Company, 1931 (reprints of Economic Classics. New York: Augustus M. Kelley, 1969), p. 401.

A mesma distinção entre ambos os poderes pode ser buscada já na origem do Princípio da Legalidade, em que se encontrarão o *pouvoir législatif* e o *pouvoir financier*[15]. É o que se passa a examinar.

2.1 Origens do direito de concordar com a tributação

Do ponto de vista histórico, é comum a referência à *Magna Carta*, assinada em 1215 pelo Príncipe João Sem Terra, na Inglaterra, como data do natalício do Princípio *no taxation without representation*. Isso não é bem verdade.

O direito de concordar com a tributação (e de controlar gastos) é uma das mais antigas reminiscências do sentimento do direito e dever de participar, oriundo das corporações de ofícios[16]. No Capítulo I, viu-se que era comum, no feudalismo, a ideia de a tributação decorrer do consenso. Como lembra Alberto Xavier, suas origens se revelam, daí, bem mais remotas que o próprio Estado de Direito[17], sendo reconhecido, mesmo "em certas formas políticas de organização da sociedade que não se inspiraram nos cânones do Estado de Direito"[18].

Adams localiza o Edito de Paris, do ano de 614, já refletindo o mesmo princípio. Aquele foi um tratado entre reis rivais no reino dos Francos, que se estendia pela maior parte setentrional da Europa, cobrindo França, Países Baixos e Alemanha. Houve uma grande assembleia que resultou no referido Edito, segundo o qual "em qualquer lugar onde um novo tributo tenha sido dolosamente introduzido e incitado o povo à resistência, o assunto será investigado e o tributo bondosamente abolido", ali se identificando a proibição contra um tributo inaudito ("exactio inaudita")[19].

Evidenciando que o caso inglês não foi pioneiro, basta mencionar que na Espanha relata-se a ocorrência de um pedido de subsídio extraordinário por Alfonso VI, em 1091; entretanto, tal pratica não se repetiu com *"frequência, somente havendo indícios seguros de petitio"* durante os reinados de Sancho III, de Castilla e Fernando II, de León. Até fins do século XII, os representantes das cidades não participavam das Cúrias régias plenas; quando as prestações passaram a ser solicitadas pelos reis diretamente a seus súditos, passaram estes a ter seus representantes nos conselhos reais primitivos, agora *Comunes, Cortes* ou *Estados Generales*[20].

Assim, desde o nascimento das *Cortes*, a representação da sociedade estamental participou diretamente na aprovação dos impostos. Entretanto, a convocação das *Cortes* continuou irregular até o século XIV. Ainda assim, no início, o papel das *Cortes,* ou *Comunes,* ou *Estados Generales,* era apenas de consentir ou não com o imposto, sem discutir a aplicação dos recursos. Tal papel foi se ampliando por quase quatro séculos, desaparecendo no século XVII, com o absolutismo, somente

---

15 Cf. BELLSTEDT, Christoph. *Die Steuer als Instrument der Politik*. Berlin: Duncker & Humblot, 1966, p. 22.

16 Cf. BELLSTEDT, Christoph. Op. cit. (nota 15), p. 21.

17 DREWES nota que o conceito de "Estado de Direito" pressupõe: (i) separação de poderes; (ii) proteção aos direitos fundamentais; (iii) participação do povo na formação da vontade do Estado; (iv) proteção de direitos por via judicial; (v) legalidade da administração. Cf. DREWES, Franz. *Die steuerrechtliche Herkunft des Grundsatzes der gesetztmäbigen Verwaltung*. Tese de Doutorado apresentada à Hohen Rechts- und Staatswissenschaftlichen Fakultät der Christian--Albrechts-Universität zu Kiel. Kiel: edição do autor, 1958, p. 4.

18 Cf. XAVIER, Alberto. *Os princípios da legalidade e da tipicidade da tributação*. São Paulo: Revista dos Tribunais, 1978, p. 5-6.

19 Cf. ADAMS, Charles. *For good and evil.* The impact of taxes on the course of civilization. 2. ed. Lanham, New York, Toronto, Plymouth: Madison, 1999, p. 145.

20 Cf. AYALA, José Luis Perez de; GONZALEZ, Eusebio. *Curso de Derecho Tributario*. 5. ed., tomo 1. Madrid: Editorial de Derecho Financiero: Editoriales de Derecho Reunidas, 1989, p. 35-38.

reaparecendo após a repercussão das ideias da Revolução Francesa e ali se consolidando dentro do Estado Constitucional de Direito[21].

Também na Inglaterra, a participação dos súditos em matéria tributária vem de tempos imemoriais. O termo *aid* vem de *auxilium*: era, no sentido literal, ajuda dos vassalos aos suseranos necessitados. O suserano em necessidades podia pedir apoio a seus vassalos e estes não podiam recusar o auxílio, se razoável e adequado[22]. Os auxílios na Inglaterra decorriam da relação de dever entre o homem e seu senhor. Cabia ao homem ajudar seu senhor em todas as suas necessidades; tanto seu bolso como seu corpo deveriam estar à disposição em caso de apuro. Gradualmente, as ocasiões em que se podia exigir uma ajuda em dinheiro passam a ser determinadas[23]. Havia três situações em que se consideravam necessários os auxílios: como o para tornar cavaleiro o primogênito do rei; o dote da filha mais velha e o dinheiro do sequestro. A ideia era de que "o rei deve viver de meios próprios"[24], sendo o imposto exigido para uma circunstância extraordinária, e daí a necessidade de concordância do contribuinte[25]: o rei não tinha o direito de exigir, sem consentimento, nem mesmo valores necessários para cobrir os custos de uma guerra que o envolvesse[26].

Evidência de que a prática do consenso é antiga pode ser encontrada no episódio, datado de 1093, quando Guilherme II pediu um *aid* para a conquista da Normandia, o que, aliás, trouxe problemas para Anselmo, já que este ofereceu uma quantia considerada inadequada, levando-o, em 1096, a concordar com outro pagamento ao rei[27]. Também há o caso dos valores pedidos por Henrique II, em 1159, para a campanha de Toulouse[28].

Noticia-se um imposto sobre patrimônio mobiliário, o *saladin tithe*, cobrado por Henrique II, em 1188, para enfrentar as despesas da cruzada contra Saladino[29]. Este tributo foi aprovado pelo Conselho Nacional do rei, mas o procedimento de cobrança foi aprovado pelo *jury of neighbours*. O mesmo procedimento foi adotado em 1198, na cobrança do *carucage*. Vê-se, daí, uma ligação entre *taxation* e *representation*, que nunca mais se abandonou. Quando João II tentou abandonar a prática, sofreu resistência, que culminou com a *Magna Carta* de 1215[30].

Daí a afirmação de que a *Magna Carta* não constituiu direito novo, mas apenas confirmou direito existente[31].

É comum a referência à Magna Carta de 1215, do Rei João Sem Terra, embora aquele documento não tenha recebido tal denominação. A expressão "Magna Carta" surgiu referindo-se a documento assinado pelo Rei Henrique, em 1225.

21 Cf. AYALA, José Luis Perez de; GONZALEZ, Eusebio. Op. cit. (nota 20), p. 35-38.

22 Cf. MITCHELL, Sydney Knox. *Taxation in Medieval England* (edited by Sidney Painter). EUA: Archon, 1971, p. 159.

23 Cf. POLLOCK, Frederick; MAITLAND, Frederic William. *The history of English law before the time of Edward I.* 2. ed., vol. 1. Indianapolis: Liberty Fund, s.d. (possivelmente 2010), p. 369.

24 *The King should live of his own.*

25 Cf. BELLSTEDT, Christoph. Op. cit. (nota 15), p. 73.

26 Cf. POLLOCK, Frederick; MAITLAND, Frederic William. Op. cit. (nota 23), p. 369-370.

27 Cf. MITCHELL, Sydney Knox. Op. cit. (nota 22), p. 158.

28 Cf. MITCHELL, Sydney Knox. Op. cit. (nota 22), p. 160.

29 Cf. DOWELL, Stephen. *A history of taxation and taxes in England.* 3. ed., vol. 1. London: Frank Cass, 1965, p. 59 e ss.

30 Cf. BELLSTEDT, Christoph. Op. cit. (nota 15), p. 74.

31 Cf. UCKMAR, Victor. *Princípios comuns de Direito Constitucional Tributário.* Marco Aurélio Greco (trad.). São Paulo: Revista dos Tribunais, EDUC, 1976, p. 9; XAVIER, Alberto. Op. cit. (nota 18), p. 7. POLLOCK, Frederick; MAITLAND, Frederic W. *The history of english law before the time of Edward I.* 2. ed., vol. 1. Cambridge: Cambridge University, 1896, p. 339 (reimpressão Indianapolis: Liberty Fund, 2008, p. 369).

A Magna Carta é fruto do trabalho de dois homens. O primeiro, o Arcebispo Stephen Langton, pode ser apontado como autor de seu texto. Langton, nascido na Inglaterra, mas educado em Paris, tendo se tornado doutor em teologia, ocupou a posição em Canterbury por imposição do Papa Inocente III, que tentara, com tal indicação, resolver uma disputa entre João Sem Terra e o clero local, com relação ao sucessor do Arcebispo Walter. Sua consagração não se deu sem a oposição do primeiro, que não permitiu que Langton pisasse na Inglaterra, resultando na decisão de Inocente de proibir os sacramentos do batismo, casamento ou enterro aos súditos ingleses, chegando até mesmo à excomunhão de João Sem Terra. A disputa entre João Sem Terra e o clero durou alguns anos, até que, em recuo estratégico, João Sem Terra propôs a reconciliação, recebendo o Arcebispo Langton[32]. Passado o incidente, Langton passou a colaborar com o Rei João. Foi ele quem, vendo uma oposição crescente entre o Rei e os barões, buscou na história inglesa uma série de princípios com os quais ambas as partes poderiam concordar, apresentando aos nobres, reunidos em assembleia em agosto de 1213, em St. Albans, um documento no qual se poderia basear o compromisso: a carta de coroação de Henrique I, filho mais novo de Guilherme, o Conquistador, irmão de Guilherme II e bisavô de João Sem Terra. O documento tinha muita importância por revelar que desde o começo do feudalismo o rei reconhecera ter deveres perante sua população. Os nobres acolheram a sugestão de Langton, mas o reescreveram numa lista de 49 "Artigos", que iam além daquelas garantias do documento original, ampliando muito as pretensões dos nobres. Antes que aqueles Artigos fossem apresentados em forma final, surgiu um documento conhecido como Carta Anônima das Liberdades (*Unknown Charter of Liberties*), que foi utilizada por Langton como solução para contrabalançar os 49 "Artigos". Em março de 1215, os barões iniciaram sua marcha em direção a Londres, abrindo-se o conflito em face do rei. Este tomou conhecimento dos "Artigos" redigidos pelos nobres, cujo acatamento implicaria sua rendição, o que indica que João Sem Terra via com bons olhos qualquer sugestão menos impactante que aquele documento. Daí a oportunidade encontrada por Langton para apresentar sua própria versão do que deveria ser o direito feudal que todos os bons homens deveriam observar. Era este o cenário em 15 de junho de 1215, quando, num encontro entre partidários do rei e dos nobres, o Arcebispo leu, em sonoro latim, suas 63 propostas, retiradas dos "Artigos" dos barões e da Carta Anônima das Liberdades. Os termos empregados pelos barões foram suavizados, mas sua essência foi mantida. Incluíram-se todas as garantias dadas por Henrique I e outras que surgiram durante o reinado de Henrique II[33].

Nove semanas depois de a Carta de Stephen Lanton ter recebido o selo real, em 19 de junho de 1215, enquanto aquele ainda se encontrava em seu caminho a Roma, João Sem Terra repudiou seu compromisso e apelou, para tanto, ao Papa Inocente III, o qual, em 24 de outubro de 1215, publicou uma Bula anulando a carta. É inútil examinar se este ato tinha ou não fundamento, já que João Sem Terra morreu um ano depois.

Surgiu naquele momento outra figura fundamental: William Marshall, Conde de Pembroke. Foi ele o indicado para a guarda do jovem rei Henrique III, que tinha nove anos quando seu pai faleceu. Os nobres, muitos deles presentes quando da assinatura da Carta de 1215 e nomeados em seu preâmbulo, decidiram publicar uma versão revisada da carta, mas retiraram 22 dos 63 "capítulos" originais. Quando o Rei Henrique III foi coroado, em 28 de outubro, William Marshall foi nomeado seu Guardião, e foi sob o selo deste (já que não houvera tempo para a confecção de um selo do jovem rei) que a nova versão da Carta foi distribuída pelo Reino, em 12 de novembro. O documento de 1216 já não continha a cláusula tributária. Como essa versão foi feita às pressas, diversas

32 Cf. SWINDLER, William. *Magna Carta*. New York: Grosset & Dunlap, 1968, p. 26-27.

33 Cf. SWINDLER, William. Op. cit. (nota 32), p. 32-34.

questões foram deixadas de lado, ou ficaram para serem examinadas mais tarde. Houve o exame e, em 1217, duas cartas, a Carta das Liberdades (*Magna Carta de Libertatibus)* e a Carta de Floresta (*Carta de Foresta)*, baseadas nas Cartas de 1215 e 1216, foram publicadas em nome do Rei Henrique III. Este, pouco depois de ter atingido a maioridade, quis, por alguma razão, receber um novo imposto e, em troca de uma contribuição de um quinze avos sobre bens imóveis, foi levado a publicar ambas as cartas, ligeiramente revisadas, em 1225. Em 1237, Henrique III editou outra carta, confirmando as duas cartas de 1225, desta feita nomeadas "Magna Carta" e "Carta de Foresta", dando a impressão de que tais denominações já haviam passado para a linguagem comum. Naquele tempo, seu conteúdo já era tão conhecido, que foi necessário escrever uma carta breve – *parva carta* – confirmando seu teor. O título completo, "Magna Carta de Libertatibus Angliae", somente foi utilizado em 1297, por ocasião da solução de um conflito que naquele ano fora resolvido entre os proprietários de terra e Eduardo I, quando ficou acertado que este confirmaria as cartas. Deu-se ordem de copiar a Magna Carta e o texto copiado foi da de 1225, o que indica que esta fora a que recebera tal denominação[34].

Tampouco é verdade que a *Magna Carta* tivesse o princípio de que apenas o parlamento poderia concordar com a cobrança de impostos, já que ela tratava apenas de *scuta* e *auxilia*. A cláusula tributária, como dito acima, não aparece na segunda versão da *Carta*, de 1216, somente reaparecendo no texto assinado por Eduardo I em 1296[35]. Entretanto, a cláusula de 1215 teve o mérito de fixar o direito vigente, ao estipular quais os auxílios que poderiam, por costume, ser cobrados[36].

Por outro lado, se a *Carta* é apontada como uma garantia da participação popular na criação do tributo, não se pode deixar de anotar, posto que brevemente, que também tal crença desfaz-se quando se lembra que o Conselho a que se refere a *Carta* de 1215 não tinha a participação popular. O texto de 1215 referia-se ao "conselho comum de nosso reino" e, para reunir o tal conselho, deveriam ser enviadas cartas de convocação individualmente aos arcebispos, bispos, abades, condes e grandes barões, enquanto outros arrendatários da Coroa deviam ser convocados por meio dos xerifes e dos administradores[37].

A representação de cidades e aldeias somente surgiu em 1265, no reinado de Eduardo I. Esta assembleia reunia-se com o nome de *Parliamentum*, originariamente convocado por Simon de Mont-fort (cunhado de Henrique III), quando o rei e seu filho, Eduardo, encontravam-se encurralados. Montfort foi derrotado por Eduardo, que contou, para tanto, com o apoio de barões descontentes com o primeiro e, como contrapartida, Eduardo aceitou assinar o Estatuto de Marlborough, em 1267, que confirmava as garantias de ambas as *Cartas*. A coroa reservava a si o direito de escolher os seus

34 O histórico é extraído da obra de JENNINGS, Sir Ivor. *Magna Carta et son influence dans le monde d' aujourd'hui*. Londres: Services Britanniques d'Information, 1965; e de SWINDLER, William. Op. cit. (nota 32).

35 É esta a afirmação de Bellstedt, no original: *In der zweiten Ausgabe der Charta von 1216 fehlt die Steuerklausel der ersten Ausgabe ganz. Erst im Jahre 1296 musste Edward I erneut das Versprechen ablegen, kein 'aids' ausser den drei hermkömlichen notwendigen Abgaben ohne den Konsens der Stände zu erheben*. Cf. BELLSTEDT, Christoph. Op. cit. (nota 15), p. 75-76. Também Frederic Pollock e Frederic William Maitland (op. cit. – nota 23, p. 370) noticiam, acerca da referida cláusula: *As is well known, the clause which dealt with this matter appeared in no later edition of the charter*. Não obstante, tal afirmação contraria o que diz Victor Uckmar: "Até o Reinado de Henrique VI a *Magna Charta* foi alterada 37 vezes, mas foi sempre repetida a cláusula que exigia a prévia autorização para a imposição de *aids* e do *scutage*; tal princípio foi também reafirmado no statement *de tallagio non concedendo*, expedido em 1296 por Eduardo I". Cf. UCKMAR, Victor. Op. cit. (nota 31), p. 14-15. Na obra de Sir Ivor Jennings (op. cit., nota 34, p. 16), encontra-se a confirmação da versão de Bellstedt, já que se confirma que tais cláusulas não apareceram nas cartas de 1216, 1217 e 1225.

36 Cf. POLLOCK, Frederick; MAITLAND, Frederic William. Op. cit. (nota 23), p. 370.

37 Cf. JENNINGS, Sir Ivor. Op. cit. (nota 34), p. 16.

funcionários, mas a tributação passava a ser matéria que o rei não mais poderia decidir sem consultar o Conselho. Quando o velho Rei Henrique III faleceu, em retorno de uma cruzada, o primeiro ato de Eduardo I – editado no Parlamento de Westminster em 1275 (*First Statute of Westminster*) – foi um detalhamento da Magna Carta[38]. Dentre as garantias que ali constavam, destaca-se a de que "aids, tasks and prises" (assistências, serviços e recompensas) emergenciais não se tornariam costumeiros, i.e., não se tornariam uma receita regular do Reino dali em diante[39]. Os parlamentares, que então ainda se reuniam numa só câmara, eram membros do clero, os barões e os *commons*. O termo *commons* vem da expressão francesa *la comune* (já que o francês era a linguagem jurídica) e o *commoner* representava comunidades e regiões, não pessoas. Ainda sobre a Inglaterra, menciona-se que somente no século XIV é que os *Lords* se separaram fisicamente dos *commons*, dando-se a aprovação das leis pelas duas casas. No século XV, criou-se o costume de que somente os *commons* debatiam e fixavam um imposto, podendo os *Lords* apenas aprová-lo ou rejeitá-lo em sua inteireza. Hoje, é assente que a Câmara Alta não pode propor uma lei tributária nem modificar aquela elaborada pela Câmara Baixa[40].

Em outros países não foi diferente. Já nos anos 1280/81, relata Bellstedt que se verificava um tributo acordado, na região em que hoje está a Alemanha. O referido tributo era denominado *Bede*, ou *Beede*, em cujas raízes se encontra o termo *bitten*, hoje empregado para o favor. Daí que o tributo era uma transferência patrimonial acordada, que foi pedida e aceita, caso a caso[41]. Na verdade, a referida concordância não tinha o caráter de autorização, já que o suserano tinha o direito de exigir sua cobrança. A concordância, feita pelo *Landstand*, limitava-se a uma espécie de aconselhamento acerca de quanto seria o montante necessário e como o imposto deveria ser cobrado das cidades de modo mais confortável e com menor oposição[42].

Na mesma época, também, as cidades passaram a instituir exações que, segundo Drewes, já poderiam ser qualificados como impostos, já que pela primeira vez não se cobravam para determinado objetivo, servindo para o bem geral da cidade e de seus cidadãos, i.e., para as necessidades da cidade. A cidade tinha, pois, o direito de instituir impostos sobre os cidadãos, mas esse direito não podia ser exercido arbitrariamente, já que "nenhuma lei e nenhuma instituição de imposto era juridicamente válida sem a concordância da assembleia de cidadãos"[43].

Apesar de algumas tentativas isoladas, até o século XV inexistiam tributos cobrados pelos reis diretamente dos cidadãos; estes contribuíam para as cidades e as últimas é que entregavam recursos ao rei. Em 1495, o Imperador Maximilian I apresentou à assembleia do reino (*Reichstag*), reunida em Worms, sua intenção de instituir um tributo direto (o *gemeinen Pfennig*) de cada súdito do reino[44].

Por volta de 1650, havia os tributos necessários (a respeito do qual os *Ständen* limitavam-se a aconselhar sobre a melhor forma de cobrança) e outros, os *Bewilligungssteuern*, que poderiam ser aceitos ou negados pelos *Ständen*. Estes se constituíam em um montante fixo, voltado para determinado fim[45]. Cabe notar que os *Ständen* eram compostos de cavaleiros, prelados e outros cidadãos,

---

38 Cf. SWINDLER, William. Op. cit. (nota 32), p. 54.

39 SWINDLER, William. Op. cit. (nota 32), p. 58.

40 Cf. BELLSTEDT, Christoph. Op. cit. (nota 15), p. 78-80.

41 Em três casos o *Bede* era cobrado sem novos pedidos: guerra, sequestro do príncipe e dote de uma princesa. Cf. BELLSTEDT, Christoph. Op. cit. (nota 15), p. 23.

42 Cf. BELLSTEDT, Christoph. Op. cit. (nota 15), p. 24.

43 No original: "ohne die Zustimmung der Bürgerversammlung war kein Gesetz und keine Steuerforderung rechtswirksam". Cf. DREWES, Franz. Op. cit. (nota 17), p. 12.

44 Cf. DREWES, Franz. Op. cit. (nota 17), p. 24.

45 Pomini, referindo-se à Itália, dizia que os tributos eram cobrados a partir da fórmula da giusta causa (Cf. POMINI, Renzo. *La "causa impositionis" nello svolgimento storico della dottrina finanziaria*. Milano: Giuffrè, 1951, p. 8).

os quais concordavam com a cobrança e se tornavam responsáveis por seu pagamento; a carga tributária, entretanto, era repassada aos burgueses. Daí a razão de Bellstedt afirmar não ser exato falar em representação do contribuinte no momento da concordância com a tributação[46].

Na experiência portuguesa, devem ser mencionados os forais, instrumento pelo qual se assegurava e exercia a liberdade. Derivando do termo latino *fórum*, que era empregado, dentre outros sentidos, como de lei ou de costumes praticados tradicionalmente, os forais eram documentos escritos (cartas) outorgados unilateralmente pelo rei ou por entidade senhorial que pudesse dispor de certa área de terra em benefício de uma coletividade de pessoas. Era considerado um pacto inviolável (embora dele não constasse a aceitação de seus destinatários), cujo principal objeto era conceder àquela coletividade de indivíduos presentes e futuros o domínio (seja propriedade com encargos, seja domínio útil) de área que eles iriam povoar, cultivar e defender como homens livres. A concessão era a título perpétuo e hereditário, fixando-se os encargos ou obrigações que a coletividade ficava tendo para com o concedente, evitando o arbítrio ou o abuso nas exigências e garantindo direitos, em geral sob a forma de privilégios, que tornassem atraente a fixação na povoação considerada. Surgia, portanto, para cada uma dessas coletividades, uma comunhão de interesses que as individualizava, levando a uma reunião da assembleia dos interessados (*concilium*) e à criação, por meio dela, de magistrados encarregados de reger a coletividade. O que fica claro, com o foral, é que nele se fixavam precisamente os tributos e as prestações que os vizinhos teriam de satisfazer[47]. Assim, enquanto nas terras da coroa, submetidas ao regime do reguengo ou ao sistema foreiro, pontificavam os funcionários do Fisco com exigências que eram muitas vezes opressoras, dada a ideia de que o domínio da terra permanecia comum ao senhor e ao colono, ou estava repartido entre eles, e diante da falta de regras ou contratos escritos e de fiscalização assídua, o foral acabava por significar que uma povoação conseguira ter a sua lei escrita, garantindo-se-lhe a propriedade dos bens individuais e comunais e de onde constavam precisamente os deveres a cumprir para com o rei[48]. Interessante é notar que o foral – carta de privilégios que instituía os tributos – era desejado pelos que viviam em vilas fechadas, já que os liberava para o comércio[49]. Embora o foral não possa ser confundido com o que hoje se entende por lei – com participação dos representantes do povo – a busca pelo consentimento já serve de evidência do mesmo princípio que inspirava a tributação: a concordância dos atingidos. Mais relevante: uma vez instituído o foral, em princípio imutável, qualquer nova exigência seria inconcebível sem a concordância dos ali cobertos.

Foi a Revolução Francesa que trouxe definitivamente o ideal impositivo do direito natural para o Velho Continente, tendo o art. XIII da Declaração de Direitos trazido as ideias de contraprestação, de igualdade e de capacidade contributiva, pela fórmula: "Para a manutenção da força pública e para as despesas da administração, é indispensável uma contribuição comum; ela deve ser igualmente repartida entre todos os cidadãos em razão de sua capacidade"[50].

46 Cf. BELLSTEDT, Christoph. Op. cit. (nota 15), p. 26.

47 Cf. BARROS, Sérgio Resende de. *Direitos humanos*: paradoxo da civilização. Belo Horizonte: Del Rey, 2003, p. 270.

48 Cf. CAETANO, Marcello. *História do Direito português* (séculos XII-XVI). Subsídios para a história das fontes do Direito em Portugal do século XVI. 4. ed. Lisboa/São Paulo: Verbo, 2000, p. 235-237.

49 Cf. TORRES, Ricardo Lobo. *Tratado de Direito Constitucional, Financeiro e Tributário*. Valores e princípios constitucionais tributários. vol. 2. Rio de Janeiro: Renovar, 2005, p. 98.

50 No original: "*Pour l'entretien de la force publique et pour les dépenses de l'administration une contribution commune est indispensable; elle doit être également répartie entre tous les citoyens en raison de leur facultés*".

A Constituição francesa de 3 de setembro de 1791 já tratava da competência da *Assemblée Nationale Législative*, diferenciando o *pouvoir législatif* do *pouvoir financier*. Bellstedt encontra a origem desta diferenciação em Montesquieu. Segundo o autor, na época, o conceito de lei incluía apenas as normas que tratavam da relação entre cidadãos ou entre Estado e súdito. O Estado era visto como relação jurídica de subordinação entre o Senhor da terra e o povo (*Ständen*), com o que a organização, administração e manutenção do Senhor e da burocracia era considerada assunto pessoal do Senhor da terra (ou dos *Stände*), não assunto que fosse objeto de uma lei que fixasse direitos e obrigações. Os impostos eram tidos por contribuição contratual livre dos súditos, já que o Senhor da terra não tinha direito de se imiscuir na propriedade de seus súditos. Neste sentido, cita estudo de Johann-Jakob Moser, de 1772, que ensinava serem diferentes as leis gerais e as autorizações para instituição impositiva: as leis gerais são editadas unilateralmente pelo Senhor da terra (*Landesherr*), regulando o comportamento dos indivíduos[51]. Já os impostos alcançam o patrimônio do cidadão e somente podem ser exigidos "bilateralmente, com a concordância dos atingidos e com sua aceitação livre e contratual"[52].

Conforme explica Pomini, os juristas medievais consideravam a propriedade um *diritto delle genti*, concessão de importância fundamental para a consideração das relações entre propriedade e autoridade soberana, já que se afirmava que o príncipe não podia dispor do *diritto delle genti,* senão dentro de certos limites[53].

A referida separação entre poder legislativo e poder financeiro provocou consequências até o início do século passado, na Prússia, onde foi introduzido, em 30 de maio de 1849, o *Dreiklassenwahlrecht*, espécie de voto censitário que permaneceu em vigor até 9 de novembro de 1918. Baseava-se no conceito de que o peso votante dos eleitores não se deveria medir por cabeça, mas pelo montante de impostos diretos pagos[54].

A ideia é de que, no que se refere à competência impositiva, definida por maioria simples e existindo impostos diretos, não seria aceitável que a maioria, com meios relativamente menores, decida o que a minoria, relativamente mais favorecida, terá de pagar[55].

Bellstedt, ao relatar tal raciocínio, já alerta que esta visão é claramente antidemocrática. O autor considera o *Dreiklassenwahlrecht*, do ponto de vista de ética política, perversão. Lembra que os menos favorecidos também pagam impostos indiretos. Ademais, o direito de voto se relaciona à qualidade humana, não ao patrimônio, renda ou outro índice[56].

Vê-se, por esta breve narrativa, a importância do tema do Princípio da Legalidade que, enquanto valor, revela a necessidade de que aqueles que suportarão a carga tributária sejam consultados a seu respeito. Tem-se, sob tal prisma, verdadeiro princípio, já que se espera, na maior medida possível, a concordância daqueles que serão atingidos pela tributação.

---

51 No mesmo sentido, Olivier-Martin afirma que o poder de tributar não surge do *pouvoir législatif*, já que este era exercido pelo rei, que fazia prevalecer sua vontade como representante do bem comum do reino, superior ao bem comum dos grupos intermediários. Cf. OLIVIER-MARTIN, François. *L'Absolutisme français*. Suivi de les parlements contre l'absolutisme traditionnel au XVIII[ènre] siècle. Paris: LGDJ, 1997, p. 449-450.

52 No original: "*nur zweiseitig, mit Zustimmung der Betroffenen und als deren freie, vertragsartige Verwilligung, angeordnet werden*". Cf. BELLSTEDT, Christoph. Op. cit. (nota 15), p. 56-58.

53 Cf. POMINI, Renzo. Op. cit. (nota 45), p. 7.

54 Cf. BELLSTEDT, Christoph. Op. cit. (nota 15), p. 68-70.

55 Cf. BELLSTEDT, Christoph. Op. cit. (nota 15), p. 68-70.

56 Cf. BELLSTEDT, Christoph. Op. cit. (nota 15), p. 68-70.

Em exaustiva pesquisa, Victor Uckmar revela que, em sua maioria, as Constituições vigentes afirmam explicitamente que os impostos devem ser aprovados pelos órgãos legislativos competentes[57]. Conforme ressalta Bartholini, tem este mandamento a origem na ideia de autotributação: o povo, por meio de seus representantes, determina qual a sua quota de sacrifício[58].

Esta afirmação, entretanto, deve ser tomada com alguma cautela – como aliás qualquer exame a partir do direito comparado –, já que nem sempre a legalidade se expressa do mesmo modo em qualquer tempo e lugar. Assim, nos países onde hoje vige o parlamentarismo, a separação entre o Executivo e o Legislativo não pode ser vista do mesmo modo como aqueles nos quais o chefe do Executivo é eleito diretamente pelo povo.

Quando há clara separação entre os braços Executivo e Legislativo, a legalidade há de ser restrita, cabendo ao Legislativo definir a situação que dará azo à tributação. Afinal, num sistema como o brasileiro, sendo tanto o Executivo como o Legislativo eleitos, não se tem a submissão do primeiro ao último; o Executivo não reflete o Legislativo. Ao contrário: ambos coexistem em igualdade, em clássico sistema de freios e contrapesos. O Princípio da Legalidade é expressão de tal sistema, ao exigir o consenso entre Legislativo (que aprova o texto legal) e Executivo (que o promulga) como condição para a instituição ou majoração de um tributo.

Já no parlamentarismo, a atuação do Executivo pressupõe controle do Parlamento – o que implica autorização deste nos tributos exigidos pelo primeiro. Daí ser razoável que o Parlamento apenas autorize – genericamente – a instituição de um tributo, deixando a cargo do Executivo sua descrição pormenorizada.

Ainda assim, deve-se tomar cuidado com a comparação. Em relatório efetuado para a Associação Europeia de Professores de Direito Tributário (*European Association of Tax Law Professors – EATLP*), Ana Paula Dourado examinou estudos efetuados por representantes de diversos países, constatando que em alguns sistemas tributários a competência para editar leis tributárias é exclusiva do parlamento (casos da Áustria, Bélgica, Canadá, Dinamarca, Alemanha, Israel, Japão, Países Baixos, Polônia, Rússia, Sérvia e Reino Unido), enquanto em outros países tal competência não se restringe ao parlamento, mas se estende ao governo, o qual tem competência legislativa delegada (Finlândia, França, Grécia, Itália, Portugal, Suécia, Turquia) ou até mesmo pode adotar medidas provisórias (caso da Itália e Espanha, além do Brasil)[59].

2.2 O Princípio da Legalidade na Constituição brasileira

No texto constitucional brasileiro, confirma-se a vinculação à origem do Princípio da Legalidade, já que enquanto a competência legislativa (*pouvoir législatif*), em geral, se regula pelos art. 21 e ss., houve por bem o Constituinte regular o *pouvoir financier*, confirmando-o a partir do art. 145, para explicitar, no art. 150, inciso I, o Princípio da Legalidade.

57 Cf. UCKMAR, Victor. Op. cit. (nota 31), p. 24-25.

58 "*Il contenuto originario del principio di legalità dei tributi ha l'ufficio di assicurare che siano i cittadini – atraverso la loro rapresentanza politica – a determinare quali sacrifici contibutivi e in quale misura devono essere sop.ortati a favore dello Stato*" (o conteúdo original do Princípio da Legalidade dos tributos tem a função de assegurar que sejam os cidadãos – por meio de sua representação política – que determinam quais sacrifícios contributivos e em que medida devem ser suportados em favor do Estado. Cf. BARTHOLINI, Salvatore. *Il principio di legalità dei tributi in materia di imposte.* Padova: CEDAM, 1957, p. 176-177).

59 Cf. DOURADO, Ana Paula (org.). General report – in search of validity in tax law: the boundaries between creation and application in a rule-of-law state. *Separation of powers in tax law.* 209 EATLP Congress, Santiago de Compostela. Amsterdam: EATLP, 2010, p. 27-55 (31-32).

Ruy Barbosa Nogueira observou este tema quando, tratando do "poder de regular" e do "poder de tributar", afirmou que "ambos esses poderes, em nosso regime político, fundam-se em disposições constitucionais de outorga de competência tributária ou de atribuição de funções aos agentes de governo – federal, estadual ou municipal – umas expressas, outras decorrentes do sistema"[60].

A exigência de tributos, parece correto afirmar, é matéria do *pouvoir financier*. Conquanto exista apenas um poder soberano, houve por bem o constituinte dar ao poder financeiro tratamento distinto do Poder Legislativo.

Este ponto deve ficar claro: embora o *pouvoir financier* seja precursor do que veio a ser o *pouvoir législatif*, está compreendido neste. Ou seja: a soberania estatal é indivisível e só há um poder legislativo.

Entretanto, a análise atenta do texto constitucional revela que se deve aplicar ao *pouvoir financier* a categoria de lei especial.

Afinal, a Legalidade está prevista tanto nos direitos e garantias fundamentais como, mais tarde, entre as limitações ao poder de tributar. Seria mera redundância? Existe diferença entre a Legalidade, pregada no art. 5º, inciso II, do texto constitucional, e fundada a partir do art. 21, e o Princípio da Legalidade Tributária, de que trata o art. 150, inciso I, do texto constitucional?

A Legalidade não é assunto que interessa somente à matéria tributária. Decorrente do *pouvoir législatif*, expressa-se, hoje, no texto constitucional, no art. 5º, inciso II, do texto constitucional, assegurando que "ninguém será obrigado a fazer ou deixar de fazer alguma coisa senão *em virtude de lei*". Impõe o constituinte, assim, o império da lei, enquanto única fonte de imposição aos cidadãos. É a manifestação concreta, no campo dos direitos e garantias individuais, da instituição, no território brasileiro, de um Estado de Direito.

A expressão "em virtude de lei" não é ocasional. Na vigência da Emenda Constitucional n. 1/69, idêntica expressão constante do § 2º do art. 153 motivou o seguinte comentário de Alberto Xavier: "'Em virtude de lei' é, na verdade, expressão suficientemente compreensiva para abranger não só os casos em que a lei formal regula, por si própria, completamente, todos os casos em que as pessoas são 'obrigadas a fazer ou deixar de fazer alguma coisa', mas também as hipóteses em que a lei autoriza o Poder Executivo a – por via de regulamento – introduzir essas limitações, desde que nos limites impostos pela ideia de 'execução'. Nestes casos – embora geradas por fontes secundárias – as obrigações têm o seu fundamento mediato na lei, podendo dizer-se que foram criadas 'em virtude' desta"[61].

No âmbito do Direito Econômico, por exemplo, esta característica é especialmente relevante, quando se tem em conta que "devido à natureza profundamente dinâmica da realidade econômica", as leis que versam sobre Direito Econômico "têm de ser dotadas de 'flexibilidade', de 'mobilidade', para corresponderem às modificações e às variações da política econômica decorrentes daquele dinamismo"[62]. Daí o art. 174 do texto constitucional, discorrendo acerca da intervenção sobre o Domínio Econômico,

60 Cf. NOGUEIRA, Ruy Barbosa. Op. cit. (nota 13), p. 241.

61 Cf. XAVIER, Alberto. Op. cit. (nota 18), p. 31.

62 Cf. SOUZA, Washington Peluso Albino de. *Primeiras Linhas de Direito Econômico*. 4. ed. São Paulo: LTr, 1999, p. 148.

referir que "o Estado exercerá, *na forma da lei*, as funções de fiscalização, incentivo e planejamento". Se a intervenção se faz "na forma da lei", significa que não é necessário que cada intervenção concreta se dê por lei; importa, outrossim, que lei discipline a forma como a intervenção se dará.

No exemplo do tabelamento de preços, tem-se que a "lei ordinária correspondente 'cria' o órgão 'tabelador'" e lhe "dá autorização para editar as tabelas de preços, as taxas de juros e outros, por meio de 'portarias', 'circulares' e assim por diante. Esses órgãos procedem, portanto, independentemente de nova lei para cada medida posta em prática. Os limites à autoridade delegada são estabelecidos na lei que criou o órgão autorizador, configurando-se sua legalidade. (...) A aplicação da lei, nesse caso, envolve a utilização de 'atos jurídicos' adequados a cada circunstância. (...) O importante em Direito Econômico é que esses atos sempre 'criam', perante terceiros, direitos e obrigações do Estado, ou dos seus organismos"[63]. Satta também se refere ao tema, afirmando que a realidade cambiante impede que o legislador formule hipóteses gerais precisas, a serem meramente interpretadas, reconstruídas pela administração, agindo como órgão executivo; ao contrário, a realidade obriga o legislador a reconhecer uma inevitável liberdade da administração e, pois, a reduzir, por vezes sua própria função a meras instituições de competências, por meio das quais é possível disciplinar a intervenção estatal[64].

Um leitor desatento poderia acreditar que, existindo o Princípio da Legalidade no art. 5º, já não seria necessária sua previsão em matéria tributária. Entretanto, o texto constitucional surpreende quando apresenta o Princípio da Legalidade, na matéria tributária, no art. 150, inciso I, do texto constitucional, que veda à União, Estados, Distrito Federal e Municípios "exigir ou aumentar tributo sem lei que o estabeleça".

Esta limitação constitucional ao poder de tributar tem sido objeto de estudo dos tributaristas, motivando Sacha Calmon Navarro Coêlho a festejar a existência de uma escola, dada a qualidade e quantidade de estudos, já que "os juristas do Brasil, como em nenhum outro lugar, escreveram páginas fulgurantes sobre o Princípio da Legalidade da tributação, aprofundando-o e dele extraindo todas as consequências possíveis"[65].

Efetivamente, ao comparar o texto do art. 5º, com o do art. 150, nota-se que o constituinte não foi redundante quando tratou da matéria tributária: se em geral um comportamento será exigido "em virtude" de uma lei, nas questões tributárias, tem-se a exigência de a obrigação estar prevista na própria lei. Não há espaço para delegação. Será a lei o fundamento imediato da exigência. Ao legislador cumpre definir o antecedente e o consequente da norma tributária.

---

63 Cf. SOUZA, Washington Peluso Albino de. Op. cit. (nota 62), p. 150-151.

64 No original: "*la mutevole realtá impedisce al legislatore di formulare ipotesi generali precise, che l'amministrazione debba soltanto 'riempire', interpretare, ponendosi rispetto ad esse come organo esecutivo: al contrario essa costringe il legislatore a riconoscere un'inevitabile libertà dell'amministrazione e quindi a ridurre talvolta la propria funzione a mere istituzioni di competenza attraverso cui soltanto è possibile disciplinare l'intervento del potere pubblico, genericamente inteso, nella realtà*". Cf. SATTA, Filippo. *Principio di legalità e pubblica amministrazione nello stato democratico*. Padova: CEDAM, 1969, p. 9-10.

65 Cf. COÊLHO, Sacha Calmon Navarro. *Comentários à Constituição de 1988:* sistema tributário. Rio de Janeiro: Forense, 1993, p. 296.

2.3 Reserva de lei

Chama-se reserva de lei a característica, que decorre da comparação do art. 150 com o art. 5º: enquanto este tolera a delegação, a reserva de lei implica que somente a lei (ela mesma) é que institui ou majora tributo.

Claro está que a reserva de lei deve ser examinada à luz do texto constitucional, que confere às Medidas Provisórias a força de lei, conforme discutido no Capítulo II. Tampouco se pode deixar de lado que por vezes é a Lei Complementar que institui tributos, como no caso dos empréstimos compulsórios.

Na Espanha, a reserva de lei é entendida no sentido de "*reserva relativa o atenuada, que consiste en exigir la presencia de la ley tan sólo a efectos de determinar los elementos fundamentales o identidad de la prestación establecida, pudiendo confiarse al ejecutivo la integración o desarrollo de los restantes elementos*". Assim, os elementos que devem ser previstos pela lei são apenas aqueles "*fundamentales que sirven para individualizarlo y, concretamente, los siguientes: sujetos activo y pasivo del tributo y hecho imponible; no sería, por el contrario, absolutamente precisa la regulación por ley de la base, si dada la delimitación legal del hecho imponible, la configuración de la base (concepto y dimensiones) no deja margen de arbitrio o discrecionalidad a la Administración llegado el momento de su determinación individual*". Quanto às alíquotas, "*es suficiente que la ley fije 'los límites máximo y mínimo entre los que debe quedar comprendido el porcentaje' aplicable a la base*"[66].

Também na Suíça a reserva é relativa, já que se admite que o Poder Executivo regule o momento da entrada em vigor ou da revogação de leis tributárias, bem como, em certa medida, as alíquotas[67].

Tal raciocínio não se estende ao Brasil, onde o Princípio da Legalidade implica reserva absoluta de lei: a totalidade da matéria tributada deve vir regulada exclusivamente por lei, ou por atos com força de lei.

Isso não significa, entretanto, que não possa o legislador prever a existência de atos administrativos como condição para o surgimento da obrigação tributária. A hipótese tributária pode incluir, assim, a manifestação da administração. A distinção pode ser tênue, mas merece atenção, à vista da Legalidade. Uma coisa é o papel do Poder Executivo na criação do tributo (ou na definição de sua hipótese), que é reservado ao legislador, sem qualquer delegação. Outra situação é o legislador, ao descrever a hipótese tributária, incluir atos da Administração. Estes já não aparecem, nesse caso, em sua função normativa, mas como meros fatos jurídicos que, em conjunto com outros tantos fatos previstos na hipótese, dão por concretizado o fato jurídico tributário.

Há que considerar, ainda, situação mais delicada: aquela em que o legislador descreve uma hipótese que somente pode ser concretizada se a Administração se pronunciar, dando condições para que se aplique a lei. Noutras palavras, se, por um lado, não parece haver dúvidas de que ao Princípio da Legalidade causa repulsa a delegação, por parte do Poder Legislativo, da prerrogativa de fixar qualquer elemento próprio de um tributo, por outro lado importa reconhecer circunstâncias em que a lei tributária parece exigir, para ser aplicável, um ato emanado da administração, seja este em sua feição de fato jurídico, seja como condição de aplicabilidade da lei.

---

66 Cf. AYALA, José Luis Perez de; GONZALEZ, Eusebio. Op. cit. (nota 20), p. 164-165.

67 Cf. BÖCKLI, Peter. *Indirekte Steuern und Lenkungssteuern*. Basel/Stuttgart: Helbing & Lichtenhahn, 1975, p. 123.

Um exemplo óbvio está no campo das taxas: sendo estas cobradas em função de atividades da Administração Pública, não há como negar a atuação desta para o surgimento da obrigação tributária.

Mas também em caso de impostos, pode-se cogitar a exigência de ato administrativo. Tal é o caso da listagem, pelas autoridades tributárias, das jurisdições tidas por paraísos fiscais e regimes fiscais privilegiados. Se a Lei n. 9.430/96 trouxe critérios para a sua identificação, estes acabam por exigir o conhecimento de legislações estrangeiras. Imediata, então, a dificuldade: conquanto a ninguém seja dado desconhecer a legislação brasileira, forçoso reconhecer que o mesmo não pode ser afirmado em relação ao direito estrangeiro. Com efeito, reconhece o art. 14 da Lei de Introdução às Normas do Direito Brasileiro não ser dever funcional do magistrado ter ciência de norma alienígena, facultando-lhe exigir das partes, em caso de desconhecimento do direito estrangeiro, a prova de seu texto e vigência.

Ora, se o ordenamento nem sequer exige do Poder Judiciário o conhecimento da legislação estrangeira, tanto mais irrazoável exigi-lo dos contribuintes. É nesse ponto que se compreende a função da *black list*, veiculada por ato da administração, enquanto vera condição de aplicabilidade da lei. É a lista que, ao apresentar, tanto aos contribuintes quanto aos próprios agentes fazendários, a relação de jurisdições que atendem aos requisitos da legislação brasileira, torna possível a aplicação da lei. Vale ver que o ato administrativo, no caso, não inova na matéria. Nada diz acerca da regra matriz; sem sua edição, entretanto, não há como a lei ser aplicada.

Este ponto não pode ser deixado de lado, quando do estudo do direito comparado: conquanto a Legalidade tenha origem comum, seu desenvolvimento não foi uniforme, como não o foi o dos próprios regimes políticos: enquanto na maioria dos países europeus vige o parlamentarismo, o Brasil adotou o presidencialismo, ratificado por plebiscito já na ordem constitucional de 1988.

Como já se afirmou acima, no parlamentarismo, é tênue a separação entre os poderes Executivo e Legislativo, sendo aquele antes uma extensão do último. Seu controle é permanente, em dinâmica que permite afirmar que não haverá que se considerar de tributação, proposta ou imposta pelo Executivo, que já não seja reflexo de decisão parlamentar.

No presidencialismo, por outro lado, a separação dos poderes se faz de forma mais rígida. No sistema brasileiro, constitui cláusula pétrea, nos termos do art. 60, § 4º, da Constituição Federal. Assim, não se pode inferir que decisão do Executivo conte com a concordância tácita do Legislativo. Esta se fará, necessariamente, de modo expresso. Daí a rigidez do Princípio da Legalidade no Brasil.

A distinção entre ambas as situações não escapou da argúcia de Manoel Gonçalves Ferreira Filho. Comentando, em sua tese de Cátedra para a Faculdade de Direito da Universidade de São Paulo, o perigoso emprego da lei delegada, mostrou que esse instrumento, adequado ao parlamentarismo, não tinha igual sentido no presidencialismo. Valeu-se, para tanto, do apontado consenso subentendido no parlamentarismo e ausente no presidencialismo[68]:

> *Na verdade, a delegação do poder de editar regras jurídicas novas, do Parlamento para o governo, não mais surpreende nem escandaliza, no regime parlamentarista; entretanto, no presidencialismo, sua admissibilidade é discutível.*

68 Cf. FERREIRA FILHO, Manoel Gonçalves. *Do processo legislativo*. 2. ed. São Paulo: Saraiva, 1984, p. 235.

De fato, caracterizando-se o parlamentarismo fundamentalmente pela responsabilidade política do Gabinete, sendo este ao mesmo tempo a cúpula da maioria parlamentar e sua expressão, motivo por que a desagregação dessa maioria há de produzir a queda do Gabinete, a delegação do poder legislativo pode ser com facilidade justificada. Elaborada no Parlamento, aprovada pelo Parlamento, a lei exprime a vontade da maioria parlamentar, pois esta é quem decide sobre ela. Elaborada pelo Gabinete, aprovada por este, a lei exprime também a vontade da maioria parlamentar, embora indiretamente, já que o Gabinete é fruto desta e está em sua dependência.

No presidencialismo, a situação é diversa. O Presidente não está na dependência do Congresso nem exprime, necessariamente, a sua maioria. Assim, a delegação em seu favor opera uma concentração de poderes em sua mão (ficando de fora só o Judiciário), que o fortalece sobremodo, sem que isso seja de alguma forma compensado pelo desenvolvimento de qualquer controle novo.

Se o raciocínio serve para questionar a lei delegada, posto que prevista constitucionalmente, implicando sua restrição aos casos expressamente previstos para sua utilização (Capítulo II), com muito maior razão deve ele ser empregado para afastar a mitigação do Princípio da Legalidade, aceita pela doutrina estrangeira, em ambiente parlamentarista, mas que há de ser rejeitada no sistema presidencialista.

No caso brasileiro, o Princípio da Legalidade foi bem sintetizado no voto do Min. Gurgel de Faria, em precedente que discutiu a legalidade de normas editadas pelo Poder Executivo em matéria de preços de transferência: "em atenção à separação de poderes, não me parece possível que prevaleça a regra criada pelo próprio credor (Receita Federal), a quem competia apenas aplicar ou no máximo regulamentar as normas já criadas"[69].

2.4 Conteúdo do Princípio da Legalidade

A feição de regra na Legalidade parece clara. Não dispensa, entretanto, algum esclarecimento. Afinal, o que significa "exigir ou aumentar tributo"? Por exemplo: a modificação no prazo do pagamento de um tributo implica, financeiramente, uma mudança no valor real a ser pago. Seria necessária lei para tanto?

É a própria Constituição Federal que dá o caminho para a resposta quando, no art. 146, II, dispõe caber à lei complementar "regular as limitações constitucionais ao poder de tributar".

Ora, não há dúvida de que o Princípio da Legalidade é uma limitação constitucional ao poder de tributar. O que já é óbvio pela própria natureza da regra (limita a exigência do tributo, ao impor que esta apenas se faça por lei), fica confirmado quando se vê que o art. 150 da Constituição Federal está inserido na Seção II, intitulada "Das limitações do poder de tributar".

Conforme visto no Capítulo II, em matéria tributária, é o Código Tributário Nacional que, em geral, cumpre tal função. É assim que o art. 97 explicita o conteúdo do Princípio da Legalidade, assim dispondo:

69 STJ, Agravo em Recurso Especial n. 511.736-SP, 1ª Turma, rel. Min. Benedito Gonçalves, j. 04.10.2022.

Art. 97. Somente a lei pode estabelecer:

I – a instituição de tributos, ou a sua extinção;

II – a majoração de tributos, ou sua redução, ressalvado o disposto nos arts. (...);

III – a definição do fato gerador da obrigação tributária principal, ressalvado o disposto no inciso I do § 3º do art. 52, e do seu sujeito passivo;

IV – a fixação da alíquota do tributo e da sua base de cálculo, ressalvado o disposto nos arts. 21, 26, 39, 57 e 65[70];

V – a cominação de penalidades para ações ou omissões contrárias a seus dispositivos, ou para outras infrações nela definidas;

VI – as hipóteses de exclusão, suspensão e extinção de créditos tributários, ou de dispensa ou redução de penalidades.

§ 1º Equipara-se à majoração do tributo a modificação de sua base de cálculo, que importe em torná-lo mais oneroso.

§ 2º Não constitui majoração de tributo, para os fins do disposto no inciso II deste artigo, a atualização do valor monetário da respectiva base de cálculo.

Eis aí o conteúdo do Princípio da Legalidade: não se contenta o legislador complementar em exigir que o tributo seja genericamente previsto na lei; tampouco lhe basta a definição da hipótese tributária na lei: também o consequente normativo, isto é o *an* e o *quantum debeatur*, representados pela definição do sujeito passivo, da base de cálculo e da alíquota, todos devem ser previstos na própria lei. Vale dizer, tanto o antecedente (hipótese) como o consequente jurídico tributário são matérias de lei. Noutras palavras, como se verá com mais vagar no Capítulo X, exige-se que toda a *regra matriz de incidência tributária* decorra da lei.

Neste sentido, vê-se que o Princípio da Legalidade em matéria tributária é ainda mais rígido que o do direito penal: enquanto neste se admite que o juiz, dentro dos limites da lei, fixe a sanção para o caso concreto, em matéria tributária não se dá tal discricionariedade ao aplicador da lei. Eis o que anota Sacha Calmon Navarro Coêlho:

> *Comparada com a norma de Direito Penal, verifica-se que a norma tributária é mais rígida. No Direito Penal, o* nullum crimen, nulla poena sine lege *exige que o delito seja típico, decorra de uma previsão legal precisa, mas se permite ao juiz, ao sentenciar, a dosimetria da pena, com relativa liberdade, assim como diminuir e afrouxar a pena* a posteriori. *No Direito Tributário, além de se exigir seja o fato gerador tipificado, o dever de pagar o tributo também deve sê-lo em todos os seus elementos, pois aqui importantes são tanto a previsão do tributo quanto o seu pagamento, baseado nas fórmulas de quantificação da prestação devida, e que a sociedade exige devam ser rígidas e intratáveis*[71].

70 A parte que se refere à modificação da base de cálculo não foi recepcionada pela Constituição de 1988.

71 Cf. COÊLHO, Sacha Calmon Navarro. *Curso de Direito Tributário brasileiro*. 9. ed. revista e atualizada. Rio de Janeiro: Forense, 2006, p. 220.

É interessante o estudo de como se desenvolveu este assunto em matéria penal, constatando-se uma evolução, de um período em que se privilegiava a verdade formal, até o ponto em que se dá liberdade ao julgador. Com efeito, no processo penal, exigia-se, até o início do século XIX, que a prova se fizesse pelos meios previstos em lei. O princípio da liberdade das provas, que hoje não mais se contesta, era inaceitável diante de uma exigência de que o juiz, mero aplicador da lei, se houvesse nos estritos termos desta, não lhe sendo dado apreciar provas diversas daquelas previstas pela última. A liberdade conferida ao juiz, em matéria de apreciação dos fatos, passou a estender-se, com o tempo, até mesmo ao consequente, quando se reconheceu que o legislador não poderia contemplar a complexidade social, sendo necessário que o juiz levantasse a venda de Themis e enxergasse a situação concreta, a fim de ponderar a sanção, a partir do caso concreto[72]. Com efeito, como relata Garraud, referindo-se ao sistema francês, segundo o sistema codificado em 1791, exigia o Princípio da Legalidade, em matéria penal, que: (i) a pena fosse prevista em lei prévia (*nullum delictum, nulla poena sine lege*); (ii) a pena fosse fixada pela lei, seja do ponto de vista de sua natureza, seja do ponto de vista de sua duração; e (iii) o direito de graça fosse abolido e, consequentemente, ficasse o Executivo proibido de promover a remissão parcial ou total da pena. Hoje, segundo o autor, das três consequências do Princípio da Legalidade acima relatadas, apenas a primeira subsiste, já que a pena é o resultado da atuação de três autoridades: a lei, o juiz e o Executivo: (a) o legislador cria os delitos, de modo abstrato, estabelecendo, com relação a cada um deles, a pena que julga apropriada; (b) mas o juiz já não é mais um aplicador automático das ameaças legislativas, já que se lhe reconheceu um poder moderador, na aplicação das penas legais, de modo que, embora ele não possa ir além da pena prevista, é facultado que a pena fique aquém, seja quando a lei fixa o mínimo e o máximo da pena, seja quando o juiz reconhece a ocorrência de circunstâncias atenuantes, seja quando ele determina o *sursis*; e (c) a administração pode conceder o direito da graça. Daí o autor, que escrevia no final do século XIX, concluir que, para que um delinquente se submetesse integralmente à pena, deveria ele somar uma série de azares, já que o que se verificou, na história da penalidade num período de cem anos, foi a abdicação constante e progressiva do legislador, que deixou ao juiz adequar a pena à situação individual do delinquente e ao Executivo, a possibilidade de ab-rogar uma pena fixada ou dar-lhe a remissão[73].

Retomando a questão quanto ao prazo, vê-se que a lei complementar não o incluiu entre as restrições impostas pelo Princípio da Legalidade. Aliás, ao contrário, o art. 160 do Código Tributário Nacional deixa claro que o prazo se fixa pela "legislação", não pela lei.

É este, aliás, o posicionamento da jurisprudência:

> *Tributário. ICMS. Minas Gerais. Decs. 30.087/89 e 32.535, que anteciparam o dia de recolhimento do tributo e determinaram a incidência de correção monetária a partir de então. Alegada ofensa aos princípios da legalidade, da anterioridade e da não cumulatividade.*
>
> *Improcedência da alegação, tendo em vista não se encontrar sob o Princípio da Legalidade estrita e da anterioridade a fixação do vencimento da obrigação tributária; já se havendo assentado no*

72 Cf. HENSEL, Albert. Abänderung des Steuertatbestandes durch freies Ermessen und der Grundsatz der Gleichheit vor dem Gesetz. *Vierteljahresschrift für Steuer und Finanzrecht*. 1. Jahrgang. Berlin: Carl Heymann, 1927, p. 39-131 (43).

73 Cf. GARRAUD, R. *Droit Pénal français*. 2. ed., tomo 1. Paris: Librairie de la Société du Recueil Géneral des Lois et des Arrêts, 1898, p. 606-608.

STF, de outra parte, o entendimento de que a atualização monetária do débito de ICMS vencido não afronta o princípio da não cumulatividade (RE 172.394).

Recurso não conhecido[74].

No Capítulo II, viu-se que a expressão "legislação tributária", nos termos do art. 96 do Código Tributário Nacional, vai bem além da lei propriamente dita.

Por outro lado, o alcance do Princípio da Legalidade vai além da própria exigência do tributo: corolário da exigência de uma lei para que se institua um tributo é que, uma vez instituído, somente uma lei possa dispensá-lo. É o que se vê no art. 150, § 6º da Constituição Federal e nos incisos do art. 97 acima transcrito. É dizer, o Princípio da Legalidade não abrange apenas a instituição ou aumento de tributo, mas também sua redução, extinção, exclusão e suspensão.

Eis um ponto que merece atenção. Em virtude da própria ideia de hierarquia de leis, não há dúvida de que se o legislador ordinário fixou uma alíquota, não pode a administração modificá-la. Seria caso de ilegalidade flagrante.

Mas que dizer de caso em que o legislador fixa uma alíquota, mas admite que o Executivo venha a reduzi-la, ou, mesmo, que o Executivo venha a dispensar o pagamento do tributo? Não haveria que falar em ilegalidade, já que a autorização estaria dada pelo próprio legislador.

O art. 97 do Código Tributário Nacional, ao determinar que todas as hipóteses de redução, extinção, exclusão e suspensão de crédito tributário fiquem sob reserva de lei, parece ir além do texto constitucional. Afinal, o § 6º do art. 150 da Constituição apenas exige lei para "[q]ualquer subsídio ou isenção, redução de base de cálculo, concessão de crédito presumido, anistia ou remissão, relativos a impostos, taxas ou contribuições". Assim, nota-se que o dispositivo constitucional ratifica, ainda que parcialmente, o disposto no Código. Vale ressaltar, entretanto, que o objetivo do § 6º foi justamente impor a necessidade de lei *específica*, seja ela federal, estadual, distrital ou municipal, e não somente reforçar o art. 97, haja vista a antiga prática de conceder favores fiscais disfarçados em leis que tratavam de matérias distintas. Por outro lado, como se verá no item 2.7, a determinação do Código tem sua razão de ser, já que a admissão de isenções por parte do Executivo implicaria autorizar a delegação para que este Poder decidisse quando reduzir o tributo; se quem pode reduzir pode restabelecer, então se tem, posto que indiretamente, o risco de incremento de tributo por ato do Executivo, contrariando, aí sim, frontalmente a legalidade tributária. Ou seja: o Princípio da Legalidade não tolera um aumento de tributo sem lei que o estabeleça. Isso inclui a proibição de se restabelecer uma tributação, mesmo que a redução se tenha dado por ato do próprio Executivo, por delegação legal. Uma coisa é a lei autorizar o Executivo a reduzir a tributação. Não implicará, entretanto, a possibilidade de aumentar a carga tributária sem decisão específica do legislador.

Ainda nos termos do art. 97 do Código Tributário Nacional, o Princípio da Legalidade Tributária estende-se à sanção pelo descumprimento da obrigação tributária. O Supremo Tribunal Federal já afirmou, em Plenário, que o Princípio da Legalidade estrita "disciplina, não apenas o direito de exigir o tributo, mas também o direito de punir"[75].

74 STF, RE n. 195.218-MG, 1ª Turma, rel. Min. Ilmar Galvão, j. 28.05.2002, D.J. 02.08.2002.

75 STF, ADI n. 1.823-1-DF, Tribunal Pleno, rel. Min. Ilmar Galvão, j. 30.04.1998, D.J.U. 16.10.1998.

Pode o legislador apenas "instituir" o tributo, genericamente, deixando para o Poder Executivo definir a hipótese tributária? A resposta negativa se extrai do inciso III, acima. Por sua vez, *definir* o "fato gerador" é dispor sobre cada um de seus aspectos. Não pode o legislador, por exemplo, definir o aspecto material mas deixar o aspecto pessoal para um ato do Poder Executivo. Não. Todos os aspectos decorrerão da lei. Não quer isso dizer que tal definição é expressa. É muito comum que alguns aspectos (especialmente o temporal ou o espacial) não sejam expressos na lei; isso não significa que não estejam tacitamente na lei. O intérprete pode, ao examinar a lei, extrair algum de seus aspectos a partir do contexto descrito pelo legislador. O que não pode é criar, i.e., adivinhar algo.

O Princípio da Legalidade desdobra-se em quatro facetas, assim apontadas por Gerd W. Rothmann[76]:

- *Legalidade da administração*, regra que implica as autoridades administrativas estarem vinculadas, em sua atuação, à legislação tributária, bem como a obrigatoriedade, implicando o dever de a administração cobrar o tributo nascido com a lei. É por isso que o art. 142 do CTN dispõe que o lançamento é uma atividade administrativa vinculada e obrigatória: a administração pública não pode deixar de cobrar o tributo;
- *Reserva da lei*, já apontada acima, como especificação da regra da legalidade da administração, vinculando-a não ao direito, de uma forma genérica, mas à lei formal, entendida como aquela elaborada com a participação precípua de representação popular. Mais uma vez, esclareça-se que a jurisprudência já pacificou o entendimento de que a Medida Provisória, que tem força de lei em virtude do art. 62 da Constituição Federal, atende ao Princípio da Legalidade;
- *Estrita legalidade tributária*, enquanto regra que contém a proibição constitucional de instituir tributos sem lei que o estabeleça;
- *Conformidade da tributação com o "fato gerador"*, que, como se verá, assume a feição de princípio (mandamento de otimização), ao dispor que não pode a lei deixar ao critério da administração a diferenciação objetiva, devendo ela própria realizar esta diferenciação, prevendo, na maior medida possível, os aspectos necessários à configuração do "fato gerador". Assim, não basta o legislador autorizar a criação do tributo, genericamente; a ele cabe descrever a situação que dará nascimento à obrigação tributária.

2.5 O alegado Princípio da "Tipicidade Cerrada"

Diante do Princípio da Legalidade, parte da doutrina se refere a outro, que seria dele consequência: o Princípio da Tipicidade Cerrada. Acreditam alguns que o Princípio da

76 Cf. ROTHMANN, Gerd Willi. O Princípio da Legalidade Tributária. In: DÓRIA, Antonio Roberto Sampaio; ROTHMANN, Gerd Willi. *Temas fundamentais do Direito Tributário atual*. Belém: Cejup, 1983, p. 77-120 (90-99).

Legalidade exigiria do legislador uma precisão cirúrgica na definição da hipótese tributária, de modo que ao aplicador da lei nada restaria de liberdade. Importa negar esta ideia.

Diversos autores defendem a existência do Princípio da Tipicidade. No levantamento doutrinário feito por Alberto Xavier[77], a ideia de tipicidade pode assumir três feições: (i) adequação típica; (ii) obrigação de cobrança e (iii) determinação normativa.

A ideia de adequação típica é aquilo que na língua alemã se denominou *Tatbestandsmässigkeit*. A expressão costuma ser atribuída à obra de Hensel[78], conquanto se trate de termo que já se empregava, em matéria penal, no final do século XVIII, quando já se fazia referência ao *Thatbestand*[79]; em matéria tributária, a expressão *Tatbestand* foi introduzida por autores austríacos entre o final do século XIX[80] e início do século XX[81]. A adequação típica constitui, aqui, a exigência de que a tributação apenas ocorra se concretizados, no mundo fenomênico, todos os elementos concebidos abstratamente pelo legislador, na definição da hipótese de incidência tributária[82]. Nada mais é, pois, que aquilo que Rothmann denominou "Conformidade da tributação com o fato gerador". Como ressalta Klaus Tipke, a expressão tem alcance muito limitado, já que não só a hipótese de incidência, como também o consequente normativo, devem estar previstos em lei[83].

A obrigação de cobrança ressalta o caráter vinculado da atividade administrativa, que não pode deixar de exigir o tributo, presentes os pressupostos legais. Tem-se a "Legalidade da administração", mencionada por Rothmann.

Finalmente, a determinação normativa é o atributo que se aponta sob o nome "tipicidade" e cujos contornos merecem ser conhecidos. É este o sentido adotado por Xavier, que dali extrai

---

77 Cf. XAVIER, Alberto. Op. cit. (nota 18), p. 58-62.

78 Cf. HENSEL, Albert. *Steuerrecht* Reprintausg. d. Ausg. Berlin: Springer, 1933. Herne; Berlin: Neue Wirtschafts-Briefe, 1986, p. 3.

79 Cf. GARGANI, Alberto. *Dal corpus delicti al tatbestand.* Le origini della tipicità penale. Milano: Giuffrè, 1997, p. 299; CATAUDELLA, Antonino. Fattispecie. *Enciclopedia del Diritto.* A expressão "Thatbestand" evolui para o que hoje se emprega como "Tatbestand". Costantino Mortati e Salvatore Pugliatti (dir.). vol. 16 – Estr-Fat. Milano: Giuffrè, 1967, p. 926-941 (926). Também na esfera do Direito Penal já se encontrava a expressão *Tatbestandsmässigkeit*, antes de Hensel. Neste sentido, Beling, penalista alemão, em obra de 1930, utilizava o termo, opondo a *Tatbestandsmässigkeit* (conformidade ao fato gerador) à *Recthswidrigkeit* (ilicitude). Cf. BELING, Ernst. *Die Lehre vom Tatbestand.* Tübingen: J.C.B. Mohr, 1930, p. 9.

80 Cf. MEYER, Robert. Abgaben. *Oesterreichiches Staatswörterbuch.* Handbuch des gesammten österreichischen öffentlichen Rechtes. MISCHLER Ernst; ULRICH Josef (orgs.) erster Band. A-G. Wien: Alfred Hölder, 1895, p. 5-9 (7).

81 Cf. VOGEL, Emanuel Hugo. Die rechtliche Natur der Finanzobligation im österreichischen Abgabenrecht. *Finanzarchiv*, vol. 29 (1912), p. 471-566. O autor, já na definição de tributo (p. 478-9), utilizava o conceito: "*Abgaben im öffentlichrechtlichen Sinne sind Geldleistungen, welche von den der Staatlichen Steuerhoheit unterworfenen Rechtssubjekten in Erfüllung eines auf Grund der bestehenden Rechtsordnung bei Eintritt des von der letzteren vorausgesetzten Tatbestandes entstandenen Pflichtverhältnisses als Beitrag zur Deckung des öffentlichen Finanzhaushaltes zu entrichten sind*" (Tributos no sentido do Direito Público são prestações pecuniárias, exigidas dos sujeitos de direito submetidos à soberania do Estado, em cumprimento de uma relação obrigacional surgida em virtude da ocorrência de um fato previsto pelo último, como contribuição para cobrir o orçamento financeiro público). Já naquela obra, o autor apresentava (p. 480) a obrigação tributária como *ex lege*, surgindo a partir da concretização do fato gerador (*Tatbestand*).

82 Cf. BAYER, Hermann-Wilfried. Tatbestandsmäßigkeit. *Handwörterbuch des Steuerrechts:* unter Einschluß von Betriebswirtschaftlicher Steuerlehre, Finanzrecht, Finanzwissenschaft. STRICKRODT Georg et al. (orgs.). Band 2. 2., neubearb. U. erw. Aufl. München: Beck; Bonn: Verlag des Wissenschaftl. Inst. d. Steuerberater u. Steuerbevollmächtigten, 1981, p. 1404-1408 (1404); KRUSE, Heinrich Wilhelm. *Lehrbuch des Steuerrechts.* Band I. Allgemeiner Teil. München: Beck, 1991, p. 55.

83 Cf. TIPKE, Klaus. Op. cit. (nota 5), vol. 1, p. 161.

como corolários os princípios (i) da seleção (repulsa à tributação baseada num conceito geral ou cláusula geral de tributo, ainda que referido à ideia de capacidade econômica); (ii) do *numerus clausus* (tipologia taxativa, vedada a analogia); (iii) exclusivismo (basta a concretização dos elementos previstos pelo legislador para que nasça a obrigação tributária; e (iv) determinação (que converte o tipo em *fechado*, oferecendo elevado grau de determinação conceitual, ou de fixação do conteúdo)[84].

A defesa de uma "tipicidade cerrada", com a determinação no tipo, também foi feita por Yonne Dolacio de Oliveira. Realçou a autora, em sua pesquisa, a característica de o tipo ser uma figura estrutural, que implica o legislador não se limitar a apresentar algumas características da hipótese de incidência, mas um "todo característica", um "concentrado da realidade". Enfrentando, entretanto, os limites do Princípio da Legalidade, aquele tipo se transformaria, para a autora, em tipo cerrado, já que seria "solidificado pelo legislador", necessitando de subsunção[85]. Roque Carrazza também se filia à exigência da "tipicidade fechada"[86].

A ideia de determinação é, na verdade, contraditória com a de tipo e daí a crítica que se faz àqueles que traduzem *Tatbestand* como tipo. Na língua espanhola, Luis Jiménez de Asúa justifica a tradução, citando o autor Franz Von Liszt, que teria, em seu "Tratado", utilizado como sinônimos as expressões *Tatbestandsmässigkeit* e *Typicität* (ou adequação ao tipo)[87]. Também à tipicidade enquanto determinação (lex certa) refere-se, na Espanha, César García Novoa[88].

Já se viu, no Capítulo VI, quando se examinou a questão da competência tributária, que o tipo diferencia-se do conceito exatamente por sua abertura e fluidez. Daí a expressão "tipo fechado" ser uma contradição. O tipo é, justamente, aberto.

A incompatibilidade da ideia de tipo com a de determinação normativa, proposta por Xavier, se nota quando se vê que o tipo, exatamente por não apresentar limites em sua descrição, permite uma evolução: com o correr do tempo é possível que algumas características típicas passem a predominar sobre outras, que podem perder sua força ou até desaparecer, sendo substituídas por outras que, naturalmente, também podem se fortalecer a ponto de substituir as primeiras[89]. A consequência é que, toda vez que determinado objeto é reconhecido como pertencente a um tipo, o próprio tipo é modificado, uma vez que passa a admitir novas características que possibilitarão o fenômeno acima, dado que o novo objeto poderá servir como "modelo" típico[90]. Larenz e Canaris, comentando este fenômeno, caracterizam o conjunto de elementos "típicos" como um "sistema em movimento", o que implica a possibilidade de se criarem sequências típicas (*Typenreihen*), já que, em virtude da variabilidade de seus elementos, os tipos vão se sucedendo, de modo que uma característica desaparece e outra entra, tornando fluida a passagem de um tipo para o outro[91].

---

84 Cf. XAVIER, Alberto. Op. cit. (nota 18), p. 83-96.

85 Cf. OLIVEIRA, Yonne Dolacio de. *A tipicidade no Direito Tributário brasileiro*. São Paulo: Saraiva, 1980, p. 47.

86 Cf. CARRAZZA, Roque Antonio. *Curso de Direito Constitucional Tributário*. 9. ed. revista e ampliada. São Paulo: Malheiros, 1997, p. 270.

87 Cf. ASÚA, Luis Jiménez de. *La ley y el delito*. Principios de Derecho Penal. 5. ed. Buenos Aires: Sudamericana, 1967, p. 237.

88 Cf. NOVOA, César García. *El principio de seguridad jurídica en materia tributaria*. Madrid: Marcial Pons, 2000, p. 78.

89 Cf. STRACHE, Karl-Heinz. *Das Denken in Standards – Zugleich ein Beitrag zur Typologik*. Berlin: Duncker & Humblot, 1968, p. 48.

90 Cf. STRACHE, Karl-Heinz. Op. cit. (nota 89), p. 55.

91 Cf. LARENZ, Karl; CANARIS, Claus Wilhelm. *Methodenlehre der Rechtswissenschaft*. 3. ed. Berlin: Springer, 1995, p. 298-299.

Ainda para que fique demonstrada a incompatibilidade do tipo com o Princípio da Legalidade, importa lembrar, com Strache, que, no tipo, fala-se em "inclusão" e "exclusão", conforme o objeto se enquadre, ou não, no tipo. Diferencia-se, assim, do conceito, onde cabe a subsunção. Tanto a inclusão como a subsunção pressupõem uma comparação entre, de um lado, o objeto e, de outro, o tipo ou o conceito, respectivamente. Entretanto, enquanto no fenômeno da subsunção é possível encontrar uma identidade exata do objeto com o conceito, i.e., o objeto se encontra nos limites do conceito, no tipo conclui-se por uma semelhança do objeto com o modelo "típico"[92].

Fica claro, portanto, ser impróprio falar em "tipicidade cerrada", já que se o legislador adota uma "determinação normativa" (Xavier) com uma solidificação que exigirá a subsunção (Dolacio de Oliveira), então já não se trata mais de tipo, mas de verdadeiro conceito[93].

A apontada incompatibilidade entre tipicidade cerrada e determinação conceitual foi percebida por Misabel de Abreu Machado Derzi, que criticou o uso da expressão "tipo" tanto no Direito Penal como no Direito Tributário. Conforme observou a autora, "grande parte daquilo que se chama tipo jurídico é convertido, na realidade, em conceito fechado, pela lei ou pela Ciência do Direito. Assim acontece, por exemplo, no Direito Penal ou Tributário". Esclarece a doutrinadora mineira que "o pensar tipologicamente, o tipificar, em sentido técnico, ao contrário do que se supõe, não é estabelecer rígidos conceitos de espécies jurídicas, baluartes da segurança do Direito. Essa função compete aos conceitos fechados, determinados e classificatórios", prosseguindo: "Os tipos propriamente ditos (ou apenas tipos), *stricto sensu*, além de serem uma abstração generalizadora, são ordens fluidas, que colhem, através da comparação, características comuns, nem rígidas nem limitadas, onde a totalidade é critério decisivo para a ordenação dos fenômenos aos quais se estende. São notas fundamentais ao tipo a abertura, a graduabilidade, a aproximação da realidade e a plenitude de sentido na totalidade. 'Tipo', em sentido impróprio, são conceitos classificatórios, cujas notas se cristalizam em número rígido e limitado. Observe-se, mais uma vez, que o tipo, quer usado em sentido próprio, quer impróprio, tem sempre o significado nuclear de abstração generalizadora ou padrão e oferece rica descrição do objeto. Nos tipos propriamente ditos essas abstrações ou padrões apresentam-se em ordem, e nos impróprios, em conceitos fechados"[94]. Daí assistir razão a Misabel Derzi, quando propõe o afastamento da expressão "princípio da tipicidade", sendo mais adequado referir-se ao "princípio da conceitualização normativa especificante"[95].

Fica assim esclarecido o acerto da afirmação de Misabel Derzi: "Identificar tipo a *Tatbestand* ou fato gerador é reduzir indevidamente seu alcance, sentido e acepção. (...) Como sinônimo de *Tatbestand*, de fato gerador ou hipótese, o impropriamente chamado tipo não é uma ordem gradual, uma estrutura aberta, mas, ao contrário, um conceito que guarda a pretensão de exatidão, rigidez e delimitação"[96].

---

92 Cf. STRACHE, Karl-Heinz. Op. cit. (nota 89), p. 55-57.

93 Ambos os autores baseiam-se nas ideias de Larenz (OLIVEIRA, Yonne Dolacio de. Op. cit. (nota 85), p. 21 e ss; XAVIER, Alberto. Op. cit. (nota 18), p. 94). A primeira autora pesquisa a edição espanhola, de 1966, enquanto o último tem acesso à existência da categoria por meio de obra de Oliveira Ascensão. É fato que em sua primeira edição (LARENZ, Karl. *Methodenlehre der Rechtswissenschaft*. Berlin-Göttingen-Heidelberg: Springer, 1960, p. 343-348), Larenz tratava de tipos "abertos" e "cerrados". Essa ideia, entretanto, foi abandonada posteriormente por Larenz. A sexta edição da obra (atual), seguindo várias anteriores, não traz qualquer referência a "tipos fechados" (cf. LARENZ, Karl. *Methodenlehre der Rechtswissenschaft*. Sechste, neu bearbeitete Auflage. Berlin-Heidelberg-New York-London--Paris-Tokyo-Hong Kong-Barcelona: Springer, 1991).

94 Cf. DERZI, Misabel de Abreu Machado. *Direito Tributário, Direito Penal e tipo*. São Paulo: Revista dos Tribunais, 1988, p. 48.

95 Cf. DERZI, Misabel de Abreu Machado. Op. cit. (nota 94), p. 96.

96 Cf. DERZI, Misabel de Abreu Machado. Op. cit. (nota 94), p. 44.

2.5.1 Determinação conceitual

Afastada a expressão "tipicidade cerrada", importa investigar, independentemente do termo empregado, qual seu conteúdo. Alberto Xavier, explica que o referido Princípio "exige que os elementos integrantes do tipo sejam de tal modo precisos e determinados na sua formulação legal que o órgão de aplicação do direito não possa introduzir critérios subjetivos de apreciação na sua aplicação correta. Por outras palavras: exige a utilização de conceitos determinados, entendendo-se por estes (e tendo em vista a indeterminação imanente a todo o conceito) aqueles que não afetam a segurança jurídica dos cidadãos, isto é, a sua capacidade de previsão objetiva dos seus direitos e deveres tributários"[97].

Interessa notar que Xavier já não mais se socorre somente do Princípio da Legalidade, para exigir a determinação. Baseia-se ele, no regime constitucional introduzido em 1988, também no art. 146, cuja alínea "a" exige a determinação, i.e., que sejam definidos os elementos essenciais do tributo (fato gerador, base de cálculo e contribuinte)[98]. Ocorre que o referido dispositivo constitucional trata do papel da lei complementar, que deve definir alguns aspectos do tributo; não parece o dispositivo ser suficiente para daí se inferir sua extensão à instituição do tributo, por lei. Afinal, a lei complementar, a que se refere o art. 146 da Constituição Federal, não é lei federal, estadual ou municipal, não lhe cabendo o papel de instituir tributo. Daí que a exigência da determinação há de se extrair do Princípio da Legalidade.

Nem por isso se deve entender inexistente a exigência de determinação, na instituição de tributo, já que essa se extrai do Código Tributário Nacional, ao qual cabe, na qualidade de lei complementar, "regular as limitações constitucionais ao poder de tributar", nos termos do art. 146, II, da Constituição Federal.

Assim, não se pode desconsiderar o art. 97, do Código Tributário Nacional, acima reproduzido, que exige da lei não só a mera instituição, majoração e extinção de tributos, como, especialmente, "a definição do fato gerador da obrigação tributária principal" e "a fixação da alíquota do tributo e da sua base de cálculo". Ora, ao definir o "fato gerador" do tributo, estará o legislador estabelecendo a situação "necessária e suficiente" à ocorrência da obrigação tributária (art. 114 do Código Tributário Nacional).

2.5.2 A questão dos conceitos indeterminados e cláusulas gerais

Não se pode negar que, idealmente, deveria o legislador definir, com precisão, a hipótese tributária. Este mandamento, entretanto, deve ser temperado, quando se considera que o legislador vale-se de palavras as quais, por sua própria natureza, apenas são representações de uma ideia. Não se pode esperar que, com o emprego de palavras, afaste-se certo grau de vagueza. Ao contrário, o intérprete sempre encontrará, ao lado de situações claramente incluídas na hipótese abstrata e de outras claramente excluídas, aquelas que se colocarão em área de penumbra, em que, em última instância, o Poder Judiciário é que definirá se há, ou não, a incidência.

Ademais, em uma sociedade complexa, não se pode esperar do legislador que ele empregue termos tão precisos a ponto de cobrir, caso a caso, todas as inúmeras situações da vida que revelam

97 Cf. XAVIER, Alberto. *Tipicidade da tributação, simulação e norma antielisiva*. São Paulo: Dialética, 2001, p. 19.

98 Cf. XAVIER, Alberto. Op. cit. (nota 97), p. 22.

a possibilidade da tributação. Tampouco seria isso desejável, já que novas situações surgiriam, a exigir, a cada segundo, nova atividade legislativa[99].

É por isso que boa parte dos doutrinadores vem reconhecendo que, em matéria tributária, surge o emprego, pelo legislador, de cláusulas gerais e conceitos indeterminados, sem que por isso se fira o Princípio da Legalidade[100].

Conceitos indeterminados são, normalmente, "*producto de la imposibilidad de precisar com mayor exactitud términos o vocablos empelados por la ley, porque las realidades a los que los mismos se refieren, al comprender una casuística inabarcable, no admiten outro tipo de determinación*"[101]. Como diz Engisch, raros são os conceitos completamente determinados em direito; em regra, possuem eles um núcleo determinado e uma borda duvidosa[102]. Carrió refere-se à vagueza das linguagens naturais como algo inafastável[103], valendo-se da seguinte metáfora: *Hay un foco de intensidad luminosa donde se agrupan los ejemplos típicos, aquellos frente a los cuales no se duda que la palabra es aplicable. Hay una mediata zona de oscuridad circundante donde caen todos los casos en los que no se duda que no lo es. El tránsito de una zona a otra es gradual; entre la total luminosidad y la oscuridad total hay una zona de penumbra sin límites precisos. Paradójicamente ella no empieza ni termina en ninguna parte, y sin embargo existe. Las palabras que diariamente usamos para aludir al mundo en que vivimos y a nosotros mismos llevan consigo esa imprecisa aura de imprecisión*[104]. Cabe registrar, neste ponto, que a expressão "conceitos indeterminados", conquanto corrente na literatura, sofre forte crítica por parte de Eros Roberto Grau, para quem o conceito jurídico não pode ser indeterminado, já que se trata de uma suma de ideias; a indeterminação, neste sentido, não é do conceito, mas dos termos que o expressam, sendo mais adequada, daí, a referência a "termos indeterminados de conceitos"[105].

As cláusulas gerais configuram descrições amplas da hipótese, que acabam por permitir ao aplicador da lei atender às peculiaridades do caso concreto[106]. Conforme Engisch, entende-se o que são cláusulas gerais a partir de seu oposto: as hipóteses "casuísticas". Assim, são cláusulas gerais aquelas formulações das hipóteses de incidência que, por sua generalidade, alcançam um amplo campo[107]. Em

99 Cf. DOURADO, Ana Paula. Op. cit. (nota 59), p. 43.

100 Cf. MELIS, Giuseppe. *L'interpretazione nel Diritto Tributario*. Padova: CEDAM, 2003, p. 116-117.

101 Cf. NOVOA, César García. Op. cit. (nota 88), p. 120.

102 Cf. ENGISCH, Karl. *Einführung in das juristische Denken*. 8. Auflage. Stuttgart; Berlin; Köln: Kohlhammer, 1983, p. 108.

103 Acerca da polêmica entre Carrió e Soler, em que o último entende existir possibilidade de se tornarem técnicos e precisos os conceitos vagos da linguagem comum, cf. JANNOTTI, Onaldo Franco. Conceitos indeterminados e origem lógico-normativa da discricionariedade. *Revista de Direito Público,* n. 64, out./dez. 1982, p. 37-54 (39-45).

104 Cf. CARRIÓ, Genaro R. *Notas sobre Derecho y lenguaje*. 4. ed. corrigida e aumentada. Buenos Aires: Abeledo-Perrot, 1990, p. 33-34.

105 Cf. GRAU, Eros Roberto. Conceitos indeterminados. Justiça Tributária: direitos do Fisco e garantias dos contribuintes nos atos da administração e no processo tributário. *I Congresso Internacional de Direito Tributário*. Instituto Brasileiro de Direito Tributário – IBET. São Paulo: Max Limonad, 1988, p. 119-124 (122). V. tb. idem, op. cit., p. 146-147, onde o autor faz referência à opinião de Celso Antonio Bandeira de Mello, contrária a sua, justificando sua opinião. Tendo em vista que mesmo Eros aplica, em sua obra, a expressão "conceitos indeterminados", não há razão para afastá-la neste estudo.

106 Cf. SPANNER, Hans. Generalklausel. *Handwörterbuch des Steuerrechts:* unter Einschluß von Betriebswirtschaftlicher Steuerlehre, Finanzrecht, Finanzwissenschaft. STRICKRODT, Georg et al. (orgs.). Band 1. 2., neubearb. u. erw. Aufl. München: Beck; Bonn: Verlag des Wissenschafte Inst. d. Steuerberater u. Steuerbevollmächtigten, 1981, p. 601.

107 Cf. ENGISCH, Karl. Op. cit. (nota 102), p. 122.

matéria tributária, Amílcar de Araújo Falcão ressaltava a importância de seu emprego, juntamente com os "fatos geradores supletivos, suplementares, sucedâneos ou sub-rogatórios", como forma de combater a evasão fiscal[108].

Engisch reconhece a relação existente entre as cláusulas gerais e os conceitos indeterminados. Afirma que nem todo conceito indeterminado é uma cláusula geral, já que muitas vezes falta ao conceito indeterminado a generalização suficiente para caracterizar uma cláusula geral (mesmo normas casuísticas podem conter conceitos indeterminados); ao mesmo tempo, menciona existir a possibilidade de uma cláusula geral sem que se recorra a conceitos indeterminados (como, por exemplo, "expor alguém a perigo"). Na prática, entretanto, Engisch nota que geralmente cláusulas gerais e conceitos indeterminados andam lado a lado, admitindo-se, daí, raciocínio jurídico equivalente para ambos[109].

Conquanto se espere do legislador a definição da hipótese tributária, não há como afastar o emprego de conceitos indeterminados e cláusulas gerais. Conforme Engisch, no iluminismo prevalecia a ideia de um legislador racional, limitando-se o papel do juiz a "escravo da lei" (sistema das penas fixas); no correr do século XIX, percebeu-se ser inatingível o ideal da estrita vinculação do juiz à lei, dada a impossibilidade de elaborar leis tão exatas que dispensem interpretações; ademais, percebeu-se que tampouco seria ideal tal sistema, já que seria necessário conferir ao juiz instrumentos para se adaptar à pluralidade e imprevisibilidade da vida[110]. Pode-se, nesse sentido, defender que seu emprego não constitui "uma impropriedade da linguagem jurídica, mas, sim, um benefício advindo da linguagem natural incorporada pelo Direito"[111], com o que se realçará que "no campo do Direito, a impossibilidade de determinação do sentido da norma poderá constituir uma *virtude* e não um defeito, em razão de ser o sistema jurídico aberto e incompleto, suscetível, pois, de albergar todas as possibilidades que regula", diante da impossibilidade de o legislador "prever todas as circunstâncias fáticas, resultantes da disparidade do objeto de Direito" ou "o fato de que norma jurídica não se destina somente à disciplina dos fatos presentes, mas deve também ter uma função *projetiva*, de modo que abranja os casos futuros que possam ocorrer em determinado espaço e momento"[112].

Mesmo defensores ferrenhos da "tipicidade cerrada" reconhecem a inevitabilidade dos conceitos indeterminados. A eles se refere Yonne Dolacio de Oliveira, ao dizer que "mesmo em áreas de tipificação cerrada, existem conceitos indeterminados insuscetíveis de uma definição exata, em razão de que apenas podem ser entendidos a partir de um tipo social que não pode ser delimitado exatamente"[113]. Por sua vez, Alberto Xavier encerra sua obra clássica dizendo "que, a bem dizer, não existem conceitos absoluta e rigorosamente determinados; e que, deparando com aquilo que já se tem designado por uma 'indeterminação imanente' de todos os conceitos, se é forçado a reconhecer

108 Cf. FALCÃO, Amílcar de Araújo. *Fato gerador da obrigação tributária.* 4. ed. (anotações de atualização por Geraldo Ataliba). São Paulo: Revista dos Tribunais, 1977.

109 Cf. ENGISCH, Karl. Op. cit. (nota 102), p. 123. Heinrich Wilhelm Kruse aceita os conceitos indeterminados em matéria tributária, cuja determinação é matéria de interpretação, mas afasta as cláusulas gerais, que permitiriam que o Executivo decidisse, em cada caso, os limites da liberdade e da propriedade do contribuinte (op. cit. (nota 76), p. 56).

110 Cf. ENGISCH, Karl. Op. cit. (nota 102), p. 107.

111 Cf. CONCEIÇÃO, Marcia Dominguez Nigro. *Conceitos indeterminados na Constituição:* requisitos da relevância e urgência (art. 62 da C.F.). São Paulo: Celso Bastos Editor: Instituto Brasileiro de Direito Constitucional, 1999, p. 53.

112 Cf. CONCEIÇÃO, Marcia Dominguez Nigro. Op. cit. (nota 111), p. 71.

113 Cf. OLIVEIRA, Yonne Dolacio de. Op. cit. (nota 85), p. 25.

que a problemática da indeterminação não é tanto de natureza como de grau"[114]. Novoa também afirma que *ello no excluye que, incluso con la garantía de la tipicidad, la singularización del tributo por la Administración conserve un alto grado de incertidumbre (...) por múltiples motivos, que van desde las posibles interpretaciones divergentes a que puede dar pie un texto no excesivamente claro, hasta la abundancia de conceptos jurídicos indeterminados*[115]. Já Roque Carrazza descarta aquela possibilidade, ao afirmar que "a segurança jurídica leva, ademais, ao *princípio do exclusivismo*, com a consequente proibição do emprego de *normas indeterminadas*, que muito a propósito Nuno Sá Gomes chama de 'elásticas' ou 'de borracha'"[116].

Da doutrina e jurisprudência alemã, Klaus Tipke extrai a compatibilidade dos conceitos indeterminados com o Princípio da Determinação Conceitual[117]. Assim é que Ricardo Lobo Torres nota que "os positivismos tentaram, através da teoria da lei material, dar conteúdo específico às normas baixadas pelo legislador, mas não o conseguiram, pois o Direito Tributário, utilizando as cláusulas gerais e os princípios indeterminados, não pode ter na lei formal o fechamento total dos seus conceitos"[118].

César García Novoa afirma que a segurança jurídica não necessariamente se vê transgredida pelo emprego dos conceitos jurídicos indeterminados. Como exemplo, cita o "valor real", ao qual se atribui a condição de base de cálculo de certos tributos, na Espanha, e que no Brasil pode ser substituído pelo exemplo do "valor venal"[119]. Assim se manifesta o autor: *La imposibilidad de hablar de 'valor' desde un punto de vista estrictamente objetivo es lo que aconseja, para ser respetuosos con el principio de capacidad económica, definir un concepto que abarque bajo su círculo de indeterminación diversos supuestos diferentes y, al tiempo, otorgue al intérprete y aplicador de la norma, singularmente a la Administración, la facultad de optar por una solución concreta dentro del ámbito de decisión establecido por la Ley*[120].

É corriqueiro o emprego de cláusulas gerais e conceitos indeterminados em matéria tributária. Diante de tais circunstâncias, deve-se indagar se, de fato, a segurança jurídica vê-se afetada diante do emprego de conceitos indeterminados e cláusulas gerais.

A resposta é negativa, desde que se tenha em mente que conceitos indeterminados, na lei, podem ser determinados no momento de sua aplicação. Assim, por exemplo, o valor venal de um imóvel, que constitui base de cálculo de tributos sobre a propriedade, é algo que pode ser determinado, ainda que se faça necessária perícia. É, aliás, condenável a prática de algumas municipalidades, ao fixar a base de cálculo do Imposto sobre a Propriedade Predial e Territorial Urbana, valerem-se de "plantas genéricas", fixadas em lei. Substitui-se, com isso, o valor venal – base de cálculo apontada pelo Código Tributário Nacional, no art. 33 – pelo valor legal. A consequência é que flutuações

---

114 Cf. XAVIER, Alberto. Op. cit. (nota 18), p. 97.

115 Cf. NOVOA, César García. Op. cit. (nota 88), p. 120.

116 Cf. CARRAZZA, Roque Antonio. Op. cit. (nota 86), p. 270.

117 TIPKE, Klaus. Op. cit. (nota 5), vol. 1, p. 170-172.

118 Cf. TORRES, Ricardo Lobo. *Curso de direito financeiro e tributário*. 9. ed. atualizada. Rio de Janeiro: Renovar, 2002, p. 96.

119 O problema de como estimar o valor venal, dadas as poucas negociações com imóveis, também é ressaltado por KORNFELD, Gerard. *Der Sozialpolitische Nebenzweck in der Besteuerung: kritisch erötert an einigen hauptbeispielen und an der bodenreformerischen Grundsteuer nach dem gemeinen Wert*. Born, Leipzig: Buchdruckerei Robert Noske, 1913, p. 21-23.

120 Cf. NOVOA, César García. Op. cit. (nota 88), p. 120.

normais de mercado implicarão a base de cálculo já não mais refletir o valor de mercado, conforme exigência da referida lei complementar.

A título de exemplo de cláusula geral, cita-se a definição das despesas operacionais, necessária ao cálculo do lucro real, base de cálculo do Imposto de Renda das pessoas jurídicas. Dispõe a Lei n. 4.506/64 que são operacionais as "despesas (...) necessárias à atividade da empresa e à manutenção da respectiva fonte produtora". Seria inaceitável se exigisse do legislador que arrolasse, uma a uma, todas as despesas que poderiam ser deduzidas da receita, na apuração do lucro líquido. Tarefa hercúlea e inútil.

Pode-se mencionar, também, entre os conceitos indeterminados, a Lei n. 5.173/66, que, entre outras providências, criava a Superintendência do Desenvolvimento da Amazônia, dispondo sobre uma série de incentivos fiscais, via-se, no seu art. 10, dentre as competências do órgão, a "de coordenar a elaboração e a execução dos programas e projetos de interesse para o desenvolvimento econômico da Amazônia a cargo de outros órgãos ou entidades federais" (alínea "d"). A definição, concreta, do "interesse para o desenvolvimento econômico" é matéria a ser decidida somente com a dilucidação do conceito indeterminado. Tratando também de incentivos fiscais na área da Amazônia (e em outras áreas), a Medida Provisória n. 2.199, de 2001, concedeu redução do Imposto de Renda às "pessoas jurídicas que tenham projeto aprovado para instalação, ampliação, modernização ou diversificação enquadrado em setores da economia considerados, em ato do Poder Executivo, prioritários para o desenvolvimento regional". Evidencia-se, mais uma vez, a indeterminação conceitual nos projetos "prioritários para o desenvolvimento regional". Por meio do Decreto n. 4.212, de 26 de abril de 2002, o Presidente da República arrolou uma série de setores "prioritários". Interessante notar que nem por este ato normativo se evitou a imprecisão, quando se encontram, ali, expressões como "empreendimentos hoteleiros, centros de convenções e outros projetos, integrados ou não a complexos turísticos, localizados em áreas prioritárias para o ecoturismo e turismo regional", entre outras.

O Decreto-lei n. 68/68 é outro bom exemplo de aplicação de conceitos indeterminados e cláusulas gerais em matéria tributária. Segundo o referido diploma normativo, "a empresa em mora contumaz relativamente a salários não poderá (...) ser favorecida com qualquer benefício de natureza fiscal, tributária, ou financeira" (art. 2º), entendendo-se por "mora contumaz" o "atraso ou sonegação de salários devidos aos empregados, por período igual ou superior a três meses, sem motivo grave e relevante, excluídas as causas pertinentes ao risco do empreendimento".

No campo ambiental, José Marcos Domingues de Oliveira afirma que "a indeterminação é a regra, não a exceção"[121], citando exemplos de incentivos fiscais como "servir de base à *conservação do solo e dos regimes da águas*" ou "contribuírem para a *conservação da natureza*" através do florestamento e do reflorestamento (Lei n. 5.106/66 e Decreto n. 79.046/76); "operações com máquinas etc., que *visem à defesa do meio ambiente*" (Lei n. 2.055/93-RJ); "*tecnologia inovadora* que promova a *defesa do meio ambiente*" (Lei n. 2.273/94-RJ) e "preservação paisagística ou ambiental" (Código Tributário do Município do Rio de Janeiro). Ainda na área ambiental, pode-se citar a Lei n. 6.938/81, cujo art. 14 determina a "perda ou restrição de incentivos e benefícios fiscais concedidos pelo Poder Público" no caso de "não cumprimento das medidas necessárias à preservação ou correção dos inconvenientes e danos causados pela degradação da qualidade ambiental".

---

121 Cf. OLIVEIRA, José Marcos Domingues de. *Direito tributário e meio ambiente*: proporcionalidade, tipicidade aberta, afetação da receita. 2. ed. revista e ampliada. Rio de Janeiro: Renovar, 1999, p. 119.

Cabe, aqui, um alerta: a possibilidade do emprego de cláusulas gerais não pode ser vista como uma contradição com a Legalidade, mas apenas como seu aperfeiçoamento. A flexibilização, própria do emprego das cláusulas gerais e dos conceitos indeterminados, não reduz o papel do legislador à mera conferência de competências ou limites, como se viu no âmbito do Direito Econômico. Ocorrendo a intervenção sobre o Domínio Econômico por meio de normas tributárias indutoras, dobra-se o legislador às amarras do Direito Tributário, dentre as quais se destaca o Princípio da Legalidade. A lei já não se apresenta como instrumento rígido, impermeável à realidade social; as cláusulas gerais e os conceitos indeterminados nela empregados permitem sua adaptação às exigências do caso concreto. O administrador, por outro lado, continua obrigado pela lei. Noutras palavras: a flexibilidade das cláusulas gerais e dos conceitos indeterminados permite que a lei se molde às circunstâncias concretas; a tributação, por outro lado, continuará regida pela lei.

A determinação conceitual revela que o Princípio da Legalidade, ao lado de sua feição de regra, exposta acima (não se cria tributo sem lei), apresenta-se como princípio, ao exigir do legislador que seja o mais claro possível.

Para que se consiga compreender a relação entre as cláusulas gerais e conceitos indeterminados, de um lado, e a determinação conceitual, de outro, importa ter em mente o caráter principiológico da determinação conceitual, enquanto mandamento de otimização[122], já que não se espera seja a lei tributária totalmente determinada, mas que haja a maior determinação possível (o maior detalhamento possível).

É de acatar, neste ponto, a distinção: "as leis tributárias devem ser caracterizadas por determinabilidade, embora não possam conter nenhuma determinação definitiva"[123]. Vagueza é quantitativa, pois leis podem ser mais ou menos vagas: excetuados, quando muito, dispositivos que apresentem números e fórmulas, dificilmente se afastará algum grau de vagueza[124]. Nesse sentido, o emprego de conceitos indeterminados e cláusulas gerais encontra também espaço, não por contrariarem aquele Princípio, mas porque por meio deles outros princípios constitucionalmente relevantes podem ser veiculados.

A questão não é, assim, se cabem conceitos indeterminados em matéria tributária; é, sim, até que grau são eles admissíveis. A resposta não pode ser absoluta. Deve, sim, ser dada a partir da ponderação dos princípios e valores constitucionais, onde pesará, de um lado, a segurança jurídica, a requerer maior grau de determinação e, de outro, os princípios da Ordem Econômica, demandando agilidade e versatilidade. A lei será suficientemente determinada se oferecer ao julgador uma quantidade de argumentos suficientes para justificar sua decisão; indeterminação existe quando há carência de argumentos legais para explicar uma decisão judicial[125].

---

122 Cf. ALEXY, Robert. *Teoría de los derechos fundamentales*. Madrid: Centro de Estudios Políticos y Constitucionales, 2001, p. 86.

123 Cf. ÁVILA, Humberto. *Sistema constitucional tributário*. 4. ed. São Paulo: Saraiva, 2010, p. 320.

124 Cf. DOURADO, Ana Paula. Op. cit. (nota 59), p. 40.

125 A ideia de adequação típica é aquilo que na língua alemã se denominou Tatbestandsmässigkeit. A expressão costuma ser atribuída à obra de Hensel, conquanto se trate de termo que já se empregava, em matéria penal, no final do século XVIII, quando já se fazia referência ao Thatbestand; em matéria tributária, a expressão Tatbestand foi introduzida por autores austríacos entre o final do século XIX e início do século XX. A adequação típica constitui, aqui, a exigência de que a tributação apenas ocorra se concretizados, no mundo fenomênico, todos os elementos concebidos

Ganha importância, neste ponto, a lembrança de que a mesma segurança jurídica que, na tributação, inspira a busca da determinação conceitual, pode ter outros reflexos, quando se considera o aspecto indutor dos tributos, analisado no Capítulo I. A segurança jurídica, em matéria da ordem econômica, encontra sua guarida, de um lado, nos objetivos firmados pelo próprio constituinte e, de outro, nos limites, impostos pela lei, para a atuação do Executivo. Guardados tais limites e objetivos, entretanto, assegura-se a maleabilidade para a atuação do Estado regulador já que, de outro modo, i.e., se fosse imposta rigidez à própria atuação do Estado, não se asseguraria a possibilidade de o último se adaptar às novas exigências porventura surgidas da constante mobilidade dos fatores econômicos[126]. A maleabilidade, como insiste Moncada", não significa um enfraquecimento da regra jurídica nestas matérias, mas simplesmente a procura de instrumentos dúcteis e adaptáveis às circunstâncias em ordem a potenciar rápidas alterações e o melhor aproveitamento da disciplina jurídica consagrada. Presidem-lhe poderosas razões de eficácia"[127]. Noutras palavras, a rigidez de meios em um cenário econômico mutante implicaria o desvio das finalidades. Sendo estas prestigiadas constitucionalmente, importa admitir sejam os meios adaptados para a busca constante da finalidade almejada pelo constituinte. A segurança jurídica, entretanto, exigirá que tais meios sejam, eles próprios, previstos pelo legislador.

É neste delicado equilíbrio que se encontrará o espaço para as cláusulas gerais e para os conceitos indeterminados, enquanto, insista-se, instrumentos de adaptação da própria lei. Spanner, conquanto admitindo as cláusulas gerais e conceitos indeterminados (já que sem ambos o legislador estaria impedido de atuar no Direito Tributário e econômico), alerta para a impossibilidade das cláusulas gerais "vagas", que surgiriam quando se deixasse à discricionariedade do Executivo determinar os limites da liberdade e propriedade dos cidadãos[128]. É assim que Klaus Tipke explica essa exigência: "A possibilidade, em princípio, do emprego de conceitos jurídicos indeterminados não desobriga o legislador, entretanto, de elaborar uma norma de modo tal que seja compatível com os princípios da clareza normativa e submissão ao Poder Judiciário; elas devem ser formuladas de modo que seus destinatários compreendam a situação jurídica e em sua conformidade possam conduzir seu comportamento"[129].

Vale, aqui, a razoabilidade, raciocínio jurídico que leva a dizer que somente se aceita a cláusula geral ou o conceito indeterminado quando o legislador não teria um modo mais preciso de descrever a hipótese tributária ao mesmo tempo que se verifica que a rigidez do legislador poderia afastar a lei de seu objetivo. A pergunta que se imporá ao aplicador da lei será: poderia o legislador ter agido de

---

abstratamente pelo legislador, na definição da hipótese de incidência tributária. Nada mais é, pois, que aquilo que Rothmann denominou "Conformidade da tributação com o fato gerador". Como ressalta Klaus Tipke, a expressão tem alcance muito limitado, já que não só a hipótese de incidência, como também o consequente normativo, devem estar previstos em lei.Cf. DOURADO, Ana Paula. Op. cit. (nota 59), p. 40-41.

126 André de Laubadère aponta que o direito econômico é caracterizado por uma particular busca de maleabilidade, traço este que *se encontra em todos os ramos do direito econômico; devido às características do seu próprio meio, em particular à matéria a que se dirige, o direito econômico aspira a mover-se no quadro de noções, de regras, de teorias menos rígidas, menos categóricas, menos fixas que os outros direitos.* Cf. LAUBADÈRE, André. *Direito Público Económico*. Coimbra: Almedina, 1985, p. 110-111.

127 Cf. MONCADA, Luís S. Cabral de. *Direito económico.* 3. ed. Coimbra: Coimbra, 2000, p. 62.

128 Cf. SPANNER, Hans. Op. cit. (nota 106).

129 No original: *Die grundsätzliche Zulässigkeit unbestimmter Rechtsbegriffe entbindet den Gesetzgeber jedoch nicht davon, eine Vorschrift so zu fassen, daß sie den rechtsstaatlichen Grundsätzen der Normenklarheit und Justiziabilität entspricht; sie muß so formuliert sein, daß die von ihr Betroffenen die Rechtslagen erkennen und ihr Verhalten danach einrichten können.* Cf. TIPKE, Klaus, op. cit. (nota 5), vol. 1, p. 171.

outro modo? Ou, ainda: é razoável esperar que o legislador seja ainda mais preciso para descrever a situação tributável? Finalmente: tendo em vista a flexibilidade do cenário econômico, a norma teria igual efeito se fosse mais rígida? Claro que aqui, como em vários campos do Direito, a resposta dependerá de cada caso concreto.

Por último, importa repisar que a admissão dos conceitos indeterminados e cláusulas gerais não se estende aos tipos: estes, como afirmado, não se compatibilizam com a legalidade. Este tema será retomado no Capítulo XVII.

2.5.3 Legalidade não aceita o exercício do juízo de conveniência e oportunidade

A revelação de que em matéria tributária também existem conceitos indeterminados e cláusulas gerais poderia levar ao raciocínio apressado de que se admitiria o exercício de discricionariedade por parte do administrador. É importante negar veementemente tal raciocínio[130]. Ao contrário, o Princípio da Legalidade impõe que a própria lei fixe todos os parâmetros para a tributação.

A chave para esta questão encontra-se na distinção entre os conceitos indeterminados (que se encontram em todos os ramos do direito) e a discricionariedade (vedada para o surgimento da obrigação tributária).

Acertada, neste ponto, a lição de Eros Roberto Grau, que distingue entre discricionariedade e aplicação de conceitos indeterminados: "No exercício da *discricionariedade* o sujeito cuida da emissão de *juízos de oportunidade*, na eleição entre *indiferentes jurídicos*; na aplicação de *conceitos indeterminados*, o sujeito cuida de emissão de *juízos de legalidade*"[131].

Conforme esclarece Satta, no caso de conceitos jurídicos indeterminados, não se dá à Administração uma escolha discricionária; apenas se exige que a administração efetue uma "reconstrução, no seu significado jurídico exato, adaptado ao caso", de modo que "a administração deve simplesmente determinar seu significado concreto, com referência à espécie em que se inserem"[132].

Hartmann afirma que "diversamente da discricionariedade, que permite uma escolha entre diversas possibilidades no lado da sanção legal, os conceitos jurídicos indeterminados não oferecem aos funcionários qualquer espaço para decidir. Apesar de sua "indeterminação", eles conduzem a um resultado determinado e, portanto, ao contrário da discricionariedade, são totalmente passíveis de exame judicial. Por isso é que o princípio da determinação, do Estado de Direito, não impede a aplicação de conceitos jurídicos indeterminados no Direito Tributário"[133].

---

130 Cf. MELIS, Giuseppe. Op. cit. (nota 100), p. 119.

131 Cf. GRAU, Eros Roberto. Op. cit. (nota 105), p. 123. Em sentido contrário, encontra-se o estudo de Regina Helena Costa, a qual, depois de distinguir os conceitos indeterminados entre os de experiência e os de valor, sustenta haver regiões em que a dúvida sobre o alcance da vontade legal é indeterminável. Cf. COSTA, Regina Helena. Conceitos jurídicos indeterminados e discricionariedade administrativa. *Revista de Direito Público*, n. 95, jul./set. 1990, p. 125--138 (136). Também em sentido contrário, cf. JANNOTTI, Onaldo Franco. Op. cit. (nota 103), p. 52; e GROTTI, Dinorá Adelaide Musetti. Conceitos jurídicos indeterminados e discricionariedade administrativa. *Revista dos Tribunais*, cadernos de Direito Constitucional e Ciência Política, ano 3, n.12, jul./set. 1995, p. 84-115.

132 "*Si propone così la bem nota distinzione tra norma (o momento della norma) che impone e consente una effettiva scelta discrezionale e norma (o momento di essa) che semplicemente l'amministrazione deve ricostruire nel suo significato giuridico esatto, adatto alla specie*: (...) *che l'amministrazione deve semplicemente determinare nel loro significato concreto, in riferimento alla specie in cui si inseriscono*". Cf. SATTA, Filippo. Op. cit. (nota 64), p. 153-154.

133 No original: "*Im Gegensatz zum Ermessen, das eine Wahl unter verschiedenen Möglichkeiten auf der Rechtsfolgenseite (...) zuläßt, räumen unbestimmte Rechtsbegriffe den Behörden keinen Entscheidungspielraum ein. Sie führen trotz ihrer 'Unbestimmtheit' zu einem bestimmten Ergebnis und sind daher im Gegensatz zum Ermessen gerichtlich voll überprüfbar. Deshalb kann auch nicht der Grundsatz rechtsstaatlich gebotener Bestimmtheit eine Verwendung von unbestimmten Rechtsbegriffen*

Engisch também buscou diferenciar a discricionariedade dos conceitos indeterminados, dizendo que a diferença é, antes de tudo, jurídica, já que na discricionariedade é o legislador que decide confiar ao aplicador da lei a decisão no caso concreto: em vez de se falar em um "resto de insegurança inafastável", tem-se que o legislador julgou melhor deixar a decisão ao aplicador da lei, conforme seu entendimento[134].

García de Enterría e Fernandez também ensinam que os conceitos indeterminados não permitem, num caso concreto, mais que uma solução: "ou se dá ou não se dá o conceito", de modo que "a indeterminação do enunciado não se traduz em uma indeterminação das aplicações do mesmo, as quais só permitem uma 'unidade de solução justa' em cada caso"[135].

Ottmar Bühler já enfrentou o tema, em 1914, concluindo que as normas jurídicas contendo conceitos indeterminados não perdem por isso seu caráter coercitivo, revelando-se sua aplicação mero problema de interpretação[136].

2.6 Mitigação do Princípio da Legalidade

Por outro lado, a rigidez do Princípio da Legalidade encontra alguma mitigação na própria Constituição Federal.

Isso se explica porque o próprio constituinte viu em certos tributos um veículo interessante para introduzir no ordenamento jurídico normas indutoras do comportamento dos contribuintes. Ou seja: desejou o constituinte que o Poder Executivo, dentro de certos limites, pudesse valer-se do tributo como um instrumento de intervenção no Domínio Econômico.

É assim que o art. 153, § 1º, da Constituição Federal, dispõe ser "facultado ao Poder Executivo, atendidas as condições e os limites estabelecidos em lei, alterar as alíquotas dos impostos" sobre: (i) importação de produtos estrangeiros; (ii) exportação, para o exterior, de produtos nacionais ou nacionalizados; (iii) produtos industrializados; e (iv) operações de crédito, câmbio e seguro, ou relativas a títulos ou valores mobiliários. O mesmo se dá com relação à contribuição de intervenção no Domínio Econômico relativa às atividades de importação ou comercialização de petróleo e seus derivados, gás natural e seus derivados e álcool combustível, já que o art. 177, § 4º, I, "b", do texto constitucional prevê que sua alíquota pode ser "reduzida e restabelecida por ato do Poder Executivo".

Note-se que os dispositivos acima não dispensam a lei; é a esta que cabe fixar as condições e os limites dentro dos quais o Poder Executivo poderá fixar a alíquota dos

---

im Steuerrecht hindern". Cf. HARTMANN, Ulrich. Rechtsbegriff, unbestimmter. *Handwörterbuch des Steuerrechts*: unter Einschluß von Betriebswirtschaftlicher Steuerlehre, Finanzrecht, Finanzwissenschaft. STRICKRODT, Georg et al. (orgs.). Band 2. 2., neubearb. u. erw. Aufl. München: Beck; Bonn: Verlag des Wissenschaftl. Inst. d. Steuerberater u. Steuerbevollmächtigten, 1981, p. 1118.

134 Cf. ENGISCH, Karl. Op. cit. (nota 102), p. 116.

135 Cf. ENTERRÍA, Eduardo García de; Fernández, Tomás-Ramón. *Curso de Direito Administrativo.* São Paulo: Revista dos Tribunais, 1990, p. 393.

136 Cf. BÜHLER, Ottmar. *Die subjektiven öffentlichen Rechte und ihr Schutz in der deutschen Verwaltungsrechtsprechung.* Berlin; Stuttgart; Leipzig: Verlag von W. Kohlhammer, 1914, p. 27-39.

impostos ali referidos; no caso da CIDE-combustível, o Executivo apenas pode reduzir e restabelecer uma alíquota, o que implica que esta tenha antes sido fixada pela Lei. Por isso, fala-se em mitigação do Princípio da Legalidade, não em exceção.

É interessante notar que o constituinte não exigiu que apenas os limites estivessem na lei; ele determina mais: as condições devem ser previstas pelo legislador. O Executivo apenas pode alterar as alíquotas dos tributos acima referidos se as condições previstas pelo legislador se materializarem.

Esse raciocínio põe em xeque a prática corriqueira do Executivo de fixar alíquotas sem motivação. Afinal, se as condições são previstas pela lei, cabe ao Chefe do Poder Executivo apontar a presença daquelas condições, i.e., quais os motivos por que acredita que as condições foram cumpridas.

Outro exemplo em que se pode falar na mitigação é o do ICMS, quanto aos combustíveis e lubrificantes: nesse caso, a Constituição Federal excepciona o caráter plurifásico do imposto, exigindo que ele incida "uma única vez, qualquer que seja a sua finalidade (art. 155, § 2º, XII, "h"), devendo sua alíquota, então, ser definida mediante deliberação dos Estados e Distrito Federal mediante convênio (art. 155, § 4º, IV).

Não há mitigação tácita ao Princípio da Legalidade em matéria tributária. Quando o constituinte assim desejou, ele expressamente previu a possibilidade de o Executivo, nos limites da lei, alterar as alíquotas.

Por outro lado, a mitigação dá-se apenas com referência à alíquota; *todos* os demais aspectos da hipótese tributária devem estar fixados pela lei, não podendo ser modificados pelo Poder Executivo.

Neste ponto, deve-se notar que a regra da Constituição Federal de 1988 é mais rígida do que a existente no passado, quando também a base de cálculo podia ser fixada pelo Poder Executivo. Isso mostra que, nesse particular, foram superados, porque não recebidos pelo texto de 1988, os arts. 21, 26 e 65 do CTN, na parte em que se referiam à modificação da base de cálculo.

2.7 Formas atuais de ofensa ao Princípio da Legalidade

Não faltaram exemplos, na história brasileira, em que o Executivo tentava instituir tributos não previstos em lei. O Poder Judiciário atuou bravamente, mesmo em épocas de regimes totalitários, impedindo tais abusos. Entretanto, vivem-se hoje formas mais sutis de desrespeito à legalidade.

Como primeira situação em que o Princípio da Legalidade é deixado de lado, devem ser mencionadas as situações em que a falta de clareza quanto à natureza tributária da exação serve de pretexto para que se dispense a lei.

Brandão Machado identificou diversas situações em que este expediente foi utilizado para afastar o Princípio da Legalidade[137]:

137 Cf. MACHADO, Brandão. Princípio da Legalidade e tributo. *Repertório IOB de Jurisprudência*, n. 12/95, jun. 1995, p. 212-216.

Primeiro, refere-se ao pedágio que, como já apontado no Capítulo III, assumiu, no texto constitucional de 1988, a natureza de tributo. Ora, se é tributo, deveriam seus aumentos ser objeto de lei.

Exemplo mais preocupante citado pelo doutrinador é o das custas judiciais, cuja natureza de taxa é imediata em virtude do próprio serviço público. Não obstante, no art. 119, § 3º, letra *c*, do texto constitucional de 1967/1969, tinha o Supremo Tribunal Federal a competência para fixar seu regimento interno, estabelecendo "o processo e o julgamento dos feitos de sua competência originária ou recursal e da arguição de relevância da questão federal". Nesse contexto, entendia-se que "como era o próprio Supremo que tinha poder para disciplinar, como legislador, o processo[138] e o julgamento dos feitos de sua competência, tinha ele também, evidentemente, competência para legislar sobre as custas de tais feitos". Grave é notar que, embora a Constituição Federal de 1988 tenha suprimido a competência do Supremo para dispor sobre feitos e recursos de sua alçada, continua ele a estipular custas para seus processos. Sendo tal norma editada pelo próprio Supremo Tribunal Federal, a quem cabe a última palavra sobre a constitucionalidade, surge relevante tema acerca da forma de controle de tal ato.

Desrespeito ao Princípio da Legalidade também apontado com acerto por Brandão Machado é o da cobrança das contribuições profissionais, exigidas pelos órgãos que fiscalizam o exercício das profissões regulamentadas. Afinal, no texto constitucional de 1967/1969, previam-se tais contribuições, a cargo da União, facultando-se ao Poder Executivo, nos termos da Emenda Constitucional n. 8/77, alterar as alíquotas ou bases de cálculo nas condições e limites estabelecidos em lei. O que aconteceu foi que as leis que criaram tais entidades deram-lhes competência para criar e majorar contribuições (aliás, mesmo antes da referida Emenda Constitucional), culminando com a Lei n. 6.994, de 25.05.1982, que autorizou expressamente os dirigentes de tais entidades a estipular as contribuições devidas pelos profissionais. Se não se nega a natureza tributária de tais contribuições (art. 149 da Constituição Federal), não há argumento plausível para sustentar sejam elas aumentadas sem força de lei.

Finalmente, Brandão Machado cita o caso dos direitos compensatórios e *antidumping*. Já foi mostrado, no Capítulo III, que a natureza tributária de tais direitos é discutível e, por tal razão, não parece tampouco adequado incluir este caso entre os exemplos de flagrante desrespeito à legalidade.

Forma crescente de desrespeito ao Princípio da Legalidade que deve ser apontada é quando o próprio Legislativo – com o beneplácito de parte dos tribunais – abriu mão de seu dever de tratar, sem qualquer interferência do Poder Executivo, da matéria tributária. A Constituição Federal não prevê tal delegação. Ao outorgar ao Poder Executivo o poder para definir o alcance da tributação, ofende o Poder Legislativo o princípio da separação dos poderes, acarretando perda da liberdade e da segurança jurídica do contribuinte.

Esta sintomática perda suave da liberdade[139] pode ser exemplificada com o já revogado (pela Medida Provisória 1991-18/2000) art. 3º, § 2º, III, da Lei n. 9.718/98. Este dispositivo permitia que se deduzissem do cômputo da base de cálculo da contribuição ao PIS e da COFINS os valores que, computados como receita, tivessem sido transferidos para outra pessoa jurídica. Ainda, esse mesmo inciso dispunha que tais deduções deveriam respeitar normas regulamentadoras expedidas pelo Poder

138 Cf. MACHADO, Brandão. Op. loc. cit. (nota 137).

139 Cf. SCHOUERI, Luís Eduardo. A suave perda da liberdade. In: COSTA, Alcides Jorge; SCHOUERI, Luís Eduardo; BONILHA, Paulo Celso Bergstrom (coord.). *Direito Tributário atual*. vol. 18. São Paulo: Dialética, 2004, p. 8-9.

Executivo. Do ponto de vista da legalidade, jamais a base de cálculo de um tributo poderia depender de "normas regulamentadoras" do Poder Executivo. É o mesmo que dar ao Executivo o poder de decidir sobre qual o montante que encherá suas burras. Ora, o Poder Executivo nunca editou as "normas regulamentadoras" e, quanto à questão da dedutibilidade dos valores transferidos a outras empresas, no período de vigência do art. 3º, § 2º, III, da Lei n. 9.718/98, a jurisprudência do Superior Tribunal de Justiça firmou-se no sentido de que a norma veiculada pelo referido dispositivo tinha eficácia contida, dependendo de regulamento expedido pelo Poder Executivo para poder ser aplicada[140]. Resultado: confere-se ao Poder Executivo a faculdade de "ligar" e "desligar" a tributação, conforme suas "normas regulamentadoras". O Legislativo abria mão, assim, de seu dever constitucional de tratar da matéria tributária com exclusividade.

Outro exemplo de investida contra o Princípio da Legalidade pode ser visto em alguns dispositivos da Lei n. 10.865/2004, notadamente os parágrafos 10, 11, 12 e 13 do art. 8º, os quais preveem algumas hipóteses nas quais as alíquotas do PIS e da COFINS incidentes sobre as importações de determinados produtos seria reduzida a zero. A concessão e a possibilidade de utilização desse benefício são, por sua vez, condicionadas a regulamentação expedida pelo Poder Executivo. Aqui, ardilosamente, fixou-se, por lei, ampla base de tributação, deixando-se ao alvitre do Poder Executivo a expedição de atos normativos concedendo benefícios fiscais.

Mas a faculdade de o Executivo fixar as bases de cálculo das contribuições sequer se limita aos casos de importação. O § 2º do art. 27 da própria Lei n. 10.865/2004 permite que o Poder Executivo reduza ou restabeleça as alíquotas do PIS e da COFINS incidentes sobre receitas financeiras auferidas pelas pessoas jurídicas sujeitas ao regime da não cumulatividade. Assim é que os contribuintes se viram "beneficiados" pelo Decreto n. 5.164/2004, quando o Executivo reduziu a zero as referidas alíquotas. Como se tratava de um favor, não teve o Chefe do Executivo o pejo de excluir do benefício as receitas financeiras oriundas de juros sobre o capital próprio e decorrentes de operação de *hedge*. Na imprensa, as autoridades fazendárias diziam preferir avaliar os efeitos da medida, antes de estenderem o favor, o que nunca aconteceu.

Ou seja: no lugar de o legislador decidir sobre as hipóteses em que haverá a tributação, opta ele por uma definição bem ampla, compreendendo quase que a totalidade da atividade empresarial. Dado o absurdo que tal tributação geraria, reconhece o próprio legislador a necessidade de se restringir o alcance do texto. Entretanto, quem disciplina tal restrição é o Executivo.

Esse ardil foi percebido pelo legislador complementar. Não se limitou ele a, repetindo o texto constitucional, exigir lei para a instituição ou majoração de tributos; a legalidade se estende à concessão de isenções ou outras benesses. À primeira vista, poderia parecer contrassenso, já que a legalidade surge como limitação ao poder de tributar e, portanto, garantia do contribuinte, não do Fisco; o exemplo ora examinado evidencia ter acertado o legislador complementar.

O relaxamento que se faz no Princípio da Legalidade, quando o Legislativo deixa ao Executivo a prerrogativa de fixar os casos de isenção, mais que a segurança jurídica, afeta a própria liberdade do contribuinte.

Afinal, a concessão de um benefício inconstitucional constrange os beneficiados a não o contestarem, sob o risco de não gozarem do privilégio. Cria-se, assim, uma situação de limitação do exercício da liberdade. Alguns receberão os frutos de um favor do Executivo, substituindo, daí, a relação

140 STJ, REsp n. 525.526-PR, 1ª Turma, rel. Min. Denise Arruda, j. 23.09.2008, D.J. 01.10.2008; REsp n. 645.199-RS, 2ª Turma, rel. Min. Peçanha Martins, j. 06.10.2005, D.J. 05.12.2005.

jurídica, baseada em direitos, por uma situação de benevolência, carecedora de gratidão ao Executivo, quando este os exclui de serem tratados de acordo com o que diz a lei.

Eis, pois, as consequências desta forma de desobediência à separação dos poderes: o temor e a reverência dos beneficiados e a impotência dos não beneficiados.

Cabe, daí, denunciar os riscos ao exercício da liberdade, que se dão sob o manto da aparência da legalidade e da legitimidade. Surgem na medida em que a prática reiterada de atos que tolhem a liberdade dos súditos, por não terem sido contestados, passa a institucionalizar-se.

Importa, daí, exigir o imediato retorno às raias da legalidade, afastando favores que não tenham base em lei com a mesma veemência com que se repudiaram tentativas de se instituírem tributos sem lei. Somente desse modo se assegurará a preservação do próprio Estado de Direito.

2.7.1 Flexibilização e Tributos Vinculados

Caso intrigante decorrente da dialética entre, de um lado, a determinação conceitual e, de outro, a "suave perda da liberdade" está no posicionamento jurisprudencial concernente ao cálculo de tributos vinculados. Em dois julgados da mesma data, o Plenário do Supremo Tribunal Federal viu-se diante do dilema surgido pelo fato de os tributos vinculados, como visto no Capítulo IV, justificarem-se pelo sinalagma, a implicar equivalência entre o tributo e a atividade estatal provocada. Essa relação será estudada no item 4.1.1 do Capítulo XII. Por enquanto, basta ficarmos com a noção de que se o tributo se justifica pela equivalência, então é de se esperar que o montante exigido do contribuinte não ultrapasse os custos gerados (*Kostendeckungsprinzip*[141]).

Em dois precedentes, o Supremo Tribunal Federal lidou com situações em que o legislador fixou o teto do montante de tributos vinculados, apresentando alguns contornos de seu cálculo, mas deixando à própria Administração a fixação do *quantum* devido.

Versava a ADI 4697[142] sobre anuidades cobradas por conselhos profissionais. Já vimos que estamos diante da espécie tributária das contribuições especiais, no interesse de categorias profissionais ou econômicas. Não se põe em dúvida, pois, tratar-se de tributo. A ADI versava sobre a constitucionalidade da Lei 12.514/2011 que, ao dispor sobre o valor a ser recolhido pelos profissionais (contribuintes), assim estabeleceu:

> *Art. 5º O **fato gerador** das anuidades é a existência de inscrição no conselho, ainda que por tempo limitado, ao longo do exercício.*
>
> *Art. 6º As **anuidades** cobradas pelo conselho serão no **valor de:***
>
> *I – para **profissionais** de nível superior: **até** R$ 500,00 (quinhentos reais);*
>
> *II – para **profissionais** de nível técnico: **até** R$ 250,00 (duzentos e cinquenta reais); e*
>
> *III – para **pessoas jurídicas**, conforme o capital social, os seguintes **valores máximos**: [...]*

---

141 Cf. BIRK, Dieter. *Steuerrecht*. 6. ed. Heidelberg: C.F. Müller. 2003. p. 32.

142 STF, ADI n. 4.697-DF, Tribunal Pleno, rel. Min. Edson Fachin, j. 06.10.2016, *DJe* 30.03.2017.

> § 2º O **valor exato da anuidade**, o desconto para profissionais recém-inscritos, os critérios de isenção para profissionais, as regras de recuperação de créditos, as regras de parcelamento, garantido o mínimo de 5 (cinco) vezes, e a concessão de descontos para pagamento antecipado ou à vista, **serão estabelecidos pelos respectivos conselhos federais.**

É imediato da leitura do dispositivo que o legislador não fixou "o valor exato da anuidade", deixando para os respectivos conselhos federais tal tarefa. Daí o questionamento de sua constitucionalidade, diante do Princípio da Legalidade. Tendo em vista que, durante a discussão, os Ministros se referiram repetidas vezes a outro caso julgado na mesma ocasião, vale conhecer a controvérsia instaurada no outro caso, para a compreensão do todo.

Com efeito, examinou-se, na mesma ocasião, o RE 838.284[143] no qual, com repercussão geral, fixou-se a seguinte tese:

> *Não viola a legalidade tributária a lei que, prescrevendo o teto, possibilita ao ato normativo infralegal fixar o valor de taxa em proporção razoável com os custos da atuação estatal, valor esse que não pode ser atualizado por ato do próprio conselho de fiscalização em percentual superior aos índices de correção monetária legalmente previstos.*

Versava o Extraordinário acerca da Lei n. 6.994/82, a qual estabeleceu que:

> *Art. 2º: Cabe às entidades referidas no art. 1º desta Lei a fixação dos valores das taxas correspondentes aos seus serviços relativos e atos indispensáveis ao exercício da profissão, restritas aos abaixo discriminados* ***e observados os seguintes*** *limites máximos:*
>
> *a inscrição de pessoas jurídicas..1 MVR*
>
> *b inscrição de pessoa física..0,5 MVR*
>
> *c expedição de carteira profissional..0,3 MVR*
>
> *d substituição de carteira ou expedição de 2ª via............................0,5 MVR*
>
> *e certidões..0,3 MVR*
>
> *Parágrafo único – O disposto neste artigo não se aplica às* ***taxas referentes à Anotação de Responsabilidade Técnica – ART****, criada pela lei n. 6.496, de 7 de dezembro de 1977, as quais poderão ser fixadas observado o limite máximo de 5 MVR.*

Daí a ligação evidente entre ambos os precedentes. Temos, em comum, leis que não fixam o montante a ser recolhido nos tributos vinculados. O Plenário do Supremo Tribunal Federal examinou, em tais julgamentos, como se aplica a Legalidade diante das peculiaridades daqueles tributos, enfrentando questões de (i) "tipicidade cerrada"; (ii) natureza dos tributos vinculados; (iii) praticabilidade e (iv) delegação legislativa.

Quanto ao tema (i) da "tipicidade cerrada", a maioria dos Ministros afastou sua existência, na linha do exposto no tópico 2.5, *supra*.

---

143 STF, RE n. 838.284-SC, Tribunal Pleno, rel. Min. Dias Toffoli, j. 19.10.2016, *DJe* 22.09.2017.

Paradigmática a posição do Min. Edson Fachin, relator da ADI 4697, quando, depois de citar a linha doutrinária que afirmava a existência de tal regra, afirmou não se poder concordar com tal "entendimento, sob pena de inviabilização da tributação no País ou, pelo menos, assumir um "modelo de legalismo datado na evolução histórico-filosófico das ideias tributárias brasilianas".

Não foi diverso o entendimento do Min. Dias Toffoli ao relatar o RE 838.248, segundo o qual:

> *"[...] atualmente, há uma clara tendência da doutrina em oferecer uma alternativa teórica à corrente formalista tradicional e em desfazer o dogma de que a segurança jurídica do contribuinte seria garantida pela tipicidade fechada" (grifamos).*

Questão interessante em ambos os julgamentos foi a própria (ii) natureza dos tributos vinculados e a necessidade de seu cálculo guardar equivalência com os custos estatais provocados.

Foi o que levou o Min. Edson Fachin, na ADI 4.697, a dizer que, nas contribuições profissionais, encontra-se "suficientemente determinado o mandamento tributário, para fins de observância da legalidade tributária, na hipótese das contribuições profissionais". Na mesma ADI, o Min. Luiz Fux ponderou ainda que "*ninguém melhor do que o próprio conselho para avaliar, quanto uma pessoa física deve contribuir e quanto a pessoa jurídica deve contribuir de acordo com o seu capital social*".

Ainda no mesmo raciocínio, o Min. Dias Toffoli, no RE 838.248, sustentou que "*[f] undamentalmente, as taxas são tributos orientados pelo princípio da justiça comutativa*", implicando que "*[...] no plano da base de cálculo ou da quantificação da taxa, é que deve haver uma proporção razoável com os custos dessa atuação do Estado" (poder de polícia)*. A partir de tais ponderações, o Min. Dias Toffoli concluiu que "*as leis disciplinadoras de taxas, no tocante ao <u>aspecto quantitativo</u> da regra matriz de incidência, podem estabelecer <u>especial diálogo</u> com os regulamentos*" (grifamos).

Como se vê, ambos os Ministros Relatores viram o dilema enfrentado pelo legislador ordinário, incapaz, ele mesmo, de estimar os custos da atividade a ser remunerada pelos tributos vinculados e, por isso mesmo, deixando para a própria Administração sua fixação, observado o teto.

A ponderação não deixa de chamar a atenção. Afinal, conquanto o legislador atribua certa matéria à Administração, é fato que o legislador não é capaz de antever quais serão as efetivas tarefas a serem desempenhadas ou os custos envolvidos. Basta pensar no poder de polícia remunerado por taxas ou, no caso de conselhos profissionais, pela contribuição especial: o legislador atribui a competência, mas não prevê como se exerce o poder de polícia. É matéria que se determina diante do próprio desenrolar da atividade, consideradas as peculiaridades de cada região ou de cada atividade. Esse raciocínio leva ao (iii) tema da praticabilidade, ligada à natureza dos tributos. Foi o que moveu o Min. Luis Barroso a votar pela constitucionalidade, ao propor, na ADI 4.697, "[...] *uma visão pragmática que permita você fixar valores máximos e dê uma certa margem para o conselho, de modo a que você não tenha que, anualmente, aprovar uma nova lei com toda a tramitação e o transtorno de aprovação de uma lei anual*". Esse mesmo raciocínio se fez presente no voto do Min. Dias Toffoli, no RE 838.284:

> *[...] A razão autorizadora da delegação dessa atribuição anexa à competência tributária está justamente na maior capacidade de a administração pública, por estar estreitamente ligada à atividade estatal direcionada a contribuinte, conhecer da realidade e dela extrair elementos para complementar o aspecto quantitativo da taxa.*

O último tópico enfrentado em ambos os julgamentos foi o da (iv) possível delegação feita pelo legislador para a fixação do critério quantitativo da hipótese tributária. Os Ministros entenderam não haver tal delegacão quando o legislador cuida, ele mesmo, de trazer os critérios para a fixação do tributo. Nesse sentido, o Min. Dias Toffoli afirmou, no RE 838.284, que "*na espécie, não há delegação de poder de tributar no sentido técnico da expressão*", uma vez que "*os elementos essenciais da exação podem ser encontrados nas leis de regência (Lei n. 6.496/77 e Lei n. 6.994/82)". Na mesma linha, o Min. Luiz Fux dispôs, na ADI 4.697, que "a lei formal, ela já instituiu a contribuição, estabeleceu critérios que, bem ou mal, mal ou bem, indicam a base de cálculo, a razoabilidade dos critérios fixados*". Desse modo, "*essa própria consagração dos critérios, na lei formal, afasta e conjura a alegação de violação do princípio da legalidade*".

O Min. Dias Toffoli ainda explicitou seu entendimento sobre o papel do regulamento em matéria tributária, ao afirmar:

> *Em alguns casos, a possibilidade de um ato infralegal tocar nos elementos da regra matriz de incidência de um tributo se explicará por razões técnicas, fáticas, ou mesmo pela otimização de princípios ou valores previstos na Constituição.*
>
> *(...)*
>
> *Em suma, o art. 2º, parágrafo único, da Lei n. 6.994/82 estabeleceu diálogo com o regulamento em termos de subordinação (ao prescrever o teto legal da taxa referente à ART), de desenvolvimento (da justiça comutativa) e de complementariedade (ao deixar um valoroso espaço para o regulamento complementar o aspecto quantitativo da regra matriz da taxa cobrada em razão do exercício do poder de polícia).*

A ideia de complementariedade deve ser vista com ressalvas, já que, tomada fora de seu contexto, pode implicar a complacência com a própria delegação legislativa, afastada pelo próprio Min. Dias Toffoli em seu voto. A complementariedade, portanto, não se confunde com inovação, mas significa apenas aperfeiçoamento, concretização do mandamento legal.

Vê-se dos precedentes acima que o Supremo Tribunal Federal, por sua maioria (vencidos o Min. Marco Aurélio e o Min. Ricardo Lewandowski), entendeu que não se feriu a legalidade, já que existia lei a fixar os limites máximos dos tributos e os critérios para sua determinação definitiva.

Vimos, no tópico 12 do Capítulo II, que a jurisprudência do Supremo Tribunal Federal, ao se abrir para cláusulas gerais e conceitos indeterminados, já indicava o papel do regulamento na fixação do *quantum* do tributo. Paradigmático o julgamento da constitucionalidade dos decretos que, a pretexto de regulamentar a Lei n. 7.787/1989 e a Lei n. 8.212/1991, enquadravam os contribuintes, segundo a atividade exercida, numa das alíquotas legalmente previstas para a contribuição ao Seguro de Acidente do Trabalho (SAT). Tais alíquotas, nos termos da lei, podem ser de um, dois ou três por cento conforme o risco de acidente do trabalho da atividade empresarial seja "leve", "médio" ou "grave" (art. 22, II da Lei n. 8.212/1991). Foi exatamente para a aferição concreta desses níveis de risco que o legislador convocou a participação do Poder Executivo; ao ver do Supremo, tal procedimento não feriu a legalidade[144].

Nessa seara, poder-se-ia considerar que os casos de anuidade e taxa de fiscalização de conselhos profissionais (concernentes, portanto, a tributos vinculados) iriam na mesma linha: desde que o legislador fixe os critérios, não há delegação.

O que pode causar preocupação, nos casos ora relatados, é qual o grau de liberdade do legislador na apresentação dos critérios. Será verdadeiro, como disse o Min. Luiz Fux, que "mal ou bem, bem ou mal", os critérios se extrairiam da lei? Claro está que, em linhas gerais, os critérios já se extraem da própria espécie tributária. Sendo tributos vinculados, o montante do tributo há de refletir os custos da atividade estatal. Se o legislador dá o teto, bastaria ao Executivo estimar os custos da atividade, dentro do teto, para atender a lei.

O problema que surge é que são diversos os modos de apurar o custo de uma atividade. Não é problema idêntico ao dos conceitos indeterminados. Estes, como vimos no tópico 2.5.2, nada mais são que resultado da indeterminação própria da linguagem. Mas a cada caso – e isso distingue os conceitos indeterminados da discricionariedade – é possível controle jurisdicional para confirmar, ou negar, sua ocorrência. No caso do custo de uma atividade, a situação é diversa. Várias são as maneiras de calcular o custo de uma atividade, e todas estão certas. Portanto, se o Executivo escolhe uma das fórmulas, não caberá falar em ilegalidade, e o contribuinte acaba a ela se dobrando, sem a possibilidade de invocar que, por outro cálculo, teria tributo diverso.

Mais adequadamente teria agido o legislador, portanto, se tivesse, ele mesmo, cuidado de fixar os critérios para a apuração do custo da atividade. Não se está aqui a esperar que o legislador determine, desde já, o próprio custo de cada atividade. Afinal, parece bastante razoável admitir que o legislador não tenha como, de antemão, estimar quais serão as atividades a serem desenvolvidas. A dinâmica da atividade estatal revelará sua necessidade. Por isso mesmo, parece correto não se exigir um valor fixo para o cálculo dos tributos vinculados, no caso de atividades não predeterminadas. Entretanto, é de se esperar que o

144 STF, RE n. 343.446-2-SC, Tribunal Pleno, rel. Min. Carlos Velloso, j. 20.03.2003, D.J. 04.04.2003.

legislador fixe (escolha), dentre os possíveis critérios, quais a serem seguidos pelo Executivo para a apuração do custo da atividade estatal.

Dissemos acima que a determinação conceitual não é regra, mas mero mandamento de otimização, a exigir que se indague, a todo tempo, se o legislador poderia ter sido mais preciso, sem prejudicar a própria aplicação da norma. No caso, a fixação dos critérios para a apuração do custo da atividade estatal em nada prejudicaria a praticabilidade esperada pela maioria do Supremo Tribunal Federal, mas sem dúvida asseguraria, ao mesmo tempo, maior segurança ao contribuinte. Daí porque não parece bem aplicada a Legalidade, em sua feição principiológica, nos casos referidos.

Por fim, destaque-se que a Legalidade no âmbito da Contribuição ao SAT, cujo caso paradigmático foi relatado, ganhou novo capítulo na jurisprudência do Supremo. O Tribunal considerou constitucional a disposição do art. 10 da Lei n. 10.666/2003, que permite que a alíquota de um, dois ou três por cento possa ser reduzida em até 50%, ou aumentada em até 100%, "conforme dispuser o regulamento", tendo em vista o desempenho do contribuinte, individualmente considerado, na prevenção contra acidente do trabalho. A lei, cometendo a ato infralegal a alteração da alíquota dentro de certos limites, estabeleceu que o dito "desempenho da empresa" deve ser aferido de acordo com "índices de frequência, gravidade e custo" em matéria de acidente do trabalho, em atenção à "metodologia aprovada pelo Conselho Nacional de Previdência Social"[145].

Neste julgamento, pode-se dizer que o Supremo foi além de seu precedente tradicional em matéria de Legalidade na contribuição ao SAT. Se antes o Tribunal estava diante de lei que *fixava* as alíquotas, apenas cometendo ao Executivo a tarefa de concretizar os conceitos ("leve", "médio" e "grave") normativamente ligados a cada uma delas, agora a lei apreciada delega a própria fixação da alíquota, ainda que prevendo os limites e os critérios informadores de tal fixação.

Esse precedente dá ensejo ao próximo tópico, em que se discute a Legalidade no âmbito de tributos não vinculados à luz da jurisprudência do Supremo Tribunal Federal.

2.7.2 Flexibilização e tributos não vinculados

Vimos, no tópico anterior, que o Supremo Tribunal Federal tem uma tendência de mitigar as exigências da Legalidade tributária no caso de certos tributos – notadamente os tributos vinculados – cuja cobrança pressupõe, em alguma medida, uma certa mensuração que o legislador não pode, de antemão, fazer completamente. Ilustrativo é o caso das taxas: porque estas devem guardar equivalência com os custos das atividades em razão das quais são cobradas, permitiu-se que a fixação definitiva do seu valor fosse efetuada por ato infralegal dentro dos limites estabelecidos pelo legislador ordinário.

---

145 STF, ADI n. 4397-DF, Tribunal Pleno, rel. Min. Dias Toffoli, j. 11.11.2021.

Essa tendência jurisprudencial, contudo, acabou por ser estendida pelo Supremo Tribunal Federal[146-147] a certos tributos não vinculados que não possuem as peculiaridades daqueles para os quais a Corte historicamente admite a tal "flexibilização" da Legalidade. Mais precisamente: as leis julgadas pelo Supremo Tribunal Federal que outrora ensejaram a jurisprudência do Tribunal previam todos os aspectos da regra de tributação, apenas deixando de fixar, em caráter definitivo, algum deles, em razão da própria característica dos tributos envolvidos e em nome da viabilidade da tributação. É dizer: os julgamentos que historicamente firmaram a jurisprudência do Tribunal envolviam leis que atendiam à *regra* da Legalidade Tributária, na medida em que previam todos os critérios da regra matriz de incidência, apenas se discutindo se o legislador, ao delegar a fixação definitiva de um dos critérios à Administração, havia feito isso de modo suficientemente claro, preciso e exaustivo (*princípio* da Legalidade), de modo que o Poder Executivo não atuasse arbitrariamente. Ou seja: nos casos discutidos, não faltou a menção, pelo próprio legislador, de todos os elementos da regra matriz. A regra da Legalidade fora, pois, observada. A questão era apenas se havia suficiente precisão, por parte do legislador, como exige a Legalidade em sua feição de princípio, e não de regra.

Preocupa, ademais, o fato de o Supremo Tribunal Federal, ao referendar a flexibilização da Legalidade tributária para certos tributos não vinculados, ter julgado estar em linha com sua própria jurisprudência em matéria de tributos vinculados. Como se pode intuir, e restará mais claro adiante, a Corte estava, em verdade, inovando em sua própria jurisprudência: as características particulares dos tributos vinculados que, na visão da Corte, permitir-lhes-iam uma certa flexibilização da Legalidade, inexistem nos tributos não vinculados, de modo que a extensão, a estes, do quanto decidido a respeito daqueles representa, em verdade, uma inovação jurisprudencial.

Paradigmáticos, nesse sentido, são o RE n. 1.043.313/RS[148] e a ADI n. 5.277/DF[149].

O RE n. 1.043.313/RS discutiu a constitucionalidade do art. 27, § 2º, da Lei n. 10.865/2004, o qual, versando sobre a possibilidade de manipulação de alíquota de PIS/PASEP e COFINS por parte do Poder Executivo, estabelece que "[o] Poder Executivo poderá, também, reduzir e restabelecer, até os percentuais de que tratam os incisos I e II do *caput* do art. 8º desta Lei, as alíquotas da contribuição para o PIS/PASEP e da COFINS incidentes sobre as receitas financeiras auferidas pelas pessoas jurídicas sujeitas ao regime de não cumulatividade das referidas contribuições, nas hipóteses que fixar".

Observou o relator que, "[a]lém da fixação de tetos", na Lei constou "o estabelecimento das condições para que o Poder Executivo possa alterar essas alíquotas". Por fim, ponderou o Tribunal que a

146 STF, RE n. 1.043.313/RS, rel. Min. Dias Toffoli, Tribunal Pleno, j. 10.12.2020; STF, ADI n. 5.277/DF, rel. Min. Dias Toffoli, Tribunal Pleno, j. 10.12.2020.

147 SCHOUERI, Luís Eduardo; FERREIRA, Diogo Olm; LUZ, Victor Lyra Guimarães. *Legalidade Tributária e o Supremo Tribunal Federal* – uma análise sob a ótica do RE n. 1.043.313 e da ADI n. 5.277. São Paulo: IBDT, 2021.

148 STF, RE n. 1.043.313/RS, Tribunal Pleno, rel. Min. Dias Toffoli, j. 10.12.2020.

149 STF, ADI n. 5.277/DF, Tribunal Pleno, rel. Min. Dias Toffoli, j. 10.12.2020.

possibilidade de manejo das alíquotas pelo Poder Executivo "está intimamente conectada à otimização da função extrafiscal presente nas exações em questão" (item 3 da Ementa).

Ao final, a tese fixada pelo STF (Tema 939 da sistemática de repercussão geral) restou assim redigida: "É constitucional a flexibilização da Legalidade Tributária constante do § 2º do art. 27 da Lei n. 10.865/04, no que permitiu ao Poder Executivo, prevendo as condições e fixando os tetos, reduzir e restabelecer as alíquotas da contribuição ao PIS e da COFINS incidentes sobre as receitas financeiras auferidas por pessoas jurídicas sujeitas ao regime não cumulativo, estando presente o desenvolvimento de função extrafiscal".

Por sua vez, a ADI n. 5.277/DF versou a respeito do art. 5º da Lei n. 9.718/1998, cujo § 8º, tratando da incidência de PIS/PASEP e COFINS sobre receita bruta oriunda da venda de álcool, determina que "[f]ica o Poder Executivo autorizado a fixar coeficientes para redução das alíquotas previstas no *caput* e no § 4º deste artigo, as quais poderão ser alteradas, para mais ou para menos, em relação a classe de produtores, produtos ou sua utilização". Em seguida, o § 10 da mesma lei dispõe que "[a] aplicação dos coeficientes de que tratam os §§ 8º e 9º deste artigo não poderá resultar em alíquotas da Contribuição para o PIS/Pasep e da Cofins superiores a, respectivamente, 1,65% (...) e 7,6% (...) do preço médio de venda no varejo".

No mesmo sentido, embora sem fixação de tese de repercussão geral, decidiu o STF com base no fato de que "[a] lei estabeleceu os tetos e as condições a serem observados pelo Poder Executivo". Acrescenta-se, como fundamento da decisão, a circunstância de que "a medida em tela está intimamente conectada à otimização da função extrafiscal presente nas exações em questão" (item 3 da Ementa).

O Tribunal revelou, nesses casos, uma má percepção de sua própria jurisprudência em matéria de Legalidade Tributária. Nos votos do Min. Dias Toffoli, citam-se precedentes importantes do STF, os quais, em sua visão, indicariam uma tendência de "flexibilização" da Legalidade Tributária naquela Corte. Entre os precedentes citados, constam o RE n. 343.446/SC, o RE n. 838.284/SC e a ADI n. 4.697/DF, discutidos no tópico anterior e que versaram, respectivamente, sobre a Legalidade no âmbito da Contribuição ao Seguro contra Acidente de Trabalho (SAT), da Taxa de Anotação de Responsabilidade Técnica (ART) e das contribuições devidas aos conselhos profissionais.

Ao fazer esse apanhado da jurisprudência do STF em matéria de Legalidade Tributária, acreditou o Ministro Relator estar encontrando evidências de uma tendência de flexibilização da Legalidade Tributária no âmbito do STF – tendência que seu voto no RE n. 1.043.313/RS e na ADI n. 5.277/DF apenas viria reafirmar.

Há, entretanto, notável divergência entre os precedentes citados pelo Ministro Relator e as situações envolvidas no RE n. 1.043.313/RS e na ADI n. 5.277/DF. Os precedentes referidos discutem a Legalidade em situações nas quais a lei, embora prevendo os aspectos da regra de tributação, adota conceitos com elevado grau de indeterminação e, por isso, delega a tarefa de precisar-lhes o significado. Note-se, portanto, que, nessa situação, o legislador não deixa de estabelecer todos os aspectos da regra matriz; estabelece-os, entretanto, fazendo uso de conceitos indeterminados, pelo que atribui a delimitação definitiva de seu significado à regulamentação infralegal.

É precisamente este o caso da Contribuição ao SAT. O legislador, embora prevendo as noções de "atividade preponderante" e "risco leve, médio e grave", houve por bem exigir a complementação infralegal dessas noções. Assim é que o art. 22, § 3º, da Lei n. 8.212/1991 atribuiu ao Ministério do Trabalho e da Previdência Social, enquanto órgão dotado de maior conhecimento técnico e fático, o poder de "alterar, com base nas estatísticas de acidentes do trabalho, apuradas em inspeção, o enquadramento de empresas para efeito da contribuição a que se refere o inciso II deste artigo, a fim de estimular investimentos em prevenção de acidentes".

Também é esse o caso da taxa de ATR. A taxa é, por definição, um tributo sinalagmático e, como tal, deve guardar equivalência com o custo da atividade que a ensejou (sob pena, inclusive, de inconstitucionalidade). É provável, então, que o legislador encontre dificuldades ao estabelecer a base de cálculo de uma taxa, haja vista a complexidade do cálculo do custo da atividade que legitima sua cobrança, optando então por conceder à regulamentação infralegal a tarefa de dar contornos definitivos à base de cálculo de uma taxa.

Por isso, é imprecisa a conclusão de que nos precedentes invocados pelo Ministro Relator haveria uma tendência de "flexibilização" da Legalidade no STF; esses julgados apenas lidaram com a dificuldade de a lei ordinária, com relação a certos tributos, estabelecer definitivamente um de seus aspectos, requerendo, para isso, a participação da legislação infralegal. Em outras palavras, os precedentes citados pelo Ministro Relator discutiram a aplicação da Legalidade na sua dimensão de princípio, e não de regra: naqueles precedentes, o legislador previa todos os aspectos da regra de tributação (dimensão de regra da Legalidade), mas, por razões inerentes aos tributos envolvidos, delegou a fixação definitiva de algum aspecto à regulamentação infralegal. A discussão, portanto, era se o legislador havia sido suficientemente claro, preciso e exaustivo antes de convocar a complementação da legislação infralegal (dimensão de princípio da Legalidade). Vimos que a Corte entendeu que sim.

Os precedentes, portanto, não são precedentes adequados aos objetos do RE n. 1.043.313/RS e da ADI n. 5.277/DF. Nestes, admitiu o STF a delegação ao Poder Executivo da prerrogativa de fixar alíquotas de PIS/PASEP e COFINS sob o argumento de que limites e condições haviam sido estabelecidos em lei, além da circunstância de que tal delegação teria propósito extrafiscal. As leis impugnadas no RE n. 1.043.313/RS e na ADI n. 5.277/DF simplesmente delegavam ao Poder Executivo o poder de determinar a alíquota dos tributos – poder este que a (regra da) Legalidade Tributária exige seja exercido pelo legislador. Em suma: em vez da discussão sobre se a lei foi precisa, clara e exaustiva o suficiente na formulação da regra de tributação antes de dialogar com a regulamentação infralegal (Legalidade na dimensão de princípio), o RE n. 1.043.313/RS e a ADI n. 5.277/DF puseram o STF diante de leis que simplesmente abriram mão, em favor do Poder Executivo, da prerrogativa de estabelecer alíquotas de tributos, violando, assim, a Legalidade (na sua dimensão de regra).

Evidência da má compreensão, pelo STF, de sua própria jurisprudência pode ser verificada analisando-se o precedente da Contribuição ao SAT. De acordo com o Min. Dias Toffoli, nele o Min. Carlos Velloso teria estabelecido três critérios para considerar-se válida a delegação a atos infralegais. Tais critérios seriam: "a delegação pode ser retirada daquele que a recebeu, a qualquer momento, por decisão do Congresso"; "o Congresso fixa *standards* ou padrões que limitam a ação do delegado"; e "razoabilidade da delegação".

Primeiramente, a leitura do voto do Ministro Carlos Velloso no RE n. 343.446 permite verificar que não foram despendidos esforços específicos para apurar a presença desses critérios no caso da contribuição ao SAT. No limite, há a indicação de que a Lei n. 8.212/1991 exigiu estatísticas de acidentes de trabalho como baliza para alterações no grau de risco atribuído a cada tipo de atividade. Isso, entretanto, não implica qualquer delegação do Poder Legislativo ao Poder Executivo, mas, antes, a atribuição de função administrativa, voltada ao fiel cumprimento da lei. Aqueles critérios não parecem ter orientado, portanto, a conclusão do STF sobre a constitucionalidade da definição, por meio de decreto, dos graus de risco de cada atividade.

Na verdade, os critérios indicados pelo Ministro Dias Toffoli não se aplicavam ao referido RE n. 343.446. O Ministro Carlos Velloso apenas reproduziu, naquele voto, raciocínio que tecera noutra oportunidade, qual seja, o RE n. 290.079[150]. O RE n. 343.446, referido pelo Min. Dias Toffoli, veicula apenas transcrição de parte das discussões havidas naquele outro julgamento. Por sua vez, o RE n. 290.079 tratava da constitucionalidade de previsões do Decreto-lei n. 1.422/1975 que atribuíam ao Poder Executivo a competência para fixar a alíquota do salário-educação; diferentemente, portanto, das discussões sobre a contribuição ao SAT, a análise recaía sobre alterações quanto a um dos aspectos da regra matriz de incidência tributária (alíquota), tal como no RE n. 1.043.313 e na ADI n. 5.277.

No RE n. 290.079 – e aqui fica evidente a impropriedade de tê-lo como embasamento das decisões exaradas no RE n. 1.043.313 e na ADI n. 5.277 –, a constitucionalidade da fixação das alíquotas do salário-educação pelo Poder Executivo foi aferida tomando como referência dois parâmetros distintos: de um lado, a Emenda Constitucional n. 1/1969, e, de outro, a Constituição de 1988. Essa distinção é absolutamente relevante, haja vista que, de acordo com o próprio STF, o salário-educação não possuía natureza tributária antes da Constituição de 1988. Pois bem: todas as considerações apresentadas pelo Ministro Carlos Velloso acerca dos critérios exigidos para que uma certa delegação fosse admissível foram formuladas sob o prisma da Emenda Constitucional n. 1/1969. Não sendo o salário-educação, naquele texto, um tributo, nada obstaria a delegação. Ao considerar, por sua vez, o novo contexto constitucional e a natureza de tributo recém-atribuída ao salário-educação, o Ministro Carlos Velloso destacou que "a possibilidade da (sic) alíquota variar ou ser fixada por autoridade administrativa é incompatível com a CF/88" (grifou-se). Infelizmente, essa passagem do voto do Ministro Carlos Velloso não foi reproduzida no RE n. 343.446 e, por isso, não foi considerada pelo Ministro Dias Toffoli ao votar no RE n. 1.043.313 e na ADI n. 5.277.

Em suma: crendo-se em linha com sua própria jurisprudência, o Supremo acabou por dispensar a Legalidade para casos envolvendo leis que simplesmente abriram mão do poder de fixar a alíquota de tributos, sob o argumento de que a delegação teria sido feita com o estabelecimento de "limites", "condições" e com "propósito extrafiscal". É sabido, entretanto, que a (regra da) Legalidade não admite relativização; as exceções a ela já estão previstas no próprio texto constitucional, quando arrola os tributos cujas alíquotas podem ser manejadas pelo Poder Executivo (art. 153, § 1º). Admitir a determinação de alíquota de PIS/COFINS pelo Poder Executivo (como fez o STF no RE n. 1.043.313 e na ADI n. 5.277) é o mesmo que incluir, no texto constitucional, uma nova exceção à regra da Legalidade, ali não prevista.

Ademais, o Supremo equivocou-se na verificação concreta dos próprios requisitos que estabeleceu para o afastamento da Legalidade. Ou seja: não apenas a existência de "limites", "condições" e "propósito extrafiscal" é incapaz de afastar a regra da Legalidade Tributária, como também é altamente questionável a própria presença de tais requisitos nas delegações feitas pelas leis apreciadas.

Como dito, o RE n. 1.043.313/RS versou sobre o art. 27, § 2º, da Lei n. 10. 865/2004, o qual, tratando da manipulação de alíquota de PIS/PASEP e COFINS por parte do Poder Executivo, estabelece que "[o] Poder Executivo poderá, também, reduzir e restabelecer, até os percentuais de que tratam os incisos I e II do *caput* do art. 8º desta Lei, as alíquotas da contribuição para o PIS/PASEP e da COFINS incidentes sobre as receitas financeiras auferidas pelas pessoas jurídicas sujeitas ao regime de não cumulatividade das referidas contribuições, nas hipóteses que fixar".

---

150 STF, RE n. 290.079, Tribunal Pleno, rel. Min. Ilmar Galvão, j. 17.10.2001.

Embora os limites percentuais para o exercício da delegação estivessem presentes[151], o voto do Relator alega também a presença de condições para a delegação efetuada. Segundo aquele voto, o art. 27 da Lei n. 10.865/2004 somente permitiu a alteração das alíquotas da Contribuição ao PIS/PASEP e da COFINS em relação a receitas financeiras e a pessoas jurídicas sujeitas ao regime de tributação não cumulativo. Entretanto, o *escopo* da delegação não pode ser confundido com as *condições* segundo as quais a delegação poderá ser exercida. A lei permitiu que o Poder Executivo alterasse as alíquotas da Contribuição ao PIS/PASEP e da COFINS em relação a um tipo específico de receita (financeira) auferida por um grupo específico de contribuintes (sujeitos ao regime não cumulativo). No entanto, determinar a abrangência da delegação não significa determinar a situação em que a delegação pode ser exercida, tampouco os seus parâmetros. Não estamos diante de condições, mas da simples delimitação da competência que foi atribuída ao Poder Executivo.

Quanto à função extrafiscal do tributo, o Ministro Relator identifica-a, nos termos utilizados em seu voto, como um dos fundamentos para considerar constitucional a delegação prevista no § 2º do art. 27 da Lei n. 10.865/2004. Essa função extrafiscal é identificada como a prerrogativa atribuída ao Poder Executivo para "controlar ou guiar" oscilações no mercado financeiro, podendo ser utilizada, até mesmo, para "incentivar determinado setor da economia"[152].

Além de equivocada em princípio, a argumentação do STF também não se adequa ao próprio caso que estava sob sua análise: não se pretendia cumprir qualquer finalidade extrafiscal com a redução das alíquotas da Contribuição ao PIS/PASEP e da COFINS sobre receitas financeiras. Com o Decreto n. 5.164/2004, o Poder Executivo reduziu as alíquotas da Contribuição ao PIS/PASEP e da COFINS sobre receitas financeiras em geral para zero. A minuta desse Decreto foi submetida ao Presidente da República acompanhada do Parecer PGFN/CAT n. 1.156/2004, que justifica a redução das alíquotas da Contribuição ao PIS/PASEP e da COFINS incidente sobre receitas financeiras pelo fato de que as despesas financeiras não gerariam mais créditos para os contribuintes do regime não cumulativo. Como detalhado pelo Ministro da Fazenda na exposição de motivos que também integrou esses documentos, o objetivo da alteração era "compatibilizar a incidência das contribuições sobre as receitas financeiras com o tratamento dado às despesas financeiras".

Reforça-se tal posição com a análise da exposição de motivos do Decreto n. 8.426/2015, que majorou as alíquotas em análise: foi expressamente declarado pelo Ministro da Fazenda que a majoração se dava por razões arrecadatórias, sem que se tenha declarado, em nenhum momento, que a majoração se dava por razões de controle do mercado financeiro. Nas palavras do Ministro da Fazenda, "[a]bre-se mão de importantes recursos para a seguridade social, sem que se vislumbre motivação plausível para tal renúncia". De fato, a medida se justificava: em sendo tributos cuja arrecadação é integral da União, somado ao crescimento dos investimentos financeiros, e considerando ainda a situação fiscal que o Brasil passava à época, ao final do mandato da ex-presidente Dilma, o Governo Federal estava carente de recursos. Uma medida fácil seria o restabelecimento das alíquotas da Contribuição ao PIS/PASEP e da COFINS sobre receitas financeiras, já que amparado por expressa disposição legal.

Por sua vez, a ADI n. 5.277/DF versou a respeito do art. 5º da Lei n. 9.718/1998, cujo § 8º, tratando da incidência de PIS/PASEP e COFINS sobre receita bruta oriunda da venda de álcool, determina que

---

151 Cf. SCHOUERI, Luís Eduardo; FERREIRA, Diogo Olm; LUZ, Victor Lyra Guimarães. *Legalidade Tributária e o Supremo Tribunal Federal* – uma análise sob a ótica do RE n. 1.043.313 e da ADI n. 5.277. São Paulo: IBDT, 2021, p. 102.

152 Cf. Voto do Ministro Dias Toffoli no RE n. 1.043.313, p. 13-14.

"[f]ica o Poder Executivo autorizado a fixar coeficientes para redução das alíquotas previstas no *caput* e no § 4º deste artigo, as quais poderão ser alteradas, para mais ou para menos, em relação a classe de produtores, produtos ou sua utilização". Em seguida, o § 10 da mesma lei dispõe que "[a] aplicação dos coeficientes de que tratam os §§ 8º e 9º deste artigo não poderá resultar em alíquotas da Contribuição para o PIS/Pasep e da Cofins superiores a, respectivamente, 1,65% (...) e 7,6% (...) do preço médio de venda no varejo".

A exemplo do que se verificou em relação ao RE n. 1.043.313, o voto apresentado pelo Ministro Relator na ADI n. 5.277 recorreu à suposta existência de limites, condições e função extrafiscal como argumentos para admitir a delegação legislativa.

No caso da existência de limites e condições estabelecidos em lei, a bem da verdade, não houve análise específica. O voto indica apenas que o legislador não teria olvidado de "prescrever tetos e condições a serem observados"[153].

De qualquer maneira, se admitidos os critérios usados pelo Ministro Relator, é indiscutível a existência de limites na delegação do art. 5º, § 8º, da Lei n. 9.718/1998: o Executivo poderá reduzir e reestabelecer as alíquotas observando os valores que constam do art. 5º, § 4º, da Lei n. 9.718/1998. Reforçando a existência de um "teto", o art. 5º, §10, prevê que as modificações realizadas pelo Poder Executivo não poderão implicar alíquotas da Contribuição ao PIS/PASEP e da COFINS superiores ao valor que seria obtido pela aplicação das alíquotas de 1,65% e 7,6%, respectivamente, sobre o preço médio de venda de álcool no varejo.

Por sua vez, quanto às condições em que a delegação pode ser exercida pelo Executivo, o voto do Ministro Relator não as apresenta, limitando-se a dizer que tais condições estariam presentes. No entanto, diferentemente da existência de limites, não há, na delegação do art. 5º, § 8º, da Lei n. 9.718/1998, o estabelecimento de qualquer condição para o seu exercício. Não cuidou o legislador de dizer em que casos o Executivo poderá reduzir ou restabelecer as alíquotas que ele, legislador, fixara; tampouco se encontram os critérios para a redução.

Retome-se o que já se disse sobre as condições da delegação legislativa enquanto critério decisório também adotado no RE n. 1.043.313/RS: as condições não se confundem com o próprio escopo da delegação. O fato de a delegação exercer-se no âmbito de uma incidência específica (no presente caso, PIS/PASEP e COFINS incidente sobre receita bruta oriunda de venda de álcool) diz respeito apenas ao escopo da delegação, i.e., o objeto sobre o qual ela pode ser exercida. O escopo da delegação, entretanto, nada diz sobre quando, ou em que termos, ou em função de que objetivos ou valores o Poder Executivo poderá atuar. A este respeito, nada se encontra na Lei n. 9.718/1998.

Por fim, novamente a suposta função extrafiscal da tributação envolvida foi usada como critério para mitigar a Legalidade. O Ministro Relator, desta feita, identificou a função extrafiscal da delegação do art. 5º, § 8º, da Lei n. 9.718/1998 no controle do mercado de álcool combustível, marcado por alta volatilidade e por oligopólios[154].

Já foi visto que a utilização de determinado tributo para induzir comportamentos (a referida "função extrafiscal") não autoriza o afastamento da Legalidade Tributária. Não bastasse isso, ainda que a função extrafiscal fosse capaz de afastar a Legalidade Tributária, não parece que o art. 5º, § 8º, da Lei n. 9.718/1998 tivesse essa função.

153 Cf. Voto do Ministro Dias Toffoli na ADI n. 5.277, p. 15.

154 Cf. Voto do Ministro Dias Toffoli na ADI n. 5.277, p. 18.

É verdade que a comercialização de combustíveis é objeto de ampla intervenção governamental e, assim, que tributos que afetam essa cadeia produtiva podem cumprir notáveis finalidades extrafiscais. Tanto é assim que a própria Constituição da República (art. 177, § 4º) prevê a instituição de contribuição de intervenção no domínio econômico ("CIDE") sobre a importação e comercialização de petróleo e gás natural (e seus respectivos derivados) e, ainda, álcool combustível. Por sua vez, haja vista a vocação extrafiscal da CIDE-combustível, o constituinte houve por bem relativizar-lhe a Legalidade Tributária, bem como afastar-lhe a aplicação da anterioridade anual (art. 177, § 4º, I, alínea "b"). Logo, o Poder Executivo tem a prerrogativa, observados os limites legais, de reduzir e reestabelecer as alíquotas da CIDE-combustível, além de exigir eventual majoração no mesmo exercício financeiro em que efetuá-la.

Essa constatação demonstra que a busca por uma "função extrafiscal" na delegação instituída no § 8º do art. 5º da Lei n. 9.718/1998 é despropositada. O Poder Executivo já dispunha de ferramenta tributária constitucionalmente adequada para intervir no mercado de comercialização de álcool: a CIDE-combustível fora instituída pela Lei n. 10.336/2001, e, no exercício da competência assegurada pela Constituição e com atenção aos limites da Lei n. 10.336/2001, o Poder Executivo editou o Decreto n. 5.060/2004. Embora alterado diversas vezes desde então, sucede um fato, no mínimo, curioso: nos quase vinte anos desde sua edição, o art. 1º, parágrafo único, inciso VI, do Decreto n. 5.060/2004 previu e ainda prevê alíquota zero de CIDE-combustível sobre a venda de "álcool etílico combustível". Ou seja, o Executivo, deliberadamente, deixou de utilizar a CIDE-combustível como ferramenta de intervenção no mercado de álcool. Por outro lado, essa intervenção foi utilizada pelo Ministro Relator, na ADI n. 5.277/DF, como argumento para admitir a delegação legislativa no âmbito da Contribuição para o PIS/PASEP e COFINS.

Esse contexto histórico-normativo constitui forte evidência de que a delegação instituída no § 8º do art. 5º da Lei n. 9.718/1998 não tem função extrafiscal, ao contrário do que entendeu o Ministro Relator. Isso leva a concluir, a respeito da ADI n. 5.277/DF, do mesmo modo como concluído a respeito do RE n. 1.043.313/RS: não apenas andou mal o STF ao conceber a extrafiscalidade como razão para admitir a relativização da Legalidade Tributária, como também, se confirmada a premissa, tê-la-ia aplicado inadequadamente ao caso objeto dos autos, haja vista que de extrafiscalidade não se tratava.

Pode-se dizer, então, que, no RE n. 1.043.313/RS e na ADI n. 5.277/DF, o Supremo Tribunal Federal: acreditou estar em linha com sua própria jurisprudência tradicional em matéria de Legalidade, o que, como visto, não é verdadeiro; afastou indevidamente a regra da Legalidade Tributária, com base em critérios (i.e., limites, condições e propósito extrafiscal) que, entretanto, não são capazes de afastá-la; e não aplicou corretamente os próprios critérios que estabeleceu, na medida em que, nos casos concretos, a delegação da fixação de alíquota de PIS/COFINS à Administração havia sido feita sem o estabelecimento de condições e sem propósito extrafiscal.

3 Princípio da Anterioridade

O Princípio da Anterioridade impõe a existência de um prazo entre a lei que institui ou aumenta um tributo e o início de sua vigência. Embora o Princípio não se estenda à totalidade dos tributos, o prazo da Anterioridade, como será visto adiante, pode ser de 90 dias ou de até um ano, conforme o tributo em questão.

Remonta este Princípio à própria origem do Princípio da Legalidade, acima descrita. Afirmou-se, na oportunidade, que a Legalidade trazia a ideia da aceitação, por parte dos contribuintes, da tributação que se faria. Agora, a pergunta que surge é: a aceitação era uma carta em branco, indeterminada? Claro que não: a concordância com os tributos era a decorrência de uma justificativa, apresentada pelo soberano, das razões pelas quais se fazia necessária a arrecadação. Ou seja: mostravam-se gastos que seriam feitos e, a partir destes, aprovava-se a arrecadação. Surge, assim, a ideia do orçamento.

Por sua vez, o orçamento não era elaborado para um tempo indeterminado. Neste sentido, é razoável aceitar que a concordância com a tributação estava vinculada ao próprio prazo do orçamento; vencido este, novo orçamento seria apresentado e, com base no novo documento, nova arrecadação poderia ser aprovada.

Tendo em vista que, na modernidade, os orçamentos púbicos passaram a ser aprovados para um período anual, surgiu, como corolário, o entendimento de que também a autorização para a cobrança de tributos teria uma validade anual. Daí falar, no passado, em anualidade da tributação.

A anualidade encontrava-se na proposta de Montesquieu, que assim argumentava: "Se o poder legislativo estatui, não de ano em ano, mas para sempre, sobre a arrecadação do dinheiro público, corre o risco de perder sua liberdade, porque o poder executivo não mais dependerá dele e, quando se possui para sempre tal direito, é assaz indiferente que o mantenha para si ou para um outro"[155].

A primeira vez em que apareceu expressamente foi na Constituição francesa de 1791, segundo a qual "as contribuições públicas serão deliberadas e fixadas a cada ano pelo corpo legislativo e não poderão subsistir além do último dia da sessão subsequente, se não tiverem sido expressamente renovadas"[156].

Hoje, a anualidade se encontra consagrada no art. 171 da Constituição Belga: "Os impostos que beneficiem o Estado, a comunidade e a região são votados anualmente. As regras que os estabelecem não têm força senão por um ano, se elas não forem renovadas"[157]. Naquele país, a regra é vista como corolário da anualidade do orçamento, fundamentando-se, assim, a par da busca de um controle político sobre a utilização dos recursos públicos, na necessidade de adaptar regularmente a avaliação das necessidades e dos recursos do Tesouro[158].

Esta ideia persistiu no Brasil até meados do último século, quando vigia o Princípio da Anualidade da Tributação: por conta deste, a lei orçamentária fazia-se acompanhar de um anexo, no qual se arrolavam todos os tributos que seriam cobrados no ano seguinte. Isso representava uma renovação da autorização para a cobrança dos tributos. Assim, se o tributo não havia sido instituído até a lei do orçamento, não haveria como cobrá-lo no ano seguinte.

Posteriormente, a própria jurisprudência passou a flexibilizar o Princípio da Anualidade. Argumentava-se que não seria razoável que não se admitisse a cobrança de um tributo editado após a aprovação do orçamento mas antes da entrada deste em vigor.

---

155 Cf. MONTESQUIEU (Charles-Louis de Secondat, Barão de la Brède e de Montesquieu). *Do espírito das leis*. Bertrand Brasil (trad.). vol. 1. São Paulo: Nova Cultural, 1997, p. 209.

156 No original: "*Les contributions publiques seront déliberées et fixées chaque anée par le corp législatif et ne pourront subsister au delà du dernier jour de la session suivante, si elles n'ont pas été expressément renouvelées*". Cf. UCKMAR, Victor. Op. cit. (nota 31), p. 44.

157 No original: "*Les impôts au profit de l'Etat, de la communauté et de la région sont votés annuellement. Les règles qui les établissent n'ont force que pour un an si elles ne sont pas renouvelées*". Cf. WILLEMART, Elisabeth. *Les limites constitutionnelles du pouvoir financier*. Bruxelles: Bruylant, 1999, p. 135.

158 Cf. WILLEMART, Elisabeth. Op. cit. (nota 157), p. 135-136.

Embora tal entendimento fosse contraditório com a ideia de que a autorização do Congresso estava vinculada ao orçamento aprovado simultaneamente, o novo entendimento passou a pacificar-se, firmando-se o entendimento – jurisprudencial – de que bastava que a lei fosse editada até o dia 31 de dezembro para que o tributo fosse cobrado no ano seguinte. Uma vez aprovado, o tributo seria cobrado indefinidamente, não se fazendo necessário mencioná-lo no orçamento. Esse novo entendimento confirmou-se nos textos constitucionais que se seguiram, quando não mais se falou em anualidade, mas em anterioridade.

A prática posterior à adoção do Princípio da Anterioridade, entretanto, mostrou que este representava uma mera regra, perdendo-se o que de valorativo nele existia (a proteção contra aumentos inesperados na carga tributária), passando os vários poderes legislativos a apenas assegurar a aprovação das leis tributárias no final do ano, ainda que de modo atabalhoado, mas sem qualquer consideração para com o contribuinte.

Embora pífia, vale mencionar que o Princípio da Anterioridade é garantia que não pode ser afastada sequer por emenda constitucional, conforme decidiu o Supremo Tribunal Federal[159]. Eis o voto do Ministro Celso de Mello, confirmando ser o Princípio um direito fundamental:

> *O princípio da anterioridade da lei tributária, além de constituir limitação ao poder impositivo do Estado, representa um dos direitos fundamentais mais importantes outorgados pela Carta da República ao universo dos contribuintes (...).*
>
> *O respeito incondicional aos princípios constitucionais evidencia-se como dever inderrogável do Poder Público. A ofensa do Estado a esses valores que desempenham, enquanto categorias fundamentais que são, um papel subordinante na própria configuração dos direitos individuais ou coletivos, introduz um perigoso fator de desequilíbrio sistêmico e rompe, por completo, a harmonia que deve presidir as relações sempre tão estruturalmente desiguais entre pessoas e o Poder.*
>
> *(...) os princípios constitucionais tributários, sobre representarem importante conquista político-jurídica dos contribuintes, constituem expressão fundamental dos direitos outorgados, pelo ordenamento positivo, aos sujeitos passivos das obrigações fiscais. Desde que existam para impor limitações ao poder de tributar, esses postulados têm por destinatário exclusivo o poder estatal, que se submete, quaisquer que sejam os contribuintes, à imperatividade de suas restrições.*

Por mais de uma década, sistematicamente presenciaram-se mudanças de peso no ordenamento tributário, ocorridas por meio dos chamados "pacotes", normalmente aprovados nos últimos dias de um ano, para vigorar já no primeiro dia do exercício seguinte.

Chegou-se a ponto de editar norma num dia 31 de dezembro à noite, tendo os exemplares do Diário Oficial sido entregues aos assinantes apenas no dia 2 de janeiro. Ainda assim, o Supremo Tribunal Federal, apontando a existência de um único exemplar na portaria da Imprensa Oficial, proferiu Acórdão, com a seguinte ementa:

159 STF, ADI n. 939 7-DF (Medida Cautelar), rel. Min. Sydney Sanches, j. 15.09.1993, D.J.U. 17.12.93. *Repertório IOB de Jurisprudência*, ementa 1/7025, p. 28.067.

EMENTA: Agravo regimental.

- Não tem razão a agravante quanto à data da entrada em vigor da Lei em causa, porquanto ela ocorre, com a sua publicação, e esta se deu à noite do dia 31 de dezembro de 1991 quando ele foi posto à disposição do público, ainda que a remessa dos seus exemplares aos assinantes só se tenha efetivado no dia 02 de janeiro de 1991[160]*, pois publicação não se confunde com distribuição para assinantes. Assim, os princípios da anterioridade e da irretroatividade são observados (...)*[161].

Com essa decisão já se via que o Supremo Tribunal Federal passava a satisfazer-se com mera formalização no Diário Oficial, dispensando o requisito de que a nova lei se tornasse pública. Não surpreende daí que, poucos anos depois, tenha ocorrido um aumento de tributo em um 31 de dezembro que caía num sábado, quando não havia, portanto, expediente em repartições públicas e, portanto, não seria de esperar que alguém tivesse notícia do aumento da carga tributária. Numa análise meramente formalista, os tribunais contentaram-se com a prova de que pelo menos uma pessoa havia adquirido um exemplar naquele sábado (pasme-se: em um sábado, alguém afirma ter ido à repartição do Diário Oficial e adquirido ali o malsinado exemplar), para entender-se respeitado o Princípio da Anterioridade[162].

A regra assim apresentada valia, na redação em vigor até 2003, para a totalidade de tributos, excetuados:

- as contribuições sociais destinadas à seguridade social, para as quais se exigia a observância de um intervalo de 90 dias entre a edição da lei e o início de sua vigência, embora se dispensasse a anterioridade em relação ao exercício social (regra que até hoje permanece válida, conforme o art. 195, § 6º, da Constituição Federal);
- os impostos aduaneiros (importação e exportação), imposto sobre produtos industrializados, imposto sobre operações relativas a crédito, câmbio, seguro e sobre títulos e valores mobiliários, além do imposto extraordinário no caso de guerra externa ou sua iminência e do empréstimo compulsório para atender a despesas extraordinárias decorrentes de calamidade pública, de guerra externa ou sua iminência. Os primeiros, coincidindo com a mitigação do Princípio da Legalidade, ficaram livres da regra da anterioridade porque, constituindo veículos adequados para a introdução de normas indutoras do comportamento dos agentes econômicos, deveriam oferecer agilidade ao Poder Executivo, conforme a mudança do cenário econômico, sem que se esperasse a mudança do ano calendário; os últimos, por sua vez, constituem exceção ao Princípio da Anterioridade pela própria natureza de sua justificação: tratando-se de situação excepcional a exigir uma providência imediata, não faria sentido a observância do Princípio da Anterioridade;

160 Esta a redação original, com óbvio equívoco, já que o Diário Oficial não poderia ter circulado antes mesmo de sua edição. O correto seria mencionar a data de 2 de janeiro de 1992.

161 STF, AgRg no AI n. 244.414 5-MG, 1ª Turma, rel. Min. Moreira Alves, j. 19.10.1999, D.J. 12.11.1999.

162 STF, RE n. 232.084 9-SP, 1ª Turma, rel. Min. Ilmar Galvão, j. 04.04.2000, D.J.U. 16.06.2000.

- o imposto sobre a circulação de mercadorias e prestação de serviços de transporte interestadual e intermunicipal e de comunicação, incidente sobre combustíveis e lubrificantes (art. 155, § 4º, IV, "c");
- A Contribuição de Intervenção no Domínio Econômico relativa às atividades de importação ou comercialização de petróleo e seus derivados e álcool combustível (art. 177, § 4º, I, "b").

No final de 2003, a Emenda Constitucional n. 42 modificou mais uma vez o Princípio da Anterioridade, estendendo o mandamento da observância do intervalo de 90 dias à generalidade dos tributos (com exceções expressas no texto constitucional), em geral cumulado com a observância da anterioridade em relação ao exercício financeiro, já que a nova alínea "c" do dispositivo constitucional, ao introduzir a anterioridade nonagesimal, fez remissão à alínea "b", que já tratava da anterioridade do Exercício Social.

Dir-se-á, pois, que, em regra (há várias exceções que serão apresentadas a seguir), para que um tributo seja exigido em 1º de janeiro de um ano, deverá a lei que o instituiu ter sido publicada até o dia 3 de outubro do ano anterior, i.e., 90 dias antes do dia 1º de janeiro. Nada impede que seja a lei editada em 31 de dezembro. Afastar-se-á, entretanto, a data de 1º de janeiro, cobrando-se o tributo no ano seguinte, apenas com 90 dias contados da publicação.

Nota-se, com isso, em termos práticos, um retorno ao que se exigia quando da vigência do Princípio da Anualidade, já que a data de 3 de outubro coincide, aproximadamente, com a aprovação do orçamento.

Assim, o Princípio da Anterioridade apresenta, hoje, a seguinte redação constitucional:

> Art. 150. Sem prejuízo de outras garantias asseguradas ao contribuinte, é vedado à União, aos Estados, ao Distrito Federal e aos Municípios:
> (...)
> III – cobrar tributos:
> (...)
> b) no mesmo exercício financeiro em que haja sido publicada a lei que os instituiu ou aumentou;
> c) antes de decorridos noventa dias da data em que haja sido publicada a lei que os instituiu ou aumentou, observado o disposto na alínea b;
> (...)
> § 1º A vedação do inciso III, b, não se aplica aos tributos previstos nos arts. 148, I, 153, I, II, IV e V e 154, II; e a vedação do inciso III, c, não se aplica aos tributos previstos nos arts. 148, I, 153, I, II, III e V; e 154, II, nem à fixação da base de cálculo dos impostos previstos nos arts. 155, III, e 156, I.
> (...)

> Art. 195. (...)
>
> (...)
>
> § 6º As contribuições sociais de que trata este artigo só poderão ser exigidas após decorridos noventa dias da data da publicação da lei que as houver instituído ou modificado, não se lhes aplicando o disposto no art. 150, III, b.
>
> (...)

Vê-se, do texto acima, que a aplicação do Princípio da Anterioridade exigirá extremo cuidado, já que, conforme o tributo em questão, regra diversa poderá ser aplicada. Eis o atual quadro:

Tributo	Anterioridade ao Exercício Social	Anterioridade de 90 dias
Impostos de Importação e Exportação	Não se aplica	Não se aplica
Imposto sobre Operações de Crédito, Câmbio e Seguro, ou Relativas a Títulos ou Valores Mobiliários	Não se aplica	Não se aplica
Imposto Extraordinário em caso de guerra ou de sua iminência	Não se aplica	Não se aplica
Empréstimo compulsório para atender a despesas extraordinárias, decorrentes de calamidade pública, de guerra externa ou de sua iminência	Não se aplica	Não se aplica
Imposto de Renda	Aplica-se	Não se aplica
Imposto sobre a Propriedade de Veículos Automotores	Aplica-se	Não se aplica em relação à fixação de sua base de cálculo
Imposto sobre a Propriedade Predial e Territorial Urbana	Aplica-se	Não se aplica em relação à fixação de sua base de cálculo
Imposto sobre a circulação de mercadorias e prestação de serviços de transporte interestadual e intermunicipal e de comunicação, incidente sobre combustíveis e lubrificantes (art. 155, § 4º, IV, "c")	Não se aplica	Aplica-se
Imposto sobre Produtos Industrializados	Não se aplica	Aplica-se
Contribuições sociais destinadas à Seguridade Social	Não se aplica	Aplica-se
Contribuição de intervenção no Domínio Econômico relativa às atividades de importação ou comercialização de petróleo e seus derivados, gás natural e seus derivados e álcool combustível	Não se aplica	Aplica-se
Todos os demais tributos existentes no ordenamento brasileiro	Aplica-se	Aplica-se

Chama a atenção o caso do ICMS sobre combustíveis e lubrificantes: conforme a tabela acima, está sujeito à anterioridade nonagesimal, mas não à anterioridade do Exercício Social. Via de regra, esta situação não ocorreria, pois o constituinte, ao prever a anterioridade nonagesimal na alínea "c", é claro no sentido de que ela se aplica com a observância da alínea "b". É dizer: a aplicação da alínea "c" leva, por remissão, à alínea "b". No caso específico do ICMS sobre combustíveis e lubrificantes, entretanto, o art. 155, § 4º, "d", afasta a aplicação da anterioridade do ano calendário. O mesmo se diz da CIDE Combustíveis, nos termos do art. 177, § 4º, I, "b".

Do mesmo modo, IPI não está sujeito à anterioridade do Exercício Social, apesar de a anterioridade nonagesimal, a eles aplicável, fazer remissão à alínea "b". Isso porque o § 1º acima reproduzido é claro ao afastar aquela anterioridade.

É bastante arriscado buscar uma lógica na sistemática atual. Merece nota que, para os tributos aduaneiros e para o IOF, manteve o constituinte a ideia de que seriam veículos excelentes para a introdução de normas de intervenção sobre o Domínio Econômico. Seu caráter conjuntural não permitiria que se aguardasse muito tempo entre a medida adotada e o início de sua cobrança, sob pena de ineficácia. Daí afastar qualquer cogitação quanto à anterioridade. Tampouco caberia cogitar de anterioridade para o imposto cobrado em caso de guerra, ou para o empréstimo compulsório de igual fundamentação ou justificado por calamidade. A excepcionalidade da situação justifica não se tenha de aguardar para o início da cobrança. Também se manteve o regime já introduzido em 1988 para as contribuições sociais destinadas à seguridade social, que se dobram apenas à anterioridade nonagesimal, mas não à anterioridade do calendário.

O IPI, antes também incluído entre os veículos por excelência para as normas indutoras, perdeu a agilidade, já que dali em diante passou-se a exigir o respeito da anterioridade nonagesimal. Difícil explicar a contradição, já que continua ele livre da anterioridade do exercício financeiro. Talvez o constituinte, tendo vivido a prática das contribuições sociais destinadas à seguridade social, sujeitas apenas aos 90 dias, tenha visto ser esse intervalo suficiente para uma economia pós-industrial. Conquanto se possa concordar com a afirmativa de que não há razão para esperar mais de 90 dias antes do início da cobrança de qualquer tributo, não deixa de causar espécie que se tenha mantido aquela anterioridade do exercício para os demais casos, apenas sendo excepcionadas as contribuições sociais destinadas à seguridade social, o IPI e os tributos sobre combustíveis. Oportuno mencionar, quanto ao IPI, a tentativa de aumentá-lo, por meio do Decreto n. 7.567, de 15 de setembro de 2011, sob a alegação de que, por se tratar de aumento de alíquota por decreto, dentro dos limites da lei, não haveria que respeitar a anterioridade nonagesimal. O tema foi enfrentado pelo Supremo Tribunal Federal, que rechaçou tal argumento, confirmando que, mesmo no caso de decreto que amplie alíquotas no limite da lei, há de se observar a anterioridade[163].

Quanto ao IPVA e ao IPTU, dobram-se a ambas as anterioridades, exceto no que se refere a sua base de cálculo. Boa explicação parece ser o fato de que alguns poderes tributantes, no lugar de adotar, para ambos os tributos, a base de cálculo fixada como "valor venal", optam por editar, por lei, tabelas exaustivas de valores (no caso do IPTU, as chamadas "plantas genéricas de valores"). Tal trabalho, por sua natureza, dificilmente estaria concluído antes de outubro, autorizando o constituinte, portanto, que tal tabela fosse editada até o fim do exercício, para já valer no exercício subsequente. Vale notar que tal permissivo vale apenas para a base de cálculo dos referidos impostos.

O Imposto de Renda, por sua importância para as empresas e para as pessoas físicas, mereceria estar sujeito a ambas as anterioridades. Entretanto, sem que se identifique razão para tanto (exceto óbvia pressão governamental), não se lhe aplica a anterioridade nonagesimal.

---

163 STF, ADI n. 4.681-DF (Medida Cautelar), Tribunal Pleno, rel. Min. Marco Aurélio, *DJe* 23.03.2012.

Uma observação deve ser feita com relação aos empréstimos compulsórios concernentes aos casos de calamidade: é curioso que o art. 148, II, da Constituição tenha feito referência apenas à alínea "b" do art. 150, III, do mesmo dispositivo legal. O intérprete poderia, a partir daí, concluir que, se o texto constitucional impõe a observância daquela alínea, então as demais restrições impostas pelo art. 150 não seriam aplicáveis. Ou seja: concluir-se-ia que os empréstimos compulsórios não estariam livres das amarras da anterioridade do exercício social, mas a eles não se aplicaria a anterioridade nonagesimal (que está na alínea "c" do citado dispositivo).

Esse raciocínio pode ser desfeito quando se nota que o constituinte derivado, no art. 150, § 1º, não excluiu esse empréstimo compulsório, ao arrolar os tributos que não observam a anterioridade nonagesimal. A aparente contradição se explica pelo fato de que o texto do art. 148, II, nunca foi modificado, desde 1988. No texto original da Constituição, não existia a alínea "c", acima referida, concernente à anterioridade nonagesimal. Daí por que não se poderia esperar do constituinte originário que previsse, no art. 148, II, a aplicabilidade daquela alínea, então inexistente. Ou seja: lendo isoladamente o art. 148, II, vê-se que se aplica àqueles empréstimos compulsórios a anterioridade do exercício social. Daí não se pode inferir a existência de um comando implícito para que não se aplique a anterioridade nonagesimal, já que ela inexistia quando aquele dispositivo foi redigido; ao contrário, deve-se ter em mente que quando o constituinte derivado, por meio da Emenda Constitucional n. 42, inseriu no texto constitucional a referida alínea "c" (anterioridade nonagesimal), tomou o cuidado de alterar o art. 150, § 1º, para que não houvesse dúvida acerca de quais os casos em que aquela anterioridade não se aplicaria, ali não se incluindo o art. 148, II. Em síntese: aos empréstimos compulsórios instituídos em virtude de calamidade pública aplica-se a anterioridade nonagesimal.

Preocupante tendência de mitigação do Princípio da Anterioridade deve ser denunciada quando a jurisprudência invoca o argumento de que a revisão ou revogação de benefício fiscal, por supostamente tratar-se de matéria de política econômica, não deveria estar sujeita aos limites do art. 150, III, "b" e "c", do texto constitucional.

Conforme se verá no Capítulo XVI, item 2.2, a discussão tem origem a partir de entendimento doutrinário, hoje largamente ultrapassado, de que as isenções pressuporiam a incidência, configurando hipótese de mera dispensa de pagamento de tributo devido; sob tal ângulo, a revogação da isenção não implicaria instituição ou majoração de tributo, mas apenas a cobrança de tributo que, mesmo antes da revogação, já era devido. A fragilidade de tal tese será exposta naquele Capítulo, bastando registrar, neste ponto, que esse entendimento foi firmado ainda em fase incipiente dos estudos de Direito Tributário, em época em que a Anterioridade se aplicava apenas a poucos tributos.

Semelhante situação – que leva a resultado análogo – é a da redução ou extinção de desconto para pagamento de tributo sob determinadas condições previstas em lei, como pagamento antecipado em parcela única. Também neste caso, pode-se arguir, convincentemente, que a revogação do favor não implica majoração de tributo, já que a obrigação tributária se faz apurar com o fato jurídico tributário; a redução por conta de pagamento à vista é circunstância que se dá em momento posterior à obrigação. Esta restaria incólume com a revogação do benefício. Foi esse o entendimento do Plenário do Supremo Tribunal Federal, quando examinou medida cautelar em ação direta de inconstitucionalidade, versando sobre legislação paranaense. Extrai-se da Ementa:

> 5. *A redução ou a extinção de desconto para pagamento de tributo sob determinadas condições previstas em lei, como o pagamento antecipado em parcela única, não pode ser equiparada*

à majoração do tributo em questão, no caso, o IPVA. Não incidência do princípio da anterioridade tributária.

6. *Vencida a tese de que a redução ou supressão de desconto previsto em lei implica, automática e aritmeticamente, aumento do valor do tributo devido*[164].

A decisão acima é criticável, já que afasta a possibilidade de se argumentar que houve aumento no ônus do sujeito passivo. Se é certo que o valor da obrigação tributária, propriamente dito, não se afeta pela revogação do desconto por pagamento à vista, é igualmente indiscutível que o *status* da obrigação assim formada fica modificado, por se retirar uma possibilidade antes existente.

Do julgado acima, interessa, ainda, recortar passagem do voto do Ministro Gilmar Mendes, em que procura resumir o entendimento então vigente no Supremo Tribunal Federal sobre a matéria e que, afinal, acaba por justificar o entendimento do Ministro. Eis o que se lê naquele voto:

> *Este Supremo Tribunal Federal, nas oportunidades em que teve de resolver sobre a aplicação da regra da anterioridade tributária, também fixou algumas balizas, a saber:*
>
> 1) *a modificação dos fatores de indexação, simples atualização monetária, não se confunde com majoração de tributo (RE 200.844-AgR, rel. Min. Celso de Mello. D.J. de 16-8-02);*
> 2) *alteração do prazo de recolhimento da obrigação tributária não se sujeita ao princípio da anterioridade (Súmula 669)*[165]*;*
> 3) *"Revogada a isenção, o tributo torna-se imediatamente exigível. Em caso assim, não há que se observar o princípio da anterioridade, dado que o tributo já é existente" (RE 204.062, Rel. Ministro Carlos Velloso, julgamento em 27-9-96, D.J. 19-12-96).*

Daí a conclusão do Ministro Gilmar Mendes:

> *Destarte, se até mesmo a revogação de isenção não tem sido equiparada pelo Tribunal à instituição ou majoração de tributo – ou seja, não se considera válida a assertiva segundo a qual a revogação da isenção equivale à edição de norma de incidência tributária – parece certo, seguindo essa lógica, que a redução ou a extinção de um desconto para pagamento do tributo sob determinadas condições previstas em lei, como o pagamento antecipado em parcela única (à vista), não pode ser equiparada à majoração do tributo em questão, no caso, o IPVA.*

Do trecho acima, fica evidente que, a partir de um entendimento questionável – inaplicabilidade do Princípio da Anterioridade à revogação de isenção –, extraiu-se a ideia de que também a revogação do benefício para pagamento à vista não se dobraria àquele Princípio.

Embora o desacerto da premissa – inaplicabilidade do Princípio da Anterioridade às isenções – deva ser discutido no Capítulo XVI, deve-se acatar a ideia de que, se admitida aquela, também se deve aceitar a conclusão do referido acórdão.

Entretanto, ainda mais preocupante é notar até que ponto esse raciocínio vem reduzindo o alcance do Princípio da Anterioridade, chegando a abranger situações em que já não há como negar a majoração de tributo.

---

164 STF, ADI n. 4.016-PR (Medida Cautelar), Tribunal Pleno, rel. Min. Gilmar Mendes, j. 01.08.2008, D.J. 24.04.2009.

165 A Súmula 669, citada pelo Ministro, foi convertida na Súmula Vinculante 50, aprovada em 23 de junho de 2015, nos termos da qual "[n]orma legal que altera o prazo de recolhimento de obrigação tributária não se sujeita ao princípio da anterioridade".

É neste sentido que deve ser examinada a evolução jurisprudencial que vem se consolidando no Supremo Tribunal Federal, que em diversas ocasiões vem afirmando que "a revisão ou revogação de benefício fiscal, por se tratar de questão vinculada à política econômica que pode ser revista pelo Estado a qualquer momento, não está adstrita à observância das regras de anterioridade tributária previstas na Constituição"[166].

Compulsando o inteiro teor de tal decisão, verifica-se que esse entendimento encontra sua origem nos julgamentos dos Recursos Extraordinários 344.994-0-PR e 545.308-SP.

Com efeito, versava o primeiro daqueles julgamentos acerca da alteração na legislação do imposto de renda, que passava a impor limites à dedução de prejuízos fiscais. Alegava o contribuinte, em síntese, que não seriam aceitáveis tais limites, porque afetariam direito adquirido do contribuinte àquele abatimento. O Tribunal entendeu que "o direito ao abatimento dos prejuízos fiscais acumulados em exercícios anteriores é expressivo de benefício fiscal em favor do contribuinte. Instrumento de política tributária que pode ser revista pelo Estado. Ausência de direito adquirido"[167].

Não é o caso de discutir, nesse ponto, se acertou o Tribunal quando viu no abatimento de prejuízos fiscais um benefício fiscal, já que há bons argumentos no sentido de que seria exigência constitucional[168]. O que interessa, no julgamento, é ver em que momento a premissa – tratar-se de mero "benefício fiscal em favor do contribuinte" – leva à inaplicabilidade do Princípio da Anterioridade.

Pois bem: compulsando aquele julgamento, verifica-se que o Relator original, Ministro Marco Aurélio, reconhecia a inconstitucionalidade por diversos argumentos, inclusive em virtude do Princípio da Anterioridade. Decisiva para que a maioria discordasse do Relator parece ter sido a seguinte "explicação", proferida pelo Ministro Nelson Jobim, que presidia aquele julgamento:

> *Antes de passar a palavra ao Ministro Eros Grau, lembraria que foi sustentado da tribuna, sobre o tema, que o Imposto de Renda incide sobre o lucro anual. Se durante um período de tempo não houve lucro ou prejuízo, não incide imposto no ano-base correspondente. O que a lei assegurava é um benefício fiscal, porque assegura que o prejuízo do ano anterior seja compensado no prejuízo do ano subsequente, ou seja, não há uma cobrança sobre lucro inexistente, a cobrança é sobre o lucro do ano do período de apuração. (...) Era uma forma de benefício fiscal, porque, como dito da tribuna, inclusive, o período de cobrança do tributo sobre os resultados da empresa é entre 1º de janeiro e 31 de dezembro. O exercício fiscal se encerrou no ano anterior. Então temos, pura e simplesmente, atribuindo-se a possibilidade de compensar prejuízo de exercícios anteriores, um benefício fiscal para as empresas e, portanto, poderá manipular, trabalhar, pode, inclusive, negar a existência do benefício ou estabelecer como foi feito.*

Da passagem acima, vê-se que o Ministro Jobim sequer discutia, ainda, o tema da Anterioridade. A questão limitava-se à existência de um direito adquirido. E foi nesse contexto que foi proferido o voto do Ministro Eros Grau, que mais tarde seria designado relator, por ter aberto a divergência. Na verdade, a divergência se abrira com a "explicação" do Ministro Jobim, já que o Ministro Eros Grau limitou-se a declarar, em seu voto:

---

166 STF, AgRg no RE n. 562.669-MG, 1ª Turma, rel. Min. Ricardo Lewandowski, j. 03.05.2011, D.J. 19.05.2011.

167 STF, RE n. 344.994-0-PR, Tribunal Pleno, rel. Min. Marco Aurélio, rel. p/acórdão Min. Eros Grau, j. 25.03.2009, D.J. 27.08.2009.

168 Cf. ÁVILA, Humberto. *Conceito de renda e compensação de prejuízos fiscais*. São Paulo: Malheiros, 2011; SOUZA, Igor Nascimento et al. *IRPJ e CSLL. Prejuízos fiscais e base de cálculo negativa*. A justa tributação da renda e do lucro. São Paulo: MP, 2011.

Sr. Presidente, entendo que se trata de um benefício. Pelas razões que Vossa Excelência acabou de expor, nego provimento ao recurso.

Mais uma vez, não havia referência ao Princípio da Anterioridade. O Ministro Eros Grau foi acompanhado pelos Ministros Joaquim Barbosa, Carlos Britto, Cezar Peluso e Gilmar Mendes (como se extrai da ata), mas não há registro de qualquer voto da parte deles.

O tema da anterioridade somente veio a surgir no voto-vista da Ministra Ellen Gracie, a qual também viu mera benesse na compensação de prejuízo fiscal. Eis como a Ministra Ellen Gracie tratou do assunto:

É apenas por benesse da política fiscal – atenta a valores mais amplos, como o da estimulação da economia e o da necessidade da criação e manutenção de empregos – que se estabelecem mecanismos como o que ora examinamos, mediante o qual é autorizado o abatimento dos prejuízos verificados, mais além do exercício social em que constatados. Como todo favor fiscal, ele se restringe às condições fixadas em lei. É a lei vigorante para o exercício fiscal que definirá se o benefício será calculado sobre 10, 20 ou 30% ou mesmo sobre a totalidade do lucro líquido. Mas, até que encerrado o exercício fiscal, ao longo do qual se forma e se conforma o fato gerador do Imposto de Renda, o contribuinte tem mera expectativa de direito quanto à manutenção dos patamares fixados pela legislação que regia os exercícios anteriores.

Não se cuida, como parece claro, de qualquer alteração de base de cálculo do tributo, para que se invoque a exigibilidade de lei complementar. Menos ainda, de empréstimo compulsório.

Não há, por isso, quebra dos princípios da irretroatividade (CF, art. 150, III, a e b) ou do direito adquirido (CF, art. 5º, XXXVI).

E isso por um motivo muito simples. A Lei 8.981/95 não incide sobre fatos geradores ocorridos antes do início de sua vigência. Os prejuízos ocorridos em exercícios anteriores não são fato gerador algum. Trata-se de meras deduções cuja projeção para exercícios futuros foi autorizada. E autorizada nos termos da lei, que poderá, naturalmente, ampliar ou reduzir a proporção de seu aproveitamento.

O trecho reproduzido acima evidencia que, na verdade, a Ministra Ellen Gracie, embora tenha citado o art. 150, III, "b", que versa sobre o Princípio da Anterioridade, concentrou sua argumentação na questão da irretroatividade (art. 150, III, "a"). Não há, pois, até ali, qualquer evidência de que o Plenário tivesse entendido inaplicável o Princípio da Anterioridade ao caso de revogação de benefícios fiscais.

Na verdade, quem trouxe o tema do Princípio da Anterioridade foi o relator original, Ministro Marco Aurélio, para confirmar seu voto – contrário à maioria que se formava –, apontando que a Lei n. 8.981/95 fora publicada, sob a forma de medida provisória, "no apagar das luzes do ano de 1994", num sábado. Ou seja, a questão posta limitava-se a analisar se o Princípio da Anterioridade seria observado com a publicação do texto legal no sábado. Como visto acima, a jurisprudência acatou tal situação, o que levou o constituinte derivado a introduzir a Anterioridade nonagesimal. Mas – eis o que interessa – a discussão que se instaurou não foi quanto à aplicabilidade do Princípio da Anterioridade à revogação de "benesses", mas sim se a Anterioridade fora observada com a publicação do texto no sábado, dia 31 de dezembro.

Ou seja, em conclusão, constata-se que, na verdade, no Recurso Extraordinário 344.994-0-PR, o Plenário do Supremo Tribunal Federal não entendeu que a revogação de benesses tributárias não se sujeita ao Princípio da Anterioridade. Este foi invocado apenas por poucos julgadores, os quais, entretanto, apenas discutiram se, no caso, o Princípio foi ou não respeitado. Do julgamento, pode-se extrair, quando muito, que o Plenário entendeu que, no caso da Lei n. 8.981/95, foi respeitado o Princípio da Anterioridade, apesar da publicação da Medida Provisória no dia 31 de dezembro, um sábado. Em conclusão: no Recurso Extraordinário 344.994-0-PR, o Supremo Tribunal Federal não afastou o Princípio da Anterioridade, mas sim o aplicou, considerando-o observado no caso concreto.

Outro julgado que é citado como base do entendimento de que o Princípio da Anterioridade não se aplicaria à revogação de benefícios fiscais é o Recurso Extraordinário 545.308-SP. Este já se referiu ao anterior, procurando estender à Contribuição Social sobre o Lucro o que já se dissera quanto ao Imposto de Renda. Se, no primeiro julgado, se concluíra que a limitação de compensação de prejuízos fiscais era válida para o Imposto de Renda, no novo julgamento se chegava à mesma conclusão para a Contribuição Social sobre o Lucro. Da Ementa já se extrai a conexão entre ambos os julgamentos:

> *DIREITO TRIBUTÁRIO. CONTRIBUIÇÃO SOCIAL SOBRE O LUCRO. BASE DE CÁLCULO. LIMITAÇÕES À DEDUÇÃO DE PREJUÍZOS FISCAIS. ARTIGO 58 DA LEI 8.981/1995: CONSTITUCIONALIDADE. ARTIGOS 5º, INC. II E XXXVI, 37, 148, 150, INC. III, ALÍNEA "B", 153, INC. III, E 195, INC. I E § 6º DA CONSTITUIÇÃO DA REPÚBLICA. PRECEDENTE: RECURSO EXTRAORDINÁRIO 344.944. RECURSO EXTRAORDINÁRIO NÃO PROVIDO.*
>
> 1. *Conforme entendimento do Supremo Tribunal Federal firmado no julgamento do Recurso Extraordinário 344.944, Relator o Ministro Eros Grau, no qual se declarou a constitucionalidade do art. 42 da Lei 8.981/1995, "o direito ao abatimento dos prejuízos fiscais acumulados em exercícios anteriores é expressivo de benefício fiscal em favor do contribuinte. Instrumento de política tributária que pode ser revista pelo Estado. Ausência de direito adquirido".*
> 2. *Do mesmo modo, é constitucional o art. 58 da Lei 8.981/1995, que limita as deduções de prejuízos fiscais na formação da base de cálculo da contribuição social sobre o lucro.*
> 3. *Recurso extraordinário não provido*[169].

Tampouco neste caso houve maior discussão acerca da aplicação do Princípio da Anterioridade. Na verdade, após o voto do Ministro Marco Aurélio, que dava provimento ao pedido do contribuinte, a Ministra Cármen Lúcia fez referência ao precedente anterior para dizer que o Plenário entendera que "o que a lei assegurava era um benefício fiscal (...). Sendo um benefício fiscal, portanto, estava perfeitamente adequado ao quadro constitucional". Nenhuma palavra sobre a Anterioridade se extrai do voto da Ministra Cármen Lúcia. Nos debates do Plenário, tampouco, se encontra qualquer discussão quanto à Anterioridade. No máximo, lê-se, na manifestação do Ministro Ricardo Lewandowski, que fazia referência ao mesmo precedente, que se trataria "de um benefício fiscal, que é vinculado à política econômica e, portanto, pode ser revisto, a qualquer momento, pelo Estado".

Vistos os dois precedentes em seu contexto, pode-se, agora, voltar à jurisprudência do Supremo Tribunal Federal em matéria de Anterioridade na revogação de benefícios fiscais. Após aqueles precedentes, o Supremo passou a invocá-los para deles extrair consequência que neles não se encontra: a da inaplicabilidade do Princípio da Anterioridade à revogação de benefícios.

É assim que merece crítica a seguinte decisão da Primeira Turma do Supremo Tribunal Federal:

> *TRIBUTÁRIO. AGRAVO REGIMENTAL EM AGRAVO DE INSTRUMENTO. ICMS. LC 122/06. BENEFÍCIO FISCAL. POLÍTICA TRIBUTÁRIA. DESNECESSIDADE DE OBSERVAÇÃO DO PRINCÍPIO DA ANTERIORIDADE NONAGESIMAL. PRECEDENTE. OPERAÇÕES DE AQUISIÇÃO DE BENS DESTINADOS AO USO E*

169 STF, RE n. 545.308-SP, Tribunal Pleno, rel. Min. Marco Aurélio, rel. p/acórdão Min. Cármen Lúcia, j. 08.10.2009, D.J. 28.03.2010.

CONSUMO. UTILIZAÇÃO DE SERVIÇOS DE COMUNICAÇÃO. IMPOSSIBILIDADE E COMPENSAÇÃO DE CRÉDITOS FISCAIS DE ICMS.

I – A Corte firmou entendimento segundo o qual a revisão ou extinção de um benefício fiscal, que por se tratar de política econômica que pode ser revista a qualquer momento pelo Estado não está restrita à observância dos princípios constitucionais da anterioridade e da irretroatividade. Precedente.

II – A jurisprudência desta Corte é pacífica no sentido de que não enseja ofensa ao princípio da não cumulatividade a situação de inexistência de direito a crédito de ICMS pago em razão de operações de consumo de energia elétrica, de utilização de serviços de comunicação ou de aquisição de bens destinados ao ativo fixo e de materiais de uso e consumo. Precedentes.

III – Agravo regimental improvido[170].

Embora seja questionável a afirmação de que o referido direito de crédito seria um benefício fiscal – pode-se bem sustentar que tal direito decorre do Princípio da Não Cumulatividade[171] –, interessa, no momento, ver que a Ementa acima, fazendo referência aos julgados examinados anteriormente, deles extrai não só a desnecessidade de se observar o Princípio da Anterioridade como também o Princípio da Irretroatividade. Quando se examina o voto do Ministro Lewandowski, verifica-se que este se baseou no julgamento do RE 545.308. Entretanto, como possivelmente não estava disponível o inteiro teor do julgamento, fiou-se o Ministro Lewandowski no que constava do *Informativo* 562, em que se lia (conforme reproduzido pelo próprio Ministro em seu voto):

Entendeu-se que também no que se refere à contribuição social sobre o lucro incidiria a orientação segundo a qual a Lei 8.981/95 veio assegurar às empresas um benefício fiscal que viabilizou a compensação de prejuízos apurados em exercícios anteriores, não havendo se falar em ofensa ao princípio da anterioridade ou da irretroatividade.

Conforme visto, no voto da Ministra Cármen Lúcia, não havia qualquer palavra acerca do Princípio da Anterioridade e muito menos da Irretroatividade. Ela limitara-se a se referir ao outro precedente, acerca do Imposto de Renda, defendendo que o entendimento do Recurso Extraordinário 344.994 deveria ser estendido à Contribuição Social sobre o Lucro. Por sua vez, neste primeiro precedente, a Anterioridade fora invocada, mas não para afastar-se sua aplicação aos casos de revogação de benefício, e sim para concluir-se que, no caso, não houvera ofensa à Anterioridade porque o texto legal fora publicado no último dia do ano anterior.

A inaplicabilidade da Anterioridade à revogação de benefício fiscal não é mais, contudo, o entendimento do Supremo Tribunal Federal. Atualmente, o Supremo entende – de maneira correta – que a Anterioridade se aplica, sim, à revogação de benefício fiscal, haja vista que a supressão ou redução de benefício fiscal implica majoração de tributo[172].

A atual jurisprudência do Supremo Tribunal encontra origem em medida cautelar deferida em 2006, no âmbito da ADI n. 2.325-DF. Em caso que versava sobre regras limitadoras do creditamento de ICMS, prevaleceu, na Corte, o entendimento do Ministro Marco Aurélio, relator do caso, para quem ao preceito constitucional da anterioridade, sendo expressão de uma "limitação ao poder

---

170 STF, AgRg no AI n. 783.509-SP, 1ª Turma, rel. Min. Ricardo Lewandowski, j. 19.10.2010, D.J. 17.11.2010.

171 Conforme visto no Capítulo VIII, 3.3.2 e 3.3.3, a não cumulatividade pode concretizar-se por diversas formas. A decisão do legislador quanto ao tratamento dos investimentos (por exemplo, crédito físico ou crédito financeiro) dificilmente pode ser considerada um incentivo fiscal (uma isenção), mas mera conformação da própria estrutura do tributo.

172 STF, AgRg nos Emb.Div. no AgRg no RE n. 564.225-RS, Tribunal Pleno, rel. Min. Alexandre de Moraes, j. 20.11.2019.

de tributar" e, portanto, uma "garantia do contribuinte", dever-se-ia dar eficácia "independentemente da forma utilizada para majorar-se certo tributo". O Ministro, então, baseou seu entendimento no fato de que o "preceito constitucional não especifica o modo de implementar-se o aumento". Por essa razão, qualquer modificação legislativa que, de modo "direto ou indireto", resultar em "carga tributária maior" apenas vigerá no "ano subsequente àquele no qual veio a ser feita"[173].

Em 2014, por sua vez, a 1ª Turma reconheceu, que a revogação de benefício fiscal deve observar o Princípio da Anterioridade[174]:

> *IMPOSTO SOBRE CIRCULAÇÃO DE MERCADORIAS E SERVIÇOS – DECRETOS N. 39.596 E N. 39.697, DE 1999, DO ESTADO DO RIO GRANDE DO SUL – REVOGAÇÃO DE BENEFÍCIO FISCAL – PRINCÍPIO DA ANTERIORIDADE – DEVER DE OBSERVÂNCIA – PRECEDENTES. Promovido aumento indireto do Imposto Sobre Circulação de Mercadorias e Serviços – ICMS por meio da revogação de benefício fiscal, surge o dever de observância ao princípio da anterioridade, geral e nonagesimal, constante das alíneas "b" e "c" do inciso III do art. 150, da Carta. Precedente – Medida Cautelar na Ação Direta de Inconstitucionalidade n. 2.325/DF, de minha relatoria, julgada em 23 de setembro de 2004.*

O acórdão versa sobre a aplicação dos Decretos n. 39.596 e 39.697, do Estado do Rio Grande do Sul, ambos de 1999, que promoveram a majoração da base de cálculo do ICMS devido por prestadores de serviços de televisão por assinatura, para o ano de publicação. Essencialmente, os referidos decretos limitavam a utilização de créditos antes permitidos.

Com efeito, considerou o Ministro Marco Aurélio que "[o]s atos infralegais implicaram aumento indireto do imposto, porquanto revelaram redução de benefício fiscal vigente, devendo ser observado, também nesses casos, o princípio da anterioridade". No caso em comento, houve postergação da "utilização de créditos tributários então permitidos", caso em que se deveria observar o Princípio da Anterioridade. Para o Ministro, esta seria "a óptica contemporânea adotada pelo Tribunal quanto ao alcance do art. 150, inciso III, alíneas 'b' e 'c', da Carta Maior".

O Ministro Dias Toffoli abriu divergência, por entender que "a jurisprudência desta Corte tem andado em sentido diametralmente oposto ao entendimento adotado pelo eminente Relator". Nos termos do voto divergente, que foi seguido pela Ministra Rosa Weber, a questão resumir-se-ia a "saber se a redução do benefício fiscal, no caso de redução de base de cálculo, que equivale a revogação parcial de isenção", estaria sujeita à observância do Princípio da Anterioridade. Buscando sustentar que "o Supremo Tribunal Federal não tem confundido a instituição ou o aumento dos tributos com a revogação de isenções fiscais", o Ministro Dias Toffoli colacionou extensa jurisprudência[175] no sentido de que "a revogação de isenções e as demais majorações indiretas de tributos não estão sujeitas ao princípio da anterioridade".

Assim, para o Ministro, "[s]e a revogação pura e simples de isenção não está submetida ao princípio da anterioridade, com igual razão também não estará a revisão do benefício fiscal de redução

173 STF, ADI-MC 2.325-DF, Tribunal Pleno, rel. Min. Marco Aurélio, j. 23.09.2004.

174 STF, AgRg no RE n. 564.225-RS, 1ª Turma, rel. Min. Marco Aurélio, j. 02.09.2014, D.J. 18.11.2014.

175 Entre outros, mencionou o Ministro: STF, RE n. 204.062-ES, 2ª Turma, rel. Min. Carlos Velloso, D.J. 19.12.1996; STF, ADI n. 4.016-PR (Medida Cautelar), Tribunal Pleno, rel. Min. Gilmar Mendes, j. 01.08.2008, D.J. 24.04.2009; STF, AgRg no RE n. 562.669-MG, 1ª Turma, rel. Min. Ricardo Lewandowski, *DJe* 19.05.2011.

de base de cálculo, caracterizada, no entendimento da Corte, como uma isenção parcial", não vislumbrando "maiores razões para alterar a jurisprudência desta Corte".

Inobstante o voto divergente, disse o Ministro Marco Aurélio continuar "convencido de que as duas espécies de anterioridade – a anterioridade alusiva ao exercício e a nonagesimal – visam evitar que o contribuinte seja surpreendido". Desse modo, "[s]e, de uma hora para outra, modifica-se o valor do tributo, muito embora essa modificação decorra de cassação de benefício tributário, há surpresa". Assim, entendeu que, "buscando o objetivo maior do Texto Constitucional, é observável a anterioridade".

Acompanhando o Relator, o Ministro Roberto Barroso considerou que o caso versaria sobre "a diminuição de um benefício que reduziu a base de cálculo do imposto devido por prestadores de serviço de televisão por assinatura". Em tal caso, não haveria como "se furtar da conclusão de que o contribuinte suporta um agravamento do tributo".

O voto é importante porque, distintamente do Ministro Marco Aurélio, o Ministro Roberto Barroso reconheceu expressamente a mudança jurisprudencial representada por seu entendimento, afirmando que a ocasião seria "oportuna para revisitar a jurisprudência da Corte, que foi muito bem retratada pela divergência". Em seu entendimento, a concepção de anterioridade mais adequada seria "aquela afeta ao conteúdo teleológico da garantia", porquanto o "princípio busca assegurar a previsibilidade da relação fiscal ao não permitir que o contribuinte seja surpreendido com um aumento súbito do encargo, confirmando o direito inafastável ao planejamento de suas finanças". Assim, afirmou o Ministro que "o prévio conhecimento da carga tributária tem como fundamento a segurança jurídica e como conteúdo a garantia da certeza do direito". Nesse sentido, considerou-se que "um aumento de alíquota ou uma redução de benefício relacionada a base econômica apontam para o mesmo resultado: agravamento do encargo".

Por fim, a aplicação da Anterioridade aos casos de revogação ou redução de benefício fiscal vem sendo constantemente reafirmada pelo Supremo Tribunal Federal em demandas envolvendo o Regime Especial de Reintegração de Valores Tributários para as Empresas Exportadoras (Reintegra)[176]. Em razão da redução, por decreto, dos coeficientes de creditamento do Reintegra – programa de devolução de créditos a empresas exportadoras –, muitos contribuintes questionaram se a referida redução, por ter resultado num aumento de carga tributária, deveria ter observado a Anterioridade. A resposta do Supremo, então, foi afirmativa: a redução dos benefícios do Reintegra deve, sim, atender à Anterioridade, por configurar majoração indireta de tributo[177]. Afinal, havendo, "de uma hora para outra", modificação no valor do tributo "ainda que em virtude de cessação ou redução de benefício tributário", tem-se "repentina inovação", a justificar a aplicação da Anterioridade[178].

Pode-se dizer, então, que a atual jurisprudência do Supremo Tribunal Federal entende pela aplicação do Princípio da Anterioridade aos casos de revogação ou redução de benefício fiscal.

---

176 STF, AgRg no RE n. 1.053.254-RS, 1ª Turma, rel. Min. Luís Roberto Barroso, j. 28.10.2018; Segundo AgRg no AgRg no RE n. 1.099.076-RS, 2ª Turma, rel. Min. Dias Toffoli, j. 09.04.2018; AgRg no RE n. 1.267.299-SC, 1ª Turma, rel. Min. Marco Aurélio, j. 15.09.2020.

177 Para um relato da jurisprudência do Tribunal na matéria, cf. STF, AgRg nos Emb.Div. no AgRg no RE n. 564.225-RS, Tribunal Pleno, rel. Min. Alexandre de Moraes, j. 20.11.2019.

178 STF, AgRg no RE n. 1.267.299-SC, 1ª Turma, rel. Min. Marco Aurélio, j. 15.09.2020.

4 Princípio da Irretroatividade

Se do Princípio da Legalidade já se tem a ordem de que somente em virtude de uma lei é que surgirá a obrigação tributária, o Princípio da Irretroatividade vem em seu complemento, esclarecendo que a referida lei deve ser anterior ao próprio fato tributado. Como bem explica a Constituição:

> Art. 150. Sem prejuízo de outras garantias asseguradas ao contribuinte, é vedado à União, aos Estados, ao Distrito Federal e aos Municípios:
>
> (...)
>
> III – cobrar tributos:
>
> a) em relação a fatos geradores ocorridos antes do início da vigência da lei que os houver instituído ou aumentado;
>
> (...)

Com o Princípio da Irretroatividade, vê-se que, no sistema brasileiro, o legislador não pode "consertar", ainda que por meio adequado (lei), uma omissão na definição da hipótese tributária. Qualquer mudança apenas valerá dali em diante[179].

Em levantamento efetuado no direito comparado, Klaus Tipke conclui não se poder falar em uma universalidade da irretroatividade da lei tributária: segundo o entendimento da corte constitucional da Áustria, inexiste naquele país tal Princípio, nada impedindo que o legislador austríaco dê efeito retroativo à exigência tributária, desde que não fira a igualdade; na França, somente se reconhece a irretroatividade da lei penal sendo o parlamento o *maître de legalité*, que expressa a *volonté générale*; na Bélgica tampouco existe uma proibição do efeito retroativo da lei tributária, que é apenas uma *régle de bon sens*; em Luxemburgo também se nega nível constitucional à proibição da retroatividade[180]. A conclusão semelhante chegou Sampaio Dória, depois de estudar os sistemas dos Estados Unidos, Itália, Argentina e França[181].

Na Hungria, a irretroatividade da lei tributária não é objeto de previsão constitucional expressa; a Corte Constitucional, entretanto, confirma-a a partir do Princípio do Estado de Direito[182].

Em Portugal a previsão expressa da irretroatividade tributária apenas foi incorporada ao texto constitucional por meio da reforma de 1997. Até então, a inconstitucionalidade da retroatividade tributária era resultado da aplicação do princípio da segurança jurídica, abrangendo as situações de retroatividade imprópria, autêntica ou falsa[183].

---

179 Diferente é, por exemplo, o caso da Alemanha, onde o Princípio da Irretroatividade não está expresso na Constituição, sendo mera construção doutrinária, baseada na proteção à confiança do contribuinte. Sendo tal a sua fundamentação, a doutrina alemã entende que uma lei que apenas "conserte" a descrição anterior da lei não surpreende o contribuinte e, por isso, pode ser retroativa.

180 Cf. TIPKE, Klaus. Op. cit. (nota 5), vol. 1, p. 179-180.

181 Cf. DÓRIA, Antonio Roberto Sampaio. *Da lei tributária no tempo*. São Paulo: ed. do autor, 1968, p. 123-140.

182 Cf. DÉAK, Daniel. *Retroactivity and tax legislation – hungary report – EATLP 2010*. Disponível em: <http://www.eatlp.org/uploads/public/Hungary%20Retroactive%20tax%20legislation%20EATLP%202010.pdf>, p. 3.

183 Cf. NABAIS, José Casalta. A Constituição Fiscal Portuguesa de 1976, sua evolução e seus desafios. *Revista de Direito Tributário*, n. 84, 2005.

Na Itália, conforme Tesauro, admite-se uma lei tributária retroativa, desde que atinja capacidade contributiva ainda atual. Assim, cita decisão da Corte Constitucional que julgou violar a capacidade contributiva um tributo que pretendia atingir o incremento de valores de bens retroativamente a dez anos, enquanto outra norma que atingia rendimentos auferidos nos três anos anteriores foi julgada constitucional. Além da distância temporal, considera-se a previsibilidade do tributo retroativo, levando-se em conta que o contribuinte tem o direito de não ser atingido por tributo que ele não poderia prever[184].

No direito alemão, inexiste mandamento constitucional tratando da irretroatividade da lei tributária. Esta decorre de construção jurisprudencial, baseada na proteção jurídica da confiança, assegurada pelo Princípio do Estado de Direito. Conforme explica Spanner[185], desenvolveram-se naquele país as seguintes regras acerca da retroatividade:

- não merece proteção jurídica a confiança, se o cidadão deveria contar com a possibilidade de a sanção legal vir a surgir;
- o cidadão não pode contar com o direito existente, se este não é claro ou é contraditório; nestes casos, o legislador deve ter a possibilidade de esclarecer, retroativamente, a situação jurídica;
- no caso de uma norma inválida, o legislador pode validá-la retroativamente, sem que o cidadão seja surpreendido por isso;
- finalmente, motivos determinantes, decorrentes do bem comum, superiores ao mandamento da segurança jurídica, podem justificar uma norma retroativa, tendo em vista os riscos que se poderiam enfrentar por movimentos bruscos dos contribuintes, movidos pela nova lei.

Encontra-se sedimentada, assim, a distinção entre a retroatividade propriamente dita (ou autêntica) e a retroatividade imprópria (ou retrospectiva), aceita naquele país[186] como o foi também na Itália e nos Estados Unidos.

As expressões "retroativa" e "retrospectiva" encontram, até mesmo entre os países de língua inglesa, certa confusão, bem apontada por Catherine S. Bobbett, a qual, após revisar decisões inglesas, canadenses e norte-americanas, acaba por sugerir ser mais conveniente seguir a solução canadense, reservando, daí, a expressão "retroactive" para as leis que atingem ou fazem alguma coisa voltada ao passado (do latim, *retroagere*, agir para trás, reverter), enquanto "retrospective" se utiliza para leis que reconhecem transações passadas mas modificam, para o futuro, suas consequências, sem mudar o passado (do latim, *retrospicere*, olhar para trás): seria a última expressão empregada para as leis que afetam o *status quo* a partir da data de sua publicação[187].

Do direito comparado extrai-se, entretanto, a lição de que o tema da irretroatividade passa pela questão da segurança jurídica: busca-se proteger a confiança do contribuinte na situação jurídica

---

184 Cf. TESAURO, Francesco. *Istituzioni di Diritto Tributario*, 1 – Parte Generale. 9. ed. Torino: UTET, 2006, p. 76-77.

185 Cf. SPANNER, Hans. Die Steuer als Instrument der Wirtschaftslenkung. *Steuer und Wirtschaft*, ano 47, 1970, p. 378-394 (385-386).

186 Harmut Hahn aponta que, em decisões mais recentes, esta diferenciação foi relativizada, já que em decisões de 7.7.2010, afirmou-se que, mesmo em casos de retroatividade imprópria, deve-se investigar se foi afetada a proteção da confiança. As mesmas decisões deixam claro que a retroatividade é "ultima ratio regis", não bastando para justificá-la a mera necessidade financeira do Estado. Cf. HAHN, Hartmut. Rückwirkung im Steuerrecht. Schlechtes und Gutes von BVerfG. *Betriebs-Berater*, n. 49/2010, 29.11.2010, p. 1.

187 Cf. BOBBETT, Catherine S. Retroactive or retrospective. A note on terminology. *British Tax Review*, 2006, p. 15-18 (18).

existente. Consoante salientado pelo Ministro Celso de Mello, "a essencialidade do postulado da segurança jurídica e a necessidade de se respeitarem situações consolidadas no tempo, amparadas pela boa-fé do cidadão, representam fatores a que o Judiciário não pode ficar alheio"[188].

Utiliza-se, na literatura, a expressão "*grandfathering*" quando o legislador, ao dispor sobre uma tributação (futura), protege, de algum modo, do alcance daquela os fatos já iniciados no passado[189]. Na Hungria, por exemplo, o "*grandfathering*" chega ao ponto de se proibir qualquer aplicação retrospectiva da lei (assim, por exemplo, uma nova tributação de juros não alcança os empréstimos celebrados no passado, ainda que os juros sejam devidos após a publicação da nova lei)[190].

Um exemplo em que o efeito retrospectivo de uma lei tributária foi afastado pela Corte Constitucional, por conta da Proteção da Confiança, pode ser encontrado na Alemanha, quando se ampliou o prazo mínimo de permanência de um bem nas mãos do contribuinte para gozo da isenção da tributação dos ganhos de capital. Em síntese, antes bastava que o contribuinte tivesse o bem por um prazo de 2 anos para que o ganho fosse isento; a nova lei passou a exigir 10 anos. O efeito retroativo questionado foi com relação a um contribuinte que comprou um imóvel em 1990 e o vendeu em 1999, três semanas após a publicação da nova lei. A Corte houve por bem proteger a confiança do contribuinte[191].

Na mesma linha, o Tribunal Europeu dos Direitos Humanos já decidiu que essa quebra da confiança, apta a atingir situações jurídicas pré-constituídas, implicaria, além de tudo, efeito confiscatório em virtude de constituir uma desarrazoada privação do patrimônio do contribuinte. Afinal, exigir, em momento posterior, recursos que, à época, eram indevidos seria arbitrário[192].

Todavia, deve-se reconhecer, conforme adverte José Casalta Nabais, que a proibição de tributos de natureza retroativa não é dotada de alcance verdadeiramente radical, motivo pelo qual não inutiliza o princípio da segurança jurídica em sua feição de proteção da confiança, o qual está longe de ser totalmente absorvido pelo Princípio da Irretroatividade[193].

Em matéria tributária, diante da previsão expressa de irretroatividade, não se invoca a segurança jurídica como balança na ponderação dos bens jurídicos quando se está diante de um tributo afetado por retroatividade verdadeira, autêntica ou própria. Ou seja, havendo regra sobre o assunto (Princípio da Irretroatividade), não se abre a discussão acerca da observância do princípio da segurança jurídica.

---

188 STF, AgRg no RE n. 646.313-PI, rel. Min. Celso de Mello, j. 18.11.2014, *DJe* 10.12.2014.

189 Cf. GRINBAU, Hans; PAUWELS, Melvin R.T. General Report (Draft). *EATLP 2010 Retroactivity of Tax Legislation*. Disponível em: <http://www.eatlp.org/uploads/public/General%20Report%20Retroactivity%20EATLP%202010%20%5BDraft%5D%20April%202010.PDF>.

190 Cf. DÉAK, Daniel. Op. cit. (nota 182), p. 5.

191 Cf. HEY, Johanna. Retroactivity and tax legislation – national report – Germany – EATLP 2010. Disponível em: <http://www.eatlp.org/uploads/public/Germany%20Retroactive%20tax%20legislation%20EATLP%202010.pdf>.

192 Cf. HU: ECtHR, 25 June 2013, Application N. 49.570/11, Gáll v. Hungary, p. 26-27; HU: ECtHR, 2 July 2013, Application N. 41.838/11, R.Sz. v. Hungary, p. 24; e HU: ECtHR, 14 May 2013, Application N. 66.529/11, N.K.M. v. Hungary, p. 23. Essa Corte, no entanto, já entendeu adequada aplicação de lei retroativa para caso de planejamento tributário com paraíso fiscal, cf. RO: ECtHR, 16 September 2014, Application N. 50.131/08, Aturodei v. Romenia, p. 9-10.

193 Cf. NABAIS, José Casalta. Op. cit. (nota 183), p. 83-84.

A segurança jurídica, contudo, continuará a servir de critério de ponderação em situações de retroatividade imprópria, inautêntica ou falsa, tutelando a confiança dos contribuintes depositada na atuação dos órgãos do Estado[194].

No Direito Tributário brasileiro, vale ressaltar, o Princípio da Irretroatividade diz respeito apenas a situações de irretroatividade própria (fatos passados).

No que diz respeito às situações de retroatividade imprópria, ou retrospectividade (fatos futuros), é possível afirmar, com base nas lições do Direito Comparado, que o princípio da segurança jurídica poderá, em determinadas situações, ser invocado como balança de ponderação dos bens jurídicos afetados.

Mais especificamente, em alguns casos de retroatividade imprópria, é possível alegar que o princípio da segurança jurídica tenha sido afetado. Assim, ao lado da irretroatividade própria (explicitamente adotada pelo constituinte), a irretroatividade imprópria também se faz presente no ordenamento brasileiro. Enquanto, entretanto, a irretroatividade própria é expressamente consagrada no texto, como regra positivada, a irretroatividade imprópria decorre do princípio da segurança jurídica, fazendo-se aplicar em conjunto com o princípio do qual flui.

Tome-se o exemplo da tributação pelo Imposto de Renda de vendas ao governo. A legislação tributária permite que a tributação se dê à medida que o contribuinte receba as parcelas do pagamento, muito embora a venda tenha sido faturada na contratação, em relação ao valor total do bem[195].

Se no período compreendido entre a contratação da venda e o recebimento das parcelas houver aumento da alíquota do Imposto de Renda, o contribuinte estará sujeito à nova alíquota, não obstante tenha a operação que deu origem à renda sido concretizada em momento anterior. É que, optando o contribuinte pela tributação no momento do recebimento do preço (regime de caixa), submeteu-se, igualmente, ao risco de modificação da alíquota do imposto. Fala-se, no caso, em retroatividade imprópria, já que conquanto a operação que deu origem à renda tenha sido concretizada em momento anterior à majoração da tributação, o fato jurídico tributário, propriamente dito, dar-se-á em momento posterior. Nesse caso, não pode o contribuinte, valendo-se do princípio da segurança jurídica, pleitear a tributação anterior.

Que dizer, entretanto, do caso em que o contribuinte não se submeteu ao regime de caixa por opção? E se, excepcionalmente, o regime de caixa fosse obrigatório? Haveria espaço para discutir o tema da irretroatividade imprópria, se o fato jurídico, ocorrido após a nova lei, decorre integralmente de fatos ocorridos antes da lei? Poderia o contribuinte alegar que o recebimento do preço é mera consequência da venda efetuada na vigência da lei anterior? Esse caso mostra que a segurança jurídica pode, sim, exercer algum papel no tema da irretroatividade. Noutras palavras, a regra da irretroatividade, constitucionalmente consagrada, não esgota o princípio que a inspira.

Nessa linha, vale citar a necessidade de proteger a confiança legítima do contribuinte. Ao editar ato normativo, são estabelecidas diretrizes a serem seguidas e critérios a serem observados, o que, inevitavelmente, cria a legítima expectativa no destinatário (contribuinte) de que, agindo conforme essas determinações, não será surpreendido. Por força da proteção da sua confiança, não poderá haver eventual mudança que exija retroativamente conduta outra que não aquela anteriormente imposta. Nesse sentido entendeu o Conselho Administrativo de Recursos Fiscais ao julgar o caso em

194 Cf. NABAIS, José Casalta. Op. cit. (nota 183), p. 83-84.

195 Cf. art. 409 do Regulamento do Imposto de Renda (Decreto n. 3.000/99).

que a Receita Federal procurou impor aos contribuintes, para o exercício de 2002, fórmula de cálculo de preços de transferência instituída por Instrução Normativa em novembro de 2002, modificando o método trazido por IN de 1997. Assim, em virtude de os contribuintes terem praticado preços de transferência nos termos da antiga IN até novembro de 2002, a Receita não poderia surpreendê-los, naquele exercício, exigindo cálculo diverso[196].

Quando surgem as considerações acerca do efeito indutor das normas tributárias, a segurança jurídica deve levar em conta igualmente aquele efeito. Tendo a norma o efeito de induzir o comportamento do contribuinte, não pode atingir situações sobre as quais o contribuinte já não tem mais qualquer controle ou influência.

Paradigmático parece o caso do Decreto n. 1.343, de 23 de dezembro de 1994, que aumentou a alíquota do imposto de importação de diversos produtos. O referido aumento deu-se de modo brusco, em sentido contrário a todos os sinais que o governo vinha dando, até aquele momento, de redução gradual de alíquotas do imposto de importação. Havia, até mesmo, ampla divulgação de um plano de redução paulatina de alíquotas, contrariado por tal medida surpreendente.

Muitos foram os contribuintes que apelaram ao Poder Judiciário, alegando retroatividade da norma tributária. Em síntese, os contribuintes alegavam que a majoração deu-se quando contratos já haviam sido firmados, apontando, ainda, que o próprio Executivo sinalizara uma política de redução dos impostos de importação. A jurisprudência firmou-se em sentido contrário aos contribuintes, constatando que a hipótese tributária do imposto de importação exige, em seu critério temporal, a entrada da mercadoria no território aduaneiro, descabendo, daí, cogitar de desrespeito ao Princípio da Irretroatividade[197].

Efetivamente, o Princípio da Irretroatividade em matéria tributária é expresso ao vedar a tributação de "fato gerador" ocorrido antes da vigência da lei que instituiu ou aumentou o tributo. Ora, tendo em vista que as mercadorias em questão ainda não haviam ingressado no território aduaneiro, descabido seria falar em irretroatividade.

Tem-se, no caso, a evidência de que o sentimento de segurança jurídica vai além da mera irretroatividade da lei tributária, conforme apontado por Casalta Nabais. Vê-se situação em que os contribuintes, baseados em claros sinais dados pelo Poder Executivo, firmaram contratos e empenharam recursos financeiros; a mudança de alíquotas deu-se subitamente e em sentido contrário aos sinais dados pelo Executivo.

Outra poderia ter sido a solução, tivesse sido ponderada a natureza da norma que majorou o tributo, quando se revelaria norma tributária indutora, visando inibir a importação de diversos produtos, dada a precária situação da balança de pagamentos do País. Ora, nesse caso, a norma somente poderia atingir aqueles contribuintes cujo comportamento pudesse ser influenciado por ela.

Tratando-se de mercadoria já adquirida e embarcada, objeto de contrato firme e irretratável, a decisão do importador já não mais poderia ser influenciada pelo incremento da carga tributária. Neste sentido, já não poderia subsistir a norma tributária indutora, porque nada induziria. Ausente o efeito indutor da norma, no caso concreto, então caberia a observância das garantias constitucionais próprias das normas meramente arrecadadoras, como a anterioridade.

196 CARF, Recurso Voluntário n. 16561.000175-2007-86, 2ª Câmara, 1ª Turma Ordinária, rel. Marcelo Cuba Netto, j. 14.03.2012, D.J. 21.06.2012.

197 STF, RE n. 225.602-CE, Tribunal Pleno, rel. Min. Carlos Velloso, j. 25.11.1998, D.J. 06.04.2001.

Ainda o reconhecimento do efeito indutor da norma tributária exigiria que o princípio da segurança jurídica, em sua vertente própria do Direito Econômico, fosse observado, para que se denunciasse a intervenção do Executivo em sentido contrário à política econômica por ele firmada.

Noutras palavras, reduzindo a discussão à mera irretroatividade da lei tributária, decidiram os tribunais pela constitucionalidade do aumento das alíquotas do imposto de importação. Fosse considerada a aplicação concomitante dos princípios da ordem econômica, então a mesma segurança jurídica que inspirou aquela irretroatividade tomaria novas cores, apresentando bons fundamentos para que se concluísse pela inconstitucionalidade do aumento súbito das alíquotas, contrário à própria política governamental.

Claro está que a análise sob a vertente do Direito Econômico não implicaria, de imediato, a inconstitucionalidade do aumento, já que caberia ao julgador examinar se, de fato, havia elementos suficientes para gerar a expectativa do particular quanto ao comportamento futuro da administração. O tema do direito à previsibilidade é caro aos estudiosos do Direito Econômico, que, conforme Von Simson, confirmam ter o particular o direito de esperar que a administração mantenha coerência na introdução de suas medidas interventivas e, em especial, que a administração se mantenha nos limites que ela mesma se impôs, assegurando-se, daí, a segurança jurídica[198]. O mesmo autor alerta, entretanto, que tal direito deve ser visto com cautela, já que é própria da ideia de planejamento sua revisão periódica, não podendo o particular, daí, dizer-se surpreendido na hipótese de uma reavaliação do plano implicar correção de rumos. Caberá, então, ver a força indicativa da própria intervenção sobre o Domínio Econômico para, caso a caso, decidir acerca do direito do particular à manutenção das regras vigentes: a regra de ouro parece ser investigar até que ponto a administração deixou sinais de que haveria risco de mudança de direção, por um lado e, por outro, o quanto a administração induziu o particular a assumir custos no interesse público, tendo em vista os rumos indicados pelo planejamento[199]. De qualquer modo, tem-se que a análise, sob o prisma do Direito Econômico, teria oferecido aos tribunais nova perspectiva sobre a questão do aumento da alíquota do imposto de importação.

O tema da irretroatividade assume especial importância quando se têm em conta as situações descritas pelo legislador tributário, cuja ocorrência não se dá simultaneamente. Seria o "fato gerador pendente". Demonstrar-se-á, no seu devido tempo, que esta figura não tem cabimento no Direito brasileiro. O sistema jurídico não convive com tais "fatos pendentes". Ou bem todas as situações previstas pelo legislador já ocorreram – e então o fato jurídico tributário não está "pendente", porque já ocorreu – ou, faltando qualquer de seus elementos, não há ainda "fato gerador". Daí não ser retroativa a lei que atinge o fato jurídico tributário que "se completa" posteriormente a sua edição.

O raciocínio acima pode ter consequências relevantes para o contribuinte. Imagine-se lei editada em julho, aumentando a base de cálculo da contribuição social sobre o lucro cujo fato jurídico tributário se dará em 31 de dezembro do mesmo ano. Respeitada a anterioridade de 90 dias, não há que falar em desrespeito àquele período. Por outro lado, tampouco será a lei retroativa, ainda que o lucro apurado em 31 de dezembro inclua em sua base o acréscimo patrimonial experimentado desde antes da edição da própria lei.

---

198 Cf. SIMSON, Werner von. Planänderung als Rechtsproblem. In: KAISER, Joseph H. (org.). *Planung I*. Baden--Baden: Nomos, 1965, p. 405-422 (405).

199 Cf. SIMSON, Werner von. Op. cit. (nota 198), p. 420.

Merece atenção, sobre o assunto, o posicionamento do Supremo Tribunal Federal, que, ainda no âmbito do Imposto de Renda, baixou a Súmula 584 (Ao Imposto de Renda calculado sobre os rendimentos do ano-base, aplica-se a lei vigente no exercício financeiro em que deve ser apresentada a declaração). Embora algumas vezes o entendimento parecesse ter sido alterado[200], acabou se pacificando a jurisprudência no sentido da aplicação da lei vigente quando do fato jurídico tributário, posto não estivesse ela em vigor quando do início do ano-calendário[201].

Importante esclarecer que a referida Súmula, editada à luz de legislação pretérita, não mereceria acolhida imediata nos dias atuais, seja à luz do Princípio da Irretroatividade, seja, principalmente, em vista do Princípio da Anterioridade. Com efeito, até a edição da Lei n. 7.450/85, não havia uniformidade quanto ao período-base das pessoas jurídicas: estas podiam fechar seus balanços anuais em qualquer data. Em tal cenário, o lucro ali apurado nada mais era que uma grandeza utilizada para apurar o imposto que – eis o ponto relevante – seria devido no ano seguinte. Tratava-se da sistemática de base de cálculo *praenumerando*, que será vista adiante. Ora, se o imposto somente era devido a partir de 1º de janeiro do exercício subsequente, então parecia sustentável que não se considerasse retroativa a lei publicada no exercício anterior, mesmo que (eis um ponto que não parece óbvio) o balanço que apurou o lucro já tivesse sido encerrado meses antes. Tampouco se via ferido o Princípio da Anterioridade, já que, afinal, a lei se publicara no ano anterior ao exercício financeiro. Se essa ideia era sustentável à luz da legislação pretérita, não se pode deixar de alertar que a partir da referida Lei n. 7.450/85, todas as pessoas jurídicas passaram a encerrar seu balanço na mesma data, 31 de dezembro, quando se dá o fato jurídico tributário. Em tais circunstâncias, ficam evidentemente ultrapassados os argumentos que serviram de base à referida Súmula, pelo menos no que se refere ao Princípio da Anterioridade. Ainda que se possa sustentar atendido, formalmente, o Princípio da Irretroatividade (o fato jurídico tributário somente se dá em 31 de dezembro e, portanto, a lei anterior a esta data não produz, formalmente, efeito retroativo), não há como afastar a Anterioridade.

Importante fresta ao rigor da Súmula, entretanto, foi aberta pelo Supremo Tribunal Federal, quando confrontado com o tema do efeito indutor das normas tributárias, acima referido. Entendeu a Corte que a aplicação da Súmula 584 comporta exceção, em caso em que se comprove o caráter extrafiscal da norma modificada. Por considerar que a legislação havia conferido tratamento fiscal destacado e mais favorável, a fim de incentivar exportações, considerou o Supremo, em sede de

---

200 STF, RE n. 138.284-CE, Tribunal Pleno, rel. Min. Carlos Velloso, j. 01.07.1992. D.J. 28.08.1992, Ementa: Constitucional. Tributário. Contribuições sociais. Contribuições incidentes sobre o lucro das pessoas jurídicas. Lei n. 7.689, de 15.12.88. (...) V – Inconstitucionalidade do art. 8º da Lei n. 7.689/88, por ofender o princípio da irretroatividade (C.F., art. 150, III, "a") qualificado pela inexigibilidade da contribuição dentro no prazo de noventa dias da publicação da lei (C.F., art. 195, § 6º). Vigência e eficácia da lei: distinção. VI – Recurso Extraordinário conhecido, mas improvido, declarada a inconstitucionalidade apenas do art. 8º da Lei 7.689, de 1988; no mesmo sentido, cf. STF, RE n. 146.733-SP, Tribunal Pleno, rel. Min. Moreira Alves, j. 29.06.1992, D.J. 06.11.1992. Ementa: contribuição social sobre o lucro das pessoas jurídicas. Lei n. 7.689/88. (...) Ao determinar, porém, o art. 8º da lei 7.689/88 que a contribuição em causa já seria devida a partir do lucro apurado no período base a ser encerrado em 31 de dezembro de 1988, violou ele o princípio da irretroatividade contido no art. 150, iii, "a", da constituição federal, que proíbe que a lei que institui tributo tenha, como fato gerador deste, fato ocorrido antes do início da vigência dela. (...).

201 STF, RE n. 197.790-MG, Tribunal Pleno, rel. Min. Ilmar Galvão, j. 19.02.1997, D.J. 21.01.1997. Ementa: contribuição social. Lei n. 7.856, de 25 de outubro de 1989, que, no art. 2º, elevou a respectiva alíquota de 8 para 10%. Legitimidade da aplicação da nova alíquota sobre o lucro apurado no balanço do contribuinte encerrado em 31 de dezembro do mesmo ano. Tratando se de lei de conversão da Medida Provisória n. 86, de 25 de setembro de 1989, da data da edição desta é que flui o prazo de noventa dias previsto no art. 195, § 6º, da CF, o qual, no caso, teve por termo final o dia 24 de dezembro do mesmo ano, possibilitando o cálculo do tributo, pela nova alíquota, sobre o lucro da recorrente, apurado no balanço do próprio exercício de 1989. Recurso não conhecido.

Recurso Extraordinário[202], ilegítima a aplicação retroativa do art. 1º, I, da Lei n. 7.988/89, que "majorou a alíquota incidente sobre o lucro proveniente de operações incentivadas ocorridas no passado, ainda que no mesmo exercício". No entendimento do STF, "a lei nova somente poderia ter eficácia para novas possibilidades de comportamentos sob o risco de ser inconstitucional por violação à irretroatividade das leis em matéria de extrafiscalidade". Na ocasião, entendeu o Ministro Nelson Jobim que "após a ocorrência do efeito extrafiscal, não há como o Poder Público alterar a promessa que fez em forma de incentivo fiscal". No mesmo sentido, o Ministro Teori Zavascki considerou que a norma "ao atingir, retroativamente, as operações já consumadas antes de sua vigência e favorecidas, à época de sua realização, com tratamento fiscal próprio, não se mostra compatível com a garantia constitucional do direito adquirido". Com efeito, na situação descrita, houve por bem o Supremo afastar a aplicação da Súmula 584, considerando "a evidente função extrafiscal da tributação das referidas operações". Posicionamento esse que, posteriormente, foi ratificado em sede de Repercussão Geral[203] em caso que questionava o mesmo art. 1º, I, da Lei n. 7.988/89.

O precedente é relevante porque abriu caminho para o cancelamento da Súmula 584, decretado pelo Plenário do Supremo Tribunal Federal no RE n. 159.180[204], em caso que versava sobre a aplicação, a fatos ocorridos no ano-base de 1988, do adicional do imposto de renda sobre o lucro real instituído pelo Decreto-lei n. 2.462/1988. Na ocasião, o Relator, referindo-se à Súmula 584, observou que "[n]ão encontra mais guarida na Constituição Federal o verbete como atualmente redigido".

O Supremo Tribunal tornou a apreciar o tema da irretroatividade da lei tributária em matéria de extrafiscalidade, no julgamento do RE 599.316/SC[205]. Na ocasião, discutia-se a constitucionalidade do art. 31 da Lei n. 10.865/2004. Este dispositivo, versando sobre o aproveitamento de créditos de PIS/COFINS relativos a encargos de depreciação e amortização de bens do ativo imobilizado, vedou o creditamento no caso de bens adquiridos até 30 de abril de 2004, permitindo-o, por sua vez, apenas no caso de bens adquiridos a partir de 1º de maio do mesmo ano. O Tribunal acabou por julgar inconstitucional o dito dispositivo. Embora de sua ementa conste apenas referência à violação dos princípios da não cumulatividade e da isonomia, vale mencionar o voto do Min. Edson Fachin, que enfrentou o tema sob a perspectiva da retroatividade imprópria. O referido Ministro observou que, na hipótese, dois momentos deveriam ser considerados: a situação pretérita (existência de bens do ativo imobilizado geradores de encargos de depreciação e amortização) e seus efeitos futuros (geração de créditos de PIS/COFINS). Ao atuar sobre o momento dos efeitos, desprovendo os bens da aptidão de gerar créditos de PIS/COFINS, o art. 31 da Lei n. 10.865/2004 teria também atingido a situação pretérita, em fenômeno de "irretroatividade imprópria", tida por "incompatível com o âmbito de proteção da confiança". Reforçaria a necessidade de proteger a confiança do contribuinte o fato de a autorização de creditamento sobre bens do ativo imobilizado consistir, segundo o Ministro, em "benefício fiscal", com "nítido caráter indutor", que "fomenta o agente produtivo a promover a modernização do parque fabril". Essa circunstância confirmaria a presença de "razões de segurança jurídica" para assegurar o creditamento também no caso de bens adquiridos até 30 de abril de 2004.

---

202 STF, RE n. 183.130-PR, Tribunal Pleno, rel. Min. Carlos Velloso, rel. p/ acórdão Min. Teori Zavascki, j. 25.09.2014, D.J. 17.11.2014.

203 STF, RE n. 592.396-SP, Tribunal Pleno, rel. Min. Edson Fachin, j. 03.12.2015, *DJe* 28.03.2016.

204 STF, RE n. 159.180-MG, Tribunal Pleno, rel. Min. Marco Aurélio, j. 22.06.2020.

205 STF, RE 599.316/SC, Tribunal Pleno, rel. Min. Marco Aurélio, j. 29.06.2020.

Deve-se, finalmente, alertar, que, tratando-se de uma "limitação constitucional ao poder de tributar", a irretroatividade somente é assegurada no caso de lei que institua ou aumente a tributação. Nada impede que lei se aplique, por expressa disposição, a "fatos geradores" pretéritos, desde que lhes conferindo um tratamento tributário mais benéfico.

5 Princípio da Igualdade

Não convive com a ideia de justiça que se discriminem situações equivalentes sem que haja razão que justifique o tratamento diferenciado. Esse preceito encontra-se no Princípio da Igualdade, um dos pilares dos ordenamentos jurídicos modernos, positivado, no Brasil, no art. 5º, *caput*, da Constituição Federal, por meio da máxima: "Todos são iguais perante a lei, sem distinção de qualquer natureza, garantindo-se aos brasileiros e aos estrangeiros residentes no País, a inviolabilidade do direito à vida, à liberdade, à segurança e à propriedade (...)".

A pergunta imediata é: o que é a igualdade? Como identificar pessoas iguais?

A igualdade não se confunde com a identidade. Se fosse perguntado a qualquer grupo se eles se consideram idênticos, a resposta imediata e uníssona seria pela negativa: ninguém é idêntico a outrem.

Ocorre que a Constituição não consagra o Princípio da Identidade, e sim o Princípio da Igualdade. A igualdade, diferentemente da identidade, é relativa. Se fosse perguntado ao mesmo grupo se eles se consideram iguais, certamente obter-se-ia como resposta: "depende"; "iguais em relação a quê?". Por exemplo: "Somos iguais enquanto brasileiros?" "Somos iguais enquanto maiores de idade?" "Somos iguais enquanto torcedores de um time de futebol?"

> É, aliás, o que já ensina Klaus Tipke: "A igualdade, que se distingue da identidade, é sempre relativa. O que é completamente igual é idêntico. O princípio de que o igual deve ser tratado igualmente não quer dizer idêntico, mas relativamente igual. Quando se pretende aplicar corretamente o princípio da igualdade, deve-se apurar a exata relação, perguntando-se: igual em relação a quê (em que relação)? Quaisquer diferenças podem, pois, não justificar o tratamento desigual. Para a comparação relativa torna-se necessário um critério de comparação. Logra-se extrair um critério concreto de comparação do princípio de sistematização, isto é, do motivo ou da valoração que constitui o fundamento da lei. O princípio é o critério de comparação ou de justiça estabelecido compulsoriamente pelo legislador para determinados assuntos legalmente disciplinados"[206].

Deste modo, para que se possa concretizar o Princípio da Igualdade, é preciso que se tenha um critério de comparação constitucionalmente justificado. Ou seja: para que se atenda ao Princípio da Igualdade, percorrem-se três etapas: primeiro, encontra-se um

---

206 Cf. TIPKE, Klaus. Princípio de igualdade e ideia de sistema no Direito Tributário. In: MACHADO, Brandão (coord.). *Direito Tributário.* Estudos em homenagem ao professor Ruy Barbosa Nogueira. São Paulo: Saraiva, 1984, p. 515-527 (520).

critério; em seguida, busca-se fundamentação constitucional para o critério encontrado[207]. Finalmente, comparam-se as situações a partir do critério eleito.

Em seu tratado (três volumes) versando sobre o ordenamento tributário, Tipke voltou a demonstrar que o Princípio da Igualdade demanda a aplicação coerente dos parâmetros adotados pelo legislador. Conquanto não pondo dúvida de que a liberdade do legislador, em matéria tributária, é bastante ampla, sustenta o autor que o que importa saber é se, uma vez tendo o legislador eleito certos critérios, pode ele aplicá-los aleatoriamente ou, ao contrário, impõe-se sua adoção consistente.

Já não se limita, pois, a dizer que o aplicador da lei deve tratar igualmente a todos os contribuintes. Ele discute até mesmo a liberdade do legislador, na criação de normas tributárias. Assim se manifesta Tipke: "A ideia da generalidade do conceito de justiça fundamenta-se no Princípio da Igualdade. Por isso, o Princípio da Igualdade exige substancialmente *consequência valorativa ou coerência. O legislador deve seguir até o fim os princípios materiais pelos quais ele se decidiu* com coerência sistêmica ou valorativa; uma vez tendo ele tomado decisões valorativas, *deve mantê-las coerentemente.* Inconsequência é medir com duas medidas, é uma ruptura sistêmica e leva a tratamento desigual de grupos que se encontram em situação equivalente, se medidas de acordo com os critérios materiais que servem para a comparação"[208] (g.n.).

Assim como o Princípio da Igualdade encontra-se desatendido quando situações iguais (segundo um critério) são tratadas de modo diferente, do mesmo modo pode-se considerar ferido o Princípio da Igualdade quando não se consegue identificar um critério para o tratamento diferenciado. Neste caso, dir-se-á que houve arbítrio e, portanto, igualmente foi ferido o Princípio da Igualdade.

É o próprio constituinte que aponta para a necessidade de fixação de um critério de comparação, quando, dispondo sobre o Princípio da Igualdade em matéria tributária, assim determina:

> Art. 150. Sem prejuízo de outras garantias asseguradas ao contribuinte, é vedado à União, aos Estados, ao Distrito Federal e aos Municípios:
>
> (...)
>
> II – instituir tratamento desigual entre contribuintes que se encontrem em situação equivalente, proibida qualquer distinção em razão de ocupação profissional ou função por eles exercida, independentemente da denominação jurídica dos rendimentos, títulos ou direitos;
>
> (...)

---

207 Cf. ÁVILA, Humberto. O princípio da isonomia em matéria tributária. In: TÖRRES, Heleno Taveira (coord.). *Tratado de direito constitucional tributário*. Estudos em homenagem a Paulo de Barros Carvalho. Heleno Taveira Tôrres (coord.). São Paulo: Saraiva, 2005, p. 407-439 (418).

208 No original: "*Im Gleichheitssatz wurzelt der Gedanke der Generalität des Gerechtigkeitsgedankens. Daher verlangt der Gleichheitssatz wesentlich* wertungsmässige Konsequenz oder Folgerichtigkeit. Der Gesetzgeber muß das sachgerechte Prinzip, für das er sich entschieden hat, *system- oder wertungskonsequent zu ende ausführen, er muß seine einmal getroffene Wertentscheidung* folgerichtig durchhalten. *Inkonsequenz ist Mesen mit zweierlei Maß, ist Systembruch und führt zu Ungleichbehandlung mehrerer Gruppen, die sich in gleichen relevanten - d.h. gemessen an dem als Vergleichsmaßstab dienenden sachgerechten Prinzip gleichen - Verhältnissen befinden*". Cf. TIPKE, Klaus. Op. cit. (nota 5), p. 354 (destaques do original e do autor).

Nota-se que o texto constitucional trata de situação equivalente, não idêntica. A equivalência pressupõe a existência do critério de comparação.

Mas também a fixação do critério deve obedecer àquele mesmo Princípio da Igualdade.

Ou seja: o critério eleito deve ser adequado para identificar motivação suficiente para o tratamento diferenciado, como exigência da razoabilidade[209].

O próprio constituinte cuidou de arrolar algumas das hipóteses em que se considerará a ocorrência de um privilégio odioso, i.e., fatores que não se aceitarão como base do discrímen por expressa disposição constitucional. Tais fatores se encontram nos arts. 150, II, 151, 152 e 173[210]. O art. 150, II, veda os privilégios das profissões, ficando proibida qualquer distinção em razão de ocupação profissional ou função por eles exercida, independentemente da denominação jurídica dos rendimentos, títulos ou direito, e, neste sentido, reforça a garantia do Parágrafo Único do art. 170, que trata do livre exercício de qualquer atividade econômica.

Garantindo a unidade econômico-política do País, o art. 151, inciso I, proíbe a concessão de privilégios pela União e o art. 152, pelos Estados e Municípios, excetuados os concedidos pela União para o equilíbrio do desenvolvimento econômico entre as diferentes regiões do País (o que implica não ser privilégio odioso, e daí ser parâmetro expressamente aceito pelo Constituinte, a diferenciação entre regiões do País, quando ligado a tema de desenvolvimento).

Finalmente, o art. 173 proíbe, em seu § 2º, privilégios para empresas públicas e sociedades de economia mista.

Ainda, será inaceitável qualquer discriminação que fira algum dos direitos e garantias constitucionalmente assegurados. Assim, por exemplo, quando o art. 5º, XLI, dispõe que a "lei punirá qualquer discriminação atentatória dos direitos e liberdades fundamentais", ou quando o inciso XLII declara inafiançável e imprescritível o racismo, assim como se condenam o tráfico ilícito de entorpecentes e o terrorismo (inciso XLIII), vão se encontrando limitações constitucionais que se estendem à matéria tributária, já que não pode a lei tributária adotar como critério de comparação algo que implique discriminação odiosa, nos termos da própria Constituição. Tampouco se aceitarão parâmetros que afrontem outros valores assegurados constitucionalmente, como o sexo (art. 5º, I), a manifestação do pensamento (art. 5º, IV), consciência e crença (art. 5º, VIII), a família (art. 226) etc.

Parâmetros expressamente aceitos são, por exemplo, a capacidade contributiva (art. 145, § 1º); a essencialidade (arts. 153, § 3º, I e 155, § 2º, III); o destino ao exterior (art. 153, § 3º, III, art. 155, § 2º, X, "a", e art. 156, § 3º, II); o uso da propriedade segundo sua função social (art. 153, § 4º e 182, § 4º, II); localização e uso do imóvel (art. 156, § 1º, II); o ato cooperativo praticado pelas sociedades cooperativas (art. 146, III, "c"); tratamento diferenciado às microempresas e às empresas de pequeno porte (art. 179) etc.

5.1 Parâmetros para a Igualdade

A identificação de parâmetros constitucionalmente aceitáveis e outros intoleráveis leva à indagação quanto a qual seria um critério constitucionalmente válido para identificar as situações tributáveis.

---

209 Cf. ÁVILA, Humberto. Op. cit. (nota 207).

210 Cf. TORRES, Ricardo Lobo. Op. cit. (nota 118), p. 375.

A pergunta leva de volta ao estudo das espécies tributárias, quando se identificou, para cada espécie, uma justificação diversa. A partir da justificação, pode-se encontrar o critério adequado para a diferenciação, atendido o Princípio da Igualdade.

5.1.1 *Sinalagma como parâmetro*

Assim é que, no caso das taxas, encontra-se sua justificação na ideia de que, se um indivíduo causou um gasto estatal específico e divisível, nada mais adequado que ele suporte tal gasto, no lugar de toda a coletividade.

Qual, então, o critério adequado para decidir quem pagará as taxas? Sem dúvida, deve pagar a taxa aquele que causou o gasto estatal que a motivou. Daí por que o Princípio da Igualdade dá-se por atendido quando se cobra a taxa daquele que fruiu o serviço público prestado, ou que teve o serviço de gozo compulsório posto a sua disposição ou, ainda, que motivou o exercício do poder de polícia por parte do Estado. Ora, são esses, justamente, os possíveis "fatos geradores" das taxas, conforme acima exposto. Daí a conclusão de que a hipótese tributária para as taxas é, exatamente, o critério de diferenciação que atende ao Princípio da Igualdade.

Raciocínio análogo vale para as contribuições de melhoria: identificada uma obra pública que beneficie de modo especial um contribuinte ou um grupo de contribuintes, atende o Princípio da Igualdade sua identificação, para que não se exija de toda a coletividade o custeio de gastos que afetam mais particularmente alguns.

Também no caso de contribuições especiais, pode-se facilmente encontrar como critério de diferenciação válido a identificação do grupo que motivou a intervenção do Estado sobre o Domínio Econômico ou as categorias econômicas ou profissionais afetadas pela atuação estatal.

5.1.2 *Capacidade contributiva como parâmetro*

Que dizer, entretanto, dos tributos cuja arrecadação afeta gastos a serem suportados por toda a coletividade? Tal a questão que se aplica, de modo especial, aos impostos, mas que não deixa de ser igualmente válida para as contribuições sociais e para os empréstimos compulsórios. Qual o critério de diferenciação adequado, segundo o Princípio da Igualdade?

Vale, aqui, o que já foi dito acerca do princípio da solidariedade, que constitui um dos objetivos da República, consagrados no art. 3º, I, da Constituição Federal. É em nome desse princípio que se afirma que o critério aceitável para a diferenciação dos contribuintes será aquele que atingir a máxima: cada um contribuirá com quanto puder para o bem de todos. Eis o objetivo da construção de uma nação fundada na solidariedade entre seus membros.

No capítulo do sistema tributário nacional, encontra-se, nos princípios gerais, a explicitação da solidariedade, sob o manto do Princípio da Capacidade Contributiva (art. 145, § 1º, da Constituição Federal). Daí, pois, mais uma vez, concluir-se que atende ao Princípio da Igualdade a eleição, pelo legislador, de uma hipótese que permita distinguir entre os que têm e os que não têm capacidade contributiva.

A relação da capacidade contributiva com a solidariedade é bem explorada por Moschetti, para quem o dever de concorrer para com as despesas públicas conforme a capacidade contributiva liga-se ao dever de solidariedade, compreendido como uma cooperação altruística voltada a fins de interesse coletivo[211].

Andrea Amatucci também faz essa correlação, ao afirmar que num ordenamento que atribui ao Estado social e econômico o papel de reconhecer e garantir a propriedade privada, a liberdade de iniciativa e de atividade econômica e o dever de solidariedade, como síntese entre liberdade e sociedade, exige coerentemente um concurso às despesas consistente em um sacrifício mais que proporcional às riquezas de cada um[212].

Dino Jarach assim conceitua a capacidade contributiva: "É a potencialidade de contribuir com os gastos públicos que o legislador atribui ao sujeito passivo particular. Significa ao mesmo tempo existência de uma riqueza em posse de uma pessoa ou em movimento entre duas pessoas e graduação de obrigação tributária segundo a magnitude da capacidade contributiva que o legislador lhe atribui"[213].

Conforme Fernando Aurélio Zilveti, "é o princípio segundo o qual cada cidadão deve contribuir para as despesas públicas na exata proporção de sua capacidade econômica. Isto significa que os custos públicos devem ser rateados proporcionalmente entre os cidadãos, na medida em que estes tenham usufruído da riqueza garantida pelo Estado. Também aceita como capacidade contributiva a divisão equitativa das despesas na medida da capacidade individual de suportar o encargo fiscal"[214].

Ou seja: o Princípio da Capacidade Contributiva é o corolário, em matéria dos impostos, empréstimos compulsórios e contribuições sociais, do Princípio da Igualdade. Como este exige um parâmetro, a Capacidade Contributiva vem preencher a exigência do Princípio da Igualdade, conferindo critério para a comparação de contribuintes.

Mais ainda: a hipótese tributária não é uma grandeza qualquer, escolhida arbitrariamente pelo legislador ordinário, mas, sempre, uma medida adequada para servir como critério de diferenciação, cujos contornos encontrar-se-ão na justificação do tributo.

5.1.2.1 *Capacidade contributiva absoluta e relativa*

A tributação segundo a capacidade contributiva pode assumir duas feições: a absoluta e a relativa. Enquanto do ponto de vista relativo (subjetivo) a capacidade contributiva se aplica a todos os tributos, no sentido absoluto (objetivo), ela é um critério a ser empregado para distinguir quem será contribuinte.

Este ponto nem sempre fica claro entre os que escrevem sobre a capacidade contributiva, e, por isso mesmo, é muito comum que alguns neguem a existência do Princípio e outros o apresentem como muito fluido: possivelmente, não estão falando sobre o mesmo fenômeno. A capacidade contributiva pode ser: (i) um limite ou critério para a graduação da tributação; ou (ii) um parâmetro para

211 Cf. MOSCHETTI, Francesco. *Il principio della capacità contributiva*. Padova: CEDAM, 1973, p. 59-95.

212 Cf. AMATUCCI, Andrea. Il concetto di tributo (I Parte). In: AMATUCCI, Andrea (dir.). *Trattato di Diritto Tributario*. Padova: CEDAM, 2000, p. 619; p. 624.

213 Cf. JARACH, Dino. *O fato imponível*: teoria geral do Direito Tributário Substantivo. Dejalma de Campos (trad.). São Paulo: Revista dos Tribunais, 1989, p. 97.

214 Cf. ZILVETI, Fernando Aurélio. Capacidade contributiva e mínimo existencial. In: SCHOUERI, Luís Eduardo; ZILVETI, Fernando Aurélio (coords.). *Direito Tributário*. Estudos em homenagem a Brandão Machado. São Paulo: Dialética, 1998, p. 36-47 (38).

a distinção entre situações tributáveis e não tributáveis. No primeiro caso, falar-se-á em capacidade contributiva relativa ou subjetiva; no último, em capacidade contributiva absoluta ou objetiva[215]. Esta será "a existência de uma riqueza apta a ser tributada (capacidade contributiva como pressuposto de tributação)", enquanto no sentido subjetivo, será "a parcela dessa riqueza que será objeto da tributação em face de condições individuais (capacidade contributiva como critério de graduação e limite do tributo)"[216].

Quando encarada a capacidade contributiva do ponto de vista subjetivo, querem-se conhecer as condições pessoais do contribuinte, i.e., se ele pode, ou não, suportar a carga tributária. A questão se resume a saber se existe um ponto, abaixo ou acima do qual descabe a incidência de um tributo, ou, ainda, até onde pode atingir a tributação; no primeiro caso, estar-se-á cogitando do mínimo de subsistência; ultrapassado o limite, versar-se-á sobre o confisco. Trata-se da aptidão econômica, i.e., a capacidade de ser contribuinte.

É, neste sentido, algo além da mera capacidade econômica, já que a capacidade contributiva compreende aquela parcela da riqueza de que o contribuinte pode dispor para voltar-se à coletividade[217]. "*Allí donde no existe tal capacidad, no pode existir el impuesto. Podrá haberse establecido en la Ley. Pero no llegará a ser una realidad social, porque no podrá ser pagado y suportado por quienes han de pagarlo y soportarlo. El impuesto que grava a quien carece de aptitud, de capacidad económica, es utópico. Es un impuesto que nace para no vivir, para fracassar, para morir, en suma*[218].

A capacidade contributiva relativa pressupõe a existência de uma riqueza, mas não qualquer uma, senão aquela que gera um saldo (disponível). Assim, não basta, para aferir a existência de capacidade contributiva, investigar os rendimentos de uma pessoa. O exemplo, hoje clássico, é daquela pessoa que recebe alugueres razoáveis, mas que, por ter saúde precária, vê-se obrigada a manter enfermeiros durante todo seu tratamento, além de altos custos de medicamentos. Terá ela, talvez, capacidade econômica; capacidade contributiva, entretanto, não cabe cogitar.

Nesta acepção relativa, parece que o Princípio da Capacidade Contributiva deve espraiar-se por todas as categorias tributárias: não tendo o contribuinte o mínimo para sua sobrevivência, não pode ele ser constrangido a contribuir para as despesas públicas, ainda que ele as tenha causado (o serviço público é, sempre, de interesse público, ainda que dirigido a alguém). No caso de tributo com efeito de confisco, o próprio constituinte tratou de estender a proteção a qualquer espécie tributária, como se verá mais adiante. Mínimo existencial e confisco oferecem as balizas da capacidade contributiva, no sentido subjetivo, que "começa *além* do mínimo necessário à existência humana digna e termina *aquém* do limite destruidor da propriedade"[219]. Assim, no sentido subjetivo, o Princípio da Capacidade Contributiva não se limita aos impostos. Foi o que entendeu o Supremo Tribunal Federal no julgamento do RE 1.018.911-RR, em que se reconheceu a aplicabilidade da capacidade contributiva às taxas, no sentido de barreira à tributação se o contribuinte não tiver riqueza disponível (este julgado será retomado quando se tratar da base de cálculo de taxas, no Capítulo XII)[220].

215 Cf. COSTA, Regina Helena. *Princípio da capacidade contributiva.* 2. ed. São Paulo: Malheiros, 1996, p. 29.

216 Cf. OLIVEIRA, José Marcos Domingues de. *Capacidade contributiva:* conteúdo e eficácia do princípio. Rio de Janeiro: Renovar, 1988, p. 36.

217 Cf. GIARDINA, Emilio. *Le basi teoriche del principio della capacità contributiva.* Milano: Dott. A. Giuffrè, 1961, p. 54.

218 Cf. AYALA, José Luis Perez de; GONZALEZ, Eusebio. Op. cit. (nota 20), p. 177.

219 Cf. TORRES, Ricardo Lobo. Op. cit. (nota 118), p. 163-164.

220 STF, RE 1.018.911-RR, Tribunal Pleno, rel. Min. Luiz Fux, j. 11.11.2021

Por tais características, parece acertado afirmar que a capacidade contributiva, em sua feição relativa, tem feições de princípio jurídico, i.e., mandamento de otimização: deve o legislador, na medida do possível (ou ao máximo possível), buscar alcançar a capacidade contributiva; a base de cálculo do tributo deve ser medida que atinja, do melhor modo possível, aquela capacidade. Dentre duas bases de cálculo, o Princípio exigirá que se busque a mais exata; a alíquota do tributo não pode ser tão alta a ponto de a tributação ultrapassar a capacidade contributiva manifestada.

Outro é o raciocínio quando se toma a capacidade contributiva sob o ponto de vista objetivo; o que se quer é, apenas, que a situação que distinguirá os contribuintes (i.e., a situação que dirá que alguém deve pagar um tributo, ou, ainda mais claramente: a hipótese tributária) seja algo que, objetivamente, indique que quem nela se enquadra tem condições de suportar os gastos comuns.

A capacidade contributiva absoluta compreende o "momento que concerne à delimitação da base imponível, ou seja, a escolha de quais elementos aferidores da economia individual formam a fonte do tributo[221].

Neste sentido objetivo, absoluto, não se indaga se um determinado contribuinte pode, ou não, pagar o tributo; ao contrário, o legislador, em sua função generalizante, visando a concretizar a igualdade, dirá que quem está naquela situação deve poder pagar tributo.

A capacidade contributiva objetiva é verdadeira regra do ordenamento, já que proíbe que o legislador preveja hipóteses tributárias que não revelem, objetivamente, capacidade contributiva.

Assim, ser proprietário de um imóvel indica, objetivamente, ter capacidade contributiva; do mesmo modo, possuir um automóvel ou auferir renda. São todas situações que indicam, objetivamente, capacidade contributiva. São, melhor dizendo, signos presuntivos de riqueza.

Claro que é possível que alguém seja proprietário de um automóvel mas não tenha capacidade contributiva. Por exemplo, se um mendigo encontra um bilhete de uma rifa e vem a ganhar um automóvel, não tem ele, por isso, capacidade contributiva; não obstante, se ele quiser continuar proprietário do automóvel, deverá ele pagar o imposto correspondente. É o ônus que ele tem por ostentar o veículo. Não querendo pagar o imposto, cabe-lhe vender o veículo a outrem, que, tornando-se proprietário do automóvel, pagará aquele imposto.

Nesse sentido (objetivo), ter-se-á por acertado o art. 145, § 1º, da Constituição Federal, quando faz referência apenas aos impostos. Com efeito, embora, em princípio, idêntico raciocínio pudesse ser estendido às taxas – e em outros países se aceite que as taxas se dobrem ao Princípio da Capacidade Contributiva também em seu sentido objetivo[222] – deve-se repisar que o constituinte brasileiro, por meio do § 2º do art. 145, vedou o emprego de base de cálculo própria de impostos às taxas. Ora, base de cálculo "própria" de impostos é aquela que se vale da capacidade contributiva objetiva, pois é índice de riqueza[223]. Ao vedar o emprego de semelhante base de cálculo para as taxas, vedou o constituinte que considerações de capacidade contributiva objetiva se

---

221 No original: "*Questo è il momento che concerne la delimitazione della base imponibile, ossia la scelta di quegli elementi afferenti all'economia individuale che formano la fonte del tributo*". Cf. GIARDINA, Emilio. Op. cit. (nota 217), p. 53.

222 Na Alemanha, enquanto parte da doutrina entende possível que as taxas se dobrem ao princípio da capacidade contributiva (Cf. KLOEPFER, Michael. Die lenkende Gebühr. *Archiv des öffentlichen Rechts*. vol. 97. Tübingen: J.C.B. Mohr, 1972, p. 233-275 (256), outros entendem pela impossibilidade (Cf. KIRCHHOF, Paul. Staatliche Einnahmen. In: ISENSEE, Josef; KIRCHHOF, Paul (orgs.). *Handbuch des Staatsrechts der Bundesrepublik Deutschland*. Heidelberg: C. F. Müller, 1990, p. 168-179 (176).

223 No mesmo sentido, cf. COSTA, Regina Helena. Op. cit. (nota 199), p. 56; CONTI, José Maurício. *Princípios tributários da capacidade contributiva e da progressividade*. São Paulo: Dialética, 1996, p. 64; ROCHA, Valdir de Oliveira. *Determinação do montante do tributo*. Quantificação, fixação e avaliação. 2. ed. São Paulo: Dialética, 1995, p. 60. Em

estendessem àquela espécie tributária, onde descabem considerações sobre solidariedade[224]. Quanto às contribuições especiais, o tema já foi explorado acima, com idêntica conclusão: o Princípio da Capacidade Contributiva é o reflexo, na matéria tributária, do princípio da solidariedade e por tal razão é critério para discriminação entre contribuintes que se igualam em outros critérios. Assim, enquanto nos impostos a capacidade contributiva aparece imediatamente como critério de discriminação exigido pelos Princípios da Igualdade e da Solidariedade, no caso das contribuições especiais, o primeiro critério de discriminação está na referibilidade (i.e.: pertencer, ou não, ao grupo afetado); dentro do grupo, será a capacidade contributiva que permitirá que se efetuem diferenciações entre contribuintes.

5.1.3 A coexistência de diversos parâmetros

Isto posto, deve-se, agora, alertar que, ao lado dos valores próprios da tributação, que levam à diferenciação de contribuintes acima proposta (baseada na justificação da própria espécie tributária), outros valores concorrem no ordenamento tributário. Assim, por exemplo, ao lado da capacidade contributiva, cuja aplicação rígida exigiria que contribuintes com idêntica capacidade econômica suportassem idêntico ônus tributário, encontra-se o preceito do desenvolvimento regional, que permite que se incentivem aqueles contribuintes que se disponham a investir em regiões mais carentes. Por conta deste segundo valor constitucionalmente prestigiado[225], é possível admitir que a norma tributária diferencie os contribuintes, não obstante a idêntica capacidade contributiva.

É assim que cabe alertar que o Princípio da Capacidade Contributiva serve como um dos vários critérios que, simultaneamente, atuarão sobre o mundo fático, a fim de identificarem-se situações equivalentes. A igualdade não se mede apenas a partir da capacidade contributiva: é possível haver efeitos indutores diversos, impostos pela mesma lei, a contribuintes com idêntica capacidade contributiva. Nesse caso, importará examinar se há fator (diverso da capacidade contributiva) que justifique a discriminação. Na Ordem Tributária, encontram-se fatores como a essencialidade, base para a aplicação do Princípio da Seletividade (que se emprega na fixação das alíquotas do IPI e do ICMS), ou o custo/benefício, base para as taxas. Na Ordem Econômica, outros fatores serão acrescentados, como, por exemplo, a proteção da livre concorrência, função social da propriedade etc.

---

sentido diverso, embora escrevendo antes da entrada em vigor do texto constitucional de 1988, cf. OLIVEIRA, José Marcos Domingues de. Op. cit. (nota 216), p. 52.

224 "*Egualmente non possono qualificarsi solidaristici i pagamenti che, indipendentemente dalla denominazione loro attribuita da leggi speciali, 'rapresentino comunque* specifico corrispettivo a determinate prestazioni, *immediate o differite, dirette o indirette,* od al godimento di beni o di diritti' *della pubblica amministrazione o di enti pubblici*". (Igualmente, não podem qualificar-se solidários os pagamentos que, independentemente da denominação que lhes atribuam leis especiais, 'representam como que *correspectivo específico a determinadas prestações,* imediatas ou diferidas, diretas ou indiretas, ou a gozo de bens ou de direitos' da administração pública ou dos entes públicos.) Cf. MOSCHETTI, Francesco. Op. cit. (nota 211), p. 99.

225 O art. 3º, III, da Constituição Federal, inclui entre os objetivos fundamentais da República Federativa do Brasil: "erradicar a pobreza e a marginalização e reduzir as desigualdades sociais e regionais".

Assim, por exemplo, não afronta a isonomia a previsão de alíquotas distintas do IPVA para veículos movidos a gasolina e a etanol, já que, embora os veículos sejam iguais enquanto signos presuntivos de capacidade contributiva, a distinção guarda lógica com a política de incentivar o uso de energias nacionais e renováveis[226].

Quanto à seletividade e à progressividade, com seus desdobramentos na ordem econômica, ambos os critérios serão explorados no Capítulo VIII.

Cada fator, isoladamente considerado, efetuará um "corte" no mundo fenomênico, separando os indivíduos que atendem, ou não, àquele requisito. Os "cortes" se entrecruzarão, identificando-se "fatias" cada vez menores.

Mantendo-se a figura, o teste da igualdade passa a ser feito em dois níveis: dentro de cada "fatia" e entre uma e outra "fatia".

Dentro de cada "fatia", o Princípio da Igualdade exigirá idêntico tratamento. É o que se chama "igualdade horizontal", o que não oferece qualquer dificuldade para a compatibilização entre capacidade contributiva e outros valores constitucionalmente prestigiados, já que a própria "fatia" define-se a partir do cruzamento de todos os critérios.

Já na comparação entre as "fatias", falar-se-á em "igualdade vertical", quando o Princípio da Igualdade exigirá que se verifique se entre as fatias há diferença suficiente para justificar o tratamento desigual proposto. Valerá, aqui, a razoabilidade, à qual já se fez referência acima e é agora retomada para afirmar, com base no Princípio da Igualdade, que diferentes tratamentos tributários a situações diversas devem ter por base uma proporcionalidade, de modo que, quanto mais diversa a situação, tanto mais aceitável e exigido o tratamento tributário diferenciado.

5.2 Igualdade e contribuições

Alguma atenção merece o tema da igualdade, quando se examinam as contribuições. Chama logo a atenção o que dispõe o art. 149 da Constituição Federal:

> Art. 149. Compete exclusivamente à União instituir contribuições sociais, de intervenção no Domínio Econômico e de interesse das categorias profissionais ou econômicas, como instrumento de sua atuação nas respectivas áreas, observado o disposto nos arts. 146, III, e 150, I e III, e sem prejuízo do previsto no art. 195, § 6º, relativamente às contribuições a que alude o dispositivo.

Salta aos olhos a referência aos incisos I e III do art. 150. Fica eloquente a intenção do constituinte de não estender às contribuições o que dispõe o inciso II do art. 150. Como é este o dispositivo que traz o Princípio da Igualdade em matéria tributária, um raciocínio apressado poderia levar à crença de que aquele Princípio não se estenderia às contribuições de que trata o art. 149.

---

226 STF, RE n. 236.931-SP, 1ª Turma, rel. Min. Ilmar Galvão, D.J. 29.10.1999.

Uma leitura mais atenta logo desfaz o engano. Afinal, o Princípio da Igualdade não é preceito que se extrai apenas do art. 150. Ele permeia todo o texto constitucional, como se vê do art. 5º:

> Art. 5º Todos são iguais perante a lei, sem distinção de qualquer natureza, garantindo-se aos brasileiros e aos estrangeiros residentes no País a inviolabilidade do direito à vida, à liberdade, à igualdade, à segurança e à propriedade, nos termos seguintes:
>
> I – homens e mulheres são iguais em direitos e obrigações, nos termos desta Constituição.

Não se vê, no dispositivo acima, qualquer restrição à igualdade. A isonomia é a base do texto constitucional. Se assim é, como explicar que ela reapareça no art. 150, II, "e", ainda mais, que o referido dispositivo não se aplique a todos os tributos? A resposta exige que se releia o referido dispositivo:

> Art. 150. Sem prejuízo de outras garantias asseguradas ao contribuinte, é vedado à União, aos Estados, ao Distrito Federal e aos Municípios:
>
> (...)
>
> II – instituir tratamento desigual entre contribuintes que se encontrem em situação equivalente, proibida qualquer distinção em razão de ocupação profissional ou função por eles exercida, independentemente da denominação jurídica dos rendimentos, títulos ou direitos.

Aí está: o inciso II do art. 150 não se limita a enunciar o Princípio da Igualdade, já previsto no art. 5º. Fosse apenas a intenção do constituinte assegurar a igualdade, revelar-se-ia redundante o art. 150.

O que o art. 150, II, inova em relação ao art. 5º é, justamente, ao arrolar uma série de critérios que não serão admitidos, como a ocupação profissional ou função exercida pelos contribuintes. Ocorre que dentre as contribuições previstas no art. 149 estão, justamente, as de interesse de categoria profissional ou econômica. Estas, por conta da referibilidade, são cobradas justamente das categorias afetadas. Ou seja: para essas contribuições, o critério de discrímen está, justamente, na ocupação profissional.

Eis, portanto, a conclusão: ao afastar a aplicação do inciso II do art. 150 das contribuições, não quis o constituinte excepcionar a igualdade. Esta se aplica já por força do art. 5º. Fica afastada, apenas, a proibição dos critérios de discrímen arrolados no art. 150, II.

Aliás, a evidência de que às contribuições se aplica, em termos gerais, a igualdade, apenas se afastando as restrições quanto aos critérios de discrímen, pode ser confirmada quando se lê, para as contribuições sociais destinadas à seguridade social, o que dispõe o art. 195, § 9º:

> § 9º As contribuições sociais previstas no inciso I do *caput* deste artigo poderão ter alíquotas diferenciadas em razão da atividade econômica, da utilização intensiva de mão de obra, do porte da empresa ou da condição estrutural do mercado de trabalho, sendo também autorizada a adoção de bases de cálculo diferenciadas apenas no caso das alíneas "b" e "c" do inciso I do *caput*.

Mais uma vez, verifica-se que, em consonância com a exceção prevista pelo art. 149, o constituinte permitiu o emprego de critério (atividade econômica) que não seria tolerável para outras espécies tributárias, à luz do art. 150, II.

Em virtude disso, houve a adoção de alíquotas diferenciadas da Contribuição Social sobre o Lucro tanto para as empresas de seguros, resseguros de vida e previdência e saúde suplementar, quanto para empresas financeiras e equiparadas. Enquanto a alíquota geral da CSL era de 9%, para tais empresas variou entre 15, 17 e 20%. Em face desse discrímen em relação à "atividade econômica", coube ao Supremo Tribunal Federal julgar a constitucionalidade de tais alíquotas diferenciadas nas ADIs 4.101[227] e 5.485[228].

> De acordo com o Min. Luiz Fux, relator de ambas as decisões, "não se pode olvidar do fato de que tais sociedades não exercem atividade produtiva". Conquanto tais empresas franqueiem "a atividade econômica do país" e permitam "a produção de bens e serviços pelos segmentos responsáveis", para o Ministro, elas, "em si, nada produzem". Valendo-se das lições de Posner, o referido Ministro afirma que a tributação dessas empresas "deve ser calibrada de maneira a que não seja irrisória a ponto de manter" estimuladas as atividades de crédito e securitárias, mas tampouco "ocasionar baixíssima arrecadação para o potencial do mercado". A partir de outros estudos que indicam a inelasticidade das demandas em tais atividades, o Min. Luiz Fux sustenta que "a demanda é imune a calibragens mais pesadas na tributação que modifiquem" os seus custos. Por isso, não haveria "tributação desarrazoada ou em oposição aos primados da isonomia e da capacidade contributiva, mas sim de fazer incidir a exigência sobre a grandeza econômica que representa" tais atividades[229].

Não obstante a posição do STF, é interessante o alerta de Humberto Ávila[230]: a atividade econômica não pode, mesmo diante do texto acima transcrito, ser o fundamento para a diferenciação, já que a Ordem Econômica é fundada na liberdade de exercício da atividade econômica, a exigir que qualquer restrição a este exercício encontre fundamentação. Daí que a diferenciação que utiliza por critério a atividade econômica, a utilização intensiva de mão de obra ou outra das medidas acima deve encontrar uma justificativa (um motivo real e razoável), i.e., embora admitida a

227 STF, ADI n. 4.101-DF, Plenário, rel. Min. Luiz Fux, j. 16.06.2020.

228 STF, ADI n. 5.485-DF, Plenário, rel. Min. Luiz Fux, j. 16.06.2020.

229 STF, ADI n. 4.101-DF, Plenário, rel. Min. Luiz Fux, j. 16.06.2020, p. 28-31; e STF, ADI n. 5.485-DF, Plenário, rel. Min. Luiz Fux, j. 16.06.2020, p. 31-34.

230 Cf. ÁVILA, Humberto. Op. cit. (nota 207), p. 435-438.

diferenciação em função da atividade econômica, importa que tal critério "mantenha relação de pertinência com a finalidade concreta da norma, não restrinja o núcleo do princípio do livre exercício de atividade econômica e seja compatível com o postulado da proporcionalidade". A finalidade a ser buscada com a diferenciação deve encontrar fundamentação constitucional. Em síntese, a adoção de critérios de distinção como atividade econômica, utilização intensiva de mão de obra etc., não é uma justificativa em si mesma; o critério é utilizado se por meio dele se concretizar uma finalidade constitucionalmente acatada.

6 Princípio da Proibição do Efeito de Confisco

O Princípio da Proibição do Efeito de Confisco exterioriza a necessidade de um limite máximo para a pretensão tributária. Estende-se a todos os tributos, conforme se extrai do texto constitucional:

> Art. 150. Sem prejuízo de outras garantias asseguradas ao contribuinte, é vedado à União, aos Estados, ao Distrito Federal e aos Municípios:
> (...)
> IV – utilizar tributo com efeito de confisco;
> (...)

O dispositivo apresenta um conteúdo imediato: não pode o tributo ser proibitivo. Se uma atividade é ilícita, o legislador não pode valer-se de subterfúgios para impedi-la. A uma atividade ilícita, aplica-se uma sanção. Esta, sim, constitui seu consequente. Por outro lado, se a atividade é lícita, o tributo não pode ser exagerado, i.e., impedir seu exercício.

Dessa forma, o Princípio ora estudado relaciona-se com a ideia de proibição de exagero, impondo que se indague não apenas se um contribuinte está sendo mais gravado que o outro (o que seria a igualdade), mas, ao mesmo tempo, se o tributo não ultrapassou o necessário para atingir sua finalidade.

> A proibição do exagero ganha especial importância quando se tem em conta a necessidade de se encontrarem limites à tributação. Como visto no Capítulo I, o Estado do século XXI já não mais tolera que a tributação se dê sem limites; a sociedade exige que parte de seus recursos seja preservada. Não se justifica uma tributação excessiva por parte do Estado se com aqueles recursos não se acrescentará parcela de liberdade coletiva, enquanto, ao mesmo tempo, tais recursos, nas mãos da sociedade civil, revelam-se mais aptos a promover a inclusão social.

O Princípio da Proibição do Efeito de Confisco integra-se, pois, ao sistema político e econômico da Constituição, dada a garantia da propriedade, salvo desapropriação (art. 5º, XXII a XXIV).

A grande dificuldade do Princípio da Proibição do Efeito de Confisco está na confirmação de sua ocorrência. Afinal, confisco é conceito indeterminado. Já se viu, quando do estudo do Princípio da Legalidade, que o conceito indeterminado é ferramenta de que se vale o legislador, diante da limitação da linguagem, para expressar situação sujeita a submissão.

Se confisco é conceito indeterminado, nem por isso o Princípio ora examinado tem feição de princípio: apresenta uma regra. O intérprete/aplicador pode ter dificuldade em identificar uma situação de confisco; caracterizada esta, entretanto, o mandamento constitucional é claro, proibindo tal tributação.

A identificação de uma situação de confisco dificilmente pode ser descrita com limites precisos. Afinal, se é notório que uma tributação da quase totalidade da renda, ou do patrimônio, constitui confisco, uma parcela ínfima não terá tal efeito, ainda que tome por base o mesmo patrimônio ou a mesma renda. A questão é saber o que é a "parcela ínfima" ou a "quase totalidade". Onde encontrar o equilíbrio?

Podem ser encontradas algumas indicações, quando se vê que tem efeito confiscatório o tributo que aniquila a propriedade, ou torna inútil a sua finalidade. Assim, por exemplo, se a tributação atinge nível tão elevado a ponto de afetar o Princípio da Livre-iniciativa, i.e., quando a liberdade de empreender já não passa a produzir qualquer efeito prático, uma vez que o empresário já não tem perspectiva de lucrar em sua atividade, independentemente de seu esforço ou talento, poder-se-á afirmar estar presente um efeito confiscatório da tributação.

Pacífica a proibição do uso dos tributos com efeito de confisco, difícil é sua constatação. Afinal, como diz Kruse, o chamado "imposto sufocante" mais se assemelha ao "monstro do Lago Ness do direito tributário: ninguém o viu e todos escrevem sobre ele"[231].

Assim é que em raros exemplos no direito comparado, encontram-se tentativas de limites quantitativos à tributação. Tal o caso da Argentina, onde a Corte Constitucional declarou inconstitucional o imposto imobiliário que consumisse mais de 33% da renda calculada segundo o rendimento normal médio de uma correta e adequada exploração, assim como o imposto sobre heranças e doações que excedesse a 33% do valor dos bens recebidos pelo beneficiário[232]. Na Alemanha, desenvolveu-se, na Corte Constitucional, o princípio da meação (*Halbteilungsgrundsatz*), segundo o qual "o imposto sobre o patrimônio somente pode ser acrescido aos demais impostos sobre rendimentos se a carga tributária total da renda esperada, numa consideração de rendas típicas, deduzidas as aplicações e demais desembolsos, ficar próxima do meio a meio entre as mãos públicas e as mãos privadas"[233]. Esse raciocínio baseou-se no art. 14, II, da Lei Fundamental alemã, segundo o qual o uso da propriedade deve servir ao gozo privado e ao bem de todos (equivalendo, daí, à ideia de função social da propriedade). Neste sentido, o poder público não se poderia apropriar de algo além de "sua

231 No original: *Die Erdrosselungssteuer ist das steuerrechtliche Ungeheuer von Loch Ness; keiner hat es gesehen, und alle schreiben darüber*. Cf. KRUSE, Heinrich Wilhelm. *Lehrbuch des Steuerrechts*: Allgemeiner Teil. Band 1. München: Beck, 1991, p. 37.

232 Cf. VILLEGAS, Hector. *Curso de Finanzas, Derecho Financiero y Tributario*. 2. ed. Buenos Aires: Depalma, 1975. p. 195, apud Misabel Abreu Machado Derzi, "(nota)". *Limitações Constitucionais ao Poder de Tributar*. Aliomar Baleeiro (atualizadora Misabel Abreu Machado Derzi), 7. ed. Rio de Janeiro: Forense. 2001, p. 576.

233 No original: *Die Vermögensteuer darf zu den übrigen Steuern auf Ertrag nur hinzutreten, soweit die steuerliche Gesamtbelastung des Sollertrages bei typisierender Betrachtung von Einnahmen, abziehbaren Aufwendungen und sonstigen Entlastungen in der Nähe einer hälftigen Teilung zwischen privater und Öffentlicher Hand verbleibt*. (BverfGE 93, 121, Leitsatz 3) apud TIPKE, Klaus. *Steuerrecht*. 16. ed., totalmente atualizada por Joachim Lang. Köln: Otto Schmidt, 1998, p. 129.

metade"[234]. No México, o texto constitucional proíbe o confisco, em seu art. 22; a jurisprudência, entretanto, tem dificuldade em sua aplicação, tendo negado o efeito do confisco até mesmo em caso de imposto sobre propriedades de campo que atingia 50% do valor dos imóveis. Na argumentação da corte, "impuesto del 50% de los valores que tienen las fincas, no es confiscatorio de bienes, ya que por confiscación debe enterderse jurídicamente la adjudicación que se hace al fisco de los bienes de algún deudor, y ninguno de los preceptos que contiene el aludido decreto, dispone que se quiten a los quejosos los bienes de su propiedad que mencionan en su demanda, ya que sólo fija un impuesto a los propietarios de las casas señaladas en su artículo 1º"; ou seja: como os proprietários poderiam manter seus imóveis, desde que pagassem aquele imposto, não haveria o confisco[235]. No Brasil, a Constituição de 1934 chegou a estabelecer que "nenhum imposto poderá ser elevado além de vinte por cento do seu valor ao tempo do aumento" (art. 185) e o texto de 1946 impôs um teto ao imposto de exportação (art. 19, V e § 6º).

Em Portugal, a partir do entendimento de que a determinação dos efeitos confiscatórios de um tributo dar-se-ia não a partir do valor nominal das alíquotas, mas sim mediante a aferição "desses efeitos confiscatórios em relação a determinado contribuinte", pronunciou-se o Tribunal Constitucional no sentido de que o fator decisivo para a determinação dos efeitos confiscatórios não seria "aquilo que o imposto retira ao contribuinte, mas o que lhe deixa ficar"[236]. Assim, a criação de uma "Contribuição Extraordinária de Solidariedade"[237], incidente sobre os rendimentos de aposentados e pensionistas, não possuiria caráter confiscatório, em situação na qual as alíquotas "adicionais de 15% e 40% são aplicadas só a partir de rendimentos especialmente elevados e deixam ainda uma margem considerável de rendimento disponível"[238]. Outro argumento controverso trazido pelo Tribunal Constitucional para afastar a inconstitucionalidade da referida contribuição foi o fato de se tratar de "*uma medida conjuntural de caráter transitório, justificada por situação de emergência económica e financeira*". Dado o contexto de ajuste fiscal em que a medida se inseriu, não deixa de chamar a atenção a expressão empregada naquele país para se referir ao precedente como "jurisprudência da crise"[239].

Também a Corte Europeia de Direitos Humanos decidiu casos importantes sobre o tema do confisco. Conforme explicita Philip Baker[240], um tributo excessivo que põe em xeque a viabilidade econômica do contribuinte possui caráter expropriatório, devendo ser considerado uma violação ao art. 1º do Primeiro Protocolo da Convenção Europeia dos Direitos do Homem[241]. Dentre outras

---

234 Cf. crítica e indicações bibliográficas em TIPKE, Klaus (Tipke/Lang). Op. cit. (nota 5), p. 129-131.

235 Cf. Quinta Época; Instancia: Segunda Sala, in Semanario Judicial de la Federación LXXXII, p. 963.

236 Cf. ABREU, Luís Vasconcelos. Algumas notas sobre o problema da confiscatoriedade tributária em sede de imposto sobre o rendimento pessoal. *Fisco*, n. 31, maio 1991, p. 26 e ss.

237 Cf. art. 78 da Lei n. 66-B, de 31 de dezembro de 2012, que aprovou o Orçamento do Estado para o ano de 2013.

238 Portugal, Tribunal Constitucional, Acórdão n. 187/2013, rel. Conselheiro Carlos Fernandes Cadilha, disponível em: <http://www.tribunalconstitucional.pt/tc/acordaos/20130187.html>, acesso em: 19 de novembro de 2015.

239 Cf., sobre o tema, PINHEIRO, Alexandre Sousa. A jurisprudência da crise: Tribunal Constitucional português (2011-2013). *Observatório da Jurisdição Constitucional*, ano 7, n. 1, jan./jun. 2014, p. 168.

240 BAKER, Philip. Some Recent Decisions of the European Court of Human Rights on Tax Matters. 53 *European Taxation* 12 (2013), Journals IBFD, p. 393.

241 O referido artigo dispõe que: "Qualquer pessoa singular ou colectiva tem direito ao respeito dos seus bens. Ninguém pode ser privado do que é sua propriedade a não ser por utilidade pública e nas condições previstas pela lei e pelos princípios gerais do direito internacional. As condições precedentes entendem-se sem prejuízo do direito que os Estados possuem de pôr em vigor as leis que julguem necessárias para a regulamentação do uso dos bens, de acordo com o interesse geral, ou para assegurar o pagamento de impostos ou outras contribuições ou de multas".

decisões[242], pode-se mencionar o caso NKM vs. Hungary[243], em que se entendeu por contrária à Convenção Europeia dos Direitos do Homem exação húngara incidente a alíquotas progressivas que poderiam atingir 98% sobre a indenização no caso de demissão de funcionários públicos, o que levou a uma tributação de 52% dos rendimentos auferidos pela contribuinte (enquanto a alíquota geral para o imposto de renda das pessoas físicas na Hungria é de 16%).

No que se refere à legislação tributária brasileira hodierna, inexiste qualquer indicação quantitativa para a ocorrência do confisco, o que Misabel Derzi julga acertado, "pois diversas circunstâncias podem interferir na configuração daquilo que seja ou não confiscatório"[244]. Não obstante, a doutrina se esforça por dar-lhe alguns balizamentos. É neste sentido que Ricardo Lobo Torres define como confiscatório "o tributo que aniquila a propriedade privada, atingindo-a em sua substância e essência"[245]. Sampaio Dória afirma que "o poder tributário, legítimo, se desnatura em confisco, vedado, quando o imposto absorva *substancial* parcela da propriedade ou a *totalidade* da renda do indivíduo ou da empresa", sendo que "o que distingue o imposto constitucional de um gravame confiscatório (...) é mera diferença de grau"[246]. Gerd Willi Rothmann vê confisco quando a tributação absorve "a totalidade do bem ou rendimento do contribuinte. Fora desse caso extremo, não existe nenhum critério matemático para se estabelecer a percentagem a partir da qual a imposição de tributos deva ser considerada como confisco. É da análise da capacidade econômica que resultará a determinação do limite que separa a tributação legítima do confisco inconstitucional"[247]. Aires Barreto encontra o confisco "sempre que houver afronta aos princípios da liberdade de iniciativa, ou de trabalho, ofício ou profissão, bem assim quando ocorrer absorção, pelo Estado, de valor equivalente ao da propriedade imóvel ou quando o tributo acarretar a impossibilidade de exploração de atividades econômicas"[248]. Para Conti, é "confiscatório o tributo que atinja o contribuinte de tal forma que venha a violar seu direito de propriedade sem a correspondente indenização"[249]. Este entendimento parece cotejar-se com Moschetti, o qual, depois de negar se possa confundir a tributação, por mais alta que seja, com a desapropriação, afirma que ela precisa conformar-se com o princípio da garantia da propriedade privada, que deve "permanecer como instituto essencial de nosso ordenamento e não pode, pois, ser eliminada ou reduzida a uma função totalmente simbólica"[250]. Este mesmo autor oferece alguma indicação acerca da

242 Hungria: ECtHR, 25 June 2013, Application n. 49570/11, *Gáll v. Hungary*; HU: ECtHR, 2 July 2013, Application N. 41838/11, R.Sz. v. Hungary.

243 Hungria: ECtHR, 14 May 2013, Application n. 66529/11, NKM v. Hungary.

244 Cf. DERZI, Misabel Abreu Machado, "nota". *Limitações Constitucionais ao Poder de Tributar.* Aliomar Baleeiro (atualizadora Misabel Abreu Machado Derzi), 7. ed. Rio de Janeiro: Forense, 2001, p. 576.

245 Cf. TORRES, Ricardo Lobo. *Tratado de direito constitucional, financeiro e tributário*, volume 3: Os Direitos Humanos e a Tributação: Imunidades e Isonomia. Rio de Janeiro: Renovar. 1999, p. 132.

246 Cf. DÓRIA, Antônio Roberto Sampaio. *Direito Constitucional Tributário e Due Process of Law*. 2. ed. Rio de Janeiro: Forense. 1986, p. 195-196.

247 Cf. ROTHMANN, Gerd Willi. "Considerações sobre extensão e limites do poder de tributar. In: NOGUEIRA, Ruy Barbosa (direção e colaboração). *Estudos Tributários* – em homenagem à memória de Rubens Gomes de Sousa. São Paulo: Resenha Tributária, s.d. (cerca de 1974), p. 207-221 (212).

248 Cf. BARRETO, Aires Fernandino. *Base de cálculo, alíquota e princípios constitucionais.* São Paulo: Revista dos Tribunais, 1986, p. 108.

249 Cf. CONTI, José Maurício. *Princípios tributários da capacidade contributiva e da progressividade.* São Paulo: Dialética, 1996, p. 55.

250 No original: *deve rimanere come istituto essenziale del nostro ordinamento e non può quindi venire eliminata o ridotta ad una funzione del tutto simbolica.* Cf. MOSCHETTI, Francesco. Op. cit. (nota 211), p. 258.

medida do confisco, afirmando que se deve "julgar de caso a caso se a exigência tributária chegou ao ponto de violar o direito de propriedade. Não é possível estabelecer uma medida absoluta desta violação. Existirão zonas intermediárias em que poderá ser duvidoso se ela se completou e em que se deverá deixar livre a escolha do legislador; mas se deverá também admitir que existe um limite máximo, a partir do qual não se poderá negar o caráter supressivo e a violação do instituto tutelado pelo art. 42" (propriedade)[251]. Daí a conclusão de Ricardo Lobo Torres[252], para quem, no lugar de uma medida absoluta, faz-se conveniente o emprego dos princípios da razoabilidade e da economicidade ("a significar que o tributo deve corresponder à necessidade mínima do Estado para atender à parcela máxima de interesse público"), o que implicará "apreender as diferenças entre os diversos tributos (...), modulando-lhes o efeito confiscatório, bem como para considerar a conjuntura econômica do país, que, a depender da guerra ou da paz, do desenvolvimento ou da recessão, modifica a apreciação do que seja o aniquilamento da propriedade".

Raras são as oportunidades em que se encontra manifestação do Judiciário sobre a ocorrência do confisco. Cite-se Acórdão do Tribunal Regional Federal, versando sobre a incidência do IOF sobre ouro, em que seu Relator, o então Juiz José Delgado, decidiu que "a vedação do confisco, muito embora seja de difícil conceituação no Direito pátrio, em face da ausência de definição objetiva que possibilite aplicá-lo concretamente, deve ser estudado em consonância com o sistema socioeconômico vigente, observando-se a proteção da propriedade em sua função social". No caso, entendeu-se exacerbarem a capacidade contributiva do sujeito passivo as alíquotas de até 35% sobre a transmissão de ouro e títulos[253].

O Supremo Tribunal Federal manifestou-se acerca do referido princípio. No caso[254], tratava-se não de um tributo confiscatório propriamente dito, mas de uma multa pelo não cumprimento da obrigação tributária. Na jurisprudência, entende-se que o Princípio da Proibição do Efeito de Confisco vale não só para o tributo, mas também para a multa pelo descumprimento da obrigação tributária. Afinal, as multas também são expressão do poder de tributar e, portanto, se sujeitam às limitações deste. Examinava-se um dispositivo, existente na Constituição do Estado do Rio de Janeiro, que determinava que a multa pela infração tributária não seria inferior a duas vezes o valor do tributo, no caso de atraso, e cinco vezes, no caso de sonegação.

Segundo o Acórdão, votado por unanimidade pelo Tribunal Pleno do Supremo Tribunal Federal, a desproporção entre o desrespeito à norma tributária e sua consequência jurídica, a multa, evidencia o caráter confiscatório desta, atentando contra o patrimônio do contribuinte, em contrariedade ao mencionado dispositivo do texto constitucional federal.

Esclarecedor acerca do tema do confisco e de sua interpretação o voto do Ministro Sepúlveda Pertence, na ocasião:

> *Sr. Presidente, esse problema da vedação de tributos confiscatórios que a jurisprudência do Tribunal estende às multas gera, às vezes, uma certa dificuldade de identificação do ponto a partir de quando passa a ser confiscatório.*

---

251 No original: *si dovrà giudicare di caso in caso se il prelievo fiscale sai stato spinto fino al punto di violare il diritto di proprietà. Non è possibile stabilire una misura assoluta di questa violazione. Esisteranno zone intermedie in cui potrà essere dubbio se essa sai stata o meno compiuta e in cui si dovrà lasciare libera scuta al legislatore; ma si dovrà anche ammettere che esiste un limite massimo, al di là del quale non si può negare il carattere soppressivo e la violazione dell'istituto tutelato dall'art. 42.* Cf. MOSCHETTI, Francesco. Op. cit. (nota 211), p. 259.

252 Cf. TORRES, Ricardo Lobo. Op. cit. (nota 245), p. 134.

253 TRF da 5ª Região, AMS n. 95.05.49273-PB, 2ª Turma, rel. Juiz José Delgado, j. 20.06.1995, D.J.U. 2 de 04.08.1995, p. 48.734.

254 STF, ADI n. 551-RJ, Tribunal Pleno, rel. Min. Ilmar Galvão, j. 24.10.2002, D.J.U. 2 de 14.02.2003.

Recorda-me, no caso, o célebre acórdão do Ministro Aliomar Baleeiro, o primeiro no qual o Tribunal declarou a inconstitucionalidade de um decreto-lei, por não se compreender no âmbito da segurança nacional. Dizia o notável Juiz desta Corte que ele não sabia o que era segurança nacional; certamente sabia o que não era: assim, batom de mulher ou, o que era o caso, locação comercial. Também não sei a que altura um tributo ou uma multa se torna confiscatório; mas uma multa de duas vezes o valor do tributo, por mero retardamento de sua satisfação, ou de cinco vezes, em caso de sonegação, certamente sei que é confiscatório e desproporcional.

Vê-se, a partir do Acórdão citado, que embora o conceito de confisco, base do Princípio da Proibição do Efeito de Confisco, seja indeterminado, pode ele ser invocado em casos abusivos, servindo, então, como proteção do contribuinte. A partir desse precedente, a jurisprudência do Supremo Tribunal Federal foi se alinhando no que se refere às multas, sendo aceito, hoje, que é confiscatória a multa que ultrapassa os 100% do valor do tributo[255].

A relação do Princípio da Proibição do Tributo com Efeito de Confisco e a livre-iniciativa (no caso de empresas) ou a existência digna foi afirmada pelo Supremo Tribunal Federal como segue:

A proibição constitucional do confisco em matéria tributária nada mais representa senão a interdição, pela Carta Política, de qualquer pretensão governamental que possa conduzir, no campo da fiscalidade, à injusta apropriação estatal, no todo ou em parte, do patrimônio ou dos rendimentos dos contribuintes, comprometendo-lhes, pela insuportabilidade da carga tributária, o exercício do direito a uma existência digna, ou a prática de atividade profissional lícita, ou, ainda, a regular satisfação de suas necessidades vitais (educação, saúde e habitação, por exemplo).

A identificação do efeito confiscatório deve ser feita em função da totalidade da carga tributária, mediante verificação da capacidade de que dispõe o contribuinte – considerado o montante de sua riqueza (renda e capital) – para suportar e sofrer a incidência de todos os tributos que ele deverá pagar, dentro de determinado período, à mesma pessoa política que os houver instituído (a União Federal, no caso), condicionando-se, ainda, a aferição do grau de insuportabilidade econômico-financeira, à observância, pelo legislador, de padrões de razoabilidade destinados a neutralizar excessos de ordem fiscal eventualmente praticados pelo Poder Público.

Resulta configurado o caráter confiscatório de determinado tributo, sempre que o efeito cumulativo – resultante das múltiplas incidências tributárias estabelecidas pela mesma entidade estatal – afetar, substancialmente, de maneira irrazoável, o patrimônio e/ou os rendimentos do contribuinte.

O Poder Público, especialmente em sede de tributação (as contribuições de seguridade social revestem-se de caráter tributário), não pode agir imoderadamente, pois a atividade estatal acha-se essencialmente condicionada pelo princípio da razoabilidade[256].

A ementa acima, que reflete o voto do Ministro Celso de Mello, merece a atenção, primeiro, porque reconhece que o Princípio da Proibição do Efeito de Confisco tem relação com a insuportabilidade da carga à luz do princípio da existência digna, do livre exercício de atividade profissional ou com o mínimo vital.

É interessante ver, também, que o Ministro soube enfrentar o dilema quanto a como afirmar a existência do confisco, quando são muitos os tributos cobrados: seu foco foram os tributos

255 STF, AgRg no AI n. 836.302-MG, 1ª Turma, rel. Min. Luís Roberto Barroso, j. 25.02.2014, D.J. 31.03.2014; STF, RE n. 657.372-RS, 2ª Turma, rel. Min. Ricardo Lewandowski, j. 28.05.2013, D.J. 10.06.2013.

256 STF, ADI n. 2.010-2-DF (Medida Cautelar), Tribunal Pleno, rel. Min. Celso de Mello, j. 30.09.1999, D.J. 12.04.2002.

cobrados por uma só pessoa jurídica de Direito Público (no caso, a União). Com isso, por um lado, prestigiou a ideia de unidade da ordem jurídico-tributária, que já poderia ser encontrada na obra de Klaus Tipke, para quem o Princípio da Capacidade Contributiva exige que se considerem os vários tributos que, em conjunto, recaem sobre o contribuinte[257]. Por outro lado, resolveu, de modo pragmático, o dilema quanto a quem cometeria o confisco. Afinal, na hipótese de confirmar o confisco quando dois tributos, cobrados por pessoas jurídicas diversas, tivessem em conjunto aquele efeito, surgiria o dilema quanto a qual dos dois tributos deveria deixar de ser cobrado. Com a solução proposta, limita-se o alcance da vedação do Confisco, mas, ao mesmo tempo, torna-se mais efetivo.

Finalmente, merece nota que a ementa acima citada relaciona a vedação ao confisco com a razoabilidade, apontando nesta o critério para a confirmação da ocorrência daquele. Neste ponto, cabe a ressalva de que a razoabilidade não é o melhor critério para a aplicação de conceitos indeterminados.

No mesmo julgamento, o Ministro Maurício Correa, depois de citar doutrina sobre o assunto, relacionou a vedação ao confisco com o princípio da proteção à família, com o que ofereceu mais um subsídio para que se conheça o seu alcance:

> *Em suma, o que caracteriza o confisco é a redução substancial do patrimônio do contribuinte, impedindo-o de realizar sua manutenção, com interferência negativa no sustento da sua própria pessoa e da família, que, segundo o art. 226 da Carta de 1988, é a base da sociedade e tem especial proteção do Estado. Vale ressaltar a observação feita pelo Ministro Themístocles Cavalcanti in RTJ 44/322, no sentido de que "tornar impossível o exercício de uma atividade indispensável que permita ao indivíduo obter os meios de subsistência é tirar-lhe um pouco de sua vida, porque esta não prescinde dos meios materiais para a sua proteção".*

Linhas abaixo, o Ministro Maurício Correa aponta o confisco, identificando que ele se dá ao somarem-se o Imposto de Renda e a contribuição previdenciária. Curiosamente, o que o impressiona não é apenas a alíquota (47%), mas o fato de que tal tributação seria inaceitável em virtude de o Estado brasileiro oferecer pouco a seus contribuintes. É notória a influência, no voto do referido Ministro, da teoria do benefício (ou sacrifício) a qual, como visto no Capítulo IV, há muito foi abandonada, por inconsistente, para os impostos (e, por extensão, para as contribuições sociais). Eis seu voto:

> *Estou em que se se somar o Imposto de Renda com a contribuição de que ora se cuida, o servidor terá de pagar, aproximadamente, 47% (quarenta e sete por cento) do que recebe. É por isso que o caráter confiscatório transparece no conjunto formado por essas duas taxações. Se o Imposto de Renda fosse objeto de julgamento agora, ter-se-ia que levar em conta a contribuição, visto que os dois tipos compõem o total que alcança o confisco, que me parece ser a hipótese em exame.*
>
> *Se estivéssemos no Canadá, nos Estados Unidos, na Alemanha, na Inglaterra, ou em qualquer outro país de notória rigidez organizacional, econômica e social, diria que as alíquotas em questão não seriam confiscatórias. Tais países, por possuírem um sistema de garantia de serviços básicos essenciais de primeiro mundo podem até mesmo exigir maior sacrifício do contribuinte, sem que se realize o confisco. Contudo, estamos no Brasil, onde a maioria dos servidores públicos não recebe um centavo de aumento há aproximadamente cinco anos, a não ser algumas categorias que o Governo tem prestigiado, como a Receita, a Polícia Federal e alguns outros setores da Administração Pública. Na realidade, tirar-lhes mais nove, quatorze por cento, como quer a lei, mexe*

257 Cf. TIPKE, Klaus. Sobre a unidade da ordem jurídica tributária. In: SCHOUERI, Luís Eduardo; ZILVETI, Fernando Aurélio (coords.). *Direito Tributário.* Estudos em homenagem a Brandão Machado. São Paulo: Dialética e IBDT, 1998, p. 60.

profundamente com a segurança de sua própria existência e é exatamente em função desses aspectos que se acentua a natureza confiscatória das imposições.

Interessante, por fim, para evidenciar a dificuldade que o tema do confisco traz ao julgador, o seguinte debate entre os Ministros Moreira Alves e Ilmar Galvão, no mesmo julgamento, depois de o último dizer que haveria confisco:

> *O SR. MINISTRO MOREIRA ALVES – Isso seria um outro fundamento, e não o fundamento do confisco, porque esse fundamento é em face do valor da alíquota. Se fosse uma alíquota baixa, por exemplo, como se iria sustentar confisco? Por exemplo, se houvesse uma progressividade de 1%, 2%, 3%, 4%? Isso é um outro fundamento.*
>
> *O SR. MINISTRO ILMAR GALVÃO – O confisco tem uma natureza relativa. Não precisa retirar do bolso do servidor tudo o que ele ganha para que haja o confisco. Basta tornar insuportável a sua vida.*
>
> *O SR. MINISTRO MOREIRA ALVES – Não estou dizendo isso, mas, sim, que, para o problema de uns financiarem os outros, há de se buscar outro fundamento que não o confisco. O confisco se prende ao valor da alíquota. Se for baixa a alíquota, ninguém pode sustentar que há confisco.*
>
> *O SR. MINISTRO ILMAR GALVÃO – Sr. Presidente, estou perfeitamente de acordo com a lição trazida, aqui, pelo eminente Relator, a do Professor Yves (sic) Gandra, no sentido de que esse confisco pode ser examinado em relação ao somatório dos tributos. Porque, senão, teríamos de admitir que, havendo vinte tributos a 6%, somando 120%, esses tributos não seriam confiscatórios, embora absorvendo 120% do que ganha o servidor. Seria um absurdo pensar uma coisa dessas, que um tributo somente é que teria de tornar insuportável a vida do contribuinte e não o somatório dos tributos. Isto basta para demonstrar o efeito confiscatório do tributo.*
>
> *O SR. MINISTRO MOREIRA ALVES – E qual é o inconstitucional? É o último? É o primeiro? É o de maior valor?*
>
> *O SR. MINISTRO ILMAR GALVÃO – Se o último trouxe essa consequência, foi a gota d'água, ele é inconstitucional.*
>
> *O SR. MINISTRO MOREIRA ALVES – E se vier o aumento da alíquota do Imposto de Renda em 0,5%? Passa a ser confiscatório o Imposto de Renda todo?*
>
> *O SR. MINISTRO ILMAR GALVÃO – Aí vamos apreciar. Nesse momento, vamos verificar.*

Evidencia-se do debate a dificuldade quanto à quantificação do confisco. Melhor, daí, vê-lo como conceito indeterminado, afastando discussões quanto à existência de um número mágico, a partir de quando haverá confisco. Por um critério qualitativo, o efeito confiscatório se relaciona com o caráter insuportável da tributação. A expressão "imposto sufocante", da língua alemã, é precisa, para denotar a situação de desespero daquele que, por conta da tributação excessiva, fica desestimulado de continuar sua atividade produtiva, ou vê desestruturada sua vida pessoal ou familiar. Nesse caso, estará presente o confisco, a exigir a intervenção do Poder Judiciário.

Outra oportunidade em que o Tribunal Pleno do Supremo Tribunal Federal examinou o tema do confisco foi por ocasião do julgamento da Questão de Ordem na Medida Cautelar na Ação Direta de Inconstitucionalidade 2.551, em que foi relator o Ministro Celso de Mello[258]. Vale reproduzir o seguinte trecho da Ementa.

> *A GARANTIA CONSTITUCIONAL DA NÃO CONFISCATORIEDADE. O ordenamento constitucional brasileiro, ao definir o estatuto dos contribuintes, instituiu, em favor dos sujeitos passivos que*

---

258 STF, ADI n. 2.551-MG (Questão de Ordem em Medida Cautelar), Tribunal Pleno, rel. Min. Celso de Mello, j. 02.04.2003, D.J. 20.04.2006.

sofrem a ação fiscal dos entes estatais, expressiva garantia de ordem jurídica que limita, de modo significativo, o poder de tributar de que o Estado se acha investido. Dentre as garantias constitucionais que protegem o contribuinte, destaca-se, em face de seu caráter eminente, aquela que proíbe a utilização do tributo – de qualquer tributo – com efeito confiscatório (CF, art. 150, IV). A Constituição da República, ao consagrar o postulado da não confiscatoriedade, vedou qualquer medida, que, adotada pelo Estado, possa conduzir, no campo da fiscalidade, à injusta apropriação estatal do patrimônio ou dos rendimentos dos contribuintes, comprometendo-lhes, em função da insuportabilidade da carga tributária, o exercício a uma existência digna, ou a prática de atividade profissional lícita, ou, ainda, a regular satisfação de suas necessidades vitais (educação, saúde e habitação, p. ex.). Conceito de tributação confiscatória: jurisprudência constitucional do Supremo Tribunal Federal (ADI 2.010-MC/DF, rel. Min. CELSO DE MELLO, v.g.) e o magistério da doutrina. A questão da insuportabilidade da carga tributária. TAXA: CORRESPONDÊNCIA ENTRE O VALOR EXIGIDO E O CUSTO DA ATIVIDADE ESTATAL. A taxa, enquanto contraprestação a uma atividade do Poder Público, não pode superar a relação de razoável equivalência que deve existir entre o custo real da atuação estatal referida ao contribuinte e o valor que o Estado pode exigir de cada contribuinte, considerados, para esse efeito, os elementos pertinentes às alíquotas e à base de cálculo fixadas em lei. Se o valor da taxa, no entanto, ultrapassar o custo do serviço prestado ou posto à disposição do contribuinte, dando causa, assim, a uma situação de onerosidade excessiva, que descaracterize essa relação de equivalência entre os fatores referidos (o custo real do serviço, de um lado, e o valor exigido do contribuinte, de outro), configurar-se-á, então, quanto a essa modalidade de tributo, hipótese de ofensa à cláusula vedatória inscrita no art. 150, IV, da Constituição da República. Jurisprudência. Doutrina. TRIBUTAÇÃO E OFENSA AO PRINCÍPIO DA PROPORCIONALIDADE. O Poder Público, especialmente em sede de tributação, não pode agir imoderadamente, pois a atividade estatal acha-se essencialmente condicionada pelo princípio da razoabilidade, que traduz limitação material à ação normativa do Poder Legislativo. O Estado não pode legislar abusivamente. A atividade legislativa está necessariamente sujeita à rígida observância de diretriz fundamental, que, encontrando suporte teórico no princípio da proporcionalidade, veda os excessos normativos e as prescrições irrazoáveis do Poder Público. O princípio da proporcionalidade, nesse contexto, acha-se vocacionado a inibir e a neutralizar os abusos do Poder Público no exercício de suas funções, qualificando-se como parâmetro de aferição da própria constitucionalidade material dos atos estatais. A prerrogativa institucional de tributar, que o ordenamento positivo reconhece ao Estado, não lhe outorga o poder de suprimir (ou de inviabilizar) direitos de caráter fundamental constitucionalmente assegurados ao contribuinte. É que este dispõe, nos termos da própria Carta Política, de um sistema de proteção destinado a ampará-lo contra eventuais excessos cometidos pelo poder tributante ou, ainda, contra exigências irrazoáveis veiculadas em diplomas normativos editados pelo Estado.

É imediato que a decisão acima transcrita relaciona o Princípio da Proibição de Efeito de Confisco à existência digna, prática de atividade profissional e satisfação de necessidades fundamentais. Ou seja, configura-se o confisco quando, por meio da tributação, inibe-se o exercício de direito assegurado pela Constituição.

Daí a importância de ser aplicado, no caso, o Princípio da Proporcionalidade, já que, em síntese, o confisco configura exagero na tributação, revelado no confronto entre o interesse arrecadatório do Estado e o exercício de direitos fundamentais. O mesmo princípio da proporcionalidade – diga-se desde já – exigirá que também as multas sejam proporcionais às infrações[259].

259 Cf. Capítulo XIX, 2.3.

Interessante notar, nesse sentido, que Hugo de Brito Machado e Hugo de Brito Machado Segundo defendem que não se aplicaria o Princípio da Proibição do Efeito de Confisco às multas tributárias, mas tão somente aos tributos. Para Hugo de Brito Machado, "[s]ustentar que a garantia do não confisco aplica-se às multas é defender claramente o direito de sonegar tributos", expressando a certeza de que a aplicação de multas elevadas seria "o meio mais eficaz no combate à sonegação"[260].

O entendimento dos autores não implica, contudo, dizer que inexistem limites à aplicação de multas, os quais se encontrariam nos princípios da proporcionalidade e da razoabilidade, mas não no Princípio da Proibição do Efeito de Confisco. Hugo de Brito Machado Segundo argumenta que o STF aplica às penalidades pecuniárias em matéria tributária a "exigência de proporcionalidade entre a pena e o ilícito praticado" e apenas eventualmente emprega a expressão "confiscatória", a fim de "designar a penalidade que não a observa, por incorrer em excesso"[261]. Nesse sentido, não se nega a existência de limites à aplicação de multas, mas sim que esta limitação teria natureza distinta daquela aplicável aos tributos. Para Hugo de Brito Machado, "a falta de proporcionalidade entre a multa e o ilícito ao qual corresponde nada tem a ver com a vedação ao tributo confiscatório"[262].

Não convencem os argumentos dos autores. Afinal, a multa tributária nada mais é que manifestação do poder de tributar. É disso que trata o art. 150 da Constituição Federal. Seria pífia a garantia constitucional se fosse limitada aos tributos, propriamente ditos, e não às multas. O fisco não pode, no exercício de seu poder de tributar, produzir o efeito de confisco.

A jurisprudência, de todo o modo, seja invocando o Princípio da Proibição do Efeito de Confisco, seja a proporcionalidade, vem se firmando no sentido de limitar as multas por infrações tributárias. A esse tema se retornará no Capítulo XIX, 2.3.

7 Princípios atinentes à unidade econômica e política

Por uma série de "limitações ao poder de tributar", procurou o constituinte impedir que o tributo fosse utilizado de modo a ameaçar a unidade do País, em termos políticos e econômicos. Eis as disposições relativas a tais limitações:

- Art. 151, I, que veda à União "instituir tributo que não seja uniforme em todo o território nacional ou que implique distinção ou preferência em relação a Estado, Distrito Federal ou Município, em detrimento de outro, admitida a concessão de incentivos fiscais destinados a promover o equilíbrio do desenvolvimento socioeconômico entre as diferentes regiões do País";
- Art. 152, pelo qual se veda aos Estados, ao Distrito Federal e aos Municípios "estabelecer diferença tributária entre bens e serviços, de qualquer natureza, em razão de sua procedência ou destino";

260 Cf. MACHADO, Hugo de Brito. *Os princípios jurídicos da tributação na Constituição de 1988*. 5. ed. São Paulo: Dialética, 2004, p. 119.

261 Cf. MACHADO SEGUNDO, Hugo de Brito. Multas tributárias, proporcionalidade e confisco. *Revista do Programa de Pós-graduação em Direito da UFC*, 1/2012, p. 71-72.

262 Cf. MACHADO, Hugo de Brito. Inaplicabilidade da vedação do confisco às multas tributárias. *Revista Dialética de Direito Tributário*, n. 235, abr. 2015, p. 107.

- Art. 150, V, que veda a todas as pessoas jurídicas de Direito Público o estabelecimento de "limitações ao tráfego de pessoas ou bens, por meio de tributos interestaduais ou intermunicipais, ressalvada a cobrança de pedágio pela utilização de vias conservadas pelo Poder Público";
- Art. 155, § 2º, I, o qual, tratando do ICMS, disciplina as operações interestaduais, determinado que o imposto "será não cumulativo, compensando-se o que for devido em cada operação relativa à circulação de mercadorias ou prestação de serviços com o montante cobrado nas anteriores pelo mesmo ou outro Estado ou pelo Distrito Federal"; e, finalmente,
- A imunidade recíproca, de que se tratará no Capítulo IX.

As referidas limitações devem ser compreendidas à luz do objetivo constitucional da unidade política do País. Refletem, em primeiro lugar, a liberdade de ir e vir e a liberdade de comércio, apoiada também no Princípio do Federalismo. Também estão em consonância com o art. 219 do texto constitucional, que assegura a proteção do mercado interno, enquanto patrimônio nacional, com a Soberania Econômica e com o Princípio da Livre Concorrência (art. 170, I e IV, da Constituição Federal). Enquanto estes Princípios asseguram, de um lado, um tratamento tributário diferenciado, visando à sua promoção, surgem, simultaneamente, num caráter negativo, por meio das limitações acima.

Já na Magna Carta se encontrava o comércio protegido de tributos internos:

> *Let all merchants have safety and security to go out of England, to come into England, and to remain in and go about through England, as well by land as by water, for the purpose of buying and selling, without payment of any evil or unjust tolls, on payment of the ancient and Just customs*[263].

Acerca da unidade econômica e política do País, assim se manifestou Aliomar Baleeiro: "A unidade política do País, cuja manutenção e defesa, repetida e enfaticamente, se exigem, sob juramento, ao primeiro magistrado (art. 76 da CF de 1969)[264], seria bem precária se o território nacional não representasse um todo do ponto de vista econômico. Certamente, muito podem as origens históricas, as tradições, a língua, a religião, os costumes, todos os valores morais e espirituais, mas o interesse econômico de que o País constitua o mercado interno comum, sem barreiras de qualquer natureza para a produção doméstica, é e será sempre um dos mais sólidos elos da unidade nacional. Nenhuma industrialização do País, por exemplo, será possível de modo geral senão com alicerces seguros nesse mercado interno. E ele, como um bloco, deverá enfrentar a competição internacional, assegurando o equilíbrio do balanço de

263 Magna Carta XLII apud ADAMS, Charles. Op. cit. (nota 19), p. 164.

264 Afirma o art. 78 da Constituição de 1988: "O Presidente e o Vice-Presidente da República tomarão posse em sessão do Congresso Nacional, prestando o compromisso de manter, defender e cumprir a Constituição, observar as leis, promover o bem geral do povo brasileiro, sustentar a união, a integridade e a independência do Brasil".

pagamentos". Deveras, significaria muito pouco o Princípio da Soberania Nacional sem um mercado único. Ao contrário, o próprio nascimento dos Estados nacionais relaciona-se com a busca de unificação de mercados.

Por outro lado, a busca de um mercado nacional único e indiferenciado tributariamente não fez o constituinte perder de vista o objetivo de redução de desigualdades regionais, cuidando, ele mesmo, de prever uma exceção à não diferenciação, ao admitir, no art. 151, I, *a* "concessão de incentivos fiscais destinados a promover o equilíbrio do desenvolvimento socioeconômico entre as diferentes regiões do País". Tem-se, aqui, em matéria tributária, o reflexo do mandamento constitucional aplicável a toda intervenção sobre o Domínio Econômico, que se deve dirigir nos termos "do planejamento do desenvolvimento nacional equilibrado, o qual incorporará e compatibilizará os planos nacionais e regionais de desenvolvimento" (art. 174, § 1º, da Constituição Federal).

8 Imunidades

O estudo das limitações constitucionais ao poder de tributar não fica completo sem que se examinem as imunidades constitucionais. Dada, entretanto, sua importância, reserva-se no Capítulo IX um espaço próprio para o desenvolvimento do tema, depois de se examinarem, abaixo, os princípios da ordem econômica e, no próximo capítulo, os princípios específicos em matéria tributária.

9 Princípios da Ordem Econômica e tributação

No Capítulo I, ficou evidenciado o papel indutor das normas tributárias. Se por meio da tributação o Estado intervém sobre o Domínio Econômico, impõe que se considere o papel daquilo que se denominaram normas tributárias indutoras, enquanto forma de intervenção do Estado sobre o Domínio Econômico, estão sujeitas às mesmas limitações e, simultaneamente, às mesmas metas comuns a qualquer outra forma de atuação econômica estatal[265].

Cabe, pois, breve exame das principais balizas impostas pelo constituinte à construção de tais limites, buscando ilustrá-las mediante situações em que normas tributárias indutoras se veem confrontadas ou impulsionadas por tais princípios. Para tanto, deve-se socorrer primordialmente do Título VII do texto constitucional brasileiro, que apresenta uma série de princípios que estruturam a chamada "Constituição Econômica". Cumpre ressalvar que esta não está restrita àquele Título, nem tampouco está ela limitada a princípios explícitos, havendo outros que se extraem do sistema, como a razoabilidade, que

265 Um estudo mais detalhado pode ser encontrado em SCHOUERI, Luís Eduardo. *Normas tributárias indutoras e intervenção econômica*. Rio de Janeiro: Forense, 2005. Também nesse sentido, cf. MORSCHER, Siegbert. *Das Abgabenrecht als Lenkungsinstrument der Gesellschaft und Wirtschaft und seine Schranken in den Grundrechten*. Wien: Manzsche, 1982, p. 121.

também servem para a compreensão da regulação da Ordem Econômica. Entretanto, pela própria leitura do art. 170, observa-se a busca do constituinte de apresentar princípios fundamentais que, lembra Leopoldino da Fonseca, porque "básicos, deverão informar o entendimento exegético de todos os tópicos pertinentes à Constituição Econômica"[266].

9.1 Soberania Nacional

A inserção da Soberania Nacional como primeiro dos Princípios arrolados pelo art. 170 da Constituição Federal implica uma posição do constituinte com relação à Ordem Econômica, reservando-se ao País decidir sobre a melhor alocação de seus fatores de produção. Neste sentido, pode-se falar em soberania econômica como corolário do próprio poder soberano.

Não significa a soberania econômica, por outro lado, uma opção do constituinte pelo isolamento. Todo o texto constitucional está permeado pela determinação de o País se inserir na ordem internacional, o que se reflete na exigência de o País observar compromissos assumidos em tratados internacionais (art. 5º, § 2º) e, em especial na matéria econômica, no âmbito do bloco regional de que faz parte, nos termos do parágrafo único do art. 4º.

Em nada se reduz o exercício do poder soberano quando um país firma tratados internacionais. Ao contrário, a soberania se confirma cada vez que o Estado celebra e cumpre compromissos internacionais. Obrigando-se o Brasil por meio de tratados internacionais, devem eles, igualmente, ser observados pelo Estado em sua atuação econômica.

O Princípio da Soberania Econômica implica, assim, a busca constante de redução da dependência do estrangeiro, buscando criar um "capitalismo nacional autônomo", com a adoção do "desenvolvimento autocentrado, nacional e popular"[267]. Conquanto aceita a meta, não parece possível deixar de lado a interdependência que atinge a todos os Estados no contexto internacional presente[268]. Deve o País, portanto, embora inserido num contexto de trocas, próprio da presente era, pautar sua atuação no sentido do seu crescimento econômico, nos termos dos interesses nacionais que, na esfera econômica, haverão de culminar nas finalidades de existência digna e justiça social.

Ou seja, a Soberania Nacional, enquanto Princípio da Ordem Econômica, implica prestigiar ações que visem ao fortalecimento da economia nacional, não no sentido de seu isolamento, mas ao contrário, uma economia forte que tenha condições de competir, com sucesso e ganhos para a nação, no mercado internacional.

---

266 Cf. FONSECA, João Bosco Leopoldino da. *Direito econômico*. 3. ed. Rio de Janeiro: Forense, 2000, p. 245.

267 Cf. SILVA, José Afonso da. *Curso de Direito Constitucional positivo*. 16. ed. São Paulo: Malheiros, 1999, p. 766.

268 Cf. BASTOS, Celso Ribeiro. *Direito Econômico brasileiro*. São Paulo: Celso Bastos – Instituto Brasileiro de Direito Constitucional, 2000, p. 123.

Enquanto princípio (mandamento de otimização), poderá a Soberania Econômica conjugar-se, por exemplo, com o § 4º do art. 218 do texto constitucional, que exige o apoio e o estímulo às empresas que invistam em pesquisa e criação de tecnologia adequada ao País. O mesmo exemplo pode ser tomado para compreender que o emprego das normas tributárias indutoras também se sujeita aos Princípios da Ordem Econômica. Assim, no caso concreto, parece lícito citar as normas que trazem incentivos fiscais à pesquisa e desenvolvimento, como a Lei n. 8.661, de 1993, que concede benefícios fiscais à capacitação tecnológica para a indústria e a agropecuária, que executarem Programa de Desenvolvimento Tecnológico Industrial (PDTI) e Programa de Desenvolvimento Tecnológico Agropecuário (PDTA).

9.2 Propriedade Privada

A Propriedade Privada surge como garantia individual no inciso XXII do art. 5º do texto constitucional. Sua menção, no art. 170, visa garantir que a Ordem Econômica repouse sobre aquele instituto, ou, ainda, que os fins da última (justiça social e existência digna) realizar-se-ão por meio da Propriedade Privada, que fica vinculada àquele fim[269]. Assiste razão, daí, à crítica de Leopoldino da Fonseca, para quem melhor seria mencionar o instituto da Propriedade Privada como fundamento da própria Ordem Econômica[270]. Afinal, a Propriedade Privada revela-se não como algo a ser tolerado pelo Estado, mas como um Princípio de sua Ordem Econômica. Enquanto tal, deve ser fomentada pelo próprio Estado. Vê-se, daí, mais uma atuação positiva do Estado, marcada pela promoção e incentivo à Propriedade Privada.

Tomando-se as normas tributárias indutoras, o Princípio da Propriedade Privada surge como importante guia para sua introdução. Com efeito, a própria compatibilização entre a tributação e a propriedade privada não é tão imediata, já que a tributação implica, necessariamente, transferência patrimonial da esfera privada para a pública. Tal transferência jamais poderia ser considerada ofensiva ao direito de propriedade, tendo em vista que foi o próprio constituinte que a autorizou, como forma de financiar o Estado[271].

Quando se considera a norma tributária a partir de seu efeito indutor, entretanto, a questão surge com novas cores, visto que já não se enfrenta a invasão pelo Estado na propriedade particular como meio para aquele se sustentar, mas a invasão passa a ter o efeito de induzir o particular a determinado comportamento. Claramente, reaparece a importância do Princípio da Propriedade Privada, que deve servir de critério para a norma tributária indutora, como o seria para qualquer forma de intervenção estatal[272]. Como

269 Cf. SILVA, José Afonso da. Op. cit. (nota 267), p. 787.

270 Cf. FONSECA, João Bosco Leopoldino da. *Direito econômico*, cit. (nota 266), p. 89.

271 Cf. KLEIN, Friedrich. Eigentumsgarantie und Besteuerung. *Steuer und Wirtschaft*, 1966, p. 433-486 (459; 480).

272 Cf. MORSCHER, Siegbert. Op. cit. (nota 265), p. 121.

ensina Klein, é o caráter arrecadador dos tributos que os livra das amarras do Princípio da Propriedade Privada, não sua forma; assim, medidas tributárias, não obstante sua natureza, sujeitam-se àquelas amarras quando têm efeito indutor[273].

9.2.1 Tributo com "efeito alavanca" e propriedade

A primeira preocupação se concentra na possibilidade de usar-se do tributo como meio de intervenção no Domínio Econômico, ou seja, com o efeito "alavanca"[274] (o tributo é a "alavanca" que move a vontade do contribuinte para usar sua liberdade constitucional em determinado sentido, considerado desejável pelo legislador).

Desse modo, se o Estado, no seu ato de intervenção, põe em ameaça parte do patrimônio do particular, pode tornar-se contestável a própria intervenção estatal[275]. Significa tal conclusão que a norma tributária indutora encontra limites muito mais rígidos que aqueles que se impõem à mera arrecadação, o que implica a necessidade de rever-se, a partir do conceito de propriedade, o Princípio da Proibição do Efeito de Confisco, que passa a ser interpretado a partir do seu viés de proteção da propriedade econômica, encerrando-se a possibilidade de o legislador intervir na economia por meio de tributos quando o cerne da propriedade for afetado, o que, na lição de Selmer, acontece quando perder qualquer sentido econômico a atividade daqueles que forem atingidos pela norma[276].

9.2.2 Propriedade como efeito da tributação

A relação entre propriedade e tributação deve considerar que aquela também pode ser afetada por meio do "efeito" da norma indutora. Explica-se assim a distinção: enquanto "alavanca", a norma tributária indutora é utilizada como meio de induzir o comportamento do contribuinte em esfera que não se relaciona diretamente com a propriedade. Assim, por exemplo, o imposto sobre celibatários: a "alavanca" é o imposto, mas o efeito está no direito de se decidir ou não pela constituição de família. Pode, entretanto, a par da "alavanca", o próprio "efeito" atingir o direito de propriedade. Assim, por exemplo, a tributação diferenciada conforme o uso do imóvel. Nesse caso, surgirá, mais uma vez, a importância do estudo da compatibilidade da norma tributária indutora

273 Cf. ARTIKEL. 14 des Bonner Grundgesetzes als Schranke steuergesetzlicher Intervention? In: HALLER, Heinz; KULLMER L., SHOUP Carl S.; TIMM, Herbert (orgs.). *Theorie und Praxis des finanzpolitischen Interventionismus*. Tübingen: Mohr (Paul Siebeck), 1970, p. 229-244 (236).

274 Cf. VOGEL, Klaus. Tributos regulatórios e garantia da propriedade no Direito Constitucional da República Federal da Alemanha. In: MACHADO, Brandão (org.). *Direito Tributário*. Estudos em homenagem ao professor Ruy Barbosa Nogueira. São Paulo: Saraiva, 1984, p. 551.

275 Cf. FRIAUF, Karl Heinrich. *Verfassungsrechtliche Grenzen der Wirtschaftslenkung und Sozialgestaltung durch Steuergesetze*. Tübingen: Mohr (Paul Siebeck), 1966, p. 45.

276 Cf. SELMER, Peter. *Steuerinterventionismus und Verfassungsrecht*. Frankfurt am Main: Athenäum, 1972, p. 346-347.

com o direito de propriedade, desta feita para investigar se seu "efeito" é, ou não, compatível com o direito de propriedade, assegurado pela Constituição.

9.3 Função Social da Propriedade

Nos mesmos termos do inciso XXIII do art. 5º, surge no inciso III do art. 170 o Princípio da Função Social da Propriedade, que limita o exercício da última.

O Princípio da Função Social da Propriedade tem relevância, na interpretação da Ordem Econômica, quando se examina, por exemplo, o art. 184 do texto constitucional, que trata da desapropriação do "imóvel rural que não esteja cumprindo sua função social". O art. 185, por sua vez, ao declarar insuscetíveis de desapropriação a pequena e média propriedade rural e a propriedade produtiva, dá os primeiros parâmetros para o que seja a função social da propriedade, cujos critérios cumulativos são arrolados no art. 186: (i) aproveitamento racional e adequado; (ii) utilização adequada dos recursos naturais disponíveis do meio ambiente; (iii) observância das disposições que regulam as relações de trabalho; e (iv) exploração que favoreça o bem-estar dos proprietários e dos trabalhadores. No que se refere à propriedade urbana, o cumprimento de sua função social é disciplinado pelo § 2º do art. 182 do texto constitucional, que a liga ao atendimento das exigências fundamentais de ordenação da cidade expressas no plano diretor.

Tomando as normas tributárias indutoras, o próprio texto constitucional oferece exemplos, quando trata de sugerir seu emprego para a concretização do Princípio da Função Social da Propriedade. Assim, cita-se o § 4º do art. 153, tratando do Imposto Territorial Rural, que determina que suas alíquotas se fixem "de forma a desestimular a manutenção de propriedades improdutivas". De igual modo, no que se refere ao Imposto sobre a Propriedade Predial e Territorial Urbana, o § 4º, II, do art. 182 trata de uma progressividade no tempo, como forma de "exigir, nos termos da lei federal, do proprietário do solo urbano não edificado, subutilizado ou não utilizado, que promova seu adequado aproveitamento".

9.4 Livre Concorrência

A Livre Concorrência é Princípio arrolado expressamente pelo inciso IV do art. 170 do texto constitucional. Serve, como os demais Princípios, de baliza para a Ordem Econômica. Esta, ainda nos termos do *caput* do referido dispositivo, apresenta por finalidade "assegurar a todos existência digna, conforme os ditames da justiça social" e por fundamentos o trabalho humano e a livre-iniciativa. Estes mesmos fundamentos da Ordem Econômica surgem como fundamentos do próprio Estado Democrático de Direito brasileiro, nos termos dos incisos III e IV do art. 1º do texto constitucional.

Ao apontar como *fundamento* da Ordem Econômica a Livre-iniciativa e como *princípio* a Livre Concorrência, o Constituinte deixa claro, por um lado, que nem um nem outro é a finalidade daquela. A primeira é um pressuposto, i.e., a Ordem Econômica preconizada pelo Constituinte baseia-se, ao lado do trabalho humano, na livre-iniciativa. Trata-se do oposto de uma ordem fundada na propriedade coletiva dos meios de produção. Esta Ordem Econômica, por sua vez, não existe para assegurar a Livre-Iniciativa nem a Livre Concorrência. Ela existe para assegurar a todos a existência digna. Esta é a razão de ser da Ordem Econômica fundada na Livre-iniciativa. Uma ordem econômica que esteja baseada na Livre-iniciativa mas que não tenha por finalidade assegurar a existência digna a todos não é aquela preconizada pelo Constituinte. Não merece proteção constitucional uma tal ordem.

Por sua vez, se a finalidade buscada for a dignidade da existência de todos, então a Livre-iniciativa terá proteção constitucional, mas, mesmo nesse caso, não será toda atuação da Livre-iniciativa que será prestigiada pelo ordenamento brasileiro. Mesmo que se trate de uma atuação da Livre--iniciativa voltada à existência digna de todos, haverá balizas, impostas pelo próprio constituinte, àquela atuação. Assim, não pode, por exemplo, a Livre-Iniciativa, em nome da busca da existência digna de todos, atuar de modo contrário ao meio ambiente. Cada um dos Princípios arrolados pelo art. 170 da Constituição Federal aparece como critério a direcionar a atuação da Livre-Iniciativa e do trabalho humano, na busca da existência digna de todos.

Vê-se, aqui, qual o papel da Livre Concorrência: não é ela o fundamento da Ordem Econômica, tampouco sua finalidade. A Ordem Econômica funda-se, como visto, na Livre-Iniciativa, não na Livre Concorrência. Ademais, a finalidade desta Ordem é a existência digna de todos, e não, novamente, a Livre Concorrência.

Desta feita, a Livre Concorrência pressupõe a Livre-Iniciativa, mas com ela não se confunde, já que, enquanto a primeira inexiste sem a segunda, a recíproca não é verdadeira[277].

O que é, então, a Livre Concorrência?

A "Livre Concorrência" tem, na sua formulação, a ideia de uma liberdade. Como visto no Capítulo I, a liberdade, no Estado do século XXI, não é a mesma vigente no século XIX. Se nos primórdios do constitucionalismo a liberdade aparecia como uma garantia do indivíduo diante dos desmandos do soberano (liberdade *de* algo ou alguém), ela surge hoje em sentido socialmente comprometido (liberdade *para* algo)[278]. É neste sentido que a Livre Concorrência não assegura que os agentes econômicos concorram sem qualquer interferência do Estado; ela é, antes, uma garantia de que a concorrência deve ser alcançada, já que o constituinte viu nela um critério para a busca da existência digna de todos.

Assim, o Princípio da Livre Concorrência ganha feições de garantia positiva, devendo a Ordem Econômica assegurar que a concorrência ocorra. Não é uma liberdade do agente econômico, isoladamente considerado, mas da sociedade, como um todo. Como esclarece Tércio Sampaio Ferraz Júnior, "em si, o mercado é cego em face dos indivíduos, sendo, ao revés, um instrumento a serviço da coletividade. Por meio do mercado, a sociedade impõe uma ordem à livre-iniciativa"[279].

---

277 Cf. BASTOS, Celso Ribeiro. Op. cit. (nota 268), p. 132.

278 FERRAZ JÚNIOR, Tercio Sampaio. *Estudos de filosofia do Direito.* Reflexões sobre o poder, a liberdade, a justiça e o Direito. 2. ed. São Paulo: Atlas, 2003, p. 109.

279 Cf. FERRAZ JÚNIOR, Tercio Sampaio. Obrigação tributária acessória e limites de imposição: razoabilidade e neutralidade concorrencial do estado. In: FERRAZ, Roberto (coord.). *Princípios e limites da tributação.* São Paulo: Quartier Latin, 2005, p. 717-735 (727).

É o próprio texto constitucional que aponta o mercado interno como patrimônio nacional (art. 219), o que lhe dá feições de bem de interesse de todos. A liberdade de concorrência é, assim, garantia de funcionamento do mercado. Ao assegurar a Livre Concorrência, o constituinte houve por bem preservar o patrimônio-mercado.

O sentido da liberdade na concorrência vem, então, na ideia de um direito assegurado a todos. A concorrência deve estar aberta à totalidade da coletividade (livre acesso) e deve voltar-se ao interesse da sociedade (existência digna de todos).

Na primeira acepção, tem-se no Princípio a vedação a qualquer tipo de barreira de acesso à concorrência. É, nesse sentido, uma extensão do Princípio da Igualdade, uma garantia de oportunidades iguais a todos os agentes, ou de disputa, em condições de igualdade, em um mercado com diversos agentes[280].

Não se esgota aí, entretanto, o sentido da Livre Concorrência, já que esta se vincula a uma finalidade, positivada no art. 170 da Constituição Federal: juntamente com os demais Princípios da Ordem Econômica, a Livre Concorrência tem a finalidade de assegurar a todos uma existência digna. Ou seja: a Livre Concorrência é *meio* para atingir uma *finalidade*; nesse sentido, não cabe falar em Livre Concorrência em si mesma, mas apenas naquela comprometida com a finalidade constitucional.

É por isso que a garantia da Livre Concorrência não pode ser interpretada no sentido de a Ordem Econômica prestigiar a livre atuação dos agentes do mercado *a qualquer custo*; ao contrário: a Livre Concorrência dá-se dentro de ambiente monitorado, onde há espaço para a atuação do próprio Estado (intervenção direta[281]), bem como para a intervenção indireta[282], de enquadramento e de orientação, com a fixação de *regras* de comportamento dos agentes (intervenção por direção) ou por estímulos e desestímulos (intervenção por indução)[283].

É assim que a Livre Concorrência deve ser *assegurada* pelo Estado. Não deflui do princípio a possibilidade de os agentes econômicos atuarem a seu arbítrio. Elevada a Princípio constitucional, a Livre Concorrência exige que o Estado a proteja, abrindo-se espaço para a defesa da concorrência[284]. É este o sentido do § 4º do art. 174 da Constituição Federal: "A lei reprimirá o abuso do poder econômico que vise à dominação dos mercados, à eliminação da concorrência e ao aumento arbitrário dos lucros".

Retoma-se, aqui, a razão de ser do mercado: o constituinte repudiou formas de decisão planificadas ou centralizadas, entendendo que será no ambiente de mercado, com multiplicidade de agentes econômicos ofertantes e demandantes que se encontrará um equilíbrio, onde se terá o

---

280 Cf. LIMA, Ricardo Seibel de Freitas. *Livre concorrência e o dever de neutralidade tributária*. Dissertação (mestrado). Porto Alegre: UFRGS, 2005, p. 42.

281 Cf. MONCADA, Luís S. Cabral de. *Direito econômico*. 3. ed. revista e atualizada. Coimbra: Coimbra, 2000, p. 221.

282 Cf. MONCADA, Luís S. Cabral de. Op. cit. (nota 281), p. 337.

283 Cf. GRAU, Eros Roberto. *A ordem econômica na Constituição de 1988 (interpretação e crítica)*. 3. ed. São Paulo: Malheiros, 1999, p. 157-158.

284 A defesa da concorrência não busca a proteção dos concorrentes, mas a proteção do mercado em concorrência, visando o consumidor. Nesse sentido, Calixto Salomão Filho (*Direito concorrencial das estruturas*. São Paulo: Malheiros, 1998, p. 29) afirma que a única maneira efetiva de garantir a preocupação dos agentes econômicos com a redução de preços, com a melhoria da produtividade e com a qualidade dos bens e serviços, é proteção do sistema concorrencial, i.e., a existência de concorrência, efetiva ou ao menos potencial.

máximo de eficiência no sistema econômico. Ao Estado cabe, daí, garantir a existência desse sistema, onde aparece a guarida da livre concorrência.

9.4.1 Livre Concorrência promovida por normas tributárias indutoras

A relação da tributação com a Livre Concorrência aparece, num primeiro momento, quando, por meio de normas tributárias indutoras, promove-se a regulação dos mercados, contemplados pelo próprio constituinte. Citem-se os casos em que se afasta o Princípio da Anterioridade (art. 150, III, *b*, c/c 150, § 1º) e se mitiga o Princípio da Legalidade Tributária (art. 150, I, c/c 153, § 1º), para permitir que o Poder Executivo altere alíquotas dos impostos aduaneiros, do Imposto sobre Produtos Industrializados e do Imposto sobre Operações de Crédito, Câmbio, Seguros, Títulos e Valores Mobiliários. Com tais mecanismos, o Poder Executivo fica dotado de instrumento ágil para intervir no mercado.

9.4.2 Livre Concorrência como limite para a tributação: a neutralidade

O Princípio da Livre Concorrência atua igualmente como limite para a atuação do legislador tributário: cabe a este investigar os efeitos danosos que pode gerar sobre a concorrência, mitigando-os. O constituinte preservou o Princípio da Neutralidade Concorrencial da tributação.

Já se viu no Capítulo I que, qualquer que seja o tributo, haverá, em maior ou menor grau, a influência sobre o comportamento dos contribuintes, que serão desestimulados a práticas que levem à tributação. É verdade que se poderia cogitar de um tributo que fosse cobrado independentemente de qualquer atuação do contribuinte, de modo que a carga tributária sobre o contribuinte independesse de qualquer situação que lhe fosse imputada. Assim é que já houve, historicamente, o imposto *per capita*, essencialmente neutro, já que se cobrava um montante fixo de cada contribuinte. Hodiernamente, com a universalização do princípio da capacidade contributiva, tal tributação se revela odiosa, esperando-se, ao contrário, que o legislador tributário tome em conta circunstâncias econômicas relativas ao contribuinte, no momento da fixação do *quantum debeatur*.

Neste sentido, não haverá que se cogitar tributo neutro, ou atuação neutra da parte do legislador. Ao contrário, como se viu acima, cabe ao legislador ponderar os efeitos econômicos de suas medidas[285], utilizando-se das normas tributárias, como de outros meios que estiverem a seu alcance, para a indução do comportamento dos agentes econômicos, visando às finalidades próprias da intervenção econômica.

Ora, se a norma tributária indutora é elemento corrente de intervenção sobre o Domínio Econômico, claro que não se poderá esperar que ela, ao mesmo tempo, busque deixar de influenciar o comportamento dos contribuintes. É feliz a expressão de Zilveti: "a indução é a antítese da neutralidade"[286]. Fosse assim, dir-se-ia que o emprego da norma tributária como instrumento de

285 Cf. BRIGGS, Charles W. Taxation is not for fiscal purposes only. *American Bar Association Journal*, vol. 52, jan. 1966, p. 45-29 (47).

286 Cf. ZILVETI, Fernando Aurélio. Variações sobre o princípio da neutralidade no Direito Tributário Internacional. *Direito Tributário atual*. vol. 19. São Paulo: IBDT; Dialética, 2005, p. 24-40 (26).

intervenção econômica contrariaria o ideal de neutralidade da tributação. Importa buscar outro sentido para a neutralidade tributária. É o que se fará a seguir.

9.4.2.1 Desafios da Neutralidade Tributária Concorrencial

A Neutralidade Tributária não significa a não interferência do tributo sobre a economia, mas, em acepção mais restrita, neutralidade da tributação em relação à Livre Concorrência, visando a garantir um ambiente de igualdade de condições competitivas, reflexo da neutralidade concorrencial do Estado[287].

Em termos práticos, a Neutralidade Tributária significa que produtos em condições similares devem estar submetidos à mesma carga fiscal[288]. Sendo mandamento de otimização, deve-se buscar, ao máximo possível, igualar a carga tributária de situações similares.

Em matéria da exploração direta da atividade econômica pelo Estado, vale citar a reflexão de Isensee, para quem se trata de caso em que, ingressando aquele em concorrência com o setor privado, não poderá abrir mão da cobrança de preços, como modo de cobrir seus custos, sob pena de ferir o princípio da livre concorrência[289].

Por outro lado, ainda no campo tributário, importa mencionar que a adoção de tributos cumulativos não se harmoniza com o Princípio da Livre Concorrência. A tributação cumulativa implica custo tributário mais elevado para a produção/distribuição horizontalizada, incentivando uma verticalização da produção.

Afinal, em um processo horizontal, que implica uma série de transações independentes para a confecção e distribuição de um produto, gera-se, em cada transação isolada uma tributação que, em um sistema cumulativo, vai sendo agregada ao custo do produto. Podendo o agente econômico, por outro lado, verticalizar a produção e distribuição, i.e., concentrando-se na mesma pessoa os processos produtivos/distributivos, inexistirá a referida série de transações independentes, não havendo tributação. Em consequência, tem-se, no tributo cumulativo, maior custo tributário para as empresas que não têm condições de concentrar etapas do processo produtivo/distributivo.

Sobre o tema, vale citar a lição de Jakob que, tratando do imposto sobre vendas alemão, explica, com base no princípio da livre concorrência, a necessidade da não cumulatividade: "O sistema hodierno do Imposto sobre Vendas, com desconto do imposto pago anteriormente, é sinal da neutralidade da concorrência: dentro da corrente empresarial, o Imposto sobre Vendas não é fator de custo; no nível final, há sempre a mesma carga tributária[290].

287 Cf. LIMA, Ricardo Seibel de Freitas. Op. cit. (nota 280), p. 70.

288 Cf. CALIENDO, Paulo. Princípio da neutralidade fiscal – conceito e aplicação. In: PIRES, Adilson Rodrigues; TÔRRES, Heleno Taveira (orgs.). *Princípios de Direito Financeiro e Tributário.* Estudos em homenagem ao professor Ricardo Lobo Torres. Rio de Janeiro: Renovar, 2006, p. 503-540 (537).

289 Cf. ISENSEE, Josef. Nichtsteuerliche Abgaben – ein weisser Fleck in der Finanzverfassung. In: HANSMEYER, Karl Heinrich (org.). *Staatsfinanzierung im Wandel.* Berlin: Duncker und Humblot, 1983, p. 435-461 (452).

290 No original: "*Das heutige Umsatzsteuersystem mit Vorsteuerabzug steht im Zeichen der Wettbewerbsneutralität: Innerhalb der Unternehmerkette ist die Umsatzsteuer kein Kostenfaktor, auf der Endstufe liegt stets die gleiche Steuerlast*". Cf. JAKOB, Wolfgang. *Umsatzsteuer*. München: Beck, 1992, p. 11. Esclareça-se que o imposto de vendas é, hoje, o imposto sobre o valor agregado (*Mehrwertsteuer*).

Assim, entende-se que o efeito cumulativo dos tributos provoca um efeito indutor, no sentido da concentração da economia. Tal norma tributária indutora deve ser julgada, do ponto de vista constitucional, à vista de seu conflito com o princípio ora referido.

Os casuísmos da legislação tributária, oferecendo "brechas" e tratamentos privilegiados, surgem igualmente como espaço onde se verificam distúrbios concorrenciais provocados.

Bom exemplo pode ser apontado na legislação das contribuições ao PIS e à COFINS, cujas contradições e exceções denunciam o risco de distúrbios concorrenciais que poderiam ser contestados. De fato, apenas o casuísmo explica o fato de as alíquotas das referidas contribuições serem fixadas por Decreto, levando, por exemplo, à redução a zero das alíquotas do leite em pó que, com isso, tem regime diferente do leite líquido[291]. Ainda mais grave: empresas que se encontrassem no mesmo setor e desenvolvendo a mesma atividade poderiam estar sujeitas a regime diverso naquelas contribuições, tendo como critério discriminador, em vários casos, a data do contrato, aplicando-se aos contratos antigos o regime de cumulatividade e, com relação a novos contratos, o regime de não cumulatividade, sem observar que uns e outros necessitavam, para cumprimento de seus contratos, de adquirir os mesmos insumos no mercado. Ou seja: contribuintes com contratos anteriores a 31 de outubro de 2003 não tinham a opção da não cumulatividade, embora seus fornecedores possivelmente se enquadrassem naquele regime, ajustado seu preço[292]. Ainda com relação àquelas contribuições, é de se mencionar a diferença de cálculo no caso de importações, quando se exige que os tributos incidentes na importação sejam computados, ao mesmo tempo que as próprias contribuições formam a base de cálculo daqueles tributos, em raciocínio circular[293].

A evasão fiscal também é campo fértil para que evidencie a relação entre Livre Concorrência e tributação. Diferenças na tributação, decorrentes de práticas ilícitas e reiteradas dos contribuintes, podem afastar do mercado aqueles que se sujeitam ao pesado ônus do tributo.

Não são incomuns os casos em que a evasão fiscal leva a distorções concorrenciais. Contribuintes, fiando-se na precariedade da fiscalização, obtêm vantagem competitiva sobre outros concorrentes que não terão como suportar diferenças de preços, retirando-se do mercado[294].

Fenômeno equivalente pode ocorrer mesmo dentro do campo da licitude, quando alguns contribuintes obtêm decisões judiciais (mesmo liminares) que os colocam em situação vantajosa. Como exemplo, pode-se citar o caso das liminares obtidas por algumas empresas do setor de combustíveis, que fugiram da incidência das contribuições ao PIS e à COFINS, sob a alegação de que sua incidência monofásica implicaria substituição tributária sem garantia de restituição do *quantum* pago a maior, em ofensa ao § 7º do art. 150 da Constituição Federal. Alguns grupos empresariais constituíam diversas pessoas jurídicas, em diversas jurisdições, sempre buscando uma medida judicial que lhes afastasse a incidência das contribuições. Vez por outra, uma mesma pessoa jurídica (preferencialmente com capital ínfimo, detido nominalmente por não residentes), buscava medidas liminares em diversas jurisdições, ainda que em arrepio à legislação processual. Obtido o provimento judicial,

291 Decreto n. 5.630/2005, art. 1º, XI.

292 Lei n. 10.833/2003, art. 10, XI.

293 Lei n. 10.865/2004, art. 7º, I.

294 Cf. FERRAZ JÚNIOR, Tercio Sampaio. Op. cit. (nota 279) p. 731.

executava-se uma série de incorporações, de modo a estender os efeitos da liminar a outras empresas do mesmo grupo, ou, ainda mais simples, passava a empresa beneficiada pela liminar a ser a única compradora de combustíveis para todo o grupo, revendendo-os, a partir daí, para as demais empresas, valendo-se da alíquota zero, própria do regime monofásico daquelas contribuições.

O caso foi examinado concretamente pelo Plenário do Supremo Tribunal Federal[295]. Seguindo o que acima se defendia acerca da necessidade de ponderação à luz do caso concreto, o referido julgado aponta "peculiaridades realmente excepcionais do caso", já que o contribuinte, com o "privilégio de recolher o PIS e a COFINS nos moldes da legislação vigente antes da edição da Lei n. 9.718/98 e da Medida Provisória n. 1.991/00", obtivera "vantagem competitiva sobre as demais concorrentes do mesmo mercado correspondente a 20,17% sobre o preço final do produto".

Interessante notar que no caso em questão a Livre Concorrência foi citada no voto da Ministra Ellen Gracie, que, além de visualizar grave lesão à economia e à saúde públicas, apontou:

> *Ademais, a situação de privilégio acarreta desestruturação do mercado de combustíveis, ao assegurar a uma só empresa a aquisição de combustíveis, junto à refinaria, por preço inferior ao que é cobrado às demais empresas do setor, em afronta ao princípio da livre concorrência. Quando ajuizou o pedido de suspensão, a União demonstrou que o preço final do litro de gasolina com recolhimento do PIS/COFINS pela refinaria era de R$ 1,5686, caindo para R$ 1,2522, sem tais contribuições, resultando numa diferença de 20,17%. Apoiada em dados do sindicato do próprio setor, a União apontou que a margem de lucro, por litro, é, para as distribuidoras, em média, de R$ 0,050, enquanto o da impetrante pode ter passado a R$ 0,36, ou seja, 720% a maior. Para demonstrá-lo, juntou gráficos que apontam o desmesurado crescimento das aquisições da empresa, a partir das decisões desonerativas. Basta ver que a empresa Macon adquiriu, ao longo do ano de 2000, em média 3 milhões de litros/mês, mas após a sentença (17/11/00) passou a comprar 50 milhões de litros/mês.*

Vê-se que o contribuinte obtinha vantagem concorrencial substancial, valendo-se de um regime jurídico excepcionalíssimo, assegurado por medida liminar, não estendido às demais empresas do ramo (inclusive em virtude da precariedade da argumentação, o que acaba por aproximar-se de verdadeiras "aventuras jurídicas", não recomendadas a empresas ciosas da continuidade de seus negócios).

Não se pode deixar de apontar o risco que este precedente pode apresentar para o sistema: é muito difícil identificar uma "aventura jurídica" e, quando esta se faz presente, a liminar já pode ser cassada, por tal motivo; por outro lado, recusar o acesso ao Judiciário a um contribuinte, exclusivamente baseado em argumentos concorrenciais, pode ser ainda mais prejudicial ao sistema. Afinal, afastada a "aventura", deve-se considerar que a liminar tenha sido concedida se preenchidos seus requisitos, inclusive a plausibilidade do direito invocado. Se assim é, não parece que um direito individual (acesso ao Judiciário) possa ser impedido por conta de seus efeitos concorrenciais. Afinal, o Judiciário está aberto a todos os que o procuram e os malefícios gerados para a concorrência seriam igualmente evitados se os concorrentes também se socorressem de igual remédio. Ora, se a concorrência se vê igualmente assegurada quando se impede a concessão da liminar ou quando se a assegura a todos, a última solução há de ser a preferida, já que permite se realize o direito individual ao pleno acesso ao Judiciário.

Essa mesma preocupação foi externada por Flávio Pereira da Costa Barros, quando, ao examinar precedente do Supremo Tribunal Federal, no julgamento da AC 1.657-MC/RJ, chamava a atenção de

295 STF, Questão Ordinária no MS nº 24.159-4-DF, Tribunal Pleno, rel. Min. Ellen Gracie, D.J. 31.10.2003.

que, conquanto aquela Corte afastasse, em regra, a possibilidade das chamadas "sanções políticas" (i.e.: penalidades que implicassem o impedimento do exercício de atividade empresarial), acatara a constitucionalidade de cancelamento de registro especial do fabricante de cigarros, sob a justificativa de que houve um descumprimento contumaz da obrigação tributária, que teria levado a vantagem concorrencial. Ou seja: o Supremo Tribunal Federal admitia, por questões concorrenciais, que se negasse o registro a um fabricante de cigarros, sob o argumento de que esse reiteradamente deixara de recolher tributos, prejudicando seus concorrentes. A restrição não vinha, portanto, como penalidade ao infrator, mas como medida de proteção ao mercado. Não obstante louvável o esforço argumentativo do Supremo Tribunal Federal, parece assistir razão ao autor, quando externa preocupação quanto à legitimidade da Secretaria da Receita Federal do Brasil para cassar registro especial do fabricante, com base em condutas que deveriam ser analisadas pelo CADE. Ou seja: àquela, cabe tutelar o erário, enquanto ao CADE é que cabe a proteção do mercado[296].

Embora esse tema deva ser retomado no Capítulo XIX, 2.2, não podemos nos furtar ao comentário que parece oportuno, quando se examina o precedente do setor de cigarros. Afinal, ver-se-á, no Capítulo XIX, bem como no item 9.10 deste Capítulo, que o Princípio da Livre Concorrência, juntamente com a Livre-Iniciativa, são fundamentos bastantes para proteger os contribuintes da voracidade fiscal, impedindo que a Administração imponha as chamadas "sanções políticas" como forma indireta de cobrança de tributos. A ideia é de que a garantia do Erário não se faz à custa de arranhões nos direitos individuais. O caso ora referido invoca os mesmos Princípios, mas desta vez não enfocando o contribuinte afetado, mas sim o restante do mercado. Ou seja: aqueles Princípios não surgem como garantias individuais, mas como proteção coletiva, e, enquanto tal, são invocados para afastar condutas contrárias à sua concretização.

Ora, a proteção do mercado contra práticas ilícitas é matéria de que se ocupa o Sistema Brasileiro de Defesa da Concorrência (Lei n. 12.529/2011). Ali é que se encontram as práticas abusivas e os meios para apuração dos ilícitos, assegurando-se a ampla defesa e o contraditório, e culminando com a punição dos infratores. O emprego de normas tributárias com o fito de afastar práticas ilícitas não se coaduna com o Ordenamento brasileiro. Em síntese, ou bem se está no campo da licitude (quando é possível o emprego do tributo, inclusive em seu aspecto indutor), ou bem é caso de ilícito (quando já não mais se fala em tributo, mas em punição). Perigosa é a tendência de se adotarem normas tributárias com o efeito de afastar práticas ilícitas.

Não é apenas no campo das "brechas" procuradas pelo contribuinte, por outro lado, que a Livre Concorrência pode ser atingida, posto que involuntariamente, por medidas legais.

Emblemático, nesta esteira, é o caso julgado pelo Tribunal Regional Federal da 4ª Região, versando sobre limitações à opção pelo regime cumulativo da contribuição ao PIS e da COFINS[297].

Versava o caso sobre pretensão de empresa, que tem por objeto social a prestação de serviços, de não se submeter ao regime não cumulativo das referidas contribuições, alegando aumento de

296 Cf. BARROS, Flávio Pereira da Costa. Sanções políticas: uma nova vertente na jurisprudência brasileira?. In: SILVA, Paulo Roberto Coimbra (coord.). *Grandes temas do direito tributário sancionador*. São Paulo: Quartier Latin, 2010, p. 153-169. No mesmo sentido e especificamente examinando o mercado de cigarros, cf. GANDARA, Leonardo André. Sanções políticas, morais e indiretas: uso de mecanismos institucionais da sanção tributária e breves comentários sobre a influência no mercado de cigarros. In: SILVA, Paulo Roberto Coimbra (coord.). *Grandes temas do direito tributário sancionador*. São Paulo: Quartier Latin, 2010, p. 305-322.

297 TRF da 4ª Região, AC n. 2004.71.08.010633 8-RS, rel. Juiz Leandro Paulsen, D.E. 26.04.2007.

mais de 100% no ônus tributário, tendo em vista que, por seu ramo de atividade, não apura créditos significativos a ponto de compensar o incremento da tributação decorrente do novo regime.

Dentre os argumentos trazidos pela Apelante e apreciados pela Turma julgadora está o de que o critério de discriminação (regime de tributação pelo IRPJ, se pelo lucro real ou não), além de comprometer a função do regime não cumulativo (violação à isonomia e à razoabilidade), "cria obstáculos à livre concorrência, porquanto empresas dedicadas à mesma atividade que a Autora continuam submetidas ao regime comum, não tendo sido oneradas pelo advento do regime não cumulativo".

A decisão em questão não chegou a ser apreciada pelos tribunais superiores[298], mas os argumentos acolhidos pelo Relator não poderiam deixar de ser mencionados. De imediato, não deixa de causar surpresa que o julgador se tenha impressionado pelo argumento da Apelante, sem deixar de ver que a discriminação não está na contribuição ao PIS e da COFINS, apenas; este tratamento diferenciado nada mais é que consequência de outra discriminação, anterior, que é o fato de algumas empresas poderem optar pelo lucro presumido, e outras não. Neste sentido, não deixa de causar estranheza que a decisão em comento tenha reconhecido a discriminação no caso das contribuições, mas não tenha visto que a prestadora de serviços que está no regime de cumulatividade é a mesma que calcula IRPJ e CSL sobre o lucro presumido. Ou seja: a opção pelo lucro presumido é um "pacote fechado": a opção trará alguns bônus e alguns ônus, todos decorrentes da mesma simplificação. A razão por que se manteve para aquelas empresas a sistemática não cumulativa nada teve a ver com privilégios, e sim com coerência sistêmica. Afinal, não teria sentido, de um lado, adotar-se a tributação com base simplificada para o IRPJ e CSL e, de outro lado, impor-se ao contribuinte todo o ônus da apuração das contribuições acima com base na não cumulatividade.

Já nesse sentido, vê-se que merece reparos a decisão, quando aponta afronta à isonomia, já que a discriminação, no caso, é justificada pela diferença de regime jurídico entre umas e outras empresas. Claro que se poderia argumentar que a própria diferença de regimes jurídicos seria inconstitucional, já que nem todas as empresas podem optar pelo lucro presumido. Mas uma alegação nesse sentido não poderia deixar de ver que foi o próprio Constituinte, no inciso IX do art. 170, que indicou ser justificado o tratamento preferencial às empresas de menor porte.

É certo que o referido tratamento preferencial não é a única diretiva do art. 170, e com isso se retoma o que já se expôs acerca da natureza da ponderação de princípios, para se reconhecer que não se pode, com base em uma das diretivas constitucionais, anular as demais que com ela concorrem no balizamento da Ordem Econômica. Tendo em vista a presença do Princípio da Livre Concorrência, dir-se-á que o tratamento diferenciado às empresas de menor porte não pode aniquilar a Livre Concorrência.

Esse ponto permite que se retome o Acórdão em exame, para que se indague se o Princípio da Livre Concorrência estaria de tal modo afetado pela imposição da não cumulatividade, sem extensão às demais empresas prestadoras de serviços. Foi neste sentido o voto do Juiz Federal Leandro Paulsen, para quem a sujeição obrigatória da Autora aos regimes não cumulativos do PIS e da COFINS "cria obstáculos à livre concorrência, porquanto empresas dedicadas à mesma atividade que a Autora continuam submetidas ao regime comum, não tendo sido oneradas pelo advento do regime não cumulativo".

298 O Recurso Extraordinário não foi admitido porque, no entender do Desembargador Federal João Surreaux Chagas, então Vice-Presidente daquele Tribunal, teria faltado ao recurso a preliminar de repercussão geral. Já o Recurso Especial, interposto pela Fazenda, foi recebido no STJ no dia 16.06.2008, mas o Relator, Ministro Herman Benjamin, por decisão monocrática, negou seguimento ao Recurso, por usurpação de competência atribuída ao STF e por ausência de prequestionamento.

A afirmação acima merece, também, maior reflexão, já que parece pouco sustentável afirmar que a Livre Concorrência tenha sido afetada tão somente pela diferenciação dos regimes do PIS e da COFINS, sem se ponderarem as demais diferenças que a acompanham. Não há, no Acórdão, qualquer referência quanto ao fato de a tributação pelo lucro presumido sujeitar muitas empresas a IRPJ ou CSL sobre base que ultrapassaria o lucro real. Este elemento torna-se gritante quando se comparam empresas deficitárias: aquelas tributadas com base no lucro real, posto que, pagando as indigitadas contribuições em base não cumulativa, nada recolherão a título de IRPJ ou CSL; já aquelas submetidas ao lucro presumido, conquanto possam recolher as contribuições na base cumulativa, recolherão, ainda, IRPJ e CSL sobre a base presumida.

Vê-se, a partir do exemplo das empresas deficitárias, que a aplicação do Princípio da Livre Concorrência no caso em questão, embora meritória, por reconhecer que também os princípios da Ordem Econômica podem servir de baliza para a tributação, não pode ser feita sem as técnicas próprias do Direito Econômico. Noutras palavras: se o aplicador da lei entende que a Ordem Econômica limita a tributação, então deve ele examinar de que modo os princípios da Ordem Econômica se aplicam.

No caso específico do Princípio da Livre Concorrência, o Direito Econômico já dispõe de ferramentas adequadas para aferir de que modo se faz afetar. Tome-se, neste diapasão, a Resolução do CADE n. 20, de 9 de junho de 1999[299], cujo anexo II traz os "critérios básicos na análise de práticas restritivas". Constata-se, naquele documento a recomendação para o uso de índices de concentração do mercado relevante, apontando-se como os mais comumente utilizados os índices "Ci" e o índice de Herfindahl Hirschman (HHI). Tais índices são utilizados para apurar efeitos anticompetitivos de determinadas condutas, aos quais são contrapostas eventuais vantagens, com o objetivo de identificar se as últimas são suficientes para compensar aqueles. Ou seja: na visão do Cade, uma concentração econômica nem sempre é perversa, já que ela pode trazer benefícios que podem compensar os efeitos anticompetitivos. Os benefícios podem relacionar-se à maior eficiência produtiva ou tecnológica, ou à redução de custos de transação, podendo, ainda, haver estímulo à consecução de economias de escala e de escopo no mercado "alvo", além de proteger o desenvolvimento tecnológico no mercado "de origem". Neste sentido, é o próprio texto em referência que se refere à necessária "ponderação entre os efeitos anticompetitivos e os possíveis benefícios ou eficiências identificados e avaliados".

Destarte, parece que a Corte não agiu bem ao trazer o tema da Livre Concorrência como fundamento para sua decisão, já que a alegada discriminação concernente ao PIS e à COFINS não é uma medida isolada, visto que sempre se faz acompanhar de tributação diferenciada no IRPJ e CSL, implicando, daí, regimes jurídicos diversos que não poderiam ser tomados isoladamente. Ademais, a ofensa à Livre Concorrência deveria ter sido objeto de análise econômica, mediante as técnicas disponíveis, sempre tendo em conta as virtudes que a medida possa ter, na ponderação do caso concreto.

Para que se veja de que modo o Direito Econômico trata das relações entre a tributação e a Livre Concorrência, parece interessante a representação apresentada ao Cade pelo Sindicato do Comércio Varejista de Produtos Farmacêuticos do Rio Grande do Sul – Sinprofar, em face do Serviço Social da Indústria – Sesi[300]. De acordo com o Sinprofar, as farmácias do Sesi comercializariam seus produtos a preços inferiores aos praticados pelas demais farmácias do Estado do Rio Grande do Sul, em virtude do não recolhimento de tributos, decorrente da imunidade sobre seus bens, serviços e patrimônio, por ser entidade de assistência social. Na visão do Sinprofar, o fato de o Sesi não recolher tributos

299 D.O.U. de 28.06.1999.

300 CADE, Processo Administrativo n. 08012.000668/98-06.

sobre o faturamento decorrente de comercialização de produtos farmacêuticos colocaria em risco o equilíbrio das forças de mercado, em razão da prática de preços abaixo do mercado, gerando efeitos prejudiciais à concorrência.

Examinando concretamente a situação, o Cade entendeu não haver prejuízo à concorrência, uma vez que a farmácia do Sesi não praticava preços predatórios (i.e., abaixo do custo, tendo em vista posterior domínio do mercado e eliminação da concorrência), além de ser insignificante o número de farmácias detidas pela entidade.

Apreende-se, do caso, a lição de que o Princípio da Livre Concorrência, conquanto possa ser afetado por regimes tributários diferenciados, requer uma análise concreta, com a análise dos mercados afetados e dos efeitos das medidas.

Esta mesma necessidade de análise do caso concreto foi apontada pela 7ª Câmara do Conselho de Contribuintes, quando examinava a questão do efeito concorrencial da imunidade. No caso[301], o Fisco pleiteava a suspensão da imunidade do contribuinte sob o argumento de que a atividade desenvolvida pela entidade imune ofenderia o princípio da livre concorrência. Entendeu o Conselho que "se a atividade desenvolvida tem por finalidade auxiliar a cobrir o déficit da atividade principal da entidade imune, não é correto retirar, pura e simplesmente, a imunidade somente com o argumento em tese de que estaria ferido o Princípio da Livre Concorrência. A ofensa a este deve ser provada e não apenas alegada, sob pena de agredir-se a supremacia constitucional". Vale notar que a decisão não nega que, em tese, a imunidade possa ser limitada, quando em confronto com o Princípio da Livre Concorrência; o que se exige, acertadamente, é que o embate entre os princípios se faça em bases concretas, evidenciando-se os efeitos nefastos sob a concorrência, no lugar de simplesmente se afastar uma proteção constitucional.

Há, ainda, que mencionar o caso emblemático da guerra fiscal. Por causa de seu tratamento pela própria Constituição Federal, o tema será tratado no tópico seguinte.

9.4.2.2 A Neutralidade Tributária Concorrencial na Constituição Federal

Diversas são as oportunidades em que o constituinte revela sua opção pela Neutralidade Concorrencial da tributação.

É no sentido de preservar a Livre Concorrência que deve ser interpretado o § 1º do art. 173 do texto constitucional. Tratando da exploração direta de atividade econômica pelo Estado, assegura que esta se sujeite ao regime jurídico próprio das empresas privadas, inclusive quanto aos direitos e obrigações tributários. Tem este preceito vínculo imediato com o § 3º do art. 150 do texto constitucional que, tratando da imunidade recíproca, afirma que esta não se aplica "ao patrimônio, à renda e aos serviços, relacionados com exploração de atividades econômicas regidas pelas normas aplicáveis a empreendimentos privados" (exatamente aquelas regidas pelo art. 173). Daí constatar que a limitação à imunidade recíproca, regida pelo art. 150, § 3º, depende, para sua correta interpretação, da compreensão do conteúdo do art. 173, que se inspira no princípio da

301 Conselho de Contribuintes, Acórdão n. 107-07197, 7ª Câmara, rel. Octávio Campos Fischer, j. 11.06.2003.

livre concorrência. Iguais ponderações podem, ainda, surgir no exame de outras imunidades e serão exploradas no Capítulo IX.

Igualmente inspirada pelo Princípio da Neutralidade Concorrencial da tributação é que se deve ler a proibição da introdução de tributos que discriminem unidades da Federação, ou que limitem o trânsito de pessoas e bens, garantindo a Unidade Econômico-Política do País, conforme acima referido.

Pode-se, ainda, citar o art. 155, XII, "g", da Constituição Federal, que exige deliberação dos Estados e Distrito Federal para a concessão de isenções, incentivos e benefícios referentes ao ICMS, uma proteção contra a "guerra fiscal" que "engendra uma distorção na concorrência que, presumidamente, o ICMS evita. Ou seja, os concorrentes de outros Estados-membros estariam obrigados, em face de incentivos desnaturados, a enfrentar uma situação de competitividade desequilibrada pela quebra de uma estrutura comum. As piores vítimas de incentivos distorcidos por medidas que reduzem ou eliminam o ônus dos impostos são os agentes econômicos eficientes"[302].

Com efeito, têm sido frequentes as referências, mesmo na doutrina tributária, aos abusos da parte de contribuintes, no campo do planejamento tributário. Menos estudados, mas igualmente prejudiciais, são os abusos da parte do Poder Público. Há, é certo, o excesso de tributação, já regulado na Constituição por meio da proibição de confisco (art. 150, IV). Não é deste excesso que ora se trata.

Ao se cogitar Poder Público como coadjuvante da criação de vantagens concorrenciais, trata-se de outro caso de abuso, que mais se aproxima do instituto do desvio de finalidade. Com efeito, o Poder Público poderia, valendo-se dos efeitos da tributação sobre a economia, deslocar investimentos de uma para outra região, ou de um para outro setor. Este emprego indutor da norma tributária, como visto, é legítimo e corriqueiro. O problema é que, como todo direito, não pode ultrapassar os limites para o qual foi concebido.

Assim, se as normas tributárias indutoras encontram sua justificativa na correção de falhas de mercado (intervenção negativa) ou na implementação de objetivos constitucionalmente prestigiados pela Ordem Econômica (intervenção positiva), não é aceitável que o legislador tributário, valendo-se daquelas, leve a objetivo contrário àquele para o qual foram concebidas. Se dentre os princípios prestigiados pela Ordem Econômica está a Livre Concorrência, não é aceitável que a norma tributária atue em direção contrária.

É em tal contexto que aparece o potencial distúrbio concorrencial provocado pela norma tributária na chamada "guerra fiscal".

Por meio da Consulta n. 0038/99, o Pensamento Nacional das Bases Empresariais provocou o Conselho Administrativo de Defesa Econômica – Cade – a manifestar-se sobre a nocividade ou não à livre concorrência da prática da "guerra fiscal". Como se extrai do voto do Relator Marcelo Calliari, a consulente afirmava que "graças à 'guerra fiscal', a empresa receptora dos incentivos

---

302 Cf. FERRAZ JÚNIOR, Tercio Sampaio. Guerra fiscal, fomento e incentivo na Constituição Federal. In: SCHOUERI, Luís Eduardo; ZILVETI, Fernando Aurélio (orgs.). *Direito Tributário.* Estudos em homenagem a Brandão Machado. São Paulo: Dialética, 1998, p. 275-285 (281). Esta ideia é corroborada, do ponto de vista econômico, por pesquisa de PRADO, Sérgio; CAVALCANTI, Carlos Eduardo G. *A guerra fiscal no Brasil.* São Paulo: Fundap; Fapesp, 2000, p. 10.

governamentais pode oferecer preços muito inferiores aos das demais empresas. Poderá ocorrer ainda o domínio do mercado pela empresa beneficiada, tendo em vista que as empresas já existentes, bem como as novas, não terão condições para competir com os preços oferecidos pela mesma (sic), por mais que promovam a redução dos seus, posto que (sic) têm que arcar com os custos e obrigações regulares de empreendimento.

Interessante notar que, conquanto se tratasse de mera consulta, o Relator não ousou responder à questão em tese. Utilizou-se estudo econômico, da lavra de empresa de auditoria e consultoria, por meio do qual se buscava demonstrar que a prática da "guerra fiscal" teria efeito sobre a lucratividade das empresas beneficiadas, propiciando-lhes condições de funcionamento significativamente desiguais e vantajosas com relação às demais empresas que concorram no mesmo mercado.

A "guerra fiscal" aparece, muitas vezes, justificada como instrumento de redução de desigualdades regionais, objetivo fundamental da República Federativa do Brasil. Este argumento é rebatido no Relatório, que enxerga o confronto entre os princípios, entendendo que, *in casu*, o próprio Constituinte tratou de solucioná-lo, ao criar os mecanismos por meio dos quais incentivos regionais podem ser dados, a saber: (i) pela União, enquanto representante do superior interesse nacional (art. 151); ou por concordância unânime entre os Estados da Federação (art. 155, § 2º, XII, *g*, da Constituição e Lei Complementar n. 24/74). Na visão do Relator, a adequação dos incentivos fiscais "para avançar a causa constitucionalmente legítima da redução das desigualdades regionais (...) seria assegurada, como se viu, pela forma de concessão – ou pela União, ou pela unanimidade dos Estados, o que garantiria que o interesse nacional fosse sempre sopesado".

O Relatório enfrentou expressamente o tema do conflito entre os incentivos fiscais e a livre concorrência, entendendo haver uma presunção formal, a justificar a relativização do Princípio da Livre Concorrência, admitindo-se tal abrandamento em função do atendimento do Princípio da Redução das Desigualdades Regionais. Afirma que "se a União, em defesa do superior interesse nacional ou os Estados, por unanimidade, decidem conceder uma isenção ou incentivo, é razoável presumir que as restrições a outros objetivos constitucionais (como à neutralidade e isonomia tributários, bem como à concorrência) foram consideradas, e que se chegou à conclusão de que os benefícios derivados do incentivo, no montante e para a região acordada, superariam tais preocupações ao adequadamente estimular o desenvolvimento regional, em obediência ao respectivo princípio constitucional da ordem econômica".

Dada a premissa de que a concessão do incentivo pela União ou pela unanimidade dos Estados seria a garantia (formal) de que o Princípio da Redução das Desigualdades Regionais teria sido atendido em forma e em montante adequados, entende o Relator, a *contrario sensu*, que a mesma garantia não existiria se os preceitos constitucionais não fossem obedecidos, i.e., que não se teria certeza de que o incentivo se destinaria a região e em montante que efetivamente avançassem a causa da redução das desigualdades regionais sem atenuar em demasia o Princípio da Livre Concorrência.

Concluía o Relator, por isso, ser a "guerra fiscal" prejudicial à concorrência (e à sociedade) por reduzir o grau de eficiência da economia como um todo. Na lógica do Relatório, vê-se que, em sistema de mercado concorrencial e na ausência de interferências, as empresas tenderiam a dispor-se em setores e regiões de forma a gerar o máximo de riquezas possível com o menor uso de recursos possível. Uma empresa ou setor favorecido passa a poder funcionar sem essa lógica, já que pode instalar-se num local em que seu custo seja muito mais alto, desde que o incentivo que receba mais do que compense a diferença.

A questão está, justamente, no fato de que os dispositivos constitucionais tradicionais não dotavam a União de mecanismos para prevenção dos desequilíbrios na concorrência. Previa-se, por certo, que a concessão de incentivos fiscais por Estados se fizesse por forma regulada por lei complementar e esta, por sua vez, exigira a unanimidade dos Estados para sua concessão. A prática revelou, entretanto, que o mecanismo não foi suficiente para evitar que a "guerra fiscal" se firmasse no território nacional, não sendo difícil lembrar desde os já antigos incentivos a usos de portos no Espírito Santo, até as mais recentes implementações de indústrias, valendo-se do mesmo recurso. O citado Relatório menciona o caso de uma fábrica de produtos alimentícios que se transferira, em 1992, de São Paulo para Goiás, devido à possibilidade de dilação do recolhimento do ICMS por cinco anos, sem correção monetária e juros, em época em que a inflação brasileira beirava 30% ao mês, o que implicava efeito de isenção do imposto.

O citado Relatório do Cade faz interessante paralelo entre a "guerra fiscal" brasileira e as práticas de concorrência fiscal internacional, lembrando as Regras de Concorrência do art. 92 do Tratado de Roma, que declara incompatíveis com o mercado comum os subsídios concedidos pelos Estados, "independentemente da forma que assumam", o que, na União Europeia, se entende abranger tanto a atribuição de recursos a uma empresa, como a diminuição de encargos que tal empresa deveria normalmente suportar. O Relatório cita diversas decisões da Corte Europeia que confirmam tal entendimento[303].

9.4.2.3 Livre Concorrência e Tributação: o papel do art. 146-A da Constituição Federal[304]

Apresentada a relação da tributação com a Livre Concorrência, torna-se possível compreender a relevância do dispositivo inserido pela Emenda Constitucional n. 42 no art. 146-A da Constituição Federal, que confere à lei complementar o papel de definir critérios especiais de tributação para prevenir desequilíbrios na concorrência:

> Art. 146-A. A lei complementar poderá estabelecer critérios especiais de tributação, com o objetivo de prevenir desequilíbrios da concorrência, sem prejuízo da competência de a União, por lei, estabelecer normas de igual objetivo.

A leitura do art. 146-A da Constituição Federal sugere, de imediato, que o constituinte derivado contemplou dois instrumentos para a mesma finalidade: a lei complementar e a lei federal. Ou seja: admitiu-se que a lei federal tenha competência para estabelecer tais normas e adicionou-se a lei complementar, com igual objetivo.

A necessidade de se ressalvar a competência da União, por lei em estabelecer normas de igual objetivo está no fato de que há diversas leis que, de um modo ou de outro, já procuram prevenir desequilíbrios na concorrência. Um exemplo é a adoção de alíquota fixa para a venda de cigarros e bebidas. Remete-se, entretanto, ao estudo elaborado no Capítulo II, ao tratar da lei complementar, para se afirmar que a competência da União (lei federal) não há de superar a da lei complementar

303 Nesse sentido, cf. TERRA, Ben J. M.; WATTEL, Peter J. *European tax law*. 4. ed. Deventer: Kluwer, 2005, p. 240--243 e o acórdão C-88/03.

304 Excelente estudo sobre o referido dispositivo pode ser encontrado em BRAZUNA, José Luis Ribeiro. *Defesa da concorrência e tributação à luz do art. 146-A da Constituição*. São Paulo: Quartier Latin; IBDT, 2009.

(lei nacional): esta, pertencendo à ordem jurídica nacional, impõe que todas as ordens jurídicas parciais a ela se dobrem.

Ao tratar da *prevenção* de desequilíbrios, nota-se que o Constituinte derivado deu ao legislador complementar (e reconheceu ao legislador federal) o papel de uma atuação *ex-ante*: não se trata de corrigir danos, mas de buscar critérios de tributação que tenham a finalidade de impedir que desequilíbrios possam ocorrer. A livre concorrência, característica do mercado interno a ser preservado (art. 219), não deve ser desequilibrada. Não basta uma compensação aos agentes prejudicados por conta dos desequilíbrios; esses devem ser evitados.

Insere-se a norma, assim, no novo desenho do Estado, já posterior à Constituição de 1988 e contemporâneo com a sociedade que se desenhou a partir da queda do Muro de Berlim: no lugar de prestigiar a atuação direta do Estado, passa-se a prestigiar a atuação social do particular. O papel do Estado, de ator, passa ao de supervisor. É aqui que se encaixa a proliferação das agências, posteriores à era das privatizações. Das agências, espera-se uma ação para assegurar o regular (i.e.: no interesse da sociedade) funcionamento dos mercados. As agências não se limitam a corrigir distorções: delas espera-se um papel ativo, na prevenção de distúrbios que afetem os interesses maiores da sociedade.

Em tal contexto, o Estado do século XXI, visto no Capítulo I, já não é mais o "vigia noturno", próprio do modelo liberal (*laissez faire, laissez passer*), nem tampouco o motor do desenvolvimento econômico (Estado intervencionista nos moldes da Constituição de 1967/69) e social (como previsto no texto original de 1988). A sociedade posterior a 1988 retoma um papel ativo na busca dos objetivos previstos no art. 3º da Constituição Federal (construção de uma sociedade livre, justa e solidária, garantindo o desenvolvimento nacional voltado à erradicação da pobreza e da marginalização, com a redução de desigualdades regionais e sociais e promovendo o bem de todos). Para tal mister, a sociedade evoca para si sua responsabilidade, devendo o Estado apenas firmar as balizas por onde se dará esse desenvolvimento. Vale salientar que não se confunde esse papel com o presente no liberalismo, já que, enquanto naquela época a atuação (ou melhor: omissão) do Estado visava permitir o crescimento do indivíduo, do Estado do século XXI espera-se um papel de árbitro, a fim de assegurar que os interesses sociais sejam concretizados.

É nesse papel de balizador, árbitro, que se insere o art. 146-A do texto constitucional: espera-se que o legislador previna distúrbios na livre concorrência.

A indagação é: quais os desequilíbrios a serem prevenidos pela lei complementar?

Duas ordens de desequilíbrios podem ser mencionadas: aqueles estruturais do mercado e aqueles provocados.

Tratando-se de desequilíbrios estruturais, retomam-se as tradicionais falhas de mercado, a que já se fez referência acima, objeto das normas tributárias indutoras. Fosse este o alvo do art. 146-A do texto constitucional, então inafastável seria a perplexidade, já que, mesmo antes do texto constitucional, a legislação tributária era farta em exemplos de medidas para prevenir distúrbios na livre concorrência. Ou seja: o art. 146-A em nada teria inovado no ordenamento. Claro que o reconhecimento da competência federal para tratar da matéria poderia explicar este aspecto. Entretanto, uma tal interpretação implicaria sustentar que o constituinte derivado teria inovado ao exigir lei complementar para regular a matéria. Chegar-se-ia à conclusão de que toda norma tributária indutora, quando tivesse efeito de prevenir distúrbios na concorrência, deveria ser veiculada ou por lei federal ou por lei complementar. Dado o amplo espectro da livre concorrência, possivelmente viria para a competência da lei complementar boa parte das legislações estaduais, distrital ou municipais.

Mais razoável parece ser aceitar que a Emenda Constitucional n. 42 inovou, ao trazer para a competência da lei complementar assunto que antes não podia ser completamente resolvido pelo legislador federal: os distúrbios na livre concorrência provocados pela própria tributação[305], sejam os provocados intencionalmente pelo legislador (incentivos fiscais, por exemplo), sejam os decorrentes da própria sistemática da tributação (sonegação, por exemplo).

Na primeira hipótese, i.e., quando a lei tributária, ao aumentar ou reduzir a carga tributária sobre os agentes econômicos, vem dificultar ou inviabilizar a própria concorrência, parece dispensável a lei complementar: mesmo sem esta, o Princípio da Neutralidade Tributária seria suficiente para que se afastasse uma tal lei. Tome-se o emblemático caso da legislação federal concernente às contribuições ao PIS e à COFINS para se evidenciar como a lei tributária federal provoca, ela mesma, distúrbios concorrenciais a serem evitados em nome da neutralidade de concorrência. Esta legislação está a reclamar uma atuação do Poder Judiciário, afastando-a do ordenamento por seus efeitos desastrosos.

Daí que o campo adequado para a lei complementar parece ser o caso da sonegação. Como visto acima, tem sido instrumento utilizado por alguns agentes econômicos para conquistar vantagens competitivas, em detrimento daqueles que cumprem suas obrigações.

É certo que tais casos, quando verificados na esfera federal, poderiam ser tratados pela própria lei tributária federal: é de se esperar que o legislador tributário, ao instituir tributos ou disciplinar as formas de sua arrecadação, tenha em conta os eventuais distúrbios concorrenciais que possam surgir. Daí a ressalva da parte final do art. 146-A do texto constitucional: o constituinte derivado positivou o dever de neutralidade concorrencial do legislador tributário.

Entretanto, não é apenas na esfera federal que tais distúrbios ocorrem. Podem dar-se distúrbios igualmente por força da aplicação (ou da evasão) de tributos estaduais, distritais e municipais. Ora, tendo em vista que a competência em matéria concorrencial é prioritariamente federal, enquanto os tributos têm competência repartida constitucionalmente entre União, Estados, Distrito Federal e Municípios, houve por bem o constituinte derivado uniformizar o problema, em âmbito nacional, fugindo, daí, das questões que aquela repartição poderia propor.

Eis o papel da lei complementar. Como visto nos exemplos acima, os distúrbios poderiam ser provocados por qualquer das esferas, inclusive por um conflito entre pessoas jurídicas de direito público.

Dada a autonomia de que as pessoas jurídicas de Direito Público foram dotadas em matéria tributária, seria necessário um veículo que harmonizasse as legislações, evitando que do uso descontrolado ou não coordenado da competência tributária decorra efeito concorrencial, em detrimento do valor da livre concorrência constitucionalmente prestigiado. Na tradição do ordenamento brasileiro, consolidada no art. 146 da Constituição Federal, vem a lei complementar servindo de veículo adequado para a edição de normas que obriguem a todas as pessoas jurídicas de Direito Público.

No que se refere aos limites do dispositivo citado, vale mencionar que o art. 146-A da Constituição Federal apenas faculta o estabelecimento de *critérios especiais de tributação*, não de novos tributos, posto que meritórios. Ou seja: não pode o legislador complementar, tendo em vista a prevenção de distúrbio concorrencial, criar um novo tributo, como forma de "compensar" o distúrbio assim gerado.

Com efeito, a expressão *critérios especiais de tributação* implica uma forma diferenciada para a tributação, não um novo tributo. Dadas as particularidades do caso, deve o legislador complementar buscar critérios adequados à prevenção de desequilíbrios.

---

305 Cf. SILVEIRA, Rodrigo Maito da. *Tributação e concorrência*. São Paulo: Quartier Latin/IBDT, 2011, p. 104. Série Doutrina Tributária, vol. IV.

Exemplos de *critérios* seriam a imposição de substituição tributária, ou de responsabilização pelo recolhimento de tributo, como forma de evitar fraudes fiscais. Ou seja: a prevenção de distúrbios concorrenciais pode ser fundamento para justificar a introdução, por lei complementar, em caráter compulsório para todas as pessoas jurídicas de Direito Público, do regime de substituição tributária, por exemplo. Entretanto, essa mesma finalidade deve servir para fixar os limites daquela. Afinal, a substituição tributária, se adotada em cadeias relativamente uniformes, pode ser interessante, já que é possível determinar, com algum grau de razoabilidade, qual será o preço médio do produto final. O caso dos cigarros é modelar: tendo em vista o alto grau de informalidade e a altíssima tributação que incide sobre os cigarros, a substituição tributária é técnica que pode ser adotada com algum sucesso para prevenir distúrbios concorrenciais. Quando, entretanto, existe alta variação nos preços finais dos produtos, a mesma substituição tributária, posto que adotada com o propósito de assegurar a concorrência, pode ser-lhe danosa. Basta ver que, por causa da substituição, o tributo antecipado será o mesmo, independentemente do preço final ao consumidor. Se este for variado, então a carga do tributo poderá afetar negativamente a concorrência que a substituição pretendia assegurar.

Também se pode cogitar, com idêntico efeito de prevenir distúrbios de concorrência, adoção de alíquotas fixas para determinados produtos, reduzindo, daí, as variações que as bases de cálculo possam oferecer, à luz da complexidade da legislação tributária. Igualmente aqui, entretanto, vale o que acima foi exposto, já que alíquotas fixas, se adotadas em mercados extremamente competitivos, podem afetar negativamente a concorrência que visam a preservar.

O art. 146-A pode abrir espaço, ainda, para a criação de obrigações tributárias acessórias, que, ao dificultar a evasão fiscal, assegurem a livre concorrência, desde que, por óbvio, tenham repercussão equânime entre os concorrentes, mesmo que constituam, para uns, ônus maior, resultante de sua maior capacidade competitiva de fato[306]. Registros e medidores de vazão são estratégias especiais de tributação que podem definitivamente reduzir os distúrbios decorrentes da sonegação fiscal.

Em todos os casos, importa insistir que se deve cuidar para que a obrigação acessória voltada a prevenir distúrbios de concorrência não seja, ela mesma, causadora de maiores violações ao princípio em questão. Neste sentido, pode-se citar o caso do Regime Especial, então imposto pelo Estado de Goiás, exigindo que o contribuinte satisfizesse diariamente o valor correspondente ao ICMS. O Supremo Tribunal Federal[307], examinando o caso, entendeu que, conquanto justificada a intenção de fiscalizar, com zelo, os contribuintes, não pode o Fisco introduzir medida tão restritiva como a exigência de recolhimento direto, que seria "passo demasiadamente largo, que se mostra desproporcional e discrepante da razoabilidade, tendo em vista o objetivo perseguido". Claro que apenas o caso concreto é que pode apontar o efetivo desequilíbrio na livre concorrência e, no precedente em questão, além do referido Princípio, também pesou na decisão o fato de que o recolhimento diário afetaria a própria não cumulatividade, já que não se asseguraria o abatimento dos créditos de ICMS. De qualquer modo, serve o precedente de luz para alertar que não se adotem medidas restritivas à livre concorrência, mesmo a título de prevenir distúrbios àquela.

No caso específico da "guerra fiscal", surgiria a ideia de o legislador complementar impor a adoção do regime de destino para o ICMS, já que, com tal medida, afastar-se-ia o principal mecanismo hoje utilizado. Bastaria que tal lei complementar fixasse em zero as alíquotas interestaduais, destarte tornando inócuo qualquer benefício dado pelo Estado de origem. Entretanto, o tema já poderia

306 Cf. FERRAZ JÚNIOR, Tercio Sampaio. Op. cit. (nota 279), p. 735.

307 STF, RE n. 195.621-6-GO, 2ª Turma, rel. Min. Marco Aurélio, D.J. 10.08.2001.

ser solvido mesmo com Resolução do Senado, além da já citada necessidade de convênio para a concessão de isenção. Daí que, neste caso, o art. 146-A seria redundante: adotar-se-ia uma lei complementar para matéria que poderia ser resolvida por meio de outro remédio constitucional.

Ademais, a medida, ao mesmo tempo em que atingiria tal objetivo, acabaria por anular a receita tributária dos Estados ditos "exportadores líquidos", o que a tornaria de constitucionalidade duvidosa. É certo que se poderia sustentar que alguns desses Estados são exatamente os que perdem com a "guerra fiscal", mas não parece ser esse argumento suficiente para a total retirada de recursos que lhes foram constitucionalmente assegurados. Possivelmente, tal medida não passaria pelo critério da proporcionalidade.

Vale lembrar, ainda, a medida prevista no art. 8º da Lei Complementar n. 24/75. A referida lei regula a necessidade de celebração de convênios entre os Estados para a concessão de isenções do imposto, nos termos do art. 155, § 2º, inciso XII, alínea "g", da Constituição Federal. O seu art. 8º, por seu turno, determina que, caso seja concedido benefício fiscal sem a observância dos dispositivos da lei complementar (i.e., concessão de isenção sem a celebração de convênios), ocorrerá, cumulativamente: (i) a nulidade do ato e a ineficácia do crédito fiscal atribuído ao estabelecimento recebedor da mercadoria; e (ii) a exigibilidade do imposto não pago ou devolvido e a ineficácia da lei ou ato que conceda remissão do débito correspondente.

Esta solução não poderia ser aceita pela presente ordem constitucional, nem mesmo sob o art. 146-A da CF/88.

Em primeiro lugar, porque a aplicação de ambas as soluções previstas nos incisos I e II do art. 8º da Lei Complementar n. 24/75 geraria a cumulatividade do ICMS. Com efeito, se, ao mesmo tempo, for impedido que o contribuinte goze do crédito do tributo no Estado de destino e, anulada a norma de isenção, cobrado o ICMS pelo Estado de origem sobre a parcela do crédito anulado no destino, haveria cumulatividade do ICMS.

Ainda, ao impedir o crédito, o Estado de destino está tributando algo que não é de sua competência, mas de competência exclusiva do Estado de origem.

De fato, ao dividir o ICMS entre os Estados de origem e destino nas operações interestaduais, a CF/88 realiza efetiva repartição de competência. O fato de um Estado não exercer a sua competência (ainda que irregularmente) não autoriza o outro Estado a exercê-la em seu lugar.

Desse modo, a Constituição Federal e mesmo o seu art. 146-A não permitem que, em nome da prevenção dos desequilíbrios da concorrência, se afaste a concretização da não cumulatividade e se permita que um ente da federação exerça competência tributária que não lhe foi outorgada. Conforme já mencionado, os princípios devem ser ponderados, não sendo possível que, em nome da aplicação de um deles, se afastem todos os outros.

É certo que o Estado de origem não poderia outorgar o benefício fiscal sem convênio, devendo a lei que o fez ser considerada nula, e o tributo devido, na forma prevista no inciso II do art. 8º da LC n. 24/75. Reconhece-se, ainda, que, até o momento da anulação do ato e efetiva cobrança do tributo (se houver), grandes prejuízos à concorrência podem ocorrer. Todavia, este fato, apesar de poder justificar a adoção de outras medidas de controle, não justificaria a cominação da aplicação do inciso I do art. 8º.

Tentadora, ainda, seria a ideia de, a exemplo do que existe em práticas internacionais, cogitar a cobrança de "direitos compensatórios", i.e., a desoneração na origem seria anulada por conta de um tributo ("direito compensatório"), exigido quando da entrada da mercadoria no Estado de destino. Também esta medida não seria facilmente praticável, já que: (i) exigiria um controle quase aduaneiro entre os Estados, dificultando, daí, o comércio interestadual, em arrepio à cláusula constitucional de proteção ao mercado interno (art. 219); (ii) surgiria a questão quanto ao destino dos recursos assim arrecadados, já que disputariam os dois Estados envolvidos, além da União, a quem possivelmente caberia a introdução do "direito compensatório". Ademais, como apontado, tal medida ultrapassaria o escopo do art. 146-A do texto constitucional, já que não seria mero critério especial de tributação, mas vero tributo novo.

9.5 Defesa do Consumidor

A Defesa do Consumidor é, ao mesmo tempo, Princípio da Ordem Econômica, arrolado pelo art. 170, direito individual (inciso XXXII do art. 5º) e motivo de responsabilidade por parte de quem cause dano (art. 24, VIII). Nos termos do inciso II do parágrafo único do art. 175 do texto constitucional, também os usuários de serviços públicos gozam de tal proteção.

No campo das normas tributárias indutoras, pode-se citar concretização do Princípio da Defesa do Consumidor quando se verifica que o emprego do Princípio da Seletividade, que será visto no próximo capítulo, permite ao Executivo modificar alíquotas tributárias, nos limites da lei, tendo em vista a essencialidade do produto. A essencialidade pode ser encontrada, também, a partir das necessidades da economia, em que não se descarta a proteção ao consumidor.

9.6 Defesa do Meio Ambiente

A Defesa do Meio Ambiente é Princípio que não é referido apenas pelo art. 170 da Constituição, sendo objeto, também, do art. 225 e seus parágrafos, além dos art. 5º, LXXIII; 23, VI e VII; 24, VI e VIII; 129, III; 174, § 3º; 200, VIII e 216, V. Na Ordem Econômica, o referido princípio implica que a justiça social e a dignidade humana (fins) se hão de construir a partir do respeito ao meio ambiente. Assim, sustenta Herrera Molina que o princípio do poluidor-pagador, nascido no campo ambiental, constitui projeção do princípio da solidariedade[308]. Tal entendimento parece em consonância com o art. 225 do texto constitucional, que deixa claro que sua proteção não cabe apenas ao Poder Público, mas também a toda a coletividade.

Constitui a Defesa do Meio Ambiente campo fértil para o emprego de normas tributárias indutoras. O tributo serve de mecanismo para internalizar os custos ambientais, gerando o que Gawel denomina uma correção na alocação (*Allokationskorrektur*), que ele apresenta como uma mudança comportamental no emprego de bens ambientais, sendo tal objetivo alcançado mediante uma retirada dirigida de recursos no setor privado[309].

---

308 Cf. MOLINA, Pedro M. Herrera. *Derecho tributario ambiental (Environmental Tax Law)* – La introducción del interés ambiental en el ordenamiento tributario. adrid: Marcial Pons, 2000, p. 43.

309 GAWEL, Erik. Steuerinterventionismus und Fiscalzweck der Besteuerung. Lenkung und Finanzierung als Problem Lenkender (umwelt) Steuern. *Steuer und Wirtschaft*, n. 1, fev. 2001, p. 26-41.

A ideia do tributo como instrumento de controle ambiental remonta ao economista Pigou, que defendia a internalização dos custos ambientais mediante uma tributação razoável[310].

Combinando a Defesa do Meio Ambiente com o Princípio da Livre-iniciativa, entende-se que, ao mesmo tempo que o primeiro permite o emprego da norma tributária indutora, o último exige que esta seja geral, já que seria incompatível com o último que apenas um setor se tornasse "inrentável" por conta da proteção ambiental[311].

Não é apenas no sentido negativo que se dá a intervenção por conta do Princípio da Defesa do Meio Ambiente. O § 1º do art. 225 do texto constitucional arrola uma série de missões conferidas ao Poder Público para assegurar a efetividade do direito de todos ao meio ambiente ecologicamente equilibrado, como a preservação e restauração de processos ecológicos essenciais, o provimento do manejo ecológico das espécies e ecossistemas, a preservação da diversidade e integridade do patrimônio genético do País etc.

Ademais, a questão da tributação ambiental não se limita à internalização de externalidades, já que os temas ambientais exigem, também, que se trate de problemas como (a) a existência de irreversibilidades, ou seja, toda situação gerada por uma atividade humana que não se pode anular é ilimitada e não se pode voltar atrás (exemplo: o desaparecimento de uma espécie da flora ou da fauna); (b) seu caráter global, mundial e dinâmico; e (c) dificuldades para a valoração dos custos e benefícios futuros de uma medida ambiental (problema da distribuição intergeracional dos recursos)[312].

Tais problemas e metas constitucionais implicam atuação positiva do Estado, que pode dar-se mediante incentivos e desincentivos de toda ordem, inclusive a tributária.

No Brasil, podem ser citados diversos casos de normas tributárias indutoras inspiradas por motivos ambientais, tais como incentivos à conservação do solo e regime de águas ou a conservação da natureza por florestamento ou reflorestamento (Lei n. 5.106/66 e Decreto n. 79.046/76); às "operações com máquinas etc., que *visem à defesa do meio ambiente*" (Lei n. 2.055/93 – RJ), dentre outros.

9.7 Redução de Desigualdades Regionais e Setoriais

Ao incluir a Redução das Desigualdades Regionais e Setoriais entre os Princípios da Ordem Econômica, revelou-se o constituinte ciente de sua existência mas inconformado com tal realidade, propondo à Ordem Econômica sua redução, como forma de alcançar seus fins de justiça social e dignidade humana. A Redução das Desigualdades Sociais e Regionais é, nos termos do art. 3º do texto constitucional, com a erradicação da pobreza,

310 Cf. PIGOU, Arthur Cecil. *The economics of Welfare. London*, 1920.

311 Cf. GAWEL, Erik. Op. cit. (nota 309).

312 Cf. CARBAJO VASCO, Domingo. La imposición ecológica en España – el caso de la fiscalidad de las aguas. *Impuestos*. vol. 2. Madrid: La Ley, 1993, p. 265-275 (267-268).

objetivo fundamental da República Federativa do Brasil. Nas palavras de Eros R. Grau, postula a Constituição o "rompimento do processo de subdesenvolvimento no qual estamos imersos e, em cujo bojo, pobreza, marginalização e desigualdades, sociais e regionais, atuam em regime de causação circular acumulativa – são causas e efeitos de si próprias"[313].

Tercio Sampaio Ferraz Júnior refere-se a um "federalismo solidário", cuja "matéria é aflorada já no enunciado superlativo do art. 5º: 'todos são *iguais* perante a lei', garantindo--se, entre outros, o 'direito à igualdade', com o que se generaliza uma aspiração bem mais ampla que alcança também as desigualdades de fato, na medida em que se desvaloriza a existência de condições empíricas discriminante e se exige equalização de possibilidades. Entende-se destarte que um dos fins fundamentais da República Federativa (art. 3º) seja promover o bem-estar de todos, erradicar a pobreza e a marginalização e reduzir as desigualdades sociais e regionais (...) O federalismo solidário exige, pois, como condição de efetividade, a cooperação entre os entes federados, tanto no sentido vertical quanto no horizontal"[314].

Em matéria tributária, assume importância o Princípio referido quando, por exemplo, excepcionando o Princípio da Uniformidade da Tributação, de que trata o art. 151 da Constituição Federal, admite "a concessão de incentivos fiscais destinados a promover o equilíbrio do desenvolvimento socioeconômico entre as diferentes regiões do País". Destarte, conquanto a tributação uniforme seja requisito para a existência de um mercado único, e não obstante a importância deste mercado para o próprio constituinte, houve este por bem relativizá-lo, quando em confronto com seu desejo de redução de desigualdades regionais, tendo em vista sua finalidade de justiça social e dignidade humana. Assim é que normas tributárias indutoras que promovam regiões menos favorecidas, como as da Sudene e da Sudam, devem ser compreendidas como forma de concretizar o princípio ora referido. O art. 40 do Ato das Disposições Constitucionais Transitórias prevê a manutenção dos incentivos fiscais regionais concedidos à Zona Franca de Manaus pelo prazo ali previsto. O tema da guerra fiscal já foi visto acima, onde se apontou, no exame da Consulta 0038/99 ao Cade, a relação entre esse Princípio e a Livre Concorrência.

9.8 Busca do Pleno Emprego

Trata-se o referido Princípio de um dever imposto aos agentes da Ordem Econômica de expandirem as oportunidades de oferta de trabalho. Relaciona-se este Princípio, daí, com a valorização do trabalho humano, que, em conjunto com a Livre-Iniciativa, constitui fundamento da Ordem Econômica.

Atua a norma tributária indutora no sentido proposto quando premia a atividade geradora de empregos, em relação à especulativa. É o que se extrai do permissivo

313 Cf. GRAU, Eros Roberto. Op. cit. (nota 283), p. 331.

314 Cf. FERRAZ JÚNIOR, Tercio Sampaio. Op. cit. (nota 302), p. 277-278.

constitucional do § 9º do art. 195, quando admite que as contribuições sociais tenham "alíquotas ou bases de cálculo diferenciadas, em razão da atividade econômica ou da utilização intensiva de mão de obra".

9.9 Tratamento Favorecido para as Empresas de Pequeno Porte

Relaciona-se o Princípio do Tratamento Favorecido para as Empresas de Pequeno Porte com o próprio Princípio da Livre Concorrência, cuja concretização, o mercado, depende da existência de razoavelmente elevado número de participantes. Sendo a Livre-Iniciativa, juntamente com a Valorização do Trabalho, fundamento da Ordem Econômica, ambas encontram na multiplicação de empresas de pequeno porte terreno fértil. Trata, ainda, o Princípio, da própria ideia de igualdade vertical, que implica um tratamento diferenciado para aqueles que se encontram em situação diversa. Por óbvio que o favorecimento encontra limite na própria diferenciação, não podendo ir além do necessário para o delicado equilíbrio entre os agentes do mercado, sob pena de não se atender ao desiderato constitucional da Livre Concorrência[315].

O tratamento diferenciado às microempresas e empresas de pequeno porte é determinado pelo art. 179 do texto constitucional. Encontra o princípio paralelo no direito português, cujos arts. 81, "e", e 86, n. 1, da Constituição, estabelecem como incumbência prioritária do Estado "garantir a equilibrada concorrência entre as empresas" e "incentivar a atividade empresarial das pequenas e médias empresas"[316].

A importância deste tema para a matéria tributária pode ser vista quando o constituinte o retoma, no seu art. 179, para determinar que:

> Art. 179. A União, os Estados, o Distrito Federal e os Municípios dispensarão às microempresas e às empresas de pequeno porte, assim definidas em lei, tratamento jurídico diferenciado, visando a incentivá-las pela simplificação de suas obrigações administrativas, tributárias, previdenciárias e creditícias, ou pela eliminação ou redução destas, por meio de lei.

É caso de mandamento constitucional a ser observado por todas as pessoas jurídicas de Direito Público. Dada a necessidade de disciplina nacional para tema que envolve diversos poderes tributantes, parece certo que a definição a que se refere o dispositivo acima se faça por lei complementar. É, aliás, o que se depreende da leitura do art. 146, III, "d", do texto constitucional, que exige lei complementar para as "normas gerais em matéria de legislação tributária", ali incluída a "definição de tratamento diferenciado e favorecido para as microempresas e para as empresas de pequeno porte, inclusive regimes especiais ou simplificados" alcançando:

315 Cf. BASTOS, Celso Ribeiro. Op. cit. (nota 268), p. 150.

316 Cf. VAZ, Manuel Afonso. *Direito econômico* – a ordem econômica portuguesa. 4. ed. Coimbra: Coimbra, 1988, p. 370.

- O Imposto sobre Operações Relativas à Circulação de Mercadorias e Prestações de Serviços de Transporte Interestadual e Intermunicipal e de Comunicações – ICMS (art. 155, II);
- As contribuições sociais destinadas à seguridade social a que se refere o art. 195, I, cobradas do empregador, da empresa e das entidades a ela equiparadas, incidentes sobre (a) folha de salários e demais rendimentos do trabalho pagos ou creditados, a qualquer título, a pessoa física que lhe preste serviço, mesmo sem vínculo empregatício; (b) receita ou faturamento; e (c) lucro, exigindo que seja levada em conta a não cumulatividade para determinados setores de atividade econômica (§ 12) e a substituição gradual, total ou parcial, da contribuição sobre a folha de salários pela incidente sobre a receita ou faturamento (§ 13);
- A contribuição para o Programa de Integração Social – PIS (art. 239).

Normas tributárias indutoras concernentes a este Princípio podem ser encontradas no Estatuto da Microempresa e da Empresa de Pequeno Porte, às quais é conferido tratamento diferenciado, inclusive no campo tributário. Dada a necessidade de lei complementar para o tema, merece destaque que foi esta a forma adotada para a instituição do "Supersimples" (Lei Complementar n. 123, de 2006). A importância constitucional deste é reforçada pelo teor do Parágrafo Único do art. 146 da Constituição Federal:

> Parágrafo único. A lei complementar de que trata o inciso III, "d", também poderá instituir um regime único de arrecadação dos impostos e contribuições da União, dos Estados, do Distrito Federal e dos Municípios, observado que:
>
> I – será opcional para o contribuinte;
>
> II – poderão ser estabelecidas condições de enquadramento diferenciadas por Estado;
>
> III – o recolhimento será unificado e centralizado e a distribuição da parcela de recursos pertencentes aos respectivos entes federados será imediata, vedada qualquer retenção ou condicionamento;
>
> IV – a arrecadação, a fiscalização e a cobrança poderão ser compartilhadas pelos entes federados, adotado cadastro nacional único de contribuintes.

Vale retomar, neste ponto, o que acima se ponderava acerca da cumulatividade, para reforçar sua incompatibilidade com os Princípios que regem a Ordem Econômica. Deveras, já se mostrou que a cumulatividade não se coaduna com o Princípio da Livre Concorrência.

Poder-se-ia sustentar, entretanto, sua constitucionalidade mediante a argumentação de que o efeito concentrador da cumulatividade seria algo buscado pelo próprio constituinte, dentro de uma Ordem Econômica que intentasse fomentar o nascimento de grandes grupos empresariais, não devendo as empresas de menor porte merecer o cuidado do legislador. Não é esta, entretanto, a orientação do constituinte brasileiro, que justamente elegeu como princípio da Ordem Econômica o tratamento preferencial para as empresas de pequeno porte. Ora, a cumulatividade contraria qualquer ideia de favorecimento a tais empresas.

9.10 Livre Exercício de Qualquer Atividade Econômica

Como último dos Princípios referidos no art. 170, encontra-se o da liberdade do exercício de qualquer atividade econômica, independentemente de autorização de órgãos públicos, salvo nos casos previstos em lei. Trata-se o princípio inserido no Parágrafo Único do art. 170 do reflexo, na Ordem Econômica, da garantia constitucional inscrita no inciso XIII do art. 5º do texto constitucional, que declara livre o exercício de qualquer trabalho, ofício ou profissão, atendidas as qualificações profissionais que a lei estabelecer. Vê-se, num e noutro caso, que não se trata de direito absoluto, já que será regulado por lei.

Sobre a liberdade do legislador ao regular o referido princípio, vale citar o exemplo alemão, em que também vige este princípio, ali positivado como direito individual à escolha de uma profissão. Desenvolveu-se, naquele país, uma teoria gradativa (*Stufentheorie*), segundo a qual o legislador tem ampla liberdade para regular o exercício de uma profissão, mas sua liberdade é menor quando se trata de impor requisitos subjetivos para o ingresso na atividade e ainda menor será a possibilidade de imposição de limites objetivos (*numerus clausus*)[317].

O Princípio da Liberdade de Exercício de Atividades Econômicas não pode ser deixado de lado, quando se consideram as normas tributárias indutoras, já que, se a intervenção tributária for efetuada no sentido de criar óbices a uma atividade empresarial, então a norma tributária indutora que assim atuar deverá ter sua constitucionalidade questionada[318].

Como lembra Framhein, quando o Estado, por meio de um tributo, produz tal efeito que qualquer agente econômico razoável passa a ter uma atitude positiva ou negativa em sua decisão por exercer uma atividade econômica, então vê-se que a escolha já não mais se deu por fatores do mercado, mas pelo tributo, que adotou natureza intervencionista. Tal intervenção tem, pois, indiretamente, o mesmo efeito de uma lei que regula a profissão e como tal deve ser examinada, do ponto de vista constitucional[319].

Em matéria tributária, o Princípio em exame é refletido no próprio Princípio da Igualdade, já que o art. 150, II, ao vedar a instituição de tratamento desigual entre contribuintes que se encontrem em

317 Cf. RINCK, Gerd. *Wirtschaftsrecht. Wirtschaftsverfassung, Wirtschaftsverwaltung, Wettbewerbs- und Kartellrecht*. Köln: 1974, p. 46.

318 Cf. SELMER, Peter, *Steuerinterventionismus* cit. (nota 276), p. 244-294; FRIAUF, Karl Heinrich. *Verfassungsrechtliche* cit. (nota 275), p. 41. Ricardo Lobo Torres (*Tratado de Direito Constitucional Financeiro e Tributário*. vol. 3. Rio de Janeiro: Renovar, 1999, p. 207) afirma: "O tributo criado com a *finalidade extrafiscal* de inibir certos consumos e reprimir determinadas atividades pode limitar o exercício da profissão. Mas não pode impedi-la ou exterminá-la, se lícita. Nada obsta, em suma, que o tributo seja *excessivo*, desde que não seja *punitivo* nem proibitivo do exercício do trabalho lícito".

319 Cf. FRAMHEIN, Diedrich. *Die Verfassungsrechtliche Zulässigkeit interventionistischer Steuerrgesetze im Hinblick auf Art. 12 Abs. 1 des Grundgesetzes*. Köln: 1971, p. 8.

situação equivalente, proíbe "qualquer distinção em razão de ocupação profissional ou função por eles exercida". Ao mesmo tempo que tal princípio veda privilégios, também assegura que nenhuma atividade profissional seja tolhida por meio do instrumento tributário.

Já se viu, no exame do Princípio da Proibição do Efeito de Confisco, que uma das formas como este se vê caracterizado está no confronto entre tributação e Livre-Iniciativa. Os julgados ali reproduzidos servem para evidenciar a relação entre ambos os temas.

Também é o Princípio do Livre Exercício de Profissão um dos principais fundamentos invocados pela jurisprudência para impedir que a administração tributária se valha das chamadas sanções políticas para fazer valer seu crédito.

Neste sentido, interessante decisão do Superior Tribunal de Justiça decidiu que:

> 3. A sanção que por via oblíqua objetive o pagamento de tributo, gerando a restrição ao direito de livre comércio, é coibida pelos Tribunais Superiores através de inúmeros verbetes sumulares, a saber: a) é inadmissível a interdição de estabelecimento como meio coercitivo para cobrança de tributo (Súmula n. 70/STF); b) é inadmissível a apreensão de mercadorias como meio coercitivo para pagamento de tributos (Súmula n. 323/STF); c) não é lícito a autoridade proibir que o comerciante em débito adquira estampilhas, despache mercadorias nas alfândegas e exerça suas atividades profissionais (Súmula n. 547/STF); e d) é ilegal condicionar a renovação da licença de veículo ao pagamento de multa, da qual o infrator não foi notificado (Súmula n. 127/STJ).
>
> 4. É defeso à administração impedir ou cercear a atividade profissional do contribuinte, para compeli-lo ao pagamento de débito, uma vez que este procedimento redunda no bloqueio de atividades lícitas, mercê de representar hipótese de autotutela, medida excepcional ante o monopólio da jurisdição nas mãos do Estado-Juiz[320].

O mesmo Princípio foi invocado pelo Supremo Tribunal Federal, quando assim decidiu:

> Débito Fiscal – Impressão de Notas Fiscais – Proibição – Insubsistência. Surge conflitante com a Carta da República legislação estadual que proíbe a impressão de notas fiscais em bloco, subordinando o contribuinte, quando este se encontra em débito para o Fisco, ao requerimento de expedição, negócio a negócio, de nota fiscal avulsa[321].

O Relator, Ministro Marco Aurélio, sintetizou seu pensamento ao declarar:

> A lei estadual contraria, portanto, os textos constitucionais evocados, ou seja, a garantia do livre exercício do trabalho, ofício ou profissão – inciso XIII do art. 5º da Carta da República – e de qualquer atividade econômica – parágrafo único do art. 170 da Constituição Federal.

Vê-se, pois, a importância do Princípio do Livre Exercício de Profissão ao vedar o "ato coercitivo impróprio"[322], o que afasta as sanções políticas em matéria tributária. No Capítulo XIX, 2.2, o tema das "sanções políticas" será retomado, quando se examinará "nova vertente" no posicionamento jurisprudencial que, por fundamento diverso, acaba por implicar restrições a esse Princípio.

---

320 STJ, REsp n. 793.331-RS, 1ª Turma, rel. Min. Luiz Fux, j. 06.02.2007, D.J.U. 01.03.2007.

321 STF, RE n. 413.782 SC, Tribunal Pleno, rel. Min. Marco Aurélio, j. 17.03.2005, D.J.U. 03.06.2005.

322 STF, RE n. 207.946 4 MG, 1ª Turma, rel. Min. Menezes Direito, rel. p/ acórdão Min. Marco Aurélio, j. 20.05.2008, D.J. 09.06.2009. *Revista Dialética de Direito Tributário*, n. 167, ago. 2009, p. 133.

capítulo VIII

Princípios específicos em matéria tributária

1 Introdução

No Capítulo precedente, estudaram-se os princípios gerais em matéria tributária, i.e., os que se aplicam, se não a todos os tributos, a boa parte deles. Por vezes, o ordenamento jurídico-tributário adota parâmetros que se aplicam a um ou a poucos tributos. São eles critérios específicos em matéria tributária.

Também esses critérios são denominados correntemente "princípios". São, em verdade, meras opções constitucionais ou legais que, uma vez adotadas, devem ser aplicadas com coerência para a adequada aplicação do Princípio – este sim, verdadeiro princípio – da Igualdade.

Não há razão para deixar de utilizar a expressão "Princípio" (com letra maiúscula), para designá-los, como nome próprio de cada um dos critérios. Ao reconhecer que por meio deles se concretiza o Princípio da Igualdade, percebe-se que não se há de esperar deles uma aplicação diversa do princípio que concretizam. Assim, cada um dos Princípios Específicos deve ser visto como consequência daquele primeiro e, como tal, também se reveste da natureza de princípios.

É por isso que se em um tributo se adota, por exemplo, a progressividade, esperar-se-á, em nome da igualdade, que aquela se estenda a todas as situações alcançadas pelo tributo; entretanto, enquanto princípio, não se encontrará aplicação absoluta: situações haverá em que não se encontrará a progressividade, em virtude da ponderação com outros princípios que também se aplicarão sustentados na mesma igualdade. Mais ainda: como princípios, se aplicam ao máximo possível, i.e., espera-se do legislador, novamente com base na igualdade (coerência) sua aplicação no maior grau possível.

2 Progressividade, proporcionalidade e regressividade

A fixação das alíquotas percentuais de um tributo pode dar-se de modo proporcional, progressivo ou regressivo. No primeiro caso, a alíquota percentual será idêntica, pouco importando o valor da base de cálculo. Nos dois últimos casos, a alíquota percentual crescerá ou decrescerá, respectivamente, conforme cresça a base de cálculo.

Esses conceitos, que parecem quase imediatos a partir das expressões que se empregam, na verdade podem gerar algum engano por parte daqueles que não estejam familiarizados com a matéria tributária. O exemplo da seguinte tabela progressiva para o Imposto de Renda das pessoas físicas parece elucidativo:

Base de cálculo (R$)	Alíquota
Até 1.903,98	–%
De 1.903,99 até 2.826,65	7,5%
De 2.826,66 até 3.751,05	15%
De 3.751,06 até 4.664.68	22,5%
Acima de 4.664,68	27,5%

Admita se que um contribuinte, cujo salário era de R$ 3.700,00, tivesse um aumento salarial, passando a auferir R$ 3.800,00. Numa leitura apressada, o leigo poderia acreditar, com base na tabela acima, que o aumento salarial lhe seria prejudicial, já que passaria a sofrer maior desconto no imposto.

Não é essa, entretanto, a forma como se aplica uma tributação progressiva. Utilizando a mesma tabela acima, pode-se propor a seguinte figura:

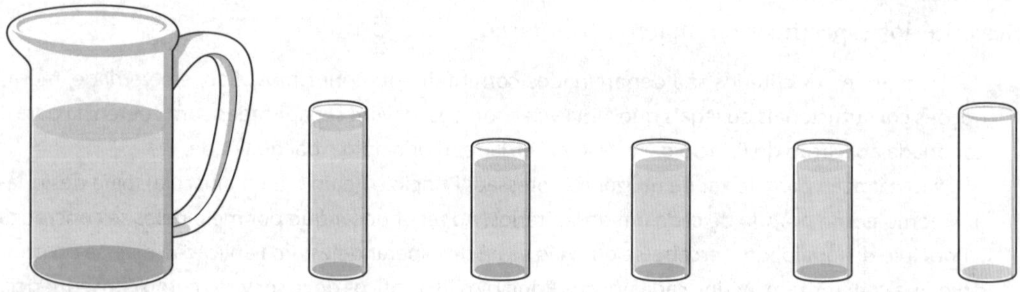

R$ 3.700,00					
Incidência	Isento	7,5%	15%	22,5%	27,5%
Parcela Tributável	R$ 1.903,98	R$ 922,66	R$ 873,00	Inaplicável	Inaplicável
Tributação Devida (R$)	0	R$ 69,20	R$ 131,00	--------------	--------------
Renda Líquida	R$ 3.499,80				

R$ 3.800,00					
Incidência	Isento	7,5%	15%	22,5%	27,5%
Parcela Tributável	R$ 1.903,98	R$ 922,66	R$ 924,39	R$ 48,97	Inaplicável
Tributação Devida (R$)	0	R$ 69,20	R$ 138,66	R$ 11,02	--------------
Renda Líquida	R$ 3.581,12				

Como se extrai da figura, a renda contida no jarro será distribuída entre os copos. Como a cada copo corresponde uma alíquota diversa, é natural que apenas se passe a preencher o copo dos 7,5%, quando estiver repleto o copo isento; da mesma forma, o copo dos 15% apenas passará a ser ocupado quando não restar nenhum espaço no copo dos 7,5%, e assim por diante.

Examinando-se a figura, fica claro que qualquer contribuinte terá uma parte de seu rendimento (no caso, a parte que não ultrapasse os R$ 1.903,98) isenta. Os contribuintes que tiverem rendimento superior àquele montante submeterão a segunda parcela (aquela superior a R$ 1.903,98 mas inferior a R$ 2.826,65) à alíquota de 7,5%. A mesma metodologia de cálculo ocorre para as demais parcelas, sucessivamente; finalmente, aqueles contribuintes que tiverem um rendimento superior a R$ 4.664,68 terão uma quarta parcela de sua renda sujeita à alíquota de 27,5%.

Observa-se, pelo exemplo anterior, que a ideia de progressividade não contraria o princípio da igualdade. Afinal, naquilo em que são iguais (i.e.: na parcela da renda até R$ 1.903,98), todos os contribuintes estão isentos. Naquilo em que se diferenciam, dá-se, também, um tratamento diferenciado, mas exclusivamente sobre a parcela da renda que uns têm e outros não.

Compreendido o conceito de progressividade, deve-se alertar que, na prática, a tabela progressiva acima costuma aparecer da seguinte forma:

Base de Cálculo (R$)	Alíquota (%)	Parcela a Deduzir do IR (R$)
Até 1.903,98	-	-
De 1.903,99 até 2.826,65	7,5	142,80
De 2.826,66 até 3.751,05	15	354,80
De 3.751,06 até 4.664,68	22,5	636,13
Acima de 4.664,68	27,5	869,36

Esta tabela em nada difere da anterior. Apenas, no lugar de exigir-se um desdobramento da base de cálculo, prevê-se uma "parcela a deduzir", cujo efeito matemático é idêntico àquele desdobramento. Vejamos:

Seja uma renda de R$ 5.000,00. Pela primeira forma de cálculo sugerida, ter-se-ia a seguinte apuração:

Parcela da renda	Alíquota	Imposto sobre a parcela
De 1.903,99 até 2.826,65	7,5%	69,20
De 2.826,66 até 3.751,05	15%	138,66
De 3.751,06 até 4.664,68	22,5%	205,56
Acima de 4.664,68	27,5%	92,22

Nesse caso, o imposto total seria:

R$ 0 + R$ 69,20 + R$ 138,66 + R$ 205,56 + R$ 92,22 = R$ 505,64

Agora, aplicando a segunda tabela, tem-se, diretamente, a fórmula:

Base de cálculo (x) alíquota (–) parcela a deduzir

Ou, no caso:

R$ 5.000,00 (x) 27,5% (–) R$ 869,36 (=) R$ 505,64

Daí concluir que o emprego da tabela progressiva, com parcela a deduzir, nada mais é que uma simplificação do cálculo, sem prejuízo da progressividade.

2.1 Progressividade no Imposto de Renda

Na Constituição Federal de 1988, a progressividade é prevista expressamente para o Imposto de Renda no art. 153, § 2º:

> Art. 153. Compete à União instituir impostos sobre:
> (...)
> III – renda e proventos de qualquer natureza;
> (...)
> § 2º O imposto previsto no inciso III:
> I – será informado pelos critérios da generalidade, da universalidade e da progressividade, na forma da lei;
> (...)

Conforme se vê, cabe ao legislador decidir como a progressividade do Imposto de Renda dar-se-á. Não pode ele, entretanto, deixar de considerá-la. Daí por que, com razão, há quem discuta a aplicação de alíquotas proporcionais para certos tipos de rendimentos, como algumas aplicações financeiras, fugindo-se, assim, do mandamento constitucional.

Evidencia-se aqui o caráter principiológico da Progressividade: não foi ela instituída como mandamento absoluto. O cuidado do constituinte, ao adotar a fórmula "na forma da lei", mostra que ele já sabia que haveria situações em que a progressividade não se aplicaria. Especialmente nos casos em que o rendimento é tributado de maneira isolada (cedular), a progressividade pode ser mitigada, já que ela pressupõe a pessoalidade do imposto. Ver-se-á, no item 6, abaixo, justificativa para seu emprego.

Entretanto, retomando o Princípio da Igualdade, também parece claro que uma vez adotado o Princípio da Progressividade, qualquer desvio deste deve ser justificado por outros valores igualmente relevantes do ordenamento. Ao intérprete/aplicador cabe o papel crítico, indagando por que, afinal, aquele rendimento foge da progressividade. Se somado ao Princípio da Universalidade, inserido no mesmo dispositivo constitucional (*vide* item 3, abaixo), a questão fica ainda mais incômoda: por que razão um rendimento, tributado por alíquota fixa, foge tanto da progressividade quanto da universalidade? Será necessário, primeiramente, justificar a tributação cedular (isolada) do rendimento, afirmando que ela não afasta a universalidade, já que o rendimento não está afastado da tributação, mas meramente recebendo (justificadamente) um tratamento diferenciado. Ultrapassada esta etapa, então caberá ver se a cédula guarda relação suficiente com a pessoalidade do imposto, para exigir a progressividade. Claro está que a explicação para tanto deve ser examinada a cada caso.

2.2 Progressividade e igualdade

Compreendido o conceito de progressividade, deve-se examiná-la em face do Princípio da Igualdade, já estudado.

A progressividade tem sido muito questionada por estudiosos de finanças públicas. Blum e Kalven[1] apontam que a objeção pode dar-se de dois modos: questionando os argumentos daqueles que a procuram justificar, ou mostrando diretamente problemas que a progressividade gera, independentemente dos méritos que suas justificativas pudessem ter. Segundo aqueles autores, as três objeções geralmente aplicadas à progressividade são:

- o preço pago pela progressividade, que se revela pela complicação que ela traz à estrutura do imposto: toda vez que se inserem complexidades, abrem-se espaços para contribuintes engenhosos encontrarem meios de fugir da tributação, implicando, daí, desigualdade entre contribuintes; ao mesmo tempo, a complexidade torna obscuras as implicações de qualquer nova norma tributária sobre os contribuintes individuais;
- fórmula politicamente irresponsável, já que num sistema altamente progressivo, poucos serão aqueles sujeitos às alíquotas mais altas, o que implica que a maioria dos eleitores poderá fixar alíquotas aplicáveis apenas à minoria;
- redução da produtividade da sociedade, impactando no processo de criação de capital: alíquotas progressivas desestimulam a decisão de poupar, já que reduz a taxa marginal de retorno após os tributos.

2.3 Progressividade e capacidade contributiva

A progressividade em matéria tributária costuma ser justificada e até exigida caso seja vista como um fenômeno que complementa e concretiza o Princípio da Capacidade Contributiva[2]. Esta ideia exige que se recordem as lições extraídas das finanças públicas acerca da causa da tributação.

Tradicionalmente, os tributos eram vistos como um retorno pago pela sociedade pelos benefícios auferidos, i.e., os tributos seriam o preço que o contribuinte paga pelos benefícios que recebe. Nesse sentido, a progressividade se justificaria se ficasse demonstrado que quanto maior a renda, maior o benefício que o contribuinte recebe e, mais ainda, que a partir de um certo nível de renda, o benefício cresce mais rapidamente que a própria renda. Ocorre que não é evidente que as pessoas com maior renda recebem mais benefícios do Estado; entretanto, mesmo que isso fosse verdade, não estaria por isso justificada a progressividade, já que também na proporcionalidade existe um crescimento do tributo conforme a renda aumenta. Como visto, a progressividade exigiria que se demonstrasse que os benefícios crescem em taxas mais elevadas que a renda. Se o benefício em questão é a proteção da propriedade, não é evidente que os custos daquela proteção cresçam mais rapidamente que o valor da propriedade protegida. Se o benefício é o bem-estar produzido pela renda, então a progressividade exigiria que se afirmasse que os benefícios que se auferem com a renda crescem mais rapidamente para os ricos que para os pobres, o que dificilmente se sustentaria[3].

Outra justificativa para a progressividade liga-a não aos benefícios recebidos pelo contribuinte, mas aos sacrifícios que o pagamento dos tributos traria. Liga-se tal ideia, do ponto de vista

1 Cf. BLUM, Walter J.; KALVEN JR., Harry. The uneasy case for progressive taxation. *The University of Chicago law review*, v. 19, 1952, p. 417.

2 Acerca das justificativas econômicas da progressividade, cf. KORNHAUSER, Marjorie E. The rhetoric of the anti-progressive income tax movement: a typical male reaction. *Michigan law review*, vol. 86, n. 3, dez. 1987, p. 465-523.

3 Cf. BLUM, Walter J.; KALVEN JR., Harry. Op. loc. cit. (nota 1).

econômico, ao pensamento utilitarista, que deu base à teoria do sacrifício, segundo o qual deve o tributo implicar sacrifício equivalente de contribuintes com igual capacidade. Diferentes capacidades contributivas, por sua vez, implicariam tratamento diverso. A medida da diversidade deveria ser tal que assegurasse equivalência na quota de sacrifício. Assim, quanto maior a capacidade contributiva, maior o quinhão da contribuição às despesas comuns, para que se obtenha sacrifício equivalente[4].

Ter-se-ia, então, a progressividade como exigência do Princípio da Capacidade Contributiva, já que exigir idêntico percentual de contribuintes com capacidade contributiva diversa seria impor menor sacrifício, relativamente àqueles com maior capacidade contributiva[5].

Do ponto de vista histórico, a ideia de uma tributação progressiva somente surgiu com a industrialização da economia, embora o conceito de sacrifícios equivalentes já fosse conhecido na época do cameralismo, quando, entretanto, somente se cogitava de uma proporção geométrica, não de uma progressão. O primeiro conceito considerava já as condições da pessoa e a profissão desta, na fixação da proporção, mas ainda não compreendia um crescimento das alíquotas na medida da evolução da renda[6].

Ocorre que a teoria do sacrifício, enquanto causa da tributação, foi abandonada quando a teoria utilitarista passou a ser questionada diante da consideração de que não haveria critério seguro para determinar-se o que seja um sacrifício equivalente. Ou seja: para que a teoria fosse aceita, seria relevante ser possível medir (em unidades) a utilidade; entretanto, satisfação não é algo que possa ser quantificado. Embora se possa medir o dinheiro em unidades, não há como medir unidades de satisfação[7]. Neste sentido, tampouco pode ser imediatamente aceita a afirmação de que a progressividade atende à capacidade contributiva, baseada na doutrina do sacrifício relativo. Para Flume, por exemplo, a progressividade é a expressão da desigualdade no sacrifício[8].

Ademais, a teoria do sacrifício, ao adotar o raciocínio marginalista, acaba por trazer vício lógico. Assumindo que uma unidade monetária vale menos para a pessoa com renda maior que para aquela com renda menor, então uma unidade monetária tirada do primeiro implica menor sacrifício que a mesma unidade retirada do mais pobre. Assim, se o Estado quisesse tomar duas unidades monetárias, a fórmula da teoria do sacrifício exigiria que ambas fossem retiradas do indivíduo mais rico. Afinal, mesmo depois de tirada a primeira unidade monetária do indivíduo mais rico, este continuaria a possuir maior renda que o mais pobre e, portanto, na hora de tirar a segunda unidade monetária, mais uma vez deveria ser escolhido o indivíduo mais rico, cujo sacrifício seria,

---

4 Cf. GIARDINA, Emilio. *Le basi teoriche del principio della capacità contributiva*. Milano: Dott. A. Giuffrè, 1961, p. 258-290.

5 Cf. UCKMAR, Victor. *Princípios comuns de Direito Constitucional Tributário*. Marco Aurélio Greco (trad.). São Paulo: Ed. Revista dos Tribunais, EDUC, 1976, p. 77. Para José Maurício Conti, "a tributação progressiva é a forma de tributação que melhor obedece ao critério da capacidade contributiva, pois visa igualar o sacrifício dos contribuintes e obter, assim, a equidade vertical" (Cf. CONTI, José Maurício. *Princípios tributários da capacidade contributiva e da progressividade*. São Paulo: Dialética, 1996). Para o Conselho de Estado da Bélgica, a progressividade "'corresponde a uma preocupação de justiça tão evidente', que não se pode reprovar a autoridade que escolhe tal modalidade, por não a ter motivado especialmente" (no original: "'elle correspond à un souci de justice tellement évident' qu'on ne peut reprocher à l'autorité qui choisit cette modalité de ne pas la motiver spécialement". Cf. WILLEMART, Elisabeth. *Les limites constitutionnelles du pouvoir financier*. Bruxelles: Bruylant, 1999, p. 196.

6 Cf. JENETZKY, Johannes. *System und Entwicklung des materiellen Steuerrechts in der wissenschaftlichen Literatur des Kameralismus von 1680 – 1840*. Berlin: Duncker & Humblot, 1976, p. 140-143.

7 Cf. BLUM, Walter J.; KALVEN JR., Harry. Op. loc. cit. (nota 1).

8 Cf. FLUME, Werner. Besteuerung und Wirtschaftsordnung. *Steuerberater-Jahrbuch*, 1973/74, p. 62-64.

mais uma vez, menor que o que seria imposto ao mais pobre. A mesma lógica poderia ser estendida à terceira, à quarta e assim sucessivamente a todas as unidades monetárias, já que, em cada caso, o indivíduo mais rico teria menor sacrifício ao se lhe retirar uma unidade monetária a mais. Apenas no momento em que a renda do indivíduo mais rico se equiparasse àquela do mais pobre, é que se poderia cogitar de se tributar o último[9]. Noutras palavras, a teoria do sacrifício não implicaria progressividade, mas sim isentar os mais pobres, tributando-se, sempre, os mais ricos até que estes se igualassem aos primeiros.

2.4 Progressividade e justiça distributiva

A teoria do sacrifício, enquanto causa de tributação, foi substituída pela justificação do tributo enquanto participação do cidadão nos custos da existência social[10]. Coerentemente, passa a progressividade a ser explicada por critérios de justiça distributiva[11], quando, no lugar de questionar-se o sacrifício equivalente, buscar-se-á uma distribuição justa da carga tributária. Retoma-se, neste ponto, a diferenciação entre justiça horizontal e vertical, vista no Capítulo VII, constatando-se que uma e outra podem satisfazer-se na progressividade: a primeira, imediatamente, já que para "fatias" iguais confere-se tratamento equivalente; a última, na medida em que se revele proporcional à diferenciação. Cabe notar que, como na primeira reflexão, também aqui se cogita de "fatias" extraídas a partir dos "cortes" impostos pela capacidade econômica do contribuinte.

A fundamentação da progressividade na teoria distributiva não fica, por outro lado, isenta de críticas, quando se tem em conta que a justiça distributiva não deve ser buscada apenas pela arrecadação, mas também, e principalmente, pelos gastos. Com efeito, de pouco adiantaria, do ponto de vista da justiça distributiva, que um imposto fosse cobrado dos mais ricos, se os gastos públicos fossem a eles dirigidos. Daí por que a efetividade da justiça distributiva apenas se assegura quando se levam em conta os gastos públicos[12].

2.5 Progressividade na Constituição

O constituinte prestigiou a progressividade ao exigir seu emprego na esfera do Imposto de Renda (art. 153, § 2º, I). Parece prestigiar a justiça distributiva. Como se verá no item 5, abaixo, a progressividade do Imposto de Renda justifica-se, ademais, para corrigir o efeito regressivo do sistema tributário.

Mas não foi só para o Imposto de Renda que se previu a progressividade lastreada em diferentes bases de cálculo. Por meio da Emenda Constitucional n. 29, de 2000, a progressividade foi estendida ao Imposto sobre a Propriedade Territorial Urbana, nos termos do art. 156, § 1º, I. Não se

---

9 Cf. BLUM, Walter J.; KALVEN JR., Harry. Op. loc. cit. (nota 1).

10 Cf. FLUME, Werner. Op. cit. (nota 8), p. 64.

11 Cf. TORRES, Ricardo Lobo. *Tratado de direito constitucional financeiro e tributário.* vol. 3: Os Direitos Humanos e a tributação: imunidades e isonomia. Rio de Janeiro: Renovar, 1999, p. 335.

12 Cf. PIANCASTELLI, Marcelo; NASCIMENTO, Edson Ronaldo. Imposto de Renda da pessoa física. In: BIDERMAN, Ciro; ARVATE, Paulo (orgs.). *Economia do setor público no Brasil.* Rio de Janeiro: Elsevier, 2004, p. 231-251 (238).

pode deixar de mencionar que a referida Emenda Constitucional merece crítica, já que a propriedade territorial não é índice adequado para medir a capacidade contributiva subjetiva, base da progressividade.

Com efeito, basta imaginar um contribuinte que detenha diversos imóveis de pequeno valor, cada qual deles de valor reduzido, mas cuja somatória revelaria grande capacidade contributiva; ao seu lado, imagine-se agora um contribuinte que detenha um único imóvel, de pequeno valor, mas relativamente superior ao valor individual de cada um dos imóveis detidos pelo primeiro contribuinte. A progressividade baseada no valor de cada imóvel implicará notória distorção, já que o primeiro contribuinte pagará, por imóvel, valor inferior ao segundo, embora tenha ele maior capacidade contributiva.

O tema foi enfrentado pelo Supremo Tribunal Federal, quando havia definido o entendimento pela inconstitucionalidade da progressividade do IPTU já que "esse imposto tem caráter real, que é incompatível com a progressividade decorrente da capacidade econômica do contribuinte"[13].

Não obstante, a Emenda Constitucional n. 29 expressamente admitiu a progressividade para o referido imposto. Seria de se esperar fosse a referida Emenda julgada inconstitucional, por ferir cláusula pétrea da Constituição. O Supremo Tribunal Federal, no entanto, rejeitou a tese da inconstitucionalidade, provendo recurso extraordinário interposto pelo Município de São Paulo e reconhecendo a constitucionalidade da referida Emenda e da Lei Municipal n. 13.250/2001, que estabeleceu alíquotas progressivas para o IPTU[14].

2.6 Ainda sobre a progressividade e capacidade contributiva

A correlação entre progressividade e capacidade contributiva merece crítica quando se vê que justamente a observância da última impõe que se condene a progressividade.

Com efeito, embora se tenham apontado acima autores que defendem a progressividade não só como compatível com a capacidade contributiva, mas mesmo como exigência desta, uma reflexão acerca dos efeitos da progressividade poderá indicar conclusão inversa.

A periodização no cálculo do imposto é exigência da praticidade, mas não se pode deixar de lado que por conta dela, acaba-se por frustrar a própria observação da capacidade contributiva.

Fosse o sistema tributário baseado unicamente na capacidade contributiva, então não se deveria cobrar o imposto senão ao final da vida do contribuinte.

Para que se compreenda tal raciocínio, basta comparar a situação representada na figura abaixo de três contribuintes, com igual renda em sua vida, mas auferida de modos diversos: (i) um funcionário público, que recebe uma renda de R$ 10.000,00 por trinta anos; (ii) um profissional liberal, que no início de sua vida tem renda de R$ 1.500,00 que, entretanto, cresce conforme ele adquire mais experiência, chegando a R$ 30.000,00 a partir de seu 10º ano de formado; e (iii) um jogador de futebol, que aufere rendimentos de R$ 150.000,00 por toda sua carreira, que, entretanto, dura apenas 10 anos:

13 STF, RE n. 153.771-0-MG, Tribunal Pleno, rel. p/ acordão Min. Moreira Alves, j. 20.11.1996, D.J.U. 05.01.1997.

14 STF, RE n. 423.768-SP, Tribunal Pleno, rel. Min. Marco Aurélio, j. 01.12.2010, *DJe* 10.05.2011.

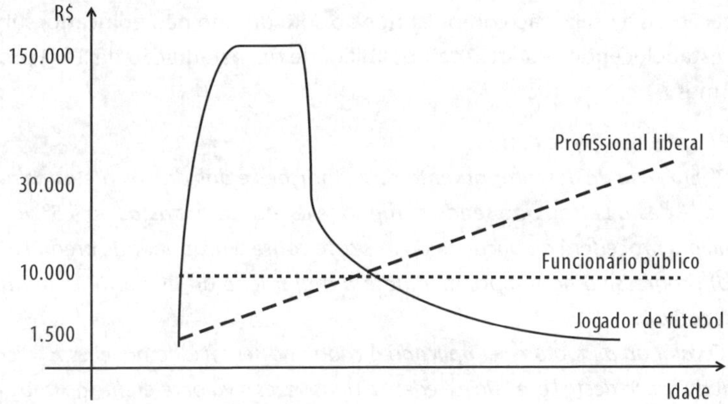

Como dizer qual deles tem maior capacidade contributiva, senão considerando a renda de toda a vida? Ora, durante o período em que o jogador de futebol está ativo, não há dúvida de que é ele quem tem maior capacidade contributiva. Nos anos seguintes, será o liberal o de maior renda, mas este, por sua vez, teve menor capacidade contributiva nos primeiros anos.

Pois bem: aceita a progressividade, evidencia-se o conflito com a capacidade contributiva. Possivelmente, por alguns anos o jogador de futebol terá uma renda altíssima e, num regime de tributação progressiva, estará sujeito a alíquotas elevadas. No entanto, aquela renda alta será tudo o que ele ganhará em sua vida. Ao ser pesadamente taxado, restará pouco para o período em que ele já não auferirá mais renda. Não se justifica, daí, que ele pague altas alíquotas, ou pelo menos, não se justifica que ele pague mais imposto que aquele funcionário público, que tem uma renda estável por toda a sua vida. Numa tributação progressiva, este funcionário público teria uma tributação muito mais baixa que a aplicada ao jogador de futebol, embora, em termos absolutos (vitalícios), suas rendas possam ser equivalentes.

2.7 Progressividade distributiva e estrutural

A progressividade não se apresenta exclusivamente como decorrência da concretização da justiça distributiva. Essa forma de fixação das alíquotas de um tributo, como se verá no item 5, abaixo, pode até mesmo ser exigência para a correção da regressividade do sistema tributário. Finalmente, pode a progressividade decorrer da atuação de cânone da Ordem Econômica, exigindo tratamento diferenciado para situações diferentes, a fim de realizar objetivo visado pela primeira (justiça estrutural). Enquanto, entretanto, na progressividade distributiva, o critério de diferenciação residia na capacidade contributiva, a progressividade de que ora se trata (progressividade estrutural) baseia-se em parâmetro nascido da Ordem Econômica.

A progressividade estrutural foi contemplada pelo constituinte no art. 182 do texto constitucional, quando, tratando do Imposto sobre a Propriedade Territorial Urbana, determinou que o Poder Público exigisse do "proprietário do solo urbano não edificado, subutilizado ou não utilizado", que promova seu "adequado aproveitamento", sob *"pena"* de o referido imposto ser progressivo no tempo. É com base nesse art. da Constituição Federal que o Estatuto da Cidade (Lei

n. 10.257/2001) prevê, em seu art. 5º, a possibilidade de o plano direto "determinar o parcelamento, a edificação ou a utilização compulsórios do solo urbano não edificado, subutilizado ou não utilizado", estabelecendo seu art. 7º a possibilidade de instauração de IPTU progressivo, nos seguintes termos:

> *Do IPTU progressivo no tempo*
>
> *Art. 7º Em caso de descumprimento das condições e dos prazos previstos na forma do* caput *do art. 5º desta Lei, ou não sendo cumpridas as etapas previstas no § 5º do art. 5º desta Lei, o Município procederá à aplicação do imposto sobre a propriedade predial e territorial urbana (IPTU) progressivo no tempo, mediante a majoração da alíquota pelo prazo de cinco anos consecutivos.*
>
> *§ 1º O valor da alíquota a ser aplicado a cada ano será fixado na lei específica a que se refere o caput do art. 5º desta Lei e não excederá a duas vezes o valor referente ao ano anterior, respeitada a alíquota máxima de quinze por cento.*
>
> *§ 2º Caso a obrigação de parcelar, edificar ou utilizar não esteja atendida em cinco anos, o Município manterá a cobrança pela alíquota máxima, até que se cumpra a referida obrigação, garantida a prerrogativa prevista no art. 8º.*
>
> *§ 3º É vedada a concessão de isenções ou de anistia relativas à tributação progressiva de que trata este artigo.*

O dispositivo supratranscrito, posto que invocando o dispositivo constitucional, merece crítica, quando prevê, em seu § 2º, a continuidade da cobrança pela alíquota máxima por prazo indeterminado. Afinal, não é difícil ver que uma cobrança continuada de 15% do valor da propriedade implica, em curto espaço de tempo, efeito de confisco, o que é vedado pelo § 5º do art. 150 da Constituição Federal. Mais acertado parece ser entender que, passados os cinco anos sem que o proprietário tenha cumprido o dever de parcelar, edificar ou utilizar, se adote a desapropriação, remédio previsto pelo próprio art. 182 da Constituição Federal como medida sucessiva ao IPTU progressivo. Afinal, se fosse aceitável a alíquota elevada por prazo indeterminado, inútil se faria a própria desapropriação, dado que antes dela teria operado o confisco.

Também parece autorizada a progressividade estrutural para o Imposto sobre a Propriedade Territorial Rural, quando o § 4º do art. 153 do texto constitucional determina sejam as alíquotas do imposto "fixadas de forma a desestimular a manutenção de propriedades improdutivas". Para tanto, vale a Lei n. 9.393/96, que prevê alíquotas que variam conforme a área total e o grau de utilização. Este último é o índice escolhido pelo legislador ordinário para avaliação da utilização do imóvel. Preocupante, naquele diploma legal, a previsão de alíquota que pode chegar a 20% do valor do imóvel, levando a evidente suspeita de efeito confiscatório. Valem, também aqui, as considerações acima, ainda mais considerando que o art. 184 prevê a desapropriação para fins de reforma agrária, mas esta depende de indenização ao proprietário, não se vislumbrando, daí, autorização para o confisco de terras.

É importante, daí, que esse ponto fique claro: embora a progressividade estrutural seja instrumento contemplado pelo constituinte para induzir comportamento do contribuinte conforme a função social da propriedade, não se deixou o campo da tributação e, portanto, não se admite que o tributo tenha efeito de confisco. Não sendo suficiente o instrumento tributário para produzir a indução buscada, devem-se adotar outros remédios constitucionalmente admitidos, inclusive a desapropriação. Jamais, entretanto, há de se admitir a solução fácil de desrespeitar o preceito da Proibição do Efeito de Confisco.

Por último, vale dizer que tanto a progressividade distributiva como a estrutural, posto que atendam à igualdade horizontal, não poderão ficar afastadas das exigências da igualdade vertical, situação na qual atuará a razoabilidade. Significa essa exigência que a progressividade, distributiva ou estrutural, não é, em si, contrária nem conforme a igualdade; sua compatibilização depende do grau da progressividade, em relação aos motivos que levam à diferenciação.

2.8 Progressividade e incentivos fiscais

Considerando-se o efeito indutor da norma tributária, devem-se apontar os efeitos indesejáveis que a progressividade pode gerar, quando combinada com a concessão de incentivos fiscais. Estes, genericamente, implicam uma redução do montante do tributo, que não se justifica por menor capacidade contributiva. Noutras palavras, dois contribuintes com igual capacidade contributiva estão sujeitos a tributos diferentes, sendo a discriminação baseada em valores pertinentes à ordem econômica.

A dificuldade levantada por Surrey[15] e também percebida por Tilbery[16] é o paradoxo de que a adoção de benefícios fiscais implica uma alocação desigual de recursos, já que contribuintes de classes de renda mais elevadas recebem maiores vantagens do que os de classe mais baixa, além de não se beneficiarem aqueles cuja renda é muito baixa ou têm prejuízo. O mesmo problema é levantado por Babrowski, que nota que os incentivos fiscais variam conforme a renda do contribuinte, o que se torna ainda mais claro em caso de tributos progressivos[17]. Gurtner também identifica o problema, dando o exemplo das depreciações aceleradas, que só beneficiam empresas mais fortes, as quais não precisam da ajuda estatal, enquanto as empresas deficitárias apenas aumentam seu prejuízo fiscal, o que não lhes traz qualquer liquidez nova para investir[18].

Estudando o fenômeno, Knief observa que ele se revela diferente conforme o tipo de isenção e o tipo de benefício. No seu exemplo, lembra que para quem tem uma renda de dois mil marcos, a possibilidade de isentar mil marcos implicará uma isenção de cinquenta por cento da renda; se o contribuinte que ganha cem mil marcos tiver idêntico limite de mil marcos como dedução, então o máximo que ele terá isentado será um por cento de sua renda. Esse efeito desapareceria caso o limite de isenção fosse proporcional à renda (se todos os contribuintes pudessem deduzir cinco por cento de sua renda a título do incentivo fiscal). Finalmente, no caso de alíquotas progressivas, uma isenção proporcional à renda implica maior benefício para aqueles que têm renda mais alta e que, portanto, têm maior economia por conta do incentivo[19].

---

15 Cf. SURREY, Stanley S. Steueranreize als ein Instrument der staatlichen Politik. *Steuer und Wirtschaft*, n. 4, 1981, p. 359-377 (368-369).

16 Cf. TILBERY, Henry. Base econômica e efeito das isenções. In: DÓRIA, Antonio Roberto Sampaio (coord.). *Incentivos fiscais para o desenvolvimento*. s.l., s.d., p. 42-48.

17 BABROWSKI, Udo W. *Die Steuerbefreiung als Rechtsform der Subvention:* Erscheinung und verfassungsrecthliche Problematik. Tese de doutorado na área de Direito na Universidade Eberhard-Karls-Universität. Tübingen: edição do autor, 1976, p. 79-80.

18 Cf. GURTNER, Peter. Die Steuerbilanz als wirtschaftspolitischer Lenkungsinstrument: Würdigung der wehrsteuerlichen Erleichterung zur Milderung der wirtschaftlichen Schwierigkeiten. *Archiv für schweizerisches Abgabenrecht*, vol. 47, 1978/79, p. 561-577 (565).

19 Cf. KNIEF, Peter. *Steuerfreibeträge als Instrumente der Finanzpolitik.* Köln: Westdeutscher Verlag, 1968, p. 40-51.

O exemplo de Knief, na legislação alemã, parece esclarecedor: trata ele da dedução por dependente (*Kinderfreibetrag*), contemplada como modo de permitir que o contribuinte tenha recursos para manter seus filhos, i.e., como um auxílio do Estado para a manutenção das crianças: esta ajuda de nada serve para aqueles que ganham pouco (e, por isso, estão isentos do Imposto de Renda) e é sempre crescente conforme maior seja a renda do contribuinte beneficiado. No limite, um contribuinte que, na tabela progressiva, estiver na faixa dos cinquenta por cento de tributação terá um "auxílio" do Estado da ordem de cinquenta por cento do montante da dedução, enquanto para aquele que está na faixa dos cinco por cento, o auxílio será apenas de tal porcentagem[20].

Este efeito merece especial realce, já que revela que os incentivos fiscais não necessariamente se distribuem de modo igual entre aqueles que incorrem na hipótese contemplada pelo legislador. Assim como a desigualdade da tributação exige da doutrina cuidadosa análise, culminando na concretização do princípio da igualdade também sob o ponto de vista das normas tributárias indutoras (sejam incentivos fiscais, sejam de agravamento da tributação), faz-se necessária uma justificativa especial para o tratamento desigual[21].

Ruppe enfrenta este tema, depois de admitir que normas tributárias indutoras isencionais são subvenções escondidas, parecendo sem sustentação que o montante da subvenção não se baseie na intensidade do atingimento das metas da subvenção, mas sim na situação de renda do contribuinte, de modo que o economicamente mais potente seja mais beneficiado. Para Ruppe, tal paradoxo pode ser resolvido quando se tem em conta que o legislador tributário, ao adotar a progressividade, pressupõe uma igualdade de sacrifício ou de utilidade. Assim, se a alíquota progressiva atende a igualdade, por corresponder a sacrifícios equivalentes, também corresponderia à igualdade o efeito indutivo progressivo; caso, por outro lado, se conclua que a progressividade na indução seria descabida, então também a progressividade na tributação seria inaplicável[22]. A explicação do paradoxo fica clara quando se pondera que do ponto de vista da igualdade, a progressividade da tributação pode ser justificada quando se aceita que os contribuintes de faixas mais elevadas de renda devem suportar tributação mais elevada, proporcionalmente, para que seu sacrifício seja equivalente ao suportado pelos menos favorecidos. Ora, deste mesmo ângulo, para que o primeiro contribuinte seja induzido pela norma tributária, deve ele, igualmente, receber um incentivo financeiro proporcionalmente mais atraente que o oferecido ao último, sob pena de a norma tributária indutora ser ineficaz[23]. Assim é que Höfling sugere que a justificativa para o tratamento diferenciado, decorrente da progressividade, estaria em aqueles que ganham mais necessitarem de um impulso mais forte para agir conforme o objetivo da norma[24]. Em texto de 1975, Vogel colocava em dúvida tal argumentação, já que lhe parecia que o emprego de

20 Cf. KNIEF, Peter. Op. cit. (nota 19), p. 124-125.

21 Cf. VOGEL, Klaus. Die Abschichtung von Rechtsfolgen im Steuerrecht. *Steuer und Wirtschaft*, n. 2, 1977, p. 97-121 (100); KNIEF, Peter. Op. cit. (nota 19), p. 114; FRIAUF, Karl Heinrich. *Verfassungsrechtliche Grenzen der Wirtschaftslenkung und Sozialgestaltung durch Steuergesetze*. Tübingen: J. C. B. Mohr (Paul Siebeck), 1966, p. 35-36.

22 Cf. RUPPE, Hans Georg. *Das Abgabenrecht als Lenkungsinstrument der Gesellschaft und Wirtschaft und seine Schranken in den Grundrechten*. Wien: Manzsche Verlags-und Universitätsbuchhandlung, 1982, p. 76-77.

23 Cf. RODI, Michael. *Steuerrecht als Mittel der Umweltpolitik*. Baden-Baden, 1993, p. 8.

24 HÖFLING, Wolfram. Verfassungsfragen einer ökologischen Steuerreform. *Steuer und Wirtschaft*, n. 3, 1992, p. 242-251 (249).

incentivos fiscais em tributos progressivos feriria o mandamento constitucional da justiça vertical[25]. Aquela explicação, como visto, conforma-se com a teoria utilitarista, quando esta busca explicar a progressividade a partir dos "sacrifícios equivalentes": se é verdade que a tributação progressiva se justifica por sacrifícios equivalentes, também o efeito indutivo progressivo seria aceito, já que implicaria uma igualdade no efeito indutor[26]: incentivos financeiros deveriam também ser progressivos, para serem igualmente atraentes[27].

Abandonada a teoria do sacrifício, também a própria justificação para o tratamento desigual deve ser revista[28]. Afinal, enquanto a progressividade se faz por critérios de justiça distributiva, dificilmente se justificará, por iguais critérios, que sejam aquinhoados com maior porção de incentivos fiscais aqueles que possuem melhor condição financeira. Nota-se, daí, que são diversas as fundamentações da progressividade na tributação e da regressividade nos incentivos fiscais: aquela baseia-se na justiça distributiva, enquanto esta continua a ter por fundamentação a necessidade de impulsos desiguais para obter comportamentos igualmente desejados. Esta última fundamentação parece questionável, exigindo rigoroso exame em casos concretos.

3 Universalidade e Generalidade

No que tange ao imposto de renda, a Progressividade se faz acompanhar da Universalidade e da Generalidade, como seus critérios informadores "na forma da lei".

Generalidade é a exigência de que nenhum contribuinte seja excluído da tributação: todos que realizem o fato jurídico-tributário do imposto de renda devem ser obrigados a pagá-lo[29]. É, nesse sentido, o Princípio da Igualdade na tributação da renda[30]. Opõe-se, pois, a regimes pretéritos, quando algumas classes, como os magistrados, os parlamentares, os militares etc. eram imunes a imposto. Claro está que – veremos no próximo capítulo – a Constituição Federal ainda prevê imunidades subjetivas. Mas estas, como será visto adiante, não devem ser vistas como exceções, mas como mera confirmação de inexistência de capacidade contributiva. Ademais, não se trata de imunidade aplicável apenas ao imposto de renda, mas a todos os impostos.

Tampouco deve a Generalidade impedir isenções subjetivas. Já vimos que, ao lado das isenções técnicas, há as próprias. Estas implicam afastar da tributação situações que, pelo critério da capacidade contributiva, seriam alcançadas. O que o art. 153, § 2º, I, do texto

25 Cf. VOGEL, Klaus. Steuergerechtigkeit und soziale Gestaltung. *Deutsche Steuerzeitung*, out. 1975, p. 409-415 (412).

26 Cf. RUPPE, Hans Georg. Op. cit. (nota 22), p. 76-77.

27 Cf. RODI, Michael. Op. cit. (nota 23), p. 15.

28 Cf. VOGEL, Klaus. Steuergerechtigkeit und soziale Gestaltung. Op. cit. (nota 25), p. 414-415.

29 FREIRE, André Borges Coelho de Miranda. Os Princípios Constitucionais da Universalidade e da Progressividade comportam um Regime Diferenciado na Tributação do Ganho de Capital? Revista Direito Tributário Atual, n. 46, São Paulo, IBDT, 2020, p. 58-80 (62).

30 GUTIERREZ, Miguel Delgado. O imposto de renda e os princípios da generalidade, da universalidade e da progressividade. Tese apresentada como requisito parcial para a obtenção do título de doutor. São Paulo: 2009, p. 78-99.

constitucional exige é que o imposto de renda não exclua, de antemão e sem justificativa, determinada classe de contribuintes. Qualquer isenção de natureza subjetiva deve ser justificada segundo os parâmetros constitucionais.

Já a Universalidade exige que não se deixe qualquer rendimento fora da tributação. Estudaremos, no Capítulo XVIII, o tema da vigência da lei tributária no espaço, que exigirá que se questione se a Universalidade é compatível com a territorialidade do imposto. Hoje, o art. 43 do Código Tributário Nacional é claro ao afastar limitações territoriais ao imposto de renda; a tributação em bases universais não exige, entretanto, que se desconsiderem elementos de direito tributário internacional, inclusive a pertença econômica, a justificar que determinados rendimentos sejam afastados da tributação nacional, já que alcançados pelo imposto nos mercados onde atuam (neutralidade de importação de capitais).

A Universalidade não se limita, entretanto, a questões territoriais. Exige ela, isso sim, que definidos os limites da jurisdição, nenhum rendimento seja afastado da tributação.

Deve-se indagar se atende a Universalidade a legislação que, conquanto alcance todos os rendimentos, segrega-os em cédulas, com tributação separada. Na leitura de Ricardo Mariz de Oliveira, a Universalidade implica que "todo o patrimônio do contribuinte deve ser considerado na sua integralidade, sem qualquer fracionamento, seja no seu marco inicial de comparação (no momento inicial do período de apuração), seja no seu marco final (no momento final do período de apuração), portanto, também quanto às suas mutações ocorridas durante o período"[31]. Esse conceito se explica porque o mesmo autor empresta à Generalidade sentido distinto do que propusemos acima. Se, para nós, a Generalidade se refere ao critério pessoal e a Universalidade ao critério material, Mariz de Oliveira entende por Generalidade "tratar todas as situações sob uma norma geral, no sentido de ser aplicável a todos os contribuintes", exigindo "que o imposto seja aplicado por igual a todo e qualquer aumento patrimonial, independentemente dos tipos de renda ou de proventos que contribuam para a sua formação"[32].

Acaso entendida a Universalidade no sentido proposto por Mariz de Oliveira, então se teria por inconstitucional toda tributação cedular, pois todos os rendimentos, independentemente de sua natureza, deveriam ser computados num único balaio e oferecidos em conjunto à tributação. A justificativa dessa concepção estaria na natureza do patrimônio enquanto universalidade, a exigir que a renda – medida de seu acréscimo – fosse considerada, conjunta e globalmente, sem a segregação de parcelas de um mesmo patrimônio.

Conquanto não seja este o espaço para enfrentar o tema, importa mencionar que não é pacífica a ideia de que a tributação da renda apenas é possível a partir da mensuração do acréscimo patrimonial. O art. 43 do Código Tributário Nacional, acolheu, no inciso I, a teoria da renda-produto, que dispensa aquele elemento[33].

---

31 Cf. OLIVEIRA, Ricardo M. *Fundamentos do Imposto de Renda (2020)*, vol. I. São Paulo: IBDT, 2020, p. 323.

32 Cf. OLIVEIRA, Ricardo M. *Fundamentos do Imposto de Renda (2020)*, vol. I. São Paulo: IBDT, 2020, p. 321.

33 SCHOUERI, Luís Eduardo. O conceito de renda e o art. 43 do Código Tributário Nacional: entre a disponibilidade econômica e a disponibilidade jurídica. In: André Elali et al. (org.). *Direito corporativo: temas atuais* – 10 anos André Elali Advogados. São Paulo: Quartier Latin, 2013, p. 341-357.

Importa ver, por outro lado, que não há notícia de ordenamento jurídico em que o imposto de renda não tenha algum tipo de segregação em cédulas. Ganhos de capital dificilmente são tributados do mesmo modo que outras formas de renda, já que eles embutem parcela inflacionária, recomendando apuração em separado. Também é comum que rendimentos financeiros sejam segregados, inclusive para fazer frente à concorrência internacional, já que a mobilidade do capital importa que se considerem tratamentos oferecidos por outras jurisdições. Há, ainda, casos como o décimo terceiro salário, que exigem tributação isolada, a fim de afastar distorções na própria progressividade da tributação. A própria tributação na pessoa física ou na pessoa jurídica, com regimes distintos, é um exemplo de segregação na tributação da renda, já que a capacidade contributiva é característica do indivíduo, expressando-se nas cédulas da pessoa física e da pessoa jurídica, ambas meras representações jurídicas de uma única realidade econômica.

Por tais razões, parece-nos mais acertado entender que a Universalidade exige, em caráter principiológico, que toda renda seja tributada, tanto quanto possível, sem exceções, e na medida da consideração de outros princípios constitucionais. Qualquer exceção (ex. isenção) deve justificar-se, sob pena de ofensa à Universalidade. Por sua vez, nessa acepção, a Universalidade nada diz a respeito da apuração unificada ou segregada dos rendimentos para fins de imposto de renda; a única exigência da Universalidade parece ser que, na maior medida possível e da consideração de outros princípios, todo tipo de renda esteja submetido ao imposto.

Parte da doutrina, porém, entende a Universalidade na acepção defendida por Ricardo Mariz de Oliveira: Universalidade seria a exigência de que todos os rendimentos, apurados num determinado lapso de tempo, fossem somados para, em conjunto, se submeterem ao imposto de renda[34]. Nessa acepção, a Universalidade exigiria a tributação da renda a partir do conceito de acréscimo patrimonial. Essa concepção implica que "qualquer acréscimo patrimonial deve ser tratado de maneira idêntica"[35], não se admitindo a tributação diferenciada de certos tipos de rendimento. A Universalidade, então, ordenaria a apuração unificada da renda para fins de tributação.

Em todo caso, a defesa dessa concepção de Universalidade só seria possível entendendo-a como um princípio, jamais como uma regra. A expressão "na forma da lei" indica que o constituinte quis deixar espaço para atuação do legislador ordinário, desde que no sentido indicado. Nesse sentido, haveria, no texto constitucional, uma ordem para que todos os rendimentos auferidos pelo contribuinte fossem, na maior medida possível, tributados em conjunto e igualmente pelo imposto de renda. Ainda nessa concepção, portanto, poderia haver tributação apartada de certos tipos de rendimento; existiria apenas uma preferência constitucional pela apuração unificada da renda, a aumentar o ônus de ponderação do legislador ordinário.

Reconhecida a possibilidade de tributação cedular no imposto de renda, a própria Progressividade exige nova relativização. Afinal, a Progressividade exige considerações pessoais do contribuinte, o que nem sempre se verifica na tributação cedular.

---

34 Cf. SANTOS, Ramon Tomazela. O Princípio da Universalidade na Tributação da Renda: análise acerca da possibilidade de atribuição de tratamento jurídico-tributário distinto a determinados tipos de rendimentos auferidos pelas pessoas físicas. *Revista de Direito Tributário Atual*, n. 28, Dialética, 2012, p. 264-294.

35 GUTIERREZ, Miguel Delgado. *O imposto de renda e os princípios da generalidade, da universalidade e da progressividade*. Tese apresentada como requisito parcial para a obtenção do título de doutor. São Paulo: 2009, p. 100.

Problemática, por isso mesmo, a tributação progressiva dos ganhos de capital das pessoas físicas, em vigor no Brasil desde a vigência da Lei n. 13.259/2016. Até então, todo ganho de capital auferido por pessoas físicas estava sujeito a uma única alíquota de 15%, independentemente do valor. Essa alíquota, distinta daquelas aplicáveis na tabela progressiva, justificava-se pelo fato de os ganhos de capital compreenderem, muitas vezes, parcela inflacionária. Tendo em vista que desde a Lei n. 9.242/1995 se aboliu a correção monetária do custo de aquisição dos bens, passando a ser tributado o ganho nominal, não o real, nada mais consistente que adotar alíquota mitigada, de modo a arrefecer os efeitos inflacionários, sem ao mesmo tempo manter a indexação na legislação do imposto de renda. Em 2016, o legislador adotou alíquotas progressivas para a tributação do ganho de capital, que consideram o valor do ganho. Tendo em vista os altíssimos patamares em que a progressividade se dá, pode-se conviver com a presunção de que os ganhos atinjam pessoas com alta renda. Entretanto, o fato de não se medir a renda total do contribuinte, mas apenas a parcela do ganho de capital, torna reprovável a medida, já que a progressividade exige pessoalidade, o que não se mede com tributação segregada.

4 Não cumulatividade

A Constituição Federal, ao tratar do IPI e do ICMS, determina que ambos os impostos sejam não cumulativos. A não cumulatividade é, ainda, opção aberta pelo constituinte derivado para as contribuições sociais. Cabe, assim, conhecer a não cumulatividade, enquanto técnica inserida no âmbito do estudo da tributação sobre o consumo.

Já foi visto que o imposto caracteriza-se enquanto espécie tributária por meio de sua justificação: captação de manifestações de capacidade contributiva como meio de amealhar recursos para as despesas gerais do Estado. É assim que a hipótese do imposto, necessariamente, deve ter conteúdo econômico.

Do ponto de vista econômico, a capacidade contributiva revela-se por meio da renda. É nesse sentido que no Capítulo I se demonstrou, com base no Fluxo Circular de Renda, que todo e qualquer imposto atingirá a renda, em algum de seus momentos: renda auferida, renda destinada ou renda poupada; no primeiro caso, têm-se os impostos incidentes sobre a renda, no segundo, aqueles que recaem sobre o consumo e, finalmente, no último caso se enquadra a tributação do patrimônio, em suas diversas formas. Claro que a capacidade contributiva manifestada em cada um desses momentos também é distinta. Afinal, se o Imposto de Renda atinge uma capacidade contributiva *potencial*, a tributação sobre a renda aplicada atinge aquela capacidade *in actu*, revelada pelo próprio ato de destinação ou aplicação da renda.

A tributação da aplicação da renda pode atingi-la direta ou indiretamente. A tributação direta sobre a aplicação da renda reúne, deste modo, os impostos que incidem sobre negócios jurídicos, de modo que sua hipótese será o ato jurídico privado que dará base à aplicação da renda. É assim que se têm os impostos sobre negócios jurídicos (*Verkehrsteuern*). Uma tributação direta sobre o ato de aplicação da renda pode ser exemplificada, no sistema brasileiro, por meio do imposto sobre a transmissão de bens imóveis por ato oneroso (ITBI): idealmente, tal imposto deve ter por contribuinte aquele que efetivamente aplica parte de sua renda[36].

Finalmente, ainda mantendo a análise do ponto de vista econômico, a aplicação da renda pode dar-se de modo indireto: embora se busque alcançar a capacidade contributiva manifestada pelo ato de consumo, o imposto incide (apenas ou também) em outro momento da cadeia produtiva. É aqui que se chega aos impostos sobre o consumo, propriamente ditos.

A tributação indireta sobre o consumo consiste, assim, na incidência jurídica em uma ou mais fases da cadeia econômica, compreendida aquela incidência como tentativa de alcançar a capacidade contributiva que se manifestará *in concreto* no momento do consumo. É a renda atingida no momento de seu consumo.

Conforme visto no Capítulo I, a incidência econômica não se confunde com a jurídica, não sendo possível afirmar que a capacidade contributiva do consumidor será atingida por qualquer tributo, seja ele "direto" ou "indireto". Nesses termos, os denominados "tributos sobre o consumo" poderão, ou não, alcançar o consumidor, conforme os diversos fatores arrolados naquele capítulo. A capacidade contributiva do consumidor é, pois, mero indicativo para a tributação.

4.1 Tributos monofásicos e plurifásicos

Pode a tributação do consumo dar-se pela forma *monofásica* ou *plurifásica*, conforme a incidência jurídica esteja, ou não, limitada a uma única oportunidade, *em um só ponto do processo de produção e distribuição.*

A decisão quanto ao momento em que se dá a tributação *monofásica* leva em conta, de um lado, ponderações de capacidade contributiva e, de outro, interesses da fiscalização.

Com efeito, se a tributação do consumo tem por alvo medir, posto que em termos ideais, a capacidade contributiva daquele que aplica sua renda no consumo de determinado bem, nada mais correto que a deixar para o momento em que aquele consumo ocorre, já que é apenas em tal momento que a capacidade contributiva revelar-se-á mais propriamente. Dois produtos idênticos podem ser vendidos por preços diversos a diferentes consumidores que, nesse caso, revelam distintas capacidades contributivas. Daí o acerto de a tributação atingir ambos os contribuintes conforme seu efetivo consumo. De outra parte, a tributação *monofásica* no consumo apresenta a dificuldade de depender da existência de excelentes meios de controle e fiscalização, já que, na economia contemporânea, multiplicam-se os atos de consumo individualizados, dependendo de cada qual o sucesso da arrecadação.

Por outro lado, concentrando-se a tributação *monofásica* na produção, tem-se uma antecipação do tributo a ser repassado, ainda em termos ideais, ao consumidor. Embora sua introdução se justifique por atender aos reclamos da fiscalização, dentro do pressuposto de que há menos produtores que consumidores, a distância entre o momento da tributação e o momento do consumo leva também a um afastamento entre a manifestação efetiva da capacidade contributiva e sua

---

36 Disse-se idealmente porque é possível que o adquirente não empregue recursos próprios na compra do imóvel; por outro lado, lembra-se que o art. 42 do Código Tributário Nacional não exige que o contribuinte do imposto seja o adquirente, i.e., aquele que emprega sua renda no ato de transmissão.

avaliação econômica, passando, pois, o imposto concebido para alcançar a capacidade contributiva efetiva a servir como instrumento de captação daquela capacidade potencial. Retomando o exemplo acima, basta imaginar que um mesmo produto, vendido pela mesma fábrica a um mesmo preço, pode chegar a consumidores diversos por preços diferentes. Se a tributação se deu no momento da venda pelo fabricante, então já não mais se diferenciarão os consumidores, conforme sua capacidade contributiva. E, o que é mais grave, tem-se, proporcionalmente, menor carga tributária para o consumidor que tenha pago maior preço: se um produto sofreu uma tributação de R$ 10,00, na fábrica e, depois, é vendido ao consumidor final por R$ 100,00, fica claro que o consumidor teve uma tributação de 10%. Se o mesmo produto for vendido a um consumidor de mais alto poder aquisitivo, por R$ 200,00, então o mesmo tributo de R$ 10,00, recolhido na fábrica, representa, no preço final, apenas 5%.

4.2 Tributos plurifásicos

A tributação *plurifásica* pode apresentar-se *cumulativa* ou *não cumulativa*.

A primeira pressupõe a cobrança do tributo em cada uma das transações pelas quais a mercadoria passa, não levando em conta, a cada transação, o tributo pago anteriormente, de modo a acumular, no custo, o tributo cobrado previamente. Diz-se, assim, que sua incidência dá-se *em cascata*, já que a base de cálculo do tributo, em cada transação, inclui o tributo pago nas anteriores.

Os efeitos danosos da tributação *plurifásica cumulativa* são imediatos: incidindo o tributo a cada etapa do ciclo econômico, pode-se dizer que, quanto maior o número de etapas, tanto mais crescerá a tributação. Assim, produtos com ciclo de produção menor terão menor carga tributária que aqueles mais elaborados sem, por isso, implicarem maior índice de capacidade contributiva. Ademais, um mesmo produto poderá ter ciclos econômicos diferenciados, conforme a capacidade de verticalização de seus agentes, diminuindo, assim, as etapas de circulação. Como a verticalização dá-se com maior facilidade para os contribuintes economicamente mais potentes, vê-se que estes economizarão tributos, em detrimento daqueles contribuintes menores, que não têm condições de evitar um maior número de etapas econômicas para seus produtos. Finalmente, a cumulatividade traz sérios danos às exportações, já que não permite que se saiba qual a carga tributária incidente sobre cada bem exportado, havendo o risco de os produtos serem exportados com ônus tributário, dificultando sua capacidade concorrencial.

Graficamente:

Incidência de tributo de 10% sobre determinado produto, com custo inicial igual a 100,00, com valor agregado em 50,00 a cada etapa.

Cumulativo:

Custo Inicial – 100,00
Valor agregado em cada etapa – 50,00
Incidência do Imposto à alíquota de 10%

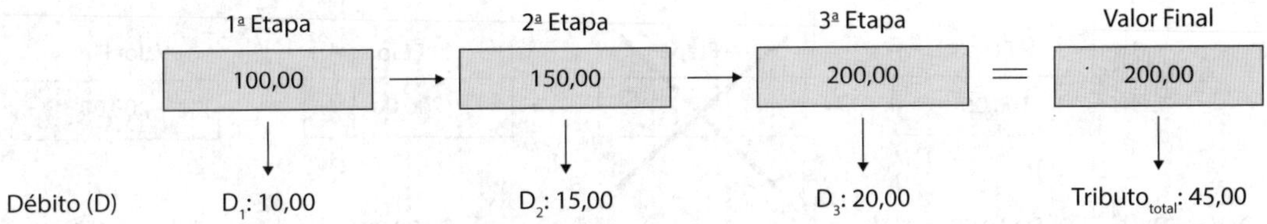

Se, por outro lado, a verticalização implicar a passagem da 1ª para a 3ª etapa, o vendedor poderá oferecer o produto por 195, sem que isso implique qualquer prejuízo a ele:

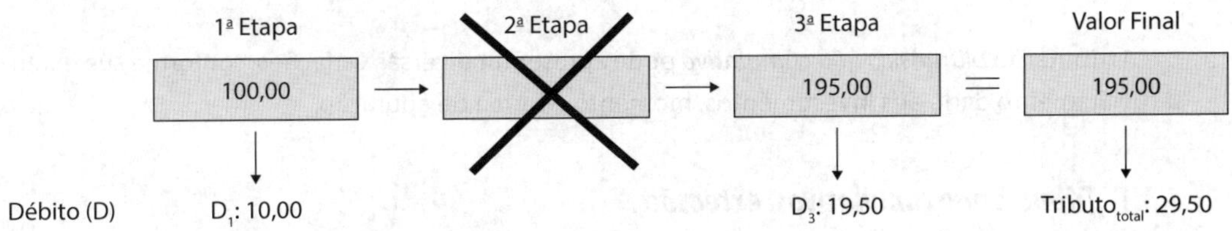

4.3 Tributos plurifásicos não cumulativos

Já a tributação *plurifásica não cumulativa* implica que a cada etapa considere-se a tributação já ocorrida em transações anteriores, recolhendo-se, a cada transação, apenas o *plus* incidente sobre o valor acrescido, de modo que, idealmente, a carga tributária suportada pelo consumidor reflita a manifestação de capacidade contributiva que ele manifesta no ato do consumo.

Utilizando os mesmos valores apresentados no primeiro exemplo acima, ter-se-ia:

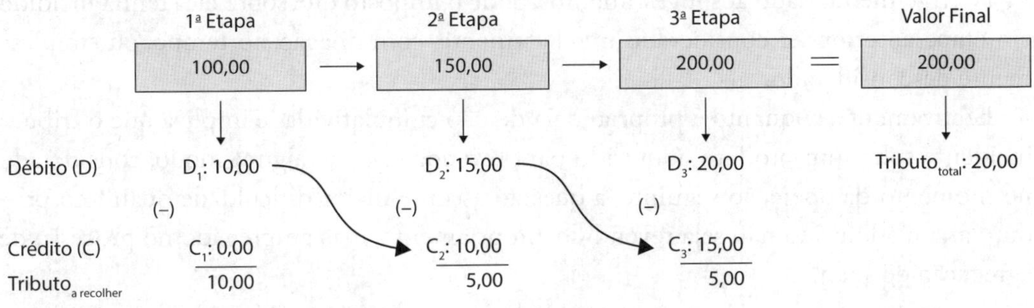

Constata-se, no gráfico acima, que a cada etapa o montante recolhido é apurado por diferença. Mais ainda: mesmo que se aumentasse o número de etapas, ou se este número fosse reduzido, o valor recebido pelo Fisco seriam sempre os mesmos 20,00. Vale, assim, o exemplo abaixo em que a verticalização implica a passagem da 1ª para a 3ª etapa:

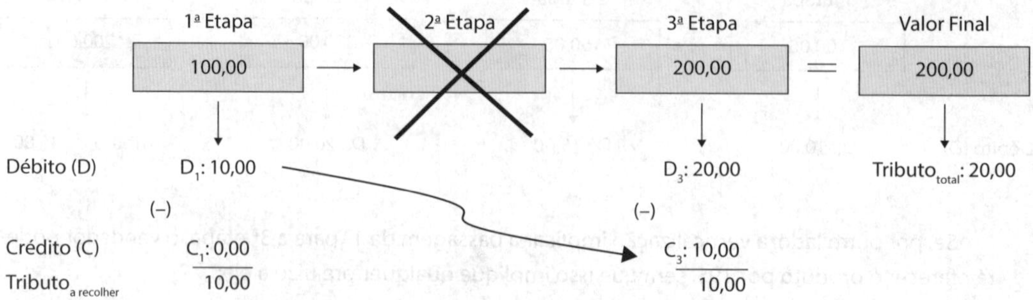

A tributação *plurifásica não cumulativa* pode apresentar diversas variações, conforme sua extensão, tratamento dado aos investimentos, momento e forma de apuração.

4.3.1 Tributos não cumulativos: extensão

No que tange à extensão, pode a incidência plurifásica apresentar variações no âmbito horizontal e vertical: horizontalmente, o tributo pode atingir apenas parte do ciclo econômico (por exemplo, apenas o ciclo de produção, ou apenas o ciclo de distribuição); verticalmente, o tributo pode apresentar variações conforme atinja apenas bens móveis corpóreos ou atinja outras transações, como as que envolvem bens imóveis, bens imateriais ou prestações de serviços.

4.3.2 Tributos não cumulativos: tratamento aos investimentos (crédito físico ou crédito financeiro)

No tratamento dado aos investimentos, pode o imposto que sobre eles tenha incidido em etapa anterior ser considerado imediatamente, com dilação no tempo, ou simplesmente desconsiderado.

Efetivamente, enquanto a própria ideia de não cumulatividade implica que o tributo incidente sobre um produto adquirido para revenda seja, de algum modo, considerado no momento da operação seguinte, a questão assume maior dificuldade quando o produto assim adquirido não seja revendido, propriamente, mas empregado no processo de agregação de valor.

Assim, em uma primeira aproximação, denominada *crédito físico*, apenas se pode cogitar crédito de tributo pago em etapa anterior se esta compreendeu um produto agregado, fisicamente, àquele tributado na etapa seguinte. Ou seja: a matéria-prima, porque componente físico do produto final, considera-se incorporada àquele, assegurando-se, na venda do último, que se compense o tributo que incidiu na transação de aquisição da primeira. Ainda na ideia de *crédito físico*, admite-se que um ou outro produto não se integre ao produto revendido, mas tenha sido desgastado na sua produção, autorizando-se, assim, o creditamento do tributo incidente sobre aquele.

Entretanto, a noção de *crédito físico* acaba por desdobrar-se na exigência de um contato físico entre o produto intermediário e o produto final. Assim é que, numa primeira extensão do conceito meramente físico, também se pode considerar *fisicamente* integrante do produto final aquele produto que, consumido no processo produtivo, tenha tido contato físico com aquele.

Tal, por exemplo, o caso de lixas empregadas em determinados equipamentos, desgastadas pelo contato físico com o produto em elaboração. Desse modo, o sistema do crédito físico impede que o tributo acumule-se sobre as matérias-primas e sobre os bens intermediários que a elas se incorporaram; em termos macroeconômicos, constata-se que a *base global do tributo equivale ao total das vendas de varejo mais as vendas de bens instrumentais; por isso o nome de imposto de valor acrescido tipo produto bruto*. É *produto bruto* porque, economicamente, os bens instrumentais acabam por ser considerados duplamente, seja enquanto tais, seja enquanto valor que se incorporou aos produtos finais.

Que dizer, entretanto, daqueles produtos que não tenham tido o referido contato físico, mas que igualmente tenham sido consumidos no processo produtivo? Por exemplo, qual o tratamento a ser dado à graxa, empregada na máquina que produz o linho branco? Será aceitável afirmar que aquela graxa não constitui parte do processo produtivo do último? Pode o linho branco ser produzido sem aquela? Diante da negativa é que se encontra uma evolução, a qual, do critério físico, passa para o *crédito financeiro*: embora a referida graxa não integre, fisicamente, o linho branco, do ponto de vista financeiro ocorre a incorporação daquele custo na formação do preço do último.

Ou seja: no lugar de uma aproximação física, que leva em conta, de um lado, o produto acabado e, de outro, os bens que o integram, a aproximação financeira considera, de um lado, uma receita de venda de um produto e, de outro, os custos que foram ali incorridos.

Interessante, assim, mencionar decisão do STJ, em recurso repetitivo[37], que assegurou o direito de creditamento de ICMS na aquisição de energia elétrica utilizada como insumo pelas concessionárias de telefonia móvel. De acordo com o relator do caso, Min. Sérgio Kukina, "a energia elétrica se mostra imprescindível ao funcionamento dos equipamentos que realizam a transmissão, emissão e recepção dos 'símbolos, caracteres, sinais'", já que não seria "possível o exercício da prestação dos serviços de telecomunicações sem haver a utilização de energia".

Ainda assim, haverá bens intermediários que se consumirão imediatamente no processo produtivo e outros cuja vida útil maior exigirá sua incorporação ao ativo permanente da empresa, revelando seu desgaste ao longo de alguns anos, por meio de quotas de depreciação. Enquanto o creditamento financeiro, no primeiro caso, pode ser imediatamente percebido, o crédito sobre bens do ativo permanente pode gerar alguma dúvida, que se dissipa quando se considera que os últimos não se distinguem de outros bens adquiridos para compor o processo produtivo, senão no tempo em que tal incorporação se dá: imediatamente ou durante toda a vida útil. Se o critério para o creditamento é o *crédito financeiro*,

37 STJ, REsp n. 1.201.635-MG, 1ª Seção, rel. Min. Sérgio Kukina. j. 12.06.2013, D.J. 21.10.2013. No mesmo sentido, cf. STJ, Embargos de Divergência no REsp n. 899.485-RS, 1ª Seção, rel. Min. Humberto Martins, j. 13.08.2008, D.J. 15.09.2008.

torna-se inegável que também os bens adquiridos para compor o ativo permanente da empresa são incorporados, na medida de sua depreciação, ao custo dos bens revendidos. Daí a admissão de seu creditamento, na proporção da incorporação ao custo.

Sob o aspecto macroeconômico, vê-se que a tributação passa a alcançar riqueza equivalente àquela que seria alcançada por um imposto sobre a renda, cobrado a uma alíquota uniforme, sem isenções e sem ajustes resultantes de sua personalização. Daí sua denominação de "imposto sobre valor acrescido tipo renda".

Finalmente, pode-se cogitar o creditamento do tributo incidente sobre os bens do ativo fixo independer do momento em que estes tenham seu valor incorporado ao custo dos bens produzidos, admitindo-se, então, o crédito já no momento de sua aquisição.

Dado que o imposto atingirá qualquer consumo, ele é chamado de "imposto sobre valor acrescido tipo consumo".

4.3.3 Tributos não cumulativos: momento do crédito

Se considerado o *momento* em que se dá o crédito, o tributo pode lastrear-se no direito ao crédito na base real ou na base financeira.

Na base real, ter-se-ia uma relação direta entre cada produto vendido e cada creditamento autorizado: condicionar-se-ia o creditamento a que, efetivamente, o produto a ele referente tivesse sido vendido. Se considerado o *crédito físico*, investigar-se-ia quais os bens que efetivamente integraram o produto final; no *crédito financeiro*, ingressar-se-ia na temática da contabilidade de custos, questionando qual o mais adequado tratamento temporal da apropriação dos custos (custo médio; primeiro que entra, primeiro que sai – "PEPS"; ou último que entra, primeiro que sai – "UEPS").

Pela base financeira, adotada por razões de ordem prática, *o valor acrescido é computado mediante dedução, do total das vendas de um período (quer de bens produzidos no período, quer já existentes em seu início), das aquisições de matérias-primas e materiais secundários no mesmo período (quer utilizadas, quer as existentes em estoque ao fim do período).*

Ou seja: desprende-se, por razões práticas, a sistemática de crédito da sua apuração contábil, admitindo-se o creditamento de todas as entradas, abatidas contra as saídas no mesmo período. Como é possível que, num período, haja mais entradas que saídas, já que nem sempre as mercadorias adquiridas num período são imediatamente consumidas, a base financeira deve conviver com a possibilidade de formação de saldo credor de tributo, a ser aproveitado em período subsequente.

4.3.4 Tributos não cumulativos: momento da apuração

Por último, quanto à forma de apuração, podem distinguir-se os métodos da *adição* (somam-se todos os componentes do valor acrescido de uma empresa num período: salários, juros, lucro líquido etc.) e *subtração*. Este, mais frequente, pode considerar duas variantes básicas: *base sobre base* (onde se apura o valor acrescido a partir da diferença entre o montante das vendas e o das aquisições em um mesmo período) e *imposto sobre imposto* (deduz-se do montante a ser recolhido o valor já incidente em etapas anteriores).

Enquanto o método *base sobre base* busca o valor acrescido, efetivamente, o método *imposto sobre imposto* pode não alcançar o mesmo efeito. Basta imaginar que, em determinada etapa, haja uma alíquota diversa daquela existente na subsequente, para que se veja que o crédito será superior ou inferior àquele necessário para que se deduzisse, do montante a ser recolhido na etapa seguinte, todo o valor até então acrescido.

Assim, no sistema imposto sobre imposto, surge o chamado "efeito-recuperação": se em determinada etapa do ciclo houve uma incidência na alíquota inferior à final, o imposto que deixou de ser cobrado acaba por ser "recuperado" na etapa subsequente.

Utilizando os mesmos valores apresentados nos exemplos acima, mas admitindo-se que na 1ª etapa o imposto incida à alíquota de 5%, ter-se-ia:

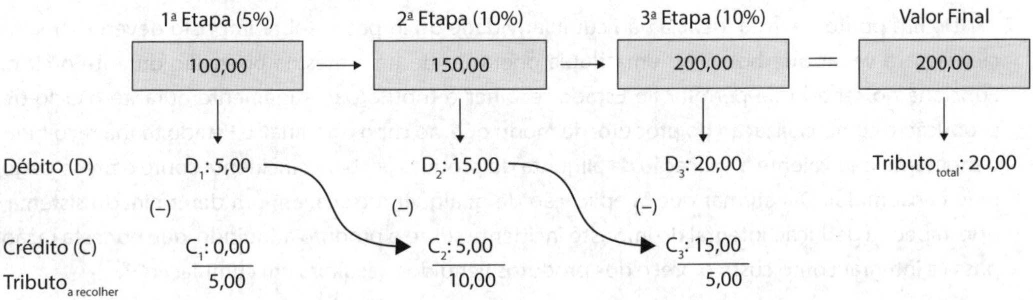

Vê-se no exemplo acima que, embora a primeira etapa tenha sido tributada a 5%, e não 10%, esta diferença foi "recuperada" na etapa subsequente, quando o crédito foi de apenas 5,00 e não 10,00.

O efeito recuperação não ocorre, por outro lado, no caso da sistemática base sobre base. Tomando o mesmo exemplo e as mesmas alíquotas, eis o resultado:

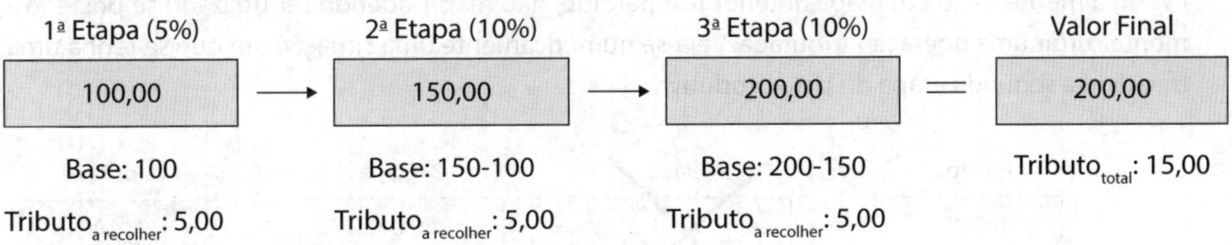

Vê-se que, como a sistemática base a base leva em consideração apenas o valor agregado a cada etapa, a alíquota de 5% da primeira etapa foi preservada sobre o valor ali agregado; a alíquota de 10% apenas se aplicou aos valores agregados na 2ª e na 3ª etapas.

4.4 A não cumulatividade na Constituição

A Constituição Federal prevê expressamente a não cumulatividade obrigatória para o IPI e para o ICMS, impondo sua observância, igualmente, para o caso de a União exercer sua competência residual além de prever que a lei defina setores nos quais contribuições sociais sejam não cumulativas.

4.4.1 A não cumulatividade do ICMS

Ao tratar do ICMS, o art. 155, § 2º, I dispõe que ele "será não cumulativo, compensando-se o que for devido em cada operação relativa à circulação de mercadorias ou prestação de serviços com o montante cobrado nas anteriores pelo mesmo ou outro Estado ou pelo Distrito Federal".

Já deste dispositivo verifica-se a opção do constituinte pelo sistema de não cumulatividade do tipo imposto sobre imposto. Mais ainda: verifica-se que o constituinte prestigiou o caráter nacional do imposto já que mesmo valores recolhidos em outra unidade da federação devem gerar um crédito a ser abatido contra o imposto devido na etapa subsequente.

De um ponto de vista ideal, a não cumulatividade do imposto sobre imposto deveria ser suficiente para vedar que houvesse uma dupla oneração de uma mesma operação durante o ciclo. Funciona no sentido de permitir ao Estado recolher o tributo paulatinamente durante o ciclo de produção e comercialização do produto, de modo que, ao cabo e ao final, o Estado tenha recolhido o montante equivalente à aplicação da alíquota do produto acabado, incidente sobre o preço pago pelo consumidor. Daí afirmar que "a aplicação de qualquer técnica, em um determinado sistema, que impeça a dedução integral do imposto incidente sobre o produto adquirido, que por esta razão passa a integrar como custo o preço dos produtos vendidos, resultará em cumulação"[38].

A não cumulatividade sofre, entretanto, relevante restrição quando se lê, no inciso II do § 2º do art. 155, que "a isenção ou não incidência, salvo determinação em contrário da legislação, (a) não implicará crédito para compensação com montante devido nas operações ou prestações seguintes; (b) acarretará anulação do crédito relativo às operações anteriores".

O problema desse dispositivo é que se a isenção ocorre no meio da cadeia produtiva, o imposto eventualmente pago em etapa anterior fica perdido, não mais podendo ser utilizado se posteriormente surgir uma operação tributada. Veja-se numericamente uma situação em que se tenha uma isenção na segunda etapa do ciclo produtivo:

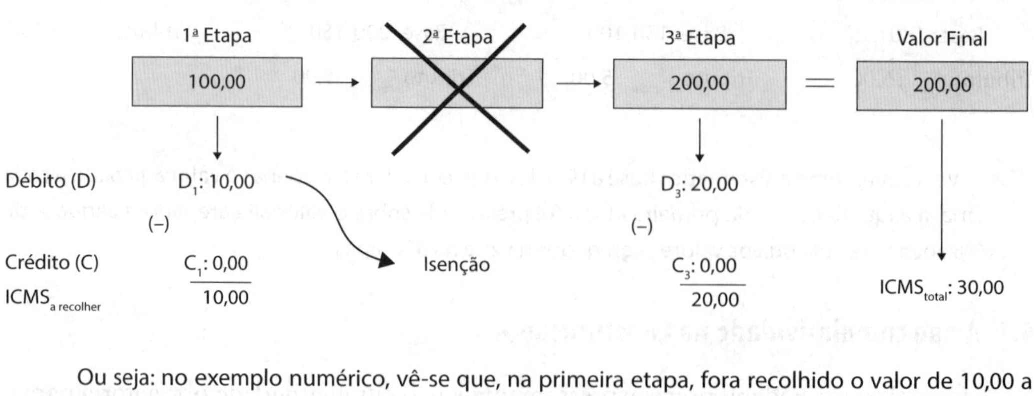

Ou seja: no exemplo numérico, vê-se que, na primeira etapa, fora recolhido o valor de 10,00 a título de imposto; na segunda, houve uma isenção, e, por isso, nada foi recolhido (e nada houve de

38 Cf. SOUZA, Hamilton Dias de. Não cumulatividade – aspectos relevantes. In: RESENDE, Condorcet (org.). *Estudos tributários*. Rio de Janeiro: Renovar, 1999, p. 253-374.

crédito); na terceira etapa, houve uma nova incidência, apurando-se um débito de 20,00 mas não havia crédito, já que a etapa anterior fora isenta. Com isso, o Fisco acaba recebendo todos os 20,00 da terceira etapa, além dos 10,00 da primeira etapa, totalizando 30,00.

O constituinte não decidiu acerca do regime de compensação do imposto. Isso ficou a cargo da lei complementar, nos termos da alínea "c" do inciso XII do § 2º do art. 155. Por certo, dispor sobre o regime de compensação não implica liberdade de tornar cumulativo o imposto, além do efeito já acima apontado. O legislador complementar decidirá, por exemplo, se o creditamento dos bens adquiridos para o ativo fixo se dará imediatamente ou na medida em que os bens serão depreciados, mas não pode a lei complementar simplesmente vedar aquele crédito, já que tornaria o imposto cumulativo[39].

Outra discussão envolve o art. 33, I, da Lei Complementar n. 87/1996 – chamada de Lei Kandir –, que foi sucessivamente modificado por outras leis complementares, as quais foram prorrogando, para fins de ICMS, o direito de crédito relativo às mercadorias destinadas ao uso ou do consumo. Já quando promulgada em 1996, o art. 33, I, da Lei Kandir estabelecia o direito a crédito nessas situações para entradas a partir de 1º de janeiro de 1998. Depois esse prazo foi alterado das seguintes formas: com a Lei Complementar n. 92/1997, o prazo foi para 1º de janeiro de 2000; já com a Lei Complementar n. 99/1999, o prazo foi modificado para 1º de janeiro de 2003; em seguida, com a Lei Complementar n. 114/2002, o prazo passou para 1º de janeiro de 2007; após, com a Lei Complementar n. 122/2006, o prazo foi prorrogado para 1º de janeiro de 2011; posteriormente, com a Lei Complementar n. 138/2010, o prazo se tornou 1º de janeiro de 2020; e, por fim, com a Lei Complementar n. 171/2019, o prazo vigente é a partir de 1º de janeiro de 2033. Diante dessas sucessivas prorrogações, questionou-se, perante o Supremo Tribunal Federal, se tais prorrogações violaram a norma constitucional da não cumulatividade. Segundo o Min. Alexandre de Moraes, pelo fato de a Constituição ter conferido à lei complementar a disciplina da não cumulatividade, "o contribuinte apenas poderá usufruir dos créditos de ICMS quando houver autorização da legislação complementar". Por isso que "o diferimento da compensação de créditos de ICMS de bens adquiridos para uso e consumo do próprio estabelecimento não viola o princípio da não cumulatividade"[40]. Daí a fixação da Tese com Repercussão Geral do Tema 346: "[n]ão viola o princípio da não cumulatividade (art. 155, § 2º, incisos I e XII, alínea c, da CF/1998) lei complementar que prorroga a compensação de créditos de ICMS relativos a bens adquiridos para uso e consumo no próprio estabelecimento do contribuinte".

Conforme se extrai dessa decisão, sob o pretexto de ter resguardado à lei complementar a disciplina do regime de compensação do ICMS, o STF chancelou a prática de se prorrogar *ad infinitum* o direito de crédito de mercadorias para uso e consumo. De fato, como a Constituição não define qual o crédito a ser adotado, o legislador complementar faz pouco caso das despesas da atividade empresarial. Ainda que estas não constituam custos das mercadorias do estabelecimento, o legislador resolveu abrangê-las, mas vai diferindo tanto o direito de crédito que chega a ser difícil sustentar – paradoxalmente – a própria abrangência.

4.4.2 A não cumulatividade do IPI

Também para o IPI, a não cumulatividade se extrai do texto constitucional. Lê-se no § 3º do art. 153 que o IPI "será não cumulativo, compensando-se o que for devido em cada operação com o montante cobrado nas anteriores".

39 SOUZA, Hamilton Dias de. Op. cit. (nota 38), p. 268-270.

40 STF, RE n. 601.967-RS, 2ª Turma, rel. Min. Eliana Calmon, j. 18.08.2020, D.J. 04.09.2020.

O IPI surgiu como sucedâneo do antigo imposto sobre o consumo. É um imposto não cumulativo que incide apenas no ciclo industrial, não atingindo a agregação de valor que se dá durante a fase de comercialização do ciclo econômico.

Diferentemente do ICMS, no caso do IPI o constituinte foi silente acerca dos efeitos da isenção no meio da cadeia produtiva. Daí por que é salutar a medida do art. 11 da Lei 9.779/1999, quando permite a compensação de saldo credor de IPI decorrente de matéria-prima, produto intermediário e material de embalagem aplicados na industrialização de produtos isentos. Esta medida evita o efeito cumulativo, já que se restitui, na forma de crédito, o imposto pago nas etapas anteriores à isenção; havendo nova incidência tributada, no futuro, recomeça a cobrança do imposto mas já sem a preocupação do valor que fora recolhido anteriormente, já que este se restituiu. No entanto, ressalta-se que, ao julgar o regime anterior à referida lei, o qual vedava o crédito em casos de isenção, alíquota zero e não incidência, o STF julgou a constitucionalidade dessa proibição[41], entendimento esse que está presente na Súmula Vinculante 58.

O IPI manteve seu regime de não cumulatividade pelo crédito físico. Parece possível questionar tal regime, tendo em vista que ele veda o aproveitamento do crédito de todos os insumos que não integrem, fisicamente, o produto final.

O STJ[42] já decidiu, por exemplo, que, conquanto se utilize a energia elétrica em qualquer processo industrial, esta não seria considerada "produto intermediário para efeito de creditamento, pela sistemática da não cumulatividade, seja porque não é produto no sentido jurídico-tributário do termo, seja porque não incide IPI sobre o consumo, o que desautoriza a adoção da técnica do aproveitamento". Nesse sentido, a energia elétrica não poderia ser considerada "insumo, para fins de aproveitamento de crédito gerado pela sua aquisição, a ser descontado do valor apurado na operação de saída do produto industrializado". Assim, apesar de considerada insumo industrial para fins de ICMS, a eletricidade não seria produto intermediário e não geraria, por conseguinte, créditos para fins de IPI.

4.4.3 Outras não cumulatividades

O art. 154, I, da Constituição Federal, quando autoriza a União a criar novos impostos, no uso da competência residual, exige que sejam não cumulativos. Neste caso, o constituinte foi silente quanto ao regime de não cumulatividade, podendo-se entender que tanto seria possível a sistemática imposto sobre imposto como base sobre base. O que importa é que, se o novo imposto for plurifásico, haverá alguma não cumulatividade.

O § 12 do art. 195 permite que a lei defina setores de atividade econômica para os quais as contribuições dos empregadores, incidentes sobre receita ou faturamento e dos importadores de bens ou serviços do exterior sejam não cumulativos. Com base nesse permissivo, PIS e COFINS passaram a ser não cumulativos para alguns setores e não para outros.

Não é este o espaço adequado para criticar a referida legislação[43]. Registra-se, entretanto, que o legislador foi além do que previra a Constituição (escolha de setores), possibilitando que uma

41 Cf., *e.g.*, STF, RE n. 353.657-PR, Tribunal Pleno, rel. Min. Marco Aurélio, j. 25.06.2007, D.J. 07.03.2008.

42 STJ, REsp n. 749.466-PR, 2ª Turma, rel. Min. Eliana Calmon, j. 03.11.2009, D.J. 17.11.2009.

43 Cf. SCHOUERI, Luís Eduardo. Tributação e indução econômica: os efeitos econômicos de um tributo como critério para sua constitucionalidade. In: FERRAZ, Roberto (coord.). *Princípios e limites da tributação 2 – Os princípios da ordem econômica e a tributação.* São Paulo: Quartier Latin, 2009, p. 139.

mesma empresa tivesse parte de suas receitas no regime cumulativo e outras no não cumulativo. O resultado, que merece reprimenda severa, é que, hoje, não é possível qualquer sistematização com relação àquele tributo. Há casos de incidência monofásica, outros de incidência plurifásica cumulativa e, finalmente, a incidência plurifásica não cumulativa, além, claro, das isenções. Adotou-se uma não cumulatividade base sobre base, mas o legislador ainda se refere a créditos e débitos, embora desconsidere o montante efetivamente pago nas etapas anteriores. Enfim, o referido dispositivo constitucional foi tomado pelo legislador ordinário, quando da introdução da não cumulatividade do PIS (Lei n. 10.637/2002) e da COFINS (Lei n. 10.833/2003), como "cheque em branco", gerando um caos incompatível com o Estado de Direito.

5 Seletividade

Outro Princípio específico de grande relevância é a Seletividade. Este surge, expressamente, para o IPI e para o ICMS, nos seguintes dispositivos da Constituição Federal:

> DOS IMPOSTOS DA UNIÃO
> Art. 153. Compete à União instituir impostos sobre:
> (...)
> IV – produtos industrializados;
> (...)
> § 3º O imposto previsto no inciso IV:
> I – será seletivo, em função da essencialidade do produto; (...)
>
> DOS IMPOSTOS DOS ESTADOS E DO DISTRITO FEDERAL
> Art. 155. Compete aos Estados e ao Distrito Federal instituir impostos sobre
> (...)
> II – operações relativas à circulação de mercadorias e sobre prestações de serviços de transporte interestadual e intermunicipal e de comunicação, ainda que as operações e as prestações se iniciem no exterior;
> (...)
> § 2º O imposto previsto no inciso II atenderá ao seguinte:
> (...)
> III – poderá ser seletivo, em função da essencialidade das mercadorias e dos serviços;

Vê-se, em ambos os casos, que a seletividade se encontra vinculada à essencialidade, indicando que os referidos impostos podem ter alíquotas variadas, não em função da base de cálculo, como na progressividade, mas em função da essencialidade dos próprios produtos.

Já na Roma antiga havia notícia de certa seletividade, mas que ainda se valia da base de cálculo, não da alíquota. O imposto de guerra era cobrado à alíquota de um décimo de um por cento, mas bens de luxo, como joias, cara indumentária feminina e carruagens mais atraentes eram lançados por dez vezes o seu valor real, enquanto outros itens eram avaliados a duas ou quatro vezes seu valor real. Assim, a baixa alíquota não era verdadeira[44].

O texto constitucional não esclarece o que se deve considerar essencial. Na doutrina, encontra-se o entendimento de que "o tributo recai sobre os bens na razão inversa de sua necessidade para o consumo popular e na razão direta de sua superfluidade", fazendo-se, então, relação com a garantia do mínimo existencial, de modo que "no ápice da escala, a sofrer a incidência pelas maiores alíquotas encontram-se os produtos de luxo, que por definição se tornam menos úteis e não essenciais ao consumo do povo, restringindo-se às necessidades das classes mais abastadas"[45]. Neste sentido, não destoa dos cânones da justiça distributiva.

A ideia é bastante intuitiva: IPI e ICMS são clássicos impostos sobre o consumo, i.e., conquanto cobrados do vendedor, são concebidos para atingir a renda do consumidor, no ato do consumo. Ocorre que enquanto no imposto sobre a renda auferida, pode-se conhecer a capacidade contributiva, no caso dos impostos sobre o consumo, essa identidade não é imediata. Aliás, mesmo do ponto de vista histórico, os tributos sobre o consumo eram desenhados de modo a não se conhecerem os consumidores. Surgiram justamente porque os integrantes da nobreza e do clero não eram atingidos por impostos diretos, em virtude de sua imunidade. Daí a tributação sobre o consumo atingir a todos, sem distinção. Ora, não se conhecendo quem é o consumidor, corre-se o risco de se atingir a renda de quem não tenha capacidade contributiva. Daí a ideia de seletividade: idealmente os produtos essenciais, porque consumidos até por quem está no seu mínimo existencial, não são tributados, enquanto os bens supérfluos o são. Nota-se que o constituinte pressupõe uma relação entre a essencialidade e a capacidade contributiva do consumidor.

Interessante, nessa linha, o posicionamento do Supremo Tribunal Federal acerca da alíquota do ICMS sobre o fornecimento de energia elétrica e o serviço de comunicações. Em seu voto, o Min. Ricardo Lewandowski afirma que "a capacidade tributária do contribuinte impõe a observância do princípio da seletividade como medida obrigatória", exigindo que, "mediante a aferição feita pelo método da comparação", não haja incidência de "alíquotas exorbitantes em serviços essenciais". Portanto, assistiria razão ao parecer da Procuradoria Geral da República, o qual dispõe que, em razão da essencialidade, as alíquotas do ICMS sobre o fornecimento de energia elétrica e o serviço de comunicações não podem ser equivalentes às alíquotas das operações com refrigerantes, cigarro, charuto e similares, já que os primeiros constituem aspectos da dignidade da pessoa humana, o que torna a seletividade obrigatória[46].

Apreciando o Tema n. 745 da repercussão geral, o Supremo confirmou seu entendimento sobre a seletividade do ICMS no âmbito de operações com energia elétrica e serviços de comunicação. No julgamento, apreciou-se a constitucionalidade da Lei n. 10.297/1996, do Estado de Santa Catarina, que previa alíquota de ICMS superior para as operações com energia elétrica e serviços de

44 Cf. ADAMS, Charles. *For good and evil.* The impact of taxes on the course of civilization. 2. ed. Lanham, New York; Toronto, Plymouth: Madison, 1999, p. 81.

45 Cf. TORRES, Ricardo Lobo. *Tratado de direito constitucional financeiro e tributário*. vol. 3: Os direitos humanos e a tributação: imunidades e isonomia. Rio de Janeiro: Renovar, 1999, p. 441-442. Também relacionando a seletividade a que "a lei isente ou tribute modicamente os gêneros de primeira necessidade" e "que se eleve substancialente a carga tributária que recai sobre os produtos e serviços suntuários", cf. DERZI, Misabel Abreu Machado. (nota). *Limitações constitucionais ao poder de tributar*. Aliomar Baleeiro (atualizadora Misabel Abreu Machado Derzi). 7. ed. Rio de Janeiro: Forense, 2001, p. 556.

46 STF, AgRg no RE n. 634.457-RJ, 2ª Turma, rel. Min. Ricardo Lewandowski, j. 05.08.2015, D.J. 14.08.2014.

comunicação (25%) em relação à alíquota geral (17%). A mesma alíquota elevada era aplicável às operações com "produtos supérfluos", conforme definidos no Anexo Único da mencionada lei. Por maioria de votos e nos termos do voto do Ministro Relator, Marco Aurélio, entendeu-se que a lei catarinense era inconstitucional porque incompatível com a seletividade. Fixou-se a seguinte tese de repercussão geral: "Adotada pelo legislador estadual a técnica da seletividade em relação ao Imposto sobre Circulação de Mercadorias e Serviços (ICMS), discrepam do figurino constitucional alíquotas sobre as operações de energia elétrica e serviços de telecomunicação em patamar superior ao das operações em geral, considerada a essencialidade dos bens e serviços"[47].

Surge, entretanto, para a seletividade, a seguinte questão: poderá o legislador ordinário introduzir norma tributária indutora, adotando, então, alíquotas para o imposto que não se graduem segundo o parâmetro da necessidade?

Caso se entenda inflexível o conceito de "essencialidade" proposto pela doutrina, então deve-se responder pela negativa, já que cuidou o próprio constituinte de apresentar as balizas pelas quais se guiará a seletividade[48].

Essencialidade não é, entretanto, conceito determinado. Surge no texto constitucional de forma aberta, podendo ser preenchido, a par das questões oriundas da justiça distributiva, igualmente por forças de ordem estrutural. Não parece impróprio, nesse sentido, entender "essencial" um equipamento que possa modernizar o parque industrial, motivando alíquota seletiva mais reduzida que outro equipamento poluente, cuja produção se deseje desestimular. Esta extensão do conceito de essencialidade também foi percebida por Ruy Barbosa Nogueira: "Quando a Constituição diz que esse imposto será seletivo em função da essencialidade dos produtos, está traçando uma regra para que esse tributo exerça não só função de arrecadação mas também de política fiscal, isto é, que as suas alíquotas sejam diferenciadas, de modo que os produtos de primeira necessidade não sejam tributados ou o sejam por alíquotas menores; "os produtos como máquinas e implementos necessários à produção, produtos de combate às pragas e endemias etc. também sofram menores incidências ou gozem de incentivos fiscais"; produtos de luxo ou suntuários, arts. de jogos ou vícios etc. sejam mais tributados. Este é o sentido da tributação de acordo com a essencialidade"[49].

Daí justificar que se reformule o conceito de "essencialidade", que deve ter duas perspectivas: o ponto de vista individual dos contribuintes e as necessidades coletivas[50]. Sob a última perspectiva, tal conceito deve ser entendido a partir dos objetivos e valores constitucionais: essencial será o bem que se aproxime da concretização daqueles. Assim, tanto será essencial o produto consumido pelas camadas menos favorecidas da população, dado o objetivo fundamental da República de "erradicar a pobreza e a marginalização" (art. 3º, III, da Constituição Federal), como aquele que corresponda aos auspícios da Ordem Econômica, diante do objetivo de "garantir o desenvolvimento nacional" (art. 3º, II).

Ao se afirmar que a essencialidade é conceito indeterminado, rejeita-se, simultaneamente, seja caso de discricionariedade. O constituinte foi preciso com relação ao critério

47 STF, RE n. 714.139-SC, Tribunal Pleno, rel. Min. Marco Aurélio, j. 18.12.2021.

48 Cf. FREITAS, Leonardo B. *Tributação sobre o consumo, indução econômica e seletividade.* Rio de Janeiro: Lumen Juris, 2019, *passim.*

49 Cf. NOGUEIRA, Ruy Barbosa. *Direito Financeiro:* curso de Direito Tributário. 3. ed. revista e atualizada. São Paulo: José Bushatsky, 1971, p. 90 (destaques).

50 Cf. TILBERY, Henry. O conceito de essencialidade como critério de tributação. In: NOGUEIRA, Ruy Barbosa (direção e colaboração). *Estudos tributários* (em homenagem à memória de Rubens Gomes de Sousa). São Paulo: Resenha Tributária, s.d. (cerca de 1974), p. 307-348 (331).

a partir do qual as alíquotas podem variar: deve-se examinar o produto (no caso do IPI) ou a mercadoria ou serviço (para o ICMS), decidindo sobre sua essencialidade. O foco é no produto, não no contribuinte.

Assim, não parece acertado que um mesmo produto tenha alíquotas diversas, conforme a região em que seja industrializado. Embora seja verdadeiro que a União pode conferir tratamento diferenciado entre as diversas regiões do País, como ferramenta para promover o equilíbrio do desenvolvimento socioeconômico (art. 151, I, da Constituição Federal), a seletividade não é ferramenta adequada, já que ela se vincula à essencialidade do produto. Por isso é criticável que o açúcar tenha alíquota diversa, conforme seja produzido em região mais ou menos desenvolvida. O parágrafo único do art. 2º da Lei n. 8.393/91 permitia que o Poder Executivo reduzisse em 50% a alíquota do IPI nas saídas para o mercado interno promovidas por contribuintes do Rio de Janeiro e do Espírito Santo, além das isenções asseguradas a fabricantes nas regiões da SUDENE e SUDAM. Não obstante, o Supremo Tribunal Federal, examinando este tratamento diferenciado, deu-o por constitucional[51].

6 Regressividade da tributação do consumo, seletividade e progressividade: reflexão conclusiva

Se a progressividade merece críticas, tampouco se pode conviver com uma tributação que se revele regressiva, i.e., com alíquotas efetivas menores, conforme se incremente a capacidade contributiva. Quando, entretanto, se toma a tributação sobre o consumo, não é difícil perceber seu efeito regressivo, tomado o parâmetro da renda do consumidor.

No caso dos tributos sobre o consumo, o risco de regressividade se torna patente quando se considera que o percentual de renda destinado ao consumo é decrescente, conforme incremente a riqueza do contribuinte. Uma pessoa de poucos recursos destinará a totalidade de sua renda ao consumo (e, portanto, toda a sua renda será alcançada pela tributação do consumo), enquanto aquele de maiores posses terá boa parte de sua renda vertida em investimento (e, portanto, não atingida, pelo menos imediatamente, pelo imposto sobre consumo).

Quando se tem em mente que o tributo não incide sobre o produto, mas sobre a renda manifestada no ato do consumo, o efeito regressivo se torna imediato.

É comum imaginar-se que um tributo incide sobre um produto. Afinal, é no ato do consumo que se dá a tributação e a alíquota e base de cálculo se fixam a partir do produto e seu preço. Essa aproximação, conquanto simples, não é satisfatória. De um ponto de vista econômico, o que se busca não é o valor do produto, mas a renda do consumidor. Por exemplo, uma mesma garrafa de água mineral tem preços bastante distintos se a venda se dá num supermercado, numa mercearia ou num restaurante luxuoso. O produto é o mesmo, mas o preço é diverso. Fosse o produto o foco da tributação, então não se justificaria a diferença. Esta se dá porque, em verdade, o que se tem são três atos de

51 STF, Embargos de Declaração em AgRg no AI n. 515.168-MG, 1ª Turma, rel. Min. Cezar Peluso, j. 30.08.2005, D.J. 21.10.2005.

consumo, pelos quais três pessoas diferentes empregam sua renda. O consumidor no restaurante empregará maior parcela de sua renda, se comparado aos demais. É essa renda que será tributada.

Pois bem: considerem-se, agora, consumidores com faixa de renda diversa. É intuitivo que pessoas de baixa renda consomem, no próprio mês, tudo o que recebem; quanto maior a renda, maior o percentual desta que poderá ser destinado à poupança. Uma pessoa de altíssima renda, mesmo que consuma muito mais que aqueles de renda mais baixa, ainda assim terá baixo percentual de sua renda destinado ao consumo. Ou seja: para uma pessoa que receba um salário mínimo, por exemplo, possivelmente terá a totalidade de sua renda empregada no consumo. Se admitirmos que a tributação do consumo seja de 20%, então se dirá que 20% da renda dessa pessoa foi destinada ao pagamento de tributos. Considere-se, agora, uma pessoa com renda de 100 salários mínimos. É razoável admitir que seu padrão de gastos seja muito mais elevado. Digamos que 50 salários mínimos sejam seu gasto mensal. Se a alíquota do imposto permanece em 20%, então se dirá que o imposto será de 20% sobre 50 salários mínimos (consumidos), o que equivale a 10% de sua renda total de 100 salários mínimos. Ou seja: no exemplo, o contribuinte com 1 salário mínimo destinou 20% de sua renda ao pagamento de impostos, enquanto o outro, que ganha 100 salários mínimos, destinou 10% de sua renda ao mesmo fim. Aí se evidencia o caráter regressivo da tributação do consumo.

A constatação de que a tributação do consumo apresenta efeito regressivo impõe nova reflexão acerca do papel do Princípio da Seletividade: por meio de alíquotas diferenciadas, torna-se possível corrigir ou, ao menos, amenizar aquele efeito. Para tanto, importa assegurar que bens consumidos por famílias de baixa renda sejam tributados a alíquotas mais baixas que aqueles cujo consumo se dá, primordialmente, por pessoas de maiores posses.

A essencialidade, portanto, enquanto critério para a fixação dos tributos sobre o consumo, ganha nova perspectiva: o produto essencial é aquele de que mesmo as pessoas de menor renda não podem prescindir.

Causa estranheza, daí, que se tribute a energia elétrica de modo mais elevado que outros itens, tendo em vista que seu consumo é imprescindível. No mesmo sentido, a telefonia pré-paga, hoje item de consumo generalizado, não justifica tributação acentuada. No mais das vezes, o que se encontra é uma tributação baseada em critérios de conveniência, não de justiça. Além de imediata agressão ao mandamento constitucional que impõe a Seletividade, o tratamento arbitrário que hoje se confere às alíquotas dos tributos sobre o consumo implica incrementar-se o já regressivo tributo sobre o consumo.

O efeito da regressividade do tributo sobre o consumo no Brasil foi objeto de pesquisa efetuada por Maria Helena Zockun, da Fundação Instituto de Pesquisas Econômicas (FIPE) da Universidade de São Paulo[52]. Embora os dados sejam de 2002/2003, seus efeitos são bastante ilustrativos e não há razão para crer que estejam desatualizadas suas conclusões, dado que não houve mudança estrutural na tributação brasileira desde então.

A referida pesquisa demonstra o efeito da tributação do consumo, conforme as faixas de renda, confirmando o enorme efeito regressivo já apontado acima. Graficamente, encontram-se os seguintes resultados:

52 Cf. ZOCKUN, Maria Helena. Aumenta a regressividade dos impostos no Brasil. *Informações FIPE*, n. 297, jun. 2005, p. 11-13. Disponível em: <http://www.fipe.org.br/publicacoes/downloads/bif/2005/6_bif297.pdf>.

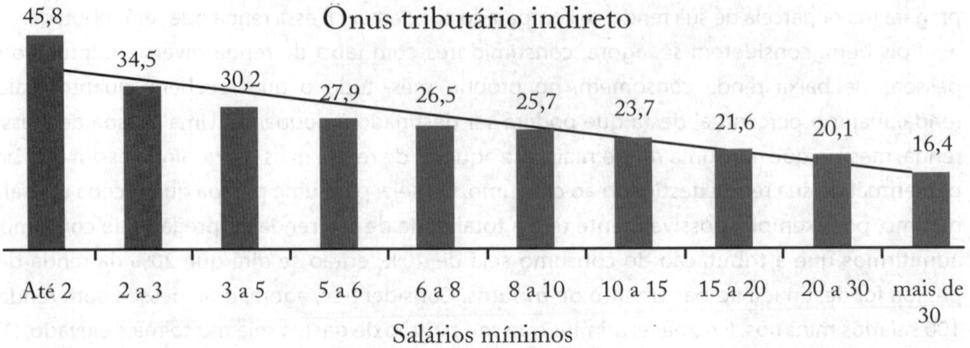

Conforme se verifica, considerada apenas a tributação sobre o consumo, tem-se uma elevadíssima carga sobre as famílias de baixa renda. Basta ver que quase a metade da renda consumida pelas famílias que ganham até dois salários mínimos é destinada ao pagamento de tributos.

A pesquisa dá um passo adiante, entretanto, mostrando o efeito da tributação progressiva do imposto de renda. Como já se viu, as pessoas físicas estão sujeitas, no Brasil, a uma progressividade, posto que limitada. Essa progressividade pode ser confirmada na tabela abaixo:

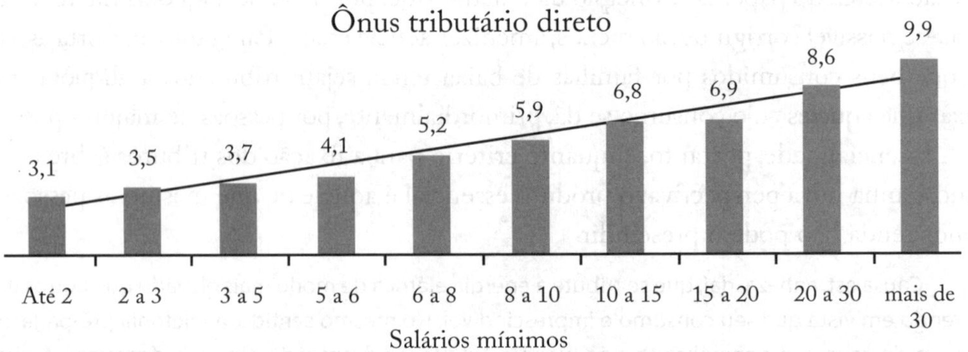

Finalmente, a pesquisadora propõe que se combinem ambos os efeitos, da tributação direta da renda e da tributação do consumo, chegando à seguinte carga tributária:

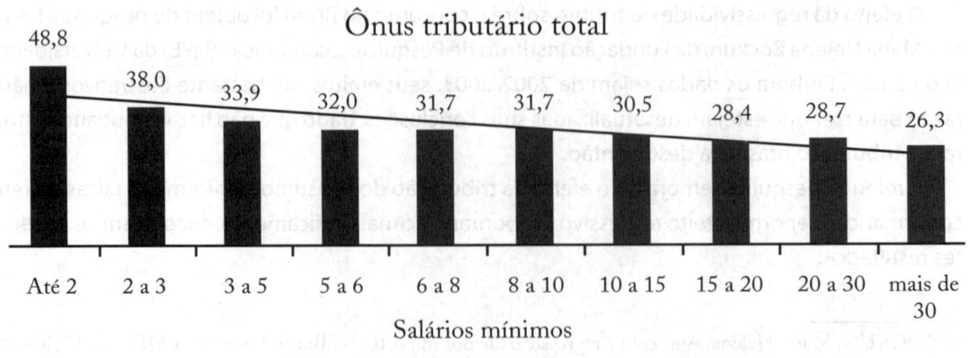

O gráfico revela que o sistema tributário brasileiro continua regressivo. A progressividade do imposto de renda não é suficiente para amainar a regressividade do imposto sobre o consumo. Tal conclusão é reforçada quando se leva em consideração a comparação da tributação indireta em relação a outros países, apresentada em estudo publicado pelo Banco Interamericano de Desenvolvimento (BID)[53]:

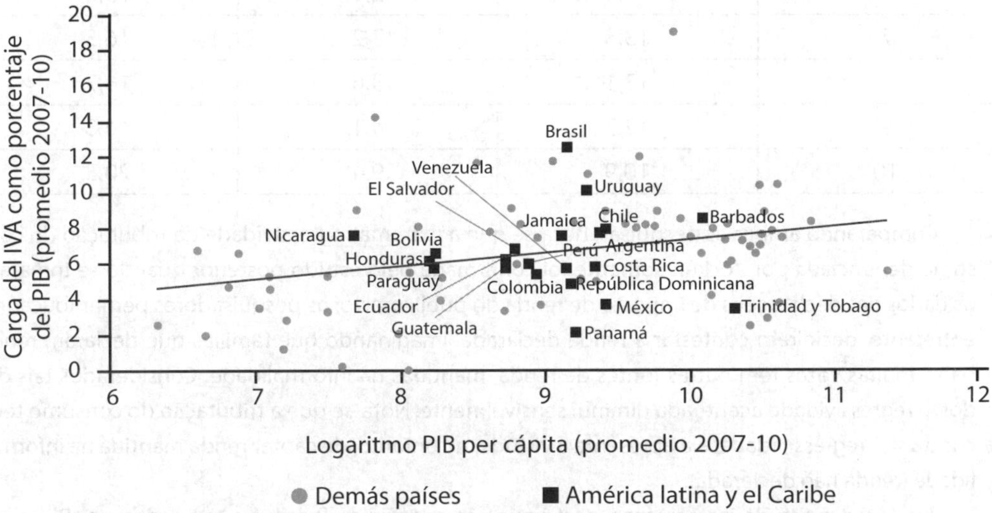

Fuente: Cálculos propios en base a BID y CIAT (2012) y FMI (2011).

É bem verdade que, como em toda pesquisa econômica, pode-se chegar a resultados diversos, a partir de outras premissas. Por exemplo, em estudo efetuado com base na Pesquisa de Orçamentos Familiares de 2008 e 2009, Rozane Bezerra de Siqueira e outros pesquisadores da Universidade Federal de Pernambuco chegaram ao seguinte resultado acerca da regressividade dos tributos indiretos no Brasil[54]:

Décimos de renda familiar *per capita*	Tributos Indiretos (%)	Tributos Diretos (2) (%)	Tributos Diretos e Indiretos (%)
1	15,4	0,3	15,7
2	14,7	1,1	15,8
3	14,5	1,8	16,3
4	14,4	2,1	16,5

continua

53 Cf. CORBACHO, Ana; CIBILS, Vicente Fretes; LORA, Eduardo. *Recaudar no basta*: los impuestos como instrumento de desarrollo. Banco Interamericano de Desarrollo, 2012, p. 10.

54 Cf. SIQUEIRA, Rozane Bezerra de; NOGUEIRA, José Ricardo Bezerrra; SOUZA, Evaldo Santana de. O Sistema Tributário Brasileiro é regressivo?, fevereiro de 2012. Disponível em: <http://www.joserobertoafonso.com.br/attachments/article/2508/siqueira,%20nogueira%20e%20souza%20(2012).pdf>.

continuação

Décimos de renda familiar *per capita*	Tributos Indiretos (%)	Tributos Diretos (2) (%)	Tributos Diretos e Indiretos (%)
5	13,7	2,7	16,4
6	13,6	2,1	15,7
7	13,3	3,2	16,5
8	13,1	3,6	16,7
9	12,7	4,1	16,8
10	10,9	9,4	20,3

Comparando ambas as pesquisas, nota-se que a extrema regressividade da tributação do consumo denunciada por Zockun somente foi confirmada pelo estudo posterior quando se tomaram os dados das declarações de imposto de renda do público-alvo; os pesquisadores pernambucanos, entretanto, decidiram contestar a renda declarada, imaginando que famílias que declaram renda baixa muitas vezes têm outras fontes de renda, mantidas na informalidade. Considerados tais dados, a regressividade acentuada diminui sensivelmente. Nota-se que a tributação do consumo tem, contra si, a regressividade; ela apresenta a virtude, no entanto, de captar renda mantida na informalidade (renda não declarada).

Ainda outro estudo interessante, posto que não se refira ao Brasil, é o conduzido por Rita de la Feria e Michael Walpole. Esse estudo questiona o entendimento geral de que a regressividade da tributação sobre o consumo seria reduzida por conta da seletividade. Para os autores, a regressividade da tributação sobre o consumo é acentuada porque se toma por critério a renda; entretanto, quando se considera o consumo, que é visto como melhor índice de bem-estar, então a regressividade é muito menor[55]. A ideia de que o consumo seja melhor índice que a renda, como medida de bem-estar, dialoga com o que foi exposto acima acerca da progressividade: viu-se que a tributação da renda, por ser periódica, mede no máximo o bem-estar do indivíduo num determinado período; as variações nas faixas de renda no decorrer da vida evidenciam a injustiça de se tomar isoladamente um período, para efeito de se medir a capacidade contributiva. Ora, igual raciocínio se aplica no caso da tributação do consumo. Também aqui, se considerada a renda do indivíduo apenas em um período, ficará acentuada a sua regressividade. Entretanto, se for levada em conta a variação de sua renda, constatar-se-á que o consumo tende a ser constante, ainda que haja variações da renda. O indivíduo tomará empréstimo, ou usará sua poupança, mantendo relativamente constante seu consumo. Daí por que se acredita que o consumo seja medida mais confiável para o bem-estar, já que menos influenciado pela periodicidade da tributação.

Tomando os casos da tributação sobre o valor agregado na Europa e o imposto australiano, mais recente, o estudo denuncia o fato de que essa argumentação é utilizada por grupos interessados em proteger seus próprios interesses. É interessante o fato de que o estudo consegue demonstrar, com exemplos concretos, que reduções na tributação, baseadas na seletividade, não implicaram

55 Cf. OECD, *The distributional effects of consumption taxes in OECD countries*, OECD, 2014. Disponível em https://read.oecd-ilibrary.org/taxation/the-distributional-effects-of-consumption-taxes-in-oecd-countries/the-distributional-effects-of-consumption-taxes_9789264224520-4-en#page1.

menores preços para os consumidores. Conclui que a seletividade tem como efeito reduzir a própria base da tributação[56].

Finalmente, a técnica da seletividade não impede que produtos menos essenciais acabem por se aproveitar do privilégio da baixa tributação. Afinal, é claro que dois produtos, com a mesma classificação fiscal, podem ter qualidade e custos diferenciados. Mesmo o caso dos livros – hoje protegidos pela imunidade – leva a distorções. Veremos no próximo capítulo que até álbuns de figurinhas foram ali enquadrados. Podemos também cogitar o caso de livros artísticos, adquiridos por público de alto poder aquisitivo. Que dizer, então, de produtos mais ou menos sofisticados, sempre enquadrados na mesma classificação fiscal?

Examinando tais estudos, é chegada a hora de refletir sobre os resultados alcançados.

Fica evidente, primeiramente, que a tributação do consumo tem efeito regressivo, se considerada a renda auferida. Posto que a regressividade possa ser mitigada, se considerada a renda efetiva, ainda assim não há como negar aquele efeito. A renda, entretanto, não é o único parâmetro de bem-estar, já que se baseia em apenas um período e já vimos que a periodicidade da tributação da renda se contrapõe ao intuito de se medir a capacidade contributiva. Nesse sentido, o consumo pode ser base mais interessante para se conhecer o bem-estar; nessa perspectiva, a regressividade já não é tão acentuada.

De qualquer modo, apontada a regressividade da tributação do consumo, se considerada a renda, pode-se reavaliar o emprego do Princípio da Seletividade. Foi ele pensado como elemento relevante para a redução da regressividade da tributação do consumo.

Deve-se notar que a regressividade foi vista pelo constituinte de 1988 porque partiu da ideia de que não se tem como conhecer a pessoa do consumidor, desaparecido na figura do "contribuinte de fato". Essa premissa poderia ser contestada, hodiernamente, quando se verifica o crescimento do uso de se informar, na própria nota fiscal, os dados do consumidor. Portanto, hoje as autoridades fiscais têm instrumento adequado para saber quem é o consumidor (e portanto qual sua capacidade contributiva). Nesse sentido, a regressividade poderia ser afastada mediante mecanismo de devolução do tributo.

Não conhecendo o constituinte a possibilidade de identificação do consumidor (já que em 1988 essa ferramenta ainda não era disponível), teve ele de admitir que a Seletividade, sozinha, não seria suficiente para afastar o efeito regressivo da tributação do consumo. Isso parece explicar sua preocupação em impor a progressividade do imposto de renda. Se acima apontamos os efeitos perniciosos da progressividade sobre a economia, é hora de apontar sua virtude: pode a progressividade do imposto de renda servir de contrapeso à regressividade da tributação sobre o consumo. Vista sob tal perspectiva (conjunta), a progressividade do imposto de renda torna-se, mesmo, mandatória, como ferramenta para afastar-se a pecha de regressividade do sistema tributário brasileiro.

Em conclusão, a decisão do constituinte, ao exigir seja o imposto de renda informado pelo critério da progressividade, torna-se, agora, exigência de igualdade, para que a capacidade contributiva (global) seja observada.

Deve-se dizer que esse raciocínio não é novo. Antes mesmo de sua previsão pela Constituição de 1934, já se sentia a carência de um tributo direto como o imposto sobre a renda. Enquanto Ministro da Fazenda, Rui Barbosa elaborou, em 1891, relatório enfatizando que "os impostos indiretos não

56 Cf. de la FERIA, Rita and WALPOLE, Michael, The Impact of Public Perceptions on General Consumption Taxes (December 4, 2020). (2020) British Tax Review 67/5, 637-669, Available at SSRN: https://ssrn.com/abstract=3723750.

se proporcionam à graduação das fortunas entre os contribuintes", acarretando maior tributação "sôbre as classes menos favorecidas", fazendo-se, daí, necessário um "impôsto direto" como "corretivo compensador contras as iniqüidades da taxação indireta". Nota-se, assim, que em razão da regressividade da tributação, constatada no âmbito do consumo, viu Rui Barbosa, no imposto sobre a renda, instrumento adequado para equilibrar os encargos entre os contribuintes. Em seu relatório, no entanto, não fica evidente se constituiria requisito intrínseco do imposto sobre a renda a progressividade de suas alíquotas[57].

57 BARBOSA, Rui. *Relatório do Ministro da Fazenda – Obras Completas de Rui Barbosa.* vol. 18, ¾ 1891, tomo III. Rio de Janeiro: Ministério da Educação e Saúde, 1949, p. 14-18.

capítulo IX

Imunidades

1 Imunidades como limitação ao poder de tributar

Ao se examinarem as categorias técnicas da tributação, fez-se referência às imunidades enquanto limitação constitucional à própria competência tributária. Identificaram-se as imunidades, estruturalmente, com as próprias regras concernentes à competência tributária, vendo-se que esta apenas se compreende dentro dos limites impostos por aquelas.

Agora, passa-se a estudar as imunidades previstas expressamente no texto constitucional. A proposta que se faz é que não se entendam as imunidades a partir da leitura de dispositivos isolados. Posto que relevantes, estes não são os únicos veículos das normas de imunidades. Estas decorrem da confluência de uma série de textos inseridos na Constituição. Nos dispositivos concernentes à imunidade, revelar-se-ão valores altamente prestigiados pela Constituição. Nem por isso são eles suficientes para que se determine qual a norma aplicável. Proteção à concorrência, capacidade contributiva e outros princípios prestigiados pelo texto constitucional contribuirão para que se conheça a extensão da imunidade.

1.1 Imunidade e proteção

A primeira ideia que se tem com relação às imunidades é a de que o constituinte houve por bem proteger (tornar imunes) certas pessoas ou circunstâncias. É intuitivo que a imunidade se identifica com um valor tão caro ao constituinte, que este houve por bem impedir que o Estado, por meio de impostos, viesse a tolher o exercício de certa liberdade.

Já em Roma, os cidadãos estavam imunes. É verdade que eles se sujeitavam a um tributo, como sinal de sua condição de cidadania e, portanto, de liberdade; não se cobravam deles, entretanto, os tributos provinciais, cuja cobrança era odiosa, diante da avidez e arbítrio dos publicanos. A imunidade perdurou até a época imperial, quando Augusto conseguiu introduzir um tributo ordinário sobre o cidadão romano, afirmando que esta já seria a intenção de Cesar e ameaçando, ademais, a introdução de um imposto territorial ordinário; entretanto, apenas no governo de Caracalla, com a concessão do direito de cidadania romana aos provincianos e com a abolição de diferenças de condição jurídica entre cidadão e provinciano, unificou-se o sistema fiscal de todo o império. Ainda assim, é possível ver que sobreviveram (até Diocleciano e Justiniano) algumas imunidades, como a dos impostos territoriais do solo itálico e da propriedade quiritária[1].

A expressão "imunidade" é, via de regra[2], reservada a uma espécie de tributo, os impostos[3], o que se identifica na própria ideia de não se sujeitar ao *munus* público. Afinal, os impostos são os tributos destinados a cobrir os gastos gerais da coletividade, devendo, pois, ser suportados igualmente por todos, na medida de sua capacidade econômica; a imunidade exclui algumas situações ou algumas pessoas, o que implica de certo modo, um privilégio, já que os gastos públicos aproveitam a toda a coletividade, mas alguns membros desta deixam de suportá-los[4].

1.2 A construção da norma de imunidade

Qualquer que seja a imunidade, traz ela uma exceção à regra de que gastos gerais da coletividade devem ser suportados por todos os membros desta. Ora, se o Princípio da Igualdade foi inserido no texto constitucional para balizar a atuação do legislador e do aplicador da lei, é razoável admitir que o próprio constituinte tivesse tal conceito como um princípio de Direito, que conduziria sua própria conduta.

Assim, se o constituinte cria uma exceção a uma regra, deve-se, em nome do Princípio da Igualdade, encontrar um fundamento para a diferenciação[5]. Por que razão o constituinte deixou de incluir aquela situação entre as tributáveis? Claro que o constituinte não *precisaria* ser coerente, mas o aplicador do Direito deve *pressupor* que o constituinte não agiu arbitrariamente[6]. Encontrando-se um fundamento para o tratamento diferenciado àquelas situações, identificar-se-á a harmonia do sistema tributário, o que, inclusive, poderá ser útil no momento de sua interpretação.

É comum que se aponte, como fundamentação para as imunidades, a busca, por parte do constituinte, de algum valor que lhe seja tão caro, a ponto de justificar um tratamento desigual.

---

1 Cf. VANONI, Ezio. *Natureza e interpretação das leis tributárias*. Rubens Gomes de Sousa (trad.). Rio de Janeiro: Financeiras, 1952, p. 17-20.

2 O texto constitucional atual prevê imunidades também para outras espécies tributárias. Assim, como se verá neste Capítulo, as receitas decorrentes de exportação são imunes às contribuições sociais e de intervenção no Domínio Econômico (art. 149, § 2º, I, da Constituição Federal); as entidades de assistência social são imunes às contribuições sociais destinadas à seguridade social (art. 195, § 7º, da Constituição Federal). O texto constitucional prevê até mesmo um caso de imunidade de taxas. Em regra, entretanto, as imunidades se aplicam a impostos.

3 Cf. SOUSA, Rubens Gomes de. *Compêndio de Legislação Tributária*. São Paulo: Resenha Tributária, 1975, p. 187.

4 Cf. DERZI, Misabel de Abreu Machado; COÊLHO, Sacha Calmon Navarro. A imunidade intergovernamental e sua extensão às autarquias federais. *Revista Dialética de Direito Tributário*, n. 6, 1996, p. 102.

5 Cf. TORRES, Ricardo Lobo. *Tratado de Direito Constitucional Financeiro e Tributário*. vol. 5. Rio de Janeiro: Renovar, 2000, p. 167.

6 Cf. MAXIMILIANO, Carlos. *Hermenêutica e aplicação do Direito*. 14. ed. Rio de Janeiro: Forense, 1994, p. 335; CARRIÓ, Genaro. *Notas sobre derecho y lenguage*. 4. ed. Buenos Aires: Abeledo-Perrot, 1994, p. 58-66; e GRAU, Eros Roberto. *Ensaio sobre a interpretação/aplicação do Direito*. 2. ed. São Paulo: Malheiros, 2003, p. 74.

Normalmente, tais valores estarão relacionados a liberdades e garantias fundamentais, assegurados constitucionalmente como base do ordenamento. Tais liberdades e garantias, por serem o alicerce do ordenamento jurídico brasileiro, não podem ser modificados sequer por emenda constitucional, como se extrai do art. 60, § 4º, IV, da Constituição Federal.

No Capítulo I, já se apontou a importância das imunidades no Estado do século XXI. Concretizam elas espaços que não podem ser atingidos pela tributação, já que a sociedade exige, para si, espaço de atuação. Nas imunidades, veem-se liberdades protegidas pela Constituição. A tributação não há de ser ilimitada, uma vez que o constituinte prestigia o papel fundamental e primário da própria sociedade na busca da liberdade coletiva.

Essa fundamentação para as imunidades, posto que relevante, não é a única. Pelo menos, não parece aceitável que exclusivamente por conta de um valor constitucional – por mais caro que seja – se deixe de exigir tributo que se espera seja suportado por toda a coletividade.

Com efeito, embora na sua origem se possa ter visto a imunidade como remédio heroico para assegurar o exercício de direitos fundamentais, o moderno Estado de Direito parece dispensar tamanha garantia.

Alegar ser necessária a imunidade para que o Fisco não impeça o exercício de liberdade fundamental é ignorar que o ordenamento jurídico já conta com o Princípio da Igualdade e, mais especificamente, com o Princípio da Proibição do Efeito de Confisco, a impedirem, ambos, a tributação desarrazoada. Um tributo módico dificilmente poderia ser apontado como entrave ao exercício de uma liberdade fundamental; um tributo excessivo, por outro lado, seria inconstitucional, mesmo que não houvesse dispositivo acerca da imunidade.

Ademais, acaso se admitisse fossem as imunidades veículos para garantir liberdades fundamentais (ou melhor: que a garantia daquelas liberdades dependesse das imunidades), então a reação seria de pasmo: por que razão apenas algumas liberdades fundamentais teriam sido protegidas por imunidades? Haveria imunidades implícitas e outras explícitas? Qual a diferença entre umas e outras?

Mais acertado parece o raciocínio que vê nas imunidades também a concretização do Princípio da Capacidade Contributiva: sua falta, manifesta em algumas situações, contribui para a justificação da imunidade. Se o imposto é um instrumento de captação de capacidade contributiva, sua falta implica impossibilidade de imposição.

Cabe insistir, aqui, que a ausência de capacidade contributiva não se confunde com a ausência de riqueza: é possível que alguém possua alguma riqueza, sem por isso possuir capacidade contributiva. Exemplo de tal situação é o daquela pessoa que aufira alguma renda (e, portanto, possua alguma riqueza), mas cujo estado de saúde precário obrigue-a a gastar com medicamentos, ou enfermeiros, tudo o que ganha. Nada lhe restará para contribuir com os gastos da coletividade.

A favor desse raciocínio conta a coerência sistêmica: as imunidades já não se apresentam como privilégios odiosos, antissistemáticos, mas antes constituem uma confirmação do Princípio da Capacidade Contributiva. Não se trata mais de excluir do dever de contribuir entidade de quem se esperaria participasse do esforço coletivo, mas antes de tornar explícito que daquelas entidades que não disponham de capacidade contributiva não se há de exigir o referido tributo.

Diante de tal constatação, poder-se-ia perguntar: afinal, é a capacidade contributiva ou a liberdade fundamental que pesam na imunidade? A resposta mais adequada é: ambas contribuem no mesmo sentido para a construção de norma de imunidade.

Não coincidem norma e dispositivo; este, enquanto mero enunciado, é, quando muito, suporte para as normas. Por meio da interpretação, busca-se a construção de uma norma, extraindo-se dos enunciados[7] todo o seu conteúdo possível.

Assim é que não cabe referir-se à imunidade citando apenas um dispositivo. Poder-se-á, claro, mencionar aquele trecho em que se evidencia a imunidade; a norma, entretanto, será objeto de construção mais complexa, exigindo que se combinem diversos dispositivos do próprio texto constitucional ou de outros diplomas normativos – em especial, em temas de imunidade, a lei complementar –, resultando daí o sentido do mandamento constitucional.

A partir de tal premissa, é possível constatar que as imunidades contam com uma série de dispositivos constitucionais que interagem em direção idêntica, implicando um alargamento de seu alcance. São casos em que, mesmo que inexistisse enunciado expresso versando sobre a limitação ao poder de tributar, outros dispositivos constitucionais já seriam suficientes para indicar o desiderato constitucional.

Tome-se o exemplo da imunidade de entidades assistenciais e educacionais sem fins lucrativos, a ser examinada abaixo. Ela está expressa no art. 150, VI, "c", do texto constitucional, que proíbe que a União, os Estados, o Distrito Federal e os Municípios instituam impostos sobre o patrimônio, renda ou serviços dessas entidades.

Interessante exercício é indagar qual seria o resultado se o constituinte tivesse omitido aquele dispositivo. Acaso se admitiria que as pessoas jurídicas de direito público instituíssem impostos sobre tais entidades?

Certamente os direitos sociais à educação e à assistência social (art. 6º da Constituição) justificam a imunidade de entidades de educação e assistência social sem fins lucrativos. A imunização tributária dessas entidades favorece a sua atuação e, assim, a promoção dos bens coletivos que representam. Mas não são apenas esses direitos que contribuem para a construção da norma de imunidade: há, também o Princípio da Capacidade Contributiva (art. 145, § 1º). Se o imposto é um instrumento de captação de capacidade contributiva, sua falta implica impossibilidade de imposição.

Por sua vez, entidades de educação e assistência social sem fins lucrativos não têm capacidade contributiva enquanto em suas funções essenciais. Em princípio, o patrimônio, a renda e os serviços dessas entidades voltam-se à consecução de suas finalidades, isto é, à consecução de finalidades de interesse coletivo. Não há nessas entidades, portanto, parcela que "sobra" de suas riquezas, a ser apropriada pelo Estado via impostos com vista ao custeio dos gastos coletivos; toda a riqueza dessas entidades está, *desde já*, vinculada à promoção do interesse coletivo.

Vê-se, pois, a partir do exemplo, que os direitos sociais à educação e à assistência social de um lado, e a Capacidade Contributiva, de outro, todos já fundamentam a conclusão de que não podem as pessoas jurídicas de direito público instituir e cobrar impostos sobre o patrimônio, a renda ou os serviços de entidades de educação e assistência social sem fins lucrativos.

Assim, o enunciado do art. 150, VI, "c", da Constituição apenas vem se adicionar aos já citados, todos caminhando na mesma direção; claro que o enunciado mantém sua importância,

7 Cf. CARVALHO, Paulo de Barros. *Direito Tributário – linguagem e método.* São Paulo: Noeses, 2008, p. 131.

seja por explicitar a imunidade, seja por apresentar contornos rígidos a ela. Pode-se dizer que, sem o último enunciado, a imunidade teria feições menos claras, exigindo do exegeta longo trabalho analítico para conhecer a norma; ao tratar expressamente do assunto, o constituinte cuidou desde logo de esclarecer o alcance da imunidade, reduzindo daí o esforço argumentativo do jurista.

Sintetiza-se, assim, o entendimento de que a norma de imunidade é fruto de uma série de dispositivos, todos confluindo para a sua construção. A mera proteção a uma liberdade fundamental não serve para construção de seu inteiro teor, sendo igualmente relevante invocar o Princípio da Capacidade Contributiva.

Haverá situações, entretanto, em que o Princípio da Capacidade Contributiva não servirá de justificativa para determinada imunidade. Encontrar-se-ão no texto constitucional imunidades cuja função é meramente sistemática: tendo em vista a repartição de competências tributárias, houve por bem o constituinte valer-se do instituto da imunidade com a finalidade de oferecer coerência ao próprio sistema. Nesse caso, a norma de imunidade decorrerá da confluência do dispositivo específico e da coerência buscada.

Tal é o caso das imunidades às exportações, a partir da decisão do constituinte, no sentido de desonerar as exportações e tributar as importações, adotando o que internacionalmente se consagrou como "princípio do destino". Importava assegurar que todas as pessoas jurídicas de direito público, no exercício de suas competências, se mantivessem firmes no mesmo critério. Como cada ente federado é livre para instituir seus impostos, cabia ao próprio constituinte direcioná-los no sentido da adoção uniforme da tributação no destino.

Por último – diga-se desde já –, o esforço do jurista pela coerência não pode ofuscar-lhe a realidade de que seu objeto – o Direito Posto – é fruto de decisões políticas. Assim, haverá situações em que o privilégio da imunidade já não terá caráter sistemático, sendo antes produto de negociação entre os constituintes, positivado pelo texto constitucional. Muitas vezes, grupos de pressão acabam por ver seus interesses prestigiados até mesmo no texto constitucional. Não há como negar tal possibilidade, mas seu reconhecimento implica uma atitude mais crítica diante de dispositivos de tal jaez.

Nesse caso, o espectro da imunidade é necessariamente menor, já que a norma construída decorre de um único dispositivo constitucional, em conflito – diga-se desde já – com outros, como o próprio Princípio da Capacidade Contributiva. Não se negará, por certo, a imunidade, mas construir-se-á norma de alcance limitado, de modo a assegurar, ao máximo, a coerência do ordenamento.

A constatação de que nem todas as imunidades têm igual fundamentação – e igual peso – é relevante para o trabalho do jurista, já que o auxiliará na tarefa de compreensão da extensão da imunidade e construção da norma. Deve-se questionar qual a função da imunidade para, com base em tal questionamento, propor a norma de imunidade.

Como se verá no Capítulo XVII, um dos grandes desafios que se apresentam ao jurista está no campo da interpretação e aplicação da lei tributária, na construção da norma. É comum o recurso a métodos apriorísticos, como o jargão segundo o qual se interpretam amplamente as imunidades.

Por trás desse pensamento, está o preconceito de que as imunidades veiculam proteção a valores constitucionais; nesse sentido, os dispositivos concernentes a imunidades dever-se-iam interpretar de modo tão amplo quanto necessário para garantir aqueles valores.

Ou seja: ultrapassado o esforço para a interpretação de dispositivos, passando-se à construção de normas, já não têm espaço considerações genéricas. Importa ver, na construção de cada norma, quais os dispositivos que se fazem relevantes.

Quando a norma de imunidade decorre da interpretação conjunta de dispositivos que revelam valores tão altos, como liberdades fundamentais e capacidade contributiva, então ampla é a norma de imunidade.

Se a norma de imunidade não se revela suportada por exigência de capacidade contributiva, tendo mera função técnica e sistematizadora, apenas a tanto se prestará o raciocínio do intérprete/aplicador.

Finalmente, nos casos em que o dispositivo imunizatório não se inspira na Capacidade Contributiva, mas apenas em decisão do constituinte, voltada a direcionar a atividade econômica, é esse direcionamento – não a liberdade fundamental ou a Capacidade Contributiva – que inspirará a construção da norma.

Examinar-se-ão, neste Capítulo, as imunidades expressas no ordenamento jurídico. Alerta-se para o fato de que o aplicador da lei pode identificar outras, não expressas, decorrentes do próprio sistema.

Ou seja: embora o constituinte tenha apontado um rol de situações que se afastariam da tributação, uma análise do texto constitucional pode revelar que esse rol não é exaustivo[8]. Apenas a título de exemplo, cite-se o caso das repartições consulares estrangeiras, que estão afastadas da pretensão tributária brasileira por causa de um costume internacional: embora a Constituição seja silente a tal respeito, a tributação da propriedade detida por uma embaixada, por exemplo, seria inadmissível.

Regina Helena Costa chega a se referir ao "princípio da não obstância do exercício de direitos fundamentais por via da tributação", ao alegar que "se o ordenamento constitucional ampara determinados direitos, não pode, ao mesmo tempo, compactuar com a obstância ao seu exercício, mediante uma atividade tributante desvirtuada. A atividade tributante do Estado deve conviver harmonicamente com os direitos fundamentais, não podendo conduzir, indiretamente, à indevida restrição ou inviabilização de seu exercício"[9].

Esse pensamento, entretanto, não deve levar à ideia de que haverá um número infinito de imunidades, correspondente a todos os direitos fundamentais. Mais uma vez, cabe insistir em que o exercício de direitos fundamentais é compatível com a tributação, desde que módica. A tributação exagerada – esta sim – deve ser afastada. Para tanto, não há necessidade de invocar a imunidade, já que o Princípio da Proibição do Efeito de Confisco (quando não a própria proporcionalidade) será fundamento suficiente para limitar os exageros do poder tributante.

---

8 Nesse sentido manifesta-se também BALEEIRO, Aliomar. *Limitações constitucionais ao poder de tributar*. Rio de Janeiro: Forense, 1997, p. 227. Ainda sobre o assunto, cf. TORRES, Ricardo Lobo. *Curso de Direito Financeiro e Tributário*. Rio de Janeiro: Renovar, 2004, p. 64.

9 Cf. COSTA, Regina Helena. *Imunidades tributárias*. Teoria e análise da jurisprudência do STF. 2. ed. revista e atualizada. São Paulo: Malheiros, 2006, p. 79.

1.3 Imunidade, Domínio Econômico e Livre Concorrência

Se é verdadeiro que a imunidade encontra vários fundamentos, parece importante fixar posição quanto ao seu limite, i.e., até que ponto vai a imunidade.

Para que se desenvolva raciocínio coerente, importa mais uma vez insistir: a imunidade não é fruto de um dispositivo; a norma, ao contrário, se extrai do exame de vários dispositivos.

Assim, também, é possível que uma mesma espécie de imunidade implique normas diversas, conforme a situação em que se encontre.

Quando uma entidade imune atua fora do Domínio Econômico, por exemplo, não cabe cogitar existência de capacidade contributiva. Se a atividade econômica pode ser dividida entre o setor público e o Domínio Econômico, é neste que se manifesta aquela capacidade.

Importa ter sempre em mente o que já se afirmou: capacidade contributiva não se confunde com capacidade econômica. Por certo, existem recursos no setor público e, nesse sentido, há capacidade econômica. Não basta esta, entretanto, para que haja tributação. Importa que tais recursos estejam disponíveis, i.e., que possam ser apropriados pelo Poder Público por meio da tributação.

No setor público, não há tal disponibilidade. Todos os recursos ali alocados já estão, por princípio, destinados a uma finalidade pública. Não há "sobras" que possam ser captadas pela imposição de tributos.

Fora do Domínio Econômico, ter-se-á imunidade de amplo espectro, já que para a construção da norma concorrerão, ao menos, os seguintes dispositivos: o da capacidade contributiva; o referente ao valor fundamental contemplado pela imunidade; e ainda o enunciado específico da imunidade envolvida. Todos fluirão no mesmo sentido.

O desafio surge quando se está fora do setor público, i.e., quando a entidade imune, por exemplo, passa a exercer atividades dentro do Domínio Econômico. Neste, já pode surgir manifestação de capacidade contributiva, o que exige que se construa outra norma.

A norma de imunidade, nesse caso, continuará tendo, para sua construção, o dispositivo específico que a contempla; o valor fundamental que a inspirou será igualmente relevante. Por outro lado, o Princípio da Capacidade Contributiva atuará possivelmente em sentido inverso, ainda vindo a atuar o Princípio da Livre Concorrência. Ponderações acerca do emprego dos recursos podem tornar-se relevantes.

Cabe, portanto, a afirmação: *a imunidade não é monolítica*. Não há uma só imunidade; a norma concernente à imunidade, em cada caso, surgirá da confluência de diversos dispositivos que a conformarão.

A imunidade não pode ser uma vantagem, um favor; como já insistimos, ela é compatível com o ordenamento jurídico porque se justifica nas finalidades constitucionais.

Se uma entidade imune atua fora do Domínio Econômico, não há capacidade contributiva. Mas o mero fato de ela passar a atuar naquele Domínio não implica, *ipso facto*, a existência daquela capacidade. Não são incomuns as situações em que entidades – especialmente as do terceiro setor – se valem de algum comércio como meio para obter recursos para atender a suas finalidades. Ora, se os recursos assim obtidos se vinculam aos objetivos (públicos) daquelas entidades, então ainda não há que falar em capacidade contributiva. Ou seja: em tais circunstâncias, o Princípio da Capacidade Contributiva atuará no mesmo sentido do valor fundamental, ambos assegurando a imunidade, a despeito da atuação contrária da Livre Concorrência. Todas as forças se sopesam na construção da norma. Seria necessária gravíssima ofensa à Livre Concorrência para que a imunidade se visse repelida.

Capacidade contributiva surgirá quando o patrimônio, a renda ou os serviços daquelas entidades já não estiverem voltados a sua finalidade, i.e., quando passarem a atender a interesses que não se confundem com os nobres fins públicos que justificam a imunidade. Ademais, a própria ordem econômica, em especial o Princípio da Livre Concorrência, pode contribuir para que se construa norma de menor alcance, ou mesmo se negue a imunidade. No Domínio Econômico, existem outras entidades atuando, formando-se o mercado. Por mais nobres que sejam as finalidades da entidade e ainda que os recursos auferidos no mercado sejam a elas destinados, não se pode deixar de lado a Livre Concorrência.

Daí propormos o seguinte raciocínio, que inspirará o restante do presente Capítulo:

- Enquanto a atuação da entidade imune dá-se fora do Domínio Econômico (i.e. no setor público), não há que falar em capacidade contributiva; a norma de imunidade tem amplo espectro, já que será fruto não só do dispositivo específico, mas também da confluência de um valor fundamental constitucional e da Capacidade Contributiva;
- Ingressando a entidade no Domínio Econômico, há a possibilidade de capacidade contributiva; a imunidade, então, apenas poderá ser estendida se os recursos assim gerados forem integralmente destinados às finalidades da entidade imune, já que até tal limite o Princípio da Capacidade Contributiva atua em sentido conforme à imunidade;
- No Domínio Econômico, a norma de imunidade é fruto da confluência não só dos dispositivos constitucionais específicos (inclusive os que a limitam), mas também da Capacidade Contributiva (que atuará positiva ou negativamente, conforme o caso) e da Livre Concorrência.

O raciocínio não parece divergir daquele apresentado pelo Ministro Joaquim Barbosa, no julgamento do RE 434.251/RJ[10], quando ele resumiu em três estágios seu entendimento sobre a imunidade recíproca:

> *1) A imunidade é "subjetiva", isto é, ela se aplica à propriedade, bens e serviços utilizados na satisfação dos objetivos institucionais imanentes do ente federado, cuja tributação poderia colocar em risco a respectiva autonomia política. Em consequência, é incorreto ler a cláusula de imunização*

10 STF, RE n. 434.251-RJ, Tribunal Pleno, rel. Min. Joaquim Barbosa, redatora p/ acordáo Min. Carmen Lúcia, j. 19.04.2017, *DJe* 31.08.2017.

de modo a reduzi-la a mero instrumento destinado a dar ao ente federado condições de contratar em condições mais vantajosas, independentemente do contexto;

2) Atividades de exploração econômica, destinadas primordialmente a aumentar o patrimônio do Estado ou de particulares, devem ser submetidas à tributação, por apresentarem-se como manifestações de riqueza e deixarem a salvo a autonomia política. Em decorrência, a circunstância de a atividade ser desenvolvida em regime de monopólio, por concessão ou por delegação, é de todo irrelevante;

3) A desoneração não deve ter como efeito colateral relevante a quebra dos princípios da livre-concorrência e do exercício de atividade profissional ou econômica lícita. Em princípio, o sucesso ou a desventura empresarial devem pautar-se por virtudes e vícios próprios do mercado e da administração, sem que a intervenção do Estado seja favor preponderante.

No primeiro dos três testes, busca-se a finalidade da imunidade (satisfação dos objetivos institucionais do ente federado), o que a vincula a seu contexto. No segundo, evidencia-se que a tributação surge quando há capacidade contributiva, i.e., quando se deixou a salvo a autonomia política. Finalmente, encontra-se o devido relevo à Livre Concorrência, tema sobre o qual vimos insistindo acima.

Importa esclarecer que não é o mero fato de uma entidade imune atuar no Domínio Econômico que levará, de imediato, à ofensa ao Princípio da Livre Concorrência. Esta deve ser provada a cada caso, já que, muitas vezes, a atuação da entidade, longe de ferir aquele Princípio, promove-o.

Com efeito, entidades imunes têm gastos com suas finalidades essenciais, tornando-as diferentes de outras empresas que atuam no mesmo mercado. A imunidade, nesse caso, apenas torna viável sua atuação.

Cite-se o exemplo de uma entidade que ofereça oportunidade de mão de obra a deficientes: em alguns casos, tal entidade terá custos que outra empresa não teria. A imunidade seria, desse modo, um mecanismo para compensar as diferenças. Ou seja: enquanto a empresa (privada) paga impostos, a entidade imune tem gastos assistenciais equivalentes. Se os gastos assistenciais equivalem à carga tributária imunizada, não há privilégio e prestigia-se a Livre Concorrência, já que a imunidade assegura que haja mais um agente no mercado (a entidade imune, que doutro modo não teria condições de concorrer).

Diverso seria o caso em que a entidade imune, valendo-se do privilégio, reduzisse seus preços para abocanhar maior fatia do mercado, para depois elevar os preços, de sorte a obter ganhos no longo prazo. Nesse caso, haveria notória ofensa à Livre Concorrência.

Conclui-se, portanto, que a aplicação da imunidade dependerá da análise das evidências concretas. A norma de imunidade não é a mesma em qualquer caso. A imunidade – insistimos – não é monolítica.

1.4 Patrimônio, renda e serviços

O texto constitucional utiliza, quando versa sobre diversos casos de imunidade, a expressão "patrimônio, renda ou serviços". O texto não é feliz, pois oferece o risco de se entender que outros fatos econômicos poderiam estar sujeitos ao imposto. Ou seja: se os dispositivos constitucionais imunizam patrimônio, renda e serviços, poder-se-ia entender que, se a hipótese tributária alcançasse fenômeno que não fosse "deter patrimônio", "auferir renda" ou "prestar serviços", então não haveria imunidade.

Tomando o caso da imunidade recíproca, que será visto a seguir, poder-se-ia cogitar hipótese de a União doar a um Município um terreno, para a construção de um parque público. Haveria a possibilidade de incidência do imposto estadual sobre transmissão *causa mortis* e doação de quaisquer bens e direitos?

Numa primeira leitura, poder-se-ia acreditar que sim, tendo em vista que o referido imposto não teria como base de incidência nem o patrimônio, nem a renda, nem os serviços daquelas pessoas jurídicas de Direito Público. Fosse esse o raciocínio adequado, então como ficaria a proteção que se quer garantir ao princípio federativo? Mais ainda: qual a capacidade contributiva manifestada no ato?

O exemplo mostra que a expressão "*patrimônio, renda ou serviços*" deve ter uma interpretação bem mais ampla: ao se referir àqueles três elementos, o constituinte procurou atingir a totalidade das situações econômicas passíveis de tributação. Recorde-se, aqui, o fluxo circular de renda, apresentado no Capítulo I, a confirmar tal assertiva. Ou seja: ainda que, juridicamente, o imposto possa incidir sobre uma transmissão de bens, ou sobre uma operação de circulação de mercadorias, economicamente todo imposto atingirá *patrimônio, renda ou serviços* do contribuinte[11]. Daí parecer acertado afirmar que a imunidade estende-se a todos os impostos, qualquer que seja a hipótese tributária já que, sempre, ou o patrimônio, ou a renda, ou os serviços do ente imune serão afetados.

Nesse sentido vem se pronunciando o Supremo Tribunal Federal. No RE n. 611.510[12], fixou-se a seguinte tese para o tema 328 de repercussão geral: "A imunidade assegurada pelo art. 150, VI, 'c', da Constituição da República aos partidos políticos, inclusive suas fundações, às entidades sindicais dos trabalhadores e às instituições de educação e de assistência social, sem fins lucrativos, que atendam aos requisitos da lei, alcança o IOF, inclusive o incidente sobre aplicações financeiras". Ou seja: embora, juridicamente, o IOF não incida sobre renda, patrimônio ou serviços, ele deve ser alcançado pela imunidade, haja vista que economicamente onera essas materialidades. Por isso que, no referido julgamento, observou o Supremo que "a tributação das operações de crédito, câmbio e seguro, ou relativas a títulos ou valores mobiliários" das entidades referidas no art. 150, VI, "c", da Constituição "terminaria por atingir seu patrimônio ou sua renda"[13].

No mesmo sentido, a Corte julgou caso em que se discutia a imunidade de imposto de importação e IPI-importação de entidade religiosa com fins assistenciais. Além de afirmar a possibilidade de entidades religiosas com fins assistenciais se enquadrarem

11 Cf. NOGUEIRA, Ruy Barbosa. *Curso de direito tributário*. São Paulo: Saraiva, 1989, p. 162.

12 STF, RE n. 611.510-SP, Tribunal Pleno, rel. Min. Rosa Weber, j. 13.04.2021.

13 STF, RE n. 611.510-SP, Tribunal Pleno, rel. Min. Rosa Weber, j. 13.04.2021 (item 2 da ementa).

como entidades de assistência social para fins da imunidade do art. 150, VI, "c", o Supremo entendeu abrangidos pela dita imunidade os impostos incidentes na importação de bens destinados às finalidades essenciais da entidade. Na ocasião, o Ministro Relator, Luís Roberto Barroso, mencionou a jurisprudência da Corte para afirmar que, embora o texto constitucional possa levar a crer que apenas os impostos "diretamente incidentes sobre patrimônio, renda e serviços" estariam cobertos pela imunidade, a Corte viria adotando interpretação ampliativa no sentido de "afastar a cobrança de todos os impostos que possam reduzir o patrimônio ou comprometer a renda dessas instituições"[14].

Note-se, por sua vez, que o constituinte não limitou a imunidade à *propriedade*, mas alcançou o patrimônio. Assim, não se vinculou a imunidade a uma relação jurídica, mas protegeram-se todo o patrimônio, todas as rendas e todos os serviços da pessoa imune.

Esse ponto pode ser relevante para explicar o alcance da imunidade a situações que, doutro modo, não poderiam ser tidas por imunes. Importa que o patrimônio, a renda ou os serviços da entidade imune não sejam alcançados pelo imposto. Ou seja: observada a questão concorrencial, e desde que os recursos oriundos da atividade exercida pelo ente imune sejam destinados às suas finalidades essenciais, então a renda assim auferida não poderá ser tocada pelo imposto.

É essa a razão por que a jurisprudência não hesita em estender a imunidade a situações que, literalmente, não estariam alcançadas por ela. Seja o caso de um estacionamento, explorado por entidade imune: observada a questão da concorrência, explorada acima, a imunidade poderá ser assegurada se a renda daquela atividade for destinada às finalidades essenciais da entidade imune; entendimento diverso implicaria permitir que o imposto reduzisse a renda destinada àquelas finalidades essenciais.

Situação com tais contornos foi enfrentada pelo Supremo Tribunal Federal no julgamento do Recurso Extraordinário 257.700-6-MG, que teve por objeto caso em que o Fisco municipal pretendia ver exigido o IPTU de imóvel alugado por entidade assistencial imune a um estacionamento de veículos. No caso, assinalou o Ministro Ilmar Galvão, acompanhado de forma unânime pela Corte:

> *Assim sendo, mostra-se de todo irrelevante o fato, considerado pela recorrente para afastar a imunidade, de que, no caso, está-se diante de tributo que pode ser transferido aos inquilinos, além de não se tratar de atividade típica de instituição social, posto enquadrar-se no campo da exploração de atividades empresariais, devendo sujeitar-se, portanto, à tributação. Ora, cuidando-se de imunidade constitucional, desde que a instituição de assistência social preencha os requisitos legais, não importa saber se os imóveis de sua propriedade são locados ou não. É que a imunidade cobre patrimônio, rendas e serviços, não havendo distinção quanto ao uso direto ou à locação de imóveis da beneficiária*[15].

De forma semelhante, o Tribunal reconheceu, por ocasião do Recurso Extraordinário 221.395-8, que o patrimônio da entidade restará imune caso demonstrada sua ligação com as finalidades

14 STF, RE 630.790/SP, Tribunal Pleno, rel. Min. Luís Roberto Barroso, j. 21.03.2022.

15 STF, RE n. 257.700-6-MG, 1ª Turma, rel. Min. Ilmar Galvão, j. 13.06.2000, D.J. 29.09.2000.

essenciais desta. É o que se pode notar no voto proferido pelo Ministro Marco Aurélio, seguido por todos os demais membros do Tribunal[16]:

> *Os imóveis não precisam estar destinados a cursos educativos, ao desenvolvimento, neles próprios, de atividades essenciais. Indispensável é que a utilização se dê em prol, visando ao implemento, da atividade da instituição e isso, conforme já ressaltado, ocorre quando se destine a servir de escritório e de residência para membros dela própria.*

Eis, nesse sentido, a redação da Súmula 724 do Supremo Tribunal Federal:

> *Ainda quando alugado a terceiros, permanece imune ao IPTU o imóvel pertencente a qualquer das entidades referidas pelo art. 150, VI, "c", da Constituição, desde que o valor dos aluguéis seja aplicado nas atividades essenciais de tais entidades.*

Verifica-se aí que mesmo que o imóvel em questão não fosse ocupado pela entidade imune, nem fosse ele mesmo afetado a suas finalidades essenciais (porque alugado a terceiros), a imunidade se veria assegurada tendo em vista que a renda assim obtida com o aluguel estaria, ela sim, afetada àquelas finalidades. Se a renda da entidade está imune a impostos, quando afetada a suas finalidades essenciais, então também tais aluguéis estariam imunes.

Embora o texto da súmula acima reproduzido silencie a respeito do assunto (e tampouco tenha o tema sido aventado em precedentes jurisprudenciais), importa compreender a súmula dentro do contexto em que foi editada, i.e., entidade imune que, incidentalmente, tenha receita de alugueres com a qual pode suprir suas necessidades financeiras, para atingir suas finalidades essenciais.

Se a receita da entidade imune fosse de tal porte que assumisse a feição de verdadeira atividade empresarial, então o entendimento acima expresso poderia ser revisto, já que o Princípio da Livre Concorrência poderia pesar contra o privilégio. Claro que a decisão seria baseada em caso concreto, já que, como visto, nem sempre a livre concorrência se vê afetada pela imunidade. A atenção, entretanto, seria redobrada.

Com efeito, em caso versando sobre imóveis locados, para fins comerciais, pela Infraero[17], o Supremo Tribunal Federal concluiu pela não aplicação da imunidade. No voto do Ministro Joaquim Barbosa (Relator), via-se que motivou seu posicionamento o fato de que "a desoneração pretendida tem como efeito colateral garantir vantagem competitiva artificial", na medida em que a retirada de um custo permite o aumento do lucro ou a formação de preços menores. Em julgamento da mesma data, com repercussão geral e versando sobre a mesma matéria[18], fixou-se a tese seguinte:

> *Incide o IPTU, considerado imóvel de pessoa jurídica de direito público cedido a pessoa jurídica de direito privado, devedora do tributo.*

Não deixa de ser interessante a comparação entre, de um lado, os precedentes que resultaram na edição da Súmula 724, acima citada, e, de outro, o mencionado caso da Infraero. É certo que, no item 3.1 abaixo, mostrar-se-á que a Súmula não se aplica pacificamente à imunidade recíproca. Nesse momento, entretanto, vale chamar a atenção para o fato de que, quando da edição da

16 STF, RE n. 221.395-8-SP, 2ª Turma, rel. Min. Marco Aurélio, j. 08.02.2000, D.J. 12.05.2000.

17 STF, RE n. 434.251-RJ, Tribunal Pleno, rel. Min. Joaquim Barbosa, redatora p/ acórdão Min. Carmen Lúcia, j. 19.04.2017, *DJe* 31.08.2017.

18 STF, RE n. 601.720-RJ, Tribunal Pleno, rel. Min. Edson Fachin, redator p/ acórdão Min. Marco Aurelio, j. 19.04.2017, *DJe* 05.09.2017.

referida Súmula, o foco do Tribunal voltou-se à possibilidade de a entidade imune valer-se da receita dos aluguéres para suas finalidades institucionais, daí se assegurando a proteção constitucional. Nos precedentes mais recentes, que trataram de locações comerciais efetuadas pela Infraero, o Tribunal focou-se na natureza lucrativa das locatárias, não dando atenção à circunstância de que a Infraero utilizaria o valor do aluguel para suas finalidades essenciais.

Pedra-de-toque para compreender a diferença parece estar no posicionamento que o Tribunal adotou, nos julgamentos mais recentes, quanto à sujeição passiva do tributo: afastando-se do entendimento doutrinário tradicional que via apenas na posse com *animus domini* a possibilidade de incidência do IPTU, o Plenário viu na expressão "possuidor a qualquer título", inserida no art. 34 do CTN, a possibilidade de se eleger como contribuinte até mesmo o locatário, possuidor a título precário. Daí a tese acima transcrita apontar como "devedora do tributo" a pessoa jurídica de direito privado. Veja-se a seguinte passagem do voto do Min. Marco Aurélio:

> *A hipótese de incidência do Imposto Predial Territorial Urbano – IPTU não está limitada à propriedade do imóvel, incluindo o domínio útil e a posse do bem. O mesmo entendimento vale para o contribuinte do tributo, que não se restringe ao proprietário do imóvel, alcançando tanto o titular do domínio útil quanto o possuidor a qualquer título. Não há falar em ausência de legitimidade do ora recorrido para figurar em polo passivo da relação jurídica tributária.*

No outro julgamento, cuja conclusão se deu na mesma data[19], o Min. Joaquim Barbosa já indicara, em sessão anterior, a mesma linha, ao sustentar que:

> *A definição do sujeito passivo do IPTU depende de interpretação constitucional, pois é com base na competência tributária que o ente federado cobra validamente a exação. Nesse sentido, o art. 31 do Código Tributário Nacional deve ser lido à luz da Constituição, com ênfase em três pontos: materialidade possível do IPTU (art. 156, I), isonomia (art. 150, III), livre iniciativa e livre concorrência (art. 173,* caput *e IV).*
>
> *Ainda que fosse lícito ao Tribunal de origem afirmar que* ***somente o proprietário pode ser contribuinte do IPTU, a sujeição*** *passiva também abarca* ***a figura do responsável.*** *(...)*

A categoria da sujeição passiva compreende, sim, as figuras do contribuinte e do responsável, como espécies distintas de sujeito passivo. Isso será visto no Capítulo XI. Contudo, adiantamos que o excerto acima transcrito é equivocado, na medida que o contribuinte é aquele que incorre no fato jurídico tributário, ao passo que o responsável não se reveste da figura de contribuinte, i.e., não é o sujeito da situação definida em lei como necessária e suficiente ao surgimento da obrigação tributária. Nesse ponto, pode-se até mesmo admitir a discussão se o locatário seria o "possuidor a qualquer título" a que se refere o art. 34 do CTN. Mas, nesse caso, seria ele o contribuinte, não o mero responsável. Configurada a Infraero como contribuinte, porém, não é correta a invocação da condição de responsável do locatário, para que este seja considerado sujeito passivo da obrigação tributária.

Esse ponto merece insistência, tendo em vista sua importância para a boa compreensão do Direito Tributário: a condição de imune deve ser averiguada junto à figura do contribuinte. Se este é imune, não há como exigir de um responsável o imposto. Afinal, dada a imunidade do contribuinte, não surge a obrigação tributária. Não há fato jurídico tributário. A lei simplesmente não

19 STF, RE n. 434.251-RJ, Tribunal Pleno, rel. Min. Joaquim Barbosa, redatora p/ acórdão Min. Carmen Lúcia, j. 19.04.2017, *DJe* 31.08.2017.

atinge aquela situação. Somente caberia cogitar responsabilidade de terceiro se houvesse um fato jurídico tributário praticado pelo contribuinte. No caso de imunidade – insistimos –, não há sequer contribuinte.

Daí, por raciocínio lógico, dever-se afastar a argumentação acima transcrita do Min. Joaquim Barbosa: se a proprietária é imune, a condição de responsável do locatário não é suficiente para que surja a obrigação tributária, pois a imunidade impede a própria ocorrência do fato jurídico tributário e, por consequência, o surgimento da obrigação tributária correlata. Para sustentar o entendimento que prevaleceu no Tribunal, mais adequado ver que o que mais impressionou aos demais Ministros (veja-se o voto do Min. Marco Aurélio, acima transcrito) foi o fato de o art. 34 definir como contribuinte (não mero responsável) o possuidor a qualquer título. Mesmo esse entendimento parece questionável, mas deve-se reconhecer que a maioria concluiu nesse sentido.

No transcurso dos debates que levaram ao desfecho que negou a imunidade, fica patente que impressionou aos Ministros o fato de o acordo particular entre a Infraero e suas locatárias prever que estas assumiriam o ônus dos impostos incidentes sobre o imóvel, a indicar que não se afetaria, daí, o patrimônio da entidade imune. No entanto, essa posição do STF causa espécie ao estudioso do Direito Tributário quando se tem em vista o art. 123 do CTN, que assim dispõe:

> *Art. 123. Salvo disposições de lei em contrário, as convenções particulares, relativas à responsabilidade pelo pagamento de tributos, não podem ser opostas à Fazenda Pública, para modificar a definição legal do sujeito passivo das obrigações tributárias correspondentes.*

Ora, se é certo que o dispositivo apenas se refere à proteção da Fazenda Pública, não parece despropositado dele retirar a confirmação do caráter *ex-lege* da obrigação tributária, que implica seu surgimento dar-se a partir da ocorrência do fato jurídico tributário, independentemente da vontade das partes. Admitir que uma convenção particular possa reduzir uma proteção constitucional parece criticável.

Melhor andaria o Plenário se, movido pelo tema da livre concorrência, investigasse se o gozo da imunidade de fato levara a vantagens concorrenciais que imporiam a limitação do privilégio. É dizer, ficando comprovado que as locatárias da Infraero, por não suportarem o peso do imposto, tiveram posição favorecida no mercado, seja aumentando artificialmente seu lucro, seja reduzindo seu preço, então a norma da imunidade já não lhe poderia aproveitar, pois não se teria o benefício voltado às finalidades essenciais do ente imune, mas sim às finalidades (lucrativas) do particular; se, por outro lado, a imunidade permitisse à Infraero cobrar alugueres mais altos (justamente porque o locatário não suportaria o imposto), então mais acertado seria manter a jurisprudência consolidada na Súmula 724, já que, nesse caso, a imunidade reverteria em benefício da entidade imune.

Em que pese esse caso da Infraero, a extensão da imunidade à totalidade das rendas da entidade imune é a jurisprudência tradicional do Supremo Tribunal Federal, conforme se vê no seguinte acórdão:

> *CONSTITUCIONAL. TRIBUTÁRIO. ICMS. IMUNIDADE TRIBUTÁRIA. INSTITUIÇÃO DE EDUCAÇÃO SEM FINS LUCRATIVOS. C.F., art. 150, VI, c.*
>
> *I – Não há invocar, para o fim de ser restringida a aplicação da imunidade, critérios de classificação dos impostos adotada por normas infraconstitucionais, mesmo porque não é adequado distinguir entre bens e patrimônio, dado que este se constitui do conjunto daqueles. O que*

cumpre perquirir, portanto, é se o bem adquirido, no mercado interno ou externo, integra o patrimônio da entidade abrangida pela imunidade. (...)[20].

Do voto do Ministro Carlos Velloso, extrai-se a seguinte e elucidativa passagem:

A questão a saber é se a imunidade em apreço – idêntica, aliás, à imunidade recíproca dos entes públicos, CF, art. 150, VI, a – abrangeria todos os impostos, ou seria restrita àqueles que, no CTN, são classificados como impostos sobre o patrimônio e a renda – CTN, Título III, Capítulo III – Impostos sobre o patrimônio e a renda: art. 29 – ITR, art. 32, IPTU, art. 35, Imposto s/a transmissão de bens imóveis e direitos a eles relativos, art. 43, Imposto sobre a renda e proventos de qualquer natureza, e o imposto sobre serviços: CTN, arts. 68 a 73.

Como o ICMS, tal qual o IPI e o IOF, são classificados, no CTN, como impostos sobre a produção e a circulação (CTN, Título III, Capítulo IV, arts. 46 e segs.), costuma-se afirmar que não estão eles abrangidos pela imunidade do art. 150, VI, c, da Constituição.

A objeção, entretanto, não é procedente.

É que tudo reside no perquirir se o bem adquirido, no comércio interno ou externo, é do patrimônio da entidade coberta pela imunidade. Se isto ocorrer, a imunidade tributária tem aplicação, às inteiras.

(...)

O acórdão invoca BALEEIRO, citado no RE 87.913, a lecionar que a imunidade "deve abranger os impostos que, por seus efeitos econômicos, segundo as circunstâncias, desfalcariam o patrimônio, diminuiriam a eficácia dos serviços ou a integral aplicação das rendas aos objetivos específicos daquelas entidades presumidamente desinteressadas por sua própria natureza". Acrescentou o Relator, Ministro Moreira Alves, em seguida, que "não há, pois, que aplicar critérios de classificação de impostos adotados por leis inferiores à Constituição, para restringir a finalidade a que esta visa com a concessão da imunidade" (RTJ 92/324).

2 Classificação das imunidades

As imunidades dividem-se em subjetivas, objetivas ou mistas, conforme digam respeito a pessoas, coisas ou ambas.

As imunidades subjetivas são as que alcançam as pessoas, em função de sua natureza jurídica. Como exemplo de imunidade subjetiva, ver-se-á a seguir a do art. 150, VI, "a", da Constituição Federal, a denominada imunidade recíproca, que se refere ao patrimônio, renda ou serviços da União, dos Estados, do Distrito Federal e dos Municípios. Tal imunidade é subjetiva porque decorre diretamente da natureza jurídica das pessoas políticas.

Já as imunidades objetivas são aquelas conferidas em função de determinados fatos, bens ou situações, e não pelas características específicas das pessoas beneficiadas, ou pelas atividades que desenvolvem. Um exemplo típico de imunidade objetiva encontra-se no art. 150, VI, "d", da Constituição, que é a imunidade aos "livros, jornais, periódicos

20 STF, RE n. 210.251 2-SP, 2ª Turma, rel. Min. Carlos Velloso, j. 17.11.1998, D.J.U. 05.09.1999.

e o papel destinado a sua impressão". Tal imunidade não é concedida em função da pessoa que comercializa os livros, mas pelo objeto comercializado.

Assim, tal imunidade é objetiva, e abrange somente os impostos incidentes sobre a importação, a produção industrial e a circulação das mercadorias mencionadas, como o Imposto de Importação, o IPI e o ICMS, e não os impostos incidentes sobre a renda e o patrimônio de editoras e livreiros, por exemplo[21].

A terceira categoria é a das chamadas imunidades mistas. Tais imunidades são revestidas tanto do aspecto objetivo, porque conferidas em função de uma realidade de fato (i.e. determinado objeto, fato ou situação) quanto do aspecto subjetivo, uma vez que abrangem o patrimônio, a renda e os serviços de pessoas, na sua parcela que esteja ligada a tais realidades de fato.

> A existência de imunidades mistas não é pacífica. Mesmo no Supremo Tribunal Federal, existe ainda entendimento[22] no sentido de que seriam subjetivas essas imunidades, já que vinculadas ao patrimônio, renda ou serviços. O caráter misto, como será visto no caso dos templos, dá-se porque não é relevante a existência de uma pessoa para que se reconheça a imunidade, e sim, no caso, um templo; identificado este, então o patrimônio, a renda e os serviços com ele identificados estarão imunes.

3 Imunidade recíproca

O art. 150, VI, apresenta uma série de imunidades, iniciando pela imunidade recíproca:

> Art. 150. Sem prejuízo de outras garantias asseguradas ao contribuinte, é vedado à União, aos Estados, ao Distrito Federal e aos Municípios:
> (...)
> VI – instituir impostos sobre:
> a) patrimônio, renda ou serviços, um dos outros.
> (...)
> § 2º A vedação do inciso VI, "a", é extensiva às autarquias e às fundações instituídas e mantidas pelo Poder Público, no que se refere ao patrimônio, à renda e aos serviços vinculados a suas finalidades essenciais ou às delas decorrentes.
> § 3º As vedações do inciso VI, "a", e do parágrafo anterior não se aplicam ao patrimônio, à renda e aos serviços, relacionados com exploração de atividades econômicas regidas pelas normas aplicáveis a empreendimentos privados, ou em que haja contraprestação ou pagamento de preços ou tarifas pelo usuário, nem exonera o promitente comprador da obrigação de pagar imposto relativamente ao bem imóvel.

21 Cf. a opinião de Misabel Derzi, em atualização da obra de Aliomar Baleeiro (*Direito Tributário brasileiro*. 11. ed. Rio de Janeiro: Forense, 2001, p. 149).

22 STF, RE n. 325.822-2-SP, Tribunal Pleno, rel. Min. Ilmar Galvão, j. 18.12.2002, D.J. 14.05.2004.

Note-se, em um primeiro momento, que o art. 150, VI, limita a imunidade aos impostos. Ou seja: nada impede que se cobrem taxas, por exemplo, entre as pessoas jurídicas de Direito Público. É que as taxas não têm natureza de captação de capacidade contributiva, sendo, antes, uma contraprestação por um gasto efetivo.

A imunidade recíproca é tradicionalmente apontada a partir da garantia da independência entre as pessoas jurídicas de direito público, entre as quais não há hierarquia ou subordinação. Preserva-se, assim, o Princípio Federativo. Afinal, como pensar em autonomia dos entes federados se parte daquilo que é arrecadado fosse desviado para outra pessoa jurídica de direito público a título de impostos?

O intuito do constituinte de impedir que a tributação fosse instrumento para obstaculizar que uma unidade federada exercesse, com autonomia, sua atribuição constitucional, pode ser confirmada pelo reforço que se depreende da leitura do art. 151, II, que veda à "União tributar a renda das obrigações da dívida pública dos Estados, do Distrito Federal e dos Municípios, bem como a remuneração e os proventos dos respectivos agentes públicos, em níveis superiores aos que fixar para suas obrigações e para seus agentes". Observa-se que se proíbe qualquer tipo de discriminação, odiosa em um regime federal.

A imunidade recíproca surgiu já no primeiro texto constitucional republicano brasileiro, no qual se nota a pena de Rui Barbosa, influenciado pelo modelo norte-americano. Fugiria ao escopo desta a análise da evolução daquele modelo. Cabe notar que nas origens daquela federação, os Estados-membros detinham muita força e era necessário proteger a União contra a fúria dos estados. Assim, no caso Mc. Culloch vs. Maryland, entendeu-se que a atuação de uma pessoa jurídica de direito público não poderia ser obstada por impostos de outra. No caso, protegia-se um Banco da União contra impostos estaduais. Posteriormente, decidiu-se pela recíproca: os serviços, bens e rendas dos Estados também não poderiam ser onerados por impostos federais (Buffington vs. Dav, 11 Wallace, de 1871, 113; Ward vs. Maryland, 12 Wallace, de 1870, 418; Bush vs. Commissioner, 300, US. De 1937, 352 etc.). Impossível não relacionar com o art. 151, II, acima referido.

Importa ressaltar, por outro lado, que, enquanto naquele país a jurisprudência nem sempre foi constante acerca do alcance da imunidade (ora estendendo aos Estados-membros, ora restringindo-a à União), no Brasil o tema é matéria de disposição constitucional, não permitindo, daí, que se infiram restrições a seu alcance[23].

Embora seja o Princípio Federativo a primeira inspiração da imunidade recíproca, não é aquele, isoladamente, fundamento suficiente para a construção da norma imunizatória. Com efeito, em nome daquele Princípio, exigir-se-ia que um tributo não fosse utilizado como instrumento de pressão de uma pessoa jurídica de Direito Público sobre outra; entretanto, como contrapor-se a um tributo módico, exigido indistintamente de todos? Há que convir que não seria o caso de falar em pressão política ou exagero.

Daí a importância de que a construção da imunidade que aqui se apresenta, do tipo subjetivo, encontre outro fundamento, desta feita, a Capacidade Contributiva.

23 Cf. BALEEIRO, Aliomar. *Direito Tributário brasileiro*. Rio de Janeiro: Forense, 2001, p. 129-130.

Sob o prisma do Princípio da Capacidade Contributiva, não se poderia admitir que uma pessoa jurídica de direito público, atuando dentro de sua finalidade, possuísse capacidade contributiva. Tudo o que ela arrecada já é voltado aos gastos da coletividade, descabendo, pois, cogitar a parcela que "sobra" para atender a gastos imputados a outra pessoa jurídica de direito público.

Ou seja: a razão por que não se cobram impostos das pessoas jurídicas de direito público está no fato de elas não possuírem capacidade contributiva; têm, por certo, capacidade econômica, mas não capacidade contributiva.

Em síntese: o dispositivo do art. 150, VI, "a", da Constituição Federal deve ser lido em conjunto com o Princípio Federativo, de um lado, e com o Princípio da Capacidade Contributiva, de outro, todos em conjunto, determinando o alcance da imunidade.

É assim que a imunidade atinge a todas as pessoas jurídicas de direito público, inclusive suas autarquias e fundações. Não só a União está protegida dos impostos estaduais e municipais, e estes dos impostos daquela, como também se garante a imunidade entre Estados ou entre Municípios.

A extensão a autarquias e fundações tem provocado alguns questionamentos na jurisprudência. Interessante o caso da Ordem dos Advogados do Brasil, quando esta questionou a incidência do Imposto sobre Operações de Crédito em suas aplicações financeiras. A 2ª Turma do Supremo Tribunal Federal confirmou a imunidade, sob o fundamento de que a Ordem "desempenha atividade própria de Estado (defesa da Constituição, da ordem jurídica do Estado democrático de direito, dos direitos humanos, da justiça social, bem como a seleção e controle disciplinar dos advogados)"[24].

Situação que também merece nota é quando um bem pertencente a uma pessoa jurídica de Direito Público é explorado, sob regime de concessão, por empresa privada. O caso examinado pelo Supremo Tribunal Federal foi o da Companhia Docas do Estado de São Paulo, concessionária do porto de Santos. Entendeu o Tribunal que esta deteria, enquanto concessionária, posse precária sobre o imóvel, "na qualidade de delegatária dos serviços de exploração do porto e tão somente enquanto durar a delegação", o que não retiraria do imóvel a natureza de "bem público de uso especial", acobertado pela imunidade[25]. O mesmo porto de Santos voltou a ser objeto de análise pelo Supremo Tribunal Federal, em caso relatado pelo Ministro Joaquim Barbosa[26], em caso que questionou o tema da livre concorrência, o qual aspecto será retomado abaixo. Essa mesma linha parece ter inspirado a 2ª Turma do mesmo Tribunal quando examinou a extensão da imunidade recíproca à Infraero. Neste caso, entretanto, a discussão chegou ao citado § 3º acima citado, quando se concluiu ser ele inaplicável, por se tratar de serviço público[27]. Este acórdão também será retomado abaixo.

---

24 STF, AgRg no RE n. 259.976-RS, 2ª Turma, rel. Min. Joaquim Barbosa, j. 23.03.2010, *DJe* 30.04.2010.

25 STF, RE n. 253.394-SP, 1ª Turma, rel. Min. Ilmar Galvão, j. 26.11.2002, D.J. 11.04.2003.

26 STF, RE n. 253.472-SP, rel. Min. Marco Aurélio, redator p/ acórdão Min. Joaquim Barbosa, Tribunal Pleno, j. 25.08.2010, D.J.U. 01.02.2011.

27 STF, AgRg no RE n. 363.412-BA, 2ª Turma, rel. Min. Celso de Mello, j. 07.08.2007, *DJe* 19.09.2008.

Por outro lado, a amplitude que ora se defende para a imunidade recíproca encontra limitação pelo próprio constituinte.

3.1 A construção da norma concernente à imunidade recíproca

A norma de imunidade não pode ser construída de igual modo em todas as situações. O próprio constituinte tratou de prever dispositivos que a limitam em determinadas circunstâncias.

Confirmando o que acima já se alertava acerca das consequências concorrenciais provenientes da atuação da entidade imune no Domínio Econômico, cumpre ver no § 2º do art. 150 que, ao mesmo tempo em que a imunidade se estende às autarquias[28] e fundações, ela se limita "ao patrimônio, à renda e aos serviços vinculados a suas finalidades essenciais ou às delas decorrentes". O referido dispositivo é complementado pelo parágrafo seguinte, quando se compreende que a imunidade não atinge o "patrimônio, a renda e os serviços, relacionados com exploração de atividades econômicas regidas pelas normas aplicáveis a empreendimentos privados, ou em que haja contraprestação ou pagamento de preços ou tarifas pelo usuário" ou, ainda, o caso em que o promitente comprador adquira imóvel pertencente a uma pessoa jurídica de direito público.

A pergunta que surge, pois, refere-se ao limite: como reconhecer elementos econômicos vinculados às finalidades essenciais de uma pessoa jurídica de direito público, ou às delas decorrentes?

Em certos casos, a resposta é óbvia. Ninguém cogitará a tributação, pelo ISS, do serviço diplomático ou dos serviços do Exército Brasileiro, por exemplo. Ou seja: sendo serviço público em seu sentido mais estrito, não há que cogitar qualquer imposto. Afinal, trata-se de campo público, fora do Domínio Econômico e, portanto, ausente a capacidade contributiva. Em tais casos, a construção da norma se faz a partir da união do art. 150, VI, "a", com o Princípio da Capacidade Contributiva e o Princípio Federativo, todos contribuindo para a extensão da imunidade, sem as limitações acima apontadas.

Siga-se adiante: se uma pessoa jurídica de direito público aplica no mercado financeiro os recursos obtidos por conta da arrecadação de tributos, visando a manter seu valor econômico, é claro que a receita advinda de tal aplicação é "decorrente" das finalidades essenciais dessa pessoa. Um imposto que atingisse tais valores afetaria o próprio serviço público que assim é mantido. Ademais, em geral, não haveria que se falar em ofensa à Livre Concorrência pelo mero investimento de recursos no mercado financeiro.

Mas que dizer dos serviços prestados por uma empresa municipal de processamento de dados? Ainda que eventualmente se possa afirmar que os recursos dali provenientes estejam vinculados à finalidade do ente público, o mero destaque de parte do patrimônio

28 Autarquias são pessoas jurídicas de Direito Público, criadas por lei, para o desempenho de funções típicas do Estado.

público para o exercício de atividade econômica será indicativo de que pelo menos aquela parcela do patrimônio já não está imune. Aqui, será valiosa a orientação do § 3º do art. 150, que propõe a distinção a partir do regime jurídico a que se sujeita a atividade. Se ela está sujeita ao regime jurídico próprio dos empreendimentos privados, então não mais haverá imunidade.

Dada a incerteza quanto à destinação do patrimônio, renda ou serviço e considerando os riscos à livre concorrência decorrentes da atuação privilegiada da pessoa jurídica de direito público, houve por bem o constituinte impor uma linha de corte: se houver atuação segundo o regime de empreendimentos privados, então não há que cogitar imunidade, qualquer que seja a destinação dos recursos. As exceções identificadas apontam casos de monopólio constitucional, onde não tem voz, obviamente, o Princípio da Livre Concorrência.

Vê-se, daí, que a linha divisora proposta pelo constituinte reside no momento em que o Estado – bem como suas autarquias ou fundações – deixa de atuar no setor que lhe é próprio (setor público), passando a atuar diretamente no setor da economia destinado aos empreendimentos privados (o "Domínio Econômico").

A coerência com o raciocínio que se desenvolveu acima parece evidente: no setor público, não há capacidade contributiva; todos os recursos ali obtidos e despendidos já estão voltados à finalidade pública. Não há "sobras" para contribuir. Só há que falar em capacidade contributiva – e, portanto, em tributação – quando se entra no Domínio Econômico.

É bem verdade que se poderia alegar, como se viu no item 1.4, que se os recursos obtidos no mercado fossem voltados às finalidades essenciais das pessoas jurídicas de direito público, então o "patrimônio, renda e serviços" daquelas entidades deveriam ser protegidos. Não foi essa, entretanto, a decisão do constituinte. Ao contrário, há regra clara, expressa no § 3º do art. 150 da Constituição Federal, afastando a imunidade quando a atividade se dá no Domínio Econômico.

Como conciliar tal regra com o disposto na Súmula 724, acima reproduzida? Essa súmula, como se viu, tratando de entidades sem fins lucrativos, estendera a imunidade a atividades exercidas no Domínio Econômico, desde que os recursos assim obtidos fossem empregados na atividade protegida constitucionalmente.

A extensão da Súmula 724 à imunidade recíproca é inviável por conta do disposto no citado § 3º: há uma decisão do constituinte, limitando a imunidade no caso de imunidade recíproca. A aparente incoerência pode ser contornada se for admitido que o constituinte entendeu serem diferentes os riscos à livre concorrência, na atuação no Domínio Econômico de uma entidade sem fins lucrativos, de um lado, e de uma pessoa jurídica de direito público, de outro. Há, por assim dizer, um risco muito grande à livre concorrência, caso se admita que uma pessoa jurídica de direito público atue, com privilégios, no Domínio Econômico. Dada a opção constitucional por uma ordem econômica que privilegie a livre-iniciativa, não quis o constituinte deixar aberta a possibilidade da imunidade, mesmo que o privilégio se justificasse pela finalidade na aplicação dos recursos.

Ou seja: a teor da Súmula 724, é possível cogitar extensão da imunidade a atuações dentro do Domínio Econômico, desde que os recursos assim obtidos sejam voltados às finalidades essenciais da entidade imune. Como se viu acima, esse raciocínio deve ser aplicado ponderando-se, a cada caso, a finalidade da norma imunizante e o Princípio da Livre Concorrência.

No caso da imunidade recíproca, dir-se-á que o sopesamento entre o interesse do Estado (recursos imunes) e a Livre Concorrência foi feito, no caso, pelo próprio constituinte, cuja decisão se há de acatar. Aplica-se a lição de Humberto Ávila[29], que argutamente contraria voz corrente para afirmar ser mais grave descumprir uma regra que um princípio, já que as regras implicam decisão do legislador, oferecendo, ele mesmo, solução para conflito que antecipou. No caso, o constituinte decidiu, ele mesmo, afastar a imunidade de entidades públicas em caso de atuação no Domínio Econômico, impedindo, daí, solução diversa do aplicador.

Encontra-se esta linha mais uma vez explicitada pela Constituição no capítulo da Ordem Econômica, no qual está inserido o seguinte preceito:

> Art. 173. Ressalvados os casos previstos nesta Constituição, a exploração direta de atividade econômica pelo Estado só será permitida quando necessária aos imperativos da segurança nacional ou a relevante interesse coletivo, conforme definidos em lei.
>
> § 1º A lei estabelecerá o estatuto jurídico da empresa pública, da sociedade de economia mista e de suas subsidiárias que explorem atividade econômica de produção ou comercialização de bens ou de prestação de serviços, dispondo sobre:
>
> (...)
>
> II – a sujeição ao regime jurídico próprio das empresas privadas, inclusive quanto aos direitos e obrigações civis, comerciais, trabalhistas e tributários;
>
> (...)

Desse modo, quando o Estado atua no Domínio Econômico, submete-se ele ao regime jurídico próprio das empresas privadas, inclusive sob os aspectos tributários. Afinal, sua remuneração se deu em ambiente de mercado e, neste, não há que permitir qualquer privilégio, sob pena de se afastar o próprio mercado. Visou o constituinte, com tal providência, a assegurar a plena observância do Princípio da Livre Concorrência, que ele mesmo consagrou (art. 170, IV), além de captar capacidade contributiva em ambiente onde esta se manifesta.

Assim, conclui-se que, quando a pessoa jurídica de direito público ingressa no Domínio Econômico, cessa a imunidade.

Lúcidas e eruditas, nesse sentido, as palavras do Ministro Aliomar Baleeiro, quando, investigando as origens da imunidade recíproca, também concluía por idêntica limitação:

> *O art. 31, V, "a", da Constituição de 1946, seguindo a construção da jurisprudência da Suprema Corte dos Estados Unidos desde 1.819, no famoso acórdão* Mc. Culloch vs. Maryland, *determina*

29 ÁVILA, Humberto. *Teoria dos princípios*. Da definição à aplicação dos princípios jurídicos. 12. ed. São Paulo: Malheiros, 2011, p. 90.

que os meios de ação de um Governo, dentro da Federação, não sejam embaraçados pelos impostos de outro.

Aquele primeiro julgado, como é sabido, visava proteger um Banco da União contra impostos estaduais. Mas, depois, outros arestos estabeleceram a recíproca de que os serviços, bens e rendas dos Estados também não poderiam ser onerados por impostos federais (Buffington vs. Dav, *11 Wallace, de 1871, 113;* Ward vs. Maryland, *12 Wallace, de 1870, 418;* Bush vs. Commissioner, *300, US de 1937, 352 etc.*).

Finalmente, distinguiu-se o caso de o Estado exercitar atividade como government ou proprietary, *isto é, se exerce função ou serviço público ou se explora negócio comercial, como uma empresa privada o faria. A imunidade ficaria restrita ao primeiro caso –* government character, *função governamental propriamente dita. Isso porque alguns Estados norte-americanos exploram fabricação de refrigerantes (*New York vs. US, *de 14.1.46, em 326 US 572, de 1946), bebidas alcoólicas (*South Carolina vs. U.S., *em 199, US, de 1905, 437), jogos de foot-ball (*Allen vs. Regents of University of Georgia, *304 US, de 1938, 439) etc.*

Aí, a jurisprudência entendeu haver da parte dos Estados-membros, private business on proprietary character, *com repercussão do tributo para consumidores. A imunidade enriqueceria a estes e seria neutra para os Estados. E, por isso, não havia cabimento da imunidade recíproca que, nos Estados Unidos, não está expressa em nenhum dispositivo constitucional. A base da teoria dos poderes implícitos resulta de construção pretoriana, que Rui Barbosa acolheu e inscreveu na Constituição de 1891, repetida, nessa parte, por todas as outras*[30].

Como visto no Capítulo I, a questão da repercussão econômica é discutível. A ela se voltará no final deste Capítulo. Por ora, basta observar que a referência ao *private business* ou *proprietary character* parece coincidir com o ingresso no Domínio Econômico.

Também é verdade que a discussão, sob o aspecto de proteção, deve evoluir para a observação da capacidade contributiva; de qualquer modo, ainda se confirma que esta apenas ocorre em situação de *private business* ou *proprietary character*.

Interessante precedente pode ser citado no caso da Caixa Econômica Federal, quando se questionou se haveria imposto sobre venda de veículos por ela realizada. Confirmando o entendimento acima exposto, o Supremo Tribunal Federal afastou a imunidade para as atividades alheias àquelas finalidades essenciais, porque se trataria de concorrência desleal[31].

Ora, se é verdade que, uma vez em Domínio Econômico, a entidade pública já não mais fará jus à imunidade, é verdade que talvez não seja essa a única restrição à imunidade estabelecida pelo § 3º do art. 150. Nele, fala-se também em "preços ou tarifas", a indicar que talvez seja possível alguma restrição à imunidade mesmo que fora do Domínio Econômico, com base na forma de remuneração da atividade exercida pelo ente público. É o que se discutirá a seguir.

3.2 A cobrança de tarifas ou preços públicos

Se o ingresso na atividade econômica em sentido estrito (Domínio Econômico) parecer ser claro divisor para a aplicação da imunidade recíproca, resta saber como interpretar e aplicar o

30 STF, RE n. 68.450-SP, 1ª Turma, rel. Min. Aliomar Baleeiro, j. 04.12.1969, D.J.U. 10.12.1969.

31 STF, RE n. 74.034, 2ª Turma, rel. Min. Bilac Pinto, j. 06.11.1972, D.J.U. 16.02.1973.

critério referente à cobrança de preços ou tarifas, constante do mesmo § 3º do art. 150 da Constituição Federal.

Seria a mera cobrança de preços ou tarifas suficiente para afastar a imunidade? Uma empresa estatal prestadora de serviço público cuja atividade fosse remunerada por tarifas pagas pelo usuário poderia ser abrangida pela referida imunidade? A jurisprudência parece ter-se firmado no sentido de que a cobrança de tarifas por serviços públicos não impede o gozo da imunidade. Parece necessário examinar esse assunto, principalmente tendo em vista que, enquanto se pode aceitar a manutenção da imunidade quando não há concorrência, a situação é diferente se a entidade pública concorre com empresas privadas, concessionárias, também, de serviços públicos.

Primeiramente, cumpre mencionar que a cobrança de preços por parte de empresa estatal não desnatura a natureza pública do serviço prestado. Nesse sentido, o Estado, quando se organiza para a prestação de serviços públicos à coletividade, pode ser remunerado pelo serviço prestado tanto mediante taxas quanto por meio de tarifas[32]. Aquelas cabem no caso de serviços públicos indisponíveis (de uso compulsório). Assim, uma empresa do Estado, mesmo que remunerada mediante o pagamento de tarifas pelo usuário, continuará prestando um serviço de natureza pública. Permanece o ente, portanto, fora do âmbito da atividade econômica em sentido estrito.

Assim, torna-se necessário compreender, a partir da interpretação do art. 150, § 3º, da Constituição Federal, o alcance da imunidade recíproca no caso de empresas estatais prestadoras de serviço público, quando remuneradas por tarifas. Eis o conteúdo do dispositivo em tela:

> *Art. 150. Sem prejuízo de outras garantias asseguradas ao contribuinte, é vedado à União, aos Estados, ao Distrito Federal e aos Municípios: (...)*
> *§ 3º As vedações do inciso VI, "a", e do parágrafo anterior não se aplicam ao patrimônio, à renda e aos serviços, relacionados com exploração de atividades econômicas regidas pelas normas aplicáveis a empreendimentos privados, ou em que haja contraprestação ou pagamento de preços ou tarifas pelo usuário (...).*

Numa primeira interpretação, poder-se-ia sustentar que a imunidade sempre estaria assegurada quando se tratasse de serviço público. Para tanto, o dispositivo acima transcrito permitiria concluir que a imunidade recíproca (ou seja, a vedação do inciso VI, "a", do art. 150 da Constituição Federal) não se aplicaria às seguintes realidades:

(i) ao patrimônio, à renda e aos serviços, relacionados com exploração de atividades econômicas regidas pelas normas aplicáveis a empreendimentos privados; ou

(ii) ao patrimônio, à renda e aos serviços, relacionados com exploração de atividades econômicas em que haja contraprestação ou pagamento de preços ou tarifas pelo usuário.

Nota-se que esta leitura propõe ser o núcleo do dispositivo a circunstância de existir exploração de atividade econômica. Nesse sentido, a Constituição Federal pretenderia, no § 3º de seu art. 150, excluir da imunidade recíproca o patrimônio, renda e serviços estatais sempre e somente relacionados com a exploração de atividade econômica, fosse ela regida pelas normas aplicáveis a empreendimentos privados, fosse ela remunerada mediante o pagamento de preços ou tarifas pelo usuário.

Conforme já exposto, a prestação de serviços públicos, ainda que remunerada por meio de tarifas, encontra-se fora do domínio da atividade econômica. É o que se depreende da correta

32 Cf. COÊLHO, Sacha Calmon Navarro. *Comentários à Constituição de 1988*: sistema tributário. Rio de Janeiro: Forense, 1993, p. 55.

interpretação do art. 173 da Constituição Federal que, ao regular as hipóteses de atuação do Estado em atividades econômicas, refere-se apenas à atividade econômica em sentido estrito.

Da mesma forma, o § 3º do art. 150 da Constituição Federal estaria circunscrito à atividade econômica entendida em seu sentido estrito, que é a própria dos particulares. Assim, tal dispositivo excluiria da imunidade recíproca o patrimônio, renda e serviços estatais relacionados com a exploração de atividades econômicas, incluindo a circunstância em que essas fossem remuneradas por preços ou tarifas pelo usuário. A prestação de serviços públicos, destarte, não se incluiria em tal hipótese, haja vista não se tratar de exploração de atividade econômica.

Sob tal perspectiva, o fato de o serviço ser remunerado pelo usuário mediante pagamento de tarifas não prejudica a sua natureza de serviço público. Dessa forma, a empresa estatal prestadora de tal serviço, mesmo que remunerada mediante tarifa, não se inseriria nas hipóteses do § 3º do art. 150 da Constituição Federal, uma vez que a aplicação de tal dispositivo pressuporia, sempre, a exploração de atividade econômica, da qual se exclui a prestação de serviços públicos.

Não parece outro o entendimento de Humberto Ávila. Em sua visão, a ideia de "contraprestação" implica uma atuação livre, em condições de mercado; no setor público, não há "contraprestação adequada" quando os valores não são livremente pactuados. Afirma que "[o] essencial é verificar se existe uma atividade vinculada ou se há uma atividade em cujo exercício predomine a autonomia da vontade". Nas hipóteses em que a empresa pública tem sua liberdade restrita para determinar a contraprestação, não se encontram "presentes os elementos necessários à configuração de uma atividade econômica". Ou seja, havendo regulação por lei ou pelo Executivo, "não existe contraprestação adequada" e, portanto, há imunidade recíproca[33].

Deve-se reconhecer, entretanto, que a leitura acima proposta não é a única possível. Poder-se-ia objetar o raciocínio acima exposto, alegando que a dicção do referido § 3º não se restringiria às atividades econômicas em sentido estrito. Nessa visão, a imunidade não se aplicaria:

(i) ao patrimônio, à renda e aos serviços, relacionados com exploração de atividades econômicas *regidas pelas normas aplicáveis a empreendimentos privados*; ou

(ii) ao patrimônio, à renda e aos serviços, relacionados com exploração de atividades econômicas *em que haja contraprestação ou pagamento de preços ou tarifas pelo usuário*.

Quanto à primeira hipótese, aplicar-se-ia o raciocínio acima, sem maiores problemas: sendo caso de atividade econômica em sentido estrito, seria ela "regida pelas normas aplicáveis a empreendimentos privados", não se dando a imunidade. Confirmar-se-ia o mandamento do art. 173 e seus parágrafos do texto constitucional.

A segunda hipótese contemplaria, nessa nova leitura, situação em que o Estado atua no setor público, recebendo "contraprestação ou pagamento de preços ou tarifas pelo usuário", no lugar de taxas. Essa leitura teria a seu desfavor o emprego do vocábulo "preço", a indicar a presença de um mercado. Não cabe falar em preço no caso de atividade econômica fora do Domínio Econômico. Preço pressupõe Domínio Econômico (onde, como já visto, não é possível a imunidade recíproca)[34].

---

33 Cf. ÁVILA, Humberto. *Sistema constitucional tributário*. 5. ed. São Paulo: Saraiva, 2012, p. 285-286.

34 Interessante a relação que o § 3º do art. 150 oferece com o estudo que se desenvolveu no Capítulo III acerca do conceito de tributo. Naquela oportunidade, procurou-se evidenciar, a partir da natureza do serviço, a ocorrência de taxa ou de preço público. Agora, vê-se que quando há preço público, então a imunidade encontra seu limite.

Surge daí o corolário: o campo da imunidade compreende os serviços públicos remunerados por taxas, mas não aqueles que se pagam por meio de preços públicos.

Afastando-se a questão técnica (não se exige do constituinte uma pureza em seu vocabulário), indaga-se: seria compatível com o texto constitucional uma leitura que levasse a restringir a imunidade recíproca quando o Estado atuasse fora do Domínio Econômico, bastando a constatação do pagamento de tarifas?

Mais uma vez, a resposta exigiria que o dispositivo não fosse lido isoladamente. Importa ver que o referido § 3º se insere no âmbito de um artigo que versa sobre imunidade. Se for correta a interpretação de que o afastamento da imunidade nos termos do § 3º, por este inserir-se num artigo sobre imunidade, pressupõe a atuação do Estado em Domínio Econômico, então não haverá, em princípio, espaço para cogitar a prevalência da livre concorrência, como limitador da regra da imunidade, quando o Estado atuar no setor público. Afinal, se, no caso da atuação no setor econômico em sentido estrito, a imunidade poderia ser objetada pela necessidade de proteção do mercado, a mesma objeção não se daria em setor em que, por definição, não houvesse que falar em concorrência.

Para que se concilie tal interpretação com o todo constitucional, importa reconsiderar a divisão proposta entre, de um lado, um Domínio Econômico, em que prevalece a concorrência e, de outro, o setor público. Haverá espaço para cogitar a concorrência entre os agentes no setor público?

A resposta é afirmativa.

Basta ver, a esse respeito, o caso do setor (público) aéreo, onde, há alguns anos, atuavam uma empresa pertencente ao Estado de São Paulo e outras empresas privadas. Todas, note-se, no setor público. Havia, sim, efetiva concorrência, conquanto não fosse ambiente de mercado; não há dúvida de que o consumidor considera a menor tarifa, quando escolhe entre os serviços que lhe são oferecidos, quer por empresas estatais, quer por empresas privadas.

O mesmo art. 21 da Constituição Federal, que trata, em seu inciso X, como público o serviço postal, inclui no mesmo regime os serviços de telecomunicações, nos termos da lei, que disporá sobre a organização dos serviços, a criação de um órgão regulador e outros aspectos institucionais. Ainda o inciso XII arrola outros serviços a serem explorados diretamente ou mediante autorização, concessão ou permissão, incluindo radiodifusão; energia elétrica e aproveitamento de águas; navegação aérea e aeroespacial, inclusive infraestrutura aeroportuária; serviços de transporte ferroviário e aquaviário; transporte rodoviário; e portos. Todos esses casos tornam evidente a possibilidade de, no serviço público, atuarem pessoas jurídicas de direito público ou de direito privado, sem por isso deixar de haver serviço público.

Assim, pois, torna-se razoável conceber ambiente em que uma empresa estatal tenha atuação no mesmo campo em que atua uma empresa privada. Ora, em tais circunstâncias, não seria aceitável que as empresas privadas tivessem de suportar custos tributários não sofridos pelas públicas. Há, sim, efetiva concorrência, conquanto não seja ambiente de mercado. Sem dúvida o consumidor considera a menor tarifa, quando escolhe entre os serviços que lhe são oferecidos. Tarifas não se fixam a partir de critérios de mercado, mas segundo uma equação voltada ao equilíbrio econômico-financeiro. Este varia muito, conforme haja, ou não, a incidência de tributos. Se os tributos influem na equação financeira da formação de tarifas, a imunidade das empresas estatais levar-lhes-ia a tarifas mais baixas, tornando inviável a atuação do agente privado. Daí, pois, o sentido do referido dispositivo constitucional: se o ente público atua em setor onde também atuam empresas privadas, não há espaço para a imunidade, sob pena de se tornar inviável a atuação das últimas.

Embora seja comum a ambos, a concorrência, no setor público, não tem o mesmo fundamento daquela que prevalece no Domínio Econômico. Neste, a livre concorrência é princípio previsto pelo art. 170 da Constituição, visando à construção da ordem econômica ali preconizada.

Fundando-se no trabalho e na livre-iniciativa, a livre concorrência apresenta-se como ferramenta para que se alcance o ideal maior: a existência digna, segundo os ditames da justiça social. Acreditou o constituinte, em síntese, que da livre concorrência (em conjunto com os demais valores ali estabelecidos) surgiria uma ordem econômica mais justa. A decisão do constituinte faz sentido, pois a livre concorrência pode ser útil para que haja uma produção e circulação eficiente de bens e serviços.

A mesma lógica não há de prevalecer fora do Domínio Econômico. No setor público, não se busca a eficiência segundo a lógica de mercado, mas o provimento de bens e serviços essenciais, protegidos pelo próprio constituinte. A concorrência, neste caso, surge para assegurar condições de atuação dos particulares que se ocupam em desempenhar tais funções públicas (*e.g.*, concessionários, permissionários). Prejudicar-se-ia o interesse público caso os particulares não pudessem prover os bens e serviços públicos, quando o próprio legislador viu por bem autorizar sua atuação.

Vê-se, pois, a concorrência como condição de viabilidade dos agentes privados no provimento daqueles bens e serviços. É dizer, o fato de o poder público autorizar a atuação de particulares no setor público implica o compromisso com a concorrência. Em tais circunstâncias, assegurar a imunidade a uns e não a outros resultaria na fixação de custos e tarifas diversas, tornando inviável a atuação daqueles atingidos pela tributação. Figura a cessação da imunidade, assim, como requisito para viabilizar a atuação de agentes privados no setor público.

De um lado, a imunização de tais entes tem a desvantagem de comprometer potencialmente a igualdade de condições e a concorrência entre as empresas estatais e as empresas privadas atuantes no setor público.

Por outro lado, a imunidade das empresas públicas e sociedades de economia mista prestadoras de serviço público em face dos impostos dos entes políticos podem justificar-se pelo fato de que tais empresas estatais constituem verdadeira *longa manus* das pessoas jurídicas de direito público que, por meio de lei, as instituem e lhes delegam a prestação da utilidade pública em benefício de toda a coletividade. Confundir-se-iam, assim, com a própria Administração Pública, enquanto meras instrumentalidades de que se serve o Estado para a execução de suas competências[35].

A jurisprudência tem-se inclinado para o seguinte entendimento: tratando-se de empresa estatal prestadora de serviço público (i.e., empresa estatal que atua no setor público, e não no Domínio Econômico), deve-se-lhe aplicar a imunidade recíproca. Por trás dessa visão está a ideia de que a simples atribuição da execução de um serviço público, por meio de lei, pela pessoa jurídica de direito público competente para prestá-lo a uma empresa por ela instituída não altera o regime jurídico da prestação, qual seja, o regime público, administrativo. Nessa linha, vêm entendendo os tribunais que, se o ente político, ao prestar diretamente o serviço, encontra-se imune por força do art.

35 Cf. CARRAZZA, Roque Antonio. Empresas estatais delegatárias de serviços públicos ou atos de polícia – sua imunidade a impostos – exegese do art. 150, VI, "a", da CF. In: ROCHA, Valdir de Oliveira (coord.). *Grandes questões atuais do direito tributário*, vol. 4. São Paulo: Dialética, 2000, p. 652.

150, VI, "a", da Constituição Federal, também deve ser imune a empresa delegatária do referido serviço.

Essa posição alinha-se com o primeiro modo possível de interpretar o art. 150, § 3º da Constituição, discutido acima. Como visto, uma primeira forma de entender esse dispositivo é atribuir-lhe, como elemento central, a existência de atividade econômica em sentido estrito. Nesse sentido, o que importaria, sempre e apenas, é saber se a entidade atuou em Domínio Econômico ou em setor público. A circunstância de a empresa estatal prestadora de serviço público cobrar tarifas ou não seria irrelevante: desde que fora do Domínio Econômico (i.e., no setor público), a imunidade lhe seria aplicável.

Os precedentes a seguir revelam que essa tem sido a linha adotada pelos tribunais, sobretudo pelo Supremo Tribunal Federal.

O Supremo Tribunal Federal julgou sobre a extensão da imunidade recíproca a empresa de economia mista cujo acionista majoritário é a União[36]. No caso, sustentou-se que a empresa, que tem por objeto a administração e a exploração comercial do Porto de Santos, desenvolveria atividade de natureza econômica, própria aos agentes inseridos no âmbito do Domínio Econômico, pelo que a imunidade recíproca não lhe seria aplicável. O Tribunal, contudo, entendeu que o serviço prestado pela empresa seria de natureza pública, reconhecendo-lhe, por isso, a imunidade. Em todo caso, o Ministro Joaquim Barbosa, cujo voto foi acolhido pela maioria dos Ministros, ressaltou a importância da análise dos efeitos do privilégio sobre a Livre Concorrência para decidir acerca da aplicabilidade da imunidade recíproca. Observou o Ministro que seria "incorreto" interpretar a imunidade "de modo a reduzi-la a mero instrumento destinado a dar ao ente federado condições de contratar em condições mais vantajosas". Essa observação sugere que o Ministro talvez conhecesse o problema da concorrência no setor público, que, como visto, é o elemento central do segundo modo possível de interpretar o art. 150, § 3º, da Constituição.

No julgamento do Agravo Regimental no Recurso Extraordinário n. 399.307 de Minas Gerais[37], os Ministros decidiram pela aplicação da imunidade tributária recíproca ao Serviço Autônomo de Água e Esgoto do Município de Senador Firmino, autarquia municipal dedicada à prestação de serviços de fornecimento de água e esgotamento público. No caso, o voto do Ministro Joaquim Barbosa, acompanhado unanimemente pelos demais Ministros da 2ª Turma do Supremo Tribunal Federal, concluiu pela aplicabilidade da imunidade tributária recíproca às autarquias e empresas públicas que prestassem inequívoco serviço público, ou seja, que não desempenhassem atividade econômica. No entender do Relator, tais entes estariam imunes desde que não distribuíssem lucros ou resultados, direta ou indiretamente, a particulares, assim como não poderiam ter como objetivo principal incrementar o patrimônio do Poder Público.

Em seu voto, o Ministro Joaquim Barbosa considerou que a cobrança de tarifa dos usuários por parte da autarquia era irrelevante para a avaliação da aplicação da imunidade do art. 150, VI, "a", da Constituição. Lamentavelmente, não se depreende do voto do Relator o raciocínio pelo qual foi afastado o § 3º do art. 150, acima estudado. Para ele, o critério relevante seria a natureza

36 STF, RE n. 253.472-SP, Tribunal Pleno, rel. Min. Marco Aurélio, redator p/ acórdão Min. Joaquim Barbosa, j. 25.08.2010, D.J.U. 01.02.2011.

37 STF, AgRg no RE n. 399.307-MG, 2ª Turma, rel. Min. Joaquim Barbosa, j. 16.03.2010, D.J. 30.04.2010.

pública da atividade prestada pela empresa estatal, que a colocaria fora do âmbito da atividade econômica, própria dos entes privados. Se a entidade, mesmo que estatal ou ligada de alguma forma ao Estado, desempenhasse atividade econômica, aí sim a imunidade tributária recíproca não lhe seria aplicável.

O Supremo também apreciou a extensão da imunidade recíproca à Infraero. Entendeu a 2ª Turma, seguindo voto do Ministro Celso de Mello, que os serviços de infraestrutura aeroportuária têm reserva constitucional de monopólio estatal (art. 21, XII, "c", da Constituição Federal) e que a outorga, pela União, do serviço a empresa pública não retira tal natureza. A partir daí, veja-se o seguinte excerto da ementa, em que se afirma a natureza pública da atividade exercida como critério para a aplicação da imunidade recíproca:

> *A submissão ao regime jurídico das empresas do setor privado, inclusive quanto aos direitos e obrigações tributárias, somente se justifica como consectário natural do postulado da livre concorrência (CF, art. 170, IV), se e quando as empresas governamentais explorarem atividade econômica em sentido estrito, não se aplicando, por isso mesmo, a disciplina prevista no art. 173, § 1º, da Constituição, às empresas públicas (caso da INFRAERO), às sociedades de economia mista e às suas subsidiárias que se qualifiquem como delegatárias de serviços públicos*[38].

Também o Ministro Eros Grau enfrentou a matéria, na Ação Cível Originária 765-1, reconhecendo a imunidade recíproca de empresa prestadora de serviço público, pelo fato de não exercer atividade econômica em sentido estrito[39].

No curso dos debates havidos no decorrer do referido julgamento, o Ministro Joaquim Barbosa afirmou a linha jurisprudencial do Tribunal no sentido de que não se reconhece a imunidade recíproca somente às empresas estatais que exerçam atividades econômicas. Na mesma linha de distinção entre os entes que prestam serviço público daqueles que exploram atividades econômicas, o Ministro Carlos Britto, em seu voto, considerou que a empresa estatal encara o lucro como um meio para a manutenção da prestação do serviço, ao passo que uma empresa que explore atividade econômica enxerga o lucro enquanto fim, sendo tal distinção fundamental para a aplicação da imunidade recíproca. O Ministro entendeu, ainda, que a extensão da imunidade tributária do art. 150, VI, "a", da Constituição Federal às empresas públicas prestadoras de serviço público poderia se traduzir na possibilidade de menor custo ao usuário, pela cobrança de tarifas mais baixas. Tal assertiva indica a aparente irrelevância do pagamento de tarifas pelo usuário enquanto elemento para a consideração sobre a aplicabilidade da imunidade recíproca às empresas estatais. Entretanto, não se encontra, nos debates, um enfrentamento direto da dicção do § 3º do art. 150 da Constituição Federal.

O Ministro Menezes Direito, em seu voto no julgamento da Ação Cível Originária 959 do Rio Grande do Norte[40], também relativo à Empresa Brasileira de Correios e Telégrafos, reafirmou a jurisprudência do Supremo Tribunal Federal no sentido de que as empresas públicas prestadoras de

38 STF, AgRg no RE n. 363.412-BA, 2ª Turma, rel. Min. Celso de Mello, j. 07.08.2007, *DJe* 19.09.2008.

39 STF, ACO n. 765-1-RJ, Tribunal Pleno, rel. Min. Marco Aurélio, j. 13.05.2009, D.J. 04.09.2009. Como já visto, em seu voto no referido caso, que diz respeito à Empresa Brasileira de Correios e Telégrafos, o Ministro Eros Grau trouxe a diferenciação entre as empresas estatais que exploram atividade econômica própria do setor privado e aquelas que prestam serviço público. Em seu entender, o § 2º do art. 173 da Constituição Federal, que impede que empresas estatais gozem de privilégios fiscais não extensíveis ao setor privado, não se aplica às empresas estatais prestadoras de serviço público. Dessa forma, tais entes estariam abrangidos pela imunidade tributária do art. 150, VI, "a", da Constituição Federal.

40 STF, ACO n. 959-4-RN, Tribunal Pleno, rel. Min. Menezes Direito, j. 17.03.2008, D.J. 16.05.2008.

serviço público são beneficiárias da imunidade de que trata o art. 150, VI, "a", da Constituição Federal. O Ministro denotou, também, a necessidade de se fixar a distinção entre empresas públicas prestadoras de serviço público e empresas públicas exploradoras de atividade econômica. No mesmo caso, o Ministro Carlos Britto reafirmou a necessidade de se caracterizar a natureza da atividade exercida pela empresa estatal. Uma vez que esta não tivesse por objeto uma atividade econômica, sobre ela não incidiria o art. 173, § 1º, II, da Constituição Federal, que submete as empresas do Estado ao regime jurídico de direito privado, inclusive em matéria de tributos. Assim, para o Ministro, estaria configurada a imunidade tributária para a empresa pública prestadora de serviço público, o que se traduziria em benefício aos usuários pela modicidade do preço cobrado a título de tarifa. Ainda nesse caso, o Tribunal passou ao largo do referido § 3º do art. 150.

No julgamento do Ag. Reg. no RE 285.716 de São Paulo[41], referente a imóvel utilizado pela Petrobras para sediar condutos de transporte de petróleo, o Supremo Tribunal Federal estabeleceu, mais uma vez, o critério da caracterização econômica da atividade como definitivo para a avaliação da aplicabilidade da imunidade tributária do art. 150, VI, "a", às empresas públicas. No dizer do Ministro Joaquim Barbosa, que proferiu, no caso, voto seguido de forma unânime pela 2ª Turma do Supremo Tribunal Federal, o critério essencial para a aplicação da imunidade recíproca à empresa pública seria a ausência de intuito lucrativo na atividade por ela desempenhada. O fato de o serviço prestado pela empresa caracterizar-se como monopólio do Estado seria irrelevante para a aplicação da imunidade do art. 150, VI, "a", da Constituição, uma vez verificado o intuito lucrativo do empreendimento. Para o Ministro, "somente as materialidades ligadas inexoravelmente ao exercício de funções estatais e de estritos serviços públicos estão abrangidas pelo benefício", o que excluiria empresas públicas caracterizadas pela livre-iniciativa de mercado e pela concorrência, que não escapariam à tributação tão somente pelo fato de suas atividades serem desempenhadas pelo Estado. O Supremo Tribunal Federal adotou similar *ratio decidendi*, denegando, mais uma vez à Petrobras, a pretendida imunidade recíproca quanto ao IPTU, agora no tocante ao arrendamento de terreno pertencente à União. Segundo o relator do caso, o Ministro Marco Aurélio, sendo a Petrobras sociedade de economia mista, conferir a proteção constitucional da imunidade significaria "verdadeira afronta ao princípio da livre concorrência". Partindo do caráter lucrativo, o Ministro invoca a proteção à concorrência, na medida em que, embora monopólio da União, o setor petrolífero não é explorado com exclusividade dada a existência de outras pessoas jurídicas de direito privado atuando nessa seara[42].

No mesmo sentido, a Ementa do RE 242.827-4 de Pernambuco[43] consigna que "a imunidade tributária só deixa de operar quando a natureza jurídica da entidade estatal é de exploração de atividade econômica". Em seu voto no referido caso, que dizia respeito ao Instituto Nacional de Colonização e Reforma Agrária, o Ministro Menezes Direito considerou que "como autarquia federal, a sua destinação não tem nenhuma equiparação com sociedade de economia mista ou com empresa pública exercendo atividade econômica de qualquer natureza", restando reconhecida a imunidade recíproca.

Não divergem dessa linha os casos em que a Infraero locou espaços para uso por empresas comerciais: a natureza privada dessas atividades impediu que se reconhecesse a imunidade[44]. A

41 STF, RE n. 285.716-SP, 2ª Turma, rel. Min. Joaquim Barbosa, j. 02.03.2010, D.J. 26.03.2010.

42 STF, RE n. 594.015-SP, Tribunal Pleno, rel. Min. Marco Aurélio, j. 06.04.2017, D.J. 25.08.2017.

43 STF, RE n. 242.827-4-PE, 1ª Turma, rel. Min. Menezes Direito, j. 02.09.2008, D.J. 24.10.2008.

44 STF. RE n. 434.251-RJ, Tribunal Pleno, rel. Min. Joaquim Barbosa, redatora p/ acórdão Min. Carmen Lúcia, j. 19.04.2017, *DJe* 31.08.2017; STF, RE n. 601.720-RJ, Tribunal Pleno, rel. Min. Edson Fachin, redator p/ acórdão Min.

proteção à concorrência, como argumento a afastar a imunidade pode ser vista na seguinte passagem do voto do Min. Marco Aurélio:

O ente público, ainda que não seja o responsável pela exploração direta da atividade econômica, ao ceder o imóvel ao particular, permite que o bem seja afetado a empreendimento privado. Observem que, no próprio contrato de concessão do uso, há cláusula prevendo que a concessionária arcaria com os tributos, sendo repassado inclusive o ônus do tributo municipal que se disse fundiário.

Tem-se afronta ao princípio da livre concorrência versado no art. 170 da Constituição Federal, por estar-se conferindo ao particular uma vantagem indevida, não existente para os concorrentes. O Imposto Predial Territorial Urbano – IPTU representa relevante custo operacional, comum a todos que exercem a atividade econômica do recorrido. Afastar tal ônus de empresa que atua no setor econômico, ombreando com outras, a partir de extensão indevida da imunidade recíproca, implica desrespeito aos ditames da Constituição Federal.

A respeito da aplicação da imunidade recíproca às empresas estatais, a Ementa do julgamento pela 2ª Turma do Supremo Tribunal Federal da Questão de Ordem em Ação Cautelar 1.851-0 de Rondônia assim dispõe:

Recurso extraordinário. Concessão de efeito suspensivo. Presença dos pressupostos autorizadores da tutela. Ação cautelar submetida a referendo. Tributário. Imunidade recíproca. Art. 150, VI, "a", da Constituição Federal.

1. Plausibilidade jurídica do pedido (fumus boni iuris) diante do entendimento firmado por este Tribunal quando do julgamento do RE 407.099/RS, rel. Min. Carlos Velloso, 2ª Turma, D.J. 06.8.2004, no sentido de que as empresas públicas e sociedades de economia mista prestadoras de serviço público de prestação obrigatória e exclusiva do Estado são abrangidas pela imunidade tributária recíproca prevista no art. 150, VI, "a", da Constituição Federal[45].

O RE 407.099 do Rio Grande do Sul[46], cujo julgamento foi referido na Ementa acima, tratou da Empresa Brasileira de Correios e Telégrafos. Em seu voto, no caso, o Ministro Carlos Velloso manifestou seu entendimento no sentido de distinguir empresa pública que presta serviço público de empresa pública que exerce atividade econômica, atividade empresarial, em concorrência com empresas privadas. Para tanto, o Ministro valeu-se da lição do Professor Eros Grau na obra *A ordem econômica na Constituição de 1988 – interpretação e crítica*, onde se entende que "o preceito (art. 173, § 1º da Constituição, em sua redação original), a toda evidência, não alcança empresa pública, sociedade de economia mista e entidades estatais que prestam serviço público". O Ministro Carlos Velloso também fez referência à obra de Raquel Discacciati Bello (*Imunidade tributária das empresas prestadoras de serviço público*), da Universidade Federal de Minas Gerais. Conforme o Ministro, a autora escreve que "pode-se afirmar, a título de conclusão, que às empresas estatais prestadoras de serviços públicos não se aplica a vedação do art. 150, § 3º, mas, sim, a imunidade recíproca, conforme interpretação sistemática do inciso I, letra 'a', do mesmo artigo". O entendimento de Roque Antonio Carrazza em seu *Curso de Direito Constitucional Tributário*, para quem "as empresas públicas e sociedades de economia mista, quando delegatárias de serviços públicos ou de atos de polícia, são tão imunes aos impostos

---

Marco Aurélio, j. 19.04.2017, *DJe* 05.09.2017.

45 STF, Questão de Ordem na AC n. 1.851-0-RO, 2ª Turma, rel. Min. Ellen Gracie, j. 17.06.2008, D.J. 01.08.2008.

46 STF, RE n. 407.099-5-RS, 2ª Turma, rel. Min. Carlos Velloso, j. 22.06.2004, D.J. 06.08.2004.

quanto as próprias pessoas políticas", também foi citado pelo Ministro Carlos Velloso. A partir de tais considerações, o Ministro Relator entendeu que a Empresa Brasileira de Correios e Telégrafos estaria abrangida pela imunidade do art. 150, VI, "a", da Constituição Federal, no que foi seguido de forma unânime pelos demais Ministros da 2ª Turma do Supremo Tribunal Federal.

Ao julgar a Ação Cautelar 1.550-2 de Rondônia[47], o Ministro Gilmar Mendes, no que foi seguido de forma unânime pelos demais integrantes da 2ª Turma do Supremo Tribunal Federal, citou o RE 407.099 como precedente para avaliar o pedido de medida cautelar da Companhia de Águas e Esgotos do Estado de Rondônia, sociedade de economia mista que pleiteava a aplicação da imunidade tributária recíproca. No julgamento em questão, o Ministro entendeu que a Companhia, sendo sociedade de economia mista prestadora do serviço público obrigatório de saneamento básico, estaria abrangida pela imunidade prevista no art. 150, VI, "a", da Constituição Federal, de acordo com a jurisprudência do Tribunal.

Caso que merece especial atenção, por refletir hipótese de serviço público, é o julgamento da Ação Direta de Inconstitucionalidade 3.089-2[48], a respeito da extensão da imunidade recíproca aos serviços de registros públicos, cartorários e notariais. O Ministro Joaquim Barbosa, no voto que liderou a divergência vencedora, considerou que a circunstância de a atividade ser explorada com intuito lucrativo por seus delegados atrairia, por si só, a incidência do art. 150, § 3º, da Constituição Federal. Para o Ministro, a imunidade recíproca não poderia servir como garantia de particulares que executassem, com inequívoco intuito lucrativo, serviços públicos mediante concessão ou delegação, devidamente remunerados – assim, não bastaria a mera constatação objetiva da natureza pública do serviço que se está a tributar para a aplicação da imunidade tributária. Ou seja, para o Ministro, a circunstância objetiva de o serviço tributado possuir índole pública não justificaria que a imunidade tivesse como efeito a concessão de vantagem a particulares que o explorassem com intuito lucrativo. Dessa forma, a aplicação da imunidade recíproca à tributação de serviço público explorado com intuito lucrativo por particulares redundaria em privilégio à exploração econômica privada. É curioso notar que o Ministro se manteve no critério do caráter lucrativo do empreendimento como suficiente para a aplicação da restrição do § 3º do art. 150, sem ter em conta que, no caso de cartórios, as tarifas são fixadas pelo Poder Público, sem margem para qualquer concorrência.

Por ocasião do julgamento da Arguição de Descumprimento de Preceito Fundamental 46-7/DF, em que se alegava que o "monopólio" da Empresa Brasileira de Correios e Telégrafos violava os princípios da livre concorrência e da livre-iniciativa, o Min. Marco Aurélio elaborou extenso voto, propondo "o resgate da interpretação constitucional, para que se evolua de uma interpretação retrospectiva e alheia às transformações sociais, passando-se a realizar interpretação que aproveite o passado, não para repeti-lo, mas para captar de sua essência lições para a posteridade". Ainda são palavras do Min. Marco Aurélio: "O horizonte histórico deve servir como fase na realização da compreensão do intérprete, mas não pode levar à autoalienação de uma consciência, funcionando como escusa à análise do presente".

Foi essa a base para seu raciocínio segundo o qual a expressão "manter" o serviço postal, constante do art. 21, X, do texto constitucional, não implicaria tratar-se de serviço público. Daí apontar a paulatina retirada do Estado da atividade econômica, justificada pela "descarada desigualdade em

47 STF, AC n. 1.550-2-RO, 2ª Turma, rel. Min. Gilmar Mendes, j. 06.02.2007, D.J. 18.05.2007.

48 STF, ADI n. 3.089-2-DF, Tribunal Pleno, rel. Min. Carlos Britto, j. 13.02.2008, D.J. 01.08.2008.

comparação com as empresas privadas" e "porque a submissão ao regime de direito público simplesmente não se coaduna com o dinamismo e a necessidade de inovação tecnológica que se fazem presentes na atividade empresarial". Arrematava, ainda, afirmando que tal modalidade de intervenção já não se faria mais necessária.

Trouxe, ademais, diversos argumentos econômicos, a demonstrar a ineficiência do setor público, em geral, inclusive com exemplos de outros países, para apontar que os Correios ocupariam um "não orgulhoso lugar de destaque na máquina administrativa do governo". Negava, assim, a exigência do "monopólio", para concluir que melhor alcançaria o interesse da coletividade a garantia de que o serviço postal, em suas diversas modalidades, pudesse ser prestado em regime de concorrência. Após passar por várias questões, como o corporativismo que estaria disfarçado no argumento do nacionalismo e a ineficiência, traz como decisivo o argumento de que o constituinte, conquanto tivesse tratado de diversos casos de monopólio, ali não teria incluído o caso do serviço postal, a denotar a possibilidade de livre concorrência no setor. Sustentou que o ordenamento brasileiro já conheceria a existência de um "duplo regime", citando o caso das telecomunicações, em que a exigência de universalização não impedira o ingresso de empresas privadas.

Foi em tal cenário que o Min. Eros Grau retomou a linha que já havia sustentado por ocasião de Questão de Ordem, para mais uma vez defender que não cabe cogitar a existência de monopólio, quando se está diante de um serviço público. Não teria mesmo sentido a Constituição incluir a atividade postal entre os casos de monopólio se, antes, já a excluíra da chamada "atividade econômica em sentido estrito". Daí insistir, citando Ruy Barbosa, que se fale em "privilégio", não em "monopólio", conquanto o primeiro pudesse incluir a "exclusividade na exploração da atividade econômica em sentido amplo a que corresponde a sua prestação". Em tal cenário, inverteu-se o raciocínio, dizendo que para que se admitisse que empresa privada prestasse o serviço postal, seria necessária menção expressa no texto constitucional, como ocorre nos casos de serviços (públicos) de saúde e educação.

Ponto interessante para a matéria tributária, resolvido por Eros na Questão de Ordem acima referida, concerne ao fato de os Correios, posto serem "serviços públicos por definição constitucional", organizarem-se sob a forma de empresa pública. A essas se aplicaria, em regra, o art. 173 do texto constitucional, que lhes impõe o regime jurídico próprio das empresas privadas, inclusive quanto aos direitos e obrigações tributários.

Retoma-se aqui a divisão que aponta a atividade econômica em sentido estrito, à qual o § 1º do art. 173 faz referência, como espécie que compõe, ao lado dos serviços públicos (que não deixam de ser atividades econômicas), a chamada atividade econômica em sentido amplo. No referido julgamento, a maioria dos Ministros segue a extensão do raciocínio para a matéria tributária, distinguindo entre a regra do art. 173, aplicável aos casos de atividade econômica em sentido estrito e a imunidade recíproca assegurada pelo art. 150, VI, "a", da Constituição, que poderia alcançar empresas estatais delegatárias de serviço público (atividade econômica em sentido amplo).

Feita essa breve recapitulação da jurisprudência, pode-se concluir que a norma de imunidade deve ser construída levando-se em conta as evidências do caso concreto, sobre o qual os diferentes preceitos constitucionais que conformam a imunidade atuarão num certo sentido, a resultar numa determinada norma de imunidade.

Com relação especificamente à aplicação da imunidade recíproca às empresas estatais prestadoras de serviço público, essas considerações são ainda mais pertinentes. É verdadeiro que as empresas estatais prestadoras de serviço público atuam no âmbito do setor público, sem ter o lucro como objetivo final, mas sim a adequada prestação do serviço. Nesse sentido, portanto, não revelam capacidade contributiva. Entretanto, nem sempre a realidade mostrará empresas estatais "puramente" prestadoras de serviço público. Irrelevante, em todo caso, será a vinculação ou não dos recursos eventualmente auferidos em mercado para a consecução do serviço público: a Constituição não dá margem a esse questionamento, na medida em que prevê regra expressa a respeito da fronteira de aplicação da imunidade recíproca (art. 150, § 3º). Também é verdade que, a depender da interpretação adotada quanto a esse dispositivo, o Princípio da Livre Concorrência poderá ser importante para decidir sobre a aplicação da imunidade recíproca, mormente quando o serviço prestado pela empresa estatal for aberto à atuação de agentes privados.

Ilustrativo a respeito é o caso dos Correios[49]. O Supremo Tribunal Federal já teve ocasião de avaliar se a imunidade de que trata o art. 150, VII, alínea "a", estender-se-ia, também, ao patrimônio, renda e serviços dos Correios relacionados a atividades da empresa distintas do serviço postal, onde não parece possível negar se esteja dentro do Domínio Econômico, dada a concorrência com agentes econômicos privados. Nesse caso, a cobrança de tarifas já não pode ser facilmente ignorada. Afinal, o § 3º do art. 150 é expresso com relação à limitação da imunidade e já não há como negar a atuação do Princípio da Livre Concorrência. A imunidade haveria de ser, em princípio, muito mais estreita.

De fato, a norma da imunidade deve ser construída de modo mais restrito, no caso de atuação dentro do Domínio Econômico, o que se aplica ao caso das demais atividades exercidas pelos Correios. Por outro lado, reconhecer a atuação do Princípio da Livre Concorrência implica restringir o alcance da imunidade, mas não necessariamente negá-la: as circunstâncias do caso concreto é que devem dizer em que medida o gozo da imunidade afeta aquele Princípio.

Assim, no caso em questão, sustentou-se que a imunidade seria condição para que os Correios pudessem prestar tais serviços em condições de competição com os demais agentes de mercado, já que eles – os Correios – estão forçados a incorrer em gastos que os agentes privados não têm. Nesse caso, é evidente que a imunidade não contraria a Livre Concorrência, mas a promove, ao permitir que mais um agente atue no mercado.

Nesse sentido, considerou o Ministro Gilmar Mendes que a ECT "certamente não é empresa calcada nos padrões de lucratividade de mercado. Todos querem disputar esses grandes mercados, os grandes conglomerados urbanos, mas vai entregar alguma coisa em Cabrobó! Isso acaba sendo monopólio. Aí, os Correios têm o ônus". No curso do julgamento, nomeou-se tal argumento de "argumento do subsídio cruzado", segundo o qual a imunidade somente se justificaria em decorrência da atribuição dos Correios de exercerem atividades deficitárias, nas quais nenhum agente em condições de mercado se arriscaria.

Há que se ver, porém, que essa violação depende da análise das evidências concretas. O caso dos Correios serve de exemplo paradigmático para demonstrar que a norma de imunidade não é a mesma em qualquer caso. A imunidade – insistimos – não é monolítica. O mesmo dispositivo – o § 3º do art. 150 – poderá ter alcance maior ou menor, conforme atuar o Princípio da Livre Concorrência, sem que haja qualquer prejuízo à coerência das decisões.

4 Imunidade dos templos de qualquer culto

A atividade religiosa também é protegida da exigência de *impostos*, conforme se extrai do preceito constitucional:

49 STF, RE n. 601.392-PR, Tribunal Pleno, rel. Min. Joaquim Barbosa, j. 28.02.2013, *DJe* 05.06.2013.

Art. 150. Sem prejuízo de outras garantias asseguradas ao contribuinte, é vedado à União, aos Estados, ao Distrito Federal e aos Municípios:

(...)

VI – instituir impostos sobre:

b) templos de qualquer culto;

(...)

§ 4º As vedações expressas no inciso VI, alíneas "b" e "c", compreendem somente o patrimônio, a renda e os serviços, relacionados com as finalidades essenciais das entidades nelas mencionadas.

(...)

A imunidade religiosa tem raízes antigas. Já no Egito se relata que no tempo posterior ao Faraó Akhenaten, templos e sacerdotes conquistaram uma imunidade tributária, a qual alcançou um terço de todas as terras egípcias: todo sacerdote recebia o equivalente a cem cúbitos quadrados de terra livre, sendo um cúbito correspondente a distância entre o cotovelo e a ponta dos dedos. Na Idade Média, boa parte das disputas entre papas e reis versava sobre a imunidade tributária da igreja. Lembra-se que desde o tempo egípcio, os templos não eram apenas imunes de tributação, mas refúgio para onde as pessoas podiam fugir e escapar do governo, especialmente dos escribas que coletavam tributos[50]. A Pedra de Roseta, que os historiadores festejam por ter sido escrita em três idiomas, inclusive o grego, permitindo, daí, que se compreendessem os hieróglifos, fora redigida em material resistente naqueles idiomas para ser colocada em frente aos templos, de modo que ninguém desconhecesse o seu conteúdo: por ela, se assegurava ao templo a imunidade tributária[51]. Em tempos atuais, também a Constituição do Chile, de 1980, consagra a imunidade dos templos, na parte final de seu art. 19, § 6º:

Las iglesias, las confesiones e instituciones religiosas de cualquier culto tendrán los derechos que otorgan y reconocen, con respecto a los bienes, las leyes actualmente en vigor. Los templos y sus dependencias, destinados exclusivamente al servicio de un culto, estarán exentos de toda clase de contribuciones.

A imunidade dos templos pode ser encontrada, ainda, na Constituição do Uruguai, de 1967, cujo art. 5º estabelece:

Todos los cultos religiosos son libres en el Uruguay. El Estado no sostiene religión alguna. Reconoce a la Iglesia Católica el dominio de todos los templos que hayan sido total o parcialmente construidos con fondos del Erario Nacional, exceptuándose solo las capillas destinadas al servicio de asilos, hospitales, cárceles u otros establecimientos públicos. Declara, asimismo, exentos de toda clase de impuestos a los templos consagrados al culto de las diversas religiones.

O elemento axiológico da imunidade encontra-se, obviamente, no princípio da liberdade religiosa, base do Estado contemporâneo, assim consagrado entre os direitos e deveres individuais (art. 5º, VI, da Constituição Federal): "é inviolável a liberdade de consciência e de crença, sendo assegurado o livre exercício dos cultos religiosos e garantida, na forma da lei, a proteção aos locais de culto e a suas liturgias".

---

50 Cf. ADAMS, Charles. *For good and evil.* The impact of taxes on the course of civilization. 2. ed. Lanham, New York; Toronto, Plymouth: Madison, 1999, p. 14.

51 Cf. ADAMS, Charles. Op. cit. (nota 50), p. 17-24.

4.1 Liberdade religiosa e capacidade contributiva construindo a imunidade dos templos de qualquer culto

Tradicionalmente, a imunidade dos templos de qualquer culto é apresentada sob seu aspecto de proteção a direito fundamental. Já foi visto acima que essa perspectiva – mera proteção – não é suficiente para construir norma que implique a total falta de impostos; a liberdade religiosa é apenas um dos valores que contribuirão para a interpretação e construção da norma imunizante a que se refere o art. 150, VI, "b", do texto constitucional.

Essa liberdade tem raízes bastante fortes. Começou a ser pactuada em tratados bilaterais que revogavam a ideia de que deveria prevalecer a religião de quem governasse (*cuius regio eius religio*)[52].

A ideia de tolerância religiosa foi também fortalecida pelos Tratados de Augsburgo (de 1555), de Westphalia[53] (de 1648) e de Viena (de 1815).

Inicialmente concebida como um direito coletivo, após a Conferência de São Francisco de 1945 e o estabelecimento das Nações Unidas, a liberdade de religião passou a ser considerada como orientada para a defesa de direitos individuais, baseando-se na ideia da proibição da discriminação[54].

O primeiro documento das Nações Unidas que lidou especificamente com direitos de religião foi a Declaração Universal dos Direitos Humanos de 1948, mais especificamente em seu art. 18. Vejamos:

Artigo XVIII

> *Toda pessoa tem direito à liberdade de pensamento, consciência e religião; este direito inclui a liberdade de mudar de religião ou crença e a liberdade de manifestar essa religião ou crença, pelo ensino, pela prática, pelo culto e pela observância, isolada ou coletivamente, em público ou em particular.*

Também a Declaração da Eliminação de Todas as Formas de Intolerância e Discriminação Fundadas na Religião ou nas Convicções, de 25 de novembro de 1981, da ONU, consagra a liberdade de religião em vários de seus artigos, por exemplo, o primeiro:

Artigo 1º

> *§ 1. Toda pessoa tem o direito de liberdade de pensamento, de consciência e de religião. Este direito inclui a liberdade de ter uma religião ou qualquer convicção a sua escolha, assim como a*

---

52 Cf. LERNER, Natan. The nature and minimum standards of freedom of religion or belief. *Brigham Young University Law Review*, n. 3, ABI/INFORM Global, 2000, p. 908.

53 O Ministro Enrique Ricardo Lewandowski aponta que "o *Tratado de Paz de Westphalia*, de 1648, pode ser considerado o antecedente mais remoto das diferentes declarações e dos diversos pactos de proteção dos direitos humanos que vigoram atualmente no direito internacional. Esse acordo colocou um paradeiro na *Guerra dos Trinta Anos*, encerrando, na prática, as lutas religiosas na Europa Central. Dentre uma série de importantes disposições, esse tratado estabeleceu que, na Alemanha, católicos e protestantes, bem como as distintas seitas dessa última confissão, gozariam dos mesmos direitos. A partir desse momento tornou se regra incluir nos tratados de paz, celebrados entre beligerantes de credos antagônicos, cláusulas que garantissem a liberdade de culto das minorias religiosas existentes nos territórios dominados pelos adversários". Cf. LEWANDOWSKI, Enrique Ricardo. *Proteção dos direitos humanos na ordem interna e internacional.* Rio de Janeiro: Forense, 1984, p. 76.

54 Cf. LERNER, Natan. Op. cit. (nota 52), p. 909.

liberdade de manifestar sua religião ou suas convicções individuais ou coletivamente, tanto em público como em privado, mediante o culto, a observância, a prática e o ensino.

§ 2. Ninguém será objeto de coação capaz de limitar a sua liberdade de ter uma religião ou convicções de sua escolha.

§ 3. A liberdade de manifestar a própria religião ou as próprias convicções estará sujeita unicamente às limitações prescritas na lei e que sejam necessárias para proteger a segurança, a ordem, a saúde ou a moral pública ou os direitos e liberdades fundamentais dos demais.

Outro texto importante para a liberdade de religião é o Pacto Internacional de Direitos Civis e Políticos de 1966, principalmente devido à sua força vinculante, já que é mais que mera declaração. Os principais artigos que tratam da liberdade de religião nesse Tratado são os de número 18, 19, 20 e 27.

Artigo 18

§ 1. Toda pessoa terá direito à liberdade de pensamento, de consciência e de religião. Esse direito implicará a liberdade de ter ou adotar uma religião ou crença de sua escolha e a liberdade de professar sua religião ou crença, individual ou coletivamente, tanto pública como privadamente, por meio do culto, da celebração de ritos, de práticas e do ensino.

§ 2. Ninguém poderá ser submetido a medidas coercitivas que possam restringir sua liberdade de ter ou de adotar uma religião ou crença de sua escolha.

§ 3. A liberdade de manifestar a própria religião ou crença estará sujeita apenas às limitações previstas em lei e que se façam necessárias para proteger a segurança, a ordem, a saúde ou a moral públicas ou os direitos e as liberdades das demais pessoas.

§ 4. Os Estados-partes no presente Pacto comprometem-se a respeitar a liberdade dos pais – e, quando for o caso, dos tutores legais – de assegurar aos filhos a educação religiosa e moral que esteja de acordo com suas próprias convicções.

Artigo 19

§ 1. Ninguém poderá ser molestado por suas opiniões.

§ 2. Toda pessoa terá o direito à liberdade de expressão; esses direito incluirá a liberdade de procurar, receber e difundir informações e ideias de qualquer natureza, independentemente de considerações de fronteiras, verbalmente ou por escrito, de forma impressa ou artística, ou por qualquer meio de sua escolha.

§ 3. O exercício de direito previsto no § 2 do presente artigo implicará deveres e responsabilidades especiais. Consequentemente, poderá estar sujeito a certas restrições, que devem, entretanto, ser expressamente previstas em lei e que se façam necessárias para:

assegurar o respeito dos direitos e da reputação das demais pessoas;
proteger a segurança nacional, a ordem, a saúde ou a moral públicas.

Artigo 20

§ 1. Será proibida por lei qualquer propaganda em favor da guerra.

§ 2. Será proibida por lei qualquer apologia ao ódio nacional, racial ou religioso, que constitua incitamento à discriminação, à hostilidade ou à violência.

Artigo 27

Nos Estados em que haja minorias étnicas, religiosas ou linguísticas, as pessoas pertencentes a essas minorias não poderão ser privadas do direito de ter, conjuntamente com outros membros de seu grupo, sua própria vida cultural, de professar e praticar sua própria religião e usar sua própria língua.

A relevância jurídica do texto acima se extrai do fato de que o referido Pacto, adotado pela Resolução n. 2.200-A da Assembleia Geral das Nações Unidas, em 16 de dezembro de 1966, foi aprovado pelo Decreto Legislativo n. 226, de 12 de dezembro de 1991, e ratificado pelo Brasil em 24 de janeiro de 1992. Entrou em vigor no Brasil em 24 de abril de 1992, tendo sido promulgado pelo Decreto n. 592, de 6 de julho de 1992. Neste sentido, adquire relevância constitucional, por força do § 2º do art. 5º da Constituição Federal.

Nesses termos, a Ministra Cármen Lúcia Antunes Rocha aponta que "a matéria dos direitos humanos, que domina o cenário jurídico nas últimas décadas, vem comprovar que a soberania estatal não se sobrepõe ao direito que resguarde o homem em sua condição universal. O cuidado daquele tema constitui, irretorquivelmente, uma superação da soberania estatal absoluta e intangível ao questionamento do resto do mundo"[55].

Ainda, vale lembrar a lição do Ministro Gilmar Ferreira Mendes, que entende indiscutível "a vinculação da jurisdição aos direitos fundamentais. Dessa vinculação resulta para o Judiciário não só o dever de guardar estrita obediência aos chamados direitos fundamentais de caráter judicial, mas também o de assegurar a efetiva aplicação do direito, especialmente dos direitos fundamentais seja nas relações entre os particulares e o Poder Público, seja nas relações tecidas exclusivamente entre particulares"[56].

Em consonância com os compromissos internacionais ratificados pelo Brasil, o próprio texto constitucional assegura a liberdade de religião no mesmo art. 5º, inc. VI, da Constituição Federal, o qual dispõe que:

Art. 5º

(...)

VI – *é inviolável a liberdade de consciência e de crença, sendo assegurado o livre exercício dos cultos religiosos e garantida, na forma da lei, a proteção aos locais de culto e a suas liturgias;*

Veja-se que o texto constitucional não se limita a assegurar a liberdade de crença, mas o exercício dos cultos religiosos o que, dentre outros meios, implica *a proteção aos locais de culto.*

Tem-se, daí, a partir da união dos dispositivos constitucionais citados, uma ideia de o que compreender por templos: trata-se de locais de culto. É, assim, um local de acesso público voltado à prática de um culto religioso. A palavra "culto", de origem hebraica, significa "servir". Desse modo, "dentro desse alcance o culto tem equivalência com 'serviço', o que importa, na linguagem dicionarística, homenagem religiosa aos entes sobrenaturais, ou liturgia. Portanto, templo de qualquer culto não passa de local em que se realizam as cerimônias religiosas"[57].

---

55 Cf. Constituição, soberania e Mercosul. *Revista de Direito Administrativo*, n. 213, jul./set., 1998, p. 57.

56 Cf. Direitos fundamentais: eficácia das garantias constitucionais nas relações privadas. Análise da jurisprudência da Corte Constitucional Alemã. *Cadernos de Direito Constitucional e Ciência Política*, n. 27, ano 7, abr./jun., 1999, p. 36.

57 Cf. SILVA, José Manuel da. Imunidade dos templos de qualquer culto. *Revista Dialética de Direito Tributário*, n. 14, 1996, p. 24.

O art. 19, I, da Constituição, como corolário da liberdade prevista no art. 5º, IV, ao mesmo tempo que impede o Estado de estabelecer cultos religiosos ou igrejas, assegura, de igual modo, que o Estado não adote medidas que possam *embaraçar-lhes o funcionamento.*

Já foi apontado acima, no estudo da imunidade recíproca, que a tributação é um modo eficaz para embaraçar o funcionamento. Mais uma vez, lembra-se, com o Juiz John Marshall, na Suprema Corte norte-americana, que *the power to tax involves the power to destroy*[58]. Daí apresentar tradicionalmente a perspicácia do legislador constituinte ao assegurar, por meio da imunidade, que não fosse o imposto um empecilho aos cultos religiosos.

Eis, pois, o alcance da imunidade constitucional, confirmado pela análise sistemática acima apresentada: os templos, enquanto locais de cultos religiosos, não podem sofrer a incidência de impostos.

O fato de identificar a liberdade religiosa no seio da imunidade religiosa não afasta o que já se apontou acima acerca do papel da capacidade contributiva na construção da norma imunizante. Mais uma vez, cabe insistir que a norma é o resultado do trabalho do jurista à luz de toda a Constituição. Fosse considerada apenas a liberdade religiosa, então não se teria uma imunidade ampla, já que uma tributação módica e impessoal dificilmente poderia ser tachada ofensiva àquela liberdade; objetivasse a imunidade apenas assegurar o exercício daquela liberdade, então bastaria o Princípio da Proibição do Efeito de Confisco.

Daí ser necessário, também para a construção da norma que contempla a imunidade religiosa, que se investigue se, do ponto de vista do Princípio da Capacidade Contributiva, o patrimônio, a renda ou os serviços dos templos de qualquer culto podem ser tributados. Mais uma vez, poder-se-á afastar a tributação quando se concluir pelo caráter público dos templos, daí se afirmando que aquilo que estiver afetado à atividade pública não será índice de capacidade contributiva.

O patrimônio, a renda e os serviços afetados ao templo têm a imunidade assegurada também porque, enquanto tais, são voltados a uma função pública. Localizando-se fora do Domínio Econômico, não há que falar em manifestação de capacidade contributiva.

Claro que a atividade do templo não se caracteriza como função do Estado. Ao contrário, ao Estado leigo repugna imiscuir-se em atividades religiosas. Entretanto, o constituinte, posto que não tenha definido religião oficial, reconheceu o sentimento religioso do povo, prestigiando-o em diversas passagens. Assim, o patrimônio, os serviços e a renda afetados à atividade religiosa encontram-se fora do Domínio Econômico (fora do mercado), sendo antes parte do domínio público (da sociedade, não domínio estatal) e, por isso, incapazes de revelar capacidade contributiva.

4.2 Alcance da imunidade

Se a imunidade recíproca foi apontada como subjetiva, a imunidade aos templos se caracteriza como mista. Assegura-se a imunidade ao templo. Não significa isso que apenas o edifício onde se pratica o culto está imune. Afinal, o edifício, sem o culto, não se diferenciará de outros edifícios. O que caracteriza o templo é sua destinação para o culto[59]. Daí que a atividade de culto não pode dissociar-se do templo e, consequentemente,

58 Cf. *McCulloch v. Maryland*, 4 Wheaton 316 (1819) apud LEE, R. A. *A history of regulatory taxation*. Kentucky: The University Press of Kentucky, s.d. (cerca de 1976), p. 6.

59 Cf. CASSONE, Vittorio. Imunidade tributária dos templos – A Solidariedade na Igreja Católica e na Constituição do Brasil. *Revista Fórum de Direito Tributário*. n. 4, 2003, p. 42.

toda a atividade religiosa estará imune[60]. Veja-se, nesse sentido, que o § 4º, acima reproduzido, volta a usar a expressão *o patrimônio, a renda e os serviços*, o que indica que não é apenas o prédio que estará imune, mas toda a atividade que ali se desenvolve[61].

Mais uma vez: o que se imuniza é o que está fora do mercado.

4.2.1 Aspecto objetivo da imunidade mista

É imediato o aspecto objetivo da imunidade aos "templos de qualquer culto". Já a dicção constitucional exige que nenhum imposto incida sobre os templos.

O constituinte não indaga quem detém o templo. Importa, apenas, afastar a incidência do imposto sobre o último.

Nesse sentido objetivo, não se cogita, acerca das características subjetivas do proprietário do imóvel. Importarão apenas as características do imóvel.

Assim, se o imóvel caracterizar um templo, pouco importará, para efeito da imunidade em questão, a quem ele pertence. Não importa qual a religião ou seita que explore o templo. Não haverá um tratamento diverso, conforme as manifestações de religiosidade que ali se desenvolverem forem feitas por pessoas de maior ou menor capacidade contributiva. Tudo isso é irrelevante.

O que importará é que, objetivamente, o prédio caracterize um templo. Se assim for, não haverá que se cogitar imposto.

Pode-se chegar, até mesmo, a cogitar hipótese em que um templo, conquanto caracterizado como tal, pertença a entidade lucrativa. Nesse sentido, se determinada sociedade, com finalidade lucrativa e não religiosa, for proprietária de galpões em diversas localidades de um município e alugar um desses galpões a uma entidade religiosa, para servir como local de realização de seus cultos, haverá um templo, imune ao IPTU. A partir do momento em que o galpão passa a ser destinado à realização de cultos, conquanto sem a participação de seu proprietário, tem-se configurado, objetivamente, um templo.

De fato, templos são os locais ou recintos, de acesso público, em que se celebra o culto, isto é, em que o homem expressa sua religiosidade e sua ligação com o sobrenatural.

Presentes tais características, o templo pode assumir variadas formas. Já entendeu o Supremo Tribunal Federal que "cemitérios que consubstanciam extensões de entidades de cunho religioso" fazem jus à imunidade do art. 150, VI, "b". Assim é que, no julgamento do Recurso Extraordinário 578.562-9-BA, consignou o voto do Ministro Eros Grau, seguido pela unanimidade dos demais:

> *No caso destes autos o cemitério é anexo à capela na qual o culto da religião anglicana é praticado; trata-se do mesmo imóvel, parcela do patrimônio, da recorrente, abrangido pela garantia contemplada no art. 150. Garantia desdobrada do disposto nos arts. 5º, VI, e 19, I, da Constituição do Brasil*[62].

No mesmo caso, entendeu o Ministro Carlos Britto:

> *E eu tendo, também, a compreender os cemitérios como uma espécie, cada um deles, de templo heterodoxo. Por que heterodoxo? Porque a céu aberto, mas sem deixar de ser um local de culto aos nossos mortos, àqueles que temos como traspassados para uma outra existência dominada pelo*

60 Cf. SILVA, José Manuel da. Imunidade dos templos de qualquer culto. *Revista Dialética de Direito Tributário*, n. 14, 1996, p. 24.

61 Cf. TORRES, Ricardo Lobo. Op. cit. (nota 8), p. 72.

62 STF, RE n. 578.562-9-BA, Tribunal Pleno, rel. Min. Eros Grau, j. 21.05.2008, D.J. 12.09.2008.

traço da incognoscibilidade; é o reino do amorfo, mas que nem por isso deixa de se ligar aos vivos por um vínculo de forte crença.

Cabe registrar que o caso dos cemitérios ainda merece maior cuidado: não parece acertado vincular a imunidade ao fato de ser anexo a uma capela; os cemitérios, enquanto local de acesso público para o exercício de uma prática religiosa, merecem a dignidade de templos como tais; a existência de uma capela, ou de uma ordem religiosa, não parece requisito para que se reconheça tal natureza.

A esse respeito, vale mencionar o entendimento de Maria Cristina Neubern de Faria[63] acerca da interpretação que se deve dar ao conceito de templo, para fins de aplicação da norma de imunidade:

> "A interpretação deve se estender para **abranger locais onde se praticam manifestações religiosas, quer ritualísticas ou não, onde o intento explícito seja o de expressar essa ligação entre o homem e o transcendente**" (grifos nossos).

O galpão, propriedade de sociedade não religiosa e com finalidades lucrativas, ao ser destinado a atividades religiosas de terceiros, passa a se revestir do caráter de templo, voltado ao culto e às manifestações religiosas dos fiéis.

Não há, no texto constitucional, qualquer referência à titularidade do imóvel. Importa, sim, tratar-se de um templo. Presente a característica – objetivamente observável –, passa a ser abrangido pela imunidade aos templos de qualquer culto, mesmo não sendo de titularidade de entidade religiosa. O templo é uma realidade de fato e, pela finalidade de culto, alcança-se a imunidade do art. 150, VI, "b".

Em outras palavras, não se indaga acerca do proprietário do imóvel, que é, em última análise o contribuinte do IPTU. Este será desobrigado do pagamento do imposto não por sua condição pessoal, mas por mero vínculo com uma realidade de fato, esta sim imunizada. Se no seu imóvel há um templo, estará imune e o tributo não será devido. Se não há o templo, independentemente de o proprietário do imóvel ser pessoa voltada ou vinculada a ordem religiosa, o imposto será devido.

Explica-se esse raciocínio quando se tem em conta que se quer proteger o patrimônio, a renda e os serviços do templo: mesmo pertencendo o imóvel a terceiros, será o templo onerado pelo aluguel e, por conseguinte, pelos impostos que se adicionem ao aluguel.

A Constituição Federal, portanto, imuniza o templo independentemente da natureza da entidade que o administra ou detém a propriedade do imóvel.

Tal é o entendimento já manifestado pelo Ministro Carlos Velloso, no voto (vencido) proferido no Recurso Extraordinário 325.822-2, em que se distinguiu, com clareza, o templo, que é protegido pela imunidade constitucional, da entidade que o administra. Pode-se apreender tal distinção do trecho do voto do Ministro abaixo transcrito:

> "Agora, Sr. Presidente, dizer que os imóveis espalhados pelo município, situados na diocese, na circunscrição territorial sujeita à administração eclesiástica, da propriedade desta, esses imóveis não estão abrangidos pela imunidade do art. 150, VI, b, porque não estão relacionados com as finalidades essenciais do templo, **convindo esclarecer que o templo, e a imunidade é para o templo, não é proprietário de bens imóveis. A Igreja, a seita, seja lá que nome tenha, que administra o templo, é que pode ser proprietária.** Imóveis, portanto,

63 Cf. FARIA, Maria Cristina Neubern de. A interpretação das normas de imunidade tributária – Conteúdo e alcance. *Revista Tributária e de Finanças Públicas*, n. 36, jan./fev. 2001, p. 150.

pertencentes à administração eclesiástica, à mitra, ao bispado, não estão cobertos pela imunidade do art. 150, VI, 'b'.

Volto a repetir: somente o que estiver relacionado com o templo, o local onde se realiza o culto, por isso que, bem disse o Ministro Pertence, **a imunidade do art. 150, VI, b, está substantivada no templo,** é que é imunizada, tributariamente" (grifos nossos).

A posição do Ministro Velloso não se saiu vencedora no caso, assegurando o Supremo Tribunal Federal a imunidade a atividades que se afastavam daquelas próprias do templo. Prevaleceu, na ocasião, o entendimento exposto pelo Ministro Gilmar Mendes, para quem o § 4º do art. 150 da Constituição Federal teria equiparado as alíneas "b" e "c", do art. 150, VI, uma vez que não precisaria repetir "patrimônio, renda ou serviços", já expressos na alínea "c", e o teria feito justamente para abarcar a alínea "b", em que não se mencionam "patrimônio, renda ou serviços". Por conseguinte, o art. 150, VI, "b", segundo esse entendimento, deveria ser lido com o vetor interpretativo do § 4º, de modo que o que estaria imunizado seria o "o patrimônio, a renda ou serviços dos templos de qualquer culto"[64]. Conforme já se viu no item 1.4, o assunto acabou sendo objeto da Súmula 724 do Supremo Tribunal Federal e apenas se explica se for tomado em consideração o fato de que, posto tratar-se de atividades que se afastam das finalidades essenciais dos templos, a renda assim auferida continua imune, desde que ela – a renda – permaneça afetada à atividade essencial.

Na doutrina, por todos, vale conferir a posição de Sacha Calmon Navarro Coêlho, que demonstra que imune é o templo, e não a ordem religiosa[65].

A imunidade aos templos de qualquer culto, porquanto visa à proteção das diversas formas de manifestação religiosa (campo do domínio público), e não à promoção da atividade religiosa em si (a qual não deve ser estimulada ou desestimulada pelo Estado), somente abrange o templo e as atividades relacionadas ao culto, não devendo ser concedida em função da pessoa que o administra[66]. É claro que esta, se for pessoa de natureza assistencial, poderá, por mérito próprio, gozar de imunidade, como se verá abaixo. Em tal caso, entretanto, haverá duas imunidades: ao templo, pela natureza religiosa e à pessoa jurídica, por sua natureza assistencial.

Nesse sentido, a imunidade religiosa tem aspecto objetivo, pois é concedida independentemente de características pessoais ou da natureza jurídica dos contribuintes dos impostos, dependendo única e exclusivamente da constatação da existência de uma realidade fática que se enquadre na hipótese de imunidade tributária.

4.2.2 Aspecto subjetivo da imunidade mista

Apontado o aspecto objetivo da imunidade em análise, importa ver que o desiderato do constituinte não se limitou àquele.

Ao contrário, quando se contempla o disposto no § 4º do art. 150 do texto constitucional, verifica-se que a referida imunidade compreende "somente o patrimônio, a renda e os serviços, relacionados com as finalidades essenciais das entidades nelas mencionadas".

A referência a "renda" de "entidades" poderia levar a crer ser a imunidade do tipo subjetivo.

---

64 STF, RE n. 325.822-2-SP, Tribunal Pleno, rel. Min. Ilmar Galvão, j. 18.12.2002, D.J. 14.05.2004.

65 Cf. COÊLHO, Sacha Calmon Navarro. *Curso de Direito Tributário brasileiro*. 8. ed. Rio de Janeiro: Forense, 2005, p. 304.

66 Cf. SOLLER, Fabrício da. A imunidade tributária dos templos de qualquer culto – por uma revisão da posição do STF. *Revista Fórum de Direito Tributário*, n. 12, nov./dez. 2004, p. 109-140.

Não é este o caso. Aquele dispositivo apenas ressalta o caráter misto da imunidade.

Afinal, uma leitura atenta do texto constitucional revela que enquanto as imunidades propriamente subjetivas, como a recíproca (art. 150, VI, "a") e a dos partidos políticos, entidades sindicais e entidades de educação e assistência social (art. 150, VI, "c") se referem apenas às características pessoais dos contribuintes, a imunidade religiosa não faz referência a uma instituição, mas apenas a um templo.

Assim, a "entidade" a que se refere o constituinte só pode ser o próprio templo. Tem-se, pois, a imunidade sobre o patrimônio do templo; a renda do templo; o serviço do templo: atividades fora do Domínio Econômico.

Ora, isso não significa tornar-se subjetiva a imunidade. Esta se vincula, insista-se, apenas ao templo. Se uma instituição religiosa mantiver um templo, mas simultaneamente explorar uma entidade cultural – um museu, por exemplo – apenas a renda do templo é que estará protegida pela imunidade. Outras rendas da instituição não estarão imunes. Claro está que se a renda do museu estiver vinculada à do templo, i.e., havendo uma ligação do museu com o templo, então se assegurará a imunidade. Mas este aspecto apenas confirma que essencial é o templo, não a instituição religiosa.

Se uma instituição religiosa não mantém um templo, não há imunidade. Não bastam os fins religiosos da instituição. A imunidade, insista-se, vincula-se ao templo. Daí que o fato de associação civil se dedicar a fins religiosos não é suficiente, na ausência do templo.

A renda imune é aquela vinculada à atividade do templo. O serviço imune é o praticado em função do templo. O patrimônio imune é o do templo.

Eis, em síntese, o caráter misto da imunidade religiosa: conquanto não se limite aos impostos incidentes sobre a propriedade e sua circulação, já que alcança até mesmo a renda, a imunidade nem por isso se vincula à instituição religiosa.

Assim, a renda decorrente do templo, os serviços nele prestados e o patrimônio nele empregados estarão imunes. Não importa quem é o titular da renda, o prestador dos serviços ou proprietário do patrimônio. Deve-se testar se estes fatos econômicos decorrem da atividade do templo e a ele se ligam. Se a resposta for afirmativa, estarão imunes. Se for negativa, não estarão. Com efeito, merece reparos o entendimento da Receita Federal do Brasil, segundo o qual a imunidade de templos de qualquer culto não se estenderia "às entidades dedicadas a auxiliá-los para a consecução de seus objetivos"[67]. Irrelevante a forma como se organiza o templo para os efeitos civis, seja uma única pessoa jurídica, sejam várias, a "entidade" é o próprio templo e o patrimônio, a renda e os serviços a ele vinculados gozam da proteção constitucional. Se, pois, o imóvel pertencer a uma pessoa jurídica (ou for alugado por uma pessoa jurídica) e outra pessoa jurídica ali explorar as atividades próprias do templo, ainda assim o patrimônio, a renda e os serviços vinculados ao templo estarão imunes.

Mesmo uma pessoa que, por sua natureza, não tenha finalidades religiosas, mas, por algum motivo, tenha parcela de seu patrimônio empregada num templo, estará imune nessa parcela. Claro está que, uma vez que o patrimônio amealhado perca tal destinação (por exemplo, em virtude de uma distribuição, posto que disfarçada, de lucros), imediatamente desaparecerá a proteção constitucional.

A apuração da existência da imunidade não se dá em relação ao contribuinte e à sua condição pessoal, mas em relação ao vínculo de um determinado fato econômico com a realidade do templo. É

67 Cf. Ato Declaratório Interpretativo n. 2, de 6 de abril de 2015. No mesmo sentido, cf. Solução de Consulta n. 7.021, de 5 de maio de 2015.

indiferente, para a aplicação da imunidade, a condição pessoal do contribuinte do imposto: ele não sofrerá a incidência tributária em mera consequência da ligação do fato econômico com o templo.

No entanto, se o patrimônio, renda ou serviço se desvincular do templo, então também desaparecerá a imunidade. Já não será renda do templo, mas de seu titular. Assim é que se houver, por exemplo, distribuição dos resultados da atividade do templo, não se poderá mais falar em imunidade, já que não será renda vinculada à finalidade essencial do templo.

Não significa esse ponto tornar-se subjetiva a imunidade. O que importa não é a pessoa titular do templo, mas a existência deste, propriamente dito. Se uma pessoa física mantém um templo aberto ao público e consegue distinguir seus recursos pessoais daquele do templo, dedicando todas as rendas deste a sua manutenção e crescimento, não parece haver argumento para negar a imunidade do templo; se houver desvios, aí sim desaparecerá a imunidade.

Reafirme-se: a imunidade dos templos não pode ser considerada tipicamente objetiva pelo mero fato de também abranger tributos ditos pessoais, como o imposto sobre a renda. Todavia, isso não altera o fato de a imunidade decorrer da relação com uma realidade de fato – o templo – e não de características pessoais do contribuinte.

Não há qualquer incongruência nessa constatação, já que não é estranho à legislação tributária o tratamento diferenciado de fatos econômicos da mesma espécie, ainda que realizados pelo mesmo contribuinte.

Tomem-se, por exemplo, as instituições de ensino, que, após a edição da Lei n. 11.096/2005, têm isenta a sua renda decorrente de cursos de ensino superior, desde que devidamente cadastrados no ProUni. A isenção é concedida em decorrência de uma realidade objetiva, qual seja, cursos de ensino superior regularmente inscritos no ProUni, e abrange somente a renda das instituições de ensino que esteja efetivamente vinculada a esta realidade.

É essa a leitura que se deve fazer do § 4º do art. 150 da Constituição. Somente o patrimônio, a renda e os serviços vinculados às finalidades essenciais da entidade referida na alínea "b" do inciso VI do *caput* do art. 150 – o templo – estarão abrangidos pela imunidade. As finalidades essenciais são necessariamente aquelas relacionadas às atividades de culto desenvolvidas no templo, i.e., fora do Domínio Econômico.

O Ministro Carlos Velloso, no já mencionado voto proferido no Recurso Extraordinário 325.822-2, esclareceu o que se deve entender por finalidades essenciais dos templos de qualquer culto, como se depreende do trecho que segue:

> "Estamos examinando a imunidade da alínea b: templos de qualquer culto. **Indaga-se: quais são as finalidades essenciais dos templos de qualquer culto? É fácil responder: são aquelas relacionadas com as orações, com o culto. Então, o edifício, a casa, o prédio, onde se situa o templo, onde se realiza o culto, está coberto pela imunidade. A renda aí obtida, vale dizer, os dízimos, as espórtulas, a arrecadação de dinheiro realizada durante o culto e em razão deste, estão, também, cobertas pela imunidade tributária. O mesmo pode-se dizer dos serviços que, em razão do culto, em razão da finalidade essencial do templo, são prestados**" (grifos nossos).

Nota-se, então, que o § 4º do art. 150 reitera o quanto mencionado anteriormente. Somente estarão imunes a renda, o patrimônio e os serviços ligados à finalidade essencial do templo, o que equivale a dizer que somente haverá a imunidade para os fatos econômicos efetivamente ligados à realidade objetiva chamada "templo".

Pouco importa a condição pessoal dos titulares desses fatos econômicos, se religiosos, ou não. Havendo templo e estando o patrimônio, a renda e os serviços a ele ligados, há imunidade. Se não houver o templo, ou o vínculo, não haverá imunidade.

Não se deve concluir que os atos vinculados ao templo apenas estarão imunes se praticados por entidades religiosas. Havendo o templo e o vínculo, existirá a imunidade, independentemente do contribuinte.

O que se deve concluir é que, para haver a imunidade, é necessária a existência do templo e do vínculo do fato econômico a este templo. Apenas isso.

4.3 Limites da imunidade aos templos

Por outro lado, "templo" não é, necessariamente, um bem imóvel; nada impede cogitar-se uma embarcação movida por missionários, a qual, em sua atividade religiosa, também estará imune[68].

Mais uma vez, surge a pergunta: até onde vai a imunidade? O referido § 4º refere-se às "atividades essenciais", e aqui está o limite da imunidade. Finalidades essenciais dos templos são, por exemplo, a prática do culto, a formação de sacerdotes e ministros, e a assistência espiritual aos crentes. Incorrendo o templo em atividade que ultrapassa sua finalidade essencial, cessará a imunidade. Entretanto, cabe perguntar: o mero ingresso do templo no Domínio Econômico é fato suficiente para cessar a imunidade? Que dizer da atividade que busca recursos para a manutenção do templo, i.e., atividade exercida no mercado, como meio para obter meios para atingir as finalidades essenciais do templo? Não estará essa atividade igualmente protegida pela imunidade? Como, enfim, caracterizar a atividade que deixa de ser "essencial"?

Também aqui a construção da norma não é a mesma em qualquer caso. Já dissemos acima: a imunidade não é monolítica. Se fora do Domínio Econômico, a liberdade religiosa e a falta de capacidade contributiva contribuem no mesmo sentido para a construção da norma, dentro desse encontramos o referido § 4º, ao qual vem se agregar o Princípio da Livre Concorrência para a determinação do limite. Com efeito, constata-se, pelo referido parágrafo, que o constituinte não pretendeu conferir à imunidade amplitude a ponto de atingir qualquer atividade do templo; limitou-a às suas finalidades essenciais. Ora, "finalidades essenciais" dos templos são aquelas que não podem ser exercidas, com igual proveito, por terceiros. Assim, quando os templos passam a exercer atividades em concorrência com terceiros, inicia-se o campo do Domínio Econômico e com ele pode encerrar-se a imunidade, já que se passa a revelar, concomitantemente, capacidade contributiva (capacidade para contribuir com os gastos da coletividade).

Mais uma vez, cabe insistir que, enquanto a atividade se limita à obtenção de recursos para que o templo atinja sua finalidade essencial, parece possível estender-se a

68 Cf. BALEEIRO, Aliomar. Op. cit. (nota 8), p. 137.

imunidade, já que o Princípio da Capacidade Contributiva atuará em tal sentido; sendo a atividade exercida no Domínio Econômico, caberá ver se ainda é o caso de se negar capacidade contributiva (i.e., se os recursos estão voltados a finalidade pública, nos termos da Súmula 724, discutida acima), não se podendo desprezar os princípios da Ordem Econômica, que dirão quando já não mais se está dentro da imunidade.

Esse limite será determinado, caso a caso, sempre com base no princípio da razoabilidade. Assim, enquanto parecer atividade de comunicação como instrumento de evangelização, não se desvirtua de suas finalidades essenciais; não sendo o caso, os serviços de comunicação radiofônica ou televisiva devem, em princípio, pagar impostos. Caberá, sempre, o argumento acerca da destinação dos recursos à finalidade essencial, o que somente se poderá medir caso se constate que a atividade de comunicação não se tornou, em si, a finalidade dos próprios recursos.

É a mesma razoabilidade que exigirá que se distingam o caso em que o templo promove uma quermesse, para arrecadar fundos para sua atividade essencial, daquele outro, em que a entidade religiosa mantém um comércio regular; enquanto no primeiro caso dificilmente se cogitará um efeito danoso à concorrência, além de poder, ainda, invocar falta de capacidade contributiva, o último caso poderá afetar o princípio da livre concorrência, o que se constata a cada caso.

É importante que se firme posição no seguinte ponto: enquanto a atividade do templo se mantém fora do Domínio Econômico, a imunidade se vê assegurada. Ingressando no Domínio Econômico, a imunidade não pode ser ferramenta que afetará a concorrência. Assim, conquanto uma atividade de diminuta importância no mercado se mantenha imune, já que não afeta a concorrência e, simultaneamente, provê o templo dos recursos necessários para a manutenção de suas atividades essenciais, a imunidade cessará se por meio dela o templo passar a atuar de modo ostensivo no Domínio Econômico e em prejuízo da livre concorrência.

Retoma-se, aqui, o que já se viu no item 1.3, acerca da neutralidade tributária concorrencial: a imunidade não pode servir de instrumento para que se afete, negativamente, o mercado, patrimônio nacional. Por outro lado, também ali se afirmou que não é o mero fato de uma entidade imune atuar no Domínio Econômico que indicará, *ipso facto*, a ofensa à Livre Concorrência.

5 Imunidade dos partidos políticos, das entidades sindicais de trabalhadores e das entidades de assistência social e de educação

Numa única alínea, o constituinte agrupou uma série de entidades que gozam de imunidade:

> Art. 150. Sem prejuízo de outras garantias asseguradas ao contribuinte, é vedado à União, aos Estados, ao Distrito Federal e aos Municípios:

> (...)
> VI – instituir impostos sobre:
> (...)
> c) patrimônio, renda ou serviços dos partidos políticos, inclusive suas fundações, das entidades sindicais dos trabalhadores, das instituições de educação e de assistência social, sem fins lucrativos, atendidos os requisitos da lei;
> (...)
> § 4º As vedações expressas no inciso VI, alíneas "b" e "c", compreendem somente o patrimônio, a renda e os serviços, relacionados com as finalidades essenciais das entidades nelas mencionadas.
> (...)

Novamente, são situações em que a exceção ao regime geral de impostos justifica-se não só por valores fundamentais prestigiados pelo constituinte, mas também pela falta de capacidade contributiva. São, em todos os casos, imunidades subjetivas, já que se vinculam às características de seus titulares.

5.1 A construção das normas concernentes às imunidades dos partidos políticos, das entidades sindicais de trabalhadores e das entidades de assistência social e de educação

Com efeito, é imediato o raciocínio, no caso dos partidos políticos e das entidades sindicais dos trabalhadores, de que se assegura que as pessoas jurídicas de Direito Público não venham, por meio de impostos, a obstar a criação e desenvolvimento daqueles. Prestigia o constituinte, pois, o princípio democrático (art. 1º, *caput*), com as consequentes liberdades de criação, fusão, incorporação e extinção de partidos políticos (art. 17) e de associação sindical (art. 8º).

As mesmas situações podem ter seu fundamento constatado na função pública dos partidos políticos e das entidades sindicais de trabalhadores: cabe insistir que fora do Domínio Econômico não há que cogitar capacidade contributiva, já que se estará no setor público. Toda verba destinada ao setor público já está comprometida, não constituindo "sobra" a ser apropriada pelos impostos.

Vê-se, mais uma vez, que a construção da norma imunizante decorrerá não só da leitura do art. 150, VI, "c", do texto constitucional, mas de sua combinação com os dispositivos acima citados.

Para as entidades assistenciais e de educação, a *ratio* da imunidade é ainda mais evidente: educação e assistência social estão entre as funções do Estado. Assim, quando uma entidade privada assume tais tarefas, desincumbe o Estado de executá-las. Exerce, pois, atividade do Estado. Atua, assim, no setor público, em que não cabe cogitar capacidade contributiva.

Esse caráter complementar à atuação do Estado já foi utilizado pelo Supremo Tribunal Federal para restringir o alcance da imunidade a entidades educacionais cujo funcionamento seja autorizado pelo Estado. Veja-se como decidiu o Tribunal no seguinte caso:

> *Agravo Regimental no Recurso Extraordinário. Tributário. Imunidade das Instituições de Educação. Art. 150, VI, c, da Constituição. Necessidade de Observância dos Requisitos Constitucionais para a Atuação da Iniciativa Privada na Área de Ensino. Previsão do Art. 209, II, da Constituição. Impossibilidade de o Texto Constitucional incentivar Atividades que não atendam os Ditames por ele Estipulados. Processual Civil. Art. 402 do CPC. Inaplicabilidade em Recurso Extraordinário. Verificação in Concreto da Existência de Autorização para o Desempenho da Atividade de Ensino. Impossibilidade em Sede de Recurso* Extraordinário. Súmula 279 do STF. Agravo Improvido.
>
> *I – A imunidade prevista no art. 150, VI, "c", da Constituição em benefício das instituições de ensino busca incentivar a cooperação entre o Poder Público e a iniciativa privada na concretização do direito social à educação.*
>
> *II – A autorização pelo Poder Público prevista no art. 209, II, da Constituição, constitui requisito indispensável à legitimidade constitucional para o exercício da atividade de ensino pela iniciativa privada.*
>
> *III – Estender o benefício em questão às instituições de ensino não autorizadas a funcionar pelo Poder Público equivaleria a admitir-se que o texto constitucional estaria a fomentar o desempenho de atividade realizada em desconformidade com as suas próprias disposições.*
>
> *IV – A jurisprudência desta Corte firmou-se no sentido de que o art. 462 do CPC não se aplica na instância extraordinária.*
>
> *V – Inviável em recurso extraordinário o exame do conjunto fático-probatório constante dos autos. Incide, no caso, a Súmula 279 do STF.*
>
> *VI – Agravo regimental improvido*[69].

Posto que a decisão acerte ao ver relação entre a imunidade e a atuação complementar ao Estado, não parece correto enxergar a autorização estatal como condição para a imunidade. Afinal, o art. 209, II, do texto constitucional versa apenas sobre um dos aspectos da educação, o ensino formal. A "educação" é conceito mais amplo, que não se limita às atividades controladas pelo Estado. Basta ver que o art. 205 da Constituição impõe também às famílias o dever de educação. Não parece acertado negar o caráter educacional de cursos livres, como os de idiomas ou de artes, importantíssimos para a educação, mas não sujeitos ao controle do Estado. Educação é gênero do qual o ensino é espécie; naquela, incluem-se, além do último, todos os outros "processos pedagógicos que acontecem no conjunto das relações sociais"[70].

Afinal, quando a sociedade, livremente, decide organizar uma entidade sem fins lucrativos, destinada à assistência social ou à educação, qualquer imposto que sobre ela incidisse implicaria o desvio de recursos dessas áreas para outras finalidades estatais. A pessoa jurídica de Direito Público apenas retiraria recursos voltados à assistência social

---

69 STF, AgRg no RE n. 378.666-DF, 2ª Turma, rel. Min. Ricardo Lewandowski, j. 03.04.2012, *DJe* 20.04.2012. *Revista Dialética de Direito Tributário*, n. 201, jun. 2012, p. 200.

70 Cf. MARTINS, Ives Gandra S.; MARTINS, Rogério Vidal Gandra S.; LOCATELLI, Soraya D. M. ISS. Imunidade Tributária. Inteligência do art. 150, Inciso VI, Letra c, da Constituição Federal – apenas Lei Complementar pode impor Requisitos para Gozo da Imunidade Tributária. Inteligência do art. 14 do CTN. Instituição de Educação sem Fins Lucrativos que realiza Concursos e Vestibulares. *Revista Dialética de Direito Tributário*, n. 204, set. 2012, p. 128-140 (136).

ou à educação, para destiná-los às mesmas áreas (o que caracterizaria evidente desperdício) ou a outras áreas (caracterizando um desvio). Dada a importância da atuação estatal nos campos da assistência social e da educação, houve por bem o constituinte assegurar que, uma vez destinados recursos àquelas áreas, não pudessem eles ser desviados. Assim, menciona-se, por exemplo, que, nos termos da Súmula Vinculante 52, aprovada em 18 de junho de 2015, "[a]inda quando alugado a terceiros, permanece imune ao IPTU o imóvel pertencente a qualquer das entidades referidas pelo art. 150, VI, 'c', da Constituição Federal, desde que o valor dos aluguéis seja aplicado nas atividades para as quais tais entidades foram constituídas".

Esse aspecto merece reflexão: mostrou-se, no Capítulo I, que o Estado do Século XXI superou o modelo do Estado do Bem-Estar Social, já que a sociedade civil reivindica, para si, a função de construir a liberdade coletiva. Essa atuação da sociedade civil é prestigiada pelo constituinte, que assegura que se a sociedade civil exerce funções geradoras de liberdade coletiva, então não pode o Estado, por meio da tributação, restringir.

Assim, se a imunidade dos partidos políticos visava assegurar a democracia e a imunidade sindical, a concretização de direitos sociais, a imunidade das entidades assistenciais e educacionais assegura a liberdade coletiva, buscada e construída pela própria sociedade civil.

O que chama a atenção é que tão importante foi a valorização da atuação da sociedade civil na construção de liberdades coletivas, que o constituinte prestigiou-a colocando-a até mesmo acima do processo político.

Afinal, o processo político nada mais é que o instrumento para a escolha de prioridades públicas[71]. Tendo em vista que os recursos políticos são escassos, cabe ao processo político eleger prioridades para os gastos públicos. Se as prioridades escolhidas pelos governantes não condizem com aquelas preferidas pela maioria da população, o mecanismo da eleição servirá de indicador, já que novos governantes – e portanto novas prioridades – se elegerão.

No campo das imunidades – educação e assistência social – essa lógica se esvai: se um grupo civil, posto que minoritário, destina seus recursos a tais finalidades, nem mesmo o governante eleito democraticamente poderá desviá-los para outra finalidade, posto que igualmente meritória. Trata-se de vero mecanismo de proteção contramajoritária, abrigado no seio do Direito Tributário. Se, por exemplo, um grupo decide instituir uma associação para manter uma creche em uma comunidade, de nada adiantará o governante eleito democraticamente acreditar que tais recursos seriam mais bem empregados se fossem destinados a um hospital: a decisão da sociedade civil, nesse caso, é prestigiada constitucionalmente pela imunidade.

5.2 Atuação no domínio econômico e imunidade dos partidos políticos, das entidades sindicais de trabalhadores e das entidades de assistência social e de educação

Para a imunidade que ora se cogita, vale o que já foi exposto no item 1.3: o limite da imunidade encontra-se quando as referidas entidades deixam as áreas próprias do setor público e passam a atuar no Domínio Econômico.

71 Cf. STIGLITZ, Joseph. *Economics of the public sector*. 3. ed. New York, London: W.W. Norton, 1999, p. 267-268.

Em outras palavras, também aqui parece aplicável o raciocínio de que a imunidade poderá ser encerrada na medida em que as mencionadas entidades passem a desempenhar atividades que poderiam ser igualmente desempenhadas por terceiros, já que, neste caso, estarão elas revelando a existência de recursos "disponíveis" (i.e.: não aplicados na sua finalidade essencial), não se justificando a falta de tributação.

Por outro lado, deve-se ressaltar o que já se viu no Capítulo VII, ao tratar da Neutralidade Tributária. Não é o fato de a entidade obter receita no mercado que, de imediato, afasta a imunidade. Fosse esse o caso, então não se asseguraria a imunidade da entidade que aplica suas sobras de caixa no mercado financeiro, conquanto esse seja o dever de qualquer administrador, visando à própria preservação dos recursos financeiros. Não deixa de ser consoante a finalidade essencial da entidade imune a preservação de seu patrimônio.

Na hipótese, entretanto, em que se verifica a atuação da entidade imune no Domínio Econômico, importa ter presente que neste atuam empresas não imunes, a quem é assegurado o direito de concorrer, livremente. A entidade imune não pode valer de seu privilégio em detrimento do Princípio da Livre Concorrência, igualmente assegurado pelo texto constitucional.

No Domínio Econômico, a Livre Concorrência atuará negativamente na construção da norma imunizante. Enquanto é justificável que a entidade, sem perder seu privilégio, atue naquele domínio para obter recursos para suas finalidades essenciais, não se pode aceitar que a imunidade destrua a concorrência.

Em certa medida, a atuação da entidade imune no mercado, longe de prejudicar a concorrência, fomenta-a. Tal o caso do mercado oligopolizado, quando o ingresso de novos agentes apenas amplia a concorrência. Se, entretanto, tais agentes passam a praticar preços reduzidos, por causa de imunidade de que apenas eles gozam e, com isso, impossibilitam a atuação, em igualdade de condições, dos demais agentes, então a imunidade contrariará a Livre Concorrência, devendo ceder ante esta.

Exemplificando: se uma entidade imune vende seus produtos a preços compatíveis com os praticados por outros agentes no mercado, então dificilmente se cogitará de ofensa à Livre Concorrência. Se aquela entidade tiver custos comparáveis aos dos demais agentes, então a eventual "sobra" será vertida em prol de suas finalidades, cumprindo-se o desiderato constitucional; ainda que as "sobras" sejam minguadas, em virtude de sua menor organização, em relação aos agentes privados, mesmo assim estará justificada a imunidade, ao assegurar fonte de recursos para a entidade. Em tal caso, o Princípio da Livre Concorrência atuará positivamente na construção da norma imunizante.

Quando, entretanto, a entidade imune vale-se do privilégio constitucional para reduzir seus preços (e, portanto, não assegura "sobras") e com isso, abocanha parte do mercado, de modo a aumentar os preços posteriormente, caracterizar-se-á prática de preço predatório.

A imunidade não pode ser instrumento para que se destrua o mercado. Tanto não permite o Princípio da Livre Concorrência.

Daí que a imunidade deve encontrar seu limite na atuação, da entidade imune, fora do Domínio Econômico; admitido seu ingresso neste, deve respeitar suas regras, especialmente o Princípio da Livre Concorrência, com as garantias que este traz ao mercado.

O raciocínio acima exige que se considere, em separado, o caso das entidades filantrópicas de saúde, tendo em vista que, mesmo quando pareça não atuarem no campo da assistência social em sentido estrito, poderão ainda assim estar fora do Domínio Econômico, gozando, então, da imunidade, independentemente das considerações concorrenciais acima expostas[72].

Nos termos dos §§ 1º e 2º do art. 199 da Constituição Federal, as instituições privadas poderão participar do sistema único de saúde, mediante contrato de direito público ou convênio, permitindo-se, inclusive, a destinação de recursos públicos para auxílios ou subvenções àquelas entidades. Deve-se notar que tal atividade, em que pese o fato de ser remunerada, não se inclui no Domínio Econômico. Trata-se o sistema único de saúde, ao contrário, de campo de atuação pública, ou serviço público em sentido estrito, abrangido pelo art. 175 da Constituição Federal, em que é autorizada, *de forma complementar*, a participação da iniciativa privada.

Dentro do Domínio Econômico, por outro lado, o Princípio da Livre Concorrência atuará como vetor negativo à atuação da imunidade, ao qual se poderá contrapor o vetor da capacidade contributiva, veiculado pela norma tributária arrecadadora (negativa da imunidade). Em caso de entidades assistenciais, a capacidade contributiva poderá considerar-se ausente se os eventuais recursos auferidos no Domínio Econômico fazem-se necessários para suprir sua atuação no serviço público, sempre observado o Princípio da Livre Concorrência.

Livre concorrência e capacidade contributiva deverão, então, ser sopesados, à luz do caso concreto, para alcançar-se uma decisão sobre a possibilidade de a imunidade, excepcionalmente, alcançar atividades que se encontram no Domínio Econômico.

Nesse sentido, o Princípio da Livre Concorrência, conquanto possa ser afetado por regimes tributários diferenciados, requer uma análise concreta, com o exame dos mercados atingidos e dos efeitos das medidas.

Essa mesma necessidade de consideração do caso concreto foi apontada pela 7ª Câmara do Conselho de Contribuintes, em decisão já citada no Capítulo VII, que examinou o efeito concorrencial da imunidade. No caso[73], o Fisco pleiteava a suspensão da imunidade do contribuinte sob o argumento de que a atividade desenvolvida pela entidade imune ofenderia o Princípio da Livre Concorrência. Como visto, o posicionamento do Conselho foi no sentido de não negar que, em tese, a imunidade possa ser limitada, quando em confronto com o Princípio da Livre Concorrência; o que se exige, acertadamente, é que o embate entre os princípios se faça em bases concretas, evidenciando-se os efeitos nefastos sobre a concorrência, no lugar de simplesmente se afastar uma proteção constitucional.

As entidades de educação exigem que, no exame da imunidade, se considere que se trata de área em que convivem o Estado (art. 208[74]) e a iniciativa privada (art. 209[75]). Enquanto o primeiro caso

---

72 Cf. MELO, José Eduardo Soares de. A imunidade das entidades beneficentes às contribuições sociais. *Revista Dialética de Direito Tributário*. n. 18. São Paulo: Dialética, 1997, p. 42.

73 Conselho de Contribuintes, Acórdão n. 107 07197, 7ª Câmara, rel. Octávio Campos Fischer, j. 11.06.2003.

74 "Art. 208. O dever do Estado com a educação será efetivado mediante a garantia de: (I) ensino fundamental obrigatório e gratuito, assegurada, inclusive, sua oferta gratuita para todos os que a ele não tiveram acesso na idade própria; (II) progressiva universalização do ensino médio gratuito; (III) atendimento educacional especializado aos portadores de deficiência, preferencialmente na rede regular de ensino; (IV) atendimento em creche e pré escola às crianças de zero a seis anos de idade; (V) acesso aos níveis mais elevados do ensino, da pesquisa e da criação artística, segundo a capacidade de cada um; (VI) oferta de ensino noturno regular, adequado às condições do educando; (VII) atendimento ao educando, no ensino fundamental, através de programas suplementares de material didático escolar, transporte, alimentação e assistência à saúde."

75 "Art. 209. O ensino é livre à iniciativa privada, atendidas as seguintes condições: (I) cumprimento das normas gerais da educação nacional; (II) autorização e avaliação de qualidade pelo Poder Público."

refere-se a serviço público em sentido estrito, no segundo estar-se-á no Domínio Econômico, já que se trata de campo *livre à iniciativa privada*, mas sujeito a regulação, autorização e avaliação pelo Estado.

Ocorre que o art. 213 prevê que recursos públicos sejam igualmente dirigidos a escolas comunitárias, confessionais ou filantrópicas, desde que "(i) comprovem finalidade não lucrativa e apliquem seus excedentes financeiros em educação; e (ii) assegurem a destinação de seu patrimônio a outra escola comunitária, filantrópica ou confessional, ou ao Poder Público, no caso de encerramento de suas atividades".

Poder-se-ia alegar que tais escolas, porque promovem a educação aos necessitados, estariam fora do Domínio Econômico. Entretanto, a realidade mostra que muitas escolas confessionais, comunitárias ou filantrópicas cobram mensalidades de seus alunos (ou de parte deles). Como, então, negar que atuam no mercado (portanto, no Domínio Econômico)?

Mais correto, daí, afirmar, que o Constituinte não limitou o emprego de recursos públicos ao serviço público em sentido estrito, estendendo-o a entidades que atuam no Domínio Econômico. Diferentemente, pois, do caso da saúde, em que inexiste qualquer indicação de que o constituinte quisesse criar favorecimentos entre os agentes do Domínio Econômico, na educação o benefício parece tolerado. Não obstante a dotação de recursos públicos possa implicar vantagem àquelas entidades sem fins lucrativos, o legislador constitucional brasileiro admitiu a possibilidade da subvenção, desde que qualquer excedente financeiro não deixasse de ser aplicado na própria educação, que é, nos termos do art. 205, "dever do Estado". Ora, se a subvenção é tolerada pelo constituinte mesmo no Domínio Econômico, parece correto ali se incluir a imunidade. Também nesse caso, entretanto, não se pode deixar de considerar que o vetor da Livre Concorrência não permitirá que a entidade, valendo-se de seu privilégio, reduza a concorrência.

Não é porque uma entidade educacional, por sua condição imune, cobra mensalidades escolares mais em conta que se terá, de imediato, afastada a imunidade. Pesará a seu favor o fato de que a cobrança de mensalidades reduzidas abre a maior camada da população o acesso à educação, o que sem dúvida implica atender ao desiderato constitucional. Se, entretanto, a cobrança de tais mensalidades força as instituições de educação com fins lucrativos a reduzir igualmente suas mensalidades, não obstante estejam elas sujeitas a imposto, então parece adequado trazer o argumento da Livre Concorrência.

5.3 Atendidos os requisitos da lei

Retomando o texto constitucional, nota-se que a imunidade de que ora se trata não se estende a qualquer entidade educacional ou assistencial sem fins lucrativos, mas apenas àquelas que atenderem *aos requisitos da lei*. Embora o constituinte tenha usado a expressão "lei", sem qualificá-la como ordinária ou complementar, o art. 146 dispõe caber à lei complementar *regular as limitações constitucionais ao poder de tributar*. Ora, se a imunidade é uma dessas limitações, claro que é a lei complementar que apresentará os requisitos para o gozo da imunidade.

Cumprindo tal papel, o art. 14 do CTN arrola os requisitos a serem observados pelas entidades ora estudadas:

I – não distribuírem qualquer parcela de seu patrimônio ou de suas rendas, a qualquer título;
II – aplicarem integralmente, no País, os seus recursos na manutenção dos seus objetivos institucionais;
III – manterem escrituração de suas receitas e despesas em livros revestidos de formalidades capazes de assegurar sua exatidão.

Importa esclarecer, nesse ponto, que esses são os únicos requisitos que devem ser observados para que se goze a imunidade. Não pode a lei ordinária apresentar outros requisitos, já que, uma vez cumpridos os da lei complementar, a entidade já está imune, por mandamento constitucional, a qualquer interferência do poder tributante ordinário.

Escrevendo sob a égide da Constituição anterior, Baleeiro admitia que mera lei ordinária trouxesse requisitos para o gozo da imunidade. Essa tese é bem rechaçada por Misabel de Abreu Machado Derzi, ao atualizar a obra do jurista baiano, arguindo, ao lado da referência expressa da Constituição à lei complementar, o argumento de que não haveria como deixar para a própria pessoa jurídica de direito público que institui o tributo a tarefa de impor requisitos para a imunidade[76].

Efetivamente, pífia seria a imunidade, se seu gozo dependesse de decisão do próprio poder tributante. Melhor seria falar em isenção, não em imunidade. Ao exigir lei complementar, assegurou o constituinte que nenhum legislador ordinário (federal, estadual, distrital ou municipal) tivesse qualquer influência quanto aos requisitos para seu gozo.

Cabe aqui uma observação: o papel da lei complementar, plenamente exercido pelo art. 14 do CTN, é o de arrolar os requisitos para o gozo da imunidade. Não significa isso, entretanto, que não haja matéria, que afete a imunidade, regulada por lei ordinária. Assim, para não ir mais longe, basta citar que é no Código Civil (lei ordinária) que se encontram os dispositivos acerca da constituição e de funcionamento de associações; o fato de estas poderem gozar de imunidade não implica não possa uma lei ordinária dispor sobre seu funcionamento. Dessa forma, somente o art. 14 do Código Tributário Nacional apresenta condições válidas à luz da Constituição Federal para que se usufrua de imunidade.

5.3.1 Não distribuição de lucros

O requisito apresentado no inciso I do art. 14 do Código Tributário Nacional pode oferecer dificuldade para o desenvolvimento das entidades de educação e de assistência social, já que ele pressupõe não só a vedação de distribuição de lucros aos sócios ou instituidores (o que é normal a

---

76 Cf. DERZI MACHADO, Misabel de Abreu. Nota de atualização. In: BALEEIRO, Aliomar. *Direito tributário brasileiro*. 11. ed. Rio de Janeiro: Forense, 2004, p. 178-181; ainda defendendo o papel da lei ordinária, cf. SARAIVA FILHO, Oswaldo Othon de Pontes. Controvérsia acerca da imunidade tributária dos partidos políticos. *Revista Fórum de Direito Tributário*, ano 8, n. 45, maio/jun. 2010, p. 25-48.

qualquer entidade sem fins lucrativos), mas, de modo amplo, que não se distribua qualquer parcela do patrimônio, a qualquer título que seja.

Distribuir uma parcela do patrimônio não é o mesmo que empregar recursos da entidade na finalidade à qual ela se propôs. Um raciocínio tão absurdo levaria a crer que a associação arrecadaria recursos e os entesouraria, sem a possibilidade de empregá-los em sua finalidade. Ao contrário: pressupõe-se que a associação empregue os recursos que arrecadou em sua finalidade. Assim, por exemplo, não "distribui" uma parcela do patrimônio a associação que concede bolsas de estudos a pessoas carentes, quando esse é exatamente seu objetivo. Tampouco é "distribuição" o pagamento de salários de seus empregados.

Assim, o conceito de "distribuição" deve ser entendido num sentido diverso: "Distribuir" parcela do patrimônio é empregá-lo em finalidade diversa daquela à qual se propôs a associação.

Na legislação do Imposto de Renda encontra-se figura análoga, quando se trata da distribuição disfarçada de lucros. Ali, como aqui, investiga-se quando se considerará ocorrida a distribuição. Embora haja várias teorias a respeito, parece acertada aquela que emprega o conceito do "ato anormal de gestão", desenvolvida entre os franceses.

A teoria do ato anormal de gestão questiona o dilema que decorre do fato de que, em princípio, não cabe ao Fisco julgar a qualidade ou os resultados da gestão financeira ou comercial de uma empresa: é provável que se a empresa tivesse sido mais bem administrada, seu resultado seria mais positivo e, portanto, maior seria a arrecadação dali proveniente. Se esse raciocínio é suficiente para justificar a atuação do sócio/acionista que, por participar dos lucros da empresa, pode questionar os atos praticados por seus dirigentes, a mesma posição não pode ser tomada pelo Fisco. Embora também este tenha interesse no bom desempenho da empresa, não pode ele questionar os atos de direção desta. De tal postulado, entretanto, não se pode extrair a conclusão de que todo e qualquer ato praticado pelos dirigentes de uma empresa está livre do crivo fiscal.

Daí a teoria do ato anormal de gestão, que se fundamenta na ideia de que a atividade dos administradores de sociedades deve ser ditada pelo interesse destas, não por seu interesse pessoal. Assim, em virtude da teoria do ato anormal de gestão, não se admite sejam consideradas, na determinação do lucro tributável da empresa, as despesas que, por princípio, não têm qualquer ligação com o interesse da empresa, ou cujo valor se revele exagerado. Entre as primeiras estariam, por exemplo, liberdades concedidas a um parente, a um amigo ou a outra sociedade com a qual o administrador tenha laços pessoais, ou, ainda, se o administrador concorda com a concessão de caução em operação estranha ao interesse social.

Não é difícil transportar a teoria do ato anormal de gestão para o tema das imunidades, de modo a concluir que a entidade distribui uma parcela de seu patrimônio quando se desvenda prática de ato anormal de gestão. Assim é que a entidade assistencial ou de educação, para que goze da imunidade, deve manter-se dentro de seu objeto social. Não pode distribuir lucros a seus sócios, por óbvio, já que a própria Constituição condiciona a imunidade a que sejam sem fins lucrativos. Mas não basta que inocorra a distribuição formal de lucros. Importa, ademais, que todos os atos praticados por seus administradores sejam no interesse da associação, i.e., necessários para que esta atinja seus objetivos institucionais.

É muito comum que, com base no citado dispositivo do Código Tributário Nacional, defenda-se que a associação não pode remunerar seus administradores. Não parece que tal entendimento extraia-se do art. 14 acima transcrito. Com efeito, o que se veda é a distribuição de uma parcela do patrimônio ou de suas rendas, a qualquer título. Como visto, a "distribuição" pressupõe um pagamento que se desvia de suas finalidades, um ato anormal de gestão.

Ora, considerando que as associações crescem geometricamente em importância na sociedade brasileira, seria uma visão míope esperar que elas mantivessem uma gestão amadora, composta apenas por voluntários. Se tal requisito pode ser esperado de pequenas associações, hoje se identificam entidades de grande porte, que cumprem papel importante na assistência social e na educação, cuja gestão exige a atuação profissional.

Daí não ser anormal que tais entidades valham-se de profissionais cuja formação permita a maximização de seus resultados. A remuneração de tais administradores, desde que baseada em critérios de mercado, não pode ser considerada um ato anormal de gestão. Ao contrário, "anormal" seria esperar que profissionais tivessem dedicação exclusiva a tais entidades, sem qualquer remuneração.

Assim, não parece ilícito que uma entidade sem fins lucrativos remunere seus dirigentes. Tal circunstância, por si, não será suficiente para que ela perca a imunidade. Importará, outrossim, que a remuneração não se revele excessiva, i.e., que a entidade não acabe por distribuir parcela de seu patrimônio ou por suas rendas a qualquer título, inclusive a título de remuneração de seus dirigentes.

Na verdade, o art. 12, § 2º, "a", da Lei n. 9.532/97 pretendeu condicionar a imunidade a que as entidades atendessem ao requisito de "não remunerar, por qualquer forma, seus dirigentes pelos serviços prestados". Sendo mera lei ordinária, não lhe cabia estabelecer requisitos para o gozo da imunidade, já que, conforme o art. 146 da Constituição Federal, tal papel ficou reservado à lei complementar. Por tal razão, o Plenário do Supremo Tribunal Federal, na Medida Cautelar da Ação Direta de Inconstitucionalidade 1.802-3/DF, houve por bem suspender esse dispositivo.

Com efeito, o art. 4º da Lei n. 13.151/2015 alterou referido dispositivo, mantendo a vedação à remuneração como regra geral, mas estabelecendo que "no caso de associações assistenciais ou fundações, sem fins lucrativos" os seus dirigentes poderão ser "remunerados, desde que atuem efetivamente na gestão executiva, respeitados como limites máximos os valores praticados pelo mercado na região correspondente à sua área de atuação, devendo seu valor ser fixado pelo órgão de deliberação superior da entidade, registrado em ata, com comunicação ao Ministério Público, no caso das fundações".

Ademais, o art. 6º da Lei n. 13.151/2015 modificou o inciso I do art. 29 da Lei n. 12.101/2009, condicionando também a "isenção" do pagamento de contribuições por "associações assistenciais ou fundações, sem fins lucrativos" a que os seus dirigentes sejam remunerados a mercado, nos mesmos termos do dispositivo acima reproduzido. No caso das demais entidades beneficentes, i.e., que não estejam constituídas sob a forma de "associações assistenciais ou fundações, sem fins lucrativos", remanesce a inconstitucional condição de que "não percebam seus diretores, conselheiros, sócios, instituidores ou benfeitores remuneração, vantagens ou benefícios, direta ou indiretamente, por qualquer forma ou título, em razão das competências, funções ou atividades que lhes sejam atribuídas pelos respectivos atos constitutivos".

As alterações promovidas incorrem em idêntico vício formal ao da Lei n. 9.532/97, ao se estabelecer requisito para gozo de imunidade mediante lei ordinária. Do ponto de vista material, o requisito da remuneração a mercado certamente traz problemas ao se cogitar situação em que inexistem comparáveis na região correspondente à área de atuação da entidade. Em ambos os casos, seja na limitação estabelecida pelo art. 4º ou na condição do art. 6º, não existe qualquer fundamento, na Constituição ou no CTN, para que esteja a "instituição de educação ou de assistência social", constituída sob a forma de associação assistencial ou fundação, não se justificando, igualmente, esta outra limitação trazida pela lei ordinária.

5.3.2 Aplicação de recursos no País

A exigência de aplicarem no País seus recursos deve ser compreendida com algum cuidado: teria o legislador exigido que todos os gastos daquelas entidades se dessem no País? Que dizer dos gastos com equipamentos adquiridos no exterior? Como fica a instituição de ensino que paga um curso no exterior para o aperfeiçoamento de seus docentes?

Mais adequado parece ser o entendimento de que se espera que tais entidades apliquem os recursos no interesse do País, i.e., que seus dispêndios, mesmo que ocorridos no exterior, sejam voltados a atender a uma necessidade do País.

Num primeiro momento, poderia ser questionável tal requisito, quando se tem em conta que se na época da edição do Código Tributário Nacional, não se cogitava ser interesse do País a aplicação de recursos no exterior, os últimos tempos têm mostrado uma atuação do País como sujeito de Direito Internacional, assumindo responsabilidades por ações sociais, mesmo que além-fronteiras. A pergunta imediata é: se o Estado brasileiro pode assim agir, não haveria espaço para que o "terceiro setor" tomasse idêntico rumo, sem perder a imunidade?

A resposta parece estar no tema do controle: enquanto aplicando seus recursos no País, tais entidades podem ser controladas, de modo que se assegure não sejam suas ações forma indireta de distribuir lucros; se a ação se dá fora do País, torna-se impossível tal fiscalização. Daí a conveniência de se limitar a imunidade a ações no interesse do País e aqui realizadas.

5.3.3 Imunidades e deveres instrumentais

No que se refere ao requisito previsto no inciso III, é ele evidência de que a imunidade alcança apenas a obrigação de pagar impostos, não as denominadas "obrigações acessórias", que se examinarão no Capítulo X. A Lei n. 9.430/96 prevê a suspensão da imunidade da entidade que descumpre tal preceito:

> Seção I
> Suspensão da Imunidade e da Isenção
>
> Art. 32. A suspensão da imunidade tributária, em virtude de falta de observância de requisitos legais, deve ser procedida de conformidade com o disposto neste artigo.
>
> § 1º Constatado que entidade beneficiária de imunidade de tributos federais de que trata a alínea "c" do inciso VI do art. 150 da Constituição Federal não está observando requisito ou condição previsto nos arts. 9º, § 1º, e 14, da Lei n. 5.172, de 25 de outubro de 1966 – Código Tributário Nacional, a fiscalização tributária expedirá notificação fiscal, na qual relatará os fatos que determinam a suspensão do benefício, indicando inclusive a data da ocorrência da infração.
>
> § 2º A entidade poderá, no prazo de trinta dias da ciência da notificação, apresentar as alegações e provas que entender necessárias.
>
> § 3º O Delegado ou Inspetor da Receita Federal decidirá sobre a procedência das alegações, expedindo o ato declaratório suspensivo do benefício, no caso de improcedência, dando, de sua decisão, ciência à entidade.

§ 4º Será igualmente expedido o ato suspensivo se decorrido o prazo previsto no § 2º sem qualquer manifestação da parte interessada.

§ 5º A suspensão da imunidade terá como termo inicial a data da prática da infração.

§ 6º Efetivada a suspensão da imunidade:

I – a entidade interessada poderá, no prazo de trinta dias da ciência, apresentar impugnação ao ato declaratório, a qual será objeto de decisão pela Delegacia da Receita Federal de Julgamento competente;

II – a fiscalização de tributos federais lavrará auto de infração, se for o caso.

§ 7º A impugnação relativa à suspensão da imunidade obedecerá às demais normas reguladoras do processo administrativo fiscal.

§ 8º A impugnação e o recurso apresentados pela entidade não terão efeito suspensivo em relação ao ato declaratório contestado.

§ 9º Caso seja lavrado auto de infração, as impugnações contra o ato declaratório e contra a exigência de crédito tributário serão reunidas em um único processo, para serem decididas simultaneamente.

§ 10º Os procedimentos estabelecidos neste artigo aplicam-se, também, às hipóteses de suspensão de isenções condicionadas, quando a entidade beneficiária estiver descumprindo as condições ou requisitos impostos pela legislação de regência.

Embora o texto legal fale em "suspensão" de imunidade, o que há, na verdade, é a descrição de todo o processo pelo qual se constata a inexistência de imunidade, por descumprimento de requisito previsto em lei complementar, conforme a permissão prevista pelo art. 14, § 1º, do Código Tributário Nacional. Ou seja: é o Código quem, exaustivamente, arrola os requisitos para a imunidade; o dispositivo acima não inova nessa matéria, mas apenas regula como, no âmbito federal, se evidenciará a ausência de imunidade pleiteada pelo contribuinte.

O art. 32 da Lei n. 9.430/96 foi questionado perante o Supremo Tribunal Federal, sob a alegação de que violaria o art. 146, II, da Constituição Federal por instituir requisitos ao gozo da imunidade sem ser lei complementar. Nas palavras do Min. Luiz Fux, relator da ADI 4.021, "os aspectos procedimentais necessários à verificação do atendimento das finalidades constitucionais das regras de imunidade, referentes à fiscalização e ao controle administrativo, são passíveis de definição por lei ordinária". Ou seja, de acordo com o Ministro, "o dispositivo legal impugnado não versa requisitos para gozo de imunidade tributária, mas dispõe sobre normas de procedimento administrativo fiscal"[77].

Assiste razão ao STF no caso concreto, pois a referida Lei tão somente estabelece os procedimentos para a averiguação do cumprimento dos requisitos para o gozo da imunidade previstos pelo art. 14 do CTN, conforme aliás prevê o § 1º deste artigo. No entanto, cabe o alerta de que a lei ordinária não pode, sob o pretexto de incluir regras procedimentais, impor novos requisitos para a

77 STF, ADI n. 4.021-DF, Plenário, rel. Min. Luiz Fux, D.J. 03.10.2019, p. 13.

fruição da imunidade. Para saber se a lei ordinária incorreu em tal erro, basta verificar se os procedimentos para atestar os requisitos a estes se vinculam ou se, na verdade, possuem objetos diversos. Ora, se o procedimento trazido pela lei ordinária não se vincular à constatação de distribuição de lucros, de aplicação de recursos no País ou da adequada escrituração, logo será confirmada a sua inconstitucionalidade por violar o art. 146, II, da Constituição.

5.4 Extensão da imunidade das entidades assistenciais às contribuições sociais

A regra de que as imunidades se referem apenas a impostos encontra, aqui, uma exceção, quando se lê, no § 7º do art. 195 da Constituição Federal, que versa sobre as contribuições sociais destinadas à seguridade social, que:

> § 7º São isentas de contribuição para a seguridade social as entidades beneficentes de assistência social que atendam às exigências estabelecidas em lei.

Já se examinaram as categorias técnicas de tributação, onde ficou claro que, embora o constituinte tenha empregado o termo "isentas", mais adequado seria dizer "imunes", já que se trata de uma proteção constitucional.

Note-se que a imunidade acima referida aplica-se exclusivamente às entidades de assistência social; não vale, assim, para os partidos políticos, para os sindicatos de empregadores, para as pessoas jurídicas de Direito Público, para os templos nem para as entidades de educação (a menos que as últimas, por meio de sua atividade fim, pratiquem assistência social – como o ensino a comunidades carentes).

A razão aparente do privilégio reside no fato de que as entidades de assistência social dedicam a totalidade de seus recursos à seguridade social. Conforme dispõe o art. 194 do texto constitucional, "a seguridade social compreende um conjunto integrado de ações de iniciativa dos Poderes Públicos e da sociedade, destinadas a assegurar os direitos relativos à saúde, à previdência e à assistência social". Ora, se a assistência social é parte da seguridade social, não haveria sentido em retirar recursos daquela para retornar a ela mesma. Daí a imunidade.

Tal como o caso da imunidade de impostos, também aqui se prevê a observância de requisitos previstos em "lei".

Deve-se aplicar a esse caso o que se viu acima, no sentido de que a lei que pode apresentar tais requisitos é uma lei complementar, não uma lei ordinária, já que, afinal, a imunidade é uma limitação constitucional ao poder de tributar (art. 146, II). Nesse sentido, é perfeitamente aplicável o referido art. 14 do Código Tributário Nacional no caso das contribuições para a seguridade social em relação às entidades beneficentes de assistência social.

Embora o referido art. 14 faça remissão ao art. 9º do Código que disciplina apenas a imunidade no caso de impostos, é preciso que se considere que, para o Código, a destinação legal do produto da arrecadação do tributo é irrelevante para a caracterização da sua natureza jurídica, nos termos do seu art. 4º. Obviamente, isso não implica tratar as espécies tributárias dos impostos e das contribuições sociais como uma só, já que houve a constitucionalização do conceito de tributo – conforme explicado no Capítulo III. No entanto, tal constatação permite que se estenda o tratamento da imunidade dos impostos ao caso das contribuições para a seguridade social, uma vez que o Código não trouxe requisitos considerando a destinação do produto arrecadado, mas sim a ausência de fins lucrativos, bem como a necessidade de se manter o controle sobre essas entidades.

Em que pese seja evidente a necessidade de lei complementar trazer os requisitos para o gozo da imunidade, o Supremo Tribunal Federal inovou ao aceitar que lei ordinária verse sobre requisitos subjetivos.

Mesmo com os requisitos presentes no art. 14 do Código Tributário Nacional, o legislador ordinário insiste em estabelecer novas condições para que a entidade possa usufruir da imunidade.

Ao tratar da organização da seguridade social e do plano de custeio desta, a Lei n. 8.212/1991 trouxe, no seu art. 55, uma série de condições para o gozo da "isenção". A referida lei, por ser ordinária, não poderia impor requisitos diversos dos previstos no Código Tributário Nacional, que é lei complementar. De certo modo, foi assim fixada a Tese do Tema 32 de Repercussão Geral quando, ao analisar tais condições, o Supremo Tribunal Federal julgou em conjunto quatro ações diretas de inconstitucionalidade (ADIs 2.028, 2.036, 2.621 e 2.228) e um recurso extraordinário em repercussão geral (RE-RG 566.622)[78]. Em tal oportunidade, a tese fixada foi de que "[a] lei complementar é forma exigível para a definição do modo beneficente de atuação das entidades de assistência social contempladas pelo art. 195, § 7º, da CF, especialmente no que se refere à instituição de contrapartidas a serem por elas observadas". Em que pese tenha sido essa a tese fixada, os fundamentos trouxeram um discrímen que abre questionável espaço para a lei ordinária no estabelecimento de requisitos para o gozo da imunidade.

Nas palavras do Min. Luís Roberto Barroso, para "requisitos subjetivos associados à estrutura e funcionamento da entidade beneficente, lei ordinária é possível", ao passo que "interferência com o espectro objetivo das imunidades, exige-se lei complementar"[79]. Nesse sentido, após minucioso voto do Min. Teori Zavascki, a Min. Rosa Weber sintetiza que aqueles requisitos subjetivos seriam "aspectos meramente procedimentais referentes à certificação, fiscalização e controle administrativo dessas entidades"[80].

Exemplo disso seria a exigência de certificados, como o Certificado de Entidade de Fins Filantrópicos e o Certificado de Entidade Beneficente de Assistência Social (CEBAS), os quais precisam ser renovados periodicamente, de sorte que a entidade possa fazer jus à imunidade tributária. Para o Supremo Tribunal Federal, pode-se exigir a renovação de certificados como o CEBAS sob pena de não fruição da imunidade, uma vez que não há direito à imunidade por prazo indeterminado, já que isso implicaria reconhecer um direito adquirido a regime jurídico[81].

Embora o art. 55 da Lei n. 8.212/1991 tenha sido revogado pela Lei n. 12.101/2009, esta voltou a arrolar uma série de requisitos para o gozo da imunidade. Ao julgar a ADI n. 4.480 cujo objeto

78 STF, ADI n. 2.028-DF, Plenário, rel. Min. Joaquim Barbosa, redatora do acórdão Min. Rosa Weber, D.J. 02.03.2017; e STF, RE n. 566.622-RS, Plenário, rel. Min. Marco Aurélio, D.J. 23.02.2017.

79 STF, ADI n. 2.028-DF, Plenário, rel. Min. Joaquim Barbosa, redatora do acórdão Min. Rosa Weber, D.J. 02.03.2017, p. 19.

80 STF, ADI n. 2.028-DF, Plenário, rel. Min. Joaquim Barbosa, redatora do acórdão Min. Rosa Weber, D.J. 02.03.2017, p. 61.

81 Cf., *e.g.*, STF, Ag. Reg. no RO em MS n. 23.368-DF, Plenário, rel. Min. Edson Fachin, D.J. 24.11.2015.

envolvia vários dispositivos da Lei n. 12.101/2009 – com redação dada pela Lei n. 12.868/2013 –, o Supremo Tribunal Federal manteve, por maioria, a distinção fixada anteriormente. Assim, nas palavras do relator, Min. Gilmar Mendes, de um lado, "os 'lindes da imunidade' devem ser disciplinados por lei complementar" e, de outro, "as normas reguladoras da constituição e funcionamento da entidade imune, para evitar que 'falsas instituições de assistência e educação sejam favorecidas pela imunidade', em fraude à Constituição, podem ser estabelecidas por meio de lei ordinária, prescindindo, portanto, da edição de lei complementar"[82].

Com efeito, o STF não viu inconstitucionalidade nos arts. 1º e 13, I e II, da Lei n. 12.101/2009, pois estes apenas exigem, respectivamente, a certificação das entidades beneficentes de assistência social, bem como critérios de adequação ao Plano Nacional de Educação e ao atendimento a padrões mínimos de qualidade para que a entidade de educação receba ou renove sua certificação. Afinal, tais dispositivos não extrapolariam nem o art. 14 do CTN, nem o texto constitucional que versa especificamente sobre o Plano Nacional de Educação (art. 214). Também não vislumbrou inconstitucionalidade no art. 18, §§ 1º, 2º, I, II e II, e § 3º, pois tais dispositivos apenas definiriam quais entidades seriam consideradas de assistência social. Ainda os incisos I, II, III, IV, V, VII e VII do art. 29 seriam constitucionais por se amoldarem aos requisitos previstos pelo art. 14 do CTN.

Por sua vez, no caso do art. 13, § 1º, I e II; § 3º, § 4º, I e II; §§ 5º, 6º e 7º, e do art. 14, §§ 1º e 2º, o STF entendeu que as exigências neles previstas trariam requisitos materiais, pois seriam "condições para obtenção da certificação", próprias de lei complementar, uma vez que estabeleciam "a necessidade de concessão de bolsa de estudos" e a forma como deveriam proceder acerca da distribuição de tais bolsas. Também julgou inconstitucional o art. 18, *caput*, da mesma Lei que condicionava a certificação apenas para entidades que prestassem serviços gratuitamente, o qual seria um "requisito atinente aos lindes da imunidade". Decidiu ainda pela inconstitucionalidade do art. 29, VI, da Lei n. 12.101/2009, dado que trazia prazo de obrigação acessória ao arrepio do CTN, pois exigia a conservação em boa ordem, pelo prazo de dez anos, diversos documentos. Por fim, declarou inconstitucional o art. 31 dessa Lei porque esta fixava o direito à imunidade a partir da data da publicação da concessão e não desde quando estariam cumpridos os requisitos. Tal dispositivo, aliás, iria de encontro à Súmula 612 do Superior Tribunal de Justiça, que atesta a natureza declaratória do CEBAS, retroagindo seus efeitos à data em que demonstrada observância das exigências fixadas por lei complementar para a fruição a imunidade[83].

A respeito dessa posição do Supremo Tribunal Federal, cabem considerações acerca de duas ordens.

Em primeiro lugar, embora o STF tenha entendido que a concessão de determinado número de bolsas seja um requisito material e, portanto, inconstitucional, fato é que não deixa de ser requisito material o atendimento às metas do Plano Nacional de Educação e aos padrões mínimos de qualidade. Afinal, não perdem a natureza assistencial as entidades de educação que, por exemplo, sejam voltadas à população carente e que, é claro, observem os requisitos presentes no art. 14 do CTN. Ou seja, a própria definição da Lei n. 12.101/2009 acerca de entidade de educação considerada de assistência social traz consigo requisitos materiais – além do previsto pelo CTN – para o gozo da imunidade.

---

82 STF, ADI n. 4.480-DF, Plenário, rel. Min. Gilmar Mendes, D.J. 27.03.2020, p. 25.

83 STF, ADI n. 4.480-DF, Plenário, rel. Min. Gilmar Mendes, D.J. 27.03.2020, p. 30, 36-37.

Em segundo lugar, dispositivos que pretendam exprimir o previsto pelo art. 14 do CTN podem impor restrições que não se encontrem no texto da lei complementar. Ao analisar os incisos I, II, III, IV, V, VII e VII do art. 29 da Lei n. 12.101/2009, o Min. Gilmar Mendes simplesmente viu se eles tratavam do mesmo assunto que os requisitos presentes no art. 14 do CTN, sem verificar se aqueles estariam limitando indevidamente estes.

A título de exemplo, o inciso I com a redação dada pela Lei n. 12.868/2013 não permitia qualquer forma de remuneração aos diretores e quejandos, ainda que fosse a mercado. Falha essa corrigida não pelo STF, mas pela Lei n. 13.151/2015. Mesmo porque, conforme já explicado acima, não distribuir lucros não significa trabalho voluntário.

Outro exemplo é o do inciso III que versa sobre a necessidade de apresentar certidão negativa ou positiva com efeitos de negativa de débitos relativos aos tributos administrados pela Receita Federal do Brasil (RFB) e certificado de regularidade do Fundo de Garantia do Tempo de Serviço (FTGS). Em que pese o Min. Gilmar Mendes tenha colocado esse requisito no âmbito do inciso III do art. 14 do CTN, que versa sobre a devida escrituração das receitas e despesas, esse não exige situação tributária regular com a RFB. Nem há que se falar que seria uma interpretação razoável desse dispositivo da lei complementar, pois seria possível dizer daí que a entidade poderia estar numa situação irregular com outros entes tributantes (Estados e Municípios), mas não com a RFB.

Ainda sob o guarda-chuva do inciso III do art. 14 do CTN, o STF considerou a constitucionalidade do cumprimento de deveres instrumentais estabelecidos na legislação tributária (inciso VII do art. 29 da Lei n. 12.101/2009) e da necessidade de auditor independente legalmente habilitado nos Conselhos Regionais de Contabilidade quando a receita brutal superar determinado patamar (inciso VIII do art. 29 da Lei n. 12.101/2009). Novamente, parece que a lei ordinária ultrapassou os sentidos possíveis da interpretação do art. 14, III, do CTN.

De um lado, o dever instrumental instituído como requisito para o gozo da imunidade é manter escrituração de receitas e despesas em livros revestidos de formalidades capazes de assegurar sua exatidão. Em nenhum momento abre-se a possibilidade de se cogitar o afastamento da imunidade pela inobservância de outros deveres instrumentais. Não é dizer que o descumprimento destes não possa gerar multas, mas sim que o descumprimento não implica deixar de lado uma limitação constitucional ao poder de tributar, criando daí poder de tributar.

De outro lado, exigir auditor independente tal qual previsto pelo art. 29, VIII, da Lei n. 12.101/2009 constitui uma interpretação extremamente restritiva do art. 14, III, do CTN, já que este dispositivo exige apenas "formalidades capazes de assegurar sua exatidão". Ora, a redação desse dispositivo do CTN busca atender tanto à necessidade de se verificar a exatidão das receitas e despesas aos fins a que se destina tal entidade quanto amenizar a elevada exigência de formalidades para entidades que atuam no Setor Público, de sorte a não demandar excesso de rigor, mas privilegiar a instrumentalidade das formalidades.

Tendo isso em vista, constata-se que o STF acerta ao ler no termo "lei" presente no art. 195, § 7º, da Constituição a necessidade de haver lei complementar instituindo requisitos para o gozo da imunidade. No entanto, sob o pretexto de diferenciar requisitos materiais daqueles procedimentais, o STF acabou considerando constitucionais dispositivos que, na verdade, obstruem a fruição da imunidade. Requisitos materiais ou procedimentais sempre serão requisitos. Mais acertado parece ver a possibilidade de a lei ordinária instituir procedimentos para a averiguação do cumprimento dos requisitos presentes em lei complementar (no caso, art. 14 do CTN). Contudo, sempre considerando a lógica de que, observados tais requisitos, não pode a lei ordinária obstar a fruição da imunidade. Tampouco pode a lei ordinária, sob a alegação de estar interpretando o art. 14 do CTN, criar novos requisitos.

6 Livros, jornais, periódicos e o papel destinado a sua impressão

Ao lado das imunidades acima arroladas, que levam em conta elementos subjetivos para seu reconhecimento, o texto constitucional apresenta casos de imunidade objetiva, i.e., a imunidade que se concede a uma operação, independentemente de quem a pratica. É essa a espécie de que trata a alínea "d" do art. 150, VI, da Constituição Federal:

> Art. 150. Sem prejuízo de outras garantias asseguradas ao contribuinte, é vedado à União, aos Estados, ao Distrito Federal e aos Municípios:
>
> (...)
>
> VI – instituir impostos sobre:
>
> (...)
>
> d) livros, jornais, periódicos e o papel destinado a sua impressão.
>
> (...)

Enquanto nos demais casos a imunidade encontrava fundamento na ausência de capacidade contributiva, a espécie de que ora se trata em nada se relaciona com aquele princípio. O constituinte não pressupôs que quem incorre em operações relativas a livros, jornais, periódicos e papel destinado a sua impressão tivesse menor capacidade econômica, merecendo, daí, maior atenção. Ao contrário, o que se encontra no referido dispositivo é um estímulo à atividade cultural, por meio dos livros, periódicos e jornais, além de garantia da liberdade de manifestação do pensamento, do direito de crítica e de posicionamento político, religioso ou ideológico. Dessa forma, o que se encontra na imunidade aos livros, jornais, periódicos e ao papel destinado a sua impressão é um estímulo à atividade cultural, exercida por meio dos livros, periódicos e jornais. Tal incentivo, vale dizer, poderia dar-se em qualquer situação, quando o legislador, por meio de normas tributárias indutoras, fomenta determinada atuação do contribuinte. No papel de garantia, encontra-se a defesa de uma liberdade fundamental.

O uso da tributação para limitar a liberdade de imprensa não é hipótese teórica. Na Inglaterra, noticia-se a existência de um tributo sobre o conhecimento. Eis o que a seu respeito informa Adams:

> *One of the unusual taxes of this period was a "tax on knowledge", which was a newspaper tax designed to curb the press. Newspapers had freely criticized the government since Walpole's time, and the government could not directly curb the press, but it could tax opposition newspapers into silence. A stamp tax closed the door of most anti-establishment newspapers. Upper-class newspapers were also taxed, but they stayed in business because their readers could afford to pay. Thus, through*

taxation the government could accomplish indirectly what it could not do directly – muzzle reformist and critical newspapers[84].

Não deixa de ser curiosa a nota de que como o referido imposto era cobrado por página, os jornais passaram a adotar páginas maiores, como forma de reduzir a tributação[85].

Essa imunidade surgiu no ordenamento brasileiro por força da Constituição de 1946. Naquela época, entretanto, o que se imunizava era o "papel de impressão destinado exclusivamente à impressão de livros, periódicos e jornais". Aquela imunidade surgiu porque, naquele período, o papel para jornal era importado e o imposto poderia onerar demasiadamente aqueles veículos. Imputa-se ao festejado escritor baiano Jorge Amado, deputado constituinte de 1946 pelo Partido Comunista Brasileiro, a iniciativa, que seria devida à prática, durante a ditadura getulista, de dificultar a importação de papel de imprensa pelos jornais de oposição[86]; daí a imunidade viabilizar sua produção.

Por outro lado, deve-se ter em mente o que acima se defendeu acerca da relação entre imunidade e direitos fundamentais: estes se asseguram independentemente da imunidade, quando se afasta a tributação excessiva; tributo módico, de outro modo, não poderia ser afastado exclusivamente em nome da proteção de direito fundamental.

Melhor dizendo, no caso das imunidades subjetivas, viu-se que a norma decorre de uma confluência de vários dispositivos, todos levando ao alargamento de sua leitura. A proteção a direitos fundamentais, isoladamente, não levaria a uma amplitude tão grande; esta surge quando se soma àqueles a consideração da capacidade contributiva.

No caso dos livros, jornais e periódicos (imunidade objetiva), tem-se, por certo, a intenção do constituinte de proteger a produção cultural. Há verdadeira indução econômica, com o privilégio de um setor econômico. Há, ainda, a proteção à liberdade. Mas já não há falta de capacidade contributiva. Assim, a norma imunizante decorre da confluência do dispositivo específico de indução econômica e com aquela proteção. O espectro, portanto, não pode ser equiparado ao das normas imunizantes para cuja construção concorre a Capacidade Contributiva.

Quando se entende que a imunidade é objetiva, depreende-se que ela apenas atinge as operações, não quem as pratica. Assim, enquanto a imunidade impede que se tributem as vendas de livros (mercadorias) pelo ICMS, por exemplo, nada veda a tributação do lucro do livreiro pelo Imposto de Renda. Por outro lado, a jurisprudência aceitou que a imunidade se estende até mesmo aos impostos que se cobrariam sobre os anúncios que se inserem em jornais e periódicos[87].

A regra ora sob exame vem tendo um entendimento amplo por parte da jurisprudência: tendo em vista ser odiosa qualquer forma de censura prévia em matéria de imprensa,

---

84 Cf. ADAMS, Charles. Op. cit. (nota 50), p. 353.

85 Cf. ADAMS, Charles. Op. cit. (nota 50), p. 354.

86 Cf. CARRAZZA, Roque Antonio. Importação de bíblias em fitas – sua imunidade – Exegese do art. 150, VI, "d", da Constituição Federal. *Revista Dialética de Direito Tributário*, n. 26, 1997, p. 134.

87 Cf. NOGUEIRA, Ruy Barbosa. *Imunidades*. São Paulo: Saraiva, 1992, p. 142.

nossos tribunais vêm acatando a imunidade independentemente de qual o conteúdo da publicação[88]. Assim, não cabe ao aplicador da lei condicionar a imunidade a que o conteúdo da publicação seja "adequado". Embora se pudesse acreditar que um livro escolar, por exemplo, deveria receber tratamento diverso de uma publicação pornográfica, o constituinte não admitiu qualquer diferenciação para efeitos tributários: tratando-se de livro, jornal ou periódico, está assegurada a imunidade, qualquer que seja seu conteúdo. Até mesmo os catálogos telefônicos já tiveram sua imunidade assegurada pelo Supremo Tribunal Federal, enquanto periódicos, com informações de interesse da coletividade[89]. Alerte-se, por outro lado, que meros catálogos de produtos de empresas não se consideram livros, jornais ou periódicos.

A amplidão conferida à imunidade vem da postura tradicional, segundo a qual por ela se asseguraria o exercício de direito fundamental. Nesse sentido, qualquer restrição à imunidade feriria o próprio direito protegido.

Quando, entretanto, se percebe que a norma de imunidade decorre de vários dispositivos (a mera proteção não seria suficiente), então já é hora de rever essa jurisprudência.

> Afinal, como visto, em vários casos de imunidade o dispositivo constitucional específico apenas vem explicitar ou complementar a construção de norma que, de resto, já se poderia extrair, em seus contornos básicos, de outros dispositivos. São vários dispositivos constitucionais que confluem, levando a um mesmo entendimento. A norma resulta de tal confluência.

---

88 Podem ser apontados os seguintes julgados do Supremo Tribunal Federal: "(...) *a imunidade tributária sobre livros, jornais, periódicos e o papel destinado à sua impressão tem por escopo evitar embaraços ao exercício da liberdade de expressão intelectual, artística, científica e de comunicação, bem como facilitar o acesso da população à cultura, à informação e à educação. 2. o constituinte, ao instituir esta benesse, não fez ressalvas quanto ao valor artístico ou didático, à relevância das informações divulgadas ou à qualidade cultural de uma publicação. 3. não cabe ao aplicador da norma constitucional em tela afastar este benefício fiscal instituído para proteger direito tão importante ao exercício da democracia, por força de um juízo subjetivo acerca da qualidade cultural ou do valor pedagógico de uma publicação destinada ao público infantojuvenil* (...)" (STF, RE n. 221.239-SP, 2ª Turma, rel. Min. Ellen Gracie, D.J. 06.08.2004, p. 61); "(...) É de se entender que não estão excluídos da imunidade os 'periódicos' que cuidam apenas e tão somente de informações genéricas ou específicas, sem caráter noticioso, discursivo, literário, poético ou filosófico, mas de 'inegável utilidade publica', como é o caso das listas telefônicas. Recurso extraordinário conhecido, por unanimidade de votos, pela letra 'd' do permissivo constitucional, e provido, por maioria, para deferimento do mandado de segurança" (STF, RE n. 101.441-RS, Tribunal Pleno, rel. Min. Sydney Sanches, D.J. 19.08.1988, p. 20.262).

89 Nesse sentido, tem se os seguintes julgados: "(...) a edição de listas telefônicas (catálogos ou guias) é imune ao I.S.S., (art. 19, iii, 'd', da CF.), mesmo que nelas haja publicidade paga. Se a norma constitucional visou facilitar a confecção, edição e distribuição do livro, do jornal e dos 'periódicos', imunizando se ao tributo, assim como o próprio papel destinado a sua impressão, é de se entender que não estão excluídos da imunidade os 'periódicos' que cuidam apenas e tão somente de informações genéricas ou específicas (...) de 'inegável utilidade pública' (...)" (STF, RE n. 101.441-RS, Tribunal Pleno, rel. Min. Sydney Sanches, D.J. 19.08.1988, p. 20.62); "(...) não estão excluídos da imunidade constitucional as publicações 'que cuidam de informações genéricas ou específicas, sem caráter noticioso, discursivo, literário, poético ou filosófico, mas de inegável utilidade publica, como é o caso das listas telefônicas' (...)" (STF, RE n. 134.071-SP, 1ª Turma, rel. Min. Ilmar Galvão, D.J. 30.10.1992, p. 19.516). Seguindo essa interpretação ampla do Supremo Tribunal Federal, o Tribunal Federal da 3ª Região já assegurou a imunidade para "*Collectible Card Games*" (*e.g.* Yu-Gi-Oh) (TRF da 3ª Região, AC n. 0009300-77.2003.4.03.6105-SP, 3ª Turma, rel. Des. Fed. Márcio Moraes, j. 05.07.2012, D.E. 23.07.2012 e Agravo Legal em AI n. 0031749-59.2013.4.03.0000-SP, 3ª Turma, rel. Juiz Fed. Convocado Roberto Jeuken, j. 09.05.2014).

Basta o raciocínio: fosse revogado o art. 150, VI, da Constituição, ainda assim se poderia identificar, no texto constitucional, norma imunizando as pessoas jurídicas de Direito Público, bem como os partidos políticos, os templos etc. Haveria dúvidas quanto à sua extensão, resolvidas por aqueles dispositivos, mas a norma já teria suas linhas traçadas.

O mesmo pensamento, se empregado ao caso dos livros, jornais, periódicos e papel destinado à sua impressão, levaria a resultado bastante diverso. Não é possível encontrar na Constituição outros dispositivos que levassem à conclusão pela imunidade.

Com efeito, fosse a proteção da liberdade de expressão suficiente para assegurar a imunidade, então causaria espécie o fato de o teatro, o cinema e – por que não – as aulas do professor sujeitarem-se a imposto. Acaso serão formas menores de expressão de pensamento?

Mais ainda: enquanto a capacidade contributiva seria argumento relevante para afastar a imposição fora do Domínio Econômico (como as pessoas jurídicas de direito público, os templos, os partidos políticos, as entidades assistenciais etc.), no caso dos livros, jornais, periódicos e papel destinado a sua impressão o mesmo princípio da capacidade contributiva leva a raciocínio contrário à imunidade.

Nas imunidades subjetivas e mistas, há falta de capacidade contributiva: o princípio da capacidade contributiva vem apenas reforçar a conclusão pela imunidade. Na imunidade objetiva dos livros, jornais, periódicos e papel destinado à sua impressão, o princípio da capacidade contributiva atua em sentido inverso ao da imunidade.

Identificam-se, no caso da imunidade objetiva, dispositivos com orientação díspar, a serem sopesados pelo aplicador na construção da norma, sem necessariamente afastar um ou outro, mas possivelmente reduzindo o alcance de um por causa do outro. Da mesma forma que forças com vetores diversos, cuja resultante indicará a direção a ser seguida pelo fenômeno físico, também os dispositivos atuam num feixe, cabendo ao aplicador/intérprete determinar a direção que dali resulta, construindo a norma.

Ou seja, não cabe negar a imunidade quando existe dispositivo constitucional que a assegura; o dispositivo ganha caráter indutor, por determinação constitucional. A identificação, entretanto, de seu caráter excepcional, contrário mesmo a outros dispositivos constitucionais, impõe que a norma resultante afete com o menor grau possível a capacidade contributiva. Se nas imunidades subjetivas tinha-se norma ampla, já que capacidade contributiva e outros valores constitucionais conspiravam todos no mesmo sentido do alargamento dos dispositivos específicos, na imunidade objetiva tem-se claro conflito, implicando norma diminuta.

Em síntese, o que se sustenta é que – contrariamente ao que correntemente se afirma – a interpretação das imunidades não se encontra condicionada a qualquer critério especial e apriorístico, ainda que tal critério busque, aparentemente, prestigiar a proteção constitucional, no sentido de que tais limitações ao poder de tributar devem ser sempre objeto de interpretação extensiva pelo aplicador do direito.

A máxima de que as imunidades se interpretam amplamente enquanto as isenções se interpretam restritivamente merece ser revista. Imunidades existem de diversas ordens e a construção da norma – mais ou menos ampla – deve conduzir-se segundo uma leitura sistemática das normas constitucionais. Noutras palavras, se há proteção de direito fundamental, este contribuirá, juntamente com a capacidade contributiva, para a construção da norma. A amplidão da norma imunizante é a consequência de um conjunto de dispositivos que levam a tal conclusão. Vê-se, assim, que a interpretação da norma imunizante deve realizar-se na medida exata e necessária ao resguardo dos valores nela albergados, não sendo legítima, portanto, interpretação ampla que confira à norma extensão que vá além do sentido possível abstraído do todo constitucional[90].

Identificado, entretanto, um conflito entre dispositivos constitucionais, então mais restrita será a norma imunizante.

Assim, constata-se que a interpretação das imunidades tributárias não se orienta por um postulado próprio e distinto da interpretação das demais normas integrantes do ordenamento jurídico. À semelhança do que ocorre em qualquer processo interpretativo em âmbito constitucional, a extensão da norma cujo conteúdo confere uma imunidade tributária será determinada a partir dos valores extraídos da leitura sistemática e orgânica da Constituição Federal, podendo resultar mais ou menos ampla.

Se a imunidade objetiva tem recebido pela jurisprudência amplo espectro no que se refere ao conteúdo, deve-se ressaltar que é necessário que se esteja diante de um livro, jornal ou periódico. A jurisprudência sobre o assunto não é consistente. Por um lado, encontra-se tendência à restrição da imunidade, que não se estende a insumos diversos do "papel destinado a sua impressão". Por outro lado, quando se investiga o próprio conceito de livro, não mais parece relevante a sua forma física, aceitando-se não ser possível a imunidade do livro, se não for ela estendida a seu suporte físico.

Com efeito, quando se discutiu a importância do meio físico no qual se apresenta a publicação, tema que gerava grande divisão doutrinária[91], o Supremo Tribunal Federal, em sede de repercussão geral, entendeu que essa imunidade abrange livros eletrônicos, também conhecidos como *e-books*[92]. O entendimento foi tão amplo a ponto de o relator do caso, o Ministro Dias Toffoli, afirmar que "o suporte das publicações é apenas o continente (*corpus mechanicum*) que abrange o conteúdo (*corpus misticum*) das obras, não sendo ele o essencial ou o condicionante para o gozo da imunidade". Ao mencionar o "papel", entendeu o relator que o constituinte procurou tornar igualmente imune o suporte por meio do qual a publicação é veiculada, visando ao barateamento e à acessibilidade da obra, e não propriamente a restringi-la a determinado material físico. Por isso, em seu voto, o Ministro entendeu que a imunidade também abrange livros auditivos gravados em CD-ROM e aparelhos destinados exclusivamente à reprodução de obras (*e-readers*). Vale, no entanto, a ressalva do Ministro de que a imunidade não se estende aos *tablets*, *smartphones* e *laptops*, porquanto "vão muito além de meros equipamentos utilizados para a leitura de livros digitais". Em virtude dessa decisão, foi editada a Súmula Vinculante 57, segundo a qual "[a] imunidade tributária constante do art. 150, VI, *d*, da CF/88 aplica-se à importação e comercialização, no mercado interno, do livro eletrônico (*e-book*) e dos suportes exclusivamente utilizados para fixá-los, como leitores de livros eletrônicos (*e-readers*), ainda que possuam funcionalidades acessórias".

90 Cf. COSTA, Regina Helena. *Imunidades tributárias*: teoria e análise da jurisprudência do STF. 2. ed. São Paulo: Malheiros, 2006, p. 115.

91 Cf. BALEEIRO, Aliomar. *Direito* cit. (nota 8), p. 150, por exemplo, entende que o fato de a imunidade constante do art. 150, VI, "d", proteger apenas o papel, não significa que o campo normativo do dispositivo constitucional esteja limitado. Já TORRES, Ricardo Lobo. *Tratado* cit. (nota 8), p. 65, afirma que parece incabível a extensão constitucional, por exemplo, a livros eletrônicos e a produtos de informática. Para uma revisão da doutrina, Cf. a coletânea MACHADO, Hugo de Brito (coord.). *Imunidade tributária do livro eletrônico*. São Paulo: IOB, 1998.

92 STF, Repercussão Geral no RE n. 330.817-RJ, Tribunal Pleno, rel. Min. Dias Toffoli, j. 08.03.2017, D.J. 10.03.2017.

Parece correto afirmar que a imunidade concedida aos livros consiste em privilégio constitucional destinado a um conjunto específico e limitado de situações, razão pela qual o contribuinte, por encontrar-se no campo do Domínio Econômico, está sujeito ao Princípio da Livre Concorrência. Em tal situação, tendo em vista a presença de vetor indicativo da existência de capacidade contributiva e a ausência de um fundamento para a concessão de um privilégio constitucional, uma interpretação ampla da abrangência da referida imunidade torna-se criticável.

Essa interpretação ampla, típica dos direitos humanos, seara na qual prevalece o princípio *in dubio pro libertate*, é dotada de exagero, apresentando analogia ingênua entre a cultura tipográfica e a eletrônica. A imunidade sob análise, como de resto ocorre com qualquer outro privilégio constitucional, deve ser interpretada de acordo com a letra da lei e com os objetivos e a finalidade da concessão, observando-se o postulado da razoabilidade[93]. Nesse sentido, não há razão para estender esta imunidade para além do que o constituinte expressamente protegeu. Isso, porém, não significa prender-se à interpretação estática e literal do dispositivo, mas compreender a teleologia da norma, de sorte que tampouco a imunidade seja esvaziada por abarcar apenas a realidade de quando foi instituída.

Conquanto se possa compreender a extensão da imunidade aos suportes dos livros eletrônicos, parece exagerada a equiparação, efetuada no referido julgamento do Supremo Tribunal Federal, daqueles suportes ao papel destinado a sua impressão, que se tornou amplo por abranger os suportes de livros não físicos (*e-books*, *e-readers* e livros auditivos gravados em CD-ROM[94]). Com efeito, parece convincente o argumento de que não é possível a imunidade do livro (conteúdo) sem a imunidade do seu suporte (continente): o primeiro não é acessível, no mundo físico, sem o segundo. Tal raciocínio não exige que se cogite o conceito de papel. Basta dizer que o suporte físico (continente) é parte integrante do próprio livro (conteúdo).

Ao estender o conceito de papel destinado a sua impressão, entretanto, o Supremo Tribunal Federal pode ter reaberto discussão que já se encontrava pacificada, no sentido de não ser possível ampliar aquele conceito.

Defendia-se, no passado, que a expressão seria ampla, atingindo qualquer insumo para a confecção de livros, jornais e periódicos. Assim, por exemplo, a tinta ou os filmes fotográficos[95]. O posicionamento jurisprudencial foi no sentido de restringir demais insumos, garantindo-se a imunidade, salvo raras exceções, ao papel. Por outro lado, o termo "papel" foi considerado amplo, já que ali se compreendem, por exemplo, o papel fotográfico ou o "percalux", papel plastificado que muitas vezes substitui o couro na encadernação de livros, e inclusive pano.

Na verdade, o posicionamento jurisprudencial acerca da restrição da imunidade ao papel, propriamente dito, e não a outros insumos, conquanto coerente com o entendimento que aqui se defende acerca da restrição à imunidade, não era tão pacífico. Cite-se, por exemplo, o entendimento do Ministro Celso de Mello, no Agravo Regimental no Recurso Extraordinário 681.320. Embora o Ministro tenha votado no sentido de que a imunidade alcança apenas o papel ou materiais assemelhados ao papel, recusando a extensão da imunidade aos insumos destinados à produção de livros,

---

93 Cf. TORRES, Ricardo Lobo. *Tratado de Direito Constitucional Financeiro e Tributário*. vol. 3. Rio de Janeiro: Renovar, 2000, p. 305.

94 Em sentido contrário, cf. SARAIVA FILHO, Oswaldo. A não extensão aos chamados livros, jornais, periódicos eletrônicos. *Revista Dialética de Direito Tributário*, n. 33, 1998, p. 137.

95 STF, AgRg no RE com Agravo n. 504.615-SP, 1ª Turma, rel. Min. Ricardo Lewandowski, j. 03.05.2011, D.J. 18.05.2011.

jornais e periódicos, fica claro no voto que o Ministro assim procedia em respeito à orientação majoritária e contrariamente a seu entendimento, a qual afastava da norma imunizante insumos como maquinaria e peças necessárias à produção, equipamentos a serem utilizados no parque gráfico, tiras plásticas para amarração de jornais, dentre outros[96]. Essa mesma tendência pode ser observada em outro acórdão, desta feita da 1ª Turma do Supremo Tribunal Federal, posto que por maioria, quando se entendeu pela extensão da imunidade tributária a outros insumos, conforme se extrai da seguinte ementa:

> *Constituição Federal. Extraia-se da Constituição Federal, em interpretação teleológica e integrativa, a maior concretude possível.*
> *Imunidade. "Livros, Jornais, Periódicos e o Papel Destinado a Sua Impressão." Artigo 150, inciso I, alínea "d" da Carta da República. Inteligência. A imunidade tributária relativa a livros, jornais e periódicos é ampla, total, apanhando produto, maquinário e insumos. A referência do preceito a papel é exemplificativa e não exaustiva*[97].

Circunstância que merece maior cuidado é a dos insumos aplicados em produto imune, diante do Princípio da Não Cumulatividade: no lugar de se cogitar extensão da imunidade, o que se prega é que a imunidade apenas se assegura se for mantido o crédito dos insumos. O raciocínio é singelo. Pela não cumulatividade, examinada no Capítulo VIII, sabe-se que a tributação do produto se dá ao longo de uma cadeia, de modo que, por uma sistemática de débitos e créditos, chega-se a onerar o consumidor final com o total do tributo; os intermediários na cadeia produtiva não devem sofrer a tributação. O creditamento é a forma como se desoneram os intermediários. Se assim é, então a saída de um produto imune deve ser acompanhada da manutenção do crédito do imposto, sob pena de se onerar o vendedor com o imposto pago nas etapas anteriores. Didáticas, nesse sentido, as lições de Alcides Jorge Costa, em parecer que foi reproduzido pelo Ministro Celso de Mello e adotadas como razão de decidir em voto acolhido integralmente pelo Supremo Tribunal Federal:

> *4.1 Depois do que foi dito, passa-se ao exame da imunidade constante do art. 150, VI, "d" da Constituição Federal. Como foi visto, se há imunidade, o Estado fica privado de competência para editar leis que criem tributos, ainda que, por via oblíqua, sobre a coisa ou sobre a pessoa imune. Também como foi visto, o ICMS é um imposto concebido para ser pago pelo consumidor e que é recolhido fracionariamente no curso dos ciclos de produção e da comercialização de mercadorias. Em cada etapa, o imposto é calculado e o débito daí resultante é compensado com o crédito do imposto recolhido nas etapas anteriores.*
> *4.2 Se o produto goza de imunidade constitucional, como é o caso do papel destinado à impressão de livros, jornais e periódicos, a desconsideração do crédito do imposto pago nas fases anteriores (aquisição de insumos) implica o exercício do poder de tributar pelo Estado, o que entretanto, este não pode fazer em vista da imunidade que inibe o poder de tributar. Assim, estes créditos devem ser mantidos e utilizados na forma da legislação aplicável, inclusive por via de transferência para terceiros mediante pecúnia. Cabe até a restituição em dinheiro, modalidade que os Fiscos estaduais têm repelido mas sem a qual acabam existindo tibutações indevidas.*
> *(...)*

96 STF, AgRg no RE com Agravo n. 681.320-PB, 2ª Turma, rel. Min. Celso de Mello, j. 22.05.2012, *DJe* 11.06.2012. *Revista Dialética de Direito Tributário*, n. 204, set. 2012, p. 175.

97 STF, RE n. 202.149-RS, 1ª Turma, rel. Min. Menezes Direito, redator p/ acórdão Min. Marco Aurélio, j. 26.04.2011, *DJe* 11.10.2011. *Revista Dialética de Direito Tributário*, n. 198, mar. 2012, p. 194.

> *6.4 Acontece, porém, que, como já foi dito, se há imunidade, o crédito referente aos insumos adquiridos deve ser mantido, sob pena de se estar onerando com o ICMS aquilo que goza de imunidade nos termos da Constituição. E é exatamente porque, havendo imunidade, o legislador ordinário ou complementar não tem qualquer competência para legislar, que o art. 155, § 2º, inciso II não se aplica nestes casos. (...)*[98].

7 Fonogramas e videofonogramas musicais

Com o advento da Emenda Constitucional n. 75, de 15 de outubro de 2013, inseriu-se no ordenamento jurídico brasileiro nova imunidade cujo fundamento não se relaciona à ausência de Capacidade Contributiva. Consoante a alínea "e" do inciso VI do art. 150 da Constituição Federal:

> *Art. 150. Sem prejuízo de outras garantias asseguradas ao contribuinte, é vedado à União, aos Estados, ao Distrito Federal e aos Municípios:*
>
> *(...)*
>
> *VI – instituir impostos sobre:*
>
> *(...)*
>
> *e) fonogramas e videofonogramas musicais produzidos no Brasil contendo obras musicais ou literomusicais de autores brasileiros e/ou obras em geral interpretadas por artistas brasileiros bem como os suportes materiais ou arquivos digitais que os contenham, salvo na etapa de replicação industrial de mídias ópticas de leitura a laser.*

Assim como no caso da imunidade dos livros, jornais e periódicos, trata-se de imunidade objetiva. O que se imuniza na presente norma é o "fonograma", o "videofonograma", bem como "os suportes materiais ou arquivos digitais que os contenham", conforme descritos.

Cabe ver, inicialmente, qual o sentido das expressões "fonograma" e "videofonograma", apontadas pelo constituinte derivado.

Já a Lei n. 5.988, de 14 de dezembro de 1973, que foi revogada pela atual Lei de Direito Autoral[99], definia fonograma como "a fixação, exclusivamente sonora, em suporte material" (art. 4º, VII) e videofonograma como "a fixação de imagem e som em suporte material" (art. 4º, VIII).

A atual Lei de Direito Autoral veio a instituir definições mais complexas. Para os fins da referida Lei, deve-se entender como fonograma "toda fixação de sons de uma

98 Cf. COSTA, Alcides J. ICMS – Imunidade – Direito ao Crédito – Insumos. *Revista de Estudos Tributários*, ano 3, n. 13, maio-jun. 2000, p. 27/30, apud STF, AC n. 2.559-RJ (Referendo em Medida Cautelar), 2ª Turma, rel. Min. Celso de Mello, j. 14.06.2010, *DJe* 20.09.2011. *Revista Dialética de Direito Tributário*, n. 195, dez. 2011, p. 182-188.

99 Lei n. 9.610, de 19 de fevereiro de 1998.

execução ou interpretação ou de outros sons, ou de uma representação de sons que não seja uma fixação incluída em uma obra audiovisual"[100].

A doutrina autoralista também aponta para definição legal de videofonograma[101], embora esta seja menos óbvia.

O art. 5º, VIII, "i", da Lei de Direito Autoral define "obra audiovisual" como a obra que "resulta da fixação de imagens com ou sem som, que tenha a finalidade de criar, por meio de sua reprodução, a impressão de movimento, independentemente dos processos de sua captação, do suporte usado inicial ou posteriormente para fixá-lo, bem como dos meios utilizados para sua veiculação".

As obras audiovisuais, por sua vez, podem ser cinematográficas ou videofonográficas. Tal entendimento, diferenciando-se quanto às técnicas de produção e quanto a seu suporte[102] doutrinário, encontra-se reproduzido na legislação sobre o tema. Assim, considera-se cinematográfica a "obra audiovisual cuja matriz original de captação é uma película com emulsão fotossensível ou matriz de captação digital, cuja destinação e exibição seja prioritariamente e inicialmente o mercado de salas de exibição". Obra videofonográfica é a "obra audiovisual cuja matriz original de captação é um meio magnético com capacidade de armazenamento de informações que se traduzem em imagens em movimento, com ou sem som"[103].

Por conseguinte, ao referir-se a "videofonogramas", e não a "obras audiovisuais", o constituinte derivado excluiu a obra cinematográfica do âmbito da referida imunidade.

Importa notar que, no direito autoral, o objeto tutelado "são os sons e/ou imagens ínsitos no fonograma ou videograma no seu sentido de veículo, que exprimem normalmente uma coisa incorpórea, que pode ser obra literária ou artística"[104]. Sobre determinadas utilizações de tais sons e imagens atribui-se um direito ao produtor. Assim, o produtor de fonogramas tem o direito exclusivo de, onerosa ou gratuitamente, autorizar ou proibir a reprodução, a distribuição, a comunicação e "quaisquer outras modalidades de utilização, existentes ou que venham a ser inventadas", relativamente ao fonograma[105].

Mas o que justifica a tutela de fonogramas e videogramas por parte do direito autoral? É preciso que se esclareça que a produção de fonogramas e videofonogramas

100 Lei n. 9.610, de 19 de fevereiro de 1998, art. 5º, IX.

101 Cf. BITTAR, Carlos Alberto. *Direito de Autor*. 4. ed. Rio de Janeiro: Forense Universitária, 2003, p. 81. Note-se que as expressões "fonograma" e "obra fonográfica", assim como "videofonograma", e "obra videofonográfica", são tratadas indistintamente.

102 Cf. BITTAR, Carlos Alberto. Op. cit. (nota 105), p. 81.

103 Esta distinção encontra-se expressa no art. 1º da Medida Provisória n. 2.228-1, de 6 de setembro de 2001, que, entre outras disposições, estabelece princípios gerais da Política Nacional de Cinema.

104 Cf. ASCENSÃO, José de Oliveira. *Direito de Autor*. 2. ed. Rio de Janeiro: Forense, 1997, p. 494.

105 Lei n. 9.610, de 19 de fevereiro de 1998, art. 93.

não configura criação artística ou literária, mas sim uma técnica industrial[106]. Tanto é assim que a tutela da produção de fonogramas e videogramas se mantém mesmo que a obra caia no interesse público, de modo que a tutela do produtor de fonogramas e videogramas não pode ser considerada, sequer, um reflexo da proteção que se atribui à obra literária ou artística.

Difícil a missão de construir a norma de imunidade. Assim como se viu no caso dos livros, também aqui surgiria a tentação de uma proteção constitucional à cultura. Essa justificativa cairia por terra, entretanto, tendo em vista que são inúmeras as manifestações de cultura que se sujeitam à tributação[107].

Tampouco se poderia invocar preocupação com o vetor Capacidade Contributiva a inspirar a presente imunidade. Trata-se de evidente atuação em pleno Domínio Econômico, objeto de indústria cuja importância econômica não é desprezível.

Resta como vetor a construir a norma da imunidade seu viés indutor: trata-se de decisão do constituinte derivado de incentivar a produção cultural.

A imunidade aplica-se tão somente a fonogramas e videogramas "musicais produzidos no Brasil contendo obras musicais ou literomusicais de autores brasileiros e/ou obras em geral interpretadas por artistas brasileiros".

Não é de hoje que se observa no Brasil o intento de privilegiar artistas nacionais, notadamente os músicos. Relata-se que a primeira "manifestação de nacionalismo" no setor cultural ocorreu justamente na seara musical, com o advento da Lei n. 385, de 26 de janeiro de 1937, a qual impôs "a inclusão de obras de autores brasileiros natos em programas musicais de quaisquer salas de espetáculos, concertos e teatros do país"[108]. Com o Decreto n. 50.929, de 8 de julho de 1961, obrigaram-se as gravadoras a lançar, a cada ano, pelo menos um disco, contendo peça de "autor erudito brasileiro", incumbindo ao Ministério da Educação e Cultura estimular referidas gravações. Durante a década de 1970, denunciou-se que "as raízes da música brasileira" estariam "inteiramente sufocadas por grupos estrangeiros", que trazem "a imposição de hábitos de vida e maneiras antitradicionais de falar e de dançar"[109].

A proteção à produção no País parece conforme ao Princípio da Soberania Econômica (art. 170, I, da Constituição Federal). Entretanto, sendo o país integrante da Organização Mundial do Comércio, a falta de tributação dos produtos fabricados no País exige, por conta da regra de não discriminação constante do GATT, que se estenda igual tratamento aos produtos importados.

A expressão "suportes materiais ou arquivos digitais que os contenham" também pode provocar alguma dificuldade. Se é verdade que os suportes materiais podem ser identificados nas mídias físicas (CDs, DVDs, Blu-rays), a expressão "arquivos digitais" é ampla,

---

106 Cf. ASCENSÃO, José de Oliveira. Op. cit. (nota 104), p. 492.

107 Cf., nesse sentido, ASCENSÃO, José de Oliveira. Op. cit. (nota 104), p. 494.

108 Cf. CHAVES, Antônio. *Direito de Autor*: princípios fundamentais. Rio de Janeiro: Forense, 1987, p. 449.

109 É o relato do Maestro Marlos Nobre ao Conselho Estadual de Cultura, em 2 de junho de 1976. Cf. CHAVES, Antônio. Op. cit. (nota 108), p. 453.

podendo alcançar situações como *downloads*, *streaming*, e as mais diversas formas de comercialização de arquivos via Internet.

Ademais, a imunidade não se aplica à "etapa de replicação industrial de mídias ópticas de leitura a laser". Tal ressalva buscou preservar os benefícios fiscais concedidos pela Zona Franca de Manaus, que é fator de atração de indústrias do setor para a região.

8 Exportações

As exportações são objeto de especial tratamento por parte do Constituinte, que por diversas vezes assegurou sua imunidade, não só relativamente a diversos impostos como também a algumas contribuições, como se verifica:

- no art. 149, § 2º, I, que veda a incidência de contribuições sociais e de intervenção no Domínio Econômico *sobre receitas decorrentes de exportação*[110];
- no art. 153, § 3º, III, que dispõe que o IPI *não incidirá sobre produtos industrializados destinados ao exterior;*
- no art. 155, § 2º, X, "a", que assegura que o ICMS não incidirá "sobre operações que destinem mercadorias para o exterior, nem sobre serviços prestados a destinatários no exterior, assegurada a manutenção e o aproveitamento do montante do imposto cobrado nas operações e prestações anteriores";
- no art. 156, § 3º, II, que dispõe caber à lei complementar, relativa ao ISS, *excluir da sua incidência exportações de serviços para o exterior.* Nesse sentido, a Lei Complementar n. 116/2003 assegura, no seu art. 2º, a imunidade das prestações de serviços para o exterior.

Essa imunidade aparece entre as de natureza técnica. Não se ousaria alegar que com sua introdução, pretendeu o constituinte afastar a tributação por falta de capacidade contributiva. Ao contrário, as exportações revelam, obviamente, aquela capacidade. Tampouco proteção de liberdade fundamental há que se cogitar como fundamento para a imunidade.

Assim, a imunidade às exportações se explica a partir da decisão do constituinte brasileiro – seguindo tendência universal – de o País adotar, em suas relações internacionais, o princípio do destino na tributação do consumo.

---

110 Conquanto fale em contribuições sociais, o dispositivo limita a imunidade à "receita" (decorrente de exportação), que é apenas uma dentre as possíveis hipóteses de incidência das contribuições destinadas a financiar a seguridade social, conforme se vê no art. 195 da Constituição. Assim é que o Supremo Tribunal Federal entendeu, após intenso debate entre os Ministros, que a imunidade não afastaria a Contribuição Social sobre o Lucro pelo fato de esta ter por "fato gerador" a apuração de lucro, e não de receita, pelo contribuinte. Interessante ver, no caso, a posição da Ministra Ellen Gracie, em sintonia com a natureza técnica da referida imunidade, quando esta assinala que "a extensão da imunidade à CSLL desbordaria de simples desoneração das exportações em si para implicar, isto sim, a imunização do lucro da empresa exportadora, o que poderia acarretar violação ao Acordo sobre Subsídios e Medidas Compensatórias", integrante do Acordo Constitutivo da OMC, do qual o Brasil é signatário. Cf. STF, RE n. 564.413-8-SC, Tribunal Pleno, rel. Min. Marco Aurélio, j. 12.08.2010, D.J. 03.11.2010.

Com efeito, a tributação do consumo pode dar-se, basicamente, segundo dois critérios: origem e destino: no primeiro caso, tributam-se as exportações e desoneram-se as importações, na crença de que a tributação deve dar-se exclusivamente onde o bem é produzido. Nesse caso, mesmo o bem exportado deve ser tributado no local onde foi produzido e o bem importado deve ser desonerado, já que não houve produção no local do consumo. A tributação pelo destino, ao contrário, entende que o tributo deve ser recolhido onde foi consumido, não onde foi produzido.

Do ponto de vista estritamente técnico, poder-se-iam encontrar boas fundamentações tanto para a tributação na origem como no destino. Entretanto, o fato de que larguíssima quantidade de países já vem adotando o critério do destino torna inviável outra escolha. Basta considerar que se o País adotasse o critério da origem, então seus produtos exportados seriam onerados duas vezes: na origem e no destino (uma vez que nada impediria que o país de destino tributasse aqueles mesmos produtos); já os produtos importados não sofreriam qualquer tributação, dado que eles viriam desonerados do país exportador que adotasse o princípio do destino e não sofreriam tampouco qualquer tributação no País. A distorção torna-se evidente.

Daí que a opção pelo critério do destino não pode ser afastada. Ora, como a tributação do consumo, no País, se encontra distribuída entre União, todos os Estados, Distrito Federal e Municípios, importava ao constituinte, por mandamento cogente, impor que aquele mesmo critério fosse seguido por todos os entes tributantes. Noutras palavras, a imunidade das exportações, juntamente com a possibilidade de se tributarem as importações, nada mais faz que instituir, em âmbito nacional, o critério do destino. É, assim, imunidade que apenas conforma a própria competência tributária.

Em relação ao ICMS, o art. 156, § 2º, X, "a", da Constituição prevê a imunidade acerca das operações que destinem mercadorias para o exterior e sobre serviços prestados a destinatários no exterior. No entanto, surgiu dúvida se essa imunidade alcançaria operações ou prestações anteriores à operação de exportação. Ou seja, se compreenderia a cadeia inteira de exportação ou apenas a última etapa. A esse respeito, o Supremo Tribunal Federal julgou o RE 852.475, fixando a seguinte Tese de Repercussão Geral do Tema 897: "[a] imunidade a que se refere o art. 155, § 2º, X, 'a', da CF não alcança operações ou prestações anteriores à operação de exportação". De fato, esse mesmo dispositivo assegura, para o exportador de mercadorias e serviços, a manutenção e o aproveitamento do montante do imposto cobrado nas operações e prestações anteriores. Em outras palavras, o próprio dispositivo constitucional pressupõe a incidência do ICMS nas etapas anteriores da exportação, já que parte da premissa de que haveria crédito para o exportador. Por outro lado, é bem verdade que, como não há débito na última etapa, as empresas exportadoras acabam acumulando muitos créditos de ICMS, dependendo da legislação tributária para o uso, seja em outras operações não imunes, seja como moeda de pagamento mediante transferência a fornecedores (terceiros).

No que diz respeito aos créditos transferidos a terceiros, chegou-se a cogitar incidência da COFINS e do PIS.

Corretamente, no intuito de resguardar a imunidade das exportações, o STF decidiu no Recurso Extraordinário 606.107[111], que não incidem a COFINS e a contribuição ao PIS nesses casos. Deve-se ver que o exportador, que se encontra na última etapa da cadeia produtiva no país, está imune ao pagamento do tributo quando da exportação. Sendo assim, os créditos acumulados das etapas anteriores acabam por não ser aproveitados. Desse modo, resta ao contribuinte exportador transferir esses créditos, uma vez que o não aproveitamento destes iria de encontro à imunidade conferida às exportações.

---

111 STF, RE n. 606.107-RS, Tribunal Pleno, rel. Min. Rosa Weber, j. 22.05.2013, D.J. 22.11.2013.

Assim, reconheceu o Supremo que não devem incidir o PIS e a COFINS sobre a transferência de tais créditos de ICMS a terceiros. Como bem expressou a relatora, Ministra Rosa Weber, "[o] aproveitamento dos créditos de ICMS por ocasião da saída imune para o exterior não gera, de modo algum, receita tributável. Cuida-se de mera recuperação do ônus econômico advindo do ICMS, assegurada expressamente pelo art. 155, § 2º, X, 'a', da Constituição Federal".

9 Outras imunidades específicas

Em outros casos, além das exportações acima destacadas, o constituinte assegura imunidades por razões técnicas, i.e., para o melhor funcionamento do sistema tributário como um todo. Há, ainda, casos em que o constituinte entende que uma generalização da tributação pode ir além da capacidade contributiva manifestada. São imunidades pontuais, muitas vezes visando apenas ao diferimento da tributação para outro momento ou outro local, ou sua antecipação, com a tributação definitiva.

São exemplos de imunidades técnicas:

- o art. 153, § 5º, que, constatando que o ouro poderia ser uma mercadoria (sujeita ao ICMS) ou um ativo financeiro, dispõe que *o ouro, quando definido em lei como ativo financeiro ou instrumento cambial, sujeita-se exclusivamente à incidência* do IOF, *devido na operação de origem*, determinando-se uma alíquota mínima de 1% para aquela operação;
- o art. 155, § 2º, X, "b", que, visando à tributação exclusiva no Estado consumidor, assegura a imunidade do ICMS nas operações interestaduais envolvendo petróleo, inclusive lubrificantes, combustíveis líquidos e gasosos dele derivados, e energia elétrica;
- o art. 155, § 2º, X, "c", que assegura que o ouro, ativo financeiro, uma vez tributado pelo IOF, não fique sujeito ao ICMS;
- o art. 155, § 3º, que assegura que à exceção do ICMS e dos impostos aduaneiros, *nenhum outro imposto poderá incidir sobre operações relativas a energia elétrica, serviços de telecomunicações, derivados de petróleo, combustíveis e minerais do País.*

A identificação de imunidades técnicas torna-se relevante no momento da sua interpretação. Dada a máxima de que as imunidades se interpretam amplamente, enquanto as isenções se interpretam restritivamente, há que ver que imunidades existem de diversas ordens e sua interpretação – mais ou menos ampla – deve conduzir-se segundo o valor que preservam. Noutras palavras, se há proteção de direito fundamental, a imunidade terá o alcance deste; sendo técnica, a imunidade deverá ser interpretada no sentido de cumprir sua função no sistema.

Existem casos de imunidades específicas para um ou outro tributo, que merecem ser anotadas:

- o art. 153, § 4º, II, que assegura que o ITR não incida *sobre pequenas glebas rurais, definidas em lei, quando as explore o proprietário que não possua outro imóvel;*
- o art. 155, § 2º, X, "d", que torna imunes do ICMS as *prestações de serviço de comunicação nas modalidades de radiodifusão sonora e de sons e imagens de recepção livre e gratuita;*
- o art. 156, § 2º, I, que torna imune ao ITBI *a transmissão de bens ou direitos incorporados ao patrimônio de pessoa jurídica em realização de capital* e a *transmissão de bens ou direitos decorrente de fusão, incorporação, cisão ou extinção de pessoa jurídica, salvo se, nesses casos, a atividade preponderante do adquirente for a compra e venda desses bens ou direitos, locação de bens imóveis ou arrendamento mercantil;*
- o art. 184, § 5º, que assegura a imunidade de impostos sobre operações de transferência de imóveis desapropriados para fins de reforma agrária;
- o art. 195, II, que assegura a imunidade da contribuição social dos trabalhadores sobre aposentadoria e pensão concedidas pelo regime geral de previdência social.

Em comum, representam decisões do constituinte, fruto da negociação política.

A imunidade a que se refere o art. 153, § 4º, II, poderia ser fundamentada na falta de capacidade contributiva. Daí a ideia de pequena gleba e de exploração pelo proprietário. É a economia de subsistência. Também se poderia usar o mesmo argumento para a aposentadoria e pensão concedidas pelo regime geral de previdência social: tendo em vista seu diminuto valor, muitas vezes implicam queda do padrão de vida do aposentado, justificando-se não exigir tributos que reduzam, ainda mais, seu valor.

A imunidade dos serviços de radiodifusão poderia ser apresentada não como proteção, mas como posicionamento do constituinte no sentido de que não haveria serviço de comunicação, propriamente dita, na falta de um destinatário conhecido. Tendo em vista não ser pacífica a extensão da competência estadual, i.e., se o serviço de comunicação pressupõe, ou não, a existência de destinatário conhecido, o dispositivo constitucional serviria para afastar os questionamentos a esse respeito.

No caso da desapropriação por reforma agrária, não há falar em falta de capacidade contributiva; mais adequado é reconhecer que, sendo a desapropriação um ato do Estado, não pode ela implicar tributação, sob pena de se dar o efeito do confisco. Afinal, é pressuposto do sistema tributário que o contribuinte tenha a liberdade de incorrer, ou não, no fato tributário. No caso de desapropriação, a alienação se dá sem que ocorra negócio jurídico de transmissão imobiliária. Por isso mesmo, o ITBI já não poderia ser cobrado.

Por fim, quanto à imunidade do ITBI em relação à incorporação de bens imóveis ou direitos pela pessoa jurídica, por mais que haja de fato uma transmissão onerosa, optou o constituinte por manter tal imunidade, já presente nas Constituições anteriores desde a Emenda Constitucional n. 18/1965. Nas palavras do Min. Marco Aurélio, essa imunidade se fundamenta em promover "o trânsito jurídico de bens, considerado o ganho social decorrente do desenvolvimento nacional"[112]. Até porque facilita a capitalização e o desenvolvimento das empresas, incentivando a livre iniciativa. Se o objetivo era evitar que o ITBI constituísse um óbice em tais transmissões, viu o constituinte a necessidade de limitar essa imunidade. Daí a exceção que se baseia na atividade preponderante do adquirente.

No entanto, para o Supremo Tribunal Federal, no caso de realização de capital, embora não exista a limitação acerca da atividade preponderante, há outra referente ao próprio valor do capital subscrito. Segundo o Min. Alexandre de Moraes, a imunidade do ITBI na realização de capital "é incondicionada, desde, por óbvio, refira-se à conferência de bens para integralizar capital subscrito". Para o Ministro, "não cabe conferir interpretação extensiva à imunidade do ITBI, de modo a alcançar o excesso entre o valor do imóvel incorporado e o limite do capital social a ser integralizado"[113]. Foi assim que o STF fixou a Tese de Repercussão Geral do Tema 796, segundo a qual "[a] imunidade em relação ao ITBI, prevista no inciso I do § 2º do art. 156 da Constituição Federal, não alcança o valor dos bens que exceder o limite do capital social a ser integralizado".

Por sua vez, como *obter dictum*, o Min. Alexandre de Moraes enfatizou que a imunidade do ITBI na realização de capital não seria limitada à atividade preponderante do adquirente, pois o referido art. 156, § 2º, I, da Constituição, ao delimitar a imunidade inserindo o requisito da atividade preponderante se utiliza da expressão "salvo se, nesses casos". Como o dispositivo menciona primeiro a transmissão relativa a realização do capital e depois a transmissão decorrente de fusão, incorporação, cisão ou extinção, aquela expressão se referiria apenas aos últimos casos de transmissão, sem incluir o primeiro[114].

> Não merece aplauso o entendimento do STF, por duas razões. A imunidade busca albergar determinadas operações societárias que impliquem a transmissão de bens ou direitos que sejam incorporados ao patrimônio de pessoa jurídica. Sendo constatada a operação societária mencionada pelo dispositivo, basta que haja a transmissão de bens imóveis ou direitos reais sobre eles, para que se opere a imunidade. Naquele caso, o incômodo do STF parece ter residido na discrepância entre o valor do capital social e os imóveis incorporados, o que gerou uma constituição de reserva de capital em valor elevado. Ao mesmo tempo, porém, a expressão "salvo se, nesses casos" não parece excluir a transmissão em realização de capital. Por que motivos esta operação se diferenciaria das demais no que tange à exceção criada a partir da atividade preponderante? Aparentemente, não há razão que justifique tal tratamento. Parece que a exceção da atividade preponderante está em justamente evitar a criação de pessoas jurídicas apenas para evitarem o ITBI que seria pago pela pessoa física.

112 STF, RE n. 796.376-SC, Plenário, rel. Min. Marco Aurélio, redator do acórdão Min. Alexandre de Moraes, j. 05.08.2020, p. 9.

113 STF, RE n. 796.376-SC, Plenário, rel. Min. Marco Aurélio, redator do acórdão Min. Alexandre de Moraes, j. 05.08.2020, p. 22.

114 STF, RE n. 796.376-SC, Plenário, rel. Min. Marco Aurélio, redator do acórdão Min. Alexandre de Moraes, j. 05.08.2020, p. 20.

De qualquer modo, se a pessoa jurídica adquirente tem como atividade preponderante a compra e venda de bens imóveis ou de direitos reais sobre imóveis, ou a locação de bens imóveis ou arrendamento mercantil, possuem os Municípios e o Distrito Federal a competência para impor ITBI sobre aquelas formas de transmissão.

A dificuldade aqui reside justamente no conceito de atividade preponderante. É bem verdade que o art. 37 do CTN regula essa imunidade, definindo essa expressão. De acordo com o seu § 1º, caracteriza-se atividade preponderante nas hipóteses em que "mais de 50% (cinquenta por cento) da receita operacional da pessoa jurídica adquirente, nos 2 (dois) anos anteriores e nos 2 (dois) anos subsequentes à aquisição" for oriunda de compra e venda, locação ou arrendamento mercantil de tais bens ou direitos. Por sua vez, caso a pessoa jurídica adquirente inicie suas atividades após a aquisição ou menos de 2 (dois) anos antes dela, o § 2º do mesmo artigo exige a preponderância nos três anos seguintes à data da aquisição.

A primeira dúvida que surge é se a pessoa jurídica adquirente precisa ter 50% da receita operacional decorrente de tais atividades nos quatro anos (ou três) em questão ou se basta ter num desses anos para que deixe de gozar da imunidade. Num caso em que em apenas dois (e não quatro) anos as receitas de atividades imobiliárias ultrapassaram 50%, o Superior Tribunal de Justiça decidiu que não poderia a pessoa jurídica gozar da imunidade. São estas as palavras do Min. Mauro Campbell Marques: "para que a atividade não seja considerada preponderante, é necessária a demonstração de que em todos os quatros anos, nos dois anos anteriores e nos dois subsequentes à operação de integralização do capital social, não houve a obtenção de receita operacional majoritariamente proveniente de fontes relacionadas à atividade imobiliária". Daí concluiu: "[o]u seja, basta a demonstração de que a atividade imobiliária foi preponderante em um desses quatro anos para que a imunidade ao ITBI seja afastada"[115].

Contudo, não parece acertado esse entendimento. Para o CTN, *atividade preponderante* possui um aspecto quantitativo (mais de 50% da receita operacional) e um aspecto temporal (dois anos antes e dois anos depois).

De um lado, é preciso que a quantidade de receita operacional decorrente de determinadas transações seja maior que as demais, sob pena de ser irrelevante. Nem há que se cogitar presença de atividade preponderante quando a empresa permaneceu inativa durante determinado período. Se a receita é igual a zero, não há que perquirir a sua composição[116].

De outro lado, *preponderar* clama por permanência no tempo, já que não basta prevalecer. Daí que a atividade preponderante precisa ocorrer durante todo o período fixado pelo CTN, pois, de outra maneira, só teria prevalecido esporadicamente um ano ou outro. Em síntese: para *não* gozar da imunidade, faz-se necessário que nos quatro anos em questão (dois anteriores e dois posteriores à aquisição) se constate que 50% da receita operacional da pessoa jurídica decorra daquelas transações. Basta imaginar a seguinte situação: uma indústria opta por mudar seu local de produção, precisando daí vender a sua gigantesca propriedade imobiliária onde estava instalada. Ao realizar a venda, será possível que ela obtenha 50% em razão da venda de um único bem imóvel num único ano. Embora a referida interpretação do STJ abarque esse caso, não parece correto à luz da definição trazida pelo CTN.

---

115 STJ, REsp. n. 1.336.827-RS, Segunda Turma, rel. Min. Mauro Campbell Marques, j. 19.11.2015, D.J. 27.11.2015, p. 8.

116 Nesse sentido, cf., *e.g.*, TJ/SP, Apelação n. 1022171-53.2018.8.26.0114, 14ª Câmara de Direito Público, rel. Des. Kleber Leyser de Aquino, j. 23.07.2020.

Outra dúvida decorrente da definição trazida pelo CTN é o significado de receita operacional. Poderia ela, por exemplo, abranger a participação em outras sociedades e as receitas financeiras? Discussão que permeia os tribunais é se a *holding* que controla empresas que atuam no ramo imobiliário pode ou não gozar da imunidade. Como os resultados das subsidiárias refletem por equivalência patrimonial na *holding* controladora, argumenta-se que não se pode aceitar a completa separação entre essas pessoas jurídicas. No mesmo julgado referido acima do STJ, o Min. Mauro Campbell Marques afirmou que a atividade preponderante é verificada "diretamente e mediante participação em empresas controladas"[117]. Esse raciocínio, porém, tem como óbices não só o fato de a limitação se voltar à adquirente, apenas, como também traz uma interpretação extensiva de receita operacional, uma vez que a receita da *holding* decorre da participação em pessoa jurídica e não da própria atividade desta.

10 Imunidades e taxas

Por sua própria origem, a ideia de imunidade se liga aos impostos. Daí o art. 150 se referir àquela espécie tributária. Viu-se que as contribuições gozam de imunidade no caso de exportação e, no caso de entidades de assistência social, há imunidade da contribuição social.

Resta mencionar que o art. 5º, quando versa sobre direitos e garantias individuais, acaba por arrolar uma série de imunidades aplicáveis às taxas. Assim é que estão imunes os exercícios dos seguintes direitos:

- direito de petição aos Poderes Públicos em defesa de direitos ou contra ilegalidade ou abuso de poder (inciso XXXIV, "a");
- obtenção de certidões em repartições públicas para defesa de direitos e esclarecimento de situações de interesse pessoal (inciso XXXIV, "b");
- assistência jurídica integral aos que comprovarem insuficiência de recursos (inciso LXXIV);
- registro civil de nascimento e certidão de óbito para os reconhecidamente pobres (inciso LXXVI); e
- ações de *habeas corpus* e *habeas data* e, na forma da lei, os atos necessários ao exercício da cidadania (inciso LXXVII).

11 Imunidades e os tributos "indiretos"

No Capítulo I, mostrou-se ser falaciosa a classificação de tributos entre diretos e indiretos, por conta da pretendida "translação" imputada aos últimos.

117 STJ, REsp. n. 1.336.827-RS, Segunda Turma, rel. Min. Mauro Campbell Marques, j. 19.11.2015, D.J. 27.11.2015, p. 9.

Naquela oportunidade, lançava-se a questão: se fosse considerado um tributo, incidente sobre as operações de consumo. Imagine-se que conquanto objetivando captar a capacidade econômica do consumidor, o legislador entendesse conveniente estabelecer o vínculo jurídico com o vendedor (por exemplo, tendo em vista este encontrar-se regularmente estabelecido, sendo mais fácil cobrar deste). Pois bem: o que fazer se o consumo fosse feito por uma entidade imune à tributação? O fato de a incidência jurídica dar-se sobre o vendedor (não imune) afasta a proteção jurídica (imunidade) conferida ao adquirente?

A questão foi enfrentada do ponto de vista da incidência econômica, quando se viu que:

> *(...) a transferência do ônus tributário nos tributos sobre vendedores ou sobre compradores é fator que depende da elasticidade da oferta e da demanda, não sendo correto afirmar que determinado tributo é transferido, enquanto outro não o é.*
>
> *Mesmo um tributo dito "direto", como seria o Imposto de Renda das pessoas jurídicas, também afetará, ou não, os preços da pessoa jurídica (e portanto será "repassado") conforme as condições do mercado, sendo possível que o "repasse" se dê para trás, quando a pessoa jurídica, em virtude do Imposto de Renda, se vê obrigada a reduzir os custos de seus fatores de produção, impondo a seus fornecedores (inclusive de mão de obra) a redução de seus preços.*
>
> *Na verdade, a eventual translação é fenômeno que somente poderá ser confirmado em cada caso concreto.*

Trazendo-se a seguinte conclusão:

> *Fica, portanto, bastante claro o erro de se atribuir a todo e qualquer imposto "indireto" (critério já demonstrado duvidoso) o fato de promover a translação. Sem dúvida, é possível que a transferência do ônus econômico ocorra, mas esta é apenas uma possibilidade, diante das diversas que poderiam ocorrer.*

Importa, agora, posto que brevemente, examinar como essa questão foi enfrentada pelo Supremo Tribunal Federal, quando do exame da imunidade[118]. Em síntese, a questão é saber, no âmbito do ICMS e do IPI, se há imunidade:

- se o vendedor é imune, mas o comprador não o é (por exemplo: vendas a consumidor, efetuadas por entidades de assistência social);
- se o vendedor não é imune, mas o comprador o é (por exemplo: fornecimento de energia elétrica, efetuado por concessionária, a repartição governamental).

No passado, o Supremo Tribunal Federal chegou a prestigiar o argumento da "translação", investigando se o contribuinte "de fato" estaria imune. Assim, chegou a sustentar, em acórdão já referido acima, que:

> *IMUNIDADE RECÍPROCA. As unidades administrativas, imunes à tributação, e as empresas beneficiadas por isenção de todos os impostos federais podem, através de mandado de segurança ou outro remédio judicial idôneo, opor-se ao pagamento do imposto de consumo, exigido de fabricantes ou outros contribuintes "de jure" pelos fornecimentos que lhes façam*[119].

118 Sobre a questão, cf. MACHADO SEGUNDO, Hugo de Brito. *Repetição do tributo indireto*. Incoerências e contradições. São Paulo: Malheiros, 2011, p. 43 e s.

119 STF, RE n. 68.450-SP, 1ª Turma, rel. Min. Aliomar Baleeiro, j. 04.12.1969, D.J. 10.12.1969.

Do mesmo modo, em Plenário:

> *Caixas Econômicas Federais. Sendo o imposto de consumo eminentemente indireto, que recai, a final, sobre o comprador, de seu pagamento estão isentas as Caixas Econômicas, que gozam de imunidade tributária, face ao art. 31, V, "a", da Constituição de 1946 e leis posteriores. Precedentes do Supremo Tribunal Federal*[120].

Não obstante, o Supremo Tribunal Federal acabou, acertadamente, deixando de lado a consideração do contribuinte "de fato", firmando a questão da imunidade no contribuinte "de jure":

> IMPOSTO DE CONSUMO SOBRE MERCADORIA VENDIDA A COMPRADOR COM IMUNIDADE TRIBUTÁRIA. *Se a lei menciona, como contribuinte do imposto de consumo, o vendedor da mercadoria, não enseja a imunidade tributária, a que se referem o art. 31, V, "a", da Constituição de 1946 e o art. 20, III, "a" da Constituição de 1967, e o fato de ser essa mercadoria vendida à União, Estado ou Município, porque o contribuinte, no caso, não é qualquer dessas entidades, mas o vendedor, que é pessoa jurídico-privada. Recurso não provido*[121].

> *CONSTITUIÇÃO DE 1967, art. 20, III, "a". Imunidade tributária recíproca outorgada às pessoas jurídicas de direito público interno. Não se estende à pessoa ou entidade privada que venda mercadoria àquelas outras. Não importa saber qual seja o contribuinte de fato, nem é relevante a repercussão, no caso, o direito é concedido tão somente à entidade pública indicada no texto constitucional. 2. Recurso extraordinário provido*[122].

Não diverge, na matéria, o Superior Tribunal de Justiça:

> *(...) 3. Contribuintes do ICMS são as empresas fornecedoras de energia elétrica e de serviços de comunicação, e não a instituição religiosa que os adquire. Ainda que, no caso dos tributos indiretos, o ônus econômico seja transferido para o consumidor final (contribuinte "de fato"), não se pode desconsiderar que o sujeito passivo da tributação são as concessionárias de serviço público*[123].

Especificamente com relação ao Imposto sobre Produtos Industrializados, mas com raciocínio que pode ser estendido a outros casos, vale reproduzir a Súmula 591 do Supremo Tribunal Federal: "a imunidade ou a isenção tributária do comprador não se estende ao produtor, contribuinte do Imposto sobre Produtos Industrializados".

Consistentemente com a rejeição da busca da chamada translação, vale citar que nos casos em que uma entidade imune vende bens a quem não goza de imunidade, assegura-se a proteção da primeira sem se acatar o argumento de que o ônus do imposto estaria sendo suportado pelo adquirente (contribuinte "de fato"). Nesse sentido, decidiu o Plenário do Supremo Tribunal Federal, posto que por maioria, que a entidade imune que vendesse mercadorias de sua fabricação estaria imune à incidência do ICMS, desde que o lucro obtido fosse aplicado em suas atividades:

---

120 STF, RE n. 68.538-SP, Tribunal Pleno, rel. p/ acórdão Min. Raphael de Barros Monteiro, j. 03.12.1969, D.J.U. 16.09.1970.

121 STF, RE n. 69.117-SP, 1ª Turma, rel. Min. Rodrigues Alckmin, j. 31.10.1972, D.J.U. 29.11.1972.

122 STF, RE n. 78.623-SP, 2ª Turma, rel. Min. Antonio Neder, j. 17.06.1974, D.J.U. 21.8.1974.

123 STJ, Recurso no MS n. 22.582-CE, 1ª Seção, rel. Min. Herman Benjamin, j. 10.02.2010, D.J. 24.3.2010.

Recurso extraordinário. Embargos de Divergência *2. Imunidade tributária. Art. 150, VI, "c", da Constituição Federal. 3. Entidades beneficentes. Preservação, proteção e estímulo às entidades beneficiadas. 4. Embargos de divergência rejeitados*[124].

Do voto do relator para o Acórdão, Ministro Gilmar Mendes, extrai-se:

É claro, não se pode ignorar que se cuida de imposto que, pela repercussão econômica e eventual, poderia não onerar o contribuinte de direito, mas sim, o contribuinte de fato.

A despeito da possibilidade de se transferir ao comprador o pagamento efetivo do imposto, o reconhecimento da imunidade tem relevância jurídico-econômica para o vendedor, quanto mais não seja, como reconheceu o Ministro Sepúlveda Pertence, para fins de concorrência, e, por conseguinte, para ampliar a eficiência dos serviços prestados pela entidade beneficente.

Assim, antes de recomendar a adoção de uma interpretação que enfatize a necessidade de uma redução teleológica do art. 150, VI, c, da Constituição, a própria teleologia da disposição parece recomendar uma interpretação compreensiva do dispositivo, na linha enfatizada por Baleeiro e, mais recentemente, pelos Ministros Oscar Corrêa, Sepúlveda Pertence, Carlos Velloso, Sydney Sanches e Nelson Jobim.

Embora mereça ser aplaudido o voto em sua conclusão, não se pode acolher o argumento da vantagem concorrencial, já que, como visto acima, esta não pode ser objetivo procurado pela imunidade, sob pena de se ferir a Livre Concorrência. Mais acertado, no mesmo julgamento, o entendimento do Ministro Nelson Jobim:

Acho absolutamente equivocado se afirmar e se confundir o custo da produção com o preço de venda. O custo da produção se forma através do manejo dos elementos de produção, e entre o custo da produção, evidentemente, se inclui (sic) as despesas com juros, a despesa com mão de obra etc. O custo da produção é um parâmetro para o empresário, para fixação de preço de venda, mas o preço de venda se forma no mercado, ou seja, o preço de venda decorre de uma introdução do produto no mercado. Quando se diz que essa entidade vai entrar no mercado com uma vantagem comparativa diversa, é essa a intenção do contribuinte (sic), porque essa vantagem comparativa diversa não é problema de concorrência, porque essas entidades são marginais do processo de mercado. Elas não estão no mercado para auferir na concorrência, mas para obter rendas que viabilizam as suas atividades, pois se uma entidade se estabelece para assistência social, como é o caso, por exemplo, do famoso Liceu, de São Paulo, e outras entidades de onde essa entidade vai tirar dinheiro para investir na assistência social? Terá de recorrer a esmolas. Terá de recorrer à verba pública, a dotações orçamentárias; terá de recorrer às contribuições. É evidente, sabemos que nem todas as entidades contam, por exemplo, com o auxílio do Ministro Carlos Velloso – caso da atividade de assistência social que o Ministro Carlos Velloso desenvolve em relação a uma entidade assistencial de Brasília. Nem todos têm o Ministro Carlos Velloso para resolver seus problemas.

Aqui, tem-se uma atividade comercial que lhe dá uma receita constante, e esta se destina exclusivamente e totalmente à sua atividade. A Constituição determinou que tudo que incidir sobre isso – porque ela se destina para aquilo – retira-se a tributação por que se vai investir isto onde? Vai-se investir numa atividade claramente obrigação do Estado.

E, enfrentando especificamente o argumento da "translação", assim continuou o Ministro Nelson Jobim no mesmo voto:

---

124 STF, Embargos de Divergência n. RE n. 210.251 2-SP, Tribunal Pleno, rel. p/ acórdão Min. Gilmar Mendes, j. 26.02.2003, D.J.U. 28.11.2003.

Creio que essa leitura que sai dessa discussão, a meu ver, economicamente equivocada, falar-se em contribuinte de fato e contribuinte de direito, quando, absolutamente, não é verdade. Tanto que temos várias hipóteses em que uma empresa, sem condição de concorrência no mercado, o que faz? A primeira coisa é deixar de contribuir, de pagar os impostos. Fica inadimplente o tributo para manter um custo de produção compatível com o preço de venda. Isto ocorre principalmente no combate aos oligopólios.

O entendimento foi reiterado no seguinte Acórdão:

O Plenário do Supremo Tribunal Federal, ao apreciar o RE 210.251-EDv/SP, fixou entendimento segundo o qual as entidades de assistência social são imunes em relação ao ICMS incidente sobre a comercialização de bens por elas produzidos, nos termos do art. 150, VI, "c" da Constituição. Embargos de divergência conhecidos, mas improvidos[125].

Assim, seguindo essa linha de raciocínio que, há anos, vem sendo adotada, o Supremo Tribunal Federal consolidou o entendimento, em sede de repercussão geral[126], de que a imunidade abarca somente as situações em que o ente imune seria o contribuinte de direito, firmando-se a seguinte tese: "a imunidade tributária subjetiva aplica-se a seus beneficiários na posição de contribuintes de direito, mas não na de simples contribuintes de fato, sendo irrelevante para verificação do beneplácito constitucional a repercussão do tributo envolvido". Afastou-se, desse modo, o argumento da translação, na medida em que, além de difícil comprovação, em virtude da elasticidade das curvas da oferta e da demanda, a translação se daria tão somente no âmbito econômico, esclarecendo-se que o encargo pago pelo consumidor não é um tributo, obrigação *ex lege*, e sim um preço, de razões contratuais. Portanto, apenas quando é o próprio ente imune que circula bens e serviços e não aquele que adquire bens e serviços é que permanece a imunidade. Não há que perquirir se houve e quem foi o contribuinte *de facto*.

Conclui-se, dessa forma, que a distinção entre tributos "diretos" e "indiretos" já não é mais aceita para o efeito de se negar a imunidade tributária, uma vez que a translação não é critério seguro para afastar a proteção constitucional assegurada ao contribuinte "de jure". De igual modo, se este não goza de qualquer imunidade, não haverá a proteção constitucional mesmo que o contribuinte "de fato" seja imune.

Essa conclusão exige reflexão "de lege ferenda": ao negar a imunidade às aquisições, feitas no País, por entidades imunes, o ordenamento acaba por desestimular os fabricantes nacionais em notória contradição com o Princípio da Soberania Nacional, inserido no primeiro inciso do artigo 170 da Constituição.

Com efeito, basta ver que se a entidade imune adquire determinado equipamento no exterior, será ela a importadora; a regra imunizante aplica-se "ipso facto" e não há que cogitar qualquer imposto; o mesmo equipamento, se adquirido no mercado interno, estaria sujeito a vários impostos, já que a entidade imune seria mera contribuinte "de fato".

Daí que a coerência do ordenamento reclamaria que os diversos legisladores ordinários isentassem tais situações, já que a imunidade não se faz suficiente para tanto.

---

125 STF, Embargos de Divergência em Embargos Declaratórios no RE n. 186.175 4-SP, Tribunal Pleno, rel. Min. Ellen Gracie, j. 23.08.2006, D.J.U. 17.11.2006.

126 STF, RE n. 608.872-MG, Tribunal Pleno, rel. Min. Dias Toffoli, j. 23.02.2017, *DJe* 27.09.2017. Cf. STF, *Informativo* 855, 06.03.2017.

capítulo X

A relação jurídico-tributária: sua natureza e estrutura

A regra matriz de incidência tributária

"Obrigação principal" e "obrigação acessória"

1 Introdução

Por força da ordem tributária, estabelece-se uma relação jurídica entre o Estado e o particular. Essa é a relação jurídico-tributária. Compreende, via de regra, uma série de vínculos, que não se limitam ao recolhimento do tributo. Basta ter em mente que, além deste, o particular está sujeito ao dever de escriturar livros, preencher formulários, atender a fiscalização etc., para que se compreenda a complexidade da relação assim estabelecida. Conforme será visto abaixo, é possível o estabelecimento de relação jurídica, decorrente da legislação tributária, mesmo que inexista tributo a pagar.

A existência de uma relação tributária complexa nem sempre foi pacífica. Segundo a narrativa de Alcides Jorge Costa[1], a constatação de diversos vínculos levava à discussão sobre se haveria, ali, uma série de relações jurídico-tributárias, cada qual com uma obrigação, ou se haveria apenas uma relação jurídica, em que a obrigação de dar seria apenas o núcleo. Após um erudito apanhado da doutrina, Alcides dá ênfase ao posicionamento de Vanoni, tendo em vista sua influência sobre o pensamento de Rubens Gomes de Sousa (e, portanto, sobre o próprio Código Tributário Nacional). Gomes de Sousa, por sua vez, conclui que a preeminência da obrigação de dar e o fato de que todos deveres diversos concorram para o desenvolvimento daquela não poderiam implicar desconsideração desses outros vínculos, dadas as diversidades de sujeitos, de momentos de surgimento e extinção e mesmo de conteúdo.

Inspirando-se nas lições de Windscheid, Alcides Jorge Costa[2] esclarece que enquanto algumas relações da vida são indiferentes ao Direito (por exemplo, a amizade), outras se tornam jurídicas, porque reconhecidas e reguladas pelo Direito (por exemplo, um mútuo). Entretanto, não só as relações da vida são reconhecidas pelo Direito; por vezes, é o próprio Direito que cria uma relação, sem ele inexistente. No último caso, estaria a relação tributária: entre Estado e particular não haveria vínculo, não fosse a prescrição legal. Por certo, esse raciocínio mereceria alguma reflexão no caso dos tributos vinculados, quando a relação entre o Estado e o particular é pressuposto para a própria tributação. No caso de tributos não vinculados, por outro lado, é exata a afirmação de que apenas

1 COSTA, Alcides Jorge. *Contribuição ao estudo da obrigação tributária*. São Paulo: IBDT, 2003, p. 5-12.

2 COSTA, Alcides Jorge. Op. cit. (nota 1), p. 17.

em virtude da lei é que se estabelece a relação. A relação tributária é, nesse caso, "puramente jurídica".

O Código Tributário Nacional trata da relação jurídico-tributária, inserindo-a no campo da obrigação tributária.

Uma "obrigação" implica um vínculo jurídico (i.e.: protegido pelo Direito) que une duas pessoas, por meio do qual uma (o devedor) deve efetuar uma prestação de natureza patrimonial (o objeto: dar, fazer ou não fazer) a outra (o credor). Se o devedor não cumprir sua obrigação, pode o credor pleitear ao Estado, por meio do Poder Judiciário, que constranja, inclusive com emprego da força, o devedor ao cumprimento da obrigação. Essa possibilidade, dada ao credor, de acionar o Estado, permite que se designe o credor de *sujeito ativo*, enquanto o devedor será o *sujeito passivo*.

Quando se afirma que na matéria tributária se estabelece uma obrigação, aponta-se o dever jurídico de alguém (sujeito passivo) pagar a outrem (geralmente, o Estado) um valor, denominado tributo.

Eis o que diz o art. 113 do CTN acerca da obrigação tributária:

- Art. 113. A obrigação tributária é principal ou acessória.
- § 1º A obrigação principal surge com a ocorrência do fato gerador, tem por objeto o pagamento de tributo ou penalidade pecuniária e extingue-se juntamente com o crédito dela decorrente.
- § 2º A obrigação acessória decorre da legislação tributária e tem por objeto as prestações positivas ou negativas, nela previstas no interesse da arrecadação ou da fiscalização dos tributos.
- § 3º A obrigação acessória, pelo simples fato da sua inobservância, converte-se em obrigação principal relativamente a penalidade pecuniária.

É bastante didático o texto legal. Nota-se, de início, que a obrigação tributária é algo que surge num determinado momento (o do "fato gerador") e extingue-se. Ou seja: a relação tributária, tendo natureza jurídica, surge a partir da concretização de um pressuposto legal. Estudar-se-á, oportunamente, o momento do surgimento da obrigação tributária ("fato gerador"); sua extinção será igualmente examinada. Por enquanto, fica a ideia de que, surgida uma obrigação, ela permanece existente até que se extinga por um dos meios que serão vistos no momento oportuno.

2 Obrigação "principal" e obrigação "acessória"

O art. 113, acima transcrito, não abrange apenas a obrigação de pagar. Apresenta duas categorias de "obrigações", a obrigação principal e a acessória. Em síntese: a primeira contempla o "dar", enquanto a última trataria do "fazer" ou "não fazer".

Existem relações jurídicas simples e complexas, estas contemplando um conjunto de direitos subjetivos e deveres de sujeição, todos advindos do mesmo fato. O exemplo que Alcides Jorge Costa extrai do Direito Privado é a compra e venda: não só se tem o direito ao recebimento do preço, mas também o de exigir a coisa, além de outros direitos e deveres. A noção de relação jurídica complexa é fundamental para que Alcides Jorge Costa conclua[3] que "existe uma relação jurídico-tributária sempre que exista um direito subjetivo do Estado à percepção de um tributo": ao lado do dever de uma prestação positiva de dar, surge uma série de outros deveres conexos, que decorrem da primeira (emissão de notas fiscais, escrituração etc.). Mas o cerne da tese de Alcides é que por integrarem a própria relação jurídico-tributária esses deveres correlatos não surgem sem que haja a própria obrigação dita "principal".

O reconhecimento de que existem deveres correlatos à obrigação dita principal (e que, portanto, integram a própria relação jurídico-tributária) não exclui possa o legislador prever outros deveres (também de "fazer" ou "não fazer") que surjam sem que se cogite uma obrigação "principal". Assim, é claro que o dever de preencher uma guia de recolhimento do tributo só existe se este é devido (e, nesse caso, o "fazer" – preenchimento de guia é decorrência da própria obrigação "principal"). Por outro lado, mesmo entidades imunes (que não devem qualquer imposto) podem estar sujeitas a uma série de deveres, também denominados "obrigações acessórias". Ou seja: algumas "obrigações acessórias" só surgem se houver uma "obrigação principal" (integrando a própria relação jurídico-tributária) e outras independem daquela.

Aí está uma distinção bastante relevante proposta por Alcides Jorge Costa[4] e que mesmo hoje não mereceu a devida atenção da doutrina: enquanto o Código Tributário Nacional se refere a obrigações "principal" e "acessórias", não se nota que algumas das últimas integram a própria relação jurídico-tributária, e outras não. Conforme a tese de Alcides Jorge Costa, "a relação jurídico-tributária não existe antes da ocorrência do fato gerador". Nesse sentido, apenas os deveres impostos pelo legislador em virtude e em decorrência do próprio fato jurídico-tributário é que podem integrar a relação jurídico-tributária.

Por certo, a legislação tributária contempla "obrigações acessórias" que surgem apenas com o fato jurídico-tributário, ao passo que outras se devem independentemente do nascimento da obrigação "principal". Na sistemática do Código Tributário Nacional, umas e outras são "obrigações acessórias". Para Alcides Jorge Costa, não. Ensina que "(a)lém da relação jurídico-tributária, complexa, mas fora dela, existem apenas deveres tributários, instituídos no interesse objetivo do ordenamento, no interesse do bom funcionamento deste".

Essa divisão das ditas "obrigações acessórias", umas integrando a relação jurídico-tributária, outras independentes dela, não é meramente teórica. Traz consequências práticas, valendo mencionar aquela ressaltada por Alcides no aspecto penal[5]: "a infração pertinente a qualquer dos elementos da relação jurídico-tributária deve ser tratada levando-se em conta a unidade da relação, de tal modo que o não cumprimento da obrigação principal absorve a infração dos deveres que a ela aderem".

3 COSTA, Alcides Jorge. Op. cit. (nota 1), p. 21.

4 COSTA, Alcides Jorge. Op. cit. (nota 1), p. 21.

5 COSTA, Alcides Jorge. Op. cit. (nota 1), p. 22.

Tivesse a lição de Alcides recebido maior atenção da jurisprudência, muitas das questões que até hoje atormentam o Judiciário poderiam receber o adequado tratamento. Cite-se o tema da concomitância das "multas isoladas" e "multas de ofício": conquanto no bojo do regime de recolhimentos por estimativas (art. 44 da Lei n. 9.430/96), nem sempre se entendeu que uma infração absorveria outra, tendo em vista serem hipóteses distintas[6]. A compreensão da relação jurídica complexa poderia evidenciar a absorção das infrações, sem que fosse necessário lançar-se mão, como se verá no Capítulo XIX, de princípios do direito penal (a infração mais grave absorve a menos grave). Assim, também no campo das "obrigações acessórias", hão de ser distintos os casos daquelas que integram a relação jurídico-tributária e outras autônomas (nas palavras de Alcides Jorge Costa, "fora dela"): estas, sim, sujeitas a penalidade própria por seu descumprimento.

Conquanto equiparadas por força do art. 113, uma análise detida mostrará que ambas não devem ser consideradas meras espécies de um só gênero (obrigação tributária), diferenciadas exclusivamente em função de seu objeto (dar ou fazer).

De fato, já da leitura do art. 113 do Código Tributário Nacional, observa-se que, enquanto a "obrigação principal" se relaciona a um "fato gerador", a "obrigação acessória" decorre da "legislação tributária". Evidencia-se, quanto ao último caso, não se submeter o dever ao Princípio da Legalidade Tributária, partindo o legislador complementar da consideração de que não há, nesse caso, instituição ou aumento de tributo.

3 Obrigação "principal" e as multas

No Capítulo XII, estudar-se-á a obrigação tributária "principal", enquanto consequente normativo da hipótese tributária. Para este momento, importa mencionar apenas que ela tem por conteúdo algo além do próprio tributo. Também as penalidades pecuniárias (multas) nela se compreendem. Ou seja: embora o tributo não seja uma sanção por ato ilícito (art. 3º do CTN), a obrigação tributária é algo mais amplo, já que inclui o tributo e a sanção.

Poder-se-ia censurar a decisão do legislador de incluir as multas na obrigação tributária "principal", haja vista que, num primeiro momento, poderia estranhar a inclusão, no gênero de "obrigação tributária", de algo que não é tributo.

No entanto, o legislador complementar não utilizou o adjetivo "tributária" para qualificar o conteúdo da obrigação (obrigação de pagar tributo), mas apenas com o intuito de identificar sua origem (obrigação de pagar, em virtude da legislação tributária). Afinal, se é certo que as normas tributárias preveem o pagamento de tributo, também é certo que elas (as mesmas normas tributárias) estabelecem sanções, para o caso de seu descumprimento. Não se previssem sanções, faltar-lhes-ia o principal requisito para se verem obedecidas. Há, assim, sanções por ilícitos tributários. Tais sanções podem, por sua origem, ser qualificadas sanções tributárias, nada impedindo, daí, que estejam compreendidas no gênero das obrigações tributárias.

Ademais, em nenhum momento pretendeu o legislador incorrer em incoerência. O Código Tributário Nacional define tributo de modo próprio e por diversas vezes emprega tal expressão

6 CARF, Acórdão n. 1401-00.483, 4ª Câmara, 1ª Turma, expedido em 24.02.2011.

(por exemplo: art. 133, versando sobre responsabilidade), não pretendendo ver ali incluídas as sanções por ato ilícito.

Ocorre que o legislador complementar quis assegurar-se de que a instituição e cobrança de multas estaria sujeita à mesma rigidez dos tributos. Assim, ao incluir a penalidade pecuniária na obrigação tributária, nada mais houve que remissão da disciplina jurídica da obrigação tributária às penalidades pecuniárias. Igual efeito teria alcançado o legislador complementar se determinasse: "a instituição e cobrança de multas pecuniárias reger-se-á segundo regime jurídico idêntico ao aplicável aos tributos". Vê-se, daí, que a inclusão das penalidades pecuniárias na "obrigação tributária" em nada compromete o conceito de tributo, revelando-se mera opção de técnica legislativa.

4 Obrigação acessória

Os deveres previstos pela legislação tributária, como visto, vão além da obrigação "principal", surgindo um plexo de deveres jurídicos que o Código Tributário Nacional denomina "obrigação acessória".

Tais deveres, por vezes, se compreendem no âmbito da própria relação jurídico-tributária, sendo meios para o cumprimento daquela. Nesse caso, seu tratamento mais adequado se dá como relação jurídica complexa, de modo que o não cumprimento da "obrigação principal" absorve a infração das "obrigações acessórias"[7]. Assim, seria absurdo considerar uma multa pela sonegação de um tributo ("obrigação principal") e outra pela não escrituração de uma receita ("obrigação acessória"), se a última foi meio para a primeira. Quando muito, admitir-se-á que a multa por sonegação seja agravada se os meios usados para tanto forem julgados, pelo legislador, merecedores de especial punição. Outros deveres, como esclarecido acima, independem da existência de uma obrigação "principal".

A expressão encontrada pelo Código Tributário Nacional tem sido criticada, seja por se negar seja ela acessória, seja porque o próprio caráter obrigacional não parece presente.

É corrente, no direito, que *o acessório segue o principal*. Por exemplo: no direito privado, surge a fiança, como um contrato acessório ao contrato de locação. Se a locação for rescindida, não há sentido em falar na continuação da fiança. Não é preciso rescindir a fiança, separadamente, já que *o acessório segue o principal*.

No caso da "obrigação acessória", não é assim. O fato de um contribuinte recolher todo o tributo não o exime, por exemplo, do dever de apresentar uma declaração relativa ao tributo, ou de suportar uma fiscalização. Ou seja: a "obrigação acessória" não se extingue com a principal.

Aliás, pode haver "obrigação acessória" mesmo em casos em que não haja "obrigação principal" (portanto, fora da própria relação tributária). Basta considerar que entidades imunes estão obrigadas a entregar declarações, prestar informações e quejandas, justamente para que a fiscalização possa assegurar-se da imunidade. Veja-se, a esse respeito, o que dispõe o art. 14 do Código Tributário Nacional:

> *Art. 14. O disposto na alínea c do inciso IV do art. 9º é subordinado à observância dos seguintes requisitos pelas entidades nele referidas:*

7 Cf. COSTA, Alcides Jorge. Op. cit. (nota 1), p. 29.

> *(...)*
>
> *III – manterem escrituração de suas receitas e despesas em livros revestidos de formalidades capazes de assegurar sua exatidão.*
>
> *§ 1º Na falta de cumprimento do disposto neste artigo, ou no § 1º do art. 9º, a autoridade competente pode suspender a aplicação do benefício. (...)*

Ainda se pode pensar em de deveres de terceiros, como os cartórios, de prestar informações mesmo sem deverem tributos. Veja-se, a título ilustrativo, o que dispõe o art. 197 do Código Tributário Nacional:

> *Art. 197. Mediante intimação escrita, são obrigados a prestar à autoridade administrativa todas as informações de que disponham com relação aos bens, negócios ou atividades de terceiros:*
>
> *I – os tabeliães, escrivães e demais serventuários de ofício;*
>
> *II – os bancos, casas bancárias, Caixas Econômicas e demais instituições financeiras;*
>
> *III – as empresas de administração de bens;*
>
> *IV – os corretores, leiloeiros e despachantes oficiais;*
>
> *V – os inventariantes;*
>
> *VI – os síndicos, comissários e liquidatários;*
>
> *VII – quaisquer outras entidades ou pessoas que a lei designe, em razão de seu cargo, ofício, função, ministério, atividade ou profissão.*
>
> *Parágrafo único. A obrigação prevista neste artigo não abrange a prestação de informações quanto a fatos sobre os quais o informante esteja legalmente obrigado a observar segredo em razão de cargo, ofício, função, ministério, atividade ou profissão.*

Vê-se, pelos exemplos acima, que a obrigação "acessória" não se vincula à principal. A acessoriedade, no caso, nada tem a ver com sua subordinação a uma "obrigação principal"; a expressão é empregada, antes, para identificar seu caráter instrumental, já que tem por finalidade assegurar o cumprimento daquela.

É certo que, como alerta José Souto Maior Borges[8], nada impede que o direito positivo denomine, para efeitos tributários, de "acessório" o vínculo estabelecido, conquanto o direito privado utilize tal expressão em sentido diverso. Ou seja: nada impede que, enquanto para fins de direito privado, o acessório segue o principal, no Direito Tributário o "acessório" tenha outra acepção. Torna-se mera questão de nomenclatura, já que não há divergência quanto ao caráter instrumental da "obrigação acessória"[9].

Não obstante, vem se firmando, na doutrina[10], a preferência pela denominação "**instrumentais**", em vez de "acessórias". A expressão sugerida é, sem dúvida, mais precisa, já que aponta para a finalidade da "obrigação acessória". Nos termos do art. 113, § 2º do Código Tributário Nacional, retrotranscrito, seu objeto são prestações *previstas no interesse da arrecadação ou da fiscalização dos tributos*. Assim, conquanto não sejam meros apêndices (acessórios) da "obrigação principal",

---

8 Cf. BORGES, José Souto Maior. *Obrigação tributária* – uma introdução metodológica. 2. ed. São Paulo: Malheiros, 1999, *passim*.

9 Cf. MACHADO, Hugo de Brito. *Curso de Direito Tributário*. 38. ed. revista e atualizada. São Paulo: Malheiros, 2017, p. 126-127.

10 Por todos, cf. CARVALHO, Paulo de Barros. *Direito Tributário, linguagem e método*. São Paulo: Noeses, 2008, p. 423-425.

servem elas de instrumento para assegurar o cumprimento destas. No dizer de Tércio Sampaio Ferraz Júnior:

> *Sua acessoriedade não tem, como à primeira vista poderia parecer, o sentido de ligação a uma específica obrigação principal, da qual dependa. Na verdade, ela subsiste ainda quando a principal (à qual se liga ou parece ligar-se) seja inexistente em face de alguma imunidade ou não incidência. A marca de sua acessoriedade está, antes, na instrumentalidade para controle de cumprimento, sendo, pois, uma imposição de fazer ou não fazer de caráter finalístico. E, em face desse caráter, sujeita-se à relação meio/fim, o que é nuclear, isto sim, para o exame da sua consistência jurídica*[11].

Também a expressão "obrigação", utilizada pelo legislador complementar, é objeto de polêmica, já que a relação assim estabelecida não reúne as características de uma obrigação. Daí surgir a expressão cunhada por Paulo de Barros Carvalho: *deveres instrumentais*[12].

O debate tem se firmado, na doutrina, quanto à necessidade, ou não, de uma obrigação ter natureza patrimonial.

Afinal, no direito privado não se fala em obrigação sem conteúdo patrimonial. No direito privado, Betti trata da obrigação como a relação jurídica patrimonial entre duas pessoas, por meio da qual uma (devedora) é responsável perante a outra (credora) se ocorrer um evento determinado (positivo ou negativo), que, em regra, é devido por força de lei (prestação)[13]. A prestação (dar, fazer ou não fazer) reúne, pois, necessariamente, característica patrimonial. Evidencia essa circunstância o fato de o seu descumprimento implicar responsabilização do patrimônio do devedor. Mesmo as obrigações *intuito personae* não fogem dessa regra. Se um artista é contratado para pintar um quadro e não o faz, o credor, insatisfeito, merecerá uma *reparação*. Ou seja: a obrigação de fazer será avaliada patrimonialmente e assim se apurará um montante a ser satisfeito pelo devedor inadimplente.

No caso das "obrigações acessórias", não é dessa maneira que ocorre. Se o contribuinte deixa, por exemplo, de preencher sua declaração de rendimentos, estará ele, por certo, sujeito a uma punição (multa). Esta não tem o caráter de indenizar o Estado pela falta da informação. Nada há de reparação. É mera penalidade imposta a quem não cumpriu seu dever.

O exemplo acima aponta para o fato de que a "obrigação acessória" não tem caráter patrimonial. É verdade, contudo, que a "obrigação acessória" traz ônus para o contribuinte. Muitas delas geram gastos enormes para o contribuinte, reduzindo seu patrimônio. Não é aí que está a falta do elemento patrimonial. Como visto no exemplo, a "obrigação acessória" não tem caráter patrimonial porque seu descumprimento não dá ao credor o direito de reparação, indenização.

Mais uma vez, surgirá a voz de José Souto Maior Borges, a sustentar que assim como a acessoriedade, tampouco o conceito de "obrigação" é anterior ao direito positivo, nada impedindo, daí, que determinado sistema jurídico denomine "obrigação" a relação jurídica estabelecida, mesmo

11 Cf. FERRAZ, Tercio Sampaio. Obrigação tributária acessória e limites de imposição. In: *Teoria geral da obrigação tributária*. Estudos em homenagem ao Professor Souto Maior Borges. São Paulo: Malheiros, 2005, p. 264-280 (268).

12 Cf. CARVALHO, Paulo de Barros. Op. cit. (nota 10), p. 423-425.

13 Cf. BETTI, Emilio. *Teoria generale delle obbligazioni*. vol. 2. Milão: Giuffrè, 1953, p. 60.

que sem conteúdo patrimonial, sendo daí obrigacionais "tanto as prestações de cunho patrimonial quanto as prestações que não o têm"[14].

Na crítica que se faz à equiparação da "obrigação acessória" às obrigações, chama a atenção o fato de que o vínculo estabelecido não tem o caráter definitivo e único, próprio das obrigações.

Efetivamente, a caracterização da relação "principal" como obrigacional tem como substancial virtude o fato de se afastar da mera sujeição.

Embora esse aspecto deva ser retomado no Capítulo XII, importa desde já apontar que ao reconhecer no vínculo "principal" uma obrigação, tem ele um início e um fim. O sujeito passivo de uma obrigação tem o direito de ver o vínculo dissolvido tão logo se dê o cumprimento da prestação. A obrigação surge em determinado momento (no caso da "obrigação principal", com a concretização da hipótese legalmente prevista para seu surgimento – art. 113, § 1º, do Código Tributário Nacional) e extingue-se nas hipóteses reguladas pelo art. 156 do mesmo Código.

É exatamente esse aspecto que não se faz presente em todas as "obrigações acessórias".

É certo que em alguns casos, a "obrigação acessória" também terá um cumprimento, a partir do qual se dará por satisfeita. Assim, por exemplo, a "obrigação" de entregar uma declaração anual relativa ao Imposto de Renda. Entregue o documento, dá-se por cumprida a "obrigação". Estaria com isso extinto o vínculo, tal qual a obrigação "principal"?

A resposta negativa denuncia a natureza não obrigacional daquele dever. Afinal, mesmo que o contribuinte preencha com exatidão os dados solicitados, nada impede que a Administração venha a solicitar outras informações, desde que no interesse da arrecadação ou da fiscalização. Assim, enquanto não extinta a obrigação "principal" (ou melhor: enquanto for possível exigir o tributo, por não ter corrido o prazo decadencial ou prescricional), pode o Fisco requerer novas informações. Mesmo depois de ocorrido o "fato gerador" e surgida a obrigação "principal", pode a administração instituir novo formulário, a ser preenchido pelos contribuintes, inclusive contemplando informações relativas a fatos anteriores a sua instituição. Finalmente, a circunstância de o contribuinte ter atendido com total atenção a fiscalização não afasta a possibilidade de nova fiscalização vir a se instaurar, muitas vezes cobrindo período já fiscalizado. Se a fiscalização, instaurando uma auditoria fiscal, exige um rol de documentos e todos eles são entregues pelo sujeito passivo, este não pode, por isso, entender estar livre da "obrigação" de atender às exigências do Fisco: pode a autoridade requerer novos documentos e outras informações, mesmo que delas não tenha cogitado no momento inicial, desde que, vale insistir, no interesse da arrecadação ou da fiscalização.

Os exemplos acima evidenciam que a obrigação "acessória", diversamente da "principal", não se extingue com a prestação: ela é sujeita a mudanças, complementações e inovações. É um vínculo contínuo. Essa permanência do vínculo se opõe à transitoriedade própria das obrigações: estas se extinguem com o cumprimento da obrigação.

A sujeição não integra o patrimônio. Não cria um direito para o credor ou uma obrigação para o devedor. Um direito (ou uma obrigação) será satisfeito. Ele é conhecido. O patrimônio é um conjunto de direitos e obrigações, todos eles certos. Na sujeição, há, por certo, deveres. Mas não

14 Cf. BORGES, José Souto Maior. Op. cit. (nota 8), p. 81.

obrigações. Por isso é que a sujeição pode variar a qualquer momento, enquanto persistir o vínculo. Se fosse uma obrigação, seria ela liquidada e nada seria devido, a não ser que surgisse novo vínculo.

Retomemos os exemplos acima: a prerrogativa de a fiscalização resolver pedir novos documentos, ou alterar seus próprios formulários, independe de qualquer "fato gerador"; as circunstâncias fáticas anteriores ou posteriores à exigência são idênticas. Simplesmente, a autoridade administrativa, agindo no interesse da arrecadação ou da fiscalização, impõe o dever.

Daí parecer inadequado qualificar a relação "acessória" como obrigacional. Melhor deixar claro que o de que conquanto se trate de dever, não é uma obrigação. A "obrigação acessória" surge em virtude da sujeição do particular ao poder de fiscalização do Estado. No caso, um poder regulado pelo Direito. Um dever jurídico, mas não da categoria obrigacional.

Por isso mesmo, merece crítica o art. 115 do Código Tributário Nacional:

> *Art. 115. Fato gerador da obrigação acessória é qualquer situação que, na forma da legislação aplicável, impõe a prática ou a abstenção de ato que não configura obrigação principal.*

No próximo capítulo, discutir-se-á a ideia de um "fato gerador" na obrigação principal. Por ora, vale notar que causa espécie falar-se em de um "fato gerador" na "obrigação acessória". É certo que muitas vezes a legislação, de fato, preverá uma hipótese abstrata que, uma vez concretizada, dará azo à "obrigação acessória"; a entrega de uma declaração de ajustes anual, no Imposto de Renda, é um exemplo. Entretanto, a ocorrência do tal "fato gerador" não dá ao particular o direito de entregar a declaração e se livrar do vínculo: mesmo depois desse "fato gerador", pode a autoridade administrativa mudar o conteúdo do dever (exigir formulário diverso), tendo ou não sido satisfeito o dever anterior. Ademais, como se viu anteriormente, boa parte dos deveres instrumentais é contínua. A menos que se considere cada solicitação da autoridade fiscal (norma individual e concreta) um "fato gerador", não fará sentido o dispositivo do art. 115 acima.

Também merece nota que o § 2º do art. 113 do Código Tributário Nacional quando fala da "obrigação acessória", dispõe que ela "decorre da legislação tributária". O art. 115 acima reproduzido também faz igual referência. Evidencia-se a dispensa de lei formal que preveja o dever instrumental.

Como visto no Capítulo II, o art. 96 do Código Tributário Nacional dispõe: "a expressão 'legislação tributária' compreende as leis, os tratados e as convenções internacionais, os decretos e as normas complementares que versem, no todo ou em parte, sobre tributos e relações jurídicas a elas pertinentes". Por sua vez, o termo "normas complementares" é definido no art. 100 do mesmo Código, ali compreendendo desde atos normativos e decisões até as práticas reiteradamente observadas pelas autoridades administrativas. Ou seja: *legislação tributária* é um termo muito mais abrangente do que *lei*. Enquanto esta compreende apenas o ato proveniente do Poder Legislativo, com a sanção do Poder Executivo, a *legislação tributária* inclui atos da própria administração, como uma Portaria de um Ministro ou mesmo uma Instrução Normativa, editada pelo Secretário da Receita Federal do Brasil. A esse respeito, na Ação Cível Originária 1.098-MG, o Supremo Tribunal Federal deixou claro que, justamente pelo emprego da expressão *legislação tributária* no art. 113, § 2º, do CTN, "não há qualquer vedação ao estabelecimento de obrigações acessórias por meio de atos infralegais"[15].

15 STF, ACO n. 1.098-MG, Tribunal Pleno, rel. Min. Luís Roberto Barroso, j. 11.05.2020, D.J. 01.06.2020.

Há quem sustente que os deveres instrumentais deveriam ser previstos em lei, pelo menos em seus "contornos básicos"[16]. A partir do Princípio da Legalidade insculpido no art. 5º, II, da Constituição Federal, não há como negar que o dever instrumental deve *decorrer* da lei, e não se pode deixar de considerar que a Legalidade Tributária (art. 150, I) versa apenas sobre a instituição ou majoração de tributos. Daí não ser necessária a instituição de dever instrumental por lei, bastando que este decorra de mandamento legal, i.e., que haja lei atribuindo a determinada autoridade a competência para instituí-lo.

Também se utiliza como argumento em favor da obrigatoriedade de instituição em lei dos deveres instrumentais o fato de que as multas por seu descumprimento devem ser previstas em lei. Eis a síntese de tal pensamento:

> *"Ora, tendo em vista o princípio geral da legalidade (art. 5º, II, da CR/88), poderia realmente um ato infralegal criar a obrigação/dever de escriturar determinadas informações em determinado livro fiscal, cabendo à lei ordinária somente criar a sanção (multa) pelo descumprimento desse dever? A nós parece que não, pois estaríamos diante de uma norma jurídica claramente associada ao Ius Puniendi estatal (portanto sujeita aos "Princípios Gerais da Repressão"), cujo antecedente (hipótese de incidência, Tatbestand) estaria veiculado por regulamento (ato do Executivo), e somente o consequente (Rechtsfolge) previsto em lei (ato do legislativo). A norma atenderia de forma incompleta à legalidade em seu sentido geral (art. 5º, II, da CR/88), o que implica dizer: a norma fere a legalidade"*[17].

Não parece acertado o argumento, já que não é verdadeiro que a hipótese da norma punitiva esteja veiculada em regulamento. O antecedente é, exclusivamente, o descumprir dever instrumental. O que está em regulamento não é esse antecedente, mas o próprio dever instrumental. Fosse exigida lei, também, para a definição dos deveres instrumentais referidos na lei, como condição de validade desta, então se concluiria que não haveria espaço para atuação da administração em qualquer caso em que se previssem penas. Por exemplo, o art. 253 do Código Penal penaliza a conduta de *fabricar, fornecer, adquirir, possuir ou transportar, sem licença da autoridade, substância ou engenho explosivo, gás tóxico ou asfixiante, ou material destinado à sua fabricação*. Não há, na lei, previsão quanto à licença que se exige, o que não afasta a previsão legal da conduta. Assim, também, o art. 282 tipifica o crime de *exercer, ainda que a título gratuito, a profissão de médico, dentista ou farmacêutico, sem autorização legal ou excedendo-lhe os limites*.

Mais uma vez, tem-se que o exercício regular de tais profissões é objeto de um sem-número de normas infralegais, que não prejudicam o tipo penal.

Pois bem: enquanto a obrigação tributária *principal* deve ser prevista em lei, o CTN declara que a *obrigação acessória decorre da legislação tributária*. Isso significa que o Poder

16 Cf. DERZI, Misabel Abreu Machado. Nota de atualização. In: BALEEIRO, Aliomar. *Direito Tributário brasileiro*. 11. ed. Rio de Janeiro: Forense, 2004, p. 709.

17 Cf. MENDONÇA, Gabriel Prado Amarante. Legalidade fraca em obrigações acessórias de direito tributário?. In: SILVA, Paulo Roberto Coimbra (coord.). *Grandes temas do direito tributário sancionador*. São Paulo: Quartier Latin, 2010, p. 171-187.

Executivo pode editar normas, no interesse da arrecadação, que deverão ser cumpridas pelo contribuinte.

É claro que tais normas não podem ser arbitrárias. A Constituição Federal assegura, no art. 5º, II, que "*ninguém será obrigado a fazer ou deixar de fazer alguma coisa senão em virtude de lei*". Esse dispositivo concilia-se com o que se disse acima da seguinte forma: a lei deve conferir à autoridade administrativa o poder de fiscalizar um determinado tributo e de editar as normas complementares necessárias para tanto. Estas, por sua vez, serão de observância obrigatória pelo contribuinte, desde que estejam nos limites fixados pelo legislador (i.e.: desde que se revelem necessárias para assegurar o cumprimento da obrigação tributária principal).

Esse tema tem merecido pouca atenção doutrinária: os custos para o cumprimento dos deveres instrumentais (**custos de conformidade**, *compliance costs*) têm crescido enormemente[18], levando a um acréscimo invisível na carga tributária. É bom que se diga que esse fenômeno não ocorre apenas no Brasil[19]. Se o contribuinte deve arcar com sua parte nos gastos sociais, pagando seus tributos, questionável é a legitimidade de se exigir que ele pague para pagar tributos. Além do valor do tributo, há um preço para pagar tributos, o qual deve ser razoável, i.e., apenas o necessário para a finalidade acima apontada.

Segundo estudo realizado pela Federação das Indústrias do Estado de São Paulo[20], os custos diretos e indiretos incorridos, em 2018, para se realizar o pagamento de tributos representam, em média, 1,2% do faturamento da indústria de transformação[21]. Tais custos incluem os gastos com funcionários e gestores, obrigações acessórias, implementação de *softwares*, terceirização de serviços, além de custos judiciais, cuja distribuição pode ser representada conforme o gráfico abaixo:

18 Cf. BERTOLUCCI, Aldo Vincenzo. *Quanto custa pagar tributos*. São Paulo: Atlas, 2003, *passim*.

19 Apenas a título de exemplo, cite-se estudo efetuado pelo Departamento de Estatísticas da Alemanha, que calculou, para o período de 2007 a 2008, um custo para a economia daquele país de quarenta e sete bilhões de euros apenas no cumprimento de deveres burocráticos. O estudo não revela a parcela referente às informações tributárias, mas dá uma ideia da grandeza de tais gastos. Cf. Statistisches Bundesamt Deutschland. *Pressemitteilung Nr.148 vom 16.04.2009*. Disponível em: <http://www.destatis.de/jetspeed/portal/cms/Sites/destatis/Internet/DE/Presse/pm/2009/04/PD09_148_p001,templateId=renderPrint.psml>.

20 Cf. FIESP. *O peso da burocracia tributária na indústria de transformação*. Departamento de Competitividade e Tecnologia, março de 2019. Disponível em: <https://www.joserobertoafonso.com.br/attachment/197773>. Acesso em: 18.08.2020.

21 Note-se, ainda, que o custo para pagar tributos é inversamente proporcional ao tamanho da empresa: devido à falta de escala das empresas menores, estas têm que terceirizar grande parte dos serviços. Assim, o custo para pagar tributos representaria 0,83% do faturamento das grandes empresas, 1,64% do faturamento das médias empresas, atingindo uma média de 3,13% do faturamento das pequenas empresas.

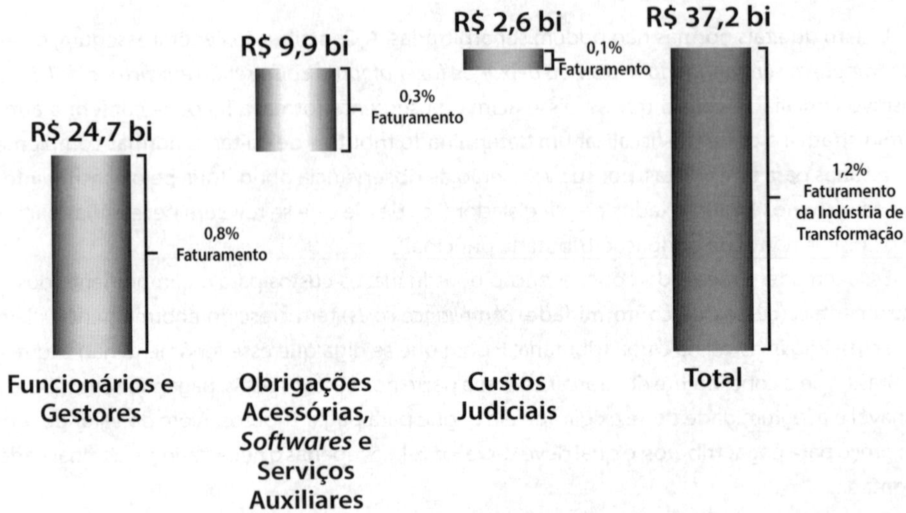

Ressalta-se ainda que o cumprimento dos deveres instrumentais também exige o dispêndio de muitas horas por parte dos contribuintes. Em estudo datado de 2020, com base no ano de 2018, mas cujas conclusões não parecem ser limitadas a este ano, revelou-se que o Brasil, em muito, excede as médias de horas gastas, regionais e mundial. Não se discute aqui a metodologia do estudo; ele é suficiente, entretanto, para indicar a existência de grandes discrepâncias. Enquanto as médias de horas gastas por ano para pagar tributos são 160 na Europa Ocidental, 284 na África, 519 na América do Sul e 234 no mundo, no Brasil gastam-se aproximadamente 1.501 horas. Ultrapassa bastante, assim, seus países vizinhos, sendo o mais próximo a Bolívia, com 1.025. Desse modo, os deveres instrumentais presentes no sistema tributário brasileiro demandam, além de pesados custos de conformidade, extraordinária quantidade de horas, constituindo verdadeiro empecilho econômico e burocrático[22].

Do ponto de vista da justiça da tributação, o assunto merece toda a atenção. Afinal, os custos de conformidade não passam de custos, assumidos pelos particulares, para reunir, trabalhar e repassar ao fisco dados de que este necessita. Muitas vezes, são informações de que o fisco poderia, ele mesmo obter, mas cuja coleta (ou elaboração) exigiria o dispêndio de muitas horas; daí seu repasse ao particular. Em síntese, têm-se gastos públicos (porque do interesse do fisco) repassados aos particulares. O problema é que tal repasse não se dá com base em qualquer critério que se baseie em parâmetros de justiça. Ora, quando o fisco assume uma tarefa, seu custo é sustentado por impostos que, mal ou bem, são suportados por toda a sociedade segundo os ditames da capacidade contributiva. Quando, entretanto, ocorre o repasse dessas tarefas aos particulares, estes as assumem independentemente de sua capacidade contributiva. Por exemplo, tanto a empresa lucrativa (com capacidade contributiva) quanto a que tem repetidos prejuízos fiscais (sem aquela capacidade) incorrem nos mesmos custos de conformidade impostos pela legislação concernente ao Imposto de Renda das Pessoas Jurídicas.

22 Cf. PwC e Banco Mundial. *Paying Taxes 2020*. Disponível em:<https://www.pwc.com/gx/en/paying-taxes/pdf/pwc--paying-taxes-2020.pdf>. Acesso em: 18.08.2020.

Nesse sentido, quanto maior o grau de "terceirização" das atividades do fisco (representada pela criação dos deveres instrumentais), tanto maior será o caso de despesas públicas, cujos custos, em princípio, deveriam ser repartidos segundo a capacidade contributiva, que acabam sendo repassadas aos particulares independentemente do critério de justiça eleito pelo constituinte para a distribuição da carga tributária. Dessa forma, a ausência de centralização de sistemas de apuração de tributos, a elevada complexidade no seu preenchimento e a falta de aprimoramento de tais sistemas não passam de formas de transferir o ônus ao contribuinte (i.e., uma carga tributária escondida), sem que se leve em consideração a sua capacidade contributiva. Aliás, até é curioso que muitos tributos estejam sujeitos ao lançamento por homologação – o qual será retomado no Capítulo XIII. Afinal, nesses casos cabe ao sujeito passivo apurar se há crédito tributário e, em caso afirmativo, antecipar o pagamento sem prévio exame da autoridade administrativa. Em outras palavras, não bastasse o Código Tributário Nacional transferir ao sujeito passivo esse dever nos tributos sujeitos ao lançamento por homologação, o que facilita, em muito, a atuação dos órgãos fazendários, ainda é comum que diversos deveres instrumentais sejam criados excessivamente, acentuando a burocracia tributária. A transferência não se faz sem consequências, pois qualquer erro ou omissão da parte do sujeito passivo enseja a imposição de penalidades; no lançamento por homologação, não se tem apenas o dever de informar fatos, mas também o de subsumi-los à lei. Erros na última etapa (que, a rigor, poderia ser efetuada pelas autoridades tributárias) implicam igualmente sanções ao sujeito passivo, o que parece desproporcional.

O que sustentamos, em síntese, é que na redação do Código Tributário Nacional, a chamada "obrigação acessória" não é algo sujeito ao juízo de conveniência da administração: o CTN dispõe sobre seus limites, quando se refere ao *interesse da arrecadação ou da fiscalização dos tributos*. Esse interesse, por sua vez, é algo que pode ser controlado, inclusive por meio do Poder Judiciário.

Assim, por exemplo, quando se constata que a Administração Pública impõe ao particular que forneça informações de que a própria Administração já dispõe (muitas vezes fornecidas pelo mesmo particular, em oportunidade anterior), então fica patente a falta de interesse, que evidencia o descabimento da exigência.

A hipótese não é teórica: embora a informatização da Administração Pública – e em especial da Administração Tributária – devesse levar a uma simplificação e racionalização do processo de arrecadação, não é difícil notar que, paradoxalmente, cresceu a exigência de deveres instrumentais. A cada passo em direção à informatização, novas informações são exigidas, ou planilhas devem ser preenchidas, para atender aos novos passos. Tais planilhas, muitas vezes, apenas repetem dados que já são de conhecimento da Administração, mas fornecidos de modo diverso. Ou seja: obriga-se o particular a um esforço para duplicar uma informação já fornecida, apenas para a conveniência da Administração.

Ora, dificilmente tal conveniência pode se confundir com o "interesse" da arrecadação ou da fiscalização. É dizer: o dever instrumental não vai ao ponto de o particular substituir a própria Administração em sua tarefa interna de manipular os dados de que ela já dispõe. O particular não está a serviço da Administração.

Daí que cabe à Administração o dever de racionalizar suas exigências, não se podendo admitir que cumule deveres instrumentais, sem qualquer análise.

A existência de limites à imposição de deveres instrumentais decorre da aplicação dos Princípios da Razoabilidade e Proporcionalidade. Embora versando sobre tema diverso (sujeição passiva – responsabilidade), importa ter em mente o posicionamento do Supremo Tribunal Federal, em decisão plenária, com repercussão geral, em Acórdão de cuja ementa se extrai a seguinte passagem:

2. (...), há os limites à própria instituição do dever de colaboração que asseguram o terceiro substituto contra o arbítrio do legislador. A colaboração dele exigida deve guardar respeito aos princípios da razoabilidade e da proporcionalidade, não se lhe podendo impor deveres inviáveis, excessivamente onerosos, desnecessários ou ineficazes[23].

O raciocínio acima tem consequências práticas que devem ser consideradas: se o descumprimento de deveres instrumentais leva à imposição de sanções, torna-se questionável o auto de infração que impõe multa pelo não fornecimento de informação, pelo particular, de que a Administração já dispunha. Carece o dever instrumental do requisito de "interesse da arrecadação ou da fiscalização".

De igual modo, no caso do contribuinte imune ou isento, não está ele livre dos deveres instrumentais; estes, entretanto, não podem ter custo tão alto, a ponto de tornar inútil ou ineficaz o favor legal.

Merece encômios, por isso, decisão da Primeira Turma do Superior Tribunal de Justiça, quando viu na "obrigação acessória" a função de instrumentalizar o cumprimento da obrigação principal, implicando correlação entre ambas:

Recurso Especial. Tributário. Obrigação Acessória. Descabimento da Exigência do Fisco. Multa. Afastamento.

1. *A despeito do reconhecimento da independência da nominada obrigação tributária acessória, essa obrigação só pode ser exigida pelo Fisco para instrumentalizar ou viabilizar a cobrança de um tributo, ou seja, deve existir um mínimo de correlação entre as duas espécies de obrigações que justifique a exigibilidade da obrigação acessória.*
2. *Na hipótese, o transporte do café beneficiado, pela empresa beneficiadora – ora recorrente – estava acobertado pelas notas fiscais de devolução e de venda da mercadoria, pelos fazendeiros, para a Bolsa de Insumos de Patrocínio, mostrando-se totalmente descabida e desarrazoada a exigência da emissão de nota fiscal pela recorrente, sem destaque de ICMS, na qualidade de detentora da mercadoria. (...)*[24].

Outrossim, quando o Superior Tribunal de Justiça teve de se manifestar acerca da extensão de deveres instrumentais a não contribuintes, entendeu, por sua Primeira Seção, que "o ente federado competente para instituição de determinado tributo pode estabelecer deveres instrumentais a serem cumpridos até mesmo por não contribuintes, desde que constituam instrumento relevante para o pleno exercício do poder-dever fiscalizador da Administração Pública Tributária, assecuratório do interesse público na arrecadação". O caso versava sobre exigência de um banco (que não é contribuinte do ICMS) emitir notas fiscais para acompanhar o transporte de bens de seu ativo (que não são mercadorias) de um estabelecimento a outro. Como o transporte de mercadorias, feito por contribuintes, é fiscalizado por meio do controle de notas fiscais, entendeu-se que estas são relevantes até mesmo para saber se há ou não mercadoria transportada. Ou seja: para que a fiscalização seja eficaz, todo bem, transportado por empresa, deveria sujeitar-se à nota fiscal. Nas palavras da ementa "ainda que, em tese, o deslocamento de bens do ativo imobilizado e de material de uso e consumo entre estabelecimentos de uma mesma instituição financeira não configure hipótese de incidência do ICMS, *compete ao Fisco Estadual averiguar a veracidade da*

23 STF, RE n. 603.191-MT, Tribunal Pleno, rel. Min. Ellen Gracie, j. 01.08.2011, *DJe* 05.09.2011.

24 STJ, REsp n. 1.096.712-MG, 1ª Turma, rel. Min. Denise Arruda, j. 02.04.2009, D.J. 06.05.2009.

aludida operação, sobressaindo a razoabilidade e proporcionalidade da norma jurídica que tão somente exige que os bens da pessoa jurídica sejam acompanhados das respectivas notas fiscais" (grifos no original)[25].

Conquanto se possa questionar a decisão no caso concreto, torna-se ela paradigmática já que:

- admite a possibilidade de o dever instrumental ser atribuído a pessoa diversa do sujeito passivo da obrigação principal;
- caracteriza o dever instrumental por sua finalidade assecuratória do interesse público na arrecadação;
- limita o dever instrumental segundo os parâmetros da razoabilidade e proporcionalidade.

Finalmente, uma nota sobre o § 3º: ele apenas esclarece que o descumprimento de uma "obrigação acessória" pode gerar uma multa, e esta, como dito acima, é uma obrigação tributária principal. Ou seja: embora os deveres instrumentais possam ser objeto da "legislação tributária", a sanção por seu descumprimento (multa) submete-se ao regime jurídico da obrigação dita "principal" e, por isso mesmo, deve ser prevista em lei.

É importante aqui que se enfatize o óbvio: o descumprimento de um dever instrumental pode gerar uma multa, mas jamais pode implicar a ocorrência do fato jurídico tributário. É irrelevante se, no caso concreto, a multa gerada seja equivalente ou até maior do que algum tributo que possa se relacionar com tal dever instrumental. Fato é que a consequência do não cumprimento de um dever instrumental será sempre uma multa. Cogitar a possibilidade de surgimento de tributo é permitir que este constitua uma sanção por ato ilícito (afinal, não se observou um dever um instrumental). No entanto, justamente porque o tributo não pode constituir sanção por ato ilícito nos termos do art. 3º do CTN, o descumprimento de um dever instrumental não pode acarretar a ocorrência do fato jurídico tributário.

5 Estrutura da relação tributária "principal": a regra matriz de incidência tributária

Ao se examinarem as fontes do Direito Tributário, alertou-se para a necessidade de se diferenciarem o texto normativo, de um lado, e a norma, de outro. Esta, conforme se apontou, se extrai de um ou mais textos, em labor intelectual que visa extrair um antecedente e um consequente.

Com base nesse raciocínio, a doutrina tributária, a partir do final do século XX, evoluiu para exigir que o estudo do Direito Tributário não passasse ao largo desta constatação hoje inquestionável: se há uma relação jurídica que vincula Estado e particular, esta surge sob o império de uma norma jurídica que a prevê como consequência da concretização de uma hipótese.

25 STJ, REsp n. 1.116.792-PB, 1ª Seção, rel. Min. Luiz Fux, j. 24.11.2010, *DJe* 14.12.2010.

Esse fenômeno foi estudado por Paulo de Barros Carvalho, que cunhou a expressão "regra matriz de incidência tributária", buscando captar, num só momento, a hipótese e a relação jurídico-tributária que dali se instaura[26].

> A regra matriz é apresentada como um método, um recurso para a compreensão do fenômeno jurídico-tributário. Partindo da premissa segundo a qual toda norma jurídica tem estrutura lógica de um juízo hipotético, ao qual é ligada uma consequência jurídica, quando acontecido o fato precedente, chega-se ao esquema proposto.
>
> No polo antecedente, o esquema da regra matriz tributária aponta a descrição hipotética de uma situação que, concretizada, motivará o surgimento da relação em questão. O antecedente é corriqueiramente denominado "fato gerador", denominação que recebe severas críticas que serão apresentadas no próximo capítulo.
>
> Por ora, vale notar que na formulação da regra matriz de incidência, o jurista busca identificar critérios que, uma vez presentes, darão por satisfeita (concretizada) a hipótese, identificando-se um "fato jurídico tributário" (a expressão será discutida adiante). Para Paulo de Barros Carvalho, tais critérios são o material (verbo + complemento), o espacial e o temporal.
>
> Esses critérios serão examinados com mais vagar quando do estudo da hipótese tributária. Merece nota, entretanto, o fato de que o insigne jurista não considera, no antecedente da regra matriz, seu critério pessoal. Ocorre que o critério pessoal não pode ser considerado irrelevante para a configuração da hipótese tributária, já que muitas vezes, será este o que determinará a própria hipótese. Basta citar os casos de imunidade subjetiva: não basta constatar um comportamento (critério material) ocorrido em determinado espaço e tempo: mesmo presentes tais requisitos, se a situação for imputável a pessoa imune (critério subjetivo), não há cogitar surgimento de qualquer vínculo jurídico-tributário.
>
> Por sua vez, o prescritor da regra-matriz de incidência apresenta a relação jurídica que se instaura a partir da concretização do "fato gerador". Essa relação, como se verá, tem natureza obrigacional, na qual o sujeito passivo tem a obrigação de pagar um valor ao sujeito ativo. Surgem, desse modo, os critérios pessoal (i.e.: as pessoas que se vinculam pela relação jurídica assim estabelecida – sujeitos ativo e passivo) e quantitativo (o montante a ser recolhido, expresso pela base de cálculo e a alíquota).

O principal mérito da figura apresentada está em dar o devido peso ao consequente da norma tributária. Com efeito, o antecedente chegou a ser apontado como o "centro da teoria jurídica do tributo como o estudo do delito no direito penal; sobre ele se constrói a dogmática do Direito Tributário material"[27]. A relevância de seu estudo será apontada no próximo capítulo, mas não se deve deixar de lado o estudo da relação jurídica estabelecida a partir de sua concretização.

---

26 Cf. CARVALHO, Paulo de Barros. Op. cit. (nota 10), p. 146.

27 Cf. JARACH, Dino. *O fato imponível.* Teoria geral do Direito Tributário substantivo. São Paulo: Revista dos Tribunais, 1989, p. 83. No mesmo sentido, cf. BERLINI, Antonio. *Principios de Derecho Tributario.* vol. 2. Madrid: Derecho Financiero, 1971, p. 313.

Daí a separação analítica proposta pelo esquema da regra-matriz, dando a devida importância à própria relação obrigacional surgida a partir da concretização da hipótese normativa[28].

Deve-se advertir que o desmembramento em antecedente e consequente se faz por raciocínio lógico-normativo; nada obstante, haverá vínculos entre ambos os momentos. Nesse sentido, como se verá com mais vagar, o critério quantitativo (base de cálculo) guarda estreita relação com o critério material (núcleo), não sendo, daí, exagerado afirmar que a base de cálculo é a expressão numérica da própria hipótese tributária. Por outro lado, haverá elementos no consequente que, muitas vezes, estarão distantes daquela hipótese. Basta lembrar o caso dos impostos, em que, por não haver qualquer atuação estatal em sua hipótese, o sujeito ativo não pode ser apontado como um "aspecto" da hipótese tributária.

Por último, deve-se ressaltar mais uma consequência da separação entre antecedente e consequente na regra matriz, apontada por Werner Flume[29]: diversamente dos fatos jurídicos privados, o consequente legal apenas se liga ao antecedente, sem regulá-lo. Assim, quando a lei civil dispõe sobre um consequente para determinado fato jurídico, então está o legislador decidindo qual a solução (legal) daquele fato, já que este exige uma decisão. Por exemplo, se um vendedor entrega uma mercadoria defeituosa, caberá ao legislador dispor sobre as consequências desta falta, já que é necessário, de algum modo, disciplinar os limites entre os interesses do vendedor e os do comprador. Já a tributação (consequente normativo da concretização da hipótese de incidência) não regula o fato jurídico tributário, cuja ocorrência não exige, por si, uma decisão do legislador. Este apenas se vale de fatos para dar azo à tributação.

Tal raciocínio tem relevância, quando se fala em aplicação de analogia gravosa em matéria tributária. Trata-se dos casos dos fatos limites (*Grenztatbestände*), isto é, aqueles que não se compreendem no fato jurídico descrito pela norma, mas a ele muito se assemelham. Ora, se em matéria de direito privado, o consequente normativo é a "solução" para o fato jurídico, então nada mais lógico do que admitir que, para uma situação análoga, aplique-se idêntica "solução". Em matéria tributária não seria possível sustentar igual posição, já que a tributação não é uma "solução", mas a mera consequência legal, que, em si, é estranha ao seu antecedente. A ocorrência concreta do "fato gerador" não exige, por sua natureza, a tributação[30]. Esta só surge

28 Cf. CARVALHO, Paulo de Barros. Op. cit. (nota 10), p. 533 e ss.

29 Cf. FLUME, Werner. Der gesetzliche Steuertatbestand und die Grenztatbestände in Steuerrecht und Steuerpraxis. *Steuerberater-Jahrbuch 1967/68*. Köln: Otto Schmidt, p. 63-94.

30 Mesmo para os tributos vinculados, a afirmação é válida, já que o legislador não está obrigado a cobrar os referidos tributos; cabe-lhe decidir sobre sua instituição, ou não. Do mesmo modo, embora a tributação deva seguir o princípio da capacidade contributiva, a mera existência desta não implica obrigatoriedade da tributação. Noutras palavras: o princípio da capacidade contributiva não produz consequências positivas. A este respeito, cf. FLUME, Werner. Op. cit. (nota 29), p. 72.

porque assim determinou o legislador. Daí o acerto do Código Tributário Nacional, cujo art. 108, § 1º, veda a aplicação da analogia gravosa em matéria tributária. Isso leva ao tema da interpretação, que será visto no Capítulo XVII.

Em síntese: não erram os estudos que veem no estudo da hipótese tributária caminho seguro para compreender o próprio fenômeno tributário; a circunstância de elementos relevantes do consequente normativo se revelarem a partir daquela justificam tal importância. Por outro lado, não é menos certo que a relação jurídica estabelecida – a obrigação tributária – deve ser estudada com igual destaque, já que sua configuração, posto derivar em grande parte da hipótese, desta independe. É o que se fará nos dois capítulos subsequentes.

5.1 Regra matriz e legalidade

A utilização do esquema da regra matriz de incidência tem o mérito de esclarecer o alcance do Princípio da Legalidade, evidenciando que este ultrapassa a mera exigência da descrição, em lei, da hipótese tributária.

Com efeito, quando se estudou o Princípio da Legalidade, viu-se que o constituinte limitou-se a requerer lei para "exigir ou aumentar tributo", sem esclarecer o que seria necessário que o legislador previsse para satisfazer tal mandamento. Bastaria a descrição do "fato gerador"?

A análise da regra matriz de incidência aponta que somente se pode dizer que o tributo foi instituído em lei se *toda* a norma de incidência foi prevista pela lei, i.e., não apenas seu antecedente, mas seu consequente.

Acerta, nesse sentido, o art. 97 do Código Tributário Nacional, o qual, na função de lei complementar (art. 146, II, da Constituição Federal) regula tal princípio, ao dispor:

Art. 97. Somente a lei pode estabelecer:

I – a instituição de tributos, ou a sua extinção;

II – a majoração de tributos, ou sua redução, ressalvado o disposto nos arts. (...);

III – a definição do fato gerador da obrigação tributária principal, ressalvado o disposto no inciso I do § 3º do art. 52, e do seu sujeito passivo;

IV – a fixação da alíquota do tributo e da sua base de cálculo (...)

Merece nota, assim, que enquanto o inciso III, ao se referir à "definição do fato gerador", gira em torno do antecedente da regra matriz, o Princípio da Legalidade exige igualmente a plena definição da relação jurídica estabelecida pelo consequente, seja o sujeito passivo (inciso III, *in fine*), sejam alíquota e base de cálculo (inciso IV), acima.

5.2 Regra matriz: importância didática

A adoção nesta obra da estrutura da regra matriz se faz em homenagem a seu aspecto didático. Ao dissecar diversos aspectos, permite uma aproximação analítica da norma tributária.

Não se pode, entretanto, deixar de questionar a própria possibilidade de redução de todas as complexidades da lei tributária a uma única regra matriz. Fosse possível tal redução, o resultado seria norma extremamente complexa, a compreender, em sua estrutura, todas as peculiaridades previstas pelo legislador. É dizer: ao se pretender uma redução lógica à fórmula da regra-matriz, deixa-se de lado, por exemplo, o fato de que algumas circunstâncias terão alíquotas diversas, conquanto se tratar do mesmo tributo. Ou seja: ou bem se reconhecerá a coexistência de diversas "regras matrizes", cada qual compreendendo uma situação prevista pelo legislador, ou bem se conceberá uma regra matriz de dimensões tendentes ao infinito. Na primeira hipótese, negar-se-á a própria ideia que move ideia da regra matriz (a redução da complexidade tributária a uma única norma); na segunda, ter-se-á norma inútil, porque inaplicável.

Ademais, o recurso à regra matriz não deve ofuscar o fato de que elementos essenciais ao próprio tributo, mas extrínsecos, escapam dos aspectos ali colacionados. Por exemplo, viu-se no Capítulo IV que diversas espécies tributárias têm na destinação de seus recursos sua nota característica. Tal o caso das contribuições sociais, que apenas por conta da afetação de seus recursos se distinguem dos impostos. No caso dos empréstimos compulsórios, situações como a calamidade pública são requisitos para sua instituição, não obstante dificilmente se enquadrem no critério material da hipótese tributária. Ainda, no caso do imposto extraordinário em caso de guerra externa ou sua iminência, esta será requisito para sua cobrança, mas não se confundirá com a hipótese tributária. Por último, consideremos o caso dos impostos cujo objeto é o consumo, mas cujo critério material da regra matriz aponta para as operações relativas à circulação de mercadorias e serviços de transporte interestadual e intermunicipal e de comunicações (ICMS) ou os serviços de qualquer natureza (ISS), dentre outros: conquanto se pretenda atingir a renda consumida (e este aspecto possa revestir-se de relevância jurídica em determinadas circunstâncias, como no exame da capacidade contributiva), esta não aparece em suas regras matrizes. Esses exemplos são suficientes para que se tenha patente não se esperar do estudo da regra matriz mais que um recurso didático, jamais suficiente para substituir a compreensão do todo da matéria tributária.

Na verdade, a regra matriz, enquanto instrumento didático, deve ser vista como um modelo, redutor de complexidades, útil para aproximar-se do objeto de estudo – a tributação – sem a pretensão de esgotá-lo.

Como em todo modelo, também na regra matriz se tem uma redução do objeto de estudo. É conhecida a comparação com o mapa, enquanto representação da realidade. Um mapa perfeito de uma cidade deveria, por exemplo, indicar que uma rua é mais estreita que outra, ou indicar a largura das calçadas, dentre outros detalhes. Teríamos, assim, uma perfeição da representação, mas, ao mesmo tempo, um mapa inútil: tamanha perfeição exigiria um mapa do tamanho da própria cidade que ele representaria; nesse caso, para que o mapa? O mapa útil será aquele que fará diversas abstrações, permitindo, com o uso de escala, compreender partes do todo (complexo) da cidade. Poderemos, por exemplo, saber quais são os bairros contíguos; será possível saber se a cidade cresceu mais ao sul ou a norte etc. Conforme a utilidade que se busca do mapa, tanto maior serão os detalhes. Ainda assim, será mero modelo, simplificador da realidade.

O uso de modelos é comum nas ciências. Basta pensar nas ciências econômicas, onde se trabalha com o modelo do mercado, com base no qual se traçam raciocínios sobre oferta e demanda, dentre outros. Claro está que a realidade será mais complexa que o modelo (não existe, na realidade, o mercado perfeito, base do modelo). Essa circunstância não impede que os economistas trabalhem com seus modelos. Nenhum economista sério, entretanto, pretenderá transplantar à realidade as conclusões obtidas em seu modelo, sem a devida consideração das peculiaridades da realidade que se apresenta.

De igual modo, há de se entender a regra matriz como um modelo didático. Ela não se presta a englobar todos os aspectos da tributação. Como já vimos acima, um item relevante, como a afetação dos recursos, simplesmente é omitido no modelo. Ainda assim, para quem pretenda ter uma primeira aproximação, a ferramenta parece bastante útil, dotando o operador do Direito capaz de manusear, com maior segurança, os dados de seu objeto de trabalho: a tributação.

Assim, o recurso à regra matriz deve ser compreendido em seus limites: longe de endossar a ideia da possibilidade de se reduzir toda a complexidade tributária a uma única norma, aplaude-se o esforço para se estudarem os aspectos (elementos, critérios) relevantes para a tributação, sem a pretensão de esgotamento.

5.3 Desdobramento da regra matriz

Adotado o recurso didático da regra matriz de incidência, os próximos dois capítulos dedicam-se a seu desdobramento, sendo o próximo destinado a seu antecedente e o seguinte ao consequente.

Não é demais insistir, outrossim, que esse desdobramento não implica o reconhecimento de elementos estáticos. A regra matriz apresenta-se como norma, não podendo sua decomposição acarretar a desnaturação da própria situação prevista como tributável. O estudo de cada um de seus aspectos se faz, daí, de modo inter-relacional. Cada um dos aspectos se define à luz (no contexto) dos demais.

Por exemplo, quando se estudam as operações de crédito, como critério material do Imposto sobre Operações de Crédito, Câmbio, Seguros, Títulos e Valores Mobiliários (IOF), não se pode deixar de lado o seu perfil extrafiscal que o delimita, inclusive, quanto ao aspecto pessoal.

De fato, na Lei n. 5.143/66, que instituiu o IOF, o própria legislador elegeu como sujeito passivo a instituição financeira. Tendo em conta tal aspecto pessoal, é possível limitar o aspecto material da regra matriz às operações próprias de instituições financeiras, não se estendendo o imposto ao mútuo que não seja exclusivo de instituições autorizadas a funcionar pelo Banco Central do Brasil. Vê-se, no exemplo, que a definição do aspecto material é feita a partir de uma indicação dada pelo legislador ordinário da definição do aspecto pessoal.

Para entender essa delimitação, é preciso compreender a origem do IOF e as exceções às limitações ao Poder de Tributar que o envolvem. O IOF foi criado como "um instrumento de política extrafiscal" a ser utilizado "em harmonia com a política monetária" sem que houvesse qualquer preocupação "de suprir recursos de tesouraria do Governo central"[31]. Não à toa, a sua competência cabe à União, a qual possui competência para editar leis sobre "política de crédito, câmbio, seguros e transferência de valores" (art. 22, VII, da Constituição), bem como para "administrar as reservas cambiais do País e fiscalizar as operações de natureza financeira" (art. 21, VIII, da Constituição). Prova do perfil extrafiscal do IOF reside na mitigação dos Princípios da Legalidade e da Anterioridade, pois pode o Executivo, nos termos dos arts. 153, § 1º, e 150, § 1º, da Constituição, alterar as alíquotas do IOF, o que se operará ainda no mesmo exercício financeiro e sem ter que aguardar o período nonagesimal a partir da publicação. Daí a constatação de que: existem exceções às limitações ao Poder de Tributar no caso do IOF porque existe uma justificativa baseada no seu perfil extrafiscal, cuja competência legislativa, tributária e administrativa cabe à União. No entanto, a competência da União nessa seara é exercida pelo Banco Central do Brasil e pelo Conselho Monetário Nacional, os quais não têm ingerência em quaisquer instituições, mas nas próprias instituições financeiras. Assim, resta evidente o motivo pelo qual o legislador, curvando-se ao perfil extrafiscal do IOF, restringiu a incidência do IOF às operações próprias de instituições financeiras.

Contudo, devemos registrar que esse aspecto não foi observado pelo STF, ao ser questionado sobre a constitucionalidade da extensão da incidência do IOF às atividades de *factoring* por obra do art. 58 da Lei n. 9.532/97. Apesar de reconhecer que as empresas de *factoring* não integram o Sistema Financeiro Nacional, não se confundindo, portanto, com as instituições financeiras, o STF declarou, em junho de 2020, a constitucionalidade do referido dispositivo, com base no argumento de que não haveria nada na Constituição ou no Código Tributário Nacional que restringisse a incidência do IOF apenas sobre operações de instituições financeiras[32].

Conforme se verifica, o STF não analisou sistematicamente o que justificaria as exceções aos Princípios da Anterioridade e da Legalidade, que se relacionam com o perfil extrafiscal do IOF, o qual se vincula com as competências legislativa e administrativa da União. Pelo contrário, o STF examinou a questão de maneira simplista: leu a Constituição e o CTN à procura de alguma restrição do âmbito subjetivo. Não encontrou. Decidiu daí pela inexistência de tal limitação. Não se ateve, porém, ao contexto histórico, à competência regulatória da União e aos motivos pelos quais a Constituição excepcionou certas limitações ao poder de tributar.

De qualquer modo, o importante aqui é que fique bem claro: a decomposição da regra-matriz deve ser feita com cautela, já que o estudo de cada um de seus aspectos deve ser feito à luz do contexto dos demais.

---

31 MORAES, Bernardo Ribeiro de. *Sistema tributário da Constituição de 1969*. v. 1. São Paulo: Revista dos Tribunais, 1979, p. 319.

32 STF, ADI n. 1.763-DF, Tribunal Pleno, rel. Min. Dias Toffoli, j. 16.06.2020, D.J. 30.07.2020.

capítulo XI

O antecedente normativo da regra matriz de incidência tributária:

O "fato gerador" da obrigação tributária

Critérios material, espacial e temporal da regra matriz

1 O "fato gerador"

No antecedente normativo da regra matriz, encontra-se aquilo que, na terminologia do Código Tributário Nacional (art. 114), é o "fato gerador": *a situação definida em lei como necessária e suficiente* à ocorrência da "obrigação tributária principal".

1.1 Uma questão terminológica

Parece dever-se a Gaston Jèze a introdução, no País, da expressão "fato gerador", título de estudo publicado em 1945[1], que logo foi acolhida pela doutrina, como se vê em trabalhos de Rubens Gomes de Sousa[2], Amílcar de Araújo Falcão[3], Gilberto de Ulhôa Canto[4] e Bilac Pinto[5]. Foi, também, a expressão preferencialmente adotada pelo Código Tributário Nacional. É curioso que, não obstante a expressão sirva para denotar o momento em que nasce (gera-se) a obrigação tributária, Gaston Jèze dava ao lançamento uma natureza constitutiva, já que para ele, o "fato gerador" do imposto era apontado como *a condição para que a Administração possa exercer sua competência de fazer nascer o crédito fiscal*; daí que este apenas surgiria com o lançamento[6]. Na origem, pois, o "fato gerador" era do direito de lançar o imposto, não da obrigação tributária.

1 Cf. JÈZE, Gaston. O "fato gerador" do imposto. Contribuição à teoria do crédito de imposto. *Revista de Direito Administrativo*, vol. 2, fasc. I, 1945, p. 50.

2 Cf. SOUSA, Rubens Gomes de. O "fato gerador" no Imposto de Renda. *Revista de Direito Administrativo*, vol. 12, 1948, p. 32.

3 Cf. FALCÃO, Amílcar de Araújo. Parecer. *Revista de Direito Administrativo*, vol. 52, 1958, p. 469-491.

4 Cf. o comentário in *Revista de Direito Administrativo*, vol. 14, 1948, p. 170-173.

5 Cf. PINTO, Bilac. Isenção fiscal – Fato imponível ou gerador do imposto. Isenções pessoais e reais. Realidade econômica contra forma jurídica. Evasão fiscal. Revista Forense, vol. CXXXII, ano XLVII, fasc. 569, 1950, p. 51-64. Também publicado na *Revista de Direito Administrativo*, vol. 21, p. 357-373.

6 Cf. JÈZE, Gaston. Natureza e regime jurídico do crédito fiscal. *Revista de Direito Administrativo*, vol. 3, 1946, p. 59-68 (62). O próprio tradutor do texto, Carlos da Rocha Guimarães, afirma que o raciocínio não se estende ao Brasil, já que "o crédito da Fazenda preexiste ao lançamento. Este somente o declara, de forma positiva, inclusive procedendo à sua liquidação, isto é, à determinação do líquido exigível".

Geraldo Ataliba repudiava a expressão que, a seu ver, seria equivocada, ao designar, pelo mesmo termo, duas realidades distintas – quais sejam, a descrição hipotética e a concreta verificação[7].

Está correto o comentário. É fato que o Código Tributário Nacional e até mesmo a Constituição Federal utilizam a expressão "fato gerador" para referir-se tanto à circunstância abstrata, definida pelo legislador (a qual parte da doutrina vem denominando "hipótese de incidência", ou "hipótese tributária"), quanto a cada um dos fatos concretos, que correspondem àquela hipótese (o chamado "fato imponível", ou "fato jurídico tributário"). Do ponto de vista lógico, são coisas diversas: a hipótese é abstrata; o fato é concreto.

É verdade que o fato deve corresponder à hipótese, para que nasça a obrigação tributária. Mas pode haver vários fatos, todos correspondendo a uma única hipótese: para cada fato (concreto), nascerá uma obrigação tributária. Seguida a confusão terminológica do legislador, poder-se-ia dizer que o "fato gerador" corresponde ao "fato gerador".

A tautologia desfaz-se se for dito: "o "fato gerador" concreto (o fato jurídico tributário) corresponde ao "fato gerador" abstrato (hipótese descrita em lei). Assim, ao ler um texto legal ou doutrinário, deve-se tomar o cuidado de investigar se a expressão "fato gerador" está sendo empregada em seu sentido abstrato ou concreto.

Esse problema – é bom que se diga – não existe apenas na hipótese da norma, mas também em sua consequência. Uma e outra são, enquanto tais, formadas por conceitos abstratos, já que são meros elementos de uma norma. Distingue-se a hipótese da norma (abstrata) da situação concreta, do mesmo modo como a consequência abstrata não é a consequência jurídica concreta. Para uma hipótese abstrata, pode haver infinitas situações concretas, que a ela correspondem. Do mesmo modo, cada uma destas terá a sua consequência concreta, que deverá tomar por base a consequência abstratamente prevista pelo legislador[8].

A bivalência concernente à expressão "fato gerador" é notória no texto constitucional de 1988. De um lado, a expressão é empregada no sentido da previsão abstrata na norma, como é o caso do art. 154, I, que, tratando da competência residual, impede que por ela se instituam impostos cujo "fato gerador" seja próprio de impostos já previstos no texto constitucional. Ainda no sentido abstrato, encontra-se o comando do art. 146, III, que, versando sobre a lei complementar, determina ser ela o instrumento para a definição do "fato gerador" dos impostos previstos constitucionalmente. É ao suporte fático, de outro lado, que se refere o constituinte quando, ao tratar da irretroatividade da lei tributária, dispõe, no art. 150, III, "a", ser vedada a cobrança de tributos *em relação a fatos geradores ocorridos antes do início da vigência da lei que os houver instituído ou aumentado.*

1.1.1 Uma questão terminológica no direito comparado

Um breve exame do direito comparado mostra que o problema também pode ser apontado em outros sistemas jurídicos.

7 Cf. ATALIBA, Geraldo. *Hipótese de incidência tributária.* São Paulo: Revista dos Tribunais, 1973, p. 50.

8 Cf. ENGISCH, Karl. *Einführung in das juristische Denken.* 8. ed. Stuttgart, Berlin, Köln: Kohlhammer, 1983, p. 34.

Na língua alemã, existem as expressões *Tatbestand*, para referir-se à descrição hipotética, em lei, daquilo que, uma vez concretizado, dará origem à obrigação tributária, e *Sachverhalt*, termo que se deve reservar para o observado no mundo fenomênico[9].

A expressão *Tatbestand*, vale ressaltar, não tem emprego exclusivo no Direito Tributário. Sua origem pode ser buscada no Direito Penal, no qual se desenvolveu a partir da doutrina do *corpus delicti*. Esta, por sua vez, foi adotada pela primeira vez num edito de 1525, da Gran Corte della Vicarìa di Napoli[10]. Nessa acepção, que se aproxima de "corpo do crime", adota-se a expressão num sentido de prova, exigindo que se verifique que tenha efetivamente ocorrido o fato criminoso e que se consiga a prova do corpo do crime, antes de se poder processar (*inquisire*) determinada pessoa, suspeita de ter cometido o delito[11]. Essa doutrina, por sua vez, fez-se refletir na constituição criminal do Imperador Carlos V (a chamada "Constituição Carolina"), de 1532, difundindo-se, então, naquele país, a noção de *corpus delicti*, o que se explica pelo fato de os doutrinadores germânicos basearem-se na doutrina italiana[12]. Em 1635, surge o trabalho de Benedict Carpzov, intitulado "*Practica Nova Imperialis Saxonica Rerum Criminalium*", o qual dá novas cores ao *corpus delicti*, ao qual se passa a atribuir um triplo significado, conforme sua função: pressupostos processuais necessários *ad inquirendum, ad torquendum (ad torturandum)* e *ad condemnandum*. Na primeira função, a expressão é empregada para identificar os pressupostos necessários para processar alguém, quando, para Carpzov, basta a presença de indícios, a "cor" da verdade. Tais requisitos são menos rigorosos que aqueles que se exigem para poder passar à tortura do suspeito (vale lembrar que o objetivo do processo inquisitório é a confissão, que pode ser voluntária ou pode decorrer da tortura) e, naturalmente, para a sua condenação (que depende da determinação rigorosa e pontual da verdade do delito)[13]. Posteriormente, em trabalhos publicados entre 1732 e 1770, encontra-se nova evolução do conceito de *corpus delicti*, por meio da obra de Böhmer, o qual propõe o abandono do mero caráter processual do conceito (que nada mais seria do que a própria prova, concreta), para um conceito substantivo: seria a "verdade em abstrato" do delito, exprimindo a necessidade de que o juiz determine os requisitos para que exista um delito antes de processar o acusado; a questão prejudicial seria, portanto, a existência de um crime, para apenas depois indagar sobre sua autoria, implicando, daí, a necessidade de individualizarem-se os componentes essenciais de *corpus delicti* (ato ou omissão ilícita, com dolo ou culpa). Em síntese, adotava duas acepções do *corpus delicti*: a dimensão da existência (e correspectiva prova) do fato singular (perspectiva processual, concreta) e a definição abstrata do delito (perspectiva substantiva)[14].

A expressão *Tatbestand* foi empregada pela primeira vez por E.F. Klein, em 1791, na obra *Grundsätze des gemeinen deutschen Rechts*, como sinônimo de *corpus delicti* (as duas expressões aparecem lado a

9 Engisch nota que embora a língua alemã ofereça, para o antecedente, a distinção ora apontada entre antecedente abstrato (*Tatbestand*) e antecedente concreto (*[Lebens] sachverhalt*), não existe, nesse idioma, expressão adequada para se referir ao consequente normativo concreto. Cf. ENGISCH, Karl. Op. loc. cit. (nota 8).

10 Cf. GARGANI, Alberto. *Dal Corpus Delicti al Tatbestand.* Le Origini della Tipicità Penale. Milano: Dott. A Giuffrè, 1997, p. 158.

11 Cf. GARGANI, Alberto. Op. loc. cit. (nota 10).

12 Cf. GARGANI, Alberto. Op. loc. cit. (nota 10), p. 232.

13 Cf. GARGANI, Alberto. Op. loc. cit. (nota 10), p. 241-243.

14 Cf. GARGANI, Alberto. Op. loc. cit. (nota 10), p. 286-296.

lado, indicando sua plena coincidência)[15]. Traduzia-se, literalmente, a expressão latina *existencia facti seu delicti*, ou seja, o significado do termo *corpus delicti*. Ocorre que a última expressão já apresentava então o sentido bivalente, acima referido, aplicando-se tanto ao plano processual (concreto) como substancial (abstrato). Foi no trabalho de Feuerbach, de 1801[16], que se revelou a consciência da autonomia das duas esferas do direito penal, dispensando-se a atenção à consideração substancial do delito em abstrato (*Verbrechenstatbestand*). Feuerbach aperfeiçoa a passagem da representação sensível e corpórea do delito ao enquadramento do último em um conceito abstrato: da prova do fato singular com base em seus elementos materiais à individualização das condições necessárias à existência de um delito qualquer. Na doutrina de delito de Feuerbach, o *Tatbestand* desenvolve, com efeito, um papel central: este se fundamenta na concepção liberal do Estado de Direito e, em particular, na afirmação do princípio segundo o qual somente podem ser incriminadas e punidas as condutas que ameaçam a segurança dos concidadãos, cabendo ao Estado a função de proteger os direitos destes, que podem ser exercidos por qualquer um, desde que não se violem os dos outros. O corolário de tal princípio é a renúncia a qualquer fundamento transcendental para a pena. Deve-se e pode-se punir apenas quando a segurança exterior o exigir. O *Tatbestand* desempenha, assim, a função de designar o delito individual em abstrato, consistindo no "conjunto dos elementos de uma conduta particular ou de um fato, contidos no conceito legal de uma determinada conduta antijurídica". Concretiza, assim, o princípio *nullum crimen, nulla poena sine lege*[17].

Novo passo na teoria do *Tatbestand* deve ser apontado na obra de Beling, datada de 1930: a partir de um quadro formal do delito, o autor considerava que somente o legislador poderia exercer uma função "constitutiva", colocando-se, pois, no centro do sistema, a conformidade ao *Tatbestand*, que compreenderia apenas os elementos objetivos e descritivos do delito. Ao processo, cabia apenas uma função declaratória. O *Tatbestand* era, em sua visão, um conceito funcional, já que se negava que existisse um fato que fosse crime "em si", apenas se podendo falar em delito depois de conhecido o *Tatbestand*[18]. Na obra de Beling já se encontra a expressão *Tatbestandsmäßigkeit*[19], aqui em oposição a *Rechtswidrigkeit:* a primeira, correspondendo à ocorrência do *Tatbestand* descrito na lei; a segunda, para significar o caráter antijurídico da conduta[20]. A primeira expressão, vale notar, é a que mais tarde seria empregada pela doutrina tributária para se referir à determinação conceitual, desvirtuada para a "tipicidade cerrada", já discutida no Capítulo VII.

O conceito assim desenvolvido de *Tatbestand*, originário do Direito Penal, foi transportado para o Direito Tributário, encontrando-se referência à expressão em trabalho publicado pelo austríaco Robert Meyer, em 1895[21]. Em 1912, também na Áustria, surgia o trabalho de Emanuel Hugo Vogel, o qual, ao definir tributo, utilizava a expressão *Tatbestand:* "Tributos no sentido do Direito Público são

---

15 Cf. KLEIN, E. F. *Grundsätze des gemeinen Deutschen peinlichen Rechts*. Halle, 1799 (1. ed. 1796), § 68, apud GARGANI, Alberto. Op. cit. (nota 10), p. 303.

16 Cf. FEUERBACH, V. *Lehrbuch des gemeinen in Deutschland geltenden Peinlichen Rects,* 1. ed. Giessen, 1801, §§ 90, 69, apud GARGANI, Alberto. Op. cit. (nota 10), p. 309.

17 Cf. GARGANI, Alberto. Op. cit. (nota 10), p. 310.

18 Cf. BELING, Ernst. *Die Lehre vom Tatbestand.* Tübingen: J.C.B. Mohr, 1930, p. 8.

19 Cf. BELING, Ernst. Op. cit. (nota 18), p. 9.

20 Assim, por exemplo, embora um médico possa incorrer na conduta descrita no *Tatbestand* da lesão corporal, ao efetuar, num processo cirúrgico, um corte no paciente, faltará o elemento antijurídico na conduta.

21 Cf. MEYER, Robert. Abgaben. *Oesterreichiches Staatswörterbuch.* Handbuch des gesammten österreichischen öffentlichen Rechtes. In: MISCHLER, Ernst; ULRICH, Joserf (orgs.). Erster Band. A-G. Wien: Alfred Hölder, 1895, p. 5-9 (7).

prestações pecuniárias, exigidas dos sujeitos de direito submetidos à soberania do Estado, em cumprimento de uma relação obrigacional surgida em virtude de um fato (*Tatbestand*) previsto pelo último, como contribuição para cobrir o orçamento financeiro público"[22].

O uso da expressão em matéria tributária tornou-se tão corrente na Alemanha que, em 1919, Enno Becker dela se valeu na definição de tributo, encontrada no § 1º da Ordenação Tributária (*Abgabenordnung*), que definia impostos como "prestações pecuniárias únicas ou correntes, que não representam uma contraprestação por uma prestação em especial, e que são exigidas, por uma pessoa jurídica de direito público, para obter receitas, de todos sobre os quais se confirmar o *Tatbestand*, ao qual a lei liga o dever de contribuir"[23].

Diante da referida definição legal, passou a doutrina a voltar-se ao conceito de *Tatbestand*, que encontrou em Albert Hensel sua mais conhecida conceituação, como aquele que "inclui, no âmbito normativo, os pressupostos abstratos e hipotéticos em cuja concreta existência (realização do *Tatbestand*) deve surgir determinadas consequências jurídicas"[24]. Na mesma obra, Hensel utilizava a expressão *Tatbestandsmäßigkeit*, para se referir à exigência da conformidade com o *Tatbestand*. Como visto, esta expressão também era originária do direito penal, aparecendo no estudo de Beling, acima referido.

Nota-se, assim, o claro emprego da expressão para se referir-se ao aspecto normativo (abstrato), já não tendo, pois, qualquer referência com sua origem processual (concreta). Confirmava-se, outrossim, o pensamento liberal vigente, pelo qual a existência de uma relação obrigacional tributária somente poderia ser reconhecida se todos os elementos para a sua configuração estivessem presentes. Reconhecia-se, então, a impotência do Estado diante de condutas elusivas, tendo em vista a necessidade de este se manter preso às características do *Tatbestand* que ele escolheu, enquanto o particular tinha toda facilidade para escolher um caminho que ainda não fora coberto por um *Tatbestand*[25]. Embora a Ordenação Tributária de 1919 já contivesse, em seu § 9º, dispositivo acerca da consideração econômica para a interpretação da lei tributária[26] e o § 10 versasse sobre o abuso de formas jurídicas (ambos a serem examinados no Capítulo XVII), acusava-se o ordenamento então vigente como insuficiente para combater as técnicas do planejamento tributário.

Aparecia, assim, a ideia de que não bastava autorizar que a interpretação levasse em conta os aspectos econômicos ou a finalidade da lei. Acreditava-se ser necessário que o próprio legislador

22 Cf. VOGEL, Emanuel Hugo. Die rechtliche Natur der Finanzobligation im österreichischen Abgabenrecht. *Finanzarchiv*. vol. 29, 1912, p. 471-566 (478-479). No original: *Abgaben im öffentlichrechtlichen Sinne sind Geldleistungen, welche von den der staatlichen Steuerhoheit unterworfenen Rechtssubjekten in Erfüllung eines auf Grund der bestehenden Rechtsordnung bei Eintritt des von der letzteren vorausgesetzten Tatbestandes entstandenen subjektiven Pflichtverhältnisses als Beitrag zur Deckung des öffentlichen Finanzhaushaltes zu entrichten sind.*

23 No original: *einmalige oder laufende Geldleistungen, die nicht eine Gegenleistung für eine besonder Leistung darstellen und von einem öffentlich-rechtlichen Gemeinwesen zur Erzielung von Einkünften allenauferlegt werden, bei denen der Tatbestand zutrifft, anden das Gesetzdie Leistungspflicht knüpft.*

24 Cf. HENSEL, Albert. *Steuerrecht*. Reprintausg. D. Ausg. Berlin, Springer, 1933. Herne; Berlin: Neue Wirtschafts--Briefe, 1986, p. 3. No original: *Der Steuertatbestand entält normativ die abstrakten und hypothetischen Voraussetzungen, bei deren konkreten Vorliegen ('Tatbestandsverwirklichung') bestimmte Rechtsfolgen eintreten sollen.*

25 Cf. HAASER, Karl. *Die wirtschaftliche und juristische Bedeutung der Lehre vom Steuertatbestand*. Inaugural-Dissertation zur Erlangung der Doktorwürde einer Hohen rechts-und staatswissenschaftlichen Fakultät der Albert-Ludwigs--Universität Fraiburg i. Br. Dachau: Bayerland, 1937.

26 "Na interpretação das leis tributárias devem ser observadas sua finalidade, seu significado econômico e o desenvolvimento das relações". No original: *Bei Auslegung der Steuergesetze sind ihr Zweck, ihre wirtschaftliche Bedeutung und die Enwicklung der Verhältnisse zu berücksichtigen.*

tornasse positivada aquela finalidade. Ora, na década de 1930, firmava-se a ideologia nacional socialista, cujo postulado "utilidade pública prevalece sobre utilidade individual"[27] refletia a ideologia então reinante, segundo a qual o indivíduo apenas se compreendia enquanto parte da coletividade, devendo, pois, a esta tudo o que obtivera[28]. Daí a edição da Lei de Adaptação Tributária, de 1934, cujo § 1º, sob o título "interpretação", veio dispor o seguinte:

1. *As leis tributárias devem ser interpretadas de acordo com a perspectiva mundial do nacional-socialismo.*
2. *Para tanto devem ser consideradas a perspectiva popular, a finalidade e o significado econômico das leis e o desenvolvimento das relações.*
3. *O mesmo vale para o julgamento do* Tatbestand[29].

A expressão "de acordo com a perspectiva mundial do nacional-socialismo" foi retirada do texto legal logo após o término da Segunda Guerra[30], mantendo-se, no demais, o texto, até a entrada em vigor da Ordenação Tributária de 1977.

Surgia, então, a necessidade de compreender qual o sentido para a terceira parte do dispositivo acima. O que seria o "julgamento do *Tatbestand*", tendo em vista que a matéria da interpretação da lei tributária já fora tratada na parte anterior? Embora houvesse quem, como Gottfried Eps[31], afirmasse que o referido dispositivo simplesmente carecia de sentido, o entendimento que prevaleceu foi diverso. Afastando a suspeita de que se tratasse de dispositivo ligado à influência nacional-socialista, Hans-Jürgen Brandt[32] lembra que, embora aquele enunciado não tivesse a seu favor previsão legal anterior ao nazismo (diversamente da parte segunda, que, como visto, já existia na Ordenação de 1919), sua introdução não se deu por caráter político, o que se demonstra pelo fato de que tal dispositivo não mereceu qualquer menção na literatura de então – diferentemente da primeira parte do referido § 1º, esta sim de caráter político – nem foi comentado pelas autoridades tributárias da época. Outro argumento favorável ao caráter técnico – e não político – do dispositivo, é que no projeto que viria a tornar-se a Ordenação de 1919 (anterior, insista-se, ao nazismo), já havia um dispositivo semelhante, o que fez Enno Becker reconhecer, no dispositivo do "julgamento do *Tatbestand*", a mera introdução, tardia, de dispositivo já reclamado desde outrora[33]. Prevalecia, assim, a ideia de que se tratava de dispositivo que já não mais se referia à interpretação da lei, mas da própria situação fática[34]. Esse tema será retomado no Capítulo XVII.

---

27 *Gemeinnutz geht vor Eigennutz.*

28 Cf. HAASER, Karl. Op. cit. (nota 25), p. 34-35.

29 No original: *(1) Die Steuergesetze sind nach nationalsozialistischer Weltanschauung auszulegen. (2) Dabei sind die Volksanschauung, der Zweck und die wirtschaftliche Bedeutng der Steuergesetze und die Entwicklung der Verhältnisse zu berücksichtigen. (3) Entsprechendes gilt für die Beurteilung von Tatbeständen.*

30 KRG. N. 12, de 11.2.1946 (KR Abl. S. 60).

31 Cf. EPS, Gottfried. *Die Beurteilung von Tatbeständen im Steuerrecht.* Zur Bedeutung des § 1 Abs. 3 StAnpG. Essen: W. Girardet, 1939.

32 Cf. BRANDT, Hans-Jürgen. *Die'Beurteilung von Tatbeständen' im Steuerrrecht nach § 1 Abs. 3 des Steueranpassungsgesetzes.* Dissertation zur Erlangung des Grades eines Doktors der Rechte der Rechtswissenschaftlichen Fakultät der Universität Hamburg. Hamburg, 1967, p. 106.

33 Cf. BRANDT, Hans-Jürgen. Op. cit. (nota 32), p. 108.

34 Cf. LOHMEYER, Heinz. Die steuerrechtliche Behandlung rückwirkender Rechtsgeschäfte. *Deutsche Steuer Zeitung*, n. 23, dez. 1970, p. 361-365 (362). Num sentido um pouco diverso, Wacke limitava a aplicação do dispositivo aos casos em que a situação fática dependesse de interpretação, i.e., quando o Tatbestand incluísse declarações de vontade ou negócios jurídicos. Cf. WACKE, Gerhard. Die Beurteilung von Tatbeständen. *Steuer und Wirtschaft*. ano 14, 1935,

Importa ressaltar, nesse ponto, que também na Alemanha a mesma expressão *Tatbestand* teve um resultado bívoco (*Doppelsinnigkeit*), já que, na Lei de Adaptação, acima referida, aparecia, na segunda parte, em referência ao próprio texto legal (e nesse sentido, a expressão assumia o caráter substancial, decorrente de sua evolução doutrinária); na terceira parte, por sua vez, a expressão já se referia ao julgamento da própria situação fática, para a qual seria mais adequado o emprego da expressão *Sachverhalt*[35].

Na literatura italiana, que acompanha de perto a evolução dos estudos feitos em língua alemã, logo surgiu a expressão *presupposto*, ou *presupposto dell'imposizione*, como se verifica, por exemplo, no trabalho de A. D. Giannini[36].

Mais frequente, entretanto, é o emprego da expressão *fattispecie*. Essa expressão deriva do latim medieval *facti species*, locução que, literalmente, indica a "figura" ou a "aparência" do fato e designava um fato imaginado para servir de paradigma. Conforme a pesquisa de Cataudella[37], a introdução, na literatura italiana, com o significado que na Alemanha se dá ao *Tatbestand* é recente, datando da obra de Betti, *Istituzioni di diritto romano*, cuja primeira edição data de 1929. É, nesse sentido, empregada em todos os ramos do direito, sempre como a causa dos efeitos jurídicos, seja referindo-se à realidade concreta ou à formulação normativa abstrata, falando-se, então, em *fattispecie concreta* e *fattispecie astratta*[38]. Menos usual, encontra-se o emprego da expressão *atto generatore*[39], podendo-se encontrar, ainda, a expressão *fatto generatore*[40].

Na língua espanhola, encontra-se a expressão *hecho imponible*, cuja difusão deve-se ao professor italiano, radicado na Argentina, Dino Jarach, que assim intitulou sua obra clássica, em 1942[41]. A mesma expressão foi adotada na *Ley General Tributaria* da Espanha e na doutrina deste país. Cita-se, na doutrina espanhola, monografia de Fernando Sáinz de Bujanda, que também

---

p. 834-872. A ideia de um julgamento da situação fática foi criticada por Klaus Tipke, para quem existem apenas dois processos na metodologia jurídica: a interpretação da lei e a subsunção, não um julgamento autônomo da situação fática. Cf. TIPKE, Klaus. Reformbedürftiges allgemeines Abgabenrecht. Kritik der Reichsabgabenordnung, Reformvorschläge. *Steuerberater Jahrbuch* 1968/69. Köln: Otto Schmidt, 1969, p. 69-103 (79).

35 Cf. APRATH, Werner. Zur Lehre vom Steuerlichen Tatbestand. *Gegenwartsfragen des Steuerrechts.* Festschrift für Armin Spitaler. Gerhard Thoma (Herausg.) Köln: Otto Schmidt, 1958, p. 125-134 (128).

36 Cf. GIANNINI, A. D. *Istituzioni di Diritto Tributario.* 5. ed., atualizada. Milano: Dott. A. Giuffrè, 1951, p. 119: *Il debito d'imposta sorge, come sappiamo, quando si verifica la situazione di fatto stabilita dalla legge come presupposto dell'imposizione.* (o débito do imposto surge, como sabemos, quando se verifica a situação de fato estabelecida pela lei como pressuposto da imposição).

37 Cf. CATAUDELLA, Antonino. Fattispecie e fatto. *Enciclopedia del Diritto.* vol. 16. Milano: Dott. A. Giuffrè, 1967, p. 926-941 (926).

38 Cf. CATAUDELLA, Antonino. Fattispecie e fatto. Op. cit. (nota 37), p. 927.

39 Cf. RIGHI, Eugenio. Le imposte di consumo (1951 1960). *Diritto e pratica tributaria.* vol. 33, Parte 2. Padova: CEDAM, 1962, p. 60-85 (69).

40 Cf. o acórdão da Carte de Apelação de Genova, de 21 de março de 1968, publicado na revista *Diritto e Pratica Tributaria.* vol. 39, Parte 2. Padova: CEDAM, 1968, p. 1105-1109 (1106), onde a expressão *fatto generatore* é empregada no sentido de hipótese estabelecida pela lei. A mesma expressão foi empregada pela Corte de Apelação de Firenze, em acórdão de 25 de janeiro de 1967, publicado na revista *Diritto e Pratica Tributaria.* vol. 38, Parte 2. Padova: CEDAM, 1967, p. 993-995 (993), mas desta feita enquanto referência ao fenômeno concretizado, já que, tratando do termo de início do prazo prescricional, declara que este *incomincia a decorrere dal sorgere del fatto generatore del tributo* (...) *e non dal momento dell'accertamento* (começa a correr no surgimento do *fatto generatore* do tributo (...) e não no momento do lançamento.

41 A edição em língua portuguesa foi traduzida por Dejalma de Campos. Cf. JARACH, Dino. *O fato imponível*: teoria geral do Direito Tributário substantivo. São Paulo: Revista dos Tribunais, 1989.

adota aquela expressão, por ele reconhecida como de uso comum na Espanha, como sinônima de *presupuesto de hecho*[42].

1.1.2 "Fato gerador": entre hipótese tributária e fato jurídico tributário

Diante da bivalência da expressão "fato gerador", Geraldo Ataliba entendia impor-se a distinção entre "dois momentos lógicos (e cronológicos): primeiramente, a lei descreve um fato e di-lo capaz (potencialmente) de gerar (dar nascimento a) uma obrigação. Depois, ocorre o fato; vale dizer: acontece, realiza-se", optando por "designar o 'fato gerador' *in abstrato* por 'hipótese de incidência' e *in concreto* por 'fato imponível'"[43].

Assim, a "hipótese de incidência" seria o termo mais adequado para revelar o antecedente da regra matriz da incidência tributária.

Não obstante o mérito da distinção, as expressões adotadas também merecem críticas.

Com efeito, "hipótese de incidência" é expressão que já fora empregada, na seara tributária, por Alfredo Augusto Becker, que se valia da seguinte metáfora:

> *Um instrumento (regra jurídica válida) carregado de energia eletromagnética (juridicidade). Este instrumento permanece suspenso sobre o mundo dos fatos físicos, biológicos e psíquicos. No mundo existiram fatos pretéritos, existem os fatos presentes e existirão os fatos futuros. E no mundo, sob o referido instrumento, os fatos presentes vão se tornando pretéritos e os fatos futuros vão se tornando presentes, isto é, vão acontecendo, vão se realizando. Entretanto, aquele instrumento aguarda e continua em estática.*
>
> *Ora, com o acontecer dos fatos, vão se realizando (existindo no presente e no pretérito), um a um, os elementos previstos na composição da hipótese de incidência, quando todos os elementos se realizaram (existem no presente e no pretérito), a hipótese de incidência realizou-se e, então, automaticamente (imediata, instantânea e infalivelmente) aquele instrumento entra em dinâmica e projeta uma descarga (incidência) de energia eletromagnética (juridicidade) sobre a hipótese de incidência realizada.*
>
> *Recebendo esta carga de energia (de juridicidade), a hipótese de incidência fica carregada de energia eletromagnética (juridiciza-se) em estado dinâmico, cujo efeito é a irradiação (pela hipótese de incidência já juridicizada) da eficácia jurídica: a relação jurídica e seu conteúdo jurídico de direito e correlativo dever, de pretensão e correlativa obrigação, de coação e correlativa sujeição*[44].

O raciocínio de Becker parece inspirado em Pontes de Miranda, o qual pretendeu explicar, por meio da incidência, o momento em que o fato passa a produzir efeitos jurídicos (tornando-se fato jurídico). Ensinava o tratadista: "Para que os fatos sejam jurídicos é preciso que regras jurídicas incidam sobre eles, desçam e encontrem os fatos, colorindo-os, fazendo-os jurídicos. Algo como a prancha de uma máquina de impressão, incidindo sobre fatos que se passam no mundo..."[45].

É diante de tal teoria que parece pertinente a crítica de José Wilson Ferreira Sobrinho, que aponta:

---

42 Cf. BUJANDA, Fernando Sáinz de. Analisis Juridico del Hecho Imponible. *Revista de Derecho Financiero y de Hacienda Pública*, n. 60, p. 769-922; n. 61, p. 35-166; n. 62, p. 343-385. Madrid: Derecho Financiero, 1965 66.

43 Cf. ATALIBA, Geraldo. Op. cit. (nota 7), p. 51.

44 Cf. BECKER, Alfredo Augusto. *Teoria geral do Direito Tributário*. 3. ed. São Paulo: Lejus, 1998, p. 308.

45 Cf. MIRANDA, Pontes de. *Tratado de Direito Privado*. Tomo 1. Rio de Janeiro, 1954, p. 6.

Ora, se a norma jurídica pode cair sobre os fatos, como querem os defensores da teoria da incidência, de modo inexorável e infalível, então o homem será mero expectador do fenômeno. Materializa-se, portanto, uma situação absurda: o direito é um objeto humano; é um produto da vontade do homem que estranhamente exclui o homem de sua formação na medida em que o jurídico nasce com a incidência da norma jurídica e essa incidência é inexorável[46].

Em igual sentido, a crítica de Brandão Machado, o qual lembrava que na ciência das finanças a palavra "incidência" toma o sentido de fenômeno da repercussão do imposto sobre o contribuinte de direito ou de fato, conforme o ônus do imposto seja por ele suportado definitivamente ou transladado a um terceiro (quando incidência implica o fato de incidir, de cair sobre, cair em cima, referindo-se à carga do imposto que toca ao contribuinte final). Essa incidência econômica tributária já foi examinada no Capítulo I. No sentido jurídico, também se busca aplicar o vocábulo como ato de cair em cima, cair sobre (vem do latim *incidere*, formado de *in* + *cadere*), empregando-se como se a regra jurídica caísse sobre um fato. Na crítica desse doutrinador, a abstração que a teoria da incidência faz da participação do homem, na interpretação e aplicação do direito, pode gerar caso em que nunca se poderá saber se ocorreu ou não a incidência da norma. Para tanto, basta figurar o exemplo em que um tribunal de instância máxima, em dois julgamentos de casos semelhantes, decida ora pela incidência, ora pela não incidência. Fica notório, dessa forma, que a incidência não foi infalível, já que sua confirmação dependeu da manifestação humana. Assim, "a grande verdade é que o homem, e somente o homem é quem decide se determinado fato produz, ou não, consequências jurídicas"[47].

Não é outro o entendimento de Paulo de Barros Carvalho, que apresenta visão antropocêntrica, como segue: "é importante dizer que não se dará a incidência se não houver um ser humano fazendo a subsunção e promovendo a implicação que o preceito normativo determina. As normas não incidem por força própria. Numa visão antropocêntrica, requerem o homem, como elemento intercalar, movimentando as estruturas do direito, extraindo de normas gerais e abstratas outras gerais e abstratas ou individuais e concretas e, com isso, imprimindo positividade ao sistema, quer dizer, impulsionando-o das normas superiores às regras de inferior hierarquia, até atingir o nível máximo de motivação das consciências e, dessa forma, tentar mexer na direção axiológica do comportamento subjetivo. (...) Já com base nessas meditações podemos notar, com hialina clareza, que a incidência não se dá, 'automática e infalivelmente', com o acontecimento do fato jurídico tributário..."[48].

Também a esta conclusão chegou Marcos Bernardes de Mello, em trabalho coordenado por José Souto Maior Borges: "não é a simples atuação física da ocorrência do fato que determinará a incidência, mas, com o seu conhecimento pelas pessoas, a sua integração ao mundo dos pensamentos. Depois de conhecido o fato, sim, a incidência é incondicional"[49].

Tampouco a expressão "fato imponível", para designar a concretização da hipótese no mundo fenomênico está ilesa a repreensão, desta feita pela circunstância de que a

46 Cf. SOBRINHO, José Wilson Ferreira. *Imunidade tributária*. Porto Alegre: Sergio Antonio Fabris, 1996, p. 50.

47 Cf. o Prefácio de Brandão Machado à obra de José Wilson Ferreira Sobrinho (op. cit. [nota 46], p. 11-18 [12-14]).

48 Cf. CARVALHO, Paulo de Barros. *Fundamentos jurídicos da incidência tributária*. Tese apresentada ao concurso para professor titular do Departamento de Direito Econômico e Financeiro, área de Direito Tributário, da Faculdade de Direito da Universidade de São Paulo. São Paulo: USP, 1996, p. 12-13; Cf. Idem. *Direito Tributário* – linguagem e método. São Paulo: Noeses, 2008, p. 169.

49 Cf. MELLO, Marcos Bernardes de. Contribuição ao estudo da incidência da norma jurídica tributária. In: BORGES, José Souto Maior (coord.). *Direito Tributário moderno*. São Paulo: Bushatsky, 1977, p. 1-49 (20).

expressão "imponível" indica algo que está sujeito à imposição; pressupõe uma imposição possível, mas ainda não ocorrida. Ora, somente caberá cogitar do referido fato quando todos os elementos necessários à tributação já ocorreram; neste caso, não mais se trata de fato "imponível", uma vez que a tributação já ocorreu[50].

Segundo Jarach, a expressão guarda analogia com o Direito Penal, no qual se fala em fato punível, embora nesta matéria o final "vel" seja mais adequado, já que a ocorrência do fato não implicará inexoravelmente a punição, que dependerá da apreciação do juiz, a quem caberá decidir sobre a pena, enquanto no Direito Tributário o papel do juiz fica mais reduzido[51].

A mesma questão foi feita por Paulo de Barros Carvalho: *Em princípio, "fato imponível" seria aquele fato que "estaria sujeito à imposição tributária", por isso "imponível", isto é, passível de sofrer imposição. Não é propriamente o que ocorre. Apenas surge o fato e a incidência acontece, automática e infalível, fazendo desabrochar relação jurídica caracterizada por uma prestação de dar. Não existe o fato anteriormente à incidência, de tal modo que, enquanto imponível não é ainda fato e após a incidência, em concomitância com seu nascimento, já assumiu na plenitude as virtudes de sua juridicidade*[52]. Vale lembrar que o autor, mais tarde, evoluiria em seu pensamento, afirmando que o próprio "fato" não se confunde com o evento histórico: segundo o professor, a lei somente incidirá sobre o fato, fenômeno este que só existe se reconhecido pelo direito.

Daí a sugestão de Paulo de Barros Carvalho para chamar o fato acontecido no campo da realidade física de "fato jurídico tributário"[53].

A ideia de "fato jurídico" revela que se trata de um fato com o condão de irradiar efeitos de direito. É, assim, instituto que nesse sentido em nada difere de outros ramos do direito. A mesma ideia poder-se-ia extrair da expressão italiana *fattispecie*, que tem a virtude, comum a sua congênere alemã, de não ser específica para o Direito Tributário, antes podendo ser empregada como sinônimo de *fatto giuridico*[54]. Aliás, cabe ressaltar, nesse ponto, que vários doutrinadores confirmam ser o "fato gerador" um fato jurídico. Dino Jarach refere-se ao *fato jurídico tributário*[55]; Pugliese fala em *fato jurídico, isto é, um fato não indiferente ao direito*[56] e para Berliri, o "fato gerador" não passa de uma espécie do gênero fato jurídico[57]. José Souto Maior Borges também diz resultar fato jurídico quando o suporte fático previsto hipoteticamente na norma ocorre concretamente no mundo dos fatos

50 A crítica foi feita pelo próprio Jarach: *Estoy dispuesto a reconocer que la expresión es, quizá, erronea, porque habla de hecho cuando muchas veces se trata de un conjunto de hechos o circunstancias de hecho; porque habla de 'imponible', y el adjectivo con la terminación 'ble' indica una idea de posibilidad, cuando en realidad sabemos que es un conjunto de hechos que hace nacer, indefectiblemente, la pretensión del tributo y la obligación. De manera que no es 'imponible', sino 'impuesto'. Es un hecho sobre el que recae el gravamen sin posibilidad o facultad de someterlo o no a gravamen. Está gravado.* Cf. JARACH, Dino. *Curso superior de Derecho Tributario.* vol. 1. Buenos Aires: 1957, p. 175 e ss. apud BUJANDA, Fernando Sáinz de. Op. cit. (nota 42), vol. 60, p. 786-787.

51 Cf. JARACH, Dino. Op. loc. cit. (nota 50).

52 Cf. CARVALHO, Paulo de Barros. *Teoria da norma tributária.* 2. ed. São Paulo: Revista dos Tribunais, 1981, p. 74.

53 Cf. CARVALHO, Paulo de Barros. Op. loc. cit. (nota 52).

54 Cf. CATAUDELLA, Antonino. Op. cit. (nota 37), p. 926.

55 Cf. JARACH, Dino. *O fato imponível*: Teoria geral do Direito Tributário Substantivo. São Paulo: Revista dos Tribunais, 1989, p. 83.

56 Cf. PUGLIESE, Mario. *Instituzioni di Diritto Financziario.* Padova: CEDAM, 1937, p. 126.

57 Cf. BERLIRI, Antonio. *Principios de Derecho Tributario.* vol. 2. Madrid: Derecho Financeiro, 1971, p. 315.

(suporte fático concreto)[58]. Note-se, entretanto, que o rigor de Paulo de Barros Carvalho exigiu que a expressão somente fosse empregada como referência ao plano concreto (suporte fático), não à hipótese abstrata.

Finalmente, não se pode deixar de lembrar que a mesma expressão (*hecho imponible*) fora utilizada por Jarach e, depois dele, pela doutrina de língua espanhola, para referir-se ao aspecto abstrato. Daí a arguta observação de Ricardo Lobo Torres: *sem a prévia convenção, o "fato imponível" pode ser tomado na acepção abstrata, o que não resolve o problema linguístico*[59]. O professor carioca, depois de alertar sobre o problema terminológico e mostrar que igual problema ocorre em outros idiomas, acaba por adotar a expressão "fato gerador".

Também aqui nesta obra, adotar-se-á quando mais adequado para contextualizar seu uso, a expressão "fato gerador". Na medida do possível, dar-se-á preferência, entretanto, para "hipótese tributária", para a situação abstrata (o "fato gerador" abstrato), e "fato jurídico tributário", para os casos de concretização (o "fato gerador" concreto).

Quando, nesta ou em outras obras, se questionar "qual o fato gerador" do tributo, a referência será à hipótese tributária; se for afirmado que "ocorreu o fato gerador", obviamente é ao fato jurídico tributário que se faz referência.

1.2 O fato como base para a tributação

Levantados os óbices ao emprego da expressão "fato gerador", é chegada a hora de apontar-lhe uma virtude: a expressão indica que, para o Direito Tributário, a hipótese descrita legalmente terá, sempre, o significado de mero fato, não de um ato ou negócio jurídico[60].

Iria além do escopo desta obra apresentar as diversas classificações do fato jurídico. Adota-se, aqui, a explicação de Alcides Jorge Costa: *Os fatos jurídicos* lato sensu *podem ser classificados em fatos jurídicos* stricto sensu, *isto é, fatos que produzem efeitos jurídicos independentes da vontade, e atos jurídicos, atos de vontade aptos a produzir os efeitos jurídicos desejados pelas partes.(...) Os fatos geradores são fatos jurídicos* stricto sensu. *Os efeitos tributários independem da vontade das partes. Neste sentido, ainda que determinados atos sejam atos jurídicos para outros ramos do Direito serão sempre um fato jurídico* stricto sensu *para o Direito Tributário*[61].

O mesmo mestre, com base em M.S. Giannini, explica, em outra passagem, como um ato jurídico, apto a produzir efeitos jurídicos nos termos da vontade expressa pelas partes, vem a tornar-se, para a lei tributária, um fato jurídico *stricto sensu,* cujos efeitos independem da

58 Cf. BORGES, José Souto Maior. *Teoria geral da isenção tributária*. 3. ed. São Paulo: Malheiros, 2001, p. 176.

59 Cf. TORRES, Ricardo Lobo. *Curso de Direito Financeiro e Tributário*. 9. ed. Rio de Janeiro; São Paulo: Renovar, 2002, p. 217.

60 Sáinz de Bujanda alude ao *carácter fáctico del hecho imponible*. Cf. BUJANDA, Fernando Sáinz de. Analisis juridico del hecho imponible. Cf. Op. cit. (nota 42), vol. 60, p. 802.

61 Cf. COSTA, Alcides Jorge. Da teoria do fato gerador. *Curso sobre teoria do direito tributário*. Secretaria da Fazenda do Estado de São Paulo, Coordenação da Administração Tributária. São Paulo: Assistência de Promoção Tributária da Diretoria de Planejamento da Administração Tributária, 1975, p. 117-132. Cf. também BERLIRI, Antonio. Op. cit. (nota 57), p. 315: los hechos imponibles son normalmente menos complejos que los civiles o administrativos, pues consisten en simples hechos jurídicos o en actos jurídicos, considerados, sin embargo, a estos efectos como verdaderos hechos jurídicos.

vontade das partes. Para Alcides Jorge Costa, trata-se do fenômeno que M.S. Giannini denominou "digressão de atos jurídicos em fatos jurídicos": *"O ato jurídico destina-se a realizar a vontade do sujeito; essa vontade é que se manifesta para produzir este ou aquele efeito, observadas, é claro, as normas legais. O fato jurídico* stricto sensu *e, portanto, o 'fato gerador', produz efeitos previstos e determinados pela norma legal e não pela vontade das partes. Quando um ato é transformado em fato por outra lei, a transformação atinge os efeitos mas não a essência desse ato que continua, pois, a reproduzir os efeitos desejados pelas partes mas que, ao mesmo tempo, sofre a incidência de outra regra legal, que o atinge como um todo, inclusive a manifestação de vontade, mas dele faz decorrer efeitos independentes dessa mesma vontade"*[62].

É este aspecto relevante, porque indica que o elemento volitivo é desprezado na seara tributária. Pouco interessa se o contribuinte procurou, ou não, incorrer no fato jurídico tributário. Sua vontade aparece no momento de concretizar, ou não, a situação abstratamente descrita pelo legislador (ninguém o obriga a tanto). A ocorrência do fato jurídico tributário, por outro lado, é suficiente para a tributação. A obrigação tributária é *ex lege*.

Também essa afirmação merece alguma ponderação, principalmente quando se tem em vista que, como se verá adiante, o próprio Código Tributário Nacional no art. 116 parece considerar duas espécies de hipóteses tributárias, uma "situação de fato" e outra "situação jurídica". O paradoxo desfaz-se quando se nota que, ainda que a hipótese tributária seja uma "situação jurídica", esta será um mero "fato" para o Direito Tributário. Ao mesmo tempo, a "situação de fato", se contemplada pelo legislador, passa a ser, ela também, jurídica.

Explica-se: quando o legislador municipal prevê a exigência de imposto sobre a transmissão de bem imóvel, estará ele contemplando aquilo que o Código Tributário Nacional denominou "situação jurídica". Apenas após confirmada a existência da transmissão, tal como regulada pelo Direito, é que se dará por nascida a obrigação tributária. Nesse sentido, vale o disposto no art. 116, II, do Código Tributário Nacional. Não significa isso, outrossim, que a vontade das partes contribuiu para o nascimento da obrigação tributária: este se deu pela mera concretização do negócio, embora as partes, naquele momento, não estivessem buscando o reflexo tributário. É nesse sentido que se fala em "fato".

Ou seja: a "vontade" é elemento essencial para o aperfeiçoamento do negócio e este, por sua vez, é contemplado na hipótese tributária. Irrelevante, outrossim, a "vontade de pagar tributo": a obrigação tributária surge, uma vez ocorrido o fato jurídico tributário, independentemente da vontade do agente.

Não obstante, deve-se, neste momento, levantar a objeção de Antonio Berliri, para quem no nascimento da obrigação tributária poderia ter influência a vontade do contribuinte. Sustenta o tratadista italiano seu entendimento ao lembrar que[63]:

1. em alguns casos, ainda que excepcionais, a obrigação do sujeito passivo de satisfazer o tributo nasce de um contrato, como o "convênio de abono facultativo";
2. noutros casos, a vontade pode ter uma relevância, ainda que indireta, quando:

---

62 Cf. COSTA, Alcides Jorge. Noção de tributo. Imposto. Taxa. Contribuição. Preços públicos. Noção de Direito Tributário. *Curso de Direito Tributário.* Vv. Aa. São Paulo: FIESP. s.d. (mimeo), p. 1-69 (37-38).

63 Cf. BERLIRI, Antonio. Op. cit. (nota 57), p. 317-320.

(2.a) a lei concede um favor, condicionado, por exemplo, a que se dê um determinado destino aos bens isentos, quando a vontade do sujeito passivo de destinar os bens será relevante para a obrigação;

(2.b) a lei pode condicionar a aplicação de um benefício fiscal ao requerimento do contribuinte, de forma que sem tal requerimento, inexistirá o benefício;

3. há impostos (imposto de registro ou de selo, por exemplo), nos quais a obrigação tributária surge após o requerimento do contribuinte, i.e., se o selo ou registro são requeridos pelo contribuinte;
4. a vontade do contribuinte pode ser relevante para qualificar o fato jurídico tributário. Tal o caso, por exemplo, de decidir se um acréscimo patrimonial será um ganho corrente (operacional) ou um ganho de capital (não operacional); e
5. o imposto de importação depende da declaração do contribuinte.

O raciocínio de Berliri foi acertadamente esgrimado por Sáinz de Bujanda[64].

Tomando o primeiro argumento, rebate-o o professor espanhol afirmando que os convênios particulares não podem ser opostos ao Fisco; são uma fórmula liquidatória contratual, mas não uma fonte de obrigação contratual, sob pena de pecha de inconstitucionalidade de tais convênios. Ou seja: a vontade foi irrelevante para o surgimento da obrigação; o acordo sobre a forma como se dará a liquidação da obrigação não afeta seu surgimento, em momento lógico e temporal diverso.

Quanto aos casos do segundo grupo acima, servem eles para mostrar a relevância indireta da vontade do contribuinte, com relação ao nascimento da obrigação. O primeiro contempla a possibilidade de que o contribuinte destine, ou não, certos bens a um uso incentivado pela lei. Ora, como lembra o professor espanhol, a vontade não influi no nascimento da obrigação tributária, que nasce ou deixa de surgir apenas pela vontade da lei. Embora não se discuta se um sujeito pode adotar um ou outro comportamento – i.e. adotar ou não o comportamento coberto pela isenção – a vontade de *actuar de una o otra manera es anterior a la realización del hecho imponible gravado o del hecho exento y, consiguientemente, carece de relevancia en la esfera tributaria: no tiene, como tal voluntad, efectos tributarios,* os quais dependerão de uma circunstância objetiva, que considera apenas a situação fática (o uso dos bens), pouco importando se o contribuinte desejava, ou não, valer-se da isenção. Ou seja: *indiretamente*, pode a vontade do contribuinte ter influído em sua decisão de incorrer, ou não, na isenção; diretamente, esta ocorre independentemente do elemento volitivo. Quanto ao segundo exemplo (isenção condicionada a requerimento), tem-se que este não é a fonte da isenção, nem sua inatividade, a fonte da tributação. O requerimento é condição legal para o desfrute da isenção, mas não fonte desta, que se encontra na lei. A manifestação de vontade não gera o direito à isenção. Ela é *un presupuesto para el disfrute del derecho, más no para su nacimiento*[65]. A explicação é semelhante ao primeiro caso: não se nega tenha o sujeito a opção de incorrer, ou não, na situação descrita na hipótese. É consequência da liberdade que lhe é assegurada pelo

64 Cf. BUJANDA, Fernando Sáinz de. Op. cit. (nota 42), vol. 60, p. 820-827.

65 Este tema também é enfrentado por Schick, que vai além: tendo em vista o princípio da oficialidade, entende que a exigência de que o contribuinte faça um requerimento, para só então fruir de uma vantagem, deve ser excepcional. Deve o legislador ter fundadas suspeitas de que o contribuinte poderia decidir por abrir mão do benefício, ou deve haver razões técnicas que exijam a participação do contribuinte. Cf. SCHICK, Walter. Antragstatbestände, Mitwirkungspflichten des Steuerpflichtigen und Amtsermittlungsgrundsatz im Besteuerungsverfahren. *Steuer und Wirtschaft*, ano 46, 1969, p. 361-378 (364).

ordenamento. O que se afirma é que se ele ali incorrer, a obrigação surge inexoravelmente; do mesmo modo, se a lei concede uma isenção condicionada ao preenchimento de certas formalidades, inclusive a apresentação de um requerimento, é reflexo da liberdade do cidadão se ele decidirá por preencher tais requisitos – e fruir da isenção – ou não; o que se afirma é que a isenção não surgirá de sua vontade, mas do preenchimento dos requisitos legais.

A terceira objeção do professor de Bolonha, rebatida por Sáinz de Bujanda, diz respeito aos impostos que só dariam origem à obrigação por requerimento do contribuinte. Mais uma vez, a rejeição se fundamenta na ideia de que o requerimento de nada adianta, se não for concretizado o fato jurídico tributário. Ninguém está obrigado porque solicitou o registro ou o selo; ao contrário, ao incorrer no fato jurídico tributário, o contribuinte viu-se obrigado a requerer o registro ou o selo.

No quarto grupo, em que a vontade do contribuinte determinará se um ganho é operacional ou não, com tributações diferentes, outra vez verificar-se-á que o elemento volitivo está na própria configuração da hipótese tributária: o contribuinte não paga o imposto de uma ou de outra forma porque assim o deseja; sua vontade é relevante para qualificar o negócio que será a base para a tributação.

Finalmente, com relação ao imposto aduaneiro, vê-se que não é a declaração que dá nascimento à obrigação tributária; serve ela apenas para o lançamento do tributo.

Situação intrigante, que merece ponderação, é o exemplo trazido por Albert Hensel[66]: Cogita ele caso em que a Administração, por meio de uma estimativa, determina o montante a ser recolhido a título de tributo; segundo o doutrinador alemão, se o contribuinte concorda com a estimativa assim efetuada, haveria, na prática, algo semelhante a um acordo entre o contribuinte e o Fisco, o que implicaria a obrigação tributária ter nascido do acordo de vontades, não da lei. O mesmo autor resolve, entretanto, sua questão, reconhecendo que se trata de matéria processual, não de alteração da hipótese tributária. Com efeito, ainda que o contribuinte venha a concordar com a Administração, a manifestação de vontade assim efetuada não será suficiente para dar nascimento à obrigação tributária. Comprovado, posteriormente, por meio admitido em direito, o erro na estimativa efetuada, então prevalecerá a obrigação decorrente da lei.

Que dizer, por outro lado, da opção que a pessoa jurídica faz pela tributação com base no lucro real ou presumido? Uma vez efetuada a opção, é ela definitiva para o ano calendário. Uma vez mais, a resposta está na liberdade que tem o contribuinte de organizar seus negócios. Ela vai ao ponto de optar por um ou outro regime. Feita a opção, a tributação dar-se-á na forma da lei.

Essa constatação não deve chegar ao ponto de se negar a existência de alguma liberdade na formação da relação tributária. Acordos entre Fisco e contribuinte existem, principalmente na determinação da ocorrência do fato jurídico tributário[67]. Nem por isso dir-se-á que sem a manifestação da vontade do contribuinte deixará de ocorrer a tributação. Nesse sentido, a obrigação tributária não é *ex voluntate*.

Em síntese: não se nega tenha a vontade influência em matéria tributária. Ao contrário, é a vontade do contribuinte determinante para que se possa cogitar de tributação. Fosse ele coagido a incorrer em situação prevista em lei, então já não haveria tributação, mas confisco.

A liberdade de incorrer, ou não, na situação prevista pela lei não implica tenha o legislador exigido uma manifestação de vontade de pagar tributos: esta vontade é que é irrelevante para a matéria tributária.

---

66 Cf. HENSEL, Albert. Abänderung des Steuertatbestandes durch freies Ermessen und der Grundsatz der Gleichheit vor dem Gesetz. *Vierteljahresschrift für Steuer-und Finanzrecht*. 1. Jahrgang. Berlin: Carl Heymann, 1927, p. 39-131 (95).

67 Cf. SEER, Roman. *Verstândigungen in Steuerverfahren*. Köln: Dr. Otto Schmidt, 1996.

A conclusão sobre a natureza meramente fática do fato jurídico tributário poderia, em tempos atuais, ser contestada, tendo em vista a tendência de introduzir-se no País o conceito de "propósito negocial", cuja ausência poderia permitir ao Fisco desconsiderar os negócios praticados pelo contribuinte. Trata-se de instituto surgido na jurisprudência norte-americana. Em 1935, a Corte Suprema examinou o caso *Gregory v. Helvering*[68], que versava sobre reestruturação societária, com a criação de nova empresa, visando a obter uma vantagem fiscal. Para a Corte, a nova empresa não tinha qualquer *business or corporate task,* tendo sido criada apenas para cumprir um objetivo limitado do contribuinte, destinando-se a ser abandonada, assim que este fim fosse atingido. Desse modo, o reconhecimento de uma sociedade dependeria, para fins fiscais, do que se passou a chamar *business purpose test*, i.e., a empresa criada deveria ter algum propósito negocial, não podendo ser utilizada, meramente, como instrumento de evasão de divisas. Pretende-se fundamentar no parágrafo único do art. 116 do Código Tributário Nacional, medida legal com idêntico teor[69]. Ora, independentemente da posição que se adote sobre a constitucionalidade de tal corrente, mais uma vez nota-se que o "propósito negocial" será um requisito para que se dê por ocorrido, ou não, o fato jurídico tributário; uma vez confirmada sua ocorrência, a obrigação tributária nascerá. Ou seja: propósito negocial não significa a intenção das partes de pagar tributos; é, apenas, a conformidade entre a intenção das partes (motivo do ato) e a causa do negócio jurídico[70].

1.3 Fato ou conjunto de fatos

O Código Tributário Nacional, em seu art. 114, define o "fato gerador" da "obrigação principal" como *a situação definida em lei como necessária e suficiente à sua ocorrência.* Segundo Alcides Jorge Costa[71], tal definição poderia estar inspirada na definição de Rubino, referida por Giannini (*complexo dos elementos necessários para a produção de um efeito ou de um complexo de efeitos*), não obstante a definição do legislador pátrio seja mais completa, por não falar apenas em elementos "necessários", mas também "suficientes".

---

68 Cf. *U. S. Tax Cases*. v. 35-1, 9043. Chicago: Commerce Clearing House.

69 O referido dispositivo, introduzido por meio da Lei Complementar n. 104/2001, trata dos casos em que atos ou negócios são praticados com a finalidade de dissimular a ocorrência concreta do "fato gerador" do tributo ou a natureza dos elementos constitutivos da obrigação tributária.

70 O Código Civil brasileiro de 1917 apenas tratava da causa no art. 90, ao tratar da anulação da obrigação quando for ela determinante. No texto que entrou em vigor em 2003, o termo "causa" aparece, em várias acepções, nos arts. 3º, 57, 145, 206, 335, 373, 395, 414, 598, 602 a 604, 624, 625, 669, 685, 689, 705, 715, 717, 791, 834, 869, 884, 885, 1019, 1035, 1038, 1044, 1051, 1085, 1087, 1148, 1217, 1244, 1275, 1360, 1481, 1523, 1524, 1529, 1538, 1577, 1580, 1641, 1661, 1723, 1767, 1818, 1848, 1962 a 1965, 2020 e 2042. No sentido do presente estudo, i.e., causa objetiva, merecem atenção artigos como o 145 (*são os negócios jurídicos anuláveis por dolo, quando este for a sua causa)*, 373 (*a diferença de causa nas dívidas não impede a compensação...)*, 598 (*A prestação de serviço não se poderá convencionar por mais de quatro anos, embora o contrato tenha por causa o pagamento de dívida de quem o presta, ou se destine* à execução de certa e determinada obra...), 791 (*se o segurado não renunciar à faculdade, ou se o seguro não tiver como causa declarada a garantia de alguma obrigação, é lícita a substituição do beneficiário, por ato entre vivos ou de última vontade)*, 885 (*a restituição é devida, não só quando não tenha havido causa que justifique o enriquecimento, mas também se esta deixou de existir)* e 1661 (*são incomunicáveis os bens cuja aquisição tiver por título uma causa anterior ao casamento)*. Assim, parece lícito afirmar que o sistema brasileiro adota a teoria das causas em matéria privada.

71 Cf. COSTA, Alcides Jorge. Op. cit. (nota 61), p. 119.

Este dispositivo é completado pelo art. 116, segundo o qual considera-se ocorrido o "fato gerador" (i.e., já se falará em fato jurídico tributário):

> I – tratando-se de situação de fato, desde o momento em que se verifiquem as circunstâncias materiais, necessárias a que produza os efeitos que normalmente lhe são próprios;

Pela leitura do inciso I, vê-se que a hipótese tributária, muitas vezes, refere-se a um "conjunto de fatos" (o que o doutrinador alemão Von Tuhr denomina *factum*, para distinguir dos fatos que o compõem[72]), o que, do ponto de vista jurídico, apenas se deve cogitar de um "fato".

> Esse "conjunto de fatos" poderá denotar o "fato gerador complexo", quando haverá "algum conectivo entrelaçando os enunciados atômicos" que o compõem, de modo que apenas diante da presença de todos os fatos assim ligados, é que se falará na ocorrência do fato jurídico tributário[73]. Na lembrança de Alcides Jorge Costa, um "fato gerador" *dificilmente será um fato único. Geralmente, é um fato complexo. Decompõe-se numa série de fatos que ficam perceptíveis a uma análise mais perfunctória possível. O único exemplo que lhe ocorria – e teórico – de um "fato gerador" composto de um fato único, e o autor ressalvava que talvez uma análise mais aprofundada levasse a uma conclusão diferente, seria o de um imposto de capitação, ou seja, um imposto que recaísse sobre a pessoa pelo simples fato de existir*[74].

Pois bem. Faltando algum dos fatos componentes do *factum*, ainda assim se poderá, com proveito, falar existir o fato jurídico tributário?

A discussão não é de todo irrelevante, tendo em vista que o Código Tributário Nacional, coerente com a ideia da existência de um conjunto de fatos, chega a referir-se, em seu art. 105, aos fatos geradores "pendentes", *assim entendidos aqueles cuja ocorrência tenha tido início mas não esteja completa nos termos do art. 116*. Pressupõe, assim, que seja possível que apenas "parte" da hipótese abstrata tenha concretizado-se.

Enfrentou o tema com acerto Paulo de Barros Carvalho o qual, citando Brandão Machado, revela que a polêmica surge a partir do neologismo "fato gerador complexivo", na sua opinião, insensato, já que nada mais se refere do que à complexidade do "fato gerador", revelando-se, daí, que nenhum dos fatos que o compõem poderá, isoladamente, ter a virtude de fazer nascer a relação obrigacional tributária. Lembra, mais, que nem mesmo a totalidade dos fatos, menos um, poderá dar nascimento à obrigação. Ensina: "O acontecimento só ganha proporção para gerar o efeito da prestação fiscal, mesmo que composto por mil outros fatos que se devam conjugar, no instante em que todos estiverem concretizados, na forma legalmente estipulada. Ora, isso acontece num determinado momento, num especial marco de tempo. Antes dele, nada de jurídico existe,

---

72 Apud COSTA, Alcides Jorge. Op. cit. (nota 61), p. 119. À lição de von Thur também se refere, nos mesmos termos, BORGES, José Souto Maior. Op. cit. (nota 58), p. 180.

73 Cf. CARVALHO, Paulo de Barros. Op. cit. (nota 48), p. 127.

74 Cf. COSTA, Alcides Jorge. Op. cit. (nota 61), p. 121.

em ordem ao nascimento da obrigação tributária. Só naquele átimo irromperá o vínculo jurídico que, pelo fenômeno da imputação normativa, o legislador associou ao acontecimento do suposto"[75].

Irrepreensível a lição do professor paulista. Com efeito, se o fato jurídico tributário dará nascimento à obrigação tributária, não há fato jurídico tributário se algum dos fatos que compõem o *factum* descrito na hipótese ainda não se tiver concretizado. Inexiste, nesse sentido, "fato gerador pendente". O fato jurídico tributário, ainda que composto por uma série de fatos, será um único fato jurídico (*factum*), deste modo tomado em sua integralidade.

1.4 "Situação jurídica"

O art. 116 do Código Tributário Nacional cogita, ao lado do caso em que a hipótese tributária configura uma "situação de fato", acima vista, outra hipótese: a "situação jurídica". A nomenclatura usada pelo Código não foi feliz, já que a "situação de fato", uma vez contemplada pela hipótese tributária, torna-se, ela também, jurídica. Por certo, o legislador quis contemplar os casos em que a hipótese tributária prevê a celebração de um negócio jurídico, ou um ato jurídico (de Direito Privado).

Se com relação à "situação de fato", esta representará, como visto, um fato jurídico e somente se dará por existente no "momento em que se verifiquem as circunstâncias materiais necessárias a que produzam os efeitos que normalmente lhe são próprios", o mesmo art. 116 afirma considerar-se ocorrido o fato jurídico tributário "tratando-se da situação jurídica, desde o momento em que esteja definitivamente constituída, nos termos de direito aplicável".

A distinção é relevante: evidencia que o fato jurídico tributário pode ser, ele mesmo, uma "situação jurídica", ou melhor, uma situação contemplada por outro ramo do Direito, à qual se refere o legislador tributário na definição da hipótese tributária. São os casos em que o Direito Tributário atua como "direito de sobreposição", já que faz incidir a tributação sobre situação já regulada pelo Direito.

Conforme já visto acima, essa "situação jurídica" é, para os efeitos tributários, um fato jurídico tributário. Ou seja: se determinado imposto incide sobre a celebração de um contrato, este é, para os efeitos civis, um ato jurídico. Nesse sentido, não cabe falar em fato jurídico tributário enquanto o contrato não estiver acabado; uma vez celebrado um contrato, por sua vez, a lei tributária dá por ocorrido o fato jurídico tributário.

Observe-se uma vez mais que é irrelevante a vontade do contribuinte. Pouco importa se ele quis ou não pagar o tributo; a lei tributária não exige, para o surgimento da obrigação, que aquele esteja de acordo com o pagamento. A mera ocorrência do fato jurídico tributário dá ensejo à tributação. O elemento vontade, aqui, não é de pagar tributo (irrelevante), mas o desejo de celebrar o contrato. Ausente essa vontade, não há contrato. Ora, se a hipótese tributária exige um contrato e se este não se aperfeiçoou por falta da vontade de contratar, não há o fato jurídico tributário.

75 Cf. CARVALHO, Paulo de Barros. Op. cit. (nota 48), p. 128-134.

De qualquer modo, cabe investigar, em cada ocasião, se o legislador firmou o consequente normativo a uma "situação de fato" ou a uma "situação jurídica", já que as consequências são diversas.

No Capítulo XVII, ver-se-á que nem sempre é imediata a resposta à indagação quanto ao conteúdo da hipótese normativa, i.e., se ela exige uma "situação jurídica", ou apenas alguns fatos que geralmente ocorrem no bojo daquela situação jurídica. A mera circunstância de um legislador utilizar uma expressão que é conhecida pelo Direito Privado e neste designa um negócio jurídico não implica, necessariamente, que o legislador exige a celebração do negócio. É tarefa do intérprete/aplicador definir qual, afinal, a hipótese tributária.

Cabe insistir que quando a hipótese tributária descreve uma "situação jurídica", i.e., quando a hipótese tributária exige, por exemplo, um negócio válido, somente se pode cogitar o consequente normativo (obrigação tributária) se o negócio é perfeito e completo. Se, por exemplo, a "situação jurídica" vincula-se a uma condição, o art. 117 do Código Tributário Nacional prescreve:

> *Art. 117. Para os efeitos do inciso II do art. anterior e salvo disposição de lei em contrário, os atos ou negócios jurídicos condicionais reputam-se perfeitos e acabados:*
>
> *I – sendo suspensiva a condição, desde o momento de seu implemento;*
>
> *II – sendo resolutória a condição, desde o momento da prática do ato ou da celebração do negócio.*

Não poderia ser diferente: havendo condição, dependerá dela a existência, ou não, do ato ou negócio jurídico. Ora, se a obrigação tributária se vincula ao último, apenas com sua existência é que se dará aquela.

1.5 Tributação dos fatos

Muitas vezes, conclui o intérprete que o legislador tributário não vincula a obrigação tributária a um negócio, mas a um fato ou conjunto de fatos, mesmo que estes estejam geralmente presentes em um negócio. Nesse caso, aplica-se a regra do art. 118 do Código Tributário Nacional:

> Art. 118. A definição legal do "fato gerador" é interpretada abstraindo-se:
>
> I – da validade jurídica dos atos efetivamente praticados pelos contribuintes, responsáveis, ou terceiros, bem como da natureza do seu objeto ou dos seus efeitos;
>
> II – dos efeitos dos fatos efetivamente ocorridos.

O art. 118 desdobra-se em duas hipóteses, tendo em vista que o art. 116 contempla uma distinção entre "situação de fato" e "situação de direito". Se a hipótese tributária é uma "situação de fato", então o inciso I, acima transcrito, esclarece ser irrelevante a validade jurídica dos atos praticados; se for uma "situação jurídica", então o inciso II esclarece serem irrelevantes seus efeitos "fáticos".

Tomando a hipótese do inciso I, portanto, ele não é aplicável às situações em que a hipótese tributária contempla um negócio jurídico. Se este for o pressuposto da tributação, sua ausência será relevante, já que sem o negócio, não há fato jurídico tributário. A invalidade (jurídica) dos atos praticados, neste caso, implicará inocorrência da tributação.

O inciso I do art. 118 encontra aplicação, outrossim, quando a hipótese tributária contempla fatos que, conquanto normalmente ocorram no bojo de negócios jurídicos, com estes não se confundam, de modo que a eventual invalidade dos últimos não impede que aqueles fatos tenham ocorrido.

Como será visto no Capítulo XVII, uma das tarefas mais complexas do intérprete/aplicador está em saber em que caso o legislador se referiu a um ato ou negócio jurídico, ou quando a hipótese tributária versa sobre uma situação (fato ou conjunto de fatos) que, embora normalmente ocorram no âmbito de um negócio jurídico, podem igualmente ver-se presentes apesar da invalidade do negócio.

A explicação para tanto é que a tributação busca os fatos reais, que provocam consequências para as partes. Eis o que explica Heirich Beisse, com relação à Alemanha e perfeitamente aplicável ao caso do dispositivo legal supratranscrito:

> 2. *Tributa-se o que é faticamente eficaz*
>
> a) *Para a tributação é decisivo o fato real formalizado pelo contribuinte – por força de sua autonomia privada. Por isso, servem de base para a tributação os contratos sérios de direito civil. Isso acontece simplesmente não por causa de um dogma ("primado do direito civil"), mas apenas porque a forma utilizada, no caso concreto, é operante e realmente produziu efeito.*
>
> b) *Por isso, também podem ser fiscalmente relevantes negócios jurídicos ineficazes, desde que e enquanto as partes, no entanto, permitem que aconteça e perdure o resultado econômico deste negócio jurídico (§ 41, seção 1, Código Tributário de 1977), como, por exemplo, num negócio imobiliário formalmente nulo ou num testamento inválido.*
>
> c) *Uma exceção cabe, evidentemente, segundo estável jurisprudência, para o tratamento de negócios jurídicos formalmente nulos – transferências de patrimônio, contratos de sociedade – entre pessoas chegadas. O Tribunal Federal de Finanças entende neste caso que não basta a execução efetiva dos acordos; exige a forma notarial prescrita pelo direito civil para contratos de doações, a autorização do juiz de tutela para determinados contratos celebrados com menores. Nessa exigência do requisito da forma não há nenhuma contradição com o princípio do critério econômico, pois só a sua observância faz a formalização juridicamente exequível e, portanto, realmente perfeita*[76].

É certo que, na Alemanha, o dispositivo citado por Beisse se insere no âmbito da discussão do critério econômico. Entretanto, como se verá no Capítulo XVII, embora não se possam aceitar, no Direito brasileiro, as conclusões a que se chegou naquele país, já que ali a consideração econômica resvala na analogia gravosa, o referido critério, como mera interpretação teleológica, pode bem ser estendido ao caso brasileiro. Se o legislador tributário contempla situações fáticas e não meros negócios jurídicos, é a verificação daquelas, independentemente da forma adotada, o que será submetido à subsunção.

A evidência de que foi essa a inspiração do legislador brasileiro pode ser extraída da seguinte passagem do curso que Rubens Gomes de Sousa, autor do Anteprojeto do Código Tributário Nacional, ministrou na Escola Livre de Sociologia e Política da Universidade de São Paulo, antes mesmo da promulgação daquele Código[77]:

76 Cf. BEISSE, Heinrich. O critério econômico na interpretação das leis tributárias segundo a mais recente jurisprudência alemã. In: MACHADO, Brandão (coord.). *Direito Tributário*: estudos em homenagem ao Professor Ruy Barbosa Nogueira. São Paulo: Saraiva, 1984, p. 1 (31).

77 Cf. SOUSA, Rubens Gomes de. Curso de Direito Tributário. 3ª aula. *Revista de Estudos Fiscais*, n. 11, nov. 1948, p. 458-459.

> Em resumo, portanto, o problema das relações entre o Direito Tributário e o direito privado pode ser consubstanciado nesta fórmula: os institutos de direito privado são utilizados pelo Direito Tributário não como categorias jurídicas mas como categorias econômicas. Por isso se diz que, para o Direito Tributário, os atos e os negócios jurídicos são sempre fatos: o Direito Tributário encara o instituto jurídico do direito privado não na sua natureza jurídica formal, não no que se refere à sua validade e à sua natureza jurídica, não no que se refere aos limites e à maneira pela qual a lei atribui efeitos jurídicos à manifestação de vontade ou ao ato ou fato jurídico, mas unicamente como categorias econômicas, unicamente como fatos que demonstram ou que a lei pressupõe que demonstrem um fenômeno econômico que serve de base à imposição de um tributo.

Verifica-se que para o referido doutrinador, a regra seria a lei tributária alcançar fatos que estão por trás dos negócios jurídicos; daí ser a validade destes irrelevante, desde que os fatos – estes sim a verdadeira hipótese tributária – estejam presentes.

É possível que a tributação se dê a partir de fatos que, conquanto decorram de negócios, com estes não se confundem. Assim, se no passado havia um Imposto sobre Vendas e Consignações, que pressupunha um negócio jurídico (venda) para que desse azo à tributação, seu sucessor, o Imposto sobre Operações relativas à Circulação de Mercadorias e Prestação de Serviços de Transporte Interestadual e Intermunicipal e de Comunicações – ICMS – já não se vincula ao negócio jurídico, propriamente dito, mas a, por exemplo, uma operação de circulação de mercadorias. Claro que esta também se dá juridicamente e é um fato jurídico. Entretanto, o legislador não se vincula ao próprio negócio, mas à circulação que dele decorre. Agora, mesmo no âmbito do ICMS, pode o legislador se referir a um contrato de prestação de serviços de comunicação. Se existe referência a tal contrato, então, o negócio jurídico torna-se relevante para a tributação.

É importante firmar o entendimento: o inciso I do art. 118 apenas se aplica para os casos em que o legislador tributário não vinculou a obrigação tributária à existência de um negócio jurídico; se este é a própria hipótese tributária, inexistindo, por invalidade, o negócio, não há que falar em fato jurídico tributário.

O inciso II do art. 118, por sua vez, é aplicado àqueles casos em que o negócio jurídico, enquanto tal, é relevante para a tributação. Nesses casos, inverte-se o raciocínio e já não se investiga se o negócio produziu efeitos: ou quais seus efeitos, bastará, para a tributação, a existência da "situação jurídica". Bastará, em síntese, o negócio, para concretizar-se o fato jurídico tributário.

2 Aspectos, elementos ou critérios do "fato gerador"

O estudo do "fato gerador abstrato" (hipótese tributária) faz-se por meio de seus aspectos, critérios ou elementos.

Não obstante a última expressão seja mais frequente na doutrina, merece ela a crítica[78] de transmitir uma ideia de componentes de um todo, o que pode levar a crer que a hipótese tributária será composta pela somatória dos "elementos". Ao referir-se aos "aspectos", por outro lado, tem-se que a

78 No mesmo sentido, cf. ATALIBA, Geraldo. Op. cit. (nota 7), p. 79-80. O professor traz imagem figurada de Paulo de Barros Carvalho: "Se, numa aula de física, se propusesse como objeto de estudo uma esfera metálica, salientaria o professor, inicialmente, o caráter unitário e incindível desse objeto. Ela (a esfera) não tem elementos ou partes. Não pode ser decomposta ou desmontada. Se for cindida, já não mais será uma esfera, mas outro objeto: duas semiesferas. (...) Isto não obstante, a esfera pode ser examinada quanto a diversas propriedades, ou características ou aspectos, reconhecíveis na sua unidade substancial. (...) Efetivamente, a esfera pode ser estudada nos seus aspectos: forma, brilho, peso, simetria, matéria, mobilidade, tamanho, consistência, densidade etc. São aspectos ínsitos na sua unitária consistência. A consideração, separadamente, de cada qual, não importa decomposição do indecomponível, nem separação do inseparável".

hipótese tributária é um todo, indecomponível; a aproximação parcial, por aspectos, tem uma finalidade didática, mas sempre incompleta, já que enquanto "elementos" podem ser independentes, "aspectos" são partes de um único corpo e, por isso, compreendem-se numa relação de interdependência. Ainda, nesse sentido de aspectos, foge-se da crítica de que eles por vezes interpenetrem-se, pois, nada mais sendo do que cortes de uma realidade, não há por que os compreender estanques. O mesmo raciocínio se aplica à expressão "critérios".

Os referidos aspectos ou critérios são divididos em dois grupos, os objetivos e os subjetivos; o primeiro grupo, por sua vez, permite que se destaquem o material, temporal, especial e quantitativo. Não é demais ressaltar que a referida divisão tem um caráter didático, tendo em vista que o fenômeno que se estuda é indecomponível. Isso explica a razão de inexistir consenso sobre a divisão. Apenas a título ilustrativo, cite-se que Geraldo Ataliba[79] não destaca o aspecto quantitativo do material; Antonio Giannini[80] aponta apenas os elementos objetivo e subjetivo; e Alfredo Augusto Becker[81] refere-se ao núcleo e aos elementos adjetivos.

Em seu estudo sobre a regra matriz de incidência tributária, Paulo de Barros Carvalho faz ver a necessidade de se destacarem os aspectos (por ele denominados "critérios") relevantes para a hipótese, de um lado e outros relevantes para o consequente normativo. Neste estariam os critérios pessoal e quantitativo, restando à hipótese o estudo dos critérios material, espacial e temporal.

2.1 Uma palavra sobre o critério pessoal na hipótese tributária: o contribuinte

Respeitando a didática de Paulo de Barros Carvalho, também aqui se examinarão, no estudo da hipótese tributária, os critérios material, espacial e temporal. Deve ser feita a ressalva, entretanto, de que o aspecto subjetivo, relevante para o consequente da regra matriz de incidência, não pode passar despercebido na análise e confirmação da concretização daquela hipótese.

Efetivamente, embora a figura do sujeito passivo seja relevante na construção do consequente normativo, é na hipótese tributária que se encontra uma situação imputável a alguém, o contribuinte. Este – será visto no próximo capítulo – é definido pelo parágrafo único do art. 121 do Código Tributário Nacional como aquele *que tenha relação pessoal e direta com a situação que constitua o respectivo* "fato gerador".

Para que se evidencie sua importância, basta considerar a situação em que haja imunidade pessoal do contribuinte: de nada adiantará o legislador nomear terceiro (não imune) como sujeito passivo da obrigação tributária, já que esta não surgirá, em virtude da proteção constitucional ao imune. O exemplo é suficiente para revelar que a consideração do contribuinte é relevante para que se confirme a efetiva concretização da hipótese tributária.

---

79 Cf. ATALIBA, Geraldo. Op. cit. (nota 7), p. 81.

80 Cf. GIANNINI, A. D. Op. cit. (nota 36), p. 71.

81 Cf. BECKER, Alfredo Augusto. Op. cit. (nota 44), p. 328-332.

Muitas vezes o contribuinte poderá ser encontrado de modo implícito, em regra na busca do sujeito que dá origem ao fato tributário. Se o aspecto ou critério material se resume, como será visto adiante, a um verbo e seu complemento, o contribuinte será buscado no sujeito da mesma oração. Assim, identificado o aspecto ou critério material da hipótese tributária, poder-se-á buscar o contribuinte.

Esse raciocínio, embora prático, merece reparos, quando confrontado com a definição de contribuinte proposta pelo referido art. 121, parágrafo único, I, do Código Tributário Nacional, já que situações haverá em que se encontrará mais de uma pessoa em relação direta e pessoal com a situação que constitua o "fato gerador"; apenas uma delas, entretanto, será o contribuinte. Assim, por exemplo, no imposto sobre a transmissão de bens imóveis por ato oneroso *inter vivos*, o Código Tributário Nacional dispõe, em seu art. 42, que contribuinte do imposto é qualquer das partes na operação tributada, como dispuser a lei. São coerentes ambos os dispositivos do Código, já que tanto transmitente como adquirente têm relação pessoal e direta com aquela relação. Se, por outro lado, o aspecto material do imposto, escolhido pelo legislador ordinário, ficar limitado a *transmitir propriedade imobiliária por ato oneroso inter vivos*, então o sujeito da oração será apenas o alienante, ainda que a lei venha a eleger como sujeito passivo o adquirente, que também tem aquela relação pessoal e direta.

Nota-se, no exemplo dado, a relevância da definição proposta por Jarach para o contribuinte, que o aponta como aquele em relação ao qual se verifica a causa jurídica do tributo, já que mostra que o contribuinte não será, necessariamente, aquele que se revestir da condição de sujeito da oração. Com efeito, é o mesmo Jarach que, seguindo as lições da Escola de Pavia, reconhece na obrigação tributária a importância de sua causa que, nos impostos, se encontra na manifestação de capacidade contributiva[82]. Ora, o fenômeno da transmissão de bens imóveis por ato oneroso *inter vivos* revela evidente capacidade contributiva da parte do alienante; não se pode negar, porém, que a circunstância de alguém adquirir um imóvel, por ato oneroso, revela sua capacidade contributiva. Daí que, no exemplo citado, ambas as partes revelam capacidade contributiva, agindo com acerto o legislador complementar, ao dizer que ambos podem ser contribuintes do imposto.

2.2 Critério material

O critério ou aspecto material da hipótese tributária é a *descrição dos aspectos substanciais do fato ou conjunto de fatos que lhe servem de suporte*[83].

Não se deve confundir este aspecto, tal como ora apresentado, com o objeto da tributação nem com objeto da obrigação tributária; este é a própria prestação (tributo) e aquele é a manifestação da realidade econômica atingida pela tributação[84]. Assim, pode ser objeto de uma tributação a renda consumida, mas o aspecto material estará no ato de promover a circulação de mercadorias.

---

82 Cf. JARACH, Dino. O fato imponível. Op. cit. (nota 55), p. 99 e ss.

83 Cf. ATALIBA, Geraldo. Op. cit. (nota 7), p. 111.

84 Cf. BUJANDA, Fernando Sáinz de. Op. cit. (nota 42), vol. 60, p. 777; p. 795-801.

Não é outro o alerta de Amílcar de Araújo Falcão, para quem a expressão "objeto do tributo" é criticável, por recordar *errônea concepção antiga, segundo a qual os impostos especialmente e, em geral, os tributos, recaíam sobre coisas, de modo que se falava em impostos incidentes sobre imóveis, ou sobre mercadorias destinadas ao consumo, importadas, fabricadas etc. Em verdade, a relação tributária é uma relação pessoal ou obrigacional; a alusão à coisa, ao imóvel, à mercadoria, nos exemplos mencionados, é feita* brevitatis causa, *servindo a indicação de tais bens como um* prius *lógico para identificação do "fato gerador", que é sempre uma relação estabelecida com tal coisa, imóvel, mercadoria etc.*[85]. Outrossim, como lembra Sáinz de Bujanda[86], *el presupuesto de hecho puede permanecer invariable y modificarse, en cambio, sustancialmente la finalidad o objeto que a un tributo se asigne.*

É assim que no aspecto material encontrar-se-á definida a situação legalmente apta para gerar a obrigação tributária. É, nas palavras do Código Tributário Nacional (art. 114), *a situação definida em lei como necessária e suficiente à sua ocorrência.*

Paulo de Barros Carvalho chama o critério material da hipótese tributária de "núcleo", já que *é o dado central que o legislador passa a condicionar, quando faz menção aos demais critérios*, parecendo-lhe *incorreta a tentativa de designá-lo como a descrição objetiva do fato, posto que tal descrição pressupõe as circunstâncias de espaço e de tempo que o condicionam*[87].

Não obstante a multiplicidade de formas de que se pode revestir o aspecto material, Sáinz de Bujanda acredita ser possível recolher, com suficiente rigor, os seguintes cinco casos mais importantes:

1. um acontecimento material ou um fenômeno de consistência econômica, descritos pelas normas tributárias e transformados, consequentemente, em figuras jurídicas dotadas de um tratamento determinado pelo ordenamento positivo;
2. um ato ou negócio jurídico, tipificado pelo Direito privado ou por outro setor do ordenamento positivado e transformado em "fato" imponível por obra da lei tributária;
3. o estado, situação ou qualidade de uma pessoa;
4. a atividade de uma pessoa não compreendida dentro do marco de uma atividade especificamente jurídica; e
5. a mera titularidade de certo tipo de direitos sobre bens ou coisas, sem que a ela se adicione ato jurídico algum do titular[88].

Na análise de Paulo de Barros Carvalho, é necessária absoluta abstração dos demais critérios examinados, o que lhe exige encontrar *expressões genéricas designativas de comportamentos de pessoas, sejam aqueles que encerrem um fazer, um dar ou, simplesmente, um ser (estado)*. Daí o núcleo ser

85 Cf. FALCÃO, Amílcar de Araújo. *Fato gerador da obrigação tributária*. 4. ed. São Paulo: Revista dos Tribunais, 1976, p. 27-28.

86 Cf. BUJANDA, Fernando Sáinz de. Op. cit. (nota 42), vol. 60, p. 801.

87 Cf. CARVALHO, Paulo de Barros. Op. cit. (nota 52), p. 75-76.

88 Cf. BUJANDA, Fernando Sáinz de. Op. cit. (nota 42), vol. 60, p. 845.

formado, *invariavelmente, por um verbo, seguido de seu complemento*[89]. Não é incompatível esse entendimento com o expressado pelo doutrinador espanhol: basta considerar que o verbo, a que se refere Paulo, é um dar, fazer ou ser, para entender, na última categoria, os casos de tributação em virtude de estado, situação ou qualidade de uma pessoa, ou sua titularidade de direitos sobre bens ou coisas.

A relevância do aspecto material está em ser por ele que se identifica um tributo. Com efeito, enquanto o "fato gerador", descrito pelo Código Tributário Nacional, é uma "situação", o que implica, também, contemplar os aspectos temporal (adjunto adverbial de tempo) e espacial (adjunto adverbial de lugar), um tributo será diferente de outro da mesma espécie a partir da comparação de seus aspectos materiais. Afinal, não parece adequado afirmar que se está diante de um novo imposto pelo fato de o Imposto de Renda ser cobrado anualmente, mensalmente ou trimestralmente. O aspecto material (auferir disponibilidade econômica ou jurídica de renda ou proventos de qualquer natureza) não muda e, nesse sentido, tratar-se-á, sempre, do imposto de competência federal.

Como visto no Capítulo VI, é a partir do aspecto material que se define a intrincada questão da competência tributária. Dele se valeu o constituinte para efetuar a discriminação de competências dos arts. 153, 155 e 156[90].

O exemplo acima apresentado do imposto sobre a transmissão de bens imóveis por ato *inter vivos* é suficiente, entretanto, para que não se caia na tentação de acreditar que a busca do aspecto material da hipótese tributária pode limitar-se à pesquisa do texto constitucional: tanto caberiam, como núcleos do imposto, o "transmitir bem imóvel" (hipótese em que o contribuinte é o transmitente) quanto o "adquirir bem imóvel" (adquirente como contribuinte): num e noutro caso haveria a transmissão, prevista pelo constituinte. É na lei que se identifica o aspecto material da hipótese tributária.

2.3 Critério temporal

A referência a uma situação tributável exige que se determine um momento a partir do qual se considera constituída a obrigação. Tem-se, aí, o aspecto temporal da hipótese tributária. Cabe à lei definir esse momento.

2.3.1 Instantâneos e periódicos

Não obstante se tenha, acima, afastado a possibilidade de cogitar "fatos geradores pendentes", já que somente se concretiza o "fato gerador" se o *factum* estiver aperfeiçoado, não se deve crer, por

89 Cf. CARVALHO, Paulo de Barros. Op. cit. (nota 52), p. 76.

90 Sobre o tema, com mais vagar, cf. SCHOUERI, Luís Eduardo. Discriminação de competências e competência residual. In: SCHOUERI, Luís Eduardo; ZILVETI, Fernando Aurélio (coords.). *Direito Tributário*. Estudos em Homenagem a Brandão Machado. São Paulo: Dialética, 1998, p. 82-115 (102).

isso, que o decurso do tempo seja, sempre, irrelevante na sua caracterização, tendo em vista que alguns "fatos geradores" exigem, para a sua própria caracterização, o decurso de tempo.

Assim, se para o Imposto de Renda exige-se um acréscimo patrimonial, este somente poderá ser medido mediante a comparação da situação patrimonial em dois momentos diversos. Nesse sentido é que Alcides Jorge Costa diz ser possível "classificar os fatos geradores, e esta classificação tem importância prática, em fatos geradores em que o elemento tempo é irrelevante, e fatos geradores em que o elemento tempo é relevante, tem relevância jurídica"[91].

Tem-se, aqui, a clássica distinção entre os instantâneos e os conjuntivos ou periódicos, sendo os últimos *aquellos cuyo ciclo de formación se completa en determinado período de tiempo y que consisten en un conjunto de hechos, circunstancias o acontecimientos, globalmente considerados*[92].

O raciocínio acima não afasta outra pergunta, igualmente pertinente: existe, realmente, uma ação humana instantânea? Não será mais correto afirmar que toda ação humana tem uma duração, ainda que mínima? Diante da resposta afirmativa, cabe o retorno à questão: se toda ação humana é (umas mais outras menos) duradoura, qual a diferença entre os "fatos geradores" instantâneos e os periódicos?

A resposta é oferecida por Sáinz de Bujanda[93], citando Giannini, que sustenta que o vocábulo "instantâneo" tem uma significação jurídica, diversa da usual. Nesta, algo é instantâneo quando se produz num instante, num espaço de tempo brevíssimo.

Em Direito Tributário, instantâneo é aquele que se esgota, por sua própria natureza, num certo lapso temporal, i.e., aquele que não tende, por sua própria natureza, a reproduzir-se. Daí que um negócio jurídico, por mais duradouras que sejam as tratativas entre as partes, será "instantâneo", já que se esgotará na sua conclusão.

Reconhecida a distinção entre hipóteses tributárias instantâneas e periódicas, nota-se que a referida classificação torna-se importante para reconhecer que enquanto para as primeiras não seria necessário que a lei fixasse expressamente seu aspecto temporal (a menos que a lei pretenda deslocar sua ocorrência), para as últimas a fixação expressa do aspecto temporal torna-se relevante, já que o legislador deverá determinar a partir de que momento considera-se ocorrido o fato jurídico tributário e nascida a obrigação tributária.

É assim que cabe ao legislador, por exemplo, determinar expressamente que o "fato gerador" do Imposto sobre a Propriedade Predial e Territorial Urbana ocorre em 1º de janeiro de cada ano. Afinal, a propriedade é um direito que tende a perdurar. O fato de uma pessoa ser proprietária de um imóvel no dia 1º de janeiro não impede que ela também o seja nos dias seguintes. Qualquer dessas datas (ou todas elas) poderiam configurar um fato jurídico tributário. É opção do legislador a incidência anual. Do mesmo modo, é decisão do legislador que o Imposto de Renda se apure mediante acréscimos patrimoniais verificados anualmente, a cada 31 de dezembro; nada impede seja o intervalo diverso.

2.3.2 Lei aplicável

Cumpre ressaltar a importância do aspecto temporal, tendo em vista que, não obstante a posição titubeante do Código Tributário Nacional quanto ao nascimento da obrigação

91 Cf. COSTA, Alcides Jorge. Op. cit. (nota 61), p. 124.

92 Cf. BUJANDA, Fernando Sáinz de. Op. cit. (nota 42), vol. 60, p. 867.

93 Cf. BUJANDA, Fernando Sáinz de. Op. cit. (nota 42), vol. 60, p. 871-872.

tributária, ora dando-a por nascida quando da ocorrência do fato jurídico tributário (art. 113, § 1º), ora atribuindo ao lançamento natureza constitutiva do crédito (art. 142), não deixa dúvida o mesmo diploma legal que "o lançamento reporta-se à data da ocorrência do *fato gerador* da obrigação e rege-se pela lei então vigente, ainda que posteriormente modificada ou revogada" (art. 144).

Daí a pergunta: sendo o *factum* da norma jurídica composto, em regra, de mais de um fato, qual a lei aplicável se, entre a constituição de cada um dos fatos integrantes do *factum*, vier a ser modificada a lei, de tal modo que determinados fatos desse *factum* ocorram sob o império de uma lei e que outros já se produzam sob outro regime legal? Assim responde Alcides Jorge Costa: "Nessa hipótese, os efeitos do *factum* são regulados pela lei vigente ao tempo em que ele venha a consumar-se, sem embargo da circunstância de algum ou alguns de seus fatos componentes terem ocorrido em época em que vigora outra lei. No entanto, cada um dos fatos componentes do *factum* é regulado pela lei em vigor no tempo em que haja ocorrido"[94].

2.3.3 Influência do critério temporal no cálculo do tributo

Não se esgota aí a importância do aspecto temporal: pode ser ele importante, também, para o cálculo do montante do tributo, nos casos em que o tributo for calculado de modo diverso, conforme o intervalo temporal de que se cuida. Assim, por exemplo, o Imposto de Renda das pessoas jurídicas está sujeito a um adicional de dez por cento sobre a parcela do lucro que ultrapassar a R$ 240.000,00 ao ano, ou R$ 20.000,00 ao mês. Uma pessoa jurídica que inicie suas atividades em 1º de julho, por exemplo, calculará o adicional sobre a parcela do lucro que ultrapassar R$ 120.000,00; se o início das atividades se deu em 1º de outubro, o adicional se calcula sobre a parcela superior a R$ 60.000,00. Outro exemplo: uma taxa pelo exercício do poder de polícia poderá ser calculada a partir do prazo pelo qual o alvará de funcionamento vier a ser concedido. Daí notar que a duração do período compreendido pelo fato jurídico tributário não será juridicamente irrelevante[95].

2.3.4 Antecipação do critério temporal

Via de regra, a fixação do critério temporal não precisa ser expressa no texto legal, especialmente no caso de hipóteses tributárias instantâneas. Entretanto, o legislador tem a liberdade de determinar o momento de sua ocorrência.

Embora seja normal que o legislador fixe momento posterior à ocorrência de todos os elementos que compõem o critério material da hipótese tributária, podem ser identificadas situações em que o critério temporal date de época em que não se pode dizer concluídas as circunstâncias materiais eleitas pelo legislador. Essa fixação possui

94 Cf. COSTA, Alcides Jorge. Op. cit. (nota 62), p. 34.

95 Eis aqui um caso em que o aspecto temporal poderá influir no cálculo do tributo (aspecto quantitativo); daí confirmar-se que os "aspectos" do "fato gerador" não são estanques.

consequências práticas já que é o critério temporal, como visto, aquele que indicará o momento em que se dará por surgida a obrigação e também será a lei vigente naquela data a que regerá a relação jurídica entre sujeito ativo e sujeito passivo, mesmo que modificada a lei antes de que os demais elementos previstos pelo legislador tenham se concretizado.

A antecipação do critério temporal pode ser exemplificada em alguns tributos periódicos. Assim, no caso do Imposto sobre a Propriedade de Veículos Automotores, vale o exemplo da Lei n. 13.296/2008, do Estado de São Paulo. Depois de se definir a hipótese tributária, no seu art. 2º, como a propriedade de veículo automotor, encontra-se no art. 3º o seu critério temporal (ou, na dicção legal, quando "considera-se ocorrido o fato gerador do imposto") sendo, em regra, o dia 1º de janeiro de cada ano, em se tratando de veículo usado. Contudo, como a propriedade se estende por todo o ano, cuida o mesmo legislador de disciplinar as situações em que o critério material (a propriedade do veículo automotor, no Estado de São Paulo, durante o ano em questão) não se perfaça. Daí o art. 14 tratar das hipóteses de furto ou roubo e o art. 15 versar sobre situação em que o veículo pertencente à locadora[96] seja transferido para outro Estado. O que se percebe é que, conquanto o critério temporal tenha sido fixado em 1º de janeiro, o legislador entendeu que, não se completando a propriedade por todo o ano em questão, não haveria que exigir o imposto por completo. Ainda assim, será a lei vigente em 1º de janeiro (data fixada pelo legislador como critério temporal) a aplicável.

O exemplo acima provoca alguma reflexão: será possível considerar surgida a obrigação tributária sem que o fato jurídico tributário se dê por completo? Afinal, nos termos do art. 114 do Código Tributário Nacional, a obrigação tributária somente se dá por nascida com a ocorrência do "fato gerador".

O dilema parece exigir que se enxergue, na antecipação ora retratada, a figura de ficção jurídica: o legislador considera o *factum* ocorrido em 1º de janeiro. Ou, o que dá no mesmo: o legislador empresta a um *factum* que surge a partir de uma série de circunstâncias que se dão durante o ano, o regime jurídico dos fatos que ocorrem em 1º de janeiro. Há, nas ficções, mera remissão normativa[97], de modo a conectar a uma hipótese legal a sanção que é consequência de outra norma[98]. O legislador, no caso, dá a um fato jurídico tributário cujos elementos se espalham ao longo do ano calendário, o consequente normativo daqueles que se dão no dia 1º de janeiro.

As ficções, vale lembrar, podem ser limitadas ou ilimitadas, conforme o legislador deseje que a equiparação se dê somente para dados fins, ou de modo amplo e irrestrito[99]. Em geral, a ficção é

96 Parece questionável a constitucionalidade do parágrafo único do art. 24 da mesma lei, quando esclarece que se o contribuinte não for empresa locadora, a transferência do automóvel para outro Estado não exclui a exigência integral do imposto. Tendo em vista que o Estado para onde for transferido o automóvel também exigirá o imposto, haverá evidente conflito.

97 Cf. ESSER, Josef. *Wert und Bedeutung der Rechtsfiktionen*. 2. ed. Frankfurt: Vittorio Klostermann, 1969, p. 25.

98 Cf. MEURER, Dieter. Die Fiktion als Gegenstand der Gesetzgebungslehre. In: RÖDIG, Jürgen (org.). *Studien zu einer Theorie der Gesetzgebung*. Berlin, Heidelberg und New York: 1976, p. 281-295 (285).

99 Cf. BERNHÖFT, Franz. Zur Lehre von den Fiktionen. Aus römischem und bürgerlichem Recht. *Festgabe für Ernst Immanuel Bekker zum 16. August 1907*. Weimar: 1907, p. 247.

empregada quando se querem equiparar dois institutos jurídicos apenas para determinados propósitos, i.e., a comparação é limitada (*beschränkte Gleichsetzung*)[100].

Daí a propriedade de se considerar ficção limitada o caso ora visto. Fosse ilimitada, então ter-se-ia que, para todos os efeitos legais, os elementos que compõem a hipótese tributária se dariam por ocorridos na data fixada pelo legislador (1º de janeiro), tornando-se irrelevante sua efetiva concretização. Mas se assim fosse, ter-se-ia nova hipótese tributária, que dispensaria aqueles fatos posteriores. Ora, se estes compõem a hipótese tributária e se conformam à própria competência tributária, não podem ser desprezados, nem mesmo pelo legislador ordinário.

A ficção é limitada, pois apenas para efeito de se determinar o regime jurídico aplicável adota-se a data escolhida pelo legislador na definição do critério material. Quando, entretanto, se trata de verificar se o elemento material descrito pelo legislador se concretizou, tomar-se-á cada um deles, na data em que efetivamente se derem.

Daí, voltando ao caso do IPVA, acima visto, verifica-se que, se não há a propriedade durante todo o exercício, cabe a restituição (ou não cobrança) do imposto. É o próprio aspecto material que não se terá verificado em sua inteireza.

Em resumo: não há falar em fato jurídico tributário se todas as circunstâncias da hipótese tributária não estão presentes. No caso do IPVA, a hipótese tributária compreende a propriedade do veículo automotor durante o exercício (ou parte dele se for parcial). Somente concluído o período é que se pode falar em tributo devido. Os pagamentos efetuados antes são antecipações, e, por isso, restitui-se o imposto se não ocorridos os fatos previstos. Uma vez ocorridos os fatos, então o tributo é devido. Para a definição da lei aplicável, i.e., para a definição do momento jurídico em que se considera surgida a obrigação, o legislador escolhe a data de 1º de janeiro. Não é dizer que basta que passe essa data, que o imposto do ano inteiro seja devido; como se disse, apenas com o transcurso do ano é que há dívida. A data serve, insistimos, apenas para fixação do regime jurídico aplicável à obrigação. Por isso mesmo, ficção jurídica parcial.

A antecipação do critério material também pode dar-se no caso de tributos instantâneos.

Um exemplo pode ser encontrado na legislação espanhola relativa ao imposto sobre o valor agregado. Embora o imposto seja devido, nos termos do art. 75, § 1º, com a entrega dos bens, encontra-se, no mesmo artigo, parágrafo com a seguinte redação:

> *Dos. No obstante lo dispuesto en el apartado anterior, en las operaciones sujetas a gravamen que originen pagos anticipados anteriores a la realización del hecho imponible el Impuesto se devengará en el momento del cobro total o parcial del precio por los importes efectivamente percibidos.*

Vê-se daí que o legislador fixa a data dos pagamentos antecipados do preço, mesmo que anteriores à entrega, como relevantes para que o imposto seja devido. Não obstante fixe no pagamento o critério temporal, mantém a entrega como critério material, donde se extrai que (i) se não ocorrer a entrega, o imposto não é devido; mas (ii) havendo a entrega, a obrigação se reputa surgida já nas datas de cada pagamento.

Quando se admite a liberdade do legislador na fixação do critério temporal, importa não perder de vista que este é apenas um dos aspectos da hipótese tributária. Nesse

100 Cf. FISCHER, Hans A. Fiktionen und Bilder in der Rechtswissenschaft. *Archiv für civilistische Praxis*, vol. 117, p. 143-192 (154).

sentido, não significa admitir que o legislador fixe arbitrariamente uma data: deve ela ter razoável conexão com os demais critérios daquela hipótese.

Assim, se o legislador fixa uma data dentro do período em que se dão os fatos que compõem o fato jurídico tributário, não precisa coincidir com o último dos eventos, já que a hipótese – vale insistir – compõe-se de uma série de circunstâncias. É aceitável, daí, que o legislador escolha aquela mais conveniente. Uma antecipação que se afaste por demais, entretanto, dificilmente refletirá a hipótese tributária, sendo, nesse caso, condenável.

2.4 Critério espacial

O exame do critério ou aspecto espacial da hipótese tributária traz ponderação sobre a existência de limites ao exercício da competência tributária, já que, de um lado, a lei poderá definir seu âmbito de aplicação expressamente (quando, então, apenas os "fatos geradores" ocorridos dentro do território assim definido é que estarão sujeitos a tributação) e, de outro, no silêncio da lei, encontrar-se-á, de todo modo, limite equivalente ao próprio âmbito de aplicação da lei tributária.

No Capítulo XVIII, examinar-se-á com vagar o tema da vigência da lei tributária no espaço, quando se concluirá pela limitação territorial das leis tributárias estaduais e municipais aos respectivos territórios, bem como se verificará que igual limite não se estende às leis federais, sendo possível a lei tributária contemplar situações ocorridas no exterior.

A importância dessa extensão territorial da lei tributária pode ser constatada no exemplo do Imposto de Renda, já que o legislador complementar, por meio do art. 43, § 2º, do Código Tributário Nacional, decidiu estendê-lo ao rendimento, ou receita, oriundo do exterior. Em tais circunstâncias, fica evidente a necessidade de determinar quando um fato jurídico reputa-se ocorrido num território.

Com efeito, já se mostrou que, no mais das vezes, a hipótese tributária compreende um *factum*, i.e., um conjunto de fatos, não necessariamente localizados no mesmo território. Ainda que se tratasse de um único fato, ou mesmo que se aceitasse o entendimento de Sáinz de Bujanda[101], que entende que o fato jurídico tributário reputa-se ocorrido onde se tenha produzido o último elemento indispensável para a composição do *factum*, a questão permaneceria, tendo em vista que cada fato tem, ele mesmo, diversos aspectos que o podem ligar a diversos territórios. Assim, se um contribuinte norte-americano, residente na Noruega, aufere rendimentos decorrentes de um trabalho exercido na Alemanha e contratado por empresa francesa, cada um dos países mencionados poderá reputar o fato "ocorrido" em seu território, conforme o aspecto a que der relevância: se for a nacionalidade o relevante, o fato será norte-americano; no caso de

101 Cf. BUJANDA, Fernando Sáinz de. Op. cit. (nota 42), vol. 60, p. 858.

residência, o fato será norueguês; na ênfase na fonte de produção do rendimento, ter-se-á a Alemanha e, finalmente, na fonte de pagamento, será um fato francês[102].

Daí, pois, a relevância do elemento de conexão na fixação do aspecto espacial da hipótese tributária, já que será por ele que se determinará a própria possibilidade de o fato vir a ser tributado[103]. É tema que, como mencionado, se retomará no Capítulo XVIII. Antes, importa esgotar o estudo da regra matriz tributária, o que se fará no próximo capítulo, pelo exame do consequente.

102 Não se deve olvidar, ainda, que cada um destes aspectos poderia ter desdobramentos. Que dizer, por exemplo, de um contrato verbal, aperfeiçoado mediante uma ligação telefônica internacional, quando surgiriam novas questões sobre o local em que foi produzido o rendimento? Sobre estas questões, cf. BUJANDA, Fernando Sáinz de. Op. cit. (nota 42), vol. 60, p. 856, o qual, baseando-se em Berliri, traz interessantes questões de fato (como a ligação interurbana) e de direito (como uma atividade desenvolvida numa embaixada).

103 Mais uma vez, nota-se como os aspectos da hipótese tributária vão se inter-relacionando: a determinação da sujeição ativa fica vinculada, pelo elemento de conexão, ao aspecto espacial.

capítulo XII

O consequente normativo da regra matriz de incidência tributária:

A relação jurídico-tributária "principal" Critérios pessoal e quantitativo da regra matriz de incidência

1 Introdução

Concretizado o fato jurídico tributário, instaura-se uma relação jurídica em virtude da qual o devedor (sujeito passivo) deve pagar o tributo (objeto) ao credor (sujeito ativo). O tributo se apurará a partir do binômio base de cálculo e alíquota. Este consequente da regra matriz será objeto deste capítulo.

2 Obrigação "principal": sua natureza

Segundo art. 113 do Código Tributário Nacional, a relação jurídica que se estabelece entre o Estado e o particular concernente ao pagamento do tributo (ou da penalidade pecuniária) tem a natureza de uma obrigação. Essa é uma garantia oferecida pelo sistema jurídico, que não pode passar despercebida, já que se o vínculo estabelecido é obrigacional, então direitos e deveres se estabelecem e se extinguem na forma da lei.

Nem sempre se entendeu ser de natureza obrigacional o vínculo assim estabelecido. Ao contrário, do ponto de vista histórico se defendeu, inicialmente, que seria de sujeição a relação assim instaurada.

Os primeiros estudos de Direito Tributário não viam sentido ou valor jurídico no dever geral de o sujeito pagar impostos[1]. Nas primeiras décadas do século XX, a relação tributária era mera relação de poder[2]. Alcides Jorge Costa resume essa controvérsia:

> Já se discutiu se estas relações eram jurídicas ou simplesmente relações de poder. Amilcar Araújo Falcão (...) atribui ideias desta ordem a Franz Schneider, em monografia publicada em 1918, e a Guido Falzone, em obra de 1960. Ainda, como assinala Vanoni (...), certos financistas alemães, como Schaffle e Heckel, consideram o tributo como uma decorrência da supremacia de fato do Estado. A esta escola filiou-se grande parte dos tributaristas alemães que, no

1 Cf. MAYER, Otto. *Le Droit Administratif Allemand.* Paris: Giard & Brière, 1904, p. 178, apud TORRES, Ricardo Lobo. *Curso de Direito Financeiro e Tributário*. 15. ed. Rio de Janeiro: Renovar, 2008, p. 233.

2 Cf. TORRES, Ricardo Lobo. *Curso de Direito Financeiro e Tributário*. 15. ed. Rio de Janeiro: Renovar, 2008, p. 233.

> entanto, dividiram-se em duas correntes. Alguns como Schneider e Bühler entendem que "a supremacia do Estado se manifesta em todos os momentos do desenvolvimento da relação; tanto no momento da subordinação, genérica ao poder do Estado que precede a afirmação de qualquer dever tributário, como no momento em que o dever tributário nasce especificamente pela verificação das circunstâncias de fato determinantes da imposição, como ainda no momento posterior em que, em seguida ao lançamento e a valoração das referidas circunstâncias, a administração expede a ordem de pagamento, fazendo surgir o débito tributário em concreto" (...). Outros, como Blumenstein, Merck e Mirbt, entendem que a supremacia do Estado ocorre somente até a promulgação da lei tributária. Daí por diante, a relação entre Estado e contribuinte é uma relação jurídica que se desenvolve nos estritos termos da lei.
>
> (...) Na Itália também houve autores que aderiram "a tese da relação tributária de poder" (...) Para Orlando, portanto, não há relação jurídica na cobrança de imposto. Lolini, por seu turno, nega mais enfaticamente a existência de uma relação jurídico-tributária (...). Por último, Di Paolo (...) retomou a mesma tese, não sem, desta vez, influência das ideias políticas oficiais da Itália[3].

A oposição à relação tributária como de poder pode ser encontrada em Vanoni[4], que soube fazer ver que se é verdade que no momento da instituição, *in abstracto*, do tributo, o Estado, revestido da condição de legislador, impõe um tributo, a relação tributária propriamente dita somente surge num segundo momento, quando aquela hipótese contemplada pelo legislador se vê concretizada. Nesse momento, já não mais atua o Estado-legislador, mas o Estado-administrador, sujeito este à lei do mesmo modo como o particular. Conforme esclarece Rubens Gomes de Sousa, o princípio fundamental do Estado de Direito "é que o Estado não é superior ao seu próprio Direito, é ele próprio um sujeito de direito. De modo que, em conclusão: a relação jurídico-tributária, pelo fato de nascer da lei, não é superior à própria lei, mas ao contrário está subordinada e regulamentada pela lei"[5]. Semelhante ideia já era defendida, na Alemanha, por Albert Hensel, diferenciando a atividade legislativa tributária do Estado (*Steuernormsetzung*) da administração tributária (*Steuerverwaltung*)[6]. Nawiasky[7] chega a afirmar que Estado e contribuinte se encontram, em face da lei, na mesma situação do credor e do devedor do direito privado[8].

2.1 Relevância da discussão: a proteção do *status* obrigacional

A pergunta que surge é: qual a relevância de se conferir à relação estabelecida entre o Fisco e o particular a natureza obrigacional?

Se a relação é obrigacional, há um momento em que se estabelece o vínculo e, assim surgido, torna-se ele imutável. Se é verdade que o credor tem o direito de exigir o

3 Cf. COSTA, Alcides Jorge. *Contribuição ao estudo da obrigação tributária.* São Paulo: IBDT, 2003, p. 1-3.

4 Cf. VANONI, Ezio. *Natura ed interpretazione delle leggi tributarie.* Padova: CEDAM, 1932, p. 90-91.

5 Cf. SOUSA, Rubens Gomes de. Curso de introdução ao Direito Tributário. 2ª aula. *Revista de estudos fiscais*, n. 11, nov. 1948, p. 449.

6 Cf. HENSEL, Albert. *Steuerrecht*. 3. ed. Berlin: Julius Springer, 1933 (reimpressão em Herne; Berlin: Neue Wirtschafts-Briefe, 1986), p. 15.

7 Cf. COSTA, Alcides Jorge. Op. cit. (nota 3), p. 10.

8 Ricardo Lobo Torres observa que Nawiasky privilegiou o ato administrativo de lançamento para o surgimento do vínculo, dando azo ao movimento procedimentalista italiano. Cf. TORRES, Ricardo Lobo. Op. cit. (nota 2), p. 234.

tributo, também o devedor tem o direito de pagar apenas aquele tributo, nada além. Lei posterior não atingirá o vínculo assim surgido.

Ao mesmo tempo, um vínculo obrigacional não é perene. A obrigação extingue-se pelas formas previstas na lei. O pagamento é uma das formas de extinção da obrigação. Pago o tributo, desaparece o vínculo jurídico.

Compare-se o *status* da obrigação tributária com o de uma sujeição, e logo notar-se-á a importância daquele. A sujeição é perene. Ela não tem uma data de início, ou um regime jurídico imutável. Quem está sujeito a um poder não tem certeza quanto ao momento ou intensidade em que aquele será exercido. Há, por certo, lei que disciplinará ou autorizará o exercício do poder, mas nem por isso haverá certeza quanto àquele.

Se um estabelecimento comercial está sujeito à fiscalização da vigilância sanitária, a relação não é obrigacional, mas de sujeição. A qualquer momento, poderá a fiscalização entrar no estabelecimento. O fato de este ter sido fiscalizado uma vez não impede que nova fiscalização se instaure. Havendo modificações na política de fiscalização estabelecida pelos agentes públicos, aquela será imediatamente adotada e a ela se sujeitará o estabelecimento.

2.2 Obrigação "principal" e obrigação privada

O reconhecimento da natureza obrigacional da relação tributária "principal" não afastou de imediato algumas perplexidades. Afinal, tal equiparação poderia levar a crer que não haveria diferença entre o vínculo que se estabelece entre o Fisco e o particular, em relação ao vínculo estabelecido entre dois particulares.

Ruy Barbosa Nogueira[9] levantava seis "diferenças específicas" entre a obrigação de direito privado e a obrigação tributária. Entretanto, as objeções não parecem suficientes para diferenciá-las:

1. a primeira objeção seria quanto *ao nascimento,* já que a obrigação de direito privado nasceria com base na manifestação de vontade, *ex voluntate,* enquanto a obrigação tributária nasceria *ex lege*. Esse argumento cai por terra quando se vê que também o direito privado conhece obrigações *ex lege*. Por exemplo, decorrem de previsão legal, independentemente da vontade das partes, tanto a obrigação de pagar alimentos quanto a obrigação de reparar por um dano civil.
2. Continua o catedrático apontando a diferença *quanto à apuração,* já que a obrigação de direito privado poderia ser apurada por atos das próprias partes, cabendo arbitragem de terceiros em caso de conflito, ao passo que a obrigação tributária seria feita exclusivamente por meio do procedimento de lançamento. Contra tal arrazoado, vale lembrar que o modo de apuração é posterior ao surgimento da obrigação. Havendo dúvida quanto a este, abre-se espaço para a arbitragem também em Direito Tributário[10]. Ademais, o art. 1º da Lei n. 9.307/1996 é claro ao dispor que a arbitragem apenas caberá em caso de direitos

9 Cf. NOGUEIRA, Ruy Barbosa. *Curso de Direito Tributário*. 6. ed. São Paulo: Saraiva, 1986, p. 164.

10 Para a arbitragem em matéria tributária, ver o item 7 ("Outras hipóteses") do Capítulo XV.

disponíveis. Daí também em matéria privada haver direitos indisponíveis, cuja apuração não se faz por arbitragem.

3. Outra diferença seria a *exigibilidade e coercibilidade*, já que a obrigação privada somente poderia ser deduzida coativamente no caso de provocação por parte de quem tenha interesse, enquanto a obrigação tributária já seria de imediato vinculada e obrigatória sob pena de responsabilidade funcional. Esta, entretanto, não existe apenas nos créditos tributários: se o administrador público abrir mão de créditos de natureza privada devidos ao Estado, será ele igualmente responsabilizado. Tampouco se há de aceitar que o crédito privado não seja exigível, quando vencido: se não o fosse, não haveria título para o credor receber o que lhe é devido. Mesmo a coercibilidade, conquanto infrequente, não é desconhecida no direito privado. Mencione-se o art. 1.467 do Código Civil, que autoriza o hospedeiro a reter pignoraticiamente a bagagem do hóspede.
4. A *inderrogabilidade* é apresentada em virtude de o titular do direito de crédito poder dispor livremente de seu crédito, o que não haveria em Direito Tributário. Esse argumento ignora o fato de que também no direito privado existem direitos indisponíveis. Assim, por exemplo, os direitos morais do autor sobre sua obra.
5. As *consequências puníveis do inadimplemento* são apontadas porque no direito privado, o não cumprimento acarretaria, em geral, consequências puramente cíveis de reparação de dano, sendo as multas de caráter indenizatório e não punitivo, enquanto na matéria tributária haveria multas ou penalidades exemplares ao infrator. Essa diferença também não poderá ser aceita como definitiva, já que também em direito privado se admitem multas punitivas. Se houver crimes, seja em face da obrigação tributária, seja em face da obrigação privada, o infrator será penalmente responsabilizado.
6. Finalmente, quanto à *executoriedade*, o próprio catedrático já reconhecia que também em direito privado, há títulos que dão ação executiva, assemelhando-se ao crédito tributário.

Não obstante as similitudes entre obrigação tributária e obrigação privada, não se pode deixar de mencionar que, conquanto *estruturalmente* equiparadas, a obrigação tributária não pode ser confundida com a obrigação privada, em virtude de sua origem: a primeira decorre de uma manifestação soberana do Estado.

Essa peculiaridade pode ser percebida quando se consideram os aspectos internacionais da obrigação tributária. Veja-se o seguinte exemplo: se um Estado estrangeiro possui um crédito de natureza privada (por exemplo: aluguéis não pagos pelo uso de um imóvel pertencente àquele Estado) contra uma pessoa física e esta muda-se para o Brasil, não haveria maiores problemas em aquele Estado requerer ao Superior Tribunal de Justiça a ordem de *exequatur*, executando-se, no Brasil, a sentença condenatória estrangeira. Por outro lado, se o mesmo Estado tivesse uma pretensão punitiva contra uma pessoa física, por um crime cometido em seu território, já definitivamente julgado e essa pessoa se mudasse para o País, poder-se-ia até mesmo cogitar a sua extradição; não haveria que se falar, entretanto, em o Brasil executar a sentença penal estrangeira. Qual a diferença?

No primeiro caso, o crédito seria privado; no segundo, a sentença refletiria uma manifestação do poder soberano daquele Estado, por meio de sua pretensão punitiva.

Daí vem a pergunta: poder-se-ia cogitar a execução, no País, de um crédito tributário de Estado estrangeiro? A resposta deve ser negativa, exatamente porque o crédito tributário, à semelhança da pretensão punitiva, é manifestação do próprio poder soberano do Estado; soberania não se delega, exerce-se. Daí parecer descabida a hipótese da cobrança de crédito tributário estrangeiro[11].

O exemplo evidencia que, por mais que o crédito tributário tenha estrutura idêntica à das obrigações privadas, sua natureza não se confunde com as últimas, já que sua origem – manifestação da soberania fiscal – identifica a obrigação tributária e a distingue da obrigação privada.

A diferenciação na origem também se estende a seu regime jurídico: é o Direito Público que rege a obrigação tributária, com o que se deve reconhecer a supremacia do interesse público[12].

Esse aspecto foi notado por Marçal Justen Filho, que viu aí a impossibilidade de conferir o *status* obrigacional à relação tributária[13]. Como visto acima, o que se defende é a identidade estrutural de ambas as obrigações, mas não se nega a distinção em sua origem.

Efetivamente, o interesse público, como notado pelo jurista curitibano, marca a relação tributária. Aponta aquele autor a supremacia do interesse público sobre o privado e a indisponibilidade do interesse público.

Apesar da ideia de supremacia do interesse público, o próprio jurista curitibano ressalva a inexistência de uma relação de sujeição: não se atribui a um dos sujeitos o poder de alterar os direitos ou deveres do outro. Não há, insista-se, sujeição. Se assim é, só se pode encontrar a supremacia do interesse público na própria lei, quando confere ao sujeito ativo posição privilegiada, visando a resguardar o bem jurídico protegido.

Já a indisponibilidade do interesse público indica que o sujeito ativo não pode utilizar-se arbitrariamente dos seus poderes: não pode dispensar o tributo sem autorização legislativa. O interesse público (revelado pela decisão do legislador, exclusivamente) prevalece sobre a vontade ou conveniência do sujeito ativo.

3 Os critérios do consequente normativo da regra matriz de incidência

O reconhecimento de que a obrigação tributária, conquanto diversa em sua origem, em nada difere estruturalmente da obrigação privada conduz ao entendimento de que, se da ocorrência do fato jurídico tributário surge uma obrigação, esta, como qualquer uma no direito privado, será composta de: (i) sujeito ativo; (ii) sujeito passivo; (iii) objeto, e (iv) vínculo jurídico.

Daí a obrigação tributária instaurada como consequente normativo da regra matriz de incidência denotar uma relação entre sujeito ativo e sujeito passivo, tendo por objeto

11 Não se ingressa aqui no mérito da possibilidade de, mediante um tratado internacional, um Estado concordar em cobrar o crédito tributário do outro Estado contratante. Essa medida já vem sendo adotada em alguns acordos de bitributação, por sugestão da Organização de Cooperação e Desenvolvimento Econômico – OCDE.

12 Cf. TESAURO, Francesco. *Istituzioni di diritto tributario*. Parte Generale. 10. ed., vol. 1. Torino: UTET, 2009, p. 99.

13 Cf. JUSTEN FILHO, Marçal. *Sujeição passiva tributária*. Belém: CEJUP, 1986, p. 84.

o pagamento do tributo. Desdobra-se seu estudo, pois, na compreensão de seus critérios pessoal (sujeito ativo e passivo) e quantitativo (base de cálculo e alíquota).

4 Critério quantitativo

O objeto da obrigação principal é o tributo. Seu cálculo faz-se a partir de dois elementos numéricos: a *base de cálculo* e a *alíquota*. A primeira, via de regra, pode ser encontrada como um desdobramento da hipótese de incidência; é a própria quantificação, em cada caso, do fato jurídico tributário ou, ainda, é o fato jurídico tributário, visto do ponto de vista numérico. Daí por que se chega a afirmar que a *base de cálculo* surge como aspecto quantitativo da hipótese de incidência. Uma vez identificada a base de cálculo, aplica-se a *alíquota*, que geralmente é expressa na forma de um percentual, chegando-se ao montante do tributo devido.

A título de esclarecimento, é bom que se diga que a *base de cálculo* não *precisa* ser expressa em termos financeiros, nem a *alíquota* será sempre um percentual. Há tributos em que a alíquota é fixa, já expressa em moeda, quando a base de cálculo passará a ser uma quantificação de determinadas situações. Por exemplo: se a taxa para a autenticação de assinaturas é de R$ 5,00 por assinatura, bastará quantificar o número de assinaturas reconhecidas, para se chegar ao montante do tributo devido. Nesse caso, a alíquota (fixa) é R$ 5,00, e a base de cálculo é o número de assinaturas apostas no documento.

4.1 Base de cálculo

A importância da base de cálculo foi defendida por Becker, para quem sequer seriam necessários outros elementos para a caracterização do gênero de tributo, já que, em sua opinião, a hipótese de incidência da regra jurídica de tributação teria como núcleo a base de cálculo e como elementos adjetivos, todos os demais elementos que integram sua composição[14].

Essa afirmação de Becker pode ser menos surpreendente, quando se nota, com Valdir de Oliveira Rocha, que a base de cálculo a que se refere Becker *não é o que ordinariamente é considerado como base de cálculo, mas coisa diversa, geralmente conhecida como aspecto material do fato gerador*[15], revelando o emprego da expressão, assim, mera definição estipulativa, justificada por a obra ter sido escrita antes do Código Tributário Nacional.

Da lição do professor gaúcho, entretanto, fica a ideia da importância da base de cálculo, que se relaciona, nesse sentido, de modo íntimo, com o aspecto material da hipótese de incidência.

14 Cf. BECKER, Alfredo Augusto. *Teoria Geral do Direito Tributário*. 3. ed. São Paulo: Lejus, 1998, p. 329.

15 Cf. ROCHA, Valdir de Oliveira. *Determinação do montante do tributo.* Quantificação, fixação e avaliação. 2. ed. São Paulo: Dialética, 1995, p. 116.

Foi o que observou Aires Barreto, para quem, enquanto o critério material da hipótese tributária forma-se por um verbo seguido de seu complemento, *o critério quantitativo, a confirmar ou afirmar a consistência material, será sempre o representado pelo adjunto adnominal dessa mesma fórmula simplificada*. Assim, no exemplo do autor, a expressão "vender mercadorias" representa o aspecto material de um "fato gerador", ao passo que a base de cálculo extrai-se a partir da questão "de que valor?". A partir de tais constatações, afirma Barreto que *o arsenal de opções de que dispõe o legislador ordinário para a escolha da base de cálculo, conquanto vasto, não é ilimitado. Cumpre-lhe erigir critério dimensível consentâneo com o arquétipo desenhado pela Excelsa Lei. Essa adequação é dela mesma extraível, antes e independentemente da existência da norma legal criadora do tributo. As várias possibilidades de que dispõe o legislador ordinário para adoção da base de cálculo já se contêm na Constituição*[16].

A lição de Barreto é lúcida porque, de um lado, revela que o legislador ordinário não está livre para escolher qualquer base de cálculo, devendo ser adequada ao arquétipo constitucional. Ao mesmo tempo, entretanto, Barreto foge da tentação de crer que a base de cálculo já estaria na Constituição, visto que reconhece haver várias possibilidades, cabendo ao legislador ordinário eleger uma delas para o tributo a ser instituído.

No mesmo diapasão, Roque Antonio Carrazza defende que a Constituição já estabeleceu, junto com as competências tributárias, *as bases de cálculo* in abstracto *possíveis*, dos vários tributos[17].

A base de cálculo possível é aquela que atende o que Humberto Ávila denomina "relação conjugada". Tendo definido a igualdade como "a relação entre dois ou mais sujeitos, com base em medida(s) ou critério(s) que serve(m) de instrumento para a realização de uma determinada finalidade", o jurista reconhece aquela "relação conjugada entre a medida de comparação e o seu elemento indicativo quando esse foi escolhido por ser *o mais significativo* dentre os elementos indicativos existentes e vinculados à medida de comparação". Nesse sentido, mesmo que o elemento mantenha uma relação com a medida de comparação, importa ponderar se haveria "outros elementos que mantenham uma relação *ainda mais próxima* com a medida de comparação"[18].

A base de cálculo, conquanto não possa ser isolada da hipótese tributária na definição da espécie de tributo, serve para confirmar o acerto do legislador infraconstitucional, já que nem toda base de cálculo serve para qualquer tributo.

Valdir de Oliveira Rocha entende que *a base de cálculo no máximo confirma a espécie tributária (imposto, taxa ou contribuição de melhoria) que o aspecto material do fato gerador afirma*[19].

Essa íntima relação entre a hipótese tributária e a base de cálculo poderia levar a crer que esta seria um desdobramento da primeira, a ponto de não se poder cogitar apurar a segunda sem que a primeira se tenha concretizado. Embora, via de regra, a base de cálculo se refira à própria hipótese, apurando-se aquela após a ocorrência do fato jurídico tributário, nem sempre isso se dá.

---

16 Cf. BARRETO, Aires. *Base de cálculo, alíquota e princípios constituicionais*. São Paulo: Revista dos Tribunais, 1987, p. 38-39.

17 Cf. CARRAZZA, Roque Antonio. *Curso de Direito Constitucional Tributário*. 3. ed. revista, ampliada e atualizada pela Constituição Federal de 1988. São Paulo: Revista dos Tribunais, 1991, p. 253.

18 Cf. ÁVILA, Humberto. *Teoria da igualdade tributária*. 2. ed. São Paulo: Malheiros, 2009, p. 42; p. 51-52.

19 Cf. ROCHA, Valdir de Oliveira. Op. cit. (nota 15), p. 107.

Com efeito, a base de cálculo pode dar-se nas sistemáticas *prae- e postnumerando*[20], conforme o legislador decida, ou não, condicionar a apuração do tributo à efetiva ocorrência do fato jurídico tributário.

Via de regra, a base de cálculo do tributo se refere à própria hipótese, de tal modo que apenas com o fato jurídico tributário é que se torna possível apurar o tributo. Assim, por exemplo, para que se apure o montante devido a título de ICMS, importa conhecer o valor da operação tributada. Esse valor, por sua vez, somente será conhecido quando ocorrer a referida operação. Não é possível, destarte, saber qual o montante do tributo que será devido antes que se tenha concretizado o fato jurídico. Esta é a sistemática *postnumerando (Postnumerandobesteuerung mit Gegenwartsbemessung).*

Nem sempre, entretanto, é assim que ocorre. Há casos em que a base de cálculo, conquanto ainda atrelada à hipótese, vale-se de uma grandeza presumida. Assim, por exemplo, quando foi instituída a contribuição ao PIS, pela Lei Complementar 7/1970, sua hipótese tributária contemplava o faturamento do mês. Isto é: a cada mês, havia um fato jurídico tributário. Contudo, naquela época era inconcebível que uma empresa conhecesse, com exatidão, no fim do mês, qual havia sido seu faturamento. Assim, o legislador optou pela técnica da presunção, adotando como base de cálculo o faturamento do sexto mês anterior ao do fato jurídico tributário[21]. Note-se que aquele faturamento anterior era apenas uma base de cálculo, uma representação daquele fato jurídico tributário que não poderia ser exatamente quantificado. Ainda hoje, alguns estados adotam essa técnica para o IPVA. Por exemplo, em São Paulo, embora a hipótese tributária tenha por critério temporal o 1º de janeiro de cada ano, a base de cálculo é o valor médio do veículo em 30 de setembro do ano anterior[22]. Ou seja: no final de um ano (e, portanto, antes mesmo da ocorrência do fato jurídico tributário), o contribuinte já sabe qual será o valor que pagará a título de IPVA no ano seguinte. Esta sistemática baseada em aproximações é denominada *Praenumerando* (*Praenumerandobesteuerung mit Vergangenheitsbemessung*).

A mesma distinção pode ser encontrada na esfera do Imposto de Renda das pessoas jurídicas: por muitos anos, o imposto de um exercício era calculado com base no lucro auferido no exercício anterior. Ou seja: o lucro a ser tributado era o do exercício corrente, mas como este não tinha como ser apurado, tomava-se por base o lucro já apurado, do ano anterior. Por isso mesmo, o ano anterior era chamado "ano-base", embora o imposto fosse referente ao exercício subsequente. Desde 1985,

---

20 Acerca desses regimes, cf. Danielle Yersin. Lês systèmes d'imposition prae et postnumerando et la perception de l'impôt. In: REICH, Markus; ZWEIFEL, Martin (coords.). *Das schweizerische Steuerrecht*. Eine Standortbestimmung. Festschrift zum 70. Geburtstag von Prof. Dr. Ferdinand Zuppinger. Bern: Stämpli, 1989, p. 89-99.

21 "Art. 6º A efetivação dos depósitos no Fundo correspondente à contribuição referida na alínea b do art. 3º será processada mensalmente a partir de 1º de julho de 1971.

Parágrafo único. A contribuição de julho será calculada com base no faturamento de janeiro; a de agosto, com base no faturamento de fevereiro; e assim sucessivamente."

22 Lei Estadual n. 13.296/2008: "Art. 3º Considera-se ocorrido o fato gerador do imposto:

I – no dia 1º de janeiro de cada ano, em se tratando de veículo usado;"

"Art. 7º A base de cálculo do imposto é:

(...)

§ 2º A tabela a que se refere o § 1º deste artigo, deverá ser divulgada para vigorar no exercício seguinte, e na fixação dos valores serão observados os preços médios de mercado vigentes no mês de setembro.

§ 3º Havendo veículo cujo modelo não tenha sido comercializado no mês de setembro, adotar-se-á o valor de outro do mesmo padrão."

com a Lei 7.450 e também em 1992, com a Lei n. 8.383, o imposto passou a ser calculado "em bases correntes", i.e., apura-se o imposto no próprio exercício em que ocorre o fato jurídico tributário[23]. Noutras palavras, o "ano-base" é o próprio período da ocorrência do fato jurídico tributário. O imposto é recolhido no exercício subsequente, mas o fato jurídico tributário se dá por ocorrido em 31 de dezembro. Noutras palavras, mudou-se da sistemática *praenumerando* para *postnumerando*.

4.1.1 Base de cálculo dos tributos vinculados

Quando se examinou, no Capítulo IV, a contribuição de melhoria, viu-se a importância da discussão quanto aos limites da base de cálculo, tendo em vista o limite total (valor da obra pública) e individual (valorização imobiliária). Evidenciava-se, com aquele exemplo, a relação entre a base de cálculo e a espécie tributária: nem toda base de cálculo serve para qualquer tributo.

No que se refere às taxas, a base de cálculo assume relevância constitucional, tendo em vista o preceito do art. 145, § 2º, dispor que não se tolera tenham as taxas base de cálculo "própria" dos impostos.

Cabe notar que o parágrafo único do art. 77 do Código Tributário Nacional vedava que a taxa tivesse base de cálculo "idêntica" à dos impostos. No mesmo sentido era o texto da Emenda Constitucional n. 1/69, onde se encontrava dispositivo com intuito equivalente. Naquela ocasião, o constituinte assim se expressou no art. 18:

> *§ 2º Para cobrança de taxas não se poderá tomar como base de cálculo a que tenha servido para a incidência dos impostos.*

Diante de tal dispositivo, acabou-se por diminuir o mandamento, sob a fundamentação de que qualquer base de cálculo serviria, desde que não fosse idêntica àquela que se adotara para um imposto. Isso valia antes de 1988 e provocou muitos abusos, pois, por vezes, o legislador criava verdadeiros "impostos" travestidos de "taxas": bastava uma pequena mudança na definição da hipótese tributária ou da base de cálculo e se teria uma "taxa" que, no lugar de medir o serviço público ou o exercício do poder de polícia, tributava uma manifestação de capacidade contributiva.

Ao adotar a expressão "própria", o constituinte de 1988 agiu com maior rigor, exigindo que o jurista não apenas investigue se a base de cálculo de uma taxa foi utilizada por um imposto, mas também se ela seria própria de um imposto. Mais uma vez: própria de um imposto é a base de cálculo que revela capacidade contributiva; própria de uma taxa é aquela que mede o serviço prestado ou a atividade estatal.

Um exemplo pode ilustrar a questão: considere-se uma taxa cobrada pelas autoridades sanitárias para fiscalizar um lote de mercadorias importadas. Considere-se, de um lado, a importação de algumas toneladas de banha de porco e, de outro, algumas latas de caviar. É possível que as últimas custem mais que as primeiras. Se o tributo em questão fosse um imposto, ele seria exigido em maior

23 "Art. 38. A partir do mês de janeiro de 1992, o Imposto de Renda das pessoas jurídicas será devido mensalmente, à medida que os lucros forem auferidos.

§ 1º Para efeito do disposto neste artigo, as pessoas jurídicas deverão apurar, mensalmente, a base de cálculo do imposto e o imposto devido."

valor do importador do caviar, já que este revelou maior capacidade contributiva. Por outro lado, tratando-se de uma taxa, é possível que a fiscalização das toneladas de banha de porco exija maior atenção das autoridades, em relação a poucas latas de caviar. Daí que a taxa cobrada pela fiscalização das últimas deve ser menor do que a das primeiras.

É por isso que Becker afirma que "*em se tratando de taxa, unicamente o valor do serviço estatal ou coisa estatal poderá ser tomado como a base de cálculo que, depois de convertida em cifra pelo método de conversão, sofrerá a aplicação da alíquota da taxa*"[24].

O entendimento é preciso ao relacionar a base de cálculo ao serviço; não é verdade, entretanto, que a base de cálculo necessariamente seja um valor: como visto, no caso de alíquota fixa, a base de cálculo poderá ser mera mensuração de unidades de serviço.

O que importa, entretanto, é notar que a base de cálculo terá uma relação com a atividade estatal: quantificará aquela atividade. O resultado da base de cálculo e da alíquota – esse sim – deverá refletir o custo da atividade estatal.

O desafio está, justamente, em saber como medir o custo da atividade estatal.

É essa a ideia que, na Alemanha, exprime-se pelo princípio da cobertura de custos (*Kostendeckungsprinzip*)[25]. Para que se entenda o teor da discussão, deve-se retomar a ideia de justificação das taxas. Viu-se que há um debate entre as teorias da equivalência e do benefício, parecendo mais convincente a primeira teoria. Dessa discussão decorre, igualmente, o limite da taxa fixar-se no custo, não no valor do serviço.

Com efeito, um dos problemas que podem ser apontados na teoria do benefício reside justamente em sua fluidez, já que a fixação da taxa passaria a depender de elementos subjetivos de difícil apuração[26]. A inexistência de um mercado para valorizar a prestação estatal – essência da taxa – é apontada por Hedtkamp como motivo para que as taxas se orientem pelos custos estatais, não pelos benefícios fruídos pelos contribuintes[27].

A questão do mercado é também levantada por Isensee, que se refere ao problema da impossibilidade da quantificação matemática do benefício ou utilidade individual, por causa da prestação estatal, dada a falta de um mercado livre. Opta o autor, então, pela aplicabilidade da teoria da equivalência, no sentido de se apurarem os custos que, embora não se possam aferir individualmente, podem ser determinados num ramo da administração pública como um todo, servindo tal valor para aferir o limite superior que se admite venha a alcançar a receita de taxas, dentro daquele ramo. Assim, propõe a aplicação da teoria da equivalência, não sendo aceitável, em sua opinião, que uma taxa seja propositadamente superavitária em relação ao custo da atividade estatal, já que em tal caso ela concorreria com os impostos, necessitando, daí, de outra fonte de competência tributária[28].

---

24 Cf. BECKER, Alfredo Augusto. Op. cit. (nota 14), p. 348.

25 Cf. BIRK, Dieter. *Steuerrecht*. 6. ed. Heidelberg: C. F. Müller, 2003, p. 32.

26 Cf. SUHR, Dieter. Fernsprechgebühren – Luxusabgaben auf die Daseinsvorsorge? *Der Betriebs-Berater*, ano 23, caderno 15, p. 611-613.

27 Cf. HEDTKAMP, Günter. Krise des Steuerstaats?. In: HANSMEYER, Karl-Heinrich (coord.). *Staatsfinanzierung im Wandel*. Berlin: Duncker und Humblot, 1983, p. 11-31 (28).

28 Cf. ISENSEE, Josef. Nichtsteuerliche Abgaben – ein weisser Fleck in der Finanzverfassung. In: HANSMEYER, Karl-Heinrich (coord.). *Staatsfinanzierung im Wandel*. Berlin: Duncker und Humblot, 1983, p. 451-452.

Embora Wilke discorde da incompatibilidade entre o objetivo de cobrir custos e o de gerar *superavits*, nada obstando, a seu ver, a que a arrecadação da taxa supere os custos da atividade estatal[29], acaba concordando com que deva ela guardar alguma relação com os custos da prestação pública, e, na medida do possível, não ultrapassá-los. O custo não é apontado, assim, como uma medida definitiva, mas como orientação ao legislador *(Kostenorientierung)*[30].

Wendt também vê no princípio da equivalência algo não absoluto. Entretanto, se para Wilke o princípio estaria atendido desde que os custos fossem alcançados, Wendt vê o princípio como limite de cobrança, i.e., não poderiam as taxas ultrapassar os custos, nada impedindo fiquem abaixo[31].

Kirchhof sugere que a decisão por uma ou outra teoria deve fazer-se caso a caso: quando se conclui que o contribuinte se tornou devedor da taxa em virtude da vantagem financeira decorrente da atividade estatal, a qual não deveria ficar com ele, então o valor da taxa se mede a partir das vantagens auferidas pelo beneficiário; se o fundamento da taxa é a responsabilidade financeira pela geração de um custo, então a taxa será medida a partir dos gastos estatais[32]. Não parece satisfatório o raciocínio proposto pelo jurista alemão dada a fluidez das hipóteses, sendo dificílimo cogitar situação em que não haja algum tipo de vantagem financeira decorrente de atividade estatal, ao mesmo tempo em que, havendo uma prestação estatal em favor do contribuinte, poder-se-á buscar seu custo.

Na Espanha, conforme relata Fernández, a Lei de Taxas e Preços Públicos resolve a questão, ao impor o custo como limite máximo da taxa, o que implica uma relação entre a taxa e o custo[33].

No Brasil, o preceito inserido no § 2º do art. 145 da Constituição Federal foi analisado por Ricardo Lobo Torres, segundo o qual "como o imposto incide sobre situações que denotam capacidade contributiva, desvinculadas de serviços prestados, conclui-se que a base de cálculo que o expressa não pode ter relação com a das taxas, que é tributo contraprestacional"[34].

Em extenso parecer, Geraldo Ataliba e José Artur Lima Gonçalves, depois de distinguirem taxas e impostos, sustentam "que a base de cálculo das taxas – tributos vinculados que são – há de ser sempre uma ordem de grandeza ínsita à atividade pública que lhe dá ensejo". Observam então os autores que a base de cálculo das taxas deve ser "o custo da atividade pública (serviço público, ou atividade de polícia) dividido pelos administrados que provocam, usam ou de qualquer forma recebem essa atividade, seus reflexos ou consequências, individualmente". Por fim, analisando o contraste entre a base de cálculo de taxas e aquela própria de impostos, Ataliba e Gonçalves notam que signos de capacidade contributiva "devem ser medidos pela base de cálculo dos impostos"; se usados para determinar a base de cálculo de tributo vinculado, por sua vez, ter-se-á a exação por inconstitucional[35].

---

29 Cf. WILKE, Dieter. *Gebührenrecht und Grundgesetz*. München: Beck, 1973, p. 303.

30 Cf. WILKE, Dieter. Op. cit., p. 195.

31 Cf. WENDT, Rudolf. *Die Gebühr als Lenkungsmittel*. Hamburg: Hansischer Gildenverlag, Joachim Heitmann & Co., 1975, p. 126.

32 Cf. KIRCHHOF, Paul. Staatliche Einnahmen. In: ISENSEE, Josef; KIRCHHOF, Paul. *Handbuch des Staatsrechts der Bundesrepublik Deutschland*. Heidelberg: C. F. Müller, 1990, p. 168-179 (173).

33 Cf. FERNÁNDEZ, F. Javier Martín. Los Fines de los Tributos. *Comentarios a la Ley General Tributaria y lines para su reforma*. Libro-homenaje al profesor Sainz de Bujanda. vol. 1. Madrid: Ed. Instituto de Estudios Fiscales, 1991, p. 447-458 (450).

34 Cf. TORRES, Ricardo Lobo. *Curso de Direito Financeiro e Tributário*. Rio de janeiro: Renovar, 1993, p. 364.

35 Cf. ATALIBA, Geraldo; GONÇALVES, José Artur Lima. Taxa para emissão de guia de importação. *Revista de Direito Tributário*, n. 61, p. 40-51 (44-46).

Em tese de doutorado apresentada junto à Universidade de São Paulo, Valdir de Oliveira Rocha debruçou-se sobre o tema, concluindo:

> *Base de cálculo apropriada é aquela que esteja em conformidade com o âmbito de possibilidades decorrentes da Constituição. Poderá estar em conformidade com a Constituição a base de cálculo de imposto que se constitua em grandeza que se preste a quantificar atividade ou coisa do contribuinte; só estará em conformidade com a Constituição a base de cálculo de taxa que quantifique atividade ou coisa do sujeito ativo; não estará em conformidade com a Constituição base de cálculo de taxa que quantifique atividade ou coisa do contribuinte; não estará em conformidade com a Constituição base de cálculo de imposto que quantifique atividade ou coisa do sujeito ativo. De certo modo, o § 2º do art. 145 da Constituição (que entendo ser mais preciso do que o § 2º do art. 18 da Constituição anterior) é, num certo sentido, norma didática (algo parecido com uma norma geral em matéria de legislação tributária contida na própria Constituição), que ajuda o intérprete a distinguir melhor os contornos das duas espécies tributárias (impostos e taxas), segundo os perfis que lhes são dados*[36].

A ideia de referência ao custo aparece expressamente na obra de Aliomar Baleeiro, o qual sustentava que a taxa "divide o custo pelos usuários, beneficiários (efetiva ou potencialmente) ou causadores da despesa com determinado serviço"[37].

Também José Marcos Domingues de Oliveira se refere aos custos, ao afirmar que "as taxas têm caráter remuneratório e, muito embora não seja possível apurar-se o custo *exato* do serviço oferecido, devem manter uma *razoável equivalência* com aquela despesa, pena de se desfigurar o tipo tributário e evidenciar-se desvio de finalidade pelo Poder Legislativo"[38]. À "razoável equivalência" também faz referência Edvaldo Brito, conquanto alertando não se poder exigir uma igualdade entre o produto da arrecadação e o custo do serviço, tendo em vista que a exata equivalência não foi prescrita constitucionalmente[39].

Antonio Roberto Sampaio Dória dizia ser válida a taxa "sempre que se equilibrem custo e arrecadação", conquanto alertando para a impossibilidade de a administração fazendária antecipar, com exatidão, o custo do serviço e distribuí-lo individualmente entre os que dele se utilizam, devendo os contribuintes se contentar com "estimativas e aproximações razoáveis que, embora excedentes no cômputo final ao custo do serviço, não determinarão a conversão da taxa em imposto porventura vedado"[40].

Roque Antonio Carrazza também limita a taxa a seu custo, embora admitindo possa ele ser aproximado. Para o Professor Titular da Pontifícia Universidade Católica em São Paulo, "a taxa de serviço deve ter por base de cálculo o *custo*, ainda que aproximado, do serviço público prestado ou posto à disposição do contribuinte. Do mesmo modo, a lei que instituir a taxa de polícia deverá tomar por base de cálculo do tributo "um critério proporcionado às diligências condicionadoras dos atos de

36 Cf. ROCHA, Valdir de Oliveira. Op. cit. (nota 15), p. 114.

37 Cf. BALEEIRO, Aliomar. Taxa – conceito – serviços públicos gerais e especiais – constitucionalidade da taxa de bombeiros de Pernambuco. *Revista de Direito Administrativo*, vol. 79, p. 437-451 (439).

38 Cf. OLIVEIRA, José Marcos Domingues de. *Capacidade contributiva:* conteúdo e eficácia do princípio. Rio de Janeiro: Renovar, 1988, p. 51.

39 Cf. BRITO, Edvaldo. Critérios para distinção entre taxa e preço. In: MARTINS, Ives Gandra da Silva (coord.). *Taxa e preço público*: caderno de pesquisas tributárias. São Paulo: CEEU/Resenha Tributária, n. 10, 1985, p. 47-82 (80-81).

40 Cf. DÓRIA, Antonio Roberto Sampaio. *Direito Constitucional Tributário e due process of law.* 2. ed. Rio de Janeiro: Forense, 1986, p. 62-63.

polícia, já que estes, nenhum conteúdo econômico possuem". Logo, a base de cálculo da taxa de polícia deve levar em conta o custo das diligências necessárias à prática do ato de polícia"[41].

Aceita também o critério de custo José Eduardo Soares de Melo: "só se admite a taxa (valor remuneratório) para fazer face ao custo devendo ocorrer perfeito equilíbrio entre o ônus público e o desfalque patrimonial dos particulares"[42]. Também Aires Barreto entende que "o valor da atuação poderá estar representado pelo custo efetivo, presumido, estimado, arbitrado ou social da atuação"[43].

Régis Fernandes de Oliveira também se manifesta pela "proporcionalidade atividade-custo", recusando-se a aceitar que a fixação do montante a ser cobrado leve em conta circunstâncias inerentes à pessoa ou aos bens do obrigado, dispensando, daí, a "correspondência entre a atuação despendida pelo Estado, com o benefício auferido pelo contribuinte. Deve haver proporção entre o montante exigido e as características gerais da atividade vinculante"[44].

Após se referir aos critérios de congruência e equivalência para a validação da taxa, conclui Humberto Ávila que "as taxas só podem ser instituídas *em razão* de atividade estatal *relacionada* ao contribuinte", o que implica não se exigir apenas uma relação de *pertinência*, mas também *equivalência* com tal atividade. Assim, só se pode considerar o contribuinte responsável pelos custos que tenha causado e que lhe possam, individualmente, ser imputáveis, dali decorrendo a exigência do critério da cobertura especial de custos (o montante da taxa não deve ultrapassar os custos concretos e individuais da atividade administrativa) e do critério de cobertura geral de custos (as receitas auferidas pelo Estado mediante a cobrança da taxa não hão de ultrapassar os custos totais da atividade administrativa)[45].

Mesmo Bernardo Ribeiro de Moraes, que negara, em sua obra pioneira, o caráter contraprestacional da taxa, foi claro, em obra escrita anos mais tarde, ao definir o fundamento jurídico da taxa: "constitui um instrumento de custeio das atividades estatais dirigidas ao contribuinte". Concluía dever "existir, necessariamente, uma relação entre o produto da taxa e o custo da respectiva atividade estatal", optando, senão por uma "obrigação de uma igualdade entre o custo da atividade estatal e a arrecadação da respectiva taxa", por uma "razoável equivalência"[46].

Pelo menos na esfera federal, o tema não deveria mais oferecer dificuldades, já que o Decreto n. 4.176/2002 determina que: "No projeto de lei ou de medida provisória que institua ou majore taxa, o valor do tributo deverá ser proporcional ao custo do serviço público prestado ao contribuinte ou posto à sua disposição."

Finalmente, deve ser mencionada a tendência jurisprudencial[47], que aponta para um claro sentido da expressão "base de cálculo própria de impostos": é "própria" destes a base de cálculo que

---

41 Cf. CARRAZZA, Roque Antonio. *Curso de Direito Constitucional Tributário*. 9. ed. revista e ampliada. São Paulo: Malheiros, 1997, p. 323-324.

42 Cf. MELO, José Eduardo Soares de. Taxa e preço público. In: MARTINS, Ives Gandra da Silva (coord.). *Taxa e preço público*: caderno de pesquisas tributárias. São Paulo: CEEU/Resenha Tributária, n. 10, 1985, p. 187-214 (208).

43 Cf. BARRETO, Aires Fernandino. *Base de cálculo, alíquota e princípios constitucionais*. São Paulo: Revista dos Tribunais, 1986, p. 66.

44 Cf. OLIVEIRA, Régis Fernandes de. *Taxas de polícia*. São Paulo: Revista dos Tribunais, 1980, p. 51-52.

45 Cf. ÁVILA, Humberto. As taxas e sua mensuração. *Revista Dialética de Direito Tributário*, n. 204, set. 2012, p. 37-44.

46 Cf. MORAES, Bernardo Ribeiro de. *Doutrina e prática das taxas*. São Paulo: Revista dos Tribunais, 1976, p. 186.

47 Cf. CONTI, José Maurício. *Sistema constitucional tributário interpretado pelos tribunais*. São Paulo: Ed. Oliveira Mendes, 1997, p. 28 e ss.; sobre taxa contra incêndio do Estado do Espírito Santo, cuja base de cálculo (valor unitário do metro quadrado) foi julgada coincidente com a do IPTU, cf. STF, RE n. 120.954 2-ES (D.J.U. 13.12.1996, p. 50179. *Revista Dialética de Direito Tributário*, n. 17, fev. 1997, p. 208); sobre a taxa de emissão de guias de importação, com

reflete a capacidade econômica do contribuinte; "própria" das taxas é aquela que mede a atuação estatal. Nesse sentido, cite-se decisão do STF que negou a possibilidade de instituição de taxas "cuja base de cálculo seja mensurada a partir do número de empregados do contribuinte"[48]. No entendimento do Supremo, a taxa não pode "ter como base de cálculo o valor do patrimônio, a renda, o volume da produção ou o número de empregados, que dizem respeito a condições econômicas do contribuinte e não ao custo do exercício do poder de polícia"[49].

Elucidativo, por sua vez, o seguinte excerto de Moreira Alves, quando afirmou, acerca da taxa judiciária, que "não pode taxa dessa natureza ultrapassar a equivalência razoável entre o custo real dos serviços e o montante a que pode ser compelido o contribuinte a pagar"[50].

O repúdio do Supremo Tribunal Federal às taxas desproporcionais aos custos dos serviços também foi confirmado por ocasião do julgamento da ADIN 2.551-MG, de cuja ementa se extrai que "[a] taxa, enquanto contraprestação a uma atividade do Poder Público, não pode superar a relação de razoável equivalência que deve existir entre o custo real da atuação estatal referida ao contribuinte e o valor que o Estado pode exigir de cada contribuinte, considerados, para esse efeito, os elementos pertinentes às alíquotas e à base de cálculo fixadas em lei"[51].

A necessidade de o tributo vinculado guardar proporção com o custo da atividade estatal pode, ainda, ser extraída do voto do Min. Dias Toffoli no julgamento do RE 838.284, no qual se afirma que "as taxas são orientadas pelo princípio da justiça comutativa". Uma importante consequência disso, anotou o Ministro, é que "deve haver uma proporção razoável com os custos dessa atuação do Estado"[52].

O Supremo reafirmou, na ADI 5.374, a exigência de que o montante da taxa guarde relação com o custo da atuação estatal. Na ocasião, analisou-se a constitucionalidade de taxa de fiscalização da exploração de recursos hídricos, instituída pelo Estado do Pará. Nos termos da lei paraense (Lei n. 8.091/PA), o valor da taxa seria calculado a partir da quantidade de metros cúbicos de recurso hídrico utilizado, à qual se aplicariam índices vinculados à Unidade Padrão Fiscal do Estado do Pará. O Ministro Relator, Luís Roberto Barroso, ponderou que a adoção do volume de recursos hídricos na determinação da base de cálculo, não era, em si, um problema, visto que "quanto maior o volume hídrico, maior pode ser o impacto social e ambiental do empreendimento, então, maior também deve ser o grau de controle e fiscalização do Poder Público". Entretanto, anotando ser "essencial que o custo da atividade estatal também guarde razoável equivalência com o valor cobrado do

base de cálculo própria de imposto, Cf. STF, RE n. 167.992 1 PR (D.J.U. 10.02.1995, p. 1888. *Repertório IOB de Jurisprudência* 1/8430); idem, RE n. 73.655 ES (D.J.U. 18.12.1995, p. 44550. *Revista Dialética de Direito Tributário*, n. 6, mar. 1996, p. 207); idem, RE n. 73.833 ES (D.J.U. 18.12.1995, p. 4522. *Revista Dialética de Direito Tributário*, n. 6, mar. 1996, p. 207). A inconstitucionalidade da base de cálculo da taxa de licenciamento de importação, confirmada pelo Supremo Tribunal Federal no RE n. 188.107-SC (Tribunal Pleno, rel. Min. Carlos Velloso, j. 21.03.1977, D.J. 30.05.1977) acabou levando o Senado Federal a suspender, por Resolução 11/2005, a execução das Leis 2.145/1953 e 8.387/1991. Sobre taxa municipal por serviços urbanos cobrada em Salvador, cuja base de cálculo foi julgada inconstitucional, por estar divorciada dos serviços prestados, cf. TRF da 1ª Região, AC n. 89.01.23732 6 BA (D.J.U. 2 de 28.6.1996, p. 44659. *Revista Dialética de Direito Tributário*, n. 12, set. 1996, p. 207).

48 STF, RE n. 554.951-SP, 1a Turma, rel. Min. Dias Toffoli, j. 15.10.2013, D.J. 18.11.2013. Cf., no mesmo sentido, STF, RE n. 739.088-SP, Decisão Monocrática, rel. Min. Dias Toffoli, j. 25.03.2014, D.J. 01.04.2014; RE n. 202.393-RJ, 2a Turma, rel. Min. Marco Aurélio, j. 02.09.1997, D.J. 24.10.1997.

49 STF, RE n. 100.201-SP, 2a Turma, rel. Min. Carlos Madeira, j. 29.10.1985, D.J. 22.11.1985.

50 STF, Representação n. 1.077-RJ, Tribunal Pleno, rel. Min. Moreira Alves, j. 28.03.1984, D.J. 28.09.1984.

51 STF, ADI n. 2.551-1-MG (Questão Ordinária em Medida Cautelar), Tribunal Pleno, rel. Min. Celso de Mello, j. 02.04.2003, D.J. 20.04.2006.

52 STF, RE n. 838.284-SC, Tribunal Pleno, rel. Min. Dias Tofoli. j. 19.10.2016, *DJe* 22.09.2017.

contribuinte", o Ministro Relator observou que, na prática, a aplicação dos índices da lei paraense "conduz a valores acentuadamente elevados", de modo que o montante devido concretamente apresenta valores "muito maiores do que o custo da atividade estatal". Por unanimidade, a Corte julgou inconstitucional a referida taxa[53].

Por fim, mencione-se o julgamento das ADIs n. 4.785, 4.786 e 4.787, todas versando sobre a constitucionalidade de taxas de fiscalização da exploração de minério, nos Estados de Minas Gerais, Pará e Amapá, respectivamente. As legislações estaduais envolvidas estipulavam que a taxa seria calculada a partir da quantidade de minério extraído (base de cálculo), multiplicada por um índice de Unidade Padrão Fiscal do Estado. Com relação à base de cálculo eleita pelos legisladores estaduais, a Corte afirmou a possibilidade de a quantidade de minério extraído figurar como base de cálculo da taxa em questão. O Min. Edson Fachin observou haver "liame razoável entre a quantidade de minério extraído e o dispêndio de recursos públicos com a fiscalização dos contribuintes"[54]. Por sua vez, o Min. Nunes Marques anotou ser "razoável e admissível" a "utilização, como elemento para a quantificação tributária, do volume de minério extraído" haja vista que "quanto maior a quantidade de minério extraída, maior pode ser o impacto social e ambiental do empreendimento", de tal maneira que "maior deve ser o grau de controle e fiscalização do poder público"[55]. O Min. Luiz Fux entendeu no mesmo sentido, parecendo-lhe razoável que haja "uma relação entre o volume de minério extraído e o aumento do custo da fiscalização"[56].

A principal divergência entre os ministros deu-se a respeito da "equivalência razoável" entre o valor arrecadado com as taxas e o custo da atividade estatal. Nesse ponto, os ministros se basearam em diferentes estatísticas relativas ao volume de arrecadação e ao montante do dispêndio estatal, chegando a conclusões diversas[57]. No caso da taxa de fiscalização mineira, por exemplo, ora se considerou uma diferença aproximada de R$ 50 milhões entre arrecadação e custo[58], ora uma diferença na casa dos RS 300 milhões; neste último caso, a taxa arrecadaria três vezes o custo da fiscalização[59]. Houve ainda quem sustentasse a ausência de dados a evidenciarem a desproporcionalidade[60]. Ao final, a Corte, por maioria, entendeu pela constitucionalidade de todas as taxas de fiscalização envolvidas. Deve-se registrar que diferenças que ultrapassam o triplo do custo da fiscalização não parecem razoáveis: ou bem deveria a Corte posicionar-se no sentido de que os custos da fiscalização foram mal estimados (*v.g.*, por não considerarem custos indiretos), ou bem seria o caso de se negar a constitucionalidade da taxa por ela já não mais remunerar a atividade estatal concernente ao contribuinte. Despesas gerais, no interesse da coletividade, não devem ser financiadas por taxas, mas sim por impostos. As taxas – conforme se insistiu aqui

53 STF, ADI 5.374-PA, Tribunal Pleno, rel. Min. Luís Roberto Barroso, j. 24.02.2021.

54 STF, ADI 4.785-MG, Tribunal Pleno, rel. Min. Edson Fachin, j. 01.08.2022.

55 STF, ADI 4.786-PA, Tribunal Pleno, rel. Min. Nunes Marques, j. 01.08.2022.

56 STF, ADI 4.787-AP, Tribunal Pleno, rel. Min. Luiz Fux, j. 01.08.2022.

57 STF, ADI 4.785-MG, Tribunal Pleno, rel. Min. Edson Fachin, j. 01.08.2022, pp. 105 e ss. do acórdão (cf. diálogo entre a Min. Cármen Lúcia e o Min. Luís Roberto Barroso).

58 STF, ADI 4.785-MG, Tribunal Pleno, rel. Min. Edson Fachin, j. 01.08.2022, p. 82 do acórdão (voto do Min. Alexandre de Moraes).

59 STF, ADI 4.785-MG, Tribunal Pleno, rel. Min. Edson Fachin, j. 01.08.2022, pp. 85 e ss. do acórdão (voto do Min. Luís Roberto Barroso).

60 STF, ADI 4.785-MG, Tribunal Pleno, rel. Min. Edson Fachin, j. 01.08.2022, p. 102 do acórdão (voto da Min. Rosa Weber).

– justificam-se pela (razoável) equivalência, caracterizando o sinalagma. Ultrapassados os limites desta, merece censura a decisão ora relatada.

Outro caso que merece nota é o da taxa de fiscalização, cobrada pela Comissão de Valores Mobiliários. À primeira vista, poderia ela parecer inadequada, já que a taxa era cobrada de acordo com uma tabela, cujos valores (fixos) se determinavam por faixas, conforme o valor do patrimônio da companhia. Ou seja: quanto maior o patrimônio da empresa, maior seria a taxa. Isso poderia denotar a vinculação da taxa não ao serviço, mas à capacidade contributiva, implicando sua distorção. O Plenário do Supremo Tribunal Federal, entretanto, acatou sua constitucionalidade, sob o argumento de que a *variação, em função do patrimônio líquido da empresa, não significa seja dito patrimônio a sua base de cálculo, mesmo porque se tem, no caso, tributo fixo*[61]. Ou seja: o valor da empresa não seria a base de cálculo, propriamente dita, mas o mero critério para a determinação de um tributo fixo, visto que o patrimônio não é base para a quantificação (isto é, não se faz um cálculo a partir dele). Claro que se poderia discutir se "base de cálculo" só existe na hipótese de cálculo matemático, sendo igualmente possível sustentar que se base de cálculo é o critério para a determinação do tributo, então não é necessária a operação algébrica, sendo mais relevante saber se a base de cálculo reflete capacidade contributiva ou atividade estatal.

Embora se reconheça a dificuldade em encontrar quantificação razoável para a taxa judiciária[62], o STF admite que se tome por base de cálculo o valor da causa ou o valor da condenação. Alegadamente, serve a taxa judiciária "de contraprestação à atuação de órgãos da Justiça cujas despesas não sejam cobertas por custas e emolumentos"[63]. Nesse sentido, o limite do valor da taxa seria "o custo da atividade do Estado dirigido àquele contribuinte", devendo-se guardar, como já transcrito deste julgamento linhas atrás, "equivalência razoável entre o custo real dos serviços e o montante a que pode ser compelido o contribuinte a pagar, tendo em vista a base de cálculo estabelecida pela lei e o *quantum* da alíquota por esta fixado"[64]. Não é demais ressaltar que, não obstante seja esse o entendimento de nossa Corte Constitucional, causa estranheza que o valor da causa possa ser visto como aproximação razoável para o custo da atividade estatal.

Outro exemplo que aponta a dificuldade enfrentada pelo Supremo Tribunal Federal no tema pode ser encontrado na taxa cobrada pelo Município de Belo Horizonte por fiscalização de anúncios e por fiscalização, localização e funcionamento de estabelecimentos[65]. Descartada a identidade da base de cálculo das referidas taxas com a do IPTU, o Tribunal deu-a por constitucional, sem atentar, pois, para a evolução do texto constitucional, que já não mais fala em base "idêntica", mas "própria" de impostos. Desse modo, a Corte não levou em conta o fato de que a área tem uma relação direta com o valor (via de regra, nos imóveis, o valor se determina pela multiplicação da área pelo valor do metro quadrado, de maneira que, quanto maior a área, maior o valor). Descartou a discussão pelo mero fato de que não há imposto cuja base de cálculo seja (exclusivamente) a área. No caso da taxa de fiscalização de anúncios, a questão não gerou muita dúvida: sua base de cálculo – área do anúncio – não reflete imediatamente seu valor, mas o objeto da fiscalização: quanto maior o

61 STF, RE n. 177.835-PE, Tribunal Pleno, rel. Min. Carlos Velloso, j. 22.04.1999, D.J. 25.05.2001.

62 STF, ADI n. 1.926-4-PE, Tribunal Pleno, rel. Min. Sepúlveda Pertence, j. 19.04.1999, D.J. 10.09.1999.

63 STF, Representação n. 1.077-5-RJ, Tribunal Pleno, rel. Min. Moreira Alves, j. 28.03.1984, D.J. 28.09.1984.

64 STF, Representação n. 1.077-5-RJ, Tribunal Pleno, rel. Min. Moreira Alves, j. 28.03.1984, D.J. 28.09.1984; ADI n. 948-6, Tribunal Pleno, rel. Min. Francisco Rezek, j. 09.11.1995, D.J. 17.03.2000.

65 STF, AgRg no AI n. 618.150-MG, 2ª Turma, rel. Min. Eros Grau, j. 13.03.2007, D.J. 27.04.2007.

anúncio, maior a importância da fiscalização. Por outro lado, o tamanho do anúncio implicará maior custo – e, portanto, maior capacidade contributiva –, o que evidencia que o tema poderia ter tido igualmente outra solução. Já no caso das demais taxas, o parâmetro usado – área do imóvel – trouxe maiores dificuldades, dado que o poder de polícia, na fiscalização, menos tem a ver com a área do imóvel e mais com a atividade exercida. Claro que características do imóvel poderão influenciar na fiscalização, mas a área é geralmente componente fundamental para estimar o valor venal do imóvel: quanto maior a área, maior o valor do imóvel. Mais uma vez, vê-se que haveria igualmente argumentos sólidos para a inconstitucionalidade.

Seguindo a mesma esteira, é criticável a recente Súmula Vinculante 29, do Supremo Tribunal Federal, que tem o seguinte teor: "É constitucional a adoção, no cálculo do valor de taxa, de um ou mais elementos da base de cálculo própria de determinado imposto, desde que não haja integral identidade entre uma base e outra". Sua aprovação deu-se por maioria, com votos contrários dos Ministros Marco Aurélio e Eros Grau; ademais, o Ministro Ayres Brito declarou aprovar a Súmula por se dobrar à maioria, não por estar convencido da tese[66]. Está correta a afirmação da Súmula, se entendida em seu sentido estrito, i.e., que não há inconstitucionalidade na base de cálculo da taxa se um de seus elementos coincidir com o de imposto, já que é possível que haja alguma coincidência e ainda assim a base de cálculo reflita a atividade estatal; a redação adotada, entretanto, parece indicar que haveria inconstitucionalidade somente em caso de estrita identidade de bases de cálculo. Como visto acima, o mandamento constitucional é mais amplo, já que a base de cálculo *própria* de impostos (não apenas a *idêntica*) é vedada para taxas.

4.1.1.1 Outros critérios para a base de cálculo

No Capítulo VII, ao se examinar a isonomia, evidenciou-se que uma constituição plural, como a brasileira, admite a convivência de inúmeros princípios. Essa constatação tem relevância quando se investiga a base de cálculo das taxas. Afinal, fosse o sinalagma a única justificativa para as taxas, então exigir-se-ia, sempre, que sua base de cálculo refletisse, em estrita proporcionalidade, o custo da atividade estatal. A existência de outros princípios constitucionais pode justificar uma base de cálculo diversa. As outras justificativas são identificadas em cada caso concreto, sempre em *adição* ao sinalagma; a base de cálculo concreta será a resultante de todos os valores empregados pelo legislador, cada qual com sua base constitucional.

O sinalagma não afasta a possibilidade de atuação de outros princípios constitucionais. Por exemplo, pode o legislador desestimular determinada conduta do contribuinte e, para tanto, ampliar o valor de uma taxa. Assim, acaso decidisse o legislador autorizar a abertura de cassinos no País, poderia impor uma taxa de fiscalização propositadamente alta, de modo a desestimular a proliferação de tal atividade: ela não seria ilícita, mas seria altamente indesejada. Importa que fique claro que o desvio da base de cálculo em relação ao estrito custo da atuação estatal há de encontrar a necessária justificativa constitucional.

66 Cf. íntegra da discussão. *Revista Dialética de Direito Tributário*, n. 176, maio 2010, p. 183.

4.1.1.2 A capacidade contributiva nas taxas

Como consequência da existência de uma pluralidade de valores constitucionais, pode-se admitir que a capacidade contributiva tenha alguma relevância na base de cálculo das taxas.

Com efeito, se para os impostos a capacidade contributiva *deve ser* uma justificativa, no caso das taxas, aquela *pode* ser uma justificativa a mais.

Ou seja: no caso de impostos (como se verá abaixo), a capacidade contributiva levará à própria eleição de uma base de cálculo própria; no caso de taxas, é a atividade estatal que servirá como critério determinante para o cálculo. A situação econômica do contribuinte poderá (ou não) ser levada em conta como critério. A capacidade *contributiva*, em síntese, não aparece isolada; ela *pode* ser utilizada pelo legislador complementando ou aprimorando o critério do sinalagma.

Esse aspecto parece ter sido considerado pelo Supremo Tribunal Federal no julgamento da taxa de fiscalização da CVM, acima relatado[67]. Na ocasião, o Ministro Relator entendeu que nada impediria que o princípio da capacidade contributiva fosse observado para as taxas. Tal posicionamento continua a influenciar o Supremo Tribunal Federal[68] e, hoje, a constitucionalidade daquela taxa é assunto pacificado no Judiciário[69]. Não deixa de ser interessante notar que no caso concreto, embora o patrimônio sirva de medida de capacidade contributiva, ele igualmente denota o tamanho da empresa; ora, se é razoável admitir que a fiscalização seja mais complicada conforme cresça o porte da empresa, então não seria necessário recorrer à ideia da capacidade contributiva para justificar aquela taxa.

O STF enfrentou o tema da capacidade contributiva nas taxas no julgamento do RE 1.018.911, em que se discutiu a desoneração, em benefício de estrangeiro, das taxas de emissão de documentos de regularização migratória. Um dos argumentos utilizados pelo contribuinte para afastar a cobrança baseava-se no princípio da capacidade contributiva. A esse respeito, o Ministro Relator, Luiz Fux, observou que "[e]m matéria de taxas, a incidência do princípio da capacidade contributiva, como corolário da justiça fiscal, não pode ser lida da mesma maneira que se faz quanto aos impostos". Em seguida, o referido Ministro, com base na doutrina de Eduardo Maneira, fez distinção entre a capacidade contributiva em sentido positivo e em sentido negativo, pela qual, no primeiro sentido, a capacidade contributiva requer a modulação dos tributos em função da capacidade econômica do contribuinte, ao passo que, no segundo sentido, representa uma vera barreira à tributação na ausência de riqueza disponível. Avança o Relator, então, para dizer que, embora a capacidade contributiva não se aplique às taxas em seu sentido positivo, pode aquele princípio, sim, aplicar-se às taxas em seu sentido negativo, sob cuja ótica "não se mostra condizente com o Texto Constitucional a exigência da exação em face de sujeito passivo evidentemente hipossuficiente". A Corte, por unanimidade, reconheceu o direito do contribuinte à expedição dos documentos de regularização migratória sem o pagamento de taxas[70].

---

67 Cf. nota 61, supra.

68 STF, AgRg no RE n. 216.259 1 CE, 2ª Turma, rel. Min. Celso de Mello, j. 09.05.2000, D.J. 19.05.2000: *O critério adotado pelo legislador para a cobrança dessa taxa de polícia busca realizar o princípio constitucional da capacidade contributiva, também aplicável a essa modalidade de tributo, notadamente quando a taxa tem, como fato gerador, o exercício do poder de polícia* (trecho da ementa do acórdão).

69 STF, Súmula n. 665: "É constitucional a Taxa de Fiscalização dos Mercados de Títulos e Valores Mobiliários instituída pela Lei n. 7.940/89".

70 STF, RE 1.018.911-RR, Tribunal Pleno, rel. Min. Luiz Fux, j. 11.11.2021

Em todo caso, deve-se insistir: a base de cálculo de taxa não pode dispensar a consideração da atividade estatal, sob o risco de se tornar própria de imposto. A capacidade contributiva não pode ser o fator determinante daquela base de cálculo, mas apenas um fator a mais ponderado pelo legislador.

4.1.2 Base de cálculo dos tributos não vinculados

Ainda sobre o critério quantitativo da regra matriz, importa lembrar que o constituinte não se limitou a referir, no art. 145, § 2º, a existência de uma base de cálculo "própria" de impostos. Disse mais, no art. 154, que haveria bases de cálculo "próprias" para um imposto (discriminado na Constituição) e "impróprias" para outro imposto (na competência residual). Resta indagar, assim, se existe uma base de cálculo "própria" para cada imposto.

Em sentido afirmativo, encontra-se a lição de Roque Antonio Carrazza. Diz o professor da Pontifícia Universidade Católica: "se o tributo é sobre a renda, sua base de cálculo deverá, necessariamente, levar em conta uma medida da renda (*v.g.*, a renda líquida); se o tributo é sobre a propriedade, sua base de cálculo deverá, necessariamente, levar em conta uma medida da propriedade (*v.g.*, o valor venal da propriedade); se o tributo é sobre serviços, sua base de cálculo deverá, necessariamente, levar em conta uma medida dos serviços (*v.g.*, o valor dos serviços prestados). Os exemplos poderiam ser multiplicados, até porque a base de cálculo e a hipótese de incidência de todo e qualquer tributo devem guardar sempre uma relação de inerência. Em suma, a base de cálculo há de ser, em qualquer tributo (imposto, taxa ou contribuição de melhoria), uma medida da materialidade da hipótese de incidência tributária"[71]. Em estudo mais recente, afirma o doutrinador que o legislador deve imprimir "uma conexão, uma relação de causa e efeito, entre a hipótese de incidência tributária e a base de cálculo *in abstracto*, que permitirá apurar quanto exatamente o contribuinte deverá recolher *(quantum debeatur)* aos cofres públicos, a título de tributo, após a ocorrência do fato imponível"[72].

Daí a "relação de inerência" como pedra de toque para localizar uma ou mais bases de cálculo de cada imposto: é inerente a todo tributo qualquer base que meça a materialidade de sua hipótese de incidência. Vê-se, daí, que conquanto didaticamente interessante a proposta do estudo da regra matriz de incidência, ao localizar o critério quantitativo da norma em seu consequente, este mantém estreita relação com seu antecedente. Não é exagerada a afirmação de que a base de cálculo quantifica a própria hipótese, ou, ainda, que a base de cálculo revela um dos aspectos da própria hipótese tributária. Presente um

---

71 Cf. CARRAZZA, Roque Antonio. Op. et, loc. cit. (nota 41); sobre a taxa de limpeza urbana e de conservação de vias, cobrada pelo Município de São Paulo, cuja base de cálculo foi julgada não vinculada à atuação estatal, valorizando fatos incapazes de mensurar lhe o custo, cf. STF, RE n. 35.158 SP (D.J.U. 12.08.1996, p. 27464. *Revista Dialética de Direito Tributário*, n. 13, out. 1996, p. 206); por outro lado, no antigo regime constitucional, a taxa de melhoramento dos impostos foi julgada constitucional, porque não tinha a mesma base de incidência do imposto de importação – cf. STF, RE n. 157.235 3 (D.J.U. 08.09.1995. *Revista Dialética de Direito Tributário*, n. 2, nov. 1995, p. 207); no mesmo sentido, cf. comentário de Regina Helena Costa. *Revista de Direito Tributário*, n. 37, p. 187-191.

72 Cf. CARRAZZA, Roque Antonio. Instituições financeiras. Imposto sobre a Renda da Pessoa Jurídica (IRPJ) e Contribuição Social sobre o Lucro (CSL). Plena dedutibilidade da provisão para créditos de liquidação duvidosa. Inconstitucionalidades do Art. 43, § 4º, da Lei n. 8.981/95. Questões Conexas. In: SCHOUERI, Luís Eduardo; ZILVETI, Fernando (coords.). *Direito Tributário.* Estudos em Homenagem a Brandão Machado. São Paulo: Dialética, 1998, p. 228-265.

fato jurídico tributário (o que se confirma pela concretização da hipótese tributária), a base de cálculo será sua quantificação.

Por isso é que, tradicionalmente, a base de cálculo surgia como o aspecto quantitativo da hipótese tributária, ao lado dos aspectos material, pessoal, temporal e espacial.

Era essa a visão de Ruy Barbosa Nogueira: "A base de cálculo do tributo representa legalmente o valor, grandeza ou expressão numérica da situação ou essência do fato gerador e sobre a qual se há de aplicar a alíquota; é, por assim dizer, um dos lados ou modo de ser do fato gerador"[73]. A lição é baseada nos ensinamentos de Tipke e Lang, para quem a base de cálculo compreende as normas que quantificam totalmente o objeto de tributação: o caráter numérico dos impostos pressupõe que seja possível expressar em um número aquilo que será tributado. Isto ocorre por meio da base de cálculo[74].

Também Geraldo Ataliba assim se manifestou: "Base imponível é uma perspectiva dimensível do aspecto material da h.i. que a lei qualifica, com a finalidade de fixar critério para a determinação, em cada obrigação, do *quantum debeatur*. (...) O aspecto material da h.i. é sempre mensurável, isto é, sempre redutível a uma expressão numérica. A coisa posta na materialidade da h.i. é sempre passível de medição. (...) A base é, pois, uma grandeza apreciável, mensurável, do aspecto material da h.i."[75].

Cabe, nesse ponto, um reparo: a base de cálculo, em abstrato, se relaciona com a hipótese tributária; nos casos da base de cálculo *post numerando*, a base de cálculo sobre a qual incidirá a alíquota será extraída do fato jurídico tributário. Nos tributos em regime *prenumerando*, a base de cálculo estimará aquele. Ou seja: a base de cálculo não mede a hipótese tributária, mas o próprio fato jurídico tributário.

Em seu *Curso de Direito Tributário*, José Eduardo Soares de Melo também mostra que "o fato gerador" contém, sempre, ínsita uma grandeza econômica. Assim exemplifica o autor: "só é possível calcular o IPTU considerando o valor da propriedade imobiliária, por ser sua materialidade. Se este imposto for calculado tomando-se por base o valor do aluguel do imóvel, estará sendo tributada sua renda, com manifesta inadequação da materialidade com a base de cálculo, patenteando-se a inconstitucionalidade"[76].

Sua relação com o aspecto material do "fato gerador" é confirmada por Valdir de Oliveira Rocha quando ele, citando as palavras de Carlos da Rocha Guimarães, diz que "a base de cálculo apropriada é aquela que *não entra em conflito com o ser do tributo*"[77]. Noutra passagem, tratando especificamente da competência residual, Valdir confirma tal entendimento: "Mas o que se deve entender como base de cálculo própria de imposto discriminado na Constituição? Bases de cálculo próprias de impostos discriminados na Constituição são aquelas que levam a uma forte aproximação com o aspecto material do fato gerador"[78].

---

73 Cf. NOGUEIRA, Ruy Barbosa. *Curso de Direito Tributário*. 9. ed. São Paulo: Saraiva, 1989, p. 13.

74 No original: *Die Steuerbemessungsgrundlage bilden diejenigen Normen, die das Steuerobjekt als Ganzes quantifizieren. Der numerische Charakter der Steuer setzt voraus, daß das, was zu besteuern ist, in einer Zahl ausgedrückt wird. Das geschieht durch die Steuerbemessungsgrundlage (Besteuerungsgrundlage, Steuermaßstab, maßgeblicher Wert)*. Cf. TIPKE, Klaus; LANG, Joachim. *Steuerrecht*. Ein systematischer Grundriß. 13. ed. Köln: Otto Schmidt, 1991, p. 134.

75 Cf. ATALIBA, Geraldo; GONÇALVES, José Artur Lima. Op. cit. (nota 35), p. 108-109.

76 Cf. MELO, José Eduardo Soares de. *Curso de Direito Tributário*. São Paulo: Dialética, 1997, p. 160.

77 Cf. ROCHA, Valdir de Oliveira. Op. cit. (nota 15), p. 107.

78 Cf. ROCHA, Valdir de Oliveira. A competência tributária residual da União e a contribuição ao Finsocial. *Repertório IOB de Jurisprudência*, n. 21, nov. 1991, p. 396 e ss.

Para Paulo de Barros Carvalho a base de cálculo é "aquela grandeza instituída na consequência das endonormas tributárias e que se destina, primordialmente, a dimensionar a intensidade do comportamento inserto no núcleo do fato jurídico e, como função paralela, confirmar o critério material da hipótese endonormativa"[79]. Noutra oportunidade, pode o autor confirmar tais funções, além de acrescentar outra: "Essas reflexões nos conduzem a ver, na base calculada, três funções nitidamente distintas: a) medir as proporções reais do fato, ou função mensuradora; b) compor a específica determinação da dívida, ou função objetiva; e c) confirmar, infirmar ou afirmar o correto elemento material do antecedente normativo, ou função comparativa"[80]. Presente, nas funções "mensuradora" e "comparativa", encontra-se o inexorável vínculo que liga o "elemento material do antecedente normativo" à "base calculada".

Dentre os autores estrangeiros, mencione-se que a ideia de medir-se ou valorar-se o fato jurídico tributário está presente em Villegas, que se refere às normas que instituem a base de cálculo, como sendo aquelas *cuya misión específica consiste en establecer los criterios con arreglo a los cuales ha de valorarse o medirse el hecho imponible*[81].

A.D. Giannini via na base de cálculo um critério para valorarem-se as situações de fato que constituem o fato jurídico tributário, alertando, outrossim, que os critérios de valoração não só são necessariamente diversos para os vários objetos dos impostos (o que, desde logo, permite a conclusão de que cada critério de valoração – base de cálculo – será adequado para um único objeto) mas também alerta que pode haver vários critérios adequados para a mesma espécie, de modo que a indicação legislativa do critério de valoração integra a definição do objeto e, portanto, a estrutura do imposto[82].

Já no trabalho de Blumenstein, encontra-se uma distinção entre as bases de cálculo diretas e indiretas. Enquanto para as primeiras o autor via uma verdadeira valorização contábil do objeto do imposto, as últimas seriam indícios exteriores que permitiriam que a autoridade fiscal fixasse a alíquota aplicável, no exercício de seu poder discricionário[83]. Constata-se, assim, que as bases indiretas não se aplicavam no cálculo do imposto, propriamente dito, mas na fixação de sua alíquota. Na edição mais recente da obra, atualizada por Locher, nota-se que esta fixação indireta somente se considera compatível com o Princípio da Legalidade se a própria lei der os critérios para a fixação da alíquota[84]. De todo o modo, no que tange à base de cálculo "direta" (i.e., aquela sobre a qual se aplica a alíquota para a apuração do "quantum debeatur"), encontra-se a confirmação de Blumenstein de que se trata de uma valorização matematicamente exata do objeto do imposto[85].

Tratando igualmente da base de cálculo, Hensel via esta como uma medida do aspecto material do fato jurídico tributário. Reconhecendo a possibilidade de uma multiplicidade de bases de cálculo possíveis, Hensel oferecia, também com base na capacidade contributiva, um critério para a base de

79 Cf. CARVALHO, Paulo de Barros. *Teoria da norma tributária*. 2. ed. São Paulo: Revista dos Tribunais, 1981, p. 105.

80 Cf. CARVALHO, Paulo de Barros. Op. cit. (nota 79), p. 206.

81 Cf. VILLEGAS, Héctor B. *Curso de Finanzas, Derecho Financiero y Tributario.* Buenos Aires: Depalma, 1972, p. 162.

82 No original: *49. La base imponible e il tasso d' imposta – Le situaioni di fatto a cui si collegano le singole imposte devono essere valutate in modo che possa giungersi alla determinazione della basa imponible (...) I criteri di valutazione non solo sono necesariamente diverse per le varie specidegli oggetti d'imposta, ma possono essere anche diversi per la medesima specie, cosicchè l'indicazione legislativa del criterio di valutazione serve ad integrare la definizione dell'oggetto e quindi la struttura dell'imposta.* Cf. GIANINI, Achille Donato. *Istituzioni di Diritto Tributário.* 5. ed. atualizada. Milano: Giuffrè, 1951, p. 130.

83 Cf. BLUMENSTEIN, Ernst. *Sistema di Diritto delle Imposte.* Francesco Forte (trad.). Milano: Giuffrè, 1954, p. 162-163.

84 Cf. BLUMENSTEIN, Ernst. *System des Steuerrechts.* 4. ed. atualizada por Peter Locher. Zürich: Schulthess, 1992, p. 182.

85 No original: *Direkte Steuerbemessungsgrundlagen sind solche, die eine rechnerisch genaue Wertung des Steuerobjektes bezwekken.* Cf. Op. cit. (nota 84), p. 181.

cálculo adequada: quanto mais especificada for a base de cálculo, tanto mais se atenderá ao princípio da capacidade contributiva (assim, num dos exemplos do autor, será mais adequada a base de cálculo do imposto de cerveja que diferenciar a base de cálculo conforme a espécie de cerveja)[86].

Buscando as funções da base de cálculo, José Luis Perez de Ayala e Eusebio Gonzalez reconhecem que, "en primer lugar, la base imponible es una magnitud cuantificadora del elemento objetivo o material del hecho imponible (...) Es decir, la base imponible es ante todo y sobre todo un elemento de medición. Sabemos qué es lo que mide: el elemento objetivo o material del presupuesto de hecho"[87].

Os mesmos autores vão além em sua pesquisa, inovando sobre as funções da base de cálculo ao concluir que esta serve para medir a própria capacidade contributiva. Com efeito, argumentam os professores, "de poco serviría una adecuada contemplación de la capacidad economica gravable por parte del hecho imponible, si al definir la base se acoge de forma parcial o inadecuada el elemento objetivo o material del hecho imponible"[88], extraíndo deste raciocínio quatro funções para a base de cálculo: (i) constituir elemento de medição ou quantificação do fato gerador; (ii) quantificar a capacidade econômica manifesta no aspecto objetivo do fato gerador; (iii) fixar a quantia da prestação, juntamente com a alíquota; e (iv) fixar a própria alíquota, nos tributos progressivos[89].

Vê-se, pois, o apoio doutrinário à afirmação de que existe uma relação entre a base de cálculo e o aspecto material da hipótese tributária. Essa relação implica a base de cálculo valorar ou medir o fato jurídico tributário. Ressaltam-se, ademais, confirmações expressas, por parte de Giannini, Barreto e Carrazza, de que "não existe uma relação de unicidade, sendo perfeitamente possível encontrarem-se várias bases de cálculo apropriadas para medir o fato jurídico tributário".

No que tange especificamente ao tema da existência de uma base de cálculo "própria" para cada imposto (o que, portanto, exclui a possibilidade de uma mesma base de cálculo para dois impostos), não é demais repetir a lição de Giannini, acima reproduzida: *I criteri di valutazione (...) sono necesariamente diverse per le varie specie degli oggetti d'imposta*[90].

A base de cálculo encontra uma relação com o aspecto material da hipótese tributária, já que procura quantificar o fato jurídico tributário, valorá-lo (ou, no caso da base em regime *prenumerando*, estimá-lo). O legislador escolhe um modo de expressar, numericamente, a hipótese tributária, e define tal modo como base de cálculo. Daí por que não se pode cogitar base de cálculo definida de modo independente da hipótese. Ainda mais: para hipóteses tributárias distintas, haverá bases de cálculo diversas. Se a hipótese tributária é uma manifestação de riqueza por parte do contribuinte, a base de cálculo deverá mensurar a riqueza assim manifestada; incidindo o tributo em virtude de um serviço público prestado pelo Estado, a base de cálculo avaliará aquele serviço. Encontrando-se

86 Cf. HENSEL, Albert. *Steuerrecht*. Op. cit. (nota 6), p. 58.

87 Cf. AYALA, José Luis Perez de; GONZALEZ, Eusebio. *Curso de Derecho Tributario*. 5. ed., tomo 1. Madrid: Derecho Financiero – Derecho Reunidas, 1989, p. 268.

88 Cf. AYALA, José Luis Perez de; GONZALEZ, Eusebio. Op. cit. (nota 87), p. 269.

89 Cf. AYALA, José Luis Perez de; GONZALEZ, Eusebio. Op. cit. (nota 87), p. 269.

90 Cf. GIANINI, Achille Donato. Op. cit. (nota 82), p. 130.

identidade na base de cálculo de dois tributos, tem-se forte indício de que também as hipóteses tributárias coincidem ou se intercalam.

4.1.2.1 Outros critérios

Assim como já se viu para as taxas, também para os impostos deve ser feito o alerta de que um sistema constitucional plural admite uma série de valores concorrendo para a formação de uma base de cálculo. Dessa forma, *em adição* à capacidade contributiva, deve-se admitir que outros princípios constitucionais possam contribuir para a formação da base de cálculo dos tributos não vinculados.

É assim que, em nome da praticabilidade, adotam-se bases de cálculo que não refletem diretamente, a capacidade contributiva correspondente à hipótese tributária. É comum, na legislação tributária, os métodos indiretos de apuração, como o lucro presumido ou as margens predeterminadas dos preços de transferência, na esfera do Imposto de Renda, ou o crédito presumido, no caso de tributos não cumulativos. O princípio da capacidade contributiva, entretanto, não há de ser deixado de lado. Servirá ele de guia para que as generalizações efetuadas pelo legislador não cheguem ao ponto de perder o compromisso com a capacidade contributiva que a hipótese tributária busca captar.

4.2 Alíquota

O critério quantitativo do consequente normativo da regra matriz de incidência forma-se pela combinação de base de cálculo e alíquota. Esta, via de regra, será um percentual a ser aplicado sobre a primeira.

Conforme já mencionado, ao lado das alíquotas percentuais, o Direito Tributário conhece as alíquotas fixas. Elas se aplicam nos casos em que a base de cálculo não se expressa por um valor, mas por outra forma de quantificação. Assim, por exemplo, é fixa a alíquota quando se estipula o valor de R$ 10,00 para cada autenticação de um documento. A base de cálculo é o número de autenticações e a alíquota, fixa, de R$ 10,00.

Quando a alíquota se firma por um percentual, por sua vez, pode a alíquota ser proporcional, progressiva ou regressiva, conforme permaneça a mesma qualquer que seja o montante da base de cálculo, ou, nos dois últimos casos, respectivamente cresça ou seja reduzida na medida do crescimento da base de cálculo. Sobre o assunto, remete-se ao Capítulo VIII.

5 Critério pessoal: sujeito ativo

O sujeito ativo é o titular de capacidade tributária ativa. Em regra, é a própria pessoa jurídica de direito público que tem competência para instituir o tributo. Nesse sentido, normalmente a União será sujeito ativo dos tributos de sua competência; assim como os Estados, Distrito Federal e Municípios, respectivamente. Esta é a regra inscrita no art. 119 do CTN:

> Art. 119. Sujeito ativo da obrigação é a pessoa jurídica de direito público titular da competência para exigir o seu cumprimento.

A regra, entretanto, comporta exceções mesmo dentro do próprio CTN, no art. 217. Esse artigo versa sobre os casos de *parafiscalidade*, quando há um descolamento entre a pessoa jurídica titular da competência tributária e o sujeito ativo.

Primeiramente, deve ser mencionado, a desmentir a regra do art. 119, o teor do inciso III do § 4º do art. 153 da Constituição Federal, acrescentado pela Emenda Constitucional n. 42, de 2003. Versado sobre o ITR, previu a possibilidade de o referido imposto, de competência federal, *ser fiscalizado e cobrado pelos Municípios que assim optarem, na forma da lei*. É caso interessante, em que uma pessoa jurídica de Direito Público institui (tem competência) um imposto e outra surge como sujeito ativo da obrigação.

Talvez o caso mais notório de descolamento entre sujeito ativo e competência tributária fosse o dos sindicatos, já que estes sequer pertencem ao setor público, mas podiam exigir o recolhimento de contribuições, até a modificação do art. 545 da Consolidação das Leis do Trabalho pela Lei n. 13.467/2017. Ou seja, nem sempre se confirma ser o sujeito ativo da obrigação tributária uma pessoa jurídica de direito público.

A ideia de parafiscalidade, em sua origem, tinha menos a ver com a natureza do sujeito ativo, e mais com a destinação dos recursos: existindo, ao lado do orçamento geral, outros orçamentos a que se destinariam tributos específicos (as contribuições), então tais tributos estariam na parafiscalidade, i.e., ao lado da fiscalidade.

Hoje, já não há mais essa separação orçamentária. O § 5º do art. 165 da Constituição exige que a lei orçamentária compreenda todos os orçamentos, seja da administração direta, seja indireta. Nesse sentido, a ideia de uma fiscalidade ao lado daquela constante do orçamento perde o sentido.

Entretanto, a expressão parafiscalidade se manteve corrente na doutrina, para identificar as situações em que o sujeito ativo da relação tributária não seja a própria administração direta. Na esfera federal, até a criação da Receita Federal do Brasil ("Super-Receita"), cabia ao Instituto Nacional de Seguridade Social arrecadar uma série de contribuições sociais destinadas à seguridade social. Tais contribuições eram, daí, "parafiscais". Algumas autarquias, como a OAB, CREA, CRM etc. arrecadam (são sujeitos ativos de) suas próprias contribuições. Ainda vale mencionar a possibilidade de contribuições para o chamado "Sistema S" (SESI/SENAI, SESC/SENAT etc.) serem arrecadadas por entidades que – à semelhança do caso dos sindicatos, acima mencionado – sequer se revestem de natureza pública.

A posição de sujeito ativo da relação tributária decorre da lei; a competência, por sua vez, da Constituição Federal. Identificando-se um aspecto material da hipótese tributária, importará confrontá-lo com a discriminação de competências da Constituição Federal, que confirmará, a partir daquele, se a lei emana da pessoa jurídica de direito público competente para tanto.

Se essa afirmação é correta para os impostos, tendo em vista o rol dos arts. 153 a 156 do texto constitucional, não é menos verdadeira para as demais espécies tributárias. Especialmente no caso de taxas e contribuições de melhoria, de competência de todas as pessoas jurídicas de direito público (art. 145 da Constituição Federal), apenas a partir do estudo das competências materiais é que se poderá constatar quem poderá cobrá-las. Trata-se, conforme visto no Capítulo VI, daquilo que, na doutrina alemã, se denomina "competência anexa": tal competência (para instituir as taxas e contribuições de melhoria) está anexa à material; quem tem competência para a prática de determinado ato administrativo tem, também, para decidir sua intensidade e, portanto, os gastos necessários. A consequência é que a competência para taxar tem seu limite na própria atribuição do ato administrativo[91]. Assim, a partir da hipótese tributária (por exemplo: um serviço público prestado) é que se poderá identificar a competência material e, como anexa a tributária.

6 Critério pessoal: sujeito passivo

Quando se busca a sujeição passiva, surge, com relevância, a figura do contribuinte, enquanto sujeito que, nas palavras de Jarach, está obrigado ao pagamento do tributo por um *título próprio*[92]. A definição, se correta por identificar no contribuinte um vínculo com o fato jurídico tributário, exagera ao exigir um vínculo obrigacional entre contribuinte e Estado (por vezes inexistente).

Deveras, o vínculo obrigacional surge, no âmbito da relação tributária, entre sujeitos ativo e passivo; este, embora possa ser o contribuinte, poderá, também, ser terceira pessoa (art. 121, parágrafo único).

Quando se pensa na matéria tributária, o primeiro impulso é imaginar que o sujeito passivo da obrigação tributária confundir-se-ia com o contribuinte, i.e., com a pessoa a quem poderia ser imputada a situação definida na hipótese de incidência. Nem sempre, entretanto, o sujeito passivo da obrigação tributária será o próprio contribuinte, já que a lei pode eleger um terceiro como tal. Este será o responsável (*lato sensu*). Ou seja: nos termos do art. 121, há dois casos de sujeito passivo: o contribuinte ou o responsável.

Contribuinte e responsável (*lato sensu*) são, pois, as duas figuras que surgem como sujeito passivo no parágrafo único do art. 121 do Código Tributário Nacional:

> Art. 121. Sujeito passivo da obrigação principal é a pessoa obrigada ao pagamento de tributo ou penalidade pecuniária.
> Parágrafo único. O sujeito passivo da obrigação principal diz-se:
> I – contribuinte, quando tenha relação pessoal e direta com a situação que constitua o respectivo fato gerador;
> II – responsável, quando, sem revestir a condição de contribuinte, sua obrigação decorra de disposição expressa de lei.

Enquanto o contribuinte não precisa estar expressamente definido na lei, já que muitas vezes (mas nem sempre: veja o art. 42 do Código Tributário Nacional, que admite que mais de uma pessoa seja contribuinte do imposto sobre transmissão de bens

91 Cf. WENDT, Rudolf. *Die Gebühr als Lenkungsmittel*. Hamburg: Joachim Heitmann, 1975, p. 32-36.

92 Cf. JARACH, Dino. *O fato imponível:* Teoria Geral do Direito Tributário Substantivo. São Paulo: Revista dos Tribunais, 1989, p. 156.

imóveis) sua identificação decorre do próprio estudo do critério material do antecedente normativo, o responsável (*lato sensu*) será expressamente definido pela lei.

Como já mencionado no Capítulo precedente, o fato de o legislador definir um terceiro como sujeito passivo da obrigação tributária (responsável *lato sensu*) não retira a importância de identificar-se o contribuinte, já que, muitas vezes, a lei condicionará a obrigação tributária e sua quantificação a qualidades pessoais do contribuinte. Assim, por exemplo, se uma instituição de assistência social está livre do pagamento de um tributo por um mandamento constitucional (imunidade), deve-se investigar se o sujeito que praticou a conduta tipificada como aspecto material é aquela entidade. Se o for, estará assegurada a imunidade, mesmo que o legislador defina como sujeito passivo um terceiro, que não seja, ele mesmo, imune. Do mesmo modo, se a entidade imune for mera responsável por um tributo devido por outra pessoa, a imunidade da primeira (sujeito passivo) não se transfere para a última (contribuinte).

De outro lado, vale a recíproca: se o fato jurídico tributário é imputado a um contribuinte, de nada vale invocar a imunidade do responsável para afastar o surgimento da obrigação. Nesse sentido, interessante precedente pode ser encontrado em decisão unânime do Plenário do Supremo Tribunal Federal, dotada de repercussão geral, versando sobre situação em que a União Federal pretendera invocar sua imunidade para afastar a exigência de tributos municipais devidos por empresa de economia mista, cuja extinção implicara a versão do patrimônio (inclusive, portanto, obrigações tributárias) para a União[93]. Ressalvando o estudo quanto à imunidade da própria empresa de economia mista (que não era objeto da decisão recorrida), manifestou-se o Plenário, acertadamente, no sentido de que o crédito tributário nascera junto ao contribuinte que não gozava de imunidade e sua transferência para a União não seria causa de extinção do crédito. O Relator, Ministro Joaquim Barbosa, conduziu o voto vencedor ao dizer que o crédito tributário fora constituído em face de pessoa jurídica dotada de capacidade contributiva, não se aplicando a imunidade recíproca a qual, se aplicada, longe de proteger o pacto federativo, prejudicaria a expectativa de outro ente federado. No voto do Ministro Marco Aurélio, surge o argumento de que a transferência do patrimônio não poderia dar-se sem considerarem as dívidas que acompanham os bens. Também a Ministra Cármen Lúcia afirmou que *quem sucede, sucede com esses ônus*. O Ministro Luís Roberto Barroso afirmou, ainda, que *não existe imunidade recíproca superveniente*.

Para a distinção entre contribuinte e responsável, é aconselhável que se examine, por sua extrema utilidade, a teoria dualista da obrigação tributária.

6.1 Obrigação "principal" e o duplo vínculo: a teoria dualista da obrigação na distinção entre contribuinte e sujeito passivo

A teoria dualista da obrigação surgiu entre os civilistas, tendo sido difundida entre os alemães na separação entre *Schuld* e *Haftung*, *debitum e obligatio*, *dever* e *responsabilidade*. Contribuiu para sua ampla divulgação o estudo de Otto von Gierke[94]. Dentre

93 STF, RE n. 599.176-PR, Tribunal Pleno, rel. Min. Joaquim Barbosa, j. 05.06.2014, D.J. 30.10.2014.

94 Cf. GIERKE, Otto von. *Schuld und Haftung im älteren deutschen Recht, insbesondere die Form der Schuld-und Haftungsgeschäfte*. Breslau: Aalen, 1969.

os brasileiros que seguiram essa teoria, deve-se destacar o nome de Fábio Konder Comparato, em tese publicada na França[95]. Essa teoria via dois elementos distintos na obrigação: o dever e a responsabilidade. O primeiro, a dívida, implicando o dever de o credor receber a prestação que o devedor deve. O outro elemento, a responsabilidade, como a garantia conferida ao credor: a "pessoa ou as coisas que garantem a execução, ou o poder de coação que o devedor pode exercer sobre a pessoa ou os bens do devedor". Alcides Jorge Costa explica essa teoria a partir de uma divisão dos elementos objetivo e subjetivo de toda prestação: aquele é o bem, ou o resultado desejado pelo credor; o elemento subjetivo, a atividade desenvolvida pelo devedor para que o resultado seja atingido. Despida do elemento de coação, a dívida se identifica com o dever, independentemente da responsabilidade, enquanto o crédito é o direito de aproveitar-se da prestação devida pelo devedor. A responsabilidade, por sua vez, surge como sanção do dever[96].

Na explicação de Orosimbo Nonato, "a substituição de patrimônio do devedor à sua pessoa para a solução da obligatio não quer dizer seja o patrimônio do devedor o seu objeto". Ou seja: a obrigação é, essencialmente, uma relação entre duas pessoas. O patrimônio representa, apenas de modo mediato e subsidiário, o objeto da prestação. Aparece secundariamente, quando se torna garantia do credor contra o devedor inadimplente[97].

É importante ressaltar que a teoria dualista da obrigação não tem trânsito pacífico na doutrina, já que muitos civilistas entendem estarem ligados dever e responsabilidade, sendo a responsabilidade um pressuposto da obrigação. É assim que Ludwig Enneccerus sustenta que "não há uma responsabilidade sem dívida no caso das chamadas responsabilidades por dívidas de terceiros. Pois aqui existe hoje ainda uma dívida própria concorrente do responsável"[98]. Não obstante, ver-se-á, no estudo do critério pessoal do consequente normativo, como a teoria é útil na seara tributária. Daí valer conhecê-la.

Essa teoria pode ser entendida, do ponto de vista didático, quando se consideram, de um lado, as dívidas de jogo, que, embora existentes enquanto dívida – e daí o eventual pagamento não ser enriquecimento ilícito do credor – não podem ser executadas (existe o *debitum*, mas inexiste a *obligatio*); por outro lado, situações haverá em que alguém estará sujeito a responder patrimonialmente por algo que não contraiu – tal o caso da fiança (existe a *obligatio*, mas o *debitum* foi contraído por terceiro).

A referida distinção é útil para explicar a razão de a sujeição passiva tributária (que representa a possibilidade de o sujeito vir a ser impelido, pelo Estado, a satisfazer a

95 Cf. COMPARATO, Fábio Konder. *Essai D'Analyse Dualiste de L'Obligation en Droit Privé.* Paris: Dalloz, 1964, p. 19.

96 Cf. COSTA, Alcides Jorge. *Contribuição ao estudo da obrigação tributária.* São Paulo: IBDT, 2003, p. 27.

97 Cf. NONATO, Orosimbo. *Curso de obrigações.* (Generalidades Espécies). vol. 1. Rio de Janeiro: Forense, 1959, p. 110-111.

98 No original: *Keine Haftung ohne Schuld liegt vor be der sog. Haftung für fremde Schuld. Denn hier besteht heute auch eine konkurrierende eigene Schuld des Haftenden.* Cf. ENNECCERUS, Ludwig. *Recht der Schuldverhältnisse.* Ein Lehrbuch. Tübingen: 1954, p. 12.

obrigação – *obligatio, Haftung*) não se vincular, necessariamente, à pessoa do contribuinte. Este, na definição já referida do art. 121, parágrafo único, I, do Código Tributário Nacional, encontra-se numa "relação pessoal e direta com a situação que constitua o respectivo fato gerador", ao passo que o responsável não se reveste da condição de contribuinte. É o que defende Ricardo Lobo Torres: "o contribuinte tem o débito (*debitum, Schuld*), que é o dever de prestação e a responsabilidade (*Haftung*), isto é, a sujeição do seu patrimônio ao credor (*obligatio*), enquanto o responsável tem a responsabilidade (*Haftung*) sem ter o débito (*Schuld*), pois ele paga o tributo por conta do contribuinte"[99].

Ora, a situação "pessoal e direta" a que se refere o Código Tributário Nacional pode ser compreendida como a existência do *debitum, Schuld*, já que, em relação ao contribuinte, "se verifica a causa jurídica do tributo", conforme Jarach[100].

Tal entendimento mostra que não é irrelevante a figura do contribuinte, mesmo quando a lei o dispense, na constituição da relação obrigacional tributária. Esta versará sobre a responsabilidade, *lato sensu*, a sujeição passiva, ou a *obligatio, Haftung*. A circunstância de não coincidirem na mesma pessoa a responsabilidade (*obligatio, Haftung*) e a dívida (*debitum, Schuld*) não implica inexistir, com relação ao devedor, qualquer consequência de ordem jurídica, ou mesmo de ordem jurídico-tributária.

Com efeito, no exemplo do direito privado, notou-se existirem casos em que há *debitum, Schuld*, mas não *obligatio, Haftung*. O exemplo foi o da dívida de jogo. Ora, esta não perde relevância jurídica pela inexistência do último elemento. Assim é que, se o devedor, voluntariamente, paga a dívida, não terá ele direito à repetição de indébito, já que de indébito não se trata. Tornando ao Direito Tributário, também se deve reconhecer que, havendo contribuinte, não sujeito passivo da obrigação, o qual venha a saldar o débito tributário (ainda que por erro) não terá a seu favor o direito de repetir.

Esse raciocínio merece, entretanto, maior atenção, quando se tem em conta que o art. 165 do Código Tributário Nacional, ao versar sobre a repetição do indébito, volta-se ao sujeito passivo, não ao contribuinte que não se reveste da última condição.

Explica-se o paradoxo, quando se tem em conta que, no caso do contribuinte que paga, voluntariamente, débito seu, inexiste, propriamente, indébito a ser repetido; de repetição de indébito somente se cogitará quando descouber, sequer, a distinção entre *debitum* e *obligatio*, dada a inexistência da relação obrigacional. Ora, em tal caso, o Código Tributário Nacional assegura, no referido art. 165, a quem pagou quantia indevida, ou maior que a devida, o direito de repetir o indébito. Embora o referido dispositivo apenas se refira ao *sujeito passivo*, que é, afinal, quem, *normalmente*, terá o direito à repetição, o referido dispositivo legal não deve ser lido apartado do que o segue, segundo o qual "a restituição de tributos que comportem, por sua natureza, transferência do respectivo encargo financeiro somente será feita a quem prove

99 Cf. TORRES, Ricardo Lobo. *Curso de Direito Financeiro e Tributário*. 9. ed. Rio de Janeiro; São Paulo: Renovar, 2002, p. 228.

100 Cf. JARACH, Dino. Op. cit. (nota 92), p. 157.

haver assumido referido encargo, ou, no caso de tê-lo transferido a terceiro, estar por este expressamente autorizado a recebê-la". Embora o art. 166 verse sobre a complexa questão da repercussão dos tributos, extrai-se dele que aquele que assumiu o encargo financeiro está legitimado à repetição. Ora, se o contribuinte, não sujeito passivo, assume encargo financeiro de tributo recolhido indevidamente pelo sujeito passivo, será o contribuinte, e não o sujeito passivo, que terá direito à restituição.

6.2 Capacidade tributária

O Código Tributário Nacional trata da capacidade tributária passiva no seu art. 126:

> SEÇÃO III
> Capacidade Tributária
>
> Art. 126. A capacidade tributária passiva independe:
>
> I – da capacidade civil das pessoas naturais;
>
> II – de achar-se a pessoa natural sujeita a medidas que importem privação ou limitação do exercício de atividades civis, comerciais ou profissionais, ou da administração direta de seus bens ou negócios;
>
> III – de estar a pessoa jurídica regularmente constituída, bastando que configure uma unidade econômica ou profissional.

Cabe notar que a matéria ali regulada é a capacidade de agir em matéria tributária, i.e., capacidade de incorrer em situações que produzam efeitos tributários.

Não se confunde, portanto, com a capacidade de direito, regulada pela legislação civil.

Por isso mesmo, a capacidade tributária independe da capacidade civil das pessoas físicas, de interdições ou de ter sido a pessoa jurídica regularmente constituída como tal.

Desse modo, não deve causar espécie o fato de um menor incapaz poder ser contribuinte de qualquer imposto. Basta, por exemplo, que seja ele proprietário de um imóvel, para ser contribuinte do IPTU; auferindo algum rendimento, incorrerá no fato jurídico tributário próprio do Imposto de Renda e assim sucessivamente.

De igual modo, uma sociedade irregular, posto que não dotada de personalidade jurídica, poderá constituir unidade autônoma, auferindo lucro, para efeito do Imposto de Renda.

Aliás, algumas legislações, como as do IPI e do ISS fincam-se, em regra, na noção de "estabelecimento", sendo cada um deles um contribuinte do imposto. Se uma pessoa jurídica detém mais de um estabelecimento, então as transferências de bens entre eles, posto que não constituam negócios jurídicos, serão reputadas fatos jurídicos tributários imputados aos estabelecimentos. Embora não houvesse, em princípio, razão para tratar diferentemente o caso do ICMS, o Supremo Tribunal Federal decidiu que tal imposto não incide sobre transferências entre estabelecimentos do mesmo titular[101].

101 STF, ADC n. 49, Tribunal Pleno, rel. Min. Edson Fachin, j. 19.04.2021.

Claro está, por outro lado, que na hipótese de a legislação tributária vincular o surgimento da obrigação à celebração de um negócio jurídico, a incapacidade civil da parte será suficiente para a sua nulidade, não havendo, daí, que falar em obrigação tributária. Atente-se, porém: o que afasta a exigência não é a incapacidade tributária, mas a nulidade do próprio negócio jurídico. Recorde-se, a esse respeito, o que se viu no capítulo precedente acerca do art. 116 do Código Tributário Nacional, que cogita, ao lado de uma mera "situação de fato", o caso de "situação jurídica". Se a hipótese tributária é uma situação jurídica, não há fato jurídico tributário enquanto aquela não se perfizer.

6.3 A solidariedade passiva

Mais de uma pessoa pode ocupar o polo passivo da relação jurídico-tributária. Pode-se, aqui, considerar mais de um contribuinte, mais de um responsável, ou um contribuinte e um responsável ocupando simultaneamente aquela posição.

A possibilidade de multiplicidade de devedores leva ao tema da relação entre eles. A relação pode ser de subsidiariedade. Esse é o caso de que trata o art. 128 do Código Tributário Nacional, que, tratando da figura do "responsável", prevê que a lei exclua a responsabilidade do contribuinte ou a mantenha em caráter supletivo.

Noutras circunstâncias, os devedores se unem por solidariedade. Este tema é tratado pelo art. 124 do Código Tributário Nacional, que dispõe:

SEÇÃO II

Solidariedade

> Art. 124. São solidariamente obrigadas:
>
> I – as pessoas que tenham interesse comum na situação que constitua o fato gerador da obrigação principal;
>
> II – as pessoas expressamente designadas por lei.
>
> Parágrafo único. A solidariedade referida neste artigo não comporta benefício de ordem.

O inciso I, acima, traz imediata solidariedade passiva: definido um "interesse comum" no fato jurídico tributário, tem-se a solidariedade.

Interesse comum só têm as pessoas que estão no mesmo polo na situação que constitui o fato jurídico tributário. Assim, por exemplo, os condôminos têm "interesse comum" na propriedade; se esta dá azo ao surgimento da obrigação de recolher o IPTU, são solidariamente responsáveis pelo pagamento do imposto todos os condôminos. Note-se que o débito é um só, mas todos os condôminos se revestem da condição de sujeitos passivos solidários.

É importante destacar aqui que o art. 124, I, do CTN não define sujeito passivo. Ele apenas fixa, a partir do interesse comum, a solidariedade entre sujeitos passivos, já definidos em outros dispositivos. De maneira mais clara, ainda com o exemplo do IPTU e dos condôminos: na inexistência de tal dispositivo, cada condômino de um mesmo apartamento pagaria o imposto relativo a sua quota. O art. 124,

I, por sua vez, faz com que esses contribuintes sejam solidários. Ou seja: se inaplicável qualquer dispositivo legal que caracterize determinada pessoa como contribuinte ou responsável, não há como defini-la como sujeito passivo a partir do art. 124. O primeiro passo é verificar se é sujeito passivo para daí, num segundo passo, investigar se existe solidariedade *entre os sujeitos passivos* definidos pela lei.

O Supremo Tribunal Federal parece ter adotado essa interpretação, ao julgar a constitucionalidade de lei estadual que instituíra a obrigação solidária de contadores por créditos tributários oriundos de infrações à legislação tributária, para as quais o contador, em alguma medida, houvesse concorrido. Na ocasião, o Plenário do Supremo Tribunal Federal decidiu que a lei estadual invadira a competência da lei complementar na matéria. Nesse sentido, o Relator observou que a lei estadual teria disposto diversamente do CTN sobre quem pode ser responsável tributário, na medida em que incluiu "hipóteses não contempladas pelos arts. 134 e 135 do CTN". O Supremo Tribunal Federal, portanto, parece ter entendido que, em primeiro lugar, é preciso verificar se há sujeição passiva, nos termos dos arts. 134 e 135 do CTN; em segundo lugar, verifica-se se há interesse comum e, portanto, solidariedade passiva, nos termos do art. 124, I, do CTN. Afinal, na visão da Corte, a lei estadual não poderia ter criado nova hipótese de responsabilidade (solidária) de terceiro, autônoma em relação àquelas dos arts. 134 e 135 do CTN. Parece haver, então, no posicionamento do Tribunal, o pressuposto de que o art. 124, I, do CTN não se configura como hipótese autônoma de responsabilidade tributária; primeiro seria preciso apurar a existência de sujeição passiva (o que, no caso da chamada "responsabilidade de teceiros", dar-se-ia a partir dos arts. 134 e 135 do CTN)[102].

A caracterização de solidariedade, nos termos do art. 124, I, do CTN exige a configuração do *interesse comum*. Já se afirmou que interesse comum clama por estarem as pessoas no mesmo polo, mas isso sob a perspectiva jurídica. Afinal, justamente porque cada sujeito passivo liga-se ao fato jurídico tributário (seja contribuinte, seja responsável) é que, nas palavras do Min. Luiz Fux, não cabe cogitar a existência de "interesse econômico no resultado ou no proveito da situação que constitui o fato gerador da obrigação principal"[103].

É justamente, por isso, que não faz sentido imputar a responsabilidade solidária entre duas empresas do mesmo grupo econômico nas situações nas quais só uma delas ostenta a condição de sujeito passivo. Se a outra empresa não realiza o fato jurídico tributário – nem a ele se vincula por outras hipóteses de responsabilidade –, não pode ela se tornar solidária porque sequer é sujeito passivo.

Por outro lado, não constituem "interesse comum" as posições antagônicas em um contrato, mesmo quando em virtude deste surja um fato jurídico tributário. Assim, comprador e vendedor não têm "interesse comum" na compra e venda: se o vendedor é contribuinte do ICMS devido na saída da mercadoria objeto da compra e venda, o comprador não será solidário com tal obrigação. Daí a distinção entre interesses contrapostos, coincidentes e comuns, assim resumida:

> *Interesses contrapostos, coincidentes e comuns podem ser também evidenciados nos negócios jurídicos privados de compra e venda mercantil com pluralidade de pessoas. Afinal, vendedores e compradores têm interesse coincidente na realização do negócio (tarefa), mas interesses contrapostos na execução do contrato (necessidades opostas). Já os interesses comuns situam-se apenas em cada um dos polos da relação: entre o conjunto de vendedores e, de outro lado, entre os compradores*[104].

102 STF, ADI n. 6.284/GO, Tribunal Pleno, rel. Min. Luís Roberto Barroso, j. 15.09.2021.

103 STJ, REsp. n. 884.845-SC, Primeira Turma, rel. Min. Luiz Fux, j. 05.02.2009.

104 Cf. NEDER, Marcos Vinícius. Responsabilidade solidária e o lançamento fiscal. In: ROCHA, Valdir de Oliveira. *Grandes questões atuais do direito tributário*. vol. 15. São Paulo: Dialética, 2011, p. 271- 291.

Mesmo que duas partes em um contrato fruam vantagens por conta do não recolhimento de um tributo, isso não será, por si, suficiente para que se aponte um "interesse comum". Eles podem ter "interesse comum" em lesar o Fisco. Pode o comprador, até mesmo, ser conivente com o fato de o vendedor não ter recolhido o imposto que devia. Pode, ainda, ter tido um ganho financeiro por isso, já que a inadimplência do vendedor poderá ter sido refletida no preço. Ainda assim, comprador e vendedor não têm "interesse comum" no fato jurídico tributário.

Por sua vez, o inciso II acima transcrito, ao se referir a pessoas "expressamente designadas por lei" não há de ser lido fora do contexto do Código Tributário Nacional. Afinal, o art. 128, como será visto, limita a possibilidade de designação do responsável a alguém que esteja vinculado ao fato jurídico tributário. Assim, a solidariedade não poderá alcançar qualquer pessoa, mas apenas alguém que possa ser enquadrado como responsável.

Conforme será visto abaixo, o Código Tributário Nacional apresenta rígida disciplina na configuração da responsabilidade. Seus preceitos devem ser seguidos para que se configure a solidariedade. Não pode, por exemplo, o legislador ordinário impor a solidariedade aos administradores, se os requisitos para tanto, previstos no art. 135 do Código Tributário Nacional, não foram preenchidos[105]. Como existe norma geral, inserida em lei complementar, que trata do assunto (art. 146, III, da Constituição Federal), a lei ordinária que previr a solidariedade deve dobrar-se aos parâmetros definidos pelo Código Tributário Nacional[106].

A solidariedade tributária não comporta benefício de ordem. Na matéria civil, conquanto não seja a regra, pode haver benefício de ordem, como no caso da fiança (art. 827 do Código Civil).

Constatada a solidariedade, aplica-se o disposto no art. 125 do Código Tributário Nacional:

> Art. 125. Salvo disposição de lei em contrário, são os seguintes os efeitos da solidariedade:
>
> I – o pagamento efetuado por um dos obrigados aproveita aos demais;
>
> II – a isenção ou remissão de crédito exonera todos os obrigados, salvo se outorgada pessoalmente a um deles, subsistindo, nesse caso, a solidariedade quanto aos demais pelo saldo;
>
> III – a interrupção da prescrição, em favor ou contra um dos obrigados, favorece ou prejudica aos demais.

De imediato, nota-se que o inciso I apenas assegura que uma vez pago o tributo, desaparece toda a relação tributária; o Estado nada mais tem a exigir dos codevedores.

No inciso II, tem-se que o legislador complementar cuidou de diferençar as isenções (e remissões) subjetivas das objetivas. Afinal, se a isenção não é outorgada em função das características de um dos coobrigados, mas da própria situação em questão, então sequer há que falar em obrigação

---

105 STJ, REsp n. 717.717-SP, 1ª Seção, rel. Min. José Delgado, j. 28.09.2005, D.J. 08.05.2006.

106 Cf. SOUZA, Hamilton Dias de; FUNARO, Hugo. A desconsideração da personalidade jurídica e a responsabilidade tributária dos sócios e administradores. *Revista Dialética de Direito Tributário*, n. 137, p. 38; p. 50-51.

tributária (ou, na visão tradicional, haveria dispensa do tributo). Do mesmo modo, se houve remissão objetiva, está perdoado o débito.

Se a isenção for subjetiva, então também não surgirá qualquer pretensão em face da pessoa do isento, mas pode existir perante os demais envolvidos no fato jurídico tributário. Vale notar que o legislador complementar se refere a solidariedade "pelo saldo", o que indica que a parte que for imputada ao isento não será exigida dos demais devedores. Assim, se três irmãos são proprietários de um imóvel e a lei municipal prevê uma isenção do IPTU para o proprietário que possui apenas um imóvel, dever-se-á investigar se cada um deles preenche tal requisito. Se um dos irmãos possui apenas aquela propriedade e os demais possuem outros imóveis, então apenas o quinhão relativo ao primeiro irmão estará isento; quanto aos dois terços restantes (o "saldo"), haverá a solidariedade entre os dois irmãos, já que eles, enquanto condôminos, têm interesse comum na propriedade.

Finalmente, tem-se no inciso III que a prescrição opera em favor ou contra todos os obrigados, já que o próprio crédito estará prescrito, ou não. Aplica-se, aqui, regra semelhante à do § 1º do art. 204 do Código Civil:

> *§ 1º A interrupção por um dos credores solidários aproveita aos outros; assim como a interrupção efetuada contra o devedor solidário envolve os demais e seus herdeiros.*

O dispositivo do Código Tributário opera contra os coobrigados já que basta que um dos devedores solidários seja citado, para que se interrompa a prescrição; por outro lado, se um sujeito passivo solidário efetua protesto para interromper a prescrição e assim assegurar seu direito de reaver tributo indevido, o protesto aproveita aos demais.

Apontadas as situações de responsabilidade subsidiária e solidária, merece nota o caso do art. 134 do Código Tributário Nacional, que será visto adiante: embora ele se refira a uma responsabilidade solidária, ela somente surge "nos casos de impossibilidade de exigência do cumprimento da obrigação principal pelo contribuinte", o que denuncia seu caráter subsidiário. Por outro lado, uma vez surgida a responsabilidade, então será ela solidária, no sentido de que o sujeito ativo poderá exigir o crédito tanto do sujeito passivo original, como do responsável.

6.4 O "responsável tributário"

Como visto acima, o Código Tributário Nacional aponta apenas duas categorias de sujeito passivo, em seu art. 121: o contribuinte e o responsável. O estudo dos dispositivos acerca da última categoria revela que, em verdade, sob tal rubrica apresentam-se figuras diversas, com regimes jurídicos próprios. Daí ser o caso de desdobrar a categoria do responsável *lato sensu* em *substituto* e *responsável stricto sensu* (este, responsável "por transferência").

Advirta-se de imediato que o Código Tributário Nacional trata ambas as figuras a partir da denominação comum de "responsável"; o desdobramento ora efetuado apenas se faz porque o mesmo Código apresenta disciplinas diversas para as duas classes de responsáveis, merecendo, daí, a divisão ora proposta.

A *substituição* consiste na atribuição legislativa da obrigação de recolher tributo a uma pessoa (substituto) *unicamente em virtude* da ocorrência de fato jurídico tributário praticado ou a ser praticado pelo contribuinte (*substituído*), ao qual o substituto esteja vinculado.

Tal o caso, por exemplo, da legislação do ICMS, que determina que o imposto devido em virtude da venda realizada por agricultores a comerciantes será devido pelos últimos. Note-se que quem gerou a saída da mercadoria foi o agricultor, mas é o comerciante quem deve o tributo.

Já a responsabilidade *stricto sensu* (por transferência) consiste na atribuição legislativa da obrigação de recolher tributo a uma pessoa (responsável) em virtude da ocorrência de fato jurídico tributário praticado pelo contribuinte *somada à ocorrência de outro fato*. É o caso da responsabilidade dos sucessores, de que tratam os arts. 129 a 133 do CTN.

No art. 133, tem-se a responsabilidade por conta de uma aquisição de fundo de comércio ou estabelecimento. Note-se que, com o fato jurídico tributário, uma empresa passou a ser devedora do tributo. No momento da ocorrência daquele fato, o adquirente do fundo de comércio sequer existia na relação tributária. Entretanto, em virtude da aquisição do fundo (que não é a hipótese tributária), o adquirente passou a responder pelos tributos relativos ao estabelecimento ou fundo de comércio adquirido.

Para que fique clara a diferença: no caso da substituição, a lei define uma hipótese tributária, cujo aspecto pessoal indicaria o contribuinte; a própria lei, entretanto, define terceiro como sujeito passivo. Ou seja: o sujeito passivo não incorre, ele mesmo, no fato jurídico tributário, mas no momento em que o contribuinte ali incorre, surge contra o sujeito passivo a pretensão tributária.

No caso da responsabilidade *stricto sensu*, devem ser considerados *dois fatos distintos* (que podem ou não ser simultâneos, ambos descritos hipoteticamente pela lei): o fato jurídico tributário, que faz nascer a pretensão tributária em face de uma pessoa (normalmente, o contribuinte, mas pode até mesmo ser um substituto) e um outro fato jurídico, que desloca a obrigação para o responsável *stricto sensu* (solidariamente ou não). Ou seja: o surgimento da obrigação tributária para o último, conquanto dependa da concretização da hipótese tributária, não se esgota nela. Para que surja tal sujeição passiva, é necessária, além dessa ocorrência (que dará surgimento à obrigação tributária), a constatação fática da hipótese de responsabilização.

Em julgado dotado de repercussão geral, o conceito de responsabilidade foi assim resumido na Ementa de lavra da Ministra Ellen Gracie:

> *4. A responsabilidade tributária pressupõe duas normas autônomas: a regra matriz de incidência tributária e a regra matriz de responsabilidade tributária, cada uma com seu pressuposto de fato e seus sujeitos próprios. A referência ao responsável enquanto terceiro (dritter Persone, terzo ou*

tercero) evidencia que não participa da relação contributiva, mas de uma relação específica de responsabilidade tributária, inconfundível com aquela. (...)[107].

O conceito de regra matriz já foi explorado no Capítulo X. Serve ele para refletir a norma (antecedente e consequente) pela qual se dá por nascida a obrigação tributária. O julgado acima vai além, contemplando uma segunda regra matriz, para a responsabilidade. Acerta ao deixar claro que a responsabilidade tem requisitos próprios para seu surgimento, que não se confundem com os da regra matriz de incidência tributária. Entretanto, importa não perder de mente que não se trata de vínculo obrigacional novo: a obrigação tributária surge com o fato jurídico tributário; na responsabilidade existe mera transferência do vínculo já surgido. Não há novo vínculo. Tanto assim é que, extinta a obrigação pelo devedor original, nada há a exigir do responsável.

6.4.1 O responsável é vinculado ao fato jurídico tributário

Ao responsável tributário, seja ele substituto ou responsável *stricto sensu*, aplica-se o disposto no art. 128 do Código Tributário Nacional:

Disposição Geral

> Art. 128. Sem prejuízo do disposto neste capítulo, a lei pode atribuir de modo expresso a responsabilidade pelo crédito tributário a terceira pessoa, vinculada ao fato gerador da respectiva obrigação, excluindo a responsabilidade do contribuinte ou atribuindo-a a este em caráter supletivo do cumprimento total ou parcial da referida obrigação.

Confirma-se, da leitura do dispositivo, a decisão do legislador complementar de admitir que a sujeição passiva seja imputada (exclusiva ou supletivamente) a terceiro. No caso da substituição, já na ocorrência do fato jurídico tributário, a sujeição passiva fica imputada ao terceiro. Na responsabilidade *stricto sensu*, o terceiro surge por um fato a ele imputado, não necessariamente contemporâneo ao fato jurídico tributário, diverso deste último.

Em ambos os casos, há de existir algum vínculo entre o responsável e o fato jurídico tributário. Este vínculo não é o de ser o sujeito daquele fato. Ao contrário, o sujeito a quem se imputa o fato é o contribuinte, como visto no art. 121 do Código Tributário Nacional. O terceiro é outrem. O que se conclui do dispositivo acima é que o fato que dá nascimento à responsabilidade, seja substituição, seja responsabilidade *stricto sensu*, não há de ser estranho ao fato jurídico tributário.

No caso da substituição, o vínculo será anterior ou, no máximo, contemporâneo ao fato jurídico tributário: no momento do surgimento da obrigação, com o fato jurídico tributário imputado ao contribuinte, já há vínculo que permite apontar quem será o substituto.

Na responsabilidade *stricto sensu*, o vínculo poderá surgir até mesmo depois de ter surgido a obrigação tributária em face de outro sujeito passivo.

---

107 STF, RE n. 562.276-PR, Tribunal Pleno, rel. Min. Ellen Gracie, j. 03.11.2010, *DJe* 10.02.2011.

Se o aspecto temporal não explica a relação com o fato jurídico tributário, resta investigar qual o vínculo exigido pelo legislador complementar para que se entenda justificada a responsabilização do terceiro.

Com efeito, quando no Capítulo VII se examinou o princípio da igualdade, enfatizou-se a necessidade de justificação para que surgisse a obrigação tributária. Buscou-se afirmar que deveria haver um critério de *discrímen*, constitucionalmente prestigiado, para que determinado sujeito fosse chamado a contribuir para os gastos estatais.

Ora, se o raciocínio é válido para que se entenda constitucionalmente sustentada a definição de uma hipótese tributária, de igual modo deve ser estendido para a sujeição passiva.

Afinal, se o contribuinte é aquele a quem é imputada a situação que deu surgimento à obrigação, é ele que deve ser o alvo da tributação. Já se viu, no Capítulo I, que não se confundem a incidência jurídica e a econômica; com muito mais acerto, deve-se dizer que o legislador, ao definir uma hipótese de incidência, tem em vista uma situação imputada a alguém. É o contribuinte aquele a quem se imputa o fato jurídico tributário. É ele, no caso dos tributos não vinculados, quem manifesta capacidade contributiva. Nos tributos vinculados, é a ele que se refere a atividade estatal. Seja uma manifestação de capacidade contributiva, seja uma atuação do Estado, tem-se, pois, sempre, uma pessoa (contribuinte) cujo patrimônio deverá ser atingido pela tributação. Se um terceiro é chamado a pagar o tributo que se espera do contribuinte, é porque o legislador acredita que o terceiro tem condições de se ver ressarcido, ao responder por débito que, afinal, não é seu. Não se justifica que terceiro seja afetado se o fato jurídico tributário é imputável ao contribuinte.

Também este raciocínio será útil para compreender a extensão da responsabilidade; se o patrimônio a ser atingido é o do contribuinte, i.e., se o tributo está justificado porque atinge o contribuinte, então o instituto da responsabilidade não pode alargar a pretensão tributária.

Assim, se o patrimônio do contribuinte é diminuto, deve o Fisco satisfazer-se com este; não pode buscar no responsável aquilo que não existe no contribuinte. A responsabilidade – insista-se – apenas facilita a arrecadação; não é o responsável aquele cuja capacidade contributiva foi manifestada no fato jurídico tributário.

A par das exigências da igualdade, não se deve deixar de lado o raciocínio baseado na distribuição de competências tributárias. Como se viu no Capítulo VI, o constituinte foi rigoroso na distribuição de tais competências, assegurando a cada pessoa jurídica de direito público a possibilidade de acessar determinada manifestação de riqueza. Ora, admitir que o patrimônio de terceiro seja atingido pelo imposto, sem que este terceiro tenha revelado a capacidade contributiva reservada ao poder tributante em questão, nem tenha a possibilidade de se ver ressarcido por quem a revelou, implica autorizar que a pessoa jurídica de direito público atinja renda ou patrimônio que não lhe foram reservados, ultrapassando, daí, sua competência.

No mesmo sentido, eis a opinião de Maria Rita Ferragut:

> *Esses limites fundamentam-se na Constituição e são aplicáveis com a finalidade de assegurar que a cobrança do tributo não seja confiscatória e atenda à capacidade contributiva, pois, se qualquer pessoa pudesse ser obrigada a pagar tributos por conta de fatos praticados por outras, com quem não detivesse qualquer espécie de vínculo (com a pessoa ou com o fato), o tributo teria grandes chances de se tornar confiscatório, já que poderia incidir sobre o patrimônio do obrigado e não sobre a manifestação de riqueza ínsita ao fato constitucionalmente revisto. Se o vínculo existir, torna-se possível a preservação do direito de propriedade e do não confisco*[108].

---

108 Cf. FERRAGUT, Maria Rita. *Responsabilidade tributária e o Código Civil de 2002*. São Paulo: Noeses, 2005, p. 37-38.

A questão já foi enfrentada pelo Supremo Tribunal Federal, em decisão plenária, com repercussão geral, em Acórdão de cuja ementa se extrai a seguinte passagem:

> *1. Na substituição tributária, sempre teremos duas normas: a) a norma tributária impositiva, que estabelece a relação contributiva entre o contribuinte e o fisco; b) a norma de substituição tributária, que estabelece a relação de colaboração entre outra pessoa e o fisco, atribuindo-lhe o dever de recolher o tributo em lugar do contribuinte.*
>
> *2. A validade do regime de substituição tributária depende da atenção a certos limites no que diz respeito a cada uma dessas relações jurídicas. Não se pode admitir que a substituição tributária resulte em transgressão às normas de competência tributária e ao princípio da capacidade contributiva, ofendendo os direitos do contribuinte, porquanto o contribuinte não é substituído no seu dever fundamental de pagar tributos. A par disso, há os limites à própria instituição do dever de colaboração que asseguram o terceiro substituto contra o arbítrio do legislador. A colaboração dele exigida deve guardar respeito aos princípios da razoabilidade e da proporcionalidade, não se lhe podendo impor deveres inviáveis, excessivamente onerosos, desnecessários ou ineficazes*[109].

É relevante a decisão principalmente por apresentar a substituição tributária como colaboração entre terceiro e o Fisco, reconhecendo, pois, limites, já que o substituto não é contribuinte. A referência à competência tributária, acima apontada, também evidencia o acerto da decisão. Mais importante, reconhece o Plenário do Supremo Tribunal Federal, nesse Acórdão, que não se podem impor "deveres inviáveis, excessivamente onerosos, desnecessários ou ineficazes", o que mais uma vez aponta que o Princípio da Razoabilidade passa a pautar o posicionamento daquela Corte.

Sujeito passivo não é, portanto, um qualquer. É alguém cujo vínculo com o fato jurídico tributário permita ser ele escolhido para a relação jurídica estabelecida. Se este vínculo não é o de contribuinte, não se justifica, insista-se, seja ele chamado a pagar o tributo. Por tal razão, impõe-se a conclusão de que o terceiro (substituto ou responsável *stricto sensu*) é pessoa que deve ter tido uma chance de legalmente se ver ressarcida do montante devido pelo contribuinte.

Ou seja: não poderia o legislador apontar um qualquer como responsável *stricto sensu* ou substituto. Fosse isso possível, essa pessoa iria, legitimamente, repudiar a exigência, sob o forte argumento de que não há fundamentação (constitucionalmente justificada) para que fosse ela, e nenhuma outra, a responsável pelo pagamento. Se o débito não é seu, não há como justificar sua responsabilidade, senão pela possibilidade de ressarcimento ou retenção do contribuinte.

6.4.2 Sobre a substituição tributária

Conhecido o instituto da substituição tributária a partir de sua diferenciação da figura do contribuinte e do responsável *stricto sensu*, deve-se examinar tal figura com mais vagar.

Primoroso e erudito o estudo de Brandão Machado sobre tal figura, que vale transcrever:

> *XIII. O conceito de substituição tributária não vem definido em nosso direito positivo. É construção teórica consolidada doutrinariamente a partir das ideias de Ernst Blumenstein, o primeiro autor, no mundo, que apreendeu e explicou o fenômeno jurídico da substituição. A primeira vez que Blumenstein versou o assunto se deu em 1918, quando comentou a legislação suíça do imposto do*

109 STF, RE n. 603.191-MT, Tribunal Pleno, rel. Min. Ellen Gracie, j. 01.08.2011, *DJe* 05.09.2011.

selo ("Kommentar zum Bundesgestz über die Stempelabgaben", Zurique, 1918). Da exposição do professor de Zurique se conclui que "substituto" é o devedor do imposto que exsurge de um fato imputável a outrem que deveria ser o contribuinte, mas que a lei não chega a incluir na relação tributária (p. 122). Entre os exemplos colhidos da lei comentada, cita-se para ilustração o caso da letra de câmbio. O imposto do selo é devido pelo emitente do título, pessoa a quem se imputa o fato gerador. Mas quando a cambial é emitida no exterior, a lei impõe a obrigação de pagar o imposto ao aceitante domiciliado no território suíço, o qual assume então o lugar de substituto (p. 152).

XIV. Blumenstein voltou a tratar do tema, agora de forma sistemática, um ano depois, quando escreveu um trabalho sobre a importância dos conceitos do direito civil para o moderno Direito Tributário ("Die Bedeutung der zivilrechtlicher Begriffe für das moderne Steuerrecht") publicado numa coletânea de estudos em homenagem a Eugen Huber. Substituto, na concepção de Blumenstein, é o devedor do imposto que assume originária e diretamente a posição de sujeito passivo, em lugar de quem causou ou provocou a ocorrência do respectivo fato gerador ("Festgabe für Eugen Huber", Zurique, 1919, p. 252). Exemplo típico de substituição, entre outros dados por Blumenstein, é o que ocorre com o titular do pátrio poder em relação ao filho menor que percebe renda tributável (p. 253). O adquirente da renda é o filho, mas a lei elege o pai como devedor do imposto.

XV. Blumenstein tratou ainda da substituição tributária por três vezes antes da década de trinta, reproduzindo sempre o mesmo conceito: em 1921, no artigo em que analisou a natureza jurídica do imposto de selo federal ("Die Rechtsnatur der eidgenössischen Stempelabgaben") publicado na revista "Zeitschrift für Schweizerisches Recht", v. 40, p. 40ª; em 1926, no seu tratado de Direito Tributário suíço ("Schweizerisches Steuerrecht", Tubinga, 1926, v. I, p. 111), e em 1929 no artigo que escreveu para a coletânea de estudos em homenagem a Georg von Schanz ("Festgabe F.G.V. Schanz", Tubinga, 1929, vol. II, p. 28). Fora da Suíça, o único tributarista que antes da década de trinta, estudou a substituição tributária foi Rudolf Schrani, então professor em Praga. A doutrina alemã nunca se interessou pelo fenômeno, nem conhece a denominação que recebeu na Suíça, embora tenha tratado com profundidade a figura do responsável tributário[110].

Como visto, a substituição vem regulada no art. 128 do Código Tributário Nacional, dentro da categoria da "responsabilidade".

Como o Código Tributário Nacional não destacou as categorias do substituto e do responsável *stricto sensu*, o art. 128 acaba por se referir a hipótese em que se mantém a responsabilidade do contribuinte. Na substituição, é bom que se diga, importa que haja dispositivo "excluindo a responsabilidade do contribuinte", já que a sujeição passiva já nasce atribuída a "terceira pessoa, vinculada ao fato gerador da respectiva obrigação".

O Código Tributário Nacional, como esclarecido, se refere a alguém *vinculado ao fato gerador*, i.e., alguém que tenha alguma relação com a situação que dará azo ao surgimento da obrigação.

Daí o substituto não ser um qualquer. Estando vinculado ao fato jurídico tributário, tem ele condições de se precaver, perante o contribuinte, para que ele não se veja afetado pela tributação. Ou seja: embora a relação jurídico-tributária se instaure perante o substituto (é ele, afinal, o sujeito passivo da obrigação), o legislador complementar pressupõe que o substituto esteja

110 Cf. MACHADO, Brandão. Adicional do Imposto de Renda dos Estados. *Repertório IOB de Jurisprudência* – n. 18, set. 1989, p. 291-296 (294).

suficientemente vinculado ao fato jurídico tributário, de modo a ressarcir-se do valor pago, ou mesmo reter o tributo.

O modelo acima descrito é o da chamada substituição tributária "para trás", que ocorre nas situações em que o substituto, sujeito passivo, responsabiliza-se pelo recolhimento do tributo devido pelo substituído, referente ao fato jurídico tributário por este praticado.

De modo geral, o substituto é um comerciante ou industrial, enquanto o substituído é um comerciante individual ou produtor de pequeno porte. Dada a maior capacidade de organização e escrituração do substituto, é dele que o Fisco vai cobrar o tributo devido pelo pequeno produtor ou comerciante[111]. Entretanto, o substituto, adquirindo produtos do substituído, tem condições de ajustar, na fixação do preço, que seja considerado o tributo que terá de suportar por substituição.

Assim, por exemplo, quando a legislação prevê que o comerciante de ferro-velho será o substituto, no ICMS, do vendedor de sucata, tem-se que o último, ao dar saída da mercadoria, é o contribuinte; o legislador, no entanto, reconhecendo a informalidade dos sucateiros, haverá por bem fiscalizar e exigir o tributo do comerciante estabelecido; esse, por outro lado, está diretamente vinculado ao fato jurídico tributário (já que é o comprador) e pode, já no momento da compra, assegurar-se de que o valor do tributo seja computado adequadamente no preço final.

Eis os exemplos encontrados por Brandão Machado:

> *XVIII. São, por outro lado, genuínos substitutos tributários, para citar alguns dos exemplos do direito suíço: o portador do pátrio poder em relação ao Imposto de Renda do filho menor; o usufrutuário, em relação ao imposto sobre o patrimônio do nu-proprietário; o possuidor em relação ao imposto sobre o patrimônio do proprietário; o aceitante de uma letra de câmbio em relação ao imposto do selo devido pelo emitente do título domiciliado no exterior (Blumenstein, "Kommentar", op. cit. p. 122; Im Hof, "Zeitschrift für Schweizerischen Statistik und Volkswirtschaft", 1927, p. 568). No direito italiano vigente sob o regime fascista, o pai substituía o filho solteiro devedor do imposto sobre o celibato (Tesoro, "Principi di Diritto Tributario", Bari, 1938, p. 102).*
>
> *XIX. No direito brasileiro, são abundantes os exemplos de substituto tributário. Na antiga legislação paulista do Imposto de vendas e consignações (Cód. de Impostos e Taxas, Decreto n. 22.022, de 31.01.1953, Livro I, art. 10), o comprador era substituto do vendedor no pagamento do imposto de vendas em algumas hipóteses; outras vezes, o vendedor, que devia ser o contribuinte, era substituído por cooperativa, por armazéns gerais e até por caixa de liquidação. A atual lei paulista sobre ICMS (Lei n. 6.374, de 1º.03.1989, art. 8º), com base no Convênio 66, de 1988, art. 25, contempla várias hipóteses de substituição tributária, algumas de configuração discutível ou artificiosa*[112].

Cumpre registrar que o primeiro exemplo retirado por Brandão Machado do direito suíço não seria, no direito brasileiro, considerado substituição, mas responsabilidade *stricto sensu*, nos termos do art. 134 do Código Tributário Nacional. Afinal, se o filho menor possui patrimônio, pode ele perfeitamente ser contribuinte e seu patrimônio – não o de seu pai – é que deverá ser atingido; se o portador do pátrio poder, na administração do patrimônio do menor, não recolhe o tributo, então poderá ele responder pelo tributo não recolhido. Contudo, não será sujeito passivo por substituição,

---

111 Nesse sentido, Ricardo Lobo Torres afirma que a substituição tributária "para trás" aproxima-se da figura do diferimento, ou seja, do adiamento do recolhimento do tributo. Cf. TORRES, Ricardo Lobo. *Curso de Direito Financeiro e Tributário*. 14. ed. Rio de Janeiro: Renovar, 2007, p. 264.

112 Cf. MACHADO, Brandão. Op. cit. (nota 110), p. 293.

já que inicialmente a obrigação tributária surgiu em face do menor. Será, sim, responsável, surgindo sua obrigação não pelo fato jurídico tributário, mas por sua omissão, nos termos do referido art. 134.

6.4.2.1 A substituição "para frente"

Diversa da figura acima é a substituição "para frente", hoje constitucionalmente prevista no art. 150, § 7º, da Constituição Federal.

Com efeito, no modelo clássico de substituição, encontrou-se um substituto definido a partir de uma situação já concretizada (o fato jurídico tributário). O tributo já é devido, bastando apenas sua liquidação. Na substituição tributária "para frente", o substituto recolhe o tributo referente a fato jurídico tributário a ser realizado, no futuro, pelo substituído[113]. Geralmente, ocorre em situações em que o industrial se responsabiliza pelo pagamento do tributo devido pelo comerciante que revenderá o seu produto, a exemplo do que ocorre na indústria do cigarro.

Eis o que dispõe a Constituição Federal:

> § 7º A lei poderá atribuir a sujeito passivo de obrigação tributária a condição de responsável pelo pagamento de imposto ou contribuição, cujo fato gerador deva ocorrer posteriormente, assegurada a imediata e preferencial restituição da quantia paga, caso não se realize o fato gerador presumido.

Decorre de imediato do dispositivo acima transcrito que já não se está diante de uma substituição, nos moldes explicados acima. Na chamada "substituição para frente", espera-se que o "substituto" recolha o tributo antes mesmo de se ter imputado ao contribuinte um fato jurídico tributário. Se na substituição "para trás", a sujeição passiva tributária surgia com o próprio fato jurídico tributário, agora se tem algo diverso: a situação que dará azo à sujeição passiva é diversa (e até mesmo anterior) ao fato jurídico tributário.

Desse modo, assim como na responsabilidade *stricto sensu* se apontava a peculiaridade de que a sujeição passiva tributária surgiria em virtude da concretização de uma hipótese que não se confundia com a hipótese tributária, também na substituição "para frente" tem-se a necessidade de o legislador descrever hipótese para seu surgimento. Cabe alertar que esta hipótese não se confunde com a hipótese tributária. Esse ponto é relevante, já que enquanto a hipótese tributária necessariamente deve circunscrever-se ao campo de competência constitucionalmente definido, por se tratar de incidência tributária, a hipótese do surgimento da sujeição passiva por substituição não guarda compromisso com aquele campo de competência. Tampouco se trata de fixação do critério temporal da hipótese tributária, já que aquele se dará em momento posterior, segundo a lei então vigente.

Não significa esta afirmação, entretanto, que qualquer circunstância será constitucionalmente aceitável para a substituição "para frente". Afinal, o dispositivo constitucional cogita um fato que *deva* ocorrer posteriormente, o que indica que a hipótese para a substituição exige que se tenha uma *alta probabilidade* e que posteriormente se concretize uma situação, esta sim compreendida

113 Diferentemente da substituição "para trás", portanto, a substituição "para frente" se assemelha a uma antecipação do tributo devido. Cf. TORRES, Ricardo Lobo. Op. cit.(nota 111), p. 264.

dentro do campo de competência tributária. Ou seja: a hipótese de substituição será uma situação, hipoteticamente descrita pelo legislador, que deve ser anterior ao fato jurídico tributário e cuja ocorrência indique, com alto grau de probabilidade, a iminência daquele fato.

Se com relação à materialidade da hipótese de antecipação se tem, pelo texto constitucional, uma indicação mínima, i.e., de que ela deve guardar uma correlação com a própria hipótese tributária, de modo que aquela seja uma indicação de que a última provavelmente ocorrerá, nada mais disse o constituinte quanto à observância das demais disposições tributárias.

Contudo, ao referir-se o constituinte, na disciplina da substituição "para frente", à condição do substituto como um "sujeito passivo de obrigação tributária", o texto constitucional acaba por inserir o regime de substituição nos moldes daquela. Assim, se a obrigação tributária se rege pela legalidade, não há como ter dúvida de que também a hipótese de substituição deverá ser definida pela lei. Se a obrigação tributária se dobra à irretroatividade e à anterioridade, tampouco se admitirá que o legislador, ao instituir uma substituição "para frente", fuja daqueles parâmetros.

Ainda, o constituinte silencia sobre quem seria um possível substituto. Aplica-se aqui o art. 128 do Código Tributário Nacional? A resposta exige cautela. Se o fato jurídico tributário, posto que provável, ainda não ocorreu, não há como determinar quem seja a ele vinculado. Por outro lado, tampouco se admitiria que o substituto fosse completamente estranho à situação que constituirá, no futuro, o fato jurídico tributário. Afinal, deve-se ter em mente que é do contribuinte que se espera venham os recursos para o pagamento do tributo. O fato de o legislador definir terceiro como sujeito passivo não afasta a circunstância de que o fato jurídico tributário – fundamento imediato da tributação – é imputável ao contribuinte, não ao terceiro. Este deve ter condições de se ver ressarcido por aquele, já que antecipou recurso cuja dívida ("Schuld") não gerou. Daí a ideia de o substituto antecipar o contribuinte na cadeia de consumo, ressarcindo-se, por meio do preço, do tributo antecipado.

Nota-se, então, que a substituição "para frente" se adapta aos tributos plurifásicos sobre o consumo, quando um agente econômico recolhe, ao lado do tributo devido em nome próprio (i.e., em virtude da situação imputável ao próprio agente), outro montante, a título de antecipação daquele tributo que poderá vir a ser devido quando o produto passar pelas etapas seguintes de produção e comercialização. O referido agente econômico será, portanto, sujeito passivo na qualidade de contribuinte, no que se refere ao primeiro montante e na qualidade de substituto, no montante concernente ao fato presumido.

Não obstante tenha embasamento constitucional, são diversas as críticas tecidas à substituição tributária "para frente". Diz, entre outras coisas, que tal figura importaria a constituição de uma obrigação tributária sem a ocorrência do fato jurídico tributário desrespeitando o art. 128 do Código Tributário Nacional, já que não haveria vínculo econômico entre substituto e substituído, além de contrariar o princípio da não cumulatividade, na medida em que não se conheceria o exato valor da venda ao consumidor final no momento em que a mercadoria sai do estabelecimento industrial[114].

Tradicionalmente, tais argumentos não vinham sendo acolhidos pelo Supremo Tribunal Federal. Entendeu-se, ao contrário, não haver qualquer óbice à substituição, desde que,

114 Cf. TORRES, Ricardo Lobo. Op. cit. (nota 111), p. 264.

não ocorrendo o fato jurídico tributário, fosse assegurada a imediata e preferencial restituição do tributo devido. Ao argumento de que não se conheceria o exato valor da venda final, contrapôs-se a assertiva de que tal valor não precisa ser conhecido, já que nada impediria que a base do imposto fosse um montante diverso do valor efetivo da operação. Ou seja: nos casos de substituição, o tributo não incidiria sobre o valor efetivo da venda a determinado consumidor final, mas sobre um valor médio de vendas do produto; como tal valor independe do valor efetivo, nada obstaria fosse ele recolhido antes mesmo de conhecido o valor efetivo da venda[115]. Posteriormente, ao examinar a possibilidade de o contribuinte pleitear a restituição do tributo antecipado, sob o argumento de que este teria sido maior que o que incidiria sobre a operação efetiva, o Plenário do Supremo Tribunal Federal acabou por dar ganho de causa ao contribuinte[116]. Ou seja: por essa modificação jurisprudencial, já não mais se tem por definitivo o valor presumido; passa a ser mera antecipação de um valor que, afinal, haverá de ser apurado em cada operação.

Importa ver que, por conta da mudança jurisprudencial, fica difícil justificar-se até mesmo o regime de substituição tributária. Afinal, se a praticabilidade surge como justificativa para que se imponha a antecipação do tributo[117], torna-se evidente que o controle posterior do valor de cada operação retira toda vantagem que se tinha no regime. Noutras palavras, a substituição tributária, à luz do novo posicionamento jurisprudencial, passa a ser mero regime de antecipação do tributo devido. Já não há mais comodidade para a Administração ou para o contribuinte. Há, sim, uma antecipação da arrecadação.

Não significa essa conclusão tornar-se inviável a substituição tributária "para frente". Entretanto, sob a nova feição, exigirá ela justificativa adequada. Se, de um lado, se poderia cogitar como justificativa o interesse financeiro do Estado – o que parece de todo questionável – muito mais razoável retomar a justificação inicial que motivou o regime: a proteção à livre concorrência.

Embora a substituição tributária "para frente" tenha, em sua feição inicial, implicado inegável facilitação para a administração tributária, contribuindo para sua eficiência, sua adoção desmedida acabou por contrariar o Princípio da Capacidade Contributiva e mesmo a Livre Concorrência. Esta última, paradoxalmente, fora, ela mesma, uma

115 O entendimento do STF pode ser conferido no julgamento do RE n. 213.396-SP (1ª Turma, rel. Min. Ilmar Galvão, j. 02.08.1999, D.J.U. 01.12.2000), no qual foram afastadas todas as objeções comumente atribuídas ao regime de substituição tributária. Já Humberto Ávila, analisando o instituto, entende que este é inconstitucional quando a diferença entre o preço efetivo de mercado e o valor da pauta utilizado como base de cálculo for considerável, regular e atingir um número muito grande de casos. Cf. ÁVILA, Humberto. Imposto sobre a Circulação de Mercadorias – ICMS. Substituição tributária. Base de cálculo. Pauta fiscal. Preço máximo ao consumidor. Diferença constante entre o preço usualmente praticado e o preço constante da pauta ou o preço máximo ao consumidor sugerido pelo fabricante. Exame de constitucionalidade. *Revista Dialética de Direito Tributário*. vol. 123. São Paulo: IBDT, Dialética, 2005, p. 122-134.

116 STF, RE n. 593.849-MG, Tribunal Pleno, rel. Min. Edson Fachin, j. 19.10.2016. Cf. STF, Informativo 843, 24.10.2016.

117 Cf. VIEIRA DA ROCHA, Paulo Victor. *Substituição tributária e proporcionalidade: entre capacidade contributiva e praticabilidade*. São Paulo: Quartier Latin, 2012.

justificação para o regime de substituição tributária, já que o combate à sonegação fiscal contribui para a concorrência.

Não são incomuns os casos em que a evasão fiscal leva a distorções concorrenciais. Contribuintes, fiando-se na precariedade da fiscalização, ou mesmo em medidas judiciais liminares, obtêm vantagem competitiva sobre outros concorrentes que não terão como suportar diferenças de preços, retirando-se do mercado[118].

Nesse sentido, pode-se afirmar que a substituição tributária, enquanto técnica que visa facilitar a arrecadação, fiscalização e a coibir a evasão[119], surgiu também com o intuito de assegurar a concorrência, na medida em que busca anular as vantagens concorrenciais desfrutadas por aqueles que se furtam ao pagamento de tributos. Dessa forma, em princípio, a substituição tributária poderia ser encarada como um instrumento tributário que realiza a concorrência, ao evitar que a evasão fiscal conduza a distorções, prejudicando concorrentes no mercado. Mesmo que, com o atual posicionamento jurisprudencial, tenha desaparecido a fundamentação baseada na necessidade de assegurar eficiência à Administração Tributária (já que não cabe falar em eficiência se as operações individuais estão sujeitas a fiscalização e controle), permanece a justificativa baseada no Princípio da Livre Concorrência.

No entanto, analisando-se os mecanismos da substituição tributária "para frente", fica claro que esta, embora, em um primeiro momento, tivesse a função de proteger a concorrência, acabou por trazer novas distorções. Não é outra a opinião de Misabel Derzi, para quem, nessa espécie de substituição tributária, "(...) não raramente, criam-se preços arbitrários ou fictícios (pautas), interfere-se na formação dos valores de mercado, distorce-se a concorrência, ofende-se a capacidade contributiva do contribuinte e desnatura-se profundamente o perfil constitucional do tributo"[120].

Na substituição tributária "para frente", o tributo é calculado sobre uma base presumida, que dificilmente corresponderia ao valor efetivo da futura operação. Por ser uma média é de esperar que em alguns casos, o preço efetivo seja inferior e noutros, superior.

Em uma situação como essa, o comerciante eficiente, que conseguisse revender seu produto aos consumidores a preços baixos, acabaria repassando em suas mercadorias o mesmo montante a título de tributo que outros comerciantes, que não fossem tão eficientes e praticassem preços superiores.

Em outros termos, como o tributo não seria calculado em função do preço efetivo da operação, a eficiência de determinado comerciante não representaria uma redução da carga tributária, não havendo benefícios para o consumidor final. Ao contrário: fosse o tributo recolhido sobre a base *à forfait*, representaria ele um encargo fixo. Ora, este seria, em termos proporcionais, tanto mais representativo quanto menor for o preço final. Por exemplo, se um tributo fosse recolhido, a título de substituição, no valor de R$ 50,00 e o produto fosse oferecido ao consumidor final por R$ 500,00, então o tributo representaria 10% do valor do preço pago pelo consumidor. O mesmo tributo de R$

118 Cf. FERRAZ JÚNIOR, Tercio Sampaio. Obrigação tributária acessória e limites de imposição: razoabilidade e neutralidade concorrencial do Estado. In: FERRAZ, Roberto (coord.). *Princípios e limites da tributação.* São Paulo: Quartier Latin, 2005, p. 717-735 (731).

119 Cf. DERZI, Misabel Abreu Machado. Aspectos essenciais do ICMS, como Imposto de Mercado. In: SCHOUERI, Luís Eduardo; ZILVETI, Fernando Aurélio (coords.). *Direito Tributário:* Estudos em homenagem a Brandão Machado. São Paulo: Dialética, 1998, p. 116-142 (139).

120 Cf. DERZI, Misabel Abreu Machado. Op. cit. (nota 119), p. 139.

50,00, incidente sobre o mesmo produto, representaria, entretanto, 20% do preço final se aquele produto fosse oferecido ao consumidor final por R$ 250,00.

Ou seja: quanto mais eficiente o empresário na redução de seus custos, tanto maior seria, percentualmente, o peso do tributo. Além da óbvia ofensa à capacidade contributiva do consumidor (o consumidor que manifestasse menor capacidade contributiva no ato de consumo pagaria maior tributo), ter-se-ia punição ao empresário mais eficiente. O regime de tributação implicaria obstáculo à Livre Concorrência.

Essa redução da vantagem concorrencial obtida pelo comerciante eficiente representaria uma séria distorção do regime da substituição tributária "para frente".

Outra questão que acabava por distorcer a concorrência ocorria na aquisição de produtos de um fornecedor de outro Estado, que não tivesse instituído o regime de substituição tributária. Assim, suponha-se que no Estado A, o cigarro estivesse sujeito à substituição tributária, mas isso não ocorresse no Estado B.

Na hipótese em que um comerciante, no Estado A, comprasse cigarros de um fornecedor na mesma localidade, tal produto teria sido tributado sob a sistemática da substituição tributária, com a utilização das bases de cálculo presumidas, que poderiam ser superiores ao preço de venda efetivo do produto.

Já no caso de um comerciante sediado no Estado A que comprasse cigarros de um fornecedor no Estado B, não haveria recolhimento antecipado no regime de substituição, e a base de cálculo do tributo, quando da venda do produto ao consumidor final, corresponderia exatamente ao preço da operação.

Na situação em tela, o comerciante que comprasse seus produtos de um industrial que estivesse localizado em um Estado em que não houvesse substituição tributária seria beneficiado, uma vez que a carga tributária incidente na saída de tal produto não estaria distorcida pelas bases presumidas impostas por este regime.

A situação ficaria ainda mais agravada, quando se tivesse em conta que, ademais, o mesmo fabricante do Estado A não teria como oferecer seus produtos ao Estado B. Afinal, seus produtos teriam sofrido todo o encargo da substituição tributária e, portanto, seriam oferecidos a preços mais elevados que aqueles oferecidos por fabricantes do próprio Estado B.

Assim, no caso da substituição tributária praticada, com suas bases presumidas, o aumento na arrecadação ocorria muitas vezes à custa da própria Capacidade Contributiva, princípio constitucional basilar relativo aos impostos, uma vez que o tributo seria pago sobre um valor que não corresponderia, necessariamente, ao valor real da operação.

Em outras palavras, a arrecadação garantida ao Fisco mediante o uso da substituição tributária desmedida não apenas feriria a Livre Concorrência, princípio da Ordem Econômica, como também a Capacidade Contributiva, princípio constitucional tributário que rege a cobrança de impostos.

Como dito no Capítulo VII, nenhum princípio é mais "forte" que o outro abstratamente, sendo que somente diante de um caso concreto é possível sopesá-los para determinar em que medida um ou outro prevalecerá, ou de que forma ambos poderão ser compatibilizados.

Analisando-se a substituição tributária nos moldes da base presumida, parece claro que o objetivo do Estado de garantir o ingresso de receitas para seu caixa não seria suficientemente forte para se sobrepor aos princípios constitucionais da Capacidade Contributiva e da Livre Concorrência, não devendo prevalecer sobre estes.

Não se poderia dizer, de toda forma, que sempre a substituição tributária "para frente" teria efeitos indesejáveis sobre a concorrência, já que, consoante se apontou, a princípio a substituição tributária atuaria em prol desta. Além disso, dentro de certos limites, a substituição tributária também atenderia aos ditames do Princípio da Capacidade Contributiva.

A substituição tributária "para frente", com suas bases presumidas, muitas vezes acabaria por distorcer a concorrência, pelas razões que se apontaram. No entanto, se tal instituto atuasse dentro de certos limites, restaria completamente compatível com a Livre Concorrência, fomentando-a e evitando incongruências.

Um dos limites para que a substituição tributária se compatibilizasse com a Livre Concorrência é que a sua aplicação se restringisse a produtos homogêneos, ou seja, produtos para os quais não houvesse significativa diferença de preços na venda ao consumidor final.

Assim, o cálculo do tributo a ser antecipado pelo substituto corresponderia ao preço efetivo da operação, e a carga tributária seria a mesma para empresários diferentes, não havendo distorções que prejudicassem aqueles mais eficientes já que, em todo caso, os produtos seriam vendidos com preços tabelados. Como o imposto pago antecipadamente corresponderia ao que fosse devido em operação subsequente, a substituição tributária aqui também respeitaria a Capacidade Contributiva.

Ademais, não sendo a substituição tributária "para frente" de aplicação nacional, invariavelmente ocorreriam situações nas quais concorrentes, dividindo um mesmo mercado consumidor, seriam mais ou menos beneficiados sob o aspecto concorrencial, já que um deles poderia comprar mercadorias de um fornecedor situado em um Estado que não previsse o regime para aquele determinado produto, enquanto o outro poderia adquirir produto sujeito à sistemática. Dessa forma, seria necessário que a substituição fosse aplicada uniformemente em todo o território nacional, o que evitaria a ocorrência da situação acima descrita.

Fica claro, assim, que a substituição tributária "para frente" não seria, *per se*, contrária aos ditames da Livre Concorrência, mas algumas de suas características específicas acabariam por contrariar este princípio. Sendo observados determinados limites, a substituição tributária poderia cumprir adequadamente um de seus principais objetivos, que é a proteção da Livre Concorrência.

Tais problemas, entretanto, parecem estar com os dias contados, já que, como mencionado, o Supremo Tribunal Federal no Recurso Extraordinário 593.849-MG em sede de repercussão geral, decidiu que *é devida a restituição da diferença do ICMS pago a mais no regime de substituição tributária para a frente se a base de cálculo efetiva da operação for inferior à presumida*[121]. Não perde a substituição tributária de todo o seu papel. Afinal, como visto, iniciou-se o regime como forma de proteger a concorrência em face de sonegação contumaz. Nesse sentido, em casos onde a fiscalização seja muito precária, parece justificar-se o regime. A extensão do regime para a generalidade do comércio, entretanto, não parece mais justificar-se sob qualquer ângulo.

6.4.2.2 Retenção na fonte e substituição

Muita dúvida pode gerar o caso da chamada "retenção na fonte": seria este mais um caso de substituição?

O regime de "retenção na fonte" é usual no Imposto de Renda: espera-se que a própria fonte pagadora do rendimento desconte do contribuinte o montante do imposto devido e o recolha aos cofres estatais. Como o Estado pode exigir da fonte pagadora tal

---

121 STF, RE n. 593.849-MG, Tribunal Pleno, rel. Min. Edson Fachin, j. 19.10.2016. Cf. STF, *Informativo* 843, 24.10.2016.

recolhimento, parece que se está diante de mais um caso de responsabilidade *lato sensu*; mais ainda, como é da fonte que se exige o recolhimento, seria um caso de substituição. Entretanto, uma análise mais acurada poderá revelar que não é este o caso.

Num primeiro raciocínio, poder-se-ia acreditar que quando a fonte pagadora de um rendimento efetua retenção de uma parte e a repassa ao Fisco, haveria uma relação obrigacional tributária entre a fonte e o Fisco, de modo que a fonte seria a responsável, por substituição, pelo recolhimento do tributo. Assim, o sujeito passivo seria a fonte pagadora, não o contribuinte.

O estudo arguto de Brandão Machado foi suficiente para descobrir em que momento se passou a acreditar que a fonte pagadora seria o substituto do contribuinte. Depois de anotar que Blumenstein havia desenvolvido, na Suíça, o instituto da substituição tributária, Brandão Machado identificou na obra de Achille Donato Giannini, intitulada *Il rapporto giuridico d'imposta*, Milão, 1937, p. 140, a introdução do instituto na Itália, quando Giannini teria invocado a lição de Blumenstein. Contudo, quando Giannini apresentou exemplos de substituição, não se limitou a reproduzir os casos citados por Blumenstein, preferindo identificar, como casos de substituição algumas hipóteses em que a legislação previa a tributação da renda na fonte pagadora. Por influência de Giannini, Brandão Machado anota que as legislações italiana e espanhola acabaram introduzindo a figura do substituto como fonte pagadora da renda[122].

Essa ideia também parece ter influenciado o direito positivo brasileiro. Afinal, veja-se o que se encontra a esse respeito no Código Tributário Nacional, em seu parágrafo único do art. 45:

> *Art. 45. Contribuinte do imposto é o titular da disponibilidade a que se refere o art. 43, sem prejuízo de atribuir a lei essa condição ao possuidor, a qualquer título, dos bens produtores de renda ou dos proventos tributáveis.*
>
> *Parágrafo único. A lei pode atribuir à fonte pagadora da renda ou dos proventos tributáveis a condição de responsável pelo imposto cuja retenção e recolhimento lhe caibam.*

Uma análise mais detalhada, entretanto, mostra que o papel da fonte não é o de um sujeito passivo, mas de mero agente arrecadador. Eis a explicação de Brandão Machado:

> *XXII. Mas a fonte, na verdade, não exerce senão uma função auxiliar da administração fazendária, incumbindo-se de coletar tributos que incidem sobre rendimentos que ela paga a terceiros. Não é um órgão da administração pública, como cria Myrbach Rheinfeld* (Grundriss des Finanzrechts, *Lípsia, 1906, p. 75*), *mas apenas uma pessoa de direito privado que executa uma tarefa administrativa. Esse fenômeno, de há muito investigado pelos administrativistas (Zanobini,* L'esercizio privato delle funzioni e dei servizi pubblici, *Milão, 1920), voltou a ser objeto de estudo da mais recente ciência do direito administrativo, que vê na fonte, que retém tributo devido por terceiro, não um substituto de sujeito passivo com obrigação própria, mas o executor de uma tarefa, de uma obrigação legal de fazer, da mesma natureza de tantas outras tarefas administrativas que o Estado impõe aos particulares, ou que estes assumem com ordem dele, como é o caso dos tabeliães, dos concessionários de serviço público.*
>
> *XXIII. A partir do trabalho de Hans Peter Ipsen (*Festgabe für Erich Kaufmann, *Estugarda, 1950, p. 141), firmou-se o entendimento de que descontar e recolher tributo, como fonte pagadora de rendimentos, constitui tarefa administrativa. É a conclusão a que chegou o congresso anual da*

122 Cf. MACHADO, Brandão. Op. cit. (nota 110), p. 293.

Associação dos Professores Alemães de Direito Público, realizado em outubro de 1970, sendo relator Fritz Ossenbühl (VVDStRL, Die Erfüllung Von Verwaltungsaufgaben durch Privaten, Berlim, 1971, p. 138). Esta conceituação da fonte, não mais como substituto, impõe uma revisão na teoria da substituição tributária, para pô-la em harmonia com os demais institutos do sistema jurídico dos tributos[123].

Nesse sentido, quando a fonte retém o valor do tributo, ela o faz por força de uma lei que a autoriza a tanto. Noutras palavras: o contribuinte é também sujeito passivo. Este, porém, no lugar de recolher seu tributo no banco, sofre uma retenção já no momento do recebimento. Se a fonte fosse o sujeito passivo da relação tributária, então a retenção efetuada pela fonte, no momento do pagamento (i.e.: a relação entre a fonte e o contribuinte) seria de natureza privada. Como explicar, então, que a fonte, numa relação privada, tenha o poder de reter um valor devido ao contribuinte? Mais ainda: se a fonte efetua uma retenção de tributo e não o repassa ao Fisco, comete ela um crime, tipificado no inciso II do art. 2º da Lei n. 8.137, de 27 de dezembro de 1990: "deixar de recolher, no prazo legal, valor de tributo ou de contribuição, descontado ou cobrado, na qualidade de sujeito passivo de obrigação e que deveria recolher aos cofres públicos". O crime está em recolher e não repassar. É algo equivalente a um ir a um banco, recolher um tributo e posteriormente o banco não repassar a quantia ao Fisco. É uma figura penal conhecida como apropriação indébita. Ainda mais: se a fonte fosse sujeito passivo, como explicar a retenção nos casos em que o próprio Estado é a fonte pagadora dos rendimentos (retenção direta)?

A tal argumento, poder-se-ia opor o raciocínio de que a legislação exige o imposto da fonte mesmo quando esta deixa de reter o imposto.

Efetivamente, se a fonte não efetua a retenção, ainda assim ela está sujeita a recolher o montante aos cofres públicos. Nesse caso, o valor efetivamente pago ao beneficiário do rendimento é considerado montante líquido, de modo que sobre ele é calculado o imposto. Por exemplo: se a fonte devia o valor de 100, com uma retenção de 25%, deveria ter entregue ao beneficiário 75; se, por engano, são entregues os 100 ao beneficiário, então esse montante é considerado o valor líquido do imposto. Isso significa que a fonte deverá considerar que os 100 seriam 75% de um montante bruto. Por conta matemática, chega-se a 133 como base bruta, implicando o imposto de 25% dos 133, resultando o montante líquido de 100. Ou seja: o Fisco exigirá da fonte o recolhimento de 33 a título de imposto, mesmo que nenhum centavo tenha sido retido. Não seria essa a evidência de que a fonte não seria o efetivo sujeito passivo?

Na verdade, no primeiro momento, o sujeito passivo era o contribuinte e a fonte era mero agente retentor. Todavia, quando não efetua a retenção, a fonte assume, sim, o papel de sujeito passivo. Vale notar, entretanto, que a responsabilidade da fonte não surgiu em virtude do fato jurídico tributário, mas sim do fato de ela não ter efetuado a retenção. Tivesse ela feito a retenção, então o patrimônio atingido teria sido o do contribuinte. Houve, portanto, um segundo fato (a saber: a não retenção), que deslocou a sujeição passiva para a fonte. Nesse caso, a fonte passa, sim, a ser responsável, mas não substituta. Ela é vera responsável *stricto sensu*, nos mesmos moldes como será visto abaixo.

123 Cf. MACHADO, Brandão. Op. cit. (nota 110), p. 293.

6.5 Sobre a responsabilidade *stricto sensu* (por transferência)

Ao lado do caso de substituição, o Código Tributário Nacional contempla outras hipóteses em que terceiros se revestem da condição de sujeito passivo, sem serem os contribuintes. Tem-se a responsabilidade *stricto sensu* (por transferência).

A sistematização do Código Tributário Nacional, ao tratar da responsabilidade por transferência, não foi feliz. Ele versa sobre três casos: (i) responsabilidade dos sucessores (seção II, arts. 129 a 133); (ii) responsabilidade de terceiros (seção III, arts. 134 e 135); e (iii) responsabilidade por infrações (seção IV, arts. 136 a 138). No entanto, logo se verá que a classificação não é exata, já que também os sucessores são "terceiros" em relação ao fato jurídico tributário e muitas vezes haverá terceiros que responderão pelo "crédito tributário", ali incluindo as penalidades por infrações. Não obstante, vale transcrever a tentativa de sistematização efetuada por Daniel Monteiro Peixoto, útil para a compreensão da matéria:

- dentro de "responsabilidade dos sucessores" estão os preceitos que estabelecem o dever de responder pelo crédito por parte daqueles que assumiram a posição de titulares de riqueza que, sob a titularidade do sucedido, deu origem a determinado fato gerador (o sucessor é um terceiro, chamado à responsabilização em razão de um dos fatores que fizeram nascer o seu dever, como o recebimento de herança, a compra de uma empresa etc.);
- sob o rótulo "responsabilidade de terceiros" estão agregadas várias hipóteses de responsabilização, como a do inventariante pelos tributos devidos pelo espólio; do síndico pelos tributos devidos pela massa falida, dos diretores pelos tributos devidos pela pessoa jurídica, dentre outras, em que a imputação do dever ao terceiro decorre de ter praticado fato ilícito, sempre. Todavia, a preocupação do CTN, neste ponto, não foi ressaltar a ilicitude (apesar de pressuposta), mas o fato de que certas pessoas poderão ser responsabilizadas a despeito da sua exterioridade em relação a situação que constitui o fato gerador da obrigação tributária.
- por fim, em "responsabilidade por infrações" se encontram situações que, assim, como na seção anterior, a responsabilidade decorre de fato ilícito. Mas aqui, o diferencial está no tipo de consequência jurídica do ilícito: não mais se trata de ressarcir a Fazenda Pública pelo crédito tributário não recolhido por outrem, mas de se submeter a determinada sanção administrativa ou penal em decorrência de um fato próprio. Trata-se de uma responsabilidade com caráter de punição, diferentemente da prevista acima, que tem caráter de ressarcimento[124].

Cabe alertar que o trecho acima, posto que interessante pela tentativa de sistematização, adota a visão de que a "responsabilidade de terceiros" implicaria "sempre" um ilícito. Entretanto, o mesmo autor esclarece que seu conceito de "ilícito" não implica punição, mas mero ressarcimento. Assim, o "ilícito" praticado pelo responsável seria a impossibilidade de cobrança em face do devedor originário. Se, por exemplo, os pais, atuando irresponsavelmente em nome de seus filhos menores,

124 Cf. PEIXOTO, Daniel Monteiro. Responsabilidade dos sócios e administradores em matéria tributária. In: BARRETO, Aires Fernandino e outros. *Congresso do IBET, III.* Interpretação e Estado de Direito. São Paulo: Noeses, 2006, p. 89-128 (102-103).

comprometem o patrimônio dos últimos em transação imobiliária, dando surgimento à obrigação de recolher o ITBI, em montante que o patrimônio em questão não é capaz de arcar, então os pais respondem pelo tributo. Haverá, por certo, ato dos pais que os torna responsáveis; de punição, não há que cogitar. Do mesmo modo, se um administrador, no curso normal de suas atividades, acaba por comprometer a empresa para além de sua capacidade financeira responderá por tal situação. Deve-se, porém, desse plano afastar a ideia de que seja ilícito incorrer em fato jurídico tributário, mesmo que não se tenham recursos para satisfazer o tributo.

A mesma ideia de ilícito na responsabilidade surge na obra de Paulo de Barros Carvalho. Este autor vai adiante, afirmando que sequer de obrigação tributária se há de falar em relação a tais terceiros; ao contrário, citando a expressão do art. 134 do Código Tributário Nacional, que fala em "atos em que intervierem ou pelas omissões de que forem responsáveis", enxerga ali a existência de ilícito, a provocar o "animus puniendi" estatal[125].

Tal ideia sofre, contudo, questionamentos de duas ordens. De um lado, parece difícil entender existir novo vínculo, que não o obrigacional, que ligaria o responsável ao Estado se quando aquele paga a este, simultaneamente desaparece o vínculo original. Este argumento é rebatido por Carvalho, para quem embora o Fisco se dê por satisfeito, o responsável ainda poderá procurar ressarcir-se perante o sujeito passivo original, o que evidenciaria não ter o primeiro vínculo desaparecido. Deve-se, todavia, apontar, a título de contra-argumento, que a natureza *solidária* da sujeição passiva é suficiente para explicar o fato de que quando um sujeito passivo (o responsável) liquida o montante integral do débito, desaparece a pretensão do credor originário, sem prejuízo de aquele que o liquidou ter um direito de regresso perante os codevedores. Aliás, é exatamente essa natureza solidária do débito que serve de outro elemento a contestar a tese da natureza sancionatória do vínculo estabelecido por força do art. 134 do Código Tributário Nacional. Afinal, se houvesse um novo vínculo estabelecido entre o Fisco e o responsável, então como explicar que o mero pagamento pelo sujeito passivo original faz desaparecer a pretensão contra o responsável, da mesma forma como o mero pagamento pelo responsável elide a possibilidade de sua exigência perante o primeiro? Acaso se poderia conceber pudesse o Estado exigir o crédito de um e de outro, cumulativamente, sem que se desse excesso de exação? Surgida a responsabilidade, aparecerão nas contas públicas dois créditos, um contra o sujeito passivo originário e outro contra o responsável? A negativa a tal questão impõe que se reconheça que, em verdade, apenas um vínculo surgiu: a obrigação tributária a qual, entretanto, nas hipóteses arroladas pelo Código Tributário Nacional, passa a ser *também* exigível do responsável.

Como o Código Tributário Nacional não distingue as duas formas de responsabilidade, não é demais alertar que o art. 128 também se aplica a essa forma de sujeição passiva.

Com isso, vê-se que tampouco o responsável é alguém estranho ao o fato jurídico tributário. Veja-se, mais uma vez, aquele dispositivo:

> *Art. 128. Sem prejuízo do disposto neste capítulo, a lei pode atribuir de modo expresso a responsabilidade pelo crédito tributário a terceira pessoa, vinculada ao fato gerador da respectiva obrigação, excluindo a responsabilidade do contribuinte ou atribuindo-a a este em caráter supletivo do cumprimento total ou parcial da referida obrigação.*

125 Cf. CARVALHO, Paulo de Barros. *Direito Tributário, linguagem e método*. São Paulo: Noeses, 2008, p. 574.

Como visto acima, o responsável *stricto sensu* deve ter vínculo suficiente com o fato jurídico tributário, para que tenha condições de se ver ressarcido do tributo devido.

A responsabilidade ocorre, via de regra, por sucessão ou por outro ato ou omissão do responsável.

No caso de sucessão, o responsável não participa do próprio fato jurídico tributário. Nisso, fica evidente ser figura diversa da substituição: é possível que quando da ocorrência do fato jurídico tributário, o responsável sequer exista. Basta imaginar o caso de um estabelecimento comercial, adquirido por pessoa jurídica constituída após os fatos jurídicos tributários imputados ao estabelecimento adquirido. O exemplo evidencia que o vínculo com o fato jurídico tributário não precisa se dar com o próprio núcleo da hipótese tributária, bastando que haja ligação com quem nela incorreu (o contribuinte)[126].

Nos casos de ato ou omissão do responsável, importará verificar que por conta de tal ato ou omissão, surgiu o vínculo com o fato jurídico tributário ou com quem o praticou.

6.5.1 Extensão da responsabilidade *stricto sensu*: tributos e multas

Ao tratar das hipóteses de responsabilidade (*stricto sensu*), o Código Tributário Nacional acaba por tratar de sua extensão de diferentes modos:

- *Crédito tributário*, nos arts. 128, 129, 130 e 135;
- *Tributo*, nos arts. 131, 132, 133 e, em parte, 134; e
- *Penalidades de caráter moratório*, no art. 134.

Evidencia-se, daí, que nem sempre a responsabilidade terá idêntica extensão, já que *tributo* é expressão definida no art. 3º do Código Tributário Nacional que exclui, expressamente, as sanções por ato ilícito, enquanto o *crédito tributário* tem a mesma natureza da obrigação principal (art. 139 do Código Tributário Nacional) e esta, por sua vez, tem por objeto o pagamento de tributo ou penalidade pecuniária (art. 113, § 1º do Código Tributário Nacional). Como a responsabilidade é matéria que necessariamente decorre expressamente da lei (art. 121, parágrafo único, I, do Código Tributário Nacional), parece acertado o raciocínio de que se o legislador complementar se refere a responsabilidade por *tributo*, não se pode ali entender compreendido o *crédito tributário*, já que, afinal, por diversas vezes o legislador complementar utilizou a última expressão.

Diante de tais argumentos, não oferece maior dificuldade a afirmação de que nos casos dos arts. 131, 132 e 133, que versam sobre sucessão, não haveria falar em responsabilidade pelas penalidades, mas apenas pelos tributos.

Outro, entretanto, pode ser o entendimento se for tomado o disposto no art. 129. Afinal, o referido artigo encabeça a Seção intitulada "responsabilidade dos sucessores" e dispõe:

---

126 Cf. FERRAGUT, Maria Rita. Responsabilidade tributária: conceitos fundamentais. In: NEDER, Marcos Vinicius. *Responsabilidade tributária*. São Paulo: Dialética, 2007, p. 9-26 (14).

Art. 129. O disposto nesta Seção aplica-se por igual aos créditos tributários definitivamente constituídos ou em curso de constituição à data dos atos nela referidos, e aos constituídos posteriormente aos mesmos atos, desde que relativos a obrigações tributárias surgidas até a referida data.

O lançamento será examinado no próximo capítulo. Por ora, basta anotar que não é relevante, para efeito de sucessão, investigar se já havia, ou não, lançamento, quando da data do evento que gerou a sucessão (transferência). Este aspecto traz consequências práticas para os negócios empresariais, já que nas hipóteses em que um comprador de um estabelecimento comercial vier a ser responsável, por sucessão, pelos tributos imputados àquele, a *due dilligence* não se limitará aos tributos conhecidos e lançados, mas deverá cobrir todos os fatos ocorridos até a data da sucessão.

O que chama a atenção, por outro lado, é a expressão "aplica-se por igual aos créditos tributários". Seria esse um dispositivo geral, estendendo ao "crédito tributário" aquilo que nos arts. subsequentes é regulado apenas para os "tributos"?[127].

Parece que não. O mandamento do art. 129 não tem o sentido de exigir que se estenda ao "crédito tributário" as regras válidas para os tributos. O que o dispositivo determina é que se dê igual tratamento ao crédito tributário constituído ou em via de constituição, ou ainda, aos constituídos posteriormente mas concernentes a obrigações anteriores. Vê-se que não há mandamento para extensão ao crédito tributário de disciplina legal que não lhe é própria[128].

Não obstante, o Superior Tribunal de Justiça editou a Súmula 554, consolidando o entendimento de que "[n]a hipótese de sucessão empresarial, a responsabilidade da sucessora abrange não apenas os tributos devidos pela sucedida, mas também as multas moratórias ou punitivas referentes a fatos geradores ocorridos até a data da sucessão". Dentre os precedentes que a sustentam, destaca-se o Recurso Especial 959.389/RS[129], no qual foi invocado o art. 129 para afirmar que "a responsabilidade tributária não está limitada aos tributos devidos pelos sucedidos, mas abrange as multas, moratórias ou de outra espécie, que, por representarem penalidade pecuniária, acompanham o passivo do patrimônio adquirido pelo sucessor". O argumento para tanto foi de que "segundo dispõe o art. 113, § 3º, do CTN, o descumprimento de obrigação acessória faz surgir, imediatamente, nova obrigação consistente no pagamento da multa tributária. A responsabilidade do sucessor abrange, nos termos do art. 129 do CTN, os créditos definitivamente constituídos, em curso de constituição ou constituídos posteriormente aos mesmos atos, desde que relativos a obrigações tributárias surgidas até a referida data". Essa decisão não ingressa propriamente no mérito da expressão "tributo", estendendo, sem maiores explicações, o art. 129 a hipótese abrangida pelo art. 133 do Código Tributário Nacional. Merece reparos o Acórdão, já que deveria explicar por que razão afastou a expressão "tributo", empregada pelo Código. Sumulada a matéria, porém, deve-se contar com a continuidade desse entendimento.

Maior atenção merecem os argumentos daqueles que sustentam que a própria legislação privada prevê a sucessão de todos os direitos e obrigações, o que incluiria as penalidades pecuniárias.

---

127 É esse o entendimento de FERRAGUT, Maria Rita. Op. cit. (nota 108), p. 94-95.

128 Não obstante, a 7ª Câmara do Primeiro Conselho de Contribuintes já utilizou o art. 129 como embasamento para estender a responsabilidade por sucessão às multas. Cf. 1º Conselho de Contribuintes, 7ª Câmara, Ac. 107 07.726, Rec. 140.636, j. 11.08.2004.

129 STJ, REsp n. 959.389RS, 2ª Turma, rel. Min. Castro Meira, j. 07.05.2009, D.J. 21.05.2009. *Revista Dialética de Direito Tributário*, n. 167, ago. 2009, p. 198.

Com efeito, nos casos em que há uma transferência de um patrimônio, seja por sucessão da pessoa física, seja por operações societárias, não se pode deixar de lado que o patrimônio, enquanto universalidade, compreende as penalidades pecuniárias. Não é possível destacá-las daquele todo. Esse argumento é relevante para os casos tratados pelos arts. 131 e 132, a serem examinados abaixo.

A jurisprudência vem diferenciando o momento em que se deu a imposição da penalidade. Alega-se que "a multa aplicada antes da sucessão se incorpora ao patrimônio do contribuinte, podendo ser exigida do sucessor"[130].

Hoje, a questão parece pacificada no Superior Tribunal de Justiça, tendo em vista acórdão publicado pela Primeira Seção, no Recurso Especial 923.012/MG, em recurso repetitivo, onde se lê:

> 1. A responsabilidade tributária do sucessor abrange, além dos tributos devidos pelo sucedido, as multas moratórias ou punitivas, que, por representarem dívida de valor, acompanham o passivo do patrimônio adquirido pelo sucessor, desde que seu fato gerador tenha ocorrido até a data da sucessão (...)
>
> 2. (...) A hipótese de sucessão empresarial (fusão, cisão, incorporação), assim como nos casos de aquisição de fundo de comércio ou estabelecimento comercial e, principalmente, nas configurações de sucessão por transformação do tipo sociedade (sociedade anônima transformando-se em sociedade por cotas de responsabilidade limitada, *v.g.*), em verdade, não encarta sucessão real, mas apenas legal. O sujeito passivo é a pessoa jurídica que continua total ou parcialmente a existir juridicamente sob outra roupagem institucional. Portanto, a multa fiscal não se transfere, simplesmente continua a integrar o passivo da empresa que é: a) fusionada; b) incorporada; c) dividida pela cisão; d) adquirida; e) transformada (...)[131].

A jurisprudência administrativa vinha consistentemente entendendo que há a transferência de responsabilidade sobre a multa fiscal quando ela tiver sido lançada antes do ato sucessório porque, neste caso, se trataria de um passivo da sociedade incorporada, assumido pela sucessora[132], a ponto de se editar a Súmula 47, do CARF, com o seguinte teor: "Cabível a imputação da multa de ofício à sucessora, por infração cometida pela sucedida, quando provado que as sociedades estavam sob controle comum ou pertenciam ao mesmo grupo econômico". Inexplicavelmente, a Portaria CARF

130 STJ, REsp n. 554.377-SC, 1ª Turma, rel. Min. Francisco Falcão, j. 04.10.2005, D.J.U. 19.12.2005; REsp n. 613.605-RS, 2ª Turma, rel. Min. Castro Meira, j. 21.06.2005, D.J.U. 22.08.2005.

131 STJ, REsp n. 923.012-MG, 1ª Seção, rel. Min. Luiz Fux, j. 09.06.2010, D.J.U. 24.06.2010.

132 Cf. LOPES, Maria Tereza Martinez. A responsabilidade tributária da pessoa jurídica alterada: fusão – incorporação e transformação – art. 132 do CTN – Casos de não sucessão das multas – créditos declarados – Ilegitimidade passiva. In: FERRAGUT, Maria Rita; NEDER, Marcos Vinicius (coords.). *Responsabilidade tributária*. São Paulo: Dialética, 2007, p. 60-77 (68). A autora cita as seguintes decisões do Conselho de Contribuinte que confirmam tal entendimento: "CSSL – Responsabilidade da Sucessora. Multa Fiscal Punitiva após a Incorporação – A responsabilidade da sucessora, nos estritos termos do art. 132 do Código Tributário Nacional e da lei ordinária (Decreto-Lei n 1.598/77, art. 5º), restringe-se aos tributos não pagos pela sucedida. A transferência de responsabilidade sobre a multa fiscal somente se dá quando ela tiver sido lançada antes do ato sucessório, porque neste caso, trata-se de um passivo da sociedade incorporada, assumido pela sucessora. (CSRF/01-04.406 – CSRF/01-04.407 e CSRF/01-04.408, todos de 24/02/2003)" e cita outros casos da Câmara Superior de Recursos Fiscais: Acórdãos CSRF/01-1198, de 29/10/1991; CSRF/01-1282, de 06/12/1991; CSRF/01-1254, de 05/12/1991; e CSRF/01-1248, de 05.12.1991.

72/2017 revogou a referida Súmula, o que traz o justificado receio de que o tema volte a ser debatido na esfera administrativa.

No que se refere a multas não lançadas até o momento do ato sucessório, importa separar as de caráter moratório das de índole punitiva.

Multas moratórias, como os juros moratórios, são devidas pelo simples fato do atraso no cumprimento da obrigação tributária. Assim, parece razoável afirmar que mesmo que não constassem da contabilidade da empresa (ou mesmo que fossem desconhecidas), ou mesmo que não fossem inicialmente arroladas no inventário, ainda assim já integravam o patrimônio transferido. Ou seja: pela mera mora, já é devida a multa moratória, juntamente com os juros (art. 161 do Código Tributário Nacional). Se há transferência do patrimônio, a multa moratória haverá de acompanhá-lo, do mesmo modo como os juros[133].

Não é o caso da multa punitiva: ela não é devida, senão a partir de um lançamento de ofício, que constata uma infração e lança a multa. Sem o auto de infração, não há multa de ofício. Comprova esta afirmação o fato de que na ausência do auto de infração, o contribuinte que recolhe o tributo o faz apenas com os acréscimos moratórios (juros e multa moratória). Assim, se até o momento do ato que deu origem à sucessão empresarial, ou até o momento da sucessão da pessoa física, não havia lançamento, tampouco se poderia dizer que o patrimônio transferido já estava afetado por aquela penalidade. Nesse caso, já não há, como na penalidade de caráter moratório, o argumento de que o patrimônio transferido estava diminuído pela penalidade. O patrimônio foi transferido sem a penalidade e assim foi recebido pelos sucessores. Diante da falta de lei que determine a responsabilidade do sucessor pelas multas punitivas e por não estarem elas compreendidas no patrimônio transferido, não há que falar em sucessão[134].

Parece definitivo, para a questão, independentemente da literalidade do dispositivo do CTN (por vezes, referindo-se a "crédito", outras vezes, apenas a "tributo"), considerar que a pena não se confunde com o tributo.

Com efeito, o tributo surge já com o fato jurídico tributário. Eventual sucessão não poderia frustrar a legítima expectativa do Fisco. No momento daquele fato, manifestou-se capacidade contributiva ou houve atividade estatal, ensejando o tributo. O Princípio da Igualdade, junto com o Princípio da Legalidade, não permitiriam outra conclusão.

Diverso é o caso das multas punitivas. Não há pretensão do Estado pela infração, apenas. O Estado Fiscal não vive de multas punitivas, mas de tributos. A multa punitiva não tem a função de encher as burras do Estado, mas de coagir o sujeito passivo. Daí a ideia de que não há sentido em impor a terceiro multa por fato que não lhe pode ser imputado. Nada há a puni-lo. Não há pretensão do Fisco contra tal terceiro. Nesse sentido, a multa punitiva seria "aplicada em situações nas quais se verifica o descumprimento voluntário da obrigação tributária prevista na legislação pertinente", tratando-se de

133 STJ, REsp n. 432.049-SC, 1ª Turma, rel. Min. José Delgado, j. 13.08.2002, D.J.U. 23.10.2002.

134 Maria Teresa Martinez Lopez (nota 122) lembra a posição adotada pelo STF, citada na ementa do Acórdão n. 101 93587 da 1ª Câmara do 1º Conselho de Contribuintes, Rec. 126.141, j. 22.08.2001: "Ementa: Responsabilidade dos sucessores – multa – Tributo e multa não se confundem, eis que esta tem caráter de sanção, inexistente naquele. Na responsabilidade tributária do sucessor não se inclui a multa punitiva aplicada à empresa. Inteligência dos arts. 3º e 132 do CTN (Decisão do STF no relator o Ministro Djaci Falcão, RTJ n. 93, p. 862)".

"sanção prevista para coibir a prática de ilícitos tributários" que confere, ademais, "especial relevo ao caráter pedagógico da sanção"[135].

6.5.2 Responsabilidade por sucessão

A responsabilidade por sucessão é tratada pelos arts. 129 a 133 do Código Tributário Nacional. O art. 129, acima reproduzido, reitera a data da ocorrência do fato jurídico tributário como relevante para o surgimento da obrigação, mesmo que o lançamento do tributo venha a ocorrer posteriormente.

6.5.2.1 Sucessão na aquisição de bens

Versando sobre a responsabilidade por transferência (sucessão) em virtude da aquisição dos imóveis, o art. 130 do Código Tributário Nacional traz importante regra transferindo a responsabilidade de créditos tributários (tributos e penalidades) para o adquirente:

> Art. 130. Os créditos tributários relativos a impostos cujo fato gerador seja a propriedade, o domínio útil ou a posse de bens imóveis, e bem assim os relativos a taxas pela prestação de serviços referentes a tais bens, ou a contribuições de melhoria, sub-rogam-se na pessoa dos respectivos adquirentes, salvo quando conste do título a prova de sua quitação.
>
> Parágrafo único. No caso de arrematação em hasta pública, a sub-rogação ocorre sobre o respectivo preço.

Deve-se verificar que nem todos os tributos devidos pelo vendedor passam a ser devidos pelo adquirente, mas apenas os impostos cuja hipótese tributária seja a propriedade, o domínio útil ou a posse dos bens imóveis. Cogita-se, aqui, do IPTU e do ITR, além das taxas por prestações de serviços referentes aos próprios bens imóveis ou de contribuição de melhoria. O fato de a prova de quitação exonerar a responsabilidade do adquirente explica a razão para que se exija aquele documento quando da transferência de bens imóveis.

A hipótese enquadra-se com perfeição na descrição acima efetuada da responsabilidade por transferência: o adquirente não é contribuinte (no momento da ocorrência do fato jurídico tributário, ele não era o proprietário) nem substituto. Sua obrigação não surgiu quando do fato jurídico tributário. Houve outro fato (a aquisição do imóvel), este sim suficiente para que fosse a ele transferida a condição de sujeito passivo.

A relação do sucessor com o fato jurídico tributário, exigida pelo art. 128, confirma-se no próprio patrimônio transferido. Afinal, a sucessão se dá no que se refere aos tributos incidentes sobre a propriedade, o domínio útil ou a posse de bens imóveis ou sobre serviços a eles concernentes. Ora, se a propriedade é requisito do fato jurídico tributário e essa é transferida para o adquirente, claro que o último está relacionado àquele fato.

---

135 STF, 2º AgRg no RE n. 602.686-PE, 1ª Turma, rel. Min. Luís Roberto Barroso, j. 09.02.2014, D.J. 04.02.2015.

A vinculação ao fato jurídico tributário, por outro lado, traz consequência que não deve ser desprezada: a responsabilização deve ser limitada ao patrimônio transferido.

Afinal, se a justificação para a responsabilidade está na vinculação ao fato jurídico tributário e na possibilidade de o responsável ressarcir-se do tributo devido, não haveria como justificar que a responsabilidade ultrapassasse o próprio débito. Se este, por sua vez, recai sobre o patrimônio transferido, não há de ser maior que o último.

Importa ter em mente que é o patrimônio do contribuinte o que será atingido. Seja porque o contribuinte manifestou capacidade contributiva, seja porque a atividade estatal é a ele imputada, o tributo é justificado enquanto atinge seu patrimônio. Como afirmado, o Princípio da Igualdade exige a observância de tal justificação. Daí não poder a responsabilidade ir além da pretensão do Fisco.

Assim, por exemplo, se um adquirente de um imóvel no valor de R$ 10.000,00 vem a descobrir que sobre o imóvel pesavam tributos de R$ 20.000,00, sua responsabilidade se limita ao patrimônio adquirido (R$ 10.000,00), não podendo atingir o restante de seu patrimônio.

Chama a atenção o fato de o legislador complementar ter se referido ao instituto da sub-rogação. Ao fazê-lo, confirma o entendimento de que a responsabilidade por transferência é limitada, já que quem se sub-roga coloca-se na posição do antigo devedor, não se esperando dele o que do último não se exigiria.

Ao mesmo tempo, a sub-rogação implica o adquirente tomar o lugar do antigo devedor, que deixa o polo passivo da relação jurídico-tributária.

Por tal razão, não pode o Fisco voltar-se contra o antigo proprietário do imóvel, já que ele foi substituído, por sub-rogação, pelo adquirente, que assume a mesma posição anteriormente ocupada pelo devedor originário[136]. Eis o que a este respeito decidiu o Superior Tribunal de Justiça:

> *2. Acórdão a quo segundo o qual: a) A sucessão imobiliária se relaciona com a compra e venda de bens imóveis e fica o adquirente sub-rogado nos direitos e nas obrigações do transmitente, segundo a inteligência contida no art. 130 do CTN; b) Em se tratando de sub-rogação, o adquirente do imóvel passa a substituir o anterior detentor de seu domínio, da sua propriedade ou da posse na condição de novo e único sujeito passivo da obrigação principal*[137].

Por outro lado, o art. 130 deixa claro que se houver no título aquisitivo a prova da quitação dos tributos, o adquirente já não mais responde.

Como a Lei n. 8.935, de 18.11.1994, art. 30, XI e a Lei n. 6.015, de 31.12.1973, art. 289, incumbem ao Oficial de Registro fiscalizar o recolhimento do tributo e exigir a apresentação de certidões negativas, a regra será a existência da "prova de quitação", que afastará a transferência da responsabilidade.

Poder-se-ia questionar se haveria responsabilidade caso a "prova de quitação" tivesse a ressalva de eventuais créditos não apurados. Afinal, via de regra, consta das certidões negativas tal ressalva. Ora, fosse tal ressalva suficiente para afastar o dispositivo acima, então seria ele de total inutilidade. Se a única condição para que não houvesse a transferência da responsabilidade fosse

136 Cf. DARZÉ, Andréa Medrado. Os limites da responsabilidade tributária dos adquirentes de bens imóveis. In: FERRAGUT, Maria Rita; NEDER, Marcos Vinicius. *Responsabilidade tributária*. São Paulo: Dialética, 2007, p. 48-59 (56).

137 STJ, AgRg no AI n. 575.258-MG, 1ª Turma, rel. Min. José Delgado, j. 19.08.2004, D.J.U. 13.09.2004.

o pagamento, então não haveria qualquer caso de transferência, já que, uma vez pago, extinto estaria o débito. Se o dispositivo refere-se à transferência, deve-se estar no campo dos débitos não pagos. Se não pago o débito mas havendo certidão negativa, o alienante responderá pelo tributo, já que o adquirente tomou a providência exigida pelo dispositivo da lei complementar para afastar sua responsabilidade.

Regra semelhante à do art. 130 surge no primeiro inciso do art. 131 do Código Tributário Nacional:

> Art. 131. São pessoalmente responsáveis:
>
> I – o adquirente ou remitente, pelos tributos relativos aos bens adquiridos ou remidos;

Se o art. 130 versa sobre a sucessão relativa a bens imóveis, o art. 131 estende aos adquirentes de quaisquer outros bens. Vale notar, outrossim, que o legislador complementar versa sobre tributos relativos aos próprios bens. Seria o caso do IPVA a ser exigido do adquirente de um automóvel.

Merece nota, por outro lado, que enquanto o art. 130 cogitava "créditos tributários", o art. 131 se refere aos tributos, apenas. Ora, como visto acima, a expressão "tributo" é definida no art. 3º do Código Tributário Nacional e ali não se incluem as penalidades pecuniárias. Estas, como se viu acima, estão compreendidas na "obrigação principal" e, nesse sentido, não deixam de ser "créditos tributários". Assim, se com relação aos bens imóveis a sucessão se faz com relação a todos os créditos, os demais bens apenas contemplam a sucessão relativa aos tributos. Não cabem, aqui, os argumentos acima trazidos acerca da transferência de patrimônio, já que não é caso de sucessão de direito privado.

6.5.2.2 Sucessão tributária da pessoa física

Ainda de responsabilidade por sucessão versam os demais incisos do art. 131 do Código Tributário Nacional:

> Art. 131. São pessoalmente responsáveis:
>
> II – o sucessor a qualquer título e o cônjuge meeiro, pelos tributos devidos pelo *de cujus* até a data da partilha ou adjudicação, limitada esta responsabilidade ao montante do quinhão do legado ou da meação;
>
> III – o espólio, pelos tributos devidos pelo *de cujus* até a data da abertura da sucessão.

Verifica-se pelo inciso III, acima, que, com relação aos fatos jurídicos tributários ocorridos até a data da sucessão (i.e.: até o falecimento), a responsabilidade tributária será imputada ao espólio; ocorrendo o fato após o falecimento mas antes da partilha ou adjudicação, então haverá responsabilidade do sucessor ou cônjuge, na proporção de seu quinhão.

Efetivamente, nos termos do art. 1.784 do Código Civil, "aberta a sucessão, a herança transmite-se, desde logo, aos herdeiros legítimos e testamentários". Justifica-se, desse modo, sua responsabilidade a partir de então. Entretanto, até que haja a partilha, não é possível imputar a responsabilidade individual de cada herdeiro. Por isso mesmo, assim dispõe o Código Civil:

Art. 1.791. A herança defere-se como um todo unitário, ainda que vários sejam os herdeiros.

Parágrafo único. Até a partilha, o direito dos coerdeiros, quanto à propriedade e posse da herança, será indivisível, e regular-se-á pelas normas relativas ao condomínio.

Acerta o Código Tributário Nacional ao apontar os sucessores como responsáveis pelos tributos até a data da partilha: até então, eles não poderiam ser contribuintes; contribuinte seria o "de cujus" (até o falecimento) ou o espólio (após o falecimento até a partilha).

No caso do sucessor, tem-se que ao herdar o patrimônio, este surge como uma universalidade de direitos e obrigações, incluindo nas últimas as de natureza tributária, inclusive penalidades pecuniárias já impostas. Noutras palavras, se o patrimônio estava afetado pelo tributo ou pela penalidade, é dessa forma que se transmite aos sucessores. No espólio, tem-se é o próprio patrimônio respondendo por seus débitos.

Confirma-se com isso que, não obstante tenha o legislador complementar adotado a expressão "tributos", fazendo crer que a sucessão não se estenderia às penalidades pecuniárias, não é este o melhor entendimento, tendo em vista que a sucessão se faz de todo o patrimônio do *de cujus*, incluídas as penalidades e outras dívidas por ele contraídas. Como já ficou evidenciado acima, a sucessão implica a transferência de todo o patrimônio, incluindo as penalidades de caráter moratório e as de caráter punitivo, se já lançadas ao tempo da sucessão.

6.5.2.3 Sucessão tributária das pessoas jurídicas

Sucessão é fenômeno que não se verifica apenas para as pessoas físicas. O Código Tributário Nacional trata, igualmente, da sucessão da pessoa jurídica, como se vê nos arts. 132 e 133.

O art. 132 versa sobre a sucessão em virtude de operações societárias:

> Art. 132. A pessoa jurídica de direito privado que resultar de fusão, transformação ou incorporação de outra ou em outra é responsável pelos tributos devidos até a data do ato pelas pessoas jurídicas de direito privado fusionadas, transformadas ou incorporadas.
>
> Parágrafo único. O disposto neste artigo aplica-se aos casos de extinção de pessoas jurídicas de direito privado, quando a exploração da respectiva atividade seja continuada por qualquer sócio remanescente, ou seu espólio, sob a mesma ou outra razão social, ou sob firma individual.

Não se pode deixar de mencionar a má técnica do legislador complementar, ao incluir a transformação entre os casos de sucessão: na transformação, não há outra pessoa jurídica, mas mera mudança da mesma pessoa antes existente. Daí descaber cogitar de sucessão, sendo mais adequado falar em continuidade[138].

---

138 Lei n. 6.404/1976, art. 220. A transformação é a operação pela qual a sociedade passa, independentemente de dissolução e liquidação, de um tipo para outro.

Fusão é a união de duas ou mais sociedades, que se extinguem e dão origem a uma nova, que sucede àquelas em direitos e obrigações. Foi regulada inicialmente pelo art. 153 do Decreto-Lei n. 2.627/40 e hoje está disciplinada pelo art. 228 da Lei n. 6.404/76[139] e também prevista pelo art. 1.119 do Código Civil[140].

Raros são os casos de verdadeira fusão. De um lado, razões práticas a desaconselham, já que exige do empresário que corra todos os trâmites burocráticos para a criação de uma nova sociedade, inclusive registros nas diversas repartições, licenças etc.

Ademais, como a legislação do Imposto de Renda veda o aproveitamento de prejuízos fiscais no caso da extinção da pessoa jurídica, uma fusão implicaria abrir mão de todos os prejuízos acumulados nas sociedades preexistentes, já que elas teriam sido extintas.

Incorporação, por sua vez, é a operação pela qual uma ou mais sociedades são extintas, sendo seu patrimônio absorvido por outra, preexistente, que as sucede em direitos e obrigações. Presente já no art. 152 do Decreto-Lei n. 2.627/40, foi prevista pelo art. 227 da Lei n. 6.404/76[141] e também pelo art. 1.116 do Código Civil[142].

Conforme se verá no Capítulo XIII, ao constituir o crédito tributário pelo lançamento, a autoridade administrativa deverá identificar o sujeito passivo da obrigação tributária. Se o lançamento se dá contra pessoa distinta do sujeito passivo, será considerado irregular por não ter sido validamente constituído. A questão que surgiu daí foi sobre a possibilidade de redirecionar a execução fiscal originariamente em face da incorporada de sorte a incluir a empresa incorporadora pelo fato de que a operação de incorporação não teria sido oportunamente informada ao fisco. Embora por crédito tributário oriundo de fato jurídico tributário posterior à incorporação e ainda lançado em nome da incorporada, o Superior Tribunal de Justiça viu a necessidade de informar o fisco, pois, nos termos do art. 123 do CTN, não seria possível opor o negócio jurídico da incorporação à autoridade tributária. Ou seja, decidiu o STJ que a extinção da pessoa jurídica decorrente de incorporação só surte seus efeitos no âmbito tributário com a oportuna comunicação ao fisco, pois apenas assim é que este poderá realizar novos lançamentos em nome da incorporadora e dela cobrar, enquanto sucessora, créditos já constituídos, nos termos do art. 132 do CTN. Dessa forma, o STJ fixou a seguinte tese em recurso repetitivo: "[a] execução fiscal pode ser redirecionada em desfavor da empresa sucessora para cobrança de crédito tributário relativo a fato gerador ocorrido posteriormente à incorporação empresarial e ainda lançado em nome da sucedida, sem a necessidade de modificação da Certidão de Dívida Ativa, quando verificado que esse negócio jurídico não foi informado oportunamente ao fisco"[143].

O parágrafo único do art. 132 do CTN versa sobre o caso em que, embora não haja, formalmente, fusão ou incorporação, extingue-se uma pessoa jurídica de direito privado,

139 Art. 228. A fusão é a operação pela qual se unem duas ou mais sociedades para formar sociedade nova, que lhes sucederá em todos os direitos e obrigações.

140 Art. 1.119. A fusão determina a extinção das sociedades que se unem, para formar sociedade nova, que a elas sucederá nos direitos e obrigações.

141 Art. 227. A incorporação é a operação pela qual uma ou mais sociedades são absorvidas por outra, que lhes sucede em todos os direitos e obrigações.

142 Art. 1.116. Na incorporação, uma ou várias sociedades são absorvidas por outra que lhes sucede em todos os direitos e obrigações, devendo todas aprová-la na forma estabelecida para os respectivos tipos.

143 STJ, REsp. n. 1.848.993-SP, Primeira Seção, rel. Min. Gurgel de Faria, j. 26.08.2020, D.J.U. 09.09.2020.

mas a respectiva atividade é continuada por qualquer dos sócios remanescentes. É a sucessão "de fato", que recebe igual tratamento.

Não parece assistir razão, assim, a Maria Rita Ferragut, quando afirma:

> *O parágrafo único estabelece que a sucessão prevista no caput será aplicável quando ocorrer a extinção da pessoa jurídica, somado ao fato de as atividades então por ela exercidas serem continuadas por algum dos ex-sócios ou pelo seu espólio, independentemente da razão social da nova sociedade, que poderá ser inclusive uma firma individual. Isso significa que não basta ocorrer a fusão ou a incorporação para que o débito tributário seja transferido para outra pessoa. Imperioso que cumulativamente haja a continuidade das atividades*[144].

Com efeito, o parágrafo não restringe o *caput*, mas apenas estende seus efeitos a hipótese ali não abrangida. Se o parágrafo pretendesse limitar o alcance do *caput*, não haveria razão para dizer que a norma se aplica *aos casos de extinção de pessoas jurídicas de direito privado*, já que tanto na fusão como na incorporação ocorre tal extinção. Evidencia-se, assim, que o parágrafo pretendeu estender o alcance da norma a outros casos de extinção da pessoa jurídica, mas, daí sim, desde que continuasse a atividade pelo sócio. Ademais, na fusão ou na incorporação, a atividade não seria continuada pelo sócio da pessoa jurídica extinta, mas sim pela pessoa jurídica incorporadora ou pela resultante da fusão.

Deve-se notar que o referido dispositivo não trata da cisão. Explica-se a omissão: quando da publicação do Código Tributário Nacional, a legislação societária ainda não conhecia a cisão, que somente surgiu em 1976, com a Lei n. 6.404. Entretanto, não há razão para deixar de se aplicar à cisão a regra de sucessão empresarial acima transcrita, especialmente se for considerado o parágrafo único, que versa sobre a continuação da exploração da atividade, após a extinção da pessoa jurídica.

Por outro lado, perceba-se, mais uma vez, que o Código Tributário Nacional é consistente, quando trata da sucessão, ao dispor que esta se aplica aos "tributos", dando a impressão de que estariam excluídas, pois, as penalidades pecuniárias.

Tal entendimento confrontar-se-ia com a regra geral de que nas operações societárias, o sucessor sucede em direitos e obrigações, *ex vi* dos arts. 227, 228 229 e 233 da Lei n. 6.404/76, além do que a esse respeito disciplinam os arts. 1.113 a 1.122 do Código Civil: conhecidos os débitos tributários e multas, não há como deixar de apontar a sucessão.

Por tal razão, valem as considerações acima tecidas, no sentido de que as penalidades de caráter moratório integram o patrimônio transferido; as penalidades de caráter punitivo apenas são transferidas se já impostas no momento da sucessão. Não se pune o sucessor.

O dispositivo acima não apresenta qualquer limitação à sucessão. Lido isoladamente, poder-se-ia crer que o sucessor responderá por dívidas de qualquer monta. Não é este o melhor entendimento.

---

144 Cf. FERRAGUT, Maria Rita. Responsabilidade tributária nos eventos de reorganização societária. In: BARRETO, Aires Fernandino e outros. *Congresso do IBET, III*. Interpretação e Estado de Direito. São Paulo: Noeses, 2006, p. 591-612 (599).

Retoma-se, aqui, o raciocínio tecido quando do exame do art. 128 do Código Tributário Nacional: o responsável não é um qualquer; ele é vinculado ao fato jurídico tributário. Este vínculo, por sua vez, tem uma razão de ser: por meio dele, assegura-se que o responsável, conquanto revestindo a condição de sujeito passivo, possa ressarcir-se do montante pago, já que, afinal, não é seu o débito.

Ora, se o responsável responde por débito alheio, não pode a responsabilidade ultrapassar o próprio débito. Nesse sentido, se o patrimônio incorporado inclui débitos tributários que não podem ser cobertos por seus ativos, não se justifica seja o sucessor responsável por montante que ultrapassa aquele patrimônio. Afinal, o sucessor não incorreu no fato jurídico tributário. Não foi ele quem manifestou a capacidade contributiva. Não foi o seu patrimônio ou sua renda o objeto da tributação. Não se justifica seja ele responsável por montante superior àquele revelado no fato jurídico tributário.

6.5.2.4 Sucessão na aquisição de estabelecimento ou fundo de comércio

Maiores cuidados exige a hipótese de sucessão empresarial por aquisição de estabelecimento ou fundo de comércio:

> Art. 133. A pessoa natural ou jurídica de direito privado que adquirir de outra, por qualquer título, fundo de comércio ou estabelecimento comercial, industrial ou profissional, e continuar a respectiva exploração, sob a mesma ou outra razão social ou sob firma ou nome individual, responde pelos tributos, relativos ao fundo ou estabelecimento adquirido, devidos até à data do ato:
>
> I – integralmente, se o alienante cessar a exploração do comércio, indústria ou atividade;
>
> II – subsidiariamente com o alienante, se este prosseguir na exploração ou iniciar dentro de seis meses a contar da data da alienação, nova atividade no mesmo ou em outro ramo de comércio, indústria ou profissão.
>
> § 1º O disposto no *caput* deste art. não se aplica na hipótese de alienação judicial:
>
> I – em processo de falência;
>
> II – de filial ou unidade produtiva isolada, em processo de recuperação judicial.
>
> § 2º Não se aplica o disposto no § 1º deste artigo quando o adquirente for:
>
> I – sócio da sociedade falida ou em recuperação judicial, ou sociedade controlada pelo devedor falido ou em recuperação judicial;
>
> II – parente, em linha reta ou colateral até o 4º (quarto) grau, consanguíneo ou afim, do devedor falido ou em recuperação judicial ou de qualquer de seus sócios; ou
>
> III – identificado como agente do falido ou do devedor em recuperação judicial com o objetivo de fraudar a sucessão tributária.
>
> § 3º Em processo da falência, o produto da alienação judicial de empresa, filial ou unidade produtiva isolada permanecerá em conta de depósito à disposição do juízo de falência pelo prazo de 1 (um) ano, contado da data de alienação, somente podendo ser utilizado para o pagamento de créditos extraconcursais ou de créditos que preferem ao tributário.

Também aqui repete o legislador complementar a expressão "tributo", no que se confirma a regra de que a responsabilidade por sucessão não se estende às penalidades pecuniárias. Como nos demais casos, há que diferenciar aquelas penalidades já incorporadas ao patrimônio transferido (penalidades moratórias e, desde que já lançadas, as punitivas). Como se verá abaixo, importará considerar, ainda, se a transferência se operou como universalidade.

A sucessão regulada pelo art. 133 é a principal causa de preocupação em negócios envolvendo ativos de empresas. Afinal, a redação do referido dispositivo deixa claro que se desses ativos resultar a transferência de um estabelecimento ou de um fundo de comércio, haverá a sucessão.

Na hipótese de o alienante cessar suas atividades e não iniciar outra no prazo de seis meses, a dicção do dispositivo acima deixa claro que a sucessão se faz de modo integral. A doutrina majoritária defende a persistência da responsabilidade do alienante, o que não parece sustentar-se no Código Tributário Nacional.

De um lado, Luciano da Silva Amaro, calcado na expressão "integralmente", afirma: "o que, na verdade, o Código quis dizer é que, nesse caso, o adquirente responde sozinho, ou seja, não há obrigação do alienante"[145]. Esse entendimento é aplaudido por Alberto Xavier, que se vale do argumento histórico, apontando que o art. 245 do Anteprojeto do Código Tributário Nacional, elaborado por Rubens Gomes de Sousa, previa a responsabilidade "pessoal" na hipótese do inciso I e a "solidária", no inciso II, não fazendo, "pois, qualquer sentido aplicar o conceito de solidariedade à hipótese do inciso I, quando este regime foi sacrificado no inciso II em favor do de subsidiariedade"[146].

Por seu turno, Aliomar Baleeiro sustenta a existência de impropriedade técnica na redação do dispositivo, já que "se o adquirente vier a perder por uma causa física ou econômica o acervo que lhe transferiu o alienante, este poderá ser chamado administrativa ou judicialmente a satisfazer quanto devia ao Erário", pois "não poderia estar na cogitação do legislador desonerar o homem de negócios que estes se retirasse, para viver de rendas ou mesmo consumir seu patrimônio". Este mesmo entendimento é seguido por Misabel Derzi, ao anotar a obra de Baleeiro, afirmando que também é a interpretação prevalecente na doutrina e na jurisprudência[147]. Também segue esse entendimento Hugo de Brito Machado, para quem a palavra "integral" está muito mais próxima de "solidário" que de "só", ou "isolado"[148].

Não obstante os argumentos da última corrente, que é majoritária, assiste razão a Luciano Amaro e Alberto Xavier. Afinal, a solidariedade não se presume. O Código Tributário Nacional, em seu art. 124, exige lei para que ela surja. Ademais, deve-se considerar que o estabelecimento é a própria garantia do Fisco – e, por isso, o adquirente responde pelos débitos a ele referentes. Se o alienante se desfez do estabelecimento, este não desaparece *ipso facto;* continua a garantir o pagamento dos tributos. Se o adquirente, posteriormente, o esvazia a ponto de não mais ser suficiente para responder pelo crédito tributário, o alienante não há de ser responsabilizado. Obviamente, se a alienação

---

145 Cf. AMARO, Luciano da Silva. *Direito Tributário brasileiro.* 15. ed. São Paulo: Saraiva, 2009, p. 324.

146 Cf. XAVIER, Alberto. Responsabilidade tributária de sucessores na alienação de estabelecimento. *Revista Dialética de Direito Tributário*, n. 167, ago. 2009, p. 7; p. 17.

147 Cf. BALEEIRO, Aliomar. *Direito Tributário brasileiro.* 11. ed. atualizada por Misabel de Abreu Machado Derzi. Rio de Janeiro: Forense, 2004, p. 750-751.

148 Cf. MACHADO, Hugo de Brito. *Comentários ao Código Tributário Nacional.* vol. 2. São Paulo: Atlas, 2004, p. 567.

do estabelecimento não foi total, o alienante continuará a responder, mas não por solidariedade e sim porque manteve (posto que em parte) o estabelecimento.

O estabelecimento é hoje definido no art. 1.142 do Código Civil:

> Art. 1.142. Considera-se estabelecimento todo complexo de bens organizado, para exercício da empresa, por empresário, ou por sociedade empresária.

Sua natureza de universalidade, que permite ser transferido como um todo, é confirmada no dispositivo subsequente:

> Art. 1.143. Pode o estabelecimento ser objeto unitário de direitos e negócios jurídicos, translativos ou constitutivos, que sejam compatíveis com a sua natureza.

Não é incomum a venda de uma divisão de uma empresa; esta, mesmo nos casos em que não esteja destacada legalmente como estabelecimento, caracterizar-se-á como um todo e, nesse sentido, implicará a sucessão.

Por outro giro, a sucessão exige transferência de estabelecimento ou fundo de comércio. Se um mesmo imóvel, antes ocupado por uma empresa, é ocupado por outro, noutro ramo de atividade, não há que falar em sucessão; se a nova empresa ocupa o mesmo imóvel e mantém o mesmo objeto, então é possível que se cogite de transferência de fundo de comércio, a ensejar a sucessão (matéria que deve ser verificada em cada caso[149]). Se, finalmente, a nova empresa, além de ocupar o mesmo imóvel e exercer a mesma atividade, adquire também os ativos com os quais a antiga empresa atuava naquele ramo e naquele lugar, haverá maiores indícios da sucessão. Finalmente, havendo até mesmo a transferência de nome de fantasia, então dificilmente se afastará a sucessão.

Efetivada a transferência do estabelecimento, importa ver que o dispositivo não permite que de imediato se exijam os tributos do sucessor, já que este, em regra, tem responsabilidade subsidiária, apenas surgindo a sucessão integral se o alienante cessar a exploração empresarial.

A sucessão por conta da alienação de estabelecimento ou fundo de comércio faz sentido quando se considera que estes, mesmo que não contabilizados, constituem ativo intangível da empresa. Ora, se uma empresa se desfaz de seus ativos e, por isso, não consegue honrar seus compromissos, é imediata a conclusão de que o credor não poderá ser prejudicado por tal venda. Idêntico raciocínio deve ser aplicado na alienação dos ativos intangíveis; não sendo prático, entretanto, desfazer o negócio, houve por bem o legislador complementar assegurar que o referido intangível continue a responder pelos débitos do alienante.

Estendem-se a esse caso, também as considerações quanto à limitação da responsabilização: conquanto não tenha o legislador complementar apresentado qualquer limite, a responsabilização se dará enquanto vinculada ao fato jurídico tributário (art. 128 do Código Tributário Nacional) e, portanto, não pode ser superior ao montante revelado naquele fato. Noutras palavras, a responsabilidade do sucessor não pode ultrapassar o

---

149 STJ, REsp n. 108.873-SP, 2ª Turma, rel. Min. Ari Pargendler, j. 04.03.1999, D.J.U. 12.04.1999; TRF da 5ª Região, AC n. 258.433-PB, 4ª Turma, rel. Des. Marcelo Navarro, D.J.U. 03.05.2006.

valor do estabelecimento ou do fundo de comércio adquiridos, sob pena de atingir capacidade contributiva não comprometida pelo fato jurídico tributário.

Por outro lado, a responsabilidade tributária é maior que a de direito privado. O art. 1.146 prevê a responsabilidade do adquirente pelo pagamento dos débitos anteriores à transferência "desde que regularmente contabilizados"; na matéria tributária, não importa a contabilização dos débitos para que surja a responsabilidade.

Surge daí a necessidade de se determinar qual extensão da responsabilidade. O Código Tributário Nacional faz menção aos tributos referentes ao fundo ou estabelecimento adquirido.

Alguns tributos, como o ICMS, o IPI e o ISS, vinculam-se a estabelecimentos da pessoa jurídica. Mesmo que o recolhimento se dê de forma centralizada, reputa-se cada estabelecimento um contribuinte, para o efeito de ter por ocorrido o fato jurídico tributário. Em tais casos, pode-se aplicar sem maior dificuldade o dispositivo acima, para o efeito de excluir da responsabilidade do sucessor os tributos devidos pelo alienante mas imputados a outros estabelecimentos.

No caso dos tributos que não se vinculam a um estabelecimento, como é o caso do Imposto de Renda, não fica evidente a extensão da responsabilidade. Igual dúvida surge no caso de alienação de fundo de comércio, já que não há tributo que se vincule a essa realidade empresarial.

Conquanto se possa sustentar que o legislador complementar limitou a sucessão aos tributos que se vinculem ao fundo (o que não existe) ou ao estabelecimento, parece mais correto entender que a sucessão se estende a todos os tributos que não estejam vinculados a estabelecimento que tenha permanecido nas mãos do alienante. Afinal, como afirmado acima, o estabelecimento ou o fundo, enquanto intangíveis, são parte dos bens do alienante e, por isso, devem servir para honrar seus compromissos. Ademais, os tributos devidos pelo alienante por conta de sua atividade empresarial, mesmo que não sejam diretamente imputados a um determinado estabelecimento, incidirão sobre o conjunto de suas atividades, sendo, daí, indiretamente vinculados.

Dessa forma, parece mais correto entender que a sucessão apenas deixará de ser aplicada no caso de tributos que não possuam qualquer vínculo com o estabelecimento ou fundo adquirido. Assim, por exemplo, o ICMS, o IPI ou o ISS imputados a outro estabelecimento do alienante, ou o IPTU ou IPVA incidentes sobre bens que permaneceram nas mãos do alienante.

Por outro giro, deve-se notar que mais uma vez o legislador complementar se refere à sucessão por *tributos*, não por *créditos tributários*.

Se nos casos de sucessão empresarial defendia-se a sucessão nas multas de caráter moratório (todas) e punitivo (lançadas no momento da sucessão) por integrarem o patrimônio transferido, o mesmo argumento não pode ser automaticamente estendido ao presente caso, já que *nem sempre* será o caso de transferência de universalidade.

Na verdade, o Superior Tribunal de Justiça proferiu acórdão segundo o qual "a responsabilidade tributária dos sucessores de pessoa natural ou jurídica (CTN, art. 133) estende-se às multas devidas pelo sucedido, sejam elas de caráter moratório ou punitivo". Entretanto, a leitura do voto do relator revela que ele se baseou em decisões que se referiam ao art. 132, não ao art. 133. Se para o art. 132 cabem, como visto acima, os argumentos concernentes à sucessão empresarial, o que implica a possibilidade de algumas multas serem transferidas, igual argumento não se aplica necessariamente à cessão de estabelecimento comercial[150].

Em acórdão posterior, proferido nos termos do procedimento do art. 543-C do Código de Processo Civil (recursos repetitivos), a Primeira Seção do Superior Tribunal de Justiça voltou a enfrentar o tema. O relator Ministro Luiz Fux, citando diversos precedentes do Superior Tribunal de Justiça, entendeu que o sucessor responde pelas "multas impostas ao sucedido, seja de natureza moratória ou punitiva, pois integram o patrimônio jurídico-material da sociedade empresarial sucedida". Entendeu, ainda, que a multa transferível é somente aquela que integra o passivo da pessoa jurídica no momento da sucessão empresarial, ou a que está em discussão (suspensa). Valendo-se de lição de Sacha Calmon Navarro Coelho, assim sintetiza Luiz Fux a questão: "Assim, se o crédito correspondente à multa fiscal já está constituído, formalizado, à data da sucessão, o sucessor das sociedades adquiridas, divididas, incorporadas, fusionadas ou transformadas, naturalmente, absorve o passivo fiscal existente, inclusive as multas"[151].

Nem sempre se transfere um estabelecimento comercial, não sendo incomum dar-se cessão de ativos, sem os passivos correspondentes; no fundo de comércio, tampouco, será comum a transferência dos passivos. Nesses casos, na falta de previsão de transferência de passivos, deve-se entender que a sucessão se dá apenas com relação aos tributos, não às penalidades. Baseia-se esse posicionamento no art. 121 do Código Tributário Nacional, segundo o qual a responsabilidade é matéria definida em lei. Na falta de lei, não se pode cogitar de responsabilidade.

Se, por outro lado, a transferência do estabelecimento se der na forma de universalidade, então valerão os argumentos acima, no sentido de ali se incluírem as penalidades já incorporadas aos créditos tributários.

Os parágrafos do art. 133, acima transcritos, foram introduzidos no Código Tributário Nacional pela Lei Complementar n. 118/2005, no contexto da reforma da lei de falências (Lei n. 11.101/2005), com o intuito de limitar a sucessão tributária no caso de alienação judicial (excetuadas as hipóteses do § 2º).

O objetivo do legislador complementar foi o de proteger o adquirente de bens numa alienação judicial. Com isso, preserva-se o valor dos bens alienados, assegurando-se seu valor de mercado, implicando, daí, maior valor para a transação.

A solução encontrada, ao mesmo tempo que não deixa de proteger os credores do alienante (inclusive o Fisco) por assegurar maior valor para a alienação e o adquirente, tem inegável sentido social, já que permite a continuidade da exploração do negócio pelo último, preservando-se empregos e relações comerciais mantidos pelo estabelecimento alienado.

6.5.3 Responsabilidade por ato ou omissão

A sucessão empresarial implica responsabilidade por um ato jurídico imputado ao responsável. Outros atos e omissões também implicam responsabilidade. Estão eles arrolados nos arts. 134 e 135 do Código Tributário Nacional. A leitura sistemática dos

150 STJ, REsp n. 544.265-CE, 1ª Turma, rel. Min. Teori Zavascki, j. 16.11.2004, D.J.U. 21.02.2005.

151 STJ, REsp n. 923.012-MG, 1ª Seção, rel. Min. Luiz Fux, j. 09.06.2010, D.J. 24.06.2010.

dois dispositivos revela serem eles alternativos: o art. 135 abrange todas as pessoas arroladas no art. 134, configurando regra especial, para os casos de infração à lei, inclusive excesso de poderes.

Assim, enquanto o art. 134 versa sobre responsabilidade tributária de terceiros em situações lícitas, o art. 135 versa sobre o ilícito (infração à lei ou excesso de poder).

Já se viu acima que há forte corrente negando até mesmo a consideração de tal responsabilização entre aquelas obrigações tributárias, dado seu caráter sancionatório por ato ilícito. Entretanto, também já se firmou o posicionamento no sentido de que se mantém a obrigação tributária no caso de responsabilidade.

O art. 134 versa sobre a "responsabilidade de terceiros", assim dispondo:

SEÇÃO III
Responsabilidade de Terceiros

Art. 134. Nos casos de impossibilidade de exigência do cumprimento da obrigação principal pelo contribuinte, respondem solidariamente com este nos atos em que intervierem ou pelas omissões de que forem responsáveis:

I – os pais, pelos tributos devidos por seus filhos menores;

II – os tutores e curadores, pelos tributos devidos por seus tutelados ou curatelados;

III – os administradores de bens de terceiros, pelos tributos devidos por estes;

IV – o inventariante, pelos tributos devidos pelo espólio;

V – o síndico e o comissário, pelos tributos devidos pela massa falida ou pelo concordatário;

VI – os tabeliães, escrivães e demais serventuários de ofício, pelos tributos devidos sobre os atos praticados por eles, ou perante eles, em razão do seu ofício;

VII – os sócios, no caso de liquidação de sociedade de pessoas.

Parágrafo único. O disposto neste artigo só se aplica, em matéria de penalidades, às de caráter moratório.

Por tal circunstância, Renato Lopes Becho, que, além de tributarista respeitado, tem larga experiência como juiz em execuções fiscais, conclui que a responsabilidade tributária de terceiros seria tema de execução fiscal. Afinal, o pressuposto para sua ocorrência é a impossibilidade econômica e esta somente seria verificada no referido processo, não havendo, pois, condições para a indigitada responsabilidade tributária ser averiguada em procedimento prévio à execução fiscal. Daí sugerir o autor que comprovada a insolvência na execução fiscal deve o feito ser sobrestado, nos termos do art. 40 da Lei n. 6.830/80, até que corra procedimento administrativo para a responsabilização do terceiro, ou até que ocorra a prescrição intercorrente[152]. A exigência de um procedimento administrativo, conforme se verá a seguir, merece aplauso, já que tem sido sua ausência uma das maiores faltas no tema da responsabilidade tributária. Não parece evidente, contudo, que não se possa, já no âmbito do procedimento administrativo, constatar a insolvência do devedor originário e imputar-se a responsabilidade.

Como já foi apontado acima, conquanto o dispositivo se refira a responsabilidade solidária, esta somente surge no caso de não se conseguir exigir o cumprimento da obrigação pelo contribuinte.

Por outro lado, uma vez surgida a responsabilidade, então será ela solidária, no sentido de que o sujeito ativo poderá exigir o crédito tanto do sujeito passivo original, como do responsável. Ou seja: se o sujeito ativo esgotou as possibilidades de cobrança perante o sujeito passivo original, pode ele cobrar o total do crédito do responsável. Se, entretanto, novos fatos tornarem possível a cobrança do crédito do sujeito passivo original, nada impede venha ele a ser exigido do último, mesmo que antes tivesse surgido a responsabilidade.

Haverá solidariedade, ainda, entre os próprios responsáveis, se mais de uma pessoa se enquadrar na situação descrita no dispositivo. Assim, todos os sócios são solidariamente responsáveis, no caso de liquidação de sociedade de pessoas cuja responsabilidade não seja limitada por lei.

Deve-se observar que a responsabilidade não surge em virtude do fato jurídico tributário. Este implica, apenas, a obrigação do contribuinte (ou eventualmente de seu substituto); a responsabilidade a que se refere o art. 134 exige a prática de um ato por parte do responsável, ou uma omissão a este imputada, quando lhe incumbia alguma ação. Por meio de tal ação ou omissão, torna-se responsável quem antes não o era.

Ou seja: não se há de entender o dispositivo acima no sentido de tornar as pessoas arroladas responsáveis por qualquer tributo devido, pois não é caso de substituição; é necessário que uma ação ou omissão dessas pessoas tenha o efeito de gerar a impossibilidade de exigência do cumprimento da obrigação principal pelo sujeito passivo originário.

Esse aspecto torna-se evidente quando se toma o caso do síndico da massa falida: é corriqueiro que esta não possa solver seus débitos, inclusive os tributários. Nem por isso, será o síndico responsável pelos tributos. Todavia, se por causa de seu ato ou omissão, o débito tributário deixa de ser pago, aí então se torna ele responsável.

A leitura do art. 134 implica que, por conta de uma ação ou omissão do responsável, o sujeito passivo originário se torne incapacitado de solver a obrigação tributária. Abrem-se duas possibilidades: (i) o sujeito passivo originário nada deveria e, em virtude de uma ação ou omissão do responsável, passou a dever tributo que não tem condições de arcar; ou (ii) o sujeito passivo originário já devia o tributo e uma ação ou omissão do responsável torna-o incapacitado de suportá-lo.

---

152 Cf. BECHO, Renato Lopes. Desdobramentos das decisões sobre responsabilidade tributária de terceiros no STF: regras matrizes de responsabilização, devido processo legal e prazos de decadência e prescrição. *Revista Dialética de Direito Tributário*, n. 204, set. 2012, p. 45-57.

A aplicação do art. 134 exige, assim, que cumulativamente:

- exista um débito tributário contra um sujeito passivo originário, abrangendo, em matéria de penalidades, apenas as de caráter moratório;
- seja impossível a cobrança do débito do sujeito passivo originário;
- o débito surja em virtude de uma ação ou omissão do responsável ou, alternativamente;
- a impossibilidade se deva a um ato ou omissão imputáveis ao responsável (culpa).

A primeira alternativa torna evidente a vinculação ao fato jurídico tributário, exigida pelo art. 128 do Código Tributário Nacional. A obrigação surge imputada ao contribuinte, mas para seu nascimento houve decisiva participação (ou omissão) do responsável. Tomando-se o caso do inventariante que pratica um ato em nome do espólio, cabe-lhe responder pelos tributos devidos pelo espólio em decorrência de tal ato; por outro lado, se o espólio deve tributos sem que para tanto tenha concorrido o inventariante, este nada tem a responder. Assim, se o espólio é proprietário de um imóvel, cabe-lhe exclusivamente a obrigação de pagar o IPTU; se o espólio aliena o imóvel, por ato praticado pelo inventariante, então este responderá, posto que subsidiariamente, pelo ITBI, se devido pelo alienante.

No segundo caso, não há, propriamente, uma vinculação com o fato jurídico tributário: o responsável não contribuiu para o nascimento da obrigação tributária; entretanto, foi seu ato ou omissão que tornou o contribuinte insolvente. Assim, evidencia-se o vínculo com o próprio contribuinte, satisfazendo, pelo lado pessoal, o requisito do vínculo exigido pelo art. 128.

Num e noutro caso, é comum a circunstância de que o responsável não é um estranho em relação à situação que constituiu o fato jurídico tributário. Ele tem, sempre, condições de se ressarcir (ou precaver) perante o contribuinte que é, insista-se, quem contraiu o débito tributário.

Não é demais repetir que em decorrência do citado art. 128 do Código Tributário Nacional, a responsabilidade não há de ultrapassar o próprio débito: o tributo deve atingir o patrimônio do contribuinte e, nesse sentido, a responsabilidade apenas se justifica na medida da possibilidade de o responsável ressarcir-se – ou precaver-se – do tributo exigido.

Tormentosa é a questão da extensão da responsabilidade no caso dos administradores: seja ele o inventariante, no caso do espólio, sejam síndico, comissário ou mesmo os sócios: como definir quais os atos pelos quais respondem?

A resposta passa pela leitura atenta do dispositivo acima transcrito: importa verificar se houve um ato praticado pelo administrador, ou omissão a ele imputada. Assim, se são vários os sócios de uma sociedade, mas somente alguns a administram, é a eles que se imputam as ações ou omissões, não àqueles que não participaram da administração.

Mesmo havendo vários administradores, evidenciado que um deles não concorreu para a prática do ato, ou não responde pela omissão, não cabe falar em responsabilidade tributária.

Ainda no que tange aos atos por que sejam responsáveis, importa dar luz ao caso da dissolução irregular de sociedades de pessoas. Não é qualquer dissolução que dá ensejo à responsabilidade, mas aquela irregular, fora dos parâmetros do Direito. Não autoriza o dispositivo que se responsabilizem os sócios da sociedade que não se dissolveu, tampouco daquela que se extinguiu nos termos de Direito.

Numa dissolução regular, será o direito privado quem disciplinará a responsabilidade pelos débitos da sociedade. Haverá, por certo, casos em que os sócios responderão ilimitadamente, como as sociedades em nome coletivo (art. 1.039 do Código Civil). Já nas sociedades em comandita simples, apenas uma categoria de sócios, a dos comanditados, responde solidária e ilimitadamente pelos débitos da sociedade (art. 1.045 do Código Civil). Nesse caso, ocorrendo dissolução regular, o Fisco nada pode haver dos comanditários. Finalmente, nas sociedades limitadas com capital integralizado, nenhum dos sócios responderá com seu patrimônio pessoal pelas dívidas contraídas pela sociedade, se regularmente dissolvida. Nos casos em que a lei prevê responsabilidade limitada dos sócios, apenas a dissolução irregular os tornará responsáveis pelos débitos tributários e, ainda assim, caso eles, sócios, contribuam para a dissolução irregular.

O Superior Tribunal de Justiça entende irregular a dissolução da sociedade quando esta deixa de funcionar no seu domicílio fiscal, sem comunicação aos órgãos competentes, comercial e tributário; nesse caso, admite-se a responsabilização do sócio-gerente, a quem cabe provar não ter agido com dolo, culpa, fraude ou excesso de poder ou, ainda, que não tenha ocorrido a dissolução irregular ou que, à época desta, não mais administrava ou integrava a sociedade[153]. O assunto se encontra atualmente sumulado por aquele Tribunal. Reza a Súmula 435: "Presume-se dissolvida irregularmente a empresa que deixar de funcionar no seu domicílio fiscal, sem comunicação aos órgãos competentes, legitimando o redirecionamento da execução fiscal para o sócio-gerente".

Quanto aos casos de falência, a jurisprudência do Superior Tribunal de Justiça ainda não se pacificou. Encontram-se manifestações no sentido de que "a decretação de falência não autoriza o redirecionamento da execução fiscal. Nesses casos, a responsabilidade é inteiramente da empresa extinta com o aval da justiça, sem ônus para os sócios, exceto quando houver comportamento fraudulento"[154]; chegando a considerar que "inexiste previsão legal para suspensão da execução, mas para sua extinção, sem exame de mérito, nas hipóteses de insuficiência de bens da massa falida para garantia da execução fiscal"[155]. Entretanto, também há casos em que se entendeu que a execução poderia ser redirecionada contra os sócios, mesmo em caso de falência, quando o nome dos sócios já constava da Certidão da Dívida Ativa, em face da presunção de legitimidade, certeza e liquidez que milita em favor desse título executivo, nos termos do art. 3º da Lei n. 6.830/80[156].

Ademais, hipótese controversa está presente no caso das micro ou pequenas empresas. Como o art. 9º, *caput*, e § 4º da Lei Complementar 123/2006 permite a baixa (extinção) das pessoas jurídicas sem implicar extinção de eventuais obrigações tributárias, torna-se possível dissolução regular, mesmo não computando todos os débitos tributários. Tendo isso em vista, a Primeira Turma do

153 STJ, AgRg no REsp n. 1.120.385, 2ª Turma, rel. Min. Eliana Calmon, j. 03.12.2009, D.J. 15.12.2009; AgRg no REsp n. 933.209, 2ª Turma, rel. Min. Mauro Campbell Marques, j. 01.12.2009, D.J. 10.12.2009; Embargos de Declaração no AgRg no REsp n. 1.008.284 RS, 1ª Turma, rel. Min. Luiz Fux, j. 15.12.2009, D.J. 09.02.2010; Embargos de Declaração no AgRg no REsp n. 1.276.594, 2ª Turma, rel. Min. Humberto Martins, j. 28.05.2013, D.J. 05.08.2013; REsp n. 1.344.414, 2ª Turma, rel. Min. Eliana Calmon, j. 13.08.2013, D.J. 20.08.2013; Embargos de Declaração no Ag no REsp n. 287.963, 2ª Turma, rel. Min. Eliana Calmon, j. 20.08.2013, D.J. 28.08.2013; AgRg no REsp n. 1.378.970, 2ª Turma, rel. Min. Humberto Martins, j. 20.08.2013, D.J. 30.08.2013.

154 STJ, REsp n. 737.282, 1ª Turma, rel. Min. Teori Albino Zavascki, j. 04.11.2009, D.J. 16.11.2009. Este mesmo Acórdão faz referência, no mesmo sentido, ao AgRg no AgRg no REsp n. 638.765-RS, 2ª Turma, rel. Min. Humberto Martins, D.J. 30.09.2009; ao AgRg no Ag n. 971.741-SP, 2ª Turma, rel. Min. Castro Meira, D.J. 04.08.2008; e ao REsp n. 868.095, 2ª Turma, rel. Min. Eliana Calmon, D.J. 11.04.2007.

155 STJ, REsp n. 1.160.973, 1ª Turma, rel. Min. Luiz Fux, j. 28.20.2009, D.J. 17.12.2009.

156 STJ, REsp n. 945.090, 2ª Turma, rel. Min. Eliana Calmon, rel. p/ acórdão Min. Carlos Meira, j. 19.11.2009.

Superior Tribunal de Justiça entendeu, com base no art. 134, VII, do Código Tributário Nacional, ser "possível o imediato redirecionamento do feito contra o sócio", cabendo a este "demonstrar a eventual insuficiência do patrimônio recebido por ocasião da liquidação". Ou seja, para se desonerar da responsabilidade pelos débitos exequendos, compete ao sócio comprovar - ainda que seu nome não conste na Certidão de Dívida Ativa - ausência de recursos advindos da dissolução da empresa, pois sua responsabilidade está atrelada ao quinhão recebido[157].

Anote-se, por fim, que, nos termos do parágrafo único, a responsabilidade não se estende às penalidades de caráter punitivo. Havendo infração, então já não é o caso de se aplicar o art. 134, mas o dispositivo subsequente:

> Art. 135. São pessoalmente responsáveis pelos créditos correspondentes a obrigações tributárias resultantes de atos praticados com excesso de poderes ou infração de lei, contrato social ou estatutos:
>
> I – as pessoas referidas no artigo anterior;
>
> II – os mandatários, prepostos e empregados;
>
> III – os diretores, gerentes ou representantes de pessoas jurídicas de direito privado.

Conforme já apontado, o art. 135 abrange (embora não exclusivamente) as mesmas pessoas arroladas no art. 134, mas versa sobre os casos de infração à lei ou excesso de poderes. Nesse caso, há a responsabilidade "pessoal".

Interessante notar que a redação do art. 135 faz cogitar um crédito correspondente a uma obrigação tributária resultante de atos ilícitos. Como um tributo não é sanção por ato ilícito (art. 3º do Código Tributário Nacional), abrem-se duas possibilidades: (i) o dispositivo referir-se-ia apenas às penalidades, já que estas, nos termos do art. 113 do Código Tributário Nacional, são incluídas na "obrigação principal"; ou (ii) o dispositivo versaria sobre uma obrigação tributária, decorrente de um ato lícito, para cujo nascimento tenha concorrido, com prática ilícita, uma das pessoas referidas no referido artigo.

A primeira interpretação é a que faria mais sentido, já que por ela, ter-se-ia que o crédito relativo ao tributo continuaria devido pelo sujeito passivo originário, enquanto a penalidade seria imputada diretamente ao responsável. Explicaria, assim, satisfatoriamente, o emprego da expressão "pessoalmente responsáveis", no sentido de excluir o sujeito passivo originário da penalidade. Assim, concluir-se-ia que enquanto o tributo continuaria a ser exigido do sujeito passivo definido pela lei (contribuinte ou substituto), a penalidade seria direcionada àquele que atuou com excesso de poderes ou infração à lei, contrato social ou estatutos.

Essa interpretação, posto que coerente com o referido dispositivo, tem a seu desfavor o art. 137, abaixo exposto, que se refere a responsabilidade "quanto às infrações": a utilização dessa expressão indica que o legislador complementar afastou, ali, o tributo, para apenas incluir as penalidades. *A contrario sensu,* se o legislador complementar utiliza a expressão *créditos correspondentes a*

157 STJ, REsp n. 1.591.419, 1ª Turma, rel. Min. Gurgel de Faria, j. 20.09.2016, D.J. 26.10.2016.

obrigações tributárias, deve-se compreender que não se limita a responsabilidade "pessoal" do art. 135 às penalidades, mas a todo o crédito.

Há quem veja no art. 135 mandamento inspirado na legislação societária, em casos de abuso da razão social (art. 158 da Lei n. 6.404/76). Nessa hipótese, o dispositivo versaria sobre situação na qual administradores atuam contra os interesses das pessoas jurídicas, a quem cabe denunciá-los e buscar a responsabilização apenas (pessoal) da pessoa física que os praticou[158].

Diversa é a interpretação prevalecente. Prefere-se acreditar que a expressão "resultantes" denotaria a ocorrência de um ato/fato jurídico complexo, composto de três aspectos: (i) um ato praticado com excesso de poderes, infração de lei, contrato social ou estatutos (ato ilícito); (ii) o fato jurídico tributário (lícito); (iii) uma relação de causalidade entre o ato ilícito do responsável e o fato lícito[159].

Entretanto, como reconhece Maria Lucia Aguilera, essa interpretação não é a que se verifica na jurisprudência, no caso de dissolução irregular, em que a responsabilidade pelo pagamento dos tributos devidos pela sociedade é atribuída aos administradores, sem que fique demonstrada a relação de causalidade entre a dissolução irregular (ilícito societário) e os fatos jurídicos tributários imputados à sociedade. A autora aponta o próprio dispositivo, já que se dispensa que a obrigação tributária seja resultante de atos ilícitos: basta que haja outra relação de causalidade: entre o ilícito societário (dissolução irregular) e a impossibilidade de adimplemento do crédito tributário[160]. Esse entendimento desconsidera que é o art. 134, não o art. 135, que versa sobre a responsabilização dos sócios no caso de dissolução irregular.

Adotado tal entendimento, surge a dúvida sobre a expressão "pessoal". Implica o dispositivo afastar a responsabilidade do sujeito passivo originário?

No que se refere ao tributo propriamente dito, não parece acertado entender que a "pessoalidade" exclua a responsabilidade do sujeito passivo originário. Afinal, como já foi ressaltado, a sujeição passiva por responsabilidade, posto que implicando a inserção de terceiro no polo passivo da relação jurídico-tributária, versa apenas sobre a *obligatio*, não sobre o *debitum*, imputável, sempre, ao contribuinte. Por isso mesmo já foi apontada a importância do art. 128 do Código Tributário Nacional como chave para compreender a responsabilidade: vinculando-se ao fato jurídico tributário, ou ao contribuinte, tem o responsável a possibilidade de se ressarcir do (ou precaver-se contra) contribuinte pelo tributo. Ou seja: a responsabilidade tributária não é instrumento pelo qual o contribuinte deixa de arcar com o ônus do tributo: mesmo quando deslocado do polo passivo, a lei assegura meios para que seja ele atingido.

Descartada a possibilidade de o contribuinte afastar-se do *debitum*, cabe ver se lhe resta a responsabilidade. A leitura do art. 128 indica a situação do contribuinte: em regra, uma vez apontada,

---

158 Cf. BECHO, Renato L. Responsabilidade tributária de terceiros – O Art. 135 do CTN. *Revista Dialética de Direito Tributário*, n. 197, fev. 2012, p. 127-137.

159 Cf. AGUILERA, Maria Lucia. Responsabilidade de terceiros decorrente da prática de ilícitos e o lançamento de ofício: o caso da responsabilidade pessoal dos administradores. In: FERRAGUT, Maria Rita; NEDER, Marcos Vinicius (coords.). *Responsabilidade tributária*. São Paulo: Dialética, 2007, p. 126-142 (131).

160 Cf. AGUILERA, Maria Lucia. Op. loc. cit. (nota 159).

de modo expresso, a responsabilidade pelo crédito a terceira pessoa, pode a lei, também de modo expresso:

- Excluir a responsabilidade do contribuinte, ou
- Atribuir a responsabilidade ao contribuinte em caráter supletivo do cumprimento total ou parcial da referida obrigação.

Ocorre que o art. 135 silencia acerca da responsabilidade do contribuinte. Não a exclui nem a atribui em caráter supletivo. Ora, se o referido art. 128 dispõe dever a lei regular o assunto de modo expresso, não há como concluir pela exclusão ou subsidiariedade da responsabilidade do contribuinte.

Acerta, neste ponto, Hugo de Brito Machado:

> *(...) A lei diz que são pessoalmente responsáveis, mas não diz que sejam os únicos. A exclusão da responsabilidade, a nosso ver, teria de ser expressa.*
>
> *Com efeito, a responsabilidade do contribuinte decorre de sua condição de sujeito passivo direto da relação obrigacional tributária. Independe de disposição legal que expressamente a estabeleça. Assim, em se tratando de responsabilidade inerente à própria condição de contribuinte, não é razoável admitir-se que desapareça sem que a lei o diga expressamente. Isto, aliás, é o que se depreende do disposto no art. 128 do Código Tributário Nacional, segundo o qual "a lei pode atribuir de modo expresso a responsabilidade pelo crédito tributário a terceira pessoa, vinculada ao fato gerador da respectiva obrigação, excluindo a responsabilidade do contribuinte ou atribuindo-a a este em caráter supletivo do cumprimento total ou parcial da referida obrigação". Pela mesma razão que se exige dispositivo legal expresso para a atribuição da responsabilidade a terceiro, também se há de exigir dispositivo legal expresso para excluir a responsabilidade do contribuinte*[161].

Por outro lado, o art. 135 não esclarece se a responsabilidade dos sócios se dá em caráter supletivo ou solidário.

Na doutrina, há os que negam qualquer solidariedade, excluindo o sujeito passivo originário da relação jurídico-tributária[162]. Aqueles que o mantêm no polo passivo da relação tributária defendem, em regra, a solidariedade[163], ou até mesmo ser subsidiária a responsabilidade do administrador, que só haveria no caso de este ter gerado o "ilícito" de ter tornado impossível a satisfação do crédito no

---

161 Cf. MACHADO, Hugo de Brito. *Curso de Direito Tributário*. 38. ed. revista e atualizada. São Paulo: Malheiros, 2017, p. 166.

162 Aliomar Baleeiro entendia ser caso de "responsabilidade por substituição. As pessoas indicadas no art. 135 passam a ser os responsáveis ao invés do contribuinte." Cf.______. *Direito Tributário Brasileiro*. 11. ed., atualizada por Misabel Abreu Machado Derzi. Rio de Janeiro: Forense, 2004, p. 755. No mesmo sentido, cf. MARTINS, Ives Gandra da Silva; CAMPOS, Dejalma de. *Caderno de pesquisas tributárias* – Responsabilidade tributária. Ives Gandra da Silva Martins (coord.). vol. 5, 2ª tiragem. São Paulo: Resenha Tributária/CEEU, 1990, p. 34-35 e 108-109; OLIVEIRA, Julio M. de. Responsabilidade tributária dos sócios e administradores. In: BARRETO, Aires Fernandino e outros. *Congresso do IBET, III*. Interpretação e estado de Direito. São Paulo: Noeses, 2006, p. 405-424 (412); COÊLHO, Sacha Calmon Navarro. *Curso de Direito Tributário Brasileiro*. 9. ed. Rio de Janeiro: Forense, 2006, p. 730; BECHO, Renato Lopes. Art. 135. In: PEIXOTO, Marcelo Magalhães; MASSET, Rodrigo Santos (coords.). *Comentários ao Código Tributário Nacional*. São Paulo: MP, 2005, p. 1037.

163 Cf. MACHADO, Hugo de Brito. *Comentários ao Código Tributário Nacional*. vol. 2, arts. 96 a 138. São Paulo: Atlas, 2004, p. 595; ASSIS, Emanuel Carlos Dantas de. Arts. 134 e 135 do CTN: Responsabilidade culposa e dolosa dos sócios e administradores de empresas por dívidas tributárias da pessoa jurídica. In: FERRAGUT, Maria Rita; NEDER, Marcos Vinicius (coords.). *Responsabilidade tributária*. São Paulo: Dialética, 2007, p. 143-162 (155-156).

patrimônio do devedor originário[164]. A jurisprudência do Superior Tribunal de Justiça é vacilante. Conforme levantamento de Fernando Brasil de Oliveira Pinto, a responsabilidade prevista no art. 135 do Código Tributário Nacional é apresentada, por vezes, como por substituição (REsp 670.174--RJ e AgRg no REsp 724.180-PR), ora como subsidiária (REsp 833.621-RS, REsp 545.080-MG), havendo ainda casos de responsabilidade solidária (AgRg no Ag 748.254-RS e REsp 86.439-ES), além de ocasião em que foi tratada como subsidiária e por substituição, concomitantemente (EDcl no REsp 724.077-SP)[165].

Há, entretanto, precedente afastando do polo passivo o contribuinte, afirmando a responsabilidade pessoal do representante legal da empresa[166]. Da ementa, extrai-se a seguinte passagem:

> *10. Deveras, o efeito gerado pela responsabilidade pessoal reside na exclusão do sujeito passivo da obrigação tributária (*in casu*, a empresa executada), que não mais será levado a responder pelo crédito tributário, tão logo seja comprovada qualquer das condutas dolosas previstas no art. 135 do CTN.*

A solidariedade, nos termos do art. 124, deveria ser expressamente prevista por lei ou decorrer de um "interesse comum". Ao examinar o rol das pessoas indicadas no art. 135, vê-se que elas não têm interesse comum na situação que constitui o fato jurídico tributário. Relacionam-se, sem dúvida, a este, mas não ocupam o mesmo polo de interesse do contribuinte. Tampouco diz a lei que a responsabilidade do contribuinte é supletiva em relação ao responsável.

Ora, solidariedade existe quando a totalidade do crédito pode ser cobrada de qualquer dos devedores. Se a lei não prevê solidariedade, significa que pelo menos um dos devedores (o sujeito passivo originário ou o responsável) não responde pelo todo do crédito tributário.

Parece que a solução deveria passar pelo desdobramento do crédito tributário, entre o tributo, propriamente dito, e a penalidade: o contribuinte apenas deveria ser chamado para responder pelo tributo, já que incorreu no fato jurídico tributário, posto que com o concurso do responsável; já o responsável responderia pelo "crédito tributário", ali incluída a penalidade. Conquanto não seja esta a prática atual, não se pode deixar de registrar este entendimento.

Finalmente, deve-se ressalvar que na hipótese em que o agente agiu contrariamente ao interesse da sociedade, esta não poderá vir a ser chamada para recolher qualquer parcela do crédito: nesse caso, não haverá fato imputado a ela, sociedade, mas apenas ao agente. Este incorre diretamente no fato jurídico tributário e responde pelos seus débitos, aplicando-se, então o art. 137, não o art. 135.

É feliz o Código Tributário Nacional, quando utiliza, no art. 137, a expressão "agente", ao passo que o art. 135 fala em "responsável". Este ainda atua em nome de terceiro, enquanto o agente tem atos em seu próprio interesse.

Assim, se um diretor de uma sociedade desvia negócios da empresa para sua conta pessoal, cometendo ilícito contra a sociedade, será ele, o diretor, quem responderá pela integralidade do crédito tributário. Não é caso de responsabilidade, regida pelo art. 135. É, antes, imputação direta do

164 Cf. PEIXOTO, Daniel Monteiro. Op. cit. (nota 124), p. 115.

165 Cf. PINTO, Fernando Brasil de Oliveira. A apuração da responsabilidade tributária dos representantes legais de empresas no processo administrativo fiscal federal. *Revista Dialética de Direito Tributário*, n. 198, mar. 2012, p. 62-85 (74).

166 STJ, REsp n. 1.104.064-RS, 1ª Turma, rel. Min. Luiz Fux, j. 02.12.2010, *DJe* 14.12.2010.

fato jurídico ao agente, posto que agindo sob a fachada da pessoa jurídica, a qual, no caso, não concorre para o ato. O art. 137 esclarece ser a responsabilidade pessoal do agente.

Por outro lado, não pode deixar de ser visto que a responsabilidade "pessoal" das pessoas arroladas no art. 135 não se dá em qualquer caso, mas apenas nos atos praticados com excesso de poderes ou infração de lei, contrato social ou estatuto. Nota-se que a infração de que cogita o dispositivo não há de ser a mera falta de recolhimento de tributo. Claro que não recolher um tributo no prazo é uma infração a lei. Entretanto, fosse esse o alcance do art. 135, então não teria sentido o art. 134, que já versa sobre responsabilização por não recolhimento do tributo. Para que o último dispositivo tenha algum alcance, há de se entender que o art. 135 compreende as infrações a leis não tributárias; e, no que se refere às infrações a leis tributárias, excetua-se o mero inadimplemento.

Poder-se-ia acreditar que o mero inadimplemento seria razão suficiente para estender a responsabilidade, já que, afinal, não deixa de ser uma infração à lei. No entanto, o Superior Tribunal de Justiça afastou tal possibilidade, sob a metodologia dos recursos repetitivos, exigindo prova de efetiva infração à lei ou ao contrato social:

> *TRIBUTÁRIO. RECURSO ESPECIAL. EXECUÇÃO FISCAL. TRIBUTO DECLARADO PELO CONTRIBUINTE. CONSTITUIÇÃO DO CRÉDITO TRIBUTÁRIO. PROCEDIMENTO ADMINISTRATIVO. DISPENSA. RESPONSABILIDADE DO SÓCIO. TRIBUTO NÃO PAGO PELA SOCIEDADE.*
>
> 1. *A jurisprudência desta Corte, reafirmada pela Seção inclusive em julgamento pelo regime do art. 543-C do CPC, é no sentido de que "a apresentação de Declaração de Débitos e Créditos Tributários Federais – DCTF, de Guia de Informação e Apuração do ICMS – GIA, ou de outra declaração dessa natureza, prevista em lei, é modo de constituição do crédito tributário, dispensando, para isso, qualquer outra providência por parte do Fisco" (REsp 962.379, 1ª Seção, DJ de 28.10.08).*
> 2. *É igualmente pacífica a jurisprudência do STJ no sentido de que a simples falta de pagamento do tributo não configura, por si só, nem em tese, circunstância que acarreta a responsabilidade subsidiária do sócio, prevista no art. 135 do CTN. É indispensável, para tanto, que tenha agido com excesso de poderes ou infração à lei, ao contrato social ou ao estatuto da empresa (EREsp 374.139/RS, 1ª Seção, DJ de 28.02.2005).*
> 3. *Recurso especial parcialmente conhecido e, nessa parte, parcialmente provido. Acórdão sujeito ao regime do art. 543-C do CPC e da Resolução STJ 08/08*[167].

Evidencia-se o descabimento da Lei n. 8.620, de 05.01.1993, quando pretendeu atribuir aos sócios a responsabilidade solidária pelo pagamento de contribuições previdenciárias de forma objetiva, i.e., sem que primeiramente se comprovasse a ocorrência da hipótese do art. 135. O referido dispositivo foi rechaçado pela primeira Seção do Superior Tribunal de Justiça, que entendeu que a lei ordinária deve observar as condições do art. 135, III, do Código Tributário Nacional[168]. O mesmo entendimento foi adotado pelo Plenário do Supremo Tribunal Federal, conforme se extrai da seguinte decisão, que foi examinada com a característica de repercussão geral:

---

167 STJ, REsp n. 1.101.728-SP, 1ª Seção, rel. Min. Teori Albino Zavascki, j. 11.03.2009, *DJe* 23.03.2009.

168 STJ, REsp n. 717.717-SP, 1ª Seção, rel. Min. José Delgado, j. 28.09.2005, D.J. 08.05.2006.

Direito tributário. Responsabilidade tributária. Normas gerais de direito tributário. Art. 146, III, da CF. Art. 135, III, do CTN. Sócios de Sociedade Limitada. Art. 13 da Lei 8.620/93. Inconstitucionalidades formal e material. Repercussão geral. Aplicação da decisão pelos demais tribunais.

1. *Todas as espécies tributárias, entre as quais as contribuições de seguridade social, estão sujeitas às normas gerais de direito tributário.*
2. *O Código Tributário Nacional estabelece algumas regras matrizes de responsabilidade tributária, como a do art. 135, III, bem como diretrizes para que o legislador de cada ente político estabeleça outras regras específicas de responsabilidade relativamente aos tributos da sua competência, conforme seu art. 128.*
3. *O preceito do art. 124, II, no sentido de que são solidariamente obrigadas "as pessoas expressamente designadas por lei", não autoriza o legislador a criar novos casos de responsabilidade tributária sem a observância dos requisitos exigidos pelo art. 128 do CTN, tampouco a desconsiderar as regras matrizes de responsabilidade e terceiros estabelecidas em caráter geral pelos arts. 134 e 135 do mesmo diploma. A previsão legal de solidariedade entre devedores – de modo que o pagamento efetuado por um aproveite aos demais, que a interrupção da prescrição, em favor ou contra um dos obrigados, também lhes tenha efeitos comuns e que a isenção ou remissão de crédito exonere a todos os obrigados quando não seja pessoal (art. 125 do CTN) – pressupõe que a própria condição de devedor tenha sido estabelecida validamente.*
4. *A responsabilidade tributária pressupõe duas normas autônomas: a regra matriz de incidência tributária e a regra matriz de responsabilidade tributária, cada uma com seu pressuposto de fato e seus sujeitos próprios. A referência ao responsável enquanto terceiro (dritter persone, terzo ou tercero) evidencia que não participa da relação contributiva, mas de uma relação específica de responsabilidade tributária, inconfundível com aquela. O "terceiro" só pode ser chamado responsabilizado na hipótese de descumprimento de deveres próprios de colaboração para com a Administração Tributária, estabelecidos, ainda que* a contrario sensu, *na regra matriz de responsabilidade tributária, e desde que tenha contribuído para a situação de inadimplemento pelo contribuinte.*
5. *O art. 135, III, do CTN responsabiliza apenas aqueles que estejam na direção, gerência ou representação da pessoa jurídica e tão somente quando pratiquem atos com excesso de poder ou infração à lei, contrato social ou estatutos. Desse modo, apenas o sócio com poderes de gestão ou representação da sociedade é que pode ser responsabilizado, o que resguarda a pessoalidade entre o ilícito (má gestão ou representação) e a consequência de ter de responder pelo tributo devido pela sociedade.*
6. *O art. 13 da Lei 8.620/93 não se limitou a repetir ou detalhar a regra de responsabilidade constante do art. 135 do CTN, tampouco cuidou de uma nova hipótese específica e distinta. Ao vincular à simples condição de sócio a obrigação de responder solidariamente pelos débitos da sociedade limitada perante a Seguridade Social, tratou a mesma situação genérica regulada pelo art. 135, III, do CTN, mas de modo diverso, incorrendo em inconstitucionalidade por violação ao art. 146, III, da CF.*
7. *O art. 13 da Lei 8.620/93 também se reveste de inconstitucionalidade material, porquanto não é dado ao legislador estabelecer confusão entre os patrimônios das pessoas física e jurídica, o que, além de impor desconsideração* ex lege *e objetiva da personalidade jurídi-*

ca, descaracterizando as sociedades limitadas, implica irrazoabilidade e inibe a iniciativa privada, afrontando os arts. 5º, XIII, e 170, parágrafo único, da Constituição.

8. *Reconhecida a inconstitucionalidade do art. 13 da Lei 8.620/93, na parte em que determinou que os sócios das empresas por cotas de responsabilidade limitada responderiam solidariamente, com seus bens pessoais, pelos débitos junto à Seguridade Social*[169].

A decisão, vale notar, não só é relevante por reconhecer que a lei ordinária deve dobrar-se ao CTN, mas também porque explicita o teor deste, no que se refere à responsabilidade, dizendo quem pode ser um "terceiro", vinculando os arts. 124, 128 e 135.

Embora não se afaste a necessidade de prática de ato ilícito ou em excesso de poderes para que se caracterize a responsabilidade do art. 135, a jurisprudência vem dispensando tal prova nos casos em que o nome dos administradores ou dos sócios conste da própria Certidão de Dívida Ativa. Não se trata, insista-se, de dispensa do requisito, mas de mera questão processual: revestida a Certidão de liquidez e certeza, presume-se tenha havido o ato ilícito exigido pela lei complementar. A Primeira Seção do Superior Tribunal de Justiça uniformizou entendimento diferenciando os casos em que o nome do sócio consta, ou não, da Certidão de Dívida Ativa: se não consta, cabe ao Fisco comprovar a infração à lei, contrato social ou estatuto; se consta, há presunção *juris tantum* daquela infração. Confira-se:

TRIBUTÁRIO. EMBARGOS DE DIVERGÊNCIA. ART. 135 DO CTN. RESPONSABILIDADE DO SÓCIO-GERENTE. EXECUÇÃO FUNDADA EM CDA QUE INDICA O NOME DO SÓCIO. REDIRECIONAMENTO. DISTINÇÃO.

1. Iniciada a execução contra a pessoa jurídica e, posteriormente, redirecionada contra o sócio-gerente, que não constava da CDA, cabe ao Fisco demonstrar a presença de um dos requisitos do art. 135 do CTN. Se a Fazenda Pública, ao propor a ação, não visualizava qualquer fato capaz de estender a responsabilidade ao sócio-gerente e, posteriormente, pretende voltar-se também contra o seu patrimônio, deverá demonstrar infração à lei, ao contrato social ou aos estatutos ou, ainda, dissolução irregular da sociedade.
2. Se a execução foi proposta contra a pessoa jurídica e contra o sócio-gerente, a este compete o ônus da prova, já que a CDA goza de presunção relativa de liquidez e certeza, nos termos do art. 204 do CTN c/c o art. 3º da Lei 6.830/80.
3. Caso a execução tenha sido proposta somente contra a pessoa jurídica e havendo indicação do nome do sócio-gerente na CDA como corresponsável tributário, não se trata de típico redirecionamento. Neste caso, o ônus da prova compete igualmente ao sócio, tendo em vista a presunção relativa de liquidez e certeza que milita em favor da Certidão de Dívida Ativa.
4. Na hipótese, a execução foi proposta com base em CDA da qual constava o nome do sócio-gerente como corresponsável tributário, do que se conclui caber a ele o ônus de provar a ausência dos requisitos do art. 135 do CTN.
5. Embargos de divergência providos[170].

169 STF, RE n. 562.276-PR, Tribunal Pleno, rel. Min. Ellen Gracie, j. 03.11.2010, *DJe* 09.02.2011. *Revista Dialética de Direito Tributário*, n. 187, abr. 2011, p. 186.

170 STJ, Embargos de Divergência no REsp n. 702.232 RS, 1ª Seção, rel. Min. Castro Meira, j. 14.09.2005, D.J.U. 26.09.2005.

Se a matéria é meramente de presunção, fica aberta a possibilidade de se comprovar a inexistência de responsabilidade do administrador.

Apesar de a jurisprudência inclinar-se pela presunção de validade da inscrição na dívida ativa, importa mencionar que a prova em contrário pode ser feita já com base nos atos societários. Assim é que se aceita que se a análise do contrato social da pessoa jurídica evidencia que determinado sócio jamais exerceu gerência ou poder de mando na sociedade, não cabe execução fiscal contra ele, "em que pese o fato de constar da CDA" seu nome[171].

Cabe ainda observar que a questão traz implicações processuais importantes. Se o nome do sócio consta na CDA e é dele o ônus da prova, a defesa terá de ser apresentada por meio de Embargos à Execução Fiscal, consoante decidido pelo Superior Tribunal de Justiça:

> *PROCESSUAL CIVIL. RECURSO ESPECIAL SUBMETIDO À SISTEMÁTICA PREVISTA NO ART. 543-C DO CPC. EXECUÇÃO FISCAL. INCLUSÃO DOS REPRESENTANTES DA PESSOA JURÍDICA, CUJOS NOMES CONSTAM DA CDA, NO POLO PASSIVO DA EXECUÇÃO FISCAL. POSSIBILIDADE. MATÉRIA DE DEFESA. NECESSIDADE DE DILAÇÃO PROBATÓRIA. EXCEÇÃO DE PRÉ-EXECUTIVIDADE. INVIABILIDADE. RECURSO ESPECIAL DESPROVIDO.*
>
> 1. *A orientação da Primeira Seção desta Corte firmou-se no sentido de que, se a execução foi ajuizada apenas contra a pessoa jurídica, mas o nome do sócio consta da CDA, a ele incumbe o ônus da prova de que não ficou caracterizada nenhuma das circunstâncias previstas no art. 135 do CTN, ou seja, não houve a prática de atos "com excesso de poderes ou infração de lei, contrato social ou estatutos".*
> 2. *Por outro lado, é certo que, malgrado serem os embargos à execução o meio de defesa próprio da execução fiscal, a orientação desta Corte firmou-se no sentido de admitir a exceção de pré-executividade nas situações em que não se faz necessária dilação probatória ou em que as questões possam ser conhecidas de ofício pelo magistrado, como as condições da ação, os pressupostos processuais, a decadência, a prescrição, entre outras.*
> 3. *Contudo, no caso concreto, como bem observado pelas instâncias ordinárias, o exame da responsabilidade dos representantes da empresa executada requer dilação probatória, razão pela qual a matéria de defesa deve ser aduzida na via própria (embargos à execução), e não por meio do incidente em comento.*
> 4. *Recurso especial desprovido. Acórdão sujeito à sistemática prevista no art. 543-C do CPC, c/c a Resolução 8/2008 – Presidência/STJ*[172].

Dessa forma, na hipótese de não serem atendidos os requisitos constitucionais (contraditório e ampla defesa) para inclusão do nome do sócio na CDA, ser-lhe-á ainda imposto o ônus da garantia à execução fiscal (condição para apresentação dos embargos à execução) para oferecimento de sua defesa.

Dadas as consequências reconhecidas pela Jurisprudência à inscrição na Dívida Ativa, merecem atenção os critérios para que esta se dê. No âmbito federal, a Procuradoria-Geral da Fazenda Nacional adotou a Portaria n. 180, de 25 de fevereiro de 2010, na qual se lê, conforme alteração promovida pela Portaria n. 713, de 14 de outubro de 2011:

---

171 STJ, Embargos de Declaração no REsp n. 953.366-RS, 2ª Turma, rel. Min. Mauro Campbell Marques, j. 02.12.2010, D.J. 15.12.2010.

172 STJ, REsp n. 1.104.900 ES, 1ª Seção, rel. Min. Denise Arruda, j. 25.03.2009, *DJe* 01.04.2009. Orientação reafirmada no julgamento do REsp n. 1.110.925-SP, 1ª Seção, rel. Min. Teori Albino Zavascki, j. 22.04.2009, *DJe* 04.05.2009 e no AgRg no AI n. 1.260.662-MG, 2ª Turma, rel. Min. Herman Benjamin, j. 02.09.2010, *DJe* 28.02.2011.

Art. 1º Para fins de responsabilização com base no inciso III do art. 135 da Lei n. 5.172, de 25 de outubro de 1966 – Código Tributário Nacional, entende-se como responsável solidário o sócio, pessoa física ou jurídica, ou o terceiro não sócio, que possua poderes de gerência sobre a pessoa jurídica, independentemente da denominação conferida, à época da ocorrência do fato gerador da obrigação tributária objeto de cobrança judicial.

Art. 2º A inclusão do responsável solidário na Certidão de Dívida Ativa da União somente ocorrerá após a declaração fundamentada da autoridade competente da Secretaria da Receita Federal do Brasil (RFB) ou da Procuradoria-Geral da Fazenda Nacional (PGFN) acerca da ocorrência de ao menos uma das quatro situações a seguir:

I – excesso de poderes;

II – infração à lei;

III – infração ao contrato social ou estatuto;

IV – dissolução irregular da pessoa jurídica.

Parágrafo único. Na hipótese de dissolução irregular da pessoa jurídica, deverão ser considerados responsáveis solidários:

I – os sócios-gerentes e os terceiros não sócios com poderes de gerência à época da dissolução irregular;

II – os sócios-gerentes e os terceiros não sócios com poderes de gerência à época da dissolução irregular, bem como os à época do fato gerador, quando comprovado que a saída destes da pessoa jurídica é fraudulenta.

A primeira crítica[173] que se pode fazer à orientação acima vem do disposto no inciso I do parágrafo único do art. 2º, quando determina a inclusão dos sócios-gerentes e terceiros com poderes de gerência à época da dissolução irregular: embora esta possa dar azo à responsabilidade, não se pode perder de vista que o art. 135 do Código Tributário Nacional se refere a atos que sejam imputáveis aos gerentes.

Não é a dissolução irregular o ato ilícito a que se refere o art. 135. Basta ler o dispositivo para ver que o ato ilícito ou com excesso de poderes, praticado pelo responsável, deve ser relacionado com o próprio fato jurídico tributário. Fosse a dissolução irregular o ilícito a que se refere o legislador complementar, então o art. 135 apenas teria aplicação em seu inciso III, já que os dois primeiros incisos nada têm a ver com dissolução irregular, ou com qualquer ato ilícito posterior à ocorrência do fato jurídico tributário. O tutor, por exemplo, torna-se responsável por atos praticados com excesso de poder, sem que se cogite dissolução irregular de seu vínculo. Em síntese, a dissolução irregular é, sim, condição necessária para que se dê a responsabilidade, por preencher o requisito do inciso III do art. 135 do Código Tributário Nacional. Mas não é condição suficiente, já que será necessário que, antes, tenha ocorrido um ato ilícito, ou com excesso de poder, vinculado ao próprio surgimento da obrigação tributária.

Conforme explica o Ministro Humberto Martins, em acórdão que teve votação unânime na 2ª Turma do Superior Tribunal de Justiça, a responsabilização exige que o sócio-gerente (i) tenha tido participação ativa no momento em que surgiu a obrigação tributária em face da sociedade; e (ii)

173 Cf. TAKANO, Caio A. Análise da Portaria PGFN n. 713/2011 em face da jurisprudência do STJ e do art. 135 do Código Tributário Nacional – Limites à responsabilização dos sócios e administradores. *Revista Dialética de Direito Tributário* n. 203, ago. 2012, p. 65-78.

ainda ocupasse sua função no momento da dissolução irregular que dá azo à transferência de responsabilidade. Eis a explicação:

> *Ocorre que o pedido de redirecionamento da execução fiscal, quando fundado na dissolução irregular da sociedade executada, pressupõe a permanência de determinado sócio na administração da empresa no momento da ocorrência dessa dissolução que é, afinal, o fato que desencadeia a responsabilidade pessoal do administrador.*
>
> *Ainda, embora seja necessário demonstrar quem ocupava o posto de gerente no momento da dissolução, é indispensável, antes, que aquele responsável pela dissolução tenha sido também simultaneamente o dentetor da gerência na oportunidade do vencimento do tributo. É que só se dirá responsável o sócio que, tendo poderes para tanto, não pagar o tributo (daí exigir-se seja demonstrada a detenção de gerência no momento do vencimento do débito) e que, ademais, conscientemente, optou pela irregular dissolução da sociedade (por isso, também, exigível a prova da permanência no momento da dissolução irregular)*[174].

A orientação dada pela Portaria PGFN n. 713/2011 pode tornar-se ainda mais preocupante quando se tem em conta que a dissolução irregular da pessoa jurídica é presumida quando a empresa deixa de funcionar em seu domicílio fiscal, sem comunicação aos órgãos competentes, a teor da Súmula 433 do Superior Tribunal de Justiça.

> *Presume-se dissolvida irregularmente a empresa que deixar de funcionar no seu domicílio fiscal, sem comunicação aos órgãos competentes, legitimando o redirecionamento da execução fiscal para o sócio-gerente.*

É bem verdade que a referida Súmula não resiste a uma análise baseada em termos constitucionais, já que se vale de uma presunção simples (dissolução irregular por alteração de domicílio sem comunicação à Administração Tributária), enquanto o Supremo Tribunal Federal inclina-se por rejeitar presunções que "não revelem o esforço do aparato fiscal para identificar as circunstâncias legais"[175].

O resultado da aplicação daquela Súmula, posto que absurdo, é que ao não ser encontrada a empresa em seu domicílio haverá imediata inscrição dos nomes dos sócios-gerentes (algo que se encontra no Registro de Comércio), mesmo que estes tenham acabado de ingressar naquela posição, nada mais restando ao atingido, dada a presunção de certeza de que se reveste a CDA, à luz do art. 204 do CTN, senão a produção de prova negativa, que evidencie não ter praticado atos com excesso de poder ou infração à lei[176].

Censurável também o fato de a Procuradoria satisfazer-se com "declaração fundamentada", sem se referir a um processo administrativo. Afinal, muitas vezes o processo administrativo – quando ocorre – é movido em face da pessoa jurídica, sem o envolvimento dos potenciais responsáveis solidários; encerrado aquele processo, dá-se a inscrição na Dívida Ativa. A mera declaração da autoridade não pode suprir o direito ao contraditório e à ampla defesa daquele responsável. Ora, dadas as consequências já

---

174 STJ, AgRg no REsp n. 1.279.422-SP, 2ª Turma, rel. Min. Humberto Martins, j. 13.03.2012, *DJe* 19.03.2012.

175 Cf. BECHO, Renato L. A Sujeição Passiva Tributária na Jurisprudência do STF. *Revista Dialética de Direito Tributário*, n. 201, jun. 2012, p. 135-148 (145).

176 Cf. TAKANO, Caio. Op. et loc. cit. (nota 173). A primeira crítica que se pode fazer à orientação acima vem do disposto no inciso I do parágrafo único do art. 2º, quando determina a inclusão dos sócios-gerentes e terceiros com poderes de gerência à época da dissolução irregular: embora esta possa dar azo à responsabilidade, não se pode perder de vista que o art. 135 do Código Tributário Nacional se refere a atos que sejam imputáveis aos gerentes.

apontadas da inscrição, com a presunção de legalidade a ela vinculada, seria de esperar que se oferecesse, antes, a possibilidade de defesa do responsável apontado pela Autoridade Administrativa[177].

Noutras palavras, conquanto se possa aceitar o entendimento do Superior Tribunal de Justiça no sentido da presunção constante da Certidão da Dívida Ativa, existe questão de índole constitucional (contraditório e ampla defesa) a ser resolvida. Não parece aceitável a inclusão de nome em Certidão de Dívida Ativa sem que antes se tenha oferecido ao acusado a oportunidade de defesa[178].

Com efeito, diversos autos de infração foram lavrados em face de pessoas jurídicas, quando a autoridade fiscal relatava atos praticados por determinados dirigentes que, no momento da lavratura do auto de infração, nem mesmo estavam ligados à pessoa jurídica. Por mais que esta se tivesse defendido com todo o zelo, não há como suprir o direito de o acusado se manifestar. Inaceitável parece a prática – lamentavelmente tornada corriqueira – de incluir o nome da pessoa física na Certidão de Dívida Ativa, fundamentando-se exclusivamente no relato da autoridade fiscal, mesmo que o processo administrativo – movido em face da pessoa jurídica, insista-se, sem a participação da pessoa física – mencionasse aquele nome e relatasse infrações imputáveis àquela pessoa física.

Daí merecer aplauso a decisão do Secretário da Receita Federal, por meio da Portaria n. 2.284, publicada em 29 de novembro de 2010, que exigiu que se reunissem provas necessárias para a caracterização da responsabilidade tributária já no âmbito do processo administrativo, tornando os responsáveis igualmente "autuados" e conferindo-lhes prazo para defesa:

> *Art. 2º Os Auditores-Fiscais da Receita Federal do Brasil, na formalização da exigência, deverão, sempre que, no procedimento de constituição do crédito tributário, identificarem hipóteses de pluralidade de sujeitos passivos, reunir as provas necessárias para a caracterização dos responsáveis pela satisfação do crédito tributário lançado.*
>
> *§ 1º A autuação deverá conter a descrição dos fatos e o enquadramento legal das infrações apuradas e do vínculo de responsabilidade.*
>
> *§ 2º Na hipótese de que trata o* caput, *não será exigido Mandado de Procedimento Fiscal para os responsáveis.*
>
> *Art. 3º Todos os autuados deverão ser cientificados do auto de infração, com abertura de prazo para que cada um deles apresente impugnação.*
> *Parágrafo único. Na hipótese do* caput, *o prazo para impugnação é contado, para cada sujeito passivo, a partir da data em que tiver sido cientificado do lançamento*

Portanto, pelo menos no âmbito federal, fica confirmada a necessidade de instauração de procedimento administrativo em face do responsável, com ampla defesa e contraditório, como condição para que seu nome seja incluído na Certidão de Dívida Ativa.

No Supremo Tribunal Federal, a matéria parece inclinar-se para o prestígio ao contraditório e ampla defesa, revertendo daí a perigosa tendência à inscrição na dívida ativa dos sócios, sem o devido processo legal. Assim é que a 2ª Turma daquela corte, em decisão relatada pelo Ministro

---

177 No mesmo sentido, cf. RIBEIRO, Diego Diniz. Responsabilidade tributária fundada no art. 135, III, do CTN: presunção de certeza da CDA e o cálculo jurisprudencial dos precedentes do STJ e do STF. *Revista Dialética de Direito Tributário* n. 199, abr. 2012, p. 19-32.

178 Cf. MACHADO SEGUNDO, Hugo de Brito; MACHADO, Raquel Cavalcanti. Responsabilidade de sócios e administradores e devido processo legal. In: ROCHA, Valdir de Oliveira (coord.). *Grandes questões atuais do direito tributário*. São Paulo: Dialética, 2011, p. 134-149.

Joaquim Barbosa, entendeu que a responsabilidade tributária dos sócios deveria sujeitar-se àqueles princípios. Eis passagem didática do voto do Relator[179]:

> *Em relação ao art. 5º, LV, da Constituição, observo que os princípios do contraditório e da ampla defesa aplicam-se plenamente à constituição do crédito tributário em desfavor de qualquer espécie de sujeito passivo, irrelevante sua nomenclatura legal (contribuintes, responsáveis, substitutos, devedores solidários etc.). Por outro lado, a decisão administrativa que atribui sujeição passiva por responsabilidade ou por substituição também deve ser adequadamente motivada e fundamentada, sem depender de presunções e ficções legais inadmissíveis no âmbito do Direito Publico e do Direito Administrativo. Considera-se presunção inadmissível aquela que impõe ao sujeito passivo deveres probatórios ontologicamente impossívies, irrazoáveis ou desproporcionais, bem como aquelas desprovidas de motivação idônea, isto é, que não revelem o esforço do aparato fiscal para identificar as circunstâncias legais que permitem a extensão da relação jurídico-tributária.*

Na verdade, o precedente não é prova cabal desse entendimento já que, embora se tenha confirmado a existência desse direito, o Ministro Relator entendeu que, no caso, a exigência constitucional fora atendida. Da leitura da íntegra da decisão, apreende-se que o sujeito passivo em questão chegou a apresentar impugnação, no âmbito do processo administrativo, na qual se limitou a discutir sua inclusão no polo passivo. Daí a Corte entender que ele tivera a oportunidade de defender-se naquela esfera, sendo sua opção não discutir a materialidade da exigência.

Não obstante as particularidades do caso concreto, a passagem acima transcrita deve ser aplaudida, já que evidencia a importância de se assegurar o contraditório, como condição prévia à execução em face do sujeito passivo responsável.

6.6 Responsabilidade "do agente" por infração

Não se confundem com os casos de responsabilidade *stricto sensu* nem com os de substituição as situações descritas pelo art. 137 do Código Tributário Nacional:

> Art. 137. A responsabilidade é pessoal ao agente:
>
> I – quanto às infrações conceituadas por lei como crimes ou contravenções, salvo quando praticadas no exercício regular de administração, mandato, função, cargo ou emprego, ou no cumprimento de ordem expressa emitida por quem de direito;
>
> II – quanto às infrações em cuja definição o dolo específico do agente seja elementar;
>
> III – quanto às infrações que decorram direta e exclusivamente de dolo específico:
>
> a) das pessoas referidas no art. 134, contra aquelas por quem respondem;
>
> b) dos mandatários, prepostos ou empregados, contra seus mandantes, preponentes ou empregadores;

---

179 STF, AgRg no RE n. 608.426-PR, 2ª Turma, rel. Min. Joaquim Barbosa, j. 04.10.2011, *DJe* 24.10.2011.

c) dos diretores, gerentes ou representantes de pessoas jurídicas de direito privado, contra estas.

A expressão "agente", empregada pelo art. 137 do Código Tributário Nacional, não se confunde com o "responsável" a que se referem os dispositivos que o antecederam. A evidência de que o Código Tributário Nacional cogita de figuras distintas pode ser vista no art. 136, quando se refere à "intenção do agente ou do responsável".

O responsável, no caso de infração, tem sua responsabilidade regulada pelo art. 135. São casos em que alguém, posto agindo no interesse de terceiro, comete infração a lei, contrato social ou estatuto.

O agente, por sua vez, não atua "no exercício regular de administração, mandato, função, cargo ou emprego" tampouco cumpre "ordem expressa emitida por quem de direito". Age, em síntese, no seu interesse, contra as pessoas por quem responde, contra seus mandantes proponentes ou empregadores, contra, enfim, as pessoas jurídicas de direito privado que dirige, gerencia ou representa.

Assim, quando a atuação se dá no cumprimento de ordem expressa emitida por quem de direito, não há que aplicar o art. 137. Havendo infração à lei, será caso do art. 135, que não exclui a responsabilidade do sujeito passivo originário.

O mesmo raciocínio se aplica quando a atuação se dá "no exercício regular de administração, mandato, função, cargo ou emprego".

Luciano da Silva Amaro entende que a ressalva se dá quando o infrator não tem noção da antijuridicidade do ato, como, por exemplo, se emite nota fiscal relativa a determinada mercadoria, desconhecendo o fato de que, em verdade, outra foi a mercadoria entregue[180]. Ora, se o dispositivo legal cogita de hipóteses de crime ou contravenção, o dolo do agente será elemento formador do próprio tipo penal; ausente o dolo, não cabe cogitar a infração. A ressalva do legislador complementar seria, pois, inútil.

Por outro lado, se há um crime ou contravenção, o legislador complementar não há de ter se referido a uma atuação conforme a lei. Daí por que a "regularidade" do ato há de ser entendida no sentido subjetivo, i.e., no interesse de quem o ato foi praticado: é regular o ato, quando praticado no interesse do representado, não no interesse próprio.

A responsabilidade do art. 137 do Código Tributário Nacional é *quanto às infrações*, nada se diz quanto ao tributo. Entretanto, não parece possível exigir o tributo do representado, quando o fato tributário não é a ele imputável.

Diferencia-se o presente dispositivo do art. 135, já que ali se referia ao crédito tributário. Seria possível crer que apenas a penalidade seria de responsabilidade do agente, não o tributo, que continuaria sendo exigido (apenas) do sujeito passivo originário.

Entretanto, não se pode perder de vista o que acima se apontou. Nas hipóteses do art. 137, o agente atua em interesse próprio, posto que em nome do representado. É o caso do administrador que, sob a fachada da pessoa jurídica, efetua uma transação e se apropria de seu resultado, desviando o numerário; neste caso, não há como se dizer tenha a pessoa jurídica incorrido no fato jurídico

---

180 Cf. AMARO, Luciano da Silva. *Direito Tributário Brasileiro*. 15. ed. São Paulo: Saraiva, 2009, p. 448.

tributário: por trás daquela fachada, haverá o agente, atuando em interesse pessoal. Ele é o autor do fato jurídico tributário e somente a ele – não à pessoa jurídica lesada – é que se poderá imputar a responsabilidade pelo crédito.

Assim, um diretor de uma pessoa jurídica de direito privado tem suas atribuições definidas no estatuto ou no contrato social; quando age dentro de tais atribuições e na conformidade da lei, representa a própria pessoa jurídica e é a ela que se atribui a situação. Se ultrapassa tais limites, então já não age em nome da sociedade e esta não pode ser responsabilizada por tal ato.

Se o agente incorre diretamente no fato jurídico tributário, então não há como exigir da pessoa jurídica o tributo: o próprio agente há de responder pelo tributo e pela penalidade.

Se há infração conceituada como crime ou contravenção, não há, portanto, atuação em conformidade com a lei, mas contra a lei. Quem incorre em crime, responde pelo que faz, pessoalmente. Não há que falar em responsabilidade por fato imputável a terceiro; aliás, não há transferência a outrem de encargo inicialmente imputável ao contribuinte: a responsabilidade é pessoal.

Nos crimes contra a ordem tributária, o dolo é de rigor, como se vê na Lei n. 8.137/1990, bem como no contrabando e descaminho (art. 334 do Código Penal, alterado pela Lei n. 4.729/1965).

De igual modo, quem age com dolo específico responde pessoalmente pelas consequências do que fez. Não é, mais uma vez, caso em que o representante agiu em nome do representado; ele atuou além do que lhe permitia a lei, até mesmo contra seu representado. Por isso mesmo, há de responder.

As situações acima têm em comum o fato de serem praticadas pelo agente em seu interesse, i.e., o agente, posto que em princípio pudesse agir no interesse de alguém, ultrapassa seu mandato ou seu poder. Há excesso.

Deve-se diferenciar esta situação daquela em que o agente, mesmo agindo contra o interesse da representada, não incorre em fato jurídico tributário. Por exemplo, se um despachante falsifica uma guia de recolhimento do imposto de importação, quando do desembaraço de uma mercadoria. Neste caso, apesar do dano causado pela infração, não há como negar que a importação foi feita pela empresa; a infração não impede que o fato jurídico tributário seja imputável ao contribuinte. Ocorrendo tal situação, não parece justificável afastar-se a responsabilidade do último o qual teve, no mínimo, *culpa in eligendo*. O essencial é ver que aqui o agente não incorreu no fato jurídico tributário, diferentemente da hipótese anterior. Ele (agente) é pessoalmente responsável, nos termos do art. 137, mas não há como excluir a responsabilidade do contribuinte pelo tributo devido.

Ainda mais: apenas infrações em que se preveja o dolo específico do agente estão contempladas no dispositivo.

Efetivamente, via de regra, a responsabilidade tributária não decorre de dolo. Ao contrário, o art. 136 do Código Tributário Nacional, conforme será visto no Capítulo XIX, exclui a exigência do exame da intenção do agente na apuração da responsabilidade por infrações:

Responsabilidade por Infrações

> Art. 136. Salvo disposição de lei em contrário, a responsabilidade por infrações da legislação tributária independe da intenção do agente ou do responsável e da efetividade, natureza e extensão dos efeitos do ato.

Em tal cenário, também, em regra, o sujeito passivo responderá pela obrigação tributária principal, que compreenderá tanto o tributo como a penalidade pecuniária (art. 113 do Código Tributário Nacional).

Anote-se desde já que o art. 136 não dispensa qualquer elemento subjetivo para a configuração da infração; apenas exclui, via de regra, a exigência de dolo. Daí poder-se dizer que a mera culpa será suficiente para a configuração da infração.

Nos casos de crimes tributários, entretanto, não basta a configuração de culpa: exige-se o dolo. Também há casos em que a lei expressamente condiciona a responsabilização à existência de dolo. Em tais situações, aplica-se o art. 137, que apontará a responsabilidade por infração, para a pessoa do próprio agente.

6.7 Síntese das hipóteses de responsabilidade por transferência

Diante das diversas hipóteses de responsabilidade por transferência, parece importante firmar o seguinte entendimento:

- a responsabilidade por transferência surge em virtude de um fato ou omissão imputado ao responsável;
- o responsável não é alguém estranho: ele possui uma relação com o fato jurídico tributário (ou com o sujeito passivo originário), o que lhe permite, sendo o caso, prevenir-se ou ressarcir-se (art. 128);
- via de regra, o responsável responde apenas pelo tributo ou pela penalidade moratória ou punitiva, desde que lançadas, não se lhe estendendo qualquer responsabilidade pelas penalidades punitivas não lançadas (art. 134);
- se, entretanto, houve ato praticado com excesso de poder ou infração à lei, então a responsabilidade se estenderá à penalidade pecuniária. Nesse caso, o sujeito passivo originário responderá igualmente pelo todo do crédito tributário. Embora fosse sustentável a argumentação de que o último não deveria arcar com a penalidade por infração, não é esse o entendimento jurisprudencial (art. 135);
- nos casos em que haja infração qualificada como crime, ou em que se preveja o dolo do agente, então este é o único que responderá pelo crédito (art. 137), a menos que o fato jurídico tributário seja imputável ao contribuinte; neste caso, este continuará responsável pelo tributo.

capítulo **XIII**

Crédito tributário e lançamento

1 A ideia de lançamento: mecanismo de cobrança e estabilização da relação jurídica tributária

No Capítulo XII, viu-se que, com a ocorrência do fato jurídico tributário, dá-se o nascimento de uma obrigação tributária (a "obrigação tributária principal"). Embora instaurada uma relação jurídica, em virtude da qual o sujeito passivo deverá recolher o tributo, o sujeito ativo não tem como, de imediato, conhecer as circunstâncias em que se deu aquele fato jurídico tributário, tampouco qual o montante que deve ser recebido.

Assim, o ordenamento jurídico tributário prevê um procedimento administrativo, o lançamento, para que aquele fato jurídico seja formalmente apurado, quantificando-se o montante devido, que então poderá ser exigido do contribuinte.

Desse modo, mediante o procedimento de lançamento, a administração tributária firma sua pretensão, aplicando o direito no caso concreto para confirmar se há dívida tributária e, havendo-a, estabelecer quem deve pagar, quanto deve pagar e a que título o deve. Assim, uma vez lançado o tributo, estará estabilizada a relação jurídica tributária: certificam-se os elementos da dívida tributária, antes incertos, a qual, por isso, passa a ser exigível.

Veja-se que o lançamento é, nesse sentido, um ônus da administração[1]: com o fim de satisfazer seu interesse no tributo, cabe a ela torná-lo exigível para que possa proceder à sua cobrança; por outro lado, assim que certificados os elementos e tornada exigível a dívida tributária, estará estabilizada a relação jurídica tributária, de maneira que a administração estará vinculada à aplicação do direito que ela própria efetuara no ato de lançamento (autovinculação). Daí o Código Tributário Nacional vedar, com relação a fatos geradores pretéritos, que a administração mude os critérios jurídicos do lançamento já realizado (art. 146), como será discutido mais à frente.

Essas noções são de fundamental importância. O lançamento não tem, na sistemática do Código, apenas a função de concretizar um poder (o de exigir o crédito tributário); o

1 Cf. COSTA, Alcides Jorge. Contribuição ao estudo da obrigação tributária. São Paulo: IBDT, 2003, p. 19.

lançamento serve igualmente para que a administração adote uma posição jurídica sobre a situação do contribuinte (isto é, para que a administração interprete a lei, qualifique os fatos do contribuinte e realize a subsunção destes à norma obtida por interpretação). Uma vez adotada essa posição, a administração deverá manter-se com ela; se pretender mudá-la, não poderá prejudicar o contribuinte relativamente a fatos geradores passados. Trata-se de uma garantia fundamental para a segurança do contribuinte. Nesse sentido, a aplicação da lei tributária – que é ato privativo da administração, na sistemática do Código – implica não só um poder, mas também um compromisso da administração.

Este aspecto do lançamento – a estabilização da relação tributária – é de suma importância. Afinal, parece indiscutível que uma mesma situação pode dar azo a diversas consequências jurídicas, a depender do intérprete/aplicador, a quem cabe aplicar critérios jurídicos tanto para a qualificação do fato como para a construção da norma jurídica. Este tema será melhor explorado no Capítulo XVII. Por enquanto, considere-se o exemplo didático de um calçado emborrachado, que tenha a forma de chinelos: havendo tributação distinta para calçados emborrachados e para chinelos, cabe à autoridade administrativa, antes de exigir o tributo, firmar seu posicionamento: adotada uma qualificação, aí sim se terá um lançamento e é possível a cobrança. O sujeito passivo, nesse caso, tem a garantia de que o critério jurídico adotado pela Administração é vinculante para esta, que não pode, uma vez feito um lançamento, adotar outro critério jurídico para fatos ocorridos no passado, a teor do art. 146 do CTN, que será visto abaixo.

2 Natureza do lançamento

É objeto de bastante polêmica a natureza do lançamento: seria ele uma condição para o surgimento da obrigação, ou esta seria prévia àquele?

De um lado, deve-se ver que, na maioria dos casos, a legislação exige que o sujeito passivo apure, ele mesmo, o tributo (portanto, independentemente de qualquer atividade da administração), e o recolha no prazo previsto pela legislação. Se não estivesse instaurado o vínculo jurídico, alegar-se-ia, de modo absurdo, que o recolhimento teria sido indevido (sem causa). Se assim não o é, cabe reconhecer que pelo menos nesses casos, a obrigação tributária surgiu independentemente de qualquer ato da parte da administração pública.

De outro lado, que em alguns casos não é possível o recolhimento do tributo sem que antes se dê o lançamento. A legislação do IPTU, por exemplo, prevê o lançamento antes do recolhimento. Mesmo nos casos em que o tributo deveria ter sido recolhido independentemente de qualquer lançamento, não se pode deixar de reconhecer que, sem este, não tem a autoridade administrativa como exigi-lo (já que sequer sabe ser ele devido).

Diante da importância do lançamento, surgiu corrente doutrinária que passou a negar que a mera ocorrência do fato jurídico tributário seria suficiente para o surgimento da obrigação tributária, pelo menos nos casos em que o lançamento é exigência para que se dê o recolhimento. Aquele fato, ocorrido no mundo fenomênico, não constituiria a relação obrigacional; esta pressuporia o lançamento. Ou seja: o fato seria requisito para que se efetuasse o lançamento, e apenas com este surgiria a relação obrigacional. O "fato gerador", noutras palavras, não daria nascimento a um direito de crédito, mas a mero direito potestativo ou formativo: o direito de lançar. O exercício deste, por sua vez, é que constituiria a relação obrigacional.

2.1 Discussões sobre a natureza do lançamento

Já na época da edição do Código Tributário Nacional, de um lado, havia aqueles que sustentavam que, com o fato jurídico tributário, já surgiria a relação obrigacional, enquanto outros defendiam que se poderia falar em obrigação apenas com o lançamento.

Nos primórdios dos estudos de Direito Tributário na Alemanha, chegou-se a entender que, nos tributos lançáveis, a obrigação decorreria do lançamento, i.e., o fato jurídico tributário apenas conferiria à autoridade administrativa o poder de efetuar um lançamento, e este, por sua vez, constituiria o débito do imposto[2]. Via-se, assim, no fato jurídico-tributário, mera condição para que se desse o lançamento, e, apenas com este, instaurar-se-ia o vínculo propriamente dito. Ou seja, com o fato jurídico tributário, surgiria o direito (formativo) de o Fisco efetuar o lançamento. O direito de crédito apenas emergiria com o lançamento. Este teria, então, natureza constitutiva.

A tese da natureza constitutiva do lançamento ganhou força na Itália, entre os procedimentalistas. Como explica Berliri, citando Allorio, somente seria possível o pagamento do tributo depois de efetuado o lançamento; mesmo que o sujeito passivo o quisesse, não poderia pagar um tributo ainda não tornado líquido, tampouco poderia a Administração dar quitação sem antes apurar o montante devido. Daí é que apenas com o lançamento haveria obrigação[3]. Na argumentação de Tesauro, se o contribuinte não apresenta uma declaração, o Fisco não tem como realizar seu crédito sem emitir um aviso de lançamento (já que a inscrição da dívida pressupõe, na Itália, ou a declaração ou o lançamento). Se a inscrição exige a declaração ou o lançamento, estaria aí a evidência de que estes constituem a relação jurídica ou concorrem para sua constituição[4].

Tais argumentos são bem rebatidos por Alberto Xavier, que diferencia a existência de um direito da possibilidade de seu exercício. Argumenta com razão o professor luso-brasileiro que pode-se bem ter um direito, sem que ele possa ser exercido. O exemplo é a hipoteca, constituída e existente antes que se possa exercer a pretensão pelo descumprimento do devedor[5].

Também no Brasil, a doutrina constitutiva teve repercussão desde o início em virtude da publicação de artigo de Gastón Jèze sobre o "fato gerador"[6]. Jèze dava ao lançamento uma natureza

2 Esta ideia já era defendida por Otto Mayer, conforme anota Brandão Machado. Cf. MACHADO, Brandão. Decadência e prescrição no Direito Tributário. Notas a um Acórdão do Supremo Tribunal Federal. *Direito Tributário Atual*, vol. 6, 1986, p. 1309-1378 (1314).

3 Cf. BERLIRI, Antonio. *Principios de Derecho Tributario*. vol. 2. Narcios Amorós Rica e Eusebio González Garcia (trads.). Madrid: Editorial de Derecho Financiero, 1971, p. 90-91.

4 Cf. TESAURO, Francesco. *Istituzioni di Diritto Tributario*. 1 – Parte Generale. 9. ed. Torino: UTET, 2006, p. 225-226.

5 Cf. XAVIER, Alberto. *Do lançamento no Direito Tributário Brasileiro*. 3. ed. Rio de Janeiro: Forense, 2005, p. 313-314.

6 Cf. JÈZE, Gaston. O fato gerador do imposto. Contribuição à teoria do crédito de imposto. *Revista de Direito Administrativo*, vol. 2, fasc. 1, 1945, p. 50.

constitutiva, já que para ele, o "fato gerador" do imposto era apontado como "a condição para que a Administração possa exercer sua competência de fazer nascer o crédito fiscal"; daí que este apenas surgiria com o lançamento[7]. Parte da doutrina brasileira, ainda, acatou a tese da natureza constitutiva do lançamento a partir da teoria dualista da obrigação: nesse caso, o débito surgiria com a ocorrência do fato previsto em lei, mas a responsabilidade somente se daria com o lançamento, uma vez que somente a partir de então o patrimônio do sujeito passivo poderia ser afetado[8].

Não obstante a influência dessa escola, o fato é que já no Código Tributário elaborado por Enno Becker, em 1919, na Alemanha, negava-se pudesse o lançamento constituir a obrigação, cabendo-lhe apenas concretizá-la; a Lei de Adaptação Tributária, de 1934, foi ainda mais clara ao estabelecer que "(1) a dívida tributária nasce logo que se realize o fato, ao qual a lei vincula o imposto. (2) Não influi no nascimento da dívida tributária o lançamento do montante do imposto, sua época, nem quando deva ser pago"[9].

A superação da teoria constitutiva pode ser verificada pela seguinte explicação dada por Brandão Machado: "o grande equívoco da teoria procedimentalista está, assim, precisamente em supor que a atividade da administração pode livremente criar o débito tributário, quando na verdade a sua função consiste apenas em revelar obrigação já nascida com a verificação do fato gerador. A natureza mesma da atividade administrativa do lançamento, que opera sobre fatos, mostra que, sendo o procedimento de qualquer forma atos de aplicação da lei, não poderia criar nada que não resultasse dessa aplicação"[10].

O mesmo autor traz, ainda, outro argumento contrário aos que defendem a natureza constitutiva do lançamento: mesmo nos tributos "lançáveis" (i.e.: naqueles em que não haveria, segundo os procedimentalistas, obrigação sem lançamento), seria possível o recolhimento do tributo sem qualquer ato administrativo. A prova de tal afirmação estaria na possibilidade de depositar em juízo o montante exigido a título de tributo: vencido o sujeito passivo, o montante depositado converter-se-ia em renda da União independentemente de lançamento[11].

Não é dizer que os que defendem a natureza declaratória do lançamento o desprezam. Já em sua tese de Cátedra para a Universidade de São Paulo, defendida na mesma época em que se editava o Código Tributário Nacional e escrita com base no projeto daquilo que viria a se tornar o último, Ruy Barbosa Nogueira via no lançamento, enquanto ato declaratório, as funções reparadora e reveladora: o lançamento declara, na conformidade da lei material e preexistente, se há um débito tributário, qual o montante devido e quem é o devedor, operando, assim, a liquidação do débito ao remover os obstáculos da incerteza e iliquidez, sem o que a Fazenda Pública não pode exigir administrativamente seu direito creditório nem executá-lo judicialmente. Ou seja: o lançamento, ao conferir certeza ao direito já nascido com o fato jurídico tributário, possibilita seu exercício[12].

---

7 Cf. JÈZE, Gaston. Natureza e regime jurídico do Crédito Fiscal. *Revista de Direito Administrativo*, vol. 3, 1946, p. 59-68 (62). O próprio tradutor do texto, Carlos da Rocha Guimarães, afirma que o raciocínio não se estende ao Brasil, já que "o crédito da Fazenda preexiste ao lançamento. Este somente o declara, de forma positiva, inclusive procedendo à sua liquidação, isto é, à determinação do líquido exigível.

8 Cf. LEÃES, L. G. Paes de Barros. *Obrigação tributária*. São Paulo: José Bushatsky, 1971, p. 33.

9 Sobre a evolução na Alemanha, cf. NOGUEIRA, Ruy Barbosa. *Teoria do lançamento tributário*. Reprodução eletrofotostática do original impresso em 1965. São Paulo: Resenha Tributária, 1973, p. 37. Cf. também MACHADO, Brandão. Op. cit. (nota 2), p. 1316.

10 Cf. MACHADO, Brandão. Op. cit. (nota 2), p. 1325.

11 Cf. MACHADO, Brandão. Op. cit. (nota 2), p. 1369.

12 Cf. NOGUEIRA, Ruy Barbosa. Op. cit. (nota 9), p. 38-39.

Na tese de Alcides Jorge Costa[13], o lançamento tem a natureza de "mero ônus imposto ao Estado", o que "não altera a situação e nem é necessário esclarecer que é irrelevante, para caracterizar o fato gerador e a obrigação tributária, qualquer alteração posterior da lei". Citando Zanobini, esclarece que o ônus exige que se observe, no exercício de um direito subjetivo, uma determinada conduta, ou se faça acompanhar tal exercício de determinada ação ou prestação, sob pena de perda do direito em caso de sua inobservância. Sendo um ônus, o lançamento compõe a própria relação jurídico-tributária, i.e., pressupõe a ocorrência do fato jurídico tributário. Não dá surgimento a um direito autônomo, mas é condição para o exercício do direito de crédito.

Apesar da força dos argumentos favoráveis à natureza meramente declaratória do lançamento, o tema retomou vigor na doutrina brasileira a partir das lições de Paulo de Barros Carvalho[14]. O referido autor parte de premissas fortemente fundadas na teoria da linguagem, para sustentar a inviabilidade de se considerar ocorrido um fato jurídico, senão depois de constituído sob a forma prevista em lei. Isso posto, não teria sentido falar em fato jurídico tributário, senão quando o acontecimento ocorrido no mundo fenomênico se fizesse jurídico, i.e., passasse a ser reconhecido pelo ordenamento, produzindo, então, consequências jurídicas. Esse reconhecimento, por sua vez, dar-se-ia pela incidência. Esta já não mais vista como fenômeno físico, mas como atividade de um ser humano, fazendo a subsunção e promovendo a implicação que o preceito normativo determina. Nesse sentido, afirmar que a obrigação tributária surgiria com o fato jurídico tributário não seria dizer que já com a ocorrência do evento estaria estabelecido o vínculo: o evento[15], conquanto correspondendo à hipótese tributária, não seria jurídico enquanto não captado pelo homem, que exerceria a função de "elemento intercalar, movimentando as estruturas do direito, extraindo de normas gerais e abstratas outras regras, gerais e abstratas, gerais e concretas, individuais e abstratas, ou individuais e concretas". Somente com a formalização, portanto, é que, nesta perspectiva, surgiria a pretensão para o Estado credor. Sendo o lançamento o procedimento pelo qual o evento se insere no mundo jurídico, somente a partir daí haveria norma individual e concreta, vinculando sujeito passivo a sujeito ativo.

O raciocínio, posto que erudito, ainda não pode ser aceito sem ressalvas. Acerta ao negar a incidência enquanto fenômeno independente do homem. Mas se o vínculo jurídico surgisse somente com o lançamento, a consequência seria entender não haver qualquer efeito jurídico quando da ocorrência daquilo que o autor denomina "evento". Porém, se isso for verdade, então como seriam tratados os casos de sucessão, antes do lançamento, mas após a ocorrência (no mundo fenomênico) das circunstâncias descritas na hipótese (evento)? Acaso poderia o sucessor (por cisão, por exemplo), negar-se a responder pela dívida, alegando que o patrimônio fora adquirido antes do surgimento da dívida? Ou seja: o sucessor alegaria que o patrimônio que recebeu não havia sido diminuído pela dívida. Seria necessário dizer que com a "constituição" do vínculo, pelo lançamento, surgiria um efeito retroativo, que atingiria o sucessor, ausente tanto à época do fato jurídico tributário quanto à época do lançamento. Mais adequado parece reconhecer que já no momento do evento surgiu o vínculo, embora ainda não formalizado.

Crítica ao binômio evento/fato jurídico foi feita por André Folloni, que traz interessante contribuição à discussão, ao apontar que a referida teoria enfrenta dificuldades insuperáveis no caso da modalidade de lançamento por homologação (a ser vista a seguir). Afinal, se fosse o ato de declarar

---

13 Cf. COSTA, Alcides Jorge. Op. cit. (nota 1), p. 19; p. 38.

14 Cf. CARVALHO, Paulo de Barros. *Direito Tributário, linguagem e método.* São Paulo: Noeses, 2008, p. 431.

15 Cf. CARVALHO, Paulo de Barros. Op. cit. (nota 14), p. 426.

e pagar que fizesse surgir a obrigação (antes do pagamento antecipado não haveria a norma individual e concreta), então se chegaria ao paradoxo de afirmar que a obrigação de antecipar o pagamento não existira até que o sujeito passivo efetuasse a antecipação. A solidez dos argumentos do professor paranaense contribui para que se façam ressalvas à teoria proposta por Barros Carvalho[16].

2.2 Efeitos práticos da discussão

A polêmica acerca da natureza do lançamento traz consequências práticas. Ver-se-á, no Capítulo XV, que o tema de decadência e prescrição em matéria tributária tem resultados diversos, conforme o posicionamento adotado acerca da natureza do lançamento. Afinal, para que se passe a contar um prazo prescricional, importa saber, antes, a partir de que momento há uma obrigação; do mesmo modo, a decadência (caducidade) opera antes do surgimento do crédito: quando este já existe, não há como caducar.

Até mesmo para a matéria penal o tema é relevante: se apenas com o lançamento existe um fato jurídico tributário, então a pretensão punitiva do Estado não surge com o evento, mas com o lançamento. Essa corrente justifica o atual posicionamento do Poder Judiciário, no sentido de não permitir a instauração do processo criminal antes de encerrado o procedimento administrativo pelo qual o sujeito passivo questiona a existência do débito; ao mesmo tempo, o Poder Judiciário entende que apenas com a conclusão do procedimento administrativo é que surge aquela pretensão punitiva implicando, então, iniciar-se aí a contagem da prescrição criminal. Na verdade, o Ministro Sepúlveda Pertence, relator do caso julgado pelo Supremo Tribunal Federal, não se posicionou acerca da polêmica; limitou-se a relatar a existência de ambas as correntes quanto à natureza do lançamento, para dizer que mesmo aqueles que veem no lançamento natureza declaratória reconhecem que uma decisão no processo administrativo favorável ao sujeito passivo é definitiva, impedindo daí a exigência do tributo. A partir dessa circunstância, sustentou o referido Ministro que não seria definitivo o resultado da conduta (supressão ou redução de tributo) enquanto o lançamento estivesse sujeito a revisão, em processo administrativo[17].

2.3 Posição dúbia do Código Tributário Nacional

O Código Tributário Nacional, afastando-se de seu modelo germânico, não firmou posicionamento acerca do tema.

A leitura do art. 142, reproduzido abaixo, poderia levar a crer que o legislador complementar teria seguido a corrente constitutivista, já que esse dispositivo expressa que o lançamento constitui o crédito tributário. Entretanto, o art. 144, logo a seguir, desmente tal ideia, quando esclarece que o lançamento necessariamente se reporta ao fato jurídico tributário, regendo-se pela legislação então vigente. O mesmo raciocínio poderia ser

---

16 Cf. FOLLONI, André. Crítica ao dualismo entre fato e evento na ciência do Direito Tributário. *Revista Direito Tributário Atual*, vol. 32, 2014, p. 9-30 (20-21).

17 STF, HC n. 81.611-DF, Tribunal Pleno, rel. Min. Sepúlveda Pertence, j. 10.12.2003, D.J. 13.05.2005.

extraído do art. 143, quando, tratando da hipótese em que o valor tributável esteja expresso em moeda estrangeira, determina que no lançamento se faça sua conversão em moeda nacional, ao câmbio do dia da ocorrência do fato jurídico tributário, o que, mais uma vez, denuncia que com este já se dá por constituída a obrigação. Ademais, o § 1º do art. 113 deixa claro que a obrigação tributária principal "surge com a ocorrência do fato gerador", marcando aquela data para seu nascimento.

A posição dúbia do Código pode ser extraída do relatório apresentado por Rubens Gomes de Sousa, relator-geral, aprovado pela Comissão Especial nomeada pelo Ministro da Fazenda para elaborar o Projeto de Código Tributário Nacional.

Ao tratar da obrigação tributária, o referido relatório parecia adotar a corrente meramente declaratória:

> *Ao especificar que a obrigação principal decorre exclusivamente da lei tributária, o Projeto toma posição na controvérsia doutrinária quanto ao efeito constitutivo ou declaratório do lançamento. Alguns autores, fundados na circunstância de que a cobrança do tributo depende de uma prévia atividade administrativa visando a sua determinação, atribuem a essa mesma atividade o nascimento da própria obrigação tributária (...). Outros, ligando o nascimento da obrigação à ocorrência do pressuposto de fato definido na lei tributária como dando lugar à incidência, atribuem ao lançamento simples efeito declaratório da obrigação preexistente.*
>
> *A segunda orientação é, indubitavelmente, a que melhor corresponde ao regime de legalidade dos tributos (...). Desde que somente a lei pode instituir tributos, e que é condição essencial dessa instituição a definição das situações materiais ou jurídicas que dão lugar à incidência (...), segue-se, como corolário, que a obrigação surge desde o momento em que se verifique a situação prevista em lei a qual não mais poderá ser afetada pelas circunstâncias posteriores em que se desenvolva a atividade administrativa tendente a efetivar a arrecadação do tributo (...) Essa conceituação é, de resto, a que melhor se concilia com o § 1º do art. 141 da Constituição e com o seu § 3º, porquanto a atribuição, ao lançamento, de efeito constitutivo da obrigação poderia resultar na constituição daquela em desacordo com a situação jurídica subjetiva decorrente, para o contribuinte, da aplicabilidade imediata da lei tributária à situação de fato nela prevista e efetivamente verificada.*
>
> *O dispositivo filiou-se, assim, à solução do direito alemão. (...)*[18].

Não obstante, ao tratar do lançamento, o mesmo relatório dá-lhe papel mais amplo que a mera declaração da obrigação, já que chega a afirmar que com o lançamento se origina o "débito fiscal":

> *O lançamento é ato meramente declaratório da obrigação, que se constitui com a ocorrência da situação material ou jurídica definida por lei como fato gerador. Todavia, os autores que se filiam a esta corrente demonstram certa perplexidade ao terem de reconhecer no lançamento um efeito mais que meramente declaratório, de vez que, antes de exercida a atividade administrativa tendente à determinação do débito fiscal, o contribuinte não pode solvê-lo nem mesmo espontaneamente; ou, nos casos em que a liquidação do débito seja atribuída por lei ao próprio contribuinte, a própria obrigação não se reputa extinta enquanto a atividade exercitada pelo contribuinte não seja homologada pela autoridade fiscal.*

18 Cf. *Trabalhos da Comissão Especial do Código Tributário Nacional.* Rio de Janeiro: IBGE, 1954, p. 189.

Os estudos mais recentes sobre o assunto, reexaminando toda a copiosa literatura existente sobre o tema, conduzem, entretanto a uma solução que concilia a tese da constituição da obrigação pelo fato gerador, única compatível com a natureza "ex-lege" daquela, com a constatação prática de um efeito constitutivo inerente ao lançamento, além do seu efeito declaratório da obrigação preexistente. Assim, o lançamento, em seguida à constatação, meramente declaratória, da ocorrência do fato gerador e do consequente nascimento da obrigação, efetua a constituição do crédito correspondente, através da liquidação do montante a ser pago e da identificação do devedor. Como ulterior consequência, esta, porém, de natureza formal, o lançamento dá origem ao débito fiscal, consubstanciado no título executório que dele decorre (...).

(...) a situação jurídica nova, criada pelo lançamento, é exatamente a executoriedade da obrigação. Esta conclusão já podia ser extraída dos estudos de Nawiasky (...) que sistematizou o processo formativo da relação jurídico-tributária em três fases sucessivas: (a) situação jurídica abstrata, decorrente da simples existência de lei tributária oponível "erga omnes"; (b) situação jurídica concreta, decorrente da ocorrência do fato gerador, que identifica o comando legislativo genérico a uma situação concreta, de fato; (c) situação jurídica subjetiva, decorrente do lançamento, que, referindo a determinado contribuinte a obrigação previamente concretizada pelo fato gerador, integra no patrimônio daquele o débito individual do tributo[19].

A posição dúbia dos dispositivos do Código Tributário Nacional é enfrentada por Paulo de Barros Carvalho[20], que distingue o "tempo do fato" do "tempo no fato", ao esclarecer que, embora somente haja um fato jurídico-tributário com o lançamento, esse fato, por sua vez, relata um evento ocorrido no passado, sendo o tempo do último aquele a que se refere o art. 144 do Código Tributário Nacional.

Não obstante o esforço do doutrinador para buscar a coerência do Código Tributário Nacional, deve-se notar que a exigência de que o "fato" narre o "evento" não explica a necessidade de se aplicar a lei vigente quando da ocorrência do último, se este não produzisse qualquer consequência jurídica.

3 O crédito tributário e a obrigação

A referência do Código a uma "obrigação", nascida com o "fato gerador", e a um "crédito", constituído pelo lançamento, parece ser a chave para entender o critério adotado pelo Código Tributário Nacional: obrigação e crédito surgem, na ideia do legislador complementar, em momentos diversos. Na estrutura do Código Tributário Nacional, não se confundem "obrigação" e "crédito". Se, no direito privado, obrigação e crédito são duas perspectivas de uma única relação jurídica, em direito tributário (ou melhor: na linguagem do Código Tributário Nacional), as noções não andam juntas.

Ou seja, uma possível solução para entender a posição ambígua da lei complementar quanto à natureza do lançamento está em aceitar que o Código Tributário Nacional distingue dois momentos na relação jurídico-tributária. O primeiro, que surge com o fato jurídico tributário, é denominado "obrigação tributária". Quando esta é determinada e quantificada, o Código Tributário Nacional passa a referir-se ao "crédito tributário".

---

19 *Trabalhos (...)* Op. cit. (nota 18), p. 203-204.

20 Cf. CARVALHO, Paulo de Barros. *Direito Tributário*: fundamentos jurídicos da incidência. 8. ed. São Paulo: Saraiva, 2010, p. 192.

Entre um e outro fenômeno, está o lançamento. Coerente com a teoria dualista da obrigação tributária, o Código Tributário Nacional entende que sem o lançamento há mero dever pessoal do devedor, não dotado de executoriedade (isto é: o credor tem a expectativa de que o devedor cumpra sua obrigação, mas não é dotado dos meios para exigir); com o lançamento, o credor já conta com instrumento que, ao conferir liquidez e certeza ao vínculo, assegura-lhe executoriedade.

Esquematicamente:

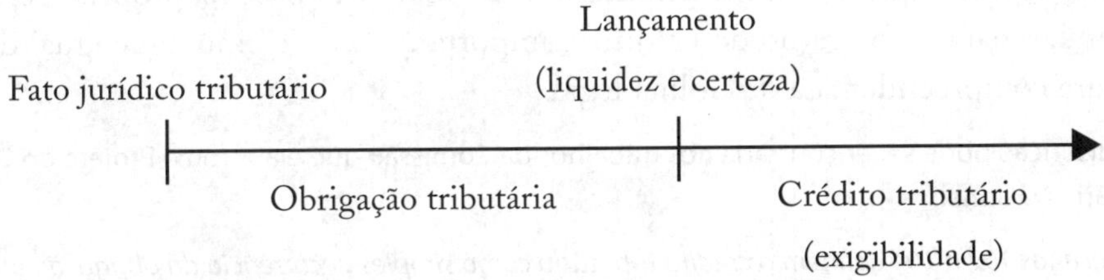

3.1 Crédito e obrigação na Constituição

Estas categorias, vale ressaltar, têm hoje acatamento constitucional, a teor do art. 146 da Constituição Federal:

> *Art. 146. Cabe à lei complementar:*
> *(...)*
> *III – estabelecer normas gerais em matéria de legislação tributária, especialmente sobre:*
> *(...)*
> *b) obrigação, lançamento, crédito, prescrição e decadência tributários;*

Assim, quando o Código Tributário, enquanto lei complementar, distingue obrigação de crédito, disciplinando o lançamento, nada mais faz que cumprir o mandamento constitucional.

3.2 Crédito e obrigação no Código Tributário Nacional

Obrigação tributária e crédito tributário, conquanto se refiram a um único fenômeno (a relação jurídico-tributária), aparecem no Código Tributário Nacional em momentos diversos, sendo o segundo um desdobramento (ou uma especificação) do primeiro. É o que dispõe o art. 139 do Código:

> Art. 139. O crédito tributário decorre da obrigação principal e tem a mesma natureza desta.

Mais uma vez, vale insistir no pressuposto do Código: filiando-se à teoria dualista da obrigação, via no crédito um vínculo (Haftung) distinto da própria dívida (Schuld). O primeiro, a teor do CTN, depende de um lançamento, já que este é um ônus para que a Administração exija o tributo. É dizer: sem o lançamento, não teria a Administração instrumento hábil para cobrança; o patrimônio do sujeito passivo não poderia, pois, até aquele momento, ser alcançado pelo credor. Essa distinção entre crédito e obrigação é criticada por quem sustenta inexistir diferença entre dizer que alguém está obrigado a algo e dizer que alguém tem um crédito de algo. São, quando muito, dois lados de uma mesma realidade.

Não obstante, dado que o Código Tributário Nacional, com base na própria Constituição Federal, separa a obrigação do crédito, é importante que se empregue igual diferenciação para compreender sua disciplina legal.

> Essa distinção pode ser encontrada nos trabalhos da Comissão que elaborou o Projeto do Código Tributário Nacional:
>
> > *Os artigos 102 a 104 definem o crédito tributário como simples decorrência da obrigação principal, com a mesma natureza desta, que permanece inafetada pelas causas que modifiquem, suspendam, ou excluam a extensão ou os efeitos daquele, bem como pelas garantias ou privilégios a ele atribuídos. O crédito nada mais é, com efeito, que a própria obrigação em estado ativo: assim sendo, os direitos recíprocos da Fazenda Pública e do contribuinte são definidos pela obrigação, representando simples regras de atuação as normas relativas ao crédito*[21].
>
> O "crédito" é, assim, a obrigação "em estado ativo": citando Trotabas, a Comissão entendia que com o lançamento, a obrigação integraria o "patrimônio" do contribuinte. Ou seja: quando se falasse em crédito, o contribuinte passaria a ter um direito subjetivo contra o Fisco, decorrente da definitividade do lançamento[22].
>
> Resta evidente, aqui, a influência da teoria dualista da obrigação, havendo o vínculo Schuld, enquanto dívida em abstrato (não dotada de executoriedade – mero dever pessoal) e o vínculo Haftung, enquanto responsabilidade, que dá executoriedade à dívida.
>
> Com efeito, na época da edição do Código, a teoria dualista pregava que ambos os vínculos não coexistiriam: a responsabilidade somente surgiria com o inadimplemento da dívida pelo devedor. A dívida era um dever pessoal, implicando uma ação do devedor (a ação de cumprir o que deve); a responsabilidade surgiria como uma garantia de que, na hipótese de inadimplemento da dívida, o credor poderia executar seu crédito. Daí não causar surpresa que os autores do Código Tributário Nacional também concebessem que a responsabilidade (denominada "crédito") somente surgisse em momento posterior, com o lançamento, quando houvesse necessidade de dotar o vínculo de executoriedade.

Coerentemente com a distinção positivada em seu texto, o Código Tributário Nacional deixa claro, no art. 140, que uma eventual anulação do crédito (ou outras circunstâncias que o modifiquem) não traz consequências para a obrigação tributária que lhe deu origem. Isso significa que o Fisco, tomando conhecimento de um fato jurídico tributário (e, portanto, nascida uma obrigação tributária), pode constituir um crédito (conferindo

21 Cf. *Trabalhos (...)* op. cit. (nota 18), p. 202.

22 Cf. *Trabalhos (...)* op. cit. (nota 18), p. 204.

liquidez e certeza à obrigação), mas, havendo neste alguma falha (por exemplo: erro de cálculo), nada impede que o Fisco o anule e efetue nova quantificação (logo, constitua um novo crédito) com base na mesma obrigação. Como se verá adiante, a constituição de novo crédito não é possível se causada por mera mudança de critério jurídico, à luz do que dispõe o art. 146 do CTN.

4 O lançamento "constituindo" o crédito

Em que momento se passa a falar em crédito tributário, e não mais em obrigação tributária? Quando a Administração toma conhecimento de sua existência e a quantifica, estabilizando a relação jurídica. Esse momento é o do *lançamento*. A ele se refere o art. 142 do CTN:

> Art. 142. Compete privativamente à autoridade administrativa constituir o crédito tributário pelo lançamento, assim entendido o procedimento administrativo tendente a verificar a ocorrência do fato gerador da obrigação correspondente, determinar a matéria tributável, calcular o montante do tributo devido, identificar o sujeito passivo e, sendo caso, propor a aplicação da penalidade cabível.

5 O lançamento no Código Tributário Nacional

Vale examinar as diversas partes do referido dispositivo.

5.1 Compete privativamente à autoridade administrativa

O lançamento é, no Código Tributário Nacional, atividade privativa da autoridade administrativa. Esse aspecto é reforçado pelo art. 3º, quando diz que o tributo é "cobrado mediante atividade administrativa". O parágrafo único do art. 142 ainda esclarece que se trata de atividade "vinculada e obrigatória". Nega o Código, com isso, possa o lançamento ser efetuado por terceiro, ou pelo próprio particular.

Por isso mesmo, a disciplina do Código exigirá sempre a ocorrência de um lançamento para que se dê a cobrança do tributo. Ver-se-á abaixo que na maior parte dos tributos, o recolhimento do tributo se dá antes que se cogite lançamento, criando-se curiosa figura do "lançamento por homologação", para sustentar a ideia de que não haveria tributo sem lançamento.

Na verdade, a jurisprudência já vem aceitando, ao arrepio do disposto no Código Tributário Nacional, que a cobrança de tributos se dê independentemente de qualquer atividade administrativa, nos casos em que o próprio sujeito passivo apura o tributo devido e apenas deixa de recolhê-lo. Essa tendência jurisprudencial será examinada abaixo, mas desde já se nota que a ideia de uma cobrança de tributo sem que haja uma atividade "privativa" da autoridade administrativa contraria o regime previsto no Código Tributário Nacional: ou bem se dirá que foi "lançamento" o cálculo efetuado pelo sujeito passivo (e nesse caso, o lançamento já não seria ato privativo da autoridade administrativa), ou se aceitará que é possível a cobrança sem que haja lançamento, desde que o próprio sujeito passivo tenha reconhecido o débito. Em qualquer caso, reconhecer-se-á regime diverso do proposto pelo Código Tributário Nacional.

Isso tem impacto direto sobre a segurança jurídica do contribuinte. Como visto, o lançamento representa uma tomada de posição da administração perante a situação fática do contribuinte, que assim conhecerá a exata extensão do pleito fiscal e seus critérios – critérios aos quais a administração estará vinculada a partir de então. Essa tendência jurisprudencial de assimilar a apuração do tributo pelo contribuinte a um ato de lançamento transfere, ao particular, um ônus que é da administração: o ônus de aplicar o direito, estabilizando a relação jurídica tributária. Quando se passa a reconhecer que o contribuinte também aplica o direito, a possibilitar a cobrança do crédito tributário, o contribuinte estará à mercê da administração fiscal. Esta poderá cobrar o crédito sem ter tomado posição jurídica a respeito dos fatos do contribuinte. Por consequência, a administração poderá, futuramente, adotar posição mais desfavorável ao contribuinte, sem as amarras impostas pelo art. 146 do Código, inclusive aplicando altas multas. O contribuinte poderá terminar penalizado por ter supostamente aplicado "errado" o direito na visão do fisco – isto é, penalizado por exercício de atividade (aplicação do direito) que é própria do fisco, não do contribuinte! Retorna-se a esse tema mais adiante.

5.2 Constituir o crédito tributário pelo lançamento

Conforme já foi visto acima, a "constituição" do crédito não implica seja o lançamento condição para que surja o vínculo jurídico entre sujeito ativo e passivo; com o lançamento, a obrigação ganha a feição de "crédito", já que passa a ser exigível.

Nesse sentido, o lançamento *declara* a existência de uma obrigação tributária e, fazendo-o, *constitui* um crédito. Essa "constituição" de um crédito não deve ser entendida como o nascimento de um direito novo, antes inexistente, já que obrigação e crédito, insista-se, referem-se a um único direito.

Trata-se, apenas, de uma nova roupagem do direito preexistente.

Não é apenas no campo tributário que assim se dá. Considere-se, no campo privado, uma colisão de automóveis. Tal fato, imediatamente, dará azo ao direito de reparação da parte da vítima, tendo o autor do delito a obrigação de reparar. Imagine-se que, após alguma discussão entre as partes, o devedor concorde em assinar uma confissão de dívida, reconhecendo sua culpa e comprometendo-se a pagar determinada quantia a título de indenização. Acaso terá a referida confissão o condão de criar direito novo? Evidente que não: a confissão apenas dá liquidez e certeza à relação obrigacional surgida quando da colisão.

Assim como a confissão de dívida não cria novo direito, tampouco há nova relação jurídica com a "constituição" do crédito tributário pelo lançamento. Esta apenas ocorre para aparelhar a Administração com o instrumento legal adequado para exigir o cumprimento da obrigação preexistente.

5.3 Assim entendido o procedimento administrativo

Nota-se, então, que a Administração procede a uma série de atos (procedimento), que vão da tomada de conhecimento da ocorrência do fato jurídico tributário ao cálculo do tributo e/ou penalidade e notificação do sujeito passivo. A todos esses atos, dá-se a denominação, no conjunto, de *lançamento*. A partir de então, a Administração já tem conhecimento do valor que lhe é devido e de quem este valor será exigido. Dali em diante, existe um crédito.

Assim como o fato jurídico tributário pode consistir em uma somatória de fatos que, em conjunto, dão nascimento à obrigação tributária, também o lançamento pode implicar uma série de atos, todos regrados pelo Direito, os quais, em conjunto, fazem surgir um crédito tributário.

O lançamento, ver-se-á abaixo, implica uma série de atos concatenados. Daí seu caráter procedimental; esses atos, entretanto, não se compreendem isoladamente (não produzem efeitos isoladamente), mas apenas em conjunto. Nesse sentido, formam um todo jurídico, um ato. Qual a diferença? Se fosse mero procedimento, o lançamento teria um início e um término. Sendo um todo, apenas se considera um momento, no qual se dá por aperfeiçoado o lançamento.

A diferença não é apenas teórica, pois, no Direito, há prazos para que atos sejam praticados, sob pena de invalidade. Por exemplo, admita-se que o prazo para efetuar o lançamento de um tributo se encerre em 31 de dezembro de determinado ano. Considere-se, ainda, que a fiscalização tenha iniciado seu trabalho em 30 de novembro daquele ano, mas apenas tenha concluído o levantamento e apurado a falta de recolhimento de imposto em 31 de março do ano seguinte. Naquela data, o contribuinte será notificado do lançamento. Pergunta-se: é válido o lançamento? A resposta é negativa, pois sem a notificação, não há lançamento. Não cabe falar em início de lançamento ou em lançamento pela metade. Ou há lançamento, tendo ocorrido toda a série de atos prevista pela lei, ou não há lançamento. Se havia um prazo para o lançamento, este não se considera ocorrido (embora se tenha iniciado o *iter*) até que o último dos atos que compõem o todo do lançamento tenha ocorrido. Por isso, têm razão aqueles que defendem a natureza de ato para o lançamento.

Dentre os atos que se preveem sejam praticados para, em seu conjunto, configurarem um lançamento, merece nota a notificação ao contribuinte. A atividade da Administração, descrita no art. 142 do Código Tributário Nacional, não se considera concluída enquanto efetuada no seu âmbito interno. É necessário um ato final, que a formalize. Esse ato é uma *notificação*. Uma vez notificado o contribuinte, tem-se o lançamento por concluído e, somente então, o crédito estará "constituído".

Os atos praticados pela Administração anteriores à notificação não têm o efeito de constituir o crédito (pois não são o lançamento), mas não são irrelevantes juridicamente, já que a notificação de qualquer medida preparatória indispensável ao lançamento pode antecipar o prazo para que este se conclua, à luz do art. 173, parágrafo único, do Código Tributário Nacional.

É o que determina o art. 145 do Código Tributário Nacional, ao referir-se ao *lançamento regularmente notificado ao sujeito passivo*[23]. Feita a notificação, o lançamento está

23 A propósito, cite se decisão proferida pelo STJ (REsp n. 237.009-SP, rel. Min. Francisco Peçanha Martins, j. 20.11.2001, D.J. 27.05.2002, p. 147): "Imprescindível a notificação regular do lançamento ao contribuinte do imposto devido (...)". No mesmo sentido, outra decisão do mesmo Tribunal (REsp n. 140.652-MG, rel. Min. Franciulli Netto, j. 15.08.2000, D.J. 11.9.2000, RSTJ vol. 139, p. 170): "(...) feita a revisão do lançamento tributário o sujeito passivo deve ser notificado do mesmo. O lançamento revisto não deixa de ser um lançamento e, como tal, deve ser de conhecimento do contribuinte" (sic).

encerrado e somente poderá ser alterado em virtude de impugnação do próprio sujeito passivo, ou por revisão de uma autoridade superior (os chamados atos "de ofício").

Daí a importância da notificação: sem ela, não há lançamento[24].

5.4 Tendente a verificar a ocorrência do fato gerador da obrigação correspondente, determinar a matéria tributável, calcular o montante do tributo devido, identificar o sujeito passivo

A atividade do lançamento tem uma finalidade: apurar o *an* e *quantum debeatur:* se é devido e quanto é devido.

É essa finalidade que dá unidade ao lançamento: cada uma das atividades exercidas pela Administração deve fazer sentido nesse todo. É em nome dessa finalidade que surge o poder de fiscalizar da parte da autoridade. A prática de atos que se desviem dessa finalidade não está coberta pela legalidade da administração. O ato administrativo – não é demais lembrar – sujeita-se ao princípio da motivação.

Pelo lançamento, a autoridade fiscal apura e documenta a ocorrência do fato jurídico tributário. Na visão de Paulo de Barros Carvalho, até o lançamento, o evento ocorrido no mundo dos fatos não produziria consequências jurídicas se não tivesse sido relatado no lançamento. Por esse motivo é que aquele professor adotou a corrente procedimentalista, alegando que só há fato jurídico tributário quando o evento já se fez relatar, por meio do lançamento, em linguagem. Como alertado acima, esse entendimento merece ressalvas, pois, se é verdade que não há exigibilidade sem lançamento, existem outros efeitos jurídicos já verificados com a própria ocorrência do evento. A dívida – cabe insistir – existe, e o patrimônio do sujeito passivo, por isso mesmo, encontra-se diminuído desde então.

5.5 E, sendo o caso, propor a aplicação da penalidade cabível

Como se verá no Capítulo XIX, na época da edição do Código Tributário Nacional, a autoridade lançadora não impunha a penalidade; apenas a propunha, cabendo sua imposição à autoridade julgadora. Hoje, a autoridade administrativa não mais "propõe" penalidade; ela a aplica.

Aliás, como a "obrigação principal" pode ter por objeto a penalidade pecuniária, nada obsta que o lançamento sequer cogite tributo, mas apenas penalidade. É o caso das multas isoladas, impostas quando deveres instrumentais não são cumpridos pelo sujeito passivo. Nesse caso, a penalidade é o único objeto do lançamento.

Por outro lado, a dicção do Código Tributário Nacional pode ser empregada como argumento para se defender que, enquanto a imposição do tributo se dá de modo vinculado, no caso de penalidade poderá o legislador deixar certa margem de discricionariedade para o administrador, ao qual

24 Cf. TORRES, Ricardo Lobo. *Curso de Direito Financeiro e Tributário*. 15. ed. Rio de Janeiro: Renovar, 2007, p. 275.

já não se reserva mero papel passivo, mas decisório. "Propor", neste caso, assumiria as vezes de exercício de ponderação quanto à pena cabível[25].

6 Lançamento como ato jurídico e como resultado

É interessante notar que a definição do art. 142 aponta para o lado procedimental do lançamento. Existe toda uma atividade administrativa, regulada pelo Direito, a que se dá o nome de lançamento. Essa atuação, já se viu, forma, em seu conjunto, um ato jurídico.

Da atividade assim exercida resultará a exigência de um tributo. Esta exigência, i.e., a determinação, pela autoridade administrativa, de que o sujeito passivo recolha um tributo, também é denominada "lançamento".

Assim, da atividade em que o lançamento consiste, surge uma ordem individual e concreta, denominada igualmente lançamento. Ou melhor: a ordem dada ao sujeito passivo – o lançamento – é o resultado de toda uma atividade administrativa regulada pelo Direito. Somente a partir de então, dá-se por existente o lançamento. Por isso mesmo, afirmou-se acima que só há lançamento quando notificado o contribuinte.

Eurico Marcos Diniz de Santi desdobra ambos os momentos, denominando-os "ato-fato administrativo" e "ato-norma administrativo". Do desmembramento, surgem elementos diversos: o primeiro exigindo (i) agente público competente; (ii) motivo do ato; (iii) procedimento previsto normativamente e (iv) publicidade. O ato-norma administrativo exige a existência de um fato-evento (descrição do evento jurídico-tributário) e fato-conduta (a descrição do consequente normativo, i.e., aquilo que o ato dispõe)[26].

7 Atividade vinculada e obrigatória

O lançamento está presente no próprio conceito de tributo, quando o art. 3º do Código Tributário Nacional dispõe que o tributo seja cobrado *mediante atividade administrativa plenamente vinculada*. Essa mesma ideia retorna no parágrafo único do art. 142 do mesmo Código, segundo o qual "a atividade administrativa de lançamento é vinculada e obrigatória, sob pena de responsabilidade funcional".

Atividade administrativa *vinculada* é aquela para a qual o legislador prescreve o comportamento da administração, sem lhe dar qualquer liberdade para decidir se é conveniente ou oportuna sua prática. Diferencia-se, nesse sentido, da atividade *discricionária*, à qual o legislador confere aquela margem de liberdade. Por exemplo, no direito administrativo, tem-se uma atividade administrativa

---

25 Este tema será retomado no Capítulo XIX, 2.3.

26 Cf. SANTI, Eurico Marcos Diniz de. Lançamento tributário, Enunciação, Enunciado, Nulidade e Anulação: comentários à margem da teoria do Prof. Paulo de Barros Carvalho. In: SCHOUERI, Luís Eduardo (coord.). *Direito Tributário.* Homenagem a Paulo de Barros Carvalho. São Paulo: Quartier Latin, 2008, p. 575-592 (578-579).

discricionária quando o legislador regula o porte de armas, apresentando uma série de requisitos para que alguém o obtenha, mas permitindo que a autoridade policial, mesmo presentes aqueles requisitos, deixe de conceder o porte de armas solicitado, por não julgar oportuno. Desse modo, é possível que um particular preencha todos os requisitos legais e não veja atendido seu pedido de ter um porte de armas. Já um exemplo de atividade vinculada é a nomeação em um concurso público, na qual a administração deve, necessariamente, seguir a ordem de classificação; ainda que o administrador achasse mais conveniente, ou mais bem preparado, o segundo colocado, será o primeiro colocado aquele a ser nomeado primeiramente.

Ao dizer que a atividade do lançamento é vinculada, o Código Tributário Nacional deixa claro que a administração tributária não tem a opção de efetuar a cobrança por outro meio, senão pelo descrito pelo legislador. Mais ainda: a atividade é obrigatória, o que indica que a Administração não pode abrir mão de seu direito. Constatado o nascimento da obrigação tributária, o administrador público não pode deixar de quantificá-la e notificar o contribuinte acerca da constituição de um crédito. Se deixar de fazê-lo, o administrador será responsabilizado funcionalmente, i.e., sofrerá penas administrativas por ter falhado no cumprimento de seu dever.

Insistindo em "atividade administrativa plenamente vinculada", ou "vinculada e obrigatória", o Código Tributário Nacional poderia levar a crer na existência de um aplicador autômato da lei, a cuja atuação não assistiria qualquer margem de convencimento. Em Direito Administrativo, contudo, os limites da vinculação alardeada pelo Código, tradicionalmente oposta à discricionariedade, já não mais são vistos como estanques: admite-se a discricionariedade, em maior ou menor intensidade, no exercício de qualquer função administrativa, antes parecendo a Schirato verdadeiro "folclore do direito administrativo brasileiro" acreditar ser possível determinar, de antemão, "se um dado campo de ação da Administração Pública (como o poder de polícia, por exemplo), será necessariamente discricionário ou vinculado"[27]. A medida da vinculação será dada apenas no caso concreto, nada impedindo alguma liberdade ao agente público e sendo também verdadeiro, como anota Bandeira de Mello, que "tal liberdade poderá esmaecer ou até mesmo esvair-se completamente diante da situação em concreto na qual deva aplicar a regra"[28].

A lição é útil para a compreensão da "vinculação" de que fala o Código ao disciplinar o lançamento. Servindo este a "constituir" o crédito, e sabendo-se que o crédito "decorre" de uma obrigação tributária, parece evidente restar à autoridade administrativa espaço adequado de liberdade para formar seu convencimento acerca do surgimento daquela obrigação. Solicitará e analisará, pois, documentos que lhe pareçam pertinentes, investigando a ocorrência da hipótese tributária. Apenas se convencida da existência de uma obrigação tributária, estará a autoridade, sim, em situação de vinculação diante do cenário que descortinou, esvaziando-se a liberdade de que gozava enquanto ainda não lhe parecia certa aquela obrigação. Não poderá deixar de proceder ao lançamento, sob pena de responsabilidade funcional.

---

27 Cf. SCHIRATO, Vitor Rhein. O poder de polícia é discricionário? In: MEDAUAR, Odete; SCHIRATO, Vitor Rhein (coords.). *Poder de polícia na atualidade*. Belo Horizonte: Editora Fórum, 2014, p. 27-45 (33).

28 Cf. MELLO, Celso Antônio Bandeira de. *Curso de direito administrativo*. 28. ed. São Paulo: Malheiros, 2011, p. 995.

8 Lei de regência do lançamento

Embora o crédito – entendido como a obrigação tributária identificada e quantificada – somente exista com um lançamento notificado ao contribuinte, o art. 144 do Código Tributário Nacional, acima referido, faz ver que o crédito está vinculado à própria obrigação que lhe deu origem (art. 139). Se crédito e obrigação confundem-se em sua natureza, é claro que ambos têm a mesma disciplina legal. Assim, se houver uma mudança legislativa entre a data do fato jurídico tributário (surgimento da obrigação) e a do lançamento (quando se passa a falar em crédito), então o crédito será calculado e apurado segundo a legislação em vigor no momento do fato jurídico tributário. Eis o art. 144 do CTN:

> Art. 144. O lançamento reporta-se à data da ocorrência do fato gerador da obrigação e rege-se pela lei então vigente, ainda que posteriormente modificada ou revogada.
>
> § 1º Aplica-se ao lançamento a legislação que, posteriormente à ocorrência do fato gerador da obrigação, tenha instituído novos critérios de apuração ou processos de fiscalização, ampliado os poderes de investigação das autoridades administrativas, ou outorgado ao crédito maiores garantias ou privilégios, exceto, neste último caso, para o efeito de atribuir responsabilidade tributária a terceiros.
>
> § 2º O disposto neste artigo não se aplica aos impostos lançados por períodos certos de tempo, desde que a respectiva lei fixe expressamente a data em que o fato gerador se considera ocorrido.

Por exemplo, se, no momento do fato jurídico tributário, um tributo era devido à alíquota de 5%, mas, no momento do lançamento, sua alíquota tiver aumentado para 6%, tal tributo será calculado à primeira alíquota, embora esta não mais esteja em vigor. Por outro lado, nos termos do § 1º acima reproduzido, se entre a data do fato jurídico tributário e a do lançamento, tiver havido uma mudança legislativa meramente procedimental (por exemplo, ampliando os poderes da fiscalização), então nada impede que o Fisco se valha da nova legislação, ainda que seja para investigar fato ocorrido no passado.

É interessante notar que a redação do dispositivo não se refere apenas a mudanças de procedimento que ampliem os poderes da fiscalização; quaisquer novos critérios de apuração ou processo de fiscalização estão ali compreendidos, bem como a ampliação dos poderes de investigação. É possível que haja ampliação dos poderes de fiscalização, por exemplo, quando um órgão de fiscalização adquire competência para auditar tributo que antes não lhe cabia; por outro lado, pode ser que novos critérios impliquem novas formalidades a serem cumpridas pela fiscalização, ampliando, nesse caso, as garantias do sujeito passivo. A ambos os casos se aplica o dispositivo.

Um bom exemplo pode ser visto quando, em matéria de preços de transferência, a Lei n. 12.715/2012, alterando a Lei n. 9.430/1996, autorizou a fiscalização, a partir do ano-calendário de 2012, a desqualificar método ou algum de seus critérios de cálculo, impondo à fiscalização o ônus de intimar o sujeito passivo para, no prazo de 30 dias, apresentar novo cálculo de acordo com qualquer outro método previsto na legislação. Ao mesmo tempo em que se conferia novo poder ao fisco (desqualificar), impunha-se um procedimento próprio. Destarte, fiscalizações efetuadas dali em diante contariam com a prerrogativa, mas também deveriam submeter-se ao ônus correspondente, mesmo tratando de fatos jurídico-tributários anteriores.

Esse dispositivo, no entanto, pode ser questionado, dado que parte do pressuposto da neutralidade das regras procedimentais. Afinal, há situações em que, embora indiretamente, a mudança legislativa de caráter procedimental pode gerar impacto na situação jurídica do contribuinte, afetando sua legítima expectativa[29]. Nesse sentido, caso haja alguma lei assegurando um procedimento específico para a fiscalização de um tributo, deve-se entender pela inaplicabilidade desse dispositivo do Código, em respeito à segurança jurídica do contribuinte.

Como o CTN, escrito em seu tempo, adotou a teoria dualista para o lançamento, errou, como os dualistas por muito tempo erraram, ao entender que não só haveria dois vínculos no lançamento, como seriam estes sequenciais.

Na análise de Alcides Jorge Costa[30], a teoria dualista foi levada em conta na elaboração do projeto do Código Tributário Nacional. Isso não significa, entretanto, que se possa dar por assim resolvida a polêmica quanto à natureza do lançamento, tampouco quanto ao momento do surgimento do vínculo do crédito.

Afinal, admitida a teoria dualista, indaga-se se é possível considerar que o vínculo da dívida surja em um momento diverso daquele concernente à responsabilidade, i.e., se seria viável dizer-se que a responsabilidade apenas nasceria no momento do lançamento.

Entre os dualistas que estudam a obrigação no direito privado, esta sucessão temporal foi inicialmente aceita. A *Haftung*, resume Nonato, "nasce do descumprimento, do inadimplemento do devedor, da lesão do direito e se destina a repará-la"[31]. Cita, ainda, esclarecedor trecho de Jean Pellet, o qual, examinando a obra de Brinz, afirma que este via na obrigação uma instituição única, essencialmente caracterizada por um poder sobre o devedor e sujeita a uma metamorfose, durante sua existência. Nesse sentido, responsabilidade e dívida seriam dois estados sucessivos de seu desenvolvimento, duas fases no período de existência, unidos por uma relação de causalidade. A dívida seria um estado anterior da responsabilidade[32]. Contudo, o mesmo Pellet mostra que os germanistas evoluíram para aceitar a existência de "deux rapports de droits vives, sans lieu nécessaire entre eux", sendo perfeitamente discerníveis os efeitos produzidos por cada um deles. Não punham em dúvida o fato de que a dívida seria o motivo de existência da responsabilidade (se a dívida for satisfeita, desaparece a responsabilidade)[33].

Não é o caso de firmar posição acerca de matéria que mereceu estudo tão aprofundado dos civilistas, sem que se chegasse a um posicionamento definitivo. Basta dizer que não convence a ideia

29 Essa discussão está presente em casos do Reino Unido, cf. SAMSONITE, Pietro. Retroactivity in the exchange of information on demand. *ASA*, vol. 83, n. 11-12, maio/jun. 2015, p. 923-935 (929).

30 Cf. COSTA, Alcides Jorge. Op. cit. (nota 1), p. 37.

31 Cf. NONATO, Orosimbo. *Curso de obrigações*. (Generalidades Espécies). vol. 1. Rio de Janeiro: Forense, 1959, p. 115.

32 NONATO, Orosimbo. Op. cit. (nota 31), p. 121.

33 NONATO, Orosimbo. Op. cit. (nota 31), p. 121-122.

de metamorfose ou de sucessão de vínculos, já que por ela se teria por desaparecida a dívida, no momento do surgimento da responsabilidade. Fosse assim, inexplicável se tornaria o pagamento voluntário da dívida, após seu vencimento. Se é verdade que somente pode o credor executar o devedor após o vencimento, não significa isso que o direito não preexistia. Mais ainda, surgisse a responsabilidade em momento diverso da dívida, então também possível seria aplicar a ambas regimes jurídicos diversos. Imagine-se que, entre um e outro momento, mudança legislativa restringisse a liberdade das partes, na contratação em determinados termos: acaso seria viável conceber que a responsabilidade, vínculo surgido após a entrada em vigor da nova lei, a contradissesse? Seria a tal ponto elástica a desvinculação entre dívida e responsabilidade? Não há, pois, como confundir o momento do surgimento do direito com aquele em que seu exercício se torna possível. Evidentemente, a responsabilidade surge no mesmo momento da dívida; fica, porém, em estado de latência, já que é de se esperar que o devedor cumpra sua obrigação sem que o credor precise executar o crédito.

Pois bem. Retornando à matéria tributária, surge idêntica questão: seria aceitável a ideia de que apenas com o lançamento surgiria a responsabilidade?

A questão é enfrentada por Alcides Jorge Costa, que revela a influência da teoria dualista no CTN, não só pela referência, no relatório da comissão encarregada de sua elaboração, aos trabalhos de Rotondi, como especialmente pelo texto legal. Anota Alcides, citando idêntica conclusão de L.G. Paes de Barros Leães, haver "uma nítida separação entre dever (que o Código denomina obrigação) e responsabilidade (crédito na terminologia do Código), esta decorrendo daquele e nascendo com o lançamento". Nota-se, nesse ponto, ter incorrido o CTN na mesma contradição que acima se apontou em parte dos dualistas: enxergar a responsabilidade surgida em momento diverso da própria dívida. Isso porque, ao se admitir um intervalo temporal, não há como explicar que a mesma lei se aplique aos dois, ou seja, poderia haver regimes jurídicos distintos para a mesma situação.

Alcides Jorge Costa, assim, denuncia a contradição: "se o lançamento é que constitui a responsabilidade, o certo seria que esta fosse regida pela lei vigente na data da constituição. Mas daí adviria a consequência prática de dar ao lançamento o efeito constitutivo de toda a obrigação tributária e não apenas de um de seus elementos, a responsabilidade. Dizemos consequência prática, pois se o tributo não pode ser exigido antes do lançamento e se a lei aplicável à relação de responsabilidade fosse a vigente na data do lançamento, então a lei vigente na data do fato gerador tornar-se-ia irrelevante, malgrado o disposto no art. 113, § 1º. O CTN não desatou o nó. Cortou-o, estatuindo no art. 144 que 'o lançamento reporta-se à data da ocorrência do fato gerador da obrigação e rege-se pela lei então vigente, ainda que posteriormente modificada ou revogada'".

Vê-se, pois, que malgrado inspirada na teoria dualista da obrigação, a corrente que defende a natureza constitutiva do lançamento sofre dos mesmos males daqueles que vêm, no dualismo, a existência de vínculos sucessivos. Admitida a concomitância no surgimento de ambos os vínculos, não subsiste a natureza constitutiva daquele ato administrativo.

O CTN, por meio do art. 144, resolve a questão ao estabelecer que o lançamento deve reportar-se à data da ocorrência do fato gerador da obrigação, regendo-se pela lei então vigente, ainda que esta tenha sido posteriormente modificada ou revogada.

Consequentemente, não se pode falar que o lançamento possui caráter constitutivo. O crédito nada mais é do que a obrigação tornada líquida e certa. Portanto, o lançamento apenas declara, toma conhecimento da obrigação.

9 Modalidades de lançamento

O Código Tributário Nacional contempla três formas de lançamento, conforme o grau de participação do sujeito passivo.

9.1 Lançamento direto (*ex officio*)

Lançamento direto é aquele em que a Administração se encarrega de apurar o valor do tributo e notificar o contribuinte para seu pagamento, sem que o contribuinte tenha concorrido para o processo de apuração.

Pode o lançamento dar-se diretamente nos casos em que o próprio legislador o determine, ou quando houver alguma falha do contribuinte.

Na primeira categoria, recaem aqueles tributos para os quais o sujeito ativo já disponha de um cadastro de sujeitos passivos e de valores envolvidos, não havendo dúvidas sobre a ocorrência do fato, bastando-lhe, pois, notificar o contribuinte. Em geral, isso ocorre com os tributos periódicos, como o Imposto sobre a Propriedade Predial e Territorial Urbana (IPTU): sendo sua hipótese tributária a existência de uma propriedade no dia primeiro de janeiro de cada ano, o contribuinte recebe um carnê (notificação) em sua casa, devendo recolher o tributo.

Na segunda categoria, tem-se alguma falta por parte do contribuinte. O art. 149 arrola, nos incisos II a IX, tais casos. Não se trata propriamente de rol taxativo, já que o inciso I do mesmo dispositivo deixa a possibilidade aberta à lei para prever outras situações de revisão de lançamento. Ou seja: na literalidade do dispositivo, poderia haver revisão de lançamento em outros casos que o legislador viesse a prever. De um modo mais simplificado, pode-se ver que os incisos do art. 149 tratam das situações em que o lançamento dá-se por conta de uma fiscalização (no estabelecimento do contribuinte ou não). Pode tratar-se de revisão de um lançamento já efetuado (i.e.: houve erro, fraude ou omissão no lançamento anterior, seja por parte do sujeito passivo, seja do Fisco) ou mesmo de um novo lançamento (por exemplo, no caso de omissão do Fisco ou do contribuinte). Eis as hipóteses:

> II – quando a declaração não seja prestada, por quem de direito, no prazo e na forma da legislação tributária;
>
> III – quando a pessoa legalmente obrigada, embora tenha prestado declaração nos termos do inciso anterior, deixe de atender, no prazo e na forma da legislação tributária, a pedido de esclarecimento formulado pela autoridade administrativa, recuse-se a prestá-lo ou não o preste satisfatoriamente, a juízo daquela autoridade;
>
> IV – quando se comprove falsidade, erro ou omissão quanto a qualquer elemento definido na legislação tributária como sendo de declaração obrigatória;

> V – quando se comprove omissão ou inexatidão, por parte da pessoa legalmente obrigada, no exercício da atividade a que se refere o artigo seguinte (lançamento por homologação);
> VI – quando se comprove ação ou omissão do sujeito passivo, ou de terceiro legalmente obrigado, que dê lugar à aplicação de penalidade pecuniária;
> VII – quando se comprove que o sujeito passivo, ou terceiro em benefício daquele, agiu com dolo, fraude ou simulação;
> VIII – quando deva ser apreciado fato não conhecido ou não provado por ocasião do lançamento anterior;
> IX – quando se comprove que, no lançamento anterior, ocorreu fraude ou falta funcional da autoridade que o efetuou, ou omissão, pela mesma autoridade, de ato ou formalidade essencial.

Vale ressaltar que, ausentes tais hipóteses, descabe o lançamento direto, se não houver previsão em lei.

9.1.1 Mudança de critério jurídico

Surgindo um fato novo, pode haver um novo lançamento, a teor do inciso VIII do art. 149, citado acima.

Se, no entanto, não há fato novo a ser apreciado, mas apenas um argumento jurídico novo, caracterizando, então, uma mudança de opinião por parte da autoridade, ou uma nova valoração jurídica dos fatos já conhecidos, logo não cabe novo lançamento, em relação a fatos anteriores à mudança de critério jurídico. Neste caso, aliás, nem mesmo a lei, valendo-se da faculdade do inciso I do art. 149, poderia determinar a revisão, já que contrariaria o que dispõe o art. 146 do CTN:

> Art. 146. A modificação introduzida, de ofício ou em consequência de decisão administrativa ou judicial, nos critérios jurídicos adotados pela autoridade administrativa no exercício do lançamento somente pode ser efetivada, em relação a um mesmo sujeito passivo, quanto a fato gerador ocorrido posteriormente à sua introdução.

O dispositivo acima, inserido no capítulo concernente ao lançamento, gera questionamento quanto a sua extensão: se é claro que ele impede a revisão de um lançamento já efetuado, pode surgir alguma dúvida quanto ao entendimento a ser aplicado aos fatos ocorridos posteriormente a um lançamento e ainda não atingidos por outra fiscalização. Ou seja: se, em lançamentos anteriores, a autoridade administrativa adotou determinada interpretação da lei tributária, pode o contribuinte, fiando-se no art. 146 acima transcrito, seguir o mesmo entendimento, até que ele seja informado diretamente ou por meio de ato administrativo público, de que diverso será o entendimento da fiscalização? A resposta deve ser afirmativa.

Parte da doutrina entende que o art. 146 tem aplicação mais restrita, alcançando apenas as situações em que já houve lançamento e impedindo novo lançamento relativo ao fato já coberto por lançamento anterior. É esse o posicionamento de Misabel Derzi[34] e de Ricardo Lobo Torres[35].

O Princípio da Segurança Jurídica – que inspira a regra acima – exige entendimento mais abrangente. Não seria aceitável que o contribuinte, instruído pela própria Administração acerca do modo de agir, em atividade de lançamento, tivesse agora tributação com a qual não podia legitimamente contar.

Gabriel Troianelli[36], ao comparar as hipóteses do parágrafo único do art. 100 do Código Tributário Nacional, com a do 146, acima transcrito, sustenta que, enquanto o primeiro dispositivo versa sobre uma situação de ilegalidade (erro), i.e., a Administração havia adotado interpretação errônea, o 146 trata de mudança de critério jurídico, i.e., de nova escolha, pela Administração, entre interpretações "certas". Também Luciano Amaro[37] segue esse entendimento. Não parece, entretanto, ser essa a distinção, já que a ideia de erro pressuporia uma única solução certa. Mais correto é entender que o art. 146 parte da ideia de que houve manifestação do fisco diante de situação individual e concreta do sujeito passivo, enquanto o art. 100 trata de manifestações abstratas. Assim, parece ter o legislador complementar ponderado que, conquanto em ambos os casos se deva proteger a confiança do sujeito passivo, a manifestação individual e concreta geraria maior expectativa, por parte do último, quanto ao acerto do seu procedimento.

Tem-se, no art. 146 do Código Tributário Nacional, um mesmo valor jurídico – a segurança jurídica – que agasalha tanto a Legalidade Tributária como a proteção da boa-fé do contribuinte[38]. Como já foi visto no Capítulo II, regular as limitações constitucionais ao poder de tributar inclui-se entre as incumbências da lei complementar (art. 146 da Constituição Federal). Daí que se essa tensão é resolvida pela lei complementar, que dá prevalência à proteção da boa-fé, não se pode invocar a Legalidade para a revisão do lançamento por erro de direito. Afinal, o Princípio da Legalidade foi inserido entre as limitações ao poder de tributar, sendo acertado, daí, não o fazer prevalecer em prejuízo do próprio contribuinte que se quis proteger.

Ademais, o pressuposto do legislador é de que não existe uma única solução certa; a mudança do critério jurídico não implica afirmar que o critério anteriormente adotado estava errado; simplesmente a Administração passa a considerar mais adequada a nova solução. A premissa de que não há uma única solução correta se extrai dos Trabalhos da Comissão que elaborou o Projeto de Código Tributário Nacional. Pelo caráter didático do excerto, vale transcrevê-lo: "a aplicação da lei tributária, pelo lançamento, aos fatos concomitantemente apurados de maneira exata e completa, não pode ensejar a alegação de erro. A aplicação da lei, com efeito, é matéria opinativa, no sentido de que comporta um elemento de juízo hermenêutico; assim sendo, a variabilidade dos critérios de aplicação da lei implicaria numa discricionariedade incompatível com a própria natureza das leis de direito público em geral, e de direito tributário em particular"[39].

---

34 Cf. DERZI, Misabel Abreu Machado. Nota. In: BALEEIRO, Aliomar. *Direito Tributário Brasileiro*. 11. ed. Rio de Janeiro: Forense, 2003, p. 812.

35 Cf. TORRES, Ricardo Lobo. *Curso de Direito Financeiro e Tributário*. 16. ed. Rio de Janeiro: Renovar, 2009, p. 279-280.

36 Cf. TROIANELLI, Gabriel Lacerda. Interpretação da lei tributária: lei interpretativa, observância de normas complementares e mudança de critério jurídico. *Revista Dialética de Direito Tributário*, n. 176, maio 2010, p. 76; p. 81-83.

37 Cf. AMARO, Luciano. *Direito Tributário Brasileiro*. 15. ed. São Paulo: Saraiva, 2009, p 351.

38 Cf. TORRES, Ricardo Lobo. *Normas de interpretação e interação do Direito Tributário*. 4. ed. Rio de Janeiro: Renovar, 2006, p. 78.

39 *Trabalhos* (...) Op. cit. (nota 18), p. 208.

Se o art. 146 protege a confiança do contribuinte, também dele, ao lado do art. 149, se extrai a necessidade de aplicar retroativamente o "novo entendimento jurídico mais benéfico ao contribuinte" aos "lançamentos já efetuados (ou às declarações já apresentadas) sob a regência da interpretação mais gravosa", de sorte a "afastar a exigência tributária em desacordo com a nova exegese". É esse o entendimento do Parecer da PGFN 396/2013. Embora não fixe prazo, de acordo com esse Parecer, deve a Administração Tributária revisar, de ofício, "os lançamentos já efetuados ou à retificação das declarações do sujeito passivo, a fim de eximi-lo do crédito tributário não extinto e indevido". Por sua vez, nos casos de direito de crédito, aplica-se o art. 168 do CTN que versa sobre a repetição do indébito, claro, condicionado à "apresentação de requerimento pelo contribuinte, dentro dos prazos expressamente previstos"[40].

Seja como for, o art. 146 do CTN refere-se a *critérios jurídicos*. No entanto, não é óbvia a distinção entre erro de fato e erro de direito, já que um erro de fato nada mais é que um erro na compreensão do fato, ou, ainda, um erro na verificação (jurídica) da ocorrência de uma hipótese descrita abstratamente pela lei. Assim, se o fato é conhecido, mas se adota nova valoração, haverá erro de fato ou de direito? Por exemplo: no campo do Imposto sobre Produtos Industrializados, adota-se a classificação fiscal para a identificação da alíquota aplicável à luz da seletividade. Se um mesmo produto recebia, antes, uma classificação e, posteriormente, outra classificação é adotada, não há dúvida de que se está sobre o mesmo fato o qual, entretanto, passa a ser apreciado de outro modo: o aplicador da lei vê, no mesmo fato, características que antes não eram tomadas em conta. Conquanto se trate de uma apreciação do fato, tem-se novo critério jurídico, i.e., nova valoração jurídica do fato[41]. Uma mudança em tais critérios jurídicos dobra-se à regra do art. 146.

Tampouco os casos de avaliação de um bem podem ser considerados meras questões de fato: é certo que uma avaliação procura usar critérios objetivos; a escolha, porém, de quais os critérios que devem ser levados em conta em cada caso particular aponta a subjetividade do processo. Qual, por exemplo, o peso a ser dado ao fato de que, na vizinhança de um imóvel avaliado, há uma escola ou um hospital? O que dizer do movimento da rua? O estilo do imóvel é relevante? Essas e outras indagações justificam a afirmação de que, ressalvados os casos em que alguma característica do bem não era conhecida (por exemplo: havia uma construção no terreno, mas a autoridade lançadora não teve tal informação), a avaliação não é mera questão de fato, mas antes um resultado de conclusões acerca das propriedades valorativas do bem[42].

Na verdade, poucas são as questões que não constituem modificação de critério jurídico em matéria de lançamento. É o que ocorre, por exemplo, quando se considera ocorrido um fato que na verdade não se deu, ou quando se acredita que um fato foi praticado por uma pessoa, quando depois se descobre que outro foi o agente. Na maioria das situações, o que se terá é questão que exigirá algum tipo de apreciação jurídica.

Situação que não caracteriza mudança de critério jurídico, também, é um erro de cálculo. Encontra-se quando a fiscalização indicou corretamente a operação matemática, mas errou na apuração. É erro, mas não quanto ao critério jurídico adotado. Não está, destarte, na proibição do art. 146. Tampouco é erro quanto aos fatos. O inciso IX refere-se a falta funcional da autoridade, o

40 Cf. Parecer PGFN n. 396, de 11 de março de 2013 (publicado no *DOU* de 05.07.2013, p. 27), item 4.1.

41 Cf. TORRES, Ricardo Lobo. Op. cit. (nota 38), p. 84.

42 É o que decidiu a Corte Financeira da Alemanha (BFH), em julgamento de 24.8.62 – III 289/60, BStBl. III 1962, 460. Nesse sentido, cf. KRUSE, Heinrich. In: TIPKE, Klaus; KRUSE, Heinrich. *Abgabenordnung. Finanzgerichtsordnung. Kommentar zur AO 1977 und FGO (ohne Steuerstrafrecht)*. 14. ed. Köln: Otto Schmidt, art. 173 (6).

que não implica necessariamente dolo ou fraude. Sendo o cálculo uma formalidade essencial, poderia ali se encaixar a possibilidade de novo cálculo, mantidas as informações constantes no lançamento original.

O STJ[43], em acórdão submetido ao regime de recursos repetitivos, manifestou-se no sentido de que a retificação dos dados cadastrais do imóvel objeto da tributação se enquadra no art. 149, VIII, do CTN, tratando-se de erro de fato e não de erro de direito, apto, portanto, a ensejar a revisão do lançamento. No caso em questão, houve por bem o STJ, em criticável decisão, permitir a revisão de lançamento tributário, em virtude de "erro de fato" detectado no recadastramento predial, em que se identificou que a área suscetível de tributação correspondia a metragem em muito superior àquela que fora objeto do lançamento tributário. Deve-se ver, contudo, que a revisão fundada em erro de fato não se presta a corrigir erros decorrentes da displicência da administração tributária quando da realização do lançamento. O "fato não conhecido ou não provado por ocasião do lançamento anterior" a que se refere o inciso VIII do art. 149 do CTN certamente não diz respeito a fato existente provado à época do lançamento, mas sim a fato superveniente ou fato cuja ocorrência somente pôde ser comprovada posteriormente ao lançamento.

9.2 Lançamento por declaração

O lançamento por declaração é o que a doutrina denomina "lançamento misto", pois nele tanto o sujeito passivo como a autoridade administrativa devem agir, para que se considere o lançamento válido: o sujeito passivo, ou um terceiro, apresenta uma série de informações à autoridade fiscal, e esta, com base nas informações assim coletadas, efetua o lançamento tributário. É o que dispõe o art. 147 do CTN:

> Art. 147. O lançamento é efetuado com base na declaração do sujeito passivo ou de terceiro, quando um ou outro, na forma da legislação tributária, presta à autoridade administrativa informações sobre matéria de fato, indispensáveis à sua efetivação.

Note-se que a atividade do contribuinte limita-se à informação sobre fatos. Ou seja: quem aprecia juridicamente o fato, decidindo qual a norma a ele aplicável, é a autoridade administrativa. Quem calcula o tributo, portanto, é a autoridade. A declaração a que se refere o dispositivo acima é apenas sobre as circunstâncias materiais do fato.

Os dispositivos sobre lançamento por declaração (CTN, art. 147) e os dispositivos sobre lançamento de ofício que suplementam o lançamento por declaração (CTN, art. 149, II a IV) são inspirados na legislação do imposto de renda vigente à época[44].

No regime do Decreto 24.239/47 – que, na matéria que interessa, essencialmente reproduzia o Decreto-lei 5.844/43, inclusive com identidade de numeração dos dispositivos –, previam-se regras relativas à declaração por parte dos sujeitos passivos (arts. 63 a 73), a qual seria posteriormente revisada pelas repartições lançadoras (art. 74). Naquele regime jurídico, aplicável tanto ao IRPF quanto

---

43 STJ, REsp n. 1.130.545-RJ, rel. Min. Luiz Fux, j. 09.08.2010, D.J. 22.02.2011.

44 Cf. Decreto n. 24.239/47, art. 63, 4º e art. 77, respectivamente. Atestando a inspiração, cf. *Trabalhos* (...) Op. cit. (nota 18), p. 207.

ao IRPJ, somente após tal revisão é que se realizava o "lançamento com base na declaração" (art. 75): "[f]eita a revisão da declaração de rendimentos, proceder-se-á ao lançamento do imposto, notificando-se o contribuinte do débito apurado". Facultava-se ao contribuinte proceder ao pagamento do montante apurado quando da entrega da declaração, o que era inclusive estimulado mediante a concessão de desconto de até 5% do valor apurado na declaração (art. 85, § 2º). Ademais, no Decreto-lei n. 5.844/43 e no Decreto n. 23.249/47, as hipóteses de lançamento "ex officio" (art. 77) são supletivas do lançamento por declaração e se restringem às hipóteses de não apresentação de declaração, não atendimento de pedidos de esclarecimento e de "declaração inexata".

Atualmente, são raras as hipóteses dessa espécie de lançamento. Pode-se citar, como exemplo, o que se dá com os tributos aduaneiros, já que estes são lançados a partir de informações que o próprio contribuinte presta por meio da Declaração de Importação[45]. Também é o que ocorre com o Imposto de Transmissão *Causa Mortis*, segundo a legislação do Estado de São Paulo, hipótese em que o contribuinte declara ao Fisco as informações necessárias ao lançamento e é posteriormente notificado do valor do imposto a recolher[46].

Compare-se esse caso com o lançamento do IPTU, relatado acima. É verdade que, em geral, o lançamento depende de informações prestadas pelo contribuinte, em um cadastro. Mas esse cadastro é feito uma única vez e, a partir de então, o Fisco poderá efetuar lançamentos todos os anos; no lançamento por declaração é diferente: cada lançamento dependerá de uma declaração do contribuinte, ato inicial e imprescindível para que se realize o ato administrativo.

9.3 Lançamento por homologação

Chega-se, finalmente à modalidade mais corriqueira de lançamento: aquele que se dá por homologação. Aqui, a atuação da administração é mínima, ou mesmo inexistente. O sujeito passivo apura o montante devido e o recolhe aos cofres públicos, estando sujeito a um controle, *a posteriori*, por parte da administração tributária. É por isso que esse tipo de lançamento é por vezes denominado "autolançamento".

Quando do advento do Código Tributário Nacional, o lançamento por homologação possuía importância menor do que possui atualmente. Sua aplicação se reduzia ao imposto de renda na fonte, a algumas modalidades de arrecadação de impostos indiretos e aos tributos cobrados em estampilhas[47]. Somente a partir do Decreto-lei n. 1.967/82 é que se passou a considerar que o IRPJ, por exemplo, seria um tributo sujeito ao lançamento por homologação.

Como é sabido, os tributos mais relevantes do Sistema Tributário Nacional assentam-se contemporaneamente sobre o lançamento por homologação: as tantas

45 Hoje, não mais se pode considerar o Imposto de Renda como sujeito a lançamento misto, já que o contribuinte está obrigado a recolher o tributo antes mesmo de entregar sua declaração. Para o Imposto de Renda, aplica-se o lançamento por homologação, tratado a seguir.

46 Cf. artigos 21 a 24 do Decreto n. 46.665/2002, do Estado de São Paulo.

47 Cf. *Trabalhos* (...) Op. cit. (nota 18), p. 211.

"declarações" exigidas dos sujeitos passivos, não raro com informações sobrepostas[48], são, em sua quase totalidade, deveres instrumentais relacionados ao lançamento por homologação. Difundiu-se o entendimento de que "o lançamento por homologação consubstancia verdadeiro e salutar instrumento de praticabilidade, voltado à simplificação e à racionalização da atividade administrativa em matéria tributária, com a diminuição dos custos dessa atividade e a democratização da gestão fiscal"[49].

Ocorre que a ideia de que o contribuinte apure, ele mesmo, o montante devido, recolhendo-o aos cofres públicos, sem qualquer participação da Administração, é contraditória com o próprio conceito de lançamento. Afinal, nos termos do art. 142 do Código Tributário Nacional, lançamento é uma atividade da Administração. É verdadeiro ônus, pois a Administração somente pode exigir o tributo (crédito) depois de estabilizar a sua pretensão, pelo lançamento, que a vincula, já que os critérios jurídicos ali adotados não podem ser revistos à luz do art. 146 do mesmo Código. Como, então, admitir um lançamento por parte do contribuinte? Como conceber lançamento sem que a Administração tenha fixado seus critérios jurídicos? Ainda mais complexo fica o raciocínio quando se reconhece que, na verdade, não há uma atividade de lançamento, já que este deve ser notificado ao contribuinte. Chega-se, então, à constatação de que o tributo foi recolhido sem lançamento. Mas, aqui, cai-se numa situação paradoxal, já que o tributo é *cobrado mediante atividade administrativa plenamente vinculada*, nos termos do art. 3º do Código. Se não houver lançamento, chega-se à conclusão de que não há tributo.

Foi precisamente diante de tal dilema que o Código Tributário Nacional previu a solução criativa do lançamento por homologação. Buscando conciliar, por um lado, a necessidade de ocorrência de um lançamento e, por outro, as contingências práticas da economia de massa, em que não é possível esperar uma atuação da Administração para cada lançamento individualmente considerado, o Código Tributário Nacional adotou o lançamento por homologação, nos termos do art. 150:

> Art. 150. O lançamento por homologação, que ocorre quanto aos tributos cuja legislação atribua ao sujeito passivo o dever de antecipar o pagamento sem prévio exame da autoridade administrativa, opera-se pelo ato em que a referida autoridade, tomando conhecimento da atividade assim exercida pelo obrigado, expressamente a homologa.
>
> § 1º O pagamento antecipado pelo obrigado nos termos deste artigo extingue o crédito, sob condição resolutória da ulterior homologação do lançamento.

---

48 Cf. A respeito da sobreposição de informações exigidas dos sujeitos passivos na forma de deveres instrumentais, cf. BIFANO, Elidie Palma. "Complexidade das obrigações tributárias, incluindo a imposição de multa por seu descumprimento". In: SOUZA, Priscila de; CARVALHO, Paulo de Barros (org.), *Racionalização do Sistema Tributário*, São Paulo: Noeses, IBET, 2017, p. 291-321 (306).

49 COSTA, Regina Helena. *Curso de Direito Tributário*, São Paulo: Saraiva, 2009, p. 231.

Nos termos do §1º acima, o recolhimento do tributo pelo sujeito passivo é considerado uma mera antecipação do valor que seria apurado pela autoridade administrativa. O sujeito passivo está obrigado a recolher, independentemente de qualquer notificação por parte do Fisco, o montante do tributo, e esse recolhimento extingue a própria obrigação. Entretanto, por coerência com a necessidade de um lançamento, esse desembolso do contribuinte não se considera definitivo; é uma antecipação de algo que será apurado posteriormente. Uma vez apurado o montante, por um lançamento, será homologada a atividade exercida pelo contribuinte.

Mas essa solução não resolve a questão prática: a autoridade administrativa não tem como homologar os inúmeros pagamentos efetuados por sujeitos passivos individualmente. Seria uma tarefa que ultrapassaria a razoabilidade. Aí, surge a solução dada pelo § 4º do art. 150 do Código Tributário Nacional:

> § 4º Se a lei não fixar prazo à homologação, será ele de 5 (cinco) anos, a contar da ocorrência do fato gerador; expirado esse prazo sem que a Fazenda Pública se tenha pronunciado, considera-se homologado o lançamento e definitivamente extinto o crédito, salvo se comprovada a ocorrência de dolo, fraude ou simulação.

Ou seja: o legislador "faz de conta" que houve uma homologação. É o que se chama *homologação tácita*. Com isso, o legislador não entra em contradição e continua afirmando que todo tributo tem lançamento e que todo lançamento é uma atividade administrativa; o que faltou dizer é que essa atividade administrativa pode considerar-se feita tacitamente.

Por tudo isso, merece ser fortemente criticada a imposição de penalidades altíssimas ao sujeito passivo que não apura corretamente seu tributo no âmbito do lançamento por homologação. Afinal, no lançamento por *declaração*, corriqueiro na época da edição do CTN, espera-se lisura do sujeito passivo no fornecimento de informações (declaração) que servirão ao lançamento por parte da autoridade tributária. Mas apenas os fatos é que são narrados pelo sujeito passivo; não lhe cabe a eleição de critérios jurídicos, que ficam a cargo da autoridade lançadora. Por sua vez, no lançamento por *homologação*, a colaboração do sujeito passivo vai além do mero fornecimento de informações, cabendo a ele decidir qual é a lei aplicável e como se dará sua aplicação no caso; há vero processo de subsunção dos fatos à lei. Trata-se de formas de lançamento absolutamente distintas, já que, no lançamento por homologação, exige-se do sujeito passivo tarefa que, em princípio, incumbiria à Administração. Transfere-se atividade própria da Administração ao sujeito passivo e impõe-se-lhe o risco pela inexatidão, com altíssimas penalidades.

Cabe notar que o § 4º, acima transcrito, não constava do Anteprojeto do Código Tributário Nacional[50]. Talvez essa situação explique a circunstância de que o trecho acaba contradizendo os dispositivos anteriores.

---

50 Cf. *Trabalhos* (...) Op. cit. (nota 18), p. 51.

Afinal, quando se lê o *caput* do art. 150, tem-se a ideia de que não há lançamento por ocasião da "antecipação" efetuada pelo sujeito passivo; o lançamento somente se daria em momento posterior, quando a autoridade administrativa tomasse conhecimento daquela atividade e a homologasse. Contradiz-se o legislador, entretanto, quando, versando sobre a consequência do transcurso de 5 anos sem que a Fazenda Pública se tenha pronunciado, dá por "homologado o lançamento". Como é possível homologar o lançamento, se este se dá justamente quando da homologação?

Se a intenção do legislador era manter-se firme na ideia de que a atividade do contribuinte não seria, ela mesma, um lançamento, então caberia dizer que, expirado o lustro, considera-se efetuado o lançamento que homologa a atividade do contribuinte.

A redação do § 4º do art. 150, entretanto, deu ensejo ao argumento de que a "antecipação" do contribuinte seria um efetivo lançamento (o chamado autolançamento), o que implicaria relativizar a ideia de que lançamento é atividade privativa da autoridade administrativa. Mais ainda, ficaria o fisco desincumbido do ônus de fixar os critérios jurídicos, antes de exigir qualquer tributo. É este o assunto que se passa a examinar.

9.3.1 Crítica: tributos sem lançamento

Não obstante o esforço do Código Tributário Nacional em buscar uma certa coerência entre seus preceitos, não se pode deixar de reconhecer que, no caso dos tributos cujo lançamento se dá por homologação (e esse é o caso da parte mais relevante dos tributos no Brasil), a exigibilidade surge em momento anterior àquilo que o referido Código denominou "lançamento por homologação". Afinal, o legislador prevê a obrigação de o devedor "antecipar" o recolhimento, decorrido certo prazo desde o fato jurídico tributário, independentemente de qualquer notificação. Se o contribuinte não "antecipar" o tributo, estará, inclusive, sujeito a multa e acréscimos moratórios[51]. No momento da "homologação" (se houver), o Fisco espera encontrar o tributo integralmente recolhido na forma e prazo da "homologação".

Assim, verdade seja dita, a parcela mais relevante dos tributos no Brasil é exigível com o fato jurídico tributário, independentemente da "constituição" do crédito pelo lançamento. O fisco desincumbe-se do ônus de estabilização da relação jurídica, que se daria pelo lançamento. O particular se vê obrigado a recolher o tributo sem ter a garantia de definitividade: a qualquer momento, respeitado o prazo decadencial, pode a autoridade discordar dos critérios jurídicos adotados pelo sujeito passivo, exigindo recolhimento suplementar.

---

51 Neste sentido, cite-se decisão proferida pelo STJ em 02.12.2003 (REsp n. 563.008-RS, rel. Min. José Delgado, D.J. 08.03.2004, p. 178): "*O ICMS constitui tributo sujeito a lançamento por homologação, ou autolançamento, que ocorre na forma do art. 150 do CTN. Dessa forma, a inscrição do crédito em dívida ativa,* em face da inadimplência da obrigação no tempo devido, *não compromete a liquidez e exigibilidade do título executivo, pois dispensável a homologação formal, sendo o tributo exigível independente de procedimento administrativo fiscal.* Aplicação de multa de mora".

Por isso é que parte da doutrina separa os tributos entre aqueles em que a prática do lançamento é necessária e aqueles em que essa prática é eventual[52]. Nesse sentido, não haveria homologação tácita, mas preclusão do prazo para homologar, devendo a Administração acatar a "antecipação" efetuada pelo sujeito passivo[53].

Curioso notar que no Anteprojeto de autoria do Prof. Rubens Gomes de Sousa, que serviu de base aos trabalhos da Comissão Especial do Código Tributário Nacional, não haveria qualquer contradição na afirmação de que há tributos sem lançamento.

Com efeito, o art. 168 daquele texto, ao definir o lançamento, se referia a "atividade destinada a constituir o crédito tributário mediante a verificação da ocorrência e das circunstâncias materiais do fato gerador da obrigação tributária principal, a avaliação da matéria tributável, o cálculo do montante do tributo devido e a expedição do título formal da dívida". Não havia, portanto, referência ao sujeito que deveria efetuar o lançamento. Ao contrário, o art. 175, que versava sobre a hipótese que hoje seria "lançamento por homologação", aparecia como segue:

> *CAPÍTULO III*
>
> *Dos tributos que não dependem de lançamento*
>
> *Art. 175. Quanto aos tributos, cuja legislação não preveja expressamente o prévio exercício, por parte da autoridade administrativa, da atividade referida no art. 168, ou atribua esse exercício, no todo ou em parte, ao próprio contribuinte ou a terceiro, o crédito tributário considera-se definitivamente constituído, nos termos e para os efeitos do art. 171, com a notificação regularmente feita ao contribuinte ou seu representante, da concordância da autoridade administrativa competente com a atividade exercida pelo próprio contribuinte ou pelo terceiro legalmente obrigado ao seu exercício.*

Daí se vê que não era exigência da concepção do autor do Anteprojeto que houvesse uma atividade administrativa para o lançamento. Ao contrário, admitia-se a existência de tributos que não dependessem de lançamento.

Mais ainda: a disciplina legal de diversos tributos inclui o cumprimento de deveres instrumentais por parte do sujeito passivo, os quais abrangem o de informar à autoridade acerca da ocorrência do fato jurídico tributário, bem como o cálculo do tributo. Como fica a situação, então, quando o contribuinte cumpre tal dever e informa a Autoridade, mas deixa de recolher o tributo no prazo devido? Seria necessário que a Autoridade, por meio de um lançamento, notificasse o contribuinte acerca da existência de uma obrigação que ele mesmo lhe informou? O crédito, enquanto obrigação líquida e certa, já não estaria aperfeiçoado pela própria declaração do sujeito passivo?

Embora a sistemática do Código Tributário Nacional faça crer que, sem o lançamento, inexiste um crédito tributário, a jurisprudência tem visto o lançamento como

52 Cf. BORGES, José Souto Maior. *Lançamento tributário*. Tratado de Direito Tributário Brasileiro. vol. 4. Flávio Bauer Novelli (coord.). Rio de Janeiro: Forense, 1981, p. 487; XAVIER, Alberto. *Do lançamento no Direito Tributário Brasileiro*. 3. ed. Rio de Janeiro: Forense, 2005, p. 85; HORVATH, Estevão. Lançamento tributário e sua imprescindibilidade. In: SCHOUERI, Luís Eduardo (coord.). *Direito Tributário*. Homenagem a Paulo de Barros Carvalho. São Paulo: Quartier Latin, 2008, p. 593-602 (597).

53 Cf. COÊLHO, Sacha Calmon Navarro. *Curso de Direito Tributário Brasileiro*. 9. ed. Rio de Janeiro: Forense, 2006, p. 772.

desnecessário, afirmando que o débito declarado prescinde de um lançamento para que se efetue a cobrança[54]. Nesse sentido, a jurisprudência contraria a disciplina do Código Tributário Nacional e atende às exigências práticas da administração tributária, tendo em vista a massificação dos contribuintes e a pretensa irrazoabilidade da exigência de uma formalização supostamente desnecessária. O que se tem é a possibilidade de a Administração exigir o recolhimento do tributo sem que se tenha desvencilhado do ônus de estabilizar a relação jurídica.

Ou seja: se o contribuinte declarou que deve um tributo, mas não o pagou no vencimento, a Administração pode inscrever o débito em dívida ativa e cobrá lo, inclusive em juízo, sem que precise, antes, efetuar um lançamento[55]. Nesses termos, portanto, a jurisprudência entende que a declaração do contribuinte equivale a um lançamento, no sentido de que a apresentação da declaração seria "modo de constituição do crédito tributário"[56].

A opção de fazer a declaração do contribuinte equivaler a um lançamento se faz notar até mesmo no âmbito da legislação ordinária. Confira-se o que dispõe o Decreto-Lei n. 2.124/1984:

> *Art. 5º O Ministro da Fazenda poderá eliminar ou instituir obrigações acessórias relativas a tributos federais administrados pela Secretaria da Receita Federal.*
> *§ 1º O documento que formalizar o cumprimento de obrigação acessória, comunicando a existência de crédito tributário, constituirá confissão de dívida e instrumento hábil e suficiente para a exigência do referido crédito.*
> *§ 2º Não pago no prazo estabelecido pela legislação o crédito, corrigido monetariamente e acrescido da multa de vinte por cento e dos juros de mora devidos, poderá ser imediatamente inscrito em dívida ativa, para efeito de cobrança executiva, observado o disposto no § 2º do art. 7º do Decreto-lei n. 2.065, de 26 de outubro de 1983.*
> *§ 3º Sem prejuízo das penalidades aplicáveis pela inobservância da obrigação principal, o não cumprimento da obrigação acessória na forma da legislação sujeitará o infrator à multa de que tratam os §§ 2º, 3º e 4º do art. 11 do Decreto-lei n. 1.968, de 23 de novembro de 1982, com a redação que lhe foi dada pelo Decreto-lei n. 2.065, de 26 de outubro de 1983.*

É dizer: no âmbito federal, o cumprimento de dever instrumental pelo contribuinte, quando comunicar a existência de um crédito tributário, entende-se como confissão de dívida e, assim, permite a cobrança do crédito pelo fisco desde já.

O problema é que, nos termos do Código Tributário Nacional, apenas com o lançamento se pode cobrar o crédito tributário. O legislador ordinário, então, simplesmente ignora a lei complementar, não vendo razão para lançamento quando o próprio sujeito passivo já reconheceu o débito.

---

54 Cf. decisão proferida pelo STJ em 24.02.1997 (REsp n. 94.603-SP, D.J. 24.02.1997, p. 3298): "(...) *Desnecessidade de prévio procedimento administrativo nos casos de débito declarado e não pago* (...)". Cf. ainda decisão do mesmo Tribunal, proferida em 15.12.2003 (AGA n. 512823-MG, D.J. 15.12.2003, p. 266): "Pacífica jurisprudência desta Corte no sentido de que, nos tributos lançados por homologação, verificada a existência de saldo devedor nas contas apresentadas pelo contribuinte, o órgão arrecadador poderá promover sua cobrança independentemente da instauração de processo administrativo e de notificação do contribuinte". Do STF, cf. AgRg no AI n. 539.891-RS, 1ª Turma, rel. Min. Marco Aurélio, j. 22.05.2007, D.J. 21.09.2007.

55 STJ, REsp n. 752.787, 1ª Turma, rel. Min. Teori Albino Zavascki, j. 16.02.2006, D.J. 06.03.2006; Embargos de Divergência no REsp n. 576.661-RS, 1ª Seção, rel. Min. Teori Albino Zavascki, j. 27.09.2006, D.J. 16.10.2006.

56 STJ, REsp n. 962.379-RS, 1ª Seção, rel. Min. Teori Albino Zavascki, j. 22.10.2008.

Mencione-se também a Lei n. 9.430/96. Esta ao versar, em seu art. 74, sobre a compensação como forma de extinção da obrigação, enfrenta a hipótese de o sujeito passivo confessar um débito para o efeito de compensação mas o crédito a ele contraposto ser inexistente. Como na falta de um crédito não há que falar em compensação, surgiria a questão se a confissão do débito supriria o lançamento. Eis como o legislador ordinário federal enfrentou a questão:

> *Art. 74. O sujeito passivo que apurar crédito, inclusive os judiciais com trânsito em julgado, relativo a tributo ou contribuição administrado pela Secretaria da Receita Federal, passível de restituição ou de ressarcimento, poderá utilizá-lo na compensação de débitos próprios relativos a quaisquer tributos e contribuições administrados por aquele Órgão.*
>
> *(...)*
>
> *§ 6º A declaração de compensação constitui confissão de dívida e instrumento hábil e suficiente para a exigência dos débitos indevidamente compensados.*
>
> *§ 7º Não homologada a compensação, a autoridade administrativa deverá cientificar o sujeito passivo e intimá-lo a efetuar, no prazo de 30 (trinta) dias, contado da ciência do ato que não a homologou, o pagamento dos débitos indevidamente compensados.*
>
> *§ 8º Não efetuado o pagamento no prazo previsto no § 7º, o débito será encaminhado à Procuradoria-Geral da Fazenda Nacional para inscrição em Dívida Ativa da União, ressalvado o disposto no § 9º.*
>
> *§ 9º É facultado ao sujeito passivo, no prazo referido no § 7º, apresentar manifestação de inconformidade contra a não homologação da compensação.*
>
> *(...)*

O instituto da compensação, enquanto forma de extinção do crédito tributário, será visto no Capítulo XV. Para este momento, importa notar o teor do § 6º, acima transcrito, que aponta a declaração de compensação como confissão de dívida e instrumento hábil e suficiente para a exigência do crédito. Ora, na sistemática do Código Tributário Nacional, a exigência do crédito tributário dependeria de um lançamento; o legislador ordinário, mais uma vez, ignora a lei complementar e, seguindo a tendência jurisprudencial, dispensa o lançamento. O § 8º exige que o débito seja inscrito em Dívida Ativa, não cogitando de atividade administrativa de lançamento como condição precedente.

Vê-se que a jurisprudência e a própria legislação ordinária já vêm dispensando o lançamento para que um tributo seja exigível. O conceito de tributo que, em tese, inclui a cobrança "mediante atividade administrativa plenamente vinculada" acaba, também, por se relativizar, já que mesmo sem a atividade administrativa do lançamento poderá haver a exigência válida de um tributo.

Mais que dispensar o lançamento, jurisprudência e legislação ordinária vêm efetivamente equiparando a atividade do contribuinte, ao apurar o *an* e *quantum debeatur*, a um lançamento (o autolançamento). Assim, o lançamento, de atividade exclusiva da Administração, passa a ser considerado praticado pelo próprio contribuinte, ao arrepio do Código Tributário Nacional[57].

A violação do regime do lançamento, estabelecido pelo Código Tributário Nacional, tem consequências graves para o contribuinte. A função do lançamento não é apenas apurar o *an* e *quantum debeatur*, mas também estabilizar a relação jurídica entre fisco e contribuinte. Se é verdade que, com

57 Cf. XAVIER, Alberto. O conceito de autolançamento e a recente jurisprudência do Superior Tribunal de Justiça. In: SCHOUERI, Luís Eduardo (coord.). *Direito Tributário.* Homenagem a Paulo de Barros Carvalho. São Paulo: Quartier Latin, 2008, p. 561-573; AMARO, Luciano. Lançamento, essa formalidade! In: TÔRRES, Heleno Taveira (coord.). *Teoria Geral da Obrigação Tributária.* Estudos em Homenagem ao professor José Souto Maior Borges. São Paulo: Malheiros, 2005, p. 374-390.

a declaração, tem-se uma quantificação, falta-lhe elemento essencial do lançamento: a estabilização da relação jurídica. Na sistemática do Código Tributário Nacional – que, convém lembrar, é lei complementar constitucionalmente encarregada de estabelecer normas gerais sobre o lançamento –, o lançamento é um ônus: a Administração só pode cobrar seu crédito se, antes, estabilizou a relação jurídica, não mais podendo mudar seus critérios jurídicos (art. 146 do Código).

Com a subversão da sistemática do Código pela jurisprudência e legislação, o contribuinte passa a ver-se em situação de completa insegurança. Isso porque, agora, cabe a ele aplicar o direito a sua própria situação e, pelo prazo de 5 anos, ficar à mercê da administração fiscal: esta poderá ora cobrar o crédito sem assegurar ao contribuinte as garantias do art. 146 do Código (afinal, a administração não lançou o tributo), ora discordar do contribuinte, lançando o crédito em valor superior e aplicando-lhe multa pela suposta aplicação "errada" do direito. Em todo caso, não há o menor incentivo a que a administração homologue a atividade do contribuinte. Afinal, desde já o fisco poderá cobrar o tributo, sem precisar aplicar a lei tributária – isto é, sem precisar vincular-se a seus próprios critérios jurídicos. Compromete-se, então, a função protetiva (leia-se: a função estabilizadora) que o lançamento deveria exercer.

Outra consequência é que, se o contribuinte declarou o tributo, perde ele a espontaneidade a que se refere o art. 138 do Código Tributário Nacional. Ou seja: uma vez declarado o tributo, já não tem o contribuinte como recolhê-lo sem multa, valendo-se do instituto da denúncia espontânea, apesar de o parágrafo único do referido dispositivo assegurar tal possibilidade para os casos em que não tenha sido iniciado "qualquer procedimento administrativo ou medida de fiscalização, relacionados com a infração"[58]. Este tema será retomado no Capítulo XIX.

A importância do art. 150 do Código Tributário Nacional, por outro lado, é que, ressalvados os casos em que o contribuinte aja com dolo, fraude ou simulação, o crédito tributário considera-se extinto com o "autolançamento" efetuado pelo sujeito passivo, se, passados cinco anos do fato jurídico tributário, a administração não se manifestar.

Isso traz a seguinte consequência prática: nos tributos cujo lançamento segue a modalidade por homologação, o crédito tributário extingue-se decorridos cinco anos do fato jurídico tributário, desde que o sujeito passivo tenha apurado *se* era e *quanto* era devido, ressalvados os casos de fraude, dolo ou simulação.

Note-se que a homologação em cinco anos só não ocorreria na constatação de "dolo, fraude ou simulação" ou na hipótese de o sujeito passivo não entregar a declaração. Neste caso, se o sujeito passivo simplesmente se omitiu, o Fisco não teria como saber da ocorrência do fato jurídico tributário. Então, não haveria como se aplicar a regra da extinção após cinco anos daquele fato. Desse modo, o prazo de cinco anos para que o Fisco efetuasse o lançamento não seria contado do fato jurídico tributário, mas, via de regra, do primeiro dia do exercício seguinte àquele em que o lançamento poderia ter sido efetuado (art. 173 do CTN). A este assunto retornar-se-á quando do estudo da extinção do crédito tributário (Capítulo XV, item 6). Por ora, anote-se, principalmente, que se o contribuinte declarar o débito, estará dispensado o lançamento e a partir daí já começará a contar o prazo prescricional para sua cobrança[59].

---

58 STJ, AgRg nos Embargos no REsp n. 638.069-SC, 1ª Turma, rel. Min. Teori Albino Zavascki, D.J. 13.06.2005; AgRg nos Embargos no REsp n. 509.950-PR, 1ª Seção, rel. Min. Teori Albino Zavascki, D.J. 13.06.2005.

59 STJ, REsp n. 673.585 PR, 1ª Seção, rel. Min. Eliana Calmon, j. 26.04.2006, D.J. 05.06.2006.

capítulo **XIV**

Suspensão da exigibilidade do crédito tributário

1 Suspensão da exigibilidade, não do crédito

Coerentemente com a ideia de que a obrigação tributária, uma vez tornada exigível pela identificação do sujeito passivo e do montante devido, passa a denominar-se crédito tributário, os artigos 151 a 155-A do Código Tributário Nacional formam o capítulo intitulado "Suspensão do Crédito Tributário". Em princípio, o Código considera que, com o lançamento, foi "constituído" o crédito tributário, surgindo, daí, uma exigibilidade. Esta somente poderia ser suspensa nos casos arrolados nos artigos acima mencionados.

Ocorre que, como visto no capítulo anterior, a parcela mais significativa dos tributos hoje em vigor tem sua exigibilidade nascida já com a ocorrência do fato jurídico tributário. São os tributos cujo lançamento se daria na forma de homologação, mas em relação aos quais o contribuinte deve "antecipar" o recolhimento. Esse exemplo mostra que não é necessária a "constituição" de um crédito (i.e.: um lançamento) para que exista uma exigibilidade do tributo. Daí a razão de se constatar que as hipóteses de "suspensão de exigibilidade" não atingem apenas aquilo que o Código Tributário Nacional denomina "crédito tributário", mas vão além, podendo atingir a obrigação tributária a qualquer momento.

Ao mesmo tempo, vale alertar que a suspensão de que se trata é da exigibilidade, e não a da própria "constituição" do crédito tributário. Ou seja: as hipóteses que serão examinadas impedem que a autoridade administrativa exija o cumprimento da obrigação tributária, mas não constituem obstáculo à atividade administrativa do lançamento.

Tem essa afirmação consequências práticas relevantes, já que muitas vezes o sujeito passivo consegue, em juízo, uma ordem judicial (uma liminar, por exemplo), que impede a autoridade administrativa de exigir um tributo questionado pelo sujeito passivo. A ordem judicial, conquanto suspendendo a exigibilidade, não exime a autoridade administrativa do cumprimento de seu dever de lançar. Se, decorrido certo prazo a partir do fato jurídico tributário, não for efetuado o lançamento, a autoridade administrativa estará impedida de fazê-lo posteriormente. Ou seja: embora não possa exigir o tributo, a autoridade administrativa continua podendo (e devendo) lançá-lo, sob pena de perda de tal poder.

Tendo isso em vista, merece crítica o Superior Tribunal de Justiça ao afirmar, no Recurso Especial 1.140.956[1], que a suspensão da exigibilidade também tem "o condão de impedir a lavratura do auto de infração, assim como de coibir o ato de inscrição em dívida ativa". Afinal, o lançamento nada mais faz que tornar certo o crédito tributário (constituição do crédito). A suspensão da exigibilidade do crédito não se estende a sua constituição. Uma vez constituído o crédito, estará sua exigibilidade suspensa, enquanto presente uma das causas previstas no art. 151 do Código Tributário Nacional. Desaparecida a suspensão, o crédito, já constituído, torna-se exigível. Daí mais adequado seria se tivesse o referido acórdão se limitado à proibição da inscrição na dívida ativa, sem se manifestar acerca da lavratura do auto de infração.

Finalmente, importa esclarecer que a suspensão da exigibilidade pode atingir, paradoxalmente, obrigação ainda inexistente. É o que acontece quando o sujeito passivo, na iminência da concretização de fato correspondente à hipótese tributária, obtém um provimento judicial (uma liminar, por exemplo), em caráter preventivo. Ou seja: o sujeito passivo informa ao juízo que brevemente incorrerá brevemente em situação a partir da qual poderá ser constrangido ao pagamento de tributo que julga indevido, requerendo então que o juiz, diante do dano irreparável que poderá surgir, determine, antecipadamente, a suspensão da exigibilidade do crédito.

Por exemplo: um importador que já tenha embarcado sua mercadoria, estando a poucas horas do momento do desembaraço, pede ao juiz que afaste a exigência de determinado tributo, cujo pagamento será exigido pelas autoridades aduaneiras para a liberação da mercadoria. Presentes os requisitos legais, pode o juiz conceder a medida liminar pleiteada, em caráter preventivo. Nesse caso, a hipótese de suspensão da exigibilidade dá-se antes mesmo que esta pudesse surgir; nascerá desde já inexigível a obrigação tributária, que assim permanecerá até que cesse a causa da suspensão. Não é demais repetir: a exigibilidade, apenas, é que estará suspensa, mas não a atividade do lançamento, que deverá transcorrer normalmente.

Em síntese: a causa da suspensão da exigibilidade pode dar-se a qualquer momento, até mesmo antes da ocorrência do fato jurídico tributário.

Suspender a exigibilidade não se confunde com interrompê-la. Quando ocorre a interrupção no exercício de um direito, este já não mais pode ser revigorado. Quando muito, poderá surgir algo novo, desde o começo. Já na suspensão, tem-se uma ideia de continuação. Ou seja: cessada a causa da suspensão, o gozo do direito é retomado *desde o ponto em que estava* antes que surgisse aquela causa.

A diferença entre suspensão e interrupção é comumente referida quando se trata da contagem de prazos: considere-se que exista um prazo de 3 anos para que um sujeito exerça um direito e este prazo seja interrompido após 2 anos; cessada a razão para a interrupção, o prazo de 3 anos recomeça, do início; se fosse caso de suspensão de prazo, uma vez cessada a causa da suspensão, restaria apenas um ano para o exercício daquele direito. Noutras palavras: a suspensão causa um vácuo temporal na relação jurídica; cessada a causa da suspensão, retoma-se a relação jurídica do ponto em que estava anteriormente.

1 STJ, REsp n. 1.140.956-SP, 1ª Seção, rel. Min. Luiz Fux, j. 24.11.2010, D.J. 03.12.2010.

O raciocínio acima traz consequências quando se considera que o sujeito passivo, uma vez vencido o prazo para recolhimento do tributo, passa a ser considerado em mora, sujeitando-se, então, a juros e multa. Ocorrendo a suspensão da exigibilidade antes do vencimento da obrigação, então não chegou a surgir a mora; uma vez cessada a causa da suspensão, o sujeito passivo poderá recolher o tributo, sem o acréscimo moratório. Nesse sentido, na esfera federal, o art. 63, § 2º, da Lei n. 9.430/96 permite que o sujeito passivo recolha, no prazo de 30 dias, sem multa de mora, tributo cuja exigibilidade esteve suspensa em razão de provimento judicial. Se, por outro lado, a suspensão da exigibilidade surgir após o vencimento, então o crédito suspenso já estará acrescido dos efeitos da mora; uma vez cessada a causa da suspensão da exigibilidade, o crédito poderá ser exigido com aqueles acréscimos que a ele se incorporaram anteriormente àquela suspensão. Curiosamente, mesmo no caso de provimento judicial após o vencimento, aquele dispositivo da lei federal concede o favor de permitir o recolhimento do tributo sem a multa, no caso de suspensão da exigibilidade, mas desde que tal suspensão tenha ocorrido anteriormente a qualquer procedimento de ofício relativo ao débito.

2 Moratória

A primeira das hipóteses que cogita o Código Tributário Nacional para a suspensão da exigibilidade do crédito tributário é a moratória, que consiste na prorrogação ou concessão de novo prazo para o cumprimento da obrigação tributária.

Sua justificativa encontra-se na ideia de que o legislador deve buscar reduzir o mal que alguma calamidade, catástrofe, ou situação semelhante, possa gerar para a comunidade, reduzindo, daí, sua repercussão.

Não é a moratória criação recente do direito. Relata-se que já em Roma, no tempo de Constantino, podia o pretor ou o príncipe decidir pela concessão da moratória quando assim o exigissem as circunstâncias. Tal moratória atingia a generalidade dos credores, que ficavam, assim, impedidos de exigir o cumprimento das obrigações, desde que os devedores oferecessem garantias. Nota-se, daí, que a moratória protegia o devedor de um desastre financeiro, assegurando a sobrevivência do negócio.

A moratória em matéria tributária era de uso frequente para os casos em que a colheita fosse insuficiente. No período do Império Romano, o Imperador declarava moratória e diferia a cobrança de impostos por alguns anos. Eis um exemplo de um Edito de Adriano (135 d.C.) para o Egito (Oslo Papyrus 786), citado por Adams[2]:

> *Como fui informado de que novamente nesse ano, do mesmo modo como no ano passado, a cheia do Nilo foi insuficiente e incompleta (...) eu entendi necessário conceder uma caridade aos fazendeiros (...) Que a boa fortuna apareça! Saibam que o dinheiro dos impostos devidos para este ano deve ser distribuído em cinco pagamentos anuais (...) Permite-se o modo de pagamento semianual para aqueles que desejarem assim fazer.*

2 Cf. ADAMS, Charles. *For good and evil.* The impact of taxes on the course of civilization. 2. ed. Lanham, New York, Toronto, Plymouth: Madison, 1999, p. 104.

2.1 Moratória geral ou individual

Conforme a natureza do revés público que a justifica, a moratória pode ser concedida em caráter geral ou individual. O art. 152 versa sobre ambas as hipóteses:

> Art. 152. A moratória somente pode ser concedida:
>
> I – em caráter geral:
>
> a) pela pessoa jurídica de direito público competente para instituir o tributo a que se refira;
>
> b) pela União, quanto a tributos de competência dos Estados, do Distrito Federal ou dos Municípios, quando simultaneamente concedida quanto aos tributos de competência federal e às obrigações de direito privado;
>
> II – em caráter individual, por despacho da autoridade administrativa, desde que autorizado por lei, nas condições do inciso anterior.
>
> Parágrafo único. A lei concessiva de moratória pode circunscrever expressamente a sua aplicabilidade a determinada região do território da pessoa jurídica de direito público que a expedir ou a determinada classe ou categoria de sujeitos passivos.

Da leitura do dispositivo acima chama atenção, inicialmente, que tanto a moratória geral quanto a individual dependem de lei. Essa regra é decorrência do Princípio da Legalidade, que torna o crédito tributário indisponível. Ou seja: por maior que seja a justificação, a autoridade administrativa não pode abrir mão do crédito tributário. Recorde-se o teor do parágrafo único do art. 142 do Código Tributário Nacional, que esclarece ser obrigatória a atividade de lançamento.

Ainda, nota-se o teor do parágrafo único, que concebe uma moratória para determinada região ou classe ou categoria de sujeitos passivos. A *ratio* é evidentemente a busca de que o favor apenas seja concedido àqueles sujeitos passivos diretamente atingidos pela calamidade em questão. Ou seja: há um tratamento diferenciado entre sujeitos passivos, mas a discriminação assim surgida se justifica porque uns foram diretamente atingidos por calamidade que não atingiu a outros da mesma maneira.

2.2 Moratória e Federalismo

Maior atenção exige, entretanto, a alínea "b" do inciso I acima transcrito, segundo o qual a União pode conceder moratória que atinge receitas de outras pessoas jurídicas de Direito Público. Isso gera a suspeita de que a União poderia sobrepor-se aos Estados e Municípios, contrariando, então, o princípio federativo. A suspeita aumenta quando se compulsa a Constituição Federal e se encontra, no art. 151, III, vedação expressa a que a União conceda isenções de tributos estaduais e municipais. Embora se reconheça a pertinência da dúvida, não é inconstitucional o referido dispositivo.

Primeiramente porque, como visto, o constituinte veda a concessão de isenções, não de moratória. Aquelas implicam o afastamento da pretensão tributária. Concedida a isenção, o ente federativo já não mais receberá o crédito (ou melhor: não surgirá o crédito); a moratória, ao contrário, apenas implica uma dilação no prazo do tributo, o qual continua devido.

A concessão do prazo permite, justamente, a recuperação do sujeito passivo em dificuldades. Em outras palavras: ao conceder uma moratória, o legislador federal possibilita que o sujeito passivo tenha condições de, no futuro, adimplir a obrigação que, no presente, implicaria sacrifício exagerado. E aqui se encontra a segunda justificativa para que se defenda sua constitucionalidade: o referido dispositivo permite que a União conceda moratória de tributos estaduais e municipais quando, simultaneamente, concedida não só quanto aos tributos de competência federal, como também às obrigações de direito privado. Assim, durante o período do favor, *nenhum* credor, público ou privado, receberá o quanto lhe é devido. Assegura-se a recuperação da saúde financeira do sujeito passivo. Não seria aceitável que credores privados tivessem sua pretensão diferida no tempo, enquanto os Fiscos estaduais e municipais ficariam intocados em suas pretensões. Presentes as condições excepcionais que justificam a moratória, então todos os credores, públicos e privados, solidarizam-se no sacrifício exigido a bem da coletividade. Finalmente, deve-se argumentar que a natureza geral da moratória assim concedida pela União retira-lhe o caráter de medida de Direito Tributário, passando a assumir feições nítidas de Direito Econômico, tendo em vista seu objetivo primordial de evitar que se alastrem os efeitos de uma catástrofe.

2.3 Requisitos da moratória

Sobre os requisitos para a concessão da moratória, é relevante o art. 153 do CTN:

> Art. 153. A lei que conceda moratória em caráter geral ou autorize sua concessão em caráter individual especificará, sem prejuízo de outros requisitos:
> I – o prazo de duração do favor;
> II – as condições da concessão do favor em caráter individual;
> III – sendo o caso:
> a) os tributos a que se aplica;
> b) o número de prestações e seus vencimentos, dentro do prazo a que se refere o inciso I, podendo atribuir a fixação de uns e de outros à autoridade administrativa, para cada caso de concessão em caráter individual;
> c) as garantias que devem ser fornecidas pelo beneficiado no caso de concessão em caráter individual.

Do dispositivo acima transcrito, vê-se, mais uma vez, reforçada a necessidade de lei, conforme exigido pelo Princípio da Legalidade. Mas também se depreende que a lei fixa um prazo para a concessão do favor. Afinal, a moratória não é uma dispensa do pagamento do tributo; sendo uma dilação de prazo, deve o sujeito passivo conhecer o novo prazo. É curioso notar que sua fixação é matéria que, em regra, o Código Tributário Nacional não reservou à lei; qualquer norma da "legislação tributária" poderia fixá-lo. Quando, porém, há uma moratória, então o tema assume tanta importância, que se impõe que o legislador fixe o tempo do favor.

Sendo em caráter individual, a moratória somente pode ser concedida àqueles que demonstrarem ter cumprido certos requisitos previstos em lei. Novamente, é a lei que fixa tais requisitos; não pode a administração dispensar qualquer deles, tampouco impor novos requisitos. A concessão da moratória revela-se, pois, ato vinculado.

2.4 Extensão da moratória

Visando a resguardar o erário, o art. 154 do CTN consagra a regra de que a moratória atinge apenas "créditos definitivamente constituídos à data da lei ou do despacho que a conceder, ou cujo lançamento já tenha sido iniciado àquela data por ato regularmente notificado ao sujeito passivo".

A regra pode ser excepcionada se a lei disser o contrário. Assim, ela vale apenas no silêncio da lei. Mesmo assim, merece críticas, tendo em vista que, como já afirmado, a maioria dos tributos modernos é exigível independentemente de lançamento. Seria de pouca valia a lei que concedesse moratória exclusivamente em relação a tributos cuja exigibilidade dependesse de lançamento. Tampouco escapa de crítica a referência a tributo *cujo lançamento já tenha sido iniciado*. Afinal, como mencionado, não existe um lançamento "iniciado mas não terminado". Ou bem se tem a notificação do sujeito passivo (e, então, há lançamento), ou não há lançamento.

Tendo em vista a natureza de favor da moratória, o Código Tributário Nacional é cuidadoso ao assegurar que ela apenas aproveite a contribuintes de boa-fé. É por isso que o parágrafo único do art. 154 do Código afirma que a moratória "não aproveita aos casos de dolo, fraude ou simulação do sujeito passivo ou do terceiro em benefício daquele". O mesmo raciocínio se estende à hipótese de "revogação" da moratória: por não gerar direito adquirido, a concessão da moratória em caráter individual pode ser "revogada" (melhor seria: anulada) quando se constatar que o beneficiado "não satisfazia ou deixou de satisfazer as condições ou não cumpria ou deixou de cumprir os requisitos para a concessão do favor". Em tais casos, o crédito passará a ser cobrado acrescido de juros de mora, a teor do art. 155 do Código Tributário Nacional (inciso II), como também se exigirá penalidade, nos casos em que o sujeito passivo ou terceiro, para buscar o benefício, agiu com dolo ou simulação (inciso I).

3 Depósito do montante integral

Assegurados os cofres públicos, mediante depósito do montante integral exigido, não há razão para que o crédito tributário continue exigível. Daí ser esta uma das hipóteses de suspensão de sua exigibilidade.

O depósito pode ser feito tanto diante da própria repartição tributária que exige o tributo (depósito administrativo) quanto em juízo (depósito judicial). Tratando-se de depósito administrativo, estar-se-á diante de um processo administrativo, o que, por si mesmo, já seria causa de suspensão de exigibilidade do crédito tributário, nos termos do inciso III do art. 151 do Código. Daí por que é ao depósito judicial que parece aplicável o inciso II deste artigo.

O depósito judicial é uma garantia oferecida ao juízo. O sujeito passivo não está obrigado a fazê-lo mas, concretizando-o, obtém a imediata suspensão da exigibilidade do crédito tributário.

Assim, por exemplo, uma vez encerrada a atividade administrativa de lançamento, o contribuinte pode contestá-la ou não. Não a contestando ou, mesmo o fazendo, sendo julgada improcedente sua impugnação em última instância, o crédito estará pronto para ser exigido pelo Fisco. Esse crédito é, então, inscrito na dívida ativa, i.e, o Fisco o inclui entre seus créditos líquidos e certos. O crédito inscrito na dívida ativa pode ser imediatamente executado em juízo, por meio de um processo denominado execução fiscal. Se, por outro lado, o sujeito passivo efetuar o depósito integral do montante exigido, poderá discutir o débito mediante uma ação visando à anulação do crédito, ficando impedida a execução, conforme o art. 38 da Lei n. 6.830/80.

Do mesmo modo, ainda que não tenha havido um lançamento, o sujeito passivo pode discutir, em juízo, se um tributo é devido, ou não. A discussão pode dar-se por diversas formas, muitas vezes com o sujeito passivo obtendo uma ordem judicial para que fique suspensa a exigibilidade do crédito, enquanto não se encerrar a discussão. Mesmo não obtendo tal ordem, entretanto, pode o sujeito passivo pleitear o direito de depositar o valor exigido à ordem do Juízo. Feito o depósito, a exigibilidade estará suspensa, independentemente de outra ordem do juiz.

Acerta o legislador em falar em suspensão, e não em extinção, já que o depósito não é um pagamento. O valor permanece nas mãos de depositário a título precário. Se, mais tarde, houver decisão no sentido de que o valor é devido aos cofres públicos, então dir-se-á haver a conversão do depósito em renda e, essa sim, nos termos do inciso VI do art. 156 do Código Tributário Nacional, extinguirá o crédito tributário.

3.1 Valor do depósito

O montante a ser depositado é o valor integral exigível até a data do depósito. Isso significa que, se o depósito for efetuado após o vencimento, deverá ser acrescido de multa moratória e juros; se feito antes do vencimento, não incidem tais encargos.

Uma vez efetuado o depósito, passa ele a ser remunerado por juros. Se o sujeito passivo for vencedor na demanda, receberá o valor depositado, com aquele acréscimo. Se perder a questão, o valor é convertido em renda, mas nenhum outro valor será exigido do sujeito passivo. Ou seja: se o contribuinte efetuou o depósito antes do vencimento, não estará sujeito a qualquer acréscimo, ainda que venha a ver frustrada sua pretensão em juízo.

Na esfera federal, merece atenção a Lei n. 9.703, de 17 de novembro de 1998, em virtude da qual foi determinado que os depósitos "*serão repassados pela Caixa Econômica Federal para a*

Conta Única do Tesouro Nacional, independentemente de qualquer formalidade, no mesmo prazo fixado para recolhimento dos tributos e das contribuições federais". Essa esdrúxula medida torna duvidosa a própria natureza do ingresso, chegando-se a sustentar que já não há mais depósito, mas mero pagamento antecipado[3]. A seguir tal entendimento, então ter-se-ia por inconstitucional a previsão da mesma lei de que os valores "antecipados" sejam imediatamente restituídos, já que se contrariaria o art. 100 da Constituição Federal, que privilegia a ordem cronológica nos pagamentos efetuados pelo Poder Público, ali incluída a repetição do indébito. Afinal, se tiver havido pagamento, posto que antecipado, então os recursos terão entrado definitivamente nos cofres públicos e a restituição deveria atender aos requisitos próprios de qualquer repetição de indébito tributário.

Não parece, todavia, que o fato de os recursos serem transferidos à Conta Única federal seja suficiente para converter em pagamento antecipado o depósito. Afinal, por sua própria natureza, o pagamento é modo de extinção de obrigação. Quem paga o faz para que se encerre uma obrigação antes incorrida; o depósito, ao contrário, não tem por finalidade a extinção da obrigação, mas mera suspensão da exigibilidade de um crédito cuja validade se questiona. Ou seja: o depósito não serve para extinguir a obrigação. Não é, pois, pagamento. A extinção da obrigação, se vier a ocorrer, dar-se-á em momento posterior, com a decisão de mérito favorável à Fazenda Pública.

Daí por que a transferência dos recursos não retira a natureza do depósito. Simplesmente, a instituição depositária passa a ser a própria União que, entretanto, não tem os recursos como próprios. Sendo o depósito em dinheiro, vale como todo depósito de bem fungível, a regra do art. 645 do Código Civil, que impõe a aplicação subsidiária das regras concernentes ao mútuo. Por tal razão, nada impede que a União venha a se utilizar dos valores assim recebidos a título de depósito, sem prejuízo de sua obrigação de devolver igual quantia. Não se trata – note-se – de repetição de indébito, mas de restituição de depósito a quem o confiou. Por isso mesmo, não é o caso de exigir aplicação da regra do precatório. Esta apenas caberia se, antes, houvesse pagamento e, portanto, ingresso dos recursos nos cofres públicos a título de tributo. Não é esse, como visto, o caso do depósito. Aliás, a mera previsão de depósitos administrativos – prática comum no passado – evidencia que nada exige seja o depósito feito junto a uma instituição financeira.

Por outro lado, a mesma Lei n. 9.703/98 assegurou que os depósitos judiciais sejam remunerados pela taxa SELIC – a mesma aplicada sobre os débitos tributários. Daí que, pelo menos na esfera federal, desaparece a possibilidade de haver descompasso entre o montante do depósito e aquele do crédito tributário: se o depósito se fez do montante integral, o valor a ser convertido haverá de corresponder ao do crédito.

4 Reclamações e recursos administrativos

Concluído o lançamento, com a notificação do sujeito passivo, torna-se o crédito exigível, o que não impede esteja o lançamento sujeito a alteração em virtude de impugnação do sujeito passivo (art. 145, I, do Código Tributário Nacional). Com a impugnação inicia-se um processo administrativo tributário. Tal como um processo judicial, o

3 Cf. MACHADO, Hugo de Brito. *Curso de Direito Tributário*. 38. ed. revista e atualizada. São Paulo: Malheiros, 2017, p. 228.

processo administrativo é uma oportunidade para o sujeito passivo manifestar sua discordância com relação aos termos do lançamento (o que se denomina "contraditório"), exercendo seu direito de defesa, com todos os meios pertinentes. Esse direito (o do contraditório e ampla defesa, com os meios e recursos pertinentes) está entre os direitos individuais, assegurados pela própria Constituição Federal, no art. 5º, inciso LV.

4.1 Questionamento quanto à natureza do processo

Não é pacífica a equiparação do processo administrativo ao processo judicial. Afinal, enquanto neste há duas partes (Fisco e contribuinte) com pretensões opostas, levadas ao juízo, no processo administrativo a questão é levada ao próprio Fisco. Ou seja, no processo administrativo, no lugar de uma disputa entre Fisco e contribuinte, tem-se, antes, o contribuinte exercendo seu direito de pleitear que a autoridade superior reveja o lançamento efetuado por seu subordinado. De qualquer modo – e este ponto é relevante – trata-se de um direito assegurado constitucionalmente e, enquanto tal, não pode ser cerceado.

Ora, se é assegurado ao sujeito passivo o direito de discordar da exigência que lhe é imposta, não teria cabimento que se mantivesse, ao mesmo tempo, a exigibilidade do crédito tributário. Afinal, pouca valia teria o recurso do sujeito passivo se ele permanecesse constrangido a pagar tributo que julga indevido. Daí a razão de serem causa da suspensão da exigibilidade do crédito tributário, nos termos do inciso III do art. 151, "as reclamações e os recursos, nos termos das leis reguladoras do processo tributário administrativo".

A ideia de reclamação e recurso implica que o crédito permanece suspenso por todo o processo administrativo, em todas as suas instâncias, não cabendo exigir o tributo até que o procedimento esteja encerrado.

Por isso foi julgada inconstitucional a exigência – feita em diversas esferas – de que o contribuinte depositasse o valor exigido, em parte ou no todo, para que pudesse recorrer administrativamente[4]. Afinal, se o crédito está suspenso desde a impugnação, por que se exige o depósito do montante para que ele recorra contra uma decisão desfavorável? Parece que tal exigência acaba representando um óbice ao exercício de defesa a que a Constituição se refere.

5 Concessão de medida liminar em mandado de segurança e concessão de medida liminar ou de tutela antecipada, em outras espécies de ação judicial

As hipóteses dos incisos IV e V do art. 151 do Código Tributário Nacional versam sobre casos em que há uma ordem judicial, no âmbito de um processo, determinando a

4 STF, Súmula Vinculante n. 21 – "É inconstitucional a exigência de depósito ou arrolamento prévios de dinheiro ou bens para admissibilidade de recurso administrativo".

suspensão da exigibilidade do crédito. A ordem é liminar porque não é definitiva: no encerramento do processo ter-se-á uma decisão definitiva que, se favorável ao sujeito passivo, implicará a extinção do crédito tributário (art. 156, X, do Código Tributário Nacional).

O mandado de segurança pode ser impetrado em caráter preventivo, i.e., na iminência da ocorrência de um ato coator, ou no prazo de 120 dias depois de o ato supostamente ilegal haver ocorrido. Caso o juiz entenda ser possível que o impetrante tenha razão, i.e., que à primeira vista, pelo menos, tem cabimento jurídico o pedido (o que se chama a "fumaça do bom direito") e, mais ainda, se ficar constatado que haverá danos irreparáveis caso o impetrante tenha que esperar até o fim do processo para ter seu direito reconhecido (e tais danos podem ser os prejuízos financeiros decorrentes de um pagamento de um tributo indevido), o juiz pode conceder uma ordem liminar, para que a autoridade abstenha-se de praticar o ato coator (no caso tributário, a ordem será para que a autoridade não exija o tributo enquanto perdurar a ordem liminar).

Raciocínio análogo valerá para a liminar concedida em uma ação cautelar. Trata-se de processo que acompanha uma ação dita "principal", na qual se discute o mérito da questão. A ação cautelar, o nome o diz, apenas assegura, provisoriamente, um provimento judicial até que se decida a ação principal. Daí por que pode o juiz conceder uma medida liminar, logo no início da ação cautelar, à semelhança do mandado de segurança.

Finalmente, a tutela antecipada faz-se possível quando o juiz, numa ação de mérito (de conhecimento), tem razões suficientes para acreditar que a parte conseguirá ver reconhecido seu direito no final do processo (diz-se que há verossimilhança na alegação), mas ao mesmo tempo compreende que haverá prejuízos irreparáveis, ou de difícil reparação, no caso de se esperar tanto tempo para o provimento. Daí a concessão, ainda que provisória, do provimento jurisdicional, antecipadamente.

Vale notar que a ordem judicial apenas suspende a exigibilidade do crédito; não impede, outrossim, as atividades da fiscalização tampouco a atividade de lançamento. Em outras palavras: ainda que haja uma liminar suspendendo a exigibilidade do crédito, este continuará sujeito à atividade de lançamento para sua "constituição".

6 Parcelamento

O parcelamento nada mais é que uma moratória, com a peculiaridade de que se preveem pagamentos parcelados do débito, na forma e prazo previstos em lei. Daí acertar o art. 155-A, § 2º, do Código Tributário Nacional, ao determinar que se apliquem, subsidiariamente, ao parcelamento as regras referentes à moratória.

A particularidade do parcelamento se encontra no § 1º do art. 155-A, segundo o qual, "salvo disposição de lei em contrário, o parcelamento do crédito tributário não exclui a incidência de juros e multas".

O dispositivo, embora possa ser afastado por lei, visa assegurar a regra de que o novo prazo não coloque o sujeito passivo em situação mais favorável do que outros que cumpriram os prazos legais. Afinal, enquanto na moratória se considera a existência de uma catástrofe, que justifica novos prazos para diminuir o sofrimento das vítimas, o parcelamento não pressupõe qualquer requisito semelhante, sendo, em regra, concedido por mera solicitação do sujeito passivo. Fosse possível ao sujeito passivo diferir o pagamento do tributo sem qualquer acréscimo, colocar-se-ia em risco o próprio erário, já que o parcelamento tornar-se-ia regra, não exceção.

A razão de se ter inserido este dispositivo no Código Tributário Nacional (ele só foi introduzido no Código pela Lei Complementar n. 104/2001) fica clara quando se lê o art. 138 do mesmo diploma. Trata este da denúncia espontânea. O sujeito passivo que, antes do início de qualquer procedimento fiscal, procurar as autoridades tributárias e reconhecer sua falta, recolhendo o tributo devido, com juros, fica dispensado da multa decorrente de sua infração. A questão que surgia era se um pagamento parcelado (um parcelamento) do tributo, acompanhado da denúncia espontânea, também serviria para afastar a penalidade pela infração. Sustentava-se que mesmo um parcelamento estaria compreendido no referido art. 138. Daí a razão por que o legislador inseriu o art. 155-A, prevendo expressamente a incidência da multa no caso de débito parcelado.

Em 2020, o Supremo Tribunal Federal julgou inconstitucional, com redução de texto, o parágrafo único do art. 73 da Lei 9.430/96, o qual permitia a compensação de créditos do sujeito passivo com a Receita Federal do Brasil com os débitos "parcelados sem garantia". É claro que, para o Fisco, a aplicação desse dispositivo era vantajosa, uma vez que não precisaria dispor de recursos em caso de repetição de indébito para sujeito passivo que tivesse parcelamento em vigor. Bastaria daí compensar os créditos do indébito com aqueles débitos em parcelamento. Contudo, por prever a compensação com débitos parcelados, tal dispositivo afastava os efeitos da suspensão da exigibilidade trazidos pelo parcelamento. Daí a conclusão do STF, fixando a Tese de Repercussão Geral do Tema 874, segundo a qual: "[é] inconstitucional, por afronta ao art. 146, III, *b*, da CF, a expressão 'ou parcelados sem garantia', constante do parágrafo único do art. 73, da Lei n. 9.430/96, incluído pela Lei n. 12.844/13, na medida em que retira os efeitos da suspensão da exigibilidade do crédito tributário prevista no CTN".

capítulo XV

Extinção da obrigação tributária

1 Extinção da obrigação e do crédito

O Capítulo X identificou na relação jurídica estabelecida entre sujeito ativo e sujeito passivo, a partir da ocorrência do fato jurídico tributário, uma obrigação.

Naquele momento já se afirmava que tal conceito, que parece singelo, havia sido objeto de muita discussão doutrinária, já que, por muito tempo, acreditava-se que um vínculo obrigacional somente poderia surgir entre duas pessoas de Direito Privado, nunca em uma relação entre o cidadão e seu Estado. Acreditava-se, então, que o Estado, na relação tributária, dava uma ordem, a ser cumprida por seu súdito. Seria, assim, uma relação de poder. Se fosse seguido tal entendimento, concluiríamos, dessa maneira, que, mesmo depois de ocorrido o fato jurídico tributário, o Estado poderia modificar o valor do tributo. Afinal, no âmbito de uma mera relação de poder, admitir-se-ia que o Estado mudasse sua ordem a qualquer momento.

Firmado, entretanto, o entendimento de que se trata de uma obrigação, então se conclui que, uma vez surgida, não pode mais ser modificada. Assim como o sujeito ativo tem o *direito* de receber o tributo, o sujeito passivo tem o *direito* de pagar apenas aquele tributo, e não outro montante, fixado posteriormente.

Mas – a pergunta é imediata – até quando persiste essa relação jurídica? A resposta é: até que surja um evento que dê por extinta a obrigação. Ou seja: uma vez nascida a obrigação tributária, com o fato jurídico tributário, ela persiste até que seja extinta. O presente capítulo dedica-se precisamente às hipóteses de extinção da obrigação tributária.

Ocorre que o Código Tributário Nacional refere-se, a partir de seu art. 156, às modalidades de extinção do *crédito* tributário. Será esse, também, o momento da extinção da obrigação tributária?

Uma vez conhecida, quantificada e identificada a obrigação tributária, tem-se o que o Código Tributário Nacional denomina crédito tributário. Embora "surgido" num momento posterior ao do fato jurídico tributário – já a ponto de o Código, no art. 140, conferir-lhe uma autonomia em relação à obrigação tributária "que lhe deu origem" –, o próprio Código não consegue, em nome de um desejado dualismo (obrigação/crédito), deixar de reconhecer que, na verdade, trata-se de um único fenômeno: o crédito "decorre" da obrigação porque é ela própria identificada, quantificada e exigível.

Assim também se dá com relação à extinção: embora os artigos 156 e seguintes do Código Tributário Nacional versem sobre a "extinção do crédito tributário", deve-se entender, de um modo mais amplo, que se está a examinar a extinção da própria obrigação tributária.

Aliás, o próprio Código Tributário Nacional deixa claro que se confundem ambos os fenômenos, ao declarar, no § 1º do art. 113, que a obrigação tributária "extingue-se juntamente com o crédito dela decorrente". Por isso, estudar a extinção do crédito ou da obrigação implica estudar um único fenômeno.

Há, porém, quem cogite extinção de crédito sem que se extinga a obrigação[1]. Tal seria o caso da anulação do lançamento, por questão formal. Nesse caso, a obrigação não se extingue, mas impõe-se a "constituição" de um novo crédito, mediante novo lançamento. Nos termos do art. 173, II, do Código Tributário Nacional, tem para tanto a Fazenda o prazo de cinco anos, contados da data em que se tornar definitiva a decisão que anulou, por vício formal, o lançamento anterior. Tal posicionamento desconsidera, entretanto, que, se há vício formal no lançamento, o crédito sequer foi "constituído" propriamente; sua anulação não é forma de extinção. Não se extingue algo que não surgiu. Por isso mesmo, a decisão que anula tal lançamento não é de mérito. Não examina a própria obrigação. Esta permanece intacta, pendente de lançamento. O que ocorre, isso sim, é a prorrogação do prazo para o lançamento.

2 Pagamento

A forma mais imediata que se pode cogitar para a extinção de uma obrigação pecuniária (como é o tributo) é o seu pagamento. É a ele que se referem os artigos 157 a 169 do Código Tributário Nacional.

2.1 Pagamento no Direito Privado e no Direito Tributário

Tanto cuidado do legislador complementar para lidar com o pagamento explica-se não só por ser este usual, mas também porque o pagamento é bastante regulado pelo Direito Privado. Assim, se a obrigação tributária extingue-se pelo pagamento, o silêncio do Código Tributário Nacional poderia levar à aplicação das regras sobre pagamento inseridas no Código Civil, as quais, como se verá, não atendem aos interesses da administração tributária.

2.1.1 Pagamento do tributo e da penalidade

É nesse sentido que o Código Tributário Nacional, já no seu art. 157, cuida de estabelecer que "a imposição de penalidade não ilide o pagamento integral do crédito tributário". Com isso, o legislador esclarece que a multa não é uma alternativa ao tributo; é um acréscimo.

1 Cf. MACHADO, Hugo de Brito. *Curso de Direito Tributário*. 38. ed. revista e atualizada. São Paulo: Malheiros, 2017, p. 198.

Isso é necessário porque, se fosse silente o Código Tributário Nacional, aplicar-se-ia a regra geral das obrigações, contida no art. 410 do Código Civil, segundo a qual, "quando se estipular a cláusula penal para o caso de total inadimplemento da obrigação, esta converter-se-á em alternativa a benefício do credor". Em síntese: enquanto no Direito Privado a multa é uma alternativa ao valor da obrigação original, no Direito Tributário a multa é um acréscimo ao tributo.

2.1.2 Prova do pagamento em cotas

Do mesmo modo, a prova do pagamento do tributo tem um tratamento diferenciado daquele disciplinado pelo legislador civil.

Em regra, nas obrigações vale o disposto no art. 322 do Código Civil: "quando o pagamento for em cotas periódicas, a quitação da última estabelece, até prova em contrário, a presunção de estarem solvidas as anteriores". Assim, no Direito Privado, quem tem o recibo de que pagou a última parcela tem a seu favor a presunção de que a dívida foi paga. Isso desonera o devedor de guardar os recibos das demais parcelas.

No Direito Tributário, isso não vale, já que o art. 158, I, do Código Tributário Nacional dispõe que "o pagamento de um crédito não importa em presunção de pagamento: (I) quando parcial, das prestações em que se decomponha". Ou seja: ao sujeito passivo cumpre guardar o recibo de pagamento de todas as parcelas do tributo, não apenas da última.

2.1.3 Local do pagamento

Quanto ao local onde se faz o pagamento, também se encontra uma particularidade na matéria tributária.

Em regra, é o credor que deve ir cobrar no domicílio do devedor (pagamento *quérable*), conforme determina o art. 327 do Código Civil: "Efetuar-se-á o pagamento no domicílio do devedor, salvo se as partes convencionarem diversamente, ou se o contrário resultar da lei, da natureza da obrigação ou das circunstâncias".

Para fins tributários, por outro lado, é a repartição competente (ou seja: o domicílio do credor) o local do recolhimento (pagamento *portable*), conforme o art. 159 do Código Tributário Nacional: "Quando a legislação tributária não dispuser a respeito, o pagamento é efetuado na repartição competente do domicílio do sujeito passivo". Cabe registrar que dificilmente a legislação deixa de dispor sobre o assunto, admitindo, em regra, o pagamento em qualquer agência bancária no País, ou mesmo *on-line*, de modo que, na prática, resta pouco espaço de aplicação para o preceito.

2.1.4 Mora

O art. 161 do Código Tributário Nacional trata da mora: vencido o prazo e não recolhido o tributo, passam a incidir juros de mora e outras penalidades. Não se prevê a necessidade de constituição em mora. Coincide, assim, o Código Tributário Nacional com a regra do art. 397 do Código Civil: "O inadimplemento da obrigação, positiva e líquida, no seu termo, constitui de pleno direito em mora o devedor".

Os juros de mora são fixados pelo Código Tributário Nacional em 1% ao mês, mas o mesmo Código prevê que outra taxa possa ser fixada, desde que por lei.

Interessante notar que não há mora (e, portanto, não correm juros de mora) se o sujeito passivo, dentro do prazo legal, formula consulta ao Fisco acerca da matéria do tributo. Com efeito, a consulta eficaz produz efeito suspensivo; na hipótese de se concluir pela exigência do tributo, tem o sujeito passivo o prazo de 30 dias para recolhê-lo. Dado o novo prazo, a partir de então é que se poderá cogitar de multa e juros.

2.1.5 Imputação do pagamento

Surge a pergunta: se um credor possui dois créditos contra o mesmo devedor e recebe um pagamento, qual dos dois créditos deve ser considerado satisfeito? Nem sempre isso é irrelevante, pois é possível que um crédito, por exemplo, preveja juros superiores ao outro.

No Direito Privado, o devedor é que escolhe, conforme o art. 352 do Código Civil: "A pessoa obrigada por dois ou mais débitos da mesma natureza, a um só credor, tem o direito de indicar a qual deles oferece pagamento se todos forem líquidos e vencidos". O ato de escolher a qual crédito se refere o pagamento chama-se "imputação".

No Direito Tributário, não pode o sujeito passivo escolher qual o crédito que está sendo liquidado pelo pagamento: o sujeito ativo efetua a imputação, mas segundo os parâmetros impostos pelo próprio art. 163 do Código Tributário Nacional:

> Art. 163. Existindo simultaneamente dois ou mais débitos vencidos do mesmo sujeito passivo para com a mesma pessoa jurídica de direito público, relativos ao mesmo ou a diferentes tributos ou provenientes de penalidade pecuniária ou juros de mora, a autoridade administrativa competente para receber o pagamento determinará a respectiva imputação, obedecidas as seguintes regras, na ordem em que enumeradas:
>
> I – em primeiro lugar, aos débitos por obrigação própria, e em segundo lugar aos decorrentes de responsabilidade tributária;
>
> II – primeiramente, às contribuições de melhoria, depois às taxas e por fim aos impostos;
>
> III – na ordem crescente dos prazos de prescrição;
>
> IV – na ordem decrescente dos montantes.

O dispositivo acima transcrito não esclarece o que deve ser feito no caso de pagamento parcial de crédito já acrescido de juros de mora ou de penalidade. Nesse caso, importa ter em mente que os juros e a penalidade integram o próprio crédito; não há que dizer que tenha sido pago o principal, ficando pendentes os juros, ou vice-versa. Uma vez formado um crédito, é o todo que será satisfeito, ou não. Daí que na hipótese de pagamento parcial imputa-se o pagamento parcialmente ao principal, aos juros e à penalidade, conforme for o caso.

2.2 Consignação em pagamento

O que fazer quando o credor não aceita receber o montante? Essa hipótese não é de difícil verificação. Basta imaginar que um sujeito passivo queira recolher o montante do tributo com juros, mas sem multa, valendo-se do seu direito de efetuar uma denúncia espontânea (art. 138 do Código Tributário Nacional). É muito comum que as autoridades administrativas não reconheçam tal direito e exijam que o pagamento do tributo seja acrescido de uma multa "moratória". Eis o impasse: o sujeito passivo quer pagar o tributo, mas a autoridade administrativa quer recebê-lo com multa.

Surge a necessidade de fazer uma consignação em pagamento. É o que se costuma chamar, de um modo menos técnico, de "pagamento em juízo". Não é a mesma coisa que o depósito em juízo, já que este serve para garantir o juízo, quando o sujeito passivo não quer pagar o tributo, ao passo que a consignação em pagamento presta-se para que o sujeito passivo pague aquilo que julga devido. Enquanto o depósito apenas suspende a exigibilidade do crédito, a consignação, por ser um pagamento, busca a sua extinção. Claro que, até que seja julgada procedente a ação de consignação em pagamento, o valor entregue ao juízo terá a natureza de depósito (e, por isso mesmo, suspenderá a exigibilidade do crédito).

> Embora a consignação em pagamento não seja hipótese de suspensão da exigibilidade do crédito tributário, o fato de ser efetuado um depósito implica inexigibilidade. Ou seja: enquanto não julgada a ação de consignação em pagamento, o crédito não se extingue; a cumulação com o depósito, entretanto, assegura a suspensão (e inexigibilidade) do crédito. Destaque-se precedente do Superior Tribunal de Justiça nesse sentido: apesar de a propositura de ação de consignação "não ensejar a suspensão do crédito tributário", julgou a Corte, no caso, que a "exigibilidade do crédito tributário encontrava-se suspensa", haja vista a existência de "depósito integral do montante cobrado"[2].

Assim é que a consignação em pagamento se afigura como uma "modalidade especial" de pagamento, assemelhando-se a um pagamento sob condição resolutória, o qual é confirmado quando declarada procedente a ação de consignação[3].

A consignação em pagamento é especialmente nominada, no inciso VIII do art. 156, como uma das hipóteses de extinção do crédito tributário, estando regulada no art. 164 do CTN:

> Art. 164. A importância do crédito tributário pode ser consignada judicialmente pelo sujeito passivo, nos casos:
>
> I – de recusa de recebimento, ou subordinação deste ao pagamento de outro tributo ou de penalidade, ou ao cumprimento de obrigação acessória;
>
> II – de subordinação do recebimento ao cumprimento de exigências administrativas sem fundamento legal;

2 STJ, REsp n. 1.040.603-MG, 2ª Turma, rel. Min. Mauro Campbell, j. 09.06.2009, D.J. 23.06.2009.

3 COSTA, Alcides Jorge. *Extinção das obrigações tributárias*. São Paulo, 1991, pp. 221-226.

III – de exigência, por mais de uma pessoa jurídica de direito público, de tributo idêntico sobre um mesmo fato gerador.

§ 1º A consignação só pode versar sobre o crédito que o consignante se propõe a pagar.

§ 2º Julgada procedente a consignação, o pagamento se reputa efetuado e a importância é convertida em renda; julgada improcedente a consignação no todo ou em parte, cobra-se o crédito acrescido de juros de mora, sem prejuízo das penalidades cabíveis.

Como se vê a partir da leitura do artigo acima transcrito, além da hipótese de recusa de recebimento por parte do sujeito passivo (ou alguma exigência que ele venha a fazer para receber o montante), a consignação também é um instrumento muito útil quando o sujeito passivo vê-se constrangido a pagar um mesmo tributo a duas pessoas jurídicas de Direito Público. Essa circunstância é muito comum em caso de tributos municipais e estaduais. Por exemplo, não é raro que um prestador de serviços, ao executar determinada atividade em um Município diverso daquele no qual esteja estabelecido, tenha o Imposto sobre Serviços (ISS) exigido tanto pelo Município onde se deu a atividade, como por aquele onde ele está estabelecido. A consignação em pagamento é o meio para que o juiz dê por extinto o crédito tributário, afastando, então, ambas as exigências.

O § 2º do art. 164 faz referência à conversão do depósito em renda, equiparando, daí, a esta conversão o levantamento do depósito pelo ente credor em ação de consignação em pagamento. Abaixo (item 7), ver-se-á a relevância dessa equiparação, já que resolve o dilema que poderia surgir no caso de o valor consignado vir a sofrer remuneração (juros) inferior à atualização do crédito.

2.3 Prazo do pagamento

O Código Tributário Nacional também cuida de fixar o prazo para o pagamento do crédito tributário: nos termos do art. 160, se a legislação não fixar um prazo, o vencimento do crédito ocorre 30 dias após a notificação do sujeito passivo. Note que o legislador complementar usa o termo "legislação", e não "lei". Conforme dispõe o art. 96 do mesmo Código, a expressão "legislação" é muito ampla, a admitir que um ato administrativo possa fixar o prazo para o recolhimento do tributo, substituindo, nesse caso, o prazo de 30 dias fixado pelo dispositivo referido[4]. Por outro lado, se a lei fixar um prazo (ela não precisa fixar, mas pode fazê-lo), então esse prazo será respeitado e não será modificado

4 Em sentido contrário, cf. COÊLHO, Sacha Calmon Navarro. *Curso de Direito Tributário Brasileiro*. 9. ed. Rio de Janeiro: Forense, 2006, p. 798.

por ato administrativo, tendo em vista a necessidade de a autoridade administrativa curvar-se ao mandamento da lei.

2.4 A repetição do indébito tributário

Finalmente, deve-se considerar a hipótese de o pagamento ter sido indevido, ou maior que o devido. Nesse caso, o sujeito passivo pode pedir de volta o que pagou indevidamente, o que se denomina "repetição do indébito". Esse tema é tratado pelo art. 165 do CTN:

> Art. 165. O sujeito passivo tem direito, independentemente de prévio protesto, à restituição total ou parcial, seja qual for a modalidade do seu pagamento, ressalvado o disposto no § 4º do art. 162, nos seguintes casos:
>
> I – cobrança ou pagamento espontâneo de tributo indevido ou maior que o devido em face da legislação tributável aplicável ou da natureza ou circunstâncias materiais do fato gerador efetivamente ocorrido;
>
> II – erro da *identificação* do sujeito passivo, na determinação da alíquota aplicável, no cálculo do montante do débito ou na elaboração ou conferência de qualquer documento relativo ao pagamento;
>
> III – reforma, anulação, revogação ou rescisão de decisão condenatória

O direito à restituição do tributo indevido guarda relação com a própria natureza de tributo, enquanto algo que é exigido por lei e nos termos desta. Se não é devido, o sujeito passivo pode ter a quantia restituída, já que de tributo não se trata. Aliás, é até um contrassenso falar em "tributo indevido", uma vez que, se é indevido, já não é um tributo. Obviamente, cogita-se pagamento, a título de tributo, de quantia indevida.

Vale mencionar, aqui, o que se disse no Capítulo III sobre o conceito de tributo previsto no art. 3º do Código Tributário Nacional. Diferentementente do que a redação descritiva ("*tributo é*") do dispositivo sugere, nele se encontram diversas prescrições que, se descumpridas, desautorizam a cobrança de um valor a título de tributo. Desse modo, uma exação pretensamente tributária não instituída em lei configurará tributo indevido, a ensejar direito de repetição do indébito ao sujeito passivo.

Note-se que, também em matéria de repetição do indébito, há uma divergência em relação às situações entre pessoas privadas, já que para estas vale a regra do art. 877 do CC, segundo o qual "àquele que voluntariamente pagou o indevido incumbe a prova de tê-lo feito por erro". No dispositivo do CTN acima, fica claro que o sujeito passivo da relação tributária não precisa provar que o pagamento foi por erro para ter restituído o que pagou indevidamente.

Aliás, é assegurada a restituição mesmo no pagamento espontâneo. Ou seja, mesmo que o contribuinte tenha pago o tributo sem que ninguém o exigisse, pode ele recebê-lo de volta. Mais ainda: mesmo que o contribuinte tenha pagado o tributo por sua vontade, sabendo que possivelmente este não fosse devido, tem ele direito à restituição. Afinal, o tributo é uma obrigação legal, para a qual a vontade do sujeito passivo é completamente irrelevante.

A peculiaridade da repetição do indébito tributário está em que, mesmo no caso de tributo inicialmente devido, cujo crédito tenha sido extinto por prescrição, o pagamento após a ocorrência da última dá ensejo à repetição. Afinal, a prescrição, nos termos do art. 156, V do CTN, é hipótese de extinção do crédito tributário, a qual fulmina, portanto, a própria dívida (e não apenas sua exigibilidade). Interessante, nesse sentido, decisão do Superior Tribunal de Justiça na qual se afirmou que "há o direito do contribuinte à repetição do indébito, uma vez que o montante pago foi em razão de um crédito tributário prescrito, ou seja, inexistente"[5].

Essa decisão será retomada mais abaixo, quando se tratar da prescrição e decadência.

2.4.1 Restituição dos tributos "indiretos"

O amplo direito à restituição do tributo indevido sofre uma importante restrição no art. 166 do Código Tributário Nacional, para os "tributos que comportem, por sua natureza, transferência do respectivo encargo financeiro", já que, nesse caso, a restituição "somente será feita a quem prove haver assumido referido encargo, ou, no caso de tê-lo transferido a terceiro, estar por este expressamente autorizado a recebê-la".

O referido dispositivo tem recebido merecidas críticas[6], já que não fica claro o que seja a "transferência do respectivo encargo financeiro". No lugar de um raciocínio econômico, parece mais acertado buscar a transferência jurídica da titularidade do crédito.

No Capítulo I, já se viu que é plenamente possível demonstrar que toda empresa transfere, na medida do possível, seu encargo tributário a seus clientes, por meio do preço; pode-se, ao mesmo tempo, demonstrar que a transferência jamais ocorre, já que qualquer tributo implica redução da margem de lucros. Entre uma e outra discussão, revela-se a impropriedade do dispositivo.

Por outro lado, ainda que se conseguisse aferir a transferência, surgiria a dificuldade, na sociedade hodierna, de computar os milhares de consumidores que teriam "assumido referido encargo", para receberem o tributo. Na realidade, o referido dispositivo acaba por permitir que o Fisco cobre tributos que sabe indevidos, já contando com a extrema dificuldade de repetição que o sujeito passivo desavisado terá ao pagar o que não deve.

Antes mesmo da edição do Código Tributário Nacional, o Supremo Tribunal Federal já havia adotado a Súmula 71, segundo a qual "[e]mbora pago indevidamente, não cabe restituição de tributo indireto"; mais tarde, o Tribunal passou a entender ser muito genérica aquela Súmula, adotando

---

5 STJ, REsp n. 646.328 RS, 2ª Turma, rel. Min. Mauro Campbell, j. 04.06.2009, DJe 23.06.2009. *Revista Dialética de Direito Tributário*, n. 168, p. 198.

6 Cf. MACHADO, Brandão. Repetição do indébito no Direito Tributário. *Direito Tributário.* Estudos em Homenagem ao Professor Ruy Barbosa Nogueira. São Paulo: Saraiva, 1983, p. 61-106; MORSCBACHER, José. *Repetição do indébito tributário indireto.* São Paulo: Revista dos Tribunais, 1984; NEVIANI, Tarcísio. *A restituição dos tributos indevidos.* Seus problemas, suas incertezas. São Paulo: Resenha Tributária, 1983.

raciocínio baseado na ocorrência da chamada "translação", base do art. 166 do Código Tributário Nacional. Diante desse artigo, a própria Súmula 71 passou por revisão, reconhecendo o Supremo Tribunal Federal a possibilidade de restituição, o que levou à edição da Súmula 546, de acordo com a qual "[c]abe a restituição do tributo pago indevidamente, quando reconhecido por decisão que o contribuinte 'de jure' não recuperou do contribuinte de fato o 'quantum' respectivo".

A falta de base econômica para o argumento da translação, entretanto, exige que se tome o art. 166 do Código Tributário Nacional com toda cautela. No lugar de buscar o fenômeno da translação, cumpre investigar se há uma transferência jurídica (i.e.: prestigiada por lei) do montante do tributo. Essa será a situação do adquirente do produto sujeito a tributação não cumulativa, que o revende, tomando o crédito do montante pago na etapa anterior. Se o revendedor tem direito àquele crédito, é porque o tributo lhe foi transferido por quem o pagou na etapa anterior.

É esse o caso do IPI e do ICMS. Quando a Constituição prevê a não cumulatividade na sistemática imposto a imposto, acaba por prestigiar, juridicamente, a transferência do encargo ao adquirente do produto, que passa a ter um direito de crédito perante o Estado. Nesse caso, é este adquirente quem, como novo credor, pode exigir que o Estado lhe devolva o tributo indevido; o sujeito passivo originário somente o pode exigir se autorizado pelo adquirente. Este, por sua vez, ao autorizar que o primeiro promova a repetição, abre mão, simultaneamente, de seu direito de crédito.

Assim, se um fabricante de um produto tributado pelo ICMS vende-o ao supermercado, é este quem passa a ter um direito de crédito contra a Fazenda estadual. Em princípio, este crédito será utilizado pelo supermercado para abater do imposto que lhe incumbe na revenda dos produtos. Se o imposto pago pelo fabricante era indevido, não cabe ao fabricante, mas ao supermercado, repetir o tributo já que, afinal, dele era o crédito. Se, entretanto, o supermercado autoriza o fabricante a promover a repetição do indébito, então o supermercado terá aberto mão do crédito, devendo igualmente estorná-lo de sua escrita fiscal.

Mantendo o mesmo exemplo, se o fabricante recolheu, além do ICMS, o IPI, este não se transfere, juridicamente, ao supermercado, já que o último, não sendo contribuinte do imposto, não tem crédito contra o Fisco federal. Afastada a questão da translação econômica, porque descabida, o direito de repetir há de ficar com o fabricante, que, afinal, foi o sujeito passivo na relação tributária.

Diferente é o caso das contribuições PIS e COFINS: embora o art. 3º da Lei n. 10.637/2002 e também o art. 3º da Lei n. 10.833/2003 se refiram a créditos a serem descontados, constata-se que tais créditos não têm relação com o montante recolhido nas etapas anteriores; são, antes, recurso do legislador para adotar a sistemática base a base. Noutras palavras: o valor recolhido pelo fornecedor não tem relação com o "crédito" do adquirente; este se calcula independentemente. Não é, enfim, crédito transferido e não há que cogitar transferência jurídica.

2.4.2 Prazo para a repetição

Finalmente, vale lembrar que, tal como se verá abaixo com relação ao crédito tributário, o direito do sujeito passivo de reaver o montante pago indevidamente não pode ser exercido por prazo indefinido. Seu direito de crédito está sujeito ao prazo prescricional de que trata o art. 168 do CTN:

> Art. 168. O direito de pleitear a restituição extingue-se com o decurso do prazo de 5 (cinco) anos, contados:

I – nas hipóteses dos incisos I e II do art. 165, da data da extinção do crédito tributário;

II – na hipótese do inciso III do art. 165, da data em que se tornar definitiva a decisão administrativa ou passar em julgado a decisão judicial que tenha reformado, anulado, revogado ou rescindido a decisão condenatória.

A aplicação do inciso I, acima transcrito, aos tributos cujo lançamento se dá por homologação levou a jurisprudência a entender que o contribuinte poderia ter até 10 anos para reaver o que pagou indevidamente.

Segundo o raciocínio desenvolvido pelo Superior Tribunal de Justiça, nos tributos sujeitos àquela modalidade de lançamento, o crédito tributário apenas se extingue após decorridos 5 anos do fato jurídico tributário (art. 150, § 4º, do CTN). Somente então, com o crédito definitivamente extinto, é que se passaria a contar o prazo de 5 anos para o contribuinte pedir de volta o montante pago indevidamente.

Esse entendimento surgiu a partir do reconhecimento da inconstitucionalidade do art. 10 do Decreto-lei n. 2.288/86, que versava sobre empréstimo compulsório que incidiria sobre combustíveis. O Superior Tribunal de Justiça entendeu, então, que "à falta de homologação, a decadência do direito de repetir o indébito somente ocorre, decorridos cinco anos, desde a ocorrência do fato gerador, acrescidos de outros cinco anos, contados do termo final do prazo deferido ao Fisco, para apuração do tributo devido"[7]. O entendimento foi reiterado em outros casos, pacificando-se na Primeira Seção do Superior Tribunal de Justiça no sentido de que "no caso de lançamento tributário por homologação e havendo silêncio do Fisco, o prazo decadencial só se inicia após decorridos 5 (cinco) anos da ocorrência do fato gerador, acrescidos de mais um quinquênio, a partir da homologação tácita do lançamento"[8].

Tal posicionamento do Judiciário não pode deixar de receber críticas, quando se tem em conta que o § 1º do mesmo art. 150 esclarece que o "pagamento antecipado" já extingue, de pronto, o crédito, posto que sob condição resolutória. Assim, já com o "pagamento antecipado", poderia começar a correr o prazo de 5 anos a que se refere o art. 168 do CTN.

Com a edição da Lei Complementar n. 118/2005, pôs-se termo a tal discussão, já que se determinou, no seu art. 3º, que o lustro prescricional se conte do pagamento indevido, não da homologação tácita.

Na verdade, a referida Lei Complementar pretendeu ter função interpretativa, querendo retroagir seus efeitos até mesmo a pagamentos indevidos efetuados antes de sua publicação. O efeito retroativo foi, entretanto, acertadamente rechaçado pelo Superior Tribunal de Justiça, que viu na lei usurpação de função já exercida pelo Poder Judiciário. Afinal, este já havia pacificado seu entendimento concernente à repetição de indébito, nos termos acima esclarecidos. Uma "lei interpretativa", nesse caso, já não tinha mais espaço, dado que a interpretação já se fizera pelo Judiciário. A título de interpretação, o que se fazia era inovar, mudar o direito posto. Claro que a lei complementar poderia

7 STJ, AgRg no REsp n. 354.268-MG, 1ª Turma, rel. Min. Humberto Gomes de Barros, j. 04.11.2003, D.J. 24.11.2003, p. 215.

8 STJ, Embargos de Divergência no REsp n. 435.835-SC, 1ª Seção, rel. Min. Francisco Peçanha Martins, rel. p/ acórdão Min. José Delgado, j. 24.03.2004, D.J. 04.06.2007.

inovar, mas apenas para o futuro. Daí por que a "nova interpretação" não se aplicaria retroativamente, mas apenas para os pagamentos indevidos feitos dali em diante. A questão foi levada ao Plenário do Supremo Tribunal Federal, o qual decidiu, por maioria, no RE 566.621, pela inconstitucionalidade do efeito retroativo pretendido. A este tema se retornará no Capítulo XVIII.

3 Compensação

A compensação é outra forma de extinção da obrigação tributária, arrolada no art. 156 do Código Tributário Nacional e também regulada pelos artigos 170 e 170-A do mesmo Código.

Compensação é um instituto que vem do direito privado. A ela se referem os artigos 368 e ss. do Código Civil:

> Art. 368. Se duas pessoas forem ao mesmo tempo credor e devedor uma da outra, as duas obrigações extinguem-se até onde se compensarem.
>
> Art. 369. A compensação efetua-se entre dívidas líquidas, vencidas e de coisas fungíveis.

Pelos dispositivos acima, a compensação independe da manifestação das partes: basta que haja créditos de igual natureza ("coisas fungíveis"), vencidos e líquidos (valor não discutível), para que se considerem extintas ambas as obrigações, pela compensação. É a chamada "compensação legal".

Em matéria tributária, não se aplica a compensação legal regulada no Código Civil. Na verdade, quando o novo Código Civil foi promulgado, seu art. 374 estendia o instituto à matéria fiscal, mas o referido artigo, matéria de lei complementar nos termos do art. 146 da Constituição Federal, foi imediatamente revogado pela Lei n. 10.677/2003. Assim, aplica-se o que dispõe o art. 170 do Código Tributário Nacional:

> Art. 170. A lei pode, nas condições e sob as garantias que estipular, ou cuja estipulação em cada caso atribuir à autoridade administrativa, autorizar a compensação de créditos tributários com créditos líquidos e certos, vencidos ou vincendos, do sujeito passivo contra a Fazenda Pública.
>
> Parágrafo único. Sendo vincendo o crédito do sujeito passivo, a lei determinará, para os efeitos deste artigo, a apuração do seu montante, não podendo, porém, cominar redução maior que a correspondente ao juro de 1% (um por cento) ao mês pelo tempo a decorrer entre a data da compensação e a do vencimento.

Nota-se que diversamente do direito privado, a compensação tributária pode cobrir créditos vincendos, não apenas os vencidos.

Relevante, outrossim, notar que, na matéria fiscal, a compensação somente se dá quando a lei autorizar, e nos limites desta. Não há um direito assegurado à compensação ampla e irrestrita. Diversos Municípios não preveem compensação. Nesses casos, o sujeito passivo mantém sua obrigação, mesmo tendo créditos contra a Administração Pública.

Há quem sustente que o direito à compensação seria irrestrito, por ter fundamentação constitucional[9]. É fato que o direito de repetir o indébito tributário pode ser imediatamente extraído do direito de propriedade, do qual decorre que somente se institua tributo nos termos previstos na lei e, de outra parte, que o tributo exigido fora dos parâmetros constitucionais/legais seja devolvido. Entretanto, daí não decorre o direito de compensação. Esta é uma forma de extinção da obrigação tributária. À lei que institui o tributo cabe dispor sobre a forma como a obrigação será extinta; se não foi prevista a compensação, não há como exigi-la.

Aliás, a ideia da matriz constitucional da compensação deixa de lado o fato de que o indébito tributário passa pelo crivo do precatório: a compensação não deixa de ser expediente de que se vale o sujeito passivo para reaver o seu crédito independentemente da espera própria daquele. Cabe ao legislador ordinário, daí, sopesar de um lado o direito do sujeito passivo de não ser constrangido a pagar tributo a quem, afinal, lhe é devedor de montante indevidamente recolhido, e, de outro, o direito dos demais credores do Estado, que veem seu posicionamento da espera do pagamento do precatório ser desprezado por aqueles que têm seu crédito satisfeito pela compensação.

Na Alemanha, a compensação (*Aufrechnung*) é prevista pelo § 226, I, da Ordenação Tributária. Antes disso, o Código Civil (BGB) já instituíra a compensação, mas entendia-se que esse direito não seria estendido aos créditos tributários; tampouco o projeto da Ordenação de 1919, de autoria de Enno Becker, previra tal possibilidade. Entretanto, quando da Assembleia Constituinte de Weimar, surgiu uma pressão por parte dos credores de reparações de guerra do Estado alemão (na maioria ligados às potências vencedoras) para que não fossem obrigados a contribuir com as necessidades financeiras do *Reich* enquanto não vissem reparadas suas indenizações. Por conta de tal pressão, o § 103 da Ordenação de 1919 previu a compensação de débitos tributários contra créditos líquidos. Repetindo-se a hipótese na Ordenação de 1977, evita-se a discussão, na Alemanha, quanto a ser a compensação do Direito Civil aplicável à matéria tributária, já que igual direito surge diretamente na lei tributária[10].

No âmbito federal, a compensação é regulamentada consoante as hipóteses previstas pelo art. 74 da Lei n. 9.430/96:

> Art. 74. O sujeito passivo que apurar crédito, inclusive os judiciais com trânsito em julgado, relativo a tributo ou contribuição administrado pela Secretaria da Receita Federal, passível de restituição ou de ressarcimento, poderá utilizá-lo na compensação de débitos próprios relativos a quaisquer tributos e contribuições administrados por aquele Órgão.
>
> § 1º A compensação de que trata o *caput* será efetuada mediante a entrega, pelo sujeito passivo, de declaração na qual constarão informações relativas aos créditos utilizados e aos respectivos débitos compensados.

---

9 Cf. MACHADO, Hugo de Brito. Op. cit. (nota 1), p. 217.

10 Cf. KRUSE, Heinrich Wilhelm. *Lehrbuch des Steuerrechts*. Band I. Allgemeiner Teil. München: Beck, 1991, p. 191.

> § 2º A compensação declarada à Secretaria da Receita Federal extingue o crédito tributário, sob condição resolutória de sua ulterior homologação.
>
> (...)
>
> § 4º Os pedidos de compensação pendentes e apreciação pela autoridade administrativa serão considerados declaração de compensação, desde o seu protocolo, para os efeitos previstos neste artigo.
>
> § 5º O prazo para homologação da compensação declarada pelo sujeito passivo será de 5 (cinco) anos, contado da data da entrega da declaração de compensação.
>
> (...)

Vê-se, pois, amplo direito à compensação, na esfera federal, a qual tem sido o meio mais utilizado pelos contribuintes para reaverem seus créditos contra o Fisco. No regime federal, a mera declaração do contribuinte já implica a extinção do crédito tributário, posto que sob condição resolutória de homologação.

É imediata a semelhança entre o instituto da compensação por homologação, contemplado pelo legislador federal, e o lançamento por homologação, de que trata o art. 150 do Código Tributário Nacional. Embora o legislador não seja expresso quanto à "homologação tácita", ela exsurge da fixação do prazo de 5 anos para que ocorra. Para que se mantenha a semelhança, cabe notar que, na hipótese de não ser homologada a compensação, inicia-se todo um procedimento administrativo, tratado pelo § 9º do mesmo dispositivo legal, denominado "manifestação de inconformidade", cujo paralelismo com o procedimento administrativo em caso de lançamento de ofício chega ao ponto de se prever recurso ao extinto Conselho de Contribuintes (hoje, Conselho Administrativo de Recursos Fiscais – CARF), com a observância do rito do procedimento administrativo.

Com a criação da Receita Federal do Brasil, que congregou as funções das antigas Secretaria da Receita Federal e da Previdência, também os débitos previdenciários passaram a ser administrados por aquele órgão, parecendo natural que não se impedisse a compensação, independentemente da natureza.

Não obstante, o Parágrafo Único do art. 26 da Lei 11.457/2007, que criou a "Super Receita", assim dispôs:

> *Art. 26. O valor correspondente à compensação de débitos relativos às contribuições de que trata o art. 2º desta Lei será repassado ao Fundo do Regime Geral de Previdência Social no máximo 2 (dois) dias úteis após a data em que ela for promovida de ofício ou em que for deferido o respectivo requerimento.*
>
> *Parágrafo único. O disposto no art. 74 da Lei n. 9.430, de 27 de dezembro de 1996, não se aplica às contribuições sociais a que se refere o art. 2º desta Lei.*

É assim que se verifica que tais contribuições não podem ser compensadas com outros tributos federais, conforme se extrai da Instrução Normativa RFB 900/08, em seu art. 34:

> *Art. 34. O sujeito passivo que apurar crédito, inclusive o reconhecido por decisão judicial transitada em julgado, relativo a tributo administrado pela RFB, passível de restituição ou de ressarcimento, poderá utilizá-lo na compensação de débitos próprios, vencidos ou vincendos, relativos a*

tributos administrados pela RFB, ressalvadas as contribuições previdenciárias, cujo procedimento está previsto nos arts. 44 a 48, e as contribuições recolhidas para outras entidades ou fundos.

Ressalte-se, por outro lado, que já não é possível extinguir créditos tributários mediante sua compensação com valores que não sejam objeto de decisão definitiva em juízo (i.e.: não é possível uma compensação por mera ordem liminar de um juiz). É o que diz o art. 170-A do Código Tributário Nacional: "É vedada a compensação mediante o aproveitamento de tributo, objeto de contestação judicial pelo sujeito passivo, antes do trânsito em julgado da respectiva decisão judicial".

À falta de lei, não há que cogitar compensação. Embora na esfera federal a compensação seja amplamente praticada, já que contemplada pelo art. 74 da Lei n. 9.430/96, vários Estados e Municípios não preveem a compensação como forma de extinção do crédito tributário. Em tal caso, descabe a compensação.

Uma relevante exceção deve ser mencionada em virtude do disposto no art. 78 do Ato das Disposições Constitucionais Transitórias. Por meio daquele dispositivo, autorizou-se que os precatórios, excetuados os de pequeno valor e os de natureza alimentícia, fossem parcelados em 10 parcelas anuais e sucessivas. Prevendo o constituinte a possibilidade de que ainda assim não fossem honradas aquelas parcelas, o referido dispositivo autorizou: (i) que os créditos de tais precatórios fossem transferidos a terceiros e (ii) as parcelas não honradas até o final do respectivo ano tivessem poder liberatório junto ao Poder Público devedor. Diante de tal dispositivo com força constitucional, é de se concluir que os créditos de precatórios incluídos naquele dispositivo podem ser compensados contra débitos junto ao Poder Público, independentemente de autorização legal.

4 Transação

A transação é uma forma de extinção de obrigações que, no direito privado, vem regulada pelos artigos 840 e ss. do Código Civil. Assim dispõe o referido art. 840: "[é] lícito aos interessados prevenirem ou terminarem o litígio mediante concessões mútuas". Do texto, vê-se que a essência de uma transação é um litígio (presente ou iminente), que se encerra a partir de concessões das partes. Se há um litígio, há uma controvérsia. Há interesses contrapostos. Há uma pretensão, de uma parte, que sofre a resistência da outra parte. Uma e outra parte abrem mão, ainda que parcialmente, de suas pretensões, chegando a um acordo. Deve-se notar que na transação não há ganhador ou perdedor. Há um acordo, que se deu por concessões mútuas.

A aplicação do instituto da transação em matéria tributária exige cautela. Afinal, uma das partes da relação é o Fisco e sua pretensão – o crédito tributário – não pode ser objeto de uma renúncia. Deve-se ter em mente que a atividade da autoridade administrativa é obrigatória, à luz do art. 142 do Código Tributário Nacional. Ao mesmo tempo, não se pode negar que não é interesse sequer do Fisco que uma disputa judicial fique se arrastando por anos, entulhando os tribunais e prorrogando indefinidamente o eventual recebimento do crédito tributário. Daí por que o art. 171 do Código Tributário

Nacional, ao tratar da transação, prevê a necessidade de uma lei, que deverá impor condições para que uma transação seja possível. Tem-se, aqui, uma conciliação entre, de um lado, o Princípio da Legalidade, que exige a presença de uma lei para que se dê a transação e, de outro, o interesse público, que muitas vezes será mais bem atendido se forem encurtadas as demandas judiciais, por meio da transação.

Nota-se, ademais, que o art. 171 do Código Tributário Nacional fala em "terminação de litígio". Assim, não cabe, em matéria tributária, a transação preventiva, mas apenas a extintiva. Daí por que não cabe cogitar transação antes que haja o lançamento, já que somente com este será conhecida e quantificada a pretensão do Fisco.

Muito se tem discutido, recentemente, acerca da possibilidade de o legislador admitir, de forma geral, a transação em matéria tributária. A leitura do dispositivo acima revela sua impossibilidade[11].

Com efeito, a obrigação tributária tem por natureza sua compulsoriedade. Não pode a Administração abrir mão do crédito tributário; apenas a lei é que pode dispensar o tributo, uma vez devido. O lançamento, recorde-se, é atividade obrigatória, à luz do parágrafo único do art. 142 do Código Tributário Nacional. Também o é a cobrança.

Admitir uma faculdade geral de transação, seja a uma pessoa ou a um colegiado, é, antes de tudo, distorcer o próprio conceito de tributo. Este, de compulsório, passa a ser opcional. Haverá órgão que decidirá se o sujeito passivo deve, ou não, recolher um tributo que pressupõe devido. Bastará o sujeito passivo entender que não deve pagar um tributo, para que se abra a possibilidade para uma transação. À guisa de se terminarem litígios, abre-se o caminho para sua multiplicação, dada a possibilidade de se recolher montante menor a título de tributo. Sendo o sujeito passivo frustrado em seu pleito, o pior que lhe acontece é recolher o tributo que, afinal, já era considerado devido pela Administração.

Não é a tal possibilidade que se refere o Código Tributário Nacional, no art. 171. A transação, em matéria tributária, deve ser autorizada por lei. Esta deve especificar qual a matéria litigiosa à qual se aplicará a transação e suas condições. Não abre espaço à discricionariedade da Administração. A transação tributária é, antes, um convite, feito pelo próprio legislador, para que o sujeito passivo, querendo, tome os passos para que se extinga sua obrigação.

Assim é que a transação será aplicável, por exemplo, quando, surgida uma controvérsia acerca da constitucionalidade de um tributo, o legislador – e só ele – abra um prazo para aqueles sujeitos passivos que questionam a constitucionalidade da exigência encerrarem os litígios instaurados, em condições que a própria lei estabeleça. Ou seja: para cada situação, o legislador deverá disciplinar os termos da transação. Mais ainda: uma vez optando o sujeito passivo pela transação, deve a Administração, nos termos da mesma lei, seguir os passos necessários para sua conclusão. A transação, faculdade para o contribuinte, torna-se obrigatória para a Administração: não só a apuração do tributo é atividade vinculada e obrigatória, mas sua cobrança. Não seria admissível que o sujeito passivo, utilizando-se da faculdade legal, aceitasse a transação e abrisse mão do litígio e a Administração insistisse em sua continuidade.

Em que pesem as considerações acima acerca da impossibilidade de o legislador admitir, de forma geral, a transação em matéria tributária, fato é que assim foi feito na Lei n. 13.988/2020. Embora o art. 1º dessa Lei disponha que ela "estabelece os requisitos e as condições" para a transação, inclusive,

11 Cf. MENDES, Guilherme A. Transação. *Revista Tributária das Américas*, ano 2, n. 4, jul./dez. 2011, p. 101-123.

de natureza tributária de débitos com a União, o § 1º desse mesmo artigo prescreve que a própria União decidirá "em juízo de oportunidade e conveniência" se é o caso de celebrar a transação. Também o parágrafo único do art. 2º da mesma Lei estabelece que as modalidades de transação por adesão implicam "aceitação pelo devedor de todas as condições fixadas no edital que a propõe". Ou seja, é o edital que estabelecerá as condições. Nesse sentido, a PGFN editou a Portaria n. 9.917/2020 para regulamentar a Lei n. 13.988/2020, esmiuçando as várias possibilidades de transações e as condições para tanto. Posteriormente, a PGFN ainda publicou a Portaria n. 18.731/2020, que trouxe outras hipóteses de transações, mas voltadas a microempresas e empresas de pequeno porte. Depois, a PGFN editou a Portaria n. 14.402/2020 com novas possibilidades de transações. Como se pode ver, a abertura dada pela lei foi fechada pela PGFN.

Não se está dizendo que a Lei n. 13.988/2020 concedeu carta branca, pois, por exemplo, no seu art. 3º estabelece alguns compromissos que o devedor deve assumir, como não usar a transação de forma abusiva com o objetiva de prejudicar a livre concorrência. Também o art. 4º da referida Lei arrolou as hipóteses de rescisão da transação. Da mesma forma, o art. 5º da Lei vedou transação que reduzisse multas penais e descontos envolvendo devedor contumaz. O art. 11 ainda estabelece quais benefícios a transação pode contemplar, sendo que seu § 2º fixa algumas balizas, como o prazo limite para quitação (84 meses) e a impossibilidade de reduzir mais de 50% do valor total dos créditos a serem transacionados.

No entanto, apesar de a Lei n. 13.988/2020 ter trazido alguns limites, são aquelas portarias que esmiúçam as transações. Como a margem conferida pela Lei foi ampla, mediante portarias, a PGFN pôde detalhar as condições para as transações, como os limites dos débitos a serem transacionados e exigindo, por exemplo, parâmetros para a aceitação, como "a situação econômica e a capacidade de pagamento do sujeito passivo" (art. 18, VIII, da Portaria 9.917/2020). O que mais causa espécie ainda é a liberdade que a Lei conferiu à União para aceitar ou recusar cada transação. Faria muito mais sentido que fosse a Lei quem estabelecesse, de fato, as condições da transação e não apenas mediante limites, deixando à cargo da União a aplicação de parâmetros fixados pela Lei.

Outro exemplo de transação se encontrou, na esfera federal, quando o legislador instituiu o programa de parcelamento Refis, que permitiu que o sujeito passivo recolhesse tributos com excepcional redução de encargos, desde que, ao mesmo tempo, desistisse das ações que discutissem a legalidade/constitucionalidade das exigências e pagasse o montante integral do tributo. Efetuada a opção, opera a transação, encerrando-se a obrigação preexistente, que se substitui pela que é objeto de pagamento à vista. É bem verdade que se prevê, também, pagamento parcelado, mas, nesse caso, a transação não opera imediatamente, já que celebrada com condição do pagamento das parcelas: o que se tem é suspensão da exigibilidade, por conta do parcelamento concedido; completado este, opera, aí sim, a transação e dá-se o efeito da extinção. O legislador, é verdade, refere-se a anistia e parcelamento condicionado; a natureza jurídica de transação surge, entretanto, do estudo de suas características.

Deve-se notar que, por se tratar de transação, já não pode mais o sujeito passivo reportar-se à obrigação preexistente como modo de pleitear a restituição do valor pago. No caso de reparcelamento, então a situação é diversa: como a dívida tributária somente se extingue após encerrado o parcelamento (e, por isso mesmo, se houver falta de pagamento das parcelas, o crédito original é devido), parece sustentável a tese de que não operou a transação e portanto não se deu a novação, o que permite que se interrompa o parcelamento, retomando-se o crédito tributário e reabrindo-se a possibilidade de discussão. Assim, se mais tarde a jurisprudência vier a entender que o tributo então questionado não era devido, não pode mais o sujeito passivo valer-se de tal entendimento para repetir o crédito pago, por ter operado a transação. Mas se não estiver concluído o parcelamento, não terá operado a transação, abrindo-se a possibilidade de se questionar a exigência do crédito original, o qual, afinal, somente se extingue com o último recolhimento do parcelamento.

O raciocínio deve ser claro: a transação implica novação. Uma vez concluída, ela extingue o crédito tributário, por força do art. 171 do Código Tributário Nacional. O que surge em seu lugar é um novo crédito, resultado da transação. Claro que esse crédito tem natureza pública, mas seu "fato gerador" é a própria transação. O caso do reparcelamento do Refis é diferente porque, por decisão do legislador, o crédito tributário não se extingue sem o pagamento de todas as parcelas (e, por isso, é plenamente exigível se for interrompido o reparcelamento).

Uma consequência da transação, uma vez aperfeiçoada, é que, se o débito original era indevido, não cabe cogitar sequer repetição do indébito. Afinal, esta só surge no caso de pagamento indevido; com a transação, não há pagamento. Mais uma vez: a obrigação original foi extinta pela transação, não pelo pagamento. Se nada se pagou, não há repetição. Aquilo que o sujeito passivo paga já não é a obrigação original, mas aquela surgida com a transação. Somente caberia repetição do indébito se a própria transação estivesse maculada por ilegalidade ou inconstitucionalidade. Uma transação regular dá surgimento a uma nova obrigação de natureza pública entre as partes.

Cabe ressaltar que a transação não se confunde com a arbitragem, que se discutirá abaixo: em comum, há a existência de um litígio a ser resolvido. Na arbitragem, tem-se um terceiro (árbitro) que decidirá o litígio, no âmbito da legalidade; trata-se de mera forma de aplicação da lei em caso de conflito. Nenhuma das partes se predispõe a abrir mão de um direito; ao contrário, buscam uma forma de estabelecer o que será o direito. Já a transação pressupõe que as próprias partes, abrindo mão de suas posições iniciais, cheguem a um consenso; seu objeto é uma negociação. Na arbitragem, decide-se por uma solução dentro dos limites da lei; na transação, as partes abrem mão daquilo que acreditam esteja dentro da lei. Daí a transação exigir que o legislador defina seu objeto.

5 Remissão

Remissão é o perdão da dívida. Se o credor perdoa a dívida, está extinto o crédito.

Também em matéria tributária é possível a remissão. Diferentemente do direito privado, entretanto, em que a remissão é uma decisão do credor, no Direito Tributário a remissão é possível apenas nos casos previstos em lei e, ainda assim, desde que esteja presente alguma das circunstâncias do art. 172 do Código Tributário Nacional:

> Art. 172. A lei pode autorizar a autoridade administrativa a conceder, por despacho fundamentado, remissão total ou parcial do crédito tributário, atendendo:
>
> I – à situação econômica do sujeito passivo;
>
> II – ao erro ou ignorância excusáveis do sujeito passivo, quanto a matéria de fato;
>
> III – à diminuta importância do crédito tributário;
>
> IV – a considerações de equidade, em relação com as características pessoais ou materiais do caso;
>
> V – a condições peculiares a determinada região do território da entidade tributante.

A remissão é prática comum na história da tributação. Já entre os egípcios, um texto antigo recomendava que, no caso de um fazendeiro pobre ter dificuldades com seus tributos, o escriba deveria perdoar dois terços deles. Essa política de remissão tributária durante os tempos mais difíceis era comum no Egito e recebia o nome "philantropa", de onde surgiu a expressão "filantropia". A história dos faraós mostra diversas oportunidades em que havia remissão de tributos para que a população não fosse sobrecarregada[12].

Na Alemanha, a remissão também é conhecida, seja nos casos em que o lançamento se faz por valor inferior (*Festsetzungserlass, § 163*, I, da Ordenação Tributária), seja quando ocorre perdão de tributo já lançado (*Zahlungserlass*, § 227 da Ordenação Tributária). A doutrina separa os casos de remissão pessoal e material. A primeira pressupõe a necessidade (*Erlassbedürftigkeit*), i.e., que a exigência tributária possa impedir ou pôr em sério perigo a existência do sujeito passivo, e o mérito (*Erlasswürdigkeit*), i.e., que o sujeito passivo não possa ser culpado por sua falta de capacidade contributiva. A remissão material dá-se quando, conforme a vontade declarada ou pressuposta do legislador, pode-se concluir que ele teria tomado tal medida diante das particularidades do caso concreto, ou quando a tributação implicar uma infração a um direito fundamental. A remissão material surge, portanto, como uma correção da lei (*Gesetzeskorrektur*) diante de um caso concreto atípico[13].

A possibilidade de a lei autorizar a remissão revela que, por trás de uma configuração rígida do lançamento (atividade vinculada e obrigatória, à luz do art. 142 do Código Tributário Nacional), abre-se espaço para o legislador permitir que circunstâncias do caso concreto sejam levadas em conta pela Autoridade. Claro está que não se pode deixar de cobrar tributo devido, e a atividade do administrador está sujeita à legalidade; a rigidez, entretanto, não há de ser tamanha a ponto de se desconsiderarem peculiaridades do caso concreto, que permitam decisão diversa, em nome da justiça individual[14].

Deve-se notar que a remissão não se confunde com a anistia, já que esta se refere ao perdão da penalidade, enquanto a remissão versa sobre o crédito tributário, incluindo, pois, o próprio tributo.

Da leitura das hipóteses acima, vê-se que a remissão apenas se faz possível em situações excepcionais, tendo em vista os objetivos de praticabilidade e justiça. É a praticabilidade que justifica o inciso III do art. 172, acima. Afinal, sendo o crédito tributário de valor ínfimo, já não faz sentido movimentar a máquina administrativa para a sua cobrança, tendo em vista que possivelmente o montante arrecadado será maior que os dispêndios exigidos. Nas demais hipóteses, o legislador buscará conferir um tratamento excepcional a situações cuja peculiaridade assim justifiquem. Sempre será guia para a concessão da remissão o princípio da igualdade em matéria tributária que impõe, ao mesmo tempo, que sejam tratadas igualmente situações equivalentes, mas sejam diferenciadas aquelas desiguais.

12 Cf. ADAMS, Charles. *For good and evil*. The impact of taxes on the course of civilization. 2. ed. Lanham, New York, Toronto, Plymouth: Madison, 1999, p. 8.

13 Cf. BIRK, Dieter. *Steuerrecht*. 6. ed. revista. Heidelberg: 2003, p. 82-83.

14 Este dispositivo será retomado quando se arrolarem as razões para que se admita atuação discricionária do administrador na imposição de penalidades, no Capítulo XIX, 2.3.

A remissão é mais uma evidência de que, nos termos da lei, a obrigação tributária pode ser extinta sem pagamento. O dogma da indisponibilidade do crédito tributário fica, portanto, relativizado, para se entender que a Administração não pode deixar de exigir o tributo devido nos termos da lei, mas esta, por sua vez, pode dispensar um tributo. A Administração age nos termos da lei. O Código Tributário Nacional, como visto, trata da remissão como circunstância excepcional mas válida. Presentes tais requisitos, o legislador pode autorizar a Administração a perdoar a dívida do sujeito passivo.

6 Prescrição e decadência

No direito, é comum encontrar situações em que a aplicação rígida de um princípio pode afetar, de tal modo, outro princípio igualmente relevante, que se torna necessário ao aplicador da lei ponderar um e outro princípio, reduzindo, em parte, sua abrangência, a fim de assegurar que ambos se vejam aplicados do melhor modo possível. Os princípios jurídicos atuam qual forças com vetores diversos, sobre um mesmo corpo, daí surgindo uma força resultante, cuja direção não coincidirá com qualquer daquelas que a compõem, mas, ao mesmo tempo, é o resultado da aplicação daquelas.

Assim é que, ao mesmo tempo que se reconhece a irrenunciabilidade do crédito tributário, não se pode deixar de ponderar a necessidade de garantir um mínimo de segurança nas relações jurídicas. Imagine o que aconteceria se alguém, tendo adquirido um imóvel há vários anos, tivesse a notícia de que, no início do século passado, o antigo proprietário deixara de recolher alguns tributos incidentes sobre o imóvel, devendo este ser levado a leilão para satisfazer aqueles créditos.

Da necessidade de garantir a desejada estabilidade das relações jurídicas é que surgem a prescrição e a decadência. Ambas têm em comum o decurso de um prazo, sem que seja exercido um direito. Na decadência, o titular de um direito formativo de outro direito não o exerce, não mais podendo fazer nascer, portanto, o outro direito que dali surgiria. Por exemplo: o titular de uma debênture conversível em ações tem um prazo para efetuar a conversão e receber suas ações no lugar da debênture; não exercendo seu direito de conversão no prazo, decai (caduca) o seu direito, e ele já não mais o pode exercer. O prazo decadencial, por sua natureza, não pode ser suspenso ou interrompido. Já a prescrição refere-se a um direito de crédito: o credor tem um prazo determinado para fazer valer sua pretensão, inclusive em juízo. Não o fazendo, já não mais poderá, passado o prazo, pleitear em juízo o cumprimento da obrigação por parte do devedor. O prazo prescricional se interrompe pela atuação positiva do credor visando à satisfação de seu crédito. Assim, havendo uma tentativa de cobrança, o prazo prescricional volta a ser contado do zero a partir de então.

Já por esta diferenciação, verifica-se que mais adequado seria o Código Tributário Nacional referir-se apenas à prescrição com relação ao crédito tributário, já que se trata de um prazo para a cobrança da dívida. Se a obrigação surgiu com o fato jurídico tributário, já tem a Fazenda Pública, a partir de então, um direito de crédito.

Quando se cogita decadência em matéria tributária, tem-se por pressuposto que, sem o lançamento, não haveria, ainda, o direito de crédito; o fato jurídico tributário apenas daria ensejo ao direito de lançar e, com o lançamento, ter-se-ia um direito de crédito. No Capítulo XIII já se apontou a polêmica acerca da natureza constitutiva ou declaratória do lançamento.

Por isso mesmo, na Alemanha fala-se em prescrição da determinação (*Festsetzungsverjährung*), nos §§ 169 e ss. da Ordenação Tributária, sujeita, por isso mesmo, a suspensão[15].

Deve-se notar que apenas para aqueles que entendem que a obrigação tributária surgiria com o lançamento, não com o fato jurídico tributário, é que haveria espaço para cogitar prazo decadencial. Ou seja: se o vínculo obrigacional depender do lançamento, não sendo este efetuado em seu devido tempo, decairá o direito do Fisco de fazer surgir a própria obrigação tributária. Se esta, entretanto, já se reputa constituída com o fato jurídico tributário, não há espaço para a decadência, mas apenas para a prescrição.

Entretanto, o Código trata, no art. 156, V, da prescrição e da decadência como formas de extinção do crédito, o que acaba por gerar uma grande discussão doutrinária e jurisprudencial, que, mesmo merecedora de duras críticas, atualmente vem se firmando com os seguintes contornos:

- Uma vez ocorrido o fato jurídico tributário, tem a autoridade administrativa um prazo para efetuar o lançamento. Como, na linguagem do Código Tributário Nacional, o lançamento é que "constitui" o crédito, esse prazo seria decadencial (e, portanto, não pode ser interrompido). Esse prazo é aquele a que se refere o art. 173 do Código:

  > Art. 173. O direito de a Fazenda Pública constituir o crédito tributário extingue-se após 5 (cinco) anos, contados:
  >
  > I – do primeiro dia do exercício seguinte àquele em que o lançamento poderia ter sido efetuado;
  >
  > II – da data em que se tornar definitiva a decisão que houver anulado, por vício formal, o lançamento anteriormente efetuado.

  Assim, por exemplo, se o contribuinte deixou de recolher qualquer valor a título de Imposto de Renda por rendimentos auferidos em 2000 (e, portanto, não houve a "antecipação" a que se refere o art. 150 do Código Tributário Nacional), ficaria ele sujeito a um lançamento de ofício a partir de 2001. O prazo de cinco anos começa a contar, pois, em 1º de janeiro de 2002 e encerra-se em 31 de dezembro de 2006.

15 Cf. BIRK, Dieter. Op. cit. (nota 13), p. 80.

- "Constituído" o crédito, pelo lançamento "definitivo", surge um prazo prescricional (sujeito a interrupção) para sua cobrança, conforme o art. 174 do Código Tributário Nacional:

  Art. 174. A ação para a cobrança do crédito tributário prescreve em cinco anos, contados da data da sua constituição definitiva.

  Parágrafo único. A prescrição se interrompe:

  I – pelo despacho do juiz que ordenar a citação em execução fiscal;

  II – pelo protesto judicial;

  III – por qualquer ato judicial que constitua em mora o devedor;

  IV – por qualquer ato inequívoco ainda que extrajudicial, que importe em reconhecimento do débito pelo devedor.

- Entre o lançamento notificado e o lançamento "definitivo", i.e., enquanto correr o processo administrativo para a revisão do lançamento, não corre qualquer prazo. Tal posicionamento, firmado pelo Plenário do Supremo Tribunal Federal, tem permitido que processos administrativos levem décadas para que sejam julgados, em geral em virtude de atraso por parte da administração pública, sem que esta sofra qualquer sanção por sua demora e em prejuízo do sujeito passivo, que fica indefinidamente sem solução para seu caso. É igualmente falho, porque cogita um lançamento provisório, o que é um contrassenso; o fato de o lançamento poder ser revisto por autoridade superior não tira a definitividade do ato administrativo sujeito a revisão.

Cumpre mencionar precedente do Tribunal de Justiça do Rio de Janeiro em sentido diverso, no qual se decidiu que "o prazo para a conclusão do processo administrativo não é indefinido, havendo de ser reconhecida a prescrição ao crédito tributário, quando decorridos quase doze anos de sua tramitação, sem que para isso tenha concorrido o contribuinte, sob pena de se aceitar a própria imprescritibilidade da exação". Embora o acórdão tenha sido objeto de recurso da Fazenda para o Superior Tribunal de Justiça, este não o conheceu sob o argumento de que o referido acórdão havia adotado fundamento exclusivamente constitucional[16]. Cabe lembrar que a Lei n. 11.457, de 16 de março de 2007, estabeleceu prazo de 360 dias, a contar do protocolo de petições, defesas ou recursos administrativos do contribuinte, para que a decisão administrativa correspondente seja proferida.

- No caso de tributos cujo lançamento se dê por homologação, como já referido, a apuração do *an* e *quantum debeatur* pelo sujeito passivo permite que se conte o prazo de cinco anos a partir do fato jurídico tributário, findo o qual se considera homologado o lançamento e definitivamente extinto (se existente) o crédito tributário. Daí por que o inciso VII do art. 156 do Código Tributário Nacional arrola entre as hipóteses de extinção do crédito tributário "o pagamento antecipado e a homologação do lançamento nos termos do disposto no art. 150 e seus §§ 1º e 4º".

---

16 STJ, REsp n. 1.411.301-RJ, 1ª Turma, rel. Min. Ari Pargendler, j. 05.11.2013, D.J. 18.11.2013.

- Entretanto, para o Superior Tribunal de Justiça, o referido dispositivo aplica-se apenas nos casos em que haja algum pagamento a ser homologado[17] e desde que não haja fraude ou simulação. Não se aplicando a hipótese do art. 150, recai-se na regra geral do art. 173 acima transcrito.
- Não obstante seja esse o entendimento majoritário do Superior Tribunal de Justiça, há casos do próprio STJ[18] e da jurisprudência administrativa federal que foram mais flexíveis, tendo o Plenário do CARF decidido que "no lançamento por homologação, o que se homologa é a atividade do contribuinte, consistente nos atos de apuração da base de cálculo do tributo, mesmo que esta seja nula e ainda que inexistente qualquer pagamento. A contagem do prazo decadencial se dá a partir do fato gerador do tributo, que no caso em questão foi mensal"[19].
- Ainda nos tributos com lançamento por homologação, a declaração efetivada pelo contribuinte (DCTF, GIA ou equivalente) é considerada hipótese de "constituição" do crédito tributário, iniciando-se, a partir de então, o prazo prescricional para ajuizamento da pertinente ação de cobrança[20].

Interessante notar que, embora a sistemática do Código pareça, à primeira vista, diferenciar a prescrição da decadência, ambas surgem, no Código, como forma de extinção do crédito tributário. Ora, se este somente for "constituído" com o lançamento, chega-se ao paradoxo de extinção de algo que não surgiu.

Ademais, observe-se que o fato de a prescrição ser hipótese de extinção do crédito tributário é circunstância que diferencia o regime da prescrição no Direito Tributário em relação ao que vigora no Direito Civil. A esse respeito, a Segunda Turma do Superior Tribunal de Justiça observou, em decisão acerca de repetição do indébito, a peculiaridade de que, diferentemente do Direito Civil, no Direito Tributário tanto prescrição como decadência extinguem o crédito tributário.

Veja-se a ementa da decisão já mencionada linhas acima:

> *Processual Civil e Tributário. Repetição de Indébito. IPTU. Artigos 156, inciso V, e 165, inciso I, do CTN. Interpretação Conjunta. Pagamento de Débito Prescrito. Restituição Devida.*
>
> *7. A partir de uma interpretação conjunta dos artigos 156, inciso V (que considera a prescrição como uma das formas de extinção do crédito tributário), e 165, inciso I (que trata a respeito da*

17 STJ, REsp n. 973.733-SC, 1ª Seção, rel. Min. Luiz Fux, j. 12.08.2009, D.J. 18.09.2009.

18 Cf., *e.g.*, STJ, Embargos de Declaração no AgRg no REsp n. 466.779-PR, rel. Min. Luiz Fux, j. 19.10.2004, D.J. 16.11.2004; e Embargos de Divergência no REsp n. 276.142-SP, rel. Min. Luiz Fux, j. 09.06.2003, D.J. 13.12.2004.

19 CARF, CSRF, Processo n. 10183.005241/2001-97, RE n. 144.784, Acórdão n. 9900-00177, Pleno, rel. Caio Marcos Cândido, j. 08.12.2009.

20 "A constituição do crédito tributário, na hipótese de tributos sujeitos a lançamento por homologação, ocorre quando da entrega da Declaração de Contribuições e Tributos Federais (DCTF) ou de Guia de Informação e Apuração do ICMS (GIA), ou de outro documento equivalente, determinada por lei, o que elide a necessidade de qualquer outro tipo de procedimento a ser executado pelo Fisco, não havendo, portanto, que falar em decadência. A partir desse momento, em que constituído definitivamente o crédito, inicia se o prazo prescricional de cinco anos para a cobrança da exação, consoante o disposto no art. 174 do CTN". STJ, REsp n. 1.090.248-SP, 2ª Turma, rel. Min. Carlos Meira, j. 02.12.2008, D.J. 18.12.2008. O entendimento culminou na edição da Súmula n. 436, STJ: "A entrega de declaração pelo contribuinte, reconhecendo o débito fiscal, constitui o crédito tributário, dispensada qualquer outra providência por parte do Fisco".

restituição de tributo), do CTN, há o direito do contribuinte à repetição do indébito, uma vez que o montante pago foi em razão de um crédito tributário prescrito, ou seja, inexistente. Precedentes (REsp 1.004.747/RJ, rel. Min. Luiz Fux, FJ3 18/06/2008; REsp 636.495/RS, rel. Min. Denise Arruda, DJ 02/08/2007).

8. *Recurso especial provido*[21].

Na referida decisão, o Relator, citando posicionamento de Hugo de Brito Machado, explicou que, como a prescrição extingue o crédito tributário, não há sentido em se dar por bom o pagamento após a ocorrência daquela. Ou seja: dando-se a prescrição, repete-se o indébito reconhecendo-se indevido o próprio tributo. Veja-se o seguinte trecho do voto do Relator:

> *Segundo o art. 156, V, do CTN, a prescrição enseja a extinção da ação e do próprio crédito tributário. Nesse sentido, cito trecho de Hugo de Brito Machado* (Curso de Direito Tributário, *São Paulo, Malheiros, 201, p. 182):*
>
> > *Na Teoria Geral do Direito a prescrição é a morte da ação que tutela o direito, pelo decurso do tempo previsto em lei para esse fim. O direito sobrevive, mas sem proteção. Distingue-se, neste ponto, da decadência, que atinge o próprio direito.*
> > *O CTN, todavia, diz expressamente que a prescrição extingue o crédito tributário (art. 156, V). Assim, nos termos do Código, a prescrição não atinge apenas a ação para o crédito tributário, mas o próprio crédito, vale dizer, a relação material tributária.*
>
> *Assim, verifica-se que, a partir de uma interpretação conjunta dos artigos 156, inciso V (que considera a prescrição como uma das formas de extinção do crédito tributário), e 165, inciso I (que trata a respeito da restituição de tributo), do CTN, há o direito do contribuinte à repetição do indébito, uma vez que o montante foi pago em razão de um crédito tributário prescrito, ou seja, inexistente.*

Cite-se decisão da Primeira Seção do Superior Tribunal de Justiça[22] que, examinando o tema da decadência, admitiu que o prazo para efetuar o lançamento fosse interrompido por um termo de início de fiscalização. Haveria, então, uma esdrúxula interrupção do prazo decadencial para o lançamento.

A decisão é ainda mais insólita porque se recusa a afirmar que não há prazo decadencial para o lançamento; acaso reconhecessem os i. Ministros que compõem aquela Seção que o lançamento apenas formaliza obrigação já preexistente, então não haveria surpresa no fato de que um ato inequívoco da Administração voltado à cobrança do tributo interromperia o prazo para a cobrança do direito de crédito surgido, afinal, com a ocorrência do fato jurídico tributário.

Ao contrário, a referida decisão mantém a natureza constitutiva do lançamento, referindo-se, daí, a prazo decadencial. Cita a abalizada doutrina de Eurico Marcos Diniz de Santi para concluir, desviando-se da doutrina em que pretende estar apoiada, pela possibilidade de lançamento mesmo depois de transcorrido o prazo previsto pelo Código Tributário Nacional.

Veja-se.

---

21 STJ, REsp n. 646.328 RS, 2ª Turma, rel. Min. Mauro Campbell, j. 04.06.2009, D.J. 23.06.2009. *Revista Dialética de Direito Tributário*, n. 168, p. 198.

22 STJ, REsp n. 766.050 PR, 1ª Seção, rel. Min. Luiz Fux, j. 28.11.2007, D.J. 25.02.2008.

Versava o caso sobre ISS incidente sobre serviços prestados por instituição financeira. No caso, a instituição financeira não recolheu o tributo, por entender que suas atividades não estariam enquadradas naquelas sujeitas ao imposto. Como visto acima, entende o STJ que na falta de qualquer pagamento, não há que cogitar homologação tácita a que se refere o § 4º do art. 150 do Código Tributário Nacional, já que, afinal, não há o que homologar. Aplicar-se-ia, então, o art. 173 do mesmo Código, encerrando-se o prazo para se efetuar o lançamento no transcurso de cinco anos contados do primeiro dia subsequente ao período em que o lançamento poderia ter sido efetuado.

Ocorre que, enquanto o art. 173 dispõe que o *dies a quo* do lustro legal para o lançamento se conta, em regra, "do primeiro dia do exercício seguinte àquele em que o lançamento poderia ter sido efetuado" (inciso I), o mesmo prazo deve ser "contado da data em que tenha sido iniciada a constituição do crédito tributário pela notificação, ao sujeito passivo, de qualquer medida preparatória indispensável ao lançamento" (parágrafo único), operando-se, então, a extinção definitiva do direito de lançar.

A questão passa a ser, pois, se o referido parágrafo único do art. 173 apresenta regra alternativa ou complementar ao inciso I do *caput*. Ou seja: embora não haja dúvida, a partir da mera leitura do seu dispositivo, de que o Fisco não pode demorar mais que cinco anos para efetuar um lançamento, contados a partir da notificação do início do procedimento fiscalizatório, não é evidente que, efetuada aquela notificação, deva deixar-se de aplicar o inciso I do *caput* do mesmo dispositivo.

Sobre o tema, afirmou a Primeira Seção do STJ que, havendo notificação de medida preparatória indispensável ao lançamento, deve fluir o prazo decadencial a partir da referida notificação "independentemente de ter sido a mesma realizada antes ou depois de iniciado o prazo do inciso I, do art. 173, do CTN" (item 12 da ementa). É dizer: nos termos do referido julgado, o parágrafo único do art. 173 seria uma exceção ao inciso I do *caput*, de modo que bastaria o início do procedimento fiscalizatório para que o prazo decadencial do inciso I do *caput* deixasse de fluir. Noutras palavras, pela decisão acima, mesmo que já estivesse fluindo o lustro contado do primeiro dia do exercício seguinte àquele em que o lançamento poderia ter sido efetuado, o direito de a Fazenda Pública lançar não se extinguiria com o decurso dos cinco anos desde que, antes do decurso desse prazo, houvesse qualquer medida preparatória indispensável para o lançamento. Neste caso, esta medida daria ensejo a novo prazo.

Conquanto apoiada em doutrina respeitável, a decisão não merece aplauso. Pelo inciso I do *caput* do art. 173, o lustro decadencial é contado a partir do primeiro dia do exercício seguinte àquele em que o lançamento poderia ter sido efetuado. É verdade que tal regra pode ser complementada pelo parágrafo único, de maneira que, em caso de dar-se início à fiscalização antes daquele primeiro dia do exercício subsequente, o termo inicial do prazo deve ser antecipado para a data de notificação da medida preparatória[23]. No entanto, é inadmissível que o parágrafo único se aplique alternativamente ao *caput*. A leitura do *caput* do art. 173 leva claramente ao mandamento legal segundo o qual se extingue o direito de lançar após transcorrido o prazo ali previsto. O parágrafo único, ao referir se a uma extinção definitiva, não opera no sentido de tornar provisório o esgotamento daquele prazo. A definitividade a que se refere o legislador complementar tem o condão de antecipar o prazo do *caput*, não dando espaço, porém, para cogitar permanência do direito de lançar após transcorridos os cinco anos do primeiro dia do exercício subsequente àquele em que o lançamento poderia ter sido efetuado.

23 É o entendimento de COÊLHO, Sacha Calmon Navarro. *Curso de Direito Tributário Brasileiro*. 9. ed. Rio de Janeiro: Forense, 2006, p. 832.

O entendimento acatado pelo Superior Tribunal de Justiça, no referido precedente, retira a segurança a que se propôs o Código Tributário Nacional: mesmo que não se efetue um lançamento após cinco anos contados do início do exercício financeiro seguinte àquele em que poderia ter sido efetuado, restaria a possibilidade de o lançamento ser feito pela mera adoção de medida preparatória anterior ao esgotamento daquele prazo.

Precedente mais recente, entretanto, sinaliza uma mudança de entendimento por parte do Superior Tribunal de Justiça. Por unanimidade, os ministros da Primeira Seção entenderam que "[a] norma do art. 173, parágrafo único, do Código Tributário Nacional incide para antecipar o início do prazo de decadência a que a Fazenda Pública está sujeita para fazer o lançamento fiscal, não para dilatá-lo". Afinal, como observou a Corte, o prazo de decadência "não se suspende nem se interrompe"[24].

Em relação ao prazo prescricional, uma vez que o Superior Tribunal de Justiça consolidou o entendimento de que a declaração do contribuinte "constitui" o crédito, dando início à contagem do prazo prescricional, cabe observar decisão da 1ª Seção do Superior Tribunal de Justiça[25] sobre a matéria.

A questão discutida – sob a metodologia dos recursos repetitivos – referiu-se ao "termo inicial do prazo prescricional para o exercício da pretensão de cobrança judicial dos créditos tributários declarados pelo contribuinte (mediante DCTF ou GIA, entre outros), mas não pagos".

PROCESSUAL CIVIL. RECURSO ESPECIAL REPRESENTATIVO DE CONTROVÉRSIA. ARTIGO 543-C, DO CPC. TRIBUTÁRIO. EXECUÇÃO FISCAL. PRESCRIÇÃO DA PRETENSÃO DE O FISCO COBRAR JUDICIALMENTE O CRÉDITO TRIBUTÁRIO. TRIBUTO SUJEITO A LANÇAMENTO POR HOMOLOGAÇÃO. CRÉDITO TRIBUTÁRIO CONSTITUÍDO POR ATO DE FORMALIZAÇÃO PRATICADO PELO CONTRIBUINTE (IN CASU, DECLARAÇÃO DE RENDIMENTOS). PAGAMENTO DO TRIBUTO DECLARADO. INOCORRÊNCIA. TERMO INICIAL. VENCIMENTO DA OBRIGAÇÃO TRIBUTÁRIA DECLARADA. PECULIARIDADE: DECLARAÇÃO DE RENDIMENTOS QUE NÃO PREVÊ DATA POSTERIOR DE VENCIMENTO DA OBRIGAÇÃO PRINCIPAL, UMA VEZ JÁ DECORRIDO O PRAZO PARA PAGAMENTO. CONTAGEM DO PRAZO PRESCRICIONAL A PARTIR DA DATA DA ENTREGA DA DECLARAÇÃO.

1. O prazo prescricional quinquenal para o Fisco exercer a pretensão de cobrança judicial do crédito tributário conta-se da data estipulada como vencimento para o pagamento da obrigação tributária declarada (mediante DCTF, GIA, entre outros), nos casos de tributos sujeitos a lançamento por homologação, em que, não obstante cumprido o dever instrumental de declaração da exação devida, não restou adimplida a obrigação principal (pagamento antecipado), nem sobreveio quaisquer das causas suspensivas da exigibilidade do crédito ou interruptivas do prazo prescricional (Precedentes da Primeira Seção: EREsp 658.138/PR, Rel. Ministro José Delgado, Rel. p/ Acórdão Ministra Eliana Calmon, julgado em 14.10.2009, *DJe* 09.11.2009; REsp 850.423/SP, Rel. Ministro Castro Meira, julgado em 28.11.2007, *DJ* 07.02.2008; e AgRg nos EREsp 638.069/SC, Rel. Ministro Teori Albino Zavascki, julgado em 25.05.2005, *DJ* 13.06.2005).

2. A prescrição, causa extintiva do crédito tributário, resta assim regulada pelo art. 174, do Código Tributário Nacional, verbis:

---

24 STJ, Primeira Seção, rel. Min. Ari Pargendler, Embargos de Divergência em REsp n. 1.143.534-PR, j. 13.03.2013.

25 STJ, REsp n. 1.120.295 SP, 1ª Seção, rel. Min. Luiz Fux, j. 12.05.2010, D.J. 21.05.2010.

"Art. 174. A ação para a cobrança do crédito tributário prescreve em 5 (cinco) anos, contados da data da sua constituição definitiva.

Parágrafo único. A prescrição se interrompe:

I – pelo despacho do juiz que ordenar a citação em execução fiscal; (Redação dada pela LC n. 118, de 2005)

II – pelo protesto judicial;

III – por qualquer ato judicial que constitua em mora o devedor;

IV – por qualquer ato inequívoco ainda que extrajudicial, que importe em reconhecimento do débito pelo devedor."

3. A constituição definitiva do crédito tributário, sujeita à decadência, inaugura o decurso do prazo prescricional quinquenal para o Fisco exercer a pretensão de cobrança judicial do crédito tributário.

4. A entrega de Declaração de Débitos e Créditos Tributários Federais – DCTF, de Guia de Informação e Apuração do ICMS – GIA, ou de outra declaração dessa natureza prevista em lei (dever instrumental adstrito aos tributos sujeitos a lançamento por homologação), é modo de constituição do crédito tributário, dispensando a Fazenda Pública de qualquer outra providência conducente à formalização do valor declarado (Precedente da Primeira Seção submetido ao rito do art. 543-C, do CPC: REsp 962.379/RS, Rel. Ministro Teori Albino Zavascki, julgado em 22.10.2008, *DJe* 28.10.2008).

5. O aludido entendimento jurisprudencial culminou na edição da Súmula 436/STJ, *verbis*:

"A entrega de declaração pelo contribuinte, reconhecendo o débito fiscal, constitui o crédito tributário, dispensada qualquer outra providência por parte do Fisco".

6. Consequentemente, o dies a quo do prazo prescricional para o Fisco exercer a pretensão de cobrança judicial do crédito tributário declarado, mas não pago, é a data do vencimento da obrigação tributária expressamente reconhecida.

(...)

A mesma decisão chama a atenção no ponto em que, a partir da aplicação de dispositivo do Código de Processo Civil, conclui que a interrupção da prescrição tributária pelo despacho ordenador da citação retroage à data da propositura da execução fiscal.

No raciocínio desenvolvido pelo Min. Rel. Luiz Fux, uma vez que o Código de Processo Civil prevê que a interrupção da prescrição, como efeito da ordem de citação, retroage à data de propositura da ação, o mesmo efeito deveria ser aplicado aos processos tributários. Nesse sentido, conclui que o *dies ad quem* do prazo prescricional é a data da propositura da ação e não a data do despacho ordenador da citação. Veja-se novo trecho da ementa:

(...)

13. Outrossim, o exercício do direito de ação pelo Fisco, por intermédio de ajuizamento da execução fiscal, conjura a alegação de inação do credor, revelando-se incoerente a interpretação segundo a qual o fluxo do prazo prescricional continua a escoar-se, desde a constituição definitiva do crédito tributário, até a data em que se der o despacho ordenador da citação do devedor (ou até a data em que se der a citação válida do devedor, consoante a anterior redação do inciso I, do parágrafo único, do art. 174, do CTN).

14. O Codex Processual, no § 1º do art. 219, estabelece que a interrupção da prescrição, pela citação, retroage à data da propositura da ação, o que, na seara tributária, após as alterações

promovidas pela Lei Complementar 118/2005, conduz ao entendimento de que o marco interruptivo atinente à prolação do despacho que ordena a citação do executado retroage à data do ajuizamento do feito executivo, a qual deve ser empreendida no prazo prescricional.

(...)

16. Destarte, a propositura da ação constitui o *dies ad quem* do prazo prescricional e, simultaneamente, o termo inicial para sua recontagem sujeita às causas interruptivas previstas no art. 174, parágrafo único, do CTN.

(...)

Nesse ponto, a decisão merece reparos. Na seara tributária, a prescrição é matéria reservada à lei complementar, por determinação constitucional expressa (art. 146, III, *b*). Daí que as regulações do Código de Processo Civil não podem alterar a disciplina da prescrição estabelecida pelo Código Tributário Nacional, uma vez que este foi recepcionado como lei complementar. Conforme o art. 174, I, do Código Tributário Nacional, a prescrição se interrompe com o despacho ordenador da citação em execução fiscal.

Nem se diga que o raciocínio exposto no acórdão busca proteger os interesses fiscais na cobrança do crédito tributário. Sob esse argumento, a LC n. 118/2005 alterou a redação original do inciso I do art. 174, que previa a citação pessoal do devedor como marco interruptivo da prescrição. Modificada a disciplina para o despacho ordenador da citação, em respeito à lei complementar, deve este prazo ser observado.

6.1 Decadência e homologação: hipóteses diversas de extinção do crédito tributário

É corrente a noção de que, nos tributos sujeitos a lançamento por homologação, o prazo decadencial contar-se-ia do fato jurídico tributário (art. 150, § 4º, do Código Tributário Nacional), excetuados os casos de dolo, fraude ou simulação, quando teria lugar a regra do art. 173, I.

Não é correto o entendimento. O art. 156 versa sobre diversas hipóteses de extinção do crédito tributário. Ocorrida qualquer uma delas, há a extinção do crédito tributário. Assim como o pagamento o extingue, igual efeito pode ser gerado pela homologação (art. 156, VII) ou pela decadência (art. 156, V). Daí que, se o crédito tributário for extinto por conta do pagamento antecipado e/ou homologação do lançamento nos termos do disposto no art. 150 e seus §§ 1º e 4º, já não haverá que cogitar decadência, visto que, quando esta viesse a ter lugar, o crédito já teria sido previamente extinto. Não há falar em decadência, se o crédito já inexiste.

Para que se compreenda a combinação das hipóteses acima referidas, tome-se o caso de um contribuinte que tenha auferido um rendimento, no ano de XI. Considere-se ocorrido o fato jurídico tributário em 31 de dezembro do mesmo ano:

1) Inicialmente, caberá indagar se houve apuração do *an* e do *quantum debeatur* pelo sujeito passivo concernente ao fato jurídico tributário. Confirmada a ocorrência de apuração, há espaço para cogitar aplicação do art. 150, § 4º;

2) Em seguida, investigar-se-á se houve fraude, dolo ou simulação, já que, nesse caso, não há possibilidade de homologação;

3) Confirmada a ocorrência de apuração e afastada hipótese de dolo, fraude ou simulação, ter-se-á a aplicação do art. 150, § 4º, com a seguinte linha do tempo:

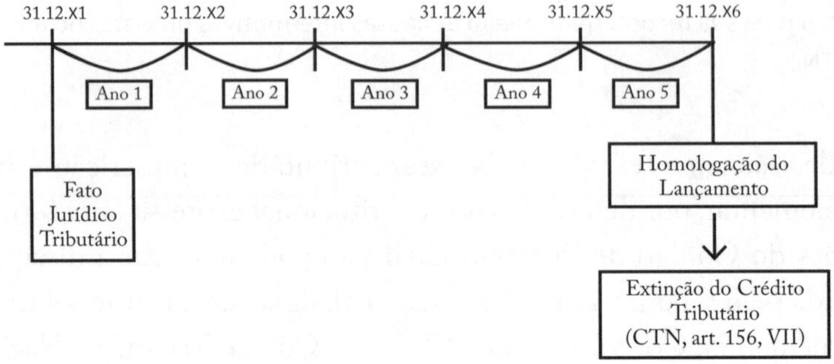

4) Não se operando a homologação do lançamento, seja porque não houve apuração pelo sujeito passivo, seja porque se concretizou hipótese de dolo, fraude ou simulação, então, sim, será o caso de cogitar ocorrência de decadência, nos termos do art. 173, I, do CTN, conforme se vê:

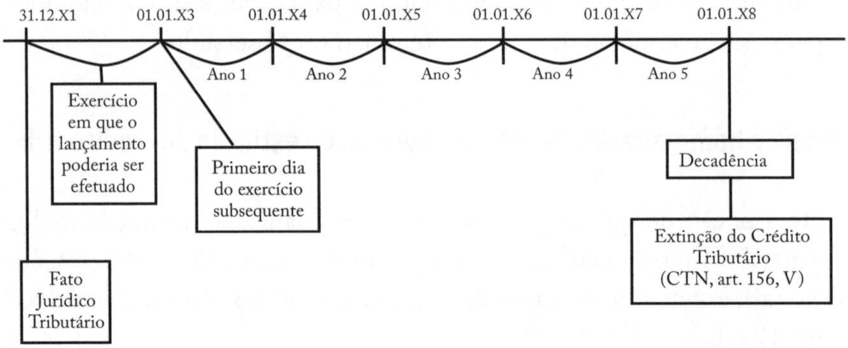

O emprego das figuras acima parece importante, porque evidencia que, no exemplo dado, até 31 de dezembro de X5, não haveria qualquer óbice a que se efetuasse o lançamento; a partir de 01.01.X6 até 01.01.X8, o lançamento somente poderá dar-se se não tiver ocorrido homologação, nos termos do art. 150, § 4º, do Código Tributário Nacional.

Daí concluir-se que, havendo apuração do *an* e do *quantum debeatur*, por parte do sujeito passivo, com relação a fatos ocorridos durante o ano de XI, concernentes ao fato jurídico tributário que se dá em 31 de dezembro daquele ano, a atividade de lançamento, após 31 de dezembro de X5, apenas será possível se houver prova (a cargo do fisco) da ocorrência de dolo, fraude ou simulação.

Note-se que, no exemplo utilizado, em razão de o fato jurídico tributário ter se realizado em 31 de dezembro, a decadência acaba por consumar-se no exercício X8, sete exercícios após o exercício em que ocorreu o fato jurídico tributário. Isso se deve à circunstância de que, nessa situação, o "lançamento poderia ter sido efetuado" apenas no exercício X2, visto que o fato jurídico tributário ocorreu no último dia de X1. Desse modo, o "primeiro dia do exercício seguinte àquele em que o lançamento poderia ter sido efetuado" será o primeiro dia do exercício seguinte a X2, isto é, o primeiro dia de X3.

Tal situação não ocorre, no entanto, nas hipóteses em que o fato jurídico tributário ocorre em data diversa. Nesses casos, o "primeiro dia do exercício seguinte àquele em que o lançamento poderia ter sido efetuado" coincide com o primeiro dia do exercício seguinte ao exercício em que ocorre o fato jurídico tributário. O prazo decadencial, nessas hipóteses, consuma-se seis exercícios após o exercício em que ocorre o fato jurídico tributário. Vejamos:

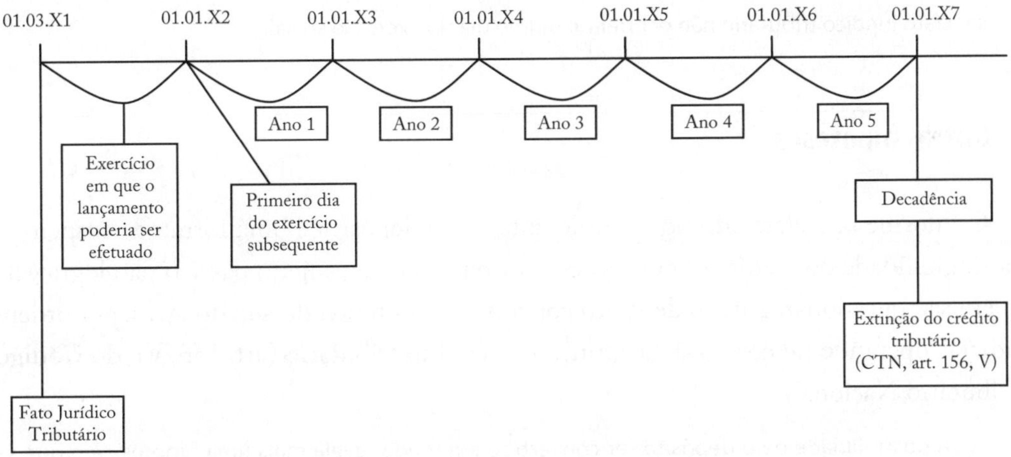

Sobre o *dies a quo* do prazo decadencial previsto no art. 173, I, do CTN, cabe registrar ter o STJ afirmado a coincidência entre "o primeiro dia do exercício seguinte àquele em que o lançamento poderia ter sido efetuado e o primeiro dia do exercício seguinte à ocorrência do fato gerador". Confira-se o seguinte trecho da ementa do recurso especial[26], julgado sob a metodologia dos recursos repetitivos:

> PROCESSUAL CIVIL. RECURSO ESPECIAL REPRESENTATIVO DE CONTROVÉRSIA. ARTIGO 543-C, DO CPC. TRIBUTÁRIO. TRIBUTO SUJEITO A LANÇAMENTO POR HOMOLOGAÇÃO. CONTRIBUIÇÃO PREVIDENCIÁRIA. INEXISTÊNCIA DE PAGAMENTO ANTECIPADO. DECADÊNCIA DO DIREITO DE O FISCO CONSTITUIR O CRÉDITO TRIBUTÁRIO. TERMO INICIAL. ARTIGO 173, I, DO CTN. APLICAÇÃO CUMULATIVA DOS PRAZOS PREVISTOS NOS ARTIGOS 150, § 4º, e 173, do CTN. IMPOSSIBILIDADE.
>
> (...)
>
> 3. O *dies a quo* do prazo quinquenal da aludida regra decadencial rege-se pelo disposto no art. 173, I, do CTN, sendo certo que o "primeiro dia do exercício seguinte àquele em que o lançamento poderia ter sido efetuado" corresponde, iniludivelmente, ao primeiro dia do exercício seguinte à ocorrência do fato imponível, ainda que se trate de tributos sujeitos a lançamento por homologação, revelando-se inadmissível a aplicação cumulativa/concorrente dos prazos previstos nos artigos 150, § 4º, e 173, do Codex Tributário, ante a configuração de desarrazoado prazo decadencial decenal (Alberto Xavier, "Do Lançamento no Direito Tributário Brasileiro", 3. ed., Ed. Forense, Rio de Janeiro, 2005, págs. 91/104; Luciano Amaro, "Direito Tributário

26 STJ, REsp n. 973.733-SC, 1ª Seção, rel. Min. Luiz Fux., j. 12.08.2009, D.J. 18.09.2009. No mesmo sentido, cf. CSRF, Acórdão n. 9303-004.213, 3ª Turma, rel. Júlio César Alves Ramos, j. 09.08.2016..

Brasileiro", 10. ed., Ed. Saraiva, 2004, págs. 396/400; e Eurico Marcos Diniz de Santi, "Decadência e Prescrição no Direito Tributário", 3. ed., Max Limonad, São Paulo, 2004, págs. 183/199).

Como visto nos exemplos acima, a correspondência entre "o primeiro dia do exercício seguinte àquele em que o lançamento poderia ter sido efetuado e o primeiro dia do exercício seguinte à ocorrência do fato gerador" nem sempre é verdadeira. A correspondência "iniludível" somente se dá se o fato jurídico tributário não ocorrer no último dia do exercício social.

7 Outras hipóteses

Conforme já esclarecido no capítulo anterior, o depósito é uma forma de suspensão da exigibilidade do crédito tributário. Se, por outro lado, o sujeito passivo não logra êxito em seu questionamento, o depósito converte-se em renda do sujeito ativo, por ordem judicial, operando tal conversão a extinção do crédito tributário (art. 156, VI, do Código Tributário Nacional).

A possibilidade de o depósito ser convertido em renda revela mais uma hipótese em que se admite a liquidação do tributo sem que haja lançamento. Afinal, o depósito pode ser feito mesmo sem que tenha havido lançamento; no curso do processo, discutir-se-á se o tributo é devido e em qual momento. A decisão final que determina o montante do tributo e a conversão do depósito em renda tem por efeito extinguir a obrigação tributária. Terá surgido a obrigação (com o fato jurídico tributário) e extinto o vínculo, sem que em qualquer momento se cogitasse de lançamento. A apuração do *an* e *quantum debeatur* se terá dado no processo judicial, o qual, por óbvio, independe de qualquer controle administrativo.

Essa hipótese, aliás, contribui para sustentar a posição segundo a qual a própria ocorrência do fato jurídico tributário já dá nascimento à obrigação, independentemente de qualquer lançamento. A possibilidade de ocorrência do depósito afasta, nesse aspecto, a separação entre tributos lançados e não lançados, referida no Capítulo XIII.

É bastante relevante ver que a conversão do depósito em renda é hipótese de extinção do crédito tributário independente do pagamento: convertido o depósito em renda, não há pagamento a exigir, porque estará extinto o crédito.

Esse tema merece atenção quando se consideram os casos em que o contribuinte efetua o depósito do montante integral, mas o crédito tributário sujeita-se a juros ou correção monetária em montantes diversos dos aplicados ao depósito: em caso de o valor depositado, ao final, ser diverso daquele apontado pela repartição, não obstante fossem os montantes idênticos na data do depósito, poderia surgir o questionamento quanto à necessidade de o contribuinte complementar o valor (se o valor depositado for inferior), ou receber de volta (se o depósito auferir remuneração superior àquela exigida dos créditos tributários). Um e outro caso devem ser descartados. Efetuado o depósito "do montante integral", estará suspensa a exigibilidade do crédito tributário; com a conversão do depósito em renda, é ele extinto. A extinção opera-se *ex lege*, não havendo que cogitar falta ou sobra.

De igual modo, o processo administrativo apenas suspende a exigibilidade do crédito tributário; se o sujeito passivo obtém êxito, dá-se a extinção do crédito tributário, nos termos do art. 156, IX, do Código Tributário Nacional, com a "decisão administrativa irreformável, assim entendida a definitiva na órbita administrativa, que não mais possa ser objeto de ação anulatória".

A decisão administrativa é resultado da revisão do lançamento: o órgão administrativo conclui que o lançamento foi improcedente e, portanto, a "constituição" do crédito foi indevida. O Código Tributário Nacional a inclui entre as hipóteses de extinção do "crédito" quando, no entender da própria Administração, a obrigação inexistia. Na verdade, o que se tem é anulação do lançamento. Este perde todos os seus efeitos, entre os quais o de ter "constituído" um crédito.

A decisão administrativa extingue o crédito, mas não impede que, havendo uma obrigação, surja outro crédito, por outro lançamento, desde que respeitado o prazo legal para a atividade de lançamento e observadas as hipóteses que o próprio Código Tributário Nacional prevê nos artigos 145 e 149. Tendo em vista, entretanto, que o art. 146 do Código Tributário Nacional veda que mudanças em critérios jurídicos afetem retroativamente o contribuinte, não se poderia cogitar novo lançamento que tentasse contrariar aquilo que tivesse sido decidido na decisão administrativa anterior.

Também o êxito do sujeito passivo em processo judicial, que determine a anulação do crédito tributário, está entre as hipóteses arroladas pelo art. 156 do Código Tributário Nacional, em seu inciso X.

Igualmente aqui será caso em que o crédito terá sido "constituído" e anulado, desaparecendo, daí, seus efeitos.

Tendo em vista que o pagamento do crédito tributário é efetuado em moeda corrente, cheque, vale postal ou estampilha (art. 162 do Código Tributário Nacional), a entrega de outro bem por parte do contribuinte não pode ser considerada um pagamento. Daí o inciso XI do art. 156 versar sobre a "dação em pagamento em bens imóveis, na forma e condições estabelecidas em lei".

Dação em pagamento é modalidade de extinção das obrigações que encontra inspiração no direito privado (art. 356 do Código Civil): no lugar de o devedor entregar ao credor o objeto da obrigação (a prestação), entrega-lhe bem diverso. Obviamente, a dação em pagamento somente é possível com a anuência do credor. De igual modo, há dação em pagamento quando o sujeito passivo entrega imóvel, e não moeda, em pagamento de tributo.

Trata-se de situação excepcional, que deve ser regulada por lei, que imporá suas condições, à vista do interesse público. O cuidado deve ser redobrado já que, por mandamento constitucional (art. 37, XXI), via de regra a aquisição de bens pela Administração Pública se faz por um processo de licitação pública, no qual se oferece igualdade de condições a todos os concorrentes; pela dação em pagamento, o sujeito passivo entregará um bem, o qual será adquirido pelo Estado, sem que se tenha dado a licitação. Caberá, pois, investigar se a natureza do imóvel adquirido justificaria a dispensa de licitação, mesmo no caso de uma aquisição em pecúnia.

Quanto à dação em pagamento, deve-se notar que se trata de mero caso de extinção de obrigação tributária. O tributo, é bom que se reforce, é obrigação pecuniária, em moeda. O fato de o legislador admitir seja a obrigação extinta por meio de dação em pagamento não significa que se torna o tributo obrigação *in natura*: o sujeito passivo deve, em princípio, liquidá-la em moeda. Poderá, em casos excepcionais, entregar um bem em pagamento, mas a dívida assim liquidada é pecuniária. Tanto assim é que, sempre, o sujeito passivo poderá liquidar sua dívida em moeda.

Tendo isso em vista, foi editada, em 29 de março de 2016, a Medida Provisória n. 719, cuja exposição de motivos explicitou que seu escopo era fixar "critérios e requisitos mínimos a serem observados pelos contribuintes" a fim de "possibilitar a extinção do crédito tributário" mediante "dação em pagamento de bens imóveis". No dia 14 de julho de 2016, essa Medida Provisória foi convertida na Lei n. 13.313, cujo art. 4º acrescentou à Lei n. 13.259, de 16 de março de 2016, dispositivos estabelecendo condições para a extinção de crédito tributário por meio de dação em pagamento.

De acordo com o art. 4º, I, da Lei n. 13.259/2016, é indispensável avaliação prévia do bem ou dos bens oferecidos, os quais não podem conter embaraços de quaisquer ônus, nos termos de ato do Ministério da Fazenda. Conforme explica a exposição de motivos da Medida Provisória n. 719/2016, a necessidade de regulamentação por parte do Executivo deriva do elevado grau de detalhamento que o procedimento de avaliação exige. Assim, cabe ao Ministério da Fazenda delimitar os bens que podem ser objeto de dação em pagamento. Além desse requisito, outra condição é imposta pela Lei. Consoante extrai-se da redação do inciso II do art. 4º da Lei n. 13.259/2016, não é possível oferecer bem ou bens, cujo valor ultrapasse a totalidade do crédito ou créditos que se pretende liquidar com atualização, juros, multa e encargos legais. Por outro lado, garante-se ao devedor possibilidade de complementação caso haja diferença entre o montante da totalidade das dívidas e o valor do bem ou dos bens apresentados. Portanto, embora seja possível completar a quantia devida, impede-se que seja dado bem ou bens com valor superior ao débito. Medida salutar, pois afasta a hipótese de se cogitar "troco" por conta da liquidação do tributo.

Além disso, o § 2º do art. 4º da Lei n. 13.259/2016, seguindo o já disposto no caso do parcelamento tributário, estabelece que a produção de efeitos da dação em pagamento só ocorrerá posteriormente à desistência de ação judicial que envolva o crédito a ser extinto e à renúncia do direito que fundamenta o litígio. Ademais, esse dispositivo estipula que, em tal hipótese, caberá ao devedor ou corresponsável arcar com o pagamento das custas judiciais e honorários advocatícios.

O Código Tributário Nacional não esgota as possibilidades de extinção do crédito tributário. Não versa sobre a confusão, conquanto esta seja possível. Basta considerar a hipótese de herança jacente, vertendo os bens para o Poder Público: havendo tributos devidos ao próprio ente beneficiário, poderá operar a confusão, extinguindo-se, por óbvio, a obrigação tributária.

Tampouco considera o Código Tributário Nacional a hipótese de o crédito tributário ser extinto por arbitragem, embora o laudo arbitral possa ser equiparado a decisão administrativa irrevogável. A questão que surge é se a arbitragem poderia substituir o processo administrativo, sendo vinculatória para ambas as partes.

Para que se enfrente o tema da arbitragem – e, em geral, de qualquer tipo de solução não judicial de controvérsias em matéria tributária –, importa investigar se o Princípio da Legalidade poderia constituir óbice a tais soluções.

Interessante aproximação se faz quando se propõe que sejam distintas a relação jurídico-tributária e a obrigação tributária: a primeira, expressada por meio da competência tributária, seria indelegável e irrenunciável; a segunda, gerando o crédito tributário, seria disponível pela

Administração, nos termos da lei[27]. Com efeito, não há como se afirmar que contraria a Legalidade situação que a própria lei contempla. A circunstância de que a lei pode dispor sobre a extinção do crédito tributário tampouco parece ser questionada pela doutrina. Assim, como visto acima, remissões e anistias, desde que autorizadas por lei, são plenamente aceitáveis.

Embora seja redundante que não há ilegalidade na dispensa autorizada pela lei, resta a questão se a lei deve, ela mesma, prever as circunstâncias da extinção do crédito, ou se essa tarefa pode ser autorizada, pela lei, à Administração. Recai-se no tema da indisponibilidade do crédito tributário, que poderia levar a crer que a lei não poderia autorizar a remissão, a critério da Administração. Imaginar que a Administração poderia decidir, em cada caso, acerca da remissão ou anistia, posto que parcial, seria tornar disponível o crédito tributário.

Diante de tal dogma, poder-se-ia concluir que em nenhum caso caberia a arbitragem em matéria tributária. Noutras palavras, a indisponibilidade do crédito tributário afastaria qualquer tipo de acordo sobre arbitragem.

Basta, entretanto, refletir sobre a realidade da tributação, para se concluir que o dogma acima referido não pode ser tomado de forma absoluta.

Por um lado, não parece duvidoso que a Administração não poderia deixar de exigir um tributo devido. O lançamento, já se viu, é ato vinculado e obrigatório: constatada a ocorrência do fato jurídico tributário, deve ser exigido o recolhimento do tributo. Se este é prestação pecuniária compulsória, não há que cogitar vontade do credor ou do devedor para o surgimento da obrigação. Essa afirmação põe por terra qualquer hipótese de a Administração contratar com o particular a dispensa de um tributo devido.

Mas a questão que se coloca está em momento anterior: o que dizer dos casos em que não há certeza acerca do surgimento da obrigação tributária? Poderia um árbitro resolver a questão?

Importa, para o deslinde dessa questão, retomar, posto que brevemente, a discussão entre aqueles que veem no lançamento uma natureza constitutiva ou meramente declaratória da obrigação tributária.

Para os defensores da natureza constitutiva do lançamento, a obrigação não existe antes da atividade do aplicador da lei; é a ele que incumbe construir o fato jurídico sobre o qual faz incidir a lei tributária. Com efeito, muitas são as situações em que as circunstâncias do caso concreto não são mais plenamente determinadas. Em termos mais claros: qualquer que seja a circunstância, ela ocorre em determinado tempo e espaço; daquela circunstância o que se tem são registros, mais ou menos confiáveis, de sua ocorrência. Chega-se a dizer que o fato jurídico tributário nada mais é que uma representação, em linguagem, do evento que ocorreu no passado. O aplicador da lei tomará aquele fato e sobre ele fará incidir a lei; a correspondência entre esse fato e o evento que ele relata é, em última instância, matéria de convencimento do aplicador da lei. Se assim é, então se torna claro que a previsão, pelo legislador, de formas alternativas para a formação do convencimento, por parte do aplicador da lei, da ocorrência do evento, não pode representar qualquer dispensa de crédito tributário. Afinal, até que surja tal convencimento, não há propriamente um fato sobre o qual incidirá a lei tributária. Assim como o legislador pode, por meio de presunções, dar por ocorrido fato meramente provável, salvo prova em contrário, também pode o legislador dar força de fato jurídico ao resultado do laudo arbitral.

---

27 Cf. TÔRRES, Heleno Taveira. Transação, arbitragem e conciliação judicial como medidas alternativas para resolução de conflitos entre administração e contribuintes – Simplificação e eficiência administrativa. *Revista Fórum de Direito Tributário*, ano 1, n. 2, 2003, p. 114.

Para aqueles que advogam a natureza meramente declaratória do lançamento, por outro lado, a obrigação já teria surgido com um fato ocorrido em momento anterior; a atividade da autoridade administrativa teria caráter investigativo, buscando, em síntese, a "verdade material". Assim, mesmo depois do lançamento, a descoberta de um "erro de fato" permitiria novo lançamento, enquanto não prescrito o crédito tributário. Nesse caso, qualquer que fosse o objeto do crédito constante do lançamento, uma reapreciação dos fatos poderia permitir novo lançamento.

A leitura do art. 149, VIII, do Código Tributário Nacional indica que a última solução é a que prevalece no ordenamento jurídico, já que se admite a revisão do lançamento "quando deva ser apreciado fato não conhecido ou não provado por ocasião do lançamento anterior". Com efeito, se o resultado da arbitragem levar ao lançamento, então não parece errôneo aplicar o dispositivo acima.

Essa postura, entretanto, coloca o tema ora em análise dentro de um círculo mais tormentoso: como definir uma questão de fato, oposta à de direito? Já se viu, no Capítulo XIII, que não é óbvia a distinção entre erro de fato e erro de direito, já que um erro de fato nada mais é que um erro na compreensão do fato, ou, ainda, um erro na verificação (jurídica) da ocorrência de uma hipótese descrita abstratamente pela lei.

Se difíceis são as situações meramente fáticas, então novas reflexões se abrem ao tema da arbitragem. Afinal, se a atividade de lançamento envolve, via de regra, questões que vão além da mera constatação (ou prova) de fatos, torna-se relevante examinar se é possível uma arbitragem em matéria tributária, independentemente de a questão de fundo ser "de fato" ou "de direito".

Mais uma vez, a Legalidade surge como obstáculo, já que não se poderia admitir que o lançamento – resultado da arbitragem – contrariasse a lei.

O que acontece é que a lei, por sua vez, dificilmente será precisa. Por mais que almeje a clareza, o legislador não terá como afastar dúvidas acerca das hipóteses previstas, cuja conceituação apenas se torna exata em um longo processo de evolução jurisprudencial. Afastado o dogma da tipicidade fechada, verifica-se que, para além da vagueza ínsita a qualquer termo, a legislação tributária está repleta de cláusulas gerais e conceitos indeterminados. Esse ponto já foi exaustivamente examinado no Capítulo VII.

A existência de conceitos indeterminados leva a outra conclusão, também relevante para o tema em questão: não há apenas uma solução certa; a lei não oferece uma única interpretação correta. Essa relevante constatação será retomada no Capítulo XVII, quando se examinará o tema da interpretação em matéria tributária. Por este momento, basta considerar que uma mesma situação fática admite mais de uma solução jurídica, sem que necessariamente apenas uma seja "correta" e todas as demais "erradas". Se assim é, a escolha de uma solução "correta" ou outra não é matéria que afete a legalidade, já que qualquer delas atenderá à legalidade.

Examinada sob tal ângulo, a questão adquire novas cores: a quem cabe a escolha entre várias soluções "corretas"? Note-se que já não se põe mais a questão à luz da Legalidade, pois, como visto, qualquer das soluções "corretas" atende àquele Princípio.

Surge, assim, o tema da reserva do Judiciário, que, no sistema brasileiro, encontra no inciso XXXV a garantia de que "a lei não excluirá da apreciação do Poder Judiciário lesão ou ameaça a direito". Seria esse dispositivo barreira intransponível a que o legislador encarregasse um árbitro de proferir decisões?

Em matéria privada, o compromisso arbitral não parece trazer maiores dificuldades: nada mais há senão uma renúncia, depois de instaurado o litígio. É caso em que a lei não afasta qualquer lesão a direito da apreciação do Judiciário; as partes é que o fazem, por sua decisão. Mais difícil é a cláusula arbitral, já que implica renúncia antes mesmo de instaurado o litígio. Mesmo essa cláusula, entretanto, foi aceita pelo Supremo Tribunal Federal quando da discussão acerca da constitucionalidade da lei de arbitragem. Assim decidiu o Plenário: "3. Lei de Arbitragem (L. 9.307/96): constitucionalidade, em tese, do juízo arbitral; discussão incidental da constitucionalidade de vários dos tópicos da nova lei, especialmente acerca da compatibilidade, ou não, entre a execução judicial específica para a solução de futuros conflitos da cláusula compromissória e a garantia constitucional da universalidade da jurisdição do Poder Judiciário (CF, art. 5º, XXXV). Constitucionalidade declarada pelo plenário, considerando o Tribunal, por maioria de votos, que a manifestação de vontade da parte na cláusula compromissória, quando da celebração do contrato, e a permissão legal dada ao juiz para que substitua a vontade da parte recalcitrante em firmar o compromisso não ofendem o art. 5º, XXXV, da CF"[28].

No caso da cláusula arbitral, deve-se considerar que o Tribunal examinou tema de direito disponível. Não parece crível que igual veredicto se daria em caso de direito indisponível: por questão meramente lógica, não seria aceitável que a parte dispusesse, *ex ante*, de direito indisponível. Não se pode acreditar, do mesmo modo, que se aceitasse pudesse o contribuinte abrir mão de seu direito de acesso ao Judiciário em tese, i.e., sem que houvesse qualquer litígio instaurado.

Diversa é a situação do compromisso arbitral em matéria tributária: instaurado um litígio, por meio de auto de infração, poderia a lei autorizar que contribuinte e Fisco, em comum acordo, se comprometessem a acatar uma decisão arbitral?

Como visto, a questão não passa pelo exame da Legalidade, pois é de se imaginar que uma situação como essas somente ocorreria se as partes tivessem dúvida sobre qual a lei aplicável, i.e., ambas as partes admitiriam, em tese, que a outra poderia ter razão. Ocorre, simplesmente, que a decisão não se faz pelo Judiciário. Poderia a vontade das partes, ainda que autorizada pela lei, admitir tal delegação?

Não há, no texto constitucional, qualquer impedimento a essa delegação. Se a decisão final corresponde à lei (ou é uma das várias decisões "corretas"), não cabe cogitar de ilegalidade.

Se o contribuinte, por sua decisão, abre mão do Judiciário, não foi ferido seu direito fundamental; ao contrário, o direito de ir ao Judiciário compreende o direito de não ir. No que tange à Administração, não cabe cogitar direito ao acesso ao Judiciário, já que se trata de garantia ao cidadão, não ao Estado. No caso da Administração, o que se deve investigar é, apenas, se o administrador agiu de acordo com a lei. Ora, se a própria lei autorizar a arbitragem, não haverá ilegalidade.

Finalmente, quanto ao dogma da indisponibilidade do crédito tributário, cumpre lembrar que também ele se dobra à lei. O ordenamento tributário permite que, por lei, se chegue até mesmo à remissão do crédito. Se a lei pode autorizar a remissão, com muito maior razão pode permitir a arbitragem. Num e noutro caso, o limite será constatar que a decisão da administração pelo caminho da arbitragem não se dê sem os controles da legalidade: cabe ao legislador descrever as circunstâncias em que caberia a arbitragem. Itens como valor da causa, complexidade da questão, ineditismo do tema ou jurisprudência vacilante poderiam ser critérios para que a decisão da administração se desse motivadamente.

Para que o tema fique mais claro, deve-se ter em mente que boa parte do raciocínio acima já poderia ser sustentado com base na legislação hoje em vigor, que admite os julgamentos administrativos. Acaso se ousaria alegar estivesse a Administração abrindo mão de um crédito tributário,

28 STF, SE 5.206 AgR/EP – Espanha (Ag. Reg. na Sentença Estrangeira), Tribunal Pleno, rel. Min. Sepúlveda Pertence, j. 12.12.2001, D.J. 30.04.2004.

quando um tribunal administrativo decide pela improcedência de uma autuação e cancelamento do lançamento? Mais uma vez, ter-se-ia que a Administração apenas estaria cumprindo a lei, submetendo a questão ao crivo de um órgão administrativo superior. A decisão deste, por sua vez, é que levaria à incidência, ou não, do tributo, não cabendo à Administração pretender revê-la.

Claro está que, no caso do processo administrativo, assegura-se ao contribuinte a possibilidade de levar a questão ao Poder Judiciário: o contribuinte não está obrigado a se dobrar à decisão administrativa que lhe for contrária.

Entretanto, pergunta-se: poderia o legislador condicionar o acesso ao recurso administrativo ao compromisso de que a questão não seria levada posteriormente ao Judiciário? Acaso não poderia o legislador oferecer o processo de revisão de lançamento apenas ao contribuinte que concordasse em se dobrar ao resultado?

O direito ao recurso administrativo é de índole constitucional. O Plenário do Supremo Tribunal Federal, revendo posicionamento antigo, assim decidiu, em caso que versava acerca da exigência de depósito prévio como condição para o recurso administrativo[29]. De igual modo, não seria aceitável que se recusasse o recurso administrativo a quem se negasse a aceitar o compromisso arbitral. Ter-se-ia um procedimento administrativo como hoje se conhece.

Por outro lado, se ao sujeito passivo, tendo à frente um caso concreto a ser julgado, fosse oferecida a possibilidade de assinar um compromisso arbitral, então o cenário seria diverso. Seria uma oportunidade de ele, no exercício de sua conveniência, sair do processo administrativo e ingressar na seara da arbitragem. A seu favor, teria a possibilidade de escolher um dos árbitros e de formular os quesitos que quisesse. Negando-se, continuaria com o pleno direito de manter-se no processo administrativo. Claro que este não poderia por isso tornar-se mais penoso que o atual; se a Administração criasse óbices ao processo administrativo, estaria presente a inconstitucionalidade.

Se, entretanto, o sujeito passivo abrisse mão do processo administrativo, não seria uma renúncia prévia ao acesso ao Poder Judiciário, mas sim uma renúncia diante de uma lide constituída. O direito de ir ao Judiciário – insista-se – compreende o direito de não ir.

Ressalta-se que, no âmbito do direito público, a Lei n. 13.129/2015, alterou a Lei n. 9.307/1996, de sorte a permitir a arbitragem por entidades da Administração Pública direta e indireta no que diz respeito a conflitos relativos a direitos patrimoniais disponíveis, contanto que se respeite o princípio da publicidade. A Medida Provisória n. 752/2016 convertida na Lei n. 13.448/2017 trouxe como uma das diretrizes para contratos de parceria nos setores rodoviário, ferroviário e aeroportuário da administração pública federal a possibilidade de inserção do compromisso arbitral. Em tal caso, dispõe o art. 31, § 5º, dessa Lei que caberá ao Poder Executivo regulamentar o credenciamento de câmaras arbitrais para os fins de tal Lei.

Como se vê o fato de envolver a administração pública já não é a novidade quando se discute a arbitragem tributária. Com efeito, de *lege ferenda*, mas conforme os ditames constitucionais, é perfeitamente concebível que se oferecesse ao contribuinte que escolhesse, dentre os integrantes do Conselho Administrativo de Recursos Fiscais, aquele que lhe parecesse mais familiarizado com a lide, devendo o Fisco, diante do requerimento do particular pela via arbitral, escolher árbitro da mesma lista e deixando-se a ambos os árbitros a tarefa de escolher o terceiro, sempre integrante da lista. Estaria instalado um painel arbitral que certamente conferiria a desejada celeridade na solução dos conflitos tributários. A decisão (laudo) seria vinculatória tanto para o Fisco como para o

29 STF, RE n. 388.359-PE, Tribunal Pleno, rel. Min. Marco Aurélio, j. 28.03.2007, D.J. 22.06.2007.

contribuinte. No modelo de arbitragem tributária aqui proposto, não se tem cláusula arbitral – pela qual se renuncie, abstratamente, ao poder de ingressar no Judiciário –, mas compromisso arbitral, conforme aliás prevê a Lei n. 13.448/2017. Na presente proposta, o compromisso arbitral serviria para que, instaurada uma controvérsia, por meio de auto de infração, contribuinte e Fisco, em comum acordo, se comprometessem a acatar uma decisão arbitral. A aquiescência do Fisco na presente proposta, enfatize-se, estaria fundamentada em lei, jamais em discricionariedade administrativa. Dessa forma, caracterizando-se como decisão administrativa irreformável, a decisão arbitral extinguiria o crédito tributário, nos termos do art. 156, IX, do Código Tributário Nacional. Embora, dessa forma, pareça correto afirmar que, se a arbitragem se der no processo administrativo, estar-se-á diante de decisão administrativa, a novidade da matéria recomenda que o próprio legislador complementar a ela se refira expressamente. Afinal, as modalidades de extinção do crédito previstas pelo art. 156 do CTN são normas gerais em matéria tributária, nos termos do art. 146 da Constituição.

capítulo XVI

Exclusão do crédito tributário

1 A "exclusão" do crédito tributário no Código Tributário Nacional

O Código Tributário Nacional prevê, em seu art. 175, a isenção e a anistia como formas de "exclusão" do crédito tributário.

Difícil encontrar uma explicação sobre o que seria uma "exclusão". Uma possível razão estaria na concepção que o Código Tributário Nacional adotou para a isenção. Como se viu no Capítulo V, a isenção surge como uma espécie de dispensa de um tributo devido; a obrigação tributária surgiria com o fato jurídico tributário, mas a norma isentiva dispensaria o pagamento do tributo. Neste capítulo, evidenciar-se-á a dificuldade de aceitar tal concepção, já que essa forma de dispensar antecipadamente o cumprimento de uma obrigação implica dizer que esta não chega a surgir: não há qualquer pretensão do Estado-credor diante do sujeito passivo, se a hipótese é de isenção.

Outra explicação para a expressão estaria na dualidade obrigação e crédito. Ou seja: por tal raciocínio, embora surgisse a obrigação, a isenção operaria "excluindo" o montante antes do surgimento do crédito[1]. Haveria um descompasso entre obrigação e crédito, contrariando a idêntica natureza entre obrigação e crédito, a que se refere o art. 139 do Código Tributário Nacional. Isto é: a exclusão se diferenciaria da extinção porque esta operaria após o lançamento, enquanto a primeira afastaria a própria "constituição" do crédito tributário.

A última explicação, posto que criativa, não afasta a crítica acima apontada: ela impõe que se defenda que a lei tributária que instituiu o tributo atue, num primeiro momento, dando nascimento à obrigação tributária para, num segundo momento, atuar a norma isentiva (sobre a obrigação já constituída), excluindo o mesmo montante, de modo a impedir o surgimento do crédito. A isenção, noutras palavras, não atuaria quando do fato jurídico tributário, mas em momento posterior, quando do lançamento.

Assim, a isenção surge, na sistemática do Código Tributário Nacional, como hipótese de "exclusão" do crédito tributário, o que se apresenta consistente com a dualidade entre obrigação e crédito. Diga-se, desde já, que essa explicação, posto aparentemente coerente, não afasta a crítica que se fará abaixo à ideia de que a isenção operaria em momento posterior ao surgimento da obrigação. Afinal, se fosse aceita essa teoria, então a obrigação surgiria, plena, mesmo diante da isenção; o que não se teria seria um crédito correspondente. Ora, que fim levaria aquela obrigação? Tornar-se-ia perene? Se o § 1º do art. 113 do Código Tributário Nacional afirma que a obrigação "extingue-se com

1 Cf. RAMOS FILHO, Carlos A.M. Remissão e anistia em matéria tributária. *Revista Tributária e de Finanças Públicas*, ano 20, n. 104, maio/jun. 2012, p. 137-158 (148).

o crédito dela decorrente", teríamos uma situação esdrúxula, em que não haveria o "crédito correspondente" e a obrigação, assim surgida, não seria jamais extinta. Mas ainda se a obrigação surgisse, então que dizer se fosse feito um pagamento, mesmo antes do lançamento? Acaso seria devido o pagamento? Afinal, a dualidade obrigação/crédito tem relação com o binômio *debitum/obligatio* e não há como negar a possibilidade de pagamento da *obligatio*.

Diferente é o caso da anistia: esta, como também se verá abaixo, opera sobre situação já ocorrida, dispensando penalidade surgida anteriormente. Pelo menos nesse caso, evidencia-se que chegou a surgir um crédito e lei posterior vem perdoar a dívida. O que não se explica, nesse caso, é a razão para a anistia ser caso de "exclusão" e não de "extinção". Não há que dizer que a expressão seria devida pela falta de pagamento, já que a extinção do crédito tributário, como visto no capítulo anterior, não se dá apenas por essa forma. Basta considerar a hipótese da remissão, para que se evidencie o incômodo decorrente da classificação adotada pelo Código Tributário Nacional. Afinal, embora a remissão se aplique ao todo do crédito tributário e a anistia apenas à penalidade, não há qualquer sentido em se classificar a primeira como caso de extinção, e a última como exclusão do crédito tributário.

Há quem tente explicar a ideia de exclusão, mais uma vez, valendo-se da dualidade entre obrigação e crédito. Nesse sentido, a anistia apenas se operaria se ocorrida no intervalo entre o "surgimento" da obrigação (fato jurídico tributário) e a "constituição" do crédito (lançamento): uma vez lançado o tributo, já não mais se operaria a anistia[2]. A ideia é interessante, mas tem a seu desfavor o fato de que não se encontra, no Código Tributário Nacional, restrição à extensão da anistia a créditos já lançados. Aliás, seria pífio o efeito da anistia se esta fosse aplicada somente em tão curto intervalo, punindo aqueles que tenham tido seu crédito lançado.

Vê-se, daí, não ser óbvia a categoria da "exclusão": a isenção impossibilita o próprio surgimento da obrigação (e, portanto, de seu crédito), enquanto a anistia melhor se enquadraria entre os casos de extinção do vínculo obrigacional.

Não obstante, é fato que o Código Tributário Nacional traz, em seu Capítulo V, normas gerais sobre a isenção e a anistia que devem ser conhecidas.

Dispõe o art. 175 do Código Tributário Nacional:

> Art. 175. Excluem o crédito tributário:
> I – a isenção;
> II – a anistia
> Parágrafo único. A exclusão do crédito tributário não dispensa o cumprimento das obrigações acessórias dependentes da obrigação principal cujo crédito seja excluído, ou dela consequente.

Se é criticável a criação da categoria da "exclusão", acerta o legislador complementar quando esclarece que isenção e anistia não dispensam o cumprimento dos deveres instrumentais. Confirma-se, assim, que nada têm de acessórios aqueles deveres. Se nem mesmo os casos de imunidade afastam os deveres instrumentais, com muito maior razão se há de aceitar que a isenção e anistia limitem-se a seu objeto: a obrigação tributária "principal", no caso da isenção, e a penalidade (que integra o crédito tributário), no caso da anistia.

2 Cf. RAMOS FILHO, Carlos A.M. Op. cit. (nota 1), p. 152.

2 Isenção

2.1 Natureza da norma de isenção: da dispensa do pagamento do tributo à mutilação na própria regra matriz de incidência

No Capítulo V já se conheceu a isenção como uma das categorias técnicas da tributação. Noticiou-se a polêmica sobre sua natureza. Cabe, agora, explorar o tema com maior vagar.

A doutrina tradicional, como visto, apresentava a isenção como dispensa do pagamento do tributo devido. Ou seja: haveria, num primeiro momento, o surgimento de uma obrigação tributária, por conta da ocorrência do fato jurídico tributário para, em seguida, agir a norma de isenção, que dispensaria o pagamento do tributo.

Como adiantado acima, por essa teoria, a isenção surgiria após o nascimento da obrigação tributária e antes que houvesse o lançamento, "excluindo" o crédito. Tal modelo, como alertado, não explica de que modo se extinguiria uma obrigação assim surgida.

Foi José Souto Maior Borges que, de modo pioneiro, sustentou que a tese de que a distinção entre "*não incidência*" e "*isenção*" "é criticável de vez que a isenção, contrariamente ao que pretende a quase generalidade da doutrina, configura hipótese de não incidência legalmente qualificada, como a imunidade configura hipótese de não incidência constitucionalmente qualificada"[3]. Consequentemente, ter-se-ia apenas a categoria da incidência de um lado e a não incidência de outro; esta, por sua vez, surgiria de modo expresso (não incidência legalmente qualificada – isenção) ou tácito.

A tese da não incidência legalmente qualificada, posto que mais forte que a da mera dispensa do pagamento de tributo, tem a seu desfavor a dificuldade de explicar o que seria uma "não incidência" por lei. Afinal, a norma se caracteriza exatamente pela possibilidade de sua incidência, uma vez verificada, no mundo fenomênico, a concretização da hipótese legal. Em síntese, ocorrido o fato, então deve ser o consequente normativo. Não é diversa a norma tributária: como se viu no Capítulo X, concretizado o fato jurídico tributário, surge um vínculo obrigacional entre sujeito passivo e sujeito ativo. A norma isencional não opera sobre o mundo dos fatos; concretizada a hipótese da isenção, não surge uma relação jurídica entre os sujeitos. Ao contrário, a isenção opera no próprio campo normativo, definindo os contornos da hipótese tributária.

A discussão encontra paralelo no direito penal, onde também se investiga a natureza da conduta típica e antijuridicidade. Naquela seara, há quem defenda o sistema bipartido do fato punível e outros que sustentam o sistema tripartido. No sistema bipartido, tipicidade e antijuridicidade são elementos integrantes do tipo de injusto: os elementos positivos e negativos do tipo fariam uma unidade. O tipo de injusto seria, por exemplo: "matar alguém, exceto em legítima defesa, em estado de necessidade etc.". Ou seja, os elementos negativos integrariam o próprio tipo penal. Já o sistema tripartido prega a autonomia da tipicidade e da antijuridicidade, as quais exercem funções diferentes. Como explica Juarez Cirino dos Santos, "o tipo legal descreve ações proibidas sob ameaça de pena e, portanto, realiza o Princípio da Legalidade; a antijuridicidade define preceitos permissivos que excluem a contradição da ação típica com o ordenamento jurídico – mas a permissão concreta de realizar proibições abstratas do tipo legal não autoriza identificar ações atípicas com ações típicas

3 Cf. BORGES, José Souto Maior. *Teoria geral da isenção tributária.* 3. ed. São Paulo: Malheiros, 2001, p. 183.

justificadas, como ocorre no sistema bipartido: matar alguém em legítima defesa não parece o mesmo que matar um inseto. A validade do conceito de tipo de injusto, como unidade superior abrangente do tipo legal e da antijuridicidade, não permite nivelar diferenças entre comportamentos justificados, que devem ser suportados, e comportamentos atípicos, que podem variar desde ações insignificantes até ações antijurídicas. (...) O sistema tripartido do fato punível, dominante na dogmática contemporânea, define crime como ação típica, antijurídica e culpável, um conceito formado por um substantivo qualificado pelos atributos de adequação ao modelo legal, da contradição aos preceitos proibitivos e permissivos e da reprovação da culpabilidade"[4].

É imediato que igual raciocínio poderia ser transposto ao tema das isenções: sob o mesmo guarda-chuva da incidência (paralelo ao tipo de injusto), também haveria o fato jurídico tributário (paralelo à tipicidade) e o fato isentivo (paralelo à antijuridicidade). Assim como seria possível a tipicidade sem a antijuridicidade, também haveria a incidência sem a obrigação dali decorrente. Continuando o paralelo, a teoria tripartida permite considerar que uma conduta seja indesejada, posto que impunível (o exemplo acima da comparação entre matar uma mosca e matar alguém em legítima defesa evidencia isso); em matéria tributária, também, ter-se-ia uma situação em princípio tributável, porque revela capacidade contributiva, mas que não dá surgimento à obrigação tributária em virtude de outro valor, legalmente prestigiado, que impede a incidência. Torna possível, assim, destacar na isenção seu caráter de exceção, que afasta a tributação doutro modo esperado. Retomando o paralelo, se não se pode equiparar a mosca à vítima humana, tampouco se pode comparar a renda isenta auferida em atividade incentivada (que, afinal, é renda, posto que não tributada) à mera troca de um cheque por dinheiro (que não revela qualquer acréscimo patrimonial e, portanto, é irrelevante para a legislação do Imposto de Renda).

O paralelo, entretanto, não pode ir além do acima exposto. Afinal, tipicidade e antijuridicidade são, na teoria tripartida, elementos que em conjunto formam o ilícito. O que acontece é que, ocorrida a conduta típica, pressupõe-se a antijuridicidade. O juiz não precisa investigar se a conduta é antijurídica, se é típica. A antijuridicidade operará, ao contrário, no sentido negativo: se o juiz encontrar elementos que afastem a antijuridicidade (pressuposta), aí estará afastado o ilícito.

Um raciocínio semelhante não pode ser estendido às isenções próprias: a tributação não pressupõe algo além da ocorrência do fato jurídico tributário. Não há, neste, outro elemento, equiparável à antijuridicidade, a ser examinado. A isenção, como apontado, opera na própria hipótese tributária.

Para se manter o paralelo, haveria que reconhecer um enfoque dualista no tributo, que pressuporia a concepção a partir de dois fatores: o fato jurídico tributário (constatação da adequação do fato ocorrido) e a tributabilidade (verificação de ausência de causa excludente). É esse o raciocínio que Misabel Derzi identifica na doutrina de Amílcar Falcão e Rubens Gomes de Sousa[5].

Ora, a visão dualista do tributo não se confunde com a visão dualista da obrigação tributária. Esta, como visto no Capítulo XII, pode ser útil na distinção entre obrigação e crédito; não é disso que se trata quando se fala em um enfoque dualista do próprio tributo. Aqui, o que se pretende é a conjugação de dois elementos, o fato jurídico tributário e a tributabilidade, para que surja a própria obrigação.

---

4 Cf. SANTOS, Juarez Cirino dos. *A moderna teoria do fato punível*. 2. ed. Rio de Janeiro: Freitas Bastos, 2002, p. 4-6 apud PAULA JÚNIOR, Aldo de. *Responsabilidade por infrações tributárias*. Dissertação (mestrado). Pontifícia Universidade Católica de São Paulo: 2007, p. 53.

5 Cf. DERZI, Misabel Abreu Machado, nota de atulização em BALEEIRO, Aliomar. *Direito Tributário brasileiro*. 11. ed. Rio de Janeiro: Forense, 2004, p. 922.

Ocorre que esta visão dualista do tributo não encontra guarida no ordenamento brasileiro. O Código Tributário Nacional é explícito ao declarar, no art. 114, que o "fato gerador da obrigação principal é a situação definida em lei como necessária e suficiente a sua ocorrência". Destarte, dando-se o fato jurídico tributário, já há a obrigação. Se aquele fato é suficiente, então não há que buscar outra fundamentação para a tributabilidade. A isenção, portanto, opera no sentido de impedir que exista o próprio fato jurídico tributário.

Acerta, portanto, a visão unitária do tributo, para a qual "tipo" e "tributabilidade" são essencialmente a mesma coisa, negando-se a ontologização dos "fatos geradores", cuja essência se define a partir dos seus efeitos[6]: só há fato jurídico tributário se há obrigação; quando não surge a obrigação tributária é porque não há que falar na ocorrência do fato jurídico tributário.

A norma tributária (a norma de incidência) não é fruto de um único enunciado normativo; ao contrário, é o intérprete/aplicador que, contemplando todo o ordenamento, inclusive as previsões de tributação e de isenção, conclui em que hipóteses surgirá o vínculo obrigacional tributário. Por essa razão, é impróprio falar de não incidência legalmente qualificada. Há, sim, incidência, como resultado do conjunto dos textos legais que versam sobre a matéria.

Também Alfredo Augusto Becker denunciara a incoerência da tese tradicional que via na isenção uma dispensa do pagamento do tributo devido, sustentando que a "regra jurídica que prescreve a isenção, em última análise, consiste na formulação negativa da regra jurídica que estabelece a tributação.

A realização da hipótese de incidência da regra jurídica de isenção faz com que esta regra jurídica incida justamente para negar a existência de relação jurídico-tributária. (...)"[7].

Vale transcrever as críticas de Becker:

> *Isenção Tributária – Poderia parecer que a regra jurídico-tributária, que estabelece a isenção do tributo, estaria estruturada com regra desjuridicizante total, isto é, haveria uma anterior relação jurídico-tributária atribuindo ao sujeito passivo a obrigação de pagar o tributo; a incidência da regra jurídica de isenção teria como consequência o desfazimento daquela preexistente relação jurídico-tributária. Aliás, este é o entendimento de grande parte da doutrina tributária, a qual costuma conceituar a isenção do seguinte modo: "Na isenção, o tributo é devido, porque existe a obrigação, mas a lei dispensa o seu pagamento; por conseguinte, a isenção pressupõe a incidência, porque é claro que só se pode dispensar o pagamento de um tributo que seja efetivamente devido". A lógica desta definição estará certa apenas no plano pré-jurídico da política fiscal quando o legislador raciocina para criar a regra jurídica de isenção.*
>
> *(...)*
>
> *Na verdade, não existe aquela anterior relação jurídica e respectiva obrigação tributária que seria desfeita pela incidência da regra jurídica de isenção. Para que pudesse existir aquela anterior relação jurídico-tributária, seria indispensável que, antes da incidência da regra jurídica de isenção, houvesse ocorrido a incidência da regra jurídica de tributação. (...)*
>
> *A regra jurídica que prescreve a isenção, em última análise, consiste na formulação negativa da regra jurídica que estabelece a tributação*[8].

6 Cf. DERZI, Misabel Abreu Machado. Op. cit. (nota 5), p. 924.

7 Cf. BECKER, Alfredo Augusto. *Teoria geral do Direito Tributário*. 4. ed. São Paulo: Noeses, 2007, p. 325.

8 Cf. BECKER, Alfredo Augusto. Op. cit. (nota 7), p. 324-325.

Seguiu o mesmo entendimento, mas de modo mais bem elaborado, Paulo de Barros Carvalho. É bom lembrar que o autor, ao propor a figura da regra matriz de incidência, sustenta, coerentemente, que esta resulta de uma plêiade de textos legais. Ou seja: apenas se pode cogitar de um campo para a incidência tributária depois de se considerarem todos os textos legais, inclusive aqueles que apontam para a isenção. Nesse sentido, a isenção atua no próprio campo normativo, mutilando a incidência.

Assim, Paulo de Barros Carvalho entende pertencerem as normas de isenção "à classe das regras de estrutura, que intrometem modificações no âmbito da regra matriz de incidência tributária, esta sim, norma de conduta". (...) Afirma, ainda, que "guardando a sua autonomia normativa, a regra de isenção investe contra um ou mais dos critérios da norma-padrão de incidência, mutilando-os, parcialmente. (...) O que o preceito de isenção faz é subtrair parcela do campo de abrangência do critério do antecedente ou do consequente"[9].

É também este o entendimento de Sacha Calmon Navarro Coêlho, ao criticar a posição de Souto Maior Borges:

> *Achamos que a norma de isenção não é. E se não é, não pode ser* não juridicizante. *Não sendo, também não incide. As normas não derivam de textos legais isoladamente tomados, por isso que se projetam do* contexto jurídico. *A norma é resultante de uma combinação de leis ou de artigos de leis (existentes no sistema jurídico). As leis e artigos de leis (regras legais) que definem fatos tributáveis se conjugam com as previsões imunizantes e isencionais para compor uma única hipótese de incidência: a da norma jurídica de tributação. Assim, para que ocorra a incidência da norma de tributação, é indispensável que os fatos jurígenos contidos na hipótese de incidência ocorram no mundo. E esses "fatos jurígenos"* são fixados após a exclusão de todos aqueles considerados não tributáveis em virtude de previsões expressas de imunidade e isenção[10].

2.2 Os reflexos da discussão: submissão ao Princípio da Anterioridade

A discussão[11], que pode parecer apenas teórica, tem uma consequência prática bastante importante: se a isenção é uma dispensa de pagamento, a revogação da isenção não cria uma obrigação antes inexistente; apenas deixa de dispensar o pagamento. Já a ideia

9 Cf. CARVALHO, Paulo de Barros. *Curso de Direito Tributário*. 19. ed. São Paulo: Saraiva, 2007, p. 522-523.

10 Cf. COÊLHO, Sacha Calmon Navarro. Normas jurídicas e proposições sobre normas jurídicas – Prescrições jurídicas – O papel dos intérpretes. *Revista Dialética de Direito Tributário*, n. 173, fev. 2010, p. 123; p. 137.

11 Quanto à literatura estrangeira sobre o tema de isenção, pondera Walter Barbosa Corrêa:
"Nas literaturas italiana e francesa, especializada na matéria de tributo – que exercem a maior influência estrangeira na doutrina nacional – verifica-se que autores da projeção de A. D. Giannini (*Elementi di Diritto Finanziario* e *Instituzioni di Diritto Tributario*), Mario Pugliesi (*Instituciones de Derecho Financiero*), Vicenzo Tangorra (*Tratado di Scienza della Finanza*), Giorgio Tesoro (*Principii di Diritto Tributario*), Ezio Vanoni (*Natureza e Interpretação da Leis Tributárias*), Benevenuto Griziotti (*Principii di Scienza della Finanza*), Emanuele Morseli (*Corso di Scienza della Finanza Pubblica*), Louis Trotabas (*Précis de Science et Législation Financieères*) e Maurice Duverger (*Institution Financière*) têm somente se limitado a ligeiras referências à não incidência, desapercebendo-se da figura da imunidade e cuidando superficialmente da isenção. Aliás todos esses autores tratam ao mesmo tempo da imunidade e da isenção como se elas constituíssem uma só e mesma coisa, com idênticos contornos e conteúdo. É verdade que as obras da grande parte dos citados juristas se referem à ciência das finanças, onde a distinção não atinge destacada importância. Porém, quanto a Pugliesi, Tesoro e Vanoni, nem essa escusa poderá ser arguida, visto como versam especificamente sobre Direito Tributário." (Cf. CORREA, Walter Barbosa. Não incidência – imunidade e isenção. *Revista de Direito Administrativo*, vol. 73, 1963, p. 425).

de uma isenção investindo contra a própria incidência, mutilando-a, implica dizer que a revogação da isenção cria hipótese de incidência antes inexistente[12].

Como já se viu no Capítulo VII, em matéria tributária vige o Princípio da Anterioridade, que assegura determinado intervalo entre a lei que cria[13] uma hipótese de incidência e sua efetiva aplicabilidade. Assim, se a revogação da isenção não cria nova incidência (apenas deixa de dispensar o pagamento), aquela revogação valerá imediatamente. Se, por outro lado, entender-se que com a revogação da isenção surge uma nova incidência, então se deverá observar o referido princípio da anterioridade para que a nova exigência passe a produzir frutos.

É teoria de Paulo de Barros Carvalho a que tem, hodiernamente, maior acolhimento doutrinário[14], dada a solidez de seus fundamentos. Com efeito, não parece sustentável a ideia de que exista uma obrigação em caso de isenção. Que vínculo surgiria entre Estado e contribuinte na presença da isenção? Qual a pretensão que o Estado (sujeito ativo) poderia ter diante daquele que incorreu na hipótese prevista em lei?

Na verdade, a necessidade de se diferenciarem os momentos da incidência e da isenção é fruto de pensamento que não percebe que a norma jurídica não se confunde com o enunciado legal. O fato de um texto prever uma incidência e outro versar sobre a isenção não implica a existência de duas normas, com incidências distintas; mais adequado é contemplar-se, ali, uma única norma, fruto da combinação de todos os mandamentos legais. A norma de incidência surgirá, pois, como um resultado do esforço do aplicador da lei.

Por tal razão, merecia crítica a jurisprudência, quando, a partir da concepção de que a isenção constituiria mero favor legal[15], classificava-a como mera dispensa de pagamento de tributo devido. Em consequência desse pressuposto, os tribunais, por longo tempo, entendiam que a revogação de isenção não deveria observar o Princípio da Anterioridade[16].

---

12 "É questão assente que os preceitos de lei que extingam ou reduzam isenções só devam entrar em vigor no primeiro dia do exercício seguinte àquele em que forem publicados. Os dispositivos editados com esse fim equivalem, em tudo e por tudo, aos que instituem o tributo, inaugurando um tipo de incidência. Nesses termos, em homenagem ao princípio da anterioridade, o termo inicial de sua vigência fica diferido para o primeiro dia do próximo exercício." (Cf. CARVALHO, Paulo de Barros. Op. cit. (nota 9), p. 533).

13 Ou, para Paulo de Barros Carvalho, basta que haja a alteração da regra matriz de incidência (mutilação) por uma regra de estrutura. O mesmo autor chama atenção, quanto à identificação da isenção, para que "[n]ão confundamos subtração do campo de abrangência do critério da hipótese ou da consequência com mera redução da base de cálculo ou da alíquota, sem anulá-las. A diminuição que se processa no critério quantitativo, mas que não conduz ao desaparecimento do objeto, não é isenção, traduzindo singela providência modificativa que reduz o *quantum* de tributo que deve ser pago. O nome atribuído pelo direito positivo e pela doutrina é *isenção parcial*" (Cf. CARVALHO, Paulo de Barros. Op. cit. (nota 9), p. 529).

14 Aliomar Baleeiro assim se posiciona quanto ao tema: "[e]m obséquio ao princípio da anualidade dos tributos, a revogação total ou parcial da isenção não tem eficácia imediata. A lei revogatória só será executada no primeiro dia do exercício seguinte àquele em que ocorra a sua publicação, por força do art. 104, III, do CTN, salvo se a lei dispuser de maneira mais favorável ao contribuinte" (Cf. BALEEIRO, Aliomar. *Direito Tributário brasileiro*. 10. ed. Rio de Janeiro: Forense, 1985, p. 595).

15 "*Isenção* é o favor fiscal concedido por lei, que consiste em dispensar o pagamento de um tributo devido; (...)" (Cf. SOUSA, Rubens Gomes de. *Compêndio de legislação tributária*. Edição póstuma. São Paulo: Resenha Tributária, 1975, p. 97).

16 Em 1968, Rubens Gomes de Sousa já ressaltava que "[a] jurisprudência é copiosa no mesmo sentido. Limitando-me, para não sobrecarregar este trabalho, às decisões mais recentes do Supremo Tribunal Federal, menciono: a) Revogada

O *leading case* era o RMS 13.947-SP[17], posicionamento que se cristalizou na jurisprudência do Supremo Tribunal Federal, cuja ementa, fazendo referência à Constituição de 1946, é a seguinte: "Isenção e não incidência de impostos. A revogação do favor legal restaura ao Fisco a faculdade de exigir o tributo preexistente, não se deparando assim a hipótese do art. 141, § 34, da Constituição". Vale esclarecer que, naquele tempo, não havia o Princípio da Anterioridade, mas o da Anualidade, e a conclusão foi no sentido de que a autorização orçamentária, exigida pelo texto constitucional, era para que um tributo existisse, não para que se arrecadasse determinado montante. Assim, na visão da Corte, o tributo já existia, posto que houvesse isenção para determinada hipótese; a revogação da isenção não criava tributo antes inexistente.

O tema pacificou-se ao ponto de o Supremo Tribunal Federal, ainda sob a vigência do texto constitucional de 1967/69, editar a Súmula n. 615: "O princípio constitucional da anualidade (§ 29 do art. 153 da Constituição Federal) não se aplica à revogação de isenção do ICM".

Justiça seja feita, existe uma razão a mais para a edição da referida Súmula: a Emenda Constitucional n. 18/65, quando consolidou a passagem do Princípio da Anualidade para o Princípio da Anterioridade, adotou a seguinte redação, em seu art. 2º, II:

> *Art. 2º É vedado à União, aos Estados, ao Distrito Federal e aos Municípios:*
>
> *(...);*
>
> *II – cobrar impôsto sôbre o patrimônio e a renda, com base em lei posterior à data inicial do exercício financeiro a que corresponda.*

Como se nota no texto da Emenda, o Princípio da Anterioridade, assim concebido, estendia-se apenas a "imposto sobre o patrimônio e a renda". Ocorre que a mesma Emenda, ao reformular o Sistema Tributário Nacional, incluiu Seção com o seguinte teor:

> *SEÇÃO III*
>
> *Impostos sobre o Patrimônio e a Renda*
>
> *Art. 8º Competem à União:*
>
> *I – o imposto sobre a propriedade territorial rural;*
>
> *II – o imposto sobre a renda e proventos de qualquer natureza.*
>
> *Art. 9º Compete aos Estados o imposto sobre a transmissão, a qualquer título, de bens imóveis por natureza ou por cessão física, como definidos em lei, e de direitos reais sobre imóveis, exceto os direitos reais de garantia.*
>
> *§ 1º O imposto incide sobre a cessão de direitos relativos à aquisição dos bens referidos neste artigo.*
>
> *§ 2º O imposto não incide sobre a transmissão dos bens ou direitos referidos neste artigo, para sua incorporação ao capital de pessoas jurídicas, salvo o daquelas cuja atividade preponderante, como definida em lei complementar, seja a venda ou a locação da propriedade imobiliária ou a cessão de direitos relativos à sua aquisição.*
>
> *§ 3º O imposto compete ao Estado da situação do imóvel sobre que versar a mutação patrimonial, mesmo que esta decorra de sucessão aberta no estrangeiro.*

uma isenção no decurso do exercício, o imposto pode ser cobrado imediatamente, sem ofensa ao princípio da anualidade (Constituição de 1946, art. 141, § 34; Constituição de 1967, art. 150, § 29), ressalvada, porém, a isenção "de natureza onerosa (...)" (Cf. SOUSA, Rubens Gomes de. A reforma tributária e as isenções condicionadas. *Revista de Direito Administrativo*, vol. 92, p. 382).

17 STF, RO no MS n. 13.947-SP. 3ª Turma, rel. Min. Prado Kelly, j. 17.05.1966, D.J. 16.11.1966.

§ 4º A alíquota do imposto não excederá os limites fixados em resolução do Senado Federal, nos termos do disposto em lei complementar, e o seu montante será dedutível do devido à União, a título do imposto de que trata o art. 8º, n. II, sobre o provento decorrente da mesma transmissão.

Art. 10. Compete aos Municípios o imposto sobre a prioridade predial e territorial urbana.

Daí ser plenamente explicável que se entendesse que a revogação de isenção concernente ao Imposto sobre Operações Relativas à Circulação de Mercadorias – ICM – estivesse fora das amarras do Princípio da Anterioridade, já que este apenas se aplicaria aos impostos "sobre o Patrimônio e a Renda".

Não obstante tal explicação histórica, deve-se mencionar que a Súmula 615 não foi editada sob a vigência da Emenda 18/65, mas já na Carta de 1969, quando o Princípio da Anterioridade tinha amplo espectro. Mas quando se investigam os precedentes que deram origem àquela Súmula, vê-se que, embora se cite o RMS 13.947-SP, arrolam-se diversas outras decisões que, diversamente da primeira, já foram proferidas sob a égide do texto de 1969, e ainda assim afastaram a aplicação do Princípio da Anterioridade, usando como fundamento a distinção entre isenção (dispensa de pagamento de tributo) e não incidência.

Embora não seja esta a oportunidade de desenvolver o tema, registre-se que o entendimento do Supremo Tribunal Federal poderia ter se baseado na ideia de que a isenção seria uma norma apta a impedir que determinadas situações fossem atingidas pelo impacto da norma que institui o tributo (não incidência legalmente qualificada). Nesse caso, sustentar-se-ia que a isenção seria uma lei especial que, enquanto tal, prevaleceria sobre a regra geral da incidência; revogada a regra especial, nada impediria que se aplicasse a regra geral.

Tal raciocínio, posto que mais sólido que o que contempla a mera dispensa do pagamento de tributo, também não estaria ileso a críticas, já que apenas caberia considerar a existência de uma regra especial e outra geral se ambas se aplicassem autonomamente, dando-se, aí, um conflito normativo (antinomia). Não há, entretanto, contradição entre a incidência e a isenção, mas complementaridade: a isenção limita o alcance da incidência. Faça-se o teste: considere-se a isenção regra de não incidência legalmente qualificada. Nesse caso, qual o consequente normativo da regra de isenção? Qual o vínculo jurídico que dali se estabelece? De duas a uma: ou se percebe que nenhum vínculo se estabelece, ou se afirma que o consequente normativo da isenção é o desfazimento de um vínculo anteriormente surgido. Ora, se nenhum vínculo se estabelece, se não há consequente normativo para a isenção, então não há que falar em norma. Se, por outro lado, o consequente normativo for a destruição de um vínculo anteriormente criado, na isenção haveria, inicialmente, o surgimento de uma obrigação (incidência) e posteriormente seu desfazimento (dispensa), o que não condiz com a constatação de que não há que falar em vínculo jurídico quando não surge qualquer pretensão para o credor.

Argumento que poderia ser utilizado para defender posicionamento por tanto tempo sustentado pelo Judiciário parece ser o de que o Princípio da Anterioridade visa proteger o contribuinte contra surpresas. Imaginou o constituinte que se uma situação, antes ignorada pelo legislador tributário, passa a ser alvo de uma incidência, seria necessário conferir algum tempo para o contribuinte adaptar-se à nova situação. Ora, se determinado fato já era contemplado pela lei tributária, não seria propriamente uma surpresa sua revogação, a exigir a observância do Princípio da Anterioridade[18].

18 "Ora, se na isenção existe o tributo, a revogação do favor legal, como ocorre no presente caso, não cria imposto novo: limita-se a restaurar para o Fisco o direito, que existia antes da isenção, de cobrar o tributo. Logo, se essa revogação não cria tributo novo, não tem cabimento o apelo ao disposto no § 34 do art. 141 da Constituição Federal [de 1946] que não veda, quer direta ou indiretamente, ao Fisco o direito de cobrar, logo após a revogação, o tributo autorizado no orçamento e cuja exigibilidade se encontrava apenas suspensa em virtude da isenção." (RO no MS n. 13. 947-SP).

Tal argumento, posto que baseado na racionalidade do princípio, desconsidera que o Princípio da Anterioridade ganha, no texto constitucional brasileiro, a feição de regra que proíbe a cobrança de tributo no mesmo ano em que foi publicada a lei que o instituiu ou aumentou. Nesse sentido, diante da atual dicção constitucional, o referido raciocínio não parece sustentável.

Finalmente, poder-se-ia alegar que o Código Tributário Nacional, no art. 104, III, impõe a aplicação do Princípio da Anterioridade à revogação de isenções em matéria de imposto sobre a renda e patrimônio, daí se entendendo que não haveria igual observância para o ICMS. Tal raciocínio ignora o que acima se expôs acerca do texto da Emenda Constitucional n. 18/1965, vigente na época do Código Tributário Nacional, que não estendia o Princípio da Anterioridade à totalidade dos tributos. Assim, a restrição à menção àqueles impostos se dava exclusivamente porque o Princípio da Anterioridade não se aplicava a outros tributos, não porque a revogação da isenção daqueles impostos tivesse alguma peculiaridade que a tornasse diferente da revogação da isenção de outros tributos.

Daí concluir que, no atual sistema constitucional, já não mais se justifica a defesa da possibilidade de se afastar a aplicação do Princípio da Anterioridade em caso de isenção. Nesse sentido (e com acerto), o Supremo Tribunal Federal reverteu seu entendimento histórico, já havendo hoje diversos julgados em que o Tribunal afirmou a aplicabilidade do Princípio da Anterioridade à revogação ou redução de benefícios fiscais. Foi o que se viu no Capítulo VII. Atualmente, o Supremo entende – de maneira correta – que a Anterioridade se aplica, sim, à revogação de benefício fiscal, haja vista que a supressão ou redução de benefício fiscal implica majoração de tributo[19].

Não parece, entretanto, que o Supremo tenha guiado seu novo entendimento por uma rediscussão da natureza jurídica da isenção. Como dito, a histórica premissa por trás da posição anterior do Supremo Tribunal era a da isenção como mera dispensa de pagamento de tributo. É verdade que a Anterioridade alcança os casos de instituição ou aumento de tributo; por isso, é de supor-se que o Tribunal, ao estender, hoje, a Anterioridade à revogação de isenções, tenha passado a conceber a isenção como norma impeditiva da própria incidência, e não mais como dispensa de pagamento. Contudo, essa que seria uma revisão teórica da figura da isenção não se encontra expressamente nos acórdãos do Supremo Tribunal Federal. O Tribunal parece ter-se guiado por uma visão mais pragmática: se há agravamento da carga tributária, deve-se aplicar a Anterioridade. O seguinte excerto do voto do Ministro Marco Aurélio é ilustrativo a respeito:

> *Essa é a óptica contemporânea adotada pelo Supremo quanto ao alcance do art. 150, inciso III, alíneas "b" e "c", da Carta da República. Tem-se princípio a ser observado linearmente ante alteração de regência de tributo, com o fim de evitar sobressaltos, por parte dos contribuintes, quer se trate de criação de novo tributo, majoração, ou mesmo afastamento, do cenário jurídico, de redução anteriormente prevista – circunstância verificada na espécie*[20].

Do voto do Ministro Marco Aurélio pode-se concluir que o fator de relevância para a jurisprudência atual do Supremo é o aumento da carga tributária, a causar "sobressaltos" nos contribuintes. A Anterioridade, fundando-se no propósito de conferir previsibilidade aos contribuintes quanto à carga tributária, deveria fazer-se observar independentemente do meio de agravamento da tributação. Por esse raciocínio, o Supremo, ainda que correto, parecer ter-se desviado da discussão sobre a natureza jurídica da norma de isenção.

---

19 STF, AgRg nos Emb. Div. no AgRg no RE n. 564.225-RS, Tribunal Pleno, rel. Min. Alexandre de Moraes, j. 20.11.2019.

20 STF, AgRg no RE n. 1.267.299-SC, 1ª Turma, rel. Min. Marco Aurélio, j. 15.09.2020.

2.3 Classificações das isenções

Ao reconhecer na isenção um caso de não incidência, evidencia-se que também as classificações das isenções merecem ser revistas.

Primeiro, cumpre referir – como se fez no Capítulo V – às isenções técnicas e às isenções próprias. As primeiras, conquanto assumindo a forma de isenção, nada mais são que conformadoras da regra geral de incidência. A elas se aplica, por isso mesmo, o regime jurídico da não incidência *stricto sensu*.

As isenções próprias, por sua vez, pelo seu caráter excepcional, exigem todo o cuidado imposto pelo Código Tributário Nacional. Quando se examinam seus dispositivos, vê-se que o legislador complementar cuidava, justamente, de uma situação de privilégio que, por isso mesmo, mereceria maiores cuidados. Por isso, a identificação da isenção própria implica dobrar-se sem reservas às regras do Código Tributário Nacional. No Capítulo V, já se evidenciou a dificuldade desta classificação, não se descartando a possibilidade de que um mesmo dispositivo possa ter um caráter técnico ou próprio de isenção, conforme o aspecto que se ressalte.

Em síntese: como já apontado no Capítulo V, a classificação entre isenção técnica e isenção própria não é precisa: é útil apenas na medida em que permite ressaltar, na aproximação tipológica, que somente quando o dispositivo tem características de excepcionalidade é que se justificam as restrições impostas pelo Código Tributário Nacional.

É comum que se distingam as isenções subjetivas das objetivas, da mesma forma como se faz com as imunidades. Na aproximação que ora se apresenta, o que se tem são apenas diversas regras matrizes, que se distinguem por seu aspecto subjetivo ou objetivo. Ou seja: na isenção dita "pessoal", ocorre uma incidência que se aplica a determinadas pessoas, mas não a outras; é, assim, mera definição do aspecto pessoal. Deve-se ter presente que o aspecto pessoal integra a hipótese tributária: modificando-se aquele aspecto, tem-se hipótese de incidência diversa.

A utilidade da classificação estará em determinar qual o aspecto relevante para a decisão quanto à aplicação de uma ou outra norma; se as incidências variam conforme o aspecto subjetivo, importa identificar essa característica, definindo-se, então, os regimes tributários aplicáveis conforme o aspecto subjetivo, não obstante a situação pareça equivalente do ponto de vista objetivo. Mais ainda: ao identificar a diferenciação no caráter subjetivo, torna-se mais evidente o teste da igualdade: por que, afinal, a diferenciação entre contribuintes, quando a situação objetiva é idêntica? Especialmente diante do Princípio da Generalidade, expresso para o caso do Imposto de Renda, qualquer distinção baseada em aspectos subjetivos merece especial consideração.

Quanto à abrangência, são as isenções classificadas em gerais ou específicas; as últimas são aquelas que dependem de um ato administrativo para sua concessão. Este ato administrativo, é bom lembrar, também é previsto em lei, já que a isenção decorrerá da lei. Nesse caso, a isenção específica nada mais é que aquela em que a incidência tributária variará conforme esteja, ou não, presente o ato administrativo presente na própria lei. Ou seja: o ato administrativo é um dos requisitos para que se dê por concedida a isenção.

Também se classificam as isenções por serem ou não condicionadas. Pela importância do tema, será examinado abaixo.

2.4 A disciplina da isenção no Código Tributário Nacional

Se a isenção é mera espécie de não incidência, enquanto critério delimitador da regra matriz de incidência tributária, o fato é que o legislador complementar dela cuidou minuciosamente.

Já se evidenciou, no Capítulo V, que a isenção técnica apenas atua no sentido de tornar comparáveis as situações, diante do critério justificador da própria tributação. Apontou-se, por outro lado, que a isenção própria – esta sim – cria uma categoria excepcional, que exige o cuidado do Código Tributário Nacional. Embora seja difícil a delimitação entre ambas as categorias, que frequentemente se interpenetram, cumpre conhecer a disciplina conferida à isenção pelo Código Tributário Nacional, ressaltando-se que seus dispositivos se aplicam às isenções próprias.

Dispõe o art. 176 do Código Tributário Nacional:

> Art. 176. A isenção, ainda quando prevista em contrato, é sempre decorrente de lei que especifique as condições e requisitos exigidos para a sua concessão, os tributos a que se aplica e, sendo caso, o prazo de sua duração.

Já da leitura do dispositivo acima, vê-se que a isenção é matéria de lei. Confirma-se, com isso, a atuação da isenção na conformação da regra matriz de incidência.

A menção à expressão "contrato", no dispositivo acima, explica-se diante da possibilidade de isenções condicionadas, que serão vistas no item 2.5.

Como já se apontou, a isenção (técnica ou própria) nada mais faz que restringir a incidência. Quem pode instituir um tributo pode descrever toda a hipótese tributária, inclusive deixando de lado as situações não tributáveis. Afirma-se mais: o mesmo instrumento que institui um tributo pode isentá-lo. O tributo criado por lei estadual será isentado por lei de igual categoria.

No atual sistema constitucional, a regra é a isenção autônoma. O art. 151, III, veda as isenções heterônomas. Como exposto no Capítulo V, no sistema constitucional anterior, admitia-se que a União legislasse acerca de isenções de tributos estaduais e municipais: a lei federal poderia, obedecidas certas condições, isentar um tributo de competência de outra pessoa jurídica de direito público. Hoje, essa situação já não é mais admitida.

Deve-se esclarecer que não é caso de isenção heterônoma o afastamento da tributação por meio de um tratado internacional. Como já se viu no Capítulo II, por meio de tratados internacionais definem-se os limites da própria jurisdição nacional. Mantém-se aqui a regra: só pode isentar quem pode tributar, já que a isenção nada mais é que caso de não incidência. No caso de tratados internacionais, não há sequer o poder de tributar. Aquilo que é objeto de um tratado internacional fica extraído da própria jurisdição brasileira. Assim como seria tolice dizer que a Casa Branca, sede do

Governo dos Estados Unidos, está isenta do IPTU, também descabe dizer que matéria retirada da jurisdição brasileira estaria isenta. O tratado internacional nada isenta. Sua atuação é anterior: ele retira a própria jurisdição brasileira sobre a matéria.

Alguns tributos são instituídos por lei complementar (ex. empréstimos compulsórios – art. 148 da Constituição Federal); nesses casos, não bastará lei ordinária federal para isentá-los, sendo necessária lei complementar para tanto. Vale, mais uma vez, o raciocínio de que descabe a distinção entre isenção e não incidência: todos os diplomas legais, em conjunto, formarão a regra matriz de incidência. Se a regra matriz de incidência for, excepcionalmente, matéria de lei complementar, então também seus recortes se fazem por igual veículo.

Uma exceção a tal regra deve ser mencionada para o caso do ICMS, para o qual a Constituição Federal atribui à lei complementar, no art. 155, § 3º, XII, "g", a função de regular a forma como, mediante deliberação dos Estados e do Distrito Federal, isenções, incentivos e benefícios fiscais devem ser concedidos e revogados.

Com base nesse dispositivo constitucional, a Lei Complementar 24/75 prevê que aqueles entes federados celebrem convênios, os quais disponham sobre as isenções do ICMS. Celebrados os convênios e ratificados nos respectivos Estados, passa a valer a isenção do ICMS.

Reitere-se, neste ponto, a discussão do Capítulo V, que aponta sustentar-se a exceção na intenção do constituinte de preservar um mercado nacional. No caso do ICMS, conforme já se mostrou naquele capítulo, a incidência deve abranger todo o campo de competência; qualquer exceção (não incidência/isenção) deve ser autorizada por convênio. Não basta, pois, o legislador estadual dispor sobre a isenção: o texto constitucional é claro no sentido de que isenções, incentivos e benefícios fiscais sejam concedidos e revogados mediante deliberação dos Estados.

Se a lição de Alcides Jorge Costa já apontava ser a celebração de convênios "fase que limita a competência das Assembleias Legislativas, mas que não pode eliminá-la"[21], a jurisprudência recente do STJ veio a confirmar serem estes meramente autorizativos[22]. É dizer, embora necessária para que um Estado conceda benefícios relativos ao ICMS, a celebração de um convênio no âmbito do Confaz não estabelece, por si só, qualquer isenção ou incentivo relacionado ao imposto estadual.

Os benefícios fiscais de ICMS só terão lugar com a posterior edição de lei estadual amparada pelo convênio, mormente quando o § 6º do art. 150 da Constituição, inserido pela Emenda Constitucional n. 3/93, deixa claro que qualquer benefício relativo a impostos, taxas ou contribuições, somente será concedido "mediante lei específica", seja federal, estadual ou municipal. Com efeito, já decidiu o Supremo Tribunal Federal não ser lícito que o próprio Poder Executivo, através de decreto, conceda o benefício autorizado por convênio, tampouco podendo o Poder Legislativo editar norma permitindo a ratificação tácita de convênios celebrados pelo Estado[23].

---

21 Cf. COSTA, Alcides Jorge. ICM na Constituição e na Lei Complementar. São Paulo: Resenha Tributária, 1979, p. 30. No mesmo sentido, para Geraldo Ataliba o convênio seria "mero pressuposto de exercício eficaz da competência isentadora dos legisladores ordinários estaduais" (Cf. ATALIBA, Geraldo. Convênios Interestaduais. *RDP*, n. 67, jul./set. 1983, p. 54).

22 STJ, RO no MS n. 13.543-RJ, 2ª Turma, rel. Min. Castro Meira, j. 04.11.2003, D.J. 16.02.2004; REsp n. 709.216--MG, 2ª Turma, rel. Min. Franciulli Netto, j. 22.02.2005, D.J. 09.05.2005; RO no MS n. 26.328-RO, 1ª Turma, rel. Min. Denise Arruda, j. 19.09.2008, D.J. 01.10.2008; REsp n. 1.197.597, 2ª Turma, rel. Min. Eliana Calmon, j. 24.08.2010, D.J. 08.09.2010.

23 STF, ADI n. 1.296 (Medida Cautelar), Tribunal Pleno, rel. Min. Celso de Mello, j. 14.06.1995, D.J. 10.08.1995; Voto--vista do Min. Joaquim Barbosa no RE n. 539.130, 2ª Turma, rel. Min. Ellen Gracie, j. 04.12.2009, D.J. 05.02.2010.

Há quem sustente, entretanto, que o decreto legislativo seria o meio adequado para ratificar convênios de ICMS, em detrimento da lei ordinária estadual, já que a diferença entre um e outro estaria tão somente na aquiescência do Executivo, a quem cabe sancionar e promulgar a lei; encontrando-se o consentimento daquele poder já pressuposto no caso da prévia celebração de convênio, o decreto legislativo revelar-se-ia instrumento adequado para a ratificação do convênio[24].

Seja como for, o julgamento da ADPF n. 198 pelo Supremo Tribunal Federal tornou a pôr em dúvida a eficácia dos convênios[25]. Na referida ação, questionava-se a constitucionalidade da exigência de deliberação unânime dos Estados representados no CONFAZ para a concessão de benefícios fiscais, alegando a parte autora que tal exigência, além de irrazoável, violaria o "princípio democrático" e a "autonomia necessária dos estados federados". Embora a exigência de unanimidade na deliberação dos Estados conste do art. 2º, § 2º, da Lei Complementar n. 24/75, também era objeto da ação o art. 4º da mesma lei, segundo o qual o Poder Executivo de cada Estado "publicará decreto ratificando ou não os convênios celebrados" dentro de quinze dias de sua publicação no Diário Oficial da União. A maior parte dos ministros, favorável à constitucionalidade dos dispositivos, centrou-se na questão da exigência de unanimidade na deliberação, dando menor importância ao art. 4º da referida lei complementar, ou mesmo absorvendo este na discussão do art. 2º, § 2º.

Nesse sentido foi o voto da relatora, Min. Carmen Lúcia. Após considerações sobre "o princípio federativo", em condenação à "disputa predatória por recursos" entre os entes federados, a Ministra conclui que a exigência constitucional de que benefícios fiscais de ICMS sejam concedidos mediante "deliberação dos Estados e do Distrito Federal" (art. 155, § 2º, inciso XII, "g") levaria à exigência de unanimidade entre eles. Em seguida, afirma a Ministra que a "mesma fundamentação" se poria "quanto à norma do art. 4º da Lei Complementar n. 24/75", que ademais certificaria "a aquiescência do ente federado no legítimo exercício da respectiva competência legislativa".

Alguns ministros, porém, viram no art. 4º da Lei Complementar n. 24/75 uma possível afronta à exigência de lei específica para a concessão de incentivos fiscais de ICMS, tendo em consideração que o dispositivo parece conferir ao Executivo estadual o poder de fazer valer o benefício independentemente de manifestação da casa legislativa. Nesse sentido, o Ministro Edson Fachin ponderou que "convênios, isoladamente, não concedem isenção de ICMS, mas sim atuam como um pressuposto para que a concessão aconteça". Também o Ministro Marco Aurélio, recordando a jurisprudência do Tribunal, afirmou que esta "é firme no sentido de que convênios não ensejam concessão de isenção isoladamente, apresentando eficácia mediante a aprovação das Assembleias Legislativas dos Estados".

No entanto, a Corte terminou por julgar constitucionais os dispositivos impugnados, com base na posição da maioria de seus membros. Se é verdade que estes não se pronunciaram especificamente sobre a necessidade de manifestação do poder legislativo para a internalização dos benefícios fiscais, fato é que o julgamento pode representar uma possível retomada da discussão, outrora pacificada, a respeito da eficácia dos convênios de ICMS.

A isenção pode não se estender a todo o território da entidade tributante, à luz do parágrafo único do art. 176 do Código Tributário Nacional. Evidente que essa ferramenta é fundamental para as isenções próprias: seu caráter excepcional pode exigir uma

24 Cf. CARRAZZA, Roque Antonio. *ICMS*. 15. ed. São Paulo: Malheiros, 2011, p. 561-62.

25 STF, ADPF n. 198-DF, Tribunal Pleno, rel. Min. Cármen Lúcia, j. 18.08.2020.

limitação territorial. Esse dispositivo deve ser lido juntamente com o art. 151, I, da Constituição Federal, que impõe a regra do tratamento uniforme dos tributos federais em todo o território, mas excepciona tal regra no caso de correção de desigualdades. Assim, para que uma isenção não se estenda a todo o território (ou melhor: para que a incidência seja limitada territorialmente), deverá ser clara a existência de uma justificativa, constitucionalmente válida, para tanto.

A isenção própria é vista pelo Código Tributário Nacional como uma exceção. A regra é que, da incidência, surja o dever de pagar o tributo. Em matéria jurídica, vale o princípio de que toda regra excepcional se interpreta restritivamente. É por isso que o art. 177 do Código Tributário Nacional esclarece que a isenção não se estende, salvo disposição em contrário, às taxas e às contribuições de melhoria e aos tributos instituídos posteriormente à sua concessão.

Coaduna-se o dispositivo com o art. 111 do Código Tributário Nacional, segundo o qual as normas relativas à isenção se interpretam literalmente: não caberia pressupor que o legislador tenha dado um tratamento excepcional: ao contrário, a diferenciação deve defluir inequivocamente da lei.

No Capítulo XVII, retomar-se-á o tema da interpretação da lei tributária, exigindo que se reexamine a regra do art. 111 no contexto do ordenamento jurídico. Adiante-se que a interpretação literal não implica interpretação restritiva, contrária ao escopo da lei.

2.5 A questão das isenções condicionadas

Já foi dito acima que a jurisprudência admite que a isenção possa ser revogada a qualquer tempo. Tal regra sofre, entretanto, importante exceção no caso de isenções concedidas por prazo certo e em função de determinadas condições.

Em tais casos, entendeu o legislador complementar que seria necessário ter em conta que o contribuinte poderá ter efetuado investimentos contando com o regime excepcional que lhe teria sido assegurado durante aquele intervalo temporal.

Imagine-se, por exemplo, um contribuinte que tenha instalado uma fábrica em região menos desenvolvida do território nacional, tendo em vista lei federal que tenha assegurado a isenção do Imposto de Renda pelo período de dez anos após a instalação.

Embora não se possa propriamente falar em contrato entre o Fisco e o contribuinte (a relação tributária não é imediatamente contratual), é inegável que o legislador ofereceu um incentivo fiscal que há de ter sido levado em conta pelo contribuinte na sua decisão quanto à localização da planta industrial. É essa a razão para o art. 176, transcrito acima, ter se referido à possibilidade de um contrato: o legislador autorizará a Administração a comprometer-se com o particular, assegurando a isenção, enquanto também o particular assumirá o compromisso de atender às exigências legais para a concessão da isenção. Importa ver que a isenção continuará decorrendo da lei; o contrato não gerará a obrigação da Administração, mas apenas assegurará o cumprimento das condições que, uma vez preenchidas, ensejarão (independentemente da vontade das partes) a isenção.

O art. 178 do Código Tributário Nacional garante a continuidade da isenção, pelo prazo determinado na lei que a concedeu, para os contribuintes que tenham cumprido aquelas condições:

> Art. 178. A isenção, salvo se concedida por prazo certo e em função de determinadas condições, pode ser revogada ou modificada por lei, a qualquer tempo, observado o disposto no inciso III do art. 104.

Vale notar que ambos os requisitos devem ser preenchidos para a aplicação do preceito acima: não basta uma isenção por prazo certo. Ela deve ser condicionada, o que dá a entender que o legislador complementar quis assegurar o direito daqueles que se adaptaram às condições impostas.

Na verdade, na sua redação original, o art. 178 não exigia a cumulação da condição e do prazo certo. Entendia-se, então, que qualquer isenção por prazo certo não poderia ser revogada. A atual redação é clara ao dizer que não basta a fixação do prazo para que se assegure o tratamento tributário: importa que o legislador condicione tal tratamento privilegiado ao cumprimento de condições por parte do sujeito passivo.

Merece atenção a hipótese em que, no lugar da revogação da isenção, criam-se novos tributos que acabam por onerar economicamente a atividade antes isenta. Essa situação pode ocorrer de duas maneiras: com tributos de competência do mesmo ente ou com tributos de competência de entes diversos.

Se o novo tributo é instituído pela mesma pessoa jurídica que isentara o primeiro, caberá investigar, inicialmente, se é um novo tributo, ou se há mero *bis in idem*: o mesmo tributo, ou um adicional do próprio tributo. Nesse caso, é imediato que o legislador estaria, de modo indireto, revogando isenção que ele mesmo concedera, ao arrepio do art. 178, acima transcrito.

Mais complexa é a situação quando a mesma pessoa jurídica de direito público que assegurou isenção de um tributo é a competente para exigir outro tributo. Afinal, o art. 177 restringe o alcance da isenção aos tributos expressamente previstos na lei e não alcança aqueles instituídos posteriormente à sua concessão. Em princípio, daí, a isenção, posto que condicionada, não impediria que se criassem novos tributos.

Entretanto, não se pode deixar de enxergar que, por vezes, o tributo pretensamente instituído posteriormente à concessão da isenção é materialmente equivalente ao previamente isento. Foi o que aconteceu quando foi instituída a contribuição social sobre o lucro, no final de 1988: tendo sido criada essa espécie tributária pela Constituição Federal, o legislador ordinário cuidou de reduzir a alíquota do Imposto de Renda das pessoas jurídicas de 23% para 15%, enquanto foi instituída a referida contribuição, incidente sobre o lucro das pessoas jurídicas, à alíquota de 8%. Ou seja: a tributação do lucro das pessoas jurídicas pela União continuou no mesmo patamar de 23%, mas dali em diante dividida entre Imposto de Renda das pessoas jurídicas e contribuição social sobre o lucro. A intenção da União, evidentemente, foi assegurar que parte dos recursos provenientes da tributação dos lucros das pessoas jurídicas não fosse transferida para Estados, Distrito Federal e Municípios, ficando vinculada à seguridade social. Para as pessoas jurídicas afetadas, não haveria, em princípio, qualquer mudança. Ocorre que diversas pessoas jurídicas gozavam, naquela época, de isenção do Imposto de Renda, em virtude de incentivos condicionais e por prazo certo, vinculados, por exemplo, à instalação de unidades produtivas em regiões mais afastadas dos mercados consumidores. Embora formalmente a isenção somente se aplicasse ao Imposto de Renda, e a contribuição social fosse tributo novo, parece que a aplicação do art. 177, II, do Código Tributário Nacional contrariaria o disposto no art. 178, acima transcrito, já que a própria confiança do contribuinte se veria prejudicada, fosse admitido tal expediente[26].

Não foi esse, entretanto, o entendimento do Superior Tribunal de Justiça, no caso da instituição de contribuição social sobre o lucro à luz da situação das pessoas jurídicas estabelecidas no âmbito de atuação da SUDENE. De acordo com o Ministro Luiz Fux, cujo voto conduziu os casos posteriores, a autonomia orçamentária da seguridade social frente ao orçamento do Tesouro Nacional demonstraria a independência da contribuição social sobre o lucro perante o imposto sobre a renda e, portanto, não se poderia admitir a criação de isenção pela atividade judicante, em afronta ao "princípio da tipicidade tributária"[27]. Todavia, não é caso de ver a outorga de "isenção inexistente" pelo Judiciário. Pelo contrário, em virtude de isenção por prazo certo e em função de certas condições, como no caso da SUDENE, não caberia "revogar" parcialmente o que fora previamente concedido. A instituição da contribuição sobre o lucro esteve atrelada à mudança de destinação dos recursos arrecadados, em nada alterando a tributação sobre a renda da perspectiva dos contribuintes. Logo, permitir a cobrança dessa exação vai de encontro à justa expectativa que aquelas pessoas jurídicas tinham no momento da concessão da isenção.

Sendo o novo tributo instituído por outra pessoa jurídica, então nada parece contrariar o disposto no art. 178. Afinal, não seria aceitável que uma isenção, prometida por uma pessoa jurídica de direito público, impedisse outra pessoa jurídica de direito público de exercer competência que lhe foi assegurada diretamente pela Constituição.

A pergunta, nesse caso, é se o contribuinte afetado teria alguma pretensão diante do Poder Público que lhe asseguraria benefício que já não mais pudesse ser concedido. De um lado, há que ver que o Poder Público não cometeu qualquer ilícito: não deixou de cumprir o que prometeu; nesse sentido, dir-se-ia ser contingência da negociação com o Poder Público. De outro lado, não se pode esquecer que a isenção prometida, concedida em caráter oneroso, implicou gastos por parte do empresário que, legitimamente, tinha a expectativa de ver parte de seu investimento compensada pelo incentivo fiscal. Este, na verdade, nada mais é que uma subvenção, dada sob a forma de isenção. Assim, a melhor solução será exigir que o Poder Público assegure, por outra forma, a subvenção que já não mais pode conceder sob a forma de isenção. Note-se que não se fala em ilícito por parte do Poder Público. O que se aponta é, exclusivamente, a obrigação do Poder Público que, não se fazendo da forma originariamente prometida (isenção), se resolve em via alternativa.

Cabe ressalvar que a hipótese que se cogita é a de exercício de competência por outra pessoa jurídica de direito público, em virtude de alteração constitucional que implique mudança na própria repartição de competências. Se, por sua vez, o que houver for apenas um desdobramento de uma pessoa jurídica de direito público (por exemplo: emancipação de município), então a pessoa jurídica de direito público que dali resultar deverá, enquanto sucessora daquela, assumir e honrar os

26 No mesmo sentido, cf. DERZI, Misabel Abreu Machado. Op. cit. (nota 5), p. 948.

27 STJ, REsp n. 728.000-PE, 1ª Turma, rel. Min. Luiz Fux, j. 13.12.2005, D.J. 13.02.2006. Seguindo esse posicionamento, cf. STJ, REsp n. 1.031.002-PE, 2ª Turma, rel. Min. Humberto Martins, j. 08.04.2008, D.J. 17.04.2008; e REsp n. 925.512-CE, 2ª Turma, rel. Min. Eliana Calmon, j. 02.10.2008, D.J. 29.10.2008.

compromissos assumidos pela que preexistia. Assim como o novo município não precisa, imediatamente, editar todo um corpo de leis, valendo as preexistentes, também as isenções anteriormente concedidas mantêm-se em vigor e produzem efeitos.

A isenção pode ser concedida em caráter geral ou específico. Na primeira hipótese, decorre diretamente da lei, ou seja: não depende de requerimento do interessado nem de qualquer despacho. Na segunda hipótese, o interessado deve requerer à autoridade que a isenção lhe seja concedida, fazendo prova de que satisfaz as condições impostas pela lei. Eis o que a esse respeito dispõe o art. 179 do Código Tributário Nacional:

> Art. 179. A isenção, quando não concedida em caráter geral, é efetivada, em cada caso, por despacho da autoridade administrativa, em requerimento com o qual o interessado faça prova do preenchimento das condições e do cumprimento dos requisitos previstos em lei ou contrato para concessão.
>
> § 1º Tratando-se de tributo lançado por período certo de tempo, o despacho referido neste artigo será renovado antes da expiração de cada período, cessando automaticamente os seus efeitos a partir do primeiro dia do período para o qual o interessado deixar de promover a continuidade do reconhecimento da isenção.
>
> § 2º O despacho referido neste artigo não gera direito adquirido, aplicando-se, quando cabível, o disposto no art. 155.

É comum o caso de isenções mediante despacho nos casos em que o legislador impõe a observância de determinadas condições para que seja concedida a isenção: desse modo, é ônus do interessado mostrar que as cumpre, ou que continua cumprindo. Note-se que o ato administrativo passa a ser um requisito para o gozo da isenção. Ou seja: para aqueles que têm o ato administrativo, vale um regime jurídico diverso daquele aplicável aos que não o têm.

Interessante o caso em que o ato administrativo não é emanado pela autoridade tributária, mas por outra autoridade: também nesse caso, a concessão do ato administrativo é um dos requisitos para a existência da isenção. Essa circunstância traz uma consequência prática nem sempre notada: uma vez editado o ato administrativo, a autoridade tributária está obrigada a reconhecer a isenção, ainda que no entender da autoridade tributária o ato administrativo não devesse ter sido concedido. Ou seja: se a lei apresenta condições para a concessão do ato administrativo e se este é requisito para a isenção, esta dar-se-á na presença daquele; se a autoridade tributária discorda da concessão em questão, deve buscar a anulação do ato administrativo, não podendo simplesmente negá-lo.

Assim, por exemplo, que dizer do caso em que as autoridades tributárias, suspeitando de irregularidades, decidem não conceder incentivos fiscais a projetos regularmente aprovados pela Sudene? No entendimento da jurisprudência administrativa, se aquela Superintendência entendeu relevante o projeto, não cabe ao Fisco rever o juízo efetuado pelo órgão competente: o ato administrativo exigido pela lei está presente e, portanto, os benefícios tributários estão garantidos. Eis o teor da decisão proferida pelo extinto Primeiro Conselho de Contribuintes:

> *Incentivo Fiscal – Sudene* – competência para reconhecimento – recurso *ex-officio* – *A concessão de incentivos fiscais previstos para a região nordeste estão a cargo da Sudene. Não prevalece lançamento no qual o agente do Fisco desconsidera o incentivo fiscal reconhecido por aquele órgão especialmente quando a contribuinte obtém da Sudene declaração de regularidade no curso do processo administrativo e a infração fiscal não restar suficientemente caracterizada nos autos. Recurso* ex officio *negado provimento*[28].

É comum que se afirme que o ato administrativo a que se refere o art. 179 teria caráter meramente declaratório, já que a isenção decorre da lei. Essa afirmação deve ser vista com cautela, já que, como visto, pode a própria lei prever o ato administrativo como requisito para a isenção.

Com efeito, que dizer das situações em que o ato administrativo em questão se encontra no âmbito da discricionariedade da Administração Pública? Por exemplo, se a lei municipal concede um tratamento tributário privilegiado aos proprietários de imóveis de valor histórico, cujos projetos sejam aprovados pelas autoridades administrativas locais, claro está que aquela aprovação é requisito para a fruição do tratamento assim disposto. Por sua vez, pode a mesma lei deixar no âmbito da discricionariedade da Administração Pública a priorização de áreas que merecem ser restauradas.

Por outro lado, cabendo o ato administrativo previsto na lei à autoridade tributária ou a terceiro, claro está que o referido ato deverá ser justificado: se vinculado o ato, vale a afirmação de que a concessão da isenção é obrigatória. Esse raciocínio decorre do direito administrativo e não dá ao ato natureza meramente declaratória: ele é exigido pela lei e, na sua falta, pode a parte exigir, em juízo, sua prolação; o juiz pode determinar que a autoridade administrativa promova o ato, se assim for exigido pela lei. Poderá até mesmo a decisão judicial substituir aquele ato. Nem por isso terá ele natureza declaratória.

A referência que o art. 179 faz ao art. 155 deve ser vista. Dispõe o último dispositivo, acerca da moratória:

> Art. 155. A concessão da moratória em caráter individual não gera direito adquirido e será revogado de ofício, sempre que se apure que o beneficiado não satisfazia ou deixou de satisfazer as condições ou não cumprira ou deixou de cumprir os requisitos para a concessão do favor, cobrando-se o crédito acrescido de juros de mora:
>
> I – com imposição da penalidade cabível, nos casos de dolo ou simulação do beneficiado, ou de terceiro em benefício daquele;
>
> II – sem imposição de penalidade, nos demais casos.

Da união de ambos os dispositivos, conclui-se que o ato administrativo que concede a isenção pode ser revogado de ofício "sempre que se apure que o beneficiado não satisfazia ou deixou de satisfazer as condições ou não cumpria ou deixou de cumprir os requisitos para a concessão do favor, cobrando-se o crédito acrescido de juros de mora". É esse o sentido do enunciado que diz não gerar direito adquirido aquele ato

---

28 1º Conselho de Contribuintes, 3ª Câmara, Acórdão n. 103 18616, j. 14.05.1997.

administrativo. Os juros são devidos a partir de quando exigível o tributo. Se o "beneficiário" não tinha direito à isenção, então já desde o primeiro momento são devidos os juros; se havia uma isenção condicionada e esta deixou de ser cumprida (condição resolutória), é a partir de então que o tributo se torna devido e, com isso, passam a ser devidos os juros.

Importa examinar o reflexo do referido dispositivo sobre o que acima se viu acerca da natureza da isenção. O problema que se coloca é como enquadrar a isenção condicional, diante da negação de sua autonomia. Afinal, seguida a teoria clássica, não é difícil arguir que com o "fato gerador" teria surgido a obrigação e a isenção teria "excluído o crédito"; ocorrendo condição resolutiva da exclusão, então o tributo, cuja obrigação surgira anteriormente, poderia ser objeto de um crédito a ser constituído. Ou seja: não haveria mais razão para "excluir" o montante na "constituição" do crédito tributário.

Quando, entretanto, se propõe que a isenção opera na própria construção da regra matriz, a ideia de isenção sujeita a condição resolutiva exige maior reflexão. Afinal, enquanto não implementada tal condição, a isenção é plena; apenas com a ocorrência da situação prevista em lei é que deixa de imperar.

Coerentemente com tal visão, há que se entender que o próprio fato jurídico tributário não se opera, no primeiro momento, porque a regra matriz de incidência, afetada pela isenção, não contempla tributação se presentes os requisitos da isenção. Uma vez cumprida a condição resolutória, o que se terá é que deixarão de estar presentes aqueles requisitos; não se estará, noutras palavras, numa situação isenta. A regra matriz de incidência possibilitará, então, a plena tributação.

Ou seja: o fato jurídico tributário, enquanto plexo de circunstâncias previstas pelo legislador como necessárias para o surgimento da obrigação tributária, não se dará por ocorrido se presente uma situação isenta; operando a condição resolutória, aí sim dar-se-á o fato jurídico tributário.

Retoma-se o que se viu no Capítulo XI, quanto à fixação do critério temporal da hipótese tributária: cabe ao legislador sua fixação, sendo admissível que se dê em momento que não coincide com a última das circunstâncias que compõem seu critério material.

Em síntese, na isenção condicionada, a incidência tributária somente surge se descumprida a condição; ocorrendo tal circunstância, o imposto se considera devido desde um momento, fixado pelo legislador, que não coincide com aquele descumprimento.

Esse raciocínio ajuda a compreender o reflexo da combinação do § 2º do art. 179 do Código Tributário Nacional com o art. 155, acima transcrito. Este é aplicado "quando cabível", isto é, quando se apurar "que o beneficiário não satisfazia ou deixou de satisfazer as condições ou não cumpria ou deixou de cumprir os requisitos para a concessão do favor".

Se o "beneficiário" não cumpria os requisitos para o "favor", então se tem que o fato jurídico tributário aconteceu já no primeiro momento, sendo o tributo devido desde então. Não há duvidar serem os juros de mora devidos a partir desse primeiro momento. A dispensa de multa, explicada pela boa-fé, não afasta ter sido o tributo devido.

Já o caso em que o "beneficiário (...) deixou de satisfazer as condições" ou "deixou de cumprir os requisitos para a concessão do favor" revela hipóteses de isenção com condição resolutória. Como visto acima, por força da isenção, enquanto as condições são satisfeitas ou cumpridas, não há fato jurídico tributário. Este somente surge num momento posterior, quando todos os elementos da hipótese tributária se veem concretizados; entre esses elementos (situação necessária e suficiente para o surgimento da obrigação tributária) está o descumprimento daquela condição. É, pois, somente a partir daí que se falará em fato jurídico tributário, e só então poderão incidir os juros de mora.

Mais uma vez, é interessante retomar o que se viu no Capítulo XI, quanto ao critério temporal. Afirmou-se ali ser possível que o legislador, por ficção, determinasse data anterior à da concretização de todos os elementos do critério material. Mas também se viu que a ficção não precisa ser absoluta, sendo bastante comum seu emprego apenas para determinados efeitos. É esse o caso que se examina: para efeito da fixação do momento em que surge a obrigação tributária (e, portanto, para efeito de se determinar qual a lei aplicável), considera-se a data em que se deu a operação, visto que isenta. Para efeito de se considerar exigível o tributo, entretanto, vale a data em que se operou a condição resolutória.

É esse o sentido da remissão efetuada pelo § 2º do art. 179 ao art. 155, que exige que se estenda à isenção o comando do parágrafo único do último dispositivo:

> *Parágrafo único. No caso do inciso I deste artigo, o tempo decorrido entre a concessão da moratória e sua revogação não se computa para efeito da prescrição do direito à cobrança do crédito; no caso do inciso II deste artigo, a revogação só pode ocorrer antes de prescrito o referido direito.*

Como visto, no caso do inciso I, tem-se dolo ou fraude e o tributo é devido com imposição de penalidade. É caso em que a isenção inexistia e a incidência deu-se normalmente, no momento do fato jurídico tributário; a regra visa somente a impedir que o dolo ou fraude possa levar à decadência do direito de lançar o tributo devido. É curioso o legislador complementar se referir a prazo prescricional: se com a revogação do despacho concessivo da isenção surgiria um "crédito", esperar-se-ia o uso da expressão "decadência". A opção do Código parece ter surgido para que não se opusesse a impossibilidade de sua interrupção. Foge-se, assim, da polêmica sobre a matéria, reconhecendo-se a figura prescricional e nada impedindo se considere o despacho concessivo de isenção, hipótese de suspensão do prazo prescricional.

Não sendo caso de dolo ou fraude, por outro lado, o comando impede que se revogue o despacho que concedeu a isenção, se transcorrido o referido prazo. Sendo caso em que o contribuinte não satisfazia as condições para a isenção, mas obteve despacho favorável, sem que tenha agido com dolo ou fraude, nada parece obstar a aplicação do dispositivo: o fato jurídico tributário terá ocorrido, já que preenchidas as condições para a incidência, mas não terá sido efetuado o lançamento. Operará a decadência, extinguindo-se o crédito tributário. Não deixa de ser curioso o legislador complementar se referir, nesse caso, a "prescrição", e não a "decadência", já que se trataria de prazo a partir do qual já não mais seria possível o lançamento do crédito tributário.

Se, finalmente, o "beneficiário" deixou de cumprir as condições para a isenção e, mais uma vez, não há fraude ou dolo, então parece adequado compreender que é a partir daquele descumprimento que se dá o fato jurídico tributário, só então contando o prazo a que se refere o citado parágrafo único. Ou seja: estar-se-á diante de incidência que se opera no momento em que o "beneficiário" deixa de cumprir as condições para a isenção. Não obstante seja esse o momento em que a última circunstância material da incidência (descumprimento da condição) opera, o legislador fixa o critério temporal em momento anterior, para efeito de definição do regime jurídico aplicável.

Esse raciocínio parece necessário para enfrentar interessante desafio, lançado por Luiz Carlos de Andrade Júnior e Maheus C. Alcantara Viana[29], quando discutem a natureza jurídica do regime aduaneiro conhecido como *drawback* suspensão. Eles bem resumem o regime previsto nos artigos 383 e s. do Regulamento Aduaneiro: (i) a suspensão do pagamento de obrigações tributárias, (ii) que devem ser devidamente formalizadas e constituídas em termo de responsabilidade, (iii) o qual, uma vez inadimplido o regime, (iv) constitui título executivo para que a Fazenda Nacional exija os tributos suspensos, com os acréscimos legais.

A partir desse resumo, eles passam a testar a isenção assim concedida, a partir do modelo da mutilação na regra matriz. Eles evidenciam perplexidade, seja a isenção entendida como suspensiva, seja resolutória.

Ao conceber fosse caso de isenção suspensiva, eles argumentam: se a isenção permanece suspensa durante a vigência do regime, ela não impede a incidência da norma tributária (tanto que, como visto antes, o termo de responsabilidade constitui o crédito tributário, servindo, inclusive, como título executivo). Se, ao final do regime, o contribuinte que dele estivesse se beneficiando cumprisse todos os seus requisitos, seria impossível que a isenção se operasse (na medida em que deixasse de estar suspensa), uma vez que seria impossível equiparar aquilo que acontece ao final do regime (em termos gerais, uma desconstituição do crédito tributário preexistente) com os efeitos que a doutrina majoritária atribui à isenção (supressão da própria incidência).

Os autores vão adiante, para considerar que o que se teria seria uma isenção subordinada a condição resolutiva. Nesse caso, os autores argumentam que: a "suspensão" dos tributos sob o regime de *drawback*, de fato, seria uma isenção, operada desde a importação, condicionada, contudo, a uma condição resolutiva. Melhor dizendo, no lugar de suspensão dos tributos incidentes na importação, operar-se-ia a isenção, tal qual na hipótese anterior, mas sob o abrigo de uma condição resolutiva (cumprimento dos requisitos do regime), a qual, se não fosse cumprida, importaria reconstituição da obrigação tributária. Concluindo ser esse o caso do *drawback* suspensão, entendem os autores ser incompatível com o que acima se viu acerca da natureza da isenção, já que a obrigação de pagamento dos tributos suspensos com acréscimos moratórios, no caso de descumprimento do compromisso de exportar (art. 390 do RA/2009), não seria justificável ante a presença de uma isenção concedida desde a ocorrência do fato gerador.

29 Cf. ANDRADE JÚNIOR, Luiz Carlos de; VIANA, Matheus C. Alcantara. Breve investigação sobre a natureza jurídica do *drawback* suspensão. *Revista Direito Aduaneiro Marítimo e Portuário*, n. 1, mar./abr. 2011, p. 7.

É dizer, assumindo-se que a isenção impeça a incidência, por excluir da regra-matriz um de seus elementos, seria necessário concluir que, durante a vigência do regime, não existira obrigação tributária (uma vez que a isenção teria sido concedida no ato de emissão do despacho decisório).

Se não existisse obrigação tributária durante esse período, seria injustificada a cobrança de encargos moratórios com relação a ele, já que, nesse interregno, a mora do contribuinte seria impossível.

Para que se perceba a extensão do problema, basta considerar que descumprido o regime (ou seja: não ocorrendo a exportação no prazo previsto), aí o imposto passa a ser devido desde o momento da importação, com a alíquota então vigente. Imagine-se a situação em que a importação se dá em momento em que a alíquota do imposto seja 10%, mas, no momento em que não ocorre a reexportação, a alíquota seja 15%.

Diante de tal questão, poder-se-ia cair na tentação de afirmar que não se estaria, no caso de *drawback* suspensão, de uma isenção propriamente dita, mas sim de uma moratória, seguida de uma remissão, ou seja: dir-se-ia que o imposto seria devido desde o momento da importação, mas que o ingresso no regime de *drawback* teria gerado uma suspensão da exigibilidade (moratória) e o cumprimento do requisito da reexportação implicaria remissão do crédito surgido na importação. Ocorre que o art. 172 do CTN arrola taxativamente as hipóteses em que é permitida a remissão. Não parece possível incluir o caso do *drawback* em qualquer delas. Não é caso de equidade. Não houve erro do sujeito passivo. Remissão é um perdão da dívida. No *drawback*, não há esse espírito de perdão, mas quando muito de incentivo fiscal.

Os autores mencionados sugerem que se retome a ideia da isenção como dispensa de pagamento de dívida para dizer que a obrigação surgiria já com o "fato gerador" e apenas a dispensa do pagamento é que estaria condicionada. Sem dúvida, é tentador o raciocínio, mas implicaria admitir o surgimento de uma obrigação e uma dispensa, toda vez em que operasse a isenção. As críticas a tal modelo já foram apresentadas acima e parece desnecessário reprisá-las.

Para enfrentar o desafio assim proposto há que, mais uma vez, repisar a possibilidade de o legislador fixar o critério temporal da hipótese tributária. Ou seja: a importação da mercadoria, coberta pelo regime *drawback*, não é, isoladamente considerada, fato jurídico tributário. Se a hipótese tributária, antes, incluía apenas a importação, o *drawback* a modifica, de modo que encontraríamos nova hipótese que compreende (i) importação de um bem + (ii) ingresso no regime de *drawback* + (iii) ausência de reexportação no prazo legal. Nesse sentido, somente com a ausência de reexportação é que se poderá falar em fato jurídico tributário.

Tem-se, como visto acima, mais um caso em que o legislador desloca o critério temporal para um momento (da importação), anterior ao que se dá por preenchidos os requisitos da hipótese tributária. Não completados estes, não há que falar em fato jurídico tributário. Existindo este, entretanto, seu regime jurídico será, por decisão legal, o do momento da importação, assim definido o critério temporal da hipótese tributária.

Vale insistir que o deslocamento do critério temporal não impede que se afirme que não há fato jurídico tributário se todos os seus elementos não estiverem preenchidos. É por isso que apenas se torna exigível o tributo em momento posterior, apesar do deslocamento acima narrado.

Não impressiona o fato de no momento do desembaraço ser preenchido termo de responsabilidade. Não tem ele a natureza de lançamento. Serve, quando muito, para que se fixe o critério temporal da obrigação tributária. Basta dizer que o Fisco não tem como exigir o tributo baseado em tal termo, já que deverá ele, igualmente, constatar o descumprimento do regime de *drawback*. Essa constatação, por sua vez, formalizará o preenchimento do terceiro elemento da hipótese tributária, acima narrado, dando, aí sim, condição de certeza ao crédito tributário. Ou seja: o termo de responsabilidade não dispensa o lançamento, pelo Fisco, do tributo devido.

3 Anistia

3.1 Considerações gerais sobre a anistia

A anistia surge como "exclusão" do crédito tributário. Essa colocação merece duas notas.

Primeiro, como dito acima, não é "exclusão", mas vera extinção. A anistia implica extinção do crédito a que ela se refere. Desaparece a obrigação. Não há mais o vínculo jurídico. Não há mais o que o credor exigir do devedor. Melhor: não há mais credor ou devedor.

Em segundo lugar, deve-se notar que a expressão "anistia" é reservada pelo Código Tributário Nacional à remissão das penalidades pecuniárias. Ou seja: na terminologia daquele diploma normativo, "remissão" está entre as hipóteses de extinção do crédito tributário (art. 156, IV, do Código Tributário Nacional) e alcança todo o crédito. A anistia é a remissão dirigida exclusivamente às penalidades pecuniárias. Se o crédito tributário for composto de principal, juros e multa, apenas a última é atingida pela anistia.

3.2 Disciplina da anistia no Código Tributário Nacional

Como favor legal que é, o Código Tributário Nacional tratou de reduzir o risco de abusos na sua concessão. Assim é que, já no seu art. 180, cuida o Código do alcance temporal da anistia, dispondo:

> Art. 180. A anistia abrange exclusivamente as infrações cometidas anteriormente à vigência da lei que a concede, não se aplicando:
>
> I – aos atos qualificados em lei como crimes ou contravenções e aos que, mesmo sem essa qualificação, sejam praticados com dolo, fraude ou simulação pelo sujeito passivo ou por terceiro em benefício daquele;
>
> II – salvo disposição em contrário, às infrações resultantes de conluio entre duas ou mais pessoas naturais ou jurídicas.

Não causa estranheza o *caput* do dispositivo acima. Se a anistia é um perdão de uma dívida, não faria sentido cogitar sua aplicação prospectiva. Ninguém pode ser perdoado, de antemão, por algo que ainda não fez. Seria caso de deixar de qualificar o fato como infração, simplesmente.

Confirma-se da leitura do dispositivo acima que não cogitou o legislador complementar restringir a anistia a casos em que não houve lançamento; a restrição temporal se faz, apenas, quanto ao momento da edição da lei e a data da infração.

Maior atenção merecem os incisos do mesmo dispositivo. Que dizer da situação em que o legislador ordinário, contrariando aqueles incisos, expressamente declara que a anistia se estende a ato que é qualificado como crime ou contravenção?

Pelo rigor do texto acima, pode parecer que tal lei ordinária não seria aplicável, por contrariar o que a esse respeito expressamente dispõe o Código Tributário Nacional. Especialmente, quando se vê que enquanto o inciso II tem caráter dispositivo ("salvo disposição em contrário"), o legislador complementar não faz tal ressalva no primeiro dispositivo, o que reforça sua natureza de ordem pública.

Tal conclusão, entretanto, não resiste ao argumento de que o próprio Código Tributário Nacional autoriza que a lei deixe de definir uma situação como infração e, nesse caso, a retroatividade da decisão do legislador é mandatória (art. 106, II, do Código Tributário Nacional). Vê-se, pois, o paradoxo: teria o legislador complementar autorizado (*rectius*: determinado) que a lei que deixa de definir uma infração alcance aqueles ilícitos cometidos anteriormente mas, ao mesmo tempo, vedado que a anistia alcançasse algumas infrações?

Abre-se a possibilidade do raciocínio segundo o qual quem pode o mais, pode o menos: se o legislador pode deixar de definir um fato como ilícito e se tal decisão alcança fatos anteriores, por que não admitir que também o mesmo legislador perdoe ilícitos anteriores? Acaso se exigiria que o legislador, de uma penada, desqualificasse o ato como ilícito para, em seguida, requalificá-lo como tal dali em diante?

De todo modo, parece inafastável o raciocínio de que a limitação da anistia é a regra: se o legislador não for expresso com relação às situações que configurem crime ou contravenção, ou de dolo, fraude ou simulação, a anistia não se aplica.

Daí a importância de se definir se, de fato, se está diante de uma anistia. Não é incomum que até mesmo magistrados qualifiquem como anistia situação de vera remissão[30].

Do mesmo modo, muitos casos que à primeira vista poderiam parecer de anistia ou remissão não passam de transação. Assim é o caso dos programas Refis, quando exigem do sujeito passivo que desista dos processos em curso nos quais questiona créditos tributários. A anistia é uma concessão unilateral e, por isso mesmo, distingue-se da transação: embora esta também decorra de lei, pressupõe concessões mútuas.

Ainda versando sobre a anistia, o Código Tributário Nacional a classifica em geral ou limitada, disciplinando minuciosamente a segunda hipótese:

> Art. 181. A anistia pode ser concedida:
>
> I – em caráter geral;

30 Foi o que Hugo de Brito Machado Segundo anotou ter ocorrido no âmbito do Superior Tribunal de Justiça: "Não são raras, contudo, as situações nas quais os institutos da anistia e da remissão são confundidos, como ocorreu, por exemplo, data vênia, no julgamento do REsp 411.421-PR (STJ, 1ª T., rel. Min. Luiz Fux, j. em 7.11.2002, D.J. de 25/11/2002, p. 201), no qual se considerou que o cancelamento de débitos determinado pelo art. 3º do Decreto-Lei n. 1.736/79 – que a rigor é uma remissão – seria uma anistia". Cf. MACHADO SEGUNDO, Hugo de Brito. *Código Tributário Nacional*: anotações à Constituição, ao Código Tributário Nacional e às leis complementares 87/1996 e 116/2003. São Paulo: Atlas, 2009, p. 374.

> II – limitadamente:
>
> a) às infrações da legislação relativa a determinado tributo;
>
> b) às infrações punidas com penalidades pecuniárias até determinado montante, conjugadas ou não com penalidades de outra natureza;
>
> c) a determinada região do território da entidade tributante, em função de condições a ela peculiares;
>
> d) sob condição do pagamento de tributo no prazo fixado pela lei que a conceder, ou cuja fixação seja atribuída pela mesma lei à autoridade administrativa.
>
> Art. 182. A anistia, quando não concedida em caráter geral, é efetivada, em cada caso, por despacho da autoridade administrativa, em requerimento com o qual o interessado faça prova do preenchimento das condições e do cumprimento dos requisitos previstos em lei para sua concessão.
>
> Parágrafo único. O despacho referido neste artigo não gera direito adquirido, aplicando-se, quando cabível, o disposto no art. 155.

Vê-se que é ampla a liberdade do legislador na limitação da anistia. Claro está que, como toda discriminação, também aqui o princípio da igualdade atuará como vetor limitante da discricionariedade do legislador. Haverá de ser comprovada a existência das referidas "condições peculiares" que justifiquem o favor.

Quando o legislador não concede uma anistia geral, o Código Tributário Nacional exige um despacho da autoridade administrativa. Enquanto para a isenção pareceu possível conceber que autoridade não tributária comprovasse o preenchimento de um ou outro requisito exigido pela lei, essa possibilidade não se estende à anistia. O despacho, nesse caso, tem natureza meramente declaratória.

capítulo XVII

Interpretação e integração da lei tributária

A interpretação da lei tributária foi matéria que por muito tempo gerou certa perplexidade entre os juristas: preocupados em sustentar a autonomia do Direito Tributário, viam na lei tributária características que exigiriam critérios próprios de interpretação. Neste capítulo, ver-se-á que tais discussões, de início limitadas a meros critérios apriorísticos, acabaram por redundar na polêmica acerca da submissão do Direito Tributário ao Direito Privado, de um lado, e na consideração econômica, de outro. Exageros em ambos os lados, foram responsáveis por defesas apaixonadas de pontos de vista, hoje superadas pela visão unitária do ordenamento jurídico.

1 Interpretação da lei tributária

Chega a parecer redundante, hoje, a afirmação de que a norma tributária tem caráter material e imperativo, fazendo parte do direito comum, sem qualquer caráter excepcional[1]. A tal consenso já se chegara há muito, no Direito Tributário, merecendo destaque a divulgação que Ezio Vanoni deu ao tema ao publicar, na década de 1930, sua obra sobre a natureza e interpretação da lei tributária. A referida obra foi traduzida no Brasil pela pena de Rubens Gomes de Sousa[2]. Daí causar surpresa que o Código Tributário Nacional ainda tenha se dedicado ao tema da interpretação da lei tributária.

Por muito tempo se entendeu que a lei tributária exigiria critérios especiais de interpretação, apriorísticos: antes mesmo de considerar um texto legal, devia-se ter algum preconceito. Assim, a máxima *in dubio contra fiscum* apontava a ordem para que, quando não fosse evidente a lei tributária quanto a seu significado, deveria ser entendida no sentido mais favorável àquele que estivesse subordinado ao tributo. No Digesto (L. 10 D. 49, 14) já se encontrava o adágio *non puto delinquere cum qui in dubiis quaestionibus contra fiscum facile responderit*. Vale ter em mente que o tributo em Roma era sinal de opressão, trazendo o estigma de servidão, inclusive pelo modo como era cobrado arbitrariamente pelos publicanos. Mesmo com o desaparecimento da imunidade tributária do

1 Cf. AYALA, J. L. Perez de; GONZALEZ, Eusebio. *Curso de Derecho Tributario*. 5. ed., tomo 1. Madrid: EDR, 1989, p. 90.

2 Cf. VANONI, Ezio. *Natureza e interpretação das leis tributárias*. Rubens Gomes de Sousa (trad.). Rio de Janeiro: Financeiras, 1952.

cidadão, o tributo não passou a ser visto como um dever do cidadão perante o Estado, mas, antes, como uma imposição da supremacia absoluta do imperador, que não mais distinguia entre povo soberano e povos sujeitos, todos sendo tratados como súditos, que deveriam entregar recursos ao *Fisco*, à disposição do imperador[3].

Em oposição àquele entendimento, surgiu uma segunda corrente, *in dubio pro fiscum*, do mesmo modo dirigindo a atividade de interpretação, desta feita determinando a proteção do interesse público (ou melhor: do tesouro), não permitindo fosse afastada a tributação se não houvesse certeza de que assim determinava a lei[4].

Tais critérios são hoje históricos. Não há mais como duvidar que uma relação jurídico-tributária não se regula exclusivamente por meio de leis tributárias; a estas se juntam, por vezes com caráter até mesmo preponderante, normas societárias/contábeis, civis ou administrativas, resultando sua disciplina desta gama de textos legais. Da constatação de que todo o ordenamento pode, potencialmente, regular a relação jurídico-tributária, extrai-se a evidência de que seria inaceitável que alguns textos legislativos, por terem a pecha de tributários, merecessem critérios de interpretação diversos dos demais[5].

Na verdade, quando da edição do Código Tributário Nacional, ainda estava em vigor, na Alemanha, a Ordenação Tributária (*Reichsabgabenordnung)* de 1919 que tratara do tema da interpretação. Tendo em vista a declarada influência que aquele diploma alemão exerceu sobre o autor do anteprojeto, pode-se entender tenha o Código Tributário Nacional cuidado de também tratar do tema; se, entretanto, na época do texto alemão tal cuidado se justificava, o mesmo não se pode dizer do seu par brasileiro. O descompasso com a evolução doutrinária da época pode ser comprovado quando se tem em conta que logo que se editou, na Alemanha, nova Ordenação Tributária (*Abgabenordnung)*, em 1977, já não se fez inserir qualquer regra especial de interpretação, tendo em vista o consenso quanto à impertinência do tema.

2 Teorias da interpretação

Ultrapassados os critérios apriorísticos para a interpretação da lei tributária, passaram os tributaristas a se valer dos ensinamentos da teoria geral da interpretação, aplicando seus ensinamentos ao Direito Tributário.

A análise das teorias da interpretação exige que se conheçam as principais correntes dos últimos dois séculos: a Escola da Exegese, a Escola do Direito Livre, Escola Histórica, a Jurisprudência dos Conceitos, a Jurisprudência dos Interesses e a Jurisprudência dos Valores[6].

A Escola da Exegese, surgida na França no início do século XIX, baseava-se no legalismo, não concebendo outra fonte do direito senão a lei; ao Poder Judiciário, caberia apenas aplicar a literalidade do que fora instituído pelo Poder Legislativo, não havendo que cogitar elemento político após

3 Cf. VANONI, Ezio. Op. cit. (nota 2), p. 17-21.

4 Cf. VANONI, Ezio. Op. cit. (nota 2), p. 41-45.

5 Cf. LAPATZA, José Juan Ferreiro. *Direito Tributário.* Teoria Geral do Tributo. Barueri, SP: Manole; Espanha: Marcial Pons, 2007, p. 87-88.

6 Um resumo dessas correntes e sua relevância para o Direito Tributário pode ser encontrado no vernáculo na obra de ANDRADE, José Maria Arruda de. *Interpretação da norma tributária.* São Paulo: MP: APET, 2006, p. 35 e ss.

a atuação dos representantes do povo. Basta dizer que, em seus primórdios, o juiz deveria devolver o caso ao Poder Legislativo, em caso de dúvida, já que apenas ao legislador era dado exprimir sua vontade. Dos juristas, exigia fidelidade à letra da lei. Explica a supremacia do texto escrito a desconfiança daquela escola para com os juízes do antigo regime, o que era reflexo da própria Revolução Francesa[7]. Com esta, consagrara-se a separação dos poderes, somente se legitimando o direito oriundo das leis provenientes de uma assembleia legislativa. O intérprete, valendo-se da literalidade ou da lógica, descobriria a intenção do legislador. O ordenamento era tido por um corpo completo, não havendo como se negar justiça. Daí a relevância de um código, bastante em si mesmo, enquanto *corpus* legislativo racional, sistemático e unitário, que regularia de modo total e exclusivo um certo domínio jurídico. Seus "postulados capitais" resumem seu pensamento: (i) legalismo pressuposto (ou identificação do Direito com a lei, não havendo outro Direito além daquele prescrito pelas leis); (ii) exclusividade da lei como critério jurídico (recusando a validade e a necessidade do apelo a quaisquer critérios além da lei); e (iii) suficiência da lei (com a consequente exclusão de lacunas no sistema da lei)[8].

O Movimento do Direito Livre (*Freirechtsbewegung*) via no Direito o resultado de uma criação dos juristas, em última instância, do juiz, em sua decisão, valendo-se de sua autonomia e procura pessoal por um justo. Era claro combate ao positivismo e seus postulados. Contrariava o legalismo estatista, sustentando ser imprescindível a existência de fontes extralegais (o Direito consuetudinário e aquele produzido pela Ciência do Direito). Também negava a plenitude lógica do sistema jurídico, que já não era mais visto como fechado e autossuficiente, reconhecendo-se natureza lacunosa na lei, mesmo nos campos que ela tivesse regulado formalmente. Finalmente, o Direito já não era mais visto como um sistema lógico e determinável racionalmente, mas como algo pertencente à esfera prático-normativa e emocional[9].

A Escola Histórica, por sua vez, entendia que o intérprete deveria reconstruir o pensamento que estaria na lei. Já não bastava investigar o texto da lei, mas as circunstâncias em que esta se editara, i.e., buscava-se a reconstrução da decisão do legislador. Ao mesmo tempo que rejeitava a Escola Livre do Direito, contrapunha-se à Escola da Exegese, já que enquanto esta, em conformidade com os ideais da Revolução Francesa, propusera a ruptura com o passado, a Escola Histórica, ao contrário, entendia o Direito como um produto de uma evolução cultural; o Direito não era fruto de uma decisão do legislador, mas da história que constituía seu próprio ser. A lei, assim, buscava sua legitimidade como expressão do Direito originário, já existente. Nesse ponto surgia, paradoxalmente, a necessidade de se desenvolver uma Ciência do Direito, para investigar, racionalmente, o fenômeno histórico que constituía o Direito[10]. Daí os elementos apresentados por Savigny para a interpretação: gramatical, lógico, histórico e sistemático.

A figura de Savigny é relevante porque foi em seus estudos que a busca de uma sistematização evoluiu da descoberta de regras jurídicas para os institutos jurídicos[11], o que daria origem à Jurisprudência dos Conceitos. Esta viu a possibilidade de o jurista, valendo-se de lógica formal, deduzir quais seriam os conceitos jurídicos do sistema. Ou seja: por um processo de descoberta, o jurista analisaria

---

7 Cf. ANDRADE, José Maria Arruda de. Op. cit. (nota 6), p. 37.

8 Cf. NEVES, A. Castanheira. *Digesta.* Escritos acerca do pensamento jurídico, da sua metodologia e outros. vol. 2. Coimbra: Coimbra, 1995, p. 182-185.

9 Cf. NEVES, A. Castanheira. Op. cit. (nota 8), p. 193-198.

10 Cf. NEVES, A. Castanheira. Op. cit. (nota 8), p. 203-213.

11 Cf. ANDRADE, José Maria Arruda de. Op. cit. (nota 6), p. 47.

as normas do sistema e as ordenaria a partir de conceitos, formando um todo harmônico. O Direito era visto como um sistema completo, já que sempre seria possível formar um conceito, valendo-se da lógica, a partir de outros conceitos já sedimentados. Daí a codificação não dar espaço ao juiz para deixar de decidir (*non liquet*), o que se evidencia em regras como a do art. 4º da Lei de Introdução às Normas do Direito Brasileiro: "Quando a lei for omissa, o juiz decidirá o caso de acordo com a analogia, os costumes e os princípios gerais de direito".

A Jurisprudência dos Conceitos teve enorme repercussão no Direito Tributário, porque ressaltou a importância da interpretação lógico-sistemática: admitia que haveria uma relação entre os conceitos e as categorias jurídicas e a realidade econômica e social subjacente à norma, de modo que não seria necessário que o intérprete se preocupasse com dados empíricos[12]. Exagerou[13] ao recair no causalismo, a sustentar que o consequente jurídico era efeito do antecedente, como nos fenômenos naturais há uma relação entre causa e efeito. Tal posicionamento chegava ao ponto de entender impossível haver duas "causas" para o mesmo "efeito", ou dois "efeitos" para a mesma "causa". Essas ideias foram superadas quando se viu que, em realidade, uma mesma posição jurídica pode ter mais de um fundamento (por exemplo, uma pessoa pode ser proprietária em virtude de um título jurídico, mas, como se não bastasse, o tempo na posse do imóvel já asseguraria igual direito por usucapião). Mais ainda: a existência de consequentes normativos indeterminados evidenciava a inexistência de causa e efeito (se a lei penal prevê, para o homicídio, uma pena de 6 a 20 anos, a fixação da pena "in concreto" não é mero efeito do fato constatado pelo juiz: a ele cabe, adicionalmente, dentro dos limites legais, determinar qual a pena aplicada ao infrator[14]).

A esse momento histórico sobreveio a Jurisprudência dos Interesses, que se identifica com Jhering e Heck. A norma jurídica legal era vista como "a diagonal de forças dos interesses em conflito, pelo que o seu conteúdo normativo só pode ser compreendido se forem considerados os vários interesses em conflito e a sua posição relativa nele", somente se podendo conhecer o fim da norma a partir dos interesses e em relação a eles[15]. Diferencia-se da Jurisprudência dos Conceitos por reconhecer incompleto o Direito, surgindo a necessidade de preenchimento de lacunas. Nesses casos, no lugar de buscar a construção de conceitos a partir de outros conceitos, deveria o juiz preenchê-las por meio dos interesses em jogo no conflito[16]. Não implicava esse entendimento a possibilidade de o juiz criar, por seus valores, uma solução (afastando-se daí do Movimento Livre do Direito), mas tampouco se negava a lacuna: o intérprete deveria buscar os ideais e interesses vitais presentes na norma e assim decidir[17]. O juiz, enquanto realizador concreto do direito, não se limitaria a subsunções lógicas, alheias à verdadeira função normativa do Direito e das exigências práticas da vida jurídico-social, cabendo ao juiz "decidir conflitos de interesses do mesmo modo que o legislador", dando proteção "à totalidade dos interesses que o legislador julgou merecedores de proteção", ainda que criando "normas novas para as situações concretas de interesse não reguladas, inclusivamente

---

12 Cf. TORRES, Ricardo Lobo. Normas gerais antielisivas. In: *Temas de interpretação do Direito Tributário*. Rio de Janeiro: Renovar, 2003, p. 263; Idem, *Normas de interpretação e integração do Direito Tributário*. 4. ed. Rio de Janeiro: Renovar, 206, p. 166.

13 Cf. ENGISCH, Karl. *Einführung in das juristische Denken*. 8. ed. Stuttgart, Belin, Köln: Kohlhammer, 1983, p. 42.

14 Na matéria tributária tampouco se há de falar que o tributo é um efeito do fato jurídico tributário; a teoria das causas, explorada no Capítulo IV, apenas aponta para a causa como justificação para um tributo.

15 Cf. NEVES, A. Castanheira. Op. cit. (nota 8), p. 226.

16 Cf. ANDRADE, José Maria Arruda de. Op. cit. (nota 6), p. 55.

17 Cf. ANDRADE, José Maria Arruda de. Op. cit. (nota 6), p. 57.

por uma subsidiária 'pessoal ponderação de interesses', e corrigisse ainda as normas legais deficientes"[18]. No Direito Tributário, trouxe a denominada "consideração econômica", com a consequente admissão da analogia em matéria tributária. Por sua importância, o tema da consideração econômica será retomado a seguir.

Finalmente, a Jurisprudência dos Valores propôs uma crítica ao próprio papel dos conceitos abstratos em uma ciência que não se dedica a ordenar e descrever fatos, lidando antes com medidas de valoração (*Wertungsmaßstäben)* e seus respectivos valores. A partir daí, considera, ao lado e no lugar de conceitos abstratos, outras formas de raciocínio, como o tipo, o fio condutor (*Leitgedanken)*, o princípio sujeito a concretização e o conceito funcional. Abre-se com isso outro tipo de construção sistemática: tipos que se entrelaçam e se movem, princípios condutores que são mais ou menos concretizados em regras, mas que, mesmo assim, podem ser mais concretizados, formando um "sistema interno" voltado a tornar visíveis os valores que fundamentam as normas. Finalmente, os conceitos funcionais servindo para ligar aqueles princípios e os conceitos "abstratos" que não são deixados de lado[19]. A Jurisprudência dos Valores, com seu pluralismo metodológico, pressupõe a reaproximação entre Ética e Direito, com foco na Justiça[20]. Nesse momento, já não cabe buscar a prevalência de um ou outro método de interpretação; a escolha entre critérios (sistemático ou teológico), por exemplo, passa a depender da ponderação dos princípios jurídicos diante do bem a ser protegido em cada caso.

3 Jurisprudência dos valores em matéria tributária e seus limites: a questão da tipicidade

Também no Direito Tributário, a Jurisprudência dos Valores passa a ter um papel de destaque. O reconhecimento da aproximação tipológica na leitura da discriminação de competências tributárias (Capítulo VI) e a constatação da existência das cláusulas gerais e conceitos indeterminados na instituição de tributos (Capítulo VII) são evidências dessa corrente. É ainda a Jurisprudência dos Valores que vem admitir certa tipificação de situações, por parte do legislador, que deixa de cuidar de particularidades, tributando a partir daquilo que em geral, "tipicamente", ocorre. Assim, por exemplo, a utilização de valores médios para a base de cálculo do IPTU ou IPVA.

Há relevante posição doutrinária a admitir a aproximação tipológica até mesmo na instituição de tributos, de modo que o legislador os instituiria sem definir seus elementos, apenas tipificando-os: "Os tipos jurídicos, inclusive no Direito Tributário (ex.: empresa, empresário, indústria) são necessariamente elásticos e abertos, ao contrário do que defendem alguns positivistas"[21].

---

18 Cf. NEVES, A. Castanheira. Op. cit. (nota 8), p. 226-227.

19 Cf. LARENZ, Karl; CANARIS, Claus Wilhelm. *Methodenlehre der Rechtswissenschaft*. 3. ed. Berlin: Springer, 1995, p. 264 265.

20 Cf. TORRES, Ricardo Lobo. *Normas de interpretação e integração no Direito Tributário*. 3. ed. Rio de Janeiro: Renovar, 2000, p. 205-208.

21 Cf. TORRES, Ricardo Lobo. *Curso de Direito Financeiro e Tributário*. 9. ed. atualizada. Rio de Janeiro: Renovar, 2002, p. 98.

Entretanto, se o Código Tributário Nacional exige, em seu art. 97, a *definição* do "fato gerador", versa o legislador complementar sobre um conceito, não um tipo. Tipos não se definem, descrevem-se. Não satisfaz, outrossim, ao legislador complementar a mera descrição da hipótese tributária. Deve ela ser definida. Aquelas figuras que por vezes parecem ser "tipos" hão de se entender, quando figurarem da definição da hipótese tributária, como meros conceitos indeterminados. Estes, não é demais repisar, são definidos em cada caso concreto. Daí que a Jurisprudência dos Valores não ocupa, no Direito Tributário, papel exclusivo, dada a opção conceitual adotada pelo Código Tributário Nacional. Jurisprudência dos Valores e Jurisprudência dos Conceitos exercem, cada qual em certa medida, papel ainda relevante para a matéria tributária.

Existe uma tendência recente na doutrina[22] que procura apontar, com exemplos, para casos que teriam inserido verdadeiros tipos na hipótese tributária. Cita-se o caso da Contribuição ao Seguro de Acidentes do Trabalho (SAT), prevista no art. 22, inciso II, da Lei n. 8.212/91, com a redação da Lei n. 9.528/97 e regulamentada, por último, pelo Decreto n. 2.173/97. A lei fixava alíquotas da Contribuição conforme o risco da atividade fosse leve, médio ou grave, restando ao Decreto a difícil tarefa de, com base na Classificação Nacional de Atividades Econômicas (CNAE), identificar os ramos da indústria sujeitos a cada uma das alíquotas. O Supremo Tribunal Federal concluiu pela constitucionalidade da referida lei, já que, na visão do Ministro Carlos Velloso, o Decreto seria mero "regulamento delegado, *intra legem*", i.e., apenas estaria esclarecendo aquilo que a lei já previa, sem inovação[23]. Admitir que o legislador tenha instituído tributos por meio de tipos é aceitar que aquela atividade "tipicamente" de risco alto tem um tributo e outra "tipicamente" de risco médio, outro tributo; a armadilha fica evidente quando se vê que uma atividade pode ser, simultaneamente, "tipicamente" de risco alto ou médio. Afinal, como o modo de pensar tipificante apenas colhe algumas características do tipo, sem se preocupar com suas fronteiras (sem conceituar), é bastante viável que uma mesma atividade tenha características que permitam inclusão tanto no risco "tipicamente" alto como no médio ou baixo.

Fosse adequada a aproximação tipológica em matéria de instituição de tributos, então se tomariam, em três grupos, as "típicas" atividades de risco alto, médio ou leve. Não é difícil ver que, quando se fossem buscar as atividades em cada grupo, encontrar-se-iam várias que estariam em mais de um grupo. Ou seja, tomadas algumas características de certa atividade, essas seriam suficientes para dizê-la "tipicamente" de risco alto; por outras características, o risco seria médio, ou mesmo baixo.

Considere-se, apenas a título de exemplo, a atividade de *telemarketing*. Possui algumas características "tipicamente" de risco baixo: atividade realizada em um ambiente de escritório (não de fábrica); o trabalhador permanece sentado em uma estação de trabalho; há horários para início e término do expediente; o local é limpo e bem iluminado etc. Ao mesmo tempo, poder-se-ia apontar que aquela atividade envolve um esforço repetitivo; a tensão e pressão pelo tempo para cada resposta; a poluição sonora, decorrente das centenas de pessoas falando simultaneamente no mesmo espaço etc., características "típicas" de um risco médio.

---

22 Cf. TORRES, Ricardo Lobo. O princípio da tipicidade no Direito Tributário. *Revista de Direito Administrativo*, vol. 235, p. 193-232.

23 STF, RE n. 343.446 SC, Tribunal Pleno, rel. Min. Carlos Velloso, j. 20.03.2003, D.J.U. 04.04.2003.

O exemplo mostra que tanto acertaria o aplicador da lei ao incluir a atividade em um ou outro grupo. Ocorre que cada grupo tem um tratamento tributário diferente, já que a alíquota do SAT varia, conforme o risco da atividade. Considere-se, agora, um caso de um empregador que tivesse tomado todos os cuidados para reduzir os riscos de seu ambiente de trabalho: embora *em geral* os ambientes de *telemarketing* tenham alta poluição sonora, no caso *particular*, cada operador trabalha em uma cabine a prova de som; embora *em geral* haja pressão por tempo de resposta, *no caso particular*, isso não ocorre. Ainda assim, o raciocínio tipológico levaria a afirmar que a atividade de *telemarketing* é *tipicamente* de risco médio, pouco interessando os casos individuais. Esse raciocínio – diga-se desde já – não é estranho à história do Direito Tributário, a qual conheceu, como desdobramento da doutrina da consideração econômica, a consideração tipificante (*typisierende Betrachtungsweise*), segundo a qual seria uma peculiaridade do Direito Tributário não tratar de casos individuais, exigindo, daí, que não se subsumisse à norma a situação fática concreta, mas antes uma situação típica[24].

Não é a tal exagero que leva a aplicação do conceito, mesmo que indeterminado. Todos têm uma ideia de o que é mais ou menos arriscado. Se for necessário exprimir em palavras, exigir-se-á enorme esforço para tanto e, ainda assim, não será possível dizer, com exatidão, a ideia que se tem na cabeça. Ou seja: à ideia (ao conceito) não falta clareza e determinação; ao termo (expressão linguística), sim. Por isso é que já se disse que na verdade não há conceitos indeterminados, mas "termos indeterminados de conceitos"[25].

A diferença torna-se evidente: numa aproximação tipológica, não há espaço para raciocínios individuais, já que o aplicador da lei tomará em conta aquilo que, *em geral, tipicamente*, ocorre: se a atividade de *telemarketing* tem risco tipicamente médio, isso vale para todas. O raciocínio conceitual será diferente: tendo o aplicador da lei clareza quanto ao que considera risco alto, médio ou baixo, ele levará em conta as circunstâncias do caso concreto, para tomar sua decisão.

A matéria tributária exige um raciocínio por exclusão: ou se aplica uma alíquota, ou outra. A decisão pode depender do caso concreto, mas não se admite a simultânea aplicação de ambas as alíquotas. Daí evidenciar-se a impossibilidade do raciocínio tipológico.

Aceitar a ideia de tipos seria admitir que o Chefe do Poder Executivo teria atuado conforme a lei, quer ele tivesse incluído uma atividade entre aquelas de risco alto, quer tivesse ele decidido pelo risco médio ou baixo, quer, ainda, tivesse ele incluído a mesma atividade em todos os grupos. Mesmo que excluída a última possibilidade (embora a aproximação tipológica conduza a tanto), não se afastaria a conclusão de que a *decisão* do Chefe do Poder Executivo, desde que nos fluidos contornos do tipo legal, seria aquela que definiria a tributação. A Legalidade, arduamente conquistada pelos contribuintes, seria deixada de lado, prevalecendo a tributação conforme a decisão do próprio Poder tributante.

Já se viu no Capítulo VII, ao tratar da Legalidade, o presente processo de suave perda da liberdade, fruto de concepções flácidas acerca daquele princípio. A concessão à teoria dos tipos seria um perigoso passo na mesma direção. Mais uma vez, importa ter em mente que a Legalidade, no Brasil, é reflexo de uma relação entre Poder Legislativo e Poder Executivo, num sistema de freios e

24 Cf. GASSNER, Wolfgang. *Interpretation und Anwendung der Steuergesetze.* Kritische Analyse der wirtschaftlichen Betrachtungsweise des Steuerrechts. Wien: Anton Orac, 1972, p. 53.

25 Cf. GRAU, Eros Roberto. Conceitos indeterminados. Justiça Tributária: direitos do Fisco e garantias do contribuinte nos atos da administração e no processo tributário. *I Congresso Internacional de Direito Tributário.* Instituto Brasileiro de Estudos Tributários – IBET. São Paulo: Max Limonad, 1988, p. 119-124 (122).

contrapesos próprio do Presidencialismo, enquanto a experiência europeia, em geral, reflete Parlamentarismo, no qual se aceitam mais fluidas as relações entre os Poderes.

Como, então, conciliar a decisão do Supremo Tribunal Federal, acerca do SAT, com o Princípio da Legalidade? Ora, basta ver que o legislador, no lugar de tipos, utilizou-se de conceitos. Já se viu que há conceitos mais ou menos indeterminados. Estes, é certo, por sua vagueza admitem um grau de liberdade do aplicador da lei, na fixação do caso concreto. Opõem-se, contudo, aos tipos, porque podem ser submetidos ao Poder Judiciário. Ou seja: se o raciocínio tipológico admite mais de uma solução correta para cada caso concreto, o conceito, mesmo que indeterminado, não convive com tal incerteza. Uma atividade concreta terá risco alto, médio ou baixo. Não terá, simultaneamente, características que permitam enquadrá-la em mais de uma categoria. É essa a certeza que a legalidade exige e que a teoria dos tipos afasta.

Claro está que o emprego de conceitos indeterminados encontra seu limite quando a indeterminação é tanta que fere a segurança jurídica: quando o contribuinte já não tem condições de saber como agir. Neste caso, o Princípio do Estado de Direito exigirá que se limite a utilização dos conceitos indeterminados. O caso do SAT, acima citado, merece maiores reflexões, já que haveria espaço para o legislador utilizar conceitos menos indeterminados, sem por isso cair na "tipicidade cerrada", já criticada no Capítulo VII.

Apontam-se, ainda, exemplos de tipos em matéria tributária, como empresário, autônomo e contribuinte[26]. Os termos assim empregados pelo legislador, do mesmo modo como o risco da atividade, não refletem tipos, mas conceitos. Carregam, por certo, a vagueza própria da linguagem, mas não impedem que o aplicador da lei, a cada caso concreto, decida pela subsunção da situação ao caso. Ou seja: mesmo que o Executivo tenha enquadrado uma atividade como de risco médio (e o Decreto será legal), pode um contribuinte prejudicado mostrar que há particularidades em sua situação que o excluem daquele conceito. Ele não poderia dizer que a atividade se exclui do tipo, já que ela continua sendo "típica"; no entanto, não pode ser tributada porque o conceito adotado pelo legislador e controlado pelo Judiciário impede a tributação.

Veja-se o caso do autônomo. Uma aproximação tipológica exigiria que se tomassem os casos em que o aplicador da lei tivesse reconhecido ser uma atividade autônoma, buscando-se, a partir dali, características "típicas" de um autônomo; outras tantas atividades seriam "tipicamente" não autônomas. Assim, por exemplo, tomando de um lado o advogado, o dentista, o arquiteto e o médico, todos poderiam ter como características comuns (e, portanto, típicas) o nível superior e a falta de um empregador. Quando se identificasse o eletricista e este fosse reconhecido como autônomo, assim como o mecânico, o crescimento do grupo dos autônomos "típicos" exigiria que se tirasse a luz do elemento "formação superior", dando-se ênfase à falta do empregador. Todavia, que fazer quando se estivesse diante de um proprietário de imóveis, que vivesse da locação? Seria ele, ainda, um "autônomo"? Também dele não se exige curso superior e não tem ele um empregador. Contudo, a decisão quanto a sua inclusão como autônomo, ou não, não é imediata, já que ele apresenta apenas algumas características dos demais integrantes do grupo dos autônomos.

Como a matéria tributária não convive com indecisões, mais acertado parece, no caso, admitir que haja um conceito, posto que subentendido, por trás da expressão "autônomo". Não implica o conceito uma taxatividade, já que sempre surgirão novas atividades, que exigirão decisão. Ainda

26 Cf. ZILVETI, Fernando Aurélio. Tipo e linguagem: A gênese da igualdade na tributação. In: RIBEIRO, Ricardo Lodi; ROCHA, Sérgio André (coords.). *Legalidade e tipicidade no Direito Tributário*. São Paulo: Quartier Latin, 2008, p. 29-53.

mais: a decisão pode depender de cada caso concreto. Nos exemplos anteriores, poder-se-ia, genericamente, acreditar que um advogado seria autônomo ou não, a partir de um vínculo trabalhista. Ao mesmo tempo, o locador de imóveis não seria considerado autônomo, posto que trabalhando por conta própria. Entretanto, num caso concreto de um advogado que, proprietário de um imóvel, promovesse o despejo de seu locatário, seria necessário que se recorresse ao conceito de autônomo para decidir. Possivelmente, o aplicador da lei veria que, embora houvesse uma atividade profissional, a falta de uma prestação de serviços (ninguém presta serviços para si mesmo) afastaria a ideia de trabalho autônomo. Ao identificar o elemento prestação de serviço como fronteira para o trabalho autônomo, passou-se ao raciocínio conceitual, mais adequado para a matéria tributária.

O tema será retomado no item 5.7, após o estudo da Consideração Econômica. Neste momento, é bom que se diga que a insistência na recusa do raciocínio tipológico na instituição de tributos não implica negação da Jurisprudência dos Valores. A Jurisprudência dos Conceitos, como se viu acima, vinha impregnada do estigma da completude, fechando-se, daí, à realidade dos fatos. O sistema jurídico é aberto aos fatos e valores da sociedade. Normas não se constroem abstratamente, mas à luz de cada caso concreto. Precedentes jurisprudenciais influem o entendimento do aplicador da lei, do mesmo modo como as circunstâncias de cada caso podem, qual facho de luz, apontar para um aspecto da norma antes desconhecido, ou cuja construção antes não era possível. O que importa afastar, por outro lado, é a permeabilidade, própria dos tipos, que, na matéria tributária, implicaria a convivência da incidência com a não incidência, em situação paradoxal, imprópria no Estado de Direito. Este exige que o contribuinte tenha condições de conhecer sua carga tributária.

4 Considerações gerais sobre interpretação, integração e aplicação

Já da leitura dos capítulos III e IV, da Seção III, do Livro Segundo do Código Tributário Nacional, nota-se que o Código Tributário Nacional seguiu corrente que distingue os momentos da interpretação, integração e aplicação da lei tributária.

4.1 Interpretação e integração

Por meio da interpretação, buscar-se-ia a construção de uma norma, extraindo dos enunciados[27] todo o seu conteúdo possível. Categorias como interpretação extensiva, restritiva, sistemática, gramatical e teleológica surgem para conhecer o "sentido possível"[28].

Reconhecendo o intérprete a existência de situações não previstas pelo texto normativo, surgiria atividade distinta: a integração. Esta consistiria, portanto, no preenchimento das lacunas inevitáveis.

27 Cf. CARVALHO, Paulo de Barros. *Direito Tributário:* linguagem e método. São Paulo: Noeses, 2008, p. 131.

28 Sobre a utilização do "sentido possível das palavras" como limite entre interpretação e integração, cf. GALENDI JÚNIOR, Ricardo André. *A consideração econômica no Direito Tributário*. São Paulo: IBDT, 2020, p. 65-76.

Interpretação e integração formariam, assim, um todo abstrato, colocado à disposição do aplicador da lei.

Karl Larenz distinguiu a interpretação (*Auslegung*) do preenchimento de lacunas (*Lückenausfüllung*). Parece interessante retomar suas lições[29].

A interpretação é o primeiro degrau da investigação do sentido de uma lei. Encerra-se no "sentido possível" das palavras de um dispositivo. Esse – é bom ressaltar – deve ser entendido em sentido amplo, compreendendo a totalidade dos significados que possam ser ligados a uma expressão, seja na linguagem geral, seja na linguagem específica jurídica[30]. É na interpretação que se encontram os raciocínios restritivo ou extensivo. A busca do sentido de conceitos indeterminados ou de cláusulas gerais ainda se coloca nesse campo.

Encerrado o "sentido possível", surge a etapa seguinte de raciocínio, que é apontada como a continuação da construção jurídica (*Rechtsfortbildung*), que se identifica com o que o legislador brasileiro chamaria de integração: sua finalidade é o preenchimento de lacunas[31].

Por lacuna, entende-se a incompletude indesejada do direito positivo. Se o sentido possível de um dispositivo é menor que seu sentido normativo, busca-se a integração pela analogia ou extensão teleológica[32]. Quando o sentido possível das palavras ultrapassa o sentido normativo, então Larenz fala em lacuna disfarçada, que deve ser preenchida por meio da redução teleológica[33]. Lacuna não se confunde com falta de disposição expressa. Ela exige, antes, uma "incompletude insatisfatória do Direito"[34].

A metodologia de Larenz alerta, por fim, que não se confundem com as lacunas os erros políticos da lei. Estes se dão não quando aquela é incompleta, tendo em vista o plano do legislador, mas quando a decisão do legislador (ou seu silêncio) merece críticas de natureza política. Nesse caso, não cabe ao intérprete corrigir tal decisão, o que é papel do legislador[35].

Essa dicotomia entre interpretação e integração não escapa às críticas daqueles que veem um *continuum* entre esses dois momentos de construção da norma a partir do texto; a falta de rigor metodológico para separá-los, entretanto, não impede que esses mesmos autores continuem a se referir a ambas as etapas, reconhecendo suas virtudes didáticas (redução de complexidade)[36].

4.2 Aplicação

Com a interpretação e com a integração não se confunde a aplicação. A atividade do aplicador da lei seria distinta daquela do intérprete: a este caberia construir, em abstrato, a norma jurídica e reconhecer suas lacunas, procedendo, se possível, à integração; ao

29 Excelente resumo, aplicado ao Direito Tributário, pode ser encontrado em WOERNER, Lothar. Verfassungsrecht und Methodenlehre im Steuerrecht. Auf den Spuren Von Heinrich Beisse. *Finanz Rundschau.* 1992, p. 226.

30 Cf. LARENZ, Karl; CANARIS, Claus-Wilhelm. Op. cit. (nota 19), p. 187.

31 Cf. LARENZ, Karl; CANARIS, Claus-Wilhelm. Op. cit. (nota 19), p. 191.

32 Cf. LARENZ, Karl; CANARIS, Claus Wilhelm. Op. cit. (nota 19), p. 202 e ss.

33 Cf. LARENZ, Karl; CANARIS, Claus-Wilhelm. Op. cit. (nota 19), p. 210.

34 Cf. TORRES, Ricardo Lobo. Op. cit. (nota 20), p. 94.

35 Cf. LARENZ, Karl; CANARIS, Claus-Wilhelm. Op. cit. (nota 19), p. 195.

36 Cf. ANDRADE, José Maria Arruda de. Op. cit. (nota 6), p. 191-198.

aplicador, por sua vez, estaria reservado o papel de investigar se aquela norma, abstratamente concebida, incidiria sobre a situação fática. Como as normas jurídicas não incidem por força própria, ao aplicador cabe interpretar "a amplitude dos preceitos legais, fazendo-os incidir no caso particular e sacando, assim, a norma individual e concreta"[37]. Noutras palavras, se esta se subsume à norma então construída.

Tem-se, neste posicionamento, a positivação da aproximação doutrinária que contempla a subsunção, procedimento que verificaria conclusivamente se um caso concreto seria abrangido por um conceito jurídico ou um fato gerador normativo. Suas raízes podem ser encontradas na Jurisprudência dos Conceitos, que viu na aplicação um processo lógico de subsunção do fato à norma, desempenhando a interpretação o papel precedente de compreensão da norma[38].

O raciocínio por subsunção é próprio para conceitos, não para tipos. Afinal, quando o legislador se utiliza de tipos, não cabe cogitar de subsunção, mas de ordenação[39], já que não há rígidas molduras dentro das quais o fato haverá de se enquadrar. Como já se viu que a figura do tipo não é compatível com a instituição de tributos, não merece censura, tampouco, cogitar de subsunção para a matéria tributária.

A ideia de subsunção vem da lógica, referindo-se à classificação de conceitos menos abrangentes sob aqueles mais abrangentes, o que exige que ambos os conceitos sejam definidos, de modo a determinar que todas as características do conceito superior estão presentes naquele inferior o qual se considera menos abrangente porque, além daquelas características comuns, apresenta pelo menos uma outra característica[40]. Assim, o homem se subsume ao conceito de mamíferos, porque apresenta todas as características dos últimos, além de apresentar outras próprias.

Para que se dê a subsunção, é necessário que se coloque, como premissa maior, a norma, enquanto a premissa menor será o fato. Delineadas ambas as premissas, a conclusão, i.e., a aplicação da norma ao fato é imediata. Daí que se alerta que o maior cuidado não deve ser dado à conclusão, mas à construção das premissas[41].

A construção da norma (premissa maior) é o processo que compreende a interpretação e a integração. Se para a Escola da Exegese a premissa maior estaria na lei, a evolução da teoria da interpretação revela que a norma – esta sim premissa maior – leva em conta outros fatores, num constante processo de aprimoramento, que tem um lado de extensão (i.e., de busca do maior número possível de partículas legais (*Gesetzespartikeln*), consideração de regras excepcionais etc.) e, de outro, um aspecto intensivo, ao exigir do intérprete que deite os olhos sobre os textos assim colhidos e os examine, em conjunto com as decisões judiciais que já se proferiram sobre a matéria e sobre as particularidades do caso, resultando, daí, a construção de normas cada vez mais especiais, derivadas das gerais. Essa especialização da norma no aprimoramento da premissa maior do processo subsuntivo é denominada "subordinação"[42].

37 Cf. CARVALHO, Paulo de Barros. Op. cit. (nota 27), p. 169.

38 Cf. TORRES, Ricardo Lobo. *Normas de interpretação e integração do Direito Tributário*. 4. ed. Rio de Janeiro: Renovar, 2006, p. 26-27.

39 Cf. TORRES, Ricardo Lobo. Op. loc. cit. (nota 22).

40 Cf. ENGISCH, Karl. *Logische Studien zur Gesetzesanwendung*. 3. ed. Heidelberg: Carl Winter, 1963, p. 22.

41 Cf. ENGISCH, Karl. Op. cit. (nota 40), p. 13.

42 Cf. ENGISCH, Karl. Op. cit. (nota 40), p. 15-18.

A apreciação sobre os fatos se denomina "qualificação". Por esse procedimento, colhem-se da situação fática aqueles elementos relevantes para a comparação com a hipótese normativa. A qualificação opera-se no ato de aplicação da norma.

A qualificação dá-se na construção da premissa menor do processo subsuntivo. É necessário que sejam levantados aqueles elementos do fato, a serem comparados com os da premissa maior.

A evidência de que um fato é retratado em linguagem, no processo de qualificação, aponta para o papel do intérprete/aplicador. Um mesmo fenômeno físico pode ser relatado sob diversos ângulos, produzindo consequências variadas. Um diálogo pronunciado por atores em uma peça teatral em nada difere de outro, ocorrido entre autoridades públicas; suas consequências são diferentes em virtude da qualificação que se dê. Um professor de dramaturgia poderá dirigir as mesmas palavras a seus alunos, no contexto de uma peça de teatro ou numa avaliação, com efeitos jurídicos diversos. Se uma pessoa, que ocupa função pública, exerce, em seu tempo de lazer, atividade teatral, então as mesmas palavras, pronunciadas pela mesma pessoa, produzirão efeitos diversos. Ou seja: conforme o ângulo que se observe a cena, ter-se-á um fato diverso.

É impróprio, pois, dizer que fatos se subsumem a normas. Na verdade, o que se subsume é aquilo que se manifesta acerca de um fato, ou melhor, a opinião do aplicador da lei acerca do fato. Somente um conceito pode ser subordinado, para efeito de subsunção, a outro conceito. A subsunção se faz entre iguais[43]. Dá-se, pois, a subsunção de um conceito individual (o conceito que se tem acerca do fato ocorrido) a outro conceito geral[44].

A premissa menor de um processo subsuntivo é uma manifestação, em linguagem, de que apareceram, no mundo dos fatos, aquelas características previstas na premissa maior. Ora, isso só é possível se, antes, houve uma decisão acerca das características previstas na norma (premissa maior) e da existência daquelas características no fato examinado[45]. O processo de subsunção pressupõe, daí, que se comparem características de um objeto determinado (fato) com aquelas que se sobressaem no objeto descrito pela norma, i.e., verifica-se se uma situação, que se acredita ter ocorrido, corresponde, totalmente ou pelo menos em suas "características substanciais", àqueles fatos que foram contemplados pela norma[46].

Claro que o próprio legislador pode, por meio da linguagem, reduzir o campo de decisão do aplicador da lei, acrescentando características à hipótese normativa. Fala-se, então, em definição, por parte do legislador. A definição traz determinação e, nesse caso, a esfera de decisão do intérprete/aplicador se restringirá ao fato. No entanto, já se viu, ao estudar o Princípio da Legalidade, que não é possível a plena determinação por parte do legislador. Haverá, sempre, elementos de indeterminação, próprios da linguagem. Por exemplo, se uma norma apresenta uma consequência jurídica àquilo que é vermelho, cabe ao aplicador da lei julgar se, num caso concreto, determinado objeto é vermelho, ou não. Nesse momento, valerá a experiência do intérprete/aplicador, que considerará outros casos que se entenderam preencher o requisito "vermelho" e aqueles nos quais se negou tal característica, concluindo, então, pela aplicação da lei. O emprego da expressão lógica "subsunção" deve, portanto, merecer toda cautela, já que não há mais a equiparação das características do caso

43 Cf. SOMMER, apud ENGISCH, Karl. Op. cit. (nota 40), p. 22.

44 Cf. ENGISCH, Karl. Op. cit. (nota 40), p. 23.

45 Cf. LARENZ, Karl; CANARIS, Claus-Wilhelm. *Methodenlehre der Rechtswissenschaft*. 3. ed. Berlin et all: Springer, 1995.

46 Cf. ENGISCH, Karl. Op. cit. (nota 40), p. 26.

concreto com as apresentadas na premissa maior; comparam-se, sim, aquelas com as de outros casos já decididos[47].

Daí a importância da qualificação: "antes de ser possível uma subsunção, norma e situação de fato devem ser colocadas numa posição subsumível. Isto, de um lado, exige a busca do respectivo dispositivo legal e, pelo outro lado, uma situação de fato que contenha dados sobre todos aqueles fatos que são relevantes para a norma tomada em consideração"[48].

Parece pertinente, pois, para a compreensão do fenômeno, a seguinte figura:

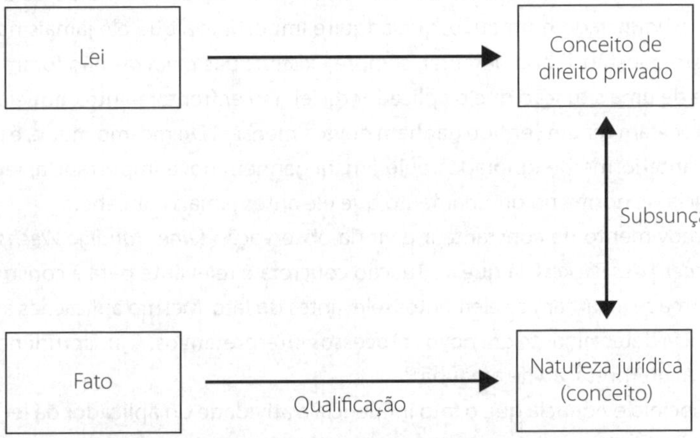

Como se vê na figura acima, a natureza jurídica, objeto da qualificação, nada mais é que um conceito acerca do fato. Este existe na realidade, com toda sua complexidade; na qualificação, reduz-se o fato a algumas características, que formam um conceito. Este, sim, sujeito a subsunção.

A figura também pode indicar uma das dificuldades do processo de interpretação/aplicação: um mesmo fato pode reunir características que permitam a identificação de mais de uma natureza jurídica. Daí a possibilidade de mais de uma norma ser cogitada, sem que se diga que há apenas uma solução correta. Mais ainda: identificadas várias naturezas jurídicas, também se podem construir diversas normas. É o que se verá a seguir.

4.3 Interpretação, integração e aplicação: processos distintos de ocorrência simultânea

Poder-se-ia crer que a interpretação se daria abstraindo-se as circunstâncias do caso concreto, dando-se antes mesmo da aplicação, o que não resiste às críticas daqueles que veem na atividade do aplicador da lei uma constante busca da construção do sentido normativo, a partir do caso concreto. No lugar de etapas diversas e sucessivas, o conhecimento da norma e do fato se revelam mutuamente influentes, de modo que o operador do direito não poderá deixar qualquer um deles de lado na construção do resultado de seu trabalho.

47 Cf. LARENZ, Karl; CANARIS, Claus-Wilhelm. Op. cit. (nota 45), p. 96.

48 Cf. ROTHMANN, Gerd W. *Interpretação e aplicação dos acordos internacionais contra a bitributação.* Tese de doutoramento apresentada à Faculdade de Direito da USP. São Paulo: Ed. Particular, p. 91.

Com efeito, admitir a construção de normas em momento anterior ao da aplicação é imaginar que o jurista, abstratamente e sem qualquer necessidade de resolver problemas concretos, constrói um arsenal de normas jurídicas, que ficarão em estado de latência até que, surgido o caso concreto, ele verificará se aquela norma abstrata se aplica a tal situação.

No entanto, o que se verifica da atividade do jurista é exatamente o inverso: diante de um problema, ele sai à busca dos enunciados normativos que potencialmente poderiam ser relevantes, construindo, aí sim, a norma jurídica. Essa afirmação pode ser comprovada quando se vê que mesmo um jurista experiente, diante de um caso novo, pode ser surpreendido pela existência de uma expressão, no enunciado normativo, que adquire importância que ele jamais notara. O enunciado normativo em questão, é bom lembrar, sempre existiu. Suas palavras não foram modificadas. Contudo, diante de uma situação que o aplicador da lei não enfrentara antes, aquelas palavras que outrora lhe pareceram ter um sentido ganham nova dimensão. Do mesmo modo, é possível que textos normativos anteriormente ignorados pelo jurista ganhem nova importância, levando-o a concluir pela existência de norma no ordenamento que ele antes jamais concebera.

Há um movimento de constante ir e vir da observação (*eine ständige Wechselwirkung, ein Hin- und Herwandern des Blickes*), já que a situação concreta é relevante para a construção da norma e a partir da norma se levantam os elementos relevantes do fato. Mesmo aplicações anteriores da norma terão influência determinante em novos processos interpretativos. A jurisprudência de hoje precede e influencia a interpretação de amanhã[49].

Esse raciocínio evidencia que o fato influencia a atividade do aplicador da lei na própria escolha dos veículos legislativos; conforme o fato, um ou outro veículo ganhará importância e a norma dali resultante será própria. Ora, se o resultado da interpretação é a norma e se esta apenas surge a partir de uma deliberada escolha do aplicador da lei diante das circunstâncias do problema específico, então conclui-se que a interpretação e a aplicação ocorrem simultaneamente.

Do ponto de vista lógico – é bom que se diga –, a subsunção exige que a interpretação se dê antes da subsunção[50]. Entretanto, a prioridade lógica não se confunde com a antecedência temporal, já que, como visto, é no momento da aplicação que a interpretação ganha corpo.

4.4 O papel da prudência do intérprete/aplicador na construção da norma

A partir dos vários enunciados normativos, o intérprete escolhe uma norma e a aplica ao caso concreto. Tem, assim, a função de construir o direito mediante processo de escolha dentre as várias normas. Todavia, isso não implica inobservância dos limites estabelecidos pelo enunciado. É preciso buscar um "sentido possível" atribuível ao seu ponto inicial, qual seja, o texto normativo. Assim, entre as soluções corretas, o intérprete escolhe uma, o que lhe retira mero papel neutro em sua atuação. É nesse processo que se verifica a prudência na construção da norma.

Eros Roberto Grau, em estudo sobre a interpretação e aplicação do Direito, observa sagazmente que se dá na interpretação de textos normativos algo análogo ao que se passa na interpretação

49 Cf. ENGISCH, Karl. Op. cit. (nota 40), p. 15.

50 Cf. ENGISCH, Karl. Op. cit. (nota 40), p. 27.

musical: não há uma única interpretação correta, exata. A *Sexta Sinfonia* de Beethoven regida por Toscanini, com a Sinfônica de Milão, é diferente da *Sexta Sinfonia* regida por Von Karajan, com a Filarmônica de Berlim; não obstante as duas difiram em relação ao tempo e à técnica de execução, ambas são autênticas – e, portanto, corretas[51]. O jurista, citando lição de Zagrebelsky, nega peremptoriamente a existência de uma única resposta correta ("verdadeira") para o exercício interpretativo. Sendo a interpretação convencional, não possuiria ela realidade objetiva com a qual pudesse ser confrontado o seu resultado, inexistindo, portanto, uma interpretação objetivamente verdadeira[52]. Fala-se em inesgotabilidade, para referir à ideia de que toda a interpretação é infinita, nunca restrita a determinado campo semântico[53].

A constatação da existência de várias interpretações "corretas" está também presente na jurisprudência do Supremo Tribunal Federal. Segundo o Ministro Carlos Ayres Britto, não raras são as vezes em que "votos em oposição frontal se baseiam na Constituição Federal". Em outras palavras, existem posições diversas cujos "fundamentos são genuinamente constitucionais", resultando, ao final, "situação meio atarantada de optar entre o certo e o certo – por incrível que pareça, também; porque, se uma das opções tem assento constitucional, parece certo, mas a outra também o tem, e não se pode recusar a ela essa impressão de certeza". Tanto é assim que, de acordo com o Ministro, agiu bem o constituinte, em seu art. 93, IX, ao exigir "apenas do julgador a fundamentação" e nada "além disso"[54].

Deve-se ressaltar que não se defende com isso uma interpretação aberta, como se qualquer resultado fosse possível. Ao contrário, utilizando ainda a metáfora proposta, assim como existem várias interpretações "corretas", também é verdade que há aquelas erradas. A liberdade do intérprete não é total. Em texto mais recente, Eros Grau esclarece que a norma preexiste em seu sentido, "em estado de potência involucrada no texto; o intérprete a desnuda", ou seja: o intérprete "compreende o sentido originário do texto e o deve manter como referência da norma que constitui". Harmonizam-se, assim, a rigidez do texto e a elasticidade da interpretação, cabendo ao intérprete atualizar o texto, de acordo com a realidade, sem, todavia, deixá-lo de lado[55]. O intérprete, insista-se, descobre uma interpretação "correta" porque ela já preexiste no texto.

A importância da lição do professor titular aposentado do Largo de São Francisco e ex-Ministro do Supremo Tribunal Federal está em notar que o aplicador da lei não tem um papel meramente passivo. Cabe-lhe descobrir a norma, a partir dos preceitos inseridos nos textos legais. Enquanto algumas formas de comunicação se fazem de modo direto, entre o emissor e o destinatário, outras requerem um intermediário (intérprete) que torne compreensível ao destinatário a mensagem enviada pelo emissor. No campo das artes, por exemplo, uma tela, geralmente, permite comunicação direta entre o artista (emissor) e seu destinatário; já a música dificilmente atingirá seu destinatário sem que um intérprete decifre em sinais sonoros a escrita utilizada por seu autor.

51 Cf. GRAU, Eros Roberto. *Ensaio sobre a interpretação/aplicação do Direito.* 2. ed. São Paulo: Malheiros, 2003, p. 30.

52 Cf. GRAU, Eros Roberto. Op. cit. (nota 51), p. 30.

53 Cf. CARVALHO, Paulo de Barros. Op. cit. (nota 27), p. 193.

54 STF, ADI n. 2.588-DF, Tribunal Pleno, rel. Min. Ellen Gracie, redator p/ acórdão Min. Joaquim Barbosa, j. 10.04.2013, D.J. 07.02.2014, p. 169-170.

55 Cf. GRAU, Eros Roberto. Atualização da Constituição e mutação constitucional (art. 52, X, da Constituição. *Revista Acadêmica da Escola de Magistrados da Justiça Federal da 3ª Região*, ano I, n. 1, p. 60; p. 65).

Veja-se a seguinte passagem de autoria de Eros Grau[56], na qual se aponta para o papel construtivo do intérprete/aplicador:

> *O texto, preceito, enunciado normativo é alográfico. Não se completa no sentido nele impresso pelo legislador. A sua "completude" somente é realizada quando o sentido por ele expresso é produzido, como nova forma de expressão, pelo intérprete.*
>
> *(...)*
>
> *A interpretação do direito opera a mediação entre o caráter geral do texto normativo e sua aplicação particular: isto é, opera a sua inserção na vida.*
>
> *A interpretação, pois, é um processo intelectivo através do qual, partindo de fórmulas linguísticas contidas nos textos, enunciados, preceitos, disposições, alcançamos a determinação de um conteúdo normativo. É atividade voltada ao discernimento de enunciados semânticos veiculados por preceitos (enunciados, disposições, textos): o intérprete desvencilha a norma do seu invólucro (o texto); neste sentido, o intérprete "produz a norma". Dizendo-o de outro modo: a interpretação é atividade que se presta a transformar disposições (texto, enunciados) em normas, meio através do qual o intérprete desvenda as normas contidas nas disposições.*
>
> *Aparecem de modo bem distinto, neste ponto de minha exposição, o texto (enunciado, disposição) e a norma. Texto e norma não se identificam: o texto é o sinal linguístico; a norma é o que revela, designa (Canotilho 1.991/225).*
>
> *Concluindo: a interpretação é atividade que se presta a transformar disposições (textos enunciados) em normas.*
>
> *As normas, portanto, resultam da interpretação. E o ordenamento, no seu valor histórico-concreto, é o conjunto de interpretações, isto é, conjunto de normas. O conjunto das disposições (textos, enunciados) é apenas ordenamento em potência, um conjunto de possibilidades de interpretação, um conjunto de normas potenciais. O significado é o resultado da tarefa interpretativa. Vale dizer: O significado da norma é produzido pelo intérprete.*
>
> *Isso contudo – note-se bem – não significa que o intérprete, literalmente, crie a norma; o intérprete a expressa. O produto da interpretação é a norma expressada como tal. Mas ela (a norma) preexiste, potencialmente, ao invólucro do texto, invólucro do enunciado.*

O que se nota é que nos enunciados há um conjunto de normas a serem descobertas pelo intérprete/aplicador. Ele *escolhe* uma norma e a aplica ao caso concreto. É inegável seu papel na construção do direito, em função de sua ideologia[57], posto que guiado pelos limites que o próprio enunciado possa oferecer. Se for possível agregar um elemento ao raciocínio acima, deve-se dizer que o processo de *escolha* da norma passa pela *escolha* do próprio fato, i.e., a própria qualificação, enquanto identificação de natureza jurídica, não deixa de ser um processo de escolha, quando se elegem algumas características relevantes, dentro da complexidade fática.

É importante que se diga que: não se afirma que o intérprete/aplicador cria o direito a partir de sua decisão, exclusivamente. Ao contrário: sua atuação se faz a partir dos limites que o próprio enunciado oferece. A interpretação deve ser plausível, i.e., suscetível de ser atribuída ao respectivo texto normativo, tendo a capacidade de generalizar-se consistentemente como critério para o

56 Cf. GRAU, Eros Roberto. A interpretação constitucional como processo. *Consulex: Revista Jurídica*, vol. 1, n. 3, mar. 1997, p. 40-42.

57 Cf. CARVALHO, Paulo de Barros. Op. cit. (nota 27), p. 193.

tratamento de outros casos em que se recorre aos mesmos dispositivos[58]. É a questão do "sentido possível", o que, no entender de F. Müller, implica que a norma deve guardar uma referibilidade (relação semântica) com o ponto de partida, o texto normativo[59]. Do mesmo modo, a busca da natureza jurídica não permite que se desconsidere a situação fática: a natureza jurídica (ou melhor: as várias naturezas jurídicas) relaciona-se com o fato.

O reconhecimento, entretanto, de que da multiplicidade de enunciados e de significados pode resultar um sem-número de normas, todas elas "corretas", adicionado à multiplicidade de naturezas jurídicas, implica retirar do intérprete/aplicador o mero papel neutro, revelando-se uma escolha (prudência) entre várias soluções igualmente corretas. Fala-se em "sentença como uma criação, ou seja, como escolha entre alternativas possíveis, sem rompimento irreversível com a ideia de sentença vinculada à lei"[60].

Também Tercio Sampaio Ferraz Jr., debruçando-se sobre o tema da "interpretação verdadeira", defende que em situações nas quais a interpretação doutrinária apresenta-se como verdadeira porque descobre o sentido "unívoco" do texto normativo, verifica-se, no máximo, uma proposta política que se esconde sob a capa de uma pretensa cientificidade[61].

Esta visão remete à importância da busca dos valores, enquanto índice a ser utilizado pelo intérprete/aplicador em sua decisão. Não, por óbvio, seus valores, mas aqueles que se extraem do próprio Direito posto.

A Jurisprudência dos Valores, que hoje se faz presente no Direito Tributário, não surgiu sem que antes se superassem as barreiras que a Jurisprudência dos Conceitos e, posteriormente, a dos Interesses trouxeram. Convém conhecer seus percalços a partir da relação entre o Direito Tributário e o Direito Privado, bem como identificar seus limites.

5 Direito Tributário e Direito Privado: a consideração econômica em matéria tributária

Tendo em vista que a tributação toma por base fenômenos econômicos, importa compreender a forma como o legislador capta aqueles e em face de sua ocorrência faz surgir a relação jurídico-tributária.

Com efeito, hoje é consenso na doutrina que o Direito Tributário e o Direito Civil são partes de uma única ordem jurídica, o que implica que os princípios fundamentais do Direito Civil sejam respeitados pelo Direito Tributário, ao mesmo tempo que não se admite que o primeiro se sobreponha aos princípios fundamentais do último. Em caso de concorrência entre os princípios, adota-se a ponderação entre uns e outros, sem que se tenha prevalência *a priori*[62].

58 Cf. NEVES, Marcelo. *Entre Têmis e Leviatã: uma relação difícil.* Estado Democrático de Direito a partir e além de Luhmann e Habermas. São Paulo: Martins Fontes, 2006, p. 210-211.

59 Cf. ANDRADE, José Maria Arruda de. Op. cit. (nota 6), p. 159.

60 Cf. DERZI, Misabel Abreu Machado. *Modificações da Jurisprudência no Direito Tributário.* São Paulo: Noeses, 2009, p. 106.

61 Cf. FERRAZ JÚNIOR, Tercio Sampaio. *Introdução ao estudo do Direito.* 3. ed. São Paulo: Atlas, 2001, p. 259.

62 Cf. TIPKE, Klaus. *Die Steuerrechtsordnung.* Wissenschafsorganisatorische, systematische und grundrechtlich rechtsstaatliche Grundlagen. 2. ed., vol. 1. Köln: Otto Schmidt, 2000, p. 53.

A esse resultado, porém, não se chegou de imediato: por muito tempo, o Direito Tributário foi visto como um "Direito de Sobreposição", o que implicaria que a tributação incidiria sobre situações jurídicas, estas entendidas como aquelas reguladas por outro ramo do Direito. Assim, havia uma espécie de subordinação do Direito Tributário ao Direito Privado, já que se acreditava que as leis tributárias fariam referência a fenômenos do Direito Privado (reenvio)[63] e apenas na ocorrência destes é que seria possível que aquelas fossem aplicadas. Noutras palavras: na hipótese tributária haveria, necessariamente, um fato jurídico de natureza privada; na inexistência (ou invalidade) deste, não haveria que cogitar de tributação.

A consideração econômica, surgida no início do século XX na Alemanha, foi uma reação àquele entendimento: em síntese, sustentava a total independência do Direito Tributário, em relação ao Direito Privado. Tendo em vista que o primeiro seria informado pela capacidade contributiva, corolário da igualdade, caberia reconhecer que a hipótese tributária não se vinculava a estruturas de Direito Privado; previa, ao contrário, fenômenos econômicos, cuja ocorrência, por sua vez, seria investigada independentemente da validade dos negócios jurídicos celebrados entre as partes. Em síntese, se a hipótese tributária não contemplava um negócio jurídico, mas sim uma circunstância econômica, seria esta, e não aquele, o que ensejaria a tributação.

O movimento da consideração econômica acarretou exageros, sendo reformulado, a partir da década de 1960. Sob o mote da consideração econômica, desenvolveram-se várias conceituações[64]. Hoje, entende-se caber ao intérprete verificar se o legislador levou em conta, ou não, a estrutura de Direito Privado, na definição da hipótese tributária. O legislador é livre para se vincular, ou não, às formas daquele. O fato de o legislador utilizar uma expressão que também surge no Direito Privado não implica que aquela expressão exija que se considere o instituto do último que com aquela se designa[65]. Uma mesma expressão pode ter significado diverso, conforme o contexto em que se insira. Em princípio, as expressões empregadas na lei tributária devem ser interpretadas segundo o contexto das leis em que se encontram. Claro que é possível que o legislador tributário se valha do Direito Privado e, em tal caso, deve-se respeitar a autonomia privada.

Contribuição fundamental da consideração econômica para o Direito Tributário foi o reconhecimento de que o legislador tributário é livre para valer-se, ou não, de

---

63 Cf. MELIS, Giuseppe. *L'Interpretazione nel Diritto Tributario*. Padova: CEDAM, 2003, p. 144; sobre a problemática do reenvio implícito (quando o enunciado utiliza um vocábulo técnico que constitui o nome de um instituto jurídico empregado em outro enunciado normativo), p. 147.

64 Cf. NOGUEIRA, Johnson Barbosa. *A interpretação econômica no Direito Tributário*. São Paulo: Resenha Tributária, 1982, p. 16.

65 Em Portugal, o assunto foi resolvido de modo diverso pela Lei Geral Tributária, cujo art. 11 (2) dispõe: "Sempre que, nas normas fiscais, se empreguem termos próprios de outros ramos de direito, devem os mesmos ser interpretados no mesmo sentido daquele que aí têm, salvo se outro decorrer diretamente da lei".

estruturas de Direito Privado. É a partir do contexto que se concluirá acerca da decisão do legislador, descabendo qualquer conclusão *a priori*.

Exemplo da influência do Direito Privado sobre o Direito Tributário está no emprego, pelas normas tributárias, de institutos do primeiro nos dispositivos concernentes à hipótese tributária, exigindo do intérprete a tarefa de compreender se o referido instituto, uma vez absorvido por aquela, ainda mantém o significado privado original. Mas a influência em sentido inverso tampouco pode ser desconhecida, quando se tem em conta que as demonstrações contábeis das pessoas jurídicas são conduzidas por dispositivos da legislação tributária, ou quando a legislação tributária não reconhece despesas ou encargos que a legislação civil impõe ao contribuinte, reduzindo sua capacidade contributiva.

Por outro lado, deve-se registrar ser frequente que o Direito Tributário tenha categorias próprias. Nesse caso, não há espaço para que se busque no Direito Privado razão para afastar a incidência prevista pela lei.

Outro caso que identifica essa relação pode ser apontado no art. 43 do Código Tributário Nacional quando, ao descrever a hipótese tributária do Imposto de Renda, refere-se a acréscimo patrimonial. Caso se entenda a expressão "patrimônio" segundo o Direito Civil, então se afirmará que só há tributação quando há direito novo à disposição do contribuinte. Nesta linha, tornar-se-ia sem sentido cogitar "disponibilidade econômica", já que a única disponibilidade que se poderia cogitar seria jurídica[66].

Uma análise mais acurada, entretanto, revelará que não há razão para se entender que a expressão "acréscimo patrimonial" tenha sido tomada no sentido do Direito Civil. Aliás, no próprio Direito Privado, tem-se, de um lado, um conceito civil de patrimônio e, de outro, um contábil. O balanço de uma empresa aponta para um patrimônio que, com as recentes mudanças na contabilidade, já não revela apenas direitos e obrigações privados. Por que razão, então, a expressão "patrimônio" deveria vincular-se ao Direito Civil? Nada impede que se entenda que o legislador complementar, ao se referir à "disponibilidade econômica" da renda, tenha buscado um sentido econômico para patrimônio; a renda independeria da existência de um título jurídico, sendo igualmente relevante seu sentido econômico: se o contribuinte pode fruir do bem, mesmo sem ser seu proprietário (jurídico), terá o suficiente para se ver caracterizado o acréscimo patrimonial.

O exemplo é suficiente para mostrar a tarefa do intérprete, ao investigar se o legislador tributário, no desenho da hipótese tributária, valeu-se de estruturas privadas.

5.1 A evolução do pensamento da consideração econômica no Direito Comparado

Tendo em vista a importância dessa discussão, é relevante que se conheça como se desenvolveu, primeiro na Alemanha, aquilo que se chamou de "consideração econômica"[67].

Esta expressão, desde 1919, foi empregada para tratar de dois problemas: a interpretação dos conceitos empregados pelas leis tributárias e a relação entre a hipótese tributária e a situação fática[68].

---

66 Cf. MACHADO, Brandão. Breve Exame Crítico do art. 43 do CTN. In: MARTINS, Ives G. S. (coord.). *Estudos sobre o Imposto de Renda* (em memória de Henry Tilbery). São Paulo: Resenha Tributária, 1994, p. 107-124.

67 Sobre o desenvolvimento histórico no direito alemão, cf., também, GALENDI JÚNIOR. Op. cit. (nota 28), p. 119-140.

68 Cf. TIPKE, Klaus; KRUSE, Heinrich. *Kommentar zur Abgabenordnung und Finanzgerichtsordnung*. 16. ed., folhas soltas (atualização 81, abr. 1997), § 4, Tz 106, p. 103.

Antes da Primeira Guerra Mundial, os tributos não eram muito elevados e os sistemas tributários eram dotados de menor complexidade. Em tal cenário, não se via inconveniente em que as normas tributárias fizessem referência ao Direito Civil. A crença era de que os conceitos deste valiam de modo geral, inclusive no Direito Público, e que, portanto, o Direito Tributário também se vinculava às categorias do Direito Privado. O Direito Civil era, enfim, o próprio Direito, dominando, portanto, o Direito Tributário[69].

Terminada a Primeira Guerra Mundial, com o crescimento do Estado Social e suas demandas, fazia-se necessário assegurar maior arrecadação. Especialmente na Alemanha, as necessidades financeiras do Estado eram ainda mais gritantes, tendo em vista a necessidade de compensar as perdas da Guerra: uma reforma tributária datada de 1919/1920, uniformizou a tributação naquele país, prevendo novas bases para a tributação. Dado o aumento da carga tributária, tornava-se necessária maior fundamentação para a distribuição dos encargos, o que exigia especial consideração para a capacidade contributiva, introduzida na Constituição de Weimar[70]. Daí o legislador deixar de vincular as hipóteses de incidência a meras figuras do Direito Privado, tomando antes fenômenos econômicos como vendas, renda e patrimônio[71].

Ao mesmo tempo, há que levar em conta que a delicada situação econômica que enfrentava a Alemanha recomendava a criação de normas tributárias que pudessem coibir a liberdade de que gozavam os contribuintes de estruturarem seus negócios de modo a obter o resultado econômico desejado, mas evitando o surgimento do fato jurídico tributário. O caso MITROPA é citado como exemplo do problema que se desejava enfrentar: constituída em 1905 uma sociedade por ações que tinha por objeto a mineração, duas assembleias de acionistas, ocorridas em 1916, modificaram seu objeto social (passando a comércio de material ferroviário) e denominação; em seguida, transferiu-se sua sede social e, mais uma vez, denominação e objeto (que passava a ser compra e venda de vagões-dormitórios, vagões-restaurantes, vagões e trens de luxo). No entendimento do Fisco alemão, tais atos societários caracterizariam a criação de uma nova sociedade, sujeita, portanto, ao imposto do selo. Os tribunais, entretanto, entenderam que a legislação do imposto do selo não tinha preceito que impedisse a realização dos negócios elusivos relatados[72].

Do ponto de vista doutrinário, vivia-se na época a influência da Jurisprudência dos Interesses, além do Movimento do Direito Livre. Ambos pregavam a liberação dos métodos de interpretação do Direito Civil. Sob a influência de tais correntes, foi possível a Enno Becker, de formação civilista mas com larga atuação profissional no Direito Público, como juiz do Superior Tribunal Administrativo de Oldenburg, introduzir, em seu projeto de normas gerais sobre a matéria tributária, que resultaria na *Reichsabgabenordnung* de 1919, acima referida, dois dispositivos que trariam a consideração econômica à matéria tributária[73].

---

69 Cf. GASSNER, Wolfgang. Op. cit. (nota 24), p. 17.

70 Cf. BEISSE, Heinrich. O critério econômico na interpretação das leis tributárias segundo a mais recente jurisprudência alemã. In: MACHADO, Brandão (coord.). *Direito Tributário*: estudos em homenagem ao professor Ruy Barbosa Nogueira. São Paulo: Saraiva, 1984, p. 1; p. 12.

71 Cf. GASSNER, Wolfgang. Op. cit. (nota 24), p. 18.

72 Cf. MACHADO, Brandão. Prefácio do Tradutor. In: HARTZ, Wilhelm. *Interpretação da lei tributária.* Conteúdo e limites do critério econômico. São Paulo: Resenha Tributária, 1993, p. 8-9. No entanto, Umberto Morello, in *Frode all Legge.* Milano: Giuffrè, 1969, p. 134, baseado em Seerick, informa que o *Reichsfinanzhof* teria considerado o procedimento feito para eludir as normas sobre nova constituição de sociedade e teria cobrado o imposto relativo.

73 Cf. GASSNER, Wolfgang. Op. cit. (nota 24), p. 18.

Para o planejamento tributário, a inserção da consideração econômica foi decisiva: o preceito de que ninguém é obrigado a estruturar seus negócios de um modo tributariamente mais oneroso tinha o pressuposto de que a lei tributária se vincularia a negócios jurídicos; com a consideração econômica, reconhecia-se que a lei poderia vincular-se a circunstâncias econômicas e, portanto, a presença destas, independentemente do negócio contemplado pelo contribuinte, é que daria surgimento à tributação, impedindo, portanto, a economia tributária decorrente da mera escolha de estruturas não previstas[74].

O primeiro dos dispositivos inseridos na Ordenação Tributária de 1919 exigia a consideração econômica na interpretação das leis tributárias, em conjunto com a interpretação teleológica e levando em conta o tempo em que a aplicação se dá (i.e.: dando maior importância ao texto no momento de sua aplicação, afastando a interpretação histórica, ou a "interpretação com o legislador morto")[75].

Este ponto não deve ser perdido de vista, no estudo da consideração econômica: o "significado econômico" não era o único critério para a interpretação das leis tributárias; sua finalidade e o "desenvolvimento das circunstâncias" complementavam o comando. Em seu conjunto, representavam, portanto, um comando para que se admitisse uma interpretação dinâmica do texto. Este, redigido em certo momento histórico, haveria de ser interpretado conforme já tivesse evoluído o próprio Direito. Se este não é estático, tampouco pode o intérprete firmar-se em crenças ultrapassadas. Não sem motivo, a consideração econômica foi chamada a "tábua de salvação" para a subsunção da situação fática[76].

Eis como vinha redigido o dispositivo que previa a consideração econômica:

> § 4. Na interpretação das leis tributárias devem ser considerados sua finalidade, seu significado econômico e o desenvolvimento das circunstâncias[77].

O dispositivo subsequente complementava o anterior, ao versar sobre o abuso de formas jurídicas[78]:

---

74 Cf. PAULICK, Heinz. Von der wirtschaftlichen zur rechtlichen Betrachtungsweise in der höchstrichterlichen Steuerrechtsprechung. *Der Betrieb*, n. 43, 1968, p. 1867.

75 Cf. URBAS, Helmut. *Die wirtschaftliche Betrachtungsweise im Steuerrehct*. Frankfurt, Bern, New York, Paris: Lang, 1987, p. 96.

76 Cf. KAISER, Josef. *Auslegungsgrundsätze im Steuerrecht unter besonderer Würdigung der prinzipiellen Funktion der wirtschaftlichen Betrachtungsweise.* Tese de doutoramento apresentada à Georg-August-Universität zu Göttingen. Göttingen: 1970, p. 107.

77 No texto original, fala-se que "*bei Auslegung der Steuergesetze ihr Zweck, ihre wirtschaftliche Bedeutung und die Entwicklung der Verhältnisse zu berücksichtigen sind*". Brandão Machado, culto jurista e germanista de primeira linha, traduziu o texto (op. cit., nota 70). Cabe observar que a expressão *Verhältnisse* tem um sentido de relações; se o legislador quisesse ter se referido a "circunstância" teria se expressado por Umstände. Entretanto, o clássico dicionário alemão dos Irmãos Grimm (*Deutsche Wörterbuch*) já previu o uso da expressão *Verhältnis como Umstand*, num sentido especial "(*besondere Bedeutung*), *Zustand Eines Dinges, soweit er sich aus dem Vergleichen mit, aus der Beziehung zu anderen Dingen und Wesen ergibt*; *das Verhalten zu etwas anderem, die Wechselbeziehung überhaupt*", i.e., uma circunstância, em comparação com outras. Nesse sentido, o legislador alemão, ao adotar a expressão *Verhältnisse*, parece querer determinar que se considerem as circunstâncias econômicas algo diverso de outras circunstâncias.

78 A expressão "abuso de formas" vem sendo empregada para se referir ao dispositivo alemão e será mantida nesta obra. Entretanto, deve-se alertar que no alemão se utiliza a expressão "Gestaltung", que é mais que mera "forma", aplicando-se para se referir a "estruturações".

> § 5. A obrigação tributária não pode ser eludida ou reduzida mediante o emprego abusivo de formas e formulações de direito civil.
> Haverá abuso no sentido do inciso I,
> 1. quando, nos casos em que a lei submete a um imposto fenômenos, fatos e relações econômicos em sua forma jurídica correspondente, as partes contratantes escolhem formas ou negócios jurídicos inusitados para eludir o imposto, e
> 2. quando, segundo as circunstâncias e a forma como é ou deve ser processado, obtêm as partes contratantes, em substância, o mesmo resultado econômico que seria obtido, se fosse a forma jurídica correspondente aos fenômenos, fatos e relações econômicos[79].

Quando se tem em mente a discussão que até então se tinha acerca da prevalência do Direito Civil sobre os demais ramos do Direito, fica clara a intenção do legislador tributário alemão de firmar a autonomia do Direito Tributário, dotando-lhe de ferramentas próprias para interpretação e aplicação.

Os primeiros anos de aplicação dos dispositivos mostraram que eles acabaram por equivaler a uma cláusula geral para aplicação da consideração econômica que, na prática, atuava como um corretivo econômico para a interpretação, ou como uma cláusula de transformação por meio da qual conceitos de Direito Privado eram convertidos em um sentido econômico, de modo a livrar o Direito Tributário do Direito Privado[80]. Essa fase foi o período áureo da consideração econômica, que pode ser computado de 1918 a 1955, quando a jurisprudência do Tribunal de Finanças do *Reich* se viu influenciada por aquela, com o isolamento do Direito Tributário das outras disciplinas jurídicas[81]. O temor de que a consideração econômica viesse a ser o *slogan* para permitir qualquer interpretação, que Becker afastara, acabou por se confirmar, com a jurisprudência utilizando-se dela como uma justificativa confortável para suas decisões[82].

Em paralelo à autonomia da interpretação do Direito Tributário, desenvolveu-se a "Teoria do Julgamento" (*Beurteilungslehre*) do Direito Tributário como mais uma ferramenta para livrar o Direito Tributário das amarras do Direito Civil. Igualmente imputada a Becker, essa teoria entendia que, para a adequada interpretação econômica da hipótese de incidência, seria importante igualmente um julgamento econômico correspondente da situação fática. Daí que a consideração econômica exigiria que fosse alcançado o conteúdo econômico de um acontecimento, não dando atenção à forma externa (*äussere Form*), apresentação (*Aufmachung*), vestimenta (*Einkleidung*), arranjo (*Zurechtstellung*), disfarce (*Verkleidung*) ou mascaramento (*Maskierung*) da situação fática por parte do contribuinte, devendo antes alcançar o cerne econômico, o resultado. A consideração econômica levava, portanto, a deixar de lado o universo do Direito Privado, livrando a situação fática real de

---

79 Tradução de MACHADO, Brandão. Prefácio do Tradutor. Op. cit. (nota 70), p. 10. Note-se que desta vez o ilustre tradutor utilizou a expressão "relações econômicas", mais fiel à literalidade do texto.

80 Cf. TIPKE, Klaus. Jus 1970, 151 apud GASSNER, Wolfgang. Op. cit. (nota 24), p. 20.

81 Cf. BEISSE, Heinrich. O critério econômico na interpretação das leis tributárias segundo a mais recente jurisprudência alemã. Op. cit. (nota 70), p. 13.

82 Cf. WOERNER, Lothar. Op. cit. (nota 29), p. 227.

seus apetrechos jurídicos[83]. A Teoria do Julgamento trazia, a partir daí, a consideração econômica para o momento da aplicação, sendo, pois, um critério de qualificação segundo as características econômicas do fato. Antes da subsunção da situação fática à lei, deveria aquela submeter-se a um julgamento econômico, social ou ético, o qual daria aos fatos verificados o seu significado, o qual, somente então, possibilitaria a subsunção. Revela-se em tal raciocínio a influência das doutrinas sociológicas do Direito[84].

Do ponto de vista legislativo, a Teoria do Julgamento não se refletiu na primeira reformulação da Ordenação Tributária, de 1931, que se limitou a converter os §§ 4º e 5º, acima citados, para 9º e 10º. Em 1934, entretanto, aqueles textos foram modificados por meio da Lei de Adaptação Fiscal. Como já se viu no Capítulo XI, esta lei surgiu no bojo do florescimento da ideologia nacional socialista, cujo postulado, "utilidade pública prevalece sobre utilidade individual"[85] refletia a ideologia então reinante, segundo a qual o indivíduo apenas se compreendia enquanto parte da coletividade, devendo, pois, a esta tudo o que obtivera[86]. Daí a edição da Lei de Adaptação Tributária, de 1934, cujo § 1º, sob o título "interpretação", veio dispor o seguinte:

1. *As leis tributárias devem ser interpretadas de acordo com a perspectiva mundial do nacional-socialismo.*
2. *Para tanto devem ser consideradas a perspectiva popular, a finalidade e o significado econômico das leis e o desenvolvimento das relações.*
3. *O mesmo vale para o julgamento* do Tatbestand[87].

Quanto ao abuso de formas jurídicas, foi ele tratado pelo § 6 da mesma lei de Adaptação:

§ 6.

1. *A obrigação tributária não pode ser eludida ou reduzida mediante o abuso de formas e formulações de direito civil.*
2. *Quando há abuso, os impostos deverão ser cobrados como o seriam se adotada a forma jurídica adequada para os fenômenos, fatos e relações econômicos*[88].

Tendo em vista a época em que a consideração econômica foi positivada, há quem, com engano, a relacione com o nazismo[89].

Como visto, aquela consideração não era novidade: ela já vinha desde antes, embora houvesse quem visse no último trecho do § 1º acima transcrito mera regra concernente à prova[90] ou possibilidade de desvio da situação fática, corrigindo-a (especialmente para ajustá-la à visão do

---

83 Cf. GASSNER, Wolfgang. Op. cit. (nota 24), p. 20.

84 Cf. GASSNER, Wolfgang. Op. cit. (nota 24), p. 47.

85 *Gemeinnutz geht vor Eigennutz.*

86 Cf. HAASER, Karl. *Die wirtschaftliche und juristische Bedeutung der Lehre vom Steuertatbestand.* Inaugural-Dissertation zur Erlangung der Doktorwürde einer Hohen rechts- und staatswissenschaftlichen Fakultät der Albert-Ludwigs-Universität Freiburg i. Br. Dachau: Bayerland, 1937, p. 34-35.

87 No original: "*(1) Die Steuergesetze sind nach nationalsozialistischer Weltanschauung auszulegen. (2) Dabei sind die Volksanschauung, der Zweck und die wirtschaftliche Bedeutng der Steuergesetze und die Entwicklung der Verhältnisse zu berücksichtigen. (3) Entsprechendes gilt für die Beurteilung von Tatbesänden*".

88 Tradução de MACHADO, Brandão. Op. cit. (nota 70), p. 14.

89 Incorre em tal erro BECKER, Alfredo Augusto. *Carnaval tributário.* 2. ed. São Paulo: Lejus, 1999, p. 151.

90 SCHLECHT apud GASSNER, Wolfgang. Op. cit. (nota 24), p. 26.

nacional-socialismo)[91]. O que aconteceu foi, apenas, a positivação da consideração econômica do fato (Teoria do Julgamento) em momento simultâneo à positivação do nacional socialismo. Este, circunstancial, desapareceu com a Segunda Guerra Mundial[92]; no restante, o dispositivo (inclusive a consideração econômica) manteve-se, no texto, até a entrada em vigor da Ordenação Tributária de 1977. A mera sobrevivência do texto da consideração econômica já serve de evidência que ela nada tinha que ver com o nacional-socialismo.

A coincidência do momento da positivação não é suficiente para ligar um e outro dispositivos. Relacionar ambas as ideias apenas contribui para aumentar o preconceito contra a consideração econômica, sem que se levem em conta seus fundamentos.

Afinal, a consideração econômica da situação fática não poderia ser vista como novidade em 1934. Essa ideia já vinha do projeto original de Becker, de 1919, quando não havia notícia, na Alemanha, do movimento nacional-socialista. Naquele projeto, já havia dispositivo segundo o qual:

> *Na interpretação das leis não se deve apoiar na expressão das palavras, mas deve-se levar em consideração sua finalidade e seu significado econômico e a mudança fundada na evolução das coisas e dos pontos de vista. Isso vale também para a valoração de hipóteses de incidência do Direito Privado*[93].

Pesquisando textos contemporâneos à edição da Ordenação Tributária de 1919, inclusive do próprio Enno Becker, Helmut Urbas mostra que já na visão do autor daquele projeto havia a necessidade de consideração econômica não só para a interpretação, mas também para sua aplicação[94].

O § 1º (3) da Lei de Adaptação determinava, agora de modo expresso, que os princípios aplicáveis nos termos dos itens anteriores do mesmo parágrafo, que versavam sobre a consideração econômica, deveriam ser igualmente aplicáveis ao julgamento da situação fática. Com isso, o texto legal acabava por desdobrar a consideração econômica, versando os dois primeiros itens do referido § 1º sobre o tema da interpretação da lei e o último sobre o julgamento do fato (aplicação).

Esse desdobramento acabou por trazer maiores danos para a compreensão do que foi a consideração econômica na Alemanha: não bastassem as injustas acusações de influência do nacional-socialismo (insista-se: inexistente quando de seu surgimento), não é infrequente que seja ela criticada, sem que se saiba ao certo se a oposição se faz com relação a sua influência na interpretação da norma ou no julgamento do fato.

A opinião dominante entre doutrina e jurisprudência foi a de que o último trecho do § 1º da Lei de Adaptação regularia um aspecto da consideração econômica[95]. A novidade, em termos normativos, fora a expressão "de acordo com a perspectiva mundial do nacional-socialismo", que, como visto, desapareceu com o fim da Segunda Guerra Mundial. Assim, por exemplo, a lição de H. V. Wallis, o qual, baseando-se em Zizlaff, sustenta que a norma introduzida em 1934 apenas confirmou o que já se

---

91 Era a visão do Secretário de Estado Reinhardt, em 1936, seguida por Erler, Ott, K.H. Schmitt, Göers e Kessler. Cf. GASSNER, Wolfgang. Op. cit. (nota 24), p. 27.

92 KRG Nr. 12, de 11.2.1946 (KR Abl. S. 60).

93 Eis o teor original do projeto de Enno Becker para o § 4º da Ondenação Tributária de 1919: "*Bei der Auslegung der Gesetze ist nicht AM Wortausdruck zu haften, sondern ihr Zweck und ihre wirtschaftliche Bedeutung und der durch die Entwicklung begründete Wandel der Dinge und Anschauungen zu berücksichtigen. Dies gilt auch für die Würdigung von Tatbeständen des bürgerlichen Rechts*".

94 Cf. URBAS, Helmut. Op. cit. (nota 75), p. 99-101.

95 Entre outros autores, Hübschmann, Böhmer, von Wallis, Kruse e Tipke. Cf. GASSNER, Wolfgang. Op. cit. (nota 24), p. 27.

entendia contido no texto de 1919[96]. Segundo essa visão, a situação fática deve ser avaliada e interpretada segundo o ponto de vista econômico. Fundada na diversidade entre o Direito Tributário e o Direito Privado, sustenta que para o primeiro não se devem considerar as formas de Direito Privado, mas seu verdadeiro conteúdo econômico[97]. Encontrava-se aí a base legal para a Teoria do Julgamento, acima referida.

A Teoria do Julgamento, por sua vez, acabou por evoluir, na Alemanha, para a consideração tipificante (*typisierende Betrachtungsweise*), referida acima: tratando como de massa o processo tributário, não seria possível sempre alcançar as particularidades do caso tributário individual. Fundando-se na simplificação da atividade administrativa, na exigência de igualdade na tributação e na proteção da inviolabilidade da esfera individual, entendia ser necessário renunciar à pesquisa da situação fática concreta, devendo a tributação, muitas vezes, partir de acontecimentos típicos e submeter estes, não os efetivos, à subsunção. A tributação podia dar-se até mesmo contrariamente aos fatos efetivamente ocorridos[98]. Não contava o que acontecia concretamente, mas aquilo que se acreditava que deveria acontecer segundo o "Typus" correspondente[99]. Os exageros dessa visão levaram Kaiser a se referir à "consideração pseudoeconômica" (*pseudowirschaftliche Betrachtungsweise*)[100]. Assiste razão a Johnson Barbosa Nogueira, quando se refere a um "voluntarismo amorfo" nesta teoria, que leva o intérprete além dos limites que a moldura legal pode conceber[101].

Na Alemanha, a consideração econômica passou por um período de crise, na década de 1955 a 1965, quando um movimento de oposição passou a sustentar a ideia de que a jurisprudência deveria procurar a conexão do Direito Tributário com os outros ramos do Direito, sob o mote da "unidade do ordenamento jurídico", com o primado do Direito Civil. O Direito Tributário nada mais era que um "direito de efeitos do Direito Civil", implicando que conceitos anteriormente elaborados pelo Direito Civil deviam, em princípio, ser entendidos em seu sentido de Direito Civil. O chamado "critério econômico" deveria ser substituído por um "critério jurídico"[102]. Segundo decidiu naquela época o Tribunal Constitucional, "o critério econômico não pode chegar ao ponto de anular o método do direito por meio de conceitos e pontos de vista não jurídicos"[103,104].

O choque foi positivo, pois exigiu que se reformulasse a consideração econômica: esta fora relevante para permitir a emancipação do Direito Tributário, mas se passou a ter por necessário que este saísse do Gueto onde se inserira e se conformasse e integrasse o restante da ordem jurídica[105]. Foi assim que após cerca de uma década, a partir de 1965, o Tribunal Constitucional Federal alemão modificou aquela jurisprudência que dera o primado do Direito Civil, no que foi acompanhado pelo Tribunal Federal de Finanças. Reconheceu-se, mais uma vez, desta feita com fundamento na

96 Cf. WALLIS, H. v. Die 'Beurteilung von Tatbeständen' iS des § 1 Abs. 3 StAnpG. *Finanz-Rundschau*, ano 20 (47), 1965, p. 268-270 (268).

97 Cf. GASSNER, Wolfgang. Op. cit. (nota 24), p. 28.

98 Cf. GASSNER, Wolfgang. Op. cit. (nota 24), p. 21.

99 Cf. MELIS, Giuseppe. Op. cit. (nota 63), p. 200.

100 Cf. KAISER, Josef. Op. cit. (nota 76), p. 137.

101 Cf. NOGUEIRA, Johnson Barbosa. Op. cit. (nota 64), p. 100.

102 Cf. BEISSE, Heinrich. Op. cit. (nota 70), p. 13-14.

103 BVerfGE 13, 328 apud BEISSE, Heinrich. Op. cit. (nota 70), p. 15-16.

104 Este movimento ficou conhecido como "integralista", para se opor à tese autonomista. Cf. MELIS, Giuseppe. Op. cit. (nota 63), p. 153.

105 Cf. WOERNER, Lothar. Op. cit. (nota 29), p. 227.

interpretação teleológica (a ser vista abaixo), a necessidade de se levarem em conta as particularidades e peculiaridades da matéria jurídico-tributária[106].

Longe de ser uma peculiaridade do Direito Tributário, a consideração econômica passava a ser vista, pela doutrina e jurisprudência alemãs, como parte da interpretação, não diferindo, neste aspecto, de outros ramos do Direito igualmente estruturados a partir de conceitos econômicos, como do Direito de falências, o de propriedade industrial ou o de cartéis[107].

As ideias de Becker sobre a consideração econômica encontraram na Itália a simpatia de Griziotti, fundador da Escola de Pavia. Embora haja quem, como Johnson Barbosa Nogueira aponte para diversidades entre a interpretação funcional, na Itália, e a consideração econômica, na Alemanha[108], a semelhança pode ser notada quando se vê, na obra de Griziotti, a referência à interpretação funcional do Direito, em contraposição à interpretação nominalística ou formal das leis[109]. Essa teoria sofreu forte oposição, porque cairia no erro de confundir os pressupostos do tributo com sua disciplina jurídica, os elementos metajurídicos com os jurídicos, a política tributária com o Direito Tributário[110]. Tesauro reconhece, na corrente autonomística (i.e., que propugnava a autonomia dos conceitos do Direito Tributário), ao lado de versões extremadas, que propugnavam, por exemplo, não fosse aplicado o tributo aos casos que, embora correspondessem à hipótese tributária, não apresentassem em concreto a capacidade contributiva que o legislador pretendia atingir, uma versão "moderada", que, ainda na opinião de Tesauro, deve ser adotada, por nada mais representar que a expressão da exigência de uma interpretação não formalística das leis tributárias, atenta à *ratio* da norma e à natureza econômica dos fenômenos regulados[111].

Na América Latina, o Código da Província de Buenos Aires adotou o princípio da realidade, sendo o referido princípio acatado pela II Jornada Latino-Americana de Direito Tributário de 1958, para finalmente refletir-se no modelo de Código Tributário para a América Latina de 1967, nos seguintes termos:

> *Art. 8º "Cuando la norma relativa al hecho generador se refiera a situaciones definidas por otras ramas jurídicas, sin remitirse ni apartarse expresamente de ellas, el intérprete puede asignarle el significado que más se adapte a la realidad considerada por la ley al crear el tributo.*
>
> *Las formas jurídicas adoptadas por los contribuyentes no obligan al intérprete, quien podrá atribuir a las situaciones y actos ocurridos uma significación acorde con los hechos, cuando de la ley tributaria surja que el hecho generador fue definido atendiendo a la realidad y no a la forma jurídica.*
>
> *Cuando las formas jurídicas Sean manifiestamente inapropradas a la realidad de los hechos gravados y ello se traduzca en una disminución de la cuantía de las obligaciones, la ley tributaria se aplicará prescindiendo de tales formas".*

Segundo o levantamento de Ramón Valdés Costa, o modelo foi aceito pela Bolívia, que incorporou somente o inciso 2; Costa Rica, que reproduziu textualmente todo o artigo; Equador, que regula

106 Cf. BEISSE, Heinrich. Op. cit. (nota 70), p. 14.

107 Cf. WOERNER, Lothar. Op. cit. (nota 29), p. 228.

108 Cf. NOGUEIRA, Johnson Barbosa. Op. cit. (nota 64), p. 8.

109 Cf. GRIZIOTTI, Benvenuto. Lo studio funzionale dei fatti finanziari. *Rivista di Diritto Finanziario e Scienza delle Finanze*, vol. 4, n. 4, 1940, p. 306; p. 313 apud MELIS, Giuseppe. Op. cit. (nota 63), p. 203.

110 Cf. UCKMAR, Antonio. *La legge der registro*. vol. 1. Padova: 1958, p. 198-199 apud MELIS, Giuseppe. Op. cit. (nota 63), p. 250.

111 Cf. TESAURO, Francesco. *Istituzioni di Diritto Tributario*. 1 – Parte Generale. 9. ed. Torino: UTET, 2006, p. 45.

diversamente o problema do primeiro inciso, estabelecendo que as disposições de outros ramos "se aplicarán únicamente como normas supletorias..."; Paraguai que, seguindo o Código uruguaio, inclui, nas disposições de aplicação geral da Lei n. 125, de 1992, com modificações, os dois primeiros incisos; enquanto Peru e Venezuela não tratam do tema[112].

A consideração econômica também se fez refletir na Áustria. Encerrada a Segunda Guerra Mundial, chegou-se a entender que aquela já não mais seria aplicável, já que o citado § 1º da Lei de Adaptação deixara de valer para a Áustria e aquele era o texto que dava sustentação à consideração econômica. Entretanto, doutrina e jurisprudência entenderam que aqueles dispositivos não seriam concernentes à interpretação, mas apenas serviriam para o julgamento da situação fática. Dado tal entendimento, a Ordenação Tributária Federal austríaca (*Bundesabgabenordnung*), ao tratar do tema, apenas refletiu a consideração econômica como critério de qualificação (julgamento) do fato, além de reproduzir o dispositivo acerca do abuso de formas jurídicas[113]:

> *§ 21*
>
> 1. *Para o julgamento de questões de Direito Tributário é determinante o verdadeiro conteúdo econômico conforme a consideração econômica, não a forma de apresentação externa da situação fática.*
> 2. *Os princípios das normas tributarias que não estejam em conformidade com o Parágrafo 1 continuam aplicáveis.*
>
> *§ 22*
>
> 1. *A obrigação tributária não pode ser eludida ou reduzida por abuso de formas e de possibilidades de estruturação do direito civil.*
> 2. *Se houver um abuso (Parágrafo 1), os tributos devem ser cobrados como o seriam-no se adotada a forma jurídica adequada para os fenômenos, fatos e relações econômicos*[114].

Na doutrina e na jurisprudência austríacas, o § 21 da BAO, acima transcrito, foi visto como a positivação da consideração econômica, não para a interpretação, mas para a aplicação (Teoria do Julgamento). Nesse sentido, a consideração econômica serviria como fundamento para o julgamento das situações fáticas, devendo-se, por isso, descobrir e pesquisar o conteúdo econômico verdadeiro da situação fática: os negócios jurídicos devem ser julgados e interpretados segundo seu conteúdo econômico, não conforme sua capa formal. Com isso, a consideração econômica só encontraria espaço na fase da aplicação da norma, para pesquisa do acontecimento concreto. Apenas quando o verdadeiro conteúdo econômico tenha sido determinado com ajuda da consideração

112 Cf. COSTA, Ramón Valdés. *Curso de Derecho Tributario*. 2. ed. Buenos Aires: Depalma; Santa Fe de Bogotá: Temis; Madrid: Marcial Pons, 1996, p. 281-282.

113 Cf. GASSNER, Wolfgang. Op. cit. (nota 24), p. 23.

114 No original:

"*§ 21*

1. Für die Beurteilung abgabenrechtlicher Fragen ist in wirtschaftlicher Betrachtungsweise der wahre wirtschaftliche Gehalt und nicht die äussere Erscheinungsform des Sachverhalts maßgebend.

2. Vom Abs 1 abweichende Grundsätze der Abgabenvorschfiten bleiben unberührt

§ 22

1. Durch Mißbrauch von Formen und Gestaltungsmöglichkeiten des bürgerlichen Rechts kann die Abgabenpflicht nicht umgegangen oder gemindert werden.

2. Liegt ein Mißbrauch (Abs. 1) vor, so sind die Abgaben so zu erheben, wie sie bei einer den wirtschaftlichen Vorgängen, Tatsachen und Verhältnissen angemessenen rechtlichen Gestaltung zu erheben wären".

econômica, a situação fática poderia ser julgada conforme as leis tributárias para que houvesse a subsunção. A consideração econômica não teria espaço na própria fase de subsunção daquela situação fática já determinada a partir da consideração econômica[115].

A Teoria do Julgamento não foi acatada sem críticas, seja na Alemanha, seja na Áustria.

Na Alemanha, Klaus Tipke expressou suas críticas, afirmando ser o julgamento da situação fática uma impossibilidade metódica (*Tatbestandsbeurteilung ist eine methodische Unmöglickeit*)[116]. A mesma crítica fora feita por Brandt, o qual, após examinar a doutrina e jurisprudência então predominantes, conclui contrariar a doutrina e a prática o julgamento da situação fática, como proposto pela consideração econômica, diante da impossibilidade metodológica, além de ser incompatível com o Princípio do Estado de Direito. Daí defender ele ser a última parte do § 1º da Lei de Adaptação sem sentido e inconstitucional[117].

Exemplar, neste ponto, o estudo de Papier[118]: depois de constatar que muitas vezes os casos em que a Jurisprudência havia se socorrido da Teoria do Julgamento poderiam ter sido resolvidos mediante mera subsunção dos fatos à norma, cita ocasiões que evidenciam as consequências da primeira, se aplicada fora do contexto da mera interpretação e subsunção. Assim é que é mencionado o caso da "participação anã" (*Zwerganteile*): tendo a legislação tributária comparado a uma compra e venda de um terreno a transação envolvendo a totalidade das ações de uma empresa cujo único ativo relevante fosse um terreno, versou a lide sobre situação em que houve a transferência de 99,5% das ações de uma tal sociedade. O Tribunal de Finanças do *Reich* entendeu que uma "participação anã" é economicamente irrelevante, já que não permite qualquer influência sobre a sociedade. Daí a situação fática dever ser considerada como se todas as ações estivessem nas mãos de uma só pessoa, conforme previsto na hipótese tributária. Outro caso ficou conhecido com *Pfennig-Urteil* – literalmente, julgado do centavo –, tendo o legislador previsto certo benefício tributário para quem tivesse salário de até 500 marcos, enfrentava-se caso de trabalhador com salário de 499,99 marcos; o tribunal do *Reich* entendeu que a diferença era economicamente irrelevante e negou o benefício.

Na Áustria, uma crítica percuciente se encontra no trabalho de Gassner[119], tantas vezes aqui citado.

Como demonstra o referido autor, a doutrina jurídica só conhece um julgamento da situação fática: o julgamento jurídico segundo a hipótese legal a ser aplicada, no processo de subsunção.

Para desenvolver seu raciocino, Gassner começa por questionar se estaria certa a doutrina que vê no § 21 da BAO, acima transcrito, mera previsão de julgamento do fato, deixando incólume a interpretação. Ou seja: tendo em vista, enquanto na Alemanha a Lei de Adaptação previra a consideração econômica tanto para a interpretação do texto legal quanto para o julgamento do fato, a questão é saber se o fato de o legislador austríaco ter se limitado a tratar do julgamento da situação fática, sem fazer menção à interpretação, excluiria a interpretação do universo da consideração econômica. A primeira razão para negar tal entendimento é o fato de que o § 21 BAO poderia encontrar sua origem em literatura e jurisprudência alemãs, suíças e austríacas muito anteriores ao surgimento da Teoria do Julgamento e à própria edição da Lei de Adaptação alemã.

---

115 Cf. as referências bibliográficas in GASSNER, Wolfgang. Op. cit. (nota 24), p. 26-27.

116 Cf. TIPKE, Klaus. *Steuerberater Jahrbuch*, 1968, p. 69-77 e ss.

117 Cf. BRANDT. *Die Beurteilung Von Tatbest*änden im Steuerrecht nach § 1 Abs. 3 des Steueranpassungsgesetzes. 1967 apud GASSNER, Wolfgang. Op. cit. (nota 24), p. 28-29.

118 Cf. PAPIER, Hans-Jürgen. *Die finanzrechtlichen Gesetzesvorbehalte und das grundgesetzliche Demokratieprinzip.* Zugleich ein Beitrag zur Lehre Von den Rechtsformen der Grundrechtseingriffe. Berlin: Duncker & Humblot, 1973, p. 196-197.

119 Cf. GASSNER, Wolfgang. Op. cit. (nota 24), p. 29 e ss.

Agrega a tal argumento a literalidade do dispositivo: refere-se ele à consideração econômica "para o julgamento de questões de Direito Tributário", o que evidencia que o legislador não se refere a julgamento da situação fática, mas sim a julgamento de questões jurídicas.

O mais convincente argumento surge, entretanto, quando o autor sustenta que a frase "é determinante o verdadeiro conteúdo econômico conforme a consideração econômica" exige que se reconheça que aquele conteúdo é determinante juridicamente, i.e., determinante para a subsunção. Ora, se o legislador toma o conteúdo econômico do fato para a subsunção, então pressupõe-se que a hipótese de incidência, enquanto abstração, tenha igual conteúdo. Afinal, não é possível a subsunção se a norma e o fato não são compatíveis. Daí o raciocínio de que, ao determinar a consideração econômica da situação fática, o legislador pressupõe que haja, antes, consideração econômica na própria hipótese de incidência.

Essa questão merece maior atenção, por ser decisiva para a crítica à Teoria do Julgamento. Essa teoria, como visto, pressupõe que se tenha uma situação fática, a ser submetida a um "julgamento", antes da subsunção. Seria uma fase intermediária entre a determinação da situação fática e a subsunção. Ocorre que não há, no processo de subsunção, uma fase intermediária entre a construção do fato jurídico e a norma[120]. Afinal, os fatos sociais são complexos. O processo de aplicação da lei implica, exatamente, a colheita de algumas circunstâncias dentro da complexidade social, suficientes para a subsunção. Dá-se, pois, a construção do fato jurídico (qualificação) a partir da constatação da ocorrência no mundo fenomênico daqueles elementos descritos pela norma. Se esta se faz descrever a partir de critérios econômicos, ao aplicador da lei cabe, imediatamente, averiguar a ocorrência dos fatos econômicos assim previstos (qualificar), declarando, a partir daí, a ocorrência do fato jurídico tributário. Não há, daí, uma fase de "julgamento", intermediária entre uma situação fática já apurada e a subsunção. A situação fática já é constatada e construída a partir dos critérios que o legislador preveja.

Nesse sentido, a consideração econômica nada mais passa a ser que uma consideração jurídica: não há espaço para consideração de circunstâncias não previstas pelo legislador; apenas porque este prestigiou fenômenos econômicos é que o aplicador da lei os investiga.

Finalmente, da expressão "não a forma de apresentação externa da situação fática", Gassner extrai o mandamento de se distinguir forma e conteúdo, exigindo que se busque o sentido e a função dos institutos jurídicos, prevalecendo sobre a interpretação baseada em sua mera forma. Daí ser a consideração econômica, em verdade, mero prestígio da interpretação teleológica.

Verifica-se, a partir do raciocínio de Gassner, a evolução que a teoria da consideração econômica sofreu: da originária permissão para se julgarem os fatos a partir do seu conteúdo econômico, implicando até mesmo desvio dos negócios praticados, o mesmo dispositivo – que continua em vigor na Áustria, diferentemente da Alemanha, onde a *Abagabenordnung* deixou de tratar do tema da interpretação – passou a ser a fundamentação para a interpretação da lei tributária a partir do critério teleológico.

5.2 A consideração econômica no Anteprojeto de Código Tributário Nacional

Não só no Direito Comparado, mas também no Brasil as ideias acerca da consideração econômica repercutiram[121].

120 Cf. GASSNER, Wolfgang. Op. cit. (nota 24), p. 44.

121 Sobre a "recepção doutrinária" da consideração econômica no Brasil, cf. GALENDI JÚNIOR. Op. cit. (nota 28), p. 255-285.

Já no Anteprojeto, de autoria de Rubens Gomes de Sousa, que serviu de base aos trabalhos da Comissão Especial do Código Tributário Nacional, encontrava-se o seguinte dispositivo:

> *Art. 129. Salvo em se tratando de tributos incidentes sobre atos jurídicos formais e de taxas, a interpretação da legislação tributária, no que se refere à conceituação de um determinado ato, fato ou situação jurídica como configurando ou não o fato gerador, e também no que se refere à determinação da alíquota aplicável, terá diretamente em vista os resultados efetivamente decorrentes do aludido ato, fato ou situação jurídica, ainda quando tais a resultados não correspondam aos normais, com o objetivo de que a resultados idênticos ou equivalentes corresponda tratamento tributário igual*[122].

Identificava-se, ali, já a ideia de separar os "tributos incidentes sobre atos jurídicos formais", de um lado, onde não haveria a consideração econômica e os demais, onde se buscariam "os resultados efetivamente decorrentes", mesmo que não "normais", em nome da isonomia.

Quando a Comissão Especial nomeada pelo Ministro da Fazenda apresentou seu Projeto de Código Tributário Nacional, ainda se encontrava a ideia da consideração econômica, mantida no capítulo da interpretação da legislação tributária, nos seguintes termos:

> *Art. 74. A interpretação da legislação tributária visará sua aplicação não só aos atos, fatos ou situações jurídicas nela nominalmente referidos, como também àqueles que produzam ou sejam suscetíveis de produzir resultados equivalentes.*
> *Parágrafo único. O disposto neste artigo não se aplica:*
> *I – às taxas;*
> *II – aos impostos cujo fato gerador seja a celebração de negócio, a prática de ato, ou a expedição de instrumento, formalmente caracterizados na conformidade do direito aplicável segundo a sua natureza própria.*

Vê-se que os autores do Projeto distinguiram as situações em que o tributo incidisse sobre "prática de ato ou expedição de instrumento, formalmente caracterizados", aos quais não se aplicaria a consideração econômica, e outras situações em que seriam "nominalmente referidos" alguns "atos, fatos ou situações jurídicas", mas a lei tributária alcançaria outros "suscetíveis de produzir resultados equivalentes".

O referido dispositivo não foi acolhido na redação final do Código Tributário Nacional, o que permite levantar a crença de que o legislador complementar não quis que se desse espaço à consideração econômica no Brasil.

Entretanto, como já se verificou, a própria doutrina da consideração econômica evoluiu. Na época da redação do Anteprojeto do Código Tributário Nacional, vivia-se o período em que, após os exageros da Teoria do Julgamento, já se pregava a volta aos institutos de Direito Privado. Não se deve estranhar, portanto, que se quisesse afastar o dispositivo acima transcrito, dadas as consequências desastrosas que os textos legais que os inspiraram provocaram na Alemanha.

A evidência da influência alemã era, com efeito, tamanha, que o Projeto chegava a prever até mesmo o recurso à Teoria do Julgamento:

> *Art. 86. A autoridade administrativa ou judiciária terá em vista, independentemente da intenção das partes, mas sem prejuízo dos efeitos penais dessa intenção quando seja o caso, que a*

122 Cf. *Trabalhos da Comissão Especial do Código Tributário Nacional.* Rio de Janeiro: IBGE, 1954, p. 297.

utilização, pelos contribuintes ou terceiros, de institutos, conceitos ou formas de direito privado não deverá dar lugar à evasão ou redução de tributo devido com base nos resultados efetivos do estado de fato ou situação jurídica, nos termos do artigo anterior, em diferir o seu pagamento[123].

O objetivo do referido dispositivo foi assim esclarecido pela Comissão que o elaborou:

O art. 86 (...) tem por fim cercear a evasão tributária procurada através do que a doutrina alemã chama "o abuso de formas de direito privado" (...)[124].

Ora, na própria Alemanha, pouco tempo depois, a consideração econômica foi revista, não passando, daí, de método teleológico de interpretação. Enquanto tal, não carece de dispositivo específico, para que seja aplicada. Ou seja, a ausência de dispositivo expresso, no Código Tributário Nacional, não significa esteja proibido o intérprete de buscar o recurso da teleologia em seu esforço de compreensão do comando do legislador.

5.3 Em resumo: o que é a consideração econômica, hoje, nas lições do Direito Comparado

Vista nestes termos, a consideração econômica nada mais faz que reconhecer que a lei tributária, em sua missão de prover recursos financeiros ao Estado, distribuindo o encargo entre os contribuintes, vincula o dever de contribuir a situações da vida econômica nas quais se manifesta a capacidade contributiva dos obrigados. Do mesmo modo, as normas tributárias indutoras vinculam-se a situações da vida econômica.

A lei tributária pode contemplar situações econômicas que – por força da lei – se transformam em situações jurídico-tributárias. Pode, igualmente, vincular-se a situações civis que, a partir de então, tornam-se também jurídico-tributárias. Finalmente, é factível o legislador utilizar expressões que poderiam denotar situações civis, mas o contexto poderá levar à conclusão de que não é relevante a ocorrência da forma jurídica, mas o conteúdo econômico – este sim transformado em situação jurídico-tributária.

A circunstância de que situações econômicas geralmente surgem em determinadas *formas jurídicas* leva o legislador tributário, por vezes, a utilizar expressões presentes no Direito Privado na hipótese tributária. Assim, esta é descrita por negócios ou formas jurídicas que, ao ver do legislador, seriam aquelas possíveis ou usuais para representar as circunstâncias econômicas vislumbradas pelo legislador para a tributação. O que importa ver é se a matéria tributável é o negócio, ou são os fatos que, em geral, se dão quando da celebração daqueles negócios jurídicos ou quando presentes as formas jurídicas. Nesse caso, não são estas o objeto da tributação, mas os fatos que se fazem presentes em tais formas jurídicas ou negócios jurídicos.

---

123 *Trabalhos* (...). Cf. Op. cit. (nota 122), p. 45.

124 *Trabalhos* (...). Op. cit. (nota 122), p. 195.

Ocorre que muitas vezes, em virtude da autonomia privada, surgem formas e circunstâncias jurídicas que apresentam em seu seio os mesmos fatos presentes naquelas formas e naqueles negócios jurídicos contemplados pelo legislador, mas cujo emprego não fora previsto por este e, portanto, não foram incluídas no texto. Surge, daí, uma discrepância entre o texto e o sentido da lei, dando espaço à interpretação extensiva ou, ultrapassados os limites do dispositivo em questão, à analogia.

O conteúdo do dispositivo legal concernente à consideração econômica na interpretação da lei tributária seria, portanto, apontar, atrás da forma jurídica referida pela lei tributária, para uma circunstância econômica que deve ser vista propriamente como a hipótese tributária. Ou seja: é reconhecer que a expressão utilizada pelo legislador tributário, no lugar de exigir que se faça presente o negócio jurídico ou a forma jurídica que com ela se designa, demanda a ocorrência de fatos econômicos, estes sim o verdadeiro conteúdo da hipótese tributária. A consideração econômica, nesse sentido, convida o intérprete/aplicador a investigar se a hipótese tributária exige a celebração de um negócio jurídico, como pressuposto para a tributação, ou se esta se dará na ocorrência de uma série de fatos, geralmente presentes no bojo daquele negócio mas que igualmente podem ocorrer sem que o último se concretize.

Exemplo de consideração econômica reside na Lei n. 7.713/1988, que versa sobre a incidência do Imposto de Renda sobre o ganho de capital auferido pelas pessoas físicas.

De acordo com o art. 3º, § 3º, dessa Lei, as operações que podem acarretar ganho de capital são aquelas "que importem alienação, a qualquer título, de bens ou direitos ou cessão ou promessa de cessão de direitos à sua aquisição". Todavia, não parou aí o legislador. Além de conceituar tais operações, conferiu exemplos ao dispor que, para a apuração do ganho de capital, são consideradas operações "tais como as realizadas por compra e venda, permuta, adjudicação, desapropriação, dação em pagamento, doação, procuração em causa própria, promessa de compra e venda, cessão de direitos ou promessa de cessão de direitos e contratos afins". O que se observa de imediato é que, ao legislador, pouco importa a operação que ensejou a *alienação*. Arrola uma série de negócios que tem em comum a obrigação de uma das partes alienar um bem. Mas foi além o legislador: mesmo situações em que não é próprio falar em negócio jurídico (como a adjudicação ou a desapropriação) foram arroladas. Desse modo, já se pode concluir que a incidência não se restringe ao conceito privatista de alienação.

Embora tenha empregado um termo que encontra significado próprio no Direito Privado – alienação – na descrição das operações que podem implicar ganho de capital, o legislador tributário não importou o seu significado, mas lhe conferiu sentido próprio para o Direito Tributário. De acordo com os ditames do Direito Privado, para afirmar que há uma alienação, dois elementos principais são necessários: a transmissão de um bem ou direito; e a manifestação de vontade[125]. A transmissão implica passagem de um bem ou direito de um patrimônio a outro[126], o que exige mais de um agente:

---

125 Cf. MENDONÇA, J. X. Carvalho de. *Tratado de Direito Comercial Brasileiro*. Vol. VI, 1ª Parte. Rio de Janeiro: Freitas Bastos, 1955, p. 23-24.

126 Cf. FRANÇA, R. Limongi. "Alienação (da propriedade imóvel)". In FRANÇA, R. Limongi (coord.). *Enciclopédia Saraiva do Direito*. Vol. 6. São Paulo: Saraiva, 1978, p. 40.

alienante e adquirente[127]. Já a exigência de manifestação de vontade significa dizer que transferência involuntária de bem ou direito não implica alienação[128]. Desse modo, para o Direito Privado, a alienação constitui gênero de negócios jurídicos bilaterais[129] que envolvem a transmissão de bem ou direito do patrimônio do alienante para o patrimônio do adquirente mediante ato voluntário.

Tendo isso em vista, fica claro que o legislador tributário optou por conceituar alienação de maneira distinta, pois ali contemplou até mesmo o caso de "desapropriação". Não seguiu a divisão do Código Civil que, ao arrolar as causas de perda de propriedade (art. 1.275), separou a alienação (art. 1.275, I) da desapropriação (art. 1.275, V). Divisão essa que parte, dentre outras diferenças, do fato de que a alienação constitui ato voluntário, ao passo que a desapropriação configura ato (público) unilateral; involuntário para quem perde a propriedade[130].

Dessa forma, consoante a Lei n. 7.713/1988, ganhos de capital podem surgir de quaisquer situações que importem a transmissão de um bem ou direito do patrimônio de uma pessoa a outra. É irrelevante se essa transferência deu-se involuntariamente, conforme seria o caso de se considerar que o Direito Tributário teria se utilizado do Direito Privado ao adotar a expressão *alienação*.

Por trás da consideração econômica, encontra-se, pois, o reconhecimento de que expressões idênticas empregadas em leis diversas não precisam necessariamente ser interpretadas igualmente: cada dispositivo deve ser interpretado à luz de seu contexto e à vista de suas relações com outros dispositivos, tendo em vista sua finalidade. A finalidade do Direito Tributário não se confunde com a do Direito Privado, o que implica – eis a síntese que a consideração econômica exige – reconhecer que, diante de finalidades diversas, expressões idênticas não precisam ter idêntico alcance[131]. A consideração econômica não pode, contudo, ser confundida com "justiça dos cofres públicos": a finalidade arrecadatória não se confunde com a finalidade fiscal. O recurso à finalidade estritamente arrecadatória não se presta à hermenêutica jurídica, e é absurdo do ponto de vista metodológico, porque sempre levará à maior arrecadação possível: "a função arrecadatória não diz absolutamente nada a respeito de como a interpretação da lei tributária deve ser"[132]. O recurso à finalidade fiscal, de outro lado, refere-se à construção de argumentos teleológico-materiais, buscando-se garantir a coerência da tributação e identificar

---

127 Cf. SAMPAIO DÓRIA, Antônio Roberto. "Alienação e Distribuição Disfarçada de Lucros". In FRANÇA, R. Limongi (coord.). *Enciclopédia Saraiva do Direito*. Vol. 6. São Paulo: Saraiva, 1978, p. 50.

128 Cf. OLIVEIRA, Fernando Albino de. Tributação sobre Ganhos de Capital e seu Regime Atual. *Revista de Direito Tributário* n. 13/14, ano IV. São Paulo: Revista dos Tribunais, 1980, p. 190; e SAMPAIO DÓRIA, Antônio Roberto. "Alienação e Distribuição Disfarçada de Lucros". In FRANÇA, R. Limongi (coord.). *Enciclopédia Saraiva do Direito*. Vol. 6. São Paulo: Saraiva, 1978, p. 50.

129 Cf. PONTES DE MIRANDA, Francisco Cavalcanti. *Tratado de Direito Privado – Parte Especial – Pretensões e ações imobiliárias dominicais. Perda da propriedade imobiliária*. Tomo XIV. Rio de Janeiro: Editor Borsoi, 1955, p. 105 e ss.

130 Cf. VENOSA, Sílvio de Salvo. "Artigos 1.196 a 1.368". In AZEVEDO, Álvaro Villaça (coord.). *Código Civil Comentado: Direito das Coisas. Posse. Direitos Reais. Propriedade*. Vol. XII. São Paulo: Atlas, 2006, p. 315 e ss; e VELÁZQUEZ, Victor Hugo Tejerina; e ARAÚJO, Fábio Caldas de. "Do Direito das Coisas (Arts. 1.225 a 1.276", in ALVIM, Arruda; ALVIM, Thereza; e CLÁPIS, Alexandre Laizo (coords.). *Comentários ao Código civil brasileiro: Do Direito das Coisas*. Vol. XI. Tomo III. Rio de Janeiro: Forense, 2013, p. 386 e ss.

131 Cf. TIPKE, Klaus; KRUSE, Heinrich. Op. cit. (nota 68), Tz 107-107a, p. 104-105.

132 GALENDI JÚNIOR. Op. cit. (nota 28), p. 252.

critérios subjacentes às leis e a subsistemas presentes no Ordenamento, levando-se em consideração elementos distributivos, simplificadores e indutores.

Vale reproduzir o que a esse respeito ensina Kruse:

> *Só com o fato de que uma lei tributária aplica conceitos retirados do Direito Privado, ainda não está determinado que tais conceitos devem ser entendidos em seu sentido de Direito Privado. Seria, para dizer assim, desejável, se o legislador usasse sempre a mesma palavra para o mesmo conceito. Daí não seria possível nem a falta de clareza nem a dúvida. Entretanto, como Germann mostra, sempre volta a ocorrer que até mesmo em uma mesma lei a mesma palavra em um dispositivo não tem o mesmo significado em outro dispositivo. Vale ainda mais quando leis de diferentes campos jurídicos utilizam o mesmo conceito. Então, os conceitos expressos identicamente devem ser interpretados diferentemente, segundo as peculiaridades de cada campo jurídico. Decisivas são as peculiaridades dos diferentes campos jurídicos*[133].

Interessante notar, com Papier, que a consideração econômica, nos termos acima descritos, não opera apenas em desfavor do contribuinte. Ele cita o caso da interpretação do conceito de juros nominais em ambiente inflacionário: embora juridicamente haja juros, pode-se sustentar que, economicamente, não há pagamento de juros sobre uma aplicação financeira, mas mera reposição da situação patrimonial anterior, descabendo, daí, a tributação cuja hipótese tributária seja o rendimento proveniente de juros[134].

Em resumo, retomando a figura apresentada acima, a consideração econômica traz mais um elemento para a tarefa do intérprete/aplicador, como segue:

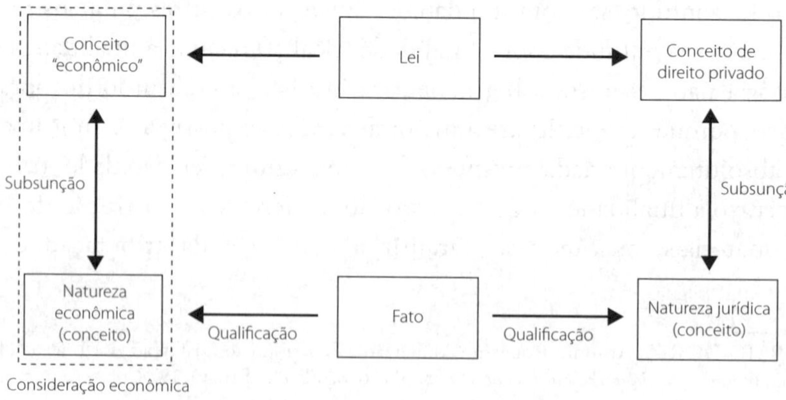

133 No original: "*Allein damit, daß ein Steuergesetz aus dem privaten Recht entlehnte Begriffe verwendet, ist noch nichts darüber bestimmt, daß diese Begriffe auch im privatrechtlichen Sinne verstanden werden müssen. Es wäre zwar wünschenswert, wenn der Gesetzgeber für denselben Begriff immer dasselbe Wort verwenden sürde. Dann wären weder Unklarheiten noch Zweifel möglich. Doch wie Germann zeigt, kommt es immer wieder vor, daß sogar in ein und demselben Gesetz dasselbe Wort in einem Rechtssatz nicht dasselbe bedeutet wie in einem anderen Rechtssatz. Das gilt um sehr viel mehr, wenn Gesetze ganz verschiedener Rechtsgebiete dieselben Begriffe verwenden. Dann müssen die gleichlautenden Begriffe eben nach der Eigenart des jeweiligen Rechtsgebietes verschieden ausgelegt werden. Auf diese Eigenarten der verswchiedenen Rechtsgebiete kommt es entscheidend an*". Cf. KRUSE, Heinrich Wilhelm. Wirtschaftliche Betrachtungsweise im Recht der Verkehrsteuern. In: KRUSE, Heinrich Wilhelm (org.). *Festschrift für Heinz Paulick zum 65.* Geburtstag 9. Mai 1973. Köln Marienburg: Otto Schmidt, 1973, p. 403; p. 409.

134 Cf. PAPIER, Hans-Jürgen. Op. cit. (nota 118), p. 184.

É importante constatar que a consideração econômica, conforme acima apresentada, ainda não pode ser apontada como uma ruptura com Jurisprudência dos Conceitos. Ela ainda permite o fenômeno da subsunção. Tal como se via na figura anterior, há um processo de qualificação do fato e de interpretação da lei. O que a consideração econômica vem reconhecer é, exclusivamente, a possibilidade de o legislador não ter empregado conceitos de direito privado, mas outros conceitos (conceitos econômicos); nesse caso, já não cabe buscar a natureza jurídica (privada), mas outra natureza – igualmente conceitual – que possa subsumir-se à hipótese normativa. Há, por certo, influência dos valores, já que o sistema não aparece mais como completo, fechado. Mas o raciocínio jurídico – eis o que importa – se mantém voltado à construção de conceitos em processo subsuntivo.

5.4 Consideração econômica e seus limites

O emprego da consideração econômica como interpretação teleológica da norma tem limite, entretanto, quando (i) a situação fática não se subsumir à hipótese tributária construída a partir da consideração econômica ou (ii) se a própria teleologia revelar que o legislador não contemplou situações econômicas, mas se vinculou a categorias de Direito Civil.

Antes da reforma constitucional 18/65, era mais facilmente identificável a ocorrência de hipóteses tributárias vinculadas a negócios jurídicos. O vetusto Imposto do Selo era um bom exemplo, já que se tributava a própria celebração do negócio. A referida reforma esforçou-se por buscar alguma racionalidade econômica no sistema tributário, afastando, daí, hipóteses meramente formais. Em tal ambiente, é natural que surjam mais oportunidades para a tributação de situações econômicas.

Por outro lado, a constatação de que a arrecadação não pode ser a única finalidade da norma tributária exige que se considerem seus aspectos redistributivos, simplificadores e indutores; cada um desses elementos poderá ser útil na identificação do conteúdo da própria norma, a ser descoberto por trás do enunciado. Constatado, por exemplo, que o legislador visa fomentar um negócio, a ocorrência deste não pode ser desprezada. Se, por exemplo, a lei tributária oferece incentivos fiscais a negociações de ações em bolsas de valores, como forma de incrementar o mercado de capitais, não se pode estender, sob o argumento de igual capacidade contributiva, o benefício a negociações ocorridas no mercado de balcão.

Daí ficar patente o papel fundamental do intérprete/aplicador na definição do conteúdo da norma tributária: caberá a ele investigar se a hipótese tributária se vincula, ou não, à forma adotada pelo contribuinte.

No dispositivo austríaco acima transcrito, vê-se no comando segundo o qual "os princípios das normas tributarias que não estejam em conformidade com o Parágrafo 1 continuam aplicáveis", a ideia de que, se o legislador tributário tiver se vinculado ao Direito Privado, então já não há espaço para a consideração econômica. Ou seja: embora as mais relevantes hipóteses tributárias se vinculem a elementos econômicos, há aqueles casos que exigem uma consideração civil, não econômica. Na doutrina de fala alemã, cita-se o exemplo da legislação do Imposto de Renda, ainda cedular, para afirmar que, se há uma cédula que se vincula a aluguel e arrendamento, a menção a tais contratos exigiria uma visão civilista, não econômica, já que o legislador vinculou a tributação ao tipo contratual[135].

Por óbvio, tal raciocínio traz ao intérprete mais uma tarefa: saber se a consideração econômica ou a consideração civil foi a determinante em cada caso. Embora haja a tendência de, em nome da segurança jurídica, crer que os conceitos que o Direito Tributário teria aproveitado do Direito Privado deveriam ser entendidos no sentido do último[136], não se pode deixar de lado o argumento de que o Direito Privado não oferece maior segurança que o Direito Tributário e que este, com seus princípios e institutos, oferece campo adequado para o intérprete conhecer o sentido de determinada expressão[137]. Assim, pode-se, ao contrário, argumentar que maior segurança se terá se um instituto empregado pelo Direito Tributário for interpretado dentro do contexto do último.

Eis as hipóteses colhidas por Beisse a partir da jurisprudência do Tribunal Federal de Finanças sobre interpretação dos conceitos de Direito Tributário:

a) Conceitos econômicos de Direito Tributário, isto é, aqueles que o Direito Tributário deve criar ou converter somente para seus objetivos (...), devem, naturalmente, ser interpretados segundo critério econômico.
b) Conceitos de direito civil – dentro do quadro do sentido possível das palavras – devem ser interpretados economicamente, quando o objetivo da lei tributária impõe um desvio do conteúdo do conceito do direito civil. O desvio deve, como já assentou o Tribunal Constitucional Federal, ser "justificado bastante objetivamente".
c) Atinge-se, assim, a problemática do princípio constitucional da igualdade. Uma interpretação "civilística", que quebra o sistema do ordenamento legal dos tributos, pode violar o princípio de igualdade da tributação. Deve-se, portanto, considerar a autonomia da criação de conceitos tributários, afinal, também em relação ao imperativo da interpretação constitucional.
d) Exemplos: o tratamento de igualdade, como princípio do direito do Imposto de Renda, do coempresário e do empresário individual; o conceito de coempresário não coincide com o conceito de sócio de direito civil: o coempresário pode ser também quem apenas formalmente assume a posição de financiado ou empregado; o conceito tributário de não autônomo não precisa coincidir com o de empregado no sentido do direito do trabalho e da previdência social; o conceito de locação e arrendamento, segundo o direito do Imposto de Renda, é mais amplo do que o correspondente no direito civil.
e) Uma vinculação ao conteúdo dos conceitos do direito civil ocorre apenas quando, conforme o sentido e o objetivo da lei tributária, se tem certeza de que o legislador cogitou exatamente desse conteúdo de direito civil. É o caso, por exemplo, da sociedade comercial aberta ou sociedade em comandita. Quando a lei do imposto sobre receitas estabelece uma isenção para receitas derivadas da locação de imóveis, toma-se tradicionalmente o conceito de locação no sentido do direito civil (...)[138].

No último caso – antecipe-se a conclusão – apenas o recurso ao Direito Civil é que haverá de ser relevante para afirmar ou infirmar a ocorrência do fato jurídico tributário. O que pode acontecer é

---

135 Cf. GASSNER, Wolfgang. Op. cit. (nota 24), p. 34.

136 Cf. MELIS, Giuseppe. Op. cit. (nota 63), p. 152-154. Vale lembrar o dispositivo, acima referido, da Lei Geral Tributária de Portugal, que positiva tal entendimento (cf. nota 65).

137 Cf. TIPKE, Klaus. Op. cit. (nota 62), p. 54.

138 Cf. BEISSE, Heinrich. Op. cit. (nota 70), p. 22-23.

que o legislador, ao se vincular a categorias jurídicas, decide por limitar o número de situações que podem sofrer a tributação[139]. Ocorrendo tal circunstância, i.e., firmando-se a convicção de que o legislador limitou a tributação a algumas situações do Direito Privado, já se tem por conclusão que não haverá a tributação, ainda que se tenha por injusto ou anti-isonômico, ou mesmo por erro do legislador, o resultado assim alcançado[140]. A consideração econômica não é aceita como ferramenta para corrigir o erro de uma hipótese tributária, nem para substituir um aspecto da hipótese tributária omitido pelo legislador[141].

5.5 Abuso de formas jurídicas e consideração econômica

Firmado o entendimento de que a consideração econômica encontra por limite as situações em que se entenda que o legislador tributário efetivamente se fixou em uma categoria de Direito Privado, i.e., que a hipótese tributária exige a presença do negócio jurídico ou da forma jurídica prevista pela lei, então entende-se que ela não é suficiente para coibir a prática de planejamento tributário, quando o contribuinte afasta a ocorrência daquela circunstância civil, mesmo que exclusivamente para evitar a tributação.

É isso que explica o teor do § 6º da Lei de Adaptação alemã, ainda hoje existente, com pequenas modificações, no § 42 da Ordenação Tributária de 1977 e igualmente previsto no § 22 da Ordenação Tributária Federal austríaca: o abuso de formas jurídicas.

Afinal, ao admitir que a consideração econômica tenha por limite as situações em que o próprio legislador se tenha fixado em figuras do Direito Civil, coube aos legisladores daqueles países disciplinarem as figuras elusivas para aqueles casos.

Daí os referidos dispositivos serem vistos como cláusulas gerais antiabuso: encontram aplicação, na Alemanha e na Áustria, nos casos em que o legislador tenha se firmado no Direito Civil e não haja espaço para uma interpretação que fuja das raias do Direito Privado. Exige-se, ao lado do aspecto intencional de fugir da tributação, que a figura de Direito Privado seja irrazoável ou inusual em face dos fatos econômicos. Não seria, portanto, dispositivo acerca da interpretação da norma, mas de consideração econômica do fato[142].

Para que se declare inadequada, irrazoável (*unangemessen*), a estrutura empregada pelo particular, caracterizando o abuso de formas jurídicas, aplicam-se, naqueles países, os seguintes critérios[143]:

a) Se uma estrutura de Direito Civil é inusual para o resultado econômico procurado;

b) Se não pode ser encontrado qualquer fundamento econômico razoável para a escolha do meio adotado;

139 Cf. KRUSE, Heinrich Wilhelm. Op. cit. (nota 133), p. 410.

140 Cf. TIPKE, Klaus. Op. cit. (nota 62), p. 54.

141 Cf. TIPKE, Klaus; KRUSE, Heinrich. Op. cit. (nota 68), Tz. 109, p. 109.

142 Cf. GASSNER, Wolfgang. Op. cit. (nota 24), p. 73.

143 Cf. GASSNER, Wolfgang. Op. cit. (nota 24), p. 75-76.

c) Se parece que outra estrutura seria imediatamente exigida para tanto;

d) Se uma estrutura é casuística, difícil, não natural, superficial, contraditória ou transparente e suas finalidades econômicas aparecem como secundárias no caso.

Quando se tem em conta o histórico da figura do abuso de formas jurídicas, verifica-se que sua inspiração está na fraude à lei, do direito privado, não no abuso do direito. É naquela que se baseia a doutrina de fala alemã[144], que indica como seus precedentes, as definições no Digesto de Paulo[145] e de Ulpiano[146] e do Codex[147].

É íntima, com efeito, a relação entre o abuso de formas jurídicas, conforme desenvolvido naqueles países, e a fraude à lei: dependendo do ponto de vista, sobressairá um ou outro aspecto, já que ambas as figuras se completam na elusão fiscal. Conforme se considere o caso a partir da norma eludida ou da norma ardilosamente utilizada, ter-se-á uma fraude à lei ou um abuso. O sujeito procura evitar a aplicação de uma norma utilizando-se do texto de outra que lhe parece mais favorável, mesmo que contra a finalidade da última[148].

No Direito Privado, pacificou-se o entendimento de que a fraude à lei – descompasso entre texto e espírito – é questão que se resolve pela interpretação e pela analogia, entendendo-se daí desnecessária a previsão de um instituto jurídico próprio: somente se reconhecem os casos de uma situação ser ou não ser alcançada por uma norma. Atuações em fraude à lei, portanto, ou são diretamente alcançadas pela norma, ou, por analogia, se fazem ainda ser atingidas. Daí ser a interpretação teleológica a ferramenta para compreender se uma estrutura de Direito Privado foi abusivamente empregada e se deveria ser aplicado outro dispositivo legal, que não o ardilosamente utilizado. Não havendo espaço para a interpretação, admite-se, quando muito, uma redução teleológica, a qual permite que se aplique, por analogia, o dispositivo legal eludido. Ultrapassadas tais possibilidades, jamais será alcançada a situação, por falta de previsão legal[149].

Não é este o espaço para discutir o tema da norma antiabuso. Cabe registrar, entretanto, que não parece acertado o emprego do instituto da fraude à lei, já que esta pressupõe a existência de norma imperativa fraudada; ora, como não há norma que exija que o particular incorra no fato jurídico tributário, qualquer expediente para evitá-lo não seria fraude a norma imperativa.

De igual modo como já se viu no caso da consideração econômica, também no Direito Tributário o que se tem nos dispositivos legais concernentes ao abuso de formas é um mandamento no sentido de se buscar a finalidade de uma regra, confrontando-a com estruturas que a contrariem. O fato de uma estrutura ser inusual, carente de fundamentação econômica, ou de parecer ao aplicador que faria mais sentido, economicamente,

144 Cf. GASSNER, Wolfgang. Op. cit. (nota 24), p. 77.

145 L 29 D de leg 1, 3: *Contra legem facit, qui id facit, quod Lex prohibet, in fraudem vero, qui, salvis verbis legis sententiam eius circumvenit.*

146 L 30 D de leg 1,3: *Fraus enim legi fit,ubi quod fieri noluit, fieri autem non vetuit, id fit.*

147 L 5 C de leg 1,14: *Non dubium est in legem committere eum, qui verba legis amplexus contra legis nititur voluntatem: Nec poenas insertas legibus evitabit, qui se contra iuris sententiam scaeva praerrogativa verborum fraudulenter excusat.*

148 "*Der Rechtsunterworfene veruscht die Anwendung der einen Norm zu vermeiden und unter Berufung auf den Wortlaut eine für ihn günstige Recthsvorschrift entgegen ihrem Sinn und Zweck zur Anwendung zu bringen*". Cf. GASSNER, Wolfgang. Op. cit. (nota 24), p. 86.

149 Cf. GASSNER, Wolfgang. Op. cit. (nota 24), p. 82.

que outro comportamento fosse adotado, são indícios de que aquela estrutura pode ser contrária à finalidade da norma que a contempla. Havendo abuso – assim determinam os dispositivos legais alemão e austríaco –, aplica-se o consequente normativo da norma tributária eludida. Como visto acima, este seria, muitas vezes, o resultado da interpretação teleológica, sendo daí desnecessária sua previsão legal.

No entanto, também no Direito Privado a aplicação da norma eludida pode não mais resultar da mera interpretação, mas, num passo adiante, da analogia ou redução teleológica. Num e noutro caso, aplica-se já a norma eludida, deixando-se de aplicar aquela que fora imaginada pelo contribuinte.

Daí que a consequência do abuso de formas jurídicas é o emprego da norma tributária eludida. Tal consequência – insista-se – poderia, muitas vezes, ser extraída da mera interpretação. Tendo em vista, entretanto, que por vezes já não mais será caso de interpretação, mas de vera analogia, houveram por bem os legisladores daqueles países prever expressamente tal tratamento.

O entendimento preponderante é de que o dispositivo concernente ao abuso de formas jurídicas pode recair em analogia[150]. Ele é visto, por alguns, como uma exceção expressa ao Princípio da Proibição da Analogia[151]. Este ponto – diga-se desde já – não pode passar despercebido, quando se cogita da hipótese de estender a figura do abuso de formas jurídicas ao caso brasileiro: se por vezes é caso que se resolveria por mera interpretação teleológica da norma eludida, outras situações haverá em que se estará diante de vera analogia, cujo emprego, no Brasil, é restringido pelo § 1º do art. 108 do Código Tributário Nacional.

Tem-se, assim, no universo jurídico de fala alemã, na consideração econômica e no abuso de formas jurídicas, uma unidade de objetivo: prestigiar a finalidade da norma tributária, em detrimento do texto do dispositivo legal.

Pode-se assim resumir o pensamento na doutrina alemã, no que se refere ao tema do planejamento tributário:

- a consideração econômica levaria o intérprete/aplicador a questionar se a hipótese tributária contemplava um negócio jurídico ou uma situação fática; no último caso, seria irrelevante a forma jurídica adotada;

---

150 Papier chega a desenvolver o raciocínio de que o dispositivo conteria uma ficção jurídica, ao equiparar uma situação ocorrida a outra, economicamente equivalente, sendo a última correspondente à hipótese tributária. (Cf. PAPIER, Hans-Jürgen. Op. cit. (nota 118), p. 198-199.) Também Tipke e Kruse sustentam a natureza de ficção (cf. TIPKE, Klaus; KRUSE, Heinrich Wilhelm. *Abgabenordnung. Finanzgerichtsordnung.* Kommentar zur AO 1977 und FGO (ohne Steuerstrafrecht). 14. ed., vol. 1. Köln: Otto Schmidt, folhas soltas – atualização 68, out. 1992). Ainda que fosse uma ficção, as conclusões do presente estudo, com relação à sua admissibilidade no Brasil, sem previsão legal, seriam equivalentes.

151 Cf. LEHNER, Moris. Deutschland (relatório nacional). *Cahiers de Droit Fiscal International.* vol. LXVIII a (1er sujet). Rotterdam: International Fiscal Association; Deventer: Kluwer, p. 193 (196); KRAFT, Gerhard. *Die mißbräuchliche Inanspruchnahme Von Doppelbesteuerungsabkommen: zur Problematik dês Treaty Shopping unter Berücksichtigung der Rechtslage in der Bundesrepublik Deutschland, in der Schweiz und in der Vereinigten Staaten.* Heildelberg: Müller, 1991, p. 54; CREZELIUS, Georg. Beschränkte Steuerpflicht und Gestaltungsmißbrauch. *Der Betrieb*, Caderno 10, p. 530; p. 534.

- afastada a consideração econômica, i.e., concluindo-se que a hipótese tributária contemplaria um negócio jurídico, cuja ausência implicaria negar a tributação, sempre haveria o recurso ao instituto da simulação, a fim de se constatar se houve, ou não, o referido negócio;
- não sendo caso de simulação, mas confirmada a vinculação da hipótese tributária a determinado negócio jurídico, surgiria a possibilidade do exame do abuso de formas jurídicas.

Vê-se, da análise acima, que o abuso de formas jurídicas ganhou, em seu nascedouro, escopo bastante limitado, já que apenas alcança aquelas (raras) oportunidades em que a consideração econômica e o instituto da simulação já não tivessem assegurado a tributação.

Ainda a título de comparação, vale mencionar que o mesmo raciocínio não se estende ao cenário português, onde o abuso de formas parece ter escopo muito maior, dada a rejeição da consideração econômica.

Basta uma breve leitura do dispositivo do art. 38º, 2 da Lei Geral Tributária portuguesa, para que se conclua ter ele se inspirado no modelo alemão. Dispõe que "são ineficazes no âmbito tributário os actos ou negócios jurídicos essencial ou principalmente dirigidos por meios artificiosos ou fraudulentos e com abuso de formas jurídicas, à redução, eliminação ou diferimento temporal de impostos que seriam devidos em resultado de factos, actos ou negócios jurídicos de idêntico fim económico, ou à obtenção de vantagens fiscais que não seriam alcançadas, total ou parcialmente, sem utilização desses meios, efectuando-se então a tributação de acordo com as normas aplicáveis na sua ausência e não se produzindo as vantagens fiscais referidas".

Vê-se, assim, positivada, no modelo português, a figura do abuso de formas jurídicas. Interessante questão que se apresenta, a partir daí, é se é possível, com tal dispositivo, concluir pela identidade do tratamento do planejamento fiscal em Portugal e na Alemanha.

Com efeito, viu-se que, na Alemanha, o recurso à figura do abuso de formas jurídicas se dá de modo residual, já que é precedido da consideração econômica.

Compulsando-se a Lei Geral Tributária, por outro lado, verifica-se que não foi idêntica a decisão do legislador português. Emblemático, nesse sentido, seu art. 11, que, ao tratar da interpretação, assim preceitua:

1. Na determinação do sentido das normas fiscais e na qualificação dos factos a que as mesmas se aplicam, são observadas as regras e princípios gerais de interpretação e aplicação das leis.
2. Sempre que, nas normas fiscais, se empreguem termos próprios de outros ramos de direito, devem os mesmos ser interpretados no mesmo sentido daquele que aí têm, salvo se outro decorrer directamente da lei.
3. Persistindo a dúvida sobre o sentido das normas de incidência a aplicar, deve atender-se-à substância econômica dos factos tributários.
4. As lacunas resultantes de normas tributárias abrangidas na reserva de lei da Assembleia da República não são susceptíveis de integração analógica.

Uma leitura do terceiro parágrafo acima poderia servir para se acreditar na introdução da consideração econômica no direito lusitano. Entretanto, um exame mais atento evidencia que o legislador português, diversamente do modelo alemão, não permitiu o imediato resgate da substância econômica: sua importância apenas surge "persistindo a dúvida".

O referido dispositivo mereceu dura crítica de Diogo Leite de Campos, que sublinha não estar presente a concepção, "na lei geral tributária, de que o Direito fiscal visa a realidades econômicas e não factos jurídicos"[152].

Com efeito, é o mesmo autor que, um pouco antes, já se alertava que a dúvida a que se refere o dispositivo "será bastante rara, embora não impossível, no caso de as normas tributárias terem sido tecnicamente bem construídas".

E por que a dúvida seria tão rara se, no caso alemão, é corriqueiro o emprego da consideração econômica?

Pensamos que a chave se encontra no parágrafo imediatamente anterior, no qual o legislador português se posiciona, de modo claro, acerca da querela quanto à prevalência do Direito Privado sobre o Direito Tributário.

Se em diversos países a mera existência de um termo na lei tributária nada diz acerca de seu conteúdo, o legislador português resolveu tomar partido, esclarecendo que, salvo disposição de lei em contrário, um mesmo termo deve ter o mesmo conteúdo. Assim, desaparece a possibilidade de consideração econômica quando o legislador emprega termo próprio de outro ramo do Direito: a menos que o legislador lhe empreste outra definição, prevalecerá aquela do outro ramo jurídico.

Vê-se, a partir daí, a solução portuguesa fincando-se na prevalência do Direito Privado. O Direito Tributário surge – salvo disposição legal em contrário – como direito de sobreposição, fazendo incidir a tributação a partir de conceitos presentes em outros ramos do Direito. Em tais circunstâncias, ausente a figura jurídica contemplada pelo legislador, não há que cogitar tributação, mesmo que haja semelhança econômica entre a situação fática e aquela prevista normativamente.

Ora, se o conceito de Direito Privado é o que prevalece, então é imediato que haverá muito maior espaço para planejamentos tributários calcados na diferença entre institutos jurídicos. O contribuinte procurará fugir das figuras previstas legalmente, escolhendo outras de igual efeito, não contempladas pelo legislador.

Ampliando-se o espaço do Direito Privado, igualmente aumentam as oportunidades da contenção do planejamento tributário por meio de instrumentos que cerceiem tais expedientes. Assim, primeiramente, a simulação e, no caso português, o abuso de formas jurídicas.

Daí não ser de espantar que, em Portugal, a figura do abuso de formas jurídicas venha a ter aplicação muito mais ampla que sua congênere alemã. Afinal, esta foi concebida para situações residuais, dada a regra da consideração econômica. Em Portugal, sendo a regra a prevalência da figura do Direito Privado, as oportunidades do emprego da figura do abuso de formas jurídicas certamente crescerão.

5.6 Avaliação crítica: consideração econômica e abuso de formas jurídicas

Excepcionada a questão da analogia – como visto merecedora de tratamento diferenciado no caso brasileiro –, tanto a consideração econômica quanto o abuso de formas jurídicas também se afastam da rejeição daqueles que veem ali uma excepcionalidade, incompatível com a ordem jurídica.

---

152 Cf. CAMPOS, Diogo Leite de; RODRIGUES, Benjamim Silva; SOUSA, Jorge Lopes de. *Lei Geral Tributária.* Comentada e anotada. 3. ed. Lisboa: Vislis, 2003, p. 76.

Com efeito, assim como a consideração econômica levou à Teoria do Julgamento, com os exageros de se desconsiderarem os fatos praticados pelo contribuinte, de igual modo o abuso de formas jurídicas foi confundido como consideração econômica das estruturas de Direito Privado adotadas. Nesse caso, não se investigaria a ocorrência do abuso a partir da hipótese tributária e de sua finalidade, buscando-se, antes, julgar a estrutura de Direito Privado segundo o ponto de vista econômico. Haveria, portanto, um abuso quando a estrutura de Direito Privado fosse inadequada economicamente. Do mesmo modo como a Teoria do Julgamento e a consideração tipificante, também aqui se recaiu em um julgamento da situação fática independente da hipótese tributária[153].

Vê-se, em síntese, que a consideração econômica e o abuso de formas jurídicas recaíram, indevidamente, em métodos jurídico-sociológicos que levam a uma avaliação econômica da situação fática. O exagero levou a um raciocínio que parte da situação fática, atrás de uma solução, sem que se busque interpretar o texto normativo, a fim de investigar se é possível a construção de uma hipótese tributária que alcance aquela situação. Chega-se a resultados próximos ao que se viu na Escola Livre do Direito, com os perigos daí decorrentes. Como visto, tais institutos não se prestam a tanto, o que levou a doutrina mais moderna a recolocar ambos os institutos no campo da interpretação teleológica, firmando-se, daí, na busca da construção da norma jurídica a partir de sua finalidade[154].

O problema de sua extensão a outros ordenamentos está na analogia. No Brasil, esta descabe quando implica exigência de tributo não previsto em lei (art. 108, I, do Código Tributário Nacional). Excetuados os casos em que se conclua haver analogia – casos em que se cogitaria de abuso de formas jurídicas – no mais, a consideração econômica traz importantes subsídios para o intérprete/aplicador, ao desafiá-lo a buscar o conteúdo da norma jurídica e a subsunção dos fatos concretos.

A ligação que se faz entre a consideração econômica e a interpretação teleológica exige, por fim, que se insista na afirmação de que a finalidade da norma não há de ser apenas a arrecadação. Nesse sentido, Vogel nega a possibilidade de interpretação teleológica assim compreendida[155], já que uma interpretação que tivesse em conta a finalidade arrecadatória dos impostos levaria a um progressivo alargamento da obrigação tributária[156].

Assiste razão ao saudoso mestre de Munique. Afinal, se é verdade que aquela consideração foi introduzida no ordenamento alemão com a finalidade de incrementar os recursos estatais no

153 Cf., com referências críticas a doutrina e jurisprudência, GASSNER, Wolfgang. Op. cit. (nota 24), p. 92.

154 Cf. GASSNER, Wolfgang. Op. cit. (nota 24), p. 98.

155 Vogel utiliza-se da expressão "interpretação teleológica" em um sentido que lhe é próprio. Sobre a controvérsia terminológica, cf. GALENDI JÚNIOR. Op. cit. (nota 28), p. 110-114.

156 Cf. VOGEL, Klaus. Grundzüge des Finanzrechts des Grundgesetzes. In: ISENSEE, Josef; KIRCHHOF, Paul (orgs.). *Handbuch des Staatsrechts der Bundesrepublik Deutschland.* Band 4 – Finanzverfassung – Bundesstaatliche Ordnung. Heidelberg: C.F. Müller, 1990, p. 3-86 (51).

pós-guerra, os exageros que dali resultaram servem de prova inequívoca de que não se pode tomar a finalidade arrecadatória, por si, como critério para a interpretação da lei tributária, sob pena de se justificar qualquer imposição, mesmo que ao arrepio das balizas da justiça. Ao contrário, importa ter em mente que a finalidade da lei tributária não é apenas a arrecadação, mas sim que esta se dê de acordo com os parâmetros constitucionais.

Se no Capítulo V já se viu que cada espécie tributária apresenta seu fundamento (sua justificação), é a partir daí que se investiga a finalidade. Assim é que, no caso dos impostos, tem-se a fundamentação baseada na capacidade contributiva, tornando possível, daí, falar em teleologia da norma tributária não apenas na arrecadação, mas sim na "arrecadação segundo os ditames da capacidade contributiva". O que se busca, portanto, é a fundamentação da tributação (*Belastungsgrund*)[157].

Verifica-se, daí, na moderna doutrina alemã[158], a ligação entre a consideração econômica e o princípio da capacidade contributiva: este se fixa como o *telos* a inspirar o intérprete, na construção da norma tributária. Cabe-lhe indagar qual a manifestação de capacidade contributiva (econômica) contemplada pelo legislador, assegurando, a partir daí, que as riquezas ali compreendidas se expressem na norma tributária.

Conforme já se anotou acima, além da capacidade contributiva, outras finalidades podem ser buscadas pela norma tributária, onde ganham destaque as normas tributárias indutoras. Identificada a função extrafiscal, esta deve ser levada em conta no processo de interpretação/aplicação.

5.7 Consideração econômica e segurança jurídica

Importa ter em mente, por fim, que a consideração econômica, critério para a interpretação teleológica, encerra-se com a construção de uma norma jurídica. Não serve ela de escusa para extensão da norma, ou para sua fragmentação.

A partir daí, vê-se que é falso o dilema daqueles que questionam a consideração econômica com base na segurança jurídica. Não é correto afirmar que existem duas normas, igualmente válidas: aquela fundada na consideração "jurídica" e outra na "econômica". A consideração econômica é elemento relevante para a construção de um elemento jurídico: a norma. Esta é indivisível, resultado do trabalho do intérprete/aplicador. Se um raciocínio formal leva a uma norma e a consideração econômica a outro, dever-se-á investigar, a partir do critério teleológico, qual a norma, afinal, aplicável. Não há espaço para cogitar duas normas igualmente aplicáveis ao caso.

157 Cf. WOERNER, Lothar. Op. cit. (nota 29), p. 228.

158 Cf. LEHNER, Moris. Consideração econômica e tributação conforme a capacidade contributiva. Sobre a possibilidade de uma interpretação teleológica de normas com finalidades arrecadatórias. In: SCHOUERI, Luís Eduardo; ZILVETI, Fernando Aurélio (coords.). *Direito Tributário.* Estudos em homenagem a Brandão Machado. São Paulo: Dialética, 1998, p. 143.

5.8 Consideração econômica, tipos e Jurisprudência dos Valores

Apontou-se a influência da Jurisprudência dos Valores no Direito Tributário, em especial no que se refere à competência tributária e aos conceitos indeterminados. Importa, entretanto, que fique firmado o entendimento de que o Código Tributário Nacional impõe limites a seu emprego. Assim como a competência tributária pode ter feições tipológicas na Constituição, mas exige aproximação conceitual por meio de lei complementar, do mesmo modo a Jurisprudência dos Valores encontra limites quando da aplicação da lei tributária.

Retomando a figura que já se apresentou acima, pode-se resumir o raciocínio como segue:

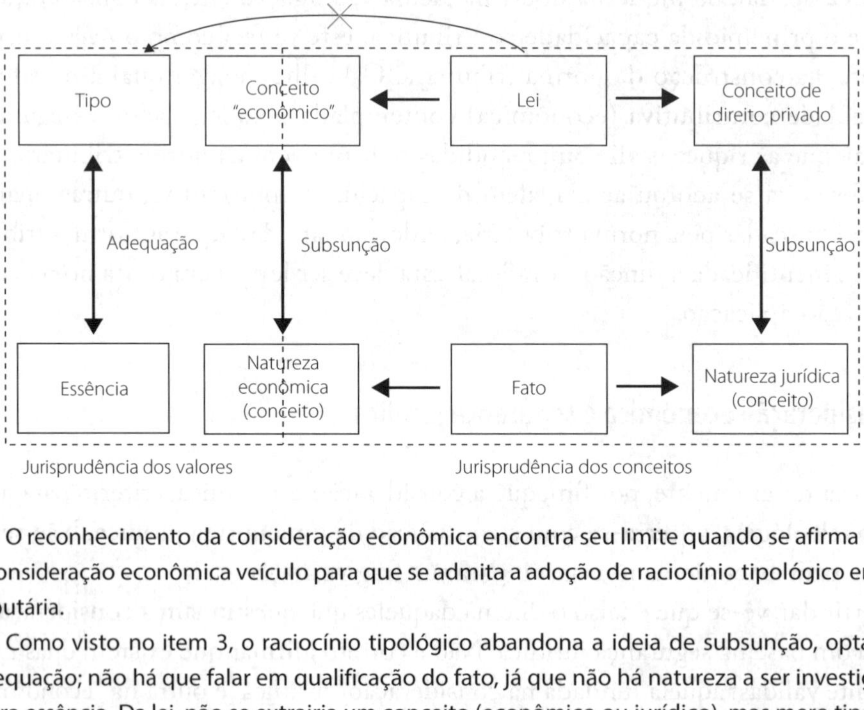

O reconhecimento da consideração econômica encontra seu limite quando se afirma que não é a consideração econômica veículo para que se admita a adoção de raciocínio tipológico em matéria tributária.

Como visto no item 3, o raciocínio tipológico abandona a ideia de subsunção, optando pela adequação; não há que falar em qualificação do fato, já que não há natureza a ser investigada, mas mera essência. Da lei, não se extrairia um conceito (econômico ou jurídico), mas mero tipo.

É certo que, na própria construção da norma, existe certa abertura que se vê influenciada pela jurisprudência dos valores. São estes que serão fundamentais para o processo de interpretação/aplicação, no processo de escolha entre alternativas igualmente válidas. O jurista não desconhece a evolução dos fatos e dos valores do ordenamento. Essa abertura, entretanto, encontra limite imposto pelo Ordenamento quando, em matéria de tributação, exige decisão, incompatível com o raciocínio tipológico.

6 Interpretação, integração e qualificação no Código Tributário Nacional

O Código Tributário Nacional separa os momentos da interpretação e integração, de um lado, e aplicação, de outro.

No anteprojeto do Código Tributário Nacional, havia um capítulo sobre "Regras Especiais de Interpretação"[159], o que se filiaria à tendência de se falar em interpretação dos fatos. O texto final acabou deslocando a matéria para o atual art. 118, separando, daí, a qualificação da interpretação e integração.

Impõe que se alerte acerca de possível confusão terminológica, já que no art. 105 o Código Tributário Nacional versa sobre a "aplicação da legislação tributária", dedicando-se ao tema da aplicação no tempo e espaço, conforme visto no Capítulo XVI. O tema da qualificação, que materialmente se insere no processo de aplicação, não ficou ali inserido, tendo sido transportado para o Livro IV ("Da Obrigação Tributária"), quando se regula a ocorrência do fato jurídico tributário.

6.1 Interpretação

Filiando-se ao entendimento de que a atividade de interpretação pudesse ser limitada pelo próprio legislador, o Código Tributário Nacional tratou, já no art. 107, de dispor sobre o caráter mandatório de seus dispositivos:

> CAPÍTULO IV
>
> Interpretação e Integração da Legislação Tributária
>
> Art. 107. A legislação tributária será interpretada conforme o disposto neste Capítulo.

O mandamento do Código Tributário Nacional não pode ser tomado em sua literalidade, sob pena de cair no absurdo. Também ele, paradoxalmente, exige a ponderação do intérprete, para compreender que não seria possível que a atividade do intérprete se pautasse exclusivamente por um conjunto de enunciados do Código Tributário Nacional. Na linguagem astuta de Ricardo Lobo Torres, "As normas sobre a interpretação e a integração do Direito são ambíguas, insuficientes ou redundantes. Necessitam elas próprias de interpretação"[160]. Quando muito, o que se pretende é que a atividade do intérprete, além do que se exige em geral, tome em consideração diretrizes do Código Tributário Nacional. Era, neste sentido, mais precisa a linguagem do art. 73 do Anteprojeto[161]:

> Art. 73. Na aplicação da legislação tributária, são admissíveis quaisquer métodos ou processos de interpretação, observado o disposto neste Título.

O Código Tributário Nacional adota a apontada dicotomia entre interpretação e a integração; esta iniciar-se-ia quando encerrada a primeira. A dificuldade do legislador

159 Cf. *Trabalhos...* Op. cit. (nota 122), p. 179.

160 Cf. TORRES, Ricardo Lobo. Op. cit. (nota 38), p. 21.

161 *Trabalhos...* Op. cit. (nota 122).

complementar, entretanto, já se denuncia quando se propõe a tratar da matéria, não conseguindo separar, sistematicamente, uma e outra atividade. Assim é que, se o art. 107 fala em interpretação, o art. 108 já versa sobre a integração (caso de *ausência de disposição expressa*), tendo os arts. 110 a 112 regras que versam sobre interpretação.

Essa dificuldade de sistematização não decorre do acaso. É que a construção da norma compreende, como visto, um processo a cargo do intérprete/aplicador, o qual não toma um texto isolado, mas todo o ordenamento jurídico, na busca de uma norma que resulte do todo colocado a sua disposição.

Pretendesse o intérprete/aplicador construir a norma a partir de um único dispositivo, então faria sentido a preocupação do legislador complementar em dizer-lhe que outros dispositivos devem vir ocasionalmente em seu socorro, na busca do significado. Se, por outro lado, a atividade do intérprete/aplicador parte do todo do ordenamento, então já não há um ponto de início e outras atividades acessórias; a busca de todos os enunciados cabíveis se faz de modo unitário.

6.2 Integração

Mais uma vez revelando sua visão de que o processo interpretativo seria de um texto, apenas, o Código Tributário Nacional inaugura um dispositivo que versa a integração. Este seria um processo que se daria após a interpretação, i.e., concluída a interpretação do texto e frustrada a construção de uma norma, abrir-se-ia espaço para a integração.

A ideia de integração pressupõe uma lacuna a ser preenchida, i.e., a falta de decisão do legislador acerca de determinada situação.

Já se viu que, na evolução histórica do pensamento jurídico, chegou-se a negar a existência de lacuna, já que o ordenamento seria completo. A codificação resumiria toda a matéria jurídica e aquilo que não estivesse expresso no texto defluiria dos conceitos. A superação da Jurisprudência dos Conceitos encontra na afirmação da existência da lacuna e no desafio para seu preenchimento um de seus elementos. Contudo, dada a dicotomia acolhida pelo Código Tributário Nacional, surge o espaço para a integração quando se ultrapassa o "sentido possível das palavras", na expressão de Larenz, acima referida.

Eis o que diz o art. 108 do Código Tributário Nacional:

> Art. 108. Na ausência de disposição expressa, a autoridade competente para aplicar a legislação tributária utilizará sucessivamente, na ordem indicada:
>
> I – a analogia;
> II – os princípios gerais de Direito Tributário;
> III – os princípios gerais de direito público;
> IV – a equidade.
> § 1º O emprego da analogia não poderá resultar na exigência de tributo não previsto em lei.

§ 2º O emprego da equidade não poderá resultar na dispensa do pagamento de tributo devido.

A crítica ao referido dispositivo é imediata: pretende ordenar o processo de construção normativa ("na ordem indicada"), priorizando um processo de "integração" em relação a outro. A falta de acesso à atividade mental de concreção realizada pelo intérprete denuncia a impropriedade do dispositivo[162].

A seguir tal raciocínio, os "Princípios Gerais", seja de Direito Tributário, seja de Direito Público (e nessa ordem sucessiva), seriam subsidiários à analogia. Não há como aceitar tal visão, já que tais "Princípios Gerais" laboram na própria construção da norma.

Acaso seria possível construir uma norma, a partir de um enunciado, sem ter em conta os referidos Princípios Gerais? Tome-se o exemplo do Princípio Federativo (um "Princípio Geral de Direito Público"): será ele que iluminará o tema da repartição de competências; o aspecto espacial de incidência de uma norma deverá ser informado por aquele princípio, mesmo que não expresso nos enunciados eventualmente identificados pelo intérprete/aplicador.

O mesmo ocorre com os "Princípios Gerais de Direito Tributário". O Princípio da Capacidade Contributiva, por exemplo, será vetor por excelência para a compreensão do aspecto material da hipótese tributária de qualquer imposto. A expressão "renda e proventos de qualquer natureza" exige que se compreenda ser essa uma forma de manifestação de capacidade contributiva, o que afasta do campo da imposição meras movimentações financeiras sem cunho patrimonial.

Os exemplos acima já revelam que não é sensata a determinação de que os recursos apontados pelo art. 108 se façam "sucessivamente, na ordem indicada". Ao contrário: o recurso àqueles Princípios Gerais se faz no próprio processo de interpretação, como subsídio para a construção da norma tributária.

6.2.1 A questão da analogia e sua importância para o tema do planejamento tributário

Nem por isso se torna inaproveitável o art. 108 do Código Tributário Nacional: ao contrário, é ele recurso frequentemente utilizado para garantir não se empregue a analogia de modo gravoso ao contribuinte, já que embora seja ela o primeiro dos meios de "integração" apontados pelo referido dispositivo, o seu § 1º trata de imediatamente assegurar que dali não resulte a exigência de tributo não previsto em lei.

A analogia encontra seu fundamento na igualdade. É a extensão da norma a situações não contempladas em sua hipótese. Construída a norma, o intérprete/aplicador conclui que determinada situação não se encontra em seu campo de incidência, i.e., não é possível enquadrar a situação dentro do "sentido possível das palavras"; em vez de concluir pela não incidência, dá-se um passo seguinte, passando a se cogitar a extensão da norma ao caso não contemplado, com base na igualdade. Já não se busca descobrir qual era a vontade do legislador, mas se procuram estabelecer, *de similibus ad simila,* normas que o legislador logicamente deveria ter estabelecido, mas que não o foram[163].

162 Cf. ANDRADE, José Maria Arruda de. Op. cit. (nota 6), p. 231.

163 Cf. HOUTTE, Jean van. *Auslegungsgrundsätze im Internen und im Internationalen Steuerrecht.* Amsterdam: Internationales Steuerdokumentationsbüro, 1968, p. 2-28.

O raciocínio analógico parte da ideia de que o legislador não teria como contemplar todas as situações que a complexidade da vida social pode oferecer, especialmente tendo em vista o caráter estático do processo legislativo, em face da dinâmica do processo social. Situações são enfrentadas pelo intérprete/aplicador que não haviam sido consideradas pelo legislador. Daí que, em nome da igualdade, busca-se uma solução não contemplada pelo legislador, dentro do raciocínio de coerência: se uma situação recebe determinado tratamento, então situação análoga deve receber igual tratamento.

Na matéria tributária, a analogia surge ainda com maior força, sustentada pelos "Princípios Gerais de Direito Tributário", em especial o Princípio da Capacidade Contributiva: não seria aceitável que duas pessoas com capacidades contributivas equivalentes recebessem tratamento diverso exclusivamente porque uma adotou um caminho não contemplado pelo legislador. Como visto acima, a analogia é aceita em outros ordenamentos jurídicos, sendo exemplar o caso alemão, que emprega a analogia para os casos de abuso de formas jurídicas.

O raciocínio, conquanto atraente, não resiste ao argumento de que o Princípio da Capacidade Contributiva não tem um caráter positivo: o constituinte em nenhum momento exigiu que toda manifestação de capacidade contributiva se sujeitasse a um imposto. Ao contrário: a própria repartição de competências tributárias deixou uma série de situações de lado, naquilo que se denominou "competência residual".

Se o constituinte arrola fenômenos econômicos e os distribui entre as Pessoas Jurídicas de Direito Público, é imediato que a escolha não poderia ser exaustiva: outras situações da vida, igualmente relevantes para identificar aqueles que teriam condições de contribuir para os gastos comuns, são deixadas de lado. Acaso alguém duvidará da capacidade contributiva manifestada pela propriedade intelectual? Deter uma marca, em certos casos, pode revelar maior capacidade contributiva que uma propriedade imobiliária, mas apenas a última foi contemplada pelo constituinte na repartição de competências.

Do mesmo modo como se dá uma eleição, pelo constituinte, de fenômenos que indicarão capacidade contributiva, o ordenamento brasileiro impõe um segundo corte, desta feita a cargo do legislador, no âmbito de sua competência. Ou seja: em virtude do Princípio da Legalidade, a tributação não esgota, necessariamente, todo o campo reservado à competência do ente tributante. É prerrogativa do legislador escolher, dentro daquele campo, as hipóteses que darão azo à tributação.

Decorre daí que os fenômenos que serão submetidos à tributação nem de longe têm o condão de esgotar o universo de manifestações de capacidade contributiva. A presença de situação que revele, objetivamente, aquela capacidade, é condição necessária, mas não suficiente, para que se dê a imposição tributária. Não basta, pois, averiguar a ocorrência de capacidade contributiva, para que de imediato se conclua pela tributação. Importa que a situação tenha sido contemplada, de modo abstrato, pelo legislador. O exemplo do imposto sobre grandes fortunas, previsto constitucionalmente mas jamais instituído, evidencia a importância da decisão do legislador.

É próprio, pois, do ordenamento que algumas manifestações de capacidade contributiva sejam tributadas e outras tantas escapem de tal ônus. A mera presença de capacidade contributiva não constitui, daí, razão suficiente para se pretender ver alcançada pela tributação situação não contemplada pelo legislador.

6.2.2 A analogia no Direito Comparado

No Direito Comparado, encontrar-se-ão soluções até mesmo favoráveis ao emprego da analogia em matéria tributária, em claro prestígio ao valor veiculado pelo princípio da capacidade contributiva. É o caso do abuso de formas jurídicas, presente nos ordenamentos alemão e austríaco, acima examinado. Segundo explica Joachim Lang, a ordem jurídica alemã não contempla a proibição da analogia porque o Princípio da Segurança Jurídica, de natureza formal, não pode prevalecer diante de princípios materiais do Estado de Direito[164]. O mesmo autor relata que naquele país sustentava-se a proibição da analogia em matéria tributária como sequência da proibição de analogia em matéria penal, mas essa opinião, prevalecente até a década de 80, foi afastada a partir do congresso anual de 1983 da Sociedade Alemã de Tributaristas (DStJG). Na opinião do referido jurista, também em matéria tributária existem princípios suscetíveis de analogia e o Princípio da Legalidade Tributária não se vê ferido se o aplicador da lei corrige aquilo que ficou incompleto no texto da lei, contrariamente ao que se esperaria. Para ele, o preenchimento de lacunas por analogia corresponde ao Princípio Democrático, ao realizar a vontade do legislador democrático, que não se viu completada por falhas textuais. Segundo o raciocínio do professor alemão, ao preencher lacunas por meio de analogia, o aplicador da lei não fere o Princípio da Repartição de Poderes, mas atua de modo a "aprimorar" (*nachbessernd*), buscando a intenção do legislador[165].

Mesmo na Alemanha, o acatamento da analogia não é pacífico. Diante da determinação conceitual que decorre da legalidade, Vogel nega a possibilidade de analogia em matéria tributária, entendendo que o texto, histórico e sistema interno e externo – incluindo os valores inseridos na própria lei – devem ser examinados até o fim; não havendo resposta definitiva, Vogel sustenta ser aplicável o método praxeológico, segundo o qual é tarefa da jurisprudência buscar uma solução adequada, a partir das máximas que decorram da lei[166].

Também vem da Alemanha o argumento de que a proibição de analogia que se reconhece na matéria penal não poderia ser estendida à matéria tributária já que não existe, naquele país, dispositivo legal neste sentido e, ademais, Direito Tributário e Direito Penal não poderiam ser comparados no que se refere à pretensão tributária e à pretensão penal: embora em ambos os casos haja uma intervenção na esfera privada, a pretensão tributária se dá em contexto diverso, já que versa sobre a repartição dos ônus sociais entre o indivíduo e a coletividade, i.e., aquilo que o indivíduo deixa de pagar a coletividade arcará e vice-versa[167].

Em resumo, vê-se que aqueles que, na Alemanha, admitem a analogia gravosa em matéria tributária o fazem com cautela: o caso de abuso de formas seria uma exceção permitida exatamente por ser previsível seu desfecho. Ou seja: tendo em vista a própria ideia de abuso de formas jurídicas, como algo inusual, artificial, feito com a finalidade de afastar a tributação, seria previsível ao contribuinte que seria apontado o abuso e, portanto, que haveria a tributação. Nesse sentido, não estaria a analogia criando um dever tributário não previsível[168].

Assim, diante da inexistência de dispositivo permitindo ou proibindo o emprego da analogia gravosa em matéria tributária na Alemanha, a questão é resolvida, naquele país, a partir da ponderação de princípios. Os Princípios da Segurança Jurídica e do Estado de Direito viriam impedir o emprego da analogia, enquanto capacidade contributiva falaria em seu favor. Daí a solução, proposta pela doutrina acima referida, de se admitir a analogia apenas em casos extremos, como o do

164 Cf. LANG, Joachim. In: TIPKE, Klaus; LANG, Joachim. *Steuerrecht*. 20. ed. Köln: Otto Schmidt, 2010, p. 79.

165 Cf. LANG, Joachim. In: TIPKE, Klaus; LANG, Joachim. Op. cit. (nota 164), p. 153.

166 Cf. VOGEL, Klaus. Op. et loc. cit. (nota 156).

167 Cf. WOERNER, Lothar. Op. cit. (nota 29), p. 230.

168 Cf. PAPIER, Hans-Jürgen. Op. cit. (nota 118) p. 189-190.

abuso de formas jurídicas, já que (i) tais casos são, afinal, previstos pelo legislador; e (ii) não ofende o Princípio da Segurança Jurídica uma tributação previsível: quem abusa das formas jurídicas deveria antever qual seria o resultado de sua conduta.

Extrai-se daí a distinção entre os casos em que o raciocínio analógico, posto que estendendo a norma além do sentido possível das expressões utilizadas pelo legislador, ainda se encontra na intenção deste, diversamente daquelas situações que foram deixadas de lado. Ou seja, não seria qualquer analogia aceitável: o primado da legalidade não permite que o intérprete/aplicador substitua o legislador; a analogia se restringiria aos casos em que o legislador, embora buscando regular uma situação, fê-lo inadequadamente. A analogia, nesse caso, seria mera descoberta do sentido da norma, criada pelo legislador. Vogel explica que na Alemanha, onde se defende que por vezes seja cabível a analogia, ninguém entende que desta se possa criar um novo imposto (como seria o caso de um imposto sobre o vinho, por analogia ao vigente imposto sobre cerveja); a analogia, para seus defensores, seria apenas para o caso de "correções marginais" (*Randkorrekturen*), o que torna duvidoso se é esse o caso ou mera interpretação extensiva. Na sua argumentação, denomine-se ou não analogia, o fato é que o juiz deve buscar uma solução jurídica para os casos em que uma lei deixe uma questão jurídica em aberto. Caso a solução não surja a partir dos critérios interpretativos tradicionais, então se trazem valores que o legislador tenha exprimido em outro ponto da lei (ou de outra lei). Ele rejeita o argumento de que tal procedimento não poderia ir contra o contribuinte, já que isso poderia acontecer em qualquer questão jurídica (ou não seria uma questão jurídica)[169].

Interessante pesquisa sobre a analogia no Direito Comparado foi feita por Klaus Tipke[170]. São as seguintes as suas conclusões:

- na Áustria, admite-se a analogia em matéria tributária, como reflexo dos postulados de igualdade e justiça da tributação (DORALT/ RUPPE);
- na Suíça, por muito tempo se afirmou ser vedada a analogia, mas desde 1983 passou-se a admiti-la, já que a proibição da analogia não contrariaria o princípio democrático ou o princípio da determinação da hipótese tributária; os limites literais não trariam mais segurança jurídica; vedada estaria apenas a analogia para preenchimento de lacunas impróprias (decorrentes de falhas políticas) (LOCHER);
- embora se imagine que o direito britânico, por sua natureza de *case Law,* poderia ser mais livre, Tipke conclui que o Direito Tributário inglês (*statute Law*) é mais preso à literalidade que qualquer outro (*adherence to the statutory words; strict construction*). Esta tradição – que também foi adotada pelo Canadá e Austrália, conquanto ali rompida – remonta pelo menos à *Bill of Rights* de 1689, que proibiu a Coroa de exigir impostos sem a concordância do Parlamento. Por isso, presumia-se que a autorização não poderia ir além do que literalmente se extraísse do texto;
- já nos Estados Unidos, a aplicação do Direito se dá com base em argumentos baseados em casos. Os tribunais tendem a "interpretações" largas, quando assim exige a finalidade da lei. No caso de dúvida quanto à finalidade, mantém-se uma interpretação literal. Não há limites teóricos precisos entre interpretação, preenchimento de lacunas e outras formas de integração;
- na França, literatura e jurisprudência admitem a analogia tanto favorável ao contribuinte como ao Fisco, a fim de encontrar *um acte de bonne administration* (TROTABAS).

169 Cf. VOGEL, Klaus. Op. cit. (nota 156) p. 52.

170 Cf. TIPKE, Klaus. Op. cit. (nota 62), p. 220 e ss. Os nomes em parênteses são autores citados pelo próprio prof. Tipke.

MARCHESOU denomina o dogma da interpretação estrita como uma imagem da ideologia liberal do século XIX, superada pelo pragmatismo dos juízes;

- na Bélgica, mantém-se a proibição da analogia, baseada em princípios da legalidade e da separação de poderes;
- na Itália, o tema é polêmico. Os que afirmam ser proibida a analogia baseiam-se na legalidade; os que defendem a analogia baseiam-se na igualdade e na capacidade contributiva; os juízes afirmam ser proibida a analogia, mas acabam por acatá-la sob o manto de interpretação extensiva;
- na Espanha, a Lei Geral Tributária veda a analogia gravosa, mas admite-se seu emprego para evitar a elusão fiscal;
- no México, o *Código Fiscal de la Federación* de 1977 exige a interpretação estrita da lei;
- nos Países Baixos, alguns autores veem no princípio constitucional da legalidade uma proibição de analogia, mas essa opinião é minoritária.

No que se refere à Itália, é interessante compreender o raciocínio de Tesauro para a vedação da analogia gravosa: depois de mencionar que alguns autores extraem tal proibição do princípio da capacidade contributiva ou de um conceito de "fattispecie esclusiva", esclarece que as normas tributárias que instituem tributos não podem ser objeto de integração analógica porque não podem apresentar lacunas em sentido técnico: quando a lei tributária deixa de contemplar certa situação, não haveria que falar em lacuna técnica, mas ideológica. São suas palavras:

> *Piú semplicemente, le norme tributarie impositrici non possono essere integrate analogicamente perché non possono presentare lacune in senso tecnico. Se una legge tributaria omette di tassare una fattispecie símile a quelle previste come tassabili, la lacuna è ideologica, non tecnica. Mancano, perciò, i pressupposti dell´analogia.*
>
> *Se una legge tributaria stabilisce Che A sai tassato, e non prevede Che anche B sai tassato, non siamo di fronte ad un caso, in cui l´interprete non può derivare dalla legge la risposta AL quesito se B sai tassabile o no. La mancata tassazione di B può essere considerata una lacuna della legge solo dal punto di vista ideológico, de lege ferenda, ma cio non autorizza l´interprete ad addizionare, ai casi previsti, casi di imponiblità non previsti*[171].

6.2.3 A analogia no Direito Positivo brasileiro

Deixando de lado as dificuldades para se distinguirem os casos em que a analogia estaria ainda dentro da norma daqueles que revelariam inovação por parte do intérprete/aplicador, o ordenamento jurídico brasileiro apresenta peculiaridades que tornam a distinção inócua, já que há a solução pela proibição do emprego da analogia gravosa, qualquer que seja seu fundamento.

Com efeito, não se pode deixar de lado o que se viu acerca do papel reservado pelo Constituinte à Lei Complementar para compreender a importância do referido parágrafo inserido no art. 108 do Código Tributário Nacional: o sistema brasileiro, diversamente de

171 Cf. TESAURO, Francesco. *Istituzioni di diritto tributario*. Parte Generale. 10. ed., vol. 1. Torino: UTET, 2009, p. 59.

outros ordenamentos, optou por positivar a prevalência do Princípio da Legalidade sobre o da Capacidade Contributiva, em caso de conflito entre ambos.

Não é este o espaço adequado para expor a questão do conflito entre princípios jurídicos, ou entre princípios e regras. O assunto vem gerando discussões no Brasil e no exterior, permitindo grande especulação doutrinária[172].

Não obstante as lições do Direito Comparado, não se pode deixar de lado o texto do Código Tributário Nacional, i.e., diversamente do caso alemão, no Brasil há a decisão do legislador complementar acerca do assunto, vedando a analogia.

É bem verdade que muitas vezes a atividade do intérprete/aplicador na construção da lei vai além do texto legal. Nem por isso se estará na analogia. Ao contrário, o processo de construção de normas pressupõe a compreensão de textos em seu contexto. Voltando à lição de Larenz, acima reproduzida, não há analogia se está, ainda, dentro do sentido possível do texto. O processo de construção da norma (*Gesetzeskonkretisierung*) não se confunde com a extensão da norma (*Gesetzeserweiterung*). Todo texto legal exige uma interpretação e concretização. A concretização se torna ainda mais evidente no caso de cláusulas gerais e conceitos indeterminados. A compreensão de seu sentido, à luz do caso concreto, não pode ser confundida com analogia[173]. Esta somente cabe quando a norma, já construída, não se estende ao caso em análise. O intérprete/aplicador dá, então, um segundo passo, construindo outra norma, baseando-se em seu inconformismo pelo fato de a situação concreta não estar contemplada no texto anterior. Utiliza-se do Princípio da Capacidade Contributiva, não aceitando seja uma evidente manifestação de riqueza deixada de lado por conta do planejamento tributário. Em síntese, diante de um caso concreto de conflito entre o Princípio da Legalidade e o da Igualdade, dá maior relevância à última.

É exatamente esse procedimento que o § 1º do art. 108 do Código Tributário Nacional veio vedar. Afinal, o art. 146 da Constituição Federal inclui entre as funções da lei complementar (inciso II) "regular as limitações constitucionais ao poder de tributar". Conforme já se viu ao se estudarem as fontes do Direito Tributário, a expressão "regular" não significa apenas regulamentar, mas também calibrar, i.e., resolver o tema quando duas limitações constitucionais ao poder de tributar entrem em conflito. A lei complementar exercerá seu papel ao regular o assunto, decidindo pela prevalência de uma ou outra.

A lei complementar pode, pois, regular o alcance de uma limitação em função de outra. É esse o caso do conflito entre o Princípio da Legalidade e o da Igualdade. Tais serão as situações em que o contribuinte, firme no Princípio da Legalidade, incorre em situação não prevista pelo legislador e portanto entende não dever qualquer tributo; o Fisco, por sua vez, poderá, baseando-se no Princípio da Igualdade, sustentar ser inaceitável que aquele contribuinte fuja da carga a que se sujeitam seus concidadãos, tendo em

172 Excelente trabalho que versa sobre o assunto, expondo os posicionamentos mais relevantes no direito comparado, é a obra de ÁVILA, Humberto. *Teoria dos Princípios*. 10. ed. São Paulo: Malheiros, 2009.

173 Cf. TIPKE, Klaus. *Die Steuerrechtsordnung*. vol. 1. Köln: Otto Schmidt, 1993, p. 203.

vista estar em situação economicamente equivalente aos últimos. Esse conflito será resolvido pela lei complementar.

No caso, como visto, o art. 108, § 1º, do Código Tributário Nacional vedará que o raciocínio analógico implique a exigência de tributo não previsto em lei. Prevalecerá, destarte, o Princípio da Legalidade.

Ou seja: diferentemente de outros sistemas jurídicos, o ordenamento brasileiro possui regra, com fundamento constitucional, a impedir que em nome do Princípio da Igualdade se exija tributo não previsto pelo legislador. Diante de uma situação fática, o intérprete/aplicador buscará a construção da norma aplicável; concluindo pela não incidência, não é aceitável que, em nome do Princípio da Capacidade Contributiva, se estenda a tributação, por analogia, a situação não contemplada pelo legislador.

6.3 Equidade

A equidade aparece, no art. 108 do Código Tributário Nacional, como forma de integração, i.e., como solução a ser dada para a construção normativa em caso não regulado por lei. Daí seu § 2º excluir o emprego da equidade como forma de dispensa de tributo.

Importa ter em mente que a equidade poderá, na sistemática do mesmo Código Tributário Nacional, vir a ser razão para a dispensa de tributo. Afinal, é de equidade que trata o art. 172, IV, daquele diploma, quando versa sobre remissão.

As hipóteses não se confundem: o que o art. 108, § 2º, veda é que o intérprete/aplicador, valendo-se da equidade, deixe, por sua decisão, de exigir tributo previsto em lei; o art. 172, IV, cogita de remissão autorizada pela lei e apresenta a equidade como fundamento para a própria lei. Ou seja: a remissão do art. 172 é a autorizada pela lei. A diferença é evidente: o primeiro dispositivo trata de tema não regulado por lei e, com equidade, se toma alguma decisão, sem reduzir tributo; no segundo, o tema é versado por lei e há tributo devido, cujo crédito é extinto por razões concretas de equidade.

6.4 Institutos do Direito Privado

Já foi vista acima a íntima relação entre o Direito Tributário e o Direito Privado: conquanto o legislador tributário busque, em sua hipótese normativa, fenômenos com consistência econômica, não raro abrirá ele mão de descrever a situação minuciosamente, optando por tomar de empréstimo institutos próprios do Direito Privado. A tarefa do intérprete/aplicador, nesse caso, é determinar se o legislador pretendeu fixar-se às estruturas do Direito Privado, ou se a expressão empregada pelo legislador, posto que homógrafa à daquele ramo do Direito, ganha novo significado à luz do contexto da legislação tributária.

O Código Tributário Nacional pretendeu regular a matéria, em seus artigos 109 e 110.

> Art. 109. Os princípios gerais de direito privado utilizam-se para pesquisa da definição, do conteúdo e do alcance de seus institutos, conceitos e formas, mas não para definição dos respectivos efeitos tributários.
>
> Art. 110. A lei tributária não pode alterar a definição, o conteúdo e o alcance de institutos, conceitos e formas de direito privado, utilizados, expressa ou implicitamente, pela Constituição Federal, pelas Constituições dos Estados, ou pelas Leis Orgânicas do Distrito Federal ou dos Municípios, para definir ou limitar competências tributárias

Conforme nota Ricardo Lobo Torres[174], os referidos dispositivos não resolvem definitivamente a questão: lidos em conjunto, parecem adotar a corrente integralista, dando prevalência ao Direito Privado, de modo que o Direito Tributário surja como mero ramo de sobreposição; lidos separadamente, o art. 109 parece firmar-se na corrente autonomista, já que afirmaria que o recurso ao Direito Privado se faria exclusivamente aos "princípios gerais de direito privado", admitindo que os "efeitos tributários" dos institutos de Direito Privado sejam diversos dos previstos na legislação de origem. Nesta segunda linha, seria possível que se reconhecesse num mero condomínio uma sociedade, para a "definição dos respectivos efeitos tributários".

6.4.1 O mandamento do art. 109 do Código Tributário Nacional

A leitura dos dispositivos acima deve ser feita com atenção:

> Art. 109. Os princípios gerais de direito privado utilizam-se para pesquisa da definição, do conteúdo e do alcance de seus institutos, conceitos e formas, mas não para definição dos respectivos efeitos tributários.

O texto não é claro.

Permite, numa primeira leitura, ver a opção do legislador complementar pela autonomia do Direito Tributário. Afinal, conquanto dê importância ao Direito Privado para a pesquisa da definição, conteúdo e alcance de seus institutos, permite que seus "efeitos tributários" não sejam definidos pelo Direito Privado, mas pelo Direito Tributário.

Os "efeitos tributários" surgem, nesta leitura, como algo diverso dos "efeitos civis", o que parece indicar que o legislador tributário pode contemplar, num instituto de Direito Privado, "efeitos" que não se encontram neste.

Assim, mesmo na presença de um instituto de Direito Privado, com "efeitos privados", estes não seriam relevantes para a matéria tributária, que exigiria a procura de outros "efeitos". Ora, pelo que já se viu acima acerca da doutrina da consideração econômica, o dispositivo parece conciliar-se, nesta leitura, com a ideia de que o legislador tributário deixe de lado os "efeitos civis" de um

174 Cf. TORRES, Ricardo Lobo. Op. cit. (nota 20), p. 137.

instituto; se a hipótese tributária toma em conta "efeitos econômicos", então seria a presença destes que seria relevante para a tributação.

A confirmar o acerto dessa leitura, vale citar trecho de curso ministrado pelo autor do anteprojeto do Código Tributário Nacional, Rubens Gomes de Sousa, na Escola Livre de Sociologia e Política de São Paulo[175]:

> *O Direito Tributário tem por fim a atuação dos tributos. Mas não se podem impor tributos sem uma base; essa base é dada pelos institutos do direito privado, pelos atos, fatos ou negócios jurídicos disciplinados pelo direito privado. Mas não pelos atos, fatos ou negócios jurídicos como categorias jurídicas, mas unicamente como categorias econômicas: <u>o conteúdo econômico dos institutos jurídicos de direito privado é que interessa ao Direito Tributário como base para a imposição de tributos</u>* (grifos nossos).

O mesmo dispositivo oferece, entretanto, leitura diversa, que propõe um equilíbrio entre os dois ramos jurídicos: o Direito Tributário não está submetido ao Direito Privado; o legislador é livre para criar seus próprios institutos e o faz com frequência. Não é incomum até mesmo que expressões criadas no Direito Privado sejam aproveitadas no Direito Tributário com sentido diverso. Exemplo notório é o da pessoa jurídica, instituto próprio do Direito Privado que, não obstante, surge na legislação do Imposto de Renda para abranger até mesmo as sociedades irregulares. Se, por outro lado, o legislador opta por um instituto, conceito e forma do Direito Privado e não o define com tintas próprias, então deve o intérprete/aplicador compreender que tais institutos não podem ser desprendidos do contexto (de Direito Privado) onde foram desenvolvidos. Retomando o mesmo exemplo acima citado, a ideia de "sociedade" pressupõe, no Direito Privado, um conjunto de pessoas e uma finalidade comum – distanciando-se do mero condomínio. Um condomínio não pode, destarte, ser tomado pelo intérprete/aplicador da lei tributária como sociedade se não houver norma (tributária) equiparando ambas as situações.

A mesma dificuldade apresentada na primeira leitura surge mesmo nesta segunda aproximação, quando o legislador tributário não é eloquente se a expressão por ele empregada deve ser entendida enquanto instituto de Direito Privado, ou como algo diverso. Já se viu que o problema surge igualmente no Direito Comparado. O art. 109 do Código Tributário Nacional não dá uma solução definitiva. Mesmo a segunda leitura parte do caso em que um instituto, conceito ou forma de Direito Privado foi empregado pelo legislador tributário. Não resolve a questão prévia, i.e., saber se a expressão empregada pelo legislador atrai o instituto de Direito Privado que com ela se manifesta. Este tema parece ganhar solução diversa, como se verá abaixo, nos casos de expressões empregadas pela Constituição na discriminação de competências (art. 110 do Código Tributário Nacional), mas não há solução definitiva para os demais casos.

---

175 Cf. SOUSA, Rubens Gomes de. Curso de Direito Tributário. 3ª aula. *Revista de Estudos Fiscais*, n. 11, nov. 1948, p. 458-459.

O problema evidencia que também no País não se encontra resolvido o conflito entre autonomistas e integralistas; os primeiros defendendo que as expressões da legislação tributária não se subordinem ao Direito Privado e os últimos sustentando o inverso.

Do mesmo modo como no Direito Comparado, tampouco no ordenamento pátrio há razão para se defender a prevalência do Direito Privado sobre o Direito Tributário, ou vice-versa: as expressões empregadas pelo legislador ordinário devem ganhar o sentido que se extrai de seu contexto. Sendo matéria tributária, os princípios que a informam, como o da Capacidade Contributiva, não podem deixar de ser levados em conta: a premissa a ser adotada é a de que o legislador buscou atingir uma manifestação de capacidade contributiva (no caso dos tributos ditos não vinculados, como os impostos), ou uma atuação do Estado (nos tributos sinalagmáticos).

Abre-se, daí, mesmo que se adote a segunda leitura, a possibilidade de se empregar, também no País, a consideração econômica, enquanto ferramenta para a interpretação teleológica. Aquela, entretanto, não terá a mesma extensão de outros países, já que o legislador complementar, como visto, afasta a analogia gravosa. A consideração econômica será apenas um critério para auxiliar a definir o sentido de um enunciado normativo, não podendo, porém, ultrapassar o "sentido possível" das expressões empregadas.

O "sentido possível" das palavras, por sua vez, deve ser investigado, também ele, à luz do contexto do dispositivo legal. Verificando-se que a expressão se refere a um instituto de Direito Privado, então o "sentido possível" se dobra àquele ramo jurídico; constatando-se que o legislador tributário, valendo-se de sua autonomia, empregou a expressão em sentido diverso, mais adequado ao Direito Tributário, então mais uma vez alargar-se-á o alcance do dispositivo.

Como, entretanto, saber se o legislador tributário vinculou-se a um instituto de Direito Privado? Não é possível oferecer uma resposta apriorística. A mera circunstância de uma expressão ser conhecida no Direito Privado não há de ser suficiente para se entender que o referido instituto foi apreendido pelo legislador tributário.

Em raras ocasiões, o vínculo se torna mandatório: é quando o legislador, definindo um instituto de Direito Privado, trata, ele mesmo, de seus efeitos tributários. Foi assim, por exemplo, o caso do arrendamento mercantil (Lei n. 6.099/1974), definido pela mesma lei que lhe deu a disciplina tributária.

Na falta de referência manifesta, contudo, não há fundamento para que se entenda mandatória uma ou outra solução: é tarefa do intérprete/aplicador decidir a questão.

Por um lado, tendo em vista que se espera que a interpretação de um texto se faça à luz de seu contexto, pode-se entender dever o intérprete/aplicador na falta de mandamento expresso vinculando-o ao Direito Privado, ter ele em mente os Princípios do Direito Tributário como guia de sua atividade. Caber-lhe-ia ver na expressão empregada pelo legislador uma referência a um objeto econômico a ser tributado. Por este caminho, sustentar-se-á que se o legislador não foi expresso quanto à vinculação ao Direito Privado, este será apenas um de vários elementos a serem considerados na interpretação.

Por outro lado, também é razoável o argumento que sustentará, fundado na ficção do "legislador racional", ser presumível que uma expressão já conhecida no ordenamento tenha o significado que lhe é comumente atribuído. Nesse caso, dir-se-á que, se o legislador tributário não manifestou sua decisão quanto a lhe conferir sentido diverso, toma-se o comum[176].

176 Esta foi a solução dada pela Corte de Cassação italiana, em sentença de 31 de março de 1941, n. 930, quanto à qualificação – relevante para efeitos tributários de vigilantes noturnos como "empregados" ou como "operários", tendo decidido: "*Per l'omogeneità sistematica, e per la certezza Del diritto, Che deve derivare dall'ordinamento giuridico,*

6.4.2 O mandamento do art. 110 do Código Tributário Nacional: conceitos de Direito Privado na definição de competência

Já nos casos em que um instituto de Direito Privado é utilizado pelo Constituinte em regra de competência, parece que a liberdade do legislador ordinário tributário fica restringida nos termos do art. 110 do Código Tributário Nacional:

> Art. 110. A lei tributária não pode alterar a definição, o conteúdo e o alcance de institutos, conceitos e formas de direito privado, utilizados, expressa ou implicitamente, pela Constituição Federal, pelas Constituições dos Estados, ou pelas Leis Orgânicas do Distrito Federal ou dos Municípios, para definir ou limitar competências tributárias.

O referido dispositivo já foi visto quando se estudou o tema da competência tributária. Ficou evidente, ali, que, se fosse dada ao legislador ordinário a possibilidade de definir sua própria competência, então cairia por terra a própria repartição de competências definida pelo Constituinte.

A clareza se desfaz, entretanto, quando se formula a mesma questão proposta quando da análise do art. 109: como saber se o Constituinte empregou um instituto, conceito ou forma de Direito Privado?

Em princípio, poder-se-ia, aqui também, acreditar que se uma expressão empregada na Constituição já tinha sido utilizada no Direito Privado, então já seria o caso de se empregar o referido art. 110. É tentador o raciocínio simplista no sentido de que, se uma expressão, empregada pelo Constituinte, existe no Direito Privado, então a mesma expressão, empregada na Constituição, implicaria afirmar que um instituto de Direito Privado teria sido empregado na discriminação de competências tributárias.

Basta uma análise do texto constitucional para que tal certeza desapareça. Tome-se o caso da expressão "propriedade", empregada pelo Constituinte na definição de competência dos municípios, no caso do IPTU. Não há dúvida de que a expressão já foi regulada exaustivamente no Direito Privado.

No entanto, ao examinar o art. 156 da Constituição Federal, vê-se que o Constituinte não se referiu a um imposto sobre o "direito de propriedade", mas sobre "propriedade predial e territorial urbana". Esta expressão é mais ampla: se é verdade que ela pode qualificar um direito (o direito de propriedade), também não erra quem disser que, na linguagem coloquial, a mesma expressão é empregada no sentido de "bem imóvel". Com efeito, é comum que se diga que um imóvel faz divisa com a

---

è da presumere in massima Che quando uma norma didiritto tributario faccia riferimento ad um rapporto di diritto privato, abbia adottato anche la definizione che di quel rapporto há dato la legge Del diritto privato, salvo il caso che per le speciali esigenze dell'ordinamento tributário da espressa dispossizione della legge d'imposta o dal sistema della medesima non resulti chiaro Che il legislatore volle adottare al risguardo diversa definizione". *Riv. Dir. fin. SC. Fin.*, 1941, p. 243 apud MELIS, Giuseppe. Op. cit. (nota 63), p. 152-153.

"propriedade" do Fulano, ou que um vizinho reclame que os animais de seu confinante estão invadindo sua "propriedade". Claro que um animal não invade um direito, mas um bem imóvel.

Basta este exemplo para que se verifique que a expressão "propriedade", conquanto seja empregada pelo Direito Privado na qualificação de um instituto jurídico, também tem outra acepção, desconhecida do mesmo ramo jurídico.

Quando, por outro lado, se lê, no art. 32 do Código Tributário Nacional, que o referido imposto incide sobre a propriedade, posse ou domínio útil, vê-se que o legislador complementar não se fixou no instituto jurídico (direito de propriedade), mas no bem imóvel (na propriedade). Ou seja: nada há na Constituição a indicar que o constituinte tenha se referido a um Imposto sobre o [direito de] Propriedade Predial e Territorial Urbana, sendo igualmente a leitura no sentido de que o referido imposto incide sobre a Propriedade [= bem imóvel] Predial e Territorial Urbana, qualquer que seja a natureza do direito que sobre ela se exerce (propriedade, posse ou domínio útil).

Por outro lado, a mesma expressão "propriedade", quando empregada pelo referido dispositivo do Código Tributário Nacional, já é utilizada em sentido privado, já que colocada ao lado da posse e do domínio útil. Neste caso, já não mais se duvidará de que o legislador prestigiou o instituto jurídico designado por aquele termo.

Em síntese: do exemplo, vê-se que a expressão "propriedade", na Constituição Federal, não designou um instituto de Direito Privado, enquanto no Código Tributário Nacional, idêntico termo se refere ao direito que com aquela expressão se designa. Antes de rezar que os institutos e Direito Privado hão de ser observados pelos legisladores ordinários, melhor teria andado o Código Tributário Nacional se tivesse dado indicações ao intérprete quanto a como reconhecer, numa expressão, a existência de um instituto de Direito Privado. O exemplo do legislador português, na Lei Geral Tributária, de vincular a expressão empregada pelo legislador tributário ao significado que encontra em outro ramo, posto que criticável por amarrar aquele, tem pelo menos a virtude de facilitar a decisão do intérprete/aplicador em casos de dúvida.

6.4.3 O art. 110 do Código Tributário Nacional na Jurisprudência

A jurisprudência recente já teve de enfrentar o problema do alcance do art. 110 do Código Tributário Nacional.

6.4.3.1 A expressão "folha de salários"

Tendo em vista que a Constituição Federal de 1988, em sua redação original, arrolara, entre as circunstâncias que traçariam a competência da União para a instituição de contribuições sociais, aquela exigida "dos empregadores" sobre a "folha de salários", viu-se o Supremo Tribunal Federal diante do desafio de firmar se ali se poderiam incluir as remunerações pagas a dirigentes das empresas e a autônomos, vez que, num e noutro caso, inexistira relação de emprego e, portanto, não caberia cogitar de "folha de salários" ou de "empregadores".

Nessa oportunidade, o Supremo Tribunal Federal, seguindo o entendimento do Ministro Marco Aurélio, concluiu pela coincidência entre o conteúdo da expressão, empregada pelo constituinte, e aquela presente na Consolidação das Leis do Trabalho[177]. Merece nota que a decisão firmava o precedente da recepção, pelo Constituinte, dos conceitos existentes no Direito infraconstitucional (no caso, Trabalhista e não Direito Privado), que dessa forma ficavam constitucionalizados. Embora a decisão tenha se baseado exclusivamente na coincidência da expressão "folha de salários", parece que o fato de o Constituinte ter se referido a um pagamento feito por "empregadores" poderia ser trazido como argumento adicional em favor de tal entendimento.

Examinando o voto condutor do Ministro Marco Aurélio, torna-se evidente a influência da Jurisprudência dos Conceitos, em seu sentido mais restrito: alegando que a Ciência do Direito possui termos técnicos, acaba por esperar do legislador igual rigor:

> *De início, lanço a crença na premissa de que o conteúdo político de uma Constituição não pode levar quer ao desprezo do sentido vernacular das palavras utilizadas pelo legislador constituinte, quer ao técnico, considerados institutos consagrados pelo Direito. Toda ciência pressupõe a adoção de escorreita linguagem, possuindo os institutos, as expressões e os vocábulos que a revelam conceito estabelecido com a passagem do tempo, por força dos estudos acadêmicos e pela atuação dos pretórios. Já se disse que "as questões de nome são de grande importância, porque, elegendo um nome ao invés de outro, torna-se rigorosa e não suscetível de mal-entendido uma determinada linguagem. A purificação da linguagem é uma parte essencial da pesquisa científica, sem a qual nenhuma pesquisa poderá dizer-se científica (*Studi Sulla Teoria Generali Del Diritto, *Torino – G. Giappichelli, edição 1955, página 37). Realmente, a flexibilidade de conceitos, o câmbio do sentido destes, conforme os interesses em jogo, implicam insegurança incompatível com o objetivo da própria Carta que, realmente, é um corpo político, mas o é ante os parâmetros que encerra e estes não são imunes ao real sentido dos vocábulos, especialmente os de contornos jurídicos. Logo, não merece agasalho o ato de dizer-se da colocação, em plano secundário, de conceitos consagrados, buscando-se homenagear, sem limites técnicos, o sentido político das normas constitucionais.*

Nota-se no trecho acima a repulsa à Jurisprudência dos Interesses, quando se refere ao "câmbio do sentido destes, conforme os interesses em jogo", ao mesmo tempo em que prestigia o "real sentido dos vocábulos", "estabelecido com a passagem do tempo".

Com tais premissas, fica clara a conclusão, já que, ainda nas palavras do Ministro Marco Aurélio, "sempre soube dedicada a expressão 'empregadores' para qualificar aqueles que mantêm, com prestadores de serviços, relação jurídica regida pela Consolidação das Leis do Trabalho", afirmando, ainda com base na legislação trabalhista, "que não estão abrangidos na definição de empregado os próprios administradores da pessoa jurídica que toma os serviços e aqueles que lhe prestam estes últimos com autonomia, porquanto, segundo o art. 3º da Consolidação das Leis do Trabalho, empregado é toda pessoa natural que preste serviço de natureza não eventual a empregador, sob a dependência deste e mediante salário".

---

177 STF, RE n. 166.772-9-RS, Tribunal Pleno, rel. Min. Marco Aurélio, j. 12.05.1994, D.J. 16.12.1994. No mesmo sentido, estendendo o raciocínio à expressão "avulsos", cf. RE n. 177.296 4-RS, Tribunal Pleno, rel. Min. Moreira Alves, j. 15.09.1994, D.J. 09.12.1994.

A interpretação sistemática que conduziu o voto do Ministro Marco Aurélio se nota pelo seguinte trecho, quando ele busca a acepção constitucional da expressão "salário", dentro da ideia de que a mesma expressão, empregada no mesmo diploma, deve ter igual sentido:

O inciso I do art. 195 cuida não de remuneração, não de folha de pagamentos, mas de folha de salários. Creio que ninguém ousa caminhar no sentido da aplicação do que se contém, sob o ângulo do salário, a consubstanciar garantia, no art. 7º da Constituição Federal, a administradores e autônomos. Ninguém compreende, por exemplo, que se diga da irredutibilidade do que percebido por estes. (...)

Descabe dar a uma mesma expressão – salário – utilizada pela Carta relativamente a matérias diversas, sentidos diferentes, conforme os interesses da questão. Salário, tal como mencionado no inciso I do art. 195, não pode se configurar como algo que discrepe do conceito que se lhe atribui, quando se cogita, por exemplo, da irredutibilidade salarial – inciso VI do art. 7º da Carta.

Mesmo o Ministro Rezek, que no mesmo julgamento dissentiu do Relator, não o fez por se afastar do critério sistemático; ao contrário, revelando que este pode levar a conclusões diversas, relacionou o inciso II do art. 195, que versa sobre contribuições dos trabalhadores, para concluir que se um autônomo, "trabalhador", recolhe sua parte, não seria aceitável que a empresa que lhe paga os serviços estivesse fora da contribuição, o que implicaria uma interpretação ampla para o dispositivo, ainda entendido dentro do "significado curial" dos vocábulos:

Penso, destacadamente, que na exegese do inciso I há de se buscar alguma correspondência com aquilo que vem em seguida, no inciso II. Não são exatamente os empregados celetistas, são os <u>trabalhadores</u> a outra categoria a quem a Constituição de 88 manda também contribuir. Não me parece que estaríamos traindo o significado curial das palavras utilizadas pelo constituinte de 1988 se prestigiássemos o argumento maior de que não pode ter ele desejado ampliar o escopo da seguridade social e, ao mesmo tempo, suprimir fontes tradicionais de custeio.

A influência da Jurisprudência dos Conceitos reaparece no voto do Ministro Celso de Mello:

Desse modo, não se pode entender como subsumida à noção de "folha de salários" qualquer remuneração paga por serviços que não se originem da execução de um contrato individual de trabalho. A expressão constitucional "folha de salários" reveste-se de sentido técnico e possui significado conceitual que não autoriza a sua utilização em desconformidade com a definição, o conteúdo e o alcance adotados pelo Direito do Trabalho.

(...)

As expressões empregador, salários e empregado, Sr. Presidente, refletem noções conceituais largamente consolidadas no plano de nossa experiência jurídica. Desse modo, e não obstante o sentido comum que se lhes possa atribuir, esses conceitos encerram carga semiológica que encontra, no discurso normativo utilizado pelo legislador constituinte, plena correspondência com o seu exato, técnico e jurídico significado, do qual não pode o legislador ordinário divorciar-se ao veicular a disciplina de qualquer espécie tributária, sob pena de transgredir o comando inscrito no art. 110 do Código Tributário Nacional (...).

Não obstante ter sido vencedora a posição do Relator, é interessante notar como o conflito entre o sentido técnico das expressões e o sentido comum, usual, foi exposto no voto do Ministro Carlos Velloso, ao sustentar que a interpretação constitucional exige que se considere o último, principalmente tendo em vista questões históricas:

Deve ficar esclarecido que à interpretação da Constituição, por ser esta uma lei em sentido material, aplicam-se os métodos de interpretação comuns. Todavia, porque a Constituição é o fundamento de validade de todo o ordenamento jurídico, há métodos de interpretação que são próprios da hermenêutica constitucional. Registra Manoel Gonçalves Ferreira Filho que é de Bryce a advertência no sentido de que, "vindo a Constituição do povo, voltando-se ela para o povo com o propósito de vida, sua linguagem não é técnica, necessariamente. O sentido comum de suas palavras deve prevalecer sobre o seu sentido técnico, a menos que haja razões em contrário. Marshall, o registro é, ainda, do Prof. Manoel Gonçalves, que lecionou, "quando um poder foi conferido, sua interpretação deve ser larga, sobretudo no que concerne aos meios. Qui veut la fin, veut les moyes" (Curso de Direito Constitucional, *Saraiva, 1970, pág. 173*).

Em voto que proferi nesta casa, lembrei a famosa frase de Marshall, no caso McCulloch vs. Maryland, em 1819 – "we must never forget that it is a Constitution we are expounding" *– a advertir que a interpretação da Constituição ostenta característica própria, dado que, conforme já foi dito, a Constituição é o fundamento de validade de todo o ordenamento jurídico.*

Para rejeitar a tese de que a expressão "folha de salário" teria apenas o sentido trabalhista, o Ministro Carlos Velloso buscou, no ordenamento, outro sentido, alegando, ao lado de a linguagem da Constituição não ter sentido técnico, o argumento de que "'salário', em Direito Previdenciário, tem o sentido de remuneração, aquilo que percebe o segurado, certo que segurado não é somente o empregado, mas o trabalhador, de modo geral". Vê-se, por este argumento, que o Ministro Carlos Velloso não se libertara da Jurisprudência dos Conceitos, mas apenas revelou que a expressão usada pelo Constituinte tinha dois sentidos no próprio ordenamento infraconstitucional, não havendo razão para a prevalência do sentido trabalhista.

Posteriormente, coube ao Supremo Tribunal Federal decidir, no RE 1.072.485, sobre a constitucionalidade da incidência da contribuição previdenciária patronal sobre o terço constitucional de férias. Fixou o STF a Tese de Repercussão Geral do Tema 985, segundo a qual "[é] legítima a incidência de contribuição social sobre o valor satisfeito a título de terço constitucional de férias". Embora o Tribunal Regional Federal da 4ª Região tenha entendido que o adicional de férias teria natureza indenizatória e não constituiria ganho habitual, a União arguiu perante o STF que o art. 195, I, "a", abarcaria todos os pagamentos efetuados ao empregado em decorrência do contrato de trabalho. Vale dizer, desde a Emenda Constitucional 20/1998, esse dispositivo adota, ao lado da "folha de salários", a expressão "e demais rendimentos do trabalho pagos ou créditos, a qualquer título, à pessoa física que lhe preste serviço, mesmo sem vínculo empregatício". Para o Min. Marco Aurélio, relator do caso, a natureza do terço constitucional seria uma verba remuneratória, periodicamente paga em virtude do decurso de um ciclo de trabalho, sendo irrelevante a ausência de prestação de serviço em tal período[178].

Por outro lado, o mesmo STF fixou, no RE 576.967, a Tese de Repercussão Geral do Tema 72, segundo a qual "[é] inconstitucional a incidência de contribuição previdenciária a cargo do empregador sobre o salário-maternidade". O relator, Min. Luís Roberto Barroso, entendeu que os valores pagos a título de licença-maternidade não compõem a base de cálculo da contribuição social sobre a folha salarial, uma vez que inexistiria natureza salarial nesse benefício, ainda que o vínculo trabalhista fosse mantido e a mãe constasse formalmente na folha de salários. É interessante notar que se

178 Notícias STF. *STF decide que contribuição previdenciária patronal incide no terço de férias*. Quarta-feira, 02.09.2020.

comparada à decisão anterior, poder-se-ia arguir que o valor também decorre do contrato de trabalho. Daí ser relevante, para compreender a decisão, notar que o Tribunal não se limitou ao sentido do disposto no art. 195, mas buscou sua interpretação à luz de outros valores constitucionalmente prestigiados. Para o Ministro ainda, admitir tal incidência seria aceitar uma desequiparação em virtude da condição biológica em relação aos homens[179].

6.4.3.2 A locação de bens móveis e a prestação de serviços

Outra oportunidade em que o Supremo Tribunal Federal se viu diante de investigar o conteúdo de uma expressão utilizada pelo Constituinte foi quando se examinou se a locação de bens móveis poderia ser incluída no campo de competência municipal, para efeito de tributação do Imposto sobre Serviços de Qualquer Natureza (ISS). Argumentava-se que a locação de bens móveis se incluiria no gênero das obrigações "de dar", enquanto o referido imposto exigiria uma obrigação "de fazer". O exame dos votos ali proferidos merece atenção[180].

O voto do Ministro Octavio Gallotti foi no sentido de que o ISS compreenderia a locação de bens móveis. Embora manifestando estranheza quanto ao fato de a expressão "serviços" incluir a locação, convenceu-lhe o argumento histórico de que já na redação original do art. 71, § 1º, do Código Tributário Nacional, incluía-se a locação de bens imóveis entre os serviços e, ademais, que este imposto fora o sucessor do antigo Imposto sobre Indústrias e Profissões, o qual compreendia, em seu campo, a locação. Interessante ver como o julgador livrou-se das amarras do Direito Privado, tendo em vista que o Constituinte não havia usado a locução "prestação de serviços", mas meramente "serviços", acrescida esta última expressão pelo complemento "de qualquer natureza":

> *Não poderia, igualmente, ignorar que o nome "locação de serviços" resíduo tradicionalista do direito romano, utilizado pelo Código Civil Brasileiro, de par com a "locação de coisas", não esconde a diferença essencial entre um e outro pactos. Mas devo igualmente considerar que não se encontra apoio, no texto constitucional (art. 24, II, da Carta de 1967), para atrelar estritamente, no âmbito do contrato denominado "locação de serviços", a hipótese tributária incidente sobre "serviços", tout court, expressão muito mais ampla que a compreendida naquela espécie contratual típica. Mostra-o, com exuberância, o memorial da douta Procuradoria Geral da República.*
> *Até mesmo porque da expressão "de qualquer natureza", gravada na Constituição, há de se extrair algum efeito útil.*

A menção ao art. 110 do Código Tributário Nacional surgiu no voto do Ministro Marco Aurélio, para quem se trata de dispositivo que consta "de forma desnecessária e que somente pode ser tomada como pedagógica", sendo "um verdadeiro alerta ao legislador comum, sempre a defrontar-se com a premência do Estado na busca de acréscimo de receita". Para ele, o conceito de Direito Privado (prestação de serviços) haveria de ser tomado como limite para o legislador tributário:

> *Em síntese, há de prevalecer a definição de cada instituto, e somente a prestação de serviços, envolvido na via direta o esforço humano, é fato gerador do tributo em comento. Prevalece a ordem natural das coisas cuja força surge insuplantável, prevalecem as balizas constitucionais e legais, a conferirem segurança às relações Estado-contribuinte; prevalece, alfim, a organicidade do*

179 Notícias STF. *Contribuição patronal sobre salário-maternidade é inconstitucional.* Quinta-feira, 06.08.2020.

180 STF, RE n. 116.121-SP, Tribunal Pleno, rel. Min. Octavio Gallotti, redator p/ acórdão Min. Marco Aurélio, j. 11.10.2000, D.J. 25.05.2001.

próprio Direito, sem a qual tudo será possível no agasalho de interesses do Estado, embora não enquadráveis como primários.

A linha conceitual, com fundamento no art. 110 do Código Tributário Nacional, também foi seguida por Celso de Mello, para quem "a qualificação da 'locação de bens móveis' como serviço, para efeito de tributação municipal mediante incidência do ISS, nada mais significa do que a inadmissível e arbitrária manipulação, por lei complementar, da repartição constitucional de competências impositivas, eis que o ISS somente pode incidir sobre obrigações de fazer, a cuja matriz conceitual não se ajusta a figura contratual da locação de bens móveis". Não foi outro o entendimento do Ministro Sepúlveda Pertence, que, não se convencendo de que o contrato de locação de máquinas contivesse obrigação de fazer (apesar de reconhecer o dever de manter a coisa), conclui por inexistência de prestação de serviços.

O Ministro Moreira Alves, de formação civilista, não seguiu outro entendimento: "a locação de coisa é conceito de direito privado que não pode ser modificado pela legislação tributária. Já no direito romano, a locatio-conductio operarum era distinta da locatio-conductio rerum".

Vê-se que a maioria dos julgadores baseou-se no art. 110 do Código Tributário Nacional, não cogitando da hipótese – aventada pelo Ministro Gallotti – de que o constituinte não tivesse tomado o instituto de Direito Privado para a competência municipal. Interessante ver que, no caso, o Constituinte sequer utilizou a mesma expressão do Direito Privado, já que não falou em "prestação de serviços", mas apenas "serviços", o que não foi suficiente para convencer a maioria de que a expressão constitucional pudesse ter sentido mais amplo. Tampouco se abriu espaço para a discussão se o conceito de "serviço" seria unívoco no próprio Direito Privado, já que o Código de Defesa do Consumidor (Lei 8.072/1990) define, em seu art. 3º, § 2º, serviço como "qualquer atividade fornecida no mercado de consumo, mediante remuneração, inclusive as de natureza bancária, financeira, de crédito e securitária, salvo as decorrentes das relações de caráter trabalhista".

Posteriormente, editou-se, ainda a Súmula Vinculante 31, aprovada em 4 de fevereiro de 2010, nos termos da qual "[é] inconstitucional a incidência do Imposto sobre Serviços de Qualquer Natureza – ISS sobre operações de locação de bens móveis". Todavia, como os precedentes que fundamentam esta súmula referem-se à lista anexa ao Decreto-lei n. 406/1968, questionou-se perante a Primeira Turma do Supremo Tribunal Federal se a inclusão do item 3 ("*[s]erviços prestados mediante locação, cessão de direito de uso e congêneres*") na Lista de Serviços anexa à Lei Complementar n. 116/2003 possibilitaria a incidência de ISS sobre a locação de bens móveis. Partindo tanto da impossibilidade de alteração do "conceito de serviço consagrado pelo direito privado" quanto do veto presidencial do item 3.01 ("*Locação de bens móveis*"), "motivado pela orientação jurisprudencial desta Corte", manteve-se a aplicação da Súmula Vinculante 31 frente ao regime da lei ulterior[181].

Em agosto de 2020, houve o julgamento da ADI 3.142 cujo objeto era a constitucionalidade do item 3.04 da Lei Complementar n. 116/2003, o qual lista como sujeito ao ISS "[l]ocação, sublocação, arrendamento, direito de passagem ou permissão de uso, compartilhado ou não, de ferrovia, rodovia, postes, cabos, dutos e condutos de qualquer natureza". Apesar do argumento de que o ISS seria sucessor do antigo Imposto sobre Indústrias e Profissões (IIP), o relator, Min. Dias Toffoli, argumentou que essa referência histórica não seria segura, uma vez que a Comissão responsável pela Emenda Constitucional 18/65 – que introduziu o ISS e revogou o IIP – teve o objetivo de restringir o campo de incidência do IIP na criação do ISS. Por isso, não seria correto se valer da interpretação histórica. Tampouco seria adequado

181 STF, AgRg no RE n. 602.295-RJ, 1ª Turma, rel. Min. Luís Roberto Barroso, j. 07.04.2015, D.J. 23.04.2015.

recorrer ao art. 71 do CTN, que definia serviços abrangendo a locação, dado que, valendo-se das lições de Leandro Paulsen, a vigência de tal dispositivo foi efêmera. Ao mesmo tempo, fazendo referência a Alfredo Augusto Becker, o Min. Tofolli enfatizou que não poderia interpretação econômica preponderar sobre a jurídica. Após retomar os precedentes do STF, inclusive, posteriores à referida Súmula Vinculante 31, o Min. Dias Toffoli concluiu que: simples obrigação de dar não está sujeita ao ISS; em caso de obrigação de fazer, é possível a incidência do ISS; na hipótese de relação mista ou complexa, caso seja possível segregar a obrigação de fazer, não cabe a incidência do ISS sobre a obrigação de dar; e, por fim, havendo relação mista ou complexa, na qual é impossível tal segmentação, se a lei complementar lista como ISS, então, à primeira vista, cabe a incidência do ISS. Ao tratar do caso do item 3.04, o Min. Toffoli votou no sentido de que, em si, há somente uma obrigação de dar e enquanto tal é inconstitucional a incidência do ISS. Contudo, é possível essa incidência nas situações em que haja uma relação mista ou complexa, nas quais seja impossível a segregação, tal como ocorreria, de forma misturada, numa locação de ferrovia com a manutenção desta. Conquanto o Min. Marco Aurélio tenha sido vencido por salientar a incompatibilidade material desse item com o texto constitucional, os demais ministros seguiram a posição do relator. Em síntese, na ADI 3.142, o STF julgou parcialmente procedente o pedido, dando interpretação conforme à Constituição Federal ao subitem 3.04 da lista anexa da Lei Complementar n. 116/2003.

6.4.3.3 A expressão "faturamento"

Outro caso extraído da jurisprudência brasileira concernente ao art. 110 do Código Tributário Nacional é o da expressão "faturamento", enfrentada pelo Supremo Tribunal Federal, com relação à COFINS.

A expressão já fora empregada quando da criação do Programa de Integração Social, o PIS, cuja contribuição fora introduzida pela Lei n. 7/70 e tinha por base de cálculo o "faturamento" do sexto mês anterior ao do fato jurídico tributário. A referida base de cálculo pretendeu ser alterada ainda antes da edição da Constituição Federal de 1988, por meio dos Decretos-leis n. 2.445 e 2.449, os quais previram que se passasse a calcular com base na receita operacional bruta do mês (incluindo, no caso, todas as receitas da empresa, inclusive as financeiras); tais Decretos-leis, entretanto, foram julgados inconstitucionais pelo Supremo Tribunal Federal[182]. Posteriormente, a Medida Provisória n. 1.212/95 previu que a contribuição incidisse sobre o faturamento do mês.

A expressão também foi empregada na seara tributária no meio do Decreto-lei n. 1.940, de 25.05.1982, que criou um tributo, denominado Finsocial, destinado a custear investimentos na área social do governo federal. Ainda no regime constitucional anterior, o Finsocial, que se pretendia uma contribuição, foi qualificado como imposto inominado, na esfera da competência da União, na parte que correspondia à receita bruta das empresas[183].

Com a Constituição Federal de 1988, a Lei n. 7.690/88 se referiu ao Finsocial, "incidente sobre o faturamento das empresas, com fundamento no art. 195, I, da Constituição Federal". Antes disso, o Decreto-lei n. 2.397/87 já se referira à receita bruta como base de cálculo do Finsocial inclusive para as prestadoras de serviços.

---

182 STF, RE n. 148.754 2-RJ, Tribunal Pleno, rel. Min. Francisco Rezek, j. 24.06.1993, D.J. 04.03.1994.

183 O mesmo Finsocial incidia diferentemente conforme o ramo de atividade do contribuinte; a cobrança sobre a receita da venda de bens ocorria no caso de empresas comerciais e industriais. A decisão do STF foi no RE n. 103.778-DF, Tribunal Pleno, rel. Min. Cordeiro Guerra, j. 18.09.1985, RTJ 116/1138.

A questão que surgia era que o art. 195, I, da Constituição Federal se referira ao faturamento das empresas. Esta expressão, segundo entendiam os contribuintes, deveria ser entendida no seu sentido de Direito Privado, conforme o art. 110 do Código Tributário Nacional. Sendo a fatura um instrumento próprio dos comerciantes nas vendas mercantis a prazo, entendia-se que não seria possível exigir o Finsocial onde não houvesse fatura. O Supremo Tribunal Federal, ao examinar o Finsocial já diante do texto constitucional de 1988, entendeu pela sinonímia entre as expressões "receita bruta", empregada pelo legislador ordinário, e "faturamento". Eis as palavras do Relator, Ministro Sepúlveda Pertence:

> *Convenci-me, porém, de que a substancial distinção pretendida entre receita bruta e faturamento – cuja procedência teórica não questiono – não encontra respaldo atual no quadro do direito positivo pertinente à espécie, ao menos em termos tão inequívocos que induzisse, sem alternativa, à inconstitucionalidade da lei*[184].

Na mesma decisão, o Ministro Sepúlveda Pertence afirmou que aquilo que na lei tributária (no caso, o Decreto-lei n. 2.397/87) chamara de "receita bruta" não poderia ser outra coisa senão o faturamento das empresas, i.e., que embora o legislador ordinário tivesse usado o signo "receita bruta", referia-se ele à noção de faturamento.

O Finsocial foi sucedido, no ordenamento, pela COFINS, por meio da Lei Complementar n. 70/91. Tendo em vista que sua base de cálculo (receita bruta) coincidia com a do PIS, discutiu-se sua constitucionalidade, mais uma vez sustentando que a expressão "faturamento", empregada pelo Constituinte, não permitiria a extensão a receitas que não compreendessem faturas. A constitucionalidade foi confirmada pelo Supremo Tribunal Federal. Eis o trecho do voto do Ministro Moreira Alves, relator no caso:

> *Note-se que a Lei Complementar n. 70/91, que criou a contribuição sobre o faturamento como "a receita bruta das vendas de mercadorias, de mercadorias e serviços e de serviços de qualquer natureza", nada mais fez do que lhe dar a conceituação de faturamento para efeitos fiscais, como bem assinalou o eminente Ministro Ilmar Galvão, no voto que proferiu no RE 150.764, ao acentuar que o conceito de receita bruta das vendas de mercadorias e de mercadorias e de serviços "coincide com o de faturamento, que, para efeitos fiscais, foi sempre entendido como produto de todas as vendas, e não apenas das vendas acompanhadas de fatura, formalidade exigida tão somente nas vendas mercantis a prazo (art. 1º da Lei 187/36)"*[185].

Foi nesse cenário que, em 1998, foi editada a Lei n. 9.718, que unificou a base de cálculo das contribuições PIS e COFINS, vinculando-as no seu art. 2º, ao faturamento. Entretanto, ao definir, no art. 3º, o que se entenderia por faturamento, declarou que a expressão corresponderia à "receita bruta", assim entendida (§ 1º): "a totalidade das receitas auferidas pela pessoa jurídica, sendo irrelevantes o tipo de atividade por ela exercida e a classificação contábil adotada para tais receitas".

Ou seja: enquanto no passado a expressão "receita bruta", empregada pelo legislador ordinário, compreendia apenas as receitas de vendas e, nesta acepção, fora confirmado o seu enquadramento na expressão "faturamento" empregada constitucionalmente, desta feita o legislador redefinia a mesma expressão "receita bruta" para compreender a totalidade das receitas das pessoas jurídicas (inclusive as receitas financeiras, que nada tivessem a ver com vendas de mercadorias ou prestações de serviço).

---

184 STF, RE n. 150.755-PE, Tribunal Pleno, rel. Min. Sepúlveda Pertence, j. 18.11.1992, RTJ 149/276.

185 STF, ADC n. 1, Tribunal Pleno, rel. Min. Moreira Alves, j. 01.12.1993, RTJ 156-743.

Surgia, então, a questão da liberdade do legislador ordinário, ao redefinir "receita bruta" e, por tal meio, pretender ali incluir receitas que não fossem de vendas de mercadorias e prestações de serviços.

Acrescia-se ao problema que, como acima apresentado, já oferecia suas dificuldades a circunstância de que, poucos dias depois da edição da Lei n. 9.718/98, foi publicada a Emenda Constitucional 20/1998, a qual, modificando o art. 195, I, da Constituição Federal, admitiu que as contribuições sociais incidissem não apenas sobre o "faturamento", como até então, mas sobre a "receita ou faturamento", inegavelmente mais ampla.

Ou seja: tivesse a Lei n. 9.718/98 sido publicada após a referida Emenda Constitucional, então já não mais precisaria o legislador limitar-se ao "faturamento", como campo para a criação das referidas contribuições, sendo perfeitamente aceitável base de cálculo mais ampla.

O tema foi enfrentado pelo Supremo Tribunal Federal, que acabou por concluir pela inconstitucionalidade da base de cálculo alargada pela Lei n. 9.718/98 nos Recursos Extraordinários 357.950, 390.840, 358.273 e 346.084[186].

O exame daquele Acórdão é oportuno, já que oferece rico material acerca do tema da interpretação constitucional em matéria tributária.

Relator designado foi o Ministro Marco Aurélio, que entendeu pela inconstitucionalidade acima referida, já que viu no § 1º do art. 3º uma ficção jurídica com "conotação discrepante da consagrada por doutrina e jurisprudência", visto não tomar "o faturamento tal como veio a ser explicitado na Ação Declaratória de Constitucionalidade 1-1/DF", ou seja, a envolver o conceito de receita bruta das vendas de mercadorias, de mercadorias e serviços e de serviços.

O voto do Ministro Cezar Peluso, igualmente se firmando na necessidade de buscar um conceito para o faturamento, fundamentou-se na ideia de que, se a expressão não é definida pelo próprio texto constitucional, mas é empregada em outra norma do ordenamento, então é de entender que aquele é o sentido empregado pelo Constituinte:

> *6. Como já exposto, não há na Constituição Federal prescrição de significado do termo faturamento. Se se escusou a Constituição de o definir, tem o intérprete de verificar, primeiro, se no próprio ordenamento havia então algum valor semântico a que pudesse filiar-se o uso constitucional do vocábulo, sem explicitação de sentido particular, nem necessidade de futura regulamentação por lei inferior. É que, se há correspondente semântico na ordem jurídica, a presunção é de que a ele se refere o uso constitucional. Quando u'a mesma palavra, usada pela Constituição sem definição expressa nem contextual, guarde dois ou mais sentidos, um dos quais já incorporado ao ordenamento jurídico, será esse, não outro, seu conteúdo semântico, porque seria despropositado supor que o texto normativo esteja aludindo a objeto extrajurídico.*

O Ministro Peluso esclareceu não sustentar que "se devam tomar os termos referenciais usados pela Constituição em sentido permanente, invariável, perpétuo", mas que, no caso concreto, não lhe parecia que "seria o caso de adotar-se conceito mais amplo que aquele pré-constitucional, que a Corte definiu como incorporado pela Constituição".

Nota-se que Ministro Cezar Peluso, abriu mão de partir do conceito de Direito Privado para, daí, firmar um conceito constitucional que limitaria o legislador ordinário. Para o referido Ministro, o conceito de faturamento, enquanto resultado da receita de venda de mercadorias, de mercadorias e de serviços e de serviços de qualquer natureza, já fora confirmado pela jurisprudência do Supremo Tribunal Federal em reiteradas oportunidades, não podendo, daí, o legislador tributário

186 Todos julgados em 09.11.2005, D.J. 15.08.2006.

ultrapassar aqueles limites, sob pena de ferir o citado art. 110 do Código Tributário Nacional. O art. 110, neste caso, foi invocado em sentido diverso do até agora visto, já que ele o foi não no sentido de "constitucionalizar" conceitos de Direito Privado, mas antes os que o legislador tributário empregara diversamente daquele ramo do Direito. Ou seja: admitido que o Direito Privado tivesse uma acepção de faturamento (venda de mercadorias, apenas), então o conceito constitucional acatado pelo Ministro seguindo a reiterada jurisprudência era mais amplo, pois incluía os serviços, que não são objeto de fatura mercantil. Esse conceito amplo que, afinal, surgira na própria legislação tributária, é que, uma vez seguido pelo Supremo Tribunal Federal, receberia a chancela de conceito constitucional, o qual não poderia ser contrariado pela lei tributária. Para o que interessa ao presente capítulo, tem-se no voto do Ministro uma posição que segue a Jurisprudência dos Conceitos, mas que não vê no texto constitucional uma referência obrigatória ao Direito Privado.

Em seu voto, o Ministro Gilmar Mendes sustentou que a Constituição não define o que seja "faturamento", refutando a tese de que o texto constitucional houvesse incorporado um conceito definitivo para a expressão. A referência a faturamento seria norma constitucional aberta e de feição institucional, admitindo, daí, acepções diversas daquela adotada no âmbito do Direito Comercial. Tampouco seria aceitável a tese de que o legislador de 1991 teria "o poder de ter interpretado melhor ou de maneira mais adequada o Texto Constitucional". A amplitude da liberdade do intérprete autêntico, na visão do Ministro, apenas encontra limite no "núcleo essencial" ("fazer de homem, mulher, em matéria de garantia institucional"). Vê-se, por tal raciocínio, que o Ministro não entendia que o mero uso de uma expressão, existente no Direito Privado, implicaria de imediato que o instituto de Direito Privado com ela designado houvesse sido incorporado pelo texto constitucional. É interessante notar que o raciocínio do referido Ministro não ingressa na polêmica acerca do art. 110 do Código Tributário Nacional, já que este pressuporia que o Constituinte tivesse empregado um conceito de Direito Privado, inexistente no caso.

A posição do Ministro Gilmar Mendes parece, pois, conviver com o que se viu, no Capítulo VI, acerca do emprego de tipos, pelo Constituinte, na matéria de competências tributárias. Sua referência a um "núcleo essencial" indica esta tendência, que pode ser confirmada na seguinte passagem do julgamento:

> *O SENHOR MINISTRO GILMAR MENDES – Como sabemos que é assim, se sabemos que houve uma evolução em relação a isso. Como sabemos, por exemplo, que não havia o conceito de faturamento aplicado às empresas de serviço e tivemos que fazer esse tipo.*
>
> *O SR. MINISTRO NELSON JOBIM (PRESIDENTE) – O que está em jogo aqui são receitas financeiras. A produção está sendo tributada com a COFINS. Estamos dizendo é que não podem ser tributadas pela COFINS as receitas dos investimentos financeiros das empresas, o setor bancário financeiro. Esse é o núcleo da discussão.*
>
> *O SR. MINISTRO CARLOS BRITTO – Porque isto não constitui faturamento.*
>
> *O SENHOR MINISTRO GILMAR MENDES – Esse é um conceito que evolui.*
>
> *O SR. MINISTRO CARLOS VELLOSO – Evolui tanto que a Emenda Constitucional 20 veio admitir essa evolução só que, antes dela, uma lei ordinária quis fazer o mesmo.*

Diametralmente oposto foi o entendimento do Ministro Celso de Mello. Este valeu-se do art. 110 do Código Tributário Nacional para sustentar a primazia dos conceitos de Direito Privado empregados pela Constituição, "sob pena de prestigiar, no tema, a interpretação econômica do Direito Tributário, em detrimento do postulado da tipicidade, que representa, no nosso sistema normativo, projeção natural e necessária do princípio constitucional da reserva absoluta de lei em sentido formal (...)" Deixadas de lado as reservas com relação à tipicidade em matéria tributária, merece nota o fato de que, para o referido julgador, o art. 110 consolidaria o primado do Direito Privado sobre o Direito Tributário.

Por último, vale mencionar o posicionamento do Ministro Eros Grau. Ele concluiu pela constitucionalidade do dispositivo questionado. Entretanto, não o fez por julgar que a Lei 9.718/98 teria se conformado ao conceito de faturamento previsto na Constituição. Ao contrário, na sua opinião, não há um conceito constitucional, enquanto não declarado pela Suprema Corte. Dado o caráter didático, vale reproduzir a seguinte passagem:

> *O momento é propício para a afirmação de que, em verdade, a Constituição nada diz; ela diz o que esta Corte, seu último intérprete, diz que ela diz. E assim é porque as normas resultam da interpretação e o ordenamento, no seu valor histórico-concreto, é um conjunto de interpretações, um conjunto de normas potenciais. Por isso MICHEL TROPER sustenta – e nisso estamos de acordo – que a norma constitucional é criada pela autoridade que a aplica, no momento em que a aplica mediante a prática da interpretação. As palavras escritas no texto normativo nada dizem; somente passam a dizer algo quando efetivamente convertidos em normas (isto é, quando – mediante interpretação – são transformados em normas). Por isso as normas resultam da interpretação e podemos dizer que elas, enquanto disposições, não dizem nada – elas, como observam ALÍCIA RUIZ e CARLOS CÁRCOVA, elas dizem o que os intérpretes dizem que elas dizem.*

Esta extrema importância que o Ministro dá ao intérprete autêntico leva-o a concluir que, se a Corte entendeu que a expressão "faturamento" compreendia algo além de "emitir faturas", estendendo-se à receita de venda de mercadorias, mercadorias e serviços ou serviços, este passava a ser o conceito constitucional. Até este ponto, vê-se que o voto não divergiria daquele dos julgadores que votaram pela inconstitucionalidade da lei.

No entanto, outra ordem de argumentos fez com que o referido Ministro votasse pela constitucionalidade, no que foi seguido pelo Ministro Joaquim Barbosa: considerou o Ministro Eros Grau que a Emenda Constitucional n. 20/98, ao introduzir na Constituição a expressão "receita ou faturamento", ampliara o permissivo constitucional anterior. A seu ver, como o dispositivo em questão não fora declarado inconstitucional antes da referida Emenda Constitucional, esta teria recepcionado aquele dispositivo, restando superada a inconstitucionalidade pretérita.

O entendimento do Ministro com relação à tese da constitucionalidade superveniente (i.e.: uma lei, surgida inconstitucional, se não for expulsa do ordenamento, pode vir a ser declarada constitucional após mudança na Constituição) merece contestação. Afinal, a matéria de que se trata é de competência tributária. Apenas para que se evidencie o perigo do raciocínio, basta imaginar que, no futuro, venha o imposto de exportação a ser de competência dos Estados, como o foi no início da República. Acaso alguém cogitaria de aplicar uma vetusta lei estadual sobre o imposto, jamais declarada inconstitucional, mas cuja vigência desapareceu com a transferência da competência impositiva para a União? Em questão de competência tributária – é bom que se diga com todas as letras – a lei editada por pessoa incompetente não pode ser validada posteriormente. São as palavras do Ministro Marco Aurélio sobre o assunto:

> *Sustenta o ministro Eros Grau que ocorreu a legitimação da lei tendo em conta o novo texto constitucional. Para mim, ela nasceu e permaneceu inconstitucional. É certo que a exigibilidade dos tributos se fez quando já em vigor a Emenda n. 20, em vista da anterioridade mitigada de noventa dias. Mas, para que essa anterioridade mitigada tenha efeito jurídico, é*

indispensável que a lei, de início, mostre-se constitucional; se assim não era, cai por terra a passagem até mesmo dos noventa dias.

No que foi apoiado pelo Ministro Carlos Velloso, como segue:

O SR. MINISTRO CARLOS VELLOSO – Veja, Ministro Marco Aurélio, a que ponto chegamos: todas as leis anteriores à Constituição de 88, inconstitucionais frente à Constituição de 1967, se condizentes com a nova Constituição, seriam recebidas; cai por terra o controle difuso.

O SENHOR MINISTRO MARCO AURÉLIO (RELATOR) – E a segurança jurídica.

O SR. MINISTRO CARLOS VELLOSO – Claro. No controle difuso, examinamos a constitucionalidade da lei, segundo a Constituição da época. Isso é doutrina velha, batida e rebatida.

Por outro lado, a reprodução do voto do Ministro Eros Grau é relevante porque mostra que, no que se refere à existência de conceitos adotados pelo constituinte para a repartição de competências, ele não divergiu da maioria: apenas manifestou-se no sentido de que se busquem tais conceitos a partir da manifestação da própria Suprema Corte.

Não se pode deixar de apontar uma falha no raciocínio que até agora se vem desenvolvendo na Suprema Corte acerca do tema. Como visto, os Ministros se preocuparam em investigar o conteúdo da expressão "faturamento" prevista na Constituição Federal, sem atentar para o que já foi visto no Capítulo VI, acerca da natureza tipológica das categorias constitucionais concernentes à competência tributária.

"Faturamento" não é signo que identifica apenas um conceito. Também um tipo pode ser designado por tal expressão. A remissão do art. 149 da Constituição Federal ao art. 146, III, indica que, também para as contribuições sociais, a lei complementar pode desempenhar a função de conceituar aquilo que, constitucionalmente, era mero tipo.

Nesse ponto, parece que não se tem dado devida conta à importância da Lei Complementar n. 70/1991, quando definiu o conteúdo da expressão "faturamento". A referida lei complementar é geralmente indicada como mera lei ordinária, do ponto de vista material, quando institui a COFINS. Daí ser pacífico que outra lei ordinária poderia modificar a regra matriz prevista na primeira. Por isso é que, finalmente, se entendeu por constitucional a Lei n. 9.430/1996, quando revogou a isenção que a Lei Complementar n. 70/1991 concedera às sociedades civis[187].

Contudo, se é verdadeiro que a Lei Complementar n. 70/1991 era materialmente ordinária quando cumpriu funções acometidas a essa espécie, i.e., ao instituir o tributo, não se pode deixar de reconhecer que a mesma Lei Complementar cumpriu, simultaneamente, função própria de lei complementar, ao definir seu "fato gerador" e o contribuinte: A COFINS seria "devida pelas pessoas jurídicas inclusive as a elas equiparadas pela legislação do imposto de renda", incidente "sobre o faturamento mensal, assim considerado a receita bruta das vendas de mercadorias, de mercadorias e serviços e de serviço de qualquer natureza". Essa função – definição do "fato gerador" e do contribuinte – cabe à lei complementar, nos termos do art. 149 c/c 146, III, "a", da Constituição Federal.

Daí que, se a instituição da alíquota da COFINS, por meio da Lei Complementar, poderia ser a qualquer momento modificada por outra lei ordinária, o mesmo não se pode dizer quanto à "definição do fato gerador, base de cálculo e contribuinte", já que tal matéria é própria de lei complementar.

187 STF, RE n. 381.964-MG, Tribunal Pleno, rel. Min. Gilmar Mendes, j. 17.09.2008, D.J. 13.03.2009.

Com mais acerto teria andado o Supremo Tribunal Federal, portanto, se tivesse tomado o cuidado de investigar se o conceito veiculado pela Lei Complementar n. 118/91 é compatível com o tipo constitucional. Em caso afirmativo, cabia-lhe, exclusivamente, reconhecer a decisão (definição) da lei complementar, afastando qualquer conceito que dali se afastasse, exceto se outra lei complementar viesse a dispor diferentemente.

Posteriormente, a discussão sobre a extensão do conceito de *faturamento* voltou com o RE 574.706, cujo objeto era a possibilidade de a base de cálculo do PIS e da COFINS englobarem o ICMS. Conquanto diversas outras questões tenham sido tratadas como é o caso da (ir)relevância de a Constituição ter vedado a inclusão do IPI na base do ICMS em certas situações (art. 155, § 2º, XI), também se debateu o conceito de *faturamento*. Segundo o Min. Luiz Fux, a busca desse conceito dever ser feita "no Direito que regula o faturamento das empresas, que é o Direito Comercial", o qual "prevê a exclusão de impostos para se entrever faturamento"[188]. Além disso, partindo de trechos do voto da relatora, Min. Cármen Lúcia, o Min. Luiz Fux avança para dizer que, como "[o] destinatário desse faturamento é o Poder Público" e não o contribuinte, haveria uma "*contraditio in terminis*"[189]. Por outro lado, o Min. Dias Toffoli enfatizou que "o dispositivo do art. 187 da Lei n. 6.404 é um conceito comercial, e não tributário" e que, por isso, não seria a partir do conceito comercial que o Supremo deveria procurar o conceito de faturamento[190]. Na mesma linha, o Min. Gilmar Mendes sustentou que "invocar a lei para um conceito da Constituição é caminho errôneo". O correto seria compreender "a teleologia do texto constitucional"[191]. Em que pesem as vozes contrárias, o STF decidiu que o ICMS deveria ser excluído da base de cálculo do PIS e da COFINS, uma vez que, nas palavras do Min. Ricardo Lewandowski, "não se pode considerar como ingresso tributável uma verba que é recebida pelo contribuinte apenas com o propósito de pronto repasse a terceiro, ou seja, ao Estado"; haveria, portanto, "simples trânsito contábil, não ingresso no patrimônio da empresa, do contribuinte"[192]. Foi nesses termos que o STF fixou a seguinte Tese de Repercussão Geral do Tema 69: "[o] ICMS não compõe a base de cálculo para a incidência do PIS e da COFINS".

6.4.3.4 *Leasing* e prestação de serviços[193]

Cumpre lembrar o caso da extensão do Imposto sobre Serviços de Qualquer Natureza (ISS) às operações de arrendamento mercantil (*leasing* financeiro)[194].

Questionava-se se seria possível falar em prestação de serviços no caso do arrendamento mercantil, tendo em vista – este era o argumento dos contribuintes – que o contrato de *leasing* financeiro compreenderia uma locação seguida de uma opção de compra e venda. Faltando a obrigação de fazer, invocava-se o precedente acima referido acerca da locação de bens móveis, para entender que em nada diferiria a situação em análise.

188 STF, RE n. 574.706-PF, Tribunal Pleno, rel. Min. Cármen Lúcia, j. 15.03.2017, D.J. 02.10.2017, p. 82.

189 STF, RE n. 574.706-PF, Tribunal Pleno, rel. Min. Cármen Lúcia, j. 15.03.2017, D.J. 02.10.2017, p. 83.

190 STF, RE n. 574.706-PF, Tribunal Pleno, rel. Min. Cármen Lúcia, j. 15.03.2017, D.J. 02.10.2017, p. 87.

191 STF, RE n. 574.706-PF, Tribunal Pleno, rel. Min. Cármen Lúcia, j. 15.03.2017, D.J. 02.10.2017, p. 87-88.

192 STF, RE n. 574.706-PF, Tribunal Pleno, rel. Min. Cármen Lúcia, j. 15.03.2017, D.J. 02.10.2017, p. 101.

193 Para uma crítica à decisão, cf., por todos, MACHADO, Hugo de Brito. ISS e o arrendamento mercantil. *Revista Dialética de Direito Tributário*, n. 185, fev. 2011, p. 63-76.

194 STF, RE n. 547.245 SC, Tribunal Pleno, rel. Min. Eros Grau, j. 02.12.2009, D.J. 05.03.2010.

O Ministro Relator, Eros Grau, não negou o entendimento de que o ISS incidiria apenas sobre obrigações de fazer. Ao contrário, valeu-se do próprio Direito Privado para sustentar que o contrato de *leasing* financeiro, posto que compreendendo a locação e a opção de compra e venda, tornou-se – ele mesmo – um contrato típico, cuja causa não é a entrega do bem em locação, mas o financiamento, aparecendo a arrendadora como intermediária entre o fornecedor e o arrendatário. A partir daí, concluiu que "financiamento é serviço, sobre o qual o ISS pode incidir", considerando irrelevante a compra do bem no final, já que "toda e qualquer prestação de serviço envolve, em intensidades distintas, a utilização de algum bem".

Interessa no julgamento ver como o Plenário se desviou do entendimento apresentado no caso da locação de bens móveis (item 6.4.3.2, supra), dispensando a relação com a obrigação de fazer. Eis o que disse o Ministro Eros Grau:

> *Em síntese, há serviços, para os efeitos do inciso III do art. 156 da Constituição, que, por serem de qualquer natureza, não consubstanciam típicas obrigações de fazer. Raciocínio adverso a este conduziria à afirmação de que haveria serviço apenas nas prestações de fazer, nos termos do que define o direito privado. Note-se, contudo, que a afirmação como tal faz tábula rasa da expressão "de qualquer natureza", afirmada do texto da Constituição.*

Não deixa de ser interessante que o Ministro tenha dado peso à expressão "de qualquer natureza" para livrar-se das amarras do conceito do Direito Civil. Este mesmo argumento, vale lembrar, já fora utilizado por Octavio Gallotti no caso da locação de bens móveis, mas não foi acatado naquela oportunidade.

O Ministro Joaquim Barbosa, em seu voto, negou à expressão "serviços" a natureza de conceito imutável, admitindo sua evolução:

> *Não há um conceito constitucional absoluto, imutável, intuitivo através dos tempos para serviços, ditado pela ordem natural e que possa ser* a priori *violado por conceitos criados pela função especulativa a que aludiu Irving Copi.*
>
> *Nesse sentido, observo que a rápida evolução social tem levado à obsolescência de certos conceitos jurídicos arraigados, que não podem permanecer impermeáveis a novas avaliações (ainda que para confirmá-los). Ideias como a divisão das obrigações em "dar" e "fazer" desafiam a caracterização de operações nas quais a distinção dos meios de formulação do negócio jurídico cede espaço às funções econômica e social das operações e à postura dos sujeitos envolvidos (e.g.,* software as service, *distribuição de conteúdo de entretenimento por novas tecnologias). Cabe aqui ponderar a influência do princípio da neutralidade da tributação.*

Evidencia-se do trecho acima que o Ministro Joaquim Barbosa, posto não utilizar a expressão "tipo", segue o entendimento de que a categoria constitucional empregada para a discriminação de competência tem caráter tipológico, não conceitual. Diferentemente do Ministro Eros Grau, o Ministro Joaquim Barbosa não qualificou a operação como financiamento, pois não enquadrou as operações como "meras cessões temporárias do direito de usar (aluguel) ou como meras operações financeiras". Viu, ao contrário, que no "arrendamento mercantil financeiro, há, por exemplo, a prestação de serviços de aproximação entre quem tem disponibilidade de recursos e quem deles necessita, não de forma geral como num empréstimo, mas com o objetivo específico de se garantir acesso ao uso de um bem". A caracterização como serviço de qualquer natureza apareceria na "nota característica de aproximação de interesses convergentes (aquisição do direito de uso de um bem, segundo termos contratuais e regime tributário específico)".

Também interessante notar como o Ministro Joaquim Barbosa afasta a identidade do conceito de "serviços de qualquer natureza" com o de "locação de serviços" (que inspirara a diferenciação no caso da locação de guindastes):

> *Não se discute que um dado texto não possa significar qualquer coisa que deseje seu intérprete, pois, como observou Umberto Eco, "existem interpretações clamorosamente inaceitáveis" para uma dada comunidade linguística.*
>
> *Contudo, todas as palavras são vagas em maior ou menor intensidade, e muitas delas são ambíguas, como registra Alf Ross.*
>
> *A primeira dificuldade posta consiste na imprecisão do que se tem como conceito arraigado no direito civil para conceituação do que se deva entender por prestação de serviços de qualquer natureza. O texto do Código Civil de 2002 não define o que sejam serviços (arts. 593-609 da Lei 10.406/2002). O Código Civil anterior utilizava a expressão locação de serviços sem, contudo, trazer qualquer elemento para a estipulação do conceito (Lei 3.071/1916, arts. 1.216 a 1.236).*
>
> *Por seu turno, a Lei 8.078/1990 (Código do Consumidor) considera serviço "qualquer atividade fornecida no mercado de consumo, mediante remuneração, inclusive as de natureza bancária, financeira, de crédito e securitária, salvo as decorrentes das relações de caráter trabalhista". Como se vê, ainda que "prestação de serviços" se limitasse à obrigação de fazer marcada pelo esforço humano empreendido em benefício de outrem" em interpretação baseada no texto do Código Civil, a expressão não é unívoca se considerada a estipulação legal das relações privadas de consumo. E tal estipulação legal é constitucional, como decidiu esta Corte por ocasião do julgamento da ADI 2.591.*
>
> *Ainda que se socorra de outros influxos de comunicação jurídica, como a dogmática e a jurisprudência, não é possível identificar conceito incontroverso, imutável ou invencível para serviços de qualquer natureza.*

Já pela passagem acima, vê-se que o Ministro Joaquim Barbosa percebeu que não satisfaz a busca por um conceito de Direito Privado, já que mesmo neste as expressões podem ter mais de uma conceituação, conforme seu contexto. É evidente a superação da Jurisprudência dos Conceitos no pensamento do julgador.

Mas também a submissão do texto constitucional à lei ordinária foi atacada pelo Ministro Joaquim Barbosa em seu voto:

> *A segunda dificuldade que vislumbro refere-se à necessidade de interpretação da Constituição conforme a legislação ordinária, ainda que existente por ocasião de sua promulgação. Ainda que a legislação ordinária contivesse um conceito universal e inequívoco para a prestação de serviços de qualquer natureza, o alcance do texto constitucional não é condicionado de forma imutável por ele. De outra forma, seria necessário concluir pela possibilidade de estabilização com força constitucional da legislação infraconstitucional, de modo que haveria confusão entre os planos normativos.*

É interessante notar que o Ministro não rejeita o emprego dos conceitos de Direito Privado por conta do contexto em que foram emitidos, mas por um argumento formal (fonte). Entretanto, a questão não é de hierarquia, mas de saber se o Constituinte, encontrando no ordenamento jurídico conceito preexistente, adotou-o ou não. No primeiro caso, o conceito ganharia a fonte constitucional, tornando-se obrigatório. Este aspecto não parece bem enfrentado no voto.

Ao afastar a natureza de financiamento no contrato de *leasing* financeiro, o Ministro Joaquim Barbosa conseguiu fugir do risco que o voto do Ministro Eros Grau poderia apresentar. Afinal, este apontara o caráter de financiamento no contrato, sem ressaltar que, nesse caso, seria o IOF, não o ISS, o imposto a ser cobrado. Já o Ministro Joaquim Barbosa apontou haver uma diferença entre os serviços financeiros próprios do IOF e aqueles do *leasing* financeiro, já que o IOF apenas incide nos campos em que a União tem papel regulador, no âmbito do Sistema Financeiro Nacional (embora o próprio Ministro reconheça, noutra passagem, que a atividade de *leasing* financeira é supervisionada pelo Banco Central):

> *Em termos gerais, as atividades características do Sistema Financeiro Nacional são marcadas pela aproximação do acervo de disponibilidade de recursos econômicos acumulados e ociosos ao grupo de pessoas que necessita de tais recursos para os mais diversos fins (investimento produtivo, consumo, melhoria do perfil financeiro de dívidas etc.). Às atividades de captação, intermediação ou aplicação de recursos financeiros próprios ou de terceiros ou de custódia de valor de propriedade de terceiros se aliam atividades auxiliares, como a corretagem em bolsa de valores, a liquidação e custódia de títulos e a compensação de cheques.*
>
> *A demarcação da competência tributária acompanha a concentração constitucional atribuída à União para dispor sobre matéria econômica. Nos termos do art. 153, V, da Constituição, compete à União instituir imposto sobre operações de crédito, câmbio e seguro, ou relativas a títulos ou valores mobiliários, conhecido como Imposto sobre Operações Financeiras – IOF. Todas as operações financeiras previstas no campo de incidência do IOF pressupõem em maior ou menor medida, a prestação de algum tipo de serviço, como aproximação de partes interessadas, análise atuarial de risco e de crédito e liquidação e custódia de títulos. Contudo, a opção constitucional foi dar ênfase ao papel de operação no âmbito do Sistema Financeiro Nacional e, com isso, alocar tais serviços à competência tributária da União, por motivos fiscais e extrafiscais relevantes ao fluxo de recursos e à política econômica. (...)*
>
> *(...) O núcleo essencial da atividade de arrendamento <u>não</u> se reduz, portanto, a captar, intermediar ou aplicar recursos financeiros próprios ou de terceiros. Não há pura e simplesmente a concessão de crédito àquelas interessadas no aluguel ou na aquisição de bens. A empresa arrendadora vai ao mercado e <u>adquire</u> o bem para transferir sua posse ao arrendatário. Não há predominância dos aspectos de financiamento ou aluguel, reciprocamente considerados. O negócio jurídico é uno. Vale dizer, as operações de arrendamento mercantil pertencem a categoria própria, que não se confunde com aluguel ou financiamento, isoladamente considerados.*

Os demais Ministros seguiram os votos acima, não identificando no *leasing* financeiro uma locação. O único voto divergente foi do Ministro Marco Aurélio, que se firmou no precedente da locação de bens móveis, para entender que não caberia o ISS.

6.4.3.5 Software *e o conceito de mercadoria*

Outra ocasião em que o Supremo Tribunal Federal se viu imbuído da tarefa de buscar o significado (conceito) de expressão utilizada pelo constituinte é o caso dos *softwares* e o conceito de "mercadoria" para fins de incidência do ICMS.

Extrai-se do art. 155, II, da Constituição Federal a competência estadual para instituir e cobrar o ICMS. Nota-se, no dispositivo, que se encontram inseridas no campo de incidência do referido imposto as "operações relativas à circulação de mercadorias", bem como as "prestações de serviços de transporte interestadual e intermunicipal e de comunicação".

Na tentativa de compreender o campo de competência conferida pela Constituição aos Estados para a instituição do ICMS, cuidou a doutrina de analisar o significado da expressão "operações relativas à circulação de mercadorias". A partir da interpretação conjunta dos termos "operações" e "circulação", entendeu-se que o correto significado da expressão implica um "ato de transmissão", e não qualquer negócio jurídico. Assim, o termo "operações" é usualmente empregado no sentido de ato de impulso da circulação, da transmissão[195].

No entanto, a mesma doutrina sempre se firmou no sentido de não ser qualquer "operação de circulação" cuja ocorrência daria ensejo à incidência do ICMS: a presença do termo "mercadoria" denotaria que não incide o ICMS sobre a transmissão de todo e qualquer bem; ao contrário, limitar-se-ia a incidência do imposto apenas às operações que tenham por objeto uma mercadoria. Em raciocínio próprio da Jurisprudência dos Conceitos, mostra-se relevante, assim, saber o que se entende por "mercadoria".

O conceito de mercadoria, para fins de incidência do ICMS, esteve tradicionalmente vinculado ao Direito Privado, notadamente o Direito Comercial, segundo o qual a mercadoria deveria ser algo material, corpóreo[196]. Assim é que Alcides Jorge Costa, ainda na vigência da Constituição anterior, assinalou que, "para efeito do ICM, mercadoria é toda cousa móvel corpórea para ser colocada em circulação, ou recebida para ter curso no processo de circulação"[197].

Mesmo contemporaneamente, nota-se, na doutrina, a influência do Direito Privado para a construção do conceito de mercadoria, a exemplo de Roque Antonio Carrazza, quando afirma que "mercadoria, para fins de tributação por via de ICMS, é o que a lei comercial considera mercadoria"[198]. No mesmo sentido, José Eduardo Soares de Melo entende por mercadoria o "bem corpóreo da atividade empresarial"[199].

Daí ter-se feito sentir, no Supremo Tribunal Federal, quando do exame da tributação do *software*, a influência do entendimento segundo o qual seria indispensável a presença do suporte físico (*corpus mechanicum*) para a configuração de uma mercadoria tributável pelo ICMS. Na primeira oportunidade em que a Corte se manifestou sobre o assunto[200], lê-se no voto do Ministro Relator Sepúlveda Pertence, cujo entendimento foi seguido de maneira unânime pelos demais Ministros:

> *Estou, de logo, em que o conceito de mercadoria efetivamente não inclui os bens incorpóreos, como os direitos em geral: mercadoria é bem corpóreo objeto de atos de comércio ou destinado a sê-lo.*

A partir de tal premissa, o Ministro procedeu à distinção entre *softwares* adaptados ao cliente ("customized"), desenvolvidos para atender a necessidades específicas de determinado usuário, e

---

195 "'Operações' configuram o verdadeiro sentido do fato juridicizado, a prática de ato jurídico como a transmissão de um direito (posse ou propriedade). (...) Os conceitos de 'circulação', 'operação' e 'mercadoria' permanecem umbilicalmente ligados, devendo os intérpretes e os destinatários do ICMS tomá-los na sua concepção jurídica para efeito de caracterização de sua incidência." Cf. MELO, José Eduardo Soares de. ICMS: teoria e prática. São Paulo: Dialética, 2008, p. 11-19.

196 Sobre o assunto, cf. JARDIM NETO, José Gomes. Os produtos digitais vendidos na Internet e o ICMS. In: SCHOUERI, Luís Eduardo (coord.). *Internet*: o direito na era virtual. Rio de Janeiro: Forense, 2001, p. 279 e ss.

197 Cf. COSTA, Alcides Jorge. *ICM na Constituição e na Lei Complementar*. São Paulo: Resenha Tributária, 1978, p. 99.

198 Cf. CARRAZZA, Roque Antonio. *ICMS*. São Paulo: Malheiros, 2004, p. 42.

199 Cf. MELO, José Eduardo Soares de. *ICMS*: teoria e prática. São Paulo: Dialética, 1996, p. 18.

200 STF, RE n. 176.626-3-SP, 1ª Turma, rel. Min. Sepúlveda Pertence, j. 10.11.1998, D.J. 11.12.1998.

os *softwares* "de prateleira" ("standard"), produzidos em série e comercializados no varejo. No entender da Corte, apenas os segundos seriam tributados pelo ICMS, já que constituiriam mercadorias postas no comércio, "materializando o *corpus mechanicum* da criação intelectual do programa".

O entendimento adotado pelo Supremo Tribunal Federal se confirmou em decisão posterior, de relatoria do Ministro Ilmar Galvão, em cuja ementa se pode ler[201]:

> *A produção em massa para comercialização e a revenda de exemplares do* corpus mechanicum *da obra intelecutal que nele se materializa não caracterizam licenciamento ou cessão de direitos de uso da obra, mas genuínas operações de circulação de mercadorias, sujeitas ao ICMS.*

Verifica-se, ainda, o mesmo raciocínio em outro caso semelhante submetido à Corte, em que o Ministro Eros Grau, seguido de maneira unânime, assinalou em seu voto, referindo-se ao precedente de relatoria do Ministro Sepúlveda Pertence[202]:

> *Não tendo por objeto uma mercadoria, mas um bem incorpóreo, sobre as operações de "licenciamento ou cessão do direito de uso de programas de computador" – matéria exclusiva da lide –, efetivamente não podem os Estados instituir ICMS.*

Em síntese, via-se até então que a jurisprudência sobre a questão não se desviara de seu curso esperado: firmado um conceito de mercadoria como bem móvel, reconhecia-se a tributação do *software* de prateleira sob o argumento de que tais operações se dão fisicamente, i.e., existe um *corpus mechanicum*, objeto da transação. O consumidor adquire o *software* como o faz com qualquer outra mercadoria, sendo irrelevante a existência de direitos imateriais.

A seguir tal entendimento, seria de esperar que, na ausência de um *corpus mechanicum* se negasse a incidência do imposto. Ou seja: quando, no lugar de uma aquisição de um bem físico, houvesse mero *download* do *software*, cairia por terra a argumentação do *corpus mechanicum* e se negaria a incidência do ICMS sobre a transação.

Daí merecer atenção o julgamento de medida cautelar em ação direta de inconstitucionalidade que versou sobre lei estadual do Mato Grosso que estabeleceu a incidência do ICMS "sobre operações com programa de computador - *software* - ainda que realizadas por transferência eletrônica de dados", ou seja, sem qualquer suporte físico[203].

No caso, o Ministro Nelson Jobim, entendendo pela possibilidade da incidência do ICMS sobre *softwares* adquiridos por meio de transferência eletrônica de dados, sustentou a necessidade de modificação da posição do Tribunal quanto à necessidade da presença de um *corpus mechanicum* para a configuração de uma "mercadoria":

> *Entretanto, a revolução da internet demoliu algumas fronteiras por meio da criação e aprimoramento de um "mundo digital". A época hoje é de realizações de negócios, operações bancárias, compra de mercadorias, acesso a banco de dados de informações, compra de músicas e vídeos, e aquisição de programa de computador nesse ambiente digital. Não há nessas operações a referência ao corpóreo, ao tateável, mas simplesmente pedidos, entregas e objetos que são, em realidade, linguagem matemática binária.*

---

201 STF, RE n. 199.464-9-SP, 1ª Turma, rel. Min. Ilmar Galvão, j. 02.03.1999, D.J. 30.04.1999.

202 STF, AgRg no RE n. 285.870-6-SP, 2ª Turma, rel. Min. Eros Grau, j. 17.06.2008, D.J. 01.08.2008.

203 STF, ADI n. 1.945-MT (Medida Cautelar), Tribunal Pleno, j. 26.05.2010, D.J. 14.03.2011.

O Ministro Ricardo Lewandowski, embora tenha reconhecido a relevância dos argumentos do Ministro Nelson Jobim e a necessidade de reflexão mais profunda por parte da Corte sobre o assunto, seguiu o voto do Ministro Relator Octavio Gallotti, no sentido da manutenção da jurisprudência do Tribunal segundo a qual a incidência do ICMS restringe-se à circulação de cópias ou exemplares de *softwares* produzidos em série. No entanto, o Ministro Lewandowski, ao final do julgamento, justificou sua posição pelo fato de tratar-se de medida cautelar, e não de mérito:

> *Estou de acordo, entendo que a realidade mudou; entendo que se deve tributar essa operação, mesmo que feita* online, *através da internet, mas penso que talvez seja o momento de protegermos, pelo menos liminarmente, cautelarmente, enquanto não houver definição da Corte sobre a natureza desse produto.*

O Ministro Gilmar Mendes manifestou, no caso, a mesma preocupação do Ministro Nelson Jobim com relação ao advento do "mundo digital" e o alargamento do comércio eletrônico. Dessa forma, após seguir o voto do Ministro Nelson Jobim, assinalou:

> *Penso que temos realmente que discutir esse tema, porque é extremamente delicado, sob pena de, em algumas áreas, desaparecer inclusive o objeto de cobrança do ICMS, porque é disso que se fala.*

No mesmo sentido, lê-se, no voto do Ministro Ayres Britto:

> *Hoje temos uma realidade virtual, isso é tão verdadeiro que a própria expressão "realidade virtual" é paradoxal; seria paradoxal há dez anos, porque virtual era o oposto de real. E hoje já falamos de realidade virtual eliminando toda e qualquer contradição.*

É dizer, em síntese do entendimento dos Ministros e conforme assinalado pelo Ministro Eros Grau no caso, que "a realidade altera o significado dos textos".

6.4.3.6 Leasing *internacional e a circulação de mercadorias*

A competência estadual para a cobrança de ICMS foi revisitada pelo Plenário do Supremo Tribunal Federal diante do arrendamento mercantil de bens trazidos ao País pelo arrendatário, que, ao final do prazo contratual, pode devolvê-los ao arrendante no exterior ou comprá-los[204]. Como objeto do julgamento, figurava a questão de saber se a "circulação de mercadorias" mencionada pela Constituição exigiria um negócio jurídico apto a transmitir a propriedade do bem arrendado ou se, ao contrário, a forma contratual de Direito Privado seria irrelevante para a incidência do imposto, bastando a entrada da mercadoria no País. Na síntese da Ministra Rosa Weber, investigava o Tribunal "se a operação jurídica subjacente há de representar necessariamente circulação do bem ou mercadoria – assim entendida a que implica a transferência da respectiva titularidade, na lição de Geraldo Ataliba –", ou seja, "se o fato imponível do ICMS ocorre apenas quando há a circulação jurídica do bem ou mercadoria".

Para os contribuintes, a incidência do imposto seria condicionada ao exercício da opção de compra, único momento em que os bens passariam à sua propriedade, operando-se a efetiva circulação das mercadorias. Firmando a controvérsia, entendia o Fisco bastar "a materialidade do ingresso dos mesmos no País e a submissão desses aos desembaraços aduaneiros", sendo irrelevantes "os aspectos negociais da operação internacional que ensejaram a importação".

204 STF, RE n. 540.829-SP, Tribunal Pleno, rel. Min. Gilmar Mendes, j. 11.09.2014, D.J. 18.11.2014.

Vencido no julgamento, o Ministro Relator Gilmar Mendes concluiu pela possibilidade de tributação ainda que não prevista ou exercida a opção de compra do bem importado em contrato de arrendamento. Em seu voto, pareceu relevante a redação do art. 155, § 2º, IX, "a", da Constituição Federal, alterada pela Emenda Constitucional n. 33/2001 para ampliar "a base econômica do ICMS incidente nas importações", ali permitindo a incidência do ICMS sobre a mera entrada de mercadoria importada no País. Para o Ministro, o tributo estadual não poderia "ser tratado como o ICMS comum", pedindo a circulação de mercadorias para a sua incidência, mas como "ICMS que incide na importação":

> *O ICMS não pode ser visto, atualmente, como um imposto incidente apenas sobre operações mercantis e alguns serviços, mas também como um imposto que incide sobre importações. Poder-se-ia ter-lhe conferido nova denominação, mas o Constituinte Derivado optou por manter a tradicional nomenclatura.*

Também o Ministro Teori Zavascki concluiu pela tributação imediata, com a importação do bem arrendado. Entendeu o Ministro que, acaso condicionada à "natureza do negócio jurídico que antecedeu o ato de importação", a incidência do ICMS dependeria do "conteúdo de um contrato celebrado no exterior, com base no direito estrangeiro (o do país exportador), direito esse que é imune à influência do Estado brasileiro, por contenção imposta pelo princípio da territorialidade de suas normas". Tal circunstância explicaria, para o Ministro, o fato de a Constituição ignorar "a natureza do negócio jurídico precedente, celebrado no exterior com o exportador estrangeiro", sendo injustificável "submeter o fato gerador de um tributo brasileiro à natureza e ao conteúdo de um contrato celebrado no exterior, segundo as normas vigentes em outro país".

A divergência foi aberta pelo Ministro Luiz Fux. Este voltou ao tema do art. 110 do Código Tributário Nacional, não admitindo pudesse a "circulação de mercadorias" na Constituição, sempre necessária para a incidência do imposto, compreender algo diverso de negócio jurídico privado suficiente a transferir a propriedade sobre a coisa. Nas razões apresentadas, ficou clara a influência da Jurisprudência dos Conceitos:

> *Como é de sabença, a Constituição Federal delegou à lei complementar estabelecer normas gerais em matéria tributária. E o Código Tributário, nesse afã, estabeleceu como regra de exegese que, na aplicação do Direito Tributário, são obedecidos os conceitos de Direito privado. Ora, o art. 155 da Constituição Federal, em seu inciso 2º, estabelece que o ICMS é um imposto devido, derivado de uma operação de circulação de mercadoria, e que pressupõe, evidentemente, uma compra e venda. À luz desses preceitos, que não é possível desnaturar os vínculos de Direito privado, é absolutamente impossível nós equipararmos o* leasing *à compra e venda.*

Condenando "uma interpretação teleológica a essa novel hipótese como se pudesse a simples entrada da mercadoria ser fato gerador do ICMS", chegou o Ministro a afirmar, mesmo, que "o Direito Tributário abandonou a interpretação econômica", antes utilizando "outras modalidades de interpretação". Se o *leasing* não pode "ser considerado compra e venda mercantil", descaberia falar em imposto, consignando a ementa do julgado que "os conceitos de direito privado não podem ser desnaturados pelo direito tributário, na forma do art. 110 do CTN, à luz da interpretação conjunta do art. 146, III, combinado com o art. 155, inciso II, e § 2º, XI, 'a' da CF/88".

A divergência foi acompanhada pelo Ministro Luís Roberto Barroso, citando a obra de Roque Carrazza para advertir que "sem mudanças de titularidade da mercadoria, não há falar em tributação por meio de ICMS". Para a Ministra Rosa Weber, também a posição "que exige a troca de titularidade do bem ou mercadoria – a dita circulação jurídica – é a que merece ser prestigiada".

Ainda o Ministro Marco Aurélio considerou ser preciso haver "compra e venda, que a circulação seja qualificada", descabendo o ICMS se "o negócio jurídico que motivou a entrada da mercadoria em território brasileiro mostrou uma locação, o arrendamento mercantil". Entendimento partilhado pelo Ministro Ricardo Lewandowski, para quem "o ICMS implica necessariamente a transferência de domínio", e pela Ministra Cármen Lúcia, afastando o imposto "se não houver aquisição da mercadoria, mas mera posse decorrente do arrendamento".

Interessante o contraste entre a posição vencedora e aquela que prevaleceu no julgamento sobre o *leasing* e a prestação de serviços tributáveis pelo ISS, acima relatado. Neste, viu-se o Plenário afastar a hipótese de incidência do imposto municipal dos conceitos de Direito Privado ("obrigações de fazer" e "locação de serviços"). Com o caso do arrendamento e o ICMS, igual raciocínio não prosperou no Tribunal, apegando-se a maioria dos Ministros às categorias e efeitos negociais de Direito Privado para rejeitar a incidência do imposto estadual na ausência de transferência formal da titularidade jurídica sobre o bem arrendado. Apareceu o art. 110 do Código Tributário Nacional como mandamento que encontraria, na "circulação de mercadorias" definindo a competência para o tributo na Constituição, uma compra e venda reconhecida pelo Direito Civil.

6.4.3.7 Planos privados de assistência à saúde e a prestação de serviços

Ao julgar o Recurso Extraordinário 651.703[205], o Plenário do Supremo Tribunal Federal teve que decidir, em sede de repercussão geral, acerca da (não) incidência do ISS sobre as atividades realizadas pelas operadoras de planos privados de assistência à saúde (plano de saúde e seguro-saúde).

Embora no julgamento do *leasing* e da prestação de serviços tributáveis pelo ISS já tivesse sido afastada a classificação do Direito Civil entre obrigações de *dar*, de *fazer* e de *não fazer*, foi com base nessa distinção que as partes sustentaram suas posições. De um lado, a recorrente do caso argumentou que sua principal atividade não consistiria em obrigação de *fazer*, mas de *dar*, o que afastaria a incidência do ISS prevista na Lei Complementar n. 116/2003, itens 4.22 (*Planos de medicina de grupo ou individual e convênios para prestação de assistência médica, hospitalar, odontológica e congêneres*) e 4.23 (*Outros planos de saúde que se cumpram através de serviços de terceiros contratados, credenciados, cooperados ou apenas pagos pelo operador do plano mediante indicação do beneficiário*). A atividade de prestar serviço de saúde seria mera atividade-meio da atividade principal, que seria justamente a cobertura dos gastos dos seus clientes com tal serviço. Não se verificaria, desse modo, a comutatividade, característica presente em contratos de prestação de serviço, mas sim natureza aleatória, similar ao de empresas de seguro, não sujeitas ao ISS. Por outro lado, o recorrido afirmou existir *vera* obrigação de fazer, sobretudo, em razão de a prestação das operadoras de planos privados de assistência à saúde ocorrer ao longo do tempo e não em um ato apenas.

Como o relator do caso, o Min. Luiz Fux, elaborou voto condutor, formando a maioria do Supremo Tribunal Federal, vale compreender seu raciocínio. Em seu voto, o Ministro adotou as seguintes "premissas conceituais indispensáveis para melhor compreensão" da controvérsia: (i) possibilidade de o Direito Tributário adotar conceitos implícitos próprios ou fazer "remissão, de forma tácita, a conceitos diversos daqueles constantes na legislação infraconstitucional, mormente quando se trata de interpretação do texto constitucional"; (ii) inexistência de preconização da interpretação econômica no Direito Tributário; e (iii) somente atividades classificadas como *serviço* pela lei complementar (Lei Complementar n. 116/2003), enquadradas como tal "sob a ótica da

205 STF, RE n. 651.703-PR, Tribunal Pleno, rel. Min. Luiz Fux, j. 29.09.2016, D.J. 26.04.2017.

materialidade do art. 156, III, da CRFB/88" e não abrangidas por impostos de competência estadual ou federal, é que podem estar sujeitas à incidência do ISS, o que passa pela concepção tipológica da divisão de competências tributárias.

Em relação (i) à inexistência do primado do Direito Privado, o Min. Luiz Fux sustenta, primeiramente, que "o art. 110, do CTN, não veicula norma de interpretação constitucional", dado que não pode o legislador infraconstitucional "balizar ou direcionar o intérprete da Constituição". Ademais, o fato de a Constituição ser "carente de conceitos verdadeiramente constitucionais" não implica que tenham sido utilizados "necessariamente aqueles" conceitos "encontrados na lei ordinária". Por consequência, a interpretação da Constituição conforme a lei não guarda "caráter absoluto", pois não são raras as vezes em que inexiste certeza "quanto ao real alcance do texto constitucional".

Dessa forma, não deve subsistir a interpretação literal do art. 110 do CTN. Conforme explica o Ministro, "qualquer conceito jurídico, seja ele do Direito Privado ou não, ou extrajurídico, advindo ele da Economia ou de qualquer ramo do conhecimento, que tenha sido utilizado pelo constituinte para definir competências tributárias não pode ser alterado por legislação infraconstitucional". Nesse sentido, deve-se compreender o art. 110 em conjunto com o art. 109 do CTN. Enquanto o primeiro dá prevalência ao método sistemático, impondo que "os conceitos do sistema do Direito Privado empregados no Direito Tributário conservam o seu sentido originário", o segundo enfatiza o método teleológico na hipótese de inexistir "constitucionalização dos conceitos". Portanto, explica o Min. Luiz Fux que "embora os conceitos de Direito Civil exerçam um papel importante na interpretação dos conceitos constitucionais tributários, eles não exaurem a atividade interpretativa". Deve-se, assim, interpretar a "Constituição Tributária" consoante o "pluralismo metodológico, abrindo-se para a interpretação segundo variados métodos, que vão desde o literal até o sistemático e teleológico". E é em vista disso que "os conceitos constitucionais tributários não são fechados e unívocos", sendo necessário "recorrer também aos aportes de ciências afins para a sua exegese, como a Ciência das Finanças, a Economia e a Contabilidade".

Acerca desse ponto, conclui o Ministro que "a ideia de unidade do sistema jurídico repousa muito mais no plano axiológico do que no linguístico". Não é por que as mesmas palavras são utilizadas tanto pelo Direito Privado quanto pelo Direito Tributário que se deve entender que, para se garantir a unidade do sistema, elas devem guardar idêntico significado. Pelo contrário, é em razão dos "Valores da Igualdade e da Solidariedade, dos quais derivam os Princípios da Igualdade, Capacidade Contributiva e Solidariedade", que se adota "critério econômico como decorrência do aspecto teleológico", não constituindo, portanto, qualquer óbice o fato de que determinada palavra tenha "um sentido diferente no Direito Tributário".

Nota-se, desse modo, que isso não (ii) implica preconização da interpretação econômica no Direito Tributário, como idealizado por Enno Becker no *Reichsabgabenordnung* de 1919. Nessa linha, o Min. Luiz Fux explica que "[o] traço fundamental de distinção entre a teoria da interpretação econômica do fato gerador desenvolvida por Enno Becker e a consideração do critério econômico realizada no âmbito da interpretação teleológica encontra-se nos limites da atividade hermenêutica". Em outras palavras, enquanto para o primeiro havia a inclinação "para a livre criação do Direito, sem vinculação estreita com a lei", para a segunda corrente a atividade de interpretação encontra seu limite no sentido literal possível da norma. Como se vê, optou-se pela adoção da Jurisprudência dos Valores, em detrimento da influência do Movimento do Direito Livre e da Jurisprudência dos Interesses.

A partir dessas duas premissas acima referidas, o Ministro relator do RE 651.703, com base em Heinriche Beisse, afirma que:

> *Destarte, a interpretação dos conceitos de Direito Tributário segue três princípios (BEISSE, Heinrich. O critério econômico na interpretação das leis tributárias segundo a mais recente jurisprudência Alemão in Brandão Machado (coord.) Estudos em Homenagem ao Prof. Ruy Barbosa Nogueira. São Paulo: Saraiva, 1984, p. 21-23).*
>
> *O primeiro deles indica que conceitos econômicos de Direito Tributário, que tenham sido criados pelo legislador tributário ou por ele convertidos para os seus objetivos, devem ser interpretados segundo critério econômico. Para tanto, cita como exemplo a expressão "renda e proventos de qualquer natureza", que não é encontrada no Direito Civil, sendo delineada pelo legislador tributário.*
>
> *O segundo princípio delineia que conceitos de Direito Civil devem ser interpretados economicamente – embora respeitado o sentido literal possível das palavras – quando o objetivo da lei tributária imponha, de forma objetivamente justificada, um desvio do conteúdo de Direito Privado, em nome do princípio da igualdade, v.g., o exemplo trazido pelo autor é o da expressão "empregadores", utilizada no art. 195, da CRFB/88, para definir os contribuintes das contribuições da seguridade social, que não tem o sentido do Direito do Trabalho, abarcando empresas que não mantêm empregados próprios.*
>
> *O terceiro princípio é o de que os conceitos de Direito Civil devem ser interpretados de acordo com a definição dada pela legislação civil quando, conforme o sentido e o objetivo da lei tributária, existe certeza de que o legislador cogitou exatamente do conceito de Direito Privado ou, alternativamente, quando o sentido literal possível da norma tributária não confere outra possibilidade interpretativa. Nesse sentido, tem-se como exemplo o fato gerador do ITR (art. 153, VI, CRFB/88), pelo qual a tributação circunscreve-se à propriedade imóvel por natureza, não alcançando os imóveis por acessão.*

Expostas essas premissas, explicitou o Ministro que (iii) "a Constituição, ao dividir competências tributárias, valeu-se eminentemente de tipos, e não de conceitos". Afinal, "do contrário, seria despiciendo o emprego de lei complementar para dirimir conflitos de competência", conforme estabelece o art. 146 da Constituição. Vale, assim, a seguinte passagem do voto do Min. Luiz Fux:

> *Os conflitos de competência surgem justamente da potencial fluidez dos tipos, o que, conjugado com o art. 146, III, a, CRFB, pelo qual foi conferido à lei complementar o papel de definir os fatos geradores, bases de cálculo e contribuintes – demonstra que o constituinte tinha consciência de que ele próprio não conceituara os elementos essenciais dos impostos previstos.*
>
> *Mercê de a Constituição valer-se de linguagem tipológica e potencialmente aberta, este posicionamento jurídico não conduz a que a lei complementar possa dispor livremente sobre os impostos previstos na Constituição. É que o legislador fica vinculado aos sentidos mínimos que são extraídos das locuções empregadas pelo Texto Constitucional na definição da competência tributária.*
>
> *Deveras, muito embora a materialidade dos impostos pressuponha o reconhecimento de conceitos mínimos, o processo de definição de qual imposto deverá incidir no caso concreto deve tomar como ponto de partida a solução oferecida pela lei complementar (...).*

Apresentada a fluidez dos tipos presentes na divisão de competência tributária, o Min. Luiz Fux sustenta a existência de um conceito econômico de serviços presente na Constituição. Segundo o Ministro, a divisão das obrigações entre "obrigação de dar" e "obrigação de fazer" e "de não fazer" é "eminentemente civilista", não sendo "apropriada para o enquadramento dos produtos e serviços resultantes da atividade econômica". Não à toa, o próprio conceito de serviços do

Código de Defesa do Consumidor não se restringe à mera "obrigação de fazer", sendo mais amplo que a concepção civilista. Entendeu, dessa forma, o Ministro que o mesmo ocorre ao se interpretar "o conceito de 'serviços' no texto constitucional". Aliás, não seria outra a "decorrência lógica" senão o próprio emprego da expressão "de qualquer natureza", que amplia o significado do termo "serviços".

Diante de tais considerações, o Ministro sustenta que a taxatividade da lista de serviços constante na Lei Complementar n. 116/2003 opera-se em contraposição à amplitude do conceito presente na Constituição. Em suas palavras, a instituição de uma lista taxativa "confere segurança jurídica ao sistema", sobretudo, quando levada em conta a atribuição de competência tributária aos mais de 5.500 municípios, opondo-se, assim, ao "conceito econômico (juridicizado) de serviços", o qual "tem abertura semântica e ambiguidade razoáveis".

Tendo isso em vista, havendo "oferecimento de uma utilidade para outrem, a partir de um conjunto de atividades imateriais, prestados com habitualidade e intuito de lucro, podendo estar conjugada ou não com a entrega de bens ao tomador" (conceito econômico de serviço), e sendo classificada a atividade como serviço pela lei complementar, está sujeita, sim, ao ISS.

A partir de tais considerações, o Min. Luiz Fux afirmou que "[o] fato de o cálculo do preço dos serviços prestados levar em consideração alguns critérios atuariais e de risco não tem o condão de transformar esta atividade econômica em operação de seguro". Entendeu haver prestação de serviços na atividade de fornecimento de planos de saúde e assistência médico-hospitalar, com base na Lei n. 9.656, de 3 de junho de 1998, e na Lei n. 10.185, de 12 de fevereiro de 2001. Isso porque no art. 1º da primeira, com redação dada pela Medida Provisória n. 2.177-44, de 24 de agosto de 2001, que define "Plano Privado de Assistência à Saúde", está expressa a existência de "prestação continuada de serviços ou cobertura de custos assistenciais". Já em relação à Lei n. 10.185/2001, segundo o Ministro, fica evidente que as operadoras de planos privados de assistência de saúde não observam as "cautelas previstas na legislação que rege a atividade de seguros", uma vez que as sociedades seguradoras somente "poderão se especializar" naquela atividade se atenderem determinados requisitos, o que demonstra tratarem de "ramos empresariais distintos".

Votou, assim, o Ministro para a seguinte tese: "As operadoras de planos privados de assistência à saúde (plano de saúde e seguro-saúde) realizam prestação de serviço sujeita ao Imposto Sobre Serviços de Qualquer Natureza – ISSQN, previsto no art. 156, III, da CRFB/88". Posição essa que formou maioria no julgamento. Somente o Min. Edson Fachin, que acompanhou o relator, exarou voto com fundamento diverso, pautado na distinção entre obrigação de fazer e de dar. Para este Ministro, haveria em tal caso apenas obrigação de fazer.

Em posição contrária, o Min. Marco Aurélio entendeu que não há prestação de serviços na atividade das operadoras de planos privados de assistência à saúde. Além de ter partido da premissa de que "[a] lei tributária não pode alterar a definição, o conteúdo e o alcance de institutos, conceitos e formas de Direito privado, utilizados expressa ou implicitamente pelo Diploma Maior", sustentou a necessidade de haver "a presença de esforço humano, da realização de uma obrigação de fazer, ainda que envolva, para a execução, certas obrigações de dar". Desse modo, ao analisar a natureza da atividade da recorrente, explicou que "envolve assegurar ao contratante a eventual prestação de serviço médico". Ou seja, não haveria "fornecimento do serviço em si, mas, tão somente, a garantia conferida pelo operador de que, quando o serviço médico se fizer necessário, será proporcionado pela rede credenciada pela operadora, ou ressarcido em proveito do usuário". Portanto, não caberia a incidência de ISS sobre tais atividades.

Como se pode ver nas manifestações dos Ministros Edson Fachin e Marco Aurélio, a distinção entre obrigações de fazer e de dar nem sempre é visível. Existem, como neste caso, diversas situações em que não se conseguirá expressar a presença de uma delas ou mesmo a "prevalência" de uma. A questão não passa por adotar (necessariamente) classificações do Direito Civil, seguindo a literalidade do art. 110 do CTN. Conforme bem explicou o Min. Luiz Fux, é preciso compreender se houve a adoção de conceitos de Direito Privado ou não. A unidade não se verifica pela identidade de expressões, mas se encontra no plano axiológico. O Direito Tributário também pode se valer de conceitos próprios, inclusive, positivando conceitos econômicos. Isso, porém, não implica a "livre criação do Direito", uma vez que a interpretação está limitada no sentido literal possível da norma.

6.4.3.8 Contrato de franquia e a prestação de serviços

Em maio de 2020, no RE 603.136[206], o Supremo Tribunal Federal analisou a constitucionalidade do item 17.08 da lista anexa da Lei Complementar n. 116/2003, a qual insere no campo de incidência do ISS a "franquia (*franchising*)".

De acordo com o relator do RE 603.136, Min. Gilmar Mendes, "[a] controvérsia se apresenta porque o contrato de franquia tem natureza complexa, híbrida e, não raro, pode incluir, na relação jurídica entre franqueador e franqueado, prestações diversas"[207]. Conquanto o referido relator tenha afirmado que não pretende "interpretar a Constituição à luz do Código Tributário Nacional", fez ele referência ao art. 110 do CTN que seria "uma daquelas disposições que, em verdade, não chegam propriamente a inovar – apenas explicam e reiteram aquilo que já se encontrava nas dobras do texto constitucional"[208]. Após relatar diversos precedentes do STF, inclusive o caso acima das operadoras de planos de saúde, o Min. Gilmar Mendes afirmou que "de acordo com o entendimento do Supremo Tribunal Federal, o ISS incide sobre atividades que representem tanto obrigações de fazer quanto obrigações mistas, que também incluem uma obrigação de dar"[209].

Em relação aos contratos de franquia, o Min. Gilmar Mendes enfatizou que[210]:

> *A bem dizer, diferentes prestações podem estar compreendidas no bojo do contrato de franquia, tais como a cessão do uso de marca, a assistência técnica, direito de distribuição de produtos ou serviços, entre outras. Algumas delas podem ser tomadas como atividades-meio; outras, como atividades-fim no contexto da relação entre franqueador e franqueado.*
>
> *Esse, aliás, é um aspecto destacado com muita ênfase pela doutrina brasileira, sempre no sentido de que se trata de um contrato "híbrido", "misto", "complexo" ou "eclético", isto é, um negócio jurídico que não tem por objeto uma só prestação.*

Feitas essas considerações acerca da natureza do contrato de franquia, o Min. Gilmar Mendes avançou dizendo que "a velha distinção entre as ditas obrigações de dar e de fazer não funciona como critério suficiente para definir o enquadramento do contrato de franquia no conceito de 'serviço de qualquer natureza', previsto no texto constitucional". Afinal, para o referido Ministro, é

206 STF, RE n. 651.703-RJ, Tribunal Pleno, rel. Min. Gilmar Mendes, j. 29.05.2020, D.J. 16.06.2020.

207 STF, RE n. 651.703-RJ, Tribunal Pleno, rel. Min. Gilmar Mendes, j. 29.05.2020, D.J. 16.06.2020, p. 5.

208 STF, RE n. 651.703-RJ, Tribunal Pleno, rel. Min. Gilmar Mendes, j. 29.05.2020, D.J. 16.06.2020, p. 7.

209 STF, RE n. 651.703-RJ, Tribunal Pleno, rel. Min. Gilmar Mendes, j. 29.05.2020, D.J. 16.06.2020, p. 14.

210 STF, RE n. 651.703-RJ, Tribunal Pleno, rel. Min. Gilmar Mendes, j. 29.05.2020, D.J. 16.06.2020, p. 14-15.

evidente que inclui ambos tipos de obrigações, dar e fazer. Por outro lado, após ressaltar que "nem mesmo entre os civilistas a distinção entre essas duas situações – obrigações de dar e de fazer – é posta sempre com tal clareza", o relator concluiu que apenas uma coisa seria certa, qual seja[211]:

> *Não condiz com a realidade atual das trocas comerciais pretender que a relação estabelecida em decorrência de um contrato de franquia – refiro-me, é claro, à relação interna entre franqueador e franqueado – resuma-se a uma simples cessão de direitos, sem qualquer forma de prestação de serviços, como pretendem fazer crer os que defendem a tese da não incidência de ISS. Isso simplesmente não é correto.*
>
> *O contrato de franquia inclui, sim, uma prestação de serviço passível de sofrer incidência do imposto municipal. Há, nesse liame contratual, inegável aplicação de esforço humano destinado a gerar utilidade em favor de outrem (o franqueado). O vínculo contratual, nesse caso, não se limita a uma mera obrigação de dar, nem à mera obrigação de fazer.*

Diante de tais considerações, votou o Min. Gilmar Mendes no sentido de ser constitucional a cobrança de ISS sobre contratos de franquia.

Por outro lado, o Min. Marco Aurélio votou pela inconstitucionalidade, pois, ao analisar o art. 2º da Lei n. 8.955/1994 que define o contrato de franquia empresarial, "constata-se não se estar diante de obrigação de fazer, tendo-se em essência, obrigação de dar, revelada na cessão do direito de uso de marca ou patente – circunstância a excluir a atividade do campo de incidência tributária do ISS, ante a ausência, no núcleo, de elementos característicos do tipo serviço". Ressaltou ainda o Min. Marco Aurélio que essa cessão do direito de uso costuma, de fato, estar "acompanhada de atividades voltadas a viabilizar a instalação e o desenvolvimento do empreendimento franqueado", porém tais atividades seriam "atividades-meio", uma vez que são "tarefas desempenhadas em atendimento a requisito para a produção de outra utilidade". Dado que o ISS só alcançaria o serviço como atividade-fim, que o art. 156, III, da Constituição não permitiria a instituição de ISS sobre os contratos de franquia[212].

Apesar da posição do Min. Marco Aurélio – acompanhada pelo Min. Celso de Mello –, os demais ministros seguiram a posição do Min. Gilmar Mendes, fixando a Tese de Repercussão Geral do Tema 300: "[é] constitucional a incidência do Imposto sobre Serviços de Qualquer Natureza (ISS) sobre contratos de franquia (*franchising*) (itens 10.04 e 17.08 da lista de serviços prevista no Anexo da Lei Complementar 116/2003)".

6.4.3.9 Síntese da jurisprudência

Em alguns casos, a jurisprudência, forte no art. 110 do Código Tributário Nacional, apresentou tendência na identificação entre expressões utilizadas pelo constituinte e outras empregadas na legislação infraconstitucional, posto que não exclusivamente no Direito Privado. A esse respeito, vale a análise de Humberto Ávila:

> *Isso significa que a utilização de uma expressão específica por uma regra constitucional de competência faz com que o intérprete tenha de verificar se não havia um conceito técnico previsto no*

211 STF, RE n. 651.703-RJ, Tribunal Pleno, rel. Min. Gilmar Mendes, j. 29.05.2020, D.J. 16.06.2020, p. 19-20.

212 STF, RE n. 651.703-RJ, Tribunal Pleno, rel. Min. Gilmar Mendes, j. 29.05.2020, D.J. 16.06.2020, p. 35-37.

direito infraconstitucional pré-constitucional (não necessariamente no direito privado). Se havia um conceito e o legislador constituinte resolveu não modificá-lo pela instituição de um novo conceito, a referência à expressão significa uma opção sua pela incorporação desse conceito legal ao ordenamento constitucional. Foi exatamente o que ocorreu no caso da base de cálculo das contribuições sociais sobre o faturamento.

Essa decisão se insere na cadeia de decisões do Supremo Tribunal Federal que demonstram que só há poder de tributar sobre fatos cujos conceitos se enquadrem nos conceitos previstos nas regras de competência e, inversamente, não há poder algum de tributar sobre fatos cujos conceitos não se emoldurem nos conceitos previstos nessas regras. Daí serem intransponíveis os limites conceituais previstos nas regras de competência. Fora deles não há poder de tributar.

(...)

O importante é que todas as decisões são categóricas no sentido de que as regras constitucionais atributivas de competência, quando utilizam expressões cujas propriedades são conotadas pelo direito infraconstitucional pré-constitucional, incorporam os conceitos nele previstos. Além de categóricas, as decisões do Supremo Tribunal Federal são reiteradas. Longe de ser isoladas ou díspares, elas fluem sempre na mesma direção: os conceitos, ao serem incorporados ao direito constitucional, fixam "balizas constitucionais" que não podem ser ultrapassadas pelo legislador, ou "figurinos" e "conceitos" que o legislador não poderá desprezar[213].

Em essência, Humberto Ávila sustenta que o Supremo Tribunal Federal partiria de *conceitos* pré-constitucionais para interpretar as regras de competência.

Não obstante, diversamente do que afirmado pelo doutrinador, as decisões acima analisadas não ingressam no mérito temporal, i.e., se os "conceitos" seriam pré-constitucionais. Ao contrário, o caso do faturamento evidencia que a construção do conceito se firmou já na vigência do texto de 1988. O tema da "interpretação estática" será retomado abaixo. Ressalta-se que, ainda acerca do conceito de faturamento, tanto o Min. Dias Toffoli questionou a busca pelo sentido presente na Lei das S.A. quanto o Min. Gilmar Mendes rechaçou a interpretação da Constituição a partir da legislação infraconstitucional.

Acerca da discriminação de competências, encontram-se na jurisprudência do Supremo Tribunal Federal tanto a abordagem tipológica quanto a afirmação de que não basta recorrer, sempre, a conceitos de Direito Privado. A abertura encontrada na evolução conceitual presente nas manifestações do Min. Gilmar Mendes e, em menor grau, do Min. Joaquim Barbosa expandiu-se para verdadeira aproximação tipológica no voto do Min. Luiz Fux no caso dos planos de saúde. Ademais, tanto o segundo, no caso do *leasing* financeiro, quanto o do planos de saúde observaram inexistir um conceito universal e inequívoco para a prestação de serviços, com o que se evidenciou que a mera referência a conceitos de Direito Privado não é suficiente, quando são vários os conceitos existentes naquele ramo jurídico. Concordaram ainda no tocante à impossibilidade de que uma lei infraconstitucional (art. 110 do CTN) possa servir de guia para conhecer o conteúdo de um mandamento constitucional. Destaca-se também que, no caso dos contratos de franquia, o Min. Gilmar Mendes chegou a levantar a falta de clareza na distinção entre as obrigações de dar e as de fazer, considerando os próprios civilistas.

213 Cf. ÁVILA, Humberto. *Sistema Constitucional Tributário*. 4. ed. São Paulo: Saraiva, 2010, p. 209-210.

6.4.4 Conclusão: artigos 109 e 110

Da análise dos conteúdos tanto do art. 109 como do 110 do Código Tributário Nacional, vê-se o problema comum: cabe ao intérprete/aplicador determinar, à luz do contexto, se está diante de um instituto de Direito Privado. É importante ter em mente que a interpretação/aplicação se dá no âmbito de uma (ou várias) lei(s): investiga-se o conteúdo desta(s). Texto e contexto servirão de ferramentas para a conclusão do intérprete/aplicador.

A mesma atividade do intérprete/aplicador deverá, outrossim, definir qual, dentre os "efeitos civis", será aplicável ao caso.

Humberto Ávila utiliza-se da teoria jurídica da argumentação para enfrentar este tema. São suas palavras:

> *No caso das regras de competência, uma teoria jurídica da argumentação é importantíssima. Com efeito, a mera afirmação de que o conceito utilizado pela Constituição deve ser respeitado não resolve a questão crucial de saber qual conceito, entre todos aqueles possivelmente utilizáveis, foi efetivamente utilizado pela Constituição. (...)*
>
> *Enfim, uma teoria meramente conceitual não resolve a questão de saber qual o conceito, dentre os diversos plausíveis de serem adotados, deve ser o acolhido. A complementação de uma teoria conceitual se dá com uma teoria jurídica da argumentação, baseada especialmente na coerência substancial do ordenamento jurídico.*
>
> *Os conceitos não estão prontos no dispositivo objeto de interpretação. Eles são, na verdade, coerentemente reconstruídos pelo intérprete com base em argumentos linguísticos, sistemáticos, genéticos, históricos e meramente práticos.*
>
> *(...)*
>
> *Nesse sentido, os argumentos que podem ser utilizados na atividade de interpretação e aplicação do Direito podem ser divididos em quatro categorias:* (1) argumentos linguísticos, *que se baseiam no significado das expressões contidas em um dispositivo (argumentos semânticos, sejam eles de natureza ordinária ou técnica) ou que representam a estrutura gramatical de um dispositivo (argumentos sintáticos);* (2) argumentos genéticos, *que remontam à vontade efetiva do legislador histórico (argumentos subjetivo-semânticos ou subjetivo-teleológicos);* (3) argumentos sistemáticos, *que constatam a ideia de unidade e de coerência do sistema jurídico (argumentos garantidores de consistência, contextuais, de princípios, de precedentes);* (4) argumentos meramente práticos, *que extraem a sua força "unicamente" da sua correção (e.g., apenas políticos, econômicos)*[214].

Diante da multiplicidade de soluções que esses argumentos podem trazer, conclui o autor pela prevalência daqueles que defluem da autoridade do legislador e da Segurança Jurídica, implicando prevalência relativa dos argumentos linguísticos e sistemáticos.

Não parece, entretanto, que a Segurança Jurídica seja suficiente para a solução do dilema. Afinal, tratando-se de tema de repartição de competências, há que considerar, ao lado da relação

---

214 Cf. ÁVILA, Humberto. Op. cit. (nota 213), p. 213-214.

Fisco-contribuinte, a relação Fisco-Fisco, que traz a importância do próprio sistema federal. Ao mesmo tempo, há que ter em conta o Princípio da Capacidade Contributiva que, como visto no Capítulo VI, exerce papel relevante para que se compreenda o próprio sistema de repartição de competências. Vê-se, daí, que não se deve, *a priori*, apontar para uma ou outra solução. Por certo, os argumentos sistemáticos e gramaticais exercerão papel fundamental, mas não apenas como reflexo da Segurança Jurídica, mas de todos os valores constitucionais. O que importa é que a conclusão do intérprete/aplicador se sustente no todo constitucional.

Concluindo o intérprete/aplicador pela existência de um conceito de Direito Privado (ou por um dos vários conceitos de Direito Privado), então se aplicará, no caso de instituto empregado pela Constituição para a discriminação de competências tributárias, a regra do art. 110 do Código Tributário Nacional, que vedará que o legislador se desvie dos "efeitos civis" daqueles institutos.

Não sendo matéria de discriminação de competências, então a leitura do art. 109 permitirá que o intérprete/aplicador, mesmo diante de um conceito de Direito Privado, cogite de hipótese em que o legislador tenha levado em conta "efeitos tributários", diversos daqueles civis.

6.4.5 Ainda sobre o art. 110 do Código Tributário Nacional: interpretação estática e interpretação dinâmica

Mesmo que ultrapassadas as etapas anteriores, firmando-se o entendimento de que o constituinte tenha se valido de um instituto próprio do Direito Privado para a discriminação de competências tributárias, o art. 110 ainda oferecerá novas dificuldades. A leitura do dispositivo indica que, se o constituinte se vale de um conceito de Direito Privado, então este não pode ser distorcido pelo legislador ordinário, sob pena de se alargar a própria competência tributária.

Recente tentativa, da parte do legislador ordinário, de estender competência que lhe foi conferida pela Constituição Federal parece ter ocorrido na instituição das contribuições sociais (PIS e COFINS) sobre importações. Efetivamente, a Constituição Federal, por força da Emenda Constitucional 33/2001, estipulou qual seria a base de cálculo possível para as contribuições sociais:

§ 2º As contribuições sociais e de intervenção no Domínio Econômico de que trata o *caput* deste artigo (...)

II – incidirão também sobre a importação de produtos estrangeiros ou serviços;

III – poderão ter alíquotas:

a) *ad valorem*, tendo por base o faturamento, a receita bruta ou o valor da operação e, no caso de importação, o valor aduaneiro;

A leitura desse dispositivo é imediata: ao conferir a competência para a União instituir contribuição social sobre importação, o Constituinte já determinou qual seria a base de cálculo possível: o valor aduaneiro.

Como já se viu acima, não é imediata a conclusão quanto ao conteúdo do conceito de uma expressão empregada pelo Constituinte. Muitas vezes, a expressão denota apenas uma aproximação tipológica. Entretanto, caso se conclua que junto com a expressão "valor aduaneiro" tenha o

Constituinte recepcionado um instituto jurídico, então se haverá de ver que a referida expressão é empregada, para indicar o valor que serve de base de cálculo para o imposto de importação. O Brasil, no âmbito da Organização Mundial do Comércio, assinou um Acordo de Valoração Aduaneira, que determina como se apura o valor aduaneiro. É, portanto, conceito conhecido do ordenamento.

A Lei n. 10.865/2004, ao regular a Contribuição do PIS e COFINS sobre importação, assim previu sua base de cálculo:

> *Art. 7º A base de cálculo será*
>
> *I – o valor aduaneiro, assim entendido, para os efeitos desta Lei, o valor que servir ou que serviria de base para o cálculo do imposto de importação, acrescido do valor do Imposto sobre Operações Relativas à Circulação de Mercadorias e sobre Prestação de Serviços de Transporte Interestadual e Intermunicipal e de Comunicação – ICMS incidente no desembaraço aduaneiro e do valor das próprias contribuições, na hipótese do inciso I do caput do art. 3º desta Lei.*

Eis um claro exemplo em que o legislador ordinário procura alargar a competência que lhe foi conferida pela Constituição. Esta, como se viu, limitou a base de cálculo ao valor aduaneiro, mas o legislador ordinário, no lugar de se limitar à competência que lhe foi conferida, valeu-se do artifício de redefinir, para os efeitos da lei tributária, o que seria valor aduaneiro, com a pretensão de assim ampliar a base de cálculo prevista pela Constituição. Este artifício foi notado pelo Supremo Tribunal Federal, que acabou por limitar a base de cálculo das contribuições ao valor aduaneiro definido para os efeitos do imposto de importação[215].

Se no exemplo acima citado fica evidente a aplicação do art. 110 do Código Tributário Nacional, com o fito de impedir artimanhas voltadas a alargar competências conferidas constitucionalmente, outras situações podem se apresentar quando a solução não é tão imediata, mesmo que igualmente o intérprete/aplicador tenha concluído pelo emprego de instituto de Direito Privado pelo Constituinte. Com efeito, se é evidente que o legislador tributário não pode distorcer o conceito de direito privado, não se pode deixar de lado a possibilidade de este evoluir.

Já se viu que é usual, na aproximação tipológica, a evolução. No estudo das competências tributárias, apontou-se que muitas das expressões empregadas pelo constituinte na discriminação de competências revelam tipos, mutáveis, carentes de definição por lei complementar. O que se menciona, agora, é situação diversa: pretende-se mostrar que mesmo os conceitos podem evoluir.

Exemplo de evolução no Direito Privado viu-se com a edição do Código Civil de 2002, que passou a contemplar, entre os direitos reais, o de superfície (art. 1.225, II; 1.369 e ss.). Esse direito real não existia no Código Civil de 1916. Por outro lado, o direito real de enfiteuse já não se prevê no Código Civil atual.

Ocorre que a Constituição Federal conferiu aos municípios a possibilidade de instituir imposto sobre (art. 156):

> *II – transmissão "inter vivos", a qualquer título, por ato oneroso, de bens imóveis, por natureza ou acessão física, e de direitos reais sobre imóveis, exceto os de garantia, bem como cessão de direitos a sua aquisição.*

215 STF, RE n. 559.937, Tribunal Pleno, redator p/ acórdão Min. Dias Toffoli, j. 20.03.2013, D.J. 17.10.2013, com repercussão geral.

Trata-se de evidente exemplo de dispositivo constitucional que confere competência tributária. O constituinte utiliza, aqui, um conceito de Direito Privado (direitos reais sobre imóveis), na outorga da competência municipal. O art. 110 não permitiria que o legislador municipal redefinisse o que seria um direito real sobre imóveis.

Ocorre que, quando o constituinte previu a competência municipal, havia uma série de fatos econômicos entregues à competência municipal, dentre os quais a transmissão de direitos reais sobre imóveis. Ali estaria, por certo, a enfiteuse, mas não havia como se imaginar estivesse a transmissão de direitos de superfície, já que tais direitos sequer existiam em 1988 (eles só foram criados em 2002).

Abrem-se, aqui, duas possibilidades: a solução estática e a solução dinâmica.

Pela solução estática, deve o aplicador da lei investigar, na interpretação de um dispositivo constitucional que outorga competências, qual seria sua compreensão quando da edição da própria Constituição Federal. Está ligada à interpretação chamada "originalista", inspirada no valor de fidelidade à Constituição, buscando atribuir-lhe um significado "original", i.e., o significado que corresponde ao uso das palavras como era na época da promulgação da Constituição, ou ao que corresponde à "intenção" dos *framers, ou founding fathers* (constituintes originais)[216].

Esta solução tem a seu favor a segurança de que a decisão fundamental do Constituinte, na repartição de competências, será respeitada. Ela oferece como principal dificuldade a determinação de qual, exatamente, era o regime jurídico em vigor quando da edição do dispositivo constitucional. Afinal, não há como deixar de lado o fato de que o regime constitucional brasileiro é extremamente tolerante com emendas constitucionais. A solução estática exigiria do aplicador da lei verdadeira arqueologia jurídica, reunindo todas as leis em vigor quando da edição de cada emenda constitucional.

A solução dinâmica, ao contrário, exige que se investigue, no momento de aplicação da lei, qual a interpretação corrente do dispositivo constitucional. Inspira-se no valor da adaptação contínua do Direito às exigências da vida social, devendo-se mudar o significado do texto à luz das circunstâncias. Favorece, com isso, uma interpretação "evolutiva" para corrigir o envelhecimento constitucional[217]. Assim, se atualmente o direito de superfície é previsto pelo direito privado, sua transmissão está na competência dos municípios.

Tampouco a interpretação dinâmica escapa de críticas, principalmente em um cenário em que mais de meia centena de emendas se fizeram à Constituição em pouco mais de 20 anos. Afinal, se o principal argumento favorável à interpretação dinâmica está na sua adaptação a novas exigências sociais, a maleabilidade que se evidencia no texto reduz sensivelmente a legitimidade de tal argumentação. Ademais, o fato de se encontrarem tipos na Constituição já é instrumento bastante para assegurar a necessária adaptação a novos tempos.

Com relação a tal crítica, não se pode deixar de anotar, por outro lado, que a maleabilidade constitucional não se estende às chamadas "cláusulas pétreas", inseridas no § 4º do art. 60 da Constituição Federal: se o pacto federativo se encontra infenso a alterações (e é esse o argumento utilizado pelos defensores da interpretação estática), então assume importância a possibilidade de o intérprete atualizar o significado do texto constitucional.

Daí merecer apoio a interpretação dinâmica, mais consentânea com o ordenamento jurídico.

216 Cf. GUASTINI, Riccardo. *Teoría e ideología de la interpretación constitucional.* Madrid: Trotta, 2008, p. 60.

217 Cf. GUASTINI, Riccardo. Op. loc. cit. (nota 216).

6.5 Interpretação literal das isenções

A partir da ideia de que as isenções seriam caso de "exclusão" do crédito tributário, o legislador complementar conferiu-lhes o tratamento de exceção à regra geral de tributação, determinando, daí, que se aplicasse o mandamento de que se interpretam restritamente as isenções, como também outros casos excepcionais. É o que se extrai do art. 111 do Código Tributário Nacional:

> Art. 111. Interpreta-se literalmente a legislação tributária que disponha sobre:
>
> I – suspensão ou exclusão do crédito tributário;
>
> II – outorga de isenção;
>
> III – dispensa do cumprimento de obrigações tributárias acessórias.

É de todo infeliz a determinação do legislador complementar, ao se referir à interpretação literal: parece impor uma restrição à atuação do intérprete, no sentido de buscar o sentido de cada expressão utilizada pelo legislador. Seria o prestígio ao método gramatical, condenado pela hermenêutica por sua pobreza. Não é possível a construção da norma a partir de um texto, sem considerar seu contexto.

Outro sentido para a interpretação "literal" leva à ideia de uma interpretação "restritiva", ou seja, que dentre os resultados encontrados pelo intérprete/aplicador se busque aquele que tenha menor abrangência.

Finalmente, uma análise histórica do processo legislativo, que levou ao dispositivo inserido no art. 111, evidencia que seus autores não viam na expressão "literalmente" uma restrição; ao contrário, a expressão foi inserida no texto do Código Tributário Nacional para impedir que se procurasse reduzir o alcance do dispositivo que conferisse isenção[218]. Ou seja: "literalmente" significaria "sem qualquer restrição". Significa que a autoridade administrativa não pode impor outros requisitos para o gozo da isenção, senão os *literalmente* previstos pelo legislador.

Mesmo assim, o dispositivo não resiste à crítica de que a legislação tributária que disponha sobre outorga de isenção é parte do todo legal para a construção da regra matriz. Daí ser necessário retomar o que se viu no Capítulo V, acerca da distinção entre isenções técnicas e próprias, já que as primeiras, por não constituírem exceções à incidência, não podem merecer tratamento diferenciado no momento de sua interpretação/aplicação.

Mas tampouco às isenções próprias parece bem aplicado o art. 111 do Código Tributário Nacional, quando prestigia o método gramatical. Afinal, as isenções próprias necessitam de uma justificativa para afastar a tributação a que se encontram sujeitas outras situações semelhantes. No caso de impostos, a capacidade contributiva é o critério primeiro para a incidência, sendo de esperar, em nome da igualdade, que iguais manifestações de capacidade contributiva estejam sujeitas à mesma

218 Cf. AGUIAR, Luciana I. L. Reflexões históricas sobre o art. 111 do CTN: a escolha pela expressão "literalmente" em oposição à expressão "restritivamente". *Revista Direito Tributário Atual*, vol. 32, 2014, p. 245-255.

carga. Exceções criadas pelo legislador devem, em nome do princípio da igualdade, estar fundamentadas constitucionalmente. Ora, se uma isenção exige uma fundamentação constitucional, não há como deixar esta de lado, no momento de sua interpretação/aplicação. Ou seja: não basta o texto da lei para que se compreenda o alcance da isenção. Importa que tal texto seja inserido no contexto constitucional em que se encontra a justificativa para o tratamento excepcional. É a partir daí que se poderá determinar o alcance da isenção.

6.6 *In dubio pro reo*

A rejeição aos métodos apriorísticos de interpretação encontra uma exceção, contemplada pelo Código Tributário Nacional, nos casos de leis referentes a infrações. Em matéria de Direito Tributário Penal, aplica-se o brocardo *in dubio pro reo*, a exigir do julgador o tratamento mais favorável ao acusado. Ou seja: sendo possível a identificação de diversas normas, entende-se aplicável necessariamente a mais benéfica ao acusado. É o que dispõe o art. 112 do Código Tributário Nacional:

> Art. 112. A lei tributária que define infrações, ou lhe comina penalidades, interpreta-se da maneira mais favorável ao acusado, em caso de dúvida quanto:
>
> I – à capitulação legal do fato;
>
> II – à natureza ou às circunstâncias materiais do fato, ou à natureza ou extensão dos seus efeitos;
>
> III – à autoria, imputabilidade, ou punibilidade;
>
> IV – à natureza da penalidade aplicável, ou à sua graduação.

À primeira vista, o dispositivo acima poderia ser visto como de difícil aplicação prática, ou pelo menos de difícil controle, já que seu pressuposto – a dúvida – carrega extremo grau de subjetividade. Aquilo que para um é duvidoso surge no espírito de outrem com clareza.

Entretanto, a peculiaridade do processo brasileiro – tanto o administrativo quanto o judicial – em que se preveem órgãos colegiados de julgamento, com sessões públicas, oferece oportunidade para um controle objetivo da dúvida.

Não é incomum, com efeito, que decisões sejam tomadas por estreita maioria, ou até mesmo por voto de qualidade do presidente do órgão julgador. Em tais casos, a dúvida fica manifesta pela expressiva opinião da minoria vencida.

Ora, se o Código Tributário Nacional exige o tratamento mais benéfico ao acusado, parece adequado sustentar que instalada, objetivamente, a dúvida, não há espaço para tratamento mais gravoso, ainda que uma maioria entenda devido o tributo.

Eis uma distinção relevante: o art. 112 não institui o preceito *in dubio pro contribuinte*. Nada há a exigir que a tributação se dê da forma mais amena possível. O tema, aqui, é exclusivamente o das infrações. Para estas, não poderá prevalecer o tratamento mais gravoso decidido pela estreita maioria – ou, ainda mais evidente, pelo voto de qualidade – deixando de lado a dúvida objetivada pelo entendimento da minoria.

7 Qualificação

O tema da interpretação conclui-se com breve referência ao tema da qualificação, acima apontada como interpretação dos fatos.

A qualificação é matéria de que trata o art. 118 do Código Tributário Nacional, que assim dispõe:

> Art. 118. A definição legal do fato gerador é interpretada abstraindo-se:
>
> I – da validade jurídica dos atos efetivamente praticados pelos contribuintes, responsáveis, ou terceiros, bem como da natureza do seu objeto ou dos seus efeitos;
>
> II – dos efeitos dos fatos efetivamente ocorridos.

O art. 118 já foi examinado no Capítulo XI, quando já se noticiava que, se a hipótese tributária versa sobre um fato ou conjunto de fatos, é a presença destes que dará ensejo à tributação; a circunstância de o negócio jurídico que tais fatos ensejariam porventura não ser inválido não afasta a ocorrência daqueles, suficiente para a tributação.

Ou seja: se o intérprete/aplicador conclui que a hipótese tributária não versa sobre um negócio jurídico, mas sobre fatos que normalmente ocorrem naquele negócio, são aqueles fatos a hipótese tributária, cuja concretização dará ensejo à tributação.

Sem que se pretenda retomar a análise do art. 118, vale notar a confusão terminológica, já que uma definição legal poderia levar à hipótese normativa; os incisos do mesmo dispositivo, por sua vez, ao se referir a "atos efetivamente praticados" ou "fatos efetivamente ocorridos" evidenciam que o dispositivo se refere à situação fática.

A confusão entre qualificação e interpretação também ocorreu na Alemanha, cuja legislação inspirou o Código Tributário Nacional. Naquele país, se chegou a falar em "interpretação do fato concreto". Essa confusão se refletiu, na década de 30, na Lei de Adaptação Tributária da Alemanha, quando já se firmava a ideologia nacional socialista, cujo postulado "utilidade pública prevalece sobre utilidade individual"[219] refletia a ideologia então reinante, segundo a qual o indivíduo apenas se compreendia enquanto parte da coletividade, devendo, pois, a esta tudo o que obtivera[220]. Daí que a referida Lei de Adaptação, de 1934, foi editada com o seguinte teor:

1. *As leis tributárias devem ser interpretadas de acordo com a perspectiva mundial do nacional-socialismo.*
2. *Para tanto devem ser consideradas a perspectiva popular, a finalidade e o significado econômico das leis e o desenvolvimento das relações.*
3. *O mesmo vale para o julgamento do "Tatbestand"*[221].

---

219 *Gemeinnutz geht vor Eigennutz.*

220 Cf. HAASER, Karl. *Die wirtschaftliche und juristische Bedeutung der Lehre vom Steuertatbestand.* Dachau: Bayerland, 1937, p. 34-35.

221 No original: *(1) Die Steuergesetze sind nach nationalsozialistischer Weltanschauung auszulegen. (2) Dabei sind die Volksanschauung, der Zweck und die wirschaftliche Bedeutung der Steuergesetze und die Entwicklung der Verhältnisse zu berücksichtigen. (3) Entsprechendes gilt für die Beurteilung von Tabeständen.*

Como já se viu acima, a expressão "de acordo com a perspectiva mundial do nacional-socialismo" foi retirada do texto legal logo após o término da Segunda Guerra[222], mas o restante do texto se manteve em vigor até 1977.

Interessa notar, no referido dispositivo, a ideia de um "julgamento do *Tatbestand*". Já se mostrou a ambiguidade da expressão[223], a qual, no texto acima, parece referir-se ao exame do caso concreto. A ideia de uma interpretação ou um julgamento da situação fática gerou crítica de Klaus Tipke, para quem a metodologia jurídica admitiria apenas dois processos: a interpretação da lei e a subsunção, não um julgamento autônomo da situação fática[224]. Não obstante, a maioria da doutrina via utilidade no dispositivo, seja porque apenas confirmava o entendimento corrente[225], seja porque a própria hipótese tributária poderia incluir declarações de vontade ou negócios jurídicos, fazendo-se necessário "interpretar" a situação fática, para confirmar se aquelas hipóteses se concretizaram[226].

Não obstante as críticas que se fazem ao dispositivo alemão por sua relação com a jurisprudência dos interesses[227], a necessidade de qualificação dos fatos como etapa do processo de aplicação parece incontestável. O aplicador da lei examina a situação fática e dali extrai os elementos a serem confrontados com a norma.

Daí a importância, também no Brasil, do art. 118. Resta ver, no próximo capítulo, sua relação com a aplicação da lei tributária.

---

222 KRG Nr. 12, de 11.2.1946 (KR Abl. S. 60).

223 Cf. SCHOUERI, Luís Eduardo. Fato gerador da obrigação tributária. *Direito Tributário*: homenagem a Alcides Jorge Costa. vol. 1. São Paulo: Quartier Latin, 2003, p. 132-133.

224 Cf. TIPKE, Klaus. Reformbedürftiges allgemeines Abgabenrecht. Kritik der Reichsabgabenordnung. Reforvorschläge. *Stererberater-Jahrbuch*, 1968/69, p. 79.

225 Cf. WALLIS, H. V. Die Beurteilung Von Tatbeständen i.S. des § 1 Abs. 3 StAnpG. *Finanz-Rundschau*, ano 20 (47), 1965, p. 268.

226 Cf. WACKE, Gerhard. Die Beurteilung von Tatbeständen. *Steuer und Wirtschaft*, ano 14, 1935, p. 834-872.

227 Cf. TORRES, Ricardo Lobo. Op. cit. (nota 20) p. 28.

capítulo XVIII

Vigência e aplicação da lei tributária

1 Vigência da lei tributária

Vigência é a propriedade que se atribui à norma que pode produzir efeitos jurídicos. Diz-se vigente uma norma quando dotada de força para propagar efeitos jurídicos. Norma vigente é aquela cujo consequente será de aplicação cogente, presente o seu antecedente normativo. A negativa de aplicação de uma norma cogente corresponde a infração, punida pelo ordenamento. Não se confunde com a validade nem com a eficácia.

Válida é a lei existente, i.e., a lei que pertence a um determinado ordenamento. Norma válida é aquela que foi regularmente inserida no ordenamento jurídico e ali permanece até que seja dele regularmente expiada, seja por meio de outra norma, seja por término do prazo de validade, nos casos em que o próprio legislador tenha determinado sua validade temporária, seja, finalmente, por decisão do Poder Judiciário, em sede de controle concentrado de constitucionalidade.

Eficaz é norma que, no plano fático, irradia determinados efeitos.

À primeira vista, se poderia acreditar que validade e vigência se confundiriam, já que parecia inviável que houvesse norma inválida, mas vigente, bem como norma válida mas não vigente. Entretanto, alguns exemplos servem para esclarecer que tais situações podem bem ocorrer em determinado ordenamento.

Exemplo de norma válida, mas não vigente, é aquela que já tenha sido produzida pelo órgão competente (e, por isso mesmo, já pertença ao ordenamento jurídico), mas cuja vigência tenha sido diferida no tempo (*vacatio legis*).

Mas o oposto também pode ocorrer: uma norma que já não mais pertença ao sistema poderá continuar vigente. Exemplo eloquente desta distinção se encontra na regra do art. 144 do Código Tributário Nacional, que assim dispõe:

> Art. 144. O lançamento reporta-se à data da ocorrência do fato gerador da obrigação e rege-se pela lei então vigente, ainda que posteriormente modificada ou revogada.

Trata-se do fenômeno conhecido como *ultra-atividade* da lei tributária: ainda que já não mais em vigor a lei, não deixa ela de produzir, no futuro, efeitos com relação a fatos ocorridos durante sua vigência. Pode-se, neste exemplo, chegar ao extremo de afirmar que mesmo que perdida a validade da lei, por sua expressa revogação, não será ela desconhecida pela autoridade responsável pelo lançamento, quando da consideração de fato que se reporta a momento passado.

A vigência das leis no tempo e no espaço é matéria de que trata a Lei de Introdução às Normas do Direito Brasileiro. A ela faz referência o Código Tributário Nacional, quando esclarece que na inexistência de regras especiais, não há diferença entre a vigência da legislação tributária e de outras normas jurídicas. Eis o que diz o Código Tributário Nacional:

> Art. 101. A vigência, no espaço e no tempo, da legislação tributária rege-se pelas disposições legais aplicáveis às normas jurídicas em geral, ressalvado o previsto neste capítulo.

Agiu com acerto o legislador complementar. Enquanto para a matéria de interpretação, pretendera dar critérios específicos, tendo frustrada sua expectativa já pelo simples fato de não ser evidente o que seria a lei tributária a ser interpretada de modo diverso de outras leis não tributárias, no tema da vigência preferiu o legislador complementar dobrar-se ao raciocínio de que na legislação tributária há normas como no resto do ordenamento, não havendo razão para criar critérios próprios de vigência, exceto quando necessário.

1.1 Vigência no tempo

A vigência das "normas jurídicas em geral" é disciplinada pela Lei de Introdução às Normas do Direito Brasileiro. É nela que se lê, quanto à vigência da lei no tempo, a regra (art. 1º) da *vacatio legis* de 45 dias entre o início da validade (publicação) e vigência.

Este prazo de quarenta e cinco dias parece ser o "prazo razoável" a que se refere a Lei Complementar n. 95, de 1998, que assim dispõe:

> Art. 8º A vigência da lei será indicada de forma expressa e de modo a contemplar prazo razoável para que dela se tenha amplo conhecimento, reservada a cláusula "entra em vigor na data de sua publicação" para as leis de pequena repercussão.
>
> § 1º A contagem do prazo para entrada em vigor das leis que estabeleçam período de vacância far-se-á com a inclusão da data da publicação e do último dia do prazo, entrando em vigor no dia subsequente à sua consumação integral.
>
> § 2º As leis que estabeleçam período de vacância deverão utilizar a cláusula "esta lei entra em vigor após decorridos (o número de) dias de sua publicação oficial".

Ou seja: da combinação da regra da Lei de Introdução às Normas do Direito Brasileiro com a Lei Complementar acima, tem-se a regra da *vacatio legis*, apenas se excepcionando os casos em que o legislador estabeleça prazo diverso.

Não se pode deixar de notar que seria de se esperar, a teor dos dispositivos acima, que as leis tributárias não entrassem em vigor imediatamente, já que dificilmente se poderia dizer de tais leis – especialmente quando instituam ou majorem tributos – que se trate de "leis de pequena repercussão". De todo modo, com o princípio da anterioridade, cuidou o próprio Constituinte de assegurar que o período de vacância seja a regra para essas leis.

Também a Lei de Introdução às Normas do Direito Brasileiro prevê (art. 2º) ser a vigência, via de regra, ilimitada, até que outra norma revogue ou modifique a anterior. Assim é que constituem exceção as normas tributárias destinadas a vigência temporária (como foi, por exemplo, o caso da Contribuição Provisória sobre Movimentação Financeira – CPMF).

Como já se viu acima, embora a vigência no tempo seja matéria que se rege pela Lei de Introdução às Normas do Direito Brasileiro, devem ser observadas as particularidades da matéria tributária.

No caso das normas complementares a que se refere o art. 100 do Código Tributário Nacional, o referido diploma previu prazos específicos para a vigência:

> Art. 103. Salvo disposição em contrário, entram em vigor:
>
> I – os atos administrativos a que se refere o inciso I do art. 100, na data da sua publicação;
>
> II – as decisões a que se refere o inciso II do art. 100, quanto a seus efeitos normativos, 30 (trinta) dias após a data da sua publicação;
>
> III – os convênios a que se refere o inciso IV do art. 100, na data neles prevista.

Não causa surpresa o dispositivo. No caso dos atos administrativos, o legislador complementar entendeu que seu papel é de mera execução de lei, não sendo, portanto, inovação no mundo jurídico. Noutras palavras, é a lei que inova no ordenamento, e, por isso, é desta que se espera um prazo de vacância; os atos administrativos, meras "normas complementares" na dicção do Código Tributário Nacional, não criam nem majoram tributos. Tendo em vista serem ordens dadas pelos superiores a seus subordinados, não haveria razão para que se desse um intervalo até que passassem a ser cumpridas.

As decisões a que se refere o inciso II têm "efeitos normativos" quando determinam que o contribuinte passe a adotar determinado comportamento. É o caso das respostas a consultas formuladas pelos sujeitos passivos. Tendo em vista ser razoável que, até então, o contribuinte estivesse adotando outro entendimento, concedem-se 30 dias para que o contribuinte se adapte às novas regras e, se for o caso, recolha o tributo em aberto, sem perder a espontaneidade. Passado o prazo, o sujeito passivo passa, aí sim, a sujeitar-se às penalidades previstas pelo descumprimento da decisão.

Finalmente, sendo os convênios medidas bilaterais ou plurilaterais, é de se admitir que eles deverão prever prazo suficiente para sua ratificação por todos os envolvidos.

Maior relevância para o tema da vigência da norma tributária no tempo ocupa o caso das leis que instituam ou majorem tributos, já que a elas se aplica o Princípio da Anterioridade. Na época da edição do Código Tributário Nacional, assim se regulamentava o Princípio:

> Art. 104. Entram em vigor no primeiro dia do exercício seguinte àquele em que ocorra a sua publicação os dispositivos de lei, referentes a impostos sobre o patrimônio ou a renda:
>
> I – que instituem ou majoram tais impostos;
>
> II – que definem novas hipóteses de incidência;
>
> III – que extinguem ou reduzem isenções, salvo se a lei dispuser de maneira mais favorável ao contribuinte, e observado o disposto no art. 178.

No Capítulo VII, já se examinou o Princípio da Anterioridade, hoje desdobrado entre a anterioridade do exercício e a nonagesimal. Não há mais razão para se restringir o dispositivo aos casos dos "impostos sobre o patrimônio ou a renda", já que uma e outra anterioridade se aplicam à generalidade dos tributos, excetuados os casos previstos pela Constituição.

É bom que se esclareça que embora a lei tributária apenas produza os efeitos de majorar ou instituir tributos observada a anterioridade – e nesse sentido, a vigência é prorrogada – não deixa de irradiar algum efeito imediato, i.e., o efeito de dar início ao prazo exigido para a anterioridade. Este foi o teor de discussão no Plenário do Supremo Tribunal Federal[1]:

> *O Sr. Ministro MARCO AURÉLIO – Não é propriamente vacatio legis porque ela surtiu efeitos para se ter o termo inicial dos noventa dias.*
>
> *O Sr. Ministro SEPÚLVEDA PERTENCE – Que pressupõe a vigência.*
>
> *O Sr. Ministro CARLOS VELLOSO – Perfeito, se se entender que a vacatio inclui a vigência. Estou me referindo apenas à vigência.*
>
> *O Sr. Ministro SEPÚLVEDA PERTENCE – Agora, a lei para incidir na cobrança e autorizá-la tem de estar vigendo há noventa dias.*
>
> *O Sr. Ministro CARLOS VELLOSO – Tem de estar vigente em noventa dias, perfeito, observando-se, repito, o princípio da anterioridade nonagesimal das contribuições sociais.*

Também o tema da anterioridade no caso de revogação de isenção já foi examinado no Capítulo XVI, quando, não obstante o entendimento jurisprudencial, se adotou posicionamento no sentido de que a revogação da isenção deve sujeitar-se sempre ao Princípio da Anterioridade.

Daí a consistência do raciocínio de que a lei que institui ou majora um tributo (ou revoga uma isenção), conquanto válida imediatamente, apenas vigora no exercício subsequente àquele em que houver sido publicada.

Menção especial merece o caso das medidas provisórias que instituam ou majorem impostos. Para esse caso, vale o que dispõe o § 2º do art. 62 da Constituição Federal:

> § 2º Medida provisória que implique instituição ou majoração de impostos, exceto os previstos nos arts. 153, I, II, IV, V, e 154, II, só produzirá efeitos no exercício

1 STF, RE n. 357.950-RS, Tribunal Pleno, rel. (designado) Min. Marco Aurélio. j. 09.11.2005, D.J. 15.08.2006.

financeiro seguinte se houver sido convertida em lei até o último dia daquele em que foi editada.

O referido dispositivo, se relevante porque retira dúvidas quanto à possibilidade de medidas provisórias versarem sobre impostos, cria importante restrição ao início de sua vigência: excetuados os casos arrolados no referido dispositivo, a medida provisória que institui imposto não chega a ter vigor em seu efeito de instituir ou aumentar o tributo. A vigência surgirá da lei que vier a ser editada como conversão da medida provisória.

Na verdade, a medida provisória não deixará de produzir o efeito de satisfazer o requisito da anterioridade nonagesimal: se uma medida provisória for editada no final de setembro de um exercício e vier a ser convertida em lei até o final do período, esta lei terá vigência no exercício subsequente embora ela – a lei – não tenha sido editada antes de noventa dias do início da vigência. Nesse caso, a medida provisória que a antecedeu terá o condão de suprir tal requisito. Não há, entretanto, que cogitar de vigência daquela medida provisória, já que será na lei, e não na extinta medida provisória que a antecedeu – que se buscará o arrimo para a exigência do imposto.

1.2 Vigência no espaço

Dada a opção constitucional brasileira por uma Federação, é plenamente possível a existência simultânea de várias leis vigentes. O tema, nesse caso, já não se resolve apenas com o critério temporal, mas também espacial: é necessário saber qual das leis vigentes é aplicável ao caso, ou ainda, qual o âmbito espacial da vigência de legislação tributária. O tema é tratado pelo art. 102 do Código Tributário Nacional como segue:

> Art. 102. A legislação tributária dos Estados, do Distrito Federal e dos Municípios vigora, no País, fora dos respectivos territórios, nos limites em que lhe reconheçam extraterritorialidade os convênios de que participem, ou do que disponham esta ou outras leis de normas gerais expedidas pela União.

Uma leitura apressada poderia levar o intérprete a acreditar que o dispositivo acima não traria dificuldades: a lei tributária só pode colher fatos que ocorram dentro de seus limites geográficos. Seria, daí, a positivação do Princípio da Territorialidade.

Observando-se mais atentamente o dispositivo, surge a dúvida sobre qual seria o alcance da territorialidade. Por exemplo: poderia a lei do Estado de São Paulo tributar uma venda efetuada por um paraibano a comerciante estabelecido no primeiro Estado? E a propriedade de um veículo automotor, registrado no Paraná mas que regularmente circula em São Paulo?

Surge daí a necessidade de compreender que o art. 102, acima referido, consagra o Princípio da Territorialidade, no sentido positivo (a lei vige no território do ente tributante) e negativo (a lei estrangeira não se aplica naquele território).

No seu sentido negativo, a territorialidade ganha relevância, em matéria de tributação internacional, já que implica que um juiz nacional não pode aplicar lei tributária estrangeira. Esse raciocínio evidencia que não é adequado cogitar de conflito normativo em matéria de Direito Tributário Internacional: enquanto no Direito Internacional Privado, é perfeitamente possível que o aplicador da lei se veja levado a aplicar lei estrangeira no caso de conflito normativo, em matéria tributária só há a aplicação da lei nacional. É verdade que, em virtude de acordos de bitributação, poderá o país renunciar à possibilidade de tributar determinada situação. Nem por isso haverá a aplicação da lei estrangeira: caberá ao outro Estado contratante, se for o caso, tributar aquilo que, nos termos do tratado internacional, lhe tiver sido reservado.

Do dispositivo acima transcrito extrai-se, por outro lado, que, em regra, o âmbito espacial das legislações tributárias daquelas Pessoas Jurídicas de Direito Público limita-se aos respectivos territórios.

Este assunto assume importância quando se trata de solver conflitos de competência em matéria tributária.

No Capítulo VI, já se discorreu acerca dos conflitos horizontais de competência, mostrando-se o papel da lei complementar. Ali foi citado o caso do Imposto sobre Serviços de Qualquer Natureza, nos casos em que empresa, estabelecida em um município, prestasse serviço em outro município, tendo o Superior Tribunal de Justiça decidido ser o ISS devido ao Município onde fosse prestado o serviço, mesmo que a empresa estivesse estabelecida noutro município[2]. A fundamentação da decisão foi a territorialidade, implicando que sendo a materialidade da hipótese tributária caracterizada pela prestação de serviços, a lei municipal vigente no território onde esta se concretizasse é que seria a aplicada. A partir da Lei Complementar n. 116 ficou consolidado o entendimento de que o imposto seria devido no local da efetiva prestação. A mesma lei arrolou serviços onde se deve buscar a efetiva prestação, disciplinando que nos demais casos, o imposto deveria ser recolhido no município onde estivesse situado o estabelecimento prestador. O que merece nota é que essa regra não se contrapõe à anterior, já que o legislador complementar tomou o cuidado de esclarecer que a escolha de tal critério (local do estabelecimento prestador) não se opunha ao da prestação de serviços; ao contrário, o mesmo legislador complementar cuida de afirmar que o local daquele estabelecimento é considerado o da prestação do serviço. Ou seja: mantém-se o entendimento de que a lei vigente no território onde se dá a prestação é a aplicável; a Lei Complementar n. 116 não contraria tal posicionamento mas apenas define onde se considera prestado o serviço.

O problema da territorialidade como critério primeiro para a solução de conflitos de competência não passou despercebido pelo Constituinte. O exemplo do imposto sobre heranças e doações, examinado no Capítulo VI, é bastante instrutivo.

Ainda no art. 102 do Código Tributário Nacional, nota-se que convênios de que participem Estados, Distrito Federal ou Municípios poderão atribuir extraterritorialidade à sua legislação tributária. A compreensão do dispositivo, neste ponto, não indo além de normas procedimentais e de fiscalização, merece cautela.

Já se viu, nos Capítulos V e VI, a indelegabilidade da competência tributária atribuída a cada uma das pessoas jurídicas de direito público, assim reconhecida no art. 7º do Código Tributário Nacional. Ao contrário da capacidade ativa para sua arrecadação, a competência para instituir o tributo não pode ser atribuída a outrem. Inadmissível, pois, que o convênio sirva de instrumento a delegar competências entre Estados, Distrito Federal e Municípios.

---

2 STJ, REsp n. 41.867-RS, 1ª Turma, rel. Min. Demócrito Reinaldo, j. 04.04.1994, D.J. 25.04.1994.

Tampouco há espaço para que, mediante convênio, lei tributária material passe a valer além do território do ente competente para a instituição do tributo. Afinal, a Constituição discriminou campos de competência privativos que, na ausência de guerra externa ou sua iminência, não comportam sobreposição. Acaso se permitisse a convênio revestir lei tributária material de extraterritorialidade, a invasão de competências, repudiada na Constituição, seria evidente. No ordenamento vigente, o sentido possível para o convênio de que fala o art. 104 do Código Tributário Nacional parece estar limitado, assim, à lei tributária formal, cuidando de aspectos procedimentais e de fiscalização.

Se para os Estados, Distrito Federal e Municípios fica confirmada a territorialidade, sendo a única questão relevante determinar onde se considera ocorrido o fato jurídico tributário, para a União a matéria se torna mais complexa, já que não se encontra, no Código Tributário Nacional, limitação equivalente à acima descrita. Ao contrário, o § 2º do art. 43 traz explícita a possibilidade de o Imposto de Renda vir a atingir receita ou o rendimento oriundos do exterior.

1.2.1 A territorialidade em matéria tributária internacional

Esta questão traz tema caro aos estudiosos do Direito Tributário Internacional: sobre a existência de limites à aplicação da lei nacional, i.e., a territorialidade.

A discussão entre a existência da territorialidade material e formal, em seu aspecto externo, remonta a um caso julgado pela Corte Permanente de Justiça Internacional que, em decisão de 1927, no caso "Lotus", julgou ser possível a extensão da lei de um país a situações ocorridas no exterior[3]. "Lotus" era uma embarcação francesa que, em 1926, colidiu com um barco turco, o "Boz-Kourt" que afundou, atingindo oito pessoas. Chegando o "Lotus" a Constantinopla, o oficial francês Desmons, convocado pelas autoridades locais a prestar depoimento, acabou sendo condenado a noventa dias de prisão por homicídio culposo, juntamente com o capitão do navio turco. O governo francês protestou contra a decisão, que por fim foi levada à Corte Permanente. Esta decidiu que a independência dos Estados é a regra em direito internacional; limitações a tal independência não se presumem, somente podendo decorrer de acordos internacionais ou de princípios de direito geralmente reconhecidos pelas nações civilizadas. No caso, o ato da Turquia não contrariava qualquer princípio de direito nem se limitava por acordos internacionais. Fixava-se, destarte, o princípio de que a liberdade dos Estados somente se limita por acordos internacionais ou por princípios comuns[4]. Segundo a corte, "a limitação primordial que impõe o direito internacional ao Estado é a de excluir – salvo a existência de uma regra em contrário que permita – o exercício de seu poder sobre o território de um outro Estado. Neste sentido, a jurisdição é certamente territorial. Mas daí não decorre que o Direito Internacional proíba um Estado de exercer, no seu próprio território, sua jurisdição em todos os casos que versem sobre circunstâncias ocorridas no estrangeiro. Longe de proibir de uma maneira geral que os Estados estendam suas leis e sua jurisdição a pessoas, bens ou atos fora do território ele [o Direito Internacional Público] deixa-lhes, nesse aspecto, uma grande liberdade, que não é limitada senão por algumas regras proibitivas em alguns casos; nos demais casos, cada Estado fica livre para adotar os princípios que ele considera melhores e mais convenientes".

---

3 *Publications de la Cour Permanente de Justice Internacionale*, serie A, n. 10, p. 19 e ss.

4 Cf. FUR, L. Le.*Précis de Droit International Public*. 3. ed. Paris: Dalloz, 1937, p. 501-503.

A mesma distinção entre territorialidade material e territorialidade formal extrai-se da lição de Verdross e Simma, para os quais do caso Lotus decorre a necessidade de se distinguir o âmbito espacial de validade da norma primária (aquela que prescreve em abstrato um determinado comportamento) e o da sanção, o primeiro referindo-se ao *jurisdiction to prescribe* e o último, *jurisdiction to enforce*, porque apenas o último estaria limitado pelo aspecto territorial[5]. A partir daí, conclui-se que o Direito Internacional Público não impede um Estado de contemplar, em seu antecedente normativo, circunstância que ultrapasse seu âmbito territorial.

Não obstante, vale chamar a atenção, neste ponto, para a opinião divergente de Martha, para quem a decisão do caso Lotus estaria sendo mal interpretada pelos internacionalistas e, por consequência, também pelos tributaristas. Com efeito, o autor sustenta que a jurisdição fiscal dos Estados estaria confinada a eventos que estejam dentro (*within*) da soberania, razão por que se devem identificar os limites da última. Assim, casos de conflitos poderão decorrer de uma das partes estar atuando em excesso de seus limites de soberania e, portanto, com excesso de jurisdição (*excessive jurisdiction*) ou pode ser um caso de concorrência legítima de jurisdição[6]. Referindo-se especificamente ao caso Lotus, a leitura do autor é no sentido de que o precedente não seria uma negação do Princípio da Territorialidade material, mas, ao contrário, sua afirmação, já que no caso, a Corte decidiu que um navio que navega com a bandeira de um Estado é parte do território daquele Estado. Assim, o naufrágio que afeta uma embarcação turca produz consequências no território (estendido) turco, legitimando-se, daí, a pretensão legislativa da Turquia[7]. A partir daí, o autor sustenta que o Direito Internacional Público exigiria que mesmo o antecedente da norma contemplasse fatos com alguma conexão com o território, podendo este, entretanto, ser estendido às embarcações nacionais que navegam em águas internacionais.

Embora Martha tenha razão quando observa que, no caso Lotus, não teria sido necessário que se discutisse a existência do Princípio da Territorialidade material, já que o caso concreto não deixava de ter uma ligação com o território turco, o precedente não perde sua importância, tendo em vista a afirmação da Corte no sentido de que os Estados têm a liberdade de incluir no precedente da norma situações ocorridas além-fronteiras.

A extensão das conclusões do caso Lotus à matéria tributária vem sendo acatada pela doutrina, afastando-se, destarte, a existência de um Princípio da Territorialidade em sentido material, a impedir que a lei tributária contemple fatos ocorridos fora do espaço territorial[8]. Inexistente o Princípio da Territorialidade material, há quem chegue a afirmar que um Estado poderia, em tese, contemplar situações ocorridas em qualquer parte do mundo, ainda que sem conexão com seu território, sem por isso incorrer em ilícito internacional[9]. Neste sentido, sustenta Gerd W. Rothmann que o limite da competência tributária teria limites apenas no plano da execução das

---

5 Cf. VERDROSS, A.; SIMMA, B. *Universelles Völkerrecht* – Theorie und Praxis. Berlin: Duncker & Humblot, 1976, p. 635-636.

6 Cf. MARTHA, Rutsel Silvestre J. *The jurisdiction to tax in international law:* theory and practice of legislative fiscal jurisdiction.Series on international taxation, n. 9. Deventer: Kluwer, 1989, p. 7.

7 Cf. MARTHA, Rutsel Silvestre J. Op. cit. (nota 6), p. 40-41.

8 Cf. HERZFELD, E. *Probleme des internationalen Steuerrechts unter besonderer Berücksichtigung des Territorialitätsproblems und des Qualifikationsproblems.* Tese de Doutorado, Faculdade de Direito da Universidade de Heidelberg, 1932, p. 432 e ss.; VOGEL, Klaus. Theorie und Praxis im Internationalen Steuerrecht. *Deutsches Steuerrecht,* ano 6, 1968, p. 427-434 (429-430); _____. LEHNER, Moris. *Doppelbsteuerungsabkommen der Bundesrepublik Deutschland auf dem Gebiet der Steuern vom Einkomen und Vermögen.* 4. ed. München: Beck, 2003, p. 119.

9 Cf. BORRÁS, A. *La doble imposición: problemas jurídico-internacionales.* Madrid: Instituto de Estudios Fiscales, 1974, p. 20.

pretensões fiscais, sendo teoricamente possível que todos os Estados tributem fatos em qualquer lugar do mundo[10].

Não obstante tal entendimento doutrinário, há que ponderar novamente o argumento de Martha, acima reproduzido, mas no sentido de que a jurisdição não pode ultrapassar a extensão do poder soberano do Estado. Daí decorre a estranheza em se pretender, afastada a territorialidade material, que seja possível ao Estado alcançar situações com as quais não mantenha qualquer conexão. O referido autor vai além, entretanto, ao sustentar que o Estado apenas mantém jurisdição sobre os seus cidadãos (princípio da nacionalidade) ou sobre situações ocorridas em seu território, dali extraindo que não provém do princípio da soberania a pretensão de se tributarem rendimentos do exterior auferidos por estrangeiros, ainda que residentes; tal prática, embora válida internacionalmente, teria por fundamento um costume internacional, sem ligação, portanto, com os princípios do Direito Internacional[11]. Em consequência, encontrar-se-ia a territorialidade assim delimitada: (i) pelo Princípio da Soberania, rendimentos (universais) auferidos pelos nacionais ou a situações ocorridas no território; (ii) por um costume internacional, a rendimentos auferidos por residentes (não nacionais), fora do território. Veem-se, assim, identificados os critérios (elementos de conexão) reconhecidos para a tributação: nacionalidade, fonte e residência. A ligação (conexão) de um desses elementos ao território possibilitaria o exercício da tributação.

A objeção de Martha pode encontrar precedentes já nas ideias de Isay e de Blumenstein, os quais, por argumentos diversos, também sustentavam o Princípio da Territorialidade.

A tese de Blumenstein em muito se assemelha ao argumento de Martha, já que o autor sustentava a existência de uma correlação entre a soberania fiscal e a soberania territorial[12]. Esta argumentação é afastada por Spitaler, que alega que a competência material dos Estados é ilimitada territorialmente, podendo os Estados se valerem de expedientes como a substituição ou a sucessão para atingir circunstâncias não relacionadas ao território[13]. Deve-se notar, neste ponto, que a contestação apresentada apenas se refere à necessidade do elemento territorial no exercício da soberania; não se nega, entretanto, que seja necessário o exercício do poder soberano para que seja possível a tributação. Neste sentido, parece paradigmático o caso Santa Clara Estates Claim, quando ficou claro que na ausência de soberania, é impossível a tributação. Com efeito, a Santa Clara Estates Company era uma pessoa jurídica britânica que atuou no distrito de Orinoco, na Venezuela, numa área ocupada de fato pelo regime revolucionário do General Matos, de maio de 1902 a maio de 1903. No exercício do controle efetivo do distrito, o regime de Matos também impunha que as empresas ali presentes lhes fornecessem gêneros de subsistência. Depois de sua derrota, o General Matos fugiu para a Ilha de Curaçao, de onde declarou, em junho de 1903, o fim da guerra. *Ipso facto,* o governo venezuelano retomou seu território nacional e pretendeu exercer, retroativamente, seu poder soberano, incluindo a cobrança de tributos pelo período em que o governo Matos controlou a área. O caso foi levado à Comissão de Queixas Britânico-Venezuelana, que considerou o ato

---

10 Cf. ROTHMANN, G. W. *Interpretação e aplicação dos acordos internacionais contra a bitributação.* Tese de doutorado. São Paulo: USP, [s.d.], p. 2. Em igual sentido, cf. MOREIRA JÚNIOR, G. de Castro. *Bitributação internacional e elementos de conexão.* São Paulo: Aduaneiras, 2003, p. 36-37.

11 Cf. MARTHA, Rutsel Silvestre J. Op. cit. (nota 6), p. 53.

12 Cf. BLUMENSTEIN, E. *System des Steuerrechts.* 4. ed. revista por Peter Locher. Zürich: Schulthess, 1992, p. 1. A ideia parece ter sido acatada por Ruy Barbosa Nogueira, para quem "em razão da soberania ou poder de império que o Estado tem sobre as pessoas e coisas de seu território, tem ele também a possibilidade, de direito e de fato, de exigir tributos". Cf. NOGUEIRA, Ruy Barbosa. *Curso de Direito Tributário.* 6. ed. São Paulo: Saraiva, 1986, p. 123.

13 Cf. SPITALER, A. *Das Doppelbesteuerungsproblem bei den direkten Steuern.* 2. ed. Köln: Otto Schmidt, 1967, p. 159-169.

venezuelano indefensável do ponto de vista do direito, da lógica e da ética, tendo em vista que o governo venezuelano não exercia soberania durante aquele período[14].

Já Isay baseava sua argumentação no costume internacional, revelando que a prática comum dos Estados, de não tributarem rendimentos que não tivessem conexão com seu território, revelaria um direito costumeiro internacional[15].

Com efeito, ao lado dos tratados e dos costumes internacionais, o Direito Internacional reconhece como sua fonte, positivada pelo art. 38 da Corte Internacional de Justiça, os Princípios de Direito Geralmente Reconhecidos pelas Nações Civilizadas. Estes, por sua vez, não se extraem apenas da doutrina e jurisprudência consolidadas (método dedutivo), mas também da prática reiterada dos Estados (método indutivo)[16]. Daí que a constatação de que os Estados buscam alguma conexão a seu território para fundamentarem a sua tributação pode ser indício de um tal princípio.

Este argumento é contestado por Spitaler, que questiona a própria afirmação de que os Estados observem limites para a sua tributação mas, ainda que mantenham, afirma que aqueles não são uniformes. Para este autor, a ideia de um costume internacional revela otimismo por parte de Isay, podendo sua observação, quando muito, ser considerada algo desejável, um direito por vir (*werdendes Recht*)[17].

Embora não se possa discordar da constatação de que os limites adotados pelos diversos Estados no exercício de seu poder de tributar são muito variados, a crítica de Spitaler não parece ser suficientemente forte para que se deixe de lado o fato de que a tese de Isay não precisaria levar à existência de um único limite, observado universalmente, para o exercício da tributação. Afinal, se é verdade que os Estados adotam limites variados, também parece correto afirmar que os legisladores, com maior ou menor grau, limitam sua pretensão tributária a fatos que com eles tenham conexão (pessoal ou real).

Os elementos de conexão, por certo, variam; entretanto, na ausência de algum elemento de conexão, inocorre a tributação.

Neste sentido, o Princípio da Territorialidade encontra suporte, também, na própria ideia de capacidade contributiva. Justificação[18] para a escolha daqueles eventos que darão nascimento à obrigação tributária, a capacidade contributiva foi acolhida, nos mais diversos ordenamentos jurídicos, de modo tácito ou expresso[19], como critério para a concretização do Princípio da Igualdade. A adoção de tal Princípio, por sua vez, impõe que o contribuinte esteja, perante o Estado, em uma situação suscetível de avaliação econômica. Daí a residência aparecer como uma ficção jurídica[20], já que o elemento pessoal aponta a existência de relações econômicas no âmbito do Estado, seja o gozo de bens, seja a sua participação em atos ou fatos de conteúdo econômico[21].

14 Cf. MARTHA, Rutsel Silvestre J. Op. cit. (nota 6), p. 14-15.

15 Cf. ISAY. *Internationales Finanzrecht*. Stuttgart-Berlin, 1934, p. 29 apud ROTHMANN, G. W. Op. cit. (nota 10), p. 2.

16 Acerca dos Princípios de Direito Geralmente Reconhecidos pelas Nações Civilizadas, cf. o nosso *Planejamento Fiscal através de Acordos de Bitributação:* "Treaty Shopping". São Paulo: Revista dos Tribunais, 1995.

17 Cf. SPITALER, A. Op. cit. (nota 13), p. 165-166.

18 Acerca da aceitação do princípio da capacidade contributiva como justificação, ou causa, da exigência de tributos, v. Capítulo IV.

19 No Brasil, art. 145, § 1º da Constituição Federal; na Itália, art. 53 da Constituição. Além da França e Itália, pesquisa recente de Fernando Aurélio Zilveti revelou a existência do princípio nas constituições da Albânia, Argentina, Bulgária, Burundi, Chile, Equador, Espanha, Grécia, Holanda, Iugoslávia, Liechtenstein e Síria. Cf. _____. *Princípios de Direito Tributário e a capacidade contributiva*. São Paulo: Quartier Latin, 2003, p. 153-159.

20 Cf. SACCHETTO, Claudio. Territorialità (*del* dir. trib.) (verbete). *Enciclopedia Diritto*, vol. XLIV. Milano: Giuffrè, 1992, p. 303-332.

21 Cf. UDINA, M. *Il Diritto Internazionale Tributario*. Padova: CEDAM, 1949, p. 58-59.

A relação entre a capacidade contributiva e a limitação da tributação dos não residentes também é defendida por Ezio Vanoni, o qual propõe um liame entre o referido Princípio, acolhido nos ordenamentos positivos dos Estados civilizados[22], costume internacional (e, nesse sentido, norma jurídica) proveniente do preceito ético de que o estrangeiro pode ser tributado somente enquanto partícipe da vida do Estado que o acolhe, e na medida de tal participação. Também Maffezzoni vale-se do Princípio da Capacidade Contributiva para limitar o poder de tributar aos fatos que se apresentam como manifestações objetivas do gozo de serviços públicos oferecidos pelo Estado (revelando sinais da teoria do benefício), ou como fatos impeditivos de tal gozo por parte de outrem[23].

A tais fundamentos, deve-se somar o aspecto prático de que o Estado apenas terá condições de medir a capacidade contributiva daqueles que com ele mantenham alguma relação mais próxima (residência, permanência duradoura, sede ou administração), as quais se veem reduzidas no caso de residentes no exterior, cuja capacidade contributiva apenas se vê alcançada pelos Estados com relação a fatos a eles relacionados[24].

Não se pode deixar de ressaltar, por outro lado, que a conexão com o Estado já não se faz apenas com base territorial. Admitida a conexão a partir do elemento pessoal, poder-se-á conceber que esta não se limite aos casos de residência (quando, afinal, ainda resta uma conexão com o território), mas se estenda à nacionalidade. Esta, conquanto abandonada pela maior parte dos países, ainda não foi de todo rejeitada, sendo o caso mais notório de sua aplicação o dos Estados Unidos da América. Adotada a nacionalidade como elemento de conexão, concebe-se que nacionais não residentes, auferindo rendimentos fora do território, estejam sujeitos à tributação.

Daí parecer acertado sustentar que a territorialidade, em seu sentido estrito (ligação a um território), já não mais pode ser aceita. Quando se cogita da existência de um Princípio da Territorialidade, no Direito Tributário Internacional, não se defende a existência de uma limitação a fatos ocorridos num território, mas sim a exigência de que a situação a ser atingida pela tributação possua alguma conexão com o Estado tributante. É a "territorialidade material limitada"[25].

Como observa Sacchetto, os elementos de conexão destacam-se do vínculo com o território e passam a se ligar ao Estado, já que se admite que o poder de criar normas jurídicas não deriva do poder do Estado sobre o território e sobre as pessoas que ali se encontram, não se limitando, pois, aos confins daquele poder[26]. A conexão ao Estado poderá ser pessoal (residência, nacionalidade) ou real (fonte, pertença econômica, local de pagamento etc.). Assim entende-se que a territorialidade poderá ser empregada tanto para a definição dos sujeitos passivos da obrigação tributária (caso em que somente as pessoas físicas residentes no País e as pessoas jurídicas ali sediadas é que estarão sujeitas à tributação) quanto da renda sujeita ao imposto[27]. Outrossim, ausente uma conexão com o Estado, é prática reiterada (costume internacional) ou, mesmo, princípio geralmente reconhecido, que fica afastada a possibilidade de tributação.

---

22 Cf. VANONI, E. *Natura ed Interpretazione delle Leggi Tributarie.* Padova: CEDAM, 1932, p. 77.

23 Maffezzonni justifica a segunda hipótese arguindo que há atos ilícitos lesivos dos interesses protegidos pelo ordenamento jurídico e, portanto, pelos serviços públicos do Estado podendo considerar-se, pois, fatos impeditivos do gozo, por outrem dos serviços públicos e, portanto, de sua capacidade contributiva. Não nos parece, entretanto, possível estender tal hipótese ao sistema brasileiro, onde não se cogita da tributação dos atos ilícitos. Cf. MAFFEZZONI, Federico. *Il Principio di Capacità Contributiva nel Diritto Finanziario.* Torino: UTET, 1970, p. 17-18.

24 Cf. TIPKE, K.; LANG, J. *Steuerrecht.* 16. ed. revista. Köln: Otto Schmidt, 1998, p. 33.

25 Cf. HEBING, W. Internationales Steuerrecht. *Handwörterbuch des Steuerrechts und der Steuerwissenschaften.* 2. ed., vol. 1. München: Beck, 1981, p. 798-802 (799-800).

26 Cf. SACCHETTO, C. Op. cit. (nota 20), p. 303-332.

27 Cf. BULHÕES PEDREIRA, José Luiz. *Imposto de Renda.* Rio de Janeiro: Justec, 1971.

Não se pode, entretanto, deixar de reconhecer a procedência da crítica[28] de que o Princípio da Territorialidade, enquanto mero limitador da possibilidade de se exigirem tributos sem qualquer conexão da situação da vida internacional com o território, tenha ela natureza real ou pessoal, perde valia na construção dogmática do Direito Tributário Internacional, dando lugar ao estudo do Princípio da Universalidade. Assiste-se, neste sentido, ao que Sacchetto[29], valendo-se da lição de Kruger, denomina o "declínio" do Princípio da Territorialidade, apontando a "desmaterialização" do Princípio da Territorialidade de seu conteúdo originário, o território, enquanto local e noção referencial para justificar a tributação.

Em conclusão, pois, reafirma-se a existência de um Princípio da Territorialidade, cuja fundamentação encontra-se, de um lado, no próprio Direito Internacional, enquanto costume internacional. De outro lado, o mesmo Princípio é Corolário do Princípio da Capacidade Contributiva e, enquanto tal, um Princípio de Direito Geralmente Reconhecido pelas Nações Civilizadas. Por uma ou por outra razão, o Princípio é de observância exigida na ordem internacional. Ao mesmo tempo, alerta-se para o fato de que embora mantida a expressão "territorialidade", o referido Princípio perdeu sua ligação com o território, passando a ser entendido como exigência de uma conexão com o Estado tributante.

2 Aplicação da lei tributária

Vigente uma lei, deve ela ser aplicada. Daí o imediato raciocínio de que concretizando-se a hipótese descrita no antecedente normativo de lei vigente, cabe sua aplicação, i.e., desenrola-se o consequente normativo. No caso das leis que instituem tributos, dir-se-á presente o fato jurídico tributário, daí implicando o surgimento da relação jurídico-tributária.

Esse tema é esclarecido pelo Código Tributário Nacional, nos seguintes termos:

> CAPÍTULO III
> Aplicação da Legislação Tributária
>
> Art. 105. A legislação tributária aplica-se imediatamente aos fatos geradores futuros e aos pendentes, assim entendidos aqueles cuja ocorrência tenha tido início mas não esteja completa nos termos do art. 116.

A referência aos fatos "pendentes" é resquício da crença de que seria possível um "fato gerador complexivo". A esse assunto já se fez referência no Capítulo XI, quando se mostrou que na falta de um dos elementos previstos na hipótese tributária, não cabe falar em fato jurídico tributário. É importante que se insista: O fato jurídico tributário, ainda que composto por uma série de fatos, será um único fato jurídico (*factum*), deste modo tomado em sua integralidade. Tampouco caberá taxar de retroativa a lei que atinge situação ainda não concretizada (*vide*, a respeito da retroatividade, o que se expôs no Capítulo VII, especialmente a retroatividade imprópria).

28 Cf. XAVIER, A. *Direito Tributário Internacional do Brasil*. 6. ed. Rio de Janeiro: Forense, 2004.

29 Cf. SACCHETTO, C. Op. cit. (nota 20), p. 303-332.

2.1 Retroatividade da lei tributária

Ao dispor sobre a aplicação futura da legislação tributária, o Código Tributário Nacional assume partido no tema da aplicação retroativa, vedando-a, como regra. Assim, não só a retroatividade da lei tributária que institui novo tributo ou majora aquele existente é vedada (o que já se extrai do comando constitucional do Princípio da Irretroatividade), mas qualquer lei tributária que verse sobre a hipótese de incidência tem efeitos prospectivos.

Não se pode deixar de aplaudir a atitude do legislador complementar brasileiro, principalmente tendo em vista que no Direito comparado, não se pode falar em uma universalidade do Princípio da Proibição da Irretroatividade da lei tributária gravosa, conforme visto no Capítulo VII, quando se estudou o Princípio da Irretroatividade.

Excepcionalmente, entretanto, cabe, mesmo no Direito brasileiro, a aplicação retroativa da lei tributária. As hipóteses de retroatividade daquela são previstas pelo Código Tributário Nacional:

> Art. 106. A lei aplica-se a ato ou fato pretérito:
>
> I – em qualquer caso, quando seja expressamente interpretativa, excluída a aplicação de penalidade à infração dos dispositivos interpretados;
>
> II – tratando-se de ato não definitivamente julgado:
>
> a) quando deixe de defini-lo como infração;
>
> b) quando deixe de tratá-lo como contrário a qualquer exigência de ação ou omissão, desde que não tenha sido fraudulento e não tenha implicado em falta de pagamento de tributo;
>
> c) quando lhe comine penalidade menos severa que a prevista na lei vigente ao tempo da sua prática.

São duas as hipóteses de aplicação retroativa da lei tributária: a lei "expressamente interpretativa" e a lei tributária penal mais benéfica.

A ideia de uma lei "expressamente interpretativa" indica a possibilidade de retroatividade tendo em vista que o escopo da lei não é propriamente regular, uma situação pretérita, mas dar um sentido a um texto de lei anteriormente vigente. Se a lei é interpretativa, pressupôs o Código Tributário Nacional que, antes de sua edição, havia dúvida acerca da interpretação adequada. Ora, como o art. 112 daquele Código impõe que a lei que disponha sobre infração em matéria tributária seja interpretada de modo mais benéfico para o sujeito passivo, é de toda lógica que, se a interpretação acolhida pelo legislador for mais gravosa que sua alternativa, dali não decorra qualquer punição se, antes da edição da lei interpretativa, o sujeito passivo adotara comportamento conforme interpretação que lhe era mais benéfica.

Este efeito positivo, que decorre da segunda parte do inciso I acima transcrito, deve ser ressaltado: mesmo admitindo o Código que a lei interpretativa seja retroativa, a mera circunstância de ser necessária lei interpretativa indica que, antes de sua edição, pelo menos duas interpretações eram possíveis; o fato de o sujeito passivo ter adotado interpretação que, posteriormente, não seja prestigiada pelo legislador "intérprete" não exclui tenha aquela atitude tido, em sua época, respaldo em uma possível interpretação da lei. Daí não estar sujeito a penalidade aquele que seguira a interpretação não confirmada pelo legislador.

Não deixa de causar espécie a lei ser "expressamente interpretativa": dir-se-á que, em qualquer caso, a lei inovará, enquanto veículo introdutor de norma jurídica. Nesse sentido, descabida a hipótese cogitada pelo Código Tributário Nacional. O Princípio da Irretroatividade tem matriz constitucional e por conta dele não cabe cogitar de lei retroativa: qualquer inovação no ordenamento jurídico deve dobrar-se a tal preceito.

Uma análise mais detida, entretanto, poderá revelar a existência de uma lei interpretativa, sem que se cogite ferir o Princípio da Irretroatividade.

Num primeiro caso, basta considerar uma "interpretação benéfica", ou seja, a título de interpretação, o legislador deixa de atingir situação antes tributada. Claramente, não será interpretação, mas inovação. Admitida a possibilidade de o legislador ordinário decidir pela remissão do crédito tributário, nada obsta que a remissão se faça pelo meio impróprio da lei dita "interpretativa".

Se da combinação do texto "interpretativo" com o "interpretado" resultar norma que implica a incidência ou majoração de tributo, caberá investigar se a mesma norma já existia a partir do texto "interpretado" ou se foi necessário o concurso da nova lei para que surgisse a norma. A norma pode exigir, para sua construção, o concurso do novo texto e, nesse caso, não será ela meramente interpretativa; inovará no ordenamento jurídico e dela resultará novo tributo. Diante do Princípio da Irretroatividade, intolerável será admitir-se que a norma assim construída atinja fatos pretéritos.

Por outro lado, ultrapassada a ideia da coincidência entre texto e norma, sabe-se que esta é produto do labor do aplicador da lei, a partir da análise das diversas ferramentas que lhe são colocadas à disposição. Haverá, por certo, situação em que o jurista precisou socorrer-se de diversos textos em sua atividade de construção da norma; um novo texto que venha a consolidar a mesma direção será interpretativo e a ele se aplicará o art. 106, I, do Código Tributário Nacional.

Finalmente, cabe cogitar a hipótese em que um texto oferece várias interpretações e a lei interpretativa escolhe uma delas.

Afinal, já se viu, no Capítulo XVII, que a interpretação/aplicação envolve um processo de escolha por parte do aplicador da lei. Entre as várias soluções certas, todas elas dentro do escopo da lei, o intérprete/aplicador escolhe aquela que lhe parece a melhor.

Se assim é, a lei interpretativa pode fazer as vezes de reduzir o espaço antes deixado para o intérprete/aplicador. É o caso em que se diz que o novo texto integra a própria norma interpretada, que antes parecia obscura e duvidosa, sendo apenas esclarecida pela lei interpretativa[30]. Se havia várias interpretações certas para um texto, pode a lei interpretativa decidir que uma ou outra solução não seja aplicável (ou, o que dá no mesmo, escolher aquelas que são aplicáveis). Nesse caso, vê-se que a lei interpretativa não está instituindo tributo não contemplado no ordenamento; mesmo sem aquela lei, seria plenamente possível que o intérprete/aplicador concluísse pela existência

30 Cf. COSTA, Ramón Valdés. *Curso de Derecho Tributario.* 2. ed. Buenos Aires: Depalma; Santa Fe de Bogotá: Temis; Madrid: Marcial Pons, 1996, p. 247.

daquela norma, já que – insista-se – essa seria uma das soluções certas. O que se tem é um mandamento que impede que o aplicador da lei tome caminho indesejado pelo legislador.

Semelhante raciocínio parece ter animado J.L. Perez de Ayala e Eusébio Gonzalez:

> *La retroactividad de las normas puramente interpretativas, esto es, de aquellas normas procedentes del sujeto legitimado par ejercer una interpretación auténtica está fuera de toda discusión. Más precisamente, podría incluso discutirse si cabe hablar de verdadera retroactividad en este supuesto, toda vez que la norma interpretativa, al acoger una de entre las varias soluciones que el propio texto interpretado ofrece, carece de autonomía debiendo lógicamente conectar sus efectos a la norma interpretada*[31].

Também na Itália, a autoridade de Tesauro vai no mesmo sentido:

> *Le leggi interpretative riguardano di solito uma disposizione di incerto significato; dato tale presupposto, il legislatore, dettando uma norma interpretativa, impone uma determinata interpretazione (tra le due o più possibili). Il texto interpretato resta immutato, ma sono normativamente eliminate, tra le due o più norme potenzialmente contenute nel texto originário, le interpretazioni (ossia le norme) considerate errate, e ne sopravvive uma soltanto*[32].

Bélgica e Luxemburgo preveem, nas suas Constituições, a retroatividade da lei interpretativa; na Itália, a *legge di interpretazione autentica* não é prevista na Constituição, mas no Código Civil e no Estatuto de Defesa do Contribuinte; na Espanha, existem Ordens Ministeriais Interpretativas, com base no Código Geral de Impostos; no Reino Unido, há o *Interpretation Act,* de 1968; a Grécia tem um entendimento diferenciado, já que as leis interpretativas são previstas pela Constituição mas, em virtude do dispositivo constitucional que veda a retroatividade da lei tributária em geral, admite-se o efeito retroativo da lei interpretativa em matéria tributária somente até o ano anterior àquele em que a lei for promulgada. Na França, a lei interpretativa não tem previsão legal, mas é aceita por construção jurisprudencial. Dinamarca, Finlândia, Alemanha, Hungira, Países Baixos, Polônia, Suécia, Turquia e Estados Unidos não reconhecem a lei interpretativa como uma categoria jurídica distinta, mas em alguns desses países, ocorrem situações em que o legislador determina aplicação retroativa, justificando a retroatividade por estar apenas esclarecendo a interpretação de outra lei. Esse é o caso da Alemanha, onde se fala em *Klarstellungsinteresse*, Países Baixos, e Estados Unidos (*technical corrections)*[33].

Admitir a possibilidade de que uma lei interpretativa venha a reduzir o campo de atuação do intérprete/aplicador implica, por outro lado, contemplar nova limitação para a lei interpretativa: em virtude do princípio da separação de poderes, somente cabe ela quando ainda há espaço para a interpretação.

Com efeito, tendo o Constituinte consagrado a separação dos poderes entre as cláusulas pétreas, que não podem sequer ser objeto de emenda à Constituição (art. 60, § 4º, IV), não poderia o legislador usurpar tarefa que foi assegurada ao Poder Judiciário. É a ele que cabe interpretar/aplicar a lei. Assim, se o Poder Judiciário já efetuou sua tarefa constitucional, escolhendo, dentre as várias soluções certas, aquela a ser aplicada, uma lei interpretativa estaria interferindo na esfera de atuação do Judiciário.

---

31 Cf. AYALA, J. L. Perez de; GONZÁLEZ, Eusébio. *Curso de Derecho Tributário*. 5. ed., tomo 1. Madrid: Edersa, 1989, p. 72.

32 Cf. TESAURO, Francesco. *Istituzioni di Diritto Tributario*. 1 – Parte Generale. 10. ed. Torino: UTET, 2009, p. 52.

33 Cf. GRINBAU, Hans; PAUWELS, Melvin R.T. General Report (Draft). *EATLP 2010 Retroactivity of Tax Legislation.* Disponível em: <http://www.eatlp.org/uploads/public/General%20Report%20Retroactivity%20EATLP%202010%20%5BDraft%5D%20April%202010.PDF>.

Ou seja: a lei interpretativa apenas tem espaço enquanto o Poder Judiciário não tiver, em sua competência constitucional, decidido acerca da interpretação/aplicação. Quando o Poder Judiciário assim o faz, sua decisão ingressa no Ordenamento como Direito Posto e não pode ser ignorada. Qualquer atuação do Poder Legislativo contrária à orientação do Poder Judiciário implica inovação, sujeita, daí, ao crivo da irretroatividade[34].

O caráter da escolha efetuada pelo Judiciário também foi defendido por Misabel de Abreu Machado Derzi em sua tese de titularidade para a Faculdade de Direito da Universidade Federal de Minas Gerais:

> *A partir do momento em que o Poder Judiciário se firma em uma das alternativas possíveis de sentido, criando a norma específica e determinada do caso, e repetível para o mesmo grupo de casos, norma cabível dentro da norma legal, ele fecha as demais alternativas – antes possíveis. As demais alternativas não estarão mais disponíveis, sustentamos, exatamente porque foram afastadas pelo Poder Judiciário, em entendimento consolidado. (...) À seleção e escolha do legislador, exercidas dentro do espaço deixado pela Constituição e pelos fatos sociais, sucedeu, então, outra escolha, a seleção efetuada pelo juiz, dentro do espaço de liberdade, mais restrito, deixado pela lei (...)*[35].

A questão foi bem enfrentada pelo Superior Tribunal de Justiça, quando do julgamento da Lei Complementar 118/2005. Viu-se, no Capítulo XV, que o Superior Tribunal de Justiça firmara o entendimento, acerca do prazo da repetição do indébito tributário, concernente a tributos cujo lançamento se dá por homologação, favorável aos 10 anos contados do pagamento (tese dos "cinco mais cinco": cinco anos para a extinção definitiva do crédito tributário + novo prazo de cinco anos para a repetição). O Superior Tribunal de Justiça, portanto, em sua função de intérprete/aplicador da lei, dera seu entendimento acerca do conteúdo do art. 168. Afinal, o referido dispositivo dispunha sobre o prazo de cinco anos a partir da extinção do crédito, mas não dissera o que se consideraria como data da extinção. O Tribunal escolheu o entendimento no sentido de que aquela extinção somente se operaria passados cinco anos do fato jurídico tributário. Foi nesse cenário que surgiu a Lei Complementar 118/2005, cujo art. 3º assim dispôs:

> *Art. 3º Para efeito de interpretação do inciso I do art. 168 da Lei n. 5.172, de 25 de outubro de 1966 – Código Tributário Nacional, a extinção do crédito tributário ocorre, no caso de tributo sujeito a lançamento por homologação, no momento do pagamento antecipado de que trata o § 1º do art. 150 da referida Lei.*

Vê-se que a intenção do legislador complementar foi dar uma interpretação diversa ao art. 168 do Código Tributário Nacional, refutando a tese dos "cinco mais cinco". Sendo pretensamente interpretativa, viu-se o legislador complementar autorizado a determinar fosse o dispositivo aplicado retroativamente, conforme se extrai do art. 4º *in fine* do mesmo dispositivo:

> *Art. 4º Esta Lei entra em vigor 120 (cento e vinte) dias após sua publicação, observado, quanto ao art. 3º, o disposto no art. 106, inciso I, da Lei n. 5.172, de 25 de outubro de 1966 – Código Tributário Nacional.*

---

34 Cf. TORRES, Ricardo Lobo. *Normas de interpretação e integração do Direito Tributário.* 4. ed. revista e atualizada. Rio de Janeiro: Renovar, 2006, p. 64.

35 Cf. DERZI, Misabel Abreu Machado. *Modificações da Jurisprudência no Direito Tributário.* São Paulo: Noeses, 2009, p. 188-189.

O Superior Tribunal de Justiça examinou essa questão logo em seguida, refutando a hipótese de a referida lei ser interpretativa: uma vez que a interpretação do referido dispositivo já se fizera por aquele Tribunal, a atuação do legislador já não era mais interpretativa, mas modificava o direito posto. Se assim acontecia, não se poderia cogitar de aplicação retroativa. Da Ementa da decisão unânime da Corte Especial daquele Tribunal, extrai-se:

> *3. O art. 3º da LC 118/2005, a pretexto de interpretar esses mesmos enunciados, conferiu-lhes, na verdade, um sentido e um alcance diferente daquele dado pelo Judiciário. Ainda que defensável a 'interpretação' dada, não há como negar que a Lei inovou no plano normativo, pois retirou das disposições interpretadas um dos seus sentidos possíveis, justamente aquele tido como correto pelo STJ, intérprete e guardião da legislação federal.*
>
> *4. Assim, tratando-se de preceito normativo modificativo, e não simplesmente interpretativo, o art. 3º da LC 118/2005 só pode ter eficácia prospectiva incidindo apenas sobre situações que venham a ocorrer a partir da sua vigência.*
>
> *5. O art. 4º, segunda parte, da LC 118/2005, que determina a aplicação retroativa do seu art. 3º, para alcançar inclusive fatos passados, ofende o princípio constitucional da autonomia e independência dos poderes (CF, art. 2º) e o da garantia do direito adquirido, do ato jurídico perfeito e da coisa julgada (CF, art. 5º, XXXVI)*[36].

A mesma solução já fora encontrada, antes, pelo Supremo Tribunal Federal, quando a Emenda Constitucional 23/83, versando sobre o ICM, inovou em sentido contrário ao posicionamento jurisprudencial. O Tribunal entendeu que o dispositivo não tinha natureza interpretativa e, por isso, apenas permitiu que fosse aplicada a situações futuras[37].

No Recurso Extraordinário 566.621, julgado em 4 de agosto de 2011, o Plenário do Supremo Tribunal Federal confirmou este entendimento.

Também se aplica retroativamente a lei tributária penal mais benéfica ao sujeito passivo. É a extensão, ao Direito Tributário Penal, do Princípio da *Lex mitior*.

Em matéria penal, o Princípio da *Lex mitior* se extrai do art. 5º da Constituição Federal:

> *XL – a lei penal não retroagirá, salvo para beneficiar o réu.*

A mesma ideia se estende ao Direito Tributário Penal: se uma conduta deixa de ser considerada infração à lei tributária, ou se é considerada menos grave (implicando menor penalidade), a nova decisão do legislador atinge situações pretéritas.

Em matéria penal, o Princípio acima referido é extremamente amplo, atingindo até mesmo as situações já definitivamente julgadas. É o que se extrai do Código Penal:

> *Lei penal no tempo*
>
> *Art. 2º Ninguém pode ser punido por fato que lei posterior deixa de considerar crime, cessando em virtude dela a execução e os efeitos penais da sentença condenatória.*
>
> *Parágrafo único. A lei posterior, que de qualquer modo favorecer o agente, aplica-se aos fatos anteriores, ainda que decididos por sentença condenatória transitada em julgado.*

---

36 STJ, AI nos Embargos de Divergência no REsp n. 644.736 PE, Corte Especial, rel. Min. Teori Albino Zavascki, j. 06.06.2007, D.J. 27.08.2007.

37 STF, RE n. 101.963, 2ª Turma, rel. Min. Décio Miranda, j. 06.04.1984, RTJ 109/1279.

Em matéria tributária, o Princípio não é tão amplo, já que a retroatividade vai apenas até o ponto em que o ato esteja "definitivamente julgado".

O "ato" que poderá estar definitivamente "julgado" é uma decisão. Em que momento estará "definitivamente julgado"? Quando não couber mais recurso. Daí que o mero lançamento, pendente de recurso administrativo, ou enquanto em curso o processo administrativo, não estará "definitivamente julgado". Que dizer, entretanto, do lançamento não impugnado, ou da decisão administrativa definitiva? Num e noutro caso, em matéria administrativa, ter-se-á um ato final, que permitirá a inscrição do crédito na dívida ativa. Isso não significa que o sujeito passivo não possa continuar a discutir o tema, já que o acesso ao Poder Judiciário lhe é assegurado constitucionalmente. Poderá ele propor ação anulatória ou, mesmo, embargos à Execução. Diante de tal possibilidade, não há como considerar esteja "definitivamente julgado" o ato.

Aliás, o próprio Código Tributário Nacional, em diversas ocasiões, reserva a expressão "julgado" para se referir à decisão judicial, não à administrativa. Assim é que o art. 156, ao versar sobre as hipóteses de extinção do crédito tributário, prevê, em seu inciso X, a decisão judicial passada em julgado. O art. 168 é ainda mais explícito na diferenciação, já que fala em "tornar definitiva a decisão administrativa" e "passar em julgado a decisão judicial", evidenciando que a expressão "julgado" só se aplica ao último caso.

Assim, até que haja decisão judicial final, a sobreveniência de lei tributária penal mais benéfica poderá aproveitar ao sujeito passivo.

Na verdade, a jurisprudência do Superior Tribunal de Justiça vai mais além, entendendo que a lei nova mais benéfica pode ser aplicada até mesmo depois da decisão judicial – proferida na ação de conhecimento – desde que antes da conclusão do processo de execução.

Com efeito, o STJ entende que o art. 106, II, do Código Tributário Nacional pode ser aplicado na execução fiscal até mesmo "após a arrematação, adjudicação e remição, sendo irrelevante a existência ou não de Embargos à Execução, procedentes ou não"[38]. Nesse sentido, quando uma nova lei prescreve percentual de multa mais favorável ao contribuinte, aplica-se a penalidade mais benéfica enquanto não finalizada a execução fiscal[39].

Em outras palavras, estando o débito do contribuinte (relativo à multa) ainda em fase de execução, a lei mais benéfica pode ser aplicada, ainda que já tenha havido sentença cognitiva, pois é "irrelevante se já houve ou não a apresentação dos embargos do devedor ou se estes já foram ou não julgados" (STJ, 1ª S., EREsp 184.642/SP, Rel. Min. Garcia Vieira, j. em 26.05.1999, *D.J.* de 16.08.1999, p. 41).

As hipóteses das duas primeiras alíneas do art. 106, II parecem sobrepor-se, gerando possível conflito. Afinal, na primeira delas (*quando deixe de defini-lo como infração*) parece estar inserida a segunda (*quando deixe de tratá-lo como contrário a qualquer exigência de ação ou omissão*), mas a última impõe uma condicionante para a retroatividade (*desde que não tenha sido fraudulento e não tenha implicado em falta de pagamento de tributo*). A

38 STJ, REsp n. 200.781-RS, 1ª Turma, rel. Min. Milton Luiz Pereira, j. 12.06.2001, D.J. 13.05.2002, p. 154.

39 STJ, REsp n. 488.326, rel. Min. Teori Albino Zavascki, j. 03.02.2005. D.J. 28.02.2005. Cf., STJ, REsp n. 295.762-RS, 2ª Turma, rel. Min. Franciulli Netto, D.J. 25.10.2004; Embargos de Declaração no REsp n. 332.468-SP, 2ª Turma, rel. Min. Castro Meira, D.J. 21.06.2004; REsp n. 200.781-RS, 1ª Turma, rel. Min. Milton Luiz Pereira, D.J. 13.05.2002; Embargos no REsp n. 184.642-SP, 1ª Seção, rel. Min. Garcia Vieira, D.J. 16.08.1999.

conciliação dos dispositivos exige que se reconheça que a última somente se aplica para os deveres instrumentais.

A contradição é apontada por Luciano Amaro o qual, depois de citar as ponderações de Fábio Fanucchi, propõe aplicar o princípio *in dubio pro reo,* fazendo a letra *a* prevalecer sobre a *b*[40].

Entretanto, não se pode deixar de notar que a alínea "b" considera a hipótese em que, além de não haver fraude, não tenha havido falta de pagamento de tributo. As condições ali são cumulativas. Ora, infração sem que haja falta de pagamento de tributo é aquela concernente ao descumprimento de deveres instrumentais. Daí parece assistir razão a Eros Grau, citado por Luciano Amaro, para quem a hipótese da alínea "a" se aplica à "obrigação principal" e a alínea "b" à acessória. Em síntese: a lei mais benéfica retroage, sempre, em matéria de descumprimento de obrigação principal; para os deveres instrumentais, o Código Tributário Nacional condiciona a retroação a que não tenha sido fraudulento o ato.

40 Cf. AMARO, Luciano da Silva. *Direito Tributário brasileiro.* 15. ed. São Paulo: Saraiva, 2009, p. 204.

capítulo XIX

Infrações em matéria tributária

1 A infração tributária

A noção de norma pressupõe um antecedente e um consequente; em sentido amplo, este se denomina sanção. A mesma expressão, entretanto, costuma ser empregada para designar o consequente normativo do descumprimento de uma norma.

A teoria jurídica desenvolveu-se no sentido da feição dúplice das regras do direito: norma primária (ou endonorma), prescrevendo um dever, se e quando acontecer o fato previsto no suposto; e a norma secundária (ou perinorma), prescrevendo uma providência sancionatória, aplicada pelo Estado-Juiz, no caso de descumprimento da conduta estatuída na norma primária; ambas com a mesma estrutura formal [D(p→q)], variando "somente o lado semântico, porque na norma secundária o antecedente aponta, necessariamente, para um comportamento violador de dever previsto na tese de norma primária, ao passo que o consequente prescreve relação jurídica em que o sujeito ativo é o mesmo, mas agora o Estado, exercitando sua função jurisdicional, passa a ocupar a posição de sujeito passivo"[1].

A sanção, enquanto consequente legal para a infração, pode ter a natureza de mera reparação, ou de punição. Uma mesma conduta pode, outrossim, implicar a cumulação de sanções.

No Direito Civil, é comum a sanção ter a função de reparação. Assim, se existe o dever (civil) de respeitar os bens alheios, um dano a estes provoca, como sanção, o dever de repará-lo. No entanto, no mesmo Direito Civil há espaço para a sanção, quando se admite, em matéria contratual, a estipulação de penas por infrações.

No Direito do Trabalho, igualmente, admite-se, de um lado, a reparação, na hipótese de o empregador deixar de pagar as férias devidas ao empregado; isso não impede que o legislador preveja uma multa por conta da infração à legislação.

No Direito Societário, a improbidade do administrador poderá acarretar o dever de indenização, independentemente da punição, que pode levar ao afastamento de suas funções.

Finalmente, a lesão corporal pode trazer, ao lado do dever de reparar civilmente a vítima, a consequência penal, que pode levar à privação da liberdade.

O Direito Tributário prevê, para a hipótese de descumprimento da obrigação (principal) ou do dever instrumental, uma série de sanções, geralmente pecuniárias.

---

1 Cf. CARVALHO, Paulo de Barros. *Direito Tributário.* Fundamentos Jurídicos da Incidência. 2. ed. revista. São Paulo: Saraiva, 1999, p. 31-32.

Nesse sentido, a obrigação tributária ("principal") é gênero que compreende, ao lado dos tributos, as penalidades pecuniárias (art. 113, § 1º, do Código Tributário Nacional).

A natureza punitiva da penalidade torna-se evidente quando se tem em mente o art. 157 do Código Tributário Nacional:

> Art. 157. A imposição de penalidade não ilide (*sic*) o pagamento integral do crédito tributário.

Evidencia-se do dispositivo acima transcrito que não tem natureza meramente indenizatória a penalidade tributária. O sujeito passivo permanece devedor da obrigação tributária "principal", independentemente da obrigação de pagar uma multa por causa da infração cometida.

Assim como é possível a cumulação da obrigação de pagar o tributo com a imposição de penalidade, também se torna concebível que uma mesma infração implique penalidades administrativas e penas criminais.

2 Direito Tributário Penal e Direito Penal Tributário

Quando se considera infração à lei tributária, logo surge a dualidade entre as infrações administrativas e as penais: uma e outra são contempladas pelo ordenamento jurídico, mas não se confundem em seu regime jurídico.

O Direito Tributário Penal, ramo do Direito Tributário, considera a infração administrativa. Não se cogita crime, mas mera infração a mandamento cogente do Direito Tributário. Tal infração pode ser o não recolhimento de um tributo, mas igualmente ali se inclui o descumprimento de um dever instrumental. O § 3º do art. 113 do Código Tributário Nacional é didático a este respeito: "A obrigação acessória, pelo simples fato de sua inobservância, converte-se em obrigação principal relativamente a penalidade pecuniária". O Direito Administrativo, do qual não se desvencilhou completamente o Direito Tributário, admite que a fixação e imposição de penalidade se dê pela própria autoridade administrativa. Sua decisão, fruto de procedimento administrativo próprio, permite se incorpore a penalidade no próprio crédito tributário o qual, uma vez inscrito em dívida ativa, ganha o atributo de executoriedade. A atuação do Poder Judiciário, no ramo do Direito Tributário Penal, é apenas incidental e provocada pelo sujeito passivo, inconformado com a penalidade que lhe for imposta.

Já o Direito Penal Tributário, ramo do Direito Penal, contempla os crimes contra a ordem tributária. Nesse caso, não cabe cogitar de pena sem a intervenção do Poder Judiciário, único competente para a fixação e imposição de penas.

Não existe diferença ontológica entre o ilícito administrativo e o crime: é opção do legislador incluir a conduta numa ou noutra categoria ou, ainda, prever que ambas se deem simultaneamente.

Embora haja quem procure identificar diferenças de natureza substancial entre o crime e o ilícito administrativo (os crimes conteriam um ilícito ético, enquanto na esfera administrativa se teria mero descumprimento de normas administrativas), ou mesmo diferenças qualitativas (os ilícitos administrativos visam a assegurar o funcionamento da máquina estatal), o pensamento predominante parece reconhecer a fluidez entre os dois ordenamentos jurídicos, prevalecendo, na doutrina europeia, a ideia unitária de que não há diferença de natureza material ou qualitativa entre os ilícitos penais e administrativos[2].

É polêmica, no caso de incidência de penalidades previstas em ambas as esferas, a ocorrência *bis-in-idem*. Alega-se que tampouco seria o caso de se cogitar semelhante ocorrência quando se sujeitasse o ladrão a uma pena privativa da liberdade, além de obrigá-lo a devolver a coisa roubada. Se o administrador da companhia falsifica um documento e subtrai recursos daquela, estará ele sujeito a penalidade societária (destituição do cargo), além da possível pena pelo crime cometido.

Conquanto não pareça haver questionamento judicial acerca da cumulação de penalidades, cabe esclarecer que o tema não é pacífico. Com efeito, basta ir ao Direito Comparado para encontrar diferente solução dada pelo ordenamento espanhol. Ali, a Lei Geral Tributária dispõe que se a Administração Tributária considerar que uma infração pode constituir crime, deve expedir um termo a ser remetido à jurisdição competente ou ao Ministério Público, abstendo-se de continuar o procedimento administrativo e que a sentença condenatória impede a imposição de sanções administrativas, daí decorrendo não ser permitido, pelos mesmos fatos, duplicar ou multiplicar a sanção[3].

O tema parece também pacificado no âmbito do Tribunal Europeu de Direitos Humanos. Conforme levantamento de Renato de Mello Jorge Silveira e João Florêncio de Salles Gomes Júnior, já na década de 1970 posicionara-se a Corte por uma concepção unitária do que seria o *jus puniendi* no âmbito europeu, ali incluindo não só o Direito Penal tradicional, mas também a capacidade sancionadora da Administração. Assim, entendeu-se que ofensas administrativas a normas de trânsito seriam equivalentes a regras penais, para efeito de dupla imputação[4].

Contrariamente ao posicionamento jurisprudencial que vê a independência entre ambas as esferas, parece surgir, na doutrina penal brasileira, forte corrente, fundada na unicidade dos ilícitos penal e administrativo, a repudiar o *bis in idem*. Citam-se as teses de Ketty Mara Ferreira de Souza e Saboya[5] e de Helena Regina Lobo da Costa[6], que vêm recebendo boa acolhida[7].

Ao mesmo tempo, não se pode deixar de reconhecer a diferença no fundamento constitucional do ilícito administrativo e do crime: o primeiro, decorrente do *ius tributandi*, tem sua competência decorrente da própria competência tributária: a pessoa

2 Cf. SILVEIRA, Renato M. J.; e GOMES JR., João F. S. Direito Penal, Direito Administrativo Sancionador e a Questão do *Ne Bis In Idem*. O Parâmetro da Jurisprudência Internacional. In: BLAZECK, Luiz M. S.; MARZAGÃO Jr., Laerte I. (coords.). *Direito Administrativo Sancionador*. São Paulo: Quartier Latin, 2014, p. 287-306 (292-293).

3 Cf. LAPATZA, José Juan Ferreiro. *Direito Tributário*: teoria geral do tributo. Barueri, SP: Manole; Espanha: Marcial Pons, 2007, p. 424.

4 Cf. SILVEIRA, Renato M.J.; e GOMES JR., João F. S, op. cit. (nota 2), p. 298-299.

5 Cf. SABOYA, Ketty M. F. S. *Punir e (re)punir: uma investigaçãoo sobre a impossibilidade de acumulação de sanções penais e sanções administrativas à luz do princípio do* ne bis in idem. Rio de Janeiro: UERJ, 2012.

6 Cf. COSTA, Helena R. L. *Direito penal econômico e direito administrativo sancionador*. Ne bis in idem como medida de política sancionadra integrada. Tese de Livre-Docência apresentada à Faculdade de Direito da Universidade de São Paulo, 2013.

7 Por todos, cf. SILVEIRA, Renato M.J.; GOMES JR., João F. S. Op. cit. (nota 2), p. 298-299.

jurídica à qual é conferida a competência para instituir tributos pode, igualmente, prever sanções para o caso de seu descumprimento; já os crimes tributários, fruto do *ius puniendi* estatal, é matéria de competência exclusiva da União.

Essa distinção foi bem percebida por Paulo Roberto Coimbra Silva, que anotou relevante consequência na análise do Direito Tributário Penal: se este é fruto do *ius tributandi*, sujeita-se aos limites constitucionais que a este se impõem, como a vedação ao efeito confiscatório e ao desprezo à capacidade contributiva. Seu argumento merece transcrição:

Ora, se ao exercer, regular e validamente, o poder de tributar mediante a instituição de tributos, não pode o Estado aviltar o direito de propriedade e as condições mínimas de subsistência digna dos seus súditos, ambos protegidos constitucionalmente, é certo que não poderá fazer o mesmo o ente tributante ao punir, com base no mesmo poder, as infrações fiscais. Fora de dúvidas que os limites quantitativos explícitos à tributação aplicam-se, ainda que implicitamente, in totum, *à fixação das sanções tributárias*[8].

O acerto da distinção torna-se ainda mais patente quando se tem em conta que o *ius tributandi* surge a partir das competências tributárias. Daí caber a cada pessoa jurídica de direito público instituir as penalidades por infrações às respectivas legislações. O *ius puniendi*, por sua vez, tem sua competência regulada em matriz constitucional diversa, concluindo-se caber à União, exclusivamente, legislar sobre Direito Penal (art. 22, I, da Constituição Federal).

Essa distinção exige que se veja com olhos críticos o posicionamento acima exposto acerca do princípio *ne bis in idem*. Reconhecida a distinção, de índole constitucional, entre o Direito Penal (*jus puniendi*) e o Direito Tributário (*jus tributandi*), não é desarrazoado argumentar que a cumulação de sanções pode não identificar, no cenário brasileiro, quebra do princípio *ne bis in idem*.

2.1 Princípios comuns

A distinção entre o Direito Tributário Penal e o Direito Penal Tributário não impede que alguns princípios oriundos do último também sejam estendidos ao primeiro já que, também neste, há um acusado e uma punição. Fala-se em permeabilidade de princípios[9].

Assim é que o Princípio da Legalidade (*nullum crimen, nulla poena sine praevia lege*) estende-se ao Direito Tributário Penal.

Quando o Código Tributário Nacional, em seu art. 97, V, arrola a cominação de penalidades entre as matérias que somente a lei pode estabelecer, vincula a infração tributária à legalidade do art. 150, I, da Constituição, que, como se viu no Capítulo VII, 2.2, é bem mais rígida que a legalidade do art. 5º, II: o tributo não decorre de lei, mas é previsto na própria lei. A teor do art. 97, V, também a penalidade já não decorre da lei, mas deve ser estabelecida na própria lei. Ou seja: antecedente e consequente da infração tributária são matérias que a disciplina do Código Tributário Nacional reservou à lei.

Nesse sentido, pode parecer que o Código Tributário Nacional não deixa qualquer margem para a atuação discricionária da autoridade administrativa, revelando-se, então, a Legalidade na infração tributária ainda mais rígida que a Legalidade penal, já que, nesta, o consequente (sanção) é objeto de decisão por parte da autoridade (judicial), nos limites da lei. A este tema se retornará abaixo, mas,

8 Cf. SILVA, Paulo Roberto Coimbra. *Direito tributário sancionador*. São Paulo: Quartier Latin, 2007, p. 229.

9 Cf. SILVA, Paulo Roberto Coimbra. Op. cit. (nota 8), p. 265 e ss.

desde logo, importa registrar que não é o texto constitucional que faz a reserva de lei, mas a leitura do Código Tributário Nacional. Daí que se for encontrado, no próprio Código Tributário Nacional, indicativo diverso, também outra poderá ser a conclusão sobre esse assunto.

O Princípio *in dubio pro reo*, como se viu no Capítulo XVII, foi inserido no art. 112 do Código Tributário Nacional: embora a interpretação das leis tributárias rejeite soluções apriorísticas, na matéria do Direito Tributário Penal a dúvida deve favorecer o acusado, exigindo-se, *exclusivamente no que se refere às penalidades*, a interpretação mais benéfica.

A retroatividade benigna também se estende ao Direito Tributário Penal, admitindo-se que se determinada situação deixa de ser definida como infração, ou se passa a ser punida de modo mais brando, a nova lei retroage a infrações ocorridas antes de sua entrada em vigor.

Não é demais lembrar as limitações do art. 106, II do Código Tributário Nacional:

Art. 106. A lei aplica-se a ato ou fato pretérito:

(...)

II – tratando-se de ato não definitivamente julgado:

a) quando deixe de defini-lo como infração;

b) quando deixe de tratá-lo como contrário a qualquer exigência de ação ou omissão, desde que não tenha sido fraudulento e não tenha implicado em falta de pagamento de tributo;

c) quando lhe comine penalidade menos severa que a prevista na lei vigente ao tempo da sua prática.

Como se vê, o dispositivo apenas se aplica no caso de "ato não definitivamente julgado"; uma vez constituído o crédito tributário, com o lançamento definitivo, a penalidade passa a integrar aquele crédito, não mais havendo espaço para rever seu montante. Difere, pois, substancialmente, do Direito Penal, já que para este, assim dispõe o Código Penal:

> *Art. 2º Ninguém pode ser punido por fato que lei posterior deixa de considerar crime, cessando em virtude dela a execução e os efeitos penais da sentença condenatória.*
> *Parágrafo único. A lei posterior, que de qualquer modo favorecer o agente, aplica-se aos fatos anteriores, ainda que decididos por sentença condenatória transitada em julgado.*

Ou seja: se para a matéria penal, até mesmo a sentença condenatória pode ser revista, em tema de infrações tributárias a retroatividade benigna aplica-se apenas enquanto não for definitivamente julgado o caso. No entanto, como visto no Capítulo XVIII, a jurisprudência do Superior Tribunal de Justiça vem alargando tal preceito, admitindo a retroatividade mesmo depois de concluído o processo de conhecimento.

A garantia do devido processo legal é assegurada, nos termos do art. 5º, LV, da Constituição Federal, não só aos litigantes em processo judicial ou administrativo, mas também "aos acusados em geral", o que torna evidente sua extensão ao Direito Tributário Penal.

É verdade que é bastante questionável se, no âmbito do processo administrativo, tal garantia se vê hoje plena, quando se considera a forma como são nomeados ou desligados os julgadores e, principalmente, tendo em vista a existência do voto de qualidade, que infelizmente tende a ser utilizado para proteger os interesses do Erário, prejudicando a imparcialidade que se espera num verdadeiro processo. Entretanto, tendo em vista que o ordenamento brasileiro não consagrou o contencioso administrativo, a decisão em tais colegiados não é definitiva, podendo ser revista judicialmente por provocação do sujeito passivo. Por tal intermédio, assegura-se o devido processo legal também às infrações administrativas.

Também o Princípio do Arrependimento Posterior, como se verá adiante, inspirou o legislador tributário, quando versou sobre a denúncia espontânea.

A coincidência de Princípios entre o Direito Tributário Penal e Direito Penal Tributário pode estender-se, até mesmo, ao Princípio da Pessoalidade da Pena.

É esse o argumento que se utiliza para sustentar que o Código Tributário Nacional, ao utilizar o termo "tributo" e não "crédito tributário" em matéria de responsabilidade por sucessão (artigos 131 a 133) e de terceiros (art. 134), afastou a possibilidade de que se impusesse a penalidade a pessoa diversa do infrator.

Cabe insistir nesse ponto: o Estado Fiscal tem o direito de arrecadar seus tributos; são eles o foco do Direito Tributário e justifica-se a intromissão no patrimônio dos particulares pela necessidade de manutenção do Estado e capacidade contributiva (tributos não vinculados) ou atuação do Estado e equivalência (tributos vinculados). As penalidades tributárias decorrem do Poder de Tributar e são instrumentos para sua concretização. Penalidades não são instrumento ordinário de receita do Estado. São excepcionais, patológicas, apenas impostas como meio de assegurar o pagamento dos tributos.

Daí não fazer sentido impor penalidade a terceiro, que não cometeu infração. Uma tal pena teria apenas a função de encher as burras do Fisco, sem qualquer efeito sobre o infrator. Seria, quando muito, uma sobretributação, não mais uma penalidade. Ora, qualquer tributo – inclusive um sobretributo – exigiria justificação na capacidade contributiva ou na equivalência. Não seria o caso da penalidade.

Por isso é que, se a multa for imposta sobre o infrator, terá ela cumprido sua função, diminuindo o patrimônio deste. Qualquer sucessão patrimonial, portanto, será afetada pela multa, já que esta terá reduzido o próprio patrimônio.

Quando, porém, após a sucessão, a fiscalização encontra uma infração, nada lhe impede exigir o tributo do sucessor, uma vez que o patrimônio transmitido já fora atingido pela tributação eventualmente sonegada. Penalidades, todavia, não podem ser impostas ao sucessor.

Posto inspirada por seu par penal, a pessoalidade da pena em matéria tributária deste se afasta quando se constata que se admitem infrações cometidas por pessoas jurídicas.

Na Itália, o tema da pessoalidade da pena mostrou-se relevante quando se passou de um sistema ressarcitório para outro personalístico.

Conforme relata Tesauro, no sistema anterior, que ele denomina ressarcitório (ou patrimonialístico), o objetivo do legislador era obter os recursos, e as penas eram apenas instrumento para assegurar a arrecadação. Daí que os destinatários das sanções não eram as pessoas físicas, apenas, mas também a sociedade e outros entes coletivos. Havendo vários transgressores, cabia-lhes responder solidariamente; em caso de morte do transgressor, a obrigação de pagar a sanção passava a seus herdeiros. A tal modelo opõe-se, segundo o mesmo autor, ao do tipo personalístico (ou penalístico), no qual o ilícito administrativo e suas sanções aproximam-se daqueles penais, e o princípio que o inspira é o de punir o transgressor, não compensar o Erário. Não se imputam então os entes coletivos, tampouco se lhes impõem sanções. Estas são impostas às pessoas infratoras e os entes coletivos surgem como coobrigados, não a título sancionatório, mas de garantia; a sanção não se transmite aos herdeiros; ela é calculada de modo a desencorajar o infrator[10]. Se muitas pessoas cometeram uma infração, calcula-se a pena imputável a cada uma delas, conforme sua infração. Cada qual responde por sua pena; prevê-se, sim, solidariedade entre os devedores e entre estes e a pessoa jurídica, mas, ainda assim, há penas individualizadas[11].

Não é assim que ocorre no sistema brasileiro. A pessoalidade da pena implica, sim, que se busque punir o infrator, não seu sucessor. Contudo, não se afasta a hipótese de infração por pessoa jurídica, quando esta, não seus dirigentes, se torna responsável por multa. Mesmo que vários dirigentes tenham concorrido para a decisão, se a conduta for imputável à pessoa jurídica não há múltiplas infrações (conluio), mas um único ilícito tributário a ser punido.

Parece aceitável estender ao Direito Tributário Penal o Princípio da Insignificância (ou Bagatela), quando se vê que o art. 108, § 2º, do Código Tributário Nacional veda a equidade para afastar a exigência de tributo, o que implica, *a contrario sensu*, ser possível que dali resulte o afastamento de penalidade[12].

A equidade pode ser utilizada para limitar a aplicação de penalidade prevista em lei, mas importa ver que se impõem limites à sua utilização. De imediato, o dispositivo acima citado não permite que se afaste tributo devido. Mais relevante, porém, o Princípio da Proporcionalidade, que exige que se examinem a oportunidade e a correta medida da punição: sob tal perspectiva, a questão não é o montante da pena, mas se ela cumpre sua função. Ou seja: a pergunta é se a pena, posto que mínima, cumpre sua função. Em matéria tributária, sobressaem as funções didática, punitiva e indenizatória da pena, que implicam indagar se a pena cumpre sua função. Se a multa servisse apenas para ressarcir a Administração, não haveria que cogitar pessoalidade da pena; na medida em que se prestigia esta, deve-se, simultaneamente, reconhecer na multa um caráter também punitivo. Assim, por exemplo, poder-se-ia vislumbrar a utilização do princípio da bagatela quando, ausente a necessidade de punição, a infração cometida pelo contribuinte não implicou prejuízo ao Estado[13]. Tal seria o caso de o contribuinte deixar de prestar certa informação, por meio de determinado formulário, mas a mesma informação ter sido dada, posteriormente, por outro formulário.

Por outro lado, o Princípio da Insignificância poderá ser invocado para que se afaste a própria penalidade, nos casos em que a lei assim admita. Será caso de remissão parcial (porque apenas estendida à multa) diante do caso concreto. É o que se verá abaixo, no item 2.3.

2.2 Peculiaridades do Direito Tributário Penal

A existência de princípios comuns não vai ao ponto de se deixar de se reconhecerem peculiaridades no trato da matéria tributária penal. Como já foi visto, o Direito Tributário Penal decorre do poder de tributar, não do poder de punir; por isso mesmo, a competência para a instituição de punições acompanha a própria competência tributária.

---

10 Cf. TESAURO, Francesco. *Istituzioni di diritto tributario*. Parte Generale. 10. ed., vol. 1. Torino: UTET, 2009, p. 315.

11 Cf. TESAURO, Francesco. Op. cit. (nota 10), p. 323.

12 Cf. SILVA, Paulo Roberto Coimbra. Op. cit. (nota 8), p. 301.

13 Cf. CHAGAS, Maurício Saraiva de Abreu. A Aplicação do princípio da insignificância no direito tributário. In: SILVA, Paulo Roberto Coimbra (coord.). *Grandes temas do direito tributário sancionador*. São Paulo: Quartier Latin, 2010, p. 377-394.

Ora, se é verdadeiro que é a competência tributária que fundamenta o Direito Tributário Penal, então também se deve concluir que todo o conjunto de garantias que permeiam o relacionamento entre Fisco e contribuinte, na matéria de instituição de tributos, deve aplicar-se às penalidades tributárias.

É bem por isso que diversas sanções, próprias do Direito Penal, não podem ser estendidas ao Direito Tributário Penal. Se é óbvio que não cabe falar em penas restritivas de liberdade, não se pode deixar de apontar que com igual força se devem rechaçar as penas que ultrapassem a capacidade contributiva ou que de algum modo restrinjam o livre exercício de profissão.

A aplicação do princípio da capacidade contributiva reflete-se na proibição do tributo com efeito de confisco.

Como se viu acima[14], a jurisprudência do Supremo Tribunal Federal pacificou-se no sentido de estender o Princípio da Proibição do Efeito de Confisco à questão das multas[15]. Com efeito, sendo as sanções tributárias uma das manifestações do poder de tributar, estão sujeitas aos limites quantitativos deste[16].

Assim, pode ser citada a decisão da Medida Cautelar na Ação Direta de Inconstitucionalidade 1.075, que versou sobre multa, no caso de não comprovação (ou não emissão) de nota fiscal, da ordem de 300%, sobre o valor do bem objeto da operação ou serviços prestados. No caso, a cautelar, suspendendo seus efeitos, foi deferida, mas o dispositivo legal em questão – o art. 3º da Lei 8.846/94 – foi revogado, restando sem julgamento o processo principal. Da Ementa, da lavra do Ministro Celso de Mello, vale extrair a seguinte passagem:

> *A TRIBUTAÇÃO CONFISCATÓRIA É VEDADA PELA CONSTITUIÇÃO DA REPÚBLICA*
>
> *– É cabível, em sede de controle normativo abstrato, a possibilidade de o Supremo Tribunal Federal examinar se determinado tributo ofende, ou não, o princípio constitucional da não confiscatoriedade consagrado no art. 150, IV, da Constituição da República. Hipótese que versa o exame de diploma legislativo (Lei 8.864/94, art. 3º e seu parágrafo único) que instituiu multa fiscal de 300% (trezentos por cento).*
>
> *– A proibição constitucional do confisco em matéria tributária – ainda que se trate de multa fiscal resultante do inadimplemento, pelo contribuinte, de suas obrigações tributárias – nada mais representa senão a interdição, pela Carta Política, de qualquer pretensão governamental que possa conduzir, no campo da fiscalidade, à injusta apropriação estatal, no todo ou em parte, do patrimônio ou dos rendimentos dos contribuintes, comprometendo-lhes, pela insuportabilidade da carga tributária, o exercício do direito a uma existência digna, ou a prática de atividade profissional lícita ou, ainda, a regular satisfação de suas necessidades vitais básicas.*
>
> *– O Poder Público, especialmente em sede de tributação (mesmo tratando-se da definição do "quantum" pertinente ao valor das multas fiscais), não pode agir imoderadamente, pois a atividade*

14 Cf. Capítulo VII, 6.

15 STF, ADI n. 551-RJ, Tribunal Pleno, rel. Min. Ilmar Galvão, j. 24.10.2002, D.J.U. 14.02.2003.

16 Cf. IBRAIM, Marco Túlio Fernandes. A Conformação das sanções fiscais pela observância da capacidade econômica dos contribuintes: análise segundo o princípio da capacidade contributiva. In: SILVA, Paulo Roberto Coimbra (coord.). *Grandes temas do direito tributário sancionador*. São Paulo: Quartier Latin, 2010, p. 354-375.

governamental acha-se essencialmente condicionada pelo princípio da razoabilidade que se qualifica como verdadeiro parâmetro de aferição da constitucionalidade material dos atos estatais[17].

O tema ganha ainda maior relevância quando se têm em conta as chamadas sanções políticas, i.e., quando as sanções impostas na matéria tributária chocam-se com o Princípio da Livre-Iniciativa, ou restringem o livre exercício profissional. Afinal, a sanção serve para desencorajar comportamento contrário à ordem jurídica, não como instrumento de cobrança.

A posição tradicional do Supremo Tribunal Federal é no sentido de afastar a possibilidade de autoridades administrativas adotarem sanções políticas.

Assim, a Súmula 70 já dispunha: *é inadmissível a interdição de estabelecimento como meio coercitivo para cobrança de tributo.*

Não é diversa a orientação que inspirou a Súmula 323: *é inadmissível a apreensão de mercadorias como meio coercitivo para pagamento de tributos.*

Ainda pode confirmar tal posicionamento o teor da Súmula 547: *não é lícito à autoridade proibir que o contribuinte em débito adquira estampilhas, despache mercadorias nas alfândegas e exerça suas atividades profissionais.*

O posicionamento do Supremo Tribunal Federal sobre a matéria das sanções políticas poderia parecer pacificado nos termos da seguinte Ementa, em Decisão Monocrática da lavra do Ministro Celso de Mello:

> *Sanções políticas no direito tributário. Inadmissibilidade da utilização, pelo poder público, de meios gravosos e indiretos de coerção estatal destinados a compelir o contribuinte inadimplente a pagar o tributo (Súmulas 70, 323 e 547 do STF). Restrições estatais, que, fundadas em exigências que transgridem os postulados da razoabilidade e da proporcionalidade em sentido estrito, culminam por inviabilizar, sem justo fundamento, o exercício, pelo sujeito passivo da obrigação tributária, de atividade econômica ou profissional lícita. Limitações arbitrárias que não podem ser impostas pelo estado ao contribuinte em débito, sob pena de ofensa ao "substantive due process of law". Impossibilidade constitucional de o Estado legislar de modo abusivo ou imoderado (RTJ 160/140-141 – RTJ 173/807-808 – RTJ 178/22-24). O poder de tributar – que encontra limitações essenciais no próprio texto constitucional, instituídas em favor do contribuinte – "não pode chegar à desmedida do poder de destruir" (min. Orosimbo Nonato, RDA 34/132). A prerrogativa estatal de tributar traduz poder cujo exercício não pode comprometer a liberdade de trabalho, de comércio e de indústria do contribuinte. A significação tutelar, em nosso sistema jurídico, do "estatuto constitucional do contribuinte". Doutrina. Precedentes. Recurso extraordinário conhecido e provido*[18].

No mesmo julgado, o Ministro Celso de Mello chega a afirmar que *a prerrogativa constitucional de tributar, que o ordenamento positivo reconhece ao Estado, não lhe outorga o poder de suprimir (ou de inviabilizar) direitos de caráter fundamental, constitucionalmente assegurados ao contribuinte, pois este dispõe, nos termos da própria Carta Política, de um sistema de proteção destinado a ampará-lo contra eventuais excessos cometidos pelo poder tributante ou, ainda, contra exigências irrazoáveis veiculadas em diplomas normativos por este editados.*

---

17 STF, ADI n. 1.075, Tribunal Pleno, rel. Min. Celso de Mello, j. 17.06.1998, D.J. 24.11.2006.

18 STF, RE n. 374.981-1-RS, rel. Min. Celso de Mello, j. 28.03.2005. D.J. 08.04.2005.

No mesmo sentido, o STF declarou[19] a inconstitucionalidade do parágrafo único do art. 42 da Lei n. 8.820/89, do Estado do Rio Grande do Sul, o qual, visando ao recolhimento de tributo, condiciona a expedição de notas fiscais a fiança, garantia real ou fidejussória por parte do contribuinte. O relator, Ministro Marco Aurélio, consignou que "o sujeito passivo é obrigado a apresentar garantia em virtude de débitos passados, mas calculada tendo em conta débitos futuros, incertos quanto à ocorrência e ao montante", o que "[e]stá longe de ser razoável", pois impede "o contribuinte de obter os documentos fiscais essenciais para o livre exercício de atividades econômicas em função do montante de débito apontado". Assim, conclui o Ministro Marco Aurélio, que não só esse dispositivo contraria a garantia do livre exercício do trabalho, ofício ou profissão (CF, art. 5º, XIII), e de qualquer atividade econômica (CF, art. 170, parágrafo único), como também viola o devido processo legal, (CF, art. 5º, LIV).

Foram bem lançadas as ideias acerca da impossibilidade de adoção de sanções políticas, à luz da proporcionalidade, já que – como se verá no próximo Capítulo – a Fazenda Pública dispõe de garantias, privilégios e preferências, além de vários meios para a cobrança de seu crédito, que não se esgotam na via administrativa, encontrando, na via judicial, tanto a execução fiscal como a Medida Cautelar Fiscal[20].

Questão controversa, porém, surge com a inclusão, pela Lei n. 12.767/2012, das certidões de dívida ativa entre os títulos passíveis de protesto. Se à dívida inscrita o CTN reconhece presunção de certeza e liquidez, possibilitando sua cobrança mediante execução judicial, o seu protesto, por redundante em face dos atributos dados pelo Código à certidão, ganha ares de vera sanção política ao parecer menos preocupado em comprovar a inadimplência do contribuinte – já presumida líquida e certa – do que em impor a este, por via indireta, o recolhimento do tributo, constrangido que estará pelo protesto e seus efeitos.

O protesto de certidões, todavia, ganhou a chancela da 2ª Turma do Superior Tribunal de Justiça, à unanimidade de seus Ministros[21]. Afirmou o Tribunal que o protesto já não mais se restringiria aos títulos cambiais, mas a "qualquer tipo de título ou documento de dívida", aí incluída a certidão de dívida ativa. Lembrando que a "Administração Pública, no âmbito federal, estadual e municipal, vem reiterando sua intenção de adotar o protesto como meio alternativo para buscar, extrajudicialmente, a satisfação de sua pretensão creditória", o STJ entendeu que a "verificação quanto à utilidade ou necessidade do protesto da CDA, como política pública para recuperação extrajudicial de crédito, cabe com exclusividade à Administração Pública". Embora tenha reconhecido na CDA um "título executivo extrajudicial apto a viabilizar o imediato ajuizamento da Execução Fiscal", o Tribunal enveredou pelo "princípio da autonomia dos poderes" para reputar legítima a opção legislativa pelo protesto da CDA. Não analisou, porém, à luz da proporcionalidade, a possibilidade de adoção de "meio alternativo para o cumprimento da obrigação" enquanto sanção política.

Por sua vez, o Supremo Tribunal Federal, em sede de repercussão geral[22], decidiu que o protesto da CDA constitui medida constitucional e legítima, uma vez que não restringe, de maneira desproporcional, nenhum direito fundamental garantido aos contribuintes. Desse modo, o Supremo afastou a tese de que o protesto seria medida extrajudicial que violaria o devido processo legal, a

19 STF, RE n. 565.048-RS, Tribunal Pleno, rel. Min. Marco Aurélio, j. 29.05.2014, D.J. 08.10.2014.

20 Cf. FEITOZA, Crisley de Sousa. Sanções tributárias. Limitações constitucionais. In: SILVA, Paulo Roberto Coimbra (coord.). *Grandes temas do direito tributário sancionador*. São Paulo: Quartier Latin, 2010, p. 79-96.

21 STJ, REsp n. 1.126.515-PR, 2ª Turma, rel. Min. Herman Benjamin, j. 03.12.2013, D.J. 16.12.2013.

22 STF, ADI n. 5.135-DF, Tribunal Pleno, rel. Min. Roberto Barroso. Cf. STF, *Informativo* 846, 21.11.2016.

livre-iniciativa e o livre exercício profissional. Segundo o STF, para que se pudesse falar em sanção política, a medida coercitiva do recolhimento do crédito tributário deveria ser reprovada no exame de proporcionalidade e razoabilidade frente aos direitos dos contribuintes.

No que diz respeito ao devido processo legal, o Supremo Tribunal Federal decidiu que, embora a execução fiscal constitua mecanismo típico de cobrança da CDA, não haveria qualquer limitação no emprego de mecanismos extrajudiciais de cobrança. Assim, o protesto de CDA não seria incompatível com a execução fiscal. Aliás, seriam eles até complementares, na medida em que, sendo infrutífera a cobrança via protesto, poderia a execução ser ajuizada normalmente. Ressaltou o Supremo que, nas cobranças de créditos de pequeno montante, o protesto seria, em geral, a única medida possível, já que o próprio ajuizamento de execução poderia custar mais aos cofres públicos que o próprio valor do crédito devido. Ademais, a validade do protesto ou o pedido de sustação poderiam ser discutidos no Judiciário, não excluindo ainda possível indenização, caso seja ele indevido. Logo, o STF não vislumbrou qualquer óbice ao devido processo legal.

Da mesma forma, no que concerne à livre iniciativa e ao livre exercício profissional, o Supremo Tribunal Federal afirmou que o protesto da CDA não constitui efetivo embaraço ao regular exercício das atividades empresariais e à observância dos objetos sociais dos administrados. Pelo contrário, segundo o Supremo, o protesto não impactaria diretamente a organização e condução das atividades empresariais, já que seu escopo seria tão somente permitir a cobrança do crédito extrajudicialmente, informando ao mercado a existência de débitos tributários pendentes. Por isso, o protesto da CDA distinguir-se-ia dos outros casos julgados pela Corte no tocante às sanções políticas, em especial, aqueles referentes às Súmulas 70, 323 e 547. Dessa forma, inobstante os ministros Edson Fachin, Ricardo Lewandowski e Marco Aurélio tenham julgado procedente a inconstitucionalidade da instituição do protesto de CDA – por entenderem que se trataria de vera sanção política, pois o contribuinte seria constrangido e sofreria cerceamento de crédito – a maioria decidiu que a restrição creditícia, por ser eventual e indireta, não atingiria os núcleos essenciais dos direitos fundamentais dos contribuintes em questão.

Quanto à (des)proporcionalidade da medida, o Supremo Tribunal Federal decidiu que, além de o protesto de CDA configurar meio adequado para atingir as suas finalidades, constituiria medida de menor prejuízo ao contribuinte, se comparado aos outros instrumentos de cobrança presentes no ordenamento. Argumentou o Supremo que, por meio do protesto, afasta-se o risco de penhora, bem como se dispensa pagamentos de diversas despesas, como honorários sucumbenciais, custas, dentre outras. Tendo isso em vista, seria a medida proporcional em sentido estrito, uma vez que proporcionaria vantagens superiores a eventuais restrições dos direitos fundamentais dos contribuintes.

De todo o modo, o STF entendeu recomendável a regulamentação, por ato infralegal, que apresente parâmetros de sorte a conduzir os protestos de CDA, pois a constitucionalidade desse mecanismo gera contrapartida à Administração Tributária no sentido de utilizá-lo de modo responsável e coerente com os dispositivos constitucionais.

Tendo isso em vista, parece que o uso de protestos de CDA não está sendo delimitado adequadamente. Se o protesto constitui medida cabível para créditos de pequeno valor, convém à norma regulamentadora não só estabelecer esse limite, mas também impedir que haja o acúmulo de mecanismos de cobrança. Embora Portarias da Procuradoria-Geral da Fazenda Nacional tenham, em um primeiro momento, limitado o uso do protesto às certidões de dívida ativa com valor consolidado não superior à R$ 20.000,00, e depois, abaixo de R$ 50.000,00, atualmente, com a Portaria 693, de 30 de setembro de 2015, não há mais qualquer baliza quantitativa presente em ato infralegal. Na prática, de acordo com a PGFN, encaminha-se a protesto CDAs com valor consolidado de até R$ 1 milhão de reais[23].

Em outras palavras, a Administração Tributária, crescentemente, vem utilizando do protesto de maneira descabida. Deve, porém, o protesto servir como medida anterior, primária, a créditos tributários de pequeno montante. Caso ultrapasse o custo de movimentar a máquina estatal, deve ele ser substituído por outro mecanismo que assegure prontamente modos melhores de defesa, como a Execução Fiscal. Ademais, o protesto não constitui medida de cobrança a ser utilizada cumulativamente. Embora seja mecanismo menos gravoso que, por exemplo, a penhora, não pode ele ser usado juntamente com esta. Em tal hipótese, configurar-se-ia completa desproporcionalidade frente aos direitos fundamentais garantidos aos contribuintes. Portanto, ainda que, em si, o protesto de CDA não seja uma sanção política, sua delimitação é mais do que necessária a fim de se adequar aos ditames constitucionais.

Ainda sobre o tema da sanção política, vale tratar da "nova vertente"[24] que pode ter surgido no âmbito do Supremo Tribunal Federal, quando tratou da sanção à luz da livre concorrência. Conforme visto no Capítulo VII, 9.4.2.1, a neutralidade tributária concorrencial traz novos desafios à matéria tributária, tendo a Livre Concorrência sido invocada para justificar medidas restritivas a direitos do contribuinte. Essa vertente é denunciada por Flávio Pereira da Costa Barros, à luz do julgamento da Medida Cautelar em Ação Cautelar 1657-RJ (D.J. 27.06.2007), na qual o Supremo Tribunal Federal entendeu que o inadimplemento sistemático e isolado da obrigação de pagar o IPI acabaria por acarretar comportamento ofensivo à Livre Concorrência, daí se justificando o cancelamento do registro especial para a industrialização de cigarros. É certo que o mesmo autor ressalva que a "nova vertente" não se fez sob a forma de ruptura, já que se extrai do voto condutor, proferido pelo Ministro Cezar Peluso, que, "por conta da singularidade factual e normativa do caso", não se poderia dizer que no caso teriam sido aplicadas sanções políticas. Entretanto, não é menos certo que o mesmo autor aponta, na Ação Direta de Inconstitucionalidade 173-6-DF, nova decisão, desta feita de relatoria do Ministro Joaquim Barbosa, onde o novo entendimento volta a se repetir. Basta ver o seguinte trecho da Ementa:

> *3. Esta Corte tem historicamente confirmado e garantido a proibição constitucional às sanções políticas, invocando, para tanto, o direito ao exercício de atividades econômicas e profissionais lícitas (art. 170 par. ú. da Constituição), a violação do devido processo legal substantivo (falta de proporcionalidade e razoabilidade de medidas gravosas que se predispõem a substituir os mecanismos de cobrança de créditos tributários) e a violação do devido processo legal manifestado no direito de acesso aos órgãos do Executivo ou do Judiciário, tanto para controle da validade dos créditos tributários, cuja inadimplência pretensamente justifica a nefasta penalidade, quanto para controle do próprio ato que culmina na restrição.*
>
> *É inequívoco, contudo, que a orientação firmada pelo Supremo Tribunal Federal não serve de escusa ao deliberado e temerário desrespeito à legislação tributária. Não há que se falar em sanção política se as restrições à prática de atividade econômica objetivam combater estruturas empresariais que têm na inadimplência tributária sistemática e consciente sua maior van-*

23 Cf. PGFN. Protesto de CDAs possui taxa de recuperação de 19%, 21.06.2016. Disponível em: <http://www.pgfn.fazenda.gov.br/noticias_carrossel/protesto-de-cdas-possui-taxa-de-recuperacao-de-19>. Acesso em 30.11.2016.

24 Cf. BARROS, Flávio Pereira da Costa. Sanções políticas: uma nova vertente na jurisprudência constitucional brasileira?. In: SILVA, Paulo Roberto Coimbra (coord.). *Grandes temas do direito tributário sancionador*. São Paulo: Quartier Latin, 2010, p. 153-169.

tagem concorrencial. Para ser tida como inconstitucional, a restrição ao exercício de atividade econômica deve ser desproporcional e não razoável[25].

Idêntico raciocínio foi retomado pelo Tribunal com o julgamento do Recurso Extraordinário 550.769-RJ, também sobre o registro especial para a indústria tabagista[26]. Em que pese a divergência do Ministro Gilmar Mendes, para quem a questão concorrencial não seria "argumento suficiente para assegurar a constitucionalidade da medida", prevaleceu o entendimento do Relator Ministro Joaquim Barbosa. Este repisou a posição transcrita acima, apontando que "a proibição da sanção política não confere imunidade absoluta e imponderada, pois não serve como uma espécie de salvo conduto geral aos contribuintes que fazem da frívola impugnação de lançamentos tributários uma ferramenta de vantagem competitiva". Nas razões do Ministro Ricardo Lewandowski, acompanhando o Relator, o entendimento do Supremo Tribunal pela "inconstitucionalidade das sanções políticas como meio coercitivo para a arrecadação de tributos" não contemplaria "o desrespeito reiterado à legislação tributária", com "indevida vantagem em relação às demais empresas do mesmo ramo de atividade".

Portanto, à luz dos recentes julgados que representam a "nova vertente", já não se pode dizer que sejam vedadas, em qualquer caso, medidas de índole tributária que afetem a atividade empresarial; contudo, tais medidas são admitidas somente quando não se apresentam como sanções (punições), mas justificam-se, antes, no sentido de preservar a concorrência que, doutro modo, se veria desrespeitada. Daí ser acertado afirmar que se manteve o posicionamento tradicional do Supremo Tribunal Federal, no sentido de que sanções políticas tributárias (enquanto tais) são vedadas, por contrariarem o Princípio da Proporcionalidade.

Por ser de repercussão geral, merece ser conhecida a decisão do Supremo Tribunal Federal no RE 565.048-RS, na qual se reafirmou a inconstitucionalidade de sanções políticas. Tratava-se de legislação gaúcha que exigia a apresentação de caução para a emissão de documentos fiscais. A decisão foi unânime e no voto do relator, Ministro Marco Aurélio, confirmava a jurisprudência firmada nas Súmulas acima referidas. Chama a atenção, porém, trecho do voto do Ministro Joaquim Barbosa, o qual pode servir de baliza para o alcance da "nova vertente". Afirmou o magistrado que *somente são admissíveis as medidas extremas se, em ponderação, ficar demonstrado sem dúvida razoável que a intenção da pessoa jurídica é obter sistematicamente vantagens econômicas com a contumaz sonegação. Porém, precisamos nos lembrar que a isolada falta de pagamento de valor do tributo, a inadimplência tributária, é insuficiente para caracterizar a intenção criminosa do sujeito passivo*[27]. Eis um indicativo relevante para que se afaste o risco de a "nova vertente" vir a servir de instrumento para o abuso por parte das autoridades tributárias.

É interessante notar que os Princípios da Livre-Iniciativa e da Livre Concorrência acabam por exercer duplo papel: de um lado, na postura tradicional do Supremo Tribunal Federal, são eles invocados como limite à atuação da Administração Tributária. Ou seja: eles protegem o contribuinte, assegurando sua atividade empresarial. A "nova vertente" invoca os mesmos Princípios, mas desta feita para assegurar os demais agentes do mercado, diante do "mau" contribuinte. A mesma medida de restrição de liberdade não surge como pena (individual) mas como garantia (coletiva) e como tal se vê admitida. Já se viu, no Capítulo VII, 9.4.2, a cabida crítica por conferir à

25 STF, ADI n. 173-6-DF, Tribunal Pleno, rel. Min. Joaquim Barbosa, j. 25.09.2008, D.J. 20.03.2009.

26 STF, RE n. 550.769-RJ, Tribunal Pleno, rel. Min. Joaquim Barbosa, j. 22.05.2013, D.J. 03.04.2014.

27 STF, RE n. 565.048-RS, Tribunal Pleno, rel. Min. Marco Aurélio, j. 29.05.2014, D.J. 09.10.2014.

Secretaria da Receita Federal do Brasil atribuição de proteção do mercado, inserida no âmbito de atuação do CADE.

Cabe insistir nesse ponto: a multa por infração à legislação tributária tem fundamento de validade no *jus tributandi*. Tanto assim é que qualquer das pessoas jurídicas de direito público gozam de competência para instituí-las, nos âmbitos de suas respectivas competências. A ideia é, até aqui, muito simples: se ao legislador foi conferida competência para instituir um tributo, torna-se imediata a conclusão de que tem ele poderes para sancionar o descumprimento das normas assim regradas. Pouca utilidade teria a competência para instituir um tributo, sem que se pudesse punir seu descumprimento. As multas por infrações tributárias têm, portanto, função de inibir o descumprimento do mandamento legal.

As sanções políticas constituem distorção do emprego da competência assim conferida ao legislador. O *jus tributandi* não se confunde com o *jus puniendi*. No caso de infração à Ordem Econômica, a matéria é objeto da Lei n. 12.529/2011, que versa sobre o Sistema Brasileiro de Defesa da Concorrência, que, inclusive, prevê punições às infrações contra a livre concorrência.

Merece, portanto, forte crítica a tendência representada pela "nova vertente": a invocação do Princípio da Livre Concorrência não é suficiente para alargar o *jus tributandi*, que passa a fazer as vezes de *jus puniendi*. Afinal, pela "nova vertente", poder-se-ia cogitar a hipótese de um município, diante de uma infração tributária (posto que contumaz), interditar um estabelecimento comercial, invocando a livre concorrência. Mais uma vez, insista-se: não é o município quem zela pela livre concorrência. Havendo algum ilícito no âmbito da Ordem Econômica, acione-se o Sistema Brasileiro de Defesa da Concorrência.

Mais ainda: a "nova vertente" distorce a própria função da sanção tributária: de instrumento para desestimulo da prática de infrações, passa a ser meio de correção da Ordem Econômica. Ou, ainda mais grave, passa a ser verdadeiro instrumento de coação para o pagamento do tributo devido. Ora, a sanção não é instrumento de cobrança, mas de desestímulo ao descumprimento da lei. Se a sanção já não se justifica para desestimular práticas ilegais, mas para forçar o pagamento do tributo, então o Ordenamento já oferece à Administração meios eficazes, a serem vistos no próximo capítulo, descabendo, daí, utilizar a multa para tal fim.

2.3 A questão da proporcionalização da sanção

Tendo em vista a opção brasileira por um sistema no qual o exercício do lançamento se faz de modo vinculado, parece duvidoso que possa a Autoridade Administrativa exercer qualquer juízo de valor na imposição de penalidade. Por outro lado, ao reconhecer que a sanção tributária decorre do Poder de Tributar, não deixa de causar espanto que a gravidade da infração não seja levada em conta pela autoridade administrativa, que se encontra jungida a procedimentos rígidos da lei. Cabe investigar se, de fato, o caráter vinculado do lançamento se estende às penalidades, ou se a autoridade administrativa tem a possibilidade de considerar circunstâncias concretas e reduzir o rigor da pena.

Na Itália, se admite que a sanção pecuniária possa variar entre um mínimo e um máximo, reconhecendo-se a possibilidade de atuação discricionária da administração, que leva em conta a gravidade da violação, bem como que medidas que o contribuinte tenha tomado para reduzir suas consequências, as condições econômicas e sociais do infrator etc.[28].

No Brasil, igual solução não é imediata, já que a infração tributária se dobra, igualmente, aos princípios próprios do Direito Tributário. A Legalidade Tributária, disciplinada pelo art. 97 do Código Tributário Nacional, parece ter sido estendida à cominação de penalidades (inciso V). Dessa forma, se em matéria penal se admite que o legislador deixe à discricionariedade do juiz a fixação da pena, dentro dos limites mínimo e máximo previstos, na matéria tributária isso não se dá da mesma forma, já que a fixação da penalidade é feita, em regra, pela própria autoridade administrativa. Esta, no lançamento, "propõe" (determina) a pena, em atividade vinculada (art. 142 do Código Tributário Nacional). A pena, assim como todos os elementos que comporão o crédito tributário, deve ser determinada pelo legislador. Não parece que há espaço, portanto, a teor do Código Tributário Nacional, para a ponderação da pena pelo administrador.

A tal raciocínio, entretanto, pode-se opor o fato de o mesmo Código Tributário Nacional admitir o emprego da equidade, implicando o afastamento de penalidades, em determinadas circunstâncias. Seria este um indicativo de que ao Código Tributário Nacional não arrepia decida o legislador por permitir que o administrador, diante de peculiaridades do caso concreto, exerça seu juízo quanto à pena.

Assim é que se viu que o art. 172 do Código Tributário admite que até mesmo a remissão de todo o crédito tributário se dê em circunstâncias especiais. Não dispensa, por certo, a lei como condição para que a remissão se opere; admite, porém, que o legislador decida por autorizá-la à luz do caso concreto.

Vê-se, portanto, que, se dos artigos 97, V, e 142 parecia extrair comando inequívoco acerca da extensão da estrita Legalidade à matéria de penalidades, o art. 172 mitiga tal rigidez, ao admitir remissão, posto que nos termos da lei. Tal mitigação, no caso de tributos, poderia sofrer oposição, baseada no próprio texto constitucional, art. 150, I. No caso de penalidades, todavia, não há mandamento legal que imponha tamanha rigidez, podendo-se, nesse caso, enxergar maior abertura no art. 172 do Código Tributário Nacional.

Nesse sentido, a Legalidade da Administração, na imposição de tributos, não tem idêntica feição no que se refere às penalidades, já que aqui se admite possa o legislador deixar certa margem para a atuação do administrador. Mais uma vez: se a legalidade para a instituição do tributo é matéria versada pelo texto constitucional, a questão das penalidades não foi ali tratada, sendo antes assunto regulado pelo Código Tributário Nacional. É neste diploma, pois, que se devem buscar suas feições. Surge, mais uma vez, espaço para o Princípio da Proporcionalidade. Já se viu que este, em conjunto com o Princípio da Proibição de Efeito de Confisco, é invocado para a interdição de sanções políticas. Mas ambos têm, também, aplicação para que se conclua pela necessidade de o legislador, na cominação de penalidades, ponderar a gravidade da infração, ou mesmo permitir que o Administrador, no caso concreto, exerça tal ponderação.

Ou seja: se até agora se viu que o Código Tributário Nacional dá abertura a que o legislador não seja rígido na cominação de penalidades, o que se defende, com base nos Princípios acima, vai adiante: sustentamos, com base no Princípio da Proibição do Efeito de Confisco e da Proporcionalidade, que ao legislador restam apenas duas alternativas:

- Fixar, ele mesmo, penas diversas conforme a gravidade da infração; ou

---

28 Cf. TESAURO, Francesco. Op. cit. (nota 10), p. 318.

- Fixar penas mínima e máxima, dispondo sobre as circunstâncias que deverão ser levadas em conta pela autoridade administrativa quando, no exercício da atividade de lançamento, impuser a sanção em concreto. Tais circunstâncias serão as mesmas em que se torna possível a remissão, nos termos do art. 172 do Código Tributário Nacional.

A tese assim proposta não tem aceitação unânime. Ela exige que, antes, se reconheça a discricionariedade da Administração na fixação de penalidades. Discricionariedade, insista-se, não se confunde com arbítrio, já que se fala em limites legais e em circunstâncias agravantes e atenuantes definidas pela lei. Tem a seu favor, entretanto, o argumento de que se até mesmo a remissão pode ser autorizada pela lei, em circunstâncias previstas pelo art. 172 do Código Tributário Nacional, então, nas mesmas circunstâncias, se pode deixar a juízo da autoridade administrativa a decisão quanto à infração.

Interessante exemplo concernente à graduação de penalidades pode ser encontrado, na esfera federal, na Lei n. 4.502/64, cujo art. 67 assim dispôs:

> *Art. 67. Compete à autoridade julgadora, atendendo aos antecedentes do infrator, aos motivos determinantes da infração e à gravidade de suas consequências efetivas ou potenciais;*
>
> *I – determinar a pena ou as penas aplicáveis ao infrator;*
>
> *II – fixar, dentro dos limites legais, a quantidade da pena aplicável.*
>
> *Art. 68. A autoridade fixará a pena de multa partindo da pena básica estabelecida para a infração, como se atenuantes houvesse, só a majorando em razão das circunstâncias agravantes ou qualificativas provadas no processo.*
>
> *§ 1º São circunstâncias agravantes:*
>
> *I – a reincidência;*
>
> *II – o fato de o imposto, não lançado ou lançado a menos, referir-se a produto cuja tributação e classificação fiscal já tenham sido objeto de decisão passada em julgado, proferida em consulta formulada pelo infrator;*
>
> *III – a inobservância de instruções dos agentes fiscalizadores sobre a obrigação violada, anotada nos livros e documentos fiscais do sujeito passivo;*
>
> *IV – qualquer circunstância que demonstre a existência de artifício doloso na prática da infração, ou que importe em agravar as suas consequências ou em retardar o seu conhecimento pela autoridade fazendária.*
>
> *§ 2º São circunstâncias qualificativas a sonegação, a fraude e o conluio".*

A referida lei, anterior mesmo ao Código Tributário Nacional, versava sobre o Imposto sobre Consumo, renominado, após a Emenda Constitucional 18/1965, Imposto sobre Produtos Industrializados. Parece haver bons argumentos[29] a sustentar que esse dispositivo ainda é aplicável. Afinal, além de jamais ter havido revogação expressa, ainda hoje a legislação tributária se refere à mesma lei quando versa sobre penalidades por infrações tributárias, como será visto a seguir.

---

29 O tema foi levantado por Ricardo Mariz de Oliveira, no inédito texto "Cabimento e dimensionamento das penalidades por planejamentos fiscais inaceitáveis (breves notas)".

Deve-se, contudo, reconhecer que, quando da edição da referida lei, a multa não era imposta pela própria autoridade fiscal: ela apenas propunha a pena que era fixada pela autoridade julgadora, como se viu no art. 67 acima transcrito.

Aliás, até mesmo no art. 142 do Código Tributário Nacional permanece a ideia de que a autoridade lançadora não poderia impor a pena, cabendo-lhe, na dicção do referido dispositivo, "sendo o caso, propor a aplicação da penalidade cabível". Daí a dualidade entre a proposição da penalidade (tarefa da autoridade lançadora) e sua imposição (que caberia à autoridade julgadora). Tal sistemática hoje já não existe, sendo as penalidades impostas pela própria autoridade lançadora. Será isso sinal de que a graduação acima referida teria desaparecido?

Uma indicação no sentido de que a lei acima transcrita continua em vigor pode ser encontrada no art. 44 da Lei n. 9.430/96, cuja redação, dada pelo art. 14 da Lei n. 11.488, de 15.06.2005, dispõe:

> *Art. 44. Nos casos de lançamento de ofício, serão aplicadas as seguintes multas:*
>
> *I – de 75% (setenta e cinco por cento) sobre a totalidade ou diferença de tributo, nos casos de falta de pagamento ou recolhimento, de falta de declaração e nos de declaração inexata;*
>
> *II – de 50% (cinquenta por cento), exigida isoladamente, sobre o valor do pagamento mensal: (...)*
>
> *(...)*
>
> *§ 1º O percentual de multa de que trata o inciso I do 'caput' será duplicado nos casos previstos nos arts. 71, 72 e 73 da Lei n. 4.502, de 1964, independentemente de outras penalidades administrativas ou criminais cabíveis (grifos nossos).*

Identifica-se aí a remissão aos artigos 71, 72 e 73 da Lei n. 4.502/64, como condição para a duplicação da penalidade administrativa. Esses dispositivos, por sua vez, definem os três casos de infrações administrativas sujeitas, hoje, a pena agravada:

> *Art. 71. Sonegação é toda ação ou omissão dolosa tendente a impedir ou retardar, total ou parcialmente, o conhecimento por parte da autoridade fazendária:*
>
> *I – da ocorrência do fato gerador da obrigação tributária principal, sua natureza ou circunstâncias materiais;*
>
> *II – das condições pessoais de contribuinte, suscetíveis de afetar a obrigação tributária principal ou o crédito tributário correspondente.*
>
> *Art. 72. Fraude é toda ação ou omissão dolosa tendente a impedir ou retardar, total ou parcialmente, a ocorrência do fato gerador da obrigação tributária principal, ou a excluir ou modificar as suas características essenciais, de modo a reduzir o montante do imposto devido, ou a evitar ou diferir o seu pagamento.*
>
> *Art. 73. Conluio é o ajuste doloso entre duas ou mais pessoas naturais ou jurídicas, visando qualquer dos efeitos referidos nos artigos 71 e 72.*

Daí a conclusão de que, na esfera administrativa federal, prevê-se da duplicação da penalidade por infração, de 75% para 150%, nas hipóteses de sonegação, fraude ou conluio. A duplicação da pena exige que se verifiquem as condutas previstas na Lei n. 4.502/64, as quais, por sua vez, versam sobre condutas dolosas, i.e., onde a intenção do agente se torna relevante.

> Quando se verificam as normas acima transcritas, não se pode deixar de reconhecer que afinal, existe alguma graduação, já que a multa varia entre 75% e 150%. Na verdade, pode chegar até mesmo a 225% quando se constata ter o contribuinte obstaculizado ou criado embaraços à atuação da fiscalização (art. 44, § 2º, da Lei n. 9.430/96).
>
> A existência de uma escala não é suficiente, entretanto, para que se afaste a crítica quanto aos percentuais: iniciar a escala aos 75% pode revelar-se desmedida. É bem verdade que a multa é reduzida pela metade quando o sujeito passivo abre mão da discussão administrativa, conforme o art. 6º, I, da Lei n. 8.218/91, com a redação dada pela Lei n. 11.941/2009. Mas não parece justificável que a razoabilidade da multa esteja condicionada à renúncia, por parte do sujeito passivo, do direito de questionar a exigência.
>
> A desproporcionalidade da multa de 75%, na realidade, reside na razão pela qual ela é imposta. O inciso I do art. 44 da Lei n. 9.430/96 estabelece que a sua aplicação abrange "falta de pagamento ou recolhimento", "falta de declaração" e "declaração inexata". Portanto, são três hipóteses distintas submetidas a uma mesma multa. Considerando que no lançamento por homologação é o próprio sujeito passivo quem deve apurar se deve pagar e, sendo o caso, antecipar o pagamento, assusta o fato de o legislador equiparar os meros conflitos interpretativos à declaração inexata. Com efeito, o legislador transfere por completo os riscos interpretativos ao sujeito passivo, submetendo-o ainda a 75% de multa. Tampouco parece acertado o emprego da expressão "falta de pagamento ou recolhimento" sem maiores considerações, pois ela é muito genérica. A mesma multa pode ser aplicada em casos totalmente díspares, pois o sujeito passivo pode ter se baseado em jurisprudência pacífica a seu favor, em jurisprudência controvertida ou ainda em jurisprudência que lhe era totalmente desfavorável.

O assunto tem sido objeto de algumas decisões no Supremo Tribunal Federal. Seja invocando a proporcionalidade, seja em virtude do Princípio da Proibição do Confisco, constata-se tendência, naquele tribunal, no sentido de afastar multas moratórias que ultrapassem o percentual de 20%[30], havendo, inclusive, decisão com repercussão geral reconhecida[31]; no caso de multas punitivas, também com decisão com repercussão geral reconhecida[32], o teto parece fixar-se em 100%, conforme acórdãos de ambas as Turmas do Supremo[33].

Apesar de não existir decisão com Repercussão Geral reconhecida sobre as multas punitivas, os Ministros têm decidido monocraticamente conforme os julgados referidos,

30 STF, RE n. 582.461-SP, rel. Min. Gilmar Mendes, j. 18.05.2011, D.J. 18.08.2011. Este entendimento foi reproduzido posteriormente, cf. STF, AgRg no AI n. 727.872-RS, 1ª Turma, rel. Min. Roberto Barroso, j. 28.04.2015, D.J. 18.05.2015.

31 STF, RE n. 882.461-MG, rel. Min. Luiz Fux, j. 21.05.2015, D.J. 11.06.2015.

32 STF, RE n. 736.090-SC, rel. Min. Luiz Fux, j. 29.10.2015, D.J. 27.11.2015.

33 STF, AgRg no RE n. 833.106-GO, 1ª Turma, rel. Min. Marco Aurélio, j. 25.11.2014, D.J. 11.12.2014; AgRg no RE n. 748.257-SE, 2ª Turma, rel. Min. Ricardo Lewandowski, j. 06.08.2013, D.J. 19.08.2013.

com fundamento no art. 557[34] do CPC, considerando que "a Corte tem entendido que são confiscatórias as sanções que ultrapassem o percentual de 100% (cem por cento) do valor do tributo devido"[35].

Com efeito, já podem ser encontradas decisões que indicam a possibilidade (ou até mesmo a necessidade) de tal ponderação.

Assim, quando do julgamento do Agravo Regimental no Recurso Extraordinário 523.471/MG, o Supremo Tribunal Federal fez referência à "graduação da penalidade proporcional à gravidade da ofensa", exigindo, em virtude do Princípio da Proibição do Efeito de Confisco, uma "relação de calibração e ponderação entre a gravidade da conduta e o peso da punição". No caso, o Tribunal de origem, em Minas Gerais, havia reduzido uma multa imposta pelo INSS de 60% para 30%, em virtude dos Princípios citados, o que provocou o recurso por parte da União Federal, rejeitado diante do entendimento de que havia acertado aquele Tribunal. Eis a Ementa:

> *PROCESSUAL CIVIL. AGRAVO REGIMENTAL.*
>
> *CONSTITUCIONAL. TRIBUTÁRIO. MULTA. VEDAÇÃO DO EFEITO DE CONFISCO. APLICABILIDADE. RAZÕES RECURSAIS PELA MANUTENÇÃO DA MULTA. AUSÊNCIA DE INDICAÇÃO PRECISA DE PECULIARIDADE DA INFRAÇÃO A JUSTIFICAR A GRAVIDADE DA PUNIÇÃO. DECISÃO MANTIDA.*
>
> *1. Conforme orientação fixada pelo Supremo Tribunal Federal, o princípio da vedação ao efeito de confisco aplica-se às multas.*
>
> *2. Esta Corte já teve a oportunidade de considerar multas de 20% a 30% do valor do débito como adequadas à luz do princípio da vedação do confisco.*
>
> *Caso em que o Tribunal de origem reduziu a multa de 60% para 30%.*
>
> *3. A mera alusão à mora, pontual e isoladamente considerada, é insuficiente para estabelecer a relação de calibração e ponderação necessárias entre a gravidade da conduta e o peso da punição. É ônus da parte interessada apontar peculiaridades e idiossincrasias do quadro que permitiriam sustentar a proporcionalidade da pena almejada.*
>
> *Agravo regimental ao qual se nega provimento*[36].

No que se refere à necessidade de ponderação no que tange a multas punitivas, exemplar é o Recurso Extraordinário 455.011/RR[37], que versou sobre norma que fixava multas fiscais em

---

34 Este artigo encontra correspondente no art. 932, IV, "b", do novo CPC (Lei n. 13.105, de 16 de março de 2015), segundo o qual incumbe ao relator negar provimento a recurso que for contrário a "acórdão proferido pelo Supremo Tribunal Federal ou pelo Superior Tribunal de Justiça em julgamento de recursos repetitivos".

35 Cf., *e.g.*, STF, AgRg no RE n. 833.106-GO, 1ª Turma, rel. Min. Marco Aurélio, j. 25.11.2014, D.J. 11.12.2014; AgRg no RE n. 748.257-SE, 2ª Turma, rel. Min. Ricardo Lewandowski, j. 06.08.2013, D.J. 19.08.2013; AgRg no RE n. 642.881-PE, Decisão Monocrática, rel. Min. Gilmar Mendes, j. 15.05.2014, D.J. 20.05.2014; RE n. 863.049-SC, Decisão Monocrática, rel. Min. Luiz Fux, j. 29.04.2015, D.J. 05.05.2015; AgRg no RE n. 803.975-PR, Decisão Monocrática, rel. Min. Marco Aurélio, j. 30.04.2014, D.J. 13.05.2014; AgRg no RE n. 802.564-SC, Decisão Monocrática, rel. Min. Ricardo Lewandowski, j. 16.06.2014, D.J. 20.06.2014; RE n. 851.071-PR, Decisão Monocrática, rel. Min. Roberto Barroso, j. 25.11.2014, D.J. 27.11.2014; RE n. 783.599-RS, Decisão Monocrática, rel. Min. Dias Toffoli, j. 12.02.2015, D.J. 06.04.2015; AgRg no RE n. 876.745-SC, Decisão Monocrática, rel. Min. Rosa Weber, j. 27.04.2015, D.J. 04.05.2015; AgRg no RE n. 642.881-PE, Decisão Monocrática, rel. Min. Gilmar Mendes, j. 15.05.2014, D.J. 20.05.2014.

36 STF, AgRg no RE n. 523.471-MG, 2ª Turma, rel. Min. Joaquim Barbosa, j. 06.04.2010, D.J. 23.04.2010.

37 STF, AgRg no RE n. 455.011-RR, 2ª Turma, rel. Min. Joaquim Barbosa, j. 14.09.2010, D.J. 08.10.2010.

percentuais de 50% a 300% do valor principal. No caso, após entender confiscatórias multas previstas na legislação do Estado de Roraima, determinou-se que os autos retornassem ao Tribunal de origem, a fim de que fossem "fixados percentuais razoáveis para as multas fiscais inicialmente calculadas à razão de 300%, tendo em vista o quadro fático-jurídico". Interessante que não cuidou o Supremo Tribunal Federal de fixar, ele mesmo, os percentuais razoáveis, mas impôs que o Tribunal de origem o fizesse, a partir da consideração do efeito de confisco. Seria, ainda assim, uma ponderação pelo Poder Judiciário, mas, de todo modo, mais um indicativo de que as multas se fixam a partir do "quadro fático-jurídico".

No mesmo sentido, há caso em que a multa imposta pelo Município de Palotina impusera multa de 200% para sonegação, o que foi reduzido para 100% pelo tribunal de origem. A 1ª Turma manteve a redução, invocando o Princípio da Vedação do Efeito de Confisco à Multa Fiscal[38].

Também o STJ apresenta papel importante na dosimetria da aplicação de multas. Em sede de Recurso Especial, entendeu o STJ[39] que, apesar de o art. 4º, I, da Lei n. 8.218/91 não mencionar qualquer elemento subjetivo nos casos de multa de 100% (aplicável a situações de não recolhimento, mas sem intuito de fraude), a evidência da boa-fé por parte do contribuinte é apta a dispensar o pagamento da multa. Na ocasião, manteve o Superior Tribunal de Justiça "o julgamento por equidade realizado pelo Tribunal de origem, que, analisando as circunstâncias de fato do caso, reconheceu a boa-fé da impetrante", a qual havia realizado consultas prévias às autoridades a respeito da situação que ensejou o lançamento tributário. Manteve-se, pois, a exigência do pagamento do tributo, dispensando-se, contudo, a multa imposta.

Igualmente preocupante é o tema das multas por descumprimento de deveres instrumentais. Também ali não se pode deixar de criticar multas que fogem à razoabilidade ou à proporcionalidade.

Na esfera federal, o tema assume relevância quando se tem em conta que os deveres instrumentais são fixados pela Secretaria da Receita Federal, com fundamento no art. 16 da Lei n. 9.779/99. Diz o referido dispositivo:

> *Art. 16. Compete à Secretaria da Receita Federal dispor sobre as obrigações acessórias relativas aos impostos e contribuições por ela administrados, estabelecendo, inclusive, forma, prazo e condições para o seu cumprimento e o respectivo responsável.*

Claro está que o referido dispositivo não pode ser lido sem levar em conta o que já se disse no Capítulo X acerca dos limites aos deveres instrumentais: devem ser eles no interesse da arrecadação ou da fiscalização. Ainda assim, a abertura do texto acima preocupa, quando se lê no art. 57 da Medida Provisória n. 2.158-35/2001 a previsão das seguintes multas:

> *Art. 57. O descumprimento das obrigações acessórias exigidas nos termos do art. 16 da Lei n. 9.779, de 1999, acarretará a aplicação das seguintes penalidades:*
> *I – R$ 5.000,00 (cinco mil reais) por mês-calendário, relativamente às pessoas jurídicas que deixarem de fornecer, nos prazos estabelecidos, as informações ou esclarecimentos solicitados;*
> *II – cinco por cento, não inferior a R$ 100,00 (cem reais), do valor das transações comerciais ou das operações financeiras, próprias da pessoa jurídica ou de terceiros em relação aos quais seja responsável tributário, no caso de informação omitida, inexata ou incompleta.*

38 STF, Embargos de Declaração no AI n. 805.745-PR, 1ª Turma, rel. Min. Rosa Weber, j. 29.05.2012, D.J. 27.06.2012.

39 STJ, REsp n. 494.080, rel. Min. Teori Albino Zavascki, j. 19.10.2004, D.J. 16.11.2004.

O percentual de 5% do valor da operação pode revelar-se altíssimo, principalmente quando se leva em conta que não se fala de falta de recolhimento de tributo (sujeita, daí, a penalidades próprias). Numa situação absurda, poder-se-ia chegar a imaginar que inexatidão na escrituração do contribuinte o levasse a uma multa de 5% sobre todo o seu faturamento! Daí ser premente a consideração da ponderação e proporcionalidade na fixação das multas.

Em 2020, o STF analisou a constitucionalidade do art. 7º, II, da Lei n. 10.426/2002, o qual prevê multas de 2% ao mês-calendário ou fração, incidente sobre o montante dos tributos e contribuições informados na Declaração de Débitos e Créditos Tributários Federais (DCTF), na Declaração Simplificada da Pessoa Jurídica ou na Declaração de Imposto de Renda Retido na Fonte (DIRF), ainda que integralmente pago, no caso de falta de entrega destas declarações ou entrega após o prazo, limitada a vinte por cento. No RE 606.010[40], o Supremo fixou a Tese de Repercussão Geral do Tema 872, segundo a qual: "[r]evela-se constitucional a sanção prevista no art. 7º, inciso II, da Lei n. 10.426/2002, ante a ausência de ofensa aos princípios da proporcionalidade e da vedação de tributo com efeito confiscatório".

3 A disciplina das infrações tributárias no Código Tributário Nacional

No Código Tributário Nacional, as infrações tributárias ganham relevância na matéria de responsabilidade (arts. 136 a 138), além da anistia, já vista no Capítulo XVI (arts. 180 a 182).

Como as penalidades se incorporam no próprio conceito de obrigação tributária "principal" (art. 113, § 1º), claro que toda a disciplina desta interessa às infrações. O Código Tributário Nacional refere-se, ademais, às penalidades para incluí-las expressamente na Legalidade Tributária (art. 97, V) e para prever a retroatividade benigna (art. 106, II) e o *in dubio pro reo* (art. 112). As penalidades reaparecem na definição do sujeito passivo (art. 121) e de lançamento (art. 142), admitindo-se que este se dê na modalidade de ofício (art. 149, VI). Finalmente, a moratória (art. 155, I e II), o pagamento (art. 157), o inadimplemento do tributo (art. 161), a consignação (art. 164, I) e a repetição do indébito (art. 167) voltam a versar sobre as penalidades, evidenciando-se sua inserção sistemática na disciplina do Direito Tributário.

3.1 Responsabilidade por culpa

O capítulo da "Responsabilidade por Infrações" inicia-se, no Código Tributário Nacional, com a previsão da dispensa do elemento doloso para a sua configuração. Eis o que dispõe o art. 136:

> SEÇÃO IV
>
> Responsabilidade por Infrações
>
> Art. 136. Salvo disposição de lei em contrário, a responsabilidade por infrações da legislação tributária independe da intenção do agente ou do responsável e da efetividade, natureza e extensão dos efeitos do ato.

40 STF, RE n. 606.010-PR, Tribunal Pleno, rel. Min. Marco Aurélio, j. 21.08.2020.

É comum a referência ao dispositivo acima citado para que se afirme que, em matéria de infração tributária, a responsabilidade seria objetiva.

Não é este, entretanto, o teor do dispositivo. Ele exclui, por certo, a necessidade de que se constate a presença do elemento doloso para a configuração da responsabilidade. Nada diz quanto à dispensa do elemento culposo.

Com efeito, o art. 136 constitui importante variação da disciplina do Direito Tributário Penal, em relação ao Direito Penal. Neste, nos termos do parágrafo único do art. 18 do Código Penal, "salvo os casos expressos em lei, ninguém pode ser punido por fato previsto como crime, senão quando o pratica dolosamente".

Em síntese: se para o Direito Penal Tributário, a forma culposa é exceção, devendo vir expressamente prevista em lei, na matéria tributária penal a regra é a infração meramente culposa, não se exigindo a presença do dolo, exceto se a lei assim o previr.

Não tem cabimento, por outro lado, imposição de penalidade sem que sequer se evidencie a culpa do agente. Ao contrário, viu-se acima que até mesmo o Princípio da Pessoalidade da Pena foi absorvido pelo Direito Tributário Penal. Inexistindo culpa ou dolo, não surge a pretensão punitiva do Estado, pelo mero fato de que não há o que punir.

Também evidenciam que o Código Tributário Nacional não dispensa o elemento subjetivo (se não dolo, pelo menos culpa) para que se caracterize a infração, a circunstância de admitir a remissão por "erro ou ignorância escusáveis" sobre matéria de fato (art. 172, II e IV) e a própria possibilidade de equidade para afastar a imposição de penalidades (art. 108, IV). Finalmente, se o sujeito passivo demonstra que agiu de boa-fé, caracterizada por ter seguido a "legislação tributária", não fica sujeito a penalidade (art. 100, parágrafo único).

3.2 Responsabilidade pessoal do agente

Já foi visto, no Capítulo XII, o tema da responsabilidade pessoal do "agente", quando se estudou a sujeição passiva. O tema está disciplinado pelo art. 137 do Código Tributário Nacional:

> Art. 137. A responsabilidade é pessoal ao agente:
>
> I – quanto às infrações conceituadas por lei como crimes ou contravenções, salvo quando praticadas no exercício regular de administração, mandato, função, cargo ou emprego, ou no cumprimento de ordem expressa emitida por quem de direito;
>
> II – quanto às infrações em cuja definição o dolo específico do agente seja elementar;
>
> III – quanto às infrações que decorram direta e exclusivamente de dolo específico:
>
> a) das pessoas referidas no art. 134, contra aquelas por quem respondem;

b) dos mandatários, prepostos ou empregados, contra seus mandantes, preponentes ou empregadores;

c) dos diretores, gerentes ou representantes de pessoas jurídicas de direito privado, contra estas.

Conforme foi examinado no Capítulo XII, não se confunde a hipótese com a do art. 135, já que enquanto este versa sobre atos ainda no interesse dos representados, o art. 137 pressupõe um agente que atua em interesse próprio, contrário a seu representado. Não seria, com efeito, aceitável fosse a pessoa jurídica punida se ela mesma foi vítima do ilícito praticado pelo agente.

3.2.1 *Infrações conceituadas como crime ou contravenção*

A primeira hipótese que cogita o Código Tributário Nacional para a caracterização da responsabilidade "pessoal" do agente é a de crime ou contravenção. Encontra-se aqui um ponto de contato entre o Direito Tributário Penal e o Direito Penal Tributário, já que este exige a pessoalidade do autor (ou dos coautores): sendo este(s) identificado(s) e a ele(s) imputada a conduta criminosa ou a contravenção, então responde(m) ele(s) pessoalmente pelo crime que cometeu(ram) e pela infração simultaneamente configurada.

A ressalva efetuada pelo Código (*salvo quando praticadas no exercício regular de administração, mandato, função, cargo ou emprego, ou no cumprimento de ordem expressa emitida por quem de direito*) apenas esclarece algo que, de resto, já se extrairia do texto sem que houvesse tal menção: tendo em vista a vinculação entre o crime ou contravenção, de um lado, e a infração, de outro, basta que aqueles não possam ser imputados ao indivíduo para que, por consequência, não seja o caso de se aplicar o art. 137.

Assim, se "regular" a função exercida pelo indivíduo, não se haverá de a ele imputar um crime ou contravenção; neste caso, tampouco se cogitará do art. 137.

Se, por outro lado, o indivíduo age com dolo (via de regra, o dolo é exigido na tipificação dos crimes ou contravenções em matéria tributária), então já não haverá de se considerar "regular" sua atuação e, por isso, aplicável será a responsabilidade.

3.2.2 *Infrações em que o dolo específico do agente seja elementar*

Já se viu, no art. 136 do Código Tributário Nacional, que as infrações tributárias são configuradas, via de regra, independentemente do dolo; é facultado à lei, entretanto, prever que a infração seja configurada apenas na presença da intenção do agente.

Dolo específico é a intenção de produzir determinado resultado, previsto pelo legislador; não se satisfaz este com a circunstância de o agente ter considerado que haveria o risco de o resultado ser atingido (dolo eventual); ao contrário, seria a situação excepcional em que a infração apenas se configuraria caso se comprovasse que o infrator quis o resultado.

Definida a infração mediante a presença do dolo específico, então se este for imputado a determinado agente, será dele a responsabilidade pelo pagamento da penalidade.

3.2.3 Ilícitos contra vítimas

A última hipótese de que trata o art. 137 é justamente a mais comum: aquela em que a conduta do agente, ao lado de caracterizar uma infração à ordem tributária, é simultaneamente um ilícito de natureza civil, já que a conduta se faz contra o mandante, o empregador ou outro terceiro, em nome de quem e cujo interesse se esperaria que o agente agisse.

Não seria aceitável que a pessoa jurídica, por exemplo, lesada por um desvio de mercadorias praticado por seu empregado, estivesse sujeita ao pagamento de multa em face da infração que caracterizaria a saída daquelas mercadorias sem o pagamento dos impostos correspondentes. Não haveria, claro, razão para que o Estado punisse tal pessoa jurídica. Esta seria vítima, não infratora. Daí a responsabilidade pessoal.

3.3 Denúncia espontânea

Finalmente, o art. 138 encerra o tema do Direito Tributário Penal, disciplinando a denúncia espontânea nos seguintes termos:

> Art. 138. A responsabilidade é excluída pela denúncia espontânea da infração, acompanhada, se for o caso, do pagamento do tributo devido e dos juros de mora, ou do depósito da importância arbitrada pela autoridade administrativa, quando o montante do tributo dependa de apuração.
> Parágrafo único. Não se considera espontânea a denúncia apresentada após o início de qualquer procedimento administrativo ou medida de fiscalização, relacionados com a infração.

A ideia da denúncia espontânea é estimular o sujeito passivo se redimir de sua infração: uma vez reparada, espontaneamente, a falta cometida, o legislador afasta qualquer penalidade.

Mais uma vez, encontra-se o paralelo entre o Direito Tributário Penal e o Direito Penal. Neste, o tema do arrependimento é assim disciplinado:

> **Desistência voluntária e arrependimento eficaz**
> *Art. 15. O agente que, voluntariamente, desiste de prosseguir na execução ou impede que o resultado se produza, só responde pelos atos já praticados.*
> **Arrependimento posterior**
> *Art. 16. Nos crimes cometidos sem violência ou grave ameaça à pessoa, reparado o dano ou restituída a coisa, até o recebimento da denúncia ou da queixa, por ato voluntário do agente, a pena será reduzida de um a dois terços.*

Vê-se a idêntica inspiração do legislador no sentido de estimular o infrator a se afastar do ilícito. No caso do Direito Tributário Penal, entretanto, o legislador foi ainda mais liberal: inspirado na menor gravidade da infração, o arrependimento posterior (i.e.: mesmo já consumada a infração) é perdoado.

O pressuposto do dispositivo é a espontaneidade da atuação do sujeito passivo: iniciada a fiscalização, já não cabe cogitar de sua aplicação. Mesmo que o sujeito passivo recolha o tributo, ainda assim estará ele sujeito à penalidade.

Daí a importância de se determinar como se interrompe a espontaneidade: nos termos do dispositivo acima, esta se encerra "após o início de qualquer procedimento administrativo ou medida de fiscalização, relacionados com a infração".

A leitura isolada deste texto levaria à ideia de que, uma vez iniciado o procedimento administrativo, já não há mais espontaneidade. O que dizer, entretanto, do caso em que se inicia uma fiscalização, mas a Administração não dá seguimento àquela atuação?

Na esfera federal, o tema é regulado pelo Decreto 70.235/1972, cujo art. 7º assim dispõe:

> *Art. 7º O procedimento fiscal tem início com:*
>
> *I – o primeiro ato de ofício, escrito, praticado por servidor competente, cientificado o sujeito passivo da obrigação tributária ou seu preposto;*
>
> *II – apreensão de mercadorias, documentos ou livros;*
>
> *III – o começo de despacho aduaneiro de mercadoria importada.*
>
> *§ 1º O início do procedimento exclui a espontaneidade do sujeito passivo em relação aos atos anteriores e, independentemente de intimação, a dos demais envolvidos nas infrações verificadas.*
>
> *§ 2º Para os efeitos do disposto no § 1º, os atos referidos nos incisos I e II valerão pelo prazo de sessenta dias, prorrogável, sucessivamente, por igual período, com qualquer outro ato escrito que indique o prosseguimento dos trabalhos.*

A importância do dispositivo acima está, de um lado, na fixação do momento em que se encerra a espontaneidade; o seu § 2º, entretanto, dá um prazo para que a Administração dê continuidade a seus atos, sob pena de se retornar aquela. Ou seja: se a fiscalização é iniciada mas interrompida, retoma-se a espontaneidade, dando azo à possibilidade de o sujeito passivo recolher o tributo, acrescido de juros, desaparecendo, a partir daí, a responsabilização pelo ilícito.

3.3.1 Denúncia espontânea e multa de mora

O alcance do art. 138 do Código Tributário Nacional já foi objeto de tentativa de restrição, por parte das autoridades fiscais, que pretendiam ali ver o afastamento da chamada "multa punitiva", não da "multa de mora". Esta teria o caráter meramente reparador, não se justificando seu afastamento.

O argumento carece de sentido jurídico. Multa, seja "de mora", seja "punitiva", é sempre uma penalidade. A diferenciação, se existe, está na gravidade da infração. A "reparação" que se faz ao Fisco, no caso de atraso no recolhimento, consiste nos juros e estes não são afastados mesmo diante da denúncia espontânea.

Não obstante, o Superior Tribunal de Justiça acabou por entender que o mero pagamento a destempo não seria uma infração, quando o tributo fosse reconhecido. Na visão prevalecente, se o contribuinte apura e declara o valor devido, o crédito tributário já estaria "constituído" com tal declaração e, portanto, descaberia novo lançamento por parte da Administração. Desse modo, não haveria que falar em atuação do sujeito passivo antes do início da fiscalização, já que esta é dispensada (pelo menos até o montante do tributo declarado).

Dessa forma, nos casos em que o contribuinte apura o montante do tributo e o declara, já não há espaço para denúncia espontânea e o pagamento, efetuado com atraso, fica sujeito à multa moratória, além dos juros.

Eis, nesse sentido, o teor da Súmula 360 do Superior Tribunal de Justiça: "o benefício da denúncia espontânea não se aplica aos tributos sujeitos a lançamento por homologação regularmente declarados, mas pagos a destempo".

Vale, assim, conferir a seguinte decisão do Superior Tribunal de Justiça[41]:

> *TRIBUTÁRIO. TRIBUTOS DECLARADOS PELO CONTRIBUINTE E RECOLHIDOS FORA DE PRAZO. DENÚNCIA ESPONTÂNEA (CTN, ART. 138) NÃO CARACTERIZAÇÃO.*
>
> 1. *O art. 138 do CTN, que trata da denúncia espontânea, não eliminou a figura da multa de mora a que o Código também faz referência (art. 134, par. Único). Consequentemente, não há possibilidade lógica de haver denúncia espontânea de créditos tributários já constituídos e, portanto, líquidos, certos e exigíveis.*
> 2. *Segundo jurisprudência pacífica do STJ, a apresentação pelo contribuinte de Declaração de Débitos e Créditos Tributários Federais – DCTF (...) ou de Guia de Informação e Apuração do ICMS – GIA, ou de outra declaração dessa natureza, prevista em lei, é modo de formalizar a existência (= constituir) do crédito tributário, dispensada, para esse efeito, qualquer outra providência por parte do Fisco.*
> 3. *A falta de recolhimento, no devido prazo, do valor correspondente ao crédito tributário assim regularmente constituído acarreta, entre outras consequências, as de (a) autorizar a sua inscrição em dívida ativa, (b) fixar o termo a quo do prazo de prescrição para sua cobrança, (c) inibir a expedição de certidão negativa do débito e (d) afastar a possibilidade de denúncia espontânea.*
> 4. *Nesse entendimento, a 1ª Seção firmou jurisprudência no sentido de que o recolhimento a destempo, ainda que pelo valor integral, de tributo anteriormente declarado pelo contribuinte, não caracteriza denúncia espontânea para os fins do art. 138 do CTN.*
> 5. *Agravo regimental a que se nega provimento.*

O que se observa na decisão acima é que o Superior Tribunal de Justiça enxergou, no texto do Código Tributário Nacional, referência a multa de mora, no art. 134, parágrafo único. Este dispositivo, conforme foi visto no Capítulo XII, versa sobre a responsabilidade de terceiros e admite, como única "penalidade" a ser estendida aos responsáveis, as multas de caráter moratório.

Por sua vez, o Tribunal vê na declaração do contribuinte efeito equivalente ao lançamento. No Capítulo XIII, já se denunciava que a jurisprudência vem admitindo a "constituição" do crédito sem a

41 STJ, AgRg nos Embargos no REsp n. 638.069 SC, 1ª Seção, rel. Min. Teori Zavascki, j. 25.05.2005, D.J. 13.06.2005.

participação da Administração. A consequência é que se o crédito já está "constituído", não há espaço para nova "constituição", por novo lançamento, que seria redundante. Se a espontaneidade pressupõe a atuação do sujeito passivo antes de qualquer ato da Administração tendente à "constituição" do crédito e se essa não se dará, não há espaço para a denúncia espontânea.

Dúvida, porém, poderia surgir em caso de existir diferença entre o valor declarado e o valor devido, i.e., se o sujeito passivo declara (ou "constitui") crédito em determinado montante e, posteriormente, apura que diverso seria o montante devido. A esse respeito, seguindo o raciocínio acima, o Superior Tribunal de Justiça entendeu, sob o rito dos recursos repetitivos, que cabe falar em espontaneidade no montante da diferença entre aquilo que fora declarado inicialmente e o valor finalmente apurado. Cita-se, desse modo, trecho da ementa do caso[42]:

> 1. *A denúncia espontânea resta configurada na hipótese em que o contribuinte, após efetuar a declaração parcial do débito tributário (sujeito a lançamento por homologação) acompanhado do respectivo pagamento integral, retifica-a (antes de qualquer procedimento da Administração Tributária), noticiando a existência de diferença a maior, cuja quitação se dá concomitantemente.*
>
> (...)
>
> 4. *Destarte, quando o contribuinte procede à retificação do valor declarado a menor (integralmente recolhido), elide a necessidade de o Fisco constituir o crédito tributário atinente à parte não declarada (e quitada à época da retificação), razão pela qual aplicável o benefício previsto no art. 138, do CTN.*

Tendo isso em vista, se o sujeito passivo apurara, inicialmente, o crédito de 10 e este assim fora declarado (e "constituído), mas mais tarde conclui que o valor efetivamente devido seria 12, então apenas a diferença (no caso, 2) estaria sujeita a um lançamento complementar por parte da fiscalização. Se a Administração apurasse os mesmos 12, não poderia efetuar um lançamento deste montante, mas apenas dos 2 de diferença.

Em razão do entendimento pacífico do Superior Tribunal de Justiça tanto sobre a inexistência de diferença entre multa moratória e multa punitiva quanto acerca da possibilidade de denúncia espontânea da diferença entre aquilo que fora declarado inicialmente e o valor finalmente apurado, a Procuradoria-Geral da Fazenda Nacional já se manifestou, consoante exige o art. 19, inc. II, da Lei n. 10.522/2002, e o art. 5º do Decreto n. 2.346/1997, no sentido de estar "autorizada a não contestar, a não interpor recurso ou a desistir do que tenha sido interposto" sobre tais temas[43]. Pode-se, assim, dizer que essas questões se encontram pacificadas.

Por último, importa mencionar que, na esfera federal, o legislador ordinário estendeu a aplicação da multa moratória (e não punitiva) mesmo aos casos em que já tenha sido extinta a espontaneidade.

---

42 STJ, REsp n. 1.149.022-SP, 1ª Seção, rel. Min. Luiz Fux, j. 09.06.2010, D.J. 24.06.2010. Para decisão anterior com teor semelhante, cf. STJ, AgRg no AgRg no REsp n. 1.090.226-RS, 1ª Turma, rel. Min. Luiz Fux, j. 17.11.2009, D.J. 02.12.2009.

43 Cf. Parecer PGFN/CRJ n. 2.113/2011; Parecer PGFN/CRJ n. 2.124/2011; Ato Declaratório PGFN n. 04/2011; e Ato Declaratório PGFN n. 08/2011.

Com efeito, o art. 47 da Lei n. 9.430/96 autoriza que o sujeito passivo submetido a ação fiscal por parte da Receita Federal do Brasil recolha, até o 20º dia subsequente à data e recebimento do termo de início de fiscalização, os tributos e contribuições já declarados e não pagos, "com os acréscimos legais aplicáveis nos casos de procedimento espontâneo".

3.3.2 Denúncia espontânea e os deveres instrumentais

A legislação tributária contempla, ao lado de infrações por descumprimento da "obrigação principal", outras penalidades aplicadas ao inadimplemento dos deveres instrumentais. Também a elas deve ser aplicado o instituto da denúncia espontânea. É este o sentido da expressão "acompanhada, se for o caso, do pagamento do tributo devido e dos juros". Evidencia-se que haverá denúncias, igualmente, em que *não será o caso* do pagamento de tributo ou de juros. Este é o caso do descumprimento dos deveres instrumentais. Sirva de exemplo a entrega em atraso de uma declaração de Imposto de Renda, em que se apura imposto a restituir (e, portanto, *não é o caso* do pagamento de tributo).

Não obstante, o Superior Tribunal de Justiça vem entendendo que não se estenderia o instituto da denúncia espontânea ao descumprimento das infrações formais, como a entrega a destempo da declaração de operações imobiliárias[44] ou na entrega, com atraso, da Declaração do Imposto de Renda[45].

---

4 Direito Penal Tributário

4.1 Breve histórico

A ideia de punir, criminalmente, a evasão de tributos é matéria que não se encontra pacificada no Direito Comparado. Condutas que em um país se consideram criminosas, noutras localidades serão vistas como legítimas estratégias empregadas pelos contribuintes diante do Fisco.

Já em Roma, registra-se a iniciativa, datada do ano 320 d. C., quando Constantino baixou um decreto descriminalizando a matéria tributária:

> *In connection with the payment of taxes due, no person shall fear that he will suffer, at the hand of perverse and enraged judges, imprisonment, lashes of leaded whips, weights, or any other tortures devised by the arrogance of judges. Prisons are for criminals… In accordance with this law, taxpayers shall proceed with security*[46].

Em igual sentido, a seguinte passagem do Código Teodosiano:

---

44 STJ, AgRg no REsp n. 669.851 RJ, 1ª Turma, rel. Min. Francisco Falcão, j. 22.02.2005, D.J. 21.03.2005.

45 STJ, Embargos no REsp n. 246.295 RS, 1ª Seção, rel. Min. José Delgado, j. 18.06.2001, D.J. 20.08.2001.

46 Cf. ADAMS, Charles. *For good and evil.* The impact of taxes on the course of civilization. 2. ed. Lanham, New York, Toronto, Plymouth: Madison, 1999.

> *Idem a. ad populum. Nemo carcerem plumbatarumque verbera aut pondera aliaque ab insolentia iudicum repperta supplicia in debitorum solutionibus vel a perversis vel ab iratis iudicibus expavescat. Carcer poenalium, carcer hominum noxiorum est officialium et cum denotatione eorum iudicum, quorum de officio cohercitiores esse debebunt, qui contra hanc legem admiserint. Securi iuxta eam transeant solutores: vel certe, si quis tam alienus ab humano sensu est, ut hac indulgentia ad contumaciam abutatur, contineatur aperta et libera et in usus hominum constituta custodia militari. Si in obdurata nequitia permanebit, ad res eius omnemque substantiam cives eius accedant, solutionis obsequio cum substantiae proprietate suscepto. Qua facultate praebita omnes fore credimus proniores ad solvenda ea, quae ad nostri usus exercitus pro communi salute poscuntur. Dat. kal. feb. Constantino a. VI et Constantio caes. conss. (320 febr. 1 [ian. 31])*[47].

Na Suíça, ainda hoje não se considera crime a evasão, se decorrer de mera omissão; mesmo que esta seja dolosa e desonesta, haverá no máximo uma contravenção. Nos termos do art. 175 da Lei do Imposto Federal Direto, a omissão ensejará apenas multa, que será no valor do imposto sonegado, podendo ser reduzida a um terço desse valor no caso de a falta ser leve, ou triplicada em caso de gravidade. No entanto, a conduta do contribuinte tornar-se-á criminosa caso ele faça uso, com o intuito de enganar o Fisco, de meios fraudulentos, como documentos ou livros falsos. Esta hipótese é contemplada pelo art. 186 da Lei do Imposto Federal Direto, prevendo prisão, além de multa.

Já os Estados Unidos tratam a evasão fiscal como crime, com pena de prisão ou multa, sendo possível a cumulação de ambas, nos termos do parágrafo 7.201 do título 26 do Código daquele país. No entanto, exige-se a atuação dolosa do contribuinte, devidamente comprovada pelo Fisco. Desde o julgamento de 1943 do caso *Spies versus United States,* a jurisprudência vem exigindo que haja, efetivamente, uma ação fraudulenta para que a conduta seja tipificada como crime de evasão. Assim, o mero sonegador não será punido por evasão, delito que possui a pena mais grave (até 5 anos de prisão) entre as infrações penais em matéria de tributos. Sua conduta omissa será, ainda assim, criminosa, podendo responder por crimes menores, como a falta dolosa no pagamento de tributo ou na prestação de informações, tipificados no parágrafo 7.203 do mesmo título 26, prevendo-se prisão de até um ano, além de multa.

O Direito Penal brasileiro tradicionalmente puniu o contrabando e o descaminho; enquanto aquele versava sobre importação de bens proibidos, o último já se centrava na falta de recolhimento de tributos. O Código Penal trouxe, ainda, a falsificação de estampilha, papel selado ou outro documento voltado à arrecadação de tributos (art. 293, I).

Crime que teve já no passado alguma extensão à matéria tributária foi o da apropriação indébita. A ela se referiu o art. 86 da Lei n. 3.807/1960, quando versou sobre as contribuições previdenciárias retidas dos segurados e não repassadas aos cofres públicos; a mesma figura surgiu na Lei n. 4.357/1964, versando sobre a retenção na fonte do Imposto de Renda e empréstimos compulsórios, assim como sobre valores descontados ou recebidos de terceiros em matéria do imposto do selo ou do imposto de consumo. O Imposto sobre Produtos Industrializados (IPI) cobrado e não

---

47 Código de Teodósio, XII, 7, 3. Disponível em: <http://ancientrome.ru/ius/library/codex/theod/liber11.htm#7>.

recolhido também sujeitou o infrator ao mesmo tratamento, nos termos do art. 2º do Decreto-Lei n. 326/1967.

A figura da sonegação fiscal surgiu por meio da Lei n. 4.729/1965, que previu uma série de tipos criminais; com essa lei, deixou-se de se cogitar a aplicação do Código Penal à matéria tributária, em virtude do princípio da especialidade.

Finalmente, a Lei n. 8.137/90, atualmente em vigor, veio definir os "crimes contra a ordem tributária". O novo diploma deixou de utilizar a expressão "sonegação", mas por seu conteúdo pode-se concluir que versou sobre a mesma matéria, regulando-a integralmente e com isso afastando a Lei n. 4.729/65. A tais figuras se fará referência a seguir. Vale mencionar que enquanto a sonegação fiscal era punida independentemente do resultado, a lei de 1990 optou por definir crimes de resultado, com penas mais graves.

Apenas para que se conclua este breve apanhado legislativo, importa mencionar o art. 95 da Lei n. 8.212/91, que arrolou crimes em face das contribuições da seguridade social; a Lei n. 8.866/94, que trata agora como depositário infiel o que antes era a apropriação indébita (prisão para quem tenha retido ou recebido de terceiro tributo e não o entregue à Fazenda Pública); e a Lei n. 9.983/2000, que aditou o Código Penal, para ali inserir os artigos 168-A (apropriação indébita previdenciária) e 37-A (sonegação de contribuição previdenciária).

4.2 Crimes contra a ordem tributária

É a Lei n. 8.137/90 que hoje define os crimes contra a ordem tributária. Seu art. 1º versa sobre aqueles crimes mais graves, cuja consumação exige o resultado de "suprimir ou reduzir tributo, ou contribuição social e qualquer acessório, mediante as seguintes condutas":

(a) Omitir informação, ou prestar declaração falsa às autoridades fazendárias;
(b) Fraudar a fiscalização tributária, inserindo elementos inexatos, ou omitindo operação de qualquer natureza, em documento ou livro exigido pela lei fiscal;
(c) Falsificar ou alterar nota fiscal, fatura, duplicata, nota de venda, ou qualquer outro documento relativo à operação tributável;
(d) Elaborar, distribuir, fornecer, emitir ou utilizar documento que saiba ou deva saber falso ou inexato;
(e) Negar ou deixar de fornecer, quando obrigatório, nota fiscal ou documento equivalente, relativa a venda de mercadoria ou prestação de serviço, efetivamente realizada, ou fornecê-la em desacordo com a legislação.

Os crimes assim arrolados estão sujeitos a pena de reclusão de 2 a 5 anos, além de multa.

No que se refere às contribuições previdenciárias, encontram-se elas sujeitas a disciplina específica, hoje inserida no art. 337-A do Código Penal, que tipifica o crime de sonegação de contribuição previdenciária, igualmente punido com pena de reclusão de 2 a 5 anos. Também aqui se fala em supressão ou redução da contribuição social previdenciária, prevendo-se as seguintes condutas:

(a) omitir de folha de pagamento da empresa ou de documento de informações previsto pela legislação previdenciária segurados empregado, empresário, trabalhador avulso ou trabalhador autônomo ou a este equiparado que lhe prestem serviços;

(b) deixar de lançar mensalmente nos títulos próprios da contabilidade da empresa as quantias descontadas dos segurados ou as devidas pelo empregador ou pelo tomador de serviços;

(c) omitir, total ou parcialmente, receitas ou lucros auferidos, remunerações pagas ou creditadas e demais fatos geradores de contribuições sociais previdenciárias.

Comum a todos os casos está o resultado: somente serão punidas as condutas ali arroladas se delas resultar a supressão ou redução de tributo: qualquer das condutas serve para aperfeiçoar o crime, mas não basta a presença destas, para que se dê o crime por consumado: exige-se o resultado descrito pelo legislador: supressão ou redução de tributos.

Conforme visto no Capítulo XIII, o Supremo Tribunal Federal baseou-se nesta circunstância para entender que somente haveria o crime se houvesse tributo suprimido; sendo o lançamento elemento para a "constituição" do crédito tributário, enquanto aquele estivesse sujeito a revisão, no âmbito do processo administrativo, ainda não seria acertado falar em tributo suprimido e, portanto, não seria possível o início da ação penal antes de concluída a fase administrativa de revisão do lançamento, já que a partir daí que se inicia a prescrição criminal. Assim ficou ementada a decisão[48]:

EMENTA: I. Crime material contra a ordem tributária (L. 9137/90, art. 1º): lançamento do tributo pendente da decisão definitiva do processo administrativo: falta da justa causa para a ação penal, suspenso, porém, o curso da prescrição enquanto obstada a sua propositura pela falta do lançamento definitivo.

1. *Embora não condicionada a denúncia à representação da autoridade fiscal (ADInMC 1571), falta justa causa para a ação penal pela prática do crime tipificado no art. 1º da L. 8.137/90 – que é material ou de resultado –, enquanto não haja decisão definitiva do processo administrativo de lançamento, quer se considere o lançamento definitivo uma condição objetiva de punibilidade ou um elemento normativo de tipo.*
2. *Por outro lado, admitida por lei a extinção da punibilidade do crime pela satisfação do tributo devido, antes do recebimento da denúncia (L. 9.249/95, art. 34), princípios e garantias constitucionais eminentes não permitem que, pela antecipada propositura da ação penal, se subtraia do cidadão os meios que a lei mesma lhe propicia para questionar, perante o Fisco, a exatidão do lançamento provisório, ao qual se devesse submeter para fugir ao estigma e às agruras de toda sorte do processo criminal.*
3. *No entanto, enquanto dure, por iniciativa do contribuinte, o processo administrativo suspende o curso da prescrição da ação penal por crime contra a ordem tributária que dependa do lançamento definitivo.*

48 STF, HC n. 81.611, Tribunal Pleno, rel. Min. Sepúlveda Pertence, j. 10.12.2003, D.J. 13.05.2005.

Firmando-se na condição de crime de resultado, o Plenário do Supremo Tribunal Federal entendeu que não haveria a possibilidade de se cogitar do crime enquanto o resultado – supressão ou redução de tributo – não fosse definitivo. Abrindo mão de ingressar na polêmica acerca da natureza do lançamento, o relator, Ministro Sepúlveda Pertence, mencionou não haver dúvida de que, se ao final do processo administrativo, se concluísse pela improcedência do lançamento, a Administração Pública deveria dobrar-se a tal decisão, não cabendo daí a exigência do tributo. A partir de tal premissa, entendeu o referido Ministro – acompanhado pela maioria – que não seria definitivo o resultado – supressão ou redução do tributo – enquanto o lançamento estivesse sujeito a revisão por conta do processo administrativo. Daí que só no final deste que se poderia dar por consumado o resultado, dando-se o crime.

A decisão não deixa de receber críticas já que não fica clara a razão para se pôr como momento de definitividade o encerramento do processo administrativo. Mesmo encerrado este, poder-se-ia alegar não ser imodificável o lançamento efetuado, por estar, afinal, sujeito a revisão pelo Poder Judiciário[49].

Por outro lado, é louvável o resultado da decisão – embora questionáveis seus fundamentos – já que impede o paradoxo de uma pessoa ser punida, criminalmente, por deixar de recolher tributo que a própria Administração, por meio de seus tribunais administrativos, entende indevido.

A favor da decisão, pode-se dizer que o tipo penal exige a supressão ou redução de tributo e que não seria possível dizer que um tributo foi suprimido ou reduzido, enquanto não fosse exigível. Afinal, mesmo que devido o tributo com o fato jurídico tributário (ou, para outros, com o lançamento), a exigibilidade do tributo fica suspensa enquanto correr o processo administrativo. Ora, se inexigível (suspenso) o tributo, então nada foi (ainda) reduzido ou suprimido. Nesse sentido, pode-se compreender o raciocínio traçado pelo Ministro Sepúlveda Pertence, acima reproduzido. Cabe reparar, apenas, que o problema não é a falta de definitividade do resultado, mas apenas a constatação de que somente um tributo exigível pode ser suprimido ou reduzido.

Também a favor do acerto da decisão, parece militar o argumento de que, como se verá abaixo, a lei assegura a extinção da punibilidade penal quando se faz o recolhimento do tributo devido. Ora, até que se conclua o processo administrativo, não há certeza quanto ao montante devido, tornando-se inviável o exercício, da parte do réu, do direito de pagar tributo cujo montante é incerto. Daí que para assegurar ao réu a oportunidade de exercer o seu direito ao pagamento, não cabe cogitar aplicação da pena sem que lhe seja facultado conhecer o montante cujo pagamento afastará a punição.

O tema se pacificou no Supremo Tribunal Federal, que editou a Súmula Vinculante 24, com o seguinte teor: "Não se tipifica crime material contra a ordem tributária, previsto no art. 1º, incisos I a IV, da Lei n. 8.137/90, antes do lançamento definitivo do tributo". Mais tarde, a matéria acabou por ser regulada pelas Leis 12.350/2010 e 12.382/2011, como se verá abaixo.

Outras figuras criminais surgem na lista do art. 2º da mesma Lei n. 8.137/90. São condutas punidas mais brandamente (detenção de 6 meses a 2 anos, mais multa), cuja consumação não exige o resultado (crimes formais). São as seguintes as condutas ali arroladas:

a) Fazer declaração falsa ou omitir declaração sobre rendas, bens ou fatos, ou empregar outra fraude, para eximir-se, total ou parcialmente, de pagamento de tributo;

49 Cf. CARVALHO, Aurora Tomazini de. *Direito Penal Tributário*. (Uma análise lógica, semântica e jurisprudencial). São Paulo: Quartier Latin, 2009, p. 223.

Note-se que o legislador já não exige que haja efetiva redução ou supressão do tributo, dando ênfase, antes, na conduta (falsidade, omissão ou outra fraude) e no dolo; ainda que o sujeito passivo se veja frustrado em seu intento, i.e., que a tributação acabe por ocorrer, a figura criminal se mantém.

b) Deixar de recolher, no prazo legal, valor de tributo ou de contribuição social, descontado ou cobrado, na qualidade de sujeito passivo de obrigação e que deveria recolher aos cofres públicos;

Esta hipótese supera a apropriação indébita até então aplicada aos casos de retenção sem recolhimento. O assunto será retomado abaixo.

c) Exigir, pagar ou receber, para si ou para o contribuinte beneficiário, qualquer percentagem sobre a parcela dedutível ou deduzida de imposto ou de contribuição como incentivo fiscal;

d) Deixar de aplicar, ou aplicar em desacordo com o estatuído, incentivo fiscal ou parcelas de imposto liberadas por órgão ou entidade de desenvolvimento;

Ambas as figuras atingem os casos de incentivos fiscais: sendo a renúncia fiscal prevista pelo legislador para determinada finalidade, o desvio nesta seara equivale ao desvio de verbas recebidas a título de subsídios governamentais, merecendo igual atenção e punição.

e) Utilizar ou divulgar programa de processamento de dados que permita ao sujeito passivo da obrigação tributária possuir informação contábil diversa daquela que é, por lei, fornecida à Fazenda Pública.

A figura penal versa sobre programas de "caixa 2" ou outros mecanismos para contabilidade paralela: no crime incorre não só o usuário, mas também aquele que forneceu o programa.

Por serem crimes formais, a ação penal relativa a tais condutas não ficaria trancada por conta da ocorrência de procedimento administrativo acerca da mesma matéria. Neste sentido, a seguinte decisão do Plenário do Supremo Tribunal Federal:

Embargos de declaração. Efeitos infringentes. Admissibilidade excepcional. Necessidade de intimação da parte embargada para contra-razões. Art. 2º, inc. I, da Lei n. 8.137/90. Crime formal. Desnecessidade de conclusão do procedimento administrativo para a persecução penal.
(...)
O tipo penal previsto no art. 2º, inc. I, da Lei 8.137/90, é crime formal e, portanto, independe da consumação do resultado naturalístico correspondente à auferição de vantagem ilícita em desfavor do Fisco, bastando a omissão de informações ou a prestação de declaração falsa, não demandando a efetiva percepção material do ardil aplicado. Dispensável, por conseguinte, a conclusão de procedimento administrativo para configurar a justa causa legitimadora da persecução[50].

Verificava-se que aquilo que já se afastara no caso dos crimes a que se refere o art. 1º da Lei n. 8.137, i.e., o paradoxo de a mesma pessoa ser inocentada na esfera administrativa e culpada na

50 STF, Embargos de Declaração em Recurso de HC (RHCED) n. 90.532-CE, Tribunal Pleno, rel. Min. Joaquim Barbosa, j. 23.9.2009, D.J. 06.11.2009.

esfera criminal, tornava-se possível para os crimes formais: poderia o juiz entender completada a conduta criminosa, mesmo que, do ponto de vista administrativo, se concluísse que o sujeito passivo não cumprira qualquer infração. Como algumas das condutas ali previstas são meros descumprimentos de deveres instrumentais (como o de omitir uma declaração), não deixa de ser curioso seja possível que se configurasse o crime quando a autoridade administrativa, mais tarde, concluísse que a declaração não era exigida.

Esse paradoxo foi, mais tarde, resolvido, com a Lei n. 12.350/2010, cujo art. 43 modificou art. 83 da Lei n. 9.430, de 27 de dezembro de 1996, que passou a se referir tanto aos crimes materiais, como aos formais, nos seguintes termos:

> *Art. 83. A representação fiscal para fins penais relativa aos crimes contra a ordem tributária previstos nos arts. 1º e 2º da Lei n. 8.137, de 27 de dezembro de 1990, e aos crimes contra a Previdência Social, previstos nos arts. 168-A e 337-A do Decreto-lei n. 2.848, de 7 de dezembro de 1940 (Código Penal), será encaminhada ao Ministério Público depois de proferida a decisão final, na esfera administrativa, sobre a exigência fiscal do crédito tributário correspondente.*

Ainda estendendo o entendimento jurisprudencial para os crimes formais, a Lei n. 12.382/2011 tratou de assegurar que a contagem da prescrição penal apenas se desse após a conclusão do processo administrativo. Para tanto, seu art. 6º acrescentou os seguintes §§ 1º a 5º, ao art. 83, acima transcrito:

> *Art. 83. ....*
> *§ 1º Na hipótese de concessão de parcelamento do crédito tributário, a representação fiscal para fins penais somente será encaminhada ao Ministério Público após a exclusão da pessoa física ou jurídica do parcelamento.*
> *§ 2º É suspensa a pretensão punitiva do Estado referente aos crimes previstos no caput, durante o período em que a pessoa física ou a pessoa jurídica relacionada com o agente dos aludidos crimes estiver incluída no parcelamento, desde que o pedido de parcelamento tenha sido formalizado antes do recebimento da denúncia criminal.*
> *§ 3º A prescrição criminal não corre durante o período de suspensão da pretensão punitiva.*
> *§ 4º Extingue-se a punibilidade dos crimes referidos no caput quando a pessoa física ou a pessoa jurídica relacionada com o agente efetuar o pagamento integral dos débitos oriundos de tributos, inclusive acessórios, que tiverem sido objeto de concessão de parcelamento.*
> *§ 5º O disposto nos §§ 1º a 4º não se aplica nas hipóteses de vedação legal de parcelamento.*
> *§ 6º As disposições contidas no caput do art. 34 da Lei n. 9.249, de 26 de dezembro de 1995, aplicam-se aos processos administrativos e aos inquéritos e processos em curso, desde que não recebida a denúncia pelo juiz.*

4.2.1 Sonegação fiscal

Desaparecido o *nomen juris* "sonegação fiscal", presente na Lei n. 4.729/64, a Lei n. 8.137 reúne, dentre os crimes contra a ordem tributária, diversas condutas que têm em comum a falsidade: nesses casos, o que se pune não é o não pagamento, mas a declaração falsa, a omissão de informação ou declaração, a falsificação de documentos, bem como sua elaboração, distribuição ou utilização, a inserção de informações inexatas, enfim, qualquer outro tipo de fraude.

4.2.2 Apropriação indébita e não recolhimento de tributo descontado ou cobrado de terceiros

Já se viu que o Direito Tributário Penal valeu-se da figura da apropriação indébita, estendendo-a aos casos de tributos descontados e não recolhidos. A Lei n. 8.137/90, posto não mais usar tal expressão, mantém a referência ao tributo descontado ou cobrado de terceiros.

Interessante a aplicação da figura da apropriação indébita para tais casos: o que faria tais tributos diferentes dos demais, trazendo punição exemplar?

Ao tratar a conduta da fonte retentora como apropriação indébita, o legislador toma partido na questão da natureza da atuação da fonte: esta não é mero sujeito passivo (responsável), mas vero agente arrecadador.

Com efeito, fosse a fonte responsável tributário, então teria ela obrigação em nome próprio, posto que referente a conduta de terceiro (do contribuinte); o não recolhimento do tributo não seria uma apropriação indébita; seria mera falta de pagamento. A prisão, neste caso, seria por mera dívida tributária. Seria, enfim, prisão por dívida e, enquanto tal, inconstitucional, já que não se a admite, senão nos caso de depositário infiel ou alimentos (art. 5º, LXVII).

A apropriação indébita não trata de prisão por dívida: a conduta não está em deixar de pagar o que é devido; o ilícito surge quando alguém, encarregado de receber algo em nome de terceiro, deixa de repassar o numerário àquele que lhe confiou a tarefa. É o caso do advogado que, em nome de seu cliente, recebe valor pago pela outra parte e o toma para si, em vez de o repassar a seu mandante.

Daí que a fonte, no ordenamento brasileiro, cumpre papel de agente coletor de tributos, recebendo, em confiança, valores pagos pelos verdadeiros sujeitos passivos e incumbindo-se de repassá-los ao Fisco; não o fazendo, configura-se a apropriação indébita.

Nesses limites é que se deve entender, igualmente, a figura do inciso II do art. 2º da Lei 8.137/90: não revigora ela a prisão por dívida; o crime não está em não pagar algo que se deve, mas em não se recolher aos cofres públicos algo que foi, afinal, descontado ou cobrado de quem devia.

Criticável a redação do dispositivo, já que a fonte não é sujeito passivo, mas mero agente coletor; sujeito passivo é aquele que teve o tributo retido; entretanto, a circunstância de o próprio Código Tributário Nacional se referir à fonte como responsável, em matéria de Imposto de Renda (art. 45, parágrafo único), justifica a posição do legislador.

A Lei n. 8.137/90 é mais precisa que a antiga apropriação indébita. Esta se fixava nas espécies tributárias (contribuições previdenciárias retidas dos segurados e não repassadas aos cofres públicos; retenção na fonte do Imposto de Renda e empréstimos compulsórios; valores descontados ou recebidos de terceiros em matéria do imposto do selo ou do imposto de consumo; e finalmente o Imposto sobre Produtos Industrializados (IPI) cobrado e não recolhido).

Na figura penal atual, a ênfase está na circunstância de descontar ou cobrar tributo ou contribuição social de terceiro e deixar de recolher o montante aos cofres públicos. Afastando-se da figura da apropriação indébita (art. 168 do Código Penal), deixa de haver espaço para questionamento acerca da intenção do agente de apropriar-se do valor retido.

Com a nova redação, fica claro que se não houver o desconto ou a retenção, não há que cogitar crime. Afasta-se, daí, a possibilidade de se punir a fonte que não recolheu o tributo mas tampouco deixou de efetuar a retenção. Se, por engano, o pagamento foi feito sem retenção, a fonte pagadora torna-se responsável pelo recolhimento do tributo, mas o inadimplemento deste não se enquadrará na hipótese, já que não terá havido qualquer retenção ou cobrança.

Se, entretanto, a fonte pagadora efetua o pagamento líquido ao beneficiário e este, por sua vez, dá quitação àquela, então desaparece a relação (privada) entre a fonte e o beneficiário. Ora, se este deu quitação àquela foi porque tudo aquilo que ela devia já foi pago; se o último não recebeu o montante total foi porque houve uma retenção. Esta, logicamente, só tem espaço se, antes, houve quitação do total da dívida. Ou seja: negar a natureza de retenção é rejeitar que tenha desaparecido a relação privada entre fonte e beneficiário; se aquela só tivesse pago parte de sua obrigação, restando algo a pagar, então a relação obrigacional persistiria até o último pagamento.

Por outro lado, parece superada a possibilidade de se cogitar da prisão para o caso do não recolhimento do IPI, já que neste não há retenção ou desconto; o imposto é devido no momento da saída do produto do estabelecimento industrial (ou equiparado), pelo próprio contribuinte. A evidência está no fato de o imposto ser devido mesmo na hipótese de inadimplemento do preço por parte do adquirente do produto industrializado.

Finalmente, o afastamento da figura da apropriação indébita já não mais permite que o agente alegue que o tipo penal não teria sido preenchido se o valor retido e não recolhido está contabilizado. Tal argumento seria válido se fosse relevante, para a configuração do crime, que o agente se apropriasse do valor. Neste caso, a contabilização do valor como um passivo seria evidência de que a apropriação não teria ocorrido. Na nova figura penal, basta que não se recolha o montante retido, irrelevante a intenção de se apropriar definitivamente do valor. O dolo (regra na matéria penal) estará presente se demonstrada a intenção de não recolher o montante no prazo devido.

Por outro lado, vale lembrar que a Lei n. 9.983/2000 efetuou diversas alterações no Código Penal, definindo, dentre outros, o crime de "apropriação indébita previdenciária" (art. 168-A). Eis seu teor:

Art. 168-A. Deixar de repassar à previdência social as contribuições recolhidas dos contribuintes, no prazo e forma legal ou convencional:

Pena – reclusão, de 2 (dois) a 5 (cinco) anos, e multa.

§ 1º Nas mesmas penas incorre quem deixar de:

I – recolher, no prazo legal, contribuição ou outra importância destinada à previdência social que tenha sido descontada de pagamento efetuado a segurados, a terceiros ou arrecadada do público;

II – recolher contribuições devidas à previdência social que tenham integrado despesas contábeis ou custos relativos à venda de produtos ou à prestação de serviços;

III – pagar benefício devido a segurado, quando as respectivas cotas ou valores já tiverem sido reembolsados à empresa pela previdência social.

Embora a figura penal muito se assemelhe à da Lei n. 8.137/90, o fato de o legislador ter se referido a "apropriação indébita" e ter inserido a hipótese no contexto deste crime exige que se considere que, para a falta de recolhimento de contribuição descontada, é essencial que haja a "apropriação", i.e., que o agente tome para si o valor descontado.

Nesses termos, a prova de que o agente não tinha a intenção de apropriar-se do valor é suficiente para afastar o crime.

4.2.3 Pagamento e exclusão de punibilidade

Já se viu que o Direito Tributário Penal, inspirado pelo Direito Penal, contempla a figura da denúncia espontânea, como forma de exclusão da responsabilidade.

Pois bem: o Direito Penal Tributário vai mais além: a punibilidade é excluída, nos casos de pagamento do tributo, mesmo mediante parcelamento.

Já pelo art. 14 da Lei n. 8.137/90, o legislador previu a exclusão da punibilidade no caso de pagamento do tributo antes do recebimento da denúncia penal. Tratava-se de regra especial, em relação ao art. 26 do Código Penal, já que este previa mera redução da pena no caso de reparação do dano, não exclusão da punição. Tal favor legal foi revogado pelo art. 98 da Lei n. 9.383/92, mas em 1995, restabeleceu-se a mesma exclusão de punibilidade, por meio do art. 34 da Lei n. 9.249/95. Posteriormente, a Lei n. 10.684/2003 retirou a condição de que o pagamento se faça antes do recebimento da denúncia. O art. 9º do referido dispositivo permitiu já pelo parcelamento se suspendesse a pretensão punitiva do Estado, que é extinta quando se extingue o crédito tributário. O legislador cuidou, também, de suspender o curso da prescrição durante o parcelamento.

Desta forma, nos termos do art. 9º da Lei n. 10.684/2003, *a qualquer tempo* a pretensão punitiva do Estado poderia ser suspensa mediante pedido de parcelamento efetuado pelo sujeito passivo. Caso este cumprisse todo o parcelamento, sua conclusão levaria à extinção da pretensão punitiva; na hipótese de interrupção do parcelamento, retomava-se o prazo prescricional para o exercício da pretensão punitiva do Estado.

Deve-se mencionar que para a matéria previdenciária, o art. 168-A trazia outras condições para a extinção da punibilidade. Entretanto, sendo a Lei n. 10.864/2003 mais benéfica, sustentava-se aplicável seu benefício a todos os tributos, inclusive às contribuições previdenciárias.

O tema foi retomado pela Lei n. 12.383/2011, que deu tratamento comum à matéria, unificando o tema previdenciário aos crimes tributários em geral. Nos termos dos novos parágrafos dados pelo art. 6º da referida lei ao art. 83 da Lei n. 9.430/1996, tem-se clara a extinção da punibilidade no caso de pagamento, mesmo que de modo parcelado.

capítulo XX

Garantias e privilégios do crédito tributário. Administração Tributária

1 Garantias, privilégios e preferências do crédito tributário

O Código Tributário Nacional dispõe, a partir do art. 183, sobre garantias e privilégios do crédito tributário. Em sentido amplo, garantias são todas as medidas adotadas pelo legislador para assegurar o cumprimento da obrigação tributária. Privilégios são espécie do gênero garantias, já que se referem às medidas legislativas concernentes à cobrança do crédito tributário. O privilégio existe mesmo sem que haja execução em curso. Finalmente, fala-se em preferência como subespécie dos privilégios, quando, na ordem dos pagamentos em concurso de credores, se coloca a prioridade do crédito tributário.

2 Garantias do crédito tributário

O Código Tributário Nacional trata de proteger o crédito tributário, oferecendo ao Estado meios para assegurar que seja cumprida a obrigação pelo sujeito passivo. São as garantias, que surgem em virtude da própria natureza do crédito, independentemente de, conforme o caso, o legislador ordinário vir a prever outras formas de impedir que o crédito venha a ser insatisfeito. Por isso mesmo, o art. 183, que encabeça o Capítulo VI do Código Tributário Nacional, já dispõe:

> Art. 183. A enumeração das garantias atribuídas neste Capítulo ao crédito tributário não exclui outras que sejam expressamente previstas em lei, em função da natureza ou das características do tributo a que se refiram.
>
> Parágrafo único. A natureza das garantias atribuídas ao crédito tributário não altera a natureza deste nem a da obrigação tributária a que corresponda.

Não se limita ao Capítulo VI do Código Tributário Nacional o elenco de garantias que poderiam ser previstas pelas Pessoas Jurídicas de Direito Público. O mesmo Código apresenta diversas medidas que nada mais são que formas de assegurar o crédito tributário. Basta lembrar o extremo cuidado com que foi tratado o tema da responsabilidade tributária. Afinal, como entender a extensão da responsabilidade tributária ao adquirente do estabelecimento (art. 133) senão como uma garantia do crédito tributário?

Mesmo fora do Código Tributário Nacional encontram-se previstas diversas medidas que asseguram o crédito tributário e que, por isso mesmo, se compreendem entre as garantias.

Exemplo de garantia prevista em lei ordinária é o arrolamento, de que trata o art. 64 da Lei n. 9.532/97:

> *Art. 64. A autoridade fiscal competente procederá ao arrolamento de bens e direitos do sujeito passivo sempre que o valor dos créditos tributários de sua responsabilidade for superior a trinta por cento do seu patrimônio conhecido.*
>
> *(...)*
>
> *§ 3º A partir da data da notificação do ato de arrolamento, mediante entrega de cópia do respectivo termo, o proprietário dos bens e direitos arrolados, ao transferi-los, aliená-los ou onerá-los, deve comunicar o fato à unidade do órgão fazendário que jurisdiciona o domicílio tributário do sujeito passivo.*
>
> *§ 4º A alienação, oneração ou transferência, a qualquer título, dos bens e direitos arrolados, sem o cumprimento da formalidade prevista no parágrafo anterior, autoriza o requerimento de medida cautelar fiscal contra o sujeito passivo.*

O arrolamento não impede a alienação do bem; é mera medida preventiva, que permite o acompanhamento, pela autoridade tributária, da movimentação patrimonial do devedor: a este cabe informar a autoridade fiscal acerca de qualquer alienação ou oneração dos bens arrolados. Se essa alienação implicar esvaziamento do patrimônio, aí sim caberá à autoridade administrativa tomar a iniciativa de medidas restritivas, como a cautelar fiscal.

Quando o Código Tributário Nacional se refere a outras garantias previstas em lei, deve-se ter em conta a repartição de competências legislativas dada pela Constituição. Assim, uma municipalidade não pode, invocando o dispositivo acima transcrito, instituir normas processuais ou materiais que colidam com outras federais ou estaduais editadas nos âmbitos das respectivas competências.

Importa manter em mente que os artigos 22 e seguintes da Constituição Federal versam sobre competência legislativa de maneira exaustiva. É à União que cabe, nos termos do art. 22, legislar "privativamente sobre direito civil, comercial, penal, processual, eleitoral, agrário, marítimo, aeronáutico, espacial e do trabalho" (inciso I), restando, daí, muito pouco espaço para outras Pessoas Jurídicas de Direito Público, mesmo sob o manto de garantia em sentido estrito, interferir em matéria versada por lei federal. Seria absurdo, por exemplo, que uma municipalidade condicionasse o exercício de voto nas eleições municipais a que o contribuinte estivesse em dia com o IPTU.

Por outro lado, na definição do sujeito passivo, a Pessoa Jurídica de Direito Público pode tratar de introduzir garantias, atribuindo, por exemplo, responsabilidade a terceiro (a fonte dos pagamentos), como forma de assegurar o pagamento do tributo.

Por exemplo, tornou-se corriqueiro que municipalidades passassem a exigir, dos tomadores, a retenção do ISS a ser descontado do preço a ser pago aos prestadores de serviço. O problema que surge é quando, a título de garantia, a municipalidade acaba por impor que seja a retenção efetuada mesmo no caso de o imposto não ser mais de sua competência (porque o estabelecimento prestador está em outra municipalidade). Não atende o critério da razoabilidade admitir que possa a municipalidade exigir que todo prestador de serviço se cadastre junto à repartição tributária competente, efetuando prova de que não se encontra estabelecido naquela municipalidade.

É sob tal prisma que se deve examinar o caso do Município de São Paulo, cuja Lei n. 14.042/2005 determinou o recolhimento do ISS na fonte e recolhimento do tributo ao Município, sempre que houver a conjunção dos seguintes fatores: a) o prestador do serviço esteja estabelecido em outros municípios que não o de São Paulo; b) o referido prestador de serviço não tenha o cadastro na Secretaria Municipal de Finanças; c) o serviço prestado seja objeto de Nota Fiscal autorizada por outro Município e corresponda a um daqueles arrolados pela própria lei. Para cada um desses, cabe ponderar, de um lado, a necessidade de o legislador municipal garantir o crédito tributário (faculdade que, como visto, é expressa no art. 183 do Código Tributário Nacional) e, de outro, a viabilidade de que todos os prestadores daquele serviço façam o cadastro. Basta imaginar o cenário caótico que se teria se todos os mais de 5.500 municípios brasileiros exigissem semelhante medida, para se concluir pela sua inviabilidade.

Ou seja: de um lado, tem-se o legítimo interesse da administração em garantir o crédito; de outro, há o princípio da livre-iniciativa, que impede se torne a atividade do empresário tão onerosa a ponto de revelar-se inviável. Este, como outros casos que envolvem a proporcionalidade, exige a ponderação em cada caso concreto, para se decidir pela constitucionalidade, ou não, da medida.

Outro limite à liberdade conferida ao legislador ordinário na criação de garantias é o próprio Código Tributário Nacional: quando este, enquanto lei complementar, dispõe sobre certa matéria, o legislador ordinário não pode, a título de conferir ainda maior garantia ao crédito, contrariá-lo. Assim, se o prazo decadencial fixado pelo Código Tributário Nacional é de 5 anos, não há como admitir que venha o legislador ordinário, posto que conferindo ainda maior garantia ao crédito, prever um prazo maior para a decadência. Afinal, terá operado, por força da lei complementar, a extinção do crédito, nada podendo o legislador ordinário fazer para impedir tal efeito jurídico.

Por último, não é demais ressaltar que as garantias do crédito tributário encontram limites naquelas outras garantias asseguradas ao contribuinte. Seria absurdo pretender o legislador, sob a guarida do legítimo interesse em proteger o crédito tributário, instituir um tributo retroativo.

Neste sentido, não têm espaço no sistema tributário brasileiro as chamadas sanções políticas as quais, sob o escudo da garantia do crédito tributário, afetam a liberdade de iniciativa. Exemplar o teor do seguinte Acórdão do Superior Tribunal de Justiça, cuja ementa demonstra como a matéria se encontra repetidamente sumulada pelo Supremo Tribunal Federal:

> *Processual Civil. Tributário. Recurso Especial. ICMS. Mandado de Segurança. Aferição de Liquidez e Certeza do Direito. Súmula n. 07/STJ. Autorização para Emissão de Talonário de Notas Fiscais. Existência de Débitos com a Fazenda Pública. Princípio do Livre Exercício da Atividade Econômica. Artigo 170, parágrafo único, da Constituição Federal. Súmula n. 547 do STF. Matéria Constitucional. Norma Local. Ressalva do Entendimento do Relator.*
>
> 1. *A aferição da existência do direito líquido e certo demanda indispensável reapreciação do conjunto probatório existente no processo, o que é vedado em sede de recurso especial em virtude do preceituado na Súmula 07/STJ.*
> 2. *O Poder Público atua com desvio de poder negando ao comerciante em débito de tributos a autorização para impressão de documentos fiscais, necessários ao livre exercício de suas atividades (art. 170, parágrafo único, da Carta Magna).*
> 3. *A sanção que por via oblíqua objetive o pagamento de tributo, gerando a restrição ao direito de livre comércio, é coibida pelos Tribunais Superiores através de inúmeros verbetes sumulares, a saber: a) 'é inadmissível a interdição de estabelecimento como meio coercitivo para cobrança de tributo' (Súmula n. 70/STF); b) 'é inadmissível a apreensão de mercadorias como meio coercitivo para pagamento de tributos' (Súmula n. 323/STF); c) 'não é lícito a autoridade proibir que o*

comerciante em débito adquira estampilhas, despache mercadorias nas alfândegas e exerça suas atividades profissionais' (Súmula n. 547/STF); e d) 'é ilegal condicionar a renovação da licença de veículo ao pagamento de multa, da qual o infrator não foi notificado' (Súmula n. 127/STJ).

4. É defeso à administração impedir ou cercear a atividade profissional do contribuinte, para compeli-lo ao pagamento de débito, uma vez que este procedimento redunda no bloqueio de atividades lícitas, mercê de representar hipótese de autotutela, medida excepcional ante o monopólio da jurisdição nas mãos do Estado-Juiz.

5. Recurso especial conhecido e provido[1].

No âmbito do Supremo Tribunal Federal, as súmulas acima apontadas já indicam o posicionamento da Corte. Merece nota a decisão de seu Plenário, no RE 413.782/SC[2], quando o Ministro Marco Aurélio, relator do caso, assim discorreu:

Recorra a Fazenda aos meios adequados à liquidação dos débitos que os contribuintes tenham, abandonando a prática de fazer justiça pelas próprias mãos, como acaba por ocorrer, levando a empresa ao caos, quando inviabilizada a confecção de blocos de notas fiscais.

Na mesma oportunidade, ouviu-se o Ministro Celso de Mello invocar, ao lado das liberdades fundamentais, a existência de outros meios para a Fazenda fazer valer seu crédito:

Cabe acentuar, neste ponto, que o Supremo Tribunal Federal, tendo presentes os postulados constitucionais que asseguram a livre prática de atividades econômicas lícitas (CF, art. 170, parágrafo único), de um lado, e a liberdade de exercício profissional (CF, art. 5º, XIII), de outro – e considerando, ainda, que o Poder Público dispõe de meios legítimos que lhe permitem tornar efetivos os créditos tributários –, firmou orientação jurisprudencial, hoje consubstanciada em enunciados sumulares (Súmulas 70, 323 e 547)), no sentido de que a imposição, pela autoridade fiscal, de restrições de índole punitiva, quando motivada tal limitação pela mera inadimplência do contribuinte, revela-se contrária às liberdades públicas ora referidas.

3 Garantias no Código Tributário Nacional

O Código Tributário Nacional arrola uma série de garantias ao crédito tributário. Cabe examiná-las.

3.1 Presunção de alienação fraudulenta

Visando a impedir o esvaziamento do patrimônio do sujeito passivo, o Código Tributário Nacional institui a presunção de ser fraudulenta a alienação ou oneração de bens ou rendas por sujeito passivo em débito por crédito tributário inscrito, exigindo do sujeito passivo a prova de que possui outros bens suficientes para a satisfação do crédito:

1 STJ, REsp n. 793.331-RS, 1ª Turma, rel. Min. Luiz Fux, j. 06.02.2007, D.J.U. 01.03.2007.

2 STF, RE n. 413.782-SC, Tribunal Pleno, rel. Min. Marco Aurélio, j. 17.03.2005, D.J.U. 03.06.2005.

> Art. 185. Presume-se fraudulenta a alienação ou oneração de bens ou rendas, ou seu começo, por sujeito passivo em débito para com a Fazenda Pública, por crédito tributário regularmente inscrito como dívida ativa.
> Parágrafo único. O disposto neste artigo não se aplica na hipótese de terem sido reservados, pelo devedor, bens ou rendas suficientes ao total pagamento da dívida inscrita.

Merece nota que, a partir da alteração que este dispositivo teve por força da Lei Complementar n. 18/2005, a presunção de fraude independe de já ter sido iniciada a execução.

> O dispositivo versa sobre fraude à execução, matéria regulada pelo art. 792 do Código de Processo Civil, não sobre mera fraude contra credores, disciplinada pelos artigos 158 a 165 do Código Civil.

Em virtude da amplíssima garantia acima transcrita, torna-se cautela exigida de todo comprador investigar se o vendedor possui débito inscrito na dívida ativa pois, em caso afirmativo, deverá o comprador assegurar-se, documentalmente, de que no momento da alienação tenha o devedor reservado bens ou rendas suficientes para a satisfação de sua obrigação junto ao Fisco.

3.2 Garantias tratadas como preferências pelo Código Tributário Nacional

Revelando que o Código Tributário Nacional não guardou coerência na distinção entre as "garantias" e os "privilégios" do crédito tributário, é de se notar que foi na subseção concernente às "preferências" (portanto, dentre os "privilégios") que se inseriram vários dispositivos cujo teor é de garantia, mas não de privilégio ou preferência, já que nada têm a ver com a fase de execução do crédito tributário.

3.2.1 Garantias em face da falência ou recuperação judicial

Para que a massa falida possa contestar um crédito tributário, exige-se garantia de instância, a teor do art. 188, § 1º, do Código Tributário Nacional:

> Art. 188 (...)
> § 1º Contestado o crédito tributário, o juiz remeterá as partes ao processo competente, mandando reservar bens suficientes à extinção total do crédito e seus acrescidos, se a massa não puder efetuar a garantia da instância por outra forma, ouvido, quanto à natureza e valor dos bens reservados, o representante da Fazenda Pública interessada.
> § 2º O disposto neste artigo aplica-se aos processos de concordata.

O dispositivo cogita da contestação de crédito tributário já definitivo, cobrado em juízo. A contestação do crédito tributário se faz, via de regra, por embargos à execução, quando o próprio executado oferece bens em garantia da execução. Se o executado é a massa, então cabe a esta efetuar a garantia de instância ou, se for o caso, o próprio juiz determina a reserva de bens.

Também visam a garantir o crédito tributário os artigos 191 e 191-A:

> Art. 191. A extinção das obrigações do falido requer prova de quitação de todos os tributos.
>
> Art. 191-A. A concessão de recuperação judicial depende da apresentação da prova de quitação de todos os tributos, observado o disposto nos arts. 151, 205 e 206 desta Lei.

Assim, vê-se que num processo de falência devem ser garantidos os créditos tributários contestados e pagos todos os demais, como condição para sua extinção.

Merece nota o caso da recuperação judicial, já que se exige a prova de quitação de todos os tributos para sua concessão. Esse dispositivo deve ser combinado com o § 2º do art. 188, para admitir que haja créditos não pagos, mas meramente garantidos, no caso de contestação.

Ainda assim, o disposto no art. 191-A não deve ser lido isoladamente, sob pena de tornar inviável a recuperação judicial. Afinal, é normal que a empresa que pleiteia a recuperação judicial tenha débitos tributários, além dos privados. Exigir a quitação de todos os tributos tornaria inviável a recuperação. Parece, ainda, contraditório com o art. 52, inciso II, da Lei de Falências (Lei n. 11.101/2005), em sua redação atual estabelecida pela Lei n. 14.112/2020, o qual estabelece como uma das consequências da concessão da recuperação a *dispensa da apresentação de certidões negativas para que o devedor exerça suas atividades,* observando-se, porém, a proibição constitucional de contratação com o poder público e recebimento de incentivos fiscais ou creditícios às pessoas jurídicas em débito com o sistema de seguridade social (art. 195, § 3º, da Constituição).

É por isso que o art. 191-A faz remissão ao art. 151 do Código Tributário Nacional, o qual trata das hipóteses de suspensão do crédito tributário. A remissão aos artigos 205 e 206, por sua vez, ajuda a compreender o teor do dispositivo.

Com efeito, o art. 191-A não exige o pagamento dos tributos, mas uma "prova de quitação"; o art. 205 seria a referida prova (certidão negativa de débitos). Esta somente seria expedida se os tributos fossem pagos. Entretanto, o art. 206 complementa aquele dispositivo, contemplando a certidão positiva, com efeitos negativos. Em síntese, havendo um débito tributário, não é possível a emissão de certidão negativa; entretanto, se, por exemplo, a exigibilidade do crédito estiver suspensa por uma das formas previstas no art. 151 do Código Tributário Nacional, expedir-se-á uma certidão que noticiará a existência do crédito tributário (por isso mesmo, certidão positiva), mas cujos efeitos serão equivalentes aos de uma certidão negativa. Daí que, estando suspensa a exigibilidade do crédito, a certidão positiva com efeitos de negativa será a "prova de quitação" exigida pelo art. 191-A do Código Tributário Nacional.

Finalmente, importa lembrar que, dentre as causas de suspensão de exigibilidade do crédito tributário (e que, portanto, servem para a emissão da certidão positiva com efeitos de negativa), está o parcelamento. O § 3º do art. 155-A do Código Tributário Nacional determina a edição de lei específica sobre as condições de parcelamento dos créditos tributários de devedores em recuperação judicial. Nesse sentido, a Lei n. 14.112/2020 alterou a Lei n. 10.522/2002, incluindo nesta (art. 10-A) a possibilidade de que o "empresário ou a sociedade empresária que pleitear ou tiver deferido o processamento da recuperação judicial" possa "liquidar os seus débitos para com a Fazenda Nacional existentes" mediante o "parcelamento da dívida consolidada em até 120 (cento e vinte) prestações mensais e sucessivas", observados certos percentuais mínimos. Não apenas a possibilidade de parcelamento da dívida com a Fazenda veio a ser prevista pela Lei n. 14.112/2020, como também esta passou a autorizar que o Fisco requeira a convolação da recuperação judicial em falência, no caso de empresa em recuperação judicial que acabe por não cumprir o dito parcelamento (Lei n. 10.522/2002, art. 10-A, § 4º-A, IV).

No âmbito federal, é tratado o parcelamento em recuperação judicial pelo art. 43 da Lei n. 13.043, de 13 de novembro de 2014, o qual foi regulamentado pela Portaria PGFN/RFB n. 1/2015.

A este respeito, vale mencionar ter o Superior Tribunal de Justiça reconhecido não constituir ônus do contribuinte, à época em que inexistia legislação disciplinando o parcelamento, a apresentação de certidões fiscais negativas para que a recuperação judicial lhe seja homologada. Para tanto, considerou o Ministro Relator, seguido à unanimidade da Corte Especial do Tribunal, não ser aceitável qualquer leitura da Lei n. 11.101/2005 que acabe por inviabilizar "a superação da crise empresarial" – caso da "interpretação literal" de seu art. 57 e do art. 191-A do CTN, que conduziria ao "sepultamento" do instituto da recuperação judicial, notadamente em um contexto onde é natural se presumir que uma "empresa em crise possua elevado passivo tributário"[3].

3.2.2 Garantia no inventário ou arrolamento

A teor do parágrafo único do art. 189 do Código Tributário Nacional, a exigência de garantia de instância ou reserva de bens se estende ao processo de inventário ou arrolamento, caso haja créditos tributários contestados. Por sua vez, o art. 192 prevê a prova de quitação de tributos como condição para o julgamento de partilha ou adjudicação:

> Art. 192. Nenhuma sentença de julgamento de partilha ou adjudicação será proferida sem prova da quitação de todos os tributos relativos aos bens do espólio, ou às suas rendas.

3.2.3 Certidão negativa para contratar com o Poder Público

O art. 193 do Código Tributário Nacional impõe a apresentação de certidão negativa de tributos junto à Fazenda Pública interessada como condição para contratar com o Poder Público:

> Art. 193. Salvo quando expressamente autorizado por lei, nenhum departamento da administração pública da União, dos Estados, do Distrito Federal, ou dos Municípios, ou sua autarquia, celebrará contrato ou aceitará proposta em concorrência pública sem que o contratante ou proponente faça prova da quitação de todos os tributos devidos à Fazenda Pública interessada, relativos à atividade em cujo exercício contrata ou concorre.

Embora o Código Tributário Nacional se refira às certidões junto à própria Fazenda Pública interessada, vale mencionar que a Lei n. 14.133/2021, que versa sobre licitações,

3 STJ, REsp n. 1.187.404, Corte Especial, rel. Min. Luis Felipe Salomão, j. 19.06.2013, D.J. 21.08.2013.

acaba por ampliar essa garantia. Com efeito, o art. 63, III, da referida lei impõe a prova de "regularidade fiscal", enquanto o art. 68 qualifica aquela prova como segue:

> Art. 68. As habilitações fiscal, social e trabalhista serão aferidas mediante a verificação dos seguintes requisitos:
> I – a inscrição no Cadastro de Pessoas Físicas (CPF) ou no Cadastro Nacional da Pessoa Jurídica (CNPJ);
> II – a inscrição no cadastro de contribuintes estadual e/ou municipal, se houver, relativo ao domicílio ou sede do licitante, pertinente ao seu ramo de atividade e compatível com o objeto contratual;
> III – a regularidade perante a Fazenda federal, estadual e/ou municipal do domicílio ou sede do licitante, ou outra equivalente, na forma da lei;
> IV – a regularidade relativa à Seguridade Social e ao FGTS, que demonstre cumprimento dos encargos sociais instituídos por lei;
> V – a regularidade perante a Justiça do Trabalho;
> VI – o cumprimento do disposto no inciso XXXIII do art. 7º da Constituição Federal.

Não cabe, entretanto, a exigência de certidão ganhar as vezes de sanção política. Como já foi visto acima, a jurisprudência do Supremo Tribunal Federal pacificou-se no sentido de que, tendo o Poder Público meios próprios para fazer valer seus créditos, não pode ele se utilizar de meios indiretos para tanto. Daí o interesse no julgamento das ADIn 173 e 394, julgadas em conjunto, que tinham por objeto a declaração de inconstitucionalidade dos artigos 1º e 2º da Lei n. 7.711/88, que impunham a prova de quitação de créditos tributários para a transferência de domicílio para o exterior e para a participação em licitação, registro, alteração e arquivamento de contrato social, registro de contrato em cartório, registro de imóveis e operações de empréstimo e financiamento. Em seu voto, o Ministro Joaquim Barbosa deixou claro que não examinava o tema da participação em licitação, já que a Lei n. 8.666/93, por ter disciplinado a matéria, havia superado, daí, a Lei n. 7.711/88, objeto da ADIn. No mais, julgou inconstitucional a exigência de CDND, por revelar sanção política[4]:

> *O Supremo Tribunal Federal possui uma venerável linha de precedentes que considera inválidas as sanções políticas. Entende-se por sanção política as restrições não razoáveis ou desproporcionais ao exercício de atividade econômica ou profissional lícita, utilizadas como forma de indução ou coação ao pagamento de tributos.*

Interessante notar que o voto do Ministro Joaquim Barbosa valeu se da proporcionalidade como critério para a inconstitucionalidade, fazendo ver que a exigência da CND não é, por si, inconstitucional. Isso porque a posição firmada pelo Supremo "não serve de escusa ao deliberado e temerário desrespeito à legislação tributária". Afinal, "[n]ão há que se falar em sanção política se as restrições à prática de atividade econômica objetivam combater estruturas empresariais que têm na inadimplência tributária sistemática e consciente sua maior vantagem concorrencial". Portanto, caberá ver, em cada caso, se o contribuinte consegue demonstrar que declara regularmente seus impostos e os

4 STF, ADI n. 173, ADI n. 394, Tribunal Pleno, rel. Min. Joaquim Barbosa, j. 20.03.2009.

recolhe, dentro do prazo, tendo a CND sido negada porque paira razoável dúvida sobre a legitimidade do débito exigido pela Fazenda Pública[5].

3.2.4 Penhora eletrônica e Indisponibilidade de Bens e Direitos

Dispositivo introduzido no Código Tributário Nacional por força da Lei Complementar n. 118/2005, o art. 185-A versa sobre a indisponibilidade de bens e direitos, nos seguintes termos:

> Art. 185-A. Na hipótese de o devedor tributário, devidamente citado, não pagar nem apresentar bens à penhora no prazo legal e não forem encontrados bens penhoráveis, o juiz determinará a indisponibilidade de seus bens e direitos, comunicando a decisão, preferencialmente por meio eletrônico, aos órgãos e entidades que promovem registros de transferência de bens, especialmente ao registro público de imóveis e às autoridades supervisoras do mercado bancário e do mercado de capitais, a fim de que, no âmbito de suas atribuições, façam cumprir a ordem judicial.
>
> § 1º A indisponibilidade de que trata o *caput* deste artigo limitar-se-á ao valor total exigível, devendo o juiz determinar o imediato levantamento da indisponibilidade dos bens ou valores que excederem esse limite.
>
> § 2º Os órgãos e entidades aos quais se fizer a comunicação de que trata o *caput* deste artigo enviarão imediatamente ao juízo a relação discriminada dos bens e direitos cuja indisponibilidade houverem promovido.

Dado que a indisponibilidade de bens e direitos implica medida fortíssima para a garantia do crédito tributário, importa verificar seu caráter excepcional.

Com efeito, da leitura do dispositivo acima, vê-se que não cabe a indisponibilidade de bens e direitos antes da citação do devedor tributário; do mesmo modo, faculta-se a apresentação de bens à penhora pelo próprio devedor. Ainda que este não o faça, a indisponibilidade de bens e direitos somente se faz se *não forem encontrados bens penhoráveis*. Nesses termos, fica evidente que o devedor pode, a qualquer momento, opor-se à indisponibilidade de bens e direitos pela mera demonstração de que havia bens penhoráveis.

Tendo isso em vista, o Superior Tribunal de Justiça já assentou orientação no sentido de que as condições da indisponibilidade de bens e direitos prevista no art. 185-A do Código Tributário Nacional são: (i) a devida citação do devedor tributário; (ii) o não pagamento do tributo; (iii) a ausência de apresentação de bens a penhora; e (iv) a impossibilidade de localização de bens passíveis de constrição[6].

Com relação ao último requisito, o Superior Tribunal de Justiça consolidou na Súmula 560 que "[a] decretação da indisponibilidade de bens e direitos, na forma do art. 185-A do CTN, pressupõe o exaurimento das diligências na busca por bens penhoráveis, o qual fica caracterizado quando infrutíferos

---

5 Cf. PIRES, Luís Henrique da Costa. Os efeitos das ADIn's 173 e 394 na Questão das Certidões Negativas de Débitos. *Revista Dialética de Direito Tributário*, n. 172, jan. 2010, p. 76; p. 79.

6 STJ, AgRg no Ag no REsp n. 343.969-RS, 2ª Turma, rel. Min. Eliana Calmon, j. 26.11.2013, D.J. 03.12.2013; AgRg no REsp n. 1.429.330-PE, 1ª Turma, rel. Min. Napoleão Nunes Maia Filho, j. 03.12.2013, D.J. 18.12.2013.

o pedido de constrição sobre ativos financeiros e a expedição de ofícios aos registros públicos do domicílio do executado, ao Denatran ou Detran". Nota-se, portanto, que o caráter excepcional da indisponibilidade de bens e direitos foi corretamente evidenciado pelo Superior Tribunal de Justiça.

Determinada a ordem judicial, comunicando-a (preferencialmente por meio eletrônico) aos órgãos cabíveis, tornam-se, de imediato, indisponíveis os bens do devedor. A abrangência da indisponibilidade de bens e direitos (imóveis, mercado bancário e de capitais) exige que se tenha em devida conta o parágrafo primeiro acima: o devedor pode pedir que seja encerrada a indisponibilidade quando já houver bens suficientes para assegurar o valor total exigido.

Importa não confundir a indisponibilidade de bens e direitos, regulada pelo CTN, com a penhora eletrônica, regida pelo Processo Civil. Esta, diga-se desde já, é uma modalidade de penhora. A indisponibilidade, por outro lado, apenas é decretada quando, entre outros requisitos, não ocorre a penhora.

Nesse sentido, o Superior Tribunal de Justiça já decidiu que os artigos 185-A e 655-A versam sobre "institutos inconfundíveis". Isso porque o art. 185-A tem "natureza cautelar da mesma forma que" a medida cautelar fiscal, instituída pelo art. 4º da Lei n. 8.397, de 6 de janeiro de 1992, a qual também produz, "de imediato, a **indisponibilidade dos bens** do requerido, até o limite da satisfação da obrigação". Tendo isso em vista, não há como confundir a indisponibilidade de bens e direitos do devedor com a penhora, que constitui medida de "constrição judicial sobre o patrimônio da parte executada". Mesmo porque, como o requisito para a indisponibilidade abrange a não apresentação de bens à penhora e a impossibilidade de localização de bens penhoráveis, a "conclusão lógica" é de que a indisponibilidade de bens e direitos do art. 185-A "deve suceder às tentativas de penhora". Portanto, a penhora eletrônica pelo sistema Bacen Jud, cujo escopo compreende os ativos financeiros, constitui "medida que deve ser adotada com prioridade" frente à indisponibilidade de bens e direitos do art. 185-A[7].

Com efeito, o art. 655-A do antigo Código de Processo Civil, introduzido pela Lei n. 11.382, de 6 de dezembro de 2006, inseriu no ordenamento jurídico a possibilidade de penhora eletrônica da seguinte forma:

> *Art. 655-A. Para possibilitar a penhora de dinheiro em depósito ou aplicação financeira, o juiz, a requerimento do exequente, requisitará à autoridade supervisora do sistema bancário, preferencialmente por meio eletrônico, informações sobre a existência de ativos em nome do executado, podendo no mesmo ato determinar sua indisponibilidade, até o valor indicado na execução.*

Constata-se, assim, que o art. 655-A estabelecia que o juiz, caso o credor solicitasse, pleitearia à autoridade supervisora do sistema bancário que esta lhe informasse se havia ativos financeiros em nome do devedor a fim de possibilitar a penhora de dinheiro em depósito ou aplicação financeira. Ainda, o dispositivo facultava ao juiz determinar a indisponibilidade desses ativos até o valor indicado na execução.

---

7 STJ, AgRg no AI n. 1.429.330-BA, 1ª Seção, rel. Min. Herman Benjamin, j. 22.08.2012, D.J. 03.09.2012. No mesmo sentido, cf. STJ, AgRg no Ag n. 1.230.232-RJ, 1ª Turma, rel. Min. Hamilton Carvalhido, j. 17.12.2009, D.J. 02.02.2010. Defendendo o posicionamento jurisprudencial, cf. COSTA, Gabriella Carvalho da. As disposições do art. 655-A e a penhora on-line. *Revista de Direito Tributário da APET*, ano 7, edição 25, maio 2010, p. 43.

Desse modo, verifica-se que o art. 655-A versava sobre instituto distinto da indisponibilidade de bens e direitos presente no art. 185-A do Código Tributário Nacional. Isso porque, enquanto o art. 655-A tratava da penhora eletrônica, podendo-se utilizar da indisponibilidade de ativos específicos, o art. 185-A prescreve medida mais severa que somente pode ocorrer caso não tenham sido nomeados bens em penhora ou sequer tenham sido encontrados bens para tanto. Em outras palavras, o art. 655-A referia-se à penhora propriamente dita, mas que só era viável com base nos dados dos ativos financeiros do executado que eram solicitados preferencialmente por meio eletrônico. Já o art. 185-A aborda etapa posterior à penhora, em que não se sabe se há bens a serem penhorados, porém não se descarta esta hipótese, utilizando-se, por isso, da indisponibilidade total, de bens e direitos.

Dessa forma, dado que as normas processuais civis têm aplicação subsidiária às execuções fiscais, consoante dispõe o art. 1º da Lei n. 6.830, de 22 de setembro de 1980, a penhora eletrônica presente nas execuções civis também pode ser aplicada nas execuções fiscais. Ou seja, o art. 185-A do Código Tributário Nacional e a Lei 6.830/1980 não afastavam a aplicação do art. 655-A do antigo Código de Processo Civil.

Essas considerações feitas acerca da aplicabilidade da penhora eletrônica na execução fiscal não foram afastadas com a promulgação da Lei n. 13.105, de 16 de março de 2015, que veicula o Novo Código de Processo Civil. O art. 854, *caput*, equivalente ao *caput* do art. 655-A do antigo Código, tornou o que antes era faculdade, de aplicação imediata. Ou seja, não mais se faculta, mas se determina, por meio eletrônico, às instituições financeiras que torne os ativos financeiros indisponíveis. Desse modo, mesmo à luz do Novo Código de Processo Civil, a penhora eletrônica nas execuções civis não se confunde com a indisponibilidade de bens e direitos do art. 185-A do Código Tributário Nacional. Inobstante o art. 854 prescreva a indisponibilidade imediata, esta medida está circunscrita aos ativos financeiros e sua finalidade ainda está adstrita em possibilitar a penhora de dinheiro em depósito ou em aplicação financeira.

4 Privilégios do crédito tributário

O Código Tributário Nacional confere uma série de privilégios à Fazenda Pública; tais privilégios – diga-se desde já – não são absolutos, já que o mesmo Código contempla outros, como os trabalhistas ou os decorrentes de acidentes de trabalho.

É assim que o art. 184 traz uma regra geral concernente aos privilégios do crédito tributário, assim dispondo:

> Art. 184. Sem prejuízo dos privilégios especiais sobre determinados bens, que sejam previstos em lei, responde pelo pagamento do crédito tributário a totalidade dos bens e das rendas, de qualquer origem ou natureza, do sujeito passivo, seu espólio ou sua massa falida, inclusive os gravados por ônus real ou cláusula de inalienabilidade ou impenhorabilidade, seja qual for a data da constituição do ônus ou da cláusula, excetuados unicamente os bens e rendas que a lei declare absolutamente impenhoráveis.

Pelo dispositivo acima, vê-se que é amplo o privilégio assegurado ao crédito tributário: mesmo bens gravados por garantia real ou por cláusulas de inalienabilidade ou impenhorabilidade respondem pelo crédito tributário.

Conforme se verá abaixo, no caso de falência, essa regra sofre uma exceção, já que haverá a preferência para os credores com garantia real; afastado o caso de falência, entretanto, nem mesmo a garantia real subsiste à pretensão do Fisco. Tampouco valem para proteção do credor as cláusulas de inalienabilidade ou impenhorabilidade.

Apenas os bens absolutamente impenhoráveis ficam resguardados da pretensão do Fisco. Assim, o bem de família, nos termos da Lei n. 8.009/90. O art. 649 do Código de Processo Civil arrola outros casos:

> Art. 649. São absolutamente impenhoráveis:
>
> I – os bens inalienáveis e os declarados, por ato voluntário, não sujeitos à execução;
>
> II – os móveis, pertences e utilidades domésticas que guarnecem a residência do executado, salvo os de elevado valor ou que ultrapassem as necessidades comuns correspondentes a um médio padrão de vida;
>
> III – os vestuários, bem como os pertences de uso pessoal do executado, salvo se de elevado valor;
>
> IV – os vencimentos, subsídios, soldos, salários, remunerações, proventos de aposentadoria, pensões, pecúlios e montepios; as quantias recebidas por liberalidade de terceiro e destinadas ao sustento do devedor e sua família, os ganhos de trabalhador autônomo e os honorários de profissional liberal, observado o disposto no § 3º deste artigo;
>
> V – os livros, as máquinas, as ferramentas, os utensílios, os instrumentos ou outros bens móveis necessários ou úteis ao exercício de qualquer profissão;
>
> VI – o seguro de vida;
>
> VII – os materiais necessários para obras em andamento, salvo se essas forem penhoradas;
>
> VIII – a pequena propriedade rural, assim definida em lei, desde que trabalhada pela família;
>
> IX – os recursos públicos recebidos por instituições privadas para aplicação compulsória em educação, saúde ou assistência social;
>
> X – até o limite de 40 (quarenta) salários mínimos, a quantia depositada em caderneta de poupança;
>
> XI – os recursos públicos do fundo partidário recebidos, nos termos da lei, por partido político.

Cabe interpretar o dispositivo acima transcrito à luz da regra do Código Tributário Nacional: não basta um ato voluntário para tornar um bem impenhorável para os efeitos tributários, se o privilégio da Fazenda Pública se estende aos bens "gravados por ônus real ou cláusula de inalienabilidade ou impenhorabilidade, seja qual for a data da constituição do ônus ou da cláusula".

5 Preferência do crédito tributário

O crédito tributário tem preferência no caso de falência: o juízo da falência deve pagar os créditos preferenciais antes dos ordinários. Por outro lado, após a edição da Lei Complementar n. 118/2005, no contexto de modificação legislativa visando a dar maior segurança a credores privados, os privilégios da Fazenda Pública foram bastante reduzidos. Eis a redação do art. 186 do Código Tributário Nacional, com as modificações da referida Lei Complementar:

> Art. 186. O crédito tributário prefere a qualquer outro, seja qual for sua natureza ou o tempo de sua constituição, ressalvados os créditos decorrentes da legislação do trabalho ou do acidente de trabalho.
>
> Parágrafo único. Na falência:
>
> I – o crédito tributário não prefere aos créditos extraconcursais ou às importâncias passíveis de restituição, nos termos da lei falimentar, nem aos créditos com garantia real, no limite do valor do bem gravado;
>
> II – a lei poderá estabelecer limites e condições para a preferência dos créditos decorrentes da legislação do trabalho; e
>
> III – a multa tributária prefere apenas aos créditos subordinados.

Com efeito, antes daquela Lei Complementar, a existência do *caput* do art. 186 dava ao crédito tributário posição claramente privilegiada. A abrangência da expressão "seja qual for sua natureza ou o tempo de sua constituição" é prova disso.

A Lei Complementar n. 118/2005, além de alçar os créditos decorrentes de acidente de trabalho à mesma categoria dos trabalhistas (o que se justifica por seu caráter alimentar), disciplinou o tema da falência, admitindo, nesse caso, que alguns créditos sejam satisfeitos antes mesmo dos tributários.

Desse modo, no caso de falência, os créditos extraconcursais preferem ao tributário. Extraconcursais são aqueles surgidos em decorrência da administração da própria massa falida, ocorridos no curso do processo de falência.

O art. 188 do Código Tributário Nacional prevê créditos tributários extraconcursais, ao dispor:

> Art. 188. São extraconcursais os créditos tributários decorrentes de fatos geradores ocorridos no curso do processo de falência.

Por sua vez, a Lei de Falências (Lei n. 11.101/2005), em sua atual redação dada pela Lei n. 14.112/2020, arrola outros créditos extraconcursais, a saber:

> Art. 84. Serão considerados créditos extraconcursais e serão pagos com precedência sobre os mencionados no art. 83 desta Lei, *na ordem a seguir*, aqueles relativos:
>
> I-A – às quantias referidas nos arts. 150 e 151 desta Lei;

> I-B – ao valor efetivamente entregue ao devedor em recuperação judicial pelo financiador, em conformidade com o disposto na Seção IV-A do Capítulo III desta Lei;
> I-C – aos créditos em dinheiro objeto de restituição, conforme previsto no art. 86 desta Lei;
> I-D – às remunerações devidas ao administrador judicial e aos seus auxiliares, aos reembolsos devidos a membros do Comitê de Credores, e aos créditos derivados da legislação trabalhista ou decorrentes de acidentes de trabalho relativos a serviços prestados após a decretação da falência;
> I-E – às obrigações resultantes de atos jurídicos válidos praticados durante a recuperação judicial, nos termos do art. 67 desta Lei, ou após a decretação da falência;
> II – às quantias fornecidas à massa falida pelos credores;
> III – às despesas com arrecadação, administração, realização do ativo, distribuição do seu produto e custas do processo de falência;
> IV – às custas judiciais relativas às ações e às execuções em que a massa falida tenha sido vencida;
> V – aos tributos relativos a fatos geradores ocorridos após a decretação da falência, respeitada a ordem estabelecida no art. 83 desta Lei.

Desta forma, se, por um lado, o Código Tributário Nacional dá preferência aos créditos extraconcursais, estes não são colocados em igual ordem, já que mesmo entre eles há uma ordem de preferência.

Ainda na falência, satisfeitos os créditos extraconcursais, virão, igualmente antes dos tributários, as "importâncias passíveis de restituição, nos termos da lei falimentar". É a elas que se refere o art. 85 da Lei n. 11.101/2005. São os bens e direitos pertencentes a terceiros, arrecadados no processo de falência ou em poder do devedor na data de sua decretação.

Finalmente, na falência têm preferência ao crédito tributário aqueles "créditos com garantia real, no limite do valor do bem gravado".

Antes da modificação introduzida pela Lei Complementar n. 118/2005, o credor, mesmo com garantia real, via seu crédito subordinado à existência de débitos tributários. Como estes, muitas vezes, superavam o próprio patrimônio do devedor, pífia se tornava a própria garantia real. Na nova redação do dispositivo do Código Tributário Nacional, a garantia real se torna mais efetiva, já que prefere ao crédito tributário.

Por último, importa ver que o legislador complementar destacou, dentre os créditos tributários, aqueles concernentes às multas. Claro que a multa integra o crédito tributário; no caso de falência, porém, o Código Tributário Nacional impõe sua segregação, já que "a multa tributária prefere apenas aos créditos subordinados"[8]. Trata-se de uma

8 Créditos subordinados são aqueles colocados abaixo dos quirografários na falência, como na hipótese de a debênture ser emitida com a característica de ser subordinada aos demais credores da companhia (Lei n. 6.404/76, art. 58).

expressão do princípio de que a penalidade não deve passar da pessoa do devedor, não tendo sentido que os credores quirografários vejam seu crédito insatisfeito em virtude da penalidade. Mesmo antes de a Lei Complementar n. 118/2005 ter assim regulado a matéria, o Supremo Tribunal Federal já havia concluído que, por a multa ser pena administrativa, não faria parte do crédito tributário preferencial na falência (Súmula 565).

Desta forma, verifica-se a seguinte ordem de prioridade na satisfação de créditos em caso de falência:

1. Créditos trabalhistas e acidentários (anteriores à falência)
2. Créditos com garantia real
3. Créditos tributários (não extraconcursais)
4. Créditos com privilégio especial
5. Créditos com privilégio geral
6. Créditos quirografários
7. Multas
8. Créditos subordinados

5.1 Não sujeição à falência

O crédito tributário cobrado em juízo não se inclui na massa dos credores em caso de falência ou recuperação judicial. Assim dispõe o art. 187 do Código Tributário Nacional:

> Art. 187. A cobrança judicial do crédito tributário não é sujeita a concurso de credores ou habilitação em falência, recuperação judicial, concordata, inventário ou arrolamento.

Desta forma, não cabe ao Fisco pedir a falência do devedor: seu crédito não é habilitado. Ele não se sujeita à falência. Como bem viu o Superior Tribunal de Justiça, seria ilógico o Fisco pedir a falência do contribuinte para, em seguida, informar que o crédito não será habilitado no processo[9].

9 STJ, REsp n. 287.824-MG, rel. Min. Francisco Falcão, j. 20.10.2005, D.J. 20.02.2006: TRIBUTÁRIO E COMERCIAL. CRÉDITO TRIBUTÁRIO. PROTESTO PRÉVIO. DESNECESSIDADE. PRESUNÇÃO DE CERTEZA E LIQUIDEZ. ART. 204 DO CÓDIGO TRIBUTÁRIO NACIONAL. FAZENDA PÚBLICA. AUSÊNCIA DE LEGITIMAÇÃO PARA REQUERER A FALÊNCIA DO COMERCIANTE CONTRIBUINTE. MEIO PRÓPRIO PARA COBRANÇA DO CRÉDITO TRIBUTÁRIO. LEI DE EXECUÇÕES FISCAIS. IMPOSSIBILIDADE DE SUBMISSÃO DO CRÉDITO TRIBUTÁRIO AO REGIME DE CONCURSO UNIVERSAL PRÓPRIO DA FALÊNCIA. ARTS. 186 E 187 DO CTN. I – A Certidão de Dívida Ativa, a teor do que dispõe o art. 204 do CTN, goza de presunção de certeza e liquidez que somente pode ser afastada mediante apresentação de prova em contrário. II – A presunção legal que reveste o título emitido unilateralmente pela Administração Tributária serve tão somente para aparelhar o processo executivo fiscal, consoante estatui o art. 38 da Lei 6.830/80 (Lei de Execuções Fiscais). III – Dentro desse contexto, revela se desnecessário o protesto prévio do título emitido pela Fazenda Pública. IV – Afigura se impróprio o requerimento de falência do contribuinte comerciante pela Fazenda Pública, na medida em que esta dispõe de instrumento específico para cobrança do crédito tributário. V – Ademais, revela se ilógico o pedido de quebra, seguido de sua decretação, para logo após informar se ao Juízo que o crédito tributário não se submete ao concurso falimentar, consoante dicção do art. 187 do CTN. VI – O pedido de falência não pode servir de

Haja vista a função do Código Tributário Nacional enquanto lei complementar, seria possível questionar a admissibilidade da alteração legislativa promovida pela Lei n. 14.112/2020, quando autoriza que o Fisco requeira a convolação da recuperação judicial em falência, no caso de empresa que acabe por não cumprir o parcelamento dos débitos com a Fazenda no âmbito de recuperação judicial (Lei n. 10.522/2002, art. 10-A, § 4º-A, IV). Essa situação, que implicaria a sujeição dos créditos tributários à falência, não parece compatível com o disposto no art. 187, *caput*, do Código Tributário Nacional.

Ou seja: a execução fiscal corre independentemente do processo de falência ou recuperação judicial. A decretação da falência ou o deferimento da recuperação não interrompem a execução fiscal. Isso não significa, contudo, que as regras sobre preferência do crédito tributário não se apliquem: uma vez decretada a falência ou deferida a recuperação judicial, caberá ao juízo falimentar ou recuperacional decidir sobre a preferência do crédito objeto da execução fiscal, nos termos do Código Tributário Nacional e das demais disposições aplicáveis.

Por outro lado, o próprio Código Tributário Nacional faz notar que, ao lado do concurso de credores na falência, pode ocorrer um concurso entre os próprios créditos tributários: é possível que mais de uma Fazenda Pública tenha pretensão sobre a massa. Nesse caso, a solução do parágrafo único do art. 187 é a seguinte:

> Art. 187 (...)
> Parágrafo único. O concurso de preferência somente se verifica entre pessoas jurídicas de direito público, na seguinte ordem:
> I – União;
> II – Estados, Distrito Federal e Territórios, conjuntamente e *pro rata*;
> III – Municípios, conjuntamente e *pro rata*.

Não é compatível com a Constituição de 1988 a existência da ordem proposta pelo Código Tributário Nacional. Afinal, nada há na Constituição que assegure a preferência do crédito de uma Pessoa Jurídica de Direito Público sobre outra; mais adequado será assegurar a todas as Fazendas Públicas igualdade, repartindo-se o produto da execução entre elas, proporcionalmente ao crédito de cada uma. Por isso mesmo, o Supremo Tribunal Federal já afastou essa ordem.

Nunca é demais lembrar que o Código Tributário Nacional, editado em 1966, não via óbice à preferência da União. Naquela época, admitiam-se isenções heterônomas. A União poderia legislar sobre isenção de tributos estaduais e municipais, desde que a mesma situação estivesse livre do tributo federal correspondente. Essa circunstância tornou-se proibida no regime de 1988, nos termos do art. 151 da Constituição. Daí que todo privilégio assegurado à Fazenda Pública federal pelo Código Tributário Nacional deve ser questionado à luz da ordem jurídica inaugurada em 1988.

---

instrumento de coação moral para satisfação de crédito tributário. A referida coação resta configurada na medida em que o art. 11, § 2º, do Decreto lei 7.661/45 permite o depósito elisivo da falência. VII – Recurso especial improvido.

Não obstante, esse não vinha sendo o entendimento do Supremo Tribunal Federal. A Súmula n. 563, editada pela Corte, dispunha: "O concurso de preferência a que se refere o parágrafo único do art. 187 do CTN é compatível com o disposto no art. 9º, I, da Constituição Federal (atual art. 19, III, da CF/88)".

No entanto, em recente decisão, o Supremo Tribunal Federal superou seu entendimento anterior. O Tribunal julgou procedente a ADPF n. 357 e declarou a não recepção, pela Constituição de 1988, do parágrafo único do art. 187 do Código Tributário Nacional, bem como do parágrafo único do art. 29 da Lei n. 6.830/1980 (de mesmo teor). Por consequência, a Corte determinou o cancelamento da Súmula n. 563[10].

5.2 Preferência no inventário

Já se viu acima que o inventário não se encerra sem que tenham sido quitados/ garantidos os créditos tributários. O Código Tributário Nacional assegura a preferência no pagamento dos tributos, antes da partilha ou de outros pagamentos devidos pelo espólio, como segue:

> *Art. 189. São pagos preferencialmente a quaisquer créditos habilitados em inventário ou arrolamento, ou a outros encargos do monte, os créditos tributários vencidos ou vincendos, a cargo do* de cujus *ou de seu espólio, exigíveis no decurso do processo de inventário ou arrolamento.*
> *Parágrafo Único. Contestado o crédito tributário, proceder-se-á na forma do disposto no § 1º do artigo anterior.*

6 Administração Tributária

6.1 Aspectos constitucionais da Administração Tributária

Corolário do próprio poder de tributar é a atribuição da prerrogativa de fiscalizar. No regime constitucional brasileiro, a atividade de fiscalização foi prevista como corolário do Princípio da Capacidade Contributiva, no art. 145, § 1º, como segue:

> § 1º Sempre que possível, os impostos terão caráter pessoal e serão graduados segundo a capacidade econômica do contribuinte, facultado à administração tributária, especialmente para conferir efetividade a esses objetivos, identificar, respeitados os direitos individuais e nos termos da lei, o patrimônio, os rendimentos e as atividades econômicas do contribuinte.

Se o poder de fiscalizar decorre do poder de tributar, o conteúdo do parágrafo acima transcrito não há de ser lido como redundante. Tem ele a importância de assegurar que a fiscalização ganhe um objeto, uma finalidade e uma limitação.

Objeto da fiscalização é a identificação do patrimônio, rendimentos e atividades econômicas do contribuinte.

10 STF, ADPF n. 357, Tribunal Pleno, rel. Min. Carmen Lúcia, j. 24.06.2021.

Conforme a competência tributária de cada ente, um ou outro desses elementos ganhará maior relevância. Por exemplo, não se justifica que a fiscalização do IPTU pretenda averiguar se o contribuinte possui veículos automotores. O poder de fiscalizar decorre do poder de tributar e com este deve ser harmônico.

Afinal, por força da distribuição de competências em matéria de impostos, as diversas manifestações de capacidade contributiva foram distribuídas entre as Pessoas Jurídicas de Direito Público: cada qual tem um quinhão de seu interesse. Daí que o objeto da fiscalização é a identificação do patrimônio, rendimentos e atividades econômicas de competência da respectiva autoridade tributária.

A harmonia não implica que seja o poder de fiscalizar contido pelo poder de tributar: não é necessário que haja um tributo devido para que surja o poder de fiscalizar; ao contrário, da fiscalização pode-se concluir que nenhum tributo é devido. Mas, justamente para que se tenha tal certeza, haverá a fiscalização. Assim, por exemplo, um ente imune está sujeito à fiscalização, que investigará se os requisitos constitucionais ou da Lei Complementar, se for o caso, foram preenchidos.

Por outro lado, é a mesma harmonia que indicará os limites da fiscalização: quanto mais distante estiver a situação fiscalizada da competência do ente tributante, tanto menor será a justificativa para a atuação da Administração Tributária.

Finalidade da fiscalização surge como a conferência de efetividade aos "objetivos" de pessoalidade e respeito à capacidade contributiva.

Mais que "objetivos", são parâmetros concebidos pelo constituinte para os impostos. São as balizas que devem guiar o legislador ordinário e servirão de base para a interpretação da lei. A fiscalização atuará no sentido de que a capacidade contributiva, descrita abstratamente pelo legislador, seja identificada em cada caso concreto e imputada ao respectivo sujeito passivo.

Finalmente, encontra-se a relevante limitação da fiscalização: deve ela atuar respeitando "os direitos individuais e nos termos da lei".

A legalidade da Administração Pública é uma constante no Ordenamento. Basta mencionar o art. 37 da Constituição Federal. Que o lançamento se faz nos termos da lei é algo que já se viu no art. 142: atividade administrativa vinculada e obrigatória.

Importante, outrossim, é a colocação de que a fiscalização se faz com respeito aos direitos individuais. Ou seja: não é facultado à Administração, posto que em nome do "interesse público" de arrecadar, deixar de lado os direitos individuais.

Não se prega aqui sejam os direitos individuais absolutos. Todos os direitos, inclusive os individuais, encontram limites. O que se aponta é que, no caso de um confronto entre o interesse da Administração Tributária e a proteção dos direitos individuais, o Constituinte houve por bem prestigiar os últimos.

É por isso que não se há de admitir, por exemplo, que venha a fiscalização, sem ordem judicial, a invadir uma residência, ou deter um contribuinte.

7 A Administração Tributária no Código Tributário Nacional

O Código Tributário Nacional trata da Administração Tributária em três capítulos: fiscalização, dívida ativa e certidões negativas: o primeiro versa sobre a atuação da própria administração, enquanto o segundo busca conferir liquidez ao resultado da atividade da Administração, restando o último como forma de garantia do crédito tributário.

7.1 Fiscalização

A fiscalização é tratada pelo art. 194 a 200 do Código Tributário Nacional, que assim inicia sua disciplina:

> Fiscalização
> Art. 194. A legislação tributária, observado o disposto nesta Lei, regulará, em caráter geral, ou especificamente em função da natureza do tributo de que se tratar, a competência e os poderes das autoridades administrativas em matéria de fiscalização da sua aplicação.
> Parágrafo único. A legislação a que se refere este artigo aplica-se às pessoas naturais ou jurídicas, contribuintes ou não, inclusive às que gozem de imunidade tributária ou de isenção de caráter pessoal.

O dispositivo versa sobre a atribuição da função de fiscalização. É corolário da natureza vinculada e obrigatória do lançamento (art. 142, parágrafo único do Código Tributário Nacional) que se conheça quem é a "autoridade competente" para o lançamento. Afinal, se alguém deve ser responsabilizado por um ato (ou omissão), importa sua identificação. Ademais, uma série de dispositivos do Código Tributário Nacional se refere à "autoridade competente", como, por exemplo: art. 14, § 1º (suspensão da imunidade por falta de cumprimento de requisitos); art. 163 (imputação de pagamento); ou o art. 171 (transação). Seria caso de nulidade um lançamento lavrado por quem não tivesse atribuição para tanto.

Chama a atenção o fato de que a fiscalização é matéria que o Código Tributário Nacional reserva à "legislação tributária", não à lei. Claro que se dá "em virtude de lei", mas não se exige que o próprio legislador cuide de descrever as atividades. Ou seja: a lei indica a quem cabe a fiscalização (órgão administrativo encarregado da administração do tributo); não precisa o legislador, entretanto, preocupar-se com a designação da autoridade administrativa para cada região ou contribuinte, nem tampouco suas atribuições; essa matéria é típica de mero regulamento.

Conforme já se alertava acima, o parágrafo único trata de esclarecer que o poder de fiscalizar, posto que decorrente do poder de tributar, com este não se confunde. Exige-se harmonia, mas a fiscalização pode atingir até mesmo situações de imunidade, exatamente como forma de assegurar tal direito. A extensão a "contribuintes ou não" é coerente com a ideia de que o sujeito passivo pode ser o responsável, que não se reveste da condição de contribuinte, mas está, naturalmente, sujeito à fiscalização.

Claro está que inexistindo interesse da Administração não cabe o exercício da fiscalização. O problema está em determinar quando é que há, ou não, aquele interesse.

Veja-se, a tal respeito, a seguinte decisão do Superior Tribunal de Justiça[11]:

TRIBUTÁRIO. IMPOSTO SOBRE SERVIÇOS DE QUALQUER NATUREZA – ISSQN. EMPRESA NÃO CONTRIBUINTE. OBRIGATORIEDADE DE EXIBIÇÃO DOS LIVROS COMERCIAIS. INEXISTÊNCIA. ART. 113, § 2º, DO CTN.

I – A discussão dos autos cinge-se à necessidade, ou não, de a empresa recorrida, pelo fato de não ser contribuinte do Imposto sobre Serviços de Qualquer Natureza – ISSQN ainda assim ser obrigada a exibir seus livros fiscais ao Município de São Paulo.

II – Restou incontroverso o fato de que a empresa Recorrida não recolhe ISSQN aos cofres do Município de São Paulo.

III – Nesse contexto, verifica-se que, mesmo que haja o Poder Estatal, ex vi legis, *de impor o cumprimento de certas obrigações acessórias, a Administração Tributária deve seguir o parâmetro fixado no § 2º do art. 113 do CTN, isto é, a exigibilidade dessas obrigações deve necessariamente decorrer do interesse na arrecadação.*

IV – In casu, *não se verifica o aludido interesse, porquanto a própria Municipalidade reconhece que a Recorrida não consta do Cadastro de Contribuintes do ISSQN.*

V – Mesmo que o ordenamento jurídico tributário considere certo grau de independência entre a obrigação principal e a acessória, notadamente quanto ao cumprimento desta última, não há como se admitir o funcionamento da máquina estatal, nos casos em que não há interesse direto na arrecadação tributária.

VI – Se inexiste tributo a ser recolhido, não há motivo/interesse para se impor uma obrigação acessória, exatamente porque não haverá prestação posterior correspondente. Exatamente por isso, o legislador incluiu no aludido § 2º do art. 113 do CTN a expressão "no interesse da arrecadação".

VII – Recurso Especial improvido.

É interessante notar que o Tribunal recusou a fiscalização pelo fato de a empresa não estar cadastrada entre os contribuintes da municipalidade. Ora, a fiscalização pode ter por objeto justamente investigar se a empresa deveria estar inscrita. Ou seja: pelo teor da ementa, poder-se-ia crer que uma empresa clandestina estaria livre de qualquer fiscalização. Seria um prêmio às empresas irregulares.

Mais acertado parece insistir na tese de que a fiscalização tem atribuição mais ampla que aquela que compreenda os efetivos fatos jurídicos tributários: seu interesse está, justamente, em verificar se houve, ou não, aquele fato: restringir sua atuação ao âmbito das empresas regularmente inscritas é frustrar o disposto no § 1º do art. 145 da Constituição Federal que, como visto, dá base ao poder de fiscalizar.

Claro está que não se defende aqui poder irrestrito da fiscalização: seu ato deve ser motivado e, quanto mais longe estiver a atuação do particular do âmbito da tributação da pessoa jurídica de direito público, tanto menor será o poder de fiscalizar. O que não se admite é que a mera falta de inscrição do particular seja argumento para afastar a fiscalização. Cabe a esta, entretanto, na falta de cadastro do particular, munir-se de outras evidências que, gerando motivada suspeita de que possam ter ocorrido fatos jurídicos tributários de seu interesse, justifiquem a fiscalização.

7.2 Amplitude do poder da fiscalização

A importância que se deu acima ao art. 145, § 1º, da Constituição Federal, que identifica a prevalência dos direitos individuais sobre os interesses da fiscalização, salta aos

11 STJ, REsp n. 539.084-SP, 1ª Turma, rel. Min. Francicsco Falcão, j. 18.10.2005, D.J.U. 19.12.2005.

olhos quando se tem em conta a amplitude do dispositivo da lei complementar, ao versar sobre o alcance da atividade administrativa:

> Art. 195. Para os efeitos da legislação tributária, não têm aplicação quaisquer disposições legais excludentes ou limitativas do direito de examinar mercadorias, livros, arquivos, documentos, papéis e efeitos comerciais ou fiscais, dos comerciantes industriais ou produtores, ou da obrigação destes de exibi-los.

Lido isoladamente, o referido dispositivo parece afastar qualquer limitação à atividade de fiscalização. O dispositivo constitucional, entretanto, impõe o respeito aos direitos individuais. Ou seja: não pode a fiscalização, alegando sua prerrogativa constitucional, deixar de lado os direitos individuais: a decisão do constituinte é clara quanto à prevalência destes. Assim, se a autoridade administrativa pode ter acesso aos livros e documentos acima referidos, o dispositivo não serve de respaldo para que a fiscalização vasculhe o estabelecimento do contribuinte sem ordem judicial.

A leitura conjunta de ambos os dispositivos exige que se enfrente a tormentosa questão do sigilo perante o Fisco.

Na vigência do Código Comercial de 1850, seu art. 17 determinava serem indevassáveis os livros do comerciante ("nenhuma autoridade, Juízo ou Tribunal, debaixo de pretexto algum, por mais especioso que seja, pode praticar ou ordenar alguma diligência para examinar se o comerciante arruma ou não devidamente seus livros de escrituração mercantil, ou neles tem cometido algum vício"); a exceção estava para os casos de sucessão, comunhão ou sociedade, administração ou gestão mercantil por conta de outrem ou em caso de falência. Daí a importância do dispositivo do Código Tributário Nacional, acima reproduzido. A jurisprudência há muito afastou se pudesse alegar, diante da fiscalização, o sigilo dos livros e documentos mercantis. A Súmula 439 do Supremo Tribunal Federal é clara: *Estão sujeitos à fiscalização tributária ou previdenciária quaisquer livros comerciais, limitado o exame aos pontos objeto de investigação.*

Por outro lado, o art. 195 acima reproduzido é autorização suficiente para que a autoridade administrativa requeira a exibição dos livros sem a necessidade de seguir o procedimento previsto nos arts. 381 e 382 do Código de Processo Civil. Se a autoridade administrativa age dentro do seu poder de fiscalização, independe de autorização judicial, podendo até mesmo requerer o auxílio de força policial (art. 200 do Código Tributário Nacional), na hipótese de recusa injustificada do contribuinte.

O art. 33 da Lei n. 9.430/96 caracteriza hipótese de embaraço à fiscalização "a negativa não justificada de exibição de livros e documentos em que se assente a escrituração das atividades do sujeito passivo, bem como pelo não fornecimento de informações sobre bens, movimentação financeira, negócio ou atividade, próprios ou de terceiros, quando intimado, e demais hipóteses que autorizam a requisição do auxílio da força pública". O art. 34 da mesma lei estende o alcance da fiscalização aos "documentos do sujeito passivo, mantidos em arquivos magnéticos ou assemelhados, encontrados no local da verificação, que tenham relação direta ou indireta com a atividade por ele exercida".

Vale ressaltar que a recusa não caracteriza o embaraço. Assim, se o sujeito passivo não tem a obrigação de manter o livro exigido pela Administração, a recusa está justificada. Seria o caso de livro-caixa ou diário auxiliar, que não se exige do comerciante. Por outro lado, se o livro, conquanto não se exija, for escriturado, então estará ele sujeito à fiscalização.

Quanto ao dever de guardar os livros, vale a regra do parágrafo único do dispositivo acima:

> Parágrafo único. Os livros obrigatórios de escrituração comercial e fiscal e os comprovantes dos lançamentos neles efetuados serão conservados até que ocorra a prescrição dos créditos tributários decorrentes das operações a que se refiram.

Na matéria federal, o tema é disciplinado pela Lei n. 9.430/96, nos seguintes termos:

> Guarda de Documentos
>
> Art. 37. Os comprovantes da escrituração da pessoa jurídica, relativos a fatos que repercutam em lançamentos contábeis de exercícios futuros, serão conservados até que se opere a decadência do direito de a Fazenda Pública constituir os créditos tributários relativos a esses exercícios.
>
> Arquivos Magnéticos
>
> Art. 38. O sujeito passivo usuário de sistema de processamento de dados deverá manter documentação técnica completa e atualizada do sistema, suficiente para possibilitar a sua auditoria, facultada a manutenção em meio magnético, sem prejuízo da sua emissão gráfica, quando solicitada.

Via de regra, pode-se acreditar que os documentos e outros comprovantes deveriam ser guardados até que opere a decadência do direito de lançar, i.e., cinco anos, contados do primeiro dia do exercício seguinte ao que o lançamento poderia ser efetuado (art. 173 do Código Tributário Nacional). O Código Tributário Nacional, entretanto, impõe a guarda até que ocorra a prescrição do próprio crédito lançado. Assim, mesmo já efetuado o lançamento, devem os documentos ser guardados até que esteja definitivamente extinto o crédito tributário. Obviamente, concluído um lançamento e contestado o seu teor pelo sujeito passivo, deve ele munir-se dos documentos que suportem sua impugnação, enquanto durar o respectivo processo.

Os dispositivos acima vão além, lembrando que por vezes um lançamento contábil efetuado em um exercício toma por base fato ocorrido em outro período. É o caso da depreciação, lançada ano a ano, mas calculada com base no custo do bem. Nesse caso, os documentos que suportem tal custo devem ser guardados como evidência da depreciação, até que decaia o direito do Fisco de rever a última.

7.3 Formalização da fiscalização

Se a Administração tem pleno acesso aos livros do contribuinte, seu procedimento há de se dar em respeito às garantias asseguradas ao contribuinte. Por tal razão, andou bem o Código Tributário Nacional, ao exigir a formalização da fiscalização, nos termos seguintes:

Art. 196. A autoridade administrativa que proceder ou presidir a quaisquer diligências de fiscalização lavrará os termos necessários para que se documente o início do procedimento, na forma da legislação aplicável, que fixará prazo máximo para a conclusão daquelas.

Parágrafo único. Os termos a que se refere este artigo serão lavrados, sempre que possível, em um dos livros fiscais exibidos; quando lavrados em separado deles se entregará, à pessoa sujeita à fiscalização, cópia autenticada pela autoridade a que se refere este artigo.

Ao exigir a forma escrita, o Código Tributário Nacional trata de impor um controle à própria atividade da Administração. Pela forma escrita, o contribuinte tem como evidenciar o que lhe foi solicitado e a que tempo; também a Administração consegue demonstrar que solicitara alguma informação do contribuinte e sob que condições. Ou seja: há plena possibilidade de o contribuinte ou a Administração serem controlados em sua atividade. Ademais, se o início da fiscalização interrompe a espontaneidade da atuação do contribuinte para o efeito do disposto no art. 138 do Código Tributário Nacional, é relevante determinar o momento em que ela se deu.

É muito comum que contribuintes e agentes fiscais acabem por deixar de lado a formalidade legal, ajustando prazos ou entrega de documentos sem que fique documentado tal procedimento por escrito. Tal expediente é de todo condenável.

Da parte da Administração, a informalidade traz o prejuízo de não ficar evidenciada a solicitação de determinado documento ou informação; uma vez efetuado o lançamento, poderá o contribuinte alegar que tal jamais lhe fora solicitado, caindo por terra o próprio lançamento.

Para o contribuinte, a informalidade impede que se evidencie que ele cumpriu todas as exigências que foram formuladas e que, se mais informações não trouxe, foi porque não se pediu. Também a defesa do contribuinte em eventual auto de infração fica prejudicada pela falta de documentação acerca do que foi informado ou omitido da fiscalização.

7.4 Sigilo de terceiros

Não é só aos dados do contribuinte que a Administração tem acesso, mas também a informações de terceiros. Esse tema é regulado pelo art. 197 do Código Tributário Nacional, nos seguintes termos:

Art. 197. Mediante intimação escrita, são obrigados a prestar à autoridade administrativa todas as informações de que disponham com relação aos bens, negócios ou atividades de terceiros:

I – os tabeliães, escrivães e demais serventuários de ofício;

II – os bancos, casas bancárias, Caixas Econômicas e demais instituições financeiras;

III – as empresas de administração de bens;

IV – os corretores, leiloeiros e despachantes oficiais;

V – os inventariantes;

VI – os síndicos, comissários e liquidatários;

VII – quaisquer outras entidades ou pessoas que a lei designe, em razão de seu cargo, ofício, função, ministério, atividade ou profissão.

Parágrafo único. A obrigação prevista neste artigo não abrange a prestação de informações quanto a fatos sobre os quais o informante esteja legalmente obrigado a observar segredo em razão de cargo, ofício, função, ministério, atividade ou profissão.

O tema mereceu especial atenção por conta da edição da Lei Complementar n. 105/2001, que dispôs sobre a obrigatoriedade de instituições financeiras fornecerem informações sobre seus clientes à fiscalização e da Lei n. 10.174/2001, que autorizou a utilização, pela Receita Federal, de informações obtidas com a cobrança da CPMF para a instauração de procedimentos fiscais relativos a outros tributos. O Plenário do Supremo Tribunal Federal entendeu por inconstitucionais tais exigências, por ferirem o direito ao sigilo de dados, mas esse posicionamento acabou revisto, em julgamento com repercussão geral e efeito *erga omnes*.

O sigilo, de forma genérica, é assegurado pela Constituição Federal de 1988 no rol das garantias e direitos fundamentais arrolados no art. 5º, notadamente nos incisos X e XII. Ali, estabelecem-se *a inviolabilidade da intimidade, vida privada, honra e imagem,* bem como *do sigilo da correspondência e das comunicações telegráficas, de dados e das comunicações telefônicas, salvo por ordem judicial, para fins de investigação ou processo criminal, observadas as formas legais.*

Tradicionalmente, entendeu-se que a disciplina do sigilo bancário, prevista no art. 38 da Lei n. 4.565, de 31 de dezembro de 1964, fora recepcionada pela Constituição em 1988. Tal entendimento havia sido assentado pelo Supremo Tribunal Federal no julgamento do *leading case* materializado na Questão de Ordem na petição n. 00005775/170. Naquele julgamento, a Polícia Federal solicitava autorização judicial para que lhe fossem fornecidas informações bancárias do ex-ministro Antônio Magri e de sua esposa, baseando seu pedido na notícia de jornal conforme a qual "duas contas das usadas pelos bancos para prender dinheiro – nos valores de Cr$ 5 milhões e Cr$ 1 milhão foram encontradas no lixo da mansão (...)".

Ao decidir o caso, consignou a Suprema Corte que i) o sigilo bancário decorre do direito à privacidade inerente à personalidade das pessoas consagrado na Constituição Federal; ii) o sigilo bancário não é um princípio absoluto; iii) as exceções ao sigilo bancário estavam previstas na Lei n. 4.565/64, que continuava vigente; iv) o Poder Judiciário pode requisitar informações que impliquem quebra do sigilo bancário de pessoas e instituições, porém, com cautela; v) são requisitos essenciais para quebra do sigilo o pedido fundamentado com "os elementos de prova mínimos da autoria do delito"; vi) a simples suspeita não é suficiente para a quebra do sigilo; e vi) é necessária relação de pertinência entre a prova pretendida e as informações bancárias[12].

Dessa mesma orientação não se afastava a decisão proferida nos autos do MS 21.729-4/DF[13]. Naquele processo, discutia-se a possibilidade de o Ministério Público, fundamentado no § 2º do art. 8º da Lei Complementar n. 75/93, requisitar informações às instituições financeiras, sem prévia autorização judicial, não podendo a autoridade requisitada negar-se sob a exceção do sigilo.

12 Cf. DERZI, Misabel Abreu Machado. O sigilo bancário e a guerra pelo capital. *Revista de Direito Tributário*. n. 81. São Paulo: 2001, p. 256-275.

13 D.J. 19.10.2001.

Novamente, decidiu o Pleno do Supremo Tribunal Federal que o direito ao sigilo bancário encontrava-se sob a proteção do disposto nos incisos X e XII do art. 5º da Constituição Federal, somente podendo ser afastado mediante ordem judicial.

Vê-se, então, que, conquanto previsto constitucionalmente como direito fundamental, o sigilo bancário nunca foi entendido como um direito absoluto, podendo ceder diante do interesse público, social e da justiça. No entanto, seu *status* constitucional sempre exigiu que esse afastamento fosse feito pela autoridade judicial, cujo dever de imparcialidade é ínsito à função. Cabe insistir nesse entendimento, confirmado nos precedentes citados: somente autorização expressa da própria Constituição poderia legitimar qualquer outra autoridade para tal mister.

Foi a Lei Complementar n. 105, de 2001, que rompeu essa tradição. Sob o mote de dispor sobre o sigilo das operações de instituições financeiras, declarou, no § 3º de seu art. 1º, não constituir violação do sigilo, dentre outras hipóteses, a prestação de informações nos termos e condições daquela lei. Encontra-se, no art. 5º, dispositivo com o seguinte teor:

> *Art. 5º O Poder Executivo disciplinará, inclusive quanto à periodicidade e aos limites de valor, os critérios segundo os quais as instituições financeiras informarão à administração tributária da União, as operações financeiras efetuadas pelos usuários de seus serviços.*

O referido dispositivo, entretanto, não deixava de preservar o sigilo bancário, já que o § 2º do mesmo dispositivo assim determinava:

> *§ 2º As informações transferidas na forma do* caput *deste artigo restringir-se-ão a informes relacionados com a identificação dos titulares das operações e os montantes globais mensalmente movimentados, vedada a inserção de qualquer elemento que permita identificar a sua origem ou a natureza dos gastos a partir deles efetuados.*

Entretanto, logo em seguida vem a previsão da quebra do sigilo bancário, desde que no curso de processo administrativo ou mesmo em mero procedimento fiscal:

> *Art. 6º As autoridades e os agentes fiscais tributários da União, dos Estados, do Distrito Federal e dos Municípios somente poderão examinar documentos, livros e registros de instituições financeiras, inclusive os referentes a contas de depósitos e aplicações financeiras, quando houver processo administrativo instaurado ou procedimento fiscal em curso e tais exames sejam considerados indispensáveis pela autoridade administrativa competente.*
>
> *Parágrafo único. O resultado dos exames, as informações e os documentos a que se refere este artigo serão conservados em sigilo, observada a legislação tributária.*

Ficou, portanto, aberta a possibilidade – por lei complementar – de quebra de sigilo bancário no curso de processo administrativo ou mera fiscalização, independentemente de autorização judicial. A mesma Lei Complementar tratou de revogar a proteção do sigilo bancário contida no art. 38 da Lei n. 4.595/64.

Na verdade, a questão ganhou especial atenção com a instituição da Contribuição Provisória sobre Movimentação ou Transmissão de Valores e de Créditos e Direitos de Natureza Financeira – CPMF, pela Lei n. 9.311/96. Naquela ocasião, foi imposta às instituições financeiras responsáveis pela retenção e recolhimento da Contribuição a obrigação de prestar informações sobre a identificação dos contribuintes e sobre os valores globais das respectivas operações (art. 11, § 2º), vedando-se, expressamente, a utilização dessas informações para constituição do crédito tributário relativo a outras contribuições ou impostos (art. 11, § 3º).

Contudo, com o advento da Lei n. 10.174, de 9 de janeiro de 2001, que alterou o art. 11, § 3º, da Lei n. 9.311/96, passou-se a permitir que os dados relativos à CPMF fossem utilizados para fins de investigação e lançamento de outros tributos. Deu-se isso no mesmo período em que foi editada a Lei Complementar n. 105/2001, acima referida, consolidando o quadro de ruptura com a tradição de proteção do sigilo bancário, cuja quebra, até então, era condicionada a controle judicial.

A questão foi levada à apreciação do Plenário do Supremo Tribunal Federal. Num primeiro momento, em decisão sem repercussão geral, aquele Plenário houve por bem restituir a garantia da preservação do sigilo bancário, condicionando sua ruptura à autorização judicial. Assim concluiu o Tribunal, em composição plenária:

> *SIGILO DE DADOS – AFASTAMENTO. Conforme disposto no inciso XII do art. 5º da Constituição Federal, a regra é a privacidade quanto à correspondência, às comunicações telegráficas, aos dados e às comunicações, ficando a exceção – quebra do sigilo – submetida ao crivo de órgão equidistante – o Judiciário – e, mesmo assim para efeito de investigação criminal ou instrução processual penal.*
>
> *SIGILO DE DADOS BANCÁRIOS – RECEITA FEDERAL. Conflita com a Carta da República norma legal atribuindo à Receita Federal – parte na relação jurídico-tributária – o afastamento do sigilo de dados relativos ao contribuinte*[14].

Não obstante, em julgamento ocorrido anos depois, contando o Plenário com outra composição, o quadro foi revertido. Decidindo em conjunto recurso extraordinário, desta vez em sede de repercussão geral[15], e ações diretas de inconstitucionalidade, o Plenário entendeu que não haveria ofensa ao direito individual do contribuinte, já que se estaria apenas diante de uma transferência do sigilo, visto que também o Fisco tem o dever de manter sigilosas as informações obtidas. É notória, na decisão em comento, a influência exercida por exemplos de outros países e de compromissos internacionais assumidos pelo Executivo brasileiro.

A decisão pacifica o tema no País, deixando o contribuinte sem poder contar com o exame prévio do Judiciário, antes de ver sua vida privada devassada. A gravidade é notória já que por se tratar de dispositivo de lei complementar não se aplica apenas à União: qualquer dos Estados e Municípios poderá, caso conte com legislação semelhante à Federal, também ter acesso aos dados bancários do contribuinte. A exposição da privacidade do cidadão deve ser acolhida – estamos diante de uma decisão plenária do Supremo Tribunal Federal –, mas não aplaudida, já que desconsidera o fato de que o que o contribuinte pleiteava não era o sigilo de seus dados, mas meramente que tivesse a fiscalização o ônus de justificar, perante órgão independente, as razões por que entendeu adequado imiscuir-se na privacidade do cidadão. O fato de o Executivo ter assinado tratados internacionais não significa que estes serão acolhidos pelo Congresso Nacional. Ainda que o fossem, não parece ser razão suficiente para se colocarem acima de garantias constitucionais. Afinal, se no Direito Comparado pode parecer medida adequada a invasão descontrolada de contas bancárias, não se deve perder de vista que no Brasil temos cenário diverso: no lugar de um único Fisco, temos milhares deles, sem qualquer subordinação hierárquica. Este aspecto, infelizmente, não foi acolhido pelo Plenário.

Não sendo inconstitucional a quebra do sigilo bancário sem autorização judicial, importa ver que foi ela autorizada em vista da crença, expressa pelos diversos Ministros que a autorizaram, de que as garantias da lei federal seriam suficientes para assegurar o sigilo fiscal. Fica claro, portanto, que se

14 STF, RE n. 389.808, Tribunal Pleno, rel. Min. Marco Aurélio, j. 15.12.2010, D.J. 10.05.2011.

15 STF, RE n. 601.314-SP, rel. Min. Edson Fachin, j. 24.02.2016, D.J. 16.09.2016.

não estiverem presentes garantias pelo menos equivalentes em outras esferas, não há como assegurar a constitucionalidade.

Outrossim, por ser medida autorizada por lei complementar, resta esperar que o Congresso Nacional, na medida em que presencie os prováveis exageros que surgirão, trate ele mesmo de rever sua decisão e de voltar a condicionar a quebra do sigilo bancário a uma autorização prévia judicial.

7.5 Sigilo fiscal

O amplo acesso das autoridades administrativas a informações referentes aos particulares, detidas por estes ou por terceiros, é limitada pelo dever de sigilo fiscal: se a autoridade administrativa teve uma informação em razão de seu ofício, é apenas no exercício deste que a informação pode ser utilizada. Assim dispõe, sobre o assunto, o Código Tributário Nacional:

> Art. 198. Sem prejuízo do disposto na legislação criminal, é vedada a divulgação, por parte da Fazenda Pública ou de seus servidores, de informação obtida em razão do ofício sobre a situação econômica ou financeira do sujeito passivo ou de terceiros e sobre a natureza e o estado de seus negócios ou atividades.
>
> § 1º Excetuam-se do disposto neste artigo, além dos casos previstos no art. 199, os seguintes:
>
> I – requisição de autoridade judiciária no interesse da justiça;
>
> II – solicitações de autoridade administrativa no interesse da Administração Pública, desde que seja comprovada a instauração regular de processo administrativo, no órgão ou na entidade respectiva, com o objetivo de investigar o sujeito passivo a que se refere a informação, por prática de infração administrativa.
>
> § 2º O intercâmbio de informação sigilosa, no âmbito da Administração Pública, será realizado mediante processo regularmente instaurado, e a entrega será feita pessoalmente à autoridade solicitante, mediante recibo, que formalize a transferência e assegure a preservação do sigilo.
>
> § 3º Não é vedada a divulgação de informações relativas a:
>
> I – representações fiscais para fins penais;
>
> II – inscrições na Dívida Ativa da Fazenda Pública;
>
> III – parcelamento ou moratória.

O que merece nota é que o dever de sigilo não surge como absoluto; o Código Tributário Nacional, na redação da Lei Complementar n. 104/2001, ponderando, de um lado, o direito à privacidade e, de outro, o interesse público, acaba por relativizar aquele dever.

A hipótese do inciso I do § 1º não merece reparos e sua previsão seria desnecessária: a autoridade administrativa não poderia recusar-se a cumprir ordem de autoridade judicial "no interesse da justiça".

Já o caso previsto pelo inciso II do mesmo dispositivo pode gerar maior preocupação, o que exige a atenção da observância conjunta do § 2º, que mostra que não basta a existência de um processo administrativo "regular", mas também uma pessoalidade da entrega da informação e o recibo que assegure a preservação do sigilo. Nesses termos, a autoridade administrativa requisitante passa a ter uma obrigação pessoal de guardar sigilo.

Grave pode ser a extensão do § 3º, acima reproduzido. A ideia de "divulgação" não é compatível com a de sigilo. Como mostrado, o poder de fiscalização, assegurado constitucionalmente à Administração Pública, dobra-se ao respeito aos direitos individuais. A divulgação de informações afasta a proteção da privacidade de tal modo que se torna inviável entender-se constitucional tal dispositivo, com a abertura que parece propor.

Daí a necessidade de ler o § 3º acima reproduzido com cautela: o fornecimento de certidões sobre os temas acima pode justificar-se no interesse de terceiros. Afinal, tendo em vista as garantias do crédito tributário, é necessário que se conheçam os ônus que recaem sobre as pessoas com as quais se celebram negócios. Daí que o acesso a tais informações parece adequado; o que não se pode aceitar é a mera divulgação de informações, que apenas se revela como forma de constranger o contribuinte, revelando-se forma indireta de cobrança de tributos.

7.6 Assistência mútua

Assegurado o sigilo fiscal pelo § 2º do art. 198, o legislador complementar não viu problemas em as autoridades administrativas prestarem assistência mútua na fiscalização de tributos. A matéria é regulada da seguinte forma:

> Art. 199. A Fazenda Pública da União e as dos Estados, do Distrito Federal e dos Municípios prestar-se-ão mutuamente assistência para a fiscalização dos tributos respectivos e permuta de informações, na forma estabelecida, em caráter geral ou específico, por lei ou convênio.
> Parágrafo único. A Fazenda Pública da União, na forma estabelecida em tratados, acordos ou convênios, poderá permutar informações com Estados estrangeiros no interesse da arrecadação e da fiscalização de tributos.

No que se refere ao dispositivo do *caput*, vê-se a previsão de convênios entre os poderes tributantes para a assistência na fiscalização e permuta de informações.

No Capítulo II, já se apontava serem os Convênios fonte do Direito Tributário. A eles se refere o Código Tributário Nacional nos artigos 100, IV, 102 e 103, III. Não é de estranhar que possam as Pessoas Jurídicas de Direito Público, mediante convênio, auxiliarem-se mutuamente, respeitadas as garantias dos contribuintes.

Maior dificuldade oferece a previsão à lei como fonte para prever a referida assistência: dada a autonomia assegurada a cada Pessoa Jurídica de Direito Público, descarta-se a possibilidade de uma lei editada por uma Pessoa Jurídica de Direito Público vir a constranger outra a auxiliá-la na fiscalização ou na permuta de informações. Tampouco seria o caso de lei complementar impor tal comportamento, pois se estaria além do alcance de "normas gerais". Resta, então, a possibilidade de um legislador, por ato unilateral, disciplinar a possibilidade de seus agentes prestarem assistência a outras Fazendas Públicas, independentemente de convênio. Seria o caso, por exemplo, de a União, por lei federal, autorizar a Receita Federal do Brasil a dar informações sobre o Cadastro de Pessoas Jurídicas (CNPJ) a outras Pessoas Jurídicas de Direito Público, dispensando o convênio.

A assistência administrativa não se limita às Pessoas Jurídicas de Direito Público interno, mas se estende à cooperação internacional. Nesse caso, é a União que, enquanto representante legítima (manifestando-se, externamente, na qualidade da República Federativa do Brasil), no "interesse da arrecadação e da fiscalização de tributos", "poderá permutar informações" mediante instrumentos próprios do Direito Internacional (tratados, acordos e convênios).

No Capítulo II, já se viu a importância dos tratados em matéria tributária enquanto instrumentos para a definição da própria jurisdição.

Os acordos de bitributação assinados pelo Brasil contêm, via de regra, dispositivo concernente a troca de informações. Veja-se, por exemplo, o que se inseriu no acordo de bitributação assinado com o México (Decreto n. 6.000, de 26 de dezembro de 2006):

ARTIGO 26

Troca de Informações

1. *As autoridades competentes dos Estados Contratantes trocarão entre si as informações necessárias para aplicar as disposições da presente Convenção ou as da legislação interna dos Estados Contratantes relativa aos impostos federais estabelecidos pelos Estados Contratantes na medida em que a tributação nela prevista não seja contrária à Convenção. A troca de informações aplica-se a impostos federais de qualquer classe ou denominação e não está limitada pelos Artigos 1 e 2. As informações recebidas por um Estado Contratante serão consideradas secretas da mesma maneira que as informações obtidas pela aplicação da legislação interna desse Estado e só poderão ser comunicadas às pessoas ou autoridades (inclusive tribunais e órgãos administrativos) encarregadas do lançamento ou cobrança dos impostos abrangidos pela presente Convenção, ou da instauração de processos sobre infrações relativas a esses impostos, ou da apreciação de recursos a eles correspondentes. Referidas pessoas ou autoridades somente utilizarão essas informações para fins fiscais.*
2. *As disposições do parágrafo 1 não poderão, em nenhum caso, ser interpretadas no sentido de obrigar um Estado Contratante a:*
   a) *tomar medidas administrativas contrárias à sua legislação ou prática administrativa ou às do outro Estado Contratante;*
   b) *fornecer informações que não poderiam ser obtidas com base na sua legislação ou no âmbito de sua prática administrativa normal ou das do outro Estado Contratante;*
   c) *fornecer informações reveladoras de segredo comercial, empresarial, industrial, profissional ou de processo comercial ou industrial, ou informações cuja comunicação seja contrária à ordem pública.*

O texto acima reflete a prática brasileira de seguir, em seus acordos de bitributação, o modelo desenvolvido pela Organização de Cooperação e Desenvolvimento Econômico – OCDE, conquanto adaptando-o às peculiaridades brasileiras. Revela o exemplo o compromisso que o País vem assumindo, perante seus parceiros internacionais, de fornecer informações protegidas pelo sigilo fiscal, o que evidencia a importância do dispositivo do Código Tributário Nacional, acima reproduzido.

Tema que também exige reflexão é o emprego da expressão "interesse da arrecadação e da fiscalização de tributos" presente no art. 113, §2º, conforme se discutiu no Capítulo X, e que foi repetida no art. 199 do Código Tributário Nacional. A repetição dessa locução implica dizer que se pode estabelecer um dever instrumental no interesse do Estado estrangeiro ou está ela limitada aos tributos federais, estaduais e municipais? Parece que a própria pressuposição da existência de "tratados, acordos ou convênios" assegura resposta afirmativa para a compreensão de todos os tributos, estrangeiros ou nacionais.

Partindo da noção de que se faz necessária "a própria existência de competência tributária" para a instituição de deveres instrumentais, Caio Takano explica que "[f]ora de seu território, não possui o ente político qualquer poder para impor deveres instrumentais". Dessa forma, a exigência do Código Tributário Nacional em relação à vigência de instrumentos próprios do Direito Internacional garante que o Estado brasileiro poderá fornecer informações a Estado estrangeiro, mas somente "no interesse da arrecadação e da fiscalização" do tributo daquele Estado[16]. O Código Tributário Nacional repetiu a mesma limitação à prestação de informações a Estados estrangeiros ou à solicitação pelo Estado brasileiro pela razão óbvia de que, se no primeiro caso nem sequer seria possível à Fazenda Pública da União (mesmo que com "lei ou convênio" com outros entes) ter acesso a tais dados caso não houvesse tais interesses, no segundo seria mera extensão do art. 113, § 2º, uma vez que se solicita informação no interesse da arrecadação e da fiscalização de tributo brasileiro.

7.7 Força pública

No exercício de sua atividade de fiscalização, a Administração Pública está autorizada a requisitar o auxílio de força pública, conforme prevê o Código Tributário Nacional:

> *Art. 200. As autoridades administrativas federais poderão requisitar o auxílio da força pública federal, estadual ou municipal, e reciprocamente, quando vítimas de embaraço ou desacato no exercício de suas funções, ou quando necessário à efetivação de medida prevista na legislação tributária, ainda que não se configure fato definido em lei como crime ou contravenção.*

Mais uma vez, importa ter em mente que o referido dispositivo não deve ser lido destacado do texto constitucional que assegura a atividade de fiscalização mas a submete à observância dos direitos e garantias individuais.

Nesse sentido, o Supremo Tribunal Federal já decidiu que o art. 200, acima transcrito, não autoriza o Fisco a invadir o domicílio do contribuinte sem amparo em ordem judicial. Confira-se, a propósito, o HC 79.512, rel. Min. Sepúlveda Pertence, D.J. de 16.05.2003, p. 92.

Com melhor fundamentação, notadamente no voto do Min. Celso de Mello:

> *EMENTA: FISCALIZAÇÃO TRIBUTÁRIA – APREENSÃO DE LIVROS CONTÁBEIS E DOCUMENTOS FISCAIS REALIZADA, EM ESCRITÓRIO DE CONTABILIDADE, POR AGENTES FAZENDÁRIOS E POLICIAIS FEDERAIS, SEM MANDADO JUDICIAL – INADMISSIBILIDADE – ESPAÇO PRIVADO, NÃO ABERTO AO PÚBLICO, SUJEITO À PROTEÇÃO CONSTITUCIONAL DA INVIOLABILIDADE DOMICILIAR (CF, ART. 5º, XI)*

16 Cf. TAKANO, Caio. *Deveres instrumentais dos contribuintes*: fundamentos e limites. São Paulo: Quartier Latin, 2017, p. 154-155.

– SUBSUNÇÃO AO CONCEITO NORMATIVO DE "CASA" – NECESSIDADE DE ORDEM JUDICIAL – ADMINISTRAÇÃO PÚBLICA E FISCALIZAÇÃO TRIBUTÁRIA – DEVER DE OBSERVÂNCIA, POR PARTE DE SEUS ÓRGÃOS E AGENTES, DOS LIMITES JURÍDICOS IMPOSTOS PELA CONSTITUIÇÃO E PELAS LEIS DA REPÚBLICA – IMPOSSIBILIDADE DE UTILIZAÇÃO, PELO MINISTÉRIO PÚBLICO, DE PROVA OBTIDA EM TRANSGRESSÃO À GARANTIA DA INVIOLABILIDADE DOMICILIAR – PROVA ILÍCITA – INIDONEIDADE JURÍDICA – "HABEAS CORPUS" DEFERIDO. ADMINISTRAÇÃO TRIBUTÁRIA – FISCALIZAÇÃO – PODERES – NECESSÁRIO RESPEITO AOS DIREITOS E GARANTIAS INDIVIDUAIS DOS CONTRIBUINTES E DE TERCEIROS. – Não são absolutos os poderes de que se acham investidos os órgãos e agentes da administração tributária, pois o Estado, em tema de tributação, inclusive em matéria de fiscalização tributária, está sujeito à observância de um complexo de direitos e prerrogativas que assistem, constitucionalmente, aos contribuintes e aos cidadãos em geral. Na realidade, os poderes do Estado encontram, nos direitos e garantias individuais, limites intransponíveis, cujo desrespeito pode caracterizar ilícito constitucional. – A administração tributária, por isso mesmo, embora podendo muito, não pode tudo. É que, ao Estado, é somente lícito atuar, "respeitados os direitos individuais e nos termos da lei" (CF, art. 145, § 1º), consideradas, sobretudo, e para esse específico efeito, as limitações jurídicas decorrentes do próprio sistema instituído pela Lei Fundamental, cuja eficácia – que prepondera sobre todos os órgãos e agentes fazendários – restringe-lhes o alcance do poder de que se acham investidos, especialmente quando exercido em face do contribuinte e dos cidadãos da República, que são titulares de garantias impregnadas de estatura constitucional e que, por tal razão, não podem ser transgredidas por aqueles que exercem a autoridade em nome do Estado. A GARANTIA DA INVIOLABILIDADE DOMICILIAR COMO LIMITAÇÃO CONSTITUCIONAL AO PODER DO ESTADO EM TEMA DE FISCALIZAÇÃO TRIBUTÁRIA – CONCEITO DE "CASA" PARA EFEITO DE PROTEÇÃO CONSTITUCIONAL – AMPLITUDE DESSA NOÇÃO CONCEITUAL, QUE TAMBÉM COMPREENDE OS ESPAÇOS PRIVADOS NÃO ABERTOS AO PÚBLICO, ONDE ALGUÉM EXERCE ATIVIDADE PROFISSIONAL: NECESSIDADE, EM TAL HIPÓTESE, DE MANDADO JUDICIAL (CF, ART. 5º, XI). – Para os fins da proteção jurídica a que se refere o art. 5º, XI, da Constituição da República, o conceito normativo de "casa" revela-se abrangente e, por estender-se a qualquer compartimento privado não aberto ao público, onde alguém exerce profissão ou atividade (CP, art. 150, § 4º, III), compreende, observada essa específica limitação espacial (área interna não acessível ao público), os escritórios profissionais, inclusive os de contabilidade, "embora sem conexão com a casa de moradia propriamente dita" (NELSON HUNGRIA). Doutrina. Precedentes. – Sem que ocorra qualquer das situações excepcionais taxativamente previstas no texto constitucional (art. 5º, XI), nenhum agente público, ainda que vinculado à administração tributária do Estado, poderá, contra a vontade de quem de direito ("invito domino"), ingressar, durante o dia, sem mandado judicial, em espaço privado não aberto ao público, onde alguém exerce sua atividade profissional, sob pena de a prova resultante da diligência de busca e apreensão assim executada reputar-se inadmissível, porque impregnada de ilicitude material. Doutrina. Precedentes específicos, em tema de fiscalização tributária, a propósito de escritórios de contabilidade (STF). – O atributo da autoexecutoriedade dos atos administrativos, que traduz expressão concretizadora do "privilège du preálable", não prevalece sobre a garantia constitucional da inviolabilidade domiciliar, ainda que se cuide de atividade exercida pelo Poder Público em sede de fiscalização tributária. Doutrina. Precedentes. ILICITUDE DA PROVA – INADMISSIBILIDADE DE SUA PRODUÇÃO EM JUÍZO (OU PERANTE QUALQUER INSTÂNCIA DE PODER) – INIDONEIDADE JURÍDICA DA PROVA RESULTANTE DE TRANSGRESSÃO ESTATAL AO REGIME CONSTITUCIONAL DOS DIREITOS E GARANTIAS INDIVIDUAIS. – A ação persecutória do Estado, qualquer que seja a instância de poder perante a qual se instaure, para revestir-se de legitimidade,

não pode apoiar-se em elementos probatórios ilicitamente obtidos, sob pena de ofensa à garantia constitucional do "due process of law", que tem, no dogma da inadmissibilidade das provas ilícitas, uma de suas mais expressivas projeções concretizadoras no plano do nosso sistema de direito positivo. A "Exclusionary Rule" consagrada pela jurisprudência da Suprema Corte dos Estados Unidos da América como limitação ao poder do Estado de produzir prova em sede processual penal. – A Constituição da República, em norma revestida de conteúdo vedatório (CF, art. 5º, LVI), desautoriza, por incompatível com os postulados que regem uma sociedade fundada em bases democráticas (CF, art. 1º), qualquer prova cuja obtenção, pelo Poder Público, derive de transgressão a cláusulas de ordem constitucional, repelindo, por isso mesmo, quaisquer elementos probatórios que resultem de violação do direito material (ou, até mesmo, do direito processual), não prevalecendo, em consequência, no ordenamento normativo brasileiro, em matéria de atividade probatória, a fórmula autoritária do "male captum, bene retentum". Doutrina. Precedentes. – A circunstância de a administração estatal achar-se investida de poderes excepcionais que lhe permitem exercer a fiscalização em sede tributária não a exonera do dever de observar, para efeito do legítimo desempenho de tais prerrogativas, os limites impostos pela Constituição e pelas leis da República, sob pena de os órgãos governamentais incidirem em frontal desrespeito às garantias constitucionalmente asseguradas aos cidadãos em geral e aos contribuintes em particular. – Os procedimentos dos agentes da administração tributária que contrariem os postulados consagrados pela Constituição da República revelam-se inaceitáveis e não podem ser corroborados pelo Supremo Tribunal Federal, sob pena de inadmissível subversão dos postulados constitucionais que definem, de modo estrito, os limites – inultrapassáveis – que restringem os poderes do Estado em suas relações com os contribuintes e com terceiros[17].

Daí que a requisição do uso de força policial apresenta não só o requisito subjetivo (a qualidade de quem a requer – autoridade administrativa tributária) mas também o objetivo: a ocorrência de embaraço ou desacato no exercício das funções administrativas, ou, alternativamente, a efetivação de medida prevista na legislação tributária.

17 STF, HC n. 82.788, 2ª Turma, rel. Min. Celso de Mello, j. 12.04.2005, D.J. 02.06.2006.

Índice alfabético-remissivo

(Os números romanos se referem aos capítulos e os arábicos, aos respectivos itens)

Abuso de Formas
v. Consideração Econômica
Acordos Internacionais
v. Tratados Internacionais
Administração Tributária
Acesso a Informações de Terceiros – XX, 7.4
Alcance da Fiscalização – XX, 7.1; XX, 7.2
Assistência Mútua – XX, 7.6
Força Pública – XX, 7.7
Formalização – XX, 7.3
Previsão Constitucional – XX, 6.1
Sigilo Fiscal – XX, 7.5
Alíquota
como Aspecto Quantitativo do Consequente – XII, 4.2
Alíquota Zero
e Isenção – V, 6
Analogia
Integração – XVII, 6.2.1
Anistia
Alcance Material – XVI, 3.1
Alcance Temporal – XVI, 3.2
Classificação – XVI, 3.2
Antecedente da Regra Matriz
Aspecto Especial – XI, 2.4
Aspecto Material – XI, 2.2
Aspecto Pessoal – XI, 2.1
Aspecto Temporal – XI, 2.3
Anterioridade (Princípio da)
Conteúdo – VII, 3
e Isenção – XVI, 2.2
Origem – VII, 3
e Vigência – XVIII, 1.1
Antidumping – III, 5
Aplicação
v. Interpretação
Momento – XVIII, 2
Apropriação Indébita
Definição – XIX, 4.2.2
Arbitragem
em Matéria Tributária – XV, 7
Atos Normativos – II, 13.1
Atos Ilícitos
Tributo e – III, 4.5.1
Autolançamento
v. Lançamento por Homologação
Base de Cálculo
como Aspecto Quantitativo do Consequente – XII, 4.1
Inerência – XII, 4.1; XII, 4.1.2
Prae- e *postnumerando* – XII, 4.1
Redução de – V, 6
Taxas – IV, 3.2; XII, 4.1.1
Tributos Não Vinculados – XII, 4.1.2
Tributos Vinculados – XII, 4.1.1
Capacidade Contributiva (Princípio da)
Absoluta e Relativa – VII, 5.1.2.1
nos Impostos – IV, 5.2
e Imunidade – IX, 1.2
e Princípio da Igualdade – VII, 5.1.2
e Progressividade – VIII, 2.3 e VIII, 2.6
e Substituição Tributária – XII, 6.4.2.1
nas Taxas – XII, 4.1.1.2
e Territorialidade – XVIII, 1.2.1
Causa do Tributo
v. Justificação dos Tributos

CIDE – Contribuição de Intervenção no Domínio Econômico
v. Contribuição Especial
Cláusula Geral
e Determinação Conceitual – VII, 2.5.2
Código Tributário Nacional
Estrutura – II, 4.6.2
Origem – II, 4.6.1
Compensação
Extinção da Obrigação Tributária – XV, 3
Compensação Financeira
por Exploração de Recursos Minerais – III, 1.3.1
por Exploração de Recursos Hídricos – III, 1.3.2
Competência Tributária
e Capacidade Tributária Ativa – VI, 1.1
e Competência Legislativa – VI, 1.2
Conceito – V, 2
Concorrente – II, 4.3.1.4
Conflitos de – II, 4.3.2; VI, 5.3; VI, 5.4
Contribuição de Melhoria – VI, 4.1.2
Contribuição Especial – VI, 7
Contribuição de Iluminação Pública – VI, 8
Contribuição Social – VI, 7
Empréstimo Compulsório – VI, 6
Impostos – VI, 4.2
Institutos de Direito Privado – XVII, 6.4.2
na Jurisprudência – XVII, 6.4.3
Lei Complementar – VI, 5
Privativa – V, 2
Quadro (resumo) – VI, 4
Repartição – VI, 2; VI.3; VI, 4
Residual – VI, 4.2.4
Residual para Contribuição Social – VI, 7.4
Taxas – IV, 3.4; VI, 4.1
e Tipos – VI, 5.1
Conceitos Indeterminados
e Arbitragem – XV, 7
e Determinação Conceitual – VII, 2.5.2
Confisco (Princípio da Proibição de Efeito de)
Conteúdo – VII, 6
e Livre Exercício de Qualquer Atividade Econômica – VII, 9.10
e multas (limite) – XIX, 2.3
Consequente da Regra Matriz
Aspecto Quantitativo – XII, 3
v. Base de Cálculo
v. Alíquota
Aspecto Pessoal – XII, 5
v. Sujeito Ativo
v. Sujeito Passivo
Consideração Econômica
e Abuso de Formas – XVII, 5.5; XVII, 5.6
e Analogia – XVII, 5.5
no Anteprojeto do CTN – XVII, 5.2
Evolução – XVII, 5.1
Hoje – XVII, 5.3
Interpretação Teleológica – XVII, 5.3
Limites – XVII, 5.3
Origem – XVII, 5
Teoria do Julgamento – XVII, 5.1; XVII, 5.6
Contribuição Federal – II, 3
Contribuição
Conceito – IV, 1.2
Contribuição Especial
Base de Cálculo – IV, 8.1.1; IV, 8.1.2
Casos – IV, 8
Competência – VI, 7
De Intervenção no Domínio Econômico – IV, 8.4
de Interesse de Categoria Profissional ou Econômica – IV, 8.3
Igualdade – VII, 5.2
Justificação – IV, 8.2
Referibilidade – IV, 8.2.1
Síntese – IV, 8.6
Contribuição de Iluminação Pública
v. COSIP
Contribuição de Intervenção no Domínio Econômico
v. Contribuição Especial
Contribuição de Interesse de Categoria Profissional ou Econômica
v. Contribuição Especial
Contribuição de Melhoria
Competência – VI, 4.1.2
Direito Comparado – IV, 4.1
Edital – IV, 4.9

Histórico – IV, 4.2; IV, 4.3
Justificação – IV, 4.5
Limite Individual – IV, 4.6
Limite Total – IV, 4.7
Síntese – IV, 4.10
e Taxa – IV, 4.8
Valorização – IV, 4.6

Contribuição Social
Afetação – IV, 7.1
no Código Tributário Nacional – IV, 7.2.1
Competência – VI, 7
Desvinculação de Receitas – IV, 7.5
Gerais – IV, 7.4
Igualdade – VII, 5.2
Imunidade – IX, 5.3
Justificação – IV, 7.1.2
Seguridade Social – IV, 7.3
Síntese – IV, 7.6

Contribuinte
v. Antecedente da Regra Matriz – Aspecto Pessoal

Convênio
como Fonte de Direito Tributário – II, 11

COSIP – Contribuição para o Custeio do Serviço de Iluminação Pública
Competência – VI, 8
Descrição – IV, 7.7

Costume em Matéria Tributária
como Fonte do Direito Tributário – II, 14

Crédito Tributário
Garantias – XX, 2
Exclusão – v. Isenção; v. Anistia
Extinção – XV, 1
e Lançamento – XIII, 5.2
e Obrigação – XIII, 3
Preferência – XX, 5
Privilégios – XX, 4
Suspensão – XIV, 1

Crimes Tributários
Apropriação Indébita – XIX, 4.2.2
Disciplina Jurídica – XIX, 4.2
Pagamento e Exclusão de Punibilidade – XIX. 4.2.3
Sonegação Fiscal – XIX. 4.2.1

Decisões Normativas
como Fonte do Direito Tributário – II, 13.2

Decreto
como Fonte do Direito Tributário – II, 12

Decreto Legislativo
como Fonte do Direito Tributário – II, 9

Defesa do Consumidor
e Tributação – VII, 9.5

Denúncia Espontânea
Cabimento – XIX, 3.3
e Deveres Instrumentais – XIX, 3.3.2
e Multa de Mora – XIX, 3.3.1

Depósito
Conversão em Renda – XV, 7
Suspensão da Exigibilidade – XIV, 3
Valor Integral – XIV, 3.1

Dever Instrumental
Denúncia Espontânea – XIX, 3.3.2
"Fato Gerador" – X, 4
Natureza – X, 4
e "Obrigação Acessória" – X, 4

Direito Privado
Competência Tributária – XVII, 6.4.2
Institutos de – XVII, 6.4
e Direito Tributário – XVII, 5
v. Consideração Econômica

Dívida Ativa
e Alienação Fraudulenta – XX, 3.1

Empresas de Pequeno Porte
Tratamento Favorecido – VII, 9.9

Empréstimo Compulsório
no Código Tributário Nacional – IV, 1.4.2; IV, 6.3
Competência – VI, 6
Justificação – IV, 6.1
Síntese – IV, 6.6

Essencialidade
Critério de Seletividade – VIII, 5

Equidade
como Método de Integração – XVII, 6.3
na Tributação – I, 4

Exportação
Imunidade – IX, 7

Extrafiscalidade
v. Normas Indutoras

Falência
Créditos Extraconcursais – XX, 5

Garantia de Instância para Contestação – XX, 3.2.1
Não Sujeição do Crédito Tributário – XX, 5.1
Prova de Quitação de Tributos – XX, 3.2.1
Falhas de Mercado
Conceito – I, 4
Fato Gerador
Aspectos – XI, 2
Discussão Terminológica – XX, 1.1
Conjunção de Fatos – XI, 1.3
Situação Jurídica – XI, 1.4
e Vontade – XI, 1.2
v. Antecedente da Regra Matriz
v. Consequente da Regra Matriz
Fato Jurídico Tributário
v. Fato Gerador
v. Consequente da Regra Matriz
Fiscalização – v. Administração Tributária
Fontes do Direito Tributário
Conceito – II.1
Funções Fiscais – I, 3
Função Indutora – v. Normas Indutoras
Guerra Fiscal
e Neutralidade – VII, 9.4.2.2
Hipótese Tributária
v. Fato Gerador
v. Antecedente da Regra Matriz
Igualdade (Princípio da)
e Capacidade Contributiva – VII, 5.1.2
Coexistência de Parâmetros – VII, 5.1.3
e Contribuições – VII, 5.2
Descrição – VII, 5
e Sinalagma – VII, 5.1.1
Imposto
e Capacidade Contributiva – IV, 5.2
Competência Tributária – VI, 4.2
Conceito – IV, 5
Indireto – v. Tributo Indireto
Justificação – IV, 5.1
Síntese – IV, 5.3
Único – I, 5.2
Imunidade
e Capacidade Contributiva – IX, 1.2
Classificação – IX, 1.3
Conceito – V, 3; IX, 1.1
Entidades de Assistência Social – IX, 5; IX, 5.3
Entidade de Educação, sem Fins Lucrativos – IX, 5
Exportação – IX, 7
Fonogramas e Videofonogramas musicais – IX, 7
Fundamentação – IX, 1.2
Livros, Jornais, Periódicos e o Papel Destinado a sua Impressão – IX, 6
Partidos Políticos e suas Fundações – IX, 5
Patrimônio, Renda e Serviços – IX, 1.4
Recíproca – IX, 3
Religiosa – IX, 4
Sindical – IX, 5
Técnica – IX, 9
Taxas – IX, 10
Tributos Indiretos – IX, 11
Infrações Tributárias
v. Multa
Incidência
Conceito, V, 4
Econômica – I, 6; I, 7
e Não Incidência – V, 4
Integração – v. Interpretação
Interpretação
Analogia – XVII, 6.2
e Aplicação – XVII, 4.2
no Código Tributário Nacional – XVII, 6.1
Equidade – XVII, 6.3
Estática e Dinâmica – XVII, 6.4.5
In Dubio pro Reo – XVII, 6.6
e Integração – XVII, 4.1; XVII, 6.2
Literal das Isenções – XVII, 6.5
Qualificação – XVII, 4.2; XVII, 7
Teleológica – v. Consideração Econômica
Teorias da – XVII, 2
Tipos – XVII, 3
Inventário
Garantia de Instância ou Reserva de Bens – XX, 3.2.2
Preferência de Crédito Tributário – XX, 5.2
Prova de Quitação de Tributos – XX, 3.2.2
Irretroatividade (Princípio da)
Conteúdo – VII, 4
Retroatividade – XVIII, 2.1

Isenção
e Alíquota Zero – V, 6
e Anterioridade – XVI, 2.2
Classificação – XVI, 2.3
Conceito – V, 5
Condicionada – XVI, 2.5
Disciplina – XVI, 2.4
Geral ou Específica – XVI, 2.5
Interpretação – XVII, 6.5
e Não Incidência – V, 5
Natureza – XVI, 2.1
Própria – V, 5.1; XVI, 2.3
e Redução de Base de Cálculo – V, 6
Técnica – V, 5.1
Isonomia – v. Igualdade (Princípio da)
Justificação dos Tributos
Teoria das Causas – I, 5.5; IV, 2
Lançamento
Atividade Privativa da Autoridade – XIII, 5.1
Atividade Vinculada – XIII, 7
Ausência de – XIII, 9.3.1
Constituição do Crédito – XIII, 5.2
Definição no CTN – XIII, 5
por Declaração – XIII, 9.2
Direto *(ex officio)* – XIII, 9.1
por Homologação – XIII, 9.3: XV, 2.4.2
Lei de Regência – XIII, 8
Modalidades – XIII, 9
Mudança de Critério Jurídico – XIII, 9.1.1
Natureza – XIII, 2
como Procedimento – XIII, 5.3
Legalidade (Princípio da)
Conceitos Indeterminados e Cláusulas Gerais – VII. 2.5.2
Conteúdo VII, 2.4
na Constituição – VII, 2.2
Determinação Conceitual – VII, 2.5.1
e Discricionariedade – 2.5.3
Infrações – XIX, 2
Mitigação – VII, 2.6
Origem – VII, 2.1
Regra Matriz de Incidência – X, 5.1
Reserva de Lei – VII, 2.3
Tipicidade – VII, 2.5
e Tributos Vinculados – VII, 2.7.1
Lei Complementar Tributária
Caráter Exaustivo das Matérias – II, 4.5
Conflitos de Competência – II, 4.3.2; VI, 5
Funções – II, 4.2
Lei Nacional – II, 4.3.1.2
e Limitações ao Poder Tributar – II, 4.3.3
Origem – II, 4.1
Lei Delegada
como Fonte de Direito Tributário – II, 7
Lei Expressamente Interpretativa
Retroatividade – XVIII, 2.1
Lei Ordinária
como Fonte de Direito Tributário – II, 5
Legislação Tributária
Conceito – II, 4.6.3
Lex Mitior
Retroatividade – XVIII, 2.1
Liberdade Religiosa
Imunidade, IX, 4.1
Licitações
Prova de Quitação de Tributos – XX, 3.2.3
Limitações ao Poder de Tributar
Papel da Lei Complementar – II, 4.3.3
Princípios e Limitações – VII, 1
Livre Concorrência (Princípio da)
e Imunidade e Domínio Econômico – IX, 1.3
e Imunidade Recíproca – IX, 3
e Imunidade Religiosa – IX, 4.2
e Imunidades Subjetivas – IX, 5.2
e Substituição Tributária – XII, 6.4.2.1
e Tributação – VII, 9.4
Livros, Jornais, Periódicos e o Papel Destinado a sua Impressão
Imunidade – IX, 6
Medida Liminar
Suspensão da Exigibilidade – XIV, 5
Medida Provisória
para Instituição de Tributos – II, 6
Meio Ambiente
Defesa do Meio Ambiente e Tributação – VII, 9.6
Moratória
Conceito – XIV, 2
Extensão – XIV, 3.4
e Federalismo – XIV, 2.2

Geral e Individual – XIV, 2.1
Parcelamento – XIV, 6
Requisitos – XIV, 2.3
Multa
e Anistia – XVI, 3.1
Denúncia Espontânea – XIX, 3.3
Interpretação mais Benéfica *(in dubio pro reo)* – XVII, 6.6
e Responsabilidade – XII, 6.5.1
Legalidade – XIX, 2
Limite – XIX, 2.3
Retroatividade da Lei mais Benéfica *(Lex mitior)* – XVIII, 2.1
Não Cumulativa (Princípio da)
na Competência Residual – VIII, 4.4.3
Conceito – VIII, 4.1
Crédito Físico e Crédito Financeiro – VIII, 4.3.2
no ICMS – VIII, 4.4.1
no IPI – VIII, 4.4.2
Neutralidade
e Eficiência Econômica – I, 5.1
e Livre Concorrência – VII, 9.4.2
Non olet – III, 4.5.1
Normas Complementares
como Fonte do Direito Tributário – II, 13
Vigência no Tempo – XVIII, 1.1
Normas Gerais em Matéria de Legislação Tributária – II, 4.3.1
Normas Indutoras
Ambientais – VII, 9.6
Livre Concorrência – VII, 9.4.1
Normas Tributárias Indutoras – I, 3; III, 6
e Progressividade – VIII, 2.8
Normas Jurídicas
e Enunciado – II, 2
e Princípio da Ordem Econômica – VII, 9
Obrigação Acessória
v. Dever Instrumental
Obrigação Principal
e Crédito – XVII, 3
Extinção – XV
Natureza – XII, 2
e Multas – X, 3
e Obrigação Privada – XII, 2.2
Suspensão – XIV
Teoria Dualista – XII, 6.1
Ordem Econômica
e Tributação – VII, 9
Pagamento
Consignação em – XV, 2.2
Doação em – XV, 7
Exclusão de Punibilidade – XIX, 4.2.3
Imputação – XV, 2.1.5
Local do – XV, 2.1.3
Mora – XV, 2.1.4
e Penalidade – XV, 2.1.1
Prazo – XV, 2.3
Prova – XV, 2.1.2
v. Repetição do Indébito
Parafiscalidade
Conceito – XII, 5
Parcelamento
Suspensão da Exigibilidade – XIV, 6
Pedágio
Natureza – III, 5; IV, 3.3.2
Penhora Eletrônica (on line)
Hipóteses – XX, 3.2.4
Pleno Emprego
Tributação pela Busca do Pleno Emprego – VII, 9.8
Poder de Polícia
nas Taxas – IV, 3.3.1
Poluidor Pagador
Tributação Ambiental – VII, 9.6
Prazo
do Pagamento – XV, 2.3
da Repetição – XV, 2.4.2
Preço Público
v. Taxa
Prescrição
e Decadência (extinção da obrigação) – XV, 6
e Repetição do Indébito – XV, 2.4.2
Princípio
v. Respectivo nome (ex.: Capacidade Contributiva, Princípio da)
Processo Administrativo
Extinção – XV, 7
Natureza – XIV, 4.1
Suspensão da Exigibilidade – XIV, 4

Progressividade (Princípio da)
Capacidade Contributiva – VIII, 2.3 e VII, 2.6
Conceito – VIII, 2
Estrutural – VIII, 2.7
Justiça Distributiva – VIII, 2.4 e VIII, 2.5
Normas Indutoras – VIII, 2.8
Propriedade
Efeito Alavanca – VII, 9.2.1
Função Social – VII, 9.3
e Tributação – VII, 9.2
Qualificação
na Aplicação da Lei Tributária – XVII, 4.2
no Código Tributário Nacional – XVII, 7
Receita
Originária e Derivada – III, 1.1
Recuperação Judicial
Garantia de Instância para Contestação – XX, 3.2.1
Prova de Quitação de Tributos – XX. 3.2.1
Redução de Desigualdades Regionais e Setoriais
Tributação para a Redução – VII, 9.7
Regra Matriz de Incidência
Estrutura – X, 5
e Legalidade – X, 5.1
Referibilidade
nas Contribuições Especiais – IV, 8.2.1
Repartição de Competência
v. Competência Tributária
Repetição do Indébito
Direito à Repetição – XV, 2.4
Prazo – XV, 2.4.2
Tributo Indireto – XV, 2.4.1
Remissão
Extinção da Obrigação Tributária – XV, 5
Reserva de Lei
na Legalidade – VII, 2.3
Resolução
como Fonte do Direito Tributário – II, 8
Responsabilidade por Transferência
por ato ou Omissão – XII, 6.5.3
Classificação – XII, 6.5
Extensão – XII, 6.5.1
por Infração – XII, 6.6
Multas – XII, 6.5.1
por Sucessão – XII, 6.5.2
Sujeito Passivo – XII, 6.5
de Terceiros – XII, 6.5.3
Responsabilidade Objetiva
Inexistência – XIX, 3.1
Retroatividade
v. Irretroatividade (Princípio da)
Segurança Jurídica
e Consideração Econômica – XVII, 5.7
e Irretroatividade – VII, 4
Seletividade (Princípio da)
Conteúdo – VIII, 5
Sigilo Fiscal
Disciplina – XX, 7.5
Sigilo de Terceiros
Inoponibilidade à Administração – XX, 7.4
Sistema Tributário
Objetivos de um – I, 5
Soberania Nacional
e Tributação – VII, 9.1
Solidariedade
Efeitos – XII, 6.3
na Sujeição Passiva – XII, 6.3
Sonegação Fiscal
Definição – XIX, 4.2.1
Substituição Tributária
Conceito – XII, 6.4.2
Para Frente – XII, 6.4.2.1
Retenção na Fonte – XII, 6.4.2.2
Sucessão
Responsabilidade na – XII, 6.5.2
Sujeito Ativo
e Capacidade Tributária Ativa – XII, 5
Parafiscalidade – XII, 5
Sujeito Passivo
Capacidade Tributária Passiva – XII. 6.2
Classificação – XII, 6
Contribuinte – XII, 6.1
Responsável – XII, 6.1; XII, 6.4; 6.4.1
v. Responsabilidade por Transferência
v. Solidariedade
v. Substituição Tributária
Taxa
Base de Cálculo – IV, 3.2; XII, 4.1.1

Capacidade Contributiva – XII, 4.1.1.2
Competência – IV, 3.4; VI, 4.1.1
Conceito – IV, 3
e Contribuição de Melhoria – IV, 4.8
Imunidade – IX, 9
Justificação – IV, 3.1
de Polícia – IV, 3.3.1
e Preço Público – III, 1.2
de Serviço Público – IV, 3.3.2
Síntese – IV, 3.5
Templos de Qualquer Culto
v. Imunidade Religiosa
Teoria do Julgamento
v. Consideração Econômica
Territorialidade (Princípio da)
no Direito Tributário Internacional – XVIII, 1.2.1
Interna – XVIII, 1.2
Tipicidade
v. Legalidade (Princípio da)
Tipos
e Competência Tributária – VI, 51
e Conceitos – VI, 5.1.2
e Jurisprudência dos Valores – XVII, 3
Transação
Extinção da Obrigação Tributária – XV, 4
Tratados Internacionais – II, 10
e Lei Interna – II, 10.3; II, 10.4
Limitação de jurisdição – II, 10.1
Máscara – II, 10.7
e Tributos Estaduais e Municipais – II, 10.8
Tributo(s)
Atos Ilícitos – III, 4.5.1
Conceito – III, 3; III, 4
Equivalência entre – I, 7
Histórico – I, 1
Monofásico e Plurifásico – VIII, 4.1
Indevido
v. Repetição do Indébito
Indireto – I, 6; III, 6; XV, 2.4.1
Vinculados e não Vinculados – IV, 1.2
Ultra-Atividade da Lei Tributária
Vigência – XVIII, 1
Unidade Econômica e Política (Princípios atinentes à)
Rol dos Princípios – VII, 7
Validade
Conceito – XVIII, 1
Vigência
Conceito – XVIII, 1
no Espaço – XVIII, 1.2
no Tempo – XVIII, 1.1

Índice de dispositivos da Constituição Federal citados

(Os números romanos se referem aos capítulos e os arábicos, aos respectivos itens)

3 – IV, 5.2
5 – VII, 5
5, II – VII, 2
5, VI – IX, 4
5, XXII – VII, 9.2
5, XXIII – VII, 9.3
5, § 2º – II, 10.3
19, I – IX 4.1
20, § 1º – III, 1.3.1
24 – II, 4.3, 1.4; VI, 1.2
45 – XII, 6.4.2.2
49, I – II, 9
62 – II, 6; XVIII, 1.1
68 – II, 7
145 – VI,4
145, II – IV, 3; IV, 3.2
145, III – IV, 4.4
145, § 1º – IV, 5.2; XX, 6.1
145, § 2º – XII, 4.1.1
146 – II, 4
146, I – I, 4.3.1; VI, 5.3
146, II – II, 4.3.2; VII, 2.4
146, III – II, 4.3.3; III, 3
146, III, *d* – VII, 9.9
146, parágrafo único – II, 4.3.1.3, VII, 9.9
146-A – II, 4.3.1.3; VII, 9.4.2.3
148 – IV, 6.1
149 – IV, 7.2; IV, 8; VII, 5.2
149, § 2º, I – IX, 8
149-A – IV, 7.7, VI, 8
150-I – 2.2
150, II – VII, 5
150, III, *a* – VII, 4
150, III, *b* – VII, 3
150, III, *c* – VII, 3
150, IV – VII, 6
150, V – III, 5; VII, 7
150, VI, *a* – IX, 3
150, VI, *b* – IX, 4
150, VI, *c* – IX, 5
150, VI, *d* – IX, 6
150, VI, *e* – IX, 7
150, § 2º – IX, 3
150, § 3º – IX, 3
150, § 4º – IX, 4; IX, 5.2
150, § 7º – XII, 6.4.2.1
151, I – VII, 5; VII, 7; VII, 9.7
151, II – IX, 3
151, III – V, 5.1
152 – VII, 5; VII, 7
153, § 1º – VII, 2.6
153, § 2º, I – VIII, 2.1
153, § 3º – VIII, 4.4.2; VIII, 5
153, § 3º, III – IX, 8
153, § 4º, II – IX, 9
153, § 5º – IX, 9
154, I – VI, 4.2.4; VI, 5.3; VI, 7.4; VIII, 4.4.3
155, § 2º, I – VII, 7; VIII, 4.4.1
155, § 2º, II – VIII, 4.4.1
155, § 2º, III – VIII, 5
155, § 2º, X, *a* – IX, 8
155, § 2º, X, *b* – IX, 9
155, § 2º, X, *c* – IX, 9
155, § 2º, X, *d* – IX, 9
155, § 2º, XII, *g* – II, 11
155, § 2º, XII, *h* – V, 5.1; VII, 2.6
155, § 3º – IX, 9

155, § 4º – VII, 2.6
156, § 2º, I – IX, 9
156, § 3º, II – IX, 8
165, § 6º – V, 5.1
167, IV – IV, 5
170, I – VII, 7; VII, 9.1
170, II – VII, 9.2
170, III – VII, 9.3
170, IV – VII, 7; VII, 9.4; IX, 3
170, V – VII, 9.5
170, VI – VII, 9.6
170, VII – VII, 9.7
170, VIII – VII, 9.8
170, IX – VII, 9.9
170, parágrafo único – VII, 9.10
173, § 1º – VII, 9.4.2.2; IX, 3
175 – IX, 5.2
177, § 4º, I, *b* – VII, 2.6
179 – VII, 9.9
182, § 4º – III, 4.5.3
184, § 5º – IX, 9
194 – IX, 5.4
195 – IV, 7.3
195, II – IX, 9
195 – IV, 7.3
195, § 4º – VI, 7.4
195, § 6º – VII, 3
195, § 7º – IX, 5.4
195, § 9º – VII, 5.2
195, § 12 – VIII, 4.4.3
199 – IX, 5.2
213 – IX, 5.2
219 – VII, 7
225 – VII, 9.6

Índice de dispositivos do Código Tributário Nacional citados

(Os números romanos se referem aos capítulos e os arábicos, aos respectivos itens)

3 – III, 3; III, 4
4 – IV, 1.4
5 – IV, 1.5
7 – V, 2; VI, 1.1
8 – V, 2; VI, 1.1
14 – IX, 5.3
15 – IV, 1.5; IV, 6.5
16 – IV, 5
77 – IV, 3.2
78 – IV, 3.3.1
79 –IV, 3.3.2
80 – IV, 3.4, VI; VI, 4.1.1
81 – IV, 4.6; VI, 4.1.2
82 – IV, 4.8
96 – II, 4.6.3
97 – II, 5; VII, 2.4
98 – II, 10; II, 10.5
99 – II, 12
100 – II, 13
101 – XVIII, 1
102 – XVIII, 1.2
103 – XVIII, 1.1
104 – XVIII, 1.1
105 – XVIII, 2
106 – XVIII, 2.1
107 – XVII, 6.1
108 – XVII, 6.2
109 – XVII, 6.4
110 – XVII, 6.4
111 – XVII, 6.5
112 – XVII, 6.6
113 – X, 1; X, 4; XII, 2
114 – XI, 2.4
115 – X, 4
116, I – XI, 1.3
116, II – XI, 1.4
117 – XI, 1.4
118 – III, 4.5.1; XI, 1.5; XVII, 7
119 – XII, 5
121 – XII, 6
123 – IX, 1.5
124 – XII, 6.3
125 – XII, 6.4
126 – XII, 6.2
128 – XII, 6.4.1
129 – XII, 6.5.1
130 – XII, 6.5.2.1
131, I – XII, 6.5.2.1
131, II e III – XII, 6.5.2.2
132 – XII, 6.5.2.3
133 – XII, 6.5.2.4
134 – XII, 6.5.3
135 – XII, 6.5.3
136 – XII, 6.6; XIX, 3.1
137 – XII, 6.6; XIX, 3.2
138 – XIX, 3.3
139 – XIII, 3.2
140 – XIII, 3.2
142 – XIII, 4; XIII, 5
142, parágrafo único – XIII, 7
143 – XIII, 2.3
144 – XIII, 8; XVIII, 1
146 – II, 13.3; XIII, 9.1.1
147 – XIII, 9.2
149 – XIII, 9.1
150 – XIII, 9.3; XV, 6

151 – XIV, 1
152 – XIV, 2.1
153 – XIV, 2.3
154 – XIV, 2.4
155 – XIV, 2.4; XVI, 2.5
155-A – XIV, 6
156 – XV, 1
157 – XV, 2.1.1
158 – XV, 2.1.2
159 – XV, 2.1.3
160 – XV, 2.3
161 – XV, 2.1.4
162 – III, 4.2
163 – XV, 2.1.5
164 – XV, 2.2
165 – XV, 2.4
166 – XV, 2.4.1
168 – XV, 2.4.2
170 – XV, 3
170-A – XV, 3
171 – XV, 4
172 – XV, 5; XIX, 2.3
173 – XV, 6
174 – XV, 6
175 – XVI, 1
176 – XVI, 2.4
177 – XVI, 2.4
178 – XVI, 2.5
179 – XVI, 2.5
180 – XVI, 3.2
181 – XVI, 3.2
182 – XVI, 3.2
183 – XX, 2
184 – XX, 4
185 – XX, 3.1
185-A – XX, 3.2.4
186 – XX, 5
187 – XX, 5.1
188 – XX, 3.2.1; XX, 5
189 – XX, 3.2.2; XX, 5.2
191 – XX, 3.2.1
191-A – XX, 3.2.1
192 – XX, 3.2.2
193 – XX, 3.2.3
194 – XX, 7.1
195 – XX, 7.2
196 – XX, 7.3
197 – XX, 7.4
198 – XX, 7.5
199 – XX, 7.6
200 – XX, 7.2; XX, 7.7
212 – II, 12
217 – IV, 1.4.2; XII, 5

Referências

ADAMS, Charles. *For good and evil.* The impact of taxes on the course of civilization. 2. ed. Lanham, New York, Toronto, Plymouth: Madison, 1999.

ADRIANI, P. J. A. La causa giuridica delle imposte nella dottrina e giurisprudenza olandese. *Rivista di Diritto Finanziario e Scienza delle Finanze*. vol. V, Parte I, Padova: CEDAM (ca. 1940), p. 241-253.

AGUIAR, Luciana I. L. Reflexões históricas sobre o art. 111 do CTN: a escolha pela expressão "literalmente" em oposição à expressão "restritivamente". *Revista Direito Tributário Atual*, vol. 32, 2014, p. 245-255.

AGUILERA, Maria Lucia. Responsabilidade de terceiros decorrente da prática de ilícitos e o lançamento de ofício: o caso da responsabilidade pessoal dos administradores. In: FERRAGUT, Maria Rita; NEDER, Marcos Vinicius (coords.). *Responsabilidade Tributária.* São Paulo: Dialética, 2007, p. 126-142.

ALBUQUERQUE, Marcos Cintra Cavalcanti (org.). *Imposto único sobre transações*: prós e contras. São Paulo: Câmara Brasileira do Livro, 1991.

ALESSI, Renato. Parte generale – la funzione tributaria in generale. In: ALESSI, Renato; STAMMATI, Gaetano. *Istituzioni di Diritto Tributario.* Torino: UTET, s.d., p. 3-147.

ALEXY, Robert. *Teoria dos direitos fundamentais*. Trad. Virgílio Afonso da Silva. São Paulo: Malheiros, 2008.

AMARAL, Antonio Carlos Rodrigues do. Os tratados internacionais e o art. 98 do CTN. In: ______. (coord.). *Tratados internacionais na ordem jurídica brasileira.* São Paulo: LEX Editora/Aduaneiras, 2005, p. 73-80.

AMARO, Luciano. Conceito e classificação dos tributos. *Revista de Direito Tributário,* n. 55, p. 239-296.

______. Lançamento, essa formalidade! In: TÔRRES, Heleno Taveira (coord.). *Teoria geral da obrigação tributária:* estudos em homenagem ao professor José Souto Maior Borges. São Paulo: Malheiros, 2005, p. 374-390.

______. *Direito Tributário brasileiro*. 14. ed. São Paulo: Saraiva, 2008.

AMATUCCI, Andrea. Il concetto di tributo (I Parte). In: AMATUCCI, Andrea (dir.). *Trattato di Diritto Tributario*. Padova: CEDAM, 2000.

ANDRADE, José Maria Arruda. *Interpretação da norma tributária.* São Paulo: MP: APET, 2006.

ANDRADE, Odilon de. Parecer. *Revista de Direito Administrativo*, vol. 3, 1946, p. 433.

APRATH, Werner. Zur Lehre vom Steuerlichen Tatbestand. *Gegenwartsfragen des Steuerrechts*. Festschrift für Armin Spitaler. Gerhard Thoma (Herausg.) Köln: Otto Schmidt, 1958, p. 125-134.

ARNDT, Hans-Wolfgang. *Steuern, Sonderabgaben und Zwangsanleihen*. Köln: Arbeitskreis für Steuerrecht, 1983.

ARVATE, Paulo; BIDERMAN, Ciro. Apresentação. In:______; ______. *Economia do setor público no Brasil*. Rio de Janeiro: Elsevier, 2004.

ASÚA, Luis Jiménez de. *La ley y el delito*. Principios de Derecho Penal. 5. ed. Buenos Aires: Sudamericana, 1967.

ATALIBA, Geraldo. Lei complementar na Constituição. São Paulo: Revista dos Tribunais, 1971.

______. *Hipótese de incidência tributária*. 4. ed. ampliada e atualizada em função da Constituição de 1988. São Paulo: Revista dos Tribunais, 1990.

ATALIBA, Geraldo; GONÇALVES, José Artur Lima. Taxa para emissão de guia de importação. *Revista de Direito Tributário*, n. 61, p. 40-51.

ÁVILA, Humberto. Imposto sobre a Circulação de Mercadorias – ICMS. Substituição tributária. Base de cálculo. Pauta fiscal. Preço máximo ao consumidor. Diferença constante entre o preço usualmente praticado e o preço constante da pauta ou o preço máximo ao consumidor sugerido pelo fabricante. Exame de constitucionalidade. *Revista Dialética de Direito Tributário*, vol. 123. São Paulo: IBDT, Dialética, 2005, p. 122-134.

______. O princípio da isonomia em matéria tributária. *Tratado de Direito Constitucional Tributário*. Estudos em homenagem a Paulo de Barros Carvalho. Heleno Taveira Tôrres (coord.). São Paulo: Saraiva, 2005, p. 407-439.

______. *Teoria dos princípios*. Da definição à aplicação dos princípios jurídicos. 5. ed. São Paulo: Malheiros, 2006.

______. *Teoria da igualdade tributária*. 2. ed. São Paulo: Malheiros. 2009.

______. *Sistema constitucional tributário*. 4. ed. São Paulo: Saraiva, 2010.

______. *Conceito de renda e compensação de prejuízos fiscais*. São Paulo: Malheiros, 2011.

______. As taxas e sua mensuração. *Revista Dialética de Direito Tributário*, n. 204, set. 2012, p. 37-44.

AVI-YONAH, Reuven S. Tax treaty overrides: a qualified defense of U.S. practice. *Tax treaties and domestic law*. vol. 2. Guglielmo Maisto (editor), 2006.

AYALA, Jose Luis Perez de; GONZALEZ, Eusébio. *Curso de Derecho Tributário*. Tomo I. 5. ed. Madrid: Edersa, 1989.

BABROWSKI, Udo W. *Die Steuerbefreiung als Rechtsform der Subvention: Erscheinung und verfassungsrecthliche Problematik*. Tese de doutorado na área de Direito na Universidade Eberhard-Karls-Universität. Tübingen: edição do autor, 1976.

BALEEIRO, Aliomar. "O Código Tributário Nacional, segundo a correspondência de Rubens Gomes de Sousa". In: ______. et al. *Proposições tributárias*. São Paulo: Resenha Tributária, 1975.

______. *Uma introdução à ciência das finanças*. 14. ed. [s.l.]: Forense, 1987.

______. Taxa – conceito – serviços públicos gerais e especiais – constitucionalidade da taxa de bombeiros de Pernambuco. *Revista de Direito Administrativo*, vol. 79, p. 437-451.

______. *Uma introdução à ciência das finanças*. 17. ed. revista e atualizada por Hugo de Brito Machado Segundo. Rio de Janeiro: Forense, 2010.

BALEEIRO, Aliomar; DERZI, Misabel Abreu Machado. *Direito Tributário brasileiro*. 11. ed. Rio de Janeiro: Forense, 2004.

BARACHO, José Alfredo de Oliveira. Teoria geral da soberania. *Revista Brasileira de Estudos Políticos*, Belo Horizonte, n. 63/64, p. 27, 1986.

BARBOSA, Rui. *Comentários à Constituição Federal brasileira*: coligidos e ordenados por Homero Pires. São Paulo: Livraria Acadêmica Saraiva & Cia., 1933.

______. *Relatório do Ministro da Fazenda – Obras Completas de Rui Barbosa*. vol. XVIII ¾ 1891, tomo III. Rio de Janeiro: Ministério da Educação e Saúde, 1949.

BARRAL, Welber. *Dumping* e medidas *antidumping*: sua polêmica natureza jurídica. In: TÔRRES, Heleno Taveira (coord.). *Direito Tributário Internacional aplicado*. São Paulo: Quartier Latin, 2003.

BARRETO, Aires Fernandino. *Base de cálculo, alíquota e princípios constitucionais*. São Paulo: Revista dos Tribunais, 1986.

BARROS, Flávio Pereira da Costa. Sanções políticas: uma nova vertente na jurisprudência brasileira? In: SILVA, Paulo Roberto Coimbra (coord.). *Grandes temas do direito tributário sancionador*. São Paulo: Quartier Latin, 2010.

BARROS, Sérgio Resende de. *Direitos humanos*: paradoxo da civilização. Belo Horizonte: Del Rey, 2003.

BARTHOLINI, Salvatore. *Il principio di legalità dei tributi in materia di imposte*. Padova: CEDAM, 1957.

BASTOS, Celso Ribeiro. *Direito Econômico brasileiro*. São Paulo: Celso Bastos – Instituto Brasileiro de Direito Constitucional, 2000.

______. *Curso de Direito Constitucional*. 19. ed. São Paulo: Saraiva, 1998.

BAYER, Hermann-Wilfried. Die verfassungsrechtlichen Grundlagen der Wirtschaftslenkung durch Steuerbefreiung. In: *Steuer und Wirtschaft*, n. 2/1972, p. 149-156.

______. Tatbestandsmäßigkeit. *Handwörterbuch des Steuerrechts:* unter Einschluß von Betriebswirtschaftlicher Steuerlehre, Finanzrecht, Finanzwissenschaft. STRICKRODT, Georg et al. (orgs.). Band 2. 2., neubearb. U. erw. Aufl. München: Beck; Bonn: Verlag des Wissenschaftl. Inst. d. Steuerberater u. Steuerbevollmächtigten, 1981, p. 1404-1408.

BECHO, Renato Lopes. Art. 135. In: PEIXOTO, Marcelo Magalhães; MASSET, Rodrigo Santos (coords.). *Comentários ao Código Tributário Nacional*. São Paulo: MP, 2005.

______. Taxa, tarifa e preço no Direito Público brasileiro. *Revista Dialética de Direito Tributário*, n. 167, ago. 2009.

______. A discussão sobre a tributabilidade de atos ilícitos. *Revista Dialética de Direito Tributário*, n. 172, jan. 2010.

______. A sujeição passiva tributária na jurisprudência do STF. *Revista Dialética de Direito Tributário,* n. 201, jun. de 2012, p. 135-148.

______. Desdobramentos das decisões sobre responsabilidade tributária de terceiros no STF: regras-matrizes de responsabilização, devido processo legal e prazos de decadência e prescrição. *Revista Dialética de Direito Tributário*, n. 204, set. 2012, p. 45-57.

———. Responsabilidade tributária de terceiros – O art. 135 do CTN. *Revista Dialética de Direito Tributário*, n. 197, fev. 2012, p. 127-137.

BECKER, Alfredo Augusto. *Teoria geral do Direito Tributário*. 2. ed. São Paulo: Saraiva, 1972.

______. *Teoria geral do Direito Tributário*. 3. ed. São Paulo: Lejus, 1998.

______. *Teoria geral do Direito Tributário*. 4. ed. São Paulo: Noeses, 2007.

______. *Carnaval tributário*. 2. ed. São Paulo: Lejus, 1999.

BEISSE, Heinrich. O critério econômico na interpretação das leis tributárias segundo a mais recente jurisprudência alemã. In: MACHADO, Brandão (coord.). *Direito Tributário*: estudos em homenagem ao Professor Ruy Barbosa Nogueira. São Paulo: Saraiva, 1984.

BELING, Ernst. *Die Lehre vom Tatbestand*. Tübingen: J.C.B. Mohr, 1930.

BELLSTEDT, Christoph. *Die Steuer als Instrument der Politik*. Berlin: Duncker & Humblot, 1966.

BERLIRI, Antonio. *Principios de Derecho Tributario*. Trad. e anotado por Fernando Vicente-Arche Domingo. vol. I. Madrid: Derecho Financiero, 1964.

______. *Principi di Diritto Tributario*. vol I. 2. ed. revista. Milano: Giuffrè, 1967.

______. *Principios de Derecho Tributario*. vol. II. Madrid: Derecho Financiero, 1971.

BERTOLUCCI, Aldo Vincenzo. *Quanto custa pagar tributos*. São Paulo: Atlas, 2003.

BETTI, Emilio. *Teoria generale delle obbligazioni*. vol. II. Milano: Giuffrè, 1953.

BEZERRA, Fábio Luiz de Oliveira. Tributação dos recursos hídricos. *Revista Dialética de Direito Tributário*, n. 168, set. 2009.

BIELSA, Rafael. *Los conceptos jurídicos y su terminología*. 3. ed. aumentada. Buenos Aires: Depalma, 1993.

BIFANO, Elidie Palma. Complexidade das obrigações tributárias, incluindo a imposição de multa por seu descumprimento. In: SOUZA, Priscila de; CARVALHO, Paulo de Barros (org.), *Racionalização do Sistema Tributário*, São Paulo: Noeses, IBET, 2017, p. 291–321.

BIRK, Dieter. *Steuerrecht I*: Allgemeines Steuerrecht. München: C. H. Beck, 1988.

______. *Steuerrecht*. 6. ed. atualizada. Heidelberg: C.F. Müler, 2003.

BLUM, Walter J.; KALVEN JR., Harry. The uneasy case for progressive taxation. *The University of Chicago Law Review*, v. 19, 1952.

BLUMENSTEIN, Ernst. La causa nel Diritto Tributario Svizzero. *Rivista di Diritto Finanziario e Scienza delle Finanze*. Padova: CEDAM, 1939, p. 355-371.

______. *Sistema di Diritto delle Imposte*. Trad. Francesco Forte. Milano: Giuffrè, 1954.

______. *System des steuerrechts*. 4. ed. atualizada e revista por Peter Locher. Zürich: Schulthess Polygraphischer Verlag, 1992.

BOBETT, Catherine S. Retroactive or retrospective. A note on terminology. *British Tax Review*, 2006, p. 15-18.

BÖCKLI, Peter. *Indirekte Steuern und Lenkungssteuern*. Basel/Stuttgart: Helbing & Lichtenhahn, 1975.

BODIN, Jean. *Six livres de la republique avec l'apologie de r. Herpin*. [s.l.]: Scientia Aalen, 1961.

BORGES, José Souto Maior. *Lei complementar tributária*. São Paulo: Revista dos Tribunais, 1975.

______. Tratado de Direito Tributário brasileiro: *lançamento tributário*. vol. IV. Flávio Bauer Novelli (coord.). Rio de Janeiro: Forense, 1981.

______. *Obrigação tributária*: uma introdução metodológica. 2. ed. São Paulo: Malheiros, 1999.

______. *Teoria geral da isenção tributária*. 3. ed. São Paulo: Malheiros, 2001.

______. Hierarquia e sintaxe constitucional da lei complementar tributária. *Revista Dialética de Direito Tributário*, n. 150, mar. 2008, p. 67 e ss.

BORRÁS, A. *La doble imposición*: problemas jurídico-internacionales. Madrid: Instituto de Estudios Fiscales, 1974.

BOUVIER, Michel. *Introduction au Droit Fiscal General et à la théorie de l'impôt*. 8. ed. Paris: LGDJ, 2007.

BRANDT, Hans-Jurgen. *Die'Beurteilung von Tatbeständen' im Steuerrrecht nach § 1 Abs. 3 des Steueranpassungsgesetzes*. Dissertation zur Erlangung des Grades eines Doktors der Rechte der Rechtswissenschaftlichen Fakultät der Universität Hamburg. Hamburg, 1967.

BRAZ, Petrônio. *Direito Municipal na Constituição*. 3. ed. São Paulo: Ed. de Direito, 1996.

BRAZUNA, José Luis Ribeiro. *Defesa da concorrência e tributação à luz do art. 146-A da Constituição*. São Paulo: Quartier Latin/IBDT, 2009.

BRIGGS, Charles W. Taxation is not for fiscal purposes only. *American Bar Association Journal*, vol. 52 (47), jan. 1966.

BRITO, Edvaldo. Critérios para distinção entre taxa e preço. In: MARTINS, Ives Gandra da Silva (coord.). *Taxa e preço público*: caderno de pesquisas tributárias n. 10. São Paulo: CEEU/Resenha Tributária, 1985, p. 47-82.

BRODERSEN, Carsten. Nichtfiskalische Abgaben und das Finanzverfassung. Zur Abgrenzung nichtfiskalischer Abgaben von Steuern. In: VOGEL, Klaus; TIPKE, Klaus (orgs.). *Verfassung – Verwaltung – Finanzen: Festschrift für Gerhard Wacke*. Köln: Dr. Otto Schmidt, 1972, p. 103-115.

BÜHLER, Ottmar. *Die subjektiven öffentlichen Rechte und ihr Schutz in der deutschen Verwaltungsrechtsprechung*. Berlin, Stuttgart, Leipzig: Verlag von W. Kohlhammer, 1914.

______. La causa giuridica nel Diritto Tributario tedesco. *Rivista di Diritto Finanziario e Scienza delle Finanze*. Padova: CEDAM, 1939, p. 9-43.

BUJANDA, Fernando Sáinz de. Análisis jurídico del hecho imponible. *Revista de Derecho Financiero y de Hacienda Pública*, n. 60, p. 769-922; n. 61, p. 35-166; n. 62, p. 343-385. Madrid: Derecho Financiero, 1965/1966.

BULHÕES PEDREIRA, José Luiz. *Imposto de Renda*. Rio de Janeiro: Justec, 1971.

CAETANO, Marcello. *História do Direito português* (séculos XII-XVI). Subsídios para a história das fontes do Direito em Portugal do século XVI. 4. ed. Lisboa/São Paulo: Verbo, 2000.

CALIENDO, Paulo. Princípio da neutralidade fiscal: conceito e aplicação. In: PIRES, Adilson Rodrigues; TÔRRES, Heleno Taveira (orgs.). *Princípios de Direito Financeiro e Tributário*: estudos em homenagem ao professor Ricardo Lobo Torres. Rio de Janeiro: Renovar, 2006.

CALMON, Eliana. Comentário ao art. 77. In: FREITAS, Vladimir Passos de (coord.). *Código Tributário Nacional comentado*: doutrina e jurisprudência, artigo por artigo, inclusive ICMS (LC 87/1996 e LC 114/2002) e ISS (LC 116/2003). 4. ed. atualizada e ampliada. São Paulo: Revista dos Tribunais, 2007.

CAMPOS, Diogo Leite de; RODRIGUES, Benjamim Silva; SOUSA, Jorge Lopes de. *Lei geral tributária*. Comentada e anotada. 3. ed. Lisboa: Vislis, 2003.

CANTO, Gilberto de Ulhôa. Causa das obrigações fiscais. *Repertório enciclopédico do Direito Brasileiro*. J. M. de Carvalho Santos e José de Aguiar Dias (dir.). vol. VIII. Rio de Janeiro: Borsoi, s.d.

CARBAJO VASCO, Domingo. La imposición ecológica en España – el caso de la fiscalidad de las aguas. *Impuestos*. vol. II. Madrid: La Ley, 1993, p. 265-275.

CARRAZZA, Roque Antonio. *Curso de Direito Constitucional Tributário*. 9. ed. revista e ampliada. São Paulo: Malheiros, 1997.

______. Importação de bíblias em fitas – sua imunidade – Exegese do art. 150, VI, "d", da Constituição Federal. *Revista Dialética de Direito Tributário*, n. 26, 1997.

______. Instituições financeiras. Imposto sobre a Renda da Pessoa Jurídica (IRPJ) e Contribuição Social sobre o Lucro (CSL). Plena dedutibilidade da provisão para créditos de liquidação duvidosa. Inconstitucionalidades do art. 43, § 4º, da Lei n. 8.981/95. Questões conexas. In: SCHOUERI, Luís Eduardo; ZILVETI, Fernando Aurélio (coords.). *Direito Tributário*. Estudos em homenagem a Brandão Machado. São Paulo: Dialética, 1998, p. 228-265.

______. *ICMS*. São Paulo: Malheiros, 2004.

______. Mercosul e tributos estaduais, municipais e distritais. *Revista de Direito Tributário*, n. 64, 1994.

CARRIÓ, Genaro R. *Notas sobre Derecho y lenguaje*. 4. ed. corrigida e aumentada. Buenos Aires: Abeledo-Perrot, 1990.

CATAUDELLA, Antonino. Fattispecie e fatto. In: *Enciclopedia del Diritto*. vol. XVI. Milano: Giuffrè, 1967, p. 926-941.

CARVALHO, Aurora Tomazini de. *Direito Penal Tributário*: uma análise lógica, semântica e jurisprudencial. São Paulo: Quartier Latin, 2009.

CARVALHO, Paulo de Barros. *Teoria da norma tributária*. 2. ed. São Paulo: Revista dos Tribunais, 1981.

______. Sobre os princípios constitucionais tributários. *Revista de Direito Tributário*, ano 15, jan./mar. 1991, n. 55, p. 142-155.

______. *Fundamentos jurídicos da incidência tributária*. Tese apresentada ao concurso para Professor Titular do Departamento de Direito Econômico e Financeiro, área de Direito Tributário, da Faculdade de Direito da Universidade de São Paulo. São Paulo: USP, 1996.

______. *Curso de Direito Tributário*. 19. ed. São Paulo: Saraiva, 2007.

______. *Direito Tributário*: linguagem e método. São Paulo: Noeses, 2008.

______. *Direito Tributário*: fundamentos jurídicos da incidência. 8. ed. São Paulo: Saraiva, 2010.

CASSONE, Vittorio. Imunidade tributária dos templos – A solidariedade na Igreja Católica e na Constituição do Brasil. *Revista Fórum de Direito Tributário*, n. 4, 2003.

CAVALCANTI, Carlos Eduardo G. *A guerra fiscal no Brasil*. São Paulo: Fundap; Fapesp, 2000.

CHAGAS, Maurício Saraiva de Abreu. A aplicação do princípio da insignificância no Direito Tributário. In: SILVA, Paulo Roberto Coimbra (coord.). *Grandes temas do direito tributário sancionador*. São Paulo: Quartier Latin, 2010, p. 377-394.

CHAVES, Antonio. Contribuição de melhoria. *Revista de Direito Administrativo*, n. 99, p. 407-412.

COCIVERA, Benedetto. *Corso di Diritto Tributario*. Bari: Francesco Cacucci, 1965.

COÊLHO, Sacha Calmon Navarro. *Comentários à Constituição de 1988* – sistema tributário. 3. ed. Rio de Janeiro: Forense, 1991.

______. As contribuições para a seguridade e os tratados internacionais. *Revista Dialética de Direito Tributário*, São Paulo, n. 26, p. 67-85, nov. 1997.

______. As contribuições especiais no Direito Tributário brasileiro. *Justiça Tributária*: direitos do Fisco e garantias dos contribuintes nos atos da administração e no processo tributário. I Congresso Internacional de Direito Tributário. Instituto Brasileiro de Estudos Tributários – IBET. São Paulo: Max Limonad, 1998, p. 773-792.

______. *Curso de Direito Tributário brasileiro*. Rio de Janeiro: Forense, 2006.

______. Normas jurídicas e proposições sobre normas jurídicas – Prescrições jurídicas – O papel dos intérpretes. *Revista Dialética de Direito Tributário*, n. 173, fev. 2010, p. 123.

COLIN, Ambroise; CAPITANT, H. *Cours élémentaire de Droit Civil français*. Tome deuxième. 8. ed. Paris: Dalloz, 1935.

COMPARATO, Fábio Konder. *Essai d'analise dualiste de L'obligation en Droit Prive*. Paris: Dalloz, 1964.

CONCEIÇÃO, Marcia Dominguez Nigro. *Conceitos indeterminados na Constituição*: requisitos da relevância e urgência (art. 62 da CF). São Paulo: Celso Bastos Editor: Instituto Brasileiro de Direito Constitucional, 1999.

CONTI, José Maurício. *Princípios tributários da capacidade contributiva e da progressividade*. São Paulo: Dialética, 1996.

______. *Sistema constitucional tributário interpretado pelos tribunais*. São Paulo: Ed. Oliveira Mendes, 1997.

CORREA, Walter Barbosa. Não incidência – imunidade e isenção. *Revista de Direito Administrativo*, vol. 73, 1963, p. 425 e ss.

COSCIANI, Cesare. *Principios de la ciencia de la hacienda*. Tradução F.V.A. Domingo; J.G. Anoveros. Madrid: Editorial de Derecho Financiero, [s.d.].

COSTA, Alcides Jorge. *ICM na Constituição e na Lei Complementar*. São Paulo: Resenha Tributária, 1978.

______. Noção de tributo. Imposto. Taxa. Contribuição. Preços públicos. Noção de Direito Tributário. In: *Curso de Direito Tributário*. Vv. Aa. São Paulo: FIESP. s.d. (mimeo), p. 1-69.

______. Da teoria do fato gerador. *Curso sobre teoria do direito tributário*. Secretaria da Fazenda do Estado de São Paulo, Coordenação da Administração Tributária. São Paulo: Assistência de Promoção Tributária da Diretoria de Planejamento da Administração Tributária, 1975, p. 117-132.

______. Natureza jurídica dos empréstimos compulsórios. *Revista de Direito Administrativo*, n. 70, out./dez. 1962.

______. *Contribuição ao estudo da obrigação tributária.* São Paulo: IBDT, 2003.

COSTA, Gabriella Carvalho da. As disposições do art. 655-A e a penhora *on-line*. *Revista de Direito Tributário da APET*, ano VII, edição 25, maio de 2010, p. 43 e ss.

COSTA, Helena R. L. Direito penal econômico e direito administrativo sancionador. *Ne bis in idem* como medida de política sancionadra integrada. Tese de Livre-Docência apresentada à Faculdade de Direito da Universidade de São Paulo, 2013.

COSTA, Ramón Valdés. *Curso de Derecho Tributario.* 2. ed. Buenos Aires: Depalma; Santa Fe de Bogotá: Temis; Madrid: Marcial Pons, 1996.

COSTA, Regina Helena. Conceitos jurídicos indeterminados e discricionariedade administrativa. *Revista de Direito Público*, n. 95, jul./set. 1990, p. 125-138.

______. *Princípio da capacidade contributiva.* 2. ed. São Paulo: Malheiros, 1996.

______. A natureza jurídica da compensação financeira pela exploração de recursos minerais. *Revista Trimestral de Direito Público*, n. 13, 1996.

______. *Imunidades tributárias.* Teoria e análise da jurisprudência do STF. 2. ed. revista e atualizada. São Paulo: Malheiros, 2006.

______. *Curso de Direito Tributário*, São Paulo: Saraiva, 2009.

CREZELIUS, Georg. Beschränkte Steuerpflicht und Gestaltungsmißbrauch. In *Der Betrieb*, Caderno 10, p. 530 e ss.

CZISNIK, Marianne. *Die Gleichartigkeit von Steuern im System der Finanzverfassung*. In *Die Öffentliche Verwaltung*, caderno 24, dez. 1989, p. 1065-1072.

DARZÉ, Andréa Medrado. Os limites da responsabilidade tributária dos adquirentes de bens imóveis. In: FERRAGUT, Maria Rita; NEDER, Marcos Vinicius. *Responsabilidade tributária*. São Paulo: Dialética, 2007, p. 48-59.

DÉAK, Daniel. Retroactivity and tax legislation – hungary report – EATLP 2010. Disponível em: <http://www. eatlp.org/uploads/public/Hungary%20Retroactive%20tax%20legislation%20 EATLP%202010.pdf>.

DEBATIN, Helmut. System und Auslegung der Doppelbesteuerungsabkommen. *Der Betrieb*, Supl. n. 23 ao Caderno n. 39, p. 1-8, 1985.

______. Die Abkommen der Bundesrepublik Deutschland zur Vermeidung der internationalen Doppelbesteuerung (Doppelbesteuerungsabkommen). In: KORN, Rudolf; ______. *Doppelbesteuerung – Sammlung der zwischen der Bundesrepublik Deutschland und dem Ausland bestehenden Abkommen über der Vermeidung der Doppelbesteuerung*. 8. ed. (fls. soltas), Systematik - III, München: Beck, 1989.

DERZI, Misabel de Abreu Machado. *Direito Tributário, Direito Penal e tipo*. São Paulo: Revista dos Tribunais, 1988.

______. Aspectos essenciais do ICMS, como Imposto de Mercado. In: SCHOUERI, Luís Eduardo; ZILVETI, Fernando Aurélio (coords.). *Direito Tributário*: estudos em homenagem a Brandão Machado. São Paulo: Dialética, 1998, p. 116-142.

______. O sigilo bancário e a guerra pelo capital. *Revista de Direito Tributário*, São Paulo, n. 81, 2001, p. 256-275.

______. *Modificações da jurisprudência no Direito Tributário*. São Paulo: Noeses, 2009.

DERZI, Misabel de Abreu Machado; COÊLHO, Sacha Calmon Navarro. A imunidade intergovernamental e sua extensão às autarquias federais. *Revista Dialética de Direito Tributário*, n. 6, 1996.

DINIZ, Maria Helena. *Código Civil anotado*. São Paulo: Saraiva, 1997.

DOMINGUES, José Marcos. A chamada compensação financeira SNUC. *Revista Dialética de Direito Tributário*, n. 133, out. 2006.

DÓRIA, Antonio Roberto Sampaio. *Da lei tributária no tempo*. São Paulo: ed. do autor, 1968.

______. *Discriminação de rendas tributárias*. São Paulo: José Bushatsky, 1972.

DOURADO, Ana Paula (org.). General report – in search of validity in tax law: the boundaries between creation and application in a rule-of-law state. *Separation of powers in tax law*. 209 EATLP Congress, Santiago de Compostela. Amsterdam: EATLP, 2010, p. 27-55.

DOWELL, Stephen. *A history of taxation and taxes in England*. vol. 1. 3. ed. London: Frank Cass, 1965.

DREWES, Franz. *Die steuerrechtliche Herkunft des Grundsatzes der gesetztmäbigen Verwaltung*. Tese de Doutorado apresentada à Hohen Rechts- und Staatswissenschaftlichen Fakultät der Christian-Albrechts- Universität zu Kiel. Kiel: ed. do autor, 1958.

DWORKIN, Ronald. *Taking rights seriously*. Cambridge: Harvard, 1977.

EILERS, Stephan. Overide of tax treaties under the domestic legislation of the U.S. and Germany. *Tax Management International Journal*, Washington D.C., vol. 19, 1990, p. 295-304.

ENGISCH, Karl. *Einführung in das juristische Denken*. 8. Auflage. Stuttagart; Berlin; Köln: Kohlhammer, 1983.

ENNECCERUS, Ludwig. *Recht der Schuldverhältinsse*. Ein Lehrbuch: Tübingen, 1954.

ENTERRÍA, Eduardo García de; FERNÁNDEZ, Tomas-Ramon. *Curso de Direito Administrativo*. São Paulo: Revista dos Tribunais, 1990.

EPS, Gottfried. *Die Beurteilung von Tatbeständen im Steuerrecht*. Zur Bedeutung des § 1 Abs. 3 StAnpG. Essen: W. Girardet, 1939.

FALCÃO, Amílcar de Araújo. Parecer. *Revista de Direito Administrativo*, vol. 52, 1958, p. 469-491.

______. *Fato gerador da obrigação tributária*. 4. ed. São Paulo: Revista dos Tribunais, 1976.

______. *Fato gerador da obrigação tributária*. 6. ed. verificada e atualizada por Flávio Bauer Novelli. Rio de Janeiro: Forense, 1999.

FANUCCHI, Fábio. *Curso de Direito Tributário brasileiro*. vol. 1. 4. ed. São Paulo: Resenha Tributária, 1986.

FARIA, Maria Cristina Neubern de. A interpretação das normas de imunidade tributária – Conteúdo e alcance. *Revista Tributária e de Finanças Públicas*, n. 36, jan./fev. 2001.

FEITOZA, Crisley de Sousa. Sanções tributárias. Limitações constitucionais. In: SILVA, Paulo Roberto Coimbra (coord.). *Grandes temas do direito tributário sancionador*. São Paulo: Quartier Latin, 2010, p. 79-96.

FERNÁNDEZ, F. Javier Martín. Los fines de los tributos. *Comentarios a la Ley General Tributaria y lines para su reforma*. Libro-homenaje al profesor Sainz de Bujanda. vol. I. Madrid: Ed. Instituto de Estudios Fiscales, 1991, p. 447-458.

FERRAGUT, Maria Rita. *Responsabilidade tributária e o Código Civil de 2002*. São Paulo: Noeses, 2005.

______. Responsabilidade tributária nos eventos de reorganização societária. In: BARRETO, Aires Fernandino e outros. *Congresso do IBET, III*. Interpretação e Estado de Direito. São Paulo: Noeses, 2006, p. 591-612.

FERRAZ JR., Tercio Sampaio. Normas gerais e competência concorrente – uma exegese do art. 24 da Constituição Federal. *Revista Trimestral de Direito Público*, 7/16.

______. *Introdução ao estudo do Direito*: técnica, decisão, dominação. 2. ed. São Paulo: Atlas, 1994.

______. Guerra fiscal, fomento e incentivo na Constituição Federal. In: SCHOUERI, Luís Eduardo; ZILVETI, Fernando Aurélio (orgs.). *Direito Tributário*: estudos em homenagem a Brandão Machado. São Paulo: Dialética, 1998, p. 275-285.

______. *Estudos de filosofia do Direito*: reflexões sobre o poder, a liberdade, a justiça e o Direito. 2. ed. São Paulo: Atlas, 2003.

______. Obrigação tributária acessória e limites de imposição: razoabilidade e neutralidade concorrencial do estado. In: FERRAZ, Roberto (coord.). *Princípios e limites da tributação*. São Paulo: Quartier Latin, 2005, p. 717-735.

FERRAZ JR., Tercio Sampaio; ROSA, José Del Chiaro Ferreira da; GRINBERG, Mauro. Direitos *antidumping* e compensatórios: sua natureza jurídica e consequências de tal caracterização. *Revista de Direito Mercantil,* n. 96, p. 87-96.

FERREIRA FILHO, Manoel Gonçalves. *Do processo legislativo*. 2. ed. São Paulo: Saraiva, 1984.

FLUME, Werner. Der gesetzliche Steuertatbestand und die Grenztatbestände in Steuerrecht und Steuerpraxis. *Steuerberater-Jahrbuch 1967/68*. Köln: Otto Schmidt, p. 63-94.

______. Besteuerung und Wirtschaftsordnung. *Steuerberater-Jahrbuch*. Anos 1973/74, p. 53-78.

FOLLONI, André.Crítica ao dualismo entre fato e evento na ciência do Direito Tributário. *Revista Direito Tributário Atual*, vol. 32, 2014, p. 9-30.

______. Isonomia na tributação extrafiscal. *Revista Direito GV*, vol. 10, n. 1, 2014.

FONSECA, João Bosco Leopoldino da. *Direito econômico*. 3. ed. Rio de Janeiro: Forense, 2000.

FOUNIER DE FLAIX, Ernest. *L'Impôt dans les diverses civilisations*. Paris: Guillaumin, 1897.

FRAMHEIN, Diedrich. *Die Verfassungsrechtliche Zulässigkeit interventionistischer Steuerrgesetze im Hinblick auf Art. 12 Abs. 1 des Grundgesetzes*. Köln, 1971.

FRANCESCHINI, José Inácio. Conflito entre os tratados internacionais e as normas de direito interno que lhe forem posteriores. *Revista dos Tribunais*, ano 71, vol. 556, p. 28-36, fev. 1982.

FRANÇA, R. Limongi. Alienação (da propriedade imóvel). In FRANÇA, R. Limongi (coord.). *Enciclopédia Saraiva do Direito*. Vol. 6. São Paulo: Saraiva, 1978.

FRANKE, Siegfried F. Ökonomische und politische Beurteilung von Öko-Steuern. *Steuer und Wirtschaft*, n. 3, 1990 (218).

FREIRE, André Borges Coelho de Miranda. Os princípios constitucionais da universalidade e da progressividade comportam um regime diferenciado na tributação do ganho de capital? *Revista Direito Tributário Atual*, n. 46, São Paulo, IBDT, 2020, p. 58-80.

FRIAUF, Karl Heinrich. *Verfassungsrechtliche Grenzen der Wirtschaftslenkung und Sozialgestaltung durch Steuergesetze*. Tübingen, Mohr (Paul Siebeck), 1966.

FRIEDRICHS, Karl. Zwecksteuern und Rücksichtssteuern. *Vierteljahresschrift für Steuer-und Finanzrecht*. ano 2, p. 621-635, 1928.

FUR, L. Le. *Précis de Droit International Public*. 3. ed. Paris: Dalloz, 1937.

GALENDI JÚNIOR, Ricardo André. *A consideração econômica no Direito Tributário*. São Paulo: IBDT, 2020.

GARGANI, Alberto. *Dal corpus delicti al tatbestand*. Le origini della tipicità penale. Milano: Giuffrè, 1997.

GARRAUD, R. *Droit Pénal français*. Tomo I. 2. ed. Paris: Librairie de la Société du Recueil Géneral des Lois et des Arrêts, 1898.

GASSNER, Wolfgang. *Interpretation und Anwendung der Steuergesetze*. Kritische Analyse der wirtschaftlichen Betrachtungsweise des Steuerrechts. Wien: Anton Orac, 1972.

GATTEI, Marília Machado. A importância da jurisdicionalização dos procedimentos de solução de controvérsias da OMC. In: AMARAL Júnior, Alberto (coord.). *Direito do Comércio Internacional*. São Paulo: Juarez de Oliveira, 2002.

GAWEL, Erik. Steuerinterventionismus und Fiscalzweck der Besteuerung. Lenkung und Finanzierung als Problem Lenkender (umwelt) Steuern. In *Steuer und Wirtschaft*, n. 1, fev. 2001, p. 26-41.

______; EWRINGMANN, Dieter. Lenkungsabgaben und Ordnungsrecht. *Steuer und Wirtschaft*, n. 4/1994, p. 295-311.

GEIGER, Rudolf. *Grundgesetz und Völkerrecht*. München: Beck, 1985.

GERARDIN, Émile. *L'impôt*. 6. ed. Paris: A la Librairie Nouvelle, 1852.

GIANINI, Achille Donato. *I concetti fondamentali del Diritto Tributario*. Torino: Torinese, 1956.

______. *Istituzioni di Diritto Tributário*. 5. ed. atualizada. Milano: Giuffrè, 1951.

______. *Istituzioni di Diritto Tributario*. 9. ed. Milano: Giuffrè, 1965.

GIANTURCO, Emanuele. *Diritto delle obbligazioni*. Napoli: Luigi Pierro, 1894.

GIARDINA, Emilio. *Le basi teoriche del principio della capacità contributiva*. Milano: Giuffrè, 1961.

GIERKE, Otto von. *Schuld und Haftung im älteren deutschen Recht, insbesondere die Form der Schuld- und Haftungsgeschäfte*. Breslau: Aalen, 1969.

GODOI, Marciano Seabra de. A compensação ambiental prevista na Lei 9.985/2000. In: FERRAZ, Roberto (coord.). *Princípios e limitações da tributação 2*. Os princípios da ordem econômica e a tributação. São Paulo: Quartier Latin, 2009.

______. Os tratados ou convenções internacionais para evitar a dupla tributação e sua hierarquia normativa no Direito Brasileiro. In: SCHOUERI, Luís Eduardo (org.). *Direito Tributário – Homenagem a Alcides Jorge Costa*. v. II, São Paulo: Quartier Latin, 2003, p. 975-1008.

GODOI, Marciano Seabra de; OLIVEIRA, Pablo Henrique de; SALIBA, Luciana Goulart Ferreira. Contribuições: sociais, de intervenção no domínio econômico e de interesse das categorias profissionais ou econômicas. In: GODOI, Marciano Seabra de (coord.). *Sistema Tributário Nacional na jurisprudência do STF.* São Paulo: Dialética, 2002, p. 69-112.

GORINI, Bruno. La causa giuridica dell'obbligazione tributaria. *Rivista Italiana di Diritto Finanziario.* Milano: Giuffrè, 1940, p. 161-195.

GRAU, Eros Roberto. Conceitos indeterminados. Justiça tributária: direitos do Fisco e garantias dos contribuintes nos atos da administração e no processo tributário. *I Congresso Internacional de Direito Tributário.* Instituto Brasileiro de Direito Tributário – IBET. São Paulo: Max Limonad, 1988, p. 119-124.

______. A interpretação constitucional como processo. *Consulex: Revista Jurídica*, vol. 1, n. 3, p. 40-42, mar. 1997.

______. *A ordem econômica na Constituição de 1988 (interpretação e crítica).* 3. ed. São Paulo: Malheiros, 1999.

______. *Ensaio sobre a interpretação/aplicação do Direito.* 2. ed. São Paulo: Malheiros, 2003.

______. Atualização da Constituição e mutação constitucional (art. 52, X, da Constituição). *Revista Acadêmica da Escola de Magistrados da Justiça Federal da 3ª Região*, ano I, n. 1, p. 60 e ss.

GRECO, Marco Aurélio. *Contribuições (uma figura "sui generis").* São Paulo: Dialética, 2000.

GRINBAU, Hans; PAUWELS, Melvin R. T. General Report (Draft). *EATLP 2010 Retroactivity of Tax Legislation.* Disponível em: <http://www.eatlp.org/uploads/public/General%20Report%20Retroactivity%20EATLP%202010%20%5BDraft%5D%20April%202010.PDF>.

GRIZIOTTI, Benvenuto. *L'imposition fiscale des étrangers.* Recueil des Cours. Académie de Droit International. Leiden: Cour International de Justice, 1926-III, p. 5-158.

______. Intorno al concetto di causa nel Diritto Fianziario. *Rivista di Diritto Finanziario e Scienza delle Finanze.* Padova: CEDAM, 1939.

GROSSFELD, Bernhard; BRYCE, James. A brief comparative history of the origins of the income tax in great britain, Germany and the United States. *The American Journal of Tax Policy*, vol. 2 [s.d.].

GROTTI, Dinorá Adelaide Musetti. Conceitos jurídicos indeterminados e discricionariedade administrativa. *Revista dos Tribunais.* Cadernos de Direito Constitucional e Ciência Política, ano 3, n. 12, jul./set. 1995, p. 84-115.

GUASTINI, Riccardo. *Teoría e ideología de la interpretación constitucional.* Madrid: Trotta, 2008.

GURTNER, Peter. Die Steuerbilanz als wirtschaftspolitischer Lenkungsinstrument: Würdigung der wehrsteuerlichen Erleichterung zur Milderung der wirtschaftlichen Schwierigkeiten. *Archiv für schweizerisches Abgabenrecht.* vol. 47, 1978/79, p. 561-577.

GUTIERREZ, Miguel Delgado. *O imposto de renda e os princípios da generalidade, da universalidade e da progressividade.* Tese apresentada como requisito parcial para a obtenção do título de doutor. São Paulo: 2009.

HAASER, Karl. *Die wirtschaftliche und juristische Bedeutung der Lehre vom Steuertatbestand.* Inaugural-Dissertation zur Erlangung der Doktorwürde einer Hohen rechts-und staatswissenschaftlichen Fakultät der Albert-Ludwigs-Universitat Fraiburg i. Br. Dachau: Bayerland, 1937.

HAHN, Hartmut. Rückwirkung im Steuerrecht. Schlechtes und Gutes von BVerfG. *Betriebs--Berater*, n. 49/2010, 29.11.2010.

HALL, Robert E.; RABUSHKA, Alvin. *The flat tax*. Stanford: Hoover Institution Press, 1985.

HANSJÜRGENS, Bernd. Sonderabgaben aus finanzwissenschaftlicher Sicht – am Beispiel der Umweltpolitik. *Steuer und Wirtschaft*, n. 1/1993, p. 20-34.

HEDTKAMP, Günter. Krise des Steuerstaats? *Staatsfinanzierung im Wandel*. Karl-Heinrich Hansmeyer (coord.). Berlin: Duncker und Humblot, 1983, p. 11-31.

HENSEL, Albert. Abänderung des Steuertatbestandes durch freies Ermessen und der Grundsatz der Gleichheit vor dem Gesetz. *Vierteljahresschrift für Steuer- und Finanzrecht*. I. Jahrgang. Berlin: Carl Heymann, 1927, p. 39-131.

______. *Steuerrecht* Reprintausg. d. Ausg. Berlin: Springer, 1933. Herne; Berlin: Neue Wirtschafts-Briefe, 1986.

HENZE, Karl-Otto. *Verwaltungsrechtliche Probleme der staatlichen Finanzhilfe zugunsten Privater*. Heidelberg: Carl Winter Universitätsverlag, 1958.

HERNANDEZ, Valentin Edo. La propuesta tributaria de un impuesto único de Sancho de Moncada. *Revista de Historia Económica*, ano 7, n. 2, supl., p. 29-42 (33), 1989. Disponível em: <http://e-archivo.uc3m.es/dspace/bitstream/10016/1799/1/RHE-1985-VII-2-SUP-Edo.Hernandez.pdf>. Acesso em: 16 jan. 2009.

HERZFELD, E. *Probleme des internationalen Steuerrechts unter besonderer Berücksichtigung des Territorialitätsproblems und des Qualifikationsproblems*. Tese de Doutorado, Faculdade de Direito da Universidade de Heidelberg, 1932.

HEY, Johanna. Retroactivity an tax legislation – national report – Germany – EATLP 2010. Disponível em: <http://www.eatlp.org/uploads/public/Germany%20Retroactive%20tax%20legislation%20EATLP%202010.pdf>.

HOBBES, Thomas. *Leviathan; or the matter, form and power of a commonwealth ecclesiastical and civil*. ed. Michael Oakeshott. Oxford: Basil Blackwell [s.d.].

HÖFLING, Wolfram. Verfassungsfragen einer ökologischen Steuerreform. *Steuer und Wirtschaft*. n. 3/1992, p. 242-251.

HORVATH, Estevão. Lançamento tributário e sua imprescindibilidade. In: SCHOUERI, Luís Eduardo (coord.). *Direito Tributário*. Homenagem a Paulo de Barros Carvalho. São Paulo: Quartier Latin, 2008, p. 593-602.

HOUTTE, Jean van. *Auslegungsgrundsätze im Internen und im Internationalen Steuerrecht*. Amsterdam: Internationales Stueerdokumentationsbüro, 1968.

HÜBSCHMAN, Hepp; SPITALER. *Kommentar zur Abgabenordnung und Finanzgerichtsordnung*. 9. ed. Köln: Otto Schmidt.

HUGHES, Jane Frecknall. The concept of taxation and the age of enlightenment. In: TILEY, John. *Studies in the history of tax law*. Portland: Hart, 2007, vol. 2.

HUGON, Paul. *O imposto*: teoria moderna e principais sistemas: o sistema tributário brasileiro. 2. ed. Rio de Janeiro: Edições Financeiras, 1951.

IBRAIM, Marco Túlio Fernandes. A conformação das sanções fiscais pela observância da capacidade econômica dos contribuintes: análise segundo o princípio da capacidade contributiva. In: SILVA, Paulo Roberto Coimbra (coord.). *Grandes temas do direito tributário sancionador*. São Paulo: Quartier Latin, 2010, p. 354-375.

ISENSEE, Josef. Nichtsteuerliche Abgaben – ein weisser Fleck in der Finanzverfassung. *Staatsfinanzierung im Wandel*. Karl-Heinrich Hansmeyer (coord.). Berlin: Duncker und Humblot, 1983, p. 435-461.

JAKOB, Wolfgang. *Umsatzsteuer*. München: Beck, 1992.

JANCZESKI, Célio Armando. A controvertida contribuição de melhoria. *Revista Dialética de Direito Tributário*, n. 30, mar. 1998, p. 30-35.

JARACH, Dino. *O fato imponível*. Teoria geral do Direito Tributário substantivo. São Paulo: Revista dos Tribunais, 1989.

JARDIM NETO, José Gomes. Os produtos digitais vendidos na internet e o ICMS. In: SCHOUERI, Luís Eduardo (coord.). *Internet*: o direito na era virtual. Rio de Janeiro: Forense, 2001, p. 279 e ss.

JENETZKY, Johannes. *System und Entwicklung des materiellen Steuerrechts in der wissenschaftlichen Literatur des Kameralismus von 1680 – 1840*. Berlin: Duncker & Humblot, 1976.

JÈZE, Gaston. O "fato gerador" do imposto. Contribuição à teoria do crédito de imposto. *Revista de Direito Administrativo*, vol. II, fasc. I, 1945.

______. Natureza e regime jurídico do crédito fiscal. *Revista de Direito Administrativo*. vol. III, 1946, p. 59-68.

JUSTEN FILHO, Marçal. *Sujeição passiva tributária*. Belém: CEJUP, 1986.

KAISER, Josef. *Auslegungsgrundsätze im Steuerrecht unter besonderer Würdigung der prinzipiellen Funktion der wirtschaftlichen Betrachtungsweise*. Tese de doutoramento apresentada à Georg-August-Universität zu Göttingen. Göttingen, 1970.

KALDOR, Nicholas. *An expenditure tax*. Brookfield: Gregg Revivals, 1993.

KIRCHHOF, Paul. Staatliche Einnahmen. In: ISENSEE, Josef; KIRCHHOF, Paul (orgs.). *Handbuch des Staatsrechts der Bundesrepublik Deutschland*. Heidelberg: C. F. Müller, 1990, p. 168-179.

______. Die verfassungsrechtliche Rechtfertigung der Steuer. In: KIRCHHOF, Paul et al. *Steuern im Verfassungsstaat*: Symposium zu Ehren von Klaus Vogel aus Anlaß seines Geburtstags. München: Beck, 1996, p. 27-63.

______. *Der sanfte Verlust der Freiheit*. München, Wien: Carl Hanser, 2004.

KLEIN, Franz; ORLOPP, Gerd. *Abgabenordnung – einschließlich Steuerstrafrecht*. 4. ed. München: Beck, 1989.

KLEIN, Friedrich. Eigentumsgarantie und Besteuerung. *Steuer und Wirtschaft*, ano 43, 1966, p. 433-486.

KNIEF, Peter. *Steuerfreibeträge als Instrumente der Finanzpolitik*. Köln: Westdeutscher Verlag, 1968.

KNIES, Wolfgang. *Steuerzweck und Steuerbegriff*: eine dogmengeschichtliche und kompetenzrechtliche Studie. München: Beck, 1976.

KORNFELD, Gerard. *Der Sozialpolitische Nebenzweck in der Besteuerung*: kritisch erötert an einigen hauptbeispielen und an der bodenreformerischen Grundsteuer nach dem gemeinen Wert. Born, Leipzig: Buchdruckerei Robert Noske, 1913.

KORNHAUSER, Marjorie E. The rhetoric of the anti-progressive income tax movement: a typical male reaction. *Michigan Law Review*, vol. 86, n. 3, dez. 1987, p. 465-523.

KRAFT, Gerhard. *Die mißbräuchliche Inanspruchnahme Von Doppelbesteuerungsabkommen*: zur Problematik dês Treaty Shopping unter Berücksichtigung der Rechtslage in der Bundesrepublik Deutschland, in der Schweiz und in der Vereinigten Staaten. Heildelberg: Müller, 1991.

KRAUSE-ABLASS, Günter B. Zur Frage der Verfassungsmässigkeit des Konjunkturzuschlags. *Steuer und Wirtschaft*, ano 47, 1970, p. 707-722.

KRUSE, Heinrich Wilhelm. *Lehrbuch des Steuerrechts*. vol. I. München: Beck, 1991.

KRUSE, in Klaus Tipke/Heinrich Kruse. *Abgabenordnung. Finanzgerichtsordnung. Kommentar zur AO 1977 und FGO (ohne Steuerstrafrecht)*. 14. ed. Köln: Otto Schmidt.

LAPATZA, José Juan Ferreiro. Tasas y precios públicos: la nueva parafiscalidad. *Revista Española de Derecho Financiero*, n. 64, out./dez. 1989, p. 485-518.

______. *Direito Tributário*: teoria geral do tributo. Barueri, São Paulo: Manole, 2007.

LARENZ, Karl. *Methodenlehre der Rechtswissenschaft*. Berlin-Gottingen-Heidelberg: Springer, 1960.

______. *Methodenlehre der Rechtswissenschaft*. Sechste, neu bearbeitete Auflage. Berlin-Heidelberg-New York-London-Paris-Tokyo-Hong Kong-Barcelona: Springer, 1991.

LARENZ, Karl; CANARIS, Claus Wilhelm. *Methodenlehre der Rechtswissenschaft*. 3. ed. Berlim: Springer, 1995.

LAUBADÈRE, André de. *Direito Público Económico*. Coimbra: Almedina, 1985.

LAUFENBURGER, Henry. La distinzione fra imposte dirette e indirette. *Rivista di Diritto Finanziario e Scienza delle Finanze*, Milano, p. 3-18, mar. 1954.

LEÃES, L. G. Paes de Barros. *Obrigação tributária*. São Paulo: José Bushatsky, 1971.

LEAL, Victor Nunes. Leis complementares da Constituição. *Revista de Direito Administrativo*, vol. 7, p. 381, jan./mar. 1947.

LE FUR, Louis. *Précis de Droit International public*. 3. ed. Paris: Dalloz, 1937.

LEHNER, Moris. Deutschland (relatório nacional). In *Cahiers de Droit Fiscal International*. vol. LXVIII a (1er sujet). Rotterdam: International Fiscal Association; Deventer: Kluwer, p. 193 e ss.

______. Consideração econômica e tributação conforme a capacidade contributiva. Sobre a possibilidade de uma interpretação teleológica de normas com finalidades arrecadatórias. In: SCHOUERI, Luís Eduardo; ZILVETI, Fernando Aurélio (coords.). *Direito Tributário*. Estudos em homenagem a Brandão Machado. São Paulo: Dialética, 1998, p. 143 e ss.

______. *Doppelbseteuerungsabkommen der Bundesrepublik Deutschland auf dem Gebiet der Steuern vom Einkomen und Vermögen*. 4. ed. München: Beck, 2003.

LEITE, Camila de Morais; MARCUCI, Roberta Borella. A CFEM como indenização ambiental. In: SILVA, Paulo Roberto Coimbra da (coord.). *Compensação financeira pela exploração de recursos minerais*. Natureza jurídica e questões correlatas. São Paulo: Quartier Latin, 2010.

LERNER, Natan. The nature and minimum standards of freedom of religion or belief. *Brigham Young University Law Review*, n. 3, ABI/INFORM Global, 2000.

LEWANDOWSKI, Enrique Ricardo. *Proteção dos direitos humanos na ordem interna e internacional.* Rio de Janeiro: Forense, 1984.

LIMA, Ricardo Seibel de Freitas. *Livre concorrência e o dever de neutralidade tributária.* Dissertação (mestrado). Porto Alegre: UFRGS, 2005.

LITTMANN, Konrad. Ein Valet dem Leistungsfähigkeitsprinzip. In: HALLER, Heinz; KULLMER, L.; SHOUP, Carl S.; TIMM, Herbert (orgs.). *Theorie und Práxis des finanzpolitischen Interventionismus.* Tübingen: J.C.B. Mohr (Paul Siebeck), 1970.

LOCKE, John. *Two treatises of government.* 2. ed. Cambridge: University Press, 1967.

LOHMEYER, Heinz. Die steuerrechtliche Behandlung rückwirkender Rechtsgeschäfte. *Deutsche Steuer-Zeitung*, n. 23, dez. 1970, p. 361-365.

LOPES, Luiz Simões (Presidente da Comissão) et al. *Reforma da discriminação constitucional de rendas (anteprojeto).* Publicação n. 6, Fundação Getulio Vargas e Comissão de Reforma do Ministério da Fazenda, 1965.

MACHADO, Alcantara. Bi-tributação (inteligência ao art. 11 da Constituição de 16 de julho). *Revista da Faculdade de Direito*, vol. XXXII, jan./abr. 1936, fasc. I, p. 35-40.

MACHADO, Brandão. Repetição do indébito no Direito Tributário. In: ______. *Direito Tributário*: estudos em homenagem ao prof. Ruy Barbosa Nogueira. São Paulo: Saraiva, 1984.

______. Decadência e prescrição no Direito Tributário. Notas a um acórdão do Supremo Tribunal Federal. In: *Direito Tributário Atual.* vol. 6, 1986, p. 1309-1378.

______. São tributos as contribuições sociais? In: NOGUEIRA, Ruy Barbosa (coord.). *Direito Tributário atual*, vols. 7/8, São Paulo: IBDT; Resenha Tributária, 1987-1988.

______. Adicional do Imposto de Renda dos Estados. *Repertório IOB de Jurisprudência* – 2. quinzena de setembro de 1989, n. 18/89, p. 291-296.

______. Prefácio do Tradutor. In: HARTZ, Wilhelm. *Interpretação da lei tributária.* Conteúdo e limites do critério econômico. São Paulo: Resenha Tributária, 1993, p. 8-9.

______. Breve exame crítico do art. 43 do CTN. In: MARTINS, Ives G. S. (coord.). *Estudos sobre o Imposto de Renda* (em memória de Henry Tilbery). São Paulo: Resenha Tributária, 1994, p. 107-124.

______. Princípio da legalidade e tributo. *Repertório IOB de Jurisprudência*, n. 12/95, p. 212-216, jun. 1995.

MACHADO, Hugo de Brito. *Curso de Direito Tributário.* 38. ed. revista e atualizada. São Paulo: Malheiros, 2017.

______. Posição hierárquica da lei complementar. *Revista Dialética de Direito Tributário*, São Paulo, n. 14, p. 19-30, nov. 1996.

______. *Comentários ao Código Tributário Nacional.* vol. I. São Paulo: Atlas, 2003.

______. *Comentários ao Código Tributário Nacional.* vol. II. São Paulo: Atlas, 2004.

______. Segurança jurídica e lei complementar. *Revista Dialética de Direito Tributário*, São Paulo, n. 152, p. 103-113, maio 2008.

______. *Curso de Direito Tributário.* 30. ed. revista, atualizada e ampliada. São Paulo: Malheiros, 2009.

MACHADO, Raquel Cavalcanti Ramos. *Competência Tributária:* entre rigidez do sistema e a atualização interpretativa. São Paulo: Malheiros, 2014.

MACHADO SEGUNDO, Hugo de Brito. *Repetição do tributo indireto*. Incoerências e contradições. São Paulo: Malheiros, 2011.

______. *Código Tributário Nacional*: anotações à Constituição, ao Código Tributário Nacional e às Leis Complementares 87/1996 e 116/2003. São Paulo: Atlas, 2009.

MACHADO SEGUNDO, Hugo de Brito; MACHADO, Raquel Cavalcanti. Responsabilidade de sócios e administradores e devido processo legal. In: ROCHA, Valdir de Oliveira. *Grandes questões atuais do Direito Tributário*. São Paulo: Dialética, 2011, p. 134-149.

MACHIAVELLI, Nicollò. *Il principe*: operette storiche e politiche. Verona: Arnoldo Mondadori, 1950.

MAFEZZONI, Federico. *Il principio di capacità contributiva nel Diritto Finanziario.* Torino: UTE, 1970.

MARBACH, Fritz. *Zur Frage der wirtschaftlichen Staatsintervention*. Bern: A. Francke AG, [s.d.].

MARKULL, Wilhelm. Gleichartige Steuern. *Vierteljahresschrift für Steuerund Finanzrecht*, ano 4, 1930, p. 535.

MARTHA, Rutsel Silvestre J. *The jurisdiction to tax in international law*: theory and practice of legislative fiscal jurisdiction (series on international taxation, n. 9). Deventer: Kluwer, 1989.

MARTINS, Ives Gandra da Silva; MARTINS, Rogério Vidal Gandra da Silva. Contribuição de melhoria. *IOB-Jurisprudência*, 1/5656.

MARTINS, Ives Gandra da Silva; MARTINS, Rogério Vidal Gandra S.; LOCATELLI, Soraya D. M. ISS. Imunidade Tributária. Inteligência do art. 150, Inciso VI, Letra *c*, da Constituição Federal – apenas lei complementar pode impor requisitos para gozo da imunidade tributária. Inteligência do art. 14 do CTN. Instituição de educação sem fins lucrativos que realiza concursos e vestibulares. *Revista Dialética de Direito Tributário*, n. 204, p. 128-140, set. 2012.

MAXIMILIANO, Carlos. *Hermenêutica e aplicação do Direito*. 14. ed. Rio de Janeiro: Forense, 1994.

MELIS, Giuseppe. *L'Interpretazione nel Diritto Tributario.* Padova: CEDAM, 2003.

MELLO, Celso Antônio Bandeira de. *Curso de direito adiministrativo.* 28. ed. São Paulo: Malheiros, 2011.

MELLO, Celso D. de Albuquerque. *Direito Constitucional Internacional*: uma introdução. Rio de Janeiro: Renovar, 1994.

______. *Curso de Direito Internacional Público*. 14. ed. Rio de Janeiro: Renovar, 2002. vol. 1.

MELLO, Marcos Bernardes de. Contribuição ao estudo da incidência da norma jurídica tributária. In: BORGES, José Souto Maior (coord.). *Direito Tributário moderno.* São Paulo: Bushatsky, 1977, p. 1-49.

MELLO, Oswaldo Aranha Bandeira de; MELLO, Celso Antônio Bandeira de (org.). *Princípios gerais de Direito Administrativo*. 3. ed. São Paulo: Malheiros, 2007. vol. 1.

MELO, José Eduardo Soares de. Taxa e preço público. In: MARTINS, Ives Gandra da Silva (coord.). *Taxa e preço público*: caderno de pesquisas tributárias n. 10. São Paulo: CEEU/Resenha Tributária, 1985, p. 187-214.

______. *ICMS*: teoria e prática. São Paulo: Dialética, 1996.

______. A imunidade das entidades beneficentes às contribuições sociais. *Revista Dialética de Direito Tributário*, São Paulo: Dialética, n. 18, 1997.

______. *Contribuições sociais no sistema tributário.* 3. ed. São Paulo: Malheiros, 2000.

______. *Curso de Direito Tributário*. 8. ed. São Paulo: Dialética, 2008.

MENDES, Gilmar. Direitos fundamentais: eficácia das garantias constitucionais nas relações privadas. Análise da jurisprudência da Corte Constitucional Alemã. *Cadernos de Direito Constitucional e Ciência Política,* n. 27, ano 7, abr./jun. 1999.

MENDES, Guilherme A. Transação. *Revista Tributária das Américas*, ano 2, n. 4, p. 101-123, jul.-dez. 2011.

MENDONÇA, Gabriel Prado Amarante. Legalidade "fraca" em obrigações acessórias de direito tributário?". In: SILVA, Paulo Roberto Coimbra (coord.). *Grandes temas do direito tributário sancionador.* São Paulo: Quartier Latin, 2010, p. 171-187.

MENDONÇA, J. X. Carvalho de. *Tratado de Direito Comercial Brasileiro*. Vol. VI, 1ª Parte. Rio de Janeiro: Freitas Bastos, 1955.

MEYER, Robert. Abgaben. *Oesterreichiches Staatswörterbuch*. Handbuch des gesammten österreichischen öffentlichen Rechtes. Mischler Ernst; Ulrich Josef (orgs.) erster Band. A-G. Wien: Alfred Hölder, 1895, p. 5-9.

MIRANDA, F. C. Pontes de. *Comentários à Constituição Federal de 10 de novembro de 1937*. Tomo I. Rio de Janeiro: Irmãos Pongetti, 1938.

______. *Tratado de Direito Privado*. Tomo I. Rio de Janeiro, 1954.

MITCHELL, Sydney Knox. *Taxation in Medieval England* (edited by Sidney Painter). Hamden: Archon, 1971.

MOHR, Arthur. *Die Lenkungssteuer*: ein Instrument zur Induzierung sozialorientierten Verhaltens im Wohlfartstaat? Zürich: Schulthess, 1976.

MOLINA, Pedro M. Herrera. *Derecho tributario ambiental (Environmental Tax Law)*: la introducción del interes ambiental en el ordenamiento tributario. Madrid: Marcial Pons, 2000.

MONCADA, Luís S. Cabral de. *Direito económico.* 3. ed. Coimbra: Coimbra Ed., 2000.

MONTESQUIEU. *De l'esprit des lois*. Paris: Éditions Garnier Frères, 1949.

MORAES, Bernardo Ribeiro de. *A taxa no sistema tributário brasileiro.* São Paulo: Revista dos Tribunais, 1968.

______. *Curso de Direito Tributário.* São Paulo: Revista dos Tribunais, 1969.

______. *Doutrina e prática das taxas*. São Paulo: Revista dos Tribunais, 1976.

______. *Compêndio de Direito Tributário.* 2. ed. Rio de Janeiro: Forense, 1993.

MOREIRA, João Baptista. *Contribuição de melhoria*: tratado de Direito Tributário. vol. VIII. Flávio Bauer Novelli (coord.). Rio de Janeiro: Forense, 1981.

MOREIRA JÚNIOR, G. de Castro. *Bitributação internacional e elementos de conexão.* São Paulo: Aduaneiras, 2003.

MORSCBACHER, José. *Repetição do indébito tributário indireto.* São Paulo: Revista dos Tribunais, 1984.

MOSCHETTI, Francesco. *Il principio della capacità contributiva.* Padova: CEDAM, 1973.

MÖSNER, Jörg Manfred. Zur Auslegung von Doppelbesteuerungsabkommen. In: Bockstiegel, Karl (org.). *Völkerrecht, Recht der Internationalen Organisationen, Weltwirtschaft – Festschrift für Ignaz Seidl-Hohenveldern.* Colônia; Berlim; Bonn; Munique: Carl Heymanns, p. 403-426.

______. *Neue Auslegungsfragen bei Anwendung von Doppelbesteuerungsabkommen, Hefte zur Internationalen Besteuerung,* Caderno n. 38, Hamburgo, Institut für Ausländisches und Internationales Finanz- und Steuerwesen – Univesität Hamburg, p. 7, 1987.

MOSQUERA, Roberto Quiroga. Tributação e Política Fiscal. In: SANTI, Eurico Marcos Diniz de; INSTITUTO BRASILEIRO DE ESTUDOS TRIBUTÁRIOS (IBET) (Ed.); CARVALHO, Paulo de Barros. *Segurança jurídica na tributação e estado de direito.* Colaboração de Aires Fernandino Barreto et al. São Paulo: Noeses, 2005.

MÜLLER, Klaus. Der Steuerbegriff des Grundgesetzes. *Betriebs-Berater,* ano 25, Cad. 26, set. 1970, p. 1105-1109.

MUSGRAVE, Richard Abel; MUSGRAVE, Peggy B. *Finanças públicas*: teoria e prática. Rio de Janeiro: Campus; São Paulo: Edusp, 1980.

NABAIS, José Casalta. A Constituição Fiscal portuguesa de 1976, sua evolução e seus desafios. *Revista de Direito Tributário*, n. 84, 2005.

NEDER, Marcos Vinícius. Responsabilidade solidária e o lançamento fiscal. In: ROCHA, Valdir de Oliveira. *Grandes questões atuais do direito tributário.* São Paulo: Dialética, 2011, vol. 15, p. 271- 291.

NEUMARK, Fritz. Grundsätze und Arten der Haushaltführung und Finanzbedarfsdeckung. In: GERLOFF, Wilhelm; NEUMARK, Fritz (orgs.). *Handbuch der Finanzwissenschaft.* Tübingen: J.C.B.Mohr, 1952.

NEVES, Marcelo. *Entre Têmis e Leviatã*: uma relação difícil. Estado democrático de direito a partir e além de Luhmann e Habermas. São Paulo: Martins Fontes, 2006.

NEVIANI, Tarciso. *A restituição de tributos indevidos*: seus problemas, suas incertezas. São Paulo: Resenha Tributária, 1983.

NOGUEIRA, Johnson Barbosa. *A interpretação econômica no Direito Tributário.* São Paulo: Resenha Tributária, 1982.

NOGUEIRA, Ruy Barbosa. *Direito Financeiro*: curso de Direito Tributário. 3. ed. revista e atualizada. São Paulo: José Bushatsky, 1971.

______. *Teoria do lançamento tributário.* Reprodução eletrofotostática do original impresso em 1965. São Paulo: Resenha Tributária, 1973.

______. "Rubens Gomes de Sousa - trinta anos amigo e companheiro". In: ______(direção e colaboração). *Estudos Tributários em homenagem à memória de Rubens Gomes de Sousa.* São Paulo: Resenha Tributária, 1974.

______. O Direito Tributário. Sua codificação, estudo e ensino no exterior e no Brasil. *Revista de Direito Mercantil: industrial, econômico e financeiro*, v. 15, n. 24, nova série, São Paulo, 1976.

______. Tributo I. In: FRANÇA, R. Limongi (coord.). *Enciclopédia Saraiva do Direito*. vol. 75. São Paulo: Saraiva, 1977.

______. Tratados internacionais em matéria de tributação. *Direito Tributário Atual*, vol. 3, p. 341-379, 1983.

______. *Curso de Direito Tributário*. 6. ed. São Paulo: Saraiva, 1986.

______. *Imunidades*. São Paulo: Saraiva, 1992.

NONATO, Orosimbo. *Curso de obrigações*. (Generalidades Espécies). vol. I. Rio de Janeiro: Forense, 1959.

NOVOA, César García. *El principio de seguridad jurídica en materia tributaria*. Madrid: Marcial Pons, 2000.

NUSDEO, Fabio. *Fundamentos para uma codificação do Direito Econômico*. São Paulo: Revista dos Tribunais, 1995.

______. *Curso de economia*: introdução ao direito econômico. 3. ed. São Paulo: Revista dos Tribunais, 2001.

OLIVEIRA, Fernando Albino de. Tributação sobre Ganhos de Capital e seu Regime Atual. *Revista de Direito Tributário* n. 13/14, ano IV. São Paulo: Revista dos Tribunais, 1980.

OLIVEIRA, José Marcos Domingues de. *Capacidade contributiva*: conteúdo e eficácia do princípio. Rio de Janeiro: Renovar, 1988.

______. *Direito tributário e meio ambiente*: proporcionalidade, tipicidade aberta, afetação da receita. 2. ed. revista e ampliada. Rio de Janeiro: Renovar, 1999.

______. Responsabilidade tributária dos sócios e administradores. In: BARRETO, Aires Fernandino e outros. *Congresso do IBET, III*. Interpretação e estado de Direito. São Paulo: Noeses, 2006, p. 405-424.

OLIVEIRA, Régis Fernandes de. *Taxas de polícia*. São Paulo: Revista dos Tribunais, 1980.

OLIVEIRA, Ricardo M. *Fundamentos do imposto de renda*. São Paulo: IBDT, 2020. v. I.

OLIVEIRA, Yonne Dolacio de. *A tipicidade no Direito Tributário brasileiro*. São Paulo: Saraiva, 1980.

OLIVIER-MARTIN, François. *Précis d'Histoire du Droit français*. 12. ed. Paris: Dalloz, 1934.

______. *L'Absolutisme français*. Suivi de les parlements contre l'absolutisme traditionnel au XVIIIènre siècle. Paris: LGDJ, 1997.

PAPIER, Hans-Jürgen. *Die finanzrechtlichen Gesetzesvorbehalte und das grundgesetzliche Demokratieprinzip*. Zugleich ein Beitrag zur Lehre Von den Rechtsformen der Grundrechtseingriffe. Berlin: Duncker & Humblot, 1973.

PAULA JÚNIOR, Aldo de. *Responsabilidade por infrações tributárias*. Dissertação (mestrado). Pontifícia Universidade Católica de São Paulo, 2007.

PAULICK, Heinz. Von der wirtschaftlichen zur rechtlichen Betrachtungsweise in der höchstrichterlichen Steuerrechtsprechung. *Der Betrieb*, n. 43, 1968, p. 1867 e ss.

PEIXOTO, Daniel Monteiro. Responsabilidade dos sócios e administradores em matéria tributária. In *Congresso do IBET, III*. Interpretação e Estado de Direito. Aires Fernandino Barreto e outros. São Paulo: Noeses, 2006, p. 89-128.

PEIXOTO, Frederico Augusto Lins; MACHADO, Victor Penido. A CFEM como tributo (CIDE). In: SILVA, Paulo Roberto Coimbra da (coord.). *Compensação financeira pela exploração de recursos minerais*. Natureza jurídica e questões correlatas. São Paulo: Quartier Latin, 2010.

PERELMAN, Chaïm. *Ética e Direito*. Trad. de Maria Ermantina Galvão. São Paulo: Martins Fontes, 1996.

PIANCASTELLI, Marcelo; NASCIMENTO, Edson Ronaldo. Imposto de Renda da pessoa física. In: BIDERMAN, Ciro; ARVATE, Paulo (orgs.). *Economia do setor público no Brasil*. Rio de Janeiro: Elsevier, 2004, p. 231-251.

PIGOU, Arthur Cecil. *The economics of Welfare*. London: [s.n.], 1920.

PINTO, Bilac. *Contribuição de melhoria*. Rio de Janeiro: Forense, s.d. (possivelmente 1937).

______. Isenção fiscal – fato imponível ou gerador do imposto. Isenções pessoais e reais. Realidade econômica contra forma jurídica. Evasão fiscal. *Revista Forense,* vol. CXXXII, ano XLVII, fasc. 569, 1950, p. 51-64.

PINTO, Carlos Alberto A. de Carvalho. Contribuição de melhoria – a lei federal normativa. *Revista de Direito Administrativo*, vol. XII, p. 1-31 e vol. XIII, p. 1-22.

______. *Discriminação de rendas*. São Paulo: Prefeitura do Município de São Paulo, 1941.

PINTO, Fernando Brasil de Oliveira. A apuração da responsabilidade tributária dos representantes legais de empresas no processo administrativo fiscal federal. *Revista Dialética de Direito Tributário,* n. 198, mar. 2012, p. 62-85.

PIRAÍNO, Adriana. O imposto sobre transmissão de bens *causa mortis*. *Revista dos Tribunais*. Cadernos de Direito Tributário e Finanças Públicas, n. 11, p. 75-101.

PIRES, Luís Henrique da Costa. Os efeitos das ADIns n. 173 e 394 na Questão das Certidões Negativas de Débitos. *Revista Dialética de Direito Tributário,* n. 172, jan. 2010, p. 76 e ss.

POLLOCK, Frederick; MAITLAND, Frederic William. *The history of English law before the time of Edward I*. vol. I. 2. ed. Indianapolis: Liberty Fund, s.d. (possivelmente 2010).

POMINI, Renzo. *La "causa impositionis" nello svolgimento storico della dottrina finanziaria*. Milano: Giuffrè, 1951.

PONTES, Helenilson Cunha. *O princípio da proporcionalidade e o Direito Tributário*. São Paulo: Dialética, 2000.

PONTES DE MIRANDA, Francisco Cavalcanti. *Tratado de Direito Privado – Parte Especial – Pretensões e ações imobiliárias dominicais. Perda da propriedade imobiliária*. Tomo XIV. Rio de Janeiro: Editor Borsoi, 1955.

PUGLIESE, Mario. *Instituzioni di Diritto Financziario*. Padova: CEDAM, 1937.

RAMOS, José Nabantino. *Direito Constitucional Tributário* – fatos geradores confrontantes. São Paulo: Instituto Brasileiro de Direito Tributário; Editora Resenha Tributária, 1975.

RAMOS FILHO, Carlos A. M. Remissão e anistia em matéria tributária. *Revista Tributária e de Finanças Públicas*, ano 20, n. 104, p. 137-158, maio/jun. 2012.

RANGEL, Vicente Marotta. Os conflitos entre o direito interno e os tratados internacionais. *Boletim da Sociedade Brasileira de Direito Internacional*, ano 23, n. 45/46, p. 29-54, 1967.

REALE, Miguel. *Lições preliminares de Direito*. 27. ed. São Paulo: Saraiva, 2002.

REZEK, José Francisco. *Direito internacional público*: curso elementar. 7. ed. São Paulo: Saraiva, 1998.

RIBEIRO, Diego Diniz. Responsabilidade tributária fundada no art. 135, III, do CTN: presunção de certeza da CDA e o cálculo jurisprudencial dos precedentes do STJ e do STF. *Revista Dialética de Direito Tributário*, n. 199, p. 19-32, abr. 2012.

RIBEIRO, Ricardo Lodi. As contribuições parafiscais e a validação constitucional das espécies tributárias. *Revista Dialética de Direito Tributário*, n. 174, mar. 2010.

RIGHI, Eugenio. Le imposte di consumo (1951-1960). *Diritto e pratica tributaria*. vol. XXXIII, Parte II. Padova: CEDAM, 1962, p. 60-85.

ROCHA, Cármen Lúcia Antunes da. Constituição, soberania e Mercosul. *Revista de Direito Administrativo*, n. 213, jul./set. 1998.

ROCHA, Sergio André. *Interpretação dos tratados para evitar a bitributação da renda*. 2. ed., São Paulo: Quartier Latin, 2013.

ROCHA, Valdir de Oliveira. A competência tributária residual da União e a contribuição ao Finsocial. *Repertório IOB de Jurisprudência*, n. 21/91 (1ª quinzena de novembro de 1991), p. 397 e ss.

______. *Determinação do montante do tributo*. Quantificação, fixação e avaliação. 2. ed. São Paulo: Dialética, 1995.

RODAS, João Grandino. Alguns problemas de Direito dos Tratados, relacionados com o Direito Constitucional à luz da Convenção de Viena. Separata do volume XIX do *Suplemento do Boletim da Faculdade de Direito da Universidade de Coimbra*, 1972.

RODI, Michael. *Steuerrecht als Mittel der Umweltpolitik*. Baden-Baden: [s.n.], 1993.

ROTHMANN, Gerd Willi. *Interpretação e aplicação dos acordos internacionais contra a bitributação*. Tese (Doutorado em Direito) – Faculdade de Direito, Universidade de São Paulo, São Paulo.

______. Considerações sobre extensão e limites do poder de tributar. In: NOGUEIRA, Ruy Barbosa (direção e colaboração). *Estudos tributários* (em homenagem à memória de Rubens Gomes de Sousa). São Paulo: Ed. Resenha Tributária. s.d. (cerca de 1974), p. 207-221.

______. O princípio da legalidade tributária. In: DÓRIA, Antonio Roberto Sampaio; ROTHMANN, Gerd Willi. *Temas fundamentais do Direito Tributário atual*. Belém: Cejup, 1983, p. 77-120.

ROTONDI, Aster. *Appunti sull'obbligazione tributaria*. Padova: CEDAM, 1950.

ROUSSEAU, Charles. *Droit International Public*. 9. ed. Paris: Dalloz, 1979.

RUPPE, Hans Georg. *Das Abgabenrecht als Lenkungsinstrument der Gesellschaft und Wirtschaft und seine Schranken in den Grundrechten*. Wien: Manzsche Verlags- und Universitätsbuchandlung, 1982.

SABOYA, Ketty M. F. S. *Punir e (re)punir: uma investigaçãoo sobre a impossibilidade de acumulação de sanções penais e sanções administrativas à luz do princípio do* ne bis in idem. Rio de Janeiro, UERJ, 2012.

SACCHETTO, Claudio. Territorialità (*del* dir. trib.) (verbete). *Enciclopedia Diritto*, v. XLIV, Milano: Giuffrè, 1992, p. 303-332.

SALIBA, Ricardo B. A natureza jurídica da "compensação ambiental" – vícios de inconstitucionalidade. *Interesse Público*, n. 29, p. 129-145, jan./fev. 2005.

SALOMÃO FILHO, Calixto. *Direito concorrencial*: as estruturas. São Paulo: Malheiros, 1998.

SAMPAIO DÓRIA, Antônio Roberto. *Direito Constitucional Tributário e Due Process of Law*. 2. ed. Rio de Janeiro: Forense, 1986.

______. Alienação e Distribuição Disfarçada de Lucros. In FRANÇA, R. Limongi (coord.). *Enciclopédia Saraiva do Direito*. Vol. 6. São Paulo: Saraiva, 1978.

SAMSONITE, Pietro. Retroactivity in the exchange of information on demand. *ASA* vol. 83, n. 11-12, maio/junho de 2015, p. 923-935.

SANTI, Eurico Marcos Diniz de. As classificações no sistema tributário brasileiro. In: *Justiça Tributária: direitos do Fisco e garantias dos contribuintes nos atos da administração e no processo tributário*. I Congresso Internacional de Direito Tributário. Instituto Brasileiro de Estudos Tributários – IBET. São Paulo: Max Limonad, 1998, p. 125-147.

______. Lançamento tributário, enunciação, enunciado, nulidade e anulação: comentários à margem da teoria do Prof. Paulo de Barros Carvalho. In: SCHOUERI, Luís Eduardo (coord.). *Direito Tributário*. Homenagem a Paulo de Barros Carvalho. São Paulo: Quartier Latin, 2008, p. 575-592.

______. O Código Tributário Nacional e as normas gerais de Direito Tributário. In: ______ (coord.). *Curso de Direito Tributário e finanças públicas*: do fato à norma, da realidade ao conceito jurídico. São Paulo: Saraiva, 2008.

SANTIAGO, Igor Mauler. *Direito Tributário Internacional:* métodos de solução dos conflitos. São Paulo: Quartier Latin, 2006.

SANTOS, Ramon Tomazela. O princípio da universalidade na tributação da renda: análise acerca da possibilidade de atribuição de tratamento jurídico-tributário distinto a determinados tipos de rendimentos auferidos pelas pessoas físicas. *Revista de Direito Tributário Atual*, n. 28, Dialética, 2012.

SARAIVA FILHO, Oswaldo Othon de Pontes. A não extensão aos chamados livros, jornais, periódicos eletrônicos. *Revista Dialética de Direito Tributário,* n. 33, 1998.

______. Controvérsia acerca da imunidade tributária dos partidos políticos. *Revista Fórum de Direito Tributário,* ano 8, n. 45, p. 25-48, maio/jun. 2010.

SATTA, Filippo. *Principio di Legalità e Pubblica Amministrazione nello Stato Democratico.* Padova: CEDAM, 1969.

SCHICK, Walter. Antragstatbestände, Mitwirkungspflichten des Steuerpflichtigen und Amtsermittlungsgrundsatz im Besteuerungsverfahren. *Steuer und Wirtschaft*. 46º ano, 1969, p. 361-378.

SCHIRATO, Vitor Rhein. O poder de polícia é discricionário? In: MEDAUAR, Odete; SCHIRATO, Vitor Rhein. *O poder de polícia na atualidade*. Belo Horizonte: Editora Fórum, 2014.

SCHMIDT, Dora. *Nichtfiskalische Zweck der Besteuerung.* Ein Beitrag zur Steuertheorie und Steuerpolitik. Tübingen: Verlag J.C.B. Mohr (Paul Siebeck), 1926.

SCHMÖLDERS, Günter; STRICKRODT, Georg. Zwecksteuer. In: TRICKRODT, Georg; WÖHE, Günter et al. *Handwörterbuch des Steuerrechts und der Steuerwissenschaft*. 2. ed. vol. II. München: Beck, 1981.

SCHOUERI, Luís Eduardo. Validade de normas internas contrárias a dispositivos de acordos de bitributação no Direito e na prática norte-americana. *Revista Direito Tributário Atual*, vol. 13, p. 119-132, abr. 1994.

______. *Planejamento fiscal através de acordos de bitributação – "Treaty Shopping"*. São Paulo: Revista dos Tribunais, 1995.

______. Discriminação de competências e competência residual. In: SHOUERI, Luís Eduardo; ZILVETI, Fernando Auretio (coords.). *Direito Tributário*. Estudos em Homenagem a Brandão Machado. São Paulo: Dialética, 1998, p. 82-115.

______. Fato gerador da obrigação tributária. In: ______. *Direito Tributário*: homenagem a Alcides Jorge Costa. vol. I. São Paulo: Quartier Latin, 2003.

______. A suave perda da liberdade. In: COSTA, Alcides Jorge; SCHOUERI, Luís Eduardo; BONILHA, Paulo Celso Bergstrom (coords.). *Direito Tributário atual*. vol. 18. São Paulo: Dialética, 2004, p. 8-9.

______. Princípios no Direito Tributário Internacional: territorialidade, fonte e universalidade. In: FERRAZ, Roberto (coord.). *Princípios e limites da tributação*. São Paulo: Quartier Latin, 2005.

______. *Normas tributárias indutoras e intervenção econômica*. Rio de Janeiro: Forense, 2005.

______. Tributação e indução econômica: os efeitos econômicos de um tributo como critério para sua constitucionalidade. In: FERRAZ, Roberto (coord.). *Princípios e limites da tributação 2 – Os princípios da ordem econômica e a tributação*. São Paulo: Quartier Latin, 2009.

______. O conceito de renda e o art. 43 do Código Tributário Nacional: entre a disponibilidade econômica e a disponibilidade jurídica. In: ELALI, André *et al.* (org.). *Direito corporativo*: temas atuais – 10 anos André Elali Advogados. São Paulo: Quartier Latin, 2013. p. 341-357.

SCHUMPETER, Joseph. *Die Krise des Steuerstaats*. Graz, Leipzig: Verlag Leuschner & Lubensky, 1918.

SEER, Roman. *Verstândigungen in Steuerverfahren*. Köln: Dr. Otto Schmidt, 1996.

SEIXAS FILHO, Aurélio Pitanga. Natureza jurídica da compensação financeira pela exploração de recursos minerais. In: ROCHA, Valdir de Oliveira (coord.). *Grandes questões atuais do Direito Tributário*. vol. 2. São Paulo: Dialética, 1998.

SELIGMAN, Edwin R. A. *Theorie de la répercussion et de l'incidence de l'impôt*. Paris: V. Giard & E. Brière, 1910.

______. *L'impôt sur le revenue*. Paris: Giard, 1913.

______. *Essays in taxation*. 10. ed. New York: Macmillian, 1931 (reimpressão New York: Augustus M. Kellev, 1969).

SELMER, Peter. *Steuerinterventionismus und Verfassungsrecht*. Frankfurt am Main: Athenäum Verlag GmbH, 1972.

SERANO, Francesco. Le dispozioni transitorie e la nascita dell'obbligazione tributaria nella legge del registro. *Rivista di Diritto Finaziario e Scienza delle Finanze*, Milano: Giuffrè, p. 143--153, 1949.

SILVA, José Afonso da. *Curso de Direito Constitucional Positivo*. 26. ed. São Paulo: Malheiros, 2006.

______. *Aplicabilidade das normas constitucionais*. 7. ed. São Paulo: Malheiros, 2007.

SILVA, José Manuel da. Imunidade dos templos de qualquer culto. *Revista Dialética de Direito Tributário,* n. 14, 1996.

SILVA, Paulo Roberto Coimbra. *Direito Tributário sancionador*. São Paulo: Quartier Latin, 2007.

SILVA, Paulo Roberto Coimbra; PIRES, Gabriela Cabral. A CFEM como preço público. In: SILVA, Paulo Roberto Coimbra da (coord.). *Compensação financeira pela exploração de recursos minerais*. Natureza jurídica e questões correlatas. São Paulo: Quartier Latin, 2010.

SILVEIRA, Renato M. J.; e GOMES JR., João F. S. "Direito Penal, Direito Administrativo Sancionador e a Questão do Ne Bis In Idem. O Parâmetro da Jurisprudência Internacional". In BLAZECK, Luiz M. S.; e MARZAGÃO Jr., Laerte I. (coords.), *Direito Administrativo Sancionador*. São Paulo: Quartier Latin. 2014. p. 287-306.

SILVEIRA, Rodrigo Maito da. *Tributação e concorrência*. São Paulo: Quartier Latin/IBDT, 2011.

SIMSON, Werner von. Planänderung als Rechtsproblem. In: KAISER, Joseph H. (org.). *Planung I*. Baden-Baden: Nomos, 1965, p. 405-422.

SIQUEIRA, Marcelo Lettieri; RAMOS, Francisco S. Incidência tributária. In: BERMAN, Ciro; ARVATE, Paulo (coord.). *Economia do setor público no Brasil*. Rio de Janeiro: Elsevier, 2004.

SIQUEIRA, Rozane Bezerra de; NOGUEIRA, José Ricardo; BARBOSA, Ana Luiza de Holanda. À procura do imposto ótimo. *Valor Econômico,* São Paulo, n. 1221, 18 mar. 2005.

SIQUEIRA, Rozane Bezerra de; NOGUEIRA, José Ricardo Bezerra; SOUZA, Evaldo Santana de. O sistema tributário brasileiro é regressivo? fev. 2012. Disponível em: <http://www.joserobertoafonso.com.br/attachments/article/2508/siqueira,%20nogueira%20e%20souza%20(2012).pdf>.

SMITH, Adam. *Investigação sobre a natureza e as causas da riqueza das nações*. Trad. Maria do Carmo Conceição Jardim; Eduardo Lúcio Nogueira Cary. 3. ed. São Paulo: Abril, 1984.

SOARES, Guido Fernando Silva. *Curso de Direito Internacional Público*. vol. 1. São Paulo: Atlas, 2002.

SOBRINHO, José Wilson Ferreira. *Imunidade tributária*. Porto Alegre: Sergio Antonio Fabris, 1996.

SOLLER, Fabrício da. A imunidade tributária dos templos de qualquer culto – por uma revisão da posição do STF. *Revista Fórum de Direito Tributário*, n. 12, p. 109-140, nov./dez. 2004.

SOOS, Piroska E. *The origins of taxation at source in England*. Amsterdam: IBFD, 1997.

SOUSA, Rubens Gomes de. Ideias gerais sobre impostos de consumo. *Revista de Direito Administrativo*, Rio de Janeiro, n. 10, p. 52-73, out./dez. 1947.

______. O "fato gerador" no Imposto de Renda. *Revista de Direito Administrativo,* vol. 12, 1948.

______. Curso de introdução ao Direito Tributário, 2ª aula. *Revista de estudos fiscais,* n. 11, nov. 1948.

______. Curso de Direito Tributário, 3ª aula. *Revista de Estudos Fiscais,* n. 11, nov. 1948.

______. *Estudos de Direito Tributário*. São Paulo: Saraiva, 1950.

______. Parecer. *Revista de Direito Administrativo,* vol. 21, p. 351-356, 1950.

______. *Compêndio de legislação tributária*. Edição póstuma. São Paulo: Resenha Tributária, 1975.

______. A reforma tributária e as isenções condicionadas. *Revista de Direito Administrativo*, vol. 92, p. 382 e ss.

SOUZA, Hamilton Dias de. Não cumulatividade – aspectos relevantes. In: RESENDE, Condorcet (org.). *Estudos Tributários*. Rio de Janeiro: Renovar, 1999, p. 253-374.

______. Medidas provisórias e abuso do poder de tributar. In: VELOSO, Carlos Mário da Silva; ROSAS, Roberto; AMARAL, Antonio Carlos Rodrigues do (orgs.). *Princípios constitucionais fundamentais*: estudos em homenagem ao Professor Ives Gandra da Silva Martins. São Paulo: Lex Editora, 2005, p. 583-590.

SOUZA, Hamilton Dias de; FUNARO, Hugo. A desconsideração da personalidade jurídica e a responsabilidade tributária dos sócios e administradores. *Revista Dialética de Direito Tributário,* n. 137, p. 38 e ss.

SOUZA, Hamilton Dias de; GRECO, Marco Aurélio. Distinção entre taxa e preço público. In: MARTINS, Ives Gandra da Silva (coord.). *Taxa e preço público*: caderno de pesquisas tributárias n. 10. São Paulo: CEEU/Resenha Tributária, 1985.

SOUZA, Igor Nascimento et al. *IRPJ e CSLL*. Prejuízos fiscais e base de cálculo negativa. A justa tributação da renda e do lucro. São Paulo: MP, 2011.

SOUZA, Washington Peluso Albino de. *Primeiras linhas de Direito Econômico*. 4. ed. São Paulo: LTr, 1999.

SPANNER, Hans. Die Steuer als Instrument der Wirtschaftslenkung. *Steuer und Wirtschaft*, ano 47, 1970, p. 378-394.

______. Generalklausel. *Handwörterbuch des Steuerrechts*: unter Einschluß von Betriebswirtschaftlicher Steuerlehre, Finanzrecht, Finanzwissenschaft. STRICKRODT, Georg et al. (orgs.). Band 1. 2., neubearb. u. erw. Aufl. München: Beck; Bonn: Verlag des Wissenschafte Inst. d. Steuerberater u. Steuerbevollmächtigten, 1981.

SPITALER, A. *Das Doppelbesteuerungsproblem bei den direkten Steuern*. 2. ed. Colônia: Otto Schmidt, 1967.

STIGLITZ, Joseph E. *Economics of the public sector*. 3. ed. New York; London: W.W. Norton, 1999.

STIGUM, Bernt P.; STIGUM, Márcia. *Economia*: microeconomia. vol. 1. São Paulo: Edgard Blucher, 1973.

STRACHE, Karl-Heinz. *Das Denken in Standards – Zugleich ein Beitrag zur Typologik*. Berlim: Duncker & Humblot, 1968.

STRENGER, Irineu. *Direito internacional privado*: parte geral. vol. 1. São Paulo: Revista dos Tribunais, 1986.

SUHR, Dieter. Fernsprechgebühren – Luxusabgaben auf die Daseinsvorsorge? *Der Betriebs-Berater,* ano 23, caderno 15, p. 611-613.

SURREY, Stanley S. Steueranreize als ein Instrument der staatlichen Politik. *Steuer und Wirtschaft,* n. 4/1981, p. 359-377.

SWINDLER, William. *Magna Carta*. New York: Grosset & Dunlap, 1968.

TAKANO, Caio A. Análise da Portaria PGFN n. 713/2011 em face da jurisprudência do STJ e do art. 135 do Código Tributário Nacional – limites à responsabilização dos sócios e administradores. *Revista Dialética de Direito Tributário,* n. 203, p. 65-78, ago. 2012.

______. *Deveres instrumentais dos contribuintes:* fundamentos e limites. São Paulo: Quartier Latin, 2017.

TENÓRIO, Oscar. *Direito Internacional Privado*. vol. I. Rio de Janeiro: Freitas Bastos, 1965.

TERRA, Ben J. M.; WATTEL, Peter J. *European tax law*. 4. ed. Deventer: Kluwer, 2005.

TESAURO, Francesco. *Istituzioni di Diritto Tributario*, 1 – Parte Generale. 9. ed. Torino: UTET, 2006.

TESORO, Giorgio. La causa giuridica dell'obbligazione tributaria. *Rivista Italiana di Diritto Finanziario*, Bari: Dott. Luigi Macri, 1937.

TILBERY, Henry. Base econômica e efeito das isenções. In: DÓRIA, Antonio Roberto Sampaio (coord.). *Incentivos fiscais para o desenvolvimento*. [s.l., s.n., s.d.], p. 42-48.

______. O conceito de essencialidade como critério de tributação. *Estudos tributários* (em homenagem à memória de Rubens Gomes de Sousa). Ruy Barbosa Nogueira (direção e colaboração). São Paulo: Resenha Tributária, s.d. (cerca de 1974), p. 307-348.

TIPKE, Klaus. Reformbedürftiges allgemeines Abgabenrecht. Kritik der Reichsabgabenordnung, Reformvorschläge. *Steuerberater-Jahrbuch* 1968/69. Köln: Otto Schmidt, 1969, p. 69-103.

______. Über die Gleichartigkeit von Steuern. *Steuer und Wirtschaft*, 3/1975, p. 242-251.

______. Princípio de igualdade e ideia de sistema no Direito Tributário. In: MACHADO, Brandão (coord.). *Direito Tributário*. Estudos em homenagem ao professor Ruy Barbosa Nogueira. São Paulo: Saraiva, 1984, p. 515-527.

______. *Die Steuerrechtsordnung*. vol. I. Köln: Otto Schmidt, 1993.

______. Sobre a unidade da ordem jurídica tributária. In: SCHOUERI, Luís Eduardo; ZILVETI, Fernando Aurélio (coords.). *Direito Tributário*. Estudos em homenagem a Brandão Machado. São Paulo: Dialética e IBDT, 1998.

______. *Die Steuerrechtsordnung*. Vol. I: Wissenschafsorganisatorische, systematische und grundrechtlich-rechstaatliche Grundlagen. 2. ed. Köln: Otto Schmidt, 2000.

TIPKE, Klaus; KRUSE, Heinrich Wilhelm. *Abgabenordnung, Finanzgerichtsordnung*: Kommentar zur AO 1977 und FGO (ohne Steuerstrafrecht). 14. ed. (folhas soltas). Köln: Otto Schmidt, 1991.

______. *Kommentar zur Abgabenordnung und Finanzgerichtsordnung*. 16. ed. (folhas soltas – atualização 81, abr. 1997).

TIPKE, Klaus; LANG, Joachim. *Steuerrecht*. Ein systematischer Grundriß. 13. ed. Köln: Otto Schmidt, 1991.

______. *Steuerrecht*. 15. ed. Köln: Otto Schmidt, 1996.

TÔRRES, Heleno Taveira. Transação, arbitragem e conciliação judicial como medidas alternativas para resolução de conflitos entre administração e contribuintes – simplificação e eficiência administrativa. *Revista Fórum de Direito Tributário*, ano 1, n. 2, p. 114 e ss., 2003.

TORRES, Ricardo Lobo. *Sistemas constitucionais tributários*. Rio de Janeiro: Forense, 1986.

______. *Tratado de direito constitucional financeiro e tributário*, vol. III: Os direitos humanos e a tributação: imunidades e isonomia. Rio de Janeiro: Renovar, 1999.

______. *Tratado de Direito Constitucional, Financeiro e Tributário*. vol. 5. Rio de Janeiro: Renovar, 2000.

______. O princípio da tipicidade no Direito Tributário. *Revista de Direito Administrativo,* vol. 235, p. 193-232.

______. *Curso de Direito Financeiro e Tributário.* 10. ed. Rio de Janeiro: Renovar, 2003.

______. Normas gerais antielisivas. *Temas de interpretação do Direito Tributário.* Rio de Janeiro: Renovar, 2003, p. 263 e ss.

______. *Tratado de Direito Constitucional e Tributário*: valores e princípios constitucionais tributários. vol. 2. Rio de Janeiro: Renovar, 2005.

______. O conceito constitucional de tributo. In: TORRES, Heleno Taveira (org.). *Teoria geral da obrigação tributária*: estudos em homenagem ao professor José Souto Maior Borges. Introdução ou apresentação de José Augusto Delgado. São Paulo: Malheiros, 2005.

______. *Normas de interpretação e interação do Direito Tributário.* 4. ed. Rio de Janeiro: Renovar, 2006.

______. *Curso de Direito Financeiro e Tributário.* 15. ed. Rio de Janeiro: Renovar, 2008.

TRIEPEL, Karl Heinich. As relações entre o direito interno e o direito internacional. *Revista da Faculdade de Direito da Universidade Federal de Minas Gerais,* Belo Horizonte, p. 7-64, out. 1966.

TROIANELLI, Gabriel Lacerda. Sobre a natureza (tributária?) das medidas *antidumping*, compensatórias e de salvaguarda. *ABDF-Resenha,* p. 19-28, 1º trim. 1997.

______. Interpretação da lei tributária: lei interpretativa, observância de normas complementares e mudança de critério jurídico. *Revista Dialética de Direito Tributário,* n. 76, p. 76 e ss., maio 2010.

______. A multa tributária: proporcionalidade, não confisco e a atuação do Poder Judiciário. In: ROCHA, Valdir de Oliveira (coord.). *Grandes questões do Direito Tributário.* São Paulo: Dialética, 2012, vol. 16. p. 75-87.

TROTABAS, Louis. L'applicazione della teoria della causa nel Diritto Finanziario. Trad. Fulvia Carena. *Rivista di Diritto Finanziario e Scienza delle Finanze,* Padova: CEDAM, 1937, p. 34-53.

UCKMAR, Victor. *Princípios comuns de Direito Constitucional Tributário.* Trad. Marco Aurélio Greco. São Paulo: Revista dos Tribunais/EDUC, 1976.

UDINA, Manlio. *Il Diritto Internazionale Tributario.* Padova: CEDAM, 1949.

URBAS, Helmut. *Die wirtschaftliche Betrachtungsweise im Steuerrehct.* Frankfurt – Bern – New York – Paris: Lang, 1987.

VALADÃO, Marcos Aurélio Pereira. *Limitações constitucionais ao poder de tributar e tratados internacionais.* Belo Horizonte: Editora Del Rey, 2000.

VALLADÃO, Haroldo. *Direito Internacional Privado.* Rio de Janeiro: Freitas Bastos, 1968.

VANONI, Ezio. *Natureza e interpretação das leis tributárias.* Trad. Rubens Gomes de Sousa. Rio de Janeiro: Financeiras, 1952.

VELÁZQUEZ, Victor Hugo Tejerina; e ARAÚJO, Fábio Caldas de. Do Direito das Coisas (Arts. 1.225 a 1.276, in ALVIM, Arruda; ALVIM, Thereza; e CLÁPIS, Alexandre Laizo (coords.). *Comentários ao Código civil brasileiro: Do Direito das Coisas.* Vol. XI. Tomo III. Rio de Janeiro: Forense, 2013.

VELLOSO, Carlos Mário. Lei complementar tributária. In: BRITO, Edvaldo; ROSAS, Roberto (coords.). *Dimensão jurídica do tributo*: homenagem ao professor Dejalma de Campos. São Paulo: Meio Jurídico, 2003.

______. Lei complementar tributária. *Revista de Direito Administrativo*, n. 235, p. 117-138, jan./mar. 2004.

VENOSA, Sílvio de Salvo. Artigos 1.196 a 1.368. In AZEVEDO, Álvaro Villaça (coord.). *Código Civil Comentado: Direito das Coisas. Posse. Direitos Reais. Propriedade*. Vol. XII. São Paulo: Atlas, 2006.

VERDROSS, A.; SIMMA, B. *Universelles Völkerrrecht* – Theorie und Praxis. Berlin: Duncker & Humblot, 1976.

VICENTINO, Cláudio. *História geral*. 7. ed. São Paulo: Scipione, 1997.

VIEIRA DA ROCHA, Paulo Victor. *Substituição tributária e proporcionalidade: entre capacidade contributiva e praticabilidade*. São Paulo: Quartier Latin, 2012.

VIGORITA, Tullio Spagnuolo; MERCOGLIANO, Felice. Tributi. Storia. *Enciclopedia del Diritto. Milano:* Giuffrè, vol. 46.

VILLEGAS, Héctor B. *Curso de finanzas, Derecho Financiero y Tributario*. Buenos Aires: Depalma, 1972.

VOGEL, Emanuel Hugo. Die rechtliche Natur der Finanzobligation im österreichischen Abgabenrecht. *Finanzarchiv*, vol. XXIX (1912), p. 471-566.

VOGEL, Klaus. Theorie und Praxis im Internationalen Steuerrecht. *Deutsches Steuerrecht*, ano 6, 1968, p. 427-434.

______. Zur Konkurrenz zwischen Bundes- und Landessteuerrecht nach dem Grundgesetz - Über das 'Anzapfen' von 'Steuerquellen'. *Steuer und Wirtschaft*, 48 (1), 1971, p. 308-316.

______. Steuergerechtigkeit und soziale Gestaltung. *Deutsche Steuerzeitung*, out. 1975. p. 409-415.

______. Die Abschichtung von Rechtsfolgen im Steuerrecht. *Steuer und Wirtschaft*, n. 2, 1977.

______. Abkommensvergleich als Methode bei der Auslegung von Doppelbesteuerungsabkommen. In *Steuerberater-Jahrbuch* 1983-1984. Koln: Otto Schmidt, p. 373-391.

______. Tributos regulatórios e garantia da propriedade no Direito Constitucional da República Federal da Alemanha. In: MACHADO, Brandão (org.). *Direito Tributário*: estudos em homenagem ao professor Ruy Barbosa Nogueira. São Paulo: Saraiva, 1984.

______. Zu einigen Fragen des Internationalen Steuerrechts. *Der Betrieb*, Caderno n. 10, p. 507-509, 1986.

______. Grundzüge des Finanzrechts des Grundgesetzes. In: ISENSEE, Josef; KIRCHHOF, Paul (orgs.). *Handbuch des Staatsrechts der Bundesrepublik Deutschland*, Band IV- Finanzverfassung – Bundesstaatliche Ordnung. Heidelberg: C.F. Müller, 1990, p. 3-86.

______. *Doppelbesteuerungsabkommen der Bundesrepublik Deutschland auf dem Gebiet der Steuern vom Einkommen und Vermögen*. Kommentar auf der Grundlage der Musterabkommen. 3. ed. München: Beck, 1996.

______. *The domestic Law perspective*. Tax treaties and domestic law. vol. 2. p. 3, 2006.

______. (org.). *Grundfragen des Internationalen Steuerrechts*. Köln: Otto Schmidt, 1985.

VOGEL, Klaus; WALTER, Hannfried. *Kommentar zum Bonner Grundgesetz* (Bonner Kommentar). 2ª revisão do comentário ao art. 105 da Lei Fundamental.

WACKE, Gerhard. Die Beurteilung von Tatbeständen. *Steuer und Wirtschaft*, ano XIV, p. 834-872, 1935.

WALLIS, H. V. Die Beurteilung Von Tatbeständen i.S. des § 1 Abs. 3 StAnpG. *Finanz-Rundschau*, ano 20 (47), p. 268 e ss., 1965.

WEIGELI, Jörg. Das Verhältnis der Vorschrift des § 2ª EStG zu den Doppelbesteuerungsabkommen. *Recht der Internationalen Wirtschaft*, 1987, p. 122-140.

WENDT, Rudolf. *Die Gebühr als Lenkungsmittel*. Hamburg: Hansischer Gildenverlag, Joachim Heitmann & Co., 1975.

WILKE, Dieter. *Gebührenrecht und Grundgesetz*. München: Beck, 1973.

WILLEMART, Elisabeth. *Les limites constitutionnelles du pouvoir financier.* Bruxelles: Bruylant, 1999.

WOERNER, Lothar. Verfassungsrecht und Methodenlehre im Steuerrecht. Auf den Spuren Von Heinrich Beisse. *Finanz Rundschau*, 1992.

XAVIER, Alberto. *Os princípios da legalidade e da tipicidade da tributação*. São Paulo: Revista dos Tribunais, 1978.

______. Natureza jurídica e âmbito de incidência da compensação financeira por exploração de recursos minerais. *Revista Dialética de Direito Tributário*, n. 29, 1998.

______. *Tipicidade da tributação, simulação e norma antielisiva*. São Paulo: Dialética, 2001.

______. *Direito Tributário Internacional do Brasil.* 6. ed. Rio de Janeiro: Forense, 2004.

______. *Do lançamento no Direito Tributário brasileiro.* 3. ed. Rio de Janeiro: Forense, 2005.

______. O conceito de autolançamento e a recente jurisprudência do Superior Tribunal de Justiça. In: SCHOUERI, Luís Eduardo (coord.). *Direito Tributário*: homenagem a Paulo de Barros Carvalho. São Paulo: Quartier Latin, 2008, p. 561-573.

______. Responsabilidade tributária de sucessores na alienação de estabelecimento. *Revista Dialética de Direito Tributário,* n. 167, ago. 2009.

YERSIN, Danielle. Lês systèmes d'imposition prae- et postnumerando et la perception de l'impôt". In: Markus REICH, e Martin ZWEIFEL, (coords.). *Das schweizerische Steuerrecht.* Eine Standortbestimmung. Festschrift zum 70. Geburtstag von Prof. Dr. Ferdinand Zuppinger. Stämpli: Bern, 1989.

ZILVETI, Fernando Aurélio. Capacidade contributiva e mínimo existencial. In: SCHOUERI, Luís Eduardo; ZILVETI, Fernando Aurélio (coords.). *Direito Tributário*: estudos em homenagem a Brandão Machado. São Paulo: Dialética, 1998, p. 36-47.

______. Variações sobre o princípio da neutralidade no Direito Tributário Internacional. *Direito Tributário Atual*, vol. 19, São Paulo, 2005.

______. Tipo e linguagem: a gênese da igualdade na tributação. In: RIBEIRO, Ricardo Lodi; ROCHA, Sérgio André (coords.). *Legalidade e tipicidade no Direito Tributário.* São Paulo: Quartier Latin, 2008, p. 29-53.

ZOCKUN, Maria Helena. Aumenta a regressividade dos impostos no Brasil. *Informações FIPE*, n. 297, jun. 2005, p. 11-13. Disponível em: <http://www.fipe.org.br/publicacoes/downloads/bif/2005/6_bif297.pdf>.